JUS PUBLICUM
Beiträge zum Öffentlichen Recht

Band 129

Florian Becker

Kooperative und konsensuale Strukturen in der Normsetzung

Mohr Siebeck

Florian Becker, geboren 1971; Studium der Rechtswissenschaften in Bonn (1990–1994); Erstes Staatsexamen (1995); Promotion in Köln (1997); LL.M., Universität Cambridge (1997); Verleihung des „Clive Parry Prize (Overseas) for International Law", Universität Cambridge (1997); Zweites Staatsexamen (1999); Habilitation in Bonn (2004); Professor an der Aberdeen University Law School (seit 2004).

ISBN 3-16-148572-6
ISSN 0941-0503 (Jus Publicum)

Die Deutsche Bibliothek verzeichnet diese Publikation in der Deutschen Nationalbibliographie; detaillierte bibliographische Daten sind im Internet über *http://dnb.ddb.de* abrufbar.

© 2005 Mohr Siebeck Tübingen.

Das Werk einschließlich aller seiner Teile ist urheberrechtlich geschützt. Jede Verwertung außerhalb der engen Grenzen des Urheberrechts ist ohne Zustimmung des Verlags unzulässig und strafbar. Das gilt insbesondere für Vervielfältigungen, Übersetzungen, Mikroverfilmungen und die Einspeicherung und Verarbeitung in elektronischen Systemen.

Das Buch wurde von Textservice Zink in Schwarzach aus der Garamond-Antiqua gesetzt, von Gulde-Druck in Tübingen auf alterungsbeständiges Werkdruckpapier gedruckt und von der Buchbinderei Spinner in Ottersweier gebunden.

Vorwort

Die vorliegende Untersuchung hat der Rechts- und Staatswissenschaftlichen Fakultät der Rheinischen Friedrich-Wilhelms-Universität Bonn im Wintersemester 2003/4 als Habilitationsschrift vorgelegen. Die Bearbeitung befindet sich auf dem Stand Januar 2004. Die Dynamik der behandelten Referenzgebiete hat seitdem einige gesetzliche Änderungen mit sich gebracht, die indes die Relevanz der analysierten grundsätzlichen Probleme nicht mindern.

Die Schrift ist während meiner Zeit als wissenschaftlicher Mitarbeiter bei Herrn Professor Dr. Christoph Engel (Max-Planck-Institut zur Erforschung von Gemeinschaftsgütern, Bonn) entstanden. Er hat zum einen die Entwicklung des Themas durch stets anregende Diskussionen entscheidend gelenkt sowie die Entstehung der Arbeit mit wohlabgewogenen, fordernden und fördernden Ratschlägen unterstützt. Zum andern hat er es verstanden, Motivation und Mut des Habilitanden immer zum richtigen Zeitpunkt zu reanimieren. Die akademische Freiheit, die ich als sein Schüler genossen habe, war vorbildlich. Ihm gilt mein herzlichster Dank daher an erster Stelle. Die Last der Zweitkorrektur hat Herr Professor Dr. Wolfgang Löwer übernommen. Nicht nur hierfür, sondern auch für den ermutigenden Zuspruch vor und während des Habilitationsverfahrens gebührt ihm ganz besonderer Dank. Mein Dank gilt auch der Bonner Rechts- und Staatswissenschaftlichen Fakultät für die reibungslose und wohlwollende Durchführung des Habilitationsverfahrens.

Die Last des Verfassens einer Habilitationsschrift ist nur auf den ersten Blick unteilbar. Es gibt viele, die einen wichtigen Beitrag geleistet haben: Frau Regina Goldschmidt und ihr Bibliotheksteam haben den Verfasser durch die vorausschauende und umsichtige Beschaffung aller benötigten Publikationen mancher Sorge enthoben. Frau Dörte Hebel, Frau Wiebke Löbbert und Herr Dr. phil. Mark Speich haben ebenso wie meine Eltern dankenswerterweise die Bürde des Korrekturlesens auf sich genommen.

Die DFG hat diese Publikation mit einem Zuschuß zu den Druckkosten ebenso gefördert wie das Max-Planck-Institut zur Erforschung von Gemeinschaftsgütern.

Widmen möchte ich dieses Buch meiner Frau Michaela Becker sowie unseren Söhnen Benedikt-Johannes und Leonard-Jakob. Jeder von ihnen hat auf seine eigene Art zum Gelingen dieser Arbeit einen entscheidenden Beitrag geleistet.

Aberdeen, Schottland, im Februar 2005 *Florian Becker*

Inhaltsübersicht

Inhaltsverzeichnis IX

§ 1 Verhandeltes Recht als Kompensation expansionsbedingten
staatlichen Machtverlusts 1

§ 2 Rechtsnormsetzung im »kooperativen Staat« 55

§ 3 Private Teilhabe an der parlamentarischen Gesetzgebung
in Anhörungsverfahren 91

§ 4 Vertragliche Beteiligung Privater an der
parlamentarischen Gesetzgebung 181

§ 5 Verfassungsrechtliche Rahmenbedingungen
des Gesetzgebungsvertrags 253

§ 6 Verfassungsrechtliche Grundlage und Grenzen für
die Übertragung von Normsetzungsbefugnissen auf
nicht-parlamentarische Normsetzer 351

§ 7 Legislatives »Outsourcing« 479

§ 8 Untergesetzliche Normsetzungs- und Normenverträge 575

§ 9 Untergesetzliche Normsetzungs- und Normenverträge
in Verwaltungs- und Verfassungsrecht 651

§ 10 Die innere Souveränität des kooperativen Staates 725

Zusammenfassung 743

Literaturverzeichnis 759
Stichwortverzeichnis 823

Inhaltsverzeichnis

Vorwort V

Inhaltsübersicht VII

§ 1 Verhandeltes Recht als Kompensation expansionsbedingten staatlichen Machtverlusts 1

  I. Die Aufgabenexpansion des modernen Sozialstaats 1

  II. Die Diskrepanz von Aufgabenzuwachs und Machtverlust im modernen Sozialstaat 3

    1. Das interventionistische Recht 4

    2. Die Wirksamkeitsbedingungen interventionistischen Rechts 6

    3. Theoretische Begründungen des staatlichen Steuerungsverlusts .. 9

      a) Begriff und Gegenstand der Steuerungstheorie 9

      b) Die Theorie autopoietischer Systeme 13

        aa) Funktionale Differenzierung und Autopoiesis 13

        bb) Steuerung und Steuerungssubstitute in der Systemtheorie . 16

        cc) Neukonzeptionen rechtlicher Steuerung 20

          α) Reflexives Recht 22

          β) Mediales Recht 25

        dd) Empirische Irritationen und theoretische Brüche 26

      c) Akteurszentrierte Steuerungstheorie 29

        aa) Steuerung aus akteurstheoretischer Perspektive 31

        bb) Korporative Akteure als Steuerungsobjekte und -subjekte in der akteurszentrierten Steuerungstheorie 32

        cc) Regulierte Selbstregulierung als Verschränkung von Hierarchie und Verhandlung 34

          α) Hierarchie 37

          β) Verhandlung/Kooperation 38

          γ) Regulierte Selbstregulierung als Verschränkung von Hierarchie und Verhandlung 49

§ 2 Rechtsnormsetzung im »kooperativen Staat« 55

I. Der kooperative Staat 55
II. Verfassungsrechtliche Typologie des Kooperationsbegriffs 64
   1. Rechtswissenschaftliche Verwendungszusammenhänge 64
   2. Kooperative Strukturen des Normensystems: Akteure,
      Funktionen, Gegenstandsbereiche 68
      a) Der akteurs- und funktionsbezogene Kooperationsbegriff . . . 69
      b) Der gegenstandsbezogene Kooperationsbegriff 73
   3. Folgerung für die Untersuchung 74
III. Der Begriff der Rechtsnorm 75
IV. Zusammenfassung und Ausblick:
    Verfassungsrechtliche Aspekte kooperativer und konsensualer
    Strukturen in der Normsetzung 88

§ 3 Private Teilhabe an der parlamentarischen Gesetzgebung in Anhörungsverfahren 91

I. Anhörung als staatlich-gesellschaftlicher Informationskanal 96
   1. Beratung als einseitiger Vorgang 98
   2. Beratung als faktische Optionenverengung 99
II. Differenzierung von Interessenvertreter und Sachverständigem . . . 101
III. Interessenvertretung und Interessenmediatisierung
    durch Verbände 103
   1. Verbände und das Grundgesetz 106
   2. Die Beteiligung von Verbänden an staatlicher Steuerung 108
   3. Verbände als gesellschaftliche Verhandlungssysteme
      mit hierarchischer Funktion 109
IV. Rechtsgrundlagen für die Anhörung von Interessenvertretern
    im Gesetzgebungsverfahren 112
   1. Die Anhörung von Verbänden nach § 47 Abs. 3
      i.V.m. Abs. 1 und 2 GGO 112
   2. Die Anhörung von Verbänden nach § 70 GO-BT 114
   3. Die Beteiligung von »Spitzenorganisationen der zuständigen
      Gewerkschaften« (§ 94 BBG) 117
V. Rechtsgrundlagen für die Anhörung von Sachverständigen
    im Gesetzgebungsverfahren 121

VI. Ermittlung von Interessen und Informationen im Gesetzgebungsverfahren und das Grundgesetz ... 123
   1. Die Vorgaben der Gesetzgebungslehre als Maßstab für das »gute Gesetz« ... 126
      a) Die Vorgaben der Gesetzgebungslehre ... 126
      b) Existenz und Ausmaß einer verfassungsrechtlichen Verpflichtung zur Anhörung von Sachverständigen und/oder Interessenvertretern ... 132
   2. Statusrechtliche Einordnung der Anhörung von Sachverständigen und Interessenvertretern ... 141
      a) Das Verhältnis von Staat und Gesellschaft ... 145
         aa) Der Dualismus von Staat und Gesellschaft ... 147
            α) Staat und Gesellschaft als voneinander distanzierte Funktionsbereiche ... 148
            β) Die Verwiesenheit von objektivem und subjektivem Prinzip ... 148
            γ) Legitimationsmuster von Staat und Gesellschaft ... 151
            δ) Wechselseitige Verwiesenheit der Funktionsbereiche ... 154
         bb) Hierarchie oder Gleichordnung von Staat und Gesellschaft ... 158
      b) Verbände in Anhörungsverfahren als Teilnehmer am Staatswillensbildungsprozeß ... 160
   3. Rechtsfolgen einer Verletzung von Anhörungs- und Beteiligungsvorschriften ... 176

§ 4 Vertragliche Beteiligung Privater an der parlamentarischen Gesetzgebung ... 181
   I. Gesetzgebungsverträge im Staatskirchenrecht ... 184
      1. Der Staatskirchenvertrag als Rechtsquelle des Staatskirchenrechts . 184
      2. Insbesondere: Der LER-Vergleich vor dem Bundesverfassungsgericht ... 186
      3. Vertragspartner und Verfahren beim Abschluß von Staatskirchenverträgen ... 190
      4. Staatskirchenverträge und die staatliche Rechtsordnung ... 193
         a) Staatskirchenverträge in den Verfassungen von Bund und Ländern ... 193
         b) Der Geltungsgrund von Staatskirchenverträgen ... 194
            aa) Staatskirchenverträge als Emanation eines Staat-Kirche-Rechts ... 196
            bb) Konkordate als völkerrechtliche Verträge ... 198
            cc) Staatskirchenverträge in der staatlichen Rechtsordnung ... 200

	5. Gesetzgebungshoheit versus Vertragstreue im Staatskirchenrecht	209
	a) Der völkerrechtliche Erklärungsansatz	211
	aa) Die Bedeutung des Vertragsgesetzes	213
	bb) Transformation oder Vollzug der völkerrechtlichen Verpflichtung	215
	cc) Völkerrechtliche Verträge und parlamentarische Gesetzgebungskompetenzen	217
	b) Übertragung der völkerrechtlichen Lösung auf den innerstaatlichen Bereich des Vertragsverhältnisses von Staat und Kirche	224
II.	Der »Atomkonsens«	230
	1. Politischer Hintergrund	232
	2. Die Vereinbarung zwischen der Bundesregierung und den Energieversorgungsunternehmen	233
	3. Der Rechtsbindungswille der Parteien des Atomkonsenses	237
	4. Die Novelle des Atomgesetzes	243
III.	Das Kraft-Wärme-Kopplungsgesetz	245
IV.	Der »Solidarbeitrag« der forschenden Arzneimittelhersteller	248

§ 5 Verfassungsrechtliche Rahmenbedingungen des Gesetzgebungsvertrags 253

I.	Tauschgegenstand des staatlichen Partners	254
	1. Kompetenzbindung und Kompetenzteilung	254
	2. Die Ansatzpunkte für eine rechtliche Bindung	258
	3. Unzulässigkeit von Fremdbindung	261
	4. Selbstbindung des Gesetzesinitiativrechts der Bundesregierung ..	266
	a) Gesetzgebungsvertrag und verfassungsrechtliche Ermächtigungsgrundlage zum Vertragsschluß	267
	b) Differenzierung zwischen äußerem und innerem Aspekt des Gesetzes-initiativrechts als dogmatischer Ansatzpunkt kompetenzieller Bindung	271
	c) Selbstbindung der Regierung und Verfassungsorgantreue	280
	aa) Faktische Vorwegnahme der Legislativentscheidung als verfassungsrechtliches Problem	280
	bb) Die Verfassungsorgantreue	281
	α) Prinzipielle verfassungsrechtliche Unbedenklichkeit unter dem Gesichtspunkt der Verfassungsorgantreue	282
	β) Informationspflicht der paktierenden Bundesregierung .	285

	d) Bindung der Bundesregierung und einzelner Minister	286
	e) Die zeitliche Grenze der vertraglichen Bindung	287
	f) Der rechtswidrige Gesetzgebungsvertrag und das auf seiner Grundlage erlassene Gesetz	289
5.	Selbstbindung des parlamentarischen Gesetzgebers durch Zustimmung zu einem Gesetzgebungsvertrag der Regierung	290
	a) Der »Entwurf einer Verständigung über Eckpunkte zur Beendigung der Nutzung der vorhandenen Kernkraftwerke in Deutschland«	291
	b) Parlamentarische Zustimmung zum Gesetzgebungsvertrag . . .	292
	aa) Die beschränkt subjektive Bindungswirkung von Regierungsverträgen	292
	bb) Die Bindungsfreiheit des parlamentarischen Gesetzgebers im demokratischen Staat	294
	cc) Das Parlamentsgesetz als stabilisierendes und Vertrauen schaffendes Datum	298
	dd) Analoge Anwendung von § 82 Abs. 2 GO-BT und die Erfordernisse der Wesentlichkeitslehre	304
	α) Analoge Anwendung von § 82 Abs. 2 GO-BT	305
	β) Die Vorgaben der Wesentlichkeitslehre	306
	ee) Auswirkungen des Vertrauensschutzprinzips auf die Gesetzgebungsbefugnisse des Parlaments	310
	ff) Vertrauensschutz und der Grundsatz der Diskontinuität	315
	gg) Grenzen der Kompetenzbindung	317
	α) Die Mißbrauchsproblematik	317
	β) Die Gleichheitsproblematik	319
6.	Selbstbindung von Abgeordneten und Fraktionen	324
7.	Gesetzgebungsvertrag und Verwaltungskompetenzen der Länder	325
	a) Die Einbeziehung von Verwaltungskompetenzen der Bundesländer in einen Gesetzgebungsvertrag von Organen der Bundesgesetzgebung	326
	aa) Bundesauftragsverwaltung der Länder	328
	bb) Verwaltungskompetenzen und Staatsleitung	334
	b) Absprachen über den Verwaltungsvollzug und die grundgesetzliche Kompetenzordnung (Organkompetenz)	336
II. Die Gegenleistung des privaten Partners		337
1. Der Grundrechtsverzicht		338
2. Insbesondere: Der Rechtsmittelverzicht		342

>   3. Die Konnexität von Regelungsanliegen und Grundrechtsverzicht 343
>   4. Die Freiwilligkeit als Voraussetzung eines gültigen Grundrechtsverzichts 344
> III. Der Gesetzgebungsvertrag im Rahmen eines verfassungsgerichtlichen Verfahrens 346

§ 6 *Verfassungsrechtliche Grundlage und Grenzen für die Übertragung von Normsetzungsbefugnissen auf nicht-parlamentarische Normsetzer* 351

> I. Das Erfordernis demokratischer Legitimation 354
>   1. Das Legitimationssubjekt 356
>   2. Das Legitimationsobjekt 357
>   3. Die Komponenten demokratischer Legitimation 359
>   a) Organisatorisch-personelle demokratische Legitimation 360
>   b) Sachlich-inhaltliche demokratische Legitimation 361
>   c) Institutionelle und funktionelle demokratische Legitimation .. 361
>   4. Das erforderliche Legitimationsniveau 364
> II. Das Parlamentsgesetz als Transmissionsriemen demokratischer Legitimation für nicht-parlamentarische Rechtsetzung 366
> III. Verfassungsrechtliche Vorgaben für die Form der Rechtsnormsetzung als Grenze für die Übertragung von Normsetzungskompetenzen 370
> IV. Grund und Grenzen der Übertragung von Normsetzungsbefugnissen auf nicht-parlamentarische Normsetzer 375
>   1. Parlamentsvorbehalt und Wesentlichkeitslehre als Bedingung und Grenze für die Übertragung von Normsetzungsbefugnissen 377
>   2. Delegation von Normsetzungsbefugnissen nach Art. 80 Abs. 1 GG 381
>   a) Der numerus clausus der Erstdelegatare 384
>   b) Private als Subdelegatare 385
>   aa) Der Begriff der Beleihung und die Übertragung von Normsetzungsbefugnissen 388
>   bb) Die Übertragung von Normsetzungsbefugnissen auf Private aufgrund von Art. 80 Abs. 1 Satz 4 GG 390
>   3. Weitere verfassungsrechtliche Gestaltungsspielräume für die Übertragung von Normsetzungsbefugnissen durch den Gesetzgeber 397

a) Die Übertragung von Normsetzungsbefugnissen
zur Verwirklichung von Grundrechtsgarantien 397
   aa) Grundrechte und die Befugnis zur Rechtsetzung 397
      α) Private Rechtsetzung 397
      β) Rechtsetzung durch öffentlich-rechtliche
         Rechtssubjekte 400
   bb) Private Rechtsetzung durch Verhandlung:
      Der Tarifvertrag 401
      α) Der theoretische Rahmen der Tarifautonomie 402
      β) Der tarifvertragliche Regelungsgegenstand 405
      γ) Der Geltungsgrund des Tarifvertrags als Rechtsnorm . . 406
         αα) Die rechtsgeschäftliche Deutung 406
         ββ) Die genossenschaftsrechtliche Erklärung 409
         γγ) Soziale Selbstverwaltung und Subsidiarität
            als Geltungsgrund 411
         δδ) Die heutige Deutung der tariflichen Rechtsetzungs-
            befugnis 416
            (1) Die Integrationslehre 417
            (2) Die Delegationslehre 417
            (3) Die Sanktionslehre 419
            (4) Die Lehre vom staatlichen Geltungsbefehl 421
            (5) Der Tarifvertrag als Ausdruck kollektiver grund-
                rechtlicher Gestaltungsbefugnisse 421
      δ) Art. 9 Abs. 3 GG und der Gesetzgeber 427
         αα) Ausgestaltung des Tarifvertragssystems 428
         ββ) Die Regelungskonkurrenz zwischen Tarifvertrag
            und Gesetz 431
      ε) Die Allgemeinverbindlicherklärung des Tarifvertrags
         nach § 5 TVG 434
b) Einräumung von Normsetzungskompetenzen an
Selbstverwaltungsträger 439
   aa) Legitimationsmuster für die Einrichtung von
      Selbstverwaltungskörperschaften 443
   bb) Körperschaftliche Selbstverwaltung und demokratische
      Legitimation 445
      α) Mitglieder öffentlich-rechtlicher Zwangskörperschaften
         als Teilvölker 448
      β) Klassifikatorischer und komparativer Demokratie-
         begriff 449
      γ) Organe und Mitglieder der Selbstverwaltungs-
         körperschaften als Träger kollektiv demokratischer
         Legitimation 452
   cc) Die Voraussetzungen für die Einräumung von
      Satzungsautonomie 454
   dd) Satzungsautonomie und Außenseiter 463

ee) Materielle Voraussetzung für die Einrichtung eines
Trägers der funktionalen Selbstverwaltung: Homogenität
der Interessen 465
α) Die Gruppenhomogenität in der Dogmatik
der Sonderabgaben 470
β) Interessenhomogenität bei der Übertragung von
Selbstverwaltungs-kompetenzen 474

V. Zusammenfassung 478

§ 7 Legislatives »Outsourcing« 479

I. Verbändevereinbarungen in der Energiewirtschaft 479
1. Die Liberalisierung der Energiewirtschaft: Historischer
und ökonomischer Hintergrund 481
2. Der verhandelte Netzzugang des deutschen Energiewirtschaftsrechts 485
   a) Verhandelter und verordneter Netzzugang 488
   b) Die verhandelte Durchleitung nach § 6 EnWG 490
   c) Die Verbändevereinbarungen Gas und Strom 494
   d) Keine Heteronomität der Verbändevereinbarungen ... 504
3. Staatliche Regulierung als verfassungsrechtliches Desiderat 507
   a) Vor- und Nachteile der Verbändevereinbarungen 507
   b) Die Grundrechtsrelevanz der Durchleitung 510
      aa) Die Grundrechtsposition des Netzinhabers 511
         α) Der Schutz aus Art. 14 GG 512
         β) Der Schutz aus Art. 12 GG 516
      bb) Die Grundrechtsposition des Durchleitungspetenten 517
      cc) Auflösung grundrechtlicher Konfliktlagen durch private,
         rechtlich nicht bindende Regelungen 520
4. Die »Verrechtlichung« der Verbändevereinbarungen 525

II. Befreiende Rechnungslegung nach ausländischen Regelwerken
(§ 292a Abs. 2 Nr. 2 lit. a HGB) 530

III. Die Entwicklung von Rechungslegungsvorschriften durch
privatrechtliche Einrichtungen (§ 342 HGB) 532

IV. Deutscher Corporate Governance Kodex (§ 161 AktG) 534

V. »Legislatives outsourcing« und Verfassungsrecht 537
1. »Legislatives outsourcing« als Verweisung 538
2. Verfassungsrechtliche Implikationen der Verweisung
als Gesetzgebungstechnik 540

a) Bestimmtheit der Verweisungsnorm und Publikation der Bezugsnorm	541
b) Demokratieprinzip	545
3. Die gesetzliche Verweisung auf privat ausgehandelte oder erlassene Regelungen	551
a) Typen privater Bezugsnormen	553
b) Potenzierung der verfassungsrechtlichen Probleme	556
c) Anforderungen an das Zustandekommen der privaten Bezugsnorm	558
aa) Vorüberlegungen	559
bb) Die »Verrechtlichung« der Verbändevereinbarungen	563
cc) Die befreiende Rechnungslegung nach § 292a Abs. 2 Nr. 2 lit. a HGB	568
dd) Die Rechnungslegungsvorschriften nach § 342 HGB	572

§ 8 Untergesetzliche Normsetzungs- und Normenverträge 575

I. Die Bauplanungsabrede als dogmatisches Leitbild des Normsetzungsvertrags 576
  1. Der öffentlich-rechtliche Vertrag im Städtebaurecht 576
  2. Die gesetzliche Entwicklung des städtebaulichen Vertrags 578
  3. Die rechtliche Beurteilung von Bauplanungsabreden (unabhängig von § 2 Abs. 3 Hs. 2 BauGB) 582
    a) Die grundsätzliche Nichtigkeit von Bauplanungsabreden 585
      aa) Vertragliche Bindung und Abwägungsgebot 585
      bb) Vertragliche Bindung und Verfahrensvorschriften 590
      cc) Die Nichtigkeit von Bauplanungsabreden 593
    b) Ausnahmen und Ersatzbindungen im Bauplanungsrecht 594

II. Der Normenvertrag im Sozialversicherungsrecht 598
  1. Der Normenvertrag als Rechtsetzung durch Vereinbarung 602
  2. Die Normenverträge im Vertragsarztrecht 607
    a) Die Akteure 609
    b) Die Verträge 610
      aa) Die Bundesmantelverträge 611
      bb) Die Gesamtverträge 613
    a) Die normative Bindungswirkung der Bundesmantel- und Gesamtverträge 616
      aa) Bindungswirkung für Krankenkassen und Leistungserbringer 616
      bb) Bindungswirkung für die Versicherten 618
  3. Die Normenverträge im Krankenhausrecht 619
    a) Die Verträge nach § 112 Abs. 1 SGB V 620

b) Die Vergütungsverträge 621
c) Die Verträge nach § 115 SGB V 623
4. Die Normenverträge in der Arzneimittelversorgung sowie der Heil- und Hilfsmittelversorgung 624
5. Die Normenverträge in der sozialen Pflegeversicherung 627
   a) Der Versorgungsvertrag 627
   b) Der Vergütungsvertrag 629
   c) Der Vertrag über Pflegehilfsmittel 630
   d) Die Rahmenverträge und die Bundesempfehlungen 630
III. Der »Vertragsnaturschutz« 634
1. Normbezogene Verträge im naturschutzrechtlichen Schutzkonzept 634
2. Die Zulässigkeit des Vertragsnaturschutzes 641
   a) Verbandliche Mitwirkungsrechte 645
   b) Die Übernahme »überschießender« Pflichten 648

§ 9 Untergesetzliche Normsetzungs- und Normenverträge in Verwaltungs- und Verfassungsrecht 651

I. Der Anwendungsbereich des Verwaltungsverfahrensgesetzes 653
II. Die Aussage der §§ 54 ff. VwVfG zu normbezogenen Verträgen . . 658
III. Normbezogene Verträge und Vertragsverbote 662
1. Einzelaktsbezogene Verträge und Vertragsverbote 663
2. Normbezogene Verträge und Vertragsverbote 668
IV. Die Gestaltungsfreiheit des untergesetzlichen Normgebers und seine vertragliche Bindung gegenüber Privaten 673
1. Der normbezogene Vertrag als Verfügung über Normsetzungs- und Normänderungsbefugnis 675
   a) Die Gestaltungsbefugnis des Normsetzers 676
   b) Normative Gestaltungsfreiheit und Vertragsschlußbefugnis . . 681
   c) Wiedererlangung der freien Normsetzungsbefugnis nach § 60 VwVfG 683
2. Das Verbot der Bindung fremder Kompetenzen 684
3. Zur Differenzierung zwischen Normsetzungs- und Normenvertrag 686
4. Vertragsschlußbefugnis und die Begrenzung der Adressaten für die Übertragung von Normsetzungsbefugnissen 687
   a) Delegierte Rechtsetzungsbefugnisse 688
   b) Autonome Rechtsetzungsbefugnisse 692

c) Insbesondere: Die Legitimation des verhandelten Rechts
in der Sozialversicherung 695
  aa) Die Selbstverwaltung in der Sozialversicherung 696
    α) Interessenheterogenität innerhalb der
      Sozialversicherungsträger 697
    β) Interessenheterogenität zwischen den Vertragspartnern
      als Ausdruck »gemeinsamer Selbstverwaltung« 702
    γ) Insbesondere: Interessenheterogenität bei der Festlegung
      von Festbetragsregelungen für Arzneimittel 704
  bb) Sozialversicherungsrechtliche Normsetzungsbefugnisse ... 707
    α) Art. 87 Abs. 2 GG und die Einräumung von
      Satzungsautonomie 708
    β) Erweiterung des Kreises der Erstdelegatare aus Art. 80
      Abs. 1 GG nach Art. 87 Abs. 2 GG 715
    γ) Art. 9 Abs. 3 GG als Legitimationsgrundlage 719
  cc) Ergebnis 722

§ 10 Die innere Souveränität des kooperativen Staates 725

  I. Die innere staatliche Souveränität in der Sinnkrise 726
  II. Die innere staatliche Souveränität als Verfassungsvoraussetzung ... 729
  III. Rekonstruktion und Reduktion der inneren
     staatlichen Souveränität 735

Zusammenfassung 743

Literaturverzeichnis 759
Stichwortverzeichnis 823

§ 1 Verhandeltes Recht als Kompensation expansionsbedingten staatlichen Machtverlusts

I. Die Aufgabenexpansion des modernen Sozialstaats

Der abstrakte, von einem konkret-verfaßten staatlichen Gemeinwesen gelöste Typus des modernen Staates gibt diesem lediglich ein Minimum an zwingenden, typusbildenden Staatsaufgaben vor. Zu den insoweit prägenden Aufgaben zählt die Abwehr innerer wie äußerer Gefahren für die physische Sicherheit der Bürger[1]. Darüber hinaus ist in dem Organisationsmodell des modernen Staates kein geschlossenes Konzept der Staatsaufgaben apriorisch angelegt[2]. Inhalt und Zielrichtung von Staatsaufgaben, die über diesen, den Typus prägenden Mindestbestand hinausgehen, können nur anhand konkreter Verfassungsbestimmungen ermittelt oder von den hierzu zuständigen Akteuren im Rahmen der formellen und materiellen Vorgaben der Verfassung festgelegt werden[3]. Festlegung wie Realisierung solcher Aufgaben wird durch die dem Staat von Verfassungs wegen zur Verfügung stehenden Mittel – insbesondere seine verfassungsrechtlichen Kompetenzen und Befugnisse – geprägt, deren Reichweite in der verfassungsstaatlichen Evolutionsstufe des modernen Staates notwendigerweise, insbesondere durch den Schutzgehalt individueller Freiheitsrechte begrenzt ist.

In historischer Perspektive[4] errichtete der Verfassungsstaat zunächst eine rechtliche Rahmenordnung, innerhalb derer sich die gesellschaftlichen Kräfte unter Berufung auf die ihnen eingeräumte Privatautonomie frei entfalten konnten und die zugleich die zunächst ungezügelte staatliche Macht rechtsstaatlich unterfangen sollte. Die Ausweitung des staatlichen Funktionsbereichs begann mit einer Phase von Einschränkungen der Privatautonomie zur Verhinderung offenkundiger Freiheitsmißbräuche. In der Folge ging der Staat unter dem Eindruck der aus der Industrialisierung folgenden sozialen Probleme dazu über, soziale Ungleichgewichte durch Interventionen in den Wirtschaftsprozeß und die Errichtung von Leistungssystemen auszutarieren. In einer dritten Entwicklungs-

---

[1] Hierzu z.B. *R. Herzog*, in: J. Isensee/P. Kirchhof, HdbStR Bd. III, § 58 Rn. 25; *J. Isensee*, in: ders./P. Kirchhof, HdbStR Bd. I, § 13 Rn. 62 ff., 74 ff., 102; *ders.*, in: ders./P. Kirchhof, HdbStR Bd. III, § 57 Rn. 41 ff.
[2] *C. Engel*, Rechtstheorie Bd. 32 (2001) S. 23 ff. (23).
[3] *H. Krüger*, Allgemeine Staatslehre, S. 759 ff.
[4] Hierzu *J. Isensee*, in: ders./P. Kirchhof, HdbStR Bd. I, § 13 Rn. 102 f.; *ders.*, JZ 1999, S. 265 ff. (271 f.).

stufe kulminiert der soziale Gestaltungsanspruch des Staates in einer Globalverantwortung für Wohlfahrt, Gerechtigkeit und Zukunftssicherung der Gesellschaft[5]. Der heutige Präventionsstaat[6] mit seinem System offener Staatsaufgaben kennt – jedenfalls in der Erwartungshaltung seiner Bürger, die immer mehr gesellschaftliche Erwartungen auf den Staat projezieren[7] – keine Grenzen staatlichen Steuerungsbedarfs[8]. Dies bedingt eine permanente Ausweitung des staatlichen Funktionsbereichs[9], die in der durch das Grundgesetz errichteten Verfassungsordnung in ein Spannungsverhältnis mit dem sektoralen Charakter der Verfassung (bzw. des von ihr verfaßten Staates[10]) gerät: Diese legt ihren Regelungen die Totalität potentieller Staatsaufgaben nur in abgeschwächter Form zugrunde[11]. Das Sozialstaatsprinzip des Grundgesetzes hält den Staat zur Gestaltung der Gesellschaftsordnung an und weist ihm vorbehaltlich individueller oder gesellschaftlicher Freiheitsräume eine – freilich nur selten auf die Ebene einzelner konkreter Handlungspflichten rückführbare – Gesamtverantwortung für die wirtschaftliche und soziale Entwicklung, für ökonomischen Wohlstand und soziale Sicherheit zu[12]. Bei der Realisierung dieser Aufgabe gilt dem Juristen das Gesetz als das mächtigste Instrument der Politik zur Sozialgestaltung[13]. Werden einzelne Aspekte des potentiell umfassenden staatlichen Mandats für die Gesellschafts-, Wirtschafts-, Sozial- und Kulturpolitik aufgegriffen, muß sich der staatliche Gestaltungsanspruch aus verfassungsrechtlicher Sicht (in dem Maße, in dem der Vorbehalt des Gesetzes dies gebietet[14]) zunächst im allgemeinverbindlich wirkenden Gesetz realisieren[15].

---

[5] Siehe *H. Dreier*, Staatswissenschaften und Staatspraxis Bd. 4 (1993), S. 647 ff. (658 f. m.w.N.); *D. Grimm*, Die Zukunft der Verfassung, S. 168 ff.; *ders.*, in: E. Benda/W. Maihofer/H.-J. Vogel, HdbVerfR, § 15 Rn. 7 m.w.N. in Fn. 12; *H. Hill*, DVBl. 1989, S. 321 ff. (324).

[6] Hierzu *D. Grimm*, in: *ders.*, Staatsaufgaben, S. 613 ff. (625 ff.); *J.J. Hesse*, Jahrbuch zur Staats- und Verwaltungswissenschaft Bd. 1 (1987), S. 55 ff. (70); *G.F. Schuppert*, Die Verwaltung, Beiheft 4 (2001), S. 201 ff. (211 ff.).

[7] *M. Herdegen*, VVDStRL Bd. 62 (2003), S. 7 ff. (15); *M. Kloepfer*, VVDStRL Bd. 40 (1982), S. 63 ff. (70 f.).

[8] *G.-P. Calliess*, Prozedurales Recht, S. 55 ff., 118.

[9] *H.H. v. Arnim*, Staatslehre der Bundesrepublik Deutschland, S. 465 ff.; *D. Grimm*, in: T. Ellwein/J.J. Hesse, Staatswissenschaften, S. 13 ff. (22).

[10] Zuletzt wieder *J. Isensee*, JZ 1999, S. 265 ff. (269 f.).

[11] Zu dem folgenden nur *H.-J. Papier*, FS Bettermann, S. 33 ff. (40).

[12] Zu den einzelnen Elementen der Sozialstaatlichkeit: *R. Gröschner*, in: H. Dreier, Grundgesetz Bd. II, Art. 20 (Sozialstaat) Rn. 30 ff.; *K.-P. Sommermann*, in: H. v. Mangoldt/F. Klein/C. Starck, Grundgesetz Bd. 2, Art. 20 Rn. 112 ff.; *H.F. Zacher*, in: J. Isensee/P. Kirchhof, HdbStR Bd. I, § 25 Rn. 27 ff., v.a. 48 ff.

[13] Beispielhaft für diese Einschätzung *W. Kluth*, Funktionale Selbstverwaltung, S. 242; s.a. *K.F. Röhl*, Allgemeine Rechtslehre, S. 220.

[14] Hierzu nur *R. Herzog*, in: T. Maunz/G. Dürig u.a., Grundgesetz, Art. 20 VI Rn. 55; *F. Ossenbühl*, in: J. Isensee/P. Kirchhof, HdbStR Bd. III, § 62 Rn. 7 ff., 26 ff.; *H. Schulze-Fielitz*, in: H. Dreier, Grundgesetz Bd. II, Art. 20 (Rechtsstaat) Rn. 95 ff.; *K.-P. Sommermann*, in: H. v. Mangoldt/F. Klein/C. Starck, Grundgesetz Bd. 2, Art. 20 Rn. 263 ff.

[15] *F. Ossenbühl*, in: J. Isensee/P. Kirchhof, HdbStR Bd. III, § 61 Rn. 22.

In dem Maß, in dem der verteilende, lenkende und planende Sozialstaat nicht mehr allein Sicherheits- und Ordnungsfunktionen wahrnimmt, sondern sich auch der Aufgabe sozialer Gestaltung annimmt – wie insbesondere durch Steuerung der Wirtschaftsordnung, Gewährleistung von Daseinsvorsorge und sozialer Teilhabe[16] – ändert sich aber zum einen die Qualität der ursprünglich in erster Linie auf Gewährleistung individueller Freiheitsräume und die Abwehr staatlicher Eingriffe in die private Rechtssphäre ausgerichteten Rechtsordnung des Verfassungsstaats[17], da die Beschaffenheit der neuen Staatsaufgaben nicht in dem gleichen Maße wie die Herstellung von Sicherheit und Ordnung den Einsatz von einseitig-hoheitlichem Zwang erlaubt. Wirtschaftswachstum oder technische Innovationen können staatlicherseits nur angeregt, aber nicht befohlen werden[18]. In solchen Bereichen ist der Staat viel höherem Maße auf die Folgebereitschaft der Steuerungsadressaten angewiesen als bei der imperativen Steuerung im Bereich klassisch-hoheitlicher Staatsaufgaben[19]. Dadurch, daß sich der staatliche Rechtsetzer einer stetig wachsenden Zahl von Gestaltungsaufgaben gegenübersieht, die seine unmittelbare Reaktion verlangen, wachsen zum anderen aber auch die auf die Quantität der Regelsetzung bezogenen Ansprüche an den Staat. Angesichts dieser quantitativ wie qualitativ gewachsenen Ansprüche an seine Rechtsetzung hat der Staat proportional zu seinem Funktions- und Aufgabenzuwachs einen Machtverlust erlitten[20].

II. Die Diskrepanz von Aufgabenzuwachs und Machtverlust im modernen Sozialstaat

Die Erweiterung der Handlungsagenden des Sozial- und des Präventionsstaates ist nur bei einer hohen Steuerungskapazität von Politik und Recht zu bewältigen. Gerade deren Existenz ist in den letzten Jahrzehnten immer deutlicher bezweifelt worden[21]. Soweit – auch außerhalb der noch zu erörternden autopoietischen Sy-

---

[16] Zur sozialstaatlichen Aufgabenexpansion schon *F. Ossenbühl*, DÖV 1972, S. 25 ff. (26 m.w.N.); s.a. *F.-X. Kaufmann*, in: D. Grimm, Staatsaufgaben, S. 15 ff. (23 ff.).
[17] *F.-X. Kaufmann*, Jahrbuch für Rechtssoziologie und Rechtstheorie Bd. 13 (1988), S. 65 ff. (71).
[18] *D. Grimm*, in: T. Ellwein/J.J. Hesse, Staatswissenschaften, S. 13 ff. (23). Zu dem Grundproblem staatlichen Zugriffs auf die technische Entwicklung: *F. Ossenbühl*, Die Not des Gesetzgebers im naturwissenschaftlich-technischen Zeitalter.
[19] Einen Zusammenhang zwischen der Entwicklung von Qualität und Quantität der Staatsaufgaben und der Entwicklung kooperativer und konsensualer Strukturen der Normsetzung sieht auch *D. Grimm*, Diskussionsbeitrag, VVDStRL Bd. 62 (2003), S. 86.
[20] *D. Grimm*, in: R. Voigt, Abschied vom Staat – Rückkehr zum Staat, S. 27 ff. (45); *ders.*, in: E. Benda/W. Maihofer/H.-J. Vogel, HdbVerfR, § 15 Rn. 8; s.a. etwa *C. Gusy*, ZUR 2001, S. 1 ff. (1). Die Klagen über eine ausufernde und zur Lösung der eigentlich drängenden Aufgaben nicht geeigneten parlamentarischen Gesetzgebung sind Legion; so schon früh: *U. Scheuner*, DÖV 1960, S. 601 ff. (603 ff.); jüngst: *A. v. Bogdandy*, Gubernative Rechtsetzung, S. 44 ff., 199 ff.
[21] Überblick über die Steuerungskrise des Rechts bei *G.-P. Calliess*, Prozedurales Recht, S. 73 ff.; *R. Mayntz*, in: J. Matthes, Sozialer Wandel in Westeuropa, S. 55 ff.; *K. Meßerschmidt*, Ge-

stemtheorie – vom Versagen hergebrachter Steuerungsmittel und damit des Rechts, insbesondere des Gesetzes[22], die Rede ist, sind damit klassisch-hoheitliche Rechtsformen angesprochen, die – mit entsprechend kritischer Konnotation – unter die Begriffe des regulativen[23] bzw. des interventionistischen Rechts subsumiert werden. Diese rechtstheoretischen Kategorien sind in der Diskussion um sozialstaatlich (und damit durch das Anliegen, den gesellschaftsgestaltenden Staatsaufgaben gerecht zu werden) motivierte staatliche Eingriffe in das Wirtschaftssystem entwickelt worden[24], können aber ohne weiteres auch auf jede rechtliche Intervention des Staates in andere komplexe Felder des gesellschaftlichen oder politischen Lebens übertragen werden[25]. Die Feststellung eines Einfluß- und Wirksamkeitsverlustes staatlicher Regelsetzung beruht auf einer Einschätzung, nach der moderne gesellschaftliche Strukturen und Probleme für interventionistische Steuerungsformen, insbesondere interventionistisches Recht nicht (mehr) empfänglich sind. Der Machtverlust des Staates bei expandierendem Funktionsbereich beruht auf einer Diskrepanz zwischen gesellschaftlicher Realität einerseits und den Wirkungsbedingungen insbesondere interventionistischen staatlichen Rechts andererseits, die dann offenbar wird, wenn man die Wirkungsbedingungen für dieses Recht betrachtet[26].

1. Das interventionistische Recht

Unter der Überschrift des interventionistischen Rechts werden solche Normen zusammengefaßt, die Steuerung mit Zweckprogrammen zu realisieren suchen[27]. Entscheidend für die Charakterisierung einer Rechtsnorm als »interventionistischer« ist die Unmittelbarkeit der von ihr erstrebten Rechtsfolge und die fehlende Inanspruchnahme korrespondierender oder flankierender gesellschaftlicher Selbstregulierung. Dabei darf natürlich nicht jede Staatsinter-

---

setzgebungsermessen, S. 138 ff. m.w.N. in Fn. 550. Zu den Themen Steuerungsdefizite und Staatsversagen auch: *T. Öhlinger*, in: ders., Methodik der Gesetzgebung, S. 17 ff. (22 ff.); *E.-H. Ritter*, in: D. Grimm, Wachsende Staatsaufgaben – sinkende Steuerungsfähigkeit des Rechts, S. 69 ff. (70 ff); *F.W. Scharpf*, PVS Bd. 32 (1991), S. 621 ff. und die Beiträge in H.-P. Burth/A. Görlitz, Politische Steuerung in Theorie und Praxis.

[22] *T. Blanke*, KJ Bd. 19 (1986), S. 406 ff. (412 f.); *W. Brohm*, DÖV 1987, S. 265 ff. (265 f.); *R. Pitschas*, DÖV 1989, S. 785 ff. (789); *E. Schmidt-Aßmann*, Das allgemeine Verwaltungsrecht als Ordnungsidee und System, S. 161 ff. Umfassend: *W. Leisner*, Krise des Gesetzes, S. 123 ff. und passim.

[23] Oder auch: »regulatorischen«; siehe *G. Teubner*, in: F. Kübler, Verrechtlichung von Wirtschaft, Arbeit und sozialer Solidarität, S. 289 ff. (313 ff.).

[24] Beispielhaft insoweit *P. Nahamowitz*, in: A. Görlitz/R. Voigt, Postinterventionistisches Recht, S. 7 ff. (18 ff.).

[25] Hierzu *R. Voigt*, in: A. Görlitz/ders., Postinterventionistisches Recht, S. 37 ff. (40 f.).

[26] Siehe auch die Übersicht bei *J. Esser*, in: D. Döring, Sozialstaat in der Globalisierung, S. 117 ff. (124 f.).

[27] Hierzu und zu dem folgenden *A. Görlitz*, in: ders./R. Voigt, Grenzen des Rechts, S. 17 ff. (24 ff.); *P. Nahamowitz*, in: A. Görlitz/R. Voigt, Postinterventionistisches Recht, S. 7 ff. (8 ff.); *G.F. Schuppert*, Die Verwaltung, Beiheft 4 (2001), S. 201 ff. (203 ff.).

vention, die mit Mitteln des Rechts vorgenommen wird, als Form des interventionistischen Rechts definiert werden, da ansonsten nahezu jede Rechtsnorm in das interventionistische Rechtskonstrukt eingeschlossen werden müßte[28]. Gesetze mit interventionistischem Charakter verfügen über einen spezifischen Steuerungszweck, der durch die Vorschrift unmittelbar bewirkt werden soll[29]. Damit sind insbesondere solche Vorschriften unter den Begriff des interventionistischen Rechts zu fassen, die Ge- oder Verbote enthalten, welche gegebenenfalls mit den klassischen Zwangsmitteln staatlicher Hoheitsgewalt durchzusetzen sind.

Für diejenigen interventionistischen Rechtsnormen, anhand derer staatliche Anliegen in der Gesellschaft auf der Grundlage des staatlichen Machtpotentials durchgesetzt werden sollen, wurde der engere Begriff des regulativen Rechts etabliert[30]. Regulative Rechtsnormen richten sich auf die direkte Beeinflussung des Verhaltens ihrer Adressaten[31]. Sie werden als unpersönlich formulierte Verhaltensvorschriften definiert, die sich an bestimmte (oder bestimmbare) Adressaten richten und als Gebote, Verbote oder bedingte Erlaubnisse formuliert sein können[32]. Regulative Regeln wirken damit unmittelbar verhaltenslenkend. Die Möglichkeit legitimer Zwangsausübung ist bei der staatlichen Umsetzung der entsprechenden Norminhalte zwar möglich, stellt aber nicht die Regel dar, da die meisten regulativen Vorschriften nicht nur auf der formal-rechtsstaatlichen Dignität des Gesetzes, sondern auch auf einem sozialen Konsens ruhen. Nicht unter den Begriff des regulativen Rechts zu fassen ist damit der staatliche Steuerungsversuch mit anderen, nicht-rechtlichen Medien, auch soweit diese aus verfassungsrechtlichen Gründen auf rechtlicher Grundlage erfolgen[33]. In den Katalog der Formen interventionistischer – aber nicht regulativer – rechtlicher Steuerung wird auch der Einsatz staatlicher Finanzkraft zu Erreichung erwünschten Verhaltens (etwa durch die Gewährung von Subventionen) bzw. die Erschwerung bestimmter Verhaltensweisen durch die Auferlegung finanzieller Lasten (v.a. Abgaben) eingeordnet. Die indirekteste Form interventionistischer Rechtssteuerung erfolgt über die staatliche Bereitstellung öffentlicher Infrastruktur. All

---

[28] *R. Voigt*, in: A. Görlitz/ders., Postinterventionistisches Recht, S. 37 ff. (40).
[29] Als Beispiel werden Meldepflichten für Arbeitgeber genannt, die die Hinterziehung von Sozialabgaben erschweren sollen oder auch die Anordnung der Ausrüstung von Fahrzeugen mit Sicherheitsgurten, die die Zahl schwerer Personenschäden bei Unfällen verhindern sollen; *K.F. Röhl*, Allgemeine Rechtslehre, S. 515.
[30] *P. Nahamowitz*, in: A. Görlitz/R. Voigt, Postinterventionistisches Recht, S. 7 ff. (8). Die Begriffe des interventionistischen bzw. des regulativen Rechts bezeichnen damit nur zum Teil dasselbe Phänomen, da das regulative Recht eine Teilmenge des interventionistischen bildet; a.A. aber *R. Voigt*, in: A. Görlitz/ders., Postinterventionistisches Recht, S. 37 ff. (42).
[31] *F. Traxler/G. Vobruba*, ZfS 1987, S. 3 ff. (5).
[32] *R. Mayntz*, in: dies., Implementation politischer Programme II, S. 50 ff. (51). In einem juristischen Zusammenhang ist aber zu beachten, daß der Normbegriff hier in einem soziologischen Sinne verwendet wird.
[33] Hierzu ausf. *C. Engel*, in: H.-W. Rengeling/H. Hof, Instrumente des Umweltschutzes im Wirkungsverbund, S. 17 ff. (20 ff.).

diese Formen interventionistischer Steuerung sind mithin nicht regulativ, da sie bestimmte individuelle oder kollektive Verhaltensweisen nur mittelbar zu erreichen bzw. zu verhindern suchen.

2. Die Wirksamkeitsbedingungen interventionistischen Rechts

In den Sozialwissenschaften und der sozialwissenschaftlich inspirierten Rechtswissenschaft hat sich in zunehmendem Maße die Ansicht etabliert, daß die – bewußt oder unbewußt einfach konstruierten – Wirksamkeitsbedingungen staatlicher Steuerung durch interventionistische Rechtsetzung nicht mehr gegeben sind[34]. Zum einen ist durch die in der Rechtssoziologie verankerte Wirkungsforschung festgestellt worden, daß Rechtsnormen keineswegs in allen Fällen tatsächlich die Wirkungen auslösen, die mit ihnen unmittelbar intendiert waren. Die Implementationsforschung hat dargelegt, daß bei der Umsetzung jeder Art von interventionistischer und insbesondere regulativer Steuerung so viele Widerstände und Gegenkräfte mobilisiert werden, daß ein Steuerungserfolg eher als Ausnahme denn als Regel anzusehen sein soll[35]. Weil Steuerungskonzepte, die aus den sechziger und siebziger Jahren des vergangenen Jahrhunderts stammen, sich als oft schwer realisierbar erwiesen haben[36], werden die Schwierigkeiten, denen jene staatlichen Steuerungsversuche begegnet sind, auf alle Formen unmittelbarer staatlicher Steuerung übertragen, auch wenn diese hinsichtlich ihrer gesellschaftlichen Breitenwirkung deutlich weniger ambitionierte Ziele verfolgen, als dies für die bezeichneten Instrumente galt.

Die Hindernisse bei der Erreichung der gewählten Ziele durch interventionistische Normen liegen in dem erforderlichen Kontroll- und Durchsetzungsaufwand und in der Gefahr, sich ablehnend verhaltender gesellschaftlicher Machtreservate, innerhalb derer die durch einen unverbrüchlichen Geltungsanspruch charakterisierte Rechtsnorm umgangen oder vielleicht sogar ignoriert wird. Weitere Schwächen des interventionistischen Rechts als typischem Instrument regu-

---

[34] *E.-H. Ritter*, Staatswissenschaften und Staatspraxis Bd. 1 (1990), S. 50 ff. (51 f.); s.a. *D. Braun*, Die politische Steuerung der Wissenschaft, S. 31 ff.; *A. Görlitz*, in: ders./R. Voigt, Grenzen des Rechts, S. 17 ff. (24); *K. König/N. Dose*, in: dies., Instrumente und Formen staatlichen Handelns, S. 3 ff. (7 ff.); *G.F. Schuppert*, in: W. Hoffmann-Riem/E. Schmidt-Aßmann/ders., Reform des Allgemeinen Verwaltungsrechts, S. 65 ff. (68 ff.).

[35] Nachweise bei *R. Voigt*, in: A. Görlitz/ders., Postinterventionistisches Recht, S. 27 ff. (43).

[36] Die Etablierung der Konzertierten Aktion durch § 3 StabG (Gesetz zur Förderung der Stabilität und des Wachstums der Wirtschaft vom 8. Juni 1967 (BGBl. I 582)) ist für den vorliegenden Zusammenhang von Interesse, weil zwar Verhandlungen und Kooperationen zwischen Staat und Verbänden schon in den sechziger Jahren alles andere als ein neues Phänomen darstellten, aber deren Verrechtlichung durchaus eine neue Qualität dieser Kooperation bezeichnete. Eine heute noch existierende Konzertierte Aktion ist diejenige im Gesundheitswesen nach § 141 f. SGB V, im Rahmen derer die an der gesundheitlichen Versorgung der Bevölkerung Beteiligten gemeinsam mit dem Ziel einer bedarfsgerechten Versorgung der Versicherten und einer ausgewogenen Verteilung der Belastungen medizinische und wirtschaftliche Orientierungsdaten und Vorschläge zur Erhöhung der Leistungsfähigkeit, Wirksamkeit und Wirtschaftlichkeit im Gesundheitswesen entwickeln und miteinander abstimmen (§ 141 Abs. 1 SGB V).

II. Die Diskrepanz von Aufgabenzuwachs und Machtverlust im modernen Sozialstaat

lativer Steuerung liegen nach Ansicht seiner Kritiker in dessen dezisionistischer Entstehungsweise, einer hierdurch genährten, aber meist enttäuschten Erwartung sofortiger Lösung der angegangenen Probleme sowie in der unrealistisch-simplifizierenden Annahme monokausaler Wirkungsketten[37].

Zunächst muß der Staat, um gesellschaftliche Verhältnisse durch Gesetze wirksam steuern zu können, auf ein einfach strukturiertes gesellschaftliches Umfeld treffen und sich auf wenige, klar umrissene Aufgaben beschränken können, da nur bei einer möglichst weitreichenden Reduktion der zu beeinflussenden Umwelt die Einkleidung von staatlichen Anliegen in generell-abstrakte Regelungen möglich ist. Dies hängt mit den immanenten Grenzen des abstrakten Rechtssatzes zusammen: Je komplexer die Regelungsmaterie und je perfektionistischer der Regelungsanspruch des Gesetzgebers ist, desto abstrakter muß ein Rechtssatz formuliert sein. Je abstrakter aber ein Rechtssatz formuliert ist, desto mehr inhaltliche Selbständigkeit erlangt der Rechtsanwender bei seiner Auslegung und Anwendung[38]. Ein großer Teil der dem modernen Sozialstaat aufgegebenen oder der von diesem übernommenen Aufgaben werden indes bei nur geringer gesetzlicher Determinierung mit den Mitteln des informalen Verwaltungshandelns und des Privatrechts erfüllt. In vielen Bereichen planender und gestaltender Staatstätigkeit sieht die Rechtswissenschaft angesichts dieser Entwicklung Grenzen der gesetzlichen Determinierung des Verwaltungshandelns, das sich insbesondere in den Bereichen der modernen Leistungs-, Gestaltungs- und Planungsaufgaben außerhalb des durch exakte gesetzliche Regelungen erfaßten Bereichs bewegt[39].

Darüber hinaus müssen die angestrebten Steuerungseffekte über gradlinige und einfach strukturierte Kausalketten verlaufen. Nicht zuletzt um diesen Verlauf prognostizieren zu können, muß der Staat über alle für die Steuerung erheblichen Informationen verfügen, die u.U. sogar ohne Mithilfe ihrer Inhaber erhoben werden müssen. Interventionistisches Recht übergeht nicht nur regelmäßig die Präferenzen der Rechtsunterworfenen, sondern bedarf darüber hinaus zu seiner Wirksamkeit auch mindestens so guter Informationen auf Seiten des Rechtsnormsetzers wie auf der Seite der Regelungsadressaten. Diese werden – zumindest soweit sie die von einer Regelung nachteilig Betroffenen sind – bei der Informationsbeschaffung aber nur dann kooperieren, wenn sie sich hiervon Kooperationsgewinne (etwa: eine mildere Regelung) versprechen. Aus dem gleichen Grunde müssen die angestrebten regulatorischen Ziele erreicht werden können, ohne von den Adressaten eigene Initiative oder gar eine innere Identifizierung mit den Regelungszielen verlangen zu müssen[40].

Ein weiterer Aspekt, der die Effizienz hierarchischer Interaktion zwischen Staat und Gesellschaft zumindest in Grenzen beeinträchtigt, ist der der Ausstiegsoption: Hierarchische Kooperation – also das Ignorieren oder gar Übergehen von Präferenzen der Adressaten ei-

---

[37] Siehe nur *A. Görlitz*, in: ders./R. Voigt, Grenzen des Rechts, S. 17 ff. (25).
[38] *K. Larenz*, Methodenlehre der Rechtswissenschaft, S. 155 ff.
[39] *T. Öhlinger*, in: ders., Methodik der Gesetzgebung, S. 17 ff. (19 f.).
[40] *F.W. Scharpf*, Interaktionsformen, S. 286.

ner Rechtsnorm – ist dort nicht auf Dauer und in allen Maßen möglich, wo den Adressaten eine Austrittsmöglichkeit aus dem regulierten System offen steht[41]. Dies ist insbesondere bei Wirtschaftsakteuren der Fall, die sich hierarchischer Koordination durch Abwanderung ins Ausland entziehen können.

Das dem Grundgesetz zugrundegelegte Konzept individueller Freiheitssicherung durch demokratische Legitimation, inhaltliche Allgemeinheit und Anwendungsgleichheit des Gesetzes reibt sich am dargelegten Zustand der Gesellschaft[42]. Komplexer werdende Lebensverhältnisse fordern dem Staat ein wachsendes Maß an Problemlösungskapazität ab. In den gesellschaftlichen Zielbereichen staatlicher Einflußnahme herrschen keine konstanten Verhältnisse, sondern es herrscht ein hohes Entwicklungstempo (insbesondere auf ökonomischem, technischem und wissenschaftlichem Gebiet), dessen Steuerung durch auf Vorhersehbarkeit der Verhältnisse ausgerichtete abstrakt-generelle Regelungen als schwer möglich gilt. Die im rechtsstaatlichen Steuerungsmodell vorausgesetzten linearen und vorhersehbaren Steuerungsketten sind hier nicht mehr auszumachen, Folgenabschätzungen gelten als ebenso unrealistisch wie Verantwortungszurechnung, so daß staatliche Entscheidungen in Unkenntnis möglicher Folgen und ohne die realistische Möglichkeit späterer politischer oder gar juristischer Folgenverantwortung getroffen werden[43]. Die hochgradige Vernetzung von Individuum und Gesellschaft führt dazu, daß eine Vielzahl von externen und individuell schwer oder gar nicht beherrschbaren Faktoren das Leben des einzelnen ebenso beeinflußt wie gesellschaftliche Entwicklungen, die dann ihrerseits wiederum auf das Individuum und dessen Lebensumstände einwirken. Zwischen diesen Faktoren bestehen wechselseitige, u.U. über lange Zeiträume wirkende Interdependenzen, mit deren Vielfalt das Maß an Unvorhersehbarkeit von Wirkungsabläufen steigt. Steuerungsrelevante Informationsressourcen sind nur in (zumeist) gesellschaftlichen Expertensystemen vorhanden, auf die der Staat nicht ohne weiteres zugreifen kann.

Das reduzierte Steuerungspotential des Staates beruht aber nicht allein auf der Intransparenz der Handlungsfelder, sondern auch auf der tiefgreifenden Tendenz zur Fragmentarisierung und Dezentralisierung des Staates: Der Staat büßt wegen der Vielgestaltigkeit der an ihn gestellten Erwartungen und der Komplexität der daraus resultierenden Handlungsagenden seine Rolle als Mediator und Aggregator des allgemeinen Handlungswissens ein und muß sich auf Interventionen auf der Grundlage des spezialisierten Wissens, das ihm zur Verfügung steht, beschränken. Der Staat ist nicht mehr der souveräne Entscheider, der die territoriale und historische Einheit einer als handlungsfähig angesehenen Nation repräsentiert, sondern er kann nur – mit unvollständigen Informationen ausgestattet – auf gesellschaftliche Netzwerke einwirken[44].

---

[41] *F.W. Scharpf*, Interaktionsformen, S. 285, 340 f.
[42] So die Bilanz von *G.-P. Calliess*, Prozedurales Recht, S. 118.
[43] *K. Grimmer*, in: R. Voigt, Rechtspolitische Forschungskonzepte, S. 144 ff. (146).
[44] *K.-H. Ladeur*, Die Verwaltung, Beiheft 4 (2001), S. 59 ff. (63).

Eine weitere Ursache, die zu der als Staatsversagen[45] umschriebenen Krise interventionistischen Rechts geführt hat, liegt in der mangelnden Entsprechung von Aufbau und Ablauforganisation der Staatsverwaltung einerseits und der differenzierten und komplexen Organisationsstruktur der Gesellschaft andererseits: Der Staat habe sich als unfähig erwiesen, seine interne Struktur so auf- bzw. umzubauen, daß er sich auf die einzelnen zu steuernden Teilbereiche mit ihren vielfältigen Verhaltensmöglichkeiten hätte einstellen können[46].

Die dargelegten Schwierigkeiten, die rein interventionistischen Lösungen innewohnen, führen dabei gleichsam von selbst zu der Idee einer Verantwortungsteilung zwischen privater und staatlicher Normsetzung[47], die die spezifischen Vorteile gesellschaftlicher und staatlicher Problemlösungsmechanismen verbindet und deren jeweilige Nachteile ausblendet. Die verfassungsrechtliche Analyse einer sinnvollen und möglichen Verantwortungsmischung bei der Setzung von Rechtsnormen muß bei dem wissenschaftlichen Verbundbegriff[48] der Steuerung und den sich hierum rankenden sozialwissenschaftlichen Diskussionen ansetzen. Die sozialwissenschaftliche Steuerungsdiskussion analysiert die Bedingungen und Wirkungen rechtlicher Steuerung. Die juristische Dogmatik sollte den darzulegenden sozialwissenschaftlichen Forschungsergebnissen Rechnung tragen und sie zum Ausgangspunkt ihrer Eigenleistung nehmen, die darin besteht, die Kooperationsphänomene im Bereich der Rechtsnormsetzung zu systematisieren und in ihren verfassungsrechtlichen Kontext einzuweisen.

3. Theoretische Begründungen des staatlichen Steuerungsverlusts

Die theoretischen Reaktionen auf die beschriebenen Verfallserscheinungen des interventionistischen Rechts sind so vielfältig, die Konzeptionen so voraussetzungsvoll konstruiert, daß es nicht das Anliegen dieser Untersuchung sein kann, die verschiedenen Ansätze mit enzyklopädischem Anspruch darzustellen. Es ist vielmehr geboten, die hier im Mittelpunkt des Interesses stehenden Alternativen im und zum Recht zu bewerten. Die Schwierigkeit auch dieser Aufgabe liegt indes darin begründet, daß die verschiedenen Alternativen zum bzw. im Recht keineswegs auf einheitlichem theoretischen Grund ruhen; zudem werden oft nahezu identische Konstrukte lediglich mit unterschiedlichen Bezeichnungen belegt. Schlüsselbegriff aller theoretischen Versuche ist der Begriff der Steuerung.

a) Begriff und Gegenstand der Steuerungstheorie

Begriff und Idee der staatlichen Steuerung wurden v.a. in den »steuerungseuphorischen« sechziger und siebziger Jahren angesichts der in dieser Epoche entwor-

---

[45] *R. Mayntz*, Jahrbuch zur Staats- und Verwaltungswissenschaft Bd. 1 (1987), S. 89 ff. (89 f.).
[46] *J. Esser*, in: D. Döring, Sozialstaat in der Globalisierung, S. 117 ff. (124 f.).
[47] *H. Schulze-Fielitz*, in: H. Dreier, Rechtssoziologie am Ende des 20. Jahrhunderts, S. 156 ff.; *G.F. Schuppert*, Die Verwaltung, Beiheft 4 (2001), S. 201 ff. (224 f.).
[48] Zu dieser Kategorie: *C. Möllers*, VerwArch Bd. 93 (2002), S. 22 ff. (45).

fenen gesellschaftspolitisch anspruchsvollen Reformprojekte theoretisch durchdrungen[49]. Obschon die ursprüngliche Steuerungseuphorie angesichts von Rückschlägen bei der Implementation dieser Politik bald einem erheblichen Steuerungspessimismus wich[50], ist die Erforschung der Wirksamkeitsbedingungen staatlicher Steuerung und die Entwicklung von Steuerungstheorien nach wie vor ein zentrales Anliegen der theoretisch ausgerichteten Sozialwissenschaften. »Steuerung« ist ein wissenschaftlicher Verbundbegriff, der die unterschiedlichsten juristischen und nicht-juristischen Kategorien in sich aufnimmt[51]. In den deutschen Sozialwissenschaften hat er in den letzten Jahrzehnten eine eindrucksvolle Karriere gemacht[52], die bemerkenswerterweise parallel zu einer Entwicklung verlief, die in den siebziger Jahren von erheblicher Steuerungseuphorie geprägt war, während sich in den folgenden Jahren und Jahrzehnten ein – je nach Betrachtungsweise – unterschiedlich stark ausgeprägter Steuerungspessimismus Bahn brach.

Erst vor verhältnismäßig kurzer Zeit ist der Steuerungsbegriff gemeinsam mit der Diskussion um die Steuerungsfähigkeit aus den Sozialwissenschaften in das öffentliche Recht, insbesondere in das Verwaltungsrecht[53], eingedrungen und dabei zum analytischen Rahmen für die Diskussion traditioneller Gegenstände der juristischen Dogmatik erhoben worden. Während das Desiderat individueller Freiheitssicherung gegenüber hoheitlichem Staatshandeln für lange Zeit dogmatischer Fixpunkt des öffentlichen Rechts war, hat sich diese Ausgangsperspektive vor dem Hintergrund der Steuerungsdiskussion von der Rechtmäßigkeit und der Rechtsförmlichkeit auf die Sachangemessenheit und die Effizienz des Staatshandelns verschoben[54]. Der Begriff der Steuerung bzw. des Steuerungsverlustes ist der sozialwissenschaftliche Schlüssel bei der Problemanalyse des zunehmenden – freiwilligen oder unfreiwilligen – staatlichen Einflußverlustes und des damit einhergehenden Einflußzuwachses nicht-staatlicher Akteure auf ursprünglich staatliche Handlungsagenden[55]. Die Anknüpfung an die sozialwissenschaftliche Steuerungsdiskussion ermöglicht eine Analyse der Rahmenbedingungen staatlicher Steuerung, die insbesondere durch die Wirkungszusammenhänge zwi-

---

[49] Zu den theoretischen Lagern bei der Erforschung von Steuerungseuphorie und -pessimismus: *J. Esser*, in: D. Döring, Sozialstaat in der Globalisierung, S. 117 ff. (118 ff.).
[50] Für einen Überblick über die für die Mißerfolge staatlicher Steuerung ausgemachten Ursachen siehe zunächst nur: *J. Esser*, in: D. Döring, Sozialstaat in der Globalisierung, S. 117 ff. (124 ff.).
[51] *K. König/N. Dose*, in: dies., Instrumente und Formen staatlichen Handelns, S. 3 ff. Eine genaue Analyse der Steuerungsbegriffe in den verschiedenen Disziplinen bietet *R. Voigt*, ebda., S. 289 ff.
[52] *R. Mayntz*, Jahrbuch zur Staats- und Verwaltungswissenschaft Bd. 1 (1987), S. 89 ff.
[53] *G.F. Schuppert*, in: W. Hoffmann-Riem/E. Schmidt-Aßmann/ders., Reform des Allgemeinen Verwaltungsrechts, S. 65 ff., der dort die Verwaltungsrechtswissenschaft als Steuerungswissenschaft bezeichnet. S.a. *F.-X. Kaufmann*, in: D. Grimm, Staatsaufgaben, S. 15 ff. (28 ff.), der den modernen Staat u.a. als »Steuerungsstaat« konzeptioniert und *E. Schmidt-Aßmann*, Das allgemeine Verwaltungsrecht als Ordnungsidee, S. 18 ff.
[54] *O. Lepsius*, Steuerungsdiskussion, Systemtheorie und Parlamentarismuskritik, S. 3 f.
[55] *G.F. Schuppert*, Die Verwaltung Bd. 31 (1998), S. 415 ff. (436 ff.).

schen Steuerungssubjekten, -objekten, -medien und -instrumenten determiniert sind[56]. Neben den – zumindest für steuernde Eingriffe in die gesellschaftliche Entwicklung – teilweise als ineffektiv empfundenen Steuerungsmitteln Geld und Recht verfügt der Staat über eine Reihe alternativer Möglichkeiten zur Beeinflussung gesellschaftlicher Teilbereiche in Form von strategisch arrangierten, rechtlich (!) oder politisch abgesicherten Kooperationsformen mit für das jeweilige Problem wichtigen gesellschaftlichen Akteuren[57]. Mit ihrer Öffnung gegenüber der sozialwissenschaftlichen Steuerungsdiskussion gewinnt die Rechtswissenschaft und insbesondere das öffentliche Recht Anschluß an die in anderen wissenschaftlichen Disziplinen kultivierte Diskussion über die gesellschaftlichen Kontextbedingungen staatlichen Handelns[58].

Die sozialwissenschaftlichen Steuerungsmodelle können der Rechtswissenschaft hierzu dreierlei Aussagen zur Verfügung stellen[59]: sie können empirisch abgesichertes Erfahrungswissen bieten, tatsächliche Wirkungszusammenhänge erklären und durch das Aufzeigen von Gesetzmäßigkeiten Orientierung über künftige Entwicklungsrichtungen gesellschaftlicher Prozesse und politischer Systeme geben. Der therapeutisch sinnvolle Einsatz von Reaktionsstrategien hängt daher von einem Problembewußtsein ab, dessen Schärfung weniger von einer normativ orientierten Rechtswissenschaft als von den Sozialwissenschaften zu leisten ist. In der Folge sollen daher die durch die Sozialwissenschaften erarbeiteten Rahmenbedingungen, die gleichermaßen kritische Deskription wie theoretische Grundlage kooperativer und konsensualer Strukturen in der Normsetzung sind, erschlossen werden. Diese Forschungsergebnisse legen den Grund für eine verfassungsrechtliche Analyse des Untersuchungsgegenstandes.

Staatliche Steuerung wird für den hier vorliegenden Zusammenhang als Herstellung einer sozialen Ordnung verstanden[60]; genauer: als die bewußte und zielgerichtete Veränderung gesellschaftlicher Zustände durch staatliche Steuerungsinstanzen (etwa Parlament, Regierung, Ministerialbürokratie und sonstige Verwaltung, oberste Gerichte)[61]. Den Gegensatz zu diesem Begriff bildet der der gesellschaftlichen Selbstregulierung. Dieser bezeichnet die kollektive Verfolgung von Privatinteressen[62] in Wahrnehmung grundrechtlicher Freiheiten – und mit den insbesondere vertraglichen Instrumenten der Privatautonomie –[63], der

---

[56] *E. Schmidt-Aßmann*, Das allgemeine Verwaltungsrecht als Ordnungsidee und System, S. 19 f.
[57] *J. Esser*, in: D. Döring, Sozialstaat in der Globalisierung, S. 117 ff. (126).
[58] *R. Pitschas*, in: W. Hoffmann-Riem / E. Schmidt-Aßmann / G.F. Schuppert, Reform des Allgemeinen Verwaltungsrechts, S. 219 ff. (224).
[59] *K. König / N. Dose*, in: dies., Instrumente und Formen staatlichen Handelns, S. 3 ff. (123 ff.).
[60] *D. Braun*, Diskurse zur staatlichen Steuerung, S. 2; s.a. *R. Mayntz*, Jahrbuch zur Staats- und Verwaltungswissenschaft Bd. 1 (1987), S. 89 ff. (92); *F.W. Scharpf*, PVS Bd. 30 (1989), S. 10 ff. (18); *M. Schmidt-Preuß*, VVDStRL Bd. 56 (1997), S. 160 ff. (163).
[61] *P. Nahamowitz*, in: A. Görlitz / R. Voigt, Postinterventionistisches Recht, S. 7 ff. (10) m.w.N. Aus juristischer Sicht ähnlich *M. Schmidt-Preuß*, VVDStRL Bd. 56 (1997), S. 160 ff. (163): »Staatliche Steuerung ist jede Gestaltung der Lebensverhältnisse durch einen Träger öffentlicher Gewalt«.
[62] Zu dem Begriff des Interesses nun *H.-G. Dederer*, Korporative Staatsgewalt, § 2 I 1 (c).
[63] *M. Schmidt-Preuß*, VVDStRL Bd. 56 (1997), S. 160 ff. (162 f.).

aber ein über den bloßen Eigennutz hinausreichender Steuerungszweck innewohnt. Ihr Akteur nimmt Autonomie in Anspruch, will also soziales Zusammenleben ordnen. Er nimmt dafür keine souveränen Befugnisse in Anspruch. Die Adressaten sind zugleich die Träger der Regulierung. Sie haben also institutionell gesicherten Einfluß auf die Selbstorganisation[64].

Staatliche Steuerung bezeichnet eine einseitige Einflußnahme und umfaßt nur den Endpunkt eines ganzen Spektrums möglicher Verschränkungen von Steuerung und Selbstorganisation. Der weiter reichende Begriff der »governance« schließt demgegenüber die einseitige Steuerung als eine Variante neben der gesellschaftlichen Selbstregulierung und der Vielzahl von Mischformen dieser beiden Funktionen mit ein[65]. Unter diese bewußt von der Chiffre für das klassische staatliche Regieren – government – abgesetzten Bezeichnung für den im kooperativen Staat geforderten Politikmodus einer staatlich-privaten Handlungskoordination werden eine Vielzahl von Arrangements gefaßt: Korporatismus, politische Netzwerke, Verhandlungssysteme, parastaatliche Selbstregulierung[66].

Die Debatte über defizitäre staatliche Steuerungsmöglichkeiten und entsprechende Ausweichstrategien in dem kooperativen Staat wird von zwei sozialwissenschaftlichen Grundpositionen – der systemtheoretischen bzw. der akteurszentrierten Steuerungstheorie – aus geführt[67]. Beide Positionen weisen zwar

---

[64] Siehe *C. Engel*, Freiheit und Autonomie, S. 38 ff., der zudem noch die weitere Kategorie der »nicht-staatlichen Regulierung« etabliert (a.a.O., S. 49 ff.), die zwar auch mit den Instrumenten des Privatrechts operiert, aber ihrem Anspruch nach über die private Selbstregulierung hinausweist, indem sie auf die Berührung von Drittinteressen zielt. Private Regulierung kann aber nur funktionieren, wenn sich alle (oder die meisten) Betroffenen ihr unterwerfen bzw. ihr unterworfen sind; mit jedem, der außen vorbleibt verstärkt sich das Problem des Trittbrettfahrens. Da eine Zwangskorporierung bei der privaten Regulierung definitionsgemäß ausgeschlossen ist, bedeutet dies, daß Selbststeuerung ebenso wie private Regulierung nur funktionieren kann, wenn zu ihrer Organisation überlegene soziale oder wirtschaftliche Macht eingesetzt wird. Dies beeinträchtigt keineswegs die grundrechtliche Legitimation solchen Handelns, senkt aber die Schutzwürdigkeit solcher gesellschaftlicher Systeme. Der angestrebte besondere Schutz privater Regulierung durch ein Autonomierecht fördert die nicht immer verfassungsrechtlich erwünschte Etablierung gesellschaftlicher Machtreservate, denen der einzelne letztlich ohne notwendigerweise korrespondierenden Schutz unterworfen ist, da Schutz des Individuums dann als Eingriff in die Autonomie privater Regulierung zu rechtfertigen wäre. Private Regulierung ist daher aufgrund ihrer intendierten Außenseiterbindung eine Usurpation staatsähnlicher oder den Staat substituierender Macht – nur ohne die entsprechenden Bindungen, deren Einbindung in politische und demokratische Legitimationszusammenhänge und deren Gemeinwohlverpflichtung. Daher kann die Ansicht, daß Art. 9 Abs. 1 GG eine Vermutung zugunsten von Selbststeuerung und privater Regulierung enthält (*C. Engel*, a.a.O. S. 4, 40 ff.), nur mit einiger Zurückhaltung und auch nur dann überzeugen, wenn zuvor ein materieller Konfliktbereich abgesteckt wurde, für den diese Aussage in ihrer prinzipiellen Tragweite aufgrund staatlicher Schutzpflichten und parlamentarischer Gestaltungsverantwortung nicht gilt; so im Ergebnis angesichts der dort entwickelten Schranken wohl auch *C. Engel*, a.a.O., S. 55 ff.
[65] *R. Mayntz / F.W. Scharpf*, in: dies., Gesellschaftliche Selbstregulierung und staatliche Steuerung, S. 9 ff. (16).
[66] Überblick m.w.N. bei *J. Esser*, in: D. Döring, Sozialstaat in der Globalisierung, S. 117 ff. (127).
[67] Gegenüberstellung dieser beiden Ansätze bei *D. Braun*, Die politische Steuerung der Wissenschaft, S. 29 ff.

hinsichtlich einzelner Überlegungen und hinsichtlich ihres gedanklichen Ausgangspunktes – der Annahme einer funktionell ausdifferenzierten Gesellschaft – wechselseitige Näherungspunkte auf. Bei Beantwortung der Frage nach der Möglichkeit staatlicher Steuerung gelangen sie hingegen zu durchaus unterschiedlichen Ergebnissen. Sowohl die Theorie der autopoietischen sozialen Systeme als auch die akteurszentrierte Steuerungstheorie beruht auf einer differenzierungstheoretischen Basis[68]. Während die systemtheoretisch orientierte Differenzierungstheorie den Versuch unternimmt, die funktionale Differenzierung als ein Komplexität reduzierendes Strukturmerkmal moderner Gesellschaften zu entfalten, welches erhebliche Bedeutung für die individuelle Freiheit, politisches Handeln und gesellschaftlichen Fortschritt hat, bemühen sich die akteurszentrierten Ansätze darum, einer in der Systemtheorie angelegten Entsubjektivierung dadurch zu begegnen, daß sie die Elemente der Systeme mit den Begriffen von Akteursinteressen und Akteurshandeln beschreiben.

b) Die Theorie autopoietischer Systeme

Einen oftmals von seiner Herkunft her kaum erkennbaren, aber dennoch äußerst einflußreichen Beitrag zur Diskussion über die defizitäre Steuerungsfähigkeit des Staates hat die autopoietische Richtung der soziologischen Systemtheorie geleistet[69]. Ihr Verständnis ist für den vorliegenden Zusammenhang aus zwei Gründen erforderlich. Zum einen beansprucht die autopoietische Systemtheorie, Antworten auf die Frage zu geben, warum das klassische interventionistische Recht zur Steuerung der Gesellschaft nicht mehr taugt. Zum anderen bildet sie die Grundlage für den Entwurf alternativer Rechtskonzepte, die durch eine intensive Integration der Steuerungsadressaten in den Vorgang der (Selbst-) Steuerung gekennzeichnet sind.

aa) Funktionale Differenzierung und Autopoiesis

Auf der Grundlage des systemtheoretischen Gesellschaftsbildes wird die Möglichkeit rechtlicher Steuerung der Teilsysteme durch den Staat verneint, soweit die Steuerung sich herkömmlicher Mittel – wie des Gesetzes und seines Vollzugs – bedient[70]. Die autopoietische Systemtheorie ist der Endpunkt in der Ge-

---

[68] Zu dem folgenden v.a. *M. Beyerle*, Staatstheorie und Autopoiesis, S. 145 ff.; *D. Braun*, PVS-Sonderheft 24 (1998), S. 199 ff. (200 ff., 204 ff.).
[69] Die Literatur zu dieser Theorie ist nahezu unüberschaubar. Als zentrale Autorität für die hier relevanten Fragen gelten die Arbeiten von *N. Luhmann*, insbesondere: »Das Recht der Gesellschaft«. Einer Einführung dienen: *D. Krieger*, Einführung in die allgemeine Systemtheorie; *H. Willke*, Systemtheorie (v.a. Bd. I und III); insbesondere für Juristen sind von Interesse die Arbeiten von *M. Beyerle*, Staatstheorie und Autopoiesis, S. 63 ff.; *ders.*, Der Staat Bd. 36 (1997), S. 163 ff. (166 ff.) – dort auch zu der philosophischen Fundierung der Autopoiesis im radikalen Pluralismus (a.a.O., S. 181 ff.); *O. Lepsius*, Steuerungsdiskussion, Systemtheorie und Parlamentarismuskritik, S. 35 ff.; *G. Roellecke*, JZ 1999, S. 213 ff.; *T. Vesting*, Kein Anfang und kein Ende, S. 1 ff.
[70] *N. Luhmann*, Soziale Systeme, S. 58 ff.

schichte soziologischer Souveränitätskritik[71] und muß daher zwangsläufig mit den Dogmen der Staatsrechtslehre, die der inneren staatlichen Souveränität eine entscheidende Bedeutung beimessen, brechen. Hierarchische, interventionistische Rechtsnormen treffen auf eine Gesellschaft, die sich in einem Prozeß der Ausdifferenzierung von Teilsystemen sowie der Selbstreferenz befindet und deswegen externer Steuerung nicht zugänglich ist. Dies sei im folgenden erläutert.

Die (autopoietische) Systemtheorie beschreibt als das fundamentale Kennzeichen der modernen Gesellschaft deren funktionale Differenzierung in Teilsysteme. Hierbei handelt es sich um funktional spezifizierte Bereiche mit einem eigenen Code und typischerweise autonomen Programmen, die sich als eigene Systeme mit relativ stabilen Grenzen gegenüber anderen ausdifferenzierten Bereichen entwickelt haben[72]. Die Ausdifferenzierung der Gesellschaft in solche Teilsysteme ist das evolutionäre Ergebnis eines Prozesses der Komplexitätsreduzierung, die ihrerseits die zentrale Voraussetzung für gesellschaftlichen Fortbestand, Ordnung und Stabilität ist. Der Gedanke der Autopoiesis besagt, daß komplexe Systeme sich in ihrer Einheit, ihren Strukturen und Elementen kontinuierlich und in einem operativ geschlossenen Prozeß mit Hilfe der Elemente reproduzieren, aus denen sie bestehen[73]. Die autopoietische Systemtheorie verpflanzt Begriff und Idee der Autopoiesis[74] in die Sozialwissenschaften und verspricht sich davon eine Antwort auf die Frage nach der Entstehung von sozialer Ordnung.

Komplexe, selbstorganisierende autonome Systeme finden ihre Identität und Eigenständigkeit in der Aufrechterhaltung einer spezifischen, regenerativen »basalen Zirkularität«. In dieser produziert ein System diejenigen Elemente, die ihrerseits diesen Prozeß wieder aufbauen[75]. Dieser Vorgang wird als Selbstreferenz bezeichnet. Die in der Selbstreferenz liegende Zirkularität führt dazu, daß die Systeme in ihrem Kernbereich, in ihrer inneren Steuerungsstruktur geschlossen, unabhängig von ihrer Umwelt und nicht unmittelbar von außen beeinflußbar sind[76]. Die Politik, die selbst nur ein Subsystem unter anderen ist, kann andere operativ geschlossene Systeme nicht kausal steuern, sondern lediglich Selbständerungen anregen[77].

---

[71] *C. Möllers*, Staat als Argument, S. 249.
[72] *D. Braun*, PVS-Sonderheft 24 (1998), S. 199 ff. (201 (Fn. 4)). Als Beispiele werden die Teilsysteme Wissenschaft, Militär, Recht, Politik, Religion, Familie, Sport, Wirtschaft, Bildungssystem oder das Gesundheitssystem genannt; siehe etwa *H. Willke*, Jahrbuch zur Staats- und Verwaltungswissenschaft Bd. 1 (1987), S. 285 ff. (300).
[73] Der Begriff entstammt ursprünglich der Biologie und bezeichnet die selbstreproduzierende Operationsweise lebender Systeme. Grundlegend *H.R. Maturana*, Erkennen, S. 158.
[74] Grundlegend *H.R. Maturana*, Erkennen, S. 141 ff.
[75] *H. Willke*, Jahrbuch zur Staats- und Verwaltungswissenschaft Bd. 1 (1987), S. 285 ff. (301).
[76] *H. Willke*, Systemtheorie I, S. 9.
[77] *G. Teubner*, Recht als autopoietisches System, S. 21 ff., 87; *H. Willke*, Die Ironie des Staates, S. 43, 60 ff.

Für die autopoietische Systemtheorie sind nicht Menschen, sondern Kommunikationen die Bestandteile der Gesellschaft[78], die damit nicht einen Verband von Menschen oder Gruppen, sondern einen »Reproduktionszusammenhang von Kommunikationen«[79] darstellt. Die Systemtheorie hat keine Verwendung für den Subjektbegriff und ersetzt ihn durch den Begriff des selbstreferentiellen Systems[80]. Die Systeme verfügen über ihren eigenen binären Code (im Rechtssystem: Recht/Unrecht; in der Wissenschaft: wahr/unwahr; in der Ökonomie: bezahlt/unbezahlt; im Gesundheitswesen: krank/nicht krank), der den jeweiligen systemischen Handlungsrationalitäten folgt. Die Existenz des Codes stellt die entscheidende Weichenstellung der autopoietischen Systemtheorie dar, die das System auf diese Weise von den empirisch beobachtbaren Akteuren unterscheidet[81]: Der Code ist eine nur in dem entsprechenden System gültige Leitdifferenz, mit der Ereignisse selektiert und verarbeitet werden. Über diese Leitdifferenz nehmen die Systeme in der Konstitution ihrer Elemente primär Bezug auf sich selbst. Sie werden so zu strukturdeterminierten Systemen, die ihre eigenen Strukturen nur durch eigene Operationen zu ändern vermögen[82]. Dies führt zu einer natürlichen Autonomiesicherung der Teilsysteme, die deshalb »operational geschlossen«[83] sind, weil die jeweilige Leitdifferenz – der binäre Code – nur in ihrem System gilt, so daß die Politik auf der einen Seite und die übrigen Teilsysteme der Gesellschaft auf der anderen über unterschiedliche Kommunikation verfügen.

Die Auseinandersetzungen mit den auf der Systemtheorie fußenden, sie aufgreifenden und umsetzenden Rechtskonstrukten wurde v.a. als Kampf gegen neoliberalistische Ideologie geführt und von der Furcht vor der »invisible hand« genährt[84]. Diese Sichtweise ist insoweit verkürzt, als in der autopoietischen Systemtheorie nicht nur die staatliche Intervention in das Wirtschaftssystem, sondern der Staat generell erodiert wird[85]. In dieser Theorie verfügt die in ausdifferenzierte Funktionssysteme gegliederte moderne Gesellschaft über keine Zentralorgane mehr. Sie hat weder Spitze noch Zentrum[86]. Der Staat wird vor dem Hintergrund einer unaufhörlichen Ausdifferenzierung der Gesellschaft und einer autopoietischen Abschottung dadurch entstehender Teilsysteme als übergeordnete Steuerungsinstanz obsolet. Von der »Gesellschaft« wird nicht mehr der »Staat«, sondern das »politische System« unterschieden, das innerhalb des um-

---

[78] Siehe etwa *N. Luhmann*, Soziologische Aufklärung 4, S. 38.
[79] So aus kritischer Distanz *M. Beyerle*, Der Staat Bd. 36 (1997), S. 163 ff. (167).
[80] *N. Luhmann*, Soziale Systeme, S. 51.
[81] *D. Braun*, PVS-Sonderheft 24 (1998), S. 199 ff. (199 f.).
[82] *H. Willke*, Die Ironie des Staates, S. 185 ff.
[83] *H. Willke*, Die Ironie des Staates, S. 60.
[84] So v.a. bei *N. Dimmel/A.J. Noll*, Demokratie und Recht Bd. 16 (1988), S. 379 ff. (379 ff.); *P. Nahamowitz*, in: ders., Staatsinterventionismus und Recht, S. 169 ff. (172 ff.) und S. 239 ff. (239 ff.); Nachweise zu der Diskussion auch bei *N. Dose*, in: A. Görlitz/R. Voigt, Postinterventionistisches Recht, S. 81 ff. (93 f.).
[85] Hierzu nur *M. Beyerle*, Staatstheorie und Autopoiesis, S. 40 ff. und passim.
[86] So *N. Luhmann*, Politische Theorie im Wohlfahrtsstaat, S. 22.

fassenden Sozialsystems »Gesellschaft« nur eines neben vielen Teilsystemen darstellt[87]. Der Staat – so die berühmte Formulierung – ist nur noch semantischer Rückstand für die Selbstbeschreibung des politischen Systems[88]. Dementsprechend dienen Begriffe wie Interventions- oder Sozialstaat nur noch der Verschleierung einer nicht (mehr) vorhandenen oder realisierbaren Verantwortung des Staates für die Gesellschaft, als Suggestion unmittelbar gesellschaftsbezogenen Handelns des Staates begriffen[89]. Die Vorstellung eines steuerungsfähigen Staates gilt als Illusion[90] – zumindest soweit man als staatliches Steuerungsmedium Rechtsnormen mit einem interventionistischen, auf hierarchischen Vollzug ausgerichteten Konditionalprogramm zugrundelegt.

Allerdings ist auch die Systemtheorie auf den »Staat« angewiesen, was die Ubiquität der Diskussion über den Staat trotz zunehmender Skepsis an seiner Existenzberechtigung erklären mag – und zugleich auch den inneren theoretischen Widerspruch der systemtheoretischen Steuerungsskepsis begründet, der sich an der Rolle des politischen Systems offenbart. Es bedarf des Staates als Begriff, um die in der Systemtheorie verloren gegangene Subjektqualität des Menschen zu kompensieren. Nur wenn dem einzelnen Menschen noch der Staat als einzelner Akteur gegenübersteht, kann der einzelne noch in ungeteilter Subjektivität wahrgenommen werden[91]. Andernfalls verlöre sich der Mensch in der teilsystemischen Ausdifferenzierung und wäre nicht mehr als Individuum, sondern nur noch als Systemelement faßbar[92].

bb) Steuerung und Steuerungssubstitute in der Systemtheorie

Von systemtheoretischen Prämissen ausgehend erweist sich interventionistisches und regulatives Recht zur unmittelbaren Erreichung intendierter Steuerungserfolge als kontraproduktiv. Es widerspricht den Bedürfnissen einer sich im Prozeß der Selbstreferenz differenzierter Teilsysteme befindlichen Gesellschaft. Deren Ausdifferenzierung in Teilsysteme und die damit verbundene Selbstreferenz wird durch gegenläufige hierarchische Tendenzen unterminiert, die zu einer Entdifferenzierung des Systems führen. Gesetze, die menschliche Handlungen beeinflussen wollen, müssen nach systemtheoretischen Vorgaben scheitern, da sich Kausalzusammenhänge in den Systemen nicht feststellen lassen und durch die Annahme zirkulärer evolutionärer Bedingungen ersetzt werden, die sich nicht steuern lassen, sondern nur in ihrer Selbstreferenz behindert oder unterstützt werden können. Die Vertreter der autopoietischen Systemtheorie verneinen die

---

[87] N. *Luhmann*, Soziale Systeme, S. 555.
[88] N. *Luhmann*, Soziologische Aufklärung 4, S. 78; dazu im einzelnen M. *Beyerle*, Staatstheorie und Autopoiesis, S. 171 ff.
[89] H. *Willke*, in: M. Glagow, Gesellschaftssteuerung zwischen Korporatismus und Subsidiarität, S. 29 ff. (29); *ders.*, Jahrbuch zur Staats- und Verwaltungswissenschaft Bd. 1 (1987), S. 285 ff. (299).
[90] H. *Willke*, Jahrbuch zur Staats- und Verwaltungswissenschaft Bd. 1 (1987), S. 285 ff. (298).
[91] U. *Di Fabio*, VVDStRL Bd. 56 (1997), S. 235 ff. (253); *ders.*, Das Recht offener Staaten, S. 108, 111 f.; O. *Lepsius*, Steuerungsdiskussion, Systemtheorie und Parlamentarismuskritik, S. 49.
[92] O. *Lepsius*, Steuerungsdiskussion, Systemtheorie und Parlamentarismuskritik, S. 49.

II. Die Diskrepanz von Aufgabenzuwachs und Machtverlust im modernen Sozialstaat 17

Möglichkeit gezielter und sinnhafter Steuerung gesellschaftlicher Subsysteme[93] oder gar der Gesellschaft als Ganzes[94] durch den Staat bzw. das »politische System«. Aus systemtheoretischer Sicht resultieren Steuerungsprobleme aus der Steuerungsresistenz des Steuerungsobjekts[95], da Selbstreferenz und Eigendynamik der ausdifferenzierten Teilsysteme eine zentrale politische Steuerung durch traditionelle Formen des Rechts nicht zulassen[96]. Die Geschlossenheit der Systeme verhindert ein gezieltes – politisches – Eingreifen von außen. Wirksame Steuerung von außen soll letztlich nur durch mit notwendigerweise autoritären Mitteln erzwungene Aufhebung der systembildenden funktionalen Differenzierung möglich sein, was politikwissenschaftlich unerwünscht[97] und auch verfassungsrechtlich kaum darstellbar ist.

Die autopoietische Systemtheorie »entzaubert« zugleich mit dem Begriff des Staates auch den des Rechts, das nunmehr zu einer bloßen Anregung eigenmotivierten Verhaltens verkümmert: Die das Recht im üblichen Sinne prägende, in Reserve gehaltene Möglichkeit legitimer autoritativer Durchsetzung rechtlicher Vorgaben setzt den Primat einer Institution voraus, die über die Kompetenz zum Einsatz physischer Gewalt verfügt. Mit dem von der Systemtheorie auf die Rolle des heterarchischen Mitspielers reduzierten Staat entfällt diese Institution zugleich mit dem klassischen Begriff des Rechts[98]. Die funktionale Differenzierung der Gesellschaft in autopoietische Systeme führt zu einer erhöhten Gefahr von nicht an der gesellschaftlichen Gesamtrationalität orientierten Ausrichtung dieser Systeme. Dies wirft die Problematik von Vermittlung und Durchsetzung eben dieser gesellschaftlichen Gesamtrationalität auf, wenn doch das klassische Medium zur Vorordnung individueller Freiheitsräume – das Recht, insbesondere das Gesetz – zwar noch als gleichberechtigtes Subsystem existiert, hinsichtlich seiner überkommenen Aufgabe hingegen funktionslos ist, weil es keine kausalen Wirkungen zeitigt, und der Staat seine Existenzberechtigung als Garant des Rechts verloren hat. Hier bietet die autopoietische Systemtheorie ihre eigene Antwort an:

Für die Vertreter der autopoietischen Systemtheorie ist die Vorstellung, mit Gesetzen menschliches Handeln beeinflussen zu können, aufgrund ihres Verständnisses der Gesellschaft hinfällig. Da die systemtheoretische Gesellschaft aus Systemen besteht und nicht aus Menschen, ist es sinnvoll, die Selbstregulierung der Systeme zu stärken, anstatt obrigkeitliche Zielvorgaben aufzustellen. Diese entwickelten und kontrollierten ihre Ziele effizienter, während von außen in das System eindringende gesetzliche Vorgaben den selbstreferentiellen Prozeß nur stören.

---

[93] *H. Willke*, Ironie des Staates, S. 310 ff.; *R. Voigt*, in: ders., Recht als Instrument der Politik, S. 14 ff. (26 f.).
[94] So *N. Luhmann*, PVS Bd. 30 (1989), S. 4 ff.
[95] *R. Mayntz*, Jahrbuch zur Staats- und Verwaltungswissenschaft Bd. 1 (1987), S. 89 ff. (98 f.).
[96] *G. Teubner/H. Willke*, ZfRSoz Bd. 6 (1984) S. 4 ff. (5).
[97] *M. Schimank*, in: W. Zapf, Die Modernisierung moderner Gesellschaften, S. 505 ff. (506).
[98] *M. Beyerle*, Staatstheorie und Autopoiesis, S. 57.

Wenn autopoietische Systeme von außen nicht unmittelbar steuerbar sind, so ist Gesellschaftssteuerung nur noch als Steuerung von Selbststeuerung denkbar. Daher liegt es nahe, weitgehend auf interventionistische staatliche Steuerung zugunsten regulierter und nicht-regulierter Selbstorganisation der sozialen Teilsysteme zu verzichten. Aber auch dort, wo der Staat noch in dem Gewande klassischen interventionistischen Rechts meint handeln zu müssen (vielleicht, weil er die Sinnlosigkeit dieses Unterfangens nicht einsieht), ist es denkbar, daß der Inhalt dieser Rechtsnormen zuvor in den besagten Interaktionssystemen in einer Form ausgehandelt wurde, daß das »hierarchische« Element nur noch eine leere Hülse für eine Konfliktlösung darstellt, die sich bei realistischer Betrachtungsweise nur als Ergebnis heterarchisch strukturierter Aushandlungsvorgänge erweist. Zentrale Erkenntnis ist, daß das gesteuerte System die Veränderung in erster Linie selbst wollen muß[99].

Während einige Vertreter der Systemtheorie davon ausgehen, daß Systeme überhaupt keine externe Steuerung sinnvoll verarbeiten können und daher Steuerung nur ungeplante Effekte hat, nicht aber das intendierte Steuerungsziel erreicht[100], fordert eine weniger rigorose Denkrichtung, daß rechtliche Normierungen in erster Linie die Selbstreferenz der Systeme unterstützen sollen, deren »Lernfähigkeit« auf diese Weise erhöht wird[101]. Danach soll es der Politik möglich sein, durch die bereits erwähnten »externen Störungen« den autopoietisch geschlossenen Systemen Anstöße zur Selbststeuerung zu geben, durch die zugleich bestimmte politische Ziele verwirklicht werden.

Auch wenn die Systeme selbst »operational geschlossen« bleiben, sind sie nicht autark. Sie stehen nicht beziehungslos nebeneinander, sondern einige von ihnen befinden sich untereinander in einem Zustand struktureller Kopplung und vermögen sich so gegenseitig in mittelbarer Weise durch »externe Perturbationen« zu beeinflussen. Systeme sind für Signale von außen, aus ihrer Umwelt, offen; dies bezeichnet die Systemtheorie mit der Metapher »order from noise«[102]. Auf der Grundlage eines radikalen Konstruktivismus, dem – in gebotener Verkürzung – die wahrgenommene Umwelt als Erfindung gilt[103], werden alle Informationen eines Systems über seine Umwelt ausschließlich systemintern produziert. Alle Impulse von außen sind zunächst nur bedeutungsloser Lärm aus der Umwelt, aus dem sich das System intern Informationen herausfiltert, um aus diesen durch systeminterne Bedeutungszuweisung ein Bild der Umwelt zu erstellen. Sy-

---

[99] *H. Willke*, Ironie des Staates, S. 202.
[100] *N. Luhmann*, Politische Theorie im Wohlfahrtsstaat, S. 84.
[101] *K.-H. Ladeur*, in: D. Grimm, Wachsende Staatsaufgaben – sinkende Steuerungsfähigkeit des Rechts, S. 187 ff. (207).
[102] *G. Teubner*, Jahrbuch für Rechtssoziologie und Rechtstheorie Bd. 13 (1988), S. 45 ff. (47), *ders.*, Recht als autopoietisches System, S. 96 ff.
[103] Siehe nur *H. v. Foerster*, in: P. Watzlawick, Die erfundene Wirklichkeit, S. 27 ff. (40). Zu der Bedeutung des radikalen Konstruktivismus für die Systemtheorie: *M. Beyerle*, Staatstheorie und Autopoiesis, S. 87 ff.; *G. Teubner*, Jahrbuch für Rechtssoziologie und Rechtstheorie Bd. 13 (1988), S. 45 ff. (52 f.).

II. Die Diskrepanz von Aufgabenzuwachs und Machtverlust im modernen Sozialstaat

stemtheoretisch gewendet bedeutet dies, daß die verschiedenen Systeme untereinander zunächst nichts weiter als Lärm produzieren, der innerhalb des aufnehmenden Systems dann nach dessen Relevanzkriterien zu einer Wirklichkeit rekonstruiert wird: Das Wirtschaftssystem »mißversteht« das Rechtssystem, weil rechtliche Vorgaben hier in Preisvorgaben übersetzt werden[104].

Die Systeme sind somit resonanzfähig, wobei allerdings die interne Verarbeitung von externen Signalen ganz im Zeichen der internen Konditionalitäten des Teilsystems steht[105]. Das politische System kann daher versuchen, die Abläufe in Teilsystemen zu steuern, wird dabei aber feststellen müssen, daß bindende Entscheidungen dort nicht umgesetzt werden[106]. Eine externe Induzierung von Selbstveränderungen der Systeme erfolgt durch »Gesetzgebungslärm«: Wird das Recht geändert, wird dies innerhalb des angesprochenen gesellschaftlichen Systems als eine Veränderung der Systemumwelt (als Lärm) aufgenommen, auf die das System durch Selbstveränderung reagiert (Perturbation), deren genauer Ausgang indessen wegen der konstruktivistisch konzipierten, selektiven Wahrnehmungsstruktur des Systems nicht vorhersehbar ist. Dieser eher zufällig verlaufende Vorgang wird als blinde Ko-Evolution der Systeme bezeichnet[107], deren Unwägbarkeiten der Entwicklung von gezielter Steuerung entgegensteht.

Es obliegt somit auch bei einem heterarchischen Nebeneinander verschiedener Teilsysteme der Politik bzw. dem politischen System, diesen gegenüber gesamtgesellschaftliche Rationalität einzufordern. Hierzu ist es nötig, sich der freiwilligen Teilnahme der Teilsystemen an einem an gesamtgesellschaftlicher Rationalität ausgerichteten Handeln durch dezentrale Kontextsteuerung zu versichern[108], bei der der Staat lediglich Steuerungsimpulse zur Stimulierung eigenständigen Problemlösungsverhaltens gibt[109]. Über die Errichtung von Interaktionssystemen zwischen Politik und Teilsystemen versucht die Politik, auf die Akteure der Teilsysteme einzuwirken und deren reflexive Kapazitäten für das Allgemeinwohl auszubilden.

Der Erfolg einer solchen impulsvermittelten Steuerung hängt entscheidend davon ab, daß der Staat seinen hierarchischen Steuerungsanspruch aufgibt und sich lediglich als gleichberechtigte »Umwelt« anderer autonomer Teilsysteme begreift[110]. Nur so kann durch eine aktive Teilnahme von Akteuren der Systeme bei der Formulierung dieser Kontextsteuerung auch deren Bereitschaft zur Selbstbindung erreicht werden[111]. Dies ist nur möglich, wenn die Akteure in den

---

[104] Beispiel von *G.-P. Calliess*, Prozedurales Recht, S. 125 f.
[105] *H. Willke*, Ironie des Staates, S. 191 f.
[106] *N. Luhmann*, Politische Theorie im Wohlfahrtsstaat, S. 84.
[107] *G. Teubner*, Jahrbuch für Rechtssoziologie und Rechtstheorie Bd. 13 (1988), S. 45 ff. (53).
[108] *G. Teubner/H. Willke*, ZfRSoz 1984, S. 4 ff. (32 f. und passim); *H. Willke*, Jahrbuch zur Staats- und Verwaltungswissenschaft Bd. 1 (1987), S. 285 ff. (303); ders., Ironie des Staates, S. 185 ff. m.w.N.
[109] *H. Willke*, in: M. Glagow/ders., Dezentrale Gesellschaftssteuerung, S. 3 ff. (20).
[110] *H. Willke*, Jahrbuch zur Staats- und Verwaltungswissenschaft Bd. 1 (1987), S. 285 ff. (306).
[111] *H. Willke*, Die Ironie des Staates, S. 342.

Teilsystemen frühzeitig in die politischen sog. Differenzminimierungsprogramme[112] eingebunden werden, indem die Politik sich der freiwilligen Teilnahme dieser Akteure an einem an gesamtgesellschaftlicher Rationalität ausgerichteten Handeln versichert[113]. Steuerung bezieht sich nicht auf Systeme, sondern auf die in diesen vorhandenen Differenzen, die durch die Politik minimiert werden können. Diese kann beispielsweise Impfgesetze erlassen, um die Differenz zwischen Erkrankten und Gesunden zu minimieren. Die Auswirkungen der angestrebten Differenzminderung hängen nicht von der Politik ab, sondern davon, was in anderen Systemen als Differenz konstruiert ist und dort unter die systemimmanenten Steuerungsprogramme fällt. Politische Steuerung trifft somit immer auf die in den Teilsystemen vorhandenen Strukturen, die durch die in dem System konstruierten Unterscheidungen generiert werden. Die Politik kann mithin erfolgreich »stören« und damit die eigenen Differenzminimierungsprogramme umsetzen, wenn sie sich der entsprechenden Programme in den Teilsystemen zu bedienen weiß[114].

Im Rahmen einer Integration von Politik und Gesellschaft in Interaktionssystemen kann die Politik versuchen, auf die Akteure der Teilsysteme einzuwirken und deren reflexive Kapazitäten zu Gunsten des Gemeinwohls in Anspruch zu nehmen. Der Staat wirkt hier dann lediglich über Steuerungsimpulse, die er den Teilsystemen vermittelt[115]. Damit kann er auch nur dann erfolgreich sein, wenn er jeden hierarchischen Steuerungsanspruch aufgibt, sich als gleichberechtigter Verhandlungspartner auf die Ebene der übrigen Teilsysteme begibt und die daraus folgenden Handlungs- und Entscheidungsrestriktionen in sein Entscheidungskalkül einbaut[116]. Ein Erfolg politischer Steuerung (und damit auch Erfolg des Rechts) ist nach dieser Lesart nur denkbar, wenn die Akteure in den Teilsystemen bereit sind, die politischen Signale aufzunehmen und in ihre Differenzminimierungsprogramme einzubauen.

Nimmt man die autopoietische Systemtheorie ernst und läßt die »empirischen Irritationen«[117], die deren Erkenntnisse hervorrufen, außer acht, ist es aus juristischer Sicht unerläßlich, das Rechtssystem umfassend umzubauen und den systemtheoretisch analysierten Gegebenheiten anzupassen.

cc) Neukonzeptionen rechtlicher Steuerung

In der Welt der autopoietisch funktionierenden Teilsysteme kann Steuerung nur induzierte Selbststeuerung sein, da nicht Hierarchie, sondern Heterarchie das

---

[112] Erläuterung des Begriffs bei *N. Luhmann*, PVS Bd. 30 (1989), S. 4 ff. (5).
[113] *H. Willke*, Die Ironie des Staates, S. 196 ff., 342.
[114] *D. Braun*, Die politische Steuerung der Wissenschaft, S. 33.
[115] *H. Willke*, in: M. Glagow/ders., Dezentrale Gesellschaftssteuerung, S. 3 ff. (20).
[116] *H. Willke*, Jahrbuch zur Staats- und Verwaltungswissenschaft Bd. 1 (1987), S. 285 ff. (306).
[117] *F.W. Scharpf*, PVS Bd. 30 (1989), S. 10 ff. (12); ähnlich *E. Denninger*, Verfassungsrechtliche Anforderungen an die Normsetzung im Umwelt- und Technikrecht, Rn. 119; *G.F. Schuppert*, Der Staat Bd. 28 (1989), S. 91 ff.; *E. Schmidt-Aßmann*, Das allgemeine Verwaltungsrecht als Ordnungsidee und System, S. 19.

II. Die Diskrepanz von Aufgabenzuwachs und Machtverlust im modernen Sozialstaat 21

Verhältnis der Teilsysteme untereinander prägt[118]. Statt obrigkeitliche Vorgaben zur Verwirklichung gesellschaftlicher Gesamtrationalität aufzustellen und durchzusetzen, ist es unter den Vorzeichen der Autopoiesis sinnvoller und erfolgversprechender, die Selbstregulierung der Systeme zu stärken. Diese können ihre Ziele effizienter entwickeln und kontrollieren; sie sind aus Gründen ihrer autopoietischen Kraft, ihrer Selbstreferenz, besser zu einer Zielkontrolle und -anpassung in der Lage als eine in das System von außen eingreifende, dessen selbstreferentiellen Prozeß störende, hierarchische Rechtsnorm.

Rechtstheoretisch werden die Zweifel an der Wirksamkeit des regulativen Rechts als »regulatorisches Trilemma« in einem einheitlichen Krisenszenario formuliert[119]: Recht gibt nicht mehr der Gesellschaft ihre Struktur, sondern ist zunächst mit seinem Code »Recht/Unrecht« nur die Kommunikation des Rechtssystems, die ihrerseits den Kommunikationen des politischen Systems bzw. des zu steuernden Systems andererseits gegenüber steht. Steuerung ist nur bei einer Kompatibilisierung der Kommunikation aller beteiligten Systeme möglich, die voraussetzt, daß deren Eigenlogik einer solchen Strukturverschleifung nicht entgegensteht[120]. Ist diese Voraussetzung nicht gegeben, führen trotzdem stattfindende Steuerungsversuche des Rechtssystems in das regulatorische Trilemma, mit dem die Entdifferenzierung aller drei beteiligten Systeme beschrieben wird: Die Wirkungslosigkeit der Steuerung führt zu einer Glaubwürdigkeitskrise der Politik, die die von ihr angestrebten und propagierten Ziele nicht erreichen kann. Das Recht öffnet sich durch die für Regulierungsversuche komplexer Systeme notwendige Verwendung unbestimmter Rechtsbegriffe und Generalklauseln für die Übernahme systemischer Handlungsrationalitäten und verliert dadurch seine formalen Qualitäten. Und jede nicht an der funktionalen Logik des regulierten Systems ausgerichtete rechtliche Intervention führt zu der Kolonisierung der systemischen Lebenswelt durch das Recht und zu nicht intendierten Nebenfolgen[121].

Auf dieser theoretischen Grundlage wurden zur Verhinderung des regulatorischen Trilemmas verschiedene Varianten »postinterventionistischer« Rechtsfor-

---

[118] Wenn nicht innerhalb des sich auf diese Weise selbst steuernden Systems eine ausdifferenzierte Steuerungsinstanz besteht, wird Selbststeuerung aber aus akteurstheoretischer Sicht von dem Steuerungsbegriff ausgenommen, da Steuerung immer die Unterscheidung von Steuerungssubjekt und -objekt voraussetzt; *R. Mayntz*, Jahrbuch zur Staats- und Verwaltungswissenschaft Bd. 1 (1987), S. 89 ff. (94).
[119] *G. Teubner*, in: F. Kübler, Verrechtlichung von Wirtschaft, Arbeit und sozialer Solidarität, S. 289 ff. (313 ff.).
[120] *G. Teubner*, Jahrbuch für Rechtssoziologie und Rechtstheorie Bd. 13 (1988), S. 45 ff. (45 ff.).
[121] Zu einem plastischen Beispiel für das Entstehen dieses Trilemmas anhand der Einführung des Kreditbetrugs (§ 265b StGB) siehe nur *G.-P. Calliess*, Prozedurales Recht, S. 81 ff.: Weder sei den Bedürfnissen des Rechts durch eine hinreichend genaue Definition des relevanten Unrechts Genüge getan worden, noch werde den für die wirtschaftliche Entwicklung erforderliche Eingehung wirtschaftlicher Risiken ausreichend abgesichert, so daß das Wirtschaftssystem mit Ignoranz (d.h. Nichtanzeige) auf die Neuerung reagierte.

men[122] entwickelt. Alle Formen postinterventionistischen Rechts beruhen auf dem Perspektivwechsel der Theorie autopoietischer sozialer Systeme: Steuerung durch Recht als Eingriff in das zu steuernde System ist überholt, das Recht soll nur noch Rahmenbedingungen für die Selbststeuerung des Systems schaffen. Die fraglichen Konzepte laufen allesamt darauf hinaus, die selbständige Anpassungs-, Reaktions- und Problemlösungsfähigkeit gesellschaftlicher Akteure zu erhöhen. Man wird nicht behaupten können, daß in anzusprechenden Fällen überhaupt keine politische Steuerung mehr geleistet werde[123]; diese ist aber gegenüber den Fällen des klassischen, interventionistischen Rechts stark zurückgenommen. Das Recht soll sich in erster Linie darauf beschränken, die Autonomie der Teilsysteme zu schützen, andererseits aber auch die Folgen des Autonomiegebrauchs für die jeweilige Systemumwelt untereinander zu koordinieren. Der Staat ersetzt so nicht mehr die Entscheidungen von Teilsystemen durch eigene, sondern weist jene, falls sie für andere Systeme unzulänglich sind, zur Neubearbeitung an die Systeme zurück[124].

Alle diese Rechtskonstrukte gehen von den o.a. Annahmen über die (Nicht-)Steuerbarkeit von Systemen aus. Dies hat zur Folge, daß beispielsweise reflexives Recht nicht etwas kategorial anderes als mediales oder prozedurales Recht ist. Es ist daher kaum möglich, die verschiedenen in mehr oder weniger dunklen Andeutungen[125] entwickelten Modelle trennscharf voneinander abzuschichten, da sich bei ihrer Betrachtung »ein Zitationskartell mit einander überlappenden Modellen« entfaltet, »deren babylonische Sprachverwirrung das Distinktionsvermögen des Lesers arg strapaziert«[126].

α) Reflexives Recht

An erster Stelle ist in diesem Zusammenhang das Konzept des reflexiven Rechts zu nennen[127], das allerdings mit Blick auf die konkrete Gestalt der einzusetzenden Rechtsformen oft sehr vage bleibt[128]. Das reflexive Recht entstammt einem

---

[122] Hierzu zunächst als Überblick die Beiträge von über die verschiedenen Formen des postinterventionistischen Rechts in: A. Görlitz/R. Voigt, Postinterventionistisches Recht.

[123] So aber *P. Nahamowitz*, in: A. Görlitz/R. Voigt, Postinterventionistisches Recht, S. 7 ff. (10).

[124] *H. Willke*, Ironie des Staates, S. 192.

[125] So die Kritik von *G.-P. Calliess*, Prozedurales Recht, S. 129, der aber dennoch den zugänglichsten Überblick über die verschiedenen Konzepte liefert (a.a.O., S. 129 ff.).

[126] So die pointiert formulierte Auffassung von *N. Dimmel/A.J. Noll*, Demokratie und Recht Bd. 16 (1988), S. 379 ff. (382); auch *K.F. Röhl*, Allgemeine Rechtslehre, S. 510, hält die verschiedenen Annotationen wie reflexiv, medial, ökologisch etc. für »mehr oder weniger austauschbar«.

[127] Grundlegend: *P. Nonet/P. Selznick*, Law & Society in Transition. S.a. *D. Braun*, Diskurse zur staatlichen Steuerung, S. 6 ff.; *R. Pitschas*, DÖV 1989, S. 785 ff.; *E. Rehbinder*, Jahrbuch für Rechtssoziologie und Rechtstheorie Bd. 13 (1988), S. 109 ff. (111 f.); *M. Schmidt-Preuß*, VVDStRL Bd. 56 (1997), S. 160 ff. (192 ff.); *G. Teubner*, Recht als autopoietisches System, S. 81 ff.; *ders.*, ARSP Bd. 68 (1982), S. 13 ff.; *ders./H. Willke*, ZfRSoz Bd. 6 (1984) S. 4 ff.; *H. Willke*, Ironie des Staates, S. 205.

[128] *K. Tonner*, in: A. Görlitz/R. Voigt, Postinterventionistisches Recht, S. 65 ff. (73).

Rechtssystem, das sich als autopoietisches System in einer Welt von autopoietischen Systemen identifiziert und daraus operative Konsequenzen zieht[129]. Reflexives Recht ist ein »kooperatives Aushandlungsrecht«[130], das die Etablierung staatlicher Kontextsteuerung[131] durch die Schaffung einer Gemengelage von staatlicher Steuerung und privater Selbstorganisation vorsieht und damit den Versuch unternimmt, Autonomie und Kontextsteuerung[132] miteinander zu verbinden. Das Anliegen des reflexiven Rechts besteht darin, die einseitig-hoheitliche Rechtsetzung zugunsten selbstregulativer Kompetenzen der Systeme zurückzunehmen.

Der Begriff der Reflexion beschreibt einen Prozeß, in dem Systeme einerseits ihre Identität in einem spezifischen, autonomen Operationsmodus finden (Autonomie), zugleich sich andererseits aber auch selbst als adäquate Umwelt anderer – ebenfalls autonomer – Systeme begreifen lernen und die daraus erwachsenden Restriktionen und Abstimmungszwänge in das eigene Entscheidungskalkül einbauen[133]. Etwas weniger gewunden kann man diesen Vorgang als Rücksichtnahme zwischen den Systemen bezeichnen. Dem reflexiven Recht ist es vor diesem Hintergrund angelegen, eine Kombination von autonomer Selbstorganisation und verbindlicher Kontextvorgabe durch Verschränkung beider Steuerungsdimensionen zu suchen[134].

Reflexive Steuerung ist dadurch gekennzeichnet, daß der Staat die Rechtsunterworfenen internen Informations-, Lern- und Selbstkontrollprozessen aussetzt, die sie zu den gewünschten Gemeinwohlbeiträgen veranlassen sollen[135]. Grundsätzlich wirken hier nicht Befehl und Zwang, sondern freie Selbsterkenntnis, die sich innerhalb eines staatlicherseits vorgegebenen Rahmens entfaltet. Die Steigerung der Reflexivität im Recht wird durch die Verlagerung des Schwergewichts der Normsetzung von der materiellen auf eine reflexive Ebene der »Normierung des Normierens« gewährleistet. Insoweit erfolgt ein Rückgriff auf Vorschriften über Kompetenzen, Organisation und Verfahren, die das klassische Mittel zur Steuerung von Selbststeuerung sind[136].

Zentrale staatliche Steuerung durch Recht ist aber nicht einfach durch Selbststeuerung zu ersetzen: Die Selbststeuerung der Subsysteme soll zwar prinzipiell bewirken, daß deren dezentrale und spezialisierte Fähigkeiten erhalten bleiben und nicht durch dezentrale Vorgaben eingeebnet werden. Zugleich wird die reflexive Steuerung aber auch dazu genutzt, die erforderlichen Kontextvorgaben für

---

[129] *G. Teubner*, Recht als autopoietisches System, S. 87.
[130] Bezeichnung von *A. Görlitz*, in: ders./R. Voigt, Grenzen des Rechts, S. 17 ff. (26).
[131] Hierzu *M. Schmidt-Preuß*, VVDStRL Bd. 56 (1997), S. 160 ff. (185 ff.); *H. Willke*, Jahrbuch zur Staats- und Verwaltungswissenschaft Bd. 1 (1987), S. 285 ff. (303); *ders.*, in: M. Glagow/H. Willke, Dezentrale Gesellschaftssteuerung, S. 3 ff.
[132] *G. Teubner/H. Willke*, ZfRSoz 1984, S. 4 ff. (6).
[133] *H. Willke*, Jahrbuch zur Staats- und Verwaltungswissenschaft Bd. 1 (1987), S. 285 ff. (306).
[134] *G. Teubner/H. Willke*, ZfRSoz 1984, S. 4 ff. (13).
[135] *M. Schmidt-Preuß*, VVDStRL Bd. 56 (1997), S. 160 ff. (192).
[136] *G.-P. Calliess*, Prozedurales Recht, S. 128.

das Ganze der Gesellschaft zu erzeugen. Reflexion versteht sich in diesem Zusammenhang als rationale Selbstbeobachtung von Akteuren vor dem Hintergrund von deren Verantwortung für das Gemeinwohl. Die staatliche Steuerungsleistung liegt hier lediglich in der Vorgabe von Interaktionsregeln, nicht aber von Verhaltensvorgaben, so daß die gewünschten Effekte durch kooperativ lernende, Fehlentwicklungen kompensierende Aushandlungsprozesse erreicht werden können.

Die Antithese zwischen gesamtgesellschaftlichem Kontext und systemischer Autonomie soll dadurch überwunden werden, daß Kontextregelung nicht mehr als bloße politische Kontrolle der zugelassenen Selbststeuerung erscheint, sondern daß die Interaktionsbeziehungen zwischen politischer Steuerung und selbststeuernden Subsystemen auch noch die Kontrolle dieser Kontrolle ausüben[137].

Reflexives Recht läßt die operational geschlossenen Systeme unberührt, indem es lediglich Impulse gibt, gesamtgesellschaftliche Steuerungsprobleme nach den Operationsweisen des angesprochenen Systems zu lösen. Die für den hier vorliegenden Zusammenhang zentrale Strategie reflexiver Steuerung ist die Einrichtung von Intersystembeziehungen in der Form von – mit unterschiedlicher Organisationsdichte und Dauer verfaßten[138] – Verhandlungssystemen, in denen im Gespräch zwischen den Systemen von Politik und Recht sowie dem zu steuernden System Probleme definiert und Lösungen ausgehandelt werden[139]. In den Verhandlungssystemen wird eine strukturelle Kopplung zwischen den Systemen durch die Angleichung von Sichtweisen und Wirklichkeitswahrnehmungen und die Abstimmung von Programmen vorgenommen. Steuerungsleistungen werden damit im Wege der sog. Interferenz ermöglicht[140]: Diese beschreibt den Gleichlauf zweier geschlossenen Systeme und ermöglicht eine strukturelle Kopplung zwischen beiden. Der Vertrag ist zugleich rechtliche wie wirtschaftliche Kommunikation. Er verpflichtet ein Wirtschaftssubjekt zur Zahlung und ein Rechtssubjekt zum Rechtsgehorsam. Mit dem Vertrag wird dem Wirtschaftssystem eine Möglichkeit zur Selbstregulierung an die Hand gegeben, die zugleich den Vorteil der Rechtssicherheit bietet.

Das Recht übernimmt die Rolle eines zielgerichtet eingesetzten Katalysators für systemeigene Veränderungsprozesse[141]. Die Systeme verhandeln über Repräsentanten formaler Organisationen innerhalb der Teilsysteme miteinander (Regierung, Verbände). Das Funktionieren dieser systemischen Interessenvertre-

---

[137] *G. Teubner / H. Willke*, ZfRSoz 1984, S. 4 ff. (6).
[138] Soweit die Intersystembeziehungen in rechtlich verbindlichen Foren (Gremien, Ausschüsse mit nicht nur beratenden Kompetenzen) institutionalisiert werden, besteht die Gefahr, daß sie sich ihrerseits wieder zu Systemen mit einer funktionalen Eigenlogik entwickeln, die dann ohne Rücksicht auf die ihnen ursprünglich zugedachte Aufgabe der Vermittlung zwischen Systemen einen Selbsterhaltungstrieb entwickeln können; *G. Teubner*, ZfRSoz Bd. 13 (1991), S. 161 ff. (166).
[139] *H. Willke*, Ironie des Staates, S. 198 ff.
[140] *G. Teubner*, Recht als autopoietisches System, S. 102 ff., 106 ff.
[141] *H. Willke*, Ironie des Staates, S. 203.

tungen erfordert zumindest außerhalb formaler Vertretungsverhältnisse die Möglichkeit (und auch die Garantie) innersystemischer Durchsetzung der ausgehandelten Ergebnisse. Dies kann rechtlich im Wege eines Vertrags erfolgen oder aber auch durch den Aufbau von Vertrauen.

Bemerkenswerterweise ist die Idee des reflexiven Rechts gerade von dem Urheber der Theorie, auf dessen Grundlage es ruht, als Selbstüberschätzung des Rechtssystems kritisiert worden. Es sei unvorstellbar, daß man vom Recht aus die Autopoiesis aller übrigen Systeme kontrollieren und regulieren könne[142].

β) Mediales Recht

Das Konzept des medialen Rechts zielt darauf, das Recht zur Umwelt (Medium) des gesteuerten Systems zu machen. Dann kann das Recht durch eigene Selbständerungen (Gesetzgebungslärm) Selbständerungen bei dem regulierten System perturbieren[143].

Die Strategie des medialen Rechts läuft darauf hinaus, aus der »blinden« Ko-Evolution der Systeme (Rechtssystem und zu steuerndes System) eine »einäugige« zu machen[144]. Das Recht gehört zur Umwelt des gesteuerten Systems und kann deshalb durch Selbständerungen nach dem order-from-noise-Prinzip[145] Selbständerungen des regulierten Systems anregen. Da sich wegen des fehlenden Steuerungswissens ein unmittelbarer Eingriff in das zu regulierende System verbietet, sollten im Sinne einer Globalsteuerung lediglich die politischen Rahmenbedingungen vorgegeben werden, innerhalb derer das zu regulierende System dann eigenständige Problemlösungen entwickeln kann. Aufgabe der Politik ist es dabei – »einäugig« – auf der Grundlage vereinfachter Annahmen über die Abläufe des zu steuernden Systems bei der Setzung der Rahmenbedingungen für dieses System darauf zu achten, daß die Vorgaben in einer für das System verständlichen Sprache formuliert sind[146]. Gilt es, Selbststeuerung für den Bereich der Wirtschaft zu induzieren, so muß diese Induktion in dem Code der Wirtschaft – Geld bzw. Zahlung/Nichtzahlung – formuliert sein. Beispiele hierfür sind ökologische Steuergesetzgebung, die Formulierung von Zielvorgaben bei der Müllvermeidung mit angedrohter Zwangsregelung oder die Internalisierung externer Kosten. Nur die Rahmenbedingungen für ökonomisches Handeln werden in der Erwartung eines bestimmten outputs geändert; auf welchem Weg dieser erreicht wird, interessiert aus dem Blickwinkel des Rechtssystems nicht. Durch die Veränderung der Rahmenbedingungen, innerhalb derer durch wirt-

---

[142] *N. Luhmann*, ZfRSoz Bd. 6 (1985), S. 1 ff. (7).
[143] Darstellung bei *G.-P. Calliess*, Prozedurales Recht, S. 129 ff.; *A. Görlitz*, in: ders., Politische Steuerung sozialer Systeme, S. 13 ff.; *ders.*, in: ders./R. Voigt, Postinterventionistisches Recht, S. 151 ff.; Kritik bei *P. Nahamowitz*, in: A. Görlitz/R. Voigt, Postinterventionisti-sches Recht. Jahresschrift für Rechtspolitologie Bd. 4, Pfaffenweiler 1990, S. 164 ff.
[144] *A. Görlitz*, in: ders., Politische Steuerung sozialer Systeme, S. 13 ff.; *ders.*, in: ders./R. Voigt, Postinterventionistisches Recht, S. 151 ff.
[145] Zum Gesetzgebungslärm siehe S. 19.
[146] *H. Willke*, Ironie des Staates, S. 190 ff.

schaftliche Aktivität Gewinne erzielt werden können, kann die Politik Steuerungserfolge erzielen, ohne sich konkret mit den Wirkmechanismen des wirtschaftlichen Systems auseinandersetzen zu müssen. Recht und Politik sollen sich hierbei nicht mit Detailfragen des zu regulierenden Systems auseinandersetzen, sondern können sich auf der Basis vereinfachter Grundannahmen über den Code des Systems mit der Veränderung der politischen Rahmenbedingungen zufrieden geben.

Die Wirk- und Überzeugungskraft der hier vorgestellten rechtstheoretischen Konstrukte steht und fällt mit der Stringenz der Theorie, auf der sie fußen.

dd) Empirische Irritationen und theoretische Brüche

Die Aussagen der autopoietischen Systemtheorie zu den Möglichkeiten staatlicher Steuerung sind auch in den Sozialwissenschaften nicht unwidersprochen geblieben[147]. Man kann diesen Widerspruch aus einem gegenständlichen, einem theoretischen und einem empirischen Blickwinkel formulieren. Zunächst ist den Aussagen der autopoietischen Systemtheorie zur »Steuerbarkeit« der Gesellschaft entgegenzuhalten, daß sie einen staatlichen Aktionismus bzw. eine Interventionstiefe zum Gegenstand hat, der bzw. die in modernen westlichen Demokratien seine Bedeutung verloren hat[148]. Was von dieser Theorie als nicht von außen veränderbare Leitorientierung der Systeme bzw. als deren die Autopoiesis konstituierender Operationsmodus beschrieben wird, ist hier aus politischen (und freiheitsrechtlichen) Gründen kein Gegenstand staatlicher Intervention[149]. Ein staatlicher Versuch, das Wissenschaftssystem zur Aufgabe der Unterscheidung wahr/unwahr zu zwingen, müßte ebenso an Art. 5 Abs. 3 Satz 1 GG scheitern, wie der mit Art. 12, 14 GG kollidierende Versuch, der Wirtschaft ihre Leitunterscheidung bezahlt/nicht bezahlt zu verbieten. Der Konflikt von hierarchischer Intervention und Autopoiesis ist damit unrealistisch. Unterhalb dieses Interventionsniveaus sind aber auch für die autopoietische Systemtheorie Interventionen zumindest prinzipiell möglich, bei denen es dann nur um »Differenzminderungen« geht[150]. An diesem Punkt, für den die autopoietische Systemtheorie keine weiterführenden Gedanken mehr anzubieten hat[151], setzt die akteurszentrierte Steuerungstheorie aber erst an.

Aus empirischer Sicht besteht zwar Übereinstimmung dahingehend, daß die autopoietische Systemtheorie den Blick der Sozialwissenschaften für den Eigensinn gesellschaftlicher Teilsysteme geschärft und damit zu einer insgesamt vor-

---

[147] *M. Beyerle*, Staatstheorie und Autopoiesis, S. 189; *R. Mayntz*, Jahrbuch zur Staats- und Verwaltungswissenschaft Bd. 1 (1987), S. 89 ff. (100 ff.).
[148] So *D. Braun*, PVS-Sonderheft 24 (1998), S. 199 ff. (202 f.).
[149] *U. Schimank*, in: W. Zapf, Die Modernisierung moderner Gesellschaften, S. 505 ff. (506).
[150] *N. Luhmann*, PVS Bd. 30 (1989), S. 4 ff. (5, 8); *ders.*, ZRSoz Bd. 11 (1990), S. 142 ff. (144), wo als Beispiel für solche Differenzminimierungsprogramme genannt wird, daß durch den Erlaß von Impfgesetzen zwar nicht in die Leitorientierung des Gesundheitssystems (krank/nicht-krank), wohl aber die Differenz zwischen diesen beiden Extremen verringert werden.
[151] *D. Braun*, PVS-Sonderheft 24 (1998), S. 199 ff. (203).

II. Die Diskrepanz von Aufgabenzuwachs und Machtverlust im modernen Sozialstaat

sichtigeren Beurteilung der Steuerungsmöglichkeiten des politischen Systems geführt hat[152]. Soweit aber die Möglichkeit sinnhafter Steuerung eines der gesellschaftlichen Systeme durch ein anderes, insbesondere das politische System, und damit die Sinnhaftigkeit klassischen staatlichen Rechts generell geleugnet wird, ist dieser Theorie entgegenzuhalten, daß sie das theoretische Potential akteursbezogener Ansätze brach liegen läßt[153]. Von der empirischen Kritik an den Erkenntnissen der Systemtheorie ausgehend konfrontieren die akteurszentrierten Theorien die autopoietischen mit einer deutlich differenzierteren Sicht der Möglichkeiten staatlicher Steuerung gesellschaftlicher Systeme. In der Annahme »basaler Zirkularität« der Selbstreproduktion sozialer Systeme, die nach der Theorie der autopoietischen Systeme zu deren operationeller Geschlossenheit und damit zu einer Verhinderung politischer Steuerung führt, sehen die akteurszentrierten Theorien eine unzulässige Verkürzung sozialer und politischer Prozesse[154]: So mag zwar im Rechtssystem Recht an Recht oder in dem Wissenschaftssystem wissenschaftliche Kommunikation an wissenschaftliche Kommunikation anschließen; beides wird aber letztlich allein von den handelnden Akteuren erzeugt, die Gesetze verabschieden oder wissenschaftliche Forschungsergebnisse präsentieren. Es ist unmöglich, gesellschaftliche Prozesse rein formal und ohne den z.T. bestimmenden Einfluß von Motiven und Interessen zu erklären[155]. Bezogen auf die reflexive Steuerung bleibt zudem festzuhalten, daß sie auf genau das Handlungswissen angewiesen ist, mit dessen Fehlen seine Verfechter ursprünglich das Scheitern interventionistischen bzw. regulativen Rechts begründet hatten[156]. Auch für die durch das reflexive Recht zu definierenden Rahmenvorgaben wird Steuerungswissen benötigt.

Nicht durch Kommunikationen (statt durch Handlungen) gebildete Systeme, sondern die in ihnen agierenden individuellen und korporativen Akteure sind sinnvolle Ziele staatlicher Steuerungsversuche. Da Menschen die »Sprachen« verschiedener Teilsysteme sprechen, gibt es auch keine Schranken für intersystemische Kommunikation. Adressat der Steuerung sind somit keineswegs die aus Kommunikationen gebildeten Systeme, sondern individuelle und kollektive Akteure, die »mehrsprachig« in unterschiedlichen Codes als Mitglieder verschiedener Systeme zu kommunizieren vermögen[157]. In den Akteuren schneiden sich die unterschiedlichen, um Recht, Geld, Wahrheit, Macht etc. codierten Kommunikationssysteme[158].

Ein Blick auf den Charakter der Systeme läßt erkennen, daß teilsystemisches Handeln – wie eben die Individuen, die es bestimmen – unterschiedliche Ziele

---

[152] *F.W. Scharpf*, PVS Bd. 30 (1989), S. 10 ff. (19).
[153] *F.W. Scharpf*, PVS Bd. 30 (1989), S. 10 ff. (15).
[154] *R. Mayntz*, Jahrbuch zur Staats- und Verwaltungswissenschaft Bd. 1 (1987), S. 89 ff. (101 f.).
[155] *M. Beyerle*, Staatstheorie und Autopoiesis, S. 158.
[156] *A. Görlitz / R. Voigt*, Rechtspolitologie, S. 224; *R. Mayntz*, Jahrbuch zur Staats- und Verwaltungswissenschaft Bd. 1 (1987), S. 89 ff. (100).
[157] *F.W. Scharpf*, PVS Bd. 30 (1989), S. 10 ff. (15 f.).
[158] *P. Nahamowitz*, in: A. Görlitz / R. Voigt, Postinterventionistisches Recht, S. 7 ff. (14).

verfolgen kann und nicht nur ein Systemziel kennt. Individuelle wie korporative Akteure aber müssen auf Steuerungsversuche des Staates reagieren; der steuernde Staat kann sich zur Absicherung seines Steuerungsziels und zur Verstärkung seines Einflusses individueller »reflexiver« (v.a. Verstärkung der Stellung des Akteurs in seinem Teilsystem) Interessen bedienen.

Aus theoretischem Blickwinkel leidet die Systemtheorie zudem an einem inneren Widerspruch hinsichtlich ihrer Aufgabenzuweisung an das politische System[159]: Obschon die autopoietische Funktionsweise der ausdifferenzierten Systeme gezielte Übergriffe anderer Systeme – und somit einen systemübergreifenden Primat – verhindern soll, wird der Politik bzw. dem politischen System die Aufgabe zugeschrieben, *kollektiv* bindende Entscheidungen zu treffen[160]. Mit dieser Funktionsbestimmung, die nicht ein Nebeneinander der verschiedenen Systeme, sondern ein Verhältnis von Über- und Unterordnung impliziert, verfügt das politische System aber notwendig über einen Primat gegenüber den anderen Systemen, da der Begriff der kollektiven Bindung über das politische System hinaus weist. Insoweit kann sich Bindung aber nur durch eine Überlegenheit im Konfliktfall realisieren.

Die in der autopoietischen Systemtheorie unterstellte Unfähigkeit des Staates, die relevanten Kausalitätsbeziehungen zu erkennen, die die Wirksamkeit des Rechts ausmachen, beruht zudem auf einer Fehleinschätzung des juristischen Kausalitätsbegriffs und damit auch des rechtsimmanenten Wirkungsanspruchs[161]. Der Gesetzgeber kann die wirklichen Ursachenzusammenhänge nicht mehr erfassen und setzt statt dessen eine neue Ursachenkette in Gang, die zu unvorhersehbaren Fehlsteuerungen führt. Die juristisch relevante Kausalität wird dabei offenbar als der physikalischen ähnlich verstanden; ihre wertenden Elemente, insbesondere die diffizilen Zurechnungslehren der verschiedenen juristischen Disziplinen, die auf wertenden Prämissen und naturwissenschaftlichen Erfahrungsgesetzen und (gesetzlich) konstruierten Verantwortungsstrukturen gleichermaßen beruhen, bleiben unberücksichtigt[162]. Die Modellannahmen der komplexen und vernetzten soziologischen Kausalität, von deren Warte aus die dem Gesetz zugrunde liegende, einfach strukturierte, lineare Kausalitätsannahme kritisiert wird, entsprechen nicht den juristisch-normativen Kausalzuschreibungen. Rechtswissenschaft kann als normative Wissenschaft nicht mit naturwissenschaftlichen oder positivistischen Kausalitätstheorien operieren[163]. Hinzu kommt, daß auch das als interventionistisch bezeichnete Recht keineswegs einen

---

[159] *M. Beyerle*, Staatstheorie und Autopoiesis, S. 201 ff.; s.a. *H. Dreier*, Hierarchische Verwaltung im demokratischen Staat, S. 5 ff., 10; *C. Möllers*, Staat als Argument, S. 249 f.

[160] So die Definition der politischen Funktion bei *N. Luhmann*, Soziologische Aufklärung 4, S. 164; *H. Willke*, Ironie des Staates, S. 92.

[161] *O. Lepsius*, Steuerungsdiskussion, Systemtheorie und Parlamentarismuskritik, S. 31 ff.

[162] Über deren notwenige Unterscheidung bereits: *H. Kelsen*, Über Grenzen zwischen juristischer und soziologischer Methode.

[163] *O. Lepsius*, Steuerungsdiskussion, Systemtheorie und Parlamentarismuskritik, S. 33.

II. Die Diskrepanz von Aufgabenzuwachs und Machtverlust im modernen Sozialstaat 29

technokratischen Feinsteuerungsanspruch erhebt[164]. Kein Gesetzgeber agiert mit dem Anspruch, daß er seine Ziele unmittelbar und ohne weiteres Hinzutun erreicht. Die Wirksamkeit rechtlicher Steuerung ist auf eine Vielzahl von Faktoren zurückzuführen, für die die erlassene Rechtsnorm nur eine Grundlage bildet. Damit ist nicht nur die krude, vielleicht oftmals tatsächlich nicht wirksame Anwendung der Rechtsnorm im Einzelfall angesprochen. Aber auch Faktoren wie Bewußtseinsänderungen bei den Rechtsunterworfenen und die damit verbundene Umwandlung rechtlicher in soziale Normen, die einem parallelen Sanktionsmechanismus unterliegen, sollten nicht unterschätzt werden. Daher kann selbst für denjenigen, der behauptet, daß Rechtsgehorsam nicht auf der rechtlichen Norm, sondern nur auf der dieser unterliegenden sozialen Norm beruht[165], das Recht nicht irrelevant sein: Durch seinen Erlaß und seine Anwendung trägt es zu der Bildung der sozialen Norm bei.

Mit den radikalen Thesen der Systemtheorie über Bedingungen und Grenzen rechtlicher bzw. politischer Steuerung geht aber auch die nur theorieimmanent entfaltete Überzeugungskraft der auf ihr fußenden rechtstheoretischen Konstrukte dahin. Mediales oder reflexives Recht sind nicht die notwendige Konsequenz und der einzige Ausweg aus einer ansonsten nicht steuerbaren gesellschaftlichen Entwicklung. Entweder kann der Staat einen Steuerungsanspruch ohnehin nicht erheben. Dann stellt sich das Problem der Systemgeschlossenheit bzw. ihrer Überwindung nicht. Oder aber die autopoietische Systemtheorie (und damit zugleich auch die auf ihrer Grundlage beruhenden rechtstheoretischen Konstruktionen) können die Rolle des politischen Systems nicht bruchlos erklären. Die Beschäftigung mit ihnen ist dennoch erforderlich, weil einige Elemente der hier entwickelten Ansätze auch in anderen theoretischen Milieus (z.T. unerkannt) fortleben. Auch aus der rechtsdogmatischen und -politischen Diskussion fernab jeder sozialwissenschaftlichen Theoriebildung ist die Wertschätzung von Deregulierung und Partizipation bekannt, so daß auch dort, wo andere sozialwissenschaftliche Theorien zur Anwendung gelangen, die Idee des kooperativen Aushandlungsrechts[166] und damit der Verschränkung der Handlungsformen von Hierarchie und Verhandlung eine nicht unerhebliche Anziehungskraft entwickelt.

c) Akteurszentrierte Steuerungstheorie

Die neo-institutionalistische, akteurstheoretische Analyse[167] geht bei der Beurteilung staatlicher Steuerungsmöglichkeiten von einem ähnlichen Ausgangspunkt aus wie die oben dargelegte, systemtheoretisch inspirierte: Auch hier erkennt

---

[164] *P. Nahamowitz*, in: A. Görlitz / R. Voigt, Postinterventionistisches Recht, S. 7 ff. (11).
[165] *R. Voigt*, in: A. Görlitz / ders., Postinterventionistisches Recht, S. 37 ff. (44).
[166] Bezeichnung für das reflexive Recht von *A. Görlitz*, in: ders. / R. Voigt, Grenzen des Rechts, S. 17 ff. (26).
[167] Siehe als Überblick z.B. *R. Mayntz / F.W. Scharpf*, in: dies., Gesellschaftliche Selbstregelung und politische Steuerung, S. 39 ff.

man eine in über eine autonome Dynamik verfügende Systeme aufgegliederte Gesellschaft[168]. Anders als die autopoietische Systemtheorie favorisiert die akteurszentrierte Steuerungstheorie aber keineswegs die Selbstorganisation der gesellschaftlichen Teilsysteme, sondern plädiert für eine »neue Staatlichkeit« oder eine »neue Architektur des Staates«, womit sie neue institutionalisierte Kooperations- und Kommunikationsformen zwischen wichtigen sozialen Akteuren und politisch organisierten Interessen einerseits, sowie dem Staat bzw. staatlichen Untergliederungen andererseits einfordert[169]. Diese neu institutionalisierten Kooperations- und Kommunikationsformen zwischen Staat und Gesellschaft bilden den Grund, auf dem der »kooperative Staat«[170] gedeiht. Sie kommt indes zu einer wesentlich angemesseneren und weniger skeptischen Sicht staatlichen Steuerungspotentials als ihr autopoietisches Gegenüber[171], so daß die Erkenntnisse jener für das dogmatische Interesse dieser Arbeit in einem wesentlich höheren Maße dienstbar zu machen sind, als die Erkenntnisse der autopoietischen Systemtheorie.

Ähnlich wie aus systemtheoretischem Blickwinkel wird auch von einem akteurstheoretischen Standpunkt aus ein Perspektivwechsel vom modernen (souveränen) Staat hin zum kooperativen Staat vollzogen, der nicht mehr hierarchisch steuert, sondern politische Fragen in intermediären Verhandlungssystemen aushandelt. Der entscheidende Unterschied zwischen dem systemtheoretischen und dem akteursbezogenen Theorieansatz, der zu divergierenden Einschätzungen hinsichtlich der Durchsetzungsfähigkeit staatlicher (bzw. politischer) Steuerungsversuche in gesellschaftlichen Systemen führt, liegt bei der Einschätzung, welches die operativen Elemente der Teilsysteme sein sollen. Die Akteurstheorie entwirft ihre Konzepte vor dem Hintergrund der Handlungen individueller und korporativer Akteuren und rückt damit deren Interaktionen innerhalb eines institutionalisierten, funktional differenzierten Sinnzusammenhangs in den Mittelpunkt. Gesteuert werden nicht operativ geschlossene Kommunikationssysteme, sondern individuelle und kollektive Akteure[172].

Steuerung wird von einem akteurstheoretischen Grundverständnis aus als »intentionale und kommunikative Handlungsbeeinflussung« zur gemeinwohlorientierten Gestaltung der gesellschaftlichen Verhältnisse«[173] oder kurz: gezielte Be-

---

[168] *R. Mayntz*, Jahrbuch zur Staats- und Verwaltungswissenschaft Bd. 1 (1987), S. 89 ff. (94); siehe i.ü. zur akteurszentrierten Steuerungstheorie: Hierzu v.a. *dies.*, a.a.O., S. 91 ff.; *R. Mayntz/ F.W. Scharpf*, in: *dies.*, Gesellschaftliche Selbstregulierung und staatliche Steuerung, S. 39 ff. (v.a. 43 ff.); *F.W. Scharpf*, PVS-Sonderheft 19 (1988), S. 61 ff.; *ders.*, Interaktionsformen, S. 73 ff.
[169] *J. Esser*, in: D. Döring, Sozialstaat in der Globalisierung, S. 117 ff. (122 m.w.N.).
[170] Hierzu unten S. 55 ff.
[171] Plastisch für dieses Gegeneinander sind die Diskussionsbeiträge der jeweiligen Protagonisten beider Theorien; *F.W. Scharpf*, PVS Bd. 30 (1989), S. 10 ff., einerseits und *N. Luhmann*, PVS Bd. 30 (1989), S. 4 ff., andererseits.
[172] *P. Nahamowitz*, in: A. Görlitz/R. Voigt, Postinterventionistisches Recht, S. 7 ff. (14).
[173] *K. König/N. Dose*, in: *dies.*, Instrumente und Formen staatlichen Handelns, S. 519 ff. (519 f.) m.w.N.; zu Wissenschaftsgeschichte des Begriffs siehe *R. Mayntz*, Jahrbuch zur Staats- und Verwaltungswissenschaft Bd. 1 (1987), S. 89 ff. (91 ff.).

einflussung[174], begriffen[175]. Steuerung setzt ein Steuerungssubjekt (Akteur), ein Steuerungsobjekt und ein Steuerungsmittel voraus[176]. Eine Klassifikation und Kategorisierung von Steuerungsmitteln oder -instrumenten ist in vielfältiger Weise möglich[177]. Unbeschadet andersartiger und auch genauerer Systematisierungen lassen sich regulative Instrumente (Gebote, Verbote, Genehmigungsvorbehalte und andere ähnliche Rechtsvorschriften), finanzielle Instrumente (z.B. Subventionen, Abgaben) und informationelle Instrumente (Informationen, Öffentlichkeitsarbeit) voneinander abschichten[178]. Davon zu unterscheiden sind die Begriffe Markt (bzw. Verhandlung/Kooperation), Hierarchie und Solidarität, bei denen es sich um verschiedene Steuerungsmodi bzw. Interaktionsformen handelt[179].

Steuerungssubjekte können nur Personen oder handlungsfähige soziale Kollektive sein, wobei sich v.a. (aber nicht nur) mit Blick auf letztgenannte die Frage nach deren Steuerungs*fähigkeit* stellt. Für die Bundesrepublik Deutschland gelten aus Sicht der Sozialwissenschaften Föderalismus, Gewaltenteilung, die Existenz von Koalitionsregierungen ebenso wie das Bestehen einer ehedem unabhängigen Notenbank als Indiz einer besonders starken Fragmentierung politischer Handlungskompetenzen und damit der staatlichen Steuerungsfähigkeit.

Steuerungsobjekte sind alle diejenigen, die durch eine Steuerungsmaßnahme in ihrem Verhalten gezielt beeinflußt werden sollen. Sie besitzen eine autonome Existenz in dem Sinne, daß sie sich in Abwesenheit des Steuerungseingriffs selbständig weiterentwickeln würden; durch die Steuerung wird ihre autonome Dynamik gezielt geändert. Um den Begriff der Steuerung von lediglich punktuellen Eingriffen, aber auch von der Errichtung sozialer Gebilde unterscheiden zu können, knüpfen auch akteurszentrierte Steuerungsüberlegungen an einen – sehr weit verstandenen – Systemcharakter des Steuerungsobjekts an[180]: Durch den Steuerungseingriff soll eine autonome Dynamik – also eine Entwicklung, die ohne den steuernden Eingriff stattfinden würde – geändert werden.

aa) Steuerung aus akteurstheoretischer Perspektive

Zwar läßt sich bei den Vertretern akteurstheoretischer Steuerungstheorien deutlich weniger Steuerungspessimismus nachweisen als unter den Vertretern der Sy-

---

[174] *R. Mayntz*, Jahrbuch zur Staats- und Verwaltungswissenschaft Bd. 1 (1987), S. 89 ff. (93).
[175] Zu der Diskussion um die umstrittene Erforderlichkeit eines Kausalitätsnachweises für das Verhältnis von Steuerungsimpuls und gesellschaftlicher Veränderung siehe einerseits *P. Nahamowitz*, in: A. Görlitz/R. Voigt, Postinterventionistisches Recht, S. 7 ff. (11) (Änderungen sind ein prima facie Argument für den Steuerungserfolg); dggü. eher skeptisch: *R. Voigt*, ebd., S. 37 ff. (43).
[176] *R. Mayntz*, Jahrbuch zur Staats- und Verwaltungswissenschaft Bd. 1 (1987), S. 89 ff. (93 ff.).
[177] Vollständige Übersicht bei *K. König/N. Dose*, in: dies., Instrumente und Formen staatlichen Handelns, S. 3 ff. (13 ff.).
[178] *G.F. Schuppert*, in: W. Hoffmann-Riem/E. Schmidt-Aßmann/ders., Reform des Allgemeinen Verwaltungsrechts, S. 65 ff. (74).
[179] Nachweise bei *R. Mayntz*, Jahrbuch zur Staats- und Verwaltungswissenschaft Bd. 1 (1987), S. 89 ff. (92).
[180] *R. Mayntz*, Jahrbuch zur Staats- und Verwaltungswissenschaft Bd. 1 (1987), S. 89 ff. (94).

stemtheorie. Dennoch ist auch von akteurstheoretischer Warte staatliche Steuerung oftmals nicht einseitig-hierarchisch möglich: Der Steuerungsanspruch des hierarchisch geprägten regulativen Rechts gegenüber den verschiedenartigsten gesellschaftlichen Sektoren – Wissenschaft, Technik, Medien, Bildung, Kultur, »Soziales« im weitesten Sinne – wird auch aus Sicht akteurstheoretischer Konzeptionen politischer Steuerung durch »eigensinnige Relevanzkriterien« und deren »endogene Entwicklungslogik«, kurz: deren Eigengesetzlichkeit, konterkariert[181]. Soziale Teilsysteme verfügen auch in einer akteurszentrierten Sichtweise über die Fähigkeit, eigene Grenzen zu setzen, politische Angriffe von außen abzuwehren bzw. sich ihnen zu entziehen. Diese Tendenzen sind hiernach indes das Produkt erkennbarer Handlungsstrategien identifizierbarer Akteure, die in diesen Systemen wirken[182]. Resistenzen gesellschaftlicher Teilsysteme gegen staatliche Interventionen liegen daher nicht an deren selbstreferentieller, zu medialer Inkompatibilität führender Geschlossenheit, sondern an gewachsenen Macht- und Einflußressourcen und der damit verbundenen Widerstandsfähigkeit institutionalisierter und organisierter gesellschaftlicher Teilsysteme. Die akteurszentrierte Steuerungstheorie verweist darauf, daß der Staat sich in allen Politikbereichen anhand der klassischen Steuerungsmittel Recht und Geld um vielfältige Einflußnahmen bemüht, indes die unmittelbare Unterwerfung unter eine politische Funktionslogik die Leistungsfähigkeit der genannten Sektoren blockiert, während politische Interventionen, die diese Funktionslogik unangetastet lassen, nach dieser Sichtweise oft entweder unwirksam oder in ihrer Wirkung unkalkulierbar sind[183]. Dennoch: Erfolgreiche staatliche Einflußnahmen auf diese Systeme sind für die akteurszentrierte Steuerungstheorie möglich und können auch in hohem Maße beobachtet werden[184]. Steuerungserfolge beruhen auf einer Inanspruchnahme individueller und korporativer Akteure der Teilsysteme bzw. auf der Ausnutzung von deren reflexiven Interessen, so daß gerade auch eine besonders hohes Maß an gesellschaftlicher Verfaßtheit zu einer verbesserten Durchsetzbarkeit politischer Programme und damit auch rechtlicher Regelungen führen kann[185].

bb) Korporative Akteure als Steuerungsobjekte und -subjekte in der akteurszentrierten Steuerungstheorie

Für die akteurszentrierte Steuerungstheorie kommen sowohl individuelle als auch korporative Akteure als Steuerungsadressaten in Betracht. Bei letzteren handelt es sich um – durch Vertreter – handlungsfähige, formal organisierte Per-

---

[181] Beispielhaft *F.W. Scharpf*, PVS Bd. 32 (1991), S. 621 ff. (622).
[182] *R. Mayntz*, Jahrbuch zur Staats- und Verwaltungswissenschaft Bd. 1 (1987), S. 89 ff. (102).
[183] *F.W. Scharpf*, PVS Bd. 32 (1991), S. 621 ff. (622).
[184] So *N. Dose*, in: A. Görlitz/R. Voigt, Postinterventionistisches Recht, S. 81 ff. (93 m.w.N.); *F.W. Scharpf*, PVS Bd. 30 (1989), S. 10 ff. (12).
[185] *R. Mayntz*, Jahrbuch zur Staats- und Verwaltungswissenschaft Bd. 1 (1987), S. 89 ff. (103 ff.).

sonenmehrheiten, denen zentralisierte, also nicht mehr den Mitgliedern individuell zugeordnete Handlungsressourcen zur Verfügung stehen, über deren Einsatz entweder hierarchisch (so z.B. in der öffentlichen Verwaltung) oder majoritär (so z.B. in Verbänden) entschieden werden kann. Die wichtigste organisationsinterne Fähigkeit eines solchen korporativen Akteurs liegt in der Fähigkeit zur kollektiven Willensbildung und zur effektiven Steuerung des Handelns der eigenen Mitglieder, da in erster Linie hiervon abhängt, ob Handlungen der Organisation statt einzelnen ihrer Mitglieder zugeschrieben werden können[186].

Die Inanspruchnahme gesellschaftlicher Steuerungspotenzen erfolgt aus akteurstheoretischer Perspektive in erster Linie über korporative Akteure. Sie bilden die Schnittstelle zwischen politischen und individuellen Akteuren in den Teilsystemen. Sie sind an diesem Punkt indes gleichermaßen Steuerungsressource und -hemmnis. Soweit sie in der Lage sind, ihre Mitglieder zu einem einheitlichen kollektiven Handeln zu bewegen, reduzieren sie die Komplexität eines politischen Handlungsfeldes – und damit das Maß der erforderlichen Einwirkung – erheblich. Es kann nunmehr genügen, mit diesen Akteuren politische Verhandlungen zu führen, um – abhängig von Machtressourcen und staatlichem Drohpotential einerseits sowie der Selbststeuerungspotentiale der korporativen Akteure andererseits – zu einem gewünschten Steuerungsergebnis zu gelangen[187].

Individuelle und korporative Akteure stehen miteinander in einem Interaktionsverhältnis[188]. Diese haben jene als Mitglieder; die konkrete Ausgestaltung des Interaktionsverhältnisses ist eine wichtige Determinante für die Situationswahrnehmung und die Strategiewahl der Organisationen. In diesem Verhältnis liegen auch die Sollbruchstellen einer pauschalen Gleichsetzung des korporativen mit dem ihn repräsentierenden individuellen Akteur, die allein dann analytisch befriedigend wäre, wenn alle Repräsentanten vollständig durch ein imperatives Mandat der Organisation gesteuert wären bzw., wenn der Repräsentant seinerseits die Organisation umfassend steuern würde. Beides wird in der Realität nicht vorliegen. Für die Strategien korporativer Akteure kommt es im Einzelfall auf das nicht stets institutionell determinierte Handeln von Individuen in ihrer Rolle als Mitglieder oder Vertreter an. Organisationen sind Zusammenschlüsse von Individuen mit in der Regel unterschiedlichen Interessen, Perzeptionen und Einflußpotentialen. Die für die Organisation handelnden Individuen haben gewisse Handlungsspielräume bei deren Vertretung. Dieses Interaktionsverhältnis läßt sich nur bei Einnahme einer Mehrebenenperspektive angemessen würdigen, die das Wechselspiel zwischen individueller Handlung und Organisationsdynamik berücksichtigt.

---

[186] *R. Mayntz / F.W. Scharpf*, in: dies., Gesellschaftliche Selbstregulierung und staatliche Steuerung, S. 39 ff. (49 f.).
[187] *D. Braun*, PVS-Sonderheft 24 (1998), S. 199 ff. (209).
[188] *R. Mayntz / F.W. Scharpf*, in: dies., Gesellschaftliche Selbstregulierung und staatliche Steuerung, S. 39 ff. (50 f.).

Hinsichtlich ihres Organisationsgrades zwischen individuellen und korporativen Akteuren stehen die sog. Quasi-Gruppen[189]. Bei ihnen handelt es sich nicht um kollektiv handlungsfähige Akteure, sondern um Gruppen von Individuen, die ein bestimmtes handlungsrelevantes Merkmal gemein haben. Sie können Adressaten gezielter Steuerungsversuche sein, wenn sie auf einen solchen Versuch wegen ihrer gemeinsamen Handlungsorientierung gleich reagieren. Auch ist es möglich, daß die Angehörigen der Gruppe wechselseitig aufeinander reagieren, so daß sich die kollektive Reaktion endogen verstärkt. Die Schwelle zu dem Akteursstatus überschreiten solche Gruppen erst, wenn die Handlungsorientierungen ihrer Angehörigen *bewußt* gleichgerichtet sind.

Eine Kooperation zwischen Staat und Gesellschaft ist gar nicht möglich, wenn man den Begriff der Gesellschaft so einsetzt, daß dieser nur eine fungible Zusammenfassung der Akteure der grundrechtlichen Sphäre (Individuen und deren Vereinigungen) umfaßt[190]. Die Gesellschaft als solche ist zur Kooperation mit dem Staat nicht fähig. Sie kann weder handeln noch sich verpflichten. Repräsentanten oder gar Vertreter »der Gesellschaft« kann es mangels Repräsentationsverhältnisses oder Erteilung von Vertretungsmacht nicht geben. Abgesehen von den Fällen, in denen ein einzelnes, besonders betroffenes Individuum dem Staat gegenübertritt, bedarf die Gesellschaft der Struktur durch kollektive Akteure, deren Vertreter dem Staat als Verhandlungspartner gegenübertreten und die gefundenen Ergebnisse auch gegenüber den sie politisch bevollmächtigenden individuellen Akteuren durchsetzen können. An diesem Punkt berührt sich die akteurszentrierte Steuerungstheorie mit der staatsrechtlichen Diskussion um die Macht der Verbände. Es ist kein Zufall, daß die inzwischen verklungenen verfassungsrechtlichen und staatstheoretischen Diskussionen über den Verbändestaat in einem zeitlichen Zusammenhang mit dem Beginn des expansiven Anwachsens staatlicher Aufgaben stehen. Der schützende, vorsorgende und umverteilende Staat fördert Verhaltensweisen der »rent-seeking-society«, d.h. der Vorteilsverteilung über den Staat. Dies führt zu einer Intensivierung der gesellschaftlichen Organisation zum Zwecke der Vertretung und Durchsetzung von Gruppeninteressen[191]. Deren primäres Medium sind die Verbände.

cc) Regulierte Selbstregulierung als Verschränkung von Hierarchie und Verhandlung

Politische Steuerung und gesellschaftliche Selbstregulierung stehen aus dem Blickwinkel der Akteurstheorie nicht in einem Alternativverhältnis, sondern verschmelzen zu einer Mischform – »governance«[192]. Steuerung durch Kooperation beschreibt dann nicht einen Rückzug des Staates, sondern markiert einen For-

---

[189] R. *Mayntz / F.W. Scharpf*, in: dies., Gesellschaftliche Selbstregulierung und staatliche Steuerung, S. 39 ff. (51).
[190] O. *Depenheuer*, in: P.M. Huber, Das Kooperationsprinzip im Umweltrecht, S. 17 ff. (27).
[191] D. *Fürst*, Jahrbuch zur Staats- und Verwaltungswissenschaft Bd. 1 (1987), S. 261 ff. (269 ff.).
[192] G.F. *Schuppert*, Die Verwaltung Bd. 31 (1998), S. 415 ff. (437 f.); R. *Mayntz*, PVS-Sonderheft 26 (1995), S. 148 ff. (160).

menwandel in der politischen Aufgabenerfüllung[193]. Der Aspekt einseitig-hoheitlichen Staatshandelns mag dann in einer letztendlich von demokratisch legitimierten Gremien getroffenen politischen Entscheidung zur Geltung gebracht werden. Wenn deren Gegenstand indes regelmäßig zuvor so weit in korporatistisch oder pluralistisch strukturierten Verhandlungen zwischen den staatlichen Entscheidungsträgern und den potentiellen Normadressaten vorbereitet wurde, verflüchtigen sich hoheitliche zugunsten kooperativer bzw. konsensualer Elemente der Rechtsnormsetzung[194]. Steuerungserfolge werden durch die Enthierarchisierung des Verhältnisses von Staat und Gesellschaft erkauft[195]. Staatliches Steuerungshandeln ist dabei darauf angewiesen, seine Aktivitäten mit den gesellschaftlichen Potentialen zur Selbstkoordination zu koppeln, um eigene Intentionen umsetzen zu können[196]. In den Sozialwissenschaften wird dies als Koppelung der beiden Interaktionsformen »Hierarchie«[197] und »Verhandlung« analysiert[198], die in den Rechtswissenschaften unter dem Begriff der regulierten Selbstregulierung konzeptioniert wurde.

Staatliche Steuerung wird als Herstellung einer sozialen Ordnung definiert[199]; genauer: als die bewußte und zielgerichtete Veränderung gesellschaftlicher Zustände durch staatliche Steuerungsinstanzen (etwa Parlament, Regierung, Ministerialbürokratie und sonstige Verwaltung, oberste Gerichte)[200]. Den Gegensatz zu diesem Begriff bildet der der gesellschaftlichen Selbstregulierung, mit der die individuelle oder kollektive Verfolgung von Privatinteressen in Wahrnehmung grundrechtlicher Freiheiten zum legitimen Eigennutz bezeichnet wird[201]. Zwischen diesen beiden Polen findet sich der Modus der regulierten Selbstregulierung[202]. Es existieren mehrere, analytisch voneinander abzuschichtende Arten

---

[193] *G.F. Schuppert*, Die Verwaltung Bd. 31 (1998), S. 415 ff. (437).
[194] *F.W. Scharpf*, PVS Bd. 32 (1991), S. 621 ff. (622 f.).
[195] *F.W. Scharpf*, PVS Bd. 32 (1991), S. 621 ff. (622).
[196] *S. Lütz*, in: R. Mayntz/F.W. Scharpf, Gesellschaftliche Selbstregulierung und staatliche Steuerung, S. 169 ff. (170).
[197] Die Problematik dieser Begrifflichkeit liegt auf der Hand: Dem gewöhnlichen Begriffsverständnis entsprechend ist Hierarchie keine Bezeichnung für eine Interaktion, sondern nur für ein statisches Ordnungsprinzip. »Hierarchie« wird aber als Synonym für die »hierarchische Steuerung« verwendet. Der verwaltungsrechtliche Begriff der Hoheitlichkeit würde deutlich besser passen. Angesichts der Verbreitung des Begriffs in der sozialwissenschaftlichen Literatur soll aber die Entgegensetzung von Hierarchie und Verhandlung hier beibehalten werden.
[198] Hierzu die grundlegenden Arbeiten von *F.W. Scharpf*, PVS-Sonderheft 19 (1988), S. 61 ff. (68 ff.); *ders.*, PVS Bd. 32 (1991), S. 621 ff. (624 ff.); *ders.*, PVS-Sonderheft 24 (1993), S. 57 ff. (57 ff.); *ders.*, Interaktionsformen, S. 197 ff.
[199] *D. Braun*, Diskurse zur staatlichen Steuerung, S. 2; *M. Schmidt-Preuß*, VVDStRL Bd. 56 (1997), S. 160 ff. (163).
[200] *P. Nahamowitz*, in: A. Görlitz/R. Voigt, Postinterventionistisches Recht, S. 7 ff. (10) m.w.N. Aus juristischer Sicht ähnlich *M. Schmidt-Preuß*, VVDStRL Bd. 56 (1997), S. 160 ff. (163): »Staatliche Steuerung ist jede Gestaltung der Lebensverhältnisse durch einen Träger öffentlicher Gewalt«.
[201] *M. Schmidt-Preuß*, VVDStRL Bd. 56 (1997), S. 160 ff. (162 f.).
[202] Grundlegend *W. Hoffmann-Riem*, in: ders./E. Schmidt-Aßmann, Öffentliches Recht und Privatrecht als wechselseitige Auffangordnungen, S. 261 ff. (300 ff.); s.a. *A. Finckh*, Regulierte

sozialer Handlungskoordination (Interaktionsformen), denen jeweils ein unterschiedliches Ausmaß an Autonomie bzw. Macht der beteiligten Akteure zugrunde liegt[203]. Aus sozialwissenschaftlicher Sicht gründet baut die Theorie der regulierten Selbstregulierung auf einer Verschränkung der beiden Interaktionsformen »Hierarchie« und »Verhandlung« auf.

Wird in einem Gemeinwesen ein gesellschaftlicher oder politischer Konflikt als solcher identifiziert, entsteht zumeist unmittelbar ein Bedürfnis nach seiner Lösung. Der Staat kann es dann unternehmen, den Konflikt mit seinen ureigensten Mitteln, denen des Rechts zu lösen, indem er z.B. ein Gesetz erläßt oder ein bestehendes Gesetz anpaßt; er kann auch abwarten, ob die Konfliktlösung durch die Gesellschaft ohne staatliche Intervention möglich ist oder aber er kann gesellschaftliche Akteure mit staatlichen Mitteln zur Konfliktlösung ausstatten.

Jede dieser Vorgehensweisen impliziert zugleich eine staatliche Entscheidung für oder gegen einen bestimmten Interaktionsmodus; für Hierarchie oder Verhandlung oder für ein Vorgehen auf der Grundlage einer Mischform dieser beiden Modi. Das idealtypische Ergebnis hierarchischer Konfliktlösung ist die Rechtsnorm. Deren klassischer Kanon setzt sich auf nationaler Ebene aus dem Parlamentsgesetz, der Rechtsverordnung und der Satzung zusammen[204]. Bei näherer Betrachtung zeigt sich aber, daß auch der Erlaß von Rechtsnormen oftmals auf vielfältige Weise in ein Netzwerk von Anhörungen, Abstimmungen, Verhandlungen und Tauschprozessen nicht nur zwischen Parlament und Regierung, Opposition und Mehrheitsfraktion oder Bundestag und Bundesrat[205] (innerhalb oder außerhalb des Vermittlungsausschusses[206]), sondern in Verhandlungen zwischen staatlichen und nicht-staatlichen Akteuren eingebunden ist und damit auch die prinzipiell dem Konfliktlösungsmodus »Hierarchie« entsprechende Rechtsnorm im Hinblick auf ihr Zustandekommen Elemente des Interaktionsmodus Verhandlung aufweist.

Selbstregulierung im Dualen System, S. 44 ff.; *E. Schmidt-Aßmann*, Die Verwaltung, Beiheft 4 (2001), S. 253 ff. (254 ff.); *J.-P. Schneider*, Liberalisierung der Stromwirtschaft durch regulative Marktorganisation, S. 41 ff. m.w.N.; *G.F. Schuppert*, Die Verwaltung Bd. 31 (1998), S. 415 ff.; *H.-H. Trute*, DVBl. 1996, S. 950 ff.

[203] *R. Mayntz / F.W. Scharpf*, in: dies., Gesellschaftliche Selbstregulierung und staatliche Steuerung, S. 39 ff. (61 f.).

[204] *F. Ossenbühl*, in: J. Isensee / P. Kirchhof, HdbStR Bd. Bd. III, § 61 Rn. 4.

[205] Hierzu *R. Dolzer*, VVDStRL Bd. 58 (1998), S. 8 ff. (19 ff.); *D. Grimm*, DRiZ 2000, S. 148 ff. (156 ff.); *M. Morlok*, VVDStRL Bd. 62 (2003), S. 37 ff. (40 ff.); *R. Scholz*, FS BVerfG II/2, S. 663 ff. (680 ff.). Zur Praxis der informellen Beteiligung der Bundesländer an der Bundesgesetzgebung: *H. Schulze-Fielitz*, Der informale Verfassungsstaat, S. 57 ff.; ders., Theorie und Praxis parlamentarischer Gesetzgebung, S. 262 f. Entsprechend der auf die Position des Privaten in dem System der Rechtsetzung orientierten Perspektive der Untersuchung ist das Augenmerk auf die nicht unmittelbar durch die Verfassung an dem Gesetzgebungsprozeß Beteiligten zu richten. Während Aushandlungsprozesse zwischen den staatlicherseits an der Gesetzgebung formal Beteiligten keine Besonderheit mehr darstellen, besteht hier mit Blick auf die private Partizipation an der Funktion Rechtsetzung Klärungsbedarf.

[206] Hierzu *M. Herdegen*, VVDStRL Bd. 62 (2003), S. 7 ff. (20).

Demgegenüber entspricht als private Norm der Standard, die technische Normung, nach der sich nur der sich – zunächst – freiwillig Unterwerfende richtet, dem Bild der Verhandlungslösung. Diese Regelwerke gründen ihren Geltungsanspruch prinzipiell auf Akzeptanz. Doch ist auch hier zu beobachten, daß durch das Hinzutreten weiterer Umstände rechtliche oder rechtsähnliche Bindungen ohne eigenes Zutun des Gebundenen bzw. ohne dessen konkretes Einverständnis entstehen. Dies mag seine Ursache etwa in einer staatlichen Allgemeinverbindlicherklärung von Verhandlungslösungen oder deren Rezeption in die staatliche Rechtsordnung haben.

α) Hierarchie

Überkommenerweise wird politische Steuerung mit den Mitteln interventionistischen Rechts – und so mit dem sozialwissenschaftlichen Interaktionsmodus »Hierarchie« – in Verbindung gebracht[207]. Aus sozialwissenschaftlicher Sicht ist hierarchische Steuerung als Interaktionsmodus definiert, bei dem Ego die Entscheidungen Alters oder zumindest einige seiner Entscheidungsprämissen bestimmen kann[208]. Hierarchie ist der typische Modus etatistischer Steuerung: Staatliche Organe treffen für die Gesellschaft verbindliche Entscheidungen, die durch eine von diesen Organen eingesetzte und ihnen verantwortliche Exekutive mit zumindest in der Reserve gehaltenen autoritativen, einseitig-hoheitlichen Mitteln notfalls auch gegen die Präferenzen der der Hierarchie Unterworfenen durchgesetzt werden. Die gesellschaftliche Ebene der Interessenvermittlung ist fragmentiert, während die staatliche Problemlösungsebene integriert, vereinheitlicht – souverän – ist.

Hierarchie ermöglicht in der Theorie die unbedingte Durchsetzung des staatlichen Willens gegenüber gesellschaftlichen Abweichlern. In einem demokratischen System werden die verbindlichen Entscheidungen durch eine parlamentarische Mehrheit getroffen, die ihrerseits wiederum durch allgemeine Wahlen legitimiert ist. Der Wille einer idealerweise in der parlamentarischen Mehrheit abgebildeten gesellschaftlichen Mehrheit wird in der Interaktionsform Hierarchie umgesetzt. Die Vorteile dieses Konfliktlösungsmodus, dessen sich aus eigener Autorität nur der Staat bedienen kann, liegen auf der Hand[209]: Der Zwang zur Einigung, die Notwendigkeit des Konsenses zwischen der steuernden Instanz und den gesteuerten Akteuren entfällt. Hierarchische Autorität eröffnet die Möglichkeit, sich über die Präferenzen anderer Akteure hinwegzusetzen. Für den Vorgang der staatlichen Willensbildung und -durchsetzung bringt dies unab-

---

[207] *P. Nahamowitz*, in: A. Görlitz/R. Voigt, Postinterventionistisches Recht, S. 7 ff. (10) m.w.N.
[208] *F.W. Scharpf*, Interaktionsformen, S. 282.
[209] Siehe *F.W. Scharpf*, Interaktionsformen, S. 283 ff.; s.a. *E. Ostrom*, Governing the Commons, S. 8 ff. zur Diskussion über die Notwendigkeit hierarchischer (staatlicher) Bewirtschaftung natürlicher Ressourcen, da hier Kooperationsmodelle keine gemeinwohlverträglichen Ergebnisse gewährleisten.

weisbare Effizienzgewinne mit sich. Eine Verantwortungszurechnung für getroffene oder nicht getroffene Entscheidungen zielt in letzter Instanz meist auf das unmittelbar legitimierte Organ. In den Sozialwissenschaften herrscht indes die Ansicht vor, daß das klassische hierarchische Modell staatlicher Gestaltung positive Wohlfahrtseffekte nicht zu erzielen in der Lage ist, da die für den Erfolg dieser Steuerung erforderlichen gesellschaftlichen und politischen Rahmenbedingungen nicht mehr gegeben sind[210]. Außerdem kann hierarchische Koordination positive Wohlfahrtseffekte nur erzielen, wenn die Inhaber hierarchischer Autoritätspositionen dem Ideal des wohlwollenden und allwissenden Diktators entsprechen, der seine Macht nur zur Wohlfahrtsmaximierung und zur Sicherung der Verteilungsgerechtigkeit einsetzt (Motivationsproblem[211]).

Für das Funktionieren des »hierarchischen Staatsmodells« stellen die Sozialwissenschaften damit außerordentlich anspruchsvolle Bedingungen auf[212], deren zunehmend schwierige Nachweisbarkeit die Wirkmacht hierarchischer Steuerung empfindlich beeinträchtigt[213]. In den Sozialwissenschaften gilt es daher als nachgewiesen, daß dem Ordnungsmodell Hierarchie das Bild einer ausgesprochen statischen und unterkomplexen Gesellschaft zugrundegelegt wird, die in dieser Form vielleicht nie existiert hat. Je komplexer und weitreichender die Ansprüche des Staates auf Gestaltung gesellschaftlicher, technischer oder sonstiger Probleme wird, desto aussichtsloser wird es nach dieser Sichtweise, den Anspruch auf gleichermaßen souverän-hierarchisches wie vernünftiges und richtiges staatliches Entscheiden zu verwirklichen.

β) Verhandlung/Kooperation

Der Konfliktlösungsmodus »Verhandlung«[214] basiert auf dem Prinzip der Einigung. Hier kommt eine Konfliktlösung zustande, an deren Entstehung und Ab-

---

[210] Die Gründe hierfür entsprechen denen für die Wirkungslosigkeit interventionistischen und regulativen Rechts (siehe S. 4 ff.). S.a. *E.-H. Ritter*, AöR Bd. 104 (1979), S. 389 ff. (390 f.); *ders.*, Jahrbuch zur Staats- und Verwaltungswissenschaft Bd. 1 (1987), S. 321 ff. (338 f.); *ders.*, in: D. Grimm, Wachsende Staatsaufgaben – sinkende Steuerungsfähigkeit des Rechts, S. 69 ff. (70 ff.); *F.W. Scharpf*, Interaktionsformen, S. 285 ff., identifiziert insoweit v.a. das Motivations- und das Informationsproblem.

[211] *F.W. Scharpf*, Interaktionsformen, S. 293 ff.

[212] *F.W. Scharpf*, PVS Bd. 32 (1991), S. 621 ff. (624 f.): Vollständige Informationen über zu steuernde Teilsysteme, auf das Gemeinwohl gerichtete Handlungsorientierung des Inhabers der Staatsgewalt und kompetenzieller Zugriff hierarchischer Koordination auf alle Problemursachen und Verantwortung für alle Entscheidungswirkungen (s.a. oben S. 6 ff.).

[213] Auch für klassische Bereiche staatsinterner hierarchischer Steuerung – den Behördenaufbau – wurde eine in der Entwicklung moderner Staatsaufgaben begründete »Destabilisierung des Hierarchieprinzips« konstatiert: *H. Dreier*, Hierarchische Verwaltung im demokratischen Staat, S. 153 f. und passim.

[214] *A. Benz*, Kooperative Verwaltung, S. 309 ff.; *D. Braun*, Die politische Steuerung der Wissenschaft, S. 29 ff., 47 ff., 370 ff.; *A. Geldsetzer*, Selbstverpflichtungen und Mediationen als Verfahren kooperativer Umweltpolitik, S. 33 ff.; *F.W. Scharpf*, Interaktionsformen, S. 197 ff. Sprachlich wäre es sicher sinnvoller, als Gegenbegriff zu dem Begriff der Hierarchie den der Heterarchie zu etablieren. Zum einen haben sich aber die Begriffe Verhandlung/Kooperation für die entsprechenden

schluß alle von einer Entscheidung Betroffenen beteiligt sind. Dabei entscheidet nicht die Mehrheit, sondern die Gesamtheit aller Beteiligten im allseitigen Einverständnis. Die Teilnehmer an einer Verhandlungslösung verfolgen einen eigenen Nutzen und haben daher ein nicht unerhebliches Interesse an dem Gelingen der Verhandlung. Da die Betroffen selbst oder durch von ihnen akzeptierte Vertreter an einer Verhandlung teilgenommen haben, werden sie die (u.U. dann wieder in Form der Hierarchie erfolgende) Durchsetzung der Entscheidung akzeptieren.

Die Grundlage von reinen Verhandlungslösungen ist nicht die hoheitliche Macht eines Entscheiders, sondern die Etablierung von Austauschbeziehungen zwischen verschiedenen Beteiligten: Diese verfügen über materielle oder politische Ressourcen, die in der Verhandlung tauschfähig gemacht werden. Auch wenn die durch die Vielzahl beteiligter Interessen bedingte höhere Verhandlungskomplexität und der Zwang zu deren Ausgleich zu zeitlichen Verzögerungen gegenüber einer vollständig hierarchischen Entscheidung führen, sind doch für die Umsetzung des Verhandlungsergebnisses Vorteile zu verzeichnen: Bei unverfälschter Anwendung des Verhandlungsprinzips kommt eine Entscheidung nur zustande, wenn diese die Gesamtheit der Beteiligten besser stellt als ein Scheitern der Verhandlung und eine daraus zwangsläufig resultierende Nicht-Entscheidung[215]. Damit ist aber zugleich auch der Schwachpunkt von Verhandlungslösungen angesprochen, der darin liegt, daß die Verhandlung scheitern muß (oder sich sehr lange hinzieht), wenn einer der Beteiligten kein Interesse an einer Entscheidung hat, sondern mit dem aktuellen Zustand besser leben kann als mit einer Veränderung[216].

Der Aushandlungsmechanismus führt dazu, daß eine größere Vielfalt von Argumenten, Interessenpositionen und Wissensbeständen in den Prozeß der Konfliktlösung einbezogen werden kann und muß. Eine Einigung ist nur durch Überzeugung des Gegenüber möglich. Sie gelingt nur dann, wenn jeder Beteiligte gleichermaßen ernst genommen wird. Der Verhandlungsmechanismus generiert durch die Beteiligung der unmittelbar Betroffenen bzw. ihrer Vertreter an einer Entscheidung eine größere Menge steuerungsrelevanter Informationen als gegenüber einem hierarchischen Entscheider offenbart würden. Die Mitwirkung der an einer Entscheidung Interessierten erschließt deren Wissensressourcen[217] (zu-

---

Prozesse in der Diskussion festgesetzt. Zum anderen machen diese deutlich, daß der Staat in ihnen durch aktives Handeln koordiniert (siehe *R. Voigt*, in: ders., Der kooperative Staat, S. 33 ff. (39 (Fn. 40)).

[215] Zu der Voraussetzung dieser Aussage, daß die Voraussetzungen der ökonomischen Theorie der Verhandlung auch empirisch gelten, siehe *J. Knight*, Institutionen und gesellschaftlicher Konflikt, S. 140 ff. Ob die Verhandlungen zu einem Ergebnis kommen oder nicht, hängt davon ab, in welchem Ausmaß die Parteien ihre Interessen auch ohne diesen Vertrag verwirklichen können; siehe *D.G. Baird / R.H. Gertner / R.C. Picker*, Game theory and the law, S. 219 ff.

[216] *G. Lübbe-Wolff*, NuR 1989, S. 295 ff. (302); *E.H. Ritter*, in: D. Grimm, Wachsende Staatsaufgaben – sinkende Steuerungsfähigkeit des Rechts, S. 69 ff. (80).

[217] Die Mitwirkung des Bürgers stellt sich insofern als versteckte Ressource staatlichen Handelns dar; so für das Verwaltungshandeln *H. Hill*, DVBl. 1989, S. 321 ff. (326); s.a. *E.H. Ritter*, in:

mindest soweit diese bereit sind, sich zu offenbaren). Dies führt zu einer geringeren Fehleranfälligkeit, zu weniger gerichtlichen Überprüfungen getroffener Entscheidungen[218] und reduziert zugleich Komplexitätsprobleme durch aktive Mitarbeit der Systeme an dem Steuerungsprogramm, da jene ihr Innenleben bei den Verhandlungen zumindest partiell offenlegen. Dies ist insbesondere dort von Bedeutung, wo die Komplexität von Aufgaben und Problemstellungen eine standardisierte Problemlösung verhindert; sie zwingt vielmehr die staatliche Seite zur Zusammenarbeit mit den Adressaten ihrer Entscheidung im Hinblick auf den Austausch von Informationen und die Entwicklung von Lösungen[219].

Mit Techniken zum Ausgleich solcher Informationsasymmetrien befaßt sich unter der Überschrift des Mechanism Design ein ganzer Zweig der Volkswirtschaftslehre[220]. Will ein Privatmann private Informationen einer anderen Person erschließen, muß er dem Inhaber der gewünschten Informationen eine Gegenleistung bieten, da dieser andernfalls die Vorteile des exklusiven Wissens nicht aufgibt. Hier ist der Staat zwar in einer komfortableren Position als der private Verhandlungspartner.

Der Inhaber wird diesem seine Information aber auch nur offenbaren, wenn er sich dadurch nicht noch mehr schadet als durch eine entsprechende Weigerung. Der Staat kann sein Gewaltmonopol jedoch dazu nutzen, dem Inhaber der Information glaubwürdig Nachteile in Aussicht zu stellen[221]. In der Spieltheorie wird hingegen vorgeschlagen, die Regeln so zu wählen, daß sie die Parteien dazu veranlassen, durch Änderungswünsche private Information zu offenbaren[222]. Allerdings sind beide Wege für den hierarchischen Regulator aufwendig, mühsam und bedürfen der nachhaltigen Durchsetzung. Dies treibt die politischen Kosten für hierarchische Regulierung in die Höhe und gerät zudem in ein Spannungsverhältnis mit den Freiheitsrechten des Informationsinhabers (v.a. mit dem Grundrecht auf informationelle Selbstbestimmung gem. Art. 2 Abs. 1 i.V.m. Art. 1 Abs. 1 GG[223])). Bei der Einbindung des privaten Informationsträgers in einen Verhandlungsmechanismus, dessen Essentiale das Geben und Nehmen ist, läßt sich solcher Aufwand ebenso vermeiden wie die korrespondierenden politischen Kosten[224].

Des weiteren ist die umfassende Implementation einer Verhandlungslösung wahrscheinlicher als bei einer hierarchischen Lösung, da die Beteiligten die Lö-

---

D. Grimm, Wachsende Staatsaufgaben – sinkende Steuerungsfähigkeit des Rechts, S. 69 ff. (79); s.a. aus rechtswissenschaftlicher Sicht die Vorteile des Einsatzes »korporativer Staatsgewalt« zusammenfassend: *H.-G. Dederer*, Korporative Staatsgewalt, § 3; kritisch *P. Nahamowitz*, in: R. Voigt, Der kooperative Staat, S. 119 ff.

[218] *U. Di Fabio*, DVBl. 1990, S. 338 ff. (341).
[219] *A. Benz*, Die Verwaltung Bd. 23 (1990), S. 83 ff. (86); s.a. *R. Mayntz*, Die Verwaltung Bd. 23 (1990), S. 137 ff. (141 ff.), die als ein Grundproblem bei der Setzung von Umweltstandards v.a. kognitive Unsicherheiten feststellt.
[220] Hierzu *U. Schweizer*, Vertragstheorie, S. 16 f., 33 ff.
[221] *C. Engel*, Verhandelter Netzzugang, S. 44.
[222] *D.G. Baird/R.H. Gertner/R.C. Picker*, Game theory and the law, S. 122 ff.
[223] Grundlegend BVerfGE 65, 1 (41 ff.) st. Rspr., z.B. BVerfGE 67, 100 (143); 78, 77 (84); 100, 313 (358 f.);103, 21 (31); *D. Murswiek*, in: M. Sachs, Grundgesetz, Art. 2 Rn. 72 f.; *C. Starck*, in: H. v. Mangoldt/F. Klein/ders., Grundgesetz Bd. 1, Art. 2 Rn. 164.
[224] Zu den weiteren Informationsproblemen hierarchischer Steuerung: *F.W. Scharpf*, Interaktionsformen, S. 286 ff.

sung als die »ihre« akzeptieren[225] und ein Verhandlungsergebnis auch durch die Vereinbarung von Mechanismen der vertraglichen Selbstdurchsetzung[226] sowie die Versenkung politischer Kosten[227] flankiert werden kann. Außerdem kann sich durch die aktive Mitwirkung der Adressaten am Inhalt der Regeln ihre Sicht auf das Regelungsanliegen verändern und daher die Bereitschaft zur Akzeptanz belastender Maßnahmen erhöhen[228].

Allerdings kann sich auch bei Verhandlungsergebnissen das Problem von deren vereinbarungsgemäßer Implementation ergeben[229]. Bei rationalen Akteuren besteht die Gefahr opportunistischen Verhaltens[230]. Ein Ergebnis kommt prinzipiell nur zustande, wenn dessen Inhalt dem aus einer Nichteinigung resultierenden überlegen ist. Bei rationalen und ausschließlich eigeninteressierten Vereinbarungspartnern, die nicht in einer dauerhaften Beziehung zueinander stehen, ist die Implementation der Vereinbarung nur dann aus sich heraus sichergestellt, wenn das Objekt der Vereinbarung eine gemeinschaftliche Produktion in dem Sinne darstellt, daß die Partner Vorteile aus der Vereinbarung erst genießen können, wenn sie ihren eigenen Beitrag geleistet haben. Bei Vereinbarungen, in denen die Vorteile des einen Partners vollständig von dem Beitrag des anderen Partners abhängen (etwa, wenn dieser bereits vorgeleistet hat), bedarf es entweder externer oder in der Vereinbarung angelegter Sicherungen, um die Implementation des Vereinbarungsergebnisses zu garantieren. Grundsätzlich sind Vereinbarungsergebnisse, wenn sie in rechtliche Form gegossen sind, auch in das juristische Gewährleistungsgefüge eingebunden. Dessen Garantiefunktion steht und fällt aber mit den Kosten und der Dauer, die seine Inanspruchnahme fordert. Die Implementationsproblematik, die in erster Linie für institutionenfreie Vertragsverhältnisse entwickelt wurde, kann sich hier also komplementär ent-

---

[225] *C. Engel*, Staatswissenschaft und Staatspraxis Bd. 9 (1998), S. 535 ff. (577); *W. Hoffmann-Riem*, AöR Bd. 115 (1990), S. 400 ff. (414 f.); *M. Jestaedt*, Demokratieprinzip und Kondominialverwaltung, S. 135 f.; *L. Michael*, Rechtsetzende Gewalt im kooperierenden Verfassungsstaat, S. 211; *E.H. Ritter*, AöR Bd. 104 (1979), S. 389 ff. (411); *ders.*, Jahrbuch zur Staats- und Verwaltungswissenschaft Bd. 1 (1987), S. 321 ff. (343); *ders.*, in: D. Grimm, Wachsende Staatsaufgaben – sinkende Steuerungsfähigkeit des Rechts, S. 69 ff. (79); *E. Schmidt-Aßmann*, Das allgemeine Verwaltungsrecht als Ordnungsidee, S. 95 f.; *G.F. Schuppert*, Verwaltungswissenschaft, S. 815 ff.; *H. Sendler*, in: M. Kloepfer, Selbst-Beherrschung im technischen und ökologischen Bereich, S. 135 ff. (140). Siehe zur »betroffenennahen Umsetzung« auch: *P. Kirchhof*, in: J. Isensee/ders., HdbStR Bd. III, § 59 Rn. 162.
[226] Zum sich selbst durchsetzenden Vertrag *R. Richter/E.G. Furubotn*, Neue Institutionenökonomik, S. 171 ff., 255 ff. Durchsetzungsinstrument ist hier die Drohung des Partners, bei vereinbarungswidrigem Verhalten die Beziehung abzubrechen.
[227] Dies sind über den Markt nicht zurück zu gewinnbare Vorab-Aufwendungen; siehe *R. Richter/E.G. Furubotn*, Neue Institutionenökonomik, S. 247 ff. *C. Engel*, Staatswissenschaft und Staatspraxis Bd. 9 (1998), S. 535 ff. (549): Der Vertrag muß so ausgestaltet werden, daß die vertragsschließenden Akteure politischen (oder sozialen) Schaden erleiden, wenn sie ihn brechen.
[228] *I. Lamb*, Kooperative Gesetzeskonkretisierung, S. 202.
[229] Hierzu *C. Engel*, Verhandelter Netzzugang, S. 19 f. unter Hinweis auf *O.E. Williamson*, The Economic Institutions of Capitalism; s.a. *E. Ostrom*, Governing the Commons, S. 19 ff., 94 ff.
[230] Als Opportunismus wird in diesem Zusammenhang die Verfolgung von Eigeninteressen unter Zuhilfenahme von List z.B. durch offenen Wortbruch (Opportunismus nach Vertragsschluß) oder verzerrte Wiedergabe von Informationen (Opportunismus vor Vertragsschluß) verstanden; *O.E. Williamson*, The Economic Institutions of Capitalism, S. 54. Hierzu *R. Richter/E.G. Furubotn*, Neue Institutionenökonomik, S. 144 ff., 181 ff., 517.

falten[231]. Wenn sich die Parteien nicht darauf verlassen können, daß das Vereinbarungsergebnis in dem Maße umgesetzt wird, in dem es ihnen zum Vorteil gereicht, verhindert dies im Extremfall sogar die Einigung der Partner. Dieser Gefahr kann nur durch eine Ausgestaltung der Vereinbarung begegnet werden, die das Eigeninteresse der Partner an einer Implementation durch wechselseitig versenkte Kosten befördert.

Daß die politischen Wissenschaften ein eigenständiges Wohlfahrtspotential innerstaatlicher Verhandlungssysteme zwischen Staat und Gesellschaft bzw. zwischen gesellschaftlichen Subsystemen reklamieren[232], ist auf eine Rezeption des sog. Coase-Theorems der Transaktionskostenökonomie zurückzuführen[233]: Unter institutionellen Bedingungen, die nicht nur rechtlichen oder prozeduralen Schutz für Eigentumsrechte bieten, sondern auch die Verbindlichkeit ausgehandelter Vereinbarungen sicherstellen, führen bei Vorliegen externer Effekte Vereinbarungen zwischen rationalen (und vollständig informierten) Parteien zur Realisierung aller potentiellen Wohlfahrtsgewinne zwischen diesen – nicht aber zu einer Realisierung von Verteilungsgerechtigkeit, die allerdings oftmals sozialstaatliches Anliegen ist[234].

In der Modellwelt des *Coase*-Theorems wird so lange verhandelt, bis alle Pareto-Ineffizienzen beseitigt sind. Das Pareto-Optimum ist jener Zustand, bei dem kein Mitglied einer Gruppe oder Gesellschaft besser gestellt werden kann, ohne daß zumindest ein anderes schlechter gestellt werden müßte[235]. Die Besonderheit der *Coase'schen* These liegt darin, daß eine Pareto-optimale Lösung unabhängig von der Verteilung der Eigentumsrechte gegeben sein soll (Invarianzthese)[236]. Deren Verteilung auf die Parteien ist unerheblich. An dem Beispiel eines Schadstoffe emittierenden Produzenten wird demonstriert, daß entweder der Betroffene den Emittenten für eine umweltschonendere Produktionseinschränkung (Eigentumsrechte liegen bei dem Produzenten) entschädigt oder der Emittent dem

---

[231] Siehe nur *C. Engel*, Staatswissenschaft und Staatspraxis Bd. 9 (1998), S. 535 ff. (545 ff.), der auf die Gefahren und Schwierigkeiten des Rechtsschutzes hinweist (a.a.O., S. 546 f.).

[232] *F.W. Scharpf*, PVS Bd. 32 (1991), S. 621 ff. (621); *ders.*, Interaktionsformen, S. 197 ff.; abwägend *J.J. Hesse*, in: W. Hoffmann-Riem/E. Schmidt-Aßmann, Konfliktbewältigung durch Verhandlung Bd. I, S. 97 ff. (111 und passim). Zu den Vorteilen kooperativen Staatshandelns aus v.a. juristischer Sicht etwa: *S. Augsberg*, Rechtsetzung zwischen Staat und Gesellschaft, S. 51 ff.; *C. Baudenbacher*, ZRP 1986, S. 301 ff. (303 f.); *ders.* JZ 1988, S. 689 ff. (692 f.); *H. Bauer*, VerwArch Bd. 78 (1987) S. 241 ff. (250 ff.); *M. Bulling*, DÖV 1989, S. 277 ff. (288); *C.-E. Eberle*, Die Verwaltung Bd. 17 (1984), S. 439 ff. (45 ff.); *A. Faber*, Gesellschaftliche Selbstregulierungssysteme im Umweltrecht, S. 226 ff.; *H. Hill*, DVBl. 1989, S. 321 ff. (326); *T. Köpp*, Normvermeidende Absprachen zwischen Staat und Wirtschaft, S. 102 ff.; *H.-W. Rengeling*, Das Kooperationsprinzip im Umweltrecht, S. 71; *E.-H. Ritter*, in: D. Grimm, Wachsende Staatsaufgaben – sinkende Steuerungsfähigkeit des Rechts, S. 69 ff. (78 f.); *H.-H. Trute*, DVBl. 1996, S. 950 ff.; *A. Voßkuhle*, in: G.F. Schuppert, Jenseits von Privatisierung und »schlankem Staat«, S. 47 ff. (50 f.).

[233] Grundlegend *R. Coase*, Journal of Law and Economics Bd. 3 (1960), S. 1 ff.; erläuternd hierzu *R. Cooter/T. Ulen*, Law and Economics, S. 82 ff.; *R.A. Posner*, Economic Analysis of Law, S. 8, 55 ff.; *R. Richter/E.G. Furubotn*, Neue Institutionenökonomik, S. 100 ff.

[234] Siehe hierzu nur: *H.F. Zacher*, in: J. Isensee/P. Kirchhof, HdbStR Bd. I, § 25 Rn. 32 ff.; zu den Grenzen und dem Spannungsverhältnis von Gleichheit und Ungleichheit, *ders.*, a.a.O., Rn. 44 ff.

[235] *R. Richter/E.G. Furubotn*, Neue Institutionenökonomik, S. 100 ff.; s.a. *J. Knight*, Institutionen und gesellschaftlicher Konflikt, S. 38 ff.

[236] *R. Coase*, Journal of Law and Economics Bd. 3 (1960), S. 1 ff. (6).

II. Die Diskrepanz von Aufgabenzuwachs und Machtverlust im modernen Sozialstaat

Betroffenen eine Ausgleichszahlung für die Umweltschädigung leistet (wenn die Eigentumsrechte bei dem Betroffenen liegen). In beiden Fällen ist unter bestimmten Bedingungen ein Pareto-optimales Ergebnis zu erreichen.

Auch die Rechtswissenschaft mißt dem Vertragsverfahren und der vertraglichen Einigung eine spezifische Richtigkeitsgewähr bei[237]. Klassisches Beispiel insoweit ist der zivilrechtliche Vertrag, der das zentrale Instrument zur Verwirklichung der Privatautonomie darstellt[238]. Der Mechanismus der vertraglichen Einigung begründet die Garantie für einen angemessenen Interessenausgleich zwischen den Parteien, weil deren Egoismus durch das Erfordernis des Einverständnisses der anderen Seite gezügelt wird. Der vertragliche Ausgleich schafft natürliche soziale Harmonie zwischen den Vertragspartnern, ohne daß es externer Eingriffe bedarf. Allerdings ist inzwischen nicht mehr umstritten, daß die in der Realität vorfindlichen Fälle gestörter Vertragsparität bzw. divergierender Verhandlungsmacht durchaus zu Vertragsergebnissen führen können, in denen nur eine Partei ihre Interessen durchsetzt[239]. »Richtigkeit« i.S.v. materieller Gerechtigkeit läßt sich daher nur dort erreichen, wo durch steuernde und grenzziehende Vorgaben Ungleichgewichte abgebaut oder zumindest Schutzvorschriften für den unterlegenen Teil vorgehalten werden. Normative Rahmenbedingungen vertraglicher Verhandlungslösungen sind dort von noch größerer Bedeutung, wo zum einen die Gefahr externer Effekte droht und zum anderen eine strenge Zielverpflichtung einer Seite besteht. Vor diesem Hintergrund wird der Vertrag auch in rechtswissenschaftlicher Sicht als Garant besserer Verwirklichung der dem bürgerlich-liberalen Modell innewohnenden Grundwerte aufgefaßt[240]: Der Vertrag läßt dem einzelnen mehr Raum für Selbstbestimmung und entfaltet durch die in ihm angelegte unmittelbare Verantwortlichkeit der Vertragsschließenden für den Regelungsinhalt eine bessere soziale Integrationswirkung. Auch dient er der Einzelfallgerechtigkeit eher als eine allgemein-generelle Norm und er verlagert die Kosten für die Regulierung auf die Vertragsparteien und damit auf diejenigen, die von der Regelung begünstigt sein werden.

Indes setzt das *Coase*-Theorem voraus, daß Ausgleichszahlungen und Paketlösungen möglich sind und daß Transaktionskosten[241] vernachlässigt werden kön-

---

[237] Maßgeblich: *W. Schmidt-Rimpler*, AcP n.F. Bd. 27 (1941), S. 130 ff.; s.a. *K. Larenz / M. Wolf*, Allgemeiner Teil des Bürgerlichen Rechts, § 32 Rn. 3, § 42 Rn. 1; kritisch aber *W. Flume*, Allgemeiner Teil des bürgerlichen Rechts Bd. 2, S. 8 und *J. Isensee*, in: ders./P. Kirchhof, HdbStR Bd. III, § 57 Rn. 87, der in der Sozialstaatsklausel des Grundgesetzes den Indikator dafür sieht, daß die Privatautonomie keine materielle Richtigkeitsgewähr für ihre Regelungen bietet, soweit diese Gemeinwohlrelevanz entfalten. Die Lehre von der Richtigkeitsgewähr des Vertrags ist aber nicht nur in dem Bereich des Zivilrechts – wenn auch mit immer weiter ausgedehnten Vorbehalten – rezipiert worden; sie hat vielmehr auch Eingang in das Recht des öffentlich-rechtlichen Vertrags gefunden: *J. Martens*, AöR Bd. 89 (1964), S. 429 ff. (447, 453); *T. Schilling*, VerwArch Bd. 87 (1996), S. 191 ff. (193); *C. Schimpf*, Der verwaltungsrechtliche Vertrag unter besonderer Berücksichtigung seiner Rechtswidrigkeit, S. 195.
[238] Der Vertrag und die Subtilität seine Dogmatik wird sogar als das prägende Differenzierungsmerkmal angesehen, daß das fortgeschrittene, reife Rechtssystem von seinen archaischen Vorgängern abhebt; siehe *W. Seagle*, Weltgeschichte des Rechts, S. 351 ff.
[239] Siehe nur *E.A. Kramer*, in: MüKo zum BGB Bd. 1, vor § 145 Rn. 3 ff. Relativierung später auch bei *W. Schmidt-Rimpler*, FS Raiser, S. 3 ff. (8), wonach der Vertrag eine Richtigkeitsgewähr wenigstens in Grenzen mit einer gewissen Wahrscheinlichkeit bietet.
[240] *H.H. v. Arnim*, Staatslehre der Bundesrepublik Deutschland, S. 64.
[241] Zu diesen: *R. Coase*, Journal of Law and Economics Bd. 3 (1960), S. 1 ff. (15). Transaktionskosten sind die Kosten zur Betreibung eines Wirtschaftssystems. Sie lassen sich untergliedern in feste Transaktionskosten, die bei der Errichtung/Bereitstellung eines institutionellen Arrangements

nen. Insbesondere deren Berücksichtigung müßte die jeweiligen Ergebnisse verändern. Der normative Wert des Coase-Theorems wird somit durch die Annahme vernachlässigbar geringer Transaktionskosten ebenso beeinträchtigt[242], wie durch den Umstand, daß gerade auf bestimmte, klar begrenzte Handlungsfelder kaprizierte Interessenverbände – anders als etwa intern interessenausgleichend wirkende Volksparteien – kaum zu Paketlösungen willens und imstande sein werden. Die Vorzüge des Theorems, das sich ohnehin nur auf den Gesamtnutzen bzw. die Gesamtwohlfahrt und nicht auf die Verteilungsgerechtigkeit von Verhandlungslösungen bezieht, gelten zudem lediglich für die an den Verhandlungen Beteiligten. Nur wenn die Transaktionskosten gleich null wären, könnten alle von einem Problem Betroffenen an den Verhandlungen teilnehmen. Da aber die Transaktionskosten nicht vernachlässigt werden können, sind Verhandlungen in der Realität mit hohen Transaktionskosten verbunden. Diese steigen exponentiell mit der Zahl der beteiligten Akteure. Die Zahl der Akteure, unter deren Mitwirkung Verhandlungslösungen zustande kommen können, ist somit sehr begrenzt – und kleiner als die Zahl der von einem Problem betroffenen Bevölkerung. Unter diesen Bedingungen besteht die Gefahr, daß die Verhandlungsteilnehmer ihre eigene Wohlfahrt auf Kosten der übrigen Betroffenen oder auf Kosten der Allgemeinheit zu maximieren suchen[243].

Die Transaktionskosten der Verhandlungen – und die Kosten für anschließende Implementation – können gesenkt werden, wenn sich die Betroffenen organisieren und dritten, individuellen Akteuren die Verhandlungsmacht übertragen[244]. Um den mit dem Konfliktlösungsmodus »Verhandlung« zusammenhängenden Interessenausgleich aber überhaupt leisten zu können, ist es notwendig, daß die in den Interessenausgleich fließenden Interessen sich artikulieren können; sie müssen organisiert sein. Dies führt zu einer Mediatisierung der Verbandsmitglieder[245]. Eine solche Organisation und die darauf aufbauende interne Interessenbildung innerhalb der verhandelnden Organisation ist für den Staat zwar politisch nicht immer einfach, aber aufgrund der verfassungsrechtlich vorgegebenen Kompetenzordnung vorgeprägt. Im gesellschaftlichen Funktionsbereich werden diese Aufgaben insbesondere von Verbänden und anderen Interessengruppen wahrge-

---

bestehen, und variable Transaktionskosten, die auf der Anzahl bzw. dem Wertumfang der Transaktion basieren. Beispiele sind: Such- und Informationskosten, Verhandlungs- und Entscheidungskosten, Kosten zur Überwachung und Durchsetzung vertraglicher Leistungspflichten, Beschaffung und Aufarbeitung relevanter Daten, Kosten der Implementierung von Gesetzen, der Überwachung ihrer Einhaltung, der Durchsetzung; siehe *R. Richter/E.G. Furubotn*, Neue Institutionenökonomik, S. 49 ff., 523.

[242] *R. Richter/E.G. Furubotn*, Neue Institutionenökonomik, S. 105 f.; *F.W. Scharpf*, Interaktionsformen, S. 198.

[243] *F.W. Scharpf*, Interaktionsformen, S. 197 f., 401 ff.; s.a. *E.H. Ritter*, in: D. Grimm, Wachsende Staatsaufgaben – sinkende Steuerungsfähigkeit des Rechts, S. 69 ff. (79).

[244] Siehe *C. Engel*, Staatswissenschaft und Staatspraxis Bd. 9 (1998), S. 535 ff. (564) unter Hinweis auf *M. Olson*, The logic of collective action.

[245] *U. Di Fabio*, in: M. Kloepfer, Selbst-Beherrschung im technischen und ökologischen Bereich, S. 119 ff. (124).

nommen, die funktionale oder regionale Interessen bündeln und auf diese Weise eine zentrale Funktion für die Selbstregulierung der Gesellschaft und die Beteiligung der Gesellschaft an gemischt privat-staatlichen Verhandlungssystemen übernehmen[246]. Sie bilden gleichermaßen ein Forum für private Verhandlungssysteme wie eine Plattform für gesellschaftliche Ingerenz gegenüber Staatsfunktionen. Dadurch, daß sie die organisatorische Voraussetzung sowohl für rein gesellschaftliche Verhandlungsmechanismen als auch für Verhandlungssysteme zwischen Staat und gesellschaftlichem Sektor bilden, sind sie ein zentrales Bauelement des durch die Interaktionsform Verhandlung geprägten kooperativen Staates. Mit ihnen wird allerdings aus Sicht des Individuums nur eine hierarchische Koordination – die staatliche – durch eine weitere – die verbandliche – ersetzt oder erweitert. Solche Organisationen können daher die individuelle Grundrechtsausübung ihrer Mitglieder nicht nur ermöglichen, sondern auch gefährden[247].

Die vormals gescheiterten Versuche der Etablierung eines Verbändegesetzes[248] zeugen insoweit von der in weiten Teilen unerfüllten, auf der Entwicklung vom hierarchischen zum verhandelnden Staat fußenden Forderung, daß die Rechtsordnung die verfassungsrechtlichen Grundlagen und Grenzen für alte und neue kooperative Strukturen der Rechtserzeugung verdeutlicht und in einigen Bereichen auch erst die formalen Voraussetzungen hierfür schafft[249].

---

[246] Zur Funktion der Verbände und Interessengruppen siehe S. 108 ff.
[247] Hierzu am Beispiel von Forschungseinrichtungen: *H.-H. Trute*, Die Forschung zwischen grundrechtlicher Freiheit und staatlicher Institutionalisierung, S. 349 ff. Dies kann daher eine staatliche Verpflichtung zum Schutz der individuellen Rechte der Verbandsmitglieder auslösen; *J. Isensee*, in: ders./P. Kirchhof, HdbStR Bd. V, § 118 Rn. 61 ff.
[248] Die einschlägige Diskussion spiegelt sich wieder in den Beiträgen der Sammelbände von *U. v. Alemann/R.G. Heinze*, Verbände und Staat, *K. Biedenkopf/R. v. Voss*, Staatsführung, Verbandsmacht und innere Souveränität, *W. Dettling*, Macht der Verbände – Ohnmacht der Demokratie?; siehe auch *U. v. Alemann/R.G. Heinze*, ZParl Bd. 10 (1979), S. 469 ff. (483 f.) m.w.N.; *H. Huber*, Staat und Verbände; *R. Göhner*, Demokratie in Verbänden; *H. Leßmann*, NJW 1978, S. 1545 ff. m.w.N. auf S. 1545 (Fn. 6); *K.M. Meessen*, Erlaß eines Verbändegesetzes als rechtspolitische Aufgabe? Rezeptionen der Diskussion aus jüngerer Zeit finden sich bei *M. Schladebach*, DÖV 2000, S. 1026 ff. (1026 m.w.N.); *W. Streek*, PVS-Sonderheft 25 (1994), S. 7 ff. mit einer Übersicht über die sozialwissenschaftlichen Probleme des Verbandswesens; *H. Voelzkow*, Private Regierungen in der Techniksteuerung, S. 49 ff. Allerdings ist Sinnhaftigkeit in einer extern erzwungenen demokratieanalogen Binnenstruktur von Verbänden in den politischen Wissenschaften ohnehin umstritten (siehe die Ausführungen und Nachweise bei *D. Grimm*, in: E. Benda/W. Maihofer/H.-J. Vogel, HdbVerfR, § 15 Rn. 13 ff., 17). Zudem wird mit der Etablierung eines Verbändegesetzes eine rechtliche Aufwertung der Verbände ohne korrespondierende – da in Art. 9 Abs. 1 GG enge grenzen findende – verfassungsrechtliche Domestizierung befürchtet (*D. Grimm*, in: T. Ellwein/J.J. Hesse, Staatswissenschaften, S. 13 ff. (26)). Zu weiteren Gefahren für Staat und Verbände bei einer Institutionalisierung letzterer s.a. *H. Schröder*, Gesetzgebung und Verbände, S. 36 ff. Ein weiteres Regelungsproblem eines Verbandsgesetzes ist durch die Heterogenität der unter Art. 9 Abs. 1 GG fallenden Verbände bedingt. Angesichts dessen müßte ein Verbandsgesetz entweder über eine erhebliche und damit kaum noch greifende Abstraktionshöhe verfügen oder aber in die Struktur des einfachen Verbandes ebenso intensiv eingreifen wie in die des eigentlich von dem Gesetz anzusprechenden sozialmächtigen Verbandes; siehe *W. Löwer*, in: I. v. Münch/P. Kunig, Grundgesetz-Kommentar Bd. I, Art. 9 Rn. 25.
[249] *E.-H. Ritter*, in: D. Grimm, Wachsende Staatsaufgaben – sinkende Steuerungsfähigkeit des Rechts, S. 69 ff. (87 ff.).

Des weiteren steht der verbandliche Einflußpfad nicht jedem gesellschaftlichen Anliegen gleichermaßen offen. Das Dogma der laissez-faire-Pluralismustheorie, nach der sich jedes bedeutsame Interesse organisieren und Gehör verschaffen kann[250], gilt weder für allgemeine Interessen (von Steuerzahlern, Sparern oder Verbrauchern) noch für langfristige Interessen (z.b. zukünftiger Generationen hinsichtlich der Staatsverschuldung oder des Umweltschutzes)[251]. Dies ergibt sich aus der Logik kollektiven Handelns[252]: Je größer der Kreis der an einem bestimmten Anliegen Interessierten ist, desto geringer empfindet der einzelne das Erfordernis, sich einer Organisation anzuschließen, die sich der Förderung dieses Anliegens verschrieben hat. Es besteht eine nicht unerhebliche Wahrscheinlichkeit, daß sich andere des Anliegens annehmen und es (unter Einsatz von Geld und Zeit) befördern. Der potentielle Beitrag des einzelnen für den Gesamterfolg ist zu gering, als daß sich ihm die Notwendigkeit des Handelns in einem Verband und damit der Investition von Zeit und/oder Geld aufdrängte. Das Fernbleiben von Verbänden, die nur allgemeine Interessen vertreten, ist die Folge dieser Logik.

Zwei Gegenstrategien kommen in Betracht[253]: Zum einen kann der Verband seinen Mitgliedern über die Förderung des allgemeinen Interesses, die der Allgemeinheit und damit auch den Nichtmitgliedern zugute kommt, selektive, nur den Verbandsmitgliedern vorbehaltene Vorteile bieten, die eine Verbandsmitgliedschaft lohnend erscheinen lassen. Zum anderen besteht die Möglichkeit, staatlicherseits eine Zwangsmitgliedschaft in dem Verband zu organisieren. Dies ist für *allgemeine* Interessen allerdings angesichts der verfassungsrechtlichen Vorgaben für Zwangsmitgliedschaften in – dann öffentlich-rechtlich zu organisierenden – Verbänden[254] schwer denkbar.

---

[250] *R.A. Dahl*, Pluralist democracy in the United States, S. 24 und passim; *D.B. Truman*, The Governmental Process, S. 48 und passim.; aus deutscher Sicht: *E. Fraenkel*, Deutschland und die westlichen Demokratien, S. 198 und passim. Zu diesem Aspekt der Pluralismus-Diskussion siehe auch jew. m.w.N. *H.H. v. Arnim*, Staatslehre der Bundesrepublik Deutschland, S. 107 ff.; *K. Sontheimer*, in: ders./H.H. Röhring, Handbuch des politischen Systems der Bundesrepublik Deutschland, S. 487 ff.; *H. Oberreuter*, in: ders., Pluralismus – Grundlegung und Diskussion, S. 13 ff. (29 f.); *H. Quaritsch*, Der Staat Bd. 19 (1980), S. 29 ff.; *E.H. Ritter*, in: D. Grimm, Wachsende Staatsaufgaben – sinkende Steuerungsfähigkeit des Rechts, S. 69 ff. (79); *H. Ryffel*, FS Eichenberger, S. 59 ff.; *W. Steffani*, in: H. Oberreuter, Pluralismus – Grundlegung und Diskussion, S. 37 ff. (51); *K. Stern*, Staatsrecht Bd. I, § 18 II 5 f. (Fn. 213).

[251] *H.H. v. Arnim*, Staatslehre der Bundesrepublik Deutschland, S. 295 ff.; *K. Sontheimer*, in: ders./H.H. Röhring, Handbuch des politischen Systems der Bundesrepublik Deutschland, S. 487 ff. (488, 492); *E.H. Ritter*, in: D. Grimm, Wachsende Staatsaufgaben – sinkende Steuerungsfähigkeit des Rechts, S. 69 ff. (79); *W. Steffani*, in: H. Oberreuter, Pluralismus – Grundlegung und Diskussion, S. 37 ff. (73 ff.); *H. Oberreuter*, in: ders., Pluralismus – Grundlegung und Diskussion, S. 13 ff. (29 f.); *J. Weber*, in: H. Oberreuter, Pluralismus – Grundlegung und Diskussion, S. 163 ff. (190 ff.).

[252] Grundlegend hierzu *M. Olson*, The logic of collective action, S. 2, 9 ff.; s.a. *R. Mayntz/F.W. Scharpf*, in: dies., Gesellschaftliche Selbstregelung und politische Steuerung, S. 9 ff. (20); *F.W. Scharpf*, Demokratietheorie zwischen Utopie und Anpassung, S. 29 ff.; *J. Knight*, Institutionen und gesellschaftlicher Konflikt, S. 217 ff.; *E. Ostrom*, Governing the Commons, S. 5 ff.; in verfassungsrechtlicher Perspektive *D. Grimm*, in: E. Benda/W. Maihofer/H.-J. Vogel, HdbVerfR, § 15 Rn. 6.

[253] *M. Olson*, The logic of collective action, S. 130 ff.

[254] Die Zwangsmitgliedschaft in öffentlich-rechtlichen Körperschaften muß sich zwar nicht an Art. 9 Abs. 1 GG messen lassen. Aber auch nach Art. 2 Abs. 1 GG bedarf es einer legitimen öffent-

II. Die Diskrepanz von Aufgabenzuwachs und Machtverlust im modernen Sozialstaat

Aus empirischer Anschauung ergibt sich darüber hinaus, daß auch die Mitglieder von Randgruppen organisationsschwach sind und deswegen deren Anliegen durch Verbände selten wirksam vertreten werden[255]. Dies führt zu einer Verengung der Themenfelder, in denen sich verbandlicher Einfluß bemerkbar macht. Die empirischen Beobachtungen lassen die Entstehung einer Elitenstruktur erkennen: Nur bestimmte Gruppen bzw. Interessenträger schöpfen die gegebenen Beteiligungsmöglichkeiten aus und artikulieren dabei ihre Interessen, wodurch diese im politischen Prozeß vorrangige Bedeutung erhalten. Somit kommt es zu Partizipationsdefiziten, die die politische Macht- und Einflußposition aktiver Minderheiten stärken[256]. An freiwilligen Verhandlungen werden zudem nur solche Parteien beteiligt, die über Tauschpositionen verfügen. Für andere Parteien ist hier kein Platz. Auch in Zwangsverhandlungssystemen, in denen durch die Einräumung von Vetopositionen künstliche Verhandlungsmacht zugeteilt wird, reproduzieren die Ergebnisse nur die vorhandene Verteilung von Ressourcen und Rechten, so daß auch unter diesen Bedingungen Umverteilungsprobleme durch Verhandlungen nicht lösbar sind[257].

Eine Gemeinwohlorientierung der Handelnden wird bei der Problemlösung in Verhandlungssystemen nicht vorausgesetzt[258]. Die beteiligten Parteien verhandeln, wenn Verhandlungsgewinne zu erwarten sind, unterlassen es aber, ernsthaft zu verhandeln, soweit sie sich hiervon nichts zu versprechen haben. Die Verwirklichung legitimen Eigennutzes durch den Verhandlungsmechanismus bzw. durch die an den Verhandlungen Beteiligten mindert den Wert dieses Problemlösungsmodus für staatliche, auf Fragen des Gemeinwohls bezogene Regelungsanliegen: Der Staat ist auf ein externes Handlungsziel ausgerichtet, dessen allgemeine, abstrakte und erst aufzuladenden Umschreibung die des Gemeinwohls ist. Soweit allerdings der Verhandlungsmechanismus zur Herstellung gemeinwohlkonformer Ergebnisse eingesetzt wird, kann die »Richtigkeit« i.S.e. Gemeinwohlverwirklichung wegen der aus Sicht der Staatsorganisation zwingend altruistischen Zielvorgabe nicht durch die Verwirklichung eines »egoistischen« Mechanismus mit der gleichen Selbstverständlichkeit hergestellt werden, wie zwischen zwei Vertragspartnern, die legitimerweise egoistische Ziele verfolgen. Soweit die Vorgaben des Gemeinwohls bereits ihre Konkretisierung in gesetzlichen Rahmenbedingungen gefunden haben, stehen diese i.ü. auch (außerhalb eines Gesetzge-

---

lichen Aufgabe, deren Übertragung auf die öffentlich-rechtlichen Körperschaft mit Zwangsmitgliedschaft deren Errichtung legitimiert. Allerdings verfügt der Gesetzgeber insoweit über einen Gestaltungsspielraum. Siehe nur BVerfGE 10, 89 (102) und 354 (361); 12, 319 (323); 15, 235 (239); 32, 54 (64); 38, 281 (297); *C. Starck*, in: H. v. Mangoldt / F. Klein / C. Starck, Grundgesetz Bd. 1, Art. 2 Rn. 124 ff.

[255] *H.H. v. Arnim*, Staatslehre der Bundesrepublik Deutschland, S. 299; *E.H. Ritter*, in: D. Grimm, Wachsende Staatsaufgaben – sinkende Steuerungsfähigkeit des Rechts, S. 69 ff. (79).

[256] *E.-W. Böckenförde*, in: J. Isensee / P. Kirchhof, HdbStR Bd. II, § 30 Rn. 6; *F.W. Scharpf*, Demokratietheorie zwischen Utopie und Anpassung, S. 57 ff.

[257] *F.W. Scharpf*, Interaktionsformen, S. 248.

[258] *F.W. Scharpf*, PVS Bd. 32 (1991), S. 621 ff. (625 f.).

bungsverfahrens zu ihrer Änderung) nicht mehr zur Disposition der Verhandelnden[259].

Deutlich schwieriger als bei einer rein hierarchischen Lösung ist auch die Zuordnung einer politischen und rechtlichen Verantwortung für die im Verhandlungswege gefundene Lösung. Diese kann zweifelsfrei allein bei einem staatlichen Beteiligten an der Verhandlung gelingen. Dieser kann allerdings auch bei mißliebigen Folgen der ausgehandelten Entscheidung auf den Einfluß der anderen Verhandlungsteilnehmer verweisen, dem er sich zu beugen hatte. Die übrigen Verhandlungsteilnehmer tragen im höchsten Falle eine moralische Verantwortung. Zur Rechenschaft können sie hingegen nur bedingt gezogen werden, da sie sich keiner allgemeinen Wahl zu stellen haben und durchaus auch nach Erreichen einer Verhandlungslösung aus der politischen Arena abtreten können. Bestenfalls müssen sie sich gegenüber ihrem funktionalen Teilsystem politisch rechtfertigen. Verhandeln Verbandsfunktionäre mit staatlichen Akteuren über ein bestimmtes Gesetzgebungsvorhaben und setzen sie dabei die soziale und politische Macht ihres Verbandes und seiner Mitglieder als Tauschobjekt ein, so müssen sie sich für das Gesamtergebnis der Verhandlungen bzw. den aus ihnen erwachsenen politischen Kompromiß nicht vor der Gesamtheit der Wählerschaft, sondern nur vor den Gremien des Verbandes und seinen Mitglieder rechtfertigen.

Doch mit diesen Hinweisen auf die Verunklarung von Verantwortungszusammenhängen sind die Nachteile kooperativen Staatshandelns noch nicht erschöpft[260]. Ein weiterer Nachteil des Verhandlungsmodus liegt in dem zeitlichen und sachlichen Mehraufwand begründet, die seine Inanspruchnahme zumindest dort bedeutet, wo – theoretisch – eine hierarchische Entscheidung zu treffen wäre. Zudem ist es für die staatliche Seite schwierig, von der einmal eingeschlagenen kooperativen Interaktionsform auf hierarchisches Handeln umzustellen, um auf diese Weise den »Schatten der Hierarchie«, der Funktionsbedingung kooperativen Handelns ist, zu realisieren und zu aktivieren.

Soweit die Überwindung von sachlichen und räumlichen Kompetenzen und die Auflockerung rechtsstaatlicher Bestimmtheitsanforderungen an das Verwaltungshandeln als Vorteile der Interaktionsform Verhandlung verstanden werden[261], drängen sich schon auf den ersten Blick verfassungsrechtliche Bedenken auf, die es nahelegen, diese Folgeerscheinungen den Nachteilen kooperativen Staatshandelns zuzuordnen[262].

---

[259] Hierzu *V. Schlette*, Die Verwaltung als Vertragspartner, S. 107 f.
[260] *C. Baudenbacher*, ZRP 1986, S. 301 ff. (304); *H. Bauer*, VerwArch Bd. 78 (1987) S. 241 ff. (254 ff.); *H. Hill*, DVBl. 1989, S. 321 ff. (326); *W. Hoffmann-Riem*, VVDStRL Bd. 40 (1982), S. 187 ff. (203 ff.); *E.-H. Ritter*, in: D. Grimm, Wachsende Staatsaufgaben – sinkende Steuerungsfähigkeit des Rechts, S. 69 ff. (79 f.); *H.-W. Rengeling*, Das Kooperationsprinzip im Umweltrecht, S. 70.
[261] So etwa *E.H. Ritter*, in: D. Grimm, Wachsende Staatsaufgaben – sinkende Steuerungsfähigkeit des Rechts, S. 69 ff. (79).
[262] So dann auch *E.H. Ritter*, in: D. Grimm, Wachsende Staatsaufgaben – sinkende Steuerungsfähigkeit des Rechts, S. 69 ff. (79), der das Unterlaufen und Relativieren normativer (und damit wohl auch: verfassungsrechtlicher) Vorgaben mit der Folge eines Autoritätsverlustes des gesetzten Rechts als Gefahr aufzeigt.

Die Interaktionsform Verhandlung wird von den institutionellen Regeln beeinflußt, die ihren Einsatz steuern. Diese legen zum Beispiel die für den Abschluß einer verbindlichen Vereinbarung erforderlichen formellen Schritte fest oder schreiben ein Verfahren vor, das eingehalten werden muß, um eine bestimmte Entscheidung herbeizuführen. Jedes der beiden Interaktionsmuster Hierarchie und Verhandlung – und die jeweiligen Mischformen – wird in einer ihm spezifisch angepaßten Interaktionsstruktur eingesetzt[263]. Dieser organisatorische Kontext beeinflußt die Problemlösungsfähigkeit der konkreten Interaktionsform.

Verhandlungen können unter den verschiedensten institutionellen Rahmenbedingungen – Netzwerke oder Zwangsverhandlungssysteme – stattfinden[264]. Zudem sind Verhandlungsmechanismen auch im Rahmen majoritärer oder hierarchischer Institutionen denkbar[265]. Die institutionelle Struktur, in die der Verhandlungsmechanismus eingebettet ist, wirkt sich auf seine Konfliktlösungskapazität aus. Die Teilnahme des Staates an einer Konfliktlösung durch Verhandlung ist nicht unbedingt erforderlich, aber natürlich kann auch er sich dieses Modus bedienen. Eine grundlegende Unterscheidung ist daher in dem Bereich der Verhandlungslösungen zu treffen: Auf der einen Seite stehen solche Verhandlungen, an denen der Staat beteiligt ist[266] – sei es, daß sie staatlicherseits angeregt und vorangetrieben werden oder daß der Staat nachträglich bereits angelaufenen Verhandlungen beitritt. Auf der anderen Seite stehen Verhandlungen ohne jede staatliche Beteiligung, die damit eine rein gesellschaftliche Konfliktlösung durch Verhandlung darstellen. Allerdings kann auch eine solche Konfliktlösung im »Schatten der Hierarchie« stattfinden[267].

Ein bestimmter Interaktionsmodus kann je nach den strukturellen Rahmenbedingungen seinen Charakter verändern: Verhandlungen im »Schatten der Hierarchie« verfügen über eine andere Problemlösungsfähigkeit als Verhandlungen im Rahmen eines gänzlich staatsfreien Netzwerkes[268]. Interaktionen in Form von Verhandlungen werden in aller Regel nicht isoliert geführt, sondern sind in umfassendere Beziehungsnetze als institutionelle Rahmenbedingungen eingebettet.

γ) *Regulierte Selbstregulierung als Verschränkung von Hierarchie und Verhandlung*

Die rechtswissenschaftliche Theorie der regulierten Selbstregulierung verbindet Elemente von Hierarchie und Verhandlung. Letztere schlägt eine Brücke zwischen privaten Entscheidungen, die die eigenen Verhaltensmaßstäbe der Beteiligten sichern sollen, und den hoheitlich wahrgenommenen Tätigkeiten des Staates, bei denen es sich um Steuerung mit einem spezifischen, über den Einzelfall hin-

---

[263] Hierzu *F.W. Scharpf*, Interaktionsformen, S. 90 ff.
[264] *F.W. Scharpf*, Interaktionsformen, S. 231 ff., 241 ff., 243 ff.
[265] *F.W. Scharpf*, Interaktionsformen, S. 251 ff., 281 ff.
[266] *F.W. Scharpf*, Interaktionsformen, S. 327 f.
[267] So die schon klassische Wendung von *F.W. Scharpf* zuletzt in *ders.*, Interaktionsformen, S. 323 ff. Verhandlungen finden im Schatten der Hierarchie statt, wenn sich der Staat für den Fall von deren Scheitern oder für den Fall ihres nicht gemeinwohlkonformen Ausgangs die Möglichkeit vorbehält, auch durch Ge- oder Verbote regulierend einzugreifen.
[268] *F.W. Scharpf*, Interaktionsformen, S. 167.

ausgehenden Ordnungszweck handelt[269]. Regulierte Selbstregulierung will die Eigendynamik gesellschaftlicher Teilbereiche respektieren und dabei zugleich nutzen, indem sie Raum für die Einbringung privaten Wissens und privater Initiative eröffnet. Die staatliche Gewährleistungsverantwortung für definierte öffentliche Belange wird realisiert, indem der gesellschaftlichen Selbstregulierung über die normale Rechtsordnung hinausgehende Rahmen-, Struktur- oder Zielvorgaben gemacht bzw. staatliche Interventionsbefugnisse für den Fall gemeinwohlwidriger Selbstregulierungsergebnisse bereitgehalten werden[270]. Staatliche Vorschriften dienen dazu, Form und Verfahren einer ansonsten privaten Entscheidung zu strukturieren, um ihr ein Mindestmaß an rechtsstaatlicher Dignität zu verleihen. Zudem ist es möglich, Organisations- und Verfahrensvorschriften zur Beförderung materieller Zwecke einzusetzen[271]. An die Stelle materiellrechtlicher Anordnungen treten Verfahren und Strukturen, die das erwünschte, aber imperativ nicht erreichbare Ergebnis begünstigen, ohne es zugleich gewährleisten zu können. Regulierte Selbstregulierung verspricht, sich besser auf die veränderten Steuerungsbedingungen einzustellen, indem sie Informationskapazitäten sowie Eigenlogik der Teilsysteme besser ausnutzt. Durch die Inanspruchnahme gesellschaftlicher Gestaltungskompetenzen einerseits und deren gleichzeitige Bindung an prozedurale Regelungen andererseits werden innersystemische Auseinandersetzungen verstetigt, stabilisiert und zugleich an gemeinwohlorientierten Rahmenbedingungen ausgerichtet. Hier werden durch prozedurale Regeln die in dem jeweils regulierten System stattfindenden Diskurse durch die Ausrichtung auf die Belange der Allgemeinheit hin gesteuert, was zu einer Erhöhung der systemischen Reflexionsfähigkeit führt[272]. Eine Republifizierung der privaten Rechtsetzungsbeiträge etwa im Wege einer dogmatischen Handhabung als Beleihung – wie sie für die privaten Beiträge in der regulierten Selbstregulierung insgesamt gefordert wurde[273] – gilt demgegenüber als kontraproduktiv. Sie verfremdet die Handlungsrationalität der privaten Akteure und mindert durch Einbindung in öffentliche Verantwortungs- und Legitimationszusammenhänge ihren spezifischen Wert[274].

Unter der Überschrift der regulierten Selbstregulierung sind verschiedene, v.a. für die verwaltungsrechtliche Systembildung relevante Bauformen und Arrangements zu fassen[275]. Diese Phänomene sind keineswegs allesamt neuartig. Jedoch wurden sie in ihrer Gesamtheit erst als Fälle regulierter Selbstregulierung für eine systematische juristische Diskussion fruchtbar gemacht.

---

[269] *E. Schmidt-Aßmann*, Die Verwaltung, Beiheft 4 (2001), S. 253 ff. (254 ff.); grundlegend *W. Hoffmann-Riem*, in: ders./E. Schmidt-Aßmann, Öffentliches Recht und Privatrecht als wechselseitige Auffangordnungen, S. 261 ff. (300 ff.); *J.-P. Schneider*, Liberalisierung der Stromwirtschaft durch regulative Marktorganisation, S. 41 ff., 123 ff., 525 ff.; s.a. die Beiträge: Die Verwaltung Beiheft 4 (2001).
[270] Hierzu nur *A. Voßkuhle*, VVDStRL Bd. 62 (2003), S. 266 ff. (305, 307 ff. und passim)
[271] *C. Engel*, Verhandelter Netzzugang, S. 52; *ders.*, FS Mestmäcker, S. 199 ff.
[272] *G.-P. Calliess*, Prozedurales Recht, S. 131.
[273] *U. Di Fabio*, VVDStRL Bd. 56 (1997), S. 235 ff. (242).
[274] *E. Schmidt-Aßmann*, Die Verwaltung, Beiheft 4 (2001), S. 253 ff. (265).
[275] Hierzu *E. Schmidt-Aßmann*, Die Verwaltung, Beiheft 4 (2001), S. 253 ff. (259 ff.).

Repräsentativ sind die Regelungen, die die Unabhängige Sachverständigenkommission in ihrem Entwurf zu einem Umweltgesetzbuch[276] vorgeschlagen hat, in denen z.T. bereits zerstreut in verschiedenen Spezialgesetzen vorzufindende Instrumente der regulierten Selbstregulierung systematisiert und »vor die Klammer gezogen« werden. Zu nennen sind die Selbstkontrollen in Form einfacher Eigenüberwachung (§§ 143 ff. UGB-KomE), das Umwelt-Audit (§§ 164 ff. UGB-KomE), die Vorschriften über die Organisation des betriebsinternen Umweltschutzes (§§ 151 ff. UGB-KomE). In dem normativen Bereich sind die Regelungen über die Selbstverpflichtungsabreden und die normersetzenden Verträge (§§ 31 ff. UGB-KomE) sowie über die technischen Regelungswerke von besonderem Interesse. Auch im Telekommunikationsrecht[277] und anderen leitungsgebundenen ehemaligen Sektoren der Daseinsvorsorge[278], dem Handels- und Gesellschaftsrecht[279] und dem Wissenschaftsrecht[280] sind Formen regulierter Selbstregulierung vorzufinden[281].

Neben die staatliche Einflußnahme auf privates Verhalten durch die Normierung von sonderprivatrechtlichen Pflichten oder von Vorgaben für eine selbstregulative Normsetzung kann auch die Verpflichtung der Regulierungsadressaten zur Schaffung betriebseigener Implementationsinstanzen treten (z.B. Betriebsbeauftragte für Umwelt- oder Datenschutz). Aber auch eine Verpflichtung zur Heranziehung externer Kontrollinstanzen ist Bestandteil regulierter Selbstregulierung (z.B. der Abschlußprüfer nach §§ 361 ff. HGB). Selbstregulierung ist aber auch mit staatlichen Implementationsinstanzen möglich. Des weiteren ist die Verbindung von staatlicher Regulierung und gesellschaftlicher Selbstregulierung in dafür geschaffenen kooperativen oder kondominialen Organisationen zu beobachten. Dies sind privatrechtlich konstituierte Gremien, in denen staatliche Vertreter mitwirken (so z.B. bei der DIN)[282].

Das mit der regulierten Selbstregulierung aufgegriffene rechtstheoretische Konstrukt des prozeduralen Rechts[283] erhebt den Anspruch, durch Integration des »Publikums« in den Prozeß der Rechtserzeugung (systemtheoretisch: Rechts-

---

[276] *Bundesministerium für Umwelt, Naturschutz und Reaktorsicherheit*, Umweltgesetzbuch (Entwurf der Sachverständigenkommission).
[277] *M. Ruffert*, AöR Bd. 124 (1999), S. 237 ff.
[278] Zum Energiewirtschaftsrecht v.a. *J.-P. Schneider*, Liberalisierung der Stromwirtschaft durch regulative Marktorganisation, S. 525 ff.
[279] Siehe z.B. für das Banken- und Versicherungsrecht: *T. Hoeren*, Selbstregulierung im Banken- und Versicherungsrecht, S. 24 ff.
[280] *H.-H. Trute*, Die Forschung zwischen grundrechtlicher Freiheit und staatlicher Institutionalisierung, S. 280 ff.
[281] Weitere Beispiele bei *E. Schmidt-Aßmann*, Die Verwaltung, Beiheft 4 (2001), S. 253 ff. (256 ff.).
[282] Hierzu *J. Backherms*, Das DIN Deutsches Institut für Normung e.V. als Beliehener, S. 54 f.
[283] *G.-P. Calliess*, Prozedurales Recht, S. 175 ff. und passim; *K. Eder*, in: D. Grimm, Wachsende Staatsaufgaben – sinkende Steuerungsfähigkeit des Rechts, S. 155 ff.; *N. Luhmann*, Das Recht der Gesellschaft, S. 344 f., 404; *R. Pitschas*, Verwaltungsverantwortung und Verwaltungsverfahren, S. 23 ff., 80 ff., 164 ff., 173 ff., 345 ff., 401 ff., 582 ff.; *ders.*, in: W. Hoffmann-Riem/E. Schmidt-Aßmann/G.F. Schuppert, Reform des Allgemeinen Verwaltungsrechts, S. 219 ff. (257 f.); *M. Sudhof*, in: A. Görlitz/R. Voigt, Postinterventionistisches Recht, S. 53 ff. (unmittelbar kritisch hierzu: *K. Tonner*, in: A. Görlitz/R. Voigt, Postinterventionistisches Recht, S. 65 ff); *R. Wiethölter*, Jahrbuch für Rechtssoziologie und Rechtstheorie Bd. 8 (1982), S. 38 ff.

kommunikation) das Schlüsselproblem moderner Rechtssysteme zu lösen, welches als die Ausweitung regulativer Funktionen des Rechts ohne die parallele Ausweitung prozeduralen Rechts identifiziert wird[284]. Im Gegensatz zum regulativen Recht, das Strukturbildungsprozesse in sozialen Systemen unmittelbar reguliert und kontrolliert, dient prozedurales Recht der Handlungskoordination bei sozialen Akteuren. Es zielt auf Konfliktlösung durch rechtlich geregelte Koordination. Das in diesen Bahnen rechtstheoretisch entwickelte Konzept des prozeduralen Rechts hat in der dogmatischen Diskussion seinen Niederschlag unter dem Titel der regulierten Selbstregulierung[285] gefunden, bei der es sich um fortgeschrittenste Form der Prozeduralisierung des Rechts handelt[286]. Prozeduralisierung bedeutet nicht die Ablösung aller Inhalte durch Verfahren und den vollständigen Verzicht auf materielle Werte; prozedurales Recht ist nicht mit Organisations- oder Verfahrensrecht zu verwechseln[287]. Das prozedurale Recht kann dem regulativen vorgelagert sein, da es die Beteiligung der von regulativem Recht Betroffenen bzw. der an ihm Interessierten – oder mit den Begriffen der Autopoiesis: die Beteiligung der Umwelt an systeminternem Prozessieren rechtlicher Ansprüche bzw. rechtlicher Kommunikation – regelt. Anders als das reflexive Recht vollzieht das prozedurale Recht keine grundsätzliche Abkehr vom regulativen Recht[288]. Es versucht lediglich, eine prozedurale Form der Ermittlung regulativer Rechtssätze zu etablieren. Allerdings beinhaltet das Konzept auch eine Ausdehnung allein prozedural geregelter Lebensbereiche auf Kosten des regulativen Rechts. Darüber hinaus stellt das prozedurale Recht eine verstärkte Abhängigkeit der Legitimität des Rechts von den Gesichtspunkten prozeduraler Rationalität her, wodurch eine Abkehr von traditionellen Vorstellungen rechtlicher Rationalität eingeleitet wird. Der Rechtsstaat kann nicht mehr von der formalen Rationalität des Entscheidungsprodukts, sondern muß von der prozeduralen Rationalität des Entscheidungswegs her bedacht werden[289]. Die Ausweitung des regulativen Rechts ohne die parallele Ausweitung prozeduraler Funktionen wird als Grundlage für die Wirkungsdefizite regulativer Politik ausgemacht – eine Entwicklung, deren Korrektur durch die weitgehende Partizipation sozialer Akteure bei der Setzung regulativen Rechts versucht werden soll. Das prozedurale Recht regelt die Repräsentation der Mitglieder der Gesellschaft

---

[284] *K. Eder*, in: D. Grimm, Wachsende Staatsaufgaben – sinkende Steuerungsfähigkeit des Rechts, S. 155 ff. (156).
[285] Verbreitung und Akzeptanz hat dieser Begriff insbesondere durch das Werk von *W. Hoffmann-Riem* gefunden; siehe z.B. *W. Hoffmann-Riem*, in: ders./E. Schmidt-Aßmann/G.F. Schuppert, Reform des Allgemeinen Verwaltungsrechts, S. 115 ff. (140); *ders.*, in: ders./E. Schmidt-Aßmann, Öffentliches Recht und Privatrecht als wechselseitige Auffangordnungen, S. 261 ff. (300 ff.).
[286] *D. Grimm*, Die Verwaltung, Beiheft 4 (2001), S. 9 ff. (18).
[287] So etwa *T. Vesting*, Prozedurales Rundfunkrecht, S. 99 f.
[288] Dementsprechend plädiert *K. Tonner*, in: A. Görlitz/R. Voigt, Postinterventionistisches Recht, S. 65 ff. (68), sogar für eine Koppelung des prozeduralen und des interventionistischen Rechts.
[289] *E.-H. Ritter*, in: D. Grimm, Wachsende Staatsaufgaben – sinkende Steuerungsfähigkeit des Rechts, S. 69 ff. (103).

an den sie betreffenden Entscheidungen, indem es den Präferenzen der Bürger eine institutionelle Ausdrucksmöglichkeit gibt[290]. Prozedurale Regelungen eröffnen Arenen, die die Repräsentation vorwiegend nicht organisierbarer Interessen ermöglichen.

Mit dem Begriff des prozeduralen Rechts wird eine Steuerungsform entwickelt, deren Charakteristikum darin besteht, daß sie ihre inhaltlichen Maßstäbe erst in einem »kommunikativen Anwendungsprozeß« für den (und in dem) Einzelfall entwickelt. Dabei sind dem Adressaten nicht von vornherein inhaltliche Maßstäbe aufgegeben, da diese erst im Zuge der Rechtsanwendung ermittelt werden. Die eigentliche Regelungssubstanz und ihre Anwendung gehen ineinander auf. Die Begründung einer materiellen Regel kann nicht mehr von ihrer Anwendung getrennt werden, weil sie erst in der selbstreferentiell ausdifferenzierten, auf das anwendende System ausgerichteten Anwendung entstanden ist. Dementsprechend werden in allen zu regulierenden Systemen Selbststeuerungsmechanismen gesucht, um diese dann durch prozedurales Recht zu überformen[291]. Die dem regulierten System angebotene Autonomie findet in einem vom Staat bestimmten Kontext statt. Diese Strategie beruht auf der Annahme, daß Vollzugsdefizite und ungewollte oder gar kontraproduktive Nebenfolgen nur durch Einbeziehung des regulierten Systems in Formulierung und Vollzug der jeweiligen Politik umgangen werden können. Möglich ist dies aber nur in solchen Systemen, in denen sich die internen Kommunikationen so verdichtet haben, daß sie Ansatzpunkte für eine prozedurale Überformung bieten. Dies geschieht zum einen durch eine staatlich geförderte Konstitutionalisierung der Subsysteme, mit dem Ziel, deren Reflexionsfähigkeit durch Kompetenz-, Organisations- und Verfahrensvorschriften zu erhöhen[292].

Illustratives Beispiel ist die rechtliche Ausgestaltung der Tarifautonomie, die der Wirtschaft einen Rahmen zur Austragung der typischen Arbeitnehmer/Arbeitgeberkonflikte gibt, ohne daß die staatliche Seite in die Vereinbarung der materiellen Regelungen eingriffe. Sie festigt nur die vorrechtlich bestehenden Organisationen durch Verleihung von Sozialautonomie und sichert die sozialverträgliche Ausübung der Tarifautonomie durch die Festlegung von Spielregeln (Friedenspflicht, Aussperrungsverbot, allgemein: Sicherstellung des Machtgleichgewichts der Beteiligten). Dieses Arrangement funktioniert, weil aus der Sicht der Beteiligten die Vorteile der Verrechtlichung (v.a. rechtliche Verbindlichkeit und Durchsetzbarkeit der Vereinbarungen) deren Nachteile (Eindämmung von sozialer und wirtschaftlicher Macht) überwiegen[293]. Ähnliches gilt z.B. für die Arbeitnehmermitbestimmung in den Unternehmen.

Zum anderen müssen die systeminternen Diskurse durch den Staat als Supervisor in Verhandlungssystemen gegenüber den Belangen des Gemeinwohls sensibili-

---

[290] K. Eder, in: D. Grimm, Wachsende Staatsaufgaben – sinkende Steuerungsfähigkeit des Rechts, S. 155 ff. (156, 162).
[291] G.-P. Calliess, Prozedurales Recht, S. 129.
[292] H. Willke, Ironie des Staates, S. 198 ff., 306 ff., 327 ff., 357 ff.
[293] Hierzu und weitere Beispiele bei G.-P. Calliess, Prozedurales Recht, S. 131.

siert werden können²⁹⁴. Der »Supervisionsstaat«²⁹⁵ ist die systemtheoretische Antwort auf den im folgenden in den Mittelpunkt der Betrachtung rückenden, akteurstheoretisch inspirierten kooperativen Staat²⁹⁶ – und bewegt sich dennoch konzeptionell in dessen Nähe²⁹⁷. Der Staat kann als »Supervisionsstaat« eine Mittlerfunktion zwischen den kollidierenden autonomen Teilbereichen der Gesellschaft einnehmen und diese zu Selbständerungen bzw. Rücksichtnahme auf die Bedürfnisse anderer Systeme anregen²⁹⁸. Als Supervisionsstaat wird ein politisches Subsystem charakterisiert, das seine wesentliche Aufgabe darin sieht, zur Instanz der Supervision oder »Re-Vision« grundlegender Entscheidungen anderer gesellschaftlicher Teilsysteme zu werden und damit deren zentrifugale Dynamik einschließlich der destruktiven Überforderung ihrer Innenwelt (Mitglieder) und ihrer Außenwelt (Natur) in konstruktive Bahnen zu lenken²⁹⁹. Das theoretische Konzept des Supervisionsstaates macht sich insbesondere das Integrationspotential von Verbänden zu Nutze und steuert mit diesen gemeinsam im Rahmen von »Relationierungsprogrammen«³⁰⁰. Die Beteiligten sollen dann in einem Aushandlungsprozeß Regeln des gegenseitigen Umgangs miteinander finden. Steuerung wird hier zum »ewigen Gespräch«³⁰¹ ohne »rechtlich codierte Eingriffe«. Daß diesem Konzept in seiner Radikalität ein illusorisches Gesellschafts- und Staatsverständnis zugrunde liegt, ist offensichtlich³⁰². Dennoch hat die Idee vom moderierenden und verhandelnden Staat eine starke Anziehungskraft auch auf diejenigen ausgeübt, die die Option hierarchischer Entscheidung als Reservekompetenz und Drohpotential zur Durchsetzung von Gemeinwohlbelangen als den »Schatten der Hierarchie« thematisieren, in dem die Verhandlungen stattfinden.

Der moderierende und verhandelnde Staat wird in der Rechtswissenschaft unter dem Vorzeichen des »kooperativen Staates« analysiert.

---

²⁹⁴ *H. Willke*, Ironie des Staates, S. 300 ff., 335 ff., 359 f.
²⁹⁵ *H. Willke*, Ironie des Staates, S. 335; Kritik an dem Konzept und dem mit ihm vollzogenen Spagat zwischen eigentlicher Unsteuerbarkeit autopoietischer Systeme (bzw. deren autonomer Selbststeuerung) einerseits und dem Versuch dennoch eine reflexive, dezentrale Steuerung der Kontextbedingungen aller Teilsysteme zu konstruieren andererseits, bei *M. Beyerle*, Der Staat Bd. 36 (1997), S. 163 ff. (179 f.); *T.M. Menk*, Der Staat Bd. 31 (1992), S. 571 ff.
²⁹⁶ Siehe S. 55 ff.
²⁹⁷ *J. Esser*, in: D. Döring, Sozialstaat in der Globalisierung, S. 117 ff. (124); *ders.*, Soziologische Revue 1998, S. 300 ff. (301 ff.).
²⁹⁸ *H. Willke*, Ironie des Staates, S. 335 ff.
²⁹⁹ *H. Willke*, Supervision des Staates, S. 72.
³⁰⁰ Ein Relationierungsprogramm reduziert die unterschiedlichen Logiken und Teilrationalitäten der beteiligten Systeme nicht auf die Perspektive eines einzelnen Systems, sondern erhält die Eigenlogiken und die operative Autonomie der zu koordinierenden Akteure, bezieht sie in ihren Bedingungen sowie Konsequenzen aufeinander und stimmt sie untereinander ab; siehe i.e. *H. Willke*, Ironie des Staates, S. 179 ff.
³⁰¹ *M. Beyerle*, Staatstheorie und Autopoiesis, S. 259 unter Bezugnahme auf *C. Schmitt*, Die geistesgeschichtliche Lage des heutigen Parlamentarismus, S. 46.
³⁰² Pointiert und völlig richtig dagegen *M. Beyerle*, Staatstheorie und Autopoiesis, S. 259 ff.; *T.M. Menk*, Der Staat Bd. 31 (1992), S. 571 ff. (581 ff.).

§ 2 Rechtsnormsetzung im »kooperativen Staat«

I. Der kooperative Staat

Der »kooperative Staat«[1] begann während der achtziger Jahre in einer von vielfältigen wissenschaftlichen Standpunkten aus betriebenen Diskussion die deutsche Staatstheorie zu durchdringen[2], nachdem er von *Herbert Krüger* für die Zusammenarbeit von Staat und Wirtschaft konzeptioniert[3] und dann von *Ernst-Hasso Ritter* zur prägnanten Charakterisierung eines Wandels der staatlichen Steuerungsfunktion[4] auch begrifflich aus der Taufe gehoben worden war[5]. In der Konzeption des kooperativen Staates wird das von den Sozialwissenschaften beob-

---

[1] Der Sache nach grundlegend *H. Krüger*, Allgemeine Staatslehre, S. 572 ff., 628 f.; *ders.*, Das wirtschaftspolitische Mitwirkungsverhältnis. Begriffliche Konzeption dann bei *E.-H. Ritter*, AöR Bd. 104 (1979), S. 389 ff.; *ders.*, in: D. Grimm, Wachsende Staatsaufgaben – sinkende Steuerungsfähigkeit des Rechts, S. 69 ff. (73); siehe auch *M. Beyerle*, Staatstheorie und Autopoiesis, S. 255 ff.; *D. Braun*, Die politische Steuerung der Wissenschaft, S. 29 ff.; *ders.*, Diskurse zur staatlichen Steuerung, S. 12 ff.; *H.H. Hartwich*, Aus Politik und Zeitgeschichte, Heft B 46/47 (1987), S. 3 ff. (14); *J.J. Hesse*, Jahrbuch zur Staats- und Verwaltungswissenschaft Bd. 1 (1987), S. 55 ff. (86 ff.); *H. Kleger*, in: R. Voigt, Der kooperative Staat, S. 93 ff.; *M. Morlok*, VVDStRL Bd. 62 (2003), S. 37 ff. (42 ff. m.w.N.); *R. Pitschas*, Verwaltungsverantwortung und Verwaltungsverfahren, S. 275 ff.; *F.W. Scharpf*, Interaktionsformen, S. 319 ff.; *G.F. Schuppert*, Der Staat Bd. 28 (1989), S. 91 ff. (97 f., 101 f.); *E. Treutner*, Kooperativer Rechtsstaat; *ders.*, Verhandlungsstaat oder kooperativer Staat. Kritisch zum Neuigkeitswert des Theoriekonzepts »kooperativer Staat« aber *P. Nahamowitz*, in: R. Voigt, Der kooperative Staat, S. 119 ff. (126 f.). Wie sich aus dem vorangegangenen und dem folgenden ergibt, geht es vorliegend nur um die Kooperation »nach innen«, mit innerstaatlichen Rechtssubjekten. Der Begriff des kooperativen Verfassungsstaates wurde aber auch im Zusammenhang mit den Diskussionen über die »offene Staatlichkeit« für die Charakterisierung des für internationale Zusammenarbeit offenen Staates vorgeschlagen: *P. Häberle*, Diskussionsbeitrag, VVDStRL Bd. 36 (1977), S. 129 f.; *ders.*, FS Schelsky, S. 141 ff. Dementsprechend bezeichnet *L. Michael*, Rechtsetzende Gewalt im kooperierenden Verfassungsstaat, S. 17 und passim, den nach offenen Staat als »kooperierenden Staat«; zu dem Verhältnis beider »Offenheiten«: a.a.O., S. 289 ff.

[2] Ein vorläufiges Resümee zum dem in dieser Begrifflichkeit eingefangenen neuen Staatsverständnis wurde in dem Jahre 1987 in dem ersten Band des Jahrbuches zur Staats- und Verwaltungswissenschaft gezogen, dessen Beiträge noch heute für Konzept und Gestalt des kooperativen Staates prägend sind; *T. Ellwein/J.J. Hesse/R. Mayntz/F.W. Scharpf*, Jahrbuch zur Staats- und Verwaltungswissenschaft Bd. 1 (1987); des weiteren die Einführung von *R. Voigt*, in: ders., Der kooperative Staat, S. 11 ff. und 33 ff. sowie die übrigen Beiträge in diesem Sammelband.

[3] *H. Krüger*, Allgemeine Staatslehre, S. 612 ff.; s.a. *P. Häberle*, Die Verfassung des Pluralismus, S. 287 ff.

[4] *E.-H. Ritter*, in: D. Grimm, Wachsende Staatsaufgaben – sinkende Steuerungsfähigkeit des Rechts, S. 69 ff. (105).

[5] *E.-H. Ritter*, AöR Bd. 104 (1979), S. 389 ff.

achtete und beschriebene Phänomen einer zunehmenden verbundweisen Bewältigung staatlicher Aufgaben, insbesondere solcher, die über die klassischen Staatsfunktionen der Gewährleistung physischer Sicherheit hinausgehen, aufgegriffen[6].

Mit dem kooperativen Staat wird nicht auf eine bestimmte inhaltliche Aufgabe des Staates, sondern auf eine Form staatlicher Aufgabenerfüllung Bezug genommen. Mit derselben inhaltlichen Stoßrichtung werden verschiedene Staatstypen voneinander differenziert, wobei allerdings in keinem konkreten Staat eines der Modelle in Reinform verwirklicht ist[7]: Während der *sovereign state* die Funktions- und Lebensbedingungen der Gesellschaft mit hierarchischen Mitteln zu gestalten sucht, besteht die primäre Aufgabe des *institutional state* darin, die bestehenden gesellschaftlichen Strukturen zu gewährleisten und die Autonomie der verschiedenen institutionell umhegten gesellschaftlichen Bereiche zu respektieren. Im *corporate bargaining state* vermitteln gewonnene Wahlen kein umfassendes Mandat zur Gesellschaftsgestaltung, sondern nur einen Platz am Verhandlungstisch, an dem neben den demokratisch legitimierten Vertretern des Staates noch andere Vertreter organisierter Interessen Platz nehmen, die über Verhandlungen Einfluß auf Formulierung und Umsetzung politischer Programme nehmen. Der Staat wird zum Moderator politischer Entscheidungsprozesse. An diesen Staatstypus knüpft die Bezeichnung des kooperativen Staates an, die allerdings zunächst nichts grundlegend Neues bietet: Schon eine pluralistische Schule innerhalb der englischen Staatstheorie[8] hatte in Weiterführung der dortigen Rezeption von *von Gierkes* Verbandstheorie[9] den Staat als einen von vielen, untereinander im Wettbewerb stehenden pluralistischen Verbänden charakterisiert[10].

Der kooperative Staat bietet das Gegenkonzept zu einem Staat, der mit den Kriterien der Souveränität, Einheitlichkeit und Autonomie charakterisiert wird[11]. Souveränität impliziert Überlegenheit, Hoheitlichkeit[12]. Die Entfaltung des kooperativen Staates geht demgegenüber mit einer Auflösung des hoheitlichen Moments in dem Staat der Gegenwart einher[13]. In dem Begriff des kooperativen Staates wird ein zentrales Ergebnis der jüngeren Staats- und Verwaltungsfor-

---

[6] *H.-H. Hartwich*, Aus Politik und Zeitgeschichte B 46–47 (1987), S. 3 ff. (8).
[7] Grundlegend *J. March / J. Olsen*, Rediscovering Institutions; hierzu v.a. *G.F. Schuppert*, in: D. Budäus, Organisationswandel öffentlicher Aufgabenwahrnehmung, S. 19 ff. (28 ff.); *ders.*, Die Verwaltung, Beiheft 4 (2001), S. 201 ff. (203 f.); *ders.*, Verwaltungswissenschaft, S. 55 ff. Zu beachten ist, daß jedem dieser Staatstypen gleichsam spiegelbildlich auch ein bestimmtes Bil des Bürgers zugeordnet ist; siehe *G.F. Schuppert*, Die Verwaltung (a.a.O.), S. 202 f.
[8] Hierzu *H. Quaritsch*, Der Staat Bd. 19 (1980), S. 29 ff. (36 ff.) über *H. Laski* und *G.D. Cole*.
[9] *O. v. Gierkes* dreibändiges Werk über »Das deutsche Genossenschaftsrecht« (Berlin 1868–1913) beruhte auf der Annahme, daß Verbandspersönlichkeiten nicht fingiert sind, sondern tatsächlich bestehen. Hiermit faßte er die noch unverbundenen einzelnen zu mächtigen Gruppen zusammen, die gegenüber dem Staat um die Macht konkurrieren. Allerdings ging er noch von einem durch seine souveräne Machtvollkommenheit über alle erhöhten Staat aus; siehe den Aufsatz von *dens.*, abgedruckt in: F. Nuscheler / W. Steffani, Pluralismus, S. 49 ff. (57).
[10] Dies stellt *T.M. Menk*, Der Staat Bd. 31 (1992), S. 571 ff. (574) auch unter Hinweis auf *C. Schmitt*, in: ders., Positionen und Begriffe, S. 133 ff. (135 f.) fest.
[11] Diese Beurteilung stammt von *V. Neumann*, VSSR 1992, S. 119 ff. (120).
[12] Unmittelbar zu Wesen und Geschichte der »Hoheitlichkeit«: *H. Hill*, DVBl. 1989, S. 321 ff. (321 ff.).
[13] *H. Hill*, DVBl. 1989, S. 321 ff. (324 ff.).

I. Der kooperative Staat

schung auf den Punkt gebracht: Ein herkömmliches Definitionselement des juristischen Staatsbegriffs – die Verfügung über einseitig-hoheitliche Machtmittel[14] (insbesondere gegenüber den Wirtschaftssubjekten) – wurde weitgehend durch das Prinzip der Zweiseitigkeit und der Zusammenarbeit abgelöst. Mit der Charakterisierung eines Staates als »kooperativ« wird ein versöhnlicher Gegenentwurf zu dem einseitig regulierenden, hoheitlichen Staat gezeichnet[15] und damit eine Verschränkung der Koordinationsformen Hierarchie und Verhandlung in Angriff genommen[16]. Durch die Bezeichnung soll eine alle Staatsfunktionen umfassende Offenheit der für kooperative Verfahrensweisen bei der bzw. für die Rezeption gesellschaftlicher Einflüsse auf die Ausübung staatlicher Funktionen zum Ausdruck gebracht werden.

»Die Kooperationsidee ist in mannigfacherweise zu einem Signum des modernen Gemeinwesens geworden. ... Sie entspricht in gewisser Hinsicht dem Konsensbedürfnis der Individuen, Gesellschaften und Staaten; sozialpsychologisch ist sie eine Antwort auf die nationalen wie internationalen Interdependenzen. Die staatstheoretische Aufarbeitung des Kooperationsgedankens steht noch aus. ... Große Felder sind auch und vor allem Staat und Wirtschaft«[17].

Im kooperativen Staat treten an die Stelle souveräner Entscheidungen vielfältige – formelle und informelle – Verhandlungssysteme (Netzwerke[18]) zwischen Staat und Gesellschaft, in denen politische Entscheidungen ausgehandelt werden, die als der heute entscheidende Ort staatlichen Steuerungshandelns gelten[19]. Die »weichen« Formen staatlichen Handelns, ein kooperativ orientierter Modus politischer Entscheidungsfindung haben der Staatstheorie einen Weg vom hoheitlichen zum kooperativen Staat geebnet; von der zentralstaatlichen Weisung zur dezentralen Koordination, von der regulativen Steuerung zur partnerschaftlichen Übereinkunft; von der (einseitig-hoheitlichen) Rechtsetzung zur Überzeugung[20].

Das theoretische Ideal des neuzeitlichen Verfassungsstaates beschreibt diesen als nach innen gegenüber seinen Bürgern wie nach außen gegenüber anderen Völ-

---

[14] Zum Staat als Entscheidungs- und Machteinheit: *J. Isensee*, in: ders./P. Kirchhof, HdbStR Bd. I, § 13 Rn. 65 ff.
[15] *J.J. Hesse*, Jahrbuch zur Staats- und Verwaltungswissenschaft Bd. 1 (1987), S. 55 ff. (68 ff., 80, 83); *H. Schulze-Fielitz*, in: D. Grimm, Wachsende Staatsaufgaben – sinkende Steuerungsfähigkeit des Rechts, S. 11 ff. (S. 22) m.w.N.
[16] Siehe hierzu ausf. S. 34 ff.
[17] *K. Stern*, Staatsrecht Bd. I, § 19 IV 1 (Fn. 636).
[18] *T.A. Börzel*, Public Administration Bd. 76 (1998), S. 253 ff; *C. Knill*, in: J. Weyer, Soziale Netzwerke, S. 111 ff.; *R. Mayntz*, PVS-Sonderheft 24 (1993), S. 39 ff.; *F.W. Scharpf*, FS Lehmbruch, S. 25 ff. (39 f.); *ders.*, PVS-Sonderheft 24 (1993), S. 57 ff.; *G.F. Schuppert*, Verwaltungswissenschaft, S. 384 ff.; *J. Weyer*, in: ders., Soziale Netzwerke, S. 1 ff.
[19] *D. Fürst*, Jahrbuch zur Staats- und Verwaltungswissenschaft Bd. 1 (1987) S. 261 ff. (266 ff.); *H.-H. Hartwich*, Aus Politik und Zeitgeschichte B 46–47 (1987), S. 3 ff. (8 f.); *J.J. Hesse*, Jahrbuch zur Staats- und Verwaltungswissenschaft Bd. 1 (1987), S. 55 ff. (68 ff.); *C. Offe*, Jahrbuch zur Staats- und Verwaltungswissenschaft Bd. 1 (1987), S. 309 ff. (311 ff.); *E.-H. Ritter*, AöR Bd. 104 (1979), S. 389 ff. (393); *ders.*, Staatswissenschaften und Staatspraxis Bd. 1 (1990), S. 50 ff. (54 ff., 68 ff.); *F.W. Scharpf*, PVS Bd. 32 (1991), S. 621 ff. (622 f.).
[20] *J.J. Hesse*, Jahrbuch zur Staats- und Verwaltungswissenschaft Bd. 1 (1987), S. 55 ff. (80).

kerrechtssubjekten höchste, d.h. souveräne Macht- und Entscheidungseinheit[21]. Das auf den modernen Staat bezogene Idealbild staatlicher Einheit wurde indes durch die Entwicklung des Systems polyzentrischer Rechtserzeugung[22] beeinträchtigt. Heute vereinnahmt der intern fragmentierte Staat zur Erfüllung seiner Aufgaben und Funktionen – planmäßig oder unfreiwillig – Akteure des nichtstaatlichen Bereichs, indem etwa die eigentlichen Regelungsadressaten nicht nur in den Vorgang der Rechtserzeugung, sondern in nahezu alle staatlichen Funktionen einbezogen werden[23]. Unabhängig von der Frage, inwieweit das skizzierte Ideal überhaupt jemals die Wirklichkeit abgebildet hat, ist die äußere Souveränität der Bundesrepublik Deutschland heute für jedermann sichtbar nicht nur aufgrund der zunehmenden, mitgliedstaatlich kaum noch zu beherrschenden Integrationsdynamik Europas[24], sondern auch vor dem Hintergrund des schillernden Phänomens der Globalisierung[25] von handfesten Verfallserscheinungen gezeichnet[26]. Inhalt und Gestalt äußerer Souveränität der Bundesrepublik Deutschland unterliegen – soweit man nicht ohnehin meint, konzeptionell endgültig auf sie verzichten zu können[27] – ständiger Neuinterpretation[28]. Mit Blick auf die internationalen Verflechtungen und die Offenheit der deutschen Rechtsordnung für

---

[21] *E.-W. Böckenförde*, Der Staat als sittlicher Staat, S. 12 ff.; *H. Heller*, Staatslehre, S. 228 ff.; *J. Isensee*, in: ders./P. Kirchhof, HdbStR Bd. I, § 13 Rn. 41 ff., 62 ff.; *ders.*, JZ 1999, S. 265 ff. (273); zur Verbindung zwischen moderner Staatlichkeit, Entscheidungseinheit und innerer staatlicher Souveränität: *M. Beyerle*, Der Staat Bd. 36 (1997), S. 163 ff. (163 f.). Zu der Differenzierung zwischen innerer und äußerer Souveränität: *T. Fleiner-Gerster*, Allgemeine Staatslehre, S. 158 f.; *A. Randelzhofer*, in: J. Isensee/P. Kirchhof, HdbStR Bd. I, § 15 Rn. 35 ff. bzw. 25 ff. Angesichts zunehmender internationaler Einbindung der nationalen Rechtsordnungen wird allerdings – insbesondere mit Blick auf das Verhältnis zwischen mitgliedstaatlichem Recht und Gemeinschaftsrecht – die Unterscheidung zwischen innerer und äußerer Souveränität in Frage gestellt, *S. Langer*, Die Grundlagen einer internationalen Wirtschaftsverfassung, S. 18 ff.

[22] In diesem System wächst die qualitative wie quantitative Bedeutung untergesetzlicher Rechtsetzung ebenso wie die der rechtsschöpferischen Beiträge der Gerichte gegenüber der Parlamentsgesetzgebung; *W. Brohm*, in: H. Hill, Zustand und Perspektiven der Gesetzgebung, S. 217 ff. (227 ff.); *ders.*, DÖV 1987, S. 265 ff.; *R. Pitschas*, DÖV 1989, S. 785 ff. (790). Zum sog. »Richterrecht« siehe nur *F. Ossenbühl*, in: J. Isensee/P. Kirchhof, HdbStR Bd. III, § 61 Rn. 35 ff. (m.w.N. in Fn. 72).

[23] *E.-H. Ritter*, in: D. Grimm, Wachsende Staatsaufgaben – sinkende Steuerungsfähigkeit des Rechts, S. 69 ff. (72).

[24] Hierzu nur *U. Di Fabio*, Das Recht offener Staaten, S. 94; *K. Vogel*, Die Verfassungsentscheidung des Grundgesetzes für eine internationale Zusammenarbeit, S. 42 f.; zu der Frage einer Souveränitätsteilung zwischen Mitgliedsstaaten und Europäischer Union bzw. eines »Schwebezustands der Souveränität«: *C.D. Classen*, in: H. v. Mangoldt/F. Klein/C. Starck, Grundgesetz Bd. 2, Art. 23 Rn. 4 m.w.N. in Fn. 21 f. und Art. 24 Rn. 11; *S. Oeter*, ZaöRV Bd. 55 (1995), S. 659 ff. (685).

[25] Hierzu nur *J. Esser*, in: D. Döring, Sozialstaat in der Globalisierung, S. 117 ff. (131 ff.); zum Regieren in entgrenzten Räumen auch: *F.W. Scharpf*, Interaktionsformen, S. 336 ff.

[26] Dazu ausf. *S. Hobe*, Der offene Verfassungsstaat zwischen Souveränität und Interdependenz, S. 330 ff.

[27] *S. Oeter*, ZaöRV Bd. 55 (1995), S. 659 ff. (704 ff.); zu inzwischen historischen Angriffen auf den Begriff der Souveränität siehe den Überblick bei *M. Baldus*, Der Staat Bd. 36 (1997), S. 381 ff. (383 ff.).

[28] *M. Baldus*, Der Staat Bd. 36 (1997), S. 381 ff. (394 f.)

supranationales Recht²⁹ wurde der Begriff des »kooperativen Verfassungsstaates« geprägt³⁰. Indes verzichtet auch das positive Völkerrecht (noch) nicht auf die staatliche Souveränität als Tatbestandsmerkmal seiner Normen³¹.

Der Staat tritt mit seinem Regelungsanspruch aber nicht nur gegenüber über- bzw. zwischenstaatlichen Organisationen zurück, sondern überläßt auch in vielen gesellschaftlichen Sektoren privaten Organisationen das Feld zur Lösung gemeinwohlrelevanter Probleme³². Diese Sektoren entwickeln auf dem Wege zu einer Weltgesellschaft einen immensen Normenbedarf, der kaum von zwischenstaatlichen – geschweige denn: nationalstaatlichen – Institutionen befriedigt werden kann. Vielmehr entwickeln diese Teilsysteme ihre Normprogramme selbst in unmittelbarem Durchgriff auf das Recht: Zunehmend setzen globale Privatregimes materielles Recht ohne den Staat, ohne nationale Gesetzgebung oder internationales Vertragsrecht³³. Als Beispiel mag der Hinweis auf weltweite Standardisierungsprozesse oder auch das Sportverbandsrecht³⁴ genügen, bei deren Entwicklung der Staat oder die Staatengemeinschaft kaum noch eine Rolle spielt³⁵.

In den Sozialwissenschaften wird darüber hinaus auch für innerstaatliche Kontexte auf den Umstand verwiesen, daß es nicht »der Staat«³⁶ als homogene Macht- und Entscheidungseinheit ist, der die verschiedenen Fäden zur Gestaltung einer stetig sich ausdifferenzierenden und damit komplexer werdenden Gesellschaft in der Hand hält. Diese Feststellung gründet auf zwei Beobachtungen, deren eine sich auf den Staat als Macht- und Entscheidungseinheit bezieht, während die andere das Verhältnis von Staat und Gesellschaft bei der Ausübung staatlicher Funktionen ins Auge faßt. »Der Staat«, zumal der von Föderalismus und Gewaltenteilung geprägte, stellt für die politischen Wissenschaften, soweit diese sich mit den Wirksamkeitsbedingungen und -perspektiven staatlichen Rechts befassen, nach innen, gegenüber »der Gesellschaft« keine homogene Konstruktion

---

²⁹ Siehe nur Art. 23, 24, 25 GG.
³⁰ Exemplarisch *P. Häberle*, FS Schelsky, S. 141 ff.
³¹ Siehe z.B. Art. 2 Nr. 1 UN-Charta: The Organization and its Members, in pursuit of the Purposes stated in Article 1, shall act in accordance with the following Principles. (1.) The Organization is based on the principle of the sovereign equality of all its Members …
³² Siehe zu dem Zusammenhang zwischen der Erosion der inneren und der äußeren Souveränität: *D. Grimm*, in: T. Ellwein/J.J. Hesse, Staatswissenschaften, S. 13 ff. (23 f.).
³³ *G. Teubner*, FS Simitis, S. 437 ff.
³⁴ Hierzu *J. Burmeister*, DÖV 1978, S. 1 ff.; *R. Streinz*, JuS 2000, S. 1015 ff.; umfassend *K. Vieweg*, Normsetzung und -anwendung deutscher und internationaler Verbände, S. 127 ff., 147 ff. (zu deren Verbandsautonomie), 318 ff. (zur Rechtsqualität der Verbandsnormen). Die bereichsspezifischen Probleme divergierender funktionaler und territorialer Strukturen (und mögliche Ansätze zu deren Bewältigung) analysieren *F. Becker/D. Lehmkuhl*, in: A. Héritier/F.W. Scharpf/M. Stolleis, Internationalization – New Modes of Regulation Multiple Regulatory Structures.
³⁵ *C. Engel*, JITE Bd. 158 (2002), S. 155 ff.; s.a. die Beiträge in dem Sammelband von G. Teubner, A Global Law without the State.
³⁶ Über die Vielheit der Staatsbegriffe in Staatsrechtslehre, Staatslehre und Staatstheorie: *J. Isensee*, in: ders./P. Kirchhof, HdbStR Bd. I, § 13 Rn. 26 ff.; jüngst umfassend: *C. Möllers*, Staat als Argument.

dar, sondern ist in eine Vielzahl von Macht- und Steuerungszentren ausdifferenziert, die die der Idee nach einheitliche Staatsgewalt fragmentieren[37]. Der Staat wird nicht mehr als monolithische Einheit, sondern vielmehr als polyzentrisch handelnder Akteur mit polyzentrischer Rechtserzeugung begriffen[38]. Staat und Verwaltung sind in ihrem Binnenbereich in eine arbeitsteilige, spezialisierte und pluralisierte Regierungs- und Verwaltungsorganisation ausdifferenziert[39]. Daß diese Binnendifferenzierung nicht nur Vorteile mit sich bringt, sondern auch zu effizienzmindernden Ressortkonkurrenzen führen kann, liegt auf der Hand. Das Resultat dessen ist die Gefahr, daß die Gemeinwohlorientierung, an der staatliches Handeln und Entscheiden auszurichten ist, gegenüber solchen Faktoren in den Hintergrund tritt[40]. Die Einflußchancen privater individueller und organisierter Interessen vermehren sich proportional zu der wachsenden Fragmentierung des politisch-administrativen Systems. Je größer die Zahl der staatlichen Akteure bei der Rechtsnormsetzung ist, die in der Lage sind, für sich je eigene Ziele mit eigenen Handlungsressourcen zu erfüllen, desto mehr Ansatzpunkte bieten sich für Einflußversuche sektoraler individueller Interessen, deren Forderungen mit den politischen Handlungsorientierungen ihrer staatlichen Partner übereinstimmen oder die diesen gegenüber eine Verhandlungsposition verfügen, die in einem stärker zentralisierten politischen System nicht ausreichen würde, um nachhaltige Wirkung zu erzielen[41].

Eine zweite, ergänzende Beobachtung geht dahin, daß die Behandlung von Problemen, die sich auf der Ebene der gesamten Gesellschaft oder auch nur in bestimmten gesellschaftlichen Teilbereichen stellen, in der Realität nur noch ganz selten Angelegenheit eines einzelnen – staatlichen – Akteurs ist[42]. Die Problemlösung ist typischerweise Gegenstand eines Zusammenwirkens mehrerer Akteure mit teils voneinander unabhängigen, teils wechselseitig abhängigen Handlungs-

---

[37] Siehe nur *D. Fürst*, Jahrbuch zur Staats- und Verwaltungswissenschaft Bd. 1 (1987), S. 261 ff. (263 ff.); *C. Offe*, Jahrbuch zur Staats- und Verwaltungswissenschaft Bd. 1 (1987), S. 309 ff. (312 f.); *F.W. Scharpf*, PVS Bd. 32 (1991), S. 621 ff. (622 f.). Aus juristischer Sicht: *W. Brohm*, Strukturen der Wirtschaftsverwaltung, S. 219, 285; *ders.*, VVDStRL Bd. 30 (1972), S. 245 ff. (293 f.); *H. Dreier*, Hierarchische Verwaltung, S. 26 ff.; *A. Voßkuhle*, VVDStRL Bd. 62 (2003), S. 266 ff. (271 ff.).

[38] *R. Voigt*, in: ders., Der kooperative Staat, S. 33 ff. (64 ff.) – allerdings unter der Überschrift des »multizentrischen« Staats; *W. Brohm*, in: H. Hill, Zustand und Perspektiven der Gesetzgebung, S. 217 ff. (227 ff.); *ders.*, DÖV 1987, S. 265 ff.; *R. Pitschas*, DÖV 1989, S. 785 ff. (790).

[39] Zur angeblichen Fiktion staatlicher Einheit siehe die Angaben in Fn. 37. Zu dem parallelen Problem der (einer angeblich nicht existenten) Einheit der Verwaltung die Vorträge von *B.-O. Bryde* und *G. Haverkate*, VVDStRL Bd. 46 (1988), S. 181 ff. und 217 ff.; s.a. *H. Bauer*, VVDStRL Bd. 54 (1995), S. 245 ff. (256); *H. Dreier*, Hierarchische Verwaltung im demokratischen Staat, S. 211 ff.; *G.F. Schuppert*, DÖV 1987, S. 757 ff. m.w.N. Sehr kritisch aus der Sicht der Sozialwissenschaften: *C. Offe*, in: T. Ellwein/J.J. Hesse, Staatswissenschaften, S. 99 ff. (103 ff.).

[40] *C. Offe*, Jahrbuch zur Staats- und Verwaltungswissenschaft Bd. 1 (1987), S. 309 ff. (311).

[41] *R. Mayntz/F.W. Scharpf*, in: dies., Gesellschaftliche Selbstregulierung und staatliche Steuerung, S. 9 ff. (30).

[42] Hierauf weisen hin *R. Mayntz/F.W. Scharpf*, in: dies., Gesellschaftliche Selbstregulierung und staatliche Steuerung, S. 39 ff. (60).

und Entscheidungsoptionen. Gerade der horizontal und vertikal gewaltenteilige Staat ist bei der Erfüllung öffentlicher[43] Aufgaben in eine »Verbundproduktion«[44] integriert, in der er nicht (mehr) alleinige, zentrale Steuerungsstelle, sondern lediglich »Mitspieler in einem Netz von Handelnden«[45] oder »Mitsouverän wichtiger politischer Prozesse«[46] ist. Die anderen Knotenpunkte dieses Netzes sind dabei nicht nur staatlich konstituierte und gelenkte Rechtssubjekte, sondern auch private Individuen, Verbände und Interessenvertreter, die in vielfältiger Weise in Staatsfunktionen und so auch in den Prozeß staatlicher Rechtsetzung eingeschaltet werden (oder sich dort selbst einschalten).

Unter dem Vorzeichen des kooperativen Staates wird über ein deskriptives Anliegen hinausgehend der Versuch unternommen, auf der Grundlage einer in wesentlichen Politikfeldern kooperativ agierenden Staatlichkeit auch bislang einseitig-hoheitlich strukturierte staatliche Organisations- und Handlungsformen in eine kooperative Richtung umzulenken, damit diese einer aus dieser Sicht zur verfassungspolitischen oder gar -rechtlichen Vorgabe gewordenen »Kooperationsoffenheit« des Staates genügen[47].

Der Text des Grundgesetzes hingegen erwähnt den kooperativen Staat nicht. Der kooperative Staat entspricht anders als etwa der Bundes- oder der Sozialstaat, die in den Vorschriften des Grundgesetzes ihre durch deutsche Verfassungstradition vorgeformte Ausprägung gefunden haben, keinem verfassungsrechtlich determinierten Staatstypus. Dieses Schicksal teilt der Begriff mit anderen normativen und deskriptiven Attributen – informaler Staat[48], schlanker Staat[49] – deren vornehmlicher Sinn ebenfalls darin besteht, dem antiquiert scheinenden Staatskonzept und dessen hierarchischen, übermächtigen, formalen Ausdrucksformen (Gesetz, Verwaltungsakt) durch freundliche Attribute eine akzeptablere Einkleidung anzupassen. Der unangenehm hoheitliche Beigeschmack des Staatsbegriffs bedarf der Neutralisierung durch geschmeidigere Adjektive. Der Begriff des kooperativen Staates entbehrt daher verfassungsrechtlicher Qualität. Der kooperative Staat ist vielmehr ein sozialwissenschaftliches Paradigma und

---

[43] Der gegen Ende der sechziger Jahre etablierten Kategorie des Öffentlichen kommt als Zwischen- oder Mischform zwischen dem Staatlichen und dem Privaten eine entscheidenden Rolle bei der Identifizierung und Beschreibung von Kooperationsfeldern zwischen Staat und Privaten zu. Sie dient dabei nicht selten als Schlüssel zur Überwindung der Unterscheidung der Kooperierenden bzw. der mit ihr vorausgesetzten Einheit des Staates; siehe *U.K. Preuß*, Zum staatsrechtlichen Begriff des Öffentlichen, S. 131 ff., 184 ff.; *A. Rinken*, Das Öffentliche als verfassungstheoretisches Problem, S. 98 ff., 111 ff. Die verfassungsrechtliche Gegenposition errichtet: *P. Lerche*, Verfassungsfragen um Sozialhilfe und Jugendwohlfahrt, S. 12 ff.
[44] Erstmals: *C. Offe*, Berufsbildungsreform, S. 264.
[45] *D. Fürst*, Jahrbuch zur Staats- und Verwaltungswissenschaft Bd. 1 (1987), S. 261 ff. (266).
[46] *H. Kleger*, in: R. Voigt, Der kooperative Staat, S. 93 ff. (93).
[47] So wohl *E.-H. Ritter*, AöR Bd. 104 (1979), S. 389 ff. (409).
[48] *H. Schulze-Fielitz*, Der informale Verfassungsstaat.
[49] Auch dieser Begriff ist inzwischen ubiquitär: Siehe – neben dem im Jahre 1995 eingesetzten Sachverständigenrat »Schlanker Staat« (hierzu *J.A. Kämmerer*, Privatisierung, S. 82 f. (m.w.N. in Fn. 323)) – z.B. *G.F. Schuppert*, in: C. Gusy, Privatisierung von Staatsaufgaben, S. 72 ff.

bietet insoweit die Basis für eine Fokussierung verschiedenartiger Erkenntnisse der sozialwissenschaftlichen Interessengruppentheorien, der Implementationsforschung und der Systemtheorie bei der Analyse von Funktionsbedingungen und Erscheinungsformen moderner Staatlichkeit.

Von dieser Warte aus lassen sich Emanationen des kooperativen Staates – kooperative Aufgabenerfüllung – in allen Bereichen der organisierten Staatlichkeit und bei der Ausübung aller ihrer Funktionen beobachten. In erster Linie gilt dies für den Bereich des Normvollzugs. Deutlichstes Beispiel für die praktische Relevanz und die zunehmende dogmatische Durchdringung der Kooperation von Staat und Gesellschaft ist das Schicksal der Lehre vom – ursprünglich abgelehnten[50] – öffentlich-rechtlichen Vertrag, der mit der Zeit zu einem zentralen, grundsätzlich auch akzeptierten Kooperationsinstrument avanciert ist (§ 54 Satz 1 VwVfG)[51]. An die Stelle einer eher negativen Einschätzung der Praxis kooperativen Verwaltungshandelns durch Verhandlungen, Absprachen und Arrangements tritt in zunehmendem Maße eine positive Bewertung; zum Teil wird Aushandeln und Kooperation geradezu als Essentiale modernen Verwaltens verstanden[52].

Dies ist Indiz für eine Annäherung von Staat und Gesellschaft und die Öffnung staatlicher Funktionswahrnehmung für gesellschaftliche Einflüsse. Aber auch in dem Schnittbereich des kooperativen und des informalen Staatshandelns finden sich die verschiedenartigsten Kooperationsmuster wie der Austausch von Informationen zwischen Bürger und Behörde, Vorverhandlungen über die Erteilung von Genehmigungen oder die Vorabzuleitung von Entscheidungsentwürfen[53]. Ähnliches gilt für die Rechtsprechung[54], wo beispielsweise in dem Bereich der Strafverfolgung sog. »deals« zwischen Verteidigung, Staatsanwalt und Richter in ansonsten besonders aufwendigen Verfahren zu beobachten sind und von Wissenschaft und Rechtsprechung inzwischen unter bestimmten Bedingungen auch akzeptiert werden[55].

Nicht zuletzt in der auf Steuerung und Breitenwirkung angelegten Normsetzung sind mannigfache nicht-staatliche Einflüsse nachweisbar: Konsensuale bzw. kooperative Normsetzung bildet das Gravitationszentrum des kooperativen Staates. Das prägnanteste Merkmal des Rechts im kooperativen Staat ist der Trend von einem hierarchischen zu einem zwei- oder mehrseitig »vereinbarten«

---

[50] Grundlegend O. *Mayer*, AöR Bd. 3 (1888), S. 3 ff.
[51] Immer noch kritisch *J. Burmeister*, VVDStRL Bd. 52 (1993), S. 190 ff. (222 ff.); *G. Püttner*, DVBl. 1982, S. 122 ff.
[52] *A. Benz*, Die Verwaltung Bd. 23 (1990), S. 83 ff. (84); *M. Bulling*, DÖV 1989, S. 277 ff.
[53] *E.-H. Ritter*, Staatswissenschaften und Staatspraxis Bd. 1 (1990), S. 50 ff. (54).
[54] *C. Möllers*, DÖV 2001, S. 667 ff.
[55] Zu Übersicht und Bilanz einer inzwischen mehr als zehn Jahre anhaltenden Diskussion über die strafprozessualen Zulässigkeit und Grenzen solcher Absprachen siehe nur *J. Herrmann*, JuS 1999, S. 1162 ff.; *G. Küpper/K.-C. Bode*, JURA 1999, S. 351 ff. und 393 ff.; *R. Tschwerwinka*, Absprachen im Strafprozeß, S. 21 ff.; dort (S. 45 ff.) auch Allgemeines zur Konsensorientierung im Strafprozeß.

Recht[56]. Rechtsnormen werden in der überwiegenden Mehrzahl der Fälle nach wie vor in den bekannten Formen der Rechtsetzung hoheitlich-einseitig als Gesetz, Verordnung oder Satzung erlassen. Diesem Erlaß geht indessen nicht selten ein Aushandlungsprozeß zwischen Vertretern des Rechtsetzungsorgans und den später von der Rechtsnorm betroffenen und oder den an ihr Interessierten voraus. Hier ist auf das informelle oder auch formelle Aushandeln von Gesetzentwürfen bzw. auf konzertierte Aktionen zwischen Regierung und interessierten Kreisen im Vorfeld eines Gesetzgebungsvorhabens zu verweisen. Neben diese Fälle normvorbereitender Kooperation treten die Konstellationen normsetzender Kooperation, in denen der Staat bei dem Prozeß der Normsetzung auf die Zusammenarbeit mit nicht-staatlichen Akteuren zurückgreift oder diese Funktion weitgehend auf solche Akteure delegiert[57].

Als Ausgangspunkt einer entsprechenden Systematisierung dient die Unterscheidung zwischen *erstens* der inhaltlichen Inanspruchnahme privater Regeln durch die staatliche Rechtsetzung, *zweitens* der privaten Beteiligung an einem staatlichen Normsetzungsverfahren. Zwischen diesen beiden Kategorien steht *drittens* die Normsetzung durch Vereinbarung zwischen Staat und Privaten.

Eine inhaltliche Inanspruchnahme privater Normen ist etwa in den Fällen der Rezeption von privaten Regeln bzw. des Verweises auf sie zu beobachten. Hier greift der Staat in der intensivsten Form auf die Ressourcen privater Regelsetzer zurück, indem er nur die äußere Hülle – die Rechtsform – zur Verfügung stellt und deren Inhalt, die materielle Konfliktlösung gänzlich der privaten Seite überläßt. Dabei werden die in Bezug genommenen privaten Regeln typischerweise ebenfalls im Wege der Verhandlung zwischen den beteiligten privaten Interessen generiert, da insoweit den Beteiligten die Kompetenz zu einer einseitigen Festlegung fehlt. In diese Kategorie einzuordnen sind auch die Fälle, in denen die staatliche Rechtsetzung eine Regelungszurückhaltung übt, um ex- oder implizit den angesprochenen privaten Sektor zur Selbstregulierung anzuhalten.

Die private Beteiligung an einem staatlichen Normsetzungsverfahren kann zum einen in der einseitigen Beteiligung des Privaten an der staatlichen Normsetzung – insbesondere durch die Realisierung von Anhörungsrechten – bestehen. Eine gesteigerte Form der Mitwirkung liegt vor, wenn der Private zu Rechtspositionen verdichtete Einflußmöglichkeiten auf die staatliche Rechtsetzung erhält. Der typische Fall hierfür ist der Normsetzungsvertrag, der zu Erlaß oder Nichterlaß einer Rechtsnorm bestimmten Inhalts verpflichtet, die Zuordnung der Normsetzungsbefugnis allerdings formal bei dem staatlichen Normsetzer beläßt. Gleichsam zwischen Staat und Privaten stehen Normen, die durch Vereinbarung gesetzt und die über die bloße vorgängige Konsultation hinaus von beiden Akteuren formal gemeinsam verantwortet werden. Dies ist bei Normenver-

---

[56] *M. Kloepfer*, JZ 1991, S. 737 ff. (740); *E.-H. Ritter*, AöR Bd. 104 (1979), S. 389 ff. (393); *ders.*, Staatswissenschaften und Staatspraxis Bd. 1 (1990), S. 50 ff. (62).

[57] *E.-H. Ritter*, Staatswissenschaften und Staatspraxis Bd. 1 (1990), S. 50 ff. (54 f.); s.a. *M. Kloepfer*, JZ 1991, S. 737 ff. (740).

trägen der Fall. Der Normenvertrag greift weiter als der Normsetzungsvertrag: Er *verpflichtet* nicht bloß zur Verfügung über eine Rechtsnorm, sondern er enthält diese selbst.

Der moderne Staat und sein primäres Handlungsinstrument, das Recht, vollziehen mit der Etablierung verhandelter Rechtsnormen eine tiefgreifende Wandlung. Zwar spielt die Rechtsnorm im kooperativen Staat als dessen Handlungsinstrument nach wie vor eine zentrale Rolle, auch wenn neben ihr weitere Steuerungsmedien in das Blickfeld treten[58].

Allerdings bedarf die auf die Immunität komplexer Lebensbereiche gegen unmittelbare staatliche Steuerung zurückzuführende Überlassung von (Selbst-) Regelungsbefugnissen an gesellschaftliche Akteure noch der weiteren Erforschung hinsichtlich verfassungsrechtlicher Formen und Grenzen. Hierbei wird deutlich werden, daß der Übergang zwischen Rechtspolitik und Dogmatik fließend sein kann. Die Etablierung neuer dogmatischer Konzepte erfolgt nicht (oder zumindest nur selten) durch bewußte Grenzüberschreitungen, sondern vollzieht sich in einem dauernden Prozeß, innerhalb dessen die Phasen der Deskription, der Analyse, der Typisierung, der Bestimmung von Entwicklungsrichtungen und der Formulierung neuer oder gewandelter Rechtserkenntnisse nur schwer voneinander zu unterscheiden sind[59]. Aus diesem Grunde erscheint es für eine verfassungsrechtliche Standortbestimmung der Rechtsnormsetzung im kooperativen Staat unerläßlich, sich des Bedeutungsspektrums des Kooperationsbegriffs, soweit er in den Rechtswissenschaften Verwendung findet, zu vergewissern.

II. Verfassungsrechtliche Typologie des Kooperationsbegriffs

1. Rechtswissenschaftliche Verwendungszusammenhänge

Der Topos der Kooperation, der dem kooperativen Staat angesichts der Fülle der heute gehandelten zusammengesetzten Staatsbegriffe besondere Aufmerksamkeit zu sichern sucht, findet in der Rechtswissenschaft verschiedenartige Verwendung. Der Begriff der Kooperation verfügt zunächst über einen deskriptiven Be-

---

[58] Außerdem können mit den Mitteln des Rechts auch andersartige Verhaltensanreize gesetzt werden, die subtiler sind als direkte Ge- oder Verbote mit entsprechender Sanktionsdrohung. Rechtsetzung ist zwar ein ganz zentraler Teil des staatlichen Steuerungsinstrumentariums – aber nicht sein einziges Element (*T. Ellwein*, DÖV 1984, S. 748 ff. (751). Unerwünschtes oder zumindest nicht gewünschtes Verhalten kann auch durch negative finanzielle Anreize (v.a. Steuern) belastet, erwünschtes Verhalten kann durch positive finanzielle Anreize (Subventionen) gefördert werden. Die Option finanzieller Steuerung tritt neben andere Formen indirekter Steuerung, von denen – neben der Handlungsform der Planung und der Bereitstellung öffentlicher Infrastruktur (*P. Nahamowitz*, in: A. Görlitz / R. Voigt, Postinterventionistisches Recht, S. 7 ff. (9)) – zwei weitere Gruppen inzwischen verfassungsrechtliche Beachtung gefunden haben: Zum einen das informelle Verwaltungshandeln, zum andern das kooperative Handeln (Kategorisierung von *K.F. Röhl*, Allgemeine Rechtslehre, S. 221).
[59] *E. Schmidt-Aßmann*, Die Verwaltung, Beiheft 4 (2001), S. 253 ff. (254).

deutungsgehalt, indem er eine in nahezu allen staatlichen Funktionen nachweisbare Verschränkung von Hierarchie und Verhandlung aufgreift. Kooperation beschreibt auf empirische Weise die aktuelle Wirklichkeit staatlichen Handelns. Allerdings variieren die in der Literatur aufzufindenden Begriffsverständnisse über den Gegenstandsbereich der Kooperation. Eine wohl überwiegende Ansicht versteht Kooperation als einen Komplementärbegriff zu einseitig-hoheitlichem Staatshandeln, beschreibt daher als Kooperation jede Form des Zusammenwirkens zwischen Staat und Gesellschaft und erfaßt damit ein weites Spektrum möglicher Kooperationsformen[60]: Konsultationen, Informationen, verbindliche oder unverbindliche Absprachen, kondominiale Entscheidungen etc. Dem Element entspricht die als juristisch bezeichnete Definition des Kooperationsbegriffs, nach der Kooperation das Zusammenwirken zweier Kompetenzsphären – genauer: der staatlichen Kompetenzsphäre und der grundrechtlichen Freiheitssphäre – umschreibt[61]. Noch weiter wird unter kooperativem Verhalten schlechthin jede Interaktion zwischen Verwaltung und Bürger erfaßt, die von der Beteiligung Privater an der Rechtsetzung oder Beratung des Staates durch sachverständige Gremien oder Verbände bis hin zum kooperativen Gesetzesgehorsam reichen kann, sofern nur Verwaltung und Bürger gleichermaßen die Problemlösung beeinflussen können, an ihr Anteil haben oder die Entscheidung gemeinsam erarbeiten[62]. Dieser Kooperationsbegriff ist streng empirisch, d.h. er wird nicht mit positiven Erwartungen befrachtet[63], so daß auch Kooperation mit negativen oder ungewollten Folgeerscheinungen diesem Begriff unterfällt. Verfassungsrechtliche Restriktionen jedenfalls lassen sich aus dem so verstandenen Kooperationsbegriff selbst, der kein Begriff der Verfassung ist, erst recht nicht ableiten.

Um solcher Offenheit und Wertindifferenz entgegenzuwirken, wurde ein sog. idealtypischer Begriff der Kooperation entwickelt, der mehrere Elemente enthält[64]. Zum einen bedarf es unter strukturellen Gesichtspunkten einer gegenseitigen Anerkennung der beteiligten Akteure als gleichberechtigt[65]. Darüber hinaus erfordert Kooperation nach dieser inhaltlichen Ausrichtung eine »dialogische Prägung« im Sinne einer wechselseitigen, direkten, sprachlichen Kommunikation über Ziele, Interessen und Probleme. Eine subjektive Komponente tritt hinzu: Die Kommunikation muß von der Absicht getragen sein, einen Konsens

---

[60] *M. Kloepfer*, Umweltrecht, § 45 Rn. 45; *H.-W. Rengeling*, Das Kooperationsprinzip im Umweltrecht, S. 13, 58; *M. Schröder*, NVwZ 1998, S. 1011 ff. (1012); diesem Verständnis von Kooperation folgen auch die verschiedenen Entwürfe zu einem Umweltgesetzbuch: *Bundesministerium für Umwelt, Naturschutz und Reaktorsicherheit*, Umweltgesetzbuch (Entwurf der Sachverständigenkommission), S. 458 f.; *M. Kloepfer / E. Rehbinder / E. Schmidt-Aßmann* unter Mitarbeit von *P. Kunig*, Umweltgesetzbuch – Allgemeiner Teil (»Professorenentwurf«), S. 157.
[61] *O. Depenheuer*, in: P.M. Huber, Das Kooperationsprinzip im Umweltrecht, S. 17 ff. (22).
[62] *G. Dauber*, in: K. Becker-Schwarze / W. Köck / T. Kupka / M. v. Schwanenflügel, Wandel der Handlungsformen im öffentlichen Recht, S. 67 ff. (70 f.).
[63] Darauf weist *A. Voßkuhle*, ZUR 2001, S. 23 ff. (25) hin.
[64] *A. Benz*, Kooperative Verwaltung, S. 37 ff.; *H. Rossen*, Vollzug und Verhandlung, S. 293 ff.
[65] *H. Rossen*, Vollzug und Verhandlung, S. 294 m.w.N.

zu erzielen⁶⁶, d.h. eine gemeinsame Entscheidung zu treffen, die von allen Beteiligten freiwillig akzeptiert wird. Die damit vorgenommene Einengung des Kooperationsbegriffs ist weitgehend. Zum einen schließt sie alle Formen der staatlichen Beratung durch Sachverständige und andere Konsultationsvorgänge im Vorfeld ansonsten hoheitlich-einseitiger Entscheidungen (Verwaltungsakte, Rechtsnormen) aus. Die Definition verliert damit ohne Not einen großen Teil dessen aus dem Blickfeld, was üblicherweise mit dem Begriff der Kooperation umschrieben wird. Dem Erlaß einseitig-hoheitlicher Rechtsakte aller Art gehen in der Regel Konsultationen mit Betroffenen und Interessierten voraus. Von diesen Konsultationen profitieren beiden Seiten: die staatliche u.a., weil sie zusätzlich Informationsressourcen erschließen, die private u.a., weil sie ihre Interessen rechtzeitig in den Abwägungs- und Entscheidungsprozeß einbringen kann. Auch wenn die letztendliche Entscheidung einseitig-hoheitlich erfolgt, arbeiten Staat und Private dennoch in deren Vorfeld zusammen.

Von der Kooperation ist der Konsens zu unterscheiden⁶⁷. Kooperation ist eine auf einen Entscheidungsprozeß bzw. das Entscheidungsverfahren bezogene Charakterisierung, während der Konsens die Entscheidung selbst insoweit charakterisiert, als alle Beteiligten mit ihr einverstanden sind. Eine Entscheidung, mit der der von ihr Betroffene inhaltlich einverstanden ist, kann auch ohne vorherige Kooperation getroffen werden. In diesem Falle herrscht Konsens zwischen dem Entscheider und dem Betroffenen. Umgekehrt mag Kooperation zwar zu einem Konsens führen, kann aber auch nur den Prozeß zur Erreichung einer einseitigen Entscheidungen prägen, die dann im Dissens mit dem Kooperationspartner getroffen wird bzw. werden muß. Der Begriff des Konsenses erweist sich somit als enger als der der Kooperation⁶⁸: Konsens bedeutet eine volle Willensübereinstimmung mit einer rechtlich relevanten Bindungswirkung, die entweder durch Vertrag oder durch entsprechende gesetzliche Anordnung eines Konsenserfordernisses hergestellt werden kann. Demgegenüber umfaßt der Begriff der Kooperation alle Formen der Zusammenarbeit und des Zusammenwirkens. Sie kann – muß aber nicht – zu einem Konsens führen.

Vor diesem Hintergrund wird auch deutlich, warum eine grundsätzliche Anerkennung des anderen als gleichberechtigt für eine Kooperation in diesem Sinne nicht erforderlich ist: Der Staat kann auch vor einer hoheitlichen Entscheidungen den Privaten hören, ohne dabei auf den hoheitlichen Entscheidungsmodus zu verzichten. Dann ist zwar eine Kommunikation zwischen staatlichen und privaten Akteuren zu beobachten, nicht aber Gleichberechtigung und Konsens auf freiwilliger Basis in dem Endergebnis. Indem er Kooperation zu konsensorientiert beschreibt, greift der idealtypische Kooperationsbegriff zu kurz, um eine

---

⁶⁶ So auch in Bezug auf das informale Verwaltungshandeln: *H. Dreier*, Staatswissenschaften und Staatspraxis Bd. 4 (1993), S. 647 ff. (651).
⁶⁷ Mißverständlich daher *G. Dauber*, in: K. Becker-Schwarze/W. Köck/T. Kupka/M. v. Schwanenflügel, Wandel der Handlungsformen im öffentlichen Recht, S. 67 ff. (70): »Kooperation ... ist ein Prozeß der Konsenssuche.«; *A. Benz*, Die Verwaltung Bd. 23 (1990), S. 83 ff. (84).
⁶⁸ *H.J. Bonk*, in: P. Stelkens/ders./M. Sachs, Verwaltungsverfahrensgesetz, § 54 Rn. 4.

theoretische Handhabe zu bieten. Gerade das genannte Beispiel macht deutlich, daß eine Differenzierung von Kooperation und Konsens einen erhöhten Erkenntnisgewinn bietet. Darüber hinaus erscheint es zumindest für die verfassungsrechtliche Analyse wenig fruchtbar, einen nicht durch das Grundgesetz vorgegebenen Begriff zu sehr mit inhaltlichen Erwartungen aufzuladen. Als Grundlage für die Systematisierung und verfassungsrechtliche Analyse bestimmter Kooperationsmuster ist der o.a. deskriptive Begriff der Kooperation am gewinnbringendsten. Allein auf seiner Grundlage ist es zu vermeiden, daß durch eine Verengung der Begrifflichkeiten schon auf der Definitionsebene relevante Phänomene aus der Betrachtung ausgeschlossen werden.

Entsprechend der Funktionen Rechtsetzung und Rechtsanwendung ist zwischen kooperativer Rechtserzeugung, kooperativer Rechtskonkretisierung und kooperativem Rechtsvollzug zu differenzieren[69]. *Kooperative Rechtserzeugung* oder – normvorbereitende Kooperation[70] – liegt vor, wenn der Inhalt von Rechtsnormen im Wege formeller oder informeller, als rechtlich bindend gewollter oder unverbindlicher Vorabverständigung zwischen dem Rechtsetzer und privaten Adressaten bzw. anderen Interessierten ausgehandelt wird. Von der kooperativen Rechtserzeugung zu unterscheiden ist die *kooperative Rechtskonkretisierung*. Bei dieser handelt es sich um die kooperative Konkretisierung einer gesetzlichen Vorschrift für den Einzelfall (hier besteht begriffliche Deckungsgleichheit mit dem kooperativen Recht) oder eine generalisierende Konkretisierung für den Einzelfall durch gesetzlich sanktionierte private Standardsetzung[71]. Allerdings ist wegen seines Bezugs auf die Generierung einer Rechtsnorm vorliegend nur der zweite Fall von Interesse, der in einem Grenzbereich zur erstgenannten Kategorie der kooperativen Rechtserzeugung anzusiedeln ist, während kooperative Konkretisierung einer gesetzlichen Vorschrift für den Einzelfall demgegenüber unter den dritten der o.a. Fälle – den des kooperativen Rechtsvollzugs – zu fassen ist. Im Rahmen der generalisierenden Konkretisierung kann je nach Kooperationsintensität zwischen privatverbandlicher Standardsetzung v.a. durch private Normungsverbände, halbstaatlicher Standardsetzung – etwa durch technische Ausschüsse und exekutive Standardsetzung unter Nutzung externen Sachverstands (durch Expertenanhörungen und Verbandsbeteiligungen) differenziert werden[72]. Allerdings machen gerade die letztgenannten Phänomene deutlich, daß die Systematisierung der Kooperation nicht eindimensional bleiben und sich auf das Maß des privaten Einflusses beziehen kann. Experten- und Verbandsanhörungen sind auch im Zusammenhang mit der kooperativen Rechtserzeugung zu beobachten, so daß zweiter Bezugspunkt der verfassungsrechtlichen Analyse immer auch der Gegenstand der Kooperation sein muß.

---

[69] *G.F. Schuppert*, Verwaltungswissenschaft, S. 422 ff.
[70] *E.-H. Ritter*, in: D. Grimm, Wachsende Staatsaufgaben – sinkende Steuerungsfähigkeit des Rechts, S. 69 ff. (74).
[71] *G.F. Schuppert*, Verwaltungswissenschaft, S. 423 f.
[72] *I. Lamb*, Kooperative Gesetzeskonkretisierung, S. 71 ff.

2. Kooperative Strukturen des Normensystems: Akteure, Funktionen, Gegenstandsbereiche

Die sozialwissenschaftliche Konzeptionierung des kooperativen Staates beruht auf dem Umstand, daß es sich bei der Kooperation um ein omnipräsentes Phänomen handelt, das sich – zumindest ansatzweise – in allen Staatsgewalten und -funktionen nachweisen läßt. Vielleicht wegen dieser Omnipräsenz der Kooperation ist eine uneinheitliche Begriffsverwendung zu beobachten. Es werden die Kategorien des kooperativen Rechts[73], des kooperativen Verwaltungshandelns[74] oder des kooperativen Regierungshandelns[75] verwendet, die bei einer Untersuchung kooperativer und konsensualer Strukturen in der Normsetzung allesamt zumindest teilweise betroffen sind: Einerseits sind auch Regierung und Verwaltung an der Rechtsnormsetzung beteiligt, setzen solche Normen z.T. sogar eigenverantwortlich; auch Regierung und Verwaltung hören vor einer Normsetzung Verbände und Sachverständige an, verhandeln im Zuge der Rechtsnormsetzung mit privaten Akteuren über den Inhalt von Normen oder delegieren Normsetzungsbefugnisse. Andererseits liegt der Schwerpunkt der Verwaltungs- bzw. Regierungsfunktionen außerhalb der Normsetzung.

Es ist daher stets zu bedenken, in welchem Sinnzusammenhang der Begriff der Kooperation verwendet wird: Zunächst kann die Betrachtung auf den handelnden *Akteur* ausgerichtet sein. Die Verwaltung, die Regierung, der Gesetzgeber handeln kooperativ. Diese Sichtweise stellt nicht auf die kooperative Funktion – verwalten, regieren, normieren –, sondern auf die kooperierende Institution ab. Ist demgegenüber von kooperativem Verwaltungshandeln, kooperativer Gesetzgebung oder Normsetzung die Rede, so wird die kooperativ ausgerichtete *Funktion* unabhängig davon, welche Staatsgewalt sie ausübt, zu einem Betrachtungsgegenstand. Zuletzt kann ein einzelner rechtlicher *Gegenstandsbereich* auf seine kooperativen Strukturen hin untersucht werden – unabhängig davon, ob sich Parlament, Regierung oder Verwaltung im Wege des Parlamentsgesetzes, der Rechtsverordnung oder des schlichten Verwaltungshandelns der Steuerung dieses Gegenstandsbereichs annehmen.

Als ein solcher Gegenstandsbereich ist insbesondere das Umweltrecht zu nennen, innerhalb dessen sich die Kooperation zu einem strukturbildenden Merkmal entwickelt hat (s.a. Art. 34 Abs. 1 EinigV)[76]. Auch Rechtsgebiete außerhalb des Umweltrechts kennen ein

---

[73] *N. Dose*, Die Verwaltung Bd. 27 (1994), S. 91 ff. (91 f.); *N. Dose/R. Voigt*, in: dies., Kooperatives Recht, S. 11 ff. (12 f.).
[74] *A. Benz*, Kooperative Verwaltung; *M. Bulling*, DÖV 1989, S. 277 ff.; *N. Dose*, Die verhandelnde Verwaltung; *H. Hill* (Hrsg.), Verwaltungshandeln durch Verträge und Absprachen; *W. Hoffmann-Riem*, Konfliktmittler in Verwaltungsverhandlungen; *J.-P. Schneider*, VerwArch Bd. 87 (1996), S. 38 ff.
[75] Hierzu *V. Mehde*, AöR Bd. 127 (2002), S. 655 ff.
[76] *R. Breuer*, in: E. Schmidt-Aßmann, Besonderes Verwaltungsrecht, Rn. 18; *U. Di Fabio*, in: P.M. Huber, Das Kooperationsprinzip im Umweltrecht, S. 37 ff.; *C. Gusy*, ZUR 2001, S. 1 ff.;

mehr oder minder ausgeprägtes Kooperationsprinzip. Das Sozialversicherungsrecht präsentiert sich als rechtliche Ordnung solidarischer Kooperation[77], indem Staat und Private bei der Leistungserbringung zusammenwirken und dem Hilfsbedürftigen vielfältige Optionen der individueller Mitgestaltung des Sozialrechtsverhältnisses offenstehen (siehe nur § 33 Satz 2 SGB I). In dem von der Gewährleistung des Art. 5 Abs. 3 GG geprägten Wissenschaftsrecht erlangt Kooperation zwischen Wissenschaft und Staat ebenso besondere Bedeutung[78], da nur sie dem Staat die Informationen vermittelt, derer er zu Wissenschaftsförderung einerseits und Schrankenziehung andererseits bedarf. Diese Materien des besonderen Verwaltungsrechts verfügen somit auch über kooperative Strukturen. Sie sind aber nicht in dem selben Maße wie das Umweltrecht von einem Kooperationsprinzip dominiert, das als Maßgabe für Normsetzung und Normanwendung gilt.

Die drei genannten Anknüpfungspunkte des Kooperationsbegriffs – Akteur, Funktion und Gegenstandsbereich – sind nicht überschneidungsfrei voneinander abgrenzbar. Wenn im Bereich des Umweltrechts die Exekutive vor Erlaß einer Rechtsnorm die beteiligte Kreise anhört, so wird diese Kooperation in einem bestimmten Regelungsbereich durch eine kooperierende Verwaltung mit einem kooperativen Rechtsetzungsakt verwirklicht.

a) Der akteurs- und funktionsbezogene Kooperationsbegriff

Die Analyse kooperativer Staatlichkeit kann – akteursbezogen bzw. institutionell geprägt – als Untersuchung kooperativen Handelns der Institutionen Verwaltung bzw. Regierung betrieben werden. Der Begriff der Regierung im institutionellen Sinne[79] umfaßt die vom Grundgesetz und den Landesverfassungen bezeichneten Staatsorgane (siehe z.B. Art. 62 GG)[80]. Der Begriff der Verwaltung im institutionellen (oder auch: im organisatorischen Sinn) meint die Gesamtheit der Verwaltungsträger, Verwaltungsorgane und sonstigen Verwaltungseinrichtungen[81]. Hierbei ist eine öffentlich-rechtliche Organisationsform nicht erforderlich; auch der Beliehene zählt also zur Verwaltung im institutionellen Sinne[82]. Regie-

---

M. Kloepfer, Umweltrecht, § 4 Rn. 45 ff.; *T.C. Paefgen*, GewArch 1991, S. 161 ff.; *H.-W. Rengeling*, Das Kooperationsprinzip im Umweltrecht, passim; *ders.*, in: P.M. Huber, Das Kooperationsprinzip im Umweltrecht, S. 53 ff.; kritisch: *D. Murswiek*, ZUR 2001, S. 7 ff.

[77] *H. Dreier*, Hierarchische Verwaltung im demokratischen Staat, S. 150 ff.; *V. Neumann*, Freiheitsgefährdungen im kooperativen Sozialstaat, S. 393, 431 ff. und passim; *T. Simons*, Verfahren und verfahrensäquivalente Rechtsformen im Sozialrecht, S. 76.

[78] *H.-H. Trute*, Die Forschung zwischen grundrechtlicher Freiheit und staatlicher Institutionalisierung, S. 312 ff.

[79] Zu den anderen Bedeutungsschattierungen des Begriffs siehe nur *M. Oldiges*, in: M. Sachs, Grundgesetz, Art. 62 Rn. 13; *K. Stern*, Staatsrecht Bd. II, § 31 I 3.

[80] Hierzu nur *K. Stern*, Staatsrecht Bd. II, § 31.

[81] *D. Ehlers*, in: H.-U. Erichsen, Allgemeines Verwaltungsrecht, § 1 Rn. 4; *H. Maurer*, Allgemeines Verwaltungsrecht, § 1 Rn. 2 ff; *K. Stern*, Staatsrecht Bd. II, § 41 I 3 c; *H.-J. Wolff/O. Bachof/R. Stober*, Verwaltungsrecht I, § 2 Rn. 15 ff.

[82] *D. Ehlers*, in: H.-U. Erichsen, Allgemeines Verwaltungsrecht, § 1 Rn. 4; zum Beliehenen ausf. *S. v. Heimburg*, Verwaltungsaufgaben und Private, S. 20 ff.; *M. Krautzberger*, Die Erfüllung öffentlicher Aufgaben durch Private, S. 17 f.; *U. Steiner*, Öffentliche Verwaltung durch Private, S. 1 ff. (m.w.N. S. 4 (Fn. 11), 222 ff.

rung und Verwaltung gehören aus staatsorganisatorischer Sicht gleichermaßen zur Exekutive. Anders als die Verwaltung verfügt die Bundesregierung als Verfassungsorgan allerdings über unmittelbare Kompetenzen im Zusammenhang mit der parlamentarischen Gesetzgebung (Art. 76 Abs. 1 GG)[83]. Die Schwierigkeiten in der Abgrenzung zwischen den Begriffen Regierung und Verwaltung sind nicht auf institutioneller Ebene angesiedelt. Art. 62 GG macht insoweit klare Vorgaben. Schwierigkeiten ergeben sich vielmehr auf der materiellen Ebene: Welche Tätigkeit eines der Bundesregierung angehörenden Ministers ist dem Bereich der Verwaltung, welche dem Bereich der Regierung zuzurechnen[84]? Bei einer institutionellen Anknüpfung spielen solche Abgrenzungen keine Rolle.

Im Bereich der Regierung können kooperative Verhaltensmuster nachgewiesen werden. Als Beispiele für kooperatives Regierungshandeln sind Gentlemens' Agreements oder Branchenabkommen zwischen Wirtschaftsverbänden und dem zuständigen Minister, entsprechende normabwendende bzw. normvertretende Absprachen zwischen der Regierung und Vertretern von Wirtschaftsverbänden zu nennen[85]. Kooperatives Regierungshandeln ist z.B. in den Sachbereichen des Abfall- und des Chemikalienrechts, aber auch in dem des Sozialversicherungsrechts und des Energierechts zu beobachten[86].

In dogmatischer wie sozialwissenschaftlicher Hinsicht ist das kooperative Verwaltungshandeln wesentlich weiter als das kooperative Regierungshandeln erschlossen, wobei jenes allerdings oftmals als Synonym für das informale Verwaltungshandeln verwendet wird[87].

»Informales[88] Verwaltungshandeln«[89] ist seit geraumer Zeit ein zentrales und inzwischen oftmals analysiertes Thema der deutschen Staats- und Verwaltungsrechtslehre[90]. Der Be-

---

[83] Zu der umstrittenen Frage einer originären Kompetenz der Verwaltung zur Setzung von Rechtsnormen siehe: *H. Maurer*, VVDStRL Bd. 43 (1985), S. 135 ff. (163); *M. Kloepfer*, JZ 1984, S. 685 ff. (693); *H.-J. Papier*, Der Vorbehalt des Gesetzes und seine Grenzen, S. 62, die gegen eine solche Kompetenz argumentieren; a.A. insoweit aber etwa *E.-W. Böckenförde*, Gesetz und gesetzgebende Gewalt, S. 394; *G. Kisker*, NJW 1977, S. 1313 ff. (1318); *M. Schröder*, DVBl. 1984, S. 814 ff. (821 f.); *F. Ossenbühl*, in: J. Isensee/P. Kirchhof, HdbStR Bd. III, § 62 Rn. 50; s.a. *T. v. Danwitz*, Die Gestaltungsfreiheit des Verordnungsgebers, S. 32; *M. Nierhaus*, in: R. Dolzer/K. Vogel/K. Graßhof, Bonner Kommentar zum Grundgesetz (1998), Art. 80 Rn. 85 m.w.N. in Fn. 146.
[84] Hierzu *K. Hesse*, Grundzüge des Verfassungsrechts der Bundesrepublik Deutschland, Rn. 536 ff.; *K. Stern*, Staatsrecht Bd. II, § 39 III.
[85] *E. Bohne*, VerwArch. Bd. 75 (1984), S. 343 ff. (345).
[86] *E. Bohne*, VerwArch. Bd. 75 (1984), S. 343 ff. (345); *G. Hartkopf/E. Bohne*, Umweltpolitik 1, S. 223 f., 451 ff.
[87] Explizit *N. Dose*, Die Verwaltung Bd. 27 (1994), S. 91 ff. (91).
[88] Der Begriff des »informellen Verwaltungshandelns« ist dem des »informalen« eigentlich vorzuziehen; siehe die deutliche Kritik an der Begrifflichkeit bei *J. Isensee*, DVBl. 1986, S. 955 ff. (955).
[89] Zu den verschiedenen Verwendungen des Begriffs: *H. Schulze-Fielitz*, in: A. Benz/W. Seibel, Zwischen Kooperation und Korruption, S. 233 ff. (234 ff.).
[90] *J. Becker*, DÖV 1985, S. 1010 ff.; *E. Bohne*, VerwArch. Bd. 75 (1984), S. 343 ff.; *ders.*, Der informale Rechtsstaat; *H. Dreier*, Staatswissenschaften und Staatspraxis Bd. 4 (1993), S. 647 ff.; *H.U.*

griff wird z.T. deckungsgleich mit dem des »schlichten Verwaltunghandelns« verwendet[91]. Die Existenz informeller Strukturen wurde in den verschiedensten Grundentscheidungen der Verfassung aufgedeckt, so etwa mit Blick auf den Sozial-[92] oder den Rechtsstaat[93].

Auch wenn viele Aspekte in der Diskussion um dessen Zulässigkeit und Grenzen Berührungspunkte zu den Fragen aufweisen, die kooperatives Staatshandeln und insbesondere kooperative und konsensuale Rechtsnormsetzung der Verwaltung aufwerfen, ist eine solche Gleichsetzung nur zum Teil sinnvoll und zutreffend[94]. Der Begriff des Informalen verhält sich komplementär zu dem des Formalen. Ein so charakterisiertes Verwaltungshandeln umfaßt nach einer anerkannten Definition »alle rechtlich nicht geregelten Tathandlungen, die der Staat anstelle von rechtlich geregelten Verfahrenshandlungen oder Rechtsfolgeentscheidungen wählt, die jedoch zur Herbeiführung des beabsichtigen Erfolges auch in den von der Rechtsordnung bereitgestellten öffentlich-rechtlichen oder privatrechtlichen Handlungsformen hätten erfolgen können«[95]. Als informal gilt somit solches Verwaltungshandeln, das durch Gesetzesrecht nicht erfaßt wird[96]. Die informalen Instrumente des Verwaltungshandelns sind dadurch gekennzeichnet, daß sie in einem Alternativ- oder Ergänzungsverhältnis zu den von der Rechtsordnung vorgeformten und zur Verfügung gestellten Verfahrenshandlungen und Rechtsfolgenentscheidungen stehen. Sie werden von den Beteiligten in der Regel als rechtlich nicht bindend angesehen[97]. Sie folgen keinen generell gültigen Verfahrensregeln oder organisatorischen Festlegungen, da sie sich aus den Gegebenheiten des Einzelfalls entwickeln[98]. Informale Handlungsformen sind in allen Bereichen des Verwaltungsrechts, insbesondere aber in einzelnen Fachmaterien des Umwelt- und Technikrechts[99] wie etwa dem Immissionsschutzrecht und dem Wasserrecht[100] oder dem Atomrecht[101] zu beobachten. Der Begriff der Informali-

---

Erichsen, in: ders., Allgemeines Verwaltungsrecht, § 32 Rn. 1 ff.; *H.-G. Henneke*, NuR 1991, S. 267 ff.; *E. Schmidt-Aßmann*, Das allgemeine Verwaltungsrecht als Ordnungsidee und System, S. 269 ff.; *H.-J. Wolff/O. Bachof/R. Stober*, Verwaltungsrecht II, § 57 Rn. 4 ff.

[91] *H.G. Henneke*, NuR 1991, S. 267 ff. (267); *E. Bohne*, VerwArch. Bd. 75 (1984), S. 343 ff. (344), faßt das informelle Verwaltungshandeln als Unterfall des schlichten auf.

[92] *V. Neumann*, VSSR 1992, S. 119 ff.

[93] *E. Bohne*, Der informale Rechtsstaat.

[94] *A. Benz*, Die Verwaltung Bd. 23 (1990), S. 83 ff. (84 f.); *G. Dauber*, in: K. Becker-Schwarze/W. Köck/T. Kupka/M. v. Schwanenflügel, Wandel der Handlungsformen im öffentlichen Recht, S. 67 ff. (69 ff.); *H. Dreier*, Staatswissenschaften und Staatspraxis Bd. 4 (1993), S. 647 ff. (651 f.).

[95] *H. Bauer*, VerwArch Bd. 78 (1987), S. 241 ff. (244); *E. Bohne*, Der informale Rechtsstaat, S. 46 ff.; ders., VerwArch. Bd. 75 (1984), S. 343 ff. (344).

[96] *H. Bauer*, VerwArch Bd. 78 (1987), S. 241 ff. (241); *G. Dauber*, in: K. Becker-Schwarze/W. Köck/T. Kupka/M. v. Schwanenflügel, Wandel der Handlungsformen im öffentlichen Recht, S. 67 ff. (69).

[97] *H. Bauer*, VerwArch Bd. 78 (1987), S. 241 ff. (246 f.).

[98] *A. Benz*, Die Verwaltung Bd. 23 (1990), S. 83 ff. (84).

[99] Nachweis bei *E. Bohne*, VerwArch. Bd. 75 (1984), S. 343 ff. (345).

[100] Zu beiden Materien: *E. Bohne*, Der informale Rechtsstaat; *R. Mayntz/H.-U. Derlien/E. Bohne/B. Hesse/J. Hucke/A. Müller*, Vollzugsprobleme der Umweltpolitik.

[101] *W. Hoffmann-Riem/S. Rubbert*, Atomrechtlicher Erörterungstermin und Öffentlichkeit, S. 55 ff.

tät versinnbildlicht den Ausbruch aus den traditionellen verwaltungsrechtlichen Handlungsformen, deren dogmatisches Gravitationszentrum immer noch der Verwaltungsakt ist. Dieser bezieht seinerseits Sinn und Berechtigung aus der Existenz eines hierarchischen Gefälles zwischen Staat und Individuum. Informalität soll demgegenüber Hierarchie verschleiern oder abbauen.

Doch hindern hierarchische Strukturen keineswegs Kooperation zwischen den Stufen der Hierarchie. An diesem Punkt trifft sich die Kooperation mit der Informalität. Kooperatives Handeln ist der Komplementärbegriff zu hoheitlichem Handeln des Staates, indem dort der Blick von der einseitigen Entscheidung hin zu einer gemeinsamen Entscheidungsfindung gelenkt wird[102]. Dem kooperativen Handeln ist neben dieser prozeduralen eine ergebnisorientierte Komponente eigen; dies wird bei Abschluß eines öffentlich-rechtlichen Vertrages am deutlichsten. Und Kooperation kann durchaus in rechtliche Bahnen kanalisiert werden. Dies bedeutet, daß Informalität und Kooperation nicht zwingend nur miteinander zu verwirklichen sind oder daß sie gar über einen identischen Bedeutungsgehalt verfügen.

Die Begriffspaare »formal-informal« einerseits und »hoheitlich-kooperativ« andererseits haben unterschiedliche Bezugsgegenstände[103]: Während sich mit dem Begriffspaar »formal-informal« das Maß rechtlicher Vorformung von Verfahren und Ergebnis darstellen läßt, umschreibt das Begriffspaar »hoheitlich-kooperativ« das Maß an Einfluß, das die Verwaltung dem Privaten auf das Verfahren oder ihre Entscheidung einräumt. Informales Verhandeln und Entscheiden wird häufig in kooperativen Formen verlaufen; kooperatives Handeln kann aber durchaus auch formalisiert sein und in einen Verwaltungsakt münden, der das Ergebnis der Konsensfindung formal festlegt. Einseitige Anhörungen des Bürgers als Vorbereitung für hoheitliches Handeln sind Grundlagen hoheitlichen Verwaltens, da sie dem Erlaß eines hoheitlichen Aktes vorausgehen. Formalisierte Beteiligungen oder Absprachen im Vorfeld einer Regelung wiederum sind Elemente eines kooperativen Verwaltungshandelns. Andererseits können kooperativ gefundene Lösungen auch informal in einer als unverbindlich empfundenen Absprache festgehalten werden. Informelles Verwaltungshandeln dient der Kooperation, die aber auch in formalisierter Weise stattfinden kann.

Informale Handlungen beruhen oftmals[104] auf Tauschbeziehungen zwischen den Handlungsbeteiligten, wobei der Begriff des Tauschs im weitesten Sinne zu verstehen ist und alle von den Tauschpartnern wechselseitig angestrebten Verhaltensweisen umfaßt[105]. Auch dies bietet Berührungspunkte mit dem kooperativen Verwaltungshandeln, da das in die Kooperation einfließende Engagement der nicht unmittelbar zur Zusammenarbeit verpflichteten Seite(n) stets in der Erwartung erfolgt, aus der Kooperation Vorteile zu ziehen[106]. An den oben gefundenen

---

[102] *A. Benz*, Die Verwaltung Bd. 23 (1990), S. 83 ff. (84).
[103] *A. Benz*, Die Verwaltung Bd. 23 (1990), S. 83 ff. (84 f.).
[104] Dies gilt z.B. nicht bei der staatlichen Warnung und der staatlichen Öffentlichkeitsarbeit.
[105] *E. Bohne*, VerwArch. Bd. 75 (1984), S. 343 ff. (344).
[106] Zu den Motiven des Staates, sich auf informale Tauschbeziehungen einzulassen: *E. Bohne*, Der informale Rechtsstaat, S. 49 ff., 77 ff., 116 ff.

Verknüpfungen und Gegenüberstellungen der Begriffspaare wird deutlich, daß die beiden Begriffe zwar weite inhaltliche Überschneidungen aufweisen, dabei aber durchaus unterschiedliche Aspekte des Verwaltungshandelns erfassen und deshalb auch terminologisch zu trennen sind. Kooperation zwischen Staat und Privaten hingegen vollzieht sich nicht notwendigerweise in informalen Bahnen, sondern ist vielmehr auf Kompetenz- und Verantwortungsteilung angelegt. Wesentlich häufiger als bei der Untersuchung informalen Verwaltungshandelns lassen sich hier daher verfassungsrechtliche Maßstäbe nachweisen.

b) Der gegenstandsbezogene Kooperationsbegriff

Neben den institutionellen Ansatz einer Systematisierung der Kooperation, die sich nach dem staatlicherseits handelnden Akteur differenzieren läßt, tritt die sachgebietsbezogene Analyse der Kooperation. In diesem Zusammenhang findet der Begriff seine älteste[107] und am weitesten verbreitete Verwendung als umfassende Kennzeichnung einer umweltrechtlichen Regelungsphilosophie[108], die zum Ausdruck bringt, daß Umweltschutz nicht alleinige Aufgabe des Staates ist und von diesem auch nicht durchgängig gegen die Gesellschaft und insbesondere die Wirtschaft durchgesetzt werden kann bzw. soll[109]. Der Bedeutungsgehalt des Kooperationsprinzips wird umschrieben als das »Zusammenwirken von Staat und Gesellschaft beim Schutz der Umwelt und insbesondere in der Beteiligung der gesellschaftlichen Kräfte am umweltpolitischen Willensbildungs- und Entscheidungsprozeß unter grundsätzlicher Beachtung der staatlichen und insbesondere der exekutiven Verantwortlichkeit für den Umweltschutz«[110]. Kooperation ist dabei »jede Mitwirkung nicht-staatlicher Träger an umweltrelevanten Entscheidungen, sei es durch Anhörungs- und Beteiligungsrechte, sei es durch eigenverantwortliche Entscheidungen«[111]. Die Etablierung des umweltrechtlichen Kooperationsprinzips auch bei Normsetzung und -anwendung stellt eine Reaktion auf den Umstand dar, daß die Grenze zwischen staatlicher und privater Verantwortung für die Vermeidung und Bekämpfung von Umweltschäden fließend geworden ist[112]. Die Vielschichtigkeit der Aufgaben ebenso wie die Vernetzung

---

[107] Das umweltrechtliche Kooperationsprinzip wurde Art. 34 Abs. 1 EinigV erstmals ausdrücklich positiv-rechtlich aufgegriffen, obwohl es bereits mit dem Umweltbericht der Bundesregierung von 1976 (BT-Drcks. 7/5684, S. 8 f.) in die Diskussion eingeführt worden war.
[108] Siehe zu der Unterteilung der Kategorien abgestufter Kooperationsintensität: *U. Di Fabio*, DVBl. 1990, S. 338 ff. (338); *H.-W. Rengeling*, Das Kooperationsprinzip im Umweltrecht, S. 14.
[109] *R. Breuer*, in: E. Schmidt-Aßmann, Besonderes Verwaltungsrecht, Rn. 18; *M. Kloepfer*, Umweltrecht, § 4 Rn. 45; *H.-W. Rengeling*, Das Kooperationsprinzip im Umweltrecht, S. 13.
[110] *M. Kloepfer/E. Rehbinder/E. Schmidt-Aßmann* unter Mitarbeit von *P. Kunig*, Umweltgesetzbuch – Allgemeiner Teil (»Professorenentwurf«), S. 155.
[111] *M. Kloepfer/E. Rehbinder/E. Schmidt-Aßmann* unter Mitarbeit von *P. Kunig*, Umweltgesetzbuch – Allgemeiner Teil (»Professorenentwurf«), S. 157.
[112] *E. Schmidt-Aßmann*, Das allgemeine Verwaltungsrecht als Ordnungsidee und System, S. 111.

naturwissenschaftlicher Ursachenzusammenhänge[113] läßt rein staatliche Problemlösungsversuche aussichtslos erscheinen[114]. Bemerkenswert sind angesichts dessen aber die unterschiedlichen Ansätze bei der aktuellen Einschätzung und der Fortentwicklung des Kooperationsprinzips in den verschiedenen Entwürfen zu dem Allgemeinen Teil des Umweltgesetzbuches[115]. Jedenfalls bildet das Kooperationsprinzip als eines der drei umweltrechtlichen Grundprinzipien einen tragenden Pfeiler der Normsetzung und -anwendung[116]. Der normative Charakter bleibt aber auch angesichts dieser Definition unscharf[117]. Unmittelbare Grundlage subjektiv-öffentlicher Rechte ist es nicht[118]. Bei der Systematisierung des vorhandenen umweltrechtlichen Normbestandes ist es Ordnungsprinzip, bei der Erschließung neuer umweltrechtlicher Materien hingegen rechtspolitische Leitlinie.

3. Folgerung für die Untersuchung

Die Analyse kooperativer und konsensualer Strukturen in der Normsetzung erweist sich damit als Anliegen, das quer zu den bislang erschlossenen Einzelaspekten kooperativer Staatlichkeit liegt. Zum einen wird bei Analyse der Rechtsnormsetzung – im Gegensatz zur Normanwendung – auf eine Funktion, nicht auf eine Institution bzw. einen Akteur – die Regierung, die Verwaltung, der Ge-

---

[113] *H.-H. Trute*, Vorsorgestrukturen und Luftreinhalteplanung im Bundesimmissionsschutzgesetz, S. 3 ff.
[114] *U. Di Fabio*, DVBl. 1990, S. 338 ff. (338).
[115] *G.F. Schuppert*, Die Verwaltung Bd. 31 (1998), S. 415 ff. (438 ff.).
[116] *R. Breuer*, in: E. Schmidt-Aßmann, Besonderes Verwaltungsrecht, Rn. 18; *U. Di Fabio*, in: P.M. Huber, Das Kooperationsprinzip im Umweltrecht, S. 37 ff.; *C. Gusy*, ZUR 2001, S. 1 ff.; *M. Kloepfer*, Umweltrecht, § 4 Rn. 45 ff.; *T.C. Paefgen*, GewArch 1991, S. 161 ff.; *H.-W. Rengeling*, Das Kooperationsprinzip im Umweltrecht, passim; *ders.*, in: P.M. Huber, Das Kooperationsprinzip im Umweltrecht, S. 53 ff.; kritisch: *D. Murswiek*, ZUR 2001, S. 7 ff. Das einfache Gesetzesrecht ist reich an Ausgestaltungen des umweltrechtlichen Kooperationsprinzips; Siehe die Übersicht bei *B. Bender/R. Sparwasser/R. Engel*, Umweltrecht, S. 34 ff.; *R. Breuer*, in: E. Schmidt-Aßmann, Besonderes Verwaltungsrecht, Rn. 110; *M. Kloepfer*, Umweltrecht, § 4 Rn. 45 ff.
[117] *E. Denninger*, Verfassungsrechtliche Anforderungen an die Normsetzung im Umwelt- und Technikrecht, Rn. 2. Die Elemente der umweltrechtlichen Prinzipientrias – Vorsorgeprinzip, Verursacherprinzip, Kooperationsprinzip – waren zunächst als politische Postulate formuliert worden waren; *D. Murswiek*, ZUR 2001, S. 7 ff. (8). Seit BVerfGE 98, 83 (98 ff.) und 106 (118 ff., 126 ff., 130 ff.) wird das Kooperationsprinzip z.T. (siehe *U. Di Fabio*, in: P.M. Huber, Das Kooperationsprinzip im Umweltrecht, S. 37 ff.) als Rechtsprinzip bezeichnet (kritisch: *L. Jaeschke*, NVwZ 2003, S. 563 ff. m.w.N.; s.a. *A. Voßkuhle*, ZUR 2001, S. 23 ff. (26 ff.); *L. Michael*, Rechtsetzende Gewalt im kooperierenden Verfassungsstaat, S. 286 ff.; *D. Murswiek*, ZUR 2001, S. 7 ff.). Allerdings weist *U. Di Fabio*, a.a.O., S. 50 f., auch die Grenzen des Kooperationsprinzips nach, die sich aus der Existenz anderer, verfassungsrechtlicher Prinzipien ableiten lassen und die das Kooperationsprinzip in seiner verfassungsrechtlichen Umgebung aufzeigen. Jedenfalls aber besteht Einigkeit dahingehend, daß das auch und gerade nach den einschlägigen Entscheidungen des Bundesverfassungsgerichts kein Verfassungsprinzip ist: *L. Michael*, Rechtsetzende Gewalt im kooperierenden Verfassungsstaat, S. 289; s.a. *C. Schrader*, DÖV 1990, S. 326 ff. (328 f.); *H.-W. Rengeling*, Das Kooperationsprinzip im Umweltrecht, S. 107; *K. Waechter*, Der Staat Bd. 38 (1999), S. 279 ff. (282).
[118] *I. Lamb*, Kooperative Gesetzeskonkretisierung, S. 175.

setzgeber – abgestellt. Zum anderen läßt sich die Funktion der Rechtsnormsetzung nicht eindeutig einer der klassischen drei Staatsgewalten und – wie bereits mehrfach angedeutet – nicht einmal eindeutig dem Staat in Abgrenzung zu der gesellschaftlichen Sphäre zuordnen. Dieses dargelegte Koordinatensystem, innerhalb dessen der Begriff der Kooperation nicht nur funktions-, sondern auch gegenstands- und akteursbezogen eingesetzt wird, macht es erforderlich, einen für die vorliegende Untersuchung handhabbaren Begriff der Rechtsnorm bzw. Rechtsnormsetzung zu entwickeln, auf dessen Grundlage eine Systematisierung und verfassungsrechtliche Würdigung kooperativer und konsensualer Strukturen der Normsetzung möglich wird.

III. Der Begriff der Rechtsnorm

Die Rechtsordnung setzt sich aus einer ganzen Reihe verschiedener Rechtsakte zusammen, die in ihrer Gesamtheit »das Recht« sind. Die Rechtsnormen sind ein Bestandteil der Rechtsordnung, der sich von den anderen Elementen unterscheiden muß, soll die Rechtsnorm nicht bloß ein Synonym für das Recht darstellen. Erschwert wird jeder Definitionsversuch durch die Nachwirkungen der in der deutschen Staatsrechtslehre zu Beginn des letzten Jahrhunderts geführten Diskussion um den dualistischen Gesetzesbegriff[119], vor deren Hintergrund die (Rechts-)Norm über keinen begrifflichen Eigenwert verfügte, sondern mit dem Gesetz im materiellen Sinne gleichgesetzt wurde.

Die tatsächliche Vielgestaltigkeit der Rechtsnormen läßt eine alle Erscheinungsformen gleichermaßen abdeckende Definition nicht zu[120]. Die Rechtsordnung gibt keine Definition der Rechtsnorm mit Anspruch auf Allgemeingültigkeit vor. Wenn § 2 EGBGB festlegt, daß Gesetz im Sinne von BGB und EGBGB jede Rechtsnorm ist, so leistet diese gesetzliche Vorschrift gerade keine Definition der Rechtsnorm, sondern vereinnahmt nur einen vorgefundenen Begriff für die Umschreibung des Tatbestandsmerkmals »Gesetz«. Der Begriff der Rechtsnorm findet darüber hinaus zwar ausdrücklich oder in Synonymen vielerorts Erwähnung; dies geschieht indes jeweils nur in einem bestimmten gesetzlichen Kontext, der einer allgemeingültigen Verwendung der für die entsprechende Vorschrift anerkannten Definitionsansätze entgegensteht. So beziehen sich etwa die Tatbestandsmerkmale »allgemeine Regeln des Völkerrechts« (Art. 25 S. 1 GG), »Rechtsvorschriften« (§ 47 Abs. 1 Nr. 2 VwGO) oder »Rechtsnorm« (§ 550 ZPO) von vornherein nur auf einen bestimmten Bestand an Vorschriften, der gerade von dem Anwendungsbereich dieser Regelung erfaßt wird. Aufgrund ihres

---

[119] Übersicht über die Auseinandersetzung bei *E.-W. Böckenförde*, Gesetz und gesetzgebende Gewalt, S. 226 ff.; *E.-R. Huber*, Deutsche Verfassungsgeschichte VI, S. 403 ff.; *C. Starck*, Der Gesetzesbegriff des Grundgesetzes, S. 94 ff.

[120] *F. Kirchhof*, Private Rechtsetzung, S. 26; *U. Wesel*, Geschichte des Rechts, S. 49; *L. Wildhaber*, ZSR Bd. 94 (1975), S. 113 ff. (117); s.a. *H. Schneider*, Gesetzgebung, Rn. 16 ff.

so beschränkten Regelungsgehalts können die genannten Vorschriften somit kein Anhaltspunkt für einen alle Teilrechtsordnungen übergreifenden Rechtsnormbegriff sein.

Die Literatur bietet folgende Definition an: Bei Rechtsnormen handelt es sich um die in einer Gruppe oder einer Institution geltenden *allgemeinen* rechtlichen Regeln für das soziale Verhalten in der Gemeinschaft[121]. Auch diese Definition ist indes nicht unproblematisch, da in ihr zum einen die Abgrenzung zu andersartigen regelhaften Rechtsbefehlen, wie etwa einem auf Dauer angelegten Vertragsverhältnis, aus dem ebenfalls bestimmte Pflichten für »soziales Verhalten« erwachsen können, nicht deutlich wird. Zum anderen enthält sie eine Selbstreferenz, indem sie die Rechtsnorm als rechtliche Regel beschreibt und dabei den Unterschied zwischen rechtlichen und sonstigen – etwa sozialen – Regeln nicht deutlich werden läßt. Im übrigen ist die Definition in erster Linie darauf ausgerichtet, neben dem staatlichen Gesetz auch das Gewohnheitsrecht unter die Rechtsnormen zu fassen und damit weitere Rechtsnormschöpfer neben den staatlichen Gesetzgeber zu stellen[122].

Angesichts dessen bleibt nur festzustellen, daß das Phänomen der Rechtsnorm sich nach verbreiteter Meinung allgemeingültiger Definition entzieht[123]. Wo Definition durch abstrakt-allgemeine Begriffe nicht möglich ist, bietet sich die Typisierung[124] als das Instrument an, anhand dessen Lebenserscheinungen oder Sinnzusammenhänge in allen ihren Erscheinungsformen erfaßt werden können, ohne daß die Vielgestaltigkeit des Phänomens bei dem Transport auf eine abstrakte Ebene verloren geht. Während die Definition ein Phänomen so fixiert, daß sie nur und immer dann anzuwenden ist, wenn sämtliche Merkmale der Definition vorliegen, müssen die in der Umschreibung eines Typus gegebenen Elemente nicht sämtlich zu beobachten sein. Sie können insbesondere in unterschiedlichem Maße in dem Sinne eines »mehr« oder »weniger« vorliegen, da sie abstufbar und bis zu einem Grade untereinander austauschbar sind. Für sich allein genommen haben die Elemente des Typus nur Indizfunktion. Ihre Relevanz für die Klassifikation des in Frage kommenden Phänomens erweist sich nur im konkreten Fall, in dem dann zu beurteilen ist, ob die regelmäßig als typisch angesehenen Merkmale in einer solchen Anzahl und Stärke vorhanden sind, daß das Phänomen insgesamt dem Typus entspricht[125]. Die Typenbildung ist flexibler als eine Definition. Sie erlaubt einzelne Abweichungen von dem typischen Bild des Betrachtungsgegenstandes, wenn andere Indizien dafür sprechen, daß ein bestimmtes Phänomen dennoch die Funktion einer Rechtsnorm hat. Aber auch eine Typisierung des zusammengesetzten Begriffs »Rechtsnorm« setzt ein Verständnis für seine Elemente voraus.

---

[121] *U. Meyer-Cording*, Die Rechtsnormen, S. 24.
[122] Ebda.
[123] *P. Axer*, Normsetzung in der Sozialversicherung, S. 36; *F. Kirchhof*, Private Rechtsetzung, S. 26 f.; ähnlich (Rechtsnorm als Mantelbegriff) *F. Ossenbühl*, AöR Bd. 92 (1967), S. 1 ff. (25).
[124] Zu dem Begriff: *K. Larenz*, Methodenlehre der Rechtswissenschaft, S. 221, 461 ff.
[125] *K. Larenz*, Methodenlehre der Rechtswissenschaft, S. 221.

III. Der Begriff der Rechtsnorm

Mit dem Begriff der Norm verbindet sich eine Vielzahl von Bedeutungsinhalten, die je nach Disziplin, u.U. sogar innerhalb ein und derselben Disziplin nach dem Verwendungszusammenhang changieren[126]. Die Norm findet ihre etymologische Wurzel in dem lateinischen Substantiv *norma*, dessen metaphorische Übersetzung ebenso wie die seiner griechischen Wurzel (gnwmwn) »Richtschnur«, »Regel«, »Maßstab« lautet. Vor diesem Hintergrund fand der Begriff der Norm zunächst in der Architektur, dann in der Philosophie und der Soziologie Verwendung. Die Norm als Regel fordert ein regelgerechtes, »normales« Verhalten. Dabei muß die Norm nicht dem Recht entspringen, sie kann auch andernorts entwickelt worden sein: Sitte, Moral, Politik, Technik, Sprache[127]. Die Verletzung einer Norm hat je nach dem entsprechenden spezifischen Zusammenhang innere oder äußere Folgen. Wer die Grammatik einer Sprache – und damit deren Normen – mißachtet, setzt sich u.U. kommunikativer Isolation aus; wer Sitte und Moral mißachtet, muß mit der Ausgrenzung aus der Gesellschaft rechnen. Die Nichtbeachtung rechtlicher Normen zieht mit den Mitteln des Rechts erfaßbare und erklärbare Folgen nach sich.

Der Begriff der Norm kann im allgemeinen, nicht aber in allen seinen Verwendungszusammenhängen, in dreifacher Weise eingesetzt werden[128]: Bei deskriptivem Gebrauch gibt die Norm an, in welcher Form, Art und Weise ein Gegenstand oder ein Geschehensverlauf, der so oder auch anders sein kann, im allgemeinen vorkommt. Konventional-pragmatische Normen beschreiben eine Regel für das Gelingen einer Sache, einer Interaktion oder einer Kommunikation. Sie nehmen damit zwar auch regelhafte Abläufe auf, erschöpfen sich aber nicht in bloßer Beschreibung, sondern verbinden ihre Erfüllung mit dem auf Erfahrung gegründeten Versprechen, daß dadurch bestimmte Ziele erreicht werden können. Die im Zusammenhang mit der Rechtsnorm und rechtsnormähnlichen Phänomenen relevante Verwendung des Normbegriffs ist präskriptiver Art. Hier beschreibt die Norm einen Sollenssatz, eine notwendige Regel, deren Verletzung eine Sanktion nach sich zieht. Normsetzung meint damit die Erschaffung von Regeln, die für ihren Adressaten ein »Sollen« beinhalten[129]. Institutionelle – d.h. definierte, praktizierte und sanktionierte – Regelungen begründen wechselseitige Erwartungssicherheit und machen auf diese Weise soziales Handeln über die Grenzen persönlicher Beziehungen hinaus überhaupt erst möglich[130]. Daß an der präskriptiven Verwendung des Normbegriffs anzusetzen ist, wenn der spezifische Bedeutungsgehalt der »Norm« in dem Begriff der Rechtsnorm beschrieben werden soll, ergibt sich somit aus Bedeutung und Aufgabe des Rechts.

Eine auch nur annähernd präzise Auseinandersetzung mit dem Begriff »Recht« und den sich um ihn rankenden Kontroversen verschiedenster wissenschaftlicher Disziplinen müßte Gegenstand einer eigenen Untersuchung sein, die sich mit den vielfältigen Theoriegebilden auseinanderzusetzen hätte, welche im Lauf der Zeit als Beschreibung und Erklärung des Rechts entwickelt worden sind. Und dennoch wäre sie höchstwahrscheinlich nur

---

[126] Siehe nur *R. Alexy*, Theorie der Grundrechte, S. 40 ff.
[127] *U. Meyer-Cording*, Die Rechtsnormen, S. 6.
[128] *H. Krings/A. Hollerbach*, in: Görres-Gesellschaft, Staatslexikon Bd. 4, Sp. 61 ff. (62 f.).
[129] *H. Kelsen*, FS Wolff, S. 57 ff. (67 ff.).
[130] *R. Mayntz/F.W. Scharpf*, in: dies., Gesellschaftliche Selbstregulierung und staatliche Steuerung, S. 39 ff. (47); *D.C. North*, Journal of Theoretical Politics Bd. 2 (1990), S. 355 ff. (358).

Momentaufnahme in einer Entwicklung, die einen Schlußpunkt nicht kennt. Eine Untersuchung, die Rechtsnormen und funktionsgleiche Phänomene in ihrer heute aktuellen Gestalt zum Gegenstand hat, muß diese Begriffsdynamik vernachlässigen und sich damit zufriedengeben, eine Umschreibung des Rechts zu finden, die dem Zweck dient, im Zusammenwirken mit dem Begriff der Norm das aktuelle Erkenntnisinteresse zu kennzeichnen. Dabei kann es nicht darum gehen, den Überlegungen einen Begriff des Rechts aus der Sicht einer beliebigen Disziplin zugrunde zu legen, da es vorliegend das Bestreben sein muß, genuin juristische Maßstäbe für Phänomene zu entwickeln, die zwar auch in anderen Disziplinen beschrieben und entwickelt werden, deren Existenzberechtigung indes nur mit juristischen Maßstäben beurteilt werden kann.

»Recht ist die Gesamtheit der Normen, die zur Verfassung eines staatlich organisierten oder zwischenstaatlichen Normsystems gehören, sofern dieses im großen und ganzen sozial wirksam ist und ein Minimum an ethischer Rechtfertigung oder Rechtfertigungsfähigkeit aufweist und der Normen, die gemäß dieser Verfassung gesetzt sind, sofern sie, für sich genommen, ein Minimum an sozialer Wirksamkeit oder Wirksamkeitschance und ein Minimum an ethischer Rechtfertigung oder Rechtfertigungsfähigkeit aufweisen«[131]. Bei aller Uneinigkeit über den Begriff des Rechts[132] kann auf der Grundlage dieser Definition als kleinster gemeinsamer Nenner zunächst festgehalten werden, daß das Recht *eine Ordnung des menschlichen Handelns ist, die das Zusammenleben regelt*[133]. Die Kernfunktion liegt darin, Rechtssicherheit durch die Stabilisierung von Verhaltenserwartungen zu gewähren und dabei gesellschaftlichen Konflikten vorzubeugen und ggfs. eine Anleitung für ihre Auflösung zu geben.

Eine über diese Feststellungen hinausgehende Einigkeit über Inhalte, die dem Begriff des Rechts vorbehalten sind, ist kaum zu erzielen. Hier findet sich die Trennlinie zwischen positivistischen und nicht-positivistischen Rechtsbegriffen, die den Zusammenhang von Recht und Moral unterschiedlich bestimmen[134]. So wird behauptet, Recht sei nur das, was an den Zielen der Gerechtigkeit ausgerichtet ist oder der Verwirklichung der Rechtsidee dient[135]. Äußerungen wie diese sind dort anzutreffen, wo die positive Rechtsordnung erhebliche Lücken aufweist oder wo in der Vergangenheit offensichtliches Unrecht in Gesetzesform gegossen wurde. Sie haben daher grundsätzlich nur den Charakter von Notlösungen[136], was ihre Eignung als Definitionselement für den Regelfall in Frage stellt. Die Begriffe »Gerechtigkeit« oder »Rechtsidee« sind außerdem ihrerseits nur schwer zu handhaben[137] und unterliegen zudem einem steten Wechsel gesellschaftlicher Anschauungen. Die Anreicherung des Rechts als Erkenntniskategorie mit materiellen Vorgaben ge-

---

[131] *R. Dreier*, NJW 1986, S. 890 ff. (896).
[132] Darstellung bei *U. Wesel*, Geschichte des Rechts, S. 45 ff.; Überblick über eine ganze Reihe aktueller Definitionen bei *K.F. Röhl*, Allgemeine Rechtslehre, S. 9 f.; s.a. den Überblick bei *S. Augsberg*, Rechtsetzung zwischen Staat und Gesellschaft, S. 22 ff.
[133] *F. Kirchhof*, Private Rechtsetzung, S. 31; *U. Meyer-Cording*, Die Rechtsnormen, S. 3; *R. Zippelius*, Rechtsphilosophie, § 1 I.
[134] Zur Übersicht *A. Kaufmann*, Grundprobleme der Rechtsphilosophie, S. 39 ff.
[135] So etwa *L. Enneccerus/H.C. Nipperdey*, Allgemeiner Teil des Bürgerlichen Rechts, Erster Halbband, § 33 II; *G. Jellinek*, Allgemeine Staatslehre, S. 333.
[136] *F. Kirchhof*, Private Rechtsetzung, S. 38.
[137] *F. Kirchhof*, Private Rechtsetzung, S. 35.

III. Der Begriff der Rechtsnorm

fährdet dessen Verläßlichkeit und Sicherheit[138], da die fraglichen Begriffe wertungsoffen und nur im gesellschaftlichen Diskurs präzisierungsfähig sind. Gerechtigkeit ist eine Forderung, die das Recht zu verwirklichen hat; dies bedeutet aber keineswegs, daß es dort, wo es dieser Forderung nicht entspricht, seinen Charakter als Recht verliert[139]. Im übrigen gibt es ganze Rechtskomplexe, die sich in keiner Weise als gerecht oder ungerecht bezeichnen lassen, in denen keine Gerechtigkeitsvorstellung verwirklicht werden soll, deren Wert vielmehr einzig und allein in ihrem instrumentalen Charakter liegt; also darin, daß sie eine alle Rechtsgenossen bindende Entscheidung enthalten[140].

Ihr Erkenntnisinteresse enthebt die vorliegende Darstellung der Aufgabe, eine Stellungnahme in der Auseinandersetzung über das Verhältnis von Recht und Moral zu formulieren[141]. Wer sich mit dem Verhältnis des gesetzten Rechts zu überpositiven, moralischen oder ethischen Anforderungen befaßt, mag versucht sein, inhaltliche Vorgaben in das Recht einzubeziehen und so gewissen, evident ungerechten Zwangsregeln die Rechtsqualität absprechen. Derjenige, dessen Erkenntnisinteresse Distanz gegenüber diesem Grenzbereich von Recht und Moral wahrt, kann es dabei belassen, die Ordnungsfunktion des Rechts in den Mittelpunkt einer Begriffsbestimmung zu rücken. Dabei bleibt dann auch der in der o.a. Definition zu beobachtende Bezug auf das ethische Minimum unschädlich. Neben die Ordnungsfunktion des Rechts tritt als weiteres wesentliches Charakteristikum seine Geltung. Es ist gerade diese Geltung in einem spezifisch juristischen Sinn, die die *Rechts*norm von anderen Normen unterscheidet[142].

In einem allgemeinen Sprachgebrauch kann der Begriff der Geltung in mindestens zweifacher Weise Verwendung finden[143]: Zum einen kann er die Rechtfertigung des Rechts bezeichnen und damit erklären, warum eine bestimmte Anordnung für den Adressaten verbindlich ist. Zum anderen kann er auch die Wirksamkeit einer Norm beschreiben und damit eine Grundlage für die Erklärung bieten, warum das Recht verwirklicht wird.

Einem Verhaltensbefehl kommt Rechtsgeltung zu, wenn er von der Rechtsgemeinschaft beachtet und angewendet wird[144]. Die charakteristische Geltung des Rechts bedeutet, daß es von seinem Adressaten Beachtung verlangt und daß Nichtbeachtung rechtliche, nicht bloß faktische oder soziale Konsequenzen nach sich zieht. Das Merkmal der Geltung ist das Unterscheidungskriterium der gesamten Rechtsordnung von anderen Regelsystemen – Moral, Sitte oder Religion[145].

---

[138] *H. Quaritsch*, Staat und Souveränität, S. 117 ff.
[139] *F. Kirchhof*, Private Rechtsetzung, S. 36; *U. Meyer-Cording*, Die Rechtsnormen, S. 22.
[140] Das klassische Beispiel in diesem Zusammenhang ist die Entscheidung des Gesetzgebers, ob in einem bestimmten Gebiet auf der Straße Links- oder Rechtsverkehr herrschen soll.
[141] Dies identifiziert *R. Alexy*, Begriff und Geltung des Rechts, S. 17, als das Hauptproblem in dem Streit um den Rechtsbegriff.
[142] *F. Kirchhof*, Private Rechtsetzung, S. 39 ff.
[143] *R. Zippelius*, Rechtsphilosophie, § 5 I.
[144] *F. Kirchhof*, Private Rechtsetzung, S. 43.
[145] *F. Kirchhof*, Private Rechtsetzung, S. 39.

§ 2 Rechtsnormsetzung im »kooperativen Staat«

Bloß faktische Verbindlichkeit auf der Grundlage sozialer Konvention kann eine Norm begründen, die indes keine *Rechts*norm ist. Faktische Verbindlichkeit kann aber zu rechtlicher Verbindlichkeit mutieren. Dies ist z.b. der Fall, wenn eine langgeübte Regel in das Stadium des Gewohnheitsrechts eintritt. Dem Gewohnheitsrecht gehören solche als Rechtssätze formulierbare Normen an, die sich anhand eines allgemeinen, durch Übung manifestierten Rechtsgeltungswillens der Gemeinschaft bilden[146]. Nach einer gewissen Zeit der gleichmäßigen Übung kann man regelmäßig von dem Vorhandensein eines entsprechenden subjektiven Elements ausgehen, soweit keiner der Beteiligten der ständigen Übung widerspricht[147]. Während ihrer faktischen Geltung können an ihre Verletzung Rechtsfolgen noch nicht geknüpft werden, sie gelten nur in einem faktischen Sinne als soziale Normen, deren Verletzung soziale Folgen (schlimmstenfalls: Ausgrenzung aus der Gesellschaft) nach sich ziehen. Von dem Zeitpunkt ihrer gewohnheitsrechtlichen Verfestigung an »gelten« sie ebenso wie alle anderen Rechtsnormen.

Der auf dem staatlichen Gewaltmonopol beruhende Zwang kann den Rechtsgehorsam allerdings nur in Einzelfällen gewährleisten, nicht aber die allgemeine Gehorsamsbereitschaft im ganzen[148]. Geltung des Rechts ist gegeben, wenn sich die Rechtsordnung in ihrer Gesamtheit, nicht aber in jeder einzelnen Norm, tatsächlich durchsetzt, d.h. tatsächlich angewendet und beachtet wird[149]. Demgegenüber gilt der einzelne Rechtsbefehl lediglich normativ, weil er einer in ihrer Gesamtheit faktisch geltenden Rechtsordnung entstammt[150]. Angesichts dessen bedarf es einer Zuordnung einzelner Befehle zu dieser Rechtsordnung und damit zugleich einer Ausgrenzung von nicht-rechtlichen Normen aus der Rechtsordnung. Diese Aufgabe kann nur der Träger der Gesamtrechtsordnung übernehmen[151], bei dem es sich in allen modernen Rechtsordnungen um den Staat handelt[152]. Dieser entscheidet, ob eine Norm Bestandteil der Rechtsordnung sein soll oder nicht. Die Rechtsgeltung wurzelt damit unter den Bedingungen moderner Verfassungsstaatlichkeit in der staatlichen Machteinheit[153]. Die Rechtsordnung bezieht ihre Legitimation aus der Verfassungsordnung, die ihrerseits nur dort bestehen kann, wo die Machtfrage vorab zugunsten des staatlichen Systems geklärt ist, das über Geltung und Inhalt der Rechtsnormen letztverbindlich entscheidet.

Die Zuordnung einzelner Normen zu der Rechtsordnung durch deren Garanten gibt dem einzelnen Befehl Rechtsqualität. Diese Zuordnung kann generell

---

[146] *F. Ossenbühl*, in: J. Isensee/P. Kirchhof, HdbStR Bd. III, § 61 Rn. 42.
[147] *L. Enneccerus/H.C. Nipperdey*, Allgemeiner Teil des Bürgerlichen Rechts, Erster Halbband, § 39 I.
[148] *J. Isensee*, in: ders./P. Kirchhof, HdbStR Bd. I, § 13 Rn. 77.
[149] *G. Jellinek*, Staatslehre, S. 337; *H. Quaritsch*, Staat und Souveränität, S. 108; s.a. *F. Kirchhof*, Private Rechtsetzung, S. 40 ff. zur Überflüssigkeit einer Grundnorm oder materieller Geltungsgründe des Rechts.
[150] *F. Kirchhof*, Private Rechtsetzung, S. 46.
[151] *F. Kirchhof*, Private Rechtsetzung, S. 48 ff.
[152] *H. Heller*, Staatslehre, S. 191; *F. Kirchhof*, Private Rechtsetzung, S. 50 ff.; *S. Magiera*, Parlament und Staatsleitung in der Verfassungsordnung des Grundgesetzes, S. 63, 167; *U. Meyer-Cording*, Die Rechtsnormen, S. 25.
[153] *J. Isensee*, in: ders./P. Kirchhof, HdbStR Bd. I, § 13 Rn. 73.

III. Der Begriff der Rechtsnorm

dadurch erfolgen, daß der Garant Verfahren für die Herstellung von Regeln bereitstellt, die dann automatisch nach Durchlaufen dieses Prozesses Rechtsqualität erlangen (generelle Zuordnung). Die Zuordnung kann aber auch in einem Einzelfall erfolgen, in dem durch einen Akt des Garanten eine bis zu diesem Zeitpunkt außerrechtliche Norm der Rechtsordnung zugeschlagen wird, um auf dieser Grundlage eine aus deren faktischer Geltung abzuleitende normative Geltung zu erhalten (individuelle Zuordnung).

Die Geltung des Rechts ist heteronomer Natur[154].

Richtigerweise wird darauf hingewiesen, daß auch »autonomes Recht« heteronom sein kann[155]. Unter Autonomie wird die Befugnis rechtlich selbständiger Verwaltungsträger (v.a. also funktionaler und kommunaler Selbstverwaltungskörperschaften) zur Rechtsetzung verstanden[156]. Die auf der Grundlage dieser Befugnis erlassenen Rechtsordnungen werden als autonomes Recht bezeichnet; ihr Erlaß erfolgt regelmäßig durch die Organe des Verwaltungsträgers und bedarf nicht der Zustimmung der Personen, die der Verbandsmacht des Selbstverwaltungsträgers unterworfen sind.

Heteronomität bedeutet, daß die Geltung des Rechts nicht auf dem aktuellen Willen des ihm Unterworfenen beruht, sondern auf dem staatlichen Geltungsbefehl[157].

Dieser Geltungsanspruch kann in abgestufter Form verwirklicht sein, wie ein Blick auf die bekannten Rechtssatztypen deutlich macht[158]: Über einen umfänglichen Geltungsanspruch in dem Sinne, daß alle in Betracht kommenden Bindungsadressaten – Bürger, Gerichte, Verwaltung – erfaßt werden, verfügen Verfassungen, Parlamentsgesetze und Rechtsverordnungen. Normen mit konzeptionell eingeschränkter Bindung sind Geschäftordnungen (Bindung nur der Mitglieder z.B. eines Verfassungsorgans) und Verwaltungsvorschriften (Bindung nur der Verwaltung im Innenbereich). Die Satzung weist insoweit eine differenzierte Bindungsintensität auf, als sie einerseits der Vollbindung nahe steht, ihre Geltung aber andererseits räumlich oder personell auf die Mitglieder einer Selbstverwaltungskörperschaft beschränkt ist.

Anders als bei dem Rechtsgeschäft, dessen Typfall der durch zwei übereinstimmende Willenserklärungen geschlossene Vertrag ist, gilt und wirkt die Rechtsnorm stets ohne den aktuellen Willen des Adressaten[159]. Die Rechtsnorm wird typischerweise nicht einverständlich zwischen Rechtsnormsetzer und Rechts-

---

[154] BSGE 29, 254 (258); *P. Axer*, Normsetzung in der Sozialversicherung, S. 49 ff.; *P. Marburger*, Die Regeln der Technik im Recht, S. 286, 291 f.; *F. Kirchhof*, Private Rechtsetzung, S. 84 ff.; *L. Wildhaber*, ZSR Bd. 94 (1975), S. 113 ff. (113).
[155] *P. Axer*, Normsetzung in der Sozialversicherung, S. 49.
[156] *R. Hendler*, Selbstverwaltung als Ordnungsprinzip, S. 293; *W. Kluth*, Funktionale Selbstverwaltung, S. 25.
[157] *P. Axer*, Normsetzung in der Sozialversicherung, S. 50.
[158] Hierzu *U. Di Fabio*, Risikoentscheidungen im Rechtsstaat, S. 368.
[159] Dem entspricht eine Definition der Privatautonomie, nach der niemand ohne sein Zutun durch einen anderen verpflichtet werden darf: *K. Adomeit*, FS Kelsen, S. 9 ff. (9); dort auch zu privatrechtlichen Phänomenen, die auf den ersten Blick als heteronome Gestaltungsformen erscheinen (S. 10 f., 16 ff.). Allerdings können auch Normsetzungsbefugnisse der kollektiven Verwirklichung von Privatautonomie dienen; siehe S. 397 ff.

normadressat ausgehandelt, sondern einseitig angeordnet. Das Charakteristikum der Heteronomität verfügt über zwei weiter auszudifferenzierende Teilaspekte[160], die einen personellen und einen zeitlichen Bezug aufweisen: Zum einen muß die rechtliche Bindung für einen Adressatenkreis bestehen, der nicht mit dem Rechtsnormsetzer identisch ist[161], wobei eine nur teilweise Nicht-Identität zwischen Normsetzer und Adressaten genügt, so daß es unschädlich ist, daß der Normsetzer ebenfalls von der Geltung der Rechtsnorm erfaßt wird, so lange neben ihn auch noch andere Adressaten treten.

Wäre dies anders, so könnte beispielsweise das Parlament keinerlei Rechtsnormen erlassen, da diese natürlich auch immer an die Abgeordneten adressiert sind (z.b. Steuergesetze). Das bedeutet nicht, daß der Adressat tatsächlich mit dem in der Rechtsnorm enthaltenen Gebot nicht einverstanden sein darf, sondern nur, daß sein Einverständnis für die Geltung nicht konstitutiv ist. Damit sind auch die Fälle erfaßt, in denen eine Rechtsnorm in einem Kollegialorgan trotz der Möglichkeit eines Mehrheitsbeschlusses einstimmig gefaßt wird, da es hier auf die einzelne Zustimmung nicht ankommt, der einzelne vielmehr überstimmt werden kann. Die Heteronomität erweist sich damit als eine potentielle[162].

Zum anderen – und hierin liegt die angesprochene zeitliche Dimension – ist Heteronomität auch dort zu bejahen, wo der einzelne sich zunächst freiwillig der Geltung einer Norm unterwirft, die in der Folge dann aber einseitig von dem Rechtsnormsetzer abgeändert werden kann[163]. Eine Aufspaltung eines solchen Rechtsbefehls in ein Rechtsgeschäft bei Unterwerfung und eine Rechtsnorm bei Abänderung wäre nicht sinnvoll, da die Klassifizierung dann davon abhinge, daß zweifelsfrei feststellbar wäre, ab welchem Zeitpunkt der Rechtsbefehl einseitiger Abänderung unterliegt[164]. Das Potentielle der Heteronomität verwirklicht sich hier in zeitlicher Hinsicht. Analoges ist zu der Rechtsnormgeltung kraft freiwilligen Eintritts in ein rechtliches Subsystem festzustellen[165]: Wer in einen Verein eintritt, unterwirft sich freiwillig den Vorschriften der Vereinssatzung. Diese Bindung ist dennoch nicht rechtsgeschäftlicher Natur, da auch hier eine potentielle Heteronomität vorliegt. Nach dem Vereinseintritt kann die Satzung ohne

---

[160] Zum folgenden siehe v.a.F. *Kirchhof*, Private Rechtsetzung, S. 84 ff.
[161] P. *Axer*, Normsetzung in der Sozialversicherung, S. 49.
[162] F. *Kirchhof*, Private Rechtsetzung, S. 87.
[163] U. *Meyer-Cording*, Die Rechtsnormen, S. 91 f.
[164] F. *Kirchhof*, Private Rechtsetzung, S. 89. Unter diesem Gesichtspunkt war und ist der rechtsnormative Charakter der Vereinssatzung umstritten; W. *Flume*, Allgemeiner Teil des bürgerlichen Rechts Bd. 1, 2. Teil, S. 315 ff.; F. *Kirchhof*, a.a.O., S. 267 ff.; U. *Meyer-Cording*, Die Rechtsnormen, S. 83 f.; D. *Reuter*, MüKo zum BGB Bd. 1, § 25 Rn. 16 ff. Wenigstens ab dem Zeitpunkt der Vereinsgründung enthält die Vereinssatzung aber potentiell heteronome Vorschriften, obwohl sie anfangs durch Gründungsvertrag, d.h. einvernehmlich, errichtet wurde und neu hinzukommende Mitglieder ihr zugestimmt haben, da sie – außer in Fällen einer Änderung des Vereinszwecks (§ 33 Abs. 1 Satz 2 BGB) – nach § 33 Abs. 1 Satz 1 BGB mit dem Willen von bloß dreiviertel der erschienene Mitglieder geändert werden kann (sog. modifizierte Normentheorie, RGZ 165, 143 (144); BGHZ 21, 370 (373 ff.); 47, 172, (179 f.)).
[165] F. *Kirchhof*, Private Rechtsetzung, S. 93.

Mitwirkung oder sogar gegen den Willen des einzelnen Mitglieds abgeändert werden; sie ist daher *Rechts*norm[166].

Die Differenzierung zwischen Zwangsnormen und Wahlnormen – also solchen Normen, die ihre Wirkung auch gegen den Willen des Betroffenen entfalten und solchen Normen privater Institutionen, die als Grund für ihre Geltungserstreckung die freiwillige Unterwerfung durch Beitrittsvertrag erfordern[167] – umschreibt demgegenüber nicht die Wirkung einer Norm als Rechtsnorm, sondern erklärt den Ursprung ihrer Bindungswirkung.

Mit dem Kriterium der Heteronomität kann die Rechtsnorm von andersartigen, aber ähnlich wirkenden Phänomenen abgegrenzt werden. Dies wird insbesondere mit Blick auf die allgemeinen Geschäftsbedingungen (AGB) des Geschäftsverkehrs erforderlich, die – zumindest aus soziologischer Sicht – über eine normgleiche Wirkung verfügen[168]. In rechtswissenschaftlicher Perspektive entfalten sie ihre Wirkung erst mit der Vereinbarung der Vertragspartner, daß die AGB Vertragsbestandteil werden sollen. Ihre Inkraftsetzung für den konkreten Vertrag hängt daher von dem aktuell zustimmenden Willen der Vertragspartner ab, so daß sie als Regelungsmodelle ohne unmittelbar heteronome Verbindlichkeit ihren Geltungsgrund in der privatautonomen Verpflichtung der Beteiligten haben[169]. Ist ihre Zugrundelegung einmal vereinbart, ist eine einseitige Abänderung durch den Verwender nur aufgrund erneuter Zustimmung des Verbrauchers möglich.

Das dem Rechtsbegriff immanente Element der Heteronomität und dessen Spannungsverhältnis zu den verschiedenen Phänomenen ausgehandelter Rechtsnormen wird in der überzogenen These deutlich, daß das Recht seine Steuerungsleistung nicht mehr erbringen kann, wenn es vollständig auf konsensuale Einigungsprozesse umgestellt wird. Bei konsensual begründeten Normen handele es sich nicht mehr um Recht, sondern um moralische Normen. In einer sich vollständig konsensual regulierenden Gesellschaft sei das Recht im hergebrachten Sinne abgestorben[170].

Zum einen trägt eine solche Befürchtung a priori nur im Hinblick auf eine unrealistische *vollständige* Ersetzung hierarchischer Rechtsetzung durch ausgehandelte Rechtsnormen. Zum anderen übersieht diese Verfallsprognose, daß ausgehandeltes Recht sich in der Art und Weise seiner Entstehung, vielleicht auch in der Art und Weise seiner späteren, an den Intentionen der Vertragspartner ausgerichteten Interpretation von dem hierarchisch gesetzten Recht unterscheidet. Kein Unterschied besteht indes im Hinblick darauf, daß beide Entstehungspfade auf eine rechtlich bindende Norm zuführen, so daß das Problem nicht in der Substitution rechtlicher Bindung durch einen als dauerhaft vorhanden gedachten

---

[166] *J. Taupitz*, Die Standesordnungen der freien Berufe, S. 559 ff. Eine andere Frage ist indes die Herkunft der Bindungswirkung der Vereinssatzung für den einzelnen. Diese beruht nicht auf einer staatlichen Geltungsanordnung, sondern auf dem Beitritt. Aufgrund dieses Umstandes ist die Rechtsnatur der Vereinssatzung auch umstritten (*J. Taupitz*, a.a.O., S. 563 f. m.w.N.).
[167] Siehe *U. Meyer-Cording*, Die Rechtsnormen, S. 45 ff.
[168] *U. Meyer-Cording*, Die Rechtsnormen, S. 85 f., 94 f.
[169] *F. Ossenbühl*, in: J. Isensee/P. Kirchhof, HdbStR Bd. III, § 61 Rn. 47.
[170] *T. Blanke*, KJ Bd. 19 (1986), S. 406 ff. (408, v.a. Fn. 5).

Konsens zwischen den konsentierenden Vertragspartnern, sondern vielmehr in der Frage besteht, in welchem Maße Konsens bzw. Verhandlung bei der Normsetzung oder in deren Vorfeld verfassungsrechtlich zulässig sind.

Neben dem Aspekt der heteronomen Geltung bedarf es eines weiteren Elements, um den Typus der Rechtsnorm von anderen Erscheinungsformen des Rechts abzugrenzen. Die Rechts*norm* ist das grundlegende Bauelement jeder Rechtsordnung[171]. Findet der Begriff rechtstheoretische Verwendung, so kann er gleichermaßen die Abmachungen eines Vertrages oder auch den gesetzeskonkretisierenden Einzelakt der Verwaltung beschreiben[172]. In beiden Fällen werden dem Adressaten Pflichten auferlegt, deren Mißachtung rechtliche Konsequenzen nach sich zieht: Schadensersatzansprüche wegen Vertragsverletzung, Maßnahmen der Verwaltungsvollstreckung wegen Mißachtung des Verwaltungsakts. Hier soll es aber nicht um das Recht und die aus ihm fließenden Pflichten im Einzelfall gehen. Gegenstand der Untersuchung ist vielmehr das Recht als auf Staat und Gesellschaft bezogenes Steuerungsinstrument. Es handelt sich dabei nicht um den punktuellen Rechtsbefehl, sondern um das regelhafte Recht, den generell-abstrakten Rechtssatz. Wenn immer die Gesetzessprache den Begriff der Rechtsnorm oder seine Synonyme verwendet, ist damit eben dieser generell-abstrakte Rechtssatz angesprochen[173]. Dies entspricht der Tradition der deutschen Staats- und Verwaltungsrechtslehre, die unter dem Vorzeichen der Rechtsnorm eine Abgrenzung dieser Form des Rechtsbefehls von dem Einzelakt und der unverbindlichen Äußerung vornimmt[174], ohne daß das Phänomen der Rechtsnorm damit zugleich schon positiv definiert wäre.

Das Merkmal der Heteronomität kann daher für sich allein zwar die Rechtsordnung kennzeichnen, nicht aber den Typusbegriff der Rechtsnorm allein hinreichend sichern, da eine große Zahl von Rechtsbefehlen ohne den Willen des Adressaten entsteht[175]. Rechtsnormen erschöpfen sich typischerweise nicht in einer einmaligen Anordnung. Auf ihrer Grundlage sollen regelhafte Anweisungen getroffen werden, die eine Rechtsfolge immer dann anordnen, wenn die Tatbestandsmerkmale des Rechtssatzes erfüllt sind[176]. Der in Vertrag oder Verwaltungsakt gefaßte Einzelbefehl beschränkt sich demgegenüber auf eine überschaubare Rechtswirkung, die idealtypisch nur eine Person und/oder einen Sachverhalt betrifft.

---

[171] *H. Krings/A. Hollerbach*, in: Görres-Gesellschaft, Staatslexikon Bd. 4, Sp. 61 ff. (67).
[172] So etwa vor dem Hintergrund des von ihm entwickelten Stufenbaus der Normen *H. Kelsen*, Reine Rechtslehre, S. 261 ff.
[173] *H. Krings/A. Hollerbach*, in: Görres-Gesellschaft, Staatslexikon Bd. 4, Sp. 61 ff. (67).
[174] *P. Axer*, Normsetzung in der Sozialversicherung, S. 36 f.
[175] Hingewiesen sei insoweit nur auf den Verwaltungsakt, dessen Definitionsmerkmal es nach § 35 VwVfGe nachgerade ist, daß er »einseitig-hoheitlich« ausgesprochen wird. Neben die Heteronomität muß ein weiteres Merkmal treten, um die Rechtsnorm von solchen Rechtsbefehlen abzugrenzen. Dieses weitere Merkmal ist in der Generalität des in der Norm enthaltenen Rechtsbefehls zu sehen.
[176] *U. Meyer-Cording*, Die Rechtsnormen, S. 28.

Zwar stellt eine abstrakt-generelle Regelung durch Rechtsnorm zunächst nichts anderes dar als eine Regelung der Summe aller Einzelfälle durch Einzelakt. Anders als diese ist die Rechtsnorm allerdings offen für die Zukunft, indem ihr auch die Regelung zukünftiger, z.Zt. noch unbestimmter Sachverhalte eröffnet ist, die durch eine Summe von Einzelakten gar nicht faßbar wäre. Diese sind nicht offen für das Hinzutreten weiterer Normadressaten oder die Regelung künftiger Sachverhalte. Anders als Einzelakte – wie etwa der Verwaltungsakt oder der Vertrag – verfolgen Rechtsnormen das Ziel, einen bestimmten Lebensbereich grundsätzlich zu regeln[177].

Die Abgrenzung zwischen Norm und Einzelakt wird üblicherweise anhand einer – allerdings als problematisch geltenden[178] – Gegenüberstellung der Begriffspaare abstrakt-generell und konkret-individuell vorgenommen. Wenn sich eine Regelung zum Zeitpunkt ihres Erlasses an eine unbestimmte Zahl von Personen und eine unbestimmte Zahl von Sachverhalten richtet, so soll eine Norm vorliegen, während danach ein Einzelakt dann anzunehmen ist, wenn sich eine Regelung auf eine bestimmte Person und einen bestimmten Sachverhalt bezieht[179]. An dieses Verständnis knüpft der Gesetzgeber an, wenn er den Verwaltungsakt als die Regelung eines Einzelfalls bzw. den Verwaltungsvertrag als Instrument zur Regelung *eines* Rechtsverhältnisses einstuft.

Allerdings hat die Rechtspraxis gezeigt, daß auch Sachverhalte denkbar sind, die durch die Kreuzung der Begriffspaare gekennzeichnet werden[180]. Regelungen, die einen bestimmten Sachverhalt bei einem unbestimmbaren Personenkreis erfassen (konkret-generell)[181] sind ebenso möglich, wie solche, die einen bestimmten (oder: bestimmbaren) Personenkreis für eine noch nicht abschließend bestimmte Zahl von Sachverhalten in Anspruch nehmen (abstrakt-individuell)[182]. Ob in diesem Falle zur Entscheidung zwischen den Optionen Norm oder Einzelakt das Gewicht auf den personalen oder den sachlichen Anknüpfungspunkt zu legen ist, wird in der Literatur uneinheitlich beurteilt[183]. Im ersten Fall wäre als weitere Frage zu beantworten, ab welchem konkreten Punkte die Unbestimmt-

---

[177] *K. Larenz*, Methodenlehre der Rechtswissenschaft, S. 250; *U. Meyer-Cording*, Die Rechtsnormen, S. 28.
[178] *P. Axer*, Normsetzung in der Sozialversicherung, S. 37 ff.
[179] *H.U. Erichsen*, in: ders., Allgemeines Verwaltungsrecht, § 12 Rn. 45 ff.; *A. v. Mutius*, FS Wolff, S. 167 ff. (184 ff.); *R. Herzog*, in: T. Maunz/G. Dürig u.a., Grundgesetz, Art. 19 I Rn. 28 f.
[180] Siehe etwa BVerwGE 12, 87; hierzu H.-J. Wolff/O. Bachof/R. Stober, Verwaltungsrecht II, § 45 Rn. 78; *H. Maurer*, Allgemeines Verwaltungsrecht, § 9 Rn. 17.
[181] Das Schulbeispiel ist der von dem Bundesverwaltungsgericht entschiedene Fall des Verkaufsverbots von Endiviensalat in einem von Typhus befallenen Gebiet; BVerwGE 12, 87.
[182] Das Schulbeispiel ist der vom OVG Nordrhein-Westfalen entschiedene Fall: Einer Kühlturmbetreiberin wurde durch die Ordnungsbehörde aufgegeben, künftig immer bei entsprechender Witterung ein von dem Wasserdampf aus den Türmen verursachtes Glatteis zu beseitigen; OVGE 16, 289.
[183] Den personalen Aspekt betonen etwa *B. Drews/G. Wacke/K. Vogel/W. Martens*, Gefahrenabwehr, S. 359 ff.; *R. Herzog*, in: T. Maunz/G. Dürig u.a., Grundgesetz, Art. 19 I Rn. 34; *F. Kirchhof*, Private Rechtsetzung, S. 60 ff.; den sachlichen Aspekt bevorzugen *H. Maurer*, Allgemeines Verwaltungsrecht, § 45 Rn. 78; H.-J. Wolff/O. Bachof/*R. Stober*, Verwaltungsrecht II, § 45 Rn. 78.

heit des Personenkreises in eine Bestimmbarkeit umschlägt, die nach allgemeiner Annahme für das Vorliegen eines Einzelakts ausreicht[184]. In dem zweiten Fall wäre festzulegen, welches der Bezugspunkt des Einzelfalles ist: Was den Einzelfall ausmacht und wie er von dem benachbarten Einzelfall abgegrenzt werden kann, liegt nicht fest[185]. Die hierdurch deutlich werdende Notwendigkeit einer Differenzierung zwischen Norm und Einzelakt wurde – insbesondere mit dem Konzept des prozeduralen Rechts – ebenso angezweifelt wie deren Durchführbarkeit, da die Trennung von Norm und Normanwendung in komplexen Handlungsfeldern nicht durchgehalten werden könne[186]. Eine Unterscheidung von Rechtsetzung und Rechtsanwendung im Einzelfall ist aber verfassungsrechtlich sowohl vorausgesetzt als auch gefordert.

Vorausgesetzt ist die Differenzierung zum einen in dem Verbot, durch Einzelfallgesetze Grundrechte zu beschränken (Art. 19 Abs. 1 Satz 1 GG) und zum anderen in der Garantie des effektiven Rechtsschutzes (Art. 19 Abs. 4 GG), dessen Sinngehalt der Gesetzgebung verbietet, dem einzelnen den Rechtsschutz durch die Flucht in die Rechtsnorm zu verkürzen[187]. Nur wenn die Trennung von Rechtsetzung und -anwendung ernst genommen wird, lassen sich die verschiedenen Phasen der juristischen Entscheidung sowie deren verschiedene Legitimationskonzepte auseinanderhalten[188]. Zentrale Bedeutung erlangt die Notwendigkeit einer Trennung zwischen Norm und Einzelakt aber aufgrund der besonderen Vorkehrungen, die die Verfassung für die Übertragung von Normsetzungsbefugnissen durch den Gesetzgeber auf nicht-parlamentarische Normsetzer vorgesehen hat (vgl. Art. 80 Abs. 1 GG). Wäre die Grenze zwischen Norm und Einzelakt nicht vorgegeben, sondern aufgrund gesetzgeberischer Gestaltung variabel, so könnten diese verfassungsrechtlichen Beschränkungen bei der Übertragung von Rechtsetzungsbefugnissen ohne weiteres durch Umetikettierung einer Norm in einen Einzelakt umgangen werden.

Angesichts der Schwierigkeiten bei der Abgrenzung von Einzelakt und Rechtsnorm sollte zur Abgrenzung zunächst der Wille des Gesetzgebers als Entscheidungskriterium herangezogen werden: In Einzelfällen hat dieser die Zweifelsfrage, ob es sich bei einer solchen Regelung um eine Rechtsnorm oder einen Einzelakt handelt, beantwortet (z.B. § 10 Abs. 1 BauGB für den Bebauungsplan; § 35 Satz 2 VwVfG, insbesondere für den umstrittenen Fall der Allgemeinverfügung z.B. durch Verkehrszeichen). In anderen Fällen gibt der Gesetzgeber implizit zu erkennen, daß eine Norm und kein Einzelakt vorliegt, indem er einen Einzelakt in der Form eines Normsetzungsverfahrens erläßt (so etwa das Maßnahmegesetz[189])[190]. Um aber der o.a. Mißbrauchsmöglichkeit entgegenzuwirken, muß die Grenze dieser gesetzgeberischen Kompetenz zur diesbezügli-

---

[184] *H. Meyer*, in: ders./H. Borgs-Maciejewski, Verwaltungsverfahrensgesetz, § 35 Rn. 69 ff.; H.-J. Wolff/O. Bachof/*R. Stober*, Verwaltungsrecht II, § 45 Rn. 78.
[185] Hierzu ausf. *F. Kirchhof*, Private Rechtsetzung, S. 60 ff.
[186] *W. Brohm*, VVDStRL Bd. 30 (1972), S. 245 ff. (282 ff.); *A. v. Mutius*, FS Wolff, S. 167 ff. (169 f. m.w.N.); *T. Vesting*, Kein Anfang und kein Ende, S. 17.
[187] *P. Axer*, Normsetzung in der Sozialversicherung, S. 41.
[188] I.e. *O. Lepsius*, Steuerungsdiskussion, Systemtheorie und Parlamentarismuskritik, S. 26 f.
[189] Hierzu BVerfGE 95, 1 (13 ff.); *C. Degenhart*, in: M. Sachs, Grundgesetz, Art. 70 Rn. 11.
[190] *P. Axer*, Normsetzung in der Sozialversicherung, S. 40.

chen Klarstellung dort gezogen sein, wo abstrakt-generelle Regeln als Verwaltungsakt bzw. als Allgemeinverfügung eingeordnet werden[191].

Läßt sich bei der Kategorisierung einer Regelung aus dem gesetzlichen Zusammenhang heraus eine Entscheidung zwischen Norm und Einzelakt nicht treffen und führen auch die Unterscheidungskriterien »abstrakt/konkret« bzw. »generell/individuell« nicht zu einer eindeutigen Entscheidung, kann nicht schon auf der Grundlage einer funktionellen Betrachtungsweise im Zweifel ein Einzelakt angenommen werden, da auf diese Weise dem Rechtsschutzinteresse des Bürgers angesichts des einzelaktzentrierten Rechtsschutzsystems der Verwaltungsgerichtsordnung besser gedient ist[192]. Zum einen ist auch in den Bundesländern, die eine prinzipale Normenkontrolle nicht eingeführt haben[193], in den hier relevanten Fällen der untergesetzlichen Rechtsetzung stets eine inzidente verwaltungsgerichtliche Normenkontrolle oder auch u.U. eine Feststellungsklage gerichtet auf die Unanwendbarkeit der Norm möglich[194], so daß die Optimierung individuellen Rechtsschutzes hier keine ausschlaggebende Rolle spielen kann. Vielmehr scheint es geboten, die vorgeschlagene Vermutung (»im Zweifel: Einzelakt«) umzukehren und davon auszugehen, daß wegen der strikteren verfassungsrechtlichen Vorgaben für die Dezentralisierung von Normsetzungskompetenzen und zur Vorbeugung ihrer Umgehung in Zweifelsfragen das Vorliegen einer Rechtsnorm anzunehmen ist. Nur auf diese Weise läßt sich sicherstellen, daß der Gesetzgeber in Mißachtung der strikten Vorgaben für die Übertragung von Normsetzungskompetenzen (vgl. Art. 80 GG) Regelungskompetenzen unter Mißbrauch einer ihm zugestandenen Definitionshoheit in verfassungswidriger Weise dezentralisiert oder privatisiert.

Zusammenfassend kann damit festgehalten werden, daß die Merkmale der heteronomen Bindung i.S.d. dargelegten rechtstypischen Geltung und der Generalität des Regelungsanspruchs den Typusbegriff »Rechtsnorm« konstituieren.

---

[191] Umgekehrt ist die Einkleidung konkret-genereller oder abstrakt-individueller Regelungen in die Form einer Rechtsnormen und deren Erlaß in einem Normsetzungsverfahren zumindest aus Sicht der verfassungsrechtlichen Vorgaben für die Dezentralisierung staatlicher Normsetzungsbefugnisse (zu den Problemen i.ü.: *G. Dürig*, in: T. Maunz/ders.u.a., Grundgesetz, Art. 3 I Rn. 12 ff.) nicht bedenklich, da die Übertragung von Normsetzungsbefugnissen höheren Anforderungen zu genügen hat als die Einräumung einer Ermächtigung zum Erlaß von Verwaltungsakten.
[192] So aber *P. Axer*, Normsetzung in der Sozialversicherung, S. 42 f.
[193] Vgl. § 47 Abs. 1 Nr. 2 VwGO; entsprechende Ausführungsvorschriften sind enthalten in § 4 AG VwGO Bad.-Württ.; § 5 AG VwGO Bay.; § 4 Abs. 1 VwGG Bbg.; § 7 AG VwGO Brem.; § 11 Abs. 1 AG VwGO Hess.; § 13 GorgG Meck.-Vorp.; § 7 VwGG Nieders.; § 4 AG VwGO Rh.-Pf. (mit Einschränkungen); § 16 AG VwGO Saarl.; § 14 Abs. 1 VerfAG Sachs.; § 5 AG VwGO Schlesw.-Holst.; § 4 AG VwGO Thür.
[194] Diese Möglichkeit wird allerdings nur wenigen vertreten (siehe z.B. *H. Maurer*, FS Kern, S. 275 ff. (305 ff.); *W. Peters*, NVwZ 1999, S. 506 ff. (507); s.a. BVerfG NVwZ 1997, 673 f.). Demgegenüber wählt eine verbreitete Ansicht den direkten Weg über die Feststellungsklage nach § 43 VwGO; siehe nur F. Kopp/W.-R. Schenke, Verwaltungsgerichtsordnung, § 43 Rn. 8 (m.w.N. in Fn. 10).

IV. Zusammenfassung und Ausblick: Verfassungsrechtliche Aspekte kooperativer und konsensualer Strukturen in der Normsetzung

Die durch die Sozialwissenschaften vorgelegten Forschungsergebnisse über die (Un-) Wirksamkeit hierarchischer Interaktionsformen müssen den Rechtswissenschaftler befremden. Auch wenn v.a. in dem Bereich des Umweltrechts der Begriff des Vollzugsdefizits inzwischen ein Gemeinplatz ist[195], ist doch in weiten Teilen der Rechtswissenschaft die Überzeugung von der Wirkmacht des Rechts noch ungebrochen. Hier wird davon ausgegangen, daß staatliche Rechtsetzung das unter allen staatlichen Handlungsformen mächtigste Instrument der Sozialgestaltung ist[196]. In den Sozialwissenschaften ist es demgegenüber selbstverständlich, sowohl eine defizitäre Steuerungspotenz des Staates trotz (oder: wegen) entgrenzter Staatsaufgaben, als auch den Funktionsverlust des Rechts in seiner traditionellen Form festzustellen. Aber auch für Vertreter der Staatsrechtslehre leiden der souveräne Staat, das parlamentarische Gesetz – Schlüsselbegriffe der verfassungsrechtlichen Dogmatik – schon seit längerem unter einer Sinnkrise, deren Ursprung ebenfalls in der sozialwissenschaftlichen Theorie suchen ist[197]. Im Kern ging und geht es bei der Diskussion um das staatliche Steuerungsversagen um die Behauptung, daß der Staat aufgrund des an ihn herangetragenen Aufgabenzuwachses einerseits und inhärenter (tatsächlicher wie verfassungsrechtlicher) Schranken seines traditionellen Interventionsinstrumentariums andererseits nicht (mehr) in der Lage sei, die identifizierten ökonomischen, technischen und sonstigen Probleme zu lösen und gesellschaftliche Entwicklungen in die gewünschte Richtung zu steuern. Die Beobachtung des staatlichen Machtverlusts deckt sich mit der Feststellung, daß die hier im Mittelpunkt des Interesses stehenden kooperativen und konsensualen Strukturen staatlichen Handelns, die gleichermaßen als Symptom wie als Versuch zur Kompensation dieses Zusammenfallens von Aufgabenexpansion und Machtverlust zu begreifen sind, sich insbesondere in den noch relativ jungen und daher besonders dynamischen Bereichen des Wirtschaftsverwaltungs- und Umweltrechts[198], aber auch in dem die sozialstaatliche Gestaltungsmacht in immer größerem Ausmaß fordernden Gebiet des Sozialversicherungsrechts nachweisen lassen.

Zur Verhinderung entsprechender Fehlentwicklungen wird es für notwendig gehalten, nach alternativen Steuerungsinstrumenten zu suchen und dabei die Ansprüche an die zentrale staatliche Steuerung zu revidieren. Wenn und soweit Recht unter den entwickelten Bedingungen differenzierter Gesellschaften im modernen Staat überhaupt noch eine Steuerungsoption sein soll – so die nahelie-

---

[195] Siehe nur *G. Lübbe-Wolff*, NuR 1989, S. 295 ff.; *R. Mayntz*, Vollzugsprobleme der Umweltpolitik; *G. Winter*, Das Vollzugsdefizit im Wasserrecht.
[196] So z.B. die Einschätzung von *W. Kluth*, Funktionale Selbstverwaltung, S. 242.
[197] Siehe z.B. *R. Pitschas*, DÖV 1989, S. 785 ff. (787 ff. m. zahlr. Nachw.)
[198] *P. Nahamowitz*, in: R. Voigt, Der kooperative Staat, S. 119 ff. (129).

gende Annahme – so bedarf es weitergehender Umorientierung vom Steuerungsmodus von der Hierarchie weg hin zu dem der Verhandlung, da nur letztgenannter Modus durch seine Integration der Steuerungsobjekte in den Vorgang staatlicher Steuerung Nachteile zu überwinden vermag, die im Steuerungsmodus Hierarchie angelegt sind. In erster Linie wird damit der Blick auf die Selbst- oder Mitsteuerungspotentiale insbesondere nicht-staatlicher Akteure geweitet. Das »gigantische Normierungsbedürfnis«[199] des sozialen Rechtsstaats hat zu einer erheblichen Diversifikation der Normsetzungstätigkeit geführt, in der auch Private ihren Platz beanspruchen und einnehmen. Der Staat kann nicht alleiniger und autochtoner Regelsetzer bei der Bewältigung von Problemlagen sein (wenn er es denn je war[200]); in vielen Sachbereichen übernehmen Private diese Aufgabe oder partizipieren zumindest an ihrer staatlichen Wahrnehmung. Und auch dort, wo der Staat nach wie vor eine alleinige Entscheidungshoheit beansprucht, bedient er sich bei Vorbereitung und Formulierung seiner Entscheidungen fast regelmäßig staatsexternen Sachverstands und läßt sich von privaten Interessen beeinflussen. Kurz: Die Partizipation der Betroffenen gilt bei Entscheidungen über komplexe Gegenstände – jedenfalls aus empirischer Sicht – als »unverzichtbar«[201]. Alle Beteiligungs- und Selbststeuerungsmodelle, die mit den unterschiedlichsten theoretischen Unterfütterungen als Lösungsansatz zur Wiederherstellung staatlicher Handlungsfähigkeit präsentiert werden, führen zu dem Schluß, daß zunehmender nicht-staatlicher Einfluß auf die Festlegung staatlicher Steuerungsimpulse gepaart mit Deregulierung und Privatisierung der Normsetzung Effizienz- und Umsetzungsdefiziten hergebrachter Formen staatlicher Steuerung durch Recht begegnet. Mit dieser, auf die Mit- und Selbststeuerungspotentiale privater Akteure aufbauenden theoretischen Entwicklung erfährt auch das öffentliche Recht einen Bedeutungswandel, der in eine Erosion des traditionell hierarchisch-einseitigen Grundansatzes dieses Rechtsgebiets mündet[202]. Die auf den individuellen Rechtsschutz gegen Verwaltungsakte konzentrierte Dogmatik des öffentlichen

---

[199] *K. Eichenberger*, VVDStRL Bd. 40 (1982), S. 7 ff. (22).
[200] Sowohl Verhandlungen innerhalb der fragmentierten Staatsorganisation, zwischen Bund/Reich, Ländern/Staaten und Gemeinden als auch zwischen dem Staat und gesellschaftlichen Organisationseinheiten sind nichts kategorial Neues; siehe *H. Kleger*, in: R. Voigt, Der kooperative Staat, S. 93 ff. (110). Ebenfalls nicht neu ist das wissenschaftliche Interesse an solchen Kooperationsprozessen – wohl noch nicht in zufriedenstellender Weise ausgelotet sind die staatsrechtlichen und staatstheoretischen Implikationen einer solchen Entwicklung.
[201] *U. Battis/C. Gusy*, Technische Normen im Baurecht, S. 248 ff.; *A. v. Bogdandy*, Gubernative Rechtsetzung, S. 392 (Fn. 475); *M. Kloepfer*, VVDStRL Bd. 40 (1982), S. 63 ff. (77 f.); *J. Scherer*, DÖV 1991, S. 1 ff. (1 ff.); *H. Schulze-Fielitz*, in: W. Hoffmann-Riem/E. Schmidt-Aßmann, Innovation und Flexibilität des Verwaltungshandelns, S. 139 ff. (187 f.). Auch nach *A. Voßkuhle*, VVDStRL Bd. 62 (2003), S. 266 ff. (268), resultiert die Beteiligung Privater an öffentlichen Aufgaben als Alltäglichkeit in freiheitlichen Ordnungen aus der Tatsache, daß sich der stets an der Grenze der Überforderung bewegende Staat auf diese Weise entlasten kann.
[202] Nachweise zu den Bereichen Wirtschafts-, Sozial-, Stadtentwicklungs-, Umwelt-, Steuer- und Strafprozeßrecht bei *E.-H. Ritter*, Staatswissenschaften und Staatspraxis Bd. 1 (1990), S. 50 ff. (55); s.a. *P. Nahamowitz*, in: R. Voigt, Der kooperative Staat, S. 119 ff. (131 ff.); *H. Schulze-Fielitz*, in: R. Voigt, Abschied vom Staat – Rückkehr zum Staat, S. 95 ff. (105 ff.).

Rechts sieht sich mit der Anforderung konfrontiert, Rahmenbedingungen für staatliches Handeln zu organisieren, das erst im Zusammenwirken mit einem privaten Beitrag konkrete Rechtsfolgen entfaltet. Recht bleibt zwar ein zentrales Gestaltungs- und Steuerungsmittel auch des kooperativen Staates. Die seine Effektivität befördernden Strategien laufen aber auf einen Umbau rechtsstaatlicher Normsetzungsmechanismen sowie des demokratischen Legitimationsgefüges hinaus[203]: Anhörungsrechte, Beteiligung an Verfahren und Entscheidung sowie die Delegation von Normsetzungsbefugnissen an gesellschaftliche Akteure werden zu »Transmissionsriemen« individueller Teilhabe an der staatlichen Funktion der Rechtsetzung. Diese funktionelle Öffnung vermeidet den durchgängigen Einsatz hierarchischer Steuerungsmuster (v.a. des Gesetzes) und bevorzugt den Konfliktlösungsmodus der Verhandlung – entweder zwischen dem Staat und gesellschaftlichen Interessengruppen oder aber unmittelbar zwischen diesen.

Das hierbei entstehende Miteinander staatlicher und privater Beiträge zur Normsetzung erscheint nur bei flüchtiger Betrachtung eindeutig voneinander abschichtbar, während sich bei näherer Analyse doch ein verwirrendes Bild wechselseitiger organisatorischer Verflechtung und inhaltlicher Einflußnahme der unterschiedlichsten staatlichen und privaten Normsetzer darbietet. Verfassungsrechtliche Vorgaben für einen Umgang mit diesen Phänomenen konsensualer und kooperativer Normsetzung gibt es nur ansatzweise und in unsystematischer Form. Sie entwickeln sich in einer wildwüchsigen Gemengelage aus verfassungsrechtlichen Grundsätzen, einfachgesetzlicher Ausgestaltung und geübter Praxis – bislang außerhalb eines rechtsdogmatisch in verallgemeinerungsfähiger Weise strukturierten Bereichs[204]. Anliegen dieser Untersuchung ist es daher, im folgenden die verfassungsrechtlichen Rahmenbedingungen und Grenzen als Beitrag zur juristischen Theorie über die »Privatisierung der Gesetzgebung«[205] zu erschließen. Im Mittelpunkt der Überlegungen stehen dabei weniger die grundrechtlichen und wettbewerbsrechtlichen Aspekte dieser Phänomene[206], sondern vielmehr die bislang kaum in gleicher Intensität diskutierte (und kaum befriedigend gelöste) Frage nach verfassungsrechtlichem Grund und Grenzen einer Aufteilung von Steuerungskompetenzen zwischen Staat und Gesellschaft.

---

[203] O. *Lepsius*, Steuerungsdiskussion, Systemtheorie und Parlamentarismuskritik, S. 17 (Fn. 21), 41.
[204] Dies wurde beklagt von *W. Hoffmann-Riem*, DVBl. 1994, S. 1381 ff. (1388).
[205] Gefordert von *W. Leisner*, DVBl. 1981, S. 849 ff. (855).
[206] Hierzu bereits jeweils ausf.: *A. Faber*, Gesellschaftliche Selbstregulierungssysteme im Umweltrecht, S. 287 ff., 331 ff.; *L. Michael*, Rechtsetzende Gewalt im kooperierenden Verfassungsstaat, S. 320 ff., 519 ff.; *W. Frenz*, Selbstverpflichtungen der Wirtschaft, S. 269 ff., 296 ff.; zu den grundrechtlichen Aspekten auch: *H.-G. Dederer*, Korporative Staatsgewalt, § 17.

§ 3 Private Teilhabe an der parlamentarischen Gesetzgebung in Anhörungsverfahren

Das Parlamentsgesetz ist ein Werkzeug moderner Sozialgestaltung[1]. Es ist zwar nicht das einzige Element des staatlichen Steuerungsinstrumentariums, wohl aber dessen zentraler Baustein[2]. Die beiden wesentlichen staatsrechtlichen Merkmale des Gesetzes sind, daß es eine rechtlich verbindliche Regelung zum Inhalt hat und daß es durch die parlamentarische Volksvertretung in dem verfassungsrechtlich vorgesehenen Verfahren beschlossen wird[3] – dies kennzeichnet seinen politischen, d.h. aus dem Kampf um die Macht im Staat hervorgehenden Charakter[4]. Alle Rechtsnormen, die in der Normhierarchie unterhalb des Parlamentsgesetzes angesiedelt sind, dienen – im Rahmen des parlamentarischen Gesetzes – der Aktivierung parlamentsexterner Problemlösungskapazitäten, nicht aber der Vornahme von für die Gesamtgesellschaft entscheidenden Weichenstellungen. Dies wird durch die vom Bundesverfassungsgericht entwickelte Wesentlichkeitstheorie unterstrichen, die die Grundlegung zentraler Entscheidungen für das Gemeinwesen dem Parlamentsgesetz vorbehält[5].

Das heutige Verständnis des Gesetzesbegriffs findet seine Wurzeln in dem Vernunftrecht der bürgerlichen Aufklärung[6]. Der liberal-rechtsstaatlichen Prägung der »Herrschaft der Gesetze«[7] folgte unter den Bedingungen moderner Sozialstaatlichkeit die Auflösung des idealtypischen, rechtsstaatlichen Gesetzesbe-

---

[1] *P. Badura*, ZG 1987, S. 300 ff. (301); *ders.*, in: ders./J.H. Kaiser, Parlamentarische Gesetzgebung und Geltungsanspruch des Rechts, S. 9 ff. (9); *U. Scheuner*, DÖV 1960, S. 601 ff. (605 f.); *ders.*, FS Huber, S. 127 ff. (133 ff.); *H. Schulze-Fielitz*, Theorie und Praxis parlamentarischer Gesetzgebung, S. 71, 92.

[2] *T. Ellwein*, DÖV 1984, S. 748 ff. (751); s.a. die Beiträge von *P. Badura* bzw. *U. Scheuner*, FS Huber, S. 15 ff. bzw. S. 127 ff.

[3] Zu diesem formalen verfassungsrechtlichen Begriff: *E.-W. Böckenförde*, Gesetz und gesetzgebende Gewalt, S. 381; *H. Schulze-Fielitz*, Theorie und Praxis parlamentarischer Gesetzgebung, S. 156; *C. Starck*, Der Gesetzesbegriff des Grundgesetzes, S. 157 ff.

[4] *P. Badura*, ZG 1987, S. 300 ff. (301).

[5] BVerfGE 40, 237 (249); 49, 89 (127); 76, 1 (75 f.); 77, 170 (230 f.); *H.H. v. Arnim*, DVBl. 1987, S. 1241 ff. (1241 f.); *M. Kloepfer*, JZ 1984, S. 685 ff. (687 ff.); *F. Ossenbühl*, in: J. Isensee/P. Kirchhof, HdbStR Bd. III, § Rn. 22 ff. und 32 ff.; *E. Schmidt-Aßmann*, in: J. Isensee/P. Kirchhof, HdbStR Bd. I, § 24 Rn. 64 f.; *K. Stern*, Staatsrecht Bd. I, § 20 IV 4 b b.

[6] *F. Ossenbühl*, in: J. Isensee/P. Kirchhof, HdbStR Bd. III, § 61 Rn. 6 ff. Je nach betroffenem Wissenschaftszweig existieren allerdings verschiedene Gesetzesbegriffe (*L. Wildhaber*, ZSR Bd. 94 (1975), S. 113 ff. (115 ff.)).

[7] *C. Schmitt*, Verfassungslehre, S. 138 ff.

griffs[8]. Während die Rechtswissenschaft des 19. Jahrhunderts die Aufgabe des Gesetzes darin sah, den äußeren Rahmen des gesellschaftlichen Zusammenlebens, eine feste dauerhafte Ordnung zu errichten, innerhalb derer sich das soziale Leben frei entfalten sollte[9], wird unter dem Eindruck der Aufgabenerweiterung des planenden und umverteilenden Sozialstaates das Bild des Parlamentsgesetzes von dessen instrumentellem Charakter geprägt. Der Sozial- und Präventivstaat verfolgt in weiten Teilen seines Funktionsbereichs das Anliegen, selbst die Wohlfahrt des einzelnen unter dem Vorzeichen sozialstaatlicher Zielsetzungen zu befördern: er lenkt das wirtschaftliche Leben, organisiert durch normative Vorgaben v.a. die Arbeitswelt, sichert den einzelnen gegen wirtschaftliche Risiken ab und vollzieht zu diesem Zwecke eine Umverteilung von Einkommen[10]. Obschon gesetzliche Normierungen immer auch Bewertungen menschlichen Handelns durch den Gesetzgeber vorgeben[11], ist diese Aufgabe doch in den Hintergrund gedrängt[12]. Zwar ist theoretisches Leitbild des Gesetzes die grundlegende Regelung und die richtungsweisende Leitentscheidung[13]. Aber die in den Gesetzgebungsorganen vertretenen politischen Parteien setzen v.a. ihre auf Staat und Gesellschaft gerichteten, auf immer kürzere Zeiträume bezogene Gestaltungsansprüche mit dem Mittel des Gesetzes durch. Das positive Gesetzesrecht wird zur »geronnenen«, d.h. auf Zeit verbindlich verdichteten Aggregatform von Politik[14] im verteilenden, lenkenden und planenden Sozialstaat, der ein weit reichendes Mandat der Gesellschafts-, Wirtschafts-, Sozial- und Kulturpolitik für sich in Anspruch nimmt und sich zur Gestaltung der in diesen Bereichen relevanten Prozesse des allgemeinverbindlich wirkenden Gesetzes bedient[15].

»Im modernen Staat kommt selten ein wichtiges Gesetz zustande, ohne daß die Zustimmung großer Interessenkreise in einer außerhalb der ordentlichen Rechtsetzung bleibenden, vertragsähnlichen Form gesichert ist«[16]. Für den Be-

---

[8] *K. Sobota*, Das Prinzip Rechtsstaat, S. 81 ff.
[9] *U. Scheuner*, FS Huber, S. 127 ff. (134).
[10] Zu den Gründen für diese Entwicklung vgl. *E.-W. Böckenförde*, in: ders., Recht, Staat, Freiheit, S. 143 ff. (158 ff.).
[11] So der deutliche Hinweis des Bundesverfassungsgerichts in der ersten Abtreibungsentscheidung zu der edukatorischen Funktion des Gesetzes BVerfGE 39, 1 (59); skeptisch insoweit aber z.B. *H. Goerlich*, JR 1977, S. 89 ff. (90).
[12] Zu der Doppelfunktion des Gesetzes als Gesetz als Formulierung ethischer Maßstäben und Steuerungsmittel *F. Ossenbühl*, in: J. Isensee/P. Kirchhof, HdbStR Bd. III, § 61 Rn. 21 f.
[13] *C. Starck*, Der Gesetzesbegriff des Grundgesetzes, S. 157 ff.
[14] *K. Eichenberger*, VVDStRL Bd. 40 (1982), S. 7 ff. (10 ff.); *U. Scheuner*, FS Huber, S. 127 ff. (133 f.); *H. Schulze-Fielitz*, Theorie und Praxis parlamentarischer Gesetzgebung, S. 375 ff.; M. Kloepfer, VVDStRL Bd. 40 (1982), S. 63 ff. (71 f.), weist zudem darauf hin, daß Gesetzer politische Macht auch über ein Wahlperiode hinaus auch konservieren können.
[15] *K. Eichenberger*, VVDStRL Bd. 40 (1982), S. 7 ff. (10 ff.); *F. Ossenbühl*, in: J. Isensee/P. Kirchhof, HdbStR Bd. III, § 61 Rn. 22.
[16] *D. Schindler*, FS Fleiner, S. 418 ff. (422). Für die auch über den Abschluß von Staatskirchenverträgen hinausreichende Beteiligung der Kirchen an solchen staatlichen Gesetzen, die ihre Angelegenheiten betreffen betont dies besonders: *A. Hollerbach*, Verträge zwischen Staat und Kirche in der Bundesrepublik Deutschland, S. 128 m.w.N. Auch *H. Quaritsch*, Der Staat Bd. 1 (1962), S. 289 ff. (299), geht von der Sinnhaftigkeit einer solchen Abstimmung aus.

reich des Umweltrechts wurde im Zuge der Handlungsformen-Diskussion der Typus des ausgehandelten Gesetzes als eine der neuen Handlungsformen des Staates im Grenzbereich zwischen formalen und informalem Staatshandeln angeführt[17]. Aber auch für andere, besonders konfliktträchtige Politikfelder wurde von verfassungsrechtlicher Seite die »epidemische« Ausbildung einer »neu erfundene(n)« Bündnisdemokratie konstatiert[18], während demgegenüber in den politischen Wissenschaften das Diktum von der »Demokratie unter Konsenszwang« schon seit einigen Jahren kursiert[19]. Insbesondere Interessenverbände spielen bei der Vorbereitung eines Gesetzes eine wichtige Rolle[20]. Viele Rechtsetzungsvorhaben empfangen ihre endgültige Form erst nach intensiven Verhandlungen mit den Vertretern der organisierten betroffenen Interessen oder – bei einer guten Übersichtlichkeit des Kreises unmittelbar Betroffener – nach Verhandlungen mit den Gesetzesadressaten selbst[21].

Schon in einem frühen Stadium bundesrepublikanischer Verfassungsgeschichte ist ein erheblicher Einfluß von Interessenverbänden auf die parlamentarische Gesetzgebung zu verzeichnen. Der Entwurf des Mitbestimmungsgesetzes aus dem Jahre 1951[22] war von den Sozialpartnern ausgearbeitet, vom Bundeskabinett gebilligt und an das Parlament zur Eröffnung des Gesetzgebungsverfahrens weitergeleitet worden[23]. Die vorgängige Verständigung der Sozialpartner auf eine bestimmte Regelung war – nicht zuletzt wegen der von den Gewerkschaften ausgehenden Streikdrohungen – für die Bundesregierung das entscheidende Moment für die Akzeptanz und Umsetzbarkeit der Bestimmungen[24]. Mit der Ausrufung des kooperativen Staates wurde auch auf das »Gesetz zur Anpassung und Gesundung des deutschen Steinkohlenbergbaus und der deutschen Steinkohlenbergbauge-

---

[17] *M. Kloepfer*, JZ 1991, S. 737 ff. (740).
[18] *F. Ossenbühl*, in: ders., Deutscher Atomrechtstag 2000, S. 11 ff. (11); kritisch aus staatstheoretischer Sich auch *J. Isensee*, in: ders./*P. Kirchhof*, HdbStR Bd. I, § 13 Rn. 164.
[19] *F.W. Scharpf*, FS Lehmbruch, S. 25 ff. (40 ff.).
[20] *J.H. Kaiser*, Die Repräsentation organisierter Interessen, S. 255 ff., 258 f.; *W. Streeck/P.C. Schmitter*, Journal für Sozialforschung Bd. 25 (1985), S. 133 ff. (138 ff.). Insbesondere der mit diesem Diktum angesprochene Verbandseinfluß auf die Gesetzgebung ist in vielfältigen Einzelfallstudien nachgewiesen worden; siehe die umfangreichen älteren Nachweise bei *H. Schröder*, Gesetzgebung und Verbände, S. 15 (Fn. 8). Eine weitere Bestandsaufnahme des Einflusses von Verbänden auf Politik und Gesellschaft gibt *W. Kirberger*, Staatsentlastung durch private Verbände, S. 129 ff.
[21] Dies ist in dem Fall der Energiekonsensgespräche geschehen; siehe unten S. 230 ff.
[22] Gesetz über die Mitbestimmung der Arbeitnehmer in den Aufsichtsräten und Vorständen der Unternehmen des Bergbaus und der Eisen und Stahl erzeugenden Industrie vom 21. Mai 1951 (BGBl. I 347). Der Gesetzentwurf ist in BT-Drcks. 1/1858 enthalten. Dort erwähnt der Bundeskanzler in seinem begleitenden Schreiben an den Bundestagspräsidenten, daß die Vorgeschichte des Gesetzentwurfs als bekannt vorausgesetzt werden darf. Was mit dieser Formel gemeint ist, führt der Bundeskanzler in der nachfolgenden Parlamentsdebatte am 14. Februar 1951 aus (BT-Plenarprotokoll 1/117, S. 4431 ff., insbes. 4432): »Die Einigung unter den Sozialpartnern ... ist erfolgt. Ich habe es daraufhin übernommen ..., das Kabinett zu fragen, ob es bereit sei, diese Einigung zur Grundlage, zum Inhalt eines Gesetzentwurfs zu machen, der dem Bundestag zuzuleiten sei.«
[23] Zu den Einzelheiten *J.H. Kaiser*, Die Repräsentation organisierter Interessen, S. 258; ausf.: *H. Thum*, Mitbestimmung in der Montanindustrie, S. 71 ff. Ein weiteres Beispiel wird von *H.P. Ipsen*, in: J.H. Kaiser, Planung II, S. 63 ff. (104), berichtet.
[24] *J.H. Kaiser*, Die Repräsentation organisierter Interessen, S. 260.

biete«[25] aufmerksam gemacht, das nicht nur selbst das Ergebnis intensiver Aushandlungsprozesse, sondern auch in ein dichtes Netzwerk von Verträgen und Abmachungen eingebunden war, ohne dessen Kenntnis und Berücksichtigung keine Anwendung dieses Gesetzes auskommt[26].

Die Beteiligung Privater an der parlamentarischen Gesetzgebung muß hierbei nicht immer in einen Vertrag im rechtswissenschaftlichen Sinne mit einklagbaren Rechten und Pflichten münden; denkbar ist auch ein der Abschluß eines sog. politischen Vertrags als Ergebnis der Konsultationsprozesse zwischen Staat und Privaten[27]. Neben einer verdeckten und juristisch kaum faßbaren Konsenssuche zwischen Staat und Privaten (insbesondere in der Gestalt von Verbänden) im Vorfeld eines Gesetzgebungsvorhabens werden auch in ad-hoc gebildeten Verhandlungsgremien oder »runden Tischen« politisch institutionalisierte, zumindest teilweise in der Öffentlichkeit ausgetragene Verhandlungen über Erlaß und Inhalt parlamentarischer Gesetze zwischen der Regierung und interessierten Verbänden oder anderen Betroffenen praktiziert.

Aus analytischer Sicht kann die Beteiligung Privater bei der Normsetzung von bloßer Informationsvermittlung durch Anhörung, über ein Mitspracherecht bis hin zu einem Mitentscheidungsrecht reichen[28]. Sie kann durch informelle Konsultation des Privaten oder durch dessen institutionalisierte Integration in ein öffentlich-rechtlich oder privatrechtlich verfaßtes Beratungsgremium erfolgen. Sie kann ohne normative Veranlassung stattfinden oder auf verfassungsrechtlichen oder einfachgesetzlichen Vorgaben ruhen; sie kann bloß aus Gründen der Praktikabilität oder um der Förderung der Akzeptanz später erlassener Normen willen gewährt werden. Sie kann aber auch zwingend notwendig sein, um dem Normsetzer Wissensressourcen zu erschließen, die ihm vielleicht sonst verborgen geblieben wären. Verbandliche Einflußnahme in dem Vorfeld des Gesetzeserlasses – der sog. Präparationsphase – wird selten in den Gesetzesmaterialien erwähnt und daher meist nur zufällig bekannt. In dem vorliegenden Zusammenhang konzentrieren sich die Überlegungen daher – neben den bereits erwähnten Anhörungen von Verbänden und Sachverständigen durch Exekutive oder Legislative – auf formale Verhandlungen, die in institutionalisierten Gremien erfolgen oder einen formellen Abschluß finden.

Diese machen deutlich, daß das moderne Gesetz im kooperativen Staat – auch außerhalb förmlicher Gesetzgebungsverträge – von der zunehmenden Durch-

---

[25] Gesetz vom 15. Mai 1968 (BGBl. I 365).
[26] *E.-H. Ritter*, AöR Bd. 104 (1979), S. 389 ff. (392); ders., Staatswissenschaften und Staatspraxis Bd. 1 (1990), S. 50 ff. (55) unter Hinweis auf *H. Möbitz*, Die rechtliche Stellung des Bundes im Vertragswerk zur Neuordnung des Ruhrbergbaus; *S. Streckel*, Die Ruhrkohle AG. Dort finden sich auch weitere Nachweise über Kooperationsvorgänge im Bereich des Energierechts.
[27] *C. Engel*, Staatswissenschaften und Staatspraxis Bd. 9 (1998), S. 535 ff. (539 ff.).
[28] Erste Überblicke bei *M. Beyerle*, Staatstheorie und Autopoiesis, S. 254 ff.; *E. Denninger*, Verfassungsrechtliche Anforderungen an die Normsetzung im Umwelt- und Technikrecht, Rn. 38 ff.; *G. Lübbe-Wolff*, NuR 1989, S. 295 ff. (295); *E. Schmidt-Aßmann*, Das allgemeine Verwaltungsrecht als Ordnungsidee und System, S. 97 ff.

dringung durch die regulative Idee des Vertrags geprägt ist[29]. Gesetzgebung erscheint unter den Bedingungen des heutigen Parlamentarismus immer öfter als eine Form vertraglicher oder vertragsähnlicher Konsensfindung. Von der Entstehung des politischen Regelungsanliegens über die Präparationsphase bis hin zu den Verhandlungen zwischen den Parlamentsfraktionen in Ausschuß und Plenum des Bundestages sind Aushandlungsprozesse zwischen den an der Gesetzgebung Beteiligten innerhalb des Parlaments wie zwischen dem Parlament und anderen an der Gesetzgebung formell oder informelle Beteiligten zu beobachten[30]. Insbesondere die über den Bundesrat vermittelte Beteiligung der Länder an der Bundesgesetzgebung macht je nach politischer Zusammensetzung der beiden Gesetzgebungsorgane eine frühe Abstimmung von Gesetzgebungsvorhaben der Bundesregierung bzw. der sie tragenden parlamentarischen Mehrheit mit der Mehrheit der Landesregierungen erforderlich[31]. Angesichts dieser Entwicklung ist die Einschätzung parlamentarischer Gesetzgebung als Resultat eines pluralen Schöpfungsaktes[32], als pluralistisches Abkommen[33] auf der Grundlage einer Aktivierung multidisziplinären Fachwissens[34] und beteiligter Interessen, das zwar durch einen Beschluß des staatlichen Gesetzgebers letztendlich aus der Taufe gehoben wird, an dessen Vorbereitung indessen ein informeller Gesetzgeber in einem »gesetzgeberischen Vorschaltverfahren« beteiligt ist, nicht verwunderlich. Im verhandelnden Staat gibt es Teilnehmer an kollektiv verbindlichen Entscheidungen, die nicht in den Legitimations- und Verantwortungszusammenhang der Verfassung mit einbezogen sind, dem das Grundgesetz die staatlichen Entscheidungsträger unterwirft.

Das Grundgesetz scheint politische Herrschaft nur partiell zu verfassen[35]. Der Bundestag tritt nicht als der souveräne Gesetzgeber in Erscheinung, sondern nur noch als »Notar« für den Abschluß eines Gesetzgebungsprozesses, dessen zentrale Entscheidungen außerhalb des Parlaments und seiner Verfahren getroffen werden[36]. Dem parlamentarischen Gesetzgebungsverfahren kommt nur noch die Aufgabe eines Kontrollverfahrens zu, dessen Gegenstand im Vorfeld stattgefundene pluralistische Aushandlungsprozesse sind[37]. Angesichts dieser Entwicklung wurde schon früh davor gewarnt, daß das Gesetz zu einem Vertrag pluralistischer

---

[29] *H. Schulze-Fielitz*, Theorie und Praxis parlamentarischer Gesetzgebung, S. 240.
[30] *H. Schulze-Fielitz*, Theorie und Praxis parlamentarischer Gesetzgebung, S. 239, 255 ff.
[31] Überblick über die verschiedenen Verhandlungsforen im Vorfeld der Gesetzgebung: *H. Schulze-Fielitz*, Theorie und Praxis parlamentarischer Gesetzgebung, S. 277 ff.
[32] *J. Becker*, Gewaltenteilung im Gruppenstaat, S. 213; *K. Eichenberger*, ZfSchwR Bd. 115 (1974), S. 7 ff. (22); *H. Huber*, in: R. Steinberg, Staat und Verbände, S. 58 ff. (59).
[33] *P. Badura*, in: ders./J.H. Kaiser, Parlamentarische Gesetzgebung und Geltungsanspruch des Rechts, S. 9 ff. (11).
[34] *W. Brohm*, in: J. Isensee/P. Kirchhof, HdbStR Bd. II, § 36 Rn. 32 (Fn. 95).
[35] *D. Grimm*, DRiZ 2000, S. 148 ff. (158).
[36] *H. Schulze-Fielitz*, in: H. Dreier/J. Hofmann, Parlamentarische Souveränität und technische Entwicklung, S. 71 ff. (76).
[37] *H. Schulze-Fielitz*, in: H. Dreier/J. Hofmann, Parlamentarische Souveränität und technische Entwicklung, S. 71 ff. (99 ff.).

Kräfte mutiert, der in der Gefahr steht, den unbeteiligten Bürger innerlich nicht mehr zu binden[38]. Verhandlungen über Steuerungsprogramme sind zu einem Instrument der staatlichen Aufgabenerfüllung geworden[39]. Auf allen normativen Ebenen lassen sich Einflußnahmen verschiedenartiger Intensitätsstufen auf staatliche Normsetzungsprozesse verzeichnen, die auf »paktiertes Recht« hinauslaufen. Paktieren bezeichnet dabei mehr als die bloße Einflußnahme. Es erfaßt die Aushandlung von Regelungsinhalten. Die Verfassung sieht Verträge zwischen Staat und Bürgern als Form der Rechtsentstehung nicht vor. Inwieweit sie sich gegen sie sperrt, erscheint offen. Ihre Regelungsstruktur ist auf die Verknüpfung von Hierarchie- und Verhandlungsmechanismen nicht eingestellt, obschon gerade diese durch die Verknüpfung berührt wird: Einerseits werden Teilnehmer zu dem Prozeß der staatlichen Normsetzung zugelassen, die nicht in den demokratischen Legitimations- und Verantwortungszusammenhang eingebunden sind. Andererseits geben die staatlichen Rechtsetzungsorgane einen Teil ihrer Steuerungskompetenzen ab, so daß verfassungsrechtlich vorgesehene Entscheidungsorgane und -verfahren entwertet werden.

Die Rolle des einzelnen Bürgers und der Interessengruppen in der Rechtsnormsetzung ist höchst ambivalent: Auf der einen Seite sprechen alle Ergebnisse der sozialwissenschaftlichen Steuerungsdiskussion dafür, daß der Staat vielfältige Handlungsanliegen nur im Zusammenwirken mit dem Normadressaten verwirklichen kann. Auf der anderen Seite wird die folgende Analyse eine Vielzahl verfassungsrechtlicher Begrenzungen zutage treten lassen, die einer zu starken Okkupation der auf Distanz ausgelegten staatlichen Rechtsetzungsverfahren[40] durch den Grundrechtsträger entgegenstehen. Bevor sich diese Untersuchung den angesprochenen Verhandlungen zwischen Staat und Privaten im Vorfeld der Gesetzgebung zuwendet, erscheint es geboten, den dogmatischen Blick auf die private Teilhabe an staatlicher Gesetzgebung an dem einfacher strukturierten Fall – der einseitigen und nicht tauschförmigen Inanspruchnahme privaten Sachverstands und die staatliche Ergründung privater Interessen im Wege der Anhörung – zu schärfen.

I. Anhörung als staatlich-gesellschaftlicher Informationskanal

Ein wesentliches Hindernis für die erfolgreiche Steuerung gesellschaftlicher Teilsysteme durch den staatlichen Rechtsetzer ist dessen defizitäres Wissen über den zu normierenden Sachbereich[41] und die dort vorherrschenden gesellschaftlichen

---

[38] *U. Scheuner*, DÖV 1960, S. 601 ff. (605).
[39] Hierzu und dem folgenden *D. Grimm*, Die Verwaltung, Beiheft 4 (2001), S. 9 ff. (18).
[40] Zur Distanz als dem Leitmotiv der Gesetzgebung: *M. Kloepfer*, VVDStRL Bd. 40 (1982), S. 63 ff. (65 ff., 78); *H. Schulze-Fielitz*, Theorie und Praxis parlamentarischer Gesetzgebung, S. 459 ff.; *K. Sobota*, Das Prinzip Rechtsstaat, S. 240 f., 504. Zur Distanz als Voraussetzung für die Verwirklichung des Gemeinwohls durch den Staat: *H.-G. Dederer*, Korporative Staatsgewalt, § 4.
[41] Siehe nur *H.H. v. Arnim*, Gemeinwohl und Gruppeninteressen, S. 94; *M. Burgi*, Funktionale Privatisierung und Verwaltungshilfe, S. 369 ff.; *P. Dagtoglou*, Der Private in der Verwaltung als

Präferenzen, deren Existenz und Robustheit sich unmittelbar auf die Implementationsfähigkeit staatlicher Normen auswirkt[42]. Die Informationsasymmetrie zwischen Normsetzer und -adressaten legt es nahe, Informationskanäle zu etablieren, die jener nutzen kann, um sich vor der Umsetzung eines Regelungsvorhabens über solche Fragen oder Probleme zu informieren und sie in sein Kalkül mit einzubeziehen. Zunächst defizitäre hierarchische Steuerung kann bei Akkumulierung eines ausreichenden Steuerungswissens durch den Normsetzer auch unter aktuellen Bedingungen wirksam sein[43]. Als ein solcher Informationskanal und damit als wesentliches Mittel für die Kooperation zwischen staatlichem Rechtsnormsetzer und gesellschaftlichen Akteuren dient vor Erlaß einer Vorschrift die Anhörung der von einer Rechtsnorm Betroffenen bzw. von deren Interessenvertretern sowie von Sachverständigen (interessengeleitete bzw. sachverständige Beratung).

Beratung und Interessenvertretung in exekutiven Konsultationen und parlamentarischen Anhörungen haben eine den Gesetzgeber unterstützende Funktion. Die sachverständige Beratung verdeutlicht komplexe Sachverhalte und eröffnet dem Gesetzgeber Zugriff auf spezifisches, in der Gesellschaft vorhandenes Fachwissen. Über die Interessenvertretung lernt der Gesetzgeber die Widerstände kennen, auf die eine geplante Regelung bei ihren Adressaten treffen könnte bzw. wird. So kann der Gesetzgeber noch vor Erlaß eines Gesetzes versuchen, diese Widerstände durch Kompromißlösungen zu neutralisieren. Anhörungen werden als – unverzichtbare[44] – »Keimzelle« des kooperativen inneren Gesetzgebungsverfahrens bezeichnet[45]. Als solche sind sie eine wichtige Form der Beteiligung organisierter Interessen und der Erschließung gesellschaftlicher Wissensressourcen beim Erlaß von Rechtsnormen, deren Wert und Wesen allerdings ambivalent ist: Einerseits ist die Beteiligung Privater an der Gesetzgebung durch die Vermittlung der Interessen von künftigen Betroffenen oder durch die Vermittlung von spezifischem Fachwissen des zu regelnden Lebensbereichs als Beitrag der Rationalität gesetzlicher Entscheidungen positiv zu beurteilen. Andererseits erscheint die Beteiligung von Fachkreisen und Verbänden im Gesetzgebungsverfahren nicht stets und durchweg als verfassungsrechtlich unproblematisch, da deren privilegierter Zugriff auf den Gesetzesinhalt in einem Stadium

---

Fachmann und Interessenvertreter, S. 138 ff.; *U. Di Fabio*, VerwArch Bd. 81 (1990) S. 193 ff. (m. allg. Nachweisen in Fn. 1; *E. Forsthoff*, Der Staat der Industriegesellschaft, S. 19 f., 94 ff., 109 ff.; *J. Kölble*, in: Hochschule Speyer, Sachverstand und Verantwortung in der öffentlichen Verwaltung, S. 27 ff.; *P. Noll*, Gesetzgebungslehre, S. 94; *F. Schäfer*, Der Bundestag, S. 193 ff.

[42] Die Motive für die Etablierung interessengeleiteter und sachverständiger Beratung bei der Gesetzgebung entsprechen somit denen für die Etablierung kondominialer Verwaltungsstrukturen: *M. Jestaedt*, Demokratieprinzip und Kondominialverwaltung, S. 131 ff. S.a. z.B. *H.-J. Menzel*, Legitimation staatlicher Herrschaft durch Partizipation Privater, S. 75 ff.

[43] So *U. Schimank/M. Glagow*, in: M. Glagow, Gesellschaftssteuerung zwischen Korporatismus und Subsidiarität, S. 4 ff. (8 ff.).

[44] *W. Maihofer*, in: ders./Gustaf Lindencrona/Rolf Herber u.a., Theorie und Methoden der Gesetzgebung, S. 9 ff. (10). S.a. z.B. *K. Stern*, Staatsrecht Bd. II, § 37 III 3.

[45] *H.-J. Mengel*, Gesetzgebung und Verfahren, S. 304.

erfolgt, in dem die politischen Akteure im Regelfall aufgrund nur zu vernachlässigender Außenwirkung des Gesetzgebungsverfahrens noch verhandlungswillig und kompromißfähig sind. Dieser Umstand eröffnet durchaus eine unkontrollierte und kaum kontrollierbare Macht zur inhaltlichen, für die Öffentlichkeit kaum wahrnehmbaren Einflußnahme auf den späteren Gesetzesinhalt, deren Ergebnisse dann nur noch schwer rückgängig gemacht werden können[46].

Obschon die Ausweitung staatlicher Regelungsagenden und die funktionale gesellschaftliche Differenzierung durch Errichtung einer großen Zahl von Fachbehörden und anderer mehr oder minder verselbständigter Verwaltungseinheiten begleitet wurde, um auf diese Weise die Informations- und Problemlösungskapazitäten der Exekutive, bei der der Schwerpunkt der Gesetzesvorbereitung liegt, zu erhöhen, können doch die Kapazitäten des internen staatlichen Sachverstands nicht immer den Anforderungen genügen, deren Erfüllung Voraussetzung für die sachgemäße Problemlösung durch staatliche Rechtsetzung ist. Der interne Sachverstand ist oftmals nicht ausreichend spezialisiert, verfügt vielleicht nicht über die erforderlichen aktuellen Daten und vermag sich neben der alltäglichen Arbeit nicht auf dem neuesten wissenschaftlichen Stand zu halten[47]. Dennoch wäre es wenig sinnvoll, auf staatlicher Seite für jedes nur denkbare Regelungsanliegen entsprechenden Sachverstand dauerhaft intern vorzuhalten. Daher ist der Gesetzgeber auf zusätzlichen externen Sachverstand angewiesen. Interessenvertretung gegenüber dem staatlichen Gesetzgeber kann sinnvollerweise ohnehin nur staatsextern erfolgen, da eine wirksame Vertretung gesellschaftlicher Interessen voraussetzt, daß diese autonom und außerhalb der staatlichen Weisungs- und Verantwortungshierarchie gebildet und formuliert werden[48]. Aber auch wissenschaftlicher Sachverstand besitzt eine Eigengesetzlichkeit, die sich den Ordnungsvorstellungen des öffentlichen Rechts zu entziehen trachtet und die dessen rechtsstaatliche Domestizierung erschwert[49]. Weisungsfreiheit und Autonomie sind die zentralen Kennzeichen wissenschaftlichen Erkenntnisgewinns[50]. Eine sinnvolle Beteiligung privaten Sachverstands verlangt dessen Unabhängigkeit, wenn mehr als die Legitimation und die Akklamation bereits getroffener Entscheidungen gewollt ist.

1. Beratung als einseitiger Vorgang

Konzeptionell ist die Beratung ein einseitiger Vorgang. Der zu Beratende empfängt Impulse und Informationen, er erfährt von Interessen, auf deren Grundlage

---

[46] *F. Ossenbühl*, in: J. Isensee/P. Kirchhof, HdbStR Bd. III, § 63 Rn. 14 unter Hinweis auf *C. Tomuschat*, Verfassungsgewohnheitsrecht, S. 89 (m.w.N. in Fn. 36).
[47] *W. Brohm*, in: J. Isensee/P. Kirchhof, HdbStR Bd. II, § 36 Rn. 9.
[48] Zu der Problematik einer Interessenvertretung durch öffentlich-rechtliche Körperschaften siehe § 8/Fn. 113.
[49] Dies fordert *E. Schmidt-Aßmann*, Das allgemeine Verwaltungsrecht als Ordnungsidee und System, S. 209.
[50] *U. Di Fabio*, VerwArch. Bd. 81 (1990), S. 193 ff. (211).

er seine Entscheidungsfindung vorbereiten kann. Demgegenüber bedingen Verhandlungen zwischen dem Normsetzer und dem Normadressaten das Vorhandensein tauschfähiger Positionen. Hier findet eine Interaktion statt, in deren Verlauf eine wechselseitige Einflußnahme der Akteure und damit einhergehende inhaltliche Positionsveränderungen zu beobachten sind. Zwar sind in den öffentlichen Anhörungen von Verbandsvertretern und Sachverständigen Debatten und Nachfragen der Abgeordneten zu beobachten. Dementsprechend bestimmt § 70 Abs. 4 Satz 1 GO-BT für die parlamentarische Ausschußanhörung von Sachverständigen und Interessenvertretern, daß der Ausschuß in eine allgemeine Aussprache mit den Auskunftspersonen eintreten kann, soweit dies zur Klärung des Sachverhalts erforderlich ist. Solche Aussprachen dienen aber nicht der Verhandlung (im Sinne eines *do ut des*), sondern der Vertiefung und Verdeutlichung dargelegter Informationen und Interessen[51]. Soweit zwischen Interessenvertretern und Parlamentariern rechtsnormbezogene Verhandlungen über tauschfähige Positionen stattfinden, so dienen die geschäftsordnungsrechtlich oder gesetzlich ermöglichten Anhörungen hierfür jedenfalls regelmäßig nicht als Forum. Synallagmatische Verhandlungs- und Tauschelemente zwischen staatlicher und privater Seite sind bei Anhörungen zwar nicht gänzlich ausgeschlossen, dürften aber insgesamt eher im informellen Vorfeld der parlamentarischen Gesetzgebung als in den hier im Mittelpunkt der Betrachtung stehenden rechtsnormativ geregelten Anhörungs- und Beratungsverfahren zu erwarten sein.

Auch wenn die staatliche Seite die Beratung anfordert und ihr Interesse an der Beratung maßgeblich ist, verläuft in beiden Fällen – der Anhörung von Sachverständigen wie von Interessenvertretern – der Informationsfluß nicht nur einseitig von den gesellschaftlichen Informationsinhabern und Interessenträgern hin zum staatlichen Gesetzgeber. Vielmehr erhalten die angehörten Sachverständigen und Interessenvertreter auch einen privilegierten Einblick in die Details staatlicher Regelungsvorhaben und können hieraus ggfs. schon vorab Konsequenzen ziehen.

2. Beratung als faktische Optionenverengung

Fraglich erscheint allerdings, ob bei einer Beratung des staatlichen Rechtsnormsetzers insbesondere (aber nicht nur[52]) durch Sachverständige jener seine Entscheidungskompetenzen in der Hand behält oder ob im Verlauf einer solchen Beratung sich der Einfluß der Beratenden auf die Festlegung der zu analysierenden Gegenstände, die Wahl der Handlungsalternativen und ihre Durchführung in ei-

---

[51] A.A. aber *C. Tomuschat*, Verfassungsgewohnheitsrecht, S. 89, der auch bei den öffentlichen Verhandlungen auf rechtsförmlicher Grundlage bereits Tauschprozesse anzunehmen scheint, deren Ergebnisse nicht rückgängig zu machen sind. Dies erscheint aber gerade wegen der Publizität solcher Anhörungen fraglich. Realistischerweise sind »Verhandlungen« i.S.e. wechselseitigen Annäherung eher hinter verschlossenen Türen zu erwarten.
[52] So richtig *R. Steinberg*, in: H.-P. Schneider/W. Zeh, Parlamentsrecht und Parlamentspraxis in der Bundesrepublik Deutschland, § 7 Rn. 91, der die Beschränkung der Diskussion bei *W. Brohm* (Fn. 53) auf die Beratung durch Sachverständige kritisiert.

nem Maße verdichtet, daß die Mitwirkung an der Entscheidungsvorbereitung zu einer Mitentscheidung mutiert[53]. Eine theoretische Abschichtung von Beratung und Mitentscheidung ist unter Rückgriff auf formelle Kriterien möglich[54]: Beratung entfaltet sich im Vorfeld der Entscheidung. Sie entfaltet sich im Rahmen von Mitberatungs-, Vorschlags-, Antrags- oder Anhörungsrechten, während Mitentscheidung nur durch Allein- oder paritätische bzw. unterparitätische (Mit-) Entscheidungsrechte möglich wird[55]. Man mag dieser Unterscheidung vorhalten, daß sie auf einer formalistischen Sicht der Dinge beruht, deren mangelnder Realitätssinn sich insbesondere dort offenbart, wo der staatliche Rechtsnormsetzer sich gerade des Privaten bedienen muß, weil ihm selbst das erforderliche Steuerungswissen fehlt. Dann ist der staatliche Rechtsnormsetzer faktisch gezwungen, den privaten Vorgaben nachzukommen, ohne diese gegen eine Alternative abwägen zu können. Besondere Probleme werden aufgeworfen, wenn das letztentscheidende staatliche Rechtssubjekt den Inhalt sachverständiger Entscheidungsvorbereitungen unkritisch übernimmt[56].

Ob die Alternativenverengung durch die sachverständige oder interessengeleitete Einflußnahme tatsächlich ein solches Maß annimmt, daß statt von einer Beratung von einer faktischen Mitentscheidung zu sprechen ist[57], kann abstrakt kaum entschieden werden[58] – auch wenn die Existenz erheblicher Einflüsse wissenschaftlichen Sachverstands auf staatliche Entscheidungen gerade in komplexen Materien nicht zu leugnen ist[59]. Fraglich bleibt aber, ob das Maß sachverständigen Einflusses überhaupt einen Unterschied auf die Abschichtung von Beratung und Entscheidung macht; ob mithin die partielle Entäußerung des staatlichen Rechtsnormsetzers von seiner materiellen Verantwortung für den Inhalt der zu erlassenden Rechtsnorm rechtliche Konsequenzen in dem Sinne nach sich ziehen muß, daß diese als partielle Übertragung der Normsetzungskompetenz auf die sachverständigen oder interessengeleiteten Berater einzuordnen und dementsprechend verfassungsrechtlich zu rechtfertigen ist.

Zum einen besteht für den zur Entscheidung Berufenen keine Rechtspflicht zur Befolgung des Beratungsergebnisses[60]. Er kann jederzeit einen Alternativvor-

---

[53] *W. Brohm*, in: J. Isensee/P. Kirchhof, HdbStR Bd. II, § 36 Rn. 31.
[54] Zu dem analogen Fall der verwaltungsinternen Beratung *M. Jestaedt*, Demokratieprinzip und Kondominialverwaltung, S. 44 ff.
[55] *E.-W. Böckenförde*, Die Organisationsgewalt im Bereich der Regierung, S. 250 f.; *W. Schmitt Glaeser*, VVDStRL Bd. 31 (1973), S. 179 ff. (183 ff.) mit zahlr. Nachw. aus dem Bereich der Verwaltung.
[56] *M. Burgi*, Die Verwaltung Bd. 33 (2000), S. 183 ff. (194).
[57] So z.B. auch *E. Schreyer*, Pluralistische Entscheidungsgremien im Bereich sozialer und kultureller Staatsaufgaben, S. 24 (Fn. 59); *U. Di Fabio*, VerwArch Bd. 81 (1990) S. 193 ff. (217 ff.).
[58] *W. Brohm*, in: J. Isensee/P. Kirchhof, HdbStR Bd. II, § 36 Rn. 34, der aber zugleich die Notwendigkeit betont, sachverständige Beratung unabhängig von der Einwirkungsintensität auf die staatliche Entscheidung einheitlich zu kategorisieren.
[59] Siehe nur *W. Brohm*, in: J. Isensee/P. Kirchhof, HdbStR Bd. II, § 36 Rn. 10.
[60] *M. Jestaedt*, Demokratieprinzip und Kondominialverwaltung, S. 45; *J. Oebbecke*, Weisungs- und unterrichtsfreie Räume in der Verwaltung, S. 82; *H. Sodan*, Kollegiale Funktionsträger als Verfassungsproblem, S. 397 f.

schlag wählen oder selbst entwickeln, auch wenn das Beratungsergebnis in eine andere Richtung weist. Faktische Einflußnahmen gesellschaftlicher Kräfte sind für die Ausübung dieser Entscheidungskompetenz so lange nicht von rechtlicher Relevanz wie sie nicht die Willensentschließungsfreiheit des oder der Amtsträger ausschalten[61]. Würde man faktischen Mitentscheidungsbefugnissen der hier beschriebenen Art eine rechtliche Relevanz zubilligen, würde dadurch zugleich der fundamentale Zusammenhang zwischen Kompetenz und Verantwortung aufgelöst[62]. Als Anknüpfungspunkt für die demokratisch und rechtsstaatlich gebotene, verantwortungsrealisierende Zurechnung eignet sich indessen nur der formale Endpunkt eines Entscheidungsprozesses, die Entscheidung als Setzung von Rechtsfolgen. Alle auf diese Entscheidung hinführenden Vorgänge und die Einflüsse, denen sie unterliegen, können mangels rechtlicher Verbindlichkeit für die Zuordnung von Entscheidungskompetenzen nicht relevant sein. Diese Aussage wird noch unterstrichen durch die Schwierigkeiten, die die empirische Feststellung solcher Einflüsse mit sich bringt. Dies alles macht eine Formalisierung des Verantwortlichkeitsgeschehens[63] erforderlich, nach der hinsichtlich der Frage, welcher Akteur eine Entscheidung trifft, allein auf die rechtlichen Entscheidungskompetenzen, nicht aber auf faktische Einflüsse abzustellen ist.

II. Differenzierung von Interessenvertreter und Sachverständigem

Staatliche Anhörungen können in dem hier relevanten Zusammenhang der Rechtsnormsetzung nach zwei verschiedenen Gesichtspunkten systematisiert werden. Auf der einen Seite kann man danach unterscheiden, ob in ihnen Sachverständige oder Interessenvertreter angehört werden. Auf der anderen Seite können Anhörungen von Sachverständigen oder Interessenvertretern danach differenziert werden, auf welchen Rechtsakt sie sich beziehen. Hier ist zu unterscheiden zwischen solchen Anhörungen, die den Erlaß eines Parlamentsgesetzes vorbereiten und solchen, die vor Erlaß einer untergesetzlichen Norm abgehalten werden. Im folgenden konzentriert sich das Augenmerk der Untersuchung zunächst auf die Anhörung nicht-staatlicher Akteure – Sachverständige und Interessenvertreter – vor Erlaß eines Parlamentsgesetzes.

Wenn hier eine Differenzierung zwischen Sachverständigem und Interessenvertreter vorgenommen wird, so unterstellt dies die in der Literatur bisweilen bestrittene[64] Dichotomie von Interessenvertretung und Sachverstand. Eine idealtypische Trennung ist jedenfalls möglich[65]: Sachverständige Beratung ist auf die

---

[61] *M. Jestaedt*, Demokratieprinzip und Kondominialverwaltung, S. 46.
[62] Siehe hierzu S. 255 ff.
[63] *E. Klein*, Die verfassungsrechtliche Problematik des ministerialfreien Raumes, S. 68; *J. Oebbecke*, Weisungs- und unterrichtungsfreie Räume in der Verwaltung, S. 82.
[64] *P. Dagtoglou*, Der Private in der Verwaltung als Fachmann und Interessenvertreter, S. 30.
[65] *S. v. Heimburg*, Verwaltungsaufgaben und Private, S. 58 f.; *M. Jestaedt*, Demokratieprinzip und Kondominialverwaltung, S. 42; dies bestätigt auch *W. Brohm*, in: *J. Isensee / P. Kirchhof*,

Bereitstellung wissenschaftlich aufbereiteten Tatsachenmaterials und die Darstellung von mit wissenschaftlicher Methode gewonnenen Erkenntnissen ausgerichtet, während Interessenvertretung sich in der Einbringung subjektiv geprägter Wertungen verwirklicht. Der Sachverständige ist Gehilfe bei der Sachverhaltsermittlung, der Interessenvertreter bei der Sachverhaltsbewertung. Die Vertretung von Interessen impliziert die – nicht unbedingt juristisch zu verstehende – Zurechnung des Vertreterhandelns an einen vertretenen Dritten, während die Beratung keinen vermittelnde Aufgabe hat, sondern allein mit der Person des Beraters und dessen Fachkunde zusammenhängt. Mit der Person des Sachverständigen verbindet man primär den wissenschaftlichen Experten, mit der Person des Interessenvertreters den Spezialisten aus der Praxis, der von einem Unternehmen bzw. – hier relevant – einem Verband entsandt wurde.

In der Praxis werden aber an der Unterscheidbarkeit dieser beiden Kategorien Zweifel angemeldet, die dann auch Rückwirkungen auf die theoretische Unterscheidbarkeit entfalten: Schon die Objektivität wissenschaftlicher Beratung gilt als problematisch[66]. So ist zum einen die wissenschaftliche Aufbereitung von Tatsachen zumeist ebenso bereits interessengeleitet und von Werten geprägt, wie die Vornahme von Wertungen nur auf der Grundlage gesicherter tatsächlicher Erkenntnisse möglich ist. Der Interessenvertreter vertritt Fachkreise und kennt die dort drängenden fachlichen Probleme, da er mit ihnen ständig beschäftigt ist. Auf dieser wechselseitigen Verschränkung beruht auch die umgekehrte Einschätzung, daß Fachleuten, die nicht auch Interessenvertreter sind, die letzte und eigentliche Sachkunde fehlt, da der Fachmann aus Fachkreisen stammt und damit deren Interessen vertritt[67].

Auch die moderne Erkenntnistheorie verweist auf die Interdependenz zwischen wissenschaftlichem Erkenntnisgewinn und individuellen Voreingenommenheiten, was zu einer Pluralisierung der Wahrheitsbegriffe geführt hat. Ausgehend von einem mehr oder minder radikalen Konstruktivismus wird die Wirklichkeit als eine Konstruktion menschlichen Handelns oder menschlicher Geistestätigkeit angesehen, so daß es eine Wirklichkeit nicht geben kann[68]. Die wahrgenommene Umwelt gilt als Erfindung[69]. Wissenschaftliche Aussagen sind unter diesen Bedingungen nicht ohne Determinierung durch Interessen denkbar.

Angesichts solcher Schwierigkeiten erscheint es sinnvoll, zunächst zwischen der personellen und der inhaltlichen Komponente der in Frage stehenden Kategorien zu unterscheiden und damit den Interessenvertreter von dem Sachverständigen einerseits und die Interessenvertretung von der sachverständigen Beratung ande-

---

HdbStR Bd. II, § 36 Rn. 15, der ansonsten hinsichtlich der Gegenüberstellung von Sachverstand und Interessenvertretung eher skeptisch ist (ebd.); a.A. *P. Dagtoglou*, Der Private in der Verwaltung als Fachmann und Interessenvertreter, S. 29.

[66] *W. Brohm*, in: J. Isensee/P. Kirchhof, HdbStR Bd. II, § 36 Rn. 13 ff.; *P. Dagtoglou*, Der Private in der Verwaltung als Fachmann und Interessenvertreter, S. 30 ff.

[67] *P. Dagtoglou*, Der Private in der Verwaltung als Fachmann und Interessenvertreter, S. 29.

[68] *P. Watzlawick*, Wie wirklich ist die Wirklichkeit?, S. 7.

[69] Siehe nur *H. v. Foerster*, in: P. Watzlawick, Die erfundene Wirklichkeit, S. 27 ff. (40).

rerseits abzuschichten und eine Differenzierung zwischen den beiden Kategorien von dem Bedarf abhängig zu machen, der der jeweiligen Inanspruchnahme zugrunde liegt[70]. Bedienen sich staatliche Instanzen bei der Vorbereitung gesetzgeberischer Vorhaben eines Privaten, so dürfte die damit verbundene Motivation in der Regel klar zu Tage liegen: Entweder bedarf es der Erschließung nicht-staatlicher Wissensressourcen oder der Erkundung von Interessen der von dem Vorhaben Betroffenen (verbunden mit der Werbung um Akzeptanz). Diese inhaltliche Komponente dürfte aus der Sicht des den Privaten Anfordernden, der mit dessen Beteiligung eines der genannten Ziele verbindet, leicht zu unterscheiden sein. Demgegenüber ist von staatlicher Seite aus nicht zu steuern, wie die Äußerungen des Herangezogenen strukturiert sind, ob er Meinungen in Tatsachen kleidet, ob er nur Meinungen und keinen Tatsachen äußert oder Tatsachen zur Untermauerung einer nicht offen geäußerten Meinung nur selektiv darstellt. Hieran wird deutlich, daß eine Person zugleich Interessenvertreter und Sachverständiger sein kann, daß aber eine einzelne Äußerung immer nur entweder Beratung oder Interessenvertretung ist. Wird eine Tatsache aufgrund einer internen Meinung verzerrt, bleibt sie Tatsache; allerdings ist die Beratung dann nicht von hoher Qualität, da sich eine gute Beratung durch Ausgewogenheit und umfassende Tatsachenberücksichtigung auszeichnet. Daran wird deutlich, daß die Schwierigkeit bei der Unterscheidung von Beratung und Interessenvertretung nicht so sehr in der inhaltlichen, sondern vielmehr in der personellen Komponente der Begrifflichkeit liegt. Ist man sich dessen bewußt und stellt man dann auf die Erwartungshaltung ab, mit der die Beteiligung des Privaten in Anspruch genommen wird, so läßt sich eine Unterscheidung zwischen Interessenvertretung und sachverständiger Beratung treffen[71].

III. Interessenvertretung und Interessenmediatisierung durch Verbände

Die Beteiligung privater Dritter in dem Verfahren der parlamentarischen Gesetzgebung[72] erfolgt vor allem in der Form einer Konsultation von Interessenverbänden[73]. Verbandseinfluß bei der parlamentarischen Gesetzgebung ist in allen Stadien der Gesetzgebung präsent – von der ministeriellen Vorbereitung eines

---

[70] *W. Brohm*, in: J. Isensee/P. Kirchhof, HdbStR Bd. II, § 36 Rn. 15 f. spricht von der »erwarteten Rollenfunktion«.
[71] S.a. *S. v. Heimburg*, Verwaltungsaufgaben und Private, S. 58 f.; *M. Jestaedt*, Demokratieprinzip und Kondominialverwaltung, S. 43.
[72] Zu anderen Beteiligungsformen in anderen Zusammenhängen: *W. Brohm*, in: J. Isensee/P. Kirchhof, HdbStR Bd. II, § 36 Rn. 22 ff.
[73] Überblick bei *M. Schladebach*, DÖV 2000, S. 1026 ff. (1028 ff.). Aus politikwissenschaftlicher Sicht: *K. v. Beyme*, Der Gesetzgeber, S. 207 ff.; *K. Damaschke*, Der Einfluß der Verbände auf die Gesetzgebung; *O. Stammer/W. Hirsch-Weber* u.a., Verbände und Gesetzgebung; *L.-A. Versteyl*, Der Einfluß der Verbände auf die Gesetzgebung.

Gesetzgebungsvorhabens über die parlamentarische Behandlung bis hin zu einer informellen Einflußnahme auf ein eventuelles Verfahren in dem Vermittlungsausschuß (Art. 77 Abs. 2 GG). Es ist mit Blick auf die möglichen Stadien der verbandlichen Mitwirkung zwischen einer Mitwirkung im eigentlichen (äußeren) parlamentarischen Gesetzgebungsverfahren einerseits und in dessen Vorfeld bei der Gesetzeserarbeitung und -formulierung andererseits zu unterscheiden.

Außer Acht bleiben bei den folgenden Ausführungen die vielfältigen informellen Kontakte zwischen Abgeordneten und Verbänden, die ebenfalls unter dem Begriff des Lobbyismus versammelt werden. Diese in gemeinsame, öffentlichen oder privaten Veranstaltungen eingebettete, vielleicht sogar auch in die Übertragung von Verbandsfunktionen oder den Abschluß von Beraterverträgen mündende Zusammenarbeit mag den Rahmen des verfassungs- oder einfachrechtlich Zulässigen aus der Sicht des Abgeordnetenrechts bisweilen überschreiten, indes handelt es sich bei dem Aufbau von Loyalitätsbeziehungen nicht um eine Form institutionalisierter Beteiligung, wie sie im Mittelpunkt der Untersuchung steht, sondern vielmehr um einen Fall der allgemeinen und nicht auf ein bestimmtes Regelungsvorhaben bezogenen »Pflege der politischen Landschaft«[74]. Hier nutzen die Verbände nicht einen Zugang, der speziell ihnen durch rechtliche Normierung gewährt wird; vielmehr nehmen sie ohne rechtliches Privileg gegenüber anderen Grundrechtsträgern an dem allgemeinen gesellschaftlichen Willensbildungsprozeß und dessen Transfer in den Bereich der Staatswillensbildung teil.

Verbände sind nicht-staatliche Vereinigungen natürlicher oder juristischer Personen, die wirtschaftliche, soziale, kulturelle, egoistische oder altruistische Interessen ihrer Mitglieder wahrnehmen und vertreten[75]. Die öffentlich-rechtlich organisierten Rechtssubjekte der funktionalen Selbstverwaltung sind keine Verbände im politologischen oder staatsrechtlichen Sinne[76], sondern – zumindest aus verwaltungsorganisatorischer Sicht – Glieder der mittelbaren Staatsverwaltung[77]. Dennoch gehört die Vertretung der Interessen ihrer – zwangskorporierten – Mitglieder regelmäßig zu dem Aufgabenbereich dieser wirtschaftlichen und berufsständischen Selbstverwaltungskörperschaften (siehe z.B. § 1 Abs. 1 IHKG; § 91 Abs. 1 Nr. 1 HwO)[78]. In dem hier relevanten Zusammenhang empfiehlt sich eine Beschränkung des Verbandsbegriffs auf solche Interessenverbände, die – auf Dauer angelegt – Einfluß auf politische, und insbesondere staatliche Entscheidungen zu nehmen suchen, ohne die gesamtstaatliche, parlamentarische Verantwortung für die Ausübung politischer Macht übernehmen zu wollen. Damit scheiden

---

[74] Eine umfassende Übersicht über die Kommunikationskanäle zwischen Parlament und Interessenverbänden bietet *B. Weßels*, ZParl 1987, S. 285 ff.
[75] *H.H. v. Arnim*, Gemeinwohl und Gruppeninteressen, S. 135 f.; ders., Staatslehre der Bundesrepublik Deutschland, S. 284; *J. Kaiser*, in: J. Isensee/P. Kirchhof, HdbStR Bd. II, § 34 Rn. 2; *W. Kirberger*, Staatsentlastung durch private Verbände, S. 101 ff., dort (S. 33 ff.) auch zur historischen Entwicklung des Verbandswesens in Deutschland. Empirischer Überblick über die organisierten Interessen in der Bundesrepublik bei *H.-G. Dederer*, Korporative Staatsgewalt, § 2 I 1 (d).
[76] *J.H. Kaiser*, in: J. Isensee/P. Kirchhof, HdbStR Bd. II, § 34 Rn. 5.
[77] *W. Kluth*, Funktionale Selbstverwaltung, S. 26 ff.
[78] Hierzu: *L. Fröhler/P. Oberndorfer*, Körperschaften des öffentlichen Rechts und Interessenvertretung, S. 15 und passim.

III. Interessenvertretung und Interessenmediatisierung durch Verbände 105

die politischen Parteien i.S.v. Art. 21 GG aus diesem Verbandsbegriff aus[79]. Es ist gerade deren politische und soziale Breite, die dazu geführt hat, daß die Verbände für bestimmte spezialisierte politische Anliegen die wirkungsvolleren Transmissionsriemen gesellschaftlicher Anliegen in die Politik[80] geworden sind[81].

Im Unterschied zu politischen Parteien zielen die Aktivitäten von Verbänden nicht auf eine Teilnahme am politischen Entscheidungsprozeß in parlamentarischen Formen (§ 2 Abs. 1 PartG) und die Übernahme von Regierungsverantwortung, sondern vielmehr auf eine Einwirkung »von außen«, insbesondere in den parlamentarischen Prozeß. Zudem stellen sich Verbände anders als Parteien nicht in allgemeinen Wahlen dem Urteil der Wähler. Allerdings ist zu beobachten, daß Verbände die klassische und in Art. 21 Abs. 1 Satz 1 GG niedergelegte Katalysatoren- und Vermittlerrolle der politischen Parteien zumindest in den Politikbereichen, auf die sie ihre Aktivitäten konzentrieren, überspielen. Verbände sind in der Lage, punktgenau und effektiv in den politischen und staatlichen Willensbildungsprozeß einzugreifen, weil sie sich – anders als die maßgeblichen politischen Parteien – langfristig auf ein politisches Thema konzentrieren können. Die Verbände sind wegen ihrer funktionalen Differenzierung und thematischen Monostruktur, die nicht selten zu einer Ko-Evolution der zuständigen politisch-administrativen und hierauf ausgerichteten verbandlichen Strukturen geführt hat[82], nicht in gleichem Maße wie die modernen Volksparteien zu internen Kopplungs- und Tauschgeschäften zwischen divergierenden Interessenpositionen gezwungen. Die Positionierung des Verbandes in einer bestimmten Angelegenheit wird nicht durch den Zwang zu inhaltlicher Rücksichtnahme in einem anderen Zusammenhang verwässert. Dies macht es für den einzelnen sinnvoll, seine Handlungsagenda – soweit sie entsprechend spezialisiert und in dem o.a. Sinne »verbandstauglich« ist – nicht innerhalb einer bzw. durch eine Partei, sondern über verbandliche Einflußkanäle zu verfolgen. Neben dieser unmittelbaren Beeinflussung haben sich auch die Beziehungen zwischen Verbänden und Parteien verdichtet[83], so daß inhaltliche Einflußnahme der Verbände auf den politischen und staatlichen Willensbildungsprozeß auch zunehmend über politische Parteien vermittelt wird[84].

Verbände entstammen den verschiedensten Bereichen des öffentlichen Lebens[85]. Ihre Zahl ist kaum überschaubar. Die Vielgestaltigkeit der vertretenen Interessen

---

[79] *J.H. Kaiser*, Die Repräsentation organisierter Interessen, S. 241 ff.; *K. Hesse*, VVDStRL Bd. 17 (1959), S. 11 ff. (40); *R. Steinberg*, in: H.-P. Schneider/W. Zeh, Parlamentsrecht und Parlamentspraxis in der Bundesrepublik Deutschland, § 7 Rn. 8.

[80] Allerdings ist auch zu beachten, daß neben Parlament und Exekutive nicht zuletzt auch die Parteien als Einflußziele verbandlicher Tätigkeit in Betracht kommen (siehe *R. Steinberg*, in: H.-P. Schneider/W. Zeh, Parlamentsrecht und Parlamentspraxis in der Bundesrepublik Deutschland, § 7 Rn. 52 f.), so daß die eigentlich spezialisiert nebeneinander stehenden Einflußkanäle auf diesem Wege wieder zueinander finden.

[81] *M. Stolleis*, VVDStRL Bd. 44 (1986), S. 7 ff. (20 f.); s.a. *D. Grimm*, in: E. Benda/W. Maihofer/H.-J. Vogel, HdbVerfR, § 15 Rn. 5; *J.H. Kaiser*, Die Repräsentation organisierter Interessen, S. 232 ff.

[82] Hierzu *V. Eichener/H. Voelzkow*, PVS-Sonderheft 25 (1994), S. 37 ff.

[83] Nachweise bei *R. Steinberg*, in: H.-P. Schneider/W. Zeh, Parlamentsrecht und Parlamentspraxis in der Bundesrepublik Deutschland, § 7 Rn. 33 ff.

[84] *M. Stolleis*, VVDStRL Bd. 44 (1986), S. 7 ff. (20 f.).

[85] Übersicht bei *W. Kirberger*, Staatsentlastung durch private Verbände, S. 117 ff.; *R. Steinberg*, in: H.-P. Schneider/W. Zeh, Parlamentsrecht und Parlamentspraxis in der Bundesrepublik Deutschland, § 7 Rn. 5 ff.

erschwert die Systematisierung. Eine zentrale Rolle bei der Einflußnahme auf Politik und Gesetzgebung nehmen die Verbände des Arbeits- und Wirtschaftslebens ein. Die wirtschaftspolitische Arena dürfte der sichtbarste Bereich verbandlicher Interessenvertretung gegenüber staatlichen Entscheidungen in dem Bereich der Normsetzung sein[86]. Hier agieren Spitzenverbände einzelner Branchen, Arbeitgeber- und Berufsverbände sowie Gewerkschaften. Eine immer größere Rolle bei der politischen Meinungsbildung spielen auch Umwelt- und Verbraucherschutzverbände. Des weiteren sind die Sozialverbände – wie etwa das Deutsche Rote Kreuz und die sonstigen Spitzenverbände der freien Wohlfahrtspflege, Behinderten- und Kriegsopferverbände u.ä. – anzuführen, auch wenn diese neben umfangreicher Interessenvermittlung ihrer Anliegen in dem politischen Bereich auch vielfältige andere Aufgaben wahrnehmen. Ähnliches gilt für die ebenfalls in das politische Leben hineinwirkenden Religionsgesellschaften, die zwar nicht zuletzt wegen ihrer besonderen verfassungsrechtlichen Verankerung nicht als Verbände bezeichnet werden, wohl aber bei Einflußnahme auf üblichen Adressaten von Verbandseinfluß (Parlament, Ministerialverwaltung) sich verbandlichen Gesetzmäßigkeiten zu beugen haben[87]. An sonstigen hier relevanten Verbänden sind noch etwa die des Freizeit- (etwa der ADAC) und Sportbereichs (DFB, DSB) zu nennen.

1. Verbände und das Grundgesetz

Das Grundgesetz erwähnt die Verbände nicht ausdrücklich[88]. Auch die für ihre Existenz und Tätigkeit relevanten Verfassungsvorschriften (v.a. Art. 5 Abs. 1 und 9 Abs. 1 GG) lassen sich nicht ausdrücklich zu den Verbänden ein. Diese Enthaltsamkeit des Verfassungstextes steht in Kontrast zu der tatsächlichen Bedeutung der Verbände und Interessengruppen im öffentlichen Leben der Bundesrepublik Deutschland[89]. Die Bedeutung der Verbände für die Vermittlung privater Interessen ist primär auf die historische Entwicklung der politischen Parteien von Interessen- und Weltanschauungsparteien hin zu Volksparteien zurückzuführen. Da diese eine Vielzahl von Interessen in sich vereinigen und bei deren in-

---

[86] Siehe nur *U. v. Alemann/R.G. Heinze*, ZParl Bd. 10 (1979), S. 469 ff. (485 ff.).
[87] *J. Kaiser*, in: J. Isensee/P. Kirchhof, HdbStR Bd. II, § 34 Rn. 22.
[88] Zu den staatsrechtlichen Problemen des Verbändestaats: *W. Berg*, Die Verwaltung Bd. 11 (1978), S. 71 ff.; *E.-W. Böckenförde*, Der Staat Bd. 15 (1976), S. 457 ff.; *D. Grimm*, in: E. Benda/W. Maihofer/H.-J. Vogel, HdbVerfR, § 15; *J. Isensee*, in: FS Hennis, S. 360 ff. (368 f.); *J.H. Kaiser*, Die Repräsentation organisierter Interessen; *ders.*, in: J. Isensee/P. Kirchhof, HdbStR Bd. II, § 34; *O. Lepsius*, Steuerungsdiskussion, Systemtheorie und Parlamentarismuskritik, S. 24 (Fn. 36 m.w.N.); *K. Loewenstein*, AöR Bd. 77 (1951), S. 387 ff. (413); *M. Schladebach*, DÖV 2000, S. 1026 ff.; *E. Schmidt-Aßmann*, Das allgemeine Verwaltungsrecht als Ordnungsidee und System, S. 63 ff.; *R. Steinberg*, ZRP 1972, S. 207 ff.; *P. Häberle*, ZHR Bd. 145 (1981), S. 473 ff.
[89] Immer noch maßgeblich ist die Analyse von *T. Eschenburg*, Herrschaft der Verbände; s.a. den Überblick über die einschlägige Diskussion bei *W. Kirberger*, Staatsentlastung durch private Verbände, S. 27 ff. m.w.N.; *J. Weber*, in: H. Oberreuter, Pluralismus – Grundlegung und Diskussion, S. 163 ff. (164 ff. und passim).

terner Vorordnung diesen oder jenen konfligierenden Interessen den Weg in den Prozeß der Staatswillensbildung von vornherein versperren, suchen sich die in dem internen Interessenwettbewerb der Parteien nicht zur Geltung kommenden Interessen zusätzliche Kommunikationswege[90].

Die Vereinigungsfreiheit nach Art. 9 Abs. 1 GG, auf deren Grundlage sich die privaten Interessenverbände konstituieren (Verbandsgrundrecht[91]), ist nicht nur eine elementare Äußerung der menschlichen Handlungsfreiheit[92]; sie entfaltet vielmehr als zentrales Aufbauprinzip des Gemeinwesens[93] auch elementare Bedeutung für die Gesellschaft als Ganzes. Art. 9 Abs. 1 GG streitet zugunsten der freien gesellschaftlichen Selbstorganisation sowohl gegen die ständisch korporative Ordnung, die Kennzeichen älterer Sozialordnungen war, als auch gegen die planmäßige staatliche Formung und Organisation der Gesellschaft nach den Maßstäben eines von einer herrschenden Gruppe diktierten Wertesystems[94]. Dementsprechend hat das Bundesverfassungsgericht entschieden, daß der Staat nicht durch die beliebige Errichtung öffentlich-rechtlicher Körperschaften das freie Verbandswesen unterlaufen und den freien Vereinigungen durch Pflichtmitgliedschaften in parallel tätigen öffentlich-rechtlichen Verbänden die Lebensmöglichkeit nehmen darf. Darüber hinaus macht Art. 19 Abs. 3 GG deutlich, daß das Grundgesetz Kollektivpersonen und Gruppenmächte nicht einem diffusen Sektor des Öffentlichen, sondern der grundrechtlichen Sphäre zurechnet. Ihre Tätigkeit bedarf daher keiner besonderen Rechtfertigung, und noch weniger unterfallen sie den Legitimationsanforderungen, die das Grundgesetz an die Ausübung staatlicher Herrschaft stellt[95].

Verbände dienen der Interessenbefriedigung ihrer Mitglieder – ein Ziel, das im Wege der Interessenvertretung verfolgt wird. Sie werden mit dem Ziel gegründet und aufrecht erhalten, spezifische gesellschaftliche Teilinteressen auf politischer Ebene durchzusetzen. Diese Interessen gehen aus gesellschaftlichen Teilsektoren hervor und werden regelmäßig und legitimerweise verabsolutiert. Für Verbände ist kennzeichnend, daß ihr Handeln keinen intentionalen Bezug zu gesamtgesellschaftlichen Anliegen aufweist. Anders als staatliche Instanzen trifft Verbände keine Abwägungspflicht zwischen verschiedenen Interessen; jene müssen sich nicht umfassend und vor allen Aktivbürgern für ihr Handeln rechtfertigen. Soweit sich ein Interessenverband ausschließlich für die Interessen der durch ihn Vertretenen müht und dabei außer Betracht läßt, welche negativen Auswirkun-

---

[90] *D. Grimm*, in: E. Benda/W. Maihofer/H.-J. Vogel, HdbVerfR, § 15 Rn. 5.
[91] *R. Scholz*, Die Koalitionsfreiheit als Verfassungsproblem, S. 127.
[92] BVerfGE 38, 281 (303).
[93] BVerfGE 38, 281 (303); 50, 290 (353 f.).
[94] BVerfGE 50, 290 (353); s.a. BVerfGE 38, 281 (303); zustimmend *H. Bauer*, in: H. Dreier, Grundgesetz Bd. I, Art. 9 Rn. 17; *A. Rinken*, in: Alternativ-Kommentar zum Grundgesetz Bd. I, Art. 9 Abs. 1 Rn. 43. Auch *G.F. Schuppert*, in: A. Klein/R. Schmalz-Bruns, Politische Beteiligung und Bürgerengagement in Deutschland, S. 114 ff. (120 ff.) erklärt Art. 9 Abs. 1 GG zu einer Säule der assoziativen Demokratie, die sich jenseits des Korporatismus bewegt (a.a.O., S. 125).
[95] *E. Schmidt-Aßmann*, Das allgemeine Verwaltungsrecht als Ordnungsidee, S. 63 f.

gen dieses Handeln auf andere gesellschaftliche Anliegen hat, kann dies verfassungsrechtlich prinzipiell nicht kritisiert werden. Die Vertretung von Partikularinteressen gegenüber der organisierten Staatlichkeit ist aus grundrechtlicher Sicht völlig legitim. Dies gilt aber in dem gleichen Maße für Hintansetzung dieser partikularen Interessen in dem politischen Entscheidungsprozeß wegen Bevorzugung anderer Interessen. Aus diesem Spannungsverhältnis nährt sich der politische Prozeß.

2. Die Beteiligung von Verbänden an staatlicher Steuerung

Die Beteiligung von Verbänden an staatlichen Steuerungsmaßnahmen erstreckt sich sowohl auf die Normsetzung wie auf die Normdurchsetzung[96]. Hinsichtlich der hier allein relevanten Beteiligung der Verbände an der Normsetzung ist zwischen drei verschiedenen verbandlichen Beteiligungsformen zu unterscheiden[97]: Auf einer ersten Stufe steht dabei die verbandliche Beratung des staatlichen Rechtsnormsetzers. Hier nehmen die Verbände auf den Inhalt der Norm Einfluß. Die Anhörung von Verbänden im Normsetzungsverfahren führt aber nicht zu einer Verschiebung staatlicher Normsetzungskompetenz. Sie erfüllt mehrere Funktionen[98]. Die *Informationsfunktion* beschreibt die Ermittlung und Aufbereitung der in den Verbänden akkumulierten Sachkenntnis aus dem funktionalen Verbandsbereich, um diese Informationen den staatlichen Entscheidungsinstanzen zur Verfügung zu stellen[99]. Die *Beeinflussungsfunktion* richtet sich im Sinne einer Interessenvertretung auf die politischen, parlamentarischen und exekutiven Instanzen, um diese für die eigenen Ziele sensibel zu machen oder gar zu gewinnen. Die *Vereinheitlichungsfunktion* zielt auf die Rolle der Verbände als intermediäre Instanzen, die die in ihrem Mitgliederbestand versammelten, u.U. noch divergierenden Interessen sammeln, zum Ausgleich bringen und damit kanalisieren, um gegenüber den staatlichen politischen Instanzen mit einer Stimme sprechen zu können (*Übermittlungsfunktion*). Die *Entlastungsfunktion* kommt bei bloßen Anhörungen weniger zum Tragen als bei Verhandlungen zwischen dem Staat und dem Verband über staatliche Normsetzungsvorhaben – die allerdings auch in den institutionellen Rahmen einer Anhörung eingefügt sein können. Diese Funktion umschreibt die Aufgabe der Verbände, die zuvor im Verbandsbereich kanalisierten und zum Ausgleich gebrachten divergierenden

---
[96] Überblick bei *H.H. v. Arnim*, Gemeinwohl und Gruppeninteressen, S. 142 ff. m.w.N.; *ders.*, Staatslehre der Bundesrepublik Deutschland, S. 291 f.; *J.H. Kaiser*, in: J. Isensee/P. Kirchhof, HdbStR Bd. II, § 34 Rn. 28 ff.; *W. Kirberger*, Staatsentlastung durch private Verbände, S. 117 ff.

[97] *W. Kirberger*, Staatsentlastung durch private Verbände, S. 131 ff.; *F. Traxler/G. Vobruba*, ZfS 1987, S. 3 ff. (6).

[98] *E.-W. Böckenförde*, Der Staat Bd. 15 (1976), S. 457 ff. (462 (Fn. 12)); *H.-J. Papier*, FS Bettermann, S. 33 ff. (50 f.); *R. Scholz*, in: T. Maunz/G. Dürig u.a., Grundgesetz, Art. 9 Rn. 13; *H. Schröder*, Gesetzgebung und Verbände, S. 24 ff.

[99] Siehe hierzu auch *H. Krüger*, Von der Notwendigkeit einer freien und auf lange Sicht angelegten Zusammenarbeit zwischen Staat und Wirtschaft, S. 20.

III. Interessenvertretung und Interessenmediatisierung durch Verbände

Positionen, die als Verhandlungsmasse gegenüber dem staatlichen Verhandlungspartner eingesetzt wurden, auch tatsächlich intern gegenüber den Verbandsmitgliedern durchzusetzen. Auf einer zweiten Stufe stehen die Verbände mit – im untechnischen Sinne – belehnter Rechtsetzungskompetenz, deren einzelne regulierende Akte durch staatliche Autorität (Delegation, Rezeption, Normanerkennung) eine über den Kreis der Verbandsmitglieder hinausgehende Geltung erlangen. Hier findet die Normsetzung bzw. die Formulierung des Norminhalts durch Verbände statt, die Erhebung der auf diese Weise festgelegten Normen in den Rang einer Rechtsnorm (durch Verweisung oder Rezeption) obliegt demgegenüber dem Staat. Drittens ist die autonome verbandliche Steuerung zu erwähnen, die Normfestsetzung und -durchsetzung unter Zurückstellung staatlicher Autorität organisiert. Hier üben die Verbände Normsetzungskompetenzen aus, die ihnen entweder staatlicherseits zu einem bestimmten Steuerungszweck übertragen wurden oder aber im Rahmen des privatautonomen Gestaltungsinstrumentariums des Verbands angesiedelt sind.

Die Rolle der Verbände im politischen Prozeß ist ambivalent – dies ist die zentrale These der akteurzentrierten Steuerungstheorie: Auf der einen Seite dienen sie gesellschaftlichen Interessen als Einflußpfad in den staatlichen Willensbildungsprozeß. Auf der anderen Seite bilden sie gesellschaftliche Verhandlungssysteme mit einer internen hierarchischen Funktion und können als solche für staatliche Steuerungsanliegen in Anspruch genommen werden.

3. Verbände als gesellschaftliche Verhandlungssysteme mit hierarchischer Funktion

Neben die Einflußnahme der Verbände auf die politische und staatliche Willensbildung durch Interessenvertretung treten zwei weitere Aktionsrichtungen: Zum einen verfügen Verbände über z.T. erhebliche Machtpositionen gegenüber ihren Mitgliedern. Zum anderen entfalten sie ihre Macht auch gegenüber Dritten, die nicht Verbandsmitglieder sind[100].

Allerdings erscheint mit Blick auf die Nicht-Verbandsmitglieder schon fraglich, inwieweit deren negative Vereinigungsfreiheit[101] durch die von den Verbänden wahrgenommenen intermediären Steuerungsaufgaben berührt ist. Um an diesen mittelbar teilnehmen zu können, wäre es möglich, daß sich nicht-organisierte Grundrechtsträger gezwungen sehen, bestehenden privaten Interessenorganisationen beizutreten (oder zu diesen konkurrierende neue zu gründen). Hierin kann höchstens ein mittelbarer Grundrechtseingriff gesehen werden, der als solcher die für solche Eingriffe relevante Schwelle der Erheblichkeit

---

[100] Insbesondere auf den letzteren Aspekt weist in der juristischen Literatur – soweit ersichtlich – erstmals *F. Nicklisch*, ZRP 1968, S. 36 ff. (36) hin. Ausführlich nun zu den grundrechtlichen Implikationen sowohl für das Verhältnis zwischen Verband und Mitglied wie auch zwischen Verband und Nichtmitglied: *L. Michael*, Rechtsetzende Gewalt im kooperierenden Verfassungsstaat, S. 372 ff.

[101] Zu deren Schutzgehalt: BVerfGE 10, 89 (104); 38, 281 (297 f.); 50, 290 (354); *W. Höfling*, in: M. Sachs, Grundgesetz, Art. 9 Rn. 21 ff.

erst überschreitet, wenn die Wahrnehmung der negativen Vereinigungsfreiheit praktisch unmöglich gemacht wird[102].

Auch bei der Beratung des Staates treten Verbände nicht immer nur als Vermittler von gesellschaftlichen Interessen bzw. den Interessen ihrer Mitglieder auf. Vielmehr agieren sie als deren Vertreter, die mit staatlichen Stellen im Interesse ihrer Mitglieder verhandeln und paktieren. Diese Tätigkeit der Verbände ist für die staatlicherseits zu erzielenden Steuerungsleistungen von großem Wert. Es ist sozialwissenschaftlich erwiesen, daß in gesellschaftlichen Teilbereichen, in denen Verbände tätig sind, bessere Steuerungsleistungen erzielt werden können als in solchen Bereichen ohne besonderen Organisationsgrad[103]. Dies liegt an der verbands- bzw. bereichsinternen, u.U. hierarchisch strukturierten Vorordnung der Meinungsbildung. Aber auch mit Blick auf die verbandliche Teilnahme an der politischen Willensbildung liegt das Wesen und der Wert der grundrechtlichen Gewährleistung von Art. 9 Abs. 1 GG in der Möglichkeit zur internen Homogenisierung der Einzelwillen, so daß der Verband mit einer Stimme zu sprechen vermag[104]. Hier kommt die bereits erwähnte *Entlastungsfunktion* der Verbände zum Tragen: Es obliegt dem Verband, vor Beginn der Verhandlungen zuvor in dem Verbandsbereich existierende divergierende Positionen verschiedener individueller Interessenträger zu kanalisieren und zum Ausgleich zu bringen, die dann als Verhandlungsmasse gegenüber dem staatlichen Verhandlungspartner in die Waagschale geworfen werden. Hierdurch erhalten die Meinungen der Mitglieder in der öffentlichen und politischen Diskussion ein größeres Gewicht als bei individuellem Vortrag. Im Nachhinein schuldet es der Verband seiner für kommende Verhandlungen erforderlichen Glaubwürdigkeit und Reputation bei den staatlichen Verhandlungspartnern, die sich aus dem Verhandlungsergebnis ergebenden Pflichten für den Verband und die von ihm vertretenen Interessenträger auch tatsächlich durchzusetzen. Eine Verweigerungshaltung der Verbandsmitglieder hätte insoweit Reputationsverluste des Verbandes zur Folge und würde dessen Durchsetzungskraft in den nächsten Verhandlungen mit der staatlichen Seite erheblich mindern.

Die an der Normsetzung beteiligten Verbände sind daher Institutionen, die in sich die Interaktionsformen Hierarchie und Verhandlung vereinen. Sie übernehmen zunächst die Aufgabe eines den gesellschaftlichen Einfluß kanalisierenden, inner-gesellschaftlichen Verhandlungssystems, treten dann aus der gesellschaftlichen Sphäre in eine Verhandlungsarena mit dem Staat und vertreten dort den innerhalb des Verbandes im Verhandlungswege gewonnen Kompromiß, um dann wiederum das Verhandlungsergebnis mit hierarchischen Mitteln des Vereinsrechts gegenüber den Mitgliedern durchzusetzen[105]. Diese Aufgabe setzt voraus, daß die Verbände über Mittel zur innerverbandlichen Durchsetzung der Ver-

---

[102] *H.-G. Dederer*, Korporative Staatsgewalt, § 17 I 3 a (aa).
[103] *R. Mayntz*, Jahrbuch zur Staats- und Verwaltungswissenschaft Bd. 1 (1987), S. 89 ff. (103 f.).
[104] *W. Schmitt Glaeser*, in: J. Isensee/P. Kirchhof, HdbStR Bd. II, § 31 Rn. 10.
[105] *V. Brennecke*, Normsetzung durch private Verbände, S. 32 ff.

handlungsergebnisse verfügen[106] – was deutlich macht, daß die externe Agenda der Verbände im kooperativen Staat Rückwirkungen auf deren interne Struktur hat. Kooperations-, Artikulations-, Tausch- und Verpflichtungsfähigkeit müssen auf Seiten des Verbandes hergestellt werden.

Selbst unter der für den Durchsetzungsanspruch günstigsten Bedingung, nach der sich das Durchsetzungsziel des Verbandes mit dem Eigeninteresse der Mitglieder deckt, ist es aus der Perspektive eines rational handelnden Verbandsmitglieds sinnvoll, sich nicht an der verbandsinternen Durchsetzung einer Vereinbarung zu beteiligen. Der mindeste Vorteil, der dem sich passiv verhaltenden Verbandsmitglied durch ein solches Verhalten entsteht, ist der, daß für das Verbandsmitglied keine Kosten aus den entsprechenden Bemühungen anfallen, es andererseits aber auch aus der Verwirklichung des Ziels den allgemeinen Nutzen ziehen kann. Einem Verband stehen drei Mechanismen offen, um dieses Dilemma zu überwinden, von denen zwei verbandspolitischer Natur sind, eines hingegen juristischer Natur ist:

Auf der Grundlage der Handlungsoption »Solidarität« kann der Verband versuchen, die Mitglieder zur Hintanstellung ihrer konsequenten Verfolgung von Eigeninteressen zu bewegen, um die gemeinsamen Interessen des Verbandes und seiner Mitglieder zu schützen, deren Verwirklichung ansonsten scheitert. Diese Option kann ausgespielt werden, wenn die gleichgerichteten gemeinsamen Interessen, die in dem Verband gebündelt wurden, durch einen externen Dritten (damit v.a. durch den Staat) gefährdet sind. Die zweite Option der nicht rechtlich faßbaren Mitgliederintegration liegt darin, ein mit den Verbandsinteressen konformes Verhalten der Mitglieder durch Tauschprozesse herbeizuführen. Hier sind Belohnungen und Konzessionen des Verbandes an renitente Mitglieder in Form von Serviceleistungen oder anderen Privilegien innerhalb des Verbandes denkbar.

Als juristisches Mittel zur Herstellung von Folgebereitschaft ist die Ausübung von Zwang durch Vereinsstrafen oder Ausschluß – und der damit verbundene Entzug von Einflußmöglichkeiten auf die Politik des Verbandes – denkbar. Allerdings kann ein Verbandsmitglied regelmäßig nicht zivilrechtlich zur Befolgung eines von der Verbandsspitze geschlossenen Pakts gezwungen werden, da – mangels individueller Bevollmächtigung – Vereinsrecht gilt und Satzungen für spezielle Verpflichtungen zur Einhaltung solcher Abkommen bzw. als Grundlage für entsprechende Sanktionsmechanismen nichts hergeben[107]. Die Verbände bewegen sich bei alledem zwischen den durch die Korporatismustheorie herausgearbeiteten Polen einer staatsgerichteten »logic of influence«, die sie verfolgen müssen, um sich ihren Einfluß auf die staatlichen Entscheidungsmechanismen zu bewahren und einer »logic of membership«, die zu befolgen ist, um verbandsintern das rechte Maß zwischen Sicherstellung mitgliedschaftlicher Folgebereit-

---

[106] Zu dem folgenden: *F. Traxler / G. Vobruba*, ZfS 1987, S. 3 ff. (6 ff.)
[107] *M. Schmidt-Preuß*, VVDStRL Bd. 56 (1997), S. 160 ff. (220 m.w.N. in Fn. 227).

schaft durch Konzessionen und Durchsetzung zentraler, gemeinsamer Interessen zu finden[108].

Eine neo-korporatistisch strukturierte Symbiose von Staat und Verbänden führt zu einer jedenfalls politischen »Legitimationsverschiebung« vom Staat zu den Verbänden. Zwar wird der Staat durch die verbandliche Unterstützung und insbesondere die Aussicht einer innerverbandlichen Umsetzung der ausgehandelten Ergebnisse entlastet. Dafür entstehen aber Legitimationsanforderungen zwischen Mitgliedschaft und Verbandsführung insoweit, als die Legitimationsleistungen im Wettbewerb um den Verbandseinfluß auf die Politik bzw. im Wettbewerb der Verbände um Mitglieder erbracht werden müssen[109].

IV. Rechtsgrundlagen für die Anhörung von Interessenvertretern im Gesetzgebungsverfahren

Die interessengeleitete wie die sachverständige Beratung des Gesetzgebers kann in den verschiedensten institutionellen Einkleidungen erfolgen[110].

Die Einflußnahme der Verbände auf den Gesetzgebungsprozeß ist primär in den Geschäftsordnungen von Bundestag, Bundesministerien und Bundesregierung geregelt. Insoweit ist zwischen den verschiedenen Adressaten der verbandlichen Einflußnahme und dem Zeitpunkt ihres Einsetzens zu differenzieren.

1. Die Anhörung von Verbänden nach § 47 Abs. 3 i.V.m. Abs. 1 und 2 GGO

Bereits im Vorfeld der Gesetzesformulierung auf ministerieller Ebene versuchen die Verbände durch die Formulierung von Eingaben ihre spezifischen Interessen in die ministerielle Gesetzesvorbereitung einfließen zu lassen[111]. Hier sind Kommunikationsflüsse zwischen Ministerialbürokratie und Verbänden (ebenso wie Sachverständigen) zu beobachten. Die Ministerialverwaltung bedarf ihrer, um Umfang und inhaltliche Richtung eines Regelungsbedarfs zu ermitteln[112]. Zudem versuchen die Verbände bereits in diesem Stadium mit dem Mittel der Eingabe oder auch nur durch ein Gespräch mit dem zuständigen Referenten, die Anliegen

---

[108] Ursprünglich *P.C. Schmitter / W. Streeck*, The organization of business interests, S. 49; s.a. *C. Engel*, Staatswissenschaft und Staatspraxis Bd. 9 (1998), S. 535 ff. (551 f.); *F.W. Scharpf*, FS Lehmbruch, S. 25 ff. (39) m.w.N.
[109] *G. Teubner*, in: ZParl Bd. 10 (1979), S. 487 ff. (492).
[110] Siehe nur *P. Dagtoglou*, Der Private in der Verwaltung als Fachmann und Interessenvertreter, S. 65 ff.; *W. Brohm*, in: J. Isensee / P. Kirchhof, HdbStR Bd. II, § 36 Rn. 9.
[111] *K. v. Beyme*, Der Gesetzgeber, S. 143; *J. Rottmann*, FG Gesellschaft für Rechtspolitik, S. 329 ff. (334 ff.); *H. Schulze-Fielitz*, Theorie und Praxis parlamentarischer Gesetzgebung, S. 281 ff.; s.a. Empfehlungen zur Beteiligung von Interessenverbänden, in: ZParl 1973, S. 463.
[112] *E. Denninger*, Verfassungsrechtliche Anforderungen an die Normsetzung im Umwelt- und Technikrecht, Rn. 39.

und Interessen des Verbandes in die Gesetzesformulierung einfließen zu lassen[113]. Zu diesem Zeitpunkt kann sich der Einfluß von Verbänden auf die Gesetzesformulierung am stärksten entfalten, soweit die Gesetzesmaterie nicht eine hochpolitische ist: Die Vorbereitung des Gesetzentwurfs findet weitgehend außerhalb der Öffentlichkeit statt. Wenn die politischen Vorgaben – wie v.a. außerhalb politisch heikler Materien – nicht allzu eng sind, verfügt die Ministerialbürokratie über einen nicht unerheblichen Gestaltungsspielraum. Sobald aber ein erster Entwurf vorliegt, setzen auch hier gewisse Beharrungskräfte ein, die durch einen Interessenvertreter dann deutlich schwieriger zu überwinden sind. Dementsprechend wird angesichts der in der ministeriellen Präparationsphase getroffenen inhaltlichen Vorentscheidungen – vielleicht auch nur im Sinne des Ausschlusses bestimmter Regelungsalternativen – eine geringe praktische Bedeutung vieler parlamentarischer Anhörungsverfahren beobachtet[114]. Hieraus resultiert die Befürchtung, daß bei der ministeriellen Einschaltung externen Sachverstandes ein demokratisch nicht kontrolliertes präparatorisches Vorfeld entsteht, dessen faktischer Einfluß die demokratisch legitimierten Verfassungsorgane zu Statisten degradieren könne[115].

Diesen informellen Kontakten vor oder während der Formulierung eines ersten Gesetzesentwurfs folgt die erste durch Geschäftordnungsrecht geregelte Heranziehung von Verbandsvertretern, die durch die Gemeinsame Geschäftsordnung der Bundesministerien vorgeschrieben ist[116]. Neben einer Konsultation von anderen fachlich interessierten Ministerialressorts hat das federführende Ministerium gem. § 47 Abs. 3 i.V.m. Abs. 1 und 2 GGO (zuvor schon: § 24 GGO II a.F.[117]) interessierte Fachkreise und Verbände, deren Belange durch eine gesetzliche Regelung berührt sein können, durch Zuleitung des Gesetzesentwurfs zu informieren, um ihnen die Möglichkeit zur Stellungnahme einzuräumen. Diese Vorschrift erlaubt der Ministerialverwaltung zugleich auch die Abhaltung von Anhörungen zum Zwecke der Informationsgewinnung. Zeitpunkt, Umfang und Auswahl der Beteiligung von Verbänden bleiben vorbehaltlich von Sondervorschriften dem Ermessen des federführenden Ministeriums vorbehalten. Sinn dieser frühzeitigen, institutionalisierten Beteiligung ist zum einen natürlich die Inanspruchnahme staatsexternen Sachverstandes zu einem wichtigen Zeitpunkt der Gesetzesentstehung; zum anderen – und dies ist für den vorliegenden Zusammenhang besonders bemerkenswert – soll die Gesetzesvorlage »verbandsfest« gemacht werden[118].

---

[113] Siehe nur *H.-J. Mengel*, Gesetzgebung und Verfahren, S. 314 ff.
[114] *H.-J. Mengel*, DÖV 1983, S. 226 ff.; ders., Gesetzgebung und Verfahren, S. 305 f.
[115] *J. Berkemann*, in: H. Lenk, Technokratie als Ideologie, S. 193 ff. (195).
[116] Siehe die am 26. Juli 2000 verabschiedete, neue Gemeinsame Geschäftsordnung der Bundesministerien (GGO).
[117] Nach *C. Tomuschat*, Verfassungsgewohnheitsrecht, S. 88 ff., war diese Vorschrift verfassungswidrig. Siehe S. 141.
[118] *W. Hennis*, in: R. Steinberg, Staat und Verbände, S. 77 ff. (87).

Nach der bis zum Jahr 2000 geltenden Vorschrift des § 24 GGO II i.d.F. von 1976[119] sollten Vertretungen der beteiligten Fachkreise oder Verbände bei der Vorbereitung von Gesetzen unterrichtet und um die Überlassung von Unterlagen gebeten werden sowie Gelegenheit zur Stellungnahme erhalten. Erst § 24 GGO II (1976) hatte die Möglichkeit förmlicher Anhörungsverfahren der Verbände im Referentenstadium eröffnet. Diese Beteiligungselemente waren in der Vorgängervorschrift von § 24 GGO II (1976) noch nicht enthalten gewesen. § 24 Abs. 3 GGO II (1976) legte zudem fest, daß bei Gesetzentwürfen von besonderer politischer Bedeutung die Kontaktaufnahme mit Fachkreisen und Verbänden von einer positiven Entscheidungen des Bundeskanzlers abhängig gemacht wird. Der Sinn dieser Regelung lag darin, daß die Regierung in besonders brisanten Fragen zunächst einmal in der Lage sein sollte, ihren Standpunkt in einer gewissen Unabhängigkeit festzulegen, ohne sofort zwischen widerstreitenden gesellschaftlichen Positionen hin- und hergerissen zu werden.

Auch nach § 47 Abs. 2 GGO ist nunmehr das Bundeskanzleramt über die Beteiligung von Zentral- und Gesamtverbänden sowie Fachkreisen zu unterrichten und bei Gesetzentwürfen von politischer Bedeutung ist seine Zustimmung einzuholen.

2. Die Anhörung von Verbänden nach § 70 GO-BT

Gem. § 70 Abs. 1 GO-BT[120] kann ein Parlamentsausschuß zur Information über einen Gegenstand seiner Beratung öffentliche Anhörungen von Sachverständigen, Interessenvertretern und anderen Auskunftspersonen vornehmen[121]. Aus Gründen des parlamentarischen Minderheitenschutzes ist der federführende Ausschuß bei überwiesenen Vorlagen auf Verlangen eines Viertels seiner Mitglieder zu der Durchführung einer Anhörung verpflichtet (§ 70 Abs. 1 Satz 1 GO-BT). Nach Abs. 2 der Vorschrift soll der Ausschuß zur Vorbereitung einer öffentlichen Anhörung den Auskunftspersonen die jeweilige Fragestellung übermitteln. Der Ausschuß kann die Person vorweg auch um Einreichung einer schriftlichen Stellungnahme bitten. Beides geschieht in der Regel, wenn auch unter enormen Zeitdruck. Dies hat zu einer eher zurückhaltenden Einschätzung der inhaltlichen Qualität der zu erwartenden Stellungnahmen geführt[122].

Bei dem Anhörungsverfahren nach § 70 GO-BT handelt es sich um die zentrale Mitwirkungsform für Interessenverbände (und Sachverständige) im Rahmen des parlamentarischen Gesetzgebungsverfahrens. Die Ausschußanhörungen

---

[119] Gemeinsame Geschäftsordnung der Bundesministerien, Besonderer Teil, vom 15. Oktober 1976 (GMBl. S. 550).
[120] Geschäftsordnung des Deutschen Bundestages in der Fassung der Bekanntmachung vom 2. Juli 1980 (BGBl. I S. 1237), zuletzt geändert laut Bekanntmachung vom 12. Februar 1998 (BGBl. I 428)
[121] Über die Entstehung dieser Vorschrift und Einzelheiten zu ihr siehe *H. Schröder*, Gesetzgebung und Verbände, S. 106 ff. (zu einer älteren Fassung), *P. Dach*, in: H.-P. Schneider/W. Zeh, Parlamentsrecht und Parlamentspraxis in der Bundesrepublik Deutschland, § 11 Rn. 72 ff.
[122] *E. Denninger*, Verfassungsrechtliche Anforderungen an die Normsetzung im Umwelt- und Technikrecht, Rn. 49.

dienen der Erschließung relevanter Verbandsinteressen und damit sowohl der sachlichen Information des anhörenden Parlamentsausschusses als auch der öffentlichen Darstellung von Verbandsinteressen in einem parlamentarischen Forum. Damit tragen solche Veranstaltungen dazu bei, daß der in dem Vorfeld der Gesetzesformulierung entstandene Wissens- und Informationsvorsprung der Ministerialverwaltung gegenüber dem Parlament in dem zu regelnden Sachgebiet zumindest im Ansatz ausgeglichen wird. Auf diese Weise stellen die Ausschußanhörungen auch ein Mittel zur Kontrolle der Exekutive durch das Parlament und insbesondere die parlamentarische Opposition dar, die mit den Anhörungen eine über die Fraktionsarbeit hinausgehende[123] Möglichkeit zur Informationsbeschaffung erhält. Die Öffentlichkeit der Ausschußsitzung, in der die Anhörung stattfindet, führt zudem zu einer an die Öffentlichkeit der Parlamentssitzungen (Art. 42 Abs. 1 Satz 1 GG) angelehnten Transparenz des parlamentarischen Geschehens, während sonstige Ausschußsitzungen in der Regel nicht öffentlich stattfinden (§ 69 Abs. 1 Satz 1 GO-BT)[124]. Allerdings ist zu beachten, daß die den Interessenvertretern und Sachverständigen gebotene Möglichkeit, ihre Anliegen vor dem Ausschuß vorzutragen oft zu spät kommt, da die wesentlichen Eckpunkte eines Gesetzgebungsvorhabens in diesem fortgeschrittenen Stadium bereits politisch zwischen der Regierung und den Mehrheitsfraktionen des Bundestages weitgehend festgelegt sein dürften, so daß die Anhörungen in diesem Stadium nunmehr der nachträglichen Legitimation bereits getroffener politischer Entscheidungen dienen[125].

Verbände, die für eine Teilnahme an einer Ausschußanhörung in Betracht gezogen werden möchten, müssen sich nach Mitteilung bestimmter, die Zielsetzung und die Organisation des Verbandes betreffender Angaben[126] in eine bei der Bundestagsverwaltung geführten Liste eintragen lassen[127]. Die Teilnahme an einer parlamentarischen Anhörung setzt voraus, daß der Verband in die Liste aufgenommen worden ist (Abs. 2 Anlage 2 zur GO-BT); allerdings soll gem. Abs. 4 der Anlage der Eintrag in die Liste keinen Rechtsanspruch auf Teilnahme an einer Anhörung begründen.

---

[123] § 52 Abs. 2 Nr. 2 d AbgG ist zu entnehmen, daß die Fraktionen des Bundestages die ihnen aus der staatlichen Finanzierung zufließenden Mittel auch für die Anhörung von Sachverständigen bzw. die Einholung von Sachverständigengutachten verwenden können.
[124] Zu Vor- und Nachteilen dieser Regelungen *H.H. Klein*, in: J. Isensee/P. Kirchhof, HdbStR Bd. II, § 40 Rn. 39 ff. Die Verpflichtung zur öffentlichen Verhandlung betrifft nach Art. 42 Abs. 1 Satz 1 GG ausschließlich das Plenum, während es ansonsten dem Geschäftsordnungsgeber überlassen bleibt, für parlamentarische Vorgänge die Zulassung oder den Ausschluß der Öffentlichkeit stattfinden zu lassen; *S. Magiera*, in: M. Sachs, Grundgesetz, Art. 42 Rn. 2.
[125] *H.-J. Mengel*, DÖV 1983, S. 226 ff. (231 ff.).
[126] Gem. Abs. 2 der Anlage 2 zur GO-BT sind dies: Name und Sitz des Verbandes, Zusammensetzung von Vorstand und Geschäftsführung, Interessenbereich des Verbandes, Mitgliederzahl, Namen der Verbandsvertreter sowie Anschrift der Geschäftsstelle am Sitz von Bundestag und Bundesregierung.
[127] Die Liste der bei der Bundestagsverwaltung registrierten Verbände ist auf der Internetseite des Bundestags abzurufen: www.bundestag.de (20. August 2001).

Es ist umstritten, inwiefern sich die Veranstaltung von Anhörungsverfahren inzwischen zu einer Rechtspflicht des Parlaments verdichtet hat[128]. Zwei Aspekte sind insoweit zu differenzieren. Zum einen stellt sich die Frage, inwieweit der zuständige Ausschuß generell verpflichtet ist, eine Anhörung von Interessenvertretern und Sachverständigen durchzuführen. Der das Verfahrensermessen des Ausschusses unterstreichenden Formulierung des § 70 Abs. 1 Satz 1 GO-BT (»kann«) läßt sich unabhängig von allen Überlegungen zu Rechtsnatur und Außenwirkung dieses Regelwerks entnehmen, daß eine solche Pflicht unmittelbar aus der Geschäftsordnung jedenfalls nicht abzuleiten ist. Veranstaltet der zuständige Ausschuß keine Anhörung zu einem bestimmten Thema, während die Vertreter eines Interessenverbandes, der sich vielleicht im Vorfeld der Gesetzesformulierung bei der Ministerialverwaltung nicht artikulieren oder durchsetzen konnte, aber der Ansicht sind, daß eine Anhörung stattfinden sollte, so kann eine entsprechende Verpflichtung des Ausschusses höchstens verfassungsrechtlich aus einer allgemeinen Anhörungspflicht des parlamentarischen Gesetzgebers abgeleitet werden[129].

Zum anderen ist zu erwägen, ob und inwieweit ein bestimmter Verband (oder Sachverständiger) einen Anspruch darauf erheben kann, für die Teilnahme an einer stattfindenden Anhörung berücksichtigt zu werden. Hiergegen spricht der Umstand, daß die Vorschrift, die die Möglichkeit zur Durchführung von Anhörungen festlegt, dem Geschäftsordnungsrecht entstammt. Geschäftsordnungsrecht aber ist Innerorganrecht und zeitigt daher nur unter engen Voraussetzungen Auswirkungen auf dritte, nicht dem Organ angehörende Personen[130].

Die Geschäftsordnung kann auch und gerade gegenüber Dritten nur dann Verbindlichkeit entfalten, wenn diese sich freiwillig und nicht auf der Grundlage verfassungsrechtlicher Rechte und Pflichten in die Sphäre des Organs begeben. Während Regierungs- und Bundesratsvertreter, die an Parlamentssitzungen teilnehmen, generell nicht einseitig den Verpflichtungen der Bundestags-Geschäftsordnung unterworfen werden können[131], entfaltet die Geschäftsordnung gegenüber privaten Dritten – etwa solchen, die freiwillig in Anhö-

---

[128] Eine solche Pflicht befürworten W. *Brohm,* in: J. Isensee/P. Kirchhof, HdbStR Bd. I, § 36 Rn. 23; *H.H. v. Arnim,* Gemeinwohl und Gruppeninteressen, S. 142 (Fn. 45); a.A. *R. Steinberg,* ZRP 1972, S. 207 ff. (210).
[129] Siehe S. 132 ff.
[130] Siehe nur *N. Achterberg,* Parlamentsrecht, S. 59; *M. Brenner,* ZG 1993, S. 35 ff. (43 f.); *F. Ossenbühl,* in: J. Isensee/P. Kirchhof, HdbStR Bd. III, § 63 Rn. 3; *J. Pietzcker,* in: H.-P. Schneider/W. Zeh, Parlamentsrecht und Parlamentspraxis in der Bundesrepublik Deutschland, § 10 Rn. 20, 25; *K. Stern,* Staatsrecht Bd. II, § 31 IV 2 b d; ähnlich auch *E.-W. Böckenförde,* Die Organisationsgewalt im Bereich der Regierung, S. 126, der einen Verstoß gegen die Geschäftsordnung der Bundesregierung nur dann für relevant hält, wenn in diesem Verstoß zugleich einen Verfassungsverletzung liegt, die Geschäftsordnung also nur verfassungsrechtliche Vorgaben aufgreift. Großzügiger aber *H.P. Schneider,* in: Alternativ-Kommentar zum Grundgesetz Bd. II, Art. 40 Rn. 10.
[131] *K.F. Arndt,* Parlamentarische Geschäftsordnungsautonomie und autonomes Parlamentsrecht, S. 119; *J. Pietzcker,* in: H.-P. Schneider/W. Zeh, Parlamentsrecht und Parlamentspraxis in der Bundesrepublik Deutschland, § 10 Rn. 24 f.; a.A. aber *M. Morlok,* in: H. Dreier, Grundgesetz Bd. II, Art. 40 Rn. 14.

IV. Rechtsgrundlagen für die Anhörung von Interessenvertretern

rungen auftreten – auch nur in Bezug auf das eigentliche Verfahren innerhalb des Ausschusses Rechtswirkungen. Alle im Außenverhältnis wirkenden Rechte und Pflichten müssen durch »außenwirksames« Recht begründet sein[132].

Dies bedeutet, daß auf der Grundlage der Geschäftsordnungsvorschriften die Begründung einer Pflicht zur Anhörung eines bestimmten Verbandes auch nicht denkbar ist, da dieses Regelwerk den Interessenverbänden keine entsprechende Anspruchsgrundlage gegen das Parlament oder dessen Ausschüsse bietet.

3. Die Beteiligung von »Spitzenorganisationen der zuständigen Gewerkschaften« (§ 94 BBG)

Neben den bislang angesprochenen Vorschriften des Geschäftsordnungsrechts, in denen den an der Gesetzgebung Beteiligten die Möglichkeit zur Anhörung von Sachverständigen und Interessenvertretern eingeräumt wird, existiert im Bereich des öffentlichen Dienstrechts eine formell-gesetzliche Vorschrift, die einen Beteiligungsanspruch von Interessengruppen an der parlamentarischen Gesetzgebung konstituiert. Gemäß § 94 BBG sind die Spitzenorganisationen der zuständigen Gewerkschaften bei der Vorbereitung allgemeiner Regelungen der beamtenrechtlichen Verhältnisse zu beteiligen[133]. Diese Vorschrift erfaßt nicht nur den Erlaß von beamtenrechtlichen Normen in Rechtsverordnungen und Verwaltungsvorschriften, sondern auch den Erlaß formeller Gesetze[134]. Zur Konkretisierung und Effektivierung des Beteiligungsanspruchs aus § 94 BBG ist zwischen den Spitzenorganisationen der Gewerkschaften und dem Bundesminister der Ju-

---

[132] *S. Magiera*, in: M. Sachs, Grundgesetz, Art. 40 Rn. 22; *M. Morlok*, in: H. Dreier, Grundgesetz Bd. II, Art. 40 Rn. 12 f.; *F. Ossenbühl*, in: J. Isensee/P. Kirchhof, HdbStR Bd. III, § 65 Rn. 15 f.; *J. Pietzcker*, in: H.-P. Schneider/W. Zeh, Parlamentsrecht und Parlamentspraxis in der Bundesrepublik Deutschland, § 10 Rn. 24 f.

[133] In ähnlicher Weise – z.T. aber noch weitergehend – regeln die Landesbeamtengesetze die Beteiligungsrechte der Gewerkschaften; siehe z.B. § 120 LBG Bad.-Württ.; § 110 LBG Schlesw.-Holst.; § 106 LBG Nordrh.-Westf.; i.e. *W. Fürst*, GKÖD Bd. 1, K § 94 BBG Rn. 22; *J. Jekewitz*, Der Staat Bd. 34 (1995), S. 79 ff. (82 f.). Die verfassungsrechtlichen Vorbehalte gegen die Regelungen unter dem Gesichtspunkt der möglicherweise verletzten Parlamentsautonomie durch die formell-gesetzliche Normierung dieses Anspruchs (siehe z.B. *M. Ammermüller*, Verbände im Rechtsetzungsverfahren, S. 85; *H.W. Laubinger*, Beamtenorganisationen und Gesetzgebung, S. 502; *H. Schröder*, Gesetzgebung und Verbände, S. 63, 67) sind unterdessen zu recht verstummt, da eine solche Regelung in der Geschäftsordnung des Bundestags hätte getroffen werden können, Einspruchsgesetze insoweit aber dem Parlament ein nahezu identisches Maß an Regelungsunabhängigkeit von anderen Verfassungsorganen (v.a. dem Bundesrat) gewähren; auch BVerfGE 70, 324 (361) gesteht dem Parlament in einem ähnlichen Fall eine weitgehende Wahlfreiheit zwischen Gesetz und Geschäftsordnung zu; a.A. hingegen das Sondervotum von *Mahrenholz* und *Böckenförde* (a.a.O., S. 377 ff.) und *N. Achterberg/M. Schulte*, in: H. v. Mangoldt/F. Klein/C. Starck, Grundgesetz Bd. 2, Art. 40 Rn. 43 ff., 48.

[134] *M. Jachmann*, ZBR 1994, S. 165 ff. (165). Grundlegend: *M. Ammermüller*, Verbände im Rechtsetzungsverfahren; s.a. *U. Battis/H.-D. Schlenga*, ZTR 1995, S. 195 ff.; *L.M. Büchner*, ZTR 1993, S. 142 ff., S. 185 ff.; *W. Fürst*, ZBR 1989, S. 257 ff.; *D.C. Umbach*, ZBR 1998, S. 8 ff. Zur Geschichte dieser Vorschrift: *J. Jekewitz*, Der Staat Bd. 34 (1995), S. 79 ff. (81 ff.).

stiz im Jahre 1993 eine allgemeine Vereinbarung über Art, Weise und Gegenstand der Beteiligung geschlossen worden[135].

Während entsprechende Beteiligungsvorschriften beim Erlaß von Rechtsverordnungen nicht nur im Bereich des Umwelt- und Technikrechts weit verbreitet sind, stellt diese gesetzlich vorgegebene Beteiligung von Verbandsvertretern (auch) an einem parlamentarischen Gesetzgebungsverfahren ein Unikum dar. Der Grund für die Einführung dieser Konsultationspflicht ist in den Besonderheiten des Beamtenrechts zu suchen[136]. Dessen Regelungsstrukturen werden anders als bei sonstigen Arbeitsverhältnisse nicht durch Verhandlungen von Tarifparteien – Staat und Beamtenverbänden – ausgehandelt, sondern einseitig-hoheitlich durch den Gesetzgeber vorgegeben. Den Beamten und ihren Organisationen ist es verwehrt, ihre Arbeitsbedingungen durch Abschluß von Tarifverträgen und notfalls unter Zuhilfenahme von Streiks zu ordnen[137]. Zwar sind auch Beamte bzw. Beamtenkoalitionen Träger des Grundrechts aus Art. 9 Abs. 3 GG[138], doch kommt ihnen nach ganz allgemeiner Ansicht eine Tarifautonomie nicht zu[139]. Art. 33 Abs. 5 GG, der festlegt, daß das Recht des öffentlichen Dienstes unter Berücksichtigung der hergebrachten Grundsätze des Berufsbeamtentums zu regeln ist, ist insoweit Anlaß und Grundlage für eine immanente Beschränkung der Koalitionsfreiheit der Beamten und damit des Art. 9 Abs. 3 GG[140]. Für die hierin liegende »Entmachtung« wird den Beamtenverbänden mit § 94 BBG ein funktionaler Ausgleich in Form der staatlichen Konsultationspflicht bei der ansonsten einseitigen Regelung ihrer Angelegenheiten geboten[141]. Eine Beteiligung der Spitzenorganisationen der zuständigen Gewerkschaften bei der Vorbereitung allgemeiner Regelungen der beamtenrechtlichen Verhaltnisse ist aber nicht aufgrund der gem. Art. 9 Abs. 3 GG garantierten Koalitionsfreiheit

---

[135] Text und Erläuterung bei *W. Fürst*, GKÖD Bd. 1, K § 94 BBG Rn. 24.
[136] *W. Fürst*, GKÖD Bd. 1, K § 94 BBG Rn. 1; *J. Jekewitz*, Der Staat Bd. 34 (1995), S. 79 ff. (83 ff.); *B. Lemhöfer*, in: E. Plog/A. Wiedow/ders./D. Bayer, Bundesbeamtengesetz mit Beamtenversorgungsgesetz, § 94 Rn. 1.
[137] Siehe nur BVerfGE 8, 1 (17); 19, 303 (322); 44, 249 (264); BVerwGE 63, 158 (161) und 293 (301); 73, 97 (102); *U. Battis*, Bundesbeamtengesetz, § 91 Rn. 2 und § 94 Rn. 2; *G. Lübbe-Wolf*, in: H. Dreier, Grundgesetz Bd. II, Art. 33 Rn. 77; *M. Jachmann*, in: H. v. Mangoldt/F. Klein/C. Starck, Grundgesetz Bd. 2, Art. 33 Rn. 44 m.w.N. in Fn. 91; *R. Scholz*, in: J. Isensee/P. Kirchhof, HdbStR Bd. VI, § 151 Rn. 110. Zu weiteren Möglichkeiten der Beamten, auf die sie betreffenden Arbeits- und Wirtschaftsbedingungen einzuwirken: *H. Schröder*, Gesetzgebung und Verbände, S. 67.
[138] Vgl. die deklaratorische Regelung der § 57 BBRG, § 91 BBG sowie der entsprechenden Vorschriften des Landesrechts. S.a. BVerfGE 19, 303 (319); *U. Battis*, Bundesbeamtengesetz, § 91 Rn. 2; *W. Fürst*, ZBR 1989, S. 257 ff. (257); *M. Jachmann*, ZBR 1994, S. 165 ff. (177).
[139] *U. Battis*, Bundesbeamtengesetz, § 91 Rn. 2; *W. Fürst*, GKÖD Bd. 1, K § 91 BBG Rn. 14.
[140] BVerfGE 8, 1 (17); 44, 249 (264); BVerwGE 63, 158 (161); 73, 97 (102); *U. Battis*, Bundesbeamtengesetz, § 91 Rn. 2; *W. Fürst*, GKÖD Bd. 1, K § 91 BBG Rn. 14, § 94 BBG Rn. 16; *ders.*, ZBR 1989, S. 257 ff. (257); *M. Jachmann*, ZBR 1994, S. 1 ff. (3); *dies.*, ZBR 1994, S. 165 ff. (177); *F. Säcker/H. Oetker*, AöR Bd. 112 (1987), S. 345 ff. (349).
[141] OVG Münster NJW 1994, S. 1673 f. (1674); s.a. *U. Battis*, Bundesbeamtengesetz, § 94 Rn. 2; *W. Fürst*, GKÖD Bd. 1, K § 94 BBG Rn. 1; *ders.*, ZBR 1989, S. 257 ff. (264).

geboten[142], da nicht einmal das aktuelle System des Tarifvertragrechts in seiner konkreten Form und in jeder Ausprägung verfassungsrechtlichen Schutz genießt[143]. Das Bundesverwaltungsgericht sieht in der Vorschrift zu recht lediglich eine bereichsspezifische Ausgestaltung des Rechtsetzungsverfahrens durch den Gesetzgeber[144]. Art. 33 Abs. 4 und 5 GG enthalten als wesentliches Strukturmerkmal des öffentlichen Dienstrechts sowie als einen der hergebrachten Grundsätze des Berufsbeamtentums das Prinzip der einseitigen Regelung des Inhalts des Beamtenverhältnisses[145]. Dem Gesetzgeber steht es daher von Verfassungs wegen frei, eine solche Beteiligungsvorschrift zu schaffen oder hiervon abzusehen, so daß Art. 9 Abs. 3 GG weder zur verfassungsrechtlichen Begründung noch zur Auslegung des § 94 BBG herangezogen werden kann.

§ 94 BBG bietet ein gegenüber den Anhörungsvorschriften des exekutiven und parlamentarischen Geschäftsordnungsrechts intensiviertes Informations- und Anhörungsverfahren[146]. Eine »Beteiligung« der Beamtenkoalitionen verlangt mehr als eine bloße Benachrichtigung, verbietet aber eine rechtlich bindende Mitbestimmung[147]. Beteiligung ist daher Mitwirkung ohne Mitbestimmung. Es genügt nicht, die Beteiligungsberechtigten anzuhören. Diese müssen vielmehr so rechtzeitig und umfassend durch die die Regelung vorbereitenden Stellen informiert werden, daß sie in einem der Materie angemessenen Zeitraum mit eigenen Erwägungen und Einwendungen Stellung nehmen können, die dann im Laufe des weiteren Vorbereitungsverfahrens noch geprüft und ggfs. berücksichtigt werden[148].

Als Spitzenorganisationen i.S.v. § 94 BBG partizipationsberechtigt sind nur solche Organisationen, die die Interessen der Gesamtbeamtenschaft – nach vorherigem internen Ausgleich widerstreitender Interessen einzelner Beamtengruppen – sachgerecht vertreten können. Dachorganisationen von Gewerkschaften, die nur einen beschränkten Kreis der Beamtenschaft vertreten, sind keine Spit-

---

[142] BVerwGE 56, 308 (315); 59; 48 (54); OVG Münster NJW 1994, S. 1673 f. (1674); VerfGH Saarland; NVwZ-RR 1997, 444 (Ls.); OVG Weimar, ThürVBl. 1996, S. 286 ff. (288). Ablehnend insoweit auch *M. Ammermüller*, Verbände im Rechtsetzungsverfahren, S. 50; *U. Battis*, Bundesbeamtengesetz, § 94 Rn. 2; *H. Nilges*, Das Beteiligungsrecht der Beamtenkoalitionen bei der Regelung der beamtenrechtlichen Verhältnisse, S. 38; *H. Schröder*, Gesetzgebung und Verbände, S. 54 ff.; a.A. *E. Benda/D.C. Umbach*, Der beamtenrechtliche Beteiligungsanspruch, S. 50; *H. Nilges*, Das Beteiligungsrecht der Beamtenkoalitionen bei der Regelung der beamtenrechtlichen Verhältnisse, S. 38; *H. Plander*, Die beamtenrechtliche Vereinbarungsautonomie, S. 75; *H.H. Wohlgemuth*, ArbuR 1988, S. 308 ff. (309 f.).
[143] Siehe S. 427 ff.
[144] Siehe zunächst nur BVerwGE 56, 308 (315); 59, 48 (55).
[145] Ausf. Herleitung bei *M. Jachmann*, ZBR 1994, S. 165 ff. (176 f.); s.a. BVerfGE 52, 303 (331); 81, 363 (386); aber offengelassen in: BVerfG NJW 1999, S. 1013 ff.; *M. Bullinger*, Vertrag und Verwaltungsakt, S. 168 ff.; *M. Jachmann*, in: H. v. Mangoldt/F. Klein/C. Starck, Grundgesetz Bd. 2, Art. 33 Rn. 44; *G. Lübbe-Wolff*, in: H. Dreier, Grundgesetz Bd. II, Art. 33 Rn. 76; *T. Maunz*, in: ders./G. Dürig u.a., Grundgesetz, Art. 33 Rn. 64.
[146] *U. Battis*, Bundesbeamtengesetz, § 94 Rn. 1.
[147] S.a. *M. Jachmann*, ZBR 1994, S. 165 ff. (166).
[148] *W. Fürst*, GKÖD Bd. 1, K § 94 BBG Rn. 6 m.w.N.

zenorganisationen im Sinne der genannten Vorschrift. Dies gilt erst recht für bloße Fachverbände[149]. Gegenstand der Beteiligung sind allgemeine Regelungen der beamtenrechtlichen Verhältnisse, also Erlaß und Änderung förmlicher Gesetze, Rechtsverordnungen und Verwaltungsvorschriften, nicht aber Regelungen von Organisation und Zuständigkeit[150].

Insoweit spricht der Vergleich mit § 58 BRRG dafür, daß § 94 BBG nicht nur die Vorbereitung allgemeiner, d.h. alle Beamten gleichermaßen betreffende Regelungen erfaßt. Nach § 58 BRRG sind bei der Vorbereitung gesetzlicher Regelungen der beamtenrechtlichen Verhältnisse durch die obersten Landesbehörden die Spitzenorganisationen der zuständigen Gewerkschaften und Berufsverbände zu beteiligen. Dieser Vorschrift läßt sich, weil insoweit anstelle der allgemeinen Regelungen von gesetzlichen Regelungen der beamtenrechtlichen Verhältnisse die Rede ist, nichts dafür entnehmen, daß das Beteiligungsrecht auf die Gesamtbeamtenschaft betreffende Regelungen beschränkt bleiben und bei bereichsspezifischen Regelungen nicht gegeben sein soll. Falls der Bundesgesetzgeber insoweit hinter seinen eigenen rahmenrechtlichen Vorschriften hätte zurückbleiben wollen, bedürfte es insoweit eines deutlicheren Wortlautes[151]. Dies entspricht der allgemeinen Ansicht in der Literatur[152].

Angesichts der zentralen Bedeutung, die dem Zeitpunkt einer Anhörung für die tatsächliche Berücksichtigung der in ihr vorgetragenen Interessen zukommt, bedarf es einer sorgfältigen Festlegung des Zeitpunkts der Anspruchsentstehung[153] (und damit zugleich auch der Person des Anspruchsverpflichteten[154]). Die Struktur des parlamentarischen Gesetzgebungsverfahrens, in der die entscheidenden Weichenstellungen für den Inhalt eines Gesetzes in einer von der Verfassung weitgehend ungeregelten Präparationsphase erfolgen, macht es unabdingbar, den Begriff der Vorbereitung auf *diese* Phase zu beziehen, wenn § 94 BBG nicht sinnentleert und die Beteiligung der Verbände nicht zu einem Ritual degradiert werden soll, bei dem die Interessenvertreter mit einer bereits festgefügten und kaum noch beeinflußbaren Meinung des Gesetzesinitianten konfrontiert werden[155].

---

[149] OVG Münster NJW 1994, S. 1673 f. (1673 f.). Zu den Beteiligungsberechtigten i.e. *U. Battis*, Bundesbeamtengesetz, § 94 Rn. 3; *W. Fürst*, GKÖD Bd. 1, K § 94 BBG Rn. 10 ff.; *J. Jekewitz*, Der Staat Bd. 34 (1995), S. 79 ff. (95 ff.); *B. Lemhöfer*, in: E. Plog/A. Wiedow/ders./D. Bayer, Bundesbeamtengesetz mit Beamtenversorgungsgesetz, § 94 Rn. 6 f.
[150] *U. Battis*, Bundesbeamtengesetz, § 94 Rn. 3; *W. Fürst*, GKÖD Bd. 1, K § 94 BBG Rn. 3; *B. Lemhöfer*, in: E. Plog/A. Wiedow,/ders./D. Bayer, Bundesbeamtengesetz mit Beamtenversorgungsgesetz, § 94 Rn. 8.
[151] OVG Münster, NJW 1994, S. 1673 f. (1674).
[152] *L.M. Büchner*, ZTR 1993, 142 (145); *W. Fürst*, GKÖD Bd. 1, K § 94 BBG Rn. 3 ff.; *B. Lemhöfer*, in: E. Plog/A. Wiedow,/ders./D. Bayer, Bundesbeamtengesetz mit Beamtenversorgungsgesetz, § 94 Rn. 8; *C.H. Ule*, ZBR 1962, 171 (172).
[153] Hierzu z.B. *W. Fürst*, GKÖD Bd. 1, K § 94 BBG Rn. 7.
[154] Hierzu ausf. *J. Jekewitz*, Der Staat Bd. 34 (1995), S. 79 ff. (90 ff.).
[155] *U. Battis*, Bundesbeamtengesetz, § 94 Rn. 4. Zu der umstrittenen Frage, ob § 94 BBG auch einen Anspruch auf Beteiligung an solchen Gesetzgebungsverfahren einräumt, die aus der Mitte des Parlaments hervorgehen: *W. Fürst*, GKÖD Bd. 1, K § 94 BBG Rn. 5, 9; *H. Nilges*, Das Beteiligungsrecht der Beamtenkoalitionen bei der Regelung der beamtenrechtlichen Verhältnisse, S. 49, 57.

Auch der Begriff der Vorbereitung deutet auf diesen frühen Zeitpunkt einer gebotenen Beteiligung hin, da es ansonsten sinnvoller gewesen wäre, von einer Beteiligung am Gesetzgebungsverfahren zu sprechen. Die Beteiligungsanordnung erfaßt nicht nur Gesetzesinitiativen der Bundesregierung, sondern auch solche aus der »Mitte des Bundestages«[156] und des Bundesrats[157]. § 94 BBG bietet keinen Anhaltspunkt dafür, daß die Beteiligungsvorschrift sich allein an die Adresse des beamtenrechtlichen Dienstherrn (d.h. »an den Bund als Verwaltung«[158] und damit die Bundesregierung) richtet; sie nimmt vielmehr generell Bezug auf die Vorbereitung eines Gesetzes und greift auf diese Weise die Vorgaben des gesetzgeberischen Verfahrend ohne eine Unterscheidung des Gesetzesinitianten auf.

V. Rechtsgrundlagen für die Anhörung von Sachverständigen im Gesetzgebungsverfahren

Der Gesetzgeber bedarf heute wie alle anderen staatlichen Funktionsträger zur sachgerechten Bewältigung seiner Aufgaben eines umfangreichen technischen und wissenschaftlichen Fachwissens[159]. Dies ist bedingt durch die Rahmenbedingungen jeder Normsetzung, deren maßgebliche Charakteristika mit Komplexität und Ungewißheit beschrieben werden können. Weder die interne Ausdifferenzierung und Spezialisierung der Ministerialverwaltung (und ihre damit einhergehende Vergrößerung) noch die Errichtung gesonderter Fachbehörden kann verhindern, daß der Staat auch auf externen Sachverstand zurückgreifen muß. Allerdings kann die Inanspruchnahme externen Sachverstands auch eine bloße Dekor- und Feigenblattfunktion«[160] erfüllen, wenn sie nur der nachträglichen Untermauerung bereits politisch feststehender Entscheidungen dient.

---

[156] So auch *J. Jekewitz*, Der Staat Bd. 34 (1995), S. 79 ff. (91), wobei allerdings die wegen ansonsten mangelnder Erfolgsaussichten dort vorgenommene Beschränkung auf Initiativen der Mehrheitsparteien weder der Sache nach zwingend erscheint noch sich aus dem Wortlaut der Vorschrift ergibt; *W. Fürst*, GKÖD Bd. 1, K § 94 BBG Rn. 9; insges.a.A. (nur Vorlagen der Bundesregierung) *U. Battis*, Bundesbeamtengesetz, § 94 Rn. 3; *B. Lemhöfer*, in: E. Plog/A. Wiedow,/ders./D. Bayer, Bundesbeamtengesetz mit Beamtenversorgungsgesetz, § 94 Rn. 4.

[157] *W. Fürst*, GKÖD Bd. 1, K § 94 BBG Rn. 9; *J. Jekewitz*, Der Staat Bd. 34 (1995), S. 79 ff. (92 f.); a.A. *B. Lemhöfer*, in: E. Plog/A. Wiedow,/ders./D. Bayer, Bundesbeamtengesetz mit Beamtenversorgungsgesetz, § 94 Rn. 9 i.V.m. 4.

[158] *B. Lemhöfer*, in: E. Plog/A. Wiedow,/ders./D. Bayer, Bundesbeamtengesetz mit Beamtenversorgungsgesetz, § 94 Rn. 4.

[159] *H.H. v. Arnim*, Gemeinwohl und Gruppeninteressen, S. 94; *M. Burgi*, Funktionale Privatisierung und Verwaltungshilfe, S. 369 ff.; *P. Dagtoglou*, Der Private in der Verwaltung als Fachmann und Interessenvertreter, S. 138 ff.; *U. Di Fabio*, VerwArch Bd. 81 (1990) S. 193 ff. (m. allg. Nachweisen in Fn. 1); *E. Forsthoff*, Der Staat der Industriegesellschaft, S. 19 f., 94 ff., 109 ff.; *J. Kölble*, in: Hochschule Speyer, Sachverstand und Verantwortung in der öffentlichen Verwaltung, S. 27 ff.; zu anderen, z.T. unsachgemäßen Motiven für die Anhörung von Sachverständigen: *W. Brohm*, in: J. Isensee/P. Kirchhof, HdbStR Bd. II, § 36 Rn. 17.

[160] *W. Brohm*, FS Forsthoff, S. 37 ff. (40).

Anders als bei Mitarbeit von Interessenverbänden in den verschiedenen Stadien der Gesetzgebung, die neben der Vermittlung des für eine Gesetzesregelung relevanten Wissens von spezifischen Gegebenheiten eines zu regelnden Sektors auch der Einbringung der Interessen von Betroffenen dient, wird dem Sachverständigen grundsätzlich nur die Offenlegung seines wissenschaftlichen Sachverstandes abverlangt. Externer Sachverstand kann in verschiedenen Graden der Institutionalisierung erschlossen werden – sei es durch einmalige Konsultationen oder Erstattung von Gutachten oder durch die Einbindung der Sachverständigen in institutionalisierte Gremien, die zum Teil allein mit Sachverständigen, zum Teil nur mit Vertretern von Interessenverbänden, zum Teil aber auch gemischt besetzt sind[161].

Solche Gremien sind zwar formell zwar in den Bereich der Verwaltungsorganisation einzuweisen[162]. Die hier Mitwirkenden sind indes keineswegs dem Gemeinwohl in einem Maße verpflichtet, in dem dies für den Bereich der öffentlichen Verwaltung im allgemeinen zu verlangen ist. Interessenverbände dienen ihrem Selbstverständnis wie ihrer Außenwahrnehmung nach als Vertreter von Partikularinteressen. Aber auch wissenschaftlicher Sachverstand folgt eigenen Gesetzmäßigkeiten und seine Festlegung auf das Gemeinwohl würde dem Sinn seiner Inanspruchnahme vollständig zuwiderlaufen[163]. Die öffentlich-rechtliche Institutionalisierung solcher mit Sachverständigen und Interessenvertretern besetzten Gremien kann daher nicht viel mehr als praktische Maßnahme sein, bestimmte organisatorische Erleichterungen zu schaffen und den Organmitgliedern Pflichten wie etwa die der Dienstverschwiegenheit aufzuerlegen.

Wie schon im Zusammenhang mit den Interessenvertretern kann auch mit Blick auf die Mitwirkung des Sachverständigen zwischen Konsultationsprozessen während der Präparationsphase des Gesetzes und solchen während des eigentlichen Gesetzgebungsverfahrens im parlamentarischen Kontext differenziert werden. Die Begrenztheit staatlicher personeller Ressourcen führt dazu, daß heute vermehrt regierungsamtlich bestellte Wissenschaftler an der Vorbereitung von größeren Gesetzesvorhaben mitwirken, obschon sie nur selten unmittelbaren Einfluß auf die Abfassung des ministeriellen Gesetzentwurfs nehmen[164].

Es ist auch zu beobachten gewesen, daß zunächst von der Exekutive hinzugezogene Wissenschaftler, die sich in dem Ergebnis des Konsultationsprozesses nicht ausreichend wiederfanden, oder gar solche Wissenschaftler, die gar nicht erst konsultiert wurden, einen eigenständigen Alternativentwurf erarbeitet haben und mit diesem in der Öffentlichkeit als Gegenpol zu dem in ministerieller Verantwortung entstandenen Entwurf aufgetreten sind[165].

---
[161] Zu dem folgenden *W. Brohm*, in: J. Isensee/P. Kirchhof, HdbStR Bd. II, § 36 Rn. 9 ff., 24 ff.
[162] *W. Brohm*, in: J. Isensee/P. Kirchhof, HdbStR Bd. II, § 36 Rn. 10; *M. Jestaedt*, Demokratieprinzip und Kondominialverwaltung, S. 62.
[163] Ähnlich *J. Kölble*, in: Hochschule Speyer, Sachverstand und Verantwortung in der öffentlichen Verwaltung, S. 27 ff. (51).
[164] *H. Schneider*, Gesetzgebung, Rn. 104.
[165] So geschehen bei dem Entwurf eines Strafgesetzbuches aus dem Jahre 1962 im Rahmen der »Großen Strafrechtsreform«, bei dessen Formulierung eine mit Wissenschaftlern besetzte Kommission mitzuwirken hatte. Der Entwurf wurde dennoch von vielen Strafrechtswissenschaftlern

Anhörungen von Sachverständigen werden auf der Grundlage derselben Ermächtigungsgrundlagen durchgeführt wie die Konsultationen von Interessenvertretern. Wegen der Verwiesenheit vieler staatlicher Regelungsanliegen auf private Informationen eröffnet § 47 Abs. 3 i.V.m. Abs. 1 und 2 GGO dem den Gesetzentwurf verantwortenden Ressort unter den gleichen Voraussetzungen und Bedingungen wie bei der Unterrichtung von Interessenvertretern auch die Unterrichtung von Sachverständigen (Fachkreisen)[166]. Auch die Vorschrift des § 70 GO-BT ist auf die Anhörung von Sachverständigen ebenso anwendbar wie auf die von Interessenvertretern. Das hierzu Gesagte gilt entsprechend. Grundsätzlich hat kein Sachverständiger einen aus der Geschäftsordnung abzuleitenden Anspruch auf das Abhalten einer Anhörung oder auf Teilnahme an einer solchen.

Nach der Erschließung der rechtlichen Grundlage für die Partizipation von Sachverständigen und Interessenvertretern an der parlamentarischen Gesetzgebung und deren funktionaler Zuordnung zu den Bereichen von Staat und Gesellschaft, stellt sich im folgenden die Frage nach verfassungsrechtlichem Grund und Grenzen solcher Konsultationen.

VI. Ermittlung von Interessen und Informationen im Gesetzgebungsverfahren und das Grundgesetz

Sachverständige sowie Interessengruppen und -verbände finden in der Verfassung im Zusammenhang mit dem Gesetzgebungsverfahren keine ausdrückliche Erwähnung. Bei Durchsicht der einschlägigen Bestimmungen des Grundgesetzes über das Gesetzgebungsverfahren fällt auf, daß hier allein Kompetenzen, Verfahren und Zusammenwirken der Bundesorgane für den Regel- (Art. 76 ff., 82, 110 Abs. 3, 113 GG) wie den Ausnahmefall (Art. 81, 115d und e GG) normiert sind. Für den Bereich der Gesetzgebung legen die Art. 76 ff. und 82 GG Zeitpunkt, Umfang und Verfahren der Beteiligung einzelner Gesetzgebungsorgane fest. Neben diese ausdrücklich normierten Vorschriften treten aus allgemeinen Rechts- und Verfassungsgrundsätzen entwickelte allgemeine Verfahrensprinzipien von nur z.T. verfassungsrechtlichem Rang. Zu nennen sind insoweit als Grundsätze für die parlamentarische Verhandlung: Öffentlichkeit, Unmittelbarkeit, Mündlichkeit, Mehrheitsprinzip und Minderheitenschutz[167] sowie Informationsgewinnung, Verfahrensoffenheit, Diskussionen und Beratungen[168].

---

als nicht zeitgemäß empfunden, so daß von einer Gruppe jüngerer Strafrechtswissenschaftler ein Alternativentwurf zur Strafrechtsreform erarbeitet und offensiv in die Öffentlichkeit gebracht wurde; siehe die Darstellung bei *W. Maihofer*, in: G. Winkler/B. Schilcher, Gesetzgebung, S. 3 ff. (6 ff.).
[166] Zu der Regelung des § 61 GGO I a.F., der für die Beratung der Exekutive einige Vorgaben enthielt siehe nur: *W. Brohm*, in: J. Isensee/P. Kirchhof, HdbStR Bd. II, § 36 Rn. 22.
[167] Siehe die Übersicht bei *N. Achterberg*, Parlamentsrecht, S. 560 ff.
[168] *H. Schulze-Fielitz*, NVwZ 1983, S. 709 ff. (711).

In den ausdrücklich normierten Vorschriften über das Gesetzgebungsverfahren werden insbesondere das Recht der Gesetzgebungsinitiative, die Mitwirkungsrechte des Bundesrates, das Vermittlungsverfahren sowie die Ausfertigung und die Verkündung des Gesetzes durch den Bundespräsidenten geregelt. Während damit die interorganschaftlichen Rechte ihre Ausformung in der Verfassung finden, bleibt die Rolle von Bürgern, Interessengruppen und Sachverständigen bei der parlamentarischen Gesetzgebung ebenso ohne ausdrückliche verfassungsrechtliche Einordnung wie der innerorganschaftliche Verfahrensablauf, dessen Regeln indes den jeweiligen Geschäftsordnungen zu entnehmen sind[169]. Auch über die Gesetzesvorbereitung und -ausarbeitung finden sich in den Vorschriften des Grundgesetzes keine Vorgaben, da die organisatorischen wie kompetenzbezogenen Differenzierungen zwischen den einzelnen Einbringungsberechtigten (Art. 76 Abs. 1 GG) zu groß erscheinen, als daß organisatorische Vorgaben für deren Verfahren auf der Ebene der Verfassung sinnvoll regelbar sind[170].

Diese Regelungssituation erleichtert die Aufgabe nicht, über den verfassungsrechtlichen Standort sachverständiger und interessengeleiteter Beratung bei der Ausübung von Staatsfunktionen im allgemeinen und bei der Partizipation an Normsetzungsverfahren im besonderen Auskunft zu erteilen. Betroffenen, Interessierten oder Sachverständigen steht keine verfassungsrechtlich institutionalisierte Form der Beteiligung – etwa in Form einer Anhörung – zur Verfügung. Dennoch unterliegt die grundsätzliche verfassungsrechtliche Zulässigkeit solcher Beteiligungsverfahren weder mit Blick auf die interessengeleitete noch mit Blick auf die sachverständige Beratung einem Zweifel[171]. Der dürren Bilanz verfassungsrechtlicher Textanalyse steht das bunte Bild verschiedenartiger, geschäftsordnungsrechtlich oder gesetzlich etablierter Einfluß- und Verhandlungskanäle gegenüber, die von interessierten und sachverständigen Dritten zur Einflußnahme auf Verfahren und Ergebnis der parlamentarischen Gesetzgebung eröffnet sind. Doch wie ist vor diesem Hintergrund die verfassungsrechtliche Nichtberücksichtigung Privater am Gesetzgebungsverfahren Beteiligter – Interessenvertreter und Sachverständiger – zu deuten? Auch wenn der Wert privater Informations- und Interessenvermittlung für die Qualität und Wirkkraft einer gesetzlichen Vorschrift zumindest solange unumstritten sein dürfte, wie der Gesetzgeber sich seine eigenständige Entscheidungsmacht zwischen den widerstreitenden Positionen wahrt, bedarf es doch verfassungsrechtlicher Fundierung und Ausdeutung solcher Beteiligungsprozesse. Jeder Entwurf eines Parlamentsgesetzes kann noch besser – effektiver, gerechter, durchdachter, stimmiger – gemacht werden als er ist. Je mehr Zeit und Sorgfalt seiner Vorbereitung gewidmet wird, desto ausgereifter wird die Regelung werden, desto sicherer kann der Gesetzgeber sein, daß jedes noch so entfernte Interesse bei der Formulierung der Vorschriften und bei

---

[169] Siehe z.B. §§ 15 ff., 23 ff. GO-BRat; §§ 19 ff. GO-BT; § 1 ff. GO-Vermittlungsausschuß etc.; hierzu *H. Hill*, Einführung in die Gesetzgebungslehre, S. 162 ff.
[170] *C. Gusy*, ZRP 1985, S. 291 ff. (292).
[171] *W. Brohm*, in: J. Isensee/P. Kirchhof, HdbStR Bd. II, § 36 Rn. 41.

Entwurf der gesamten Regelung mitberücksichtigt wurde. Allerdings steigt mit der Dauer der Präparationsphase und der stetigen Berücksichtigung aller möglicherweise beteiligten Interessen auch die Gefahr, daß sich der Gesetzgeber in einem Interessengeflecht verliert, die Klarheit der Regelung zugunsten eines dilatorischen Formelkompromisses oder zugunsten einer Übernormierung des zu regelnden Lebensbereichs geopfert wird. Die Gefahr eines solchen Umschlags kann durch zwei kontrastierende Konzeptualisierungen parlamentarischer Gesetzgebung illustriert werden: Auf der einen Seite steht der introvertierte Gesetzgeber, der nicht nur in Distanz zu, sondern sogar in Isolation gegenüber der Gesellschaft und den dort vorhandenen Wissensressourcen und Interessen aus eigener Kraft sein auf Zeit begrenztes Mandat zur Rechtsetzung zu nutzen sucht, ohne hierbei gesellschaftliche Interessen und privaten Sachverstand in seine Entscheidung zu integrieren. Es dominiert dann nicht das Streben nach inhaltlicher Richtigkeit oder nach Akzeptanz eines Rechtssatzes bei seinen Adressaten, sondern parlamentarische Gesetzgebung ist die Umsetzung einer punktuell und zeitlich begrenzt durch den Wahlakt zugewiesenen Gestaltungsmacht. Auf der anderen Seite steht das maßgeblich von mächtigen Individual- oder Verbandsinteressen dominierte Parlament, das – gleichsam als Notar – nur die außerhalb des parlamentarischen Verfahrens mit oder ohne staatliche Beteiligung gefundenen Kompromisse zwischen den verschiedenen Interessengruppen ratifiziert. Es liegt auf der Hand, daß beide Extreme weder die Realität abbilden noch der verfassungsrechtlichen Erwartung an den Ablauf des Gesetzgebungsverfahrens entsprechen.

Bei der parlamentarischen Gesetzgebung ist aufgrund der regelmäßigen räumlichen und personellen Unbegrenztheit der Normwirkung die Feststellung und Würdigung aller noch so entfernt berührten subjektiv-öffentlichen Rechte ungleich komplexer als bei dem bisweilen als Vorbild für die Entwicklung prozeduraler Regelungen herangezogenen Erlaß von Satzungen bzw. der korrespondierenden Kontrolle von Abwägungsfehlern, da Satzungen sich an einen räumlich und/oder personell begrenzten Adressatenkreis richten. Ist es aber schon vor der praktischen Erprobung einer gesetzlichen Regelung unmöglich, den genauen Umschlagpunkt festzulegen, an dem der sorgfältig präparierte in einen solchermaßen überfrachteten Gesetzentwurf mutiert, könnten doch wenigstens verfassungsrechtlich Maßstäbe dafür freizulegen sein, ob und in welchem Maße der Gesetzgeber *verfassungsrechtlich* überhaupt verpflichtet ist, regelungsrelevante Tatsachen und Interessen in der Präparationsphase zu ermitteln. Zwei Ansätze kommen insoweit in Betracht: Während der eine von einer Betrachtung der Rechtsposition der potentiell anzuhörenden Interessenvertreter und Sachverständigen ausgeht, entwickelt der andere – ausgehend von einer Verfassungspflicht zur Entfaltung einer optimalen Gesetzgebungsmethodik – eine Pflicht des Gesetzgebers zur Anhörung von Interessenvertretern und Sachverständigen.

1. Die Vorgaben der Gesetzgebungslehre als Maßstab für das »gute Gesetz«

Es stellt sich die Frage, ob dem Grundgesetz eine verfassungsrechtliche Verpflichtung zur Verfolgung eines bestimmten – vielleicht sogar eines optimalen[172] – Gesetzgebungsverfahrens mit der Folge zu entnehmen ist, daß der Gesetzgeber einer verfassungsrechtlichen Pflicht zur Erhebung von Sachverhalt und Interessen durch die Beteiligung von Betroffenen und Sachverständigen unterliegt, die die geschäftordnungsrechtlich (bzw. in einem Ausnahmefall einfachgesetzlich niedergelegten) Konsultationspflichten verfassungsrechtlich unterfängt und gegen Modifikation, Mißachtung oder gar Abschaffung schützt. Die Existenz einer Verfassungspflicht zur Entfaltung einer optimalen Gesetzgebungsmethodik würde bedeuten, daß der Gesetzgeber keineswegs nur das Gesetz schuldet[173].

a) Die Vorgaben der Gesetzgebungslehre

Auf der Grundlage von Erkenntnissen der Gesetzgebungslehre, die das Bindeglied zwischen politischem Prozeß und Rechtswissenschaft zu sein beansprucht[174] und deren Empfehlungen die beklagten Defizite staatlicher, v.a. moderner parlamentarischer Rechtsetzung wiederspiegeln[175], ist – angesichts und zur Behebung dieser Defizite – versucht worden, die verschiedenen Phasen parlamentarischer Gesetzgebung auch außerhalb der unmittelbar durch das Grundgesetz vorgegebenen Stadien zu verrechtlichen[176]. Doch nicht nur die tatsächliche Überforderung des staatlichen Gesetzgebers bei der Regelung komplexer sozialer Systeme, sondern auch das feinziselierte System der Grundrechtsschranken sowie das weite Ausgreifen grundrechtlicher Wertentscheidungen in die gesamte Rechtsordnung und das damit in Zusammenhang stehende allgemeine Angemessenheits- und Ausgleichsdenken unterstreichen den Wunsch nach rationalen

---

[172] So die prägnante Überschrift des Beitrags von *G. Schwerdtfeger*, FS Ipsen, S. 173 ff.
[173] So aber das bekannte Diktum von *K. Schlaich*, VVDStRL Bd. 39 (1981), S. 99 ff. (109); *ders./ S. Korioth*, Das Bundesverfassungsgericht, Rn. 530 (ähnlich z.B.: *W. Geiger*, in: T. Berberich, Neue Entwicklungen im öffentlichen Recht, S. 131 ff. (141); *C. Gusy*, ZRP 1985, S. 291 ff. (295 ff.); *H.-J. Koch*, DVBl. 1983, 1125 ff. (1130); *R. Wahl*, Der Staat Bd. 20 (1981), S. 485 ff. (504)), mit dem die in den siebziger Jahren einsetzenden Bemühungen um die Erschließung des optimalen Gesetzgebungsverfahrens als Verfassungsprinzip (maßgeblich: *G. Schwerdtfeger*, FS Ipsen, S. 173 ff.) abgewehrt werden sollten; aktuelle Übersicht über den Stand der Gesetzgebungslehre bei *W. Köck*, VerwArch Bd. 93 (2002), S. 1 ff. (13 ff.); *K. Meßerschmidt*, Gesetzgebungsermessen, S. 777 ff.
[174] *M. Kloepfer*, DVBl. 1995, S. 441 ff. (442).
[175] *K. Meßerschmidt*, Gesetzgebungsermessen, S. 833 f. m.w.N.
[176] Die zentralen Arbeiten in diesem Bereich sind: *H. Hill*, Einführung in die Gesetzgebungslehre; s.a. *ders.*, JURA 1986, S. 57 ff.; *U. Karpen*, Gesetzgebungs-, Verwaltungs- und Rechtsprechungslehre; *ders.*, in: *ders.*, Zum gegenwärtigen Stand der Gesetzgebungslehre in der Bundesrepublik Deutschland, S. 371 ff. und die übrigen Beiträge in diesem Band; *B. Krems*, Grundfragen der Gesetzgebungslehre; *P. Noll*, Gesetzgebungslehre; *H.-J. Mengel*, Gesetzgebung und Verfahren, S. 205 ff.; *W. Schreckenberger/K. König/W. Zeh*, Gesetzgebungslehre; *G. Winkler/B. Schilcher*, Gesetzgebung. Weitere umfangreiche Nachweise bei *K. Meßerschmidt*, Gesetzgebungsermessen, S. 841 f. (Fn. 103).

Vorgaben für die einschlägigen Abwägungsvorgänge[177]. Unter Berufung auf eine Verfassungspflicht zu optimaler Gesetzgebung soll der Gesetzgeber einer über die ausdrücklichen Regelungen des Grundgesetzes zum äußeren Gesetzgebungsverfahren hinausreichenden Pflicht zur nachprüfbaren Rationalität des Prozesses seiner Entscheidungsfindung nachkommen. Primäre Motivation für die Entwicklung von verfassungsrechtlichen Anforderungen an das innere Gesetzgebungsverfahren ist das kompensatorische Anliegen, dem Gesetzgeber, dessen inhaltlicher Gesetzgebungsspielraum durch verfassungsrechtliche Anforderungen wie etwa das Verhältnismäßigkeitsprinzip oder die Wesentlichkeitsrechtsprechung in vielen Bereichen eingeengt worden ist, auf der einen Seite wieder großzügigere Einschätzungsspielräume zu lassen, diese aber auf der anderen Seite durch dichtere Anforderungen an das Gesetzgebungsverfahren zu kompensieren[178].

Ebenfalls für eine verstärkte verfassungsrechtliche Einbindung einer im inneren Gesetzgebungsverfahren zu entfaltenden Verfahrensrationalität mag sich derjenige aussprechen, der von einer nur begrenzen inhaltlichen Ableitbarkeit der Gesetze aus der Verfassung ausgeht und daher die verfassungsgerichtliche Kontrolle der Parlamentsgesetze auf die Einhaltung der verfassungsrechtlichen Determinanten und nicht auf die Ergebnisrichtigkeit ausgerichtet sieht. Allerdings führt die Gesetzgebung die Verfassung nicht aus, sondern findet in ihr lediglich ihre äußersten Schranken[179]. Je offener die materiellen Vorgaben der Verfassung sind, desto mehr Bedeutung kommt ihren formellen Bestimmungen – insbesondere den Vorschriften über den Erlaß von einfachen Gesetzen – zu und um so intensiver muß die Kontrolle ihrer Einhaltung ausfallen[180].

Im Zentrum der konzeptionellen Überlegungen steht dabei der Versuch, den Gesetzgeber – in deutlicher Anlehnung an einschlägige Rechtsprechung im Bereich des Planungsrechts und an die Abwägungs-, aber auch die Ermessensfehlerlehre[181] – zu verpflichten, einschlägiges Entscheidungsmaterial heranzuziehen,

---

[177] *P. Lerche*, in: ders./W. Schmidt Glaeser/E. Schmidt-Aßmann, Verfahren als staats- und verwaltungsrechtliche Kategorie, S. 97 ff. (118 ff.).

[178] So deutlich *G. Kisker*, Diskussionsbeitrag, VVDStRL Bd. 39 (1981), S. 172; ähnlich *H. Hill*, Das fehlerhafte Verfahren und seine Folgen im Verwaltungsrecht, S. 58; *H.-J. Mengel*, ZG 1990, S. 193 ff. (195); *G. Schwerdtfeger*, FS Ipsen, S. 173 ff. (188).

[179] *T. v. Danwitz*, Die Gestaltungsfreiheit des Verordnungsgebers, S. 36; *E.-W. Fuss*, JZ 1959, S. 329 ff. (331); *W. Leisner*, FS Berber, S. 273 ff. (275); *K. Meßerschmidt*, Gesetzgebungsermessen, S. 94 ff.

[180] *H. Hill*, Das fehlerhafte Verfahren und seine Folgen im Verwaltungsrecht, S. 57 ff., 58.

[181] Zu der Abwägungsfehlerlehre, die bei differenzierender Betrachtung von Abwägungsvorgang und -ergebnis zwischen Abwägungsdefizit, -fehleinschätzung, -disproportionalität und -ausfall differenziert, siehe BVerwGE 34, 301 (309); 45, 309 (314 f.); 47, 144 (146); 48, 56 (59); ansonsten statt vieler *W. Erbguth*, in: N. Achterberg/G. Püttner/T. Würtenberger, Besonderes Verwaltungsrecht I, Rn. 146 ff.; *W. Hoppe/S. Grotefels*, Öffentliches Baurecht, § 7 Rn. 94 ff.; *W. Söfker*, in: W. Ernst/W. Zinkahn/W. Bielenberg/M. Krautzberger, Baugesetzbuch, § 1 Rn. 179 ff.; *W. Krebs*, in: E. Schmidt-Aßmann, Besonderes Verwaltungsrecht, Rn. 106. Zu der »klassischen« Einteilung der Ermessensfehler in die Kategorien Ermessensüberschreitung, -nichtgebrauch, -fehlgebrauch, siehe z.B.: *H. Maurer*, Allgemeines Verwaltungsrecht, § 7 Rn. 19 ff.; *F. Kopp/W.-R. Schenke*, Verwaltungsgerichtsordnung, § 114 Rn. 7 ff.

aufzubereiten und eine Abwägung zwischen den konfligierenden Interessen, die durch das Gesetzesvorhaben berührt werden, durchzuführen[182]. Hiernach wäre es die – verfassungsrechtliche – Pflicht des Gesetzgebers, sich in dem zu regelnden Bereich sachkundig zu machen, verfügbare empirischen Daten zur Kenntnis zu nehmen und zwischen potentiell von einer Regelung betroffenen Rechtsgütern abzuwägen. Den Anforderungen an die Methode der Entscheidungsfindung wird dabei eine eigenständige verfassungsrechtliche Bedeutung zugebilligt. Ein Gesetz ist hiernach schon dann nicht mehr mit der Verfassung vereinbar, wenn der Gesetzgeber während der Erarbeitung des Gesetzentwurfs Fehler gemacht hat, bei denen nicht auszuschließen ist, daß das Gesetz bei einem korrekten inneren Gesetzgebungsverfahren eine anderen Inhalt gehabt hätte. Nicht verfassungsrechtliche Begründbarkeit, sondern die tatsächliche Begründung, die Heranziehung und Aufbereitung des entscheidungsrelevanten Abwägungsmaterials (Tatsachen und Interessen) ist insoweit von Bedeutung[183].

Schon aus methodischer Sicht sind hier allerdings Einwände zu erheben. Die Übertragung von Ermessens- und Abwägungsfehlerlehren, die sich mit Entscheidungen der Verwaltung bzw. eines besonders legitimierten Organs der (kommunalen) Selbstverwaltung befassen, unternimmt den Versuch, den Ertrag dieser Lehren in einem fremdem Milieu fruchtbar zu machen – ohne auf die mangelnde Vergleichbarkeit von Verwaltungsentscheidungen sowie untergesetzlicher Normsetzung einerseits und parlamentarischer Gesetzgebung andererseits hinreichende Rücksicht zu nehmen[184]. Die Verfassungsbindung des Gesetzgebers erlegt diesem deutlich weniger intensive Bindungen auf als sie die Verwaltung aufgrund ihrer Gesetzesbindung erfährt. Die Abwägungsfehlerlehre stellt sicher, daß sich die inhaltliche Gesetzesbindung insbesondere des kommunalen Satzungsgebers[185] trotz nur finaler Vorgaben (siehe v.a. § 9 BauGB[186]) realisieren läßt, da dies eine besonders intensive gerichtliche Kontrolle erforderlich macht[187]. Auch das Verwaltungsermessen ist als Phänomen des Gesetzesvollzugs einer vollständigen und umfassenden gerichtlichen Kontrolle unterwor-

---

[182] Grundlegend *G. Schwerdtfeger*, FS Ipsen, S. 173 ff. (178 ff.); zuvor schon *H.-J. Konrad*, DÖV 1971, S. 80 ff. (85); *H. Schneider*, FS Müller, S. 421 ff. (432 f.) mit deutlicher Anlehnung an die genannten Institute des Verwaltungsrechts; z.T. in den Konsequenzen noch weitergehend als die vorgenannten *J. Lücke*, ZG 2001, S. 25 ff., der verfassungsimmanente formelle Grundpflichten der Legislative als Teil einer insbesondere aus dem Übermaßverbot abzuleitenden ungeschriebenen allgemeinen Gesetzgebungsordnung und eine verfassungsrechtlichen Pflicht des Gesetzgebers, diese weiter zu konkretisieren und auszugestalten, annimmt. S.a. im Hinblick auf die Fruchtbarmachung verwaltungsrechtlicher Dogmatik auch die programmatischen Arbeiten von *M. Kloepfer*, ZG 1988, S. 289 ff.; *ders.*, DVBl. 1995, S. 441 ff.; ähnlich auch *W. Köck*, VerwArch Bd. 93 (2002), S. 1 ff. (19 f.).
[183] *G. Schwerdtfeger*, FS Ipsen, S. 173 ff. (178).
[184] Deutlich: *K. Schlaich*, VVDStRL Bd. 39 (1981), S. 99 ff. (109 f.).
[185] Aber auch der Verordnungsgeber hat schon aufgrund der »Inhalt, Zweck und Ausmaß«-Formel des Art. 80 Abs. Satz 2 GG stets inhaltliche Vorgaben zu beachten und zu verwirklichen; zu deren Kontrolle siehe *T. v. Danwitz*, Die Gestaltungsfreiheit des Verordnungsgebers, S. 95 ff., 186.
[186] Weitere Nachweise zu solchem parlamentarischen Normenerlaßrecht für untergesetzliche Normen bei *M. Kloepfer*, ZG 1988, S. 289 ff. (291 f.).
[187] Zur kategorialen Differenzierung zwischen Verordnungs- und Gesetzgebung auch *T. v. Danwitz*, Die Gestaltungsfreiheit des Verordnungsgebers, S. 168 f.

VI. Ermittlung von Interessen und Informationen im Gesetzgebungsverfahren

fen, deren Übertragung auf das Parlamentsgesetz der gegenüber nicht-parlamentarischen Normsetzern erhöhten, durch das ganze Volk und nicht bloß ein Verbandsvolk gestifteten personellen demokratischen Dignität des Parlaments[188] ebenso widerspricht wie den dem Parlament eingeräumten Gestaltungsspielräumen[189]. Eine Übertragung von auf Inhalt wie Erlaß von Satzungen und Verordnungen bezogenen Rechtsgrundsätzen über den Normerlaß kann auch nicht dadurch gerechtfertigt werden, daß es sich bei den dort entwickelten Grundsätzen insbesondere der Abwägungsfehlerlehre um konkretisiertes Verfassungsrecht handelt[190]. Wenn letztlich die einzige Gemeinsamkeit von parlamentarischer und untergesetzlicher Normsetzung darin besteht, daß beide sich an einer übergeordneten Norm auszurichten haben[191], so genügt diese Gemeinsamkeit angesichts der normativen Andersartigkeit der Bezugspunkte dieser Bindung keineswegs. Selbst wenn diese Annahme richtig sein sollte[192], so würde doch eine Hochzonung einfachgesetzlicher Vorgaben für die Setzung untergesetzlicher Normen auf die Ebene der parlamentarischen Gesetzgebung gegenüber der selbständigen Ableitung verfassungsrechtlicher Vorgaben aus den entsprechenden Verfassungsprinzipien zu einer Forderung nach der »Gesetzmäßigkeit der Verfassung« führen.

Ausgangspunkt einer Verrechtlichung legistischer Forderungen ist die Differenzierung zwischen innerem und äußerem Normsetzungs- bzw. Gesetzgebungsverfahren[193]. Während letzteres den in Art. 76 ff. GG und Art. 82 GG geregelten Ablauf des Gesetzgebungsverfahrens – insbesondere Zeitpunkt, Umfang und Beteiligung einzelner Gesetzgebungsorgane – erfaßt, umschreibt der Begriff des inneren Gesetzgebungsverfahrens den Willenbildungs- und Entscheidungsprozeß bei der Entstehung eines Gesetzes und damit die Methodik der legislatorischen Entscheidungsfindung[194], die schon im Vorfeld des parlamentarischen Gesetzgebungsverfahrens weitgehend abgeschlossen sein kann. Der Begriff des inneren Gesetzgebungsverfahrens bezieht sich v.a. (aber nicht allein) auf die vom Grundgesetz kaum wahrgenommene vor- und außerparlamentarische Phase der Gesetzgebung.

---

[188] So auch *M. Kloepfer*, ZG 1988, S. 289 ff. (293).
[189] So auch *P. Lerche*, in: ders./W. Schmidt Glaeser/E. Schmidt-Aßmann, Verfahren als staats- und verwaltungsrechtliche Kategorie, S. 97 ff. (112, 114). S.a. *K. Meßerschmidt*, Gesetzgebungsermessen, S. 850 f. Eine undifferenzierte Übertragung verwaltungsspezifischer Bindungen auf die parlamentarische Gesetzgebung befürchtet etwa auch *H.-U. Erichsen*, Diskussionsbeitrag, VVDStRL Bd. 40 (1982), S. 128.
[190] *M. Kloepfer*, ZG 1988, S. 289 ff. (295 ff.); *ders.*, DVBl. 1995, S. 441 ff. (443 f.).
[191] Die von *M. Kloepfer*, DVBl. 1995, S. 441 ff. (445) angeführte gleichermaßen bestehende demokratische Legitimation der Rechtsetzer ist insoweit irreführend, als mit dieser Ansicht die Andersartigkeit verbandlicher (Satzung) bzw. vom Parlament abgeleiteter (Verordnung) Legitimation nicht ausreichend gewürdigt wird.
[192] Kritisch zu der Annahme einer Verfassungskonkretisierung durch Gesetzgebung etwa *W. Leisner*, FS Berber, S. 273 ff. (275 m.w.N. in Fn. 9); *K. Meßerschmidt*, Gesetzgebungsermessen, S. 101 ff., 114 ff.
[193] Siehe zu dieser Differenzierung etwa *H. Hill*, JURA 1986, S. 286 ff. (291 ff.); *J. Jekewitz*, in: Alternativ-Kommentar zum Grundgesetz Bd. II, Art. 76 Rn. 6 f. Diese Kategorien der Gesetzgebungslehre wurden maßgeblich für das formelle Parlamentsgesetz entwickelt. Der mit ihnen verbundene Erkenntnisgewinn erhebt aber auch Anspruch auf Gültigkeit für Normsetzungsverfahren, selbst wenn diese strengeren rechtlichen Bindungen unterliegen.
[194] *H. Hill*, Einführung in die Gesetzgebungslehre, S. 62 f.

Das innere Gesetzgebungsverfahren verläuft in Form eines sog. Entscheidungskreislaufs[195]. Einstieg in den Entscheidungskreislauf ist die Identifizierung eines staatlicher Regelung bedürftigen Problems (Problemerkenntnis und -definition). Solche Anstöße für gesetzgeberisches Tätigwerden können durchaus auch aus dem gesellschaftlichen Raum an den Gesetzgeber oder die Exekutive herangetragen werden[196]. Es folgen Überlegungen zu dem wünschenswerten Regelungsziel und den Mitteln, mit denen dieses Ziel zu erreichen ist. Zwischen mehreren möglichen Mitteln muß sich der Gesetzgeber dann gegebenenfalls entscheiden. Der Kreis schließt sich mit der Kontrolle des erlassenen Gesetzes hinsichtlich des Eintretens des gewünschten Erfolges und eventueller Nebenwirkungen. Sind hier Mängel zu beklagen, wird der Entscheidungskreislauf erneut in Gang gesetzt.

Ein im Sinne der Gesetzgebungslehre erfolgreiches »inneres Gesetzgebungsverfahren« erfordert die vollständige Ermittlung des Sachverhalts, die Einbeziehung aller relevanten Interessen und Belange sowie die sorgfältige Abwägung aller Entscheidungskriterien[197]. Insbesondere das Erfordernis vollständiger Ermittlung des Sachverhalts ist darauf zurückzuführen, daß der Gesetzgeber sich der Tatsachen und der Gesetzmäßigkeiten des sozialen Lebens, welches er regeln will, vergewissert[198]. Während im Zusammenhang mit der Entwicklung einer optimalen Methodik der Gesetzgebung als Verfassungspflicht[199] sowohl die Pflicht zur Heranziehung und Aufbereitung des einschlägigen Entscheidungsmaterials als auch – darauf aufbauend – eine Abwägungspflicht verfassungsrechtlich hergeleitet wurde[200], konzentriert sich das Erkenntnisinteresse dieser Untersuchung auf den erstgenannten Punkt: Die Anhörung sowohl von Sachverständigen wie auch von Interessenvertretern wäre als Element einer Pflicht zur Heranziehung und Aufbereitung des einschlägigen Entscheidungsmaterials zwar notwendige Grundlage zur Realisierung einer möglicherweise bestehenden Abwägungspflicht des Gesetzgebers. Aber der erste Schritt auf dem Weg zu einer optimalen Methodik der Gesetzgebung läßt sich durchaus unabhängig von dem zweiten auf seine verfassungsrechtliche Relevanz hin untersuchen.

Insoweit ist allerdings zunächst festzuhalten, daß ein absoluter Mangel an explizit in der Verfassung genannten Prinzipien und Garantien für die Richtigkeit und Vollständigkeit von Tatsachenfeststellungen im Gesetzgebungsverfahren herrscht. Das Grundgesetz enthält über eine solche Pflicht des Gesetzgebers kein Wort. Der Umfang der Tatsachenermittlung ebenso wie deren Auswertung und

---

[195] *H. Hill*, JURA 1986, S. 57 ff. (60); *U. Karpen*, Gesetzgebungs-, Verwaltungs- und Rechtsprechungslehre, S. 40.
[196] *H. Hill*, DÖV 1981, S. 487 ff. (487, 494).
[197] *H. Hill*, Einführung in die Gesetzgebungslehre, S. 77.
[198] *K. Meßerschmidt*, Gesetzgebungsermessen, S. 926 ff. m.w.N.
[199] Erstmals pointiert bei *G. Schwerdtfeger*, FS Ipsen, S. 173 ff.; zuvor schon ähnlich *H. Schneider*, FS Müller, S. 421 ff. (433). Zum optimalen inneren Gesetzgebungsverfahren auch: *H. Hill*, JURA 1986, S. 286 ff. (291); *M. Kloepfer*, DVBl. 1995, S. 441 ff. (441 ff.); zusammenfassend und kritisch: *K. Meßerschmidt*, Gesetzgebungsermessen, S. 828 ff.
[200] *G. Schwerdtfeger*, FS Ipsen, S. 173 ff. (178 ff., 182).

Würdigung entbehrt damit einer ausdrücklichen rechtlichen Markierung[201]. Im Gegenteil: Die verfassungsrechtliche Anerkennung der Parlamentsautonomie, die die Befugnis des Parlaments bezeichnet, seine eigenen Angelegenheiten selbst zu regeln[202], spricht zumindest im Ansatz dafür, daß der Bundestag sein Gesetzgebungsverfahren nach eigenem Gutdünken einrichten kann[203].

Doch selbst wenn man die Gesetzespräparation als einen dem staatlichen internum zugehörigen Vorgang einordnen wollte, so schließt dies dessen Verrechtlichung nicht aus. Die Vorstellung vom Staat als einer festgefügten Einheit, bei der nur die »nach außen«, an den Bürger gerichteten Handlungen über rechtliche Relevanz verfügen, während der staatliche Innenbereich in eine vorrechtliche Sphäre verwiesen wird, so daß der eigentliche Entscheidungsprozeß zur Gewinnung verbindlicher Entscheidungen nicht ins Blickfeld kommt[204], ist überwunden[205]. Allerdings liegt in der Nachwirkung dieser Sichtweise ein zentraler Grund für die weitgehende Nichtberücksichtigung des inneren Gesetzgebungsverfahrens durch das Grundgesetz[206].

Die im Grundgesetz ausdrücklich normierten Vorschriften über das äußere Gesetzgebungsverfahren dienen nicht in erster Linie der Verbürgung eines inhaltlich akzeptablen Gesetzgebungsresultats, sondern vielmehr der Gewährleistung eines klaren Ablaufs des Gesetzgebungsverfahrens und der Sicherung der Positionen aller am Gesetzgebungsprozeß Beteiligten[207]. Grundlage der Entwicklung von verfassungsrechtlichen Optimierungspflichten im Bereich des inneren Gesetzgebungsverfahrens ist aber die Annahme, daß die Einhaltung von Vorschriften des äußeren Gesetzgebungsverfahrens nicht alleiniges Anliegen des grundgesetzlichen Gesetzgebungsverfahrens ist, sondern daß dieses auch einer

---

[201] *F. Ossenbühl*, FS BVerfG I/1, S. 458 ff. (S. 482 f.); *ders.*, in: J. Isensee/P. Kirchhof, HdbStR Bd. III, § 63 Rn. 6. In diesem Sinne auch *K. Schlaich*, VVDStRL Bd. 39 (1981), S. 99 ff. (109); *H. Schulze-Fielitz*, NVwZ 1983, S. 709 ff. (712).

[202] Hierzu *J. Pietzcker*, in: H.-P. Schneider/W. Zeh, Parlamentsrecht und Parlamentspraxis in der Bundesrepublik Deutschland, § 10 Rn. 3 ff., 19 ff.; ausf. *K.F. Arndt*, Parlamentarische Geschäftsordnungsautonomie und autonomes Parlamentsrecht. Das Grundgesetz greift die traditionelle parlamentarische Geschäftsordnungsautonomie in Art. 40 Abs. 1 S. 2 GG auf. Seine Funktion besteht zum einen in der Sicherung des verfassungsrechtlich gebotenen Minderheitenschutzes im Parlament (*J. Scherer*, AöR Bd. 112 (1987), S. 189 ff. (204 ff.)). Zum anderen dient es der Unabhängigkeit des Parlaments von anderen Verfassungsorganen (*K.F. Arndt*, a.a.O., S. 60 ff.), da das Parlament seine innere Ordnung unabhängig von der Ingerenz anderer Verfassungsorgane regeln können soll.

[203] Dies kann auch mittelbar aus BVerfGE 42, 191 (205) geschlossen werden, wonach es Sache der Gestaltungsfreiheit des Gesetzgebers ist, ob er für den Erlaß von Verordnungen Anhörungsverfahren anordnet und wie er den Kreis der Anzuhörenden abgrenzt. Der Schutzbereich der Grundrechte werde hierdurch nicht berührt. Wenn diese Gestaltungsfreiheit des Gesetzgebers sich schon für das Verfahren des Verordnungsgebers auswirkt, so muß dies erst recht für die Gestaltung des parlamentarischen Gesetzgebungsverfahrens gelten.

[204] Zu dieser Staatstheorie des 19. Jahrhunderts: *E.-W. Böckenförde*, Die verfassungstheoretische Unterscheidung von Staat und Gesellschaft als Bedingung der individuellen Freiheit, S. 9 ff.

[205] *W. Schmitt Glaeser*, in: J. Isensee/P. Kirchhof, HdbStR Bd. II, § 31 Rn. 1.

[206] *K. Meßerschmidt*, Gesetzgebungsermessen, S. 859.

[207] *K. Meßerschmidt*, Gesetzgebungsermessen, S. 862 f.

möglichst rationalen Entscheidungsfindung dient[208]. Natürlich ist es wünschenswert, wenn der Gesetzgeber in der Vorbereitungsphase eines Gesetzgebungsverfahrens den zu regelnden Sachverhalt vollständig ausschöpft, Alternativen entwickelt und zwischen allen in Betracht kommenden Regelungen abwägt: Als Frage für den vorliegenden Zusammenhang bleibt allein, ob zum einen eine solche Verpflichtung überhaupt verfassungsrechtlichen Rang hat und zum anderen, ob diese Sachverhaltserhebung aus verfassungsrechtlichen Gründen zwingend nur unter Inanspruchnahme der von einer Regelung Betroffenen erfolgen kann.

b) Existenz und Ausmaß einer verfassungsrechtlichen Verpflichtung zur Anhörung von Sachverständigen und/oder Interessenvertretern

Existenz und Ausmaß einer allgemeinen verfassungsrechtlichen Verpflichtung des parlamentarischen Gesetzgebers zur Anhörung und Konsultation von Betroffenen eines Gesetzes auf der Grundlage einer Pflicht zur optimalen Gesetzgebung erscheinen zweifelhaft. Eine generelle Pflicht zur umfassenden Interessenermittlung und Sachverhaltsaufklärung im Gesetzgebungsverfahren wäre schon im Ansatz zu wenig differenziert: In dem weiten Spektrum von der einfachen Korrektur einer gesetzlichen Regelung bis hin zu dem großen, in Politik und Gesellschaft umstrittenen Reformprojekt des parlamentarischen Gesetzgebers verdient nicht jedes Parlamentsgesetz die gleiche Aufmerksamkeit. Ein verfassungsrechtlich zu forderndes Maß an Sachverhaltsaufklärung und Interessenermittlung durch den Gesetzgeber kann wegen der nicht unerheblichen zeitlichen Anforderungen, die z.B. die Planung und Durchführung von Expertenanhörungen verlangen[209], ohnehin nur in unmittelbarer Relation zu der tatsächlichen Komplexität der Gesetzgebungsmaterie sowie der politischen wie verfassungsrechtlichen Sensibilität des Vorhabens stehen. Des weiteren bringt die Formulierung zwingender Maßstäbe prozeduraler Rationalität und deren Verfolgung nicht zwingend auch immer ein rationales Ergebnis mit sich[210]. Jedenfalls kann auch bei Beachtung eines rationalen Gesetzgebungsverfahrens nicht auf die materielle Verfassungsbindung der Gesetzgebung und deren verfassungsgerichtliche Kontrolle verzichtet werden.

Aber auch in Fällen gesteigerter Komplexität von Sachverhalt und Interessenverflechtung kann eine Optimalität der Verfahrensgestaltung – abgesehen von allen praktischen Schwierigkeiten einer entsprechenden Maßstabsbildung – nicht verlangt werden. Gegen eine verfassungsrechtliche Aufklärungspflicht spricht die Ungewißheit ihrer subjektiven Zuordnung. Die Forderung nach einer optimalen Methodik der Verfassungsgebung liefert keine Antwort auf die Frage, wer von den an der Gesetzespräparation Beteiligten umfassend aufzuklä-

---

[208] *H. Hill*, JURA 1986, S. 286 ff. (291).
[209] Siehe *P. Dach*, in: H.-P. Schneider/W. Zeh, Parlamentsrecht und Parlamentspraxis in der Bundesrepublik Deutschland, § 11 Rn. 74.
[210] *K. Meßerschmidt*, Gesetzgebungsermessen, S. 871.

ren hat: die Ministerialverwaltung, der Abgeordnete in dem zuständigen Ausschuß oder gar alle Abgeordneten, deren Gesamtheit durch den Gesetzesbeschluß im staatsrechtlichen Sinne die Verantwortung für das Gesetz trägt. Daher liegt es nahe, dem Parlament als dem zentralen Beschlußorgan im Gesetzgebungsverfahren, die entsprechenden Verpflichtungen zur Erhebung von Sachverhalt und Interessen aufzuerlegen. Vergegenwärtigt man sich aber die Struktur des Parlaments, wird deutlich, daß eine solche Forderung auf einer unrealistischen Einschätzung parlamentarischer Ressourcen und Legitimationskraft beruht[211]. Eine mit der Expansion gesetzgeberischer Regelungsgegenstände einhergehende Ausweitung parlamentarischer Ressourcen würde diese auch dann immer weiter in eine Konkurrenzposition zu ministeriellen Ressourcen einrükken lassen. Die spezifische verfassungsrechtliche Legitimation des Bundestages rührt aber nicht von einer Aufgabenzuweisung als Expertengremium her[212], sondern beruht auf seiner Stellung als Volksvertretung. Die Aufgabe des Parlaments liegt in der Herstellung und Vermittlung politischer Entscheidungen, die nicht in erster Linie durch sachliche Richtigkeit, sondern durch ihren kompromißhaften Charakter geprägt sind[213]. Optimalität des Gesetzgebungsverfahrens kann also angesichts von Stellung und Aufgabe des Gesetzgebers auch aus demokratietheoretischer Sicht kein Richtmaß für die Bestimmung prozeduraler Pflichten des Gesetzgebers sein.

Schraubt man die Erwartungen insoweit zurück und versucht zunächst generell und ohne die Formulierung eines anspruchsvollen Ziels zu ergründen, aus welchen verfassungsrechtlichen Zusammenhängen eine entsprechende gesetzgeberische Pflicht überhaupt zu gewinnen wäre, stellt sich nicht nur die Frage nach positiven Anknüpfungspunkten für deren Herleitung, sondern es ist auch – vorgelagert – zu erwägen, inwieweit die Regelungsabstinenz des Grundgesetzes in Bezug auf das innere Gesetzgebungsverfahren nicht die Gestaltung des Gesetzgebungsverfahrens und damit auch die Anhörung von Betroffenen dem parlamentarischen Gesetzgeber grundsätzlich anheim stellt[214]. Eine verfassungsrechtlich relevante, und nicht bloß de- oder präskriptive Gesetzgebungslehre kann nur auf einer verfassungsrechtlichen Pflichten- und Fehlerlehre für das Gesetzgebungsverfahren fußen[215]. Da aber ausdrückliche verfassungsrechtliche Maßstäbe insofern fehlen, können diese nur aus anderen Verfassungsnormen destilliert werden, deren Inanspruchnahme allerdings eine Umdeutung von Kontroll- in Handlungsnormen voraussetzt.

---

[211] Hierzu *C. Gusy*, ZRP 1985, S. 291 ff. (296 ff., 298).
[212] Über die Versuche einer Verwissenschaftlichung der Politik: *W. Maihofer*, in: G. Winkler/B. Schilcher, Gesetzgebung, S. 3 ff. (32); weitere Nachweise bei *K. Meßerschmidt*, Gesetzgebungsermessen, S. 834 f. (Fn. 75).
[213] *C. Gusy*, ZRP 1985, S. 291 ff. (297); *F. Ossenbühl*, in: J. Isensee/P. Kirchhof, HdbStR Bd. III, § 63 Rn. 7.
[214] Auf diese Zweistufigkeit der Problematik weist zu recht *K. Meßerschmidt*, Gesetzgebungsermessen, S. 823, hin.
[215] Hierzu *W. Köck*, VerwArch Bd. 93 (2002), S. 1 ff. (13 ff.).

Nach einer älteren Aussage des Bundesverfassungsgerichts muß der Gesetzgeber die ihm zugänglichen Erkenntnisquellen ausgeschöpft haben, um die voraussichtlichen Auswirkungen seiner Regelung so zuverlässig wie möglich abschätzen zu können[216]. Zu beachten ist der Kontext dieser Aussage: Das Bundesverfassungsgericht trifft sie im Zusammenhang mit einer höchst umstrittenen Prognoseentscheidung des Gesetzgebers (hier: Auswirkung der Einführung einer Mitbestimmungsregel auf die Wirtschaftsordnung). Wird bei einer solchen Entscheidung den o.a. Anforderungen an die Aufklärung möglicher Auswirkungen des Gesetzes Genüge getan, so ist die Entscheidung des Gesetzgebers auch dann inhaltlich vertretbar, wenn die Auswirkungen des Gesetzes nicht mit hinreichender Wahrscheinlichkeit oder gar Sicherheit abzusehen sind[217]. Darüber hinaus hat sich das Bundesverfassungsgericht bislang zu der Frage einer verfassungsrechtlichen Fundierung von prozeduralen Pflichten des Gesetzgebers in dem hier relevanten Zusammenhang nicht explizit geäußert. Es lassen sich vielmehr Aussagen nachweisen, denen eine Absage an optimales oder auch nur besonders anspruchsvolles verfassungsrechtliches inneres Gesetzgebungsverfahren entnommen werden kann[218].

Allerdings sind die Erörterungen des Bundesverfassungsgerichts anläßlich der verfassungsrechtlichen Überprüfung einer Vorschrift zu beachten, mit der ein gesetzliches Verbot des Nachnahmeversands von Tieren, erst in den Ausschußberatungen *ohne Anhörung* der betroffenen Wirtschaftskreise in einen Gesetzentwurf übernommen worden war. Neben dem Umstand, daß das gesetzliche Verbot mit Tatsachen begründet war, die sich bei näherer Prüfung nicht halten ließen, hat das Bundesverfassungsgericht das Gesetzgebungsverfahren selbst als Quelle seiner Beanstandung benannt[219]. Allerdings hatte es seine Kassationsentscheidung letztendlich auf den Umstand gegründet, daß der in dem

---

[216] BVerfGE 50, 290 (332 f.); 57, 139 (160).

[217] Das Gericht deutet aber an, daß es bei gesetzgeberischen Entscheidungen, die Leib und Leben betreffen, nicht eine solche Großzügigkeit an den Tag legen werde (BVerfGE 50, 290 (333); Hinweis auf das Verhältnis zwischen Prognosefreiheit und den auf dem Spiel stehenden Rechtsgütern auch bei BVerfGE 76, 1 (51 f.); 77, 170 (214 f.).

[218] BVerfGE 75, 246 (268). Das Bundesverfassungsgericht hält es hier nicht für ausschlaggebend, ob die maßgeblichen Gründe für die angegriffene Regelung im Gesetzgebungsverfahren ausdrücklich erörtert worden sind. Nur das objektive Fehlen der von Verfassungs wegen anzuerkennenden gesetzgeberischen Zielsetzungen können zur Feststellung der Verfassungswidrigkeit des Gesetzes führen. S.a. BVerfGE 86, 148 (241), wo das Gericht ausführt, daß allein die Entscheidung des Gesetzgebers selbst verfassungsgerichtlicher Kontrolle unterliege. Ein wenig strenger gibt sich das Gericht indes in dem zweiten Urteil zum Schwangerschaftsabbruch (BVerfGE 88, 203 (263)): »Ins Gewicht fällt schließlich, daß für den Gesetzgeber, wenn er sich zu einer grundlegend neuen Regelung entschließt, die Möglichkeiten, sich ein hinreichend sicheres Urteil über deren Auswirkungen zu bilden, naturgemäß eingeschränkt sind. ... In solcher Lage muß sich der Gesetzgeber des erreichbaren, für die gebotene verläßliche Prognose der Schutzwirkung des Konzepts wesentlichen Materials bedienen und es mit der gebotenen Sorgfalt daraufhin auswerten, ob es seine gesetzgeberische Einschätzung hinreichend zu stützen vermag.« Ein durch die Besonderheiten des reformierten Asylrechts geprägter Sonderfall liegt dem Sondervotum *J. Limbach* in BVerfGE 94, 115 (157 ff.) zugrunde, in dem sorgfältige Ermittlung aller Umstände dort verlangt wird, wo ein Staat als sicherer Herkunftsstaat eingeordnet wird.

[219] BVerfGE 36, 47 (60 ff.).

Tierversandverbot liegende Eingriff in die Berufsausübungsfreiheit der Tierversandhändler wohl schon nicht geeignet, in jedem Falle aber nicht in seinem Umfang erforderlich war[220]. In weiteren Entscheidungen legt das Gericht dem Gesetzgeber ebenfalls prozedurale Sorgfaltspflichten bei der Erhebung des relevanten Sachverhalts zur Vorbereitung von Prognoseentscheidungen auf[221].

Die Begründer der gesetzgeberischen Methodenpflicht verknüpfen deren verfassungsrechtliche Konstituierung mit der Legitimation von Grundrechtseingriffen[222] bzw. deren nachträglicher Kontrolle[223], indem die Anforderungen an das Gesetzgebungsverfahren auf die Vorwirkung von Verhältnismäßigkeitsprinzip und Willkürverbot gegründet werden[224]. In dieser Argumentation liegt eine Umwandlung von Normen zur Kontrolle eines Entscheidungsergebnisses in Normen, denen eine bestimmte Handlungsanweisung entnommen wird.

Das Übermaßverbot verlangt in allen seinen Elementen Rückbezüge auf die Realität[225]. Ob eine Regelung tatsächlich geeignet ist, ein bestimmtes Ziel zu fördern, kann ebenso nur auf gesicherter Tatsachengrundlage entschieden werden, wie die Frage, ob eine rechtliche Alternative gleich wirksam und dennoch für den Grundrechtsträger weniger belastend ist. Auch die Feststellung, ob ein sachlicher Grund zur verfassungsrechtlich legitimen Ungleichbehandlung vorliegt, bedarf der gesicherten Tatsachengrundlage, da die die Differenzierung legitimierenden Umstände tatsächlich gegeben sein müssen[226].

Angesichts dessen stellt sich die Frage, ob die Vertreter der verfassungsrechtlichen Methodenpflicht eine Zweiteilung von aus verfassungsrechtlichen Gründen besonderer prozeduraler Sorgfalt unterliegenden, grundrechtsrelevanten Gesetzen einerseits und sonstigen, nicht zwingendermaßen entsprechend sorgfältig zu präparierenden Gesetzen andererseits tatsächlich vollziehen wollen – zumal eine der wenigen expliziten Äußerungen des Bundesverfassungsgerichts zu diesem Thema im Zusammenhang mit der kommunalen Neugliederung – und damit für den nicht-grundrechtsrelevanten Bereich – getätigt wurde.

Die verfassungsgerichtliche Rechtsprechung zur kommunalen Neugliederung hatte aus der kommunalen Selbstverwaltungsgarantie[227] ein Recht der von einem Neugliederungsgesetz betroffenen Gemeinden auf Anhörung in dem Gesetzesverfahren des neuzugliedernden Landes abgeleitet[228]. Der Schutzgehalt der kommunalen Selbstverwaltungsgaran-

---

[220] BVerfGE 36, 47 (63).
[221] BVerfGE 50, 290 (333 f.); 88, 203 (263); 94, 115 (143 ff.).
[222] *P. Lerche*, in: ders./W. Schmidt Glaeser/E. Schmidt-Aßmann, Verfahren als staats- und verwaltungsrechtliche Kategorie, S. 97 ff. (99); *G. Schwerdtfeger*, FS Ipsen, S. 173 ff. (176). Weiter aber *G. Hoffmann*, ZG 1990, S. 97 ff. (110 ff.); s.a. *H.-J. Mengel*, ZG 1990, S. 193 ff. (211).
[223] *M. Kloepfer*, DVBl. 1995, S. 441 ff. (446).
[224] *C. Gusy*, ZRP 1985, S. 291 ff. (295 f.). Hierauf weisen auch *P. Badura*, ZG 1987, S. 300 ff. (310); *F. Ossenbühl*, Diskussionsbeitrag VVDStRL Bd. 39 (1981), S. 189 f., hin.
[225] *F. Ossenbühl*, in: J. Isensee/P. Kirchhof, HdbStR Bd. III, § 63 Rn. 6 m.w.N. in Fn. 23.
[226] *C. Gusy*, ZRP 1985, S. 291 ff. (295).
[227] Zu den verschiedenen Aspekten von deren Schutzgehalt: *E. Schmidt-Aßmann*, in: ders., Rn. 9 ff.; *K. Stern*, Staatsrecht Bd. I, § 12 II 4b.
[228] BVerfGE 50, 195 (202); 86, 90 (108 f.); hierzu *K. Stern*, Staatsrecht Bd. I, § 12 II 4 c (insbesondere zu der Rechtsprechung der Landesverfassungsgerichte: Fn. 73).

tie wird – bei zweifachem Wechsel der Perspektive – aus Sicht der Gemeinde als verfassungsrechtlicher Institution (Rechtssubjektsgarantie) und der Positionierung der Gemeindeverwaltung in der Landesorganisation (Rechtsinstitutionsgarantie) aufgefächert. Diese beiden Garantien werden von der subjektiven Rechtsstellungsgarantie umfangen, die der einzelnen Gemeinde entsprechende Unterlassungs-, Beseitigungs-, Teilhabe-, ggfs. auch Leistungsansprüche vermittelt. Die beschränkt-subjektive (auch: beschränkt-individuelle) Rechtsstellung der Gemeinde[229] gilt als Element der Rechtssubjektsgarantie. Letztere ist die dogmatische Grundlage der verfassungsrechtlichen Konsultationsansprüche der Gemeinden in Neugliederungsverfahren[230]. Im Zusammenhang mit einer Entscheidung zur kommunalen Neugliederung hat das Bundesverfassungsgericht ausdrücklich bestätigt, daß – um dem Gemeinwohl zu entsprechen – die in den Gebietsbestand einer Gemeinde eingreifende gesetzliche Regelung aber schon bei ihrem Zustandekommen bestimmten prozeduralen Anforderungen genügen muß[231]. Unter diesem Vorzeichen erfolgte eine Überprüfung dahingehend, ob der Gesetzgeber seiner Entscheidung unrichtige Tatsachen zugrundegelegt hatte. Allerdings ist die Aussagekraft dieser Entscheidungen – und besonders der Rekurs auf die Abwägungskontrolle im Verwaltungsrecht – für die hier gestellte allgemeine Frage nach Sorgfaltspflichten des Gesetzgebers insoweit begrenzt, als sie sich mit solchen Gesetzen befassen, die aufgrund ihres konkret-situativen Bezugs einer Verwaltungsentscheidung sehr nahe kommen[232]. Damit sind sie in ihrer Komplexität weder hinsichtlich der betroffenen Interessen noch hinsichtlich des erforderlichen Steuerungswissens mit anderen Gesetzen vergleichbar.

Aber auch im übrigen ergeben sich erhebliche Schwierigkeiten bei der Übertragung der in spezifischen Bereichen des allgemeinen und des besonderen Verwaltungsrechts gewonnenen Kontrollmaßstäben für die Normsetzung auf den Vorgang parlamentarischer Gesetzgebung. In der Bezugnahme auf die grundrechtliche Relevanz unzureichender Ermittlung von Interessen und Sachverhalt bricht sich der Gedanke des für verwaltungsrechtliche Entscheidungen entwickelten Grundrechtsschutzes durch Verfahren Bahn[233]. Dieser Verfahrensgedanke ist im

---

[229] Hierzu z.B. *W. Löwer*, in: I. v. Münch/P. Kunig, Grundgesetz-Kommentar Bd. 2, Art. 28 Rn. 41.
[230] *E. Schmidt-Aßmann*, in: ders., Besonderes Verwaltungsrecht, Rn. 11.
[231] BVerfGE 50, 50 (53); 86, 90 (107).
[232] *M. Kloepfer*, DVBl. 1995, S. 441 ff. (446); *W. Köck*, VerwArch Bd. 93 (2002), S. 1 ff. (18).
[233] Zum Verfahrensgedanken im Bereich der materiellen Grundrechte des status-negativus: BVerfGE 53, 30 (65 f.); 56, 216 (236); 63, 131 (143); 65, 1 (44, 49); 69, 315 (354); 84, 34 (45 f.); 90, 60 (96). Siehe auch die Nachweise zu der älteren Rechtsprechung des Bundesverfassungsgerichts (BVerfGE 24, 367 (401 f.); 35, 348 (361); 37, 132 (141, 148); 39, 258 (267); 44, 105 (119 ff.); 45, 297 (322); 45, 422 (430 ff.)) in dem Sondervotum der Richter *Simon* und *Heußner* zu BVerfGE 53, 30 (a.a.O. S. 70 ff.). S.a. *H. Goerlich*, Grundrechte als Verfahrensgarantien; *K. Hesse*, Grundzüge des Verfassungsrechts, Rn. 258 ff.; *P. Lerche*, in: ders./W. Schmidt Glaeser/E. Schmidt-Aßmann, Verfahren als staats- und verwaltungsrechtliche Kategorie, S. 97 ff. (101 ff.); *C. Starck*, in: J. Isensee/P. Kirchhof, HdbStR Bd. II, § 29 Rn. 19; *ders.*, in: H. v. Mangoldt/F. Klein/ders., Grundgesetz Bd. 1, Art. 1 Rn 163 ff.; *K. Stern*, Staatsrecht Bd. III/1, § 69 V 3. Kritisch gegenüber einer grundrechtlichen Ableitung von Verfahrensvorschriften aber *F. Ossenbühl*, NJW 1986, S. 2805 ff. (2811 f.). Insbesondere zur Kategorie des status activus processualis unterfallenden grundrechtlich-rechtsstaatlichen Verfahrensteilhabe: *P. Häberle*, VVDStRL Bd. 30 (1972), S. 43 ff. (86 u. passim); s.a. *E. Denninger*, in: J. Isensee/P. Kirchhof, HdbStR Bd. V, § 113 Rn. 5 ff., 19 ff.; *E. Schreyer*, Pluralistische Entscheidungsgremien im Bereich sozialer und kultureller Staatsaufgaben, S. 132 ff. Zum Ver-

Verfassungsrecht, insbesondere den Grundrechten, angelegt, im Gesetzgebungsverfahren indessen kaum ausgeprägt[234]. Dies verwundert nicht, wenn man sich zweierlei vor Augen hält: Zum einen wäre die Anhörung aller grundrechtlich (v.a. zukünftig) »Betroffenen« eines Gesetzesvorhabens kaum zu realisieren – soweit unter dem Aspekt grundrechtlicher Vorwirkungen als Betroffene diejenigen angesprochen sind, deren subjektiv-öffentlichen Rechte durch eine Rechtsnorm (u.U. auch erst in der Zukunft) berührt werden könnten[235]. Deutlich weiter greift sogar noch eine Betroffenheit, die an bloßen Interessen ansetzt, wobei diese auch rechtlich geschützter Art sein können, ohne sich dabei zu einem subjektiv-öffentlichen Recht zu verdichten[236]. Verbände (als die Teilnehmer an einer parlamentarischen oder exekutiven Anhörung) sind beim Erlaß von Rechtsnormen aber nicht in ihren Rechten, sondern nur in ihren Interessen verletzt, die die Vertretung ihrer Mitglieder umfassen und deren Rechte wiederum durch eine Rechtsnorm verletzt sein können. Dies bedeutet, daß unabhängig von dem Beitrag zu einer Rationalisierung der Gesetzgebung, die von einer Anhörung Betroffener ausgeht, ein präventiver Grundrechtsschutz auf diesem Wege nicht zu leisten ist. Insoweit wäre nur eine Anhörung von Verbänden als Sachwalter der in ihnen organisierten funktional-spezifischen Interessen denkbar. Allerdings ergäben sich dann zum einen Probleme hinsichtlich der Sicherstellung einer adäquaten Interessenvertretung durch den Verband. Während solchen Problemen durch organisationsrechtliche Vorgaben noch zu begegnen wäre, würde in einer dann erzwungenen grundrechtlichen Treuhänderschaft der Verbände eine freiheitswidrige Kollektivierung der Grundrechte liegen[237].

Die grundrechtlichen Freiheitsgewährleistungen haben bislang zu recht viel weniger tiefgreifende Auswirkungen auf die innere Strukturen des Gesetzgebungsverfahrens als auf den Ablauf von Gerichts- und Verwaltungsverfahren entfaltet, weil es nicht das Gesetz, sondern – abgesehen von Einzelfall- und Maßnahmegesetzen – stets der einzelne judikative oder exekutive Umsetzungsakt ist, der in die Grundrechte des einzelnen eingreift. Daher könnte auch das anspruchsvollste Verfahren keinen Beitrag zum präventiven Grundrechtsschutz leisten.

---

fahren als »Vernunftfilter« *C. Tomuschat*, Verfassungsgewohnheitsrecht, S. 130; ähnlich schon *C. Starck*, Der Gesetzesbegriff des Grundgesetzes, S. 169 ff., der im Gesetzgebungsverfahren eine Garantie für Vernünftigkeit und Gerechtigkeit der Gesetzesregelung sieht.

[234] *P. Lerche*, in: ders./W. Schmidt Glaeser/E. Schmidt-Aßmann, Verfahren als staats- und verwaltungsrechtliche Kategorie, S. 97 ff. (106).

[235] Zu bedenken ist außerdem, daß ein Gesetz nur in den seltensten Fällen (von Ausnahmen gehen z.B. Art. 14 Abs. 3 Satz 2, § 93 Abs. 2 BVerfGG aus) unmittelbar in Grundrechte eingreift. Es bedarf regelmäßig eines Vollzugsakts.

[236] *E. Schmidt-Aßmann*, Das allgemeine Verwaltungsrecht als Ordnungsidee und System, S. 98 f. Zu den verschiedenen Abstufungen in der Nähe des Partizipanten zum Gegenstand der staatlichen Entscheidung (Rechtsbetroffenen-, Interessenten-, Popularbeteiligung): *W. Schmitt Glaeser*, in: P. Lerche/ders./E. Schmidt-Aßmann, Verfahren als staats- und verwaltungsrechtliche Kategorie, S. 35 ff. (53 ff.).

[237] *K. Meßerschmidt*, Gesetzgebungsermessen, S. 870 (Fn. 220).

Die Aktivierung freiheitsrechtlicher Schutzsubstanz für die private Beteiligung an der staatlichen Rechtsetzung ließe sich höchstens im Wege einer interpretatorischen Fortbildung der grundrechtlichen Schutzwirkungen bewerkstelligen. Dementsprechend ist im Anschluß an die Idee der grundrechtssichernden Geltungsfortbildung[238] der Versuch unternommen worden, den »neuen Gefahrenzonen für die Grundrechte« im Leistungsstaat durch die Etablierung eines grundrechtlichen Schutzes einer »pluralistischen Ebene« bzw. gesellschaftlicher Differenzierungsprozesse, die v.a. durch die verschiedenen Formen organisierter pluralistischer Interessenwahrnehmung konstituiert werden, zu begegnen[239].

Diese nicht lediglich individuell-privaten Sachbereiche seien bei einer ausschließlich individualrechtlichen Sicht der Grundrechte nicht ausreichend geschützt. Dem könne allein durch eine objektiv-interpretatorische Effektuierung der Freiheitsrechte für Schutzzonen öffentlich-privater Freiheit – durch die Anerkennung einer pluralistischen Mittelzone – abgeholfen werden. Dementsprechend bildeten die sog. Kommunikationsgrundrechte (Art. 4 Abs. 1 und 2, Art. 5 Abs. 1 und 3, Art. 6 Abs. 1, Art. 9 Abs. 1 GG) ein differenziertes und abgestuftes Sicherungs- und Schutzsystem für besonders sensible Kulturbedingungen[240]. Um der Wirkungslosigkeit dieses grundrechtlichen Schutzes bei dessen Beschränkung auf eine bloß staatsabwehrende Dimension entgegenzutreten, müssen die o.a. grundrechtlichen Schutzgarantien auch in staatlichen Organisations- und Verfahrensregelungen ihren Kraft entfalten. Dieser status activus processualis[241] sei nicht auf individuell-rechtliche Aspekte beschränkt, sondern weise auch korporative Züge auf. Zwischen der gesellschaftlichen, in den Grundrechten zum Ausdruck kommenden Aktualisierungskompetenz für gesellschaftliche Besonderheit und der staatlichen Entscheidungskompetenz fungiert eine gruppenpluralistische Ausgestaltung des Entscheidungsverfahrens als Ausfluß praktischer

---

[238] *P. Häberle*, VVDStRL Bd. 30 (1972), S. 43 ff. (69).
[239] *E. Schreyer*, Pluralistische Entscheidungsgremien im Bereich sozialer und kultureller Staatsaufgaben, S. 123 ff. Die hier entwickelten Thesen dienen zwar der grundrechtlich-kompensierenden Legitimation einer Übertragung von staatlichen Aufgaben auf autonome, repräsentativ-pluralistische Entscheidungseinheiten und deren hierdurch verursachte Exemption aus dem demokratischen Legitimationszusammenhang (a.a.O., S. 117 f.). Eine solche legitimatorische Wirkung setzte aber voraus, daß die Grundrechte sich generell dazu eignen, private Partizipation an staatlicher Aufgabenerfüllung zu erfassen. Wenn dies der Fall ist, dann wäre der nächste Schritt zu einer grundrechtlichen Fundierung privater Anhörungsrechte im Gesetzgebungsverfahren nicht groß.
[240] *E. Schreyer*, Pluralistische Entscheidungsgremien im Bereich sozialer und kultureller Staatsaufgaben, S. 129 ff.
[241] Nach *P. Häberle*, VVDStRL Bd. 30 (1972), S. 43 ff. (81 ff.) beschreibt dieser die verfahrensrechtliche Seite grundrechtlicher Freiheit, den grundrechtlichen »due process«, prozessuale Teilhabe mit der Konsequenz des Leistungsvorbehalts als verfahrensrechtlichem Gesetzesvorbehalt. Er ist der Inbegriff aller Normen und Formen, die die Verfahrensbeteiligung der durch den Leistungsstaat in ihren Grundrechten Betroffenen regeln. Kritisch zu dem normativen Gehalt der Kategorie, die zu stark von dem je nach betroffenem Tatbestand höchst differenzierten Verfahrensgehalt der Grundrechte abstrahiert: *E.-W. Böckenförde*, Diskussionsbeitrag, VVDStRL Bd. 30 (1972), S. 162 ff.; *W. Schmitt Glaeser*, Diskussionsbeitrag, ebd., S. 172; *ders.*, VVDStRL Bd. 31 (1973), S. 179 ff. (223 (Fn. 192); s.a. *H.H. Rupp*, AöR Bd. 101 (176), S. 161 ff. (184 ff.); *ders.*, in: J. Isensee/P. Kirchhof, HdbStR Bd. I, § 28 Rn. 24.

Konkordanz. Die Grundrechte werden zu positiven Kompetenznormen, so daß sie nicht mehr nur äußerste Grenzen staatlichen Handelns markieren, sondern auch eine Grundlage zur Steuerung staatlicher Funktionen liefern. Der status activus processualis beschreibt damit nicht nur die grundrechtlich-rechtsstaatliche Verfahrensteilhabe, sondern gewährt darüber hinaus die Möglichkeit, den grundrechtlichen Freiheitsbelangen bereits im Prozeß der staatlichen Entscheidungsfindung Rechnung zu tragen.

Diese Argumentation beruht auf einer doppelten Wirkungslosigkeitsthese: Die Grundrechte bleiben sowohl bei einem individualistischen Grundrechtsverständnis als auch bei Beschränkung auf die Gewährleistung einer staatsfreien Sphäre wirkungslos[242]. Schon gegen diese Grundannahme sind mehrere Aspekte einzuwenden[243]: Auch die individuelle Deutung der Grundrechte bietet bereits einen Schutz gegen die Entdifferenzierung gesellschaftlicher Besonderheiten, da der Grundrechtsträger nicht als isoliertes Einzelwesen, sondern vielmehr als Element der aus Grundrechtsträgern gebildeten Gesellschaft begriffen wird. Dies machen die kommunikations- wie die assoziationsrechtlichen Aspekte der Freiheitsrechte (Art. 5 Abs. 1, Art. 8, Art. 4 Abs. 1, Art. 9 Abs. 1 und 3 GG sowie Art. 19 Abs. 3 GG) deutlich, die Rechtstitel zur Mitwirkung an der Findung des Gemeinwohls im Zusammenwirken mit den staatlichen Entscheidungsinstanzen sind. Die beschworene pluralistische Ebene hingegen ist nur ein Nebeneffekt realisierter grundrechtlicher Differenzierungschancen, für deren Verwirklichung die Grundrechtsträger Sorge tragen können – aber nicht aus Rechtsgründen müssen. Ansonsten würde aus der Differenzierungschance ein staatlich verordneter Differenzierungszwang, aus der Inpflichtnahme des Staates für die Garantie der Differenzierungsmöglichkeit würde eine Inpflichtnahme für die Herstellung einer pluralistischen Gesellschaftsordnung. Der grundrechtliche Schutz für eine pluralistische Zwischenschicht konterkariert die personale Ausrichtung der Grundrechte. Nicht mehr der Einzelne, sondern gesellschaftliche Pluralisierung als Prozeß wird zu deren dogmatischem Gravitationszentrum[244]. Diese Sichtweise widerspricht dem personalen Grundrechtsverständnis der Verfassung, das die Grundlage allen Grundrechtsschutzes bildet[245], und ist schon aus diesem Grunde abzulehnen[246].

---

[242] Siehe *E. Schreyer*, Pluralistische Entscheidungsgremien im Bereich sozialer und kultureller Staatsaufgaben, S. 124, 132.
[243] S.a. *M. Jestaedt*, Demokratieprinzip und Kondominialverwaltung, S. 562 ff.
[244] *M. Jestaedt*, Demokratieprinzip und Kondominialverwaltung, S. 570.
[245] Zur Vorrangigkeit des Individualbezugs der Grundrechte: *H. Bethge*, NJW 1982, S. 1 ff. (7); *J. Isensee*, Der Staat Bd. 20 (1981), S. 161 ff. (164); *ders.*, in: *ders./P. Kirchhof*, HdbStR Bd. V, § 118 Rn. 4; *H.H. Klein*, Die Grundrechte im demokratischen Staat, S. 56 f.; *W. Rüfner*, FS BVerfG II/2, S. 55 ff. (55).
[246] Zudem ist zu bedenken, daß diese Grundrechtsdeutung den mit der Jellinek'schen (siehe *ders.*, System der subjektiven öffentlichen Rechte, S. 136 ff.) Statuslehre aufgenommenen, in der Differenzierung von Staat und Gesellschaft, Staats- und Volkswillensbildungsprozeß vorausgesetzten Unterschied zwischen demokratischen Souveränitätsrechten und bürgerlichen Freiheitsrechten aufhebt und beide zu einem Grundrecht der individuellen Mitbestimmung am Prozeß kol-

Dies bedeutet im Ergebnis, daß grundrechtliche Argumente nicht für die Verpflichtung zur Anwendung einer besonderen Methode bei der Gesetzespräparation streiten, geschweige denn den Gesetzgeber zu einer Anhörung von Interessenvertretern (und Sachverständigen) verpflichten. Wenn aber weder prozedurale Sorgfalt noch (bzw.: erst recht nicht) die Beachtung einer optimalen Methodik der Gesetzgebung als Verfassungspflichten herzuleiten sind, kann auch von einer gesetzgeberischen Pflicht zur Ermittlung von Interessen und Informationen durch die Anhörung von Interessenvertretern und Sachverständigen nicht die Rede sein. Soweit Gesetz- oder Geschäftsordnungsgeber die Möglichkeit zu entsprechenden Anhörungen eröffnen, entspricht dies legistischer Klugheit – nicht aber verfassungsrechtlicher Verpflichtung. Eine bundesverfassungsgerichtliche Tatsachenkontrolle kann daher nur Ergebnis- nicht aber Verfahrenskontrolle sein. Diese scheidet mangels eines Entscheidungsmaßstabes aus, da die Verfassung keinerlei Kautelen für ein legislatives Tatsachenerhebungsverfahren enthält[247].

Allerdings kann sich der Gesetzgeber auch ohne die Feststellung einer verfassungsrechtlichen Pflicht zur Anhörung von Interessenvertretern oder Sachverständigen gegenüber dem Vorwurf ungenügender Aufklärung des zu regelnden Sachverhalts nicht grundsätzlich hinter die Zubilligung eines Verfahrensermessens zurückziehen. Die Analyse des gesetzgeberischen Verfahrens erfüllt eine Hilfsfunktion für die verfassungsgerichtliche Ergebniskontrolle, indem sie den tatsächlichen Hintergrund des Gesetzes vermittelt und so die Beurteilung seiner Konsequenzen erleichtert[248].

Macht der Gesetzgeber von den ihm durch das Bundesverfassungsgericht vielfach zugebilligten Einschätzungsprärogativen Gebrauch und nimmt das Gericht unter Hinweis auf diese seine verfassungsrechtliche Kontrollkompetenz zurück[249], so setzt dies voraus, daß der Gesetzgeber – gleichsam als Kompensation für die Zubilligung der Prärogative – im Gesetzgebungsverfahren eine prozedurale Sorgfalt hat walten lassen und seine Prärogative nicht gleichsam »ins Blaue hinein« in Anspruch nimmt. Das rationale Verfahren wird daher – in Anlehnung an zivilrechtliche Terminologie – zu recht als Obliegenheit des Gesetzgebers bezeichnet[250]. Mit dieser Deutung läßt sich ein Ausgleich zwischen dem Verfahrensermessen der an der Gesetzgebung beteiligten Organe einerseits und dem gebotenen Schutz vor gesetzgeberischen »Blindflügen« zu Lasten der Gesetzesadressaten herstellen. Zur Begründung *selbständiger* Verfahrenspflichten des Gesetzgebers taugen die Vorgaben der Gesetzgebungslehre für das innere Gesetzgebungsverfahren indessen nicht.

---

lektiver Entscheidungen verbindet (siehe zu der Differenzierung zwischen dem status activus und dem status negativus S. 166 f.); zur Kritik hieran: *H.H. Rupp*, AöR Bd. 101 (176), S. 161 ff. (184 ff.).
[247] *F. Ossenbühl*, FS BVerfG I/1, S. 458 ff. (483).
[248] Zu dem folgenden *K. Meßerschmidt*, Gesetzgebungsermessen, S. 873 ff.
[249] Hierzu *K. Meßerschmidt*, Gesetzgebungsermessen, S. 964 ff.
[250] *K. Meßerschmidt*, Gesetzgebungsermessen, S. 875. Ähnlich (»verfassungsprozessuale Last«): *D. Merten*, in: H. Hill, Zustand und Perspektiven der Gesetzgebung, S. 81 ff. (90).

VI. Ermittlung von Interessen und Informationen im Gesetzgebungsverfahren   141

Festzuhalten bleibt damit, daß der parlamentarische Gesetzgeber nicht bereits von Verfassungs wegen verpflichtet ist, im Vorfeld oder während eines Gesetzgebungsvorhabens die Belange betroffener Interessen durch eine Anhörung von Interessenverbänden oder sonstiger Betroffener zu ermitteln. Gleiches gilt für eine Befragung von Sachverständigen zur besseren Durchdringung tatsächlicher Regelungsumstände. Daher handelt es sich bei parlamentarischen Anhörungen auch nicht um ein Element des ungeschriebenen Verfassungsrechts[251].

2. Statusrechtliche Einordnung der Anhörung von Sachverständigen und Interessenvertretern

Für die Berufung von Beratern und Interessenvertretern ist ebenso wenig wie für die Einrichtung von Beratungsgremien eine gesetzliche Grundlage erforderlich. Gegenüber dem Bürger verbleibt die Entscheidungskompetenz und damit die Verantwortung bei dem die Regelung erlassenden Staatsorgan, so daß als Kompetenzgrundlage für die Errichtung solcher Gremien ebenso wie für die Berufung oder Einladung von Sachverständigen/Interessenvertretern die Organisationsgewalt der einrichtenden Stelle genügt[252].

Aus diesem Grunde kann der Ansicht nicht zugestimmt werden, daß § 23 GGO II a.F. wegen unzulässiger Erweiterung des in Art. 76 Abs. 1 GG abschließend formulierten Kreises der Gesetzesinitianten verfassungswidrig ist[253]. Die an der Anhörung Beteiligten erhalten keine rechtlich bindenden Einflußrechte zugewiesen, geschweige denn, daß ihnen ein Recht zur Gesetzesinitiative gegenüber dem Bundestag zugewiesen wird. Art. 76 Abs. 1 GG ist insoweit nicht berührt. Soweit der abschließenden Aufzählung in Art. 76 Abs. 1 GG im Sinne der o.a. Ansicht entnommen wird, daß bei der Vorbereitung einer Gesetzesinitiative keiner politisch nicht verantwortlichen Organisation irgendwelche Mitwirkungsrechte übertragen werden dürfen, geht auch dies an dem sogleich zu entfaltenden Verhältnis von Staats- und Volkswillensbildung und der wechselseitigen Beeinflussung beider vorbei.

Ein Erfordernis gesetzlicher Zulassung gilt natürlich erst recht nicht für die allgemeine Beziehungspflege der Verbände gegenüber parlamentarischen Entscheidungsträgern (Lobbying). Allerdings könnte auch selbst durch eine durchgehende gesetzliche Normierung von Anhörungs- und Beteiligungsrechten der außerhalb dieser formalisierten Verfahren sich entfaltende Einfluß der Verbände kaum ausgeschaltet werden[254] – wenn dies überhaupt wünschenswert scheint. Soweit es unternommen wird, einen Anspruch auf Beteiligung am Gesetzgebungsverfahren aus Rechtspositionen der Anzuhörenden zu entwickeln, kommen in-

---

[251] So aber *J.H. Kaiser*, Die Repräsentation organisierter Interessen, S. 271.
[252] *W. Brohm*, in: J. Isensee/P. Kirchhof, HdbStR Bd. II, § 36 Rn. 42, 44; *M. Heintzen*, VVDStRL Bd. 62 (2003), S. 220 ff. (252).
[253] So aber *C. Tomuschat*, Verfassungsgewohnheitsrecht, S. 88 ff., 90; kritisch auch *W. Hennis*, in: R. Steinberg, Staat und Verbände, S. 77 ff. (84 ff.).
[254] *R. Stettner*, in: H. Dreier, Grundgesetz Bd. II, Art. 76 Rn. 14 (Fn. 36).

sofern von vornherein nur die Interessenvertreter als Anspruchsberechtigte in Betracht, da bei Sachverständigen keine relevanten subjektiv-rechtlichen Positionen erkennbar sind, aus denen eine entsprechende grundrechtlich oder sonstige Betroffenheit abgeleitet werden könnte. Die Grundrechte, unter deren Schutz sich die berufliche Tätigkeit von Sachverständigen entfaltet (v.a. Art. 12 Abs. 1, 5 Abs. 3 GG), vermitteln keinen Anspruch auf Teilnahme an einem staatlichen Willensbildungsprozeß[255].

Das Bundesverfassungsgericht hat gegenüber der Gestaltung des Gesetzgebungsverfahrens zunächst eine zurückhaltende, die Ermessensfreiheit der Gesetzgebungsorgane betonende Linie vertreten. So führte das Gericht aus, daß das verfassungsgemäße Zustandekommen eines Gesetzes nicht dadurch berührt werde, daß der zuständige Bundestagsausschuß bei dem von ihm durchgeführten Anhörungsverfahren den Beschwerdeführer nicht angehört habe. Welche Verbände und Interessenvertreter bei einem nicht von der Verfassung vorgeschriebenen Anhörungsverfahren zu Wort kommen sollen, sei grundsätzlich Sache des Gesetzgebungsorgans bzw. seiner Ausschüsse[256].

Es wäre vor diesem Hintergrund allein zu erwägen, inwieweit eine gänzlich einseitige Sachverständigenauswahl in dem Rahmen eines dialogisch strukturierten Auswahlverfahrens oder eine einseitige Informations- oder Beratungspolitik mit Interessenverbänden in dem Vorfeld von Regierungsentwürfen eine Vermutung von gesetzgeberischen Abwägungsfehlern begründen[257]. Allerdings steht zum einen der Pflicht zur »Pluralisierung« der Sachverständigenauswahl bei parlamentarischen Anhörungen die Gefahr der Überfrachtung parlamentarischer Anhörungen entgegen[258]. Zum anderen zeigt bereits die Zubilligung einer bloßen Indizwirkung, daß in dem vorgenannten Fall der entscheidende verfassungsrechtliche Fehler nicht in der – ohnehin unrealistischen – einseitigen Bestellung von Sachverständigen, sondern vielmehr in dem materiellen Gehalt der vorbereiteten gesetzlichen Regelung selbst liegen muß.

Mit Blick auf die Verbände als Interessenvertreter ist die Problematik allerdings vielschichtiger. Ihre Nichtberücksichtigung durch das Grundgesetz außerhalb des Grundrechtskatalogs darf zunächst nicht zu der Annahme verleiten, daß deren wie auch immer geartete Beteiligung an der Gesetzgebung nicht mit der Verfassung zu vereinbaren ist. Es ist vielmehr von der grundsätzlichen Zulässig-

---

[255] W. *Brohm*, in: J. Isensee/P. Kirchhof, HdbStR Bd., § 36 Rn. 45; W. *Zeh*, in: W. Maihofer/Gustaf Lindencrona/Rolf Herber u.a., Theorie und Methoden der Gesetzgebung, S. 57 ff. (66).

[256] Z.B. BVerfGE 36, 321 (330) betr. der Sachverständigenauswahl bei Anhörungen. Ebenso BVerwGE 56, 308 (315); BVerwG ZBR 1980, S. 186 ff. (188). Ähnlich auch U. *Scheuner*, in: ders., Staatstheorie und Staatsrecht, S. 337 ff. (341), nach dessen Ansicht weder ein Sachverständiger noch ein Interessenvertreter über einen verfassungsrechtlichen Anspruch auf die Durchführung einer exekutiven oder parlamentarischen Anhörung verfügt.

[257] So der Vorschlag von H. *Schulze-Fielitz*, in: H. Dreier/J. Hofmann, Parlamentarische Souveränität und technische Entwicklung, S. 71 ff. (122). Ähnlich mit der Forderung nach einer »pluralistischen Sachverständigenauswahl«: *ders.*, Theorie und Praxis parlamentarischer Gesetzgebung, S. 338, 470, 510 f.

[258] Dies wird auch betont von H. *Schulze-Fielitz*, Theorie und Praxis parlamentarischer Gesetzgebung, S. 510 f.

keit auch einer solchen, interessengeleiteten Einflußnahme auszugehen, wenn die verfassungsrechtlich organisierten Kompetenzen der an der Gesetzgebung beteiligten Verfassungsorgane durch diese Verbandsaktivitäten nicht geschmälert werden. Insbesondere bedeutet die formale Einflußnahme von Verbänden keine Beeinträchtigung der in Art. 21 Abs. 1 GG festgelegten Position der Parteien auf die staatliche Willensbildung, da diesen ausdrücklich nur eine *Mitwirkung* eingeräumt wird. Dieser Begriff schließt jeden Versuch der Monopolisierung aus. Neben den Parteien wirken etwa auch Verbände, andere Gruppen und Vereinigungen sowie die Massenmedien auf den Prozeß der Meinungsbildung und Willensbildung ein[259]. Auch an der grundsätzlichen verfassungsrechtlichen Zulässigkeit der Beratung staatlicher Rechtsetzungsorgane bzw. entsprechender vorbereitender Stellen ist nicht zu zweifeln[260].

Allerdings ist mit dieser Feststellung im Umkehrschluß noch nichts über Existenz und Ausmaß einer dem Gesetzgeber obliegenden Pflicht zu Beteiligung von Interessenvertretern und Sachverständigen an der Vorbereitung staatlicher Rechtsetzung gesagt[261]. Der Versuch, einen verfassungsrechtlichen Anspruch der Verbände auf Anhörung in solchen Angelegenheiten, die ihre Mitglieder in subjektiv-öffentliches Rechten betreffen, auf Art. 103 Abs. 1 GG zu gründen[262], muß schon an dessen Wortlaut (»vor Gericht«) und systematischer Stellung im IX. Abschnitt des Grundgesetzes über die Rechtsprechung scheitern[263]. Insoweit sich Art. 103 Abs. 1 GG als Konkretisierung des Rechtsstaatsprinzips darstellt[264], könnte das aber darauf hindeuten, daß dieses Verfassungsprinzip, das auch die verfassungsrechtliche Grundlage für die Anhörung des Betroffenen in einem Verwaltungsverfahren bietet[265], ebenfalls gegenüber der Gesetzgebung zur An-

---

[259] BVerfGE 11, 266 (273); 20, 56 (114); 41, 399 (416 f.); 52, 63 (83); 85, 264 (284); *M. Kloepfer*, in: J. Isensee/P. Kirchhof, HdbStR Bd. II, § 35 Rn. 35 ff. und passim; *M. Morlok*, in: H. Dreier, Grundgesetz Bd. II, Art. 20 Rn. 25; *W. Schmitt Glaeser*, in: J. Isensee/P. Kirchhof, HdbStR Bd. II, § 31 Rn. 3.
[260] *W. Brohm*, in: J. Isensee/P. Kirchhof, HdbStR Bd. II, § 36 Rn. 41.
[261] Grundsätzlich ablehnend insoweit *U. Scheuner*, in: ders., Staatstheorie und Staatsrecht, S. 337 ff. (341).
[262] So der Ansatz von *S. Schacht*, Das rechtliche Gehör im Gesetzgebungsverfahren unter besonderer Berücksichtigung der Verbände; *D. Völpel*, Rechtlicher Einfluß von Wirtschaftsgruppen auf die Staatsgestaltung, S. 79.
[263] So schon im Hinblick auf die Nichtanwendung der Vorschrift auf das Verfahren vor dem Rechtspfleger BVerfGE 101, 397 (404 f.); *G. Nolte*, in: H. v. Mangoldt/F. Klein/C. Starck, Grundgesetz Bd. 3, Art. 103 Rn. 7; *E. Schmidt-Aßmann*, in: T. Maunz/G. Dürig u.a., Grundgesetz, Art. 103 Rn. 62 ff.; *H. Schulze-Fielitz*, in: H. Dreier, Grundgesetz Bd. III, Art. 103 Rn. 17. Wenn aber insoweit bereits keine analoge Anwendung auf das Verwaltungsverfahren in Betracht kommt, dann kann dies um so weniger im Hinblick auf das Gesetzgebungsverfahren angenommen werden.
[264] Hierzu BVerfGE 9, 89 (95); 39, 156 (168); 74, 228 (233) und 220 (224); *E. Schmidt-Aßmann*, in: T. Maunz/G. Dürig u.a., Grundgesetz, Art. 103 Rn. 2; *K. Sobota*, Das Prinzip Rechtsstaat, S. 194 ff.
[265] *P. Kunig*, Das Rechtsstaatsprinzip, S. 217 f. m.w.N.; *K. Sobota*, Das Prinzip Rechtsstaat, S. 147 (m.w.N. in Fn. 623), 503.

wendung zu bringen ist – mit der Konsequenz eines rechtsstaatlich fundierten Anhörungsrechts für den von einer Regelung Betroffenen. Sucht man allerdings den Grund für die genannten rechtsstaatlich gebotenen Anhörungsrechte, so wird offenbar, daß das Rechtsstaatsprinzip dem einzelnen ein Anhörungsrecht in einer solchen Situation gibt, in der ihm die Staatsgewalt individuell gegenübertritt und unmittelbare Beeinträchtigungen seiner Rechtsposition zu gewärtigen sind. Bei der Rechtsanwendung durch Verwaltung oder Rechtsprechung ist mit der Anhörung des Betroffenen sichergestellt, daß dieser nicht in eine Objektstellung eingewiesen wird, in der er die Ausübung staatlicher Macht nur noch passiv zu erdulden hat[266]. Demgegenüber erfährt der Bürger Akte der Rechtsetzung erst nach ihrer Umsetzung durch einen Rechtsanwendungsakt als Belastung. Da aber für den Vorgang der Rechtsanwendung die entsprechenden Anhörungsrechte einfachgesetzlich gewährt sind (siehe z.B. § 28 VwVfG), bedarf es einer vorgängigen Anhörung des Gesetzesadressaten bei der Entstehung des Gesetzes auch aus dem Blickwinkel des Rechtsstaatsprinzips nicht[267].

Grundsätzlich stellt sich allerdings zunächst die Frage, ob Freiheitsrechte überhaupt eine taugliche Anspruchsgrundlage für die Teilnahme privater Verbände an einem staatlichen Rechtsetzungsvorhaben bilden können. Unabhängig davon, ob den Gesetzgeber eine verfassungsrechtliche Pflicht zur Beteiligung von Sachverständigen und Interessenvertretern an einem Gesetzgebungsvorhaben trifft, ist zu ergründen, ob die private Beteiligung an einem solchen Verfahren noch in bloß grundrechtlichen Kategorien erfaßt werden kann, wenn Interessenvertretern und Sachverständigen durch staatliche Bestellung oder Anfrage (aufgrund eines Gesetzes, einer Geschäftsordnung oder ohne eine solche gesetzliche Grundlage) die Möglichkeit eingeräumt wird, in institutionalisierter Weise auf Entstehung und Formulierung von Gesetzen Einfluß zu nehmen. Solche zugelassene Beratung ist zumindest Einwirkung auf eine hoheitliche Entscheidung. Hier wird privaten Akteuren durch staatlichen Einladungs- oder Zulassungsakt eine privilegierte Rechtsposition eingeräumt, die anderen Grundrechtsträgern verschlossen bleibt. Es werden Akzente durch eine Verteilung von Einflußpositionen auf die politische Macht gesetzt[268]. Die Relevanz dieses Umstandes läßt sich nur unter Berücksichtigung seines staatstheoretischen Hintergrund erhellen, der mit zentralen Grundfragen der Verfassungsordnung – dem Verhältnis von Staat

---

[266] Siehe *P. Badura*, in: H.-U. Erichsen, Allgemeines Verwaltungsrecht, § 36 Rn. 11; ähnlich schon *E. Forsthoff*, Lehrbuch des Verwaltungsrechts, S. 228. Dementsprechend wird das in Art. 103 Abs. 1 GG garantierte rechtliche Gehör vor Gericht auch als unmittelbare Folge aus der Garantie des Art. 1 Abs. 1 GG betrachtet: BVerfGE 7, 275 (279); 9, 89 (95); 26, 66 (71); 57, 250 (275); 63, 332 (337); *E. Schmidt-Aßmann*, in: T. Maunz/G. Dürig u.a., Grundgesetz, Art. 103 Rn. 2; *F.-L. Knemeyer*, in: J. Isensee/P. Kirchhof, HdbStR Bd. VI, § 155 Rn. 59, 63.

[267] Dementsprechend kommt auch für die dogmatische Erfassung von Verbandsbeteiligungen im Gesetzgebungsverfahren allenfalls der Aspekt demokratischer, nicht aber der rechtsstaatlicher Partizipation in Betracht (Ableitungen der verschiedenen Partizipationsperspektiven bei *W. Schmitt Glaeser*, VVDStRL Bd. 31 (1973), S. 179 ff. (209 ff.)), da diese auf der Betroffenheit in subjektiven Rechtspositionen aufbaut.

[268] *C. Tomuschat*, Verfassungsgewohnheitsrecht, S. 89.

und Gesellschaft und der hiermit einhergehenden Problematik des Verhältnisses von individueller Freiheit und staatlicher Kompetenz[269] – in Zusammenhang steht.

a) Das Verhältnis von Staat und Gesellschaft

Die dem Konzept des kooperativen Staats zugrundeliegende Gleichrangigkeit von Staat und Gesellschaft, die beide als gleichberechtigte Partner an Verhandlungstischen Platz nehmen, führt unter den Auspizien moderner Differenzierungstheorien nicht nur zu einer Marginalisierung staatlicher Verantwortung, Kontrolle oder Einflußnahme auf kooperative Steuerungsversuche, sondern letztlich auch zu einer Verwischung der Differenzierung von Staat und Gesellschaft, die die Anwendung unterschiedlicher Legitimationskonzepte auf Rechtsetzungsbeiträge der einen oder der anderen Seite fragwürdig erscheinen läßt. Dieser Umstand ist im vorliegenden Zusammenhang von erheblicher Bedeutung: Ein Festhalten an dem überkommenen Dualismus von Staat und Gesellschaft und deren potentiell hierarchischem Verhältnis zueinander erschwert die Akzeptanz von kooperativen Phänomenen wie der Aushandlung staatlicher Entscheidungen und Normsetzungsakte[270]. Verhandlungslösungen sind besser in eine Rechtsordnung einzupassen, in der die Verhandlungspartner über eine strukturelle Identität verfügen und keiner der Beteiligten befürchten muß, ihm zugeordnete spezifische Kompetenzen oder Verantwortung durch das Anstreben von Verhandlungslösungen zu erodieren.

In dem gleichen Maße, in dem die staatliche Steuerungsfähigkeit und die Durchschlagskraft des einseitig-hierarchisch erlassenen Rechts in Frage gestellt wurde, geriet auch das Konzept der Trennung von Staat und Gesellschaft unter dem Einfluß insbesondere systemtheoretischer Ideen in die Kritik der Sozialwissenschaften. Auch in der akteurszentrierten Steuerungstheorie werden Steuerungserfolge gerade durch die Enthierarchisierung des Verhältnisses von Staat und Gesellschaft erzielt[271]. Da der Verlust staatlicher Steuerungsfähigkeit die Wirkungslosigkeit der Instrumente beschreibt, die nach verbreiteter Sichtweise die Distanz der staatlichen von der gesellschaftlichen Sphäre konstituieren, verwundert es keineswegs, daß die Argumente, mit denen die Unterscheidung von Staat und Gesellschaft in Frage gestellt wird, weitgehend deckungsgleich mit den Ursachen sind, auf die der Verlust staatlicher Steuerungsfähigkeit zurückzuführen ist: Gestiegene gesellschaftliche Komplexität und dadurch bedingte Unübersichtlichkeit sowie Unvorhersehbarkeit von Wirkungszusam-

---

[269] Zu dem Zusammenhang zwischen der verfassungsrechtlichen Unterscheidung von Staats- und Volkswillensbildung einerseits und dem staatstheoretischen Konzept des Dualismus von Staat und Gesellschaft andererseits: *E.-W. Böckenförde*, in: ders., Staat, Gesellschaft, Freiheit, S. 155 ff. (199 f.); *J. Isensee*, Subsidiarität und Verfassungsrecht, S. 152; *W. Schmitt Glaeser*, in: J. Isensee/P. Kirchhof, HdbStR Bd. II, § 31 Rn. 28 ff.
[270] *N. Dose*, Negotiated Decision-making between State and Market, S. 9.
[271] *F.W. Scharpf*, PVS Bd. 32 (1991), S. 621 ff. (622).

menhängen; Dynamisierung technischer, wirtschaftlicher und sozialer Entwicklungen; Fragmentierung des Staates durch ein polyzentrisches System der Rechtserzeugung und -anwendung, das nicht mehr nur einheitliche Legitimationsquellen, einheitsstaatliche Demokratie und einheitliche Rechtserzeugungsformen kennt[272].

Gegen die deutsche Staatsrechtslehre, die an dem Dualismus von Staat und Gesellschaft festhält, wurde der Vorwurf erhoben, sie verfolge mit der Aufrechterhaltung dieses Dualismus überkommene Ideen obrigkeitsstaatlicher Geschlossenheit, Souveränität und Neutralität, die den Idealen einer pluralistischen Demokratie zuwiderliefen[273]. Aber auch innerhalb der Verfassungsrechtswissenschaft wurde der Dualismus von Staat und Gesellschaft als aus einer bestimmten verfassungsgeschichtlichen Situation gewachsenes, anachronistisches Modell in Frage gestellt[274]. Allerdings wäre es ein Trugschluß, Aktualität und Legitimation des Dualismus allein schon aufgrund seines Herkommens mit der verfassungsrechtlichen Vollendung des demokratischen Sozialstaats in Frage stellen zu wollen[275]. Genährt wird dieser Trugschluß vordergründig durch die unter dem Begriff des kooperativen Staats zusammengefaßten Wandlungen staatlicher Funktionsausübung. Mit diesen scheint der Staat sich seiner hierarchischen Stellung gegenüber der Gesellschaft begeben zu haben[276], wobei unter dem verwaltungswissenschaftlichen Vorzeichen der Verantwortungsteilung sowohl der Staat in die gesellschaftliche Sphäre interveniert als auch gesellschaftliche Gruppen in die staatliche Sphäre übergreifen[277]. Sowohl die Unterscheidung von Staat und Gesellschaft als auch das hierarchische Über-/Unterordnungsverhältnis der beiden Funktionskreise wird somit geleugnet. Beide Fragen bauen offensichtlich aufein-

---

[272] *W. Brohm*, NJW 1984, S. 8 ff. (12); ähnlich *E.-H. Ritter*, in: D. Grimm, Wachsende Staatsaufgaben – sinkende Steuerungsfähigkeit des Rechts, S. 69 ff. (72).

[273] *K.D. Bracher*, PVS Bd. 9 (1968), S. 2 ff.; *C. Graf Krockow*, in: E.-W. Böckenförde, Staat und Gesellschaft, S. 432 ff. (433 f.).

[274] Entsprechende Nachweise finden sich z.T. in älteren Auflagen öffentlich-rechtlicher Lehrbuchliteratur: *E. Forsthoff*, Lehrbuch des Verwaltungsrechts (9. Aufl.), S. 3; jetzt aber a.A. *ders.*, Lehrbuch des Verwaltungsrechts, S. 4. Ähnlicher Sinneswandel: *K. Hesse*, Grundzüge des Verfassungsrechts der Bundesrepublik Deutschland (5. Aufl.), S. 8; a.A. dann aber *ders.*, Grundzüge des Verfassungsrechts der Bundesrepublik Deutschland, Rn. 11; s.a. *H. Ehmke*, FS Smend, S. 23 ff. (24 ff.); *E. Stein*, in: Alternativ-Kommentar zum Grundgesetz Bd. I, Art. 20 Abs. 1 – III, Rn. 44 ff.

[275] Nachweise entsprechender Äußerungen bei *E.-W. Böckenförde*, Die verfassungstheoretische Unterscheidung von Staat und Gesellschaft als Bedingung der individuellen Freiheit, S. 19 (Fn. 45); s.a. *E. Stein*, in: Alternativ-Kommentar zum Grundgesetz Bd. I, Art. 20 Abs. 1 – III, Rn. 44 ff.

[276] *D. Grimm*, Recht und Staat in der bürgerlichen Gesellschaft, S. 79. Ähnliches stellte bereits *F. Ossenbühl*, VVDStRL Bd. 29 (1971), S. 137 ff. (150), fest.

[277] *F. Ossenbühl*, VVDStRL Bd. 29 (1971), S. 137 ff. (150); zum modischen Begriff der Verantwortungsteilung: *G.F. Schuppert*, in: C. Gusy, Privatisierung von Staatsaufgaben, S. 72 ff.; *H.-H. Trute*, in: G.F. Schuppert, Jenseits von Privatisierung und »schlankem Staat«, S. 11 ff.; *A. Voßkuhle*, VVDStRL Bd. 62 (2003), S. 266 ff. (284 f. m.w.N. in Fn. 63); s.a. *L. Michael*, Rechtsetzende Gewalt im kooperierenden Verfassungsstaat, S. 313 ff.: »kooperative Verantwortung«. Kritisch insoweit: *F. Hufen*, ZLR 1993, S. 233 ff. (237), da Grundrechte und Rechtsstaatsprinzip eine Verwischung von Verantwortlichkeit verbieten.

ander auf. In unserem Zusammenhang ist daher in einem ersten Schritt die grundsätzliche Frage der Unterscheidbarkeit dieser beiden Kategorien zu klären. In einem zweiten Schritt muß – eine kategoriale Trennung von Staat und Gesellschaft unterstellt – ihr Verhältnis analysiert werden: Hierarchie oder Gleichordnung sind die beiden möglichen Ordnungsprinzipien.

aa) Der Dualismus von Staat und Gesellschaft

Die Annahme einer Unterscheidbarkeit von Staat und Gesellschaft gehört zu den zentralen Fragen des Verfassungsrechts, obschon dieser Dualismus weniger einen verfassungsrechtlich fungiblen, subsumptionsfähigen Rechtssatz denn eine staatstheoretische Vorgabe für einzelne verfassungsrechtliche Grundannahmen abgibt. Es entspricht nach wie vor der verbreiteten Auffassung in der Verfassungsrechtswissenschaft, daß die Rechts- und Verfassungsordnung auf der grundsätzlichen Trennung der Funktionskreise von Staat[278] und Gesellschaft als »ungeschriebenem verfassungsrechtlichen Funktionstrennungsschema«[279] bruht[280], dessen Verwirklichung einer Schicksalsfrage in einem liberalen und freiheitlichen Gemeinwesen gleichkommt[281]. Zwei Aspekte sind dabei allerdings zu unterscheiden. Auch wenn der rechtswissenschaftlichen und insbesondere der verfassungsrechtlichen Dogmatik nach wie vor ein Dualismus von Staat und Gesellschaft zugrunde liegt, ist doch nicht sicher, ob dieser Dualismus bloß eine reine Konstruktion darstellt oder ob er auch seine Abbildung in der Wirklichkeit findet. Die Zweifel an der dogmatischen Validität der Differenz sind oft nicht mehr und nicht weniger als eine Rückwirkung aus der sozialwissenschaftlich durchdrungenen, von Kooperation, Entscheidungsfindung in hybriden Netzwerken und dem dritten Sektor geprägten Realität, die in der Tat empirisch wie theoretisch eine Diffusion der Funktionsbereiche nahelegt[282].

---

[278] In seinem Gegensatz zur Gesellschaft kommt hier als »Staat« nur der Staat i.e.S. der Herrschaftsorganisation in Betracht; siehe zu der Differenzierung nur *J. Isensee*, in: ders./P. Kirchhof, HdbStR Bd. III, § 57 Rn. 7.
[279] Ausdruck von *J. Burmeister*, FG v. Unruh, S. 623 ff. (649).
[280] Siehe zuletzt nur *H. Bauer*, VVDStRL Bd. 54 (1995), S. 245 ff. (251); *H.-G. Dederer*, Korporative Staatsgewalt, § 5; *U. Di Fabio*, Das Recht offener Staaten, S. 100; *M. Heintzen*, VVDStRL Bd. 62 (2003), S. 220 ff. (235 ff.); *G. Hermes*, Staatliche Infrastrukturverantwortung, S. 139 ff., 147 ff.; *H.-D. Horn*, Die Verwaltung Bd. 26 (1993), S. 545 ff.; *J. Isensee*, Subsidiaritätsprinzip und Verfassungsrecht, S. 154 ff.; *J.A. Kämmerer*, Privatisierung, S. 525 ff.; *W. Kahl*, JURA 2002, S. 721 ff.; *L. Michael*, Rechtsetzende Gewalt im kooperierenden Verfassungsstaat, S. 247 ff.; *C. Möllers*, VerwArch Bd. 90 (1999), S. 187 ff. (197); *M. Schmidt-Preuß*, VVDStRL Bd. 56 (1997), S. 160 ff. (164 f.); *W. Weiß*, Privatisierung und Staatsaufgaben, S. 13 ff.; wohl auch *A. Voßkuhle*, VVDStRL Bd. 62 (2003), S. 266 ff. (272 f.).
[281] *K. Schlaich*, Neutralität als verfassungsrechtliches Prinzip, S. 247; ähnlich: *E. Forsthoff*, Der Staat der Industriegesellschaft, S. 21; *F. Ossenbühl*, Diskussionsbeitrag, VVDStRL Bd. 29 (1971), S. 274; aus jüngerer Zeit auch *U. Di Fabio*, VVDStRL Bd. 56 (1997), S. 235 ff. (276, 318); die Rechtsprechung des Bundesverfassungsgerichts bis zur Mitte der siebziger Jahre in dieser Frage wird dargelegt bei *P. Badura*, FS BVerfG I Bd. 2, S. 1 ff.
[282] Zu den besonderen Diffusionserscheinungen in dem Bereich des Umweltschutzes *F. Hennecke*, UTR Bd. 49 (1999), S. 7 ff. (18 ff. und passim).

α) Staat und Gesellschaft als voneinander distanzierte Funktionsbereiche

Die Unterscheidung von Staat und Gesellschaft entzweit in der juristischen Dogmatik das politische Gemeinwesen in zwei voneinander organisatorisch-institutionell gesonderte Handlungs- und Funktionsbereiche unterschiedlicher Struktur[283]. Staat und Gesellschaft sind keine Verbände, sondern Wirkeinheiten, die bestimmte Verhaltensbereiche des einzelnen erfassen[284]. Beide Wirkeinheiten umfangen den einzelnen (und auch nur bestimmte und je begrenzte Bereiche individuellen Verhaltens) auf ihre je spezifische Weise. Sie unterscheiden sich daher nicht institutionell, sondern funktional[285].

Die Gesellschaft umfaßt als abstrahierender Oberbegriff das prinzipiell unorganisierte, unregulierte Mit- und Nebeneinander der Individuen, die allein oder gemeinsam mit anderen aufgrund individueller oder kollektiver Freiheit ihr jeweiliges Partikularinteresse zu verwirklichen suchen. Hier wirkt das subjektive Prinzip des freien Interesses, dem das objektive Prinzip und sein reales Substrat – der moderne Verfassungsstaat – gegenüber steht, der auf das Allgemeine, das Übergreifende, das Gemeinwohl fokussiert ist[286] und diese Aufgabe nur in Distanz zur Gesellschaft[287] und in Neutralität gegenüber gesellschaftlichen Positionen[288] erfüllen kann.

β) Die Verwiesenheit von objektivem und subjektivem Prinzip

Die dauerhafte Realisierung des subjektiven Prinzips setzt die Existenz einer vom objektiven Prinzip geprägten Macht voraus[289]. Die Gegensätze und der Plu-

---

[283] *E.-W. Böckenförde*, in: Görres-Gesellschaft, Staatslexikon Bd. 5, Sp. 228 ff. (230).
[284] *E.-W. Böckenförde*, Die verfassungstheoretische Unterscheidung von Staat und Gesellschaft als Bedingung der individuellen Freiheit, S. 22 ff. und passim.
[285] *D. Grimm*, Recht und Staat in der bürgerlichen Gesellschaft, S. 74; *H.H. Rupp*, in: J. Isensee/P. Kirchhof, HdbStR Bd. I, § 28 Rn. 29 ff.
[286] *E.-W. Böckenförde*, Die verfassungstheoretische Unterscheidung von Staat und Gesellschaft als Bedingung der individuellen Freiheit, S. 26; s.a. *M. Jestaedt*, Demokratieprinzip und Kondominialverwaltung, S. 181. Die Differenzierung zwischen subjektivem und objektivem Prinzip stammt von *W. Loschelder*, Vom besonderen Gewaltverhältnis zur öffentlich-rechtlichen Sonderbindung, S. 265 ff.
[287] *H. Krüger*, Allgemeine Staatslehre, S. 178 ff. Diese Distanz wird auf staatsrechtlicher Ebene durch den Gedanken der repräsentativen Demokratie verwirklicht, die als Begriff und Funktion etwa von der durch einen Interessenverband geleisteten Interessenvertretung gegenüber der öffentlichen Meinung und der Staatsorganisation zu unterscheiden ist. Hierzu insbesondere *E.-W. Böckenförde*, in: *J.* Isensee/P. Kirchhof, HdbStR Bd. II, § 30 Rn. 1 ff.; *H.-G. Dederer*, Korporative Staatsgewalt, § 14 I; *V. Hartmann*, Repräsentation in der politischen Theorie und Staatslehre in Deutschland; *H. Hofman*, Repräsentation; *ders./H. Dreier*, in: H.-P. Schneider/W. Zeh, Parlamentsrecht und Parlamentspraxis in der Bundesrepublik Deutschland, § 5 Rn. 1 ff., 21 ff.; *G. Leibholz*, Das Wesen der Repräsentation und der Gestaltwandel der Demokratie im 20. Jahrhundert; *U. Scheuner*, FS Huber, S. 222 ff.; *C. Wefelmeier*, Repräsentation und Abgeordnetenmandat, S. 55 ff.
[288] *K. Schlaich*, Neutralität als verfassungsrechtliches Prinzip, S. 236 ff.
[289] *W. Loschelder*, Vom besonderen Gewaltverhältnis zur öffentlich-rechtlichen Sonderbindung, S. 274 ff.; s.a. *E.-W. Böckenförde*, Die verfassungstheoretische Unterscheidung von Staat und Gesellschaft als Bedingung der individuellen Freiheit, S. 27; *J. Isensee*, in: ders./P. Kirchhof, HdbStR Bd. III, § 58 Rn. 78 ff.

ralismus innerhalb der Gesellschaft bedingen die Notwendigkeit des modernen Staates, der im Verfassungsstaat aufgegangen ist[290]. Als ideengeschichtliches Erbe der Aufklärung, das sich in diesem Zusammenhang insbesondere auf die Arbeiten von Georg-Friedrich Wilhelm Hegel und Lorenz von Stein zurückführen läßt[291], bildete sich der Dualismus von Staat und Gesellschaft in Deutschland[292] im Liberalismus des 19. Jahrhunderts[293]. In ihm dokumentiert sich der Verlust des Staates, der – anders als unter den Bedingungen absolutistischer Herrschaft – keine vollumfängliche Herrschaft über die Gesellschaft mehr ausüben kann. Andererseits ist es der Gesellschaft nicht gelungen, die Oberhand über den Staat zu gewinnen[294]. Das historische Herkommen – verbunden mit der Erkenntnis, daß andere europäische Staaten mit bürgerlicher Verfassungstradition einen ausgeprägten Dualismus von Staat und Gesellschaft nicht kennen – nährt den Verdacht, daß dieser Dualismus mit wachsendem Abstand zu dem historischen Kontext seines Entstehens ebenfalls obsolet wird.

Noch im Mittelalter war politische Herrschaft nicht auf ein Territorium bezogen, sondern als Herrschaftsverhältnis zwischen Personen ausgestaltet. Sie war auf eine Vielzahl von Trägern verteilt und nicht als soziale Funktion ausdifferenziert, sondern jeweils nur Annex eines anderen Statusrechts (Grundeigentum, Kirchenamt). Die Beschreibung politischer Herrschaft bedurfte daher keines Staatsbegriffs; sie war in dem Begriff der Gesellschaft mitgedacht[295]. In der Folge bedurfte es zur Überwindung existentieller Bedrohungen – insbesondere durch religiöse Spaltung – der Etablierung einer über diesen Entzweiungen stehenden, säkularen Macht. Die zu diesem Zwecke in der Hand des Fürsten konzentrierten Herrschaftsrechte verdichteten sich – wegen Beibehaltung des Feudalsystems nur fast restlos – zu einer einheitlichen öffentlichen Gewalt, als deren Emanation dann die einzelnen Herrschaftsrechte in Erscheinung traten. Durch diesen Prozeß trat der Monarch mit seinem Herrschaftsapparat als Souverän aus dem universalen mittelalterlichen Gemeinwesen hervor. Diese Entwicklung erleichterte die trennscharfe – da an Personen festzumachende – Unterscheidung zwischen Staat und Gesellschaft. Die zum Schutze der gesellschaftlichen Selbstregulierungskräfte erforderliche Zähmung fürstlicher Gewalt führten zu einer Entkop-

---

[290] *J. Isensee*, in: ders./P. Kirchhof, HdbStR Bd. I, § 13 Rn. 47.
[291] *E.-W. Böckenförde*, FS Brunner, S. 248 ff. (254 ff.), zu Lorenz von Stein bzw. *ders.*, Die verfassungstheoretische Unterscheidung von Staat und Gesellschaft als Bedingung der individuellen Freiheit, S. 10 (Fn. 8), zu Georg-Friedrich Wilhelm Hegel.
[292] Die pointierte Gegenüberstellung von Staat und Gesellschaft ist ein deutsches Spezifikum, das in anderen europäischen Staaten – z.B. Frankreich und England – nicht anzutreffen ist; siehe *D. Grimm*, Recht und Staat in der bürgerlichen Gesellschaft, S. 70.
[293] *E.-W. Böckenförde*, Die verfassungstheoretische Unterscheidung von Staat und Gesellschaft als Bedingung der individuellen Freiheit, S. 10 ff.; *ders.*, in: Görres-Gesellschaft, Staatslexikon Bd. 5, Sp. 228 ff.; *D. Grimm*, Recht und Staat in der bürgerlichen Gesellschaft, S. 53 ff.; *J. Isensee*, Subsidiaritätsprinzip und Verfassungsrecht, S. 44 ff.; *H.H. Rupp*, in: J. Isensee/P. Kirchhof, HdbStR Bd. I, § 28 Rn. 4 ff.
[294] *D. Grimm*, Recht und Staat in der bürgerlichen Gesellschaft, S. 67 ff.
[295] *D. Grimm*, in: T. Ellwein/J.J. Hesse, Staatswissenschaften, S. 13 ff. (16 f.).

pelung gesellschaftlicher Bereiche von staatlicher Lenkung – ohne den Staat überflüssig zu machen. Die Entfaltung der Selbstregulierungskräfte bedurfte der externen Gewährleistung ihrer Voraussetzungen: Freiheit und Gleichheit. Die zur Gewährleistung dieser Rahmenbedingungen erforderlichen Eingriffe in die Freiheit einzelner wurde fortan als Bedrohung der gesellschaftlichen Autonomie empfunden, die es durch Regeln – insbesondere die freiheitlichen Grundrechte – einzugrenzen galt. Diese Macht war dem Staat durch Gesetz verliehen und damit zugleich rechtlich gebunden. In diesem Sinne kann man sie als rechtliche Konstruktion bezeichnen.

Neben den Freiheitszweck des Staates trat angesichts des partiellen Versagens gesellschaftlicher Selbstregulierungskräfte unter den Vorzeichen der Industrialisierung die Herstellung sozialer Gerechtigkeit als Staatszweck[296], der zu einer massiven funktionalen, personalen und finanziellen Expansion des staatlichen Funktionsbereichs – und damit auch zu einem zunehmenden Übergriff des Staates in Bereiche der Gesellschaft, zu einer Substitution des Marktes durch den Staat – geführt hat[297]. Diese Expansion der staatlichen Tätigkeit hat – gepaart mit einer vielfachen horizontalen und vertikalen Fragmentierung der Staatsmacht – zu einem Homogenitätsverlust des Staates geführt. Die Zugriffspunkte für die in den Staatsapparat hineinragenden gesellschaftlichen Interessengegensätze und Meinungsunterschiede sind gewachsen. Der gesellschaftliche Kontext ist damit heute ein anderer als zur Zeit der Entzweiung von Staat und Gesellschaft. Die personale Fixierung der Differenz ist nicht mehr in der gleichen Trennschärfe möglich wie bei ihrer Entstehung. Doch für die juristische, insbesondere die verfassungsrechtliche Dogmatik ist sie nach wie vor axiomatisch. Sie lebt in der juristischen Konstruktion fort.

Die Kritik an der Verfassungsrechtswissenschaft, die auf die Fortexistenz des Dualismus von Staat und Gesellschaft pocht, verkennt die Kontextgebundenheit des hier verwendeten Staatsbegriffs und damit den konkreten Gegenstand des Dualismus. Der von der Gesellschaft distanzierte Staat ist kein soziologisches Gebilde, kein Leviathan, keine geschlossene Institution, sondern ein differenzierter, dezentraler Legitimations- und Funktionszusammenhang. Demgegenüber ist die als solche nicht handlungs- und entscheidungsfähige Gesellschaft als Inbegriff aller der verfaßten Staatsgewalt gegenüberstehenden Grundrechtsträger (bourgeois) in erster Linie eine verfassungstheoretische Kategorie, während das Volk als Verband der Staatsangehörigen (citoyen) nicht Gegenstand, sondern Ursprung staatlicher Herrschaft ist[298]. Diese doppelte Rolle der meisten Individuen dokumentiert, daß durch die Gegenüberstellung von citoyen und bourgeois nicht etwa die Existenz verschiedener Verbände oder Kooperationen angespro-

---

[296] Zu dieser Abfolge nur *J. Isensee*, in: ders./P. Kirchhof, HdbStR Bd. I, § 13 Rn. 102 f.
[297] *D. Grimm*, in: T. Ellwein/J.J. Hesse, Staatswissenschaften, S. 13 ff. (21).
[298] *J. Isensee*, in: ders./P. Kirchhof, HdbStR Bd. I, § 13 Rn. 156, 162. S.a. *K. L. Shell*, Die Illusion, FAZ vom 16. August 2003, S. 9, zur Demokratie als Zwitterwesen, in dem der einzelne nicht nur Gesetzgeber, sondern auch schutzwürdiges Individuum gegenüber eine potentiellen Tyrannei der Mehrheit ist.

chen ist, sondern daß es sich lediglich – ähnlich wie bei der Unterscheidung von Staat und Gesellschaft – um verschiedene Wirkbereiche[299] bzw. Willensbildungs- und Entscheidungssysteme[300] handelt.

γ) *Legitimationsmuster von Staat und Gesellschaft*

Die beiden Funktionsbereiche von Staat und Gesellschaft sind unter dem Grundgesetz von unterschiedlichen Legitimationsmustern[301] geprägt, die die rechtliche Anerkennung für ein Sein, ein Sollen oder ein Wollen auf kategorial unterschiedliche Weise bewirken[302] und sich aus zwei miteinander inkompatiblen Quellen speisen[303]: einerseits aus der Freiheit des einzelnen Menschen. Diese findet ihre grundgesetzliche Verstetigung und Umhegung in dem Grundrechtskatalog der Verfassung. Andererseits speist Legitimation sich aus dem Willen des Volkes. Die Setzung von – heteronom bindenden – Rechtsnormen bedarf dieser letztgenannten, der demokratischen Legitimation. Der ihr zugrunde liegende Wille des durch die Verfassung organisierten Volkes bildet sich in Wahlen und Abstimmungen. Er wird durch Repräsentation, Delegation und Ernennung vermittelt. Der Legitimationsfluß erstreckt sich über das Parlament bis hin zur Stufe der Rechtsanwendung durch Verwaltung oder Richter. Hierbei gilt es stets, den demokratischen Ableitungszusammenhang zu wahren, damit die konkrete staatliche Funktionsausübung vor dem Demokratieprinzip bestehen kann. Je weiter der Ableitungszusammenhang und je länger die Legitimationskette, desto enger wird der staatliche Funktionsträger rechtlich durch hierarchische Weisungsunterworfenheit gebunden. Aus demokratischer Sicht ist der einzelne Element des Staatsvolkes. Ihm steht gem. Art. 38 Abs. 1 Satz 1 GG gleicher Zugang zu den Wahlen offen, die *das* zentrale Verfahren für die Verteilung politischer Entscheidungsmacht – die Macht zur Etablierung heteronomer Bindungen durch Recht – sind. Die insoweit verbürgte Gleichheit ist streng formal zu verstehen. Sie wird dort gefährdet, wo einzelne Bürger – individuell oder über pressure groups – besondere Einflußmöglichkeiten über den individuellen Wahlakt hinaus auf die Ausübung staatlicher Funktionen eingeräumt bekommen und dabei *nicht* dem gemeinwohlorientierten Ethos des Amtes durch Einbindung in die Staatsorganisation verpflichtet sind[304]. Grundrechtliche und demokratische Legitimation sind daher dogmatisch voneinander abzuschichten, auch wenn sie einen ähnlichen gemeinsamen Ursprung haben und die Begrenzung demokratisch legiti-

---

[299] *E.-W. Böckenförde*, Die verfassungstheoretische Unterscheidung von Staat und Gesellschaft als Bedingung der individuellen Freiheit, S. 49.
[300] *K. Stern*, Staatsrecht Bd. I, § 18 II 5 e a; *H.H. v. Arnim*, Staatslehre der Bundesrepublik Deutschland, S. 173 f.
[301] Legitimation ist hier im untechnischen Sinne gemeint. Grundrechtlich fundiertes Handeln bedarf nicht der Legitimation, sondern ist als Freiheitsrecht des Individuums ermöglicht.
[302] *E.T. Emde*, Die demokratische Legitimation der funktionalen Selbstverwaltung, S. 26 ff.
[303] Zu dem folgenden nur *J. Isensee*, Der Staat Bd. 20 (1981), S. 161 ff. (162 ff.); s.a. *C. Starck*, in: J. Isensee / P. Kirchhof, HdbStR Bd. II, § 29 Rn. 2.
[304] S.a. *F. Hennecke*, UTR Bd. 49 (1999), S. 7 ff. (31 f.).

mierter staatlicher Herrschaft durch grundrechtliche Freiheiten jener Herrschaft ein zusätzliches Maß an Legitimation verleihen kann[305].

Der Dualismus von Staat und Gesellschaft, die je verschiedenen Legitimationskonzepte und Strukturgesetzlichkeiten bilden sich auch in der Differenzierung zwischen Volkswillensbildung und Staatswillensbildung ab, die unterschiedlichen Strukturgesetzlichkeiten unterliegen, aber dennoch aufeinander einwirken[306]. Während der Begriff der Volkswillensbildung[307] (s. v.a. Art. 21 Abs. 1 Satz 1 GG) das Zustandekommen und die Wirkungsweise der öffentlichen und der veröffentlichten Meinung ebenso wie die freie, offene und unreglementierte[308] Vorformung des politischen Willens in dem Bereich der Gesellschaft auf der Grundlage einschlägiger individueller Freiheitsrechte (insbesondere Art. 5 Abs. 1, 8 Abs. 1, 9 Abs. 1 GG) umfaßt[309], weist der Begriff der Staatswillensbildung auf die durch Kompetenzen, Verfahren und materielle Vorgaben strukturierte Hervorbringung von rechtlich verbindlichen Entscheidungen hin[310].

Die Äußerung des Volkswillens im grundrechtlich garantierten Volkswillensbildungsprozeß steht neben der Äußerung durch Wahlen und Abstimmungen. Das Recht des einzelnen zur Teilnahme an den politischen Entscheidungen manifestiert sich nicht allein in Wahlen und Abstimmungen, sondern auch in der Einflußnahme auf den ständigen Prozeß der öffentlichen Meinungsbildung[311]. So sehr beide Einflußkanäle aus demokratietheoretischer Sicht ineinandergreifen, schafft nur die Volkswahl die Basis, auf die die »besonderen Organe« verantwortlich verbindliche heteronome Entscheidungen treffen können[312].

Staats und Volkswillensbildungsprozeß sind somit aufgrund ihrer unterschiedlichen Legitimationsgrundlage und äußeren Begrenzungen dogmatisch streng voneinander zu differenzieren, vollziehen sich aber aus analytischer Sicht in wechselseitiger Beeinflussung und Verschränkung[313]. Die Staatswillensbildung

---

[305] *C. Starck*, in: J. Isensee/P. Kirchhof, HdbStR Bd. II, § 29 Rn. 2, 8.
[306] Über den Zusammenhang der Differenzierung zwischen Volkswillensbildung und Staatswillensbildung und dem Dualismus von Staat und Gesellschaft: *J. Isensee*, Subsidiaritätsprinzip und Verfassungsrecht, S. 152 (Fn. 11).
[307] Zu recht weist *M. Jestaedt*, Demokratieprinzip und Kondominialverwaltung, S. 185, allerdings auf das Problematische in der Begrifflichkeit der Volkswillensbildung hin: Nicht das Volk im verfassungsrechtlichen Sinne als Staatsorgan (Art. 20 Abs. 2 Satz 2 GG), sondern die Gesellschaft bildet hier ihren Willen. Diese Willensbildung ist der Volkswillensbildung im strengen Sinne – dem Wahlakt – vorgelagert, der wiederum Teil des Staatswillensbildungsprozesses ist, bei dem das Volk als Staatsorgan in Erscheinung tritt.
[308] BVerfGE 20, 56 (98).
[309] *M. Kloepfer*, in: J. Isensee/P. Kirchhof, HdbStR Bd. II, § 35 Rn. 48 ff.; s.a. *H. Ridder*, in: F.L. Neumann/H.C. Nipperdey/U. Scheuner, Die Grundrechte Bd. II, S. 249 ff. (250 ff.); *G.F. Schuppert*, in: A. Klein/R. Schmalz-Bruns, Politische Beteiligung und Bürgerengagement in Deutschland, S. 114 ff. (120 ff.) der Art. 9 Abs. 1 GG zu einer Säule der »assoziativen Demokratie« erklärt.
[310] S.a. *W. Schmitt Glaeser*, in: J. Isensee/P. Kirchhof, HdbStR Bd. II, § 31 Rn. 28.
[311] *K. Hesse*, Grundzüge des Verfassungsrechts, Rn. 153.
[312] *W. Schmitt Glaeser*, in: J. Isensee/P. Kirchhof, HdbStR Bd. II, § 31 Rn. 26.
[313] BVerfGE 20, 56 (99); *W. Schmitt Glaeser*, in: J. Isensee/P. Kirchhof, HdbStR Bd. II, § 31 Rn. 29; *K. Stern*, Staatsrecht Bd. I, § 18 II 5 e a.

kann nicht unabhängig von der öffentlichen Meinung erfolgen, die über die verschiedensten Einflußkanäle (Verbände, Medien, Demonstrationen) versucht, Einfluß auf jene zu nehmen. Staatliche Willensbildung findet nicht im luftleeren Raum statt; allein schon die personelle Identität der politischen Entscheidungsträger mit Mitgliedern der Gesellschaft sorgt hier für die Existenz wechselseitiger Einflußpfade. Umgekehrt verläuft die Volkswillensbildung trotz der gebotenen »Staatsfreiheit« unter dem Eindruck insbesondere der staatlichen Öffentlichkeitsarbeit[314]. Gemeinsam bilden Staats- und Volkswillensbildungsprozeß als Teile eines Ganzen den Gesamtwillensbildungsprozeß in der Demokratie[315]. Damit kann das staatliche Strukturprinzip der Demokratie nicht gegen den Dualismus von Staat und Gesellschaft in Anschlag gebracht werden, da dieser sich gerade im Zusammenhang mit der Entwicklung des Staates zu einer demokratisch legitimierten Herrschaftsform herausbildet, in der der einzelne einerseits Legitimationsquelle für staatliche Herrschaft, andererseits aber auch ihr Adressat ist[316] und sich in dieser Eigenschaft auf den Schutz grundrechtlicher Gewährleistungen berufen kann.

In den unterschiedlichen Legitimationstypen kommt zugleich die in der Unterscheidung von Staat und Gesellschaft angelegte Differenzierung zwischen gesellschaftlicher Selbstregulierung durch freie und autonome Selbstentfaltung einerseits und politischen Entscheidungsfunktionen, die auf Ausübung öffentlicher Gewalt und hoheitlicher Befugnisse angelegt sind, andererseits zum Ausdruck[317]. Alle politischen Entscheidungsfunktionen sind aus der gesellschaftlichen Unmittelbarkeit herausgelöst und in der verselbständigten Organisationseinheit Staat zusammengefaßt. Der Dualismus von Staat und Gesellschaft gilt insoweit aufgrund der unterschiedlichen Ordnungsstrukturen als negatives Selektionskriterium[318]: Die Grenze zwischen den beiden Funktionsbereichen begrenzt zugleich Macht und Bindung staatlicher Funktionen. Indem aber Vorgaben wie das Demokratieprinzip, Grundrechte oder auch die Kompetenzordnung auf den Volkswillensbildungsprozeß keine Anwendung finden, entbehrt der Volkswillensbildungsprozeß zugleich einer eigenständigen Legitimationswirkung für die Ausübung staatlicher Funktionen.

Neben den kategorial unterschiedlichen Legitimationskonzepten von Staat und Gesellschaft spricht auch die Existenz der von der Verfassung garantierten

---

[314] Hierzu BVerfGE 44, 125 (139 ff.); 48, 271 (279 f.); 63, 230 (242 ff.); *W. Schmitt Glaeser*, in: J. Isensee/P. Kirchhof, HdbStR Bd. II, § 31 Rn. 31, 33; *K.-P. Sommermann*, in: H. v. Mangoldt/F. Klein/C. Starck, Grundgesetz Bd. 2, Art. 20 Rn. 154.

[315] *W. Schmitt Glaeser*, in: J. Isensee/P. Kirchhof, HdbStR Bd. II, § 31 Rn. 28 ff., 32. Zu der Wechselwirkung zwischen den verschiedenen Strängen der Willensbildung als einem notwendigen Teil der Systemrationalität der freiheitlichen Demokratie: BVerfGE 20, 56 (99); 44, 125 (139 ff.); 63, 230 (242 f.); *K. Stern*, Staatsrecht Bd. I, § 18 II 5 e.

[316] *J. Isensee*, Subsidiaritätsprinzip und Verfassungsrecht, S. 152; s.a. *H.H. Rupp*, in: J. Isensee/P. Kirchhof, HdbStR Bd. I, § 28 Rn. 18.

[317] *G. Hermes*, Staatliche Infrastrukturverantwortung, S. 142.

[318] *M. Jestaedt*, Demokratieprinzip und Kondominialverwaltung, S. 191.

individuellen Freiheitsrechte gegen die Auflösung des Dualismus von Staat und Gesellschaft. Diese setzen eine Grundrechtsberechtigung und -verpflichtung voraus und dienen damit der Gewährleistung individueller Freiheit gegenüber staatlicher Entscheidungsgewalt. Die nicht zu leugnenden zunehmenden Schwierigkeiten bei der Zuordnung einzelner Rechtssubjekte oder Entscheidungen zu der einen oder der anderen Sphäre ist damit weniger erstrebenswerte Verwirklichung einer Enthierarchisierung von Staat und Gesellschaft, sondern vielmehr beklagenswerter Freiheitsverlust[319].

δ) *Wechselseitige Verwiesenheit der Funktionsbereiche*

Die theoretische Unterscheidbarkeit von Staat und Gesellschaft darf nicht zur Annahme verleiten, daß es sich hierbei um zwei autarke Funktionskreise handelt. Der Staat bezieht gestalterische Aufträge zur Lösung gesellschaftlicher Konflikte zu einem guten Teil aus dem gesellschaftlichen Bereich; das demokratische Repräsentationssystem stärkt seine Wirkkraft aus dem Dialog mit der politischen Grundrechtskultur. Der staatliche Normsetzer ist daher einerseits natürlich berechtigt, in der Gesellschaft herrschende Meinungsbilder aufzunehmen und dort formulierte Regelungsanliegen umzusetzen. Andererseits darf der demokratische Verfassungsstaat aber nicht einem Notar gleich die im Wettbewerb der gesellschaftlichen Kräfte gefundenen Ergebnisse ratifizieren. Viele für das Gemeinwohl relevante Anliegen vermögen sich im gesellschaftlichen Wettbewerb der Interessen und Meinungen nicht durchzusetzen[320], so daß der Staat in Verwirklichung des objektiven Prinzips die insowcit unverzichtbaren Befriedungs-, Schutz-, Integrations- und Entscheidungsbefugnisse wahrzunehmen hat[321]. In dieser Eigenschaft ist der Staat funktional auf die Verwirklichung gesellschaftlicher Freiheit bezogen. Die auf diese Weise bewirkte Annäherung der beiden Funktionskreise führt aber nicht zu deren Diffusion, sondern nur zu ihrer Wechselbezüglichkeit[322].

Die Verantwortung für das »gute Leben« kommt in diesem Funktionsgefüge in erster Linie den Individuen und Verbänden zu, die das Gemeinwesen bilden und in denen sich dessen legitime Pluralität widerspiegelt[323]. Der Staat hat an diesem Leben nicht teil und kann daher zunächst nur die äußeren Rahmenbedingungen der Gemeinwohlverwirklichung gewährleisten. Seine insoweit sektoralen Zuständigkeiten für das Gemeinwohl erfüllt der Staat in Kooperation mit den

---

[319] *E.-W. Böckenförde*, Die verfassungstheoretische Unterscheidung von Staat und Gesellschaft als Bedingung der individuellen Freiheit, S. 32, 39 ff.
[320] *J. Isensee*, Der Staat Bd. 20 (1981), S. 161 ff. (174).
[321] Zu diesen Funktionen *K. Schlaich*, Neutralität als verfassungsrechtliches Prinzip, S. 259 ff.; *E.-W. Böckenförde*, Die verfassungstheoretische Unterscheidung von Staat und Gesellschaft als Bedingung der individuellen Freiheit, S. 27.
[322] Zum »Aufeinandergewiesensein« der beiden Funktionskreise: *W. Schmitt Glaeser*, in: J. Isensee/P. Kirchhof, HdbStR Bd. II, § 31 Rn. 2.
[323] *D. Grimm*, in: E. Benda/W. Maihofer/H.-J. Vogel, HdbVerfR, § 15 Rn. 4 m.w.N.

VI. Ermittlung von Interessen und Informationen im Gesetzgebungsverfahren

Grundrechtsträgern[324]. Für die Grundrechtsträger bilden deren Freiheitsrechte den Titel zur Mitwirkung am Gemeinwohl, dessen inhaltliche Offenheit den staatlichen Beitrag zur Gemeinwohlverwirklichung als Kompetenz- und Verfahrensfrage entlarvt[325]. Die Antwort auf solche Fragen des Gemeinwohls, die im staatlichen Funktionsbereich zu entwickeln sind, unterliegen aber wiederum auch dem Volkswillensbildungsprozeß ebenso wie dem förmlichen Entscheidungsverfahren der repräsentativ-demokratischen, gewaltenteiligen Ämterorganisation des staatlichen Funktionsbereichs[326].

Die umschriebene gemeinsame Verantwortung von Staat und Gesellschaft für das Gemeinwohl wird aber auf der Grundlage der jeweiligen Rechtstitel mit den jeweils funktionsbereichstypischen Mitteln erbracht. Daher kann das in der gemeinsamen Verantwortung zum Ausdruck kommende Kooperationsverhältnis kein Rechtstitel für die Übertragung funktionsbereichstypischer Instrumente der staatlichen auf die gesellschaftlichen Seite sein[327]. Weder kommt dem Staat unter Hinweis auf das Kooperationsverhältnis grundrechtliche Freiheit zu, noch kann dieses eine Rechtfertigung für die Übertragung staatlicher Instrumente – insbesondere das Instrument zur Rechtsetzung – auf gesellschaftliche Akteure sein. Das Kooperationsverhältnis entfaltet sich im Rahmen der Verfassungsordnung und richtet sich an deren Vorgaben aus.

Die Unterschiedlichkeit der beiden Sektoren, die in den von ihnen jeweils repräsentierten Funktionsgesetzen zum Ausdruck kommt, steht dem Versuch entgegen, den Staat als Produkt gesellschaftlicher Selbstorganisation oder Selbstregulierung erscheinen zu lassen[328]. Der Staat ist kein Subsystem der Gesellschaft[329], sondern schöpft seine Kraft aus der Distanz zu ihr, aus seiner kategorialen Andersartigkeit als System eigenen Rechts und eigener Prinzipien. Seine Eigenschaft als sektoraler, den Menschen und das soziale Leben nicht in seiner Gesamtheit vereinnahmender Staat[330] verhindert umgekehrt auch, daß die Gesellschaft – wie in einem totalitären Regime – im Staat aufgeht.

---

[324] *P. Häberle*, Öffentliches Interesse als juristisches Problem, S. 46, 49 ff., 88, 101; s.a. *H.-G. Dederer*, Korporative Staatsgewalt, § 4; *M. Heintzen*, VVDStRL Bd. 62 (2003), S. 220 ff. (237 f.); *J. Isensee*, in: ders./P. Kirchhof, HdbStR Bd. I, § 57 Rn. 48 ff.; *L. Michael*, Rechtsetzende Gewalt im kooperierenden Verfassungsstaat, S. 234 ff., 318 ff.

[325] *J. Isensee*, in: ders./P. Kirchhof, HdbStR Bd. III, § 57 Rn. 78 ff., 88 ff.; *P. Häberle*, Öffentliches Interesse als juristisches Problem, S. 468; *W. Schmitt Glaeser*, VVDStRL Bd. 31 (1973), S. 179 ff. (191 f.); ders., in: P. Lerche/ders./E. Schmidt-Aßmann, Verfahren als staats- und verwaltungsrechtliche Kategorie, S. 35 ff. (61 f.); *R. Stettner*, Grundfragen einer Kompetenzlehre, S. 203 ff.

[326] *J. Isensee*, in: ders./P. Kirchhof, HdbStR Bd. III, § 57 Rn. 88.

[327] Anders aber z.B. *L. Michael*, Rechtsetzende Gewalt im kooperierenden Verfassungsstaat, S. 318 ff., 454 f., 497 und öfter.

[328] *M. Jestaedt*, Demokratieprinzip und Kondominialverwaltung, S. 181 m.w.N.

[329] So aber z.B. aus verfassungsrechtlicher Sicht: *K. Hesse*, in: E.-W. Böckenförde, Staat und Gesellschaft, S. 484 (490); kritisch hierzu *E.-W. Böckenförde*, Die verfassungstheoretische Unterscheidung von Staat und Gesellschaft als Bedingung der individuellen Freiheit, S. 36; *J. Isensee*, in: ders./P. Kirchhof, HdbStR Bd. I, § 13 Rn. 49; *M. Jestaedt*, Demokratieprinzip und Kondominialverwaltung, S. 181.

[330] *J. Isensee*, in: ders./P. Kirchhof, HdbStR Bd. I, § 13 Rn. 50, 58 f.; ders., in: ders./P. Kirchhof, HdbStR Bd. III, § 57 Rn. 156 ff.; s.a. *E.-W. Böckenförde*, Die verfassungstheoretische Unterscheidung von Staat und Gesellschaft als Bedingung der individuellen Freiheit, S. 32 ff.

§ 3 Private Teilhabe an der Gesetzgebung in Anhörungsverfahren

Will man angesichts des empirischen Befundes expansiver und kooperativer Staatlichkeit bezweifeln, daß der Dualismus von Staat und Gesellschaft noch tatsächlich in der Realität seine Abbildung findet, greift dies ebenso zu kurz wie die Annahme, daß die Dichotomie von Staat und Gesellschaft keine angemessene Erfassung der sozialen Wirklichkeit ermöglicht[331]. Es ist nicht zu verkennen, daß sich zwischen den Bereichen typisch hoheitlicher Staatstätigkeit – insbesondere in dem Bereich hoheitlicher Verwaltung – einerseits, in denen sich der Staat als Inhaber des Gewaltmonopols exponiert, und den Bereichen unbezweifelbarer Privatheit andererseits eine stetig wachsende Grauzone auftut, innerhalb derer die funktionale Zuordnung zu der einen oder der anderen Seite schwerfällt[332]. Die wechselseitigen Übergriffe des einen Funktionsbereichs in die Sphäre des anderen tragen ihr übriges zu dieser Situation bei[333].

Doch eines ist dabei stets zugrunde zu legen: Der Staat bleibt unabhängig von der Art seiner Machtmittel immer verfaßter Staat und als solcher seinen verfassungsrechtlichen Restriktionen unterworfen. Außerhalb seiner rechtlich konstruierten Kompetenzen darf er nicht wirken und sich also auch nicht hinter einer Kooperation mit Privaten verstecken. Es trifft nicht zu, daß rechtliche Bindung durch Kompetenzen und andere Verfassungsnormen dort nicht greift, wo der Staat auf seine spezifisch staatlichen Mittel verzichtet[334]. Der Staat kann auch hier nicht als Gleicher unter Gleichen behandelt werden, weil ihm zumindest potentiell und im verfassungsrechtlichen Rahmen die Rückkehr zur Hierarchie-Option nicht verschlossen ist und er bei allen seinen Handlungen mit der Bindung an die Verwirklichung des Gemeinwohls anderen Handlungszielen folgt als der ebenfalls beteiligte Private. Beteiligen sich Akteure, die nicht dem staatlichen Bereich zugerechnet werden können, an staatlichen Entscheidungen, so muß die verfassungsrechtliche Legitimation dieser Beteiligungen hinterfragt werden. Es verträgt sich nicht mit dem umfassenden Herrschaftsanspruch von Recht und Verfassung, hier den Rückzug gegenüber neuen Phänomenen anzutreten und diese in das Niemandsland rechtlicher Beliebigkeit zu verweisen. Der moderne Staat hat die Korporationen und Zwischengewalten entmachtet und entlegitimiert und macht seinen Herrschaftsanspruch unmittelbar gegenüber dem Individuum geltend[335]. Der kompetenziell begrenzte, demokratische Verfassungsstaat bewirkt eine Annäherung der beiden Funktionskreise von Staat und Gesellschaft durch die Einräumung politischer Gestaltungsmacht an den Bürger. Die Differenzierung zwischen Staat und Gesellschaft ist nicht mehr personal, sondern nur noch funktional möglich, da das regelmäßig der hoheitlichen Machtausübung unterworfene Individuum periodisch als Inhaber der höchsten Macht, als Teil des

---

[331] So aber *D. Grimm*, in: T. Ellwein/J.J. Hesse, Staatswissenschaften, S. 13 ff. (24).
[332] *D. Grimm*, in: T. Ellwein/J.J. Hesse, Staatswissenschaften, S. 13 ff. (24).
[333] Schon früh mit Beispielen festgestellt bei *F. Ossenbühl*, VVDStRL Bd. 29 (1971), S. 137 ff. (150).
[334] So aber *D. Grimm*, in: T. Ellwein/J.J. Hesse, Staatswissenschaften, S. 13 ff. (25).
[335] *J. Isensee*, in: ders./P. Kirchhof, HdbStR Bd. I, § 13 Rn. 52.

Staatsorgans Volk, in Erscheinung tritt, um wiederum der gegen das Individuum selbst – diesmal in seiner Eigenschaft als (Privat-) Person – gerichteten Machtausübung erneute Legitimation zu verleihen.

Der Betrachter ist daher auch unter dem Eindruck des kooperativen Staates nicht der Aufgabe enthoben, die einzelnen Beiträge zu einer kooperativ oder konsensual getroffenen Entscheidung zu identifizieren und auf den einen oder den anderen Legitimationszusammenhang zurückzuführen. Die wechselseitigen Einwirkungen beider Funktionskreise mögen quantitativ zugenommen haben. Ein qualitativer Quantensprung hat hingegen insoweit nicht stattgefunden. Die im Einzelfall aus der Notwendigkeit einer solchen Zuordnung resultierenden Schwierigkeiten können nicht zum Anlaß genommen werden, die prinzipielle Gebotenheit einer solchen Zuordnung zu negieren. Daß die Bereiche grundrechtlicher Freiheit und grundrechtsgebundener, ihrerseits nicht grundrechtsfähiger Staatsgewalt in diffusen Grenzbereichen ineinander aufzugehen drohen, ist nichts spektakulär Neues: Das geltende Verfassungsrecht kennt sogar Verbände, durch deren Mitte diese Grenze verläuft: Universitäten, öffentlich-rechtliche Rundfunkanstalten, Kirchen[336].

Zwar ist der Staat selbst kein Regelungsthema des Grundgesetzes, die Regelungen der Verfassung knüpfen aber an das Bild des auf den Ideen des modernen Staates[337] fußenden Verfassungsstaates an. Der Staat ist Wirklichkeit[338]. Demgegenüber erhebt die Verfassung lediglich den Anspruch, eine Konstruktion der juristischen Realität zu leisten. Es ist nicht ihr Sinn, die Wirklichkeit zu spiegeln oder Realität zu beschreiben, sondern sie zu gestalten. Das aktuelle Verhältnis von Staat und Gesellschaft ist Resultat seiner Ausgestaltung durch die Rechtsordnung und liegt dieser nicht voraus[339].

So lange der Dualismus von Staat und Gesellschaft in den Grundstrukturen der Verfassung nicht durch eine andere, funktionsgleiche Grundannahme substituierbar ist, können auch empirische Zweifel an seiner Existenz die Bedeutung des Dualismus für die Rechtsordnung nicht beseitigen. Die empirischen Zweifel sind für das Verfassungsrecht irrelevant, da dieses den Innenbereich des Staates vom Außenbereich der Gesellschaft unterscheiden können muß. Zwar existiert der Staat vor der Verfassung, da Verfassung und Staat in einer intensiven Wechselbezüglichkeit stehen. Als verfaßter Staat ist er aber in allen Emanationen als Gegenüber der Gesellschaft durch Rechtsvorschriften konstituiert[340]. Alle staatlichen Handlungen müssen sich auf solche Rechtsvorschriften – Kompetenzregeln, materielle Vorgaben – zurückführen und an ihnen messen lassen.

---

[336] *G. Dürig*, in: T. Maunz / G. Dürig u.a., Grundgesetz, Art. 19 Abs. 3 Rn. 1 ff.
[337] Siehe nur *J. Isensee*, in: ders./P. Kirchhof, HdbStR Bd. I, § 13 Rn. 41 ff.
[338] Hierzu und zu dem folgenden *J. Isensee*, in: ders./P. Kirchhof, HdbStR Bd. I, § 13 Rn. 6, 9 ff., 27.
[339] So auch *C. Möllers*, Staat als Argument, S. 244 f.
[340] Siehe auch *K. Sobota*, Das Prinzip Rechtsstaat, S. 32 f.

bb) Hierarchie oder Gleichordnung von Staat und Gesellschaft

Der Verfassung liegt der Dualismus von Staat und Gesellschaft zugrunde, die Rechtsordnung bildet diesen Dualismus in vielen ihrer Sachbereiche ab. Fraglich bleibt indessen das Verhältnis der beiden Funktionskreise: Läßt es sich mit der herkömmlichen Ansicht einer Überordnung des Staates über die Gesellschaft erklären? Selbst wenn man von einer Trennung der Funktionsbereiche von Staat und Gesellschaft ausgeht, so stellt sich doch die Frage, ob nicht inzwischen unter dem Eindruck der kooperativen Staatlichkeit oder der grundsätzlichen Gleichberechtigung aller Teilsysteme weniger von einer prinzipiellen Überordnung des Staates über die Gesellschaft als von einer Gleichordnung, einem Nebeneinander beider Funktionskreise auszugehen ist.

Soweit die hierarchische Ordnung von Staat und Gesellschaft von Seiten der autopoietischen Systemtheorie mit der Begründung abgelehnt wird, daß es überhaupt keine prinzipiell übergeordneten, dominanten oder steuernden Teile innerhalb des systemischen Kreislaufs geben könne[341], hat sich bereits in dem Zusammenhang mit den Überlegungen zu der systemtheoretisch inspirierten Steuerungsskepsis ergeben, daß sich diese Annahme mit der Etablierung eines politischen Systems, dessen Aufgabe das Treffen allgemein verbindlicher Entscheidungen ist, nicht durchhalten läßt. Selbst wenn der Staat entzaubert und auf eine Selbstbeschreibung des politischen Systems reduziert wird, kommt man auch unter diesen Vorzeichen nicht umhin, dem so bezeichneten System mit der Kompetenz zu allgemeinverbindlichen Entscheidungen, ein Spezifikum zuzuschreiben, das in dem dualistisch verstandenen System – zumindest formal – den Staat als Antipoden der Gesellschaft ausmacht.

Die Subordination der Gesellschaft unter den Staat wurde im Zeitalter des Absolutismus, in dem der Monarch alleiniger Träger der Staatsgewalt war, auf dessen unmittelbar von Gott abgeleitete Herrschaftsgewalt in Form staatlicher Hoheitsrechte zurückgeführt. Obschon in der Folge die Begründung für die Etablierung staatlicher Hoheitsrechte nicht mehr in der Person des Herrschers, sondern in Zweck und Funktion des Staates als Friedenseinheit gefunden wurde, blieb das obrigkeitliche Subordinationsparadigma erhalten. Dies verwundert nur auf den ersten Blick: Art. 1 und 20 GG legen den Vorrang des Individuums, das als Person mit unverwechselbarem Eigenwert angesehen wird, vor dem Staat der verfassungsrechtlichen Ordnung zugrunde[342]. Beachtung und Verwirklichung der Menschenwürde sind letzter Zweck aller staatlichen Machtausübung. Dies bedeutet aber nur, daß die Bedürfnisse des Individuums die Rechtfertigung für Existenz und Wirken des Staats ebenso sind wie sie sein rechtes Maß und seine Grenzen determinieren. Gerade um seine Aufgaben, seine Gewährleistungspflichten erfüllen zu können, bedarf der Staat der Überordnung über die Gesellschaft. Diese Überordnung darf nicht in dem Sinne mißverstanden werden, daß der Staat Selbstzweck – oder »mehr wert« als das Individuum bzw. die Gesellschaft – ist. Die Überordnung ist im sektoralen Verfas-

---

[341] H. Willke, in: M. Glagow/ders., Dezentrale Gesellschaftssteuerung, S. 3 ff.
[342] E. Schmidt-Aßmann, Das allgemeine Verwaltungsrecht als Ordnungsidee und System, S. 14.

sungsstaat kompetenz- und zweckgebunden und erstreckt sich genauso weit, wie die Verfassungsordnung dies bestimmt. Daher existieren Bereiche, die dem staatlich-einseitigen Zugriff schlechterdings unzugänglich sind. Dies ist dort der Fall, wo die Verfassungsordnung den staatlichen Aktionsradius zugunsten von grundrechtlichen Freiheitsräumen durch das Verbot eines Grundrechtseingriffs beschränkt[343]. In diesen Bereichen sind Staat und Gesellschaft gleichberechtigt und begegnen einander auf gleicher Augenhöhe. Für ein vorrechtliches Über-/Unterordnungsverhältnis ist demgegenüber im Verfassungsstaat kein Platz, da erst die Verfassung die hoheitliche Macht konstituiert[344]. Hierarchie darf daher nicht als Obrigkeitlichkeit mißverstanden oder gar diffamiert werden. Sie drückt nicht ein durchgehendes Handlungsmuster im Sinne zwanghafter Schikanierung des Bürgers durch den Staat aus. Hierarchische Handlungsoptionen des Staates bestehen nur dort, wo sie ihm zuvor durch Gesetz – und damit mittelbar durch seine Bürger auf der Grundlage des legitimierenden Wahlakts – eingeräumt worden sind. Sie stehen dem Staat bei Bedarf zu Gebote, müssen aber keineswegs das einzige Handlungsinstrument sein. Auch das das Verhältnis von Staat und Bürger prägende Korrelat von staatlichem Gewaltmonopol und bürgerschaftlicher Friedenspflicht findet nicht seinen allgegenwärtigen Ausdruck in der täglichen gewaltsamen Disziplinierung des Bürgers durch den Staat. Eine allgemeingültige Gleichordnung von Staat und Gesellschaft ließe demgegenüber allerdings die Handlungsnotwendigkeiten außer Betracht, derer der Staat zur Verwirklichung des objektiven Prinzips bedarf. Schon als monopolistischer Inhaber einer Kompetenz zur Ausübung legitimer physischer Gewalt, aber auch weniger kruder Kompetenzen, insbesondere der sich in den klassischen Staatsfunktionen manifestierenden Berechtigung, einseitig-hoheitlich verbindliche Anordnungen zu treffen, ist der Staat dem Adressaten seiner Maßnahmen übergeordnet. Diese Kompetenzen sind auch für den modernen Staat unverzichtbar, da sie allein die Durchsetzung des objektiven Prinzips – notfalls auch gegen den Willen der rechtsunterworfenen Individuen – ermöglichen. Aus politischen Gründen kann der Staat in den Grenzen des verfassungsrechtlich Zulässigen stets zunächst den Weg der Kooperation und des Konsenses auf der gleichen Augenhöhe mit dem Bürger einschlagen. Doch in jedem Fall behält er die Möglichkeit hierarchischer Intervention in der Hinterhand. Damit ist das hierarchische Verhältnis zwischen Staat und Gesellschaft kein allgegenwärtiges – auf diesem Befund beruht die Skepsis der Sozialwissenschaften in dieser Frage – wohl aber ein potentielles.

---

[343] Dieses Verbot kann sich zum einen aus der prinzipiellen Unbeschränkbarkeit eines grundrechtlichen Schutzbereichs (Art. 1 Abs. 1 GG) ergeben. Zum anderen können staatliche Handlungsbefugnisse im konkreten Fall durch die Enumerierung von Eingriffszielen in Gesetzesvorbehalten, durch das Verhältnismäßigkeitsprinzip oder das Verbot einer Verletzung des grundrechtlichen Wesensgehalts begrenzt sein.
[344] S.a. *H. Bauer*, DVBl. 1986, S. 208 ff. (216); *H.-U. Erichsen*, Verwaltungsrecht und Verwaltungsgerichtsbarkeit, S. 19; *H. Hill*, DVBl. 1989, S. 321 ff. (322); *F.E. Schnapp*, DÖV 1986, S. 811 ff. (813).

Weder die bereits herausgestellten besonderen Legitimationsbedürfnisse staatlicher Funktionen noch der besondere Geltungs- und Durchsetzungsanspruch des Staates vermag auf der Grundlage einer generellen Gleichordnung von Staat und Gesellschaft erklärt zu werden. Mit ihr würde die grundgesetzlich verfaßte Asymmetrie zwischen staatlicher Kompetenz und gesellschaftlicher Freiheit erodiert. Solange eine vielleicht nicht immer mit Blick auf alle verfolgten Zielen wirksame, aber allgemein als Quelle heteronomer Bindung akzeptierte Rechtsordnung konzeptionell nur auf der Grundlage eines Dualismus von Staat und Gesellschaft und einer partiell hierarchischen Zuordnung dieser beiden Funktionskreise erklärt werden kann, mag jeder Hinweis auf die Zunahme kooperativer Strukturen, dritter Sektoren o.ä. die Zuordnung je einzelner Beiträge zu dem einen oder dem anderen Funktionsbereich erschweren. Die Zuordnung wird dadurch nicht überflüssig, sondern – im Gegenteil – sie erlangt nicht zuletzt auch deswegen immer größere Bedeutung, weil sie die Sektoralität und kompetenzielle Begrenzung staatlichen Handelns verdeutlicht.

In die Dichotomie dieser verfassungsrechtlich gebotenen Differenzierung zwischen den zwar aufeinander einwirkenden, aber hinsichtlich ihrer jeweiligen Legitimationsgrundlagen zu differenzierenden Prozesse von Staats- und Volkswillensbildung ist nunmehr die Teilnahme der Interessenverbände in staatlich organisierten Anhörungsverfahren einzuordnen.

b) Verbände in Anhörungsverfahren als Teilnehmer am Staatswillensbildungsprozeß

Staatliche Anhörungsverfahren sind Mittel und Weg, um Dritten eine Partizipation an staatlichen Entscheidungen zu eröffnen. Mit dem Begriff der Partizipation wird daher die Beteiligung organisierter und individueller, von einer staatlichen Entscheidung betroffener Interessen bei der inhaltlichen Festlegung oder dem Erlaß dieser Entscheidung bezeichnet[345]; Partizipation ist Mitwirkung von Zivilpersonen in staatlichen Verfahren. Sie bietet den Partizipanten zum einen die Möglichkeit einer Interessenartikulation und -vertretung. Zum anderen ist sie Element des Rechtsschutzes zugunsten der durch staatliche Entscheidungen Betroffenen[346]. Die staatliche Seite gewinnt durch die Partizipation die bereits dargelegten Vorteile aus staatlich-gesellschaftlicher Kooperation[347].

---

[345] *W. Schmidt Glaeser*, VVDStRL Bd. 31 (1973), S. 179 ff. (183 ff., 197 ff.); *ders.*, in: P. Lerche/ders./E. Schmidt-Aßmann, Verfahren als staats- und verwaltungsrechtliche Kategorie, S. 35 ff. (45 ff.); *K. Stern*, Staatsrecht Bd. I, § 22 II 5 d g m.w.N. in Fn. 121 f. Eine Aufgliederung und Systematisierung des Begriffs findet sich bei *R. Walter*, VVDStRL Bd. 31 (1973), S. 147 ff. (153 ff.); ausf. zu den verschiedenen Begriffsgehalten auch *H.-J. Menzel*, Legitimation staatlicher Herrschaft durch Partizipation Privater?, S. 73 ff.

[346] *W. Schmitt Glaeser*, in: P. Lerche/ders./E. Schmidt-Aßmann, Verfahren als staats- und verwaltungsrechtliche Kategorie, S. 35 ff. (47 ff.).

[347] Siehe S. 38 ff.

Es ist zwischen dem Vorgang gesellschaftlicher Meinungsbildung und Einflußnahme aus der Gesellschaft auf die staatlichen Entscheidungsorgane hin und dem in die Formulierung bindender Entscheidungen mündenden politischen Entscheidungsprozeß zu unterscheiden, der sich innerhalb und zwischen staatlichen Organen und innerhalb der politischen Parteien abspielt[348]. Teilhabe an politischer Entscheidungsgewalt liegt immer dann vor, wenn ein Rechtssubjekt eine Funktion innehat, deren Ausübung einen unerläßlichen Bestandteil für die Erfüllung einer dem Staat zukommenden Aufgabe bildet. Der Unterschied zur bloßen Teilnahme an der politischen Willensbildung liegt darin, daß dort nur die Möglichkeit besteht, auf Inhaber der politischen Entscheidungsgewalt einzuwirken und ihr Entscheidungsverhalten – ohne Erfolgsgarantie – tatsächlich zu beeinflussen. Demgegenüber besteht bei der Teilhabe an politischer Entscheidungsgewalt die Möglichkeit, bestimmte Entscheidungen (mit) zu treffen oder das Spektrum möglicher Entscheidungsinhalte einzuengen, mit der Folge, daß diese Teilhabe für alle anderen an dem Prozeß Beteiligten verbindlich ist[349].

Partizipation ist in die analytischen Kategorien der Mitentscheidung einerseits und der Mitwirkung i.e.S. andererseits zu untergliedern. *Mitentscheidung* liegt dann vor, wenn dem partizipierenden Rechtssubjekt die *rechtlich* verbindliche Möglichkeit eingeräumt ist, eine Bindung des letztlich den Rechtsakt produzierenden Organs an die von dem Interessenverband formulierte Ansicht herbeizuführen. Eine solche Bindung kann zum einen positiver Art sein, wenn das entscheidende Staatsorgan die Auffassung des nicht-staatlichen Akteurs in die staatliche Entscheidung umfänglich oder partiell aufnehmen muß. Die Bindung kann aber auch negativer Art sein, indem der nicht-staatliche Akteur eine der dem Entscheidungsorgan eigentlich offenstehende Möglichkeit bindend ausschließen kann, so daß dieses nicht mehr über sämtliche Entscheidungsalternativen verfügt. Alle anderen Fälle – Anhörungen, Konsultationen, Beratungen, politische Verhandlungen usf. – sind im Unterschied dazu bloße *Mitwirkung*.

Anhörungsverfahren eröffnen die Möglichkeit zur Einbringung von Sachkunde und zur Vertretung von Interessen gegenüber den staatlichen Entscheidungsträgern. Indes öffnen sie nur einen Einflußkanal auf den staatlichen Entscheidungsprozeß, ohne einen rechtlich bindenden Einfluß auf die Entscheidung zu ermöglichen. Die Anhörenden sind in keiner Weise an das ihnen Vorgetragene gebunden, sie müssen es nicht einmal in ihre abschließenden Erwägungen miteinbeziehen. Die Realität freilich geht über das so umschriebene Maß an politischer Einflußnahme hinaus. Wie das mit den Anhörungen nicht selten verbundene Ziel der »Verbandsfestigkeit«[350] erkennen läßt, sollen die Verbände – schon bevor ein Gesetzentwurf das Parlament erreicht – dazu bewegt werden, das Vorhaben politisch zu unterstützen oder zumindest nicht zu bekämpfen. Wenn mit dem Gesetzgebungsvorhaben allerdings Eingriffe in die Rechte der Verbandsmitglieder

---

[348] *E.-W. Böckenförde*, Der Staat Bd. 15 (1976), S. 457 ff. (461 (Fn. 10)).
[349] *E.-W. Böckenförde*, Der Staat Bd. 15 (1976), S. 457 ff. (463).
[350] *W. Hennis*, in: R. Steinberg, Staat und Verbände, S. 77 ff. (87).

und damit in die Interessen des Verbandes verbunden sind, so wird die Verbandsfestigkeit einer Gesetzesvorlage – wenn überhaupt – nur durch Zugeständnisse des Gesetzgebers zu erreichen sein. Solche Zugeständnisse können dann entweder in einer Abmilderung geplanter Regelungen oder in der Zusage anderweitiger Kompensationen bestehen. Aber auch dieser Umstand führt zu keiner abweichenden verfassungsrechtlichen Beurteilung, da die staatliche Seite nicht rechtlich zwingend zu der Vornahme entsprechender Umstellungen verpflichtet ist.

Allerdings ist fraglich, ob in das gesetzgeberische Endprodukt bei einer Anhörung von Sachverständigen und Interessenvertretern Impulse aus den zwei Legitimationssphären des Verfassungsstaates einfließen oder ob die förmliche, d.h. durch Rechtsvorschriften institutionalisierte oder ermöglichte Beratung staatlicher Entscheidungsträger nicht über den grundrechtlichen, gesellschaftlichen Bereich hinauswirkt[351] und damit als Teilhabe an einer politischen bzw. hoheitlichen Entscheidung nicht etwa an den für hoheitliche Tätigkeiten geltenden Legitimations- und Kontrollprinzipien gemessen werden muß[352]. Dies kann nur vor dem Hintergrund der soeben dargelegten[353] verfassungsrechtlichen Dichotomie von Staats- und Volkswillensbildungsprozeß beurteilt werden.

Das spezifische Charakteristikum gesellschaftlicher Einflußnahme auf politische Entscheidungen liegt in der grundgesetzlichen Ordnung darin, daß neben der Teilnahme an Wahlen (und Abstimmungen; Art. 20 Abs. 2 Satz 2 GG) dem Bürger ein zweiter, aber deutlich diffuserer Einflußkanal offensteht, um durch Vorformung des politischen Willens im täglichen Meinungskampf Einfluß auf die Entscheidungsfindung der Staatsorgane zu nehmen. Während aber die Teilnahme an der Staatswillensbildung in Abstimmungen und Wahlen, die die verfassungsrechtlich regelmäßige Grundlage der Partizipation an der Ausübung staatlicher Macht darstellt[354], durch die streng formale Gleichheit aller Bürger hinsichtlich ihres Beitrags besticht (Art. 38 Abs. 1 Satz 1 GG), ist die Teilnahme an der Vorformung des politischen Willens durch eine ganz erhebliche Ungleichheit der einzelnen Beiträge hinsichtlich deren konkreter Auswirkung auf das politische Ergebnis des politischen Prozesses – hier: das Gesetz – geprägt. Beide Einflußkanäle – Staats- und Volkswillensbildung – beruhen auf unterschiedlichen Funktionsweisen: auf der sich in Art. 38 Abs. 1 Satz 2 GG und dem diese Vorschrift überwölbenden demokratischen Gleichheitssatz[355] ausdrückenden staatsbürgerlichen Gleichheit einerseits und dem auf Ungleichheit beruhenden sozialen Interessenpluralismus andererseits[356]. *Diese* Form der Einflußnahme ist grundrechtlich legitimiert[357]. Die Grundrechte aus Art. 5 Abs. 1 Satz und Abs. 3 GG

---

[351] *U. Scheuner,* in: ders., Staatstheorie und Staatsrecht, S. 337 ff. (340 ff.); *W. Schmitt Glaeser,* in: J. Isensee/P. Kirchhof, HdbStR Bd. II, § 31 Rn. 10.
[352] *W. Brohm,* in: J. Isensee/P. Kirchhof, HdbStR Bd. II, § 36 Rn. 38.
[353] Siehe S. 145 ff.
[354] *W. Kluth,* Funktionale Selbstverwaltung, S. 387 f.
[355] Zu diesen beiden Normen siehe S. 170 f.
[356] *J.H. Kaiser,* Die Repräsentation organisierter Interessen, S. 359 f.
[357] Hierzu *W. Schmidt Glaeser,* in: J. Isensee/P. Kirchhof, HdbStR Bd. II, § 31 Rn. 25 ff.

sowie die Vereinigungsfreiheit aus Art. 9 Abs. 1 GG gewährleisten dem einzelnen ebenso wie einem Zusammenschluß von Individuen die Möglichkeit, am politischen Leben der staatlichen Gemeinschaft mitzuwirken und die eigenen Vorstellungen und Werte in den Prozeß der Staatswillensbildung – gegebenenfalls auch mit Nachdruck – einfließen zu lassen[358]. Individuen, Gruppen und andere (private) Organisationen beziehen ihre Existenzberechtigung aus der ihnen eigenen grundrechtlichen Freiheit (siehe Art. 9 Abs. 1, 19 Abs. 3 GG) bzw. aus der grundrechtlichen Freiheit der in ihnen Zusammengeschlossenen. Diese kollektiven Akteure wirken in den offenen Prozeß der demokratischen Willensbildung hinein, verfügen dabei aber aus verfassungsrechtlicher Sicht nur über eine Legitimation nach Maß und Art jedes anderen Grundrechtsträgers. Die Grundrechte bieten dabei Differenzierungschancen, deren Verwirklichung Ungleichheit schafft[359]. Diese beginnt bereits mit ungleich verteilten intellektuellen Fähigkeiten zur Durchdringung politischer Fragestellung und setzt sich mit unterschiedlichen Artikulationsmöglichkeiten fort. Soweit politische Meinungen in die politische Diskussion eingeführt und sogar gegenüber Inhabern staatlicher Macht vertreten werden sollen, erfordert dies Zugang zu Verbreitungsmedien oder unmittelbar zu staatlichen Entscheidungsträgern[360]. Dies alles ist bedingt durch individuelle, vorrechtliche Dispositionen wie Intellekt, Interesse, Rhetorik oder Geschick im Umgang mit Medien und Entscheidungsträgern. Die aufgeführten Ungleichheiten sind in den Grundrechten, die dem einzelnen mit der Chance zu freien Entfaltung auch die Legitimation zur Einflußnahme auf den staatlichen Willensbildungsprozeß überlassen, angelegt. Sie determinieren den Erfolg der Einflußnahme ihrer Träger auf den Staatswillensbildungsprozeß daher nicht; geschweige denn, daß sie ihn garantieren.

In der Dichotomie von Staat und Gesellschaft ist das verbandliche Wirken somit prinzipiell der grundrechtlichen Legitimationssphäre zuzuordnen, da sich die verfassungsrechtliche Legitimation für Gründung und Tätigkeit der Verbände in Art. 9 Abs. 1 GG – dem »Verbandsgrundrecht«[361] – findet[362]. Die Grundrechte sind aber lediglich Rechtstitel zur Mitwirkung ihrer individuellen

---

[358] So schon BVerfGE 3, 52 (56); 5, 85 (321 f.); 20, 56 (99) (für politische Parteien); Das bedeutet z.B., daß die Erarbeitung und Veröffentlichung von »Alternativentwürfen« zu Gesetzgebungsvorhaben durch engagierte Experten, die ungefragte Veröffentlichung von Stellungnahmen zu Gesetzgebungsvorhaben und die Teilnahme am öffentlichen Diskurs keiner weiteren Legitimation als der ohnehin schon jedermann gegebenen grundrechtlichen bedarf.
[359] *J. Isensee*, NJW 1977, S. 545 ff. (548).
[360] Klassisch hierzu – wenn auch in Bezug auf den Zugang zum Diktator – *C. Schmitt*, in: ders., Verfassungsrechtliche Aufsätze, S. 430 ff.
[361] *R. Scholz*, Die Koalitionsfreiheit als Verfassungsproblem, S. 127.
[362] *D. Grimm*, in: E. Benda/W. Maihofer/H.-J. Vogel, HdbVerfR, § 15 Rn. 1 f.; *M. Kemper*, in: H. v. Mangoldt/F. Klein/C. Starck, Grundgesetz Bd. 1, Art. 9 Rn. 3 ff.; *W. Löwer*, in: I. v. Münch/P. Kunig, Grundgesetz-Kommentar Bd. 1, Art. 9 Rn. 2, 18; *A. Rinken*, in: Alternativ-Kommentar zum Grundgesetz Bd. I, Art. 9 Abs. 1 Rn. 42; *R. Scholz*, in: T. Maunz/G. Dürig u.a., Grundgesetz, Art. 9 Rn. 13 ff.

und kollektiven privaten Träger am Gemeinwohl[363]. Sie berechtigen zur Teilnahme an dem Prozeß der Gemeinwohl*findung*, nicht aber zur Beteiligung an der den Findungsprozeß abschließenden verbindlichen *Entscheidung* über das Gemeinwohl[364]. In die letztgenannte Kategorie ist jede Form der i.S.v. Art. 1 Abs. 3 GG grundrechtsgebundenen und nach Art. 20 Abs. 2 GG der demokratischen Legitimation bedürfenden Ausübung von Staatsgewalt zu fassen[365].

Beratung des Gesetzgebers durch private Akteure ist aber – jedenfalls wenn es sich um die Vertretung privater Interessen handelt – darauf ausgerichtet, die kollektiv verbindliche Entscheidung des staatlichen Gesetzgebers im Sinne des Beratenden zu beeinflussen. Auf diese Weise hat der Beratende inhaltlich teil an der Macht des Entscheidenden. Dies allein kann indes noch nicht zu der Bewertung führen, daß hier ein über den grundrechtlichen Bereich hinausweisendes Handeln vorliegt, da der gesamte Volkswillensbildungsprozeß in einem Wechselwirkungsverhältnis mit dem staatlichen Willensbildungsprozeß steht und daher der bloße Wunsch nach Einwirkung auf diesen keine Besonderheit konstituiert – zumal wenn er – wie bei staatlichen Anhörungsverfahren – nicht mit rechtlichen Entscheidungskompetenzen verbunden ist. Die relevante Besonderheit liegt vielmehr in dem Privileg der Verfahrensteilnahme. Die rechtsförmlich ermöglichte Einflußnahme partikularer Interessenvertreter auf den Staatswillensbildungsprozeß führt zu einer andersartigen Qualität der Kooperation von Staat und Gesellschaft.

Der Interessenverband wirkt bei Teilnahme an einer parlamentarischen Anhörung aufgrund staatlichen Zulassungsakts unmittelbar in den Bereich der Staatswillensbildung ein, weil der staatliche Gesetzgeber mit diesem Vorgang sein Gesetzgebungsverfahren dem partiellen Zugriff ausgewählter, nicht-staatlicher Akteure öffnet. Damit treten diese aber von dem Bereich des Volkswillensbildungsprozesses in den der Staatswillensbildung über; die Interessenvertreter installieren sich im Staatswillensbildungsprozeß. Angesichts einer solchen, gegenüber allen anderen Angehörigen des staatsrechtlich verfaßten Volkes privilegierten Stellung im Verfahren der Staatswillensbildung überzeugt die Annahme nicht, daß eine solche Vorzugsbehandlung dem Anzuhörenden nur eine grundrechtlich legitimierte Vorzugsstellung verschaffen könnte.

Das Verbandsgrundrecht des Art. 9 Abs. 1 GG vermittelt den Interessenverbänden keinen Anspruch auf Teilnahme an einer exekutiven oder parlamentari-

---

[363] *J. Isensee*, Der Staat Bd. 20 (1981), S. 161 ff. (173 f.); *ders.*, in: ders./P. Kirchhof, HdbStR Bd. III, § 57 Rn. 81 ff.

[364] Diese Differenzierung geht zurück auf. *W. Schmitt Glaeser*, in: P. Lerche/ders./E. Schmidt-Aßmann, Verfahren als staats- und verwaltungsrechtliche Kategorie, S. 35 ff. (62).

[365] Über die Identität der Anknüpfungskriterien beider Vorschriften bzw. des von ihnen beschriebenen gegenständlich-inhaltlichen Bereichs staatlicher Äußerungs- und Wirkungsweisen: *H. Dreier*, in: ders., Grundgesetz Bd. I, Art. 1 Abs. 3 Rn. 36; *M. Jestaedt*, Demokratieprinzip und Kondominialverwaltung, S. 233 ff., 236 ff. (dort auch zu den Ausnahmen der Kongruenz – insbesondere der Erweiterung der Grundrechtsbindung); *K.-P. Sommermann*, in: H. v. Mangoldt/F. Klein/C. Starck, Grundgesetz Bd. 2, Art. 20 Rn. 140; *C. Starck*, ebd. Bd. 1, Art. 1 Rn. 189; *K. Stern*, Staatsrecht Bd. III/1, § 74 IV 4 c a.

schen Anhörung[366]. Die in den Grundrechten angelegten, auf das Gemeinwohl bezogenen Gestaltungs- und Mitwirkungskompetenzen ihrer Träger zielen nur mittelbar auf den Staatswillensbildungsprozeß. Regelmäßig ist unmittelbarer Zielbereich der Volkswillensbildungsprozeß und die Bildung der öffentlichen Meinung[367]. Doch schon außerhalb gesetzlich normierter oder anderweitig staatlich ermöglichter Einflußnahmen auf den Prozeß der Staatswillensbildung reichen partikulare Interessen trotz ihrer zunächst gegebenen Beschränkung auf den Volkswillensbildungsprozeß weit in den Bereich des Staatswillensbildungsprozesses hinein. Partizipation ist das prozessuale Vehikel zur institutionalisierten Verschränkung beider Willensbildungssysteme, durch das der aus dem gesellschaftlichen Funktionsbereich stammende Partizipant zum Teilnehmer am Staatswillensbildungsprozeß wird[368]. Durch die Nichtanhörung eine Interessenverbandes im Rahmen einer parlamentarischen, oder ansonsten gesetzesvorbereitenden Anhörung wird daher nicht in den Schutzbereich von Art. 9 Abs. 1 GG eingegriffen. Originäre Ansprüche auf staatliche Leistungen oder ein Anspruch auf ein Tätigwerden im staatlichen Raum lassen sich aus der Vorschrift nicht ableiten[369]. Dies betrifft insbesondere die Teilhabe an staatlichen Entscheidungsprozessen[370]. Art. 9 Abs. 1 GG erkennt keine partizipationsrechtlichen Verbandsansprüche auf die Teilnahme an staatlichen Entscheidungsprozessen an[371].

Partizipation kann verfassungsrechtlich gerechtfertigt oder einfachgesetzlich gewährt sein. Sie ist aber weder grundrechtlich garantiert[372] noch vermag sie demokratische Legitimation i.S.v. Art. 20 Abs. 2 Satz 1 GG zu vermitteln. Jede wie auch immer geartete einem Privaten durch einen staatlichen Rechtsnormsetzer zugestandene Einflußnahme auf den Vorgang staatlicher Rechtsetzung bewegt sich außerhalb des Volkswillensbildungsprozesses, kann nicht Ausübung grundrechtlicher Freiheit sein[373], auch wenn einzelne Grundrechte individuelles wie

---

[366] Dies ist ebenfalls (siehe auch Fn. 203) mittelbar BVerfGE 42, 191 (205) zu entnehmen, wonach es Sache der Gestaltungsfreiheit des Gesetzgebers ist, ob er für den Erlaß von Verordnungen Anhörungsverfahren anordnet und wie er den Kreis der Anzuhörenden abgrenzt. Der Schutzbereich der Grundrechte werde hierdurch nicht berührt.
[367] Hierzu und zum folgenden *W. Schmitt Glaeser*, in: P. Lerche/ders./E. Schmidt-Aßmann, Verfahren als staats- und verwaltungsrechtliche Kategorie, S. 35 ff. (63 f.).
[368] *E.-W. Böckenförde*, Der Staat Bd. 15 (1976), S. 457 ff. (461 f.); *W. Schmitt Glaeser*, VVDStRL Bd. 31 (1973), S. 179 ff. (236 f.).
[369] *H. Bauer*, in: H. Dreier, Grundgesetz Bd. I, Art. 9 Rn. 60; *R. Scholz*, in: T. Maunz/G. Dürig u.a., Grundgesetz, Art. 9 Rn. 32.
[370] So auch *W. Höfling*, in: M. Sachs, Grundgesetz, Art. 9 Rn. 28.
[371] *M. Brenner*, ZG 1993, S. 35 ff. (45 f.); *R. Scholz*, in: T. Maunz/G. Dürig u.a., Grundgesetz, Art. 9 Rn. 16 m.w.N.
[372] Dies bestätigt auch das Bundesverfassungsgericht, indem es feststellt, daß die Wahrnehmung des Wahlrechts als Kernbestand dieses status, nicht von Art. 2 Abs. 1 GG gewährleistet ist; BVerfGE 49, 15 (23); 99, 1 (8); NVwZ-RR 1999, S. 281. Siehe auch *W. Löwer*, in: I. v. Münch/P. Kunig, Grundgesetz-Kommentar Bd. 1, Art. 9 Rn. 25, wonach die Ausübung der Vereinigungsfreiheit endet, wo sie in eine Kompetenz umschlägt.
[373] Hierzu *W. Schmitt Glaeser*, in: J. Isensee/P. Kirchhof, HdbStR Bd. II, § 31 Rn. 27; vorsichtig: *R. Steinberg*, in: H.-P. Schneider/W. Zeh, Parlamentsrecht und Parlamentspraxis in der Bundesrepublik Deutschland, § 7 Rn. 107.

kollektives politisches Wirken schützen. Partizipation ist allein als Teilhabe an der Ausübung einer staatlichen (Gesetzgebungs-) Kompetenz zu erklären. Nur dies entspricht dem aktuellen Verständnis der kontrastierenden Funktionsbereiche von Staat und Gesellschaft und deckt sich mit dem historischen Herkommen dieser Differenzierung.

Die Besonderheiten der deutschen Revolution im 18. Jahrhundert und vor allem deren Scheitern führten zu einer Beschränkung des Freiheitsbegriffs auf eine bürgerlich-private, insbesondere auf das Eigentumsrecht fixierte Reservatfreiheit unter Aussparung politischer Freiheit zur Teilhabe am Staat, dessen Herrschaftslegitimation nach wie vor dem monarchischen Prinzip verpflichtet war. Soweit die bürgerschaftliche Einflußnahme auf die Ausübung von Hoheitsfunktionen erstritten wurde, galt diese in der skizzierten Tradition als Ausübung gesellschaftlicher Freiheit und wurde nicht dem Staat zugerechnet[374]. Diese Sichtweise ist heute nicht mehr haltbar. Sie beruht auf der Annahme, daß der Bürger im monarchisch geprägten Legitimationskonzept eigentlich keinen rechten Platz hat. Private Teilnahme an staatlichen Funktionen wie etwa der Rechtsetzung kann heute nur in den Kategorien der staatlicher Kompetenzausübung begriffen werden, da der Vorgang der Rechtsetzung selbst rechtlich geformt ist. Der Staat öffnet sich privatem Einfluß und gibt ein Element seiner Steuerungsbefugnis für privaten Zugriff frei, die aber in der Hand des Privaten nicht zu einem Akt der Freiheitsausübung mutiert, da Freiheitsausübung keine Grundlage für die Herstellung heteronomer Bindung sein kann.

In den Kategorien der Statuslehre[375] liegt hier vielmehr ein Fall des status activus – ein Fall der Teilhabe an der staatlichen Willensbildung – vor[376].

Neben dem grundrechtlichen Schutz seiner Privat- und Individualsphäre durch den status negativus stehen dem Bürger als politischem Wesen und Träger der Staatsgewalt im Sinne von Art. 20 Abs. 2 GG politische Ein- und Mitwirkungsrechte zu, vermittels derer er am politischen Prozeß teilnimmt. Die hier vermittelte demokratisch partizipatorische Kompetenz dient ebenfalls wie die grundrechtliche Freiheit der Freiheitssicherung – erschöpft sich allerdings nicht wie jene in der Freiheit des Individuums, sondern bildet die Grundlage der Freiheit des politischen Gemeinwesens[377]. Durch den status activus wird die Rechtsposition des Bürgers durch eine Teilhabe an der Staatsgewalt erweitert. Dies darf indes nicht zu der Annahme verleiten, daß das Recht auf demokratische Teilhabe in seinem Ursprung staatlicher Art sei und nur nach Maßgabe staatlicher Zuteilung ausgeübt werde. Der Kerngehalt des status activus ist unentziehbarer Teil der Menschenwürde[378]. Der status activus resultiert aus einer (zweigliedrigen) »Metamorphose der individuellen Freiheit« im Zuge der Entwicklung moderner Staatlichkeit: Der einzelne überträgt die Entschei-

---

[374] *H.H. Rupp*, in: J. Isensee/P. Kirchhof, HdbStR Bd. I, § 28 Rn. 4, 9.
[375] Grundlegend: *G. Jellinek*, System der subjektiven öffentlichen Rechte, S. 136 ff.; ders., Allgemeine Staatslehre, S. 419 ff.; s.a. *R. Alexy*, Theorie der Grundrechte, S. 229 ff.; *K. Stern*, Staatsrecht Bd. III/1, § 64 II 6.
[376] Hierzu neben den sogleich genannten etwa auch *P. Badura*, Staatsrecht, S. 170 ff., 179 f.; *C. Starck*, in: H. v. Mangoldt/F. Klein/ders., Grundgesetz Bd. 1, Art. 1 Rn. 151; *W. Schmitt Glaeser*, in: J. Isensee/P. Kirchhof, HdbStR Bd. II, § 31 Rn. 25 ff.; *K. Stern*, in: J. Isensee/P. Kirchhof, HdbStR Bd. V, § 109 Rn. 48.
[377] *K. Stern*, Staatsrecht Bd. III/1, § 64 II 12 b; ders., Staatsrecht III/2, § 96 III 4 d.
[378] *U. Di Fabio*, in: T. Maunz/G. Dürig u.a., Grundgesetz, Art. 2 Rn. 23; s.a. *K. Stern*, in: J. Isensee/P. Kirchhof, HdbStR Bd. V, § 109 Rn. 48, der auf den Zusammenhang zwischen diesen beiden Freiheitssphären hinweist.

dungsmacht über sich selber an den Staat als einen Dritten, behält sich hierbei aber vor, an der Festlegung der gemeinsamen Ordnung, der er nun unterworfen ist, mitzuwirken[379].

Die Rechte des bourgeois sind kategorial anderer Natur als die des citoyen. Das gesellschaftliche Engagement in Parteien und Verbänden sowie die grundrechtlich inspirierte Meinungsbildung und -proklamation zielen auf die Art und Weise der Wahrnehmung staatlicher Herrschaft. Sie folgen einem Einflußpfad aus der Gesellschaft in den Staat. Die private Teilhabe an der Ausübung staatlicher Macht sieht das Grundgesetz in allererster Linie in der Teilnahme des citoyen an Wahlen und Abstimmungen unter den Bedingungen formal-strenger Gleichheit. Auf diesen Einflußpfaden steht jedem citoyen ein rechnerisch gleiches Maß an Einfluß auf die Ausübung staatlicher Macht gegenüber dem bourgeois zu. Der bourgeois ist kein taugliches Subjekt der Herrschaftslegitimation.

Zu einem anderen Ergebnis als dem, daß Grundrechte nur eine Legitimation für die Teilhabe an dem Volks-, nicht aber am Staatswillensbildungsprozeß begründen, könnte man lediglich auf der Grundlage einer demokratisch-funktionalen Grundrechtstheorie gelangen. Versteht man die Grundrechte auf eine solche Weise[380], werden sie gewährleistet, damit die Grundrechtsträger auf ihrer Grundlage bestimmte Funktionen innerhalb der Staatsorganisation bzw. für diese erfüllen können. Die Grundrechte mutieren mit dieser Indienstnahme von Freiheitsgewährleistungen zu negativen Kompetenzverteilungsnormen[381]. Inhalt und Tragweite der gewährleisteten Freiheit werden durch externe Vorgaben determiniert; auch das »ob« der Freiheitsgewährleistung wird relativiert und an einen externen, staatstragenden Zweck gebunden. Freiheit wird zur Amtsausübung und Pflichtwahrnehmung[382].

Eine formalisierte, auf staatlicher Zulassung basierende Teilnahme am Staatswillensbildungsprozeß entspricht somit einer Teilhabe an Staatsfunktionen[383]. Solche Partizipation ist ein funktionaler Teil des staatlichen Verfahrens und findet gerade darin ihre Erfüllung und Begrenzung. Soll das staatliche Verfahren als solches erhalten bleiben und dem institutionalisierten Volkswillen entsprechend ablaufen, muß der Bürger in die Pflicht genommen werden. Partizipation ist kein Recht auf individuelle Beliebigkeit, sondern in den institutionellen Prozeß staatlicher Willensbildung eingebunden[384]. Dennoch kann aus dieser Einbin-

---

[379] *E.-W. Böckenförde*, in: J. Isensee/P. Kirchhof, HdbStR Bd. I, § 22 Rn. 37 f.
[380] Überblick über Grundrechtstheorien *E.-W. Böckenförde*, in: ders., Staat, Gesellschaft, Freiheit, S. 221 ff.; *K. Stern*, in: J. Isensee/P. Kirchhof, HdbStR Bd. V, § 109 Rn. 14 ff.
[381] So in der Tat bei *H. Krüger*, Allgemeine Staatslehre, S. 538, 542 f.; *H. Ridder*, in: F.L. Neumann/H.C. Nipperdey/U. Scheuner, Die Grundrechte Bd. II, S. 249 ff. (262 ff.); *R. Smend*, in: ders., Staatsrechtliche Abhandlungen und andere Aufsätze, S. 309 ff. (314, 319 und passim)
[382] So *H. Krüger*, Allgemeine Staatslehre, S. 538, 542; dagegen aber *E.-W. Böckenförde*, in: ders., Staat, Gesellschaft, Freiheit, S. 221 ff. (244 f.).
[383] *W. Schmitt Glaeser*, in: J. Isensee/P. Kirchhof, HdbStR Bd. II, § 31 Rn. 26 f.
[384] *W. Schmitt Glaeser*, AöR Bd. 107 (1982), S. 337 ff. (373). S.a. *ders.*, VVDStRL Bd. 31 (1973), S. 179 ff. (222 f., 242 f.); *ders.*, in: P. Lerche/ders./E. Schmidt-Aßmann, Verfahren als staats- und verwaltungsrechtliche Kategorie, S. 35 ff. (64 f., 66 ff.); *ders.*, in: J. Isensee/P. Kirchhof, HdbStR Bd. II, § 31 Rn. 27.

dung eine jeder sonstigen Kompetenzausübung immanente Verpflichtung auf das Gemeinwohl nicht abgeleitet werden. Dies wäre mit Blick auf den Sachverständigen ebenso sinnwidrig wie mit Blick auf den Interessenvertreter, da der eine den Gesetzen des Sachverstands gehorcht und der Sinn der Beteiligung des andern gerade in der Kontrastierung von Gemeinwohl und Partikularinteresse liegt.

Daher ist sowohl für die wissenschaftliche, auf die Vermittlung von Tatsachen zielende Beratung des Gesetzgebers durch Sachverständige wie für die interessengeleitete Beratung durch Interessenvertreter festzuhalten, daß diese Form staatsexterner Einflußnahme auf die Gesetzgebung dann nicht mehr dem Volks-, sondern dem Staatswillensbildungsprozeß zuzuordnen ist, wenn sie über das jedermann ohne weiteres eröffnete Maß an Teilnahme an dem Prozeß der öffentlichen Meinungsbildung hinausgehen. Die genannten Privaten werden auf staatliche Veranlassung hin im staatlichen Innenbereich beratend tätig und erfahren hierdurch eine Privilegierung gegenüber anderen Privaten, denen solche Möglichkeiten verschlossen bleiben. Die Berater nehmen in privilegierter, von dem allgemeinen Volkswillensbildungsprozeß zu differenzierender Weise auf den Staatswillensbildungsprozeß Einfluß. Jede Form von Kooperation zwischen Staat und Privaten stellt indessen eine Ausnahme von der Gleichheit der Bürger bzw. deren Einfluß auf den staatlichen Willensbildungsprozeß dar: Sie lohnt sich für den Staat nicht gegenüber jedermann in gleicher Weise, sondern nur gegenüber denjenigen, die entsprechende Tauschgegenstände – sei dies fachliches Wissen oder auch das (nur bei entsprechendem politischen Obstruktionsvermögen des Verbandes interessante) Angebot der Folgebereitschaft oder Kooperation bei der Umsetzung der zu erlassenden Regelung – anzubieten haben.

Jede auf gesetzlicher Grundlage erfolgende Öffnung staatlicher Funktionen für privaten Einfluß gerät in ein Spannungsverhältnis mit dem Grundsatz streng formaler Gleichbehandlung aller citoyen, da durch die Öffnung zusätzlicher Einflußpfade für einzelne von ihnen der Wert der über die verfassungsrechtlich unmittelbar eröffneten Pfade (Wahlen und Abstimmungen, Teilnahme am unregulierten Volkswillensbildungsprozeß) ausgeübten Teilnahme an der staatlichen Herrschaft für die übrigen sinkt. Mit jedem Stück verlorener autochthoner parlamentarischer oder vom Parlamentsgesetz abgeleiteter Gestaltungsmacht verliert auch das in Wahlen und Abstimmungen formalisierte und streng gleiche Mitspracherecht des citoyen an Wert.

Das Bundesverfassungsgericht hat diese Erkenntnis in einem erst auf den zweiten Blick für die vorliegende Fragestellung relevanten Fall bereits fruchtbar gemacht[385]: Im Zusammenhang mit der Übertragung von Hoheitsrechten auf supranationale Organisationen schließt nach Ansicht des Gerichts Art. 38 GG aus, daß die durch die Wahl bewirkte Le-

---

[385] BVerfGE 89, 155 (155, erster Ls.); s.a. auch schon *E.-W. Böckenförde*, in: J. Isensee/P. Kirchhof, HdbStR Bd. I, § 22 Rn. 41 ff.; *M. Jestaedt*, Demokratieprinzip und Kondominialverwaltung, S. 397.

gitimation und Einflußnahme auf die Ausübung von Staatsgewalt durch die Verlagerung von Aufgaben und Befugnissen des Bundestages in einem Maße entleert wird, daß es eine Verletzung des demokratischen Prinzip darstellt, soweit es Art. 79 Abs. 3 in Verbindung mit Art. 20 Abs. 1 und 2 GG für unantastbar erklärt. Ausdrücklich stellt das Gericht auf die materielle Substanz dessen ab, was durch den Wahlakt gesteuert werden soll: »Art. 38 Abs. 1 und 2 GG gewährleistet den wahlberechtigten Deutschen das subjektive Recht, an der Wahl der Abgeordneten des Deutschen Bundestages teilzunehmen (vgl. BVerfGE 47, 253 [269]). Im Wahlakt geht die Staatsgewalt vom Volke aus. Der Bundestag übt sodann Staatsgewalt als Organ der Gesetzgebung aus, ... (Art. 20 Abs. 2 Satz 1 und 2 GG). Art. 38 GG verbürgt nicht nur, daß dem Bürger das Wahlrecht zum Deutschen Bundestag zusteht und bei der Wahl die verfassungsrechtlichen Wahlrechtsgrundsätze eingehalten werden. Die Verbürgung erstreckt sich auch auf den grundlegenden demokratischen Gehalt dieses Rechts: Gewährleistet wird den wahlberechtigten Deutschen das subjektive Recht, an der Wahl des Deutschen Bundestages teilzunehmen und dadurch an der Legitimation der Staatsgewalt durch das Volk auf Bundesebene mitzuwirken und auf ihre Ausübung Einfluß zu nehmen. ... Gibt der Deutsche Bundestag Aufgaben und Befugnisse auf, insbesondere zur Gesetzgebung und zur Wahl und Kontrolle anderer Träger von Staatsgewalt, so berührt das den Sachbereich, auf den der demokratische Gehalt des Art. 38 GG sich bezieht.«[386].

Die Argumentation läßt sich auf die vorbereitende Teilnahme einzelner gesellschaftlicher Interessenträger am parlamentarischen Willensbildungsprozeß ausdehnen[387] – beansprucht aber erst recht dort Beachtung, wo Privaten verbindliche Mitentscheidungsrechte eingeräumt werden[388]. Soweit durch eine Auswahlentscheidung der anhörenden Stelle oder unmittelbar durch ein Gesetz der Kreis der anzuhörenden sachverständigen oder interessengeleiteten Berater beschränkt wird, steht aufgrund einer solchen notwendigerweise beschränkenden Auswahl eine Verletzung des Prinzips demokratischer Mitwirkungsgleichheit auf dem Spiel. Dieser findet nicht nur mit Blick auf die unmittelbare bürgerschaftliche Einflußnahme durch Wahlen und Abstimmungen Anwendung. Auch der privilegierte, weil schon aus Gründen der Praktikabilität notwendigerweise nicht jedem Aktivbürger gleichermaßen zu eröffnende Zugriff auf den staatlichen Willensbildungsprozeß und die Möglichkeit, eine Äußerung in einem parlamentarischen Forum zu tätigen, ist ein rechtliches, nicht beliebig zu vervielfachendes Privileg. Dessen Zuteilung muß – da den Vorhof der staatlichen Entscheidung betreffend – dem Grundsatz streng demokratischer Gleichheit unterliegen, da nicht mehr der Volks-, sondern schon der Staatswillensbildungsprozeß betroffen ist. Aus diesem Grunde ist auch sehr zu bezweifeln, ob tatsächlich – wie dies weitgehend angenommen wird – anhand des insoweit recht großzügige Maßstabs des Art. 3

---

[386] BVerfGE 89, 155 (171 f.). Zu dieser Deutung des Urteils auch: *K. Stern*, Staatsrecht Bd. III/2, § 89 V 2.
[387] S.a. *D. Grimm*, DRiZ 2000, S. 148 ff. (158), der angesichts von auf parlamentarische Gesetzgebung bezogene Aushandlungsprozesse von einem Gewichtsverlust der Wahlentscheidung spricht; s.a. *M. Ruffert*, DVBl. 2002, S. 1145 ff. (1151).
[388] Siehe hierzu S. 319 ff. und *H.-G. Dederer*, Korporative Staatsgewalt, § 12 I.

Abs. 1 GG die Zulässigkeit eines Ausschlusses interessierter Verbände von einer parlamentarischen oder exekutiven Anhörung heranzuziehen ist[389].

Als sachlicher Grund für einen Ausschluß käme dann z.b. der Gesichtspunkt der größeren Sachnähe eines bevorzugten Verbandes, die Tatsache, daß eine bestimmte Position bereits von einem anderen eingeladenen Verband vertreten wird oder aber der Umstand zum Tragen, daß die Anhörung nicht durch die Beteiligung jedes noch so kleinen oder entfernt interessierten Verbandes unnötig in die Länge gezogen oder inhaltlich zerfasert wird. Kein sachlicher Grund wäre etwa die Befürchtung, daß ein Verband unbequeme Wahrheiten äußert, die für den geregelten Ablauf des folgenden Gesetzgebungsverfahrens als störend empfunden werden oder die bloße Rücksichtnahme auf einen eingeladenen, mächtigen Verband, der für einen bestimmten gesellschaftlichen Bereich ein Vertretungsmonopol beansprucht. In der Regel könnte aber angesichts dieser in der Praxis wohl eher fernliegenden Erwägungen davon ausgegangen werden, daß kaum gelingen würde, dem anhörenden Parlamentsausschuß eine Verletzung der durch das in Art. 3 Abs. 1 GG enthaltene Differenzierungsverbot bei der Einladung der zu hörenden Verbände vorzuwerfen.

Maßstab für die Überprüfung einer Ungleichbehandlung von sachverständigen oder interessengeleiteten Beratern, wenn die einen von ihnen bei der Einladung zu einer Anhörung berücksichtigt werden, andere hingegen nicht, muß aber der demokratische Gleichheitssatz sein. Aufgrund der gemeinsamen Wurzel von status activus und status negativus in der Menschenwürde[390] weist auch die demokratische Gleichheit eine enge ideelle Verbindung zu den grundrechtlichen Freiheitsaspekten auf[391] – und berührt dennoch eine andere, die bürgerschaftliche Sphäre individuellen Wirkens. Zudem wirkt der allgemein demokratische Gleichheitssatz – anders als sein in Art. 3 Abs. 1 GG verwurzeltes allgemeines Pendant – schematisch und streng formal[392]. Dies gewährleistet unter dem Vorzeichen des *status activus* die gleiche Teilhabe aller an der Ausübung von Staatsgewalt[393]. Mit Blick auf das Demokratieprinzip bzw. den in diesem Prinzip wurzelnden demokratischen Gleichheitsgrundsatz ist daher jede Regelung rechtfertigungsbedürftig, die einzelnen Individuen oder einer Bevölkerungsgruppe gesteigerten Einfluß auf die Ausübung der Staatsgewalt einräumt[394]. Allerdings überwölbt der allgemeine demokratische Gleichheitssatz nur die Gesamtheit der ausdrücklich verfassungsrechtlich normierten demokratischen Teilhaberechte und

---

[389] So *M. Brenner*, ZG 1993, S. 35 ff. (49); *H.-J. Menzel*, Legitimation staatlicher Herrschaft durch Partizipation Privater?, S. 92 ff.; *W. Schmitt Glaeser*, VVDStRL Bd. 31 (1973), S. 179 ff. (230 f.); *H. Schröder*, Gesetzgebung und Verbände, S. 79; *R. Steinberg*, ZRP 1972 S. 207 ff. (211). S.a. *M. Jestaedt*, Demokratieprinzip und Kondominialverwaltung, S. 404, für Beratungsgremien.
[390] Siehe Fn. 378.
[391] *K. Stern*, Staatsrecht Bd. III/2, § 89 V 2.
[392] BVerfGE 6, 84 (91); 8, 51 (61); 11, 266 (272) und 351 (360 f.); 14, 121 (132); 28, 220 (224 f.); 40, 296 (317 f.); 44, 125 (146); 51, 222 (234); 58, 177 (190); 69, 92 (105); 71, 81 (94); 78, 350 (357 f.); 82, 322 (337); *E.-W. Böckenförde*, in: J. Isensee/P. Kirchhof, HdbStR Bd. I, § 22 Rn. 43; *R. Herzog*, in: T. Maunz/G. Dürig u.a., Grundgesetz, Art. 20 II Rn. 6 ff.; *K. Stern*, Staatsrecht Bd. I, § 18 II 5 c d.
[393] Zu diesem *E.-W. Böckenförde*, in: J. Isensee/P. Kirchhof, HdbStR Bd. I, § 22 Rn. 41 ff.; *M. Jestaedt*, Demokratieprinzip und Kondominialverwaltung, S. 174 ff., 396 ff.
[394] BVerfGE 93, 37 (81).

VI. *Ermittlung von Interessen und Informationen im Gesetzgebungsverfahren* 171

entfaltet seine Wirksamkeit lediglich außerhalb spezieller verfassungsrechtlicher Regelungen. Als solche kommen sowohl die Wahlgleichheit (Art. 38 Abs. 1 Satz 1 und Abs. 2, Art. 28 Abs. 1 Satz 2 GG), die Zugangsgleichheit zum öffentlichen (Art. 33 Abs. 2 GG) Dienst sowie – hier nicht relevant – die Chancengleichheit politischer Parteien[395] in Betracht.

Auch wenn Verbände ihrem Selbstverständnis entsprechend die Interessen eines funktionalen gesellschaftlichen Teilbereichs gegenüber dem Staat repräsentieren[396], können sie sich nicht auf den parteienrechtlichen streng formalen Gleichheitsgrundsatz berufen[397]. Der Grund für die Anwendung und Entwicklung dieses Grundsatzes auf die Parteien liegt in deren besonderer verfassungsrechtlicher Privilegierung durch Art. 21 GG, mit der der hervorgehobenen Rolle der Parteien für die parlamentarische Demokratie entsprochen wird. Aufgrund der zwischen Parteien und Verbänden bestehenden Unterschiede[398] ist eine unmittelbare Erstreckung des *parteienrechtlichen* streng formalen Gleichheitsgrundsatzes auf die Verbände nicht möglich[399].

---

[395] Hierzu nur BVerfGE 8, 51 (64 f.); 44, 125 (145); 52, 63 (88); 73, 40 (65); den Zusammenhang mit Art. 38 Abs. 1 Satz 1 GG betont BVerfGE 82, 322 (337); s.a. *P. Kunig*, in: I. v. Münch/ders., Grundgesetz-Kommentar Bd. 2, Art. 21 Rn. 34 f.; *D. Th. Tsatsos/M. Morlok*, Parteienrecht, S. 85 f.

[396] Zu beachten ist allerdings, daß partikulare Interessen der Repräsentation nicht zugänglich, sondern lediglich vertretungsfähig sind (*P. Dagtoglou*, Der Private in der Verwaltung als Fachmann und Interessenvertreter, S. 42 ff.; *C. Schmitt*, Verfassungslehre, S. 210; *G. Leibholz*, Das Wesen der Repräsentation und der Gestaltwandel der Demokratie im 20. Jahrhundert, S. 183; umfassend (und a.A.) hierzu *J.H. Kaiser*, Die Repräsentation organisierter Interessen, S. 308 ff.). Die partikularen Interessen müssen selbst nicht in der Summe mit dem Gemeininteresse deckungsgleich sein und können daher auch nicht grundsätzlich der staatlichen Einheit zugerechnet werden. Die Vergegenwärtigung dieser – staatstheoretischen nicht aber staatsrechtlichen (*E.T. Emde*, Die demokratische Legitimation der funktionalen Selbstverwaltung, S. 311 f.; *M. Jestaedt*, Demokratieprinzip und Kondominialverwaltung, S. 352 f.) – Kontraststellung muß nicht zu einer Überspitzung eines fragwürdigen »Repräsentations-Idealismus« (Begriff von *H. Hofmann/H. Dreier*, in: H.-P. Schneider/W. Zeh, Parlamentsrecht und Parlamentspraxis in der Bundesrepublik Deutschland, § 5 Rn. 10.) führen, in dem Interessenpluralismus als Störung eines staatlichen Integrationsprozesses empfunden wird, der sich nur über Repräsentation verwirklicht und die Einheit des Volkes und seiner Interessen fingiert (zu diesem Konflikt mit weiteren Nachweisen *E. Schreyer*, Pluralistische Entscheidungsgremien im Bereich sozialer und kultureller Staatsaufgaben, S. 43 ff.). Vielmehr verhilft die Präsenz des terminologischen Spannungsverhältnisses von Repräsentation und Vertretung dazu, sich notwendiger Distanz gegenüber dem Anliegen der Interessenvermittlung zu versichern, um das dem Wesen des Parlamentarismus innewohnende Vertretung des ganzen Volkes (Art. 38 Abs. 1 Satz 2 GG) nicht aus den Augen zu verlieren. Die Interessenvertretung durch Verbände steht aber nicht nur in einem Spannungsverhältnis zum Repräsentativsystem (so *F. Hennecke*, UTR Bd. 49 (1999), S. 7 ff. (17 f.)), sondern sie ist zugleich auch ein Weg der inhaltlichen Rückkopplung zwischen Repräsentanten und Repräsentierten zwischen den Bestellungsakten, auf denen die Repräsentation gründet (*U. Scheuner*, in: ders., Staatstheorie und Staatsrecht, S. 337 ff. (343 ff.)).

[397] Zum parteienrechtlichen Gleichheitsgrundsatz und dessen demokratischen Implikationen: BVerfGE 1, 208 (241); 73, 40 (65); 82, 322 (335); *E.-W. Böckenförde*, in: J. Isensee/P. Kirchhof, HdbStR Bd. I, § 22 Rn. 44; *H.-R. Lipphardt*, Die Gleichheit der politischen Parteien vor der öffentlichen Gewalt; *D. Th. Tsatsos/M. Morlok*, Parteienrecht, S. 85 ff. Zu den hier möglichen Differenzierungen: *J. Ipsen*, in: M. Sachs, Grundgesetz, Art. 21 Rn. 32 f.; *P. Kunig*, in: J. Isensee/P. Kirchhof, HdbStR Bd. II, § 33 Rn. 62; *M. Morlok*, in: H. Dreier, Grundgesetz Bd. II, Art. 21 Rn. 72 ff.

[398] Siehe S. 105.

[399] I.E. ebenso *R. Steinberg*, ZRP 1972, S. 207 ff. (211).

Auch die spezielle, auf den öffentlichen Dienst bezogene Ausformung des Gleichheitsgrundsatzes ist hier nicht anwendbar[400]. Art. 33 Abs. 2 GG setzt voraus, daß es sich bei einem von einem nicht staatlichen Funktionsträger zu besetzenden Amt um ein solches des öffentlichen Dienstes handelt. Für dessen Besetzung hält Art. 33 Abs. 2 GG einen abschließenden Katalog positiver Selektionskriterien vor, die lediglich durch weitere verfassungskräftige Werte ergänzt werden können[401]. Angesichts dieses strengen Selektionsverbots erschiene eine Auswahl bestimmter Sachverständiger und insbesondere bestimmter Interessenvertreter nach gesellschaftlicher Relevanz, sozialer Mächtigkeit oder politischer Nähe prekär. Zwar ist Art. 33 Abs. 2 GG zur vollen Entfaltung seiner demokratischen Substanz[402] weit auszulegen und umfaßt grds. den gesamten öffentlichen Dienst[403]. In diesem Sinne reguliert die Vorschrift den Zugang zu jedem beruflichen oder ehrenamtlich wahrgenommenen Amt, das von einem Träger öffentlicher Verwaltung, der sich in öffentlich-rechtlicher Organisationsform befindet, durch nicht notwendig förmlichen Ernennungs- oder Verleihungsakt oder aber auch durch Vertragsschluß vergeben wird[404]. Die Anwendung von Art. 33 Abs. 2 GG in dem vorliegenden Zusammenhang würde aber voraussetzen, daß in der Eröffnung einer Anhörungsberechtigung für einen Sachverständigen oder einen Interessenvertreter die Übertragung eines öffentlichen Amtes oder aber wenigstens eine sonstige Form der Eingliederung in den öffentlichen Dienst liegt. Beides ist nicht der Fall. Zwischen der anhörenden staatlichen Stelle und dem anzuhörenden Sachverständigen oder Interessenvertreter wird kein Dienst-, sondern ein punktuelles Auftragsverhältnis begründet. In diesem Auftragsverhältnis verwirklicht sich auch nicht die Idee des Amtes, die von Neutralität, Objektivität, Distanz zum politischen und von partikularen Interessen dominierten Meinungskampf – kurz: der Verwirklichung des objektiven Prinzips – geprägt ist[405].

---

[400] A.A. aber *H.-G. Dederer*, Korporative Staatsgewalt, § 12 III.

[401] Typische, aber in ihrer Berechtigung im einzelnen umstrittene Kriterien, die neben denen des Art. 33 Abs. 2 GG zur Geltung gebracht werden, ist die Angehörigkeit zu einer bestimmten Gruppierung wie der der Behinderten (unter Berücksichtigung des Sozialstaatsprinzips; siehe *U. Battis*, in: M. Sachs, Grundgesetz, Art. 33 Rn. 38; *P. Kunig*, in: I. v. Münch/ders., Grundgesetz-Kommentar Bd. 2, Art. 33 Rn. 30; *G. Lübbe-Wolff*, in: H. Dreier, Grundgesetz Bd. II, Art. 33 Rn. 49) oder der der Frauen (hierzu – unter Berücksichtigung des Verfassungsauftrags aus Art. 3 Abs. 2 Satz 2 GG: *U. Battis*, in: M. Sachs, Grundgesetz, Art. 33 Rn. 37; *M. Jachmann*, in: H. v. Mangoldt/F. Klein/C. Starck, Grundgesetz Bd. 2, Art. 33 Rn. 2; *G. Lübbe-Wolff*, in: H. Dreier, Grundgesetz Bd. II, Art. 33 Rn. 47 m.w.N. in Fn. 242)

[402] Hierzu *E.-W. Böckenförde*, in: J. Isensee/P. Kirchhof, HdbStR Bd. I, § 22 Rn. 41; *M. Jestaedt*, Demokratieprinzip und Kondominialverwaltung, S. 398.

[403] *M. Jachmann*, in: H. v. Mangoldt/F. Klein/C. Starck, Grundgesetz Bd. 2, Art. 33 Rn. 15; *G. Lübbe-Wolff*, in: H. Dreier, Grundgesetz Bd. II, Art. 33 Rn. 38.

[404] *P. Kunig*, in: I. v. Münch/ders., Grundgesetz-Kommentar Bd. 2, Art. 33 Rn. 20 m.w.N.

[405] *J. Isensee*, in: ders./P. Kirchhof, HdbStR Bd. I, § 13 Rn. 107; *M. Jestaedt*, Demokratieprinzip und Kondominialverwaltung, S. 332 f.; *H. Krüger*, Allgemeine Staatslehre, S. 253 ff.; *W. Leisner*, Demokratie, S. 124 ff.; *W. Loschelder*, Vom besonderen Gewaltverhältnis zur öffentlich-rechtlichen Sonderbindung, S. 228 ff. Zum Zusammenhang von Distanz und Fähigkeit zur Gemeinwohlverwirklichung: *H.-G. Dederer*, Korporative Staatsgewalt, § 4.

Soweit Interessenvertreter bei Anhörungen zu Wort kommen, liegt dies auf der Hand. Aber auch die Anhörung von Sachverständigen erfolgt nicht auf der Grundlage einer amtsförmigen, dem objektiven Prinzip im beschriebenen Sinne verpflichteten Eingliederung in die staatliche Organisationshierarchie. Die geradezu zwingend erforderliche Unabhängigkeit und Weisungsfreiheit sachverständiger externer Beratung spricht daher auch bei der Heranziehung des Sachverständigen dagegen, daß hierin die Übertragung eines Amtes i.S.v. Art. 33 Abs. 2 GG zu sehen ist.

Da Art. 33 Abs. 2 GG mangels der Übertragung eines öffentlichen Amts keine Selektionskriterien oder -verbote für die Benennung von sachverständigen oder interessengeleiteten Beratern aufrichtet, verbleibt es bei der Anwendung des allgemeinen demokratischen Gleichheitssatzes. Dessen Geltungsstrukturen lehnen sich an seine Regelausprägung in der Wahlgleichheit gem. Art. 38 Abs. 1 Satz 1, Abs. 2 GG an, so daß im Hinblick auf Anforderungen des Gleichheitsprinzips die in diesem Zusammenhang entwickelten Prinzipien auch auf die Auswahl von sachverständigen und interessengeleiteten Beratern gespiegelt werden können[406].

Trotz seiner formal-schematischen Strenge gestattet auch der Grundsatz demokratischer Gleichheit in Grenzen die Einführung von Differenzierungskriterien, wenn besondere, rechtfertigende, zwingende Gründe dies erfordern[407]. Damit ist die rechtfertigende Schwelle für die Heranziehung von Differenzierungsgründen insbesondere im Vergleich zu Art. 3 Abs. 1 GG, dessen Ausprägung die demokratische Gleichheit sein soll[408], hoch angesetzt. Aufgrund der verfassungsrechtlichen Fundierung des demokratischen Gleichheitssatzes kommen nur solche Rechtfertigungsgründe in Betracht, die ihrerseits über Verfassungsrang verfügen[409].

Ein Ausschluß eines solchen Verstoßes kann noch nicht allein dadurch angenommen werden, daß es der Gesetzgeber ist, der als Ausfluß einer »wesentlichen Entscheidung« die Auswahl der Gruppen bzw. Individuen trifft, denen jeder Sondereinfluß eingeräumt

---

[406] So für den parallelen Fall von Angehörigen kondominialer Verwaltungseinheiten: *M. Jestaedt*, Demokratieprinzip und Kondominialverwaltung, S. 401 f.
[407] Siehe nur BVerfGE 14, 121 (133); 29, 154 (164); 34, 160 (163); 69, 92 (106); 82, 322 (338); 95, 335 (376 f.); eine Annäherung an den allgemeinen Gleichheitssatz erfolgte in BVerfGE 95, 408 (417 f.); vgl. *H.H. Trute*, in: I. v. Münch/P. Kunig, Grundgesetz-Kommentar Bd. 2, Art. 38 Rn. 54.
[408] BVerfGE 20, 56 (116); 24, 300 (341); 28, 220 (225); 34, 81 (99); 34, 160 (163); 36, 139 (141); 41, 399 (413); 42, 312 (340 f.); 44, 125 (146); 47, 198 (227); 51, 222 (235); 57, 43 (56); 69, 92 (106); 71, 81 (96); 78, 350 (358); 82, 322 (338); 82, 353 (364); 89, 266 (270); 95, 408 (417 f.); relativierend aber BVerfGE 99, 1 (8 ff.); kritisch hierzu aber *M. Meyer*, in: J. Isensee/P. Kirchhof, HdbStR Bd. II, § 38 Rn. 23 ff. Die Annahme einer unmittelbaren Verbindung zwischen den beiden Gleichheitssätzen sollte nicht darüber hinwegtäuschen, daß sie den Bürger mit dem status activus und dem status negativus in unterschiedlichen Verhältnissen zum staatlichen Organisationsbereich erfassen. Sinnvoller wäre es daher, darauf hinzuweisen, daß beide Gleichheitssätze unterschiedliche Ausprägungen einer einheitlichen Idee darstellen.
[409] *M. Jestaedt*, Demokratieprinzip und Kondominialverwaltung, S. 402. Großzügiger demgegenüber aber BVerfGE 95, 408 (417 f.), wo auch Gründe zugelassen werden, die durch die Verfassung (nur) legitimiert sind; kritisch hierzu *H. Meyer*, in: J. Isensee/P. Kirchhof, HdbStR Bd. II, § 38 Rn. 24; *M. Morlok*, in: H. Dreier, Grundgesetz Bd. II, Art. 38 Rn. 96, 61.

wird[410]. Bei einer solchen Auswahl durch den Gesetzgeber handelt es sich allein um einen prozeduralen Aspekt der einen materiellen Gleichheitsverstoß nicht zu kompensieren vermag.

Ohne verfassungsrechtliche Legitimationswirkung sind Differenzierungskriterien wie die gesellschaftliche Mächtigkeit eine Interessengruppe, Art und Maß von deren Betroffenheit in einer zu regelnden Angelegenheit, die interne Struktur eines Interessenverbandes oder das Ziel einer pluralistischen Zusammensetzung der für eine Anhörung Ausgewählten. Ein demgegenüber verfassungsrechtlich valider Grund ist die Sicherstellung der Arbeits- und Funktionsfähigkeit der staatsleitenden Organe Regierung und Parlament[411]. Dies macht deutlich, daß der anhörende Gesetzgeber bzw. der Parlamentsausschuß nicht jeden einzelnen Auskunftswilligen anhören kann und muß.

Theoretisch ließe sich mit diesem Begründungsansatz sogar das Recht jedes einzelnen Aktivbürgers auf Anhörung begründen, da diese allesamt durch das demokratische Gleichheitsrecht geschützt sind. Allerdings leuchtet ohne weiteres ein, daß eine Beschränkung des Anhörungsrechts auf Verbände aufgrund deren hierarchischer, gesellschaftsinterner Vorordnungsfunktion für die Arbeits- und Funktionsfähigkeit des Parlaments dringend geboten ist. Soweit unter diesem verfassungsrechtlich relevanten Gesichtspunkt eine Auswahl getroffen werden muß, kann der Auswählende auf sekundäre Kriterien zurückgreifen: Zu empfehlen ist dann etwa die analoge Anwendung des bei politischen Parteien für statthaft gehaltenen, letztlich nach deren realer Bedeutung fragende Aspekt »abgestufter Chancengleichheit« im Zusammenhang mit der Werbung um die Wählergunst, der seine Rechtfertigung darin findet, daß nicht reale Ungleichheit durch staatliche Maßnahmen ausgeglichen werden soll[412].

Es kann also eine Auswahl anzuhörender Berater oder Interessenvertreter getroffen werden, soweit diese Auswahl für die Aufrechterhaltung der Arbeits- und Funktionsfähigkeit des Ausschusses unerläßlich ist. Eine bloße Willkürfreiheit der Auswahl genügt hingegen nicht. Der Ausschluß einzelner, die an der Anhörung teilzunehmen begehren, unterliegt einer erhöhten Begründungslast, die ausschließlich die Arbeits- und Funktionsfähigkeit des Ausschusses, nicht aber etwa die (mangelnde) Bedeutung eines Verbandes, seine fehlende Repräsentativität, seine mangelhafte demokratische Binnenstruktur oder etwa die Unerwünschtheit seiner politischen Meinung zum Gegenstand haben darf. Soweit das

---

[410] So aber *H.-G. Dederer*, Korporative Staatsgewalt, § 12 II. Die dort angedeutete Befürwortung interessenpluralistischer Gesellschaftsrepräsentanz, die durch den auswählenden Gesetzgeber zu gewährleisten ist, stellt demgegenüber zwar ein materielles Auswahlkriterium dar. Diese steht aber in der Gefahr, zum einen das Problem nicht- und schlecht organisierbarer Interessen zu vernachlässigen (siehe S. 46 f.) und zum andern durch Verlagerung des Ausgleichs fundamentaler Interessen in den gesellschaftlichen Bereich, das Parlament der Verpflichtung zur Entscheidung über wesentliche Fragen zu entkleiden (S. 377 ff., 559 ff.).
[411] BVerfGE 4, 31 (40); 34, 81 (99); 82, 322 (338 f.); vgl. etwa BVerfGE 1, 208 (247 f.); 6, 84 (92, 93 f.); 51, 222 (236); 82, 322 (338). Dies hält auch *H. Meyer*, in: J. Isensee/P. Kirchhof, HdbStR Bd. II, § 38 Rn. 27, für ein »seriöses Argument«.
[412] BVerfGE 20, 56 (118); 47, 280 (289); kritisch aber: *J. Ipsen*, in: M. Sachs, Grundgesetz, Art. 21 Rn. 43; *P. Kunig*, in: J. Isensee/P. Kirchhof, HdbStR Bd. II, § 33 Rn. 67.

Auswahlverfahren diesen Anforderungen nicht genügt, kann jeder nicht berücksichtigte Interessenverband einen Anspruch auf Teilnahme an einer stattfindenden parlamentarischen Anhörung geltend machen.

Gegen die hier vertretene Anwendung des streng formalen Gleichheitssatzes kann nicht eingewandt werden, daß Art. 76 bis 82 GG das Gesetzgebungsverfahren – im Hinblick auf die unmittelbar an ihm Beteiligten – abschließend regeln und es daher systemwidrig sei, wenn dieses dadurch »aus den Fugen« geriete, daß mittels des Gleichheitssatzes einem nicht an dem Verfahren Beteiligten ein im Grundgesetz nicht vorgesehener Anspruch auf Mitwirkung eingeräumt würde[413]. Zwei Gründe sprechen gegen die Relevanz dieser Aussage. Zum einen sind die Beteiligten des *inneren* Gesetzgebungsverfahren keineswegs durch Art. 76 bis 82 GG abschließend festgelegt. Insoweit sei nur auf die verfassungsrechtlich vorausgesetzte Existenz der »soziologischen Legislativkräfte« verwiesen, die z.T. Impulsgeber für gesetzgeberische Vorhaben sind, diese z.T. aber auch aktiv in Verhandlungen mit dem staatlichen Gesetzgeber mitgestalten[414]. Auch wenn insoweit verfassungsrechtliche Grenzen privaten Einflusses auf den Vorgang der parlamentarischen Gesetzgebung zu entwickeln und beachten sind, so ist doch die Einflußnahme auf den parlamentarischen Prozeß ohne die Inanspruchnahme rechtlich bindender Entscheidungskompetenzen vollkommen legitim. Zum anderen hinaus stehen die Vorschriften der Art. 76 bis 82 GG in einem verfassungsrechtlichen Kontext, in dem einzelne andere verfassungsrechtliche und daher ranggleiche Vorschriften auf den dort normierten Regelungsgegenstand einwirken. Der demokratische Gleichheitssatz ist insoweit ein ranggleiches Gegenüber der genannten Vorschriften und führt nach dem hier Gesagten nicht einmal zwingend zu einer Beteiligung Privater an der Gesetzgebung durch deren Anhörung. Die aus der parlamentarischen Geschäftsordnungsautonomie des Bundestags resultierende Befugnis zur Gestaltung des Gesetzgebungsverfahrens bleibt vielmehr erhalten, da es dem Parlament bzw. seinen Ausschüssen freisteht, ein Anhörungsverfahren durchzuführen. Die Anwendung des demokratischen Gleichheitsgrundsatzes trägt lediglich Sorge dafür, daß, *wenn* eine parlamentarische Anhörung durchgeführt wird, ein strenger Maßstab an den Ausschluß einzelner Beteiligter anzulegen ist.

---

[413] *M. Ammermüller*, Verbände im Rechtsetzungsverfahren, S. 67; *M. Brenner*, ZG 1993, S. 35 ff. (50), allerdings unter Bezugnahme auf den hier nicht einschlägigen allgemeinen Gleichheitssatz. Die Anwendung des demokratischen Gleichheitssatzes, der ungleich strengere Anforderungen an die Rechtfertigung einer Ungleichbehandlung stellt, müßte aber für die genannten Autoren das Problem noch erheblicher erscheinen lassen.

[414] Zum Zusammenhang zwischen der sachlichen Komplexität der Gesetzgebung und der Vielzahl der an ihr auch außerhalb des Parlaments Beteiligten: *K. Eichenberger*, ZfSchwR Bd. 115 (1974), S. 7 ff. (21 ff., Begriff auf S. 25).

3. Rechtsfolgen einer Verletzung von Anhörungs- und Beteiligungsvorschriften

Die Existenz der gesetzlich oder auf Geschäftsordnungsebene etablierten Konsultationsvorschriften wirft die Frage auf, wie der Verstoß gegen eine solche Vorschrift zu sanktionieren ist, welche Rechtsfolgen er nach sich zieht.

Es ist weitgehend anerkannt, daß bei Verstößen gegen Vorschriften der Geschäftsordnungen eines der Gesetzgebungsorgane weder die Nichtigkeit noch die Verfassungswidrigkeit[415] des unter Verstoß gegen die Vorschrift zustande gekommenen Gesetzes in Frage kommt. Das Unterlassen einer nur geschäftsordnungsmäßig vorgeschriebenen Anhörung hat auf die Gültigkeit einer erlassenen Rechtsvorschrift keine Auswirkungen[416]. Dies allerdings ist nicht schon deswegen anzunehmen, weil andernfalls eine Gefahr für die Rechtssicherheit wegen der überaus schwierigen Nachprüfbarkeit der Ungültigkeitsgründe droht[417]. Vielmehr steht die Geschäftsordnung der Verfassung und dem einfachen Gesetz im Rang nach[418]. Auch gravierende Verstöße gegen die Geschäftsordnung können nicht für sich die Ungültigkeit des auf diesem Wege zustandegekommenen Gesetzes nach sich ziehen. Die insoweit genannten Beispiele (z.B. Fehlen einer Schlußabstimmung) markieren daher keinen Verstoß gegen die Geschäftsordnung[419], sondern einen Verstoß gegen das Grundgesetz, welches verlangt, daß der Bundestag die Bundesgesetze beschließt (Art. 77 Abs. 1 Satz 1 GG). Soweit die Geschäftsordnung ein solches Erfordernis aufgreift, vollzieht sie nur eine verfassungsrechtliche Vorgabe nach, deren Mißachtung die gebotenen verfassungsrechtlichen Folgen auslöst[420].

Stellt man des weiteren in Rechnung, daß parlamentsgesetzliche Anhörungsregelungen grundsätzlich verfassungsrechtlich nicht geboten sind, so ergibt sich daraus auch die Unschädlichkeit ihrer Verletzung für die Gültigkeit eines formellen Gesetzes. Eine Rechtsnorm kann nur bei Verstoß gegen höherrangiges Recht unwirksam sein. Wenn ein einfaches Gesetz ohne verfassungsrechtliche Indikation eine Verfahrensvorschrift aufstellt, und bei Erlaß eines einfachen Gesetzes hiergegen verstoßen wird, so kann der Verstoß gegen die gleichrangige Rechts-

---

[415] Zu diesen verschiedenen möglichen Rechtsfolgen eines Verfassungsverstoßes: *K. Schlaich / S. Korioth*, Das Bundesverfassungsgericht, Rn. 366 ff.

[416] *K.F. Arndt*, Parlamentarische Geschäftsordnungsautonomie und autonomes Parlamentsrecht, S. 164; *T. Maunz*, in: ders. / G. Dürig u.a., Grundgesetz, Art. 40 Rn. 23; *F. Ossenbühl*, in: J. Isensee / P. Kirchhof, HdbStR Bd. III, § 63 Rn. 3; *J. Pietzcker*, in: H.-P. Schneider / W. Zeh, Parlamentsrecht und Parlamentspraxis in der Bundesrepublik Deutschland, § 10 Rn. 42; *H. Schneider*, Gesetzgebung, Rn. 104; *K. Stern*, Staatsrecht Bd. II, § 26 III 6 e; *R. Stettner*, in: H. Dreier, Grundgesetz Bd. II, Art. 76 Rn. 6.

[417] So aber wohl *K. Stern*, Staatsrecht Bd. II, § 26 III 6 e.

[418] BVerfGE 1, 144 (148); 44, 308 (315); 70, 324 (360); 80, 188 (218 f.); 84, 304, 321 ff.; s.a. *H.P. Schneider*, in: Alternativ-Kommentar zum Grundgesetz Bd. II, Art. 40 Rn. 10.

[419] So aber *H.P. Schneider*, in: Alternativ-Kommentar zum Grundgesetz Bd. II, Art. 40 Rn. 10; ähnlich *L.-A. Versteyl*, in: I. v. Münch / P. Kunig, Grundgesetz-Kommentar Bd. 2, Art. 40 Rn. 18.

[420] Zu den differenzierten Rechtsfolgen von Verfassungsverstößen bei der parlamentarischen Gesetzgebung siehe nur: *K. Schlaich / S. Korioth*, Das Bundesverfassungsgericht, Rn. 366 ff.

vorschrift nicht zu einer Unwirksamkeit des erlassenen Gesetzes führen[421]. Dieses Ergebnis kann aber nicht allein mit dem lex-posterior-Prinzip begründet werden, da es nicht undenkbar ist, daß das Anhörungsrecht enthaltende Gesetz einen den Gesetzgeber selbst bindenden Programm-, Plan- oder Versprechenscharakter hat, der zumindest ausdrücklich durch die lex posterior aufgehoben werden müßte – was nur in Ausnahmefällen vorkommen wird.

Wenn man aber darauf abstellt, daß die insoweit allein relevante Vorschrift des § 94 BBG das Beteiligungsrecht nur auf die Vorbereitung einer gesetzlichen Regelung bezieht und damit nicht auf das förmliche (äußere) Gesetzgebungsverfahren[422], liegt die verfassungsrechtliche Unschädlichkeit einer Nicht-Beteiligung und damit die Wirksamkeit des Gesetzes auf der Hand. Nach richtiger Sichtweise führt die Nicht-Beteiligung der durch die Beteiligungsvorschrift Begünstigten an der Gesetzesvorbereitung daher nicht zur Nichtigkeit des so zustandegekommenen Gesetzes. Wenn die Einrichtung eines Beteiligungsverfahrens i.S.v. § 94 BBG nicht verfassungsrechtlich gefordert ist, kann die Verletzung dieser Vorschrift auch nicht zur Ungültigkeit des ohne Anhörung zustande gekommenen parlamentarischen Gesetzes führen[423]. Nach anderer Ansicht hat die Verletzung der Beteiligungspflicht die ausnahmslose Nichtigkeit der fraglichen Regelungen zur Folge, da § 94 BBG der Verwirklichung von Art. 9 Abs. 3 GG in dem Bereich des öffentlichen Dienstrechts dient[424]. Ohne Zweifel handelt es sich bei einer nicht vorgenommenen oder auch nicht ausreichenden Konsultation nach § 94 BBG um einen Verfahrensfehler im Gesetzgebungsverfahren.

Zwar liegt in der Vorenthaltung von Tarifautonomie und Streikrecht[425] eine in Art. 33 Abs. 5 GG begründete Schmälerung des auch Beamten grundsätzlich zukommenden Grundrechts aus Art. 9 Abs. 3 GG. Selbst wenn man in der kompensierenden Einräumung des Konsultationsrechts mehr als ein bloß politisches Entgegenkommen des Gesetzgebers sehen möchte und diesem Privileg einen grundrechtsrelevanten Gehalt zuerkennt[426], führt doch das nicht zwingend zu einer Fehlerrelevanz der Nichtanhörung. Denn dies würde bedeuten, daß die grundrechtliche Kompensationsfunktion nur dann zu verwirklichen ist, wenn unter Verstoß hiergegen zustande gekommene Gesetze tatsächlich auch nichtig sind.

---

[421] Siehe i.e. *H. Schröder*, Gesetzgebung und Verbände, S. 85 ff.
[422] *U. Battis*, Bundesbeamtengesetz, § 94 Rn. 4; *H. Schneider*, Gesetzgebung, Rn. 104.
[423] *J. Jekewitz*, Der Staat Bd. 34 (1995), S. 79 ff. (101); *B. Lemhöfer*, in: E. Plog/A. Wiedow/ ders./D. Bayer, Bundesbeamtengesetz mit Beamtenversorgungsgesetz, § 94 Rn. 12a; *E. Schütz*, DÖD 1968, S. 161 ff. (164); *C.H. Ule*, ZBR 1962, S. 171 ff. (173: Nichtigkeit von Rechtsverordnungen, nicht aber von Gesetzen).
[424] *U. Battis*, Bundesbeamtengesetz, § 94 Rn. 4; *E. Benda/D.C. Umbach*, Der beamtenrechtliche Beteiligungsanspruch, S. 79 f.; *W. Fürst*, GKÖD Bd. 1, K § 94 BBG Rn. 16; *M. Jachmann*, ZBR 1994, S. 165 ff. (179); *H.W. Laubinger*, Beamtenorganisationen und Gesetzgebung Bd. II, S. 562; *H. Stuzky*, Auswirkungen des Sozialstaatsprinzips auf das Beamtenverhältnis, S. 149.
[425] Siehe Fn. 137.
[426] So v.a. *W. Fürst*, GKÖD Bd. 1, K § 94 BBG Rn. 16. Die grundsätzlichen Schwierigkeiten, die die Kompensation von Einbußen individueller Grundrechtssubstanz durch kollektiv wahrzunehmende Rechte bereitet, wurden aber bereits angesprochen, siehe S. 138 f.

§ 3 Private Teilhabe an der Gesetzgebung in Anhörungsverfahren

Prinzipiell führt nur ein evidenter Fehler im Gesetzgebungsverfahren zur Nichtigkeit der erlassenen Vorschrift. Wie das Bundesverfassungsgericht festgestellt hat, muß hinsichtlich der Folgen eines Verfassungsverstoßes zwischen der inhaltlichen Unvereinbarkeit einer Norm mit dem Grundgesetz einschließlich der inhaltlichen Überschreitung von Kompetenzbegrenzungen einerseits und einem Mangel im Gesetzgebungsverfahren andererseits unterschieden werden. Während bei inhaltlichen Fehlern die Nichtigkeit eines Gesetzes die regelmäßige Folge des Verfassungsverstoßes bildet, führt ein Verfahrensfehler nur dann zur Nichtigkeit der Norm, wenn er evident ist. Das gebietet die Rücksicht auf die Rechtssicherheit[427]. Neben diesem Aspekt dürften zentrale Aspekte für die Begründung dieses Ergebnisses sein, daß der endgültige Gesetzesbeschluß den vorausgegangenen Verfahrensfehler gleichsam heilt.

Wenn beispielsweise ein Gesetz verkündet wird, bevor die Verfassungsänderung, auf die es sich stützt, in Kraft getreten ist, ist der in diesem Verfahren liegende Mangel nicht evident. Da die Beurteilung der entsprechenden Rechtsfrage zum Zeitpunkt der fraglichen Entscheidung umstritten war, hielt das Bundesverfassungsgericht zum Schutze der Rechtssicherheit den Mangel nicht für evident. Zukünftig sollte aber bei solchen Konstellationen durch die Klarstellung der Rechtslage in dieser Entscheidung der verfassungsrechtliche Mangel evident und das entsprechende Gesetz nichtig sein[428]. Ebenfalls nicht evident war der von Bundesverfassungsgericht gerügte Verfahrensfehler beim Erlaß von Rechtsverordnungen, der in dem praktizierten sog. Umlaufverfahren lag. Die Bundesregierung war vielmehr gemäß einer ständigen Staatspraxis verfahren, die bis zum Ausgangsverfahren der verfassungsgerichtlichen Entscheidung auch keine Beanstandung gefunden hatte. Die so beschlossenen Normen wurden allgemein als gültig angesehen und bildeten die Rechtsgrundlage für zahlreiche Anwendungsakte. Verwaltung und Adressaten hatten auf ihre Gültigkeit vertraut. Wären die im Umlaufverfahren zustande gekommenen Rechtsverordnungen auch nur vorübergehend unanwendbar, so müßte das zu einer Lage führen, die mit der Verfassungsordnung noch weniger in Einklang stünde als die Hinnahme der verfassungswidrigen Staatspraxis für die Vergangenheit[429]. Auch hat das Bundesverfassungsgericht entschieden, daß Gesetze eines Landtags, dessen Legislaturperiode im Widerspruch zum geltenden Verfassungsrecht verlängert worden war, bestehen bleiben[430].

Stellt man aber diese Zurückhaltung in Rechnung, mit der verfassungsrechtlich auf das Vorliegen von Verfahrensfehlern im Gesetzgebungsverfahren reagiert wird, und vergegenwärtigt man sich insbesondere, daß es selbst bei Annahme einer grundrechtlichen Kompensationsfunktion des Anhörungsrechts die Nichtig-

---

[427] BVerfGE 34, 9 (25); s.a. BVerfGE 31, 47 (53); 91, 148 (175); *K. Meßerschmidt*, Gesetzgebungsermessen, S. 853 f. Zu der bei dieser Konzeption im Hintergrund wirkenden Unterscheidung zwischen Funktionsnormen, die das Verhältnis zwischen den Verfassungsorganen potentiell umfassend kontrollieren, und Kontrollnormen, die zur Abstützung verfassungsgerichtlicher Entscheidungen dienen, siehe: *H. Bauer*, Die Bundestreue, S. 369 ff. (zu dem analogen Phänomen im Zusammenhang mit der Bundestreue; ähnlich: BVerfGE 4, 115 (141)); *R.A. Lorz*, Interorganrespekt im Verfassungsrecht, S. 576; *W.-R. Schenke*, Die Verfassungsorgantreue, S. 140 ff.; *H. Schulze-Fielitz*, Theorie und Praxis parlamentarischer Gesetzgebung, S. 183.
[428] BVerfGE 34, 9 (25)
[429] BVerfGE 91, 148 (175)
[430] BVerfGE 1, 14 (19, 20, 38)

keit eines ohne Beteiligung nicht zustande gekommenen Gesetzes keine zwingende Bedingung für deren Verwirklichung darstellt, sondern vielmehr auch ein Verweis auf die gerichtliche Durchsetzung der Beteiligungsansprüche im Laufe des Gesetzgebungsverfahrens denkbar wäre[431], so muß der Ansicht, die von der Irrelevanz einer Nicht-Beteiligung für die Wirksamkeit des so zustande gekommenen Gesetzes ausgeht, der Vorzug gegeben werden.

---

[431] Hierzu *J. Jekewitz*, Der Staat Bd. 34 (1995), S. 79 ff. (100 f.); *B. Lemhöfer*, in: E. Plog/A. Wiedow/ders./D. Bayer, Bundesbeamtengesetz mit Beamtenversorgungsgesetz, § 94 Rn. 12.

§ 4 Vertragliche Beteiligung Privater an der parlamentarischen Gesetzgebung

Der Erlaß von Rechtsnormen ist als in erster Linie staatliche Angelegenheit konzeptioniert. Die Regelungen über die zentralen Normsetzungsverfahren (Gesetzgebung, Verordnungserlaß, Satzungsgebung) beziehen sich in erster Linie auf staatliche bzw. staatsmittelbare Akteure (Parlament, Verwaltung, satzungsgebende Vertretungskörperschaft). Diese Feststellung der Staatszentriertheit trifft insbesondere auf die parlamentarische Gesetzgebung zu, für deren Verfahren bereits das grundgesetzliche Schweigen zur Partizipation Privater festgestellt wurde[1].

Aber die Existenz von »ausgehandeltem Recht« – also von Rechtsnormen, bei deren Formulierung oder Erlaß eine Form der Verantwortungsteilung zwischen Staat und Privaten zu beobachten ist, hat die Diagnose des »kooperativen Staates« wesentlich geprägt[2]. Dies deutet darauf hin, daß die Staatszentrierung der verfassungsrechtlichen Normsetzungsdogmatik die Realität nur zu einem Teil abbildet. Die staatlichen Normsetzungsinstanzen entscheiden selten in völliger Eigenständigkeit über Normerlaß und -inhalt. Sie sind vielfältigen Ingerenzen aus dem organisierten oder nicht organisierten gesellschaftlichen Bereich ausgesetzt, deren am wenigstens rechtlich verbindliche Form – die Anhörung von Interessenvertretern und Sachverständigen – bereits erörtert wurde. Formal bleibt auch trotz eines solchen Einflusses zumeist eine staatliche Letztverantwortung für den Erlaß der Norm bestehen. Doch sind unter diesen Bedingungen Normerlaß und Norminhalt nicht das Ergebnis eines frei und von privater Ingerenz unabhängig gebildeten Willens der staatlichen Normsetzungsinstanz. Diese hat vielmehr im Vorfeld mit privaten Akteuren verhandelt und sich vielleicht sogar mit diesen auf einen bestimmten Norminhalt geeinigt. Eine solche Einigung wird dann in die Form eines Vertrages oder einer vertragsähnlichen Regelung eingekleidet, der bzw. die den Vorgang der Normsetzung – etwa durch Verengung des Handlungsspielraums auf Seiten der staatlichen Normsetzungsinstanz – steuert. Der Begriff der (zwischen Staat und Privaten) ausgehandelten Rechtsnorm stellt indessen prima facie einen Widerspruch in sich dar, werden hier doch die prima facie inkommensurabel scheinenden Kategorien von Hierarchie und Verhandlung miteinander verknüpft oder gar verschmolzen.

---

[1] Siehe S. 124.
[2] *E.-H. Ritter*, Staatswissenschaften und Staatspraxis Bd. 1 (1990), S. 50 ff. (54 f.); s.a. *M. Kloepfer*, JZ 1991, S. 737 ff. (740).

Für den verwaltungsaktsersetzenden Vertrag wurde erwogen, ob die – dogmatisch zunächst wenig beliebten – Vertragslösungen nicht deswegen überflüssig sind, weil sie sich auch durch konsentierte bzw. ausgehandelte Verwaltungsakte ersetzen lassen[3]. Allerdings stellte sich angesichts derartiger Vorschläge die Frage, ob ein solcher Rechtsakt, der zum Erhalt der einseitig-hoheitlichen Handlungsform konstruiert wurde, nicht nur eine formale Hülse darstellt, deren materieller Inhalt eine konsensual zustande gekommene Regel umschließt[4]. Aushandlung bedeutet Einigung und damit liegt eigentlich eine vertragliche, nicht aber eine einseitig-hoheitliche Regelung vor[5]. In dem gleichen Maße, wie der »ausgehandelte« oder »konsentierte« Verwaltungsakt eigentlich einen Widerspruch in sich darstellt, gilt dies für die »ausgehandelte« oder »konsentierte« Rechtsnorm.

Eine Verknüpfung der beiden Kategorien Norm und Vertrag – Hierarchie und Verhandlung – ist auf verschiedene Weise möglich. Folgende Unterscheidung ist analytisch und juristisch von Belang: Die Verknüpfung kann dergestalt erfolgen, daß Vertrag und Normsetzung zueinander in einem jedenfalls zeitlichen Stufenverhältnis stehen, indem sie einander nachfolgen (Normsetzungsvertrag). Vertrag und Normsetzung können aber auch zusammenfallen (Normenvertrag). Auf Aushandlung und vertragliche Festlegung des Norminhalts folgt dann entweder überhaupt kein abgrenzbarer staatlicher Normsetzungsakt mehr, oder nur noch eine staatliche Allgemeinverbindlicherklärung, die den Vertragsinhalt auch für nicht an dem Vertragsschluß Beteiligte verbindlich macht.

Auch außerhalb der Fälle, in denen Verhandlungen in vertragliche oder quasi-vertragliche Regelungen zwischen Staat und Privaten münden, also etwa bei Konsultationsprozessen im Vorfeld der Gesetzespräparation, bei denen schon zu diesem frühen Zeitpunkt ein Ausgleich zwischen staatlichen/ministeriellen Interessen und Verbandsinteressen gesucht wird, sind Verhandlungen über den Inhalt von Rechtsnormen möglich. Diese sind dann aber regelmäßig ohne rechtlich oder politisch verbindlichen Abschluß und daher in den weiten und verfassungsrechtlich nur kaum zähmbaren Bereich des informalen Staatshandelns einzuweisen, der hier nicht im Mittelpunkt des Interesses steht. Hier werden aufgrund besserer Transparenz vorwiegend solche Verhandlungen in die Betrachtungen mit einbezogen, die entweder institutionell veranlaßt (z.B. durch gesetzlich vorgegebene Konsultationsprozesse) sind oder deren Ergebnis durch Vertrag bzw. vertragsähnliche Absprache institutionalisiert ist.

Verpflichtungsverträge, die sich auf die staatliche Rechtsetzungstätigkeit beziehen, werden als Normsetzungsverträge bezeichnet[6]. Diese Terminologie ist zwei-

---

[3] So v.a. *G. Ress*, EZÖR 1989, S. 279 ff. (304); *J. Schmidt-Salzer*, VerwArch Bd. 62 (1971), S. 135 ff. (142 f., 150); zu den Instituten des konsentierten bzw. ausgehandelten Verwaltungsakts siehe: *W. Hoffmann-Riem*, in: ders,./E. Schmidt-Aßmann/G.F. Schuppert, Reform des Allgemeinen Verwaltungsrechts, S. 115 ff. (156); *M. Kloepfer*, Umweltrecht, § 5 Rn. 197; ders., JZ 1991, S. 737 ff. (740); *H. Maurer*, Allgemeines Verwaltungsrecht, § 14 Rn. 24; *H. Rossen*, Vollzug und Verhandlung, S. 335; *F. Schoch*, DVBl. 1994, S. 962 ff. (975); *W. Spannowsky*, Grenzen des Verwaltungshandelns durch Verträge und Absprachen, S. 66.
[4] *V. Schlette*, Die Verwaltung als Vertragspartner, S. 50 f.
[5] *H. Dreier*, Staatswissenschaft und Staatspraxis Bd. 4 (1993), S. 647 ff. (648); *V. Schlette*, Die Verwaltung als Vertragspartner, S. 51.
[6] Zu dem folgenden etwa *E. Gurlit*, Verwaltungsvertrag und Gesetz, S. 32 ff.; *C. Schimpf*, Der verwaltungsrechtliche Vertrag unter besonderer Berücksichtigung seiner Rechtswidrigkeit, S. 82 ff.;

deutig, da solche Verträge – anders als Normenverträge, zu denen sie in einem ähnlichen Verhältnis wie der zivilrechtliche Verfügungs- zu dem Verpflichtungsvertrag stehen – gerade keine Normen setzen, sondern nur mittelbaren Einfluß auf die Normsetzung ausüben, indem sie diese inhaltlich zu binden oder zu hindern suchen[7]. Normsetzungsverträge sind darauf gerichtet, den über eine Normsetzungskompetenz verfügenden Vertragspartner zum Erlaß, Nichterlaß oder zur Abänderung einer Rechtsnorm zu verpflichten. Es ist dabei zwischen echten und unechten Normsetzungsverträgen zu unterscheiden[8]. Echte Normsetzungsverträge enthalten die Verpflichtung zum Erlaß oder zur Änderung, zur Ergänzung oder zur Aufhebung einer Rechtsnorm. Unechte Normsetzungsverträge sollen demgegenüber die staatliche Seite zur Beibehaltung einer Norm oder zu deren Nichterlaß verpflichten. Normsetzungsverträge können verfassungsrechtlicher Art sein[9]. Dies ist dann der Fall, wenn sie sich als sog. Gesetzgebungsverträge auf Kompetenzen des Parlaments oder anderer an der förmlichen Gesetzgebung Beteiligter beziehen[10]. Normsetzungsverträge können sich aber auch mit der Normsetzung des administrativen Satzungs- oder des Verordnungsgebers – also Rechtsnormsetzung auf der Ebene unterhalb des Parlaments – befassen[11]; sie sind dann verwaltungsrechtlicher Natur.

Hier soll der Blick zunächst auf die verfassungsrechtlichen Gesetzgebungsverträge gerichtet werden, die sich auf die parlamentarische Normsetzung beziehen. Die dabei in den Mittelpunkt des Interesses rückende Diskussion über die Legitimation kooperativer statt hierarchischer Steuerung und über das damit in unmittelbarem Zusammenhang stehende Verhältnis von Vertragstreue und Gesetzgebungshoheit, ist in ganz anderen als den wirtschaftsrechtlich geprägten, aktuellen Zusammenhängen – etwa des Atomkonsenses – zu den klassischen Problemfeldern des deutschen Staatsrechts zu zählen. Es überrascht auf den ersten Blick, daß, obwohl mit der vertraglichen Kooperation von Staat und Kir-

---

V. Schlette, Die Verwaltung als Vertragspartner, S. 206 ff.; *W. Spannowsky*, Grenzen des Verwaltungshandelns durch Verträge und Absprachen, S. 148 ff. jew. m.w.N.

[7] Vielleicht aus diesem Grunde werden im Bereich des Sozialversicherungsrechts diejenigen Verträge, die unmittelbar Normen setzen, auch entgegen der ansonsten verbreiteten Terminologie nicht Normenverträge, sondern vielmehr Normsetzungsverträge genannt: BSGE 70, 240 (244); *I. Ebsen*, in: B. Schulin, HdbSozVersR Bd. 1, § 7 Rn. 110 f.; *V. Neumann*, in: B. Schulin, HdbSozVersR Bd. 4, § 21 Rn. 81 ff.; *H. Sodan*, NZS 1998, S. 305 ff.; anders aber *M. Heinze*, in: B. Schulin, HdbSozVersR Bd. 1, § 40 Rn. 40 ff.

[8] *E. Gurlit*, Verwaltungsvertrag und Gesetz, S. 32; *H. Meyer*, in: ders./H. Borgs-Maciejewski, Verwaltungsverfahrensgesetz, § 54 Rn. 54; *V. Schlette*, Die Verwaltung als Vertragspartner, S. 206; *W. Spannowsky*, Grenzen des Verwaltungshandelns durch Verträge und Absprachen, S. 148 f. jew. m.w.N.

[9] Zum verfassungsrechtlichen Vertrag allgemein: *K.H. Friauf*, AöR Bd. 88 (1963), S. 257 ff.; *C. Schimpf*, Der verwaltungsrechtliche Vertrag unter besonderer Berücksichtigung seiner Rechtswidrigkeit, S. 46 ff.

[10] Hierzu ausf. S. 184 ff.

[11] Um die mangelnde Präzision des Ausdrucks wissend, sie aber zum Zwecke der sprachlichen Vereinfachung in Kauf nehmend, werden diese Normen in der Folge als solche der untergesetzlichen Normsetzung bezeichnet.

chen ungeachtet aller sich ergebenden Bedenken ein für den modernen Verfassungsstaat gerade wegen dessen säkularem Auftrag ganz zentraler Schnittbereich von Staat und Gesellschaft[12] in erheblichem Maße durch vertragliche, auch die Gesetzgebung berührende Kooperation geprägt ist, das Institut des Gesetzgebungsvertrags im allgemeinen noch so viele dogmatische Schwierigkeiten bereitet.

I. Gesetzgebungsverträge im Staatskirchenrecht

Die sog. Staatskirchenverträge[13] bzw. das Vertragsstaatskirchenrecht[14] sind in der deutschen Rechtsordnung ein lange bewährtes[15] Instrument des Ausgleichs von Interessenkonflikten zwischen Staat und Kirchen in einem seit mehr als tausend Jahren latent explosiven Kontaktbereich von geistlicher und weltlicher Herrschaft[16].

1. Der Staatskirchenvertrag als Rechtsquelle des Staatskirchenrechts

Das System der Staatskirchenverträge bildet neben den verfassungsrechtlichen und einfachgesetzlichen Vorschriften auf Bundes- und Landesebene, die das Ver-

---

[12] Daß auch die öffentlich-rechtlich verfaßten Religionsgemeinschaften hier als private Akteure zu gelten haben, liegt auf der Hand, wenn berücksichtigt wird, daß diese Statusverleihung keine Einordnung in den Bereich der organisierten Staatlichkeit bewirkt, sondern diese vielmehr gesellschaftliche Einrichtungen bleiben: BVerfGE 18, 385 (386); 42, 312 (321 f.); 55, 207 (230); 66, 1 (19 f.); *A. Freiherr v. Campenhausen*, in: H. v. Mangoldt/F. Klein/C. Starck, Grundgesetz Bd. 3, Art. 137 WRV Rn. 220; *H.-G. Dederer*, Korporative Staatsgewalt, § 2 I 1 (a) (bb) (ccc); *D. Ehlers*, in: M. Sachs, Grundgesetz, Art. 140 Rn. 19; *T. Maunz*, in: ders./G. Dürig u.a., Grundgesetz, Art. 140/137 WRV (Komm. von 1973) Rn. 25.

[13] Zur Terminologie: *A. Hollerbach*, Verträge zwischen Staat und Kirche in der Bundesrepublik Deutschland, S. 68 ff.

[14] Zu Begriff und Gegenstand: *A. Hollerbach*, Verträge zwischen Staat und Kirche in der Bundesrepublik Deutschland, passim; *ders.*, in: J. Isensee/P. Kirchhof, HdbStR Bd. VI, § 138 Rn. 48 ff.; *ders.*, in: J. Listl/D. Pirson, HdbStKirchR Bd. I, S. 253 ff.; *D. Pirson*, EvStL, Sp. 3814 ff.; *R. Smend*, JZ 1956, S. 50 ff. Umfassende Hinweise bei *A. Freiherr v. Campenhausen*, in: H. v. Mangoldt/F. Klein/C. Starck, Grundgesetz Bd. 3, Art. 140 Rn. 80. Neuestens – im Zusammenhang mit den in den fünf neuen deutschen Ländern geschlossenen Verträgen: *H.U. Anke*, Die Neubestimmung des Staat – Kirche – Verhältnisses in den neuen Ländern durch Staatskirchenverträge; *C. Fuchs*, Das Staatskirchenrecht der neuen Bundesländer.

[15] Das Phänomen staatskirchenrechtlicher Verträge ist tief in der deutschen Geschichte verwurzelt. Seine besondere staatsrechtliche Bedeutung erlangte der Staatskirchenvertrag in der Weimarer Zeit; *A. Hollerbach*, in: J. Isensee/P. Kirchhof, HdbStR Bd. VI, § 138 Rn. 49 ff.; *E.-R. Huber*, Deutsche Verfassungsgeschichte Bd. VI, S. 900 ff.

[16] *H. Quaritsch*, Der Staat Bd. 1 (1962), S. 175 ff. (175); Nachweise der Verträge und ihrer Fundstellen bei *A. Freiherr v. Campenhausen*, in: H. v. Mangoldt/F. Klein/C. Starck, Grundgesetz Bd. 3, Art. 140 Rn. 61 ff. Kritisch zu der Vereinbarkeit zahlreicher vertraglicher Regelungen mit dem Grundgesetz aber *G. Czermak*, Der Staat Bd. 39 (2000), S. 69 ff. (82 f.). Zu der staatstheoretischen Bedeutung der Kirchen in der nachchristlichen Zeit v.a. *O. Depenheuer*, FS Isensee, S. 23 ff. (23 f. und passim).

hältnis von Staat und Kirchen berühren, die zentrale Quelle des geltenden Staatskirchenrechts[17]. Der »Staatskirchenvertrag« bildet den Oberbegriff für zwischen Staat und Heiligem Stuhl abgeschlossene Konkordate[18] sowie Kirchenverträge, die zwischen einem Staat und einer auf seinem Gebiet bestehenden evangelischen Kirche bzw. einer katholischen Diözese abgeschlossen werden. Zu den Staatskirchenverträgen gehören weiterhin diejenigen Verträge, die zwischen dem Staat und anderen Religions- und Weltanschauungsgemeinschaften abgeschlossen werden[19]. Unter den Begriff sind aber nicht nur feierliche und einem Staatsvertrag ähnliche Verträge, sondern auch eine ganze Reihe von nicht in allgemeinverbindliches Recht umgesetzten Vereinbarungen – wie etwa: Verwaltungsvereinbarungen, Besprechungsprotokolle, Gemeinsame Erklärungen, Dienstordnungen, einvernehmliche Interpretationen usw. – zu fassen[20].

Staatskirchenverträge greifen – neben einer Wiederholung einschlägiger verfassungsrechtlicher Gewährleistungen – Fragen des Schutzes und der Absicherung kirchlichen Wirkens im weltlichen Bereich (Körperschaftsstatus, Kirchensteuerrecht) und des damit ebenfalls regelungsbedürftigen Zusammenwirkens von Staat und Kirchen (Erhaltung bzw. Einrichtung Theologischer Fakultäten an staatlichen Universitäten) auf. In Staatskirchenverträgen werden auch vermögensrechtliche Fragen (Dotationen und staatlichen Leistungen, Baulastfragen) angesprochen, die ihren Ursprung in der früheren Verbindung von Staat und Kirchen und in den Säkularisationen von Kirchengut haben. Des weiteren regeln die Verträge die beiderseitige Abgrenzung in gemeinsamen Angelegenheiten (Fragen des Schulrechts, des Religionsunterrichts und der Lehrerausbildung)[21].

Verträge zwischen Staat und Kirchen enthalten zwar nicht ausnahmslos die Vereinbarung von Regelungen, die auf staatlicher Seite der Normierung durch ein Gesetz bedürfen. Die o.a. Aufzählung macht deutlich, daß staatskirchenrechtliche Verträge aber jedenfalls *auch* solche Inhalte berühren, die Gegenstand staatlicher Rechtsetzung sind[22]. Es gibt Vertragsbestimmungen, die entgegenstehendes Bundes- oder Landesrecht ändern oder aufheben – was nach staatlichem Recht nur der parlamentarische Gesetzgeber vermag. Analoges gilt für vertragliche Regelungen, die bislang gesetzlich nicht erfaßte Materien betreffen und

---

[17] A. Freiherr v. Campenhausen, in: H. v. Mangoldt/F. Klein/C. Starck, Grundgesetz Bd. 3, Art. 140 Rn. 39.
[18] Zum Begriff des Konkordats etwa K. Obermayer, in: Bonner Kommentar zum Grundgesetz (1971), Art. 140 Rn. 89.
[19] Siehe z.B. den Vertrag zwischen der Bundesrepublik Deutschland und dem Zentralrat der Juden in Deutschland (K.ö.R.) vom 27. Januar 2003 (vom Bundestag als BT-Drcks. 15/879 am 6. Juni 2003 angenommen; BT-Plenarprotokoll 15/49, S. 4125 D).
[20] G. Czermak, Der Staat Bd. 39 (2000), S. 69 ff. (70).
[21] Zu dem Inhalt der Verträge v.a. A. Freiherr v. Campenhausen, in: H. v. Mangoldt/F. Klein/C. Starck, Grundgesetz Bd. 3, Art. 140 Rn. 54 f.; A. Hollerbach, Verträge zwischen Staat und Kirche in der Bundesrepublik Deutschland, S. 74 ff.; ders., in: J. Listl/D. Pirson, HdbStKirchR Bd. I, S. 253 ff. (285 ff.); ders., in: J. Isensee/P. Kirchhof, HdbStR Bd. VI, § 138 Rn. 48 ff.; J. Listl, Die Konkordate und Kirchenverträge in der Bundesrepublik Deutschland, Bd. 1, S. 9 ff.; T. Maunz, in: ders./G. Dürig u.a., Grundgesetz, Art. 140 (Komm. von 1973) Rn. 31 ff.; D. Pirson, EvStL, Sp. 3814 ff. (3820 f.).
[22] L. Renck, DÖV 1997, S. 929 ff. (935).

Rechte und Pflichten von Grundrechtsträgern begründen wollen bzw. staatliche Kompetenzen zu ordnen suchen[23].

Auch im Beitrittsgebiet wurde bald nach der Wiedervereinigung auf den Staatskirchenvertrag als Instrument für die Koordination des Verhältnisses von Staat und Kirchen zurückgegriffen[24]. Drei der fünf neuen Länder hatten den Staatskirchenvertrag als Medium zur Ordnung der wechselseitigen Beziehungen zwischen Staat und Kirche in ihre Verfassung aufgenommen[25]. Innerhalb kürzester Zeit wurde eine Vielzahl von Verträgen zwischen den Ländern im Beitrittsgebiet und den evangelischen Landeskirchen bzw. der römisch-katholischen Kirche und jüdischen Gemeinden abgeschlossen[26]. Während einige Verträge sich auf bestimmte thematische Teilbereiche, insbesondere finanzielle Fragen, beschränken (Erhalt von Friedhöfen, Denkmalpflege, Staatsleistungen, Polizei- und Anstaltsseelsorge) regeln andere Verträge die Beziehungen von Staat und Kirchen umfassend[27].

2. Insbesondere: Der LER-Vergleich vor dem Bundesverfassungsgericht

Angesichts der zentralen Bedeutung vertraglicher Koordination für das Verhältnis von Staat und Kirche verwundert es nicht, daß diesem Lebensbereich noch ein weiteres Beispiel einer »ausgehandelten Gesetzgebung« zu entnehmen ist. Angesprochen ist damit der von den Prozeßparteien mit der Landesregierung von Brandenburg vor dem Bundesverfassungsgericht abgeschlossene Vergleich in dem Streit über das Unterrichtfach »Lebensgestaltung, Ethik, Religionskunde« (LER)[28].

Nach § 11 Abs. 2 SchulG Bbg.[29] soll das Fach die Schüler in besonderem Maße darin unterstützen, ihr Leben selbstbestimmt und verantwortlich zu gestalten und ihnen helfen, sich in einer demokratischen und pluralistischen Gesellschaft

---

[23] *H. Quaritsch*, FS Schack, S. 125 ff. (131 f.).
[24] Hierzu umfassend: *H.U. Anke*, Die Neubestimmung des Staat – Kirche – Verhältnisses in den neuen Ländern durch Staatskirchenverträge; *A. Freiherr v. Campenhausen*, NVwZ 1995, S. 757 ff.; *C. Fuchs*, Das Staatskirchenrecht der neuen Bundesländer. Insgesamt kritisch z.B. *L. Renck*, ThürVBl. 1995, S. 31 ff.
[25] Art. 109 Abs. 2 Verf. Sachs.; Art. 32 Abs. Verf. Sachs.-Anh.; Art. 9 Abs. 2 Verf. Meck.-Vorp.; zumindest auf Teilaspekte bezogen: Art. 28 Abs. 3 Verf. Thür., Art. 37 Abs. 2 Verf. Bbg.
[26] *A. Freiherr v. Campenhausen*, in: J. Isensee/P. Kirchhof, HdbStR Bd. IX, § 207 Rn. 41 m.w.N. v.a. der Fundstellen in den jeweiligen GVBln.
[27] Zu deren Inhalt *H.U. Anke*, Die Neubestimmung des Staat – Kirche – Verhältnisses in den neuen Ländern durch Staatskirchenverträge, S. 68 ff., 242 ff., 287 ff., 322 ff., 361 ff.; *A. Freiherr v. Campenhausen*, in: J. Isensee/P. Kirchhof, HdbStR Bd. IX, § 207 Rn. 42; *ders.*, in: H. v. Mangoldt/F. Klein/C. Starck, Grundgesetz Bd. 3, Art. 140 Rn 70 ff.; s.a. *L. Renck*, ThürVBl. 1995, S. 31 ff. (32).
[28] Hierzu umfassend *M. Heckel*, Religionsunterricht in Brandenburg.
[29] Gesetz über die Schulen im Land Brandenburg vom 12. April 1996 (GVBl. I 102); zuletzt geändert durch Art. 1 des Zweiten Gesetzes zur Änderung des Brandenburgischen Schulgesetzes vom 1. Juni 2001 (GVBl. I 62).

mit ihren vielfältigen Wertvorstellungen und Sinnangeboten zunehmend eigenständig und urteilsfähig zu orientieren. Das Fach dient der Vermittlung von Grundlagen für eine wertorientierte Lebensgestaltung, von Wissen über Traditionen philosophischer Ethik und Grundsätzen ethischer Urteilsbildung sowie über Religionen und Weltanschauungen. Nach § 11 Abs. 3 SchulG Bbg.wird bekenntnisfrei, religiös und weltanschaulich neutral unterrichtet, wobei gegenüber der religiösen oder weltanschaulichen Gebundenheit von Schülerinnen und Schülern Offenheit und Toleranz zu wahren ist. § 141 Abs. 1 SchulG Bbg. legt die schrittweise Einführung von LER ab dem Schuljahr 1996/97 fest. Nach § 141 Abs. 2 SchulG Bbg. können die staatlichen Schulämter einen Schüler auf Antrag der Eltern – ab dem 14. Lebensjahr auf eigenen Antrag – vom LER-Unterricht befreien, wenn ein wichtiger Grund dies rechtfertigt. Nach 9 Abs. 2 SchulG Bbg. haben die Kirchen und Religionsgemeinschaften das Recht, Schülern in den Räumen der Schule nach ihrem Bekenntnis und in ihrer Verantwortung durch von ihnen beauftragte Personen Religionsunterricht zu erteilen. Am Religionsunterricht nehmen Schülerinnen und Schüler teil, deren Eltern eine dahingehende schriftliche Erklärung abgeben (ab dem 14. Lebensjahr aufgrund eigener Erklärung des Schülers). Damit ist Religionsunterricht an den Schulen zwar möglich, er ist jedoch nicht ordentliches Lehrfach im Sinne des Art. 7 Abs. 3 Satz 1 GG. Aus diesem Grund hatte die CDU/CSU-Fraktion des Bundestages einen Antrag auf abstrakte Normenkontrolle und zahlreiche katholische und evangelische Eltern und Schüler, drei Bistümer und die Evangelische Kirche Berlin-Brandenburg Verfassungsbeschwerde gegen die Einführung von LER erhoben. Das Land Brandenburg wies die Existenz einer Pflicht zur Einführung des Religionsunterrichts als ordentlichem Lehrfach unter Hinweis auf die sog. Bremer Klausel des Art. 141 GG zurück. Nach dieser Norm findet Art. 7 Abs. 3 Satz 1 GG keine Anwendung in einem Land, in dem am 1. Januar 1949 eine andere landesrechtliche Regelung bestand[30].

Durch Beschluß des Zweiten Senats vom 11. Dezember 2001 unterbreitete das Bundesverfassungsgericht einen Vergleichsvorschlag für die anhängigen Verfahren[31]. Ziel der Vereinbarung zwischen den Prozeßparteien und der Landesregierung von Brandenburg sollte es sein, durch eine Änderung des Brandenburgischen Schulgesetzes die Voraussetzungen dafür zu schaffen, daß die Antragsteller und Beschwerdeführer Erklärungen abgeben, durch die die Verfahren beendet werden können. Die LER-Regelungen in § 11 Abs. 2 bis 4 SchulG Bbg. sollen danach unberührt bleiben. Religionsunterricht soll gemäß § 9 Abs. 2 SchulG Bbg. neben LER erteilt werden können. Neben diese prinzipielle Festlegung tritt ein vom Bundesverfassungsgericht vorgeschlagener, typischer Gesetzgebungs-

---

[30] Zur Anwendung dieser Vorschrift auf das Beitrittsgebiet siehe nur *A. Schmidt-Kammler*, in: M. Sachs, Grundgesetz, Art. 141 Rn. 9 ff.; *R. Gröschner*, in: H. Dreier, Grundgesetz Bd. III, Art. 141 Rn. 11 ff. jew. m.w.N.
[31] BVerfG 1 BvF 1/96; im Internet veröffentlicht: http://www.bverfg.de (17. Juli 2002). Siehe auch die Pressemitteilung des Gerichts Nr. 114/2001 vom 11. Dezember 2001; jetzt BVerfGE 104, 305.

§ 4 Vertragliche Beteiligung Privater an der parlamentarischen Gesetzgebung

vertrag zwischen den Prozeßparteien und der Landesregierung Diese verpflichtet sich, den Entwurf eines Gesetzes zur Änderung des Brandenburgischen Schulgesetzes mit einem zwischen den Parteien abgestimmten Inhalt einzubringen, der u.a. folgende Punkte umfaßt.

1. Der Religionsunterricht wird in der Regel in Lerngruppen mit einer Teilnehmerzahl von mindestens 12 Schülerinnen und Schülern durchgeführt.
2. Der Religionsunterricht soll in die regelmäßige Unterrichtszeit integriert werden. Durch die zeitliche Gestaltung soll nicht ausgeschlossen werden, daß Schülerinnen und Schüler, die den Unterricht in dem Fach LER besuchen, zusätzlich am Religionsunterricht teilnehmen können.
3. Anrechnung der Unterrichtserteilung in dem Fach Religion auf die Pflichtstundenzahl der unterrichtenden Lehrer und Möglichkeit zur Teilnahme an religionspädagogischen Fort- und Weiterbildungen unter den üblichen Bedingungen.
4. Einzelheiten über die Erteilung von Bewertungen für das Fach Religion nach den Vorgaben der verantwortlichen Religionsgemeinschaft; Relevanz der Note für das Zeugnis.
5. Den Kirchen und Religionsgemeinschaften, deren Beauftragte Religionsunterricht erteilen, werden zu den dadurch entstehenden Kosten nach Maßgabe des Haushalts staatliche Zuschüsse gewährt.
6. Schülerinnen und Schüler, deren Eltern gegenüber der Schule erklären, daß ihr Kind wertorientierten Unterricht zu den Gegenstandsbereichen des Faches LER allein in Form des Religionsunterrichts erhalten soll, und den Besuch eines solchen Unterrichts nachweisen, sind von der Verpflichtung zur Teilnahme am Unterricht in dem Fach LER befreit. Bei Schülerinnen und Schülern, die das 14. Lebensjahr vollendet haben, tritt die eigene Erklärung an die Stelle der Erklärung der Eltern.

Der Gesetzentwurf wurde verabredungsgemäß so rechtzeitig in den Landtag Brandenburg eingebracht, daß das Änderungsgesetz zum Beginn des Schuljahres 2002/2003 in Kraft treten konnte. Zusätzlich vereinbarten die Prozeßparteien mit der Landesregierung die Einrichtung einer Schiedsstelle, deren Aufgabe es sein soll, Meinungsverschiedenheiten über den Vollzug der Vorschriften des brandenburgischen Schulrechts über das Fach LER und den Religionsunterricht auszuräumen. Im Gegenzug verpflichteten sich alle Antragsteller und Beschwerdeführer, binnen eines Monats nach dem Inkrafttreten eines der geschlossenen Vereinbarung entsprechenden Änderungsgesetzes den Normenkontrollantrag bzw. die Verfassungsbeschwerden gegenüber dem Bundesverfassungsgericht zurückzunehmen. Im Juli 2002 verabschiedete der brandenburgische Landtag nach einigen politischen Auseinandersetzungen einen Gesetzentwurf der Regierung, der den Linien des Vergleichsvorschlags folgte[32]. Mit Ausnahme einiger Beschwerdefüh-

---

[32] Entwurf eines Dritten Gesetzes zur Änderung des Brandenburgischen Schulgesetzes beschlossen und beim Landtag Brandenburg eingebracht; LT-Drucks 3/4148; s.a. FAZ vom 17. Juli 2002, S. 8. Siehe nunmehr das am 1. August 2002 in Kraft getretene Dritte Gesetz zur Änderung des Brandenburgischen Schulgesetzes vom 10. Juli 2002 (GVBl I 55). Dieses Gesetz hat die Regelungen über den Religionsunterricht grundlegend geändert (vgl. jetzt § 9 Abs. 2 bis 7 SchulG Bbg) und die Möglichkeit einer Befreiung von der Teilnahme am Fach »LER« unter Aufhebung des § 141 BbgSchulG erleichtert. Ergänzend zu dem Änderungsgesetz ist die Verordnung über den Religionsunterricht an Schulen vom 1. August 2002 (GVBl II 481) erlassen worden.

rer hatten zuvor alle Verfahrensbeteiligten ihre Vergleichsbereitschaft erklärt, so daß das Gericht feststellen konnte, daß es davon ausgehe, daß die Landesregierung einen der Verständigung entsprechenden Gesetzesentwurf in den Landtag einbringen wird. Nach dessen Verabschiedung sollten die Verfahren nach der Einschätzung des Gerichts ihre Erledigung finden[33].

Das Bundesverfassungsgericht hatte zuvor mangels erkennbarer gegenwärtiger Beschwer einen Antrag auf Erlaß einer einstweiligen Anordnung abgelehnt, mit dem Eltern und Schüler, die sich dem Verständigungsvorschlag des Gerichts in den LER-Verfahren nicht anschließen wollten, Beratung und Verabschiedung einer Änderung des Brandenburgischen Schulgesetzes zu verhindern gesucht hatten. In diesem Zusammenhang betonte das Gericht, daß es über die Anträge in den LER-Verfahren entscheiden werde, soweit diese auch nach einer Änderung des Brandenburgischen Schulgesetzes nicht durch entsprechende Erklärungen beendet werden[34]. Dementsprechend stellte das Gericht durch Beschluß vom 31. Oktober 2002 das Verfahren teilweise ein und wies die Verfassungsbeschwerden im übrigen ab[35]. Nach Ansicht des Gerichts waren diejenigen Normenkontroll- und die Verfassungsbeschwerden, die zurückgenommen worden waren, einzustellen. Ein öffentliches Interesse an der Fortführung der Verfahren sei entfallen. Gründe für eine Fortführung des Normenkontrollverfahrens oder auch der nach der mündlichen Verhandlung zurückgenommenen Verfassungsbeschwerden im öffentlichen Interesse seien nicht mehr gegeben, nachdem der brandenburgische Landesgesetzgeber eine Neuregelung über den Verfahrensgegenstand getroffen hat, die zu der Vereinbarung zwischen den Beteiligten und zu der Prozeßerklärung der Antragsteller geführt hat. Die Verfassungsbeschwerde der Beschwerdeführer, die ihren Antrag nicht zurückgenommen hatten, verwirft das Gericht wegen offensichtlicher Unzulässigkeit mangels noch bestehender Beschwer nach § 24 Abs. 1 Satz 1 BVerfGG. Dies geschah, obwohl eine mündliche Verhandlung bereits stattgefunden hatte, da der Beschwerdegegenstand nach deren Durchführung entfallen ist.

Die beschriebene Vorgehensweise des Bundesverfassungsgerichts wirft neben den allgemeinen Fragen über die verfassungsrechtliche Zulässigkeit eines Gesetzgebungsvertrags auch verfassungsprozessuale Probleme auf. Diese drängen insbesondere vor dem Hintergrund, daß das Bundesverfassungsgericht selbst in der Regel einer Rücknahme von Verfassungsbeschwerden und oder Normenkontrollanträgen nur eine begrenzte Wirkung zuerkannt hat. Vor einer Klärung dieser verfassungsprozessualen Implikationen erscheint es allerdings zunächst geboten, die verfassungsrechtlichen Problemzonen derartiger, auf die parlamentarische Gesetzgebung bezogenen Verträge zu analysieren.

---

[33] Pressemitteilung des Bundesverfassungsgerichts vom 7. Februar 2002, 12/2002.
[34] BVerfG 1 BvR 1412/97, 1 BvQ 14/02 vom 23. April 2002 (zur Zeit nur im Internet veröffentlicht: www.bverfg.de). Siehe die Pressemitteilung vom 26. April 2002 (Nr. 49/2002) in NVwZ 2002, S. 700.
[35] BVerfG, 1 BvF 1/96 vom 31. Oktober 2002 (im Internet veröffentlicht: www.bverfg.de).

3. Vertragspartner und Verfahren beim Abschluß von Staatskirchenverträgen

Die Prominenz vertraglicher Koordinierungsinstrumente, die hinsichtlich ihrer Häufigkeit in anderen Rechtsgebieten bzw. im Verkehr des Staates mit anderen gesellschaftlichen Organisationen ihresgleichen sucht, hat dazu geführt, daß das Staatskirchenrecht unter dem Grundgesetz als verfassungs- und vertragsrechtlich begründetes freiheitliches Kooperationssystem bezeichnet wurde[36]. Nicht nur historisch bedingte Routine oder Erwägungen der Praktikabilität, sondern auch die Überzeugung, daß eine koordinationsrechtliche Ordnung eine besonders sachgerechte Form der Problemlösung darstellt und daß sie sich als förderliches Instrument zur Realisierung freiheitlich-demokratischer Staatlichkeit bewährt hat, dienen als Erklärung für das dichte normative Geflecht des Vertragsstaatskirchenrechts[37]. Auch das strikte Verbot der Nichteinmischung in innerkirchliche Angelegenheiten, mit dem ein staatlicher Kompetenzmangel für Regelung entsprechender Fragen einhergeht, wird durch das Vertragsstaatskirchenrecht abgesichert, da sich der Staat mit Vertragsform vor Grenzverletzungen bewahren kann. Hinzu kommt ein weiterer Punkt, der mit dem für die meisten Staatskirchenverträge gewählten Procedere zusammenhängt: Anders als das bloß zwischen Staat und Kirche im Vorfeld abgesprochene, dann aber staatlich-einseitig erlassene Gesetz verdeutlicht ein Vertragsgesetz eine gemeinsame Verantwortung der beiden Vertragspartner für die erlassenen Inhalte. Während im erstgenannten Fall der nicht-staatliche Einfluß auf den staatlichen Rechtsetzungsakt nicht per se offengelegt werden muß, wird mit Abschluß und paralleler Umsetzung des Vertrags eine gemeinsame Verantwortung für den Vertrag bzw. die aus ihm fließenden Regelungen deutlich gemacht[38].

Als *Vertragspartner* von Staatskirchenverträgen kommen auf der staatlichen Seite der Bund bzw. ein Land oder mehrere Länder in Betracht. Welche der Gebietskörperschaften für den Abschluß eines konkreten Vertrags zuständig ist, hängt von der Vertragsmaterie ab[39]. Das Recht zum Abschluß von Staatskirchenverträgen folgt aus den allgemeinen Regeln der innerstaatlichen Kompetenzverteilung zwischen Bund und Ländern (Art. 30, 70 GG). Dies hat eine Identität von Gesetzgebungs- und Vertragsabschlußkompetenz zur Folge, so daß den Ländern ein substantieller Bereich eigenständiger Vertragsschlußbefugnisse verbleibt.

Der Aktionsradius der Länder wird auch nicht durch das Zustimmungserfordernis des Art. 32 Abs. 3 GG eingeschränkt. Diese Vorschrift erlaubt den Ländern als Ausnahme zu dem Grundsatz des Art. 32 Abs. 1 GG, nach dem die Pflege der Beziehungen zu auswärtigen Staaten Sache des Bundes ist, Verträge

---

[36] A. *Hollerbach*, in: J. Isensee/P. Kirchhof, HdbStR Bd. VI, § 138 Rn. 139.
[37] A. *Freiherr v. Campenhausen*, Staatskirchenrecht, S. 153 ff.
[38] A. *Hollerbach*, in: J. Isensee/P. Kirchhof, HdbStR Bd. VI, § 138 Rn. 64 f.
[39] A. *Hollerbach*, Verträge zwischen Staat und Kirche in der Bundesrepublik Deutschland, S. 177 ff.

I. Gesetzgebungsverträge im Staatskirchenrecht

mit auswärtigen Staaten abzuschließen, soweit die Länder für die Gesetzgebung zuständig sind, bindet den Vertragsschluß aber an die Zustimmung der Bundesregierung. Art. 32 GG bezieht sich aber nur auf die Beziehungen zu weltlichen Völkerrechtssubjekten. Die Beziehungen zwischen den Ländern und der Katholischen Kirche bzw. dem Heiligen Stuhl unterscheiden sich aber von gewöhnlichen völkerrechtlichen Beziehungen[40]. In Art. 32 GG ist mit dem Begriff des »Staates« eine weltliche, völkerrechtliche, im Politischen wurzelnde Subjektivität angesprochen, die sich von einer im Geistlichen wurzelnden Subjektivität abhebt[41]. Bei dem Heiligen Stuhl handelt es sich nicht um einen auswärtigen Staat im Sinne dieser Vorschrift, so daß auch eine Qualifikation der Konkordate als völkerrechtliche Verträge nicht zur Folge hätte, daß die Länder bei deren Abschluß nach Art. 32 Abs. 3 GG einem Zustimmungserfordernis des Bundes unterliegen[42]. Hierfür spricht auch, daß die Konkordatsgegenstände ganz überwiegend in den Bereich alleiniger Länderkompetenzen fallen[43].

Die *Organzuständigkeit* für den Vertragsabschluß liegt – trotz der bisweilen vertretenen völkerrechtlichen Einordnung der Konkordate – auf Bundesebene nicht nach Art. 59 Abs. 1 Satz 2 GG beim Bundespräsidenten, da diese Vorschrift – wie Art. 32 Abs. 3 GG – nur Verträge mit auswärtigen Staaten erfaßt. Zuständig ist auf der Länderebene der Ministerpräsident als Vertreter des Landes. Auf Bundesebene handeln der Bundeskanzler und der sachlich zuständige Fachminister (z.B. in Verträgen über die Militärseelsorge der Bundesminister der Verteidigung). Auf der kirchlichen Seite kann ein Vertrag von jeder mit Rechtspersönlichkeit ausgestatteten Religionsgemeinschaft, aber auch von deren Organisationseinheiten (z.B. Bistümern) abgeschlossen werden[44].

Form und Inkrafttreten staatskirchenrechtlicher Verträge stellen sich seit den Abkommen zwischen Preußen und seinen acht evangelischen Landeskirchen aus dem Jahre 1931 dergestalt dar, daß die Regierung den Vertragsinhalt mit den Kirchenleitungen vereinbart, den Vertrag dem Parlament zur Zustimmung vorlegt und das Parlament seine Zustimmung in der Form eines Gesetzes beschließt. Das »Vertragsgesetz« wird im Gesetzesblatt zusammen mit dem als Anlage beigefügten Vertrag verkündet. Der Vertrag wird nach der parlamentarischen Zustimmung ratifiziert und die Ratifikationsurkunden werden gemäß den vertraglichen Ratifikationsklauseln ausgetauscht[45]. Der Zeitpunkt des Aus-

---

[40] R. Bernhardt, in: J. Isensee/P. Kirchhof, HdbStR Bd. VII, § 174 Rn. 20.
[41] BVerfGE 6, 309 (362); zust. etwa U. Fastenrath, Kompetenzverteilung im Bereich der auswärtigen Gewalt, S. 93 f.; A. Hollerbach, in: J. Isensee/P. Kirchhof, HdbStR Bd. VI, § 138 Rn. 75; T. Maunz, in: ders./G. Dürig u.a., Grundgesetz, Art. 32 Rn. 14; R. Streinz, in: M. Sachs, Grundgesetz, Art. 32 Rn. 16.
[42] T. Maunz, in: ders./G. Dürig u.a., Grundgesetz, Art. 32 Rn. 14; O. Rojahn, in: I. v. Münch/P. Kunig, Grundgesetz-Kommentar Bd. 2, Art. 32 Rn. 12.
[43] R. Bernhardt, in: J. Isensee/P. Kirchhof, HdbStR Bd. VII, § 174 Rn. 20.
[44] K. Obermayer, in: Bonner Kommentar zum Grundgesetz (1971), Art. 140 Rn. 91.
[45] Zu dem Vorgang A. Freiherr v. Campenhausen, in: H. v. Mangoldt/F. Klein/C. Starck, Grundgesetz Bd. 3, Art. 140 Rn. 56; A. Hollerbach, Verträge zwischen Staat und Kirche in der Bundesrepublik Deutschland, S. 210 ff., 231 ff.; K. Obermayer, in: Bonner Kommentar zum Grund-

tauschs wird im staatlichen Gesetzblatt bekannt gemacht, da er für das Inkrafttreten des Vertrags entscheidend ist. Auf der kirchlichen Seite verläuft ein paralleler Prozeß: Nach der Zustimmung der Synode zu dem Vertrag erfolgt zumeist dessen Veröffentlichung in den Acta Apostolicae Sedis bzw. den kirchlichen Amtsblättern[46].

Dieses Vorgehen erinnert deutlich an den Abschluß eines völkerrechtlichen Vertrags und dessen Umsetzung[47] (geschehe diese nun im Wege der Transformation oder der Vollziehbarkeitsanordnung[48]). Diese Anlehnung an Prozeduren, die aus dem Zwischenbereich von Völkerrecht und staatlichem Recht geläufig sind, ist auf darauf zurückzuführen, daß Konkordate der herrschenden Lehre über lange Zeit hinweg als völkerrechtliche Verträge galten und Kirchenverträge aus Gründen der Parität gleichbehandelt wurden.

Die Anlehnung des Staatskirchenvertragsrechts an den Abschluß völkerrechtlicher Verträge im innerstaatlichen Recht führt auch dazu, daß die Regelungen der Staatskirchenverträge den Interpretationsregeln über die vertragsfreundliche Auslegung und einem ungeschriebenen Vertragsvorbehalt unterliegen[49]. Danach ist ein späteres, möglicherweise mit dem Vertrag kollidierendes Gesetz so auszulegen, daß eine solche Kollision tunlichst vermieden wird. Der zweitgenannte Grundsatz führt dazu, daß ein stillschweigender Wille des Gesetzgebers zu unterstellen ist, den vertraglichen Verpflichtungen nachzukommen, so weit und so lange sich aus der lex posterior und ihren Materialien nichts ausdrücklich Gegenteiliges ergibt[50].

---

gesetz (1971), Art. 140 Rn. 92; *H. Quaritsch*, FS Schack, S. 125 ff. (126). Kritisch zu dem gesamten Vorgang: *G. Czermak*, Der Staat Bd. 39 (2000), S. 69 ff. (80 f.); *H. Weber*, Grundprobleme des Staatskirchenrechts, S. 49 f.

[46] *A. Hollerbach*, Verträge zwischen Staat und Kirche in der Bundesrepublik Deutschland, S. 222 ff.; *H. Quaritsch*, FS Schack, S. 125 ff. (126).

[47] Für nachgerade verfehlt und für einen Etikettenschwindel hält dieses Vorgehen *L. Renck*, ThürVBl. 1995, S. 31 ff. (36), da die Staatskirchenverträge keine Staatsverträge, sondern gewöhnliche öffentlich-rechtliche Verträge des Staates mit innerstaatlichen Verbänden seien.

[48] Zu dieser Auseinandersetzung nur: *I. Pernice*, in: H. Dreier, Grundgesetz Bd. II, Art. 59 Rn. 47 ff.; *R. Streinz*, in: M. Sachs, Grundgesetz, Art. 59 Rn. 60 ff. Nachdem Bundesverfassungsgericht und große Teile der Literatur sich zunächst im Sinne der Transformationslehre ausgesprochen hatten, ist in beiden Bereichen die zunehmende, z.T. auch ausdrückliche (siehe BVerfGE 90, 286 (364): Vertragsgesetz erteilt Rechtsanwendungsbefehl) Hinwendung zur Vollzugstheorie zu beobachten; siehe nur *B. Kempen*, in: H. v. Mangoldt/F. Klein/C. Starck, Grundgesetz Bd. 2, Art. 59 Rn. 90.

[49] *H. Quaritsch*, FS Schack, S. 125 ff. (140 f.); *K. Obermayer*, in: Bonner Kommentar zum Grundgesetz (1971), Art. 140 Rn. 96; s.a. über die Interpretation von Vertragsgesetzen *P. Kirchhof*, in: J. Isensee/P. Kirchhof, HdbStR Bd. III, § 59 Rn. 153; *C. Tomuschat*, in: J. Isensee/P. Kirchhof, HdbStR Bd. VII, § 172 Rn. 23.

[50] Zur Auslegung völkerrechtlicher Verträge etwa: *W. Heintschel v. Heinegg*, in: K. Ipsen, Völkerrecht, § 11.

4. Staatskirchenverträge und die staatliche Rechtsordnung

a) Staatskirchenverträge in den Verfassungen von Bund und Ländern

Es ist unbestritten, daß das Vertragsstaatskirchenrecht ein legitimes Element der staatlichen Rechtsordnung bildet. Seine prinzipielle verfassungsrechtliche Zulässigkeit wird auch von Skeptikern nicht angezweifelt[51]. Die Begründungen, aus denen diese Position entwickelt wird, sind indes ebenso uneinheitlich und maßgeblich von dem argumentativen Ausgangspunkt des Betrachters geprägt, wie die Überlegungen zu Wirkung und Grenzen der vertraglichen Bindung.

Daß die Inkorporation der staatskirchenrechtlichen Vorschriften in das Grundgesetz durch Art. 140 GG zugleich eine umfassende Rezeption des *gesamten* Systems des Weimarer Staatskirchenrechts unter Einschluß des zu dieser Zeit zu besonderer Blüte gelangten Vertragsstaatskirchenrechts bedeutet[52], erscheint fragwürdig: Bei der Formulierung des Art. 140 GG handelt es sich um ein Verlegenheitsergebnis verfassungsgebender Parlamentsgewalt[53]. Diese Genese schmälert zwar keineswegs den normativen Gestaltungsanspruch der Vorschrift, sollte aber insoweit zur Vorsicht mahnen, als aus ihr weiterreichende und nicht unmittelbar im Normtext angelegte Folgerungen gezogen werden. Die Annahme einer bedingungslosen Anknüpfung des Grundgesetz an die staatskirchenrechtliche Ordnung der Weimarer Reichsverfassung verfängt daher ebensowenig wie der Hinweis auf Art. 123 Abs. 2 GG. Diese Vorschrift überträgt lediglich aus der Zeit vor Erlaß des Grundgesetzes stammende Verträge – in erster Linie, wenn nicht gar ausschließlich das Reichskonkordat[54] – aus Gründen rechtlicher Kontinuität in die neue Verfassungsordnung und regelt die für die neue Kompetenzordnung relevante Frage einer modifizierten Vertragsbindung der Gebietskörperschaften, die den Vertrag nicht abgeschlossen hatten, nach Erlaß des Grundgesetzes aber ausschließlichen Zugriff auf den fraglichen Gegenstand haben. Eine globale Stellungnahme zu der Frage vertraglicher Bindung an *unter dem Grundgesetz* abgeschlossene Verträge kann aber in einer solchen Überleitungsvorschrift nicht gesehen werden.

---

[51] *U.K. Preuß*, in: Alternativ-Kommentar zum Grundgesetz Bd. II, Art. 140 Rn. 35; *M. Morlok*, in: H. Dreier, Grundgesetz Bd. III, Art. 140 Rn. 46; *K. Obermayer*, in: Bonner Kommentar zum Grundgesetz (1971), Art. 140 Rn. 89; *L. Renck*, DÖV 1997, S. 929 ff. (935); *H. Weber*, Grundprobleme des Staatskirchenrechts, S. 48 m.w.N.; s.a. von einem weniger skeptischen Grundverständnis aus *H.U. Anke*, Die Neubestimmung des Staat – Kirche – Verhältnisses in den neuen Ländern durch Staatskirchenverträge, S. 24 ff.; *D. Ehlers*, in: M. Sachs, Grundgesetz, Art. 140 Rn. 6; *A. Hollerbach*, Verträge zwischen Staat und Kirche in der Bundesrepublik Deutschland, S. 83 ff.; *ders.*, in: J. Isensee/P. Kirchhof, HdbStR Bd. VI, § 138 Rn. 66; *H. Reis*, JöR Bd. 17 (1968), S. 165 ff. (348 ff.).

[52] So *H.U. Anke*, Die Neubestimmung des Staat – Kirche – Verhältnisses in den neuen Ländern durch Staatskirchenverträge, S. 24; *A. Hollerbach*, Verträge zwischen Staat und Kirche in der Bundesrepublik Deutschland, S. 85 f.; *ders.*, in: J. Isensee/P. Kirchhof, HdbStR Bd. VI, § 138 Rn. 62.

[53] *R. Smend*, ZevKR Bd. 1 (1951), S. 4 ff. (11); zu Entstehungsgeschichte der Vorschrift auch *A. Hollerbach*, in: J. Isensee/P. Kirchhof, HdbStR Bd. VI, § 138 Rn. 22 ff.

[54] *A. Hollerbach*, in: J. Isensee/P. Kirchhof, HdbStR Bd. VI, § 138 Rn. 60.

In einigen Landesverfassungen ist die Möglichkeit des Abschlusses von Staatskirchenverträgen deutlicher als im Grundgesetz angesprochen[55]. Zu beachten sind die Vertragsklauseln in Art. 182 Bay. Verf.; Art. 23 Abs. 2 Verf. Nordrh.-Westf.; Art. 8 Verf. Bad.-Würt. Insbesondere Art. 50 Abs. 1 I Iess. Verf. nennt die »Vereinbarung« (gemeint ist: der Vertrag) als staatsrechtliches Gestaltungsmittel gleichrangig neben dem Gesetz. Auch Art. 9 Abs. 2 LVerf. Meck.-Vorp., Art. 32 Abs. 4 LVerf. Sachs.-Anh., Art. 109 Abs. 2 Satz 3 Sächs. LVerf.[56] (beschränkt auf die Regelung der Beziehungen »im übrigen«) ermächtigen den Staat ausdrücklich zum Vertragsabschluß. Thematisch beschränkt auf bestimmte staatskirchenrechtliche Einzelfragen (Ablösung von Staatsleistungen, Errichtung theologischer Fakultäten) ermächtigen auch Art. 28 Abs. 2 LVerf. Thür., Art. 111 Abs. 2 Sächs. LVerf. und Art. 9 Abs. 3 LVerf. Meck.-Vorp. zum Abschluß von Verträgen zwischen Staat und Kirchen.

Während sich aus den Vorschriften der verschiedenen Verfassungen von Bund und Ländern ein hinreichend sicherer Anhaltspunkt für die Zulässigkeit des Staatskirchenvertrags im allgemeinen herleiten läßt, beschränken sich die Vorschriften aber doch zugleich auf die Feststellung eben dieser Zulässigkeit. Form und Funktion, Rechtsnatur und Bestandskraft der Verträge – dies alles sind Probleme, die in den Verfassungen unbeantwortet bleiben.

b) Der Geltungsgrund von Staatskirchenverträgen

Daß es sich bei den Staatskirchenverträgen um echte, beide Parteien bindende Verträge handelt, ist nicht mehr umstritten. Diese Übereinstimmung ist keineswegs selbstverständlich. Insoweit mußte sich erst die sog. Vertragstheorie gegenüber älteren Konkordatstheorien durchsetzen, nach denen Konkordate entweder als Zugeständnisse der Kirche an den Staat (Privilegientheorie) oder aber nur als abgesprochene Staatsgesetze (Legaltheorie) aufzufassen waren[57].

Offen ist allerdings, wie die rechtliche Bindung der Vertragspartner an den Vertrag erklärt werden kann und in welcher Rechtsordnung sie verwurzelt ist[58].

---

[55] Umfassende Übersichten bei *A. Freiherr v. Campenhausen*, in: H. v. Mangoldt/F. Klein/C. Starck, Grundgesetz Bd. 3, Art. 140 Rn. 41 ff.; *A. Hollerbach*, in: J. Isensee/P. Kirchhof, HdbStR Bd. VI, § 138 Rn. 30 ff.; für die Verfassungen der neuen Länder *H.U. Anke*, Die Neubestimmung des Staat – Kirche – Verhältnisses in den neuen Ländern durch Staatskirchenverträge, S. 24 f.

[56] Diese Vorschrift, nach der die Beziehungen des Landes zu den Kirchen und Religionsgemeinschaften im übrigen durch Vertrag geregelt werden, soll nach *C. Fuchs*, Das Staatskirchenrecht der neuen Bundesländer, S. 83 ff., eine Kollisionsklausel sein, die den Staatskirchenverträgen eine Bestandskraft gegenüber dem einfachen Gesetzgeber verschafft; s.a. *H.U. Anke*, Die Neubestimmung des Staat – Kirche – Verhältnisses in den neuen Ländern durch Staatskirchenverträge, S. 33 f., der zu recht auf den semantischen Bezug der Vorschrift zu dem vorangegangenen Satz hinweist, nach dem die Kirchen den für alle geltenden Gesetzen unterstehen. Abgesehen von allen über Art. 28 Abs. 1 Satz 1 GG vermittelten bundesverfassungsrechtlichen Bedenken gegen eine solche Lösung kann daher schon aus diesem Grund ein verbindlicher Vorrang des Vertrags gegenüber einer lex posterior nicht angenommen werden.

[57] Die Privlegientheorie gab bis in das 19. Jahrhundert den offiziellen Standpunkt der katholischen Kirche wieder; siehe hierzu *H. Reis*, JöR Bd. 17 (1968), S. 165 ff. (181 f.). Zu den beiden Theorien: *D. Pirson*, EvStL, Sp. 3814 ff. (3822).

[58] So das Eingeständnis von *D. Pirson*, EvStL, Sp. 3814 ff. (3822).

Daß es einer Rechtsordnung bedarf, um diese Rechtsverbindlichkeit anzuordnen, liegt aber auf der Hand. Zwar gehen die Parteien der Staatskirchenverträge unabhängig von dem Rechtsgrund, auf dem ihre Absprache ruht, von einer Bindungswirkung der Verträge aus[59]. Man könnte davon ausgehend annehmen, daß auch ohne Anknüpfung an eine bestimmte Rechtsordnung die rechtliche Bindung schon dem Begriff des Vertrags immanent ist[60].

Insoweit wird von einer originären und voneinander unabhängigen Stellung von Staat und Kirche ausgegangen, die sich auf der Grundlage einer besonderen Rechtsschicht – des Staat-Kirche-Rechts bzw. des staatlich-kirchlichen Zwischenrechts – begegnen[61]. Die Verbindlichkeit des Vertragsschlusses leite sich aus dem Begriff des Vertrags her, der die rechtliche Verbindlichkeit in sich trage und dem die Fundamentalnorm des Vertragsrechts – pacta sunt servanda – bereits innewohne[62].

Die Verträge tragen aber ihren Geltungsgrund nicht bereits in sich selbst. Weder das rechtliche Urphänomen des Vertrags, das als apriorischer Begriff dem Rechtsbegriff immanent ist, noch die Regel des pacta sunt servanda kann unabhängig von einer Einbindung in eine Rechtsordnung wirken. Der Satz »pacta sunt servanda« ist für sich genommen keine Norm, die die Verbindlichkeit eines Vertrags in einer konkreten Rechtsordnung anordnet, sondern eigentlich nur eine Definition des Vertrags, die nicht über den Rechtsbegriff des Vertrags hinaus etwas Neues bestimmt oder gar präzisiert. Er setzt vielmehr seinerseits einen Verbindlichkeitsbefehl voraus. Erst recht erteilt er keine Auskunft über die Rechtsfolgen von Vertragsverstößen. Aus dem Satz ergibt sich gar nichts über Grund und Ausmaß der Vertragsverbindlichkeit[63]. Weder der einzelne Staatskirchenvertrag noch die Gesamtheit aller Verträge zwischen Staat und Kirchen kann in einer nur durch diesen Vertrag selbstgeschaffenen Rechtsordnung gründen. Eine solche Konstruktion könnte sich als autonomes Recht aus einer Willensübereinkunft zwar auf die Willenstheorie[64] stützen. Doch vermag kein Vertrag seine eigenen Geltungsgrundlagen und -bedingungen selbst zu schaffen[65]. Eine genauere Darlegung von Zulässigkeit und Reichweite der Bindung ergibt sich nicht aus besagter Regel, sondern allein aus der sie umhegenden Rechtsordnung – zumal dort, wo gerade streitig ist, ob und in welchem Maße diese eine vertragliche Bindung zuläßt. Ob die Vertragspartner aber eine entsprechende rechtliche Verpflichtung überhaupt eingehen können, vermag die Regel in Isolation von jedem anderen rechtlichen Kontext nicht zu bestimmen. Der bloße Rückzug auf den Satz pacta sunt servanda ohne vorherige Feststellung der die Einhaltung an-

---

[59] *U. Scheuner*, FS Ruppel, S. 312 ff. (320 f.).
[60] *A. Hollerbach*, Verträge zwischen Staat und Kirche in der Bundesrepublik Deutschland, S. 96, 99 f.
[61] *A. Hollerbach*, Verträge zwischen Staat und Kirche in der Bundesrepublik Deutschland, S. 154 ff., 176.
[62] S.a. hierzu *E.R. Huber*, Verträge zwischen Staat und Kirche im Deutschen Reich, S. 80 f., 85.
[63] S.a. *A. Albrecht*, Koordination von Staat und Kirche in der Demokratie, S. 219 ff.
[64] *K. Stern*, VerwArch Bd. 49 (1958), S. 106 ff. (128, 130).
[65] *C. Tomuschat*, DÖV 1975, S. 453 ff. (453).

ordnenden und zugleich garantierenden Rechtsordnung bedeutet daher einen Zirkelschluß. Unter der Annahme einer allein in der jeweiligen Rechtsordnung – der staatlichen und der kirchlichen – verwurzelten Bindungskraft der Verträge[66] würde die synallagmatische Verbindung der Vertragspartner zu einer parallel eingegangenen Selbstbindung, der Wille zu gemeinsamer Rechtsgestaltung zu einem Akt paralleler Rechtsetzung mit unterschiedlichen Regelungen zur Umsetzung der vertraglichen Absprache verfälscht[67].

aa) Staatskirchenverträge als Emanation eines Staat-Kirche-Rechts

Des weiteren wird vertreten, daß Staatskirchenverträge einem besonderen rechtssystematischen Bereich des Staats-Kirche-Rechts, durch das eine von Staat und Kirche verabredete und gemeinsam vollzogene Ordnung geschaffen wird[68], zuzuweisen seien. Nach diesem Ansatz steht die völkervertrags*ähnlich* gewachsene Gemeinschaft zwischen Staat und Kirchen über bzw. neben der staatlichen Rechtsordnung. Diese Gemeinschaft bezieht ihren konkreten Inhalt in erster Linie aus der gemeinsamen Geschichte und der gegenseitigen Anerkennung der beiden Institutionen als Ordnungsfaktoren des öffentlichen Lebens[69]. Diese Erklärung impliziert zugleich einen Bedeutungsverlust juristischer Kategorien, was sich darin äußert, daß die Kirche dem Staat nicht als rechtsfähige Größe, sondern als geschichtliche Realität, als gesellschaftliche Macht gegenübertreten soll[70].

Doch erscheint der Versuch, gerade Rechtsgeltung und -verbindlichkeit durch Rekurs auf gesellschaftliche Macht und historische Entwicklung zu erklären, in gewisser Weise paradox. Die Vernachlässigung rechtlicher Dimensionen bringt mit sich, daß auch die Durchsetzung vertraglich begründeter subjektiver Rechte der Religionsgemeinschaften nicht mit den Mitteln des Rechts durchgesetzt oder dem Vertragsbruch auch nicht mit diesen begegnet werden kann[71]. Daher bleibt unklar, warum auch von der Grundlage eines staatlich-kirchlichen Zwischenrechts, ein Rechtsschutz durch staatliche Gerichte, die naturgemäß auf die Sphäre der staatlichen Rechtsordnung beschränkt sind, möglich sein soll[72]. Hier liegt eine argumentative Inkonsequenz dieses Konzepts. Im übrigen ist die Entwicklung des staatlichen Verhältnisses zu den verschiedenen Religionsgemeinschaften (Katholische Kirche, Evangelische Kirche, Jüdische Gemeinschaften), mit denen heute durch Bund und Länder Staatskirchenverträge abgeschlossen sind, für ei-

---

[66] So *A. Albrecht*, Koordination von Staat und Kirche in der Demokratie, S. 222, 227 f.
[67] *H.U. Anke*, Die Neubestimmung des Staat – Kirche – Verhältnisses in den neuen Ländern durch Staatskirchenverträge, S. 147; *F. Kopp*, JZ 1970, S. 278 ff. (279).
[68] So z.B. *R. Smend*, JZ 1956, S. 265 ff. (266).
[69] *J. Depenbrock*, ZevKR Bd. 38 (1993), S. 413 ff. (419 ff.); *D. Pirson*, EvStL, Sp. 3814 ff. (3823).
[70] *D. Pirson*, FS Liermann, S. 176 ff. (183 ff.).
[71] So tatsächlich *A. Freiherr v. Campenhausen*, in: H. v. Mangoldt/F. Klein/C. Starck, Grundgesetz Bd. 3, Art. 140 Rn. 51; *D. Pirson*, EvStL, Sp. 3814 ff. (3823), nach denen sich Vertragsbruch allein politischen Sanktionen gegenübersieht.
[72] *A. Hollerbach*, Verträge zwischen Staat und Kirche in der Bundesrepublik Deutschland, S. 261 f.; *ders.*, in: J. Listl/D. Pirson, HdbStKirchR Bd. I, S. 253 ff. (284).

nen solchen, auf die historische Entwicklung abstellenden Erklärungsansatz, zu heterogen als daß sie Grundlage für einen einheitlichen Erklärungsansatz für alle staatskirchenrechtlichen Rechtsverhältnisse gleichermaßen bieten könnte[73].

Außerhalb der Völkerrechtsebene kommen für den Staat nur innerstaatlich begründete Vertragsbindungen zwischen Staat und Kirchen in Betracht, weil Rechtsakte des säkularen Staates nicht die weltlichen Rechtsordnungen transzendieren können. Eine religiös mitfundierte Rechtsebene ist aus der Sicht der Staatsverfassung weder staatlichem Handeln noch staatlicher Erkenntnis zugänglich[74][75]. Die in der Etablierung moderner Staatlichkeit verwirklichte Beschränkung des Staates auf das Diesseitige – die notwendige Bedingung des Staates als Friedenseinheit[76] – verbietet dem Staat jeden Zugriff auf Ermittlung oder Propagierung letzter Wahrheiten. Die Sorge um das Seelenheil des einzelnen, die Verantwortung in religiösen Angelegenheiten, kurz: die Sorge für überweltliche Angelegenheiten sind dem Staat entzogen. Eine verfassungstranszendente Bindung des Staates, die durch einer von all diesen Fragen handelnden Rechtsordnung auch nur mitbegründet wird, muß an der fehlenden staatlichen Kompetenz zur Erfassung religiöser Phänomene in ihrer spezifischen Bedeutung scheitern[77]. Mit einer solchen Argumentation wird daher die aus der Säkularisierung des modernen Staates folgende Diesseitigkeit staatlicher Rechtsgestaltung nicht ausreichend beachtet. Diese schlägt auch auf die staatskirchenvertraglichen Handlungsformen des Staates durch.

Die hier in die Diskussion eingebrachten Rechtsstrukturen einer »partikulären Gemeinschaft«[78], weisen im übrigen weder hinsichtlich Herleitung noch rechtlicher Konsequenzen für das Vertragsstatut eine handhabbare Kontur auf. Diese Sichtweise läßt somit den überzeugenden Nachweis für die Möglichkeit und Notwendigkeit – sogar: für die Existenz – einer solchen dritten Rechtsebene –

---

[73] *H.U. Anke*, Die Neubestimmung des Staat – Kirche – Verhältnisses in den neuen Ländern durch Staatskirchenverträge, S. 144 m.w.N. in Fn. 420.

[74] Nichts anderes ergibt sich aus der Existenz der weithin so bezeichneten *Invocatio Dei* (Kritik am Begriff aber bei *H. Dreier*, in: ders., Grundgesetz Bd. I, Präambel Rn. 14) in der Präambel des Grundgesetzes. Diese bringt allein eine Motivation des Verfassungsschöpfers zum Ausdruck. Insbesondere verpflichtet sie die staatlichen Organe weder auf das Christentum noch charakterisiert sie die Bundesrepublik als christlichen Staat; siehe nur *H. Dreier*, a.a.O., Rn. 16 f.; *A. Hollerbach*, in: J. Isensee/P. Kirchhof, HdbStR Bd. VI, § 138 Rn. 81 ff.; *C. Starck*, in: H. v. Mangoldt/F. Klein/ders., Grundgesetz Bd. 1, Präambel Rn. 36 f.

[75] *H.U. Anke*, Die Neubestimmung des Staat – Kirche – Verhältnisses in den neuen Ländern durch Staatskirchenverträge, S. 148 ff.; *H. Engelhardt*, FS Geiger, S. 722 ff. (730 f.). *Anke* weist zudem darauf hin, daß auch für die kirchliche Seite die vertragliche Fundierung auf einer dritten Rechtsebene insoweit nicht unproblematisch ist, als hierdurch ein in dem rechtsverbindlichen Charakter der Staatskirchenverträge begründeter staatlicher Einfluß auf geistige Angelegenheiten mit religiösen Absolutheitsansprüchen in Konflikt geraten könnte (a.a.O., S. 149).

[76] *J. Isensee*, in: ders./P. Kirchhof, HdbStR Bd. I, § 13 Rn. 50.

[77] *H.U. Anke*, Die Neubestimmung des Staat – Kirche – Verhältnisses in den neuen Ländern durch Staatskirchenverträge, S. 150.

[78] *P. Badura*, in: J. Listl/D. Pirson, HdbStKirchR Bd. I, S. 211 ff. (214). Ähnlich auch *J. Depenbrock*, ZevKR Bd. 38 (1993), S. 413 ff. (419); *U. Scheuner*, FS Ruppel, S. 312 ff. (322 f.).

§ 4 Vertragliche Beteiligung Privater an der parlamentarischen Gesetzgebung

neben der staatlichen und der überstaatlichen – vermissen. Da die Ansiedlung der Staatskirchenverträge in einer konsentierten Rechtsebene oberhalb des staatlichen Rechts aber aus den bereits dargelegten Gründen nicht überzeugt, verbietet sich zugleich die bisweilen vertretene Einordnung der Verträge als solche sui generis[79], die weder dem staatlichen noch dem völkerrechtlichen Rechtskreis, sondern vielmehr einer neuartigen, konsentierten Rechtsebene oberhalb des staatlichen Rechts angehören sollen.

bb) Konkordate als völkerrechtliche Verträge

Für die Zuordnung der Staatskirchenverträge zu einer Rechtsordnung, die die Regeln für ihren Abschluß ebenso wie die Garantie für ihre Verbindlichkeit bereit hält, wird zwischen Konkordaten und anderen Kirchenverträgen differenziert[80]. Konkordate werden vielfach als völkerrechtliche Verträge eingestuft, weil der Heilige Stuhl – der Papst bzw. die römische Kurie – neben dem Vatikanstaat eigenständiges Völkerrechtssubjekt ist[81] und als solches dem staatlichen Partner gleichrangig gegenüber steht[82]. Der Grund hierfür liegt darin, daß der Heilige Stuhl zwar ebenso als internationale Vertretung der Vatikanstadt wie auch als geistliches Oberhaupt der Katholischen Kirche eigene Rechtspersönlichkeit besitzt[83], daß er aber bei dem Abschluß eines Konkordats nicht als Vertragspartner in seiner völkerrechtlichen Kapazität im zwischenstaatlichen Rechtsverkehr tätig wird, sondern als Vertreter der innerstaatlichen römisch-

---

[79] *M. Morlok*, in: H. Dreier, Grundgesetz Bd. III, Art. 140 Rn. 47,
[80] Nachw. bei *A. Hollerbach*, Verträge zwischen Staat und Kirche in der Bundesrepublik Deutschland, S. 100 ff. Gegen eine solche Differenzierung spricht nicht der Grundsatz der religionsrechtliche Grundsatz der Parität (siehe hierzu nur *M. Heckel*, in: J. Listl/D. Pirson, HdbStKirchR Bd. I, S. 589 ff.; *K. Schlaich*, Neutralität als verfassungsrechtliches Prinzip, S. 208 ff. Kritisch zur Eigenständigkeit dieser Rechtsfigur gegenüber dem allgemeinen Gleichbehandlungsgrundsatz: *K. Obermayer*, in: Bonner Kommentar zum Grundgesetz (1971), Art. 140 Rn. 87), wenn beiden Verträgen gleich viel oder gleich wenig Bestandsschutz gegenüber dem staatlichen Gesetzgeber zugebilligt wird; a.A. aber z.B. *M. Morlok*, in: H. Dreier, Grundgesetz Bd. III, Art. 140 Rn. 47.
[81] *V. Epping*, in: K. Ipsen, Völkerrecht, § 8 Rn. 1 ff.
[82] Zum Begriff des völkerrechtlichen Vertrags siehe auch Art. 2 Abs. 1 lit. (a) WVK, der allerdings nur einen Bezug auf schriftliche Verträge enthält, während von dem allgemeinen Vertragsbegriff auch nicht schriftlich niedergelegte Verträge erfaßt sind (*P. Kunig*, in: W. Graf Vitzthum, Völkerrecht, Rn. 58). S.a. BVerfGE 6, 309 (330 ff.); *H. Ridder*, in: H.-J. Schlochauer, Wörterbuch des Völkerrechts Bd. 2, S. 274 ff. (277 u. passim). Weitere Nachweise bei *H.U. Anke*, Die Neubestimmung des Staat – Kirche – Verhältnisses in den neuen Ländern durch Staatskirchenverträge, S. 123 ff.; *V. Epping*, in: K. Ipsen, Völkerrecht, § 8 Rn. 3; *A. Hollerbach*, in: J. Listl/D. Pirson, HdbStKirchR Bd. I, S. 253 ff. (272 ff.); *ders.*, Verträge zwischen Staat und Kirche in der Bundesrepublik Deutschland, S. 100 ff., ging zunächst von der Eigenschaft als Verträgen sui generis aus, modifizierte seine Ansicht dann aber in o.a. Artikel vorsichtig in Richtung einer völkerrechtlichen Qualifikation; *M. Jestaedt*, in: Essener Gespräche zum Thema Staat und Kirche (Bd. 37), S. 87 ff. (106 ff.); *H.F. Köck*, Rechtliche und politische Aspekte von Konkordaten, S. 21 ff. m.w.N., 340. Ablehnend hingegen *A. Albrecht*, Koordination von Staat und Kirche in der Demokratie, S. 223 ff.
[83] *H.U. Anke*, Die Neubestimmung des Staat – Kirche – Verhältnisses in den neuen Ländern durch Staatskirchenverträge, S. 125 m.w.N. in Fn. 301.

katholischen Gläubigen bzw. deren innerstaatlicher kirchlicher Organisation in Erscheinung tritt[84].

Bei Abschluß eines Konkordats könnte der heilige Stuhl höchstens seine völkerrechtliche Kapazität in der zweiten der beiden genannten Gestalten verwirklichen. Diese ist ihm allein zu geistlichen Zwecken der Kirche zuerkannt worden[85]. Wenn insoweit behauptet wird, daß der Heilige Stuhl die in dieser Umschreibung liegenden Aufgaben nicht gegenüber Staaten und Internationalen Organisationen, sondern allein gegenüber den einzelnen Menschen wahrnehmen könne und daß deswegen die Beziehungen, in denen der Papst gegenüber Staaten in dieser geistlichen Funktion auftritt, per se völkerrechtlicher Natur sind[86], so ist diese Ableitung nur dann nachvollziehbar, wenn diese geistliche Kapazität von dem Heiligen Stuhl tatsächlich nur in seiner Eigenschaft als Völkerrechtssubjekt wahrnehmbar ist. Die geistlichen Kompetenzen entfalten sich aber bei Abschluß eines Konkordats nur mit Blick auf einen bestimmten Staat. Zwar kann sich der Geltungsbereich völkerrechtlicher Regeln ohne weiteres auch nur auf ein begrenztes Gebiet, sogar auf nur einen Staat beziehen[87]. Bei dem Sitzvertrag einer Internationalen Organisation, der zweifelsfrei dem Völkerrecht zuzuordnen ist, besteht nicht die Möglichkeit einer innerstaatlichen Anknüpfung der Rechtsgeltung, da die Internationale Organisation nicht über innerstaatliche Unterorganisationen, die vertretene Vertragspartner oder zumindest materiell Berechtigte sein könnten, verfügt. Die Situation bei Abschluß eines Vertrags durch den Heiligen Stuhl mit einem Staat liegt indessen anders, da die Katholische Kirche über in der innerstaatlichen Rechtsordnung verwurzelte Handlungseinheiten verfügt und die inhaltlichen Regelungen des Vertrags materiell diese berechtigen und verpflichten[88]. Daher stellt auch der Inhalt der Konkordate keine Regelung eines völkerrechtlichen Rechtsverhältnisses dar[89]. Staatskirchenverträge unterscheiden sich in ihrer spezifischen Aufgabe von völkerrechtlichen Verträgen, da sie das

---

[84] So schon früh K. *Obermayer*, in: Bonner Kommentar zum Grundgesetz (1971), Art. 140 Rn. 93; s.a. G. *Czermak*, Der Staat Bd. 39 (2000), S. 69 ff. (74).
[85] M. *Jestaedt*, in: Essener Gespräche zum Thema Staat und Kirche (Bd. 37), S. 87 ff. (114); H.F. *Köck*, Rechtliche und politische Aspekte von Konkordaten, S. 375 ff.; O. *Rojahn*, in: I. v. Münch/ P. Kunig, Grundgesetz-Kommentar Bd. 2, Art. 32 Rn. 12 m.w.N.
[86] H.U. *Anke*, Die Neubestimmung des Staat – Kirche – Verhältnisses in den neuen Ländern durch Staatskirchenverträge, S. 129.
[87] Beispiel hierfür sind die – völkerrechtlichen – Sitzverträge, die Internationale Organisationen mit den Staaten abschließen, auf deren Gebiet sie ansässig sind; siehe hierzu V. *Epping*, in: K. Ipsen, Völkerrecht, § 31 Rn. 31 ff.
[88] Soweit im Bereich des völkerrechtlichen Fremdenrechts eine ähnliche Konstellation anzutreffen ist – ein Staat geht völkervertragliche Verpflichtungen ein, die die innerstaatliche Behandlung fremder Staatsangehöriger auf dem eigenen Territorium betreffen –, folgt deren völkerrechtliche Qualifikation daraus, daß die vertragsschließenden Staaten Rechte und Pflichten (allein) gegenüber dem jeweils anderen eingehen; zu der hierin liegenden Mediatisierung des Individuums im Völkerrecht V. *Epping*, in: K. Ipsen, Völkerrecht, § 9 Rn. 3 ff., zur Deutung individualschützender völkerrechtlicher Verträge K. *Ipsen*, ebd., § 49 Rn. 1 ff.
[89] A. Freiherr v. *Campenhausen*, in: H. v. Mangoldt/F. Klein/C. Starck, Grundgesetz Bd. 3, Art. 140 Rn. 51; L. *Renck*, ThürVBl. 1995, S. 31 ff. (33).

grundsätzliche Verhältnis von Staat und Kirche, die in demselben Raum leben und gegenüber denselben Menschen wirken, normativ fixieren und Regeln für den Kontakt- und Kollisionsbereich aufstellen[90]. Die Vertragsregelungen sind auf das Verhältnis des Staates zu der auf seinem Staatsgebiet tätig werdenden katholischen Kirche gerichtet, so daß die Vertragsfunktion keinerlei internationalen Bezug aufweist[91]. Aus eben diesem Grund kann ein völkerrechtlicher Charakter des Konkordats auch nicht als bloße, den eigentlichen Regelungsgehalt verdekkende und zusätzlichen Schutz gewährende »Dreingabe« angenommen werden[92]. Z.T werden Konkordate auch nur als »quasi-völkerrechtlich« bezeichnet, weil in ihnen gerade keine »typisch völkerrechtlichen« Fragen geregelt sind[93]. Allerdings impliziert die Bezeichnung der Verträge als »quasi-völkerrechtliche« die Annahme einer analog zur Völkerrechtsgemeinschaft gewachsenen – dann wohl gleichgeordneten – Gemeinschaft zwischen dem einzelnen Staat und den historischen Kirchen des Landes[94]. Hierbei handelt es sich um eine Interpretation des Verhältnisses von Staat und Kirche, die zwar historische Richtigkeit, nicht aber Konformität mit dem Konzept des modernen Verfassungsstaates als Rechts- und Entscheidungseinheit[95] für sich beanspruchen kann. Neben dem Umstand, daß in der Einordnung der Staatskirchenverträge als »quasi-völkerrechtliche« eine wirkliche Entscheidung für oder gegen eine bestimmte Rechtsordnung und deren Regeln nicht liegt, weist die für diese Einordnung gegebene Begründung doch bereits daraufhin, daß eine völkerrechtliche Qualifikation der Konkordate letztlich nicht überzeugt[96].

Evangelische Kirchenverträge werden ohnehin nur zwischen dem Staat und innerstaatlichen Rechtssubjekten (Bund, Länder) geschlossen. Ihre Qualifikation als völkerrechtliche scheidet daher schon wegen der rein innerstaatlichen subjektiven Anknüpfungspunkte aus; analoges gilt für die Staatskirchenverträge mit den Jüdischen Gemeinden.

cc) Staatskirchenverträge in der staatlichen Rechtsordnung

Staatskirchenverträge können ihre Geltung nur aus dem staatlichen Rechtskreis herleiten. In diesem Bereich verfügen auch die Kirchen über eine ausreichende

---

[90] *A. Hollerbach*, Verträge zwischen Staat und Kirche in der Bundesrepublik Deutschland, S. 99, der zudem betont, daß die Kirchen nicht nur den staatlichen, sondern auch den überstaatlichen, völkerrechtlichen Rechtskreis transzendieren (a.a.O., S. 97).
[91] *A. Albrecht*, Koordination von Staat und Kirche in der Demokratie, S. 55 ff.; *A. Hollerbach*, Verträge zwischen Staat und Kirche in der Bundesrepublik Deutschland, S. 99; *L. Renck*, ThürVBl. 1995, S. 31 ff. (33).
[92] So aber *A. Hollerbach*, in: J. Isensee/P. Kirchhof, HdbStR Bd. VI, § 138 Rn. 70.
[93] *K. Walf*, in: R. Puza/A.P. Kustermann, Neue Verträge zwischen Kirche und Staat, S. 121 (121 f.).
[94] *D. Pirson*, EvStL, Sp. 3814 ff. (3823).
[95] Hierzu S. 410 f., 729 ff.
[96] S.a. *A. Albrecht*, Koordination von Staat und Kirche in der Demokratie, S. 55; *K. Obermayer*, in: Bonner Kommentar zum Grundgesetz (1971), Art. 140 Rn. 93; *U.K. Preuß*, in: Alternativ-Kommentar zum Grundgesetz Bd. II, Art. 140 Rn. 34; *L. Renck*, ThürVBl. 1995, S. 31 ff. (33).

Bindungsfähigkeit, da sie in ihrer Existenz nicht auf den ihnen eigenen Rechtskreis des Kirchenrechts beschränkt sind[97]. Im Unterschied zur notwendigen staatlichen Beschränktheit auf den eigenen, den weltlichen Wirkungskreis suchen die Kirchen den Zugang zur staatlichen Rechtsordnung und sind auf diese sogar zur Verwirklichung ihres Auftrags angewiesen[98]. In der staatlichen Rechtsordnung finden sich Grundlage und Grenzen der Verbindlichkeit von Staatskirchenverträgen. Hinsichtlich der genauen Kategorisierung der Verträge innerhalb der staatlichen Rechtsordnung werden allerdings wiederum verschiedene, sich nicht gegenseitig ausschließenden Kategorisierungen vertreten: Staatsvertrag, Verwaltungsvertrag, öffentlich-rechtlicher (Subordinations-)Vertrag.

Hält man sich Art und Weise des Vertragsschlusses vor Augen – die auf die Gesetzgebung bezogenen Staatskirchenverträge werden in Bund und Ländern ohne Ausnahme wie Staatsverträge abgeschlossen-, so legt dies nahe, Staatskirchenverträge in die Kategorie der Staatsverträge einzuordnen. Allerdings kann sich nicht aus der formalen Art und Weise des Abschlusses[99], sondern vielmehr nur aus Inhalt und Subjekten der vertraglichen Abrede ergeben, um welche Vertragsart es sich bei den Staatskirchenverträgen handelt. Staatsverträgen ist der prägende Umstand eigen, daß sie »den Staat« insgesamt, d.h. alle seine Gewalten, also auch – hier von besonderem Interesse – seine Gesetzgebung binden. Eine Einordnung als Staatsverträge mit den beschriebenen Konsequenzen für ihre Interpretation erscheint deswegen problematisch, weil der Abschluß eines solchen Vertrags nach ganz allgemeiner Ansicht die Gleichordnung der Vertragspartner hinsichtlich der vertraglichen Materie – und damit die fehlende Möglichkeit zur Setzung einseitig-hoheitlicher Normen – voraussetzt. Der Rang des Gesetzgebers soll dagegen sprechen, daß ihn beliebig Gruppen und Individuen als staatsvertragliche Partner binden können[100].

Soweit mit diesen Argumenten die »Würde« des Parlaments angesprochen ist[101], die es verbietet, daß dieses sich auf vertragliche Bindungen gegenüber privaten Akteuren ein-

---

[97] Ausf. *H.U. Anke*, Die Neubestimmung des Staat – Kirche – Verhältnisses in den neuen Ländern durch Staatskirchenverträge, S. 151 ff. Rechtsfähigkeit im öffentlichen Recht bestimmt sich nach den konkret zugewiesenen Kompetenzen und subjektiv-öffentlichen Rechten (siehe dazu *O. Bachof*, AöR Bd. 83 (1958), S. 208 ff. (259 ff.)). Soweit das Verfassungsrecht dem staatlichen Gesetzgeber gegenüber den Religionsgemeinschaften die Möglichkeiten zu vertraglicher Kooperation einräumt, verfügen diese auch über eine korrespondierende Rechtsfähigkeit.
[98] Beispiele bei *J. Depenbrock*, ZevKR Bd. 38 (1993), S. 413 ff. (419).
[99] Auch von *A. Freiherr v. Campenhausen*, in: H. v. Mangoldt / F. Klein / C. Starck, Grundgesetz Bd. 3, Art. 140 Rn. 48, wird betont, daß die Wahrung besonderer Förmlichkeiten keine besondere Rechtsqualität erzeugt.
[100] *R. Stettner*, AöR Bd. 102 (1977), S. 544 ff. (561); die besondere Stellung des Parlaments im Ensemble der Staatsgewalten betont auch *U. Di Fabio*, DVBl. 1990, S. 338 ff. (343) unter Hinweis auf *N. Achterberg*, Parlamentsrecht, S. 94 ff., und wendet diese gegen die vertragliche Bindung des Gesetzgebers; s.a. unter Hinweis auf die Gesetzgebungsverträge im Völker- und Bundesstaatsrecht *H.U. Anke*, Die Neubestimmung des Staat – Kirche – Verhältnisses in den neuen Ländern durch Staatskirchenverträge, S. 115 ff.
[101] So unter Bezugnahme auf die soeben in Fn. 100 Genannten auch: *H.U. Anke*, Die Neubestimmung des Staat – Kirche – Verhältnisses in den neuen Ländern durch Staatskirchenverträge,

läßt, ist einer solchen Ansicht allerdings zu widersprechen. Die Unzulässigkeit einer Gesetzgebung durch Vertrag läßt sich allein mit der Funktion der Gesetzgebung und deren verfassungsrechtlicher Absicherung, nicht aber mit der fehlenden »Würde« privater Vertragspartner erklären. Wem die höchste »Würde« unter dem Grundgesetz zukommt, ist unmißverständlich in Art. 1 Abs. 1 GG festgelegt. Begreift man den Staatsvertrag als einen den Staat in seiner Gänze und nicht nur einzelne seiner Gewalten bindenden Vertrag, so kann sich die Begrenzung staatsvertraglicher Bindungen nicht aus abstrakten Überlegungen über die Würde der Vertragspartner, sondern nur aus funktionenspezifischen verfassungsrechtlichen Vorgaben ergeben. Insoweit kommt die Überlegung in Betracht, daß aufgrund verfassungsrechtlicher Vorgaben für die Gesetzgebung sich deren vertragliche Bindung verbietet. Die Überlegungen zur »Würde« der Gesetzgebung nehmen insoweit auch Bezug auf die besondere verfassungsrechtliche Position der parlamentarischen Gesetzgebung in der grundgesetzlichen Funktionenordnung. Im Zusammenhang mit den Überlegungen zum Gesetzgebungsvertrag wird daher die Frage zu stellen sein, ob Gesetzgebung durch Vertrag oder sogar vertraglich gebundene Gesetzgebung nur dort möglich ist, wo einseitig-hierarchische Steuerungsmittel aus verfassungsrechtlichen Gründen nicht anwendbar sind. Von dieser Warte aus ist es auch nicht von Belang, ob es sich bei den Staatskirchenverträgen um Staatsverträge handelt oder nicht[102]. Relevant ist vielmehr die Frage, ob kollektive Gesetzgebung durch Vertrag oder vertragliche Bindung von parlamentarischer Gesetzgebung durch vertragliches Zusammenwirken von Staat und Privaten generell möglich sind. Dies ist aber nur anhand der gesetzgeberischen Kompetenzordnung sowie der verfassungsrechtlichen Funktion der Gesetzgebung zu ergründen, nicht aber unter plakativem Hinweis auf eine gegebene oder fehlende »Staatsvertragsfähigkeit« zu beurteilen[103]. Deren Befürwortung oder Ablehnung steht daher nicht am Beginn, sondern am Ende der Überlegungen. Ob Staatsverträge tatsächlich voraussetzen, daß alle am Vertragsschluß beteiligten Vertragspartner »Staaten« sind oder ob mit einem Staatsvertrag nicht besser solche Verträge bezeichnet werden, die »den Staat« als Ganzes – unter Einschluß der Legislativfunktion – binden, ist eine begriffliche Fragestellung, die materielle Bindungsmöglichkeiten nicht zu prädeterminieren vermag.

Eines ist richtig: Der Staat paktiert bei Abschluß eines Staatskirchenvertrags nicht mit einem anderen Staat, sondern mit einem innerstaatlichen Verband. Die verfassungsrechtliche Anerkennung kirchlicher Selbstbestimmung in nicht abgeleiteter Eigenrechtsmacht nach Art. 140 GG i.V.m. Art. 137 Abs. 1, 3 WRV bildet Grundlage und Grenze für das staatsvertraglich verabredete Zusammen-

---

S. 113. Ähnlich *H. Krüger*, Allgemeine Staatslehre, S. 887 f., der die Zulässigkeit einer vertraglich gegenüber anderen als Völkerrechtssubjekten (die Problematik des Staatskirchenvertrags bleibt dabei allerdings ausdrücklich offen) begründete Pflicht zur Gesetzgebung schon deswegen in Zweifel zieht, weil in einem Subordinationsverhältnis eine zweiseitige Rechtsgestaltung nicht möglich sein soll.

[102] Ablehnend *L. Renck*, ThürVBl. 1995, S. 31 ff. (34), der darauf hinweist, daß es sich auch bei den Kirchen, die nach Art. 140 GG i.V.m. Art. 138 Abs. 5 WRV über Körperschaftsstatus verfügen, lediglich um Zusammenschlüsse von Staatsbürgern mit übereinstimmenden religiös-weltanschaulichen Überzeugungen und Interessen, nicht aber um Völkerrechtssubjekte oder eigenständige Inhaber staatsrechtlicher Befugnisse (ähnlich etwa Bund und/oder Ländern) handele. Sie verfügten daher über keine »staatsrechtliche Vertragsfähigkeit«.

[103] So aber *L. Renck*, ThürVBl. 1995, S. 31 ff. (34).

I. Gesetzgebungsverträge im Staatskirchenrecht

wirken von Staat und Kirchen[104]. Das staatliche Recht erkennt die eigenständige transzendente Existenz der Religionsgemeinschaften an und beschränkt in Konsequenz dieser Anerkennung den staatlichen Aktionsradius auf das Weltlich-Diesseitige bei gleichzeitiger Gewährleistung des freien religiösen Wirkens (siehe nur Art. 140 GG i.V.m. Art. 137 Abs. 3 Satz 1 WRV). Diese verfassungsrechtlichen Gewährleistungen räumen kein Selbstverwaltungsrecht im sonst bekannten Sinne ein. Vielmehr erkennen sie die freie, staatsunabhängige Rechtsetzung und Verwaltung der Religionsgemeinschaften in ihren Angelegenheiten als originäre und nicht staatlich abgeleitete Befugnis an. Dies ist schon angesichts der fehlenden religiösen Kompetenz des säkularen Staates nicht anders denkbar[105].

Die verfassungsrechtliche Anerkennung des religiösen Selbstbestimmungsrechts und die daraus resultierende Gewährleistung, daß die Kirchen ihre eigenen Angelegenheiten selbständig ordnen und verwalten können, reicht diesen gegenüber weiter als gegenüber anderen Verbänden, deren verfassungsrechtlicher Freiheitsraum durch Art. 9 Abs. 1 GG umschrieben wird[106]. Die unabhängige Stellung der Kirchen gegenüber dem Staat nach Art. 140 GG i.V.m. Art. 137 f. WRV, die aus dem staatlichen Respekt für den Transzendenzbezug der Religionsgemeinschaften resultiert, unterscheidet sich kategorial von der rechtlichen Stellung sonstiger privater Verbände, die auf staatlicher Verleihung beruht[107].

Als Begründung dafür, daß der Staat regelmäßig nur mit der Kirche, nicht aber mit anderen mächtigen sozialen Verbänden derartige Verträge abschließt, dient somit die in dem Gebot der Nichteinmischung, Säkularität und Neutralität liegende Selbstbegrenzung der weltlichen gegenüber der kirchlichen Sphäre[108] ebenso wie die vom Staat gesehene und respektierte »Eigenrechtsmacht«[109] der Kirchen. Die strikte Verpflichtung zur Wahrung der Religionsfreiheit und des religionsgemeinschaftlichen Selbstbestimmungsrechts (Art. 4 GG) konstituiert den insofern entscheidenden Unterschied zwischen dem Verhältnis des Staates zu den auf seinem Territorium ansässigen Kirchen einerseits und zu den sonstigen mächtigen Verbänden andererseits. Aus diesem Grunde ist auch die Kritik an den staatskirchenvertraglichen Koordinationsformen bzw. der hierdurch bedingten Sonderstellung der Kirchen gegenüber anderen innerstaatlichen Verbänden[110] ver-

---

[104] Hierzu und zu dem folgenden *H.U. Anke*, Die Neubestimmung des Staat – Kirche – Verhältnisses in den neuen Ländern durch Staatskirchenverträge, S. 153 ff., 167 ff.
[105] *K.-H. Kästner*, Staatliche Justizhoheit und religiöse Freiheit, S. 122 ff., 141; *D. Pirson*, in: J. Listl/ders., HdbStKirchR Bd. II, S. 845 ff. (860 ff.).
[106] *G. Robbers*, in: R. Puza/A.P. Kustermann, Neue Verträge zwischen Kirche und Staat, S. 51 ff. (54).
[107] *H.U. Anke*, Die Neubestimmung des Staat – Kirche – Verhältnisses in den neuen Ländern durch Staatskirchenverträge, S. 162.
[108] Hierzu auch *H. Quaritsch*, Der Staat Bd. 1 (1962), S. 175 ff. (185 f.).
[109] *A. Hollerbach*, in: J. Isensee/P. Kirchhof, HdbStR Bd. VI, § 138 Rn. 71.
[110] Siehe nur *L. Renck*, ThürVBl. 1995, S. 31 ff. (34); *ders.*, DÖV 1997, S. 929 ff.

fehlt[111]. Allerdings verfügen Kirchen trotz dieser besonderen Rolle nicht über eine gegenüber anderen Verbänden herausgehobene Stellung, soweit der innere Kern des staatlichen Willensbildungsprozesses betroffen ist[112]. Das kirchliche Recht bildet eine Ordnung eigener Art neben dem weltlichen Recht[113]. Staatlicher und kirchlicher Rechtskreis stehen somit nicht in einem Über-/Unterordnungsverhältnis, sondern sie sind von Verfassungs wegen in ihren eigenen Bereichen gleichrangig aufeinander bezogen. Jede der beiden Seiten verfügt über eine alleinige Entscheidungsmacht für ihren jeweiligen Verantwortungsbereich.

Sowohl die Anerkennung der kirchlichen Eigenrechtsmacht als auch die daraus resultierende Enklave kirchlichen Wirkens im Staat ist das Ergebnis verfassungsrechtlicher Entscheidung. Es ist für den vorliegenden Zusammenhang müßig darüber zu diskutieren, inwieweit der verfassungsändernde Gesetzgeber berechtigt wäre, dieses Nebeneinander durch seine Entscheidung aufzuheben[114].

Auf dieser Grundlage ist eine staatskirchenvertragliche Bindung zulässig, wenn eine verläßliche Regelung wegen der jeweils beschränkten Kompetenzen der mit unabhängiger Eigenrechtsmacht ausgestatteten Vertragspartner nur auf der Grundlage umfassender gegenseitiger Bindung und deren Umsetzung auf den unterschiedlichen Regelungsebenen gewährleistet ist. Die Bindungen der Staatskirchenverträge zielen nicht nur auf Regelungsgegenstände in staatlicher Kompetenz, die dem einseitigen kirchlichen Zugriff verschlossen sind, sondern ihnen ist auch eine Festlegung religiösen Wirkens angelegen, für deren Fest- und Umsetzung der Staat in Ermangelung eigener Kompetenzen auf eine vertragliche Bindung der Religionsgemeinschaften angewiesen ist. Im Wege der vertraglichen Einigung sind dem Staat auf diese Weise säkular motivierte Gestaltungsmöglichkeiten eröffnet, die auf einem Wirken der Kirche in ihrem eigenständigen Rechtskreis aufbauen[115].

Dem Staat steht aber auch gegenüber der kirchlichen Eigenrechtsmacht die Letztverantwortung für den weltlichen Ordnungsrahmen des gesellschaftlichen Lebens zu[116]. Dies führt dazu, daß die Religionsgemeinschaften dem Staat einerseits als seiner Friedens- und Ordnungsfunktion unterworfene innerstaatliche Verbände gegenübertreten, andererseits als verfassungsrechtlich unabhängig an-

---

[111] Vor diesem Hintergrund wird auch deutlich, warum mangels Subordination eine Einordnung der Staatskirchenverträge als subordinationsrechtliche Verträge nicht in Betracht kommt. Da durch die Verträge gerade auch die Rechtsetzung gebunden werden soll, kommt auch eine Kategorisierung als verwaltungsrechtlicher Vertrag von vornherein nicht in Betracht.
[112] A. *Hollerbach*, in: J. Isensee/P. Kirchhof, HdbStR Bd. VI, § 138 Rn. 66, 97.
[113] A. *Hollerbach*, Verträge zwischen Staat und Kirche in der Bundesrepublik Deutschland, S. 90 ff.; ders.,in: J. Isensee/P. Kirchhof, HdbStR Bd. VI, § 138 Rn. 115 f. unter Hinweis auf BVerfGE 18, 385 (386).
[114] Zu den Schranken der verfassungsgebenden Gewalt im Verhältnis von Staat und Kirche H. *Quaritsch*, Der Staat Bd. 1 (1962), S. 175 ff. (187 ff.).
[115] Hierzu nochmals i.e. *H.U. Anke*, Die Neubestimmung des Staat – Kirche – Verhältnisses in den neuen Ländern durch Staatskirchenverträge, S. 5 ff., 53 ff., 163, 353 ff.
[116] A. *Hollerbach*, in: J. Isensee/P. Kirchhof, HdbStR Bd. VI, § 138 Rn. 60. Zu der staatlichen Letztverantwortung ausf. *C. Möllers*, Staat als Argument, S. 285 ff.

erkannte Subjekte mit originär eigenständigem Verantwortungsbereich. Die staatliche Verantwortung wird durch einen Vorbehalt nicht verfügbarer staatlicher Funktionswahrnehmung auch gegenüber der vertragsgesicherten religiösen Selbstbestimmung realisiert. Das verfassungsrechtliche Zuordnungsverhältnis des staatlichen und des kirchlichen Rechtskreises bildet Grund und Grenze vertraglicher Kooperation von Staat und Kirche zugleich.

Das Medium für die Realisierung der staatlichen Verantwortung ist nach Art. 140 GG i.V.m. Art. 137 Abs. 3 Satz 1 WRV das für alle geltende Gesetz[117]. Auf dessen Grundlage kann der Staat die ihm obliegende Letztverantwortung für die Wahrung seiner weltlichen Friedens-, Ordnungs- und Ausgleichsfunktion im Verhältnis zu den Religionsgemeinschaften durch die Befugnis zur Begrenzung von deren originärer Eigenrechtsmacht verwirklichen und damit seine Verantwortung für das Gemeinwohl gegenüber der religiösen Auftragswahrnehmung zur Geltung bringen. Diese in dem Gesetzesvorbehalt zum Ausdruck kommende staatliche Kompetenz ist nicht vertraglich verfügbar. Auch die staatskirchenvertraglichen Beziehungen sind nur unter Wahrung der kirchlichen Verantwortung für die geistlichen Fragen einerseits und der staatlichen Friedens-, Ordnungs- und Ausgleichsfunktion andererseits denkbar. Solche Vertragsbindungen, die diese letztverbindliche weltliche Bestimmungsmacht überspielen, trägt die innerstaatliche Vertragsgrundlage nicht, soweit durch den Vertrag die Gesetzgebung in diesem vorbehaltenen Bereich für die Zukunft gebunden werden soll. Wann die weltliche Letztentscheidungskompetenz berührt ist, kann aber nicht durch eine allgemeine Formel, sondern nur im Einzelfall und unter Abwägung der widerstreitenden weltlichen und kirchlichen Belange und unter Beachtung der Wechselwirkung von Schrankenzweck und Kirchenfreiheit ermittelt werden[118]. Außerhalb eines ohnehin nicht antastbaren Freiheitsbereichs der Religionsgemeinschaften kommt eine einseitige Begrenzung der des freien kirchlichen Wirkens durch staatliches Gesetz nur zur Durchsetzung zwingender Erfordernisse des friedlichen Zusammenlebens von Staat und Kirche im säkula-

---

[117] Zu der Anwendung dieser Formel: *A. Freiherr v. Campenhausen*, in: H. v. Mangoldt/F. Klein/C. Starck, Grundgesetz Bd. 3, Art. 140/137 WRV Rn. 191 ff.; *D. Ehlers*, in: M. Sachs, Grundgesetz, Art. 140/137 WRV Rn. 10 ff.; *M. Morlok*, in: H. Dreier, Grundgesetz Bd. III, Art. 140/137 WRV Rn. 53 ff.

[118] Hierzu ausf. *H.U. Anke*, Die Neubestimmung des Staat – Kirche – Verhältnisses in den neuen Ländern durch Staatskirchenverträge, S. 167 ff. An diesem Punkt wirkt sich dogmatisch – aber nur selten im Ergebnis – die unterschiedliche Interpretation des Gesetzesvorbehalts aus; siehe den Überblick bei *A. Freiherr v. Campenhausen*, in: H. v. Mangoldt/F. Klein/C. Starck, Grundgesetz Bd. 3, Art. 140/Art. 137 WRV Rn. 191 ff.; *D. Ehlers*, in: M. Sachs, Grundgesetz, Art. 140/ Art. 137 WRV Rn. 10 f.; *H. Quaritsch*, Der Staat Bd. 1 (1962), S. 289 ff. (289 ff.). Die sog. Bereichslehre wird in diesem Zusammenhang z.B. vertreten von *H. Weber*, Grundprobleme des Staatskirchenrechts, S. 44 ff., 62 ff.; s.a. BVerfGE 18, 385 (388); 42, 312 (334, 338); 46, 73 (95); 66, 1 (20); 72, 178 (189). Demgegenüber wird die Abwägungslehre z.B. vertreten von: *M. Morlok*, Selbstverständnis als Rechtskriterium, S. 437 f.; *A. Freiherr v. Campenhausen*, Staatskirchenrecht, S. 118 ff. Gegen eine Überbewertung der dogmatischen Auseinandersetzung tritt auch *A. Freiherr v. Campenhausen*, Staatskirchenrecht, S. 115, ein.

ren Gemeinwesen in Betracht[119]. Ein Gestaltungsspielraum für vertragliche Regelung ist überall dort eröffnet, wo der Staat den Kirchen ein Kooperationsangebot macht, zu dessen Wahrnehmung sie nicht verpflichtet sind, oder aber, wo der Staat auf die Mitwirkung der Kirchen bei der Gestaltung des staatlich-kirchlichen Kooperationsverhältnisses angewiesen ist. Hier ist eine einseitig-hierarchische Koordination durch Gesetz nicht möglich. In dieser Substitutionsfunktion liegt die spezifisch staatskirchenrechtliche Legitimation des Vertrags als Steuerungsinstrument[120]. Als Begründung für die in staatsvertraglicher Form stattfindenden Vertragsschlüsse zwischen Staat und Kirchen dient der Hinweis auf die den Kirchen zukommende, vom Staat respektierte Eigenrechtsmacht, die an den Grenzen der beschränkten Kompetenz des säkularen Staates einsetzt und in den vertragsrechtlichen Materien eine Gleichordnung von Staat und Kirchen konstituiert[121].

Auf der Grundlage einer klaren Differenzierung zwischen staatlichen und kirchlichen Angelegenheiten, nach der der Staat die Letztverantwortung für die Wahrnehmung weltlicher Aufgaben hat, die Bestimmung über die religiöse Fragen aber ausschließlich den Religionsgemeinschaften obliegt, hat die Verfassung (Art. 140 GG i.V.m. 137 Abs. 3 Satz 1 WRV) mit der Anerkennung von originärer Existenz und Eigenrechtsmacht der Religionsgemeinschaften diesen nicht ein bloßes Selbstverwaltungsrecht oder eine Autonomie im herkömmlichen Sinne zugestanden. Vielmehr erkennt sie diese Rechtsetzung und Selbstverwaltung der Religionsgemeinschaften umfassend als freie und nicht staatsabgeleitete Befugnis an[122]. Staatlicher und kirchlicher Rechtskreis sind im Bereich ihrer jeweiligen Funktionalität gleichrangig aufeinander bezogen und verfügen über eine Entscheidungsmacht für ihren jeweiligen Verantwortungskreis. Diese Eigenrechtsmacht der Religionsgemeinschaften ist in der Verfassung gewährleistet und damit Element der staatlichen Rechtsordnung, ohne daß deren Diesseitigkeit in Frage gestellt wird. Allerdings unterscheidet sich die sich aus dem staatlichen Respekt gegenüber dem Transzendenzbezug der Religionsgemeinschaften ergebende Rechtsstellung der Kirchen grundlegend von den rechtlichen, auf staatlicher Verleihung, nicht aber Anerkennung beruhenden Freiräumen anderer gesellschaftlicher Verbände.

Die Respektierung kirchlicher Eigenrechtsmacht bedeutet nicht, daß Staat und Kirche sich allenthalben als gleichgeordnete, souveräne Größen gegenüber

---

[119] *A. Freiherr v. Campenhausen*, Staatskirchenrecht, S. 117 ff.; *A. Hollerbach*, in: J. Isensee/P. Kirchhof, HdbStR Bd. VI, § 138 Rn. 118 f. Beispiele etwa bei *M. Morlok*, in: H. Dreier, Grundgesetz Bd. III, Art. 140/Art. 137 WRV Rn. 61 ff.
[120] Siehe z.B. *H.U. Anke*, Die Neubestimmung des Staat – Kirche – Verhältnisses in den neuen Ländern durch Staatskirchenverträge, S. 137; *P. Kirchhof*, in: J. Isensee/P. Kirchhof, HdbStR Bd. III, § 59 Rn. 153.
[121] *A. Hollerbach*, Verträge zwischen Staat und Kirche in der Bundesrepublik Deutschland, S. 253, 275; *ders.*, in: J. Isensee/P. Kirchhof, HdbStR Bd. VI, § 138 Rn. 71.
[122] BVerfGE 18, 385 (386); *H.U. Anke*, Die Neubestimmung des Staat – Kirche – Verhältnisses in den neuen Ländern durch Staatskirchenverträge, S. 154, 157 m.w.N. in Fn. 493; *A. Freiherr v. Campenhausen*, in: H. v. Mangoldt/F. Klein/C. Starck, Grundgesetz Bd. 3, Art. 140/137 WRV Rn. 24 m.w.N. in Fn. 1; *A. Hollerbach*, in: J. Isensee/P. Kirchhof, HdbStR Bd. VI, § 138 Rn. 115.

stehen¹²³. Hierdurch würde unterstellt, daß es sich bei diesen um zwei voneinander unabhängige, selbständige Gemeinwesen handelt, deren wechselseitiges Verhältnis durch Koordination in Konkordaten, Kirchenverträgen und paktierter Gesetzgebung geordnet wird. Diese These *prinzipieller* Gleichordnung, von der aus auf eine Unabhängigkeit der Kirchen von der demokratisch-staatlichen Rechtsordnung geschlossen wird¹²⁴, ist im modernen Verfassungsstaat aber in dieser Form nicht haltbar¹²⁵. Das Grundverhältnis von Kirche und Staat wird im Sinne der Existenz und Anerkennung kirchlicher Eigenrechtsmacht durch die staatliche Verfassung konstituiert.

Für die Beurteilung des Verhältnisses von Staat und Religionsgemeinschaften kann insoweit zumindest im Ansatz auf die Erkenntnis zurückgegriffen werden, die für das Verhältnis von Staat und Gesellschaft im allgemeinen entwickelt worden ist¹²⁶. Im Verfassungsstaat kann es keine gleichsam ubiquitäre natürliche Überlegenheit des Staates gegenüber der Gesellschaft geben. Soweit eine solche Überlegenheit zur Durchsetzung von Gemeinwohlbelangen notwendig ist und daher auch existiert, ist sie durch Verfassung und Gesetz hergestellt. Die Grenzen dieser Überlegenheit liegen in dem eingriffsresistenten Bereich der Grundrechte. Wo der Staat dem Bürger mangels Ermächtigungsgrundlage, mangels legitimen Eingriffzwecks oder mangels Verhältnismäßigkeit eines Grundrechtseingriffs keine Pflichten einseitig-hoheitlich auferlegen darf, besteht keine Überordnung des Staates über den Bürger. In diesen Bereichen stehen sich die beiden Funktionsbereiche – Staat i.e.S. und Gesellschaft – gleichgeordnet gegenüber.

Zwar sind zumindest die großen Religionsgemeinschaften älteren Ursprungs als das Grundgesetz und ihrem eigenen Anspruch gemäß verfassungstranszendent, doch weist dieses dem Staat die Höchstzuständigkeit in der Gemeinwohlverantwortung mit dem Ziel integrativer Zusammenführung aller Wirkkräfte und Sachbereiche zu. Interessenausgleich unter den Bedingungen der prinzipiellen Gleichrangigkeit einander gegenüberstehender souveräner Mächte kommt daher hier insoweit nicht in Betracht, als die dem Staat obliegende Ordnungsfunktion betroffen ist. Daher ist nunmehr auf die zahlreichen Verfassungsbestimmungen – insbesondere aber auf Art. 4 Abs. 1 und 2 GG und Art. 140 GG – zu verweisen, die zugunsten der kirchlichen Eigenständigkeit wirken. Sie legen das Bemühen um die Herstellung eines Einverständnisses vor einer einseitig-hoheitlichen Rechtsetzung nahe, da das kirchliche Selbstverständnis zu berücksichtigen ist, wenn festgestellt werden soll, welche Verhaltensweisen im einzelnen durch das kirchliche Selbstbestimmungsrecht und die Religionsfreiheit gewährleistet sind¹²⁷.

---

¹²³ *K. Hesse*, Rechtsschutz durch staatliche Gerichte im kirchlichen Bereich, S. 75 ff.; *A. Hollerbach*, Verträge zwischen Staat und Kirche in der Bundesrepublik Deutschland, S. 126 ff. Ablehnend z.B. *H. Quaritsch*, FS Schack, S. 125 ff. (140); *ders.*, Der Staat Bd. 1 (1962), S. 175 ff. (176 ff.).
¹²⁴ Siehe nur *A. Hollerbach*, Verträge zwischen Staat und Kirche in der Bundesrepublik Deutschland, S. 89 ff.
¹²⁵ So jetzt auch wohl *A. Hollerbach*, in: J. Isensee/P. Kirchhof, HdbStR Bd. VI, § 138 Rn. 60.
¹²⁶ Siehe S. 145 ff.
¹²⁷ BVerfGE 24, 236 (247 f.); s.a. *M. Morlok*, Selbstverständnis als Rechtskriterium, S. 78 ff., 393 ff.; *ders.*, in: H. Dreier, Grundgesetz Bd. I, Art. 4 Rn. 32 ff. Kritisch gegenüber diesem subjektiven Ansatz aber *J. Isensee*, Wer definiert die Freiheitsrechte?, v.a. S. 29 ff.

Wo der Staat Regelungen treffen will, die aus materiell-verfassungsrechtlichen Gründen einer Zustimmung der betroffenen Kirchen bedürfen (z.b. soweit Verfassungsgarantien ein Angebot an die Kirchen darstellen, zu dessen Wahrnehmung sie nicht verpflichtet sind (wie z.b. bei der Errichtung theologischer Fakultäten, der Erhebung von Kirchensteuer))[128], bedarf er des vertraglichen Koordinierungsinstruments. Dies bedeutet aber im Umkehrschluß nicht, daß der Vertrag sich ausschließlich auf solche Gegenstände beziehen muß. Insbesondere für die kirchliche Seite ergibt der Vertragsschluß nur dann einen Sinn, wenn die staatliche Seite ein kirchliches Entgegenkommen in einer Sachfrage auch durch eine auf die Gesetzgebung bezogene Zusage entgelten kann. Dies bedeutet, daß unter der Voraussetzung, daß sich der Vertrag *auch* mit solchen Angelegenheiten befaßt, die der einseitig-hierarchischen Koordination durch Gesetz entzogen sind, neben diesen auch Fragen der Gesetzgebung zwischen Staat und Kirche abgesprochen werden können. Eine Beschränkung der Möglichkeit vertraglicher Koordination zwischen Staat und Kirche auf gerade solche Materien, die gesetzlicher Regelung nicht zugänglich sind, ist daher nicht anzunehmen.

Eine Pflicht des Staates zu vertraglicher Koordination – und damit ein Vorrang der Vertragsform vor der hierarchischen Koordinierung – besteht außerhalb der Bereiche, in denen der Staat zwingend auf die Beteiligung der Religionsgemeinschaften angewiesen ist, weil er in deren Vorbehaltsbereich nicht einzugreifen befugt ist, indes grundsätzlich nicht[129]. Das Bundesverfassungsgericht hat festgestellt, daß es völlig im Belieben des Staates steht, ob und mit welchen Religionsgemeinschaften er Verträge abschließen will[130]. Diese Aussage ist unter dem Gesichtspunkt der Parität[131] nur dann nicht zu beanstanden, wenn dieser Satz nur Bezug auf die Rechtsform nimmt und der Staat anderen Religionsgemeinschaften, die einen aus jenem Grundsatz fließenden Anspruch auf Gleichbehandlung mit dem Vertragspartner haben, zumindest durch einseitiges Gesetz gleichbehandelt[132].

Ungeachtet dessen standen insbesondere die Vertragsschlüsse in den neuen deutschen Bundesländern nach der deutschen Wiedervereinigung vielfach unter dem Eindruck, daß es zu vertraglicher Koordination zwischen Staat und Kirche keine – verfassungsrechtliche – Alternative gebe[133]. Insbesondere in Sachsen wurde dieser Eindruck durch die apodik-

---

[128] *H.U. Anke*, Die Neubestimmung des Staat – Kirche – Verhältnisses in den neuen Ländern durch Staatskirchenverträge, S. 35; *A. Hollerbach*, in: J. Isensee/P. Kirchhof, HdbStR Bd. VI, § 138 Rn. 63, dort auch zu weiteren Fällen; *ders.*, in: J. Listl/D. Pirson, HdbStKirchR Bd. I, S. 253 ff. (268 f.); *D. Pirson*, EvStL, Sp. 3814 ff. (3825).

[129] *H.U. Anke*, Die Neubestimmung des Staat – Kirche – Verhältnisses in den neuen Ländern durch Staatskirchenverträge, S. 28 ff.; *A. Hollerbach*, in: J. Isensee/P. Kirchhof, HdbStR Bd. VI, § 138 Rn. 63; *P. Mikat*, in: E. Benda/W. Maihofer/H.-J. Vogel, HdbVerfR, § 29 Rn. 22, 33.

[130] BVerfGE 9, 1 (12). Zustimmend *P. Mikat*, in: E. Benda/W. Maihofer/H.-J. Vogel, Hdb-VerfR, § Rn. 33; kritisch aber dggü. *A. Hollerbach*, in: J. Listl/D. Pirson, HdbStKirchR Bd. I, S. 253 ff. (268); *H. Weber*, Grundprobleme des Staatskirchenrechts, S. 51 (Fn. 97).

[131] Hierzu oben Fn. 80.

[132] *K. Obermayer*, in: Bonner Kommentar zum Grundgesetz (1971), Art. 140 Rn. 91.

[133] Nachweise über die Diskussionen in den einzelnen Ländern bei *H.U. Anke*, Die Neubestimmung des Staat – Kirche – Verhältnisses in den neuen Ländern durch Staatskirchenverträge, S. 29 f.

tische Formulierung des Art. 109 Abs. 2 Satz 3 Verf. Sachs. genährt, nach der die Beziehungen des Landes zu den Kirchen und Religionsgemeinschaften im übrigen – neben den für alle geltenden Gesetzen (Art. 109 Abs. 2 Satz 2 Verf. Sachs.) – durch Vertrag geregelt werden.

5. Gesetzgebungshoheit versus Vertragstreue im Staatskirchenrecht

Konkordate und Kirchenverträge werden durch staatliches Vertragsgesetz dem staatlichen Recht zugeordnet[134]. Allgemeinverbindlichkeit erlangt der Staatskirchenvertrag durch die parlamentarische Zustimmung in Gesetzesform[135]. Soweit die Übereinkünfte zwischen Staat und Kirche thematisch nicht in den Bereich der bloßen Verwaltungsabkommen fallen, bedürfen sie nach Art. 59 Abs. 2 GG, der ausweislich seiner Entstehungsgeschichte auch Konkordate erfassen sollte[136], einer parlamentarischen Zustimmung in der Form des Gesetzes[137]. Die inhaltliche Nähe der staatskirchenvertraglichen Dogmatik zu der Dogmatik des völkerrechtlichen Vertrags macht deutlich, daß der Staatskirchenvertrag – ebenso wie sein völkerrechtliches Pendant – als kollektiver Rechtsetzungsakt von Staat und Kirchen gedeutet wird[138].

Alternativ wäre zu erwägen, ob es sich bei den Staatskirchenverträgen nicht um einen Fall der paktierten Gesetzgebung handelt. Dann käme dem staatlichem wie dem kirchlichem Vertragsgesetz die Aufgabe zu, den Inhalt des von der jeweiligen Exekutive vereinbarten Vertragsinhalts in staatliches bzw. kirchliches Recht zu verwandeln[139]. Wer aus staatsrechtlichen oder -theoretischen Gründen vertraglicher Kooperation dort skeptisch gegenübersteht, wo auch ein Gesetz möglich wäre[140], ist versucht, Staatskirchenverträge auf diese Weise als Emanation paktierter Gesetzgebung und nicht als Rechtsetzung durch Vertrag zu deuten[141].

---

[134] *A. Albrecht*, Koordination von Staat und Kirche in der Demokratie, S. 205 ff.; *A. Hollerbach*, Verträge zwischen Staat und Kirche in der Bundesrepublik Deutschland, S. 189 ff.; *H. Weber*, Grundprobleme des Staatskirchenrechts, S. 52 f.

[135] *A. Freiherr v. Campenhausen*, in: H. v. Mangoldt/F. Klein/C. Starck, Grundgesetz Bd. 3, Art. 140 Rn. 53.

[136] *U. Fastenrath*, Kompetenzverteilung im Bereich der auswärtigen Gewalt, S. 103; *G.H. Reichel*, Die auswärtige Gewalt nach dem Grundgesetz für die Bundesrepublik Deutschland vom 23. Mai 1949, S. 94 f.

[137] Während in Nordrhein-Westfalen Art. 21 Verf. Nordrh.-Westf. festlegt, daß Verträge zwischen dem Land und Kirchen bzw. Religionsgemeinschaften, mit denen diesen zustehende Leistungen des Landes abgelöst werden, der Bestätigung durch Landesgesetz bedürfen, gelten für andere Bereiche des Staatskirchenrechts und in den übrigen Ländern die Vorschriften über Staatsverträge, die allesamt eine parlamentarische Zustimmung durch Gesetz einfordern; z.B. Art. 50 Satz 2 Verf. Bad.-Württ.; Art. 72 Abs. 2 Verf. Bay.; Art. 65 Abs. 2 Verf. Sachs.

[138] *A. Hollerbach*, Verträge zwischen Staat und Kirche in der Bundesrepublik Deutschland, S. 155 f.; hiergegen aber *A. Albrecht*, Koordination von Staat und Kirche in der Demokratie, S. 215 f.

[139] *A. Albrecht*, Koordination von Staat und Kirche in der Demokratie, S. 207 ff., 249 f. m.w.N.

[140] Grundsätzlich z.B. *H. Weber*, Grundprobleme des Staatskirchenrechts, S. 106; ähnlich *H. Quaritsch*, FS Schack, S. 125 ff. (126 ff.).

[141] So z.B. *H. Quaritsch*, FS Schack, S. 125 ff. (126).

Für das Staatskirchenvertragsrecht hat sich die herrschende Lehre – anders als für völkerrechtliche Verträge – schon von jeher auf den Standpunkt gestellt, daß das Staatskirchenvertragsrecht nicht in Gesetzesgebote transformiert wird, sondern, daß es unter Wahrung seines vertraglichen Charakters durch einen Anwendungsbefehl der zuständigen Organe im staatlichen Bereich anwendbar gemacht wird. Das Staatskirchenrecht folgt also der Vollzugs-, nicht der Transformationslehre[142], so daß insoweit keine paktierte Gesetzgebung, keine zwei parallelen Rechtsetzungsakte, sondern eine vertragliche Regelung vorliegt, die innerstaatlich wie innerkirchlich anwendbar sein soll. Die Verträge wollen zum Ausgleich des kirchlichen und des weltlichen Normensystems eine rechtliche Ordnung aufrichten, nach der sich die rechtlichen Beziehungen von Staat und Kirche künftig unmittelbar richten sollen. Es handelt sich daher um leges contractus[143]. Für die Begründung eines solchen Vertragswillens der Vertragspartner ist auf den objektiven Text der Verträge, insbesondere die zahlreichen gesetzesförmigen Formulierungen zu verweisen, die sich nicht an die vertragsschließenden Organe, sondern an die Kirchen- und Staatsangehörigen wenden. Auch der Wille der Vertragspartner geht dahin, daß das Konkordat niemals nur bipolare Verpflichtungen ohne gleichzeitige innerstaatliche bzw. -kirchliche Verbindlichkeit hat. Die Parlamentshoheit ist auch bei dieser vertraglichen Konstruktion mit der parlamentarischen Zustimmung gewahrt[144].

In Anlehnung an die Auseinandersetzungen zwischen monistischer und dualistischer Konstruktion des Verhältnisses von nationalem und internationalem Recht[145] entflammte insbesondere anläßlich des Streits um das Reichskonkordat die Auseinandersetzung um das richtige Verständnis von dessen Entstehung und Gültigkeit[146]. Die Bedeutung der vergangenen Kontroverse über die dogmatische Zuordnung des Staatskirchenvertrags ist heute aber (erneut[147]) durch die Frage nach der Rechtfertigung vertraglicher, konsensualer Regelung des Verhältnisses

---

[142] A. Freiherr v. Campenhausen, in: H. v. Mangoldt/F. Klein/C. Starck, Grundgesetz Bd. 3, Art. 140 Rn. 53; A. Hollerbach, Verträge zwischen Staat und Kirche in der Bundesrepublik Deutschland, S. 154; ders., in: J. Isensee/P. Kirchhof, HdbStR Bd. VI, § 138 Rn. 72; a.A. (Transformation) aber H. Quaritsch, FS Schack, S. 125 ff. (140).

[143] A. Hollerbach, Verträge zwischen Staat und Kirche in der Bundesrepublik Deutschland, S. 154 ff., 158; R. Smend, in: ders., Staatsrechtliche Abhandlungen und andere Aufsätze, S. 487 ff. (487 ff.); H. Wagnon, Concordats et droit international, S. 189 ff., 205.

[144] H. Wagnon, Concordats et droit international, S. 214 f.

[145] Hierzu Überblick mit Nachw. bei B. Kempen, in: H. v. Mangoldt/F. Klein/C. Starck, Grundgesetz Bd. 2, Art. 25 Rn. 83 ff.; K. Stern, Staatsrecht I, § 14 I 3.

[146] Gegen die allgemein verbreitete dualistische Sichtweise v.a. R. Smend, in: ders., Staatsrechtliche Abhandlungen und andere Aufsätze, S. 487 ff. (487 f. und passim) unter Bezugnahme auf H. Wagnon, Concordats et droit international, S. 205 und passim. Die bei R. Smend, a.a.O., S. 488 f., dargelegten Argumente betreffen indes die kirchenrechtliche Seite der Problematik. Da es vorliegend aber um die Kollision von vertraglicher Bindung und Staatsgesetz geht, kann insoweit die kanonische Rechtslehre nicht weiterhelfen.

[147] G. Czermak, Der Staat Bd. 39 (2000), S. 69 ff.; L. Renck, ThürVBl. 1995, S. 31 ff.; ders., DÖV 1997, S. 929 ff.

I. Gesetzgebungsverträge im Staatskirchenrecht

von Staat und Kirchen überlagert[148], mit der die Problematik von Reichweite und Bestandskraft solcher Verträge in engem Zusammenhang steht. Sie drückt sich in dem Spannungsverhältnis von Gesetzgebungshoheit und Vertragstreue aus, das sich insbesondere bei – trotz der Vereinbarung von zu Konsultationen verpflichtenden »Freundschaftsklauseln« oder gar Schiedsgerichtsklauseln[149] vorkommender – einseitiger staatlicher Loslösung von der vertraglichen Verpflichtung aktualisiert[150]. Das zu den Staatsverträgen bereits hinsichtlich des Spannungsverhältnisses von Gesetzgebungshoheit und Vertragsbindung Dargelegte bezieht sich auf völkerrechtliche Verträge und Verträge zwischen den Gebietskörperschaften. In der Folge ist zu erwägen, ob die in diesem Bereich entwickelten Grundsätze auf Staatskirchenverträge zu übertragen sind. Rechtsprechung und Literatur haben – vorbehaltlich des Gebots einer vertragsfreundlichen Auslegung nachfolgender Gesetze[151] – auch bei Kollisionen zwischen staatskirchenvertraglicher Verpflichtung des Staates und späterer gesetzlicher Regelung die Konsequenz aus ihrem völkerrechtlichen Erklärungsansatz für den staatskirchenrechtlichen Vertragsschluß gezogen.

a) Der völkerrechtliche Erklärungsansatz

Nach ganz allgemeiner Ansicht verstößt völkervertragswidriges Landesrecht nicht gegen das Grundgesetz, ist daher wirksam und bindet seine innerstaatlichen Adressaten[152], verpflichtet aber den Staat völkerrechtlich zur Beseitigung des Ver-

---

[148] Hierzu v.a.A. *Hollerbach*, in: J. Listl/D. Pirson, HdbStKirchR Bd. I, S. 253 ff. (276 ff.); *ders.*, in: J. Isensee/P. Kirchhof, HdbStR Bd. VI, § 138 Rn. 60 ff.

[149] Nachweise beider bei *A. Freiherr v. Campenhausen*, in: H. v. Mangoldt/F. Klein/C. Starck, Grundgesetz Bd. 3, Art. 140 Rn. 58; *A. Hollerbach*, in: J. Isensee/P. Kirchhof, HdbStR Bd. VI, § 138 Rn. 77.

[150] *A. Freiherr v. Campenhausen*, in: H. v. Mangoldt/F. Klein/C. Starck, Grundgesetz Bd. 3, Art. 140 Rn. 57.

[151] *H.U. Anke*, Die Neubestimmung des Staat – Kirche – Verhältnisses in den neuen Ländern durch Staatskirchenverträge, S. 180 f. Auch hier gilt das zu den völkerrechtlichen Verträgen Gesagte (siehe S. 213) – abgesehen von der nun wiederum anderen verfassungsrechtlichen Verwurzelung der Strategien zur Vermeidung von Kollisionen, die hier nicht in der Völkerrechtsfreundlichkeit des Grundgesetzes, sondern in der besonderen verfassungsrechtlichen Stellung der Kirchen begründet ist.

[152] BVerfGE 6, 309 (363: »Der Gesetzgeber hat also die Verfügungsmacht über den Rechtsbestand (sc. völkerrechtlicher Vertragspflichten; F.B.) auch dort, wo eine vertragliche Bindung besteht, sofern sie nicht allgemeine Völkerrechtssätze zum Gegenstand hat«); *P. Badura*, Staatsrecht, S. 330; *R. Bernhardt*, in: J. Isensee/P. Kirchhof, HdbStR Bd. VII, § 174 Rn. 28 f.; *A. Bleckmann*, Grundgesetz und Völkerrecht, S. 278; *G. Boehmer*, Der völkerrechtliche Vertrag im deutschen Recht, S. 68 m.w.N. in Fn. 274; *R. Geiger*, Grundgesetz und Völkerrecht, S. 177; *B. Kempen*, in: H. v. Mangoldt/F. Klein/C. Starck, Grundgesetz Bd. 2, Art. Rn. 59 Rn. 92 f.; *T. Maunz*, in: ders./G. Dürig u.a., Grundgesetz, Art. 25 Rn. 29; *O. Rojahn*, in: I. v. Münch/P. Kunig, Grundgesetz-Kommentar Bd. 2, Art. 59 Rn. 37; *W. Rudolf*, Völkerrecht und deutsches Recht, S. 213 f. m.w.N. in Fn. 120 ff.; *R. Streinz*, in: M. Sachs, Grundgesetz, Art. 59 Rn. 63; *C. Tomuschat*, in: J. Isensee/P. Kirchhof, HdbStR Bd. VII, § 172 Rn. 35; *M. Zuleeg*, in: Alternativ-Kommentar zum Grundgesetz Bd. I, Art. 25 Rn. 25.

stoßes[153]. Daher geht von einem verfassungsgemäßen Vertragsgesetz[154] keine Bindung der parlamentarischen Gesetzgebungskompetenz aus und der parlamentarische Gesetzgeber verfügt trotz der vertraglichen Bindung des Staates, der das Parlament gem. Art. 59 Abs. 2 GG zustimmen mußte, über die Möglichkeit, – vertrags- und damit völkerrechtswidrig – über den kontrahierten Gegenstand im Wege späterer Gesetzgebung zu disponieren[155]. Ein solcher Verstoß gegen völkervertragliche Verpflichtungen liegt aber nicht allein dann vor, wenn der Gesetzgeber eine durch das Vertragsgesetz zunächst in Kraft gesetzte, daher unmittelbar anwendbare Gesetzesnorm durch eine lex posterior aufhebt. Es ist auch denkbar, daß der Gesetzgeber einer völkervertraglich und mit seiner Zustimmung eingegangenen vertraglichen (völkerrechtlichen) Normsetzungsverpflichtung nicht nachkommt.

Kollisionen zwischen völkervertraglicher Verpflichtung und späterer staatlicher Gesetzgebung kommen aus zwei Gründen selten vor[156]: Zum einen aufgrund eines Gebots zur

---

[153] S.a. Art. 27 Satz 1 WVK.

[154] Der Begriff des Vertragsgesetzes ist dem des weithin verwendeten Zustimmungsgesetzes vorzuziehen, da letzterer durchaus geeignet ist, in Bezug auf die Mitwirkung des Bundesrats falsche Assoziationen zu wecken. Dies erfolgt gem. Art. 59 Abs. 2 Satz 1 GG nach Maßgabe der verfassungsrechtlichen Vorschriften und damit je nach betroffener Materie im Wege des Einspruchs *oder* der Zustimmung. Der Begriff des Vertragsgesetzes ist gegenüber dieser Unterscheidung indifferent; *M. Zuleeg*, in: Alternativ-Kommentar zum Grundgesetz Bd. II, Art. 59 Rn. 22 f.; s.a. BVerfGE 1, 369 (410), wo das Bundesverfassungsgericht die Bezeichnung »Vertragsgesetz« wählt; anders aber dann z.B. in der abw. Meinung *Rupp, Hirsch* und *Wand* zu Solange I, BVerfGE 37, 271 (294); 73, 339 (366); 90, 286 (352).

[155] Die herrschende Dogmatik des Verhältnisses von völkervertraglicher Verpflichtung und staatlicher Gesetzgebung hat auch entscheidenden Einfluß auf das innerstaatliche Vertragsrecht für den Staatsvertrag im Bundesstaat genommen. Somit weisen auch staatsvertragliche Normen nach nahezu übereinstimmender Auffassung keinen Vorrang vor Landesgesetzen auf (*O. Bachof/G. Kisker*, Rechtsgutachten zur Verfassungsmäßigkeit des Staatsvertrages vom 6. Juni 1961 über die Errichtung der Anstalt »Zweites Deutsches Fernsehen«, S. 27 f.; *R. Grawert*, Verwaltungsabkommen zwischen Bund und Ländern in der Bundesrepublik Deutschland, S. 129 ff.; *G. Kisker*, Kooperation im Bundesstaat, S. 266; *J. Pietzcker*, in: C. Starck, Zusammenarbeit der Gliedstaaten im Bundesstaat, S. 17 ff. (50); *K. Stern*, Staatsrecht Bd. I, § 19 III 7 a; a.A. aber *H.-P. Rill*, Gliedstaatsverträge, S. 486 f.; *C. Vedder*, Intraföderale Staatsverträge, S. 329 ff.). Der im jeweiligen Landes- oder Bundesrecht anzuwendende Vertrag steht im Range des Zustimmungsrechtsakts, d.h. im Range des einfachen Gesetzes, weswegen das durch den Staatsvertrag gesetzte Recht nach der lex posterior Regel durch nachfolgendes Gesetz aufgehoben werden kann (*W. Rudolf*, in: J. Isensee/P. Kirchhof, HdbStR Bd. IV, § 105 Rn. 55). Das intraföderale Staatsvertragsrecht beruht nach wie vor auf der Grundlage, daß die Verträge durch den parlamentarischen Zustimmungsakt in Landesrecht »transformiert« werden, so daß paralleles Landesgesetzesrecht entsteht und die Bedeutung des Vertrags neben dem Transformationsgesetz nach dessen Inkrafttreten verblaßt (BVerwGE 22, 299 (301); 54, 29 (34); *O. Bachof/G. Kisker*, a.a.O., S. 26 f.; *H. Schneider*, VVDStRL Bd. 19 (1961), S. 1 ff. (14); *P. Schneider*, Rechtsgutachten zur verfassungsrechtlichen Beurteilung des Staatsvertrages über die Errichtung der Anstalt des öffentlichen Rechts »Zweites Deutsches Fernsehen«, S. 58. Von einer Vollziehbarkeitsanordnung geht hingegen *K.-P. Sommermann*, in: H. v. Mangoldt/F. Klein/C. Starck, Grundgesetz Bd. 2, Art. 20 Rn. 50, aus).

[156] So *R. Bernhardt*, in: J. Isensee/P. Kirchhof, HdbStR Bd. VII, § 174 Rn. 29. Von sich häufenden Verstößen im Bereich der Doppelbesteuerungsabkommen berichtet hingegen *K. Vogel*, JZ 1997, S. 161 ff. (161 f.).

völkerrechtsfreundlichen Interpretation der lex posterior in dem Sinne, daß deren Kollision mit der völkerrechtlichen Verpflichtung möglichst vermieden wird[157]: Soweit dies von Wortlaut und Gesetzesmaterialien der späteren gesetzlichen Regelung her möglich ist, sollen gesetzliche Vorschriften in einer Weise ausgelegt werden, daß sie den vertraglichen Verpflichtungen nicht zuwiderlaufen. Die in dem Grundsatz der Völkerrechtsfreundlichkeit implizierte verfassungsrechtliche Entscheidung für die Teilnahme an der für dieses Gebiet prägenden vertraglichen Kooperation und Koordination setzt sich jedenfalls dort gegenüber dem späteren Gesetz durch, wo insoweit Auslegungsspielräume bestehen. Auch ein Wille des Gesetzgebers dürfte dahingehend anzunehmen sein, daß dieser einen unter seiner Beteiligung geschlossenen Vertrag nur dann brechen will, wenn er ein Abweichen von den kontrahierten Regelungen ausdrücklich erklärt. Zum anderen kommen Kollisionen zwischen völkervertraglicher Verpflichtung und späterer Gesetzgebung aufgrund der lex specialis Regel selten vor. Hiernach ist davon auszugehen, daß die zunächst völkervertraglich begründete Regelung gegenüber der lex posterior als lex specialis nicht verdrängt werden soll[158]. Allerdings entbindet die verständliche Scheu der Praxis vor dem Konflikt die Dogmatik nicht von dessen Lösung für den Fall, daß diese Umgehungsstrategien nicht aufgehen.

aa) Die Bedeutung des Vertragsgesetzes

Aus Sicht des Grundgesetzes ist die verfassungsrechtliche Zulässigkeit eines gesetzgeberischen Akts, der eine zuvor aufgrund völkerrechtsvertraglicher Verpflichtung in den innerstaatlichen Bereich übernommene Norm aufhebt, nur mit Blick auf Funktion und Bedeutung des parlamentarischen Zustimmungsakts nach Art. 59 Abs. 2 Satz 1 GG zu bestimmen[159]. Nach dieser Vorschrift bedürfen Verträge, welche die politischen Beziehungen des Bundes regeln[160] oder sich auf Gegenstände der Bundesgesetzgebung beziehen[161], der Zustimmung der jeweils für die Bundesgesetzgebung zuständigen Körperschaften in der Form eines Bundesgesetzes. Art. 59 Abs. 2 Satz 1 GG folgt ersichtlich keinem streng monisti-

---

[157] BVerfGE 74, 358 (370); *A. Bleckmann*, Grundgesetz und Völkerrecht, S. 298; *G. Boehmer*, Der völkerrechtliche Vertrag im deutschen Recht, S. 70 f.; *C. Tomuschat*, in: J. Isensee/P. Kirchhof, HdbStR Bd. VII, § 172 Rn. 27 ff., 35; *K. Stern*, Staatsrecht Bd. I, § 14 I 3 d g m.w.N. in Fn. 44; *G.A. Walz*, Völkerrecht und staatliches Recht, S. 397 f. Siehe z.B. Art. 3 Abs. 2 EGBGB, wonach Regelungen in völkerrechtlichen Vereinbarungen, soweit sie unmittelbar anwendbares innerstaatliches Recht geworden sind, den Vorschriften »dieses« Gesetzes (d.h. des EGBGB) vorgehen. S.a. Art. 36 EGBGB: Bei der Auslegung und Anwendung bestimmter Vorschriften ist zu berücksichtigen, daß die ihnen zugrunde liegenden Regelungen eines bestimmten völkerrechtlichen Vertrags in den Vertragsstaaten einheitlich ausgelegt und angewandt werden sollen.
[158] *K. Stern*, Staatsrecht Bd. I, § 14 I 3 d g sieht in der lex specialis Regel sogar eine allgemeine Annahme für die Kollision von Verpflichtungen aus völkerrechtlichem Vertrag und späterem nationalen Rechtsetzungsakt.
[159] Siehe z.B. *B. Kempen*, in: H. v. Mangoldt/F. Klein/C. Starck, Grundgesetz Bd. 2, Art. 59 Rn. 63 f.; *T. Maunz*, in: ders./G. Dürig u.a., Grundgesetz, Art. 59 Rn. 14 f.; *W. Rudolf*, Völkerrecht und deutsches Recht, S. 190 f.
[160] Zu diesem Tatbestandsmerkmal: *B. Kempen*, in: H. v. Mangoldt/F. Klein/C. Starck, Grundgesetz Bd. 2, Art. 59 Rn. 63 f.; *T. Maunz*, in: ders./G. Dürig u.a., Grundgesetz, Art. 59 Rn. 14 f.; *W. Rudolf*, Völkerrecht und deutsches Recht, S. 192 ff.
[161] *B. Kempen*, in: H. v. Mangoldt/F. Klein/C. Starck, Grundgesetz Bd. 2, Art. 59 Rn. 65 ff.; *T. Maunz*, in: ders./G. Dürig u.a., Grundgesetz, Art. 59 Rn. 16 f.

schen Modell, sondern legt das Erfordernis eines innerstaatlichen Akts zugrunde, der dem völkerrechtlichen Vertrag innerstaatliche Geltung verschafft.

Das Vertragsgesetz verfügt in dem gestuften Verfahren der Begründung völkerrechtlicher Bindungen[162] über eine mehrschichtige Funktion[163]: Durch seine Mitwirkung an dem völkerrechtlichen Vertragsschluß übernimmt das Parlament gegenüber der Bundesregierung eine Kontrollfunktion[164]. Darüber hinaus ermächtigt es zum einen den Bundespräsidenten zur Ratifikation des völkerrechtlichen Vertrags. Zum anderen erteilt es den Befehl zur innerstaatlichen Beachtung des Vertragsinhalts – womit noch nicht die Frage danach beantwortet ist, ob es sich bei diesem Vorgang um eine Transformation des Vertrags in innerstaatliches Recht oder einen Vollzug des Vertrags als solchem im innerstaatlichen Bereich handelt. Die parlamentarische Zustimmung schließt das Vertragsabschlußverfahren ab und ermächtigt den Bundespräsidenten zur Ratifikation des Vertrags (Ermächtigungsfunktion)[165]. Allerdings soll das Vertragsgesetz nicht über eine »Garantiefunktion« verfügen[166]. Der Gesetzgeber bindet sich durch seine Zustimmung nicht dergestalt, daß er gehindert würde, in der Folge ein abweichendes Gesetz zu erlassen und damit die Geltung der völkerrechtlichen (bzw. der umgewandelten) Norm für den innerstaatlichen Bereich aufzuheben.

Bedarf ein völkerrechtlicher Vertrag nach Art. 59 Abs. 2 Satz 1 GG der Zustimmung in Form eines Gesetzes erstreckt sich das Zustimmungsverfahren grundsätzlich auf den gesamten Vertrag (s.a. § 81 Abs. 4 Satz 2 GO-BT), also auch auf solche Vertragsbestandteile, die eigentlich der Zustimmung nicht bedürften. Das Parlament kann den Vertrag aber auch nur als Ganzen annehmen oder ablehnen, aber nicht seine Zustimmung auf einzelne Vertragsnormen beschränken oder gar Änderungen an dem Vertrag vornehmen (s.a. § 82 Abs. 2 GO-BT). Diese Regelung, deren Notwendigkeit vor dem Hintergrund der einvernehmlichen Aushandlung des Vertragstextes mit dem völkerrechtlichen Partner evident ist[167], wird durch das Recht des Parlaments abgemildert, seine Zustimmung mit Entschließungen und Vorbehalten zu modifizieren, die den Text des Vertrags nicht ändern[168]. Mit solchen Vorbehalten bringt das Parlament seine Ablehnung gegenüber einer vorbehaltlosen Ratifizierung des Vertrags zum Ausdruck und erteilt zugleich dem Ver-

---

[162] Hierzu z.B. *Heintschel v. Heinegg*, in: K. Ipsen, Völkerrecht, § 10 Rn. 8 ff.; *A. Verdross / B. Simma*, Universelles Völkerrecht, §§ 696 ff.
[163] Hierzu – auf der Grundlage der jeweils vertretenen (Vollzugs- oder Transformations-) Theorie: *R. Bernhardt*, in: J. Isensee / P. Kirchhof, HdbStR Bd. VII, § 174 Rn. 11 ff.; *B. Kempen*, in: H. v. Mangoldt / F. Klein / C. Starck, Grundgesetz Bd. 2, Art. 59 Rn. 37 ff.; *P. Kunig*, in: W. Graf Vitzthum, Völkerrecht, Rn. 81 ff.; *W. Rudolf*, Völkerrecht und deutsches Recht, S. 200 ff.
[164] BVerfGE 36, 1 (13); 90, 286 (357); *R. Geiger*, Grundgesetz und Völkerrecht, S. 130 f.; *P. Kunig*, in: W. Graf Vitzthum, Völkerrecht, Rn. 99; *O. Rojahn*, in: I. v. Münch / P. Kunig, Grundgesetz-Kommentar Bd. 2, Art. 59 Rn. 30.
[165] *P. Kunig*, in: W. Graf Vitzthum, Völkerrecht, Rn. 82, 100; *R. Streinz*, in: M. Sachs, Grundgesetz, Art. 59 Rn. 59.
[166] *W. Rudolf*, Völkerrecht und deutsches Recht, S. 212 ff. unter Hinweis auf *G. Boehmer*, Der völkerrechtliche Vertrag im deutschen Recht, S. 68.
[167] *E. Gurlit*, Verwaltungsvertrag und Gesetz, S. 288.
[168] *R. Geiger*, Grundgesetz und Völkerrecht, S. 133; *B. Kempen*, in: H. v. Mangoldt / F. Klein / C. Starck, Grundgesetz Bd. 2, Art. 59 Rn. 59; *I. Pernice*, in: H. Dreier, Grundgesetz Bd. II, Art. 59 Rn. 39; *R. Streinz*, in: M. Sachs, Grundgesetz, Art. 59 Rn. 43.

trag mit dem formulierten Vorbehalt seine Zustimmung. Der Vertrag kann nun nur entweder mit dem gewünschten Vorbehalt geschlossen werden oder es ist von der Ratifikation abzusehen.

bb) Transformation oder Vollzug der völkerrechtlichen Verpflichtung

Aus Art. 59 Abs. 2 Satz 1 GG geht nicht unmittelbar hervor, welche Auswirkungen der Zustimmungsakt des Parlaments auf die völkerrechtliche Verpflichtung entfaltet: Wird diese in eine solche des innerstaatlichen Rechts umgewandelt oder meint Art. 59 Abs. 2 Satz 1 GG mit seiner Bezugnahme auf die »Form des Gesetzes«, daß der Gesetzgeber der völkerrechtlichen Verpflichtung eine Anwendbarkeit in der deutschen Rechtsordnung verschafft, die auch *nach* der gesetzgeberischen Mitwirkung eine solche völkerrechtlicher Natur bliebe? Aus der Staatenpraxis läßt sich keine Regel des allgemeinen Völkerrechts erhärten, die es geböte oder verwehrte, dem Völkerrecht in seiner Eigenschaft als solchem innerstaatliche Geltung zu verschaffen. Dem Völkerrecht ist allein am Ergebnis völkerrechtsgemäßen Verhaltens der seiner Subjekte gelegen, überläßt ihnen aber den Weg zu der Erfüllung dieser Pflicht[169]. Die v.a. in der deutschen und italienischen Rechtswissenschaft entwickelte und in der staatlichen Praxis dieser Länder lange angewandte Transformationslehre geht davon aus, daß Normen des Völkerrechts als solche nicht in der innerstaatlichen Rechtsordnung angewendet werden können, sondern daß sie zuvor der Transformation in staatliches Recht bedürfen. Bei diesem Vorgang wird ihr Geltungsgrund abgeändert, die Normen werden auf neue Adressaten erstreckt, wodurch auch eine Veränderung ihres Inhalts erfolgt[170]. Die vom Vertrag erfaßte Materie ist völkerrechtlich und innerstaatlich in gleichlautender Weise geregelt, während hingegen Geltungsgrund und -bereich unterschiedlich sind. Dies hat zur Folge, daß sich Inkrafttreten, Wirksamkeit, Interpretation, Beendigung usw. des Vertrags nach innerstaatlichem Recht richten[171]. Die der Transformationslehre entgegengesetzte Vollzugslehre geht zwar auch davon aus, daß es eines Staatsakts bedarf, um eine Grundlage dafür zu schaffen, daß ein aus dem Völkerrecht stammendes Gebot im innerstaatlichen Bereich verbindlich wird[172]. Allerdings wird durch diesen Staatsakt die dem Völkerrecht

---

[169] C. Tomuschat, in: J. Isensee / P. Kirchhof, HdbStR Bd. VII, § 172 Rn. 21.

[170] Die Transformationslehre wird in verschiedenen Spielarten und mit abgestufter Konsequenz vertreten. Grundlegend: *H. Triepel*, Völkerrecht und Landesrecht, S. 112, 118 f.; ebenfalls für eine Form der Transformation auch *A. Bleckmann*, Grundgesetz und Völkerrecht, S. 290 f.; *K. Hesse*, Grundzüge des Verfassungsrechts, Rn. 102; *P. Kunig*, in: W. Graf Vitzthum, Völkerrecht, Rn. 114; *T. Maunz*, in: ders. / G. Dürig u.a., Grundgesetz, Art. 59 Rn. 25; *W. Rudolf*, Völkerrecht und deutsches Recht, S. 164 ff. Auch das Bundesverfassungsgericht schien zunächst dieser Lehre anzuhängen (BVerfGE 1, 396 (411); 6, 309 (363); 19, 342 (347 f.); 29, 348 (360); 30, 272 (284 f.)), sprach aber in späteren Entscheidungen von einem »Rechtsanwendungsbefehl« (BVerfGE 77, 170 (210); 90, 286 (364); zuvor schon BVerfGE 46, 342 (363) zu Art. 25 GG als »generellem Rechtsanwendungsbefehl«).

[171] *M. Schweitzer*, Staatsrecht III, Rn. 424 f.

[172] *G. Boehmer*, Der völkerrechtliche Vertrag im deutschen Recht, S. 66 f.; *R. Geiger*, Grundgesetz und Völkerrecht, S. 172 ff.; *H. Mosler*, Das Völkerrecht in der Praxis der deutschen Gerichte,

entstammende Norm nicht von ihrem Geltungsgrund gelöst, sondern vielmehr auf der Grundlage einer innerstaatlichen Ermächtigung von den innerstaatlichen Rechtsanwendungsorganen als Norm des Völkerrechts angewendet. Losgelöst von der Völkerrechtsnorm hat der staatliche Vollzugsbefehl keinen selbständigen materiellen Inhalt, sondern erfüllt nur eine Anwendungsvoraussetzung der Völkerrechtsnorm im innerstaatlichen Bereich.

Die ursprüngliche, strenge Transformationstheorie löst durch ihre scharfe Trennung von Völkerrecht und transformiertem Recht den Zusammenhang zwischen Völkerrecht und innerstaatlichem Recht im Sinne eines strengen, heute nicht mehr vertretenen Dualismus von Völkerrecht und Landesrecht auf[173]. Sie sieht sich deswegen nicht in der Lage zu erklären, warum die innerstaatliche Wirksamkeit der – aus ihrer Sicht: transformierten – völkerrechtlichen Norm trotz des Vertragsgesetzes vom Zeitpunkt des völkerrechtlichen Inkrafttreten des Vertrags abhängen soll[174]. Deswegen geht ihre gemäßigte Variante[175] davon aus, daß zwar grundsätzlich der Vollzug des Völkerrechts im innerstaatlichen Bereich durch Transformation vorgenommen wird, daß aber der Systemzusammenhang zwischen Völkerrecht und transformiertem Recht erhalten bleibt. Dieser Zusammenhang wird etwa dadurch hergestellt, daß der Transformationseffekt des Zustimmungsgesetzes nur unter der Voraussetzung des Inkrafttretens des völkerrechtlichen Vertrags eintritt[176]. Die Transformation bewirkt dann lediglich noch eine Veränderung des Adressatenkreises der Norm. Während das Völkerrecht allein das Völkerrechtssubjekt verpflichtet, erfassen die aus dem Transformationsrecht fließenden Pflichten und Rechte alle Rechtssubjekte des Staates. Damit passen sich die Ergebnisse der Transformationstheorie denen der Vollzugstheorie an und als einziges Motiv gegen diese verbleibt, daß sie auf einem nicht gegebenen Monismus von Völkerrecht und staatlichem Recht basieren soll[177].

Dieser Vorwurf würde allerdings nur dann überzeugen, wenn die Vollzugstheorie die unmittelbare, nicht staatlich vermittelte Anwendung völkerrechtlicher Verpflichtungen postulierte. Gerade dies ist aber aufgrund des konzipierten Vollzugsbefehls keine zwingende Konsequenz der Vollzugslehre. Auch auf ihrer Grundlage läßt sich eine der Dichotomie von Innen- und Außenrecht vergleich-

---

S. 13 ff.; *K.J. Partsch*, Die Anwendung des Völkerrechts im innerstaatlichen Recht, S. 19 f., 86 ff., 142 ff.; *G.A. Walz*, Völkerrecht und staatliches Recht, S. 39 ff. Die Vollzugslehre wird sowohl von Anhängern einer dualistischen Betrachtung des Verhältnisses von Völkerrecht und Landesrecht wie auch von Monisten vertreten: *K.J. Partsch*, a.a.O., S. 19 f.

[173] *W. Rudolf*, Völkerrecht und deutsches Recht, S. 163 f.; *M. Schweitzer*, Staatsrecht III, Rn. 432.

[174] *G. Boehmer*, Der völkerrechtliche Vertrag im deutschen Recht, S. 66 f.; *R. Geiger*, Grundgesetz und Völkerrecht, S. 88 ff., 104 f.; *B. Kempen*, in: H. v. Mangoldt/F. Klein/C. Starck, Grundgesetz Bd. 2, Art. 59 Rn. 89; ablehnend gegenüber der strengen Form der Transformationslehre ebenfalls: *W. Rudolf*, Völkerrecht und deutsches Recht, S. 158 f., 162 ff.

[175] Siehe *W. Rudolf*, Völkerrecht und deutsches Recht, S. 164 ff., 171; früher bereits ähnlich: *G.A. Walz*, Völkerrecht und staatliches Recht, S. 243 ff.

[176] Siehe z.B. *W. Rudolf*, Völkerrecht und deutsches Recht, S. 210.

[177] *W. Rudolf*, Völkerrecht und deutsches Recht, S. 167.

bare Andersartigkeit von Völker- und Landesrecht begründen: Daß eine völkerrechtliche Norm ihrer Natur nach nur den Staat als Völkerrechtssubjekt binden kann und daher einer grundsätzlichen Veränderung hinsichtlich Struktur, Adressat und Geltungsgrund bedarf, um im innerstaatlichen Bereich Anwendung zu finden, ist nicht zwingend. Die völkerrechtliche Norm bindet den Staat als Völkerrechtssubjekt und verpflichtet ihn – je nach Norminhalt – zu deren innerstaatlicher Umsetzung. Bei den im innerstaatlichen Raum angesprochenen Rechtsadressaten handelt es sich aber um dem Staat eingeordnete bzw. ihm im Wege seiner Personal- oder Territorialhoheit zugeordnete Rechtssubjekte. Der Vollzugsbefehl durchbricht allein den staatlichen Souveränitätsschild. Eine Veränderung der Normqualität ist nicht erforderlich, da sich die Rechtsanwendung von dem nach außen monolithisch auftretenden Staat nur auf die aufgrund seiner internen organisatorischen Verästelung bestehenden Rechtssubjekte weitet. Eine zunächst dem Staat als Völkerrechtssubjekt obliegende Pflicht wird durch den Anwendungsbefehl auf seine intern ausdifferenzierten Gewalten erstreckt. Gebunden ist weiter »der Staat«, dessen interne Organisationseinheiten in ihrer Gesamtheit mit dem nach außen auftretenden Völkerrechtssubjekt identisch sind. Wegen der personalen Identität des Völkerrechtssubjekts mit der Gesamtheit seiner internen Organisationseinheiten und mit der Gesamtheit der seiner personalen und territorialen Hoheit unterworfenen Rechtssubjekten ist diese Erstreckung ohne Veränderung der völkerrechtlichen Rechtsqualität möglich.

cc) Völkerrechtliche Verträge und parlamentarische Gesetzgebungskompetenzen

Aus völkerrechtlicher Sicht steht es den Staaten frei, ob sie völkerrechtliche Normen als solche innerstaatlich anwendbar machen wollen oder ob sie diese für den innerstaatlichen Bereich als innerstaatliches Recht qualifizieren[178]. Unabhängig davon, ob man sich für den Bereich von Art. 59 Abs. 2 Satz 1 GG der Transformationslehre oder der im Vordringen befindlichen Vollzugslehre anschließt, gilt doch in beiden Fällen gleichermaßen, daß sich der Rang des Transformationsgesetzes bzw. des in Vollzug gesetzten Vertrags nach dem Rang des Gesetzgebungsakts bzw. des Vollzugsbefehls bestimmt[179] – auch wenn diese Konsequenz für die erstgenannte Lehre zwingender als für die letztgenannte ist.

Wenn Völkerrecht nicht in innerstaatliches Recht umgewandelt wird, kann es eigentlich auch keinen Rang zugewiesen bekommen. Der Rang der innerstaatlich vollziehbaren Verpflichtung kann sich dann nur nach Völkerrecht richten[180], was aber zwangsläufig aufgrund der dort anerkannten Rangregel zu einem Vorrang der völkerrechtlichen Verpflich-

---

[178] *H. Steinberger*, in: J. Isensee/P. Kirchhof, HdbStR Bd. VII, § 173 Rn. 37 f.; *A. Verdross/B. Simma*, Universelles Völkerrecht, §§ 848 ff.

[179] Für die Transformationslehre: *P. Kunig*, in: W. Graf Vitzthum, Völkerrecht, Rn. 111 ff. Für die Vollzugslehre: *G. Boehmer*, Der völkerrechtliche Vertrag im deutschen Recht, S. 66; *K.J. Partsch*, Die Anwendung des Völkerrechts im innerstaatlichen Recht, S. 72 ff.

[180] Hierzu *K.J. Partsch*, Die Anwendung des Völkerrechts im innerstaatlichen Recht, S. 74 ff.

tung vor allen staatlichen Normen führen müßte. Diese Konsequenz hat sich aber nicht durchgesetzt, da die Bestimmung des innerstaatlichen Rangs von zu vollziehendem Völkerrecht nach allgemeiner Ansicht Sache des einzelnen Staates ist.

Daß die Zustimmung zu völkerrechtlichen Verträgen nach Art. 59 Abs. 2 Satz 1 GG in der Form des einfachen Gesetzes erfolgt, scheint für deren Verfügbarkeit durch einfaches Gesetz und damit für eine gesetzgeberische Kompetenz zu derogierender Gesetzgebung durch die lex posterior zu streiten[181]. Dies entspricht der ganz herrschenden Ansicht des deutschen Staatsrechts, nach der die spätere vertragswidrig gesetzte Rechtsnorm (oder die Nichterfüllung einer völkervertraglichen übernommenen Gesetzgebungsverpflichtung) zwar eine Verletzung der völkerrechtlichen Verpflichtung des Staates darstellt, aber innerstaatlich wirksam ist und daher von Gerichten und Verwaltung angewendet werden muß[182], wenn sich nicht aus der deutschen Verfassung ein besonderer Rang des Vertragsgesetzes ergibt[183]. Auch wenn die Idee vom Dualismus des staatlichen und des internationalen Rechts heute nicht mehr in strenger Form vertreten wird, wirkt diese doch in der strikten Trennung beider Rechtskreise, die erst eine vertragswidrige Gesetzgebung ermöglicht, nach.

Das Völkerrecht als den Souveränitätsansprüchen der einzelnen Staaten genügendes Koordinationsrecht kann keine durchgehende Vorrangregel für völkerrechtliche Verträge festlegen und nach allgemeiner Ansicht hält auch das deutsche Verfassungsrecht keine solche Vorrangregel *zugunsten* des Völkerrechts bereit[184]. Gegen die trotz anderslautender völkerrechtlicher Verpflichtung unbeschränkte Gesetzgebungskompetenz des Parlaments wurde z.B. der Einwand erhoben, sie scheitere verfassungsrechtlich an Art. 25 GG, nach dem mit den allgemeinen Regeln des Völkerrechts auch der Satz des *pacta sunt servanda*[185] zu einem Bestandteil des Bundesrechtes wird, der den Gesetzen vorgeht und unmittelbare Anwendung findet[186]. Dies überzeugt jedoch nicht, da für völkerrechtliche Verträge die Vorschrift des Art. 59 Abs. 2 Satz 1 GG eine lex specialis

---

[181] Siehe zu diesem Ableitungszusammenhang: *R. Bernhardt*, in: J. Isensee/P. Kirchhof, HdbStR Bd. VII, § 174 Rn. 29. In den praktischen Ergebnissen stimmen die beiden Lehren ohnehin heute oftmals überein: *G. Boehmer*, a.a.O., S. 106 ff.; s.a. *A. Bleckmann*, Grundgesetz und Völkerrecht, S. 258 ff.; *R. Geiger*, Grundgesetz und Völkerrecht, S. 158 ff.

[182] Siehe Fn. 152.

[183] Dies gilt insbesondere im Fall des Gemeinschaftsrechts (siehe nur BVerfGE 73, 339 (383 f.); 75, 223 (240 f.); *B. Kempen*, in: H. v. Mangoldt/F. Klein/C. Starck, Grundgesetz Bd. 2, Art. 59 Rn. 92; *P. Kunig*, in: W. Graf Vitzthum, Völkerrecht, Rn. 115 ff.). Für die EMRK ist ein Vorrang gegenüber nachfolgendem einfachem deutschen Recht hingegen umstritten, wird aber nach h.M. abgelehnt (BVerfGE 74, 358 (370); *B. Kempen*, in: H. v. Mangoldt/F. Klein/C. Starck, Grundgesetz Bd. 2, Art. Rn. 59 Rn. 92 m.w.N.).

[184] Siehe Fn. 182.

[185] Dieser Rechtssatz ist Bestandteil der allgemeinen Regeln des Völkerrechts und daher grundsätzlich von den Wirkungen des Art. 25 GG erfaßt; siehe nur BVerfGE 31, 145 (178); *H. Steinberger*, in: J. Isensee/P. Kirchhof, HdbStR Bd. VII, § 173 Rn. 53. Zu dem völkerrechtlichen Geltungsgrund: *W. Heintschel v. Heinegg*, in: K. Ipsen, Völkerrecht, § 15 Rn. 102 f.; *A. Verdross/B. Simma*, Universelles Völkerrecht, § 597.

[186] *W.G. Grewe*, VVDStRL Bd. 12 (1954), S. 129 ff. (149).

darstellt, so daß allein dieser Vorschrift Auskünfte über Rang und Abänderbarkeit vertraglicher Normen zu entnehmen sind[187]. Außerdem sagt das Völkerrecht nichts über die innerstaatliche Gültigkeit oder Nichtigkeit des vertragswidrigen Gesetzes aus, sondern sieht vielmehr für die Vertragsverstöße eigene Sanktionen – Zurückbehaltungsrechte, Schadensersatzansprüche, Kündigungsmöglichkeiten – vor[188].

Aus dem Nebeneinander der beiden Vorschriften kann indes nicht schon – gleichsam im Umkehrschluß – abgeleitet werden, daß völkerrechtliche Verträge nicht auch dem einfachen Bundesrecht vorgehen können. Allerdings kann abgeleitet werden, daß nicht alle »nicht-allgemeinen« (sprich: besonderen) Regeln des Völkerrechts dem einfachen Bundesrecht vorgehen, da dann die Beschränkung des Art. 25 GG auf eben die allgemeinen Regeln keinen Sinn machte[189]. Zum einen aber gibt es außer allgemeinen Regeln des Völkerrechts und Verträgen noch eine Reihe weiterer Quellen des Völkerrechts (siehe nur Art. 38 Abs. 1 IGH-Statut[190]), zum anderen muß sich Art. 25 GG nicht auf die Regelung aller Rangfragen erstrecken, da sich das Grundgesetz zumindest der völkerrechtlichen Verträge ausdrücklich in Art. 59 Abs. 2 GG annimmt.

Auch der Grundsatz der Völkerrechtsfreundlichkeit des Grundgesetzes[191] bzw. die in der offenen Staatlichkeit des Grundgesetzes zum Ausdruck kommende verfassungsrechtliche Entscheidung für internationale Zusammenarbeit[192] können als offenes Prinzip allenfalls eine Auslegungsmaxime für Rechtsnormen mit potentiell derogierendem Inhalt[193], nicht aber eine strikte Vorrangregel für den Inhalt des völkerrechtlichen Vertrags und damit eine rechtliche Bindung des Gesetzgebers bieten[194]. Doch macht dies die nahezu einhellige Ansicht, daß der deutsche Gesetzgeber durch seine Zustimmung zu einem völkerrechtlichen Vertrag nicht gehindert ist, die innerstaatliche Geltung der hieraus sich ergebenden

---

[187] BVerfGE 6, 309 (363); 31, 145 (177 f.); 41, 88 (120 f.); 73, 339 (411); *G. Boehmer*, Der völkerrechtliche Vertrag im deutschen Recht, S. 67; *C. Koenig*, in: H. v. Mangoldt/F. Klein/C. Starck, Grundgesetz Bd. 3, Art. 25 Rn. 18; *O. Rojahn*, in: I. v. Münch/P. Kunig, Grundgesetz-Kommentar Bd. 2, Art. 59 Rn. 37; *W. Rudolf*, Völkerrecht und deutsches Recht, S. 250 ff.; *H. Steinberger*, in: J. Isensee/P. Kirchhof, HdbStR Bd. VII, § 173 Rn. 30 f.; *R. Streinz*, in: M. Sachs, Grundgesetz, Art. 25 Rn. 30; *M. Zuleeg*, in: Alternativ-Kommentar zum Grundgesetz Bd. I, Art. 25 Rn. 25.
[188] *K. Vogel*, JZ 1997, S. 161 ff. (165).
[189] *K. Vogel*, JZ 1997, S. 161 ff. (162).
[190] Hierzu *W. Heintschel v. Heinegg*, in: K. Ipsen, Völkerrecht, vor § 9 Rn. 2 ff.; *A. Verdross/B. Simma*, Universelles Völkerrecht, § 549 ff., 617 ff.
[191] BVerfGE 31, 58 (75 ff.); *P. Kunig*, in: W. Graf Vitzthum, Völkerrecht, Rn. 18 ff.; *O. Rojahn*, in: I. v. Münch/P. Kunig, Grundgesetz-Kommentar Bd. 2, Art. 24 Rn. 2 ff. m.w.N.
[192] Grundlegend: *K. Vogel*, Die Verfassungsentscheidung des Grundgesetzes für eine internationale Zusammenarbeit, S. 33 f. und passim; s.a. *P. Häberle*, FS Schelsky, S. 141 ff. (142); *A. Randelzhofer*, in: T. Maunz/G. Dürig u.a., Grundgesetz, Art. 24 Rn. 2; *O. Rojahn*, in: I. v. Münch/P. Kunig, Grundgesetz-Kommentar Bd. 2, Art. 24 Rn. 1 m.w.N.; *K. Stern*, Staatsrecht Bd. I, § 15 I 2; *C. Tomuschat*, VVDStRL Bd. 36 (1978), S. 7 ff. (17).
[193] Siehe Fn. 157.
[194] BVerfGE 6, 309 (362 f.); für eine Entfaltung des Prinzips internationaler Offenheit *allein* in den einschlägigen Einzelnormen und gegen eine Subsumptionsfähigkeit des Prinzips auch: *P. Kunig*, in: W. Graf Vitzthum, Völkerrecht, Rn. 19.

§ 4 Vertragliche Beteiligung Privater an der parlamentarischen Gesetzgebung

Verpflichtungen durch einseitigen Gesetzgebungsakt für den innerstaatlichen Bereich wieder zu beseitigen[195], nicht vollständig überzeugend.

Auf Seiten der Transformationstheorie wird die fehlende Garantiefunktion des Zustimmungsakts so denn auch eher behauptet denn hergeleitet oder mit anderen als lediglich historischen Argumenten belegt[196]. Eine Selbstbindung des Gesetzgebers wird kategorisch ausgeschlossen und wäre ohnehin wegen des Grundsatzes der parlamentarischen Diskontinuität auf die laufende Legislaturperiode beschränkt. Dieses Ergebnis wird akzeptiert, weil das Völkerrecht es den staatlichen Rechtsordnungen überlasse, den Rang des innerstaatlich anzuwendenden Völkerrechts zu bestimmen – sofern nur der Vollzug des Völkerrechts gesichert ist[197]. Daß aber der Erlaß einer lex posterior bzw. deren verfassungsrechtliche Möglichkeit diesen Vollzug geradezu konterkariert, bleibt dabei unberücksichtigt.

Zunächst erscheint es aber nicht zwingend, von einer Gleichrangigkeit des Vertragsgesetzes mit der lex posterior auch auf deren Verfassungsmäßigkeit zu schließen. Die Rangeinordnung allein gibt keine letzte Antwort auf die Frage, ob der Gesetzgeber zur Disposition über den vertraglichen Gegenstand befugt ist – soweit andere Vorschriften der Verfassung anzuführen sind, die hiergegen sprechen. Das Dogma von der Ranggleichheit aller parlamentarischen Gesetze in Verbindung mit der lex posterior Regel scheint einer Abstufung verschiedener Wirksamkeitsgrade von Gesetzen entgegenzustehen[198].

Sogar die Bindung des Gesetzgebers an sein eigenes Gesetz bis zum Ende der Legislaturperiode wird unter Hinweis auf das demokratische Mehrheitsprinzip abgelehnt, das durch eine angenommene Selbstbindung des Gesetzgebers für den Rest der Legislaturperiode außer Kraft gesetzt würde[199]. Allerdings handelt es sich bei dem Mehrheitsprinzip um eine Modalität der Entscheidungsfindung, die nichts über die Abänderbarkeit der auf diese Weise gefundenen Entscheidung aussagt[200].

Mit Blick auf völkerrechtliche Verträge ist insoweit zu wenig bedacht, daß entsprechende völkerrechtliche Verträge aufgrund verfassungsrechtlicher Festlegung der Zustimmung oder der Mitwirkung der jeweils für die Bundesgesetzgebung zuständigen Körperschaften *in der Form* eines Bundesgesetzes bedürfen[201]. Ausweislich dieser Formulierung ist die »Form eines Bundesgesetzes« lediglich das Vehikel, mit dem die Verfassung auf die äußeren Verfahrensschritte bei der Verabschiedung von Gesetzen zurückgreift. Spätestens seit Verabschiedung der Transformationslehre zugunsten der Vollzugslehre erlangt dieser Umstand besondere Bedeutung. Die Vollzugslehre beläßt den Vertrag weiterhin in der völ-

---

[195] Anders nur *K. Vogel*, JZ 1997, S. 161 ff. Ähnlich wohl auch *K. Stern*, Staatsrecht Bd. I, § 14 I 3 d g.
[196] *W. Rudolf*, Völkerrecht und deutsches Recht, S. 212 ff.
[197] *W. Rudolf*, Völkerrecht und deutsches Recht, S. 214.
[198] So z.B. im Grundsatz *G. Kisker*, in: J. Isensee/P. Kirchhof, HdbStR Bd. IV, § 89 Rn. 11, der aber auf Ausnahmen von dieser Regel hinweist.
[199] *B. Pieroth*, NJW 2000, S. 1086 f. (1087).
[200] Zur Bedeutung des Mehrheitsprinzips nur *J. Isensee*, JZ 1999, S. 265 ff. (274 m.w.N. in Fn. 69).
[201] Zu der Entstehungsgeschichte der Vorschrift siehe JöR N.F. Bd. 1 (1951), S. 413 ff.

kerrechtlichen Rechtsordnung und geht von der Anwendung der Norm als völkerrechtlicher aus. Ihre Interpretation erfolgt daher ebenso wie die Bestimmung ihres Wirksamkeitsbeginns und -endes nach völkerrechtlichen Vorgaben[202]. Damit steht die vertragliche Pflicht als solche völkerrechtlichen Ursprungs in der staatlichen Rechtsordnung. Allein ihr normhierarchischer Rang soll sich weiter nach nationalem Gesetz – dem Vertragsgesetz – richten? Für die überkommene Transformationslehre, nach der der innerstaatliche Zustimmungsakt ein zusätzliches eigenes, innerstaatliches Gesetz neben die völkerrechtliche Rechtsquelle setzt, ergibt sich der innerstaatliche Rang dieses zweiten Rechtsakts gleichsam zwingend anhand der Umsetzungsnorm.

Die Anwendung der lex posterior Regel ist auf die Transformationslehre zugeschnitten, der aus den dargelegten Gründen für das Grundgesetz nicht zu folgen ist. Wenn ein völkerrechtlicher Vertrag der Umwandlung in Landesrecht bedarf, um innerstaatlich zu wirken, und diese Umwandlung die innerstaatliche Bedeutungslosigkeit der völkerrechtlichen Herkunft der Norm zur Folge hat, dann ist es nur konsequent, auch die Geltungsdauer der Norm nur noch an den staatlichen Umwandlungsakt zu knüpfen.

Demgegenüber hätte die Vollzugslehre eigentlich die Freiheit, den Rang der für den innerstaatlichen Vollzug freigegebenen völkerrechtlichen Norm gesondert zu bestimmen – und damit auch über dem Rang des Zustimmungsakts anzusiedeln[203]. Eine von der Gesetzesform unabhängige Einordnung des mit dem Anwendungsbefehl versehenen Rechtsakts läge eigentlich nahe, weil immerhin unumstritten ist, daß eine vertragswidrige lex posterior einen völkerrechtswidrigen Akt darstellt. Dennoch richtet sich auch bei den Vertretern der Vollzugslehre der Rang der völkerrechtlichen Norm nach dem des innerstaatlichen Anwendungsbefehls[204]. Daß dies der Rang des einfachen Gesetzes ist, wird dabei der Formulierung entnommen, daß Zustimmung und Mitwirkung der jeweils für die Bundesgesetzgebung zuständigen Körperschaften in der Form eines Bundes*gesetzes* zu erfolgen haben.

Aus Art. 59 Abs. 2 Satz 1 GG abzuleiten, daß der völkerrechtlichen Verpflichtung innerstaatlich der Rang eines durch lex posterior abzuändernden Bundesgesetzes zukommt, ist indes nicht zwingend: Der Verfassungsgeber hat bei der Normierung der Notwendigkeit eines parlamentarischen Mitwirkungsakts allein auf die Form des Gesetzes abgestellt und damit zumindest dem Wortlaut der Vorschrift nach den Rekurs auf die sonstigen Wirkungen des Gesetzes (und damit auch auf dessen Rang in der Normenhierarchie) nicht wirklich erzwungen.

---

[202] R. *Streinz*, in: M. Sachs, Grundgesetz, Art. 59 Rn. 62 f.
[203] P. *Kunig*, in: W. Graf Vitzthum, Völkerrecht, Rn. 113.
[204] Allein mit Blick auf die EMRK (Konvention zum Schutze der Menschenrechte und der Grundfreiheiten vom 4. November 1950; BGBl. II 1952, S. 685) wurde der Versuch unternommen, dieser einen Vorrang vor dem einfachen Gesetzesrecht einzuräumen: A. *Bleckmann*, EuGRZ 1994, S. 149 ff.; W. *Kleeberger*, Die Stellung der Rechte der Europäischen Menschenrechtskonvention in der Rechtsordnung der Bundesrepublik Deutschland; a.A. aber BVerfGE 74, 358 (370); B. *Kempen*, in: H. v. Mangoldt/F. Klein/C. Starck, Grundgesetz Bd. 2, Art. 59 Rn. 92; R. *Uerpmann*, Die Europäische Menschenrechtskonvention und die deutsche Rechtsprechung, S. 41 ff.

Unabhängig davon, daß es wenig sinnvoll erscheint, dem Staat Gesetzgebungskompetenzen an die Hand zu geben, mittels derer er (internationales) Recht zu brechen in der Lage ist, und daß diese Fähigkeit i.ü. auch auf einem lange vergangenen Verständnis von staatlicher Souveränität zu beruhen scheint, sprechen auch andere gewichtige Punkte für eine Bindung des Gesetzgebers an den völkerrechtlichen Vertrag. Mag man die Argumentation auf der Grundlage der umständliche Formulierung in Art. 59 Abs. 2 Satz 1 GG noch als irrelevant abtun und damit den Unterschied zu der auch möglichen – aber eben nicht gewählten – Formulierung »Zustimmung *durch* Bundesgesetz« – gering schätzen, bleibt weiterhin fraglich, wie sich die Toleranz gegenüber solchermaßen vertragsbrüchigem Verhalten mit anderen Verfassungsprinzipien des Grundgesetzes – insbesondere dem Rechtsstaatsprinzip – vereinbaren läßt[205].

Unter den Bedingungen der offenen Staatlichkeit ist der Gehalt des Rechtsstaatsbegriffs, der insbesondere die umfassende staatliche Bindung an das Recht umfaßt, auch mit internationalen Gehalten aufzuladen. Das Rechtsstaatsprinzip enthält eine Verfassungsentscheidung für die Gestaltung der Struktur von staatlichem und gesellschaftlichem Leben nach der Maßgabe des Rechts[206]. Der Respekt für das Recht als fundamentales, den Rechtsstaat schlechthin konstituierendes Verfassungsprinzip muß im Lichte der Verfassungsentscheidung für eine internationale Zusammenarbeit[207] entfaltet werden. Angesichts des Umstandes, daß das Völkerrecht Mechanismen für die Beendigung vertraglicher Bindungen bereit hält[208], erscheint die Annahme einer Gesetzgebungskompetenz des nationalen Gesetzgebers zum Erlaß eines völkervertragswidrigen Gesetzes rechtsstaatlich bedenklich – zumal dieser sich die entsprechende Bindung zunächst selbst auferlegt hat. Die rechtsstaatliche Bindung an das Recht muß in dem offenen Staat des Grundgesetzes auch die Bindung an internationales Recht umfassen. In diesem Sinne rechtsstaatlich kann daher Art. 59 Abs. 2 Satz 1 GG nur dergestalt gedeutet werden, daß der deutsche Gesetzgeber mit der Zustimmung zu einem völkerrechtlichen Vertrag über seine Gesetzgebungskompetenzen verfügt und dadurch seine ungebundenen Normsetzungsautorität in dem Maße, das der völkerrechtliche Vertrag vorgibt, einbüßt. Diese Einbuße setzt natürlich voraus, daß es sich bei den eingegangenen völkerrechtlichen Verpflichtungen um solche handelt, die so weit konkretisiert sind, daß sich aus ihnen Rechtsfolgen ableiten lassen, da nur unter diesen Bedingungen überhaupt die Möglichkeit der Kollision zwischen vertraglicher Verpflichtung und gesetzgeberischer Handlung möglich ist.

Diesem Ergebnis steht nicht das dualistisch geprägte Argument entgegen, daß der Verstoß gegen eine (vertragliche) Pflicht aus der einen, völkerrechtlichen

---

[205] Diese Frage wurde zuletzt aufgeworfen von *K. Vogel*, JZ 1997, S. 161 ff. (165 ff.); zu dem rechtsstaatlichen Element der Rechtsbindung zusammenfassend: *K. Sobota*, Das Prinzip Rechtsstaat, S. 86 ff.
[206] *K. Hesse*, Grundzüge des Verfassungsrechts der Bundesrepublik Deutschland, Rn. 183 ff., insbes. Rn. 193 ff.; *G. Roellecke*, in: ders./P. Badura, Der Zustand des Rechtsstaats, S. 27 ff. (40).
[207] Siehe Fn. 191 und 192.
[208] Zu diesen: *W. Heintschel v. Heinegg*, in: K. Ipsen, Völkerrecht, § 15 Rn. 62 ff.

Rechtsordnung keine Rechtsfolgen i.S.e. Kompetenzverlusts in der anderen, staatlichen Rechtsordnung nach sich ziehen kann. Eine solche Konsequenz ist keineswegs zwingend, wenn man bedenkt, daß sich die eine Rechtsordnung mit dem Zustimmungsakt für die Rechtsbefehle der anderen geöffnet und diese – aus Sicht der inzwischen vorherrschenden Vollzugslehre – zwar nicht als völkerrechtliche in den eigenen Rechtskreis übernommen hat (dies wäre eine Inkorporation bzw. Adoption[209]), wohl aber ihre Anwendung als völkerrechtliche Verpflichtung gebietet.

Bemerkenswerterweise findet sich in der älteren Literatur als Argument für den Vorzug der Transformations- gegenüber der Vollzugslehre, nur mit dieser sei angesichts der Möglichkeit wirksamer völkerrechtlicher Verpflichtung ohne parlamentarische Mitwirkung, die gleichwohl zu einem Verlust des parlamentarischen Gesetzgebungsrechts führe, gewährleistet, daß ohne eine solche Mitwirkung innerstaatliche normative Wirkungen nicht eintreten könnten[210]. Dieses Argument impliziert, daß – auch auf der Grundlage der Transformationslehre – das Parlament mit der Zustimmung zu einem völkerrechtlichen Vertrag über seine Gesetzgebungskompetenz verfügt.

Ebenso wird durch die hier vertretene Ansicht nicht einem der Völkerrechtspraxis insgesamt kaum entsprechenden Monismus gehuldigt. Die Bindung des Gesetzgebers an die völkerrechtliche Verpflichtung mit der Konsequenz einer partiellen vertraglichen Verfügung über die parlamentarische Gesetzgebungshoheit ist in der deutschen Rechtsordnung, in Art. 59 Abs. 2 Satz 1 GG i.V.m. dem Rechtsstaatsprinzip und dem Prinzip der Völkerrechtsfreundlichkeit begründet. Der sich hieraus ergebende Grundsatz des deutschen Verfassungsrechts gebietet, daß der Gesetzgeber sich gegenüber dritten Völkerrechtssubjekten vertragsloyal verhält und die diesen gegenüber mit seiner Zustimmung eingegangenen Pflichten honoriert. Die Rangregel ist damit im deutschen Recht angelegt und besteht völlig unabhängig von evtl. völkerrechtlichen Vorgaben oder gar einer monistisch bedingten Überordnung des Völkerrechts über das staatliche Recht. Man mag der Auffassung sein, daß dieses Ergebnis den Gesetzgeber in den Grenzen völkervertraglicher Bindung zu sachlicher Immobilität verurteilt. Diese Immobilität ist aber selbstgewählt. Zudem kann ihr mittels einer entsprechenden Gestaltung der Verträge durch solche Kündigungsklauseln vorgebeugt werden, die über die ohnehin gegebenen Möglichkeiten zur Vertragsbeendigung aufgrund der clausula rebus sic stantibus hinausgehen[211]. Auch wird mit der vorge-

---

[209] Zu den einzelnen, inhaltlich nicht ganz deckungsgleichen Begriffen W. *Rudolf*, Völkerrecht und deutsches Recht, S. 151 ff.; M. *Schweitzer*, Staatsrecht III, Rn. 420 ff.
[210] T. *Maunz*, in: ders./G. Dürig u.a., Grundgesetz, Art. 59 Rn. 25.
[211] Allerdings ist zu beachten, daß das Kündigungsrecht in Bezug auf einen völkerrechtlichen Vertrag nicht dem Parlament, sondern (allein) der Exekutive zusteht: BVerfGE 68, 1 (83 f.); O. *Rojahn*, in: I. v. Münch/P. Kunig, Grundgesetz-Kommentar Bd. 2, Art. 59 Rn. 47; R. *Streinz*, in: M. Sachs, Grundgesetz, Art. 59 Rn. 46. Nach dieser Ansicht ist das Parlament nicht an der Kündigung eines völkerrechtlichen Vertrags zu beteiligen. Dementsprechend kann das Parlament die Regierung allein aufgrund der ihm auch ansonsten zustehenden Mittel der politischen Kontrolle und Einflußnahme (letztlich also mit einem konstruktiven Mißtrauensvotum nach Art. 67 GG) zur Kün-

tragenen Ansicht nicht ein genereller Vorrang des Völkerrechts vor dem staatlichen Recht behauptet, den jenes gar nicht in Anspruch nimmt. Gegenstand der Ausführungen ist lediglich die Verpflichtung zur Einhaltung selbstgewählter rechtlicher Bindungen, die in einer anderen Rechtsordnung als der staatlichen verwurzelt sind.

Es bleibt daher folgendes festzuhalten: Für den Bereich der völkerrechtlichen Verträge ist dem Grundgesetz entgegen der herrschenden Meinung die Möglichkeit vertraglicher Bindung des Gesetzgebers zu entnehmen. In der parlamentarischen Zustimmung zu einem völkerrechtlichen Vertrag liegt eine kompetenzielle Selbstbindung des Gesetzgebers; eine solche Bindung führt dazu, daß der Gesetzgeber aus Gründen des nationalen Verfassungsrechts gehindert ist, eine vertragswidrige *lex posterior* zu erlassen, solange die vertragliche Bindung fortbesteht. Eine staatliche Gesetzgebung über den fraglichen Vertragsgegenstand setzt daher die vorgängige Lösung von der vertraglichen Verpflichtung voraus, die nur nach den Regeln des Völkerrechts erfolgen kann.

b) Übertragung der völkerrechtlichen Lösung auf den innerstaatlichen Bereich des Vertragsverhältnisses von Staat und Kirche

Rechtsprechung und Literatur haben die bei einer späteren gesetzlichen Abweichung von völkerrechtlichen Verpflichtungen gängige Lösung auch für das Staatskirchenvertragsrecht gewählt und somit eine Differenzierung zwischen Vertrags- und Gesetzesbindung vorgenommen[212]. Danach kann ein staatskirchenrechtlicher Vertrag seinen Vertragsgegenstand nicht der Verfügungsmacht des Gesetzgebers entziehen, diesem seine Gesetzgebungskompetenz für den kontrahierten Bereich nehmen[213]. Der Staat *darf* zwar nach allgemeiner Ansicht auch im Bereich seiner staatskirchenrechtlichen Verpflichtungen keine vertragswidrige Gesetzesänderung vornehmen, ohne den Vertrag zu verletzen. Nach verbreiteter Meinung ist er aber trotz dieses vertraglichen Verbots kraft seiner Gesetzgebungshoheit hierzu in der Lage – um den Preis einer Vertragsverletzung, soweit keine Möglichkeit der

---

digung eines völkerrechtlichen Vertrags anhalten; so auch *H. Mosler,* FS Bilfinger, S. 243 ff. (289). Soweit eine Gegenansicht (etwa *I. Pernice,* in: H. Dreier, Grundgesetz Bd. II, Art. 59 Rn. 40; *R. Wolfrum,* VVDStRL Bd. 56 (1997), S. 38 ff. (60); unentschlossen hingegen *U. Fastenrath,* Kompetenzverteilung im Bereich der auswärtigen Gewalt, S. 238 ff.) eine Mitwirkung des Parlaments in hochpolitischen Fragen auch bei Vertragsbeendigungen fordert, dient dies einer erweiterten parlamentarischen Kontrolle des Regierungshandelns, kann aber nicht die Grundlage für dessen Beeinflussung ex ante sein, zumal es den gesetzgebenden Körperschaften unbenommen bleibt, solche Vorschriften, die durch die Kündigung innerstaatlich obsolet werden, auf eine neue Geltungsgrundlage zu stellen.

[212] BVerfGE 6, 309 (363); 41, 88 (120 f.); VGH Bad.-Württ., VGHE 17, 172 (175); 17, 177 (180); *A. Freiherr v. Campenhausen,* in: H. v. Mangoldt/F. Klein/C. Starck, Grundgesetz Bd. 3, Art. 140 Rn. 59; *A. Hollerbach,* in: J. Isensee/P. Kirchhof, HdbStR Bd. VI, § 138 Rn. 73; *K.-H. Kästner,* JöR N.F. Bd. 27 (1978), S. 239 ff. (263 ff.); *T. Maunz,* in: ders./G. Dürig u.a., Grundgesetz, Art. 140 (Komm. von 1973) Rn. 25; *M. Morlok,* in: H. Dreier, Grundgesetz Bd. III, Art. 140 Rn. 46; *D. Pirson,* FS Liermann, S. 176 ff. (195); *U. Scheuner,* FS Ruppel, S. 312 ff. (325 ff.).

[213] Ausdrckl. BVerfGE 6, 309 (363); s.a. *H. Quaritsch,* FS Schack, S. 125 ff. (129).

Lösung von dem Vertrag besteht[214]. Dies führt zur vom völkerrechtlichen Vertrag bekannten dualistischen Spaltung von Vertragsgeltung einerseits und Gesetzesgeltung andererseits[215], die auch von denjenigen akzeptiert wird, die für eine innerstaatliche Grundlegung der Staatskirchenverträge eintreten[216]. Diese völkerrechtsnahe Lösung bietet somit gerade keine Auflösung, sondern eine Perpetuierung des Normkonflikts zwischen Vertrag und Gesetz. In konsequenter Anlehnung an die Dogmatik des völkerrechtlichen Vertrags wird die in dieser Auffassung angelegte Aufrechterhaltung eines Normwiderspruchs zwischen vertraglicher Verpflichtung und gesetzgeberischer Entscheidung damit begründet, daß die beiden miteinander nicht zu vereinbarenden Normen unterschiedlichen Rechtsordnungen angehören[217]. Eine entsprechende Normkollision könne daher nicht nach einer Metaregel für beide Rechtsordnungen gemeinsam, sondern nur in jeder der Rechtsordnungen gesondert nach deren Vorgaben erfolgen.

Eine abweichende Beurteilung müßte sich aber auf der Ebene der Länder ergeben, soweit dort eine landesverfassungsrechtliche Kollisionsnorm existiert, die in eine gegenteilige Richtung weist. Dies gilt z.B. im Falle von Art. 8 Verf. Bad.-Würt., in dem festgelegt ist, daß Rechte und Pflichten, die sich aus Staatskirchenverträgen ergeben, von der Verfassung unberührt bleiben. Hier genießen die vertraglichen Regeln im Falle eines Normkonflikts Vorrang. Dies gilt a maiore natürlich erst recht für Vorschriften des einfachen Rechts. Andere Vorschriften der Landesverfassungen begründen nur einen Vorrang gegenüber dem einfachen Gesetzesrecht (Art. 67 Satz 2 Verf. Hess.) bzw. die Bedingung der Zustimmung der Vertragspartner zu einer entsprechenden Gesetzesänderung (Art. 23 Abs. 2 Nordrh.-Westf.)[218]. Nach dem völkerrechtlich inspirierten Ansatz für die Kollisionslösung wären die landesverfassungsrechtlichen Vorschriften, die einen Vorrang der vertraglichen Bindung vor der gesetzlichen Gestaltungshoheit festlegen und damit dem Gesetzgeber gestatten, sich seiner Gesetzgebungshoheit vertraglich tatsächlich vollständig zu entledigen, insoweit verfassungsrechtlich problematisch, als sie das über Art. 28 Abs. 1 GG auch in den Ländern zu verwirklichende Demokratiegebot, dem die zeitliche Begrenzung übertragener Herrschaftsbefugnisse innewohnt, ignorieren[219].

---

[214] Grundlegend *U. Scheuner*, FS Ruppel, S. 312 ff. (325 ff.); s.a. *A. Freiherr v. Campenhausen*, in: H. v. Mangoldt/F. Klein/C. Starck, Grundgesetz Bd. 3, Art. 140 Rn. 59 f. *A. Hollerbach*, Verträge zwischen Staat und Kirche in der Bundesrepublik Deutschland, S. 156, 160, 164 ff. vertrat zunächst die Ansicht, daß vertragswidrige einfache Gesetze stets nichtig und auch vertragswidrige Verfassungsänderungen nur unter erheblichen Einschränkungen möglich seien. Heute fordert *Hollerbach* aber nur noch eine verfassungsrechtliche Norm, die den übergesetzlichen Rang von Staatskirchenverträgen festlegt (*ders.*, in: J. Listl/D. Pirson, HdbStKirchR Bd. I, S. 253 ff. (277)).

[215] *A. Hollerbach*, in: J. Isensee/P. Kirchhof, HdbStR Bd. VI, § 138 Rn. 73. Bemerkenswerterweise hatte der deutsche Protagonist des Dualismus die Anwendung seiner Lehre auf Konkordate ausdrücklich abgelehnt: *H. Triepel*, Völkerrecht und Landesrecht, S. 166 (Fn. 1). Die Unterschiede zwischen Konkordaten und völkerrechtlichen Verträgen betont auch *E.R. Huber*, Verträge zwischen Staat und Kirche im Deutschen Reich, S. 141 f., 144.

[216] *D. Ehlers*, ZevKR Bd. 38 (1993), S. 369 f. (369); *ders.*, in: M. Sachs, Grundgesetz, Art. 140 Rn. 6; *K.-H. Kästner*, Staatliche Justizhoheit und religiöse Freiheit, S. 156.

[217] *D. Pirson*, EvStL, Sp. 3814 ff. (3823 f.).

[218] Zu diesen landesverfassungsrechtlichen Besonderheiten siehe nur *H.U. Anke*, Die Neubestimmung des Staat – Kirche – Verhältnisses in den neuen Ländern durch Staatskirchenverträge, S. 179 f.; *A. Hollerbach*, in: J. Isensee/P. Kirchhof, HdbStR Bd. VI, § 138 Rn. 30 ff.

[219] So auch *M. Morlok*, in: H. Dreier, Grundgesetz Bd. III, Art. 140 Rn. 46.

Allerdings sind auch Stimmen zu verzeichnen, die auf der Grundlage innerstaatlicher Fundierung der Staatskirchenverträge und einer subordinationsrechtlichen Erklärung ihres Abschlusses nicht nur eine auch nach Vertragsschluß unangetastete Kompetenz des Staates zur vertragswidrigen Gesetzgebung behaupten, sondern auch – weitergehend – den Fortbestand jedweder rechtlichen Bindung der staatlichen Gesetzgebung nach einem abweichenden Legislativakt grundsätzlich ablehnen[220]. Hiernach entbehren Kirchenverträge bei Inanspruchnahme der staatlichen Gesetzgebungshoheit der Wirksamkeit, wenn und soweit ihnen eine lex posterior die »gesetzliche Deckung« entzogen hat[221]. Durch jede Inanspruchnahme der bei dem Staat verbleibenden Gesetzgebungshoheit würde die Frage nach der Vertragstreue obsolet, weil jene zugleich zur Disposition über diese berechtigte.

Dieser unter Berufung auf die staatliche Gesetzgebungshoheit erfolgenden Ablehnung der vertraglichen Bindungswirkung ist indessen nicht beizutreten. Richtig ist an dieser Ansicht, daß in einer gesetzlichen Maßnahme eine implizite Vertragskündigung oder die implizite Geltendmachung eines Anspruchs auf Vertragsanpassung liegen kann. Gesetzesänderung und Vertragskündigung unterliegen aber je unterschiedlichen Rechtmäßigkeitsvoraussetzungen. Während jene – zumindest nach der völkerrechtlichen Lösung – jederzeit und ohne Rücksichtnahme auf die vertragliche Bindung zulässig ist, erfordert diese das Vorliegen eines vereinbarten oder allgemeingültigen Kündigungs- bzw. Anpassungsgrundes. Ansonsten kann der Staat sich nicht von einer vertraglichen Zusage einseitig lösen[222]. Der Vertrag wird nicht implizit mit dem Akt der Gesetzgebung aufgehoben[223]. Soweit dies aber angenommen wird, erfolgt keine hinreichend deutliche Differenzierung zwischen Vertragsgeltung und Gesetzgebung. Selbst wenn im Rechtsstaat Recht nicht gegen Recht stehen darf[224], muß doch zwischen subjektiven – vertraglichen – und objektiven – gesetzlichen, alle Bürger gleichermaßen treffenden – Bindungen differenziert werden. Deren Auseinandertreten

---

[220] *L. Renck*, DÖV 1997, S. 929 ff. (932 ff.); ders., ThürVBl. 1995, S. 31 ff. (35 f.); *K. Obermayer*, in: Bonner Kommentar zum Grundgesetz (1971), Art. 140 Rn. 97; *U.K. Preuß*, in: Alternativ-Kommentar zum Grundgesetz Bd. II, Art. 140 Rn. 35; *H. Quaritsch*, FS Schack, S. 125 ff. (134 ff., 139).

[221] *H. Quaritsch*, FS Schack, S. 125 ff. (139), der eine vollständige Unwirksamkeit des Vertrags ohne Umwandlung der Hauptleistungspflicht in eine Sekundärpflicht annimmt, da er deren Erwähnung semantisch allein auf den verwaltungsrechtlichen Vertrag bezieht.

[222] *A. Freiherr v. Campenhausen*, in: H. v. Mangoldt / F. Klein / C. Starck, Grundgesetz Bd. 3, Art. 140 Rn. 60. Allerdings überzeugt die dort zusätzlich behauptete, verfassungsrechtliche Anerkennung vertraglicher Bindung, die aus Art. 123 Abs. 2 GG hergeleitet wird, nicht vollständig. Zu dem Regelungsgehalt der Vorschrift s.o. bei Fn. 54.

[223] So aber *H. Quaritsch*, FS Schack, S. 125 ff. (139); zu recht a.A. *Freiherr v. Campenhausen*, in: H. v. Mangoldt / F. Klein / C. Starck, Grundgesetz Bd. 3, Art. 140 Rn. 60; *D. Pirson*, EvStL, Sp. 3814 ff. (3823); *U. Scheuner*, FS Ruppel, S. 312 ff. (324 ff.).

[224] *H. Quaritsch*, FS Schack, S. 125 ff. (139). Zur Widerspruchsfreiheit der Rechtsordnung als rechtsstaatlichem Desiderat: *H. Sodan*, JZ 1999, S. 864 ff. (868 ff.); *K.-P. Sommermann*, in: H. v. Mangoldt / F. Klein / C. Starck, Grundgesetz Bd. 2, Art. 20 Rn. 288 f.

bedroht nicht den Rechtsstaat[225], sondern gewährleistet den Schutz desjenigen, der auf die staatlicherseits ihm gegenüber eingegangene Bindung vertraut und vertrauen darf.

Soweit die verbreiteten vertraglichen Freundschaftsklauseln dies nicht ohnehin schon gebieten, erfordert der alles Vertragsrecht beherrschende Grundsatz von Treu und Glauben[226], daß die zuständigen staatlichen Stellen – dies können entweder nur die für die fragliche Gesetzesänderung Initiativbefugten sein, da die gesetzgebenden Körperschaften als solche nicht handlungsfähig sind, oder aber das allgemein vertretungsberechtigte Verfassungsorgan – bei diesen gemeinwohlbedingten Änderungsbedürfnissen an ihren kirchlichen Vertragspartner herantreten und versuchen, mit diesem eine gütliche Vertragsänderung herbeizuführen. In diesen Fällen besteht sogar eine Pflicht zum Abschluß eines Staatskirchen(änderungs)vertrags, während ansonsten ein Zwang zu vertraglicher Koordination nicht existiert[227]. Kommt diese Änderung nicht zustande, kann die staatliche Seite den Vertrag nur kündigen, wenn die Voraussetzungen eines Kündigungsrechts – ggfs. aus der clausula rebus sic stantibus[228] – gegeben sind[229]. Ansonsten bleibt die Vertragswirkung bestehen.

Bei Verwurzelung der vertraglichen Verpflichtung im Bereich eines kirchlich-staatlichen Zwischenrechts wird die Wirkung der vertraglichen Verpflichtung gegenüber der staatlichen Gesetzgebungshoheit indessen anders beurteilt: Die aus der Verklammerung von Staatsverfassung und Kirchenordnung resultierende Gleichordnung von Staat und Kirche im Staatskirchenvertrag führt hiernach dazu, daß die gegenüber dem staatlichen Gesetzgeber fortbestehenden Bindungen einen Anwendungsvorrang gegenüber der nachfolgenden Gesetzgebung genießen[230]. Allerdings ist auch diese Konsequenz nicht zwingend, wenn man bedenkt, daß unter dem Gesichtspunkt der Gleichordnung der Vertragspartner kein Unterschied zur völkerrechtlichen Situation zweier kontrahierender Staaten besteht, wobei die innerstaatliche Anwendung der völkerrechtlichen Norm dem Zugriff des abändernden staatlichen Gesetzgebers offenstehen soll.

Problematisch an einer Übertragung der völkerrechtlichen Lösung in den innerstaatlichen Raum erscheint, daß solche eine dualistische Lösung eigentlich ein dualistisches Verhältnis der beteiligten Rechtsordnungen voraussetzt, da eine sol-

---

[225] So aber *H. Quaritsch*, FS Schack, S. 125 ff. (139).
[226] Zu der Anwendung dieser Formel im öffentlichen Recht: *A. Leisner*, Kontinuität als Verfassungsprinzip, S. 512 ff.
[227] *A. Hollerbach*, in: J. Isensee/P. Kirchhof, HdbStR Bd. VI, § 138 Rn. 63.
[228] *A. Hollerbach*, in: J. Isensee/P. Kirchhof, HdbStR Bd. VI, § 138 Rn. 78; *C.H. Ule*, FS Maunz, S. 415 ff.; s.a. unten S. 287 ff.
[229] A.A. aber offensichtlich *K. Obermayer*, in: Bonner Kommentar zum Grundgesetz (1971), Art. 140 Rn. 97, der in jedem Fall nach gescheiterten Verhandlungen ein Kündigungsrecht der staatlichen Seite anzunehmen scheint.
[230] *A. Hollerbach*, Verträge zwischen Staat und Kirche in der Bundesrepublik Deutschland, S. 157 ff., 262, bezog diesen Vorrang sogar auf jegliche Form staatlicher Rechtsetzung unter Einbeziehung der vertragswidrigen Verfassungsänderung; diese Ausdehnung des Vorrangs wurde indessen später zurückgenommen: *A. Hollerbach*, in: J. Isensee/P. Kirchhof, HdbStR Bd. VI, § 138 Rn. 73, der hier auch seine auf die Gesetzgebung bezogene Aussage als eine rechtspolitische versteht.

che Lösung argumentativ entscheidend auf der Impermeabilität beider Rechtsordnungen für Rechtsfolgen der je anderen beruht[231]. Nur dann ist denkbar, daß eine Kollision nicht nach einer in beiden Rechtskreisen geltenden Regel, sondern nur in jeder Rechtsordnung gesondert nach deren Regeln behandelt wird, so daß die widerstreitenden Normbefehle durchaus aufrecht erhalten werden können. Während dann das Gesetz in jedem Falle und unabhängig von der Existenz einer entgegenstehenden vertraglichen Bindung rechtmäßig geändert wird, bleibt diese bestehen. Die aus ihr fließende Primärpflicht – Beibehaltung des kontrahierten gesetzlichen Zustands – kann aber nicht mehr realisiert werden. In der Rechtsordnung, der die vertragliche Bindung entstammt, ist dann zu ermitteln, welche Rechtsfolgen dieser Vertragsbruch nach sich zieht. In der Rechtsordnung, in der der Vertragsbruch verübt wurde, ist dann dessen Wirkung auf den vertragsbrüchigen Rechtsakt zu ermitteln.

Die Beibehaltung einer solchen Lösung gerät allerdings unter Rechtfertigungsdruck, wenn der Geltungsgrund der Staatskirchenverträge im innerstaatlichen Recht angelegt ist[232]. Die Kollision von Vertrag und Gesetz kann dann nicht mehr unter Hinweis auf die völkerrechtliche Parallelproblematik durch Aufrechterhaltung des Normwiderspruchs gelöst werden[233] – zumal diese auch dort schon höchst problematisch erscheint. Der Widerspruch zwischen Vertragsbestimmungen und späterer gesetzlichen Regelungen beruht nicht auf Normen zweier verschiedener Rechtskreise, da beide Normen dem staatlichen Rechtskreis zugeordnet sind. Für das spätere, abweichende Gesetz ist eine solche Zuordnung offensichtlich; aber nach dem oben Dargelegten gilt die innerstaatliche Verwurzelung eben auch für den für innerstaatlich anwendbar erklärten Vertrag. Innerstaatlich – also innerhalb einer zweifelsfrei einheitlichen und abgeschlossenen Rechtsordnung – aber ist die Aufrechterhaltung eines Normwiderspruchs zwischen Gesetz und Vertrag nicht möglich[234].

Diese Unabdingbarkeit der Auflösung eines Normwiderspruchs innerhalb einer einheitlichen Rechtsordnung berücksichtigt allein eine in Kontrast zur verbreiteten dualistisch inspirierten Lösung stehende Ansicht, nach der eine Anwendung der lex-posterior Regel bei einem Konflikt zwischen vertraglicher Verpflichtung und Gesetzesnorm aufgrund der dargelegten Eigenart und spezifischen Funktion des Staatskirchenvertragsrechts verfehlt ist[235]. Die Verfassung erkennt die Möglichkeit einer staatskirchenvertraglichen Bindung des Staates und damit – im Rahmen des nach Art. 140 GG i.V.m. Art. 137 Abs. 3 Satz

---

[231] So auch *J.A. Frowein*, FS Flume, S. 301 ff. (305 f.).
[232] Siehe hierzu und zu dem folgenden v.a. *H.U. Anke*, Die Neubestimmung des Staat – Kirche – Verhältnisses in den neuen Ländern durch Staatskirchenverträge, S. 187 ff.; s.a. *J.A. Frowein*, FS Flume, S. 301 ff. (305 f., 312).
[233] So aber *D. Ehlers*, ZevKR Bd. 38 (1993), S. 369 f. (369).
[234] Insoweit ist *H. Quaritsch*, FS Schack, S. 125 ff. (139), zuzustimmen; s.a. *U.K. Preuß*, in: Alternativ-Kommentar zum Grundgesetz Bd. II, Art. 140 Rn. 35.
[235] Entwickelt bei *H.U. Anke*, Die Neubestimmung des Staat – Kirche – Verhältnisses in den neuen Ländern durch Staatskirchenverträge, S. 189 ff.

WRV »für alle geltenden Gesetzes« – auch des Gesetzgebers an. Steht aber die vertragliche Handlungsform gleichberechtigt und für spezifische Sachbereiche ergänzend neben der gesetzlichen, so macht dies einen Vorrang der vertraglichen Bindung vor der gesetzgeberischen Handlungsfreiheit unabwendbar. Dies ist die Konsequenz aus der innerstaatlichen Fundierung der Staatskirchenverträge und weist eine deswegen erforderliche verfassungsrechtliche Kollisionsregel für das Auseinandertreten von gesetzlicher und vertraglicher Norm nach. Die Einräumung staatsvertraglicher Handlungsmöglichkeiten durch die Verfassung würde unterlaufen, wenn sich vertragswidrige Gesetze gegenüber vertraglichen Festlegungen durchsetzen könnten. Die innerhalb der staatlichen Rechtsordnung notwendige Kollisionsentscheidung kann dann nur zugunsten der vertraglichen Verpflichtung ausfallen. Die von einer solchen verfassungswidrigen Gesetzesänderung Betroffenen können gegen diese im Wege der Rechtssatzverfassungsbeschwerde vorgehen[236].

Danach binden alle Staatskirchenverträge auch den Gesetzgeber. Soweit der von einem Staatskirchenvertrag abweichende Landesgesetzgeber sich aber auf seine ihm auch nach der staatskirchenvertraglichen Einigung verbleibende Alleinbestimmungsmacht zur Schrankenziehung mittels des »für alle geltenden Gesetzes« stützen kann, müssen die sich dann gegenüberstehenden verfassungsrechtlichen Positionen einer grundsätzlich zulässigen staatskirchenvertraglichen Koordinierung zwischen Staat und Kirche auf der einen Seite und der sich in dem o.a. Gesetzesvorbehalt manifestierenden staatlichen Ordnungsfunktion auf der anderen Seite miteinander in Einklang bringen lassen. Dies geschieht im Wege eines schonenden Ausgleichs zwischen Schrankenzweck und der vertraglich zugesicherten kirchlichen Rechtsposition unter Berücksichtigung ihrer jeweiligen Wechselwirkung, so daß keines der beiden Güter im Kollisionsfall absolut zu setzen ist, sondern vielmehr beide Seiten auch im Kollisionsfall zu optimaler Entfaltung zu bringen sind. Deswegen müssen sich die kirchlichen Vertragspositionen zumindest insoweit durchsetzen, als deren Aufhebung für die Durchsetzung der staatlichen Ordnungsfunktion nicht unumgänglich ist[237]. Zusätzlich in Rechnung zu stellen ist bei dieser Abwägung auch der Vertrauensschutz der Religionsgemeinschaften, der sich aus der bereits vorgenommenen staatsvertraglichen Regelung einer Materie ergibt. Insoweit muß die staatliche Seite zumindest gute Gründe dafür vorweisen können, daß sie von der Kooperationslösung nunmehr zu einer einseitig hierarchischen Lösung übergeht. Ist der staatliche Gesetzgeber unter all diesen Gesichtspunkten zu einer abweichenden Gesetzgebung befugt, hebt er mit diesem gesetzgeberischen Akt implizit den mit der Religionsgemeinschaft abgeschlossenen Vertrag auf. Nach diesem Modell löst sich der Normkonflikt ebenfalls auf – dann aber zugunsten des staatlichen Gesetzgebers, der allerdings die kirchlichen Vertragsinteressen und damit das Vertragsgleichgewicht in verhältnismäßiger Weise zu berücksichtigen hat. In diesem Sinne ist vorrangig vor einer umfänglichen Aufhebung der vertraglichen Positionen auch eine Vertragsanpassung oder ggfs. auch eine Ausgleichsleistung in Geld zu erwägen.

---

[236] Überzeugend hierzu *H.U. Anke*, Die Neubestimmung des Staat – Kirche – Verhältnisses in den neuen Ländern durch Staatskirchenverträge, S. 191 ff.

[237] Hierzu und zu dem folgenden *H.U. Anke*, Die Neubestimmung des Staat – Kirche – Verhältnisses in den neuen Ländern durch Staatskirchenverträge, S. 205 ff.

Die Ausführungen zu den völkerrechtlichen Verträgen haben erwiesen, daß schon bei solchen Verträgen, denen der Gesetzgeber durch einen Anwendungsbefehl innerstaatliche Geltung verschafft und die sich die Dogmatik des Staatskirchenvertragsrechts zum Vorbild nimmt, eine spätere erneute Verfügung über den kontrahierten Gegenstand aus verfassungsrechtlichen Gründen nicht möglich ist. Auch nach allgemeiner Ansicht wäre der Gesetzgeber bei völkerrechtlichen ebenso wie bei staatskirchenrechtlichen Verträgen – selbst wenn man ihm seine volle Verfügungsbefugnis beließe – weiterhin vertraglich verpflichtet, einen vertragsgemäßen Zustand seiner Gesetzgebung herzustellen. Zudem kann aus rechtsstaatlichen Gründen eine gesetzgeberische Kompetenz zur Setzung von vertragswidrigem Recht während der Gültigkeitsdauer des jeweiligen Vertrags nicht in Frage kommen. Doch nicht nur völkervertragliche Bindungen, sondern auch die Eingehung einer staatskirchenvertraglichen Bindung führt zu einer Verfügung über die parlamentarische Gesetzgebungskompetenz in dem Sinne, daß für die Dauer der Vertragsbindung eine von den vertraglichen Bestimmungen abweichende staatliche Gesetzgebung nicht möglich ist.

Da sich dieses Ergebnis aus der besonderen verfassungsrechtlichen Stellung der Kirchen ableiten läßt, erscheint seine Übertragung auf den staatlichen Vertragsschluß mit anderen innerstaatlichen Verbänden begründungsbedürftig. Staatskirchenverträge sind verfassungsrechtlich vorgezeichnete Instrumente zur Regelung der staatlichen Beziehungen zu einem besonderen, verfassungsrechtlich privilegierten gesellschaftlichen Akteur. Im Hinblick auf andere, weltliche Verbände sind vertragliche Koordinationsinstrumente durch die Verfassungen von Bund und Ländern weder ausdrücklich geboten noch untersagt. Angesichts dessen hat sich in den letzten Jahren immer häufiger aus der Praxis die Frage ergeben, inwieweit der staatliche Gesetzgeber – oder einzelne an der staatlichen Gesetzgebung Beteiligte – aus verfassungsrechtlichen Gründen ermächtigt oder gehindert sind, seine bzw. ihre Kompetenzen vertraglich gegenüber nicht-staatlichen Verbänden zu binden.

II. Der »Atomkonsens«

Während sich die vorangegangenen Überlegungen zu den bekannten vertraglichen Bindungen des Gesetzgebers durch Verträge mit ihrer Bezugnahme auf den völkerrechtlichen Vertrag und das Staatskirchenvertragsrecht auf bekanntem Grund bewegt haben, sollen nun die in diesem Zusammenhang gewonnenen Erkenntnisse für einen weiteren Kreis von auf die Gesetzgebung bezogenen Verträgen fruchtbar gemacht werden. In der Folge gilt es daher, die Möglichkeiten und die verfassungsrechtlichen Grenzen der vertraglichen Bindung der an der Gesetzgebung beteiligten Akteure aufzudecken. Dieses Vorhaben nimmt Bezug auf einige in jüngerer Zeit zwischen staatlichen und privaten Akteuren ausgehandelte Gesetze. Bekanntestes Beispiel für ein zwischen Staat und privaten Akteuren ausgehandeltes Gesetz ist der sog. »Atomkompromiß« aus dem Jahre 2000/

2001[238]. Die Konstruktion wurde als für die Staatspraxis neues Phänomen bezeichnet, das Nachahmer finden und das Verhältnis Staat-Wirtschaft grundlegend ändern wird[239]. Es handelt sich um einen besonders prägnanten Fall eines ausgehandelten Gesetzes, dessen Besonderheit nicht nur in der politischen Bedeutung des behandelten Themas liegt, sondern auch in der Publizität, in der die Verhandlungen zwischen Regierung und Energieversorgungsunternehmen stattgefunden haben. Das Aushandeln von Gesetzesinhalten zwischen staatlichen und privaten Akteuren ist ein Geben und Nehmen zwischen den verhandelnden Parteien, zwischen Staat und Interessengruppen bzw. Gesetzesadressaten. Der do-ut-des Charakter legt für die Beteiligten aber den Versuch nahe, die Ergebnisse ihrer Verhandlungen allseitig rechtlich (nicht nur politisch) zu fixieren, um auf diese Weise Planungssicherheit zu gewinnen. Die Herstellung einer solchen Bindung ist das Anliegen des Gesetzgebungsvertrags. Das Aushandlungsergebnis der Atomkonsensrunde scheint durch eine solche vertragliche Absprache abgesichert zu sein: Die Bundesregierung arbeitet auf der Grundlage der Vereinbarung einen Entwurf zur Novelle des Atomgesetzes aus und bringt diesen in das Parlament ein. Im Gegenzug dafür, daß das deren Geschäft massiv prägende Gesetzesvorhaben im Einvernehmen mit den Energieversorgungsunternehmen formuliert wurde, geben diese zu erkennen, daß sie ihren Teil zu einer dauerhaften Umsetzung beizutragen bereit sind. Dieser Beitrag manifestiert sich insbesondere in der niedergelegten »Erwartung«, daß die Vereinbarung sowie deren Umsetzung (d.h. die Novelle des Atomgesetzes und deren Vollzug) nicht zu Entschädigungsansprüchen zwischen den Beteiligten führt. Hierdurch soll eine langwierige gerichtliche Überprüfung der in dem Kompromiß gefundenen Regelungen vermieden werden.

Angesichts einer solchen Vereinbarung und des auf ihr basierenden Gesetzentwurfs stellen sich gleich mehrere Fragen: Deren erste widmet sich Möglichkeiten, Umfang und Grenzen einer vertraglichen Bindung verfassungsrechtlicher Funktionen. Welche Verpflichtungen können sich für die Bundesregierung oder andere an der Gesetzgebung beteiligte Verfassungsorgane aus derartigen Abreden ergeben? Des weiteren ist zu überlegen, ob und inwieweit private Verhandlungspartner an Vereinbarungen der dargelegten Art, insbesondere an das implizit formulierte Verbot »rechtlichen« Widerstands gegen die ausgehandelte gesetzliche Regelung gebunden sind. Diese und ähnlich gelagerte Probleme sind unter dem Vorzeichen des Gesetzgebungsvertrags zu behandeln.

---

[238] Zu der Genese dieses Kompromisses nur *L. Michael*, Rechtsetzende Gewalt im kooperierenden Verfassungsstaat, S. 105 ff.; *V. Hartenstein*, Jahrbuch Ökologie 2001, S. 276 ff. Zu den juristischen Implikationen einführend: *J. Grawe*, in: M. Kloepfer, Technikumsteuerung als Rechtsproblem, S. 91 ff.; *M. Schmidt-Preuß*, in: M. Kloepfer, a.a.O., S. 119 ff.; *R. Steinberg*, in: M. Kloepfer, Technikumsteuerung als Rechtsproblem, S. 139 ff.; *H. Wagner*, NVwZ 2001, S. 1089 ff.
[239] *A. Roßnagel*, ZUR 1999, S. 241 ff. (243).

1. Politischer Hintergrund

Als Grundlage der gemeinsamen Regierungsarbeit nach ihrem Wahlsieg im Jahre 1998 hatten sich die SPD und Bündnis 90/DIE GRÜNEN in ihrem Koalitionsvertrag vom 20. Oktober 1998[240] darauf festgelegt, die friedliche Nutzung der Kernenergie in der Bundesrepublik Deutschland zu beenden. In der Vereinbarung zwischen den Parteien wurde der Standpunkt vertreten, daß die Umstrukturierung einer auf die Kernenergie ausgerichteten Energieversorgung, die wegen der großen Sicherheitsrisiken der Atomkraft nicht zu verantworten sei, technologischen, ökologischen und energiewirtschaftlichen Erfordernissen Rechnung tragen muß. Deshalb wollte die neue Bundesregierung alles unternehmen, die Nutzung der Atomkraft so schnell wie möglich zu beenden[241].

Die an der Koalition beteiligten Parteien vereinbarten, daß die neue Bundesregierung noch im Jahr 1998 zu Gesprächen über einen neuen Energiekonsens einladen solle, im Rahmen derer gemeinsam mit der Energiewirtschaft die Weichen für eine Neuorientierung der Energiepolitik gestellt werden sollten. Im Koalitionsvertrag wurde als Vorgabe für diese Energiekonsensgespräche festgelegt, daß der Ausstieg aus der Nutzung der Kernenergie innerhalb der Legislaturperiode umfassend und »unumkehrbar« gesetzlich zu regeln sei. Die Koalitionsparteien verständigten sich darauf, zunächst eine erste Änderung des Atomgesetzes in den Bundestag einzubringen, die die Streichung des gesetzlichen Förderzwecks[242], die Einführung einer Verpflichtung zur Sicherheitsüberprüfung, die Klarstellung der Beweislastregelung bei begründetem Gefahrenverdacht, die Beschränkung der Entsorgung auf die direkte Endlagerung sowie die Erhöhung der von den Kernkraftwerksbetreibern zu leistenden Deckungsvorsorge umfassen sollte[243]. In einem zweiten Schritt sollten die Energieversorgungsunternehmen zu Gesprächen eingeladen werden, um diese neue Energiepolitik, Schritte zur Beendigung der Atomenergie und Entsorgungsfragen möglichst im Konsens zwischen Regierung und Energieversorgungsunternehmen zu vereinbaren. Der Koalitionsvertrag setzte der neuen Bundesregierung für dieses Vorgehen einen zeitlichen Rahmen von einem Jahr nach ihrem Amtsantritt. Als dritten Schritt vereinbarten die Parteien, nach Ablauf dieser Jahresfrist ein Gesetz einzubringen, mit dem der Ausstieg aus der Kernenergienutzung ohne Entschädigung für die betroffenen Kernkraftwerksbetreiber geregelt werden sollte.

---

[240] Einzusehen unter www.bundesregierung.de unter dem Menu »Dokumentationen« (21. September 2001); s.a. zu den Regelungen *A. Roßnagel*, ZUR 1999, S. 241 ff. (241 f.).
[241] Siehe zur Ausgangssituation der Kernenergie in Deutschland und zu den ökonomischen Problemen eines Atomausstiegs: *J. Grawe*, in: M. Kloepfer, Technikumsteuerung als Rechtsproblem, S. 91 ff. (96 ff.).
[242] § 1 AtG lautet insoweit: »Zweck dieses Gesetzes ist, 1. die Erforschung, die Entwicklung und die Nutzung der Kernenergie zu friedlichen Zwecken zu fördern, ...«
[243] Zu dem Rechtszustand hinsichtlich dieser Fragen siehe nur *M. Kloepfer*, Umweltrecht, § 15 Rn. 15 ff. (Förderzweck), Rn. 39 (Gefahrenverdacht bei der Schadensvorsorge als Genehmigungsvoraussetzung), Rn. 46 ff. und 78 ff. (Entsorgung), Rn. 85 (Deckungsvorsorge).

Als weitgehend unumstritten durfte zu dem Zeitpunkt dieser Vereinbarung gelten, daß das Gesetz über die friedliche Verwendung der Kernenergie und den Schutz gegen ihre Gefahren (AtG) in der geltenden Fassung eine einseitige staatliche Beendigung der Kernenergienutzung durch den entschädigungsfreien Entzug der Betriebserlaubnis[244] oder durch einen gesetzeswidrigen »ausstiegsorientierten Gesetzesvollzug«[245] einer Landesregierung im Rahmen der Bundesauftragsverwaltung nicht ermöglichte.

2. Die Vereinbarung zwischen der Bundesregierung und den Energieversorgungsunternehmen

Aus dieser Vereinbarung resultierten die sog. Energiekonsensgespräche zwischen Vertretern der Bundesregierung (beteiligte Ressorts waren das Bundeskanzleramt, das Bundesumwelt- sowie das Bundeswirtschaftsministerium) und den Kernkraftwerke betreibenden Energieversorgungsunternehmen[246]. Im Vorfeld der zu der abgeschlossenen Vereinbarung führenden Verhandlungen war im Juni 1999 zwischen den Partnern der »Entwurf einer Verständigung über Eckpunkte zur Beendigung der vorhandenen Atomkraftwerke in Deutschland« festgelegt worden[247]. Dieses Verständigungspapier hatte den Abschluß eines öffentlich-rechtlichen Vertrages zwischen den Energieversorgungsunternehmen und der Bundesregierung vorgesehen, der dem Bundestag zur Zustimmung vorgelegt werden sollte (Nr. 8 der Eckpunkte). Dieser Vertrag sollte insbesondere die Restlaufzeiten für die Kernkraftwerke einvernehmlich festlegen und die Energiever-

---

[244] Die Möglichkeit eines bloß administrativen Widerrufs rechtmäßiger Betriebserlaubnisse nach § 17 AtomG wegen einer veränderten Sicherheitsphilosophie in Form einer Neubewertung des zumutbaren Risikos ohne gleichzeitige Änderung des wissenschaftlichen Erkenntnisstands (so *K. Lange*, NJW 1986, S. 2459 ff. (2463)) ist hingegen schon aus rechtsstaatlichen Gründen entgegenzutreten (*C. Degenhart*, in: BMU/H.-J. Koch/A. Roßnagel, 11. Deutsches Atomrechtssymposium, S. 369 ff. (376 (Fn. 35)); *M. Kloepfer*, Umweltrecht, § 15 Rn. 72; *C. Langenfeld*, DÖV 2000, S. 929 ff. (931 m.w.N. in Fn. 16)). Zu der Frage, ob es sich bei einer nachträglichen *gesetzlichen* Laufzeitbegrenzung um eine Enteignung oder um eine Inhalts-/Schrankenbestimmung i.S.v. Art. 14 GG handelt (zu der Differenzierung nur: *F. Ossenbühl*, Staatshaftungsrecht, S. 177 ff., 181 ff.) und ob die Begrenzung dementsprechend entschädigungsfrei oder nur gegen Entschädigung möglich ist, siehe: *U. Di Fabio*, Der Ausstieg aus der wirtschaftlichen Nutzung der Kernenergie, S. 127 ff., 136 f.; *F. Ossenbühl*, AöR Bd. 124 (1999), S. 1 ff. (9 ff.); *M. Schmidt-Preuß*, NJW 2000, S. 1524 ff. (1525 f.); *ders.*, in: M. Kloepfer, Technikumsteuerung als Rechtsproblem, S. 119 ff. (123 ff.) auf der einen und *M. Böhm*, NuR 1999, S. 661 ff. (662); *E. Denninger*, Verfassungsrechtliche Fragen des Ausstiegs aus der Nutzung der Kernenergie zur Stromerzeugung, S. 51 ff.; *H.-J. Koch*, NJW 2000, S. 1529 ff. (1533 ff.); *ders.*,/A. Roßnagel, NVwZ 2000, S. 1 ff. (5); *C. Langenfeld*, DÖV 2000, S. 929 ff. (931 ff.); *G. Roller*, ZUR 1999, S. 244 ff. (247); *B. Stüer/S. Loges*, NVwZ 2000, S. 9 ff. (12 f.) auf der anderen Seite. Übersicht über die Diskussion auch bei *R. Steinberg*, in: M. Kloepfer, Technikumsteuerung als Rechtsproblem, S. 139 ff. (153 ff.).
[245] Zu dessen Problematik nur *H. Sendler*, DÖV 1992, S. 181 ff.; *ders.*, in: F. Ossenbühl, Deutscher Atomrechtstag 2000, S. 185 ff. (189 ff.).
[246] Die Vereinbarung wurde von Vertretern der VEBA AG, der VIAG AG, der RWE AG sowie der EnBW AG paraphiert. Die HEW, die über Beteiligungen an verschiedenen Kernkraftwerken verfügen, waren an den Verhandlungen nicht beteiligt.
[247] Berichtet bei *E. Gurlit*, Verwaltungsvertrag und Gesetz, S. 312; der Text ist – so weit ersichtlich – nicht veröffentlicht, liegt dem Verf. aber vor.

sorgungsunternehmen dazu verpflichten, die auf der Grundlage des Vertrages zu erlassende Novelle des Atomgesetzes nicht »rechtlich« anzugreifen. Darüber hinaus enthielt das Verständigungspapier die Festlegung, daß – unbeschadet der autonomen gesetzgeberischen Kompetenz des Parlaments – beeinträchtigende steuerrechtliche Maßnahmen gegenüber den Betreibern von Kernkraftwerken unterbleiben sollten. Der Inhalt dieser Vorverständigung, die durch den Bundeswirtschaftsminister mit den betroffenen Unternehmen abgestimmt worden war, traf auf den Widerstand des Bundesumweltministers. Dieser setzte sich – letztlich erfolgreich – gegen eine parlamentarische Sanktionierung des abzuschließenden Vertrages ein, da diese »den Oppositionsparteien über den Bundesrat ... einen Schlüssel zur Blockade in die Hand gebe«[248]. Den förmlichen Abschluß der Gespräche bildete die (zwischen der Bundesregierung und beteiligten Unternehmen abgeschlossene) »Vereinbarung zwischen der Bundesregierung und den Energieversorgungsunternehmen vom 14. Juni 2000«[249]. In der Einleitung zu diesem Papier bekunden die Energieversorgungsunternehmen unbeschadet einer im Grundsätzlichen von den Ansichten der Bundesregierung zu unterscheidenden, positiven Haltung zur Nutzung der Kernenergie, daß sie die Entscheidung der Bundesregierung für eine geordnete Beendigung der Stromerzeugung aus Kernenergie respektieren (Ziff. I der Vereinbarung).

Zu dem Zwecke eines geordneten Ausstiegs und der Betriebsbeschränkung für die bestehenden Anlagen vereinbarten die Kraftwerksbetreiber mit der Bundesregierung für jedes einzelne von ihnen betriebene Kernkraftwerk eine Strommenge, die von dieser Anlage noch produziert werden kann, bevor sie außer Betrieb genommen werden muß (Ziff. II der Vereinbarung). Damit wurde die Laufzeitfrage entgegen der ursprünglichen Absicht der Bundesregierung nicht durch die Festlegung eines zeitlichen Rahmens oder eines Endtermins gelöst, sondern durch die Festschreibung einer Gesamtstrommenge von 2623,30 TWh, die von den 19 in der Bundesrepublik noch tätigen Kernkraftwerken bis zu ihrer Stillegung noch produziert werden darf.

Die Vereinbarung enthält eine detaillierte Ausarbeitung über die Berechnung dieser Reststrommengen: Für jede der betroffenen Anlagen wird auf der Grundlage einer Regellaufzeit von 32 Kalenderjahren ab Beginn des kommerziellen Leistungsbetriebs die ab dem 1. Januar 2000 noch verbleibende Restlaufzeit errechnet. Weiterhin wird eine jahresbezogene Referenzmenge zu Grunde gelegt, die für jedes Kraftwerk als Durchschnitt der fünf höchsten Jahresproduktionen zwischen 1990 und 1999 berechnet wird. Gegenüber diesen Referenzmengen wird für die Restlaufzeit auf Grund der sich fortsetzenden technischen Optimierung, der Leistungserhöhung einzelner Anlagen und der durch die Liberalisierung

---

[248] So der Bundesminister für Umwelt, Naturschutz und Reaktorsicherheit in einem Schreiben vom 21. Juni 2001 an den Bundesminister für Wirtschaft und Technologie.
[249] Verfügbar unter www.bmu.de/atomkraft/fset1024.htm (21. September 2001). Zu dem Inhalt siehe auch: *C. Langenfeld*, DÖV 2000, S. 929 ff.; *M. Schmidt-Preuß*, in: M. Kloepfer, Techniksteuerung als Rechtsproblem, S. 119 ff. (121); *F. Schorkopf*, NVwZ 2000, S. 1111 ff.; *H. Wagner*, NVwZ 2001, S. 1089 ff.; *J. Wieland*, ZUR 2001, S. 20 ff. Zur Vorgeschichte des Konsenses: *H. Sendler*, in: F. Ossenbühl, Deutscher Atomrechtstag 2000, S. 185 ff. (186 ff.).

veränderten Reservepflicht zur Netzstabilisierung eine um 5,5% höhere Jahresproduktion unterstellt. Die Reststrommenge ergibt sich durch Multiplikation der um 5,5% erhöhten Referenzmenge mit der Restlaufzeit. Die Bundesregierung kündigt dabei an, daß die auf diese Weise errechneten Reststrommengen in dem Anhang zu der zu erwartenden Novelle des AtG verbindlich festgelegt werden. Nach Ziff. II (4) der Vereinbarung können die Energieversorgungsunternehmen die ihren Kernkraftwerken noch zugebilligte Strommengen auf einzelne Anlagen übertragen[250].

Die Beteiligten gehen auf Grundlage der Vereinbarung davon aus, daß diese und die auf ihrer Basis stattfindenden Umsetzungsmaßnahmen nicht zu der Geltendmachung von Entschädigungsansprüchen zwischen den Energieversorgungsunternehmen und der staatlichen Seite führen. Besonders offensichtlich wird der kompromißartige Charakter der Vereinbarung angesichts des Umstandes, daß sich ein einzelner Beteiligter (RWE AG) bereit erklärt, eine schon über Jahre hinweg andauernde gerichtliche Auseinandersetzung mit dem Land Rheinland-Pfalz über das Kernkraftwerk Mülheim-Kärlich durch Zurückziehen des Genehmigungsantrags zu beenden. Ebenso verpflichtet sich RWE, die Klage auf Schadensersatz gegen das Land Rheinland-Pfalz zurückzunehmen. Mit der Vereinbarung sind alle rechtlichen und tatsächlichen Ansprüche im Zusammenhang mit dem Genehmigungsverfahren sowie mit den Stillstandszeiten der Anlage abgegolten (Ziff. II (5) der Vereinbarung.).

Die Vereinbarung enthält auch Regelungen zu den Kosten, die im Zusammenhang mit Erkundung und Erschließung von Schacht Konrad und dem Salzstock in Gorleben bei den Energieversorgungsunternehmen entstanden sind. Bezüglich der in diesem Zusammenhang geltend gemachten Entschädigungsansprüche der Energieversorgungsunternehmen gegen das Land Niedersachsen wegen aufsichtsrechtlicher Verfügungen und Nichterteilung von Zulassungen verspricht die Bundesregierung, sich um eine vergleichsweise Klärung zu bemühen.

Die Bundesregierung verpflichtet sich, während der vertraglich vereinbarten Restlaufzeit keine Initiative zu ergreifen, um den bislang gesetzlich geforderten Sicherheitsstandard und die diesem zugrundeliegende Sicherheitsphilosophie zu ändern (Ziff. III (1) der Vereinbarung). Weiter heißt es, daß die Bundesregierung bei der Einhaltung der atomrechtlichen Anforderungen den ungestörten Betrieb der Anlagen gewährleistet. Zudem sichert die Bundesregierung zu, daß sie keine Initiative ergreifen wird, mit der die Nutzung der Kernenergie durch einseitige Maßnahmen diskriminiert wird (Ziff. III (2) der Vereinbarung).

In einem eigenen Abschnitt nimmt sich die Vereinbarung der politisch umstrittenen Frage radioaktiver Reststoffe an (Ziff. IV der Vereinbarung). Insoweit verpflichten sich die Energieversorgungsunternehmen, so zügig wie möglich an den Standorten der Kernkraftwerke oder in deren Nähe Zwischenlager zu errichten. Die Beteiligten treffen außerdem Regelungen, um zu einer möglichst baldigen Beendigung der Wiederaufarbeitung von

---

[250] Zu den sich aus diesen Regelungen ergebenden Rechtsproblemen siehe v.a. *M. Böhm*, in: BMU/H.-J. Koch/A. Roßnagel, 11. Deutsches Atomrechtssymposium, S. 43 ff. (43 ff.); *P.M. Huber*, DVBl. 2003, S. 157 ff. (158 ff.).

Brennelementen zu gelangen. Die Möglichkeit der bis zu diesem Ende erforderlichen Transporte radioaktiver Abfälle zu den Wiederaufarbeitungsanlagen wird von der Bundesregierung gewährleistet.

Der materielle Kernpunkt der Vereinbarung liegt darin, daß die beteiligten Energieversorgungsunternehmen zur Kenntnis nehmen, daß die Bundesregierung die Einführung eines gesetzlichen Neubauverbots für Kernkraftwerke sowie einer gesetzlichen Verpflichtung zur Errichtung und Nutzung von standortnahen Zwischenlagern beabsichtigt (Ziff. V (1) der Vereinbarung). Die Bundesregierung kündigt in dem Text der Vereinbarung an, daß sie auf der Grundlage der Vereinbarung einen Entwurf zur Novelle des Atomgesetzes erarbeiten wird, dessen Inhalt bereits summarisch in einer Anlage dargestellt ist. Hierzu heißt es in der Vereinbarung, daß diese von den Beteiligten auf der Grundlage geschlossen wird, daß das zu novellierende Atomgesetz einschließlich der Begründung die Inhalte dieser Vereinbarung umsetzt.

Das Ziel der vereinbarten Novelle ist die Streichung des bis zu diesem Zeitpunkt im Atomgesetz nach wie vor niedergelegten gesetzlichen Förderzwecks (siehe § 1 Nr. 1 AtG) sowie in der gesetzlichen Festlegung, daß die Nutzung der Kernenergie zur gewerblichen Erzeugung von Elektrizität zu beenden ist, wobei allerdings bis zum Zeitpunkt der Beendigung der Betrieb der Kernkraftwerke sichergestellt werden soll. Diese Ziele sollen zum einen durch ein geplantes Verbot von Genehmigungen für die Errichtung und den Betrieb von neuen Kernkraftwerken verfolgt werden, während aber die Forschung auf dem Gebiet der Kerntechnik, insbesondere ihrer Sicherheit, frei bleiben soll. Die schrittweise Beendigung einer friedlichen Nutzung der Kernenergie wird durch ein Erlöschen des Rechts zum Leistungsbetrieb des jeweiligen Kernkraftwerks gewährleistet, wenn die im Anhang zu dem Gesetz vorgesehene bzw. durch Übertragung geänderte Strommenge für das jeweilige Kernkraftwerk, die gem. der Vereinbarung zwischen den Energieversorgungsunternehmen und der Bundesregierung berechnet wird, erreicht ist. Auch im übrigen lehnt sich der Entwurf der Novelle an den Inhalt der Vereinbarung zwischen den Energieversorgungsunternehmen und der Bundesregierung an.

Hinsichtlich dieser zwischen Regierung und Energieversorgungsunternehmen ausgehandelten Novelle des Atomgesetzes stellen die Beteiligten einen inneren Zusammenhang mit der abgeschlossenen Vereinbarung her. Die Vereinbarung wird – so das niedergelegte Einvernehmen – auf der Grundlage geschlossen, daß das zu novellierende Atomgesetz auch tatsächlich die vereinbarten Inhalte umsetzt. Um einvernehmlich feststellen zu können, ob dies auch tatsächlich der Fall ist, sollte auf der Grundlage des Regierungsentwurfs vor der Kabinettbefassung zwischen den Verhandlungspartnern erneut beraten werden (Ziff. V (2) der Vereinbarung)

Die Beteiligten legen in der Vereinbarung ein »Monitoring-Verfahren« fest, um die Umsetzung des Kompromisses zu begleiten. Hierzu soll eine hochrangige Arbeitsgruppe berufen werden, die sich aus drei Vertretern der beteiligten Unternehmen und drei Vertretern der Bundesregierung zusammensetzt. Unter Vorsitz eines Mitarbeiters des Bundeskanzleramtes bewertet die Arbeitsgruppe in der Regel einmal im Jahr – gegebenenfalls unter Heranziehung externen Sachverstands – gemeinsam die Umsetzung der in der Vereinbarung enthaltenen Verabredungen (Ziff. VII der Vereinbarung).

3. Der Rechtsbindungswille der Parteien des Atomkonsenses

Vor einer Beurteilung der Frage nach Zulässigkeit oder Unzulässigkeit vertraglicher, rechtsnormbezogener Bindung sind Kriterien zu entfalten, anhand derer festgestellt werden kann, ob mit einer solchen Absprache überhaupt ein Gesetzgebungsvertrag geschlossen und damit eine rechtliche Bindung der Beteiligten überhaupt erreicht werden soll, oder ob es sich bei der fraglichen Übereinkunft lediglich um eine informelle oder politische, d.h. rechtlich nicht bindende Absprache zwischen Staat und Privaten handelt.

Unter einer informellen Absprache werden Kooperationsvorgänge zwischen Staat (insbesondere: der Verwaltung) und Bürger verstanden, die zu einem Konsens über beider zukünftiges Verhalten führen sollen, denen aber keine rechtliche Verbindlichkeit zukommen und die den Beteiligten keine klagbaren Positionen einräumen soll[251]. Solche Abstimmungen werden in der Literatur auch als »Verständigungen«, »Arrangements« oder »gentlemen's agreements« bezeichnet[252]. Auch Absprachen können sich im Vorfeld förmlicher staatlicher Entscheidungen bewegen und sind im vorliegenden Zusammenhang dann regelungsvorbereitender Natur. Sie können aber auch an die Stelle einer normativen Regelung treten und haben dann einen regelungsersetzenden Charakter. Die entscheidende Abgrenzung zwischen diesen Phänomenen und ihrem jeweils rechtlich verbindlichen Pendant – dem regelungsvorbereitenden oder -ersetzenden Vertrag – erfolgt durch die Feststellung, ob die Übereinkunft auf die Setzung von Rechtsfolgen – also mit Rechtsbindungswillen[253] – erfolgt ist, oder ob mit ihr lediglich moralische bzw. politische Verpflichtungen begründet werden sollten.

Entsprechend seinem Wesen als einvernehmlicher und bindender Regelung der Beziehung von Rechtssubjekten ist der Vertrag durch zwei Grundelemente gekennzeichnet. Ein Vertrag basiert *erstens* auf einer Willenseinigung, einem Konsens, und bildet eine Verknüpfung sich inhaltlich entsprechender, aufeinander bezogener Willensäußerungen zweier oder mehrerer Rechtssubjekte. In deren korrespondierenden Erklärungen muß *zweitens* ein Rechtsbindungswille dergestalt enthalten sein, daß eine verbindliche, auf die Hervorbringung bestimmter Rechtsfolgen gerichtete und grundsätzlich nur durch erneute Einigung wieder aufzuhebende Regelung getroffen werden soll[254]. Der Vertrag im juristischen Sinne bringt für die Beteiligten notfalls einklagbare Rechte und Pflichten mit sich. Der einzelne Vertragspartner kann sich dieser Bindung nicht einseitig

---

[251] *P. Kunig*, DVBl. 1992, S. 1193 ff. (1195); *V. Schlette*, Die Verwaltung als Vertragspartner, S. 174 ff.; *W. Spannowsky*, Grenzen des Verwaltungshandelns durch Verträge und Absprachen, S. 45, 69.

[252] Zusammenfassung der mit diesen als unverbindlich empfundenen Absprachen verbundenen rechtlichen Probleme bei *V. Schlette*, Die Verwaltung als Vertragspartner, S. 218 ff.; dort (S. 217 f.) zunächst auch zur Abgrenzung von verbindlicher und unverbindlicher Absprache.

[253] Es ist sogar denkbar, in bestimmten Fällen für die Qualifikation einer Übereinkunft als Vertrag auf das Vorliegen eines Rechtsbindungswillens zu verzichten; siehe *U. Di Fabio*, Risikoentscheidungen im Rechtsstaat, S. 328.

[254] *V. Schlette*, Die Verwaltung als Vertragspartner, S. 15 m.w.N.

entziehen. Ob die Partner eines Gesetzgebungsvertrages überhaupt solche Bindungen eingehen möchten oder ob es sich bei ihrer Absprache nicht bloß um eine rechtlich unverbindliche, informelle, politische Absprache – einen politischen »Vertrag«[255] – handelt, ist anhand verschiedener Kriterien festzustellen.

Der politische Vertrag richtet sich nach politischen Kategorien, während der Vertrag im Rechtssinne in ein Gerüst von Durchsetzungs- und Garantieinstitutionen eingefügt ist. Er bietet einen Erfüllungsanspruch, der vor staatlichen Gerichten durchzusetzen ist und dessen Verletzung vielleicht sogar Schadensersatzansprüche nach sich zieht. Er ist rechtlich sanktioniert. Demgegenüber ist der politische Vertrag von politischen Institutionen umhegt: Sein Geltungsgrund ist nicht das Recht, sondern die Macht; die Vertragspartner sind nicht juristische Personen bzw. deren Vertreter, sondern natürliche Personen, deren Verhandlungsgrundlage nicht das rechtliche Dürfen, sondern das politische Können ist. Demzufolge sind bei der Verletzung eines politischen Vertrages auch keine juristischen, sondern vielmehr politische Folgen – Verlust an Vertrauen, Macht oder Einfluß – zu gewärtigen.

Auch im öffentlichen Recht ist eine verständige Auslegung einer Erklärung vorzunehmen, bevor ein entsprechender, auf ihrem Inhalt gegründeter Rechtsbindungswille festgestellt werden kann.

Sagt die Bundesregierung zu, ein Parlamentsgesetz in einer bestimmten Art und Weise zu ändern, ergibt eine verständige Auslegung dieser Zusage regelmäßig, daß die Bundesregierung lediglich alles in ihren kompetenziellen Möglichkeiten Stehende tun wird, um eine entsprechende Gesetzesänderung herbeizuführen. Es kann aber auch der Fall eintreten, daß Wortlaut und Wille der Beteiligten so eindeutig in eine andere Richtung gehen, daß eine derart salvatorische Auslegung nicht möglich ist.

Die Feststellung des Rechtsbindungswillens erfolgt nicht mit Blick auf den inneren Willen der Parteien; es ist vielmehr – wie im Zivilrecht – auf den objektiven Beobachter abzustellen[256]. Dabei kann sich ergeben, daß eine Vereinbarung entgegen ihrer Bezeichnung bzw. entgegen der Ansicht einer an ihr beteiligten Partei tatsächlich im Rechtssinne ernst gemeint war und damit rechtlich verbindlich ist. Bei fehlender Eindeutigkeit ist das Vorliegen eines Rechtsbindungswillens im Wege der Auslegung festzustellen. Im Zivilrecht ist ein weites Spektrum an Indizien für dessen Feststellung und damit zur Abgrenzung zwischen mit Rechtsbindungswillen abgeschlossenem Rechtsgeschäft und unverbindlichem Gefälligkeitsverhältnis entwickelt worden[257]. Abzustellen ist insoweit aus der Sicht des jeweiligen Empfängerhorizonts einer Willenserklärung auf den Grund und

---

[255] *C. Engel*, Staatswissenschaften und Staatspraxis Bd. 9 (1998), S. 535 ff. (539 ff.). An der Sinnhaftigkeit dieser Differenzierung scheint *H. Sendler*, in: F. Ossenbühl, Deutscher Atomrechtstag 2000, S. 185 ff. (187 f.), in konkreten Situationen zu zweifeln.
[256] Siehe für das Zivilrecht: *H. Heinrichs*, in: O. Palandt, Bürgerliches Gesetzbuch, Einf. v. § 145 Rn. 1; Einf. v. § 241 Rn. 9; für das öffentliche Recht *C. Langenfeld*, DÖV 2000, S. 929 ff. (936); *J. Scherer*, DÖV 1991, S. 1 ff. (3) und die Nachweise bei F. Kopp / U. Ramsauer, Verwaltungsverfahrensgesetz, § 62 Rn. 7.
[257] BGHZ 21, 102 (106 f.); s.a. BGH NJW 1968, S. 1874; BGH DB 1974, 1619 f. (1620); BGHZ 88, 373 (382), BGH NJW 1996, 1889; LG Düsseldorf NJW 1968, 2379; siehe dazu nur *E.A. Krämer*, in: MüKo zum BGB Bd. 2, Einl. vor § 241 Rn. 29 ff., 31.

Zweck der Vereinbarung, ihren Wert bzw. ihre wirtschaftliche Bedeutung für den Partner. Als weiteres Beurteilungskriterium kommt die Interessenlage der Parteien hinzu und damit insbesondere die Frage, ob sie sich auf die Zusage verlassen und künftiges Verhalten auf ihrer Grundlage planen. Entscheidend ist dabei, daß der Rechtsbindungswille der Beteiligten von der Rechtmäßigkeit der Vereinbarung zu trennen ist. Dies bedeutet, daß ein Rechtsbindungswille nicht schon deswegen auszuschließen ist, weil rechtlich Unmögliches versprochen wird. Es ist zunächst eine Auslegung der Erklärung erforderlich. Wenn z.B. die staatliche Seite etwas rechtsverbindlich zu versprechen scheint, was sie zu versprechen nicht in der Lage ist, so muß dies nicht unbedingt bedeuten, daß ihr der Rechtsbindungswille fehlt.

Auch dort, wo eine Vereinbarung als gentlemen's agreement ohne rechtliche Verbindlichkeit ausgestaltet und damit der Rechtsordnung entzogen wird, weil den Beteiligten bewußt ist, daß einer verbindlichen Vereinbarung zwingende Rechtsvorschriften entgegenstünden, kann allein diese Umgehung nicht zur Verneinung eines Rechtsbindungswillens führen, wenn die Parteien sich auf die vereinbarten Inhalte genauso verlassen und diese für die Parteien genau die gleiche Bedeutung haben, als wenn eine eindeutige Vertragsform gewählt worden wäre. Der Hinweis auf den fehlenden Rechtsbindungswillen ist dann eine bloße Schutzbehauptung und dient letztlich der »Heilung« einer von den Vertragspartnern unterstellten möglichen Rechtswidrigkeit der Vereinbarung. Daher schadet es i.E. für die Annahme eines Rechtsbindungswillens nicht, daß im Zusammenhang mit dem Atomkonsens die wechselseitigen Zugeständnisse der Vertragspartner nach dem *publizierten* Willen der Beteiligten nur über politische, nicht aber rechtliche Bindungswirkung verfügen.

Als Auslegungskriterium für die Frage, ob die Parteien mit oder ohne Rechtsbindungswillen handeln, bietet sich in erster Linie der Wortlaut der Vereinbarung an. Bei Begriffen wie »verbindlich verpflichten« oder »zusagen«, kann ein Rechtsbindungswille der Beteiligten kaum geleugnet werden – es sei denn die Vereinbarung ist in eine Präambel und einen eigentlichen Vereinbarungsteil untergliedert: Dann kann die Aufnahme einer solchen Formulierung in die Präambel für deren Unverbindlichkeit sprechen[258]. Wird hingegen für eine der Seiten (oder auch für alle Beteiligten) von vornherein nur ein Verhalten oder ein zu erreichendes Ziel »vorgesehen« oder ein Verhalten der Gegenseite »begrüßt«, so spricht dies für einen nur politischen Bindungswillen[259]; ein Vertrag im juristischen Sinne liegt dann nicht vor. Insoweit der Wortlaut aber keine eindeutigen Schlüsse auf den Bindungswillen der Beteiligten zuläßt, erlaubt nur eine Analyse der konkreten Umstände eine Aussage über dessen Vorliegen, das allerdings nicht schon deswegen abgelehnt werden kann, weil die rechtlich verbindliche Ausgestaltung einer Abrede über die Gesetzgebung in der bisherigen Rechtspraxis kein Vorbild hätte und eine strikte rechtliche Bindung dem politischen Prozeß die notwendige Flexibilität nähme[260]. Zum einen wäre bei unterstellter Bin-

---

[258] *W. Frenz*, Selbstverpflichtungen der Wirtschaft, S. 210.
[259] *W. Frenz*, Selbstverpflichtungen der Wirtschaft, S. 208.
[260] So zum Atomkompromiß aber *C. Langenfeld*, DÖV 2000, S. 929 ff. (936).

dung gerade das Ziel des Vertrags, im Austausch zu einer Gegenleistung des privaten Vertragspartners, dem politischen Prozeß ein Stück seiner Flexibilität zu nehmen, um auf diese Weise dem Privaten Planungssicherheit und Mitgestaltungskompetenz bei der Formung politischer Vorgänge einzuräumen. Zum anderen kann allein die Neuartigkeit einer Erscheinung nicht allein schon dazu führen, daß ihre Existenz hinweginterpretiert wird. Sinnvoller erscheint es daher, einen Katalog von außer dem Wortlaut der Vereinbarung zu beachtenden Kriterien zu entwickeln, die für oder gegen das Vorliegen eines Rechtsbindungswillens sprechen[261]: Da es sich bei Gesetzgebungsverträgen um Verträge verfassungsrechtlicher Natur handelt, das Verwaltungsverfahrensgesetz demzufolge keine Anwendung findet[262], ist es nicht möglich, unter Hinweis auf § 57 VwVfG die Schriftform zu einer Wirksamkeitsvoraussetzung des Vertrages zu erheben. Dennoch ist die Einhaltung der Schriftform ein erstes – wenn auch schwaches Indiz – für die Annahme eines Rechtsbindungswillens. Auch die jeweilige Bezeichnung der Vereinbarung ist nur ein unsicherer Hinweis: Selbst wenn von den Beteiligten eine rechtliche Verbindlichkeit bei der Verhandlung gewollt ist, ist durchaus denkbar, daß sowohl die staatliche als auch die private Seite jeweils in den für sie relevanten Foren (die Regierung gegenüber Parlament und Öffentlichkeit oder ein Verband gegenüber seinen Verbandsmitgliedern) bemüht ist, die rechtliche Verbindlichkeit der Absprache nicht allzu sehr zu bekräftigen, da dies – zumindest soweit eine eigene rechtliche Bindung eingetreten ist – auch als Niederlage angesehen werden kann. Daher sprechen Überschriften wie »Eckpunkte einer Einigung« oder »Vereinbarung« nicht unbedingt gegen einen Rechtsbindungswillen. Vielmehr gilt: Je mehr Verhandlungsmühe die Parteien darauf verwenden, die Verpflichtungen eines oder aller Beteiligten in der Vereinbarung konkret zu formulieren, desto eher ist davon auszugehen, daß dies nicht geschieht, um dem Betroffenen am Ende doch freie Hand bei der Umsetzung zu lassen. Die Errichtung eines Durchsetzungsmechanismus (z.B. Konsultationspflicht bei Verletzungen der Vereinbarung) oder institutionellen Überwachungsrahmens (Monitoring) für die Einhaltung einer Vereinbarung kann hingegen als sicheres Zeichen ihrer auch rechtlichen Verbindlichkeit gelten. Diese Überwachung kann etwa durch die Einrichtung eines paritätisch mit den Vertragsparteien besetzten Gremiums, durch die Bestellung eines neutralen Dritten oder durch die einseitige Einräumung von Überwachungskompetenzen durch den Privaten an die staatliche Seite erfolgen. Auch die Verabredung einer Kündigungsklausel ist überhaupt nur bei einer rechtsverbindlichen Vereinbarung erforderlich[263].

Wendet man die dargelegten Kriterien auf den Atomkonsens zwischen der Bundesregierung und Vertretern der Energiewirtschaft an, so ergeben sich er-

---

[261] Für den Bereich des Verwaltungsrechts *W. Frenz*, Selbstverpflichtungen der Wirtschaft, S. 205 ff.
[262] *H.J. Bonk*, in: P. Stelkens/ders./M. Sachs, Verwaltungsverfahrensgesetz, § 54 Rn. 70.
[263] *W. Frenz*, Selbstverpflichtungen der Wirtschaft, S. 210.

hebliche Zweifel, ob diese Vereinbarung tatsächlich mangels Rechtsbindungswillens der Beteiligten als rechtlich unverbindlich einzustufen ist[264]. Zieht man in Betracht, daß die Bundesregierung den Vertrag zunächst sogar dem Bundestag zur Zustimmung vorzulegen beabsichtigte – und dies allein aus taktischen Gründen unterlassen hat –, so hätte in jedem Fall dieses Vorgehen keinen Anlaß gegeben, an dem Rechtsbindungswillen der Beteiligten zu zweifeln. Soweit von einer rechtlichen Unverbindlichkeit des Atomkonsenses ausgegangen wird, scheint dies auf zwei Argumenten zu beruhen, die gleichermaßen nicht überzeugen.

Zum einen wird die rechtliche Unverbindlichkeit des Atomkonsenses daraus abgeleitet, daß die Bundesregierung den Bundestag nicht auf den Erlaß des vereinbarten Gesetzes verpflichten könne. Mit diesem Argument wird allerdings der falsche Bezugspunkt der möglichen rechtlichen Bindung gewählt, da nicht das Gesetzgebungsrecht des Parlaments, sondern das Initiativrecht der Bundesregierung Gegenstand des Kompromisses ist. Daß beide Teilelemente des Gesetzgebungsprozesses – Initiativkompetenz der Regierung und Gesetzgebungskompetenz des Parlaments – im modernen Parlamentarismus, dessen Scheidegrenze nicht mehr zwischen Parlament und Regierung, sondern zwischen Koalition und Opposition verläuft, eng miteinander verwoben sind, ändert an der Notwendigkeit und der verfassungsrechtlichen Vorgegebenheit der Differenzierung beider Kompetenzen nichts.

Zum anderen wird argumentiert, daß eine rechtliche Bindung nicht vorliege, weil diese rechtlich nicht zulässig sei[265]. Der Zirkelschluß, der diesem Argument zugrunde liegt, sollte offensichtlich sein. Allerdings wird nicht ganz klar, ob bei diesem Schluß von der Unzulässigkeit auf die Unmöglichkeit nicht mit dem Gesetzgebungsrecht des Parlaments der falsche argumentative Anknüpfungspunkt in den Blick genommen wird. Es kann wohl nicht ernsthaft ausgeschlossen werden, daß gerade dort, wo verfassungsrechtlich unsicheres Terrain betreten wird (was in jedem Falle bei der vertraglichen Bindung des Gesetzinitiativrechts angenommen werden kann), kaum alle Beteiligten von einer verfassungsrechtlichen

---

[264] So aber *M. Böhm*, NuR 1999, S. 661 ff. (663); *P.M. Huber*, in: BMU/H.-J. Koch/A. Roßnagel, 11. Deutsches Atomrechtssymposium, S. 239 ff. (335 f.) und der Tenor der anschließenden Diskussion auf der Veranstaltung (berichtet von *C. Mengel*, a.a.O., S. 389 ff.); *ders.*, DVBl. 2001, S. 239 ff. (243); *O. Klöck*, NuR 2001, S. 1 ff. (3); *C. Langenfeld*, DÖV 2000, S. 929 ff. (936); *M. Schmidt-Preuß*, in: M. Kloepfer, Technikumsteuerung als Rechtsproblem, S. 119 ff. (122 f.); *H. Sendler*, in: F. Ossenbühl, Deutscher Atomrechtstag 2000, S. 185 ff. (187); *J.-P. Schneider*, Paktierte Gesetzgebung als aktuelle Erscheinungsform kooperativer Umweltpolitik, S. 7; *F. Schorkopf*, NVwZ 2000, S. 1111 ff. (1112); a.A. wohl *C. Degenhart*, in: BMU/H.-J. Koch/A. Roßnagel, 11. Deutsches Atomrechtssymposium, S. 369 ff. (377); abwägend *M. Herdegen*, VVDStRL Bd. 62 (2003), S. 7 ff. (16 f. (Fn. 28)). Wenig konsequent ist es allerdings, aus dem angeblich nicht rechtlich verbindlichen Konsens einen wirksamen Rechtsmittelverzicht der beteiligten Privaten herzuleiten, der zur Unzulässigkeit einer abredewidrig erhobenen Klage führt (so *P.M. Huber*, in: BMU/H.-J. Koch/A. Roßnagel, 11. Deutsches Atomrechtssymposium, S. 329 ff. (343)). Allgemein gegen eine Bindungskraft derartiger Zusagen etwa *U. Scheuner*, in: ders., Staatstheorie und Staatsrecht, S. 337 ff. (342).

[265] So die in Fn. 264 Genannten.

Unzulässigkeit einer entsprechenden rechtlichen Bindung ausgehen werden, deren Inhalt i.e. zu ergründen ist. Die an dem Atomkonsens Beteiligten haben vielmehr vereinbart, daß die Vereinbarung auf der Grundlage geschlossen wird, daß das zu novellierende Atomgesetz die Inhalte der Vereinbarung umsetzt[266]. Hiernach kann nicht daran gezweifelt werden, daß die Beteiligten mit rechtlichem Bindungswillen gehandelt haben.

Dies wird insbesondere in Abschn. V (1) und (2) der Vereinbarung deutlich, in denen die Energieversorgungsunternehmen die Novellierungsabsichten der Bundesregierung hinsichtlich des Neubauverbots für Kernkraftwerke sowie einer gesetzlichen Verpflichtung zur Errichtung und Nutzung von standortnahen Zwischenlagern »zur Kenntnis nehmen«. Der synallagmatische Charakter der Vereinbarung wird dadurch deutlich gemacht, daß die Parteien die wechselseitigen Verpflichtungen auf der Grundlage eingehen, daß das zu novellierende Gesetz einschließlich der Gesetzesbegründung die Inhalte der Vereinbarung umsetzt[267]. Deutlicher kann ein Rechtsbindungswille wohl kaum zum Ausdruck gebracht werden[268], so daß die moderateren Formulierungen (»Verständigung«, »Eckpunkte«), die insbesondere in der Einleitung gewählt wurden[269], in ihrer Bedeutung gegenüber diesen eindeutigen Verabredungen zurücktreten.

Die Vereinbarung ist sehr detailliert gestaltet und enthält präzise Aussagen über die Verpflichtungen der beteiligten Parteien. Für jedes Kernkraftwerk werden konkrete Restlaufmengen vereinbart. Nimmt man die wirtschaftliche Bedeutung hinzu, die die Planbarkeit der noch offenen Laufzeiten und die Übertragbarkeit von Laufzeiten zwischen verschiedenen Kernkraftwerken für die Energieversorgungsunternehmen hat, so kann an der Bedeutung der Verabredung für die wirtschaftlichen Interessen der Unternehmen kein Zweifel bestehen. Hierum mußte die Bundesregierung wissen. Auch dies ist ein Indiz für das Vorliegen eines Rechtsbindungswillens auf beiden Seiten. Für eine rechtliche Verbindlichkeit spricht des weiteren der Umstand, daß von Seiten der beteiligten Energieversorgungsunternehmen gefordert worden sein soll, Vorschriften aus dem Gesetzentwurf nur deswegen zu streichen, weil sie in der Vereinbarung nicht ausdrücklich vorgesehen sind[270]. In dieser Forderung kommt zum Ausdruck, daß die Unternehmen von einer Verpflichtung der Bundesregierung ausgegangen sind, die Vereinbarung durch den Gesetzentwurf buchstabengetreu umzusetzen. Deren Formulierungen machen deutlich, daß die als solches empfundenen Zugeständnisse der Vertreter der Energiewirtschaft in einem synallagmatischen Zusammenhang mit der entsprechenden Ausübung der Initiativbefugnis der Bundesregierung

---

[266] So eindeutig die Einleitung und Pkt. V (1) der »Vereinbarung zwischen der Bundesregierung und den Energieversorgungsunternehmen vom 14. Juni 2000«.
[267] Für das Vorliegen eines Synallagmas auch: *M. Herdegen*, VVDStRL Bd. 62 (2003), S. 7 ff. (16 f. (Fn. 28); *M. Schmidt-Preuß*, in: M. Kloepfer, Techniksteuerung als Rechtsproblem, S. 119 ff. (123).
[268] So auch *W. Frenz*, NVwZ 2002, S. 561 ff. (562 f.).
[269] Auf diese stützt *C. Langenfeld*, DÖV 2000, S. 929 ff. (936) ihr Urteil rechtlicher Unverbindlichkeit.
[270] Berichtet von *H. Sendler*, in: F. Ossenbühl, Deutscher Atomrechtstag 2000, S. 185 ff. (187).

stehen. In dem beschriebenen Umfang aus der Vereinbarung berechtigt und verpflichtet sind – ihre Wirksamkeit vorausgesetzt – allerdings nur diejenigen Energieversorgungsunternehmen, die an den Verhandlungen und der Vereinbarung auch teilgenommen haben.

4. Die Novelle des Atomgesetzes

Zur Umsetzung der zwischen Regierung und Energieversorgungsunternehmen abgeschlossenen Vereinbarung erarbeitete das Bundesumweltministerium einen entsprechenden Gesetzentwurf zur Novellierung des Atomgesetzes[271]. Dessen Grundmotiv wird in der Veränderung des Gesetzestitels zum Ausdruck gebracht: Das ursprüngliche »Gesetz über die friedliche Verwendung der Kernenergie und den Schutz gegen ihre Gefahren« wird in »Gesetz zur geordneten Beendigung der Kernenergienutzung zur gewerblichen Erzeugung von Elektrizität« umbenannt. Diese Umetikettierung illustriert die veränderte Zielsetzung des Gesetzes, die auf einer Wandlung der staatlichen Beurteilung von Wert und Risiko der Kernenergie beruht: Die Entwurfsbegründung führt insoweit aus, daß die neuen Regelungen der Befriedung eines tiefgreifenden gesellschaftlichen Konflikts dienten, da die weltweit aus der Kernenergie resultierenden Risiken nicht mehr als sozialadäquates Restrisiko hingenommen werden könnten und daher nur noch für einen begrenzten Zeitraum aufrecht zu erhalten seien. Um die im Atomgesetz niedergelegte, grundsätzlich positive Entscheidung zu Gunsten der Kernenergie zu revidieren, wird in der Kabinettsvorlage der Förderzweck des § 1 Abs. Nr. 1 AtG durch eine Bestimmung ersetzt, nach der der Zweck des Gesetzes künftig darin liegen soll, bis zum Zeitpunkt der Beendigung den geordneten Betrieb bei der Nutzung der Kernenergie sicherzustellen. Neben vielfachen Änderungen in dem Bereich von Brennstofflagerung und -transport sieht das Gesetz vor, daß für die Errichtung neuer Anlagen zur Spaltung von Kernbrennstoffen und zur Aufarbeitung bestrahlter Kernbrennstoffe (Wiederaufarbeitungsanlagen) keine Genehmigungen erteilt werden (§ 7 Abs. 1 Satz 2 AtG n.F.). Als zweiter Pfeiler einer Beendigung der friedlichen Nutzung von Kernenergie tritt in § 7 Abs. 1a AtG n.F. die Regelung hinzu, daß die ursprünglich unbefristet an die Energieversorgungsunternehmen erteilten Betriebsgenehmigungen für die aktuell betriebenen Kernkraftwerke erlischt, nachdem die in den Konsensgesprächen vereinbarten Energiemengen produziert worden sind. Diese Restmengen sollen in einem Anhang zu dem Gesetz aufgeführt werden. Mit dieser Vorschrift wird festgelegt, daß der Betrieb von Kernkraftwerken schon vor dem Ablauf ihrer technisch-wirtschaftlichen Nutzungsdauer zu beenden ist. Der

---

[271] Verfügbar unter www.bmu.de/download/b_atomkonsens_gesetzentwurf.htm (24. September 2001) und in der Veröffentlichung des Bundesministeriums für Umwelt, Naturschutz und Reaktorsicherheit, Umwelt Nr. 7/8 (2000), S. I bis IX (Sonderteil); nach Beschlußfassung des Kabinetts wurde der Entwurf durch die Koalitionsfraktionen (siehe zu solchen verkappten Regierungsvorlagen auch die Ausführungen auf S. 260) in den Bundestag eingebracht (BT-Drcks. 14/6890). Hierzu ausf. *G. Kühne/C. Brodowski*, NJW 2002, S. 1458 ff.

Gesetzgeber greift mit dieser Vorschrift in bestehende Rechtspositionen der Anlagenbetreiber ein. Die ursprünglich unbefristet erteilten Genehmigungen werden nachträglich durch Gesetz befristet.

Die Begründung des Entwurfs erkennt in dieser nachträglichen Beschränkung eine verfassungsrechtlich einwandfreie Beschränkung des Eigentumsgrundrechts: Zum einen stellen die Regelungen zur Sicherstellung einer politisch und juristisch ungehinderten Nutzung der Kernkraftwerke (siehe § 1 Nr. 1 AtG n.F.) bis zur Produktion der festgelegten Stromhöchstmenge sicher, daß den Energieversorgungsunternehmen die Amortisation ihrer Investitionen in die Kernkraftwerke ermöglicht wird und daß darüber hinaus noch ein angemessener Gewinn mit diesen Anlagen erzielt werden kann. Als Indiz für die gelungene Balance zwischen dem gesetzgeberischen Ziel (Ende der friedlichen Nutzung der Kernenergie zur Stromerzeugung) und dem dafür erforderlichen Eingriff in die Rechtspositionen der Energieversorgungsunternehmen führt der Gesetzentwurf an, daß Energieversorgungsunternehmen und Bundesregierung in den Konsensverhandlungen zu der Überzeugung gekommen seien, daß für die Unternehmen ein betriebswirtschaftlich vertretbares Ergebnis erzielt wurde, zumal sich nunmehr »einige der infolge von Alterungsprozessen nach dieser (sc. vertraglich festgelegten) Betriebszeit tendenziell erhöhten Erhaltungs- und Nachrüstungsinvestitionen durch die vorgezogene Stillegung erledigen«. Diese Wirtschaftlichkeitsannahme bezieht die Begründung des Gesetzentwurfs auch auf diejenigen Energieversorgungsunternehmen, die sich nicht an den Verhandlungen beteiligt hatten. Der Gesetzentwurf verweist nicht nur auf die unmittelbar mit dem Betrieb der Kernkraftwerke in Verbindung stehenden Verhandlungsergebnisse, sondern auch auf die übrigen Zugeständnisse, die regierungsseitig in der Verhandlung und dann im Gesetzentwurf gegenüber den Energieversorgungsunternehmen gemacht worden waren. Diese erstrecken sich insbesondere auf die politisch umstrittene Durchführung der Transporte von Brennelementen sowie die Schaffung von Zwischenlagern. Ab dem 1. Juli 2005 ist auf Grundlage der geplanten gesetzlichen Regelung die Abgabe von Brennelementen zur Aufarbeitung nicht mehr zugelassen, so daß, um die Risiken des Entsorgungsprozesses zu vermindern, deren Entsorgung zur Aufarbeitung nicht mehr möglich sein wird. Auch diese Frist ist auf die Vereinbarung zwischen der Bundesregierung und den Energieversorgungsunternehmen zurückzuführen.

Vergleicht man die Ergebnisse der Atomkonsensgespräche mit dem von der Bundesregierung erarbeiteten und von den Koalitionsfraktionen in den Bundestag eingebrachten Gesetzentwurf sowie die letztlich verabschiedete Gesetzesnovelle[272], so wird deutlich, daß dessen bzw. deren Regelungen die in der dargelegten Vereinbarung festgehaltenen Ergebnisse der Konsensverhandlungen zu großen Teilen umsetzen.

---

[272] Gesetz zur geordneten Beendigung der Kernenergienutzung zur gewerblichen Erzeugung von Elektrizität vom 22. April 2002 (BGBl. I 1351).

Nur auf den ersten Blick bemerkenswert ist, daß die Garantie für einen ungestörten Betrieb nicht von der Vereinbarung in das Gesetz übernommen worden ist[273]. Nach dem Konsenspapier gewährleistet die Bundesregierung bei Einhaltung der atomrechtlichen Anforderungen den ungestörten Betrieb der Anlagen (Abschn. III (1) der Vereinbarung). Nach der Einleitung (Abschn. I der Vereinbarung) haben sich Bundesregierung und Energieversorgungsunternehmen auch über die Gewährleistung der ungestörten Entsorgung nach Laufzeitende verständigt. Allerdings handelt es sich bei diesen Fragen um solche der Gesetzesanwendung, die in erster Linie der Verwaltungszuständigkeit der Länder unterliegen.

III. Das Kraft-Wärme-Kopplungsgesetz

Unter deutlich geringerer Aufmerksamkeit der Öffentlichkeit als bei der Novelle des Atomgesetzes erfolgte die Verabschiedung des auf ähnliche Weise vorbereiteten bzw. zustande gekommenen Kraft-Wärme-Kopplungsgesetzes[274] [275]. Dieses Gesetz, das das alte Kraft-Wärme-Kopplungsgesetz aus dem Jahr 2000 ablöst[276], ist Teil eines Bündels von Maßnahmen, auf das sich die Bundesregierung am 25. Juni 2001 mit Vertretern der deutschen Wirtschaft in der Vereinbarung zur Minderung der CO_2-Emissionen und der Förderung der Kraft-Wärme-Kopplung in Ergänzung zur Klimavereinbarung vom 9. November 2000 verständigt hat[277]. Mit der Unterzeichnung dieser Vereinbarung bringen die Vertreter der Wirtschaftsverbände ihren Willen zum Ausdruck, im Rahmen sowie in Ergänzung der Vereinbarung zur Klimavorsorge vom 9. November 2000 einen wesentlichen Beitrag zur Erfüllung der von der Bundesregierung angestrebten klimapolitischen Ziele zu leisten. Zu diesem Zwecke wird »die Wirtschaft« im Rahmen des

---

[273] Dies wird von *H. Sendler*, in: F. Ossenbühl, Deutscher Atomrechtstag 2000, S. 185 ff. (189) angesprochen.

[274] Gesetz für die Erhaltung, die Modernisierung und den Ausbau der Kraft-Wärme-Kopplung vom 19. März 2002 (BGBl. I 1092); siehe hierzu auch den Gesetzentwurf der Bundesregierung (BT-Drcks. 14/7024) sowie Beschlußempfehlung und Bericht des Ausschusses für Wirtschaft und Technologie (BT-Drcks. 14/8059). Der Hinweis hierauf und die entsprechende Darstellung findet sich bei *J.-P. Schneider*, Paktierte Gesetzgebung als aktuelle Erscheinungsform kooperativer Umweltpolitik, S. 4 ff. Zu der Entstehungsgeschichte des Gesetzes und insbesondere seiner energierechtlichen Einbettung siehe *P. Salje*, Kraft-Wärme-Kopplungsgesetz, Einl. Rn. 2 ff., 104 ff.

[275] Die Kraft-Wärme-Kopplung ist eine ressourcenschonende, umwelt- und klimafreundliche Form der Energieerzeugung. Kraft-Wärme-Kopplung ermöglicht aufgrund der gleichzeitigen Erzeugung von Strom und Nutzwärme einen höheren Primärenergienutzungsgrad als die getrennte Erzeugung in Kondensationskraftwerken und Heizkesseln.

[276] Gesetz zum Schutz der Stromerzeugung aus Kraft-Wärme-Kopplung (Kraft-Wärme-Kopplungsgesetz) vom 12. Mai 2000 (BGBl. I 703).

[277] Die »Vereinbarung zwischen der Regierung der Bundesrepublik Deutschland und der deutschen Wirtschaft zur Minderung der CO_2-Emissionen und der Förderung der Kraft-Wärme-Kopplung in Ergänzung zur Klimavereinbarung vom 9. November 2000« ist unter http://www.vik-online.de/infocenter/default.htm (25. Juni 2002) abzurufen; hierzu *A. Faber*, Gesellschaftliche Selbstregulierungssysteme im Umweltrecht, S. 203 ff.; *W. Frenz*, Selbstverpflichtungen der Wirtschaft, S. 208 ff.

ökonomisch Möglichen durch Maßnahmen auf der Basis des bestehenden Ordnungsrahmens sowie durch Maßnahmen mit finanzieller Unterstützung zur Senkung des CO_2-Ausstoßes beitragen.

Der BDI und sechzehn weitere Wirtschaftsverbände, darunter solche der Stromwirtschaft, der Gas- und Wasserwirtschaft, der kommunalen Unternehmen, der Stahl- und Metallindustrie, der Papierfabriken, der chemischen Industrie und des Bergbaus hatten sich bereits im Jahre 1995 im Rahmen einer Selbstverpflichtung bereit erklärt, auf freiwilliger Basis besondere Anstrengungen zu unternehmen, die spezifischen CO_2-Emissionen beziehungsweise den spezifischen Energieverbrauch bis zum Jahr 2005 (Basis 1987) um bis zu 20 Prozent zu verringern. Als Gegenleistung erwarteten die Vertreter der beteiligten Wirtschaftsverbände, daß die staatliche Seite auf gesetzliche Maßnahmen zum Klimaschutz wie eine nationale CO_2- oder Energiesteuer verzichtet. Die Vereinbarung aus dem Jahre 2001 erkennt die auf dieser Selbstverpflichtung beruhenden Leistungen der Wirtschaft bei der Verminderung der CO_2-Emissionen ausdrücklich an.

Anlaß der Vereinbarung aus dem Jahre 2001 ist das gemeinsame Ziel von Bundesregierung[278] und Vertragspartnern aus den Reihen der Wirtschaft[279], eine erhebliche Reduktion von CO_2-Emissionen (45 Mio. t CO_2 pro Jahr bis zum Jahr 2010) zu erreichen. Dieses Ziel soll durch Erhalt, Modernisierung und Zubau von Anlagen der Kraft-Wärme-Kopplung (KWK) (einschließlich kleiner Blockheizkraftwerke und der Markteinführung von Brennstoffzellen) erreicht werden. Des weiteren soll eine zusätzlich erforderliche CO_2-Minderung über andere Maßnahmen erfolgen, die in den die Selbstverpflichtung der Wirtschaft zur Klimavorsorge konkretisierenden Einzelerklärungen der Energiewirtschaftsverbände näher ausgeführt werden. Die Bundesregierung sagt in der Vereinbarung zu, daß sie unter Beachtung marktwirtschaftlicher Grundsätze zeitnah den Entwurf einer Novelle des KWK-Gesetzes zur Förderung ökologisch effizienter KWK einbringen wird. Die Novelle soll vereinbarungsgemäß eine Definition der KWK-Anlagen, die Förderung erhalten, und des begünstigten Stroms, Übergangsregelungen für den Anlagenbestand, Regelungen für die KWK-Modernisierung und den KWK-Zubau sowie Finanzierungs- und Weiterwälzungsregelungen enthalten. Die Bundesregierung sichert des weiteren zu, bei der Ausarbeitung der Novelle die Vorschläge der Wirtschaft/Energiewirtschaft zur gesetzlichen Förderung der Kraft-Wärme-Kopplung zu berücksichtigen. Die Vereinbarung wird von einer Zusage der Bundesregierung flankiert, daß diese – solange die Vereinbarung erfolgreich umgesetzt wird – in den von der Vereinbarung erfaßten Bereichen der Energiewirtschaft keine Initiative ergreifen wird, um die klimaschutzpolitischen Ziele auf ordnungsrechtlichem Wege zu erreichen. Dies würde den

---

[278] Für die Bundesregierung wurde die Vereinbarung durch den Bundeskanzler, den Bundeswirtschaftsminister und den Bundesumweltminister unterzeichnet.

[279] Für die deutsche Wirtschaft wurde die Vereinbarung durch Vertreter des Bundesverbandes der deutschen Industrie e.V. (BDI), des Verbandes der Elektrizitätswirtschaft e.V. (VDEW), des Verbandes der deutschen Verbundwirtschaft e.V. (VdV), des Verbandes Kommunaler Unternehmen e.V. (VKU), des Bundesverbandes der Deutschen Gas- und Wasserwirtschaft e.V. (BGW), des VIK Verband der Industriellen Energie- und Kraftwirtschaft e.V. unterzeichnet.

Unternehmen die notwendigen wirtschaftlichen Spielräume für ihre Eigeninitiative zur Erreichung der zugesagten CO_2-Minderungsziele nehmen. Die Umsetzung von Gemeinschaftsrecht bleibt unberührt[280].

Sollte allerdings aufgrund einer Zwischenüberprüfung zum Ende des Jahres 2004 unter Berücksichtigung bereits eingetretener und sich abzeichnender, gemeinsam festgestellter Entwicklungen (insbesondere im Bau befindliche Anlagen, genehmigte, beantragte und sicher geplante Vorhaben) die Zielerreichung für das Jahr 2005 in Frage gestellt sein, stellt die Bundesregierung in Aussicht, daß sie zum 1. Januar 2006 ordnungsrechtliche Maßnahmen ergreifen wird, die bewirken, daß die mit der Vereinbarung angestrebten CO_2-Minderungen erreicht werden.

Außerdem sagt die Bundesregierung zu, daß sie sich dafür einsetzen wird, daß den an der Vereinbarung beteiligten Wirtschaftszweigen (insbesondere der Energiewirtschaft) auch bei der Fortentwicklung der sog. ökologischen Steuerreform im internationalen Vergleich keine Wettbewerbsnachteile entstehen. Die Vereinbarung legt den an ihr beteiligten Wirtschaftskreisen im Gegenzug weitere Pflichten auf, die allerdings inhaltlich äußerst unbestimmt sind und nicht über eine Verpflichtung auf die Verfolgung eines vagen Ziels hinausgehen.

Zu Erhalt, Modernisierung und Zubau von KWK-Anlagen verpflichten sich in diesem Zusammenhang Stromwirtschaft und industrielle Kraftwirtschaft. Zu Maßnahmen zur Modernisierung des Kraftwerksparks, zum beschleunigten Ausbau erneuerbarer Energien sowie Effizienzkampagnen verpflichtet sich die Stromwirtschaft. Zu Maßnahmen zur Verbesserung der Heizungs- und Warmwassertechnik verpflichten sich Gas- und Mineralölwirtschaft.

Die Umsetzung der Vereinbarung wird mittels eines Monitoring-Verfahrens begleitet, das Aussagen zur konjunkturellen und sektoralen Entwicklung, zur Investitionstätigkeit und zu weiteren Indikatoren beinhalten soll, die für die Beurteilung der erreichten CO_2-Minderungen relevant sind. Zudem soll eine regelmäßige Überprüfung der Umsetzung der Vereinbarung durch ein unabhängiges wirtschaftswissenschaftliches Institut in direkter Verbindung mit dem Monitoring für die Klimaschutzvereinbarung aus dem Jahre 2000 durchgeführt werden. Für die Klärung von Fragen der Durchführung und Auslegung der Vereinbarung greifen die Vertragsparteien auf die Dienste des mit jener Vereinbarung gegründeten Beirats zurück, der zu diesem Zwecke um eine Vertretung der Energiewirtschaft erweitert wird.

Das auf der Grundlage der Vereinbarung aus dem Jahre 2001 eingebrachte KWK-Gesetz dient der Sicherung und dem Ausbau der ressourcenschonenden und klimafreundlichen Form der Energieerzeugung in KWK-Anlagen, deren wirtschaftliche Rahmenbedingungen sich aufgrund der im Zusammenhang mit der Liberalisierung des Energiemarktes sinkenden Energiepreise erheblich ver-

---

[280] Die souveränen Befugnisse dritter Akteure – hier der Vorrang des Gemeinschaftsrechts – sind die »offene Flanke« aller konsensualen Lösungen; *C. Engel*, Staatswissenschaft und Staatspraxis Bd. 9 (1998), S. 535 ff. (553).

schlechtert hatten[281] (siehe § 1 Abs. 2 KWK-Gesetz). Nach § 4 Abs. 1 Satz 1 KWK-Gesetz sind Netzbetreiber verpflichtet, KWK-Anlagen an ihr Netz anzuschließen und den in diesen Anlagen erzeugten Strom abzunehmen. Für Strom, der in KWK-Betrieben erzeugt und in die Netze für die allgemeine Versorgung eingespeist wird, sieht das Gesetz die Zahlung einer Einspeisevergütung vor, die sich aus dem Preis, der zwischen dem Anlagenbetreiber und dem Netzbetreiber zu vereinbaren ist, und einem Zuschlag in Höhe von anfänglich 1,53 Cent pro Kilowattstunde zusammensetzt. Der Zuschlag soll den erhöhten Kosten der Stromerzeugung aus Kraft-Wärme-Kopplung Rechnung tragen. Die Einspeisevergütung für Strom aus neu errichteten kleinen Blockheizkraftwerken beläuft sich auf den vereinbarten Preis zuzüglich eines Zuschlags von anfänglich 2,56 Cent. Die Einspeisevergütung für Strom aus neu errichteten Brennstoffzellen-Anlagen beläuft sich auf den vereinbarten Preis zuzüglich eines Zuschlags von 5 Cent[282]. Trotz der Vereinbarung zwischen den Wirtschaftsverbänden und der Bundesregierung haben sowohl der Bundesrat[283] als auch der beratende Ausschuß mit der Mehrheit der Koalitionsfraktionen noch Änderungsvorschläge formuliert[284], die das Inkrafttreten des Gesetzes zum Jahre 2002 verhinderten und sich i.E. auf die letztlich verabschiedeten Regelungen inhaltlich ausgewirkt haben[285], deren Details hier nicht relevant sind.

Anliegen der Koalitionsfraktionen war insbesondere die ausdrückliche Einarbeitung einer – inhaltlich der dem Gesetz zugrundeliegenden Vereinbarung zwischen Bundesregierung und Wirtschaftsverbänden entsprechenden – mengenmäßigen Klimaschutzbestimmung, die Grundlage für die Erfolgskontrolle des Gesetzes sein soll (§ 1 Abs. 1 KWK-Gesetz). Auch eine Erhöhung der Zuschlagsätze für KWK-Strom aus modernisierten Anlagen (§ 7 Abs. 3 KWK-Gesetz) und aus Brennstoffzellen (§ 7 Abs. 5 KWK-Gesetz) sowie die Gleichstellung kleinster KWK-Neuanlagen, die bis zum 31. Dezember 2005 in Betrieb genommen werden, mit den besonders intensiv geförderten Brennstoffzellen (§ 5 Abs. 2 Nr. 1 KWKG) gehörten hierzu.

IV. Der »Solidarbeitrag« der forschenden Arzneimittelhersteller

Ein weiterer Fall der gesetzgebungsbezogenen Vereinbarung ist im Bereich des Sozialversicherungsrechts zu beobachten. Der Entwurf eines Gesetzes zur Begrenzung der Arzneimittelausgaben der Gesetzlichen Krankenversicherung

---

[281] Siehe hierzu und zu dem folgenden die Ausführungen in der Gesetzesbegründung bzw. dem Ausschußbericht (BT-Drcks. 14/7024 bzw. 8059).
[282] So die Gesetzesbegründung BT-Drcks. 14/7024, S. 1.
[283] Siehe Stellungnahme des Bundesrates, BT-Drcks. 14/7024, S. 16 ff. mit Gegenäußerung der Bundesregierung, BT-Drcks. 14/7086.
[284] Siehe Beschlußempfehlung des Ausschusses für Wirtschaft und Technologie, BT-Drucks. 14/8059.
[285] Einzelheiten hierzu bei *J.-P. Schneider*, Paktierte Gesetzgebung als aktuelle Erscheinungsform kooperativer Umweltpolitik, S. 6.

IV. Der »Solidarbeitrag« der forschenden Arzneimittelhersteller

(GKV) (Arzneimittelausgaben-Begrenzungsgesetz – AABG)[286] sah zur Bekämpfung des »besorgniserregend starken Zuwachs(es) bei den Arzneimittelausgaben« vor, daß die pharmazeutischen Unternehmer, der pharmazeutische Großhandel und die Apotheken einen Beitrag zur Stabilisierung der GKV-Arzneimittelkosten leisten. Dies sollte wesentlich durch eine angemessene Anhebung des Apothekenrabatts, durch eine moderate Absenkung der Preise verschreibungspflichtiger, nicht festbetragsgeregelter Arzneimittel sowie die Ausweitung der aut-idem Regelung (Abgabe eines wirkstoffgleichen Arzneimittels) erreicht werden. Zudem sollten die Neuregelungen zur Preisvergleichsliste auf die Arzneimittelkosten im Marktsegment der Analogpräparate ebenso kostendämpfend wirken wie die für Krankenhäuser vorgesehene Pflicht, bei einem Therapievorschlag für den weiter behandelnden Vertragsarzt bezüglich der Arzneimittel Wirkstoffbezeichnungen zu verwenden[287].

Art. 2 Abs. 1 Satz 1 des Gesetzentwurfs legte dementsprechend unter der Überschrift »Preissenkung« fest, daß die Herstellerabgabepreise von Fertigarzneimitteln, die der Verschreibungspflicht auf Grund von § 48 oder § 49 des Arzneimittelgesetzes und dem Versorgungsanspruch nach den §§ 23 Abs. 1, 27 und 31 SGB V unterliegen, in den Jahren 2002 und 2003 höchstens 96 vom Hundert der am 1. Juli 2001 geltenden Preise betragen. Diese Regelung sollte nicht für Mittel zur Empfängnisverhütung und solche Arzneimittel gelten, für die ein Festbetrag nach §§ 35, 35a SGB V festgelegt ist. Nach Art. 2 Abs. 2 Satz 1 des Entwurfs sollten die pharmazeutischen Hersteller die Preise entsprechend senken.

Nach Vorlage des Gesetzentwurfs traf die Bundesregierung und der »Verband forschender Arzneimittelhersteller« (VFA) eine Verabredung, die zu einer Rücknahme des ursprünglich vorgesehenen Preisabschlags durch die Bundesregierung und der Ankündigung einer einmaligen Zahlung von 400 Mio. DM der im VFA zusammengeschlossenen Unternehmen an die Gesetzliche Krankenversicherung führte[288].

Der Bundeskanzler, die Bundesministerin für Gesundheit, der Staatssekretär im Bundesministerium für Wirtschaft und Technologie (BMWi), und Mitglieder des Deutschen Bundestages trafen am 8. November 2001 im Bundeskanzleramt zu einem Gespräch mit Spitzenvertretern VFA und dem Vorsitzenden der Industriegewerkschaft Bergbau, Chemie, Energie zusammen. Forschende Arzneimittelhersteller haben sich in diesem Gespräch bereit erklärt, der gesetzlichen Krankenversicherung 400 Mio. DM zur Konsolidierung ihrer Finanzen zur Verfügung zu stellen. Der Einschätzung des Kanzleramts zufolge handelt es sich dabei um eine freiwillige Selbstverpflichtung der Unternehmen als Solidarbeitrag zur Verbesserung der Finanzlage der GKV. Eine schriftliche Vereinbarung zwischen VFA und Bundesregierung ist nicht getroffen worden[289].

---

[286] Gesetzentwurf der Fraktionen SPD und BÜNDNIS 90/DIE GRÜNEN (BT-Drucks. 14/7144).
[287] Siehe die Begründung zu dem Gesetzentwurf (o. Fußn. 286), S. 1.
[288] S.a. hierzu *M. Herdegen*, VVDStRL Bd. 62 (2003), S. 7 ff. (16 (Fn. 27 m.w.N.)).
[289] Siehe die Darstellung in der Antwort der Bundesregierung auf eine Kleine Anfrage von Abgeordneten der Fraktion der CDU/CSU (BT-Drucks. 14/8438), S. 3.

Wendet man auch auf diesen Fall die bereits dargelegten Kriterien an, so ist hier noch offensichtlicher als im Zusammenhang mit dem Atomkonsens von einem Rechtsbindungswillen der an der Absprache Beteiligten auszugehen. Die wirtschaftliche Bedeutung der Verabredung für die staatliche ebenso wie für die private Seite sind dabei entscheidende Faktoren. Die Bereitschaft der betroffenen Unternehmen, eine nicht unerhebliche Geldsumme als Gegenleistung für eine bestimmte gesetzliche Regelung bzw. deren Unterlassung zu zahlen, läßt sich nur damit erklären, daß diese von einer entsprechenden Verbindlichkeit der Zusage der Bundesregierung ausgegangen sind. Die Annahme eine bloßen »Spende« für die GKV wäre abwegig. Angesichts der im Raum stehenden Summen und auch der offensichtlichen Bedeutung der gesetzlichen Regelungen für die privaten Vertragspartner mußte der staatlichen Seite dies auch klar gewesen sein. Auf die ursprünglich vorgesehene Preisabsenkung für nicht festbetragsgeregelte Arzneimittel wurde dementsprechend im Laufe des Gesetzgebungsverfahrens unter Hinweis darauf verzichtet, daß der Gesetzgeber grundsätzlich frei sei, im Laufe des parlamentarischen Verfahrens über Änderungen von Gesetzesvorhaben auch unter Berücksichtigung des Verhaltens der potentiellen Adressaten einer Norm zu beraten und zu beschließen[290].

Im Laufe des Ausschußverfahrens wurde ursprüngliche Artikel 2 AABG-Entwurf daher gestrichen und durch die Festlegung ersetzt, daß der Bundesverband der Betriebskrankenkassen den Betrag, den er von forschenden Arzneimittelherstellern für die Krankenkassen als Solidarbeitrag erhält, zuzüglich der Zinsen, entsprechend dem jeweiligen prozentualen Anteil an den Arzneimittelausgaben des Jahres 2001 nach den Rechnungsergebnissen der Gesetzlichen Krankenversicherung unter den Spitzenverbänden der Krankenkassen verteilt. Die Spitzenverbände der Krankenkassen verteilen den jeweiligen Betrag entsprechend dem in Satz 1 genannten Anteil an die Krankenkassen ihrer Kassenart[291].

In der Folge unternahm der Gesetzgeber mit dem Beitragssatzsicherungsgesetz vom 23. Dezember 2002[292] den Versuch, konjunkturbedingten Defiziten in den Kassen der Sozialversicherung, insbesondere der gesetzlichen Krankenversicherung entgegenzuwirken. Nach der Gesetzesbegründung weist die gesetzliche Krankenversicherung einen überproportionalen Zuwachs bei den Arzneimittelausgaben aus[293]. Um dem zu begegnen, werden – unter Hinweis auf die hohen

---

[290] Siehe die Antwort der Bundesregierung auf eine Kleine Anfrage von Abgeordneten der Fraktion der CDU/CSU (BT-Drcks. 14/8438), S. 4.
[291] Beschlußempfehlung und Bericht des Ausschusses für Gesundheit (BT-Drcks. 14/7827), S. 6. Siehe nun auch Art. 2 des Gesetzes zur Begrenzung der Arzneimittelausgaben der gesetzlichen Krankenversicherung (Arzneimittelausgaben-Begrenzungsgesetz – AABG) vom 15. Februar 2002 (BGBl. I 684).
[292] Gesetz zur Sicherung der Beitragssätze in der gesetzlichen Krankenversicherung und in der gesetzlichen Rentenversicherung (Beitragssatzsicherungsgesetz) vom 23. Dezember 2002 – BSSichG (BGBl. I 4637). S.a. den Gesetzentwurf der Fraktionen SPD und BÜNDNIS 90/DIE GRÜNEN (BT-Drcks. 15/28) sowie Beschlußempfehlung und Bericht des Ausschusses für Gesundheit und Soziale Sicherung (BT-Drcks. 15/73).
[293] BT-Drcks. 15/28, S. 11.

Umsätze der pharmazeutischen Unternehmen im GKV-Bereich, auf erzielte Rationalisierungseffekte im Großhandel und hohe Apothekenzuschläge im hochpreisigen Marktsegment – in §§ 130, 130a SGB V nach Arzneimittelpreisen gestaffelte Rabatte der Apotheken an die Krankenkassen eingeführt. Darüber hinaus sind für Arzneimittel, die zu Lasten der GKV abgegeben werden, Rabatte des pharmazeutischen Großhandels und der pharmazeutischen Unternehmen an die Krankenkassen zu entrichten.

Der VFA kritisierte diese Neuregelung als »Wortbruch« der Bundesregierung[294]. Der Zwangsrabatt und die Abschaffung der Festbetragsfreiheit bedeuteten nach Ansicht des Verbandes einen Bruch der im November 2001 von forschenden Arzneimittelherstellern und der Bundesregierung geschlossenen Solidarvereinbarung, mit der die Bundesregierung verbindlich zugesagt habe, bis Ende 2003 auf gesetzliche Preisregulierungen für festbetragsfreie verschreibungspflichtige Arzneimittel zu verzichten.

Auch dieser Fall kontrahierter Gesetzgebung wirft verfassungsrechtliche Fragen auf, die in der Folge zu beantworten sind: Konnte die Regierung dem VFA ein bestimmtes Gesetz versprechen? Konnte sie nur unwesentlich später von ihrem Versprechen wieder abrücken und ein vereinbarungswidriges Gesetz initiieren? Diese Fragen sind in der Folge unter der Überschrift des Gesetzgebungsvertrags zu überprüfen.

---

[294] Pressemitteilung des VFA Nr. 29/2002 vom 2. November 2002 (http://www.vfa.de/extern/d/presse/3281.html).

§ 5 Verfassungsrechtliche Rahmenbedingungen des Gesetzgebungsvertrags

Bei einem Gesetzgebungsvertrag handelt es sich um eine Vereinbarung zwischen einem staatlichen und einem privaten Rechtssubjekt, deren Inhalt sich auf die Funktion des staatlichen Vertragspartners als Teilnehmer an dem Verfahren der parlamentarischen Gesetzgebung bezieht und in diesem Zusammenhang das Ziel verfolgt, diesem Rechte oder Pflichten aufzuerlegen. Im Gegenzug übernimmt auch der private Vertragspartner bestimmte Pflichten, wie etwa Kooperations- oder Duldungspflichten. Gesetzgebungsverträge befassen sich also mit einer verfassungsrechtlichen Materie von zentraler Bedeutung. Es handelt sich bei ihnen um verfassungsrechtliche Verträge[1], auf die die Regelungen des Verwaltungsverfahrensgesetzes keine Anwendung finden[2].

Der Gesetzgebungsvertrag ist ein besonderer Fall des Normsetzungsvertrags. In Anlehnung an die insoweit geprägte Terminologie des Verwaltungsrechts[3] sind echte Gesetzgebungsverträge solche, durch die sich ein staatlicher Akteur zu einer bestimmten Handlung (oder Unterlassung) mit Blick auf Erlaß oder Änderung eines parlamentarischen Gesetzes verpflichtet[4]. Unechte Gesetzgebungsverträge bezwecken demgegenüber die Vermeidung eines Parlamentsgesetzes bzw. dessen Ersetzung durch eine andersartige Regelung. In der Praxis gehen beide Varianten ineinander über: Die Verabredung eines bestimmten Gesetzesinhalts (bzw. der Hinwirkung auf einen solchen) impliziert zugleich die Unterlassung eines anderen sowie die spätere Änderung des aufgrund der Verabredung erlassenen Gesetzes. Des weiteren wird – nicht nur für den Gesetzgebungsvertrag, sondern auch für den Normsetzungsvertrag i.allg. – zwischen normvermeidenden, -vertretenden, -abwendenden und -ersetzenden differenziert[5]. Daß diese Kategorien sich z.T. ebenfalls überschneiden, liegt auf der Hand. Eine Absprache zwischen staatlicher Seite und privatem Verband, auf deren Grundlage der Ge-

---

[1] *K.H. Friauf*, AöR Bd. 88 (1963), S. 257 ff.; *C. Schimpf*, Der verwaltungsrechtliche Vertrag unter besonderer Berücksichtigung seiner Rechtswidrigkeit, S. 46 ff.
[2] *H.J. Bonk*, in: P. Stelkens/ders./M. Sachs, Verwaltungsverfahrensgesetz, § 54 Rn. 70.
[3] Hierzu *W. Spannowsky*, Grenzen des Verwaltungshandelns durch Verträge und Absprachen, S. 148.
[4] Allgemein: *K.H. Friauf*, AöR Bd. 88 (1963), S. 257 ff. (305, 309 f.).
[5] So z.B. *Bundesministerium für Umwelt, Naturschutz und Reaktorsicherheit*, Umweltgesetzbuch (Entwurf der Sachverständigenkommission), S. 501; *P.M. Huber*, Allgemeines Verwaltungsrecht, S. 239; *L. Michael*, Rechtsetzende Gewalt im kooperierenden Verfassungsstaat, S. 41 ff. mit zahlreichen Beispielen.

setzgeber zunächst abwartet, ob die vereinbarten gesellschaftlichen (bzw. verbandlichen) Selbstregulierungskräfte den gewünschten und versprochenen Regulierungserfolg erreichen, verhindert zunächst den Erlaß einer Norm (bzw. wendet ihn ab), wird aber zugleich durch die Formulierung von staatlichen Erwartungen an den gesellschaftlichen Regelungsmechanismus auch in Teilen die nicht erlassene Norm ersetzen (bzw. vertreten). Insoweit verspricht eine Unterscheidung, nach der zwischen normvorbereitenden, -ergänzenden und -vollziehenden Verträgen bzw. Absprachen differenziert wird[6], eine größere Trennschärfe.

Ob in dem Vertrag auch normative Regelungen im Sinne eines Verfügungsvertrags getroffen werden können, oder ob – wenn überhaupt – lediglich Verpflichtungsverträge verfassungsrechtlich zulässig sind[7], wird zu klären sein. Da die Umsetzung von Staatskirchenverträgen nach der Vollzugs-, und nicht nach der Transformationslehre[8] erfolgt, so daß insoweit keine paktierte Gesetzgebung, keine zwei parallelen Rechtsetzungsakte, sondern eine vertragliche Regelung vorliegt, die innerstaatlich wie innerkirchlich anwendbar sein soll, liegt zumindest in diesem Bereich gemäß der verwaltungsrechtlichen Terminologie nicht bloß ein Verpflichtungs-, sondern ein Verfügungsvertrag vor.

I. Tauschgegenstand des staatlichen Partners

Aus staatlicher Sicht enthält der Gesetzgebungsvertrag das Versprechen, die Kompetenz zur Gesetzgebung in einer bestimmten Weise – positiv oder negativ – auszuüben und damit die Zahl der aufgrund der Kompetenz eigentlich zur Verfügung stehenden Handlungsoptionen vielleicht sogar bis auf eine einzige einzuschränken. Einer verfassungsrechtlichen Analyse dieses Versprechens ist zugrundezulegen, daß auf staatlicher Seite an der parlamentarischen Gesetzgebung nicht allein »das Parlament« oder gar »der Staat« als homogene Einheit handelt. Vielmehr wirkt eine Vielzahl von Akteuren in verschiedenen Stadien auf den Prozeß der Gesetzgebung ein. Diese Akteure handeln unter Ausnutzung der ihnen verfassungsrechtlich zugewiesenen Initiativ-, Beschluß-, oder Einspruchskompetenzen.

1. Kompetenzbindung und Kompetenzteilung

Staatliche Rechtsnormen werden im allgemeinen auf der Grundlage verfassungsrechtlicher oder einfachgesetzlicher Kompetenzen gesetzt; das Parlamentsgesetz im besonderen wird auf der Grundlage verfassungsrechtlich zugewiesener Kom-

---

[6] *P.M. Huber*, Allgemeines Verwaltungsrecht, S. 239.
[7] Die Terminologie lehnt sich auch hier an die des verwaltungsrechtlichen Vertrags an; siehe S. 686 ff.
[8] *A. Freiherr v. Campenhausen*, in: H. v. Mangoldt/F. Klein/C. Starck, Grundgesetz Bd. 3, Art. 140 Rn. 53; *A. Hollerbach*, Verträge zwischen Staat und Kirche in der Bundesrepublik Deutschland, S. 154; *ders.*, in: J. Isensee/P. Kirchhof, HdbStR Bd. VI, § 138 Rn. 72; a.A. (Transformation) aber *H. Quaritsch*, FS Schack, S. 125 ff. (140).

petenzen erlassen. Eine Beteiligung Privater an staatlicher Normsetzung erfolgt im Wege der Kompetenzbindung, der Kompetenzteilung oder der Kompetenzübertragung. Eine Kompetenzbindung liegt vor, wenn einer der an der Normsetzung Beteiligten die Ausübung der ihm zustehenden Kompetenzen durch vertragliche Zusagen gegenüber dem Kooperationspartner in einer bestimmten Weise festlegt. Die Zusage kann sich auf inhaltliche Aspekte der Normsetzung etwa in dem Sinne beziehen, daß die zu erlassende Norm einen bestimmten verabredeten Inhalt haben soll. Die Zusage kann sich aber auch darauf beschränken, daß der Erlaß oder Nicht-Erlaß einer Norm versprochen wird. Beide Aspekte fallen zusammen, wenn der staatliche Normsetzer die Setzung einer *bestimmten* Norm zusagt.

Kompetenzteilung und -übertragung überschneiden einander begrifflich. Bei der Kompetenzteilung wird die Ausübung der zugewiesenen Kompetenz im Wege eines Vorschlags- oder Zustimmungserfordernisses bzw. einer Ablehnungskompetenz an die Mitwirkung Dritter gebunden. Bei einer Kompetenzteilung sind die Normsetzungskompetenzen des ursprünglichen Normsetzers insoweit eingeschränkt, als er über das Ob oder das Wie der Normsetzung nicht mehr allein entscheidet. Dabei liegt der Unterschied zu der Kompetenzbindung darin, daß der Normsetzer bei dieser gegenüber dem Destinatar eine rechtlich wirksame Bindung eingeht, aufgrund derer er sich verpflichtet, seine Normsetzungskompetenzen in einer bestimmten Weise auszuüben, während bei der Kompetenzteilung die Partizipation des Destinatars so weit geht, daß er an dem eigentlichen Akt der Normsetzung selbst mitwirkt. In beiden Fällen verfügt der zuvor nicht beschränkte ursprüngliche Normsetzer allerdings nicht mehr über seine volle Entscheidungsfreiheit hinsichtlich des Ob und des Wie der Normsetzung. Eine Kompetenzübertragung liegt demgegenüber vor, wenn der Destinatar im Rahmen der ihm übertragenen Kompetenzen eigenständig über das Ob und das Wie der Normsetzung entscheiden kann.

Mit der einfachgesetzlichen oder verfassungsrechtlichen Zuweisung von Rechtsetzungsbefugnissen bzw. der Begründung von Rechtsetzungskompetenzen wird zugleich eine Verantwortung des befugten Rechtsetzers für das Produkt seines Rechtsetzungsakts festgelegt[9]. Teilung wie Bindung von Kompetenzen haben daher immer zugleich auch die Teilung der jeder Kompetenz beigegebenen Verantwortung für die Kompetenzausübung zur Folge. Bei dem Begriff der Verantwortung handelt es sich um eine zentrale verfassungsrechtliche Kategorie[10].

Der rechtsstaatlich-demokratische Verfassungsstaat zeichnet sich dadurch aus, daß er die Staatsmacht rechtlich begrenzt, einem subtilen Geflecht rechtlicher Kontrollen unterwirft sowie einen rechtlichen Verantwortungszusammenhang

---

[9] *D. Wilke*, in: H. v. Mangoldt/F. Klein, Grundgesetz Bd. III (2. Aufl.), Art. 80 Anm. II 3 a.
[10] Siehe hierzu neuerdings nur *L. Michael*, Rechtsetzende Gewalt im kooperierenden Verfassungsstaat, S. 294 ff.; *A. Voßkuhle*, VVDStRL Bd. 62 (2003), S. 266 ff. (270 f. m.w.N. in Fn. 9).

in Form der »Trias von Kompetenz-Verantwortung-Haftung« errichtet[11]. Verantwortung setzt Zurechnung und diese wiederum einen fixierbaren Anknüpfungspunkt für die Zurechung voraus. Jede staatliche Handlung ist dementsprechend von einem staatlichen Rechtssubjekt zu verantworten. Dies ergibt sich aus der zwingend gebotenen Rückführbarkeit der Ausübung öffentlicher Gewalt auf den Souverän, die sich durch Wahlen, Gesetze, Weisung und Ernennung vermittelt. Daher darf es keine staatlichen Rechtsnormen aus dem staatsrechtlichen Vakuum heraus ohne erkennbaren und verantwortlichen Rechtsnormsetzer geben. Staatliches Entscheiden bedarf der Legitimation, die ohne Verantwortung, d.h. eine Zurechnung an ein Rechtssubjekt, nicht denkbar ist[12]. Verantwortung im juristischen wie im politischen Sinne ist ein Zurechnungsbegriff[13]. Sie ist als Einstehenspflicht zu begreifen[14]. Der Rückbezug kompetenziellen Handelns zum demokratischen Legitimations- und Verantwortungszusammenhang macht deutlich, daß Verantwortung der zwingend korrespondierende Gegenpol zur Übertragung staatlicher Macht auf einzelne Rechtssubjekte, der Handlungsgrundlage »Kompetenz« ist[15]. Staatliche Handlungen bedürfen daher der rechtfertigenden Kompetenz, deren Ausübung wiederum einer korrespondierenden Verantwortung unterliegt[16]. Berechenbarkeit staatlichen Handelns setzt eine klare Kompetenzordnung voraus[17], da ansonsten die Zuordnung staatlicher Handlungen zu bestimmten Organen nicht mehr zu leisten ist und Staatsorgane nur dann für ihr Handeln zur Rechenschaft zu ziehen sind, wenn sie als für bestimmte Entscheidungen verantwortlich identifiziert werden können[18].

Anhand welcher Kriterien kann nun festgestellt werden, wer für eine aus einem Verhandlungsprozeß erwachsende Entscheidung die Verantwortung trägt[19]?

---

[11] *M. Jestaedt*, Demokratieprinzip und Kondominialverwaltung, S. 46 unter Bezugnahme auf *H. Dreier*, ders./*J. Hofmann*, Parlamentarische Souveränität und technische Entwicklung, S. 11 ff. (41).

[12] *R. Pitschas*, Verwaltungsverantwortung und Verwaltungsverfahren, S. 235.

[13] *H.C. Röhl*, Die Verwaltung, Beiheft 2 (1999), S. 33 ff. (35); dort (S. 35 ff.) auch zu verschiedenen anderen Verantwortungsbegriffen.

[14] *P. Lerche*, in: T. Maunz/G. Dürig u.a., Grundgesetz, Art. 83 Rn. 107.

[15] *R. Stettner*, Grundfragen einer Kompetenzlehre, S. 17, 254 ff.; s.a. *P. Lerche*, in: T. Maunz/G. Dürig u.a., Grundgesetz, Art. 83 Rn. 107; *R. Pitschas*, Verwaltungsverantwortung und Verwaltungsverfahren, S. 235 ff. und passim; *U. Scheuner*, in: ders., Staatstheorie und Staatsrecht, S. 293 ff. (298 ff. und passim); *E. Schmidt-Aßmann*, VVDStRL Bd. 34 (1976), S. 221 ff.; *R. Scholz*, VVDStRL Bd. 34 (1976), S. 145 ff.

[16] Zur Verantwortlichkeit der Staatsorgane als Leitprinzip: *K.-P. Sommermann*, in: H. v. Mangoldt/F. Klein/C. Starck, Grundgesetz Bd. 2, Art. 20 Rn. 291; s.a. *E. Schmidt-Aßmann*, VVDStRL Bd. 34 (1976), S. 221 ff. (228); *G. Zimmer*, Funktion-Kompetenz-Legitimation, S. 158 ff.

[17] BVerfGE 33, 125 (158).

[18] *K.-P. Sommermann*, in: H. v. Mangoldt/F. Klein/C. Starck, Grundgesetz Bd. 2, Art. 20 Rn. 291. Zum Zusammenhang von Kompetenz und Verantwortung auch: *G. Zimmer*, Funktion-Kompetenz-Legitimation, S. 179 (Fn. 147); *F.E. Schnapp*, VVDStRL Bd. 43 (1985), S. 172 ff. (191 f.).

[19] *L. Osterloh*, VVDStRL Bd. 54 (1995), S. 204 ff. (235 ff.); *E. Schmidt-Aßmann*, Das allgemeine Verwaltungsrecht als Ordnungsidee, S. 154 ff.; *A. Voßkuhle*, in: G.F. Schuppert, Jenseits von Privatisierung und »schlankem Staat«, S. 47 ff. (53 ff.).

Für den hier relevanten Zusammenhang ist zwischen formeller und materieller Verantwortung zu unterscheiden[20]. Die formelle Verantwortung beschreibt, daß ein Rechtssubjekt für den Erlaß eines Rechtsakts in dem Sinne zuständig ist, daß ohne seine entscheidende Mitwirkung ein Rechtsakt nicht zur Entstehung gelangen kann. Für Rechtsnormen trägt das erlassende öffentliche Rechtssubjekt die formelle Verantwortung. Die Verteilung der materiellen Verantwortung kann von der Zuweisung der formellen Verantwortung abweichen. Geht der Inhalt der Rechtsnorm auf einen Verhandlungsprozeß zwischen Staat und Privaten zurück, der mit einem verbindlichen Ergebnis in den Normsetzungsakt einfließt – sei es wegen eines bindenden Normsetzungsvertrags, sei es wegen andersartiger Bindungen etwa in Form eines politischen Vertrags – oder nimmt der Staat ein privates Verhandlungsergebnis auf, trägt der Normsetzer zwar bei Erlaß der Norm noch die formelle Verantwortung. Die materielle Verantwortung für den Norminhalt hingegen teilt er sich mit dem Partner des Aushandlungsprozesses oder mit den verhandelnden privaten Parteien, deren Verhandlungsergebnis er übernimmt.

Während die formelle Verantwortung eine verfassungsrechtliche Zurechnungskategorie darstellt, ist die Charakterisierung der materiellen Verantwortung nicht gleichermaßen offensichtlich. Sicherlich entledigt sich der Inhaber der formellen Verantwortung dieser nicht durch eine isolierte Teilung oder Abgabe der korrespondierenden materiellen Verantwortung. Da aber die materielle Verantwortung Gradmesser für die Beantwortung der verfassungsrechtlich relevanten Frage ist, ob und inwieweit der Inhaber der formellen Verantwortung externe Einflüsse auf die Ausübung seiner Kompetenzen hinnehmen darf, handelt es sich auch bei der materiellen Verantwortung um eine verfassungsrechtliche Kategorie. Dies schließt allerdings nicht aus, daß ein vielleicht verfassungsrechtlich noch zulässiges Auseinandertreten von formeller und materieller Verantwortung auch politische Konsequenzen nach sich zieht.

Bloß einseitige Beratung oder die Rezeption privater Interessen durch den staatlichen Rechtsnormsetzer im Rahmen einer Anhörung von Interessenverbänden führt nicht zwingend zu einer partiellen Verlagerung der materiellen Verantwortung auf den beteiligten Privaten[21]. Hierzu bedarf es vielmehr einer wie auch immer gearteten *verbindlichen* Einflußnahme auf den Inhalt des Normsetzungsakts. Welches Maß an Verantwortung im materiellen Sinne muß aber ein staatlicher Normsetzer für eine von ihm gesetzte Rechtsnorm übernehmen? Reicht insoweit eine nur formelle Verantwortung aus oder besteht die Möglichkeit der von der formellen Verantwortung abweichenden Teilung materieller Verantwortung zwischen staatlichen und privaten Akteuren[22]?

Die Verfassung etabliert und begrenzt die Macht des Staates. Zugleich überführt sie die Verhältnisse innerhalb des Staates bzw. zwischen Staat und Gesell-

---

[20] *H.C. Röhl*, Die Verwaltung, Beiheft 2 (1999), S. 33 ff. (36 f., 44), bezeichnet – allerdings mit ähnlicher inhaltlicher Stoßrichtung – die materielle Verantwortung als faktische.
[21] *T. v. Danwitz*, Die Gestaltungsfreiheit des Verordnungsgebers, S. 109.
[22] *G.F. Schuppert*, in: C. Gusy, Privatisierung von Staatsaufgaben, S. 72 ff. (102 ff.).

schaft in den Aggregatzustand des Rechts. Auf diese Weise stellt sie sicher, daß anfallende Konflikte nach der Maßgabe rechtlicher Erkenntnis, nicht aber nach der Maßgabe des politischen Kampf- und Drohpotentials gelöst werden. Dies setzt voraus, daß die Machtlage der verfassungsrechtlich vorausgesetzten Entscheidungslage entspricht und daß nicht substantielle Entscheidungen außerhalb der verfaßten Ordnung getroffen und in ihrem Rahmen nur noch umgesetzt werden[23]. Die materielle Verantwortung für eine staatliche Entscheidung zielt auf den eigentlichen Kern, das Substrat der Konfliktlösung, während die formelle Verantwortung nur eine äußere Hülse, das Verfahren abbildet. Es verträgt sich nicht mit dem Anspruch der Verfassung, politische Konflikte domestiziert zu haben, wenn eben diese Konflikte den Unbequemlichkeiten, die verfassungsrechtliche Bindung mit sich bringt, entgleiten.

Der dargelegte Zusammenhang zwischen den Kategorien von Verantwortung und Kompetenz impliziert, daß überall dort, wo Kompetenzen übertrag- oder einschränkbar sind, dies gleichermaßen für die an die Kompetenz angekoppelte Verantwortung gilt. Soweit die Verfassung ungeachtet des Dogmas der prinzipiellen Unübertragbarkeit von Kompetenzen[24] deren partielle Bindung zuläßt, ist daher auch eine Teilung der kompetenzbezogenen Verantwortung zulässig. Entscheidender Maßstab ist damit die verfassungsrechtliche Kompetenzordnung. Sie gibt Antwort auf die Frage, in welchem Ausmaß verfassungsrechtlich zugewiesene Kompetenzen wahrgenommen werden müssen bzw. aber im Einvernehmen mit Dritten ausgeübt oder auch ganz auf diese übertragen werden können.

2. Die Ansatzpunkte für eine rechtliche Bindung

Die parlamentarische Gesetzgebung gliedert sich in verschiedene Phasen, die in einem ersten Schritt in ein äußeres und ein inneres Gesetzgebungsverfahren zu differenzieren sind[25]. Das äußere Gesetzgebungsverfahren teilt sich in drei Elemente: Das Einleitungsverfahren (Art. 76 GG), das Hauptverfahren (Art. 77, 78 GG) in Bundestag und Bundesrat und das Abschlußverfahren (Art. 82 GG). Der erste Schritt des äußeren Gesetzgebungsverfahrens liegt in der Gesetzesinitiative – der Einbringung der Gesetzesvorlage in den Bundestag durch Bundesregierung, Bundesrat oder aus der Mitte des Bundestags – die sog. Initianten (Art. 76 Abs. 1 GG).

Die *Bundesregierung* kann eine Gesetzesvorlage nur als aus Bundeskanzler und den Bundesministern zusammengesetztes Gremium (Art. 62 Abs. 1 GG) in den Bundestag einbringen[26]. Aus diesem Grunde sind alle Gesetzentwürfe der Bundesregierung als Gre-

---

[23] *J. Isensee*, in: ders./P. Kirchhof, HdbStR Bd. I, § 13 Rn. 73.
[24] Siehe nur *G. Hermes*, in: BMU/H.-J. Koch/A. Roßnagel, 11. Deutsches Atomrechtssymposium, S. 347 ff. (357).
[25] Siehe S. 129 f.
[26] BVerfGE 91, 148 (148, Ls. 1 und 2); *J. Lücke*, in: M. Sachs, Grundgesetz, Art. 76 Rn. 8 m.w.N.; *J. Masing*, in: H. v. Mangoldt/F. Klein/C. Starck, Grundgesetz Bd. 3, Art. 76 Rn. 24; *R. Stettner*, in: H. Dreier, Grundgesetz Bd. II, Art. 76 Rn. 21.

mium vorzulegen (§ 15 Abs. 1 lit. a GO-BReg), so daß diese deren Einbringung in den Bundestag mit Stimmehrheit beschließen kann (§ 24 Abs. 2 GO-BReg). Einer Gruppe von Bundesministern oder gar einzelnen Kabinettsangehörigen steht damit ein Gesetzesinitiativrecht nicht zu.

Auch dem *Bundesrat* kommt das ihm in Art. 76 Abs. 1 GG zugedachte Gesetzesinitiativrecht nur zur gesamten Hand zu. Einzelne Landesregierungen können daher nicht über ihre Mitglieder, aus denen sich der Bundesrat zusammensetzt (Art. 51 Abs. 1 Satz 1 GG), eine Gesetzesvorlage in den Bundestag einbringen, sondern sind darauf angewiesen, daß der Bundesrat eine Gesetzesinitiative mit der Mehrheit seiner Stimmen (§ 30 Abs. 1 GO-BR) beschließt. Nur das gesamte Organ kann also insoweit handeln; seine Organteile verfügen über keine entsprechende Vertretungsbefugnis.

Des weiteren ist die Einbringung einer Vorlage aus der *Mitte des Bundestages* möglich. Damit liegt das Initiativrecht nicht nur beim Parlament insgesamt. Vielmehr bezieht sich die Formulierung auf einen Teil des Bundestages.

Der Einbringung einer Gesetzesinitiative geht die Erarbeitung eines Gesetzesentwurfs voraus. Deren Art und Weise unterscheidet sich je nach einbringendem Initiativberechtigten ebenso wie das jeweilige Initiativverfahren[27]. Diese sog. Präparationsphase gehört *nicht* zu dem verfassungsrechtlich ausdrücklich geprägten äußeren Gesetzgebungsverfahren. Allerdings ist sie für die Gestalt des Gesetzes von kaum zu unterschätzender Bedeutung. Der Prozeß der Gesetzgebung wird in ihr von verfassungsrechtlich in diesem Zusammenhang zumindest nicht explizit benannten Akteuren ganz entscheidend beeinflußt[28]. Die überwiegende Mehrheit der Gesetzesinitiativen geht auf die Bundesregierung zurück, die für die gründliche Erarbeitung der Vorlagen auf den konzentrierten Sachverstand der Ministerialbürokratie zurückgreifen kann. Der Ablauf dieser ministeriellen Präparationsphase ist in den §§ 40 ff. GGO geregelt. Diese für die Gesetzesformulierung unschätzbare Ressourcen der Ministerialbürokratie festigen die hervorragende Stellung der Regierung in dem Prozeß der Gesetzgebung[29]. Weder der wissenschaftliche Dienst der Bundestags, auf den der einzelne Abgeordnete zurückgreifen kann, noch die wissenschaftlichen Dienste der Fraktionen vermögen dieses Übergewicht an Expertise auf Regierungsseite nur annähernd aufzuwiegen. Eine gewisse »Waffengleichheit« besteht hier bestenfalls bei Vorlagen, die dem Parlament durch den Bundesrat vorgelegt werden, da diese in der Regel auf den Antrag einer oder mehrer Landesregierungen zurückgehen, denen ebenfalls ministerialbürolkratische Ressourcen zu Verfügung stehen.

---

[27] Zu den hier nicht weiter wichtigen verschiedenen Abläufen je nach dem, welcher der Initiativberechtigten einen Gesetzentwurf einbringt siehe nur: *K. Stern*, Staatsrecht Bd. II, § 37 III 4 b bis d.

[28] Siehe hierzu nur *K. Eichenberger*, VVDStRL Bd. 40 (1982), S. 7 ff. (28 ff.).

[29] Siehe den Überblick in der Zeitschrift »Das Parlament« vom. 20. Januar 2003, S. 3, wonach von den 558 Gesetzesbeschlüssen der 14. Wahlperiode 421 auf Initiative der Bundesregierung, 115 auf Initiative des Bundestags und 22 auf Initiative des Bundesrats erfolgten (die Relationen waren in den vorangegangenen Wahlperioden ähnlich). Dies gilt auch für zahlenmäßige Verhältnis von nicht zu Gesetz gewordenen Vorlagen, bei denen Regierung und Parlament allerdings näher beieinander liegen: Von insgesamt 869 Gesetzesvorlagen stammten 446 von der Regierung, 328 aus der Mitte des Bundestags und 95 wurden vom Bundesrat vorgelegt.

Bei Vorlagen aus der Mitte des Bundestages handelt es sich entweder um Gesetzesinitiativen, die von einer oder mehreren Fraktionen – vielleicht sogar unter Zuhilfenahme externen Sachverstandes – erarbeitet wurden oder aber um »verkappte« Regierungsvorlagen, die aus Gründen der Praktikabilität über die Koalitionsfraktionen »aus der Mitte des Bundestags« in das Parlament eingebracht werden[30]. Selbst bei als eilbedürftig deklarierten Regierungsvorlagen steht dem Bundesrat gem. Art. 76 Abs. 2 Satz 2 GG eine dreiwöchige Äußerungsfrist zu. Bringt die Regierung aber die wesentlich von ihr erarbeitete Vorlage hingegen über die sie tragende Fraktion in den Bundestag ein, so wird dieses Recht des Bundesrates zur Stellungnahme ausgeschaltet oder verkürzt. Auch wenn dieses Verfahren verfassungsrechtlich umstritten ist[31], so wird es in der Staatspraxis doch toleriert.

Nach Einbringung einer Vorlage in den Bundestag durch einen Initiativberechtigten schließt sich in einem zweiten Schritt das Hauptverfahren an, in dem der Gesetzentwurf durch das Plenum des Bundestages und durch den zuständigen Parlamentsausschuß – gegebenenfalls auch in einer öffentlichen Anhörung – erörtert wird (vgl. §§ 77 ff. GO-BT). Die dritte Beratung endet dann mit der Abstimmung im Plenum über den Gesetzentwurf (Art. 77 Abs. 1 GG; § 84, 86 GO-BT)[32]. Die Praxis zeigt, daß mit dem Fortschreiten des Gesetzgebungsstadiums die Wahrscheinlichkeit von inhaltlichen Modifikationen des Gesetzesentwurfs abnimmt. Die letzte Phase, in der realistischerweise noch solche Änderungen zu erwarten sind, ist die der Ausschußberatungen. Es folgt die je nach Art des Gesetzes unterschiedliche Mitwirkung des Bundesrates (Art. 77 Abs. 2 ff. GG) und danach das Abschlußverfahren, das aus der Gegenzeichnung durch den zuständigen Minister und den Bundeskanzler, der Ausfertigung durch den Bundespräsidenten sowie der Verkündung im Bundesgesetzblatt besteht (Art. 82 Abs. 1 Satz 1 GG).

Das äußere Gesetzgebungsverfahren ist in weiten Teilen von der Verfassung vorgeprägt. Einzelheiten seines Ablaufs regeln die Geschäftordnungen der beteiligten Akteure (v.a. Bundesregierung, Bundestag und Bundesrat). In weitaus geringerem Maße verfassungsrechtlich vorgeprägt und auch insgesamt weniger verrechtlicht als das äußere ist das innere Gesetzgebungsverfahren der Beteiligten, das den Willenbildungs- und Entscheidungsprozeß bei der Entstehung eines Gesetzes und damit die Methodik der legislatorischen Entscheidungsfindung umfaßt[33]. Äußeres und inneres Gesetzgebungsverfahren verhalten sich zueinander wie Hülle und Inhalt.

---

[30] Hierzu *H. Schulze-Fielitz*, in: H. Dreier/J. Hofmann, Parlamentarische Souveränität und technische Entwicklung, S. 71 ff. (81).
[31] Als verfassungswidrige Umgehung wertet dieses Vorgehen z.B. *K. Stern*, Staatsrecht Bd. II, § 37 III 4 b m.w.N.; a.A. aber z.B. *B.-O. Bryde*, in: I. v. Münch/P. Kunig, Grundgesetz Bd. III, Art. 76 Rn. 21; *F. Ossenbühl*, in: J. Isensee/P. Kirchhof, HdbStR Bd. III, § 63 Rn. 23; differenzierend *J. Lücke*, in: M. Sachs, Grundgesetz, Art. 76 Rn. 24 ff.
[32] Zu dem hier nicht relevanten Ablauf i.e.: *K. Stern*, Staatsrecht Bd. II, § 37 III 5.
[33] *H. Hill*, Einführung in die Gesetzgebungslehre, S. 62 f. Siehe i.ü. oben S. 129 f.

3. Unzulässigkeit von Fremdbindung

Wie aus dem Vorangegangenen ersichtlich wirkt auf staatlicher Seite eine Vielzahl von Kompetenzträgern auf Entwurf und Ergebnis der parlamentarischen Gesetzgebung ein. Dieses Zusammenwirken der verschiedenen Akteure führt zum einen dazu, daß jeder der Beteiligten seine spezifischen Qualitäten zu dem Prozeß der Gesetzgebung beisteuern kann: Die initiativberechtigte Regierung kann auf der Grundlage von Vorarbeiten der ihr zur Verfügung stehenden Ministerialverwaltung Gesetzentwürfe in der gebotenen Qualität und Quantität in das Parlament einbringen; das Parlament als Ganzes sanktioniert den Gesetzentwurf auf der Grundlage seiner unmittelbaren demokratischen Legitimation (Art. 77 Abs. 1 Satz 1 GG). Das Ineinandergreifen verschiedener Kompetenzen gewährleistet nicht allein die Erfüllung qualitativer und quantitativer Anforderungen an die Gesetzgebung, sondern vermittelt dem Akt der Gesetzgebung auch zusätzliche Öffentlichkeit: Das Gegen- und Miteinander verschiedener Kompetenzträger ist Element des politischen Prozesses und verhindert die Degenerierung der Gesetzgebung zu einer Art Geheimdiplomatie, die dann zu befürchten wäre, wenn alle Schritte des gesetzgeberischen Prozesses in einer Hand lägen. Die Verteilung der Kompetenzen auf verschiedene Kompetenzträger weist also durchaus einen rechtsstaatlichen (und mit Blick auf den Bundesrat: auch föderalen) Sinn auf. Wenn die Kompetenzzuweisung an jeden der Beteiligten über ihre eigene Berechtigung und Legitimation verfügt, wird schnell deutlich, daß vertragliche Bindungen (wenn überhaupt) grundsätzlich nur hinsichtlich eigener Kompetenzen möglich sein können und daß die vertragliche Bindung fremder Kompetenzen auszuscheiden hat[34]: Vertreter der Regierung können über den Erlaß oder Nicht-Erlaß formeller Gesetze nicht verfügen.

Die Annahme einer Fremdbindung des Parlaments – etwa durch eine von der Regierung eingegangene vertragliche Verpflichtung, aufgrund derer ein Gesetz mit einem bestimmten Inhalt erlassen werden soll – würde die verfassungsrechtliche Stellung des Bundestages[35], seine legislative Kompetenz und die verfassungsrechtliche Anordnung mißachten, daß Bundesgesetze vom Bundestag beschlossen werden (Art. 77 Abs. 1 Satz 1 GG). Die Regierung darf und kann daher keine vertragliche Bindung eingehen, mit der sie verspricht, *daß* der Inhalt von Parlamentsgesetzen in einer bestimmten Weise festgelegt werden oder *daß* eine bestimmte Rechtsetzung unterbleiben wird. Allein das Parlament entscheidet über Gebrauch oder Nichtgebrauch seiner Gesetzgebungskompetenz. Die Annahme der Wirksamkeit einer durch die Regierung bewirkten Fremdbindung wäre mit dessen entscheidender Stellung bei der Verabschiedung eines Parlamentsgesetzes nicht zu vereinbaren[36]. Verträge über Gegenstände, die nicht zu

---

[34] S.a. *D. Grimm*, in: E. Benda/W. Maihofer/H.-J. Vogel, HdbVerfR, § 15 Rn. 21.
[35] *N. Achterberg*, Parlamentsrecht, S. 94 ff.
[36] *J. Fluck/T. Schmitt*, VerwArch Bd. 89 (1998), S. 220 ff. (232); *K.H. Friauf*, AöR Bd. 88 (1963), S. 257 ff. (291); *J.A. Frowein*, FS Flume, S. 301 ff. (314); *M. Jachmann*, ZBR 1994, S. 165 ff. (167); *J. Oebbecke*, DVBl. 1986, S. 793 ff. (795); *M. Schmidt-Preuß*, VVDStRL Bd. 56 (1997), S. 160 ff.

dem eigenen Kompetenzbereich des Vertragsschließenden gehören, zielen ins Leere und sind wegen Verstoßes gegen die verfassungsrechtliche Kompetenzordnung des äußeren Gesetzgebungsverfahrens schlechthin unzulässig und nichtig[37]. Eine vertragliche Verfügung über *parlamentarische* Gesetzgebungsbefugnisse durch andere Akteure als das Parlament kommt daher nicht in Betracht[38]. Sie wäre – soweit sie nicht durch Auslegung »gerettet« werden kann – nichtig.

Es ist auch nicht möglich, bei der verfassungsrechtlichen Beurteilung zwischen der Verpflichtung zur Setzung einer Rechtsnorm und der Verfügung über die Normsetzungskompetenz zu unterscheiden und dabei anzunehmen, daß die Bundesregierung zwar kein Gesetz erlassen, dies aber wohl zumindest versprechen kann. Nur bei einer solchen Differenzierung zwischen vertraglicher Verpflichtung und nachfolgender »Verfügung« ließe sich erwägen, ob das Versprechen über die Ausübung fremder Kompetenzen zwar aufgrund der verfassungsrechtlichen Kompetenzordnung undurchführbar, aber dennoch nicht nichtig ist. Eine diese Differenzierung illustrierende Anlehnung an das sachenrechtliche Abstraktionsprinzip hilft insoweit aber von vornherein nicht weiter: Dieses besagt als eines der Grund- und Konstruktionsprinzipien des deutschen Sachenrechts, daß dingliche Verfügungen wirksam sind, unabhängig davon, ob eine Verpflichtung zu dieser Verfügung überhaupt bestand oder ob das eine solche Verpflichtung enthaltendes Rechtsgeschäft wirksam war oder geblieben ist[39]. Hier liegt der Fall indes umgekehrt. Es ginge also gleichsam – zivilrechtlich gesprochen – um das Versprechen einer für den Schuldner (die Bundesregierung) unmöglichen Leistung (Änderung der Gesetzgebung). Hier bestünde bei einer zivilrechtlichen Verpflichtung keine primäre Leistungspflicht (§ 275 Abs. 1 Alt. 1 BGB n.F.), der Vertrag bliebe aber wirksam (§ 311a Abs. 1 BGB n.F.)[40]. Der Bezug zu den zivilrechtlichen Wurzeln der Differenzierung zwischen Verpflichtung und Verfügung macht deutlich, daß ihre Übertragung auf die Verfügung über Kompetenzen in der Normsetzung – abgesehen von allen ohnehin einer solchen Parallele innewohnenden Fragwürdigkeiten[41] – nicht möglich ist. Der Sinn des zivilrechtlichen Abstraktionsprinzips sowie

---

(218). Dies bestätigt das Bundesverfassungsgericht in einem anderen Zusammenhang, indem es ausführt, daß die Bundesregierung in einem völkerrechtlichen Abkommen zwar ihre eigene Normsetzungsinitiative, nicht aber das Gesetzgebungsrecht des Parlaments zu binden vermag; siehe BVerfGE 1, 351 (366).

[37] *K.H. Friauf*, AöR Bd. 88 (1963), S. 257 ff. (291) mit Nachweisen aus dem älteren Schrifttum in Fn. 175.

[38] *U. Di Fabio*, DVBl. 1990, S. 338 ff. (343); *J. Fluck/T. Schmitt*, VerwArch Bd. 89 (1998), S. 220 ff. (232).

[39] Hierzu und dem folgenden nur *F. Quack*, in: MüKo zum BGB Bd. 6, Einl. Rn. 34.

[40] Nach dem aufgehobenen § 306 BGB a.F. war demgegenüber nur ein auf eine anfänglich und *objektiv* unmögliche Leistung gerichteter Vertrag unwirksam. In diesen Fällen bestand nach § 307 Abs. 1 S. 1 a.F. dann eine Haftung des Vertragspartners auf das negative Interesse, sofern dem Vertragspartner der Vorwurf gemacht werden konnte, er habe die Unmöglichkeit gekannt oder infolge von Fahrlässigkeit nicht gekannt. Der zur Leistung unvermögende Schuldner unterlag einer verschuldensunabhängigen Haftung auf das positive Interesse. § 311a Abs. 2 BGB bietet nunmehr eine Grundlage für die Nichterfüllungshaftung auch in den Fällen des bislang so genannten anfänglichen Unvermögens, da § 311a Abs. 1 BGB an alle Tatbestände des § 275 BGB anknüpft, also auch an den der subjektiven Unmöglichkeit (§ 275 Abs. 1 Alt. 1 BGB); siehe *W. Ernst*, in: MüKo zum BGB Bd. 2a, § 311a Rn. 12, 14.

[41] Für eine Anwendung des Abstraktionsprinzips im Recht der Verwaltungsverträge plädieren aber etwa *V. Schlette*, Die Verwaltung als Vertragspartner, S. 399; *W. Spannowsky*, Grenzen des

der übrigen angesprochenen Institute liegt darin, den gutgläubigen Geschäftsverkehr zu schützen. Das Abstraktionsprinzip sichert die eindeutige Zuordnung sachenrechtlicher Berechtigungen. Insofern soll mit eindeutigen Zuordnungen der Rechtssicherheit und Rechtsklarheit gedient werden. Derartige Motive – Schutz des Redlichen – sind dem Verfassungsrecht nicht fremd. Ihnen wird aber durch andere Institutionen, z.B. durch den Grundsatz des Vertrauensschutzes, genügt. Für jeden privaten Vertragspartner muß es dabei offensichtlich sein, daß die Regierung etwas verspricht, wozu sie aus verfassungsrechtlichen Gründen nicht in der Lage ist. Ein Schutz privaten Vertrauens – etwa aufgrund von Erwägungen, die an die zivilrechtlichen Institute des Vertreters ohne Vertretungsmacht oder die Verfügung eines Nichtberechtigten angelehnt sind – kommt hier somit nicht in Betracht.

Solche Abreden, in denen die Regierung den Erlaß eines Gesetzes oder die Gestaltung eines entsprechenden Inhalts verspricht, sind damit per se verfassungswidrig. Diese Erkenntnis beansprucht Geltung sowohl für die Organ- wie auch für die Verbandskompetenz. Dies bedeutet im Umkehrschluß, daß für den Abschluß einer normbezogenen Absprache auf staatlicher Seite nur diejenige Stelle zuständig ist (und wirksam handeln kann), die auch für das durch die Absprache substituierte Staatshandeln zuständig wäre[42]. Es läßt sich lediglich jeweils eine Auslegung der regierungsseitigen Zusage dahingehend erwägen, daß die Initiativbefugnis der Regierung in eine bestimmte Richtung ausgeübt bzw., daß ein bestimmter (angedrohter) Gesetzentwurf nicht eingebracht werden soll[43].

Verträge über die Vermeidung bzw. Ersetzung eines Parlamentsgesetzes (unechte Gesetzgebungsverträge) sollen demgegenüber – anders als die auf den positiven Erlaß eines Gesetzes gerichteten Verträge – den Vorrang des Gesetzgebers nicht unterlaufen, da sie ihn nicht inhaltlich präjudizieren, sondern nur seine Initiativbefugnis sperren[44]. Eine in solchen Abreden implizierte vertragliche Bindung der Regierung zur Nichtausübung ihres Initiativrechts kann indes ebenfalls keine Verpflichtung des Parlaments zu einem gesetzgeberischen Unterlassen begründen. Insbesondere kann die Regierung keinen das Parlament bindenden Regelungsverzicht vereinbaren, wenn das Parlament gerade aufgrund bestimmter verfassungsrechtlicher Vorgaben – wie etwa dem Parlamentsvorbehalt für wesentliche Entscheidungen – tätig werden muß[45]. Aber auch in allen übrigen Fällen

---

Verwaltungshandelns durch Verträge und Absprachen, S. 237 ff.; s.a. für eine Übertragung zivilrechtlicher Vertrauensschutzkategorien auf das Verfassungsrecht: *L. Michael*, Rechtsetzende Gewalt im kooperierenden Verfassungsstaat, S. 468 ff.

[42] *P.M. Huber*, in: BMU/H.-J. Koch/A. Roßnagel, 11. Deutsches Atomrechtssymposium, S. 329 ff. (337 f.).

[43] Gerade in diesem Fall ist aber auch aufgrund des Verbots der Bindung fremder Kompetenzen nicht außer acht zu lassen, daß eine solche Vereinbarung bestenfalls die Regierung, nie aber andere Initiativberechtigte (also etwa die Oppositionsfraktionen) zu binden vermag.

[44] *J. Scherer*, DÖV 1991, S. 1 ff. (4).

[45] Zu den Fällen einer verfassungsrechtlichen Gesetzgebungs- und der aus ihr resultierenden Initiativpflicht: *J. Lücke*, in: M. Sachs, Grundgesetz, Art. 76 Rn. 14; *H. Schneider*, Gesetzgebung, Rn. 94 m.w.N.; *M. Schürmann*, Grundlagen und Prinzipien des legislatorischen Einleitungsverfahrens nach dem Grundgesetz, S. 92 ff.; auf solche Fälle scheint *U. Dempfle*, Normvertretende Absprachen, S. 127 f., seine Ablehnung einer Fremdbindung des Parlaments durch die Regierung durch einen unechten Normsetzungsvertrag zu beschränken.

würde es sich bei einem solchen Versprechen entweder um den als Fremdbindung unzulässigen Versuch einer Bindung der parlamentarischen Initiativbefugnis handeln. Oder aber die Zusage der Regierung muß so ausgelegt werden, daß mit ihr allein deren eigene Initiativbefugnis gebunden werden soll, ohne daß dies die Kompetenzausübung der übrigen Initianten berührt oder gar determiniert[46]. Allein die Regierung dürfte dann während der Laufzeit des Gesetzgebungsvertrags keine der Vereinbarung widersprechende Gesetzesinitiative ergreifen. Eine Bindung des parlamentarischen Zugriffsrechts durch die Regierung ist hingegen aus dem genannten Grunde verfassungsrechtlich nicht denkbar[47]. Die Gefahr, daß die Regierung sich gegenüber Privaten innerstaatlich durch Vertrag zu der Herstellung eines bestimmten rechtlichen Zustandes verpflichtet, muß zunächst im Wege der Auslegung gebannt werden. Eine solche Verpflichtung ist daher dahingehend auszulegen, daß die Regierung ihr Initiativrecht in dem zugesagten Sinne auszuüben verspricht. Bringt die Regierung dann die verabredete Gesetzesvorlage in die gesetzgebenden Körperschaften ein, so hat sie das Ihre getan; mehr kann sie bei verständiger Auslegung nicht versprechen. Tut sie es dennoch, richtet sich der Vertrag auf eine rechtlich unmögliche Leistung.

Vor dem Hintergrund der Unterscheidung zwischen Selbst- und Fremdbindung ist allein zu erwägen, ob der parlamentarische Gesetzgeber in dem Fall, in dem er einen auf verbindlichen Abreden zwischen der Regierung und Dritten beruhenden Gesetzentwurf berät, ähnlich der bei Art. 59 Abs. 2 Satz 1 GG, § 82 Abs. 2 GO-BT anzutreffenden Konstellation nicht mehr aus freier gesetzgeberischer Vollmacht handelt und deswegen in seiner Entscheidungsfreiheit bei der Umsetzung des Gesetzes zumindest insoweit eingeschränkt ist, als er den auf der Verabredung basierenden Gesetzentwurf zwar in toto ablehnen, ihn aber nicht mehr inhaltlich modifizieren kann[48]. Eine solche Lösung böte sich als Ausgleich zwischen der rechtlichen Bindung des materiellen Initiativrechts der Regierung und der verfassungsrechtlich gebotenen Freiheit des Parlaments, über Erlaß oder Nichterlaß von Gesetzen zu entscheiden, an. Die aus ihr resultierende Einschränkung der gesetzgeberischen Handlungsfreiheit wäre indessen nur zu akzeptieren, wenn sie verfassungsrechtlich gerechtfertigt werden könnte. Dies erschließt sich durch einen Blick auf Sinn und Zweck der im Zusammenhang mit der Eingehung völkerrechtlicher Verpflichtung in § 82 Abs. 2 GO-BT vorgenommenen Beschränkung parlamentarischer Gestaltungsmacht.

---

[46] Da eine Fremdbindung anderer Gesetzesinitianten nach der hier entwickelten Ansicht ohnehin nicht möglich ist und diese damit – evtl. in einem neuen Gesetzgebungsverfahren – ein ständiges Zugriffsrecht auf die kontrahierte Materie haben, stellen sich die Probleme einer gefährdeten Organspezifität (siehe hierzu *M. Morlok*, VVDStRL Bd. 62 (2003), S. 37 ff. (60 f.)) in dem Sinne, daß ein Organ informell Zuständigkeiten eines anderen wahrnimmt, nicht.
[47] *U. Di Fabio*, DVBl. 1990, S. 338 ff. (344); *E. Gurlit*, Verwaltungsvertrag und Gesetz, S. 303; *M. Jachmann*, ZBR 1994, S. 165 ff. (168); *J. Oebbecke*, DVBl. 1986, S. 793 ff. (795).
[48] So wohl *E. Forsthoff*, in: J.H. Kaiser, Planung III, S. 21 ff. (36 f.).

I. Tauschgegenstand des staatlichen Partners

Der Abschluß der in Art. 59 Abs. 2 Satz 1 GG angesprochenen völkerrechtlichen Verträge, die sich auf die Bundesgesetzgebung beziehen, ist dadurch gekennzeichnet, daß Bundespräsident bzw. Bundesregierung im Außenverhältnis Verpflichtungen übernehmen, deren Erfüllung nur die gesetzgebenden Körperschaften gewährleisten können. Der internationale Verkehr souveräner Staaten ist auf die Zusammenarbeit ihrer Regierungen ausgerichtet. Das Grundgesetz läßt der Exekutive daher im Bereich des völkerrechtlichen Verkehrs ausdrücklich die Vorhand[49], weil die Legislative nicht über eine entsprechende Handlungsfähigkeit im ausreichenden Maße verfügt. Die Zustimmung des Parlaments nach Art. 59 Abs. 2 Satz 1 GG gewährleistet nur innerstaatlich, daß die Exekutive keine völkerrechtlichen Verpflichtungen eingeht, die später wegen Ablehnung des Vertragsinhalts durch die gesetzgebenden Körperschaften nicht eingehalten werden können. Zugleich führt die Zustimmung der gesetzgebenden Körperschaften die innerstaatliche Geltung des Vertragsinhalts herbei[50] und gewährleistet die parlamentarische Kontrolle der auswärtigen Gewalt[51]. Dies bedeutet im Umkehrschluß, daß in Sachbereichen, bei denen sich die Regierung in dem internationalen Verkehr in den Vorbehaltsbereich des Parlaments begibt, die völkerrechtliche Verbindlichkeit einer Verpflichtung des Gesamtstaats als Völkerrechtssubjekt nach der Verfassung nicht ohne Mitwirkung des Parlaments hergestellt werden darf (völkerrechtlich aber durchaus hergestellt werden könnte[52]).

Die in § 82 Abs. 2 GO-BT vorgenommene Beschränkung parlamentarischer Gestaltungsmacht ist zum einen vor dem Hintergrund der exekutiven Vorhand im völkerrechtlichen Verkehr zu sehen. Zum anderen soll ein auf internationaler Ebene ausgehandelter vertraglicher Kompromiß nicht durch externe, d.h. nicht von den Verhandlungsführern herrührende Irritationen gefährdet bzw. aufgelöst werden. Die Vorhand der Regierung in innerstaatlichen Verhandlungskonstellationen – anders als auf völkerrechtlicher Ebene, auf der der Staat schon aus völkerrechtlichen Gründen regelmäßig vom Staatsoberhaupt repräsentiert wird[53] und ganz unterschiedliche Einflüsse der Parlamente zu verzeichnen sind – ist eher pragmatischer denn verfassungsrechtlicher Art. Nähme man vor diesem Hintergrund eine an § 82 Abs. 2 GO-BT angelehnte Beschränkung des Parlaments auf Ablehnung oder Zustimmung eines auf *innerstaatlichen* Verhandlungen beruhenden Gesetzentwurfs tatsächlich an, könnte das Parlament in seiner Handlungsfreiheit ohne vorherige Beteiligung gebunden bzw. in seiner Entschei-

---

[49] Zu der Diskussion um die kompetenzielle Verwurzelung der auswärtigen Gewalt siehe nur *I. Pernice*, in: H. Dreier, Grundgesetz Bd. II, Art. 32 Rn. 17 ff. und Art. 59 Rn. 15 ff.
[50] *R. Streinz*, in: M. Sachs, Grundgesetz, Art. 59 Rn. 21 f., 60 ff.
[51] Zu dieser Doppelfunktion des Art. 59 Abs. 2 GG *I. Pernice*, in: in: H. Dreier, Grundgesetz Bd. II, Art. 59 Rn. 21 ff.
[52] Nach Völkerrecht kann innerstaatliches Recht dem Anspruch auf Erfüllung nur dann entgegengehalten werden, wenn die Verletzung etwa innerstaatlicher Zuständigkeitsvorschriften offenkundig ist und es sich zudem um eine Vorschrift von grundlegender Bedeutung handelt (Art. 46 WVK); siehe nur *P. Kunig*, in: W. Graf Vitzthum, Völkerrecht, Rn. 81; *A. Verdross/B. Simma*, Universelles Völkerrecht, §§ 689 ff.
[53] Nach dem in der Praxis der UNO entwickelten Völkervertragsrecht besteht eine Vermutung, daß die Staatsoberhäupter, Regierungschefs und Außenminister zum endgültigen (!) Abschluß völkerrechtlicher Verträge befugt sind, ohne eine besondere Vollmacht vorzuweisen, während alle anderen Organe regelmäßig einer besonderen Vollmacht bedürfen (vgl. Art. 7 WVK); *A. Verdross/B. Simma*, Universelles Völkerrecht, § 687.

dung im Sinne einer »Ganz oder Garnicht«-Entscheidung determiniert werden. Allerdings ist es offensichtlich, daß die diplomatischen Irritationen, die von einer einseitigen Abänderung einer getroffenen Vereinbarungen ausgehen könnten und denen § 82 Abs. 2 GO-BT – abgesehen von der verfassungsrechtlichen Aufgabenverteilung in der auswärtigen Gewalt – entgegenzutreten sucht, erheblich schädlichere Auswirkungen auf das internationale Ansehen der Bundesrepublik haben würden, als dies in einer vergleichbaren Situation im innerstaatlichen Bereich der Fall wäre. Hier muß dem Vertragspartner bekannt sein, daß von der Vereinbarung bis zu deren Umsetzung noch eine Entscheidung des Parlaments zu erfolgen hat und daß dem Parlament zudem in der politischen Ordnung eine hervorragende Stellung zukommt. Entsprechende Irritationen sind daher zwar vielleicht nicht zu vermeiden, aber aus verfassungsrechtlichen Gründen hinzunehmen, zumal das Parlament mangels eines entsprechenden Vertrauenstatbestandes, hier anders als im zwischenstaatlichen Verkehr, stets die Option hätte, das bei nur verengter Alternativenwahl zunächst angenommene Gesetz unmittelbar danach im Sinne der zunächst geschäftsordnungsrechtlich verhinderten Abänderung wieder – diesmal in seinem Sinne – zu ändern, ohne dabei an den Vertrag der Regierung gebunden zu sein, der dies verhindern könnte.

Insgesamt ist daher festzuhalten, daß auch nur partielle *rechtliche* Fremdbindungen innerhalb des gesetzlichen Verfahrens seitens des Initiativberechtigten zu Lasten der gesetzgebenden Körperschaften auch in nur begrenztem Maße – im Sinne eines Modifikationsverbotes – aus verfassungsrechtlichen Gründen nicht denkbar sind. Verpflichtungen staatlicher Akteure des Gesetzgebungsprozesses können sich somit nur auf deren eigene Kompetenzen innerhalb dieses Prozesses beziehen, so daß etwa die von der Verfassung mit einem Initiativrecht ausgestatteten Kompetenzträger, sich (höchstens) bezüglich dieses Initiativrechts binden können[54].

4. Selbstbindung des Gesetzesinitiativrechts der Bundesregierung

Die daraus entstehende Frage, inwieweit die Möglichkeit zur vertraglichen Selbstbindung eines Beitrags zu dem komplexen und von vielen Akteuren getragenen Vorgang der Gesetzgebung denkbar ist, stellt sich insbesondere mit Blick auf die Bundesregierung und soll daher primär mit Blick auf diese geklärt werden. Bislang wurde allein festgestellt, daß die Regierung nicht in der Lage ist, einen bestimmten Ausgang eines Gesetzgebungsverfahrens in rechtlich bindender Weise zu versprechen, weil es sich bei einem solchen Versprechen um den Versuch handeln würde, fremde Kompetenzen – die Gesetzgebungskompetenz des Parlaments – zu binden. Vorstellbar ist hingegen, daß die Bundesregierung ihre eigenen Beiträge zu dem Gesetzgebungsverfahren (also insbesondere Inhalt und Wahrnehmung des Gesetzesinitiativrechts) durch eine vertragliche Verpflichtung zu binden in der Lage sein könnte.

---

[54] Siehe auch *D. Grimm*, in: E. Benda / W. Maihofer / H.-J. Vogel, HdbVerfR, § 15 Rn. 21.

Gegen eine isolierte Bindung des Initiativrechts (insbesondere der Regierung) ist eingewendet worden, es handele sich hierbei lediglich um eine Kompetenz mit »unselbständiger Anstoßfunktion«. Diese sei allein darauf gerichtet, daß sich das Parlament mit potentiell mehrheitsfähigen und fachkundig erarbeiteten Gesetzesvorlagen auseinandersetzen kann[55]. Zum einen ist aber die potentielle Mehrheitsfähigkeit der eingebrachten Entwürfe für die Zuerkennung eines Gesetzesinitiativrechts kein zwingendes Kriterium, da die Verfassung ansonsten keine Gesetzesinitiative »aus der Mitte« des Bundestages, d.h. von einer (u.U.) kleinen Gruppe von Abgeordneten, vorsehen dürfte. Zum anderen wird auf diese Weise der politisch wie verfassungsrechtlich eigenständige Charakter des Gesetzesinitiativrechts verkannt. Natürlich hat dieses keinen Selbstzweck und verfügt in erster Linie über eine »dienende« Funktion. Dennoch ist diese Funktion keine conditio sine qua non seiner Ausübung, da aus verfassungsrechtlicher Sicht nichts dagegen zu erinnern wäre, wenn ein Initiant aus politischen Gründen, zur Herstellung von öffentlichem Problembewußtsein, eine Gesetzesinitiative mit dem Wissen einbringen würde, daß diese keine Chance auf Realisierung hat. Die Bundesregierung ist ein mit eigenen Kompetenzen ausgestattetes Rechtssubjekt und ein eigenständiger politischer Akteur – wie noch zu zeigen sein wird insbesondere im Zusammenhang mit dem inneren Gesetzgebungsverfahren. Im übrigen würde bei einer solchen Vereinnahmung des Gesetzesinitiativrechts vernachlässigt, daß eine Kompetenz nicht schon wegen ihrer dienenden Funktion als Anknüpfungspunkt für eine vertragliche Bindung ausscheiden muß. Zum einen gibt es keine generell keine freien, d.h. nicht einem bestimmten Zweck dienenden Kompetenzen; zum anderen stellt Zweckgerichtetheit des Gesetzesinitiativrechts einen inhaltlichen Aspekt seiner Ausübung dar und sagt damit nichts darüber aus, ob diese Ausübung nicht auch vertraglich determiniert sein kann. Auch das vertragliche gebundene Initiativrecht zielt im übrigen auf den Erlaß eines Gesetzes.

a) Gesetzgebungsvertrag und verfassungsrechtliche Ermächtigungsgrundlage zum Vertragsschluß

Eine ausdrückliche verfassungsrechtliche Ermächtigung für die Eingehung eines auf das Gesetzesinitiativrecht bezogenen Gesetzgebungsvertrags durch die Bundesregierung fehlt im Grundgesetz. Die Frage, ob und in welcher Form eine entsprechende Ermächtigungsgrundlage für den Abschluß eines öffentlich-rechtlichen Vertrags vorliegen muß, ist in dem Bereich des Verwaltungsrechts intensiv diskutiert worden, hat dort aber aufgrund der gesetzlichen Entwicklung – obschon als verfassungsrechtliche Grundsatzfrage eingeordnet[56] – an Bedeutung verloren[57].

---

[55] *L. Michael*, Rechtsetzende Gewalt im kooperierenden Verfassungsstaat, S. 430 f., 449 f.
[56] *W.-R. Schenke*, JuS 1977, S. 281 ff. (281).
[57] Zusammenfassung der Diskussion bei *E. Gurlit*, Verwaltungsvertrag und Gesetz, S. 293 ff.; *V. Schlette*, Die Verwaltung als Vertragspartner, S. 92 ff.; *W. Spannowsky*, Grenzen des Verwaltungshandelns durch Verträge und Absprachen, S. 122 ff.

Analog zu der verwaltungsrechtlichen Frage, inwieweit der Vorbehalt des Gesetzes auch für den Abschluß eines verwaltungsrechtlichen Vertrags gilt, ist im vorliegenden Zusammenhang zu fragen, inwieweit für den Abschluß eines verfassungsrechtlichen Vertrags der »Vorbehalt der Verfassung« im Sinne einer Notwendigkeit gilt, die Berechtigung zum Vertragsschluß aus der Verfassung abzuleiten. Da der verfassungsrechtliche Vertrag innerhalb der Rechtsordnung (und unter ihr) steht und die Verfassung als Geltungsgrund allen staatlichen Rechts einen geschlossenen Delegationszusammenhang begründet, bedarf es einer Ableitung des Geltungsgrundes eines verfassungsrechtlichen Vertrags aus der Verfassung selbst[58].

Anders als der Bürger hinsichtlich seiner grundrechtlichen Freiheiten[59] kann der am Abschluß eines Gesetzgebungsvertrags beteiligte staatliche Kompetenzträger über seine Kompetenzen jedenfalls nicht durch seine bloße Einwilligung (gegenüber dem Privaten) disponieren, weil verfassungsrechtlich zugewiesene Kompetenzen grundsätzlich der vertraglichen Disposition durch ihren Inhaber entzogen sind[60]. Da jede vertragliche Bindung staatlicher Kompetenzausübung den Kompetenzinhaber eines Elements seiner Inhaberschaft – nämlich der freien Ausübung der Kompetenz – enthebt, ist eine verfassungsrechtliche Ableitung einer Vertragsschlußkompetenz erforderlich. Zwar ist nicht zu leugnen, daß der Vertragsgedanke als Befriedigung eines anthropologischen Grundbedürfnisses[61] über einen vor- bzw. überstaatlichen Entwicklungskontext verfügt[62]. Dennoch bestimmt die Rechtsordnung – in dem konkreten Fall: die Verfassungsordnung – darüber, ob und inwieweit er als Rechtsgestaltungsvorgang anerkannt und zugelassen ist. Der bloße Rekurs auf den Grundsatz des *pacta sunt servanda* ist (wie bereits in anderem Zusammenhang dargelegt[63]) eine bloße petitio principii und genügt daher zur Begründung nicht[64]. Es bedarf vielmehr einer entsprechenden Ermächtigungsnorm.

Ermächtigungsnormen sind von Dispositivnormen zu unterscheiden[65]: Diese gewähren ihrem Adressaten – etwa durch die Einräumung von Ermessen – eine inhaltliche Gestaltungsfreiheit bei der Ausübung einer Kompetenz. Durch sie werden mehrere denkbare Lösungen eines Sachverhalts als rechtlich gleichwertig erklärt und die Wahl zwischen ihnen bleibt dem betreffenden Akteur anheimgestellt. Auf welchem Wege aber die inhaltliche Wahl ausgeübt werden kann, wird durch die Ermächtigungsnorm bestimmt. Die Rechtsordnung kennt die Möglichkeit, einen angestrebten Erfolg auf verschiedenen We-

---

[58] So für den verfassungsrechtlichen Vertrag *K.H. Friauf*, AöR Bd. 88 (1963), S. 257 ff. (278).
[59] Siehe hierzu S. 338 ff.
[60] Siehe nur *G. Hermes*, in: BMU / H.-J. Koch / A. Roßnagel, 11. Deutsches Atomrechtssymposium, S. 347 ff. (357).
[61] *V. Schlette*, Die Verwaltung als Vertragspartner, S. 13 ff.
[62] Hierauf stellt *K. Stern*, VerwArch Bd. 49 (1958), S. 106 ff. (122, 129 f.), ab.
[63] Siehe S. 195 f. für den Staatskirchenvertrag.
[64] So aber für den verwaltungsrechtlichen Vertrag etwa *W. Apelt*, Der verwaltungsrechtliche Vertrag, S. 49 ff.
[65] Hierzu *K.H. Friauf*, AöR Bd. 88 (1963), S. 257 ff. (282 ff.); s.a. *K. Adomeit*, FS Kelsen, S. 9 ff. (13 f.).

gen herbeizuführen. Nur die Ermächtigungs-, nicht die Dispositivnorm bestimmt, auf welchem Wege der rechtserhebliche Erfolg erreicht werden kann. Während in dem von Privatautonomie geprägten Zivilrecht jede Dispositivnorm in aller Regel als Ermächtigung zum Vertragsschluß gedeutet werden kann, muß im Bereich des öffentlichen Rechts, der von einer reichen und weniger eindeutigen Auswahl an Handlungsinstrumentarien geprägt ist, der Nachweis einer Ermächtigung zu vertraglichem Handeln im Einzelfall geführt werden[66].

Fordert man für den Bereich des Verfassungsrechts allerdings auch – wie dies bisweilen für den Verwaltungsvertrag geschehen ist[67] – eine *ausdrückliche* Ermächtigungsgrundlage, die dann im Grundgesetz selbst verankert sein müßte, so wäre die Möglichkeit zum Vertragsschluß zwischen Initianten und Privaten in Ermangelung einer solchen Ermächtigungsgrundlage von vornherein ausgeschlossen. Ob eine solche Ermächtigung ausdrücklich oder stillschweigend erteilt sein muß, ist hingegen lediglich als eine Frage der Gesetzestechnik einzuordnen[68]. Eine Vertragsermächtigung kann sich auch aus der Natur der Sache ergeben[69]. Die Rechtsfindung aus der Natur der Sache führt das Sachverhältnis, aus dem die zu beurteilende Rechtsfrage erwächst, auf seinen Idealtypus zurück und versucht, seinen objektiven Sinn und dann mit dessen Hilfe seine Bedürfnisse zu ergründen, um dadurch seinen normativen Gehalt zu ermitteln[70]. Eine Vertragsermächtigung aus der Natur der Sache ist dann anzunehmen, wenn sie vom Verfassungsgeber deswegen als gewollt anzusehen ist, weil sie vom Blickpunkt des Grundgesetzes und in Ausrichtung an dessen verfassungsgestaltenden Grundentscheidungen den Notwendigkeiten einer bestimmten Situation entspricht und daher als sachgerechte Lösung anzusehen ist[71].

Vorliegend geht es anders als in dem Bereich der Bundesgesetzgebungskompetenzen kraft Natur der Sache nicht um die Abweichung von einem an sich zwingend erscheinenden Kompetenzverteilungsschema (Art. 30, 70 GG). Ein solches hält – streng und ohne Rücksicht auf die Natur der Sache angewendet – wegen seiner Regel-/Ausnahme-Technik auf jede Rechtsfrage eine, wenn vielleicht auch sinnwidrige, so doch eindeutige Antwort bereit. Dort muß eine »bestimmte Lösung unter Ausschluß anderer Möglichkeiten sachgerechter Lösung zwingend« gefordert sein[72]. Der dabei gebotene strenge Maßstab für die Anwendung des Auslegungsprinzips ist im vorliegenden Fall indessen nicht erforderlich. Bei der Ableitung ergänzender Rechtssätze genügt es, daß sich eine Lösung aus dem Ge-

---

[66] *K.H. Friauf,* AöR Bd. 88 (1963), S. 257 ff. (284 ff.).
[67] *M. Bullinger,* Vertrag und Verwaltungsakt, S. 249, 252.
[68] *K.H. Friauf,* AöR Bd. 88 (1963), S. 257 ff. (284) unter Bezugnahme auf *E. Stein,* AöR Bd. 86 (1961), S. 320 ff. (323),
[69] Erstmals bei *G. Radbruch,* FS Laun, S. 157 ff. (161 f. und passim); siehe ansonsten nur *K. Larenz,* Methodenlehre der Rechtswissenschaft, S. 417 ff.
[70] *E. Küchenhoff,* DVBl. 1951, S. 617 ff. (618 f.).
[71] *K.H. Friauf,* AöR Bd. 88 (1963), S. 257 ff. (287).
[72] Siehe nur BVerfGE 3, 407 (421); 11, 6 (17); 11, 89 (98 f.); 12, 205 (251); 26, 246 (256); 84, 133 (148); 85, 360 (374); *T. Maunz,* in: ders./*G. Dürig* u.a., Grundgesetz, Art. 70 Rn. 46 ff.; *J. Rozek,* in: H. v. Mangoldt/F. Klein/C. Starck, Grundgesetz Bd. 2, Art. 70 Rn. 38 ff.; *R. Stettner,* in: H. Dreier, Grundgesetz Bd. II, Art. 70 Rn. 57 ff.

samtsystem der Verfassung, aus ihren sachlichen und funktionellen Zusammenhängen ableiten läßt[73].

Zu überprüfen ist, ob die an dem Vertragsschluß beteiligten Parteien in einem wechselseitigen Verhältnis zueinander stehen, das eine vertragliche Koordination erfordert oder zumindest zuläßt. Des weiteren hängt die Möglichkeit vertraglicher Abreden zwischen diesen Parteien von der konkreten Sachaufgabe und damit von der Frage ab, ob es angesichts dieser sachgerecht erscheint, eine vertragliche Lösung zu ermöglichen.

Die Qualifikation der vertragsschließenden Parteien bereitet hier keine Probleme. Zwar ist vor dem Hintergrund des nach wie vor als der Rechtsordnung zugrundeliegenden Gegenübers von Staat und Gesellschaft auch von einer (potentiellen und nach Maßgabe rechtlicher Vorschriften erfolgenden) Überordnung des Staates über die Gesellschaft auszugehen. Dies schließt aber in jedem Fall außerhalb gesetzlich konstituierter Über-/Unterordnungs-Verhältnisse eine Koordination staatlichen und privaten Handelns nicht aus. Eine solche Kooperation ist sogar angesichts der wechselseitigen Einflußnahme von Staats- und Volkswillensbildung[74] verfassungsrechtlich vorgezeichnet und dient der dargelegten Aktivierung der dem Verhandlungsmechanismus innewohnenden Steuerungsvorteile. Ihre Grenzen findet die in diesem Zusammenhang stattfindende Kooperation nur in entgegenstehenden verfassungsrechtlichen Vorschriften. Diese Begrenzung weist auf die Frage nach der Angemessenheit einer vertraglichen Lösung für die konkrete Sachaufgabe hin.

Auf der Grundlage dieser Erkenntnisse ist nunmehr die Struktur der Regierungskompetenzen im Gesetzgebungsverfahren daraufhin zu untersuchen, inwieweit diese von der Verfassung soweit determiniert sind, daß eine vertragliche Verfügung über sie grundsätzlich möglich ist. Die bisweilen vertretene Ansicht, daß einer Selbstbindung der Regierung über die Ausübung ihres Initiativrechts verfassungsrechtliche Bedenken so lange nicht entgegenstehen, wie die dritten Vertragspartner nicht an der Beschlußfassung der Regierung über den einzubringenden Gesetzgebungsentwurf mitwirken[75], liefert den Ansatz, daß die Lösung des Problems in der Differenzierung zwischen dem inneren und dem äußeren Aspekt des Gesetzesinitiativrechts zu suchen ist[76]. Die dieser Idee und der nun folgenden Argumentation zugrundeliegende Differenzierung zwischen formellem und materiellem Aspekt der Initiativbefugnis entspricht der im Grundgesetz im Gegensatz zu früheren deutschen Verfassungen nicht mehr ausdrücklich angesprochenen Differenzierung zwischen materiellem Gesetzesvorschlagsrecht und formellem Einbringungsrecht[77].

---

[73] *K.H. Friauf*, AöR Bd. 88 (1963), S. 257 ff. (287); *U. Scheuner*, Diskussionsbeitrag, VVDStRL Bd. 10 (1966), S. 46 f.
[74] Siehe S. 152 f.
[75] So *W. Brohm*, DÖV 1992, S. 1025 ff. (1029); *U. Di Fabio*, JZ 1997, S. 969 ff. (973); *J. Fluck / T. Schmitt*, VerwArch Bd. 89 (1998), S. 220 ff. (232); *E. Gurlit*, Verwaltungsvertrag und Gesetzgebung, S. 302; *M. Jachmann*, ZBR 1994, S. 165 ff. (167).
[76] Siehe hierzu S. 274 ff.
[77] *J. Lücke*, in: M. Sachs, Grundgesetz, Art. 76 Rn. 3 m.w.N. in Fn. 3; *R. Stettner*, in: H. Dreier, Grundgesetz Bd. II, Art. 76 Rn. 2, 9.

*b) Differenzierung zwischen äußerem und innerem Aspekt des Gesetzes-
initiativrechts als dogmatischer Ansatzpunkt kompetenzieller Bindung*

Die Bundesregierung verfügt bei der Ausübung ihres Gesetzesinitiativrechts über einen erheblichen politischen Entscheidungsspielraum sowohl in inhaltlicher als auch in materieller Hinsicht. Auch bei den anderen Initiativberechtigten liegen Einleitung und inhaltliche Gestaltung eines Gesetzgebungsverfahrens grundsätzlich in deren Belieben.

Zwar gibt es Fälle, in denen sich das Initiativrecht zu einer Pflicht verdichtet[78]. Dies ist z.B. bei völkerrechtlichen Verträgen der Fall, durch die sich die Bundesregierung gebunden hat, von ihrem Recht zur Gesetzesinitiative in einer bestimmten Weise Gebrauch zu machen[79]. Nach anerkannter völkerrechtlicher Praxis verpflichtet sich die Regierung eines Staates durch Unterzeichnung eines völkerrechtlichen Vertrags, alles in ihren Kräften Stehende zu tun, um eine erforderliche innerstaatliche Zustimmung durch die Gesetzgebungsorgane herbeizuführen[80]. Auch gemeinschaftsrechtliche Richtlinien können Quelle einer solchen Pflicht sein (Art. 249 Abs. 3 EGV), da sie regelmäßig der Umsetzung durch innerstaatliches Gesetz bedürfen. Verfassungsrechtliche Initiativpflichten können sich aus grundrechtlichen Schutzpflichten und anderen verfassungsrechtlich ableitbaren Gesetzgebungsaufträgen ergeben[81]. Ausdrücklich verpflichtet Art. 110 Abs. 2 GG zur Erstellung eines Haushaltsgesetzes. In all diesen Fällen ist davon auszugehen, daß die Bundesregierung aufgrund ihrer im Vergleich zu den anderen Initiativberechtigten überlegenen Ressourcen primär zur Gesetzesinitiative verpflichtet ist[82]. Offen ist damit allerdings, ob neben diesen verfassungs-, gemeinschafts- oder völkerrechtlich begründeten Initiativpflichten auch eine entsprechende vertragliche Begründung möglich ist.

Koalitionsvereinbarungen vermögen die Zugriffs- und Gestaltungsfreiheit der Bundesregierung bei der Ausübung ihres Initiativrechts nicht zu binden[83].

Dies wird auf die rechtliche Unverbindlichkeit solcher Vereinbarungen zurückgeführt[84]. Allerdings ist das entscheidende Argument ein völlig anderes. Koalitionsvereinbarungen

---

[78] Siehe Fn. 45.
[79] BVerfGE 1, 351 (366).
[80] So auch *H. Mosler*, FS Bilfinger, S. 243 ff. (291), der ausführt, daß, soweit die Bundesrepublik entsprechende Verpflichtungen eingehen kann, sie zu deren Durchführung durch die zuständigen Stellen verpflichtet ist. Diese Verpflichtung trifft auch die Regierung, soweit deren innerstaatliche Kompetenzen hierzu ausreichen.
[81] Über die zunehmenden Tendenz in der Rechtsprechung, zumindest in dem Bereich der untergesetzlichen Normsetzung auch die Möglichkeit eines individuellen verfassungsrechtlichen Anspruchs auf Rechtsetzung anzunehmen: *H. Sodan*, NVwZ 2000, S. 601 ff.; zu Ansprüchen aufgrund einfachen Gesetzes: ebd., S. 607.
[82] *B.-O. Bryde*, in: I. v. Münch/P. Kunig, Grundgesetz-Kommentar Bd. 3, Art. 76 Rn. 6; *M. Schürmann*, Grundlagen und Prinzipien des legislatorischen Einleitungsverfahrens nach dem Grundgesetz, S. 113 ff.
[83] *M. Schürmann*, Grundlagen und Prinzipien des legislatorischen Einleitungsverfahrens nach dem Grundgesetz, S. 90 f.
[84] Siehe z.B. *J. Lücke*, in: M. Sachs, Grundgesetz, Art. 76 Rn. 14. Der Status von Koalitionsvereinbarungen ist umstritten: *G. Hermes*, in: H. Dreier, Grundgesetz Bd. II, Art. 63 Rn. 15; *R. Herzog*, in: T. Maunz/G. Dürig u.a., Grundgesetz, Art. 63 Rn. 10 ff.; *K. Hesse*, Verfassungsrecht, Rn. 178; *W.-R. Schenke*, in: Bonner Kommentar zum Grundgesetz (1977), Art. 63 Rn. 22;

werden zwischen Parteien bzw. deren Vertretern abgeschlossen. Das Gesetzesinitiativrecht steht ebenso wie alle anderen Kompetenzen, die an staatliche Ämter geknüpft sind, nicht der natürlichen Person zu, sondern dem Amtswalter, dessen Kompetenzen im Rechtsstaat notwendigerweise rechtlich konstruiert und begrenzt sind. Verpflichtungen, die die natürliche Person eingeht, treffen den Amtswalter nicht. Das Amt schirmt seinen Inhaber gegen die von diesem als natürliche Person übernommenen Verpflichtungen ab. Koalitionsvereinbarungen mögen daher rechtliche Verbindlichkeit zwischen den Parteien bzw. den Personen entfalten, die sie abschließen. Diese Relativität der rechtlichen Bindung führt aber dazu, daß Verpflichtungen für den Amtsinhaber – Mitglied von Parlament oder Regierung – aus ihr nicht erwachsen können.

Bei der Eingehung einer vertraglichen Initiativverpflichtung durch die Bundesregierung gegenüber einem Privaten ist die Situation hingegen eine andere. Hier schließt nicht eine Partei oder eine natürliche Person, sondern ein Amtsinhaber (bzw. ein aus Amtsinhabern bestehendes Kollegialorgan) einen Vertrag mit einer anderen Person über die Ausübung seiner (bzw.: ihrer) Kompetenzen ab, so daß Lehren aus der Diskussion über die vertragliche Bindung von Amtsinhabern durch Koalitionsvereinbarungen kaum gezogen werden können. Die Frage geht vielmehr dahin, ob diese Vorabbindung des Gesetzesinitiativrechts mit dessen verfassungsrechtlichen Wesen vereinbar ist oder ob dieses sich seinem Wesen nach oder aber wegen der Funktion des Initiativberechtigten als politischem Führungsorgan[85] vertraglicher Bindung entzieht.

Vertragliche Bindungen des Gesetzesinitiativrechts der Bundesregierung stehen in einem Spannungsverhältnis zu dem Grundsatz der Unverfügbarkeit verfassungsrechtlich zugewiesener Kompetenzen. Letztere stehen grundsätzlich nicht zur freien Disposition ihrer Inhaber. Die verfassungsrechtlich zugewiesene Kompetenz ist nicht ein übertragbares Eigenrecht, sondern pflichtgebundene Zuständigkeit[86].

Diese Feststellung ist Gemeingut für die Kompetenzverteilung zwischen den verschiedenen Gebietskörperschaften des Bundesstaates[87]. Doch beansprucht sie auch Geltung für die verfassungsrechtliche Kompetenzverteilung innerhalb einer Gebietskörperschaft zwischen deren Staatsorganen[88]. Dies liegt in dem Wesen der Kompetenz. Sie ist Baustein rechtsstaatlicher Konstituierung der Staatsgewalt und in dieser Eigenschaft ein verfas-

---

M. Schröder, in: J. Isensee/P. Kirchhof, HdbStR Bd. II, § 51 Rn. 1; *A. Schüle*, Koalitionsvereinbarungen im Lichte des Verfassungsrechts, S. 52 ff., halten die Vereinbarungen lediglich für politische und unverbindliche Absprachen. Demgegenüber werden sie von anderen als rechtlich verbindliche Verträge eingestuft, deren Verpflichtungen aber nicht einklagbar sind: *K.H. Friauf*, AöR Bd. 88 (1963), S. 257 ff. (307 ff.) und *C. Sasse*, JZ 1961, S. 719 ff. (726), halten die Vereinbarung für einen verfassungsrechtlichen Vertrag, während BGHZ 29, 187 (192), für ihre verwaltungsrechtliche Natur eintritt.

[85] *C. Langenfeld*, DÖV 2000, S. 929 ff. (936 (Fn. 53)).
[86] *M. Bullinger*, Vertrag und Verwaltungsakt, S. 252; *G. Hermes*, in: BMU/H.-J. Koch/A. Roßnagel, 11. Deutsches Atomrechtssymposium, S. 347 ff. (357).
[87] *W. Frenz*, NVwZ 2002, S. 561 ff. (563); s.a. *W. Erbguth*, in: M. Sachs, Grundgesetz, Art. 30 Rn. 11; *J. Pietzcker*, in: J. Isensee/P. Kirchhof, HdbStR Bd. IV, § 99 Rn. 18; *H.-W. Rengeling*, in: J. Isensee/P. Kirchhof, HdbStR Bd. IV, § 100 Rn. 12.
[88] *K.H. Friauf*, AöR Bd. 88 (1963), S. 257 ff. (290).

sungsrechtliches Datum. Ohne verfassungsrechtliche Rechtfertigung ist daher ein Kompetenzverzicht staatlicher Organe – und geschehe dies auch nur partiell durch die Eingehung externer rechtlicher Bindungen – nicht zulässig[89].

Verfassungsverträge können weder die durch die Verfassung selbst festgelegte Rahmenordnung ändern noch sich auf Funktionen beziehen, die nach ihrer Stellung im Verfassungsgefüge vertraglicher Bindung schlechthin entzogen sind[90]. Das Volk oder Teile desselben verfügen über kein Initiativrecht im Gesetzgebungsverfahren. Zwar gibt der Initiant durch einen Gesetzgebungsvertrag sein Gesetzesinitiativrecht mit der Eingehung vertraglicher Bindungen nicht gänzlich auf, da im Verhältnis zum Parlament immer noch er und nicht der private Vertragspartner zu Formulierung und Einbringung des Gesetzentwurfs berechtigt bleibt. Dennoch liegt eine Vorabbindung der Kompetenzausübung in zweierlei Hinsicht vor: Zum einen sagt die Bundesregierung zu, *daß* sie einen Gesetzentwurf auf den Weg bringen wird. Zum anderen sagt sie dessen inhaltliche Gestaltung in der verabredeten, bestimmten Weise zu. Ob diese Zusage aber wegen der fehlenden ausdrücklichen verfassungsrechtlichen Grundlage solcher Pakte nicht nur praeter sondern sogar contra constitutionem erfolgt[91], kann nur auf der Grundlage einer Analyse von Sinn und Zweck des Gesetzesinitiativrechts bzw. dessen Beschränkung auf die genannten Initianten festgestellt werden: Der Sinn dieser Beschränkung liegt in dem Umstand begründet, daß nur solche Gesetzesinitiativen an das Parlament herangetragen werden sollen, die auch eine gewisse Realisierungschance haben. Dies unterstellt die Verfassung auch für solche Initiativen, die aus der Mitte des Parlaments entstammen, da nicht ausgeschlossen ist, daß auch Oppositionsparteien in Ausnahmefällen eine Mehrheit im Parlament gewinnen können. Würde demgegenüber der Kreis der Initianten deutlich größer gezogen, drohte das Parlament mit einer Vielzahl aussichtsloser Gesetzesinitiativen überhäuft zu werden, deren Behandlung seine Kapazitäten überfordert und letztlich auch die Kräfte zur Behandlung wichtigerer Angelegenheiten binden würde.

Daß die Verschonung des Parlaments von aussichtslosen Gesetzesinitiativen gleichermaßen Anlaß wie Rechtfertigung der personellen Eingrenzung des Gesetzesinitiativrechts sind, wird auch daran ersichtlich, daß es verfassungsrechtlich zulässig ist, trotz der insoweit indifferenten Möglichkeit, Gesetzesinitiativen »aus der Mitte des Bundestages in das Parlament einzubringen, in der Geschäftsordnung des Bundestags das Gesetzesinitiativrecht nur Fraktionen oder einer Gruppe von mindestens 5% der Abgeordneten zuzustehen (§ 76 Abs. 1 GO-BT)[92]. Diese Beschränkung läßt sich mit dem in Art. 20 Abs. 2

---

[89] Siehe i.e. *M. Jestaedt*, Demokratieprinzip und Kondominialverwaltung, S. 353f.
[90] *K.H. Friauf*, AöR Bd. 88 (1963), S. 257 ff. (290 f.).
[91] So *K.H. Friauf*, AöR Bd. 88 (1963), S. 257 ff. (310).
[92] Die verfassungsrechtliche Zulässigkeit dieser Begrenzung ist allerdings umstritten; siehe dazu (Verfassungsmäßigkeit befürwortend) BVerfGE 1, 144 (153); BVerfGE 1, 208 (247); 51, 222 (236 f.); 82, 322 (338); 95, 408 (418 f.); s.a. *J. Lücke*, in: M. Sachs, Grundgesetz, Art. 76 Rn. 9 f. m.w.N.; *R. Stettner*, in: H. Dreier, Grundgesetz Bd. II, Art. 76 Rn. 18 f.; eher zweifelnd: *K. Stern*, Staatsrecht Bd. II, § 37 III 4 c a; ähnlich *B.-O. Bryde*, in: I. v. Münch/P. Kunig, Grundgesetz Bd. III, Art. 76 Rn. 13. Die Verfassungsmäßigkeit verneint: *K. Abmeier*, Die parlamentarischen Befugnisse des Abgeordneten des Deutschen Bundestages nach dem Grundgesetz, S. 208 ff.

Satz 1 GG implizit vorausgesetzten (und auch in anderem Zusammenhang instrumentalisierten[93]) Desiderat der Funktionsfähigkeit des Parlaments rechtfertigen[94], zumal Art. 76 Abs. 1 GG den einzelnen Abgeordneten nicht ausdrücklich als Adressaten anspricht und damit zu erkennen gibt, daß das Initiativrecht jedenfalls einer über diesen hinausgehenden Einheit zuzuordnen sein muß.

Art. 76 Abs. 1 GG konstituiert das Gesetzesinitiativrecht der dort genannten Akteure als einzig verfassungsrechtlich zulässigen Anstoß für das Gesetzgebungsverfahren. Neben einer Gesetzesinitiative durch die genannten Initianten – Bundesregierung, Bundestag oder Bundesrat – gibt es keine Möglichkeit, ein Gesetzgebungsverfahren in Gang zu setzen. Der Kreis der Initianten ist damit – in vollem Einverständnis aller an der Verfassungsgebung Beteiligten[95] – gegenüber der Weimarer Reichsverfassung eingeengt worden[96]. Eingaben an das Parlament durch soziale Gruppierungen – Gewerkschaften, Verbände, Bürgerinitiativen – sind nur Anregungen an die Initianten. Sie können allenfalls als Petitionen i.S.v. Art. 17 GG aufgefaßt werden. Indes sagt die Zuweisung des Initiativrechts durch Art. 76 GG weder etwas über den politischen Anlaß der Gesetzgebung[97] noch über die vielfältigen »soziologischen Legislativkräfte«[98] oder »informellen Gesetzgeber«[99] aus, deren Zusammenwirken über Zustandekommen und Inhalt eines Gesetzes entscheidet[100]. Es ist vor dem Hintergrund der Differenzierung zwischen innerem und äußerem Gesetzgebungsverfahren auch mit Blick auf das Gesetzesinitiativrecht der Regierung grundsätzlich zwischen dessen äußerem und dessen innerem Aspekt zu unterscheiden. Ersterer umfaßt die Kompetenz, eine Gesetzesvorlage in das Parlament einzubringen, und kann entsprechend der durchgängigen Charakterisierung des äußeren Gesetzgebungsverfahrens durch eine Ja/Nein-Entscheidung abgebildet werden. Eine auf diesen Aspekt Bezug nehmende vertragliche Verpflichtung würde also – ohne weitere inhaltliche Vorgaben – den Initiativberechtigten verpflichten, ein bestimmtes Gesetz einzubringen oder dies zu unterlassen. Letzteres ist sinnvoll, wenn für den privaten Akteur die Situation unter der bestehenden gesetzlichen Regelung (oder gar ganz ohne Regelung) vorteilhafter ist als unter einer diskutierten Neuregelung. Ansonsten wird dem privaten Akteur regelmäßig eher an einer inhaltlichen Einflußnahme

---

[93] BVerfGE 51, 222 (236 f.); 82, 322 (338), 95, 408 (418) zur 5%-Klausel in dem Bereich des Wahlrechts als Beeinträchtigung von Art. 38 Abs. 1 Satz 1 GG.
[94] Siehe neben den in Fn. 92 genannten Befürwortern dieser Lösung auch z.B. *J. Lücke*, in: M. Sachs, Grundgesetz, Art. 76 Rn. 10 m.w.N.
[95] Siehe hierzu nur JöR N.F. Bd. 1 (1951), S. 563.
[96] Diese hatte allerdings noch zwischen einem formalen Einbringungsrecht (nur) durch Reichsregierung bzw. durch die Mitte des Reichstags (Art. 68 Abs. 1 WRV) und einem materiellen Initiativrecht unterschieden, das neben den Einbringungsberechtigten auch dem Reichsrat (Art. 68 Abs. 2 WRV), dem Reichswirtschaftsrat (Art. 165 Abs. 4 WRV) und dem Reichsvolk zustand, wenn eine Initiative ein bestimmtes Quorum erreichte (Art. 73 Abs. 2 Satz 1 und 2 WRV).
[97] Überblick über die möglichen Anlässe der Gesetzgebung bei *H. Müller*, DÖV 1964, S. 226 ff.
[98] Begriff von *K. Eichenberger*, ZfSchwR Bd. 115 (1974), S. 7 ff. (25).
[99] *W. Maihofer*, G. Winkler/B. Schilcher, Gesetzgebung, S. 3 ff. (4).
[100] *J. Jekewitz*, in: Alternativ-Kommentar zum Grundgesetz Bd. II, Art. 76 Rn. 5.

auf eine geplante Neuregelung gelegen sein. Dann ist sein Ansatzpunkt das innere Gesetzgebungsverfahren, das den Inhalt der gesetzgeberischen Entscheidung prägt.

Praktisch dürfte in den meisten Fällen der innere und der äußere Aspekt des Gesetzesinitiativrechts – obschon analytisch voneinander zu trennen – tatsächlich zusammenfallen. Für die verfassungsrechtliche Beurteilung der Möglichkeit einer vertraglichen Bindung zwischen dem an der Gesetzgebung Beteiligten und einem privaten Akteur ist aber zwischen dem inhaltlichen und dem formalen Aspekt der Kompetenz zu trennen. Materieller und formeller Aspekt des Gesetzesinitiativrechts sind unterschiedlich stark verfassungsrechtlich geprägt und erfüllen auch unterschiedliche Funktionen. Das Initiativrecht ist zum einen als Bestandteil des äußeren Gesetzgebungsverfahrens verfassungsrechtlich stark determiniert, während die Gesetzesformulierung durch die Initianten bzw. deren Helfer (insbesondere durch die Ministerialverwaltung) überhaupt keine verfassungsrechtliche Prägung gefunden hat. Die Verfassung überläßt diesen Aspekt des Gesetzesinitiativrechts dem politischen Prozeß. Während das äußere Gesetzgebungsverfahren von der Zuweisung verfassungsrechtlicher Kompetenzen geprägt ist und damit eine durch Vertrag nicht zu verändernde Ordnung begründet, stellt das innere Verfahren einen von vielschichtigen Interessen und von einer großen Akteurszahl geprägten Prozeß dar, der im einzelnen nicht verfassungsrechtlich strukturiert ist. Mit dieser Zurückhaltung öffnet das Grundgesetz im verfassungsrechtlich vorausgesetzten Zusammenspiel von Staats- und Volkswillensbildungsprozeß[101] den verschiedenen, auf die Politik einwirkenden gesellschaftlichen Kräften einen Spielraum zur legitimen Einflußnahme auf die politische Agenda. Eine solche Öffnung erodiert nicht die staatliche Kompetenzordnung für den Bereich der Gesetzgebung, da die letztendliche (formelle) Initiativberechtigung aus Art. 76 Abs. 1 GG als Filter zum Schutze der Arbeitsfähigkeit des Parlaments unverfügbar bleibt und damit – einer vertraglichen Bindung nicht zugänglich – unverrückbar den Initianten zugewiesen ist. Dann aber bestehen auch keine Bedenken innerhalb dieses als dem inneren Aspekt des Gesetzesinitiativrechts abgesteckten Bereichs, die Eingehung rechtlicher Bindungen durch die Bundesregierung zuzulassen. Dadurch wird der verfassungsrechtlich beschränkte Kreis der Initiativberechtigten nicht materiell erweitert. Die letztendliche Ausübung des Gesetzesinitiativrechts liegt weiter in der Hand der Regierung[102].

Man kann der Möglichkeit einer vertraglichen Bindung des materiellen Aspekts des Initiativrechts entgegen halten, sie unterlaufe die genuine Aufgabe

---

[101] Siehe nur S. 152 f.
[102] Für eine Ermächtigung der Bundesregierung zu gesetzesersetzenden Absprachen treten auch ein: *U. Dempfle*, Normvertretende Absprachen, S. 127; *A. Faber*, Gesellschaftliche Selbstregulierungssysteme im Umweltrecht, S. 259 f.; *M. Schmidt-Preuß*, VVDStRL Bd. 56 (1997), S. 160 ff. (218); für Absprachen ohne Rechtsbindungswillen: *W. Frenz*, Selbstverpflichtungen der Wirtschaft, S. 159; ablehnend hingegen *L. Michael*, Rechtsetzende Gewalt im kooperierenden Verfassungsstaat, S. 449.

des politischen Prozesses. Dieser könne seine Aufgabe nur dann erfüllen, wenn in ihm Kompromiß und Ausgleich möglich sind. Beides werde aber gerade durch die Eingehung einer vertraglichen Bindung gegenüber Privaten verhindert. Ein solcher Einwand übersähe indes, daß der Gesetzgebungsvertrag selbst schon Ausfluß eines politischen Kompromisses zwischen der Regierung und privaten Interessen ist, dem zuvor die Herstellung eines Kompromisses innerhalb der Regierung (und damit aller Wahrscheinlichkeit nach auch zwischen den Mehrheitsfraktionen im Parlament) vorausgegangen sein wird. Der Vorgang der Kompromißfindung wird nur auf den Vertragsschluß vorgelagert und transparent gemacht[103]. Die Bundesregierung bewegt sich dabei in ihrem eigenen politischen, rechtlich weder hinsichtlich des Entscheidungsprozesses noch hinsichtlich des Entscheidungsergebnisses determinierten Spielraum[104]. Im übrigen ist die Ausübung des Initiativrechts nur *ein* Element des Gesetzgebungsverfahrens, das nur den Ausgangspunkt für die parlamentarischen Verhandlungen bildet, deren Ablauf durch den Gesetzgebungsvertrag der Regierung rechtlich nicht eingeschränkt wird.

Erkennt man als den Sinn der verfassungsrechtlichen Beschränkung des Gesetzesinitiativrechts (und damit als Motiv für die einschränkende Benennung der Initianten in Art. 76 GG) dessen Filterfunktion, so ist diesem verfassungsrechtlichen Anliegen mit einer Beschränkung der vertraglichen Verfügungsbefugnis auf den Bereich des inneren Gesetzgebungsverfahrens und damit auf den materiellen Aspekt der Initiativbefugnis Genüge getan. Die Regierung kann – auch wenn sie sich mit Blick auf einen bestimmten Gesetzesinhalt gebunden hat – nicht mit rechtlichen Mitteln zu der Einbringung des entsprechenden Gesetzentwurfs in das Parlament gezwungen werden, so daß die dargelegte Filterfunktion trotz der Annahme dieser – eng begrenzten – Vertragsschlußbefugnis erhalten bleibt.

Die endgültige parlamentarische Sanktion und die Erhebung einer Gesetzesinitiative in den Rang einer Rechtsnorm erfolgt durch das Parlament. Da die vertragliche Bindung auf die Ausübung des Gesetzesinitiativrechts beschränkt bleibt und zwischen der Gesetzesinitiative und dem erlassenen Gesetz noch Diskussion und Abstimmung der nach Art. 38 Abs. 2 Satz 1 GG freien Abgeordneten steht, ist ungeachtet aller politischen Verbindungen zwischen Bundesregierung und Parlamentsmehrheit auch nicht zu befürchten, daß der Private über das vertraglich gebundene Gesetzesinitiativrecht der Bundesregierung *unmittelbaren* Einfluß auf den Inhalt des zu erlassenen Gesetzes nimmt. Auf diese Weise bleibt vielmehr die durch das Repräsentationsprinzip eingeforderte Distanz zwischen

---

[103] Dies ist auch insoweit unschädlich, als subjektiv-öffentliche Beteiligungsrechte Dritter in der Regel in diesem Stadium noch nicht bestehen. Soweit dies anders ist (etwa nach § 94 BBG), bedarf es *vor* Abschluß des das Gesetzesinitiativrecht bindenden Vertrags einer Anhörung, die funktionell der Anhörung bei einer gewöhnlichen Gesetzgebungsinitiative entsprechen muß.
[104] *C. Langenfeld*, DÖV 2000, S. 929 ff. (938). Dggü. geht *M. Schmidt-Preuß*, in: M. Kloepfer, Techniksteuerung als Rechtsproblem, S. 119 ff. (122 f.) von einem unverzichtbaren legislativen Gestaltungsmandat der Bundesregierung aus. Allerdings wird dessen Aufrechterhaltung nach dem hier Dargelegten durch den Vertragsschluß gewährleistet.

Gesetzgeber und Gesetzesadressaten gewährleistet[105]. Auf der anderen Seite ist aber auch nicht zu tadeln, daß die Parlamentsmehrheit einem Gesetzentwurf zustimmt, der zwischen der Bundesregierung und privaten Interessenträgern ausgehandelt wurde, da das Maß an inhaltlicher Vorprägung der parlamentarischen Entscheidung insoweit nicht geringer ist, als wenn ein von der Ministerialverwaltung nach den politischen Vorgaben der Bundesregierung ausgearbeiteter Gesetzentwurf vorgelegt und verabschiedet wird. Die Bundesregierung kann sich somit i.e. zwar hinsichtlich inhaltlicher Fragen rechtlich wirksam binden. Eine Bindung des von Art. 76 Abs. 1 GG umschriebenen formellen Initiativrechts ist demgegenüber aus verfassungsrechtlichen Gründen nicht möglich. Nimmt man an, daß in *inhaltlicher* Hinsicht vertragliche Bindungen zwischen Initiativbefugten und privaten Dritten möglich sind, so ergibt sich lediglich die Schwierigkeit, die auf das innere Gesetzgebungsverfahren bezogene rechtliche Bindung geltend zu machen, ohne dabei das äußere Gesetzgebungsverfahren, das vertraglicher Disposition entzogen ist, zu berühren.

Für den Atomkonsens könnte folgendes Beispiel unterstellt werden: Die Bundesregierung bringt zwar eine Novelle des Atomgesetzes ein, die jedoch inhaltlich von dem mit den Energieversorgungsunternehmen Vereinbarten abweicht, indem etwa die vor dem Erlöschen der Betriebserlaubnisse noch zu produzierende Reststrommenge reduziert wurde.

Wollte man dem privaten Vertragspartner die Möglichkeit einräumen, gegen eine solche Abänderung gerichtlich vorzugehen[106], würde ein entsprechendes Urteil, das den Initianten zur Einbringung einer der Vereinbarung entsprechenden Gesetzesinitiative verpflichtete, stets auch dessen das formelle Gesetzgebungsverfahren betreffende Kompetenzen berühren. Der Initiant wäre gezwungen, seine äußere Initiativbefugnis gegenüber dem Parlament in einer bestimmten Weise auszuüben. Da ein vertraglicher (und damit evtl. auch: gerichtlicher) Zugriff auf das formelle Gesetzesinitiativrecht aus verfassungsrechtlichen Gründen aber nicht zulässig, auf der anderen Seite aber dem auf das innere Gesetzgebungsverfahren bezogenen Gesetzgebungsvertrag Geltung zu verschaffen ist, kann dies ex post nur durch eine dahingehende Feststellung erfolgen, daß der Initiant seine

---

[105] Zu diesem Prinzip und seiner staatsrechtlichen Umsetzung siehe § 3 Fn. 40, 287.
[106] Nach herrschender Ansicht könnte ein solches Verfahren grundsätzlich auf dem Verwaltungsrechtsweg ausgetragen werden. Dieser ist nach § 40 Abs. 1 VwGO nicht ausgeschlossen. Zwar hat der Streit Rechte und Pflichten aus einem verfassungsrechtlichen Vertrag zum Gegenstand hat, dieser ist aber dennoch nicht in dem Sinne doppelt verfassungsunmittelbar, daß in ihn zwei am Verfassungsleben Beteiligte verstrickt sind. Der private Vertragspartner würde keine Rechte geltend machen, die unmittelbar in der Verfassung geregelt sind. Dies aber ist für die Annahme einer den Verwaltungsrechtsweg ausschließenden verfassungsrechtlichen Streitigkeit erforderlich (BVerwGE 36, 218 (228); 51, 69 (71); 60, 162 (173). Diese Ansicht ist indessen nicht unbestritten, da Teile der Lit. (siehe nur F. Kopp/W.-R. *Schenke*, Verwaltungsgerichtsordnung, § 40 Rn. 32a m.w.N.) auch eine verfassungsrechtliche Streitigkeit annehmen, wenn das Rechtsverhältnis entscheidend vom Verfassungsrecht geformt ist. Dies ist vorliegend zwar der Fall, dennoch erscheint es sinnvoller, gerade in Fragen des zu beschreitenden Rechtswegs aus Gründen der Rechtssicherheit ein formales Kriterium heranzuziehen, so daß mit der h.M. der Verwaltungsrechtsweg als eröffnet anzusehen ist.

Verpflichtung aus dem Vertrag nicht erfüllt hat und daß aus dieser Vertragsverletzung Schadensersatzansprüche des privaten Vertragspartners erwachsen. Ex ante könnte das Gericht lediglich eine feststellende Verurteilung dahingehend aussprechen, daß die Regierung, wenn sie in der fraglichen Angelegenheit eine Gesetzesinitiative einbringt, inhaltlich der Abrede entsprechen muß.

Für den Fall des Solidarbeitrags der forschenden Arzneimittelhersteller bedeutet dies, daß, wäre der von der vertraglichen Regelung abweichende Gesetzentwurf nicht von den Regierungsfraktionen, sondern von der Regierung selbst eingebracht worden, hätte diese sich wegen Verstoßes gegen den Gesetzgebungsvertrag schadensersatzpflichtig gemacht. Gleiches muß dann auch für den Fall gelten, daß der Gesetzentwurf eigentlich ein solcher der Regierung ist, aber aus taktischen oder politischen Gründen von der Regierungskoalition eingebracht wurde.

Erwägenswert scheint allein, ob die Regierung einen solchen, ihre Gesetzgebungsbefugnis inhaltlich bindenden Vertrag nur mit Zustimmung des Parlaments abschließen darf[107]. Diese Frage ist von der sogleich zu erörternden Problematik zu unterscheiden, ob die Regierung einen solchen Vertrag auch mit Zustimmung des Parlaments abschließen kann, um dem Vertrag eine höhere Geltungskraft durch Ausweitung seiner Bindungswirkung zu verschaffen. Zum einen ist aber einer solchen Überlegung zu recht entgegengehalten worden, daß auf diese Weise nur die präjudizierende *faktische* Wirkung außerparlamentarischer Absprachen zu Lasten der Geltungsautorität des Gesetzesbeschlusses verstärkt würde[108]. Zum anderen ist eine Möglichkeit selbständigen Handelns der Bundesregierung (mit der o.a. Konsequenz nur beschränkter Bindungswirkung des Vertrags) auch deswegen ohne Zustimmung des Parlaments möglich, da dieses durch eine solche Absprache rechtlich nicht präjudiziert wird und seine gesetzgeberische Kompetenz unberührt bleibt[109]. Daher liegt in der Bindung des Gesetzesinitiativrechts kein Verstoß gegen das Prinzip der Gewaltenteilung[110], und auch eine Mitwirkung oder gar eine Zustimmung betroffener Dritter ist nicht erforderlich, da ihre Rechte nicht berührt werden können[111]. Deren Interessen werden in dem nach-

---

[107] *B. Pasemann / S. Baufeld*, ZRP 2002, S. 119 ff. (123) stellen eine Forderung nach einer Beteiligung des Parlaments an Gesetzespakten auf. Entsprechend fordert *L. Michael*, Rechtsetzende Gewalt im kooperierenden Verfassungsstaat, S. 455 f., die Beauftragung der Regierung durch das Parlament zum Abschluß entsprechender Gesetzgebungsverträge. Dabei wird indes gleichermaßen übersehen, daß die Regierung lediglich ihre Kompetenzen, nicht des Parlaments mit der Absprache bindet.
[108] *M. Herdegen*, VVDStRL Bd. 62 (2003), S. 7 ff. (18).
[109] *P.M. Huber*, in: BMU/H.-J. Koch/A. Roßnagel, 11. Deutsches Atomrechtssymposium, S. 329 ff. (338); *M. Kloepfer*, Umweltrecht, § 5 Rn. 215.
[110] So aber *J. Becker*, DÖV 1985, S. 1003 ff. (1010).
[111] A.A. *P.M. Huber*, in: BMU/H.-J. Koch/A. Roßnagel, 11. Deutsches Atomrechtssymposium, S. 329 ff. (341 f.). Den hier angeführten möglichen verbandsinternen Pressionen können Betroffene sich durch Austritt entziehen. Im übrigen sind sie entweder rechtlich unverbindlich oder aber der Verband konnte seine Mitglieder rechtlich verpflichten, weil er über ein entsprechendes Mandat verfügte. Dann aber wäre eine zusätzliche Zustimmung der Verbandsmitglieder widersinnig. Auch wenn die Vereinbarung die Eingriffsintensität der in Aussicht genommenen Regelung absenkt, weil der Gesetzgeber bei generalisierender oder typisierender Betrachtungsweise von ei-

folgenden Gesetzgebungs- oder Zustimmungsverfahren auf der Grundlage des Gesetzgebungsvertrags durch das Parlament (mit-) repräsentiert. In dem Fall eines normersetzenden Vertrags kann das Parlament die durch den zugesagten Regelungsverzicht vielleicht sogar nur unzureichend berücksichtigten Interessen Dritter durch eine eigene Rechtsetzungsinitiative schützen, da es hieran durch den Gesetzgebungsvertrag der Regierung nicht gehindert ist. Insoweit das Parlament – obschon rechtlich durch den Normverzicht der Regierung nicht gebunden – nicht tätig wird, ist davon auszugehen, daß es den Regelungszustand billigt. Wenn der Bundesgesetzgeber sich für einen regelungsfreien Zustand entscheidet, kommt dies einer negativen Ausübung der Gesetzgebungskompetenzen gleich, so daß in den Sachbereichen konkurrierender Gesetzgebungskompetenzen den Ländern trotz der Nichtexistenz eines Bundesgesetzes keine Gesetzgebungskompetenz mehr zusteht[112].

Weil Mitwirkung des Parlaments am »Vollzug« des Konsenses zwischen Regierung und Privaten nicht durch rechtliche Bindung oder faktischen Druck auf das Parlament (v.a. durch mögliche Schadensersatzansprüche) erzwungen wird, das Parlament also – so es denn die politische Kraft besitzt – seine volle Handlungsfähigkeit behält, sind alle Versuche, aus der Vorlage der konsentierten Gesetzesinitiative eine verfassungswidrige Vorabbindung der parlamentarischen Gestaltungsfreiheit zu konstruieren[113], zum Scheitern verurteilt.

Als Ergebnis bleibt damit festzuhalten, daß der vertragsschließende Initiant zwar seine innere Gesetzgebungskompetenz insoweit zu binden vermag, als er einen bestimmten Inhalt einer Gesetzesinitiative versprechen kann. Zur Ausübung seines Gesetzesinitiativrechts gegenüber dem Parlament in einer bestimmten Weise kann er sich aber zum Schutze der verfassungsrechtlichen Kompetenzordnung nicht rechtlich wirksam binden.

---

ner Zustimmung aller Betroffenen ausgehen kann, wird deren Zustimmung nicht in analoger Anwendung von § 58 Abs. 1 VwVfG erforderlich (so aber *P.M. Huber*, a.a.O., S. 341 f.; *ders.*, DVBl. 2001, S. 239 ff. (242)). Wenn eine solche, die Intensität des Eingriffs reduzierende Wirkung des Konsenses angestrebt wird, sollte sich die staatliche Seite um die Zustimmung aller Betroffener bemühen. Gelingt dies nicht, wirkt sich das nicht auf die Wirksamkeit des Gesetzgebungsvertrags, sondern auf dessen subjektiven Bindungsumfang aus. Die Nichtbeteiligten sind nicht gebunden und auch mittelbare Rechtsfolgen dürfen nicht aus dem Konsens abgeleitet werden. Eine angesprochene typisierende Betrachtungsweise des Gesetzgebers ist in solchen Fällen wegen der beschränkten Bindungswirkung des Konsenses nicht zulässig.

[112] BVerfGE 2, 232 (236); 32, 319 (327). Allerdings sollte der Bundesgesetzgeber eine solche negative Entscheidung erkennbar im Rahmen einer Gesamtnormierung und nicht durch globales Unterlassen einer Regelung treffen können. Mit dieser Beschränkung wird indes nicht ausreichend auf den Regelungsgehalt der Absprache und die diesen bestätigende Wirkung des gesetzgeberischen Unterlassens Rücksicht genommen. Insbesondere die neuere Rechtsprechung des Bundesverfassungsgerichts (BVerfGE 98, 83 (98 ff.) und 106 (118 ff., 126 ff., 130 ff.)), nach der – soweit der Bundesgesetzgeber in einem umweltrechtlichen Rechtsgebiet eine kompetenzgemäße Vollregelung getroffen und dabei eine gemeinsame Verantwortung von Staat und Gesellschaft ausgestaltet hat – eine nicht-kooperative, ergänzende landesrechtliche Vorschrift unzulässig ist, spricht dafür, daß die Normsubstitution durch eine ausgehandelte Regelung ein hierarchisches Dazwischentreten des Landesgesetzgebers unmöglich macht.

[113] So etwa bei *B. Pasemann / S. Baufeld*, ZRP 2002, S. 119 ff. (121 ff.).

c) Selbstbindung der Regierung und Verfassungsorgantreue

Daß die Bundesregierung nicht in der Lage ist, ein bestimmtes Handeln der gesetzgebenden Körperschaften rechtlich *verbindlich* zuzusagen, wurde bereits festgestellt. Genauso wenig besteht die Möglichkeit, das Parlament durch die Vorlage eines »ausgehandelten« Gesetzentwurfs auf eine bestimmte Handlungsform – Ablehnung oder unveränderte Annahme – zu beschränken.

aa) Faktische Vorwegnahme der Legislativentscheidung als verfassungsrechtliches Problem

Das verfassungsrechtliche Problem jeder Form vertraglicher Vorabbindung von Einzelbeiträgen im Prozeß der Gesetzgebung liegt in der *faktischen* Vorwegnahme der Legislativentscheidung[114]. Die Machtverteilung zwischen Parlament und Regierung gestaltet sich in der aktuellen Verfassungslage derart, daß – zumindest in der öffentlichen Wahrnehmung – allein die Opposition die Kontrolle der Regierung gewährleistet, während die Kooperation zwischen Regierung und den Koalitionsfraktionen zumindest in der Außendarstellung weitgehend einmütig erfolgt. Daher ist davon auszugehen, daß eine Vereinbarung, die die Regierung mit privaten Akteuren trifft, in der Regel mit den Stimmen der die Regierung tragenden Fraktionen auch durch das Parlament gesetzgeberisch umgesetzt wird.

Keine faktische Bindung des Parlaments geht hingegen von einer drohenden staatlichen Schadensersatzpflicht gegenüber den privaten Vertragspartnern für den Fall einer von dem Vertrag abweichende Gesetzesgestaltung aus. Da der Vertrag jedenfalls bis zur parlamentarischen Mitwirkung auf staatlicher Seite allein den Vertragspartner – die Regierung – bindet, kann aus einem abweichenden Verhalten des Parlaments nicht der Vorwurf des Vertragsbruchs abgeleitet werden.

Die faktische Bindung des Parlaments bzw. seiner die Regierung stützenden Mehrheit an deren Verhandlungsergebnis führt zu einem Spannungsverhältnis zwischen verfassungsrechtlicher, v.a. durch Art. 38 Abs. 1 Satz 2 GG gewährter Freiheit des Abgeordneten und deren faktischer Präjudizierung durch politische oder gar vertragliche Zusagen der Regierung. In dieser Spannungslage ist eine schleichende Erosion der Parlamentsmacht angelegt[115]. Diese Entwicklung ist im Zusammenhang mit der eingangs dieser Untersuchung beschriebenen Schwächung der Steuerungskraft des formellen Gesetzes zu sehen, die auch zu einer Schwächung des Parlaments führen muß[116]. Die Bevorzugung alternativer Steuerungs- und Handlungsformen, der sanfte Zwang zu immer weiterer Zulassung partikularer Einflüsse auf den Vorgang der Rechtsetzung bedingt zwangsläufig

---

[114] *C. Degenhart*, DÖV 1981, S. 477 ff. (479); *M. Kloepfer*, Der Staat Bd. 13 (1974), S. 457 ff. (462 ff.); *C. Langenfeld*, DÖV 2000, S. 929 ff. (936).
[115] Hierzu zuletzt deutlich *P. Kirchhof*, NJW 2001, S. 1332 ff.
[116] *E.-H. Ritter*, in: D. Grimm, Wachsende Staatsaufgaben – sinkende Steuerungsfähigkeit des Rechts, S. 69 ff. (103 f.).

einen Einflußverlust des Parlaments, da die Idee des Parlamentarismus auf der Herrschaft des Gesetzes beruht[117].

Allerdings ist nicht viel damit zu gewinnen, die beschriebenen Praktiken einer Zusammenarbeit von Staat und Gesellschaft pauschal und allesamt als contra constitutionem zu verurteilen. Die prinzipielle verfassungsrechtliche Stigmatisierung der hier angesprochenen Verhandlungssysteme würde nur zur Entwicklung von Ausweich- und Umgehungsstrategien und der Abdrängung relevanter Verhandlungen aus dem Fokus der Öffentlichkeit führen. Insofern hat die Rechtsförmlichkeit einer Abrede den Vorteil, daß diese anders als eine informelle Abrede zwischen Kompetenzinhabern und Lobbyisten eher in aller Öffentlichkeit geschlossen wird. Es ist vor dem Hintergrund der eingangs erörterten Steuerungsprobleme vielmehr nach Möglichkeiten und verfassungsrechtlichen Grenzen zu forschen, um den staatlichen Einflußverlust bei einseitigem hierarchischen Handeln durch staatlich-gesellschaftliche Kooperationsvorgänge zu kompensieren.

bb) Die Verfassungsorgantreue

Ausdrücklich benannte Verfassungsnormen stehen bei der Beurteilung dieser faktischen Bindung des Parlaments durch einen zwischen einem initiativberechtigten Verfassungsorgan und privatem Gesetzesadressaten verbindlich abgesprochenen Gesetzentwurf nicht auf dem Spiel. Das Parlament verfügt stets über die rechtliche Freiheit, dem paktierten Gesetzesentwurf zuzustimmen oder ihn abzulehnen. Wenn das Parlament aber einem Gesetzentwurf zustimmt, dann greift die verfassungsrechtliche Vermutung der Autorenschaft und Verantwortlichkeit der Abgeordneten für das Gesetz, da anders die vielfältigen Kausalitäten und Einflüsse, die auf die Entstehung eines Gesetzes einwirken, verfassungsrechtlich nicht zu bewältigen wären und das Parlament seiner demokratischen Verantwortung enthoben würde.

Allerdings könnte gerade vor diesem Hintergrund die faktische Bindung des Parlaments gegen die verfassungsrechtlichen Anforderungen verstoßen, die dem Grundsatz der Verfassungsorgantreue zu entnehmen sind[118]. Dieses Prinzip verpflichtet alle Verfassungsorgane zur gegenseitigen Rücksichtnahme und zur Respektierung des Funktionsbereichs, der von dem jeweils anderen Verfassungsorgan wahrgenommen wird, da nur unter dieser Voraussetzung ein sinn- und planvolles Zusammenwirken mehrerer prinzipiell gleichgeordneter Staatsorgane im Interesse bestmöglicher Verwirklichung des Gemeinwohls zu erreichen ist[119]. Die

---
[117] *O. Lepsius*, Steuerungsdiskussion, Systemtheorie und Parlamentarismuskritik, S. 21.
[118] So *L. Michael*, Rechtsetzende Gewalt im kooperierenden Verfassungsstaat, S. 453 ff.; *F. Schorkopf*, NVwZ 2000, S. 1111 ff. (1113).
[119] Grundlegend *R.A. Lorz*, Interorganrespekt im Verfassungsrecht, S. 38 ff.; *W.-R. Schenke*, Die Verfassungsorgantreue, S. 26 ff.; *H. Schneider*, FS Müller, S. 421 ff. (422 f.); s.a. VerfGH Nordrh.-Westf. NVwZ 1994, S. 678 ff. (679). Kritisch gegenüber Eigenständigkeit von Begriff und Funktion der Verfassungsorgantreue: *H.-P. Schneider*, in: Alternativ-Kommentar zum Grundgesetz Bd. II, Art. 62 Rn. 11.

Quelle der Verfassungsorgantreue liegt – in einer analogen Begriffsbildung zur aus dem Bundesstaatsprinzip entwickelten Bundestreue[120] – im Gewaltenteilungsgrundsatz, den sie als Komplementärprinzip ergänzt, sowie letztlich in der staatstheoretischen Perspektive der Integrationslehre[121] [122]. Die Verfassungsorgantreue findet konkrete Ausprägung auch im wechselseitigen Verhältnis zwischen den Verfassungsorganen Parlament und Regierung[123]. Aufgrund der strukturellen Besonderheit der modernen parlamentarischen Demokratie, die eine besondere Verwobenheit von Parlamentsmehrheit und Regierung mit sich bringt, erstreckt sich das Gebot wechselseitiger Rücksichtnahme auch auf das Verhältnis zwischen der Regierung und der sie tragenden Parlamentsmehrheit einerseits und sowie der oppositionellen Parlamentsminderheit andererseits[124]. Auch hier fordert die Verfassungsorgantreue, daß die einzelnen Verfassungsorgane bei der Ausübung ihrer Kompetenzen auf Befugnisse und Interessen anderer Staatsorgane Rücksicht nehmen[125].

Aus dem Grundsatz der Verfassungsorgantreue können parallel zu dem der Bundestreue[126] allerdings keine Veränderungen der Kompetenzordnung abgeleitet werden. Das Prinzip setzt vielmehr eine feste Zuordnung von Kompetenztiteln voraus, deren Ausnutzung indes im Einzelfall begrenzt wird. Zugewiesene Kompetenzen können von deren Inhaber ausgeübt werden – allerdings nur dergestalt, daß die Kompetenzausübung den Funktionsbereich anderer Kompetenzinhaber nicht beeinträchtigt.

α) Prinzipielle verfassungsrechtliche Unbedenklichkeit unter dem Gesichtspunkt der Verfassungsorgantreue

Eine Anknüpfung der verfassungsrechtlichen Bedenken an die Verfassungsorgantreue überzeugt daher in dem vorliegenden Zusammenhang aus mehreren Gründen nicht[127]. Zum einen ist die *faktische* Vorwegbindung des Parlaments nicht nur in völkerrechtlichen Ratifikationslagen, sondern auch in Materien mit

---

[120] Zu deren Ableitung: BVerfGE 31, 314 (354 f.); *W. Rudolf*, FS BVerfG I/2, S. 233 ff. (235); s.a. *H. Bauer*, in: H. Dreier, Grundgesetz Bd. II, Art. 20 (Bundesstaat) Rn. 26 ff. (m.w.N. in Fn. 117).

[121] Zur Integrationslehre grundlegend: *R. Smend*, in: ders., Staatsrechtliche Abhandlungen und andere Aufsätze, S. 119 ff.

[122] *R.A. Lorz*, Interorganrespekt im Verfassungsrecht, S. 12 ff., 33 ff.; *M. Ruffert*, DVBl. 2002, S. 1145 ff. (1153); *W.-R. Schenke*, Die Verfassungsorgantreue, S. 26 f.

[123] VerfGH Nordrh.-Westf. NVwZ 1994, S. 678 ff. (679); *N. Achterberg/M. Schulte*, in: H. v. Mangoldt/F. Klein/C. Starck, Grundgesetz Bd. 2, Art. 44 Rn. 55.

[124] *N. Achterberg/M. Schulte*, in: H. v. Mangoldt/F. Klein/C. Starck, Grundgesetz Bd. 2, Art. 44 Rn. 55.

[125] BVerfGE 35, 139 (199); 36, 1 (15); 45, 1 (39); 90, 286 (337); 97, 350 (375); s.a. *M. Ruffert*, DVBl. 2002, S. 1145 ff. (1153).

[126] *G. Hermes*, in: BMU/H.-J. Koch/A. Roßnagel, 11. Deutsches Atomrechtssymposium, S. 347 ff. (358 f.).

[127] Siehe schon *V. Mehde*, AöR Bd. 127 (2002), S. 655 ff. (665 ff.); *M. Ruffert*, DVBl. 2002, S. 1145 ff. (1153); *J.-P. Schneider*, Paktierte Gesetzgebung als aktuelle Erscheinungsform kooperativer Umweltpolitik, S. 11 ff.

ausschließlich innerstaatlichem Bezug nichts Außergewöhnliches. Die Festlegung politischer Vorhaben in Koalitionsrunden ebenso wie die Vorbereitung von Gesetzen durch die Ministerialverwaltung entzieht dem Parlament in weiten Bereichen den faktischen Einfluß auf die Gestaltung und Formulierung von Gesetzen. Dies hängt mit der bereits erwähnten Struktur des modernen Parlamentarismus unter den Vorzeichen der parlamentarisch gewählten und dem Parlament verantwortlichen Regierung zusammen. Für den Bereich völkerrechtlicher Verträge zeigt die Praxis, daß auch lediglich unterzeichnete Vertragstexte, die dem Bundestag (und evtl. dem Bundesrat) nach Art. 59 Abs. 2 Satz 1 GG vorgelegt werden, bereits einen Zustimmungsdruck auf die gesetzgebenden Körperschaften ausüben. Zugleich wird aber in diesem Zusammenhang respektiert, daß das Verfassungsrecht hiervor nicht schützen kann, sondern vielmehr so viel Kraft und politische Unabhängigkeit der Abgeordneten als Verfassungserwartung impliziert, daß auch in dieser Situation eine sachgerechte Entscheidung getroffen wird[128].

Aus der Sicht des Parlaments und im Hinblick auf die von diesem wahrgenommenen gesetzgeberischen Gestaltungskompetenzen macht es keinen Unterschied, ob dem Bundestag vorgelegte Gesetzentwürfe von der Ministerialverwaltung nach den politischen Vorgaben der Regierung entworfen wurden oder ob sie zwischen der Regierung und privaten Interessenten ausgehandelt wurden. Insbesondere die inzwischen verfassungsrechtlich nicht mehr als problematisch empfundene Dominanz der Ministerialverwaltung bei der Gesetzespräparation ist zwingende Konsequenz des steigenden Regelungsbedarfs moderner Gesellschaften und der hieran gekoppelten staatlichen Steuerungsansprüche. Während diese Dominanz auf der fachlichen Überlegenheit ministerialen Sachverstands gegenüber dem Parlament beruht, verfügen ausgehandelte Gesetzentwürfe über eine größere politische Festigkeit gegenüber relevanten gesellschaftlichen Interessenträgern. In beiden Fällen ist das Maß inhaltlicher Vorprägung eines Gesetzentwurfs ähnlich intensiv. Im Ergebnis sind die Auswirkungen beider Konstellationen auf die tatsächliche Entscheidungsfreiheit des Parlaments nicht zu unterscheiden. Auch die im Vergleich zu privaten Akteuren vorhandene, durch Amtsverleihung und Weisungsrecht gewährleistete Einbindung der Ministerialverwaltung in den Zusammenhang demokratischer Legitimation kann an dieser materiellen Identität beider Formen von Determination der parlamentarischen Entscheidung nichts ändern: Das Parlament ist auch in diesem Fall nicht aus seiner originären Verantwortung entlassen, da die Verwaltung über keine für das Parlament relevante demokratische Legitimation verfügt: Deren Legitimation verläuft vom Parlament hin zu dem einzelnen Amtswalter; nicht aber in umgekehrter Richtung. Demokratische Legitimation wird der Ministerialverwaltung wegen der größeren Nähe des Parlaments zu dem ursprünglichen, Legitimation vermittelnden Wahlakt durch dieses vermittelt – und nicht umgekehrt. Ob aber

---

[128] *P. Kunig*, in: W. Graf Vitzthum, Völkerrecht, Rn. 106.

eine faktische Determination durch eine in der demokratischen Legitimationskette nachrangige Ministerialverwaltung oder aber durch die Mitwirkung überhaupt nicht demokratisch legitimierter Privater erfolgt, kann keinen Unterschied machen. In beiden Fällen verfügt das Parlament über eine höherwertige Legitimation.

Für dieses Ergebnis spricht auch die Aussage des Bundesverfassungsgerichts, wonach in einem Fall, in dem ein von privater Seite erarbeiteter Gesetzentwurf durch das Parlament ohne hinreichende sachliche Nachprüfung sowie ohne fundierte Ermessenserwägungen übernommen worden war, eine Verletzung des Gleichheitssatzes nicht in Betracht kommt. Dies richte sich nicht danach, wie das Gesetz zustandegekommen sei, sondern ausschließlich nach seinem sachlichen Inhalt[129]. Dieser Begründungsansatz bezieht sich zum einen auf die auch hier vertretene Ablehnung eines »optimalen Gesetzgebungsverfahrens«[130]. Zum andern klingt in dem impliziten Rekurs auf die verfahrensmäßige Gestaltungsfreiheit des parlamentarischen Gesetzgebers auch dessen hier aktivierte Verantwortung an bzw. dessen Berechtigung, ein Gesetz auch ohne Diskussionen und inhaltliche Modifizierung anzunehmen, wenn die Mehrheit der Abgeordneten dem Inhalt bzw. der Quelle des Entwurfs vertraut.

Auch in den Fällen ausgehandelter Gesetzgebung bzw. abgesprochener Gesetzesinitiativen der Regierung kommt im Ergebnis kein Gesetz ohne parlamentarisches Verfahren zustande. Allerdings hat das Parlament bei ausgehandelten Gesetzen noch geringere Einflußmöglichkeiten, als dies angesichts des Einflusses der Ministerialbürokratie auf die Gesetzespräparation und von Koalitionszwängen ohnehin der Fall ist. Verhandlungspartner auf staatlicher Seite ist die Exekutive, so daß das Parlament das ausgehandelte Ergebnis nur ratifizieren kann, will es nicht den der Verhandlung notwendigerweise innewohnenden Kompromiß und damit die Erreichung eines erwünschten Regulierungsziels gefährden. Bei der Überführung der Verhandlungsergebnisse in Gesetzesform gerät das Parlament in eine Ratifikationslage[131]. Durch auf die parlamentarische Gesetzgebung bezogene Verhandlungen werden die von der Verfassung vorgesehenen Entscheidungsorgane und -verfahren partiell entwertet[132]. Dieser Einflußverlust wird in den Fällen besonders deutlich, in denen Absprachen zwischen Regierung und Privaten eine gesetzesvertretende Wirkung haben und daher überhaupt kein parlamentarisches Verfahren stattfindet. Hier fallen die in einem wechselseitigen Wirkungsverbund stehenden prozeduralen Sicherungen des parlamentarischen Verfahrens (Öffentlichkeit, Transparenz, Kontrolle durch die Opposition) vollständig aus[133]. Allerdings steht es dem Parlament (und insbesondere der parla-

---
[129] BVerfGE 4, 7 (25).
[130] Siehe S. 126 ff.
[131] *D. Grimm*, DRiZ 2000, S. 148 ff. (158).
[132] Dies ist der entscheidenden Einwand bei *L. Michael*, Rechtsetzende Gewalt im kooperierenden Verfassungsstaat, S. 453 ff. Hierbei werden allerdings die Kräfte des politischen Prozesses ebenso unterschätzt wie die regelmäßig zu einer Interessenkonkordanz zwischen Regierung und Parlamentsmehrheit führende Struktur des modernen Parlamentarismus.
[133] *D. Grimm*, Die Verwaltung, Beiheft 4 (2001), S. 9 ff. (19).

mentarischen Opposition) frei, aufgrund seines Gesetzesinitiativrechts ein parlamentarisches Verfahren anzustoßen, im Rahmen dessen das Gesetzgebungsvorhaben neu aufgerollt wird. Das Parlament behält in allen Fällen seine rechtliche Entscheidungsfreiheit und kann mit Anfragen, Aufträgen und Änderungsvorschlägen eine Gegenposition gegen das Verhandlungsergebnis der Regierung aufbauen. Dem kann nicht entgegengehalten werden, daß eine solche parlamentarische Initiative unrealistisch sei, weil durch sie die Parlamentsmehrheit die von ihr getragene Regierung desavouieren müsse[134]. Mit diesem Argument werden Ergebnis und Vorgang parlamentarischen Handelns miteinander vermengt: Das Parlament genügt seiner Stellung und Funktion, wenn in seinem Forum die für die Gesetzgebung relevanten Fragen ausgetragen werden. Die Gesetzesinitiative löst eine parlamentarische – und je nach politischer Instrumentalisierung auch eine politische – Debatte über ein Thema aus. Daß das Ergebnis der Gesetzesinitiative, der Debatte und der abschließenden Abstimmung regelmäßig nicht dem Willen der Opposition entsprechen wird, ist nicht Beleg für die Schwäche des Parlaments, sondern Ausdruck des parlamentarischen Mehrheitsprinzips. Damit kann anhand des Prinzips der Verfassungsorgantreue prinzipiell kein Verbot paktierter Gesetzentwürfe begründet werden. Aus dem gleichen Grunde kann zwar die Sinnentleerung des parlamentarischen Gesetzgebungsverfahrens aus verfassungspolitischer Sicht beklagt werden[135]. Solange aber das an einen Gesetzgebungsvertrag der Regierung nicht gebundene Parlament entweder durch Zustimmung zu diesem Vertrag seine Gesetzgebungskompetenz positiv oder durch Nichtintervention auf der Grundlage seines eigenen Gesetzesinitiativrechts negativ ausübt, wird die rationalisierende Kompetenzordnung des Gesetzgebungsverfahrens gewahrt. Solange dem Parlament die Möglichkeit zur Intervention – auch in dem Fall einer gesetzesvermeidenden Absprache – bleibt, kann dieses weder zum Dissens mit der Regierung, noch zur Durchführung eines »rationalen Verfahrens« verpflichtet werden, daß eher den Idealen einer Parlamentarismustheorie des 19. Jahrhunderts denn den Realitäten des parlamentarischen Aktionsradius im modernen Sozial- und Präventionsstaat entspricht.

β) Informationspflicht der paktierenden Bundesregierung

Allerdings muß auf das Institut der Verfassungsorgantreue zurückgegriffen werden, um die umschriebene Kontroll- und Legitimationsfunktion des Parlaments zu ermöglichen. Die Verfassungsorgantreue kommt im Einzelfall auch als Quelle positiver Pflichten und korrespondierender Rechte in Betracht, soweit Abstimmung und Zusammenarbeit der Verfassungsorgane miteinander in Frage stehen[136].

Konsequenz der Verfassungsorgantreue ist in diesem Zusammenhang, daß dem Parlament gegenüber der Verbandseinfluß, der Gesetzespakt, offengelegt

---

[134] So aber *D. Grimm*, FS Habermas, S. 489 ff. (503).
[135] Z.B. *D. Grimm*, in: E. Benda/W. Maihofer/H.-J. Vogel, HdbVerfR, § 15 Rn. 12.
[136] *R.A. Lorz*, Interorganrespekt im Verfassungsrecht, S. 565 f.

werden muß, wenn die Regierung auf der Grundlage eines entsprechenden Verhandlungsergebnisses als Initiant tätig wird. Nur dann ist das Parlament in der Lage, dem Entwurf eine erhöhte Aufmerksamkeit zu widmen und ihn auf eventuelle inhaltliche Unstimmigkeiten oder unvertretbare »Deals« zwischen Verbänden und Regierung hin zu untersuchen. Dies führt zu einer selbständigen, aus dem Prinzip der Verfassungsorgantreue abzuleitenden Pflicht der Regierung, über die Tatsache zu berichten, *daß* Verhandlungen stattgefunden und welchen Einfluß diese auf die Gesetzesinitiative entfaltet haben[137]. Ein Verstoß gegen *diese* Pflicht stellt einen justiziablen Verstoß gegen das Prinzip der Organtreue dar. Würde der paktierte Gesetzesentwurf gleichsam im Strom des Gesetzgebungsalltags mitgerissen und legte die Regierung einen Pakt mit einem Verband ohne entsprechende Offenlegung gegenüber dem gesamten Parlament (eine Offenlegung nur gegenüber den regierungsnahen Fraktionen reicht aus evidenten Gründen nicht aus) als Gesetzesinitiative vor, verhinderte dieses Verhalten die Ausübung einer wirksamen »Gemeinwohl- und Vertretbarkeitskontrolle« des Entwurfs durch das Parlament.

Wenn das Parlament aber in Kenntnis der paktierten Genese einer Gesetzesinitiative auf deren Abänderung verzichtet und die Opposition sich im parlamentarischen Verfahren nicht entsprechend durchzusetzen vermag, dann verzichtet das Parlament selbst auf seine Gestaltungsbefugnisse[138]. Hiervon kann es auch durch keinen Rechtssatz der Verfassung abgehalten werden. Ein solcher müßte letztlich in eine parlamentarische Pflicht zum Dissens mit der Regierung münden. Dies wäre einem parlamentarischen Regierungssystem völlig unangemessen und angesichts der Verantwortung der Regierung gegenüber dem Parlament und deren hieraus resultierender Nähe zur Parlamentsmehrheit auch widersinnig. Im Ergebnis ist die Exekutive und insbesondere die Bundesregierung im Wettstreit mit dem Parlament um die Diskurshoheit und Gestaltungsmacht nur dann erfolgreich, wenn sich die im Parlament vertretenen Kräfte auf das ihr von der Regierung zugewiesene Rollenspiel ein- und sich die Diskurshoheit durch Regierungskommissionen, anderweitige Foren oder gar durch vertragliche Bindungen des exekutiven Gesetzesinitiativrechts aus der Hand nehmen lassen[139].

d) Bindung der Bundesregierung und einzelner Minister

Hinsichtlich der Frage, ob sich auch einzelne Minister in der beschriebenen Weise binden können[140], oder ob dies wegen des Zusammenhangs des Initiativ-

---

[137] Allgemein zu der Konsultations- und Kooperationspflicht aus der Verfassungsorgantreue: *R.A. Lorz*, Interorganrespekt im Verfassungsrecht, S. 565; *W.-R. Schenke*, Die Verfassungsorgantreue, S. 44 ff.
[138] S.a. *M. Ruffert*, DVBl. 2002, S. 1145 ff. (1153).
[139] *M. Herdegen*, VVDStRL Bd. 62 (2003), S. 7 ff. (14).
[140] So wohl *U. Dempfle*, Normvertretende Absprachen, S. 127; *J. Oebbecke*, DVBl. 1986, S. 793 ff. (796).

rechts mit dem Kollegialprinzip (Art. 62 GG) nicht in Betracht kommt[141], ist darauf abzustellen, daß der Regierung ihr Initiativrecht nur als Ganzes zusteht. Einzelne Minister können bei normbezogenen Verhandlungen mit privaten Interessenverbänden nur als Vertreter der Regierung handeln. Treten sie in Auftrag und Vertretung der Regierung auf, binden eingegangene Verpflichtungen die Regierung als Ganzes. Handelt es sich bei den Verhandlungen um eine Initiative des einzelnen Ministers, so kann der Umfang seiner Bindung einzig dahin gehen, daß er seinen Einfluß bei den Verhandlungen im Kabinett geltend zu machen verspricht – allein dies ist seine Kompetenz. Eine bestimmte Gesetzesinitiative kann er nicht versprechen, da *diese* Kompetenz allein dem Kabinett als Kollegialorgan zukommt.

e) Die zeitliche Grenze der vertraglichen Bindung

Die Frage der zeitlichen Grenzen einer vertraglichen Bindung der Regierung ist von besonderem Interesse, weil diese anders als das Parlament nicht dem Grundsatz der Diskontinuität unterliegt[142]. Das bedeutet, daß ein das materielle Initiativrecht erfassender, auch spätere Initiativen der Regierung zur Abänderungen des ergangenen Gesetzes verhindernder Vertrag prinzipiell – vorbehaltlich entsprechender Kündigungsklauseln – ebenso Regierungen bindet, die von späteren Parlamenten mit anderen Mehrheitsverhältnissen getragen werden. Dieser Umstand verurteilt – vorbehaltlich der Bereitschaft zur Leistung von Schadensersatz für eine Vertragsverletzung – die Regierung, nicht aber den hinsichtlich seines Initiativrechts durch den Vertrag nicht gebundenen Gesetzgeber oder die anderen in Art. 76 Abs. 1 GG genannten Initianten, zu einem gewissen politischen Immobilismus[143]. Wie für jeden anderen Vertrag – sei er öffentlich-rechtlicher oder zivilrechtlicher Provenienz –, für den besondere Regelungen fehlen, bildet die clausula rebus sic stantibus auch für den Gesetzgebungsvertrag die äußerste zeitliche Grenze vertraglicher Bindung.

Die clausula wurde in der deutschen Rechtsordnung erstmals im Zivilrecht entfaltet[144]. Im Recht des völkerrechtlichen Vertrags ist sie inzwischen positiviert (siehe Art. 62 WVK). Sie berechtigt die sich auf sie berufende Partei zur Beendigung des Vertrags oder zum Rücktritt von ihm, wenn sich die dem Vertrag zugrundeliegenden Umstände, deren Vorhandensein eine wesentliche Grundlage für die Zustimmung zum Vertrag war, in unvorhersehbarer Weise geändert haben. Diese Änderung muß dazu führen, daß sich das Ausmaß der noch zu erfüllenden Vertragsverpflichtungen aus der Sicht eines objektiven

---

[141] E. *Gurlit*, Verwaltungsvertrag und Gesetz, S. 337 f. (Fn. 316); siehe BVerfGE 1, 351 (366).
[142] G. *Hermes*, in: H. Dreier, Grundgesetz Bd. II, Art. 65 Rn. 47 (Fn. 192). Dies gilt freilich nur aus verfassungsrechtlicher Sicht. Politisch wechseln die Regierungen regelmäßig; zu den Auswirkungen der diesem (periodisch möglichen) Wechsel aufgrund von Wahlen auf die Verpflichtungsfähigkeit der Regierung siehe R. *Strausz*, Econ. Gov. 2000, S. 181 ff.
[143] F. *Ossenbühl*, DÖV 1972, S. 25 ff. (31 f.).
[144] W. *Fiedler*, VerwArch Bd. 67 (1976), S. 125 ff. (134 ff.); s.a. P.-M. *Efstratiou*, Die Bestandskraft des öffentlich-rechtlichen Vertrags, S. 303 ff.; V. *Schlette*, Die Verwaltung als Vertragspartner, S. 607 f.

Beobachters tiefgreifend umgestalten würde. Lediglich politische Änderungen der Vertragsumstände werden von der *clausula* nicht erfaßt[145].

Auch im innerstaatlichen Bereich findet die *clausula* Anwendung. Dies hat das Bundesverfassungsgericht bislang für bundesstaatliche Verträge im Zusammenhang mit dem sog. Eingliederungsvertrag festgelegt, durch den ein bisher selbständiger Einzelstaat im Bundesstaat in einen anderen eingegliedert wird[146]. Für den verwaltungsrechtlichen Vertrag ist die *clausula* in § 60 VwVfG positiviert worden. In beiden Ausprägungen findet sie auf die hier relevanten Sachverhalte indessen mangels bundesstaatlichen bzw. verwaltungsrechtlichen Bezugs keine Anwendung. Allerdings handelt es sich bei den Regeln der *clausula* um einen Normenbestand, der als übergreifendes Rechtsprinzip das allgemeine Vertragsrecht jedenfalls in solchen Bereichen zu gestalten vermag, dessen Grundlagen bislang keine ausdrückliche Regelung erfahren haben[147]. Dies ist bei dem verfassungsrechtlichen Vertrag im allgemeinen, dem Gesetzgebungsvertrag im besonderen der Fall.

Ihre Voraussetzungen sind gegeben, wenn sich die tatsächlichen Verhältnisse, die zum Zeitpunkt des Vertragsschlusses bestanden, grundlegend geändert haben und wenn das Festhalten an dem Vertrag oder an einer seiner Einzelvereinbarungen für den Verpflichteten unzumutbar geworden ist[148]. Anders als die Lehre vom Wegfall der Geschäftsgrundlage ist die *clausula* an einen objektiven Maßstab gebunden[149]. Dies bedeutet, daß lediglich der Wille, eine andere Politik zu betreiben, die Vertragspartner nicht zur Kündigung der geschlossenen Vereinbarung berechtigt[150]. Je mehr Zeit seit Vertragsschluß vergangen ist, desto wahrscheinlicher ist allerdings die Möglichkeit einer Veränderung der maßgeblichen Verhältnisse.

Es ist insoweit geboten, für die Anwendung der *clausula* zu unterscheiden, von welcher Basis aus – Konfrontation oder Kooperation der Vertragspartner – der Vertrag geschlossen worden ist[151]. In dem einen Fall dient ein Vertrag der Aussöhnung des Staates mit einer ihm in antagonistischer Opposition gegen-

---

[145] Siehe hierzu v.a. *W. Heintschel v. Heinegg*, in: K. Ipsen, Völkerrecht, § 15 Rn. 92 ff.
[146] BVerfGE 34, 216 (229 ff.); s.a. BVerfGE 22, 221; 38, 231; 42, 345; s.a. *E. Gurlit*, Verwaltungsvertrag und Gesetzgebung, S. 555.
[147] BVerfGE 34, 216 (231: »ungeschriebener Bestandteil der Bundesverfassungsrechts«); *E. Gurlit*, Verwaltungsvertrag und Gesetzgebung, S. 555; *W. Spannowsky*, Grenzen des Verwaltungshandelns durch Verträge und Absprachen, S. 284; *F. Kopp / W.-R. Schenke*, Verwaltungsgerichtsordnung, § 60 Rn. 2, 5.
[148] BVerfGE 34, 216 (232); s.a. *P.-M. Efstratiou*, Die Bestandskraft des öffentlich-rechtlichen Vertrags, S. 291 ff.; *E. Gurlit*, Verwaltungsvertrag und Gesetzgebung, S. 555; *V. Schlette*, Die Verwaltung als Vertragspartner, S. 610 ff.; *R. Seer*, Verständigungen im Steuerverfahren, S. 422 ff.
[149] *S. Littbarski*, Der Wegfall der Geschäftsgrundlage im öffentlichen Recht, S. 9 ff.; *K. Stern*, FS Mikat, S. 775 ff. (784 f.). Dies entspricht dem völkerrechtlichen Verständnis von der clausula rebus sic stantibus; siehe *W. Heintschel v. Heinegg*, in: K. Ipsen, Völkerrecht, § 15 Rn. 101; *A. Verdross / B. Simma*, Universelles Völkerrecht, § 830.
[150] *G. Püttner*, FS Quaritsch, S. 285 ff. (290 f.).
[151] Hierzu und zu dem folgenden *G. Püttner*, FS Quaritsch, S. 285 ff.

über stehenden gesellschaftlichen Organisation. Beispiele hierfür lassen sich eher in der Rechtsgeschichte als in der Gegenwart finden. Die Auseinandersetzungen zwischen Staat und Kirche, dem Reich und der katholischen Kirche zur Zeit des Kulturkampfes lassen eine solche fundamentale Auseinandersetzung erkennen. Hier bilden vertragliche Absprachen die Grundlage für ein friedliches Miteinander, ohne daß die Parteien von ihren grundlegenden Divergenzen abrücken. Im Fall der Kooperation dient die vertragliche Gestaltung der Zusammenarbeit zwischen dem Staat und einer gesellschaftlichen Organisation als kooperierende, arbeitsteilig agierende Partner. Auch wenn Konstellationen fundamentaler Konfrontation heute kaum noch auszumachen sind, dürften doch Fälle wie der Atomkonsens, mit denen ein Kompromiß zwischen den Freiheitsrechten eines Wirtschaftszweigs und der gesetzgeberischen Gestaltungsfreiheit auf der Grundlage prinzipiell divergierender rechtlicher und (energie-) politischer Ansichten gefunden wird, eher dem Konfrontationsfällen zuzuordnen sein. Je mehr die Grundtendenz des Vertrags eine solche der Kooperation zwischen den Vertragspartnern ist, desto eher werden die Voraussetzungen zur Lösung von dem Vertrag nach den Grundsätzen der clausula rebus sic stantibus gegeben sein, während eine konfrontative Grundhaltung der Vertragspartner und der dennoch gefundene vertragliche modus vivendi die Notwendigkeit deutlich macht, daß sich beide Parteien auf den Vertrag und die vereinbarten Kompromisse verlassen können müssen.

f) Der rechtswidrige Gesetzgebungsvertrag und das auf seiner Grundlage erlassene Gesetz

Werden die dargelegten Grenzen vertraglicher Bindung der Gesetzgebung eingehalten, kann gegen das auf der Grundlage und in Erfüllung dieser Bindung initiierte oder beschlossene Gesetz nichts eingewendet werden. Auch mögliche Grundrechtsverletzungen bei Nichtbeteiligten (also auch im Falle von Verhandlungen zwischen dem Staat und Verbänden: Grundrechtsverletzungen auf Seiten der Verbandsmitglieder) sind nicht anders zu beurteilen als bei einem auf »gewöhnlichem« Wege zustandegekommenen Gesetz[152].

Fraglich bleibt zuletzt nur, wie ein Gesetz verfassungsrechtlich zu beurteilen ist, das auf der Grundlage oder auf Veranlassung eines nicht den hier entwickelten Maßstäben genügenden Gesetzgebungsvertrags geschlossen wurde. Die Frage der Auswirkung eines rechtswidrig abgeschlossenen Gesetzgebungsvertrags auf das in seiner Folge erlassene Gesetz stellt sich wegen der nachgewiesenen weitgehenden Offenheit der Verfassung für solche Verträge nach dem Dargelegten v.a. in dem Fall, in dem die Regierung dem Parlament ohne entsprechenden Hinweis und damit unter Verstoß gegen die Anforderungen der Verfassungsorgantreue[153] eine auf einem Gesetzgebungsvertrag beruhende Gesetzesinitiative zuleitet.

---

[152] *H.-G. Dederer*, Korporative Staatsgewalt, § 17 I 1.
[153] Siehe hierzu oben S. 281 f.

Ebenso wie bei anderen Verfahrensfehlern muß sich die Maßstabsfunktion der Verfassungsorgantreue im Kontext richterlicher Streitentscheidung auf die Feststellung schwerer und offensichtlicher Verstöße gegen diesen Grundsatz beschränken[154]. Indes kann man den Verstoß gegen die Verfassungsorgantreue, der in der Nicht-Offenlegung des die Regierung bindenden Verbandseinflusses liegt, keineswegs für einen bloß formalen Verfahrensfehler halten, der mit dem entsprechenden Gesetzesbeschluß irrelevant wird und damit gleichsam geheilt ist. Geht man davon aus, daß die entwickelte Pflicht der Bundesregierung zur Information des Parlaments über die Herkunft der Gesetzesinitiative ganz entscheidenden Einfluß auf den Gang des Gesetzgebungsverfahrens haben soll, indem zumindest die Sinne der Oppositionsfraktionen geschärft werden und das Parlament seiner Repräsentations- und Kontrollfunktion gerecht werden kann, muß ein unter Verstoß gegen diese Pflicht zustandegekommenes Gesetz verfassungswidrig sein.

Wenn die Bundesregierung – rechtswidrig – den Erlaß eines bestimmten Gesetzes verbindlich zusagt, diese Zusage auch nicht im Wege der Auslegung als eine auf das Gesetzesinitiativrecht der Regierung bezogene umgedeutet werden kann und der Bundestag – was in der Realität indessen kaum vorstellbar ist – sich an diese Zusage gebunden fühlend den Vertrag zwischen Regierung und Privaten »vollzieht«, so würde auch ein solches Geschehen zur Verfassungswidrigkeit des auf diese Weise zustande gekommenen Gesetzes führen. In dem gleichen Maße wie in dem o.a. Fall würde die gerade hier dringende Legitimationsfunktion des Parlaments und seine Aufgabe, als Repräsentant des ganzen Volkes auch die Belange derer zur Geltung zu bringen, die an den auf die Normsetzung bezogenen Verhandlungen nicht beteiligt waren, ausfallen.

5. Selbstbindung des parlamentarischen Gesetzgebers durch Zustimmung zu einem Gesetzgebungsvertrag der Regierung

Absprachen zwischen staatlichen, an der parlamentarischen Rechtsetzung beteiligten Akteuren und privaten individuellen oder kollektiven Akteuren bilden eine Schleuse für die von der Verfassung nicht ausdrücklich vorgesehene Einführung privater Partikularinteressen in das Gesetzgebungsverfahren in rechtlich bindender Form, die damit über den allgemeinen, gleichsam von außen auf den Prozeß der Staatswillensbildung einwirkenden Volkswillensbildungsprozeß hinausreicht. Gesetzgebungsverträge institutionalisieren einen Tausch zwischen den Verhandlungspartnern und ermöglichen die wechselseitige Anpassung von ursprünglich auf beiden Seiten eingenommenen inhaltlichen Positionen zu einem Regelungsvorhaben. Daß allerdings die Ansätze für eine rechtliche Bindung des Gesetzgebers durch eine vertragliche Verpflichtung des Initianten nicht sehr weit reichen, haben die bisherigen Ausführungen ergeben. Es stellt sich daher die

---

[154] *R.A. Lorz*, Interorganrespekt im Verfassungsrecht, S. 580; *W.-R. Schenke*, Die Verfassungsorgantreue, S. 142. Siehe zu Fehlern im Gesetzgebungsverfahren oben S. 178 f.

Frage, ob es nicht Wege gibt, vertragliche Bindungen zwischen dem Staat und insbesondere dem staatlichen Gesetzgeber einerseits und gesellschaftlichen Gruppierungen andererseits so auszugestalten, daß von ihnen eine verpflichtende Wirkung auch für den Gesetzgeber ausgeht. Dieser würde über sein Gesetzgebungsrecht disponieren und damit dem privaten Vertragspartner ein höheres Maß an Erwartungsstabilität vermitteln als durch die bloße Bindung des Gesetzesinitiativrechts, die sich zum einen nur auf dessen inneren Aspekt bezieht und zum anderen auch durch das Einschreiten anderer Gesetzesinitianten konterkariert werden kann. Fraglich ist daher, ob und ggfs. wie der Staat insgesamt, d.h. mit allen seinen Organen, an einen bestimmten Gesetzesinhalt gebunden werden kann. Eine solchermaßen umfängliche Bindung könnte allenfalls durch die Mitwirkung des Parlaments erreicht werden. Nur das Parlament verfügt über die Kompetenz, auf der Grundlage des allgemein wirkenden Gesetzes die gesamte Staatsorganisation und alle Bürger zu berechtigen und zu verpflichten. Doch den privaten Vertragspartnern muß nicht nur an einer subjektiven, sondern auch an einer zeitlichen Ausdehnung der vertraglichen Bindungswirkung gelegen sein, da – wie in den Fällen des Atomkonsens und des Solidarbeitrags der Pharmaindustrie – private Akteure aus Gründen der wirtschaftlichen Planungssicherheit regelmäßig ein erhebliches Interesse an einer dauerhaften und absehbaren Gesetzeslage haben. Aus verfassungsrechtlicher Sicht steht aber weder fest, daß die vereinbarte Gesetzesinitiative der Bundesregierung Gesetz werden muß, noch, daß – etwa unter veränderten politischen Vorzeichen in folgenden Wahlperioden – das durch den Gesetzgebungsvertrag angestoßene Gesetz nicht etwa – vielleicht sogar aufgrund einer Initiative des Parlaments selbst – durch eine lex posterior wieder rückgängig gemacht wird.

Aus diesem Grund erscheint es sinnvoll, Zulässigkeit und Grenzen einer möglichen längerfristigen Bindung des Gesetzgebers auszuloten. Nur auf diese Weise können dem Staat Instrumente an die Hand gegeben werden, die einerseits nicht die verfassungsrechtliche Stellung des parlamentarischen Gesetzgebers als zentrale Steuerungsinstanz des Gemeinwesens und die dabei vorausgesetzte Gestaltungskraft mißachten, andererseits aber auf die (Mit-) Steuerungspotentiale privater Akteure nicht verzichten und diesen die für ihre eigene Planung notwendige Rechtssicherheit – vielleicht sogar über die aktuelle Legislaturperiode hinaus – anbieten. Daher stellt sich die Frage, inwieweit das Parlament in den Kooperationsprozeß zwischen Regierung und Privaten miteinbezogen werden kann, um die Handlungsfähigkeit der Regierung mit der Legitimationskraft des Parlaments zu verschmelzen. Auch hier bietet der Atomkonsens ein interessantes Anschauungsbeispiel.

a) Der »Entwurf einer Verständigung über Eckpunkte zur Beendigung der Nutzung der vorhandenen Kernkraftwerke in Deutschland«

Der dem eigentlichen Atomkonsens vorausgegangene »Entwurf einer Verständigung über Eckpunkte zur Beendigung der Nutzung der vorhandenen Kernkraftwerke in Deutschland« aus dem Juni 1999[155] sah vor, daß die Regierung die zentralen Punkte der zukünftigen energiewirtschaftlichen Ordnung mit den betroffenen Energieversorgungsunternehmen aushandelt. Die Ergebnisse dieser Verhandlungen sollten in einem öffentlich-rechtlichen Vertrag formuliert und dem Parlament zur Zustimmung vorgelegt werden. Zwar wurde der Atomkonsens zwischen der Regierung und beteiligten Energieversorgungsunternehmen gefunden. Die zunächst vorgesehene Beteiligung des Parlaments unterblieb indes, da das Bundesumweltministerium gegenüber der Konstruktion eines öffentlich-rechtlichen Vertrages zwischen der Bundesregierung und den Energieversorgungsunternehmen rechtliche und politische Einwände geltend gemacht hatte. Es war befürchtet worden, daß eine solche Konstruktion »den Oppositionsparteien über den Bundesrat ... einen Schlüssel zur Blockade in die Hand gebe«[156]. Diese Erwägungen lassen erkennen, daß das Institut eines parlamentarischen Zustimmungsbeschlusses eine Grundlage für einen alle Legitimations- und Teilnahmebedürfnisse gleichermaßen befriedigenden Kompromiß zwischen privatem Interesse und staatlicher Kompetenzordnung schaffen könnte. Eine so gestaltete verbindliche Kooperation zwischen Staat und Privaten könnte grundsätzlich einen Ansatz für eine Verfassungsentwicklung bieten, die einen Ausgleich zwischen zwischen drohendem Funktionsverlust des Parlamentsgesetzes und Entmachtung des Parlaments durch Kooperation von Regierung und privaten Individualinteressen einerseits und den berechtigten Erwartungen der privaten Kooperationspartner andererseits findet.

b) Parlamentarische Zustimmung zum Gesetzgebungsvertrag

aa) Die beschränkt subjektive Bindungswirkung von Regierungsverträgen

Schließt die Regierung mit einem Interessenverband einen öffentlich-rechtlichen Vertrag, durch den sie ihr Gesetzesinitiativrecht im ausgehandelten Sinne inhaltlich bindet, ist zu erwägen, ob es verfassungsrechtlich zulässig ist, eine Erweiterung dieser beschränkten Bindungswirkung durch eine parlamentarische Zustimmung zu dem Gesetzgebungsvertrag zu erreichen.

Dabei stellt sich die Frage, ob es erforderlich ist, für diese verstärkte, auch auf das Parlament bezogene und damit staatsvertragliche Bindung, einen – etwa im Beschlußwege erfolgenden – zusätzlichen Beitritt des Gesetzgebers zu dem Vertrag der Regierung zu verlangen. In einer solchen Zustimmung liegt ein überflüssiger Umweg. Das Parlament wird wegen der dort herrschenden Mehrheitsverhältnisse dem aufgrund des Vertrags vorgelegten Gesetzentwurf ohnehin im Laufe des Gesetzgebungsverfahrens zustimmen. Dem ersten Zustimmungsakt könnte höchstens eine über den Akt der Gesetzgebung hinausge-

---

[155] Berichtet bei *E. Gurlit*, Verwaltungsvertrag und Gesetz, S. 312; der Text ist – so weit ersichtlich – nicht veröffentlicht, liegt dem Verf. aber vor.
[156] So der Bundesminister für Umwelt, Naturschutz und Reaktorsicherheit in einem Schreiben vom 21. Juni 2001 an den Bundesminister für Wirtschaft und Technologie. Das Schreiben liegt dem Verfasser vor.

hende Bedeutung zukommen, wenn das Parlament dem Gesetzgebungsvertrag der Regierung dergestalt beitreten könnte, daß nicht nur *deren* Gesetzesinitiativrecht, sondern auch das parlamentarische Gesetzgebungsrecht an die Vorgaben der vertraglichen Vereinbarung gebunden wird. Gegenüber dieser Konstruktion, die einen Gesetzgebungsvertrag der Regierung, einen Beitritt des Parlaments und einen diesen Beitritt dann exekutierenden Gesetzesbeschluß verlangt, wäre es zur Dokumentation der paktierten Entstehungsweise des Gesetzes vorzuziehen, das Staatsvertragsverfahren analog anzuwenden. Dann würde wie in den Fällen des völkerrechtlichen Vertrags oder Staatskirchenvertrags mit einer solchen parlamentarischen Bestätigung eines Vertragsabschlusses zwischen Regierung und Interessenverbänden ein zwischen diesen geschlossener Vertrag für als innerstaatliches Recht anwendbar erklärt werden. Denkbar sind daher nicht nur Gesetzgebungsverträge, d.h. Verträge, die bestimmte Verpflichtungen von an der Gesetzgebung Beteiligten normieren, sondern auch solche Verträge, die durch parlamentarischen Akt als solche und ohne Umwandlung in ein gewöhnliches parlamentarisches Gesetz für innerstaatlich anwendbar erklärt werden. In diesem Fall wird durch Vertrag mit einem anderem Akteur Recht gesetzt, das nur noch durch das Parlament innerstaatlich für anwendbar erklärt werden muß.

Wenn man – wie hier vertreten – annimmt, daß der Gesetzgeber sich sowohl durch völkerrechtlichen wie auch durch staatskirchenrechtlichen Vertrag in dem Sinne bindet, daß für die Dauer des Vertrags eine abweichende Gesetzgebung aus verfassungsrechtlichen Gründen nicht zulässig ist, so würde in dem Fall, daß eine solche Bindung auch bei bestimmten Verträgen zwischen dem Staat und gesellschaftlichen Akteuren möglich ist, eine Differenzierung zwischen beiden Formen paktierter Gesetzgebung – Gesetzgebung aufgrund Vertrags und Gesetzgebung durch Vertrag keinen Sinn machen. Einzig denkbares Motiv für eine solche Differenzierung wäre, daß im erstgenannte Falle der Gesetzgeber – wie nach herrschender Ansicht im Zusammenhang mit einem völkerrechtlichen Vertrag – zwar vertragswidriges, aber doch gültiges Recht zu verabschieden in der Lage wäre. Soweit man indes wie hier die Zulässigkeit einer solchen Gesetzgebung ablehnt und eine (Selbst-) Bindung parlamentarischer Normsetzungsbefugnisse annimmt, gibt es für die Differenzierung zwischen einer Gesetzgebung aufgrund Vertrags und einer Gesetzgebung durch Vertrag keinen Anlaß.

Es ist daher nunmehr zu erwägen, ob das Parlament berechtigt ist – ähnlich wie bei einem völkerrechtlichen Vertrag und den anderen, auf dessen Vorbild aufbauenden Beispielen staatsvertraglicher Verpflichtung – zum einen Recht durch Vereinbarung mit einem Dritten zu setzen und zum anderen hierdurch über seine Gesetzgebungskompetenz mit der Wirkung zu verfügen, daß für die Dauer der Vertragsbindung eine abweichende Gesetzgebung aus *verfassungsrechtlichen* Gründen nicht zulässig wäre. Es läge ein Fall der Selbstbindung des Gesetzgebers vor[157]. In den bisherigen Ausführungen ist deutlich geworden, daß eine vertragliche Bindung auch des parlamentarischen Gesetzgebers der Verfassungsordnung des Grundgesetzes keineswegs völlig fremd ist und daß sich diese Feststellung nicht einmal allein auf die völkerrechtliche Verträge beschränkt. Vielmehr kann

---

[157] Hierzu zunächst: *S. Rausch-Gast*, Selbstbindung des Gesetzgebers, S. 101 ff.

der Staat auch mit Wirkung für die Gesetzgebung Verträge mit den Religionsgemeinschaften als zwar teilweise öffentlich-rechtlich verfaßten, aber dem Funktionsbereich der Gesellschaft zuzuordnenden Akteuren abschließen.

bb) Die Bindungsfreiheit des parlamentarischen Gesetzgebers im demokratischen Staat

Die Bedeutung der parlamentarischen Gesetzgebung für die grundlegenden Entscheidungen des Gemeinwesens legt es nahe, dem Gesetzgeber ein Höchstmaß an inhaltlicher Flexibilität und zukunftsoffener Gestaltungsmacht zuzubilligen. Jede Einengung oder Aufhebung des gesetzgeberischen Gestaltungsraums gerät aufgrund der hierin liegenden Optionenverengung zwangsläufig in Konflikt mit der parlamentarischen Aufgabe, die angemessenen und zentralen Zukunftsentscheidungen für Staat und Gesellschaft zu treffen. Die Gesetzgebung ist dabei zur Erfüllung der an sie aus verfassungsrechtlicher (insbesondere aufgrund der Wesentlichkeitslehre des Bundesverfassungsgerichts) wie aus politischer Perspektive gerichteten Erwartungen auf die ungebundene Würdigung und Abwägung der auf dem Spiel stehenden widerstreitenden Interessen potentieller Gesetzesadressaten angewiesen. Gesetzgebung dient dem dauerhaften Ausgleich eines multipolaren Interessengeflechts, während die – bipolare – vertragliche Ordnung naturgemäß nur dem Ausgleich der an dem Vertrag beteiligten Interessen – hier des Staates und des privaten Vertragspartners – dient[158]. Auch wenn daher zum Zeitpunkt eines Vertragsschlusses das Ergebnis des individuellen Ausgleichs zwischen staatlicher und privater Seite den Erfordernissen des Gemeinwohls entsprechen mag und eine vertragliche Vorbereitung oder Bindung der Gesetzgebung sich insoweit nicht auf deren Gemeinwohlkonformität auswirkt, so wird durch eine vertragliche Bindung aber deren Zukunftsoffenheit und künftige Reaktionsfähigkeit gelähmt – zumindest wenn und soweit sich die vertragliche Verpflichtung gegenüber der Gestaltungsmacht des Gesetzgebers durchzusetzen vermag. Es besteht die Gefahr eines politischen Immobilismus[159]. Der Gesetzgeber muß aber grundsätzlich in der Lage sein, auf tatsächliche Anforderungen zu reagieren, eigene Fehler zu korrigieren und den Anforderungen des gesellschaftlichen Wandels durch notwendige Änderungen der Rechtsordnung zu begegnen[160]. Die jederzeitige Aufhebbarkeit von Gesetzen gilt als zentrale Voraussetzung für die Realisierung der Führungsaufgabe des Parlaments und der damit verbundenen Verpflichtung zur permanenten Reaktion auf veränderte gesellschaftliche oder wirtschaftliche Verhältnisse[161]. Doch nicht nur diese Verände-

---

[158] *D. Birk*, NJW 1977, S. 1797 ff. (1799); *I. Ebsen*, JZ 1985, S. 57 ff. (58).
[159] *F. Ossenbühl*, DÖV 1972, S. 25 ff. (31 f.).
[160] *M. Bullinger*, Vertrag und Verwaltungsakt, S. 82; *H. Krüger*, Allgemeine Staatslehre, S. 787; *D. Heckmann*, Geltungskraft und Geltungsverlust von Rechtsnormen, S. 227 ff.; *W. Leisner*, FS Berber, S. 273 ff. (292 f.); *H. Maurer*, in: *J. Isensee/P. Kirchhof*, HdbStR Bd. III, § 60 Rn. 56, 60; *F. Ossenbühl*, DÖV 1972, S. 25 ff. (31 f.); *C.H. Ule*, DVBl. 1963, S. 475 ff. (481).
[161] *H. Krüger*, Allgemeine Staatslehre, S. 899.

rung der Normsituation, sondern auch die mögliche institutionelle Veränderung des Normgebers – etwa durch eine aus einer Neuwahl resultierenden neuen individuellen Zusammensetzung – kann eine Veränderung der einmal erlassenen Norm angezeigt erscheinen lassen[162].

Beide Erfordernisse werden in der lex posterior Regel aufgegriffen[163], die jede Bindung der Gesetzgebung an sich selbst generell, v.a. aber wenn sie über die Dauer einer Legislaturperiode hinausweist[164], unter ganz erheblichen verfassungsrechtlichen Rechtfertigungsdruck stellt. Vertragliche Bindungen der gesetzgebenden Gewalt erschweren die Erfüllung von verfassungsrechtlicher Funktion und gefährden die Aufgabenerfüllung der Gesetzgebung, aufgrund einer freien und umfassenden Würdigung und Abwägung aller die Allgemeinheit betreffenden Interessen während des Verfahrens zu entscheiden, und begegnen daher erheblichen verfassungsrechtlichen Bedenken[165]. Jede Skepsis gegenüber einer Verstärkung der vertraglichen Bindung des Gesetzesinitianten durch eine zusätzliche Einbeziehung des Parlaments steht in deutscher staatsrechtlicher Tradition, nach der individuelle Ansprüche auf ein bestimmtes Tätigwerden des Gesetzgebers (Tun oder Unterlassen), gleichgültig auf welchem Rechtsgrund sie beruhen könnten, nicht anerkannt werden[166].

Als Referenz für die Annahme umfassender Bindungsfreiheit des Gesetzgebers wird auch unter geänderten verfassungsrechtlichen Vorzeichen[167] immer noch die Gefrierfleischentscheidung des Reichgerichts herangezogen, in der das Gericht folgendes feststellte: »Denn der Gesetzgeber ist selbstherrlich und an keine Schranken gebunden als diejenigen, die er

---

[162] Siehe zu diesen beiden zeitbezogenen Komponenten: *D. Heckmann*, Geltungskraft und Geltungsverlust von Rechtsnormen, S. 207.

[163] Die Durchsetzungskraft des neuen Rechts beruht auf der Kompetenz und Befugnis des Gesetzgebers, die Rechtslage in der jeweiligen Gegenwart neu zu gestalten; siehe *G. Dürig*, FS Tübinger Juristenfakultät, S. 21 ff. (23 f.); *D. Heckmann*, Geltungskraft und Geltungsverlust von Rechtsnormen, S. 201 ff., 207 ff.; *P. Kirchhof*, in: J. Isensee/ders., HdbStR Bd. V, § 125 Rn. 50. Zum Inhalt der Regel i.e.: *D. Heckmann*, a.a.O., S. 159 ff.

[164] Auf diese besondere Problematik weisen *U. Di Fabio*, DVBl. 1990, S. 338 (343); *H. Maurer*, in: J. Isensee/P. Kirchhof, HdbStR Bd. III, § 60 Rn. 60, hin; siehe dazu unten S. 315 ff.

[165] *D. Birk*, NJW 1977, S. 1797 ff. (1797); *U. Di Fabio*, DVBl. 1990, S. 338 ff. (343); *E. Forsthoff*, Lehrbuch des Verwaltungsrechts, S. 278; *K.H. Friauf*, AöR Bd. 88 (1963), S. 257 ff. (305); *U. Scheuner*, in: ders., Staatstheorie und Staatsrecht, S. 337 ff. (342); *R. Stettner*, AöR Bd. 102 (1977), S. 544 ff. (560); s.a. *M. Schmidt-Preuß*, VVDStRL Bd. 56 (1997), S. 160 ff. (218 f.), der insbesondere bei einem förmlichen Normverzichtsvertrag annimmt, daß der parlamentarische Gesetzgeber die Grenze seines demokratischen Gestaltungsmandats überschreiten würde.

[166] So *K.H. Friauf*, AöR Bd. 88 (1963), S. 257 ff. (305) m.w.N. in Fn. 242 u.a. auf *R. Thoma*, in: G. Anschütz/ders., HdbdtStR Bd. II, S. 607 ff. (609). Daß eine Bindung des Gesetzgebers aber nicht zu allen Zeiten der deutschen Verfassungsgeschichte undenkbar war, weist *J.A. Frowein*, FS Flume, S. 301 ff. (302 ff.), nach.

[167] Es ist zu beachten, daß sich zu dem Zeitpunkt dieser Entscheidung des Reichsgerichts der Vorrang der Verfassung im deutschen Staatsrecht noch nicht durchgesetzt hatte. Gesetze waren prinzipiell nicht an der Verfassung zu messen. Aus diesem Grunde stellte sich die Frage nach Verfassungsmäßigkeit eines Gesetzes oder nach seiner Vereinbarkeit mit sonstigen übergeordneten Rechtssätzen (noch) nicht.

sich selbst in der Verfassung oder in anderen Gesetzen gezogen hat«[168]. Bemerkenswert ist diese Aussage insoweit als das Gericht es den Klägern an anderer Stelle anlastet, daß sie sich ohne vertragliche Regelung einer Entschädigungspflicht auf den Fortbestand einer befristeten Gesetzeslage verlassen haben[169]. Hieraus kann umkehr geschlossen werden, daß eine Bindung des Gesetzgebers an einen bestimmten Gesetzeszustand zumindest durch die Vereinbarung von Sekundärpflichten mittelbar zu bewirken ist[170].

Hiernach ist die staatliche Gesetzgebung, abgesehen von ihrer Bindung an Verfassungs-, Gemeinschafts- und (insoweit außerhalb des Anwendungsbereichs von Art. 25 GG schon umstritten) Völkerrecht, souverän und aus verfassungsrechtlicher Sicht nicht einschränkbar[171]. Daher kann der Bürger grundsätzlich auch nicht darauf vertrauen, daß die zu einem gegebenen Zeitpunkt bestehenden Gesetze unverändert bleiben[172]. Obschon die Verwendung des Souveränitätstopos mit Blick auf den verfassungsgebundenen Gesetzgeber nur mit äußerster Zurückhaltung möglich ist[173], wird die diesem Grundsatz entsprechende Bindungsfreiheit des Gesetzgebers gegenüber den Erwartungen der Normadressaten aus der Souveränität des modernen Staates abgeleitet[174], die auf den parlamentarischen Gesetzgeber zurückgespiegelt wird. Dessen Souveränität wird in seiner Macht zur Änderung einmal erlassener Normen deutlich[175]. Eine Normerlaß- ohne eine Normänderungskompetenz würde den Anforderungen an die staatliche Gesetzgebung nicht genügen, da der Gesetzgeber so nur über die Möglichkeit verfügte, bislang nicht reglementierte Regelungsbereiche zu erfassen. Zur

---

[168] RGZ 139, 177 (189) unter Hinweis auf die Rechtsprechung zur Aufwertungsgesetzgebung RGZ 118, 325 (327).

[169] Das Gericht erwägt, daß aufgrund einer – vorliegend nicht gegebenen – vertraglichen Bindung des Reichs eine Gesetzesänderung nur bei Vorliegen der Enteignungsvoraussetzungen als zulässig angesehen werden könnte (RGZ 139, 177 (189)); ähnliche Erwägungen bei BGHZ 45, 83 (87 f.).

[170] Hierauf weist *J.A. Frowein*, FS Flume, S. 301 ff. (306) hin; ähnlich auch BGHZ 45, 83 (87 f.). Eine Vertragslösung halten auch *H.P. Ipsen*, in: J.H. Kaiser, Planung II, S. 63 ff. (105) und *F. Ossenbühl*, Staatshaftungsrecht, S. 389, für einen gangbaren Weg zum Schutz der privaten Interessen gegenüber gesetzlichen Veränderungen von Planungsgrundlagen.

[171] Siehe nur *H. Krüger*, Allgemeine Staatslehre, S. 66 ff., 79.

[172] *H. Maurer*, in: J. Isensee/P. Kirchhof, HdbStR Bd. III, § 60 Rn. 55 im Anschluß an die ständige Rechtsprechung des Bundesverfassungsgerichts (siehe z.B. BVerfGE 15, 313 (324 ff.)).

[173] *D. Heckmann*, Geltungskraft und Geltungsverlust von Rechtsnormen, S. 202; *H.H. Klein*, FS Klein, S. 511 ff. (512); *M. Kriele*, Einführung in die Staatslehre, S. 121 ff., 126; *K. Meßmerschmidt*, Gesetzgebungsermessen, S. 468 ff.; *A. Randelzhofer*, in: J. Isensee/P. Kirchhof, HdbStR Bd. I, § 15 Rn. 37.

[174] *U. Di Fabio*, DVBl. 1990, S. 338 (343). Die Ableitung wird aus den Äußerungen *H. Krügers* (oben Fn. 171) besonders deutlich: Der Staat sei als Hoheitsträger nicht in der Lage, Verträge ohne den auf jeden Fall stillschweigenden Vorbehalt künftiger Gesetzgebung abzuschließen (a.a.O., S. 79). Daher soll eine Zustimmung des Parlaments zu Gesetzgebungsverträgen der Bundesregierung keine Auswirkung auf deren Bestandskraft haben und zur Verfassungswidrigkeit (und zur Unwirksamkeit) der angestrebten Bindung führen; so für den Fall des Atomkonsens *A. Roßnagel*, ZUR 1999, S. 241 ff. (243).

[175] *W. Leisner*, FS Berber, S. 273 ff. (293); *P. Kirchhof*, in: J. Isensee/ders., HdbStR Bd. V, § 124 Rn. 138 ff.; *T. Würtenberger*, Staatsrechtliche Probleme politischer Planung, S. 347.

Souveränität des Normgebers gehört damit auch das Bestimmungsrecht über die Geltungsdauer der von ihm gesetzten Normen[176].

Bemerkenswert bei der in diesem Zusammenhang oftmals stattfindenden Anleihe an Begriff und Institut der Souveränität ist, daß deren geistiger Vater Gesetz und Vertrag hinsichtlich ihrer Bindungswirkung durchaus zu unterscheiden wußte[177]. Ein Gesetz hängt von dem Willen dessen ab, der die Souveränität innehat und damit zwar alle seine Untertanen, aber nicht sich selbst binden kann (dies spricht für die Bindungsfreiheit des Gesetzgebers). Demgegenüber begründet aber ein Vertrag eine wechselseitige Beziehung zwischen dem Souverän und den Untertanen und bindet damit beide gegenseitig. Keiner von beiden kann einseitig von der Vereinbarung abweichen. Auch der Souverän hat insoweit nicht mehr Rechte als der Untertan, es sei denn der Grund, der zu dem Gesetz, dessen Einhaltung er geschworen hat, geführt hatte, entfiele. Dann ist der Fürst an sein – vertragliches – Wort nicht mehr gebunden. Diese Beschränkung der Loslösung von vertraglichen Verpflichtungen im Sinne einer clausula rebus sic stantibus ist bemerkenswert und deutet daraufhin, daß die Inanspruchnahme des Souveränitätsbegriffs für die Bindungslosigkeit des Gesetzgebers zumindest dann problematisch ist, wenn dieser sich vertraglich zur Beibehaltung einer Rechtslage verpflichtet. Daran wird deutlich, daß es weniger eine diffuse Souveränität des Gesetzgebers, sondern bestenfalls Anforderungen des Demokratieprinzips sein können, die dessen Selbstbindung entgegenstehen können.

Soweit aber angesichts der allgemein verbreiteten Ansicht über die Souveränität des demokratischen Gesetzgebers die Bindung des Gesetzgebers an einen Vertrag aufgrund parlamentarischer Zustimmung, eine daraus folgende Gesetzgebungspflicht sowie ein damit einhergehendes verfassungsrechtliches Verbot der Gesetzesänderung während der Vertragsdauer überhaupt für möglich gehalten wird, soll diese derart eingeschränkt sein, daß sie nur im Verhältnis des Parlaments zur Regierung, nicht aber in dem des Parlaments zu Privaten möglich ist[178]. Vor diesem Hintergrund liegt es nahe, anzunehmen, daß die Bundesregierung auch unter Mitwirkung des Parlaments nur Verträge mit dem stillschweigenden Vorbehalt einer Abweichung durch künftige Gesetzgebung abzuschließen vermag[179]. Setzt man diese Aussage absolut, kann ein Vertragsverhältnis die Fähigkeit des Gesetzgebers, in der vom Gemeinwohl geforderten Art zu legeferieren, nicht beeinträchtigen. Der Gesetzgeber von heute kann dem von morgen keine Bindung auferlegen, da es ihm dann an der Fähigkeit fehlt, eine solche Verbindlichkeit zu begründen[180].

Die umschriebene zentrale Führungs- und Gestaltungsaufgabe des Gesetzgebers findet ihre Rechtfertigung im Demokratieprinzip und hat daher ohne jeden

---

[176] *D. Heckmann*, Geltungskraft und Geltungsverlust von Rechtsnormen, S. 206.
[177] *J. Bodin*, Six livres de la Republic, S. 216.
[178] *K.H. Friauf*, AöR Bd. 88 (1963), S. 257 ff. (305 und 311).
[179] *H. Krüger*, Allgemeine Staatslehre, S. 79. Diese stillschweigende Bedingung soll aber nur für den Gesetzgebungsvertrag und andere Normsetzungsverträge gelten, während ein Vertrag, den der Staat als Fiskus, abschließt ihr nicht unterfällt (so *H. Krüger*, a.a.O.). Allerdings sind solche Differenzierungen zwischen dem Staat als Hoheitsträger und dem Staat als Fiskus angesichts der vollständigen Verfaßtheit der staatlichen Gewalt durch das Grundgesetz nicht tragbar; siehe *F. Becker*, Die Vernetzung des Landesbanken, S. 291 ff.
[180] *H. Krüger*, Allgemeine Staatslehre, S. 79, 886 f.

Zweifel Verfassungsrang. Die vertragliche bedingte »Herausnahme« einer Materie aus dem demokratischen Prozeß, deren »Entdemokratisierung«[181] durch eine auf sie bezogene, in die Zukunft gerichtete vertragliche Bindung gerät mit den dargelegten parlamentarischen Aufgaben und Befugnissen in ein erhebliches Spannungsverhältnis. Richtig ist daher, daß der unmittelbare Akt der Normsetzung allein dem Parlament zusteht (Art. 77 Abs. 1 GG). Die darin implizierte Letztverantwortung des parlamentarischen Gesetzgebers für das Ob und das Wie der Gesetzgebung bedingt, daß sich der Gesetzgeber dieses Gesetzgebungsrechts grundsätzlich nicht entäußern oder seine Rechtsetzung von einer Zustimmung Dritter abhängig machen darf. Andernfalls läge hierin eine unzulässige Verfügung über verfassungsrechtlich zugewiesene Kompetenzen. Dies schließt eine unmittelbare Mitwirkung Dritter bei der parlamentarischen Gesetzgebung – etwa durch Zustimmungs- oder Genehmigungsvorbehalte – vorbehaltlich ausdrücklicher verfassungsrechtlicher Regelungen (etwa über den Bundesrat und den Bundespräsidenten) aus[182]. Allerdings sind auch die umschriebenen Anforderungen an die Gestaltungsmacht des Gesetzgebers in ihrem verfassungsrechtlichen Kontext zu sehen und zu bewerten. Sie sind wie die meisten Verfassungsprinzipien nicht isoliert und absolut zu verstehen.

Daher verfängt auch das Argument, daß die verfassungsrechtlich zugewiesene Kompetenz des Gesetzgebers, mit dem Erlaß eines neuen Gesetzes zugleich den Inhalt eines alten, widersprechenden Gesetzes aufzuheben[183], wegen des Vorrangs der Verfassung nicht durch ein in der Zustimmung zu einem Vertrag liegendes einfaches Gesetzesrecht aufgehoben werden kann, nicht. Hier liegt das Augenmerk zu einseitig auf der Gestaltungsmacht des Parlaments, ohne andere verfassungsrechtliche Grundsätze – Rechtsstaatlichkeit und insbesondere Vertrauensschutz – mit in das Kalkül einzubeziehen, mit denen Demokratieprinzip und Parlamentshoheit in Einklang zu bringen sind.

Die vorliegende Problematik erweist sich damit als Ausfluß des Widerstreits zwischen dynamischer und statischer Komponente der Souveränität, zwischen demokratischer und rechtsstaatlicher Orientierung der Gesetzgebung, zwischen der demokratischen Idee einer souveränen Gestaltung der Rechtslage einerseits und der Bindung an höherrangiges Recht andererseits[184].

cc) Das Parlamentsgesetz als stabilisierendes und Vertrauen schaffendes Datum

Die demokratische Idee ist nicht nur dort wirkmächtig, wo dem Gesetzgeber die Fähigkeit zu stets neuer und ungebundener Dezision erhalten bleibt. Von Gewicht ist auch dessen Aufgabe, – natürlich unter Bindung an die Vorgaben der

---

[181] *H. Krüger*, Allgemeine Staatslehre, S. 79, 887.
[182] *H. Dreier*, in: ders., Grundgesetz Bd. II, Art. 20 (Demokratie) Rn. 110 ff. m.w.N.; *E. Gurlit*, Verwaltungsvertrag und Gesetzgebung, S. 180; *A. v. Bogdandy*, Gubernative Rechtsetzung, S. 67 ff., 80 ff.
[183] *H. Quaritsch*, FS Schack, S. 125 ff. (134).
[184] Hierzu *D. Heckmann*, Geltungskraft und Geltungsverlust von Rechtsnormen, S. 208; *M. Kloepfer*, VVDStRL Bd. 40 (1981), S. 63 ff. (86 f.); *H. Quaritsch*, Das parlamentslose Parlamentsgesetz, S. 7 ff.

Verfassung – die sachlich gebotene Ordnung des Gemeinwesens herzustellen und zu gewährleisten[185]. Gesetze werden erlassen, um über dauerhafte Verhaltensdispositionen Orientierungssicherheit zu bieten[186], ihre Geltungs- und Steuerungskraft beruht nicht zuletzt auf dem Vertrauen bzw. den vertrauensgesteuerten Dispositionen der Gesetzesadressaten[187]. Diese Bestimmung kann der ständigen Verfügbarkeit einer gesetzlich oder vertraglich geregelten Materie sogar diametral entgegenstehen, so daß einer absolut verstandenen lex posterior Regel andere verfassungsrechtliche Positionen relativierend entgegenzuhalten sind. In besonders schwierigen politischen Feldern kann eine Kooperation zwischen Gesetzgeber und privaten Gesetzesadressaten zwingend erforderlich sein, um ein gemeinwohldienliches Vorhaben ohne zu große politische Kosten umsetzen zu können. Auch die übrigen, ausführlich dargelegten Vorteile staatlich-gesellschaftlicher Kooperation in Verhandlungsregimen (insbesondere: Abbau gesellschaftlicher Widerstandsreservate, Förderung gesellschaftlicher Problemlösungskapazitäten, Erschließung gesellschaftlicher Wissensressourcen[188]) werden durch solche Arrangements genutzt. Wäre dies nicht möglich, würde nach dem Dargelegten der Versuch staatlicher Einflußnahme in komplexe Regelungsgegenstände zum Scheitern verurteilt sein. Adäquate Regelungen der entsprechenden Sachbereiche wären insgesamt nicht mehr möglich. Eine Motivation der privaten Gesetzesadressaten zu entsprechender, steuerungsermöglichender Kooperation wäre aber nicht zu gewährleisten, wenn diese um eine ständige Disponibilität der getroffenen Verabredung zu bangen hätten. Die in einer erhöhten Bestandskraft der Normgeltung liegende Eingrenzung gesetzgeberischer Gestaltungsmacht kann dort sogar als Mittel zu Erreichung des Normzwecks dienen, wo ein Offenhalten der Geltungsdauer dem Normzweck zuwiderliefe, indem etwa private Verhaltensbeiträge nachhaltig nicht zu stimulieren wären. Der in der Bindung des Gesetzgebers liegenden Schwächung seiner zukunftsgerichteten Gestaltungsmacht steht mithin eine Geltungsbestärkung der fraglichen Rechtsnormen und damit eine Erhöhung aktueller parlamentarischer Steuerungskraft gegenüber[189].

Inwieweit angesichts dessen über die bereits analysierten Verträge zwischen dem Staat und anderen Staaten bzw. Religionsgemeinschaften hinaus eine Möglichkeit parlamentarischer Selbstbindung über die Ausübung der Gesetzgebungskompetenz anzuerkennen ist, wenn das Parlament einer Normsetzungs-

---

[185] *D. Heckmann*, Geltungskraft und Geltungsverlust von Rechtsnormen, S. 240 f.; *A. Hollerbach*, Verträge zwischen Staat und Kirche in der Bundesrepublik Deutschland, S. 159 f.

[186] *F.-J. Peine*, Systemgerechtigkeit, S. 121; s.a. ähnlich M. Kloepfer, VVDStRL Bd. 40 (1982), S. 63 ff. (86 f.).

[187] *D. Heckmann*, Geltungskraft und Geltungsverlust von Rechtsnormen, S. 239; s.a. *W. Leisner*, FS Berber, S. 273 ff. (279); *B. Weber-Dürler*, Vertrauensschutz im öffentlichen Recht, S. 283; *T. Würtenberger*, Staatsrechtliche Probleme politischer Planung, S. 347.

[188] Siehe hierzu ausf. S. 38 ff.

[189] *D. Heckmann*, Geltungskraft und Geltungsverlust von Rechtsnormen, S. 240; unter dem Gesichtspunkt der Informalisierung bzw. der Entparlamentarisierung greift *M. Morlok*, VVDStRL Bd. 62 (2003), S. 37 ff. (45 ff.), ähnliche Vorteile auf, wie sie hier eingangs als Vorteile von Verhandlungsregimen im allgemeinen dargelegt wurden (S. 38 ff.).

verpflichtung ausdrücklich zustimmt[190], ist somit vor diesen Hintergründen erneut zu erwägen. Es stellt sich die Frage, ob es der verfassungsmäßigen Ordnung unter dem Grundgesetz widerspricht, wenn der parlamentarische Gesetzgeber einem Gesetzgebungsvertrag eines anderen Gesetzesinitianten durch einfache Zustimmung beitritt, um auf diese Weise dem Gesetzgebungsvertrag eine erhöhte Bindungskraft und damit auch eine erhöhte Sicherheit für den privaten Vertragspartner zu vermitteln. Das Parlament würde auf diese Weise über sein Gesetzgebungsrecht bzw. das Gesetzgebungsrecht folgender Parlamente disponieren. Ob dieses Zustimmungsverfahren mit der Rechtsfolge einer erhöhten Bindungswirkung möglich sein soll, läßt sich nur auf der Grundlage der verfassungsrechtlichen Gestalt parlamentarischer Funktionen und Aufgaben nach dem Grundgesetz erschließen. Sind diese so gestaltet, daß die parlamentarischen Funktionen tatsächlich nur bei völliger Bindungsfreiheit des Gesetzgebers der Verfassung gemäß ausgeübt werden können?

Eine weitgehende Disponibilität parlamentarischer Kompetenzen wäre möglich, wenn aus verfassungsrechtlicher Sicht eine Identität von Staatsvolk und Parlament bestünde. Die Kompetenzen des Parlaments wären die des Staatsvolks, das Parlament träfe mithin keine Verpflichtung dem Staatsvolk gegenüber zur treuhänderischen Sachwaltung der ihm vom diesem übertragenen Kompetenzen. Indes unterstellt eine solche Konstruktion lediglich eine Identität von Volk und Parlament und verweist damit das Volk als verfassungsrechtliche Größe aus dem Blickfeld der Verfassung[191]. Das Volk ist hiernach nicht das Staatsorgan, daß sich in Wahlen und Abstimmungen äußert. Die Bildung des Staatswillens ist ausschließlich dem Parlament von Verfassungs wegen aufgegeben. Die Bundestagswahlen stellen insoweit lediglich eine Voraussetzung der staatlichen Willensbildung dar. Im Staat handelt daher das Volk ausschließlich als und durch das Parlament. Diese Ansicht vermag indes angesichts der ausdrücklichen Konstituierung des Volkes durch das Grundgesetz und der Zuweisung entsprechender verfassungsrechtlicher Kompetenzen durch Art. 20 Abs. 2, 38 GG nicht zu überzeugen[192] und kann daher auch nicht als Grundlage für eine weitgehende Disponibilität parlamentarischer Kompetenz dienen.

Als Ausgangspunkt der Überlegungen muß klar sein, daß der bloße Bindungswille des Gesetzgebers noch keine Bindung bewirken kann, sondern daß es hierfür eines speziellen verfassungsrechtlichen Dispositionstitels bedarf[193]. Als ein solcher kommt vorliegend das Prinzip des Vertrauensschutzes – eine Emanation des Rechtsstaatsprinzips – in Betracht[194]: Verfolgt man die außerhalb verfas-

---

[190] *J.A. Frowein*, FS Flume, S. 301 ff. (314); *M. Sachs*, VerwArch Bd. 74 (1983), S. 25 ff. (36).
[191] *P. Badura*, in: Bonner Kommentar zum Grundgesetz (1966), Art. 38 Rn. 31 f.; *E. Klein*, Die verfassungsrechtliche Problematik des ministerialfreien Raumes, S. 197.
[192] S.a. insoweit *E.T. Emde*, Die demokratische Legitimation der funktionalen Selbstverwaltung, S. 309 ff.
[193] Hierzu ausf. *F.-J. Peine*, Systemgerechtigkeit, S. 169 ff.
[194] Die Ablehnung einer Anwendung des Vertrauensschutzprinzips im Zusammenhang mit »ausgehandelten Rechtsnormen« (*J. Becker*, DÖV 1985, S. 1003 ff. (1010); *T. Köpp*, Normvermeidende Absprachen zwischen Staat und Wirtschaft, 150 f.) beruht auf der Annahme ihrer rechtlichen Unverbindlichkeit und der Behauptung, daß Rechtssicherheit und Bestandsschutz die Abreden ihrer gerade im Unverbindlichen wurzelnden Flexibilität beraubten.

sungsrechtlicher Vorgaben bestehende Bindungsfreiheit der Gesetzgebung, deren verfassungsrechtliche Fundierung dargelegt wurde[195], stets mit Rigidität, muß diese in ein Spannungsverhältnis mit dem Grundsatz des Vertrauensschutzes i.S.e. Kontinuitätsvertrauens (im Gegensatz zum Geltungsvertrauen[196]) geraten[197]. Nicht allein Zukunftsoffenheit und Flexibilität der Gesetzgebung verfügen über verfassungsrechtliche Dignität. Vielmehr bietet das Parlamentsgesetz idealerweise auch ein gewisses Maß an Stabilität und Beständigkeit[198]. Die Annahme genereller Unmöglichkeit gesetzgeberischer Selbstbindung läßt sich somit keineswegs völlig bruchlos in eine Rechtsordnung einpassen, die auch gegenüber dem Gesetzgeber das Vertrauen des Bürgers schützt[199]. Eine Rechtsordnung, die dem Prinzip des Vertrauensschutzes Verfassungsrang beimißt, kann nicht mit dem Vertragsschluß den wichtigsten Fall, in dem das Recht auf gegenseitig betätigtem Vertrauen aufbaut, schon prinzipiell als für einen Teil der Staatsgewalt – die rechtsetzende – unverbindlich ansehen[200]. Rechtssicherheit und Vertrauensschutz sind zentrale Konsequenz rechtsstaatlicher Verfassung[201] – und umfassen

---

[195] Siehe S. 294 ff.
[196] Zu dieser Unterscheidung: *W. Leisner*, FS Berber, S. 273 ff. (280 ff.).
[197] *U. Di Fabio*, Der Ausstieg aus der wirtschaftlichen Nutzung der Kernenergie, S. 39 ff.
[198] So auch BVerfGE 107, 17 (38); s.a. *H. Hahn*, Zur Rückwirkung im Steuerrecht, S. 59 ff.; *D. Heckmann*, Geltungskraft und Geltungsverlust von Rechtsnormen, S. 234; *W. Leisner*, Krise des Gesetzes, S. 132 ff., der dem Beständigkeitsverlust des Gesetzes einen eigenen Abschnitt seiner Untersuchung widmet; *S. Muckel*, Kriterien des verfassungsrechtlichen Vertrauensschutzes bei Gesetzesänderungen, S. 81; *F.-J. Peine*, Systemgerechtigkeit, S. 121; für die Bereiche der Planung und des Wirtschaftslebens: *T. Würtenberger*, Staatsrechtliche Probleme politischer Planung, S. 339.
[199] Zu der Entwicklung des Vertrauensschutzgedankens *H. Maurer*, in: J. Isensee/P. Kirchhof, HdbStR Bd. III, § 60 Rn. 3 ff.; *F. Ossenbühl*, DÖV 1972, S. 25 ff. (26 ff.); zu der vorliegenden Konstellation auch *L. Michael*, Rechtsetzende Gewalt im kooperierenden Verfassungsstaat, S. 467 ff.
[200] *J.A. Frowein*, FS Flume, S. 301 ff. (309); *G. Kisker*, VVDStRL Bd. 32 (1974), S. 149 ff. (164 (Fn. 58)). Kritisch demgegenüber aber *M. Bullinger*, Vertrag und Verwaltungsakt, S. 83. Siehe aber auch *H. Sendler*, in: M. Kloepfer, Selbst-Beherrschung im technischen und ökologischen Bereich, S. 135 ff. (141), der in dem parallelen Fall der Substitution einer (noch nicht erlassenen) Rechtsverordnung durch eine verbandliche Selbstverpflichtung davon ausgeht, daß die Verordnungsermächtigung des Verordnungsgebers für die durch die Selbstverpflichtung substituierte Verordnung zwar erhalten bleibt, daß vor einem späteren Verordnungserlaß aber das Vertrauen der Privaten auf den Fortbestand des staatlich nicht regulierten Zustands zu berücksichtigen ist; s.a. *C. Engel*, Staatswissenschaft und Staatspraxis Bd. 9 (1998), S. 535 ff. (546 f.).
[201] BVerfGE 18, 135 (142); s.a. BVerfGE 43, 242 (286); 67, 1 (14); 84, 133 (159); 94, 241 (258); *D. Heckmann*, Geltungskraft und Geltungsverlust von Rechtsnormen, S. 248 f.; *W. Leisner*, FS Berber, S. 273 ff. (293 f.); *H. Maurer*, in: J. Isensee/P. Kirchhof, HdbStR Bd. III, § 60 Rn. 19 ff.; *K. Sobota*, Das Prinzip Rechtsstaat, S. 154 ff.; *K.-P. Sommermann*, in: H. v. Mangoldt/F. Klein/C. Starck, Grundgesetz Bd. 2, Art. 20 Rn. 278 ff., 282 ff.; *C.H. Ule*, DVBl. 1963, S. 475 ff. (478); umfassende Übersicht zu der Herleitung des Vertrauensschutzprinzips nunmehr *H.-J. Blanke*, Vertrauensschutz im deutschen und europäischen Verwaltungsrecht, S. 12 ff., 76 ff. Das Bundesverfassungsgericht hat im Zusammenhang mit Art. 14 GG allerdings das Erfordernis des Vertrauensschutzes nicht aus dem Rechtsstaatsprinzip, sondern aus dem betroffenen Grundrecht hergeleitet (BVerfGE 31, 275 (293); 36, 281 (293)); s.a. *H.-J. Blanke*, a.a.O., S. 109 ff.; *G. Kisker*, VVDStRL Bd. 32 (1973), S. 149 ff. (150, 155, 159); *P. Kunig*, Das Rechtsstaatsprinzip, S. 340, 418 f., 420; *W. Schmidt*, JuS 1973, S. 529 ff. (532 ff.); ablehnend insoweit *W. Leisner*, FS Berber, S. 273 ff. (294 f.); ähnlich aber im Zusammenhang mit Art. 33 Abs. 5 GG: BVerfGE 67, 1 (14 ff.).

daher auch die Selbstbindung des Gesetzgebers[202]. Zwar kann nicht bezweifelt werden, daß eine allgemeine und durch nichts weiter als die Existenz eines Gesetzes gestützte Erwartung auf dessen Fortbestand nicht rechtsstaatlich unter dem Vorzeichen des Vertrauensschutzprinzips gegen entsprechende Enttäuschung abgesichert ist[203]. Ohne weitere vertrauenschaffende Aspekte vermag dann auch das Vorliegen umfangreicher privater Dispositionen für sich allein keinen Vertrauensschutz zu begründen[204]. Die Beachtung der aus dem Grundsatz des Vertrauensschutzes fließenden Bindungen allen staatlichen Handelns kann indes bei Hinzutreten weiterer Umstände dazu führen, daß der Gesetzgeber bestimmte gesetzliche Regelungen nicht mehr ohne weiteres verändern darf. Das Bundesverfassungsgericht hat eine Bindung des Gesetzgebers auf der Grundlage des Grundsatzes der Vertrauensschutzes nicht ausschließen wollen[205]. Das Vertrauensschutzprinzip umhegt auch solche Positionen, die durch verfassungsrechtliche Verträge der hier in Rede stehenden Art begründet worden sind[206]: Wenn der Gesetzgeber implizit durch einseitige Befristung einer gesetzlichen Regelung, aus deren Kontext hervorgeht, daß das Gesetz in jedem Falle bis zum Ende der Frist gelten soll[207], ganz bewußt einen rechtsstaatlich relevanten Vertrauenstatbestand

---

[202] *H. Maurer*, in: J. Isensee/P. Kirchhof, HdbStR Bd. III, § 60 Rn. 57, 58 ff.; s.a. *C. Degenhart*, Systemgerechtigkeit und Selbstbindung des Gesetzgebers als Verfassungspostulat, S. 108 ff.; *F.-J. Peine*, Systemgerechtigkeit, S. 108 ff.; *T. Würtenberger*, Staatsrechtliche Probleme politischer Planung, S. 358 ff.

[203] So auch zu recht: BVerfGE 38, 61 (83); 68, 193 (222); 105, 17 (40).

[204] BVerfGE 105, 17 (44); s.a. *S. Muckel*, Kriterien des verfassungsrechtlichen Vertrauensschutzes bei Gesetzesänderungen, S. 118.

[205] BVerfGE 30, 392 (402); in dem konkreten Fall fiel dann aber die Abwägung zwischen Vertrauensschutz und dem gesetzgeberischen Ziel zugunsten des letzteren aus. S.a. *F. Ossenbühl*, DÖV 1972, S. 25 ff. (30); *G. Kisker*, VVDStRL Bd. 32 (1973), S. 149 ff. (164); *H. Maurer*, in: J. Isensee/P. Kirchhof, HdbStR Bd. III, § 60 Rn. 60; *M. Sachs*, in: ders., Grundgesetz, Art. 20 Rn. 88; *V. Götz*, FS BVerfG I/2, S. 421 ff. (444 ff.); *J. Kölble*, DÖV 1960, S. 650 ff. (657).

[206] Dies nennt *F. Ossenbühl*, Staatshaftungsrecht, S. 389 f., mit Blick auf die dogmatische Einordnung des Plangewährleistungsanspruchs die »Vertragslösung«. Schon beim Reichsgericht (RGZ 139, 177 (189)), aber auch beim Bundesgerichtshof (BGHZ 45, 83; BGH NJW 1968, S. 293 ff. (294)) und beim Bundesverwaltungsgericht (DVBl. 1969, S. 661 ff. (664)) klingt an, daß die mit der Plangewährleistung zusammenhängenden Probleme der Risikoverteilung zwischen Staat und Privaten am besten im Wege des Vertrags gelöst werden. Dieser Weg wurde bereits im einschlägigen Schrifttum vorgeschlagen: *E. Forsthoff*, in: J.H. Kaiser, Planung III, S. 21 ff. (36 f.); *H.P. Ipsen*, in: J.H. Kaiser, Planung II, S. 63 ff. (105 ff.), der ganz im Sinne des Begriffs der »Vertragslösung« feststellt, daß das Recht der Wirtschaftsplanung dazu nötigt, die Dogmatik des öffentlich-rechtlichen Vertrags grundsätzlich zu öffnen.

[207] Hierzu die Beispielsfälle bei RGZ 139, 177; BVerfGE 30, 392; weitere Konstellationen bei *F. Ossenbühl*, Staatshaftungsrecht, S. 379 ff. In Literatur und Rechtsprechung ist die Problematik – oftmals rechtsformunabhängig – parallel zu der Planungseuphorie der siebziger Jahre unter dem Vorzeichen des Plangewährleistungsanspruchs v.a. im Zusammenhang mit wirtschaftlichen Plänen diskutiert worden; siehe *J. Egerer*, Der Plangewährleistungsanspruch; *E. Forsthoff*, in: J.H. Kaiser, Planung II, S. 21 ff. (34 ff.); *M. Oldiges*, Grundlagen eines Plangewährleistungsrechts; *F. Ossenbühl*, Verhandlungen des 50. Deutschen Juristentags, Bd. I, B 185 (196 ff.); *ders.*, a.a.O., S. 379 ff. m.w.N.; *D. Heckmann*, Geltungskraft und Geltungsverlust von Rechtsnormen, S. 243 ff.; *H.P. Ipsen*, in: J.H. Kaiser, Planung II, S. 63 ff. (106 ff.); *P. Selmer*, Steuerinterventionismus und Verfassungsrecht, S. 348 ff.; *W. v. Simson*, in: J.H. Kaiser, Planung I, S. 405 ff.

beim Bürger schaffen kann, der sogar eine Aufhebung des Gesetzes zu verhindern imstande ist[208], wäre es widersinnig, dem Parlament eine solche Schaffung durch Zustimmung zu einem Gesetzgebungsvertrag in dem hier vorgeschlagenen Sinne als unzulässige Verfügung über Kompetenzen zu verwehren[209]. Daß der moderne Staat seine expansiv angewachsenen Aufgaben nicht autochthon und ohne Rückgriff auf gesellschaftliche Ressourcen bewältigen kann, wurde bereits ebenso deutlich wie der Umstand, daß die Evolution vom liberalen zum sozialen Rechtsstaat maßgeblicher Grund für die zunehmende staatlich-gesellschaftliche Kooperation in nahezu allen Bereichen staatlicher Tätigkeit ist. Kooperation und partnerschaftliches Miteinander setzen aber stets Vertrauen voraus[210]. Der Bürger wird auch dort, wo die Entwicklung des Gemeinwesens wegen der Grenzen staatlicher Zugriffsmacht auf sein freiwilliges Zutun angewiesen ist, zu mehr als kurzfristigen Verhaltensdispositionen nicht bereit sein, wenn der Normgeber ihm mit bzw. in der Rechtsnorm nicht eine gewisse Orientierungssicherheit verspricht[211]. Die Begrenzung der Normänderungsmacht durch vorherige Normsetzer führt damit zu einer Bestärkung der Steuerungskraft dieser Normen; sie stärkt den Normsetzer, der seine Steuerungsziele wegen einer derartigen Selbstbindung besser erreichen kann, eher als daß sie ihn schwächt. Wollte man diesen Zusammenhang verfassungsrechtlich nicht anerkennen, würden aktuelle und potentiell/künftige Gestaltungsmacht des demokratischen Gesetzgebers gegeneinander ausgespielt. Die Fruchtbarmachung rechtsstaatlich fundierter Vertrauensschutzregeln auch im vorliegenden Zusammenhang ist daher nur die Konsequenz aus der dynamischen Entwicklung des staatlich organisierten Gemeinwesens. Eine unbegrenzt freie Verfügbarkeit von mit parlamentarischer Zustimmung paktierten Gesetzesmaterien durch den Gesetzgeber würde in einen Widerspruch führen zwischen der prinzipiellen Anerkennung des Vertrags als Handlungsinstrument für juristische Personen des öffentlichen Rechts und der damit zwingend verbundenen Rechtsverbindlichkeit solcher Verträge einerseits und der freien Disposition des Normgebers über die durch den Vertrag begründeten Rechtspositionen der privaten Vertragspartner andererseits[212]. Wenn das Parlament durch Zustimmung dem Gesetzgebungsvertrag beitritt, setzt es einen auf *seine* eigenen Kompetenzen bezogenen Vertrauenstatbestand gegenüber

---

[208] Hierzu *D. Heckmann*, Geltungskraft und Geltungsverlust von Rechtsnormen, S. 243 f.; *G. Kisker*, VVDStRL Bd. 32 (1974), S. 149 ff. (164); *F. Ossenbühl*, DÖV 1972, S. 25 ff. (29 f.); *F.-J. Peine*, Systemgerechtigkeit, S. 165; *B. Weber-Dürler*, Vertrauensschutz im öffentlichen Recht, S. 276 ff.; s.a. *W. Leisner*, FS Berber, S. 273 ff. (294), der aus dem mit dem formellen Gesetz feierlich gesetzten Rechtsfaktum ein bedingtes Verbot des *venire contra factum proprium* für den Gesetzgeber ableitet.
[209] *G. Kisker*, VVDStRL Bd. 32 (1974), S. 149 ff. (164) weist insoweit zu recht darauf hin, daß schon bei einer in einer Fristsetzung liegenden impliziten Bestandszusage des Gesetzgebers »mehr zur Diskussion steht« als ein Standardfall des Vertrauensschutzes gegenüber dem Gesetzgeber.
[210] *F. Ossenbühl*, DÖV 1972, S. 25 ff. (26); grundlegend: *C. Engel*, Vertrauen: ein Versuch, S. 5 ff.
[211] *D. Heckmann*, Geltungskraft und Geltungsverlust von Rechtsnormen, S. 239 f.
[212] So *J.A. Frowein*, FS Flume, S. 301 ff. (309).

dem privaten Vertragspartner. Durch die Zustimmung zu dem Gesetzgebungsvertrag bindet es sich in zweifacher Weise: Weder ist eine abweichende parlamentarische Initiative zulässig, noch darf das Parlament eine abweichende gesetzliche Regelung auf Initiative eines anderen Initianten erlassen. Das aus Art. 20 Abs. 3 GG fließende Prinzip des Vertrauensschutzes bewirkt eine Bindung des legislatorischen Zugriffs- und Gestaltungsrechts.

Ebenso wie bei der Zustimmung nach Art. 59 Abs. 2 GG soll eine auf innerstaatliche Angelegenheiten bezogene Zustimmung die Umsetzung der von Regierung und (hier: innerstaatlichem) Dritten vereinbarten Regelung sichern. Zwar bleibt die Herrschaft über den eigentlichen Normsetzungsakt beim Parlament. Das Parlament hat es auch selbst in der Hand, seine für den Abschluß des Vertrages (und damit für die Entstehung der parlamentarischen Verpflichtung zur Normbeibehaltung) konstitutive Zustimmung zu erteilen oder zu verweigern. Eine unter legitimatorischen Gesichtspunkten problematische Mitwirkung Privater oder der Regierung an dem Akt der Normsetzung wäre durch eine in diesem Stadium entfaltete Bindung nicht zu befürchten, da diese gerade erst durch die parlamentarische Zustimmung hergestellt wird. Die Letztentscheidungskompetenz über die Zustimmung zu dem Vertrag (und damit über die Entstehung der Norm) liegt nach wie vor beim Parlament. Der Primat des Gesetzgebers ist nicht gefährdet, da das Parlament sich selbst gegenüber Rechenschaft über die künftige Gestaltung der Gesetzgebung und deren Festlegung ablegt.

dd) Analoge Anwendung von § 82 Abs. 2 GO-BT und die Erfordernisse der Wesentlichkeitslehre

Wenn man bei Zustimmungen zu innerstaatlichen Gesetzgebungsverträgen der Bundesregierung im Verfahren nach § 82 Abs. 2 GO-BT ana. Änderungsanträge sinnvollerweise für ebenso wenig zulässig hält wie bei der Zustimmung zu völkerrechtlichen Verträgen, so entspricht eine analoge Beschränkung des parlamentarischen Zugriffsrechts auch bei einer innerstaatlichen Ratifikationslage[213] auf den ersten Blick einerseits den Bedürfnissen des innerstaatlichen Verhandlungsregimes, ohne den parlamentarischen Einfluß entscheidend zu schmälern. Andererseits könnte dann gegen die Zulässigkeit des in Erwägung gezogenen Verfahrens parlamentarischer Selbstbindung durch Zustimmung der Umstand sprechen, daß eine solche Zustimmung des Parlaments – wie bei der Zustimmung zu einem völkerrechtlichen Vertrag – nur im Wege eines »Ganz oder gar nicht« erfolgt[214].

---

[213] Dieser Begriff hat sich inzwischen etabliert. Allerdings wird mit ihm ein falsches Verständnis dessen genährt, was »Ratifikation« meint. Es handelt sich hierbei gerade nicht um den Zustimmungsakt des Parlaments, sondern um die Erklärung einer Vertragspartei, durch einen Vertrag gebunden sein zu wollen; siehe Art. 2 Abs. 1 lit. (b) WVK.

[214] Diese Frage ist von den bereits erörterten Aspekten zu unterscheiden, ob es verfassungsrechtlich zulässig ist, daß die Bundesregierung über den inneren Aspekt ihres Gesetzesinitiativrechts ohne Zustimmung des Parlaments entscheiden kann (S. 278 f.) bzw., ob das Parlament bei

α) *Analoge Anwendung von § 82 Abs. 2 GO-BT*

Die Regierung steht mit der Vorbereitung des Gesetzgebungsvertrags – insoweit nicht anders als in dem Fall, in dem eine analoge Anwendung von § 82 Abs. 2 GO-BT abgelehnt wurde[215] – gegenüber ihren innerstaatlichen Vertragspartnern im Wort. Sie konnte ihre Initiativbefugnis rechtmäßigerweise und ohne parlamentarische Beteiligung inhaltlich binden. Die Berechtigung dafür, diese Konstellation nun anders zu beurteilen als bei der Abstimmung des Parlaments über eine paktierte Abrede, liegt darin, daß vorliegend gerade dauerhaftes Recht geschaffen werden soll, für dessen Erlaß auch von dem privaten Partner Gegenleistungen erbracht werden müssen. Während dieser sich bei einer bloßen Abrede mit der Bundesregierung aufgrund der beschränkt subjektiven Bindungswirkung und der Möglichkeit abweichender Gesetzesinitiativen durch Dritte ohnehin nicht auf die Realisierung des ausgehandelten Regelungsinhalts verlassen kann, ist die Situation hier nun insoweit eine andere, als die Bundesregierung durch die Zustimmung des Parlaments dieses in die Abrede mit einbezieht und damit der Verabredung Gesetzeskraft verleiht.

Mit den Zusagen der privaten Seite stehen diese Bindungen in einem do ut des-Verhältnis, dessen Auflösung durch das Parlament den Sinn dieser wechselseitigen Verpflichtung konterkarieren würde. Die Beschränkung einer solche Auflösung wäre ebenso wenig sinnvoll und hinzunehmen wie im völkerrechtlichen Verkehr. Für eine Bindung des Parlaments spricht auch der Umstand, daß jede Gesetzesinitiative durch den einbringenden Initianten bis zu dem Zeitpunkt ihrer Verabschiedung wieder zurückgezogen werden kann[216]. Dies macht deutlich, daß der Initiant ungeachtet aller möglicherweise im Verlauf des Gesetzgebungsverfahrens erforderlich werdenden politischen Kompromisse auch bis zum Schluß den Gesetzentwurf als den seinen akzeptieren können soll. Wenn dies aber schon für eine Gesetzesinitiative gilt, in deren Werdegang zu einem Gesetz zwangsläufig noch andere staatliche Kompetenzträger aufgrund der ihnen im Gesetzgebungsverfahren zugewiesenen Rollen auf den Gesetzesinhalt Einfluß nehmen können, so muß dies erst recht für den Beitritt des Parlaments zu einem fremden Vertrag gelten.

Dem Bundestag wird durch die Beschränkung nur wenig genommen, da er frei bleibt, seine Zustimmung zu dem Gesetzgebungsvertrag zu verweigern und ein seinem Willen entsprechend modifiziertes Regelungswerk – dann als eigene Gesetzesinitiative – in den Bundestag auf dem gewöhnlichen Weg einzubringen. Zwar bindet die Regierung in der Verabredung mit den Privaten nur ihre Initiativbefugnis (und dies auch nur in materieller Hinsicht), so daß eine einseitige Ver-

---

der Vorlage eines ohne seine Zustimmung ausgehandelten Gesetzentwurfs der Regierung in analoger Anwendung des § 82 Abs. 2 GO-BT darauf verwiesen ist, diese Vorlage nur unverändert zu akzeptieren oder abzulehnen. Dies ist auch in dem vorliegenden Fall nicht anzunehmen.

[215] Siehe S. 287 f.
[216] *J. Lücke*, in: M. Sachs, Grundgesetz, Art. 76 Rn. 13; *E. Schmidt-Jortzig / M. Schürmann*, in: Bonner Kommentar zum Grundgesetz (1996), Art. 76 Rn. 186 ff.; *R. Stettner*, in: H. Dreier, Grundgesetz Bd. II, Art. 76 Rn. 17.

änderung des Verabredungsergebnisses durch den Bundestag keine Vertragsverletzung der Regierung darstellen würde. Aber auf diese Weise würde deutlich, daß das entstehende Gesetz nicht dasjenige ist, das zwischen Regierung und Privaten verabredet wurde und das für den privaten Vertragspartner auch keinen gesteigerten Vertrauensschutz aufgrund eines konsentierten parlamentarischen Vertrags mit sich bringen kann.

β) Die Vorgaben der Wesentlichkeitslehre

Geht man aber von einer Einschränkung der auf den Gesetzgebungsvertrag der Regierung bezogenen Zustimmungsoptionen in analoger Anwendung von § 82 Abs. 2 GO-BT aus, ergeben sich weitere Bedenken gegen die Zulässigkeit des hier befürworteten »Zustimmungsverfahrens«. Die Möglichkeit des parlamentarischen Kompromisses, auf den das parlamentarische Gesetzgebungsverfahren in seiner technischen Gestaltung mit der Diskussion des Für und Wider in den parlamentarischen Ausschüssen ausgelegt ist, würde damit unterbunden. Bei der Zustimmung zu einem völkerrechtlichen Vertrag wird dies hingenommen, um die völkerrechtliche Handlungsfähigkeit der Exekutive nicht über Gebühr einzuschränken. Bei der parlamentarischen Zustimmung zu einem Gesetzgebungsvertrag der Regierung fallen damit die Sicherungen des gewöhnlichen parlamentarischen Gesetzgebungsverfahrens aus[217]. Dies scheint insbesondere dann problematisch, wenn es sich bei dem ausgehandelten und zur parlamentarischen Zustimmung vorgelegten Gesetzentwurf um einen solchen handelt, der eine der Wesentlichkeitslehre unterfallende Materie umfaßt. Daher ist zu erwägen, ob von der parlamentarischen Zustimmung zu einem ausgehandelten Gesetzentwurf aufgrund des Ausfalls des üblichen, entscheidungsoffenen parlamentarischen Gesetzgebungsverfahrens eine Bindung des Gesetzgebers nach § 82 Abs. 2 GO-BT auch in dem von der Wesentlichkeitslehre umfaßten thematischen Bereich zulässig sein kann.

Außerhalb der von der Wesentlichkeitslehre umfaßten Sachbereiche kann das Zugriffsrecht des Gesetzgebers in jedem Fall zulässiger Gegenstand einer parlamentarisch autorisierten Vertragsbindung sein[218]. Auch wenn es sich hier gleichermaßen um einen Bereich der förmlichen Gesetzgebung handelt, die grundsätzlich allein dem Parlament zusteht[219], ist die in der Optionenverengung auf Zustimmung oder Ablehnung liegende Einschränkung der Funktion des Gesetzgebungsverfahrens unschädlich. Das Parlament wäre auch berechtigt, die Angelegenheit an den Verordnungsgeber zu delegieren. In dessen Hand wäre die Sache aber ebenfalls dem Diskurs und der Publizität des parlamentarischen Gesetzgebungsverfahrens entzogen. Daher schadet die durch das Zustimmungsverfahren bewirkte Relativierung des Gesetzgebungsverfahrens hier nicht[220].

---

[217] *D. Birk*, NJW 1977, S. 1797 ff. (1798).
[218] *E. Gurlit*, Verwaltungsvertrag und Gesetz, S. 314 f. Zu dem Zugriffsrecht des Gesetzgebers: *A. Janssen*, Über die Grenzen des legislativen Zugriffsrechts, S. 66 ff.; *E.-W. Böckenförde*, Die Organisationsgewalt im Bereich der Regierung, S. 84, 90, 103 ff.
[219] Daher ablehnend *K.H. Friauf*, AöR Bd. 88 (1963), S. 257 ff. (291).
[220] *E. Gurlit*, Verwaltungsvertrag und Gesetz, S. 314 f.

Aber auch eine Ausklammerung der von der Wesentlichkeitslehre umfaßten Sachbereiche wäre mit den Anforderungen dieser Lehre an die parlamentarische Normsetzungsverantwortung nicht zu begründen. Die durch das Vorliegen einer »wesentlichen« Frage ausgelösten prozeduralen Anforderungen würden überspannt. In erster Linie ist es Anliegen der Wesentlichkeitslehre, daß sich das Parlament mit gesetzlichen Regelungen, die in diesem Sinne wesentliche Fragen berühren, selbst beschäftigt und über sie entscheidet. Diese Entscheidung kann aber auch im Wege der Zustimmung zu einer von der Regierung ausgehandelten Lösung erfolgen. Deliberativ- und Veröffentlichungsfunktion des Gesetzgebungsverfahrens würden hierbei nicht berührt, da eine bestimmte Intensitätsschwelle bei der Beschäftigung mit »wesentlichen Fragen«, die überschritten werden muß, für die Bewahrung dieser Funktionen aus der Wesentlichkeitslehre nicht abzuleiten sind. Dies ergibt sich aus der verfassungsrechtlichen Funktion der Wesentlichkeitslehre, in der sich der zunächst allein rechtsstaatlich-grundrechtlich motivierte Gesetzesvorbehalt zu einem demokratisch und rechtsstaatlich motivierten Parlamentsvorbehalt gewandelt hat.

In der Frühzeit dieser Lehre bemühte das Bundesverfassungsgericht sowohl das Demokratie- als auch das Rechtsstaatsprinzip zu ihrer Begründung und bejahte das Erfordernis einer parlamentsgesetzlichen Regelung in solchen Fällen, in denen eine Angelegenheit eine große Bedeutung für die Verwirklichung von Grundrechten hatte[221]. Indes verlangt das Demokratieprinzip für nicht grundrechtsrelevante, aber politisch bedeutsame Fragen der Gemeinwohlkonkretisierung ebenfalls eine parlamentarische Entscheidung[222]. Parlamentsgesetzlicher Regelung bedürfen unter diesem Vorzeichen stets solche Fragen, die Staat und/oder Gesellschaft in besonderem Maße berühren. Das Vorhandensein politischer Kontroversen mit Breitenwirkung in der Öffentlichkeit ist insoweit (aber nur) ein Indikator für die Bedeutung der zu regelnden Frage[223].

Während die rechtsstaatliche Sicherungsfunktion des Gesetzesvorbehalts allein auf das Vorliegen einer außenwirksamen Norm und damit nicht auf die unmittelbare parlamentarische Entscheidung abstellt[224], fordert das Demokratieprinzip die Mitwirkung des Parlaments. Dies ist nicht so sehr mit dessen unmittelbarer

---

[221] BVerfGE 34, 165 (192); 41, 251 (259) f.; 45, 400 (417); 47, 46 (79); 49, 89 (127); 57, 295 (321); 58, 257 (268 f., 272 ff., 279); 62, 169 (182 f.); zusammenfassend zur Grundrechtsrelevanz *H. Schulze-Fielitz*, Theorie und Praxis parlamentarischer Gesetzgebung, S. 164 ff.

[222] *H.-J. Papier*, Die finanzrechtlichen Gesetzesvorbehalte und das grundgesetzliche Demokratieprinzip, S. 32 ff. Hier liegt auch der eigentliche Hintergrund des vom Bundesverfassungsgericht aus einer Gesamtschau der Wehrverfassung hergeleiteten konstitutiven Parlamentsvorbehalts für den militärischen Einsatz von Streitkräften, BVerfGE 90, 286 (381 ff.).

[223] *H. Schulze-Fielitz*, Theorie und Praxis parlamentarischer Gesetzgebung, S. 167 f.; dort auch zu weiteren Beispielen politisch bedeutsamer Fragen.

[224] *M. Kloepfer*, JZ 1984, S. 685 ff. (690); *F. Ossenbühl*, in: J. Isensee/P. Kirchhof, HdbStR Bd. III, § 62 Rn. 40; *H.-J. Papier*, in: Volkmar Götz/Hans H. Klein/Christian Starck, Die öffentliche Verwaltung zwischen Gesetzgebung und richterlicher Kontrolle, S. 36 ff. (50); *H.H. Rupp*, Grundfragen der heutigen Verwaltungsrechtslehre, S. 131 ff. Auch in BVerfGE 86, 90 (106) wird nunmehr eine Verletzung des im Demokratieprinzip wurzelnden Parlamentsvorbehalts neben einer Verletzung des aus dem Rechtsstaatsprinzip abzuleitenden Bestimmtheitsgrundsatzes geprüft.

demokratischer Legitimation zu begründen[225], sondern erfolgt wegen der spezifischen Leistungen des Gesetzgebungsverfahrens, welches Deliberation, Publizität und Interessenausgleich gewährleisten soll[226].

Die Möglichkeit einer dauerhaft bindenden parlamentarischen Zustimmung zu einem Gesetzgebungsvertrag der Regierung begründet zwar letztlich – zumindest soweit »wesentliche« Materien betroffen sind – die Ablösung des Parlamentsvorbehalts von der Form des Parlamentsgesetzes[227]. Doch wird durch eine solche Konstruktion nicht der Weg eines disziplinierten und rationalisierten parlamentarischen Verfahrens in das Belieben des Parlaments gestellt und damit letztlich aufgegeben[228]. Denn wie bei jedem parlamentarischen Zustimmungsverfahren handelt es sich auch bei einer Zustimmung zu einem Gesetzgebungsvertrag nicht um ein »Geheimverfahren«. Dies ergibt sich daraus, daß die Verwirklichung der verfassungsrechtlichen Desiderate des Gesetzgebungsverfahrens, die dieses als Gemeinwohlverfahren[229] prägen, nicht von der Zahl der jeweiligen Beratungen, sondern von deren Qualität und Intensität abhängig sind. Unverzichtbare Charakteristika des Gesetzgebungsverfahrens sind die Diskussion und die Beratung des Gesetzentwurfs mit einer Gegenüberstellung und Abwägung von Argumenten und Interessen. Hinzu tritt das Erfordernis der Informationserhebung zur Gewinnung empirischer Grundlagen für eine Entscheidungsfindung, die sich nicht allein an außerparlamentarischen (ministeriellen) Vorgaben orientiert. Auch die Offenheit und Öffentlichkeit des Verfahrens sind entscheidende Faktoren des parlamentarischen Willensbildungsprozesses[230]. Diese Vorgaben für ein den theoretischen Idealen des Parlamentarismus möglichst nahekommendes Gesetzgebungsverfahren werden im einzelnen durch die Geschäftsordnung des Bundestags umgesetzt. Betrachtet man deren Vorschriften, so wird deutlich, daß – abgesehen von dem Punkt der »Offenheit« – keine verfassungsrechtlich wesentlichen Unterschiede zwischen einem gewöhnlichen Gesetzgebungsverfahren und anderen parlamentarischen Verfahren – etwa nach Art. 59 Abs. 2 GG – bestehen.

Nach § 78 Abs. 1 GO-BT werden zwar gewöhnliche Gesetzentwürfe in drei Beratungen und Verträge mit auswärtigen Staaten und ähnliche Verträge, welche die politischen Beziehungen des Bundes regeln oder sich auf Gegenstände der

---

[225] Zurückhaltend insoweit auch BVerfGE 49, 89 (125 f.)
[226] BVerfGE 41, 251 (259); 85, 386 (403); 956, 267 (307 f.); *H.H. v. Arnim*, DVBl. 1987, S. 1241 ff. (1244); *E.-W. Böckenförde*, Gesetz und gesetzgebende Gewalt, S. 384; *G. Kisker*, NJW 1977, S. 1313 ff. (1318 f.).
[227] So schon *M. Kloepfer*, JZ 1984, S. 693 ff. (694 f. und passim).
[228] *H. Schulze-Fielitz*, Theorie und Praxis parlamentarischer Gesetzgebung, S. 171.
[229] *P. Häberle*, Öffentliches Interesse als juristisches Problem, S. 251; *H. Schulze-Fielitz*, Theorie und Praxis parlamentarischer Gesetzgebung, S. 179 f.; s.a. *H.H. v. Arnim*, Gemeinwohl und Gruppeninteressen, S. 48; *M. Morlok*, VVDStRL Bd. 62 (2003), S. 37 ff. (61 ff.).
[230] Zu diesen Charakteristika etwa: *S. Magiera*, Parlament und Staatsleitung in der Verfassungsordnung des Grundgesetzes, S. 120 ff., 177 ff.; *G. Roellecke*, Der Begriff des positiven Gesetzes und das Grundgesetz, S. 281 ff.; *H. Schulze-Fielitz*, Theorie und Praxis parlamentarischer Gesetzgebung, S. 179 f.; *G. Schwerdtfeger*, FS Ipsen, S. 173 ff.

I. Tauschgegenstand des staatlichen Partners

Bundesgesetzgebung beziehen, grundsätzlich in nur zwei Beratungen behandelt. Während aber alle anderen Vorlagen (und damit auch einfache parlamentarische Beschlüsse) grundsätzlich in einer Beratung behandelt werden, können in den Fällen des Art. 59 Abs. 2 GG auf Beschluß des Bundestages auch drei Beratungen stattfinden. Selbst wenn von dieser Möglichkeit kein Gebrauch gemacht werden sollte, so ist auch mit bloß einer Beratung so viel Öffentlichkeit hergestellt bzw. (insbesondere durch die Opposition) herstellbar, daß insoweit nicht ernsthaft von einem Ausfall der Publizitätsfunktion gesprochen werden kann. § 78 Abs. 3 GO-BT legt fest, daß, wenn Vorlagen in zwei Beratungen behandelt werden, für die Schlußberatung neben den Bestimmungen für die zweite Beratung (§§ 81, 82 und 83 Abs. 3 GO-BT) auch die Bestimmungen über die Schlußabstimmung (§ 86 GO-BT) entsprechende Anwendung finden. In Ermangelung einer Möglichkeit zu Änderungsanträgen findet auch keine besondere Schlußabstimmung, sondern nur eine Abstimmung unmittelbar nach der zweiten Beratung statt (§ 78 Abs. 3 GO-BT i.V.m. § 86 Satz 4 GO-BT)[231]. Es kann insoweit verfassungsrechtlich vor dem Hintergrund der Wesentlichkeitstheorie keinen Unterschied machen, ob über ein Regelungsvorhaben ein, zwei oder drei parlamentarische Beratungen stattfinden.

Ein weiterer Aspekt ist zu bedenken: Die faktische Ratifizierungslage, in die das Parlament – oder besser: die die Regierung unterstützende Parlamentsmehrheit – durch den Gesetzespakt, dem das Parlament zum Zwecke der Selbstbindung zustimmen soll, gerät, gibt nur auf den ersten Blick das Verfahren parlamentarischer Deliberation als Vehikel sachgerechter Abwägung preis. Der parlamentarische Gesetzgeber bewegt sich dabei auf einem schmalen Grat zwischen Selbstaufgabe und Kompetenzwahrung[232]. Allerdings ist darauf hinzuweisen, daß es dem Parlament unbenommen bleibt, sich seiner durch den außerparla-

---

[231] Der Umstand, daß § 82 Abs. 2 GO-BT Änderungsanträge zu völkerrechtlichen Verträgen verbietet, steht der Legitimationswirkung des Zustimmungsaktes nicht entgegen. Durch diese Einschränkung des parlamentarischen Zugriffsrechts sollen ausgehandelte Verträge einseitiger Änderung durch das Parlament entzogen werden. Die Regelung läßt dem Parlament nur zwei Möglichkeiten: den Vertrag in seiner Gänze anzunehmen – oder ihn abzulehnen (Allerdings weist *R. Wolfrum*, VVDStRL Bd. 56 (1997), S. 38 ff. (48 f.), auf die Möglichkeit, Anträge zur Änderung des Vertragsgesetzes zu stellen, hin, wonach die Formulierung eines Vertragsvorbehalts (Art. 19–21 WVK) bindend verlangt werden kann; siehe hierzu *I. Pernice*, in: H. Dreier, Grundgesetz Bd. II, Art. 59 Rn. 39. Die gesetzgebenden Körperschaften können einer Ratifikation unter der Bedingung zustimmen, daß die Bundesrepublik einen bestimmten Vertragsvorbehalt anbringt. Unterläßt sie dies, so ist der dennoch ratifizierte Vertrag völkerrechtlich – in den Grenzen des Art. 46 WVK – gültig. Seine innerstaatliche Umsetzung ist dann aber unvollkommen (*P. Kunig*, in: W. Graf Vitzthum, Völkerrecht, Rn. 104).). Daß dieses Alternativverhältnis einen erheblichen Druck auf das Parlament ausübt, einen Vertrag aufgrund drohender außenpolitischer Verwerfungen auch dann anzunehmen, wenn er nicht im vollen Umfang den Wünschen der Parlamentsmehrheit entspricht, ist evident, entspricht aber der Vorrangstellung der Regierung in dem Bereich der auswärtigen Gewalt. Allerdings liegt die präventive Wirkung auch des so verengten parlamentarischen Mitwirkungsrechts darin, daß sich die Regierung auf die Wünsche des Parlaments schon im Vorfeld des Zustimmungsverfahrens einstellen muß, wenn sie mit der späteren Zustimmung rechnen will; *C. Tomuschat*, VVDStRL Bd. 36 (1978), S. 7 ff. (29))
[232] *F. Ossenbühl*, in: J. Isensee/P. Kirchhof, HdbStR Bd. III, § 61 Rn. 60.

mentarischen Vertrag des Gesetzesinitianten (noch) ungebundenen Gestaltungsmacht – gegebenenfalls sogar durch Verweigerung der Zustimmung und Aufforderung an die Regierung zu neuen Verhandlungen – zu versichern.«Am Ende verfügt jedes Parlament über das Maß an Autorität und Autoritätsverlust, das es nach dem Handeln seiner jeweiligen Mehrheit und Opposition verdient«[233]. Ob es also zu einer demokratischen Gesetzgebung ohne Parlament[234] kommt, liegt allein in dessen Hand.

ee) Auswirkungen des Vertrauensschutzprinzips auf die Gesetzgebungsbefugnisse des Parlaments

Die auf der Grundlage des Vertrauensschutzprinzips etablierte Bindung des Gesetzgebers an solche Gesetze, die auf der Grundlage eines durch das Parlament konsentierten Gesetzentwurfs ergehen, begegnet auch unter Berücksichtigung der dargelegten[235] besonderen verfassungsrechtlichen Anforderungen an die Zukunftsoffenheit, die Gestaltungsmacht und die Gemeinwohlverantwortung des parlamentarischen Gesetzgebers keinen so schwerwiegenden Bedenken, daß der Grundsatz des vertrags- und zustimmungsvermittelten Vertrauensschutzes prinzipiell zurückzutreten hätte und der Regierung damit dieses Element der staatlich-gesellschaftlichen Kooperation aus der Hand genommen würde. Daher greift es zu kurz, wenn man sich mit dem Bundesverfassungsgericht allein darauf konzentriert, daß der grundsätzliche Konflikt zwischen der Verläßlichkeit der Rechtsordnung und der Notwendigkeit ihrer Änderung im Hinblick auf einen Wandel der Lebensverhältnisse[236], nicht einseitig zu Lasten der Anpassungsfähigkeit der Rechtsordnung gelöst werden darf[237]. Auch das Prinzip des Vertrauensschutzes bewahrt die Betroffenen – hier: die privaten Vertragspartner – nicht vor jeder Enttäuschung[238]. Da das Gesetz den Bürger in die Lage versetzen soll, auf längere Sicht zu planen und zu disponieren, darf er dem ordnungsgemäß gesetzten Recht zwar grundsätzlich Vertrauen entgegenbringen. Ob aber dem Bürger Vertrauensschutz zu gewähren ist und ob dieser der Gestaltungsmacht des Gesetzgebers Grenzen setzt, richtet sich nach der Vorhersehbarkeit der Gesetzesänderung: Mußte ein objektiver Betrachter mit einer Gesetzesänderung rechnen[239]? Inwieweit in einem konkreten Fall das Gesetzesvertrauen des Bürgers oder die Gestaltungsmacht des Gesetzgebers überwiegt, muß auf der Grundlage einer Abwägung zwischen dem Vertrauen der Betroffenen auf den Fortbestand des Rechtszustands nach der bisherigen gesetzlichen Regelung einerseits und der Be-

---

[233] *M. Herdegen*, VVDStRL Bd. 62 (2003), S. 7 ff. (19).
[234] So die Befürchtung bei *P. Kirchhof*, NJW 2001, S. 1332 ff., s.a. *D. Grimm*, FS Habermas, S. 489 ff. (502 ff.); *M. Ruffert*, DVBl. 2002, S. 1145 ff. (1148); *R. Scholz*, FS BVerfG II/2, S. 663 ff. (691).
[235] Siehe S. 294 ff.
[236] Dazu bereits BVerfGE 38, 61 (83); 48, 403 (416); 68, 193 (222).
[237] BVerfGE 76, 256 (348).
[238] BVerfGE 43, 242 (286); 67, 1 (15); 68, 287 (307); 70, 69 (84); 71, 255 (272); 76, 256 (349 f.).
[239] BVerfGE 76, 256 (349 f.).

deutung des gesetzgeberischen Anliegens für das Wohl der Allgemeinheit andererseits entschieden werden[240].

Die verfassungsgerichtliche Rechtsprechung greift bei dieser Abwägung auf die Kriterien einer Überprüfung der unechten Rückwirkung eines Gesetzes zurück[241]. Dies wird allerdings der besonderen Vertrauenswürdigkeit, die von einer gesetzgeberischen Befristung ebenso wie von einer ausdrücklichen, auf die Schaffung von Vertrauen zielenden Zusicherung ausgeht, nicht gerecht. Eine Anwendung der Grundsätze über die echte Rückwirkung von Gesetzen ist dementsprechend vorzuziehen, so daß die vorzeitige Aufhebung solcher Rechtsnormen grundsätzlich nicht in Frage kommt[242].

Bei dieser Abwägung erlangt der zwischen Regierung und Privatem mit Zustimmung des Parlaments geschlossene Vertrag eine besondere Bedeutung und entfaltet einen erheblichen Widerstand gegen eine Zulässigkeit der Gesetzesänderung[243]. Anders als in den sonstigen Fällen des Vertrauensschutzes gegenüber dem Gesetzgeber, nach denen auch bei Vorliegen entsprechenden Vertrauens bei den Bürgern eine Änderung der gesetzlichen Regelung meist zulässig sein wird[244], spricht gerade das Vorhandensein des konsentierten Vertrags stark gegen deren Abänderbarkeit. Weitere wichtige Faktoren bei der Abwägung sind das Maß des privaten Entgegenkommens in dem konsentierten Gesetzgebungsvertrag und insbesondere das Maß der privaten Gegenleistung sowie der bereits im Vertrauen auf die konsentierte gesetzliche Regelung getätigten wirtschaftlichen

---

[240] BVerfGE 2, 380 (405); 13, 261 (272); 30, 367 (390 f.); 67, 1 (15); 72, 200 (260); 88, 384 (404); *S. Muckel*, Kriterien des verfassungsrechtlichen Vertrauensschutzes bei Gesetzesänderungen, S. 68 ff. Vgl. hierzu auch die das Verhältnismäßigkeitsprinzip und den Vertrauensschutz verknüpfende Formel in BVerfGE 95, 64 (86 ff.).

[241] BVerfGE 30, 392 (404). Zu den Kriterien: BVerfGE 30, 392 (402); 51, 356 (362); 69, 272 (309); 72, 141 (154); 89, 48 (66); 94, 241 (259); 95, 64 (86); 105, 17 (43 f.); s.a. (insbesondere zu den unterschiedlichen semantischen Nuancierungen der beiden Senate) *A. Leisner*, Kontinuität als Verfassungsprinzip, S. 475 ff.; *H. Schulze-Fielitz*, in: H. Dreier, Grundgesetz Bd. II, Art. 20 (Rechtsstaat) Rn. 139 ff.; *K.-P. Sommermann*, in: H. v. Mangoldt / F. Klein / C. Starck, Grundgesetz Bd. 2, Art. 20 Rn. 285 ff. Zur Rückwirkungsjudikatur des BFH siehe den Überblick bei *J. Hey*, Steuerplanungssicherheit als Rechtsproblem, S. 221 ff. Eine zunehmende Auflösung des Dispositionsschutzes ist aber tendenziell der neueren Rechtsprechung des Bundesverfassungsgerichts zu entnehmen: BVerfGE 97, 67 (78 ff.); 105, 17 (37 ff., 44); zu dem kritisch über den hier nur noch »nach Kassenlage« gewährten Dispositionsschutz: *J. Hey*, BB 2002, S 2312 ff. (2313 f.).

[242] *G. Kisker*, VVDStRL Bd. 32 (1974), S. 149 ff. (164); *H. Maurer*, in: J. Isensee / P. Kirchhof, HdbStR Bd. III, § 60 Rn. 59. Gesetze, die eine echte Rückwirkung entfalten, sind grundsätzlich verfassungswidrig (BVerfGE 13, 261 (272); 30, 392 (401); 45, 142 (173 f.); 88, 384 (403); 94, 241 (258 f.); 95, 64 (86)). Zu den Voraussetzungen, unter denen die echte Rückwirkung eines Gesetzes verfassungsrechtlich zulässig sein kann, siehe BVerfGE 72, 200 (258): wenn »zwingende Gründe des gemeinen Wohls oder ein nicht – oder nicht mehr – vorhandenes schutzbedürftiges Vertrauen des einzelnen eine Durchbrechung« gestatten.

[243] Aufgrund der verfassungsrechtlichen Verwurzelung des Vertrauensschutzprinzips einerseits und der besonderen Flexibilität bei seiner Anwendung andererseits überzeugt es hingegen nicht, eine Bindung des Gesetzgebers nur durch mögliche Sekundäransprüche anzuerkennen und die Option einer inhaltlichen, auf das Gesetz bezogenen Veränderungssperre generell auszuschließen; so aber *F.-J. Peine*, Systemgerechtigkeit, S. 178 m.w.N. in Fn. 40.

[244] *K.-P. Sommermann*, in: H. v. Mangoldt / F. Klein / C. Starck, Grundgesetz Bd. 2, Art. 20 Rn. 287.

und sonstigen Dispositionen[245]. Auch der Zeitablauf spielt hier eine erhebliche Rolle. Je länger der Vertragsschluß zurückliegt, desto eher kann wiederum von einem drängenden Bedürfnis des Gemeinwohls ausgegangen werden[246], eine gesetzliche Regelungen neuen Anforderungen anzupassen[247]. Gegebenenfalls kann der Gesetzgeber auch gezwungen sein, Übergangs- (oder Entschädigungs-) Regelungen zu schaffen, die das Ausmaß des Vertrauensschadens bei den Betroffenen abmildern[248].

Kein Gewicht zugunsten gesetzgeberischer Dispositionsfreiheit vermittelt indes ein unreflektierter Einsatz des Fiskalarguments, wie es insbesondere in neueren steuerrechtlichen Entscheidungen des Bundesverfassungsgerichts zu entdecken ist. Dieses Argument hebelt jeden Dispositionsschutz aus, da die Gründe für den staatlichen Finanzbedarf vielfältig und oftmals auch gewichtig sind. Ebensowenig wie der Einnahmeerzielungszweck taugt, um gleichheitssatzwidrige Steuern zu rechtfertigen, ist er in der Lage – als einziges Argument – Dispositionsschutz zu überwinden. Dem Gesetzgeber kann insoweit stets entgegengehalten werden, er hätte den staatlichen Finanzbedarf auch mit gleichheitssatzkonformen bzw. mit nicht vertrauensverletzenden Steuererhöhungen decken können[249].

Hieran wird zugleich die mit den Erfordernissen parlamentarischer Gesetzgebung abstimmbare Flexibilität bei einer Anwendung des Vertrauensschutzprinzips deutlich. Das Prinzip des Vertrauensschutzes zieht als mögliche Konsequenz nicht die »Zementierung« eines Rechtszustands nach sich, sondern verfügt über eine ausgleichende Funktion, soweit dringende Erfordernisse des Gemeinwohls ein staatliches Handeln erforderlich machen[250]. Die Berücksichtigung berechtigten Vertrauens ist daher ein der Optimierung im Einzelfall bedürftiger Grundsatz (Prinzip) und nicht eine Norm, die bei Vorliegen bestimmter Voraussetzungen bestimmte Rechtsfolgen fordert[251].

---

[245] Hierzu *U. Di Fabio*, in: M. Kloepfer, Selbst-Beherrschung im technischen und ökologischen Bereich, S. 119 ff. (123 f.) für das parallele Problem der Substitution einer (noch nicht erlassenen) Rechtsverordnung durch eine verbandliche Selbstverpflichtung.

[246] Siehe insoweit auch großzügig zugunsten der Dispositionsfreiheit des Gesetzgebers: BVerfGE 105, 17 (37 ff., 44).

[247] So auch BVerfGE 105, 17 (40).

[248] BVerfGE 76, 256 (359); s.a. *H. Maurer*, in: J. Isensee/P. Kirchhof, HdbStR Bd. III, § 60 Rn. 51 ff.

[249] Großzügig insoweit aber BVerfGE 105, 17 (44). Hiernach soll zwar nicht der Finanzbedarf als solcher, wohl aber das – insoweit kaum zu unterscheidende – Interesse des Staates, unerwartete Mindereinnahmen durch die Änderung von Steuergesetzen auszugleichen, ein gewichtiger, die Rückwirkung rechtfertigender Gemeinwohlbelang sein. Zuvor (BVerfGE 97, 67 (82)) hatte das Gericht als rechtfertigenden Gemeinwohlbelang auf die volkswirtschaftlichen Gefahren von Fehlallokationen verwiesen. In 105, 17 (37 ff., 44) genügte dem Bundesverfassungsgericht der staatliche Finanzbedarf als gewichtiger Gemeinwohlbelang, um die berechtigten Bestandsinteressen von Steuerpflichtigen zu überwinden; zu recht kritisch *J. Hey*, BB 2002, S. 2312 ff. (2314).

[250] Siehe dazu *F. Ossenbühl*, DÖV 1972, S. 25 ff. (27); *ders.*, Staatshaftungsrecht, S. 383 ff.; s.a. *H.P. Ipsen*, in: J.H. Kaiser, Planung II, S. 63 ff. (107 f.); *S. Muckel*, Kriterien des verfassungsrechtlichen Vertrauensschutzes bei Gesetzesänderungen, S. 129 ff.

[251] *V. Götz*, FS BVerfG I/2, S. 421 ff. (422); s.a. *H.-J. Blanke*, Vertrauensschutz im deutschen und europäischen Verwaltungsrecht, S. 77 f. Zur Unterscheidung zwischen Regeln und Prinzipien,

Unterstellt man bei den eingangs geschilderten Fällen, das Parlament hätte den Gesetzgebungsverträgen in der hier vorgeschlagenen Weise zugestimmt, dürfte eine solche Abwägung zu den folgenden Ergebnissen führen: Würde der Gesetzgeber trotz des Atomkonsenses entgegen der vertraglichen Abrede (und vielleicht sogar wenige Jahre nach Abschluß des Konsenses bzw. nach der parlamentarischen Zustimmung zu ihm) einen schnelleren Ausstieg aus der Kernenergie bestimmen wollen, könnte dies wohl nur auf der Grundlage ganz erheblicher Sicherheitsbedenken, nicht aber auf der Grundlage einer veränderten Sicherheitsphilosophie geschehen. Die an dem Konsens beteiligten Energieversorgungsunternehmen haben sich in ihren betriebswirtschaftlichen Planungen auf die verabredeten Restlaufzeiträume eingestellt und entsprechend langfristige Dispositionen getroffen. Angesichts der intensiven Aushandlungen zwischen den Vertragspartnern und deren wirtschaftlicher Bedeutung für die Energieversorgungsunternehmen würde der Konsens und die auf ihm basierende Gesetzgebung ein hohes Maß an Vertrauensschutz genießen. Dasselbe gilt für den Gesetzgebungsvertrag im Zusammenhang mit dem sog. Solidarbeitrag der forschenden Arzneimittelhersteller – wäre er parlamentarisch konsentiert worden[252]. Dies liegt zum einen an der ganz erheblichen Summe, die von privater Seite zur Abwendung der gesetzlichen Regelung geleistet wurde. Zum anderen existiert in dem Bereich der gesetzlichen Krankenversicherung eine Vielzahl von Ansatzmöglichkeiten für die Behebung finanzieller Nöte, so daß gerade die Einführung einer Regelungen zu Lasten der privaten Vertragspartner kaum zu rechtfertigen wäre. Hier führt die Anwendung des Vertrauensschutzprinzips dazu, daß der Gesetzgeber zuerst dort Ressourcen erschließen muß, wo kein rechtsstaatlich relevantes Vertrauen geweckt wurde[253].

---

siehe *R. Alexy*, Theorie der Grundrechte, S. 71 ff.: Regeln sind Normen, die definitiv etwas gebieten. Sie sind definitive – kategorische oder bedingte – Gebote, die stets nur entweder erfüllt oder nicht erfüllt werden können. Demgegenüber sind Prinzipien Normen, die gebieten, daß etwas in einem – relativ auf die tatsächlichen und rechtlichen Möglichkeiten – möglichst hohen Maße realisiert wird. Prinzipien sind demnach Optimierungsgebote. Als solche sind sie dadurch charakterisiert, daß sie in unterschiedlichen Graden erfüllt werden können und daß das gebotene Maß ihrer Erfüllung nicht nur von den tatsächlichen, sondern auch von den rechtlichen Möglichkeiten abhängt. Ein Prinzip kann nur dann optimal zur Geltung gebracht werden, wenn es in möglichst geringem Ausmaß beeinträchtigt wird.

[252] Zu der Mitwirkung des Parlaments siehe S. 250; die gesetzliche Festlegung eines Verteilungsschlüssels genügt angesichts der darin bloß implizierten Annahme der Zahlung der Pharmaunternehmen an die GKV keineswegs den Anforderungen, die nach der hier entwickelten Ansicht an das Verfahren der parlamentarischen Zustimmung zu einem zwischen Bundesregierung und Gesetzesadressaten getroffenen Vereinbarung zu stellen sind. Die Errichtung eines besonderen Vertrauensschutztatbestandes kann nicht in dieser bloß impliziten Bezugnahme auf die Vereinbarung in einer gesetzlichen Regelung gesehen werden, zumal diese mit der Zahlungsverpflichtung und der gesetzgeberischen Gegenleistung ein anderes Thema zum Gegenstand hat als die gesetzlich geregelte Verteilung des gezahlten Betrags.

[253] Diese Lösungsmöglichkeit wird auch von *W. Leisner*, FS Berber, S. 273 ff. (292 f., 295), favorisiert, da allein leere Staatskassen nicht die Ausdünnung des Vertrauensschutzes rechtfertigen, sondern vielmehr die Frage nach einer gerechten und das Prinzip des Vertrauensschutzes honorierenden Lastenverteilung aufwerfen.

Die Anwendung des Grundsatzes des Vertrauensschutzes ermöglicht eine sachgerechte Abwägung zwischen Änderungsbedürfnis und Bestandsinteresse in jedem Einzelfall und damit auch eine Lösung schwerwiegender Konflikte zwischen individuellen Bedürfnissen und den Erfordernissen des Gemeinwohls. Trifft der Gesetzgeber bei Erlaß eines gegen den Vertrag verstoßenden Gesetzes hier die falsche Abwägung, verstößt er gegen das Rechtsstaatsprinzip. Damit ist das von dem Vertrag abweichende Gesetz verfassungswidrig und nichtig[254].

Diese Rechtsfolge nötigt i.ü. aus dem folgenden Grund nicht einer Relativierung des oben entwickelten Ergebnisses zu Art und Umfang der Bindungswirkung eines auf die Ausübung des Gesetzesinitiativrechts bezogenen Versprechens der Regierung: Überlegungen, aufgrund derer der private Vertragspartner nicht nur auf sekundäre Ansprüche verwiesen werden, sondern gegenüber der Regierung ein Verbot abweichender Gesetzesinitiativen gerichtlich durchsetzen kann, kommen hier auf der Grundlage des Vertrauensschutzprinzips nicht in Betracht. Eine entsprechende Zusage der Regierung ist kein Selbstzweck, sondern ergibt nur Sinn, wenn man das Gesetzesinitiativrecht als Element des gesamten Gesetzgebungsverfahrens begreift. Da aber auch eine Vielzahl anderer Initianten existiert, kann der Vertragspartner der Regierung von vornherein nicht davon ausgehen, daß eine bloße Bindung des Gesetzesinitiativrechts der Regierung zu einer Zementierung des Rechtszustands führt. Hier kann der private Vertragspartner der Regierung also überhaupt kein rechtsstaatlich relevantes Vertrauen auf die Beibehaltung des gesetzlichen Zustands entwickeln, so daß es auch wenig Sinn ergäbe, ihm ein solches Vertrauen auf die Ausübung bzw. Nichtausübung des Initiativrechts der Regierung zuzubilligen.

Daraus folgt, daß ein Unterschied zwischen einer Bindung des Gesetzgebers an einen Vertrag, dem er zugestimmt hat, und einer Bindung an den Grundsatz des Vertrauensschutzes, die er durch seine Zustimmung selbst ausgelöst hat, besteht. Im ersten Fall ist die Bindung an den Vertrag rigoros und nur auf der Grundlage vertraglich eingeräumter Kündigungsrechte oder einer Berufung auf die clausula rebus sic stantibus zu lösen. Wegen deren grundsätzlich vertragsfreundlicher Ausrichtung würde eine solche Form parlamentarischer Bindung tatsächlich die an die von der Verfassung gehegten Erwartungen an Gestaltungskraft und Gemeinwohlverantwortung der Gesetzgebung[255] in erhebliche verfassungsrechtliche Bedrängnis bringen und damit die generelle Skepsis gegenüber der Bindung des Gesetzgebers an vertragliche Verpflichtungen bestätigen. Demgegenüber ermöglicht die Einräumung einer Möglichkeit bewußter Selbstbindung des Gesetzgebers an das Prinzip des Vertrauensschutzes durch Zustimmung zu einem Gesetzgebungsvertrag einen Ausgleich zwischen der Notwendigkeit flexibler Reaktionsmöglichkeiten auf die Bedürfnisse des Gemeinwesens einerseits und den Sicherheitsbedürfnissen des privaten Vertragspartners andererseits. Stellt man die mehrfach dargelegten, auch bereits verfassungsrechtlich höchst relevan-

---

[254] Ausführlich zu den Rechtsfolgen von Gesetzen, die gegen den Grundsatz des Vertrauensschutzes verstoßen: *D. Heckmann*, Geltungskraft und Geltungsverlust von Rechtsnormen, S. 246 ff.; *F.-J. Peine*, Systemgerechtigkeit, S. 168 ff.
[255] Siehe hierzu oben S. 294 ff.

ten Vorteile für die Vermeidung politischer Kosten und die Erhöhung staatlicher Steuerungsfähigkeit in Rechnung, ist eine solche bedingte und keineswegs für alle Zeiten endgültige Selbstbeschränkung der parlamentarischen Handlungsfreiheit mit den Anforderungen des Grundgesetzes an die Handlungsfreiheit des Parlaments vereinbar.

ff) Vertrauensschutz und der Grundsatz der Diskontinuität

Zu klären bleibt die Frage, ob sich nur das aktuelle, einem Gesetzgebungspakt zustimmende Parlament durch diese Zustimmung binden kann, oder ob aufgrund der verfassungsrechtlichen Fundierung der Bindung diese auch Wirkung für nachfolgende Parlamente entfaltet und diesen gegenüber ebenfalls ein Verbot der Änderung des paktierten Gesetzes erwirkt. Eine solche Bindung könnte zwar nicht verhindern, daß ein anderer Initiant als das Parlament eine abändernde Gesetzesinitiative ergreift (insoweit kommt v.a. der Bundesrat in Frage, da die Bundesregierung ja ebenfalls vertraglich gebunden ist). Aber eine solche Initiative müßte zum Scheitern verurteilt sein, da das Parlament aus Gründen des Vertrauensschutzes gehindert wäre, dieser Gesetzesinitiative zu entsprechen und sie in ein Gesetz umzusetzen.

Der Grundsatz der parlamentarischen Diskontinuität[256] verwirklicht das demokratische Desiderat der Herrschaft auf Zeit. Der Grundsatz spricht daher prima facie für ein Verbot der Bindung künftiger Gesetzgeber[257], das – soweit verfassungsrechtlichen Rechtfertigungen ähnlich Art. 115 Abs. 1 GG nicht vorliegen[258] – über die Legislaturperiode hinausgehende vertragliche oder durch Zustimmungsakt vermittelte Bindung durch vorausgehende Parlamente zu erfassen scheint[259]. Nur derjenige muß sich einen Vertrauenstatbestand entgegenhalten

---

[256] Hierzu *K. Stern*, Staatsrecht Bd. II, § 26 III 4.
[257] *U. Di Fabio*, DVBl. 1990, S. 338 ff. (343); *R. Stettner*, AöR Bd. 102 (1977), S. 544 ff. (560).
[258] Die mit der parlamentarischen Ermächtigung zur Kreditaufnahme (Art. 115 Abs. 1 S. 1 GG) zulässige Ausgabenbelastung für spätere Rückzahlungen bindet auch die folgenden Parlamente (Zu der Problematik *E. Gurlit*, Verwaltungsvertrag und Gesetzgebung, S. 304 ff.; *H. Siekmann*, in: M. Sachs, Grundgesetz, Art. 115 Rn. 11 ff. m.w.N.). Die freie Haushaltsspitze, die nicht durch – aufhebbare – Leistungsgesetze bereits gebunden ist, wird durch die vertraglichen Schuldverpflichtungen weiter geschmälert. Das nachfolgende Parlament genießt hinsichtlich der fraglichen Aufgaben keine Bewilligungsfreiheit, sondern ist zur Bewilligung der für den Schuldendienst erforderlichen Mittel nach Grund und Höhe verpflichtet. Diese Verpflichtung der folgenden Haushaltsgesetzgeber resultiert aus einer Verpflichtung, die durch das ältere Parlament autorisiert wurde. Dies konstituiert einen – allerdings verfassungsrechtlich vorgezeichneten – Systembruch mit dem demokratischen Grundsatz der Herrschaft auf Zeit. Beschränkte Verfügungen über die Zukunft müssen möglich sein, da der Staat – will er dauerhaft handlungsfähig sein – auch zukünftige Ausgaben wird planen müssen (*K.H. Friauf*, in: J. Isensee/P. Kirchhof, HdbStR Bd. IV, § 91 Rn. 59). Vor dem Hintergrund des verfassungsrechtlichen Grundsatzes der parlamentarischen Diskontinuität (Hierzu *K. Stern*, Staatsrecht Bd. II, § 26 III 4) handelt es sich hier sogar um einen Fall der Fremdbindung.
[259] *U. Di Fabio*, DVBl. 1990, S. 338 (343); *E. Gurlit*, Verwaltungsvertrag und Gesetz, S. 315; *R. Stettner*, AöR Bd. 102 (1977), S. 544 ff. (560). A.A. wohl *H. Maurer*, in: J. Isensee/P. Kirchhof, HdbStR Bd. III, § 60 Rn. 60, der gesetzgeberische Zusicherungen, die künftige parlamentarische

lassen, der diesen Tatbestand auch gesetzt hat. Das kann im vorliegenden Zusammenhang aber nur das dem Gesetzgebungsvertrag der Regierung zustimmende, aktuelle Parlament, nicht aber das nach seiner Auflösung folgende sein. Dies läßt fraglich erscheinen, ob als Folge des parlamentarischen Zustimmungsbeschlusses auf der Grundlage des Vertrauensschutzprinzips eine Bindung des Gesetzgebers unter Umgehung des Grundsatzes der Diskontinuität auch über die Zeit seiner eigenen Existenz angenommen werden kann.

Auch der in der parlamentarischen Diskontinuität angelegte Grundsatz ist aber durch andere Verfassungssätze im Wege praktischer Konkordanz einzuschränken[260]. Hier kann also gleichfalls der Grundsatz des Vertrauensschutzes relevant werden und den aus der parlamentarischen Diskontinuität abzuleitenden Rechtsfolgen entgegenstehen. Unabhängig davon, daß eine Begrenzung des durch einen Zustimmungsbeschluß verursachten Vertrauensschutzes auf die Amtsperiode des zustimmenden Parlaments dem privaten Vertragspartner kaum die intendierte Rechts- und Planungssicherheit vermitteln könnte, vermag eine solche zeitliche Begrenzung auch aus anderen, nicht bloß an praktischen Erfordernissen ausgerichteten Gründen nicht zu überzeugen: Eine solche Begrenzung wird auch nicht bei Hervorrufung von Vertrauensschutz durch die Festlegung einer Gesetzesfrist angenommen, bis zu deren Ablauf der Gesetzesadressat grundsätzlich auf den Fortbestand der Regelungen vertrauen darf[261]. Dies hängt mit der Verwurzelung des Vertrauensschutzes in dem Rechtsstaatsprinzip und dem hieraus folgenden verfassungsrechtlichen Selbststand jenes Prinzips ab, das daher mit dem Demokratieprinzip und der aus ihm folgenden Diskontinuität des Parlaments in einen Ausgleich gebracht werden muß. Existenz und Fortbestand von Vertrauensschutz sind nach eigenen Zeitabläufen und unabhängig von der Existenz des das Vertrauen hervorrufenden Parlaments zu bestimmen[262]. Vertrauens-

---

Mehrheiten binden, wohl für »besonders problematisch«, aber möglich hält. Solche Bindungen sollen nach Ansicht *Maurers* unter den Vorbehalt gleichbleibender Mehrheiten auch in der nächsten Legislaturperiode gestellt werden.

[260] Zu den Anwendungsvoraussetzungen des Prinzips der praktischen Konkordanz im Hinblick auf das Demokratieprinzip: *K. Hesse*, Grundzüge des Verfassungsrechts, Rn. 72; *M. Jestaedt*, Demokratieprinzip und Kondominialverwaltung, S. 585. Die dortige Ablehnung der Zugänglichkeit des Demokratieprinzips für die Herstellung praktischer Konkordanz mit grundrechtlichen Gewährleistungsgehalten erfolgt mit Blick auf den Umstand, daß die abzuwägenden Größen sich zueinander inkompatibel (Demokratieprinzip als Regel, Grundrechte als Prinzipien im Sinne von *R. Alexy*, Theorie der Grundrechte, 71 ff.; s.a. § 5/Fn. 251). Diese Ablehnung kann auf die Herstellung praktischer Konkordanz zwischen Rechtsstaats- und Demokratieprinzip wegen deren struktureller Ähnlichkeit nicht übertragen werden.

[261] Siehe das Beispiel in BVerfGE 30, 392: Hier gewährte das Gesetz zur Förderung der Wirtschaft von Groß-Berlin (West) vom 7. März 1950 (BGBl. I 41) eine steuerliche Vergünstigung bis zum Ablauf des Jahres 1952. Bis zum Jahre 1954 wurde das Gesetz um jeweils ein Jahr, danach um drei bzw. dann zwei Jahre bis zum 31. Dezember 1959 verlängert. Am 25. März 1959 (BGBl. I 160) erfolgte eine weitere Verlängerung der Begünstigung um fünf Jahre bis zum Jahr 1964, die dann aber bereits am 26. Juli 1962 (BGBl. I 481) mit Wirkung zum 1. Januar 1963 teilweise wieder beseitigt wurde.

[262] So auch *C. Engel*, Staatswissenschaft und Staatspraxis Bd. 9 (1998), S. 535 ff. (554) für eine ähnliche Konstellation.

schutz als Derivat eines eigenständigen verfassungsrechtlichen Prinzips kann nicht »parlamentsakzessorisch« sein. Die politische Gestaltungsmacht nachfolgender Parlamente wird durch die Abwägungsmöglichkeit zwischen Vertrauensschutz und dem gemeinwohlbedingten Erfordernis einer Gesetzesänderung gewahrt.

gg) Grenzen der Kompetenzbindung

Zwei weitere, materiell-rechtliche Überlegungen sind anzustellen, die – neben der Souveränität des Gesetzgebers – als zentrale Einwände gegen konsensuale parlamentarische Gesetzgebung angeführt wurden. Beide Einwände können generell auf die Bindung von Kompetenzen im Gesetzgebungsverfahren – also sowohl auf die Bindung des Gesetzesinitiativrechts als auch auf die vertragliche Bindung der parlamentarischen Gesetzgebung bezogen werden, obschon sie wegen der drohenden »Versteinerung« der Gesetzeslage für den zweiten Fall dringlicher zu beantworten sind als für den ersten. Aus diesem Grunde werden sie – gleichsam »hinter der Klammer« – erst an dieser Stelle erörtert.

α) Die Mißbrauchsproblematik

Es liegt auf der Hand, daß der bewußte Einsatz von parlamentarisch konsentierten Gesetzgebungsverträgen zur Schaffung von Vertrauensschutz nicht unbegrenzt und unreguliert zulässig sein kann. Zu groß wäre die Versuchung für aktuelle politische Mehrheiten, ihr Programm auf Dauer und auch in Bereichen, in denen staatlich-gesellschaftliche Kooperation nicht der Absicherung durch stabile gesetzgeberische Verhältnisse bedarf, zu zementieren und nachfolgenden Parlamenten die Hand dabei zu binden, vielleicht sogar solche Fehler zu korrigieren, die zur Abwahl der alten politischen Mehrheit geführt hatten. Aus diesem Grunde sind für den Kollisionsbereich der aus dem Demokratieprinzip resultierenden prinzipiell unbegrenzten Gestaltungsmacht des parlamentarischen Gesetzgebers und dem aus dem Rechtsstaatsprinzip fließenden Grundsatz des Vertrauensschutzes bzw. dessen bewußter Inanspruchnahme als Gestaltungselement stabiler Gesetzgebung Anhaltspunkte zu finden, in denen die Abwägung zwischen diesen beiden Prinzipien schon *vor* der Frage, ob der private Gesetzesadressat im konkreten Fall aufgrund des konsentierten Gesetzgebungsvertrags Vertrauensschutz gegenüber Gesetzesänderungen genießt, zugunsten des Demokratieprinzips und damit zugunsten der Änderungsbefugnisse des Parlaments ausfallen muß.

Entscheidend ist dabei der Zweck der gesetzgeberischen Selbstbindung, die selbst als Mittel zur Erreichung des Normzwecks dienen muß[263]. Da sich für jedes Regelungsvorhaben eine private Interessengruppierung finden lassen wird, mit der sich ein Gesetzgebungsvertrag unter Zustimmung des Parlaments ab-

---

[263] *D. Heckmann*, Geltungskraft und Geltungsverlust von Rechtsnormen, S. 240.

schließen läßt, würde eine bedingugslose Befürwortung dieses Instrument seinem Mißbrauch Tür und Tor öffnen. Damit ist bereits die äußerste Grenze seiner Zulässigkeit gekennzeichnet. Es handelt sich um den Fall der Kollusion, in dem die Vertragsbindung im wesentlichen kein anderes Ziel verfolgt, als die Unabänderbarkeit der Gesetzeslage auch in den folgenden Legislaturperioden zu erreichen. Für das Vorliegen einer solchen, Vertrauensschutz ausschließenden Kollusionslage spricht sehr viel, wenn sich Regierung und Parlament auf der einen bzw. der private Vertragspartner auf der anderen Seite nach den bereits dargelegten Maßstäben[264] nicht in einem Verhältnis der Konfrontation, sondern der Kooperation miteinander befinden. Dann ist nämlich anzunehmen, daß Regierung und Parlamentsmehrheit mit ihnen nahestehenden gesellschaftlichen Gruppierungen versuchen, politische Verhältnisse zu zementieren.

Für die Respektierung dieser negativen Mißbrauchsgrenze können auch positive Aspekte sprechen. Hier wird nun aufgegriffen, was eingangs dieser Untersuchung aus steuerungstheoretischer Sicht als Vorteil von Kooperationslösungen bzw. als Nachteil hierarchischer Interventionen angeführt wurde[265]. Soweit Regierung und Parlament (oder der sich auf den Vertrauensschutz berufende Private) plausibel machen können, ob und inwieweit sie durch die staatlich-private Kooperation die in diesem Zusammenhang angeführten steuerungstheoretischen Nachteile rein hierarchischer Lösungen kompensieren können (und eine solche Kompensation auch nicht etwa anderweitig, durch weniger einschneidende Formen der Kooperation möglich ist), spricht eine überzeugende Darlegung gegen die Annahme eines Mißbrauchs paktierter Gesetzgebung, da dieses Instrument dann zu seinem vorgesehenen Zwecke eingesetzt wurde. In Betracht kommt insoweit der Bezug auf die Komplexität der zu regelnden gesellschaftlichen oder technischen Verhältnisse, die Überwindung anderweitig nicht ohne hohe politische Kosten auszuschaltender gesellschaftlicher bzw. rechtlicher Vetopositionen oder ebenfalls anderweitig nicht auszugleichende Informationsasymmetrien.

Soweit positive Gründe wie die genannten plausibel zu machen sind, aufgrund derer es zur Erreichung zielgenauer, befriedigender Steuerungsergebnisse der sich in einem parlamentarisch konsentierten Gesetzgebungsvertrag manifestierenden Einschränkung der parlamentarischen Gestaltungsfreiheit bedarf, so daß grundsätzlich der Einsatz von Vertrauensschutz als »Gegenleistung« für die Kooperation der privaten Seite als ein legitimes Gestaltungsmittel staatlicher Steuerung in Betracht kommt, muß dann noch ermittelt werden, ob und inwieweit sich die private Seite tatsächlich in dem konkreten Fall auf das Prinzip des Vertrauensschutzes berufen und dieses der parlamentarischen Gesetzgebungsbefugnis entgegenhalten darf.

---

[264] Siehe S. 288 f.
[265] Siehe S. 37 ff.

Allerdings stellt sich die Frage, welche Rechtsfolge es nach sich zieht, wenn ein nicht vom Parlament konsentierter Gesetzgebungsvertrag der Regierung gegen dieses Mißbrauchsverbot verstößt: Liegt eine in diesem Sinne mißbräuchliche Bindung des Gesetzesinitiativrechts vor, ist der Gesetzgebungsvertrag unwirksam und der kontrahierende Initiant ist mangels entsprechender Bindung nicht gehindert, in der Folge sein Gesetzesinitiativrecht entgegen der Absprache auszuüben. Diese Unwirksamkeit dürfte sich eigentlich als bloßer Fehler im Gesetzgebungsverfahren – soweit die übrigen Vorgaben für diese Form der Kompetenzbindung erfüllt sind – nicht auf die Wirksamkeit des auf der Grundlage der kontrahierten Initiative erlassenen Gesetzes auswirken[266]. Allerdings ist fraglich, ob auch in einem Fall wie diesem die für die weitgehende Unwirksamkeit von Verfahrensfehlern im Gesetzgebungsverfahren tragende Überlegung Platz greift. Soweit die letztliche Belanglosigkeit solcher Fehler auf ihre mit dem Gesetzesbeschluß erfolgte Heilung zurückzuführen ist, kann dieser Gedanke hier nicht wirken. Das Parlament übernimmt mit seinem – unveränderten – Gesetzesbeschluß Sinn und Zweck der mißbräuchlichen Kontrahierung des Gesetzesinitiativrechts. Dies führt nicht zur Ungültigkeit des Gesetzes, wohl aber zur Ungültigkeit des ihm zugrundeliegenden Vertrags, so daß das Gesetz keinen Vertrauensschutz entfalten kann. Dieser wurde mißbräuchlich als Steuerungsinstrument eingesetzt und vermag sich daher gegenüber der Gestaltungsmacht des demokratischen Gesetzgebers nicht dauerhaft durchzusetzen.

Doch selbst wenn die hier entwickelten Vorgaben beachtet sind und die vertragliche Bindung der Gesetzgebung – sei es der Kompetenz zur Gesetzesinitiative oder gar die Gesetzgebung selbst – damit verfassungsrechtlich billigenswerten Zielen dient, ist ein weiterer Einwand gegen diese Form der Beteiligung Privater an der parlamentarischen Gesetzgebung zu überwinden.

β) *Die Gleichheitsproblematik*

Das Spezifikum der demokratischen Freiheitsidee liegt darin, zu möglichst umfassend interessengerechten und gemeinwohlfördernden Entscheidungen zu gelangen. Demokratische Herrschaftslegitimation ist durch das Fehlen einer spezifischen Interessenbindung gekennzeichnet[267]. Sie erfordert Distanz[268] des Legitimierenden zum Objekt der Entscheidung[269], die zugleich auch als Voraussetzung für die Gemeinwohlfähigkeit des Staates[270] und seiner Einheits- und Friedens-

---

[266] Zu den Rechtsfolgen siehe S. 178 f.
[267] *E. Schmidt-Aßmann*, AöR Bd. 116 (1991), S. 329 ff. (349 f.); *ders.*, Das allgemeine Verwaltungsrecht als Ordnungsidee und System, S. 82. Zu der Verbindung zwischen korporativer Staatsgewalt und der demokratischen Gleichheitsproblematik auch: *H.-G. Dederer*, Korporative Staatsgewalt, § 12 I.
[268] Begriff von *M. Kloepfer*, VVDStRL Bd. 40 (1982), S. 63 ff.; s.a. *J. Isensee*, in: ders./P. Kirchhof, HdbStR Bd. I, § 13 Rn. 157; *H. Schulze-Fielitz*, Theorie und Praxis parlamentarischer Gesetzgebung, S. 459 ff. Zum Distanzverlust als Gefahr für die Rechtsstaatlichkeit: *E. Schmidt-Aßmann*, in: J. Isensee/P. Kirchhof, HdbStR Bd. I, § 24 Rn. 97. Daß Distanz im Moment der Entscheidung nicht zu einer Isolation des Staats- vom Volkswillensbildungsprozeß führt, ergibt sich aus dem grundgesetzlichen Konzept des Verhältnisses von Staat und Gesellschaft; siehe S. 145 ff.
[269] *W. Kluth*, Funktionale Selbstverwaltung, S. 371.
[270] Zum Staat als Hüter des Gemeinwohls gegenüber Gruppeninteressen: BVerfGE 33, 125 (159).

funktion fungiert[271]. Das im Spezifikum der repräsentativen Demokratie und der Weisungsfreiheit der Abgeordneten (Art. 38 Abs. 1 Satz 2 GG) besonders zum Ausdruck gelangende Distanzgebot macht deutlich, daß der Grundsinn der modernen Demokratie zumindest in einem Spannungsverhältnis zur Kontraktualisierung und Vermarktung der Wahrnehmung von Gemeinwohlverantwortung steht[272]. Vertragliche Bindungen gegenüber den Gesetzesadressaten verringert die Distanz bzw. hebt sie gänzlich auf.

Die hier nachgezeichneten kooperativen und konsensualen Strukturen der Normsetzung bilden einen dritten Schritt der bereits dargelegten[273] zweigliedrigen »Metamorphose der individuellen Freiheit« im Zuge der Entwicklung moderner Staatlichkeit: Nachdem der einzelne die Entscheidungsmacht über die Angelegenheiten seiner Person an den Staat übertragen, sich hierbei aber vorbehalten hatte, an der Festlegung der gemeinsamen Ordnung, der er nun unterworfen ist, mitzuwirken, finden sich nun in den beschriebenen Strukturen Elemente einer die allgemeine Mitwirkungsgleichheit aller Bürger transzendierenden »responsiv-konsensualen Repräsentativdemokratie«[274]. Gesetzgebungsverträge zwischen Staat und Privaten dienen der Einschleusung partikularer Interessen in den prinzipiell der Gemeinwohlverwirklichung gewidmeten Vorgang der Rechtsnormsetzung. Durch die vertragliche Einräumung von Mitspracherechten bei der Ausübung des Gesetzesinitiativrechts beteiligt der Initiant ein außerhalb der staatlichen Kompetenzordnung stehendes Rechtssubjekt an der Ausübung seiner Kompetenz[275]. Entsprechendes gilt für die konsentierte Gesetzgebung. Auch hier geht es – ebenso wenig wie im Zusammenhang mit der Teilnahme an Anhörungen des Gesetzgebers – um die Ausübung grundrechtlicher Freiheiten[276]. Dementsprechend gilt auch hier das bereits zur Differenzierung zwischen status positivus und status activus Dargelegte[277]. In der Entscheidung, einen Gesetzgebungsvertrag mit einer gesellschaftlichen Gruppe abzuschließen, liegt der implizite Ausschluß aller anderen Gruppen von den entsprechenden Verhand-

---

[271] *J. Isensee*, in: ders./P. Kirchhof, HdbStR Bd. I, § 13 Rn. 47; Distanz als Kunstgriff zur Freiheitsgewähr: *ders.*, ebd., Rn. 157; s.a. *E. Schmidt-Aßmann*, in: J. Isensee/P. Kirchhof, HdbStR Bd. I, § 24 Rn. 25.

[272] *A. Hollerbach*, in: J. Isensee/P. Kirchhof, HdbStR Bd. VI, § 138 Rn. 66. Prägnant zu der historischen Entwicklung des rechtsgeschäftlichen Privilegienhandels *E. Gurlit*, Verwaltungsvertrag und Gesetzgebung, S. 63 ff. m.w.N.

[273] Siehe S. 166 f.

[274] *U. Rommelfanger*, Das konsultative Referendum, S. 96 ff.

[275] Siehe S. 254 ff.

[276] Das Bundesverfassungsgericht hat im Zusammenhang mit dem Investitionshilfegesetz, das in seiner Substanz auf Vorschlägen des Gemeinschaftsausschusses der deutschen Wirtschaft beruht, in dem die Spitzenverbände der gewerblichen Wirtschaft vertreten sind (siehe *H.P. Ipsen*, in: J.H. Kaiser, Planung II, S. 63 ff. (104)), ausgeführt, daß aus dem Aufgreifen des Ausschußvorschlags durch die Bundesregierung keine Einwände aus Art. 3 Abs. 1 GG herzuleiten sind (BVerfGE 4, 7 (25)). Da hier aber offensichtlich kein paktiertes Gesetz im rechtlichen Sinne vorlag, mußte auch nicht der für die Verteilung politischer Einflußchancen und entsprechender Kompetenzen durch den Staat relevante strenge Gleichheitssatz (siehe S. 168 ff.) herangezogen werden.

[277] Siehe S. 163 ff.

lungen. Der einzelnen gesellschaftlichen Akteuren vertraglich eingeräumte Sondereinfluß auf die positive oder negative Ausübung einer Kompetenz – sei dies die Kompetenz zur Gesetzesinitiative oder gar zur Gesetzgebungskompetenz – gerät damit in ein Spannungsverhältnis zu dem im status activus durch den allgemeinen demokratischen Gleichheitssatz schematisch und streng formal gewährleisteten gleichen Maß der Einflußnahme aller Bürger auf die Ausübung der Staatsgewalt[278]. Das auf dem Gedanken der Repräsentation sowie der streng und formal gleichen Beteiligung aller Staatsbürger an der Ausübung der Staatsgewalt gründende parlamentarische Regierungssystem des Grundgesetzes reibt sich an korporatistischen Entscheidungsstrukturen mit partikularistischen und selektionierenden Exklusivinhalten[279]. Verhandlungssysteme zwischen Staat und Gesellschaft privilegieren Interessenträger, die über ein Vetopotential verfügen und prämiieren folglich diejenigen, die ohnehin schon gesellschaftliche Machtpositionen innehaben[280].

Das Bundesverfassungsgericht hat dementsprechend im Zusammenhang mit einer Entscheidung zur Personalvertretung im öffentlichen Dienst ausgeführt, daß bestimmten Gruppen bei der Ausübung von Staatsgewalt zugewiesene Beteiligungsrechte nur dann mit dem Demokratieprinzip vereinbar sind, solange sie nicht den Grundsatz berühren, daß alle der Staatsgewalt Unterworfenen den gleichen Einfluß auf die Ausübung von Staatsgewalt haben müssen und deshalb Bürgern, die von einer bestimmten Ausübung von Staatsgewalt individuell betroffen sind, keine besonderen Mitentscheidungsbefugnisse eingeräumt werden dürfen[281]. Ein solcher Sondereinfluß einzelner Gruppen oder Individuen auf den Prozeß der parlamentarischen Gesetzgebung bedarf daher der verfassungsrechtlichen Legitimation.

In einem ersten Schritt muß der Gesetzgeber bzw. der Gesetzesinitiant den allgemeinen demokratischen Gleichheitssatz in einer konkreten Verhandlungssituation zur Lösung einer aktuellen Regulierungsproblematik insoweit berücksichtigen, als kein durch diesen Gleichheitssatz geschützter Interessent von den Verhandlungen ausgeschlossen wird. Die hier den Grundsatz streng formaler Gleichbehandlung relativierenden Überlegungen entsprechen denen, die die Auswahl bestimmter Anzuhörender Interessenvertreter und den Ausschluß anderer legitimieren[282]. Vor diesem Hintergrund erscheint ist es nicht erforderlich, daß das Parlament soweit in den Vorbehaltsbereich der Regierung eingreift, als es dieser die Auswahl ihrer Gesprächspartner durch ein »Maßstabsgesetz« vorschreibt[283]. Zum einen unterliegt die Regierung aus eigener Verpflichtung den dargelegten verfassungs-

---

[278] Siehe S. 168 ff.
[279] *R. Scholz*, FS BVerfG II/2, S. 663 ff. (691); s.a. *H.-G. Dederer*, Korporative Staatsgewalt, § 12 I. Wohl auch *V. Mehde*, AöR Bd. 127 (2002), S. 655 ff. (677), der aus dem Blickwinkel demokratischer Gleichheit (nur) solange keine Bedenken anmeldet, wie der Gesetzesbeschluß nicht selbst durch die Verhandlungen zwischen Bundesregierung und privaten Interessenorganisationen »rechtlich vorweggenommen oder rechtlich verbindlich vorgeprägt« wird.
[280] *D. Grimm*, in: E. Benda/W. Maihofer/H.-J. Vogel, HdbVerfR, § 15 Rn. 11.
[281] BVerfGE 93, 37 (69).
[282] Siehe S. 173 ff.
[283] So aber *H.-G. Dederer*, Korporative Staatsgewalt, § 12 II.

rechtlichen Grundsätzen. Zum andern ist die parlamentarische Kontrolle der Regierung eine »nachgeführte«, insoweit der Bundestag bei Behandlung des paktierten Gesetzentwurfs erst als Gesetzgeber auf den Plan tritt und sich dann des ihm zur Verfügung stehenden Instrumentariums bedienen kann. Wenn im übrigen die Notwendigkeit einer vorhergehenden parlamentarischen Entscheidung über die Vertragspartner der Regierung mit der Effektivierung des parlamentarischen Einflusses begründet wird, so stellt sich die Frage, ob die auf der Nähe zwischen Regierung und Parlamentsmehrheit beruhenden Zweifel hieran durch den Zeitpunkt der parlamentarischen Intervention beseitigt werden können.

Zur Legitimation solcher Verhandlungsstrukturen taugt die Annahme eines »Verfassungsprinzips kooperativer Verantwortung«[284] nicht. Trotz der Scheidung des gesellschaftlichen vom staatlichen Funktionsbereich gibt es zwar gemeinsame Verantwortungsbereiche von Staat und Gesellschaft. Diese werden in einer kooperativen Verantwortung wahrgenommen – aber mit den je eigenen, bereichsspezifischen Instrumenten. Ein solches Prinzip vermag daher den Schluß von der Verantwortung auf die Kompetenz (-verschiebung) verfassungsrechtlich nicht zu rechtfertigen.

Auch die Annahme, daß eine Verletzung des demokratischen Gleichheitssatzes nicht in Betracht kommt, weil dessen Reichweite in Anknüpfung an Art. 20 Abs. 2 Satz 1 GG mit dem Tatbestandsmerkmal der Staatsgewalt zu umschreiben ist[285], trägt nicht. Für eine Beurteilung, ob die Eröffnung spezifischer Einflußmöglichkeiten auf die Ausübung von Staatsgewalt den demokratischen Gleichheitssatz berührt, kann nicht relevant sein, ob den Staatsorganen noch eine rechtlich freie Entscheidungsmöglichkeit verbleibt. Ihnen steht nach erfolgter vertraglicher Bindung eine solche Entscheidungsfreiheit bei der Ausübung ihrer Kompetenz wegen der erfolgten vertraglichen Bindung gerade nicht mehr zu, so daß jede verbindliche Absprache die Ausübung von Staatsgewalt jedenfalls in ihrer negativen Seite – der Nichtausübung – betrifft.

Die demokratische Gleichheit ist schematische Gleichheit[286]. Schon unabhängig von den hieraus resultierenden hohen Begründungsanforderungen an legitime Differenzierungsansätze, darf eine Differenzierung nicht mißbräuchlich in dem oben[287] entwickelten Sinne sein. Der Abschluß eines Gesetzgebungsvertrags darf also nicht *allein* mit der politischen Nähe der Regierung zu den gesellschaftlichen Vertragspartnern und einem daraus resultierenden Kollusionswillen zum Zwecke der Perpetuierung politischen Handelns motiviert sein. Hier berührt sich die Gleichheits- mit der Mißbrauchsproblematik, erschöpft sich aber nicht in ihr.

Weitere Differenzierungen des demokratischen Gleichheitssatzes sind nur bei Vorliegen eines besonderen, zwingenden Grundes – wie der Sicherstellung von Arbeits- und Funktionsfähigkeit staatsleitender Organe (Regierung und Parla-

---

[284] So aber *L. Michael*, Rechtsetzende Gewalt im kooperierenden Verfassungsstaat, S. 313 ff., 317 und öfter.
[285] *V. Mehde*, AöR Bd. 127 (2002), S. 655 ff. (676 f.).
[286] *M. Jestaedt*, Demokratieprinzip und Kondominialverwaltung, S. 175.
[287] Siehe S. 317 ff.

I. Tauschgegenstand des staatlichen Partners

ment)[288] – zulässig. Dieses Kriterium als macht als Ausgangspunkt der Überlegungen deutlich, daß es aus verfassungsrechtlicher Sicht nicht geboten sein kann, jedes Gesetz mit jeder betroffenen Gruppe auszuhandeln. Auch eignet sich eine Vielzahl von Gesetzen wegen ihrer besonderen Anwendungsbreite von vornherein überhaupt nicht als Verhandlungsthema. Bei wiederum anderen Regelungsthemen – insbesondere bei solchen, die schlecht oder nicht organisierbare Interessen betreffen[289] – würde der staatliche Akteur keinen verläßlichen Verhandlungs- oder Vertragspartner mit verbandsinterner Durchsetzungsmacht zur Verfügung haben. Wichtig erscheint auch, daß für eine Vielzahl von Gesetzen für die staatliche Seite kein Verhandlungsbedürfnis besteht, weil zum einen das erforderliche Steuerungswissen vorhanden ist oder aber im Wege der Anhörung schon zuverlässig beschafft werden kann. Zum anderen existieren Lebensbereiche, in denen gesellschaftliche Mithilfe bei der Normimplementation weder geboten noch sinnvoll ist – und die Rechtsnormen daher vom Staat auch ohne bzw. ggfs. gegen den Willen der Normunterworfenen zur Geltung gebracht werden müssen.

Aus dem Befund, daß normbezogene Verhandlungen keineswegs immer erforderlich oder möglich sind, könnte man die Konsequenz ziehen, daß jede normbezogene Verhandlung mit privaten Akteuren, dort wo sie stattfindet, per se einen Verstoß gegen den demokratischen Gleichheitssatz nach sich zieht. Die Logik dieses Schlusses wäre, daß dort, wo Gleichheit nicht zu realisieren ist, die die Ungleichheit schaffenden Handlungen – auch wenn sie für sich genommen sinnvoll und zielführend sein mögen – unterlassen werden müssen. Dies wäre aber widersinnig: Zunächst müßte eine solche Beurteilung auch auf staatliche Anhörungen erstreckt werden. Es ist dargelegt worden, daß auch die rechtlich geordnete Teilnahme an solchen Veranstaltungen als Element des status activus durch den demokratischen Gleichheitssatz reglementiert wird[290]. Insoweit kann aber aus naheliegenden Gründen nicht geschlossen werden, daß Anhörungen generell gegen diesen Gleichheitssatz verstoßen, weil sie in dem einen Gesetzgebungsverfahren durchgeführt werden, in einem anderen, in denen sich Betroffene auch gegenüber einem parlamentarischen Ausschuß sachdienlich äußern könnten, hingegen nicht. Dies macht deutlich, daß bei der Beurteilung kooperativer und konsensualer Strukturen in der Normsetzung der demokratische Gleichheitssatz in seinem aktuellen Zusammenhang angewendet werden muß – soll er nicht zum Auslöser für eine Kontaktsperre zwischen Staat und Gesellschaft werden.

Wenn aber verschiedene Regelungsanliegen zu Diskussion stehen – einerseits solche, deren Gestaltung aufgrund der Komplexität des Regelungsfeldes durch die Einbeziehung gesellschaftlicher Kräfte besser zu erreichen ist als ohne eine

---

[288] BVerfGE 4, 31 (40); 34, 81 (99); 82, 322 (338 f.); vgl. etwa BVerfGE 1, 208 (247 f.); 6, 84 (92, 93 f.); 51, 222 (236); 82, 322 (338). Dies hält auch *H. Meyer*, in: J. Isensee/P. Kirchhof, HdbStR Bd. II, § 38 Rn. 27, für ein »seriöses Argument«.
[289] Siehe S. 46 ff.
[290] Siehe S. 168 ff.

solche Partizipation, andererseits solche, bei denen dies nicht der Fall ist – dann fehlt es an der Vergleichbarkeit der Sachverhalte, auf die sich die Differenzierung bezieht. Aus diesem Grunde kommt die Anwendung des demokratischen Gleichheitssatzes nur auf der genannten zweiten Ebene in Betracht: als Desiderat gleichmäßiger Beteiligung aller von einem Regelungsfeld Betroffenen.

6. Selbstbindung von Abgeordneten und Fraktionen

Art. 76 Abs. 1 GG sieht neben der Bundesregierung auch die Angehörigen des Bundestags als weitere Gesetzesinitianten vor, deren Fähigkeit, ihr Gesetzesinitiativrecht vertraglich gegenüber Privaten zu binden, im folgenden noch untersucht werden soll.

Anders als für die Regierung legt für die Abgeordneten die Verfassung in Art. 38 Abs. 1 Satz 2 GG fest, daß diese an Aufträge und Weisungen nicht gebunden und nur ihrem Gewissen unterworfen sind. Sowohl die nach § 76 Abs. 1 GO-BT initiativberechtigte Abgeordnetengruppe als auch die Fraktion verfügt nicht über eine originäre, sondern eine aus dem Status ihrer Angehörigen abgeleitete Initiativbefugnis. Dies bedeutet, daß sich weder eine Fraktion noch eine Gruppe von Abgeordneten weitergehend binden kann, als der einzelne Abgeordnete dies dürfte. Indem Art. 38 Abs. 1 Satz 2 GG in Konkretisierung der in Art. 20 Abs. 1 und 2 GG getroffenen Grundentscheidung für die repräsentative parlamentarische Demokratie eine Bindung des Abgeordneten an Aufträge und Weisungen untersagt, stellt die Verfassung diesem eine besondere Abschirmung gegenüber gesellschaftlicher Inpflichtnahme zur Verfügung. Ihm kommt dieser Schutz als entscheidender Akteur des parlamentarischen Geschehens zu. Auf diese Weise kann der Mandatsträger Versuche abwehren, ihn zum Funktionär einer gesellschaftlichen Gruppierung zu machen[291]. Nur so bleibt das Parlament offen für die Rezeption und Berücksichtigung sich wandelnder Wertvorstellungen in der Gesellschaft, ohne dabei durch Verpflichtungen gegenüber einzelnen Interessengruppen eingeschränkt zu sein.

Die Freiheit des Mandats ist auch essentielle Voraussetzung für die Beschlußfähigkeit des Parlaments, die ihrerseits nur durch Eingehung von Kompromissen und politischen Tauschgeschäfte möglich ist. Kompromißfähig ist aber nur der nicht rechtlich gebundene Abgeordnete, da nur er von einer einmal eingeschlagenen Linie abweichen kann, ohne hierfür Konsequenzen fürchten zu müssen. Diesen Status rechtlicher Ungebundenheit und Unverpflichtbarkeit bringt Art. 38 Abs. 1 Satz 2 GG auf den Punkt. Die durch das freie Mandat begründete Unabhängigkeit des Abgeordneten bei der Ausübung seines Mandats begründet ein Verbot jeder rechtlich bindenden Beeinflussung, die darauf zielt, ein bestimmtes parlamentarisches Verhalten herbeizuführen. Insbesondere hiervon erfaßt sind alle das parlamentarische Verhalten des Abgeordneten betreffenden, rechtlich bindenden Erklärungen Dritter und des Abgeordneten selbst, wie auch entspre-

---

[291] M. Morlok, in: H. Dreier, Grundgesetz Bd. II, Art. 38 Rn. 136.

chende Abreden²⁹². Die Differenzierung zwischen von dieser Vorschrift nicht erfaßtem Lobbying und verbotener bindender Einflußnahme entspricht der Unterscheidung zwischen der rechtlich verbindlichen Abrede und der bloß politischen Vereinbarung.

Verpflichtungen, die die Gestaltungskompetenzen des Abgeordneten rechtlich zu binden suchen, sind damit wegen eines Verstoßes gegen diese Verfassungsvorschrift nichtig. Der eindeutige Regelungsgehalt macht auch eine Differenzierung zwischen dem äußeren und dem inneren Aspekt des Gesetzgebungsverfahrens – wie dies hier für das Initiativrecht der Bundesregierung vertreten wird – unmöglich. Anders als die nach außen als homogene Einheit auftretende, jedenfalls aber durch die Richtlinienkompetenz des Bundeskanzlers disziplinierte Bundesregierung, die einen einheitlichen Standpunkt als Gesetzesinitiative in das Parlament einbringt, ist der einzelne Abgeordnete bzw. die im Parlament zur Initiative befugte Abgeordnetengruppe Akteur des innerparlamentarischen politischen Aushandlungsprozesses, dessen Offenheit gerade durch Art. 38 Abs. 2 Satz 1 GG geschützt werden soll. Eine externe Festlegung auf bestimmte Inhalte wäre gerade in diesem Zusammenhang besonders schädlich.

Da der einzelne Abgeordnete weder sein formelles, noch sein materielles Initiativrecht vertraglich zu binden imstande ist, kann eine solche Vertragsschlußbefugnis auch den nach der Geschäftsordnung Initiativbefugten, die ihre Kompetenzen von den ihnen angehörenden Abgeordneten ableiten, nicht zugestanden werden. Gesetzgebungsverträge mit Fraktionen oder einer Gruppe von Abgeordneten sind daher in jedem Falle nichtig und begründen keine Rechtspflichten für die Vertragspartner.

7. Gesetzgebungsvertrag und Verwaltungskompetenzen der Länder

Es ist selbstverständlich und bedarf keiner weiteren Ausführungen, daß dem Bund informelle Vorabsprachen ebenso wie der Abschluß von Gesetzgebungsverträgen nur hinsichtlich solcher Materien möglich sind, die seiner Gesetzgebungskompetenz unterliegen. Insoweit können sich bei Abschluß eines Gesetzgebungsvertrags durch Organe der Bundesgesetzgebung keine Unklarheiten hinsichtlich der Zulässigkeit einer möglichen Einbeziehung von Gesetzgebungskompetenzen der Länder ergeben. Beschränken sich die Beteiligten an einer solchen Absprache auf diese Themen, bleiben die Länder außen vor. Stimmt das eingebrachte bzw. vom Parlament verabschiedete Gesetz inhaltlich mit der Vereinbarung zwischen staatlichem Kompetenzträger und privatem Partner überein, so besteht kein Anlaß für die Annahme eines Mitsprache- oder auch nur eines Konsultationsrechts für die Länder²⁹³. Diese können sich im Laufe des Gesetzge-

---

²⁹² *P. Badura*, in: Bonner Kommentar zum Grundgesetz (1966), Art. 38 Rn. 58 ff., 77 ff.
²⁹³ So auch trotz Annahme einer Berührung erheblicher Länderbelange durch die Ausstiegsentscheidung: *C. Degenhart*, in: BMU/H.-J. Koch/A. Roßnagel, 11. Deutsches Atomrechtssymposium, S. 369 ff. (379 ff.).

bungsverfahrens über den Bundesrat einschalten, dessen Mitwirkungskompetenzen ihnen ungeschmälert zu Gebote stehen[294]. Die Mitwirkungsrechte des Bundesrats werden nicht berührt, da die auf der staatlichen Seite Verhandelnden nur ihre eigenen Kompetenzen in die Waagschale der Verhandlung werfen können. Selbst wenn daher die Bundesregierung auf der Grundlage eines Gesetzgebungsvertrags einen Gesetzentwurf in das Parlament einbringt und/oder dieses auf derselben Grundlage ein Gesetz verabschiedet, so ist der Bundesrat durch die rechtlichen Verpflichtungen anderer Gesetzgebungsorgane nicht gehindert, gegen das Gesetz Einspruch einzulegen bzw. seine Zustimmung zu verweigern – auch wenn der Bundesrat insbesondere in dem Bereich der Gesetzgebung nicht als Landes- oder Länder-, sondern als Bundesorgan in Erscheinung tritt[295] und als solches den Ländern spezifische Mitspracherechte auf Bundesebene sichert[296]. Zudem bleibt es dem Bundesrat unbenommen, eine Gesetzesinitiative mit abweichendem Inhalt in den Bundestag einzubringen.

a) Die Einbeziehung von Verwaltungskompetenzen der Bundesländer in einen Gesetzgebungsvertrag von Organen der Bundesgesetzgebung

Anders liegt der Fall jedoch, wenn auch solche Fragen in der gesetzesbezogenen Vereinbarung angesprochen sind, die nicht bloß durch Bundesgesetzgebung, sondern durch Verwaltungsvollzugs der Länder zu regeln sind. Hierzu kann es kommen, wenn in normvorbereitenden (oder: -ersetzenden) Absprachen zwischen Bundesregierung und Privaten zur Vermehrung der Tauschgegenstände die Verhandlungsbasis verbreitert wird, indem Aspekte des Gesetzesvollzugs in die Verhandlung mit einbezogen werden.

So hatte der Bund im Zusammenhang mit dem Atomkonsens dem Betreiber eines Kernkraftwerks die Beschleunigung ausstehender Genehmigungsverfahren in Aussicht gestellt, deren Abschluß für den Fortbetrieb einer aus Sicherheitsgründen stillgelegten Anlage erforderlich war. Da die Länder das Atomgesetz nach Art. 74 Nr. 11a, 87c, 85 GG, § 24 Abs. 1 Satz 1 AtG im Wege der Bundesauftragsverwaltung ausführen[297], sah sich das Land Hessen, in dem die betreffende Anlage liegt, sowohl durch diese Zusage des Bundes im Rahmen des Atomkonsenses als auch durch die folgenden Gespräche und Zusagen des

---

[294] Daher überzeugt auch die von *C. Degenhart*, in: BMU/H.-J. Koch/A. Roßnagel, 11. Deutsches Atomrechtssymposium, S. 369 ff. (381) die aus dem Grundsatz der Bundestreue abgeleitete Verpflichtung des Bundes zur Beteiligung der Länder an dem Gesetzgebungsvertrag wegen der erheblicher Länderbelange durch die Ausstiegsentscheidung nicht.

[295] Siehe nur *H. Bauer*, in: H. Dreier, Grundgesetz Bd. III, Art. 50 Rn. 17; aus diesem Grund ist das Verhalten des Bundesrats nicht an dem Grundsatz der Bundestreue zu messen, dessen Geltungsbereich sich auf die Rechtsbeziehungen zwischen dem Bund und seinen Gliedern sowie auf die Rechtsbeziehungen der Glieder untereinander beschränkt; siehe *H. Bauer*, in: H. Dreier, a.a.O., Art. 20 (Bundesstaat) Rn. 28; *H.D. Jarras/B. Pieroth*, Grundgesetz, Art. 20 Rn. 21. Einschlägig ist aber der Grundsatz der Verfassungsorgantreue.

[296] Überblick über die Aufgaben des Bundesrats bei *R. Herzog*, in: J. Isensee/P. Kirchhof, HdbStR Bd. II, § 45 Rn. 5 ff.

[297] Zu der Bundesauftragsverwaltung in dem Bereich des Atomgesetzes siehe *C. Heitsch*, Die Ausführung der Bundesgesetze durch die Länder, S. 297 ff.

I. Tauschgegenstand des staatlichen Partners

Bundes gegenüber der Betreibergesellschaft[298] seiner unentziehbaren Wahrnehmungskompetenz in dem Bereich der Bundesauftragsverwaltung beraubt.

Mit Blick auf den Atomkonsens hat das Bundesverfassungsgericht ausgeführt, daß es sich bei diesen normvorbereitenden Verhandlungen um eine Angelegenheit des Bundes gehandelt habe, bei der den Bundesländern keine Beteiligungsrechte zukommen[299]. Dieser Aussage ist nur insoweit zuzustimmen, als zwischen dem Bund und den privaten Normadressaten tatsächlich Fragen der Bundesgesetzgebung verhandelt wurden. Die aus der Verabredung resultierenden Verpflichtungen sind auf Seiten des Bundes indessen nicht allesamt im Wege der Gesetzgebung, sondern auch durch Weisungen an das Land Hessen umgesetzt worden. Hierbei wird deutlich, daß die Einbeziehung von solchen Fragen in einen Verhandlungsprozeß, deren Lösung nicht durch einen Akt der Bundesgesetzgebung umgesetzt werden kann, sondern die vielmehr der verwaltungsmäßigen Umsetzung durch eine andere Gebietskörperschaft bedürfen, durchaus die Verteilung der Exekutivzuständigkeiten im Bundesstaat berühren kann. Dies hängt damit zusammen, daß die Verwaltungszuständigkeiten im Bundesstaat nicht entsprechend der Gesetzgebungszuständigkeiten auf Bund und Länder verteilt sind[300], da bei jenen die Länder nicht nur nach der verfassungsrechtlichen Systematik[301], sondern auch in der Realität über ein erhebliches Übergewicht verfügen (»Vollzugsföderalismus«[302]). Hinzu kommt, daß die grundgesetzliche Ausdifferenzierung verschiedener Verwaltungstypen – die bundeseigene Verwaltung von Bundesgesetzen, die landeseigene Verwaltung von Landes- und Bundesgesetzen, die Bundesauftragsverwaltung sowie die Mischverwaltung[303] – dazu führt, daß dem Bund je nach betroffener Materie ein ganz unterschiedliches Maß an Ingerenzkompetenzen gegenüber den Ländern bei der Gesetzesanwendung zukommt.

Während der Bund bei Materien, die der Bundeseigenverwaltung unterliegen, einen umfassenden, Fragen der Recht- und der Zweckmäßigkeit betreffenden Zugriff auf Art und

---

[298] Siehe zu Einzelheiten und Abfolge der Gespräche und Verhandlungen zwischen dem Bund und der Betreibergesellschaft, an denen das Land Hessen nicht teilnehmen wollte, um nicht den Eindruck zu erwecken es »toleriere« die in seinen Augen »rechtswidrige Inanspruchnahme der Wahrnehmungskompetenz durch das BMU oder billige sie gar«, die Darstellung bei BVerfG, Urteil vom 19. Februar 2002, 2 BvG 2/00 (=NVwZ 2002, S. 585 ff.), Abschn. A II 1 b (bb); insoweit z.Zt. (27. Juni 2002) nur im Internet veröffentlicht (www.bverfg.de).

[299] BVerfG NVwZ 2002, S. 585 ff. (587).

[300] Es liegt eine Inkongruenz von Gesetzgebungs- und Verwaltungszuständigkeiten des Bundes vor; *A. Dittmann*, in: M. Sachs, Grundgesetz, Art. 83 Rn. 2. Siehe hierzu auch die Ausführungen bei *G. Hermes*, in: H. Dreier, Grundgesetz Bd. III, Art. 83 Rn. 16; *K. Stern*, Staatsrecht Bd. II, § 37 II 4; ausf. Zu der Verteilung der Verwaltungskompetenzen: *S. Oeter*, Integration und Subsidiarität im deutschen Bundesstaatsrecht, S. 17 ff.

[301] Zu dem tatsächlichen Übergewicht der Bundeskompetenzen in dem Bereich der Gesetzgebung siehe nur *C. Degenhart*, in: M. Sachs, Grundgesetz, Art. 70 Rn. 1; *H.-W. Rengeling*, in: J. Isensee/P. Kirchhof, HdbStR Bd. IV, § 100 Rn. 45.

[302] Hierzu *S. Oeter*, Integration und Subsidiarität im deutschen Bundesstaatsrecht, S. 403 ff.

[303] Ausf. Darstellung der verschiedenen Verwaltungstypen bei *K. Stern*, Staatsrecht Bd. II, § 41 IV 4 ff.

Weise der Gesetzesanwendung hat, stehen ihm gegenüber den Ländern bei der Gesetzesanwendung im Rahmen des landeseigenen Vollzugs von Bundesgesetzen nach Maßgabe von Art. 84 GG nur beschränkte Aufsichtsrechte zu, insbesondere eine Rechtsaufsicht gegenüber dem Land (Art. 84 Abs. 3 Satz 1 GG) und – bei einer entsprechenden gesetzlichen Vorschrift – eine Befugnis der Bundesregierung zur Erteilung von Einzelweisungen (Art. 84 Abs. 5 Satz 1 GG)[304]. Bei der Bundesauftragsverwaltung kommt dem Bund neben der selbstverständlichen Rechts- auch eine umfassende Zweckmäßigkeitsaufsicht zu (Art. 85 Abs. 4 GG).

Die Gesetzesanwendung der Länder erfolgt nicht allein durch Handeln in den klassischen Formen des Verwaltungsrechts – also insbesondere durch Verwaltungsakt, öffentlich-rechtlichen Vertrag oder den Erlaß einer Verwaltungsvorschrift. Auch informales, auf Konsens gerichtetes Verwaltungshandeln fällt unter den Begriff der Gesetzesanwendung nach Art. 83 ff. GG[305].

Im Rahmen der Bundesaufsicht und der sonstigen von der Verfassung vorgesehenen Einflußnahmen des Bundes auf die Gesetzesanwendung durch die Länder gleich welcher Art stehen sich Bund und Land als je eigenständige juristische Personen des öffentlichen Rechts gegenüber, die eigene Kompetenzen wahrnehmen. Soweit man nicht an der Tauschfähigkeit kompetenzieller Positionen generell zweifelt, können doch nur die jeweils eigenen Kompetenzen einer Gebietskörperschaft von dieser zum Gegenstand normvorbereitender Verhandlungen gemacht werden. Dies heißt aus der Sicht des Bundes, daß dieser nur insoweit Fragen des Gesetzesanwendung zum Gegenstand einer Verhandlung oder gar einer Zusage machen, als entweder die Gesetzesanwendung durch die Bundesverwaltung oder die Ausübung von Aufsichtskompetenzen gegenüber den Ländern betroffen ist. Besonderheiten treten allerdings auf, wenn es sich bei den in Rede stehenden Fragen der Gesetzesanwendung wie im Fall des Atomkonsenses um solche aus dem Bereich der Bundesauftragsverwaltung handelt.

aa) Bundesauftragsverwaltung der Länder

Die besondere Kompetenzverteilung zwischen Bund und Ländern in der Bundesauftragsverwaltung bedingt, daß dem Bund intensive Ingerenzkompetenzen für weite Teile der hier geregelten Sachbereiche zu Gebote stehen[306]. Hieraus wurde insbesondere in den ersten Jahrzehnten des Grundgesetzes z.T. abgeleitet, daß in diesen Bereichen eine Verwaltung zur gesamten Hand von Bund und Land oder gar ein Fall der Bundesverwaltung vorliegt[307].

---

[304] Allerdings hat die Staatspraxis von dieser Möglichkeit bislang nur zurückhaltend Gebrauch gemacht; siehe die Nachweise bei *G. Hermes*, in: H. Dreier, Grundgesetz Bd. III, Art. 84 Rn. 67 (Fn. 222).

[305] Zu Begriff und Inhalt des informalen Verwaltungshandelns siehe S. 70 ff. Daneben gibt es auch informales Verwaltungshandeln der Länder ohne Bezug zu Bundesgesetzen; die Kompetenzgrundlage hierfür bietet Art. 30 GG.

[306] Aus jüngster Zeit grundlegend *C. Heitsch*, Die Ausführung der Bundesgesetze durch die Länder, S. 248 ff.

[307] *M. Bullinger*, AöR Bd. 83 (1958), S. 279 ff. (286), der von einem Zusammenwachsen von Bund und Land zu einem einheitlichen Hoheitsraumträger ausgeht; ähnlich *F. Ossenbühl*, Der

I. Tauschgegenstand des staatlichen Partners

Ungeachtet der inhaltlich weitreichenden Ingerenzkompetenzen des Bundes in Auftragsangelegenheiten[308] und auch ungeachtet der mit Blick auf die jeweilige Ingerenzintensität diskutierten Differenzierung[309] zwischen solchen Auftragsangelegenheiten, die schon mit Erlaß des Grundgesetzes existent waren und solchen, die erst im Laufe der folgenden Jahre in die Verfassung übernommen wurden[310], liegt auch bei der denkbar umfassenden Ausschöpfung von Ingerenzkompetenzen durch den Bund ein Fall der Landesverwaltung vor[311]. Die insbesondere bei der Ausübung des Weisungsrechts nach Art. 85 Abs. 3 GG durch den Bund sich aktualisierende Grenze des Direktionsrechts ist die der Bundestreue[312], während die Relevanz des ebenfalls zu beachtenden Verbots mißbräuchlicher Ausübung der Weisungskompetenz eher als gering zu veranschlagen ist[313]. Die Weisungsbefugnis des Bundes erfaßt die gesamte Vollzugstätigkeit des Landes im Rahmen der Bundesauftragsverwaltung und findet daher Anwendung sowohl auf Sachverhaltsermittlung und -bewertung als auch auf Verfahrenshandlungen und abschließende Sachentscheidungen[314]. Die Weisungsbefugnis kann auch mit Blick auf die Verfahrens- bzw. Geschäftsleitung des Landes ausgeübt werden[315].

Staat Bd. 28 (1989), S. 31 ff. (36 f.); noch weitergehend *F. Klein*, in: Hochschule für Verwaltungswissenschaften Speyer, Gemeinschaftsaufgaben zwischen Bund, Ländern und Gemeinden, S. 125 ff. (139 ff.), der einen Fall unmittelbarer Bundesverwaltung annimmt.

[308] Übersicht mit Nachweisen bei *A. Dittmann*, in: M. Sachs, Grundgesetz, Art. 85 Rn. 21.

[309] *C. Heitsch*, Die Ausführung der Bundesgesetze durch die Länder, S. 254 ff., 327 ff.

[310] Sachbereiche, in denen das Grundgesetz schon eine Bundesauftragsverwaltung angeordnet hatte: Fernstraßen- und Wasserstraßenverwaltung (Art. 89 Abs. 2 Satz 3 GG, 90 Abs. 2 GG); Verwaltung der dem Bund zustehenden Steuern (Art. 108 Abs. 3 Satz 1 GG). Nach Inkrafttreten des Grundgesetzes wurde der Anwendungsbereich der Bundesauftragsverwaltung um folgende Sachbereiche erweitert: Ausführung der Lastenausgleichsgesetze auf dem Gebiet der Ausgleichsleistungen (Art. 120a Abs. 1 Satz 1 GG); Vollzug von Gesetzen, die der Verteidigung dienen (Art. 87b Abs. 2 Satz 1 Alt. 2 GG); Ausführung des Kernenergierechts (Art. 87d GG); Aufgaben der Luftverkehrsverwaltung (Art. 87d Abs. 2 GG).

[311] Dies ist (spätestens seit der entsprechenden Äußerung des Bundesverfassungsgerichts in BVerfGE 81, 310 (331)) nicht mehr bestritten: *W. Blümel*, in: J. Isensee/P. Kirchhof, HdbStR Bd. IV, § 101 Rn. 49; *H.P. Bull*, in: Alternativ-Kommentar zum Grundgesetz Bd. II, Art. 85 Rn. 4; *A. Dittmann*, in: M. Sachs, Grundgesetz, Art. 85 Rn. 4; *G. Hermes*, in: H. Dreier, Grundgesetz Bd. III, Art. 85 Rn. 17; *H.D. Jarras/B. Pieroth*, Grundgesetz, Art. 85 Rn. 2; *P. Lerche*, in: T. Maunz/G. Dürig u.a., Grundgesetz, Art. 85 Rn. 4 f.; *H.-H. Trute*, in: H. v. Mangoldt/F. Klein/C. Starck, Das Bonner Grundgesetz Bd. 3, Art. 85. Übersicht über die verschiedenen Etiketten für die Bundesauftragsverwaltung bei *P. Lerche*, a.a.O., Rn. 9.

[312] So zuletzt das Sondervotum der Richter Di Fabio und Mellinghoff zu dem Urteil des BVerfG NVwZ 2002, S. 585 ff. (590 f.); s.a. BVerfGE 81, 310 (337); *A. Dittmann*, in: M. Sachs, Grundgesetz, Art. 85 Rn. 22; *G. Hermes*, in: H. Dreier, Grundgesetz Bd. III, Art. 85 Rn. 43 ff. Zur Ableitung der Bundestreue unter dem Grundgesetz im allgemeinen siehe BVerfGE 1, 299 (315); 4, 115 (140); 6, 309 (361); 8, 122 (138); 12, 205 (239 f., 255 ff.) usw.; zuletzt BVerfGE 92, 203 (230, 233). S.a. *M. Sachs*, in: ders., Grundgesetz, Art. 20 Rn. 68 ff.; *K. Stern*, Staatsrecht Bd. I, § 19 III 4.

[313] BVerfGE 81, 310 (336) (unter Hinweis auf BVerfGE 14, 197 (215); 61, 149 (205)).

[314] Hierzu *G. Hermes*, in: H. Dreier, Grundgesetz Bd. III, Art. 85 Rn. 39 ff.; *P. Lerche*, in: T. Maunz/G. Dürig u.a., Grundgesetz, Art. 85 Rn. 54; *W. Blümel*, in: J. Isensee/P. Kirchhof, HdbStR Bd. IV, § 101 Rn. 62; *H.-H. Trute*, in: H. v. Mangoldt/F. Klein/C. Starck, Grundgesetz Bd. 3, Art. 85 Rn. 20 ff.

[315] BVerfGE 81, 310 (336).

Die aus dem Prinzip der Bundestreue abzuleitenden, ungeschriebenen und daher gegenüber den ausdrücklich niedergelegten Verfassungssätzen subsidiären[316] Verhaltensanforderungen bundesfreundlichen Verhaltens verpflichten den Bund allerdings dazu, Weisungen außer bei Eilbedürftigkeit anzukündigen, dem Land vor dem Erlaß der Weisung Gelegenheit zur Stellungnahme zu geben und seinen Standpunkt bei Erteilung der Weisung in Erwägung zu ziehen[317]. Mehr als eine Verpflichtung, die Rechtsauffassung des Landes zu nicht zu ignorieren, folgt daraus aber nicht, da das akzessorische[318] und gegenüber dem geschriebenen Verfassungsrecht subsidiäre Institut der Bundestreue nur zur Ergänzung bzw. Lückenfüllung, nicht aber zur Modifikation der Kompetenz- bzw. Verfassungsordnung taugt[319]. Das Weisungsrecht des Bundes kann daher nicht unter dem Gesichtspunkt der Bundestreue unter ein Einvernehmenserfordernis gestellt werden. Allerdings muß der Bund die Wirkung seiner Weisung tatsächlich auf den der Bundesauftragsverwaltung unterliegenden Sachbereich beschränken und darf mit ihr nicht in den ansonsten geschützten, eigenstaatlichen Verwaltungsraum der Länder übergreifen[320].

Die dem Bund in Art. 85 GG an die Hand gegebenen, weitgehenden Gestaltungsrechte in den Sachmaterien der Bundesauftragsverwaltung beziehen sich ausschließlich auf das Innenverhältnis zwischen Bund und Land. Diese Beschränkung wird durch die Differenzierung zwischen der Wahrnehmungs- und der Sachkompetenz verdeutlicht[321]. Während diese dem Land nur unter dem Vorbehalt ihrer Inanspruchnahme mittels der grundsätzlich unbegrenzten und nicht weiter rechtfertigungsbedürftigen Direktionskompetenz des Bundes zusteht und die Beurteilung und Entscheidung in der Sache umfaßt, wird mit jener die Berechtigung und Verpflichtung zum Handeln nach Außen gegenüber Dritten bezeichnet.

Die Direktionskompetenz des Bundes in Angelegenheiten der Bundesauftragsverwaltung umfaßt insbesondere den Erlaß allgemeiner Verwaltungsvorschriften (Art. 85 Abs. 2 Satz 1 GG) sowie eine einzelfallbezogene Steuerung durch die Erteilung von Weisungen (Art. 85 Abs. 3 GG), die als prägendes Merkmal der Auftragsverwaltung gilt[322]. Weisungen sind von Verwaltungsvorschriften abzuschichten, weil der Erlaß letzterer der Zustimmung des Bundesrats bedarf

---

[316] *J. Isensee*, in: ders./P. Kirchhof, HdbStR Bd. IV, § 98 Rn. 157; *S. Korioth*, Integration und Bundesstaat, S. 264 ff.; *K. Stern*, Staatsrecht Bd. I, § 19 III 4.
[317] BVerfGE 81, 310 (337 f.); i.allg. zu den Ausprägungen einzelner, aus dem Grundsatz bundesfreundlichen Verhaltens resultierender Anforderungen siehe nur *J. Isensee*, in: ders./P. Kirchhof, HdbStR Bd. IV, § 98 Rn. 158 ff.
[318] Siehe nur *J. Isensee*, in: ders./P. Kirchhof, HdbStR Bd. IV, § 98 Rn. 157.
[319] *G. Hermes*, in: BMU/H.-J. Koch/A. Roßnagel, 11. Deutsches Atomrechtssymposium, S. 347 ff. (358 f.).
[320] BVerfG, Urteil vom 3. Juli 2000, 2 BvG 1/96, Abschn. B II 2 (b).
[321] BVerfGE 81, 310 (331 f.); *A. Dittmann*, in: M. Sachs, Grundgesetz, Art. 85 Rn. 6, 9 ff.; *G. Hermes*, in: H. Dreier, Grundgesetz Bd. III, Art. 85 Rn. 19; *P. Lerche*, in: T. Maunz/G. Dürig u.a., Grundgesetz, Art. 85 Rn. 4; *H.-H. Trute*, in: H. v. Mangoldt/F. Klein/C. Starck, Grundgesetz Bd. 3, Art. 85 Rn. 5.
[322] *W. Blümel*, in: J. Isensee/P. Kirchhof, HdbStR Bd. IV, § 101 Rn. 59 m.w.N.

(Art. 85 Abs. 2 Satz 1 GG)[323]. Die Weisung ist das Instrument zur fallweisen Inanspruchnahme der Sachkompetenz durch den Bund. Auf ihrer Grundlage kann der Bund mit Blick auf das Bundesgesetz alle vollzugstypischen Konkretisierungsentscheidungen treffen und gegen abweichende Vorstellungen der Landesexekutive durchsetzen[324]. Der Form nach endet das Weisungsrecht aber an der mit dem Begriff der Wahrnehmungskompetenz (gegenüber dem Gesetzesadressaten) bezeichneten Grenze zwischen dem als gesamtstaatlichen Internum verstandenen Innenverhältnis von Bund/Land einerseits und dem Außenverhältnis des Staates gegenüber dem Bürger andererseits, so daß die Weisung keine auf den Bürger bezogene, unmittelbare Außenwirkung entfaltet[325]. Aus demselben Grund steht dem Bund auch kein Recht zum Selbsteintritt in die Wahrnehmungskompetenz des Landes gegenüber dem Gesetzesadressaten zu[326]. Die Kompetenz zur Entscheidung im Außenverhältnis – ebenso wie zu informellem Verwaltungshandeln, das diese präpariert oder substituiert – verbleibt stets bei dem Land.

Der Bund kann somit aus kompetenzrechtlichen Gründen nicht dem Gesetzesadressaten zusagen, *daß* das Land einen bestimmten Verwaltungsakt erlassen wird. Eine Verwaltungsentscheidung des Landes kann der Bund keinesfalls, auch nicht im Zusammenhang mit einem umfassenden Konsenspaket – rechtlich bindend oder nicht – versprechen, da er auf diese Weise in die Verwaltungskompetenz des Landes eingriffe. Allerdings verfügt der Bund im Bereich der Bundesauftragsverwaltung über eigene Kompetenzen – eben insbesondere die der Weisung gegenüber dem Land. Deren Wahrnehmung kann – unabhängig von der Frage, inwieweit solche Kompetenzen generell für vertragliche Bindungen offenstehen – tauglicher Gegenstand von Verhandlungen zwischen dem Bund und Privaten sein. Dementsprechend liegt in der Zusage einer Gewährleistung des ungestörten Betriebs der Kernenergieanlagen[327] kein Übergriff in die Kompetenz der Länder, da bei verständiger Auslegung dieser Aussage der Bund nur ein hierauf zielendes Aufsichtsverhalten verspricht[328]. Die Grenze zwischen der dem Bundeszugriff offenstehenden (und damit durch den Bund als Verhandlungsmasse

---

[323] Zu der mit dieser Abgrenzung in Zusammenhang stehenden Frage, ob auf der Grundlage von Art. 85 Abs. 3 Satz 1 GG nur Einzelweisungen oder auch allgemeine Weisungen erlassen werden dürfen, siehe nur *P. Lerche*, in: T. Maunz / G. Dürig u.a., Grundgesetz, Art. 85 Rn. 50.

[324] BVerfGE 81, 310 (335); 84, 25 (31); s.a. *G. Hermes*, in: H. Dreier, Grundgesetz Bd. III, Art. 85 Rn. 37, 39 ff.

[325] *C. Heitsch*, Die Ausführung der Bundesgesetze durch die Länder, S. 271 f.; *P. Lerche*, in: T. Maunz / G. Dürig u.a., Grundgesetz, Art. 85 Rn. 52.

[326] Ganz h.M. BVerfGE 81, 310 (332); *T. v. Danwitz*, in: F. Ossenbühl, Deutscher Atomrechtstag 2000, S. 81 ff. (92); *G. Hermes*, in: H. Dreier, Grundgesetz Bd. III, Art. 85 Rn. 45; *P. Lerche*, in: T. Maunz / G. Dürig u.a., Grundgesetz, Art. 85 Rn. 54; a.A. nur *F. Loschelder*, Die Durchsetzbarkeit von Weisungen in der Bundesauftragsverwaltung, S. 50 ff., der aufgrund von Effizienzgesichtspunkten die Anforderungen des Bundeszwangs nach Art. 37 GG mittels einer Annexkompetenz aus Art. 85 Abs. 3 GG unterläuft. Hiergegen aber zu recht u.a. *G. Hermes*, a.a.O.

[327] Pkt. III (1) der »Vereinbarung zwischen der Bundesregierung und den Energieversorgungsunternehmen vom 14. Juni 2000«.

[328] *C. Langenfeld*, DÖV 2000, S. 929 ff. (937).

einsetzbaren) Weisungskompetenz und der Wahrnehmungskompetenz des Landes kann im Einzelfall schwierig zu bestimmen sein. Die Ausübung der Bundeskompetenzen steht wiederum unter dem Vorbehalt des bundesfreundlichen Verhaltens, so daß die insoweit entwickelten prozeduralen Anforderungen – insbesondere die entsprechende Informationspflicht und die Eröffnung einer Gelegenheit zur Stellungnahme – auch bei informellen Vorbereitungen der Ausübung des Weisungsrechts seitens des Bundes zu beachten sind.

Um die Tauglichkeit der Weisungskompetenzen des Bundes als Verhandlungsmasse in normsetzungsbezogenen Verhandlungen mit Privaten feststellen zu können, ist in einem weiteren Schritt zu untersuchen, ob dem Bund neben der Möglichkeit, über eine bestimmte Ausübung seines Weisungsrechts gegenüber dem Land Zusagen an Private zu machen auch die Möglichkeit offensteht, diesbezügliche Vorgespräche und -verhandlungen mit dem späteren Verwaltungsaktsadressaten zu führen.

Daß es dem Bund zur Vorbereitung seiner eigenen Weisungsentscheidung unbenommen bleibt, die erforderlichen Informationen einzuholen und daß dies sogar einen Kontakt mit dem späteren Adressaten der Gesetzesanwendung durch das Land bedingen kann, ist kaum zu bestreiten. Das Weisungsrecht impliziert die Vornahme von vorbereitenden Maßnahmen, die nicht selbst in einer Instruktion des Landes bestehen[329]. Hinsichtlich der eigenen (Weisungs-) Entscheidung ist die ohne Zwang erfolgende[330] Beschaffung von Informationen – auch bei dem Adressaten der späteren Verwaltungsentscheidung des Landes – durch den Bund im Sinne einer funktionsfähigen Auftragsverwaltung unter deren prozeduralen Bedingungen (v.a. Informationen über das Vorgehen an das Land) zulässig[331]. Im Fall des Atomkonsenses wurden mit der Verhandlung über inhaltliche Aspekte zwischen Bund und Adressat der Maßnahmen hingegen Fragen der Gesetzesanwendung zum Tauschgegenstand gemacht.

Im Fall des Atomkonsenses liegt daher kein Fall der Informationsbeschaffung durch den Bund zur Vorbereitung einer Weisung vor. Es handelt sich vielmehr um einen Tauschhandel zwischen dem nur für die Sachentscheidung, nicht aber für deren außenwirksame Wahrnehmung kompetenten Bund und den Adressaten der späteren Entscheidung. Entscheidend für die in der Zusage liegende Beeinträchtigung der Kompetenzordnung ist das Auftreten des Bundes nach außen als »Entscheider«, also als derjenige, der die Fäden des Gesetzesanwendung in der Hand hat[332]. Dies ist zwar materiell aufgrund der dem Bund zustehenden In-

---

[329] *G. Hermes*, in: BMU/H.-J. Koch/A. Roßnagel, 11. Deutsches Atomrechtssymposium, S. 347 ff. (362 ff.); *P. Lerche*, in: T. Maunz/G. Dürig u.a., Grundgesetz, Art. 85 Rn. 56.
[330] *F. Ossenbühl*, in: R. Lukes, Reformüberlegungen zum Atomrecht, S. 27 ff. (101).
[331] I.e. zu dem »informationellen Durchgriff« des Bundes auf den späteren Verwaltungsaktsadressaten *G. Hermes*, in: BMU/H.-J. Koch/A. Roßnagel, 11. Deutsches Atomrechtssymposium, S. 347 ff. (362 ff.); *F. Ossenbühl*, in: R. Lukes, Reformüberlegungen zum Atomrecht, S. 27 ff. (100 f.). In der Tendenz eher eine »Kontaktsperre« zwischen der Bundesbehörde und den späteren Verwaltungsaktsadressaten nimmt hingegen *R. Steinberg*, in: R. Lukes/A. Birkhofer, 9. Deutsches Atomrechtssymposium, S. 67 ff. (79) an.
[332] Ähnlich *C. Degenhart*, in: BMU/H.-J. Koch/A. Roßnagel, 11. Deutsches Atomrechtssymposium, S. 369 ff. (387).

gerenzkompetenzen in dem Bereich der Auftragsverwaltung der Fall. Indessen steht ihm ein solches, nach außen gerichtetes Auftreten wegen der dem Land unentziehbar zugewiesenen Wahrnehmungskompetenzen nicht an. Die einzig vertretbare Alternative zur Einbeziehung von nicht auf die Bundesgesetzgebung oder -verwaltung bezogenen Fragen in den Gesamtkomplex der Verhandlungen wäre daher die Möglichkeit gewesen, daß der Bund (v.a. bei Unauflösbarkeit der Verbindung von norm- und vollzugsbezogenen Verhandlungsmaterien) das mit der Verwaltung der fraglichen Materie beauftragte Land an den Verhandlungen mit den Privaten beteiligt[333] oder ihm eine Weisung zur Führung der Verhandlungen in dem vom Bund bestimmten Sinne erteilt[334]. Aufgrund dieser Konsequenzen aus der unentziehbaren Wahrnehmungskompetenz der Länder läßt sich deren strenge Beachtung auch nicht als bloße Formalie abtun oder bei überwiegendem Bezug der Verhandlungen zu Fragen der Gesetzgebung die Wahrnehmungskompetenz der Länder völlig vernachlässigen[335]. Daß die strenge Beachtung der Wahrnehmungskompetenz zwingendes Merkmal der Bundesauftragsverwaltung ist, wird daran deutlich, daß der Bund selbst bei Differenzen zwischen Bund und Land im Zusammenhang mit einer gerichtlichen Auseinandersetzung zwischen dem Land und einem Dritten nicht nach § 65 Abs. 2 VwGO notwendig beizuladen ist[336].

Das Bundesverwaltungsgericht betont, daß auch die Weisungsbefugnis des Bundes für diesen kein Recht begründet, das im Wege der notwendigen Beiladung prozessual zur Geltung gebracht werden müßte. Es obliegt im Verwaltungsstreitverfahren allein dem Land »in einer Art Prozeßstandschaft« für die weisungsbefugte Bundesbehörde aufzutreten[337]. Differenzen zwischen Bund und Land bei der Beurteilung einer der Bundesauftragsverwaltung unterliegenden Frage wirken sich aber deswegen nicht zum Nachteil der anderen Prozeßpartei aus, weil die Rechtskraft eines den Gesetzesvollzug des Landes betreffenden verwaltungsgerichtlichen Urteils sich bei eben der Wahrnehmung einer »Art Prozeßstandschaft« auch auf die Bundesrepublik Deutschland erstreckt, wenn das Land hierbei zugleich eine Angelegenheit des Bundes wahrnimmt[338].

Mit der Privaten im Rahmen von normbezogenen Verhandlungen erteilten Zusage bestimmter Weisungsinhalte verletzt der Bund somit die Wahrnehmungskompetenz des Landes, da die in die Verhandlung eingebettete Zusage nicht nur

---

[333] So *W. Frenz*, NVwZ 2002, S. 561 ff. (563).
[334] Man mag die Addition einer zusätzlichen Verhandlungsarena und – damit einhergehend – eines zusätzlichen Verhandlungsakteurs als nicht besonders sinnvoll mit Blick auf die Erfolgsaussichten der Verhandlungen empfinden. Indessen bildet die Notwendigkeit einer Mehrzahl von staatlichen Akteuren bei den Verhandlungen die horizontale und vertikale Fragmentierung der Staatsgewalt unter dem Grundgesetz ab. Diese kann auch nicht unter dem Gesichtspunkt der dem Bund gegenüber den Ländern zustehenden Staatsleitung durch eine Konzentration von Handlungsvollmachten beim Bund als »Vertreter ohne Vertretungsmacht« überwunden werden.
[335] So aber *G. Hermes*, in: BMU/H.-J. Koch/A. Roßnagel, 11. Deutsches Atomrechtssymposium, S. 347 ff. (365 f.).
[336] BVerwG NVwZ 1999, S. 296 (296).
[337] BVerwGE 31, 233 (235 f.); BVerwGE 37, 43 (45 f.).
[338] BVerwG, Buchholz 310 § 121 VwGO Nr. 64, S. 19 ff. (23 f.).

den letztendlichen Vollzug eines Verwaltungsakts umfaßt, sondern auch dessen Vorbereitung oder Substitution durch informelles Verwaltungshandeln. Erkennt man aber in der Etablierung des informellen Verwaltungshandelns einen Gestaltenwandel bei der Wahrnehmung staatlicher Aufgaben und akzeptiert man diesen Wandel, so ist es nur zwingend, auch das informelle Verwaltungshandeln gegenüber dem potentiellen Verwaltungsaktsadressaten in den Bereich der Wahrnehmungskompetenz des Landes einzubeziehen, wenn und soweit die Vorgabe tatsächlich ernst genommen wird, daß auch das informale Verwaltungshandeln sich an der verfassungsrechtlichen Kompetenzordnung orientieren muß[339].

Kein Fall der Bundesauftragsverwaltung ist gegeben, wenn der Bund auf der Grundlage von Art. 87 Abs. 3 Satz 1 GG für einen Bereich, der seiner Gesetzgebungskompetenz unterliegt (hier: Art. 74 Abs. 1 Nr. 11a GG) selbständige Bundesoberbehörden durch Bundesgesetz errichtet. Weist der Bund in solchen Fällen dieser fakultativen Bundesverwaltung bestimmte Aufgaben zu, so ist damit jede Form der länderseitigen Verwaltungszuständigkeit beendet, auch wenn die entsprechenden Materien ohne Sonderzuweisung der Bundesauftragsverwaltung der Länder unterlägen[340]. Damit liegt ein Fall der Bundesverwaltung vor, auf deren Gestaltung die Länder keinen Einfluß haben. Aus diesem Grunde berührt die in dem Atomkonsens enthaltene Vereinbarung, die Erkundung des Salzstocks Gorleben zum Zwecke der Endlagerung von Kernelementen[341] bis zur Klärung konzeptioneller und sicherheitstechnischer Fragen für mindestens drei, längstens zehn Jahre zu unterbrechen (Abschn. IV (3) und Anlage 4 der Vereinbarung), keine Verwaltungskompetenzen der Länder[342]. Das Bundesamt für Strahlenschutz ist gem. § 23 Abs. 1 Nr. 2 AtG für Errichtung und Betrieb von Anlagen des Bundes zur Sicherstellung und Endlagerung radioaktiver Abfälle zuständig, so daß hier ein Fall der Bundesverwaltung vorliegt, deren Ausübung der Bund zumindest aus kompetenzieller Sicht zum Gegenstand einer Zusage machen kann, ohne dabei in die Verwaltungskompetenz der Länder überzugreifen.

bb) Verwaltungskompetenzen und Staatsleitung

Die in der verfassungsrechtlichen Zuständigkeitsordnung wurzelnden Wahrnehmungskompetenzen der Länder können auch nicht durch deren Vereinnahmung in die normvorbereitenden Verhandlungen zwischen Bund und Gesetzesadressa-

---

[339] *C. Degenhart*, in: BMU/H.-J. Koch/A. Roßnagel, 11. Deutsches Atomrechtssymposium, S. 369 ff. (385); *C. Langenfeld*, DÖV 2000, S. 929 ff. (937); *I. Pernice*, in: H. Dreier, Grundgesetz Bd. II, Art. 30 Rn. 28; *J. Pietzcker*, in: J. Isensee/P. Kirchhof, HdbStR Bd. IV, § 99 Rn. 16 f.; hingegen will *G. Hermes*, in: BMU/H.-J. Koch/A. Roßnagel, 11. Deutsches Atomrechtssymposium, S. 347 ff. (364 f.) offenbar die Kompetenzordnung auf die formalisierten Handlungsformen begrenzt sehen.
[340] BVerfG NVwZ 2002, S. 591 f. (592); jetzt: BVerfGE 104, 249.
[341] Gem. § 9a Abs. 3 Satz 1 AtG hat der Bund Anlagen zur Sicherstellung und Endlagerung radioaktiver Abfälle einzurichten.
[342] BVerfG NVwZ 2002, S. 591 f. (592).

I. Tauschgegenstand des staatlichen Partners

ten unter dem Gesichtspunkt der Staatsleitung überspielt werden[343]. Dies nimmt das Bundesverfassungsgericht an, wenn es ausführt, daß sowohl das verfassungsrechtliche Binnenverhältnis zwischen Bund und Land als auch das verwaltungsrechtliche Außenverhältnis zwischen Land und Kraftwerksbetreiber durch den »Atomkonsens« sowie den von der Bundesregierung beabsichtigten Ausstieg aus der friedlichen Nutzung der Kernenergie überlagert werden[344]. Das Gericht unterstellt mit einer solchen Aussage, daß die zur Gesetzgebung befugte Gebietskörperschaft jede andere Kompetenz als Tauschmasse für die normvorbereitenden Verhandlungen vereinnahmen kann, da – so das Gericht – in dem konstruierten Überlagerungsbereich von Wahrnehmungskompetenz des Landes und Gesetzgebungskompetenz des Bundes[345] die Sphären von Bund und Land nicht eindeutig gegeneinander abgegrenzt werden können[346].

Nicht allein die These, daß Fragen der Gesetzgebung und der Gesetzesanwendung nicht voneinander zu trennen sein sollen, bietet – aus verfassungsrechtlicher wie aus analytischer Sicht – Anlaß zur Überraschung[347]. Auch die der Aussage zugrundeliegende Annahme der Existenz kompetenzieller Gemengelagen zwischen Bund und Land bzw. Gesetzgebung und Gesetzesanwendung reibt sich an dem Kompetenzverteilungsschema des Grundgesetzes, das die Möglichkeit einer solchen Trennung als zentrales Element der Rechtsstaatlichkeit zugrundelegt. Zwar kann das Land, das später ein Gesetz anzuwenden hat, welches in Absprache zwischen dem Bund und einem privaten Gesetzesadressaten vorbereitet worden ist, keinen Anspruch auf Beteiligung an den entsprechenden Verhandlungen geltend machen, da die Gesetzesvorbereitung ebenso wie der Erlaß des Gesetzes allein Sache des Inhabers der einschlägigen Gesetzgebungskompetenz ist. Andererseits ist dieser aber auch bei den der Gesetzgebung vorausliegenden Verhandlungen auf den Einsatz eigener Kompetenzen als Tauschmittel verwiesen.

Im Ergebnis bleibt damit festzuhalten, daß entgegen der Ansicht des Bundesverfassungsgerichts die leichtherzige Einbeziehung von Verwaltungskompeten-

---

[343] Dieser Begriff wird gewöhnlich für die Umschreibung des Verhältnisses von Parlament und Regierung verwendet, um den politischen Führungsanspruch der Letztgenannten zu umschreiben; s.a. BVerfGE 11, 77 (85); 26, 338 (395 f.); s.a. *S. Magiera*, Parlament und Staatsleitung in der Verfassungsordnung des Grundgesetzes, S. 83; *K. Stern*, Staatsrecht Bd. I, § 22 III 4. Der Begriff ist allerdings als Synonym für die Regierungsfunktion zu eng, weil der Bundesregierung nicht nur politische Führungs-, sondern auch Administrativaufgaben zukommen. Zum anderen ist der Begriff zu weit, weil der Regierung Aufgaben der politischen Führung nur zur gesamten Hand mit anderen Verfassungsorganen, insbesondere mit dem Parlament zustehen, siehe *M. Schröder*, in: J. Isensee/ P. Kirchhof, HdbStR Bd. II, § 50 Rn. 4.
[344] BVerfG NVwZ 2002, S. 585 ff. (588).
[345] Das Gericht will allerdings die Überlagerungsfälle ausdrücklich nicht auf ein Nebeneinander von Gesetzgebungs- und Verwaltungsverfahren beschränkt wissen.
[346] Ähnlich *G. Hermes*, in: BMU/H.-J. Koch/A. Roßnagel, 11. Deutsches Atomrechtssymposium, S. 347 ff. (364).
[347] Siehe hierzu bereits S. 86. Sehr skeptisch auch insoweit das Sondervotum der Richter Di Fabio und Mellinghoff zu dem Urteil des BVerfG NVwZ 2002, S. 585 ff. (591).

zen der Länder in einen Gesetzgebungsvertrag grundsätzlich nicht möglich ist. Insbesondere der Begriff der »Staatsleitung«, der über das Potential verfügt, der Kompetenzordnung jede Stabilität zu nehmen, kann hier nicht als Blankovollmacht für die Inanspruchnahme fremder Verwaltungskompetenzen zur Verbreiterung des Verhandlungsgegenstandes verwendet werden.

b) Absprachen über den Verwaltungsvollzug und die grundgesetzliche Kompetenzordnung (Organkompetenz)

Geht man von dem angesprochenen, eigentlich selbstverständlichen Prinzip aus, daß jedes Rechtssubjekt nur eine Bindung hinsichtlich eigener Kompetenzen eingehen kann, so ergibt sich zudem, daß nicht nur die Kompetenzverteilung zwischen Bund und Ländern, sondern auch diejenige innerhalb der jeweiligen Gebietskörperschaft bei den Verhandlungen zu respektieren ist, soweit Materien des Verwaltungsvollzugs in sie integriert werden. Selbst wenn der Bund die Ausübung von Kompetenzen im Bereich der Gesetzesausführung als Tauschgegenstand in normvorbereitende Verhandlungen miteinbeziehen kann – etwa, weil die fraglichen Kompetenzen die bundeseigene Verwaltung betreffen –, bedeutet dies nicht, daß »der Bund« oder »die Bundesregierung« als solche über diese Kompetenzen verfügt. Sie liegen vielmehr in der Ressortzuständigkeit einzelner Minister, die damit an den Vereinbarungen beteiligt werden müssen. Über diese Ressortzuständigkeit kann sich kein anderer Minister und der Bundeskanzler auch nur im Ausnahmefall mittels seiner Richtlinienkompetenz nach Art. 65 GG hinwegsetzen.

Auf ihrer Grundlage ist der Regierungschef in Einzelfällen von besonderer politischer Bedeutung – eine solche kann zumindest im Fall des Atomkonsenses sicher angenommen werden – zur Erteilung von Einzelweisungen an Kabinettsmitglieder befugt[348]. Er kann dabei nicht nur das Auftreten innerhalb des Landes und des Ressorts, sondern auch das Verhalten in der Öffentlichkeit sowie in Gremien und Verfassungsorganen regeln. Die Weisung betrifft aber stets nur das Innenverhältnis zwischen Regierungschef und Minister[349]. Im Außenverhältnis gegenüber anderen Verfassungsorganen oder Dritten entfalten weisungswidrig ausgeübte Handlungen des Ressortinhabers demgegenüber volle Wirksamkeit[350]. Allerdings ist zu erwägen, ob das Weisungsrecht zumindest dann, wenn ihm der Gehorsam verweigert zu werden droht, den Weisungsberechtigten zum Selbst-

---

[348] *E.-W. Böckenförde*, Die Organisationsgewalt im Bereich der Regierung, S. 206 f.; *R. Herzog*, in: T. Maunz / G. Dürig u.a., Grundgesetz, Art. 65 Rn. 7; *M. Oldiges*, in: in: M. Sachs, Grundgesetz, Art. 65 Rn. 15, 25.
[349] *R. Herzog*, in: T. Maunz / G. Dürig u.a., Grundgesetz, Art. 65 Rn. 18.
[350] Einhellige Meinung: *H. Bauer*, in: H. Dreier, Grundgesetz Bd. II, Art. 51 Rn. 23 (Fn. 86); *D. Blumenwitz*, in: Bonner Kommentar zum Grundgesetz (1987), Art. 51 Rn. 16; *T. Maunz*, in: ders./ G. Dürig u.a., Grundgesetz, Art. 51 Rn. 18; *H.D. Jarras / B. Pieroth*, Grundgesetz, Art. 51 Rn. 6; *W. Krebs* in: I. v. Münch/P. Kunig, Grundgesetz-Kommentar Bd. II, Art. 51 Rn. 14; *G. Robbers*, in: M. Sachs, Grundgesetz, Art. 51 Rn. 10.

eintritt berechtigt, so daß der Inhaber der Richtlinienkompetenz Verhandlungen und Verabredungen anstelle eines (widerspenstigen) Ressortinhabers selbst vornehmen könnte. Die Option eines solchen Selbsteintrittsrechts auf der Grundlage der Richtlinienkompetenz ist bislang allein ggü. dem Ressort des dissentierenden Ministers erwogen worden, wenn dem Inhaber der Richtlinienkompetenz durch das Verhalten des Ministers schwerwiegende parlamentarische Konsequenzen drohen[351]. Ansonsten wird ein solches Selbsteintrittsrecht gegenüber dem sich gegen eine Weisung sträubenden Minister generell abgelehnt[352]. Die gelegentlich geäußerte Auffassung, die das Selbsteintrittsrecht im Einzelfall annimmt, gerät hingegen in einen unauflösbaren Konflikt mit dem Grundsatz eigenverantwortlicher Ressortführung durch den einzelnen Minister[353] und vernachlässigt, daß dem Bundeskanzler die Ministerentlassung als Druckmittel zu Gebote steht. Die Richtlinienkompetenz berechtigt also den Bundeskanzler nicht insoweit zum Selbsteintritt, als er anstelle des eigentlich zuständigen Ministers an den Verhandlungen teilnehmen und die Vereinbarung treffen kann.

II. Die Gegenleistung des privaten Partners

Die staatliche Seite erwartet bei auf die Rechtsnormsetzung bezogenen Verhandlungen für das in ihren Zusagen liegende Entgegenkommen ihrerseits eine Gegenleistung des privaten Verhandlungspartners. Hierin liegt der Sinn des Gesetzgebungsvertrags.

Im Fall des Atomkonsenses bestand dieses Entgegenkommen in einer Verpflichtung zur Rücknahme von Rechtsbehelfen in anhängigen verwaltungsgerichtlichen Verfahren, in einem Verzicht auf Entschädigungszahlungen und – für den vorliegenden Zusammenhang von besonderer Bedeutung – im Verzicht auf jede Form von politischer oder juristischer Opposition gegen das von der Regierung getragene Ziel eines schrittweisen Ausstiegs aus der friedlichen Nutzung der Atomenergie. Form und Mittel dieses Ausstiegs waren aufgrund der unbefristet erteilten Betriebsgenehmigungen durchaus Gegenstand kontroverser verfassungsrechtlicher Diskussion. Die Bundesregierung konnte unter diesen Vorzeichen nicht sicher sein, ob ein im Dissens angeordneter Ausstieg aus der Nutzung der Kernenergie nicht als Grundrechtsverstoß erhebliche Entschädigungsansprüche der Kraftwerksbetreiber ausgelöst hätte. Daß der Atomkonsens einen Rechtsmittelverzicht der beteiligten Privaten beinhaltet hat, der zur Unzulässigkeit abredewidriger Klagen führt, wird z.T. sogar von denjenigen anerkannt, die ansonsten von der rechtlichen Unverbindlichkeit der Abrede ausgehen[354]. Als denkbare Gegenleistung von privater Seite für

---

[351] So allgemein zur Richtlinienkompetenz *R. Herzog*, in: T. Maunz/G. Dürig u.a., Grundgesetz, Art. 65 Rn. 8.
[352] *N. Achterberg*, in: J. Isensee/P. Kirchhof, HdbStR Bd. II, § 52 Rn. 20; *M. Oldiges*, in: M. Sachs, Grundgesetz, Art. 65 Rn. 24; *ders.*, Die Bundesregierung als Kollegium, S. 456 ff.
[353] *M. Oldiges*, Die Bundesregierung als Kollegium, S. 457.
[354] *P.M. Huber*, in: BMU/H.-J. Koch/A. Roßnagel, 11. Deutsches Atomrechtssymposium, S. 329 ff. (343).

die Zusage einer gesetzlichen Regelung (bzw. deren Unterlassung) kommt auch – wie im Fall des sog. Solidarbeitrags der forschenden Arzneimittelhersteller – die Zahlung eines Geldbetrags von dem privaten Vertragspartner an den Staat in Betracht.

Unabhängig von dem konkreten Fall des Atomkonsenses und des sog. Solidarbeitrags – und auch unabhängig von davon, ob in diesen Fällen tatsächlich eine Grundrechtsverletzung vorgelegen hätte, wenn die entsprechenden Novellen einseitig vom Gesetzgeber durchgesetzt worden wären –, stellt sich daher die Frage, ob und inwieweit verfassungsrechtliche, insbesondere grundrechtliche Positionen der privaten Verhandlungspartner zum Tauschgegenstand in normvorbereitenden und normsubstituierenden Verhandlungen gemacht werden können.

Dabei sind von vornherein diejenigen Fälle auszuklammern, in denen nicht die Betroffenen selbst mit dem staatlichen Akteur verhandeln, sondern deren Vertreter; insbesondere Verbände. Denn unabhängig von der Frage, ob und in welchem Maß ein Grundrechtsverzicht möglich ist, kennt das deutsche Verfassungsrecht in keinem Fall eine Vertretung in Rechtsgeschäften über Grundrechtspositionen[355]. Allein im Beitritt eines Grundrechtsträgers zu einem verhandelnden korporativen Akteur kann keine konkludente Einwilligung in die Beeinträchtigung individueller Grundrechtspositionen gesehen werden, die durch den Verband gegenüber dem staatlichen Vertragspartner »zugesagt« werden[356]. Anders ist der Fall nur dann zu beurteilen, wenn der Grundrechtsverzicht mit Eintritt in einen Verband durch Unterwerfung unter eine entsprechende Satzungsklausel vorgezeichnet wird. Dann allerdings muß der Verzicht v.a. hinsichtlich Art und Umfang der grundrechtsrelevanten Belastung ausreichend vorherbestimmt sein, da ansonsten ein unzulässiger Pauschalverzicht[357] der Verbandsmitglieder vorliegt[358].

1. Der Grundrechtsverzicht

Die Frage der Zulässigkeit des Grundrechtsverzichts[359] führt in ein vielschichtiges und z.T. von verworrener Begrifflichkeit geprägtes Problemfeld, in dem eine Vielzahl unterschiedlicher Fallgestaltungen zusammengefaßt werden[360]. Sie alle eint, daß es sich bei dem Grundrechtsverzicht um eine Willensäußerung des Grundrechtsberechtigten handelt, deren Rechtsfolge zu einer Schmälerung

---

[355] *C. Engel*, Staatswissenschaft und Staatspraxis Bd. 9 (1998), S. 535 ff. (561); differenzierend: *M. Sachs*, in: ders., Grundgesetz, vor Art. 1 Rn. 55; ähnlich *H.-G. Dederer*, Korporative Staatsgewalt, § 17 I 2 (c).
[356] Auch *H.-G. Dederer*, Korporative Staatsgewalt, § 17 I 2 c.
[357] *H. Dreier*, in: ders., Grundgesetz Bd. I, Vorb. Rn. 83; *H.D. Jarras/B. Pieroth*, Grundgesetz, 5. Aufl. (2000), Vorb. vor Art. 1 Rn. 36; *J. Pietzcker*, Der Staat Bd. 17 (1978), S. 527 ff. (549).
[358] *H.-G. Dederer*, Korporative Staatsgewalt, § 17 I 2 c.
[359] Kritik an der Nähe der Verzichtsterminologie zum Zivilrecht bei *J. Pietzcker*, Der Staat Bd. 17 (1978), S. 527 ff. (531); *K. Stern*, Staatsrecht Bd. III/2, § 86 I 1.
[360] *J. Schwabe*, Probleme der Grundrechtsdogmatik, S. 92 ff., 94; s.a. *K. Amelung*, Die Einwilligung in die Beeinträchtigung eines Grundrechtsgutes; *H.-G. Dederer*, Korporative Staatsgewalt, § 17 (insbes. I 2 (b)); *C. Hillgruber*, Der Schutz des Menschen vor sich selbst, S. 134 ff.; *L. Michael*, Rechtsetzende Gewalt im kooperierenden Verfassungsstaat, S. 324 ff.; *G. Robbers*, JuS 1985, S. 925 ff.; *K. Stern*, Staatsrecht Bd. III/2, § 86 I 1 m.w.N. in Fn. 5.

grundrechtlich geschützter Rechtspositionen führt[361]. In den meisten Fällen gibt der Text des Grundgesetzes über die Frage der Zulässigkeit oder Unzulässigkeit eines Grundrechtsverzichts keine Auskunft[362]. Soweit man sich auf die Funktion der Grundrechte als subjektive Freiheitsrechte konzentriert, ist in dem Grundrechtsverzicht ein Akt der Freiheitsausübung zu sehen[363]. Bei Betonung der objektiven Komponente der Grundrechtswirkung spricht vieles gegen eine Disponibilität grundrechtlicher Schutzgehalte durch den Grundrechtsträger[364]. Verbindet man diese beiden Aspekte grundrechtlicher Wirkmacht und erkennt dabei, daß die objektiv-rechtliche Ausprägung der Grundrechte in erster Linie der Verstärkung der abwehrrechtlichen Geltungskraft dient[365], kann individuelle Grundrechtsentfaltung auf der Grundlage objektiv-rechtlicher Grundrechtsgehalte nicht prinzipiell abgelehnt werden. Keinesfalls darf daher für alle Grundrechte in gleichem Maße ein aus einer Teilidentität von Freiheitsrechten und Gemeinwohl folgender Zwang zur positiven Freiheitsausübung ausgeübt werden. Auch der Nichtgebrauch eines Rechts kann Ausdruck von Freiheit sein[366]. Maßgeblich für die Bestimmung der Disponibilität eines Rechts ist daher seine Funktion, die das Ausmaß der dem einzelnen zustehenden Befugnis, über das geschützte Rechtsgut zu disponieren, bestimmt[367].

Dies führt zu einer differenzierten Beurteilung der Zulässigkeit eines Grundrechtsverzichts je nach betroffenem Grundrecht[368]. Inzwischen kann davon ausgegangen werden, daß die in Art. 2 Abs. 1 GG i.V.m. der in Art. 1 Abs. 1 GG geschützte Selbstbestimmung der Persönlichkeit den Grundrechtsträger grundsätzlich auch zur Verfügung über Grundrechte legitimiert[369]. Dabei ist die

---

[361] *J. Pietzcker*, Der Staat Bd. 17 (1978), S. 527 ff. (531); *G. Robbers*, JuS 1985, S. 925 ff. (925); *J. Schwabe*, Probleme der Grundrechtsdogmatik, S. 97, 127; *K. Stern*, Staatsrecht Bd. III/2, § 86 II 4. Es ist nicht eindeutig, ob bei Vorliegen eines wirksamen Verzichts schon überhaupt kein Eingriff der Staatsgewalt vorliegt (so etwa *M. Schulte*, Schlichtes Verwaltungshandeln, S. 97; *J. Schwabe*, a.a.O., S. 99 ff.) oder, ob ein solcher Eingriff vorliegt, aber gerechtfertigt ist (so wohl zu recht etwa *K. Stern*, Staatsrecht Bd. III/2, § 86 III 2).
[362] Ausnahmen sind etwa Art. 16 Abs. 1 Satz 2 oder 9 Abs. 3 GG.
[363] So schon früh: *G. Dürig*, AöR Bd. 81 (1956), S. 117 ff. (152); s.a. *H. Krüger*, Allgemeine Staatslehre, S. 789; *C. Langenfeld*, DÖV 2000, S. 929 ff. (938 m.w.N. in Fn. 72).
[364] So insbes. *G. Sturm*, FS Geiger, S. 173 ff. (192 ff.); *C. Engel*, Staatswissenschaft und Staatspraxis Bd. 9 (1998), S. 535 ff. (561).
[365] *W. Frenz*, Selbstverpflichtungen der Wirtschaft, S. 179 f.; s.a. BVerfGE 7, 198 (205).
[366] *L. Michael*, Rechtsetzende Gewalt im kooperierenden Verfassungsstaat, S. 326 f.
[367] BVerfGE 9, 194 (199); 21, 200 (206); 65, 1 (41 ff.); *C. Langenfeld*, DÖV 2000, S. 929 ff. (938 f.); *J. Pietzcker*, Der Staat Bd. 17 (1978), S. 527 ff. (542 f.); *G. Robbers*, JuS 1985, S. 925 ff. (927 f.).
[368] Dies ist auch in der Rechtsprechung geschehen: z.B. BVerwGE 30, 65 (69 f.) zu Art. 12 Abs. 1 GG; BVerfGE 65, 1 (42 ff.) zum Grundrecht auf informationelle Selbstbestimmung; s.a. *J. Pietzcker*, Der Staat Bd. Bd. 17 (1978), S. 527 ff. (542); *M. Sachs*, VerwArch Bd. 76 (1985), S. 398 ff. (419); *M. Schulte*, Schlichtes Verwaltungshandeln, S. 101.
[369] Siehe neben den in Fn. 368 genannten Entscheidungen des Bundesverfassungsgerichts auch BVerwGE 14, 21 (25); *G. Dürig*, AöR Bd. 81 (1956), S. 117 ff. (152); *P. Lerche*, in: J. Isensee/P. Kirchhof, HdbStR Bd. V, § 122 Rn. 45; *G. Robbers*, JuS 1985, S. 925 ff. (927); *J. Schwabe*, Probleme der Grundrechtsdogmatik, S. 123 f.; *K. Stern*, Staatsrecht Bd. III/2, § 86 II 4 (b).

Verfügbarkeit eines Grundrechts um so eher anzunehmen, als dieses ein personales Rechtsgut – die persönliche Entfaltungsfreiheit und diejenigen Bereiche und Güter, mittels derer der Mensch Persönlichkeit und persönliches Umfeld gestaltet – schützt, als wenn es einen dezidierten Bezug zum gesellschaftlichen oder institutionellen Dasein der Gemeinschaft – wie die Grundrechte der Art. 5 f. GG oder politische bzw. staatsbürgerliche Mitwirkungsrechte – aufweist[370]. In dieser Differenzierung spiegelt sich der wahre Kern der o.a. widerstreitenden Aussagen zum Grundrechtsverzicht wieder.

Berufs- und Eigentumsfreiheit als die typischen und vorliegend primär relevanten Wirtschaftsgrundrechte dienen in erster Linie der freien Entfaltung der Persönlichkeit ihrer Träger[371] und sind daher in besondere Maße verzichtsgeeignet[372]. Sie verwirklichen sich sowohl in dem Verhältnis der Grundrechtsträger untereinander als auch im Verhältnis zwischen Grundrechtsträger und Grundrechtsverpflichteten im wesentlichen durch Verträge und Absprachen. Dem Eigentumsgrundrecht ist mit der Verfügungsbefugnis die Verzichtsmöglichkeit bereits tatbestandlich immanent[373]. Zwar darf nicht der grundlegende Unterschied zwischen der rechtlichen Bindung grundrechtlicher Freiheit gegenüber einem anderen Grundrechtsträger einerseits und der entsprechenden Bindung gegenüber dem paktierenden Staat andererseits verkannt werden. Doch zumindest, soweit die Zulässigkeit eines Verzichts auf Grundrechte wegen deren staatskonstituierender, objektiv-rechtlicher Bedeutung prinzipiell abgelehnt wird[374], verfängt die Differenzierung zwischen einem Verzicht gegenüber anderen Grundrechtsträgern und einem solchen gegenüber dem Staat nicht, da die objektiv-rechtliche Bedeutung der Grundrechte[375] in beiden Dimensionen zumindest im Wege der Ausstrahlung bzw. des grundrechtlichen Schutzauftrags gleichermaßen wirkt. Im übrigen würde durch eine solchermaßen rigorose Haltung jedwede Kooperation zwischen Staat und Privaten unmöglich gemacht, was dem beschriebenen Verhältnis von Staat und Gesellschaft, wie es durch das Grundgesetz konstruiert wird, nicht entspräche[376].

Neben der Differenzierung nach verschiedenen Grundrechtstypen erlangt auch das Maß der konsentierten Grundrechtsbeeinträchtigung, das analog zu möglichen, staatlich verursachten Grundrechtsbeeinträchtigungen bestimmt

---

[370] *H. Quaritsch*, GS Martens, S. 407 ff. (409 f.); *K. Stern*, Staatsrecht Bd. III/2, § 86 II 5 (c).
[371] Zu Art. 12 GG etwa *R. Breuer*, in: J. Isensee/P. Kirchhof, HdbStR Bd. VI, § 147 Rn. 26 ff.; zu Art. 14 GG etwa *W. Leisner*, ebd., § 149 Rn. 18 ff.
[372] *U. Dempfle*, Normvertretende Absprachen, S. 110; *A. Faber*, Gesellschaftliche Selbstregulierungssysteme im Umweltrecht, S. 307; *W. Frenz*, Selbstverpflichtungen der Wirtschaft, S. 180; *J. Oebbecke*, DVBl. 1986, S. 794 ff. (793); *J. Pietzcker*, Der Staat Bd. 17 (1978), S. 527 ff. (544); *M. Schulte*, Schlichtes Verwaltungshandeln, S. 101; *W. Spannowsky*, Grenzen des Verwaltungshandelns durch Verträge und Absprachen, S. 416 ff.
[373] *K. Stern*, Staatsrecht Bd. III/2, § 86 II 5 (a).
[374] *G. Sturm*, FS Geiger, S. 173 ff. (195 ff.); ähnlich *H. Krüger*, DVBl. 1955, S. 450 ff. (453).
[375] Hierzu nur *H. Dreier*, in: ders., Grundgesetz Bd. I, Vorb. Rn. 55 ff., *M. Sachs*, in: ders., Grundgesetz, vor Art. 1 Rn. 32 ff.; *K. Stern*, Staatsrecht Bd. III/1, § 69.
[376] *M. Oldiges*, WiR 1973, S. 1 ff. (24).

werden muß, Bedeutung für die Beurteilung der Zulässigkeit eines Grundrechtsverzichts. Insoweit ist zu unterscheiden zwischen einem Grundrechtsverzicht, der i.E. einem bloßen Grundrechtseingriff gleichkommt, und einem solchen Verzicht, der eine so intensive Beeinträchtigung eines grundrechtlichen Schutzbereichs rechtfertigen soll, die – würde sie von staatlicher Seite verursacht – eine Grundrechtsverletzung wäre.

In dem erstgenannten Fall substituiert die Zustimmung des Grundrechtsträgers eine fehlende, aber aufgrund des Vorbehalts des Gesetzes erforderliche Ermächtigungsgrundlage für einen staatlichen Eingriff in einen grundrechtlichen Schutzbereich. Da die den Grundrechten beigegebenen Gesetzesvorbehalte sowohl ein demokratisches wie auch eine rechtsstaatliches Anliegen verwirklichen[377], kann die Zustimmung des Betroffenen prima facie nur aus dem zweiten Blickwinkel die gesetzliche Eingriffsgrundlage substituieren[378]. Im hier relevanten Zusammenhang ist aber entscheidend, daß es gerade um die Vorbereitung einer gesetzlichen Regelung geht, deren Erlaß zu einer Minderung grundrechtlicher Freiheitssubstanz führen wird und mit der sich die künftig Betroffenen im Vorfeld einverstanden erklären. Die demokratische Komponente des Gesetzesvorbehalts wird dann aber in der Folge durch die parlamentarische Mitwirkung – sei es in Form einer Zustimmung zu dem Gesetzgebungsvertrag, einen Gesetzesbeschluß oder aber bei Nicht-Erlaß eines Gesetzes durch das latente Zugriffsrecht des Parlaments – gewährleistet.

Der objektiv-rechtlichen Sichtweise der grundrechtlichen Schutzfunktionen ist eine wichtige Einsicht zu verdanken: Zwingende Grenze jedes Grundrechtsverzichts aber ist jedenfalls die potentielle Grundrechtsverletzung[379]. Was der Staat nicht durch einseitiges Gesetz bewirken dürfte, kann er von dem Privaten auch nicht im Wege des Verzichts entgegennehmen. Diese Begrenzung erlaubt einen Grundrechtsverzicht dort, wo zum Zwecke der politischen Akzeptanz eines Regelungsvorhabens eine konsensuale Lösung angestrebt wird, die auch – wenn mit höheren politischen Kosten verbunden – einseitig-hierarchisch möglich wäre, wobei die staatliche Seite auf diese Handlungsoption verzichtet, weil ihr entweder die Ressourcen zur Durchsetzung oder die Fähigkeit zu sachangemessener Normierung fehlt. Die dargelegte Begrenzung des Grundrechtsverzichts steht aber dem konsentierten Grundrechtsbruch entgegen. Hier entfalten die Grundrechte ihre objektiv-rechtliche Dimension als Wertordnung, deren Elemente nicht zur Disposition des einzelnen Grundrechtsträgers stehen und deren Verzicht der Staat nicht betreiben darf.

In vielen Fällen wird es aber im Zusammenhang mit den Vereinbarungen zwischen Staat und Privaten bzw. bei der Beurteilung, ob die private Seite mit diesen

---

[377] Siehe nur *F. Ossenbühl*, in: J. Isensee/P. Kirchhof, HdbStR Bd. III, § 62 Rn. 32 ff.
[378] Keinen Ausweg bietet dabei die Ansicht, der Grundrechtsverzicht sei grundrechtlich durch Art. 2 Abs. 1 GG geschützt und bedürfe daher keine gesetzlichen Erlaubnis (*H.-G. Dederer*, Korporative Staatsgewalt, § 17 I 2 b), da hier es hier nicht um das Erlaubtsein privaten Verhaltens, sondern um dessen Rechtsfolgen für die staatliche Seite geht.
[379] A.A. aber *J. Oebbecke*, DVBl. 1986, S. 794 ff. (799 m.w.N. in Fn. 101).

Vereinbarungen in eine Grundrechtsverletzung eingewilligt hat, nicht eindeutig sein, ob die Grenze zur Grundrechtsverletzung bereits überschritten ist. Dies ist regelmäßig sowohl politisch wie rechtlich umstritten, die autoritative Letztentscheidung in dieser Frage trifft das Bundesverfassungsgericht. Hat das Gericht in diesem Fall eine Interessenabwägung vorzunehmen und Prognosespielräume des Gesetzgebers zu respektieren, verschiebt die Existenz der Einwilligung der privaten Grundrechtsträger in die Grundrechtsbeeinträchtigung die Gewichte bei der Abwägung der Interessen ebenso wie bei der Argumentationslast zugunsten einer bloßen Grundrechtsbeeinträchtigung.

2. Insbesondere: Der Rechtsmittelverzicht

Soweit der Gesetzgebungsvertrag auch einen Rechtsmittelverzicht der privaten Vertragspartner in Bezug auf nicht mit dem fraglichen Gesetzgebungsakt in Verbindung stehende, anhängige Gerichtsverfahren enthält, beurteilt sich der hierin liegende Verzicht nach den allgemein für dessen Zulässigkeit entwickelten Regeln. Ein Rechtsmittelverzicht kann ausdrücklich oder konkludent erfolgen[380]. Er ist zulässig, wenn die betreffende Entscheidung erlassen oder aber in ihrem konkreten Inhalt im wesentlichen absehbar ist[381], so daß für diese Form des Rechtsmittelverzichts keine Bedenken gegen dessen Zulässigkeit anzumelden sind. In seiner hier relevanten vertraglichen Einbettung ist der Verzicht aber so auszulegen, daß er unter der auflösenden Bedingung steht, daß auch die staatliche Seite ihre aus dem Gesetzgebungsvertrag obliegenden Verpflichtungen einhält, d.h. nicht zum Nachteil der privaten Vertragspartner über den Inhalt der Vereinbarung hinausgeht[382]. Tritt ein solcher Fall ein, bedarf es zur Einlegung von Rechtsmitteln nicht einer Kündigung des Vertrags, sondern die entsprechende Berechtigung der privaten Vertragspartner lebt ohne weiteres wieder auf.

Soweit der Rechtsmittelverzicht sich auf die durch das Gesetz geregelten Grundrechtspositionen der Privaten bezieht, könnte man zunächst davon ausgehen, daß insoweit kein Rechtsmittelverzicht im technischen Sinne vorliegt, da ein solcher sich immer nur auf die Schutzwirkung des Art. 19 Abs. 4 GG und damit – nach Ansicht des Bundesverfassungsgerichts – auf den Rechtsschutz gegen Akte der exekutiven Gewalt beziehen kann[383]. Allerdings ist wegen der umfassenden Bindung aller staatlichen Gewalten an die Grundrechte (Art. 1 Abs. 3 GG) nicht die Rechtsform des eingreifenden Hoheitsakts für das Eingreifen der Rechtsschutzgarantie von Belang[384]. Eine andere, zu verneinende Frage ist die, ob aus Art. 19 Abs. 4 GG ein Anspruch auf allgemeinen Individualrechtsschutz durch prinzipale Normenkontrolle abgeleitet werden kann. Der Rechtsschutzgarantie ist auch durch die Möglichkeit inzidenter Normenkontrolle durch die

---
[380] G. Robbers, JuS 1985, S. 925 ff. (926).
[381] BVerfGE 9, 194 (199); C. Langenfeld, DÖV 2000, S. 929 ff. (940).
[382] C. Langenfeld, DÖV 2000, S. 929 ff. (940).
[383] So BVerfGE 24, 33 (49 ff.); 24, 367 (401); 25, 352 (365); 45, 297 (334); 75, 108 (165).
[384] H.-J. Papier, in: J. Isensee/P. Kirchhof, HdbStR Bd. VI, § 154 Rn. 22.

II. Die Gegenleistung des privaten Partners 343

Fachgerichte (i.V.m. deren Vorlageberechtigung und -verpflichtung nach Art. 100 Abs. 1 GG) Genüge getan. Der Rechtsmittelverzicht hinsichtlich der in dem Gesetz unmittelbar angelegten Grundrechtsbeeinträchtigungen der privaten Vertragspartner führt dazu, daß diese mit ihren Einwänden gegen die Verfassungsmäßigkeit des Gesetzes in einem fachgerichtlichen Verfahren präkludiert sind[385].

Für ein auf diesen Umstand gegründetes fachgerichtliches Verfahren fehlt den privaten Vertragspartnern damit das Rechtsschutzbedürfnis. Der Verzicht ist unter den gleichen Bedingungen zulässig, wie der o.a. separate Verzicht, so daß auch insoweit hier in dem Fall des Atomkonsenses keine Bedenken bestehen.

3. Die Konnexität von Regelungsanliegen und Grundrechtsverzicht

Nach Feststellung einer zumindest begrenzten Zulässigkeit von Grundrechtsverzichten erlangt allerdings eine weitere verfassungsrechtliche Grenze der privaten Gegenleistung eine erhöhte Relevanz. Der Staat darf sich durch die in dem Gesetzgebungsvertrag vereinbarte Gegenleistung des privaten Akteurs nur etwas zusagen lassen, das in einem konnexen, sachlich überzeugenden Zusammenhang mit dem staatlichen Regelungsanliegen liegt.

Im verwaltungsvertraglichen Regelungskontext (vgl. § 56 VwVfG) ist ein Sachzusammenhang zwischen Leistung und Gegenleistung erst dann anzuerkennen, wenn die private Gegenleistung nicht allein der Erfüllung behördlicher Aufgaben dient (dies stellt bereits das Erfordernis der Zweckbindung der Gegenleistung sicher[386]), sondern wenn sie demselben Interesse dient, wie die die behördliche Leistung gestattende Norm[387].

Diese wichtige Vorgabe läßt sich außerhalb des Anwendungsbereichs des Verwaltungsverfahrensgesetzes aus dem allgemeinen rechtsstaatlichen Koppelungsverbot[388], dem Grundsatz der Gesetzmäßigkeit der Verwaltung[389] und aus dem

---

[385] Soweit ausnahmsweise eine Verfassungsbeschwerde unmittelbar gegen ein Gesetz zulässig ist (siehe hierzu *K. Schlaich / S. Korioth*, Das Bundesverfassungsgericht, Rn. 230 ff.), bestünde für eine solche Verfassungsbeschwerde aufgrund des Rechtsmittelverzichts kein Rechtschutzbedürfnis.
[386] Hierzu *H.J. Bonk*, in: P. Stelkens/ders./M. Sachs, Verwaltungsverfahrensgesetz, § 56 Rn. 72; *H.U. Erichsen*, in: ders., Allgemeines Verwaltungsrecht, § 26 Rn. 12; *P. Tiedemann*, in: K. Obermayer, Kommentar zum Verwaltungsverfahrensgesetz, § 56 Rn. 13; *F. Kopp / U. Ramsauer*, Verwaltungsverfahrensgesetz, § 56 Rn. 8.
[387] *A. Bleckmann*, NVwZ 1990, S. 601 ff. (606); *H.U. Erichsen*, in: ders., Allgemeines Verwaltungsrecht, § 26 Rn. 14; *E. Gurlit*, Verwaltungsvertrag und Gesetzgebung, S. 338; *F. Kopp/U. Ramsauer*, Verwaltungsverfahrensgesetz, § 56 Rn. 17; *C. Schimpf*, Der verwaltungsrechtliche Vertrag unter besonderer Berücksichtigung seiner Rechtswidrigkeit, S. 251; *V. Schlette*, Die Verwaltung als Vertragspartner, S. 478 f.; *W. Spannowsky*, Grenzen des Verwaltungshandelns durch Verträge und Absprachen, S. 344.
[388] Zu dessen verwaltungsvertraglicher Ausprägung BVerwG NJW 1980, S. 1294 f.; VGH Kassel NJW 1983, S. 2831 ff. (2832); *H.J. Bonk*, in: P. Stelkens/ders./M. Sachs, Verwaltungsverfahrensgesetz, § 56 Rn. 54; *E. Gurlit*, Verwaltungsvertrag und Gesetzgebung, S. 337 ff.; *W. Spannowsky*, Grenzen des Verwaltungshandelns durch Verträge und Absprachen, S. 339; s.a. bereits *E. Forsthoff*, Lehrbuch des Verwaltungsrechts, S. 293 f. Im Zusammenhang mit Umweltabsprachen: *W. Brohm*, DÖV 1992, S. 1025 ff. (1034); *J. Fluck / T. Schmitt*, VerwArch Bd. 89 (1998), S. 220 ff. (241 f.); *J. Oebbecke*, DVBl. 1986, S. 793 ff. (799).
[389] *P. Kunig*, Das Rechtsstaatsprinzip, S. 329.

Gleichheitssatz³⁹⁰ ableiten. Das Koppelungsverbot soll dem Ausverkauf von Hoheitsrechten³⁹¹, einer »Kommerzialisierung des Rechts«³⁹² entgegenwirken. Daher sind verfassungsrechtlich – etwa aufgrund grundrechtlicher Schutzpflichten – gebotene Regelungen von staatlicher Seite nicht verhandelbar. Verfassungsrechtlich verbotene Regelungen können nicht als Drohpotential in Verhandlungen eingeführt werden, um sie sich dann durch private Gegenleistungen abringen zu lassen. Im dogmatischen Umfeld des verwaltungsrechtlichen Vertrags ist es nicht umstritten, daß die Behörde finanzielle Gegenleistungen des Bürgers, die ausschließlich oder in erster Linie einer allgemeinen Aufbesserung der öffentlichen Finanzen dienen, nicht verlangen kann³⁹³. Allerdings sind damit finanzielle Gegenleistungen des Bürgers dann nicht ausgeschlossen, wenn sie den Gesetzeszweck fördern. Da auf verfassungsrechtlicher Ebene, insbesondere dann, wenn es um die Aushandlung eines Gesetzes geht, ein gesetzlicher Zweck als Maßstab für das Eingreifen des Koppelungsverbots nicht bereit steht, kann insoweit allein auf das angestrebte Regelungsziel zurückgegriffen werden³⁹⁴.

Insoweit unter dem Gesichtspunkt des Koppelungsverbots verfassungsrechtlich zweifelhaft ist allein der »Solidarbeitrag« der forschenden Arzneimittelhersteller. Auch wenn die Zahlung dieses Beitrags sicherlich verfassungspolitisch problematisch ist und über politisch zweifelhafte Vorbildwirkung verfügt, kann doch der innere Zusammenhang zwischen dem angestrebten und dann aufgrund der Zahlung doch nicht verfolgten Regelungsziel einerseits und der Verwendung der Mittel nicht geleugnet werden. Beides betraf gleichermaßen die Finanzausstattung der gesetzlichen Krankenversicherung, so daß von einer sachwidrigen Kopplung von Leistung und Gegenleistung nicht die Rede sein kann.

4. Die Freiwilligkeit als Voraussetzung eines gültigen Grundrechtsverzichts

Zentrale Voraussetzung eines rechtsgültigen Verzichts auf Grundrechte ist – dies wird wohl nicht bestritten – dessen Freiwilligkeit³⁹⁵. Ist eine solche nicht zu be-

---

³⁹⁰ BVerwGE 92, 56 (65); *C. Engel*, Staatswissenschaft und Staatspraxis Bd. 9 (1998), S. 535 ff. (561 f.); *D. Ehlers*, DVBl. 1983, S. 422 ff. (427); *K. Grewlich*, DÖV 1998, S. 54 ff. (62); *J. Pietzcker*, Der Staatsauftrag als Instrument des Verwaltungshandelns, S. 391 ff.; *M. Wallerath*, Öffentliche Bedarfsdeckung und Verfassungsrecht, S. 318 ff., 330 ff.
³⁹¹ Vgl. die vgl. die amtliche Begründung zum Verwaltungsverfahrensgesetz, BT-Drcks. 7/910, S. 79; s.a. *M. Bullinger*, Vertrag und Verwaltungsakt, S. 18, 140, 254 f.
³⁹² Hierzu *W. Brohm*, in: W. Hoffmann-Riem/E. Schmidt-Aßmann, Konfliktbewältigung durch Verhandlung Bd. I, S. 253 ff. (255 f.); *G. Püttner*, DÖV 1989, S. 137 ff. (140); *R. Steinberg*, in: W. Hoffmann-Riem/E. Schmidt-Aßmann, a.a.O., S. 295 ff. (295 ff.).
³⁹³ BVerwGE 42, 331 (344); *V. Schlette*, Die Verwaltung als Vertragspartner, S. 479 m.w.N. in Fn. 61.
³⁹⁴ *C. Engel*, Staatswissenschaft und Staatspraxis Bd. 9 (1998), S. 535 ff. (561).
³⁹⁵ *K. Amelung*, Die Einwilligung in die Beeinträchtigung eines Grundrechtsgutes, S. 82 ff.; *H.-G. Dederer*, Korporative Staatsgewalt, § 17 I 2 b; *H. Dreier*, in: H. Dreier, Grundgesetz Bd. I, Vorb. Rn. 83; *A. Faber*, Gesellschaftliche Selbstregulierungssysteme im Umweltrecht, S. 309 f.; *W. Frenz*, Selbstverpflichtungen der Wirtschaft, S. 180; *K.W. Grewlich*, DÖV 1998, S. 54 ff. (58 f.); *C. Hillgruber*, Der Schutz des Menschen vor sich selbst, S. 138 f.; *D. Murswiek*, JZ 1988, S. 985 ff. (988);

II. Die Gegenleistung des privaten Partners

obachten, liegt kein Verzicht, sondern ein Entzug vor[396], der auch bei Einbettung in einen öffentlich-rechtlichen Vertrag zur Unwirksamkeit der Verzichtserklärung führt[397]. Wenn man hier eine niedrige Beurteilungsschwelle ansetzt und die Freiwilligkeit eines Grundrechtsverzichts schon dann ablehnt, wenn Verhandlungen im Schatten der Hierarchie stattfinden[398], so erfolgte wegen des fast immer möglichen, wenn auch vielleicht mit steuerungstheoretischen oder verfassungsrechtlichen Risiken behafteten, staatlichen Rückgriffs auf hierarchische Handlungsinstrumente kaum ein tauschbedingter Grundrechtsverzicht tatsächlich freiwillig.

Die potentielle rechtliche Überlegenheit der öffentlichen Hand allein kann daher für die Annahme fehlender Freiwilligkeit nicht genügen, weil die Möglichkeit rechtlicher Regelung stets präsentes Druckmittel ist[399]. Setzt man aber voraus, daß einerseits unter den hier entwickelten Bedingungen der Steuerungskomplexität ein gezielter Einsatz von Vertrauensschutz durch den Gesetzgeber und damit eine längerfristige Bindung der Gesetzgebung zulässig sein soll, andererseits aber ein Grundrechtsverzicht nicht per se verfassungswidrig ist, so spricht nichts gegen die Verschmelzung dieser beiden Elemente in einem Gesetzgebungsvertrag, der an die Stelle einer rein hierarchischen Intervention tritt.

Daher ist es nur bei einem Ausschluß von Verhaltensalternativen für den Privaten geboten, die Unfreiwilligkeit seines Grundrechtsverzichts anzunehmen[400]. In Fällen, in denen die Rechtmäßigkeit einer einseitigen staatlichen Regelung umstritten ist und in denen der Grundrechtsträger es nicht auf eine verfassungsrechtliche Auseinandersetzung ankommen lassen möchte, sondern sich aus wirtschaftlichen oder anderen Gründen auf einen »Tauschhandel« mit der staatlichen Seite einläßt, ist daher ein freiwilliger Grundrechtsverzicht anzunehmen. Wenn die staatliche Seite subtil mit inkonnexer Schikane (im Falle des Kernenergierechts etwa durch »ausstiegsorientierten Gesetzesvollzug«[401] oder durch die Verweigerung von Leistungen, auf die ein rechtlicher Anspruch besteht) droht und die privaten Vertragspartner auf diese Weise in eine Zustimmung zu einem Gesetzgebungsvertrag und zu einem Verzicht auf grundrechtlich gesicherte Positio-

---

G. Robbers, JuS 1985, S. 925 ff. (926); *M. Sachs*, in: ders., Grundgesetz, vor Art. 1 Rn. 36; *W. Spannowsky*, Grenzen des Verwaltungshandelns durch Verträge und Absprachen, S. 416 ff.; *K. Stern*, Staatsrecht Bd. III/2, § 86 II 6 (b); *G. Sturm*, FS Geiger, S. 173 ff. (183 f.).

[396] *K. Stern*, Staatsrecht Bd. III/2, § 86 II 6 (b).
[397] Siehe *C. Langenfeld*, DÖV 2000, S. 929 ff. (940 m.w.N. in Fn. 90).
[398] *W. Brohm*, DÖV 1992, S. 1025 ff. (1033); *M. Schulte*, Schlichtes Verwaltungshandeln, S. 102; wohl auch *L. Michael*, Rechtsetzende Gewalt im kooperierenden Verfassungsstaat, S. 328 f. Zurückhaltender sind etwa *U. Di Fabio*, JZ 1997, S. 969 ff. (970); *J. Fluck / T. Schmitt*, VerwArch Bd. 89 (1998), S. 220 ff. (237); *D. Murswiek*, JZ 1988, S. 985 ff. (988).
[399] *T. Schilling*, VerwArch Bd. 87 (1996), S. 191 ff. (200).
[400] *U. Dempfle*, Normvertretende Absprachen, S. 107; *A. Faber*, Gesellschaftliche Selbstregulierungssysteme im Umweltrecht, S. 309 f.; *M. Kloepfer / T. Elsner*, DVBl. 1996, S. 964 ff. (969); *G. Sturm*, FS Geiger, S. 173 ff. (184).
[401] Über angebliche Pressionen der Bundesregierung im Zusammenhang mit den Atomkonsensgesprächen siehe *C. Langenfeld*, DÖV 2000, S. 929 ff. (940 f.).

nen drängt, führt diese Drohung dazu, daß der Verzicht nicht freiwillig zustande kommt[402]. Man mag sich auf den Standpunkt stellen, daß bei Rechtswidrigkeit des angedrohten staatlichen Verhaltens die privaten Vertragspartner sich nicht auf den Handel einlassen müßten und sie zur Gegenwehr auf den Rechtsweg verweisen. Hierin läge aber eine unzulässige Überbürdung des Prozeßrisikos und des mit fortschreitender Prozeßdauer ebenfalls steigenden wirtschaftlichen Risikos einer solchen Auseinandersetzung. Will die private Seite beides vermeiden, kann von einem »freiwilligen« Rechtsverzicht nicht mehr die Rede sein[403].

Außerhalb des Gesetzgebungsvertrags über ein Parlamentsgesetz gilt nach Ansicht einiger für den Grundrechtsverzicht der Vorbehalt des Gesetzes[404]. Dies würde bedeuten, daß der Gesetzgeber durch die Ermöglichung vertraglicher Handlungsformen zumindest implizit zu erkennen gegeben haben muß, daß der Verzicht des Grundrechtsträgers auf disponible Rechtspositionen möglich sein soll. Macht man aber den Grundrechtsverzicht von der Existenz einer gesetzlichen Grundlage abhängig, so verkennt dies das verfassungsrechtliche Fundament des Grundrechtsverzichts, das in der in den Grundrechten verwurzelten Betätigungsfreiheit des Grundrechtsberechtigten selbst liegt[405]. Die Zulässigkeit des Grundrechtsverzichts muß daher allein aus dem Grundrecht selbst zu begründen oder abzulehnen sein.

III. Der Gesetzgebungsvertrag im Rahmen eines verfassungsgerichtlichen Verfahrens

Wendet man sich auf der Grundlage der vorstehend gewonnen Erkenntnisse dem bereits angesprochenen[406] Sonderfall eines Gesetzgebungsvertrags im Rahmen eines verfassungsprozessualen Vergleichs am Beispiel des LER-Verfahrens zu, so sind einige zusätzliche Überlegungen anzustellen, deren Notwendigkeit sich aus der besonderen Einbettung des Gesetzgebungsvertrags in das verfassungsgerichtliche Verfahren ergibt. Soweit Grund und Grenze der vertraglichen Inpflichtnahme der staatlichen Vertragspartner betroffen sind, gelten die bereits entwickelten Überlegungen hier unverändert. Die Tatsache, daß die vertragliche Bindung durch das Bundesverfassungsgericht angeregt wurde, erweitert die kompetenziellen Grenzen der Regierung für vertragliches Handeln nicht. Daher

---

[402] Insoweit liegt hier eine Parallele zu der Anforderung an die Konnexität der von privater Seite für den Akt der Gesetzgebung zugesagten Gegenleistung; siehe S. 343 f.
[403] Ob insoweit die Zustimmung der an dem Atomkonsens beteiligten Energieversorgungsunternehmen freiwillig war, kann aufgrund der nur spärlich veröffentlichten und widersprüchlichen Tatsacheninformationen nicht mit letzter Gewißheit beurteilt werden.
[404] V. *Schlette*, Die Verwaltung als Vertragspartner, S. 99 (Fn. 198) m.w.N.; *J. Schwabe*, Probleme der Grundrechtsdogmatik, S. 107 f.; a.A. *J. Pietzcker*, Der Staat Bd. 17 (1978), S. 527 ff. (534), nach dem aus §§ 54 ff. VwVfG deutlich wird, daß die vertragliche Einigung die gesetzliche Grundlage substituieren kann.
[405] So *K. Stern*, Staatsrecht Bd. III/2, § 86 III 2 a b, der aber zu recht darauf hinweist, daß die Dispositionsbefugnis nicht nur aus den genannten verfassungsrechtlichen Gründen, sondern auch zum Schutz höherrangiger Rechtsgüter durch verhältnismäßiges Gesetz eingeschränkt sein kann.
[406] Siehe S. 186 ff.

konnte sich die Landesregierung auch hier nicht verpflichten, einen bestimmten Gesetzesinhalt herbeizuführen. Sie konnte nur ihre materielle Initiativbefugnis binden. Der Landtag von Brandenburg war von den vertraglichen Verpflichtungen nicht berührt; er war an dem Vergleichsvertrag nicht beteiligt.

Anders als in den bislang erörterten Fällen eines ex ante Rechtsmittelverzichts tritt aber in dem vorliegenden Fall noch die schon bestehende Rechtshängigkeit des verfassungsgerichtlichen Verfahrens als zusätzliches, prozessuales Problem zu den ohnehin zu beachtenden verfassungsrechtlichen Schwierigkeiten hinzu. Grundsätzlich geht das Bundesverfassungsgericht sowohl in Verfahren über eine Verfassungsbeschwerde als auch in Normenkotrollverfahren davon aus, daß die beteiligten Antragsteller mit Rechtshängigkeit des Verfahrens ihre Dispositionsmacht über den Verfahrensgegenstand einbüßen. So hat das Gericht mit Blick auf eine *abstrakte Normenkontrolle* entschieden, daß der Verfahrensgang der Verfügungsbefugnis der Antragsteller entzogen ist und die weitere Gestaltung sowie die Durchführung des Verfahrens sich nicht nach deren Anträgen, sondern nur nach Gesichtspunkten des öffentlichen Interesses richten. Eine Zurücknahme der verfahrenseinleitenden Anträge muß daher nicht automatisch zu einer Einstellung des Verfahrens führen[407]. Für den *Organstreit* hat das Gericht festgestellt, daß die (verfahrensbeendende) Rücknahme eines Antrags nach der mündlichen Verhandlung nur mit Zustimmung des Gerichts möglich ist, die nur erteilt wird, wenn öffentliche Interessen nicht entgegenstehen[408]. Mit Blick auf die Rücknahme einer *Verfassungsbeschwerde* hat das Gericht zwar grundsätzlich anerkannt, daß ein Beschwerdeführer seine Beschwerde nachträglich mit der Folge zurücknehmen kann, daß das Begehren nicht mehr zur Entscheidung steht[409]. Aber auch in dieser Verfahrensart stellt das Gericht die Rücknehmbarkeit der Verfassungsbeschwerde bzw. die daraus folgende Einstellung des Verfahrens unter den Vorbehalt, daß dem keine öffentlichen Interessen entgegenstehen. Als Indikator für ein entgegenstehendes öffentliches Interesse nimmt das Gericht insbesondere ein weit fortgeschrittenes Verfahrensstadium an, das sich in der unter Hinweis auf ein allgemeines Interesse an der Entscheidung erfolgten Ausnutzung des Instanzenzuges[410] oder aber auch in der Annahme der Verfassungsbeschwerde durch das Gericht unter Hinweis auf ihre allgemeine Bedeutung bzw. die Durchführung einer mündlichen Verhandlung dokumentieren kann[411]. Hier liegt die Entscheidung über den Fortgang des Verfahrens nicht mehr in der alleinigen Dispositionsbefugnis des Beschwerdeführers. In solchen Fällen öffentlichen Interesses tritt die individualschützende Funktion hinter die Funktion, das objektive Verfassungsrecht zu wahren sowie seiner Auslegung und Fortbildung

---

[407] BVerfGE 1, 369 (414 f.); 8, 183 (184).
[408] BVerfGE 25, 308 (309).
[409] BVerfGE 85, 109 (113), BVerfGE 98, 218 (242 f.).
[410] Das Gericht weist hier auch auf die Einschränkung der Rücknahmebefugnis im fortgeschrittenen fachgerichtlichen Verfahrensstadium durch § 269 Abs. 1 ZPO, § 92 Abs. 1 Satz 2 VwGO, § 102 Satz 1 SGG und § 72 Abs. 1 Satz 2 FGO hin.
[411] BVerfGE 92, 218 (243).

zu dienen⁴¹², derart zurück, daß es geboten ist, trotz der Rücknahme der Verfassungsbeschwerde zur Sache zu entscheiden und den Ausgang des Verfahrens nicht von Verfahrenshandlungen des Beschwerdeführers abhängig zu machen⁴¹³.

Schlägt das Bundesverfassungsgericht vor diesem Hintergrund die Rücknahme von anhängigen Verfassungsbeschwerden als Tauschgegenstand der privaten Seite in einem Gesetzgebungsvertrag vor, so macht es damit deutlich, daß ein öffentliches Interesse an der Fortführung der Verfahren nach einer Gesetzesänderung in dem vorgegebenen Umfang nicht mehr gegeben ist.

Ein solches Vorgehen ist allerdings aus verfassungsprozessualer Sicht problematisch. Zwar wird bisweilen die Möglichkeit eines Vergleichs im Verfassungsprozeß unter der Bedingung angenommen, daß die Parteien um dispositive Rechte streiten⁴¹⁴.

Bei einem Prozeßvergleich handelt es sich – zunächst unabhängig von der konkreten Gerichtsbarkeit, vor der er abgeschlossen wird – analog zu § 779 Abs. 1 BGB um einen Vertrag, auf dessen Grundlage die Vertragspartner und Prozeßparteien durch gegenseitiges Nachgeben (Verzicht oder Übernahme neuer Verpflichtungen) den zwischen ihnen bestehenden Rechtsstreit insgesamt oder beschränkt auf einen selbständigen Teil des Streitgegenstandes beenden. Im Gegensatz zu einem außergerichtlichen Vergleich, der zur Entfaltung prozeßrechtlicher Relevanz noch einer verfahrensbeendenden Erklärung der Beteiligten bedarf, beendet der gerichtliche Vergleich das gerichtliche Verfahren unmittelbar. Der Prozeßvergleich weist damit eine Doppelnatur auf. Er ist einerseits Prozeßhandlung, andererseits auch Vertrag mit materiell-rechtlicher Wirkung und unterliegt in beiden Wirkweisen den spezifischen Voraussetzungen (Voraussetzungen für eine Prozeßhandlung einerseits; §§ 54 ff. VwVfG bzw. sonstige öffentlich-rechtliche Vertragsvorschriften andererseits).

Während aber einige Prozeßordnungen den Vergleich geregelt haben oder zumindest voraussetzen (z.B. §§ 98, 278, 796a ZPO, § 106 VwGO), finden sich entsprechende Rechtsgrundlagen in dem Gesetz über das Bundesverfassungsgericht nicht. Selbst wenn man die Möglichkeit eines Vergleichs zwischen den Prozeßparteien annimmt, so bedarf es immer noch einer Ermächtigung des Gerichts zur Beendigung des Verfahrens bzw. zur Nicht-Entscheidung. Gerade hieran fehlt es aber auch in den Fällen, in denen nach Ansicht des Bundesverfassungsgerichts ein fehlendes öffentliches Interesse eine Entscheidung entbehrlich macht. Zudem ist kein Gesichtspunkt ersichtlich, der in dem LER-Verfahren das ursprünglich angenommene öffentliche Interesse⁴¹⁵ entfallen läßt. Entweder liegt bei der streitgegenständlichen Einführung von LER ein Verfassungsverstoß vor: Dann muß das

---

[412] BVerfGE 79, 365 (367); 85, 109 (113).
[413] BVerfGE 92, 218 (243).
[414] *K.H. Friauf*, AöR Bd. 88 (1963), S. 257 ff. (288 f.), der die Existenz einer solchen Möglichkeit als Indiz für die Zulässigkeit verfassungsrechtlicher Verträge insgesamt heranzieht. Das Pendant des verwaltungsprozessualen Vergleichsvertrags nach § 106 VwGO steht unter dem ausdrücklichen Vorbehalt der Dispositionsbefugnis der Parteien über den Vergleichsgegenstand.
[415] Das Bundesverfassungsgericht hatte in dem LER-Verfahren eine mündliche Verhandlung anberaumt, was nach eigener Einschätzung als Indikator für ein bestehendes öffentliches Interesse zu gelten hat (BVerfGE 98, 218 (242)).

Gericht dies feststellen und Abhilfe anordnen. Oder es liegt kein Verfassungsverstoß vor. Dann sind die Begehren der diversen Antragsteller abzuweisen. Eine dritte – aber wohl auszuschließende – Möglichkeit besteht darin, daß der Senat nicht einzuschätzen vermag, ob die fragliche Regelung verfassungsgemäß oder verfassungswidrig ist und deswegen eine Regelung vorschlägt, die sich nach seinem Dafürhalten auf der verfassungsrechtlich sicheren Seite befindet. Der einzige Zweck, den ein solches Vorgehen des Gerichts haben kann, ist die Vermeidung einer Entscheidung in einem politisch brisanten Verfahren und die Hilfestellung zur Gesichtswahrung bei den beteiligten Personen. Mit dem Vergleichsvorschlag mag das Bundesverfassungsgericht vielleicht den konkreten Konflikt beigelegt haben; hierdurch ist aber nur dem individuell-rechtlichen Aspekt der Verfassungsbeschwerden genügt. Deren Nichtrücknehmbarkeit wurde aber mit dem allgemeinen Interesse an einer Entscheidung in einer anhängigen Frage begründet. Eine Entscheidung in der allgemeinen verfassungsrechtlichen Frage – hier: Anwendung von Art. 141 GG auf das Beitrittsgebiet – ist nach der Beendigung des Verfahrens aber nicht mehr möglich. Dem öffentlichen Interesse an der Entscheidung ist so jedenfalls nicht Genüge getan. Das Bundesverfassungsgericht wäre zur Entscheidung verpflichtet gewesen[416].

---

[416] Hierzu aber *H.-J. Papier*, ZRP 2002, 134 ff. Als Beitrag zur pluralistischen Verfassungstheorie ordnet *S. Wolf*, KJ Bd. 35 (2002), S. 250 ff., den Vergleichsvorschlag ein.

§ 6 Verfassungsrechtliche Grundlage und Grenzen für die Übertragung von Normsetzungsbefugnissen auf nicht-parlamentarische Normsetzer

Kooperative und konsensuale Strukturen in der Normsetzung sind durch die unterschiedlich intensive Beteiligung Privater an der Setzung von Rechtsnormen gekennzeichnet. Diese Beteiligung erfolgt im Wege der Bindung, Teilung oder Übertragung staatlicher Kompetenzen und weist – außer bei einer einseitigen und nicht bindenden Beteiligung Privater an der parlamentarischen Gesetzgebung – in zweifacher Weise über den Wirkungskreis des Parlaments heraus: zum einen durch die Übertragung von Normsetzungskompetenzen auf andere Rechtssubjekte als das Parlament; zum anderen durch die Beteiligung nicht-staatlicher Rechtssubjekte an der Normsetzung. Während sich der vorangegangene Abschnitt mit der Beteiligung Privater an der parlamentarischen Gesetzgebung befaßt hat, wendet sich die Untersuchung nunmehr parallel gelagerten Phänomenen bei der untergesetzlichen Normsetzung zu[1].

Ausdrückliche Vorschriften, die sich mit Grund und Grenzen der vollständigen oder partiellen Übertragung von untergesetzlichen Normsetzungsbefugnissen auf private Rechtssubjekte befassen, weist die Verfassung nicht auf. Das Bundesverfassungsgericht hat in einer jüngeren Entscheidung bei der Ausdeutung des Verhältnisses von Legislative und Exekutive die Behauptung aufgestellt, daß nach dem Grundgesetz nur dem Parlament – wegen dessen außergewöhnlicher demokratischer Legitimation[2] – die verfassungsrechtliche Aufgabe der Normsetzung zufällt[3]. Angesichts des Umstands, daß die Verfassung selbst in Art. 80 Abs. 1 GG schon die Möglichkeit einer Delegation von Rechtsetzungsbefugnissen auf andere, nicht-parlamentarische Normsetzer durch Parlamentsgesetz vorsieht, erstaunt diese Aussage auf den ersten Blick. Erst ihre inhaltliche Einbettung und Ausdeutung macht sie verständlich: In seiner Begründung läßt das

---

[1] Zum Begriff: *F. Ossenbühl*, NJW 1986, S. 2805 ff. (2806). Hier erfolgt gegenüber dem dort verwendeten, sehr weiten Verständnis der untergesetzlichen Norm eine Beschränkung auf diejenigen Phänomene, bei denen das vorliegend untersuchte Kooperationsproblem relevant wird.
[2] Siehe hierzu nur *R. Herzog*, in: T. Maunz/G. Dürig u.a., Grundgesetz, Art. 20 II Rn. 76; *M. Jestaedt*, Demokratieprinzip und Kondominialverwaltung, S. 306 ff.; *M. Kriele*, VVDStRL Bd. 29 (1971), S. 46 ff. (63).
[3] BVerfGE 95, 1 (14 f.).

Bundesverfassungsgericht Rechtsstaats- und Demokratieprinzip argumentativ ineinander aufgehen[4]:

Das in Art. 20 Abs. 2 Satz 2 GG verwurzelte Gewaltenteilungsprinzip ist ein tragendes Organisations- und Funktionsprinzip des Grundgesetzes[5]. Es fordert indessen nicht eine strenge Trennung der drei klassischen Staatsgewalten – Legislative, Exekutive und Jurisdiktion. Vielmehr errichtet das Grundgesetz unter seinem Vorzeichen eine komplexe Ordnung unterschiedlicher Formen und Verfahren interorganschaftlicher und sachlich-inhaltlicher Kontrolle und Zusammenarbeit. Angesichts der vielfältigen Durchbrechungen des klassischen Musters der Gewaltenteilung durch das Grundgesetz erscheint es angemessener, von einem Ineinandergreifen[6], einer Verschränkung[7] oder einer Verzahnung[8] der verschiedenen Gewalten zu sprechen.

Die konkrete verfassungsrechtliche Konstituierung dieses so umschriebenen Organisationsprinzips dient der gegenseitigen Kontrolle der Staatsorgane und damit der Mäßigung der Staatsgewalt insgesamt[9]. Daneben tritt ein weiterer und ebenso wichtiger Aspekt des Gewaltenteilungsprinzips, der die Verteilung der Staatsgewalt auf eine Vielzahl unterschiedlichster Rechtssubjekte und Organe rechtfertigt: Dieser zielt darauf ab, daß staatliche Entscheidungen möglichst richtig, das heißt von dem Organ getroffen werden, das dafür nach seiner Organisation, Zusammensetzung, Funktion und Verfahrensweise über die besten Voraussetzungen[10] und über das für die konkrete Entscheidung erforderliche und gebotene Maß an demokratischer Legitimation verfügt[11].

---

[4] Dieses Amalgam bedarf aber der argumentativen Entflechtung. Zu der i.E. abzulehnenden Behauptung, daß das Demokratieprinzip mit jenen des Rechtsstaats und des Sozialstaats zu einem integralen Verfassungsgrundsatz der demokratischen und sozialen Rechtsstaatlichkeit zusammengeschmolzen und deswegen isolierter Interpretation nicht mehr zugänglich sei, siehe *M. Jestaedt*, Demokratieprinzip und Kondominialverwaltung, S. 148 f.
[5] BVerfGE 3, 225 (247); 67, 100 (130); 95, 1 (15); *E. Schmidt-Aßmann*, in: J. Isensee/P. Kirchhof, HdbStR Bd. I, § 24 Rn. 47 ff.; *H. Schulze-Fielitz*, in: H. Dreier, Grundgesetz Bd. II, Art. 20 (Rechtsstaat) Rn. 62; *K.-P. Sommermann*, in: H. v. Mangoldt/F. Klein/C. Starck, Grundgesetz Bd. 2, Art. 20 Rn. 187 m.w.N. Zur Entwicklungsgeschichte *J. Becker*, Gewaltenteilung im Gruppenstaat, S. 23 ff.; *K.-U. Meyn*, Kontrolle als Verfassungsprinzip, S. 27 ff.; *K. Sobota*, Das Prinzip Rechtsstaat, S. 70 ff.; zu den einzelnen Elementen des Rechtsstaatsprinzips: *P. Kunig*, Das Rechtsstaatsprinzip, S. 78 ff. 312 ff.; *E. Schmidt-Aßmann*, a.a.O., Rn. 5, 21 ff., 46 ff., 69 ff.; *K. Sobota*, a.a.O., S. 27 ff.
[6] BVerfGE 3, 225 (247); 34, 52 (59).
[7] BVerfGE 7, 138 (188); 34, 52 (59); 95, 1 (15).
[8] *U. Fastenrath*, JuS 1986, S. 194 ff. (200).
[9] BVerfGE 95, 1 (14) unter Hinweis auf BVerfGE 3, 225 (247); 34, 52 (59); st. Rspr.; s.a. *M. Sachs*, in: ders., Grundgesetz, Art. 20 Rn. 81; *K.-P. Sommermann*, in: H. v. Mangoldt/F. Klein/C. Starck, Grundgesetz Bd. 2, Art. 20 Rn. 201.
[10] BVerfGE 68, 1 (86); 95, 1 (15); ähnlich bereits *H. Krüger*, Allgemeine Staatslehre, S. 835, 869; *O. Küster*, AöR Bd. 75 (1949), S. 397 ff.
[11] Zu dieser funktionell-rechtlichen Betrachtungsweise des Gewaltenteilungsgrundsatzes: *H.H. v. Arnim*, DVBl. 1987, S. 1241 ff. (1248 f.); *B.-O. Bryde*, Verfassungsentwicklung, S. 303 ff.; *K. Hesse*, FS Huber, S. 261 ff. (265); *H.P. Schneider*, NJW 1980, S. 2103 ff. (2104); *F. Ossenbühl*, DÖV 1980, S. 545 ff. (548); *ders.*, in: J. Isensee/P. Kirchhof, HdbStR Bd. III, § 62 Rn. 48 f.; *J. Staupe*, Parlamentsvorbehalt und Delegationsbefugnis, S. 201 ff.

§ 6 Grundlage und Grenzen für die Übertragung von Normsetzungsbefugnissen   353

Das Parlament ist im Schema der grundgesetzlichen Gewaltenteilung wegen seiner hervorragenden und unmittelbaren demokratischen Legitimation in erster Linie und vor allen anderen Staatsorganen zu Normsetzung berufen[12]. Die spezifische Form und Qualität seiner Legitimation begründet diese verfassungsrechtliche Aufgabenzuweisung innerhalb des grundgesetzlichen Gewaltenteilungsschemas. Doch nicht nur das Parlament verfügt über demokratische Legitimation und nicht nur das Parlament setzt Rechtsnormen. Zwar weisen alle Zweige der Staatsgewalt in ihrer konkreten verfassungsrechtlichen Ausgestaltung funktionelle und institutionelle demokratische Legitimation auf; fraglich ist aber gerade, ob und in welchem Maß diese Legitimation auch die Fähigkeit und die Eignung zur Setzung von Rechtsnormen umfaßt. Vor diesem Hintergrund hat das Bundesverfassungsgericht verlangt, daß jede Ordnung eines Lebensbereichs durch Sätze des objektiven Rechts auf eine Willensentschließung der vom Volk bestellten Rechtsetzungsorgane zurückzuführen sein muß[13]. Diese Vorgabe kann nur über das Parlament und dessen vornehmstes Handlungsmittel – das Parlamentsgesetz – sichergestellt werden.

Hieraus ergibt sich die Anordnung der folgenden Überlegungen. Es ist zunächst zu erörtern, welche Formen demokratischer Legitimation nach der Konzeption des Grundgesetzes möglich sind und warum das Parlament aufgrund des ihm beigegebenen Maßes an demokratischer Legitimation schwerpunktmäßig für die Rechtsnormsetzung prädestiniert ist. Hiervon ausgehend ist zu ermitteln, unter welchen Bedingungen und in welchem Maß die Verfassung die Übertragung von Normsetzungsbefugnissen durch das Parlament auf nicht-parlamentarische Normsetzer vorsieht oder zuläßt, und welche Implikationen dies für die Umsetzung des Erfordernisses demokratischer Legitimation nach sich zieht.

Rechtsnormen bedürfen einer Begründung dafür, daß das in ihnen niedergelegte Sollen rechtliche Anerkennung verdient[14]; mithin dafür, daß sie gelten bzw. daß die Rechtsunterworfenen dem in der Rechtsnorm enthaltenen Ge- oder Verbot Gehorsam schulden. Sie bedürfen der Legitimation. Von den dichotomen verfassungsrechtlichen Legitimationsoptionen – grundrechtliche oder demokratische Legitimation[15] – drängt sich im vorliegenden Zusammenhang die letztgenannte auf: Da alle Staatsgewalt vom Volk ausgehen muß, bedürfen Rechtsnormen als typische Emanation staatlicher Gewalt eines entsprechenden Nachweises ihrer Rückführung auf den Volkswillen – sie bedürfen der demokratischen Legitimation.

---

[12] Siehe z.B. BVerfGE 49, 89 (126 f.); zust. z.B. *T. v. Danwitz*, Die Gestaltungsfreiheit des Verordnungsgebers, S. 66 f. m.w.N. Kritisch gegenüber dieser Argumentation aber *P. Axer*, Normsetzung in der Sozialversicherung, S. 354 ff.
[13] BVerfGE 33, 125 (158).
[14] *E.T. Emde*, Die demokratische Legitimation der funktionalen Selbstverwaltung, S. 26 ff.; *J. Isensee*, Der Staat Bd. 20 (1981), S. 161 ff. (161); zur Legitimität als Voraussetzung für die verfassungsgemäße Ausübung staatlicher Herrschaft: *H.-G. Dederer*, Korporative Staatsgewalt, § 8 II.
[15] Hierzu nur *J. Isensee*, Der Staat Bd. 20 (1981), S. 161 ff. (161) und oben S. 151 ff.

I. Das Erfordernis demokratischer Legitimation

»Alle Staatsgewalt geht vom Volke aus« (Art. 20 Abs. 2 Satz 1 GG). Mit dieser Vorschrift konkretisiert die Verfassung das in Art. 20 Abs. 1 GG niedergelegte Demokratieprinzip durch die Anordnung, daß sich jede Emanation staatlicher Gewalt auf den staatlichen Souverän zurückführen lassen muß. Anders als die vor-verfassungsrechtliche Volkssouveränität des pouvoir constituant ist die in Art. 20 Abs. 2 Satz 1 GG angesprochene Souveränität verfassungsrechtlich konstituiert, domestiziert und damit zugleich auch limitiert[16]. Ungeachtet der deskriptiven Formulierung von Art. 20 Abs. 2 Satz 1 GG verfügt diese Vorschrift über einen normativen Gehalt. Sie fordert die Herstellung des Rückführungszusammenhangs ebenso ein, wie sie jede nicht auf das Volk rückführbare Herrschaftsausübung des Staates als zumindest verfassungsrechtlicher Rechtfertigung bedürftig herausstellt bzw. sie sogar als grundsätzlich verfassungswidrig zurückweist.

Art. 20 Abs. 2 Satz 1 GG macht gleichermaßen Differenz wie Distanz zwischen Staat und Volk deutlich[17]. Differenz und Distanz bieten überhaupt erst die Voraussetzung dafür, daß jede Herrschaftsausübung durch den einen – den Staat – auf den anderen – das Volk – rückführbar sein kann. Gingen Volk und Staat ineinander auf, würden also Differenz und Distanz aufgelöst, wäre eine Rückführung von dem einen zu dem anderen nicht mehr möglich. Indem Art. 20 Abs. 2 Satz 1 GG demgegenüber die Notwendigkeit einer die Staatsorganisation transzendierenden Legitimationsquelle festlegt, rekurriert die Verfassung auf die Volkssouveränität als den letzten Geltungsgrund für die Ausübung staatlicher Gewalt. Volkssouveränität und Demokratie fallen dabei nicht ineinander[18]. Vielmehr konkretisiert das in Art. 20 Abs. 2 Satz 1 aufgegriffene Demokratieprinzip den Grundsatz der Volkssouveränität ebenso wie dieser zur Konkretisierung und Präzisierung von jenem beiträgt[19]. Das Demokratieprinzip dient der Volkssouveränität als Mittel zu deren Verwirklichung: Diese wird durch Instrumente realisiert, die das Demokratieprinzip zur Rückführung staatlicher Herrschaft auf das souveräne Volk bereit hält[20].

In den Politikwissenschaften werden zwei Prinzipien der demokratischen Legitimation unterschieden: das normative Prinzip der Zustimmung (»government

---

[16] *M. Jestaedt*, Demokratieprinzip und Kondominialverwaltung, S. 157 m.w.N. in Fn. 86, S. 163; zu der sich aus der angeblichen Identität von Volk und Parlament ergebenden Problematik siehe bereits oben S. 300. Zur Ideengeschichte der Volkssouveränität: *R. Herzog*, Allgemeine Staatslehre, S. 48 ff.; *G. Jellinek*, Allgemeine Staatslehre, S. 201 ff.

[17] Hiergegen wendet sich die Kurzformel, daß Demokratie die Identität von Regierenden und Regierten meint (vgl. *C. Schmitt*, Verfassungslehre, S. 234 ff.); dagegen aber *M. Kriele*, VVDStRL Bd. 29 (1971), S. 46 ff. (55 ff.).

[18] So aber *H.H. Klein*, FS Forsthoff, S. 165 ff. (166).

[19] *E.-W. Böckenförde*, in: J. Isensee/P. Kirchhof, HdbStR Bd. I, § 22 Rn. 8; s.a. *E.T. Emde*, Die demokratische Legitimation der funktionalen Selbstverwaltung, S. 39: *K.-P. Sommermann*, in: H. v. Mangoldt/F. Klein/C. Starck, Grundgesetz Bd. 2, Art. 20 Rn. 137.

[20] *M. Jestaedt*, Demokratieprinzip und Kondominialverwaltung, S. 161.

I. Das Erfordernis demokratischer Legitimation 355

by the people«/»input-Legitimation«) und das funktionale Prinzip der Nützlichkeit (»government for the people«/»output-Legitimation«). Während im ersten Fall Herrschaft legitim ist, weil sie auf der Zustimmung der Beherrschten beruht, beruht Legitimität im zweiten Fall auf der Leistungsfähigkeit und Effektivität der politischen Ordnung[21]. Art. 20 Abs. 2 Satz 1 GG knüpft allein an den erstgenannten Aspekt an. Aus diesem Grunde sind auch Akzeptanz und demokratische Legitimation voneinander zu unterscheiden[22]. Akzeptanz bezeichnet die Hinnahme einer Entscheidung durch die von ihr Betroffenen. Die Akzeptanz einer Entscheidung vermag deren demokratische Legitimation im Sinne von Art. 20 Abs. 2 Satz 1 GG nicht zu unterstützen[23]. Sie ist ein materiales Element der über die Rechtmäßigkeit hinausgreifenden »Richtigkeit« staatlichen Handelns und damit ein rechtsstaatliches und verfassungspolitisches Desiderat – aber dennoch nicht mit demokratischer Legitimation ineins zu setzen[24]. Die verfassungsrechtlich eingeforderte demokratische Legitimation erschöpft sich zwar nicht in ihrer formal-prozeduralen Dimension und dient der Verwirklichung eines über diese Dimension hinausweisenden Ziels[25]. Dennoch ist sie zunächst formaler Natur[26] und weist keinen primären Bezug zu einer inhaltlichen Richtigkeit oder auch Akzeptanz der ausgeübten Herrschaft auf. Sie erschöpft sich in der autoritativen Beantwortung des »quis iudicabit«[27]. Dauerhafter Akzeptanz der Herrschaftsunterworfenen bedürfen der Staat und die Rechtsordnung insgesamt[28], nicht aber die einzelne Norm oder sonstige Entscheidung staatlicher Herrschaftsgewalt. Demokratische Legitimation darf gerade nicht mit aktueller[29] oder auch nur vermuteter Zustimmung zur konkreten staatlichen Entscheidung

---

[21] *F.W. Scharpf*, Interaktionsformen, S. 255 ff.; *ders.*, Regieren in Europa, S. 16 ff.; s.a. *C. Engel*, Diskussionsbeitrag, VVDStRL Bd. 59 (2000), S. 160.
[22] *E. Schmidt-Aßmann*, Das allgemeine Verwaltungsrecht als Ordnungsidee und System, S. 95 f. S.a. *J. Isensee*, in: ders./P. Kirchhof, HdbStR Bd. III, § 57 Rn. 94 f.; *H.-G. Dederer*, Korporative Staatsgewalt, § 8 VI 4; *H.-J. Menzel*, Legitimation staatlicher Herrschaft durch Partizipation Privater?, S. 67, der zwar aus demokratietheoretischer Perspektive eine weitgehende Rückkopplung der demokratischen Entscheidung an den Konsens der Herrschaftsunterworfenen verlangt, aber zugleich von der notwendigen Subsidiarität dieser empirischen Legitimation ausgeht.
[23] So aber *H. Schulze-Fielitz*, in: N. Dose/R. Voigt, Kooperatives Recht, S. 225 ff. (228).
[24] Siehe auch hierzu gerade mit Blick auf die Partizipation *W. Schmitt Glaeser*, VVDStRL Bd. 31 (1973), S. 179 ff. (210).
[25] Hierzu *J. Isensee*, in: ders./P. Kirchhof, HdbStR Bd. III, § 57 Rn. 88 ff.
[26] *E.-W. Böckenförde*, in: J. Isensee/P. Kirchhof, HdbStR Bd. I, § 22 Rn. 38, 40; *M. Jestaedt*, Demokratieprinzip und Kondominialverwaltung, S. 173; *H.H. Klein*, FS Forsthoff, S. 165 ff. (170); *K.-U. Meyn*, Kontrolle als Verfassungsprinzip, S. 189 f.
[27] *M. Jestaedt*, Demokratieprinzip und Kondominialverwaltung, S. 173, 592.
[28] Siehe nur BVerfGE 44, 125 (147); 63, 230 (243); *M. Kloepfer*, in: J. Isensee/P. Kirchhof, HdbStR Bd. II, § 35 Rn. 15.
[29] Im Bereich der Rechtsetzung dürfte eine aktuelle Zustimmung aller Betroffenen und auch derjenigen, die zum Zeitpunkt des Normerlasses noch nicht, wohl aber zu einem späteren Zeitpunkt betroffen sind, kaum jemals realistisch sein. Selbst wenn man aber eine solche Zustimmung – etwa bei einem zeitlich und personell sehr eingeschränkten Anwendungsbereich einer Vorschrift – erreichen könnte, würde dies nicht die demokratische Legitimation der Norm berühren, sondern allein in dem Bereich der grundrechtlichen Interventionsintensität Auswirkungen zeitigen.

gleichgesetzt werden[30]. Während fehlende Akzeptanz einer Entscheidung in komplexen gesellschaftlichen Situationen zu erheblichen steuerungstheoretischen Problemen führen kann, nimmt sie der rechtmäßigen Entscheidung dennoch nichts von ihrer Verbindlichkeit und eine rechtswidrige Entscheidung gewinnt aus der Sicht des Demokratieprinzips nichts dadurch hinzu, daß sie akzeptiert wird[31].

1. Das Legitimationssubjekt

Mit dem *Legitimationssubjekt* Volk wird kein soziologischer Volksbegriff rezipiert. Durch die mit der Verfassung bewirkte Überführung des pouvoir constituant in den Aggregatzustand des pouvoir constitué verfügt das souveräne Volk nicht mehr über seine ursprüngliche inhaltliche und formelle Beliebigkeit. Die Volkssouveränität nimmt vielmehr ihren Ausgang in dem Volk als verfassungsrechtlich geformtem pouvoir constitué, der insoweit eine verfassungskonstituierte Macht neben anderen ist – wenn auch von einer besonderen, legitimationsstiftenden Qualität. Durch Inanspruchnahme des Legitimationssubjekts »Volk« bezieht sich die Verfassung auf die verfassungsrechtlich geschaffene, rechtlich verfaßte Einheit der Staatsangehörigen[32], eine als Organ verfaßte Personengesamtheit, die sich prinzipiell nicht nach gruppenspezifischen Kriterien oder Interessen bestimmt, sondern eine offene und in diesem Sinne unbestimmte Allgemeinheit ist[33].

Im Ausgangspunkt nicht umstritten ist, daß ausweislich des Zusammenspiels von Art. 20 Abs. 2 GG und Art. 28 Abs. 1 Satz 2 GG das Grundgesetz unter Volk in diesem Sinne neben den Deutschen i.S.v. Art. 116 GG auch das Volk in den Bundesländern sowie in den Gemeinden und Kreisen (letzteres nach Art. 28 Abs. 1 Satz 3 GG) erweitert um die Unionsbürger[34] versteht. Die kommunale Selbstverwaltung gründet auf der Existenz einer Gebietskörperschaft mit virtuel-

---

[30] Siehe auch *C. Engel*, Diskussionsbeitrag, VVDStRL Bd. 59 (2000), S. 160, unter Bezugnahme auf die politikwissenschaftliche Differenzierung zwischen input- und output Legitimation, wobei demokratische Legitimation i.S.v. Art. 20 Abs. 2 Satz 1 GG sich prinzipiell nur mit der erstgenannten Legitimationsvariante erreichen läßt.

[31] *E. Schmidt-Aßmann*, Das allgemeine Verwaltungsrecht als Ordnungsidee und System, S. 96. Allerdings kann insoweit die Figur des Grundrechtsverzichts relevant werden, siehe S. 338 ff.

[32] BVerfGE 38, 258 (271); 47, 253 (272); 52, 95 (130; 77, 1 (40); 83, 60 (71 f.); ausf. jew. m.w.N. (auch abweichender Ansichten) *E.-W. Böckenförde*, in: J. Isensee/P. Kirchhof, HdbStR Bd. I, § 22 Rn. 26 ff.; *H. Dreier*, ders., Grundgesetz Bd. II, Art. 20 (Demokratie) Rn. 83 ff.; *J. Isensee*, in: ders./P. Kirchhof, HdbStR Bd. I, § 13 Rn. 113 ff.; *M. Jestaedt*, Demokratieprinzip und Kondominialverwaltung, S. 207 ff.; *K.-P. Sommermann*, in: H. v. Mangoldt/F. Klein/C. Starck, Grundgesetz Bd. 2, Art. 20 Rn 142 ff.

[33] BVerfGE 83, 37 (55); *M. Jestaedt*, Demokratieprinzip und Kondominialverwaltung, S. 204 ff.; *E. Schmidt-Aßmann*, Das allgemeine Verwaltungsrecht als Ordnungsidee und System, S. 81 ff.

[34] Siehe nur BVerfGE 83, 37 (51 ff.); *E.-W. Böckenförde*, in: J. Isensee/P. Kirchhof, HdbStR Bd. I, § 22 Rn. 26; *M. Jestaedt*, Demokratieprinzip und Kondominialverwaltung, S. 205 ff.

ler Allzuständigkeit auf örtlicher Ebene[35]. Art. 28 Abs. 1 Satz 1 und 2 GG machen vor diesem Hintergrund deutlich, daß die Bundesländer als staatliche, die Kreisen und Gemeinden als staatsanaloge Gebietskörperschaften[36] mit ihren Gebietsvölkern über eine dem Staatsvolk i.S.v. Art. 20 Abs. 2 Satz 1 GG nachgebildete Legitimationsquelle verfügen[37]. Das Grundgesetz spricht mit dem Volksbegriff des Art. 20 Abs. 2 Satz 1 GG die von ihm geschaffenen »gebietsgesellschaftlichen Organisationseinheiten«[38] als mögliche Quellen demokratischer Legitimation an. Fraglich bleibt indes, ob neben den bundesstaatlichen und kommunalen Gebietskörperschaften weitere Teilvölker, Volksteile oder Verbandsvölker als Stifter demokratischer Legitimation i.S.v. 20 Abs. 2 GG in Frage kommen[39].

2. Das Legitimationsobjekt

Der Umfang des Gebots demokratischer Legitimation und damit der Umriß des Legitimationsobjekts ist streitig[40]. Nach Art. 20 Abs. 2 GG ist das *Legitimationsobjekt* die Ausübung von Staatsgewalt[41]. Diese wird ganz überwiegend als amtliches Handeln mit Entscheidungscharakter definiert[42], umfaßt aber ebenfalls solche Entscheidungen, die nur behördenintern die Voraussetzungen für die Wahrnehmung der Amtsaufgaben schaffen[43], sowie die Wahrnehmung von Mitentscheidungsbefugnissen einschließlich der Ausübung von Vorschlagsrechten[44]. Auch schlichtes Verwaltungshandeln unterliegt dem Erfordernis demokratischer Legitimation[45].

Die Befugnis zum Erlaß von Rechtsnormen gehört zum Kernbereich der Staatsgewalt. Rechtsnormen beanspruchen Verbindlichkeit für die ihnen Unter-

---

[35] W. *Schmitt Glaeser*, VVDStRL Bd. 31 (1973), S. 179 ff. (218); s.a. bei W. *Brohm*, Strukturen der Wirtschaftsverwaltung, S. 249.
[36] E.-W. *Böckenförde*, in: J. Isensee/P. Kirchhof, HdbStR Bd. I, § 22 Rn. 25, 31; K. *Stern*, Staatsrecht Bd. I, § 18 III 3.
[37] BVerfGE 83, 37 (54 f.); H. *Dreier*, in: ders., Grundgesetz Bd. II, Art. 20 (Demokratie) Rn. 86; W. *Kluth*, Funktionale Selbstverwaltung, S. 369 ff.
[38] W. *Kluth*, Funktionale Selbstverwaltung, S. 370 f.
[39] Hierzu S. 448 ff.
[40] M. *Burgi*, Die Verwaltung Bd. 33 (2000), S. 183 ff. (197); U. *Di Fabio*, VVDStRL Bd. 56 (1997), S. 235 ff. (264 f.).
[41] Zu den umstrittenen Einzelheiten bei der genauen Konturierung dieses Begriffs: H. *Dreier*, in: ders., Grundgesetz Bd. II, Art. 20 (Demokratie) Rn. 79 ff.; M. *Jestaedt*, Demokratieprinzip und Kondominialverwaltung, S. 225 ff.; K.-P. *Sommermann*, in: H. v. Mangoldt/F. Klein/C. Starck, Grundgesetz Bd. 2, Art. 20 Rn. 139 ff.
[42] BVerfGE 47, 253 (273); 83, 60 (73); 93, 37 (68); E.-W. *Böckenförde*, in: J. Isensee/P. Kirchhof, HdbStR Bd. I, § 22 Rn. 12 f.; H. *Dreier*, in: H. Dreier, Grundgesetz Bd. II, Art. 20 (Demokratie) Rn. 79 ff.; E.T. *Emde*, Die demokratische Legitimation der funktionalen Selbstverwaltung, S. 21 ff.; M. *Jestaedt*, Demokratieprinzip und Kondominialverwaltung, S. 43 ff., 255 ff., 257 f.; M. *Sachs*, in: ders., Grundgesetz, Art. 20 Rn. 29.
[43] BVerfGE 93, 37 (68).
[44] BVerfGE 83, 60 (73).
[45] M. *Schulte*, Schlichtes Verwaltungshandeln, S. 163.

worfenen – notfalls gegen deren Willen. Dies wird anhand des Merkmals der Heteronomität als dem prägendem Charakteristikum der Rechtsnormen zum Ausdruck gebracht: Es steht prinzipiell nicht in der Macht des einzelnen Grundrechtsträgers, andere Grundrechtsträger ohne deren Zustimmung zu rechtlich binden bzw. ihnen einseitige Rechtspflichten aufzuerlegen. Genau dies bedeutet Heteronomität.

Fraglich erscheint allerdings, ob auch der private Entscheidungsanteil bei der Ausübung gemeinsamer Rechtsetzung durch Staat und Private der demokratischen Legitimation bedarf[46]. Hier kommt zum einen der Fall in Betracht, daß der Private – etwa durch Vertrag – bindenden Einfluß auf eine Rechtsetzungsakt nimmt, der formell allein von dem staatlichen Normsetzer verantwortet wird. Zum andern ist ein gemeinsamer Rechtsetzungsakt von Staat und Privaten denkbar. In beiden Fällen greift privates Handeln in den staatlichen Funktionsbereich über. Auch wenn bereits deutlich gemacht wurde, daß in solchen Fällen das staatlich/gesellschaftliche Kooperationsverhältnis damit nicht der Grundrechtsverwirklichung dient, kann doch auch von dem privaten Handlungsbeitrag demokratische Legitimation nicht verlangt werden. Staatliche Letztverantwortung ist aber nur für den Erlaß *staatlicher* Rechtsnormen erforderlich[47]. Da das Demokratieprinzip des Grundgesetzes Anforderungen an die Ausübung staatlicher Herrschaft stellt und sich gegen die Verstaatlichung grundrechtlicher Freiheitsausübung sperrt[48], gilt das Erfordernis demokratischer Legitimation nicht für den Erlaß *privater* Rechtsnormen[49]. Dem Demokratieprinzip läßt sich kein Gebot zur Demokratisierung der Gesellschaft entnehmen[50]. Zum einen partizipiert der Private zwar an der Ausübung staatlicher Kompetenzen. Er tut dies aber – dem subjektiven Prinzip entsprechend – zur legitimen Verwirklichung eigener Interessen und trägt seinen Entscheidungsbeitrag gleichsam »von außen« an den staatlichen Funktionsbereich heran. Zum andern wäre die Herstellung solcher Legitimation gar nicht möglich, da den handelnden Privaten der Zugang zu dem Quell demokratischer Legitimation – der allgemeinen und glichen Wahl durch das Volk – von vornherein verwehrt ist. Die zentrale Problematik der Untersuchung liegt daher nicht in der Forderung nach demokratischer Legitimation für private Entscheidungsanteile an der Ausübung staatlicher Gewalt sondern in dem notwendigen Bemühen, Grund und Grenzen für die partielle oder vollständige Dezentralisierung von Rechtsetzungskompetenzen unter Einbeziehung des staatlichen Funktionsbereichs zu finden. Auch eigenständige, von einem hoheitlichen Entscheidungsanteil eindeutig abzugrenzende Beiträge, die von Privaten

---

[46] So *H.-G. Dederer*, Korporative Staatsgewalt, § 7.
[47] Herleitung bei *C. Möllers*, Staat als Argument, S. 292 f.
[48] *E. Schmidt-Aßmann*, AöR Bd. 116 (1991), S. 329 ff. (339); *M. Schmidt-Preuß*, VVDStRL Bd. 56 (1997), S. 160 ff. (203); *H.-H. Trute*, DVBl. 1996, S. 950 ff. (955 f.).
[49] *F. Kirchhof*, Private Rechtsetzung, S. 112 f. Zu diesen S. 397 ff.
[50] *E.-W. Böckenförde*, in: J. Isensee/P. Kirchhof, HdbStR Bd. I, § 22 Rn. 8; *H. Dreier*, in: ders., Grundgesetz Bd. II, Art. 20 (Demokratie) Rn. 59; *M. Kriele*, VVDStRL Bd. 29 (1971), S. 46 ff. (74 f.); *E. Schmidt-Aßmann*, AöR Bd. 116 (1991), S. 329 ff. (339, 347).

im Rahmen von Selbststeuerungsmechanismen erbracht werden, sind keine Ausübung von Staatsgewalt und unterfallen daher von sich aus nicht dem Demokratieprinzip und seinen aus Art. 20 Abs. 2 GG abzuleitenden Anforderungen[51]. Der Einbezug von privaten Selbststeuerungsmechanismen in staatliche Entscheidungen ist ein Fall partieller materieller Privatisierung einer bislang oder zumindest potentiell staatlichen Aufgabenerfüllung. Soweit aber Selbststeuerungsinstanzen mit Rechtsetzungsbefugnissen ausgestattet werden, aktualisiert sich die Frage nach deren Legitimation zur Rechtsetzung (der Beteiligung an ihr) und damit die verfassungsrechtliche Problematik der Übertragung von Normsetzungskompetenzen auf nicht-parlamentarische Normsetzer.

3. Die Komponenten demokratischer Legitimation

Die Beachtung des Demokratieprinzips gewährleistet, daß das Staatsvolk i.S.v. Art. 20 Abs. 2 Satz 1 GG einen bestimmenden Einfluß auf die Ausübung staatlicher Macht er- und behält. Das Grundgesetz hat in dieser Vorschrift die Idee der Volkssouveränität mit dem Repräsentationsprinzip verbunden und auf diese Weise sowohl der Vorstellung einer streng verwirklichten Identität von Regierenden und Regierten ebenso eine Absage erteilt wie der realen Omnipräsenz des Legitimationsstifters bei der Herrschaftsausübung. Die an deren Stelle getretene Einwirkung des Souveräns auf die Herrschaftsausübung erfordert eine effektive Verknüpfung zwischen Legitimationssubjekt und -objekt. Die staatliche Entscheidung als Legitimationsobjekt ist durch zwei Komponenten geprägt: Staatliche Macht wird regelmäßig durch Personen – Amtswalter – auf der Grundlage normativer Vorgaben – Ermächtigungsgrundlagen – ausgeübt. Während durch inhaltliche Vorgaben das Entscheidungsprogramm im Einzelfall mehr oder weniger genau vorgezeichnet sein kann, gelangt innerhalb eines normativ offengehaltenen inhaltlichen Spielraums die persönliche Auswahlentscheidung des Amtswalters zur Geltung[52]. Auf beide Bestimmungsfaktoren einer konkreten Emanation staatlicher Gewalt – den organisatorisch-personellen und die sachlich-inhaltlichen[53] – kann (und muß) sich die Einwirkung des Legitimationsstifters beziehen[54].

---

[51] *W. Weiß*, Privatisierung und Staatsaufgaben, S. 330. Über das Erfordernis einer Abschichtung der Ausübung öffentlicher Gewalt von Beiträgen privater Selbstregulierung in staatlich-gesellschaftlichen Kooperationsverhältnissen: *U. Di Fabio*, VVDStRL Bd. 56 (1997), S. 235 ff. (264 f.).
[52] *M. Jestaedt*, Demokratieprinzip und Kondominialverwaltung, S. 266.
[53] *E.-W. Böckenförde*, in: in: J. Isensee/P. Kirchhof, HdbStR Bd. I, § 22 Rn. 15 ff.; *M. Jestaedt*, Demokratieprinzip und Kondominialverwaltung, S. 265 ff.; *M. Kriele*, VVDStRL Bd. 29 (1971), S. 46 ff.
[54] Siehe aber auch die Neukonzeption demokratischer Legitimation bei *H.-G. Dederer*, Korporative Staatsgewalt, § 8 IV ff. Hiernach vermag Legitimation über die fünf Formen der funktionellen, organisatorischen, personellen, prozeduralen und inhaltlichen Legitimation vermittelt zu werden. Das konkrete Legitimationsniveau folgt aus dem »horizontalen« Zusammenwirken der fünf verschiedenen Legitimationsformen (sowohl auf der Ebene der primären Legitimation als auch auf der Ebene der sekundären Legitimation) und dem »vertikalen« Zusammenwirken der beiden Legitimationsebenen.

a) Organisatorisch-personelle demokratische Legitimation

Die organisatorisch-personelle (oder: persönliche[55]) demokratische Legitimation setzt bei den Personen an, die für den Staat in amtlicher Position tätig werden. Sie baut auf einer ununterbrochenen, auf das Volk zurückzuführende Legitimationskette für die mit der Wahrnehmung staatlicher Angelegenheiten betrauten Amts- und Organwalter auf[56]. Die Parlamentsabgeordneten sind in dieser Hinsicht durch unmittelbare Wahlen legitimiert, Beamte der Ministerialverwaltung durch Ernennung und Zuweisung eines konkreten Amtes im funktionellen Sinne durch einen von einem Minister beauftragten Amtswalter oder den Minister selbst, der seinerseits seine persönliche Legitimation von dem durch das Parlament gewählten Regierungschef ableitet. Diese Legitimation muß somit nicht auf eine unmittelbare Entscheidung des Volkes rückführbar sein. Hier stieße die Praktizierbarkeit des Prinzips schnell an ihre Grenzen. Es genügt, daß jeder Amtswalter durch einen wiederum seinerseits demokratisch legitimierten Amtswalter (oder ein entsprechendes Organ) in sein Amt berufen wird[57]. Die personelle Legitimation zeichnet sich also dadurch aus, daß sie durch die Hände verschiedener Legitimationsmittler weitergereicht wird. Mit jedem Mittlungsakt geht eine Ausdünnung dieser Legitimation einher, die dazu führt, daß die personelle demokratische Legitimation des Mittlers stets derjenigen des Empfängers überlegen ist[58]. Das Staatsvolk als Legitimationsquelle muß aber stets am Anfang der Vermittlungskette stehen, die zudem nicht durch das Dazwischentreten nicht bzw. nicht hinreichend demokratisch legitimierter Organe oder Amtswalter unterbrochen sein darf. Das Bundesverfassungsgericht verlangt insoweit eine streng logische Prüfung, ob ausgeschlossen ist, daß in staatlichen Organen Personen entscheidendes Gewicht haben, denen eine demokratische Legitimation fehlt. In Kollegialorganen, die an der Bestellung eines Amtsträgers mitwirken, muß daher sichergestellt sein, daß dieser sein Amt durch eine die Entscheidung tragende Mehrheit erhält,

---

[55] *R. Herzog*, in: T. Maunz/G. Dürig u.a., Grundgesetz, Art. 20 II Rn. 50.

[56] BVerfGE 47, 253 (275); *E.-W. Böckenförde*, in: J. Isensee/P. Kirchhof, HdbStR Bd. I, § 22 Rn. 16 ff.; *R. Herzog*, in: T. Maunz/G. Dürig u.a., Grundgesetz, Art. 20 II Rn. 50 ff.; *M. Jestaedt*, Demokratieprinzip und Kondominialverwaltung, S. 267 ff.; *K.-P. Sommermann*, in: H. v. Mangoldt/F. Klein/C. Starck, Grundgesetz Bd. 2, Art. 20 Rn. 158 ff. Kritisch gegenüber der personellen Komponente der demokratischen Legitimation etwa: *D. Czybulka*, Die Legitimation der öffentlichen Verwaltung, S. 89 f.; *H.-G. Dederer*, NVwZ 2000, S. 403 ff. (403 f.).

[57] Hieraus ergibt sich die persönliche demokratische Legitimation des Beliehenen, für dessen Verfassungsmäßigkeit daher nicht eine Ausnahme von dem Grundsatz demokratischer Legitimation bemüht werden muß (So aber *H. Dreier*, in: ders., Grundgesetz Bd. II, Art. 20 (Demokratie) Rn. 108 (Fn. 282), 115): Dieser ist nicht in die unmittelbare Staatsverwaltung eingegliedert. Seine Auswahl erfolgt aber durch die ihrerseits demokratisch legitimierten Organe (*E.T. Emde*, Die demokratische Legitimation der funktionalen Selbstverwaltung, S. 361 f.; *M. Jestaedt*, Demokratieprinzip und Kondominialverwaltung, S. 63 f.; *K.-P. Sommermann*, in: H. v. Mangoldt/F. Klein/C. Starck, Grundgesetz Bd. 2, Art. 20 Rn. 168, weist in Fn. 76 zusätzlich darauf hin, daß in den Fällen, in denen neben der Zulassung zu einer bestimmten beruflichen Tätigkeit (z.B. Kapitän gem. § 2 SeemannsG) kein gesonderter Bestellungsakt mehr erfolgt, die Beleihung implizit mit diesem Akt erfolgt – und auch gegebenenfalls rückgängig gemacht werden kann.).

[58] *M. Jestaedt*, Demokratieprinzip und Kondominialverwaltung, S. 273 f.

die sich ihrerseits aus einer Mehrheit unbeschränkt demokratisch legitimierter Mitglieder ergibt[59].

b) Sachlich-inhaltliche demokratische Legitimation

Der zweite Aspekt demokratischer Legitimation ist der der sachlich-inhaltlichen Legitimation der Ausübung von Staatsgewalt. Dieser ist dazu bestimmt, die Ausübung der Staatsgewalt *ihrem Inhalt* nach vom Volk herzuleiten. Er bezieht sich auf das Handeln der Amtswalter[60]. Auch hier ergibt sich eine Legitimationshierarchie, da das legitimatorisch höherstehende Organ stets in der Lage ist, die nachgeordneten Organe inhaltlich zumindest partiell an seinen Willen zu binden. Handhabbar und praktisch umsetzbar wird dieses Prinzip grundsätzlich auf zwei verschiedenen Wegen: zum einen durch die Verankerung des Gesetzgebungsrechts beim Parlament und die Bindung aller anderen Gewalten an die Gesetze. Daneben tritt zum andern das Prinzip der sanktionierbaren demokratischen Verantwortlichkeit aller staatlichen Funktionsträger, die durch eine flankierende Kontroll- und Einwirkungskompetenz (Aufsicht und Weisung[61]) des jeweils legitimationstechnisch näher bei dem Souverän stehenden Organs ergänzt wird. Durch das Zusammenspiel von Gesetzesbindung einerseits und demokratischer Verantwortlichkeit sowie Weisungsabhängigkeit andererseits wird, wenn auch über mehrere Schritte vermittelt, im Sinne materieller demokratischer Legitimation sichergestellt, daß sich das Handeln der vollziehenden Gewalt nach dem Willen der Volksvertretung und damit letztlich dem Willen des legitimationsstiftenden Volkes vollzieht[62].

c) Institutionelle und funktionelle demokratische Legitimation

Die Überlegung, daß sich jede Ausübung staatlicher Macht aus einer personellen und einer materiellen Komponente zusammensetzt, hatte die Aufmerksamkeit zunächst auf diese beiden Faktoren als Ansatzpunkte für die Einwirkung des Legitimationsstifters auf die der Legitimation bedürfenden Entscheidung gelenkt. Allerdings ist fraglich, ob weitere Formen demokratischer Legitimation existieren, vermöge derer eventuelle, die Einwirkung des Volks mindernde Defizite bei den bisher benannten Komponenten ausgeglichen werden können. Zu eben die-

---

[59] BVerfGE 93, 37 (67 f.), s.a. die Entscheidung des Bundesverfassungsgerichts vom 5. Dezember 2002 (2 BvL 5/98 und 2 BvL 6/98; z.Zt. nur www.bverfg.de, dort Rn. 158).
[60] Siehe v.a. *M. Jestaedt*, Demokratieprinzip und Kondominialverwaltung, S. 270 ff.; *K.-P. Sommermann*, in: H. v. Mangoldt/F. Klein/C. Starck, Grundgesetz Bd. 2, Art. 20 Rn. 161 f.
[61] Zu deren Bedeutung *E.-W. Böckenförde*, in: J. Isensee/P. Kirchhof, HdbStR Bd. I, § 22 Rn. 21.
[62] Zum Wahlakt des Aktivbürgers als Grundlage und zugleich erstem Glied der Legitimationskette: *K. Stern*, Staatsrecht Bd. I, § 18 II 5. Die Ersetzung des Begriffs »Legitimationskette« durch den anschaulicheren, weil das Volk als Ausgangspunkt und Subjekt staatlicher Herrschaft illustrierenden Begriffs des Legitimationskreislaufs regt hingegen *E.T. Emde*, Die demokratische Legitimation der funktionalen Selbstverwaltung, S. 42, an.

sem Zwecke ist das Konzept der funktionellen[63] und institutionellen demokratischen Legitimation entwickelt worden[64]. Diese Form der Legitimation könnte eine zusätzliche Legitimationsquelle dort sein, wo der individuelle Wahlakt des einzelnen Aktivbürgers als Legitimationsgrundlage nicht ausreicht; etwa, weil das Parlament nicht die vollständige Steuerungsmacht über einen Entscheidungsprozeß innehat[65]. Hinter der Annahme einer institutionellen und funktionellen demokratischen Legitimation steht der Wunsch, solche Staatsfunktionen durch das Demokratieprinzip dogmatisch abzusichern, die in organisatorisch-personeller Hinsicht über eine geringere demokratische Dignität verfügen als das unmittelbar vom Volk bestellte Parlament und die ihm verantwortliche Regierung und die damit unter einem Generalverdacht demokratiewidriger staatlicher Machtausübung stehen, insbesondere: Exekutive und Rechtsprechung.

Das Konzept der institutionellen und funktionellen demokratischen Legitimation beruht auf der Differenzierung zweier qualitativ verschiedener Ebenen der Legitimation – einerseits der des pouvoir constituant und andererseits der des pouvoir constitué. Auf der ersten Ebene – der des pouvoir constituant – ist die institutionelle demokratische Legitimation, die sich auf eine Institution als solche bezieht, in vollem Umfang, die funktionelle, die sich auf die der Institution zukommende Funktion bezieht, hingegen nur regelmäßig im Sinne einer verfassungsrechtlichen Rahmengebung zuzurechnen. Die personelle demokratische Legitimation ist Element der zweiten Ebene, der verfassungsrechtlich bereits konstituierten Staatsorgane, wobei Unterschiede hinsichtlich der Entfernung eines Ernennungsakts von der Aktivbürgerschaft als Ausgangspunkt der personellen demokratischen Legitimation existieren. Eventuelle Defizite bei der personellen demokratischen Legitimation, die die Exekutive und die Judikative gleichermaßen im Vergleich zu dem Parlament kennzeichnen, können durch deren funktionelle Legitimation aufgehoben bzw. kompensiert werden. Die institutionelle Legitimation durch den Verfassungsgeber vermag nach dieser Konzeption die verdünnte personelle Legitimation – etwa in der Exekutive – aufzuwiegen, da alle verfassungskonstituierten Staatsorgane durch den Verfassungsakt institutionell gleichermaßen demokratisch legitimiert sind[66].

Das Konzept der funktionellen demokratischen Legitimation ist indessen für den vorliegenden Zusammenhang nicht von Bedeutung: Zum einen entspringen die sich hier wechselseitig kompensierenden Legitimationsformen verschie-

---

[63] Neben der *funktionellen* Legitimation wird der Begriff der *funktionalen* Legitimation als Synonym verwendet.
[64] Grundlegend: *F. Ossenbühl*, Verwaltungsvorschriften und Grundgesetz, S. 196 ff.; s.a. BVerfGE 49, 89 (125); 68, 1 (88, 109); *H.H. v. Arnim*, DVBl. 1987, S. 1241 ff. (1242 f.); *ders.*, AöR Bd. 113 (1988), S. 1 ff. (6 ff.); *E.-W. Böckenförde*, in: J. Isensee/P. Kirchhof, HdbStR Bd. I, § 22 Rn. 15; *E. Schmidt-Aßmann*, ebd., § 24 Rn. 52; *ders.*, AöR Bd. 116 (1991), S. 329 ff. (361).
[65] *E.-H. Ritter*, Jahrbuch zur Staats- und Verwaltungswissenschaft Bd. 1 (1987), S. 321 ff. (341 ff.); *ders.*, in: D. Grimm, Wachsende Staatsaufgaben – sinkende Steuerungsfähigkeit des Rechts, S. 69 ff. (104).
[66] *F. Ossenbühl*, Verwaltungsvorschriften und Grundgesetz, S. 197.

I. Das Erfordernis demokratischer Legitimation

nen Legitimationsquellen – pouvoir constituant bzw. pouvoir constitué. Während die personelle Legitimation von letzterem ausgeht, ist die institutionelle und funktionelle demokratische Legitimation auf den pouvoir constituant zurückzuführen. In Art. 20 Abs. 2 Satz 1 GG ist als Ausgangs- und Bezugspunkt des Demokratieprinzips das Volk als verfaßte Einheit angesprochen. Demgegenüber ist der auf den Verfassungsgeber anwendbare Volks- und Demokratiebegriff vor-verfassungsrechtlicher Natur. Die Kompensation der Schwäche einer verfaßten durch eine vorverfassungsrechtliche Legitimationsquelle ist nur schwer vorstellbar, da inkommensurable Größen zueinander in ein Verhältnis gesetzt werden, deren eine als verfassungstranszendentes Subjekt in der Verfassungsordnung weder Platz noch Bedeutung haben kann.

Zum anderen bedarf es zur Verhinderung eines parlamentszentrierten Verwaltungsmonismus und zur Anerkennung eines unantastbaren Kernbereichs der Exekutive keines Rückgriffs auf einen dritten Strang demokratischer Legitimation. Es genügt insoweit der Bezug sowohl auf den verfassungsrechtlichen und als solchen nicht weiter rechtfertigungs- oder begründungbedürftigen Selbststand des Gewaltenteilungsgrundsatzes, der aus eigener Kraft den funktionsgerechten Wirkungskreis aller verfassungsrechtlich konstituierten Organe garantiert und legitimiert, als auch auf die konsequente verfassungsrechtliche Fundierung der weiteren Staatsorgane neben dem Parlament[67]. Demokratieprinzip und die staatsorganisatorische Gewaltengliederung stehen als Grundsätze gleicher Normhöhe nebeneinander; sie ergänzen sich und prägen gemeinsam die konkrete Verfassung der Staatsorganisation, ohne daß der eine Grundsatz gleichsam als Bekräftigung seiner Wirksamkeit des anderen bedarf. Alle drei klassischen Staatsgewalten sind durch die Verfassung als je für sich legitime Ausübung staatlicher Gewalt anerkannt. Wie sogleich zu zeigen ist, verwirklicht sich in ihnen das Prinzip demokratischer Legitimation in funktionenspezifischer Weise. Die verfassungsrechtliche Anerkennung einer Funktion substituiert indessen nicht die konkrete Legitimation des jeweiligen Organwalters in dem ihm zugewiesenen Funktionsbereich, die erst vermittels der oben dargelegten Komponenten sicherzustellen ist. Ansonsten könnten sich die einzelnen Gewalten nach ihrer verfassungsrechtlichen Konstituierung durch den pouvoir constituant hinsichtlich ihrer Tätigkeit wie hinsichtlich ihrer personellen Besetzung vom Staatsvolk i.S.v. Art. 20 Abs. 2 Satz 1 GG emanzipieren[68].

Die institutionelle und funktionelle demokratische Legitimation bietet somit keinen eigenständigen Begründungsansatz für die Herstellung des in Art. 20 Abs. 2 Satz 1 GG geforderten Ableitungszusammenhangs zwischen einem Akt der staatlichen Gewalt und dem Volk durch den Nachweis demokratischer Legitimation. Sie begründet keinen eigenständigen, weiteren Legitimationsstrang

---

[67] *M. Jestaedt*, Demokratieprinzip und Kondominialverwaltung, S. 278 f.; *K.-U. Meyn*, Kontrolle als Verfassungsprinzip, S. 206 f.
[68] *E.-W. Böckenförde*, in: J. Isensee/P. Kirchhof, HdbStR Bd. I, § 22 Rn. 15.

i.S.v. Art. 20 Abs. 2 Satz 1 GG, sondern rechtfertigt den verfassungsrechtlichen Rahmen für das Neben-, Mit- oder Gegeneinander verschiedener verfassungsrechtlich begründeter Staatsorgane, ohne dabei eine konkrete Aussage über das erforderliche Maß an demokratischer Legitimation für deren Tätigkeit zu erlauben.

4. Das erforderliche Legitimationsniveau

Jede staatliche Entscheidung oder Machtausübung setzt sich aus persönlichen und normativen Elementen zusammen. Beide Faktoren können in unterschiedlich stringenter bzw. mittelbarer Weise auf das Volk als Quelle demokratischer Legitimation zurückgeführt werden. Die personelle Legitimation kann unmittelbar von einem parlamentarischen Ernennungsakt herrühren oder über eine Vielzahl von Zwischengliedern vermittelt werden. Die normativen Vorgaben können den Entscheidungsspielraum stark einengen oder aber auch dem Entscheider in besonderem Maße freie Hand lassen.

Das durch Art. 20 Abs. 2 GG geforderte Niveau demokratischer Legitimation ist keine statische Größe[69]. Die beiden Komponenten demokratischer Legitimation – die sachlich-inhaltliche wie die organisatorisch-personelle – müssen durch Zusammenwirken das erforderliche Legitimationsniveau für ein staatliches Handeln ergeben[70]. Aus verfassungsrechtlicher Sicht ist nicht die Form, sondern die Effektivität der demokratischen Legitimation entscheidend. Beide Komponenten des Demokratieprinzips sind insoweit aufeinander bezogen, als die Schwäche der einen Komponente durch die besondere Tragfähigkeit der anderen kompensiert werden kann[71]. Eine eingeschränkte normative Bindung bzw. eine schwächere personelle Legitimation kann durch eine intensivere Aufsicht, ein gesetzlicher Verzicht auf Einzelweisungen in abgegrenzten Bereichen der Exekutive kann durch eine höhere Regelungsdichte bei den gesetzlichen Vorgaben kompensiert werden[72]. Die beiden Komponenten demokratischer Legitimation sind aber – vorbehaltlich anderweitiger verfassungsrechtlicher Regelung – nicht gänzlich

---

[69] *K.-P. Sommermann*, in: H. v. Mangoldt/F. Klein/C. Starck, Grundgesetz Bd. 2, Art. 20 Rn. 175.

[70] BVerfGE 83, 60 (72); 93, 37 (67); *M. Jestaedt*, Demokratieprinzip und Kondominialverwaltung, S. 284 ff., 289 ff.; *O. Lepsius*, Steuerungsdiskussion, Systemtheorie und Parlamentarismuskritik, S. 25; *E. Schmidt-Aßmann*, Das allgemeine Verwaltungsrecht als Ordnungsidee und System, S. 86 ff.; *K.-P. Sommermann*, in: H. v. Mangoldt/F. Klein/C. Starck, Grundgesetz Bd. 2, Art. 20 Rn. 163 ff.

[71] BVerfGE 93, 37 (66 f.); *E.-W. Böckenförde*, in: J. Isensee/P. Kirchhof, HdbStR Bd. I, § 22 Rn. 23; *H. Dreier*, in: ders., Grundgesetz Bd. II, Art. 20 Rn. 108 ff.; *E.T. Emde*, Die demokratische Legitimation der funktionalen Selbstverwaltung, S. 327 ff.; *M. Jestaedt*, Demokratieprinzip und Kondominialverwaltung, S. 277 ff.; v.a. 283 ff.

[72] Ausf. *E.T. Emde*, Die demokratische Legitimation der funktionalen Selbstverwaltung, S. 517 ff.; s.a. *A. Hänlein*, Rechtsquellen im Sozialversicherungsrecht, S. 63; *M. Jestaedt*, Demokratieprinzip und Kondominialverwaltung, S. 284; *W. Kluth*, Funktionale Selbstverwaltung, S. 370; *J. Oebbecke*, VerwArch Bd. 81 (1990), S. 349 ff. (357 f.); *K.-P. Sommermann*, in: H. v. Mangoldt/F. Klein/C. Starck, Grundgesetz Bd. 2, Art. 20 Rn. 164.

I. Das Erfordernis demokratischer Legitimation

wechselseitig austauschbar, da effektiver Einfluß des Volkes auf die Ausübung staatlicher Macht dort nicht denkbar ist, wo eine der beiden Legitimationskomponenten völlig ausfällt[73]. Die organisatorisch-personelle Komponente demokratischer Legitimation bewirkt zwar, daß staatliche Entscheidungsträger vom Volk bzw. dessen Vertretern eingesetzt sind. Die Gefahr einer Emanzipation der persönlich legitimierten Entscheidungsträger vom Volkswillen kann aber nur durch eine zusätzliche Anbindung an ein inhaltliches Entscheidungsprogramm gebannt werden[74]. Insbesondere für die Funktion der Normsetzung, die durch die Zubilligung eines Normsetzungsermessens geprägt ist, ist eine Totalsubstitution fehlender personeller Legitimation durch eine entsprechend dichte inhaltliche gesetzgeberische Vorgabe für den Normgeber ohnehin nicht denkbar.

Das hiergegen angeführte Beispiel des Parlaments, das mangels eines imperativen Mandats (Art. 38 Abs. 1 Satz 2 GG) jeglicher sachlichen demokratischen Legitimation entbehrt, andererseits aber über ein Höchstmaß an personeller Legitimation verfügt[75], verfängt nicht. Das Parlament ist ein unmittelbar durch die Verfassung konstituiertes Staatsorgan, dessen Maß und Form an demokratischer Legitimation ihm unmittelbar durch das Grundgesetz mitgegeben wurde. Die insoweit zu beobachtenden Besonderheiten bieten also kein Argumentationspotential für die Beurteilung einfach-gesetzlich errichteter Legitimationsstrukturen.

Das erforderliche Maß an demokratischer Legitimation ergibt sich aus ihrem Zusammenhang mit dem Grundsatz der Volkssouveränität[76]: Dem Erfordernis demokratischer Legitimation ist Genüge getan, wenn dem verfassungsrechtlichen Postulat, daß alle Staatsgewalt vom Volke ausgeht (Art. 20 Abs. 2 Satz 1 GG), entsprochen wird[77]. Je größer die Bedeutung und Reichweite der zu treffenden Entscheidung ist, desto höher hat ihr Legitimationsniveau zu sein[78]. Freilich muß sich auch dieses Erfordernis in das gesamte Verfassungsgefüge einpassen und un-

---

[73] *E.-W. Böckenförde*, in: J. Isensee/P. Kirchhof, HdbStR Bd. I, § 22 Rn. 23; *E.T. Emde*, Die demokratische Legitimation der funktionalen Selbstverwaltung, S. 329, 331 f.; *R. Herzog*, in: T. Maunz/G. Dürig u.a., Grundgesetz, Art. 20 II Rn. 47; *E. Schmidt-Aßmann*, Das allgemeine Verwaltungsrecht als Ordnungsidee, S. 92; *K.-P. Sommermann*, in: H. v. Mangoldt/F. Klein/C. Starck, Grundgesetz Bd. 2, Art. 20 Rn. 163; a.A. *M. Jestaedt*, Demokratieprinzip und Kondominialverwaltung, S. 284.

[74] *E.-W. Böckenförde*, in: J. Isensee/P. Kirchhof, HdbStR Bd. I, § 22 Rn. 23.

[75] *M. Jestaedt*, Demokratieprinzip und Kondominialverwaltung, S. 284. Für die konstruierte Möglichkeit, daß bei einer vollständigen normativen Entscheidungsprogrammierung der Einfluß des Souveräns auf die staatliche Machtausübung auch dann gewahrt bleibt, wenn die ausführende Person überhaupt nicht demokratisch legitimiert ist, ist ein Beispiel nicht vorstellbar. Zudem kann selbst bei einer solchen inhaltlichen Vorgabe das Band personeller Legitimation nicht durchtrennt werden, damit etwaiges Fehlverhalten des Amtswalters bei der Ausführung des Programms innerhalb des demokratischen Legitimations- und Verantwortungszusammenhangs verbleibt und dort geahndet werden kann.

[76] *M. Jestaedt*, Demokratieprinzip und Kondominialverwaltung, S. 285 f.

[77] Einzelheiten hierzu bei *M. Jestaedt*, Demokratieprinzip und Kondominialverwaltung, S. 285 f., 291 ff.

[78] *K.-P. Sommermann*, in: H. v. Mangoldt/F. Klein/C. Starck, Grundgesetz Bd. 2, Art. 20 Rn. 176.

terliegt daher verfassungsrechtlicher Ausgestaltung sowie verfassungsimmanenten Restriktionen[79]. Das bedeutet zum einen, daß verfassungsrechtlich vorgegebenen Institutionen und Funktionen ihr eigenes Maß an demokratischer Legitimation durch die Verfassung mit- und vorgegeben ist. Das konkret erforderliche Legitimationsniveau für eine der Legitimation bedürftige Entscheidung ist damit nur unter Rückgriff auf die vom Grundgesetz errichteten Organisationsstrukturen möglich, die der demokratischen Legitimationsstruktur vorausliegen[80]. Zum anderen wird sich anhand der Problematik einer Legitimation der Normsetzung durch Träger funktionaler Selbstverwaltung auch die Möglichkeit zeigen, verfassungsrechtliche Ausnahmetatbestände von dem Erfordernis demokratischer Legitimation durch das Staatsvolk zugunsten alternativer Legitimationsformen, die dann nicht im Sinne von Art. 20 Abs. 2 Satz 1 GG demokratisch sind, zu entwickeln.

II. Das Parlamentsgesetz als Transmissionsriemen demokratischer Legitimation für nicht-parlamentarische Rechtsetzung

Die Setzung von Rechtsnormen ist grundsätzlich Ausübung verfassungsunmittelbarer, übertragener oder eingeräumter staatlicher Gewalt. Der Dreh- und Angelpunkt der hierfür erforderlichen Legitimation ist das Parlamentsgesetz. Das Grundgesetz stellt Parlament und Parlamentsgesetz in das Zentrum seines Legitimationskonzepts.

Dem durch das Parlament repräsentierten Staatsvolk i.S.v. Art. 20 Abs. 2 Satz 1 GG kommt als Quelle demokratischer Legitimation eine Monopolstellung zu. Die Vermittlung sachlich-inhaltlicher demokratischer Legitimation ist ebenfalls nur vom Parlamentsgesetz ausgehend möglich. In dem durch Art. 20 GG verwirklichten Demokratiemodell ist die Herrschaft des Volkes identisch mit der Herrschaft des Gesetzes[81]. Das Parlamentsgesetz ist das zentrale Bauelement – der »Angelpunkt«[82] – der demokratischen Verfassungsstruktur[83]. All jene

---

[79] Zu dem Verhältnis von Art. 20 GG zu den übrigen Vorschriften der Verfassung siehe nur *R. Herzog*, in: T. Maunz/G. Dürig u.a., Grundgesetz, Art. 20 I Rn. 21 ff.

[80] *E.T. Emde*, Die demokratische Legitimation der funktionalen Selbstverwaltung, S. 42; *M. Jestaedt*, Demokratieprinzip und Kondominialverwaltung, S. 288 f.; *E. Schmidt-Aßmann*, AöR Bd. 116 (1991), S. 329 ff. (366 f.).

[81] *M. Kriele*, VVDStRL Bd. 29 (1971), S. 46 ff. (49); *W. Schmitt Glaeser*, VVDStRL Bd. 31 (1973), S. 179 ff. (219 m.w.N.).

[82] *D. Grimm*, in: ders., Wachsende Staatsaufgaben – sinkende Steuerungsfähigkeit des Rechts, S. 291 ff. (295); *ders.*, in: ders., Staatsaufgaben, S. 613 ff. (620).

[83] *E.-W. Böckenförde*, Gesetz und gesetzgebende Gewalt, S. 381. Zum parlamentarischen Gesetz als *dem* zentralen Steuerungsmedium: *P. Badura*, GS Martens, S. 25 ff. (29 f.); *H.-G. Dederer*, Korporative Staatsgewalt, § 10 V 6; *H. Dreier*, Hierarchische Verwaltung im demokratischen Staat, S. 160 ff.; *K. Eichenberger*, VVDStRL Bd. 40 (1982), S. 7 ff. (10); *H. Meyer*, in: H.-P. Schneider/W. Zeh, Parlamentsrecht und Parlamentspraxis in der Bundesrepublik Deutschland, § 4 Rn. 59 ff.; *F. Ossenbühl*, in: H.-U. Erichsen, Allgemeines Verwaltungsrecht, § 6 Rn. 4 ff.; *H. Schulze-Fielitz*,

II. Das Parlamentsgesetz als Legitimation für nicht-parlamentarische Rechtsetzung

Rechtsnormen, die in der Rechtsnormenhierarchie unterhalb des Parlamentsgesetzes angesiedelt sind, dienen – im Rahmen des parlamentarischen Gesetzes – der Aktivierung parlamentsexterner Problemlösungskapazitäten, nicht aber der Vornahme von für die Gesamtgesellschaft entscheidenden Weichenstellungen. Dies wird durch die vom Bundesverfassungsgericht entwickelte Wesentlichkeitstheorie unterstrichen, die die Grundlegung zentraler Entscheidungen für das Gemeinwesen dem Parlamentsgesetz vorbehält[84].

Das Konzept demokratischer Legitimation errichtet Darlegungslasten für Sondereinflüsse auf die Ausübung staatlicher Macht, soweit diese sich außerhalb von Parlament und Parlamentsgesetz entfalten[85]. Wo Geltungsanspruch oder Reichweite des Gesetzes geschmälert werden, schwindet mit der Herrschaft des Gesetzes auch die des Volkes i.S.v. Art. 20 Abs. 2 Satz 1 GG. Jede Rechtsetzung durch einen anderen Normsetzer als das Parlament mindert dessen Steuerungspotenz und dünnt die Kette demokratischer Legitimation weiter aus. Jeder nichtparlamentarische Normsetzer verfügt – soweit er der unmittelbaren Staatsverwaltung angehört – über eine geringeres Maß an demokratischer Legitimation als das Parlament. Soweit Private für Aufgaben der Normsetzung in Betracht gezogen werden, fehlt diesen jegliche Form demokratischer Legitimation. Die personelle Legitimation fehlt auch den Trägern der funktionalen Selbstverwaltung.

Die Einhaltung des Erfordernisses demokratischer Legitimation durch alle normsetzenden Staatsgewalten wird anhand des Vorbehalts des Gesetzes sichergestellt. Soweit das Parlament einen anderen Normgeber zur Rechtsetzung ermächtigt, kann dies nur im Wege des parlamentarischen Gesetzes geschehen. Das Parlamentsgesetz transportiert die sachlich-inhaltliche demokratische Legitimation vom unmittelbar legitimierten Parlament auf jeden anderen möglichen Normgeber. Dieses Erfordernis unterstreicht Art. 80 Abs. 1 GG, der mit dem abgeleiteten Verordnungsrecht eine konkrete Ausprägung des Demokratieprinzips zutage treten läßt, da sich die exekutive Gesetzgebung nur innerhalb des von der Legislative gesetzten Rahmens bewegen kann[86]. Dies alles bedeutet natürlich nicht, daß das Parlamentsgesetz die einzige verfassungsgemäße Rechtsquelle ist; es muß aber stets *das* Hauptinstrument zur Vermittlung staatlicher Steuerungsimpulse – und deren Ausgangspunkt – bleiben, da es aufgrund der unmittelbaren

---

Theorie und Praxis parlamentarischer Gesetzgebung, S. 152 ff., 156 f.; *ders.*, in: H. Dreier, Grundgesetz Bd. II, Art. 20 (Rechtsstaat) Rn. 50; *K. Sobota*, Das Prinzip Rechtsstaat, S. 77 ff.; *C. Starck*, Der Gesetzesbegriff des Grundgesetzes, S. 157 ff. Anders aber *A. v. Bogdandy*, Gubernative Rechtsetzung, S. 7 f., 44 ff., 55 f., der Rechtsetzung durch die Regierung zum Ausgangspunkt seiner Rechtsetzungslehre wählt.

[84] BVerfGE 40, 237 (249); 49, 89 (127); 76, 1 (75 f.); 77, 170 (230 f.); *H.H. v. Arnim*, DVBl. 1987, S. 1241 ff. (1241 f.); *M. Kloepfer*, JZ 1984, S. 685 ff. (687 ff.); *F. Ossenbühl*, in: J. Isensee/P. Kirchhof, HdbStR Bd. III, § Rn. 22 ff. und 32 ff.; *E. Schmidt-Aßmann*, in: J. Isensee/P. Kirchhof, HdbStR Bd. I, § 24 Rn. 64 f.; *K. Stern*, Staatsrecht Bd. I, § 20 IV 4 b b.

[85] *E. Schmidt-Aßmann*, Das allgemeine Verwaltungsrecht als Ordnungsidee und System, S. 92 f.

[86] *K.-P. Sommermann*, in: H. v. Mangoldt/F. Klein/C. Starck, Grundgesetz Bd. 3, Art. 80 Rn. 11.

personellen demokratischen Legitimation der Abgeordneten mit dem größten Maß an demokratischer Dignität versehen ist.

Angesichts der verfassungsrechtlichen (und auch gemeinschaftsrechtlichen) Bindungen trifft indes der Begriff der Parlamentsouveränität die verfassungsrechtliche Lage nicht[87]. Wenn der parlamentarische Gesetzgeber aber Rechtsetzungsbefugnisse auf einen anderen, nicht-parlamentarischen Normsetzer überträgt, so führt der Vorrang des Gesetzes, dem alle nachgeordneten, von Parlament ermächtigten Normgeber unterworfen sind, dazu, daß der Gesetzgeber diese Übertragungsentscheidung durch einen eigenen Rechtsetzungsakt – einen actus contrarius – auch dann wieder rückgängig machen kann, wenn der nicht-parlamentarische Normsetzer die ihm übertragene Kompetenz bereits ausgeübt hat[88]. Dies ergibt sich aus dem Umstand, daß nach Art. 20 Abs. 3 GG nur die Gesetzgebung allein an die Verfassung gebunden ist, während die übrigen Staatsfunktionen Gesetz und Recht unterworfen sind. Mit dem Begriff der Gesetzgebung ist hier allein die parlamentarische Gesetzgebung angesprochen[89]. Während diese daher nur der Verfassung unterworfen ist, untersteht die Rechtsetzung nicht-parlamentarischer Normsetzer dem Vorrang des Gesetzes und damit – vorbehaltlich entgegenstehender verfassungsrechtlicher Positionen (z.B. aus Art. 28 Abs. 2 Satz 1 GG) – dem Zugriff des parlamentarischen Gesetzgebers.

Mit einer Rückbesinnung auf die so umschrieben Aufgabe des Parlamentsgesetzes als dem legitimatorischem Transmissionsriemen zwischen Volkssouveränität und staatlicher Machtausübung wird nicht einem parlamentarischen Gesetzgebungsmonopol das Wort geredet. Aus dem Demokratieprinzip kann wegen der institutionellen und funktionalen demokratischen Legitimation der übrigen Staatsfunktionen kein Gewaltenmonismus in Form eines allumfassenden Parla-

---

[87] *K. Meßerschmidt*, Gesetzgebungsermessen, S. 447 ff.
[88] *H. Bauer*, in: H. Dreier, Grundgesetz Bd. II, Art. 80 Rn. 39; *E. Gurlit*, Verwaltungsvertrag und Gesetzgebung, S. 172 f.; *D. Heckmann*, Geltungskraft und Geltungsverlust von Rechtsnormen, S. 370 ff. (hinsichtlich der autonomen Satzung allerdings relativierend); *K.-P. Sommermann*, in: H. v. Mangoldt/F. Klein/C. Starck, Grundgesetz Bd. 3, Art. 80 Rn. 25, 69. Die Frage der parlamentarischen Zugriffsmöglichkeit auf die bereits in Anspruch genommene Rechtsgrundlage für untergesetzliche Normsetzung ist von der Frage zu unterscheiden, welche Auswirkung der Wegfall dieser gesetzlichen Grundlage auf die untergesetzliche Norm hat. Während das Bundesverfassungsgericht (BVerfGE 9, 3 (12); 12, 341 (346 f.); 14, 245 (249); 44, 216 (226); 48, 179 (198)) davon ausgeht, daß es keine Bedeutung für die Gültigkeit einer Rechtsverordnung ist, wenn deren Ermächtigungsgrundlage später fortfällt, wird diese Folgerung in der Literatur nicht geteilt; vgl. *M. Lepa*, AöR Bd. 105 (1980), S. 337 ff. (368); *F. Ossenbühl*, in: J. Isensee/P. Kirchhof, HdbStR Bd. III, § 64 Rn. 71; *K.-P. Sommermann*, a.a.O., Rn. 70; *D. Wilke*, AöR Bd. 98 (1973), S. 196 ff. (235). Allerdings impliziert schon die Sichtweise des Bundesverfassungsgerichts, daß ein Zugriff des Gesetzgebers auf die Ermächtigungsgrundlage in jedem Fall zulässig ist.
[89] *E.-W. Böckenförde*, Die Organisationsgewalt im Bereich der Regierung, S. 104; *R. Herzog*, in: T. Maunz/G. Dürig u.a., Grundgesetz, Art. 20 VI Rn. 15 f.; *H. Schulze-Fielitz*, in: H. Dreier, Grundgesetz Bd. II, Art. 20 (Rechtsstaat) Rn. 75; *D. Jesch*, Gesetz und Verwaltung, S. 93. A.A. z.B. *M. Sachs*, in: ders., Grundgesetz, Art. 20 Rn. 100, 109, der i.R.v. Art. 20 Abs. 3 GG einen funktionellen Begriff der Gesetzgebung annimmt.

mentsvorbehalts abgeleitet werden⁹⁰. Insoweit macht Art. 80 Abs. 1 GG deutlich, daß das Grundgesetz auch andere Normsetzer in sein Kalkül mit einbezieht. Allerdings ist davon auszugehen, daß dem Parlament ein prinzipielles, nur durch die institutionelle verfassungsrechtliche Legitimation anderer staatlicher Funktionsbereiche begrenztes Legitimationsvermittlungsmonopol zukommt⁹¹. Demokratische Legitimation kann jedenfalls unter Berücksichtigung des genannten Vorbehalts nur im Parlament ihren Ausgang finden – sei es in sachlich-inhaltlicher Hinsicht in einem Parlamentsgesetz oder in personeller durch einen auf das Parlament zurückzuführenden Ernennungsakt. Das hierin zum Ausdruck kommende und dem modernen Staat zugrundeliegende Prinzip der Entscheidungs- und Handlungseinheit gewährleistet somit, daß alle Akte der Staatsorganisation von einem einzigen Willenszentrum ausgehen⁹². Nur dadurch, daß alle Äußerungen der Staatsgewalt Emanationen des einen, wenn auch mannigfach durch Gesetz, Ernennung und Weisung vermittelten Volkswillens sind, wird demokratisch legitimierte Herrschaft in hochkomplexen und gegliederten Organisationen möglich⁹³.

An diesem Punkt der Überlegungen werden die Bedenken relevant, die in den Sozialwissenschaften gegen die Idee der Einheitlichkeit von Staat und Verwaltung vorgebracht wurden⁹⁴. Sie setzen der zentralistischen und auf Parlament wie Parlamentsgesetz fixierten verfassungsrechtlichen Dogmatik eine pluralistische Staatstheorie entgegen, die nicht nur einheitliche Legitimationsquellen, einheitsstaatliche Demokratie und einheitliche Rechtserzeugungsformen kennt⁹⁵. Zwar legen die in der Verfassung vorgesehenen oder ermöglichten dezentralisierenden Elemente des Staatsgefüges (z.B. Gewaltenteilung, Bundesstaatlichkeit, kommunale Selbstverwaltungsgarantie, grundrechtliche Freiheiten zur Selbstregulierung) auch in der staatsrechtlichen Dogmatik bereits dezentralisierende Elemente durch die Schaffung von Reservaten eigenständiger, dezentralisierter Willensbildung an. Doch greift das Gesetz in vielfacher Weise in die »Selbständigkeit« dieser pluralen Willensbildung ein. Der Vorbehalt des Gesetzes in seiner grundrechtlichen wie in seiner organisationsrechtlichen Variante, die verschiedenen verfassungsrechtlichen Beschränkungs- und Ausgestaltungsvorbehalte (z.B. der Gesetzesvorbehalt zur Einschränkung der kommunalen Selbstverwaltungsgarantie) sowie verfassungsrechtliche Vorschriften zur Auflösung von Kollisionen der Normen verschiedener Normgeber bringen eine vereinheitlichende Tendenz des Parlamentsgesetzes zur Geltung und weisen auf dessen Funk-

---

⁹⁰ BVerfGE 49, 89 (124 f.); 68, 1 (87); 98, 218 (252); s.a. *H. Dreier*, in: ders., Grundgesetz Bd. II, Art. 20 (Demokratie) Rn. 110; *R. Herzog*, in: T. Maunz/G. Dürig u.a., Grundgesetz, Art. 20 II Rn. 83 ff.; *F. Ossenbühl*, in: J. Isensee/P. Kirchhof, HdbStR Bd. III, § 62 Rn. 49; *K.-P. Sommermann*, in: H. v. Mangoldt/F. Klein/C. Starck, Grundgesetz Bd. 2, Art. 20 Rn. 177.

⁹¹ Von einem »Legitimationsvorsprung« sprechen *H. Dreier*, in: ders., Grundgesetz Bd. II, Art. 20 (Demokratie) Rn. 109; *R. Herzog*, in: T. Maunz/G. Dürig u.a., Grundgesetz, Art. 20 II Rn. 76; *E. Schmidt-Aßmann*, AöR Bd. 116 (1991), S. 329 ff. (364). *M. Morlok*, in: H. Dreier, Grundgesetz Bd. II, Art. 38 Rn. 33, erkennt ein Legitimationsmonopol des Bundestags, da die Legitimation der von anderen staatlichen Stellen ausgeübten Staatsgewalt vom Parlament abgeleitet ist; s.a. *P. Marburger*, Die Regeln der Technik im Recht, S. 350 f.

⁹² *J. Isensee*, in: ders./P. Kirchhof, HdbStR Bd. I, § 13 Rn. 68.

⁹³ *H. Dreier*, Hierarchische Verwaltung im demokratischen Staat, S. 127 m.w.N.

⁹⁴ Beispielhaft und zusammenfassend: *C. Offe*, in: T. Ellwein/J.J. Hesse, Staatswissenschaften, S. 99 ff. (103 ff.).

⁹⁵ So auch *W. Brohm*, NJW 1984, S. 8 ff. (12).

tion als legitimatorischer Transmissionsriemen hin. Die auf das Parlamentsgesetz ausgerichtete Dogmatik demokratischer Legitimation hat sich gegenüber der von den Sozialwissenschaften beobachteten Polyzentrik staatlicher Willensbildung durchzusetzen. Hemmnissen bei dieser Durchsetzung kann nur im Rahmen der hier entfalteten verfassungsrechtlichen Ordnung begegnet werden, deren Demokratiebegriff für die Theorie nicht disponibel ist.

Besonderes Augenmerk ist auf den Aspekt zu legen, daß sich einerseits auch die Ausübung übertragener Normsetzungsbefugnisse vor dem Erfordernis demokratischer Legitimation aller staatlichen Machtausübung rechtfertigen lassen muß, dieses andererseits aber unter den Bedingungen der übrigen verfassungsrechtlichen Ordnung zu entfalten ist. Soweit die Übertragung von Normsetzungskompetenzen auf nicht-parlamentarische Normsetzer ausdrücklich oder implizit zugelassen ist, kann einer solchen Übertragung nicht mangelnde Übereinstimmung mit dem Demokratieprinzip entgegengehalten werden. Dementsprechend ist dessen Verwirklichung im Rahmen der Rechtsnormsetzung bedingt durch die verfassungsrechtliche Rechtfertigung der Übertragung entsprechender Normsetzungsbefugnisse durch das Parlament auf andere, nicht-parlamentarische Normsetzer. Es stellt sich somit die Frage, in welcher Form und unter welchen Bedingungen der parlamentarische Gesetzgeber sich der eigenen Regelung zugunsten der Rechtsetzung durch andere Normgeber enthalten und unter welchen Bedingungen er Rechtsetzungskompetenzen auf diese übertragen kann. Erst von dieser Grundlage ausgehend können die verfassungsrechtlichen Aussagen über Grund und Grenzen dieser Formen untergesetzlicher Rechtsetzung daraufhin befragt werden, ob sie Aussagen über die Zulässigkeit einer Beteiligung Privater an der Rechtsnormsetzung bieten. Während dem Grundgesetz insbesondere in Art. 80 Abs. 1 GG zumindest hinsichtlich des ersten Aspekts einige Aussagen zu entnehmen sind, schweigt der Wortlaut der Verfassung zu der zweiten Frage.

III. Verfassungsrechtliche Vorgaben für die Form der Rechtsnormsetzung als Grenze für die Übertragung von Normsetzungskompetenzen

Die Lehre von den Rechtsquellen (im juristischen Sinne[96]) ist der dogmatische Rahmen wissenschaftlicher Systembildung für die Rechtsnormsetzung. Diesem Rahmen werden für die bekannten Rechtsquellen – insbesondere Parlamentsgesetz, Satzung, Rechtsverordnung – Vorgaben für deren Entstehung und Verbindlichkeit entnommen[97]. Unsicherheiten über die Zuordnung eines Normtypus zu

---

[96] Zu den anderen Möglichkeiten der Verwendung dieser Begrifflichkeit siehe nur: *K.F. Röhl*, Allgemeine Rechtslehre, S. 515 f.
[97] So verknüpft z.B. *I. Ebsen*, in: F.E. Schnapp, Probleme der Rechtsquellen im Sozialversicherungsrecht, Teil I, S. 13 ff. (19), die Fragen von Qualifikation und verfassungsrechtlicher Zulässigkeit.

III. Verfassungsrechtliche Vorgaben für die Form der Rechtsnormsetzung

einer der anerkannten Rechtssatzformen führen zu Zweifeln an seiner verfassungsrechtlichen Zulässigkeit[98]. Aus verfassungsrechtlichem Blickwinkel ist der Betrachter geneigt, für die Analyse kooperativer und konsensualer Strukturen in der Normsetzung den Kanon der bekannten Rechtsquellen zum Ausgangspunkt seiner Überlegungen zu wählen und die Frage zu stellen, ob und inwieweit eine verfassungsrechtliche Vorprägung eine private Beteiligung an ihrem Erlaß gestattet. Wo Mischformen traditioneller Rechtsnormen entwickelt werden oder deren Gestalt durch vertragliche Mitwirkung weiterer Akteure an dem Akt der Rechtsetzung verändert wird, stellt sich die Frage nach der Abgeschlossenheit des verfassungsrechtlichen Rechtsetzungskanons. Können Satzung, Rechtsverordnung oder gar das Parlamentsgesetz durch einen Vertrag vorbereitet bzw. substituiert werden? Oder geraten solche Mutationen in Konflikt mit einem abgeschlossenen, verfassungsrechtlichen Kanon der Rechtsetzung[99]?

Es verwundert angesichts der in dem Bereich des Sozialversicherungsrechts zu beobachtenden Vielfalt und Disparität bislang nicht bekannter, untergesetzlicher Rechtsquellen nicht, daß die Diskussion über einen numerus clausus der Rechtsetzungsformen bzw. über einen Verfassungsvorbehalt für Normsetzungsformen insbesondere dort entfaltet wurde und große Aufmerksamkeit gefunden hat[100]. Eine Eingrenzung der Problematik auf das Sozialversicherungsrecht ist indessen kaum möglich, da sich die Durchdringung des öffentlichen Rechts mit dem Vertragsgedanken und die dementsprechende Einwirkung vertraglicher Elemente in den Vorgang der Rechtsnormsetzung in weiteren Bereichen der Rechtsordnung nachweisen läßt.

Die Zahl der von der Verfassung vorgesehenen Rechtsakte scheint begrenzt zu sein[101]: Verfassung, Parlamentsgesetz, Satzung, Rechtsverordnung sind die regelmäßig benannten Kategorien[102], obwohl das Grundgesetz *ausdrücklich* als Quellen innerstaatlichen Rechts nur das Parlamentsgesetz, die Rechtsverordnung und die Verwaltungsvorschrift[103] erwähnt. Eine andere traditionelle Rechtsquelle –

---

[98] So etwa *R. Wimmer*, MedR 1997, S. 225 ff. (226) mit Blick auf die sozialversicherungsrechtliche Rechtsquelle der »Richtlinien«; hierzu ausf. *P. Axer*, Normsetzung in der Sozialversicherung, S. 115 ff.; *A. Hänlein*, Rechtsquellen im Sozialversicherungsrecht, S. 115 ff.

[99] Für einen numerus clausus der Rechtssatzformen treten z.B. ein: *F. Ossenbühl*, NZS 1997, S. 497 ff.; *H.-J. Papier*, VSSR 1990, S. 123 ff. (130 ff.); *R. Wimmer*, NJW 1995, S. 1577 ff.

[100] *P. Axer*, Normsetzung in der Sozialversicherung, S. 153 ff.; *T. Clemens*, NZS 1994, S. 337 ff. (337); *U. Di Fabio*, NZS 1998, S. 449 ff. (452); *A. Hänlein*, Rechtsquellen im Sozialversicherungsrecht, S. 57 ff.; *F. Ossenbühl*, NZS 1997, S. 497 ff. (499); *R. Wimmer*, MedR 1997, S. 225 ff. (226).

[101] So aber BVerfGE 8, 274 (322 f.); 24, 184 (199); s.a. jetzt BVerfGE 44, 322 (346 f.). In der Literatur wird die numerus clausus-These aber auch abgelehnt: *H. Krüger*, NJW 1966, S. 617 ff. (623); *M. Sachs*, VerwArch. Bd. 74 (1983), S. 25 ff. (32 f.); *K. Stern*, Staatsrecht Bd. I, § 20 IV 4 c e. Siehe hierzu insges. *P. Axer*, Normsetzung in der Sozialversicherung, S. 224 ff.; *U. Di Fabio*, Risikoentscheidungen im Rechtsstaat, S. 367 ff.; *A. Hänlein*, Rechtsquellen im Sozialversicherungsrecht, S. 57; *V. Neumann*, Normenvertrag, Rechtsverordnung oder Allgemeinverbindlichkeitserklärung?, S. 24; *M. Plantholz*, Funktionelle Selbstverwaltung des Gesundheitswesens im Spiegel der Verfassung, S. 228.

[102] Siehe z.B. *T. Clemens*, NZS 1994, S. 337 ff. (337).

[103] Der Rechtsquellencharakter der Verwaltungsvorschrift ist zudem bekanntlich umstritten; hierzu nur *F. Ossenbühl*, in: J. Isensee/P. Kirchhof, HdbStR Bd. III, § 65 Rn. 30 ff.

die Satzung – findet im Grundgesetz anders als in einigen Landesverfassungen[104] keine ausdrückliche Erwähnung. Verbindet das Grundgesetz mit den genannten Rechtsquellen festgefügte Vorstellungen hinsichtlich deren Erlaß und Gestalt? Lassen sich vertragliche Regelungen unmittelbar normativer Wirkung (Normenverträge) in diesen Kanon einordnen? Diese Fragen werden dort nicht virulent, wo einer dieser Rechtsetzungsakte nur durch eine vertragliche Regelung vorbereitet wird. Soll aber der Vertrag die Norm ersetzen, stellt sich in der Tat die Frage, ob ein Normenvertrag noch dem von der Verfassung vorausgesetzten Bild der Satzung bzw. der Rechtsverordnung entspricht. Geht man nämlich von deren verbreiteter Definition aus – materieller Rechtssatz, der im Regelfall aufgrund einer gesetzlichen Grundlage von Stellen der Exekutive erlassen wird und allgemeinverbindliche Wirkung erzeugt[105]–, würde allein schon durch die in der Definition enthaltene Benennung des Normsetzers – »Stellen der Exekutive« – jede (zumindest jede bindende) Beteiligung Privater an der Normsetzung erschwert, wenn nicht gar verhindert.

Während die Verfassung den Vorschriften über das Parlamentsgesetz, über seine Entstehung und Geltung naturgemäß besonders breiten Raum zubilligt, finden sich Regelungen, die Rechtsverordnungen und Verwaltungsvorschriften zum Gegenstand haben, nicht in einem konsistenten Zusammenhang – erst recht werden sie in keinem einheitlichen Abschnitt über die untergesetzliche Rechtsnormsetzung behandelt[106]. Die entsprechenden Vorschriften sind vielmehr über den Verfassungstext verstreut und in den unterschiedlichsten Regelungskontexten zu entdecken (z.B. hinsichtlich der Rechtsverordnung: Art. 80 GG (Rechtsgrundlage); Art. 82 GG (Publikation). Insbesondere die zentrale Regelung der Rechtsverordnung in Art. 80 Abs. 1 GG befaßt sich nicht unmittelbar mit deren Erlaß. Vielmehr ermächtigt diese Vorschrift zu einer Übertragung von Normsetzungsbefugnissen durch das Parlament auf andere Rechtssubjekte, regelt die Modalitäten dieser Übertragung und bestimmt zugleich deren Grenzen. Die Regelung der Rechtsverordnung erfolgt durch eine Definition oder konsistente Vorgaben für deren Inhalt, sondern im Zusammenhang mit anderen Themen[107]: dem Parlamentsgesetz (Art. 80 Abs. 1 GG), bundesstaatlichen Gesichtspunkten (Art. 80 Abs. 2 GG), der Abwehr gesamtwirtschaftlicher Störungen (Art. 109 Abs. 2 Satz 2, 3, 4 GG) oder der Fortgeltung vorkonstitutionellen Rechts (Art. 129 GG). Noch geringere verfassungsrechtliche Prägung erfährt die Verwaltungsvorschrift. Sie findet – allerdings nur beiläufige – im Zusammenhang mit der Ausführung von Bundesgesetzen[108]. Vollends schweigt die Verfassung hin-

---

[104] Siehe z.B. Art. 72 Abs. 1 Satz 2 Verf. Bad.-Württ., Art. 16 Abs. 1 Verf. Nordrh.-Westf.
[105] *F. Ossenbühl*, in: J. Isensee/P. Kirchhof, HdbStR Bd. III, § 64 Rn. 1; s.a. ausf. *M. Nierhaus*, in: Bonner Kommentar zum Grundgesetz (1998), Art. 80 Rn. 137 ff. m.w.N.
[106] Die Ausführungen zur Verordnung finden sich im VII. Abschnitt über die Gesetzgebung des Bundes. Die Verwaltungsvorschrift wird im VIII. Abschnitt über die Ausführung der Bundesgesetze und die Bundesverwaltung erwähnt.
[107] *P. Axer*, Normsetzung in der Sozialversicherung, S. 215.
[108] Art. 84 Abs. 2, 85 Abs. 2 Satz 1, 86 Satz 1, 87b Abs. 2 Satz 2 Hs. 2, 108 Abs. 7 GG.

sichtlich der Satzung als Rechtsquelle. Weder für die Gemeinden, deren Befugnis zur Selbstverwaltung mittels Satzung verfassungsrechtlich außer Frage steht[109], noch für andere Rechtssubjekte, denen ein Selbstverwaltungsrecht zusteht (Universitäten, öffentlich-rechtliche Rundfunkanstalten), existieren ausdrückliche verfassungsrechtliche Regelungen darüber, ob und in welchem Ausmaß diesen Rechtssubjekten die Kompetenz zur autonomen Rechtsetzung zukommt und in welchem Verfahren diese Kompetenz ggfs. wahrzunehmen ist[110]. Ungeachtet dessen wird die verfassungsrechtliche Existenzberechtigung der Satzung auch von denjenigen, die der Annahme eines numerus clausus der Rechsetzungsformen bzw. der Annahme eines Verfassungsvorbehalts für die »Erfindung« neuer Formen der Rechtsetzung zuneigen, unter Hinweis auf die kommunale Selbstverwaltungsgarantie (Art. 28 Abs. 2 GG) nicht in Frage gestellt[111].

Neben die genannten Rechtsquellen, die das Grundgesetz – wenn überhaupt – nur als Annex zu anderen Themen regelt, treten noch weitere von der Verfassung erwähnte Normen-Phänomene, wie die Geschäftsordnung (z.B. Art. 40 Abs. 1, 52 Abs. 3 Satz 2 GG), die Richtlinien der Politik (Art. 65 Satz 1 GG) und Verträge, Vereinbarungen, Verwaltungsabkommen[112], ohne daß diesen ein Platz in dem Spektrum grundgesetzlicher Rechtsquellen zugewiesen würde. Die Disparität dieser verfassungsrechtlichen Regelungen streitet gegen die Annahme eines formstrengen Katalogs der verfassungsrechtlich akzeptierten Rechtsquellen. Dem entspricht, daß das entscheidende Merkmal für die Qualifizierung einer Rechtsnorm als Rechtsverordnung – gleichgültig, ob im formellen oder im materiellen Sinne – sein soll, daß der Normgeber übertragene Rechtsetzungsmacht in Anspruch nimmt und daß sich die Exekutive erkennbar inhaltlich begrenzt und geleitet auf eine gesetzliche Verordnungsermächtigung stützt[113].

Art. 80 Abs. 1 GG als *die* zentrale Vorschrift für die Entäußerung von Rechtsetzungskompetenzen durch das Parlament macht deutlich, daß das Anliegen des Grundgesetzes bei der Regulierung untergesetzlicher Rechtsquellen nicht die Begründung eines geschlossenen Rechtsquellenkanons ist. Ziel ist vielmehr die Steuerung und inhaltliche wie formale Begrenzung der Übertragung von Rechtsetzungskompetenz durch das Parlament auf nicht-parlamentarische Normsetzer. Die Verfassung legt vor dem Hintergrund ihres parlaments- und parlamentsgesetzzentrierten Legitimationskonzepts die Voraussetzung für die Übertragung von Rechtsetzungskompetenzen auf nicht-parlamentarische Normsetzer fest.

---

[109] Siehe nur *H. Dreier*, in: ders., Grundgesetz Bd. II, Art. 28 Rn. 133 ff.; *F. Ossenbühl*, in: J. Isensee/P. Kirchhof, HdbStR Bd. III, § 66 Rn. 17 m.w.N. bei Rn. 54 (Fn. 8); *E. Schmidt-Aßmann*, in: ders., Besonderes Verwaltungsrecht, Rn. 92 ff.; *K. Stern*, in: Bonner Kommentar zum Grundgesetz (1964), Art. 28 Rn. 105 ff.

[110] Siehe allerdings insoweit die Regelungen der Landesverfassungen. Einzelheiten bei *T. Groß*, DVBl. 2002, S. 1182 ff. (1182); *J. Oebbecke* VVDStRL Bd. 62 (2003), S. 366 ff. (390 f.).

[111] So hat etwa *F. Ossenbühl*, in: J. Isensee/P. Kirchhof, HdbStR Bd. III, § 66, einen ganzen Handbuchabschnitt über die »Satzung« verfaßt.

[112] Nachweise bei *P. Axer*, Normsetzung in der Sozialversicherung, S. 223.

[113] *M. Nierhaus*, in: Bonner Kommentar zum Grundgesetz (1998), Art. 80 Rn. 147 unter Berufung auf *U. Ramsauer*, in: Alternativ-Kommentar zum Grundgesetz Bd. II, Art. 80 Rn. 32.

Die verfassungsrechtlich nicht weiter begründungsbedürftige Regel ist die Rechtsetzung durch Parlamentsgesetz. Die verfassungsrechtlich begründungsbedürftige Ausnahme hingegen ist die Übertragung von Normsetzungsbefugnissen auf ein anderes Rechtssubjekt. Indem Art. 80 Abs. 1 GG Vorgaben für eine solche Übertragung erteilt und den Kreis der Erstdelegatare eingrenzt, verhindert die Vorschrift eine ungehemmte Selbstentäußerung des Parlaments und sichert zugleich die demokratische Legitimation der erlassenen Normen[114].

Zusammenfassend ist daher festzuhalten, daß die Verfassung kein in sich geschlossenes System der untergesetzlichen Rechtsetzung errichtet oder einen abgeschlossenen Kanon untergesetzlicher Rechtsquellen aufstellt. Diese Zurückhaltung bei der Prägung traditioneller Rechtsquellen spricht dafür, daß Form und Benennung eines Rechtssatzes keine bestimmende Rolle bei seiner verfassungsrechtlichen Beurteilung spielen[115]. Das Grundgesetz mißt der Form eines Rechtssatzes nur nachrangige Bedeutung zu. Mangels eines vom Grundgesetz vorausgesetzten, abgeschlossenen Katalogs von Rechtsquellen kann von einem numerus clausus der Rechtsetzungsformen nicht ausgegangen werden. Das Grundgesetz ist insoweit »formoffen«[116]. Nicht jede Rechtsnorm muß hinsichtlich ihres äußeren Entstehungsverfahrens dem typischen Bild des Gesetzes, der Rechtsverordnung oder der Satzung entsprechen. Ihre jeweilige Substitution durch einen Normenvertrag scheitert nicht bereits daran, daß das Grundgesetz einen solchen Vertrag nicht explizit regelt. Aus verfassungsrechtlicher Sicht ist vielmehr entscheidend, welche Voraussetzungen der parlamentarische Gesetzgeber bei der Zulassung eines solchen Normenvertrags beachten muß; ob die an dem Normenvertrag beteiligten Parteien geeignete Destinatare für die Übertragung der entsprechenden Befugnisse sind. Die Verfassung, die auf der Grundlage eines parlamentszentrierten Legitimationskonzepts Parlament und Parlamentsgesetz als prinzipiellen legitimatorischen Ausgangspunkt der Rechtsetzung wählt, fragt nicht nach dem Namen oder der Form, sondern nach der Legitimation des Rechtsetzungsakts. Die verfassungsrechtlichen Überlegungen müssen sich – wie Art. 80 Abs. 1 GG erkennen läßt – daher an der Frage nach Grund und Grenzen der Übertragung von Normsetzungsbefugnissen durch das Parlament auf andere, nicht-parlamentarische Normsetzer ausrichten. Welchen verfassungsrechtlichen Bedingungen unterliegt der einfache Gesetzgeber, wenn er sich der ihm zu Gebote stehenden Rechtsetzungsbefugnisse zugunsten anderer Normsetzer entäußert? Welche Rechtssubjekte kommen als solche Destinatare überhaupt in Betracht?

---

[114] Siehe nur *H. Bauer*, in: H. Dreier, Grundgesetz Bd. II, Art. 80 Rn. 11 f. m.w.N in Fn. 49 f.; *M. Brenner*, in: H. v. Mangoldt/F. Klein/C. Starck, Grundgesetz Bd. 3, Art. 80 Rn. 9 ff.; *J. Lücke*, in: M. Sachs, Grundgesetz, Art. 80 Rn. 3; *U. Ramsauer*, in: Alternativ-Kommentar zum Grundgesetz Bd., Art. 80 Rn. 24 ff.

[115] *P. Axer*, Normsetzung in der Sozialversicherung, S. 212; *U. Di Fabio*, Risikoentscheidungen im Rechtsstaat, S. 367 ff.

[116] *P. Axer*, Normsetzung in der Sozialversicherung, S. 224 f.

IV. Grund und Grenzen der Übertragung von Normsetzungsbefugnissen auf nicht-parlamentarische Normsetzer

Die Verfassung begrenzt und steuert die Rechtsnormsetzung prinzipiell nicht durch die Benennung von Rechtssatzformen, sondern durch Benennung und Begrenzung von normativen Geltungsgründen[117]. Maß und Reichweite der Verbindlichkeit einer Norm beruhen auf ihrem Geltungsgrund, der – zumindest für alle Normen, die nicht über verfassungsrechtliche Qualität verfügen – in der Verfassung selbst zu finden ist.

Eindeutig ist der Geltungsgrund des Parlamentsgesetzes. Er läßt sich unmittelbar aus der Verfassung, dem Gesamtzusammenhang der in ihr enthaltenen Vorschriften über den Erlaß und die Wirksamkeit von Gesetzen entnehmen, die allesamt die umfassende Bindung aller Rechtssubjekte an die erlassenen Gesetze voraussetzen, auch wenn dies in Art. 20 Abs. 3 GG nur für die vollziehende Gewalt und die Rechtsprechung ausdrücklich gesagt wird. Das Parlament ist grundsätzlich von den Willensentschließungen anderer Staatsorgane unabhängig. Der Status seiner Mitglieder gründet auf der unmittelbaren Bestellung durch das Volk (Art. 38 Abs. 1 Satz 1 GG). Sie sind in ihrer Mandatsausübung frei (Art. 38 Abs. 1 Satz 2 GG) und unterliegen nur insoweit politischer Kontrolle seitens des Wählers, als dieser in der Lage ist, ein neuerliches Mandat nicht zu erteilen. Im übrigen besteht keine rechtliche Bindung des Abgeordneten an den Wählerwillen.

Der in Art. 38 Abs. 1 Satz 1 GG verwendete Begriff der Vertretung nimmt auf eine originär zivilrechtliche Kategorie Bezug, deren Begründung auf Rechtsgeschäft oder Rechtsnorm beruht und ein Weisungsrecht des Vertretenen gegenüber dem Vertreter sowie eine Zurechnung der Vertreterhandlungen an zu der Person des Vertretenen impliziert. Die Begriffsverwendung des positiven Verfassungsrechts (Art. 38 Abs. 1 Satz 1 GG) hat sich von ihrer zivilrechtlichen Herkunft inhaltlich gelöst und kann schon aufgrund des Satzzusammenhanges mit der zweiten Hälfte von Satz 2 der Vorschrift, nach der die Abgeordneten an nicht Aufträge und Weisungen gebunden sind, nicht in dem Sinne eines weisungsabhängigen Rechtsverhältnisses verstanden werden[118]. Damit nähert sich die Vertretung in diesem Sinne dem an, was staatstheoretisch als Repräsentation beschrieben wird[119]. Der Begriff der Repräsentation stellt als Gegensatz zu dem der Identität das theoretische Konzept für die Erzeugung von Verbindlichkeiten für alle (auch die künftigen) Angehörigen eines Staates durch einige wenige bereit und umschreibt damit die Essentiale des parla-

---

[117] So *U. Di Fabio*, Risikoentscheidungen im Rechtsstaat, S. 367 ff.
[118] Siehe nur *N. Achterberg/M. Schulte*, in: H. v. Mangoldt/F. Klein/C. Starck, Grundgesetz Bd. 2, Art. 38 Rn. 34.
[119] *T. Maunz*, in: ders./G. Dürig u.a., Grundgesetz, Art. 38 Rn. 1; *K. Stern*, Staatsrecht Bd. II, § 26 I 1; a.A. aber *H. Meyer*, in: H.-P. Schneider/W. Zeh, Parlamentsrecht und Parlamentspraxis in der Bundesrepublik Deutschland, § 4 Rn. 9 ff. *Verfassungsrechtlich* ist diese Kontroverse aber ohne Belang, da konkrete Antworten auf eine Rechtsfrage aus der konkreten Gestalt der Verfassung, nicht aber aus einem staatstheoretischen Begriff gewonnen werden müssen. Volksrepräsentation ist kein Rechtsordnungs- sondern ein idealtypischer Erkenntnisbegriff: *N. Achterberg/M. Schulte*, in: H. v. Mangoldt/F. Klein/C. Starck, Grundgesetz Bd. 2, Art. 38 Rn. 28.

mentarischen Systems[120]. In der Repräsentation wird das Volk zu einer Handlungseinheit zusammengefaßt[121]. Erst das Konzept der Repräsentation ermöglicht in einem ausgedehnten Territorium demokratisch legitimierte Herrschaft[122]. Im Parlament *repräsentiert* wird aber nur das Staatsvolk. Ursprung und Legitimation staatlicher Willensbildung ist der genossenschaftliche Verband der Staatsbürger, dessen Willensbildung allerdings noch diffus ist und daher der Kanalisierung durch Wahlen und Abstimmungen bedarf. Auf dem genossenschaftlichen Verband setzt eine parallele Vielzahl von Verbindungen zwischen den je einzelnen Bürger und der Staatsgewalt auf, die in ihrer Gesamtheit die staatliche Entscheidungseinheit bilden, die den im Ursprungsbereich noch diffusen Willen des Volkes artikuliert und realisiert. Der demokratische Verfassungsstaat ist auf dieses Miteinander des genossenschaftlichen und des herrschaftlichen Verbandes angewiesen[123]. Die Idee der Repräsentation vermittelt zwischen den beiden Richtungen staatlicher Verbandsbildung, indem sie die Prinzipien der genossenschaftlichen Freiheit und der staatlichen Herrschaft miteinander verbindet[124].

Da der Abgeordnete inhaltliche Vorgaben des Staatsvolks nicht zu beachten verpflichtet ist, mangelt es ihm gänzlich an materiell-demokratischer Legitimation. Demgegenüber ist der parlamentarische Gesetzgeber aufgrund des Wahlakts im Höchstmaß personell-demokratisch auf Zeit legitimiert[125]. Alle anderen Staatsorgane leiten ihre demokratische Legitimation mittelbar oder unmittelbar von der Volksvertretung ab[126]. Demokratische Legitimation wird in der grundgesetzlichen Ordnung nur durch die Vermittlung des Parlament als »Legitimationsspitze« wirksam.

Das zentrale Instrument zur Vermittlung sachlich-inhaltlicher demokratischer Legitimation ist das Parlamentsgesetz, da in ihm der Wille des Parlaments unmittelbar zum Ausdruck gelangt[127]. Nicht geboten – und auch verfassungsrechtlich weder vorgezeichnet noch überhaupt erwünscht – ist indes ein Parlaments- oder Gesetzesmonismus in dem Sinne, daß jede Ausübung staatlicher Gewalt unmittelbar durch das Parlament oder unmittelbar durch Gesetz zu erfolgen hat. Das Grundgesetz hat die Gewaltengliederung und das Demokratieprinzip in einer Wechselbezüglichkeit konstruiert, in der jedes dieser Prinzipien eigenständige Kraft entfaltet. Die Verfassung selbst eröffnet den Raum für weitere Rechtsquellen neben dem Parlamentsgesetz (siehe nur Art. 80 Abs. 1 GG). Von dieser Er-

---

[120] C. Schmitt, Verfassungslehre, S. 214 ff. Zu einer Geschichte von Begriff und Idee der Repräsentation: F. Ermacora, Allgemeine Staatslehre, S. 517 ff.
[121] E.-W. Böckenförde, in: J. Isensee/P. Kirchhof, HdbStR Bd. II, § 30 Rn. 17 f.; dort auch zu dem Unterschied zwischen formaler und inhaltlicher Repräsentation.
[122] Siehe hierzu O. Depenheuer, FS Schiedermair, S. 287 ff. (294 ff.).
[123] G. Jellinek, Allgemeine Staatslehre, S. 408.
[124] J. Isensee, in: ders./P. Kirchhof, HdbStR Bd. I, § 13 Rn. 114.
[125] M. Jestaedt, Demokratieprinzip und Kondominialverwaltung, S. 292.
[126] Grundlegend E.-W. Böckenförde, Verfassungsfragen der Richterwahl, S. 74; ders., in: J. Isensee/P. Kirchhof, HdbStR Bd. I, § 22 Rn. 16; s.a. K. Stern, Staatsrecht Bd. I, § 18 II 5b und ausf. über das Parlament im demokratischen Legitimationsgefüge des Grundgesetzes: M. Jestaedt, Demokratieprinzip und Kondominialverwaltung, S. 306 ff.
[127] Inwieweit die an der Parlamentsgesetzgebung Beteiligten sich ihrer diesbezüglichen Kompetenzen ganz oder teilweise im Wege der Kompetenzbindung oder -übertragung an (private) Dritte entäußern können, wird in einem gesonderten Abschnitt zu untersuchen sein.

IV. Grund und Grenzen der Übertragung von Normsetzungsbefugnissen   377

kenntnis ausgehend stellt sich die Frage, unter welchen Bedingungen das Parlament berechtigt ist, Funktionen der Normsetzung auf andere Rechtssubjekte ganz oder teilweise zu übertragen. Daß die Möglichkeiten des Parlaments nicht durch die verfassungsrechtliche Festlegung eines Katalogs einzig zulässiger Normtypen beschränkt wird, ist ebenso eindeutig wie der Umstand, daß sich der Gesetzgeber seiner Gesetzgebungsbefugnisse nicht beliebig zugunsten anderer, staatlicher oder privater Akteure begeben darf. Die Delegation von Rechtsetzungskompetenzen nach Art. 80 GG muß dabei Ausgangspunkt einer Suche nach den Geltungsgründen untergesetzlicher Normsetzung und der Zulässigkeit einer Beteiligung nicht-parlamentarischer Normsetzer an der Rechtsetzung sein[128]. Gleichsam »vor die Klammer« jeder Darlegung dieser Übertragungsmuster ist die Erörterung des Parlamentsvorbehalts zu ziehen, der die zentrale Übertragungssperre darstellt.

1. Parlamentsvorbehalt und Wesentlichkeitslehre als Bedingung und Grenze für die Übertragung von Normsetzungsbefugnissen

Für jede Ausübung von Normsetzungsbefugnissen durch nicht-parlamentarische Normsetzer gilt grundsätzlich, daß die erlassenen Normen auf eine Willensentschließung der vom Volk bestellten Rechtsetzungsorgane zurückzuführen sein müssen[129]. Während sich der allgemeine Gesetzesvorbehalt der Frage annimmt, ob ein Regelungsgegenstand so wesentlich ist, daß er einer Regelung durch Gesetz oder aufgrund Gesetzes bedarf, gibt der Parlamentsvorbehalt Antwort auf die Frage, welche Entscheidungen das Parlament selbst im Gesetz treffen muß und welche es durch gesetzliche Ermächtigung untergesetzlicher Normsetzung außerparlamentarischen Akteuren überlassen darf[130]. Der parlamentarische Gesetzgeber muß in grundlegenden normativen Bereichen, zumal in dem staatlicher Regelung zugänglichen Bereich der Grundrechtsausübung alle wesentlichen Entscheidungen selbst treffen[131]. Die vom Bundesverfassungsgericht entwickelte Wesentlichkeitslehre behält die Grundlegung zentraler Entscheidun-

---

[128] Ein weiterer Fall der untergesetzlichen Normsetzung ist der auf der grundlage der Organisations- und Geschäftsleitungsgewalt. Dieser Geltungsgrund ist für den vorliegenden Zusammenhang ohne Belang und wird deshalb nicht erörtert.
[129] BVerfGE 33, 125 (158).
[130] BVerfGE 58, 257 (274); s.a. BVerfGE 40, 237 (249); 46, 268 (296); 57, 295 (321); BVerwGE 57, 130 (137); *P. Häberle*, DVBl. 1972, S. 909 ff. (912 (Fn. 49)); *H. Schulze-Fielitz*, in: H. Dreier, Grundgesetz Bd. II, Art. 20 (Rechtsstaat) Rn. 107; *K.-P. Sommermann*, in: H. v. Mangoldt/F. Klein/C. Starck, Grundgesetz Bd. 2, Art. 20 Rn. 263 ff. Insgesamt kritisch zu der Rechtsprechung des Bundesverfassungsgerichts zum Parlamentsvorbehalt aber *P. Axer*, Normsetzung in der Sozialversicherung, S. 332 ff.
[131] BVerfGE 49, 89 (126); 95, 267 (307 f.); 98, 218 (251 f.); s.a. *F. Ossenbühl*, in: J. Isensee/P. Kirchhof, HdbStR Bd. III, § 62 Rn. 41 ff.; *J. Lücke*, in: M. Sachs, Grundgesetz, Art. 80 Rn. 19 f.; *H. Schulze-Fielitz*, in: H. Dreier, Grundgesetz Bd. II, Art. 20 (Rechtsstaat) Rn. 103 ff.; *K.-P. Sommermann*, in: H. v. Mangoldt/F. Klein/C. Starck, Grundgesetz Bd. 2, Art. 20 Rn. 263 ff.; *K. Stern*, Staatsrecht Bd. I, § 20 IV 4 b γ.

gen für das Gemeinwesen dem Parlamentsgesetz vor und errichtet somit eine Sperre für die Übertragung von Rechtsetzungskompetenzen auf Normgeber außerhalb des Parlaments – ganz gleich ob diese Übertragung nach Art. 80 Abs. 1 GG oder nach anderen Maßstäben erfolgt[132]. Der Parlamentsvorbehalt ist Delegationsverbot[133] und Gebot verstärkter Regelungsdichte gleichermaßen[134].

Selten wird die Kehrseite von Wesentlichkeitstheorie und Parlamentsvorbehalt betont[135]: Die Arbeitsfähigkeit des Parlaments erfordert dessen Konzentration auf die wesentlichen Entscheidungen für die grundlegenden normativen Bereiche des Gemeinwesens. Dies ist nicht zuletzt bedingt durch die qualifizierte Ausgestaltung des Gesetzgebungsverfahrens und seine institutionellen und prozeduralen Anforderungen, die nur dann angemessen erscheinen, wenn es um »wesentliche« Entscheidungen geht. Dieser Aspekt steht in engem Zusammenhang mit der Aussage des Bundesverfassungsgerichts, Ziel des Gewaltenteilungsgrundsatzes sei es, daß staatliche Entscheidungen »möglichst richtig, das heißt von Organen getroffen werden, die dafür nach ihrer Organisation, Zusammensetzung, Funktion und Verfahrensweise über die besten Voraussetzungen verfügen«[136]. Diese Aussage bezieht sich auf das in der Verwaltung konzentrierte Fachwissen, aufgrund dessen diese besser als das Parlament gerüstet ist, Detailregelungen zu treffen. Die Verwirklichung des Wesentlichkeitsprinzips findet somit ihre Grenze in der durch die Gewaltenteilung geprägten Funktionsordnung der Verfassung[137].

In der Wesentlichkeitslehre des Bundesverfassungsgerichts hat sich der ursprünglich rechtsstaatlich-grundrechtlich motivierte allgemeine Gesetzesvorbehalt zu einem demokratisch und rechtsstaatlich motivierten Parlamentsvorbehalt gewandelt. Zunächst bemühte das Bundesverfassungsgericht sowohl das Demokratie- als auch das Rechtsstaatsprinzip zur Begründung der »Wesentlichkeit« und bejahte das Erfordernis einer parlamentsgesetzlichen Regelung in solchen Fällen, in denen eine Angelegenheit eine große Bedeutung für die Verwirkli-

---

[132] BVerfGE 40, 237 (249); 49, 89 (127); 76, 1 (75 f.); 77, 170 (230 f.); *H.H. v. Arnim*, DVBl. 1987, S. 1241 ff. (1241 f.); *M. Kloepfer*, JZ 1984, S. 685 ff. (687 ff.); *F. Ossenbühl*, in: J. Isensee/P. Kirchhof, HdbStR Bd. III, § Rn. 22 ff. und 32 ff.; *E. Schmidt-Aßmann*, in: J. Isensee/P. Kirchhof, HdbStR Bd. I, § 24 Rn. 64 f.; *K. Stern*, Staatsrecht Bd. I, § 20 IV 4 b b. Allerdings ist zu beachten, daß in dem Bereich der i.S.v. Art. 80 Abs. 1 GG delegierten Gesetzgebung neben dem Parlamentsvorbehalt das Gebot hinreichender Bestimmung von Inhalt, Zweck und Ausmaß einer Ermächtigung nach Art. 80 Abs. 1 Satz 2 GG zu beachten ist. Das Verhältnis dieser beiden Anforderungen an die Delegation von Normsetzungskompetenzen ist umstritten. Siehe hierzu *P. Axer*, Normsetzung in der Sozialversicherung, S. 362 ff.; *T. v. Danwitz*, Die Gestaltungsfreiheit des Verordnungsgebers, S. 86 ff.; *J. Staupe*, Parlamentsvorbehalt und Delegationsbefugnis, S. 142 ff.
[133] *M. Kloepfer*, JZ 1984, S. 685 ff. (690); *G.F. Schuppert*, Verwaltungswissenschaft, S. 473 f.; *J. Staupe*, Parlamentsvorbehalt und Delegationsbefugnis, 128 f.
[134] *F. Ossenbühl*, in: J. Isensee/P. Kirchhof, HdbStR Bd. III, § 62 Rn. 43; *J. Staupe*, Parlamentsvorbehalt und Delegationsbefugnis, S. 136 ff.; s.a. BVerfGE 34, 136 (192); 49, 89 (127); 83, 130 (142).
[135] Anders aber *K.-P. Sommermann*, in: H. v. Mangoldt/F. Klein/C. Starck, Grundgesetz Bd. 2, Art. 20 Rn. 264. Zuvor schon ähnlich: *H. Krüger*, NJW 1966, S. 617 ff. (617 f.); *C. Starck*, Der Gesetzesbegriff des Grundgesetzes, S. 169 ff.
[136] BVerfGE 98, 218 (252); s.a. BVerfGE 68, 1 (86 f.).
[137] *P. Axer*, Normsetzung in der Sozialversicherung, S. 358 f.; *K.-P. Sommermann*, in: H. v. Mangoldt/F. Klein/C. Starck, Grundgesetz Bd. 2, Art. 20 Rn. 177, 264.

IV. Grund und Grenzen der Übertragung von Normsetzungsbefugnissen 379

chung von Grundrechten hatte[138]. Aber auch für nicht grundrechtsrelevante, dennoch politisch bedeutsame Fragen der Gemeinwohlkonkretisierung verlangt das Demokratiegebot eine parlamentarische Entscheidung[139]. Parlamentsgesetzlicher Regelung bedürfen unter diesem Vorzeichen stets solche Fragen, in deren Erörterung sich ein Gemeinwesen wiederfindet, weil sie Staat und/oder Gesellschaft in besonderem Maße berühren. Politische Kontroversen mit Breitenwirkung in der Öffentlichkeit sind insoweit ein Indikator für die Bedeutung der Frage[140]. Während die rechtsstaatliche Sicherungsfunktion des Gesetzesvorbehalts allein auf das Vorliegen einer außenwirksamen Norm und damit nicht unbedingt auf die unmittelbare parlamentarische Entscheidung abstellt[141], fordert das Demokratieprinzip die Mitwirkung des Parlaments nicht allein wegen dessen unmittelbarer demokratischer Legitimation[142], sondern auch wegen der spezifischen Leistungen des Gesetzgebungsverfahrens, welches Deliberation, Publizität und Interessenausgleich gewährleistet[143].

Die Festlegung, welche Regelungsgegenstände in diesem Sinne »wesentlich« sind, gehört indessen zu den großen Mysterien der Verfassungsrechtsprechung. Nachdem das Bundesverfassungsgericht anfänglich dazu geneigt hatte, die Wesentlichkeitsschwelle niedrig anzusetzen, entwickelte sich in jüngerer Zeit eine restriktive Linie[144]. Eindeutig ist nur, daß bei einer Antwort auf diese Frage die Besonderheiten des betroffenen Sachbereichs zu berücksichtigen sind. Die Wesentlichkeit – so das Bundesverfassungsgericht – bemißt sich nach den Wirkungen, die auf dem jeweils in Rede stehenden Sachgebiet für den grundrechtlichen

---

[138] BVerfGE 34, 165 (192); 41, 251 (259) f.; 45, 400 (417); 47, 46 (79); 49, 89 (127); 57, 295 (321); 58, 257 (268 f., 272 ff., 279); 62, 169 (182 f.); zusammenfassend zur Grundrechtsrelevanz *H. Schulze-Fielitz*, Theorie und Praxis parlamentarischer Gesetzgebung, S. 164 ff.; eine Liste von für und gegen die »Wesentlichkeit« einer Materie sprechenden Indikatoren findet sich bei *E. Denninger*, Verfassungsrechtliche Anforderungen an die Normsetzung im Umwelt- und Technikrecht, Rn. 160.
[139] *H.-J. Papier*, Die finanzrechtlichen Gesetzesvorbehalte und das grundgesetzliche Demokratieprinzip, S. 32 ff. Hier liegt auch der eigentliche Hintergrund des vom Bundesverfassungsgericht aus einer Gesamtschau der Wehrverfassung hergeleiteten konstitutiven Parlamentsvorbehalts für den militärischen Einsatz von Streitkräften, BVerfGE 90, 286 (381 ff.). Zusammenfassend zu Demokratieprinzip und Parlamentsvorbehalt: *K.-P. Sommermann*, in: H. v. Mangoldt/F. Klein/C. Starck, Grundgesetz Bd. 2, Art. Rn. 176 ff. m.w.N.
[140] *H. Schulze-Fielitz*, Theorie und Praxis parlamentarischer Gesetzgebung, S. 167 f.; dort auch zu weiteren Fällen der politischen Bedeutung einer Frage.
[141] *M. Kloepfer*, JZ, S. 685 ff. (690); *F. Ossenbühl*, in: J. Isensee/P. Kirchhof, HdbStR Bd. III, § 62 Rn. 40; *H.-J. Papier*, in: Volkmar Götz/Hans H. Klein/Christian Starck, Die öffentliche Verwaltung zwischen Gesetzgebung und richterlicher Kontrolle, S. 36 ff. (50); *H.H. Rupp*, Grundfragen der heutigen Verwaltungsrechtslehre, S. 131 ff. Auch in BVerfGE 86, 90 (106) wird nunmehr eine Verletzung des im Demokratieprinzip wurzelnden Parlamentsvorbehalts neben einer solchen des aus dem Rechtsstaatsprinzip abzuleitenden Bestimmtheitsgrundsatzes geprüft.
[142] Zurückhaltend insoweit auch BVerfGE 49, 89 (125 f.).
[143] BVerfGE 41, 251 (259); 85, 386 (403); 956, 267 (307 f.); *H.H. v. Arnim*, DVBl. 1987, S. 1241 ff. (1244); *E.-W. Böckenförde*, Gesetz und gesetzgebende Gewalt, S. 384; *G. Kisker*, NJW 1977, S. 1313 ff. (1318 f.).
[144] BVerfGE 98, 218 (251); *K.-P. Sommermann*, in: H. v. Mangoldt/F. Klein/C. Starck, Grundgesetz Bd. 2, Art. 20 Rn. 269.

Bereich der Betroffenen eintreten können, hängt aber auch von der Eigenart des Sachgebiets, und insbesondere davon ab, ob und inwieweit es überhaupt staatlicher Regelung zugänglich ist und vom Gesetzgeber in angemessener Weise normativ erfaßt werden kann[145]. Allein die Tatsache, daß ein Thema politisch umstritten ist, begründet noch nicht seine »Wesentlichkeit«[146], da dieses Kriterium in besonderer Weise von Zufälligkeiten abhängt und die politische Brisanz eines Regelungsgegenstandes nicht grundsätzlich von vornherein abschätzbar ist[147]. Ergänzend zu den allgemeinen Leitlinien des Bundesverfassungsgerichts ist durch die Wissenschaft ein Katalog von Kriterien entwickelt worden, anhand derer die Wesentlichkeit einer Regelung im Einzelfall beurteilt werden kann[148]. Zum einen spielt dabei die Intensität des Grundrechtsbezugs einer Regelung eine entscheidende Rolle für ihre Wesentlichkeit. Sie ist nicht bereits bei jeder Berührung eines freiheitsrechtlichen Schutzbereichs gegeben. Es bedarf vielmehr einer gewissen Mindestintensität des Eingriffs. Nicht allein der Wert eines Rechtsguts, sondern auch der Grad seiner Betroffenheit ist dabei von Bedeutung[149].

Hier liegt die rechtsstaatliche Wurzel der Wesentlichkeitsrechtsprechung. Obschon außer bei den vorbehaltlos gewährten Grundrechten die grundrechtlichen Gesetzesvorbehalte das Erfordernis einer gesetzlichen Grundlage für einen Eingriff in den Schutzbereich deutlich machen[150], muß nicht ausnahmslos jeder Grundrechtseingriff auf parlamentsgesetzlicher Grundlage, sondern kann auch *aufgrund* eines Parlamentsgesetzes – also durch Anwendung eines untergesetzlichen Rechtssatzes – erfolgen, der aber seinerseits seine Legitimation aus einem Parlamentsgesetz beziehen muß.

Zum anderen ist die Auswirkung einer Regelung auf das Gemeinwesen zu berücksichtigen. Entscheidend sind insoweit Gesichtspunkte wie die Größe des betroffenen Personenkreises, die ein Anzeichen für das Erfordernis eines sachlichen Ausgleichs konfligierender Interessen sein kann. Je homogener der Adressatenkreis ist und je weniger antagonistisch die in Bezug auf den Regelungsgegenstand vorhandenen Interessen sind, desto weniger bedarf es des Ausgleichs zwischen den Interessen durch parlamentsgesetzliche Entscheidung. Je heterogener der Adressatenkreis und seine Interessen, desto wichtiger ist es, auf die Ausgleichsfunktion des Parlamentsgesetzes zurückzugreifen. Weitere Indizien sind die schwierige allgemeine Akzeptanz einer Regelung, ihre finanziellen Konsequenzen, ihre Eigenschaft als Grund- oder Leitentscheidung für einen bestimmten

---

[145] BVerfGE 49, 89 (126); 76, 1 (75).
[146] BVerfGE 49, 89 (126); 98, 218 (251); s.a. *B. Busch*, Das Verhältnis des Art. 80 Abs. 1 S. 2 GG zum Gesetzes- und Parlamentsvorbehalt, S. 51 f.; *G. Kisker*, NJW 1977, S. 1313 ff. (1318); *J. Staupe*, Parlamentsvorbehalt und Delegationsbefugnis, 247 f.
[147] *W. Kluth*, Funktionale Selbstverwaltung, S. 491 f.
[148] *B. Busch*, Das Verhältnis des Art. 80 Abs. 1 S. 2 GG zum Gesetzes- und Parlamentsvorbehalt, S. 41 ff.; *W. Kluth*, Funktionale Selbstverwaltung, S. 491 ff.; *J. Staupe*, Parlamentsvorbehalt und Delegationsbefugnis, S. 236 ff.
[149] BVerfGE 89, 218 (252).
[150] Zu der Ideengeschichte des Grundsatzes, daß es bei einem Eingriff in Freiheit oder Eigentum des Bürgers einer gesetzlichen Grundlage bedarf, siehe nur: *D. Jesch*, Gesetz und Verwaltung, S. 117 ff.

Sachbereich, die Auswirkungen auf das Staatsgefüge oder der Zeitfaktor[151]. Auch die Konkretisierung offenen Verfassungsrechts durch eine Regelung indiziert deren Bedeutung im Sinne der Wesentlichkeitslehre[152]. Die Regelung all jener Fragen, die in dem dargelegten Sinne wesentlich sind, ist dem Parlament vorbehalten. Die Übertragung der hierfür erforderlichen Normsetzungsbefugnisse scheidet aus, ganz gleich auf welcher Grundlage – Art. 80 Abs. 1 GG oder nach sonstigen verfassungsrechtlichen Übertragungsspielräumen – sie erfolgen soll.

Auf der Grundlage des dargelegten Negativkatalogs ist eine komplementäre Positivliste entwickelt worden, nach der die Erforderlichkeit flexibler Regelungen, das Vorliegen entwicklungsoffener Sachverhalte, das Bedürfnis nach dezentraler Regelung sowie fehlender Sachverstand im Parlament eine Übertragung der entsprechenden Normsetzungsbefugnisse auf nicht-parlamentarische Normsetzer angezeigt erscheinen lassen[153]. Soweit auch die Realisierung einer Entlastungsfunktion für das Parlament und die Einräumung von Beteiligungsrechten für die von den Regelungen betroffenen Normadressaten als Indiz für die Übertragbarkeit von Normsetzungsbefugnissen auf nicht-parlamentarische Normsetzer genannt werden[154], handelt es sich eher um die Folge als um den Anlaß der Delegation.

Von Existenz und Bedeutung der in der Lehre vom Parlamentsvorbehalt konzentrierten, materiellen Übertragungsgrenzen ausgehend, sind nunmehr die Bedingungen für die Übertragung von Normsetzungsbefugnissen durch das Parlament auf andere, nicht-parlamentarische Normsetzer zu entwickeln.

2. Delegation von Normsetzungsbefugnissen nach Art. 80 Abs. 1 GG

Die zentrale Aussage über Grund und Grenzen für die Übertragung von Normsetzungsbefugnissen auf außerparlamentarische Rechtsnormsetzer bietet Art. 80 Abs. 1 GG. In dieser Vorschrift ermächtigt das Grundgesetz den Gesetzgeber, die Kompetenz zum Erlaß von Rechtsverordnungen auf die Bundesregierung, einen Bundesminister oder die Landesregierungen zu delegieren.

Entscheidende Prägung hat der Begriff der Delegation durch eine Studie *Heinrich Triepels* erhalten[155]. Die Delegation beschreibt demnach eine Kompetenzverschiebung durch gleichzeitige Abschiebung und Zuschiebung einer Zuständigkeit, beruhend auf dem Wil-

---

[151] *B. Busch*, Das Verhältnis des Art. 80 Abs. 1 Satz 2 GG zum Gesetzes- und Parlamentsvorbehalt, S. 48 ff.; Überblick über die einzelnen Fallgruppen bei *K.-P. Sommermann*, in: H. v. Mangoldt / F. Klein / C. Starck, Grundgesetz Bd. 2, Art. 20 Rn. 266 ff.
[152] *J. Staupe*, Parlamentsvorbehalt und Delegationsbefugnis, 260.
[153] *W. Kluth*, Funktionale Selbstverwaltung, S. 493 ff.; *J. Staupe*, Parlamentsvorbehalt und Delegationsbefugnis, 262 ff.
[154] *W. Kluth*, Funktionale Selbstverwaltung, S. 493 f.; *J. Staupe*, Parlamentsvorbehalt und Delegationsbefugnis, 266, 275.
[155] *H. Triepel*, Delegation und Mandat im öffentlichen Recht; eine Zusammenfassung der zu den dort entwickelten Erkenntnissen kritischen Stimmen bei *K.E. Heinz*, Der Staat Bd. 36 (1997), S. 495 ff. (498 ff.).

len dessen, der an Zuständigkeit verliert[156]. Die ehemals dem Delegierenden zustehende Zuständigkeit wird nach der Delegation von dem Delegatar als dessen eigene ausgeübt[157]. Die Delegation – so *Triepel* – ist eine Änderung der durch objektives Recht gesetzten Zuständigkeitsordnung und damit selbst ein Akt der Rechtsetzung[158]. Demgegenüber gestattet das Mandat die Ausübung fremder Kompetenz und beruht im Unterschied zur Delegation immer auf einem Rechtsgeschäft, das die vorhandene Zuständigkeitsordnung nicht berührt[159]. *Triepel* differenziert zwischen echter (devolvierender) und unechter (konkurrenzschaffender) Delegation. Während im erstgenannten Fall dem Kompetenzgewinn des Delegatars ein Kompetenzverlust des Delegierenden korrespondiert, führt die Delegation im letztgenannten Fall nur zu einem Verlust hinsichtlich der Ausschließlichkeit der Kompetenz, so daß der Delegierende seine Kompetenz jederzeit selbst noch ausüben kann[160]. Die Delegation nach Art. 80 Abs. 1 GG ist im Sinne dieser Terminologie eine unechte (konkurrenzschaffende[161]), da die Ausübung der Delegationsbefugnis es dem Gesetzgeber nicht ermöglicht, seine Gesetzgebungszuständigkeit für den delegierten Sachbereich auszuschließen[162]. Dem Gesetzgeber verbleibt die Möglichkeit, eine Verordnungsregelung aufzuheben, sie durch Gesetz zu ersetzen oder die Verordnungsbefugnis ihrem Adressaten wieder zu entziehen[163]. Das Parlament erleidet durch die Delegation der Normsetzungsbefugnisse an die Delegatare einen (potentiellen)[164] Steuerungs-, aber keinen Machtverlust: Damit steht die Ausübung der delegierten Befugnis unter dem Vorbehalt des parlamentarischen Zugriffs, dem die Verwaltung ausgesetzt ist, ohne ihm insoweit eine eigenständige verfassungskräftige Position entgegenhalten zu können.

Der Regelungsgehalt des Art. 80 Abs. 1 GG ist das Ergebnis eines verfassungsrechtlichen Ausgleichs zwischen dem unter der Weimarer Reichsverfassung und in der nationalsozialistischen Zeit gewachsenen Mißtrauen gegenüber einer allzu selbständigen Exekutive einerseits und andererseits den Anforderungen, die der moderne Industrie- und Wohlfahrtsstaat an den Staat und insbesondere den staatlichen Gesetzgeber richtet[165]. Art. 80 Abs. 1 GG bietet dem Gesetzgeber die Möglichkeit, angesichts des in der modernen Industriegesellschaft bestehenden, immensen Normierungsbedarfs, der nicht allein durch das Parlament zu befriedigen ist, unter dem Vorzeichen der »Dekonzentration der Gesetzgebung im Rahmen der Gewaltenteilung«[166] die Funktions- und Reaktionsfähigkeit des

---

[156] *H. Triepel*, Delegation und Mandat im öffentlichen Recht, S. 23.
[157] *H. Triepel*, Delegation und Mandat im öffentlichen Recht, S. 29.
[158] *H. Triepel*, Delegation und Mandat im öffentlichen Recht, S. 28, 88.
[159] *H. Triepel*, Delegation und Mandat im öffentlichen Recht, S. 26.
[160] *H. Triepel*, Delegation und Mandat im öffentlichen Recht, S. 58.
[161] *D. Wilke*, in: H. v. Mangoldt/F. Klein, Grundgesetz Bd. III (2. Aufl.), Art. 80 Anm. II 3b.
[162] BVerfGE 27, 330 (346); *H. Bauer*, in: H. Dreier, Grundgesetz Bd. II, Art. 80 Rn. 39; *M. Brenner*, in: H. v. Mangoldt/F. Klein/C. Starck, Grundgesetz Bd. 3, Art. 80 Rn. 25; *T. v. Danwitz*, Die Gestaltungsfreiheit des Verordnungsgebers, S. 29; *T. Maunz*, in: ders./G. Dürig u.a., Grundgesetz, Art. 80 Rn. 23; *M. Nierhaus*, in: Bonner Kommentar zum Grundgesetz (1998), Art. 80 Rn. 171. Das fortwährende Zugriffsrecht des Gesetzgebers beruht auf dem durch Art. 80 GG nicht angetasteten Vorrang des Gesetzes; *J. Lücke*, in: M. Sachs, Grundgesetz, Art. 80 Rn. 7.
[163] *T. v. Danwitz*, Die Gestaltungsfreiheit des Verordnungsgebers, S. 29.
[164] Dieser Verlust ist nur potentiell, da aus dem Dargelegten hervorgeht, daß das Parlament gar nicht in der Lage wäre, alle erforderlichen Regelungen selbst zu treffen.
[165] *M. Nierhaus*, in: Bonner Kommentar zum Grundgesetz (1998), Art. 80 Rn. 17.
[166] *M. Nierhaus*, in: Bonner Kommentar zum Grundgesetz (1998), Art. 80 Rn. 164.

IV. Grund und Grenzen der Übertragung von Normsetzungsbefugnissen

Staates zu erhalten. Mittels einer Verordnungsermächtigung ist der Gesetzgeber in der Lage, die grundsätzlich bei ihm liegende[167] Gesetzgebungshoheit für untergeordnete Sachbereiche an die Exekutive zu delegieren, damit diese im Rahmen der Ermächtigungsnorm die Normierung technischer Details und anderer, weniger wichtiger Regeln außerhalb des komplexen parlamentarischen Rechtsetzungsverfahrens vornehmen kann[168]. Der parlamentarische Gesetzgeber wird von zeitaufwendiger Detailarbeit entlastet[169]. Die Exekutive tritt an seine Stelle. Hierdurch wird sichergestellt, daß die einer Regelung bedürftigen Materien sachgerecht und zeitnah geregelt werden können[170]. Neben dieses effizienzorientierte Delegationsmotiv tritt die Überlegung, daß der Gesetzgeber die Bearbeitung bestimmter, spezifischen Sachverstand erfordernder Regelungsmaterien an einen spezialisierten Normgeber delegieren können soll[171]. Beide Motive setzen eine inhaltliche Gestaltungsfreiheit des Verordnungsgebers voraus, da bei genauer Vorgabe der zu treffenden Regelungen durch den Gesetzgeber dieser die fragliche Regelung auch unmittelbar selbst treffen könnte[172]. Sowohl der Entlastungs- wie auch der Spezialisierungseffekt gingen dann verloren.

Um eine (Selbst-) Entmachtung des parlamentarischen Gesetzgebers zu unterbinden[173], wird die (ohnehin nur als unechte mögliche) Delegation von Rechtsetzungskompetenzen in Art. 80 GG reglementiert, begrenzt und unter Rechtfertigungszwang gestellt. Art. 80 Abs. 1 GG soll das Parlament daran hindern, sich seiner Verantwortung als gesetzgebende Körperschaft zu entziehen. Aus Art. 80 Abs. 1 GG läßt sich der für den vorliegenden Zusammenhang[174] relevante Bedeu-

---

[167] BVerfGE 34, 52 (59).
[168] Zur Entlastung des Gesetzgebers als einem, wenn auch nicht einzigen Motiv des Verfassungsgebers: BVerfGE 7, 267 (274); 8, 274 (311, 321); 42, 191 (203); 55, 207 (228, 241 f.); *F. Ossenbühl*, in: J. Isensee/P. Kirchhof, HdbStR Bd. III, § 64 Rn. 2 f.; *H.-J. Wolff/O. Bachof/R. Stober*, Verwaltungsrecht I, § 25 Rn. 30 ff.
[169] So schon im Jahre 1942 *H. Triepel*, Delegation und Mandat im öffentlichen Recht, S. 111; für die aktuelle Verfassungslage: *F. Ossenbühl*, in: J. Isensee/P. Kirchhof, HdbStR Bd. III, § 64 Rn. 2.
[170] *M. Brenner*, in: H. v. Mangoldt/F. Klein/C. Starck, Grundgesetz Bd. 3, Art. 80 Rn. 8.
[171] *A. v. Bogdandy*, Gubernative Rechtsetzung, S. 443 ff.
[172] *P. Badura*, GS Martens, S. 25 ff. (26); *E. Schmidt-Aßmann*, in: T. Maunz/G. Dürig u.a., Grundgesetz, Art. 19 Abs. 4 (Komm. von 1985) Rn. 217. Zu Begründung und Umfang einer solchen Gestaltungsfreiheit: *T. v. Danwitz*, Die Gestaltungsfreiheit des Verordnungsgebers, S. 161 ff., 187 ff.; s.a. *P. Badura*, GS Martens, S. 25 ff.; *M. Brenner*, in: H. v. Mangoldt/F. Klein/C. Starck, Grundgesetz Bd. 3, Art. 80 Rn. 62; *T. Maunz*, in: ders./G. Dürig u.a., Grundgesetz, Art. 80 Rn. 34; *M. Nierhaus*, in: Bonner Kommentar zum Grundgesetz (1998), Art. 80 Rn. 330 ff.; *F. Ossenbühl*, in: J. Isensee/P. Kirchhof, HdbStR Bd. III, § 64 Rn. 33 ff.; *ders.*, FS Huber, S. 283 ff.; *D. Wilke*, AöR Bd. 98 (1973), S. 196 ff. (233); *M. Zuleeg*, DVBl. 1970, S. 157 ff.
[173] BVerfGE 78, 249 (272); s.a. zusammenfassend zu Sinn und Zweck von Art. 80 GG: *H. Bauer*, in: H. Dreier, Grundgesetz Bd. II, Art. 80 Rn. 12; *M. Brenner*, in: H. v. Mangoldt/F. Klein/C. Starck, Grundgesetz Bd. 3, Art. 80 Rn. 7 ff.; *M. Nierhaus*, in: Bonner Kommentar zum Grundgesetz (1998), Art. 80 Rn. 82 ff.; *F. Ossenbühl*, in: J. Isensee/P. Kirchhof, HdbStR Bd. III, § 64 Rn. 13; *U. Ramsauer*, in: Alternativ-Kommentar zum Grundgesetz Bd., Art. 80 Rn. 7; *D. Wilke*, AöR Bd. 98 (1973), S. 196 ff. (213, 215).
[174] Im übrigen rankt sich um Art. 80 Abs. 1 GG insbesondere die Auseinandersetzung, ob diese Vorschrift außerdem einem der Exekutive zukommenden originären und eigenständigen Verord-

tungsgehalt ableiten, daß der Gesetzgeber bei der Delegation von Rechtsetzungsbefugnissen verfassungsrechtlichen Beschränkungen unterliegt[175]. Diese liegen nicht in einer Festlegung auf den Normtyp »Rechtsverordnung« als Medium delegierter Rechtsetzungsbefugnisse. Die Begrenzung erfolgt vielmehr zum einen durch eine Begrenzung des Kreises möglicher Erstdelegatare von Rechtsetzungsbefugnissen, zum anderen durch verfassungsrechtliche Anforderungen an die Vorgaben des delegierenden Parlamentsgesetzes.

a) Der numerus clausus der Erstdelegatare

Mit der in Art. 80 Abs. 1 GG[176] enthaltenen Beschränkung möglicher Erstdelegatare auf die Bundesregierung, einen Bundesminister oder die Landesregierungen[177] greift das Grundgesetz auf den historisch überkommenen Kreis der Verordnungsgeber zurück.

Nach traditionellem Verfassungsverständnis oblag der Erlaß von Rechtsverordnungen der unmittelbaren Staatsgewalt – dem Monarchen, der Regierung, dem Minister[178]. Sofern es daneben den kommunalen Gebietskörperschaften überlassen war, Polizeiverordnungen zu erlassen, handelten sie als verlängerter Arm der unmittelbaren Staatsverwaltung und waren damit in die bürokratisch-hierarchisch organisierte unmittelbare Staatsverwaltung integriert[179].

Hinsichtlich der in Art. 80 Abs. 1 Satz 1 GG genannten Erstdelegatare steht dem Gesetzgeber – abgesehen von dem Fall, daß das Grundgesetz selbst eine Einschränkung vorsieht[180] – ein Auswahlermessen zu[181]. Selbst wenn man dessen Begrenzung durch das aus dem Gewaltenteilungsprinzip abgeleitete Postulat funk-

---

nungsrecht entgegensteht; dagegen v.a. *F. Ossenbühl*, in: J. Isensee/P. Kirchhof, HdbStR Bd. III, § 62 Rn. 50; s.a. *H. Maurer*, VVDStRL Bd. 43 (1985), S. 135 ff. (163); *M. Kloepfer*, JZ 1984, S. 685 ff. (693); *H.-J. Papier*, Der Vorbehalt des Gesetzes und seine Grenzen, S. 62; a.A. insoweit aber etwa *E.-W. Böckenförde*, Gesetz und gesetzgebende Gewalt, S. 394; *G. Kisker*, NJW 1977, S. 1313 ff. (1318); *M. Schröder*, DVBl. 1984, S. 814 ff. (821 f.).

[175] *H. Bauer*, in: H. Dreier, Grundgesetz Bd. II, Art. 80 Rn. 11; *K.-P. Sommermann*, in: H. v. Mangoldt/F. Klein/C. Starck, Grundgesetz Bd. 3, Art. 80 Rn. 9.

[176] Zu beachten ist, daß einzelnen Landesverfassungen eine Begrenzung der Delegatare schon auf der ersten Ebene fehlt; siehe z.B. Art. 61 Verf. Bad.-Württ.; Art. 70 Verf. Nordrh.-Westf.

[177] Zu den einzelnen Destinataren: *M. Brenner*, in: H. v. Mangoldt/F. Klein/C. Starck, Grundgesetz Bd. 3, Art. 80 Rn. 46 ff.; *T. Maunz*, in: ders./G. Dürig u.a., Grundgesetz, Art. 80 Rn. 38 ff. Nach der neuen Vorschrift des Art. 80 Abs. 4 GG (eingefügt durch das 42. Änderungsgesetz vom 27. Oktober 1994; BGBl. I 3146) sind nunmehr auch die Landesparlamente zu gesetzlicher Regelung befugt, soweit die Landesregierungen durch oder aufgrund Bundesgesetzes zum Erlaß von Rechtsverordnungen ermächtigt wurden; siehe *M. Nierhaus*, in: Bonner Kommentar zum Grundgesetz (1998), Art. 80 Rn. 307 ff.

[178] Hierzu ausf. *M. Nierhaus*, in: Bonner Kommentar zum Grundgesetz (1998), Art. 80 Rn. 25 ff.

[179] *P. Axer*, Normsetzung in der Sozialversicherung, S. 171 m.w.N. in Fn. 108 ff.

[180] Siehe Art. 109 Abs. 4 Satz GG: »Ermächtigungen zum Erlaß von Rechtsverordnungen können nur der Bundesregierung erteilt werden.«

[181] BVerfGE 56, 298 (311); *M. Nierhaus*, in: Bonner Kommentar zum Grundgesetz (1998), Art. 80 Rn. 238.

tionsgerechter und organadäquater Aufgabenzuordnung akzeptiert[182], so dürfte diese Vorgabe doch zu keinen besonderen Einschränkungen führen, da alle in Art. 80 Abs. 1 Satz 1 GG genannten Rechtssubjekte ähnlich strukturiert sind und über ähnliche Ressourcen zur Normvorbereitung verfügen: Die Bundesregierung besteht aus den Bundesministern und dem Bundeskanzler (Art. 62 GG). Da die Bundesregierung als solche über keinen nennenswerten Verwaltungsapparat verfügt, müssen Rechtsverordnungen »der Bundesregierung« ohnehin durch den sachnahen Bundesminister erarbeitet werden. Mit Blick auf die Organadäquanz und die Funktionsgerechtigkeit macht es also keinen Unterschied, ob die Bundesregierung oder ein Bundesminister mit Verordnungsbefugnissen betraut wird.

Einzig in den Fällen, in denen eine landesspezifische Verordnungsgebung (z.B. wegen der Erforderlichkeit, regionale Besonderheiten zu berücksichtigen) adäquater als eine bundeseinheitliche ist, dürfte sich das Auswahlermessen des Gesetzgebers insoweit verdichten, als eine Delegation auf eine oder mehrere Landesregierungen erfolgt – was allerdings weniger auf das Rechtsstaats-, denn auf das bundesstaatliche Prinzip zurückzuführen sein dürfte.

Mit der enumerativen Beschränkung der Erstdelegatare in Art. 80 Abs. 1 Satz 1 GG setzt die Verfassung ein erstes, deutliches Signal gegen eine Beteiligung Privater an der Verordnungsgebung[183]. Diese Aufzählung ist abschließend[184]. Eine parlamentarische Verordnungsermächtigung zugunsten eines privaten Erstdelegatars ist damit verfassungsrechtlich nicht zulässig, da der Gesetzgeber mit einer solchen Ermächtigung die Abgeschlossenheit des Kreises der Erstdelegatare unterlaufen würde. Allerdings ist zu erwägen, ob nicht der *Verordnungsgeber selbst* über die Möglichkeit verfügt, die an ihn durch das Parlament delegierten Normsetzungsbefugnisse ganz oder teilweise auf private Normsetzer weiter zu übertragen. Zu diesem Zwecke drängt sich das Institut der Subdelegation auf, deren Adressatenkreis von der Verfassung ausdrücklich nicht beschränkt wird (Art. 80 Abs. 1 Satz 4 GG).

b) Private als Subdelegatare

Die in Art. 80 Abs. 1 Satz 4 GG normierte Option der Subdelegation von Normsetzungsbefugnissen dient der weitergehenden Spezialisierung des Normgebers. Mit ihr kann sich der Erstdelegatar von solchen Aufgaben entlasten, die sachgerechter durch andere, noch weitergehend als die Erstdelegatare spezialisierte Verwaltungseinheiten zu erledigen sind. Mit der Subdelegationsbefugnis wird dem Erstdelegatar ein Wahlrecht eingeräumt, ob er von der Ermächtigung

---

[182] So *T. v. Danwitz*, Die Gestaltungsfreiheit des Verordnungsgebers, S. 78 f.
[183] So auch *H. Peters/F. Ossenbühl*, Die Übertragung von öffentlich-rechtlichen Befugnissen auf die Sozialpartner unter besonderer Berücksichtigung des Arbeitsschutzes, S. 58.
[184] So auch BVerfGE 8, 155 (163 ff.); BVerwGE 41, 334 (349); *M. Brenner*, in: H. v. Mangoldt/F. Klein/C. Starck, Grundgesetz Bd. 3, Art. 80 Rn. 44; *T. v. Danwitz*, Die Gestaltungsfreiheit des Verordnungsgebers, S. 77; *T. Maunz*, in: ders./G. Dürig u.a., Grundgesetz, Art. 80 Rn. 38; *F. Ossenbühl*, in: J. Isensee/P. Kirchhof, HdbStR Bd. III, § 64 Rn. 24.

selbst Gebrauch machen oder sie an einen anderen Normsetzer weiterleiten will[185]. Das Grundgesetz beläßt auch für den Fall der ausgeübten Subdelegation die Verantwortung für die Norm bei dem Erstdelegatar, der die Normsetzungsbefugnis jederzeit wieder an sich ziehen kann[186]: Sie führt nicht zu einem Kompetenzverlust des gesetzlich ermächtigten Erstdelegatars, da die Sub- wie Erstdelegation konservierend, nicht devolvierend wirken[187]. Die Subdelegationsbefugnis muß nicht ausdrücklich durch das Gesetz erteilt worden sein, in dem auch die Erstermächtigung enthalten ist. Es genügt vielmehr, daß sich die Möglichkeit der Subdelegation einem Gesetz mit hinreichender Deutlichkeit entnehmen läßt[188].

Mit Blick auf die Ausgestaltung der Subdelegation ist unabhängig von der Frage, ob auch private Akteure mögliche Subdelegatare sind, zunächst zweierlei festzuhalten: Der Gesetzgeber kann den Kreis der in Art. 80 Abs. 1 Satz 1 GG genannten Delegatare in Konsequenz des bereits festgestellten numerus clausus der Erstdelegatare nicht durch eine vorweggenommene Subdelegation erweitern, indem er im ermächtigenden Gesetz selbst die Subdelegation anordnet und den Subdelegatar vorwegnimmt[189]. Der Subdelegatar darf weder in dem delegierenden Gesetz benannt noch abstrakt beschrieben werden[190], da auf diese Weise das Auswahlrecht des Erstdelegatars beschnitten würde. Der Befürchtung, daß eine nicht durch das ermächtigende Gesetz vorgezeichnete Subdelegation zu einer unübersichtlichen normativen Lage durch eine Aneinanderreihung von Unterermächtigten kommen könnte, begegnet die Verfassung durch das Erfordernis des verordnungsförmigen Übertragungsakts und des in Art. 80 Abs. 1 Satz 3 GG niedergelegten Zitiergebots, aufgrund dessen die Abfolge der verschiedenen Delegationsschritte nachvollzogen werden kann[191]. Eine vorweggenommene Be-

---

[185] *M. Nierhaus*, in: Bonner Kommentar zum Grundgesetz (1998), Art. 80 Rn. 258.
[186] *F. Ossenbühl*, in: J. Isensee/P. Kirchhof, HdbStR Bd. III, § 64 Rn. 32.
[187] *T. Maunz*, in: ders./G. Dürig u.a., Grundgesetz, Art. 80 Rn. 43; *F. Ossenbühl*, in: J. Isensee/ P. Kirchhof, HdbStR Bd. III, § 64 Rn. 32; *K. Stern*, Staatsrecht Bd. II, § 38 III 2a; s.a. hierzu *H. Triepel*, Delegation und Mandat im öffentlichen Recht, S. 53 ff.
[188] *H. Bauer*, in: H. Dreier, Grundgesetz Bd. II, Art. 80 Rn. 33; *M. Brenner*, in: H. v. Mangoldt/ F. Klein/C. Starck, Grundgesetz Bd. 3, Art. 80 Rn. 53; a.A. – ohne Begründung – aber *F. Ossenbühl*, in: J. Isensee/P. Kirchhof, HdbStR Bd. III, § 64 Rn. 32. Offengelassen bei *K. Stern*, Staatsrecht Bd. II, § 38 III 2.
[189] So aber *H. Peters/F. Ossenbühl*, Die Übertragung von öffentlich-rechtlichen Befugnissen auf die Sozialpartner unter besonderer Berücksichtigung des Arbeitsschutzes, S. 58; *F. Ossenbühl*, Verwaltungsvorschriften und Grundgesetz, S. 170 (Fn. 72); *U. Ramsauer*, in: Alternativ-Kommentar zum Grundgesetz Bd. II, Art. 80 Rn. 45; a.A. später *F. Ossenbühl*, in: J. Isensee/P. Kirchhof, HdbStR Bd. III, § 64 Rn. 32; wie hier auch: *P. Axer*, Normsetzung in der Sozialversicherung, S. 297; *K. Stern*, Staatsrecht Bd. II, § 38 II a; *B.-O. Bryde*, in: I. v. Münch/P. Kunig, Grundgesetz-Kommentar Bd. 3, Art. 80 Rn. 11.
[190] So aber *D. Wilke*, in: H. v. Mangoldt/F. Klein, Grundgesetz Bd. III (2. Aufl.), Art. 80 Anm. VIII 2.
[191] Das Zitiergebot des Art. 80 Abs. 1 Satz 3 verpflichtet nicht nur den Erstdelegatar zur Angabe der gesetzlichen Ermächtigungsgrundlage, sondern auch den Subdelegatar zum Nachweis der Delegationsverordnung; *M. Brenner*, in: H. v. Mangoldt/F. Klein/C. Starck, Grundgesetz Bd. 3, Art. 80 Rn. 54; *M. Nierhaus*, in: Bonner Kommentar zum Grundgesetz (1998), Art. 80 Rn. 258,

IV. Grund und Grenzen der Übertragung von Normsetzungsbefugnissen

zeichnung des Subdelegatars würde den numerus clausus der Erstdelegatare entwerten und den Exekutivspitzen den ihnen verfassungsrechtlich zugestandenen Einfluß auf den Gesetzesvollzug rauben[192]. Das dem Erstdelegatar bei der Auswahl des Subdelegatars eingeräumte Auswahlermessen liefe leer[193]. Daß dem Delegatar bei der Bestimmung der Subdelegatare gegenüber dem Gesetzgeber die Vorhand zukommt, macht die Verfassung aber auch dadurch noch zusätzlich deutlich, daß die Subdelegation nur durch Rechtsverordnung erfolgen darf. Diese kann grundsätzlich nur durch den Erstdelegatar, nicht aber durch das Parlament erlassen werden[194]. Der Verfassungsgeber hat offensichtlich besonderen Wert auf die Erhaltung eigenständiger Handlungsbefugnisse des Erstdelegatars gelegt. Dies geht aus dem Umstand hervor, daß auch bei einer Subdelegation grundsätzlich die Verantwortung des Erstdelegatars für die Verordnungsgebung erhalten bleibt[195]. Vor diesem Hintergrund ist es nicht möglich, daß der Gesetzgeber über die Subdelegation als solche oder ihre Adressaten selbst bestimmt[196].

Angesichts der beschränkten und nicht erweiterbaren Zahl von Erstdelegataren überrascht die in Art. 80 Abs. 1 Satz 4 GG dem Gesetzgeber eingeräumte Möglichkeit, eine Ermächtigung durch Rechtsverordnung weiter übertragen zu können, ohne daß die Verfassung mögliche Subdelegatare benennt. In der Literatur werden als solche die den obersten Bundes- und Landesbehörden nachgeordneten Behörden, juristische Personen und sogar der Bundespräsident in Erwägung gezogen[197]. Das Schweigen der Verfassung könnte aber darüberhinaus auch zum Anlaß genommen werden, eine vollständige (oder partielle) Subdelegation von Normsetzungsbefugnissen auf Private für zulässig zu halten. Als zentrale Frage erweist sich daher, ob aus dem Schweigen des Grundgesetzes geschlossen werden kann, daß als Subdelegatare nur innerhalb der staatlichen Verwaltung stehende Rechtssubjekte oder auch Private als Subdelegatare – bzw. als mit Normsetzungsbefugnissen Beliehene – in Betracht kommen. Insoweit ist zunächst zu untersuchen, ob bei der Subdelegation ein Rekurs auf das Institut der Beleihung Erhellendes beitragen kann.

325; *U. Ramsauer*, in: Alternativ-Kommentar zum Grundgesetz Bd. II, Art. 80 Rn. 45; *D. Wilke*, in: H. v. Mangoldt/F. Klein, Grundgesetz Bd. III (2. Aufl.), Art. 80 Anm. VII 2.

[192] *K. Stern*, Staatsrecht Bd. II, § 38 III 2a.

[193] *M. Brenner*, in: H. v. Mangoldt/F. Klein/C. Starck, Grundgesetz Bd. 3, Art. 80 Rn. 54.

[194] Bei allen Schwierigkeiten, die das Verhältnis des Parlaments zum Verordnungserlaß aufwirft (hier nun grundlegend: *A. Uhle*, Parlament und Rechtsverordnung, S. 403 ff. und passim), ist klar, daß dem Bundestag unter keinen Umständen ein Initiativrecht für den Erlaß einer Rechtsverordnung zukommt. Siehe nur *M. Brenner*, in: H. v. Mangoldt/F. Klein/C. Starck, Grundgesetz Bd. 3, Art. 80 Rn. 98.

[195] Siehe die Nachweise in Fn. 187.

[196] *M. Brenner*, in: H. v. Mangoldt/F. Klein/C. Starck, Grundgesetz Bd. 3, Art. 80 Rn. 54; a.A. *J. Lücke*, in: M. Sachs, Grundgesetz, Art. 80 Rn. 31. Nicht ganz eindeutig *H. Bauer*, in: H. Dreier, Grundgesetz Bd. II, Art. 80 Rn. 34.

[197] *H. Bauer*, in: H. Dreier, Grundgesetz Bd. II, Art. 80 Rn. 34; *M. Brenner*, in: H. v. Mangoldt/F. Klein/C. Starck, Grundgesetz Bd. 3, Art. 80 Rn. 55; *J. Lücke*, in: M. Sachs, Grundgesetz, Art. 80 Rn. 32; *M. Nierhaus*, in: Bonner Kommentar zum Grundgesetz (1998), Art. 80 Rn. 256.

aa) Der Begriff der Beleihung und die Übertragung von Normsetzungsbefugnissen

Die – nicht gesetzlich positivierte – allgemein akzeptierte Definition des Beliehenen beschreibt diesen als eine natürliche Person oder eine juristische Person des Privatrechts, die mit der selbständigen hoheitlichen Wahrnehmung von Verwaltungsaufgaben betraut ist[198].

Der Beliehene ist Privatrechtssubjekt und dennoch in die öffentliche Verwaltung im institutionell-organisatorischen Sinne integriert. Durch die Beleihung partizipiert der Staat an Sachkunde, Initiative und Interessen der Privaten, die er sich für seine Zwecke nutzbar macht und damit zugleich seine Verwaltungsorganisation entlastet. Der Beliehene, der als Privater in den Bereich der öffentlichen Verwaltung eingegliedert wird, ist mit öffentlich-rechtlichen Verpflichtungen (Grundrechtsbindung, Kompetenzordnung) konfrontiert, die sich als Korrelat seiner erweiterten Berechtigungen erweisen. Ihm wird kein Amt übertragen, dennoch unterliegt er forthin immer dann, wenn er seine aus der Beleihung resultierenden Kompetenzen wahrnimmt, einer typisch öffentlich-rechtlichen Gemeinwohlbindung. Die Einbindung des Beliehenen in seine funktionelle Verwaltungsfunktion dokumentiert sich notwendigerweise mit seiner Unterwerfung unter die Staatsaufsicht. Die Aufsicht stellt die Einhaltung des Beleihungsauftrags sicher und vermittelt dem Beliehenen auf diese Weise die für die Ausübung öffentlicher Gewalt erforderliche demokratische Legitimation.

Die dem Beliehenen obliegende selbständige Wahrnehmung von Verwaltungsaufgaben erfolgt in den Formen des öffentlichen Rechts (sonst wäre eine Beleihung nicht erforderlich); dies sind typischerweise der Verwaltungsakt, der Realakt oder der öffentlich-rechtliche Vertrag. Der Beliehene muß nicht allein hoheitlich befehlend, sondern kann auch schlicht-hoheitlich handeln[199]. Die Übertragung von Normsetzungsbefugnissen auf einen Privaten ist durchaus mit der allgemein üblichen Definition der Beleihung in Einklang zu bringen. Zur definitionsgemäßen Erledigung von Verwaltungsaufgaben durch den Privaten eignen sich sowohl konkret-individuelle Handlungsformen als auch abstrakt-generelle Regelungsmechanismen[200]. Da die Setzung öffentlich-rechtlicher Normen nach Maßgabe der konkreten verfassungsrechtlichen Ausgestaltung des Gewaltenteilungsgrundsatzes Aufgabe und Handlungsform der öffentlichen Verwaltung sein kann (siehe Art. 80 Abs. 1 GG), spricht zunächst begrifflich nichts gegen die Charakterisierung der Beteiligung Privater an der Setzung öffentlich-

---

[198] Hierzu und dem folgenden nur BVerwGE 29, 166 (169 f.); 35, 334 (337); 61, 222 (225 f.); *S. v. Heimburg*, Verwaltungsaufgaben und Private, S. 22 ff.; *M. Heintzen*, VVDStRL Bd. 62 (2003), S. 220 ff. (240 ff.); *M. Krautzberger*, Die Erfüllung öffentlicher Aufgaben durch Private, S. 18; *H. Maurer*, Allgemeines Verwaltungsrecht, § 23 Rn. 56; *R. Michaelis*, Der Beliehene; *F. Ossenbühl*, Staatshaftungsrecht, S. 15 ff.; *U. Steiner*, Öffentliche Verwaltung durch Private, S. 1 ff., 207 ff.; *J. Stuible-Treder*, Der Beliehene im Verwaltungsrecht; *K. Vogel*, Öffentliche Wirtschaftseinheiten in privater Hand, S. 46 ff.
[199] *K. Vogel*, Öffentliche Wirtschaftseinheiten in privater Hand, S. 79 ff.; weiter klarstellend *ders.*, Diskussionsbeitrag, VVDStRL Bd. 29 (1971), S. 256 ff.
[200] *P. Axer*, Normsetzung der Exekutive in der Sozialversicherung, S. 33.

IV. Grund und Grenzen der Übertragung von Normsetzungsbefugnissen

rechtlicher Normen als Beleihung – zumindest, soweit exekutive Normen betroffen sind.

Allerdings sind den Privaten in den typischen Fällen der Beleihung[201] – der des amtlich anerkannten Sachverständigen für den Kraftfahrzeugverkehr bei der Prüfung von Kraftfahrzeugen und der Abnahmen von Fahrprüfungen[202], des Schiffs-[203] oder Flugkapitäns[204] und des Jagdaufsehers[205] – allesamt keine Normsetzungsbefugnisse, sondern nur Kompetenzen zur Entscheidung von Einzelfällen übertragen. Mit der wohl nicht zuletzt auf diesen empirischen Befund gestützten Aussage, eine Beleihung Privater mit Normsetzungsbefugnissen scheide prinzipiell aus, da diese Funktion dem Staat vorbehalten sei[206], würde allerdings ein voreiliger Schluß gezogen. Denn grundsätzlich sind zunächst *alle* Formen der Ausübung hoheitlicher Funktionen dem Staat vorbehalten. Mit einer solchermaßen generellen Behauptung müßte daher jede Form von staatlicher Beleihung Privater mit hoheitlicher Macht abgelehnt werden. Dieser Grundsatz wäre aber bereits angesichts zu beobachtender, unstreitig zulässiger Beleihungen Privater mit Verwaltungsfunktionen durchbrochen.

Im übrigen muß zwischen zwei Ebenen differenziert werden: Zunächst ist zu fragen, ob eine Übertragung von Normsetzungsbefugnissen auf Private mit dem Begriff der Beleihung, wie er von Literatur und Rechtsprechung entwickelt wurde, vereinbart werden kann. Dies ist nach dem oben Dargelegten grundsätzlich zumindest insoweit anzunehmen, als nichtparlamentarische Normsetzungsbefugnisse in Rede stehen: Der Delegatar von untergesetzlichen Normsetzungsbefugnissen nähme als Privater Verwaltungsaufgaben mit hoheitlichen Mitteln wahr. Parlamentarische Normsetzungsbefugnisse hingegen beträfen keine *Verwaltungs*aufgaben. Selbst wenn aber mit der hier verwendeten, weiten Definition der Beleihung die Übertragung von (untergesetzlichen) Normsetzungsbefugnissen auf Private nicht erfaßt werden könnte, spräche dies noch nicht per se gegen deren verfassungsrechtliche Zulässigkeit. Maßstab für deren Beurteilung ist nicht eine von der Wissenschaft entwickelte dogmatische Figur, sondern das Grundgesetz und die in ihm angelegten Möglichkeiten und Grenzen der Beteiligung von Privaten an der Rechtsnormsetzung. Erst auf einer zweiten Ebene ist daher die entscheidende Frage angesiedelt, ob die konkrete staatliche Verfassung eine Übertragung von Normsetzungsbefugnissen auf Private – geschehe dies in Form einer Beleihung oder unter anderem Vorzeichen – zuläßt. Die Bezugnahme auf das Institut der Beleihung zur Beurteilung von Grund und Grenzen der Übertragung von Normsetzungsbefugnissen auf Private ist also nicht sinnvoll, weil sie in einen argumentativen Zirkelschluß führt: Entweder läßt sich behaupten, daß eine Übertragung von Normsetzungsbefugnissen auf Private als Beleihung zu verste-

---

[201] Weitere Beispiele jew. m.w.N. bei *H. Maurer*, Allgemeines Verwaltungsrecht, § 23 Rn. 56.
[202] Früher § 29 StVZO bzw. § 69 Fahrerlaubnisverordnung (FeV).
[203] §§ 75 Abs. 1, 101, 106 SeemansG.
[204] § 29 Abs. 3 LuftVG.
[205] § 25 Abs. 2 BJagdG.
[206] So z.B. H.-J. Wolff / O. Bachof / *R. Stober*, Verwaltungsrecht II, § 104 Rn. 2.

hen ist, wobei allerdings eine Beleihung Privater mit Normsetzungsbefugnissen nicht möglich sein soll[207]. Oder dem kann entgegengehalten werden, daß eine solche Übertragung möglich ist, wenn sie eine zulässige Form der Beleihung darstellt[208]. *Ob* die Beleihung aber zulässig ist, kann nur anhand der verfassungsrechtlichen Vorgaben ermittelt werden.

bb) Die Übertragung von Normsetzungsbefugnissen auf Private aufgrund von Art. 80 Abs. 1 Satz 4 GG

Aus der Zeit vor Erlaß des Grundgesetzes sind Konstellationen bekannt, in denen private Vereine durch den Gesetzgeber ausdrücklich mit Rechtsetzungsfunktionen betraut wurden[209]. Allerdings bezeugen diese vorkonstitutionellen Beispiele lediglich das sachliche Erfordernis und die Praktikabilität der Übertragung von Normsetzungsbefugnissen auf private Verbände, soweit die zu regelnden (v.a. technischen) Angelegenheiten einen hohen Komplexitätsgrad aufweisen und solchen Sachverstand erfordern, der in der unmittelbaren Staatsverwaltung nicht in ausreichendem Maße vorhanden ist. Ob eine solche Übertragung von Normsetzungsbefugnissen auf Private aber mit den verfassungsrechtlichen Vorgaben des Grundgesetzes und insbesondere dem bereits dargelegten System demokratischer Legitimation vereinbar ist, kann anhand historischer Reminiszenzen nicht beurteilt werden[210].

Eine Übertragung nach Art. 80 Abs. 1 GG an Private als Erstdelegatare scheidet aufgrund des numerus clausus der in Art. 80 Abs. 1 Satz 1 GG genannten Rechtssubjekte aus. Ansatzpunkt für eine solche Übertragung kann daher nur die Übertragung von Normsetzungsbefugnissen auf Subdelegatare durch den Erstdelegatar gem. Art. 80 Abs. 1 Satz 4 GG sein. Es wird – wenn auch vereinzelt – die Ansicht vertreten, daß auch Private (als Beliehene) durch die Erstdelegatare zu Subdelegataren bestellt werden können. Als Begründung für diese Aussage wird auf das Schweigen des Grundgesetzes verwiesen, das damit den Kreis der möglichen Subdelegatare bewußt offengehalten haben soll[211]. Weitgehend wird

---

[207] So muß z.B. *M. Brenner*, in: H. v. Mangoldt/F. Klein/C. Starck, Grundgesetz Bd. 3, Art. 80 Rn. 55 verstanden werden.
[208] So etwa *U. Ramsauer*, in: Alternativ-Kommentar zum Grundgesetz Bd. II, Art. 80 Rn. 46 (Fn. 117).
[209] Siehe hierzu *H. Peters/F. Ossenbühl*, Die Übertragung von öffentlich-rechtlichen Befugnissen auf die Sozialpartner unter besonderer Berücksichtigung des Arbeitsschutzes, S. 53 f. Diese weisen zum einen auf die 2. DVO zum EnWG vom 31. August 1937 (RGBl. I 918) hin, in der dem Verband deutscher Elektrotechniker e.V. die Aufgabe übertragen wurde, verbindlich die anerkannten Regeln der Elektrotechnik festzulegen. Dem Deutschen Verein von Gas- und Wasserfachmännern e.V. wurde nach der 4. DVO zum EnWG vom 7. Dezember 1938 (RGBl. I 1732) ähnliche Funktionen übertragen.
[210] So *H. Peters/F. Ossenbühl*, Die Übertragung von öffentlich-rechtlichen Befugnissen auf die Sozialpartner unter besonderer Berücksichtigung des Arbeitsschutzes, S. 53.
[211] *E.R. Huber*, Wirtschaftsverwaltungsrecht Bd. I, S. 538; ähnlich *U. Ramsauer*, in: Alternativ-Kommentar zum Grundgesetz Bd. II, Art. 80 Rn. 46 (Fn. 117), der bei entsprechender gesetzlicher Ermächtigung eine Subdelegation auf Private für zulässig erachtet, soweit diese eine zulässige Be-

eine Subdelegation von Normsetzungsbefugnissen auf Private hingegen abgelehnt – auch wenn es sich dabei um Beliehene handelt. Die Begründung dieser Position erfolgt ebenfalls unter Berufung auf entsprechendes Schweigen der Verfassung bei Regelung der Subdelegation. Hieraus wird geschlossen, daß als Subdelegatare nur innerhalb der staatlichen Verwaltung stehende Rechtssubjekte in Betracht kommen. Eine Verlagerung der Entscheidung über Erlaß und Inhalt von Verordnungen aus der staatlichen Verantwortung heraus sei verfassungsrechtlich unzulässig[212]. Als Unterstützung für diese Deutung des grundgesetzlichen Schweigens wird *zum einen* die Entstehungsgeschichte der Vorschrift herangezogen.

In deren Verlauf sei zu keinem Zeitpunkt von einer Übertragung von Normsetzungsbefugnissen auf Private die Rede gewesen[213]. Die Reichsverfassung hatte in Art. 77 WRV grundsätzliche Vorgaben nur für den Erlaß von »Verwaltungsvorschriften« (Verwaltungsverordnungen) durch die Reichsregierung enthalten. Ansonsten gab es weder eine allgemeine Ermächtigung der Reichsregierung für den Erlaß von Rechtsverordnungen, noch schränkte die WRV die Möglichkeit ein, die Regierung durch einfaches Reichsgesetz zum Erlaß von Verordnungen zu ermächtigen[214]. Jedoch war eine Delegation oder Subdelegation der Verordnungsmacht auf private, staatsunabhängige Verbände sowohl während der Geltungsdauer der Weimarer Verfassung als auch während des »Dritten Reichs« ausgeschlossen[215]. Aufgrund der historischen Erfahrungen mit dem Mißbrauch der Ermächtigungsgesetze hatte Art. 102 HChE zum einen ein ausdrückliches Verbot der Delegation parlamentarischer Rechtsetzungskompetenzen, zum anderen aber die Möglichkeit einer

---

leihung darstellt. S.a. *A. Dittmann*, in: S. Biernat/R. Hendler/F. Schoch/A. Wasilewski, Grundfragen des Verwaltungsrechts und der Privatisierung, S. 107 ff. (110); *M. Schwierz*, Die Privatisierung des Staates am Beispiel der Verweisungen auf die Regelwerke privater Regelgeber im privaten Sicherheitsrecht, S. 64 ff.; *D. Wilke*, in: H. v. Mangoldt/F. Klein, Grundgesetz Bd. III (2. Aufl.), Art. 80 Anm. VIII 3.

[212] *A. v. Bogdandy*, Gubernative Rechtsetzung, S. 393; *M. Brenner*, in: H. v. Mangoldt/F. Klein/C. Starck, Grundgesetz Bd. 3, Art. 80 Rn. 55; zu dem in dieser Argumentation angelegten Zirkelschluß s. weiter o. im Text. S.a. *I. Lamb*, Kooperative Gesetzeskonkretisierung, S. 87 ff.; *T. Maunz*, in: ders./G. Dürig u.a., Grundgesetz, Art. 80 Rn. 42; *M. Nierhaus*, in: Bonner Kommentar zum Grundgesetz (1998), Art. 80 Rn. 259; *F. Ossenbühl*, in: J. Isensee/P. Kirchhof, HdbStR Bd. III, § 64 Rn. 30.

[213] *H. Peters/F. Ossenbühl*, Die Übertragung von öffentlich-rechtlichen Befugnissen auf die Sozialpartner unter besonderer Berücksichtigung des Arbeitsschutzes, S. 58 mit Hinweis auf JöR N.F. Bd. 1 (1951), S. 587 ff.

[214] Art. 77 WRV lautete: »Die zur Ausführung der Reichsgesetze erforderlichen allgemeinen Verwaltungsvorschriften erläßt, soweit die Gesetze nichts anderes bestimmen, die Reichsregierung. Sie bedarf dazu der Zustimmung des Reichsrats, wenn die Ausführung der Reichsgesetze den Landesbehörden zusteht«. Des weiteren hieß es in Art. 88 Abs. 3 WRV: »Die Reichsregierung erläßt mit Zustimmung des Reichsrats die Verordnungen, welche Grundsätze und Gebühren für die Benutzung der Verkehrseinrichtungen festsetzen. Sie kann diese Befugnis mit Zustimmung des Reichsrats auf den Reichspostminister übertragen«. S.a. den ähnlichen Art. 91 WRV über den Erlaß von Verordnungen durch die Reichsregierung für den Bereich des Eisenbahnwesens. Ein Verordnungsrecht des Reichspräsidenten ergab sich aus Art. 176 WRV: »Alle öffentlichen Beamten und Angehörigen der Wehrmacht sind auf diese Verfassung zu vereidigen. Das Nähere wird durch Verordnung des Reichspräsidenten bestimmt«. Beiläufige Erwähnung fand die Verordnung auch in anderen Übergangs- und Schlußbestimmungen (Art. 178 Abs. 2, 179 Abs. 1 und 2 WRV).

[215] Hierzu *K.-W. Schäfer*, Das Recht der Regeln der Technik, S. 78.

gesetzlichen Ermächtigung zum Erlaß von Rechtsverordnungen durch einen begrenzten Kreis von Delegataren ebenso wie die Möglichkeit vorgesehen, bei entsprechender gesetzlicher Zulassung die Ermächtigung durch eine Rechtsverordnung auf einen Subdelegatar zu übertragen. Auch im Entwurf wird deren Kreis nicht eingegrenzt. Später erfolgte durch den Organisationsausschuß des Parlamentarischen Rats mit Blick auf den ersten Regelungsgegenstand der Vorschrift – die parlamentarische Gesetzgebung – eine besondere Klarstellung, daß das Gesetzgebungsrecht auch nicht auf Einzelpersonen übertragen werden kann. Dieses Verbot wurde im Laufe der weiteren Verhandlungen in einen eigenen Artikel übernommen, der in der Folge ohne Begründung und Diskussion auf Anregung des Allgemeinen Redaktionsausschusses wieder gestrichen wurde[216].

Aus der Genese der Vorschrift mag man für die vorliegende Frage alles und nichts ableiten. Man kann darauf verweisen, daß ein ausdrückliches Verbot der Übertragung von Normsetzungsbefugnissen überhaupt nur für die parlamentarische Gesetzgebung erwogen und dann wieder fallengelassen wurde. Dies kann aber auch so gedeutet werden, daß die Untragbarkeit einer Überlassung von Normsetzungsbefugnissen *aller Art* auf Private für den Verfassungsgeber so evident war, daß es einer weiteren Diskussion nicht bedurfte und daß also auch eine ausdrückliche Erwähnung eines entsprechenden Verbots als überflüssig erscheinen mußte. Das stillschweigende Streichen einer Vorschrift, die etwas verbietet, das in dem im übrigen errichteten System demokratischer Legitimation eine begründungsbedürftige Ausnahme darstellen würde, kann weder für noch gegen die Zulässigkeit einer Übertragung von Normsetzungsbefugnissen auf Private ins Feld geführt werden.

Zum anderen wird darauf verwiesen, daß Art. 80 GG seiner Zielsetzung nach die Verordnungsgebung insgesamt prinzipiell begrenzt halten wolle[217]. Dieses Ziel würde sich aber nur über die Festlegung materieller Grenzen der Übertragung von Rechtsetzungsbefugnissen und nicht über eine Eingrenzung des Personenkreises der Verordnungsgeber gewährleisten lassen, zumal der Verfassungsgeber durch die Nicht-Benennung von möglichen Subdelegataren selbst zu erkennen gibt, daß eine Begrenzung der Verordnungsgebung über die Einschränkung des Delegatarkreises nicht sein Ziel ist.

Ein Verbot der Subdelegation von Normsetzungsbefugnissen auf Private kann im Ergebnis allein aus dem Argument heraus entwickelt werden, daß Art. 80 GG – ausweislich des Verfassungsabschnitts, in dem sich die Vorschrift befindet – nur das Verhältnis zwischen Legislative und Exekutive in dem Bereich der Staatsfunktion »Rechtsetzung« zu regeln beansprucht. Die Begrenzung des Kreises der Erstdelegatare durch Art. 80 Abs. 1 Satz 1 GG macht deutlich, daß Art. 80 Abs. 1 GG nur Kompetenzfragen innerhalb der staatlichen Behördenhierarchie regeln will. Mit einer ausdrücklichen Begrenzung der Subdelegatare auf die staatliche Behördenhierarchie wäre aber eine Übertragung von Normsetzungsbefugnissen nicht nur insoweit unmöglich, als sie auf private Subdelegatare erfolgt. Würde

---

[216] Siehe hiezu JöR N.F. Bd. 1 (1951), S. 587 ff., insbes. S. 589 (Fn. 7).
[217] K. *Stern*, Staatsrecht Bd. II, § 28 III 2.

man sich hierbei nur auf die »staatliche Behördenhierarchie«[218] beziehen, wäre eine Subdelegation auf Körperschaften des öffentlichen Rechts, die als verselbständigte Verwaltungseinheiten nicht der staatlichen Behördenhierarchie, sondern der mittelbaren Staatsverwaltung angehören, ebenfalls unzulässig. Diese Konsequenz wird allerdings nicht gezogen[219]. Hiervon ausgehend könnte die aus der systematischen Stellung der Vorschrift abzuleitende Feststellung dahin gehen, daß mit Art. 80 Abs. 1 GG keine Aussage zu dem Verhältnis von Staat und Gesellschaft getroffen wird[220].

Dem ist insoweit zuzustimmen, als es tatsächlich primäres Anliegen des Verfassungsgebers war, die in der deutschen Verfassungstradition seit langem tief verwurzelte Verordnungsmacht der Exekutive sowohl aufzugreifen und dem neu konstituierten Gemeinwesen nutzbar zu machen, als auch sie dadurch einzugrenzen, daß sich der Gesetzgeber seiner Verantwortung nicht vollends sollte entledigen können. In Art. 80 Abs. 1 GG nimmt die Verfassung Stellung zu einer zentralen Frage des deutschen Staatsrechts und dokumentiert durch eine detaillierte Festlegung von Ermächtigungsvoraussetzungen eine »bewußte Abkehr«[221] der Verfassung von einem ungezügelten Verordnungsrecht der Exekutive[222]. Die Verfassungsmaterialien lassen aber keinen Rückschluß darauf zu, ob der Gesetzgeber dabei die Möglichkeit einer Delegation von Normsetzungskompetenzen auf Private überhaupt als Option in Erwägung gezogen oder abgelehnt hat[223]. Es erscheint nicht zwingend, allein aus der Begrenzung der Erstdelegatare zugleich eine Begrenzung der Subdelegatare auf den Bereich der staatsmittelbaren oder -unmittelbaren Verwaltung abzuleiten. Erst wenn man sich Struktur und Anliegen von Art. 80 Abs. 1 GG vergegenwärtigt, ergeben sich Zweifel an einer freien Auswahlmöglichkeit hinsichtlich der Subdelegatare, die auch eine Übertragung an Private einschließt.

Bei einer Berücksichtigung von Telos und systematischer Stellung der Vorschrift ergibt sich, daß Private als Subdelegatare von Normsetzungsbefugnissen

---

[218] *H. Peters/F. Ossenbühl*, Die Übertragung von öffentlich-rechtlichen Befugnissen auf die Sozialpartner unter besonderer Berücksichtigung des Arbeitsschutzes, S. 58.
[219] *M. Brenner*, in: H. v. Mangoldt/F. Klein/C. Starck, Grundgesetz Bd. 3, Art. 80 Rn. 55; *M. Nierhaus*, in: Bonner Kommentar zum Grundgesetz (1998), Art. 80 Rn. 256.
[220] *F. Ossenbühl*, in: J. Isensee/P. Kirchhof, HdbStR Bd. III, § 64 Rn. 30.
[221] BVerfGE 1, 14 (59.)
[222] Zu der Genese dieser Entscheidung des Verfassungsgebers siehe nur JöR N.F. Bd. 1 (1951), S. 587 ff. Über die Entwicklung des Delegationsrechts: *M. Nierhaus*, in: Bonner Kommentar zum Grundgesetz (1998), Art. 80 Rn. 25 ff.
[223] Siehe JöR N.F. Bd. 1 (1951), S. 587 ff., insbes. S. 589; s.a. *U. Karpen*, Die Verweisung als Mittel der Gesetzgebungstechnik, S. 130; *P. Marburger*, Die Regeln der Technik im Recht, S. 334; *H. Peters/F. Ossenbühl*, Die Übertragung von öffentlich-rechtlichen Befugnissen auf die Sozialpartner unter besonderer Berücksichtigung des Arbeitsschutzes, S. 58 f. Daß sich die Möglichkeit einer Ermächtigung Privater zum Erlaß von Rechtsverordnungen in der Dekade der Grundgesetzentstehung nicht innerhalb des herrschenden Problemhorizonts bewegte, wird auch daran deutlich, daß in der grundlegenden Arbeit *H. Triepels*, Delegation und Mandat im öffentlichen Recht, aus dem Jahre 1942 eine solche Ermächtigung nicht erwogen wurde.

nach Art. 80 Abs. 1 Satz 4 GG nicht in Frage kommen[224]. Die Vorschrift soll nicht nur sicherstellen, daß sich das Parlament als Steuerungszentrum des grundgesetzlichen Legitimationskonzepts nicht in ungehemmtem Ausmaß seiner Befugnisse begibt. Es ist auch Anliegen der Vorschrift, daß das Parlament dort, wo es sich zum Zweck der durch das Gewaltenteilungsprinzip vorgezeichneten Arbeitsteilung durch Zuweisung staatlicher Aufgaben an verselbständigte Rechtssubjekte der Normsetzungsbefugnisse begibt, seine Steuerungskompetenzen nicht (endgültig) verliert. Diese Aufrechterhaltung der Steuerungskompetenzen erfolgt zum einen durch den Zwang, dem untergesetzlichen Normsetzer inhaltliche Vorgaben für die Ausübung seiner Normsetzungsbefugnisse in Form von »Inhalt, Zweck und Ausmaß«[225] zu machen. Durch die Anbindung an die inhaltlichen Vorgaben des Parlamentsgesetzes wird die sachlich-inhaltliche Legitimation einer Ausübung der übertragenen Normsetzungsbefugnis gesichert. Daß es aber auch Anliegen der Vorschrift ist, ebenfalls den zweiten Aspekt demokratischer Legitimation – den organisatorisch-personellen – zu sichern, ist aus dem Kreis der genannten Erstdelegatare zu ersehen. Die dort enumerierten Rechtssubjekte sind allesamt mit einem hohen Maß an persönlicher demokratischer Legitimation ausgestattet[226].

Die Mitglieder der Bundesregierung werden durch den Bundespräsidenten auf Vorschlag des Bundeskanzlers ernannt und entlassen (Art. 64 Abs. 1 GG). Dieser selbst wird unmittelbar durch das Parlament gewählt (Art. 63 Abs. 1 GG) und abgewählt (Art. 67 Abs. 1 GG). Durch den gegenüber dem Bundespräsidenten ausgesprochenen Vorschlag zur Ministerernennung, dem dieser bei Vorliegen der formalen Voraussetzung des Kandidaten entsprechen muß[227], reicht der Bundeskanzler seine durch die unmittelbare Wahl durch das Parlament gestiftete personelle demokratische Legitimation an die Bundesminister und damit an die Bundesregierung als der Gesamtheit von Bundesministern und dem Bundeskanzler selbst weiter. Die ebenfalls als potentielle Erstdelegatare aufgeführten Landes-

---

[224] S.a. *J. Backherms*, Das DIN Deutsches Institut für Normung e.V. als Beliehener, S. 63; *R. Breuer*, AöR Bd. 101 (1976), S. 46 ff. (63); *W. Brohm*, Strukturen der Wirtschaftsverwaltung, S. 216 (Fn. 73); *A. Hamann*, Autonome Satzungen und Verfassungsrecht, S. 55 ff.; *U. Karpen*, Die Verweisung als Mittel der Gesetzgebungstechnik, S. 129 ff.; *P. Marburger*, Die Regeln der Technik im Recht, S. 333 f.; *R. Michaelis*, Der Beliehene, S. 37 ff.; *K.-O. Nikkusch*, Die Normativfunktion technischer Ausschüsse und Verbände als Problem der staatlichen Rechtsquellenlehre, S. 148 ff.; *H. Peters/F. Ossenbühl*, Die Übertragung von öffentlich-rechtlichen Befugnissen auf die Sozialpartner unter besonderer Berücksichtigung des Arbeitsschutzes, S. 58.
[225] Zu dem umstrittenen Verhältnis der Schrankentrias zum Wesentlichkeitsgrundsatz: BVerfGE 7, 282 (301); 18, 52 (61); 49, 89 (127); 56, 1 (13); 58, 257 (278); *E.-W. Böckenförde*, Gesetz und gesetzgebende Gewalt, S. 393; *T. v. Danwitz*, Die Gestaltungsfreiheit des Verordnungsgebers, S. 86 ff.; *M. Kloepfer*, JZ 1984, S. 685 ff. (692 f.); *M. Nierhaus*, in: Bonner Kommentar zum Grundgesetz (1998), Art. 80 Rn. 89 ff., 133 ff.; *J. Staupe*, Parlamentsvorbehalt und Delegationsbefugnis, S. 142 ff.
[226] S.a. *P. Marburger*, Die Regeln der Technik im Recht, S. 334, der auch auf das Demokratieprinzip als Hindernis für die Übertragung von Normsetzungsbefugnissen auf Private i.R.v. Art. 80 Abs. 1 Satz 4 GG abstellt, hierbei aber nicht zwischen dessen beiden Komponenten differenziert.
[227] *R. Herzog*, in: T. Maunz/G. Dürig u.a., Grundgesetz, Art. 64 Rn. 16; *M. Oldiges*, in: M. Sachs, Grundgesetz, Art. 64 Rn. 15; *H.P. Schneider*, in: Alternativ-Kommentar zum Grundgesetz Bd. II, Art. 64 Rn. 4.

regierungen sind zwar nicht durch das Staatsvolk auf Bundesebene legitimiert – wohl aber durch das Staatsvolk auf Landesebene. Den Landesregierungen kann dementsprechend auch nur eine Rechtsetzungskompetenz für Normen übertragen werden, deren Geltungsbereich sich auf das eigene Bundesland beschränkt.

Durch die Aufzählung der Erstdelegatare macht die Verfassung klar, daß die Herauslösung von Normsetzungsbefugnissen aus dem parlamentarischen Kompetenzbestand im Wege der Delegation nur dann zulässig sein soll, wenn die Delegatare über eine entsprechende persönliche demokratische Legitimation verfügen[228]. Hielte man eine Delegation von Rechtsetzungskompetenzen an andere als die so legitimierten Adressaten für zulässig, würde dies das in Art. 80 Abs. 1 GG angelegte Delegationsverständnis unterlaufen. Wenn der Gesetzgeber schon keine Delegation auf solche Adressaten vorzunehmen vermag, die nicht durch persönliche demokratische Legitimation ihm gegenüber mittelbar für ihre Entscheidungen verantwortlich sind, so kann eine doch so weitgehende Auslagerung der Erfüllung staatlicher Befugnisse aus dem demokratischen Legitimationszusammenhang erst recht nicht der Exekutive zukommen. Die Sicherungsmechanismen zum Erhalt des erforderlichen, von den zwei beschriebenen Säulen getragenen Niveaus demokratischer Legitimation würden unterlaufen, wenn ein Delegatar über keine demokratische Legitimation im Sinne von Art. 20 Abs. 2 GG verfügte. Des weiteren wäre die Beschränkung der Satzungsautonomie auf Angehörige der Selbstverwaltungseinheit und das weitgehende Verbot satzungsmäßiger Berührung von Außenseitern[229] insoweit obsolet, als diese Restriktion durch eine Satzungsautonomie ergänzende Delegation von Rechtsetzungsbefugnissen umgangen werden könnte und der Außenseiter dann – ohne einen kompensierenden verbandsdemokratischen Einfluß – den Normen eines Rechtsetzers ausgesetzt wäre, der ihm gegenüber nicht legitimiert ist und auch über keine personelle sonstige demokratische Legitimation verfügt. Wenn aber bereits der unter dem Gesichtspunkt personeller demokratischer Legitimation näher an dem Legitimationsstifter stehende einfache Gesetzgeber nicht über die Möglichkeit verfügt, Normsetzungsbefugnisse auf nicht personell-demokratisch legitimierte Rechtssubjekte zu delegieren, kann dies den gegenüber dem Parlament schwächer legitimierten Erstdelegataren erst recht nicht zugestanden sein. Da Subdelegatare – wie alle genannten Erstdelegatare – über eine organisatorisch-personelle demokratische Legitimation verfügen müssen, kommen verselbständigte Verwaltungseinheiten als Subdelegatare nur dann in Betracht, wenn deren Organe auf eine Weise ernannt werden, die eben diese Form demokratischer Legitimation sicherstellt.

---

[228] Auf das Demokratieprinzip stellen bei ihren Bedenken gegenüber einer Beleihung Privater mit Normsetzungsbefugnissen auch *E. Denninger*, Verfassungsrechtliche Anforderungen an die Normsetzung im Umwelt- und Technikrecht, Rn. 113 ff. und *P. Marburger*, Die Regeln der Technik im Recht, S. 333 ff. ab.
[229] Siehe hierzu S. 463 ff.

Selbstverwaltungskörperschaften, deren Organe (überwiegend) durch das Verbandsvolk bzw. auf dessen bindenden Vorschlag hin bestellt werden, sind damit keine tauglichen Subdelegatare nach Art. 80 Abs. 1 Satz 4 GG, da die Organe der in dieser Vorschrift auch für Subdelegatare vorausgesetzten persönlichen demokratischen Legitimation entbehren[230]. Wäre eine solche Beschränkung nicht geboten, würden Diskussionen über Grund und Grenzen autonomer Rechtsetzungsbefugnisse weitgehend obsolet, da dann jeder Körperschaft des öffentlichen Rechts und sogar privaten Rechtssubjekten eine entsprechende Rechtsetzungsbefugnis nicht als Befugnis zur autonomen Rechtsetzung, sondern als delegierte Kompetenz übertragen werden könnte. Eine Subdelegation von Verordnungsermächtigungen über den staatsunmittelbaren Bereich hinaus ist daher nach der hier entwickelten Ansicht verfassungsrechtlich unzulässig.

Dies gilt nicht für die Subdelegation von Normsetzungskompetenzen auf die kommunalen Gebietskörperschaften. Diese sind – wie bereits ausgeführt – staatsanalog legitimiert und werden daher von dem Grundgesetz in Art. 28 Abs. 2 Satz 1 GG als dem Bundesstaatsvolk gleichwertige Quelle für die Stiftung persönlicher demokratischer Legitimation angesehen.

Noch weiter als in dem Falle der (zumindest) formell in den Verwaltungsaufbau integrierten, aber nicht über personelle demokratische Legitimation verfügenden Selbstverwaltungskörperschaften würde sich eine Übertragung von Normsetzungskompetenzen auf Private von dem in Art. 80 Abs. 1 Satz 4 zugrundegelegten Erfordernis demokratischer Legitimation entfernen. Private entbehren der persönlichen demokratischen Legitimation. Bei einer Subdelegation von Normsetzungsbefugnissen auf diese fiele damit *eine* Komponente der grundgesetzlichen Legitimationsvermittlung ersatzlos fort. Der Regelungszusammenhang von Art. 80 Abs. 1 Satz 4 GG ergibt, daß die Existenz einer persönlichen demokratischen Legitimation Voraussetzung für die Subdelegation von Normsetzungsbefugnissen ist. Daher kann das Schweigen der Verfassung in diesem Punkt auch nur in dem Sinne gedeutet werden, daß der Erstdelegatar zwar bei der Auswahl der Subdelegatare grundsätzlich frei ist, daß jener aber über eine persönliche demokratische Legitimation verfügen muß.

Zusammenfassend kann damit folgendes Ergebnis festgehalten werden: In den Bereichen der nach Art. 80 Abs. 1 GG delegierten Gesetzgebung sind Private sowohl mangels ihrer Benennung in Art. 80 Abs. 1 Satz 1 GG als Erstdelegatare als auch aufgrund ihrer mangelnden persönlichen demokratischen Legitimation als Subdelegatare ungeeignet. Allerdings sind die Fälle der Delegation von Normsetzungsbefugnissen nach Art. 80 Abs. 1 GG nicht die einzigen Konstellationen, in denen eine Übertragung von Normsetzungsbefugnissen auf Private erwogen werden kann.

---

[230] Zu der Ansicht, daß Art. 87 Abs. 2 für den Bereich der sozialen Selbstverwaltung eine Erweiterung des Kreises der Delegatare legitimiere (so *P. Axer*, Normsetzung in der Sozialversicherung, S. 299 ff.), siehe unten S. 715 ff.

3. Weitere verfassungsrechtliche Gestaltungsspielräume für die Übertragung von Normsetzungsbefugnissen durch den Gesetzgeber

Neben der durch Art. 80 Abs. 1 GG maßgeblich gesteuerten und zugleich beschränkten Übertragung von Normsetzungsbefugnissen auf die dort aufgeführte, begrenzte Anzahl staatlicher Rechtssubjekte und der Subdelegation nach Art. 80 Abs. 1 Satz 4 GG stehen die Fälle autonomer Rechtsetzung durch verselbständigte Rechtssubjekte. Unter diesem Vorzeichen verfügt eine ganze Reihe anderer als die in Art. 80 Abs. 1 Satz und 4 GG erfaßten Rechtssubjekte über Rechtsetzungskompetenzen, die nicht nach den Modalitäten des Art. 80 Abs. 1 GG auf sie übertragen sind. Bei diesen Rechtssubjekten handelt es sich keineswegs ausschließlich um staatliche Akteure. An dieser Stelle rückt vielmehr auch der private Rechtsetzer in das Blickfeld der Untersuchung.

a) Die Übertragung von Normsetzungsbefugnissen zur Verwirklichung von Grundrechtsgarantien

aa) Grundrechte und die Befugnis zur Rechtsetzung

α) Private Rechtsetzung

Neben staatlichen Instanzen ist auch eine Vielzahl privater Normsetzer an der Konstituierung der Rechtsordnung beteiligt. Als zwei typische Fälle privater Rechtsetzung (bzw. der Rechtsetzung durch Private) sind die Vereinssatzung[231] und der Tarifvertrag zu nennen[232]. Während die erstgenannte Rechtsnorm im Beschlußmodus – also durch die Organe eines Rechtssubjekts durch Mehrheitsbeschluß – entsteht, werden Tarifnormen durch Vertragsschluß als Ergebnis von Verhandlungen zwischen antagonistischen Rechtssubjekten erlassen. Gewohnheitsrecht entstammt zwar auch regelmäßig[233] der nicht-staatlichen Sphäre, wird hingegen nicht durch einen Rechtsetzer gesetzt, sondern stellt das Ergebnis einer langsamen Entwicklung durch soziale Kommunikationsprozesse dar[234]. Das Erfordernis demokratischer Legitimation nach Art. 20 Abs. 2 Satz 1 GG gilt nur für

---

[231] Zum umstrittenen rechtsnormativen Charakter der Vereinssatzung s.o. § 3/Fn. 166.
[232] Siehe insgesamt, auch zu weiteren Beispielen, nur *F. Kirchhof*, Private Rechtsetzung, S. 181 ff. und passim; s.a. *F. Ossenbühl*, in: J. Isensee/P. Kirchhof, HdbStR Bd. III, § 61 Rn. 46 f.; *M. Schmidt-Preuß*, VVDStRL Bd. 56 (1997), S. 160 ff. (202 ff.).
[233] Zum einen gibt es aber auch die umstrittene Kategorie des Verfassungsgewohnheitsrechts, bei dem es sich naturgemäß und unabhängig von der Frage seiner Legitimation um staatliches Recht handelt (siehe hierzu insgesamt: *C. Tomuschat*, Verfassungsgewohnheitsrecht). In dem Zwischenbereich zwischen staatlicher und privater Rechtsetzung ist das Phänomen der Observanz angesiedelt. Mit diesem Begriff bezeichnet man solches Gewohnheitsrecht, das sich in einem – möglicherweise öffentlich-rechtlichen, aber nicht zwingend mit Autonomie versehenen – Verband gebildet hat (*L. Enneccerus/H.C. Nipperdey*, Allgemeiner Teil des Bürgerlichen Rechts, Erster Halbband, § 44 V).
[234] *G. Teubner*, FS Simitis, S. 437 ff. (440 ff.).

die Ausübung staatlicher Gewalt[235]. Die Legitimation für eine aus solchen Rechtsquellen folgende Bindung kann nicht »demokratisch« begründet werden, da das Demokratieprinzip sich nicht als Strukturgebot auf die Gesellschaft insgesamt oder gesellschaftliche Funktionen bezieht[236]. Somit ist eine demokratische Legitimation solcher privater Normen weder geboten noch – wegen Verwurzelung ihrer Normsetzer in der gesellschaftlichen Sphäre grundrechtlicher Freiheit – möglich. Dennoch bedarf auch die Geltung solcher privater Rechtsquellen der Legitimation, denn sie sind Grundlage von ggfs. mit staatlicher Zwangsgewalt durchzusetzender Machtausübung Privater gegenüber anderen Privaten[237]. Grundsätzlich verfügt kein Individuum über die Rechtsmacht, einem anderen Individuum gegen dessen Willen eine Rechtspflicht aufzuerlegen. Dies gilt für einzelne konkrete Rechtspflichten ebenso wie für die Unterwerfung unter eine normative Ordnung, in der Mehrheitsentscheidungen getroffen werden, an die der bei der Entscheidung Unterlegene dennoch gebunden ist.

Die Garantie der Menschenwürde in Art. 1 Abs. 1 GG verpflichtet den Staat ebenso wie Art. 2 Abs. 1 GG, aber Instrumente bereitzustellen, mit denen den Grundrechtsträgern die autonome Gestaltung ihrer Beziehungen zu anderen ermöglicht wird[238]. Des weiteren ist die Bindung an Rechtsnormen privater Assoziationen als Ausdruck wahrgenommener privater (Bindungs-) Freiheit zu verstehen, deren verfassungsrechtliche Verankerung das Grundrecht der Vereinigungsfreiheit aus Art. 9 Abs. 1 GG ist[239]. Art. 9 Abs. 1 GG umschließt in seinem sachlichen Schutzbereich nicht allein die Gründung, sondern auch die Existenz und Funktionsfähigkeit der jeweiligen Vereinigung sowie deren Selbstbestimmung über die eigene Organisation, das Verfahren, die Willensbildung und die Führung der Geschäfte[240]. Diese die Regelung der eigenen Angelegenheiten um-

---

[235] *M. Jestaedt*, Demokratieprinzip und Kondominialverwaltung, S. 225 ff.; s.a. BVerfGE 47, 253 (273); 77, 1 (40); 83, 60 (73); *E.-W. Böckenförde*, in: J. Isensee/P. Kirchhof, HdbStR Bd. I, § 22 Rn. 12 f.; *H. Dreier*, in: H. Dreier, Grundgesetz Bd. II, Art. 20 (Demokratie) Rn. 79 ff.; *K.-P. Sommermann*, in: H. v. Mangoldt/F. Klein/C. Starck, Grundgesetz Bd. 2, Art. 20 Rn. 139 ff.
[236] BVerfGE 83, 60 (72); *K. Stern*, Staatsrecht Bd. I, § 18 III 2.
[237] *K. Biedenkopf*, Grenzen der Tarifautonomie, S. 47 f.; *A. Hänlein*, Rechtsquellen im Sozialversicherungsrecht, S. 36; *F. Kirchhof*, Private Rechtsetzung, S. 506, 511 ff. Auch das Bundesverfassungsgericht geht in BVerfGE 44, 322 (348), davon aus, daß normsetzende Gewalt entweder auf demokratischer oder mitgliedschaftlicher Legitimation gründen muß.
[238] BVerfGE 89, 214 (231 f.); *K. Adomeit*, Rechtsquellenfragen im Arbeitsrecht, S. 90; *U. Di Fabio*, in: T. Maunz/G. Dürig u.a., Grundgesetz, Art. 2 Abs. 1 Rn. 101, *K. Larenz/M. Wolf*, Allgemeiner Teil des Bürgerlichen Rechts, § 1 Rn. 2.
[239] *S. Augsberg*, Rechtsetzung zwischen Staat und Gesellschaft, S. 231 f.; *A. Hänlein*, Rechtsquellen im Sozialversicherungsrecht, S. 37; *G. Dürig*, in: T. Maunz/ders.u.a., Grundgesetz, Art. 1 Rn. 114; *F. Kirchhof*, Private Rechtsetzung, S. 111; *K. Vieweg*, Normsetzung und -anwendung deutscher und internationaler Verbände, S. 145. Zum Sonderfall der Satzung der ebenfalls privatrechtlich organisierten politischen Parteien, denen durch Art. 21 GG eine verfassungsrechtliche Betätigungsfreiheit zugebilligt ist: *R. Streinz*, in: H. v. Mangoldt/F. Klein/C. Starck, Grundgesetz Bd. 2, Art. 21 Rn. 107 ff.
[240] BVerfGE 50, 290 (354); 80, 244 (253); BVerfG NJW 1996, S. 1203. Aus diesem Grunde wäre auch eine »Demokratisierung«, eine staatliche Vorgabe demokratieanaloger Verbandsstrukturen, nicht mit Art. 9 Abs. 1 GG vereinbar: *D. Grimm*, in: E. Benda/W. Maihofer/H.-J. Vogel, Hdb-

IV. Grund und Grenzen der Übertragung von Normsetzungsbefugnissen

fassende Funktionsgarantie erfordert ein Satzungs- und ein Selbstverwaltungsrecht[241], oder: ein Recht zur Normsetzung und -anwendung. Die von privaten Vereinen und Verbänden ausgeübte Normsetzungskompetenz ist somit Ausprägung der Vereinsautonomie. Die Normsetzungskompetenz ist nicht originär dem Verein aus der Natur der Sache gegeben, sondern sie ist aus der staatlichen Rechtsordnung abgeleitet. Die Vereinsautonomie sichert den Vereinen eine von staatlicher Ingerenz freie Betätigung in dem Rahmen der staatlichen Rechtsordnung, ermächtigt die Vereine aber nicht, unabhängig von dieser eine konkurrierende Rechtsordnung zu errichten, die gleichsam als Konkurrenz neben der staatlichen steht. Dies hat zugleich zur Folge, daß die Norm eines Verbandes aus sich heraus und ohne vorgängigen, durch Bereitstellung einer Rechtsform erfolgenden oder nachträglichen staatlichen Anerkennungsakt keine *Rechts*qualität haben kann[242].

Die Legitimation für die Bindung Privater an private Normen liegt damit in der grundrechtlichen Freiheit zur Selbstbindung[243]. Der einzelne kann sich auf der Grundlage seiner grundrechtlichen Freiheit normativer Bindung dergestalt unterwerfen, daß er sich mit anderen assoziiert[244]. Die Assoziation mit anderen Grundrechtsträgern und die vorgängige Unterwerfung unter Mehrheitsentscheidungen, die der einzelne womöglich nicht billigt, ist ein Aspekt dieser Form der Grundrechtsverwirklichung durch Rechtsgestaltung. Die freiwillige Mitgliedschaft in der betreffenden Assoziation und die damit korrespondierende Austrittsmöglichkeit stellt den aus grundrechtlicher Sicht erforderlichen Zusammenhang zwischen dem Willen des Mitglieds und der durch den Verband gesetzten Rechtsnorm her[245]. Das bedeutet im Umkehrschluß, daß diese Rechtsnormen nur

---

VerfR, § 15 Rn. 14 ff.; *W. Löwer*, in: I. v. Münch/P. Kunig, Grundgesetz-Kommentar Bd. 1, Art. 9 Rn. 34; *D. Merten*, in: J. Isensee/P. Kirchhof, HdbStR Bd. VI, § 144 Rn. 44; wohl auch *R. Scholz*, in: T. Maunz/G. Dürig u.a., Grundgesetz, Art. 9 Rn. 100 f. (s.a. auch Rn. 102 ff.); a.A. aber *A. Rinken*, in: Alternativ-Kommentar zum Grundgesetz Bd. 1, Art. 9 Rn. 75, aufgrund eines fragwürdigen Analogieschlusses zu Art. 21 Abs. 1 Satz 3 GG.

[241] *M. Kemper*, in: H. v. Mangoldt/F. Klein/C. Starck, Grundgesetz Bd. 1, Art. 9 Rn. 96; *W. Löwer*, in: I. v. Münch/P. Kunig, Grundgesetz-Kommentar Bd. 2, Art. 9 Rn. 34 (»Innere Ordnung«); *I. v. Münch*, in: Bonner Kommentar zum Grundgesetz, Art. 9 Rn. 47; *R. Scholz*, in: T. Maunz/G. Dürig u.a., Grundgesetz, Art. 9 Rn. 84 m.w.N.

[242] Zu den widerstreitenden Konzeptionen von Befugnisübertragung und Geltungsanordnung: *F. Kirchhof*, Private Rechtsetzung, Berlin 1987, S. 138 ff.

[243] *G. Dürig*, in: T. Maunz/ders.u.a., Grundgesetz, Art. 1 Rn. 114; *A. Hänlein*, Rechtsquellen im Sozialversicherungsrecht, S. 35 ff.; *F. Kirchhof*, Private Rechtsetzung, S. 511 ff.

[244] *A. Hänlein*, Rechtsquellen im Sozialversicherungsrecht, S. 35 ff.

[245] BGHZ 105, 306 (319); *D. Reuter*, MüKo zum BGB Bd. 1, § 25 Rn. 11. Grundlegend zu dem organisationstheoretischen Verhältnis von exit und voice, d.h. der Möglichkeit, entweder die Ziele einer Organisation zu beeinflussen oder sie aber zu verlassen: *A.O. Hirschman*, Exit, Voice, and Loyalty. Beide Wirkungsmöglichkeiten stehen in einem inneren Zusammenhang. Wer glaubhaft mit Austritt drohen kann, wird im Inneren viel intensiver wahrgenommen; siehe *C. Engel*, Freiheit und Autonomie, S. 46. Vereine, bei denen eine Mitgliedschaft aufgrund von deren überragender Machtstellung im wirtschaftlichen oder sozialen Bereich de facto zwingend für den Betroffenen ist, unterliegen aus diesem Grunde auch strengeren staatlichen Vorgaben; siehe *D. Reuter*, a.a.O., Rn. 116 f.

gegenüber den Mitgliedern und Verbandsorganen wirksam sind[246]. Die genannten Grundrechte dienen damit als Rechtstitel, die dem Staat die einfachgesetzliche Zulassung privater Rechtsnormen erlauben bzw. ihn sogar dazu verpflichten[247]. Sie begründen damit zugleich die Legitimation privater Rechtsetzung, die ihrerseits grundrechtlicher Bindung und dem Erfordernis demokratischer Legitimation nicht unterworfen ist.

β) Rechtsetzung durch öffentlich-rechtliche Rechtssubjekte

Eine verfassungsrechtliche Rechtfertigung für die Übertragung von Normsetzungskompetenzen auf nicht-parlamentarische Normsetzer ist auch vor dem Hintergrund einer kompetenzrechtlichen Institutionsgarantie[248] möglich. Auf deren Grundlage wird einem Rechtssubjekt ein Substrat hoheitlicher Befugnisse und Zuständigkeiten zur eigenverantwortlichen Ausübung zugewiesen. Diese durch die Verfassung errichtete, grundrechtsgebundene Kompetenz schließt eine entsprechende Normsetzungsbefugnis ein.

Keine grundrechtliche Fundierung, sondern den Charakter einer kompetenzrechtlichen Institutionsgarantie hat so etwa die Garantie der kommunalen Selbstverwaltung nach Art. 28 Abs. 2 Satz 1 GG. Mit dieser Vorschrift erklärt das Grundgesetz die kommunale Selbstverwaltung zu einem wesentlichen Element des Staatsaufbaus. Dabei steht die von dem staatsanalog konstruierten Gemeindevolk ausgehende Legitimation mit der vom dem Staatsvolk in Bund und Land ausgehenden in einem wechselseitigen Substitutionsverhältnis. Die Legitimation der kommunalen Selbstverwaltung und der von ihren Trägern erlassenen Rechtsnormen setzt sich aus kommunalen wie staatlichen Legitimationsleistungen zusammen[249]. Zwar beruht die kommunale Satzungskompetenz nicht schon unmittelbar auf Art. 28 Abs. 2 Satz 1 GG; wohl aber ist dieser Vorschrift eine Verpflichtung der Landesgesetzgeber zu entnehmen, kommunale Rechtsetzungsgewalt zu etablieren[250]. Einschränkungen dieser Normsetzungsbefugnisse – etwa durch Festlegung auf eine bestimmte Form oder ein Erlaßverfahren – sind ihrerseits wiederum an der grundgesetzlichen Gewährleistung der kommunalen Selbstverwaltungsgarantie zu messen[251].

In anderen Bereichen des öffentlichen Rechts erfüllen hingegen die Grundrechte eine Aufgabe als Ermächtigungstitel für die Überlassung autonomer Rechtset-

---

[246] RGZ 143, 1 (3); BGHZ 28, 131 (133); 63, 282 (290); *A. Hänlein*, Rechtsquellen im Sozialversicherungsrecht, S. 223; *F. Kirchhof*, Private Rechtsetzung, S. 282; *D. Reuter*, MüKo zum BGB Bd. 1, § 25 Rn. 27 ff. (dort, Rn. 32, auch zu der umstrittenen ausnahmsweisen Anwendung von § 328 BGB).
[247] *W. Höfling*, in: M. Sachs, Grundgesetz, Art. 9 Rn. 30; *F. Kirchhof*, Private Rechtsetzung, S. 511 f.; zur entsprechenden staatlichen Verpflichtung: *F. Kirchhof*, a.a.O., S. 515; *G. Manssen*, Privatrechtsgestaltung durch Hoheitsakt, S. 216; *D. Merten*, in: J. Isensee/P. Kirchhof, HdbStR Bd. VI, § 144 Rn. 17, 42.
[248] Zum Begriff: *H. Bethge*, Grundrechtsberechtigung juristischer Personen nach Art. 19 Abs. 3 GG, S. 88 f.
[249] *M. Jestaedt*, Demokratieprinzip und Kondominialverwaltung, S. 524 ff., 529.
[250] *F. Ossenbühl*, in: J. Isensee/P. Kirchhof, HdbStR Bd. III, § 66 Rn. 17 m.w.N. bei Rn. 54 (Fn. 8); *E. Schmidt-Aßmann*, in: ders., Besonderes Verwaltungsrecht, Rn. 95; *K. Stern*, in: Bonner Kommentar zum Grundgesetz (1964), Art. 28 Rn. 105 ff.
[251] *P. Axer*, Normsetzung in der Sozialversicherung, S. 234.

IV. Grund und Grenzen der Übertragung von Normsetzungsbefugnissen

zungsbefugnisse bei öffentlich-rechtlich verfaßten Kirchen, Universitäten und Rundfunkanstalten[252]. In diesen Fällen gewähren die entsprechenden grundrechtlichen Garantien einen gegenständlich umgrenzten Bereich zur eigenverantwortlichen Entscheidung, der durch abstrakt-generelle Normen ausgefüllt werden kann. Die Zubilligung von Selbstverwaltung an die Grundrechtsträger dient hier als organisatorischer Rahmen zur institutionellen Sicherung der Ausübung grundrechtlicher Freiheit. Die rechtliche Verselbständigung und die Minimierung staatlicher Einflußmöglichkeiten dient der Bereitstellung von umhegten Freiräumen für die Grundrechtsausübung. Hierin liegt zugleich die verfassungsrechtliche Legitimation für die Übertragung von Selbstverwaltungsrechten und Satzungsautonomie an die genannten Rechtssubjekte[253]. Diesen öffentlich-rechtlichen und dennoch grundrechtsfähigen Rechtssubjekten kommt daher im Maße der ihnen zustehenden grundrechtlichen Gewährleistung (Art. 4 Abs. 1 und 2 i.V.m. mit dem kirchlichen Selbstbestimmungsrecht; Art 5 Abs. 3 und Abs. 1 Satz 2 GG) eine (mittelbar) in den genannten Grundrechten wurzelnde Befugnis zum Erlaß abstrakt genereller Regelungen ohne die Notwendigkeit eines inhaltlich oder hinsichtlich des Kreises der Delegatare an Art. 80 Abs. 1 GG auszurichtenden Ermächtigungsgesetzes zu.

bb) Private Rechtsetzung durch Verhandlung: Der Tarifvertrag

Das prominenteste Beispiel privater Rechtsetzung neben der Vereinssatzung ist der Tarifvertrag. Er bietet – obwohl mit Art. 9 Abs. 3 GG auf eine besondere verfassungsrechtliche Vorschrift rückführbar – besonders reiches Anschauungsmaterial für die Schwierigkeiten, die der Legitimationsanspruch privaten Rechts überwinden muß, um sich in den Kanon rechtsstaatlicher Rechtsquellen einzufügen. Die Tarifautonomie ist ein Musterbeispiel an – verfassungsrechtlich vorgezeichneter – regulierter Selbstregulierung[254]. Sie bietet der Wirtschaft bzw. den typischen, dort durch Verbände vertretenen, antagonistischen Interessen einen Rahmen, ihre innersystemischen Konflikte im Interesse aller Beteiligten und unter zumindest partieller Berücksichtigung des Gemeinwohls (v.a. Vermeidung andauernder Streiks) zu lösen.

---

[252] Für die Universitäten (und Fakultäten): BVerfGE, 15, 256 (262); 31, 314 (322); für die Kirchen: BVerfGE 19, 1 (5); 30, 112 (119 f.); 70, 138 (160 f.); für die öffentlich-rechtlichen Rundfunkanstalten: BVerfGE 31, 314 (321 f.); 34, 160 (162); 35, 202 (222); 59, 231 (254 f.); 61, 82 (102); 83, 238 (269). Hierzu insgesamt W. *Kluth*, Funktionale Selbstverwaltung, S. 31 ff.; *P.M. Huber*, in: H. v. Mangoldt/F. Klein/C. Starck, Grundgesetz Bd. 1, Art. 19 Rn. 271 ff.; *H. Krüger*, in: M. Sachs, Grundgesetz, Art. 19 Rn. 86 ff.
[253] *M. Jestaedt*, Demokratieprinzip und Kondominialverwaltung, S. 530 ff.
[254] *G.-P. Calliess*, Prozedurales Recht, S. 131; dort auch die Aufzählung weiterer Beispiele.

α) Der theoretische Rahmen der Tarifautonomie

Den theoretischen Rahmen für die Beurteilung von Nutzen und Gefahren der Tarifautonomie bietet die Theorie des Neokorporatismus[255], da dieser als ausgehandelte gesellschaftliche Steuerung eine Erscheinung ist, die sich vor allem zwischen den Tarifpartnern entwickelt und dort wissenschaftliche Analyse erfahren hat[256]. Neokorporatistische Arrangements sind auf einen Ausgleich widerstreitender Interessen ausgelegt. Anders als in einer pluralistischen Ordnung[257], die durch eine einseitige Einflußnahme gesellschaftlicher Gruppen auf staatliche Funktionen gekennzeichnet ist, läßt sich der Neokorporatismus – in theoretischer Anknüpfung an ältere, vorbürgerliche, ständestaatliche Konzeptionen[258] – als eine verflochtene Entscheidungsstruktur zwischen Staat und Gesellschaft kennzeichnen[259]. Eine zentrale Rolle bei diesem Steuerungsmodell spielen wiederum die Verbände als Mittler zwischen individuellen und kollektiven Interessen und als Transformator der letztgenannten gegenüber dem politischen Prozeß und dem sozialen Gegenüber[260]. Die Verbände übernehmen nicht in erster Linie die Rolle von pressure groups sondern sind als Repräsentanten partikularer gesellschaftlicher Interessen zu Zwecken der Aushandlung und Durchsetzung in den staatlichen Bereich integriert. Nicht nur die Verbände benutzen den Staat, sondern auch dieser bedient sich der Verbände, um sich deren Informationsvorsprung sowie deren interne Kommunikations- und Durchsetzungsstrukturen zunutze zu machen[261]. Beim Neokorporatismus handelt es sich also um ein System der Interessenvermittlung, dessen wesentliche Bestandteile in einer begrenzten Anzahl singulärer Zwangsverbände organisiert sind, die nicht miteinander im Wettbewerb stehen, über eine hierarchische Struktur verfügen und nach funktionalen Aspekten voneinander abgegrenzt sind. Die Verbände verfügen typischerweise über eine staatliche Anerkennung oder Lizenz, wenn sie nicht sogar vom Staat (oder auf dessen

---

[255] Der Begriff des *Neokorporatismus* grenzt sich vom traditionellen Korporatismus ab, in dem der Staat mit rigiden Statuszuweisungen arbeitete und die Verbände als Zwangskörperschaften inkorporierte; siehe *V. Neumann*, Freiheitsgefährdungen im kooperativen Sozialstaat, S. 425 (Fn. 4); *J.H. Kaiser*, in: J. Isensee/P. Kirchhof, HdbStR Bd. II, § 34 Rn. 15; *G. Lehmbruch*, FS Ellwein, S. 11 ff. (14 ff.); *U. Schimank/M. Glagow*, in: M. Glagow, Gesellschaftssteuerung zwischen Neokorporatismus und Subsidiarität, S. 4 ff. (20 ff.).

[256] *K. v. Beyme*, Geschichte und Gesellschaft Bd. 10 (1984), S. 211 ff. (223); zu anderen Fällen: *U. Schimank/M. Glagow*, in: M. Glagow, Gesellschaftssteuerung zwischen Neokorporatismus und Subsidiarität, S. 4 ff. (20); *R. Voigt*, in: ders., Der kooperative Staat, S. 33 ff. (44 ff.); s.a. *P. Schmitter*, Social Research Bd. 50 (1983), S. 885 ff.; *ders./J. Grote*, PVS Bd. 38 (1997), S. 530 ff.

[257] Hierzu *H. Quaritsch*, Der Staat Bd. 19 (1980), S. 29 ff.; *H. Ryffel*, FS Eichenberger, S. 59 ff.; zur Differenzierung *P. Schmitter*, Social Research Bd. 50 (1983), S. 885 ff. (900).

[258] *R. Voigt*, in: ders., Der kooperative Staat, S. 33 ff. (44 f.).

[259] *U. v. Alemann/R.G. Heinze*, ZParl Bd. 10 (1979), S. 469 ff.; *E. Forsthoff*, Der Staat der Industriegesellschaft, S. 21 ff.; *V. Neumann*, Freiheitsgefährdungen im kooperativen Sozialstaat, S. 425 ff.; *W. Reutter*, Korporatismustheorien; *P.C. Schmitter/J.R. Grote*, PVS Bd. 38 (1997), S. 530 ff.; *F. Traxler/G. Vobruba*, ZfS 1987, S. 3 ff.; *P.J. Williamson*, Corporatism in Perspective; *H. Voelzkow*, Private Regierungen in der Techniksteuerung, S. 59 ff.

[260] *G. Teubner*, JZ 1978, S. 545 ff.

[261] *R. Voigt*, in: ders., Der kooperative Staat, S. 33 ff. (45 m.w.N. in Fn. 71).

Betreiben) gegründet worden sind. Innerhalb der von ihnen vertretenen Bereiche wird ihnen typischerweise ein Vertretungsmonopol zugestanden, wofür sie als Gegenleistung bestimmte Auflagen bei der Auswahl des Führungspersonals und bei der Artikulation von Ansprüchen oder Unterstützung zu beachten haben[262].

Der Neokorporatismus als Steuerungsoption basiert nicht einfach auf der Substitution politischer Steuerung durch private Regierungen[263]. Die besondere Problemlösungskapazität dieser Option beruht vielmehr auf einem komplexen wechselseitigen Ressourcentransfer zwischen Staat und Verbänden. Die Entlastung des Staates bei der Lösung von Regulierungsaufgaben geht dabei einher mit der Hilfestellung des Staates bei der Lösung der Organisationsprobleme der Verbände[264]. Neokorporative Modelle führen mittels einer Heranziehung der potentiellen Adressaten staatlicher Steuerung zu einer Senkung der »politischen Kosten«[265], da die Beteiligung an einer Entscheidung eine faktische Loyalitätspflicht auslöst und damit möglichen politischen Widerstand bei der Umsetzung einer staatlichen Maßnahme verringert oder sogar ganz ausschaltet.

Begriff und Form des Neokorporatismus verfügen nach wie vor über Popularität in den verschiedensten Politikbereichen[266]. Allerdings werden in der allgemeinen politischen Diskussion selten die Grenzen der politikwissenschaftlichen Neokorporatismus-Definition beachtet. Dies erschwert die Abgrenzung zwischen Neokorporatismus und anderen Formen politischer Interaktion. Zu nennen ist insoweit insbesondere die »Konzertierung«, die vom Korporatismusmodell durch die Vielzahl der beteiligten Verbände abweicht, in der das Gegeneinander zweier Interessen einer Gemengelage verschiedenster Interessen weicht. Kennzeichnend für den Neokorporatismus ist dggü. der Dreieckscharakter konfligierender (sozialer) Interessen bei staatlicher Vermittlung. Das Erfordernis eines Dreiecksverhältnisses von Staat und zwei in Konfliktposition einander gegenüberstehenden Interessengruppen legt nahe, von Neokorporatismus allein dort zu sprechen, wo sich der Staat nicht allein mit einem Interessenverband auseinanderzusetzen hat[267]. Verbände, die zwar Interessen organisieren und ihren Einfluß in informeller wie institutionalisierter Form geltend machen, indes nicht mit einem seinerseits organisierten sozialen Gegenspieler konfrontiert sind, können zwar in der Durchsetzung von Verbandsinteressen weitaus erfolgreicher sein als korporatistische Akteure. Modell und Form des so geltend gemachten Ein-

---

[262] Maßgeblich: *P. Schmitter*, in: U. v. Alemann/R.G. Heinze, Verbände und Staat, S. 92 ff. (94).
[263] *R. Mayntz*, Jahrbuch zur Staats- und Verwaltungswissenschaft Bd. 1 (1987), S. 89 ff. (104 f.).
[264] *F. Traxler/G. Vobruba*, ZfS 1987, S. 3 ff. (15).
[265] *H.-H. Hartwich*, Aus Politik und Zeitgeschichte B 46–47 (1987), S. 3 ff. (8).
[266] Hierzu und zu dem folgenden: *K. v. Beyme*, Geschichte und Gesellschaft Bd. 10 (1984), S. 211 ff. (224 ff.).
[267] Die Tarifautonomie ist auch bei einer solchen theoretischen Konzeption unter den Begriff des Neokorporatismus zu fassen. Zwar verhandeln nur die antagonistischen Tarifpartner miteinander und der Staat hält sich aus diesen Verhandlungen heraus. Indessen ist der Staat in diesem Interessendreieck als Garant des Tarifvertrags als Rechtsnorm und des Tarifvertragssystems insgesamt, als evtl. die Verhandlungsergebnisse ergänzender oder korrigierender Gesetzgeber und als derjenige präsent, der die ausgehandelte Norm für allgemein anwendbar erklärt.

flusses werden aber als »pluralistisch« gekennzeichnet und auf diese Weise von korporatistischen Modellen abgehoben. Wichtige Voraussetzung für korporatistische Strukturen sind der hohe Organisationsgrad der beteiligten Verbände und deren Vertretungsmonopol: Nicht-staatliche Steuerung durch neokorporatistische Arrangements ist nur möglich bei ausreichender Möglichkeit des Verbandes, die Steuerungsergebnisse intern gegenüber allen Mitgliedern durchzusetzen bzw. deren Mitwirkung zu erreichen[268]. Neokorporatistische Arrangements schließen den Einsatz des Rechts als Steuerungsmittel nicht aus, das sich aber, um die Wirksamkeit neokorporatistischer Strukturlogiken nicht zu beeinträchtigen, auf Vorgaben von Rahmenbedingungen für die »vorstaatliche« Regulierung beschränken muß[269]. Hier berühren sich Neokorporatismus prozedurales Recht.

Dem Tarifvertrag wird die für das Privatrecht entwickelte, aber dort zunehmend durch externe Vorgaben relativierte Richtigkeitsgewähr zugestanden, die auf der Verhandlungssituation der antagonistischen Interessen beruhen soll[270].

Diese Annahme ist insoweit nicht unproblematisch, als die der Neokorporatismus-Theorie entstammende These, daß einige wenige Organisationen – namentlich Gewerkschaften und Industrieverbände – von entsprechenden Individualinteressen ihrer Mitglieder ausgehend zu aggregierten Gemeinwohlpositionen ermitteln könnten (dies wurde z.B. noch bei der Gründung der Konzertierten Aktion[271] durch § 3 des Stabilitätsgesetzes (StabG)[272] von 1967 unterstellt), nach inzwischen anerkannten Erkenntnissen empirisch und normativ nicht zu überzeugen vermag[273]. In dem Fall der Tarifautonomie kommt ein zeitlicher Faktor hinzu, der die Richtigkeitsgewähr der vertraglichen Regelungen in Frage stellt. Durch die verfassungsrechtliche Fundierung der Tarifautonomie sind beide Vertragspartner – Gewerkschaften und Arbeitgeber – dauerhaft aneinander gekettet. Dies läßt es rational erscheinen, sich in dem Sinne strategisch zu verhalten, daß Aufbau und Verteidigung von Verhandlungsmacht für die Zukunft zu einem eigenständigen Verhandlungsziel werden[274].

In der tarifvertraglichen Auseinandersetzung werden die Organisationen des Systems (Gewerkschaften, Arbeitgeberverbände) durch die Verleihung von rechtlicher Gestaltungsmacht (Tarifautonomie) und die gleichzeitige Bindung an prozedurale Regeln (Friedenspflicht, Aussperrungs- und Streikverbot, Schlichtungsverfahren), die das Machtgleichgewicht der Verhandlungspartner sicherstellen,

---

[268] Zu den wechselseitigen Einflußmöglichkeiten von Verband und Mitglied und den hieraus erwachsenden Pressionen: *F. Traxler/G. Vobruba*, ZfS 1987, S. 3 ff. (7).
[269] *F. Traxler/G. Vobruba*, ZfS 1987, S. 3 ff. (6).
[270] BAGE 22, 144 (118); 38, 118 (129); zust. *E. Picker*, ZfA 1986, S. 199 ff. (227 f.); kritisch *J. Isensee*, in: Walter Raymond Stiftung, Die Zukunft der sozialen Partnerschaft, S. 159 ff. (177 ff.); *ders.*, in: ders./P. Kirchhof, HdbStR Bd. III, § 57 Rn. 87.
[271] Hierzu: *K.H. Biedenkopf*, BB 1968, S. 1005 ff.; *H. Schröder*, Gesetzgebung und Verbände, S. 96 ff.; *K. Stern*, DÖV 1967, S. 657 ff.; *ders./P. Münch*, Gesetz zur Förderung der Stabilität und des Wachstums der Wirtschaft vom 8. Juni 1967; *S. v. Heimburg*, Verwaltungsaufgaben und Private, S. 55. Zu den Gründen für das Scheitern der konzertierten Aktion *H.H. v. Arnim*, Gemeinwohl und Gruppeninteressen, S. 143 ff. 166.
[272] Gesetz vom 8. Juli 1967, BGBl. I 582.
[273] Siehe nur *A. v. Bogdandy*, Gubernative Rechtsetzung, S. 408; *D. Grimm*, in: E. Benda/W. Maihofer/H.-J. Vogel, HdbVerfR, § 15 Rn. 17.
[274] *C. Engel*, VVDStRL Bd. 59 (2000), S. 56 ff. (66).

auf den Prozeß der regulierten Selbstregulierung verwiesen. Die Wirksamkeit dieses Arrangements beruht auf der freiwilligen Mitgliedschaft in den beteiligten Verbänden. Die mit der Verrechtlichung der Tarifautonomie verbundenen Vorteile (Anerkennung der Verbände, Möglichkeit einer Allgemeinverbindlichkeitserklärung des Verhandlungsergebnisses, Beförderung des sozialen und betrieblichen Friedens durch das Gefühl, »mitreden« zu können) scheinen die korrespondierenden Nachteile von rechtlicher Überformung, Kontrolle und Disziplinierung wirtschaftlicher und sozialer Macht zu überwiegen, so daß offensichtlich auch veränderte wirtschaftliche Rahmenbedingungen nicht zu einem Exodus aus dem System führen. Tarifverträge legen die Mindeststandards für wichtige Arbeits- und Einkommensbedingungen fest. Sie werden in der Regel zwischen einer Gewerkschaft und einem Arbeitgeberverband abgeschlossen und gelten dann als Verbandstarifverträge für die Mitglieder beider Tarifvertragsparteien, also für die Gewerkschaftsmitglieder und die Unternehmen, die Mitglied des Arbeitgeberverbandes sind. Tarifverträge können aber auch als Haus- oder Firmentarifverträge mit einzelnen Unternehmen geschlossen werden.

Der Tarifvertrag ist der typische Fall privater, verhandelter Rechtsetzung[275]. Weil der in ihm verwirklichte Mechanismus einer Setzung von Rechtsnormen durch Verhandlung zwischen interessenantagonistischen Parteien anderen Bereichen der Rechtsnormsetzung zum Vorbild gedient hat, bedarf es der Erörterung seines Regelungsgegenstandes und Rechtsgrunds, um auf diese Weise die sinngemäße Übertragbarkeit tarifvertraglicher Dogmatik auf andere Bereiche der Rechtsnormsetzung beurteilen zu können.

β) *Der tarifvertragliche Regelungsgegenstand*

Der typische Tarifvertrag enthält Vorschriften über den Inhalt, den Abschluß und die Beendigung von Arbeitsverträgen sowie über betriebliche und betriebsverfassungsrechtliche Fragen[276]. Er weist die Eigenschaften eines Normenvertrags wie die eines schuldrechtlichen Vertrags auf. In letztgenannter Eigenschaft regelt der Tarifvertrag die Rechte und Pflichten der Vertragsparteien, insbesondere die Friedens- und die Durchführungspflicht[277]. In seinem normativen Teil enthält der Tarifvertrag nach § 4 Abs. 1 TVG Rechtsregeln, d.h. generell-ab-

---

[275] Ähnliche Fragen wie bei dem Tarifvertrag stellen sich auch für die Betriebsvereinbarung. Sie gelten gem. § 77 Abs. 4 BetrVG ummitelbar und zwingend nicht nur für die Vertragspartner (Betriebsinhaber und Betriebsrat), sondern auch für die betriebsangehörigen Arbeitnehmer. Sie haben den Charakter von Rechtsnormen in Form eines Normenvertrags (*E.R. Huber*, Wirtschaftsverwaltungsrecht Bd. II, S. 490; *F. Kirchhof*, Private Rechtsetzung, S. 212 ff.; *H.-C. Matthes*, in: R. Richardi/O. Wlotzke, MünchHdbArbR Bd. 3, § 319 Rn. 1 (m.w.N. in Fn. 2), 3, 24 ff.; *H. Peters/ F. Ossenbühl*, Die Übertragung von öffentlich-rechtlichen Befugnissen auf die Sozialpartner unter besonderer Berücksichtigung des Arbeitsschutzes, S. 86); siehe hierzu insgesamt auch *R. Waltermann*, Rechtsetzung durch Betriebsvereinbarungen zwischen Privatautonomie und Tarifautonomie, S. 96 ff. und passim.

[276] Zur Bedeutung des Tarifvertrags für das Arbeitsverhältnis siehe nur *C. Engel*, VVDStRL Bd. 59 (2000), S. 56 ff. (65 f.).

[277] *M. Löwisch*, in: R. Reinhard/O. Wlotzke, MünchHdbArbR Bd. 3, § 246 Rn. 33.

strakte, nach Maßgabe von § 4 Abs. 3 TVG zwingende Bestimmungen, so daß es sich bei der Normsetzung durch die Parteien des Tarifvertrags um Gesetzgebung im materiellen Sinne handelt, die Normen im rechtstechnischen Sinne erzeugt[278]. Dies ergibt sich daraus, daß nicht nur die den Tarifvertrag schließenden Koalitionen (oder auch die einzelnen vertragsschließenden Arbeitgeber) als Vertragspartner tarifgebunden sind, sondern auch – unabhängig von ihrem eigenen Willen – deren Mitglieder (§ 3 Abs. 1 TVG), soweit sich die Regelungen des Vertrags mit dem Inhalt, dem Abschluß und der Beendigung von Arbeitsverhältnissen befassen. Soweit die Verträge Vorschriften über betriebliche und betriebsverfassungsrechtliche Fragen enthalten, gelten diese sogar für alle Betriebe, deren Arbeitgeber tarifgebunden sind (§ 3 Abs. 2 TVG). Auch §§ 1 Abs. 1, 3 Abs. 2, 4 Abs. 1 Satz 1 und Abs. 5 TVG unterstreichen, daß der Tarifvertrag »Rechtsnormen« enthält.

γ) *Der Geltungsgrund des Tarifvertrags als Rechtsnorm*
Die Zuordnung des Tarifvertrags zu den Funktionsbereichen von Staat und Gesellschaft sowie die Ausdeutung seines Geltungsgrundes sind seit je her in Rechtsprechung und Lehre kontrovers diskutiert worden[279]. Trotz einer langen Tradition dieses Regelungsinstruments ist nach wie vor eine tief verwurzelte Unsicherheit über die dogmatische Struktur des Tarifvertrags und seine Einordnung in das System der Rechtsquellen festzustellen. Dies beruht auf der diese Rechtsfigur prägenden eigenartigen Kombination von privatrechtlichen Vertrags- und öffentlich-rechtlichen Normelementen.

αα) *Die rechtsgeschäftliche Deutung*
Eine schuldrechtliche, rechtsgeschäftliche Konstruktion der tarifvertraglichen Geltung ist nicht möglich[280]. Die Wirkung des Vertrags für die Mitglieder der

---

[278] BVerfGE 44, 322 (341), BAGE 4, 240 (250 ff.); s.a. BVerfGE 4, 96 (106); 18, 18 (26); 28, 295 (304 f.); 34, 307 (317); 55, 7 (21); *E.R. Huber*, Wirtschaftsverwaltungsrecht Bd. II, S. 424; *J.H. Kaiser*, Die Repräsentation organisierter Interessen, S. 191 f.; *M. Kemper*, Die Bestimmung des Schutzbereichs der Koalitionsfreiheit (Art. 9 Abs. 3 GG), S. 67 ff.; *F. Kirchhof*, Private Rechtsetzung, S. 181 ff.; *R. Scholz*, in: T. Maunz / G. Dürig u.a., Grundgesetz, Art. 9 Rn. 301; *K. Stern*, Staatsrecht II, § 37 II 2 (f).
[279] Siehe etwa die Darstellungen bei *K. Adomeit*, Rechtsquellenfragen im Arbeitsrecht, S. 121 ff.; *H. Peters / F. Ossenbühl*, Die Übertragung von öffentlich-rechtlichen Befugnissen auf die Sozialpartner unter besonderer Berücksichtigung des Arbeitsschutzes, S. 29 ff.; *M. Löwisch*, in: R. Richardi / O. Wlotzke, MünchHdbArbR Bd. 3, § 246 Rn. 27 ff.; *S. Müller-Franken*, Die Befugnis zu Eingriffen in die Rechtsstellung des einzelnen durch Betriebsvereinbarung, S. 114 ff.; *R. Richardi*, Kollektivgewalt und Individualwille bei der Gestaltung des Arbeitsverhältnisses, S. 130 ff.; *ders.*, in: ders. / O. Wlotzke, MünchHdbArbR Bd. 3, § 234 Rn. 6 ff.; *R. Waltermann*, Rechtsetzung durch Betriebsvereinbarungen zwischen Privatautonomie und Tarifautonomie, S. 112 ff.
[280] So aber noch *E. Jacobi*, Grundlehren des Arbeitsrechts, S. 246 ff., 272 ff. Auch *P. Lerche*, FS Steindorff, S. 897 ff. (904 ff.); *T. Ramm*, Die Parteien des Tarifvertrags, S. 84 ff.; *R. Waltermann*, Rechtsetzung durch Betriebsvereinbarung zwischen Privatautonomie und Tarifautonomie, S. 112 ff., nehmen an, daß die Geltung von Betriebsvereinbarungen und Tarifverträgen nicht auf staatlicher Delegation, sondern auf privatautonomer Legitimation beruht.

Vertragspartner kann nicht daraus abgeleitet werden, daß der einzelne Arbeitgeber bzw. Arbeitnehmer seinen Willen, sich den Tarifnormen zu unterwerfen, durch seinen Eintritt in den Verband, zu dessen Aufgaben der Abschluß von Tarifverträgen gehört, dokumentiert hat. Diese Erklärung bedient sich einer impliziten Unterwerfungserklärung bzw. fingiert die Erteilung einer Vertretungsmacht auch für künftige Abschlüsse.

Die unmittelbare Wirkung der tariflichen Rechtsnormen soll sich daraus ergeben, daß die vertragsschließenden Verbände die Tarifnormen in Vertretung ihrer Mitglieder vereinbaren. Während auf der Arbeitgeberseite eine rechtsgeschäftliche Bevollmächtigung zwischen Mitglied und Verband vorliege, gelte auf der Arbeitnehmerseite eine »sozialrechtliche Vertretungsmacht« der Gewerkschaften[281]. Auf diese Weise wird nicht nur der einzelne Arbeitgeber zum Vertragspartner auch bzgl. des schuldrechtlichen Teils des Tarifvertrags. Entscheidender ist, daß auf der Arbeitnehmerseite das Individuum gleichsam eine soziale Entmündigung erfährt, indem es dem Schutz der Gewerkschaft überantwortet wird. Damit ist die Verbandszugehörigkeit des einzelnen Arbeitnehmers aber nicht richtig erklärt: Diese dient allein der mittelbaren Einflußnahme auf die Gestaltung der Arbeitsbedingungen durch den Arbeitnehmer[282]. Auch kann die individuelle Unabdingbarkeit der Tarifnormen auf diese Weise ebensowenig begründet werden wie der ausdrücklich erklärte abweichende Wille, sich nicht vertreten lassen zu wollen.

Grund für die Geltungserstreckung der Tarifverträge auf die einzelnen Tarifgebundenen ist nicht die freiwillige Unterwerfung unter die Normen, sondern der hiervon zu differenzierende Beitritt zu einer der vertragsschließenden Koalitionen. Daß der Beitritt zu einer Gewerkschaft nicht eine Unterwerfung unter die von dieser zukünftig ausgehandelten Tarifnormen bedeutet, wird auch bei Betrachtung des Geltungsgrundes der Betriebsvereinbarung deutlich. Dieser weist deutliche Parallelen zum Geltungsgrund des Tarifvertrags auf[283]. Betriebsvereinbarungen werden von dem Betriebrat und dem Arbeitgeber abgeschlossen[284]. Betriebsvereinbarungen gelten gem. § 77 Abs. 4 BetrVG ummittelbar und zwingend nicht nur für die Vertragspartner (Betriebsinhaber und Betriebsrat), sondern auch für die betriebsangehörigen Arbeitnehmer. Sie haben daher ebenfalls den Charakter von Rechtsnormen[285] in Form eines Normenvertrags[286].

---

[281] So v.a. *T. Ramm*, Die Parteien des Tarifvertrags, S. 84 ff., 91.
[282] *R. Richardi*, Kollektivgewalt und Individualwille bei der Gestaltung des Arbeitsverhältnisses, S. 135 f.
[283] Beim Betriebsrat handelt es sich um eine Zwangsvertretung der Arbeitnehmer eines Betriebs, während der Beitritt zu einer Gewerkschaft freiwillig erfolgt. Dennoch erfolgt die Diskussion über die Legitimation der jeweiligen Rechtsetzung weitgehend parallel: siehe nur *R. Waltermann*, Rechtsetzung durch Betriebsvereinbarungen zwischen Privatautonomie und Tarifautonomie, S. 113 ff.
[284] § 77 Abs. 2 BetrVG.
[285] *E.R. Huber*, Wirtschaftsverwaltungsrecht Bd. II, S. 490; *F. Kirchhof*, Private Rechtsetzung, S. 212 ff.; *H.-C. Matthes*, in: R. Richardi/O. Wlotzke, MünchHdbArbR Bd. 3, § 319 Rn. 1 (m.w.N.

Die Rechtsnormsetzung durch Betriebsvereinbarung erfolgt in zwei Stufen: Nach getrennter Beratung und Beschlußfassung der beiden beteiligten Vertragspartner schließen diese eine Vereinbarung nach zivilrechtlichen Regeln. Ihr zulässiger Regelungsinhalt ergibt sich aus der Regelungszuständigkeit der Verhandlungspartner. Die Normen einer Betriebsvereinbarung können grundsätzlich alle Rechtsverhältnisse im Betrieb regeln, d.h. alles, was den Abschluß, den Inhalt oder die Beendigung von Arbeitsverhältnissen betrifft. Aufgrund der in § 87 f. BetrVG niedergelegten Betriebsratskompetenzen kommt auch eine Regelung materieller Arbeitsbedingungen (z.B. Leistung und Gegenleistung aus dem Arbeitsverhältnis) in Betracht, soweit eine gesetzliche oder tarifliche Regelung nicht besteht. Diese Vorschrift macht den Vorrang des Gesetzes und des Tarifvertrags gegenüber der Betriebsvereinbarung deutlich. Einen weiteren Vorrang genießt der Tarifvertrag nach § 77 Abs. 3 BetrVG mit Blick auf Arbeitsentgelte und sonstige Arbeitsbedingungen, die durch Tarifvertrag geregelt sind oder üblicherweise geregelt werden. Diese können nicht Gegenstand einer Betriebsvereinbarung sein, es sei denn ein Tarifvertrag läßt den Abschluß ergänzender Betriebsvereinbarungen ausdrücklich zu.

§§ 2 Abs. 1, 75 BetrVG geben mit der hier formulierten – allerdings recht allgemein und offen gehaltenen – Bindungen der Normsetzer an materielle Gerechtigkeitsvorstellungen des Grundrechtskatalogs, an wirtschafts- und arbeitspolitische Arbeitnehmerbelange und an Zielsetzungen des Betriebs einige materielle Leitlinien für den Inhalt von Betriebsvereinbarung vor, wodurch die betriebliche Rechtsetzung auf der Ebene des einfachen Gesetzesrechts stärker gebunden ist als die durch Tarifvertrag[287]. Um privatautonome Regelungen handelt es sich bei der Betriebsvereinbarung nicht: Die Belegschaft eines Betriebs ist weder eine rechtlich verfaßte Gemeinschaft noch eine juristische Person, die durch Organe handelt. Der Betriebsrat ist mithin weder ein Vertreter der Betriebsangehörigen noch ein Organ der Belegschaft[288]. Eine Unterwerfung des Arbeitnehmers unter die existierenden und künftigen Betriebsvereinbarungen bei Eintritt in den Betrieb kommt nicht in Betracht, weil sie sich regelmäßig nicht nachweisen lassen wird und ein entgegenstehender Wille des Arbeitnehmers ebenso wie eine abweichende Vereinbarung mit dem Arbeitnehmer wegen der Vorschrift des § 77 Abs. 2 Satz 1 BetrVG, nach der eine Betriebsvereinbarung »unmittelbar und zwingend« gilt, unbeachtlich wäre[289].

---

in Fn. 2), 3, 24 ff.; *H. Peters/F. Ossenbühl*, Die Übertragung von öffentlich-rechtlichen Befugnissen auf die Sozialpartner unter besonderer Berücksichtigung des Arbeitsschutzes, S. 86.

[286] *E.R. Huber*, Wirtschaftsverwaltungsrecht Bd. II, S. 490; *F. Kirchhof*, Private Rechtsetzung, S. 212 ff.; *H.-C. Matthes*, in: R. Richardi/O. Wlotzke, MünchHdbArbR Bd. 3, § 319 Rn. 1 (m.w.N. in Fn. 2), 3, 24 ff.; *H. Peters/F. Ossenbühl*, Die Übertragung von öffentlich-rechtlichen Befugnissen auf die Sozialpartner unter besonderer Berücksichtigung des Arbeitsschutzes, S. 86); siehe hierzu insgesamt neuerdings auch *R. Waltermann*, Rechtsetzung durch Betriebsvereinbarungen zwischen Privatautonomie und Tarifautonomie, S. 96 ff.

[287] *F. Kirchhof*, Private Rechtsetzung, S. 218 f.

[288] *F. Kirchhof*, Private Rechtsetzung, S. 212; *P. Kreutz*, Grenzen der Betriebsautonomie, S. 39 f.; *S. Müller-Franken*, Die Befugnis zu Eingriffen in die Rechtsstellung des einzelnen durch Betriebsvereinbarung, S. 52 f.

[289] *S. Müller-Franken*, Die Befugnis zu Eingriffen in die Rechtsstellung des einzelnen durch Betriebsvereinbarung, S. 56 f.

IV. Grund und Grenzen der Übertragung von Normsetzungsbefugnissen 409

Die Rechtsetzungskompetenz der Tarifvertragsparteien läßt sich damit ebensowenig wie die der Parteien einer Betriebsvereinbarung mit den dogmatischen Kategorien des Vertrags fassen. Verträge zwischen juristischen Personen bzw. Körperschaften und Dritten binden ohne entsprechende Vertretungsmacht unmittelbar allein die Vertragspartner. Ein Durchgriff der vertraglichen Regelungen auf deren Mitglieder findet regelmäßig nicht statt. Ein privatrechtlich inspirierter Erklärungsansatz genügt somit nicht, um die über die Vertragspartner hinausreichende Geltung des Tarifvertrags zu begründen.

ββ) Die genossenschaftsrechtliche Erklärung

Die Wirkung des Tarifvertrags gegenüber nicht unmittelbar am Vertragsschluß Beteiligten kann auch nicht auf eine genossenschaftsrechtliche Erklärung der tariflichen Normsetzungsbefugnis zurückgeführt werden[290]. Der Genossenschaftstheorie zufolge ist jede organische Gemeinschaft bereits wegen ihrer sozialen Mächtigkeit und ihrer korporativ verfestigten Strukturen befähigt, selbst Recht zu setzen[291]. Privatrechtliche Genossenschaften sollen daher nach dieser Konzeption zur Rechtsetzung für ihre Mitglieder in der Lage sein. Die Rechtsgeltung beruht nicht auf der Unterwerfung des einzelnen, sondern findet ihren Grund in einer originären Verbandsautonomie. Diese Folgerungen der Genossenschaftstheorie setzen indessen voraus, daß der handelnde Verband eine organisierte Gemeinschaft von korporativer Geschlossenheit darstellt[292]. Die genossenschaftliche Deutung der tariflichen Normsetzungsbefugnisse muß daher – abgesehen von allen staatstheoretischen und -rechtlichen Schwierigkeiten einer Anerkennung originärer privater Rechtsetzungsmacht – schon an der mangelnden genossenschaftlichen Einheit der sich antagonistisch gegenüber stehenden vertragsschließenden Tarifparteien scheitern. Der Tarifvertrag dient als Mittel des Ausgleichs zwischen den Tarifparteien, die in den Vertragsverhandlungen ihre spezifischen Interessen durchzusetzen suchen. Die hierin liegende Interessendivergenz, die zur Bezeichnung der Tarifparteien als »sozialen Gegenspielern« geführt hat[293], steht einer genossenschaftlichen Deutung entgegen. Die genossenschaftliche Einheit fehlt.

Diese fehlende Voraussetzung einer genossenschaftlichen Konzeption kann nicht dadurch überwunden werden, daß die genossenschaftliche Theorie auch auf solche Fälle angewendet wird, in denen nicht nur ein, sondern mehrere Rechtssubjekte jeweils für ihre Mitglieder übereinstimmende, durch Vereinbarung festgestellte Rechtsnormen in Kraft setzen[294]. Hierdurch wird die Idee ge-

---

[290] So aber etwa (mit Blick auf betriebliche Normsetzungsbefugnisse) *U. Meyer-Cording*, NJW 1966, S. 225 ff. (230) unter Bezugnahme auf *O. v. Gierke*, Deutsches Privatrecht Bd. 1, S. 119 ff, 142 ff., 150 f.; für den Tarifvertrag *W. Herschel*, FS Bogs, S. 125 ff. (130 f.); hierzu *E.R. Huber*, Wirtschaftsverwaltungsrecht Bd. II, S. 424 f. m.w.N.; *S. Müller-Franken*, Die Befugnis zu Eingriffen in die Rechtsstellung des einzelnen durch Betriebsvereinbarung, S. 115 ff.
[291] *O. v. Gierke*, Deutsches Privatrecht Bd. 1, S. 119 ff, 142 ff.
[292] *O. v. Gierke*, Deutsches Privatrecht Bd. 1, S. 142, 488.
[293] *E.R. Huber*, Wirtschaftsverwaltungsrecht Bd. II, S. 425.
[294] Hierzu *E.R. Huber*, Wirtschaftsverwaltungsrecht Bd. II, S. 425.

nossenschaftlicher Rechtsetzung auf den Kopf gestellt, die konstruktiv auf die Existenz eines in sich geschlossenen Rechtsverbandes angewiesen ist. Die Annahme, daß jede der Tarifparteien eine Rechtsnorm nur mit Wirkung für ihre Mitglieder erläßt, müßte zur Existenz zweier Rechtsakte führen und würde auf diese Weise den Umstand nicht angemessen abbilden, daß der Tarifvertrag die Rechtsbeziehungen (Arbeitsverhältnisse) zwischen den beidseitigen Verbandsangehörigen erfaßt. Von einem solchermaßen doppelten Rechtsetzungsakt könnten immer nur die eigenen Verbandsangehörigen des jeweiligen Vertragspartners, niemals aber die Rechtsverhältnisse zwischen den Angehörigen der auf beiden Seiten beteiligten Verbände erfaßt werden.

Aber auch unabhängig von dem konkreten tarifvertraglichen Zusammenhang überzeugt die genossenschaftliche Theorie und die von ihr konzipierte originäre Rechtsetzungsbefugnis organischer Gemeinschaften nicht. Sie vermag keine Antwort darauf zu geben, wie sich bei der zwangsläufig auf ihrer Grundlage entstehenden Vielheit organischer Rechtsetzer eine Verklammerung der verschiedenen Teilrechtsordnungen zu einer einheitlichen Rechtsordnung – unter dem Vorzeichen der Verfassungsvoraussetzung innerer staatlicher Souveränität[295] – ergeben soll. Die genossenschaftliche Deutung privater Rechtsetzung fügt sich nur in ein vormodernes, dem Mittelalter entlehntes Staatsmodell, in dem kein hierarchisch organisierter Staat existiert, sondern die Individuen einer Vielzahl konkurrierender Mächte zugleich ausgeliefert waren. Jede wie auch immer geartete Begründung originärer Rechtsetzungsbefugnisse schreibt sozialen Verbänden die Macht zu, Normen nicht nur inhaltlich zu formulieren, sondern auch noch diese ohne Mithilfe des Staates als Rechtsnormen in Kraft zu setzen. Neben den Abstimmungsproblemen, die ein nicht durch eine originäre und damit nicht durch höhere Instanz koordinierte Normsetzung für die Gesamtrechtsordnung, insbesondere für ein unter diesen Auspizien mögliches Recht gleichrangiger Verbände mit sich bringt, ist dieser Aspekt der Genossenschaftstheorie nicht mit der Verfassungsvoraussetzung innerer Souveränität des modernen Staates vereinbar, der keinen selbstherrlichen Verband oder sonstigen originären Rechtsetzer neben sich duldet[296]. An dieser Errungenschaft staatlicher Souveränität gegenüber der Anarchie unkoordinierter Rechtsschöpfung durch partikulare Gemeinschaften ist festzuhalten[297].

Der moderne Staat als Träger der Rechtsordnung hat zwar kein Rechtsetzungs-[298], wohl aber ein Rechtsanerkennungsmonopol[299], so daß von ihm nicht

---

[295] Hierzu im einzelnen S. 729 ff.
[296] *F. Kirchhof*, Private Rechtsetzung, S. 158.
[297] *P. Badura*, DÖV 1963, S. 561 ff. (561 (Fn. 2)); *F. Ossenbühl*, in: J. Isensee/P. Kirchhof, HdbStR Bd. III, § 66 Rn. 21.
[298] Vorsichtig bejahend insoweit aber etwa *R. Herzog*, in: T. Maunz/G. Dürig u.a., Grundgesetz, Art. 92 Rn. 154; *F. Ossenbühl*, in: J. Isensee/P. Kirchhof, HdbStR Bd. III, § 61 Rn. 4 kann ebenfalls in diesem Sinne verstanden werden; ausdrücklich ablehnend dann aber in Fn. 30 f.; ausdrücklich ablehnend auch *F. Kirchhof*, Private Rechtsetzung, S. 107 ff.
[299] *F. Kirchhof*, Private Rechtsetzung, S. 116 ff, 127 ff., 134.

zugelassene oder anerkannte Rechtsetzung nicht existieren kann. Die Rechtsgeltung eines einzelnen Verhaltensbefehls beruht auf seiner Zuordnung zu einer tatsächlich geltenden, durch den Staat garantierten[300] Rechtsordnung. Dieser ist Träger der Rechtsordnung, so daß eine Überführung von sozialen Verhaltensregeln in die Gestalt von Rechtsnormen ohne sein Mitwirken (oder zumindest seine Billigung) nicht denkbar ist. Auch im Bereich der privaten Rechtsetzung muß sich daher die Geltung jeder Rechtsnorm auf den Staat zurückführen lassen. Eine eigenständige, vom Staat völlig unabhängige Rechtsetzungsbefugnis privater Verbände gibt es nicht. Im modernen Staat, der die Befugnis zur Rechtsnormanerkennung als Ausdruck seiner Souveränität monopolisiert hat, bleibt für originäre private Rechtsetzung kein Raum.

γγ) Soziale Selbstverwaltung und Subsidiarität als Geltungsgrund

Nicht weiterführend sind auch Versuche, die Rechtsetzungsbefugnisse der Tarifparteien aus Topoi wie dem Subsidiaritätsprinzip oder der sozialen Selbstverwaltung abzuleiten.

Die Idee der sozialen Selbstverwaltung bzw. der sozialen Autonomie[301] ruht auf der These, der Staat habe die Ordnung des Arbeits- und Wirtschaftslebens den in diesem Sachbereich herrschenden gesellschaftlichen Gestaltungskräften überlassen, so daß die Sozialpartner im Rahmen ihrer Sozialautonomie durch die organisierte Arbeitgeberschaft bzw. die organisierte Arbeitnehmerschaft gemeinschaftliche Regelungen treffen können[302]. Soziale Selbstverwaltung wird dabei korrespondierend zur funktionalen Selbstverwaltung verstanden[303]. Spezielle gesetzliche Grundlagen für Rechtsetzung aufgrund und im Rahmen dieser sozialen Selbstverwaltung seien dabei nicht erforderlich. Aber selbst wenn das Grundgesetz eine aus den Tarifparteien bestehende soziale Selbstverwaltung errichtet hätte, folgte daraus noch nicht, daß ein Recht zur Selbstverwaltung ein staatsunabhängiges Rechtsetzungsrecht – wenn auch beschränkt auf eigene Angelegenheiten – nach sich zieht.

---

[300] *F. Kirchhof*, Private Rechtsetzung, S. 50; *S. Magiera*, Parlament und Staatsleitung in der Verfassungsordnung des Grundgesetzes, S. 64, 167; *H. Nawiasky*, Allgemeine Rechtslehre als System der rechtlichen Grundbegriffe, S. 17; *U. Meyer-Cording*, Die Rechtsnormen, S. 25. Allein der Staat ist aufgrund des ihm zustehenden Gewaltmonopols in der Lage und berechtigt, Rechtsregeln – auch die von Privaten formulierten – notfalls mit legitimer physischer Gewalt durchzusetzen. Dies bedeutet nicht, daß physische Erzwingbarkeit ein Definitionselement für das Recht sein muß. Vielmehr erklärt dieser Umstand, warum der Staat als einziger für die Unverbrüchlichkeit der gesamten Rechtsordnung (und nicht nur funktionaler oder sektoraler Teile von ihr) einstehen kann, da nur er über die Berechtigung zur Anwendung legitimer Macht verfügt. Zum Staat als Rechtseinheit s.a. *J. Isensee*, in: ders./P. Kirchhof, HdbStR Bd. I, § 13 Rn. 69.

[301] Zu dem Verhältnis der Begriffe »Autonomie« und »Selbstverwaltung«, siehe nur *P. Axer*, Normsetzung der Exekutive in der Sozialversicherung, S. 192 ff.; *W. Kluth*, Funktionale Selbstverwaltung, S. 25 f.

[302] *H. Bogs*, RdA 1956, S. 1 ff. (2 ff.); *A. Hueck/H.C. Nipperdey*, Lehrbuch des Arbeitsrechts II/1, S. 28. Insbesondere zum Tarifvertragsrecht *G.A. Bulla*, FS Nipperdey, S. 79 ff. (81 ff.).

[303] *G.A. Bulla*, FS Nipperdey, S. 79 ff. (82).

Vor dem Hintergrund der Aussage des Bundesverfassungsgerichts, daß die Satzungsautonomie ein wesentliches Element der Selbstverwaltung ist[304], hat das regelmäßige Einhergehen von Selbstverwaltung und Satzungsautonomie eine Auseinandersetzung darüber entstehen lassen, ob die Verleihung von Selbstverwaltung an gesellschaftliche Teilsysteme schon begrifflich die Übertragung von Satzungsautonomie mit beinhaltet[305]. Eine solchermaßen zwingende Verbindung kann aber uneingeschränkt nur mit Blick auf die kommunale Selbstverwaltung festgestellt werden, da das Grundgesetz durch die Verwendung des Verbs »regeln« in Art. 28 Abs. 2 Satz 1 GG zu erkennen gibt, daß die Satzungsautonomie im Einklang mit den historischen Traditionen Bestandteil der verfassungsrechtlich gewährleisteten Selbstverwaltungsgarantie sein soll[306]. Sobald aber der Gesetzgeber außerhalb des Bereichs dieser verfassungsrechtlichen Garantie anderen juristischen Personen des öffentlichen Rechts das Recht zur Selbstverwaltung verleiht[307], ohne dies durch Übertragung von Satzungsautonomie zu flankieren, stellt sich die Frage nach einer notwendigen Verbindung von Selbstverwaltung und Satzungsautonomie; mithin, ob in der Einräumung des Rechts zur Selbstverwaltung die implizite Verleihung einer gegenständlich und persönlich begrenzten Rechtsetzungsbefugnis als mitübertragen angesehen werden muß[308]. Zwar ist die Befugnis zur Selbstgesetzgebung für die Effektuierung von Selbstverwaltung von zentraler Bedeutung[309]. Doch müssen die Phänomene Selbstverwaltung und Satzungsautonomie schon begrifflich differenziert werden. Als organisationsrechtlicher Begriff betrifft »Selbstverwaltung« eine andere Ebene als »Autonomie«, die eine Kompetenz zur Setzung autonomer Normen anspricht[310]. Wenn das Bundesverfassungsgericht feststellt, daß Satzungsautonomie ein wesentliches Element der Selbstverwaltung sei[311], so kann damit nur eine empirische Feststellung getroffen sein. Soweit die Übertragung von Selbstverwaltung verfassungsrechtlich geboten ist – etwa in dem Bereich der Gemeinden (Art. 28 Abs. 2 Satz 1 GG: »regeln«) – »verleiht« der einfache Gesetzgeber den Selbstverwaltungskörperschaften ihr Satzungsrecht nur noch deklaratorisch, da sich die Autonomie insoweit unmittelbar aus der Verfassung ergibt[312]. In allen anderen Fällen bedarf es

---

[304] BVerfGE 12, 319 (325).
[305] Dies nimmt z.B. *J. Salzwedel*, VVDStRL Bd. 22 (1965), S. 206 ff. (241) für den von ihm entwickelten Typ der »gesellschaftlichen Selbstverwaltung« an; s.a. *E.T. Emde*, Die demokratische Legitimation der funktionalen Selbstverwaltung, S. 59 ff.; *R. Hendler*, in: J. Isensee/P. Kirchhof, HdbStR Bd. IV, § 106 Rn. 38 ff.
[306] S.a. *K. Stern*, in: Bonner Kommentar zum Grundgesetz (1964), Art. 28 Rn. 105 ff.
[307] Z.B. § 29 Abs. 1 SGB IV: »Die Träger der Sozialversicherung (Versicherungsträger) sind rechtsfähige Körperschaften des öffentlichen Rechts mit Selbstverwaltung«.
[308] So etwa *M. Wallerath*, Rechtsetzungsbefugnis der Berufsgenossenschaften und Fachaufsicht, S. 20.
[309] *R. Hendler*, in: J. Isensee/P. Kirchhof, HdbStR Bd. IV, § 106 Rn. 40.
[310] *P. Axer*, Normsetzung der Exekutive in der Sozialversicherung, S. 195.
[311] BVerfGE 12, 319 (325).
[312] *R. Hendler*, in: J. Isensee/P. Kirchhof, HdbStR Bd. IV, § 106 Rn. 39; *F. Ossenbühl*, in: J. Isensee/P. Kirchhof, HdbStR Bd. III, § 66 Rn. 17.

einer konstitutiven Verleihung durch Gesetz. Anders als bei Kirchen, Universitäten und Rundfunkanstalten ist die Einrichtung öffentlich-rechtlicher Selbstverwaltungskörperschaften nicht unmittelbar verfassungsrechtlich geboten, sondern vielmehr verfassungsrechtlicher Rechtfertigung bedürftig. Wenn aber schon die Zubilligung von Selbstverwaltung an gesellschaftliche Teilsysteme außerhalb der genannten verfassungsrechtlichen Garantien nicht verfassungsrechtlich zwingend ist, so kann der Gesetzgeber durchaus auch Selbstverwaltung ohne eine flankierende Satzungsautonomie verleihen. Da Satzungsautonomie und Selbstverwaltung somit ohne weiteres analytisch und dogmatisch voneinander abzuschichten sind und dem Gesetzgeber außerhalb verfassungsrechtlich zwingender Vorgaben auch die Möglichkeit zur Übertragung eines »Weniger« als üblicher, mit Satzungsautonomie verbundener Selbstverwaltung möglich sein muß, ist nicht davon auszugehen, daß mit der Zubilligung von Selbstverwaltung per se auch die Eröffnung einer entsprechenden Satzungsautonomie verbunden ist.

Aus dem Recht zu Selbstverwaltung erwächst daher nicht gleichsam von selbst Rechtsetzungsgewalt. Trotz der enstprechenden verfassungsrechtlichen Vorprägung bedarf es daher sogar bei der kommunalen Selbstverwaltung der verfassungsrechtlichen oder gesetzgeberischen Übertragung von Rechtsetzungsbefugnissen[313]. Es ist kein Grund dafür ersichtlich, daß eine vollständig im gesellschaftlichen Bereich gründende Selbstverwaltung insoweit gegenüber anderen Fällen der Selbstverwaltung privilegiert sein sollte, zumal auch insoweit die Einwände relevant werden, die gegen die genossenschaftliche Konzeption der tarifvertraglichen Regelungsbefugnis vorzubringen waren und die in der Verfassungsvoraussetzung innerer staatlicher Souveränität begründet sind[314].

Weder Art. 9 Abs. 3 GG noch die übrigen Grundrechte, die dem Gesetzgeber einen Spielraum für die Übertragung von Normsetzungsbefugnissen auf private Normsetzer einräumen (Art. 2 Abs. 1, 9 Abs. 1, 14 Abs. 1 GG usw.), gewähren also unmittelbare Rechtsnormsetzungsbefugnisse. In der verfassungsrechtlichen Verbürgung eines eigenständigen Regelungsbereichs für die Koalitionsparteien liegt somit weder ein Geltungsbefehl für die entsprechenden Regelungen noch eine implizite Befugnisübertragung[315]. Die verfassungsrechtlichen Gewährleistungen gehen über eine Schutzbereichsabsicherung und eine Verpflichtung für den Staat, ein entsprechendes Normensystem zur Verfügung zu stellen, nicht hinaus. Die Frage, welche Rechtssubjekte in welchem Umfang und mit welchen Verfahrenssicherungen Befugnisse zum Erlaß privater Rechtsnormen erhalten, bedarf detaillierter und praktikabler Regelungen. Die verfassungsrechtlichen Gewährleistungen geben insoweit keine Antwort und sind zu ihrer Realisierung auf einfachgesetzliche Ausgestaltung verwiesen. Auch aus diesem Grunde kann es eine unmittelbar auf ihnen beruhende Normsetzungsbefugnis nicht geben. Die Grundrechte selbst sind in ihrem an den Gesetzgeber gerichteten Ausgestal-

---

[313] F. Kirchhof, Private Rechtsetzung, S. 179.
[314] Siehe S. 410 f.
[315] Für den Geltungsbefehl siehe F. Kirchhof, Private Rechtsetzung, S. 179.

tungsauftrag, der insoweit dogmatisch einem leistungsrechtlichen Gewährleistungsgehalt ähnelt, zu unspezifisch, um unmittelbare Befugnisnormen zu sein[316].
Im übrigen leitet eine Verwendung der Begriffe Selbstverwaltung oder Autonomie auch aus einem anderen Grunde fehl: Verbandsautonomie läge nur vor, wenn mit den Tarifverträgen innerhalb *einer* Korporation durch Mehrheitsbeschluß Recht gesetzt würde, das ausschließlich für sie und ihre Mitglieder wirkt[317]. Die tarifvertragliche Rechtsetzung entfaltet aber nicht nur Außenseiterwirkungen, von denen einige[318] höchst mittelbar, andere hingegen unmittelbar sind (vgl. § 3 Abs. 2 TVG, wonach – soweit die Verträge Vorschriften über betriebliche und betriebsverfassungsrechtliche Fragen enthalten – diese sogar für alle Betriebe gelten, auch wenn (nur) der *Arbeitgeber* tarifgebunden ist). Sondern sie wird auch von zwei antagonistischen Verbänden statt von einem einzelnen, mit Autonomie ausgestatteten Verband erzeugt[319], wobei die Rechtsetzung dualistisch aufgebaut ist: Zwei Verbände ohne eigenen Überbau setzen gemeinsam nicht nur für ihre eigenen Mitglieder, sondern auch für die des jeweils anderen Verbandes sowie (nach § 3 Abs. 2 TVG) für eine Vielzahl von Außenseitern Recht. Die Rechtsetzung wird daher nicht allein von der Meinungsbildung innerhalb eines Verbandes gesteuert, sondern auch von dem Zwang zur Einigung mit dem anderen Verband[320]. Die Annahme, die beiden Verbände bildeten gemeinsam eine »autonome Rechtsetzungsgemeinschaft«[321] beruht auf der genossenschaftstheoretisch inspirierten These, daß bei dem Tarifvertrag eine Gemeinschaft als Trägerin autonomer Rechtsetzungsgewalt vorhanden sei. Diese müsse keine Verbandseinheit sein, sondern es genüge bereits eine kollektive Einheit der Verbundenen, um diese als Trägerin autonomer Rechtsetzungsgewalt anzuerkennen[322]. Eine solche Deutung der Tarifautonomie stellt nicht nur das eine selbstverwaltungstaugliche Interessenhomogenität der Betroffenen voraussetzende Institut der Autonomie auf den Kopf, sondern ist auch aus den gleichen Gründen abzulehnen wie die originäre Rechtsetzungsbefugnis organischer Gemeinschaften im allgemeinen[323].

Das der katholischen Soziallehre entstammende *Subsidiaritätsprinzip*[324] erfüllt bei der Frage nach der Rechtsetzungsgewalt der Sozialpartner bisweilen eine

---

[316] *F. Kirchhof*, Private Rechtsetzung, S. 179 f.
[317] Hierauf weist *F. Kirchhof*, Private Rechtsetzung, S. 196 unter Bezugnahme auf *A. Hueck/ H.C. Nipperdey*, Lehrbuch des Arbeitsrechts II/1, S. 449 hin.
[318] Daß eine Relation zwischen tariflichen Lohnabschlüssen und dem Ausmaß der Arbeitslosigkeit besteht, wird wohl nur noch selten bestritten.
[319] *K. Adomeit*, Rechtsquellenfragen im Arbeitsrecht, S. 129; *E.R. Huber*, Wirtschaftsverwaltungsrecht Bd. II, S. 425.
[320] *F. Kirchhof*, Private Rechtsetzung, S. 196.
[321] *H. Bogs*, RdA 1956, S. 1 ff. (5).
[322] *O. v. Gierke*, ASS Bd. 42 (1916/17), S. 815 ff. (822).
[323] Siehe S. 410 f.
[324] Hierzu nur *J. Isensee*, Subsidiaritätsprinzip und Verfassungsrecht, S. 18 ff.; zu der Bedeutung des Prinzips als Regulativ für das Verhältnis von Staat und Gesellschaft prägnant: *ders.*, in: ders./P. Kirchhof, HdbStR Bd. III, § 57 Rn. 165 ff. Zum Verhältnis von Selbstverwaltung und Subsidiaritätsprinzip: *R. Hendler*, Selbstverwaltung als Ordnungsprinzip, S. 340 ff.

IV. Grund und Grenzen der Übertragung von Normsetzungsbefugnissen

ähnliche argumentative Funktion wie der Gedanke der sozialen Selbstverwaltung. Das Konzept der Subsidiarität beschreibt eine staatlich gewährte gesellschaftliche Selbststeuerung[325], die insbesondere in dem Bereich der freien Wohlfahrtspflege ihre praktische Anwendung findet[326]. Das Konzept besagt mit seiner klassischen Feststellung, daß der einzelne Vorrang vor der Gesellschaft habe, ihm die Gesellschaft nur Hilfe leisten solle, soweit er sich nicht allein behaupten kann und daß eine größere Gemeinschaft keine Aufgabe übernehmen dürfe, die eine kleinere ebenso gut erfüllen könne. Für das Arbeitsrecht wird aus diesem Prinzip geschlossen, daß die Sozialpartner bei der Gestaltung der Arbeits- und Wirtschaftsbedingungen gegenüber dem Staat Vorrang genießen. Das Subsidiaritätsprinzip dient in dieser Lesart der Begründung einer eigenständigen tariflichen (wie auch einer betrieblichen[327]) Rechtsetzungsbefugnis[328], deren Geltung auf einer unmittelbaren Hoheitsgewalt der nicht-staatlichen Gemeinschaft beruht[329].

Unabhängig von der Frage, ob und mit welcher normativen Stringenz das Subsidiaritätsprinzip im Grundgesetz überhaupt als Grundmuster des Verhältnisses von Staat, Gesellschaft und Individuum etabliert worden ist[330], können diesem Prinzip jedenfalls keine konkreten Rechtsfolgen für die Verteilung der Regelungskompetenzen zwischen Staat und Sozialpartnern entnommen werden[331].

---

[325] Aus politikwissenschaftlicher Sicht: *U. Schimank/M. Glagow*, in: M. Glagow, Gesellschaftssteuerung zwischen Neokorporatismus und Subsidiarität, S. 4 ff. (14 ff.), kritisch hierzu *E. Denninger*, Verfassungsrechtliche Anforderungen an die Normsetzung im Umwelt- und Technikrecht, Rn. 121; allgemein: *R. Herzog*, Der Staat Bd. 2 (1963), S. 393 ff.; *J. Isensee*, Subsidiaritätsprinzip und Verfassungsrecht; *L. Michael*, Rechtsetzende Gewalt im kooperierenden Verfassungsstaat, S. 266 ff.; *R. Zuck*, Subsidiaritätsprinzip und Grundgesetz.

[326] Die sozialpolitische Zusammenarbeit zwischen staatlichen Entscheidungsinstanzen und den Wohlfahrtsverbänden wird traditionellerweise als Subsidiarität bezeichnet. Das Interesse der Wohlfahrtsverbände deckt sich mit den staatlichen Steuerungsinteressen, so daß der Staat das verbandliche Steuerungspotential für eine staatlich gewährte Selbststeuerung einsetzen kann.

[327] *W. Herschel*, Betriebsbußen, S. 11; *ders.*, FS Nipperdey, S. 221 ff. (232); *H. Galperin*, FS Molitor, S. 143 ff. (158 f.); *U. Meyer-Cording*, NJW 1966, S. 225 ff. (229, 231).

[328] *W. Herschel*, FS Nipperdey, S. 221 ff. (231 f.); *G. Küchenhoff*, RdA 1959, S. 201 ff. (205); *ders.*, FS Nipperdey, S. 317 ff. (341 ff.); s.a. *A. Hueck/H.C. Nipperdey*, Lehrbuch des Arbeitsrechts II/1, S. 28, 44.

[329] *H. Galperin*, FS Molitor, S. 143 ff. (158 f.); *R. Richardi*, Kollektivgewalt und Individualwille bei der Gestaltung des Arbeitsverhältnisses, S. 52; allgemein *A. Süsterhenn*, FS Nawiasky, S. 141 ff. (151).

[330] Hierzu *J. Isensee*, Subsidiaritätsprinzip und Verfassungsrecht, S. 106 ff., 149 ff. S.a. die Darstellung des Streitstands bei *A. Faber*, Gesellschaftliche Selbstregulierungssysteme im Umweltrecht, S. 99 ff.

[331] Der komplexe und inhaltlich schwer zu fassende Begriff der Subsidiarität ist nach verbreiteter Ansicht nicht geeignet, einen im Einzelfall handhabbaren Maßstab für die Abgrenzung staatlicher und gesellschaftlicher Regelungskompetenzen zu bieten; *P. Badura*, Das Verwaltungsmonopol, S. 315; *H.P. Bull*, Die Staatsaufgaben nach dem Grundgesetz, S. 190 ff., 199 ff.; *E. Denninger*, Verfassungsrechtliche Anforderungen an die Normsetzung im Umwelt- und Technikrecht; *R. Herzog*, Der Staat Bd. 2 (1963), S. 393 ff. (411 ff.); Umwelt- und Technikrecht, Rn. 121; *R. Hendler*, Selbstverwaltung als Ordnungsprinzip, S. 343 f.; *H. Krüger*, Allgemeine Staatslehre, S. 775; *P. Lerche*, Verfassungsfragen um Sozialhilfe und Jugendwohlfahrt, S. 26 ff.; *R. Scholz*, in: T. Maunz/G. Dürig u.a., Grundgesetz, Art. 9 Rn. 17, 271; s.a. BVerwGE 23, 304 (306 f.); 39, 329 (338); a.A. aber *G. Dürig*, in: T. Maunz/ders.u.a., Grundgesetz, Art. 2 Abs. 1 Rn. 52.

Das Subsidiaritätsprinzip verkörpert das Konzept dezentraler Verwirklichung des Gemeinwohls in dem Feld der konkurrierenden, d.h. nicht notwendig dem Staat exklusiv vorbehaltenen Staatsaufgaben. Aus dieser Funktion heraus kann das Subsidiaritätsprinzip höchstens eine Antwort auf die Frage geben, welche Materien in welchem Funktionsbereich – Staat oder Gesellschaft – vorrangig wahrzunehmen sind. Privaten Verbänden und Individuen – der Gesellschaft – kommt insoweit der Vorrang der Wahrnehmung zu, wenn sie bereit und fähig sind, den auf dem Spiel stehenden öffentlichen Interessen Genüge zu tun[332]. Davon zu differenzieren sind aber die Mittel, mit denen die auf der Grundlage eines solchermaßen kompetenzverteilenden Regulativs zugeordneten Aufgaben zu erfüllen sind. Wenn schon auf staatlicher Seite für die Rechtsetzung nicht-parlamentarischer Normsetzer eine spezielle Ermächtigung erforderlich ist, so verbietet sich wohl auch und erst recht bei gesellschaftlicher Aufgabenwahrnehmung ein Schluß von der Aufgabenzuweisung auf eine Rechtsetzungsbefugnis. Als Aufgabenverteilungsprinzip hat das Subsidiaritätsprinzip aber keinen legitimierenden Charakter, da der Schluß von der Aufgabe auf die Kompetenz bzw. (wie hier) die Befugnis verfassungsrechtlich nicht zulässig ist[333]. Insoweit gilt auch hier das gegen die originäre Rechtsetzungsbefugnis organischer Gemeinschaften bereits Ausgeführte[334].

δδ) Die heutige Deutung der tariflichen Rechtsetzungsbefugnis

Die normativen Teile von Tarifverträgen enthalten Rechtsnormen, deren Inhalt privat formuliert, deren Rechtscharakter indes staatlich garantiert ist. Dies legt nahe, bei der Suche nach einer dogmatischen Grundlegung der tariflichen Rechtsetzungsmacht im Bereich des öffentlichen Rechts anzusetzen. Alle heute noch vertretenen Ansätze zur Erklärung der Tarifautonomie enthalten den im Kern zutreffenden Gedanken, daß diese und die in ihr wurzelnde Befugnis zum Abschluß von Tarifverträgen nicht vorstaatlichen Charakters ist, sondern den Tarifparteien durch den Staat angetragen wurde[335]. Modus und Zeitpunkt staatlicher Übertragung sind aber unklar. Bei der Beurteilung der verfassungsrechtlichen Rahmenbedingungen und Vorgaben für das Tarifvertragssystem sind zwei Problemkreise zu trennen, die bisweilen miteinander vermengt werden. Zum einen ist die Frage zu stellen, auf welcher normativen Stufe die Legitimation für die Rechtsetzungsmacht der Tarifparteien angesiedelt ist: Verfassung oder einfaches Gesetz. Je nach der hierzu ermittelten Antwort ergibt sich die Folgefrage, ob den einfachen Gesetzgeber eine verfassungsrechtliche Pflicht zur Schaffung des konkreten Tarifvertragssystems mit normativer Wirkung trifft.

---

[332] *J. Isensee*, in: ders./P. Kirchhof, HdbStR Bd. III, § 57 Rn. 167.
[333] Zur Differenzierung von Aufgabe, Kompetenz und Befugnis: *J. Isensee*, in: ders./P. Kirchhof, HdbStR Bd. III, § 57 Rn. 136 ff., 140 ff.
[334] Siehe S. 409 ff.
[335] *H. Peters/F. Ossenbühl*, Die Übertragung von öffentlich-rechtlichen Befugnissen auf die Sozialpartner unter besonderer Berücksichtigung des Arbeitsschutzes, S. 13.

(1) Die Integrationslehre. Von einer unmittelbaren aus Art. 9 Abs. 3 GG abzuleitenden und damit verfassungsrechtlichen Rechtsetzungsbefugnis der Tarifparteien geht die sog. *Integrationslehre* aus[336]. Hiernach finden sich die Grundlagen der Tarifautonomie nicht in einem einfachen staatlichen Gesetz – dem Tarifvertragsgesetz –, sondern unmittelbar in der verfassungsrechtlichen Garantie der Koalitionsfreiheit. Auf diese Weise wird die den Tarifparteien zustehende Normsetzungsbefugnis durch Tarifvertrag dem Zugriff des einfachen Gesetzgebers entzogen[337]. Indes garantiert Art. 9 Abs. 3 GG den Individuen und Verbänden ausdrücklich nur einen Bereich eigenständiger, verbandsautonomer Selbstregelung, ohne dabei den Tarifvertrag in seiner konkreten Form als spezifische Form der heteronomen Regelung von Arbeitsverhältnissen durch Verhandlungen zwischen den Tarifparteien zu etablieren oder gar unmittelbar Rechtsetzungsbefugnisse auf sie zu delegieren[338]. Eine verfassungsunmittelbare Delegation von Rechtsetzungsbefugnissen hätte aber angesichts der ansonsten staats- bzw. parlamentszentrierten Ausrichtung der verfassungsrechtlichen Vorschriften über die Rechtsetzung zumindest eine ebenso deutliche Regelung erfahren müssen wie die nur zu gesetzlicher Delegation von Rechtsetzungsbefugnissen an bestimmte Adressaten ermächtigende Vorschrift des Art. 80 Abs. 1 GG[339]. Ein weiteres kommt hinzu[340]: Die pauschale Festschreibung einer nach Verfahren und Inhalt nicht näher definierten Normsetzungsbefugnis wäre inhaltsleer und ineffektiv. Maß und Bedingung der normativen Wirkung – ebenso wie die Abgrenzung zwischen tariflicher und gesetzgeberischer Rechtsetzungskompetenz – bedürfen der einfachgesetzlichen Ausgestaltung. Eine unmittelbare Ableitung aus der Verfassung ließe zu viele dringliche Fragen aus dem Umkreis einer solchen Normsetzung unbeantwortet und kann daher nicht angenommen werden[341].

(2) Die Delegationslehre. Der Integrationslehre ist durch Vertreter der *Delegationslehre*[342] entgegengehalten worden, daß es sich bei der Rechtsetzungsbefug-

---

[336] *K. Biedenkopf*, Grenzen der Tarifautonomie, S. 104 f.; *H. Galperin*, FS Molitor, S. 143 ff. (153 ff.); *W. Martens*, Öffentlich als Rechtsbegriff, S. 164 f.; *W. Weber*, Koalitionsfreiheit und Tarifautonomie als Verfassungsproblem, S. 24; aus der neueren Literatur noch *W. Höfling*, in: M. Sachs, Grundgesetz, Art. 9 Rn. 93; *M. Kemper*, in: H. v. Mangoldt/F. Klein/C. Starck, Grundgesetz Bd. 1, Art. 9 Rn. 228 m.w.N.
[337] So explizit *H. Galperin*, FS Molitor, S. 143 ff. (153).
[338] *F. Kirchhof*, Private Rechtsetzung, S. 181 f.
[339] Eine inzwischen verfassungsgewohnheitsrechtliche Verankerung von zumindest rudimentären Gewährleistungen des tarifvertraglichen Normsetzungssystems nimmt daher *H.H. Rupp*, JZ 1998, S. 919 (924) an.
[340] *M. Kemper*, in: H. v. Mangoldt/F. Klein/C. Starck, Grundgesetz Bd. 1, Art. 9 Rn. 228.
[341] Siehe auch *M. Kemper*, Die Bestimmung des Schutzbereichs der Koalitionsfreiheit (Art. 9 Abs. 3 GG), S. 75 ff.
[342] Maßgeblich: *A. Hueck/H.C. Nipperdey*, Lehrbuch des Arbeitsrechts II/1, S. 239 ff., 339 ff.; BAGE 1, 258 (262 ff.); 4, 240 (251 f.); 11, 135 (138); 20, 308 (317); 33, 140 (149); 59, 217 (221); 66, 306 (312); 67, 264 (272); 70, 332 (336); *H. Peters/F. Ossenbühl*, Die Übertragung von öffentlich-rechtlichen Befugnissen auf die Sozialpartner unter besonderer Berücksichtigung des Arbeitsschutzes, S. 15; *H. Ridder*, Zur verfassungsrechtlichen Stellung der Gewerkschaften im Sozialstaat

nis der Tarifvertragsparteien um eine staatlicherseits durch das Tarifvertraggesetz delegierte Kompetenz handelt. Diese Delegation kann zum einen in einen öffentlich-rechtlich, zum anderen aber auch in einen zivilrechtlich geprägten Zusammenhang gestellt werden.

Nach der öffentlich-rechtlichen Deutung des Delegationsvorgangs erklärt sich die Tarifautonomie als Delegation hoheitlicher Rechtsetzungskompetenz[343]. Hiernach findet die tarifvertragliche Rechtsnorm ihre Legitimation nicht in der Privatautonomie der Vertragspartner, sondern allein im staatlichen Rechtsetzungsmonopol bzw. Rechtsanerkennungsmonopol, so daß nach dieser Sichtweise keine originäre, sondern durch das Tarifvertragsgesetz verliehene Rechtsetzungsmacht vorliegt. Die Tarifparteien wären dann durch einfaches Gesetz mit staatlicher Rechtsetzungsmacht zur gesamten Hand versehen[344] und damit durch den Gesetzgeber zu einer »Rechtserzeugungseinheit«[345] zusammengefügt worden. Nicht die inhaltlich insoweit unzulängliche Vorschrift des Art. 9 Abs. 3 GG, sondern das TVG enthält hiernach die formellen und materiellen Regelungen, kraft derer und in deren Umfang den Tarifparteien Normsetzungsbefugnisse übertragen sind. Die Erteilung einer solchen Ermächtigung durch den Gesetzgeber bedeutet, daß dieser den Tarifparteien eine Aufgabe zugedacht hat, von deren eigener Erledigung er – wie sich zeigen wird: aufgrund verfassungsrechtlicher Vorgaben – absieht. Die von den Tarifparteien erlassenen Regelungen sind kraft staatlicher Delegation gesetzte Rechtsnormen; die Tarifparteien erscheinen als beliehene Verbände[346]. In dieser Konstruktion wird der klassische Begriff der echten Delegation abgebildet, der die Übertragung von Hoheitsbefugnissen durch einen staatlichen Rechtsträger auf einen anderen Rechtsträger umschreibt[347].

Die – überwiegend – zivilrechtliche Deutung der *Delegationslehre*[348] erklärt die Tarifnormen als privatrechtliche, gerät aber damit in eine gewisse Begründungsnot bei der Deutung des Delegationsvorgangs, da die Einweisung der Tarifparteien in die öffentlich-rechtliche Funktion der Rechtsetzung – eine der Delegation definitionsgemäß immanente Folge – nicht erklärt werden kann. Die durch die Übertragung bedingte Verwandlung staatlicher Rechtsetzungsbefug-

---

nach dem Grundgesetz für die Bundesrepublik Deutschland, S. 32 f. (Fn. 67); *F.J. Säcker*, Gruppenautonomie und Übermachtkontrolle im Arbeitsrecht, S. 267. Auch das Bundesverfassungsgericht führt in BVerfGE 9, 96 (108) aus, daß sich der Gesetzgeber durch die Verleihung der Tariffähigkeit seines Normsetzungsrechts begibt.

[343] *E.R. Huber*, Wirtschaftsverwaltungsrecht Bd. II, S. 431 ff.; *A. Nikisch*, Arbeitsrecht II, S. 226 ff.

[344] *E.R. Huber*, Wirtschaftsverwaltungsrecht Bd. II, S. 433.

[345] *H. Ridder*, Zur verfassungsrechtlichen Stellung der Gewerkschaften im Sozialstaat nach dem Grundgesetz für die Bundesrepublik Deutschland, S. 32 f.

[346] *E.R. Huber*, Wirtschaftsverwaltungsrecht Bd. II, S. 431; *ders.*, DVBl. 1952, S. 456 ff. Daß diese Beleihung sich von den typischen Fällen unterscheidet und daher nicht zwingend die organisationsrechtliche Folge staatlicher Aufsicht nach sich zieht, wird im folgenden dargelegt werden.

[347] Grundlegend *H. Triepel*, Delegation und Mandat im öffentlichen Recht, S. 23; s.a. *H. Krüger*, Staatslehre, S. 873.

[348] Siehe die Nachweise in Fn. 342.

IV. Grund und Grenzen der Übertragung von Normsetzungsbefugnissen

nisse in private Grundrechtsausübung durch die Tarifparteien bleibt anscheinend unerklärt. Dementsprechend wurde der Delegationslehre entgegengehalten, daß es keine legitime, dem öffentlichen Recht angehörende Normsetzung gebe, die nicht entweder von vornherein im öffentlichen Interesse erfolge oder die nicht, wenn sie etwa wie eine autonome Satzung im Verbandsinteresse erfolge, zur Wahrung des öffentlichen Interesses der (präventiven oder repressiven) Staatsaufsicht unterliege[349]. Richtig ist, daß der Staat grundsätzlich nicht mehr delegieren kann, als ihm selbst zu Gebote steht[350]. Eine Delegation von Normsetzungsbefugnissen in diesem Sinne müßte daher konsequenterweise zu einer unmittelbar aus Art. 1 Abs. 3 GG resultierenden Grundrechtsbindung der Vertragspartner führen.

Das *Bundesarbeitsgericht* geht dementsprechend von einer unmittelbaren Grundrechtsbindung der tarifvertraglichen Rechtsetzung aus[351]. Dieser Schluß wird aus dem Umstand gezogen, daß es sich bei Tarifverträgen aufgrund ihrer Eigenschaft, objektives Recht für die Arbeitsverhältnisse der Beteiligten zu setzen, um Gesetzgebung im materiellen Sinne handelt. Hierfür würden nach Art. 1 Abs. 3 GG die Grundrechte gelten, und zwar auch dann, wenn es sich nicht um Gesetzgebung durch den staatlichen Gesetzgeber handele, sondern um autonome Rechtsnormen der Tarifvertragsparteien oder Gewohnheitsrecht. Das Recht zur Setzung autonomer Normen leiten die Tarifparteien aus einer ausdrücklichen staatlichen Übertragung her. Die Grundrechtsbindung der Tarifparteien steht also nach Ansicht des Bundesarbeitsgerichts in engem Zusammenhang mit der dogmatischen Konstruktion der tarifparteilichen Befugnis zur Setzung von Rechtsnormen als Delegation. Zumindest aber dann, wenn der Delegationsbegriff zur Erklärung der Tarifautonomie demjenigen des Art. 80 Abs. 1 GG nachgebildet sein sollte, ergäbe sich zwingend auch die Grundrechtsbindung der Tarifparteien.

Das *Bundesverfassungsgericht* hat die Frage der Grundrechtsbindung der Tarifparteien bei Abschluß des Tarifvertrags demgegenüber ausdrücklich offen gelassen[352] und von den »autonomen Rechtsnormen« der Koalitionen gesprochen, die kraft Anerkennung durch die staatliche Gewalt zu *Rechts*regeln werden. Ein ausdrückliches Bekenntnis zu einer der dogmatischen Begründungen bleibt das Gericht dabei schuldig[353]. Nicht zuletzt aus diesem Grunde konnten auch weitere Konzeptionen neben der Delegationslehre bestehen.

(3) Die Sanktionslehre. Nach der Sanktionslehre erhält der Tarifvertrag rechtsnormative Kraft erst durch einen seinem Abschluß logisch nachfolgenden Akt

---

[349] *G. Dürig*, in: T. Maunz/ders.u.a., Grundgesetz, Art. 1 Rn. 115 f.
[350] Siehe nur *G. Dürig*, in: T. Maunz/ders.u.a., Grundgesetz, Art. 1 III Rn. 113.
[351] BAGE 1, 258 (263 f.); 11, 135 (138); 20, 175 (218, 224); 20, 312 (317); s.a. *K. Biedenkopf*, Grenzen der Tarifautonomie, S. 104 f.; *M. Löwisch*, in: R. Richardi/O. Wlotzke, MünchHdbArbR Bd. 3, § 239 Rn. 64 f.; *W. Zöllner/K.-G. Loritz*, Arbeitsrecht, § 7 III.
[352] BVerfGE 82, 126 (154).
[353] BVerfGE 34, 307 (317): »... wie immer man das im einzelnen begründen mag ...«.

der Autorisierung[354]. Eine ähnliche Erklärung der Rechtsqualität liegt in der Bezugnahme auf einen staatlichen Geltungsbefehl für das privat gesetzte Recht[355]. Der Unterschied zu den verschiedenen Varianten der Delegationslehre liegt darin, daß nicht die *Tarifparteien* mit einer Normsetzungsbefugnis ausgestattet werden, sondern daß Anknüpfungspunkt für die Transformation der privaten Norm in eine Rechtsnorm das *Institut des Tarifvertrags* selbst ist[356]. Dies wird in den – insoweit allerdings nicht endgültig maßgeblichen – durch das Tarifvertragsgesetz gelieferten Indizien deutlich, welches nicht die Rechtsetzungsmacht der Tarifparteien, sondern nur die Rechtsnormqualität des Tarifvertrags anspricht (§§ 1 Abs. 1, 3 Abs. 2, 4 Abs. 1 Satz 1 bzw. Abs. 5 TVG). Nach dieser Ansicht gewinnen die Tarifnormen ihre Qualifikation als Rechtsnormen nicht deshalb, weil bei ihrer Formulierung staatlicherseits delegierte Rechtsetzungsmacht ausgeübt wird, sondern allein aufgrund des Umstands, daß die Rechtsordnung in Form des Tarifvertragsgesetzes auf sie verweist. Das Gesetz erkennt nach dieser Ansicht den zwischen den Tarifparteien geschlossenen Vereinbarungen zusätzlich zu ihrem eigentlichen Wesen noch Rechtssatzwirkung zu. Da das Bundesverfassungsgericht von der »Anerkennung« der tariflichen Normen durch den Staat spricht, wird das Gericht von den Vertretern der Sanktionslehre in Anspruch genommen[357].

Gegen eine solche Sichtweise spricht aber, daß für sie zwar Anhaltspunkte im Gesetz zu finden sein mögen, sie aber schwer mit der tarifvertraglichen Einigung selbst in Einklang zu bringen ist, da die Tarifparteien dritte, nicht am Vertragsschluß Beteiligte (ihre Mitglieder und auch Außenseiter; vgl. § 3 Abs. 2 TVG) aus eigenem Recht binden wollen[358]: Das Tarifvertragsgesetz bestimmt generell und eben schon im Vorfeld des konkreten Vertragsschlusses, daß die Normen des Tarifvertrags unmittelbar und unabdingbar rechtsverbindlich für die von ihnen betroffenen Adressaten sind, und greift nicht erst nach Vertragsschluß den Norminhalt auf, um ihn zu sanktionieren[359]. Zudem verfügt die Differenzierung zwischen einer Anknüpfung an die Rechtsnorm und einer Anknüpfung an den Rechtsetzer über keinen argumentativen Mehrwert. Rechtsetzung ist ein voluntativer, schöpferischer Akt. Eine Rechtsnorm ohne Rechtsetzer ist nicht denkbar. Legitimation zur Rechtsetzung wird aber nur subjekt-, nicht objektgebunden übertragen: Eine Rechtsnorm kann nicht Geltung beanspruchen, weil sie in eine bestimmte Form gefaßt ist, sondern nur, weil sie von einem bestimmten, hierzu

---

[354] R. *Scholz*, in: T. Maunz / G. *Dürig* u.a., Grundgesetz, Art. 9 Rn. 301; ähnlich F.-A. *Meik*, Der Kernbereich der Tarifautonomie, S. 29 ff.
[355] F. *Kirchhof*, Private Rechtsetzung, S. 138 ff., 181 f.
[356] R. *Scholz*, Die Koalitionsfreiheit als Verfassungsproblem, S. 59; ähnlich F. *Kirchhof*, Private Rechtsetzung, S. 165 f.
[357] BVerfGE 28, 295 (305); 34, 307 (317); 44, 322 (346).
[358] Siehe auch M. *Kemper*, Die Bestimmung des Schutzbereichs der Koalitionsfreiheit (Art. 9 Abs. 3 GG), S. 67 f.
[359] E.R. *Huber*, Wirtschaftsverwaltungsrecht Bd. II, S. 427 f.; M. *Kemper*, in: H. v. Mangoldt / F. Klein / C. Starck, Grundgesetz Bd. 1, Art. 9 Rn. 227.

berufenen Rechtsetzer erlassen wurde. Eine Lehre, die maßgeblich auf dieser Unterscheidung beruht, vermag daher nicht zu überzeugen.

(4) Die Lehre vom staatlichen Geltungsbefehl. Wieder anders deutet die Lehre vom staatlichen Geltungsbefehl die Entstehung privater Rechtsnormen (wie etwa des Tarifvertrags)[360]. Nach dieser Lehre ermöglicht der Staat private Regelformulierung nicht durch die Delegation von Rechtsetzungsbefugnissen oder durch die Beleihung privater Verbände mit solchen Befugnissen. Vielmehr ist er an privater Rechtsetzung in einer distanzierten Form beteiligt, indem er die durch sie geschaffenen Regeln als Rechtsnormen ex post anerkennt. Diese Anerkennung kann sich auf bestehende gesellschaftliche Regeln beziehen, indem sie mit einem allgemeinen Geltungsbefehl ausstattet werden. Des weiteren ist es denkbar, daß der Staat bestimmte Rechtsetzungsformen bereitstellt, von denen dann der Private durch Formulierung von Sollenssätzen in dem für den Rechtssatz vorgegebenen Verfahrensschritten Gebrauch macht. Auf diese Weise bleibt die Norm als Rechtsnorm »privates Recht«, da diese – anders als etwa bei einer Verweisung, die den Wortlaut der privaten Norm als staatlichen Normtext übernimmt und ihn damit in ihren Rang hebt – nicht in die staatliche Rechtsnorm integriert wird. Ein staatlicher Geltungsbefehl liegt daher vor, wenn sich der staatliche Beitrag darin erschöpft, einer privaten Regel Rechtsgeltung zuzuerkennen, wobei der nicht-staatliche Verhaltensbefehl seine private Eigenschaft behalten soll. Die Konzeption eines staatlichen Geltungsbefehls ist allein darauf ausgerichtet, den nicht-staatlichen Verhaltensbefehl in seinem privaten Milieu zu belassen – also ihn gerade nicht in die staatliche Rechtsordnung zu inkorporieren.

Der zentrale Unterschied zu der Rechtsetzung kraft Integration oder kraft Delegation besteht darin, daß hier eine private Norm durch den Staat *nach* ihrer Formulierung als Rechtsnorm anerkannt wird, wobei der Normgeber bei der Formulierung des Verhaltensbefehls nicht den verfassungsrechtlichen Bindungen der rechtsetzenden Gewalt unterliegt, wie das – in der Konzeption der Lehre vom Geltungsbefehl[361] – bei Ausübung delegierter staatlicher Gewalt der Fall wäre. Die Anerkennung nicht-staatlicher Normen kann auf zweierlei Weise erfolgen: Zum einen kann die Geltung der Norm als Bestandteil der staatlichen Rechtsordnung angeordnet werden. Es kann aber auch bei der Zuordnung zu der originären Rechtsquelle bleiben, so daß der Staat nur die Anwendbarkeit fremden Rechts befiehlt (so etwa bei der Vollzugslehre im Völkerrecht). Im letztgenannten Fall verbleibt das fremde Recht in seiner eigenen (Rechts-) Ordnung und wird durch die Anerkennung nicht zum Bestandteil der staatlichen Rechtsordnung.

(5) Der Tarifvertrag als Ausdruck kollektiver grundrechtlicher Gestaltungsbefugnisse. Die Lehre vom Geltungsbefehl ist bemüht, Friktionen der Delegationslehre zu verhindern, die darin gesehen werden, daß der Staat – soweit er Recht-

---

[360] *F. Kirchhof*, Private Rechtsetzung, S. 138 ff.
[361] *F. Kirchhof*, Private Rechtsetzung, S. 173 f.

setzungsbefugnisse delegiert – zugleich mit diesen auch die ihm selbst bei der Rechtsetzung obliegenden, insbesondere grundrechtlichen Bindungen auf den privaten Normsetzer überträgt[362]. Übertragene bzw. delegierte Rechtsetzung soll grundsätzlich nur zu »auftragsgemäßer und zweckgebundener« Ausnutzung der Befugnisse legitimieren[363]. Allerdings wird bei dieser Aussage ein zu enger, weil weitgehend an Art. 80 Abs. 1 GG ausgerichteter Delegationsbegriff zugrundegelegt. Die dem staatlichen Recht geläufige Differenzierung zwischen – grundsätzlich engen Vorgaben unterliegender – Rechtsetzung auf der Grundlage von nach Art. 80 Abs. 1 GG delegierten Rechtsetzungsbefugnissen einerseits und der mit größeren inhaltlichen Spielräumen versehenen autonomen Rechtsetzung andererseits macht deutlich, daß die Verfassungsordnung durchaus über unterschiedliche Techniken zur Dezentralisierung von Rechtsetzungsbefugnissen auf nichtparlamentarische Normsetzer verfügt. Diese sind durch ein differenziertes Maß an inhaltlichen Vorgaben für den Normsetzer geprägt, deren Intensität von Struktur und organisationsrechtlicher Stellung des Normsetzers (Rechtssubjekt der unmittelbaren Staatsverwaltung oder Selbstverwaltungskörperschaft) abhängt. Diese Relation zwischen Struktur sowie organisationsrechtlicher Stellung des Rechtsetzers und staatlicher Vorgabe für die Rechtsetzung ist aber auch bei der Übertragung von Normsetzungsbefugnissen auf private Rechtsetzer bzw. bei den verfassungsrechtlichen Anforderungen an deren Befugnis zu beobachten.

Wenn man zugrundelegt, daß der Gesetzgeber die Übertragung von Rechtsetzungsbefugnissen auf nicht-parlamentarische oder gar außerstaatliche Normsetzer auf der Grundlage eines entsprechenden Dispositionstitels vornimmt und daß dieser Titel bei privaten Rechtsetzungsinstanzen regelmäßig grundrechtlicher Provenienz ist (hier Art. 9 Abs. 3 GG; ansonsten insbesondere Art. 9 Abs. 1 GG), so wird deutlich, daß das o.a. maßgebliche Motiv für die Konstruktion eines staatlichen Geltungsbefehls ins Leere läuft: Art. 9 Abs. 3 GG gewährt jedermann und für alle Berufe das Recht, zur Wahrung und Förderung der Arbeits- und Wirtschaftsbedingungen Vereinigungen zu bilden. Neben einer individualrechtlichen Komponente umfaßt der Gewährleistungsgehalt von Art. 9 Abs. 3 GG auch eine – überwiegend nicht unter Zuhilfenahme von Art. 19 Abs. 3 GG abgeleitete – kollektive Komponente[364]. Insoweit ist das Recht geschützt, durch spezifisch koalitionsmäßige Betätigung die in Art. 9 Abs. 3 GG genannten Zwecke zu verfolgen[365]. Geschützt ist die Tätigkeit der Koalition, soweit diese

---

[362] *F. Kirchhof*, Private Rechtsetzung, S. 159; s.a. zu den sonstigen Vorzügen der Geltungsbefehlslehre: ebd., S. 176.
[363] *F. Kirchhof*, Private Rechtsetzung, S. 139.
[364] BVerfGE 30, 227 (241); 50, 290 (354); 62, 354 (373); 80, 244 (253); 84, 372 (378); 88, 103 (114); 94, 268 (282 f.); *H. Bauer*, in: H. Dreier, Grundgesetz Bd. I, Art. 9 Rn. 29 ff.; *K. Biedenkopf*, Grenzen der Tarifautonomie, S. 88; *F.J. Säcker*, Gruppenautonomie und Übermachtkontrolle im Arbeitsrecht, S. 33 ff.; *W. Weber*, Koalitionsfreiheit und Tarifautonomie als Verfassungsproblem, S. 11; für eine Ableitung aus Art. 19 Abs. 3 GG aber etwa *W. Höfling*, in: M. Sachs, Grundgesetz, Art. 9 Rn. 113; *R. Scholz*, in: J. Isensee/P. Kirchhof, HdbStR Bd. VI, § 151 Rn. 74 ff. m.w.N.
[365] BVerfGE 50, 290 (367); 77, 1 (62); 94, 268 (283); BAGE 48, 307 (311).

IV. Grund und Grenzen der Übertragung von Normsetzungsbefugnissen

gerade in der Wahrung und Förderung von Arbeits- und Wirtschaftsbedingungen besteht. In diesen Zusammenhang ist auch der Abschluß von Tarifverträgen einzuordnen[366]. Die Übertragung von Rechtsetzungsbefugnissen auf Private ist staatliche Hilfe zur Verwirklichung grundrechtlicher Freiheit, die den Tarifparteien ein Recht zum legitimen Eigennutz einräumt, ohne sie unmittelbar auf die Verwirklichung von Gemeinwohlerfordernissen zu verpflichten[367]. Die Tarifparteien vertreten ihre Rollen dem Sinn des Tarifsystems gemäß einseitig und gegnerfixiert[368].

Aus diesem Grunde kann gegen eine solche Konstruktion nicht eingewendet werden, die Anlehnung an die Delegation verkenne, daß die den Tarifparteien obliegende Gestaltung der Arbeits- und Wirtschaftsbedingungen keine originär staatliche – und daher auch keine delegationsgeeignete – Angelegenheit sei[369]. Bei der Setzung tariflicher Normen liegt gerade keine staatliche Rechtsetzung vor: Nicht der Staat, sondern private Rechtssubjekte setzen die Normen des Tarifvertrags und bestimmen deren Inhalt. Die Tarifvertragsparteien handeln dabei auch nicht als Beliehene, da sie nicht durch einen Beleihungsakt in die Staats- oder Verwaltungsorganisation eingegliedert sind und dementsprechend keiner Rechtsaufsicht unterliegen[370]. Dennoch geht die Verfassung davon aus, daß der Abschluß von Tarifverträgen und damit die Tarifautonomie insgesamt den im öffentlichen Interesse liegenden Zweck verfolgt, in dem von der staatlichen Rechtsetzung freigelassenen Raum das Arbeitsleben des einzelnen durch Tarifverträge sinnvoll zu ordnen[371]. Der überschießende Nutzen liegt damit in der Erwartung an Beförderung und Erhaltung sozialen Friedens.

Die tarifliche Regelungsbefugnis ist Ausdruck grundrechtlicher Freiheit, die normative Kraft der auf dieser Grundlage erlassenen Regeln hingegen ist Ausdruck delegierter staatlicher Kompetenz. Dieses merkwürdige und paradox anmutende Kompositum ist verfassungsrechtlich vorgezeichnet bzw. ermöglicht und kann daher nicht an denjenigen Maßstäben der Verfassung gemessen werden,

---

[366] BVerfGE 44, 322 (341); 58, 233 (248 f.).

[367] Eine solche Verpflichtung wird weitgehend abgelehnt: *J. Isensee*, in: Walter Raymond Stiftung, Die Zukunft der sozialen Partnerschaft, S. 159 ff. (179); *ders.*, in: ders./P. Kirchhof, HdbStR Bd. III, §57 Rn. 127; *M. Kemper*, Die Bestimmung des Schutzbereichs der Koalitionsfreiheit (Art. 9 Abs. 3 GG), S. 100 ff.; in: H. v. Mangoldt/F. Klein/C. Starck, Grundgesetz Bd. 1, Art. 9 Rn. 225; *M. Kittner*, in: Alternativ-Kommentar zum Grundgesetz Bd. I, Art. 9 Abs. 3 Rn. 26, 65; unklar BVerfGE 38, 281 (307); a.A. aber *K. Biedenkopf*, Grenzen der Tarifautonomie, S. 63 ff.; *R. Scholz*, in: J. Isensee/P. Kirchhof, HdbStR Bd. VI, § 151 Rn. 32 f.; *ders.*, in: T. Maunz/G. Dürig u.a., Grundgesetz, Art. 9 Rn. 274.

[368] *J. Isensee*, in: Walter Raymond Stiftung, Die Zukunft der sozialen Partnerschaft, S. 159 ff. (177).

[369] Hierzu nur *R. Waltermann*, Rechtsetzung durch Betriebsvereinbarungen zwischen Privatautonomie und Tarifautonomie, S. 117 ff. m.w.N. in Fn. 78.

[370] A.A. – Tarifautonomie als Fall der Beleihung – aber v.a. *E.R. Huber*, Wirtschaftsverwaltungsrecht Bd. II, S. 380; dagegen etwa *W. Löwer*, in: I. v. Münch/P. Kunig, Grundgesetz Bd. I, Art. 9 Rn. 57.

[371] BVerfGE 18, 18 (28).

die für die Dezentralisierung *staatlicher* Rechtsetzung insbesondere durch Art. 80 Abs. 1 GG errichtet sind.

Hier liegt eine verfassungsrechtlich in der Vorschrift von Art. 9 Abs. 3 GG vorgezeichnete Verleihung bereichsspezifischer Autonomie an per se nicht dem Gemeinwohl verpflichtete gesellschaftliche Instanzen vor. Die Bindung an die Belange des Gemeinwohls ist inhaltlich zurückgenommen und soll prozedural durch die Etablierung des Verhandlungsmechanismus und die Setzung staatlicher Rahmenbedingungen durchgesetzt werden. Die Verfassung ermöglicht die Regelungsbefugnis der Tarifparteien aber nicht beschränkt auf eine bloße kollektive Selbstorganisation der Wirtschaftsverbände, sondern traut diesen generell die Wahrung und Förderung der Arbeits- und Wirtschaftsbedingungen zu. Der Kern der über den Gewährleistungsgehalt des Art. 9 Abs. 1 GG hinausgehenden Substanz des Art. 9 Abs. 3 GG[372] liegt darin, daß dieses korporatistische System trotz seiner externen Effekte grundrechtlichen Schutz und verfassungsrechtliches Vertrauen genießt. Zum Zweck der den Tarifparteien in Art. 9 Abs. 3 GG aufgetragenen korporativen Freiheitsverwirklichung wurde ihnen die Möglichkeit der Rechtsnormsetzung zur gesamten Hand übertragen. Staatlicherseits »delegiert« ist damit die Befugnis, Rechtsnormen zu setzen, da auch private Normen nur dann Teil der Rechtsordnung sein können, wenn der Gesetzgeber den privaten Normgebern eine Rechtsetzungsbefugnis verliehen hat[373]. Die ausgehandelten Normen beziehen ihre Legitimation gegenüber den durch sie Gebundenen aus den Grundrechten. Diese freiheitsrechtliche Legitimationsgrundlage entbindet zugleich von den staatlicher Normsetzung korrespondierenden Verpflichtungen. Die privaten Normen des Tarifvertrags sind daher keine Akte öffentlicher Gewalt i.S.v. Art. 1 Abs. 3 GG und unterliegen nicht der Grundrechtsbindung, selbst wenn ihnen durch Gesetz normative Wirkung zuerkannt wird[374]. Die Tarifparteien büßen auch im Zusammenhang mit der tarifvertraglichen Normsetzung nicht ihren Status als private Grundrechtsberechtigte ein. Als grundrechtliche Agenda kann die Verwirklichung der Tarifautonomie – mangels einer unmittelbaren Drittwirkung der Grundrechte[375] – nicht selbst grundrechtsgebunden sein.

Zu bedenken wäre allein eine nach verschiedenen Schutzrichtungen differenzierte Grundrechtsträgerschaft bzw. Grundrechtsverpflichtung: Während die Tarifparteien sich gegen-

---

[372] Siehe zu dem Verhältnis von Art. 9 Abs. 1 und Abs. 3 nur *M. Kemper*, in: H. v. Mangoldt/F. Klein/C. Starck, Grundgesetz Bd. 1, Art. 9 Rn. 165 m.w.N. in Fn. 1.

[373] *M. Löwisch*, in: R. Richardi/O. Wlotzke, MünchHdbArbR Bd. 3, § 246 Rn. 29 ff.

[374] *E. Denninger*, in: Alternativ-Kommentar zum Grundgesetz Bd. I, Art. 1 Abs. 2, 3 Rn. 25; *H. Dreier*, in: ders., Grundgesetz Bd. I, Art. 1 Abs. 3 Rn. 26; *G. Dürig*, in: T. Maunz/ders.u.a., Grundgesetz, Art. 1 III Rn. 115 f.; *F. Kirchhof*, Private Rechtsetzung, S. 181, 186; *W. Rüfner*, in: J. Isensee/P. Kirchhof, HdbStR Bd. V, § 117 Rn. 10; *R. Scholz*, in: T. Maunz/G. Dürig u.a., Grundgesetz, Art. 9 Rn. 357; *K. Stern*, Staatsrecht Bd. III/1, § 73 III 6 a.

[375] Siehe zu dieser althergebrachten Problematik nur: *W. Rüfner*, in: J. Isensee/P. Kirchhof, HdbStR Bd. V, § 117 Rn. 54 ff.; *C. Starck*, in: H. v. Mangoldt/F. Klein/ders., Grundgesetz Bd. 1, Art. 1 Rn. 262; *K. Stern*, Staatsrecht Bd. III/1, § 76 (insbes. IV 1 ff.).

über dem in das System tarifvertraglicher Rechtsetzung intervenierenden Staat auf ihre Grundrechte berufen können, sind sie gegenüber mittelbar und unmittelbar von ihrer Rechtsetzung Betroffenen grundrechtsverpflichtet[376]. Hiergegen spricht nur auf den ersten Blick die vom Bundesverfassungsgericht entwickelte, indes heute kaum noch erwähnte Konfusionsthese, nach der niemand zugleich Grundrechtsberechtigter und -verpflichteter sein kann[377]. Diese These wurde inzwischen dahingehend präzisiert, daß Konfusion nur nicht innerhalb eines einheitlichen Rechtsverhältnisses gegeben sein kann[378]. Eine entsprechende Spaltung des grundrechtlichen Status der Tarifparteien wäre danach möglich. Allerdings läge in einer solchen Spaltung eine Durchbrechung des Prinzips, daß Grundrechtsberechtigung und -verpflichtung regelmäßig an den Status des Betroffenen innerhalb der Dichotomie von Staat und Gesellschaft anknüpfen und nur in Ausnahmefällen (etwa – je nach dessen dogmatischer Konzeptionierung – bei dem verwaltungsrechtlichen Beliehenen) an ausgeübte Funktionen. Wenn aber prinzipiell grundrechtsberechtigte Rechtssubjekte sich in bestimmten Rechtsverhältnissen zu Grundrechtsverpflichteten wandeln sollen und damit eine unmittelbare Drittwirkung von Grundrechten begründet würde, so widerspräche dies nicht allein der allgemeinen Ablehnung dieser Figur[379], sondern wäre in dem konkreten Zusammenhang insofern besonders bemerkenswert, als die einzige ausdrückliche Anordnung solcher Drittwirkung im Grundgesetz (Art. 9 Abs. 2 GG) die Koalitionsfreiheit nur schützt, sie aber nicht beschränkt.

Soweit die Interessen Dritter, nicht an den Verhandlungen Beteiligter auf dem Spiel stehen (Arbeitslose, tarifliche Außenseiter, Verbraucher, fremde Wirtschaftszweige), stecken die staatlichen Gesetze den Rahmen ab, innerhalb dessen sich die grundsätzlich dem öffentlichen Interesse dienende Tarifautonomie ohne Schaden für die Öffentlichkeit entfalten kann[380]. Seinen grundrechtlichen Schutzpflichten kann der Staat daher nur durch eine Veränderung der Rahmenbedingungen der Grundrechtsausübung Genüge tun[381].

Die Delegationstheorie muß des weiteren nicht erklären, wie sich die Delegation der Rechtsetzungsbefugnisse den Anforderungen des Art. 80 Abs. 1 GG fügt[382], da diese Vorschrift nur die Delegation von Rechtsetzungskompetenzen an exekutive Normsetzer betrifft und daher auf in grundrechtlicher Autonomie gründende Rechtsetzungsbefugnisse nicht anwendbar ist. Unter Hinweis auf Art. 80 GG wäre höchstens ein generelles Verbot der Delegation von Rechtsetzungskompetenzen an dort nicht genannte Rechtssubjekte denkbar, wenn man sich auf den Standpunkt stellt, daß diese Vorschrift den Kreis der möglichen De-

---

[376] So (für einen anderen Zusammenhang) *C. Engel*, European Business Organization Law Review Bd. 2 (2001), S. 569 ff. (577 ff.).
[377] BVerfGE 15, 256 (262); 21, 362 (369 f.); 62, 354 (369); 70, 1 (16 ff.); s.a. *J. Isensee*, in: ders./P. Kirchhof, HdbStR Bd. V, § 118 Rn. 26.
[378] *P. Axer*, Normsetzung in der Sozialversicherung, S. 248.
[379] Siehe Fn. 375.
[380] *H. Peters/F. Ossenbühl*, Die Übertragung von öffentlich-rechtlichen Befugnissen auf die Sozialpartner unter besonderer Berücksichtigung des Arbeitsschutzes, S. 17 f.
[381] Hierzu v.a. *J. Isensee*, in: Walter Raymond Stiftung, Die Zukunft der sozialen Partnerschaft, S. 159 ff. (186 f.).
[382] So aber *H. Schneider*, FS Möhring, S. 521 ff. (524); ähnlich BVerfGE 33, 125 (157 f.) für die Satzungsautonomie.

legatare abschließend formuliert[383]. Im übrigen würde die gesetzliche Umschreibung des der Tarifautonomie offenstehenden Regelungsfeldes unter keinen Umständen den inhaltlichen Vorgaben des Art. 80 Abs. 1 Satz 2 GG entsprechen. Im Zusammenhang mit der speziellen verfassungsrechtlichen Anknüpfung der Tarifautonomie läßt sich aber eine solche Beschränkung gerade nicht rechtfertigen. Diese und die in ihr angelegten Regelungsinstrumente verfügen über eine eigenständige verfassungsrechtliche Legitimation aus Art. 9 Abs. 3 GG und hängen insoweit nicht von anderen Vorschriften des Grundgesetzes ab.

Aus diesem Grunde spricht auch das Fehlen einer staatlichen Aufsicht nicht gegen die Delegationstheorie[384]. Wenn in allen anderen Fällen die Ausübung delegierter Rechtsetzungskompetenzen (in denen Rechtsetzungstätigkeit auch als Verwaltungstätigkeit aufgefaßt wird[385]) durch autonome Rechtssubjekte – angesprochen sind damit insbesondere die Satzungen kommunaler und funktionaler Selbstverwaltungsträger – grundrechtlicher Bindung unterliegt[386], so hängt dies in dem Fall der kommunalen Selbstverwaltung mit der Einordnung der Gemeinden in den Bereich der organisierten Staatlichkeit[387], im andern Fall mit dem Umstand zusammen, daß hier zum einen die Tätigkeit funktionaler Selbstverwaltungsträger höchstens mittelbar, durch die Verkürzung der Einflußkanäle zwischen Machtausübung und deren Adressaten, der Grundrechtsverwirklichung dient. Zum anderen wirkt aber in der funktionalen Selbstverwaltung staatlicher Zwang insoweit, als die von ihr Erfaßten ihr regelmäßig aufgrund staatlichen Zwangs und ohne eigenen Willensakt unterworfen sind. Aus dem Blickwinkel des grundrechtlichen Abwehrgehalts erscheinen deren Entscheidungen als besondere Ausprägung der Staatsgewalt[388]. Würden hier Rechtsetzungskompetenzen ohne grundrechtliche Bindung etabliert, stünde es dem Staat ohne zwingenden verfassungsrechtlichen Anlaß frei, diese Lebensbereiche einerseits aus seiner Regelungsverantwortung zu entlassen, andererseits aber die betroffenen Grundrechtsträger dennoch der Wirkung heteronomer Normen auszusetzen, ohne ihnen zugleich den Schutz zuzubilligen, der ihnen nach der Verfassung zukommt.

Vorbehaltlich anderweitiger verfassungsrechtlicher Regelung ist die Rechtsetzungsfunktion daher untrennbar mit der Bindung an Grundrechte verknüpft –

---

[383] So *G. Arndt*, JuS 1979, S. 784 ff. (787); *M. Lepa*, AöR Bd. 105 (1980), S. 337 ff. (359 f.).
[384] So aber *G. Dürig*, in: T. Maunz/ders.u.a., Grundgesetz, Art. 1 Rn. 116.
[385] Beispiele für diese Form von Rechtsetzung bei *H. Schneider*, Gesetzgebung, Rn. 282 ff.
[386] Hierzu nur *W. Höfling*, in: M. Sachs, Grundgesetz, Art. 1 Rn. 84; *W. Kluth*, Funktionale Selbstverwaltung, S. 496 ff.; *E. Schmidt-Aßmann*, in: ders., Besonderes Verwaltungsrecht, Rn. 96.
[387] *E. Schmidt-Aßmann*, in: ders., Besonderes Verwaltungsrecht, Rn. 8.
[388] BVerfGE 21, 362 (370); *G. Dürig*, in: T. Maunz/ders.u.a., Grundgesetz, Art. 1 IV Rn. 113; *W. Rüfner*, in: J. Isensee/P. Kirchhof, HdbStR Bd. V, § 117 Rn. 2. Siehe zu der aufgrund der erwähnten (S.) »Konfusionsthese« spiegelbildlichen, sich um das richtige Verständnis von Art. 19 Abs. 3 GG rankenden Diskussion um die Grundrechtsfähigkeit juristischer Personen des öffentlichen Rechts, insbesondere in dem Bereich der kommunalen, aber auch der funktionalen Selbstverwaltung: BVerfGE 21, 362 (368 ff.); 68, 193 (205 f.); 75, 192 (196); *P. Axer*, Normsetzung in der Sozialversicherung, S. 244 ff.; *H. Bethge*, Grundrechtsberechtigung juristischer Personen nach Art. 19 Abs. 3 GG; *W. Kluth*, Funktionale Selbstverwaltung, S. 392 ff.

IV. Grund und Grenzen der Übertragung von Normsetzungsbefugnissen 427

unabhängig davon ob sie unmittelbar durch den Staat oder durch autonome Rechtssubjekte erfolgt. Diese Untrennbarkeit löst sich allerdings dort auf, wo die Rechtsetzungsbefugnisse selbst der Grundrechtsverwirklichung dienen und zur Verwirklichung eines entsprechenden verfassungsrechtlichen Auftrags erteilt sind. Anders als in den Fällen kommunaler oder funktionaler Selbstverwaltung, die durch die Aspekte der Partizipation und der Distanzverringerung von Normsetzer und Normadressaten, aber auch durch den Gesichtspunkt der Staatsentlastung inspiriert sind, führt die grundrechtliche Legitimation der Übertragung von Normsetzungsbefugnissen dazu, daß die Adressaten – wie jeder andere Grundrechtsberechtigte bei der Realisierung seiner grundrechtlichen Freiheiten – nur die Ausstrahlungswirkung der Grundrechte zu beachten haben[389]. Eine unmittelbare Grundrechtsbindung kommt erst dann in Betracht, wenn diesen privaten Normen durch Gesetz die Möglichkeit einer unmittelbaren Bindung Außenstehender zuerkannt wird, denen der Zugriff auf die verbandsinterne Willensbildung verschlossen ist. Die Rezeption oder Allgemeinverbindlicherklärung privat ausgehandelter Normen erfolgt hingegen durch den Staat und unterliegt daher als Akt der öffentlichen Gewalt ohnehin der Grundrechtsbindung[390].

Angesichts der bei den Tarifparteien nicht gegebenen Grundrechtsbindung und Verpflichtung auf das Gemeinwohl richtet sich das Augenmerk insbesondere auf den staatlichen Gesetzgeber, der gegenüber den Tarifparteien in seiner Funktion als Sachwalter des Gemeinwohls und der durch die Verbandsmacht bedrohten individuellen Interessen gefordert ist. Dieser kann die entsprechenden Belange mittels einfachen Gesetzes durchsetzen, das sich aber wiederum an dem Garantiegehalt von Art. 9 Abs. 3 GG messen lassen muß. Der Staat nimmt im Bereich der Tarifautonomie seine Regelungskompetenz zurück, gibt sie aber nicht gänzlich preis.

δ) Art. 9 Abs. 3 GG und der Gesetzgeber

Art. 9 Abs. 3 GG soll einen von staatlicher Rechtsetzung grundsätzlich freien Raum garantieren, in dem frei gebildete Arbeitgeber- und Arbeitnehmervereinigungen das Arbeitsleben selbständig ordnen[391]. Das Grundrecht der Koalitionsfreiheit garantiert den Koalitionen die Möglichkeit, die Arbeitsbedingungen ihrer Mitglieder im Wege antagonistischer Interessenverfolgung autonom zu regeln[392]. Über die Arbeits- und Wirtschaftsbedingungen sollen die Beteiligten selbst, eigenverantwortlich und grundsätzlich frei von staatlicher Einflußnahme bestimmen[393]. Die Tarifautonomie erweist sich damit als ein Reservat, in

---
[389] BVerfGE 52, 131 (165 f.); 66, 116 (135); 73, 261 (269) für den Sozialplan; s.a. *F. Kirchhof*, Private Rechtsetzung, S. 521 ff.; *G. Dürig*, in: T. Maunz/ders.u.a., Grundgesetz, Art. 1 III Rn. 116; *C. Starck*, in: H. v. Mangoldt/F. Klein/ders., Grundgesetz Bd. 1, Art. 1 Rn. 270 ff.
[390] Siehe hierzu zunächst nur *G. Dürig*, in: T. Maunz/ders.u.a., Grundgesetz, Art. 1 III Rn. 117.
[391] BVerfGE 44, 322 (340 f.); 64, 208 (215).
[392] *M. Löwisch*, in: R. Richardi/O. Wlotzke, MünchHdbArbR Bd. 3, § 246 Rn. 1.
[393] BVerfGE 50, 290 (367).

dem das Vertrauen auf die Selbstregulierungskräfte von Angebot und Nachfrage gepflegt wird[394]. Dem entspricht die These, daß bei Vorliegen der Verfahrensvoraussetzungen der Tarifregelungen die materielle Richtigkeitsgewähr für den Tarifvertrag bestehe[395]. Die Frage, inwieweit vor dem Hintergrund von Art. 9 Abs. 3 GG eine Pflicht des Gesetzgebers zur Schaffung eines Tarifvertragssystems mit normativem Charakter besteht, ist damit aber noch nicht beantwortet.

αα) Ausgestaltung des Tarifvertragsystems

Das Bundesverfassungsgericht charakterisiert die Koalitionsfreiheit als Freiheitsrecht, stellt aber zugleich fest, daß dieses Recht der gesetzlichen Ausgestaltung bedarf. Auf den ersten Blick mutet diese Aussage als Paradoxon an: Wie ist es möglich, daß eine gesetzliche Ausgestaltung von Freiheit nicht zugleich auch eine Freiheitsbeschränkung darstellt[396]? Allerdings kann von einer natürlichen und jeder staatlichen Regulierung vorgegebenen Freiheit höchstens bei der individuellen, nicht aber auf der Ebene der kollektiven Koalitionsfreiheit die Rede sein, da die hier bestehende Freiheit zum Zwecke ihrer Handhabbarkeit der Organisation und der rechtlichen Verfaßtheit – und vorgängig überhaupt erst der gesetzgeberischen Übertragung des normativen Steuerungsinstruments auf die Tarifparteien – bedarf[397].

Dies wirft die Frage auf, ob und inwieweit der einfache Gesetzgeber im Rahmen dieser verfassungsrechtlichen Ausgestaltung der kollektiven Freiheitssubstanz von Art. 9 Abs. 3 GG verpflichtet ist, ein Tarifvertragsystem mit normativer Wirkung zu errichten. Bei Art. 9 Abs. 3 GG handelt es sich nicht um eine institutionelle Gewährleistung, weil die Koalitionen als privatrechtliche Verbände angesprochen sind. Auch eine Institutsgarantie ist in der Vorschrift nicht zu sehen, weil die Gestaltungskräfte der Tarifautonomie zwar durch rechtliche Ausgestaltung machtvoller werden können als auf der Basis reiner Selbstorganisation. Aber sie sind nicht in dem gleichen Maße auf rechtliche Ausgestaltung angewiesen wie die bekannten Fälle verfassungsrechtlicher Institutsgarantien (Ehe, Erbrecht, Eigentum)[398].

---

[394] Hierauf weist *J. Isensee*, in: Walter Raymond Stiftung, Die Zukunft der sozialen Partnerschaft, S. 159 ff. (161) hin; zu diesem Phänomen s.a. *C. Engel*, VVDStRL Bd. 59 (2000), S. 56 ff. (61 f.).
[395] BAGE 22, 144 (151); 29, 72 (84); 33, 140 (149); 38, 118 (129); zu dem Vertrag als Verfahren der Richtigkeitsgewähr s.a. für den konkreten Zusammenhang *M. Löwisch*, in: R. Richardi/O. Wlotzke, MünchHdbArbR Bd. 3, § 246 Rn. 1 ff.; kritisch demgegenüber aber *C. Engel*, VVDStRL Bd. 59 (2000), S. 56 ff. (66).
[396] Hierzu im Zusammenhang mit Art. 9 Abs. 1 GG *F. Becker*, JA 2001, Seite 542 ff. (543).
[397] *J. Isensee*, in: Walter Raymond Stiftung, Die Zukunft der sozialen Partnerschaft, S. 159 ff. (166).
[398] *W. Löwer*, in: I. v. Münch/P. Kunig, Grundgesetz Bd. I, Art. 9 Rn. 57; *R. Scholz*, in: T. Maunz/G. Dürig u.a., Grundgesetz, Art. 9 Rn. 300; a.A. aber *M. Kemper*, in: H. v. Mangoldt/F. Klein/C. Starck, Grundgesetz Bd. 1, Art. 9 Rn. 173.

IV. Grund und Grenzen der Übertragung von Normsetzungsbefugnissen

Art. 9 Abs. 3 GG ist durch seine besondere Offenheit gegenüber künftigen Entwicklungen des Arbeits- und Wirtschaftslebens geprägt[399]. Hieraus ist abgeleitet worden, daß der Staat seinen aus Art. 9 Abs. 3 GG resultierenden Schutz- und Gewährleistungsverpflichtungen für die Bildung von Vereinigungen zur Wahrung und Förderung der Arbeits- und Wirtschaftsbedingungen auch durch die Bereitstellung anderer Regelungsformen oder Selbstregulierungsmechanismen Genüge tun könnte, solange diese die Grundlage für eine staatsferne und autonome Festlegung der Arbeits- und Wirtschaftsbedingungen bieten[400]. Auch das Bundesarbeitsgericht geht davon aus, daß die als Delegation verstandene Ermächtigung der Tarifparteien zur Setzung von Tarifnormen nicht durch Art. 9 Abs. 3 GG garantiert ist[401]. Somit steht zwar die Tarifautonomie[402], nicht aber das aktuelle tarifvertragliche Regelungssystem in seiner konkreten Form unter dem Schutz der Verfassung.

Allerdings ist der Verfassungsgeber bei der Schaffung von Art. 9 Abs. 3 GG auf einen Befund gestoßen, der sich durch langjährige Praxis entwickelt und verfestigt hatte und an dessen Ende die Tarifautonomie stand[403]. Diese stand ihm als aktuelle Verwirklichung der mit Art. 9 Abs. 3 GG manifestierten Grundentscheidung einer sachlich beschränkten Selbstverwaltung in dem Bereich der Arbeits- und Wirtschaftsbedingungen vor Augen[404]. Der Tarifvertrag ist deren historisch gewachsenes Instrument[405], durch das die unter bestimmten Bedingungen dem Vertragsverfahren zugeschriebene spezifische Richtigkeitsgewähr für die Regelung der Arbeitsbedingungen instrumentalisiert wird. Trotz fehlender ausdrücklicher Erwähnung einer solchen Vorgabe und trotz des für zukünftige Entwicklungen offenen Gewährleistungsgehalts von Art. 9 Abs. 3 GG ist davon auszugehen, daß die Verfassung den Gesetzgeber grundsätzlich zur Schaffung eines normativ wirkenden Tarifvertragssystems zwingt[406]. Die einfachgesetzliche

---

[399] *J. Isensee*, in: Walter Raymond Stiftung, Die Zukunft der sozialen Partnerschaft, S. 159 ff. (167 ff.); *R. Scholz*, in: J. Isensee/P. Kirchhof, HdbStR Bd. VI, § 151 Rn. 15.

[400] *F. Kirchhof*, Private Rechtsetzung, S. 181 f.; s.a. *B. Pieroth*, FS BVerfG II/2, S. 293 ff. (298 ff.).

[401] BAGE 4, 240 (251).

[402] Dies ist wohl unstreitig: BVerfGE 18, 18 (26); 20, 312 (317); 38, 281 (306); 44, 322 (340 f.); 50, 290 (367); 58, 233 (246); 84, 212 (224); 88, 103 (114); 92, 26 (38) und 365 (394 f.); BAGE 21, 201 (205); *H. Bauer*, in: H. Dreier, Grundgesetz Bd. I, Art. 9 Rn. 78; *K. Biedenkopf*, Grenzen der Tarifautonomie, S. 102 ff.; *W. Löwer*, in: I. v. Münch/P. Kunig, Grundgesetz-Kommentar Bd. 1, Art. 9 Rn. 71 (»Tarifautonomie«); *R. Richardi*, Kollektivgewalt und Individualwille bei der Gestaltung des Arbeitsverhältnisses, S. 69; *R. Scholz*, in: T. Maunz/G. Dürig u.a., Grundgesetz, Art. 9 Rn. 299; *ders.*, in: J. Isensee/P. Kirchhof, HdbStR Bd. VI, § 151 Rn. 101; *W. Weber*, Koalitionsfreiheit und Tarifautonomie als Verfassungsproblem, S. 22 ff.

[403] Zu der geschichtlichen Entwicklung nur *A. Hueck/H.C. Nipperdey*, Lehrbuch des Arbeitsrechts II/1, S. 212 ff.

[404] *H. Peters/F. Ossenbühl*, Die Übertragung von öffentlich-rechtlichen Befugnissen auf die Sozialpartner unter besonderer Berücksichtigung des Arbeitsschutzes, S. 14 f.

[405] Bezugnahme auf die historischen Zusammenhänge etwa auch bei BVerfGE 4, 96 (106); 88, 3 (114).

[406] Eher zurückhaltend insoweit *J. Isensee*, in: Walter Raymond Stiftung, Die Zukunft der sozialen Partnerschaft, S. 159 ff. (169 f.).

Schaffung eines Tarifvertragsystems mit nicht bloß rechtsgeschäftlicher, sondern normativer Wirkung ist aus dieser Perspektive also nicht Ausfluß freier gesetzgeberischer Entscheidung, sondern Realisierung einer verfassungsrechtlichen Verpflichtung des Gesetzgebers, die ihn zur Bereitstellung eines rechtsverbindlichen Normenvertrags zwingt[407]. Diese Verpflichtung ist Ausdruck des grundrechtlichen *status positivus*. Nach Herstellung der institutionellen Rahmenbedingungen als Grundrechtsvoraussetzung kann sich die kollektive Freiheit der Tarifparteien im *status negativus* entfalten[408]. Das Tarifvertragsystem ist in seinen Feinheiten – wie viele weitere Facetten des grundrechtlichen Schutzgehalts in Art. 9 Abs. 3 (und auch Abs. 1[409]) GG – auf gesetzgeberische Ausgestaltung angewiesen, bei der dem Gesetzgeber inhaltlicher Spielraum zukommt[410]. Nicht jede aktuelle Ausprägung des Tarifvertragsystems genießt daher verfassungsrechtlichen Schutz gegen eine gesetzliche Abänderung. Im Grundrecht des Art. 9 Abs. 3 GG ist vielmehr nur ein verfassungsrechtlich geschützter Kernbereich[411] insoweit angelegt, als den Koalitionen ein Tarifvertragsystem zur Verfügung zu stellen ist. Diese Gewährleistung umfaßt aber nicht die besondere konkrete Ausprägung des Tarifvertragsystems beim Inkrafttreten des Grundgesetzes[412].

Die auf diese Weise durch einfaches Gesetz ausgestaltete Normsetzungsbefugnis der Tarifparteien darf aber nicht zu der Annahme verleiten, daß die Befugnis für diese Normsetzung durch die Tarifparteien ebenso wie für die parlamentarische Gesetzgebung unmittelbar aus der Verfassung resultiert. Während der Gesetzgeber seine Kompetenzen unmittelbar aus der Verfassung schöpft, können die Tarifparteien ohne die gesetzliche Bereitstellung eines Tarifvertragsystems im allgemeinen und die Anordnung der normativen Wirkung von Tarifverträgen im besonderen keine Rechtsnormen setzen. Sie leiten ihre Rechtssetzungsbefugnis aus dem einfachen Gesetz ab. Hieran ändert sich aufgrund des Umstandes nichts, daß dieses Gesetz aufgrund verfassungsrechtlicher Verpflichtung in dieser oder

---

[407] K. *Biedenkopf*, Grenzen der Tarifautonomie, S. 102 ff.
[408] J. *Isensee*, in: Walter Raymond Stiftung, Die Zukunft der sozialen Partnerschaft, S. 159 ff. (167).
[409] Allerdings ist dogmatisch insoweit eine Akzentverschiebung zwischen den beiden verschiedenen Gewährleistungsstrukturen zu erkennen, als bei Art. 9 Abs. 1 GG Begrenzungsfragen v.a. unter dem Vorzeichen der Ausgestaltung diskutiert werden, während die neuere Entwicklung bei Art. 9 Abs. 3 GG unter dem Eindruck jüngerer Entscheidungen des Bundesverfassungsgerichts (v.a. BVerfGE, 92, 26 (38); 92, 365 (393); 93, 352 (358 ff.)) dahin geht, eher wieder in den üblichen Kategorien von Schutzbereich – Eingriff – Rechtfertigung zu argumentieren; s.a. W. *Löwer*, in: I. v. Münch/P. Kunig, Grundgesetz Bd. I, Art. 9 Rn. 59.
[410] BVerfGE 4, 96 (107); 20, 312 (317); 28, 295 (306); 50, 290 (367 ff.); 58, 233 (248 ff.); M. *Kemper*, in: H. v. Mangoldt/F. Klein/C. Starck, Grundgesetz Bd. 1, Art. 9 Rn. 232 f.; M. *Kittner*, in: Alternativ-Kommentar zum Grundgesetz Bd., Art. 9 Abs. 3 Rn. 65; W. *Löwer*, in: I. v. Münch/P. Kunig, Grundgesetz-Kommentar Bd. 1, Art. 9 Rn. 71 (»Tarifautonomie«); R. *Scholz*, in: T. Maunz/G. Dürig u.a., Grundgesetz, Art. 9 Rn. 300; *ders.*, in: J. Isensee/P. Kirchhof, HdbStR Bd. VI, § 151 Rn. 101.
[411] Hierzu ausf. M. *Kemper*, in: H. v. Mangoldt/F. Klein/C. Starck, Grundgesetz Bd. 1, Art. 9 Rn. 169 ff., 234 ff.
[412] BVerfGE 20, 312 (317); 44, 322 (340); 50, 290 (367 ff.); 58, 233 (248 f.).

IV. Grund und Grenzen der Übertragung von Normsetzungsbefugnissen 431

ähnlicher Form ergehen muß und zumindest dem Grunde nach kein Erlaßermessen des Gesetzgebers besteht[413].

Nicht nur unter diesem prozeduralen Aspekt ist das Verhältnis von Gesetzgebung und Tarifautonomie von Bedeutung. Die sich an die vorangegangenen Überlegungen anschließende Frage nach dem Verhältnis von tarifvertraglicher Rechtsetzung und parlamentarischer Gesetzgebungskompetenz ist dort von Belang, wo der staatliche Gesetzgeber sich anschickt, solche Materien zu regeln, die bereits tarifvertragliche Regelung erfahren haben oder zumindest tarifvertragliche Regelung erfahren könnten, da sie die Wahrung und Förderung der Arbeits- und Wirtschaftsbedingungen umfassen. Die Frage, die sich stellt ist, wer bei der Gestaltung von Arbeits- und Wirtschaftsbedingungen den Vortritt hat: der staatliche Gesetzgeber oder die Tarifparteien.

ββ) Die Regelungskonkurrenz zwischen Tarifvertrag und Gesetz

Gesetzgeber und Tarifparteien sind nicht zwei voraussetzungslos miteinander konkurrierende Normsetzer[414]. Ihr Konkurrenzverhältnis bildet sich in den verfassungsrechtlichen Kompetenz- bzw. Legitimationsgrundlagen ab. Einerseits dokumentiert Art. 9 Abs. 3 GG ein grundsätzliches Vertrauen in die Tarifautonomie als tendenziell zweckrationales Findungsverfahren insbesondere für den gerechten Preis der Arbeit[415]. Andererseits macht der Kompetenztitel des Art. 74 Abs. 1 Nr. 12 GG deutlich, daß den Tarifparteien insoweit kein Normsetzungsmonopol zukommt[416]. Eine gesetzliche Regelung in dem sachlichen Bereich, der auch Tarifverträgen offensteht, kommt nach der Rechtsprechung des Bundesverfassungsgerichts jedenfalls dann in Betracht, wenn der Gesetzgeber sich dabei auf Grundrechte Dritter oder andere mit Verfassungsrang ausgestattete Rechte stützen kann[417] und den Grundsatz der Verhältnismäßigkeit wahrt. Ob der Gesetzgeber auch über weitergehende Regelungsbefugnisse zum Schutz sonstiger Rechtsgüter verfügt, hat das Bundesverfassungsgericht offengelassen[418]. Angesichts des Verfassungsrangs der Koalitionsfreiheit einerseits und der Möglichkeit, zumindest nahezu alle individuellen Rechtspositionen in Art 2 Abs. 1 GG, alle kollektiven Rechtspositionen im Sozialstaatsprinzip des Art. 20 Abs. 1 GG verfassungsrechtlich zu verankern andererseits, dürfte eine solche Möglichkeit des

---

[413] *H. Peters/F. Ossenbühl*, Die Übertragung von öffentlich-rechtlichen Befugnissen auf die Sozialpartner unter besonderer Berücksichtigung des Arbeitsschutzes, S. 15. Die weitere Begründung hierfür ergibt sich zugleich aus der Ablehnung der Integrationslehre, siehe S. 417.

[414] Beispiele für eine Überschneidung gesetzlicher Regelungen und tarifvertraglicher Regelungsbereiche sind etwa die gesetzgeberische Regelung befristeter Arbeitsverhältnisse des wissenschaftlichen Hochschulpersonals, die gesetzgeberische Veränderung der Ladenschlußzeiten oder die gesetzgeberische Beschränkung der Lohnfortzahlung im Krankheitsfall; weitere Beispiele und Nachweise bei *H.H. Rupp*, JZ 1998, S. 919 ff. (919).

[415] *W. Löwer*, in: I. v. Münch/P. Kunig, Grundgesetz Bd. I, Art. 9 Rn. 62.

[416] BVerfGE 94, 268 (284); 100, 271 (283).

[417] Hierzu BVerfGE 84, 212 (228); 94, 268 (283).

[418] BVerfGE 94, 268 (284).

Gesetzgebers aber gar nicht erforderlich sein. In jedem Falle machen aber die Formulierungen des Bundesverfassungsgerichts deutlich, daß der Gesetzgeber für eine Regelung in dem Bereich der Tarifautonomie rechtfertigende Gründe haben muß. Welches Gewicht solche Gründe haben sollen, hängt von der Schwere des Eingriffs in die Tarifautonomie ab[419]. Eine konkrete thematische Grenze der gesetzgeberischen Regelungskompetenz läßt sich nicht vorab und für alle denkbaren Konstellationen gleichermaßen festlegen. Wie bei der Abgrenzung von Gesetzgebungskompetenzen zwischen Bund und Ländern geht es hier um die Abschichtung von Regelungszuständigkeiten verschiedener Regelsetzer, bei der allerdings kein Sachkatalog im Stile der Art. 70 ff. GG die Abschichtung vorzeichnet[420].

Aus diesem scheinbaren Nebeneinander der Regelungsbefugnisse ist zunächst eine Normsetzungsprärogative der Tarifparteien abzuleiten, die den Gesetzgeber verpflichtet, den Tarifparteien einen Gestaltungsraum zu eröffnen und ihnen das zur Regelung zu belassen, was sie selbst ordnen können[421]. Aber auch aus diesem Kriterium läßt sich keine trennscharfe Kompetenzabschichtung im Sinne eines kompetenzrechtlich geschlossenen Subsidiaritätsprinzips herleiten[422]. Die Existenz der Normsetzungsprärogative ist daher nicht mit der Etablierung eines von staatlicher Rechtsetzung völlig freien Raums gleichzusetzen[423]. Wie weit der Gesetzgeber seine Gemeinwohlverpflichtung durch einzelne gesetzliche Regelung in dem Vorbehaltsbereich der Tarifautonomie ausüben kann, hängt von der Art der Regelung ab[424]. Soweit das historische Zentrum der Tarifautonomie – die Festlegung des Arbeitsentgelts – betroffen ist, sperrt sich diese Materie schon wegen der Vielgestaltigkeit der zu berücksichtigenden Aspekte und der gegenständlichen Dynamik gegen zentrale Regelung. Mit dem aktuellen Verständnis der in Art. 9 Abs. 3 GG geschützten Tarifautonomie wäre die gesetzliche Einführung verbindlicher Lohnleitlinien mit der verfassungsrechtlichen Gewährleistung der Tarifautonomie nur schwer zu vereinbaren.

Allerdings muß hier offenbleiben, ob die aktuellen wirtschaftlichen und sozialen Bedingungen auf dem Arbeitsmarkt[425] nicht eine Neuinterpretation von Art. 9 Abs. 3 GG gebieten. Es ist nicht zu verkennen, daß gerade auch die kollektive Festlegung der Arbeitsentgelte Fehlallokationen und Externalitäten (gegenüber Arbeitslosen, Konsumenten)

---

[419] *W. Löwer*, in: I. v. Münch/P. Kunig, Grundgesetz Bd. I, Art. 9 Rn. 62.
[420] *H. Peters/F. Ossenbühl*, Die Übertragung von öffentlich-rechtlichen Befugnissen auf die Sozialpartner unter besonderer Berücksichtigung des Arbeitsschutzes, S. 18 f.; *W. Löwer*, in: I. v. Münch/P. Kunig, Grundgesetz Bd. I, Art. 9 Rn. 64.
[421] BVerfGE 44, 322 (341); *H. Peters/F. Ossenbühl*, Die Übertragung von öffentlich-rechtlichen Befugnissen auf die Sozialpartner unter besonderer Berücksichtigung des Arbeitsschutzes, S. 19 ff.
[422] *R. Scholz*, FS Müller, S. 509 ff. (509).
[423] *B. Pieroth*, FS BVerfG II/2, S. 293 ff. (299, 309 ff.); *J. Wieland*, VVDStRL Bd. 59 (2000), S. 13 ff. (42).
[424] *J. Isensee*, in: Walter Raymond Stiftung, Die Zukunft der sozialen Partnerschaft, S. 159 ff. (184 ff.); *B. Pieroth*, FS BVerfG II/2, S. 293 ff. (298 ff.).
[425] Hierzu *C. Engel*, VVDStRL Bd. 59 (2000), S. 56 ff. (58 ff., 67 ff.); s.a. *T. v. Danwitz*, ebda., S. 99 ff. (103 ff.).

nach sich zieht[426]. Dies legt es nahe, unter Bedingungen persistenter offener und verdeckter Arbeitslosigkeit, den Handlungsspielraum der Parteien durch eine sich wandelnde, den aktuellen Bedingungen des Arbeitsmarkts angemessene Interpretation von Art. 9 Abs. 3 GG einzugrenzen bzw. gemeinwohlrelevante Belange durch solche Rahmenvorgaben zu regeln, die nicht durch die Tarifautonomie überwindbar sind. Gerade dies ermöglicht die Offenheit des Schutzes aus Art. 9 Abs. 3 GG, der nicht für alle Zeiten statisch feststeht[427].

Je weiter sich indes der Gegenstand einer gesetzlichen Regelung aus diesem Gravitationszentrum entfernt, desto weniger ist schon heute der grundrechtliche Gewährleistungsgehalt des Art. 9 Abs. 3 GG berührt. Je mehr durch eine Regelung auch Interessen betroffen sind, die über die beteiligten Verbände bzw. deren Mitglieder hinausgreifen, desto eher kann der Gesetzgeber mit dispositiven oder zwingenden Normen tätig werden. Eine gesetzliche Regelung, die für die Tarifparteien dispositiv ist, wiegt leichter als eine solche, die auch durch tarifvertragliche Einigung nicht überwunden werden kann. Eine gesetzliche Regelung in einem typischerweise durch Tarifvertrag geregelten Bereich wiegt schwerer als eine Regelung in einem Bereich, der zwar eigentlich durch Tarifvertrag geregelt werden könnte, wo dies aber noch nicht geschehen ist. Auch unabhängig von dieser »statistischen« Komponente kann der behandelte Gegenstand die Schwere des Eingriffs – ausgehend von der durch das Bundesverfassungsgericht entwickelten Kernbereichslehre – determinieren. Je mehr sich die gesetzliche Regelung dem substantiellen Kern der Koalitionsfreiheit nähert, desto höhere Legitimationslasten treffen den Gesetzgeber. Der verfassungsrechtlich geschützte Kernbereich der Tarifautonomie ist durch den Zugriff des Gesetzgebers um so wahrscheinlicher verletzt, je umfassender und intensiver die gesetzliche Regelung ist und je enger der den Koalitionen verbleibende Normsetzungsbereich ist. Von Verfassungs wegen muß den Tarifparteien der Zugriff auf eine Regelungssubstanz in ihren traditionellen Sachbereichen offenstehen[428].

In den letzten beiden Abschnitten wurden Sachbereiche umschrieben, in denen sich die Tätigkeit des staatlichen Gesetzgebers mit der des tarifvertraglichen Normsetzers berührt. Dies geschieht zum einen durch die Verwiesenheit des Letztgenannten auf die Bereitstellung eines normativ wirkenden Tarifvertragsystems durch den Gesetzgeber. Hier wird ein prozedurales Anliegen staatlicher Gesetzgebung erkennbar. Zum anderen kann der staatliche Gesetzgeber durch konkurrierende Regelungen in ein Konkurrenzverhältnis zu den Tarifparteien

---

[426] Siehe hierzu ausf. *C. Engel*, VVDStRL Bd. 59 (2000), S. 56 ff. (67 ff.).
[427] Der Vorschlag von *C. Engel*, VVDStRL Bd. 59 (2000), S. 56 ff. (78 ff.), der auf die Ersetzung des Kündigungsschutzes durch eine Entschädigungsregelung setzt, substituiert kollektive durch individuelle Verhandlungen und läuft damit auf eine Erhöhung der Transaktionskosten für beide Seiten hinaus. Mit dem aktuellen Verständnis des von Art. 9 Abs. 3 GG erfaßten Schutzbereichs der Tarifautonomie dürfte dieser Vorschlag nicht vollständig in Einklang zu bringen sein, wohingegen er einen der aktuellen Lage auf dem Arbeitsmarkt angemessenen Vorschlag für deren dynamische Neuinterpretation liefert.
[428] *M. Kemper*, Die Bestimmung des Schutzbereichs der Koalitionsfreiheit (Art. 9 Abs. 3 GG), S. 122 ff.; *H.H. Rupp*, JZ 1998, S. 919 ff. (924).

treten. In einem dritten Schritt kann sich der staatliche Gesetzgeber auch der Tarifparteien bedienen, indem er die von diesen ausgehandelten Regelungen hinsichtlich ihres subjektiven Geltungsbereichs durch Allgemeinverbindlicherklärung erstreckt.

ε) *Die Allgemeinverbindlicherklärung des Tarifvertrags nach § 5 TVG*

Art. 9 Abs. 3 GG legitimiert die Verbände gegenüber ihren Mitgliedern zur verhandelten Rechtsetzung. Insoweit nimmt der Staat seine Rechtsetzungsbefugnisse zurück[429]. Aber die sich aus Art. 9 Abs. 3 GG ergebende spezielle Legitimation der ausgehandelten Rechtsnormen rechtfertigt keine Rechtsetzung gegenüber Außenseitern. Hierzu bedarf es (zumindest) einer demokratischen Legitimation, d.h. die Nichtmitglieder können den Verbandsnormen höchstens durch einen zusätzlichen, demokratisch legitimierten Hoheitsakt unterworfen werden[430]. Diesen ermöglicht § 5 Abs. 1 TVG.

Nach § 5 Abs. 1 TVG ist der Bundesminister für Arbeit und Sozialordnung[431] (bzw. nach Abs. 6 der Vorschrift die oberste Arbeitsbehörde eines Landes, auf die der Minister diese Kompetenz für einzelne Fälle übertragen kann) befugt, einen Tarifvertrag im Einvernehmen mit einem aus je drei Vertretern der Spitzenorganisationen der Arbeitgeber und der Arbeitnehmer bestehenden Ausschuß (der sog. Tarifausschuß) auf Antrag einer Tarifvertragspartei für allgemeinverbindlich zu erklären, wenn die tarifgebundenen Arbeitgeber nicht weniger als 50% der unter den Geltungsbereich des Tarifvertrags fallenden Arbeitnehmer beschäftigen[432] und die Allgemeinverbindlicherklärung im öffentlichen Interesse geboten erscheint[433]. Von diesen Voraussetzungen kann abgesehen werden, wenn die Allgemeinverbindlicherklärung zur Behebung eines sozialen Notstands erforderlich ist.

§ 5 TVG räumt der über die Allgemeinverbindlicherklärung entscheidenden Stelle zum einen ein Normsetzungsermessen ein (»kann«). Die Tatbestandsmerkmale, die die Voraussetzung für die Allgemeinverbindlicherklärung bilden, stellen z.T. unbestimmte Rechtsbegriffe dar (»öffentliches Interesse«, »sozialer Notstand«). Die Kopplung von Ermessen

---

[429] BVerfGE 34, 307 (316 f.); 44, 322 (340); 64, 208 (215).
[430] BVerfGE 44, 322 (348); *M. Jachmann,* ZBR 1994, S. 165 ff. (169).
[431] Diese Zuständigkeit liegt z.Zt. beim Bundesministerium für Wirtschaft und Arbeit (BMWA).
[432] Die durch die Allgemeinverbindlicherklärung ausgedehnte Kartellwirkung des Tarifvertrags ist somit nach Ansicht des Gesetzgebers nur dann erträglich, wenn der betroffene Arbeitsmarkt zumindest gleichwertig von organisierten und nicht-organisierten Arbeitgebern bestimmt wird, da es ansonsten unverhältnismäßig wäre, das Wettbewerbshandeln eines Anteils von mehr als 50% nicht-organisierter Arbeitgeber zugunsten einer Minderheit einzuschränken; siehe *M. Löwisch,* in: R. Richardi/O. Wlotzke, MünchHdbArbR Bd. 3, § 261 Rn. 33 ff.
[433] Zur Allgemeinverbindlicherklärung im allg.: *F. Gamillscheg,* FS Kim, S. 35 ff.; *H. Hofbauer,* Der Rechtscharakter der Tarifverträge und der Allgemeinverbindlicherklärung; *M. May,* Die verfassungsmäßige Zulässigkeit der Bindung von Außenseitern durch Tarifverträge. Aus der älteren Literatur: *M. Behling,* Die Rechtsnatur der Allgemeinverbindlichkeitserklärung; *P. Well,* Die Allgemeinverbindlichkeits-Erklärung von Tarifverträgen. Prägnant zu Sinn und Zweck der Allgemeinverbindlicherklärung: *M. Löwisch,* in: R. Richardi/O. Wlotzke, MünchHdbArbR Bd. 3, § 261 Rn. 1 ff.

IV. Grund und Grenzen der Übertragung von Normsetzungsbefugnissen

und unbestimmtem Rechtsbegriff geht hier derart ineinander auf, daß bei der Erfüllung der Tatbestandsmerkmale das Erlaßermessen auf Null reduziert ist[434]. Grundsätzlich ist zwischen Tatbestand und Rechtsfolge insoweit zu differenzieren, als der für die Allgemeinverbindlicherklärung zuständigen Stelle auch bei Erfüllung der Tatbestandsmerkmale immer noch die Möglichkeit bleiben muß, die in Gefahr stehenden Rechtsgüter auf eine andere Weise als durch Allgemeinverbindlicherklärung zu schützen. Auch ist der insoweit klare Gesetzeswortlaut zu beachten. Allerdings sind trotz der erforderlichen Trennung von Tatbestand und Rechtsfolge die denkbar offenen und umfassenden Tatbestandsmerkmale »öffentliches Interesse« und »sozialer Notstand« durch den Normsetzer bereits mit allen möglichen Erwägungen aufzuladen, die auch nach der Feststellung, daß die Tatbestandsmerkmale erfüllt sind, im Rahmen des Erlaßermessens relevant werden. Aufgrund dieser normativen Struktur kann in den Fällen, in denen der Normsetzer zu der Erkenntnis kommt, daß die Allgemeinverbindlicherklärung im öffentlichen Interesse geboten oder zur Behebung eines sozialen Notstands erforderlich erscheint, von einem Erlaßermessen keine Rede mehr sein[435].

Nach § 5 Abs. 2 TVG ist vor der Entscheidung über den Antrag Arbeitgebern und Arbeitnehmern, die von der Allgemeinverbindlicherklärung betroffen werden würden, den am Ausgang des Verfahrens interessierten Gewerkschaften und Vereinigungen der Arbeitgeber sowie den obersten Arbeitsbehörden der Länder, auf deren Bereich sich der Tarifvertrag erstreckt, Gelegenheit zur schriftlichen Stellungnahme sowie zur Äußerung in einer mündlichen und öffentlichen Verhandlung zu geben. Soweit die oberste Arbeitsbehörde eines beteiligten Landes Einspruch gegen die beantragte Allgemeinverbindlicherklärung erhebt, kann der Bundesminister für Arbeit und Sozialordnung dem Antrag nach § 5 Abs. 3 TVG nur mit Zustimmung der Bundesregierung stattgeben. § 5 Abs. 5 TVG bestimmt, daß die Allgemeinverbindlichkeit durch einen actus contrarius aufgehoben werden kann oder ansonsten mit der Laufzeit des Tarifvertrags endet. Nach § 5 Abs. 7 TVG bedürfen die Allgemeinverbindlicherklärung und die Aufhebung der Allgemeinverbindlichkeit der öffentlichen Bekanntmachung.

Gem. § 5 Abs. 4 TVG erfassen die Rechtsnormen des Tarifvertrags mit der Allgemeinverbindlicherklärung in seinem Geltungsbereich auch die bisher nicht tarifgebundenen Arbeitgeber und Arbeitnehmer. Somit liegt ein Fall der Normerstreckung vor, nach der die Tarifnormen auf die neu Normunterworfenen nicht anders als auf die Tarifgebundenen wirken[436]. Die Allgemeinverbindlicherklärung von Tarifverträgen ist im Verhältnis zu den nicht tarifgebundenen Arbeitgebern und Arbeitnehmern ein Rechtsetzungsakt eigener Art zwischen autonomer Regelung und staatlicher Rechtsetzung, der nach Ansicht des Bundesverfassungsgerichts seine eigenständige Grundlage in Art. 9 Abs. 3 GG findet. Insofern stellt die Allgemeinverbindlicherklärung – auch gegenüber den Tarifparteien – einen Akt der staatlichen Normsetzung sui generis dar, der auf einen Tarifvertrag verweist. Diese als systemwidrig empfundenen, allgemeinverbindlichen Tarifnormen sind aber dennoch – zumindest in dem von Art. 9 Abs. 3 GG gestalteten

---

[434] So *M. Löwisch*, in: R. Richardi/O. Wlotzke, MünchHdbArbR Bd. 3, § 261 Rn. 76.
[435] Zu derart strukturierten Vorschriften: BVerwGE 18, 247 (250); *F. Ossenbühl*, in: H.-U. Erichsen, Allgemeines Verwaltungsrecht, § 10 Rn. 47 f.; H.-J. Wolff/O. Bachof/R. Stober, Verwaltungsrecht I, § 31 Rn. 38.
[436] *M. Löwisch*, in: R. Richardi/O. Wlotzke, MünchHdbArbR Bd. 3, § 261 Rn. 14.

Lebensbereich – nicht zu beanstanden[437]. Diese Bezugnahme des Gerichts auf Art. 9 Abs. 3 GG macht deutlich, daß es sich bei dieser Entscheidung um eine ausnahmsweise Billigung der Allgemeinverbindlicherklärung vor dem Hintergrund einer Privilegierung der Tarifparteien handelt[438].

Bedenken begegnet unter diesen Vorzeichen die Ermächtigung nach Maßgabe des § 37 UGB-KomE, aufgrund derer die Anerkennung der Rechtsgeltung eines zwischen Staat und Verband geschlossenen Vertrags auch für Außenseiter begründet werden kann. Eine solche Geltungserstreckung durch Staatsakt wird unter der Voraussetzung für zulässig gehalten, daß die hierzu ermächtigende Norm den Voraussetzungen des Art. 80 Abs. 1 GG oder denen für die Verleihung von Autonomie entspricht[439], soweit sichergestellt ist, daß zum einen Grundrechte von Außenseitern nicht beeinträchtigt werden[440] (vgl. § 36 Abs. 1 Nr. 3 UGB-KomE, wonach schon der Vertragsschluß unter dem Vorbehalt steht, daß schutzwürdige Interessen Dritter oder der Allgemeinheit nicht verletzt werden) und zum anderen mit der allgemeinen Geltung der Vereinbarung die Prärogative des Parlaments nicht unterlaufen wird[441]. Allerdings ist nicht klar ersichtlich, ob der Gesetzgeber tatsächlich berechtigt ist, diesen ausgehandelten bipolaren Normen ein solches inhaltliches Vertrauen entgegenzubringen, wie er dies gegenüber den Tarifverträgen aufgrund der Entscheidung in Art. 9 Abs. 3 GG zu tun gehalten ist.

An dem staatlichen Rechtsetzungsakt sind die Tarifparteien durch das Antrags- und Anhörungserfordernis sowie über den Tarifausschuß nur beteiligt. Dies unterscheidet die Allgemeinverbindlicherklärung von der Genehmigung von Rechtsetzungsakten (Verordnungen oder Satzungen), bei der es sich um einen Verwaltungsakt handelt[442].

Die Wirkung der Allgemeinverbindlicherklärung erschöpft sich in der Normerstreckung. Sie vermag Tarifnormen weder inhaltlich abzuändern, noch ihren räumlichen oder zeitlichen Geltungsbereich auszudehnen[443]. Der Bundesarbeitsminister oder die oberste Arbeitsbehörde eines Landes kann nur an eine vorgefundene private Regelung ganz oder teilweise anknüpfen. Die staatliche, als Rechtsetzungsakt bezeichnete Beteiligung an der Rechtsetzung ist sogar insoweit an die Mitwirkung Dritter gebunden, als sie nur auf Antrag und nach Zustimmung eines von Privaten besetzten Gremiums stattfinden darf. Der Regelungsinhalt wird allein von den Tarifparteien bestimmt. Nur die subjektive Reichweite der Regelungen wird durch den staatlichen Akt auf weitere Adressaten ausgedehnt. Der Rechtsetzungsprozeß erfolgt dabei sukzessive: In einem ersten Schritt wird die private Regelung von Privaten formuliert; in einem zweiten Schritt wird diese Regelung durch staatlichen Akt hinsichtlich ihres Geltungsanspruchs ausgedehnt. Dieses gestufte Verfahren weckt Zweifel daran, ob es sich bei dem für

---
[437] BVerfGE 44, 322 (346 f.).
[438] So wohl *F. Ossenbühl*, NZS 1997, S. 497 ff. (499).
[439] *K. Stern*, Staatsrecht Bd. I, § 20 IV 4.
[440] *F. Kirchhof*, Private Rechtsetzung, S. 504 ff.
[441] *M. Jachmann*, ZBR 1994, S. 165 ff. (171).
[442] *F. Kopp/U. Ramsauer*, Verwaltungsverfahrensgesetz, § 35 Rn. 79.
[443] *M. Löwisch*, in: R. Richardi/O. Wlotzke, MünchHdbArbR Bd. 3, § 261 Rn. 16; dort auch Rn. 22 ff. über die umstrittene Zulässigkeit einer nur teilweisen Allgemeinverbindlicherklärung.

IV. Grund und Grenzen der Übertragung von Normsetzungsbefugnissen

allgemein verbindlich erklärten Vertrag um ein gemeinsames Normprodukt von Staat und Privaten handelt[444].

Für die Lehre vom staatlichen Geltungsbefehl bereitet dieses prozessual getrennte, letztlich aber auf ein einheitliches Regelungsergebnis abzielende Zusammenwirken staatlicher und privater Rechtsetzungsbeiträge weder ein analytisches noch ein dogmatisches Problem[445]. Die staatliche Allgemeinverbindlicherklärung ist nichts weiter als der hoheitliche Geltungsbefehl[446]: So wie das Tarifvertragsgesetz nach dieser Lesart allgemein den Geltungsbefehl für alle Regeln in der Rechtsform des Tarifvertrags erteilt, welcher den Verträgen normative Wirkung auf Mitglieder und teilweise auf Außenseiter verschafft (siehe 3 Abs. 2 TVG[447]), so erteilt der Staat dem Tarifvertrag mit der Allgemeinverbindlicherklärung – ausnahmsweise auf einzelne Normen bezogen und nachträglich – einen besonderen Geltungsbefehl. Die privat gebildete Regel stützt ihre Geltung danach auf zwei sich ergänzende Geltungsbefehle, wobei deren zweiter keine neue Rechtsnormsetzung darstellt, sondern nur einen zweiten Geltungsbefehl für eine bereits bestehende Regel. Diese strikte Trennung wird durch die prozessuale Trennung von Vertragsabschluß und Allgemeinverbindlicherklärung abgebildet. Dementsprechend bezieht sich das in § 5 Abs. 7 TVG festgelegte Publizitätserfordernis auch nur auf die Allgemeinverbindlicherklärung und nicht auf die private Bezugsnorm.

Geht man hingegen von einer delegierten Rechtsetzungsbefugnis der Tarifparteien im hier beschriebenen, nicht an Art. 80 Abs. 1 GG angelehnten Sinne aus, so kann die Allgemeinverbindlicherklärung nicht als ein weiterer staatlicher Geltungsbefehl, sondern nur als Ausübung einer an den Bundesarbeitsminister delegierten Rechtsetzungsbefugnis aufgefaßt werden. Wie bei jeder anderen Form der nicht-parlamentarischen Rechtsetzung bedarf es des Nachweises einer parla-

---

[444] Zweifel bei *F. Kirchhof*, Private Rechtsetzung, S. 210; anders etwa *J. Isensee*, in: Walter Raymond Stiftung, Die Zukunft der sozialen Partnerschaft, S. 159 ff. (165): »Kondominium zwischen verbandlicher und staatlicher Rechtsetzungsmacht«.

[445] *F. Kirchhof*, Private Rechtsetzung, S. 211.

[446] Diesen Ausdruck verwendet sogar BVerfGE 44, 322 (346, 349) – in Unkenntnis der Kirchhof'schen Lehre.

[447] Nach dieser Vorschrift gelten Rechtsnormen des Tarifvertrags über betriebliche und betriebsverfassungsrechtliche Fragen für alle Betriebe, deren *Arbeitgeber* tarifgebunden ist. Ob diese Außenseiterbindung von nicht-gewerkschaftlich organisierten Arbeitnehmern verfassungsrechtlich zulässig ist, wird kontrovers diskutiert. Während BAGE 54, 113 (122); 64, 368 (383), an ihr keinen Anstoß nimmt, geht *D. Reuter*, FS Schaub, S. 605 ff. (613 ff.), von ihrer Verfassungswidrigkeit aus. Das BAG argumentiert, daß solche Vorschriften in der sozialen Wirklichkeit aus tatsächlichen oder rechtlichen Gründen nur einheitlich wirken können. Man kann also die ausreichende Legitimation der Tarifparteien für die Berührung von Außenseitern dahingehend begründen, daß sie notwendigerweise und in untrennbarem Zusammenhang mit in der Tarifautonomie wurzelnden Normsetzungsbefugnissen auftritt und daher nur durch eine erhebliche Beschränkung der Tarifautonomie insgesamt zu vermeiden wäre. Allerdings kommt man nicht umhin festzuhalten, daß hier ein Fall anomaler Fremdbestimmung der nicht gewerkschaftlich organisierten Arbeitnehmer durch unmittelbare Außenwirkung der Tarifvertragsnormen vorliegt, der nur als Randerscheinung der verfassungsrechtlich unterfangenen Tarifautonomie in einem Bereich toleriert werden kann, den der Gesetzgeber ohnehin in weiten Teilen kraft seines Direktionsrechts einseitig regeln könnte (hierauf weist *K. Adomeit*, Rechtsquellenfragen im Arbeitsrecht, S. 157 hin). Von »erweiterter Autonomie« (*A. Hänlein*, Rechtsquellen im Sozialversicherungsrecht, S. 155) zu sprechen, ist daher ein Euphemismus.

mentarischen Kompetenz zu Übertragung der Normsetzungsbefugnisse auf nicht-parlamentarische Normsetzer. Diese Befugnis kann vorliegend nicht in Art. 9 Abs. 3 GG gefunden werden. Zwar legitimieren grundrechtliche Vorschriften in einzelnen Fällen das Parlament dazu, Normsetzungsbefugnisse auf private Akteure zu übertragen. Hier aber steht die Übertragung von Rechtsetzungsbefugnissen auf einen staatlichen Adressaten – den Bundesminister für Arbeit und Sozialordnung – in Rede. Daher stellt die Befugnis zu Allgemeinverbindlicherklärung von Tarifverträgen eine auf die Kompetenz zur Verweisung reduzierte Version der Rechtsetzungsbefugnis nach Art. 80 Abs. 1 GG dar. Der Minister kann zwar einen Normsetzungsakt erlassen, er vermag hierbei aber weder auf den Inhalt noch auf die Geltungsdauer der Rechtsnorm Einfluß zu nehmen. Beides bestimmt sich nach dem Tarifvertrag. Da der Gesetzgeber generell nicht zur Erteilung von Rechtsetzungsbefugnissen an die Exekutive verpflichtet ist, kann er auch reduzierte Rechtsetzungsbefugnisse übertragen. Soweit man sich der Tatsache bewußt bleibt, daß die Legitimation des Gesetzgebers für die Delegation der Rechtsetzungsbefugnis an den Bundesarbeitsminister nicht etwa auf Art. 9 Abs. 3 GG, sondern auf Art. 80 Abs. 1 GG beruht, mag man daher von einer Rechtsetzungsbefugnis sui generis sprechen. Sinnvoller wäre es hingegen, auch in der Allgemeinverbindlicherklärung einen Akt der Verordnungsgebung zu erkennen.

Die dogmatische Verwurzelung der Allgemeinverbindlicherklärung nach § 5 TVG in Art. 80 Abs. 1 GG macht allerdings deutlich, daß die nach dieser Vorschrift unzulässige Vorwegnahme der Subdelegation an die oberste Arbeitsbehörde eines Landes (§ 5 Abs. 6 TVG) verfassungsrechtlich nicht zulässig sein kann. Dies gilt um so mehr, als auch eine verfassungsrechtlich nicht determinierte Subdelegation von einer Bundes- an eine Landesbehörde nicht akzeptabel ist.

Durch die staatliche Entscheidung sind allgemeinverbindliche Tarifnormen gegenüber den Außenseitern zumindest ausreichend demokratisch legitimiert. Die Legitimation für diesen Rechtsetzungsakt ergibt sich daraus, daß ihn der Staat mit seiner Allgemeinverbindlicherklärung im Wege einer statischen Verweisung[448] [449] in seinen Willen aufgenommen hat. Die nach § 5 TVG für allgemeinverbindlich erklärten Tarifverträge werden daher insoweit von Art. 1 Abs. 3 GG erfaßt[450], als

---

[448] A.A. *F. Kirchhof*, Private Rechtsetzung, S. 211 (Fn. 223), der keine Verweisung annimmt, sondern einen staatlichen Geltungsbefehl, der einer privaten Rechtsnorm einen über ihren eigentlichen Adressatenkreis hinausgehenden Anwendungsbereich erschließt. Die Allgemeinverbindlicherklärung wolle den Tarifvertrag nicht ins staatliche Recht inkorporieren. Der Tarifvertrag bleibe der Disposition der Tarifparteien überlassen, er werde nicht staatlich publiziert, behalte seinen Rang als Tarifvertrag, bei seinem Ablauf werde der Geltungsbefehl hinfällig.

[449] Die noch zu erörternde verfassungsrechtliche Problematik der Verweisung auf privat ausgehandelte Normen (siehe unten S. 558 ff.) wird im Zusammenhang mit der Allgemeinverbindlicherklärung (nur) bei Anknüpfung an Art. 9 Abs. 3 GG nicht virulent, da diese Vorschrift eine »Vernünftigkeitsvermutung« für die durch die Tarifparteien antagonistisch ausgehandelten Normen begründet.

[450] BVerfGE 44, 322 (340 ff.); 55, 7 (21); BVerwGE 80, 355 (357); *H. Dreier*, in: ders., Grundgesetz Bd. I, Art. 1 III Rn. 27; *G. Dürig*, in: T. Maunz/ders.u.a., Grundgesetz, Art. 1 Rn. 117; *F. Kirch-*

IV. Grund und Grenzen der Übertragung von Normsetzungsbefugnissen 439

sie nunmehr auch gegenüber nicht Tarifgebundenen wirken. Ein Verstoß der für allgemein verbindlich erklärten Tarifnorm gegen höherrangiges Recht (insbesondere Grundrechte) oder aber auch der Verstoß der Allgemeinverbindlicherklärung gegen höherrangiges Recht führt zur Verfassungswidrigkeit der Erstreckung[451].

b) Einräumung von Normsetzungskompetenzen an Selbstverwaltungsträger
Mit den bisher dargelegten Fällen ist der Kreis der außerhalb von Art. 80 Abs. 1 Satz 1 bzw. Satz 4 GG stehenden Rechtsnormgeber keineswegs erschöpft. Insbesondere im Bereich der funktionalen Selbstverwaltung finden sich weitere Akteure, die mit der Befugnis zur Rechtsnormsetzung ausgestattet sind.

Bei Selbstverwaltungsträgern im allgemeinen handelt es sich um öffentlich-rechtliche[452] Organisationseinheiten, die gegenüber dem staatsunmittelbaren Behördensystem institutionell verselbständigt, aber gleichwohl dem Staatsverband eingegliedert sind und die sich dadurch auszeichnen, daß in ihnen bestimmte öffentliche Angelegenheiten von den dadurch besonders berührten Personen – den Betroffenen – eigenverantwortlich (d.h. höchstens unter Rechtsaufsicht) verwaltet werden[453]. Von der Selbstverwaltung wird die Selbststeuerung differenziert, bei der es sich um einen Fall gesellschaftlicher, auf den Freiheitsschutz von Art. 9 Abs. 1 GG gegründeter Autonomie ohne einen Rückgriff auf souveräne (d.h. eingeräumte staatliche) Befugnisse handelt[454].

Neben die kommunale Selbstverwaltung, die an ein räumliches Betroffenheitskriterium anknüpft, tritt die funktionale Selbstverwaltung, deren Organisation ein sachliches Betroffenheitskriterium zugrunde liegt[455]. Unter den Begriff der funktionalen Selbstverwaltung werden die nicht gebietsbezogenen, sondern auf bestimmte Aufgaben ausgerichteten Selbstverwaltungsträger gefaßt. Zu nennen ist insoweit die Selbstverwaltung der freien Berufe durch die Berufskammern (Ärztekammern, Rechtsanwaltskammern, Wirtschaftsprüferkammern, Steuerberaterkammern, Architektenkammern und Ingenieurkammern, Bau-,

---

hof, Private Rechtsetzung, S. 208 ff.; *E. Denninger*, in: Alternativ-Kommentar zum Grundgesetz Bd. I, Art. 1 Abs. 2, 3 Rn. 25; *W. Höfling*, in: M. Sachs, Grundgesetz, Art. 1 Rn. 88; *C. Starck*, in: H. v. Mangoldt/F. Klein/ders., Grundgesetz Bd. 1, Art. 1 Rn. 221 (Fn. 314); *K. Stern*, Staatsrecht Bd. III/1, § 73 III 6c.
[451] *M. Löwisch*, in: R. Richardi/O. Wlotzke, MünchHdbArbR Bd. 3, § 261 Rn. 96 i.V.m. 40 ff.
[452] Dieses Definitionsmerkmal ist nicht unumstritten; siehe zunächst nur *G.F. Schuppert*, FS Unruh, S. 183 ff. (197 ff., 205).
[453] *E.T. Emde*, Die demokratische Legitimation der funktionalen Selbstverwaltung, S. 366; *R. Hendler*, Selbstverwaltung als Ordnungsprinzip, S. 284; *M. Jestaedt*, Demokratieprinzip und Kondominialverwaltung, S. 71; *P. Unruh*, VerwArch Bd. 92 (2001), S. 531 ff. (536). Zur Differenzierung zwischen politischer und juristischer Selbstverwaltung: *R. Hendler*, in: J. Isensee/P. Kirchhof, HdbStR Bd. IV, § 106 Rn. 12 ff.; *E. Schmidt-Aßmann*, GS Martens, S. 249 ff. (250); *F.E. Schnapp*, in: B. Schulin, HdbSozVersR Bd. 1, § 49 Rn. 64 ff.
[454] Siehe hierzu nun *C. Engel*, Freiheit und Autonomie, S. 43 ff.
[455] Umfassend: *W. Kluth*, Funktionale Selbstverwaltung, S. 12 ff., 30 ff., 565; s.a. *E.-W. Böckenförde*, in: J. Isensee/P. Kirchhof, HdbStR Bd. I, § 22 Rn. 31 ff.; *E.T. Emde*, Die demokratische Legitimation der funktionalen Selbstverwaltung, S. 5 ff., 363 ff.; *G.F. Schuppert*, Die Erfüllung öffentlicher Aufgaben durch verselbständigte Verwaltungseinheiten, S. 5, 65 ff.; *ders.*, FS Unruh, S. 183 ff. (203 ff.). Zu dem Betroffenheitskriterium: *R. Herzog*, in: T. Maunz/G. Dürig u.a., Grundgesetz, Art. 20 II Rn. 59; *E. Schmidt-Aßmann*, GS Martens, S. 249 ff. (253).

Lotsenbrüderschaften und Kursmaklerkammern[456]), die gruppenplurale wirtschaftliche Selbstverwaltung (v.a. durch die Industrie- und Handelskammern, die Handwerkskammern, Landwirtschaftskammern), die Realkörperschaften (Wasserverbände, die Waldwirtschaftsgenossenschaften, die Forstbetriebsverbände und die Jagdgenossenschaften) sowie die soziale Selbstverwaltung (Sozialversicherungsträger, die kassenärztlichen Vereinigungen, die Bundesanstalt für Arbeit, die Versorgungswerke der freien Berufe und die Studentenwerke).

Die Träger der funktionalen Selbstverwaltung verfügen über ein breites Spektrum an Normsetzungsbefugnissen. Die von ihnen erlassenen Normen umfassen berufsspezifische Zulassungsordnungen gegenüber Körperschaftsmitgliedern und auch gegenüber Externen, Ausbildungs- und Prüfungs-, Berufs- und Weiterbildungs- sowie Beitrags- und Gebührenordnungen[457]. Honorarordnungen werden nur noch in dem Bereich der Sozialversicherung von Selbstverwaltungsträgern, ansonsten durch Parlament als Parlamentsgesetz bzw. durch die unmittelbare Staatsverwaltung als Rechtsverordnung aufgrund delegierter Normsetzungsbefugnisse verabschiedet[458].

Außer in den hier nicht weiter relevanten Fällen der Gemeinden, der öffentlich-rechtlichen Rundfunkanstalten, der Universitäten sowie der Religionsgemeinschaften (siehe Art. 28 Abs. 2, 5 Abs. 1 und 3 GG sowie Art. 140 GG i.V.m. Art. 137 Abs. 3, 5 WRV)[459] sind keine weiteren Konstellationen verfassungsrechtlich garantierter Selbstverwaltung im Grundgesetz nachweisbar[460]. Körperschaftliche funktionale Selbstverwaltung beruht ausschließlich auf einfachrechtlichen Vorschriften und kann dementsprechend durch den Gesetzgeber eingeschränkt oder sogar entzogen werden[461]. Ungeachtet dessen existiert eine Vielzahl von durch den einfachen Gesetzgeber errichteten und mit Normsetzungsbefugnissen ausgestatten Selbstverwaltungsträgern.

Autonome Satzungen stellen als Rechtsetzungsform verfaßter partikularer Gemeinschaften[462] vom Staat abgeleitete Rechtsquellen dar[463]. Sie enthalten aber

---

[456] Hierzu und dem folgenden *W. Kluth*, Funktionale Selbstverwaltung, S. 31 ff. Typologie der Selbstverwaltung bei *R. Hendler*, in: J. Isensee/P. Kirchhof, HdbStR Bd. IV, § 106 Rn. 64 ff.; s.a. *M. Heintzen*, VVDStRL Bd. 62 (2003), S. 220 ff. (245).

[457] *W. Kluth*, Funktionale Selbstverwaltung, S. 506 ff.

[458] Siehe den Honorarverteilungsmaßstab der kassenärztlichen Vereinigung (§ 85 Abs. 4 SGB V) und den einheitlichen Bewertungsmaßstab durch den Bewertungsausschuß (§ 87 SGB V); zu dessen Besetzung durch Vertreter der Kassenärztlichen Bundesvereinigung, der Bundesverbände der Krankenkassen, der Bundesknappschaft und der Verbände der Ersatzkassen siehe nur *W. Funk*, in: B. Schulin, HdbSozVersR I, § 32 Rn. 19.

[459] Siehe hierzu nur *R. Hendler*, in: J. Isensee/P. Kirchhof, HdbStR Bd. IV, § 106 Rn. 50; *M. Jestaedt*, Demokratieprinzip und Kondominialverwaltung, S. 537 m.w.N. in Fn. 516.

[460] BVerfGE 15, 235 (242); BVerwGE 51, 115 (119); s.a. *R. Hendler*, in: J. Isensee/P. Kirchhof, HdbStR Bd. IV, § 106 Rn. 55; *M. Jestaedt*, Demokratieprinzip und Kondominialverwaltung, S. 537 m.w.N. in Fn. 516; *P. Unruh*, VerwArch Bd. 92 (2001), S. 531 ff. (538 f. (v.a. Fn. 32 m.w.N.)).

[461] BVerfGE 58, 45 (66); BVerwG NJW 2001, S. 3150.

[462] *M. Kleine-Cosack*, Berufsständische Autonomie und Grundgesetz, S. 74.

[463] Zu dem umstrittenen Verhältnis der Satzungsautonomie zur staatlichen Rechtsetzung, siehe *P. Axer*, Normsetzung in der Sozialversicherung, S. 196 ff.; *H.-J. Friehe*, JuS 1979, S. 465 ff.; *F. Os-*

IV. Grund und Grenzen der Übertragung von Normsetzungsbefugnissen

kein staatliches, sondern autonomes Recht. Anders als im Zusammenhang mit der juristischen Begriffsverwendung bezeichnen die Sozialwissenschaften die Übertragung von Normsetzungsbefugnissen auf Selbstverwaltungsträger mit dem Begriff der *Delegation*, der damit einen Fall staatlich verordneter oder ermöglichter gesellschaftlicher Selbststeuerung beschreibt[464]. In dem Dualismus von staatlichen und autonomen Normen scheint die Pluralität der Rechtserzeugung unter dem Grundgesetz wieder. Während staatliche Normen von staatlichen Normsetzern – dem Parlament und den von ihm ermächtigten exekutiven Verordnungsgebern – erlassen werden, bezeichnet die in dem Begriff der autonomen Rechtsnorm angesprochene Autonomie etymologisch und der Sache nach das Recht zur Selbstgesetzgebung[465]. Es leitet seinen Namen aus dem Umstand ab, daß es von einem autonomen, nicht durch Staatsorgane vorgeformten Willen getragen wird. Die Autonomie, auf deren Grundlage autonome Normen erlassen werden, ist eine mitgliedschaftlich legitimierten Gremien niederer Organisationsstufen zugeordnete Rechtsetzungsmacht. Unabhängig von der Frage, ob Satzungsautonomie der Selbstverwaltungskörperschaft durch den staatlichen Gesetzgeber übertragen oder eröffnet wird[466], handelt es sich bei den autonomen Rechtsnormen um solche, die aufgrund einer überlassenen, *eigenen* Kompetenz des Autonomieinhabers ergehen[467].

Wäre die Übertragung von Rechtsetzungskompetenzen vom Parlament auf nicht-parlamentarische Akteure ausschließlich aufgrund und nach Maßgabe von Art. 80 Abs. 1 GG zulässig, käme autonome Rechtsetzung durch Selbstverwaltungskörperschaften aus verfassungsrechtlichen Gründen nicht in Betracht: Neben dem Umstand, daß die autonomen Normsetzer nicht dem Kreis der in Art. 80

---

senbühl, in: J. Isensee / P. Kirchhof, HdbStR Bd. III, § 66 Rn. 18 ff. Die Überlegung, daß Satzungsrecht als originäres Recht dem natürlichen Wirkungskreis der Selbstverwaltungskörperschaft entspricht (Originaritätstheorie; siehe z.B. *A. Brandstetter*, Der Erlaß von Berufsordnungen durch die Kammern der freien Berufe, S. 50 ff.; *F. Fleiner*, Institutionen des deutschen Verwaltungsrechts, S. 80), darf unter den Bedingungen moderner Staatlichkeit als überholt gelten (*A. Hamann*, Autonome Satzungen und Verfassungsrecht, S. 17 ff.; *F. Ossenbühl*, a.a.O. Rn. 21; *K. Westbomke*, Der Anspruch auf Erlaß von Rechtsverordnungen und Satzungen, S. 69 f.). Auf Grundlage der Überlegung, daß dem Selbstverwaltungsträger eine vom Staat derelinquierte öffentliche Angelegenheit als eigene zur eigenen Gestaltung zufällt (Dereliktionstheorie, siehe z.B. *J. Salzwedel*, VVDStRL Bd. 22 (1965), S. 206 ff. (222 ff.); *H. Schneider*, FS Möhring, S. 521 ff. (523)), fällt es schwer, die umfassende Bindung der autonomen Rechtsetzung an die Grundrechte der ihr Unterworfenen zu erklären. Dementsprechend scheint überzeugend, von einer Delegation von Rechtsetzungsbefugnissen durch den staatlichen Gesetzgeber an die Selbstverwaltungsträger auszugehen; so wohl auch *F. Ossenbühl*, a.a.O., Rn. 21.

[464] Aus politikwissenschaftlicher Sicht: *U. Schimank / M. Glagow*, in: M. Glagow, Gesellschaftssteuerung zwischen Neokorporatismus und Subsidiarität, S. 4 ff. (17 ff.); kritisch *E. Denninger*, Verfassungsrechtliche Anforderungen an die Normsetzung im Umwelt- und Technikrecht, Rn. 122 ff.

[465] *E. Forsthoff*, Lehrbuch des Verwaltungsrechts, S. 479 f.; *H. Peters*, in: G. Anschütz / R. Thoma, HdbdtStR II, S. 264 ff. (264); s.a. *P. Axer*, Normsetzung der Exekutive in der Sozialversicherung, S. 190; *H. Schneider*, Gesetzgebung, Rn. 275 ff.; *R. Hendler*, Selbstverwaltung als Ordnungsprinzip, S. 293 jew. m.w.N.

[466] Siehe Fn. 463.

[467] Siehe hierzu nur *H. Schneider*, Gesetzgebung, Rn. 277.

Abs. 1 Satz 1 GG aufgeführten Rechtssubjekte angehören, entsprechen in den Fällen autonomer Normsetzung auch die die Normsetzungsbefugnis eröffnenden Gesetze nie den inhaltlichen Vorgaben des Art. 80 Abs. 1 Satz 2 GG[468]. Die Delegation von Rechtsetzungsbefugnissen nach Art. 80 Abs. 1 GG befördert die Dekonzentration der Gesetzgebung im Rahmen der Gewaltenteilung, während die Ausübung autonomer Rechtsetzungsbefugnisse der dezentralen Struktur des Gemeinwesens entspricht[469]. Art. 80 Abs. 1 GG kann in diesen Fällen weder – positiv – als Ermächtigung des Gesetzgebers für die Übertragung der Normsetzungsbefugnisse noch – negativ – als verfassungsrechtlicher Maßstab für eine formelle oder materielle Delegationsgrenze herangezogen werden, da diese Vorschrift auf die Einräumung autonomer Rechtsetzungsbefugnisse nicht anwendbar ist[470].

Da die Normsetzungsbefugnisse den Inhabern von Satzungsautonomie stets unmittelbar durch Gesetz eröffnet werden, kann dieser Vorgang auch nicht als Subdelegation von Normsetzungskompetenzen i.S.v. Art. 80 Abs. 1 Satz 4 GG gedeutet werden, weil dem Gesetzgeber die Befugnis zu unmittelbarer Benennung des Subdelegatars fehlt. Auch das regelmäßige Fehlen personell demokratischer Legitimation bei den Organen dieser Rechtssubjekte spricht gegen eine Anwendbarkeit von Art. 80 Abs. 1 Satz 4 GG, da dieser bei den Subdelegataren eben jene Form demokratischer Legitimation fordert.

Während sich bei der nach Art. 80 Abs. 1 GG delegierten Gesetzgebung die Frage nach deren demokratischer Legitimation nur mit Blick auf den Kreis der verfassungsrechtlich nicht ausdrücklich benannten Subdelegatare stellt, lösen alle anderen Formen nicht-parlamentarischer Rechtsetzungsbefugnisse spezifische verfassungsrechtliche Rechtfertigungsbedürfnisse aus, um die Begrenzungsfunktion des Art. 80 Abs. 1 GG nicht leer laufen zu lassen. Die Nichterwähnung autonomer Rechtsetzung im Grundgesetz und die für die Übertragung von Normsetzungskompetenzen maßstabbildende Funktion der in Art. 80 Abs. 1 GG enthaltenen Delegationssperre machen die den Trägern funktionaler Selbstverwaltung übertragenen Normsetzungsbefugnisse allerdings verfassungsrechtlich rechtfertigungsbedürftig. Es muß sich aus der Verfassung ein gegenständlich begrenzter Gestaltungsraum ergeben, den der Gesetzgeber einem verfaßten gesellschaftlichen Teilsystem zur eigenverantwortlichen Gestaltung eröffnen darf, obwohl dieses nicht in Art. 80 Abs. 1 Satz 1 GG als Adressat für die Übertragung von Rechtsetzungskompetenzen aufgeführt ist und die inhaltlichen Vorgaben des Art. 80 Abs. 1 Satz 2 GG nicht respektiert sind[471].

---

[468] Die grundsätzliche Verfassungswidrigkeit autonomer Rechtsetzungsbefugnisse außerhalb von Art. 28 Abs. 2 GG wurde noch von *A. Hamann,* Autonome Satzungen und Verfassungsrecht, S. 65 f., behauptet; hiergegen *H. Schneider,* FS Möhring, S. 521 ff. (521 f.); vgl. auch *K.-P. Sommermann,* in: H. v. Mangoldt/F. Klein/C. Starck, Grundgesetz Bd. 2, Art. 20 Rn. 172.
[469] *F. Ossenbühl,* in: J. Isensee/P. Kirchhof, HdbStR Bd. III, § 64 Rn. 6.
[470] BVerfGE 12, 319 (325); 19, 253 (266); 37, 1 (25); 73, 388 (499), st. Rspr.; s.a. die ganz h.M. in der Lit.: *H. Bauer,* in: H. Dreier, Grundgesetz Bd. II, Art. 80 Rn. 15; *T. Maunz,* in: ders./G. Dürig u.a., Grundgesetz, Art. 80 Rn. 47 ff.; *M. Nierhaus,* in: Bonner Kommentar zum Grundgesetz (1998), Art. 80 Rn. 164; *K. Stern,* Staatsrecht Bd. I, § 20 IV 4.
[471] Hierzu und zu dem folgenden ausf. *P. Axer,* Normsetzung in der Sozialversicherung, S. 229 ff.

aa) Legitimationsmuster für die Einrichtung von Selbstverwaltungskörperschaften

Die Einrichtung anderer als der verfassungsrechtlich vorgezeichneten Selbstverwaltungskörperschaften (Kirchen, Religionsgemeinschaften, Rundfunkanstalten), in denen die Selbstverwaltung der institutionellen Sicherung grundrechtlich gebotener Staatsdistanz dient, erfolgt auf der Grundlage z.T. konkurrierender, z.T. sich ergänzender Legitimationsmuster[472]. In den nicht verfassungsrechtlich vorgeprägten Fällen erscheint die Selbstverwaltungsidee als moderne Ausprägung des Genossenschaftsgedankens, der hier allerdings – anders als bei der abzulehnenden entsprechenden Herleitung tarifvertraglicher Rechtsetzungsbefugnisse[473] – aufgrund der Erforderlichkeit staatlicher Einräumung von Satzungsautonomie an die Selbstverwaltungskörperschaften mit der Grundkonzeption des modernen Staates, der Verfassungsvoraussetzung innerer staatlicher Souveränität[474], harmoniert. Alle diese Aspekte finden ihre Gemeinsamkeit im Desiderat der Dezentralisierung, die zu einer Pluralisierung hoheitlicher Rechtsetzer im Sinne einer vertikalen Gewaltenteilung führt und eine zusätzliche, rechtsstaatliche Dimension des Selbstverwaltungsgedankens konstituiert[475]. Die Einrichtung von Selbstverwaltungskörperschaften kann – neben ihrem Anliegen der Senkung von Informationsgewinnungskosten für die Erreichung von Steuerungserfolgen[476] – als Element der Grundrechtsverwirklichung gelten, soweit man annimmt, daß die grundrechtlichen Freiheitsgarantien auf der Ebene der politischen Willensbildung und Entscheidung durch Selbstverwaltungseinrichtungen unterstützt und ergänzt werden. Der mittels gesetzlicher Regelungen sicherzustellende Ausgleich zwischen Gemeinwohlerfordernissen und Individualrechten erfolgt nach dieser Sichtweise nicht nur durch die Gesamtheit der Bürger über die allgemeinen und gleichen Wahlen zu den Volksvertretungen, sondern auch durch einen kleinen Kreis von besonders Betroffenen, woraus sich erhöhte Einflußmöglichkeiten des einzelnen Grundrechtsträgers auf die Gestaltung der Rahmenbedingungen seiner Freiheitsausübung in einem eingegrenzten Funktionsbereich ergeben. Nach dieser Logik entspricht es der freiheitlichen Intention des Art. 12 GG eher, wenn Berufsregelungen speziell durch Vertreter der Berufsangehörigen vorgenommen werden, als wenn diese Regelungen allein durch staats-

---

[472] Zu dem folgenden *M. Burgi*, VVDStRL Bd. 62 (2003), S. 405 ff. (421 f.); *C. Engel*, Freiheit und Autonomie, S. 9 *ff*.; *M.-E. Geis*, in: F.E. Schnapp, Funktionale Selbstverwaltung und Demokratieprinzip, S. 65 ff. (74 ff.); *W. Kluth*, Funktionale Selbstverwaltung, S. 236 ff.; *J. Oebbecke*, VVDStRL Bd. 62 (2003), S. 366 ff. (371 ff.); *G.F. Schuppert*, AöR Bd. 114 (1989), S. 127 ff. (129 ff.). Auf die Bereichsspezifität der Selbstverwaltungsidee weist *M. Kleine-Cosack*, Berufsständische Autonomie und Grundgesetz, S. 84, 118, hin.
[473] Siehe S. 410 f.
[474] Hierzu S. 729 ff.
[475] Zu diesem Gedanken etwa: *C. Engel*, Freiheit und Autonomie, S. 15; *K. Stern*, Staatsrecht Bd. I, § 12 I 7a und 20 IV 3 c g; *ders.*, Staatsrecht Bd. II, § 36 V 3c; *R. Hendler*, Selbstverwaltung als Ordnungsprinzip, S. 320 m.w.N.
[476] Hierzu *C. Engel*, Freiheit und Autonomie, S. 12 f.

unmittelbare Organe erlassen werden und damit auch auf den – sogar überwiegenden – politischen Willen der »Nicht-Betroffenen« zurückzuführen sind[477].

Einen weiteren zentralen Aspekt für die Verleihung von Autonomie stellt der Partizipationsgedanke dar[478], der auf einer engen Verbindung von Demokratieprinzip und Selbstverwaltung aufbaut[479]. Indem einzelne Bürger oder eine Gruppe von Bürgern an der Ausübung von Staatsgewalt[480] als teilhaben, erscheint Selbstverwaltung als Realisationsmodus des Demokratieprinzips[481]. Tatsächlich sind zwischen Selbstverwaltung und dem Demokratieprinzip augenfällige Parallelen zu erkennen[482]. Sie sind gleichermaßen auf politische Beteiligung des Individuums an den dieses betreffenden Angelegenheiten gerichtet; sie bedürfen gleichermaßen der bürgerschaftlichen Beteiligung zur ihrer Realisierung. Allerdings ist der auf der demokratischen Freiheitsidee beruhende Selbstverwaltungsgedanke im demokratischen Staat aufgegangen und hat in dieser Einbettung nur noch kompetenzielle Bedeutung[483]. Zudem ist nicht zu verkennen, daß sich zwischen dem Selbstverwaltungsgedanken und dem durch das Grundgesetz ausgeformten demokratischen Prinzip, das auf der Grundlage einer zu gleichen Teilen erfolgenden Wahrnehmung öffentlicher Angelegenheiten durch alle Bürger ruht, ein nicht unerhebliches Spannungsverhältnis auftut[484]. Das Grundgesetz mißt dem allgemeinen, auf der Wahl basierenden und sich in der Folge in der parlamentarischen Verantwortlichkeit und der Weisung gegenüber dem bürokratisch organisierten Regierungs- und Verwaltungsapparat entfaltenden politischen Willensbildungs- und Entscheidungsprozeß erhebliche Bedeutung bei, da sich hier die duale demokratische Legitimation i.S.v. Art. 20 Abs. 2 Satz 1 GG in besonderem Maße entfalten kann. Daher stellt sich die Frage, wie es ohne besonderen verfassungsrechtlichen Zwang (vgl. etwa Art. 28 Abs. 2 GG) zu rechtfertigen

---

[477] Überblick bei *R. Hendler*, in: J. Isensee/P. Kirchhof, HdbStR Bd. IV, § 106 Rn. 53.
[478] So v.a. *R. Hendler*, Selbstverwaltung als Ordnungsprinzip, S. 302 f. m.w.N.
[479] Ähnlich *E.T. Emde*, Die demokratische Legitimation der funktionalen Selbstverwaltung, passim.
[480] So insbesondere *R. Hendler*, in: J. Isensee/P. Kirchhof, HdbStR Bd. IV, § 106 Rn. 29 f., 67 ff.
[481] Entscheidung des Bundesverfassungsgerichts vom 5. Dezember 2002 (2 BvL 5/98 und 2 BvL 6/98; z.Zt. nur www.bverfg.de, dort Rn. 168). So aber auch insbes. *W. Brohm*, Strukturen der Wirtschaftsverwaltung, S. 253 ff.; *ders.*, VVDStRL Bd. 30 (1972), S. 245 ff. (270 f. (Fn. 245); *E.T. Emde*, Die demokratische Legitimation der funktionalen Selbstverwaltung, S. 382 ff. (m.w.N. S. 303 (Fn. 1), 316 (Fn. 45)); s.a. *M. Jestaedt*, Demokratieprinzip und Kondominialverwaltung, S. 492 ff.; *M. Kleine-Cosack*, Berufsständische Autonomie und Grundgesetz, S. 102 ff., 117 ff., 181 ff.; *W. Kluth*, Funktionale Selbstverwaltung, S. 236 f.; *R. Hendler*, Selbstverwaltung als Ordnungsprinzip, S. 312 ff.; *F. Ossenbühl*, in: J. Isensee/P. Kirchhof, HdbStR Bd. III, § 66 Rn. 24 und passim; *M. Papenfuß*, Die personellen Grenzen der Autonomie öffentlich-rechtlicher Körperschaften, S. 150 ff.
[482] Überblick bei *R. Hendler*, in: J. Isensee/P. Kirchhof, HdbStR Bd. IV, § 106 Rn. 48 f.
[483] *C. Starck*, in: J. Isensee/P. Kirchhof, HdbStR Bd. II, § 29 Rn. 35.
[484] *M. Jestaedt*, Demokratieprinzip und Kondominialverwaltung, S. 506 ff. Anders aber jetzt die Entscheidung des Bundesverfassungsgerichts vom 5. Dezember 2002 (2 BvL 5/98 und 2 BvL 6/98; z.Zt. nur www.bverfg.de, dort Rn. 168 ff., kritisch hierzu: *F. Becker*, German Law Journal Bd. 4 (2003), Nr. 16 ff.); siehe aber auch *J. Oebbecke*, VVDStRL Bd. 62 (2003), S. 366 ff. (375 ff.) m.w.N. in Fn. 63 f.

IV. Grund und Grenzen der Übertragung von Normsetzungsbefugnissen 445

ist, daß – entgegen der in Art. 38 Abs. 1 Satz 1, Art. 28 Abs. 2 Satz 2 GG gewährleisteten, formalen Gleichheit aller Bürger bei der Mitwirkung an der Wahrnehmung öffentlicher Aufgaben – bestimmten »Betroffenen« weiterreichende Partizipationschancen in den sie betreffenden Angelegenheiten eingeräumt werden als anderen Bürgern[485]. Angesichts der hier konstituierten, prinzipiell gleichen Teilhabe aller an der politischen Gestaltung ist die Einräumung von Selbstverwaltungsbefugnissen an einzelne Gruppen – und damit die begrenzte Herausnahme von deren Angelegenheiten aus dem Kanon der von allen nach dem Mehrheitsprinzip zu entscheidenden Anliegen – zu rechtfertigen[486]. Doch nicht nur durch diese Privilegierung der sich selbst verwaltenden gegenüber den übrigen Bürgern, deren Angelegenheiten von der unmittelbaren Staatsorganisation wahrgenommen werden, tritt die funktionale Selbstverwaltung in ein Spannungsverhältnis zum Demokratieprinzip des Grundgesetzes.

bb) Körperschaftliche Selbstverwaltung und demokratische Legitimation
Die Selbstverwaltungskörperschaft ist formal durch ihre öffentlich rechtliche Organisationsform dem Funktionsbereich des Staats, nicht mehr dem der Gesellschaft zuzuordnen[487]. Die Erwartung des Staates an die Selbstverwaltungsträger besteht zwar darin, daß er soziologisch vorstrukturierten, vorgefundenen Gruppen die Besorgung ihrer eigenen Angelegenheiten im Rahmen der allgemeinen Rechtsordnung zur eigenverantwortlichen Wahrnehmung überläßt und sich damit der diesen Sozialstrukturen innewohnenden Verwaltungskraft bedient[488]. Bei den Trägern der Selbstverwaltung handelt es sich aber um Organisationen, die das Ergebnis staatlichen Zwangsakts sind. Gründung, Auflösung, Aufgabenkreis, Mitgliedschaft sind gesetzlich vorgegeben. Die gesellschaftliche Selbststeuerung setzt erst bei der Frage ein, wie die Organisation ihre Struktur, ihre Entscheidungskriterien und ihre Entscheidungs- und Implementationsprozesse gestaltet.

Angesichts der Einordnung in den staatlichen Funktionsbereich wird ein prägendes Kennzeichen der funktionalen Selbstverwaltungskörperschaften – das verminderte Niveau demokratischer Legitimation i.S.v. Art. 20 Abs. 2 Satz 1 GG, das den von ihnen ausgehenden Entscheidungen und Normen innewohnt – zum verfassungsrechtlichen Problem. Zwar läßt sich ein gewisses Maß an sachlich-in-

---

[485] Kritik an der hierin liegenden Entwertung der Wahlentscheidung bei *D. Grimm*, DRiZ 2000, S. 148 ff. (158).
[486] Siehe *R. Hendler*, in: J. Isensee/P. Kirchhof, HdbStR Bd. IV, § 106 Rn. 49; *G.F. Schuppert*, AöR Bd. 114 (1989), S. S. 127 ff. (136).
[487] Zu der Problematik einer Einordnung der Selbstverwaltung in die Funktionsbereiche von Staat und Gesellschaft, die mit der Differenzierung zwischen dem politischen und dem juristischen Begriff der Selbstverwaltung eingefangen wird: *C. Engel*, Freiheit und Autonomie, S. 41 f.; *R. Hendler*, Selbstverwaltung als Ordnungsprinzip, S. 271; *W. Kluth*, Funktionale Selbstverwaltung, S. 19.
[488] *G.F. Schuppert*, Die Erfüllung öffentlicher Aufgaben durch verselbständigte Verwaltungseinheiten, S. 66.

haltlicher Legitimation insoweit feststellen, als die Körperschaften der funktionalen Selbstverwaltung durch Gesetz errichtet und zur inhaltlich begrenzten Normsetzung ermächtigt werden und dabei der Rechtsaufsicht unterliegen (müssen[489]). Der Begriff der Selbstverwaltung impliziert aber den Ausschluß der staatlichen Fachaufsicht[490]. Bereits dieser Umstand verringert das Maß an sachlich-inhaltlicher Legitimation. Zudem ist die gesetzliche Determinierung autonomer Normgebung gering, da Art. 80 Abs. 1 GG auf die Eröffnung von Satzungsautonomie nicht anwendbar ist[491]. Gänzlich entbehren die Selbstverwaltungskörperschaften einer auf das Staatsvolk rückführbaren personellen Legitimation ihrer Organe. Diese werden – bei aller hier nicht darzulegenden Disparität in den Organstrukturen der Träger funktionaler Selbstverwaltung[492] – nicht durch ihrerseits personell demokratisch legitimierte Amtswalter, sondern durch die Mitglieder der Selbstverwaltungskörperschaft bestellt[493].

Das Bundesverfassungsgericht geht allerdings in einer neueren Entscheidung davon aus, daß das Demokratieprinzip außerhalb der unmittelbaren Staatsverwaltung und der in ihrem sachlich-gegenständlichen Aufgabenbereich nicht beschränkten gemeindlichen Selbstverwaltung offen ist für andere, insbesondere vom Erfordernis lückenloser personeller demokratischer Legitimation aller Entscheidungsbefugten abweichende Formen der Organisation und Ausübung von Staatsgewalt[494].

Abgesehen davon, daß diese Differenzierung zumindest in den Bereichen, in denen die funktionale Selbstverwaltung solche Aufgaben wahrnimmt, die der Staat zulässigerweise auch selbst wahrnehmen könnte, auf die Freistellung übertragener staatlicher Macht von der Bindung an das Prinzip demokratischer Legitimation hinausläuft, geht die nicht nur in diesem Zusammenhang wichtige und in der deutschen Staatsrechtslehre intensiv diskutierte Frage dahin, ob und inwieweit Art. 20 Abs. 2 GG gegenüber Alternativquellen für die Vermittlung demokrati-

---

[489] *G. Dürig*, in: T. Maunz/ders.u.a., Grundgesetz, Art. 1 Rn. 113; *R. Hendler*, in: J. Isensee/P. Kirchhof, HdbStR Bd. IV, § 106 Rn. 36 f.; *E. Forsthoff*, Lehrbuch des Verwaltungsrechts, S. 490.
[490] *E.T. Emde*, Die demokratische Legitimation der funktionalen Selbstverwaltung, S. 51; *P. Unruh*, VerwArch Bd. 92 (2001), S. 531 ff. (536).
[491] BVerfGE 12, 319 (325); 37, 1 (25) und öfter; *M. Nierhaus*, in: Bonner Kommentar zum Grundgesetz (1998), Art. 80 Rn. 164; *T. Maunz*, in: ders./G. Dürig u.a., Grundgesetz, Art. 80 Rn. 47; *F. Ossenbühl*, in: J. Isensee/P. Kirchhof, HdbStR Bd. III, § 66 Rn. 31; *K. Stern*, Staatsrecht Bd. I, § 20 IV 4.
[492] Ausf. Darstellung zu der Organstruktur aller Träger funktionaler Selbstverwaltung bei *W. Kluth*, Funktionale Selbstverwaltung, S. 82 ff.
[493] *E.-W. Böckenförde*, in: J. Isensee/P. Kirchhof, HdbStR Bd. I, § 22 Rn. 34; *M. Jestaedt*, Demokratieprinzip und Kondominialverwaltung, S. 547 f.; *M. Papenfuß*, Die personellen Grenzen der Autonomie öffentlich-rechtlicher Körperschaften, S. 148 ff. Die Bedeutung dieses Legitimationsstrangs für die funktionale Selbstverwaltung relativiert daher *H.-G. Dederer*, NVwZ 2000, S. 403 ff. (405 und passim).
[494] Entscheidung des Bundesverfassungsgerichts vom 5. Dezember 2002 (2 BvL 5/98 und 2 BvL 6/98; siehe unten www.bverfg.de, dort Rn. 167, jetzt: BVerfGE 107, 59 (91)), kritisch hierzu *F. Becker*, German Law Journal Bd. 4 (2003), Nr. 16 ff. In den weiteren Zusammenhang eines möglichen grundsätzlichen Methodenstreits im öffentlichen Recht stellt diese Problematik: *C. Möllers*, VerwArch Bd. 90 (1999), S. 187 ff. (188 ff.).

IV. Grund und Grenzen der Übertragung von Normsetzungsbefugnissen 447

scher Legitimation offen ist[495]. Angesichts der durch das Konzept der Repräsentation gegen unmittelbar bindende Einflüsse prinzipiell imprägnierten und der erst z.T. über vielfache Vermittlung in einer konkreten Entscheidung wirksam werdenden demokratischen Legitimation sowie der Distanz zwischen Legitimationsstiftung und Machtentfaltung nimmt es nicht wunder, daß die Partizipation von Verbänden und einzelnen an der Staatswillensbildung ebenso wie die Ausgliederung ganzer Herrschaftsbereiche und deren Übertragung auf die »Betroffenen« nicht nur als alternative, sondern auch als additive Legitimationsmomente attraktiv erscheinen.

In diesem Zusammenhang verdient es zunächst festgehalten zu werden, daß sich in der Erschließung zusätzlicher, neben dem im Parlament repräsentierten Volk stehender Legitimationsquellen nahezu unerkannte Einwirkungen systemtheoretischen Gedankenguts auf Idee und Konzept der demokratischen Legitimation und der damit in engem Zusammenhang stehenden parlamentarischen Repräsentation entfalten[496]. Autopoietische Geschlossenheit und Selbstreferenz der Teilsysteme lassen eine legitimatorische Rückkopplung an ein Staatsvolk in der Form, in der es als rechtlich verfaßte Einheit Art. 20 Abs. 2 Satz 1 GG angesprochen ist, nicht zu. Nur durch Gewährleistung und Verbesserung der individuellen Partizipationschancen innerhalb des jeweiligen Teilsystems kann der einzelne Einfluß auf die Entwicklung dieses Systems nehmen. Legitimation erfolgt durch systemimmanenten Rückbezug ohne die Notwendigkeit einer Anbindung an das Volk im verfassungsrechtlichen Sinne. Wenn man dem rechtlichen System seine Überordnung über die anderen Systeme nimmt, stellt sich darüber hinausgehend sogar die Frage nach der Notwendigkeit einer Legitimation seiner Entscheidungen. Daß vor diesem theoretischen Hintergrund jedwede Rechtfertigung der Einrichtung autonomer Systeme, sowie von Anhörungs- und Partizipationsrechten »Betroffener« besser möglich ist, als auf der Basis nüchterner staatsrechtlicher Analyse, ist evident[497]. Doch wirkt sich der o.a. theoretische Bruch innerhalb der autopoietischen Systemtheorie ebenso wie die durch sie ausgelösten empirischen Irritationen entscheidend auf die Überzeugungskraft der aus ihr gezogenen Schlußfolgerungen aus, die auf einen Umbau des verfassungsrechtlichen Legitimationsgefüges abzielen.

---

[495] A.a. aber etwa *W. Brohm*, Strukturen der Wirtschaftsverwaltung, S. 243 ff.; *E.T. Emde*, Die demokratische Legitimation der funktionalen Selbstverwaltung, S. 383 ff.; *R. Herzog*, in: T. Maunz/G. Dürig u.a., Grundgesetz, Art. 20 II Rn. 58; *M. Kleine-Cosack*, Berufsständische Autonomie und Grundgesetz, S. 117 ff.; *J. Oebbecke*, Weisungs- und unterrichtsfreie Räume in der Verwaltung, 88 ff.; *ders.*, VerwArch Bd. 81 (1990), S. 349 ff. (358, 360 f.).
[496] *O. Lepsius*, Steuerungsdiskussion, Systemtheorie und Parlamentarismuskritik, S. 40 f.
[497] Siehe aber die z.T. herbe Kritik an der herrschenden Dogmatik des Demokratieprinzips: *T. Blanke*, KJ Bd. 19 (1986), S. 406 ff.; *ders.*, KJ Bd. 31 (1998), S. 452 ff.; *B.-O. Bryde*, Staatswissenschaft und Staatspraxis Bd. 5 (1994), S. 305 ff. (324 und passim); *A. Rinken*, KritV Bd. 79 (1996), S. 282 ff.

α) *Mitglieder öffentlich-rechtlicher Zwangskörperschaften als Teilvölker*

Die Mitglieder öffentlich-rechtlicher Zwangskörperschaften sind keine Teilvölker (Verbandsvölker), die nach Maßgabe von Art. 20 Abs. 1 und Abs. 2 Satz 1 GG Quelle demokratischer Legitimation für die durch die Selbstverwaltungskörperschaft ausgehende Ausübung übertragener staatlicher Gewalt sein könnten[498]. Die Organe von Rechtssubjekten der funktionalen Selbstverwaltung werden durch eine Entscheidung der von der wahrgenommenen Verwaltungsaufgabe Betroffenen bestellt. Diese können aber keine demokratische Form der Legitimation im Sinne von Art. 20 Abs. 1 Satz 2 GG gewähren. Vielmehr sind sie eine öffentlich-rechtlich verfaßte, gesellschaftliche Gruppe, die nach persönlichen, funktionalen oder interessenorientierten Merkmalen zusammengefaßt (verkammert) wird[499] – und nicht (wie bei den kommunalen Gebietskörperschaften) nach territorialen Kriterien. Gerade dies unterscheidet die Mitglieder einer funktionalen Selbstverwaltungskörperschaft von einer mit dem Staatsvolk strukturverwandten Gesamtheit, da ihnen der Bezug zu einer von den funktionalen Auswahlkriterien abgelösten Allgemeinheit der Bürger, die der Zusammensetzung des Staatsvolks zugrunde liegt, fehlt[500]. Verbandsvölker verfügen nicht über die strukturelle Gleichheit zum gesamtstaatlichen Verband, die die gebietskörperschaftlichen Zusammenschlüsse auf Landes- und kommunaler Ebene kennzeichnet[501].

Zu gewagt ist der Brückenschlag von einer besonderen Betroffenheit hin zum Demokratieprinzip des Grundgesetzes: Demokratische Legitimation ist auf das engste mit der demokratischen Gleichheitsidee verknüpft[502]. Nicht einige wenige Angehörige des Staatsvolks sollen Ausgangspunkt für die Legitimation politischer Herrschaftsgewalt sein, sondern alle Mitglieder des Volkes gemeinsam und in gleicher Weise. Aus demokratischer Sicht ist der einzelne Element des Staatsvolkes. Ihm steht gem. Art. 38 Abs. 1 Satz 1 GG gleicher Zugang zu den Wahlen offen, die *das* zentrale Verfahren für die Verteilung politischer Entscheidungsmacht – die Macht zur Etablierung heteronomer Bindungen durch Recht – sind. Die insoweit verbürgte Gleichheit ist streng formal zu verstehen[503]. Sie wird dort

---

[498] So aber *R. Herzog*, Allgemeine Staatslehre, S. 222 ff.; *ders.*, in: T. Maunz / G. Dürig u.a., Grundgesetz, Art. 20 II Rn. 56 ff.; s.a. *W. Brohm*, Strukturen der Wirtschaftsverwaltung, S. 259 ff.; *ders.*, VVDStRL Bd. 30 (1972), S. 245 ff. (269 (Fn. 68)); *R. Hendler*, Selbstverwaltung als Ordnungsprinzip, S. 304 ff.; *M. Kleine-Cosack*, Berufsständische Autonomie und Grundgesetz, S. 111 ff.; *J. Oebbecke*, VerwArch Bd. 81 (1990), S. 349 ff. (358 ff.).

[499] *E.-W. Böckenförde*, in: J. Isensee/P. Kirchhof, HdbStR Bd. I, § 22 Rn. 33.

[500] *E.-W. Böckenförde*, in: J. Isensee/P. Kirchhof, HdbStR Bd. I, § 22 Rn. 33; s.a. *M. Jestaedt*, Demokratieprinzip und Kondominialverwaltung, S. 496 ff.

[501] Siehe *M. Jestaedt*, Demokratieprinzip und Kondominialverwaltung, S. 216 ff.; *P. Unruh*, VerwArch Bd. 92 (2001), S. 531 ff. (544 f.).

[502] Siehe hierzu etwa *R. Herzog*, Allgemeine Staatslehre, S. 201 ff.; *ders.*, in: T. Maunz / G. Dürig u.a., Grundgesetz, Art. 20 II Rn. 6 ff.

[503] BVerfGE 41, 399 (413); 82, 322 (337); 95, 335 (353) und 408 (417); *S. Magiera*, in: M. Sachs, Grundgesetz, Art. 38 Rn. 92; *M. Morlok*, in: H. Dreier, Grundgesetz Bd. II, Art. 38 Rn. 96 m.w.N. in Fn. 268.

relativiert, wo einzelne Bürger – individuell oder über pressure groups – besondere Einflußmöglichkeiten über den individuellen Wahlakt hinaus auf die Ausübung staatlicher Funktionen eingeräumt bekommen und dabei *nicht* dem gemeinwohlorientierten Ethos des Amtes durch Einbindung in die Staatsorganisation verpflichtet sind. Mit dem Prinzip demokratischer Gleichheit gerät die Privilegierung einzelner in Konflikt, wenn diese durch besondere Legitimationsleistungen, die – wie gesagt – nicht demokratischer Natur sind, einen besonderen Einfluß auf die sie oder gar die Allgemeinheit betreffenden Angelegenheiten erhalten. Sie bedarf daher verfassungsrechtlicher Rechtfertigung, so daß in solchen Fällen keineswegs von einem »Mehr« an demokratischer Legitimation im Sinne von Art. 20 Abs. 2 Satz 1 GG die Rede sein kann. Die Verfassung mag Raum für solche zusätzlichen oder gar partiell substituierenden Legitimationsleistungen lassen. Sie können aber nicht als demokratisch bezeichnet werden und stehen auch hinsichtlich ihres Inhalts quer zu dem verfassungsrechtlichen Erfordernis demokratischer Legitimation. Dementsprechend ist festzustellen, daß neben dem Staatsvolk allein die im Grundgesetz ausdrücklich erwähnten territorialen Untergliederungen als Subjekt demokratischer Legitimation in Frage kommen[504].

β) Klassifikatorischer und komparativer Demokratiebegriff

Auch mittels einer Ausdifferenzierung des Demokratiebegriffs in eine klassifikatorische und eine komparative Komponente vermag die Alleinstellung des Staatsvolks als Quell demokratischer Legitimation nicht durchbrochen zu werden[505]. In der klassifikatorischen Dimension ist ein hoheitlicher Herrschaftsverband entweder demokratisch oder undemokratisch. Unter Hinweis auf Art. 3 des Zusatzprotokolls zur Konvention zum Schutze der Menschenrechte und Grundfreiheiten[506] wird unter Demokratie im klassifikatorischen Sinne verstanden, daß das Personal der politische Herrschaft ausübenden Organe aus allgemeinen, freien, konkurrenzbezogenen und periodischen Wahlen durch die Staatsbürger hervorgeht oder zumindest durch sie vermittelt werden muß. »Demokratie« bezeichnet damit die durch die Verfassung im allgemeinen und durch Minderheitenrechte im besonderen beschränkte Herrschaft derjenigen Staatsor-

---

[504] BVerfGE 83, 37 (51 ff.); s.a. BVerwGE 106, 64 (77); BVerwG NVwZ 1999, S. 870 ff. (874); *E.-W. Böckenförde*, in: J. Isensee/P. Kirchhof, HdbStR Bd. I, § 22 Rn. 33 f.; *H.-G. Dederer*, Korporative Staatsgewalt, § 10 IV; *H. Dreier*, in: H. Dreier, Grundgesetz Bd. II, Art. 20 Rn. 86; *J. Isensee*, DB 1985, S. 2681 ff. (2685); *M. Jestaedt*, Demokratieprinzip und Kondominialverwaltung, S. 213 ff.; *W. Kluth*, Funktionale Selbstverwaltung, S. 369 ff.; *E. Schmidt-Aßmann*, Das allgemeine Verwaltungsrecht als Ordnungsidee, S. 81 f.; *W. Schmitt Glaeser*, VVDStRL Bd. 31 (1973), S. 179 ff. (217).
[505] So aber *A. v. Bogdandy*, Gubernative Rechtsetzung, S. 29 ff.
[506] Erstes Zusatzprotokoll vom 20. März 1952 (BGBl. II 1956, S. 1879) zur Konvention zum Schutze der Menschenrechte und Grundfreiheiten vom 4. November 1950 (BGBl. II 1952, S. 686.). Die Vorschrift lautet: »Die Hohen Vertragschließenden Teile verpflichten sich, in angemessenen Zeitabständen freie und geheime Wahlen unter Bedingungen abzuhalten, welche die freie Äußerung der Meinung des Volkes bei der Wahl der gesetzgebenden Körperschaften gewährleisten.«

gane, deren personelle Besetzung auf der periodischen Wahlentscheidung der Mehrheit der Wahlbürger beruht[507].

In seiner zweiten Dimension bezeichnet »Demokratie« als komparativer Begriff innerhalb solcher Staatsorganisationen, die unter klassifikatorischen Gesichtspunkten bereits als demokratische eingestuft worden sind, ein mehr oder weniger großes Maß an Verwirklichung der demokratischen Idee. Hiernach kann ein demokratisches Regime in unterschiedlichem Ausmaß demokratisch sein[508].

Die Unterscheidung zwischen beiden Aspekten des Demokratieprinzips baut auf der Erkenntnis auf, daß es sich bei diesem um ein Prinzip im normtheoretischen Sinne handelt (bzw. handeln soll[509])[510]. Von dieser Differenzierung ausgehend wird unter dem Vorzeichen einer möglichen Optimierung des Demokratieprinzips nach Instrumenten Ausschau gehalten, anhand derer seine Verwirklichung über die Vorgaben für eine Bestellung der politischen Entscheidungsträger (Demokratie im klassifikatorischen Sinne) verbessert werden kann. Dabei gerät das Volk i.S.v. Art. 20 Abs. 2 Satz 1 GG als Ausgangs- und Bezugspunkt demokratischer Legitimation in den Hintergrund, währen die Menschenwürde des einzelnen zum Fluchtpunkt einer verfassungsrechtlichen Begründung des Demokratieprinzips erhoben wird[511]. Demokratie ist die der Realisation und Bewahrung der Menschenwürde entsprechende Staats- und Regierungsform, weil sie die größte Selbstbestimmung des Individuums ermöglicht[512]. Danach wird Demokratie aus der Perspektive der von einer hoheitlichen Entscheidung konkret Betroffenen verstanden – nicht als Verwirklichung des Volkswillens[513].

Daß auf der Grundlage eines solchen Ansatzes die Beteiligung einzelner Privater (»Betroffener«) am Erlaß von Rechtsnormen einer Optimierung des Maßes an verwirklichter Demokratie im klassifikatorischen Sinne dient, liegt auf der Hand[514]. Greift man auf der Suche nach dem Bezugspunkt demokratischer Legitimation über das Staatsvolk i.S.v. Art. 20 Abs. 2 Satz 1 GG hinaus und setzt das Individuum als einen solchen Bezugspunkt ein, schwindet zugleich die zentrale Aufgabe von Parlament und Parlamentsgesetz als Medium der Legitimationsvermittlung. Das Volk i.S.v. Art. 20 Abs. 2 Satz 1 GG kann seine Stellung als Souverän – neben den praktisch irrelevanten Fällen der »Abstimmung« – nur durch die Wahl des Parlaments verwirklichen. Soll der einzelne Träger der Menschenwürde Fluchtpunkt des demokratischen Prinzips in seiner grundgesetzlichen Ausgestaltung sein, bedarf es neben der nur sporadisch stattfindenden Wahl andersartiger, weitergehender Medien der Legitimationsvermittlung.

---

[507] W. *Maihofer*, in: E. Benda/W. Maihofer/H.-J. Vogel, HdbVerfR, § 12 Rn. 5 ff.; G. *Sartori*, Demokratietheorie, S. 33, 40 ff.
[508] A. v. *Bogdandy*, Gubernative Rechtsetzung, S. 30 (m.w.N. in Fn. 25).
[509] A.A. hingegen M. *Jestaedt*, Demokratieprinzip und Kondominialverwaltung, S. 585.
[510] Zu dieser Differenzierung s.o. § 5/Fn. 251.
[511] Ähnlich schon E.T. *Emde*, Die demokratische Legitimation der funktionalen Selbstverwaltung, S. 384 f.
[512] So auch R. *Herzog*, in: T. Maunz/G. Dürig u.a., Grundgesetz, Art. 20 II Rn. 13.
[513] Zusammenfassend m.w.N. A. v. *Bogdandy*, Gubernative Rechtsetzung, S. 30 f.
[514] Dies wird besonders deutlich bei A. v. *Bogdandy*, Gubernative Rechtsetzung, S. 70 ff.

IV. Grund und Grenzen der Übertragung von Normsetzungsbefugnissen

Allerdings bleiben dabei mehrere Aspekte im unklaren. Deutlich ist noch der Ausgangspunkt: die enge Verbindung zwischen der individuellen Menschenwürde und dem durch das Demokratieprinzip verwirklichten Gebot der Selbstbestimmung. Erste Unstimmigkeiten bei Heranziehung einer komparativen Dimension des Demokratiebegriffs ergeben sich daraus, daß zwar das Gebot zu Schutz und Achtung der unantastbaren Menschenwürde nach Art. 1 Abs. 1 GG das zentrale – grundrechtliche – Prinzip der grundgesetzlichen Ordnung darstellt, dessen Verwirklichung bei aller Mehrdeutigkeit der ihm außerhalb eines Kernbereichs innewohnenden Substanz vornehmste, aber auch konkretisierungsbedürftige Staatsaufgabe ist. Dennoch nimmt die durch das Staatsvolk im Sinne von Art. 20 Abs. 2 Satz 1 GG vermittelte Legitimation ihren Ausgangspunkt nicht in der Summe der Menschen, sondern in der der Staatsbürger, die mit der erstgenannten Gruppe nur teilidentisch ist. Es kann also keine Rede davon sein, daß in einer wirksamen Demokratie im klassifikatorischen Sinne der zusätzliche Rekurs auf die Träger der Menschenwürde eine Verstärkung der demokratischen Legitimation bringt[515]. Zumindest aus dem Blickwinkel des Art. 20 Abs. 2 Satz 1 GG würde hierdurch eine andersartige und konkurrierende Quelle demokratischer Legitimation eröffnet und gegen den Grundsatz der Volkssouveränität ausgespielt. Dieser wurzelt staatsphilosophisch in der Anerkennung der Menschenwürde des Individuums, hat aber seine konkrete Verwirklichung im Grundgesetz in der dortigen Ausgestaltung des Prinzips demokratischer Legitimation gefunden, das als verfassungsrechtliches Prinzip nicht gegen staatsphilosophische Erwägungen ausgespielt werden kann.

In der grundgesetzlichen Ordnung ist die staatsphilosophisch begründete Menschenwürde in Art. 1 Abs. 1 GG anerkannt; sie ist »letztes Sinnprinzip aller konkreten Verfassungsnormen«[516]. Das aus der Menschenwürde fließende Recht zur individuellen Selbstbestimmung wandelt sich aber in der Verfassung zu einer demokratischen Mitwirkungsfreiheit unter den Bedingungen des Mehrheits- und des Gleichheitsprinzips[517]. Die vorstaatliche Freiheit zur Gestaltung des individuellen Lebensbereichs mutiert in der staatlichen Verfassung zur politischen Teilhabe an der Gestaltung und Festlegung der gemeinsamen Ordnung des Zusammenlebens und ist – insoweit als echte Selbstbestimmung – auf den eingriffsresistenten Kern der grundrechtlichen Freiheitsgewährleistungen reduziert. Gleichsam kompensatorisch umfassen die eingetauschten Teilhaberechte nicht allein mehr den eigenen beherrschten Lebensbereich, sondern zugleich auch das Gemeinwesen – und damit auch andere Individuen – betreffende Angelegenheiten. Die individuellen Teilhaberechte gehen dann im Sinne einer kollektiv demokratischen Freiheit nach Art. 20 Abs. 2 Satz 1 GG in dem Staatsorgan Volk auf. Demokratie in diesem Sinne bedeutet nicht die Selbstbestimmung des einzelnen. Diese findet vielmehr ihren spezifischen Verwirklichungsmodus in der Souverä-

---

[515] S.a. *M. Jestaedt*, Demokratieprinzip und Kondominialverwaltung, S. 507.
[516] *J. Isensee*, FS Mikat, S. 705 ff. (737).
[517] *E.-W. Böckenförde*, in: J. Isensee/P. Kirchhof, HdbStR Bd. I, § 22 Rn. 37 ff.

nität des Volkes und kann daher nach ihrer Verfassung nicht mehr als Endpunkt demokratischer Legitimation in Betracht gezogen werden.

Aus alledem wird deutlich, daß die zusätzliche Einführung einer klassifikatorischen Dimension des Demokratieprinzips letztlich nur einer Aufweichung der Maßstäbe für das Erfordernis demokratischer Legitimation im Sinne des Grundgesetzes dient[518]. Die Einführung einer zusätzlichen Dimension demokratischer Legitimation verführt dazu, an die Verwirklichung der herkömmlichen Komponenten geringere Anforderungen zu stellen und deren Insuffizienz als durch Rückgriff auf andersartige und dem Grundgesetz fremde legitimatorische Bezugspunkte kompensiert anzusehen. Die aus der Differenzierung zwischen klassifikatorischem und komparativem Demokratiebegriff abgeleitetete Unschädlichkeit eines »Mehr« an demokratischer Legitimation durch individuelle oder verbandliche Legitimationsbeiträge verkennt die Verfassungsbezogenheit des Legitimationskonzepts. Das Grundgesetz entwickelt seine eigenen Vorstellungen von demokratischer Legitimation, die maßgeblich durch eine Beschränkung der Legitimationsquellen auf die Gebietskörperschaften sowie die Bezogenheit auf deren Verbandsvölker und nicht die hinter diesen stehenden Individuen geprägt ist. Jede Erschließung zusätzlicher Quellen demokratischer Legitimation führt aber zwangsläufig zu einem Bedeutungs- und Gewichtsverlust der verfassungsrechtlich etablierten Legitimationsquellen.

γ) *Organe und Mitglieder der Selbstverwaltungskörperschaften als Träger kollektiv demokratischer Legitimation*

Es ist der Versuch unternommen worden, die Organe und Mitglieder der Selbstverwaltungskörperschaften zu »Trägern kollektiv demokratischer Legitimation« zu befördern, um auf diese Weise deren Defizit an personell-demokratischer Legitimation zu kompensieren[519].

Dieser Ansatz beruht auf dem Umstand, daß die Organe der Selbstverwaltungskörperschaften zwar nicht aufgrund individueller, auf das Parlament rückführbarer Bestellungsakte berufen werden, wohl aber durch einen kollektiven parlamentarischen Bestellungsakt in Gestalt der gesetzlichen Gründung der Selbstverwaltungskörperschaft und der mit ihr verbundenen Heranziehung der Körperschaftsmitglieder zur Pflichtmitgliedschaft. Der kollektive Bestellungsakt bezieht sich auf eine sozial homogene, abgegrenzte Gruppe. Be-

---

[518] So bei *A. v. Bogdandy*, Gubernative Rechtsetzung, S. 75, 85, 400.
[519] *W. Kluth*, Funktionale Selbstverwaltung, S. 376 ff. Dieser Ansatz nimmt Anleihen bei der sog. Verzichtstheorie, nach der den Erfordernissen demokratischer Legitimation immer dann Genüge getan ist, wenn ein demokratisch legitimierter Parlamentsakt in Form eines Gesetzes vorliegt; siehe *W. Brohm*, Strukturen der Wirtschaftsverwaltung, S. 220; *H.P. Ipsen*, in: Verhandlungen des 40. DJT Bd. II, S. C 5 ff. (19); *E. Klein*, Die verfassungsrechtliche Problematik des ministerialfreien Raumes, S. 190 ff. Die Theorie beruht im Kern auf der Behauptung, daß auf das Kontrollrecht des Parlaments gegenüber der Verwaltung verzichtet werden könne, weil dieses als Eigenrecht zur Disposition seines Trägers steht. Allerdings ist die Verzichtstheorie nicht mit dem Grundsatz vereinbar, daß verfassungsrechtlich zugewiesene Pflichten nicht zur Disposition ihrer Träger stehen; hierzu und zu den anderen Einwänden gegen die Theorie, siehe nur *M. Jestaedt*, Demokratieprinzip und Kondominialverwaltung, S. 350 ff.

reits die Zugehörigkeit zu dieser Gruppe und die damit verbundene Qualifizierung zur Wahrnehmung der dieser Gruppe zugeordneten Aufgabe indiziert ein besonderes Interesse an ihrer Wahrnehmung ebenso wie eine besondere Qualifikation zu ihrer Wahrnehmung im Rahmen der funktionalen Selbstverwaltungskörperschaft.

Bei seiner Begründung für diese Lehre setzt *Kluth* an dem Umstand an, daß die mit der personellen Legitimation verwirklichten Funktionen im Gesamtprozeß der demokratischen Legitimation letztlich dazu dienen, daß handlungsfähige Staatsorgane geschaffen werden, die ihrerseits an das Volk und seinen Willen rückgebunden sind. Entscheidend für die Auswahl eines Amtswalters sein dessen sachliche Befähigung und das in ihn zu setzende Vertrauen im Hinblick auf dessen objektive Amtsführung. Diese Voraussetzung werden im Rahmen des individuellen Betrauungsakts überprüft. In dem Sonderfall der Betrauung einer nach sachlichen Kriterien abgegrenzten Personengruppe mit eigentlich staatlichen Befugnissen (wie etwa Normsetzungskompetenzen) kann diese Prüfung aber auch nach allgemeinen Kriterien und damit kollektiv vorgenommen werden[520].

Der hier angelegte, auf die abzulehnende Verzichtstheorie[521] zurückgehende Versuch, das in dem u.U. mehrfach vermittelten Bestellungsakt angelegte Element der personellen Legitimation durch eine Fiktion zu ersetzen, überzeugt indessen nicht. Die Elemente sachlicher und personeller demokratischer Legitimation gehen bei dieser Begründung ineinander auf, obschon sie als unterschiedliche Bestimmungsfaktoren für eine staatliche Entscheidung voneinander zu trennen sind. Das Parlamentsgesetz vermittelt allein sachlich-inhaltliche Legitimation, während sich personelle Legitimation durch persönliche Bestellung vollzieht. Dies ermöglicht eine Beurteilung des Kandidaten nach persönlichen Gesichtspunkten, deren Relevanz weit über die bloße Zugehörigkeit zu einer funktional abgegrenzten Gruppe hinausgeht. Der mehrfach vermittelte Bestellungsakt ermöglicht die Herstellung eines Legitimations- und Verantwortungszusammenhangs dieser Auswahl in Richtung des Parlaments als der zentralen Legitimationsinstanz. Kollektiv demokratische Legitimation bedeutet demgegenüber nichts weiter, als daß gerade keine personelle demokratische, sondern nur sachlich-inhaltliche, da allein durch das Parlamentsgesetz vermittelte, Legitimation vorliegt.

Aber eine Argumentation, die in der Einrichtung von Selbstverwaltungseinheiten und der damit verbundenen Übertragung von Satzungsautonomie einen Zugewinn an demokratischer Legitimation im Sinne des Grundgesetzes sieht, trägt nur, wenn zusätzlich andere Subjekte als das Staatsvolk in der Lage sind, demokratische Legitimation zu vermitteln[522]. Daß sich unter den Bedingungen des Art. 20 Abs. 2 Satz 1 GG weder das betroffene Individuum noch das Verbandsvolk (Teilvölker) zur Vermittlung demokratischer Legitimation bzw. zur Kom-

---

[520] Ausf. *W. Kluth*, Funktionale Selbstverwaltung, S. 374 ff.
[521] Siehe S. 300. Aufgrund der von den dort Genannten behaupteten Identität des Staatsvolk i.S.v. Art. 20 Abs. 2 Satz 1 GG und des Parlaments wurde die Fremdgerichtetheit der parlamentarischen Kompetenzen abgelehnt und daher deren Disponibilität behauptet. Da aber schon die dieser Ansicht zugrundeliegende Identitätsthese vor dem Hintergrund von Art. 20 Abs. 2 Satz 1 GG nicht begründbar ist, kann auch die Konsequenz der Verzichtstheorie nicht mitgetragen werden.
[522] *W. Kluth*, Funktionale Selbstverwaltung, S. 369 ff.

pensation legitimatorischer Defizite der Rechtsetzung von Selbstverwaltungskörperschaften eignet, wurde aber bereits dargelegt[523]. Dies führt i.e. dazu, daß autonome Rechtsnormen hinsichtlich ihrer demokratischen Legitimation nicht den Anforderungen des Art. 20 Abs. 2 Satz 1 GG entsprechen.

Selbst wenn man die Ansicht vertritt, daß eine wechselseitige Totalsubstitution der beiden Komponenten demokratischer Legitimation möglich sein soll, würde dies in der vorliegenden Situation auch nichts daran ändern, daß Entscheidungen und Rechtsakte der funktionalen Selbstverwaltung das gebotene Legitimationsniveau nicht erreichen. Da die gesetzlichen Grundlagen, mit denen den Selbstverwaltungskörperschaften ihre Normsetzungsbefugnisse übertragen werden, regelmäßig nicht einmal der Bestimmtheitstrias des Art. 80 Abs. 1 Satz 2 GG genügen und die Freistellung der Ermächtigungsgrundlagen von diesem Erfordernis auch völlig unumstritten ist, kann von einer kompensationsgeeigneten Dichte der sachlich-inhaltlichen Vorgaben nicht die Rede sein.

Damit verfällt nicht schon jede außerhalb von Art. 80 Abs. 1 GG erfolgende Übertragung von Normsetzungsbefugnissen auf Selbstverwaltungskörperschaften, soweit sie nicht auf verfassungsrechtliche Anordnungen (wie etwa Art. 28 Abs. 2 Satz 1 GG) zurückzuführen ist, dem Verdikt der Verfassungswidrigkeit[524]. Zwar steht die Zurückhaltung des Grundgesetzes bei der Entwicklung von Grund und Grenzen für die Eröffnung autonomer Normsetzungsbefugnisse in einem bemerkenswerten Widerspruch zu der langen verfassungsrechtlichen Tradition, auf die das Phänomen der autonomen Normsetzung in Deutschland zurückblicken kann (zumindest soweit die Satzungen der kommunalen Gebietskörperschaften betroffen sind)[525]. Dennoch sind dem Grundgesetz ausdrückliche Anhaltspunkte dafür zu entnehmen, daß unter bestimmten Bedingungen ein abgesenktes Maß an personell-demokratischer Legitimation bei der Normsetzung hingenommen werden muß.

cc) Die Voraussetzungen für die Einräumung von Satzungsautonomie

Die Frage nach der verfassungsrechtlichen Legitimation der Satzungsautonomie zielt auf das Ausmaß der gesetzgeberischen Gestaltungs- und Dispositionsbefugnisse bei der Übertragung von Rechtsetzungskompetenzen auf nicht-parlamentarische Normsetzer. Die Regelung des Art. 80 Abs. 1 GG setzt der Einrichtung von mit Satzungsautonomie ausgestatteten Körperschaften des öffentlichen Rechts unmittelbar keine Grenzen, legtimiert sie aber auch nicht[526]. Der aber auch in diesem Zusammenhang zu respektierende Sinn der Vorschrift wurde be-

---

[523] Siehe S. 447 ff.
[524] So aber noch *A. Hamann*, Autonome Satzungen und Verfassungsrecht, S. 65 f.; hiergegen bereits *H. Schneider*, FS Möhring, S. 521 ff. (521 f.).
[525] Siehe nur *R. Hendler*, Selbstverwaltung als Ordnungsprinzip, S. 8 ff.
[526] *A. Hänlein*, Rechtsquellen im Sozialversicherungsrecht, S. 57 ff. Allerdings ist zu beachten, daß insbesondere kommunale, über Satzungsautonomie verfügende Selbstverwaltungskörperschaften auch Adressaten von delegierten Rechtsetzungsbefugnissen sein können. In gewissen Grenzen ist daher eine Austauschbarkeit der beiden normativen Geltungsgründe zu konstatieren; hierzu *P. Badura*, GS Martens, S. 25 ff. (28 f.); *E. Schmidt-Aßmann*, Die kommunale Rechtsetzung im Gefüge der administrativen Handlungsformen und Rechtsquellen, S. 26 ff.

IV. Grund und Grenzen der Übertragung von Normsetzungsbefugnissen 455

reits verdeutlicht. Sie hindert das Parlament daran, sich seiner für das Gemeinwesen zentralen Verantwortung als gesetzgebende Körperschaft zu entziehen[527].

Verbindliche Regelungen, die abstrakt und generell gelten, sollen – wenn ihre Geltung nicht auf die freiwillige, grundrechtlich ermöglichte Unterwerfung des Betroffenen zurückzuführen ist – grundsätzlich durch das Parlament als dem Organ mit dem höchsten Legitimationsniveau in einem besonderen prozeduralen Regeln verpflichteten Verfahren erlassen werden. Die Repräsentation des Volkes durch die Gesamtheit der Abgeordneten macht es wahrscheinlich, daß diese einen angemessenen Ausgleich für zu regelnde gesellschaftliche Belange finden.

Formal werden Selbstverwaltungskörperschaften zwar mit ihrer Errichtung zu einem Element der Staatsorganisation[528]. Sie sind aber kein Baustein der von Art. 80 Abs. 1 GG angesprochenen unmittelbaren Staatsverwaltung, sondern vielmehr nach funktionalen Kriterien zusammengefaßte, indes nach Art. 20 Abs. 2 Satz 1 GG als Quell demokratischer Legitimation nicht relevante »Teilvölker«. Für die Annahme eines entsprechenden verfassungsrechtlichen Gestaltungsspielraums des Gesetzgebers zur Einräumung von Normsetzungsbefugnissen an die Träger funktionaler Selbstverwaltung genügt es nicht, daß – wie in der Rechtsprechung des Bundesverfassungsgerichts festgestellt – der (parlamentarische) Gesetzgeber innerhalb eines von vornherein durch Wesen und Aufgabenstellung der Körperschaft begrenzten Bereichs einen bestimmten Kreis von Bürgern ermächtigt, durch demokratieanalog gebildete Organe ihre eigenen Angelegenheiten zu regeln[529]. Wäre der staatliche Gesetzgeber berechtigt, jede beliebige Gruppe von Individuen zu jedem beliebigen Zweck in einer Selbstverwaltungskörperschaft zusammenzufassen und mit autonomen Normsetzungsbefugnissen auszustatten, könnte er sich zwar nicht gegenüber anderen Rechtssubjekten der organisierten Staatlichkeit seiner Rechtsetzungsbefugnisse unbegrenzt entäußern. Dem stünde Art. 80 Abs. 1 GG entgegen. Wohl aber wäre dies gegenüber öffentlich-rechtlich verfaßten gesellschaftlichen Gruppen – Teilsystemen – mit der Folge möglich, daß der einzelne, zwangsweise in diese Körperschaft Eingegliederte einer demokratisch nicht legitimierten Rechtsetzungsgewalt ausgesetzt werden könnte.

Z.T. wird auf Grundlage einer Entscheidung des Bundesverfassungsgerichts zur Satzungsautonomie einer öffentlich-rechtlichen Anstalt ohne demokratisch legitimierten Unterbau (Stabilisierungsfonds für Wein[530])[531] von einer Freiheit des

---

[527] BVerfGE 78, 249 (272); s.a. zu Sinn und Zweck der Vorschrift *M. Brenner*, in: H. v. Mangoldt/F. Klein/C. Starck, Grundgesetz Bd. 3, Art. 80 Rn. 7 ff.
[528] Hierauf stellt *H.-G. Dederer*, Korporative Staatsgewalt, § 2 I 1 (a) (bb) (aaa), ausschließlich ab.
[529] BVerfGE 33, 125 (157).
[530] § 16 Weinwirtschaftsgesetz v. 29. August 1961 (BGBl. I S. 1622) i.d.F. v. 11. September 1980 (BGBl. I S. 1665).
[531] BVerfGE 37, 1 (25). Zu der fehlenden Aussagekraft dieses Urteils aber *A. Hänlein*, Rechtsquellen im Sozialversicherungsrecht, S. 61 f.: Die Entscheidung befaßte sich mit der Satzungsautonomie der Anstalt nur nebenbei. Zentraler Gegenstand der Entscheidung war die Zwangsmitgliedschaft von Grundrechtsträgern und deren korrespondierende Beitragspflicht. Im übrigen wurden die Mitglieder des Verwaltungsrats der Anstalt von dem zuständigen Minister für kurze Zeit berufen, so daß zumindest ein Minimum an personeller demokratischer Legitimation existierte.

§ 6 Grundlage und Grenzen für die Übertragung von Normsetzungsbefugnissen

Gesetzgebers zur Bildung von autonomiefähigen Körperschaften in der Literatur ausgegangen. Hiernach soll der Gesetzgeber befugt sein, nach eigenem politischen Ermessen rechtlich verselbständigte Hoheitsträger mit Rechtsetzungsbefugnissen auszustatten[532]. Diese These beruht auf der Unterscheidung zwischen formeller und materieller Selbstverwaltung. Letztere wird durch einen Träger mit »demokratischem« (bzw. demokratieanalogem) Unterbau[533] wahrgenommen, in dem betroffene Bürger mit homogener Interessenstruktur ihre Angelegenheiten in demokratieanaloger Organisation eigenverantwortlich verwalten[534]. Die gesetzliche Ausstattung der Selbstverwaltungskörperschaft mit Satzungsautonomie muß sich nicht an Art. 80 Abs. 1 GG und insbesondere nicht an die inhaltlichen Vorgaben des Satzes 2 dieser Vorschrift ausrichten, da diese Vorschrift – so das Bundesverfassungsgericht – der legitimatorischen Kompensation in solchen Fällen dient, in denen mit einer Delegation von Rechtsetzungskompetenzen vom Demokratie- und Gewaltenteilungskonzept des Grundgesetzes abgewichen wird. Da materielle Selbstverwaltung durch die o.a. Organisationsvorgaben aber demokratische und gewaltengeteilte Rechtsetzung »im Kleinen« abbilde, sei eine solche Abweichung nicht gegeben[535]. Wo die internen Willensbildungsstrukturen hingegen nicht nach demokratischen Grundsätzen ausgestaltet sind oder keine homogene Interessenstruktur existiert, ist demgegenüber von formeller Selbstverwaltung die Rede. Auch deren Einrichtung und Ausstattung mit Satzungsautonomie soll dem Gesetzgeber freistehen[536]. Hier soll freilich anders als bei der materiellen Selbstverwaltung eine Anlehnung der ermächtigenden Vorschrift an Art. 80 Abs. 1 Satz 2 GG erforderlich sein, weil gerade keine Abbildung des grundgesetzlichen Demokratie- und Gewaltenteilungskonzeptes »im Kleinen« erfolgt. Die kategoriale Andersartigkeit von delegierten und übertragenen autonomen Rechtsetzungsbefugnissen wird hier auf ein Problem des Bestimmtheitsgrundsatzes nach Art. 80 Abs. 2 Satz 2 reduziert, ohne dabei zu berücksichtigen, daß das Grundgesetz Erst- und Subdelegation von Rechtsetzungsbefugnissen nur an einen bestimmten und dem Prinzip persönlicher demokratischer Legitimation besonders verpflichteten Adressatenkreis vorsieht.

Daher ist den aus der Differenzierung von materieller und formeller Selbstverwaltung gezogenen Konsequenzen zu widersprechen[537]. Explizit gestattet das Grundgesetz die Delegation von Rechtsetzungskompetenzen nur auf die in Art. 80 Abs. 1 GG genannten Delegatare, zu deren Kreis Selbstverwaltungskör-

---

[532] So v.a. *I. Ebsen*, FS Lukes, S. 321 ff.; *ders.*, VSSR 1990, S. 57 ff.; *ders.*, in: B. Schulin, HdbSozVersR Bd. 1, § 7 Rn. 14 ff.; *ders.*, FS Krasney, S. 81 ff. (89 f.). A.A. aus dem sozialversicherungsrechtlichen Schrifttum aber schon *V. Neumann*, in: B. Schulin, HdbSozVersR Bd. 4, § 21 Rn. 86; *H.-J. Papier*, VSSR 1990, S. 123 ff. (130); s.a. *J. Isensee*, DB 1985, S. 2681 ff. (2684); *F. Ossenbühl*, in: J. Isensee/P. Kirchhof, HdbStR Bd. III, § 66 Rn. 24 f.
[533] *I. Ebsen*, FS Krasney, S. 81 ff. (89).
[534] *I. Ebsen*, FS Lukes, S. 321 ff. (328 f.).
[535] *I. Ebsen*, VSSR 1990, S. 57 ff. (61 f.); *I. Ebsen*, FS Lukes, S. 321 ff. (324 f., 328 f.) – jeweils unter Bezugnahme auf BVerfGE 33, 125 (157 f.).
[536] *I. Ebsen*, VSSR 1990, S. 57 ff. (61).
[537] S.a. *F. Ossenbühl*, in: J. Isensee/P. Kirchhof, HdbStR Bd. III, § 66 Rn. 23 ff.

IV. Grund und Grenzen der Übertragung von Normsetzungsbefugnissen

perschaften nicht zählen. Daß neben einer Delegation von Normsetzungsbefugnissen i.R.v. Art. 80 Abs. 1 GG auch die Einräumung von Satzungsautonomie an gesellschaftliche Subsysteme zulässig ist, wird heute nicht mehr bestritten. Wollte man aber eine solche Einräumung nicht an materielle Voraussetzungen wie v.a. die Herstellung einer verbands»demokratischen« Legitimation der autonomen Normsetzung koppeln, so geriete die Übertragung der Normsetzungsbefugnisse in eine Spannungslage mit der Anordnung in Art. 80 Abs. 1 GG, der gerade nicht nur inhaltliche Vorgaben für das ermächtigende Gesetz aufstellt, sondern auch den Kreis der Delegatare bestimmt. Sollen Rechtsetzungsbefugnisse an Rechtssubjekte verliehen werden, die diesem Kreis nicht angehören, so bedarf es einer speziellen, verfassungsrechtlichen Rechtfertigung zur Erreichung des für die Rechtsnormsetzung erforderlichen Legitimationsniveaus. Dies ist nur durch eine komplementäre verbandliche Legitimation möglich, die prinzipiell andersartiger Natur als die demokratische Legitimation nach Art. 20 Abs. 2 Satz 1 GG ist. Wenn die Regelung eigener Angelegenheiten der Betroffenen durch verbandsdemokratisch konstituierte Organe nicht konstitutiv für das Vorliegen von Selbstverwaltung ist, dann könnte der Gesetzgeber jeder (u.U. speziell zu diesem Zweck nach willkürlichen sachlichen Kriterien errichteten) öffentlich-rechtlich organisierten Rechtsperson eine von den Adressatenvorgaben des Art. 80 Abs. 1 GG gelöste Normsetzungsbefugnis übertragen[538].

Die beliebige »Verkammerung« gesellschaftlicher Gruppen und die Übertragung von Satzungsautonomie, würde sich als bloßer Kunstgriff zur beliebigen Delegation von Gesetzgebungsbefugnissen auf den nicht staatsunmittelbaren Bereich und damit als kaum verschleierte Umgehung von Art. 80 Abs. 1 GG erweisen. Satzungen im Sinne eines formalen Selbstverwaltungsbegriffs sind verkappte, gegen die Vorgaben von Art. 80 Abs. 1 GG verstoßende, die Begrenzung der dort benannten Delegatare aufhebende Rechtsverordnungen und daher verfassungswidrig. Ebenso wie der vollständige Ausfall an personeller Legitimation i.S.e. persönlichen Rückbindung zum Staatsvolk i.S.v. Art. 20 Abs. 2 Satz 1 GG bedarf der in dem Fehlen eines den Anforderungen von Art. 80 Abs. 1 Satz 2 GG genügenden Ermächtigungsgesetzes begründete Mangel an sachlich-demokratischer Legitimation autonomer Normsetzung der verfassungsrechtlichen Rechtfertigung. Die verfassungsrechtliche Legitimation des Gesetzgebers zur Absenkung des Regelniveaus persönlicher demokratischer Legitimation bei der Einrichtung von verselbständigten Verwaltungseinheiten, die den typusprägenden Strukturmerkmalen von Selbstverwaltungsträgern entsprechen, folgt aus den Vorschriften des Art. 86, Art. 87 Abs. 2 und 3 Satz 1 Alt. 2, Art. 130 Abs. 3 GG[539].

Diese Vorschriften enthalten keine Aussage über die Anerkennung demokratisch-autonomer Teilvölker[540], die Ausgangspunkt alternativer demokratischer Legitimation bei gerin-

---

[538] So mit Recht *V. Neumann*, in: B. Schulin, HdbSozVersR Bd. I, § 21 Rn. 86.
[539] Hierzu i.e. ausf. *M. Jestaedt*, Demokratieprinzip und Kondominialverwaltung, S. 538 ff.
[540] *M. Jestaedt*, Demokratieprinzip und Kondominialverwaltung, S. 503 m.w.N.

ger, vom Staatsvolk ausgehender demokratischer Legitimation sein können. Die genannten Normen machen vielmehr deutlich, daß die Verfassung in Anknüpfung an den bei der Verfassungsgebung vorgefundenen Typus der Selbstverwaltung die Herabsenkung des Niveaus demokratischer Legitimation erlaubt, deren Ausgangs- und Anknüpfungspunkt allein das Staatsvolk i.S.v. Art. 20 Abs. 2 Satz 1 GG sein kann. In den genannten Vorschriften ist zwar allein von Körperschaften die Rede, doch unter Rückgriff auf die Genese insbesondere von Art. 87 Abs. 3 Satz 1 GG läßt sich nachweisen, daß der Verfassungsgeber die Gründung oder Fortführung funktionaler Selbstverwaltungseinrichtungen als mit der von ihm errichteten staatlichen Ordnung vereinbar ansah[541]. Neben der originären, aus Art. 20 Abs. 2 Satz 1 GG exklusiv vom Staatsvolk abzuleitenden demokratischen Legitimation im eigentlichen Sinne eröffnet die Verfassung hier unter Rückgriff auf das überkomme Phänomen der Selbstverwaltung die Möglichkeit, die Ausübung staatlicher Gewalt auf eine andersartige Form der Legitimation zu stützen. Autonome Rechtsetzung kann es daher nur dort geben, wo die persönliche demokratische Legitimation der Normsetzung deswegen entbehrlich wird, weil an deren Stelle eine eigenständige Willensbildung und Legitimation durch das Verbandsvolk tritt[542]. Allerdings handelt es sich hierbei nicht um eine demokratische Legitimation im Sinne des Art. 20 Abs. 2 Satz 1 GG, sondern um eine verfassungsrechtlich gebilligte Ausnahme von dem hier normierten Legitimationsniveau.

Richtig ist an der vorgenannten Ansicht daher allein, daß die Übertragung autonomer Normsetzungsbefugnisse bei dem Übertragungsadressaten eine binnen»demokratische« Struktur voraussetzt. Zum Zwecke der Herstellung dieser spezifisch mitgliedschaftlichen – aber eben gerade nicht i.S.v. Art. 20 Abs. 1, 2 GG demokratischen, weil nicht auf das Staatsvolk rückführbaren[543] – Legitimation ist ein hinreichend enger, sich in Wahlen und Abstimmungen realisierender Zusammenhang zwischen der mitgliedschaftlichen Basis und den Entscheidungsträgern der Körperschaft erforderlich[544]. Das von der Körperschaft gesetzte autonome Recht muß auf den kollektiven Willen ihrer Mitglieder rückführbar sein. Unverzichtbares Element dieser mitgliedschaftlichen Willensbildung ist die Wahl der Verbandsorgane durch die Verbandsmitglieder. Dieser Ableitungszusammenhang der Selbstverwaltung ist darauf angelegt, eine gesetzlich angeordnete Zwangsmitgliedschaft durch Beteiligungsrechte zu kompensieren[545]. Es ist somit erforderlich, daß die in der Körperschaft vereinigten Personen durch demokratischen Grundsätzen entsprechend gebildete Organe ihre eigenen Angelegenheiten regeln[546].

---

[541] Ausf. hierzu *E.T. Emde*, Die demokratische Legitimation der funktionalen Selbstverwaltung, S. 366 ff.; *M. Jestaedt*, Demokratieprinzip und Kondominialverwaltung, S. 539 ff.

[542] So schon *W. Brohm*, Strukturen der Wirtschaftsverwaltung, S. 257. S.a. *H. Dreier*, Hierarchische Verwaltung im demokratischen Staat, S. 274 ff.; *ders.*, in: *ders.*, Grundgesetz Bd. II, Art. 20 (Demokratie) Rn. 86; *E.T. Emde*, Die demokratische Legitimation der funktionalen Selbstverwaltung, S. 387 ff.; *M. Kleine-Cosack*, Berufsständische Autonomie und Grundgesetz, S. 118; *E. Schmidt-Aßmann*, Das allgemeine Verwaltungsrecht als Ordnungsidee, S. 87 ff.

[543] Allerdings unterliegt sogar das Bundesverfassungsgericht immer wieder einer entsprechenden Begriffsverwirrung; siehe insoweit nur jüngst: BVerfGE NVwZ 2002, S. 851 f. (851).

[544] *E.T. Emde*, Die demokratische Legitimation der funktionalen Selbstverwaltung, S. 422; *M. Jestaedt*, Demokratieprinzip und Kondominialverwaltung, S. 546; *F. Ossenbühl*, in: J. Isensee/P. Kirchhof, HdbStR Bd. III, § 66 Rn. 24.

[545] BVerwGE 106, 64 (83); BVerwG NVwZ 1999 S. 870 ff. (875).

[546] BVerfGE 33, 125 (157).

IV. Grund und Grenzen der Übertragung von Normsetzungsbefugnissen

Die Bedeutung dieser (dauerhaften) Rückkopplung autonomer Rechtsetzung an die Mitglieder der Selbstverwaltungskörperschaft hat das Bundesverfassungsgericht in einem Fall betont, in dem einer niedergelassenen selbstständigen Zahnärztin in Brandenburg, die Pflichtmitglied der Landeszahnärztekammer Brandenburg war, durch eine von dieser Kammer beschlossene »Satzung über den Anschluß der Angehörigen der brandenburgischen Landeszahnärztekammer an das Versorgungswerk der Zahnärztekammer Berlin (Anschlußsatzung)« zugleich eine Pflichtmitgliedschaft in dem Versorgungswerk der Zahnärztekammer Berlin auferlegt worden war[547]. Im Zuge dieser Fusion hatte sich der brandenburgische Satzungsgeber des Rechts begeben, an der Willensbildung des Berliner Versorgungswerks mitzuwirken. Seine Mitglieder nahmen an der Wahl des obersten Organs des Versorgungswerks, der Delegiertenversammlung der Zahnärztekammer Berlin, nicht teil. Sie hatten keinen Einfluß auf die Bildung des Vorstandes der Zahnärztekammer Berlin, die ebenfalls ein Organ des Versorgungswerks ist. Das Bundesverfassungsgericht hat in dieser Entscheidung den fremdgerichteten, kompetenzähnlichen Charakter der Selbstverwaltung betont und deutlich gemacht, daß Idee und Motiv von Selbstverwaltung und Satzungsautonomie verfehlt werden, wenn ihr Inhaber für seine Mitglieder auf jede zukünftige Mitwirkung an der Normsetzung verzichtet, indem er eine Anschlußsatzung erläßt, die die eigenen Mitglieder hinsichtlich eines verpflichtend eingeführten Versorgungswerks der Satzungsgewalt einer anderen Kammer unterwirft und von einer maßgeblichen Mitwirkung in den Organen dieser Kammer ausschließt. »Ein solcher Verzicht auf Partizipation für gegenwärtige und künftige Mitglieder liegt nicht in der autonomen Kompetenz einer Satzungsversammlung und wird auch der Verbindung des Prinzips der Selbstverwaltung zum demokratischen Prinzip nicht gerecht«[548].

Eine Bildung des Verbandswillens nach demokratischen Grundsätzen ist dort nicht anzunehmen, wo sich der Verband seinerseits aus Verbänden zusammensetzt, deren Mitglieder nicht nach dem Gewicht der einzelnen Mitgliedsverbände, sondern unabhängig von der jeweiligen Mitgliederzahl durch eine für alle Verbände identische Zahl von Repräsentanten vertreten werden[549]. Hier verwischt die streng gleiche Vertretung der einzelnen Verbandsmitglieder auf der höheren Ebene das unterschiedliche Gewicht der einzelnen Verbände, sorgt somit für ein demokratischen Grundsätzen zuwiderlaufendes Übergewicht der Mitglieder kleinerer Verbände.

Aber auch bei Vorliegen einer demokratieanalogen Verbandsorganisation sind gegen eine beliebige und nur dem politischen Ermessen des Gesetzgebers unterliegende Verkammerung gesellschaftlicher Teilsysteme und eine mit dieser einhergehende Verleihung von Satzungsautonomie Einwände zu erheben. Mit der Herstellung einer verbandsdemokratischen Binnenstruktur ist allein eine formale Voraussetzung geschaffen, die der Adressat der Normsetzungsbefugnisse zu erfüllen hat. Es bedarf verfassungsrechtlich relevanter Gründe zur Errichtung von Selbstverwaltungskörperschaften, die zu einer Unterwerfung einzelner Grundrechtsträger unter die entsprechende verbandliche Rechtsetzungsgewalt führt. Bei der Verkammerung gesellschaftlicher Teilbereiche handelt es sich nicht nur

---

[547] Siehe BVerfG NVwZ 2002, S. 851 f.
[548] Siehe BVerfG NVwZ 2002, S. 851 f. (852).
[549] Siehe BVerfGE 76, 171 (186).

um eine Zuweisung mitgliedschaftlicher Teilhaberechte an deren Mitglieder und damit um die Eröffnung von Möglichkeiten der Partizipation an der Ausübung von Staatsgewalt innerhalb öffentlicher Verwaltungsträger[550]. Bei der Errichtung einer Selbstverwaltungskörperschaft und der regelmäßig mit dieser einhergehenden Pflichtmitgliedschaft[551] handelt es sich um einen Eingriff in die Grundrechte der Mitglieder[552].

Dabei kann es keine Rolle spielen, ob die mit der Mitgliedschaft auferlegten Pflichten einem speziellen, mitgliedschaftsbedingten konkreten oder abstrakten Vorteil aus der Zwangsmitgliedschaft korrespondieren oder ob diese Pflichten auch anfallen würden, wenn die Selbstverwaltungskörperschaft bzw. die Pflichtmitgliedschaft in dieser Form nicht existierte und entsprechende Pflichten durch die unmittelbare Staatsverwaltung auf gesetzlicher Grundlage auferlegt würden[553]. Bei der Untersuchung eines Grundrechtseingriffs kann dieser zwischen verschiedenen Eingriffsintensitäten vergleichende Aspekt nicht schon bei der Frage relevant sein, ob überhaupt ein Eingriff vorliegt. Es ist stets die Verfassungsmäßigkeit des *konkreten* Grundrechtseingriffs zu prüfen. Denkbare Belastungsalternativen können dann erst im Zusammenhang mit der Frage nach der Erforderlichkeit des konkreten Eingriffs in Erwägung gezogen werden.

Der in der Pflichtmitgliedschaft der Körperschaftsmitglieder liegende Grundrechtseingriff kann nicht dem freien politischen Ermessen des Gesetzgebers offenstehen und dann bloß noch durch die kompensierende Einräumung verbandsdemokratischer Mitgliedschaftsrechte flankiert sein. Er bedarf vielmehr einer materiellen Rechtfertigung der Verkammerung anhand der von dem betroffenen Grundrecht (v.a. Art. 12 GG bei Berufskörperschaften; Art. 14 GG bei Realkörperschaften; subsidiär Art. 2 Abs. 1 GG) errichteten Maßstäbe. Hier stehen dem Gesetzgeber die üblichen Beurteilungsspielräume hinsichtlich der Auswahl eines legitimen Zwecks und der Beurteilung einzelner Elemente der Verhältnismäßig-

---

[550] Ob man diese Partizipation immer als vorteilhaft empfindet, ist eine Frage der individuellen Einschätzung. Es ist durchaus denkbar, daß die aus ihr folgende zeitliche und sonstige Inanspruchnahme für das einzelne Verbandsmitglied durchaus lästig ist.

[551] Siehe *R. Herzog*, in: T. Maunz/G. Dürig u.a., Grundgesetz, Art. 20 II Rn. 58; gegen einen mit der Pflichtmitgliedschaft einhergehenden abstrakten Eingriffstatbestand: *W. Kluth*, Funktionale Selbstverwaltung, S. 306.

[552] Eine Übersicht über den Streit hinsichtlich des insoweit einschlägigen Grundrechts bietet *W. Kluth*, Funktionale Selbstverwaltung, S. 293 ff. Einen Eingriff in Art. 2 Abs. 1 GG nehmen an BVerfGE 10, 89 (99, 102 ff.) und 354 (361); 38, 281 (297 ff.); BVerwGE 59, 231 (233); 64, 115 (117); 107, 169 (170 ff.); *D. Merten*, in: J. Isensee/P. Kirchhof, HdbStR Bd., VI § 144 Rn. 58 ff.; *C. Starck*, in: H. v. Mangoldt/F. Klein/C. Starck, Grundgesetz Bd. 1, Art. 2 Rn. 125. Für einen Eingriff in Art. 9 Abs. 1 GG plädieren hingegen u.a.: *H.-U. Erichsen*, in: J. Isensee/P. Kirchhof, HdbStR Bd. VI, § 152 Rn. 68 ff.; *K. Hesse*, Grundzüge des Verfassungsrechts, Rn. 414; *D. Mronz*, Körperschaften und Zwangsmitgliedschaft, S. 208 ff.; *R. Scholz*, Die Koalitionsfreiheit als Verfassungsproblem, S. 272 f.; *ders.*, in: T. Maunz/G. Dürig u.a., Grundgesetz, Art. 9 Rn. 90. Daß eine freiwillige Mitgliedschaft insoweit als gegenüber der Pflichtmitgliedschaft milderes Mittel nicht in Betracht kommt erläutert *W. Kluth*, Funktionale Selbstverwaltung, S. 326, obwohl er die Pflichtmitgliedschaft nicht als Grundrechtseingriff sieht (a.a.O., S. 304).

[553] So aber wohl *W. Kluth*, Funktionale Selbstverwaltung, S. 304, der v.a. die Beitragspflicht allein in finanzverfassungsrechtlichen Kategorien messen will und sie nicht als mitgliedschaftliche Pflicht auffaßt (S. 314 ff.).

keit des Grundrechtseingriffs zu[554]. Dabei von freiem politischen Ermessen zu sprechen, ist zumindest irreführend. Der Gesetzgeber muß angesichts der reduzierten demokratischen Legitimation funktionaler Selbstverwaltungskörperschaften und der von ihnen gesetzten Rechtsnormen über verfassungsrechtlich relevante Gründe für deren Einrichtung und die Verleihung von korrespondierenden Normsetzungsbefugnissen verfügen, die dieses Defizit aufwiegen. Die in der Verleihung von Satzungsautonomie liegende Übertragung von Normsetzungsbefugnissen auf nicht in Art. 80 Abs. 1 Satz 1 GG genannte Rechtssubjekte setzt damit voraus, daß sich der Autonomiegedanke sinnvoll in das System der grundgesetzlichen Ordnung einfügt. Der mit den o.a. Vorschriften gewährte Gestaltungsspielraum des Gesetzgebers kann daher nur dort für die Übertragung von Rechtsetzungsbefugnissen ausgenutzt werden, wo neben der verbandsdemokratischen Organisation zugleich die materiellen essentialia der Selbstverwaltung gegeben sind: Selbstverwaltung setzt eine Teilmenge von Betroffenen – eine korporative Basis bzw. eine Betroffenengemeinschaft – voraus und ist in ihrem Wirkungskreis auf diese Basis beschränkt[555].

Demokratie im Sinne des Grundgesetzes zielt über ihre Bedeutung für die Konstituierung und die Legitimation staatlicher Herrschaft in besonderer Weise auf einen freien und offenen Lebensprozeß[556] und auf die Respektierung von Eigenrechtsbereichen, in denen sich ein bestimmtes Bedürfnis oder Interesse legitimerweise artikuliert. Zudem anerkennt sie die Vielfalt pluraler politischer, ökonomischer und geistiger Kräfte[557]. Zwar darf die Notwendigkeit umfassender, i.S.v. Art. 20 Abs. 2 Satz GG demokratischer Legitimation nicht durch die Einrichtung beliebiger alternativer Legitimationsquellen umgangen werden. Hält man jedoch den Unterschied zwischen demokratischer Legitimation in diesem strengen Sinne und selbstverwaltungsspezifischer Legitimation durch die Verbandsangehörigen wach, so ist die Anlehnung der Selbstverwaltung an das Demokratieprinzip in einem politischen Sinne nicht zu beanstanden[558]. Angesichts der fortschreitenden Partikularisierung der Gesellschaft und der Spezialisierung des Rechts ist eine idealtypisch verstandene Identität von Gesetzgebenden und Gesetzesadressaten nur noch in Binnenräumen gesellschaftlicher Teileinheiten herzustellen. Je begrenzter die Zahl der Rechtsadressaten oder der Regelungsbereich einer Norm ist, desto eher kann diese in Rechtsetzungsarrangements beraten werden, in denen die betroffenen konfligierenden[559] Interessen unmittelbar auf einander treffen. Je allgemeiner der Anwendungsbereich einer Rechtsnorm ist, desto eher bedarf ihr Erlaß eines Entscheidungsprozesses, wie er im parla-

---

[554] Hierzu nur ausf. *K. Meßerschmidt*, Gesetzgebungsermessen, S. 713 ff.
[555] Siehe hierzu ausf. S. 463 ff.
[556] *K. Hesse*, Grundzüge des Verfassungsrechts der Bundesrepublik Deutschland, Rn. 159 ff.
[557] *A. Hollerbach*, in: J. Isensee / P. Kirchhof, HdbStR Bd. VI, § 138 Rn. 96.
[558] Auf diese Unterscheidung weist *P. Badura*, GS Martens, S. 25 ff. (28) hin; s.a. *K.-U. Meyn*, Kontrolle als Verfassungsprinzip, S. 598 ff.
[559] Über Art und Ausmaß der Konflikte, deren Lösung auf die Betroffenen selbst übertragen werden kann: siehe unten S. 465 ff., 565 ff.

mentarischen Verfahren realisiert wird[560]. Mit der Verleihung von Autonomie werden gesellschaftliche Kräfte für die Angelegenheiten, die sie selbst betreffen und die sie in überschaubaren Bereichen am sachkundigsten beurteilen können, aktiviert. Dies dient der Verringerung des Abstandes zwischen Normgeber und Normadressaten[561]. Zugleich ist davon auszugehen, daß in den Fällen, in denen ein Problem und die hierzu erforderliche Lösung nur eine überschaubare Gruppe von Individuen betrifft, die von den Betroffenen selbst vorgeschlagenen und von den staatlichen Akteuren als Recht akzeptierten (und ggfs. durchgesetzten) Lösungen problemgerechter, interessensensibler und i.e. effizienter und effektiver sein werden als ein staatlicher Oktroi[562].

Indes lassen sich externe Effekte auch in solchermaßen funktional begrenzten Konstellationen nicht vermeiden: Standesorganisationen beschränken den Marktzugang für Außenseiter, Qualitäts- und Sicherheitsnormen behindern Innovationen und erhöhen Preise[563]. Um dem Vorbehalt des Gesetzes zu genügen, bedarf die Übertragung von Normsetzungsbefugnissen aufgrund verfassungsrechtlichen Gestaltungsspielraums daher nicht nur der parlamentsgesetzlichen Grundlage, deren Umsetzung und Einhaltung im Wege der Rechtsaufsicht sicherzustellen ist. An diesem Punkt greifen vielmehr Wesentlichkeitstheorie und Parlamentsvorbehalt als Grenze für die Übertragung von Normsetzungsbefugnissen auch auf Selbstverwaltungsträger ein. Die Einräumung der Normsetzungsbefugnisse muß durch Parlamentsgesetz erfolgen. Eine der Entäußerungssperre in Art. 80 Abs. 1 Satz 1 GG (Inhalt, Zweck, Ausmaß) wesensähnliche, aber weniger intensive materielle Grenze der Übertragung von Normsetzungsbefugnissen wird durch den Wesentlichkeitsgrundsatz formuliert, nach dem für das Gemeinwesen besonders bedeutsame normative Fragen, insbesondere in grundrechtsrelevanten Bereichen, der unmittelbaren parlamentarischen Entscheidung bedürfen[564]. Nur ein solches institutionelles Arrangement gewährleistet die aus dem Blickwinkel demokratischer Legitimation unverzichtbare Anbindung der funktionalen Selbstverwaltung an die i.S.v. Art. 20 Abs. 2 Satz 1 GG demokratisch legitimierten Staatsgewalten Legislative und Exekutive[565].

---

[560] *I. Maus*, Zur Aufklärung der Demokratietheorie, S. 224.
[561] So das Bundesverfassungsgericht in ständiger Rechtsprechung: BVerfGE 33, 125 (156 f.) unter Bezugnahme auf BVerfGE 1, 91 (94); 10, 89 (102 ff.); 12, 319 (321 ff.); 15, 235 (240); s.a. BVerfGE 71, 162 (172); 76, 171 (185); zuletzt BVerfGE NVwZ 2002, S. 851 f. (851).
[562] I.e. nachgewiesen bei *E. Ostrom*, Journal of Theoretical Politics Bd. 4 (1992), S. 343 ff. Siehe auch zu den Vor- und Nachteilen des Verhandlungsmodus im allgemeinen: S. 38 ff.
[563] *F.W. Scharpf*, FS Lehmbruch, S. 25 ff. (37).
[564] Zu dem Verhältnis von Selbstverwaltung bzw. Satzungsermächtigung zu Wesentlichkeitslehre bzw. Parlamentsvorbehalt: BVerfGE 33, 125 (163); 49, 89 (124 ff., 126); *M. Kleine-Cosack*, Berufsständische Autonomie und Grundgesetz, S. 279 ff.; *M. Nierhaus*, in: Bonner Kommentar zum Grundgesetz (1998), Art. 80 Rn. 167; *F. Ossenbühl*, in: J. Isensee/P. Kirchhof, HdbStR Bd. III, § 66 Rn. 30 f.
[565] Zu den beiden Elemente nur *W. Kluth*, Funktionale Selbstverwaltung, S. 245 ff., 270 ff.

IV. Grund und Grenzen der Übertragung von Normsetzungsbefugnissen

Ob das mit autonomen Normsetzungsbefugnissen belehnte Rechtssubjekt als Anstalt oder als Körperschaft bezeichnet wird, spielt keine Rolle, sobald eine entsprechende mitgliedschaftliche Basis gegeben ist. Eine öffentliche Anstalt ist gem. den traditionellen Begrifflichkeiten – in Anknüpfung an *Otto Mayer* als »Bestand von sächlichen und persönlichen Mitteln, die in der Hand eines Trägers öffentlicher Verwaltung einem besonderen öffentlichen Zweck dauernd zu dienen bestimmt sind«, definiert[566] – zwar kaum zu erwarten. Da aber aus dieser Definition keine Rechtsfolgen abzuleiten sind und die Verfassung insbesondere nur geringe Organisationsvorgaben für die konkrete Ausgestaltung einer Anstaltsverfassung vorhält[567], ist die mitgliedschaftliche Verfassung einer öffentlichen Anstalt bzw. eine organisatorische Mischform zwischen Anstalt und Körperschaften des öffentlichen Rechts aber auch nicht ausgeschlossen.

dd) Satzungsautonomie und Außenseiter

Die in Ausübung von autonomen Normsetzungsbefugnissen erlassenen Normen können niemanden binden, der nicht Angehöriger der erlassenden Körperschaft ist[568]. Außenstehende in diesem Sinne sind diejenigen Personen, die nicht in den Gremien der Selbstverwaltungskörperschaft repräsentiert sind und demzufolge auch nicht an der Selbstverwaltung partizipieren[569]. Außenseiter sind nicht Teil der Betroffenengemeinschaft, so daß diesen gegenüber der die Autonomie rechtfertigende Grund der besonderen Sachnähe ebenso wenig zum Tragen kommt wie die Möglichkeit, fehlende demokratische Legitimation durch demokratieanaloge Mitwirkung im normsetzenden Rechtssubjekt zu kompensieren. Entscheidungen von unmittelbarer Außenseiter-Relevanz sind damit nicht selbstverwaltungstauglich, nicht selbstverwaltungsfähig und können daher auch nicht von autonomen Normen geregelt werden[570]. Autonomie fördert nur dann die individuelle und gruppenspezifische Selbstbestimmung, wenn der Kreis der Beteiligten auf jeder Ebene kongruent ist mit dem Kreis der von einer Entscheidung Betroffenen[571] – ansonsten wäre Autonomie Medium für Fremdherrschaft.

Demgegenüber wurde behauptet, daß die Träger der funktionalen Selbstverwaltung auch für den Erlaß von Regelungen, die thematisch oder personell den Kreis der eigenen Angelegenheiten überschreiten, über eine personelle demokratische Legitimation verfügen, daß diese aber nicht das erhöhte Legitimationsniveau erreicht, welches bei der Regelung von eigenen Angelegenheiten erreicht wird[572]. Diese Ansicht beruht auf der bereits abgelehn-

---

[566] *O. Mayer*, Deutsches Verwaltungsrecht Bd. II (2. Aufl.), S. 318.
[567] Siehe hierzu *F. Becker*, DÖV 1998, S. 97 ff. (97 ff.).
[568] Hierzu *F. Ossenbühl*, in: J. Isensee/P. Kirchhof, HdbStR Bd. III, § 66 Rn. 33; zu den diskutierten Ausnahmen einer Geltungserstreckung bei engem Zusammenhang mit der autonomen Sachaufgabe des Normsetzers: *H. Schneider*, FS Möhring, S. 521 ff. (531 ff.)
[569] *F. Ossenbühl*, in: J. Isensee/P. Kirchhof, HdbStR Bd. III, § 66 Rn. 32.
[570] *M. Jestaedt*, Demokratieprinzip und Kondominialverwaltung, S. 545; *F. Ossenbühl*, in: J. Isensee/P. Kirchhof, HdbStR Bd. III, § 66 Rn. 32 f.; *M. Papenfuß*, Die personellen Grenzen der Autonomie öffentlich-rechtlicher Körperschaften, S. 134 ff. m.w.N.; *H. Schneider*, FS Möhring, S. 521 ff. (532 f.).
[571] *B. Hindess*, Economy and Society Bd. 20 (1991), S. 173 ff.
[572] *W. Kluth*, Funktionale Selbstverwaltung, S. 504 f. unter Bezugnahme auf S. 376 ff.

ten These von der Möglichkeit einer »kollektiv demokratischen Legitimation« funktionaler Selbstverwaltung, so daß ihr hier nicht weiter nachzugehen ist.

Die Einbeziehung von Außenseitern ist auch nicht durch gesetzliche Anordnung zulässig[573]. In diesen Fällen entsteht eine Divergenz zwischen Legitimationsstiftern und den Adressaten der hoheitliche Machtausübung. Es liegt dann gerade kein Fall der *Selbst*-, sondern vielmehr einer der Fremdverwaltung vor. Die gesetzliche Ermächtigung würde eine Befugnis zur Normsetzung außerhalb des Selbstverwaltungsbereichs enthalten und wüchse damit dem Bereich der i.S.v. Art. 80 Abs. 1 GG delegierten Normsetzung zu, für die die Selbstverwaltungskörperschaften indessen weder taugliche Erst- noch Subdelegatare sind. Da hiernach die prinzipielle Möglichkeit zu einer solchen Übertragung von Normsetzungskompetenzen auf die Körperschaften der funktionalen Selbstverwaltung fehlt, kann dieses legitimatorische Defizit auch nicht für solche Fälle negiert werden, in denen ein enger Zusammenhang der erstreckten Regelungen mit der Sachaufgabe der jeweiligen Körperschaft besteht und diese nach ihrem Gewicht bzw. dem erfaßten Personenkreis von geringem Gewicht ist[574].

Ebenso wenig kann zwischen »unmittelbarer Außenwirkung« i.S.e. ausdrücklichen Erweiterung des Kreises der Normadressaten und »mittelbarer Außenwirkung« i.S.e. unvermeidbaren, mit primär binnenorientierten Regelungen zwingend verbundenen Erfassung von Außenseitern differenziert werden. Unmittelbare Auswirkung soll nur ausnahmsweise und nur dann zulässig sein, wenn den Außenseitern kein Nachteil aufgezwungen wird oder wenn die Regelung Ausdruck der im Einzelfall vorrangigen grundgesetzlich garantierten Rechte des Selbstverwaltungsträgers ist.

Das Erfordernis demokratischer Legitimation steht unter keinem Bagatellvorbehalt, da ihm nach Art. 20 Abs. 2 Satz 1 GG *jedes* staatliche Handeln unterfällt[575]. Anderes kann auch nicht vor dem Hintergrund einer geringen Zahl von durch eine solche Geltungserstreckung betroffenen Personen begründet werden. Das Erfordernis demokratischer Legitimation, das durch die Beschränkung der Erst- und Subdelegatare sichergestellt werden soll, kommt nicht erst dann zur Geltung, wenn eine größere Gruppe von Personen betroffen ist. Jeder einzelne Grundrechtseingriff muß den Anforderungen dieses Prinzips genügen.

---

[573] A.A. unter bestimmten Voraussetzungen (enge Verbundenheit der Außenseiter mit dem Träger der Autonomie) aber *H. Schneider*, FS Möhring, S. 521 ff. (532 f.)

[574] Dies aber zieht *F. Ossenbühl*, in: J. Isensee/P. Kirchhof, HdbStR Bd. III, § 66 Rn. 33 zunächst in Erwägung, schränkt diese Möglichkeit dann durch die nachfolgenden Ausführungen wieder stark ein, indem er konzediert, daß die Notwendigkeit einer parlamentarischen Geltungserstreckung darauf hinweist, daß ein Regelungsgegenstand dem autonomen Bereich entwachsen ist.

[575] Zu einer Auseinandersetzung mit dem Bagatellvorbehalt ausf. *M. Jestaedt*, Der Staat Bd. 32 (1993), S. 29 ff. (52 und passim); s.a. *H. Dreier*, in: ders., Grundgesetz Bd. II, Art. 20 (Demokratie) Rn. 81; *E. Schmidt-Aßmann*, AöR Bd. 116 (1991), S. 329 ff. (367); offengelassen aber in BVerfGE 47, 253 (274; 83, 30 (74); 93, 37 (70).

ee) Materielle Voraussetzung für die Einrichtung eines Trägers der funktionalen Selbstverwaltung: Homogenität der Interessen

Wenn die Zubilligung von Selbstverwaltung an funktional abgegrenzte gesellschaftliche Teilsysteme dem Gesetzgeber zugleich die Möglichkeit eröffnet, diesen zur Regelung ihrer eigenen Angelegenheiten Normsetzungsbefugnisse zu übertragen, so geht die entscheidende Frage dahin, wie die Voraussetzungen für die Zubilligung von Selbstverwaltungskompetenzen beschaffen sind. Es ist bereits herausgearbeitet worden, daß der Gesetzgeber wegen der Sperrwirkung des Adressatenkreises in Art. 80 Abs. 2 Satz 1 GG nicht zu jedem beliebigen Zweck jede beliebige Gruppe von Bürgern zu einer Selbstverwaltungskörperschaft zusammenfassen kann. Selbstverwaltung, die den Gesetzgeber ermächtigt, Normsetzungsbefugnisse auf ihre Träger zu übertragen, ist die Verwaltung eigener Interessen in eigener, abgrenzbarer Verantwortung.

Von vorneherein nicht selbstverwaltungsfähig sind solche Aufgaben, die der Staat selbst durch seine eigenen Behörden als Staatsaufgaben im engeren Sinne wahrnehmen muß[576] (vgl. auch Art. 33 Abs. 4 GG[577]). Die Schaffung von Selbstverwaltungsträgern darf nicht zur Aushöhlung der Staatsleitungsfunktionen von Parlament und Regierung führen. Insoweit allerdings das in den Sachen 2 BvL 5/98 und 2 BvL 6/98 vorlegende Bundesverwaltungsgericht für den Bereich der Wasserwirtschaft unterstellt, daß es sich hier um eine Angelegenheit handelt, die unmittelbar durch staatliche Behörden hätte erledigt werden müssen[578], ist das Bundesverfassungsgericht diesem Argument zu recht entgegengetreten[579], da die insgesamt den staatlichen Behörden vorbehaltenen Sachbereiche zu recht eng gefaßt werden[580]. Eine andere, hiervon zu trennende Frage ist allerdings die, welche Entscheidungen in möglicherweise an Selbstverwaltungsträger auszulagernde Sachbereiche vom Staat und insbesondere dem staatlichen Gesetzgeber vorab getroffen werden müssen. Entscheidend für die Selbstverwaltungstauglichkeit ist, abgesehen von den genannten Bereichen, nicht die Charakterisierung der abstrakt umschriebenen Materie, sondern die Art und Tiefe der aus dem Bereich unmittelbarer Staatlichkeit ausgelagerten Konflikte.

Als materielle Basis der Selbstverwaltung bedarf es daher überhaupt gemeinsamer »eigener Angelegenheiten« der in der Selbstverwaltungskörperschaft zusammengefaßten Personen. Es bedarf eines aus der Gesamtheit der parlamentarischen Verantwortung ausgliederungsfähigen Sonderinteresses einer Gruppe von Individuen[581]. Die Mitglieder der Selbstverwaltungskörperschaft müssen in Be-

---

[576] BVerfGE 38, 281 (299); s.a. Entscheidung des Bundesverfassungsgerichts vom 5. Dezember 2002 (2 BvL 5/98 und 2 BvL 6/98; z.Zt. nur www.bverfg.de, dort Rn. 167; *E.T. Emde*, Die demokratische Legitimation der funktionalen Selbstverwaltung, S. 277 ff.; *M. Jestaedt*, Demokratieprinzip und Kondominialverwaltung, S. 543 f.
[577] Hierzu ausf. *W. Kluth*, Funktionale Selbstverwaltung, S. 255 ff.
[578] BVerwGE 106, 64 (77 ff.).
[579] Entscheidung des Bundesverfassungsgerichts vom 5. Dezember 2002 (2 BvL 5/98 und 2 BvL 6/98; z.Zt. nur www.bverfg.de, dort Rn. 171).
[580] Z.B. Verteidigungspolitik, Auswärtige Beziehungen; siehe *R. Hendler*, Selbstverwaltung als Ordnungsprinzip, S. 318; *H.H. Klein*, FS Forsthoff, S. 165 ff. (179 (Fn. 71)); *U. Scheuner*, GS Peters, S. 797 ff. (815).
[581] *R. Breuer*, Die Verwaltung Bd. 10 (1977), S. 1 ff. (10).

zug auf die konkrete Regelungsaufgabe über eine Interessenhomogenität verfügen. In Bezug auf den Regelungsgegenstand muß ein prinzipieller Gleichklang ihrer Interessen bestehen[582].

Sind die materiellen Voraussetzungen für die Übertragung von Selbstverwaltungsbefugnissen und Satzungsautonomie auf ein verbandliches Rechtssubjekt gegeben, so ist die öffentlich-rechtliche Organisationsstruktur der Selbstverwaltungskörperschaft nicht entscheidend[583]. Dann ist prinzipiell auch eine ausdrücklich durch Gesetz erfolgende »Beleihung« privater Verbände mit einer Satzungsautonomie, also eine Befugnis zur Setzung von Rechtsnormen mit Wirkung für die eigenen Angehörigen möglich[584] – aber wenig sinnvoll, da eine gesetzliche Zwangsmitgliedschaft nur zugunsten öffentlich-rechtlicher Körperschaften in Frage kommt[585] und die Selbstregelung von Angelegenheiten derjenigen, die sich freiwillig zusammenfinden, auch ohne weiteres auf Grundlage der vereinsrechtlichen Satzungsautonomie möglich wäre.

Die Selbstverwaltungstauglichkeit eines ausgliederungsfähigen Sonderinteresses[586] mit isolierbarer Gruppenrelevanz[587] hängt somit entscheidend von der (internen) Homogenität einer Gemeinschaft, von individuellen Trägern dieses Interesses und deren (externer) Abgrenzbarkeit gegenüber den übrigen Staatsbürgern ab. Bemerkenswert ist in diesem Zusammenhang, daß nicht nur die staatliche Errichtung von sich selbst verwaltenden Körperschaften, sondern auch

---

[582] *W. Brohm*, Strukturen der Wirtschaftsverwaltung, S. 253, 259 ff.; *M. Burgi*, VVDStRL Bd. 62 (2003), S. 405 ff. (431 ff.); *M. Jestaedt*, Demokratieprinzip und Kondominialverwaltung, S. 545 f.; *M. Papenfuß*, Die personellen Grenzen der Autonomie öffentlich-rechtlicher Körperschaften, S. 151; *H.-H. Trute*, Die Forschung zwischen grundrechtlicher Freiheit und staatlicher Institutionalisierung, S. 212 f.; eher zurückhaltend *E.T. Emde*, Die demokratische Legitimation der funktionalen Selbstverwaltung, S. 448; ablehnend: *C. Engel*, Freiheit und Autonomie, S. 32. Zum einen steht das dort angeführte Beispiel der Tarifautonomie allerdings unter dem Eindruck von dessen besonderer verfassungsrechtlicher Normierung; zum anderen besagt der Umstand, daß eine Konfliktlösung durch Verhandlungen möglich ist, nichts über den normativen Wert dieser Lösung und ihrer möglichen Externalitäten aus.

[583] *E.R. Huber*, Selbstverwaltung der Wirtschaft, S. 16, 42 ff.; *G.F. Schuppert*, FS v. Unruh, S. 183 ff. (197 ff., 205); *K. Stern*, Staatsrecht Bd. I, § 12 I 1 b; a.A. *W. Brohm*, Strukturen der Wirtschaftsverwaltung, S. 248 f. (Fn. 33); *L. Fröhler/P. Oberndorfer*, Körperschaften des öffentlichen Rechts und Interessenvertretung, S. 47 f.; *W. Frotscher*, FS v. Unruh, S. 127 ff. (141 ff.); *R. Hendler*, in: *J. Isensee/P. Kirchhof*, HdbStR Bd. IV, § 106 Rn. 24 ff.; *J. Salzwedel*, VVDStRL Bd. 22 (1965), S. 206 ff. (208 ff., 258).

[584] *O. Bachof*, AöR Bd. 83 (1958), S. 208 ff. (249); *L. Enneccerus/H.C. Nipperdey*, Allgemeiner Teil des Bürgerlichen Rechts, Erster Halbband, § 43 III; *P. Marburger*, Die Regeln der Technik im Recht, S. 335; *K.-O. Nickusch*, Die Normativfunktion technischer Ausschüsse und Verbände als Problem der staatlichen Rechtsquellenlehre, S. 138 f.; *J. Terrahe*, Die Beleihung als Rechtsinstitut der Staatsorganisation, S. 108 f.; *U. Scheuner*, VVDStRL Bd. 11 (1954), S. 1 ff. (36 (Fn. 99)); a.A. aber etwa BGH BB 1954, S. 1043 f. (1044); *H.-J. Wolff/O. Bachof/R. Stober*, Verwaltungsrecht II (5. Aufl.), § 104 Rn. 2; *E.R. Huber*, Wirtschaftsverwaltungsrecht Bd. I, S. 538, nimmt hingegen für den »beliehenen Unternehmer« an, daß dessen Rechtsetzungsbefugnis auf einer Delegation i.S.v. Art. 80 Abs. 1 GG beruht.

[585] Siehe nur *R. Herzog*, in: T. Maunz/G. Dürig u.a., Grundgesetz, Art. 20 II Rn. 58.

[586] Begriff von *R. Breuer*, Die Verwaltung Bd. 10 (1977), S. 1 ff. (10); s.a. *E. Schmidt-Aßmann*, AöR Bd. 116 (1991), S. 329 ff. (345).

[587] *R. Breuer*, Die Verwaltung Bd. 10 (1977), S. 1 ff. (27).

IV. Grund und Grenzen der Übertragung von Normsetzungsbefugnissen

die Existenz und das Funktionieren des modernen Staates – des demokratisch legitimierten allzumal – ein Mindestmaß an Homogenität i.S. gemeinsamer Grundauffassungen der Bürger über die Art und die Ordnung ihres Zusammenlebens voraussetzt[588]. Dieses Erfordernis steht in keinem Spannungsverhältnis zur tatsächlichen gesellschaftlichen Pluralität, die die Notwendigkeit des modernen Staates als deren einheitswahrender und das objektive Prinzip verwirklichender Gegenspieler erst hervorgebracht hat[589], sondern unterfängt den geschichtlich gewachsenen und sich explosionsartig weiterentwickelnden, gesellschaftlichen Pluralismus mit einem sozial-psychologischen Gemeinschaftswillen als staatstheoretischem Fundament. Das Erfordernis der relativen Homogenität neutralisiert nicht das Recht des einzelnen zum selbstbestimmten Leben, sondern verdeutlicht nur, daß das Zusammensein innerhalb eines demokratisch legitimierten Staates der Regeln und Verfahren zur Abgrenzung konkurrierender Freiheitssphären und z.T. sogar weitergehender staatlicher Organisation bedarf. Die Freiheit *aller* kann sich erst dort entfalten, wo ein Mindestmaß an Übereinstimmung über deren Grenzen sowie die Existenz und die Organisation gemeinsamer Angelegenheiten besteht. Die Festlegung dieser Ordnung selbst, die Regeln über Austragung und verbindliche Lösung von Konflikten ebenso wie der Konsens über die Notwendigkeit von Freiheit und Gleichheit aller Bürger füllen das Reservoir an konsentierten, homogenitätsbildenden Werten, die die Grundlage für die Existenz des demokratischen Verfassungsstaats bilden.

Bei der relativen sozialen Homogenität der in einem demokratischen Staat zusammengefaßten Bürger handelt es sich um eine dem normativen Gestaltungsanspruch der jeweiligen demokratischen Verfassung vorgelagerte, minimale und zugleich hoch abstrakte sozio-kulturelle Voraussetzung für deren dauerhafte Existenz. Die Homogenität der in einer Selbstverwaltungskörperschaft zusammengefaßten Grundrechtsträger bzw. die Homogenität von deren Interessen bildet hingegen eine unmittelbare verfassungsrechtliche Voraussetzung. Ungeachtet dieser kategorialen Differenzierung zwischen einer der staatlichen Existenz vorausliegenden Bedingung einerseits und einem konkreten verfassungsrechtlichen Erfordernis andererseits macht aber die – wohl kaum zufällige – Präsenz des Homogenitätserfordernisses auf den verschiedenen Ebenen von Staatslehre und Staatsrecht eines deutlich: Die Angehörigen sowohl des demokratischen Staats wie auch der mit Satzungsautonomie ausgestatteten Selbstverwaltungskörperschaft sind zur Verwirklichung gemeinsamer Zwecke zusammengeschlossen. Zwar ist die Umschreibung dieser Zwecke im ersten Fall deutlich abstrakter und offener als im zweiten. Dennoch macht trotz aller notwendigen, auf theoreti-

---

[588] *E.-W. Böckenförde*, in: J. Isensee/P. Kirchhof, HdbStR Bd. I, § 22 Rn. 63 f. unter Hinweis auf *H. Heller*, in: ders., Gesammelte Schriften Bd. 2, S. 423 ff. In diesem Topos staatlicher Homogenität kommt die Freund/Feind-Dichotomie von *Carl Schmitt* zum Tragen (ders., Der Begriff des Politischen, S. 10, 26 ff., 44). Sehr kritisch insoweit etwa. *H. Oberreuter*, in: ders., Pluralismus – Grundlegung und Diskussion, S. 13 ff. (17 ff.).
[589] Hierzu *J. Isensee*, in: ders./P. Kirchhof, HdbStR Bd. I, § 13 Rn. 46.

schen Zusammenhang wie konkrete Anforderungen bezogenen Differenzierung zwischen den beiden Homogenitätsforderungen die zweimalige Verwendung des Begriffs eines deutlich: Die auch in einem demokratischen Staat unabdingbare Fremdbestimmung und evtl. Majorisierung des einzelnen ist für diesen nur dann erträglich, wenn er sich mit denjenigen, die ihn majorisieren, durch einen Grundbestand an gemeinsamen Interessen und Werten verbunden weiß. Nichts anderes gilt auf anderer Ebene für die Selbstverwaltungskörperschaft. Auch die in dieser angelegte Fremdherrschaft ist nur dann hinnehmbar, wenn sie von einer Gruppe ausgeht, in der man sich in fundamentalen Fragen einig weiß. Dabei ist nicht das subjektive Empfinden des einzelnen Herrschaftsunterworfenen Maßstab für das erträgliche Maß an »Fremdherrschaft«, da der einzelne sich auch der Vorteilhaftigkeit funktionaler Selbstverwaltung gegenüber unmittelbar staatlicher Herrschaft unterwerfen könnte. Maßstab ist vielmehr die Pflicht zur gesetzgeberischen Entscheidung von grundrechtlichen Kollisionslagen, die auch nicht dann ausgesetzt werden kann, wenn eine Mehrzahl der Betroffenen sich zutraut, ohne staatliche Intervention zu angemessenen Ergebnissen zu kommen.

Insofern setzt der demokratische Verfassungsstaat auf einer niedrigeren, staatsinternen Organisationsebene seine eigene Existenzvoraussetzung um und mutet dem einzelnen dort auch nicht mehr zu als im Zusammenhang mit seiner Einbindung in das staatliche Ganze. Während die homogenen Interessen im staatstheoretischen Zusammenhang allerdings höchst abstrakter Natur sind (Freiheit, innerer und äußerer Frieden, Gleichheit; aber auch die Festlegung des Unabstimmbaren), sind die homogenen Interessen auf der Ebene einer Selbstverwaltungskörperschaft – also der Zweck ihrer Errichtung und Existenz – natürlich regelmäßig griffiger. Allerdings ist der Begriff der Homogenität dort wie hier schillernd und interpretationsbedürftig. Aus sich heraus macht er nicht deutlich, welcher Art die zusammengefaßten Interessen sein müssen und welches Maß an Abstraktion für die Formulierung des gemeinsamen Interesses noch zulässig ist, ohne dessen Erfordernis als verfassungsrechtliches Korrektiv der erzwungenen Verbandsbildung ad absurdum zu führen. Denn eines ist klar: je abstrakter das Interesse umschrieben wird, desto einfacher ist es, unter Berufung hierauf eine Interessenhomogenität einer dann vielleicht nur noch willkürlich zusammengeführten Gruppe von Individuen festzustellen. Die Operationalisierbarkeit des Homogenitätskriteriums wird durch dessen Relativität beeinträchtigt, die auch in seiner o.a. zweideutigen Verwendung auf unterschiedlichen Ebenen – der staatstheoretischen und der verfassungsrechtlichen – deutlich wird. Die dem deutschen Staat vorausliegende sozio-kulturelle Homogenität kann und (darf in einem freiheitlichen Staat) nur ganz grundlegende gemeinsame Interessen der Staatsbürger umfassen, auf die sich nahezu alle dem europäischen Kulturkreis Angehörigen werden verständigen können. Eine Interessenhomogenität ist darin begründet, das staatliche Zusammenleben nach Kriterien zu ordnen, die außerhalb des demokratischen Verfassungsstaats keine oder nur geringere Wertschätzung erfahren. Homogenität wird also nur dort deutlich, wo es auch abweichende Interessen gibt. Auf der Ebene der Selbstverwaltungskörperschaft bedeutet dies, daß eine enge oder weite Grenzziehung der in der Körperschaft zusammengefaßten (und damit ihrer Rechtsetzung unterworfenen) Individuen ganz entscheidend von der Formulierung der Interessenhomogenität abhängt.

Ein Beispiel soll der Illustration der in einer solchen variablen Betrachtungsweise liegenden Gestaltungsmöglichkeiten dienen: die gemeinsame Rechtsetzung von Arbeitgebern und Arbeitnehmern durch Tarifvertrag. Unterläge diese nicht einem speziellen verfassungsrechtlichen Regime (Art. 9 Abs. 3 GG) und müßte diese Form der Rechtsetzung durch Verhandlung daher eigens nach den allgemeinen Kriterien verfassungsrechtlich gerechtfertigt werden, könnten zwei verschiedene Ansätze für die Formulierung der Interessenhomogenität gewählt werden – mit der Folge, daß eine solche im einen Fall anzunehmen ist, im anderen nicht. Versteht man die Tarifautonomie so, daß eine innersystemische Regulierung der systemtypischen Auseinandersetzungen (die Relation von geleisteter Arbeit zu geschuldetem Lohn) im Interesse beider Parteien liegt, weil sie eine – grundsätzlich von beiden Parteien abgelehnte, staatliche Lohnintervention zu verhindern hilft – so wäre eine Interessenhomogenität von Arbeitnehmern und Arbeitgebern anzunehmen. Nimmt man hingegen (stark vereinfachend) an, daß die Arbeitgeber – unter Berücksichtigung von langfristigen produktionsrelevanten Faktoren wie Arbeitnehmerbindung, Arbeitszufriedenheit usw. – so wenig Lohn wie möglich zahlen möchten, während die Arbeitnehmer – unter Berücksichtigung langfristiger Faktoren wie dcm Interesse an einem möglichst dauerhaft wettbewerbsfähigen und damit solventen Arbeitgeber – für möglichst wenig Arbeit möglichst viel Lohn erhalten möchten, kann von Interessenhomogenität keine Rede mehr sein. Allerdings wandelt sich dieses beispielsweise mit Blick auf die Wettbewerbsfähigkeit der Arbeitgeber gegenüber ausländischer Konkurrenz wieder zu einer Interessenhomogenität. Dennoch: Die verschiedenen Arbeitnehmer innerhalb eines Wirtschaftszweigs stehen untereinander in Konkurrenz. Deren Interesse könnte auch dahin gehen, daß die übrigen Arbeitgeber ihren Mitarbeitern (zu) hohe Löhne bezahlen, damit deren Konkurrenzfähigkeit beeinträchtigt wird. Insoweit liegt schon auf Arbeitgeberseite kein homogenes Interesse an insgesamt niedrigen Löhnen vor – wenn innerhalb eines Verhandlungssystems unterschiedliche Löhne zu erreichen wären. Dieses Beispiel macht deutlich: je abstrakter das relevante Interesse gefaßt ist und je weiter die Vergleichsgruppen gefaßt werden, desto leichter läßt sich ein homogenes Interesse einer so zusammengefügten Gruppe von Interessenträgern konstruieren. Die Ermächtigung zur Delegation von Normsetzungsbefugnissen an die Tarifpartner macht aber zugleich auch im Zusammenwirken mit den verfassungsrechtlichen Vorgaben für die Übertragung von Normsetzungsbefugnissen auf außerparlamentarische Akteure deutlich, daß das Aushandeln von Rechtsnormen zwischen interessenantagonistischen Verhandlungspartnern im System des Grundgesetzes etwas Außergewöhnliches, durch die Bereitstellung einer speziellen Legitimationsgrundlage Anzuordnendes darstellt.

Welches Maß an Homogenität der betroffenen Individuen ist aber für die Übertragung von Regelungskompetenzen auf verfaßte gesellschaftliche Teilsysteme gefordert? Dies dürfte sich bei Betrachtung der Dogmatik eines sachlich entfernten und doch dem hier vorliegenden Problem verwandten, weil eine gemeinsame Verantwortung von Individuen konstituierenden Sachbereichs verdeutlichen lassen, in dem die Homogenität einer Gruppe von Grundrechtsträgern ebenfalls Grundlage für deren besondere staatliche Inpflichtnahme ist: Die Homogenität einer Gruppe von Individuen ist eine der zentralen Voraussetzungen für die Erhebung einer steuerkonkurrierenden Sonderabgabe von diesen Abgabenschuldnern[590]. Im finanzverfassungsrechtlichen Zusammenhang wird darauf abgestellt, daß der Gesetzgeber eine gesellschaftliche Gruppe nur dann mit einer Sonderabgabe belegen darf, wenn sie durch eine gemeinsame, in der Rechtsordnung oder der gesellschaftlichen Wirklichkeit vorgegebene Interessenlage oder durch andere besondere Gemeinsamkeiten von der Allgemeinheit und anderen Gruppen abgrenzbar ist.

α) *Die Gruppenhomogenität in der Dogmatik der Sonderabgaben*

Bereits vor Etablierung der heute weitgehend anerkannten Dogmatik der Sonderabgabe hatte das Bundesverfassungsgericht bei seiner Entscheidung über die Verfassungsmäßigkeit einer sog. Ausgleichsabgabe (nach § 12 Abs. 3 MFG[591]) die Homogenität der Abgabenschuldner unter dem Vorzeichen einer systemwidrigen Einbeziehung einzelner Gruppen anhand von Art. 3 Abs. 1 GG überprüft[592].

Im Rahmen der Errichtung einer Marktordung für die Milchwirtschaft waren u.a. durch die Einzugs- und Absatzgebiete und den besonderen Schutz der Trinkmilchmärkte einzelne Betriebe begünstigt, andere benachteiligt worden. Letzteren sollte hierfür ein Ausgleich in Geld gewährt und die Mittel hierzu durch eine Abgabe der begünstigten Betriebe aufgebracht werden.

In einem weiteren Fall hatte das Gericht sich mit dem durch das Weinwirtschaftsgesetz[593] errichteten »Stabilisierungsfonds für Wein« auseinanderzusetzen[594]. Dieser Fonds diente dem Ziel, durch Verbesserung der Weinqualität, Absatzwerbung und Stabilisierung der Marktverhältnisse im Hinblick auf eine europäische Marktordnung die Konkurrenzfähigkeit des deutschen Weinbaus gegenüber den Weinbauländern Frankreich und Italien zu festigen. Der Fonds konnte zur Finanzierung seiner Aufgaben nach § 16 Abs. 1 Nr. 2 Satz 1 WeinwirtschaftsG eine Abgabe (Mengenabgabe) von den »der Weinwirtschaft Angehörigen« (dies sind:

---

[590] Zu den Voraussetzungen der Erhebung einer Sonderabgabe im einzelnen, wie sie in der Literatur – zumeist in enger Anlehnung an die Rechtsprechung des Bundesverfassungsgerichts – herausgearbeitet wurden: *W. Heun*, in: H. Dreier, Grundgesetz Bd. III, Art. 105 Rn. 24 ff.; *M. Jachmann*, in: H. v. Mangoldt/F. Klein/C. Starck, Grundgesetz, Bd. 3, Art. 105 Rn. 12 ff.; *H. Siekmann*, in: M. Sachs, Grundgesetz, vor Art. 104a Rn. 146 ff.; *K. Vogel/C. Waldhoff*, in: Bonner Kommentar zum Grundgesetz (1997), Vorb. zu Art. 104a ff. Rn. 437 ff. Insbesondere zu der Voraussetzung der Gruppenhomogenität der Abgabenschuldner: BVerfGE 55, 274 (305 f.); 67, 256 (276); 82, 159 (180); 91, 186 (205); *K.H. Friauf*, FS Jahrreiß, S. 45 ff. (55 f.); *J. Isensee*, Umverteilung durch Sozialversicherungsbeiträge, S. 18; *P. Kirchhof*, in: J. Isensee/ders., HdbStR Bd. IV, § 88 Rn. 232 f.

[591] Bundesgesetz über den Verkehr mit Milch, Milcherzeugnissen und Fetten vom 28. Februar 1951 (BGBl. I 135), in der Fassung des Ergänzungs- und Änderungsgesetzes vom 10. Dezember 1952 (BGBl. I S. 807, 811).

[592] BVerfGE 18, 315 (331).

[593] Gesetz über Maßnahmen auf dem Gebiete der Weinwirtschaft vom 29. August 1961 (BGBl. I 1622) (Weinwirtschaftsgesetz) in der Fassung vom 9. Mai 1968 (BGBl. I 471). Die Anstalt heißt nunmehr »Deutscher Weinfonds« und findet ihre Rechtsgrundlage in §§ 37 ff. der Neufassung des Weingesetzes vom 16. Mai 2001 (BGBl. I 985).

[594] BVerfGE 37, 1 (27 ff.).

IV. Grund und Grenzen der Übertragung von Normsetzungsbefugnissen 471

Eigentümer oder Nutzungsberechtigte von Weinbergen sowie die gewerbsmäßigen Abnehmer von Wein und seinen Ausgangsstoffen) erheben. In beiden Fällen wurde die zwangsweise Zusammenfassung der an dem Fonds Beteiligten zu einer Gruppe von Abgabenschuldnern unter den Vorzeichen von Art. 3 Abs. 1 GG nach »sachlichen Gründen« befragt und gebilligt[595].

Erst mit der genaueren dogmatischen Konturierung der Legitimation von Sonderabgaben entwickelte das Bundesverfassungsgericht den Begriff der Homogenität zu einer Voraussetzung für die legitime Zusammenfassung einer Gruppe von Individuen zu Schuldnern einer Sonderabgabe. Als insofern homogene Gruppe wurde durch das Bundesverfassungsgericht die Gesamtheit der »*Arbeitgeber*« angesehen[596], von denen zur Finanzierung staatlicher Hilfen zur Sicherung eines qualitativ und quantitativ ausreichenden Angebots an Ausbildungsplätzen eine Berufsausbildungsabgabe erhoben werden sollte. Die Arbeitgeber seien durch eine in der Sozialwirklichkeit bestehende gemeinsame Interessenlage verbunden und von der Allgemeinheit und anderen Gruppen zuverlässig abgrenzbar. Neben diesen objektiven Kriterien stellt das Gericht auch auf die Selbsteinschätzung der Arbeitgeber ab, die sich selbst als homogene Gruppe sehen. Dies entnimmt das Gericht dem Umstand, daß die Arbeitgeber sich zur Darstellung, Bewahrung und Durchsetzung ihrer gemeinsamen Interessen zu sozialpolitischen Organisationen zusammengeschlossen haben, die unter dem Namen »Bundesvereinigung der Deutschen Arbeitgeberverbände« eine Arbeitsgemeinschaft bilden, deren Ziel es ist, die »gemeinschaftlichen sozialpolitischen Belange« aller Arbeitgeber zu wahren (§ 1 Abs. 1 der Satzung der Bundesvereinigung der Deutschen Arbeitgeberverbände). Des weiteren verweist das Gericht darauf, auch der Gesetzgeber sei stets davon ausgegangen, daß die Arbeitgeber eine homogene Gruppe in der Sozialwirklichkeit darstellen. Die Regelungen des Tarifvertragsgesetzes dokumentieren das Bestehen gemeinsamer Arbeitgeberinteressen, deren Wahrung durch entsprechende Verbände in dem Gesetz vorausgesetzt wird. Nach der Konzeption des TVG wie auch in der Sozialwirklichkeit bilden die Arbeitgeber im Rahmen einer Sozialpartnerschaft den Interessengegenpol zur Gruppe der Arbeitnehmer (vgl. § 2 Abs. 1 bis 3, § 5 Abs. 1 und 2 und § 12 TVG). Diese Homogenität soll nach Ansicht des Gerichts auch nicht durch branchentypische, strukturbedingte, organisatorische oder quantitative Unterschiede innerhalb der Gruppe der Arbeitgeber beeinträchtigt werden, da diese nichts an der prinzipiell gleichen Interessenlage und der gleichermaßen bestehenden, aus der Arbeitgebereigenschaft folgenden Stellung und Verantwortung in der Gesellschaft ändern.

Im Zusammenhang mit der Finanzierung eines Fonds zur zentralen Förderung des Absatzes und der Verwertung von Erzeugnissen der deutschen *Land-*, *Forst-*

---

[595] BVerfGE 18, 315 (334, 339); 37, 1 (27 ff.).
[596] BVerfGE 55, 274 (311 f.) zu dem Gesetz zur Förderung des Angebots an Ausbildungsplätzen in der Berufsausbildung (Ausbildungsplatzförderungsgesetz) vom 7. September 1976 (BGBl. I 2658).

und Ernährungswirtschaft durch Erschließung und Pflege von Märkten im In- und Ausland hat das Gericht die Betriebe der Land- und Ernährungswirtschaft als homogene Gruppe angesehen. Die Hinzuziehung der Forstwirtschaft zu dieser Gruppe hingegen wurde abgelehnt[597].

Zentrales Argument für diese Gruppenbildung war, daß die gesamte deutsche Land- und Ernährungswirtschaft nach den zu dieser Zeit maßgeblichen, gemeinschaftsrechtlichen Vorschriften den besonderen Voraussetzungen des Gemeinschaftsrechts unterlag und daher eine in der europäischen Rechtsordnung vorstrukturierte Gruppe bildet, die sich nur durch koordinierte Anstrengungen in einem durch die rechtlichen Bedingungen des Gemeinsamen Marktes geprägten Wettbewerbsumfeld behaupten konnte[598]. Die Einbindung der Ernährungswirtschaft in dieselbe Produktions- und Absatzkette wie die Landwirtschaft rechtfertigte nach Ansicht des Bundesverfassungsgerichts deren Zusammenführung mit der Landwirtschaft in eine homogene Gruppe. Die gegenüber der Land- und Ernährungswirtschaft angenommene Heterogenität der Interessen von Land- und Forstwirtschaft beruhte demgegenüber auf dem Umstand, daß diese zum Zeitpunkt der Entscheidung von den gemeinschaftsrechtlichen Regelungen über eine gemeinsame Agrarpolitik ausgenommen war.

Das Bundesverfassungsgericht sah die Homogenität der Gruppe auch nicht dadurch gefährdet, daß Erzeuger, Verwerter oder Vermarkter mit ihren Gütern auf denselben Märkten in einem Substitutionswettbewerb stehen[599], da die mit dem zu finanzierenden Fonds beabsichtige Absatzförderung eines Wirtschaftsbereichs stets solche Betriebe, die miteinander in Konkurrenz stehen, gleichzeitig fördere. Eine Wettbewerbssituation spricht für sich allein daher nach Ansicht des Gerichts noch nicht dagegen, konkurrierende Betriebe als homogene Gruppe zu einer Sonderabgabe heranzuziehen. Entscheidend ist insoweit das identische Interesse der Betroffenen in Abstraktion von ihrer Personenverschiedenheit. Der Homogenität stehen also nicht die kollidierenden, aber i.E. gleichgerichteten Interessen der verschiedenen Gruppenangehörigen entgegen, weil der Fonds diesen Interessen in gleicher Weise dient. Er hat nicht die Aufgabe eines Ausgleichs fundamental andersartiger Interessen innerhalb der Gruppe, sondern wirkt im gleichen Sinne für alle Beteiligten, die dann auf der von der Tätigkeit des Fonds geschaffenen Grundlage in den gegenseitigen Wettbewerb treten können.

---

[597] BVerfGE 82, 159 (181 ff.) zu Gesetz über die Errichtung eines zentralen Fonds zur Absatzförderung der deutschen Land-, Forst- und Ernährungswirtschaft (Absatzfondsgesetz – AbsfondsG) vom 26. Juni 1969 (BGBl. I 635).

[598] Nach § 2 Abs. 1 AbsfondsG hatte der Fonds die Aufgabe, »den Absatz und die Verwertung von Erzeugnissen der deutschen Land-, Forst- und Ernährungswirtschaft durch Erschließung und Pflege von Märkten im In- und Ausland mit modernen Mitteln und Methoden zentral zu fördern«. Gemäß Art. 38 Abs. 1 EWGV a.F. umfaßte der Gemeinsame Markt die Landwirtschaft und den Handel mit landwirtschaftlichen Erzeugnissen. Zu den landwirtschaftlichen Erzeugnissen gehörte nicht nur die Urproduktion, sondern auch die damit in unmittelbarem Zusammenhang stehenden Erzeugnisse der ersten Verarbeitungsstufe. Die Sondervorschriften der Art. 39 bis 41 EWGV a.F. galten in Verbindung mit Anhang II zum EWG-Vertrag für nahezu sämtliche landwirtschaftliche Erzeugnisse und einen großen Teil der Waren der Lebensmittelindustrie; siehe die Darstellung bei BVerfGE 82, 159 (184).

[599] BVerfGE 52, 159 (186).

IV. Grund und Grenzen der Übertragung von Normsetzungsbefugnissen

Fehlende Homogenität hat das Bundesverfassungsgericht einer Gruppe attestiert, die sich aus den einkommensteuerpflichtigen Personen von einem bestimmten Einkommen an, den körperschaftsteuerpflichtigen Körperschaften, sowie den Personenvereinigungen und Vermögensmassen zusammensetzte und die über mehrere Jahre zur Zahlung einer unverzinslichen, rückzahlbaren Investitionshilfeabgabe zur Förderung des Wohnungsbaus herangezogen werden sollten[600]. Die genannten Rechtssubjekte bildeten keine Gruppe unter Gesichtspunkten, die in der Rechts- und Sozialordnung materiell vorgegeben wären, da sie lediglich durch ihre Körperschaftsteuerpflicht bzw. durch ein bestimmtes Einkommen und die daran anknüpfende Einkommensteuerpflicht verbunden sind.

In einer weiteren Entscheidung hat das Gericht die Gruppe der *Stromverbraucher* ebenfalls als zu heterogen angesehen, als daß diese die Finanzierungsverantwortlichkeit für die Aufgabe trifft, den Steinkohleeinsatz bei der Stromerzeugung durch einen sog. Kohlepfennig zu sichern[601]. Die bloße Nachfrage nach dem gleichen Wirtschaftsgut formt die Stromverbraucher nicht zu einer Gruppe, die eine Finanzierungsverantwortlichkeit für eine bestimmte Aufgabe trifft. Als ebenfalls für die Heranziehung zu einer für die Finanzierung der Feuerwehren zu verwendenden Sonderabgabe nicht ausreichend homogene Gruppe hat das Gericht die durch einige Landesgesetze bestimmten »feuerwehrpflichtigen« Männer angesehen. Diese seien nicht durch eine gemeinsame, in der Rechtsordnung oder gesellschaftlichen Wirklichkeit vorgegebene Interessenlage oder durch besondere gemeinsame Gegebenheiten von der Allgemeinheit abgrenzbar[602]. Das Interesse an einem wirksamen Feuerschutz ist zudem kein Gruppen-, sondern ein Allgemeininteresse.

Diese Übersicht über die die Dogmatik der Sonderabgabe entscheidend prägende Rechtsprechung des Bundesverfassungsgerichts macht folgenden, für die Erschließung des Tatbestandsmerkmals der Gruppenhomogenität zentralen Punkt deutlich: Das Bundesverfassungsgericht fragt nicht nach einer abstrakten soziologischen Homogenität der Betroffenen, die als solche wahrscheinlich auch in keinem Fall zu begründen wäre. Die Prüfung des Bundesverfassungsgerichts erfolgt nicht in gleichsam luftiger Abstraktionshöhe, sondern richtet sich an dem mit der Sonderabgabe verfolgten Ziel aus. Homogenität erweist sich damit auch hier als ein relativer Begriff, der bei der gleichen Gruppe von zusammengefaßten

---

[600] BVerfGE 67, 256 (279 f.) zum Investitionshilfegesetz (Artikel 10 des Gesetzes zur Wiederbelebung der Wirtschaft und Beschäftigung und zur Entlastung des Bundeshaushalts (Haushaltsbegleitgesetz 1983) vom 20. Dezember 1982 (BGBl. I 1857), geändert durch Artikel 36 des Gesetzes über Maßnahmen zur Entlastung der öffentlichen Haushalte und zur Stabilisierung der Finanzentwicklung in der Rentenversicherung sowie über die Verlängerung der Investitionshilfeabgabe (Haushaltsbegleitgesetz 1984) vom 22. Dezember 1983 (BGBl. I 1532)).

[601] BVerfGE 91, 186 (202 ff.) zu dem Gesetz über die weitere Sicherung des Einsatzes von Gemeinschaftskohle in der Elektrizitätswirtschaft (Drittes Verstromungsgesetz) vom 17. November 1980 (BGBl. I 2137).

[602] BVerfGE 92, 91 (119).

Individuen je nach dem Zweck der Zusammenfassung unterschiedlich ausfallen kann. Die Betroffenen müssen indes über ein gemeinsames und gleichgerichtetes Interesse an dem zu finanzierenden Gegenstand verfügen. Eine Gruppe, die in einer bestimmten Hinsicht über gleichgerichtete Interessen verfügt, kann dann in einem anderen Zusammenhang durchaus antagonistische Interessen verfolgen.

Das wird in dem Fall des »Stabilisierungsfonds für Wein« deutlich[603]. Diesem gehören Eigentümer oder Nutzungsberechtigte von Weinbergen sowie die gewerbsmäßigen Abnehmer von Wein und seinen Ausgangsstoffen an. Beide Gruppen verfolgen im Umgang miteinander offensichtlich durchaus divergierende Interessen bei der Preisfindung. Allerdings haben beide Gruppen auch ein gleichgerichtetes Interesse an einer Förderung des Absatzes deutschen Weins. In dieser Hinsicht können sie durchaus zu einer homogenen und von der allgemeinen Bevölkerung hinreichend deutlich abgrenzbaren Gruppe zusammengefaßt werden.

Wie aus dem vorangegangenen ersichtlich, ist in dem Bereich der Finanzverfassung eine Umschreibung der Anforderungen gelungen, die an die Homogenität einer Gruppe von Grundrechtsträgern bzw. deren Interessen zu stellen sind, damit diese zu einer für die Finanzierung einer bestimmten Aufgabe verantwortlichen Gruppe zusammengefaßt werden. Parallelen zu der Einrichtung einer autonomiefähigen Selbstverwaltungskörperschaft sind insoweit möglich, als dort wie hier eine kollektive Verantwortung – dort innerhalb einer homogenen Gruppe, hier einer homogenen Gruppe für ein gruppenspezifisches Anliegen – eingefordert wird. Zwangskollektivierung setzt Interessenhomogenität und damit die Abwesenheit von fundamentalen Interessenkonflikten voraus. Dies ist auch die zentrale Voraussetzung für die Errichtung einer autonomiefähigen Selbstverwaltungskörperschaft.

β) Interessenhomogenität bei der Übertragung von Selbstverwaltungskompetenzen

Autonome Rechtsetzungskompetenzen können nur einer Selbstverwaltungskörperschaft übertragen werden. Voraussetzung für deren Errichtung ist die Interessenhomogenität der unter ihrem Dach zusammengeführten Grundrechtsträger bzw. die Homogenität ihrer Interessen in Bezug auf den selbstverwalteten Gegenstand[604], die auch als »genossenschaftliches Element« bezeichnet worden ist[605]. Das Bundesverfassungsgericht hat zunächst zur Konkretisierung des Rechtfertigungsmaßstabs lediglich festgestellt, die Gründung eines öffentlich-rechtli-

---

[603] BVerfGE 37, 1.

[604] *M. Jestaedt*, Demokratieprinzip und Kondominialverwaltung, S. 545 f.; *M. Papenfuß*, Die personellen Grenzen der Autonomie öffentlich-rechtlicher Körperschaften, S. 151; eher zurückhaltend *E.T. Emde*, Die demokratische Legitimation der funktionalen Selbstverwaltung, S. 448; s.a. schon *W. Brohm*, Strukturen der Wirtschaftsverwaltung, S. 253 ff.

[605] *U. Scheuner*, DÖV 1952, S. 609 ff. (611) im Anschluß an *H. Peters*, Lehrbuch der Verwaltung, S. 287.

chen Verbandes sei nur für die Wahrnehmung legitimer Zwecke zulässig[606]. In weiteren Entscheidungen befaßte sich das Gericht mit der Zulässigkeit einer Pflichtmitgliedschaft in Kammern verschiedenster Art, ohne aber die Essentialia zulässiger Selbstverwaltung detailliert herauszuarbeiten[607]. Der typische und offensichtliche Fall von Interessenhomogenität, die die Verleihung von Satzungsgewalt rechtfertigt, liegt bei den Berufsverbänden des öffentlichen Rechts vor, d.h. bei solchen Körperschaften, in denen nur Angehörige eines bestimmten Berufs Mitglieder sein können und deren Zweck es ist, die beruflichen Interessen der Mitglieder im weitesten Sinn zu fördern und ihre ordnungsmäßige Berufsausübung im Allgemeininteresse zu gewährleisten[608]. Als Beispiele hierfür können die Ärzte-, Rechtsanwalts- und Notarkammern angeführt werden. Hier liegt eine monistische Interessenstruktur vor[609]. Die Mitglieder bilden eine homogene Gruppe, da sie im wesentlichen gleichgerichtete Interessen aufweisen. Alle Gruppenmitglieder sind an der Einhaltung gewisser Regeln bei der Berufsausübung interessiert. Alle Gruppenangehörigen sollen sich an der Ausbildung des Nachwuchses beteiligen oder darauf verzichten, ihre Position im Wettbewerb durch Verstöße gegen Qualitäts- und Sicherheitsnormen kurzfristig zu verbessern. Daß es trotz typisierter monistischer Interessen auch im Einzelfall zu Konflikten zwischen einzelnen Mitgliedern bzw. Mitgliedsgruppen kommen kann und daß dann auch der entsprechende Interessenausgleich innerhalb der Selbstverwaltungskörperschaft vorgenommen werden kann, ändert an dem Befund der *strukturellen* Interessenhomogenität nichts.

Nur ein gradueller Unterschied liegt zwischen einer monistischen und einer gruppenpluralen Struktur der Selbstverwaltungskörperschaft. Im zweiten Fall wird eine soziologische Gruppe aus mehreren Untergruppierungen zusammengefaßt. Dies geschieht v.a. aus organisatorischen Gründen; etwa weil ihre einzelnen Untergruppierungen zahlenmäßig zu klein sind, um zu einer eigenen Selbstverwaltungskörperschaft zusammengefaßt zu werden. Dies trifft insbesondere auf die Handwerks- sowie die Industrie- und Handelskammern zu, in denen verschiedene Gruppen von Handwerkern oder Gewerbetreibenden versammelt sind. In einer solchen gruppenpluralen Struktur überwiegt das gemeinsame Interesse bei der Außenvertretung bzw. selbstregulativen Aufgabenwahrnehmung »der« Gewerbetreibenden oder »der« Handwerker. Allerdings ist auch innerhalb der Organisation ein Interessenausgleich zwischen verschiedenen Gruppen der – noch – homogenen Hauptgruppe möglich und zulässig – soweit hier nicht die Regelung »wesentlicher« Fragen auf die Ebene der Selbstregulierung übertragen wird.

---

[606] BVerfGE 10, 89 (102) zu dem Gesetz des Landes Nordrhein-Westfalen über die Gründung des Großen Erftverbandes vom 3. Juni 1958 (GVBl. S. 253); kritisch zu diesem Rechtfertigungsmaßstab: R. *Scholz*, Die Koalitionsfreiheit als Verfassungsproblem, S. 272; *ders.*, in: T. Maunz / G. Dürig u.a., Grundgesetz, Art. 9 Rn. 90.
[607] BVerfGE 10, 354; 11, 105; 12, 319; 15, 235; 38, 281; 78, 320.
[608] BVerfGE 33, 125 (156).
[609] Zu der Unterteilung in monistische, gruppenplurale und gruppenantagonistische Strukturen: W. *Kluth*, Funktionale Selbstverwaltung, S. 235 f.

Unter dem Gesichtspunkt der Interessenhomogenität kritischer als gruppenplurale sind gruppenantagonistische Selbstverwaltungsstrukturen zu beurteilen. Diese liegen dort vor, wo der Aufgabenschwerpunkt der Organisation der Verwirklichung eines Binnen-Interessenausgleichs dient. Als Beispiel hierfür sind die Wasser- und Bodenverbände zu nennen, in denen die im Verbandsgebiet liegenden Gebietskörperschaften, Grundstückseigentümer und andere in die konkrete Verbandsaufgabe Einbezogene zusammengeführt werden[610]. Hier setzen zentrale verfassungsrechtliche Bedenken gegen die Zulässigkeit solcher Selbstverwaltungskörperschaften an. In solchen Fällen, in denen der Gesetzgeber die Lösung fundamentaler, rollenspezifischer Interessenkonflikte aus der unmittelbaren Staatsverwaltung auslagert und einem gruppenantagonistisch strukturierten Träger der funktionalen Selbstverwaltung überantwortet, kann auch bei einem extensivem Begriffsverständnis nicht mehr von einer Interessenhomogenität der Beteiligten gesprochen werden. Als weiteres Beispiel wäre die zwangsweise Zusammenfassung von Anbietern und Verbrauchern innerhalb eines bestimmten Wirtschaftszweigs zum Zwecke der kollektiven Preisfindung, der kollektiven Aushandlung von Leistungskonditionen o.ä. zu nennen. Das einzige allen Beteiligten gemeinsame Interesse ist dann höchstens noch der Wille, die in dem Verband zusammengefaßten Angelegenheiten ohne hierarchische staatliche Intervention zu lösen.

Soweit das Bundesverfassungsgericht ausführt, daß der Gesetzgeber mit Übertragung der Wahrnehmung öffentlicher Aufgaben in Formen der Selbstverwaltung das Ziel verfolgen darf, einen sachgerechten Interessenausgleich zu erleichtern, und so dazu beiträgt, daß die von ihm beschlossenen Zwecke und Ziele effektiver erreicht werden[611], ist dem nur insofern zu folgen, als die Interessenkonflikte sich unterhalb der hier umschriebenen Schwelle fundamentaler Rollenkonflikte bewegen, die das Verantwortungsregulativ der Wesentlichkeitslehre aktivieren. Das Gericht stellt darauf ab, daß die Verbindung eigenverantwortlicher Wahrnehmung einer öffentlichen Aufgabe mit privater Interessenwahrung die Wirksamkeit des parlamentarischen Gesetzes steigere, da die an der Selbstverwaltung beteiligten Bürger die öffentliche Aufgabe dann auch im wohlverstandenen Eigeninteresse wahrnähmen: »Sie sind der öffentlichen Gewalt nicht nur passiv unterworfen, sondern an ihrer Ausübung aktiv beteiligt«.

Fundamentale Interessenkonflikte zwischen den an autonomer Normsetzung Beteiligten schließen aber das Vorliegen von selbstverwaltungstauglicher Homogenität prinzipiell aus, da hier regelmäßig Fragen ausgetragen werden, die für die Grundrechtsausübung aller Beteiligten »wesentlich« sind. Zwar sind auch in einer hinsichtlich ihrer Interessen homogenen Gruppe Konflikte nicht auszuschließen. Hier kann ebenso eine Entscheidung im Einzelfall einem Mitglied

---

[610] A.A. aber jetzt Entscheidung des Bundesverfassungsgerichts vom 5. Dezember 2002 (2 BvL 5/98 und 2 BvL 6/98; z.Zt. nur www.bverfg.de, dort Rn. 168 ff.); s.a. *W. Kluth*, Funktionale Selbstverwaltung, S. 168 ff. für die Wasserverbände, S. 177 ff. für andere Realkörperschaften.
[611] Entscheidung des Bundesverfassungsgerichts vom 5. Dezember 2002 (2 BvL 5/98 und 2 BvL 6/98; z.Zt. nur www.bverfg.de, dort Rn. 168); s.a. *P. Unruh*, VerwArch Bd. 92 (2001), S. 531 ff. (536, 554 f.).

IV. Grund und Grenzen der Übertragung von Normsetzungsbefugnissen

oder einer Gruppe von Mitgliedern zum Nachteil gereichen. Die mangelnde demokratische Legitimation der Normen, die von einer Selbstverwaltungskörperschaft ausgehen, ist unter dem Gesichtspunkt der *Selbst*verwaltung aber von demjenigen, dessen konkretem Interesse die ansonsten interessenhomogene Gruppe in einem isolierten Einzelfall zuwiderhandelt, hinzunehmen, wenn die Entscheidung zumindest in seinem abstrakten Interesse ist – sie also der Förderung des Gruppenzwecks dient und damit auch letztlich dem einzelnen Widersprechenden zugute kommt. Dies ist bei der Auflösung fundamentaler Konflikte nicht der Fall: Hier muß sich der Unterlegene bzw. die unterlegene Gruppe einer Entscheidung beugen, die ihm/ihr letztlich nicht zugute kommt. Vor dem Hintergrund des Erfordernisses demokratischer Legitimation aller Rechtsnormsetzung darf die Austragung fundamentaler Interessenkonflikte nicht den Betroffenen übertragen werden. Der bei der Auseinandersetzung Unterlegene soll seine Bindung an eine mit seinen Interessen grundlegend konfligierende Lösung nur dann ertragen müssen, wenn diese Lösung über eine demokratische Legitimation verfügt. Die zwangsweise Zusammenfassung fundamental heterogener Subjekte und ihrer Interessen unter das Dach eines einheitlichen Rechtssubjekts – verbunden mit einer diesem übertragenen Kompetenz zur einseitig-hoheitlichen Lösung dieser Konflikte im Wege der Normsetzung – widerspricht somit dem Erfordernis der Interessenhomogenität, das in den genannten Fällen bestenfalls noch insoweit existiert, als eine Konfliktlösung ungeachtet deren materiellen Gehalts ohne staatliche Intervention gefunden wird.

Soweit die Betroffenen freiwillig in den Formen und mit den Mitteln des privaten Rechts zueinanderfinden und dabei selbstregulative Aufgaben wahrnehmen, stellt sich die Problematik der Interessenhomogenität zunächst nicht, da die an einer freiwilligen Lösung Teilnehmenden durch diesen Akt ihre Interessenhomogenität unter Beweis stellen. Ob eine auf diese Weise zustande kommende Selbstregulierung gesellschaftlicher Gruppen taugliches Substitut für staatliche Regulierung sein kann, ist dann – außerhalb der ohnehin und auch bei freiwilligen Regelungen erforderlichen gesetzgeberischen Regelung »wesentlicher« Fragen – im Rahmen einer grundrechtlichen Analyse der staatlichen Intervention zu überprüfen. Diese ist nicht erforderlich, wenn die freiwillige (!) Selbstregulierung alle regelungsbedürftigen Probleme bereits erfolgreich in Angriff genommen hat.

Die hier entwickelte Erkenntnis verbietet grundsätzlich die staatliche Schaffung außerparlamentarischer Verhandlungsforen in der Form einer Selbstverwaltungskörperschaft zur Lösung fundamentaler antagonistischer Interessenkonflikte zwischen den Beteiligten ebenso wie die Ausstattung der so geschaffenen Rechtssubjekte mit Normsetzungsbefugnissen, anhand derer sie die fundamentalen Interessenkonflikte zugunsten der einen oder der anderen Seite zu lösen vermögen. Solche Zwangsforen sind nicht der der Verfassung adäquate Raum für die Auseinandersetzung fundamental konfligierender Interessen. Ihnen fehlt mit der Interessenhomogenität schon per definitionem die zentrale Voraussetzung als Destinatar von Normsetzungsbefugnissen. Wo eine solche Interessenhomogenität nicht vorliegt, kann der Gesetzgeber sich nicht mit der Errichtung einer

Selbstverwaltungskörperschaft den Adressaten für die Übertragung von autonomen Normsetzungsbefugnissen selbst schaffen.

V. Zusammenfassung

In dem vorangegangenen Abschnitt der Untersuchung wurden die verfassungsrechtlichen Grundlagen und Grenzen einer Übertragung von Normsetzungsbefugnissen auf nicht-parlamentarische Akteure geklärt. Auch wenn die Ausführungen sich aufgrund der für die Thematik zentralen Bedeutung von Art. 80 Abs. 1 GG in erster Linie zunächst mit staatlichen Adressaten für die Übertragung von Normsetzungsbefugnissen befaßt hatten und die Übertragung von Rechtsetzungskompetenzen auf gesellschaftliche Teilsysteme nur in Form der Einräumung von Satzungsautonomie an Selbstverwaltungskörperschaften in den Fokus gerückt sind, können doch einige für den Untersuchungsgegenstand wichtige Erkenntnisse an dieser Stelle zusammengefaßt werden.

Von zentraler Bedeutung ist zunächst, daß weder der parlamentarische Gesetzgeber über die Möglichkeit verfügt, eine Verordnungsermächtigung an Akteure außerhalb der Staatsverwaltung zu delegieren, noch die Erstdelegatare befugt sind, ihre Verordnungsermächtigung an private Subdelegatare weiterzureichen. Ansonsten würden die engen materiellen verfassungsrechtlichen Voraussetzungen für die Einräumung von Satzungsautonomie und die mit ihnen verbundenen Begrenzungen der Satzungswirkungen auf Mitglieder des Selbstverwaltungskörperschaft unterlaufen. Zudem ist der Gesetzgeber nicht frei darin, die Lösung fundamentaler, grundrechtsrelevanter Probleme auf von ihm gegründete gesellschaftliche Verhandlungsforen zu delegieren, da insoweit die »Wesentlichkeitslehre« des Bundesverfassungsgerichts zum Tragen kommt und den Gesetzgeber zu eigenen Konfliktlösungen zwingt. Dies bedeutet im Umkehrschluß, daß nicht jedes gesellschaftliche Anliegen »selbstverwaltungstauglich« ist und daß der Gesetzgeber nicht beliebige Gruppen von Individuen (zwangsweise) zusammenfassen darf, um ihnen die mit hierarchischen Mitteln erfolgende Lösung gruppenantagonistischer Konflikte aufzuerlegen. Angesichts dieser limitierenden Vorgaben für die Beteiligung privater Akteure an der Rechtsnormsetzung ist nach weiteren Möglichkeiten Ausschau zu halten, über die privater Sachverstand und private Interessenvertretung unter Beachtung der hier entwickelten Vorgaben in den Prozeß der Rechtsnormsetzung integriert werden kann.

§ 7 Legislatives »Outsourcing«

Die in den vorangegangenen Abschnitten entwickelten Aussagen zu der Möglichkeit der staatlichen Gesetzgeber, Normsetzungskompetenzen ganz oder teilweise auf außer dem Bereich unmittelbarer Staatlichkeit angesiedelte Akteure zu übertragen, eröffnen limitierte Spielräume zur Dezentralisierung und Privatisierung von Normsetzung. Angesichts dieser engen verfassungsrechtlichen Begrenzung einer vollständigen oder partiellen Übertragung von Normsetzungsbefugnissen auf nicht-staatliche Normsetzer existieren weitere gesetzestechnische Schleusen in der staatlichen Rechtsordnung für die Inanspruchnahme privaten Sachverstands, den der Gesetzgeber sich damit auch außerhalb vertraglicher Arrangements zu Nutze macht (»outsourcing legislativer Aufgaben«[1]). In den nunmehr vorzustellenden Konstellationen greift der Gesetzgeber zur Regelung von Lebenssachverhalten auf die Normsetzungskapazitäten privater Akteure zurück und verleiht diesen (zumeist nachträglich) die Dignität einer Rechtsnorm. Die verfassungsrechtliche Analyse eines solchen Rückgriffs muß unter dem Eindruck des dargelegten Verbots der Delegation und Subdelegation von Normsetzungskompetenzen auf Private und der restriktiven Möglichkeiten einer Einrichtung von mit Satzungsautonomie ausgestatteten Selbstverwaltungskörperschaften erfolgen.

I. Verbändevereinbarungen in der Energiewirtschaft

Bei der leitungsgebundenen Energiewirtschaft handelt es sich um einen Wirtschaftszweig, dessen Struktur traditionell durch eine starke staatliche Ingerenz, aber auch staatliche Präsenz geprägt war und z.T. immer noch geprägt ist. Der Staat tritt in der leitungsgebundenen Energiewirtschaft in mehreren Rollen in Erscheinung: als Normgeber, als energiewirtschaftlicher Marktteilnehmer und als Aufsichtsbehörde[2].

Im Bereich der Stromversorgung lagen – zumindest bis zur Energierechtsnovelle im Jahre 1998 – hohe Anteile der Energieversorgungsunternehmen in öffentlicher Hand. Auf der Verbundstufe und der Regionalstufe[3] herrschten bis zu

---

[1] *M. Herdegen*, VVDStRL Bd. 62 (2003), S. 7 ff. (22 f.).
[2] Zu diesen verschiedenen Rollen unter den Bedingungen des alten wie des neuen Energiewirtschaftsrechts: *G. Kühne*, BB 2000, Beilage 6, S. 4 ff.
[3] Zu den Begriffen: *Monopolkommission*, Hauptgutachten XIV, Tz. 837 ff.; *J.-P. Schneider*, in: J. Ipsen, Kommunalwirtschaft im Umbruch, S. 115 ff. (115 f.).

diesem Zeitpunkt gemischt-wirtschaftliche Unternehmen mit z.T. mehrheitlicher öffentlicher Kapitalbeteiligung vor. Beinahe ausschließlich in kommunaler Hand befinden sich auch heute noch die Unternehmen der örtlichen Stromversorgung[4]. Prinzipiell ähnliches gilt für den Gasmarkt. Allerdings besteht auf der Ebene des Gasaufkommens bei Import und inländischer Gasförderung schon von je her eine größere privatwirtschaftliche Komponente, was auf die Branchennähe zu der privatwirtschaftlichen Mineralölindustrie zurückzuführen ist[5]. Nicht zuletzt aufgrund akuter Finanznot reduziert der Staat allerdings seine Präsenz in den Energieversorgungsunternehmen auf allen Ebenen, wobei dieser Rückzug auf der örtlichen Verteilerstufe noch nicht so weit gediehen ist wie in den regionalen und überregionalen Strukturen. Neben diese zurückgehende staatliche Präsenz tritt als Strukturmerkmal der Energiewirtschaft eine nach wie vor intensive vertikale und horizontale Integration der Energieversorgungsunternehmen[6].

An etwa 250 der ca. 650 kommunalen Eigengesellschaften sind private Gesellschafter – zumeist Vorlieferanten der Stadtwerke – beteiligt[7]. Die großen Energieversorgungsunternehmen E.on und RWE halten an 41 von 54 regionalen Versorgungsunternehmen Minderheitsbeteiligungen. Jene beiden Energieversorgungsunternehmen vereinen auch ca. 70% der inländischen Stromerzeugungskapazitäten auf sich und verfügen über mehr als 60% der Hochspannungsnetze. Das bundesweite Hochspannungsnetz wird insgesamt von sechs privaten Verbundunternehmen betrieben, die ihr Geschäft durch die »Deutsche Verbundgesellschaft« koordinieren.

In der leitungsgebundenen Energiewirtschaft herrschte bis zu der Novelle im Jahre 1998 eine gebietsmonopolistische Versorgungsstruktur in der Form eines Systems geschlossener Versorgungsgebiete vor, das seine rechtliche Absicherung in Demarkationsverträgen zwischen den Energieversorgungsunternehmen[8] sowie den ausschließlichen Wegerechten in Konzessionsverträgen zwischen diesen und den Gemeinden fand[9]. Die Energieversorgungsunternehmen unterlagen bis

---

[4] Hierzu *J.-P. Schneider*, in: J. Ipsen, Kommunalwirtschaft im Umbruch, S. 115 ff. (116).
[5] G. Kühne, BB 2000, Beilage 6, S. 4 ff. (6).
[6] Einzelheiten bei *Monopolkommission*, Hauptgutachten XIII, Tz. 86 ff.; Übersicht über die Struktur der Elektrizitätsversorgung bei *J.-P. Schneider*, in: J. Ipsen, Kommunalwirtschaft im Umbruch, S. 114 ff. (114 ff.).
[7] So die schriftliche Stellungnahme des DIHK zu der öffentlichen Anhörung des Ausschusses für Wirtschaft und Technologie anläßlich des EnWG ÄndG-Entwurfs, Ausschuß-Drcks. 411/14 C, S. 8 f.
[8] Bei Demarkationsverträgen handelt es sich um Verträge, die die Versorgungsgebiete der Energieversorgungsunternehmen räumlich gegeneinander abgrenzen, indem sich die Vertragspartner wechselseitig verpflichten, nicht in dem Versorgungsgebiet des anderen tätig zu werden; siehe i.e. G. *Hermes*, Staatliche Infrastrukturverantwortung, S. 456 ff.; *J.-P. Schneider*, Liberalisierung der Stromwirtschaft durch regulative Marktorganisation, S. 76 ff.; zu deren historischer Herkommen v.a. W. *Löwer*, Energiewirtschaft zwischen Staat, Gemeinde und Wirtschaft, S. 73 f.
[9] Die Energieversorgungsunternehmen bedurften zur Verlegung ihrer Netze der öffentlichen Verkehrswege der Gemeinden, die diese gegen Zahlung einer Konzessionsabgabe zunächst einem Energieversorgungsunternehmen exklusiv zur Verfügung stellten, womit jedem Konkurrenten die Möglichkeit genommen war, in diesem Gebiet eigene Versorgungsleitungen zu legen, um auf diese

zu diesem Zeitpunkt sowohl energiewirtschaftsrechtlicher wie auch wettbewerbsrechtlicher Aufsicht[10], die aber selbst im Zusammenspiel den fehlenden Druck eines brancheninternen Wettbewerbs nicht ausgleichen konnten[11]. Diese Struktur war nicht erst im Jahre 1935 durch das Energiewirtschaftsgesetz geschaffen worden, sondern hatte sich bereits zuvor entwickelt, wurde durch das Gesetz aber aufgegriffen und verfestigt[12]. Die Novellierung des Energiewirtschaftsrechts im Jahre 1998 vollzog eine scharfe Wende von der gebietsmonopolistischen Energieversorgung hin zu einer wettbewerblich strukturierten Energiewirtschaft. Der Gesetzgeber vertrat insoweit die Ansicht, daß der Wirtschaftsstandort Deutschland im internationalen Vergleich unter zu hohen Strom- und Gaspreisen zu leiden habe, die ihre Ursache in der auf untereinander abgeschotteten Monopolstellungen der Unternehmen in der Strom- und Gaswirtschaft fanden. Zu den zentralen Fragen bei der Liberalisierung einer ehemals (gebiets-)monopolistisch strukturierten Netzwirtschaft gehört aber die Bestimmung der Bedingungen, denen Dritte für den Zugang zu dem Netz unterworfen werden können. Der Grund hierfür wird deutlich, wenn man sich die Geschichte der leitungsgebundenen deutschen Energiewirtschaft[13] und die ökonomischen Grunddaten einer Netzwirtschaft vergegenwärtigt[14].

1. Die Liberalisierung der Energiewirtschaft: Historischer und ökonomischer Hintergrund

Über viele Jahrzehnte verwirklichte sich im Recht der Energieversorgung der Glaube, daß allein Monopolstellungen der Energieversorgungsunternehmen Grundlage für die Sicherheit und Preiswürdigkeit der allgemeinen Versorgung mit energiewirtschaftlichen Leistungen sein können. Nachdem sich die Energiewirtschaft unter diesen Auspizien zunächst im weitgehend von gesetzlicher Intervention freien Raum bewegt hatte, trat im Jahre 1935 das wettbewerbsaverse Energiewirtschaftsgesetz in Kraft, das die »volkswirtschaftlich schädlichen Auswirkungen des Wettbewerbs«[15] verhindern sollte und die sichere sowie preiswür-

---

Weise den Markt anzugreifen; siehe *D. Ehlers/H. Pünder*, in: N. Achterberg/G. Püttner/T. Würtenberger, Besonderes Verwaltungsrecht I, Rn. 45 ff. Die Konzessionsverträge waren das Machtmittel der mit eigenverantwortlicher Energieversorgung für ihr gesamtes Gebiet überforderten kommunalen Gebietskörperschaften. Die Energieversorgungsunternehmen nahmen das Gemeindeeigentum zur Verlegung von Energieleitungen; im Gegenzug verpflichteten sie sich zur flächendeckenden Versorgung des Gemeindegebiets; siehe *W. Löwer*, Energiewirtschaft zwischen Staat, Gemeinde und Wirtschaft, S. 47 f., 72 und passim.
[10] Zu der alten Rechtslage nur *U. Büdenbender*, Schwerpunkte der Energierechtsreform 1998, S. 10 ff., 251 ff.; ausf. auch *ders.*, Die Kartellaufsicht über die Energiewirtschaft, S. 114 ff.
[11] Gesetzentwurf der Bundesregierung eines Gesetzes zur Neuregelung des Energiewirtschaftsrechts, BT-Drcks. 13/7274, S. 4.
[12] *W. Löwer*, Energiewirtschaft zwischen Staat, Gemeinde und Wirtschaft, S. 86 (Fn. 252).
[13] *U. Büdenbender*, Schwerpunkte der Energierechtsreform 1998, S. 1 ff., 5 ff.; *W. Löwer*, Energieversorgung zwischen Staat, Gemeinde und Wirtschaft, S. 35 ff.
[14] *C. Engel*, Verhandelter Netzzugang, S. 5 ff.
[15] So die Präambel des Energiewirtschaftsgesetzes vom 13. Dezember 1935 (RGBl. I 1451).

dige Energieversorgung zur normativen Zielsetzung erhob[16]. Auf dieser Rechtsgrundlage wurden mit dem Prinzip der geschlossenen Versorgungsgebiete staatlich begründete Privatmonopole[17] sanktioniert. Wettbewerb zwischen den Energieversorgungsunternehmen wurde durch umfassende Staatsaufsicht ersetzt.

Dieser restriktive Ordnungsrahmen der Energiewirtschaft fand seine traditionelle Rechtfertigung in den Besonderheiten dieses Wirtschaftszweiges: Leitungsgebundenheit, hohe Kapitalintensität der Anlagen für Erzeugung und Verteilung der Energie (v.a. der Transportnetze), Nichtspeicherbarkeit bzw. nur geringe Speicherbarkeit von Strom und Gas sowie Abhängigkeit von Importen bei Gas[18]. Mehr Wettbewerb gefährde die Versorgungssicherheit und führe auch nicht zu einer kostengünstigeren Versorgung für die Gesamtheit der Verbraucher[19]. Die dieses Versorgungskonzept unterstützenden bzw. erst ermöglichenden Gebietsschutzverträge der Energieversorgungsunternehmen zur Sicherung der geschlossenen Versorgungsgebiete wurden später in einer besonderen Freistellungsregel (§ 103 Abs. 1 GWB a.F.) von den allgemeinen kartellrechtlichen Vorgaben, insbesondere vom Kartellverbot, ausgenommen. Zur Verhinderung der mißbräuchlichen Ausnutzung dieser Freistellung waren die Demarkations- und Konzessionsverträge der Energieversorgungsunternehmen untereinander bzw. mit den Gebietskörperschaften der kartellrechtlichen Mißbrauchsaufsicht unterworfen (§ 103 Abs. 5 Satz 1 GWB a.F.[20]). Hier war insbesondere die mißbräuchliche Durchleitungsverweigerung geregelt (§ 103 Abs. 5 Satz 2 Nr. GWB a.F.)[21].

Diese Vorschrift wurde aber ausgesprochen restriktiv gehandhabt, so daß sie in der Praxis weitgehend wirkungslos blieb[22]. Der Bundesgerichtshof vertrat die Ansicht, daß auch angesichts des in § 103 Abs. 5 Satz 2 Nr. GWB a.F. niedergelegten Mißbrauchstatbestands niemand verpflichtet sei, einen Konkurrenten zum eigenen Schaden zu fördern, zumal die energiewirtschaftliche Versorgungsaufgabe angesichts der grundsätzlich wettbewerbsfeindlichen Ausrichtung des Energiewirtschaftsrechts grundsätzlichen Vorrang vor der Ermöglichung von Wettbewerb habe[23].

Allerdings gerieten die der monopolistischen Versorgungsstruktur zugrundeliegenden Annahmen angesichts von in anderen europäischen Ländern einge-

---

[16] Zu den wirtschaftshistorischen und ideologischen Hintergründen dieses Gesetzes W. Löwer, Energiewirtschaft zwischen Staat, Gemeinde und Wirtschaft, S. 86 ff.
[17] Zu diesen O. Bachof, in: K.A. Bettermann/H.C. Nipperdey/U. Scheuner, Die Grundrechte Bd. III/1, S. 155 ff. (205 f.).
[18] Zu den Auswirkungen der Netzökonomie in der Strom- und der Gaswirtschaft: Monopolkommission, Hauptgutachten XIV, Tz. 837 ff.
[19] Gesetzentwurf der Bundesregierung eines Gesetzes zur Neuregelung des Energiewirtschaftsrechts, BT-Drcks. 13/7274, S. 9.
[20] Eingefügt durch das Vierte Gesetz zur Änderung des Gesetzes gegen Wettbewerbsbeschränkungen vom 26. April 1980 (BGBl 1980, S. 458).
[21] Zu der alten Rechtslage etwa H.-J. Papier, Die Regelung von Durchleitungsrechten, S. 1 ff.
[22] H.-J. Papier, Die Regelung von Durchleitungsrechten, S. 13.
[23] BGHZ 128, 17 (35 ff.).

führten Wettbewerbsmodellen unter Rechtfertigungszwang[24]. Hinzu kam der Druck gemeinschaftsrechtlicher Entwicklungen hin zu einem gemeinsamen Energie-Binnenmarkt, mit dessen Verwirklichung monopolartige Strukturen nicht zu vereinbaren waren[25]. Vor diesem Hintergrund wurden mit der Energierechtsnovelle des 1998 – nachdem bereits vorher Modifizierungen des sektorspezifischen Freistellungstatbestandes in das GWB eingebracht worden waren[26] – die bestehenden rechtlichen Barrieren für den energiewirtschaftlichen Wettbewerb in GWB und EnWG beseitigt (siehe § 103b Satz 1 GWB a.F.). Dies bedeutete mit der Abschaffung der wettbewerbsrechtlichen Freistellung *erstens* für Demarkationsverträge zwischen Versorgungsunternehmen bzw. zwischen diesen und Gebietskörperschaften, *zweitens* für Verbundverträge zwischen Versorgungsunternehmen über die ausschließliche Zurverfügungstellung von bestimmten Versorgungsleistungen sowie *drittens* für Verträge zwischen Versorgungsunternehmen verschiedener Marktstufen über vertikale Preisbindungen das Ende des rechtlichen Schutzes für geschlossene Versorgungsgebiete[27]. § 131 Abs. 8 GWB legt im Hinblick auf die kartellrechtlichen Fragen der Liberalisierung von Strom und Gaswirtschaft nunmehr fest, daß die §§ 103, 103a und 105 GWB nur, soweit sie die öffentliche Versorgung mit Wasser regeln, in der GWB-Fassung von 1990[28] fortgelten[29]. Mit der Beseitigung des Schutzes der geschlossenen Versorgungsgebiete kann nunmehr jeder Anbieter von Strom und Gas jeden Kunden über eine Direktleitung beliefern. Da der Gesetzgeber davon ausging, daß der Anbieterwettbewerb sich zunächst um größere Abnehmer entwickeln würde, ließ er die Anschlußpflicht und die besondere Strompreisaufsicht für Tarifkunden nach der Bundestarifordnung Elektrizität aus Gründen des Verbraucherschutzes unangetastet (§§ 10 f. EnWG).

Der Übergang von einer streng reglementierten, gebietsmonopolistischen zu einer wettbewerbsorientierten Struktur der Energiewirtschaft bedarf aufgrund der ökonomischen Besonderheiten dieses Wirtschaftszweigs besonderer Regulierung. Grundsätzlich muß in einer Wettbewerbswirtschaft jeder Konkurrent selbst für seine Marktfähigkeit sorgen. Dies spricht prima facie dagegen, neu auf

---

[24] Gesetzentwurf der Bundesregierung eines Gesetzes zur Neuregelung des Energiewirtschaftsrechts, BT-Drcks. 13/7274, S. 9. Siehe auch die Ausführungen der *Monopolkommission*, XIV. Hauptgutachten, Tz. 726 ff.

[25] Richtlinie 96/92/EG des Europäischen Parlaments und des Rates vom 19. Dezember 1996 betreffend gemeinsamen Vorschriften für den Elektrizitätsbinnenmarkt (Abl. EG Nr. L 27, S. 20) und Richtlinie 98/30/EG des Europäischen Parlaments und des Rates vom 22. Juni 1998 betreffend gemeinsamen Vorschriften für den Erdgasbinnenmarkt (Abl. EG Nr. L 204, S. 1); v.a. zu letzterer Richtlinie *G. Apfelstedt*, ZNER 1999, S. 18 ff. und 66 ff.; zur Elektrizitätsbinnenmarktrichtlinie ebd., S. 19 f.

[26] Hierzu *U. Büdenbender*, Schwerpunkte der Energierechtsreform 1998, S. 7.

[27] Gesetzentwurf der Bundesregierung eines Gesetzes zur Neuregelung des Energiewirtschaftsrechts, BT-Drcks. 13/7274, S. 23.

[28] BGBl. I 235; zuletzt geändert durch Artikel 1, 2 Abs. 3 des Gesetzes vom 26. August 1998 (BGBl. I 2512).

[29] Zu der Vorschrift *S. Klaue*, in: U. Immenga / E.-J. Mestmäcker, GWB, § 131 Rn. 8 ff.

den Markt drängenden Wettbewerbern den Zugriff auf die Investitionsgüter eines Konkurrenten zu eröffnen, die von diesem finanziert und u.U. mit besonderem Risiko und Standvermögen durchgesetzt wurden[30]. Allerdings ist – abgesehen von der Errichtung einzelner Stichleitungen für den Anschluß neuer Kunden – der Bau paralleler Versorgungsnetze neben den bestehenden nicht nur aus ökologischen Gründen nicht erwünscht[31], sondern auch aus ökonomischen Gründen meist sinnlos[32].

Ungeachtet dessen begründete der Gesetzgeber – für den Fall daß die Verlegung neuer Netze erforderlich sein sollte – einen Rechtsanspruch gegen die Gemeinden auf diskriminierungsfreie Vergabe von Wegerechten. Künftig sollte nur noch die Vergabe einfacher Wegerechte für den Zeitraum von 20 Jahren zulässig sein, die einer Ausschließlichkeitsbindung zugunsten nur eines Netzbetreibers nicht mehr zugänglich sind (§ 13 Abs. 2 Satz 1 EnWG)[33]. Zwar ist der Bau von neuen Direktleitungen durch die Energierechtsreform 1998 somit gegenüber der alten Rechtslage vereinfacht worden[34]. Diese Option soll aber in erster Linie als Druckmittel gegenüber durchleitungsunwilligen Netzbetreibern dienen, was angesichts der darzulegenden ökonomischen Implikationen hinsichtlich der Angreifbarkeit natürlicher Monopole jene kaum beeindrucken dürfte. Um die Nutzung vorhandener Netze durch neu in den Markt eintretende Anbieter sicherzustellen[35], erließ der Gesetzgeber daher zwei sog. Durchleitungsregeln (zum einen § 6 EnWG, der nicht ausdrücklich an das Tatbestandsmerkmal der Marktmacht anknüpft; zum anderen der mit der 6. GWB-Novelle geschaffene § 19 Abs. 4 Nr. 4 GWB[36]), deren ökonomische Bedeutung vor dem Hintergrund der Besonderheiten einer Netzwirtschaft deutlich wird:

Das größte Hindernis für einen unreglementiert funktionierenden Wettbewerb sind die mit diesen Gütern – den zu Zeiten des bestehenden Monopols

---

[30] *U. Büdenbender*, Schwerpunkte der Energierechtsreform 1998, S. 57.
[31] *H.-J. Papier*, Die Regelung von Durchleitungsrechten, S. 2 unter Hinweis auf BGHZ 128, 17 (29).
[32] *C. Engel*, Verhandelter Netzzugang, S. 5 f.; *G. Kühne/B. Scholtka*, NJW 1998, S. 1902 ff. (1904).
[33] In dem Verbot ausschließlicher Konzessionsverträge wurde ein Verstoß gegen die Garantie der kommunalen Selbstverwaltung gesehen: *J. Hellermann*, Örtliche Daseinsvorsorge und gemeindliche Selbstverwaltung, S. 303 ff.; *J. Wieland/ders.*, DVBl. 1996, S. 401 ff./405 ff.; a.A. aber *F. Ossenbühl*, ET 1997, S. 773 ff.; *J.-P. Schneider*, Liberalisierung der Stromwirtschaft durch regulative Marktorganisation, S. 481 ff. Ein Antrag verschiedener Gemeinden beim Bundesverfassungsgericht auf Erlaß einer einstweiligen Anordnung zur Aussetzung der EnWG-Novelle im Zusammenhang mit einer kommunalen Verfassungsbeschwerde blieb ohne Erfolg (BVerfG, RdE 2000, 24 ff.).
[34] *J. Baur/B. Herrmann*, BB 2000, Beilage 6, S. 10 ff. (11).
[35] Zu den wettbewerbspolitischen Grundlagen einer solchen Schaffung von Wettbewerb durch Änderung der Marktstruktur: *W. Möschel*, in: U. Immenga/E.-J. Mestmäcker, GWB, § 19 Rn. 183.
[36] Neufassung des Gesetzes gegen Wettbewerbsbeschränkungen vom 26. August 1998 (BGBl. I 2546). Zu § 19 Abs. 4 Nr. 4 GWB mit vielen Nachweisen *C. Engel*, Verhandelter Netzzugang, S. 6 ff. § 19 Abs. 4 Nr. 4 und § 20 Abs. 1 und 2 GWB bleiben von den neuen energiewirtschaftsrechtlichen Vorgaben unberührt (§ 6 Abs. 1 Satz 3 EnWG).

durch die Energieversorgungsunternehmen errichteten Netzen[37] – erheblichen »versenkten« Kosten[38] sowie die vertikale Integration von Netzinhaberschaft und Stromhandel in einem einzigen Unternehmen. Versunkene Kosten sind die Folgen spezifischer Investitionen für ein Gut, das in alternativer Verwendung geringen oder gar keinen Nutzen stiftet, so daß es für den Investor sinnvoll ist, Eintrittsversuche in den entsprechenden Markt mit Verkäufen unter den langfristigen Durchschnittskosten zu verhindern[39]. Hier liegt in dem Bereich der Netzinfrastruktur ein nicht angreifbares natürliches Monopol der ehemals gebietsmonopolistisch strukturierten Energieversorgungsunternehmen vor, das sich auf den nachgelagerten Markt der Energieversorgung auszuwirken droht. Bei der Stromversorgung ist zwischen fünf Ebenen zu differenzieren: Stromerzeugung, Übertragung im Fernnetz, Großhandel, Verteilung im Verteilnetz, Vertrieb. Ein natürliches Monopol ist nur auf der zweiten und der vierten Ebene vorhanden. Um hier Wettbewerb herstellen zu können, bedurfte es daher eines gesetzlichen Zugangsanspruchs für die bislang auf dem Markt nicht präsenten Energielieferanten, der diese in die Lage versetzt, die Leitungen des Monopolisten zu nutzen, um den eigenen Strom zu transportieren und zu verkaufen[40].

2. Der verhandelte Netzzugang des deutschen Energiewirtschaftsrechts

Die sektorspezifische Netzzugangsregelung des § 6 EnWG ist erst in einem späten Stadium des Gesetzgebungsverfahrens auf Anregung des Bundesrats[41] in das Energiewirtschaftsgesetz aufgenommen worden[42]. In dem ursprünglichen Entwurf hatte sich der Gesetzgeber noch mit der Möglichkeit begnügt, die Netzzugangsansprüche Dritter mit den allgemeinen kartellrechtlichen Vorschriften (§§ 22, 26 GWB a.F.[43]; Art. 82 EGV[44]) zu regulieren, da der Eindruck einer v.a. im

---

[37] Zu den technischen Gegebenheiten in den Energieversorgungsnetzen siehe etwa *H.P. Schwintowski*, ZNER 2001, S. 215 ff. (216 ff.).
[38] Hierzu *C. Engel*, Verhandelter Netzzugang, S. 5 f. m.w.N.
[39] Siehe *G. Knieps*, Wettbewerbsökonomie, S. 28 f., 53, 106.
[40] Zu der verfassungsrechtlichen Diskussion um diesen Durchleitungsanspruch, die unter Vorzeichen von Art. 12, 14 GG geführt wurde: *U. Büdenbender*, VEnergR Bd. 76 (1995), S. 328 ff.; *M. Schmidt-Preuß*, RdE 1996, S. 1 ff.; *H.-J. Papier*, Die Regelung von Durchleitungsrechten, S. 13 ff.
[41] Geäußert in der Stellungnahme des Bundesrats zu dem Gesetzentwurf der Bundesregierung eines Gesetzes zur Neuregelung des Energiewirtschaftsrechts, BT-Drcks. 13/7274, Anlage 2, S. 28.
[42] Siehe hierzu Beschlußempfehlung und Bericht des Ausschusses für Wirtschaft zu dem Gesetzentwurf der Bundesregierung, BT-Drcks. 13/9211, S. 7 ff., 24 f., in dem die Normierung eines ausdrücklichen sektorspezifischen Netzzugangsanspruchs als §§ 3a ff. vorgeschlagen und erläutert wird.
[43] Zu den früher als – wenig wirkungsvolle – Ausnahme ausgestalteten Durchleitungstatbeständen des allgemeinen Wettbewerbsrechts siehe *U. Büdenbender*, Schwerpunkte der Energierechtsreform 1998, S. 49 f.
[44] Zu den Möglichkeiten der Anwendung dieser Vorschrift siehe nur *C. Bittner*, Die Verweigerung der Drittzulassung zu Infrastruktureinrichtungen unter dem Aspekt des Mißbrauchsverbotes aus Art. 86 EG-Vertrag, S. 53, 97 u. passim.; *P. Jacobi*, Third-Party-Access im Europäischen Wettbewerbsrecht.

Vergleich zu den übrigen europäischen Märkten zu weitgehenden Öffnung des deutschen Energiemarktes vermieden werden sollte. Strom und Gas sollten nach Ansicht der Bundesregierung anderen Wirtschaftsbereichen vollständig gleichgestellt – und damit nicht überreguliert – werden[45]. Außerdem befürchtete die Bundesregierung, daß die Rechtsprechung bei Normierung einer speziellen Durchleitungsregelung für Strom, Durchleitungen aufgrund der allgemeinen wettbewerbsrechtlichen Vorschriften auf die Durchleitungsbegehren für Gas im Umkehrschluß für grundsätzlich ausgeschlossen halten würde[46].

Nach § 6 Abs. 1 EnWG haben Betreiber von Elektrizitätsversorgungsnetzen anderen Unternehmen ihr Netz für Durchleitungen zu Bedingungen zur Verfügung zu stellen, die nicht ungünstiger sind, als sie von ihnen in vergleichbaren Fällen für Leistungen innerhalb ihres Unternehmens oder gegenüber verbundenen oder assoziierten Unternehmen tatsächlich oder kalkulatorisch in Rechnung gestellt werden. Mit diesen Vorgaben werden allerdings nur die äußersten Mißbrauchsgrenzen bei der Ausgestaltung eines Durchleitungsverhältnisses definiert[47].

§ 6 EnWG ist auf die Gaswirtschaft nicht anwendbar[48]. Das Fehlen eines sektorspezifischen Zugangsanspruchs für den Bereich der Gasnetze ist auf den Umstand zurückzuführen, daß das Energiewirtschaftsgesetz im Jahre 1998 novelliert wurde, bevor die Gasbinnenmarktrichtlinie in Kraft trat. Die Bundesregierung hatte daher zu deren Umsetzung einen Gesetzentwurf vorgelegt, mit dem das Energiewirtschaftsgesetz den Erfordernissen der Gasbinnenmarktrichtlinie angepaßt werden sollte[49]. Die Ergänzungen beziehen sich v.a. auf die Netzdefinition, den Netzbetrieb und auf das Netzzugangsrecht (§ 6a EnWG ÄndG-Entwurf)[50]. Da Art. 14 Gasbinnenmarktrichtlinie den Mitgliedstaaten die Option zwischen verordnetem oder verhandeltem Netzzugang läßt, hat der deutsche Gesetzgeber

---

[45] So die Gegenäußerung der Bundesregierung zu der Stellungnahme des Bundesrats zu dem Gesetzentwurf der Bundesregierung eines Gesetzes zur Neuregelung des Energiewirtschaftsrechts, BT-Drcks. 13/7274, Anlage 3, S. 30. Allerdings ist nicht zu verkennen, daß zu diesem Zeitpunkt das spezifische Zugangsinstrument des § 19 Abs. 4 Nr. 4 GWB noch nicht geschaffen war, sondern das allgemeine Wettbewerbsrecht auf der Grundlage der Vorschriften über das allgemeine Mißbrauchs- und Behinderungsverbots (§§ 22, 26 GWB) in Anschlag gebracht werden sollte; siehe BT-Drcks. 13/7274, S. 30.

[46] Gesetzentwurf der Bundesregierung eines Gesetzes zur Neuregelung des Energiewirtschaftsrechts, BT-Drcks. 13/7274, S. 11.

[47] *B. Herrmann / C. Dick*, BB 2000, S. 885 ff. (889).

[48] Demgegenüber normiert § 19 Abs. 4 Nr. 4 GWB einen allgemeinen Durchleitungstatbestand zur Verhinderung einer besonderen, sich in der Beherrschung von für den Wettbewerb »essential facilities« entfaltenden Form von Marktmacht. Diese Vorschrift gilt prinzipiell für alle unter diesen Begriff fallenden Netze und Infrastruktureinrichtungen. Zu dem amerikanischen Vorbild der »essential-facilities-doctrine«: *C. Engel / G. Knieps*, Die Vorschriften des Telekommunikationsgesetzes über den Zugang zu wesentlichen Leistungen, S. 13 ff.; *Monopolkommission*, Hauptgutachten XIV, Tz. 746 ff.

[49] Entwurf der Bundesregierung eines ersten Gesetzes zur Änderung des Gesetzes zur Neuregelung des Energiewirtschaftsrechts – EnWG ÄndG-Entwurf (BT-Drcks. 14/5969), vom Bundestag angenommen in der Fassung von Beschlußempfehlung und Bericht des Ausschusses für Wirtschaft und Technologie, BT-Drcks. 14/9081.

[50] Hierzu *S. Neveling / C. Theobald*, ZNER 2001, S. 64 ff.

auch für den Gasmarkt das System des verhandelten Netzzugangs gewählt. Für Betreiber von Gasversorgungsnetzen soll damit künftig auch die Verpflichtung gelten, Dritten diskriminierungsfreien Zugang zu ihren Anlagen zu bieten. Dabei darf aber nicht verkannt werden, daß die Liberalisierung der Gasmärkte unter technischen Gesichtspunkten schwieriger ist als im Bereich von Strom oder Telekommunikation: Es gibt eine Vielzahl verschiedener Gassorten, die über zum Teil stark differierende Qualitäten verfügen. Außerdem gibt es drei Gasleitungssysteme mit unterschiedlichen Druckstufen sowie große Speicherkapazitäten, die zwischen den Unternehmen ungleich verteilt sind. Ein weiteres Problem liegt darin, daß Gas – anders als Elektrizität – nicht an jedem beliebigen Ort produziert werden kann, sondern importiert werden muß.

Ein Durchleitungsanspruch besteht nicht, wenn und soweit der Betreiber nachweist, daß ihm die Durchleitung aus betriebsbedingten oder sonstigen Gründen unter Berücksichtigung der Ziele des § 1 EnWG nicht möglich oder nicht zumutbar ist. Unmöglichkeit ist bei fehlender Netzkapazität gegeben. Nicht zumutbar ist die Durchleitung gem. § 6 Abs. 3 EnWG insbesondere, wenn Elektrizität aus fernwärmeorientierten, umwelt- und ressourcenschonenden sowie technisch-wirtschaftlich sinnvollen Kraft-Wärme-Kopplungsanlagen oder aus Anlagen zur Nutzung erneuerbarer Energien verdrängt und ein wirtschaftlicher Betrieb dieser Anlagen verhindert würde, wobei Möglichkeiten zum Verkauf dieser Elektrizität an Dritte zu nutzen sind. Ein Netzinhaber darf bei fehlenden Netzkapazitäten auch nicht seine eigene Vertriebsabteilung gegenüber einem externen Durchleitungspetenten unsachgemäß bevorzugen, da bei dem Netzzugang jede Diskriminierung Externer zu vermeiden ist[51]. Notfalls sind den konkurrierenden Durchleitungspetenten Kapazitäten nur anteilsmäßig zuzubilligen (Repartierung)[52]. Des weiteren kann bis zum Ende des Jahres 2006 aus Gründen der Reziprozität auch ein Netzzugang für Elektrizität aus dem Ausland[53] verweigert werden, wenn Kunden in dem Heimatstaat auch nicht durch Dritte beliefert werden

---

[51] BKartA WuW/E DE-V 149; zustimmend *Monopolkommission*, Hauptgutachten XIII, Tz. 103; ähnlich auch LG Dortmund, WuW/E DE-R 565 ff.
[52] Zu den weiteren Möglichkeiten eines Engpaßmanagements: *F. Hoeffler*, ET 2001, S. 240 ff. (242 f.); *Monopolkommission*, Hauptgutachten XIV, Tz. 847.
[53] Hiermit sind sowohl andere Mitgliedsstaaten der Gemeinschaft als auch Drittländer angesprochen. Dies ist zwar umstritten (siehe einerseits *R. Lukes*, BB 1998, S. 1217 ff. (1219 (Fn. 9)), der die Klausel nur auf EG-Mitgliedsstaaten angewendet wissen will; a.A. aber *U. Büdenbender*, Schwerpunkte der Energierechtsreform 1998, S. 71; *M. Cronenberg*, RdE 1998, S. 85 ff. (88) und auch die *Bundesregierung* in ihrer Gesetzesnovelle, siehe BT-Drcks. 13/7274, S. 34 f.). Zwar handelt es sich bei der gesetzlichen Begründung des Reziprozitätsgrundsatzes um eine Maßnahme mit gleicher Wirkung wie ein Zoll oder eine mengenmäßige Beschränkung, für die nach Art. 133 f. EGV die ausschließliche Regelungskompetenz bei der Gemeinschaft liegt, so daß die Mitgliedsstaaten hier nur tätig werden dürfen, wenn sie von der Gemeinschaft hierzu ermächtigt sind. Eine solche Ermächtigung ist der Richtlinie aber im Wege der Auslegung zu entnehmen: Art. 17 Abs. 5 Satz 2 i.V.m. Art. 3 Abs. 1 und Art. 19 Abs. 5 lit. (a) der Elektrizitätsbinnenmarktrichtlinie ermöglichen eine Regelung zum Nachteil anderer Mitgliedsstaaten, soweit hierdurch ein Ungleichgewicht bei der Öffnung der Strommärkte vermieden werden soll. Wenn aber solche Maßnahmen schon zu Lasten anderer Mitgliedsstaaten zulässig sind, so doch erst recht auch zu Lasten von Drittstaaten; siehe *D. Ehlers/H. Pünder*, in: N. Achterberg/G. Püttner/T. Würtenberger, Besonderes Verwaltungsrecht I, Rn. 65 (Fn. 164).

könnten (Art. 4 § 2 NeuregelungsG). Auch die Besonderheit einer ausreichend hohen Verstromung ostdeutscher Braunkohle ist bei der Beurteilung zu berücksichtigen, ob eine Ablehnung eines Anspruchs auf Durchleitung zur Belieferung von Abnehmern in den fünf neuen Ländern nach EnWG oder GWB zulässig ist (Art. 4 § 3 Abs. 1 NeuregelungsG). Mit dieser Regelung wird von der in Art. 8 Abs. 4 der Elektrizitätsbinnenmarktrichtlinie eröffneten Möglichkeit Gebrauch gemacht, einheimischen Energieträgern in einem bestimmten Umfang Vorrang einzuräumen[54]. Anders als nach der wettbewerbsrechtlichen BGH-Rechtsprechung zur Gasdurchleitung[55] trifft nunmehr den Netzbetreiber die Darlegungs- und Beweislast für das Vorliegen von Gründen für eine Durchleitungsverweigerung.

Daß es nicht ausreicht, den Wettbewerbern auf dem nachgelagerten Markt mit § 6 Abs. 1 EnWG einen bloßen Zugangsanspruch zur Verfügung zu stellen, liegt auf der Hand. Der Monopolist könnte die Bedingungen für den Zugang unerträglich gestalten. Die Gestaltung dieser Bedingungen ist daher wesentlich für die Effektivität des Zugangsanspruchs.

a) Verhandelter und verordneter Netzzugang

In den gemeinschaftlichen Richtlinien bleibt es den Mitgliedsstaaten überlassen, ob sie den für die Marktöffnung erforderlichen Zugang zu den natürlichen Monopolen der Netzinhaber im Wege des verhandelten oder des verordneten Netzzugangs verwirklichen[56]. Diese Vorgabe für die Gestaltung des Durchleitungsanspruchs, insbesondere für die Entegeltfindung, greift § 6 EnWG auf, in dem er zwei alternative Verfahren vorsieht, von denen das eine (Abs. 1) dem Konfliktlösungsmodus Verhandlung, das andere (Abs. 2) dem Konfliktlösungsmodus Hierarchie entspricht.

Das System des verordneten bzw. geregelten Netzzugangs beruht auf mehr oder weniger detaillierten staatlichen Vorgaben der Zugangsbedingungen für den Petenten. Die Möglichkeit staatlicher Regulierung ist im deutschen Energiewirtschaftsrecht durch die Verordnungsermächtigung des § 6 Abs. 2 EnWG angelegt, aber nicht realisiert. Aufgrund dieser Ermächtigung kann das Bundesministerium für Wirtschaft und Technologie, soweit dies zur Erreichung der Ziele des § 1 EnWG und zur Gewährleistung wirksamen Wettbewerbs erforderlich ist,

---

[54] Die Braunkohleschutzklausel wurde aber durch das Erste Gesetzes zur Änderung des Gesetzes zur Neuregelung des Energiewirtschaftsrechts – EnWG ÄndG-Entwurf (BT-Drcks. 14/5969), vom Bundestag angenommen in der Fassung von Beschlußempfehlung und Bericht des Ausschusses für Wirtschaft und Technologie, BT-Drcks. 14/9081 – wieder abgeschafft. Der ostdeutsche Braunkohleverstromer VEAG hatte sich auf die Klausel berufen, um Durchleitungen zu verweigern. Die Schutzklausel wurde bei der Änderung des EnWG nicht mehr für erforderlich gehalten, nachdem die zum Vattenfall-Konzern gehörenden Hamburgischen Electricitäts-Werke (HEW), denen inzwischen die Förderrechte an den Braunkohlengruben in der Lausitz gehören, Zusagen für die langfristige Braunkohleverstromung gemacht haben.
[55] BGHZ 128, 17 (33 ff.).
[56] Art. 17 Elektrizitätsbinnenmarktrichtlinie, Art. 15 f. Gasbinnenmarktrichtlinie.

I. Verbändevereinbarungen in der Energiewirtschaft

durch Rechtsverordnung mit Zustimmung des Bundesrates die Gestaltung der Verträge nach § 6 Abs. 1 EnWG regeln und Kriterien zur Bestimmung von Durchleitungsentgelten festlegen.

Die Bedeutung dieser Verordnungsermächtigung war bereits im Gesetzgebungsverfahren auf ein reines Drohpotential reduziert worden. Es war erklärter politischer Wille, daß sich der Minister der Ermächtigung nicht bedienen sollte, da die Materie für den Gesetzgeber zu kompliziert sei und die Verbände der beteiligten Branchen in der Lage sein müßten, diese Angelegenheit unter sich zu regeln[57].

Während sich in dem Bereich der Elektrizitätswirtschaft alle, in dem Bereich der Gaswirtschaft fast alle Mitgliedsstaaten der Europäischen Gemeinschaft für einen verordneten Netzzugang entschieden haben[58], legt § 5 EnWG für das deutsche Recht fest, daß der Zugang zum Elektrizitätsversorgungsnetz, vorbehaltlich der möglichen, aber in der Praxis kaum realisierten[59] Beibehaltung einer Monopolstellung des Gebietsversorgers aufgrund energieaufsichtsbehördlicher Bewilligung (siehe § 7 EnWG[60]), grundsätzlich nach dem System des verhandelten Netzzugangs erfolgt. Eine Marktöffnung sollte durch verhandelten Netzzugang zu erreichen sein, da in der deutschen Energiewirtschaft – anders als im Bereich der Telekommunikation – kein Staatsmonopol existierte. Wäre zum Zeitpunkt der Marktöffnung das gesamte Netz in der Hand eines Staatsmonopolisten gewesen, hätte dieser gegenüber den Durchleitungspetenten eine zu starke Verhandlungsposition gehabt. Demgegenüber sollten die in Deutschland auf dem Energiemarkt tätigen vertikal integrierten, (gebiets-) monopolistisch strukturierten Netzbetreiber unter Gleichen über den Netzzugang mit dem jeweils anderen verhandeln können[61]. Allerdings beruht diese Annahme auf einer fragwürdigen Einschätzung der künftigen Struktur des Strommarktes: Nicht nur die schon vor der Marktöffnung präsenten, vertikal integrierten, d.h. als Netzinhaber, Stromhändler und -vertreiber zugleich tätigen Energieversorgungsunternehmen mußten an einem Netzzugang interessiert sein; es waren auch neue Markteintritte zu erwarten. Diesen Neulingen fehlt der Zugang zu einem eigenen Netzbereich als Verhandlungsmasse.

---

[57] So die Äußerungen von MdB *G. Uldall*, BT-Plenarprotokoll 13/208, S. 18967 f.; ähnlich auch Bundeswirtschaftsminister *G. Rexrodt*, ebd., S. 18981.

[58] *K. Markert*, BB 2001, S. 105 ff. (109). Siehe hierzu auch die Übersicht in dem Ersten Benchmarkingbericht der Kommission über die Verwirklichung des Elektrizitäts- und Erdgasbinnenmarktes vom 3. Dezember 2001, SEK (2001) Nr. 1957, S. IV, Vertragsinhalt.

[59] Berichtet bei *J.-P. Schneider*, Solving conflicts and securing democratic legitimation in the energy sector, S. 3.

[60] Diese Vorschrift nimmt aus politischen Gründen Energieversorgungsunternehmen mit Letztverbraucherversorgung von der Verpflichtung zur Öffnung ihrer Netze mittels verhandelten Zugangs aus, wenn sie hierfür eine besondere Bewilligung der Aufsichtsbehörde erhalten. § 7 EnWG normiert in Abschwächung des Wettbewerbsgedankens eine Netzzugangsalternative mit Ankaufspflicht des Netzeigentümers für den sonst durchzuleitenden Strom; siehe *U. Büdenbender*, Schwerpunkte der Energierechtsreform 1998, S. 61; *S. Tüngler*, Der Netzzugang in der Elektrizitätswirtschaft auf der Grundlage des Energiewirtschaftsgesetzes, S. 187 ff.

[61] *Monopolkommission*, Hauptgutachten XIII, Tz. 83.

Das deutsche System des verhandelten Netzzugangs soll auf Europäischer Ebene im Rahmen des sog. Florenz-Prozesses für grenzüberschreitende Stromflüsse ergänzt werden. Das »Europäische Forum für Elektrizitätsregulierung« in Florenz war im Jahre 1998 durch die EU-Kommission eingerichtet worden, um Regeln für die Preisgestaltung im grenzüberschreitenden Handel sowie für das Management von Übertragungsengpässen festzulegen. Mitglieder sind Vertreter der EU-Staaten, der nationalen Regulierungsbehörden, der EU-Kommission, der Übertragungsnetzbetreiber, der Energieversorger sowie der Stromhändler, Verbraucher und Strombörsen. Ein ähnliches Forum mit Sitz in Madrid gibt es seit 1999 für den Erdgas-Binnenmarkt. Die Verhandlungen in Florenz gestalteten sich zwar recht schwierig[62], sind aber inzwischen zu einem Abschluß gebracht worden[63]. Die große Mehrheit der Forums-Mitglieder verständigte sich auf eine Übergangsregelung von einem Jahr, die entgegen den Wünschen der deutschen Stromwirtschaft und auch der europäischen Übertragungsnetzbetreiber keine verursachungsgerechte Kostenbelastung vorsieht, sondern die Kosten für grenzüberschreitende Stromtransporte gemäß den Vorschlägen der EU-Kommission zu Lasten der Allgemeinheit der Netznutzer »sozialisiert«[64].

b) Die verhandelte Durchleitung nach § 6 EnWG

In den beiden einschlägigen gemeinschaftlichen Richtlinien finden sich zu der Funktionsweise des verhandelten Netzzugangs kaum detaillierte Vorgaben. Hier ist lediglich erkennbar, daß beide Formen des Netzzugangs zu gleichwertigen Ergebnissen führen müssen und das spätestens ein Jahr nach dem spätesten Umsetzungsdatum der jeweiligen Richtlinie von den Netzbetreibern die Tarife bzw. wesentlichen geschäftlichen Bedingungen zu veröffentlichen sind. Im Hinblick auf die formelle Ausgestaltung des Netzzugangs sowie die Entwicklung der Netznutzungsgebühren sind den Richtlinien indes keine unmittelbaren Vorgaben zu entnehmen[65]. Auch die Aussagen des deutschen Energiewirtschaftsrechts für die Realisierung des Durchleitungsanspruchs sind ausgesprochen spärlich[66]. Klar ist nur, daß das Tatbestandsmerkmal der Durchleitung nicht nur die Vorhal-

---

[62] *J.-P. Schneider*, Solving conflicts and securing democratic legitimation in the energy sector, S. 6; die Agenda der Gemeinschaft wird in Nr. 36 ff. von Teil I der Schlußfolgerungen des Vorsitzes des Europäischen Rats (Barcelona) vom 15. und 16. März 2002 deutlich: Ermöglichung einer gemeinschaftsweiten freien Wahl des Versorgungsunternehmens für alle gewerblichen Kunden in Europas usw.
[63] Siehe den Abschlußbericht des achten Treffens des europäischen Elektrizitätsregulierungs-Forums (http://europa.eu.int/comm/energy/en/elec_single_market/florence-8/final-concl.pdf (10. Juni 2002)).
[64] Einzelheiten hierzu in der Meldung Nr. 010505 der Energie-Chronik aus Mai 2001 (http://buerger.metropolis.de/udo_leuschner/energie-chronik/chframe.htm (10. Juni 2002)).
[65] *C. Bauer*, ET 2001, S. 31 ff. (31).
[66] Rudimentäre Vorgaben finden sich im nationalen Recht lediglich in § 6 EnWG und § 19 Abs. 4 Nr. 4 GWB. Um die Einhaltung der in § 6 Abs. 1 Satz 1 EnWG niedergelegten Verpflichtung der Netzinhaber zur Erhebung gleicher Preise bei der unternehmensexternen wie bei der -internen Inanspruchnahme von Transportdienstleistungen überprüfen zu können, müssen die Netzbetreiber objektive Kriterien für die Einspeisung aus Erzeugungsanlagen und die Benutzung von Verbindungsleitungen festlegen, veröffentlichen und diskriminierungsfrei anwenden (§ 6 Abs. 3 EnWG).

tung einer »Transportkapazität«, sondern auch die dazugehörenden Systemdienstleistungen umfaßt[67].

Weder in der Strom- noch der Gaswirtschaft darf mit dem Begriff des Transports von Energie die Vorstellung verbunden werden, daß die an einer Stelle von dem Stromlieferanten eingespeiste Energie mit der identisch ist, die der Abnehmer an dem anderen Ende entnimmt[68]. Die hier nicht weiter zu vertiefende Funktionsweise der Energienetze, bei denen es sich um sog. »Nettonetze« handelt[69], ist vielmehr aufgrund der physikalischen Gegebenheiten ihres »Transportguts« durch die Aufrechterhaltung einer in dem Gesamtnetz aller Anbieter einheitlichen Stromspannung zu erklären, die bei einer Entnahme durch zeitgleiche Einführung neuen Stroms aufrecht zu erhalten ist. Der eingespeiste Strom verteilt sich entsprechend dem geringsten Widerstand über das gesamte Netz und läßt sich nicht von A nach B schicken. Für das Gasnetz gilt ähnliches, auch wenn hier die Regelungen zur Kompatibilität der verschiedenen Netze und die Vermischung von Gasen verschiedener Qualitäten zusätzliche Anforderungen an die Koordination von Netzinhabern und inwie ausländischen Lieferanten stellen. Transport von Energie bedeutet damit deren zeitgleiche Einspeisung und Entnahme.

Die Durchleitung von Energie durch fremde Netze erfordert eine Verständigung der beteiligten multipolaren Interessen von (zumindest) Netzinhaber, Anbieter und Abnehmer über komplexen technische und ökonomische Bedingungen der Durchleitung[70].

Sind die Bedingungen für die Entstehung des Durchleitungsanspruchs nach § 6 EnWG erfüllt und berechtigt keiner der dort oder andernorts genannten Ausnahmen zu der Verweigerung der Durchleitung[71], stellt sich in besonderem Maße die Frage nach der Gestaltung von Durchleitungsentgelten und -bedingungen, da – wie bereits gesagt – der bloße Rechtsanspruch durch eine entsprechend unzumutbare Gestaltung dieser elementaren Rahmenbedingungen völlig entwertet werden kann. Zu den weiteren Bedingungen zählen etwa Einspeise- und den Entnahmezeitpunkt für Energie, Dauer und Zeitpunkt der Netznutzung, Laufzeiten, Haftungsfragen, Vereinbarungen über Systemleistungen des Netzbetreibers wie Frequenz- und Spannungshaltung, Reservestellung oder die Unterbrechbarkeit der Leistung sowie das Transportentgelt, das dem Netzinhaber für die Nutzung seines Netzes zusteht[72].

Unabhängig von allen grundrechtlichen Implikationen des Netzzugangs für Dritte, ist auch aus anreiztheoretischer Sicht klar, daß die Netznutzung durch den Durchleitungspetenten dem Netzbetreiber mit einem Netznutzungsentgelt zu vergüten ist. Dies ist notwendig, um die Netzbetreiber für den Aufbau ihres Netzes zu entschädigen, Wartung und Aufrechterhaltung des Netzes zu finanzieren und die Netzbetreiber zu Innovationen zu

---

[67] *L. Birnbaum*, ET 2001, S. 556 ff. (558).
[68] Zu den technischen Gegebenheiten in den Energieversorgungsnetzen siehe etwa *H.P. Schwintowski*, ZNER 2001, S. 215 ff. (216 ff.).
[69] Hierzu: *Monopolkommission*, Hauptgutachten XIV, Tz. 884 f.: Es kommt nicht auf die Nämlichkeit des Produkts beim Ein- und beim Abnehmer an.
[70] *U. Büdenbender*, ZIP 1999, S. 1469 ff. (1470).
[71] Zu den Verweigerungstatbeständen i.e.: *U. Büdenbender*, Schwerpunkte der Energierechtsreform 1998, S. 69 ff.
[72] *P. Becker*, ZNER 2001, S. 172 f. (172 f.); *U. Büdenbender*, Schwerpunkte der Energierechtsreform 1998, S. 94.

motivieren. Daher kann ein zu geringes Zugangsentgelt letztlich für die Funktionsfähigkeit des Marktes für leitungsgebundene Energie durch die Demotivierung des Netzinhabers ebenso schädlich sein wie ein überhöhtes Zugangsentgelt für den Wettbewerb auf dem dem natürlichen Monopol nachgelagerten Markt[73]. Für den Erfolg der Marktöffnung und damit für die Funktionsfähigkeit des Wettbewerbs in dem Bereich der leitungsgebundenen Energiewirtschaft ist daher die genaue Ausgestaltung des Zugangsanspruchs von zentraler Bedeutung.

Transportbedingungen ebenso wie die Höhe und die Struktur von Transportentgelten bleiben – anders als in analogen Fällen in den Bereichen Telekommunikation und Post – im deutschen Energiewirtschaftsrecht von staatlicher Seite aus nahezu ungeregelt, d.h. die Verhandlungen zwischen den beteiligten Parteien müßten weitgehend frei von externen Vorgaben erfolgen. Der genaue Regelungsgehalt von § 6 Abs. 1 EnWG ist vor diesem Hintergrund nicht ganz zweifelsfrei: Die Vorschrift begründet sicher nicht nur einen bloßen Verhandlungsanspruch des Durchleitungspetenten gegenüber dem Netzinhaber[74]. Ein Anspruch auf Aufnahme von Vertragsverhandlungen mit offenem Ausgang könnte den für die Marktöffnung unerläßlichen Durchleitungsanspruch nicht sichern, da mit ihm keine Ergebnisgarantie impliziert wäre. Aber nicht die Verhandlung, sondern nur die Durchleitung garantiert die Entfaltung des Wettbewerbs auf dem nachgeordneten Markt des Stromhandels. Ein Vertrag, der den Zugangsanspruch für den Petenten erst vermittelt, ist in § 6 Abs. 1 EnWG nicht erwähnt, während Abs. 2 auf die nach Abs. 1 abzuschließenden Verträge Bezug nimmt und damit ein Ergebnis einfordert. Zudem verbietet es der in § 6 Abs. 1 EnWG dem Netzinhaber erteilte Durchleitungsauftrag, die Vorschrift als einen gesetzlichen Anspruch auf Vertragsverhandlungen mit offenem Ausgang aufzufassen.

Allerdings ist angesichts ökonomischer und technischer Komplexität jedes einzelnen Netzzugangs fraglich, ob § 6 Abs. 1 EnWG ein gesetzliches Schuldverhältnis konstituiert, kraft dessen der Durchleitungspetent seinen Anspruch auf Durchleitung unmittelbar geltend machen kann[75], oder ob die Vorschrift als Begründung eines Kontrahierungszwangs zu begreifen ist[76]. Der Anspruch des Petenten gegenüber dem Netzinhaber würde sich dann auf den Abschluß eines Netznutzungsvertrags beschränken. Der Netzinhaber wäre verpflichtet, ein Angebot des Durchleitungspetenten zum Abschluß eines Durchleitungsvertrags anzunehmen – soweit dieses zu den in § 6 Abs. 1 EnWG zugrundegelegten Bedingungen erfolgt. Erst aufgrund dieses Vertrags wäre ein Durchleitungsanspruch

---

[73] *C. Engel*, Verhandelter Netzzugang, S. 53, 74 und öfter.
[74] So aber *R. Lukes*, BB 1998, S. 1217 ff. (1219).
[75] So OLG Dresden, ZNER 2001, S. 168 ff. (169); *M. Cronenberg*, RdE 1985, S. 85 ff. (87); *G. Kühne*, RdE 2000, S. 1 ff. (2); *C. Theobald/I. Zenke*, WuW 2001, S. 19 ff. (24); *K.M. Walter/J. v. Keussler*, RdE 1999, S. 190 ff. (192).
[76] *U. Büdenbender*, RdE 1999, S. 1 ff. (2); *B. Herrmann/C. Dick*, BB 2000, S. 885 ff. (889 f.); *W. Möschel*, in: U. Immenga/E.-J. Mestmäcker, GWB, § 19 Rn. 211; *J.-P. Schneider*, Liberalisierung der Stromwirtschaft durch regulative Marktorganisation, S. 468 f.; *M. Ungemach/T. Weber*, RdE 1999, S. 131 ff. (131).

des Petenten gegeben. Legt der Netzinhaber allerdings gegen ein die Pflicht zum Vertragsabschluß bestätigendes Urteil Rechtsmittel ein, fehlt es an der für einen zeitnahen Netzzutritt erforderlichen Vollstreckbarkeit des Anspruchs[77].

Während der Wortlaut von § 6 Abs. 1 EnWG als Begründung dafür herangezogen werden mag, daß das Gesetz einen unmittelbaren Anspruch auf Durchleitung gewährt[78], macht der Gesetzgeber in § 6 Abs. 2 und 3 EnWG den potentiellen Regelungsbedarf hinsichtlich der Preise und Konditionen einer Durchleitung durch fremde Netze im Vertragswege deutlich, zumal mit den Vorgaben in Abs. 1 nur die äußersten preislichen und sonstigen Mißbrauchsgrenzen bei der Ausgestaltung eines Durchleitungsverhältnisses definiert werden. Es blieben daher viele die »Angemessenheit« des Anspruchs betreffende Fragen hinsichtlich der Zugangskonditionen – die essentialia negotii des Netznutzungsverhältnisses[79] – ungelöst, wenn man dem Durchleitungspetenten einen unmittelbaren Zugangsanspruch zubilligte. Diese ließen sich allein aus den Unternehmensinterna des Netzinhabers ermitteln. Der Durchleitungspetent könnte unter diesen Bedingungen niemals erkennen, ob er gegenüber einem Netzinhaber über einen Durchleitungsanspruch verfügt. Zudem würde das normative Ziel »Zugang zu angemessenen Bedingungen« durch einen bloßen Zugang nur zum Teil erreicht, da eben nur der »Zugang«, aber nicht die »angemessenen Bedingungen« gesetzlich unmittelbar festgelegt wären. Ob damit – im Sinne eines teilbaren Anspruchs – ein unmittelbarer gesetzlicher Zugangsanspruch anzunehmen ist, der allerdings erst nach Vereinbarung angemessener Bedingungen realisiert werden kann[80], ist fraglich. Die Abschichtung eines unmittelbar gewährten Anspruchs dem Grunde nach von einem Anspruch zu angemessenen Konditionen, der vertraglicher Vermittlung bedarf, würde den in § 6 Abs. 1 EnWG gewährten Anspruch künstlich aufgliedern. Die Wechselbezüglichkeit beider Elemente würde konterkariert und auch grundrechtliche Bedenken, denen die Nutzung fremder Netze ohnehin unterliegt[81], würden weiter verschärft[82]. Allerdings ist auch eindeutig, daß nicht der einheitliche Anspruch als solcher – oder das Eingreifen befreiender Ausnahmen – verhandelbar ist, sondern allein eben diese Konditionen, unter denen dem Petenten die Durchleitung zu gewähren ist.

---

[77] S. *Neveling/C. Theobald*, ZNER 2001, S. 64 ff. (65).
[78] Dies wird auch im Bericht des Wirtschaftsausschusses des Bundestags betont (BT-Drcks. 13/9211, S. 24); s.a. *G. Kühne*, RdE 2000, S. 1 ff. (2).
[79] *B. Herrmann/C. Dick*, BB 2000, S. 885 ff. (889).
[80] Siehe aber OLG Dresden, ZNER 2001, S. 168 ff. (169); hier geht das Gericht davon aus, daß der Durchleitungsanspruch unmittelbar gewährt wird, während die Parteien einen Streit über die Konditionen führen. Der Petent sei dann lediglich verpflichtet, für den Zeitraum der Nutzung das später rechtskräftig als angemessen festgestellte Entgelt zu bezahlen. In der abl. Anm. von *P. Bekker*, ZNER 2001, S. 172 f., wird zwar nicht ausreichend zwischen dem Zugangsanspruch und den diesen flankierenden Bedingungen differenziert, wohl aber wird zu recht auf Gefahren hingewiesen, die daraus erwachsen, daß bei den Netzinhabern zunehmend Zahlungen auflaufen, die gekürzt oder – mit den entsprechenden bilanziellen Konsequenzen – nur unter Vorbehalt geleistet werden.
[81] Siehe hierzu S. 510 ff.
[82] Ähnlich *C. Engel*, Verhandelter Netzzugang, S. 33 (Fn. 118).

Im Ergebnis ist daher in § 6 Abs. 1 EnWG ein Fall des Kontrahierungszwangs zu erkennen, auf dessen Grundlage der Netzinhaber einen Zugangsvertrag mit dem Durchleitungspetenten abschließen muß. Die Zustimmung des Netzinhabers zu dem Vertragsangebot des Durchleitungspetenten kann durch ein Urteil ersetzt werden. Mit dieser Feststellung ist das Problem hoheitlicher Gestaltung komplexer und nur mit dem Wissen der Beteiligten, insbesondere des Netzinhabers angemessen zu gestaltender Netznutzungskonditionen allerdings erst eröffnet. Fraglich bleibt, wie die Angemessenheit der Konditionen unter diesen Bedingungen bestimmt werden kann, wenn der staatliche Normsetzer aufgrund seiner Regelungsabstinenz insoweit keine Handreichung anbietet. Diese Frage führt die Untersuchung zu den staatlicherseits als Substitut hoheitlicher Normierung initiierten Verbändevereinbarungen. »Verhandelter Netzzugang« bedeutet nicht, daß in jedem Falle eine Individualabrede völlig neu zu verhandeln ist. Das Gesetz schließt eine Standardisierung (Typisierung) von Durchleistungsregelungen nicht aus. Auf diese Weise können die Wettbewerbsprozesse mittels Durchleitung vereinfacht werden, da die Komplexität der Materie – v.a. bei der Inanspruchnahme mehrerer Netze – individuell gehaltene Durchleitungsregelungen erschwert[83]. Die Verbände der Energiewirtschaft, von Energieversorgungsunternehmen und Energieverbrauchern, wurden ausdrücklich aufgerufen, ein Entgeltmodell zu entwickeln, an dem sich die Parteien einer Durchleitungsregelung im einzelnen orientieren können[84]. Dies ist in Form der Verbändevereinbarungen geschehen[85].

c) Die Verbändevereinbarungen Gas und Strom

Das Institut der Verbändevereinbarung ist in der deutschen Rechtsordnung kein Novum. Die an den hier relevanten Verbändevereinbarungen beteiligten drei Verbände hatten bereits früher (1979, 1985, 1988, 1994) vor einem völlig anderen regulatorischen Hintergrund »Verbändevereinbarungen über die stromwirtschaftliche Zusammenarbeit« abgeschlossen[86]. Neu ist allerdings die mit der Abfolge der aktuellen Verbändevereinbarungen praktizierte Integration der privaten Verbände in die Realisierung eines staatlich definierten Regelungsziels.

Die Verbändevereinbarung über Kriterien zur Bestimmung von Durchleitungsentgelten für elektrische Energie (1998) (VV Strom I): Am 22. Mai 1998

---

[83] *U. Büdenbender,* Schwerpunkte der Energierechtsreform 1998, S. 59.
[84] So der Bericht des Wirtschaftsausschusses des Bundestags (BT-Drcks. 13/9211, 24 f.).
[85] Unter http://buerger.metropolis.de/udo_leuschner/energie-chronik/chframe.htm (10. Mai 2002) lassen sich Abfolge und Inhalt der verschiedenen Verbändevereinbarungen nachvollziehen; die Texte der jeweils aktuellen Verbändevereinbarungen sind unter http://www.vik-online.de/infocenter/default.htm (3. Mai 2002) abzurufen.
[86] Siehe die »Grundsätze über die stromwirtschaftliche Zusammenarbeit zwischen öffentlicher Elektrizitätsversorgung und industrieller Kraftwirtschaft« vom 1. August 1979. Die letzte Fassung dieser Vereinbarung aus dem Jahre 1994 ist dokumentiert in einem Sonderdruck der VIK-Mitteilungen 5/1994; Nachweis weiterer Verbändevereinbarungen auch bei *S. Klaue,* ZNER 1998, S. 22 ff. (22 f.).

schlossen als Vertreter der maßgeblichen Interessengruppen die Verbände BDI, VIK (für die industriellen Energieabnehmer) und VDEW (für die deutsche Elektrizitätswirtschaft) die von gesetzgeberischer Seite eingeforderte Verbändevereinbarung[87], nachdem bereits im August 1997 eine Grundsatzvereinbarung zwischen den Verbänden paraphiert worden war[88].

Sie umfaßte zum einen eine Beschreibung der Leistungen, die von dem Inhaber eines Netzes im Zusammenhang mit den Durchleitungsvorgängen über den bloßen Energietransport hinaus erbracht werden. Grundsätzlich läßt sich die Verbändevereinbarung von der gesetzlichen Vorgabe des neuen Energierechts leiten, daß die Eigentumsverhältnisse an den Netzen keine Behinderung der Netznutzung darstellen dürfen (siehe §§ 4 Abs. 3, 6 Abs. 1 EnWG). Der Netzbetreiber darf also keinen Kunden diskriminieren. Er muß das Netz allen Interessenten zu denselben Bedingungen zur Verfügung stellen, gleichgültig ob der Nutzer das eigene Unternehmen oder ein Konkurrent ist. Die Vereinbarung definiert die Durchleitung als Einspeisung von elektrischer Energie in definierte Einspeisepunkte des Netzsystems und die damit verbundene zeitgleiche Entnahme der eingespeisten Energie an einem räumlich entfernten Entnahmepunkt. Die Vereinbarung enthält zwar keine Preisfestlegungen, wohl aber die Vereinbarung eines Verfahrens, anhand dessen die nach Spannungsstufen differenzierten Entgelte für eine Stromdurchleitung berechnet werden können. Die VV Strom I ging davon aus, daß das Durchleitungsentgelt auf der Basis der Kosten des vorhandenen Netzes jedes Netzeigentümers, erfaßt nach Kostenstellen, ermittelt wird. Das jeweilige Entgelt ist abhängig von den modellhaft gemäß Luftlinien in Anspruch genommenen Netzebenen (»Punkt-zu-Punkt-System«), den zwischen diesen Ebenen liegenden Umspannungsvorgängen und den erforderlichen Systemdienstleistungen[89]. Die beiden letztgenannten Dienstleistungsarten werden variabel nach Inanspruchnahme in Rechnung gestellt.

In der Auseinandersetzung über die Frage, ob die Bestimmung eines Durchleitungsentgelts mittels eines entfernungsunabhängigen Pauschalpreises (sog. Briefmarkentarif[90]) oder mittels eines entfernungsabhängigen Tarifs erfolgen sollte, enthält die Verbändevereinbarung mit Blick auf die Verteilungsnetze eine grundsätzliche Einigung im Sinne der erstgenannten Regelung, die allerdings insoweit modifiziert wurde, als ab gewissen Entfernungsgrenzen Zusatzbriefmarken für weitere Netzspannungsebenen angerechnet werden, während sich das Entgelt zur Nutzung der Übertragungsnetze (Höchstspannungsnetze) aus einem entfer-

---

[87] Abgedruckt in: RdE 5/1998, S. XXI.
[88] Hierzu *J.-P. Schneider*, Liberalisierung der Stromwirtschaft durch regulative Marktorganisation, S. 460 ff. mit vielen Nachw.
[89] Als solche werden die für die Funktionsfähigkeit des Systems unvermeidlichen Dienstleistungen bezeichnet, die zur Übertragung und Verteilung von elektrischer Energie notwendig sind und die Qualität der Stromversorgung bestimmen (hier z.B.: Frequenzhaltung, Spannungshaltung, Versorgungswiederaufbau, Betriebsführung). Ihre Bedeutung wird im einzelnen in Anlage 2 der Vereinbarung erläutert.
[90] S.a. *Monopolkommission*, Hauptgutachten XIV, Tz. 846 (Fn. 89).

nungsunabhängigen Struktur-Jahresleitungspreis und einem Entfernungs-Jahrespreis zusammensetzt. Letzterer wurde ab einer Transportentfernung von mehr als 100 km in Höhe von 12,5 Pfennig pro kW/km fällig. Die konkreten Durchleitungsentgelte ermittelte jeder Netzbetreiber nach den vereinbarten Vorgaben in Abhängigkeit von seiner individuellen Kostenstruktur. Zudem hatten die Durchleitungspetenten für jede Durchleitung eine Vereinbarung über den zeitlichen Verlauf der Einspeise- oder Entnahmeleistungen je Viertelstunde (sog. Einzelfahrplan) vorzulegen.

Sobald Stromeinspeisungen und -entnahmen voneinander abweichen, muß der Netzbetreiber zur Gewährleistung eines sicheren Netzbetriebs nach § 4 Abs. 1 EnWG diese Differenz durch Zuleitung von Regel- oder Reserveenergie bzw. Abnahme zu viel eingespeister Energie ausgleichen, um die Spannung des Netzes zu erhalten. Geschieht dies in Abweichung von dem Fahrplan, muß der Netzbetreiber die Differenz ggfs. kurzfristig zur Verfügung stellen – was aufgrund fehlender Planbarkeit erhebliche Kosten verursacht. Diese treffen natürlich denjenigen Netznutzer, der von dem Fahrplan abweicht.

Da nicht unerhebliche Fragen bei der Berechnung der Durchleitungsentgelte bei Abschluß der Vereinbarung offen blieben bzw. unklar waren, sah die Verbändevereinbarung zur Vermeidung gerichtlicher Verfahren die Einrichtung einer »Clearing-Stelle« vor, die jeder Vertragspartner einer Durchleitungsvereinbarung anrufen konnte.

Die Vereinbarung galt zunächst nur begrenzt bis zum 30. September 1999. In der Praxis wurde beklagt, daß die Verbändevereinbarung keine Sanktionen für offensichtliches Zuwiderhandeln gegen ihre Vereinbarungen bereit hält und daß trotz der Festlegung eines Entgeltfindungsverfahrens erhebliche Abweichungen in der Entgeltkalkulation von einem Netzbetreiber zu dem nächsten zu beobachten waren[91]. Durch einen »comfort letter« hatte das Bundeskartellamt den Verbänden mit Blick auf die Verbändevereinbarung mitgeteilt, daß die zuständige Beschlußabteilung nach ihrem damaligen Erkenntnisstand keinen Anlaß sah, die Durchführung der Verbändevereinbarung nach deutschem Kartellrecht zu beanstanden[92]. Zwar geht das Bundeskartellamt davon aus, daß die Verbändevereinbarung das Preisverhalten der Betreiber von Übertragungs- und Verteilungsnetzen beim Abschluß von Verträgen mit Durchleitungspetenten regelt und daß die Netzinhaber als Anbieter von Durchleitungsleistungen auch durchaus miteinander im Wettbewerb stehen könnten. Letztlich könne aber – so das Bundeskartellamt weiter – die Frage, ob in der Verbändevereinbarung eine verbotene Horizontalempfehlung und in der vorgängigen Abstimmung der Leitungsbetreiber untereinander auch ein Verstoß gegen das Kartellverbot des § 1 GWB zu sehen ist, offen bleiben, da die Vereinbarung eine »im Ansatz wettbewerbsfördernde Ziel-

---

[91] Siehe den Bericht des Geschäftsführers eines auf dem deutschen Markt agierenden »Energiebrokers«: »Netzbetreiber und Regulierung – wie lange geht es noch ohne?«, in Handelsblatt – Beilage Innovation und Technik vom 23. Mai 2001; s.a. unter www.handelsblatt.com (6. Mai 2002).
[92] Bericht des BKartA in den Jahren 1997/1998 (BT-Drcks. 14/1139, S. 29); der Brief ist abgedruckt in VKU-Nachrichtendienste 1998 Nr. 595, S. 4.

setzung« habe, so daß jedenfalls kein öffentliches Interesse für ein kartellbehördliches Einschreiten besteht. Das Bundeskartellamt macht damit von seinem Einschreitermessen nach § 32 GWB Gebrauch[93] und sagte eine wettbewerbsrechtliche Tolerierung bis zum September 1999 zu. Diese Zusage sollte aber ausdrücklich nicht ausschließen, daß das Bundeskartellamt im Einzelfall tätig wird, wenn sich herausstellen würde, daß ein nach der Verbändevereinbarung ermitteltes Durchleitungsentgelt ungünstiger sei, als bei einer Bemessung nach einem »Als-ob-Wettbewerbspreis«. Das Bundeskartellamt bestätigt somit, daß die konkreten Entgeltforderungen von Netzbetreibern für die Durchleitung von Strom durch die eigenen Netze der kartellrechtlichen Preismißbrauchsaufsicht nach GWB und den Wettbewerbsregeln des EG-Vertrags unterliegen.

Diese Äußerung beseitigt allerdings keinen tatsächlich bestehenden Verstoß gegen Vorschriften des GWB, sondern bindet nur das Opportunitätsermessen des Kartellamts und schließt auch künftiges Tätigwerden nicht unter allen Umständen aus. Erst recht konstituiert eine solche Äußerung keine formale staatliche Anerkennung, aufgrund derer den Mitgliedern der handelnden Verbände oder auch außenstehenden Dritten eine Berufung auf die gesetzlichen Maßstäbe von EnWG und GWB abgeschnitten würde[94]. Die VV Strom I wurde im Jahre 1998 auf ihre kartellrechtliche Tragbarkeit hin auch von der EG-Kommission überprüft, die ebenfalls keinen unmittelbaren Anlaß zum Einschreiten sah, sondern ebenfalls die praktische Handhabung der Vereinbarung abwarten wollte[95]. Schnell wurde in der Praxis bemerkt, daß das mit der VV Strom I festgelegte Netzzugangssystem nicht besonders praktikabel war, da es weder Strombörsengeschäfte ermöglichte noch wegen des hohen Transaktionsaufwandes für die Belieferung von nicht mit Meßgeräten ausgestatteten Kleinkunden geeignet war[96].

Die Verbändevereinbarung über Kriterien zur Bestimmung von Netznutzungsentgelten für elektrische Energie (1999) (VV Strom II): Am 13. Dezember 1999 schlossen die schon an der ersten Verbändevereinbarung Elektrizität beteiligten Verbände eine neue Vereinbarung über die »Kriterien zur Bestimmung von Netznutzungsentgelten für elektrische Energie« ab, durch die die erste Verbändevereinbarung im Lichte der zwischenzeitlich seit der Marktöffnung gewonnenen Erfahrungen angepaßt werden sollte[97]. Die VV Strom II enthielt u.a. allgemeine Kriterien für die Netznutzung, Preisfindungsprinzipien zur Bestimmung von Nutzungsentgelten und Bestimmungen über die Bildung, Abwicklung und Berechnung von Bilanzkreisen. Das Kernstück der Vereinbarung lag darin, daß

---
[93] Hierzu *V. Emmerich*, in: U. Immenga/E.-J. Mestmäcker, GWB, § 32 Rn. 8 f.
[94] Zu der gesetzesunmittelbaren Nichtigkeit von Vereinbarungen, die gegen § 1 GWB verstoßen siehe nur *D. Zimmer*, in: U. Immenga/E.-J. Mestmäcker, GWB, § 1 Rn. 319 ff.
[95] Siehe den XXVIII. Bericht der Kommission über die Wettbewerbspolitik (1998), SEK (1999) Nr. 743, S. 59, 140; (abzurufen unter http://europa.eu.int/comm/competition/annual_reports/1998 (17. Mai 2002)).
[96] *C. Theobald/C. de Wyl/S. Deschler*, ZNER 2001, S. 24 ff. (24).
[97] Siehe http://www.vik-online.de/infocenter/default.htm (3. Mai 2002); auch abgedruckt in RdE 1/2000.

die Durchleitung von Strom nur noch mittels einer jährlichen Pauschale abgerechnet wird, wobei Durchleitungsentgelte von allen Netzkunden mit Ausnahme der Kraftwerke zu entrichten sind[98]. Jeder Stromkunde erhält durch die Bezahlung einer Netzbriefmarke an seinen Netzbetreiber das Recht zur Nutzung aller Stromnetze in Deutschland. Der Netzpreis sollte hiernach nicht mehr für jede einzelne Durchleitung ermittelt werden, sondern sich vielmehr aus der Strommenge ergeben, die insgesamt an einem bestimmten Anschlußpunkt jährlich entnommen wird. Die VV Strom II sieht als Preisfindungsmodell vor, daß die Höhe der Netznutzungsentgelte auf der Basis der kalkulatorischen Kosten eines rationell geführten Netzbetreibers zu ermitteln ist, wobei zwischen Übertragung und Verteilung differenziert werden muß.

Zwei Verfahren sind denkbar, um angemessene Preise für die Netznutzung zu ermitteln[99]. Auf der einen Seite ist es denkbar, die – für einen Außenstehenden nur schwer zugänglichen – tatsächlichen Kosten des Netzinhabers für den Netzbetrieb zu ermitteln (etwa durch Rückgriff auf die Handelsbilanz oder das interne Rechnungswesen des Unternehmens), um dann dem Netznutzungspreis die Summe der Kosten zugrunde zu legen, die für eine rationale Betriebsführung erforderlich sind. Allerdings ist hier zu berücksichtigen, daß bei den handelsbilanzrechtlichen Abschreibungen erhebliche Bewertungsspielräume existieren, die eine Verobjektivierung von Netzbetriebskosten erschweren. Oder es ist auf einen Preisvergleich mit vergleichbaren Unternehmen aus dem In- oder Ausland abzustellen. Hier ist nicht zu verkennen, daß es selten »gleiche« Unternehmen geben wird. Beide Verfahren sieht die VV Strom II vor, wobei bei letzterem Vergleiche mit der Preisstruktur ausländischer Unternehmen nicht zulässig sein sollen.

Das Netzzugangsmodell der VV Strom II löste das alte Transaktionsmodell mit Entfernungskomponente (Strompfad-Methode) ab. Alle Netzkunden bezahlten nach der VV Strom II ein jährliches Netznutzungsentgelt, den sog. Point of Connection Tariff. Dieser kann mit einer Eintrittskarte verglichen werden, die es dem Inhaber erlaubt, das Netz für Stromtransporte beliebig zu nutzen. Der Kaufpreis für die Eintrittskarte variiert lediglich im Hinblick auf die Spannungsebene, auf der der Durchleitende das Netz in Anspruch nimmt. Mit dem Tarif werden auch die Systemdienstleistungen und Verluste im Netz abgedeckt, die zuvor noch einzeln abzugelten waren.

Der Kunde konnte nunmehr gegen Zahlung eines jährlichen Entgelts für die Nutzung des gesamten Netzsystems sogar stündlich seinen Stromlieferanten – und damit den Einspeiseort – wechseln, ohne eine neue Netzbriefmarke erwerben bzw. einen neuen Netznutzungsvertrag abschließen zu müssen. Diese Veränderungen in den Abrechnungsmodalitäten machen den Stromhandel börsenfähig[100]. Für Privathaushalte wird zur Erleichterung des Anbieterwechsels die Netznutzungsgebühr auf der Grundlage standardisierter Lastprofile ermittelt.

---

[98] Siehe *D. Ehlers/H. Pünder*, in: N. Achterberg/G. Püttner/T. Würtenberger, Besonderes Verwaltungsrecht I, Rn. 67 (Fn. 174); zu den Einzelheiten auch *S. Tüngler*, Der Netzzugang in der Elektrizitätswirtschaft auf der Grundlage des Energiewirtschaftsgesetzes, S. 98 ff.
[99] *Monopolkommission*, Hauptgutachten XIII, Tz. 92.
[100] *H.-R. Ebel*, BB 2000, Beilage 6, S. 15 ff. (16).

Eigentlich ist für die Steuerung und Planung der Belieferung eines Kunden durch ein fremdes Netz der Einbau eines Leistungszähler erforderlich, um den Energieanbieter darüber zu informieren, wieviel Energie er zu welchem Zeitpunkt in das Netz des Netzbetreibers zum Ausgleich für die Lieferung an seinen Kunden einspeisen muß. So ist bei Großabnehmern eine Verbrauchsmessung im Viertelstundentakt üblich. Einbau, Unterhalt und Kontrolle der hierfür erforderlichen Geräte sind mit erheblichen Kosten verbunden, die nicht nur wegen der Investitionen zumindest den Kleinabnehmer auf kurze Sicht von einem Anbieterwechsel abschrecken, sondern auch die durch den Wettbewerbsdruck gesunkenen Energiekosten langfristig zu nivellieren drohen. Der Verbrauch typisierbarer Endkunden muß aber nicht im einzelnen ermittelt, sondern kann auch durch die Errechnung sog. Lastprofile geschätzt werden. Hierbei handelt es sich um Näherungswerte für den Energieverbrauch eines typisierten Abnehmers. Sie beschreiben ein bestimmtes Abnahmeverhalten des Verbrauchers, indem sie nach der Mitgliederzahl eines Haushalts, nach Wohnraumgröße, nach der typischen Zeit der hauptsächlichen Nutzung der Energie, nach regionalen Temperaturverhältnissen u.ä. unterscheiden[101].

Der Stromlieferant muß gemäß eines solchen Profils Strom in das Netz des Netzinhabers einspeisen, um seinen Kunden zu beliefern. Diese Berechnung ist für Privathaushalte leichter zu erstellen als für Gewerbebetriebe, deren Nutzungsverhalten viel individueller ist. Der Rückgriff auf das System der Lastprofile führt dazu, daß der Energieverkäufer über ein genaueres Nutzungsprofil seines Kunden verfügt und die Einspeisung von Energie für diesen Kunden in ein Fremdnetz besser steuern und planen kann, ohne daß der Kunde hierfür einen Leistungszähler bei sich einbauen lassen muß.

Die Vereinbarung bildete zur Förderung verbrauchernaher Stromerzeugung zwei Handelszonen in Deutschland (»Nord« und »Süd«), die sich aus den Netzen der jeweils dort tätigen ehemaligen Gebietsmonopolisten zusammensetzen. Alle Netzkunden bzw. potentiellen Durchleitungspetenten wurden entsprechend ihrem Netzanschlußpunkt einer der beiden Handelszonen zugeordnet. Sobald ein Stromhändler beide Zonen in Anspruch nahm, sollte er zuzüglich zum entfernungsunabhängigen Netznutzungsentgelt für den Saldo der ausgetauschten Energiemengen ein Transportentgelt von 0,25 Pfennig pro Kilowattstunde zahlen (»T-Komponente«) (Ziff. 2.2.4.). Allerdings sollten Exporte zwischen den beiden Bilanzkreisen saldiert werden können. Die T-Komponente sollte zudem für grenzüberschreitende Stromlieferungen erhoben werden. Der Verzicht auf dieses Transportentgelt gehörte zu den Auflagen, von denen die EU-Kommission die Genehmigung der Fusion Veba/Viag (jetzt: E.on)[102] bzw. das Bundeskartellamt die Genehmigung der Fusion von RWE/VEW (jetzt:

---

[101] Hierzu i.e. *H. Meier*, ET 2000, S. 30 ff.
[102] Hierzu die Entscheidung der Kommission vom 13. Juni 2000 zur Vereinbarkeit des Zusammenschlusses mit dem Gemeinsamen Markt und mit dem EWR-Abkommen (Sache COMP/M. 1673 – VEBA/VIAG); siehe http://europa.eu.int/comm/competition/mergers/cases/decisions/m1673_de.pdf (10. Mai 2002). Siehe auch die vorläufige Analyse der weiterentwickelten VV Strom II durch die Kommission der Europäischen Gemeinschaft, in: VIK-Mitteilungen 1/2000, S. 21 ff.

RWE)[103] abhängig machten. Denn mit ihren Energietöchtern Preußen Elektra und Bayernwerk bzw. RWE Energie und VEW Energie waren beide Fusionskandidaten in beiden Handelszonen vertreten. Die Kartellbehörden sahen ebenso wie die Kommission in den Handelszonen eine Diskriminierung ausländischer Unternehmen.

Die *Europäische Kommission* äußerte nach einer ersten Prüfung vorläufige Bedenken unter dem Gesichtspunkt des Art. 82 EGV gegen die in der VV Strom II vereinbarte T-Komponente, insbesondere für grenzüberschreitende Lieferungen, die dadurch einem systematischen Kostennachteil unterliegen[104]. Die T-Komponente ziehe zudem eine willkürliche Belastung von Stromlieferungen über eine kurze Distanz, die aber zufällig über die Handelszonengrenze führt, gegenüber Lieferungen über weiter Distanz innerhalb einer Handelszone nach sich. Diese führe zur Diskriminierung einzelner Abnehmer von Übertragungsdienstleistungen. Außerdem erschweren die Abrechungsmodalitäten für Regelenergie das bundesweite Tätigwerden von neuen Marktteilnehmern. Nachdem die VV Strom I wegen ihrer komplizierten Preisfindungsmethoden als wenig wettbewerbsförderlich empfunden worden war, geriet hier also nunmehr gerade die der Einfachheit der Preisfindung dienende Pauschalisierung von Entgelten in die Kritik. Auch *Stromhändler* kritisierten die Bildung der zwei Handelzonen durch die VV Strom II vor dem Hintergrund, daß sie Unternehmen begünstige, die in beiden Zonen tätig seien und deshalb Lieferungen und Bezüge von Strom saldieren könnten. Auch hierin liege eine systematische Benachteiligung ausländischer Wettbewerber, die regelmäßig nicht über Produktionsstätten und Kunden in beiden Handelszonen verfügen und deswegen auch keine Möglichkeit zur Saldierung haben. Wer Strom aus Skandinavien nach Bayern liefern wolle, müsse nicht nur die Gebühr für die Grenzüberschreitung, sondern auch die für die Überschreitung der Handelszone zahlen, wenn kein Partner gefunden werde, mit dem gemeinsam eine Saldierung der Lieferströme vorgenommen werden könne.

Die deutschen *Übertragungsnetzbetreiber* verzichteten angesichts dieser Bedenken allesamt rückwirkend zum 1. Juli 2000 auf die Erhebung der T-Komponente für die Überschreitung der Handelszonen[105]. Nur an den deutschen Außengrenzen wird weiterhin ein Transportentgelt von 0,125 Pfennig/kWh für importierte oder exportierte Energie erhoben. Eine weitere Vereinfachung der Durchleitung von Strom sollte durch die Möglichkeit der Einrichtung von Bilanzkreisen sichergestellt werden[106]. Diese Verantwortung zur Bereitstellung von Regelenergie trifft den Betreiber eines Übertragungsnetzes für seine »Regel-

---

[103] Hierzu die Entscheidung des BKartA (B 8 – 309/99) vom 3. Juli 2000; siehe http://www.bkarta.de/B8-309-99.pdf (10. Mai 2002).

[104] Dies geht aus einem Schreiben der Generaldirektion Wettbewerb an die Verbände VDEW, VIK und BDI hervor; Handelsblatt, 13.Januar 2000, S. 8.

[105] Siehe hierzu den Bericht des BKartA in den Jahren 1999/2000 (BT-Drcks. 14/6300, S. 36 ff., 72).

[106] Zu der Bildung von Bilanzkreisen auch die ausf. Darlegungen in der Anlage 2 zu dieser Verbändevereinbarung; s.a. *C. Theobald/C. de Wyl/S. Deschler*, ZNER 2001, S. 24 ff. (25 f.).

zone«, d.h. für das Gebiet seines eigenen und der ihm nachgelagerten Netze. Der Verantwortliche kann die Kosten für diese Leistung bei demjenigen liquidieren, in dessen Lieferverhältnis die fragliche Differenz entstanden ist. Je größer die Betrachtungsperiode ist, desto eher werden sich die Einspeisung von zuviel und zuwenig Energie die Waage halten. Daher können mehrere Einspeise- und Entnahmepunkte in einer Regelzone zu Bilanzkreisen zusammengefaßt werden, innerhalb derer der Bilanzkreisverantwortliche die Defizite mit den Überschüssen saldieren kann und gegenüber dem Übertragungsnetzbetreiber für die saldierten Abweichungen innerhalb seines Bilanzkreises haftet. Zu einem Bilanzkreisverantwortlichen kann der Händler eines Gebiets ernannt werden, der mehrere Abnehmer über mehrere Einspeisestellen beliefert. Ein solcher Netznutzer hat das Recht, unter bestimmten Bedingungen Einspeisungen und Entnahmen zu saldieren und diese direkt mit dem Betreiber des Übertragungsnetzes abzurechnen. »Fahrpläne« sind nach dieser Vereinbarung nur noch soweit nötig, als sie den Bilanzkreis überschreitende Im- bzw. Exporte betreffen oder für größere Kraftwerke zum Zwecke der Betriebsplanung erforderlich sind. Erwähnenswert ist auch die Etablierung von Auskunftspflichten in der VV Strom II (Ziff. 1.7)[107]. Nach dieser Klausel werden die Netzbetreiber die zur Ermittlung der Netznutzungsentgelte erforderlichen Bestimmungen, Größen und Preise sobald wie möglich – innerhalb eines Jahres nach Inkrafttreten der VV Strom II – in geeigneter Form öffentlich bekanntgeben. Die VV Strom II galt bis zum 31. Dezember 2001.

Zwar verbesserte diese neue Verbändevereinbarung schon einige Defizite der VV Strom I. Ein wesentliches, noch offenes Problem lag aber in dem komplizierten Vertragsnetzwerk, in das der Stromkunde nach wie vor bei Wahl eines von dem Netzbetreiber unabhängigen Stromlieferanten eingebunden war[108]. Neben den Liefervertrag zwischen Stromhändler und Endkunden und den Netzanschlußvertrag zwischen dem Eigentümer des Grundstücks, auf dem der Stromabnehmerbetrieb liegt, trat nach dem Konzept der VV Strom II (Ziff. 1.1.) der hinsichtlich seiner Legitimation umstrittene Netznutzungsvertrag, den der Stromkunde mit dem Betreiber des Verteilnetzes abschließen mußte. Dieser verpflichtete den Stromabnehmer – nicht den Stromlieferanten – zu der Entrichtung des Netznutzungsentgelts an den Netzbetreiber. Dieses Vertragsnetzwerk erschwerte dem Stromkunden den Wechsel des Lieferanten, da er an seinen Verteilnetzbetreiber immer noch vertraglich gebunden blieb.

Das Bundeskartellamt erstreckte seine im Zusammenhang mit der VV Strom I geäußerte positive Grundeinschätzung auch auf die VV Strom II. Dies ist implizit der Freigabeentscheidung des Amtes für die Fusion von RWE/VEW zu entnehmen[109], in der die VV Strom II und die auf ihrer Grundlage veröffentlichten

---

[107] O. *Schulze*, ET 2001, S. 399 ff. (400).
[108] Hierzu ausf. C. *Theobald/C. de Wyl/S. Deschler*, ZNER 2001, S. 24 ff. (26 ff.)
[109] Entscheidung des BKartA (B 8 – 309/99) vom 3. Juli 2000; siehe http://www.bkarta.de/B8-309-99.pdf (10. Mai 2002).

Netznutzungsentgelte zur Begründung dafür dienen, daß künftig bei der räumlichen Marktabgrenzung im Rahmen der Wettbewerbsaufsicht von bundesweiten Strommärkten auszugehen ist, da zu erwarten sei, daß Stromdurchleitungen nunmehr branchenweit auf der Basis der VV Strom II erfolgten[110]. Mit Aufgeben der T-Komponente sei damit zu rechnen, daß in Zukunft Neueintritte in dem ursprünglich regional gegliederten Markt dazu führten, daß die ehemaligen Gebietsmonopolisten zur Kompensation der aus dem Wettbewerb resultierenden Verluste selbst in anderen Regionen verstärkte Kundenaquise betreiben. Trotz dieser Behinderungen kam auch die Kommission zu der Prognose, daß der räumliche Strommarkt in Deutschland künftig nicht mehr nur regional, sondern bundesweit abzugrenzen sei[111].

Verbändevereinbarung zum Netzzugang bei Erdgas (2000) (VV Gas I): Auch die Verbändevereinbarung Gas wurde zunächst durch ein von den Verbänden BGW und VKU (als Vertreter der Anbieter) bzw. BDI und VIK (als Vertreter der industriellen Abnehmer bzw. Gaskunden) am 17. März 2000 unterzeichnetes Eckpunktepapier vorbereitet. Auf dieser Grundlage waren die Verbände gehalten, sich bis zum Sommer 2000 auf eine endgültige Verbändevereinbarung Gas zu einigen, da der August 2002 das in der Gasbinnenmarktrichtlinie vorgegebene Datum für die Öffnung der Gasmärkte in Europa war (Art. 29). Wesentliche Grundsätze des Eckpunktepapiers waren u.a. Regelungen zur Kompatibilität von Gasbeschaffenheiten, zum Ausgleich von Differenzen zwischen Ein- und Ausspeisung sowie zum technischen Netzzugang, zu flexiblen Laufzeitregelungen für Netzzugangsverträge, zur Festlegung von Systemdienstleistungen sowie über die Veröffentlichung von Informationsunterlagen zur Schaffung von Transparenz, die für eine Aufnahme des Wettbewerbs unabdingbar ist[112]. Die Verbändevereinbarung Erdgas wurde am 4. Juli 2000 unterzeichnet und sollte bis zum 30. April 2002 in Kraft bleiben, wurde allerdings recht schnell vom Bundeswirtschaftsministerium als unzureichend verworfen[113]. Das zentrale Anliegen der Verbändevereinbarung war die Einrichtung eines »Punkt-Punkt-Modells«, wonach Netznutzungsverträge mit jedem einzelnen Netzbetreiber geschlossen werden müssen. Zudem sollten die wesentlichen geschäftlichen Bedingungen sowie

---

[110] Dieser Zusammenhang wurde hergestellt von *K. Markert*, BB 2001, S. 105 ff. (105 f.); s.a. siehe nun auch den Beschluß des BKartA vom 26. Februar 2002 (B 8 40000 U – 149/01) wegen Prüfung eines Zusammenschlußvorhabens nach § 36 GWB (E.on): »... 57. Räumlich ist der Markt der Belieferung von Großkunden und Weiterverteilern aufgrund der nach der Liberalisierung der Stromindustrie eingetretenen Entwicklung bundesweit abzugrenzen.«
[111] Siehe die Entscheidung der Kommission 2001/519/EG vom 13. Juni 2000 zur Vereinbarkeit eines Zusammenschlusses mit dem Gemeinsamen Markt und mit dem EWR-Abkommen (Sache COMP/M.1673 VEBA/VIAG), Abl. EG Nr. L 188, S. 1 ff. (7): »Die Unvollkommenheiten der Verbändevereinbarung II ändern jedoch nicht die Prognose, daß der Markt in naher Zukunft national sein wird. Insbesondere kann nicht von getrennten räumlichen Märkten gesprochen werden, sei es in Form der ehemaligen Versorgungsgebiete oder in Form der beiden Handelszonen.«
[112] Pressemitteilung http://www.bmwi.de/Homepage/Presseforum/Pressemitteilungen/2000/0317prm1.jsp (6. Mai 2002) des Bundeswirtschaftsministers.
[113] Siehe FAZ vom 18. Februar 2002, S. 16.

die Anhaltwerte für die Netzzugangsentgelte durch die Netzbetreiber erstmalig bis zum 10. August 2000 veröffentlicht werden (Ziff. 3 VV Gas I).

Ein erster Nachtrag vom 15. März 2001 diente insbesondere einer Vereinfachung des Netzzugangs und der Berechnung des Durchleitungsentgelts. Unter anderem erklärten sich die großen Ferngasversorger bereit, ihre Erdgasspeicher ab Mitte 2001 auch für Dritte diskriminierungsfrei zur Verfügung zu stellen. Ein zweiter Nachtrag zu der Verbändevereinbarung Erdgas vom 21. September 2001 befaßte sich mit den sog. Lastprofilen und der Einrichtung einer Schiedsstelle[114]. Die Neufassung ergänzte den ersten Nachtrag, der vom Bundeskartellamt als »völlig unzureichend« kritisiert worden war[115]. Sie regelte die technischen Rahmenbedingungen für den Netzzugang bei Erdgas und sah eine Schlichtungsstelle zur Beilegung von Meinungsverschiedenheiten vor. Weiterhin sollten ab 1. Januar 2002 auch Haushaltskunden in den Wettbewerb einbezogen werden. Der Verband der deutschen Gas- und Stromhändler hatte sich von den Verhandlungen zurückgezogen und eine unabhängige nationale Instanz gefordert, die die Bedingungen für den Netzzugang genehmigen oder festsetzen soll.

Verbändevereinbarung über Kriterien zur Bestimmung von Netznutzungsentgelten für elektrische Energie und über Prinzipien der Netznutzung (2001) (VV Strom II plus): Am 13. Dezember 2001 schlossen der VDEW, BDI, VIK, ARE, VKU und DVG/VDN und der Verbraucherzentralen Bundesverband e.V. (vzbv) eine neue Verbändevereinbarung über Kriterien zur Bestimmung von Netznutzungsentgelten für elektrische Energie und über Prinzipien der Netznutzung ab. Die Vereinbarung dient dem Ziel, Transparenz und Vergleichbarkeit der Netznutzungsentgelte zu erhöhen, indem sie die Ursachen für die unterschiedlich hohen Netznutzungsentgelte innerhalb Deutschlands deutlich macht. Sie bietet ein Instrumentarium, das einen besseren Preisvergleich für die Netznutzung ermöglicht.

Zudem sollte der Versorgerwechsel für Privatkunden spürbar vereinfacht und der kurzfristige Stromhandel erleichtert werden. Die Verbraucher müssen nunmehr beim Wechsel zu einem neuen Stromlieferanten nicht mehr mit einem besonderen Entgelt rechnen und können mit dem neuen Anbieter einen sog. all-inclusive-Vertrag schließen, der sowohl die Stromlieferung als auch Netzzugang und -nutzung umfaßt, so daß der neue Stromlieferant die Netznutzung selbst mit dem Inhaber des Netzes aushandeln muß. Im Gegensatz zu der Zeit der gebietsmonopolistischen Versorgung wurden die notwendigen Abreden hinsichtlich Netzanschluß von Einspeiser und Abnehmer, Netznutzung und Energielieferung in nur einem Vertrag getroffen, da die gesamten für die Versorgung erforderlichen Elemente nicht mehr nur in einer Hand – der des Gebietsmonopolisten – liegen. Heute kann die Energieversorgung in Zusammenwirken mehrerer An-

---

[114] Siehe hierzu FAZ vom 22. September 2001, S. 14.
[115] So die Aussage des Präsidenten der Behörde in einem Brief an die Verbände der Gaswirtschaft. Es könne unter wettbewerbsrechtlichen Gesichtspunkten nicht akzeptiert werden, daß sich auch die VV Gas II nicht mit der Möglichkeit kleiner Gewerbebetriebe und Haushalte befasse, ihren Gaslieferanten zu wechseln; siehe FAZ, vom 22. Juni 2001, S. 19.

bieter erfolgen und erfordert daher den Abschluß verschiedener Verträge – insbesondere, wenn sich der Lieferant von dem Netzinhaber unterscheidet.

Müßte der Kunde – anders als früher, als er einen Vertrag mit einem Vertragspartner zu schließen hatte – mehrere Verträge mit verschiedenen Vertragspartnern abschließen, würde dies natürlich seine Mobilität zugunsten des ehemaligen Gebietsmonopolisten und zu Lasten des Wettbewerbs beeinträchtigen: Der ehemalige Gebietsmonopolist wäre als Inhaber des Verteilernetzes immer an der Stromlieferung beteiligt, so daß es nahe läge, aus Gründen der Vereinfachung gleich alle Dienstleistungen von ihm entgegenzunehmen. Daher dienen die all-inclusive-Verträge der Kundenmobilität. Während die vertikal integrierten Netzinhaber somit über ein handfestes Interesse an der Beibehaltung einer vertraglichen Bindung mit den Anschlußinhabern bzw. Stromabnehmern verfügen[116] und daher einer Entbündelung der verschiedenen Rechtsverhältnisse zuneigen, entspricht das Konzept des all-inclusive-Vertrags eher den Interessen neuer Stromhändler, da diese ihren potentiellen Kunden so die gesamte für die Stromlieferung erforderliche Leistung aus einer Hand anbieten können.

Verbändevereinbarung zum Netzzugang bei Erdgas (2002) (VV Gas II): Am 3. Mai 2002 schlossen der BDI, der VIK, der BGW und der VKU nach langen politischen Auseinandersetzungen eine zweite Verbändevereinbarung zum Netzzugang bei Erdgas (VV Erdgas II). Durch diese neue Vereinbarung soll die Durchleitung durch die Netze von Wettbewerbern deutlich erleichtert werden. Die VV Gas II etabliert ein entfernungsabhängiges, einzeltransaktionsbezogenes Netzzugangsmodell. Künftig wird es nur noch zwei statt bislang drei Gasleitungssysteme geben. Für die überregionale und die regionale Ferngasstufe wird in Zukunft ein einheitliches Tarifsystem angewendet werden; der Preis für die Durchleitung richtet sich nach der Zahl der bei dem Transport genutzten Streckenabschnitte. Zudem wurde ein an die VV Strom II angelehnter Kalkulationsleitfaden vereinbart, mit dessen Hilfe die Höhe einzelner Nutzungsentgelte berechnet werden kann. Der für die Preisfindung aufgelegte »Kalkulationsleitfaden Gas« entspricht in weiten Teilen strukturell den Preisfindungsprinzipien Strom der VV Strom II plus (Anlage 3). Die Vereinbarung hat im Oktober 2002 die VV Gas I abgelöst.

d) Keine Heteronomität der Verbändevereinbarungen

Bei den Verbändevereinbarungen handelt es sich um den Fall einer ex-ante erfolgenden Selbstregulierung der »zuständigen« Branchenverbände[117]. Aus dem An-

---

[116] Dies gilt i.ü. auch für die nicht vertikal integrierten Netzinhaber, da die Konstruktion der Stromlieferung über einen all-inclusive-Vertrag das Insolvenzrisiko der – oftmals neu auf dem Markt agierenden – Stromhändler auf die Netzinhaber abwälzt; siehe *J.-P. Schneider*, Solving conflicts and securing democratic legitimation in the energy sector, S. 9.
[117] *Monopolkommission*, Hauptgutachten XIV, Tz. 868. Präziser wäre es allerdings von einer privaten Fremdregulierung zu sprechen, da nicht die letztendlich Betroffenen, sondern deren Verbände, in denen die Marktteilnehmer keineswegs zwangsweise organisiert sind, die Verhandlungen geführt und die Vereinbarungen abgeschlossen haben.

spruch der Verbändevereinbarungen, eine Grundlage für eine Vielzahl noch abzuschließender Netznutzungsverträge zu bieten und aus deren abstrakt-generellem Charakter als Regelung einer Vielzahl von Lebenssachverhalten für eine unbestimmte Zahl von Adressaten wurde abgeleitet, daß die Verbändevereinbarungen über das typische Gepräge von Rechtsnormen verfügen[118]. Bei den Verbändevereinbarungen handelt es sich aber lediglich um Verträge zwischen Unternehmensvereinigungen, die – wie die Präambel der ersten Verbändevereinbarung Elektrizität ausdrücklich betont – eine *Verhandlungsbasis* für ihrerseits frei auszuhandelnde Vereinbarungen zwischen Unternehmen der Elektrizitätswirtschaft und Elektrizitätskunden über den Netzzugang auf Vertragsbasis und die entsprechenden Netznutzungsentgelte bietet. Aus ordnungspolitischer Sicht handelt es sich bei der Initiierung der Verbändevereinbarungen durch den Gesetzgeber bei gleichzeitiger staatlicher Regelungsabstinenz um eine Deregulierung, die an die Stelle hierarchischer Vorgaben ein privatwirtschaftliches Konsensmodell stellt, dessen Zustandekommen durch die Androhung staatlicher Rechtsetzung für den Fall seines Scheiterns gefördert wird[119].

Die Verbändevereinbarungen sind kein Fall delegierter Rechtsetzung, sondern stellen eine korporatistische Lösung dar[120]. Der Staat gibt die Regelbildung aus der Hand, stattet die Regelsetzer aber nicht – wie bei einer klassischen Delegation – mit Kompetenzen zur Setzung von Rechtsnormen aus, sondern verläßt sich auf die Überzeugungskraft der ausgehandelten Regeln, auf die aber in jedem Einzelfall aufs Neue durch Vereinbarung zwischen Netzinhaber und Durchleitungspetent Bezug genommen werden muß. Die Verbändevereinbarungen mögen – wegen der Konfliktscheu von Parteien, die sich von der zeitraubenden[121] Geltendmachung ihrer völlig unkonkretisierten gesetzlichen Rechte abbringen lassen – eine faktisch zwingende Wirkung entfalten. Unmittelbare Rechtswirkung kommt ihnen aber weder als Konkretisierung des grundsätzlichen Zugangsanspruchs nach § 6 Abs. 1 EnWG, noch für die Vertragsgestaltung zwischen Netzbetreibern und Petenten zu.

Mit den Verbändevereinbarungen ist somit keine rechtliche Zwangswirkung beabsichtigt. Dies gilt zum einen für die beteiligten Verbände, da die Vereinbarungen für diese – mangels Netzinhaberschaft – überhaupt keine (Durchleitungs-) Pflichten begründen[122]. Die Verbände waren zum anderen auch nicht rechtsgeschäftlich oder durch Satzung ermächtigt, für ihre jeweiligen Mitglieder zu handeln und rechtlich bindende Verpflichtungen einzugehen. Es steht letztlich jedem

---

[118] *P. Becker / M. Faber*, NVwZ 2002, S. 156 ff. (158).
[119] *U. Büdenbender*, DÖV 2002, S. 375 ff. (378).
[120] *C. Engel*, Verhandelter Netzzugang, S. 25, 56 ff.
[121] Zu der Bedeutung des Zeitfaktors: *Monopolkommission*, Hauptgutachten XIV, Tz. 766 ff.
[122] *C. Bauer*, ET 2001, S. 31 ff. (31). Die rechtliche Verpflichtung der Verbände beschränkt sich darauf, gegenüber den jeweiligen Mitgliedern durch Rundschreiben etc. auf die Einhaltung der Vereinbarungen hinzuwirken, da ohne eine derartige Verpflichtung die Verbändevereinbarungen völlig leerliefen. Rechtsgrundlage dieser Pflicht ist § 242 BGB; *O. Schulze*, ET 2001, S. 399 ff. (400).

Netzbetreiber offen, ob er die Vorgaben der Verbändevereinbarungen den eigenen Verträgen mit den Durchleitungspetenten ganz oder teilweise nicht zugrunde legt[123]. Auch die in der Herrschaft über das Netz begründete Marktmacht der Netzbetreiber führt nicht dazu, daß die Regelungen der Verbändevereinbarungen als Rechtsnorm zu betrachten sind. Soweit einem Partner vertragliche Inhalte aufgrund wirtschaftlicher oder sonstiger Überlegenheit – ähnlich wie in dem Bereich der Allgemeinen Geschäftsbedingungen – aufgedrängt werden, liegt kein Fall heteronomer Normgeltung vor, da die Überführung des Regelungsinhalts in das Rechtsverhältnis zwischen Netzinhaber und Petent durch den einigenden Willensakt der Vertragspartner und nicht vermittels einer Inkraftsetzung durch eine rechtsetzende dritte Instanz erfolgt.

Die rechtliche Unverbindlichkeit der Verbändevereinbarung ist auf das Anliegen der Verbände zurückzuführen, kartellrechtliche Probleme bei deren Abschluß zu vermeiden. Die Verbändevereinbarungen werfen dennoch hier nicht weiter zu vertiefende kartellrechtliche Fragen hinsichtlich ihrer Vereinbarkeit mit § 1 (Kartellverbot), § 25 (Verbot aufeinander abgestimmter Verhaltensweisen), § 38 Abs. 1 Nr. 11 (Empfehlungsverbot) GWB 1990[124], § 14 (Verbot von Vereinbarungen über Preisgestaltung oder Geschäftsbedingungen), § 22 GWB (Empfehlungsverbot) auf[125].

Die Verbändevereinbarungen stellen letztlich nur Empfehlungen der vertragschließenden Verbände an ihre Mitglieder dar[126], bedürfen somit der individualvertraglichen Einbeziehung in die konkrete Durchleitungsvereinbarung und sind daher mangels heteronomer Geltung *keine Rechtsnormen*. Die Bindung an eine Verbändevereinbarung kann also nur im Einzelfall dadurch erfolgen, daß die Parteien eines konkreten Netznutzungsvertrags die Verbändevereinbarungen pauschal in den zwischen ihnen ausgehandelten Vertrag integrieren[127]. Die rechtliche Unverbindlichkeit der Verbändevereinbarungen hatte zur Folge, daß eine beachtliche Anzahl der deutschen Strom- und Gasnetzbetreiber trotz entsprechender Verpflichtungen in den Verbändevereinbarungen ihre Netznutzungskonditionen zunächst nicht veröffentlichten; daß die Regelungen zum Netzzugang von vielen Betreibern anders gehandhabt wurden, als von den Verbänden ausgehandelt und daß die veröffentlichten Netznutzungskonditionen v.a. im Gasbereich sich nicht mit den Vorgaben der Verbändevereinbarungen deckten[128].

---

[123] A.a. nur *S. Klaue*, ZNER 1998, S. 22 ff. (24), der von einer rechtlichen Verbindlichkeit ausgeht, weil in den Verbändevereinbarungen keine gegenteiligen Anhaltspunkte enthalten sind.
[124] Hierzu mit Blick auf die erste Verbändevereinbarungen Elektrizität i.e. *S. Klaue*, ZNER 1998, S. 22 ff. (24 ff.).
[125] *J.-P. Schneider*, Liberalisierung der Stromwirtschaft durch regulative Marktorganisation, S. 458 ff.
[126] *U. Büdenbender*, in: JZ 1999, S. 62 ff. (68); *D. Ehlers/H. Pünder*, in: N. Achterberg/G. Püttner/T. Würtenberger, Besonderes Verwaltungsrecht I, Rn. 67.
[127] *O. Schulze*, ET 2001, S. 399 ff. (400).
[128] *C. Bauer*, ET 2001, S. 31 ff. (31).

3. Staatliche Regulierung als verfassungsrechtliches Desiderat

Die Umstrukturierung des deutschen Energiemarktes hat eine Desintegration der zuvor integrierten Wertschöpfungskette durch eine Trennung von Primärenergiebeschaffung, Stromerzeugung, -übertragung, -verteilung und -handel eingeleitet. Der deutsche Energiemarkt ist heute pluraler strukturiert als im Jahr 1998: Dies wird insbesondere an der Zusammensetzung des Strommarktes deutlich, in dem neben den sechs Übertragungsnetzbetreibern 60 bis 70 regionale und weit über 500 kommunale Stromversorger agieren. Hinzu treten eine Vielzahl ausländischer Wettbewerber, Strommakler (»Broker«) und -händler[129] sowie unabhängige Erzeuger[130]. Das Bundeskartellamt geht in seinem Bericht für die Jahre 1999/2000 von einem befriedigenden Ergebnis bei der Herstellung des Wettbewerbs auf dem Elektrizitätsmarkt aus, während die Resultate im Gasbereich noch als mangelhaft gelten[131].

a) Vor- und Nachteile der Verbändevereinbarungen

Inwieweit das sich in den Verbändevereinbarungen dokumentierende Miteinander von staatlicher Rahmensetzung und regulierter Selbstregulierung tatsächlich zu einer Belebung des energiewirtschaftlichen Wettbewerbs beigetragen hat, wird ebenso kontrovers beurteilt wie die Frage, ob der Versuch der Selbstregulierung durch Verbändevereinbarungen als gescheitert zu gelten hat[132]. In der Tat sind angesichts der staatlichen Regelungszurückhaltung Defizite zu verzeichnen, welche zumindest den in § 1 EnWG festgehaltenen Zielen des Energiewirtschaftsrechts und auch den gemeinschaftsrechtlichen, aus den Gas- und Elektrizitätsbinnenmarktrichtlinien resultierenden Umsetzungsverpflichtungen zuwiderlaufen, die zur Etablierung eines funktionierenden Wettbewerbs verpflichten[133]. Es wurde die Vermutung geäußert, daß nur das »Damoklesschwert« einer

---

[129] Zu deren Tätigkeit *B. Herrmann / C. Dick*, BB 2000, S. 885 ff. (885 f.).
[130] Hierzu *H.-W. Schiffer*, ET 2002, S. 160 ff. (170).
[131] BT-Drcks. 14/6300, S. 36 f.; s.a. auch die ähnliche Einschätzung der *Monopolkommission*, Hauptgutachten XIII, Tz. 89; Hauptgutachten XIV, Tz. 868 ff.
[132] Dies wurde deutlich in der Diskussion bei der öffentlichen Anhörung des Ausschusses für Wirtschaft und Technologie am 24. September 2001 (Protokoll, Az. 742 2401, S. 18 ff.); hierzu auch der Artikel »Wettbewerb bei Strom und Gas läßt noch zu wünschen übrig«, FAZ vom 25. September 2001, S. 19.
[133] Z.B. *S. Neveling / C. Theobald*, ZNER 2001, S. 64 ff. (66). Siehe zu den Schritten, die zu einer weiteren Förderung des Wettbewerbs in der Gaswirtschaft als notwendig empfunden werden *C. Riechmann*, ET 2001, S. 776 ff., der einen Zugang zu weiteren wesentlichen, die Durchleitung flankierenden Leistungen (v.a. Gasspeicher zur Sicherung einer gleichmäßigen Versorgung) fordert; s.a. *S. Neveling / C. Theobald*, ZNER 2001, S. 64 ff. (67). Allerdings liegt hier kein natürliches Monopol der etablierten Energieversorgungsunternehmen vor, so daß ein regulatorischer Eingriff durch Etablierung Zugangsanspruchs zumindest aus netzökonomischer Sicht nicht zu rechtfertigen ist; siehe dazu *L. Birnbaum*, ET 2001, S. 556 ff. (557 f.) auch unter Hinweis auf die entsprechenden Vorhaben der Kommission in Art. 7 des Vorschlags für eine Richtlinie des Europäischen Parlaments und des Rates zur Änderung der Richtlinien 96/92/EG und 98/30/EG über gemeinsame Vorschriften für den Elektrizitätsbinnenmarkt und den Erdgasbinnenmarkt; Kommission (2001), Nr. 125 endg., Abl. Nr. C 240 E vom 28. August 2001, S. 60.

drohenden Regulierung noch schlimmere Fehlentwicklungen verhindert habe[134]. Im Zuge der schleppenden Verhandlungen um die zweite Verbändevereinbarung Erdgas hatte auch der Bundeswirtschaftsminister den Verbänden immer wieder mit der Einsetzung einer Regulierungsbehörde gedroht, um die Verhandlungsbereitschaft der Verbände zu stimulieren[135].

Der VIK hat durch eine Erhebung festgestellt, daß auch in dem Bereich der Stromwirtschaft 60% der Netzpreise oberhalb der Regeln nach VV Strom II plus liegen und daß einige Netzbetreiber erst unter Prüfungsdruck der Kartellbehörde bereit sind, ihre Netznutzungspreise zu senken[136]. Nach dem erhobenen Preisvergleich des VIK differieren die Preise zwischen günstigstem und teuerstem Netzbetreiber im Niederspannungsnetz um 114%. Die Preisspanne der Netzbetreiber im Mittelspannungsnetz liegt bei ca. 75%, im Hochspannungsnetz bei 72%. Zudem wurden lediglich geringe Preissenkungen festgestellt: Bei der Netznutzung auf Hochspannungsebene betrugen die Preisrückgänge 3,2%, auf der Mittelspannungsebene 1,6% und auf der Niederspannungsebene 2,6%. Nach Feststellung des VIK hat zudem bislang nur ein kleiner Teil der Netzbetreiber – wie in der VV Strom II plus vereinbart – die für ihn jeweils relevanten Strukturkennziffern veröffentlicht, die eine bessere Vergleichbarkeit der Netznutzungspreise ermöglichen. In diesem Lagebericht werden die Grenzen unverbindlicher Selbstregulierung deutlich. Dennoch wurden in Deutschland bislang unmittelbar einschneidende Eingriffe in die Marktstruktur bei der Öffnung der Energiemärkte vermieden[137]. Energieerzeugung und -verteilung wurden nicht zwangsweise gesellschaftsrechtlich separiert. Der Gesetzgeber vertraut auf eine korporatistische Regelung des Zugangs zu natürlichen Monopolen. Außerdem wurde auf die Schaffung einer Regulierungsbehörde zunächst verzichtet[138].

Nicht als staatliche Regulierungsinstanz mißzuverstehen ist die bei dem Bundeswirtschaftsminister im April 2001 errichtete sog. Task Force Netzzugang, mit der das Prinzip der Selbstregulierung beim Netzzugang ausdrücklich nicht durchbrochen werden soll. Die z.T. aus an das BMWi delegierten Angehörigen der Energiewirtschaft zusammengesetzte Task Force Netzzugang soll vielmehr als Moderator dazu beitragen, daß der Netzzugang auf der Grundlage der neuen Verbändevereinbarung im Tagesgeschäft weiter erleichtert wird. Die Aufgabe der Task Force besteht in der Erfolgskontrolle und Optimierung des verhandelten Netzzugangs durch das Vorantreiben einer effizienten privaten

---

[134] So zumindest die Ansicht des Geschäftsführers eines auf dem deutschen Markt agierenden »Energiebrokers«: »Netzbetreiber und Regulierung – wie lange geht es noch ohne?«, in Handelsblatt – Beilage Innovation und Technik vom 23. Mai 2001; s.a. unter www.handelsblatt.com (6. Mai 2002).

[135] Dessen Einrichtung ist aber nun aufgrund gemeinschaftsrechtlicher Vorgaben ohnehin zu erwarten; hierzu bei Fn. 140.

[136] Pressemitteilung vom 21. Mai 2002.

[137] *Monopolkommission*, Hauptgutachten XIII, Tz. 82.

[138] Allerdings wächst insoweit der gemeinschaftsrechtliche Druck (siehe Fn. 140) ebenso wie die Kritik in Deutschland gegenüber dieser Unterlassung; siehe z.B. *P. Becker/M. Faber*, NVwZ 2002, S. 156 ff. (159); *K. Markert*, BB 2001, S. 105 ff. (109 f.); *S. Neveling/C. Theobald*, ZNER 2001, S. 64 ff. (66) und die Ausführungen der *Monopolkommission*, Hauptgutachten XIV, Tz. 876.

Streitschlichtung; sie nimmt sich des Themas der Netznutzungsentgelte, ihrer Höhe, ihrer Bemessungsgrundlagen und der Entgeltstruktur an. Zudem arbeitet sie generelle Defizite zusammen mit der Entwicklung fallübergreifender Lösungsmöglichkeiten heraus[139]. Ihre Instrumente sind aber nicht der Eingriff, sondern die Information und die Mediation, wobei sie aufgrund des Charakters der Verbändevereinbarungen nur auf einvernehmliche Lösungen hinwirken kann. Allerdings ist es auch nicht ausgeschlossen, daß die Task Force mit Empfehlungen, die von den Verbänden nicht umgesetzt wurden, an die Öffentlichkeit geht, um die Ablehner einem erhöhten Rechtfertigungsdruck auszusetzen.

Die europäische Kommission hat angesichts einer als defizitär empfundenen Wettbewerbssituation einen Vorschlag für die Änderung der Gas- und Elektrizitätsbinnenmarktrichtlinien unterbreitet[140]. Zentraler Gegenstand dieses Vorschlags ist die zwingende Einrichtung einer nationalen Regierungsbehörde für Gas und Elektrizität, die Tarife und Bedingungen für den Netzanschluß, insbesondere Fragen der Organisation des Netzzugangs betreffend, zu genehmigen hat (Art. 22 Entwurf der jew. Richtlinie). Die Umsetzung der Richtlinie würde auf eine partielle Desintegration vertikal integrierter Unternehmen hinauslaufen, da sie verlangt, daß der Netzbetreiber zumindest hinsichtlich Rechtsform, Organisation und Entscheidungsgewalt unabhängig von den übrigen Tätigkeitsbereichen ist, die nicht mit der Verteilung zusammenhängen. (Art. 10 Abs. 4 Entwurf der jew. Richtlinie).

Die genannten drei Eckpunkte der deutschen Marktöffnung demonstrieren ein großes Vertrauen des Gesetzgebers in die Selbstregulierungskräfte der Marktteilnehmer, das seinen besonderen Ausdruck in dem Verzicht auf eine Netzzugangsverordnung zugunsten verbandlicher Selbstregulierung findet. In dem deutschen Sonderfall rechtlich nicht verbindlicher Verbändevereinbarungen im Bereich Strom und Gas als Ersatz für eine staatliche Regulierung wird die Absicht deutlich, die beteiligten Interessen mit dem Ziel einer zügigen Einigung über die wettbewerbliche Nutzung der natürlichen Monopole an den Strom- und Gasnetzen zusammenzuführen. Allerdings liefern die Verbändevereinbarungen trotz des ihnen insbesondere seitens des Gesetzgebers und – in Grenzen – seitens des Bundeskartellamts entgegengebrachten Vertrauens ein illustratives Beispiel für die Schwierigkeiten, die die Delegation (im untechnischen Sinne) von Selbstregulierungskompetenzen an gesellschaftliche Bereiche mit sich bringt. Den Verbändevereinbarungen wird angesichts der dürren Aussagen in § 6 EnWG und des vollständigen Regelungsverzichts des in § 6 Abs. 2 EnWG ermächtigten Verordnungsgebers angelastet, daß sich in ihnen eine Ordnungsfunktion inhaltlicher Vorstrukturierung und prozeduraler Absicherung durch den Staat bei der durchaus als sinnvoll empfundenen Einbeziehung selbstregulativer Elemente in die Regulierung komplexer

---

[139] Siehe zu alledem nur die Ausführungen des Vorsitzenden der Task-Force *K.-P. Schulz*, ET 2002, S. 216 ff. (217).
[140] Vorschlag für eine Richtlinie des Europäischen Parlaments und des Rates zur Änderung der Richtlinien 96/92/EG und 98/30/EG über gemeinsame Vorschriften für den Elektrizitätsbinnenmarkt und den Erdgasbinnenmarkt; Kommission (2001), Nr. 125 endg., Abl. Nr. C 240 E vom 28. August 2001, S. 60.

Wirtschaftsverhältnisse nicht hinreichend realisiert[141]. Konzentriert man die mit dieser Aussage aufgeworfene Frage auf ihren verfassungsrechtlichen Kern, so erweist sich als zentrales Problem, ob die gesetzgeberische Wahl zwischen reguliertem und verhandeltem Netzzugang eine Auswahl zwischen politischen Optionen oder zwischen verfassungsmäßiger und verfassungswidriger Alternative ist. Als (verfassungs-)rechtliche Ableitung einer gesetz- bzw. verordnungsgeberischen Regulierungspflicht kommen mehrere Ansätze in Betracht.

Das ermächtigende Gesetz spricht im konkreten Fall eher gegen als für eine Pflicht des Verordnungsgebers zum Verordnungserlaß. Die Formulierung von § 6 Abs. 2 EnWG (»... kann ...«) räumt dem Verordnungsgeber – anders als in Fällen, in denen der Ermächtigungsadressat eine »notwendige« Rechtsverordnung zu erlassen »hat«[142] – eine Entschließungsfreiheit dahingehend ein, ob eine Rechtsverordnung erlassen werden soll, die die Bedingungen der Netznutzung regelt – oder nicht. Dies impliziert eine verordnungsgeberische »Freiheit« dahingehend, ob und wann von der Ermächtigung Gebrauch gemacht werden soll[143], wobei diese Freiheit nicht notwendigerweise eine umfassende sein muß[144]. Hier aber liegt der Fall indessen so, daß der Gesetzgeber zu erkennen gegeben hat, daß die Verordnungsermächtigung der Bundesregierung nur vorsorglich erteilt wird und daher nur dann realisiert werden soll, wenn der Zweck der Ermächtigung nicht auf andere Weise zu erreichen ist (Droh-Ermächtigung)[145]. Ungeachtet der Formulierung der Vorschrift, die auf einen gewöhnlichen Fall verordnungsgeberischer Entscheidungsfreiheit hinzuweisen scheint, spricht dieser Umstand für eine gebundene Freiheit, so daß aus gesetzlicher Sicht zunächst Erfolg oder Mißerfolg der verbandlichen Selbstregulierung abzuwarten ist, bevor der Verordnungsgeber eingreifen darf.

Der Ermächtigte hat allerdings nicht nur anhand des ermächtigenden Gesetzes, sondern auch anhand einer an verfassungsrechtlichen Grundsätzen (z.B. Art. 3 Abs. 1 GG[146]) ausgerichteten Entscheidung über Erlaß oder Nicht-Erlaß der Verordnung zu befinden. Insoweit liegt die Überlegung nahe, daß eine über den Rahmen von § 6 Abs. 1 EnWG bzw. § 19 Abs. 4 Nr. 4 GWB hinausgehende staatliche Regulierung vor dem freiheitsrechtlichen Hintergrund geboten ist, den die Frage nach der Effizienz der Durchleitung bietet[147].

b) Die Grundrechtsrelevanz der Durchleitung

Die grundrechtliche Dimension der Durchleitungsproblematik entfaltet sich auf beiden Seiten des Durchleitungsverhältnisses: Der Netzinhaber ist gezwungen,

---

[141] *J.-P. Schneider*, Liberalisierung der Stromwirtschaft durch regulative Marktorganisation, S. 463.
[142] *H. Schneider*, Gesetzgebung, Rn. 248.
[143] BVerwGE 18, 6 (9); BVerwG NJW 1983, S. 2893 ff. (2894) für die landesverfassungsrechtliche Perspektive; s.a. *H. Schneider*, Gesetzgebung, Rn. 248.
[144] BVerfGE 13, 248 (254).
[145] Nachweise bei *H. Schneider*, Gesetzgebung, Rn. 249.
[146] Siehe hierzu den Fall in BVerfGE 13, 248 (254).
[147] *U. Büdenbender*, Schwerpunkte der Energierechtsreform 1998, S. 100; *S. Neveling/C. Theobald*, ZNER 2001, S. 64 ff. (66); *H.-J. Papier*, Die Regelung von Durchleitungsrechten, S. 29 f.; *ders.*, BB 1997, S. 1213 ff. (1217).

sein Eigentum Dritten für deren berufliche Zwecke zur Verfügung zu stellen und dabei sogar im Falle der Repartierung seine eigenen beruflichen Interessen hintanzustellen[148]. Der Durchleitungspetent bedarf des im Schutze eines staatlich gewährten Monopols ausgebauten Netzes zur Verwirklichung seiner beruflichen Freiheit.

aa) Die Grundrechtsposition des Netzinhabers

Die restriktiven und daher kaum realisierten Durchleitungsregelungen aus der Zeit vor der Energiewirtschaftsrechtsnovelle von 1998 galten als zwingende Folge der Eigentums- und Berufsfreiheit (Art. 14 Abs. 1 GG bzw. Art. 12 Abs. 1 GG) der Netzinhaber bzw. Netzbetreiber[149]. Daß diese sich auf die genannten Grundrechte berufen können, setzt allerdings voraus, daß es sich bei ihnen nicht um Rechtssubjekte handelt, die mehrheitlich oder gar vollständig in staatlicher Hand sind, da insoweit keine Grundrechtsberechtigung anzunehmen ist[150]. Die folgenden grundrechtlichen Überlegungen gelten also nicht für gemischt-wirtschaftliche Unternehmen mit überwiegender staatlicher Beteiligung. Soweit Netzinhaber in kommunaler Trägerschaft stehen, ist die Betätigung in der örtlichen Energieversorgung indessen durch die Garantie der kommunalen Selbstverwaltung gewährleistet (Art. 28 Abs. 2 GG), die aber ihrerseits aufgrund des beigegebenen Gesetzesvorbehalts einschränkbar ist.

---

[148] Zur Grundrechtsrelevanz insoweit *O. Depenheuer*, in: H. v. Mangoldt/F. Klein/C. Starck, Grundgesetz Bd. 1, Art. 14 Rn. 140.

[149] So insbesondere *M. Schmidt-Preuß*, RdE 1996, S. 1 ff. (4 ff.); *ders.*, Die Aktiengesellschaft 1996, S. 1 ff. (5 ff.); *R. Scholz/S. Langer*, Europäischer Binnenmarkt und Energiepolitik, S. 243 ff.; *dies.*, ET 1992, S. 851 ff.; zweifelnd *H.D. Jarras*, Europäisches Energierecht, S. 106 ff.

[150] *H.-J. Papier*, Die Regelung von Durchleitungsrechten, S. 15 ff. m.w.N.; a.A. aber eine verbreitete Ansicht in der Literatur: *A. v. Arnauld*, DÖV 1998, S. 437 ff.; *H.H. Klein*, Die Teilnahme des Staats am wirtschaftlichen Wettbewerb, S. 234 f.; *G. Püttner*, Die öffentlichen Unternehmen, S. 120 f.; zum Streitstand auch *H. Gersdorf*, Öffentliche Unternehmen im Spannungsfeld zwischen Demokratie- und Wirtschaftlichkeitsprinzip, S. 136 ff.; *P.M. Huber*, in: H. v. Mangoldt/F. Klein/C. Starck, Grundgesetz Bd. 1, Art. 19 Rn. 296 ff.; *J.A. Kämmerer*, Privatisierung, S. 464 ff.; *H. Krüger/M. Sachs*, in: M. Sachs, Grundgesetz, Art. 19 Rn. 112; *S. Storr*, Der Staat als Unternehmer, S. 238 ff.; zum Streitstand auch *M. Möstl*, Grundrechtsbindung öffentlicher Wirtschaftstätigkeit, S. 131 ff. Das Bundesverfassungsgericht (NJW 1990, S. 1783) stellt auf die Wahrnehmung gesetzlich zugewiesener und geregelter öffentlicher Aufgaben der Daseinsvorsorge ab und entscheidet in diesem Fall, daß Grundrechtsfähigkeit nicht gegeben ist. Entscheidend dürfte aber sein, wie stark der Einfluß der öffentlichen Hand auf das gemischt-wirtschaftliche Unternehmen ist; siehe *G. Haverkate*, VVDStRL Bd. 46 (1988), S. 217 ff. (226 ff.). Im Ergebnis spielt diese Kontroverse für die hier zu klärende grundsätzliche Frage keine Rolle, da es jedenfalls *auch* rein private Akteure auf dem Strommarkt gibt. Auf gemeinschaftsrechtlicher Ebene wird die Schutzwirkung der Grundfreiheiten auch auf solche Unternehmen ausgedehnt; *R. Scholz/S. Langer*, Europäischer Binnenmarkt und Energiepolitik, S. 244 ff.

α) *Der Schutz aus Art. 14 GG*

Naheliegend ist die Annahme, daß der den Konkurrenten eingeräumte Durchleitungsanspruch mit dem Gewährleistungsgehalt des Art. 14 Abs. 1 GG konfligiert, dessen Schutzbereich gleich in zweifacher Weise angesprochen ist: Grundsätzlich genießen die auf Durchleitung in Anspruch genommenen Unternehmen nicht nur einen Eigentumsschutz hinsichtlich ihres Versorgungsnetzes, sondern auch im Hinblick auf ihren eingerichteten und ausgeübten Gewerbebetrieb[151]. Dieser Aspekt schützt das Unternehmen als funktionsfähige wirtschaftliche Einheit, die insgesamt mehr ist als die Summe ihrer auch im einzelnen eigentumsrechtlich geschützten Elemente[152]. Geschützt werden unter diesem Vorzeichen aber nur solche virtuellen Rechtspositionen, die in dem Betrieb selbst angelegt sind.

Trotz aller Schwierigkeiten, den aus dieser Aussage erwachsenden Schutz in jedem Einzelfall zu konkretisieren, ist doch eindeutig, daß nicht alle rechtlichen und faktischen Gegebenheiten bzw. Rahmenbedingungen verfassungsrechtlich geschützt sind, die sich wertsteigernd, -begründend oder -erhaltend auf den Gewerbebetrieb auswirken können. Ein Unternehmen kann von rechtlichen, örtlichen oder wirtschaftlichen Gegebenheiten profitieren, ohne daß diese dem Gewerbebetrieb i.S.v. Art. 14 Abs. 1 GG zuzurechnen sind, da sie nicht in dem Zusammenspiel der unter seinem Dach zusammengeführten einzelnen eigentumsrechtlich relevanten Elemente verwurzelt, sondern von außen ohne Zutun des Unternehmers an den Betrieb herangetragen sind.

Das Vertrauen des Grundrechtsträgers auf den Fortbestand dieser Umstände ist rechtlich nicht schutzwürdig und damit nicht Bestandteil des grundrechtlichen Schutzbereiches von Art. 14 Abs. 1 GG, da dieser den Gewerbetrieb nur in seiner aktuellen, von den normativen, politischen und ökonomischen Rahmenbedingungen und Marktverhältnissen geprägten Situationsgebundenheit grundrechtlich absichert[153]. Zu solchen rechtlichen Gegebenheiten gehört aber die gesetzliche Umhegung eines Aktionskreises durch Ausschluß potentieller Konkurrenten. Ausgeschlossen ist daher der Schutz vor Veränderungen einer für das Unternehmen günstigen Gesetzeslage. Damit ist der Schutz aus Art. 14 Abs. 1 GG nicht gänzlich neutralisiert. Art. 14 Abs. 1 GG kann aber zugunsten der Netzinhaber nur im Hinblick auf die Nutzung des Versorgungsnetzes in Anschlag gebracht werden. In den Durchleitungsansprüchen der Petenten kommt

---

[151] BVerfGE 1, 264 (277); 13, 225 (229); 16, 147 (187); 45, 142 (173); 50, 290 (351 f.); 77, 84 (118); 81, 208 (227 f.); s.a. z.B. BGHZ 111, 349 (355 ff.); BVerwGE 6, 247 (266), 30, 235 (239), 81, 49 (54); BSGE 5, 40 (42); *F. Ossenbühl*, Staatshaftungsrecht, S. 160 ff.; *H.-J. Papier*, in: T. Maunz / G. Dürig u.a., Grundgesetz, Art. 14 Rn. 95 (Fn. 284 f.); *R. Wendt*, in: M. Sachs, Grundgesetz, Art. 14 Rn. 47 m.w.N.; zweifelnd an der Rechtsprechung des Bundesverfassungsgerichts aber etwa *C. Engel*, AöR Bd. 118 (1993), S. 169 ff. (173).

[152] *C. Engel*, AöR Bd. 118 (1993), S. 169 ff. (175 ff.).

[153] *H.-J. Papier*, Die Regelung von Durchleitungsrechten, S. 31; *R. Wendt*, in: M. Sachs, Grundgesetz, Art. 14 Rn. 47 m.w.N.

eine gesetzliche Verpflichtung der Unternehmen zum Ausdruck, aufgrund derer diese ihr Eigentum Dritten gegen Entgelt zur Verfügung zu stellen haben.

Bei dieser Netzinhaberschaft handelt es sich auch nicht weniger um eine privatautonome Sachherrschaft als um eine Zuständigkeit für die Erfüllung einer öffentlichen Netzträgeraufgabe – mit den entsprechenden negativen Konsequenzen für den Grundrechtsschutz der Netzinhaber[154]. Das EnWG bietet insbesondere in seiner Fassung nach der Marktliberalisierung keinen Anhaltspunkt dafür, daß ihm eine Regelungssystematik zugrunde liegt, nach der die Netzinhaberschaft im Grundsatz als pflichtgebundene Kompetenz zu verstehen ist. Vielmehr machen insbesondere die dem Netzinhaber zustehenden Abwehrrechte gegenüber dem Petenten deutlich, daß legitime eigennützige Interessen gegenüber dem Durchleitungsansinnen durchaus noch ins Feld geführt werden können. Zumal jede Form einer andersartigen Rechtsinhaberschaft als der typisierten sachenrechtlichen der besonderen Festlegung bedürfte, handelt es sich bei der Rechtsposition des Netzinhabers um eine grundsätzlich privatnützige, der ein entsprechender Grundrechtschutz zugute kommt.

Um einen Fall der Enteignung handelt es sich dabei freilich nicht, da keine vollständige Entziehung konkreter subjektiver Eigentumspositionen erfolgt[155]. Auch eine nur teilweise Entziehung des Eigentums im Sinne einer Zuordnung von rechtlich verselbständigten und konturierten Bestandteilen des Eigentumsrechts an die Durchleitungspetenten, die ebenfalls noch von dem Enteignungsbegriff umfaßt wäre[156], findet bei Auferlegung eines durch das Erfordernis der Gleichbehandlung aller Durchleitungsansprüche bedingten Kontrahierungszwangs nicht statt.

Der verfassungsrechtliche Eigentumsschutz gem. Art. 14 Abs. 1 GG gewährleistet dem Grundrechtsberechtigten eine konkrete Bestands- und Nutzungsgarantie für sein Eigentum – das Recht des Habens, des Gebrauchmachens. Dieses Gebrauchmachen umfaßt insbesondere die eigene Nutzung des Gegenstandes durch den Grundrechtsträger. Der eigentumsrechtliche Schutzbereich gewährleistet also nicht allein die finanzielle Nutzenziehung durch Vermietung oder Verpachtung[157], sondern zielt gerade auch auf die tatsächliche Eigennutzung. Die Tatsache, daß die Netzinhaber in jedem Falle für die Netznutzung Anspruch auf ein Entgelt haben, verringert daher die eigentumsrechtliche Relevanz des Durchleitungsanspruchs auf der Ebene des Schutzbereichs keineswegs, da Art. 14 Abs. 1 GG auch das Bestimmungsrecht darüber umfaßt, wer das Eigentum zu welchem Zwecke nutzen darf.

---

[154] So aber *G. Hermes*, Staatliche Infrastrukturverantwortung, S. 477 ff., 480 f.
[155] *J.F. Baur / M. Moraing*, Rechtliche Probleme einer Deregulierung der Elektrizitätswirtschaft, S. 59 ff.; *S. Tüngler*, Der Netzzugang in der Elektrizitätswirtschaft auf der Grundlage des Energiewirtschaftsgesetzes, S. 48 f. Zu den Voraussetzungen des Vorliegens einer Enteignung: *F. Ossenbühl*, Staatshaftungsrecht, S. 178 ff. m.w.N.
[156] *M. Burgi*, NVwZ 1994, S. 527 ff. (529 ff.); *D. Ehlers*, VVDStRL Bd. 51 (1992), S. 211 ff. (236); *B. Pieroth / B. Schlink*, Grundrechte, Rn. 923.
[157] BVerfGE 79, 292 (304).

Allerdings ist die verfassungsrechtliche Gewährleistung des Eigentums zum einen durch die gesetzlichen Inhalts- und Schrankenbestimmungen (Art. 14 Abs. 1 Satz 2 GG), zum anderen durch dessen Sozialbindung geprägt (Art. 14 Abs. 2 GG). Der gegen die Netzinhaber gerichtete Durchleitungsanspruch fällt, da es sich nicht um eine Enteignung handelt, in die Kategorie der Inhalts- und Schrankenbestimmungen.

Vor einer Festlegung, ob es sich bei den Durchleitungsansprüchen um eine Inhalts- oder eine Schrankenbestimmung des Eigentums an den Versorgungsnetzen handelt, steht die Frage, ob diese beiden Kategorien überhaupt voneinander zu differenzieren sind. Dies ist zwar in der Literatur umstritten[158], liegt i.E. aber schon aufgrund der Formulierung nahe, deren tautologische Fassung zumindest erklärt werden müßte. Zudem ist die Differenzierung auch deswegen sinnvoll, weil sie eine Abschichtung der Regelungen, die Existenz und Greifbarkeit des Eigentums durch entsprechende rechtliche Konturierung erst ermöglichen, von den Regelungen verdeutlicht, die – dem Gedanken des privatnützigen Eigentums eigentlich fremd – im Nachhinein als Begrenzung der unumschränkten Abwehr- und Nutzungskompetenzen des Eigentümers an das Eigentum herangetragen werden. Legt man diese Differenzierung zugrunde, so handelt es sich vorliegend nicht nur aufgrund des zeitlichen Ablaufs der Begründung des Eigentums an den Versorgungsnetzen und des erst in der Folge eingerichteten Durchleitungsanspruchs, sondern auch aufgrund der Aufgabe dieser Ansprüche, einen Konflikt zwischen zwei Privatrechtssubjekten aufzulösen, um eine Schrankenbestimmung.

Hinsichtlich der Schrankenbestimmungen gibt Art. 14 Abs. 2 GG einen inhaltlichen Anhaltspunkt für die Ausgestaltung des Schutzbereichs von Art. 14 Abs. 1 GG. Hiernach obliegt es dem Gesetzgeber, ein Sozialmodell zu verwirklichen, dessen normative Elemente sich einerseits aus der grundgesetzlichen Anerkennung des Privateigentums und andererseits aus der verbindlichen Richtschnur des Art. 14 Abs. 2 GG ergeben[159]. Der mit der Schrankenbestimmung verfolgte Zweck – Einführung eines Wettbewerbs in der Energiewirtschaft – ist vor dem Hintergrund der gewandelten energiewirtschaftlichen Rahmenbedingungen ohne weiteres von dem wirtschaftspolitischen Gestaltungsmandat des Gesetzgebers umfaßt[160]. In diesem Zusammenhang ist es grundsätzlich dessen Sache, welche Maßnahmen er zur Erreichung seines legitimen Ziels verfolgen will[161]. Auch an Eignung, Erforderlichkeit und Angemessenheit dieses Eingriffs besteht kein Zweifel. Je mehr das Eigentumsobjekt aber in einem sozialen Bezug oder einer sozialen Funktion steht, in desto höherem Maße ist es verfassungsrechtlich für

---

[158] Für eine Differenzierung W. Leisner, in: J. Isensee/P. Kirchhof, HdbStR Bd. VI, § 149 Rn. 133 ff.; R. Wendt, Eigentum und Gesetzgebung, S. 147 ff.; ders., in: M. Sachs, Grundgesetz, Art. 14 Rn. 55; dagegen aber H.-J. Papier, in: T. Maunz/G. Dürig u.a., Grundgesetz, Art. 14 Rn. 300; J. Wieland, in: H. Dreier, Grundgesetz Bd. I, Art. 14 Rn. 68; D. Ehlers, VVDStRL Bd. 51 (1992), S. 211 ff. (225) will eine Unterscheidung in zeitlicher Hinsicht, nicht aber materiell vornehmen.
[159] BVerfGE 68, 361 (367); s.a. BVerfGE 25, 112 (117), 52, 1 (29); 70, 191 (200); 79, 174 (198).
[160] Hierzu i.E. mit Nachw. H.-J. Papier, Die Regelung von Durchleitungsrechten, S. 24 f.
[161] BVerfGE 23, 50 (59); 30, 292 (317); st. Rspr. Zur Wettbewerbsordnung als Gemeinwohlbelang: H.-J. Papier, Die Regelung von Durchleitungsrechten, S. 23 ff.

den Gesetzgeber möglich, dem Eigentümer Bindungen aufzuerlegen[162], die aber ihrerseits dem Verhältnismäßigkeitsprinzip unterliegen[163]. Je höher also der soziale Bezug des konkreten Eigentumsgegenstandes ist, desto weiter gehen die einschränkenden Befugnisse des Gesetzgebers, insbesondere dann, wenn die Nutzung des Eigentums die Belange Dritter berührt, die auf die Nutzung des Eigentumsobjekts angewiesen sind[164].

Dem kann nicht entgegengehalten werden, daß es sich bei der Durchleitung gar nicht um die Geltendmachung einer Sozialbindung, sondern um eine ausschließlich konkurrentennützige Indienstnahme von Eigentum und Unternehmerfreiheit handle, bei der es allein um die einseitige Durchsetzung gegenläufiger Privatbelange gehe[165]. Ohne weiter zu ergründen, ob diese Konstellation nicht ohnehin allen Inhalts- und Schrankenbestimmungen zugrunde liegt, muß dem der Verweis auf das gesetzgeberische Ziel der Etablierung einer Wettbewerbsordnung entgegengehalten werden, für die der Durchleitungsanspruch nur Mittel zum Zweck ist und die ohne private, anspruchsberechtigte Wettbewerber schlechterdings nicht zu verwirklichen wäre.

Vorliegend ist insoweit folgender Aspekt relevant: Das an den Versorgungsnetzen bestehende Privateigentum ist in eigener Initiative der Energieversorgungsunternehmen bzw. derer Rechtsvorgänger entstanden. Dabei waren diese allerdings nicht dem Wettbewerb ausgesetzt, sondern konnten sich unter dem Schutzschild eines durch die staatliche Rechtsordnung abgesicherten Gebietsmonopols entfalten, das seine Rechtfertigung in staatlichen Erwägungen über die Versorgungssicherheit fand. Durch diese Genese ist nicht der private und damit unter dem Gesichtspunkt von Art. 14 Abs. 1 GG schutzwürdige Charakter des so entstandenen Eigentums in Zweifel zu ziehen. Wohl ist aber ein erhöhtes Maß an sozialer Pflichtigkeit i.S.v. Art. 14 Abs. 2 GG dieses so entstandenen und gemehrten Eigentums einzufordern[166].

Zwar dürfen bei dieser Beurteilung nicht die in der Vergangenheit von den Gebietsmonopolisten geleisteten Zahlungen, insbesondere die Konzessionsabgaben an die Gemeinden unberücksichtigt bleiben. Doch ändern diese nichts an der exklusiven Stellung der Gebietsmonopolisten beim Aufbau ihrer Netze; sie haben vielmehr bloß deren Rentabilität verzögert bzw. vermindert.

Erkennt man vor diesem Hintergrund das mit der Durchleitung verfolgte gesetzgeberische Ziel der Marktliberalisierung und der möglichst weitgehenden Verhinderung des Baus paralleler Netze, so kann an der Verhältnismäßigkeit der in dem Durchleitungsanspruch liegenden Schrankenbestimmung kein Zweifel bestehen. Dies gilt um so mehr, als der Netzinhaber aufgrund der Vorgabe nicht-

---

[162] BVerfGE 37, 132 (140); 42, 263 (294); 50, 290 (340 f.); 52, 1 (32); 58, 137 (148); 68, 361 (368); 70, 191 (201); 79, 292 (302); 84, 382 (385).
[163] BVerfGE 21, 150 (155); 50, 290 (340 f.); 52, 1 (29 f., 32); 53, 257 (292); 58, 137 (148).
[164] BVerfGE 50, 290 (340); 68, 361 (368); 84, 382 (385).
[165] *M. Schmidt-Preuß*, RdE 1996, S. 1 ff. (2); *R. Scholz / S. Langer*, Europäischer Binnenmarkt und Energiepolitik, S. 259 ff.; *dies.*, ET 1992, S. 851 ff. (856).
[166] Ähnlich auch *C. Engel*, Verhandelter Netzzugang, S. 54 (Fn. 205).

diskriminierender Netznutzungsentgelte keine Einkommenseinbußen bei der erzwungenen Fremdnutzung seiner Netze hinzunehmen hat.

Wie weit allerdings die Zulässigkeit dieser Überlassungspflicht und die hieraus resultierenden weiteren Verpflichtungen des Netzinhabers gehen können, ist im einzelnen umstritten: Wie weit darf der Netzinhaber Reservekapazitäten für sich bzw. die Funktionsfähigkeit des Netzes für sich behalten? Darf er gegenüber einem Petenten eigene Entwicklungsplanungen einwenden? Diesen Fragen kann im folgenden nicht weiter nachgegangen werden[167].

β) Der Schutz aus Art. 12 GG

Unter dem Grundgesetz schützt Art. 12 Abs. 1 GG als Unternehmerfreiheit das Recht der freien Gründung und Führung von Unternehmen[168] und steht nach Art. 19 Abs. 3 GG auch inländischen juristischen Personen des Privatrechts zu. Der hier relevante Aspekt dieser Unternehmerfreiheit umfaßt das Recht des Unternehmers, seine unternehmerische Dispositionsfreiheit im Wettbewerb ohne staatliche Behinderung und ohne staatlich bewirkte Beschränkung der Wettbewerbsfreiheit wahrzunehmen[169].

Die Freiheit zur Teilnahme am wirtschaftlichen Wettbewerb wird bisweilen nicht in Art. 12 Abs. 1 GG, sondern in dem Grundrecht der allgemeinen Handlungsfreiheit verortet (Art. 2 Abs. 1 GG)[170], was aber aufgrund der spezifisch mit dem gewählten Beruf zusammenhängenden Schutzrichtung kaum einzuleuchten vermag. Typischerweise führt gerade die Ausübung der Berufsfreiheit zu einer Teilnahme am wirtschaftlichen Wettbewerb und damit zu einer besonderen Abhängigkeit von seinem grundlegenden Bestehen[171].

Auch die in Art. 12 GG verankerte Berufsfreiheit vermag aber keine absolute Schutzposition gegen den in § 6 Abs. 1 EnWG begründeten Durchleitungsanspruch der Durchleitungspetenten zu errichten. Zwar sind die Netzinhaber in der freien Entscheidung, wem sie ihr Netz zur Verfügung stellen, in nicht unerheblichem Maße beeinträchtigt. Soweit sie mit einem Stromhändler oder -verteiler vertikal integriert sind, sind sie je nach Kapazitätslage sogar zur partiellen Hintanstellung ihrer eigenen Durchleitungsinteressen und – wenn der Durchlei-

---

[167] Hierzu i.E. *J.F. Baur/M. Moraing*, Rechtliche Probleme einer Deregulierung der Elektrizitätswirtschaft, S. 24 ff.; *M. Fehling*, AöR Bd. 121 (1996), S. 59 ff. (72 und passim); *R. Scholz/ S. Langer*, Europäischer Binnenmarkt und Energiepolitik, S. 241 ff.; aus grundrechtlicher Sicht weniger verfassungsrechtliche Bedenken gegen auch diese flankierenden Aspekte der Inanspruchnahme fremder Netze haben aber *W. Hoffmann-Riem/J.-P. Schneider*, in: dies, Umweltpolitische Steuerung in einem liberalisierten Strommarkt, S. 13 ff. (85 ff.); *H.-J. Koch*, DVBl. 1994, S. 840 ff.

[168] BVerfGE 50, 290 (363); s.a. *H.U. Erichsen*, in: J. Isensee/P. Kirchhof, HdbStR Bd. VI, § 152 Rn. 60 ff.

[169] *H.-J. Papier*, Die Regelung von Durchleitungsrechten, S. 29.

[170] BVerwGE 17, 306 (309); 30, 191 (198); 60, 154 (159 f.); 65, 167 (174); 79, 326 (329); *H. Dreier*, in: ders., Grundgesetz Bd. I, Art. 2 Abs. 1 Rn. 35; a.A. aber *R. Breuer*, in: J. Isensee/P. Kirchhof, HdbStR Bd. VI, § 147 Rn. 63; *J. Wieland*, in: H. Dreier, Grundgesetz Bd. I, Art. 12 Rn. 61. Verortung in Art. 12 Abs. 1 auch bei BVerfGE 32, 311 (317); 46, 120 (137); 86, 28 (37 ff.).

[171] *U. Di Fabio*, in: T. Maunz/G. Dürig u.a., Grundgesetz, Art. 2 Abs. 1 Rn. 116 m.w.N. in Fn. 1.

tungspetent einen ehemaligen Kunden des Netzinhabers beliefern will – sogar zur Förderung der eigenen Konkurrenz verpflichtet. Hierin liegt ein – z.T. sogar massiver – Eingriff in den Schutzbereich des Art. 12 Abs. 1 GG, der aber seine Rechtfertigung in einem verhältnismäßigen Gesetz findet.

Der Eingriff beeinträchtigt die Energieversorgungsunternehmen auf der Ebene der Berufsausübung. Für den Erlaß von Regelungen in diesem Bereich genügen bereits vernünftige Erwägungen des Allgemeinwohls[172]. Die Öffnung der leitungsgebundenen Energiewirtschaft ist nicht nur ein legitimes Ziel des deutschen Gesetzgebers, sondern steht sogar wegen ihrer gemeinschaftsrechtlichen Provenienz außerhalb der verfassungsrechtlichen Diskussion. Ein anderer – geschweige denn ein für den Netzinhaber milderer – Weg für die Herstellung dieses Wettbewerbs ist auch nicht ersichtlich. Insbesondere die Verstaatlichung der Netze käme als ein solcher Weg – unabhängig von seiner verfassungsrechtlichen Realisierbarkeit – nicht in Betracht. Auch eine erzwungene organisatorische oder gar gesellschaftsrechtliche Trennung von Netzbetrieb und Stromhandel wäre kaum weniger einschneidend für die integrierten Energieversorgungsunternehmen, zumal der Grundrechtseingriff damit nur auf einen anderen Adressaten – die Netzgesellschaft – umgelenkt, nicht aber insgesamt abgemildert würde. Selbst wenn man also mit gutem Grund die Begründung und Erfüllung von Durchleitungsansprüchen als einen empfindlichen Eingriff in die Berufsausübungsfreiheit der Netzinhaber auffaßt, so streiten doch neben den gemeinschaftsrechtlichen Vorgaben erhebliche Interessen des Gemeinwohls – die Herstellung einer Wettbewerbsordnung und gleichzeitige Abschaffung systemfremder Gebietsmonopole – für diese Regelungen, so daß ein Verstoß gegen Art. 12 Abs. 1 GG nicht vorliegt.

bb) Die Grundrechtsposition des Durchleitungspetenten

Jeder Stromhändler ist angesichts des natürlichen Monopols der Netzbetreiber für die Ausübung seines Berufs auf die Nutzung der in fremdem Eigentum stehenden Versorgungsnetze angewiesen. Es stellt sich daher die Frage, ob die Durchleitungsregelungen nicht in der gleichen Weise, wie sie Grundrechte des Netzinhabers betreffen, auch der Realisierung grundrechtlicher Positionen der übrigen Akteure auf dem Energiemarkt dienen. Deren Freiheitsrechte (insbesondere aus Art. 12 Abs. 1 GG) wurden bislang durch die staatliche Gewährleistung der Gebietsmonopole beeinträchtigt. Die diese Beeinträchtigung legitimierenden Rahmenbedingungen sind fortgefallen. Der Staat könnte daher verpflichtet sein, eine Form der »Anschubhilfe« für die Grundrechtsausübung der Petenten zu leisten, nachdem er zuvor eben diese Grundrechtsausübung verhindert hatte.

---

[172] Zu der Drei-Stufen-Lehre des Bundesverfassungsgerichts und ihrer hier nicht relevanten partiellen Aufweichung siehe etwa *P.J.* Tettinger, in: M. Sachs, Grundgesetz, Art. 12 Rn. 100 ff.; *J.* Wieland, in: H. Dreier, Grundgesetz Bd. I, Art. 12 Rn. 101 ff.; *R.* Breuer, in: J. Isensee/P. Kirchhof, HdbStR Bd. VI, § 148 Rn. 6 ff.

Art. 12 Abs. 1 GG vermittelt zwar ebenso wenig wie die anderen in Frage stehenden Grundrechte einen gegen den Staat gerichteten Anspruch auf Herstellung oder Erweiterung der Absatzmärkte eines Unternehmens. Auf der anderen Seite wohnt insbesondere dem Freiheitsrecht aus Art 12 Abs. 1 GG die besondere Komponente inne, daß es ohne die tatsächlichen Voraussetzungen für seine Inanspruchnahme wertlos wäre[173]. In der bundesverfassungsgerichtlichen Rechtsprechung sind aus diesem Umstand insbesondere Erkenntnisse für den Zugang des einzelnen zu staatlich administrierten Ausbildungsmöglichkeiten abgeleitet worden. Ohne dabei eine grundsätzliche Abkehr von dem Gedanken des primär abwehrrechtlichen Gehalts der grundrechtlichen Gewährleistung vollziehen zu wollen, ist diese leistungsrechtliche Komponente aber auch in dem vorliegenden Zusammenhang von Belang. Die Ablehnung einer staatlichen Verpflichtung zur Herstellung oder Erweiterung konkreter Voraussetzungen für die Wettbewerbsteilnahme bzw. für den Markteintritt einzelner Grundrechtsträger ist vor dem Hintergrund nachvollziehbar, daß das Wirtschaftsleben sich grundsätzlich in wettbewerblichen Bahnen vollzieht. In dem vorliegenden Zusammenhang trifft der neue Wettbewerber indessen nicht auf einen gewachsenen Markt, sondern auf ein nach wie vor faktisch existentes Monopolsystem, dessen Aufbau durch die staatliche Rechtsordnung abgeschirmt, begünstigt und sogar gefördert wurde.

Das in der Energiewirtschaft staatlich begründete Privatmonopol[174] wirkt gegenüber dem ausgeschlossenen Grundrechtsträger wie ein Verwaltungsmonopol. Es begründet ihm gegenüber eine objektive Berufszulassungsschranke und unterliegt daher während seiner Existenz den Legitimationskriterien des Art. 12 Abs. 1 GG[175]. Vorliegend geht es gar nicht um die Herstellung, sondern um die *Wieder*herstellung eines grundrechtlich relevanten Freiheitsraums. Die Begründung des Durchleitungsanspruchs ist ein Instrument zur Auflösung der gegen die potentiellen Wettbewerber der bisherigen Gebietsmonopolisten gerichteten legislativen Wettbewerbsbeschränkungen[176]. Die effektive Durchleitung ist das zentrale Element für die Entwicklung eines Wettbewerbs in den dem natürlichen Monopol nachgelagerten Märkten des Energiehandels und der -verteilung. Doch auch ein Durchleitungsangebot zu Bedingungen, die hinsichtlich des Preises, der Qualität oder der Verläßlichkeit prohibitiv wirken, verhindert die Entwicklung einer Wettbewerbsstruktur auf dem nachgelagerten Markt[177]. Dieses Ziel ist aber nur zu erreichen, wenn der Anspruch praktikabel ist. Mit einer bloßen gesetzlichen Feststellung ist es daher nicht getan, sondern es besteht viel-

---

[173] BVerfGE 33, 303 (330 f.).
[174] Zu diesem O. *Bachof*, in: K.A. Bettermann/H.C. Nipperdey/U. Scheuner, Die Grundrechte Bd. III/1, S. 155 ff. (205 f.).
[175] R. *Breuer*, in: J. Isensee/P. Kirchhof, HdbStR Bd. VI, § 148 Rn. 67.
[176] H.-J. *Papier*, Die Regelung von Durchleitungsrechten, S. 29 f.; ders., BB 1997, S. 1213 ff. (1217).
[177] *Monopolkommission*, Hauptgutachten XIV, Tz. 729.

mehr ein großer Gestaltungsbedarf für das Innenverhältnis zwischen Netzbetreiber und Petent[178].

Aufgrund der dargelegten Besonderheiten der Netzökonomie und des hier zu beobachtenden Wettbewerbsversagens bedarf es zur Herstellung der vom Gesetzgeber angestrebten Wettbewerbsordnung der sich im Durchleitungsanspruch manifestierenden staatlichen Intervention. Anders ist Wettbewerb in einer Netzwirtschaft – und damit der grundrechtliche Freiheitsraum der bislang ausgeschlossenen Wettbewerber – nicht herstellbar. Der Fortfall der die monopolistische Struktur rechtfertigenden Rahmenbedingungen löst damit aus grundrechtlicher Sicht eine staatliche Folgeverantwortung zur Beseitigung der durch diese Struktur geschaffenen Folgen aus, da ansonsten die seinerzeit geschaffenen bzw. ermöglichten Grundrechtsbeschränkungen ohne entsprechende Legitimation weiterbestünden.

Die Grundrechtsausübung in dem Bereich der leitungsgebundenen Energiewirtschaft war bis zu der Novelle des Jahres 1998 durch gesetzgeberische Maßnahmen, die die Bildung von Gebietsmonopolen ermöglicht hatten, drastisch beschränkt worden. Da die Struktur der gebietsmonopolistischen Versorgung einen Zutritt neuer Marktteilnehmer praktisch verhindert hat, handelte es sich hierbei aus Sicht potentieller Marktneulinge um eine objektive Beschränkung der Berufswahlfreiheit – also eine besonders intensive Grundrechtsbeeinträchtigung. Die Rücknahme dieser Beschränkungen durch die Neustrukturierung und Liberalisierung der Energiewirtschaft entspricht daher zunächst der Herstellung des grundrechtlichen Normalzustands. Insofern hat der Gesetzgeber durch die selbst entwickelte und zugleich auch gemeinschaftsrechtlich vorgegebene Vorstellung, daß die rigiden Eingriffe in die Struktur des Energiemarktes nicht mehr geboten sind, sich unter einen verfassungsrechtlichen Zugzwang gesetzt, den für alle nicht von dem Gebietsmonopol profitierenden Grundrechtsträger durch erhebliche Grundrechtseingriffe geprägten Zustand zu beenden. Man kann dies als einen an den Gesetzgeber gerichteten Auftrag zur Wiederherstellung des verfassungsrechtlichen Normalzustandes begreifen. Hierzu genügt es auch nach der Einschätzung des Gesetzgebers nicht, die bestehenden Beschränkungen aufzuheben, sondern es bedarf auch der aktiven Förderung des bislang nur juristisch ermöglichten Wettbewerbs[179]. Hierin kommt das leistungsrechtliche Erfordernis zum

---

[178] *C. Engel*, Verhandelter Netzzugang, S. 6 ff.
[179] Dies kann nur durch eine industriepolitisch z.B. mit Blick auf das TKG und die Deutsche Telekom AG heftig umstrittene asymmetrische Regulierung erfolgen (d.h. Regulierung allein zu Lasten eines bzw. mehrerer incumbent(s)). Allein diese konnten im Schatten der staatlich ermöglichten Energiewirtschaftsordnung ihre Kosten versenken und damit ihre natürlichen Monopole schaffen. Dies rechtfertigt eine Inanspruchnahme der so geschaffenen bottlenecks durch die künftigen Wettbewerber. Richtig ist allerdings, daß die Regulierung nicht an der Eigenschaft als Altsasse anknüpft, so daß sich dem Anspruch des § 6 Abs. 1 EnWG auch derjenige ausgesetzt sieht, der jetzt – vielleicht entgegen ökonomischer Weisheit – ein neues Netz errichtet. Hierzu insgesamt kritisch: *C. Engel / G. Knieps*, Die Vorschriften des Telekommunikationsgesetzes über den Zugang zu wesentlichen Leistungen, S. 66 ff.

Ausdruck, den neuen Marktteilnehmern den Markteintritt durch rechtliche Maßnahmen zu ermöglichen, die erst dadurch erforderlich geworden sind, daß der Staat zuvor ein wettbewerbsaverses System hatte entstehen lassen. Der Erfüllung dieser Verpflichtung gelten § 6 Abs. 1 EnWG sowie § 19 Abs. 4 Nr. 4 GWB. Ob diese Fördermaßnahmen aber tatsächlich den verfassungsrechtlichen Wiederherstellungsauftrag an den Gesetzgeber erfüllen, wird zu erörtern sein.

cc) Auflösung grundrechtlicher Konfliktlagen durch private, rechtlich nicht bindende Regelungen

Jede staatliche Ausgestaltung der Durchleitungsordnung erweist sich als grundrechtlicher Grenzgang zwischen der Freiheitsgewährleistung des Netzinhabers und dem staatlichen Anliegen der Marktöffnung, das hier allein durch eine Realisierung der Sozialbindung des Eigentums sichergestellt werden kann. Ausgangspunkt der Überlegungen ist dabei, daß es wegen der grund- und gemeinschaftsrechtlich gebotenen Auflösung der monopolistischen Strukturen auf dem Energiemarkt einer effektiven Durchleitungsregelung bedarf. Da die Verhandlung jedes Einzelfalls den Netzinhabern ein Blockadepotential gegenüber der Marktöffnung an die Hand gäbe und die Transaktionskosten für den Netzzugang prohibitiv erhöhen würde, schafft die mit der Liberalisierung der leitungsgebundenen Energiewirtschaft entstandene Notwendigkeit zur Verhandlung und zum Abschluß von Netznutzungsverträgen ein Bedürfnis für die Bereitstellung von allgemeinen Regeln, die den Netznutzungsverträgen zugrunde zu legen sind[180]. Damit ist allerdings ein Erfordernis *staatlicher* Bereitstellung dieser Normen noch nicht begründet.

Unter Effizienzgesichtspunkten auf der Habenseite der Selbstregulierung durch Verbändevereinbarungen steht die Sachnähe der Verbände, die in der Lage sind, komplizierte Sachverhalte in kurzer Zeit einer Lösung zuzuführen. Diese Schnelligkeit, Flexibilität und Adaptionsfähigkeit der verbandlichen Regeln wird schon an der schnellen Abfolge der Verbändevereinbarungen in den Bereichen Strom und Gas bzw. der Geschwindigkeit der jeweiligen Nachträge deutlich. Das Verfahren der ausgehandelten Regelbildung ist einfacher als staatliche Rechtsetzung und unterliegt geringeren verfahrensmäßigen Restriktionen. Eine Rücksichtnahme auf Drittinteressen ist nicht erforderlich. Das Gemeinwohl bzw. verbandsexterne Interessen geraten aber nicht zwingend aus dem Blickfeld der Vereinbarungen. Obschon die mangelnde Präsenz verschiedener Gruppen (Privatverbraucher, Kleinunternehmer, Umweltgruppen) bei den Verhandlungen zu den ersten Verbändevereinbarungen zu beklagen war[181], mußten doch schon zu diesem Zeitpunkt Belange des Gemeinwohls, die auch Elemente der von jenen Gruppen vertretenen Interessen enthalten können, von den Verhandlungspart-

---

[180] *P. Becker*, ZNER 2000, S. 114 ff. (115 ff.); *ders./M. Faber*, NVwZ 2002, S. 156 ff. (157); *S. Maatz*, FS Büttner, S. 69 ff. (84); *C. Theobald/I. Zenke*, WuW 2001, S. 19 ff. (24 ff.).

[181] *J.-P. Schneider*, Solving conflicts and securing democratic legitimation in the energy sector, S. 16 f.

nern berücksichtigt werden, da der staatliche Rechtsetzer durch die Möglichkeit, die Zugangsbedingungen auch im Wege der Verordnungsgebung zu regeln (§ 6 Abs. 2 EnWG bzw. § 6a Abs. 8 EnWG ÄndG-Entwurf), als Anwalt nicht vertretener Interessen zumindest im Hintergrund präsent bliebt und noch bleibt. Verbändevereinbarungen wurden und werden daher stets »im Schatten der Hierarchie«[182] abgeschlossen.

Da die unmittelbar an den Verhandlung beteiligten Verbände anläßlich informaler Verhandlungsrunden beim Bundeswirtschaftsminister auch auf von diesem eingeladene, an den eigentlichen Verhandlungen nicht beteiligte Verbände trafen, ergaben sich insoweit entsprechende Konsultationsmöglichkeiten. Zudem öffneten sich die beteiligten Verbände während des Verhandlungsprozesses für externe Kritik an den Verhandlungspositionen[183].

Die Verlagerung von Regelungstätigkeit auf private Akteure führt auch dazu, daß es des Abgleichs der verhandelten Regelungen zu anderen Regeln – wie er bei Erlaß einer staatlichen Norm angesichts der Einheit der Rechtsordnung erforderlich wäre – nicht bedarf. Die privatwirtschaftliche Vertragslösung unterliegt des weiteren nicht den strengen Anforderungen an Rechtsnormen hinsichtlich Bestimmtheit, Systemgerechtigkeit und Grundrechtsbindung[184]. Die Normsetzungstätigkeit der Verbände entlastet den staatlichen Rechtsetzer und ist damit – zumindest für den Steuerzahler, wahrscheinlich aber nicht für den Energieverbraucher, auf den die Energieversorgungsunternehmen ihre Kosten für den Unterhalt der Verbände umlegen – nahezu umsonst zu haben[185].

Flexibilität hat aber nicht nur Vorteile: Sie kann auch Kosten verursachen[186]. Umstellungen der Regulierungsmechanismen (z.B. bei der Berechnung der Netznutzungsgebühren, Kommunikation und Datentransfer zwischen Stromhändler und Netzbetreibern zur Abstimmung von »Fahrplänen«) erfordern einen hohen Umsetzungsaufwand. Je öfter solche Umstellungen erfolgen, desto weniger wirtschaftlich sinnvoll wird es gerade für kleinere Anbieter sein, diese Kosten bei jeder Umstellung in Kauf zu nehmen. Flexibilität geht hier mit einer Verringerung der Erwartungssicherheit einher.

Die Inanspruchnahme der Verbände ist für den Staat außerdem attraktiv, weil diese organisatorisch verfestigt sind und das staatliche Gewaltmonopol durch die Instrumente der Verbandsmacht zur Durchsetzung der vereinbarten Regeln innerhalb der Verbandsmitglieder ersetzen[187]. Für die durch die Verbände repräsentierten Wirtschaftunternehmen ist die Aushandlung privater Regelungen inso-

---

[182] So die schon klassische Wendung von *F.W. Scharpf* zuletzt in *ders.*, Interaktionsformen, S. 323 ff.
[183] Hierzu i.e. *J.-P. Schneider*, Solving conflicts and securing democratic legitimation in the energy sector, S. 17 f.
[184] *U. Büdenbender*, DÖV 2002, S. 375 ff. (379).
[185] *K.-P. Schulz*, ET, 2002, S. 216 ff. (216), auch zu weiteren Vorteilen der Verbändevereinbarungen.
[186] *J.-P. Schneider*, Solving conflicts and securing democratic legitimation in the energy sector, S. 11.
[187] Hierzu i.E. *C. Engel*, Verhandelter Netzzugang, S. 71, 74.

weit sinnvoll, als sie ihnen eine Interessendurchsetzung ermöglicht, die durchaus über das hinausgehen kann, was durch einseitige Einflußnahme auf staatliche Rechtsetzung möglich wäre. Der Regelungsgegenstand wird durch die Verbände einer Lösung zugeführt, deren Kompromißcharakter sich auf eben diesen Gegenstand beschränkt. Mangels anderweitiger Regelungsinteressen der Verbände haben diese anders als politische Parteien und Fraktionen – keinen Bedarf, ein Entgegenkommen in dem einen Sachbereich durch ein Nachgeben in einem anderen zu erkaufen.

Auch liegt in der rechtlichen Unverbindlichkeit zugleich eine Stärke der Verbändevereinbarungen[188]: Die Komplexität des Netzzugangs in dem Bereich der leitungsgebundenen Energie bedingt, daß selbst ein Regelungswerk, welches alle möglichen Formen der individuellen Kostenverursachung des Durchleitungspetenten zu erfassen sucht, nicht tatsächlich auch jeden Einzelfall wird antizipieren und regeln können. Es wird immer Netznutzer geben, deren individuelle Kostenverursachung im Netz nicht angemessen in den allgemein formulierten Preisfindungskriterien für die Netznutzung abgebildet sein wird und die daher besser oder schlechter als andere Netznutzer behandelt werden. Je detaillierter aber das private Regelungswerk wird, desto intransparenter und komplizierter wird seine Anwendung und Optimierung. Die Unverbindlichkeit der Verbändevereinbarungen befreit diese zum einen von dem Anspruch der Perfektion, da sie gar nicht für jeden Einzelfall eine Lösung bereit halten müssen. Zum anderen können die Parteien dort, wo die Verbändevereinbarung eine im Einzelfall nicht erwünschte oder unangemessene Lösung vorsieht, von dieser gerade wegen der Unverbindlichkeit der Vorgabe abweichen.

In dem Maße, in dem die rechtliche Unverbindlichkeit der Verbändevereinbarung Vorteile bietet, begründet dieses Charakteristikum unter dem Gesichtspunkt der Durchleitungseffizienz aber auch einen ganz entscheidenden Mangel: Die energiewirtschaftliche Selbstregulierung konterkariert den Zweck der abstrakten Vorgaben für den Durchleitungsanspruch, die Transaktionskosten für den Markteintritt zu senken: Der Petent muß immer noch in jedem Einzelfall der berechtigterweise eingeforderten Netznutzung – vielleicht langwierige – Verhandlungen mit dem Netzeigentümer führen und kann nicht auf ein verbindliches Reservoir von Normen zurückgreifen, die jedem Vertrag gleichermaßen zwingend zugrunde zu legen sind. Grundsätzlich dürfte der Netzbetreiber kein besonderes Interesse an dem Abschluß des Vertrags haben. Bei einer Verhandlung um den Netzzugang gewinnt der Netzinhaber mit jeder Herauszögerung des Zugangs, indem er seinem unmittelbaren Konkurrenten auf dem nachgeordneten Markt schadet. Verzögerungstaktiken werden mithin durch das strukturelle, auf die historische Marktentwicklung ebenso wie die netzökonomischen Grundlagen zurückzuführende Ungleichgewicht der Verhandlungspartner weiterhin nicht verhindert. Dies erschwert eine Einigung zusätzlich und verweist

---

[188] C. *Bauer*, ET 2002, S. 31 ff. (32).

den Petenten im Zweifelsfalle auf den Rechtsweg[189]. Dessen Durchsetzbarkeit hängt aber von dem Stand der jeweiligen Verhandlung zwischen Netzinhaber und Petent ab, so daß sich der gerichtliche Ausspruch vielleicht sogar nur auf die Pflicht zur Abgabe eines verhandlungsfähigen Angebots beschränkt. Das Aushandeln neuer Verträge und die hierzu erforderliche Beratung verschlingt große Kapazitäten der beteiligten Unternehmen, die durch den Rückgriff auf ein standardisiertes Handlungsprogramm geschont blieben. Auch der staatliche Entscheider – sei es die Verwaltung oder ein Gericht – steht vor erheblichen Problemen bei der Konkretisierung der Bedingungen des Zugangsanspruchs[190].

Die Folge dieser nur unverbindlichen Vorstrukturierung des Durchleitungsanspruchs ist eine große Zahl verwendeter Vertragsmuster und ein weites Spektrum der ausgehandelten Netznutzungsentgelte. Anders als in dem Bereich des deutschen Telekommunikationsrechts (siehe § 25 Abs. 1 TKG), in dem im Gegensatz zum Energierecht konkurrierende Übertragungswege teilweise schon bestehen, findet auch keine ex-ante Kontrolle von Transportentgelten und anderen Netzzugangsbedingungen statt[191]. In vielen Fällen muß der Durchleitungsanspruch erst in einem langwierigen gerichtlichen Verfahren erstritten werden[192]. Als zentraler Kritikpunkt an den Verbändevereinbarungen als »privatwirtschaftlich ausgehandelten Regelungswerken« kristallisiert sich somit der ihnen inhärente Widerspruch heraus, daß sie einerseits als Substitut für eine staatliche Normierung dienen sollen, die die Grundlage für einen funktionsfähigen Netzzugang und nicht auf die Durchsetzung von Partikularinteressen gerichtet ist, und hierbei ein

---

[189] Man könnte erwägen, ob die Netzbetreiber wirklich ein Interesse an der Verhinderung von Gerichtsentscheidungen haben, da diese die Regelungen der Verbändevereinbarungen erodieren könnten. Dann hätten die Petenten durch die Drohung mit einer Klage zugleich Verhandlungsmacht. Zeit ist aber der entscheidende Faktor dafür, daß diese Verhandlungsmacht nicht übermäßig groß ist. Während der Dauer des Rechtsstreits kann der Petent seine Energie nicht liefern, während der Netzbetreiber sein Netz noch mit eigener Energie nutzen kann. Das schlimmste, was dem Netzbetreiber im weiteren Verlauf passieren kann, ist, daß er sein Netz einem Dritten gegen Entgelt zur Verfügung stellen – es also anders, aber immer noch ökonomisch sinnvoll nutzen – muß. Demgegenüber sind dem Petenten in der Zwischenzeit schlimmstenfalls die Hände gebunden. Ihm muß also alles an einer schnellen Regelung gelegen sein, so daß er sich ggfs. sogar auf ein ungünstiges Durchleitungsarrangement einläßt.
[190] Plastisch: *C. Engel*, Verhandelter Netzzugang, S. 13 ff., 24 ff.; s.a. *Monopolkommission*, Hauptgutachten XIV, Tz. 740 ff. im Zusammenhang mit § 19 Abs. 4 Nr. 4 GWB.
[191] In ihrem XIV. Hauptgutachten hat die *Monopolkommission* eine solche ex-ante Kontrolle für die netzgebundenen Industrien und insbesondere die Strom- und Gaswirtschaft gefordert (Tz. 765 ff., 771 ff.); s.a. *K. Markert*, BB 2001, S. 105 ff. (109); *H.P. Schwintowski*, ZNER 2001, S. 215 ff. (221 f.)
[192] Als Beispiele hierfür mögen genügen: OLG Dresden, ZNER 2001, S. 168 ff.; LG Berlin, ZNER 2000, S. 142 ff.; LG Potsdam, RdE 2000, S. 203 ff.; LG Magdeburg, WuW 2000, S. 1006 ff.; LG Dortmund, BB 2000, S. 2325 ff.; LG Nürnberg, ZNER 2001, S. 99 ff. In den typischen Fällen einer umstrittenen Durchleitung setzen sich Netzbetreiber und Petent über Art und Umfang sowie die technische Gestaltung des Durchleitungsanspruchs (zu den erforderlichen Vereinbarungspunkten: *P. Becker*, ZNER 2001, S. 172 f. (172 f.)) und insbesondere das Vorhandensein von den Nutzungsanspruch ausschließenden Ausnahmetatbeständen auseinander (siehe nur den Tatbestand bei OLG Dresden, a.a.O.).

detailliertes staatliches Regelwerk ersetzt[193]. Andererseits ist ihnen gerade das typische Charakteristikum der staatlichen Rechtsnormen nicht gegeben: Die einseitig-zwingende Heteronomität. Sie erfüllen auf diese Weise den typischen Zweck der Rechtsnorm – die Stabilisierung von Verhaltenserwartungen – nicht. Dementsprechend taugen sie auch nicht zur Auflösung der dargestellten grundrechtlichen Konfliktlage. Dies führt zu der verfassungsrechtlichen Gebotenheit einer staatlichen Regulierung des Netzzugangs.

Deren Vorteile sind unter dem Gesichtspunkt der grundrechtlich gebotenen Durchleitungseffizienz unmittelbar einsichtig[194]: Die Zugangsregeln sind transparent, allen Marktteilnehmern in gleicher Weise vollständig bekannt und für sie alle gleichermaßen verbindlich. Transaktionskosten, die durch eine vollständige Aushandlung der Netzzugangsbedingungen in jedem Einzelfall entstehen können, werden so drastisch verringert.

Allerdings hat eine staatliche Regulierung des Netzzugangs eine ganze Reihe von Problemen zu überwinden, in denen sich die eingangs dieser Untersuchung dargelegte Steuerungsresistenz wirtschaftlicher und sozialer Prozesse widerspiegelt[195]. Dies wird an der Komplexität des Zugangsregimes deutlich: nicht nur das Zugangsentgelt, sondern auch Umfang, Gestalt und Bezahlung von notwendigen Nebenleistungen, die der Netzbetreiber zu erbringen hat, und der Schutz vor opportunistischem Verhalten durch nachträglichen Bruch der Netzzugangsbedingungen sind festzulegen. Die staatliche Entscheidung über all diese Punkte ist ausgesprochen schwierig. Dies beginnt mit ihrer griffigen und damit vollstreckbaren Formulierbarkeit und wirkt sich weiter bei der Komplexität der in der Entscheidung zu verarbeitenden Informationen aus, die aufgrund von Informationsasymmetrien sowohl zwischen Netzbetreiber und Petent als auch zwischen Netzbetreiber und Staat nur schwer zu erlangen sein werden.

Um dem entgegenzuwirken, müssen die Betreiber eines Elektrizitätsversorgungsnetzes nach § 6 Abs. 4 EnWG ab 2000 jährlich Richtwerte zur Spanne der Durchleitungsentgelte veröffentlichen. In den folgenden Jahren sollen die Angaben auf dem Durchschnitt der in den vergangenen zwölf Monaten ausgehandelten Entgelte beruhen[196]. Diese Publikationspflicht soll den Petenten ermöglichen, eine transparente Kalkulationsgrundlage für ihre Preise zu erlangen und auch die Preise der Netzinhaber zu vergleichen[197].

Auf der anderen Seite ist es auch nicht einleuchtend, wie die Funktionsfähigkeit eines korporatistischen Regimes auf den Schatten der Hierarchie zurückgeführt werden kann, während dem Staat zugleich die Fähigkeit zur vernünftigen einsei-

---

[193] So zumindest die Einschätzung des Vorsitzenden der Task-Force Netzzugang beim BMWi *K.-P. Schulz*, ET 2002, S. 216 ff. (216).
[194] Zusammenfassend *C. Bauer*, ET 2002, S. 31 ff. (32).
[195] Hierzu ausf. *C. Engel*, Verhandelter Netzzugang, S. 13 ff., 24 ff.; s.a. *Monopolkommission*, Hauptgutachten XIV, Tz. 740 ff. im Zusammenhang mit § 19 Abs. 4 Nr. 4 GWB.
[196] Eine analoge Vorschrift ist für den Bereich des Gasmarktes mit § 6a Abs. 6 EnWG ÄndG-Entwurf geplant.
[197] Hierzu i.e. *O. Schulze*, ET 2001, S. 399 ff. (399 ff.).

tigen Entscheidung abgesprochen wird[198]. Wenn der Staat nicht in der Lage sein sollte, eine angemessene Norm zu finden, dann kann er auch nicht glaubwürdig drohen. Zudem kann Komplexität von Entscheidungen durchaus zu höheren Regulierungskosten führen, muß staatliche Intervention aber nicht per se unmöglich machen. Soweit man mit der Abwälzung von Regulierungskosten auf den zu Unrecht renitenten Netzinhaber droht, kann dies sogar dessen Informationsbereitschaft stimulieren.

Das insoweit im Mittelpunkt stehende Problem mangelhafter staatlicher Informationen über den zu regulierenden Wirtschaftszweig kann dadurch gelöst werden, daß der staatliche Gesetzgeber nach Ausschöpfung aller zu Gebote stehenden Informationsquellen durch Anhörungen von Interessenverbänden und Sachverständigen eine entsprechende Regelung erläßt. Sollte diese eine der beiden Seiten in hohem Maße benachteiligen, wird diese freiwillig weitere Informationen, die zu einer Korrektur der Regelung führen, offenbaren. Im übrigen kann in dem konkreten Beispiel davon ausgegangen werden, daß Energiehändler mit den technischen und ökonomischen Gegebenheiten des Energietransports zumindest soweit vertraut sind, daß sie sich als Zuträger von Informationen über das Geschäft der Netzbetreiber an den staatlichen Regulator eignen oder diesem zumindest Hinweise darauf geben, an welcher Stelle weiter zu forschen ist.

Unabhängig von der Frage, ob die hierarchische Intervention durch einen angeordneten Netzzugang ein zum Zwecke der Marktliberalisierung leistungsfähigeres Arrangement anzubieten vermag als der verhandelte Netzzugang und auch unabhängig von einem möglichen anreiztheoretischen Nachweis, daß das korporatistische Regime im Schatten der staatlichen Drohung die gewünschten Ergebnisse liefern *kann*[199], tritt bei der rein korporatistischen Lösung eine Verlagerung der politischen Verantwortung für die Marktliberalisierung ein. Ob die hierarchische Lösung leistungsfähiger ist als die korporatistische Verhandlungslösung, kann nur empirisch nachgewiesen werden. Da jene aber in höherem Maße die staatliche Verantwortung für die Auflösung der geschaffenen Strukturen realisiert, ist sie schon aus diesem Grunde der korporatistischen Lösung vorzuziehen. Hierbei handelt es sich aber eher um ein rechtspolitisches als ein verfassungsrechtliches Argument.

4. Die »Verrechtlichung« der Verbändevereinbarungen

Der Bundestag beschloß im Mai 2002 das Erste Gesetz zur Änderung des Gesetzes zur Neuregelung des Energiewirtschaftsrechts[200], wodurch auch im Gasbereich ein transparenter und diskriminierungsfreier Netzzugang für Dritte ermöglicht werden soll. Das novellierte Energiewirtschaftsgesetz verpflichtet die

---

[198] Siehe *C. Engel*, Verhandelter Netzzugang, S. 39 ff., einerseits und S. 73, 87, 90 f., andererseits; s.a. etwa *F.W. Scharpf*, Interaktionsformen, S. 332, der darauf hinweist, daß die Effektivität von Selbstregulierung – insbesondere im Umweltbereich – in der Vergangenheit davon abhing, daß der Staat – zumindest in den Augen der Verbände und ihrer Mitglieder – in der Lage war, gesetzliche Regelungen zu verabschieden und zu implementieren, wenn die Verbände nicht untereinander kooperierten.
[199] Hierzu *C. Engel*, Verhandelter Netzzugang, S. 73 ff.
[200] Siehe den Gesetzentwurf der Bundesregierung vom 9. Mai 2001, BT-Drcks. 14/5969.

Betreiber von Gasversorgungsunternehmen, die wesentlichen geschäftlichen Bedingungen für den Netzzugang zu veröffentlichen. Dazu zählen Preise, Tarifstrukturen, Netznutzung und aktuelle Netzkarten. Die Kapazitäten der Einspeisepunkte ins Gasversorgungsnetz und der Erdgasspeicher sollen regelmäßig auf dem neuesten Stand im Internet veröffentlicht werden. Die Gemeinden sollen Konzessionsverträge auch mit Gasversorgern abschließen können. Neben der Normierung eines sektorspezifischen Zugangsanspruchs auch für den Zugang zu Gasnetzen, die in der Fassung des EnWG 1998 noch nicht entsprechend bedacht worden waren, liegt der zentrale Punkt der Novelle in der von einigen Verbänden der Strom- und Gaswirtschaft geforderten gesetzgeberischen Entscheidung, daß die Netzinhaber ihre Netze nunmehr für eine Durchleitung zu Bedingungen zur Verfügung zu stellen haben, die »guter fachlicher Praxis entsprechen« (§ 6 Abs. 1 Satz 1 bzw. § 6a Abs. 2 Satz 1 EnWG)[201]. Zur Konkretisierung des unbestimmten Rechtsbegriffs der »guten fachlichen Praxis« nimmt der Gesetzgeber eine »normkonkretisierende Verweisung«[202] auf die beiden letzten einschlägigen Verbändevereinbarungen für Gas bzw. Strom vor (§ 6 Abs. 1 Sätze 4, 5 bzw. § 6a Abs. 2 Sätze 4, 5 EnWG)[203]. Mit diesen Vorschriften legt der Gesetzgeber fest, daß bei Einhaltung der Verbändevereinbarungen die Erfüllung der Bedingungen guter fachlicher Praxis vermutet werden soll. Entsprechend der Befristung der in Bezug genommenen Verbändevereinbarungen beschränkt auch der Gesetzgeber die Wirkung der Vermutungsregelung zeitlich[204]. Diese Regelung hat sich im Laufe der Beratungen gegenüber einem – z.T. von Verbandsseite vorgebrachten – Vorschlag durchgesetzt, nach dem der Inhalt der Verbändevereinbarungen bei der Feststellung der »guten fachlichen Praxis« lediglich »berücksichtigt« werden sollte[205], so daß diese mit einem geringeren rechtlichen Verbindlichkeitsgrad ausgestattet worden wären, als dies nunmehr geschehen ist.

Die damit vollzogene Verrechtlichung der Verbändevereinbarungen, die diesen zu größerer Verbindlichkeit verhelfen soll, war erst durch einen Vorschlag im Laufe des Gesetzgebungsverfahrens in die Novelle aufgenommen worden[206]. Bei

---

[201] Der Verband der Elektrizitätswirtschaft hatte ein entsprechendes Schreiben an den Bundeswirtschaftsminister gerichtet und diesen aufgefordert, der Verbändevereinbarung über die Netznutzungsentgelte für elektrische Energie »durch legislative Maßnahmen eine rechtliche Beachtlichkeit zu verleihen«; siehe FAZ vom 11. Mai 2002, S. 14.
[202] Änderungsantrag der Fraktionen SPD und BÜNDNIS 90/DIE GRÜNEN, Ausschußdrucksache zur 81. Sitzung des Ausschusses für Wirtschaft und Technologie (15. Mai 2002), S. 3.
[203] Andere Fälle, in denen die »gute fachliche Praxis« durch den Gesetzgeber zum Maßstab rechtlicher Regeln gemacht wird, nennen: *F.J. Säcker/V. Boesche*, ZNER 2002, S. 183 ff. (184); *H.-P. Schwintowski*, ZNER 2002, S. 205 f. (205).
[204] Allerdings hat der Gesetzgeber entgegen der Hinweise von Sachverständigen in der Anhörung des Wirtschaftsausschusses die VV Gas II sogar über ihren eigenen Geltungszeitraum (gem. Ziff. 8 bis zum 30. September 2003) hinaus bis zum 31. Dezember 2003 mit rechtsnormativer Wirkung ausgestattet.
[205] Schriftliche Stellungnahme des DIHK in der öffentlichen Anhörung des Ausschusses für Wirtschaft und Technologie zu dem EnWG ÄndG-Entwurf, Ausschuß-Drcks. 411/14 C, S. 4.
[206] Diese sog. Verrechtlichung der Verbändevereinbarungen erfolgte erst aufgrund eines Änderungsantrags der Koalitionsfraktionen; siehe Beschlußempfehlung und Bericht des Ausschusses

I. Verbändevereinbarungen in der Energiewirtschaft

der Neufassung von § 6 Abs. 1 Satz 4 (nunmehr: Satz 6) bzw. Einfügung von § 6a Abs. 2 Satz 6 EnWG legt der Gesetzgeber durch den Zusatz »im übrigen« fest, daß die Einhaltung der Vorgaben der Verbändevereinbarungen bei Gestaltung der dem Petenten angebotenen Netzzugangsbedingungen einen möglichen Mißbrauchsvorwurf i.S.v. §§ 19 Abs. 4, 20 Abs. 1, 2 GWB »in aller Regel«[207] entkräften kann. Gleichsam im Gegenzug werden Entscheidungen der Kartellbehörden zur Durchleitung und zur Höhe der Netzentgelte aber kraft Gesetzes mit unmittelbarer Wirkung auch für den Fall ausgestattet, daß der Adressat einer Verfügung nach § 32 i.V.m. § 19 Abs. 4 (v.a. Nr. 4) GWB i.V.m. §§ 63 ff. GWB Beschwerde einlegt (siehe die Einfügung eines neuen Halbsatzes in § 64 Abs. 1 Nr. 2 GWB, mit dem die ansonsten eintretende aufschiebende Wirkung einer Beschwerde bei solchen Verfügungen (gerade) aufgehoben wird, die der i.s.v. § 19 Abs. 4 GWB mißbräuchlichen Ausnutzung einer marktbeherrschenden Stellung bei Elektrizitäts- oder Gasversorgungsnetzen entgegenwirken soll[208]).

Das Gesetz konnte zunächst mangels Zustimmung des Bundesrates nicht in Kraft treten[209]. Die Ablehnung der Novelle gründete auf der Befürchtung, daß mit den Vermutungsregelungen in § 6 Abs. 1 und § 6a Abs. 2 EnWG-Entwurf der kartellbehördliche Handlungsspielraum im Bereich der Mißbrauchsaufsicht über marktbeherrschende Energieversorgungsunternehmen zu sehr eingeschränkt wird. Aufgrund einer befürchteten faktischen Festschreibung der Netznutzungsentgelte in den Bereichen Strom und Gas wurde vermutet, daß die Funktionsfähigkeit des Wettbewerbs zum Nachteil der Strom- und Gasverbraucher, aber auch zu Lasten neuer Anbieter auf diesen Märkten erheblich beeinträchtigt werden würde. Am 14. Februar 2003 beschloß der Bundestag erneut mit den Stimmen der Regierungskoalition die Novellierung des Energiewirtschaftsgesetzes[210]. Allerdings hat auch in diesem wiederholten Durchgang der Bundesrat zunächst Einspruch gegen das Gesetz eingelegt und den Vermittlungsausschuß angerufen[211].

---

für Wirtschaft und Technologie, BT-Drcks. 14/9081, S. 3 ff.; zur Begründung des Änderungsantrags: Ausschußdrucksache zur 81. Sitzung des Ausschusses für Wirtschaft und Technologie (15. Mai 2002).

[207] Änderungsantrag der Fraktionen SPD und BÜNDNIS 90/DIE GRÜNEN, Ausschußdrucksache zur 81. Sitzung des Ausschusses für Wirtschaft und Technologie (15. Mai 2002), S. 4.

[208] Beschlußempfehlung und Bericht des Ausschusses für Wirtschaft und Technologie, BT-Drcks. 14/9081, S. 17.

[209] Siehe BR-Plenarprotokoll der 778. Sitzung vom 12. Juli 2002, S. 400 (A) und die Unterrichtung des Bundestags durch den Bundesrat, BT-Drcks. 14/9797.

[210] Siehe BT-Plenarprotokoll 15/26 zur Wiedervorlage des in der 14. WP (BT-Drcks. 14/5969, 14/9081 und 14/9634) eingebrachten Gesetzentwurfs durch BT-Drcks. 15/197. Beschlußempfehlung und Bericht des Ausschusses für Wirtschaft und Arbeit (BT-Drcks. 15/432) ohne Änderungsvorschläge; siehe auch G. Kühne/C. Brodowski, NVwZ 2003, S. 769 ff.

[211] BR-Plenarprotokoll der 786. Sitzung vom 14. März 2003. Nach Durchlaufen des Vermittlungsausschusses ist das Gesetz nunmehr am 24. Mai 2003 als Erstes Gesetz zur Änderung des Gesetzes zur Neuregelung des Energiewirtschaftsrechts (BGBl. I 686) – mit den in BR-Drcks. 182/03 festgelegten Änderungen – in Kraft getreten; s.a. G. Kühne/C. Brodowski, NVwZ 2003, S. 769 ff. Hiernach wird im Zusammenhang mit dem Zugang zu Gas- wie zu Stromleitungen die

Wenn auf der einen Seite der Grundsatz der Durchleitungseffizienz bindende Rahmenregelungen erfordert, die den Verträgen von Durchleitungspetenten und Netzinhabern zugrundegelegt werden können und die dabei zugleich einen Ausgleich für die monopolistische Macht Letztgenannter bieten, auf der anderen Seite aber die Formulierung solcher Regelungen den staatlichen Normsetzer vor eine unlösbare Aufgaben stellt (was nach dem oben Gesagten nicht zwingend erscheint), liegt es nahe die hierarchische Autorität der Rechtsnorm mit den regulativen Vorteilen und dem Wohlfahrtspotential der Verhandlungslösung zu vereinen. Innerhalb der Optionen staatlicher Regulierung ist der regulierte Netzzugang in dem Sinne, daß der Staat selbst weitgehende inhaltliche Vorgaben für die Ausgestaltung des Durchleitungsanspruch erteilt, von der Möglichkeit zu unterscheiden, die Regelung des Netzzugangs anhand der Verordnungsermächtigung des § 6 Abs. 2 EnWG durch Inanspruchnahme der privat ausgehandelten – zunächst noch unverbindlichen Regelungswerke – in die Rechtsordnung durch Verweis o.ä. sicherzustellen[212]. Hierdurch verliehe der Staat ohne eigene Anstrengung und regulatorische Kosten bei der Erreichung eines Interessenausgleichs zwischen den Beteiligten einer privaten Regelung die Dignität einer Rechtsnorm.

Ohne dabei schon – vor der Darlegung weiterer Beispiele »legislativen outsourcings« – auf die einzelnen Voraussetzungen dieser Regelungstechnik einzugehen, sei schon an dieser Stelle darauf hingewiesen, daß sich bei Formulierung und Abschluß der Verbändevereinbarungen in vielerlei Hinsicht solche Probleme abbilden, die private Rechtsnormsetzung – insbesondere solche durch Verhandlung zweier oder mehr Rechtssubjekte – im allgemeinen kennzeichnen: Die Auswahl der an dem Verhandlungsprozeß Beteiligten ist bestenfalls bis zu einem gewissen Grade zufällig, im schlechtesten Fall mit Blick auf ein gewünschtes Ergebnis bewußt gesteuert. Auch verfügen nicht alle Beteiligten über die gleiche Verhandlungsmacht[213]. Auffällig ist insoweit die Beschränkung des Verhandlungsprozesses auf wenige Großverbände, die allein schon aufgrund der Zahl ihrer Mitglieder eine erhebliche Filterfunktion für verbandsinterne Auseinandersetzungen ausüben. Ausländische Unternehmen sind in den Verhandlungen nicht repräsentiert. Hinzu tritt die weitgehende Intransparenz des Verhandlungsverfahrens[214].

So berichtete anläßlich einer Anhörung des Bundestagsausschusses für Wirtschaft und Technologie der Vertreter des Freien Energiedienstleisterverbandes (FDEW), er sei mit der Begründung, daß »viele Köche den Brei verderben« von den Verhandlungen über die

---

Erfüllung der Bedingungen guter fachlicher Praxis bei Einhaltung der Verbändevereinbarungen dann nicht vermutet, wenn die Anwendung der Vereinbarung insgesamt oder die Anwendung einzelner Regelungen der Vereinbarung nicht geeignet ist, wirksamen Wettbewerb zu gewährleisten. I.ü. wurde ergänzt, daß § 19 Abs. 4 und § 20 Abs. 1 und 2 des Gesetzes gegen Wettbewerbsbeschränkungen bleiben unberührt bleiben.

[212] S. *Neveling / C. Theobald*, ZNER 2001, S. 64 ff. (67).
[213] *I. Lamb*, Kooperative Gesetzeskonkretisierung, S. 213 ff.
[214] Zu diesen und weiteren Problemen: *J.-P. Schneider*, Liberalisierung der Stromwirtschaft durch regulative Marktorganisation, S. 463 ff.

I. Verbändevereinbarungen in der Energiewirtschaft

Verbändevereinbarung Strom II ausgeschlossen worden[215]. Bei Abschluß der VV Strom II plus war die große Gruppe der Haushalts- und Gewerbekunden, auf die rd. 40% des gesamten Stromabsatzes entfällt, in der Schlußphase zwar kurzfristig über einen Verbraucherverband (vzbv) beteiligt, doch ist sie weiterhin nicht als Verhandlungspartner zugelassen. Dementsprechend erfolgte die Festlegung der Preisfindungsprinzipien für Netznutzungsentgelte ohne einen Repräsentanten der Verbraucherverbände, obwohl die Netznutzungsentgelte gerade bei der Belieferung von Haushalts- und Gewerbekunden mit bis zu 70% den größten Kostenblock darstellen. Neue Anbieter sind zwar zum Teil Mitglieder in Verbänden, die an den Verbändevereinbarungen mitwirken, sie bilden jedoch in diesen Verbänden nicht selten eine Randgruppe[216]. Bei den Verhandlungen über die VV Gas II war die Endverbraucherseite ebenfalls nicht vertreten. Einzelne Regelungen der VV Gas II laufen auf eine Privilegierung von Industriekunden gegenüber Haushalts- und Gewerbekunden hinaus, so etwa die Ausnahme industrieller Kunden von der Entgeltbestimmung für die Endverteilungsstufe. Auf ausdrücklichen Wunsch des Bundeswirtschaftsministers haben die Verbände aber die »Ermittlung verwendbarer Lastprofile« in einer »Lern- und Testphase« vereinbart. Dies soll die Grundlage für die Einbeziehung der Haushalts- und Gewerbekunden in den Gas-zu-Gas-Wettbewerb sein. Diese Vereinbarung ist nun Teil der VV Gas II; sie war ursprünglich bereits mit dem 2. Nachtrag zur VV Gas I Ende 2001 getroffen worden[217].

In genau diesem Sinne hat der Gesetzgeber durch die Verrechtlichung der Verbändevereinbarung den Ansatz der regulierten Selbstregulierung in eine neue Phase geleitet – und damit einen Schritt näher an die hierarchische Intervention geführt. Nicht zuletzt aufgrund verbandsseitiger Aufforderungen und auch angesichts der nicht in vollem Umfang als befriedigend empfundenen Fortschritte bei der Herstellung eines Wettbewerbs auf dem Markt der leitungsgebundenen Energieversorgung wurde im Energiewirtschaftsgesetz eine Einhaltung der Verbändevereinbarungen als Vermutungsgrundlage für die Befolgung »guter fachlicher Praxis« zur Gewährleistung wirksamen Wettbewerbs erklärt[218], nachdem in der obergerichtlichen Rechtsprechung bereits einzelne Regelungen der Verbändevereinbarungen als »verbindlicher Handelsbrauch« (§ 346 HGB) eingestuft worden waren[219].

---

[215] Siehe (unkorrigiertes) Wortprotokoll der Öffentlichen Anhörung des Bundestagsausschusses für Wirtschaft und Technologie zu dem Entwurf der Bundesregierung eines ersten Gesetzes zur Änderung des Gesetzes zur Neuregelung des Energiewirtschaftsrechts am 24. September 2001, S. 41.

[216] So die Einschätzung des Bundeskartellamts, geäußert in der schriftlichen Stellungnahme zu der öffentlichen Anhörung des Ausschusses für Wirtschaft und Technologie anläßlich des EnWG ÄndG-Entwurf, Ausschuß-Drcks. 411/14 D, S. 17 f.

[217] So auch insoweit das Bundeskartellamt in seiner schriftlichen Stellungnahme zu der öffentlichen Anhörung des Ausschusses für Wirtschaft und Technologie anläßlich des EnWG ÄndG-Entwurf, Ausschuß-Drcks. 411/14 D, S. 18.

[218] Entwurf der Bundesregierung eines ersten Gesetzes zur Änderung des Gesetzes zur Neuregelung des Energiewirtschaftsrechts – EnWG ÄndG-Entwurf (BT-Drcks. 14/5969), vom Bundestag angenommen in der Fassung von Beschlußempfehlung und Bericht des Ausschusses für Wirtschaft und Technologie, BT-Drcks. 14/9081.

[219] Nach *K.-P. Schulz*, ET 2002, S. 216 ff. (217) unter Hinweis auf OLG Dresden (Urteil vom 13. September 2001; Az. U 1963/01; siehe aber zu recht zweifelnd *O. Schulze*, ET 2001, S. 399 ff. (400 f.).

II. Befreiende Rechnungslegung nach ausländischen Regelwerken (§ 292a Abs. 2 Nr. 2 lit. a HGB)

Nach der im Jahr 1998 eingeführten Vorschrift des § 292a Abs. 2 Nr. 2 lit. a HGB[220] kann sich ein Unternehmen, das verpflichtet ist, einen Konzernabschluß und einen Konzernlagebericht nach den Vorschriften des Handelsgesetzbuchs aufzustellen, von *dieser* Pflicht in einem bis zum 31. Dezember 2004 begrenzten Zeitraum[221] durch die Aufstellung von Konzernabschluß und Konzernlagebericht nach international anerkannten Rechnungslegungsgrundsätzen befreien[222], wenn die hierbei erstellte Rechnungslegung der nach HGB erstellten von ihrer Aussagekraft her gleichwertig ist[223]. Ziel dieser Regelung ist die Erleichterung der Kapitalbeschaffung deutscher Unternehmen auf ausländischen, insbesondere US-amerikanischen Kapitalmärkten[224], für deren Inanspruchnahme eine Veröffentlichung des Jahresabschlusses nach internationalen Rechnungslegungsstandards erforderlich ist, die oftmals gegenüber einer Rechnungslegung nach deutschen Regeln überraschend andere Ergebnisse hervorbringen[225]. Während ausländische Unternehmen auch bei einer Notierung am deutschen Kapitalmarkt ihre Konzernabschlüsse u.U. ausschließlich nach ausländischen Regeln erstellen durften[226], waren die dem deutschen Recht unterliegenden Unternehmen wegen

---

[220] Eingefügt durch Art. 1 Nr. 4 nach Maßgabe des Art. 5 Satz 2 des Gesetzes zur Verbesserung der Wettbewerbsfähigkeit deutscher Konzerne an Kapitalmärkten und zur Erleichterung der Aufnahme von Gesellschafterdarlehen (Kapitalaufnahmeerleichterungsgesetz – KapAEG) vom 20. April 1998 (BGBl. I 707). Der ursprüngliche Gesetzentwurf der Regierung (BT-Drcks. 13/7141, S. 5 f., 10 f.) hatte eine deutlich kompliziertere Fassung der Vorschrift vorgesehen. Die vorliegende Fassung ist auf den Vorschlag des Rechtsausschusses in seiner Beschlußempfehlung und seinem Bericht (BT-Drcks. 13/9909, S. 6 f., 10 ff., 12 f.) zurückzuführen.

[221] Auch diese Maßnahme ist auf die Intervention des Rechtsausschusses zurückzuführen (BT-Drcks. 13/9909, S. 9 ff.), in dem die Ansicht vertreten wurde, daß der mit der Vorschrift vollzogene Schritt von so grundsätzlicher Bedeutung ist, daß der damit verbundene Prüfungs- und Erörterungsaufwand in »dieser Legislaturperiode« (d.h. der 13.) nicht mehr möglich ist. Außerdem sei die Ausarbeitung der in Bezug genommenen Regelungen noch nicht vollständig abgeschlossen und beurteilungsreif (BT-Drcks. 13/9909, S. 11).

[222] Der Begriff der Befreiung ist allein auf den HGB-Konzernabschluß, nicht aber auf die Pflicht zur Rechnungslegung insgesamt zu beziehen; siehe *P. Kirchhof*, ZGR 2000, S. 681 ff. (684 f.).

[223] Siehe hierzu i.e.: *W. Ballwieser*, FS Weber, S. 433 ff. (435 ff.); *H. Havermann*, ZGR 2000, S. 693 ff. (700 f.); dort auch zu der weiteren Voraussetzung einer Übereinstimmung des Abschlusses mit der EU-Richtlinie 83/349/EWG und den sich daraus ergebenden Schwierigkeiten. Insbesondere zu der Gleichwertigkeitsklausel: *P. Kirchhof*, ZGR 2000, S. 681 ff. (686); *W. Müller*, in: P. Hommelhoff/V. Röhricht, Gesellschaftsrecht 1997, S. 313 ff. (317); *J. Schulze-Osterloh*, ebd., S. 301 ff. (308 f.).

[224] *M. Grund*, ZIP 1996, S. 1969 ff. (1972). Aber auch Attraktivität und Transparenz deutscher Börsen für ausländische Investoren könnte auf diese Weise gesteigert werden: *P. Hommelhoff*, FS Odersky, S. 779 ff. (779).

[225] Siehe die Begründung zu dem Gesetzentwurf der Regierung (BT-Drcks. 13/7141, S. 1, 7).

[226] Siehe §§ 291 f. HGB, die die Umsetzung von Art. 7, 8 bzw. 11 der Siebten Richtlinie 83/349/EWG des Rates vom 13. Juni 1983 aufgrund von Art. 54 Abs. 3 lit. G) des Vertrages über den konsolidierten Abschluß vollzogen haben.

§ 290 HGB zu einer doppelten Abschlußerstellung – nach deutschen und nach internationalen Standards – gezwungen. Die Befreiungsvorschrift des § 292a Abs. 2 Nr. 2 lit. a HGB ermöglicht nunmehr die Aufstellung nur noch eines, nämlich des international gängigen Abschlusses nach US-GAAP[227] oder IAS[228] [229]. Allerdings verweist die Vorschrift durch ihre Bezugnahme auf international anerkannte Rechnungslegungsgrundsätze nicht auf ein spezifisches Regelwerk, sondern auf eine unbestimmte und für die jederzeitige Ergänzung durch neu entstehende, konkurrierende Regelungen offene Gruppe in- oder ausländischer Regelwerke, die sich mit der Standardisierung der Rechnungslegung befassen[230]. Dennoch gehen Regierung und Rechtsausschuß von einer Anwendung der beiden genannten Standards aus[231].

Die in § 292a Abs. 2 Nr. 2 lit. a HGB enthaltene Wahl- und Befreiungsmöglichkeit relativiert einerseits den Geltungsanspruch des deutschen Handelsbilanzrechts[232], stellt andererseits aber auch sicher, daß das deutsche börsennotierte Mutterunternehmen keinen zusätzlichen Abschluß nach HGB mehr aufzustellen hat[233]. Aufgrund des umfassenden und hoher Dynamik unterliegenden Normierungsbedarfs im Bereich der Rechnungslegung erscheint die Einbeziehung privaten Sachverstands in diese Regulierungsaufgabe recht sinnvoll[234]. Allerdings wird weithin bezweifelt, ob dies mit § 292a Abs. 2 Nr. 2 lit. a HGB in verfassungskonformer Weise geschehen ist.

---

[227] *Generally Accepted Accounting Principles in the United States*; hierzu W. *Müller*, in: P. Hommelhoff/V. Röhricht, Gesellschaftsrecht 1997, S. 313 ff. (315 f.). Diese Regeln sind nationales amerikanisches Recht; M. *Heintzen*, BB 1999, S. 1050 ff. (1050). Die GAAP werden von dem Federal Accounting Standards Board festgelegt.

[228] *International Accounting Standards*. Diese Regeln werden von dem International Accounting Standards Commitee, einer internationalen NGO, entwickelt; P. *Hommelhoff*, FS Odersky, S. 779 ff. (780); W. *Müller*, in: P. Hommelhoff/V. Röhricht, Gesellschaftsrecht 1997, S. 313 ff. (316 f.). Sie bilden bestenfalls »soft-law«; M. *Heintzen*, BB 1999, S. 1050 ff. (1050).

[229] Zu der Konzernrechnungslegung nach IAS und US-GAAP und ihrer Rückwirkung auf den handelsrechtlichen Einzelabschluß siehe W.D. *Budde*, FS Beisse, S. 105 ff.; zu den Vor- und Nachteilen dieser Befreiung aus ökonomischer Sicht: E. *Ebert*, Private Normsetzung für die Rechnungslegung, S. 29 ff.

[230] P. *Kirchhof*, ZGR 2000, S. 681 ff. (685).

[231] Beschlußempfehlung und Bericht des Rechtsausschusses; BT-Drcks. 13/9909, S. 11; s.a. die Begründung des Regierungsentwurfs (BT-Drcks. 13/7141, S. 11). Demgegenüber verweist M. *Grund*, ZIP 1996, S. 1969 ff. (1969 (Fn. 9)) auf das »liberale Schweizer Recht«.

[232] M. *Heintzen*, BB 1999, S. 1050 ff. (1051).

[233] Durch die Befreiungsregelung des § 292a Abs. 2 Nr. 2 lit. a HGB wird die in der Verpflichtung deutscher Unternehmen zur Aufstellung eines HGB-Abschlusses liegende doppelte Rechnungslegung als Fall der Inländerdiskriminierung abgeschafft; siehe die Begründung zum Gesetzentwurf der Regierung (BT-Drcks. 13/7141, S. 8); kritisch gegenüber dieser Argumentation aber P. *Kirchhof*, ZGR 2000, S. 681 ff. (687 f.).

[234] P. *Hommelhoff*, FS Odersky, S. 779 ff. (795).

III. Die Entwicklung von Rechungslegungsvorschriften durch privatrechtliche Einrichtungen (§ 342 HGB)

Die zunehmende Bedeutung der internationalen Kapitalmärkte für deutsche Unternehmen und Konzerne und die sich daraus ergebende Notwendigkeit deutscher Unternehmen, sich auch international zu präsentieren, veranlaßte den Gesetzgeber, nicht nur die befreiende Wirkung von Konzernabschlüssen nach ausländischen Rechnungslegungsstandards (§ 292a Abs. 2 Nr. 2 lit. a HGB) vorzusehen, sondern auch Möglichkeiten für eine stärkere Annäherung der deutschen Rechnungslegungsvorschriften an internationale Grundsätze zu eröffnen. Um eine größere Flexibilität für die Weiterentwicklung der Rechnungslegung und ihre schnellere Anpassung an neue Erfordernisse zu gewährleisten, hat der Gesetzgeber hierfür das Tätigwerden eines privaten, mit unabhängigen Fachleuten besetzten Gremiums vorgesehen. Nach § 342 HGB[235] kann das Bundesministerium der Justiz (BMJ) eine privatrechtlich organisierte Einrichtung durch Vertrag anerkennen und ihr u.a.[236] die Aufgabe übertragen, Empfehlungen zur Anwendung der Grundsätze über die Konzernrechnungslegung zu entwickeln[237]. Die Einrichtung muß aufgrund ihrer Satzung gewährleisten, daß die Empfehlungen unabhängig und ausschließlich von Rechnungslegern[238] in einem Verfahren entwickelt und beschlossen werden, das die fachlich interessierte Öffentlichkeit einbezieht. Mit diesen Vorgaben will der Gesetzgeber die Mindestbedingungen gewährleisten, die für eine gehörige Standardisierung erforderlich sind[239].

Mit der Regelung des § 342 HGB wird die Festsetzung von Maßstäben für die Bilanzierung durch ein nicht-staatliches Gremium ermöglicht. Das Gesetz sieht subsidiär und für den Fall, daß das BMJ keine private Einrichtung nach § 342

---

[235] Eingefügt durch Art. 2 Nr. 14 des Gesetzes zur Kontrolle und Transparenz im Unternehmensbereich (KonTraG) vom 27. April 1998 (BGBl. I 786). S.a. den Gesetzentwurf der Bundesregierung eines Gesetzes zur Kontrolle und Transparenz im Unternehmensbereich (BT-Drcks. 13/9712). Die fraglichen Vorschriften wurden erst auf Intervention des Rechtsausschusses (Beschlußempfehlung und Bericht, BT-Drcks. 13/10038, S. 15 f., 24 f., 27 f.) in den Gesetzesentwurf aufgenommen; siehe zu der Entstehungsgeschichte der Norm auch *W.D. Budde / E. Steuber*, DStR 1998, S. 1181 ff. (1181 f.)

[236] Im Bereich der Rechnungslegung ist eine Standardisierung international üblich, wobei die Regelsetzer hierbei zumeist private Akteure sind. Die deutsche Einflußnahme auf den internationalen Standardisierungsprozeß galt als nicht übermäßig erfolgreich, da in Deutschland ein solcher zentraler Standardisierer nicht existierte. Deswegen kann das BMJ der Einrichtung auch die Vertretung der Bundesrepublik Deutschland in internationalen Standardisierungsgremien übertragen. Siehe hierzu § 342 Abs. 1 Nr. 3 sowie die Beschlußempfehlung und Bericht des Rechtsausschusses zum KonTraG (BT-Drcks. 13/10038, S. 24 f.).

[237] Diese »Vertragslösung« weist handgreifliche Parallelen zu dem Fall des DIN auf; s.a. Beschlußempfehlung und Bericht des Rechtsausschusses zum KonTraG (BT-Drcks. 13/10038, S. 27).

[238] Zu diesem Personenkreis: Beschlußempfehlung und Bericht des Rechtsausschusses zum KonTraG (BT-Drcks. 13/10038, S. 27).

[239] Beschlußempfehlung und Bericht des Rechtsausschusses zum KonTraG (BT-Drcks. 13/10038, S. 27).

III. Die Entwicklung von Rechungslegungsvorschriften

HGB anerkennt, die Errichtung eines Rechnungslegungsbeirats beim Ministerium mit denselben Aufgaben wie die private Einrichtung vor (§ 342a Abs. 1 ff. HGB, v.a. Abs. 9 zur Subsidiarität der Beiratslösung[240]). Nach § 342 Abs. 2 HGB wird die Beachtung der die Konzernrechnungslegung betreffenden Grundsätze ordnungsmäßiger Buchführung (GoB)[241] vermutet[242], soweit vom BMJ bekannt gemachte Empfehlungen der anerkannten Einrichtung beachtet worden sind. Von den vorgegebenen Standards kann nur abgewichen werden, wenn nachgewiesen wird, daß die empfohlene Handhabung nicht geeignet ist, die gesetzlichen Ziele zu verwirklichen und deshalb die abweichende Verfahrensweise gewählt wurde, um den Grundsätzen ordnungsmäßiger Konzernrechnungslegung zu entsprechen. Die Abschlußprüfer haben zu prüfen, ob die Rechnungslegungsstandards beachtet werden. Bei Abweichungen ist zu prüfen, ob dennoch eine ordnungsmäßige Konzernrechnungslegung vorliegt.

Als Einrichtung im Sinne von § 342 HGB wurde der Deutsche Standardisierungsrat (DSR) geschaffen, dessen Anerkennung als privates Rechnungslegungsgremium i.S. von § 342 HGB mittels Vertrags vom 3. September 1998 durch das Bundesministerium der Justiz erfolgte[243]. Träger des DSR ist das Deutsche Rechnungslegungs Standards Committee e.V. (DRSC). Mitglied des Vereins kann jede natürliche Person werden, die aufgrund erkennbarer Qualifikation oder Erfahrung auf dem Gebiet der Rechnungslegung den Zielen des Vereins nahe steht; oder eine juristische Person mit entsprechendem Wirkungskreis. Mitglied kann auch jedes Unternehmen (einschließlich freiberuflicher Vereinigungen) werden, sofern die Ausübung der Mitgliedschaft einer natürlichen Person obliegt, die als Rechnungsleger Mitglied sein könnte. Wählbar für die Organe des DRSC und für den DSR sind nur Personen, die zu dem Kreis der Rechnungsleger gehören. Der DSR besteht aus dem Präsidenten, dem Vizepräsidenten und fünf weiteren Mitgliedern. Sie werden vom Verwaltungsrat auf die Dauer von vier Jahren (im Gründungsjahr auf die Dauer von drei bis fünf Jahren) gewählt. Der DSR kann bis zu zwei weitere Mitglieder aus dem Kreis der Rechnungsleger kooptieren. Der Verwaltungsrat des DRSC kann dem DSR oder seinen Mitgliedern keine Weisungen erteilen. Ferner gibt es einen Konsultationsrat, um den beteiligten Kreisen Gelegenheit zu geben, dem DSR ihre Vorstellungen vor grundsätzlichen Entscheidungen unmittelbar vorzutragen. Mitglied kann jede Organisation wer-

---

[240] Siehe hierzu Beschlußempfehlung und Bericht des Rechtsausschusses zum KonTraG (BT-Drcks. 13/10038, S. 25, 27): Der Rechtsausschuß bevorzugt eine private Lösung aufgrund der entsprechenden internationalen Vorbilder.

[241] Zu der verfassungsrechtlichen Problematik dieser zu Gesetz gewordenen Handelsbräuche: *W.D. Budde/E. Steuber*, DStR 1998, S. 504 ff. (505 f.); *M. Heintzen*, BB 1999, S. 1050 ff. (1052 (m.w.N. 35 f.)).

[242] Zu dieser praesumptio: *W.D. Budde/E. Steuber*, DStR 1998, S. 1181 ff. (1183 f.)

[243] In dem Standardisierungsvertrag mit dem Justizminister ist u.a. das Verfahren für die Entwicklung und Verabschiedung von Rechnungslegungsstandards festgelegt. Siehe den Vertragstext unter http://www.standardsetter.de/drsc/docs/fmj_contract.html. Zur Gründung des DSR auch *W.D. Budde/E. Steuber*, DStR 1998, S. 1181 ff. (1183).

den, die als Berufs- oder Interessenvertretung den Zwecken des DRSC nahesteht. Der DSR präsentiert sich als ein Gremium von unabhängigen Fachleuten, die frei von Weisungen tätig sind[244]. An den Sitzungen des DSR kann ein Vertreter des Bundesministers der Justiz als Beobachter teilnehmen. Der DSR entscheidet mit der Mehrheit der Stimmen, bei der Verabschiedung von Standards jedoch mit einer Mehrheit von zwei Drittel seiner Mitglieder. Der DSR soll im Rahmen eines festgelegten Verfahrens, das alle an der Rechnungslegung interessierten Personen und Organisationen in geeigneter Form einbezieht, Rechnungslegungsstandards zu wesentlichen Bilanzierungs- und Bewertungsfragen der Konzernrechnungslegung erarbeiten. Er verabschiedet diese als »Deutsche Rechnungslegungsstandards – DRS«. Der vom DSR verabschiedete Standardentwurf wird mit einer Frist zur Stellungnahme von mindestens sechs Wochen veröffentlicht. Der Konsultationsrat wird zu einer Anhörung eingeladen, in der er direkt und mündlich dem DSR seine Kritik oder sonstige Anmerkungen zu dem Standardentwurf vortragen kann. Nach Abschluß der Anhörung und nach Ablauf der Fristen für die Stellungnahmen Dritter wird der Entwurf unter Berücksichtigung der Stellungnahmen erneut vom DSR beraten und in öffentlicher Sitzung, ggf. mit Änderungen, vom DSR verabschiedet. Bei wesentlichen Änderungen des Entwurfs wird dieser nochmals mit einer Frist zur Stellungnahme von mindestens vier Wochen veröffentlicht. Die endgültig verabschiedeten DRS werden von dem Bundesminister der Justiz nach Prüfung der Beachtung öffentlicher Interessen gemäß § 342 Abs. 2 HGB veröffentlicht. Die an Rechnungslegungsfragen interessierte Öffentlichkeit wird durch die Veröffentlichung der Standardentwürfe, mit angemessener Frist zur Stellungnahme, die Anhörung des Konsultationsrates und durch die Verabschiedung der Standards nach Erörterung der eingegangenen Stellungnahmen in öffentlicher Sitzung in die Entwicklung der Rechnungslegungsstandards einbezogen. Mit dieser Öffentlichkeit des Verfahrens hat jede Person die Möglichkeit, vor Verabschiedung eines Rechnungslegungsstandards dazu Stellung zu nehmen.

IV. Deutscher Corporate Governance Kodex (§ 161 AktG)

Nach § 161 AktG[245] erklären Vorstand und Aufsichtsrat einer börsennotierten Gesellschaft jährlich, daß den vom Bundesministerium der Justiz im amtlichen Teil des elektronischen Bundesanzeigers bekannt gemachten Empfehlungen der

---

[244] Siehe hierzu die ausführliche Selbstdarstellung des *Deutschen Rechnungslegungs Standards Committee e.V.*, auf sich vorliegende Darstellung bezieht; http://www.standardsetter.de/drsc/docs/gasc_about.html (18. April 2003). Zur Arbeit des Standardisierungsrats auch *H. Havermann*, ZGR 2000, S. 693 ff. (694 ff.).

[245] Eingefügt durch Art. 1 Nr. 16 des Gesetzes zur weiteren Reform des Aktien- und Bilanzrechts, zu Transparenz und Publizität (Transparenz- und Publizitätsgesetz) vom 19. Juli 2002 (BGBl. I 2681).

IV. Deutscher Corporate Governance Kodex (§ 161 AktG)

»Regierungskommission Deutscher Corporate Governance Kodex«[246] entsprochen wurde und wird oder welche Empfehlungen nicht angewendet wurden oder werden. Diese Erklärung ist den Aktionären dauerhaft zugänglich zu machen (§ 161 Satz 2 AktG).

Dieses neuartige, auf dem Zusammenwirken eines nicht unmittelbar rechtlich bindenden Regelwerks und einer sog. Entsprechenserklärung (»Compliance-Erklärung«) der Gesellschaftsorgane beruhende Steuerungsinstrument ist auf die Bemühungen der Bundesregierung um eine Verbesserung des deutschen »Corporate-Governance-Systems« zurückzuführen[247]. Die Bundesministerin der Justiz hat in Umsetzung der Empfehlungen im Abschlußbericht der Regierungskommission Corporate Governance[248] eine aus Wissenschaftlern und Wirtschaftsvertretern zusammengesetzte »Kommission Deutscher Corporate Governance Kodex«[249] eingesetzt, deren Arbeit durch die gesetzliche Anordnung der Entsprechenserklärung in § 161 AktG legislatorisch begleitet wird[250]. Bei der Empfehlung eines deutschen Corporate-Governance-Kodex, der gerade durch den parlamentarischen Gesetzgeber erlassen werden soll[251], handelte es sich um eine der Kernaussagen des Berichts der Regierungskommission Corporate Governance. Nach der Begründung des Gesetzentwurfs bietet ein solcher, im amtlichen Teil des elektronischen Bundesanzeigers bekannt gemachter Kodex die Möglichkeit, »die geltende Unternehmensverfassung für deutsche Aktiengesellschaften und die diesbezüglichen, im Wesentlichen im zwingenden Gesetzesrecht verankerten Verhaltensmaßstäbe für Unternehmensleitung und Unternehmensüberwachung in einer gerade auch für ausländische Investoren geeigneten Form zusammenfassend und übersichtlich darzustellen ...«[252].

---

[246] Zu Idee und Wesen der Corporate Governance siehe nur: *M. Lutter*, JURA 2002, S. 83 ff. (83 m.w.N. in Fn. 3). Zu weiteren Codices: *S. Augsberg*, Rechtsetzung zwischen Staat und Gesellschaft, S. 278 ff.

[247] *M. Peltzer*, NZG 2002, S. 593 ff.; *M. Wolf*, ZRP 2002, S. 59 ff. Die Einzelheiten des Geschehensablaufs und zum Entwurf »konkurrierender« Regelwerke werden z.B. bei *M. Lutter*, JURA 2002, S. 83 ff. (85 f.); *M. Peltzer*, NZG 2002, S. 10 ff. (11 f.); *A v. Werder*, in: H.R. Ringleb/T. Kremer/M. Lutter/ders., Kommentar zum deutschen Corporate Governance Kodex, S. 11 ff., geschildert.

[248] Abschlußbericht der Regierungskommission vom 11. Juli 2001 (BT-Drucks. 14/7515); s.a. hierzu den Bericht in der FAZ vom 2. Juli 2001, S. 13.

[249] Diese Kommission hat ihren Bericht am 26. Februar 2002 vorgelegt (siehe http://www.corporate-governance-code.de. Dort ist auch die jeweils aktuelle Fassung des Kodex abzurufen). Zu den einzelnen Regelungen des Kodex übersichtlich: *M. Peltzer*, NZG 2002, S. 593 ff. (595 ff.); s.a. H.R. Ringleb/T. Kremer/M. Lutter/A v. Werder, Kommentar zum deutschen Corporate Governance Kodex; zum inhaltlichen Verhältnis des Kodex zu den Empfehlungen der Regierungskommission siehe: *H.R. Ringleb*, ebd., S. 18 ff.

[250] Siehe die Begründung zu dem Gesetzentwurf der Bundesregierung eines Gesetzes zur weiteren Reform des Aktien- und Bilanzrechts, zu Transparenz und Publizität (Transparenz- und Publizitätsgesetz; BT-Drcks. 14/8769, S. 10).

[251] *M. Lutter*, JURA 2002, S. 83 ff. (85).

[252] Begründung zu dem Gesetzentwurf der Bundesregierung eines Gesetzes zur weiteren Reform des Aktien- und Bilanzrechts, zu Transparenz und Publizität (Transparenz- und Publizitätsgesetz; BT-Drcks. 14/8769, S. 21).

Das Gesetz begreift den am 26. Februar 2002 erstmals vorgelegten Kodex als Chance zur Deregulierung und Flexibilisierung[253]. Da der Kodex, soweit er nicht ohnedies zwingendes Recht nur wiedergibt, unverbindliche Verhaltensempfehlungen enthält[254], gilt er als wesentlich flexibler als eine zwingende und damit möglicherweise in vielen Fällen zu rigide gesetzliche Lösung. Die Unternehmen haben in Fällen, in denen sie es für sinnvoll oder geboten halten, die Möglichkeit, von den Kodexregeln generell oder im Einzelfall, aufgrund von Satzung, Geschäftsordnung, Vertrag bzw. aufgrund einer dauernden Übung – negativ i.s.e. Unterschreitung der formulierten Standards – abzuweichen. Vorstand und Aufsichtsrat müssen solche Abweichungen indes den Kapitalmarktteilnehmern gegenüber in einem jährlichen Bericht offenlegen, aber nicht begründen[255]. Durch Intervention des Rechtsausschusses wurde der Gesetzentwurf dahingehend geändert, daß er die Bezeichnung der Kodex-Kommission »Regierungskommission Deutscher Corporate Governance Kodex« wiedergibt und damit klar auf die Regeln der vom Bundesministerium der Justiz eingesetzte Kommission verweist. Durch die gesetzliche Festlegung, daß die Verpflichtung zur Abgabe der Entsprechenserklärung nur nach Bekanntmachung im amtlichen Teil des elektronischen Bundesanzeigers durch das Bundesministerium der Justiz besteht, soll zudem verdeutlicht werden, daß dem Bundesministerium der Justiz eine Rechtskontrolle des Kodex obliegt, aufgrund deren dem Kodex bei Rechts- oder Verfassungsverstößen die Bekanntmachung verwehrt werden kann[256].

Allerdings begibt sich die Steuerung durch das Zusammenwirken von § 161 AktG mit dem »Deutschen Corporate Governance Kodex«[257] nicht in die Nähe einer »freischwebende[n] Form delegierter Gesetzgebung«[258]. § 161 AktG bestimmt im Zusammenwirken mit dem Kodex Verpflichtungen von Gesellschaftsorganen. Diese Verpflichtungen entfalten trotz der »Freiwilligkeit« der Selbstverpflichtung eine jedenfalls faktische Zwangswirkung durch einen mit der Entsprechenserklärung vermittelten, enormen Publizitätsdruck zu deren Annah-

---

[253] Am 21. Mai 2003 wurden weitere Beschlüsse zur Fortentwicklung des Deutschen Corporate Governance Kodex gefaßt; veröffentlicht am 4. Juli 2003 im Amtlichen Teil – Bekanntmachungen – durch Bekanntmachung des Bundesministeriums der Justiz vom 30. Juni 2003 (www.ebundesanzeiger.de).
[254] Die Empfehlungen des Kodex sind im Text durch die Verwendung des Wortes »soll« gekennzeichnet. § 161 AktG betrifft nur die Verhaltensempfehlungen. Die Entsprechenserklärung braucht sich also nicht auf die gesetzesdarstellenden Teile des Kodex zu beziehen. Ferner enthält der Kodex »Anregungen«, von denen ohne Offenlegung abgewichen werden kann. Hierfür verwendet der Kodex Begriffe wie »sollte oder »kann«.
[255] Siehe die Begründung zu dem Gesetzentwurf der Bundesregierung eines Gesetzes zur weiteren Reform des Aktien- und Bilanzrechts, zu Transparenz und Publizität (Transparenz- und Publizitätsgesetz; BT-Drcks. 14/8769, S. 21).
[256] Beschlußempfehlung und Bericht des Rechtsausschusses zu dem Gesetzentwurf der Bundesregierung Entwurf eines Gesetzes zur weiteren Reform des Aktien- und Bilanzrechts, zu Transparenz und Publizität (Transparenz- und Publizitätsgesetz; BT-Drcks. 14/9079, S. 18).
[257] Im folgenden: Kodex.
[258] *M. Herdegen*, VVDStRL Bd. 62 (2003), S. 7 ff. (22).

me[259]. Dies indes begründet keinen rechtsnormativen Charakter des Kodex[260], so seine Regelungen aus der weiteren Betrachtung ausscheiden.

V. »Legislatives outsourcing« und Verfassungsrecht

Die Fälle des legislativen outsourcings berühren sich mit einem altbekannten Instrument der Gesetzgebungstechnik, dessen verfassungsrechtliche Implikationen indes erst seit dem Ende der sechziger Jahre des vergangenen Jahrhunderts diskutiert werden[261]. Bei der damit angesprochenen »Verweisung« nimmt der Inhalt einer Norm (Verweisungsnorm) Bezug auf andere Vorschriften (Bezugsnorm). Der verweisende Normgeber verzichtet auf die eigene Vollregelung eines Tatbestandes. Er erkennt vorgefundenen, nicht zwingend rechtlichen Verhaltensregelungen eine tatbestandsausfüllende Funktion und damit eine mittelbar normative Bedeutung zu[262]. Die Bezugsnorm wird zum Bestandteil der Verweisungsnorm und teilt im Anwendungsbereich dieses Gesetzes dessen Geltungskraft und Ranghöhe[263]. Sie verliert aber nicht zugleich die Existenz in ihrem originären Normzusammenhang.

---

[259] Hierzu *M. Wolf*, ZRP 2002, S. 59 ff. (60). Ob einem Unternehmen ohne Unterwerfung unter den Kodex eine Börsenzulassung oder Abschlußtestate verweigert würden (so *M. Wolf*, a.a.O.), ist aber zumindest bislang eine Spekulation. Auch die Bindung Dritter (hierzu *M. Wolf*, a.a.O.) – v.a. der Mitarbeiter des Unternehmens – ist aus verfassungsrechtlicher nicht bedeutend, da sich bei diesen die Frage von Erfüllung oder Nichterfüllung der entsprechenden Pflichten allein aufgrund des Direktionsrechts des Arbeitgebers entscheidet.

[260] *M. Lutter*, ZGR 2001, S. 224 ff. (227); *ders.*, JURA 2002, S. 83 ff. (86.).

[261] Die Diskussion wurde angestoßen durch *F. Ossenbühl*, DÖV 1967, S. 401 ff.; zuvor aber schon: *M. Bullinger*, Die Unterermächtigung zur Rechtsetzung, S. 19 ff.; *ders.*, Die Selbstermächtigung zum Erlaß von Rechtsvorschriften, S. 21 ff.; s.a. *J. Backherms*, Das DIN Deutsches Institut für Normung e.V. als Beliehener; *E. Baden*, NJW 1979, S. 623 ff.; *R. Breuer*, AöR Bd. 101 (1976), S. 46 ff.; *W. Brugger*, VerwArch Bd. 78 (1987), S. 1 ff. m.w.N. in Fn. 1 f.; *T. Clemens*, AöR Bd. 111 (1986), S. 63 ff.; *B. Conradi*, Die Mitwirkung außerstaatlicher Stellen beim Erlaß von Rechtsverordnungen, S. 52 ff.; *C. Engel*, Völkerrecht als Tatbestandsmerkmal deutscher Normen, S. 39 ff.; *U. Karpen*, Die Verweisung als Mittel der Gesetzgebungstechnik; *ders.*, in: J. Rödig, Studien zu einer Theorie der Gesetzgebung, S. 221 ff.; *F. Kirchhof*, Private Rechtsetzung, S. 154 ff.; *T. Klindt*, DVBl. 1998, S. 373 ff.; *P. Marburger*, Die Regeln der Technik im Recht, S. 379 ff.; *ders.*, in: P.-C. Müller-Graff, Technische Regeln im Binnenmarkt, S. 27 ff.; *F. Nicklisch*, ZRP 1968, S. 36 ff.; *K.-O. Nickusch*, Die Normativfunktion technischer Ausschüsse und Verbände als Problem der staatlichen Rechtsquellenlehre, S. 204 ff.; *P. Noll*, Gesetzgebungslehre, S. 227 ff.; *H.-J. Papier*, in: V. Götz/H.H. Klein/C. Starck, Die öffentliche Verwaltung zwischen Gesetzgebung und richterlicher Kontrolle, S. 36 ff. (63 ff.); *R. Scholz*, FS Juristische Gesellschaft Berlin, S. 691 ff.; *J.-F. Staats*, in: J. Rödig, a.a.O., S. 254 ff.; *W.-R. Schenke*, NJW 1980, S. 743 ff.; *ders.*, FS Fröhler, S. 87 ff.; *H. Schneider*, Gesetzgebung, Rn. 378 ff.; *R. Scholz*, FS Müller, S. 509 ff.

[262] *R. Breuer*, AöR Bd. 101 (1976), S. 46 ff. (65).

[263] BVerfGE 47, 285 (309 f.); ähnlich *W. Brugger*, VerwArch Bd. 78 (1987), S. 1 ff. (4); *T. Clemens*, AöR Bd. 111 (1986), S. 63 ff. (65 ff.); dort auch zu der Ausnahme in BVerfGE 49, 260 (270). Hier hatte sich das Bundesverfassungsgericht im Rahmen eines Verfahrens nach Art. 100 Abs. 1 GG mit einem förmlichen Bundesgesetz auseinanderzusetzen, auf dessen Gültigkeit es im arbeitsgerichtlichen Ausgangsverfahren ankam, weil ein Tarifvertrag darauf verwies. Das Bundesverfas-

1. »Legislatives outsourcing« als Verweisung

Wenn sich der Gesetzgeber aufgrund der Komplexität und Dynamik eines zu regelnden Lebensbereichs nicht imstande sieht, diesen ordnende Rechtsregeln selbst und unmittelbar mit einem vertretbaren Aufwand zu formulieren, so bedient er sich solcher Regelwerke, die andernorts, – etwa durch einen anderen staatlichen Rechtsetzer oder aber einen verbandlichen Normgeber formuliert worden sind, entweder auf dem – seltenen – Wege der direkten Verweisung – auch Inkorporation genannt[264] – und schreibt sie als eigene in das staatliche Regelwerk ab[265]. Oder aber er greift auf die Technik der indirekten Verweisung zurück und nimmt auf eine bestimmte Norm eines anderen Regelsetzers Bezug, ohne diese gänzlich »abzuschreiben«. Dieses Vorgehen entspricht im Ergebnis einer volltextlichen Übernahme der fremden Norm, wobei die staatliche Vorschrift aber übersichtlicher bleibt. Die Verweisungstechnik entlastet den Verweisungsnorm-Setzer ebenso wie die Verweisungsnorm und dient damit sowohl deren Übersichtlichkeit als auch einer Verdeutlichung ihrer Einbettung in ein normatives System (das Gesetz oder die Rechtsordnung)[266]. Soweit ein Gesetzgeber auf solche Normen Bezug nimmt, die nicht von ihm selbst stammen, dient die Verweisung auch der Inanspruchnahme externen Sachverstands[267]. Zudem verspricht ein Verweis auf Bezugsnormen, die in einem einfacheren Gesetzgebungsverfahren als dem der Verweisungsnorm von einem womöglich spezialisierten, nur mit dieser Norm befaßten Gesetzgeber erlassen werden, ein höheres Maß an Flexibi-

---

sungsgericht hätte die Vorlage als unzulässig ablehnen können, weil der Tarifvertrag die in Bezug genommene gesetzliche Regelung auf seine Ebene transportiert, auf der das Arbeitsgericht selbständig über die Verfassungswidrigkeit einer Norm befinden kann. Beachtet man indes den mit dem Verfahren nach Art. 100 Abs. 1 GG verfolgten Zweck, nach dem nicht jedes Gericht sich über den Willen des parlamentarischen Gesetzgebers soll hinweg setzen können (*K. Schlaich / S. Korioth*, Das Bundesverfassungsgericht, Rn. 128 (m.w.N. in Fn. 219), könnte unter diesem Gesichtspunkt die Integrität des Gesetzgebers auch gefährdet sein, wenn eine tarifvertragliche Norm unter Hinweis auf die Ungültigkeit ihrer parlamentsgesetzlichen Bezugsnorm nicht angewendet wird. Insgesamt a.A. für einen Verweis auf Verwaltungsvorschriften aber BayVerfGH NVwZ 1997, S. 56 f. (57).

[264] S. *Augsberg*, Rechtsetzung zwischen Staat und Gesellschaft, S. 174 f.; *P. Marburger*, in: P. Müller-Graff, Technische Regeln im Binnenmarkt, S. 27 ff. (33 f.).

[265] Beispiele bei *R. Breuer*, AöR Bd. 101 (1976), S. 46 ff. (61). Von einem »photographieren« der fremden Norm spricht *J.-F. Staats*, in: J. Rödig, Studien zu einer Theorie der Gesetzgebung, S. 244 ff. (254, 256).

[266] Zu den Motiven des Gesetzgebers bei Einsatz einer Verweisung: *R. Breuer*, AöR Bd. 101 (1976), S. 46 ff. (46 ff.); *U. Karpen*, Die Verweisung als Mittel der Gesetzgebungstechnik, S. 11 ff.; *ders.*, in: J. Rödig, Studien zu einer Theorie der Gesetzgebung, S. 221 ff. (224 ff.); *P. Marburger*, Die Regeln der Technik im Recht, S. 379 ff.; *W.-R. Schenke*, NJW 1980, S. 743 ff. (743); *ders.*, FS Fröhler, S. 87 ff. (89 f.).

[267] Zu den Vorteilen einer Verweisung auf private Regeln durch den Staat: *P. Marburger*, Die Regeln der Technik im Recht, S. 381 ff.; s.a. *U. Karpen*, Die Verweisung als Mittel der Gesetzgebungstechnik, S. 15; *ders.*, in: J. Rödig, Studien zu einer Theorie der Gesetzgebung, S. 221 ff. (225), der die Verweisung auf private Normen mit »Demokratisierungs- und Partizipationsgelüsten« in Zusammenhang bringt.

lität und Reaktionsvermögen bei der Normsetzung[268]. Eine solche Aufgabenverteilung entlastet den staatlichen (und besonders: den parlamentarischen) Gesetzgeber von der Notwendigkeit ständiger Gesetzesanpassung an einen sich dynamisch entwickelnden gesellschaftlichen bzw. technologischen Fortschritt, der einen permanenten Novellierungsbedarf nach sich zieht und auf diese Weise das Parlament überlastet sowie dessen Fähigkeit zu abgewogenen politischen Grundsatzentscheidungen beeinträchtigen müßte[269].

Eine wichtige Unterscheidung bei der Verweisung ist mit Blick auf die Bezugsnorm vorzunehmen. Jedem Gesetzgeber steht grundsätzlich jede Norm eines anderen Normsetzers als potentielle Bezugsnorm zur Verfügung. Die gesamte staatliche Rechtsordnung ist für jeden Rechtsetzer rezeptionsfähig[270]. Die Bezugsnorm kann aber auch privater/verbandlicher Herkunft sein.

Wenn der Gesetzgeber auf technische Bezugsnormen verweist, strebt er mit einer solchen Regelungstechnik neben den allgemeinen Vorteilen staatlich-gesellschaftlicher Kooperation (v.a. hohe Richtigkeitsgewähr, Implementationseffizienz) und dem bereits erwähnten Wunsch nach schneller, reaktionsfähiger Normierung nicht nur die o.a. Integration gesellschaftlichen Sachverstands in die Rechtsnormsetzung an, dessen Nicht-Inanspruchnahme die staatliche Seite auch bei extensiver Ausdehnung des Ministerialapparats aufgrund des Forschungs- und Praxisvorsprungs der industriellen Seite kaum kompensieren könnte[271]. Auch die Vermittlung ökonomischer Notwendigkeiten bei der Setzung von Sicherheitsstandards ist bei den am regulierten Marktprozeß Beteiligten gut aufgehoben[272].

Weiterhin ist zwischen statischen und dynamischen Verweisungen zu differenzieren[273]. Die statische Verweisung[274] inkorporiert den in Bezug genommenen Normtext nur in der Fassung, die zum Zeitpunkt der Normierung der Verweisung die aktuelle und gültige ist. Diese Statik beraubt die Verweisung indessen ihrer Flexibilität: Die Bezugsnorm wird aus ihrem genetischen Zusammenhang iso-

---

[268] Zu den beiden letzten Aspekten v.a. *R. Breuer*, AöR Bd. 101 (1976), S. 46 ff. (51 f.); *P. Marburger*, Die Regeln der Technik im Recht, S. 117 ff.
[269] So schon *H. Krüger*, NJW 1966, S. 617 ff. (617).
[270] *T. Klindt*, DVBl. 1998, S. 373 ff. (373); *H. Schulze-Fielitz*, in: H. Dreier, Grundgesetz Bd. II, Art. 20 (Rechtsstaat) Rn. 131. Dies gilt für die Fälle statischer Verweisung; soweit eine dynamische Verweisung stattfindet, ergeben sich allerdings bei einer rechtsordnungsübergreifenden Verweisung neben den noch anzusprechenden rechtsstaatlichen und demokratischen Schwierigkeiten noch besondere, hier nicht weiter relevante Bedenken aus dem Bundesstaatsprinzip; siehe dazu nur *T. Clemens*, AöR Bd. 111 (1986), S. 63 ff. (119 ff.); *U. Karpen*, Die Verweisung als Mittel der Gesetzgebungstechnik, S. 183 ff., 198; *ders.*, in: J. Rödig, Studien zu einer Theorie der Gesetzgebung, S. 221 ff. (239 f.); *F. Ossenbühl*, DÖV 1967, S. 401 ff. (405).
[271] Hierzu *R. Breuer*, AöR Bd. 101 (1976), S. 46 ff. (49 f.); *P. Marburger*, Die Regeln der Technik im Recht, S. 381 f.
[272] So schon *H. Krüger*, NJW 1966, S. 617 ff. (620, 622); s.a. *P. Marburger*, Die Regeln der Technik im Recht, S. 382.
[273] *F. Ossenbühl*, DÖV 1967, S. 401 ff. (401); s.a. *W. Brugger*, VerwArch Bd. 78 (1987), S. 1 ff. (6 f.); *T. Clemens*, AöR Bd. 111 (1986), S. 63 ff. (80 f.); *U. Karpen*, Die Verweisung als Mittel der Gesetzgebungstechnik, S. 67 ff.; *ders.*, in: J. Rödig, Studien zu einer Theorie der Gesetzgebung, S. 221 ff. (228).
[274] Beispiele bei *P. Marburger*, in: P. Müller-Graff, Technische Regeln im Binnenmarkt, S. 27 ff. (38).

liert und in ein relativ statisches staatliches Regelungswerk übernommen. Demgegenüber nimmt die dynamische Verweisung Bezug auf eine Norm eines anderen Normsetzers in deren jeweils geltender, durch jenen veränderbaren Fassung[275]. Sie antizipiert somit die künftigen Änderungen der in Bezug genommenen Vorschriften und bezieht sie damit schon ex ante in die Verweisungsnorm mit ein. Diese wird also mit Änderung der Bezugsnorm ebenfalls verändert, ohne daß es erneuter gesetzgeberischer Entscheidung bedarf. Bei dieser Regelungstechnik tritt neben die bereits genannten Funktionen der Verweisung auch eine sog. Dynamisierungsfunktion[276]. Hierdurch wird der Gesetzgeber nicht nur von Regelungsaufgaben entlastet, sondern gleichzeitig wird auch – insbesondere bei einer Inbezugnahme von privaten technischen Normungen – dem dynamischen Entwicklungsprozeß von Wissenschaft und Technik Rechnung getragen, indem der Gesetzgeber der Bezugsnorm nicht selbst permanent die neuesten Erkenntnisse zum Anlaß für eine Rechtsänderung nehmen muß.

2. Verfassungsrechtliche Implikationen der Verweisung als Gesetzgebungstechnik

Seit Beginn der Diskussion um die verfassungsrechtlichen Implikationen der Verweisung haben die gegen diese Regelungstechnik erhobenen Bedenken nie ganz ausgeräumt werden können. Diese wenden sich indessen – von hier nicht weiter relevanten Einzelproblemen abgesehen – keineswegs gegen die Verweisung als solche, sondern vielmehr gegen die dynamische Verweisung sowie gegen die Inbezugnahme von Regelungen nicht-staatlicher Normsetzer.

Unter materiell-rechtlichen Gesichtspunkten ist zwischen dynamischen und statischen Verweisungen ein erheblicher Unterschied auszumachen. Die statische Verweisung gilt als verfassungsrechtlich prinzipiell unbedenklich[277], da der Rechtsnormsetzer den Inhalt der Norm kennt, auf den er verweist, den er sich damit vollumfänglich zu eigen macht und der damit zum Gegenstand des Normsetzungsverfahrens der Verweisungsnorm wird. Der Gesetzgeber entlastet ledig-

---

[275] Dynamische Verweisungen gibt es auch dergestalt, daß zwar die Verweisungsnorm zunächst eine statische Verweisung auf eine bestimmte Norm enthält, diese Bezugsnorm aber ihrerseits wiederum dynamisch auf andere technische Regeln und Normen verweist; siehe *P. Marburger*, Die Regeln der Technik im Recht, S. 388 f. m.w.N. in Fn. 6 ff.

[276] *H.-J. Papier*, in: V. Götz/H.H. Klein/C. Starck, Die öffentliche Verwaltung zwischen Gesetzgebung und richterlicher Kontrolle, S. 36 ff. (63 f.).

[277] BVerfGE 5, 25 (31 f.); 22, 330 (346); 26, 338 (366); 47, 285 (312); *G. Arndt*, JuS 1979, S. 784 ff. (784); *W. Brugger*, VerwArch Bd. 78 (1987), S. 1 ff. (21); *T. Clemens*, AöR Bd. 111 (1986), S. 63 ff. (100 f.); *I. Ebsen*, DÖV 1984, S. 654 ff. (654); *U. Karpen*, Die Verweisung als Mittel der Gesetzgebungstechnik, S. 180; *D. Hömig*, DVBl. 1979, S. 307 ff. (307 f.); *P. Marburger*, Die Regeln der Technik im Recht, S. 387; *F. Ossenbühl*, DVBl. 1967, S. 401 (402); *M. Sachs*, NJW 1981, S. 1651 f. (1651); *K.-W. Schäfer*, Das Recht der Regeln der Technik, S. 109 f.; *W.-R. Schenke*, NJW 1980, S. 743 ff. (744); *H. Dreier*, ders., Grundgesetz Bd. II, Art. 20 (Demokratie) Rn. 111, will dieses Testat allerdings nur für solche statischen Verweisungen gelten lassen, die bei Identität des Gesetzgebers erfolgen; a.A. aber *J.-F. Staats*, ZRP 1978, S. 59 ff. (60 ff.).

lich seine eigene Rechtsnorm und erspart sich nur die wörtliche Übernahme des Normtextes. Vor der Übernahme kann er den Inhalt der in Bezug genommenen Norm prüfen und eine Entscheidung über deren Übernahme treffen.

Verfassungsrechtliche Schwierigkeiten bereitet demgegenüber die dynamische Verweisung. Sie wurde von der Rechtsprechung des Bundesverfassungsgerichts zwar grundsätzlich für den Fall akzeptiert, daß der Inhalt der Regelung, auf die verwiesen wird, im Wesentlichen feststeht[278]. In der Literatur gilt die dynamische Verweisung hingegen als verfassungsrechtlich ausgesprochen fragwürdig[279]. Diese Einschätzung beruht auf einer Vielzahl von Aspekten[280], denen hier allerdings nur insoweit nachzugehen ist, als sie sich auch auf die Verweisung zum Zwecke des legislativen outsourcings – also die Verweisung auf private Normen – beziehen[281].

a) Bestimmtheit der Verweisungsnorm und Publikation der Bezugsnorm

Das in dem Institut der Verweisung liegende Zusammenspiel verschiedener Normen, die erst in der Addition den letztendlichen Tatbestand ergeben, hat negative

---

[278] BVerfGE 26, 338 (365 ff., 367); s.a. 47, 285 (312 ff.); 60, 135 (155); 64, 208 (215); 73, 261 (272 f.); 78, 32 (35 f.).

[279] *E. Baden*, NJW 1979, S. 623 ff. (623); *R. Breuer*, AöR Bd. 101 (1976), S. 46 ff. (65 f.); *M. Bullinger*, Die Unterermächtigung zur Rechtsetzung, S. 19 f.; *ders.*, Die Selbstermächtigung zum Erlaß von Rechtsvorschriften, S. 21 ff.; *T. Clemens*, AöR Bd. 111 (1986), S. 63 ff. (100 ff., 120 ff.); *B. Conradi*, Die Mitwirkung außerstaatlicher Stellen beim Erlaß von Rechtsverordnungen, S. 52 ff.; *A. Hanning*, Umweltschutz und überbetriebliche technische Normung, S. 65 f.; *U. Karpen*, Die Verweisung als Mittel der Gesetzgebungstechnik, S. 115 ff., 172 ff., 192 ff.; *ders.*, in: J. Rödig, Studien zu einer Theorie der Gesetzgebung, S. 221 ff. (232 ff.); *K.-O. Nickusch*, Die Normativfunktion technischer Ausschüsse und Verbände als Problem der staatlichen Rechtsquellenlehre, S. 107 ff.; *F. Ossenbühl*, DÖV 1967, S. 401 ff. (403 ff.); *M. Sachs*, NJW 1981, S. 1651 f. (1651); *K.-W. Schäfer*, Das Recht der Regeln der Technik, S. 107 ff.; *J.-F. Staats*, in: J. Rödig, Studien zu einer Theorie der Gesetzgebung, S. 244 ff. (251 ff.); a.A. aber *W. Herschel*, Rechtsfragen der technischen Überwachung, S. 124 ff.; *T. Klindt*, DVBl. 1998, S. 373 ff. (375 ff.); wohl auch *H. Krüger*, NJW 1966, S. 617 ff.; abwägend *W. Brugger*, VerwArch Bd. 78 (1987), S. 1 ff. (20 ff., 35 ff.). Zu einem besonderen Fall der Verweisung aus dem Bereich des Strafrechts: *K.-O. Nickusch*, NJW 1967, S. 811 ff.

[280] Überblick etwa bei *E. Baden*, NJW 1979, S. 623 ff. (623); *W. Brugger*, VerwArch Bd. 78 (1987), S. 1 ff. (7 ff.); *T. Clemens*, AöR Bd. 111 (1986), S. 63 ff. (124).

[281] Nicht relevant sind daher diejenigen Probleme, die ausschließlich die Verteilung von Rechtsetzungskompetenzen innerhalb der organisierten Staatlichkeit betreffen und hinsichtlich des Gewaltenteilungs- und des Bundesstaatsprinzips entstehen (hierzu nur *U. Karpen*, Die Verweisung als Mittel der Gesetzgebungstechnik, S. 122 bzw. 183 ff.; *F. Ossenbühl*, DÖV 1967, S. 401 ff. (404 bzw. 405); jeweils a.A. *T. Klindt*, DVBl. 1998, S. 373 ff. (375 f.)). Allerdings halten z.B. *P. Marburger*, Die Regeln der Technik im Recht, S. 392 f.; *F. Ossenbühl*, DÖV 1967, S. 401 ff. (404 f.), die Rechtsetzung Privater für ein Problem der Gewaltenteilung; hiergegen: *H. Mennacher*, Begriffsmerkmale und Rechtsstellung der mit öffentlicher Gewalt beliehenen Hoheitsträger des Privatrechts, S. 93. Zwar verbietet der Grundsatz der Gewaltenteilung außerhalb der vom Grundgesetz vorgesehenen Fälle die Übertragung von Kompetenzen auf andere Staatsorgane. Eine Anwendung dieses Satzes »a fortiori« bei einer Übertragung auf Private überzeugt aber nicht, weil es sich hierbei wohl eher um ein aliud denn um ein maius handelt, das sich nicht auf die relative Gewaltenbalance innerhalb der Staatsfunktionen auswirkt, sondern eher dem Einzugsbereich des Demokratieprinzips und damit dem Verhältnis von Staat und Gesellschaft zuzuordnen ist.

Folgen für den Zugriff des Rechtsunterworfenen auf die zusammengesetzte Gesamtnorm, wenn die Bezugsnorm nicht in demselben Publikationsorgan veröffentlich ist wie die Verweisungsnorm. Dies ist die einzige verfassungsrechtliche Fragestellung, die sich auf dynamische ebenso wie auf statische Verweisungen bezieht[282].

Verweist eine Rechtsnormen auf eine Bezugsnorm in ihrer jeweils gelten Fassung, leidet hierunter aber nicht per se die rechtsstaatlich gebotene Klarheit der Verweisung[283]. Man kann diese Problematik als Frage der Normenklarheit[284] oder aber der Normpublikation[285] erfassen. Letztlich sind beide Aspekte unauflöslich miteinander verwoben, da die Publikation von Rechtsnormen der rechtsstaatlich gebotenen Normenklarheit[286] dient und damit die Möglichkeit des Betroffenen gewährleistet, sich über seine Rechte und Pflichten zu unterrichten[287]. Selbständige Anforderung der Normenklarheit ist aber, daß die Verweisungsnorm in hinreichendem Maße erkennen läßt, welches genau die Bezugsnorm und damit die Gesamtnorm ist[288]. Es ist daher aus rechtsstaatlichen Gründen unabdingbar, daß die Verweisung ausreichend konkret und die Bezugsnorm allgemein und erkennbar zugänglich ist[289]. Dies kann durch Angabe einer Fundstelle oder aber durch hinreichend genaue Umschreibung der Bezugsnorm sichergestellt werden[290].

Die ordnungsgemäße Publikation eines Rechtssatzes ist nicht dessen Rechtmäßigkeits-, sondern sogar dessen Entstehens- bzw. Wirksamkeitsvoraussetzung[291]. Vorliegend ergeben sich Schwierigkeiten für das Institut der Verweisung daraus, daß die Bezugsnorm zwar kraft Verweisung Element der Gesamtnorm ist, die ihrerseits auf der normativen Ebene der Verweisungsnorm angesiedelt wird; aber sie wird regelmäßig nicht gemäß der für die Verweisungsnorm bestehenden Vorgaben veröffentlicht. Für staatliche Bezugsnormen ist daher umstritten[292], ob sie

---

[282] So *W.-R. Schenke*, NJW 1980, S. 743 ff. (744).

[283] *H. Schulze-Fielitz*, in: H. Dreier, Grundgesetz Bd. II, Art. 20 (Rechtsstaat) Rn. 132.

[284] So etwa *M. Sachs*, in: ders., Grundgesetz, Art. 20 Rn. 123.

[285] So *J. Lücke*, in: M. Sachs, Grundgesetz, Art. 82 Rn. 17.

[286] Zu dieser etwa *H. Schulze-Fielitz*, in: H. Dreier, Grundgesetz Bd. II, Art. 20 (Rechtsstaat) Rn. 129 ff.

[287] BVerfGE 65, 283 (291); *H. Bauer*, in: H. Dreier, Grundgesetz Bd. II, Art. 82 Rn. 16; *J. Lücke*, in: M. Sachs, Grundgesetz, Art. 82 Rn. 1. Auch im Recht der EMRK (z.B. Art. 7 Abs. 1 Satz 1 EMRK) genügt nicht allein die Existenz einer innerstaatlichen Rechtsgrundlage für staatliche Eingriffe in die konventionsrechtlich garantierten Freiheiten. Es ist darüber hinaus auch erforderlich, daß diese Rechtsgrundlage zugänglich und vorhersehbar ist; siehe EGMR, 1995, Serie A, Bd. 316, S. 71 f. Nr. 37.

[288] So schon *M. Bullinger*, Die Selbstermächtigung zum Erlaß von Rechtsvorschriften, S. 21; s.a. *T. Clemens*, AöR Bd. 111 (1986), S. 63 ff. (83 ff.); *U. Karpen*, Die Verweisung als Mittel der Gesetzgebungstechnik, S. 159 ff.; *P. Marburger*, Die Regeln der Technik im Recht, S. 387.

[289] *T. Klindt*, DVBl. 1998, S. 373 ff. (376 f.); *J. Lücke*, in: M. Sachs, Grundgesetz, Art. 82 Rn. 17.

[290] I.E.T. *Clemens*, AöR Bd. 111 (1986), S. 63 ff. (83 ff.); s.a. BVerfGE 26, 338 (367).

[291] BVerfGE 7, 330 (337); *H. Bauer*, in: H. Dreier, Grundgesetz Bd. II, Art. 82 Rn. 8; *M. Brenner*, in: H. v. Mangoldt/F. Klein/C. Starck, Grundgesetz Bd. II, Art. 82 Rn. 10; *W. Brugger*, VerwArch Bd. 78 (1987), S. 1 ff. (9); *U. Karpen*, in: J. Rödig, Studien zu einer Theorie der Gesetzgebung, S. 221 ff. (235 f.); *F. Ossenbühl*, DÖV 1967, S. 401 ff. (408); *U. Ramsauer*, in: Alternativ-Kommentar zum Grundgesetz Bd. II, Art. 82 Rn. 6.

[292] Zu dieser Problematik ausf. *W. Brugger*, VerwArch Bd. 78 (1987), S. 1 ff. (9 ff.); *T. Clemens*, AöR Bd. 111 (1986), S. 63 ff. (86 ff.).

in dem gleichen Publikationsorgan wie die Verweisungsnorm zu veröffentlichen sind, auf deren Ebene der Normenhierarchie sie durch die Verweisung transportiert werden sollen – dies wäre für den Fall bezugnehmender Gesetze oder Rechtsverordnungen regelmäßig (siehe aber Art. 82 Abs. 1 Satz 2 GG) das Bundesgesetzblatt[293].

Grundsätzlich ist davon auszugehen, daß soweit verfassungsrechtliche Publikationserfordernisse der Verweisungsnorm betroffen sind, deren Anspruch nicht dadurch unterlaufen werden kann, daß Inhalte aus anderen Publikationsorganen durch Verweisung in die Verweisungsnorm transportiert und damit auf die gleiche normative Ebene wie die bezugnehmende Norm gehoben werden, ohne den entsprechenden Publikationsanforderungen zu genügen[294]. Das rechtsstaatliche Publikationserfordernis wird nicht materiell und also nicht danach beurteilt, wie leicht oder wie schwer es den Normadressaten fällt, sich über den Norminhalt zu informieren. Maßgeblich ist vielmehr eine formale Sichtweise, so daß es für eine ordnungsgemäße Verkündung darauf ankommt, ob die verfassungsrechtlich vorgesehenen Formen der Publikation eingehalten wurden[295].

Trotz des Publikationserfordernisses in Art. 82 Abs. 1 GG läßt die Rechtsprechung indes zu, daß sich die formellgesetzliche Verweisungsnorm auf eine solche Norm bezieht, die in einem zwar amtlichen (d.h. also von Stellen der deutschen Staatsgewalt oder von zwischenstaatlichen Einrichtungen herausgegebenen[296]), aber nicht unbedingt ranggleichen Publikationsblatt erschienen ist[297]. Insoweit ist der Bundesanzeiger als geeignetes »amtliches« Publikationsorgan der Bezugsnorm in Betracht zu ziehen[298]. In der Literatur wird z.T. sogar auf die »Amtlichkeit« des Publikationsorgans zugunsten anderer, privater Veröffentlichungsformen verzichtet[299], was insbesondere für die Bezugnahme auf private Normen von Belang ist und daher in diesem Zusammenhang erörtert wird.

---

[293] *H. Maurer*, in: Bonner Kommentar zum Grundgesetz (1988), Art. 82 Rn. 108; *U. Ramsauer*, in: Alternativ-Kommentar zum Grundgesetz II, Art. 82 Rn. 28; *M. Sachs*, in: ders., Grundgesetz, Art. 82 Rn. 9.

[294] BVerfGE 47, 285 (309 f.); BayVerfGHE 42, 1 (6); *T. Clemens*, AöR Bd. 111 (1986), S. 63 ff. (65); *W. Brugger*, VerwArch Bd. 78 (1987), S. 1 ff. (4).

[295] *W. Brugger*, VerwArch Bd. 78 (1987), S. 1 ff. (10 f.); *U. Karpen*, in: J. Rödig, Studien zu einer Theorie der Gesetzgebung, S. 221 ff. (236); *F. Ossenbühl*, DÖV 1967, S. 401 ff. (407). Zu dem Grundsatz der Förmlichkeit der Verkündung auch: *U. Karpen*, Die Verweisung als Mittel der Gesetzgebungstechnik, S. 141 f.; *F. Ossenbühl*, a.a.O., S. 406; *ders.*, Verwaltungsvorschriften und Grundgesetz, S. 498 ff.

[296] *J.-F. Staats*, in: J. Rödig, Studien zu einer Theorie der Gesetzgebung, S. 244 ff. (255).

[297] BVerwGE 1, 104 (107); 55, 250 (264); wohl auch BVerfGE 22, 330 (347); s.a. *G. Arndt*, JuS 1979, S. 784 ff. (788); *T. Clemens*, AöR Bd. 111 (1986), S. 63 ff. (89 ff.); *W.-R. Schenke*, NJW 1980, S. 743 ff. (744); *ders.*, FS Fröhler, S. 87 ff. (98).

[298] *H. Bauer*, in: H. Dreier, Grundgesetz Bd. II, Art. 82 Rn. 18; *M. Brenner*, in: H. v. Mangoldt/F. Klein/C. Starck, Grundgesetz Bd. 3, Art. 82 Rn. 32; *W. Brugger*, VerwArch Bd. 78 (1987), S. 1 ff. (9 ff.); *T. Clemens*, AöR Bd. 111 (1986), S. 63 ff. (86 ff.); *W.-R. Schenke*, FS Fröhler, S. 87 ff. (96 ff.).

[299] *R. Breuer*, AöR Bd. 101 (1976), S. 46 ff. (62); *I. Ebsen*, DÖV 1984, S. 654 ff. (662); *D. Hömig*, DVBl. 1979, S. 307 ff. (311); *H. Maurer*, in: Bonner Kommentar zum Grundgesetz (1988), Art. 82 Rn. 108.

In der Tat gelten für Bezugsnormen nicht die Publikationsvorschriften der Verweisungsnorm. Wollte man hier strenge Maßstäbe anlegen und eine (vielleicht sogar zeitgleiche[300]) Publikation der Bezugsnorm in dem für die Verweisungsnorm geltenden Publikationsorgan fordern[301], müßte man das Institut der Verweisung zwischen Rechtsnormen unterschiedlicher normativer Ebenen grundsätzlich in Frage stellen Bei dem Publikationserfordernis handelt es sich indessen nicht um die einzige formale Vorgabe für den Erlaß der Verweisungsnorm. Konsequenterweise müßten dann nämlich auch alle anderen formalen Erfordernisse – v.a. hinsichtlich des Normsetzungsverfahrens – auf die Bezugsnorm angewendet werden. Dies aber würde das Institut des Verweises ad absurdum führen. Für eine hinsichtlich der Bezugsnorm einschränkende Auslegung des Art. 82 Abs. 1 GG und der ihm verwandten landesverfassungsrechtlichen Publikationsregeln spricht daher der Umstand, daß dem Verfassungsgeber die insbesondere im Hinblick auf die Publikation der Bezugsnorm bestehende Problematik der Verweisung nicht bewußt gewesen ist[302].

Außerhalb der so in ihrem Anwendungsbereich reduzierten verfassungsrechtlichen Publikationsvorschriften steht die Bezugnahme der Verweisungsnorm auf die Bezugsnorm unter dem Vorbehalt des allgemeinen, im Rechtsstaatsprinzip verankerten Publikationsgebots, das die Gesamtnorm zu erfüllen hat[303]. Hiernach sind Rechtsnormen der Öffentlichkeit so zugänglich zu machen, daß sich die Betroffenen in nicht unzumutbar erschwerter Weise und zuverlässig Kenntnis von ihrem Inhalt verschaffen können[304]. Normbefolgung kann nur dort eingefordert werden, wo der Normadressat eine realistische Chance hat, von dem Inhalt des Befolgungsgebots Kenntnis zu nehmen. Diese Erkenntnis kann aber außerhalb des Anwendungsbereichs verfassungsrechtlicher Publikationsvorschriften nicht zu einer starren Festlegung des Publikationsorgans für die Bezugsnorm führen. Eine Veröffentlichung der staatlichen Bezugsnorm nach den für sie in ihrer ursprünglichen Gestalt geltenden Regeln für die Transparenz der Bezugnahme genügt daher grundsätzlich dem Publikationserfordernis[305], da da-

---

[300] Dies fordert heute aber niemand mehr: *T. Clemens*, AöR Bd. 111 (1986), S. 63 ff. (87 ff. m.w.N.).

[301] So grds. *F. Ossenbühl*, DÖV 1967, S. 401 ff. (405 ff.); *U. Karpen*, Die Verweisung als Mittel der Gesetzgebungstechnik, S. 138 ff.; *ders.*, in: J. Rödig, Studien zu einer Theorie der Gesetzgebung, S. 221 ff. (235 f.); *J. Lücke*, in: M. Sachs, Grundgesetz, Art. 82 Rn. 9.

[302] *T. Clemens*, AöR Bd. 111 (1986), S. 63 ff. (90), weist darauf hin, daß ein entsprechendes verfassungsrechtliches Problembewußtsein erst durch die Arbeiten von *F. Ossenbühl* (DÖV 1967, S. 401 ff. (405 ff.)) und *U. Karpen* (Die Verweisung als Mittel der Gesetzgebungstechnik, S. 138 ff.) entstanden ist. Für eine teleologische Reduktion von Art. 82 Abs. 1 GG, die das Bundesverfassungsgericht im Zusammenhang mit dem Haushaltsplan bereits gebilligt hat (BVerfGE 20, 56 (93)), auch *W.-R. Schenke*, FS Fröhler, S. 87 ff. (97 f.).

[303] Zu diesem BVerfGE 44, 322 (350); 65, 283 (291); s.a. *H. Bauer*, in: H. Dreier, Grundgesetz Bd. II, Art. 82 Rn. 8; *M. Brenner*, in: H. v. Mangoldt/F. Klein/C. Starck, Grundgesetz Bd. 3, Art. 82 Rn. 12; *E. Schmidt-Aßmann*, in: J. Isensee/P. Kirchhof, HdbStR Bd. I, § 24 Rn. 5.

[304] BVerfGE 65, 283 (291); s.a. *T. Clemens*, AöR Bd. 111 (1986), S. 63 ff. (91 (Fn. 120)).

[305] Wie hier *W. Brugger*, VerwArch Bd. 78 (1987), S. 1 ff. (9 ff.); *T. Clemens*, AöR Bd. 111 (1986), S. 63 ff. (86 f.).

von auszugehen ist, daß sich die staatlichen Rechtsetzungsverfahren und insbesondere die sie abschließenden Publikationsvorschriften an den Anforderungen des Rechtsstaatsprinzips ausrichten. Eine Veröffentlichung der Bezugsnorm im Bundesanzeiger ist insoweit unter rechtsstaatlichen Gesichtspunkten in jedem Falle ausreichend[306].

b) Demokratieprinzip

Zentraler Prüfstein der dynamischen Verweisung ist das Demokratieprinzip des Grundgesetzes. Von den verfassungsrechtlichen Anforderungen an den Grundsatz demokratischer Legitimation ausgehend wurden bereits Grund und Grenzen zulässiger Übertragung von Normsetzungsbefugnissen auf Normsetzer außerhalb des Parlaments dargelegt. Eine Verweisung ist daher unzulässig, wenn sie sich auf diese Weise als getarnte Ermächtigung zum Erlaß von Rechtsvorschriften erweist und die Voraussetzungen für die Übertragung von Normsetzungsbefugnissen an den die Bezugsnorm erlassenden Normsetzer nicht erfüllt sind[307]. Während bei der statischen Verweisung die Bezugsnorm zum Zeitpunkt der Verabschiedung der Verweisungsnorm bekannt und damit durch den Willen des Normgebers mitumfaßt und legitimiert ist[308], verunklart eine dynamische Verweisung die Verantwortungsstränge, verleiht dem bezogenen Normgeber der Bezugsnorm praktisch eine Blankovollmacht zur inhaltlichen Gestaltung der Gesamtnorm und entpuppt sich damit als eine unzulässige Entäußerung von Gesetzgebungskompetenzen[309].

Die Bezugsnorm kann entweder als eine normergänzende einen ansonsten unvollständigen Tatbestand (bzw. die Rechtsfolge) der Verweisungsnorm komplettieren oder aber als normkonkretisierende ein an sich anwendungsreifes, aus sich heraus schon die gesetzliche Pflicht abschließend begründendes, indes inhaltlich offen gehaltenes Tatbestandsmerkmal konkretisieren[310]. Die Konkretisierung der Norm erfolgt dann etwa durch die Bestimmung, daß als »anerkannte Regeln der Technik« bestimmte technische Normen gelten sol-

---

[306] Siehe die Nachw. in Fn. 297 und 298. Zu »privaten« Veröffentlichungen siehe S. 556 f.
[307] So schon *M. Bullinger*, Die Selbstermächtigung zum Erlaß von Rechtsvorschriften, S. 21; s.a. *U. Karpen*, Die Verweisung als Mittel der Gesetzgebungstechnik, S. 122 ff.; *M. Sachs*, NJW 1981, S. 1651 f. (1652); *F. Ossenbühl*, DÖV 1967, S. 401 ff. (403 ff.); *W.-R. Schenke*, NJW 1980, S. 743 ff. (745) und die Nachweise in Fn. 309.
[308] BVerfGE 47, 285 (312); *T. Clemens*, AöR Bd. 111 (1986), S. 63 ff. (101); *D. Hömig*, DVBl. 1979, S. 307 ff. (307 f.); *U. Karpen*, Die Verweisung als Mittel der Gesetzgebungstechnik, S. 121, 180; *P. Marburger*, Die Regeln der Technik im Recht, S. 387; *F. Ossenbühl*, DÖV 1967, S. 401 ff. (402).
[309] *H. Dreier*, in: ders. Grundgesetz Bd. II, Art. 20 (Demokratie) Rn. 111; *F. Ossenbühl*, DVBl. 1967, S. 401 ff. (404); *M. Sachs*, in: ders. Grundgesetz, Art. 20 Rn. 132.
[310] Diese Differenzierung, die die Grenze zwischen zulässiger und unzulässiger dynamischer Verweisung markieren soll, stammt von *P. Marburger*, Die Regeln der Technik im Recht, S. 385 f.; *ders.*, in: P. Müller-Graff, Technische Regeln im Binnenmarkt, S. 27 ff. (39 ff.); ähnlich schon zuvor *A. Hanning*, Umweltschutz und überbetriebliche technische Normung, S. 64 ff. S.a. *E. Denninger*, Verfassungsrechtliche Anforderungen an die Normsetzung im Umwelt- und Technikrecht, Rn. 144.

len oder daß bei ihrer Beachtung die Einhaltung der gesetzlichen Anforderungen vermutet wird. Aus der Sicht des Normadressaten liegt hier indes hinsichtlich seiner Betroffenheit durch nicht ihm gegenüber legitimiert gesetztes Recht und bei der Beurteilung seiner Handlungspflicht wohl kein nennenswerter Unterschied[311].

Der zuständige und demokratisch legitimierte Gesetzgeber bestimmt den Inhalt seiner Gesamtnorm nicht mehr eigenverantwortlich, sondern überläßt dies zumindest partiell dem Normgeber der Bezugsnorm. Diese Problematik wird nicht bereits dadurch entschärft, daß der Gesetzgeber in der Lage ist, einem unerwünschten Inhalt der Bezugsnorm durch sofortige eigene Regelung oder zumindest durch Aufhebung der dynamischen Verweisung zu begegnen, so daß sich die Auflösung des demokratischen Legitimationszusammenhangs nur auf einen kurzen Zeitraum bezieht[312]. Zum einen ist gerade bei schwierigen Regelungsmaterien zu vermuten, daß der verfassungsrechtlich legitimierte Gesetzgeber nicht ohne weiteres in der Lage sein wird, eine alternative Regelung zu präsentieren, so daß die unerwünschte Übergangslage nicht notwendig von nur kurzer Dauer sein muß. Zum anderen besteht die Möglichkeit reaktiver Verantwortungswahrnehmung in allen Bereichen übertragener Normsetzungsbefugnisse, die aber dennoch durch die Verfassung (v.a. Art. 80 Abs. 1 GG) eng begrenzt sind. Hieran wird deutlich, daß der Gesetzgeber sich seiner Verantwortung aktiv stellen muß und in diesen Bereichen sich nicht auf bloß reaktive Korrekturen des unbotmäßigen außerparlamentarischen Normsetzers beschränken darf[313]. Die Rechtsadressaten werden über den »Umweg« des dynamisch Bezug nehmenden Gesetzes der normsetzenden Gewalt eines Normsetzers ausgesetzt, der ihnen gegenüber weder staatlich-demokratisch noch mitgliedschaftlich legitimiert ist[314].

In der Einschränkung von Freiheitsrechten durch nicht demokratisch legitimierte Normen oder Normbestandteile sieht das Bundesverfassungsgericht nicht nur ein demokratisches, sondern auch ein rechtsstaatliches Verfassungsproblem. Während das Rechtsstaatsprinzip die rechtliche Bindung der öffentlichen Gewalt zum Zwecke der staatlichen Machtbegrenzung und der individuellen Freiheitsgewährleistung fordert, ergibt sich aus dem Demokratieprinzip die Forderung nach der Rückführbarkeit der Ordnung eines Lebensbereichs auf eine Willensentschließung der vom Volk bestellten Gesetzgebungsorgane[315]. Der Ableitungszusammenhang zwischen parlamentarischer Willensäußerung und der Freiheitseinschränkung wird im System der Rechtsquellenhierarchie aber ausschließlich in den Formen staatlicher Rechtsetzung gewährleistet. Sind individuelle Freiheitsbeschränkungen nur durch oder aufgrund von Rechtsnormen zulässig *und* bedürfen diese der Einordnung in den demokratischer Legitimationszusammenhang, so führt die Erfüllung der demokratischen Vorgabe uno actu zur Erfüllung der rechtsstaatsspezifischen

---

[311] Zu ihrer Wirkung als belastende Beweis»last«regel, siehe S. 549 f.
[312] So aber *S. Schröcker,* NJW 1969, S. 2285 ff. (2290).
[313] Ähnlich: *W.-R. Schenke,* NJW 1980, S. 743 ff. (745).
[314] BVerfGE 78, 32 (36); s.a. BVerfGE 47, 285 (312); 64, 208 (214); *P. Marburger,* in: *P. Müller-Graff,* Technische Regeln im Binnenmarkt, S. 27 ff. (38 ff.); *F.J. Säcker/V. Boesche,* ZNER 2002, S. 183 ff. (187).
[315] BVerfGE 33, 125 (158); 64, 208 (214 f.); zustimmend: *T. Clemens,* AöR Bd. 111 (1986), S. 63 ff. (101 f.).

V. »Legislatives outsourcing« und Verfassungsrecht

Forderung. Nur die nach den Regeln des Demokratieprinzips auf den Willen der gesetzgebenden Organe rückführbare Rechtsnorm kann unter diesen verfassungsrechtlichen Bedingungen den Vorgaben des Rechtsstaatsprinzips genügen, so daß die Erfüllung der Forderungen aus dem Demokratieprinzip die vom Bundesverfassungsgericht angesprochene rechtsstaatliche Komponente der Problematik in diesem Zusammenhang obsolet werden läßt[316]. Der Umstand, daß der Bürger bei einer dynamischen Verweisung seine zukünftigen Verhaltenspflichten nicht feststellen kann, würde lediglich sub specie Prinzip des Vertrauensschutzes eigenständige rechtsstaatliche Bedenken hervorrufen[317], da der Bürger außerhalb dieses Prinzips und der mit ihm entwickelten Einzelausprägungen keinen Anspruch auf eine auch in Zukunft stets gleich bleibende Rechtslage hat.

Soweit durch eine Rechtsvorschrift Grundrechte eingeschränkt werden, ergibt sich die Verpflichtung des demokratisch legitimierten Gesetzgebers zur Wahrung der eigenen Verantwortung für einen solchen Eingriff aus den grundrechtlichen Gesetzesvorbehalten, die dem Gesetzgeber eine Pflicht zur eigenverantwortlichen Prüfung und Entscheidung der angeordneten oder ermöglichten Freiheitsbeschränkung auferlegen[318]. In den durch die Wesentlichkeitslehre abgesteckten Sachfragen besteht ein prinzipielles Delegationsverbot zu Lasten des parlamentarischen Gesetzgebers. Im übrigen bedarf es nur einer grundsätzlichen gesetzgeberischen Entscheidung, in deren Rahmen dann nachgeordnete Gesetzgeber aufgrund delegierter oder autonomer Normsetzungsbefugnisse die Grundrechtseinschränkungen vornehmen können. Das Zusammenwirken aus parlamentsgesetzlichem Mindestentscheidungsprogramm und der Zulässigkeit legislatorischer Beteiligung nicht-parlamentarischer Normsetzer impliziert aber auch, daß eine dynamische Verweisung bei Beachtung von verfassungsrechtlichen Voraussetzungen und Bedingungen einer Übertragung von Normsetzungsbefugnissen auf den Bezugsnorm-Setzer unter dem Gesichtspunkt des Demokratieprinzips nicht zu beanstanden ist. Soweit der Gesetzgeber sich zu seiner Entlastung seiner Normsetzungsbefugnisse zugunsten eines Dritten entäußern darf, kann eine Verweisung auf Normen dieses Normsetzers keine andere verfassungsrechtliche Beurteilung erfahren[319] [320]. Auf diese Weise würde nicht der Verwei-

---

[316] S.a. *E.-W. Böckenförde*, in: J. Isensee/P. Kirchhof, HdbStR Bd. I, § 22 Rn. 86 ff., v.a. 90.

[317] So aber *U. Karpen*, Die Verweisung als Mittel der Gesetzgebungstechnik, S. 161 f.; *P. Marburger*, Die Regeln der Technik im Recht, S. 390 f.; *K.-W. Schäfer*, Das Recht der Regeln der Technik, S. 107.

[318] Siehe nur BVerfGE 33, 125 (158 f.); 47, 285 (312 f.).

[319] Daher ist im Rahmen der konkurrierenden Gesetzgebung sowie bei zulässiger Ermächtigung der Länder durch den Bund im Rahmen der ausschließlichen Bundesgesetzgebung (siehe Art. 71 GG) auch eine dynamische Verweisung von Bundes- auf Landesrecht zulässig; s.a. *T. Clemens*, AöR Bd. 111 (1986), S. 63 ff. (81 f., 112 ff.); *W.-R. Schenke*, FS Fröhler, S. 87 ff. (115 (Fn. 86); *J.-F. Staats*, in: J. Rödig, Studien zu einer Theorie der Gesetzgebung, S. 244 ff. (251).

[320] Diese Anlehnung hinsichtlich der verfassungsrechtlichen Beurteilung ist darauf zurückzuführen, daß die Übertragung von Normsetzungsbefugnissen und die dynamische Verweisung recht funktionsähnlich sind. Sie unterscheiden sich formal dahingehend, daß das aufgrund der Delegation erlassene Recht dem Delegatar zuzurechnen ist, während bei einer dynamischen Verweisung sowohl eine Norm des Verweisungsnorm-Setzers als auch des Bezugsnorm-Setzers existiert; *M. Bullinger*, Die Selbstermächtigung zum Erlaß von Rechtsvorschriften, S. 23; *B. Conradi*, Die

sungsnorm-Setzer ermächtigt, mittelbar Rechtsnormen auf der Rangstufe der Bezugsnorm zu erlassen oder außerhalb des dort gebotenen Verfahrens zu verändern[321]. Die Rechtsqualität der Bezugsnorm würde zwar durch die Verweisung nicht transformiert, sie bekäme aber im Kontext der Verweisungsnorm eine *zusätzliche* Bedeutung auf deren rechtsnormativer Ebene, ohne die Bedeutung auf ihrer eigenen Ebene einzubüßen[322]. Der Setzer der Verweisungsnorm darf aber aus demokratischer Sicht nur so viel »Fremdgestaltung« der von ihm beherrschten Rechtsordnung hinnehmen, wie ihm durch die Delegationsspielräume der Verfassung ermöglicht wird.

Jeder über die Entäußerungsgrenzen der Delegation hinausgehende Versuch, die Zulässigkeit dynamischer Verweisungen – unter der an Art. 80 Abs. 1 GG oder die Wesentlichkeitslehre angelehnten Bedingung einer so konkreten Verweisungsnorm, daß die in Bezug genommene technische Regelung nach Inhalt, Zweck und Ausmaß feststeht – mißachtet demgegenüber die dargelegten verfassungsrechtlichen Grenzen für die Übertragung von Normsetzungsbefugnissen[323] und ist deswegen auch nicht mit dem Demokratieprinzip zu vereinbaren[324]. Die Übertragung von Normsetzungsbefugnissen auf nicht-parlamentarische (staatliche oder private) Normsetzer ist gerade nicht nur inhaltlich, sondern auch subjektiv limitiert. Eine Anknüpfung an Art. 80 Abs. 1 GG oder die Wesentlichkeitslehre gibt auf zwei Fragen nur eine Antwort: Auf einer ersten Stufe ist zu untersuchen, *ob* und in welchem Umfang der parlamentarische Gesetzgeber überhaupt berechtigt ist, Normsetzungsbefugnisse auf außerparlamentarische Normsetzer zu übertragen und in welchem Maße er verpflichtet ist, gesetzgeberische Entscheidungen selbst zu treffen. Hier sind die Aussagen der Wesentlichkeitstheorie und die Sentenz von »Inhalt, Zweck und Ausmaß« (Art. 80 Abs. 1 Satz 2 GG) maßgeblich. Durch diese wird nicht das erforderliche Maß demokra-

---

Mitwirkung außerstaatlicher Stellen beim Erlaß von Rechtsverordnungen, S. 53; *U. Karpen*, Die Verweisung als Mittel der Gesetzgebungstechnik, S. 172 ff., 180; *P. Marburger*, Die Regeln der Technik im Recht, S. 391 f.; *K.-O. Nickusch*, Die Normativfunktion technischer Ausschüsse und Verbände als Problem der staatlichen Rechtsquellenlehre, S. 208 f.; *W.-R. Schenke*, NJW 1980, S. 743 ff. (745); zur Abgrenzung auch *T. Clemens*, AöR Bd. 111 (1986), S. 63 ff. (67 f.); *U. Karpen*, in: J. Rödig, Studien zu einer Theorie der Gesetzgebung, S. 221 ff. (232 f.).

[321] Davon scheint zunächst wohl *M. Sachs*, NJW 1981, S. 1651 f. (1652), auszugehen, um dann aber auf der gleichen Seite doch der hier favorisierten Deutung zu folgen; s.a. *W.-R. Schenke*, FS Fröhler, S. 87 ff. (101).

[322] So auch *U. Karpen*, Die Verweisung als Mittel der Gesetzgebungstechnik, S. 30 ff.; *W. Herschel*, Rechtsfragen der technischen Überwachung, S. 124 ff.; *P. Marburger*, Die Regeln der Technik im Recht, S. 388; *F. Ossenbühl*, DÖV 1967, S. 401 ff. (402 f.); *ders.*, Verwaltungsvorschriften und Grundgesetz, S. 499 f.

[323] So etwa *T. Clemens*, AöR Bd. 111 (1986), S. 63 ff. (103 ff.) unter Berufung auf BVerfGE 26, 338 (366 f.); 64, 208 (214 f.); s.a. *W. Brugger*, VerwArch Bd. 78 (1987), S. 1 ff. (24 ff.); *P. Marburger*, Die Regeln der Technik im Recht, S. 391 f.; *W.-R. Schenke*, NJW 1980, S. 743 ff. (743).

[324] A.A. aber *B. Veit*, Die Rezeption technischer Regeln im Strafrecht und Ordnungswidrigkeitenrecht unter besonderer Berücksichtigung ihrer verfassungsrechtlichen Problematik, S. 57 ff.; außerhalb spezieller grundrechtlicher Gesetzesvorbehalte sogar noch weitergehend: *T. Clemens*, AöR Bd. 111 (1986), S. 63 ff. (105 ff.); zustimmend auch *P. Marburger*, in: P. Müller-Graff, Technische Regeln im Binnenmarkt, S. 27 ff. (41).

tischer Legitimation von Grundrechtseingriffen bestimmt. Erst wenn die grundsätzliche Entäußerungsfähigkeit des parlamentarischen Gesetzgebers festgestellt wurde, ist auf einer *zweiten* Ebene zu analysieren, welche Akteure überhaupt an der Pluralisierung der Normsetzung beteiligt werden können. Diese sind aber nicht über einen Rekurs auf die erstgenannte Frage zu identifizieren, sondern allein über die Festlegung potentieller Adressaten der Übertragung von Normsetzungsbefugnissen, die sich aus der Adressatenbegrenzung des Art. 80 Abs. 1 Satz 1, 2 GG und den verfassungsrechtlichen Vorgaben für eine Errichtung von autonomiefähigen Selbstverwaltungskörperschaften ergibt.

Dies bedeutet im Ergebnis, daß die Bedenken gegen die demokratischen Implikationen dynamischer Verweisungen nur in dem Maße begründet sind, in dem der Setzer der Verweisungsnorm nicht ohnehin von Verfassungs wegen berechtigt wäre, den Setzer der Bezugsnorm mit entsprechenden Normsetzungsbefugnissen auszustatten. Die Grenzen der damit angesprochenen Möglichkeiten zur Übertragung von Normsetzungsbefugnissen wurden aber bereits ausführlich dargelegt. Hierauf kann an dieser Stelle verwiesen werden. Außerhalb dieser potentiellen Delegationsverhältnisse widersprechen *dynamische* Verweisungen dem Demokratieprinzip des Grundgesetzes und sind insoweit verfassungswidrig.

Es wäre daher nur noch zu erwägen, ob eine Auslegung der Bezugnahme als widerlegliche Vermutung möglich ist[325]. Dies wäre zunächst nur vorbehaltlich eines eindeutig abweichenden Wortlauts möglich, der neben die Bezugnahme auf eine Bezugsnorm keinen anderen, gleichberechtigt neben diese tretenden Norminhalt zuläßt[326]. Bei einer solchen Auslegung steht dem Normadressaten weiterhin die Möglichkeit eines nicht von der Bezugsnorm gedeckten, alternativen, aber gleich effektiven Verhaltens offen. Eine abschließende und bindende Wirkung an die Bezugsnorm besteht für den Rechtsanwender bei der Auslegung und Anwendung der Norm nicht[327].

Diese Bindungsfreiheit des Rechtsanwenders wird daran deutlich, daß in dem Bereich des technischen Sicherheitsrechts die Bezugnahme auf »Regeln der Technik« – unabhängig davon, ob diese ohne weitere Bezugnahme (dann besteht die verfassungsrechtliche Problematik ohnehin nicht) oder unter dem Hinweis auf ein bestimmtes privates Regelungswerk erfolgt – nicht dazu führt, daß die entsprechenden privaten Normen notwendig und auto-

---

[325] *R. Breuer*, AöR Bd. 101 (1976), S. 46 ff. (61 ff., 66); *W. Brugger*, VerwArch Bd. 78 (1987), S. 1 ff. (40 ff.); *P. Marburger*, Die Regeln der Technik im Recht, S. 395 ff.; *ders.*, in: Müller-Graff, Technische Regeln im Binnenmarkt, S. 27 ff. (42 ff.); *A. Rittstieg*, Die Konkretisierung technischer Standards im Anlagenrecht, S. 241 ff.; *R. Scholz*, FS Juristische Gesellschaft Berlin, S. 691 ff. (704 f.); *M. Schwierz*, Die Privatisierung des Staates am Beispiel der Verweisungen auf die Regelwerke privater Regelgeber im privaten Sicherheitsrecht, S. 61 ff. Zu der prozessualen Funktion der widerlegbaren Vermutung als Beweislastregel: *P. Marburger*, Die Regeln der Technik im Recht, S. 401 ff.

[326] Hier wird die Unterscheidung zwischen (verfassungswidriger) normergänzender und (nicht exklusiv) normkonkretisierender Verweisung relevant; siehe *P. Marburger*, Die Regeln der Technik im Recht, S. 385 f., 390 ff., 395 ff.

[327] Dieser Aspekt wird auch für die Differenzierung zwischen normergänzenden und -konkretisierenden Verweisungen relevant; siehe S. 545 f.

matisch auch Regeln der Technik im Sinne des Gesetzes sein müssen. Eine schriftlich fixierte technische Regel kann veralten und technisch überholt sein, so daß sie den objektiv fortgeschrittenen Standards nicht mehr genügt. Zudem können neben den kodifizierten Regeln noch anerkannte Alternativlösungen bestehen[328].

Im Verwaltungsverfahren und im Verwaltungsprozeß entfaltet die Vermutung nur im Falle eines trotz Amtsermittlung auftretenden non-liquet Wirkung. Im Zivilprozeß kann sie nur durch Angriff auf die Vermutungsbasis oder durch den Beweis des Gegenteils entkräftet werden. Ersteres verspricht Erfolg, wenn entweder die in Bezug genommenen Regeln nicht eingehalten wurden. Oder es gelingt, die der Verweisung zugrunde liegende Bewertung zu entkräften, daß die Bezugsnorm aufgrund ihres Normsetzers und ihres Zustandekommens eine Vermutung der Richtigkeit und Angemessenheit für sich hat (etwa weil das Verfahren eben gerade nicht angemessen war oder die Normen veraltet sind[329]). Der Beweis des Gegenteils gelingt, wenn bewiesen werden kann, daß die Bezugsnorm ihren Zweck nicht zu erfüllen vermag. Bei einer solchen (Um-) Deutung der dynamischen Verweisung befreien Bezugsnormen den Rechtsanwender regelmäßig nicht von einer eigenen Wertung. Sie entfalten erst dann für ihn bindende Wirkung, wenn ihm eine eindeutige Wertung nicht möglich ist.

Allerdings ist auch diese Umdeutung der dynamischen Verweisung verfassungsrechtlichen Bedenken ausgesetzt. Durch sie wird nicht etwa der Regelungscharakter der Bezugs- bzw. der Gesamtnorm und damit die Delegation von Rechtsetzungsbefugnissen außerhalb verfassungsrechtlich vorgesehener Verfahren und Grenzen beseitigt. Vielmehr bringt auch eine derartige Umdeutung nicht legitimierte Belastungswirkungen für die Normadressaten mit sich, da sie außerhalb der üblichen Verteilung mit einer Darlegungslast und einem Beweisrisiko belegt werden, das unmittelbar auf die nicht legitimierte Normsetzung zurückzuführen ist, die damit die Handlungsoptionen des Entscheiders rechtlich beeinträchtigt. Diese Umdeutung würde daher nur den Norminhalt von einer strikten zu einer bedingten Aussage hin relativieren, sich hingegen nicht auf den Charakter der Gesamtnorm als Rechtsnorm auswirken.

Nach den Darlegungen begegnen dynamische Verweisungen erheblichen verfassungsrechtlichen Bedenken, soweit sie sich nicht auf Bezugsnormen gleicher Rangordnung und desselben Normsetzers beziehen[330] oder aber durch die ohnehin gegebene Möglichkeit einer Übertragung von Normsetzungsbefugnissen von dem Setzer der Verweisungsnorm auf den der Bezugsnorm gestützt werden. Abschließend ist daher darauf hinzuweisen, daß

---

[328] *P. Marburger*, Die Regeln der Technik im Recht, S. 398 f.
[329] *P. Marburger*, Die Regeln der Technik im Recht, S. 401 ff.; *ders.*, in: Müller-Graff, Technische Regeln im Binnenmarkt, S. 27 ff. (43); *F.J. Säcker / V. Boesche*, ZNER 2002, S. 183 ff. (189 f.).
[330] Also bei sog. Binnenverweisungen im Gegensatz zu Fremdverweisungen (zu der Differenzierung: *T. Clemens*, AöR Bd. 111 (1986), S. 63 ff. (92). In diesem Fall greift bei entsprechend genauer Bezeichnung der Bezugsnorm durch die Verweisungsnorm keines der o.a. verfassungsrechtlichen Bedenken gegen die dynamische Verweisung ein; siehe *F. Ossenbühl*, DÖV 1967, S. 401 ff. (404); *G. Arndt*, JuS 1979, S. 784 ff. (789); *U. Karpen*, Die Verweisung als Mittel der Gesetzgebungstechnik, S. 121, 138; *M. Sachs*, NJW 1981, S. 1651 f. (1651).

eine verfassungswidrige dynamische Verweisung in eine verfassungsrechtlich weniger problematische statische Verweisung umgedeutet werden kann, wenn Wortlaut und Sinn der Verweisungsnorm dies zulassen und nicht etwa ausdrücklich von der Bezugsnorm in der »jeweils geltenden Fassung« die Rede ist[331]. Bezugsnorm ist dann die bezogene Normen in ihrer bei Inkrafttreten der Verweisungsnorm geltenden Fassung.

Dynamische Verweisungen vertragen sich außerhalb der dargelegten potentiellen Delegationsverhältnisse nicht mit den verfassungsrechtlichen Vorgaben des Demokratieprinzips. Aber auch angesichts dieses Befundes bleibt zu ergründen, ob und inwieweit es dem staatlichen Gesetzgeber möglich ist, durch Verweisung auf private Bezugsnormen eine Integration gesellschaftlichen Sachverstands in die staatliche Rechtsnormsetzung zu erreichen.

3. Die gesetzliche Verweisung auf privat ausgehandelte oder erlassene Regelungen

Soweit kooperative und konsensuale Strukturen der Normsetzung zur Debatte stehen, ist eine Form der Verweisung von besonderem Interesse: die Verweisung auf private Normen. In der Inbezugnahme privater Regelungen durch den staatlichen Gesetzgeber liegt eine Verschränkung der Problemlösungsformen »Hierarchie« und »Verhandlung« bzw. eine spezifische Form der Arbeitsteilung zwischen staatlichem Rechtsetzer und gesellschaftlichen Teilsystemen vor. Diese haben ihrerseits einen immensen Normenbedarf entwickelt, der kaum von national- oder zwischenstaatlichen Institutionen befriedigt werden kann[332]. Vielmehr setzen die gesellschaftlichen Teilsysteme ihre Normprogramme selbst und z.T. in unmittelbarem Durchgriff auf das Recht: Zunehmend setzen globale Akteure materielles Recht ohne den Staat, ohne nationale Gesetzgebung oder internationales Vertragsrecht[333]. Weiterhin sind weltweite Standardisierungsprozesse zu beobachten, bei deren Entwicklung der Staat oder die Staatengemeinschaft kaum noch eine Rolle spielt[334]. Solche sozialen Normen wurden früher zu Gewohnheitsrecht, heute entstehen aus ihnen »Privatregimes«[335]. Mit den Mitteln des »private interest government« können indes nur solche Regeln durchgesetzt werden, die im (günstigstenfalls »wohlverstandenen« und »längerfristigen«) Eigeninteresse der Regulierten liegen[336]. Besonders deutlich wird diese Entwick-

---

[331] BVerfGE 47, 285 (317); *T. Clemens*, AöR Bd. 111 (1986), S. 63 ff. (118 f.); *P. Marburger*, Die Regeln der Technik im Recht, S. 394 f.; *F. Ossenbühl*, DÖV 1967, S. 401 ff. (408); *W.-R. Schenke*, NJW 1980, S. 743 ff. (749).
[332] Aus historischer Perspektive: *M. Vec*, Rechtshistorisches Journal Bd. 19 (2000), S. 517 ff.
[333] *G. Teubner*, FS Simitis, S. 437 ff. Beispiele aus dem Bereich des internationalen Wirtschaftsrechts z.B. bei *P. Marburger*, Die Regeln der Technik im Recht, S. 349 f.
[334] *R. Werle*, in: R. Mayntz/F.W. Scharpf, Gesellschaftliche Selbstregulierung und staatliche Steuerung, S. 266 ff. (290 ff.). Siehe auch die entsprechenden Beiträge in dem Sammelband von G. Teubner, A Global Law without the State.
[335] *G. Teubner*, FS Simitis, S. 437 ff. (440 ff.).
[336] *R. Mayntz/F.W. Scharpf*, in: dies., Gesellschaftliche Selbstregulierung und staatliche Steuerung, S. 9 ff. (28).

lung bei der Genese technischer Infrastruktursysteme, die heute nur noch selten aus einer – staatlichen – Hand entstehen[337]. Insbesondere bei technischen Netzwerken (Telekommunikation, Energieversorgung) stellt ihre Errichtung besondere Anforderungen an die Koordination der technischen Knotenpunkte eines Systems, wenn dessen Komponenten ineinandergreifen (Kompatibilität) oder austauschbar sein sollen (Portabilität). Jedes Systemelement muß dann über Eigenschaften verfügen, die ein solches Zusammenwirken möglich machen. Dies hat die Entwicklung von Standardisierungen im Zuge der technischen Normung zur Folge, die entweder durch Uniformierung der einzelnen Systemkomponenten oder durch ihre bloße Kompatibilisierung (Definition der Schnittstellen) erfolgen kann.

Dieser Vorgang ist grundsätzlich auf drei Wegen möglich: Zum einen können Standards im Wege der hierarchischen bzw. regulativen Koordination angeordnet werden[338]. Hierbei ist zwar eine gezielte Auswahl und effektive Durchsetzung eines denkbar den Erfordernissen des Gemeinwohls entsprechenden Standards grundsätzlich möglich. Gerade aber die Durchsetzung erfordert einen höheren Durchsetzungs- und Kontrollaufwand als freiwillige Standardisierungsformen. Zu diesen zählt die Möglichkeit der Aushandlung von Standards zwischen den an ihrer Etablierung Interessierten (kooperative Standardisierung)[339]. Diese ist indes nicht nur in der Formulierung, sondern auch in der Durchsetzung auf den Konsens der Beteiligten angewiesen, wobei die Chance auf eine Einigung in Verhandlungssystemen mit deren Größe schwindet. Darüber hinaus ist die Möglichkeit spontaner Diffusions- und Imitationsprozesse zu bedenken, die von den Akteuren untereinander nicht koordiniert werden (nichtkooperative Standardisierung). Hier besteht indessen die Gefahr, daß Pfadabhängigkeiten – d.h. die von einer historischen Entwicklung oder einem bloßen Zufall gesetzten Schranken institutioneller Wahlmöglichkeiten[340] – zu suboptimalen Ergebnissen führen.

Unter Ausnutzung des sog. Netzwerkeffektes[341] ist eine Durchsetzung privater Standards auch ohne staatliche Hilfe möglich[342]. Der Netzwerkeffekt ist ein über die Psyche der Marktteilnehmer vermittelter *Prozeß*, der dort anzutreffen ist, wo die Wertschätzung eines Gutes positiv von der Zahl seiner übrigen Nutzer abhängt. Direkte Netzwerkeffekte ent-

---

[337] Zu dem folgenden *R. Mayntz / V. Schneider*, in: R. Mayntz / F.W. Scharpf, Gesellschaftliche Selbstregulierung und staatliche Steuerung, S. 73 ff. (92 f.) m.w.N.

[338] Hierzu *R. Werle*, in: R. Mayntz / F.W. Scharpf, Gesellschaftliche Selbstregulierung und staatliche Steuerung, S. 266 ff. (269 ff.).

[339] *R. Werle*, in: R. Mayntz / F.W. Scharpf, Gesellschaftliche Selbstregulierung und staatliche Steuerung, S. 266 ff. (276 ff.).

[340] *R. Richter / E.G. Furubotn*, Neue Institutionenökonomik, S. 525.

[341] Hierzu *M. Thum*, Netzwerkeffekte, Standardisierung und staatlicher Regulierungsbedarf, S. 5 ff.

[342] Zu dem Beispiel des Betriebssystems Windows, in dem ein Unternehmen einen Standard ausarbeitet, dann am Markt durchsetzt und damit eine aus einer marktbeherrschenden Stellung resultierende, faktische Regelungsmacht in Anspruch nimmt: *C. Engel*, JITE Bd. 158 (2002), S. 155 ff.; s.a. *R. Mayntz / V. Schneider*, in: R. Mayntz / Fritz W. Scharpf, Gesellschaftliche Selbstregelung und politische Steuerung, S. 73 ff.

stehen v.a. im Bereich der Kommunikation, wo der Nutzer eines Kommunikationsmittels ein Interesse daran hat, möglichst viele andere Menschen mit diesem Mittel kontaktieren zu können. Deswegen steigt der Wert des Kommunikationsmittels mit der Zahl der weiteren Nutzer, die nach Anschaffung des Mittels als dessen neue Nutzer hinzutreten. Der aktuelle Wert des Gutes für den Erstkäufer – und damit auch der Preis, den dieser zu zahlen bereit ist – hängt davon ab, wie er die Anzahl der in Zukunft noch verkauften Güter und damit wie er die künftige Größe des wachsenden Netzwerks einschätzt. Die steigende Verbreitung des Guts generiert einen Nutzenzuwachs auf der Nachfrage-, nicht aber auf der Anbieterseite. Ein direkter Netzwerkeffekt ist auch ohne physische Verbindung denkbar: So wird die Kommunikation von Computernutzern untereinander dann und soweit vereinfacht, wie alle Beteiligten ein und dasselbe Betriebssystem nutzen. Ebenso tritt ein direkter Netzwerkeffekt in organisierten Märkten (Börsen) auf: Jedes Hinzutreten eines weiteren potentiellen Käufers oder Verkäufers vermehrt den Nutzen, den die bisher dort aktiven Händler an dem Markt haben, da sich die Zahl potentieller Abnehmer vergrößert, eine vergrößerte Nachfrage und damit ein höherer Preis denkbar wird.

a) Typen privater Bezugsnormen

Der Gesetzgeber bezieht sich oftmals auf nicht-rechtliche, nicht positivierte und in hohem Maße der Interpretation zugängliche Normkomplexe wie den Handelsbrauch (§§ 346, 394 Abs. 1 HGB), die (Verkehrs-) Sitte (§§ 151 Satz 1, 157, 242 BGB) oder die öffentliche Ordnung (z.B. § 14 OBG Nordrh.-Westf.)[343]. In diesem Fall delegiert der Gesetzgeber keine verbindliche Entscheidungsmacht an außerstaatliche Stellen, sondern greift lediglich einen vorgefundenen, u.U. im Fluß befindlichen (und daher nicht gewohnheitsrechts-fähigen) Tatbestand auf und integriert diesen in seine gesetzgeberische Entscheidung[344]. Der staatliche Gesetzgeber macht eine gesellschaftliche Regel zur Rechtsfolgenvoraussetzung seiner Rechtsnormen, ohne jene in staatliches Recht zu übernehmen oder ihr Rechtsnormqualität zu verschaffen. Hier erfolgt eine Inanspruchnahme gesellschaftlich vorhandenen Sachverstands durch Anknüpfung an private Regelsysteme als *Tatbestandsmerkmal*[345]. Die Formulierung von Tatbestand und Rechtsfolge solcher Normkomplexe im Einzelfall hängt indes von der Beobachtung des

---

[343] Zu diesen Anknüpfungspunkten: *F. Kirchhof*, Private Rechtsetzung, S. 154 ff.
[344] *R. Breuer*, AöR Bd. 101 (1976), S. 46 ff. (65); *F. Kirchhof*, Private Rechtsetzung, S. 154 ff.; *P. Marburger*, in: Müller-Graff, Technische Regeln im Binnenmarkt, S. 27 ff. (43 ff.); *F. Ossenbühl/U. Di Fabio*, Die rechtliche Kontrolle ortsfester Mobilfunkanlagen, S. 88 ff.; *F.-J. Staats*, ZRP 1978, S. 59 ff. (61 f.). Dehalb liegt auch im rechtstechnischen Sinne keine Verweisung vor. In einer parallelen Fallgestaltung ist dies im Bereich des Internationalen Privatrechts als »Datumstheorie« beschrieben worden: Ein Sachverhalt, auf den deutsches Recht anzuwenden ist, weist einen Drittlandsbezug auf, der es geboten erscheinen läßt, das Recht des Drittlandes in gewissem Umfang in die deutschrechtliche Beurteilung einzubeziehen. Gleiches kann sich auch ergeben, wenn das IPR ein anderes Recht beruft. Nach der »Datumstheorie« soll ausländisches Recht in Deutschland nicht nur als Recht anzuwenden sein, wenn eine deutsche Kollisionsnorm dies anordnet, sondern auch als Datum im Rahmen des Tatbestandes einer deutschen Norm beachtlich werden und diesen konkretisieren, während die Rechtsfolge dem deutschen Recht vorbehalten bleibt; *H.J. Sonnenberger*, in: MüKo zum BGB Bd. 10, Einl. IPR, Rn. 556 f. m.w.N.
[345] *F. Kirchhof*, Private Rechtsetzung, S. 154.

demokratisch legitimierten Rechtsnormanwenders – Verwaltung oder Richter – ab. Gerade weil eine solche Konkretisierung immer nur für jeden Einzelfall erfolgen kann, liegt auch kein Fall der Verweisung vor.

In einem zweiten, deutlich prekäreren Fall beziehen sich Gesetze (und Verwaltungsvorschriften) in Form einer »offenen« bzw. dynamischen Verweisung (auch »Generalklausel-Bezugnahme«[346]) auf eine künftige, dezisionistische Regelbildung privater Akteure[347]. Durch eine Bezugnahme auf die »allgemein anerkannten Regeln der Technik«[348], den »Stand der Technik«[349], den »gesicherten Stand der wissenschaftlichen Erkenntnis«[350] oder den »Stand von Wissenschaft und Technik«[351] – z.T. bei gleichzeitigem Verweis auf ein bestimmtes Normenwerk – wird in vielen technischen Bereichen erlaubtes oder verbotenes Verhalten festgelegt[352]. Allerdings gebraucht der Gesetzgeber diese Schlüsselformen oftmals ohne ausdrücklich zu spezifizieren, ob und welche private Regel er in concreto als Wiedergabe des jeweils normierten Standes verstanden haben will[353]. Für den vorliegenden Zusammenhang allein von Bedeutung sind diejenigen Fälle, in denen der Gesetzgeber erkennbar das Normierungspotential eines privaten Normgebers durch die Anknüpfung an dessen Normen oder Standards in Anspruch nimmt. Mit solche Bezugnahmen wird nicht mehr bloß eine unorganisierte Gruppe von Regelproduzenten – »die« Kaufleute, »die« Allgemeinheit – und ebenso wenig ein nicht steuerbarer, offener und im stetigen Fluß befindlicher Prozeß der Normformulierung und -feststellung angesprochen[354].

Bekannteste Bezugsnormen für diese Form von Verweisung sind die DIN-Normen[355]. Diese sind private Normen ohne unmittelbar heteronome Bindungskraft; sie sind keine

---

[346] *E. Denninger*, Verfassungsrechtliche Anforderungen an die Normsetzung im Umwelt- und Technikrecht, Rn. 136.
[347] *R. Breuer*, AöR Bd. 101 (1976), S. 46 ff. (65); *M. Bullinger*, Die Selbstermächtigung zum Erlaß von Rechtsvorschriften, S. 23.
[348] § 3 Abs. 1 GSG; ähnlich § 3 Abs. 1 Nr. 1 ArbStättVO, der auf die allgemein anerkannten sicherheitstechnischen, arbeitsmedizinischen und hygienischen Regeln sowie die sonstigen gesicherten arbeitswissenschaftlichen Erkenntnisse Bezug nimmt.
[349] §§ 3 Abs. 6, 5 Abs. 1 Nr. 2, 22 Abs. 1 Nr. 1, 2 BImSchG; § 7a Abs. 1 Satz 1 WHG, § 12 Abs. 2 KrW-/AbfG. 14; § 7 FluglärmG.
[350] Etwa in §§ 26 Abs. 5, 53 AtG; §§ 16c Abs. 2 Nr. 1, 17 Abs. 4 ChemG; § 7 Abs. 2 S. 2 TierSchG.
[351] §§ 4 Abs. 2 Nr. 3, 7 Abs. 2 Nr. 3 AtG; § 1 Abs. 2 Nr. 5 ProdHG; § 15 Abs. 1 Nr. 1 PflSchG.
[352] Siehe zu dem konkreten Inhalt dieser Formeln nur *M. Kloepfer*, Umweltrecht, § 3 Rn. 75; dort in Rn. 76 auch zu den gemeinschaftsrechtlichen Pendants dieser Formulierungen; weitere Beispiele bei *R. Breuer*, AöR Bd. 101 (1976), S. 46 ff. (53 ff., 67 f.); *P. Marburger*, Die Regeln der Technik im Recht, S. 362 ff.; *H. Schneider*, Gesetzgebung, Rn. 401 ff.
[353] *E. Denninger*, Verfassungsrechtliche Anforderungen an die Normsetzung im Umwelt- und Technikrecht, Rn. 136. Für die Unbedenklichkeit einer solchen indirekten Rezeption durch die Verwendung derartiger Begriffe des Technikrechts ohne ausdrücklich oder implizite Anknüpfung an einen bestimmten privaten Normgeber: *P. Marburger*, in: *P. Müller-Graff*, Technische Regeln im Binnenmarkt, S. 27 ff. (34 ff.).
[354] *P. Marburger*, Die Regeln der Technik im Recht, S. 392.
[355] Zu diesen: *J. Backherms*, Das DIN Deutsches Institut für Normung e.V. als Beliehener; *P. Marburger*, Die Regeln der Technik im Recht, S. 197 ff., 205 ff.; weitere Beispiele privater Nor-

V. »Legislatives outsourcing« und Verfassungsrecht

Rechtsregeln[356]. Ihre Anwendung steht grundsätzlich jedermann frei; ihnen kann aber etwa durch rechtsgeschäftliche Einbeziehung in ein privates Rechtsverhältnis oder durch Bezugnahme in Gesetzen und Verordnungen rechtliche Verbindlichkeit verliehen werden. Auch im übrigen entfalten private Normen zivilrechtliche Wirkungen im Bereich des Delikts- und des Vertragsrechts[357]. Solche und andere private technische Regelwerke sind im Grenzbereich zwischen faktisch-technischer Gesetzlichkeit und volitiver Dezision und Wertung angesiedelt[358]. Sie sind nicht allein als naturwissenschaftlich-technische Erfahrungssätze, sondern auch als Sollenssätze und soziale Verhaltensnormen formuliert[359]. Dort, wo dem Setzer der Bezugs»norm« allein die Feststellung bestimmter physikalischer Abläufe oder sonstiger, unabhängig von seinem Einfluß eintretender Tatsachen überlassen ist, stellen sich die o.a. verfassungsrechtlichen Probleme der dynamischen Verweisung nicht in der dargelegten Schärfe[360].

---

mung ebd., S. 208 ff.; *A. Hanning*, Umweltschutz und überbetriebliche technische Normung, S. 77 ff.; *R. Pitschas*, DÖV 1989, S. 785 ff. (788); *M. Schmidt-Preuß*, VVDStRL Bd. 56 (1997), S. 160 ff. (203 (Fn. 167)); *K. Stern*, Staatsrecht Bd. III/1, § 73 III 6 d. Politikwissenschaftliche Analysen der privaten Setzung von Umwelt- und Technikstandards: *V. Brennecke*, Normsetzung durch private Verbände, S. 109 ff.; *R. Mayntz*, Die Verwaltung Bd. 23 (1990), S. 137 ff.; *H. Voelzkow*, Private Regierungen in der Techniksteuerung, 91 ff. und passim; *ders./J. Hilbert/R.G. Heinze*, PVS Bd. 28 (1987), S. 80 ff.; *R. Werle*, in: R. Mayntz/F.W. Scharpf, Gesellschaftliche Selbstregulierung und staatliche Steuerung, S. 266 ff. (266).

[356] BVerwG NJW 1962, S. 506 f.; BGHZ 139, 16 (19 f.); BGH NJW-RR 1991, S. 1445 ff. (1447); *J. Backherms*, Das DIN Deutsches Institut für Normung e.V. als Beliehener, S. 62 ff.; *P. Marburger*, Die Regeln der Technik im Recht, S. 76; *M. Schmidt-Preuß*, VVDStRL Bd. 56 (1997), S. 160 ff. (203). Auch nach § 1 Abs. 2 des Vertrags zwischen der Bundesrepublik Deutschland und dem DIN Deutsches Institut für Normung e.V. v. 5. Juni 1975 (Beil. zum BAnz. Nr. 114 v. 27. Juni 1975) sowie der Erläuterungen zu dem Vertrag II., besonders zu § 1, erfolgt ausweislich keine Einräumung einer Rechtsetzungsbefugnis oder die Beleihung mit einer solchen. Gleichfalls sind die Mitglieder der Normungsvereine nicht vereinsrechtlich zur Anwendung der Normen verpflichtet; siehe *P. Marburger*, a.a.O., S. 369 ff. Eine ähnliche Diskussion über die Rechtsnormqualität wurde mit demselben ablehnenden Ergebnis auch über die VOB/C geführt; siehe *J. Kuffer*, in: K. Englert/R. Katzenbach/G. Motzke, Verdingungsordnung für Bauleistungen Teil C, Syst. Darst. VII Rn. 1 ff.

[357] Zu diesen zivilrechtlichen Funktionen privater Normung eingehend: *J. Kuffer*, in: K. Englert/R. Katzenbach/G. Motzke, Verdingungsordnung für Bauleistungen Teil C, Syst. Darst. VII Rn. 19 ff.; *P. Marburger*, Die Regeln der Technik im Recht, S. 331 (Fn. 7), 499 ff.; *K.-W. Schäfer*, Das Recht der Regeln der Technik, S. 125 ff.; *H. Zemlin*, Die überbetrieblichen technischen Normen – ihre Wesensmerkmale und ihre Bedeutung im rechtlichen Bereich, S. 108 ff.

[358] So schon *M. Bullinger*, Die Selbstermächtigung zum Erlaß von Rechtsvorschriften, S. 23; s.a. *S. Augsberg*, Rechtsetzung zwischen Staat und Gesellschaft, S. 45 f.; *E. Denninger*, Verfassungsrechtliche Anforderungen an die Normsetzung im Umwelt- und Technikrecht, Rn. 29 ff.; *P. Marburger*, Die Regeln der Technik im Recht, S. 33 ff., 392; *K.-O. Nickusch*, Die Normativfunktion technischer Ausschüsse und Verbände als Problem der staatlichen Rechtsquellenlehre, S. 208; *M. Schmidt-Preuß*, VVDStRL Bd. 56 (1997), S. 160 ff. (203).

[359] *H.-J. Papier*, in: V. Götz/H.H. Klein/C. Starck, Die öffentliche Verwaltung zwischen Gesetzgebung und richterlicher Kontrolle, S. 36 ff. (64); *R. Pitschas*, DÖV 1989, S. 785 ff. (791); *R. Scholz*, FS Juristische Gesellschaft Berlin, S. 691 ff. (697); s.a. *B. Joerges*, Soziale Welt Bd. 40 (1989), S. 242 ff.; *J. Kölble*, Staub – Reinhaltung der Luft Nr. 40 (1980), S. 352 ff.; *ders.*, ebd. Nr. 41 (1981), S. 237 ff.; *ders.*, ebd., Nr. 44 (1984), S. 140 ff.; *R. Wolf*, Leviathan Bd. 15 (1987), S. 357 ff. (365 und passim).

[360] *M. Bullinger*, Die Selbstermächtigung zum Erlaß von Rechtsvorschriften, S. 22; *P. Marburger*, Die Regeln der Technik im Recht, S. 392.

b) Potenzierung der verfassungsrechtlichen Probleme

Die dargelegten verfassungsrechtlichen Probleme der Verweisung potenzieren sich bei einer dynamischen Bezugnahme auf technische Standards und andere private Normsetzungsbeiträge[361].

Während die staatliche Bezugsnorm stets bestimmten *Publikationserfordernissen* zu genügen hat (z.B. Art. 82 Abs. 1 Satz 1 GG für das Parlamentsgesetz bzw. Satz 2 für Rechtsverordnungen des Bundes), unterliegen private Normen solchen Vorgaben nicht, auch wenn ihre Normgeber insbesondere dort ein gesteigertes Interesse an ihrer möglichst prominenten Veröffentlichung haben werden, wo mit der Norm eine Standardisierung des Geschäfts- und Wirtschaftsverkehrs angestrebt wird. Da bei einer privaten ebensowenig wie bei einer staatlichen Bezugsnorm die Publikationsvorschrift der Verweisungsnorm zu erfüllen ist, und daher auch nur mit Blick auf die Gesamtnorm das allgemeine rechtsstaatliche Publizitätsgebot einschlägig ist, muß grundsätzlich davon ausgegangen werden, daß solange Transparenz, Zugänglichkeit und Zuverlässigkeit der Bezugsnorm durch die Benennung einer entsprechenden Quelle in der staatlichen Verweisungsnorm gewährleistet sind, dies den aus rechtsstaatlicher Sicht zu stellenden Anforderungen an die Transparenz der Gesamtnorm genügt[362].

Das Publikationserfordernis erfaßt sowohl die Bezugsnormen einer normkonkretisierenden wie einer normergänzenden Verweisung. Bei letzterer ist dies selbstverständlich, da die Rechtsnorm erst durch die Ergänzung mittels der Bezugsnorm vollständig ist. Aber auch bei der erstgenannten ist das Publikationserfordernis in dem oben umschriebenen, differenzierten Ausmaß zu beachten[363]. Zwar läßt die normkonkretisierende Verweisung neben der Bezugsnorm andere Normen gelten; dennoch entfaltet diese als Gegenstand einer gesetzlichen Vermutung eine normative Wirkung auf der Ebene der Verweisungsnorm, auf die sie damit transportiert wird. Sie ist somit keineswegs unverbindlicher, nicht als Bestandteil des Gesetzes anzusehender Hinweis, sondern vollgültiger Rechtssatz.

Dem rechtsstaatlichen Erfordernis, daß sich jeder auf zumutbare Weise verläßlich von dem Inhalt einer gesetzlichen Vorschrift Kenntnis verschaffen kann, genügt es aber nicht, wenn die Bezugsnorm nur in einem nicht-amtlichen, privaten Publikationsorgan veröffentlicht ist[364]. Dies kann zwar nicht allein mit der Tatsache begründet werden, daß die Diskrepanz zwischen dem Rang des Inhalts der in Bezug genommenen und damit auf den Rang der Verweisungsnorm transportierten Norm und der Veröffentlichungsform der Bezugsnorm zu groß ist[365]. Daher kann auch nicht danach unterschieden werden, ob es sich bei der Verweisungs-

---

[361] *H. Dreier*, in: ders., Grundgesetz Bd. II, Art. 20 (Demokratie) Rn. 111.
[362] So i.E. auch *H. Bauer*, in: H. Dreier, Grundgesetz Bd. II, Art. 82 Rn. 18.
[363] A.A. *U. Karpen*, Die Verweisung als Mittel der Gesetzgebungstechnik, S. 405 f.
[364] *M. Brenner*, in: H. v. Mangoldt/F. Klein/C. Starck, Grundgesetz Bd. 3, Art. 82 Rn. 32; *T. Clemens*, AöR Bd. 111 (1986), S. 63 ff. (94); *J. Lücke*, in: M. Sachs, Grundgesetz, Art. 82 Rn. 9. Bei gesetzlichen Verweisungen auf Tarifverträge ist zudem zu beachten, daß diese praktisch nie in allgemein erhältlichen Publikationen abgedruckt werden und daher schon aus diesem Grunde das rechtsstaatliche Publikationsgebot verletzt ist.
[365] So aber *T. Clemens*, AöR Bd. 111 (1986), S. 63 ff. (91 f.).

norm um ein Parlamentsgesetz oder eine Rechtsverordnung handelt, deren minderer Rang eine Verweisung auf Bezugsnormen zuläßt, die in privaten, öffentlich zugänglichen Publikationen enthalten sind[366]. Entscheidend dürfte vielmehr der qualitative Unterschied sein, der zwischen einer privaten und einer amtlichen Veröffentlichung gleich welchen Ranges besteht. Diese hat zumindest die Vermutung der inhaltlichen Zuverlässigkeit, Dauerhaftigkeit und Unveränderbarkeit außerhalb festgelegter Verfahren für sich, die gerade für Gestaltung und Dokumentation von Rechtsnormen von entscheidender Bedeutung sind.

Wenn insoweit auch z.T. von denjenigen, die eine private Publikation genügen lassen wollen, zur Gewährleistung textlicher Authentizität eine zusätzliche amtliche Hinterlegung gefordert wird[367], macht dies zum einen die Problematik rein privater Verbreitung deutlich. Zum anderen würde eine amtliche Hinterlegung mit dem rechtsstaatlichen Erfordernis einfacher Textzugänglichkeit kollidieren, da zur endgültigen Absicherung der textlichen Authentizität nicht nur die private Publikationsquelle eingesehen, sondern diese auch mit dem Hinterlegungsexemplar abgeglichen werden müßte.

Nur die staatliche Publikation bietet einen besonderen Schutz für die Verläßlichkeit bzw. die dauerhafte textliche Integrität und Identität der Verweisungsnorm sowie deren allgemeine Zugänglichkeit. Dies gilt um so mehr in den Fällen, in denen der private Normgeber zwar an der Verbreitung seiner Normen interessiert ist – sich aber zugleich durch diese Verbreitung (vielleicht sogar ausschließlich) finanziert[368]. In diesem Fall wird der Zugriff auf die Norm bzw. den Norminhalt des staatlichen Gesetzes zum Gegenstand privater wirtschaftlicher Interessen bzw. zum handelbaren Gegenstand. Jede Bezugnahme auf in anderer Weise, insbesondere privat veröffentlichte Norminhalte verstößt somit gegen das rechtsstaatliche Publikationsgebot.

Hinsichtlich des *Demokratieprinzips* ist zu bemerken, daß der Rechtsadressat durch eine staatliche Bezugnahme auf die Normen eines privaten Regelsetzers einer Rechtsnorm ausgesetzt ist, die entscheidend durch einen Normsetzer ausge-

---

[366] *T. Clemens*, AöR Bd. 111 (1986), S. 63 ff. (96 ff.); dagegen aber *W. Brugger*, VerwArch Bd. 78 (1987), S. 1 ff. (18 f.). Mit Blick auf Verweisungsnormen in Rechtsverordnungen ist zwar zu bemerken, daß die Verfassung selbst schon in Art. 82 Abs. 1 Satz 2 GG Einschränkungen des Publikationserfordernisses aufgrund gesetzgeberischer Entscheidung vorsieht und damit signalisiert, daß insoweit strenge Maßstäbe nicht anzusetzen sind. Indessen dürfen auch hier die rechtsstaatlichen Mindestmaßstäbe nicht unterschritten werden. Ob diese aber eine Veröffentlichung in privaten Publikationsorganen zulassen oder nicht, ist daher die entscheidende Frage. Für Art. 82 Abs. 1 Satz 2 GG lehnen vor diesem Hintergrund die Alternative einer nicht-amtlichen Publikationsquelle ab: *H. Bauer*, in: H. Dreier, Grundgesetz Bd. II, Art. 82 Rn. 23; *M. Brenner*, in: H. v. Mangoldt / F. Klein / C. Starck, Grundgesetz Bd. 3, Art. 82 Rn. 38; *H. Maurer*, in: Bonner Kommentar zum Grundgesetz (1988), Art. 82 Rn. 142.

[367] *W. Brugger*, VerwArch Bd. 78 (1987), S. 1 ff. (16). *P. Marburger*, Die Regeln der Technik im Recht, S. 412 f. hält nicht einmal dies für erforderlich.

[368] Den größten Anteil, ca. 65 Prozent am Gesamthaushalt, erwirtschaftet das DIN mit seinen kommerziell ausgerichteten Tochtergesellschaften. Hierzu zählen insbesondere die Erlöse aus dem Verkauf der Normen und Norm-Entwürfe; siehe http://www2.din.de/ (Über DIN/Organisation/Finanzierung) und *E. Denninger*, Verfassungsrechtliche Anforderungen an die Normsetzung im Umwelt- und Technikrecht, Rn. 83.

staltet wird, der dem Adressaten gegenüber weder mitgliedschaftlich noch demokratisch legitimiert ist[369]. Eine dynamische Verweisung auf nicht-staatliche Normen wird daher ebenso wie die Verweisung auf staatliche Normen anderer Normsetzer durch die Vorgaben für eine zulässige Übertragung von Normsetzungsbefugnissen auf nicht-parlamentarische Normsetzer begrenzt. Insoweit ist aber eine Übertragung von Normsetzungsbefugnissen auf private Normsetzer – und damit auch eine dynamische Verweisung auf deren Normen – weder unter dem Gesichtspunkt der Delegation, noch dem der Subdelegation und nur in ganz engen sachlichen und personellen Grenzen unter dem der Autonomie verfassungsrechtlich zulässig. Daher läßt sich vor dem Hintergrund des Umstandes, daß Art. 80 Abs. 1 GG einer Rechtsetzung Privater aufgrund delegierter Normsetzungskompetenzen entgegensteht, festhalten, daß eine dynamische Verweisung auf von Privaten erlassene Normen nicht nur aus den o.a. Gründen, sondern auch wegen des in Art. 80 Abs. 1 GG implizierten Delegationsverbots ausscheidet[370]. Der private Verband ist ebenso wenig gewaltenteilig inkorporiert wie demokratisch legitimiert oder kontrolliert. Eine dynamische Verweisung auf die von ihm geschaffenen Normen würde dazu führen, daß die Norm eines nicht zur Rechtsetzung legitimierten Privaten direkt und unmittelbar in staatliches Recht umgesetzt würde[371]. Eine Umdeutung der Bezugsnorm dahingehend, daß sie die Verweisungsnorm als unwiderlegliche Vermutung rezipiert, hätte denselben Effekt wie eine unmittelbare Normsetzung und ist daher denselben verfassungsrechtlichen Bedenken ausgesetzt[372].

c) Anforderungen an das Zustandekommen der privaten Bezugsnorm

Der staatliche Gesetzgeber greift im Wege des Verweises auf eine private Norm zurück, weil ihm selber die Regelungskapazitäten oder die Einsicht in komplexe

---

[369] BVerfGE 78, 32 (36); s.a. BVerfGE 47, 285 (312); 64, 208 (214); *P. Marburger*, in: Müller-Graff, Technische Regeln im Binnenmarkt, S. 27 ff. (40); *F.J. Säcker/V. Boesche*, ZNER 2002, S. 183 ff. (187).
[370] *R. Breuer*, AöR Bd. 101 (1976), S. 46 ff. (60 ff.); *A. Hanning*; Umweltschutz und überbetriebliche Normung, S. 64 ff.; *U. Karpen*, Die Verweisung als Mittel der Gesetzgebungstechnik, S. 131 ff.; *K.-O. Nickusch*, Die Normativfunktion technischer Ausschüsse und Verbände als Problem der staatlichen Rechtsquellenlehre, S. 204 ff.; *F. Ossenbühl*, DÖV 1967, S. 401 ff. (404); *W.-R. Schenke*, NJW 1980, S. 743 ff. (746). Nachweise über den Wortlaut nach als dynamische Verweisungen zu verstehende Vorschriften bei *P. Marburger*, Die Regeln der Technik im Recht, S. 383 ff. (Fn. 23, 33, 37 f.), 393 (Fn. 24 f.), 396 (Fn. 31); *ders.*, in: Müller-Graff, Technische Regeln im Binnenmarkt, S. 27 ff. (42 (Fn. 31)). Für die Zulässigkeit einer solchen dynamischen Verweisung unter den gleichen Bedingungen, die das Bundesverfassungsgericht für dynamische Verweisungen auf staatliche Bezugsnormen abgestellt hat, aber *T. Clemens*, AöR Bd. 111 (1986), S. 63 ff. (103 f.).
[371] *W. Brugger*, VerwArch Bd. 78 (1987), S. 1 ff. (41).
[372] *R. Breuer*, AöR Bd. 101 (1976), S. 46 ff. (66); *M. Bullinger*, Die Selbstermächtigung zum Erlaß von Rechtsvorschriften, S. 23; *R. Nolte*, Rechtliche Anforderungen an die technische Sicherheit von Kernanlagen, S. 189; *W.-R. Schenke*, NJW 1980, S. 743 ff. (746); *K.-W. Schäfer*, Das Recht der Regeln der Technik, S. 76 ff.

und in stetem Fluß befindliche Regelungsgebiete fehlt bzw. weil er der privaten Norm das Zutrauen entgegenbringt, daß diese einen gerechten Interessenausgleich zwischen den durch die Normsetzung Betroffenen gewährleistet. Zwar macht der Gesetzgeber sich durch die Verweisung die private Regelung zu eigen; er erteilt den Normbefehl für eine Norm, deren Inhalt von einem anderen Normsetzer formuliert wurde. Doch erfolgt dies praktisch »blind«[373]. Wesen und Inhalt der in Bezug genommenen Regelung (und damit der Gesamtnorm) kann der Gesetzgeber nicht beurteilen. Würde er über das hierfür erforderliche Sachwissen verfügen, hätte er die Regelung auch gleich selbst treffen können. Wie aber kann der staatliche Gesetzgeber die Rezeptionseignung einer Norm sicherstellen, wenn ihm die Kompetenz zur Beurteilung ihres Regelungsgehalts fehlt?

aa) Vorüberlegungen

Offensichtlich kann der Gesetzgeber eine private Norm nicht ohne Ansehen des Normsetzers und ihrer Entstehungsweise in Anspruch nehmen[374]. Stammt die Bezugsnorm von einem staatlichen oder staatsmittelbaren Rechtsnormsetzer, so ist grundsätzlich davon auszugehen, daß diese in einem rechtsstaatlich angemessenen Verfahren ergangen ist. Für private Normen sind hingegen – zur Regulierung der Selbstregulierung – eigenständige Anforderungen zu entwickeln, um deren Rezeptionsfähigkeit zu gewährleisten.

In von Staat und Privaten gebildeten Kooperationsverhältnissen, derer sich der Staat bedient, um sich bei einer Entscheidungsfindung von seiner Regelungsverantwortung zu entlasten, folgt aus dem Demokratieprinzip das Gebot staatlicher Letztverantwortung für das Entscheidungsergebnis, so weit dieses dem Staat zuzurechnen ist[375]. Allerdings wird hier – je nach Intensität der staatlichen Inanspruchnahme privaten Sachverstands – die Gefahr mangelnder Effektivität demokratischer Legitimation als das zentrale Problem im kooperativen Staat deutlich: Mit der Beschränkung des Erfordernisses demokratischer Legitimation auf staatliches Handeln mit Entscheidungscharakter wird das eigentliche Legitimationsproblem staatlichen Handelns beiseite geschoben, welches in der faktischen Bindung staatlicher Entscheidungsträger an die privaten Vorarbeiten liegt. Die Inanspruchnahme privaten Sachverstands bei der Vorbereitung oder Formulierung staatlicher Entscheidungen ist darauf zurückzuführen, daß die staatliche Organisation nicht selbst über die entsprechenden Kapazitäten verfügt bzw. den privaten Akteuren zugetraut wird, daß diese ein dem Gemeinwohl dienlicheres

---

[373] *E. Denninger*, Verfassungsrechtliche Anforderungen an die Normsetzung im Umwelt- und Technikrecht, Rn. 144, der aus dieser »Blindheit« zugleich auch ein Problem der sachlich-inhaltlichen demokratischen Legitimation ableitet.
[374] Siehe *P. Badura*, FS Bachof, S. 169 ff. (176 f.); *R. Breuer*, AöR Bd. 101 (1976), S. 46 ff. (78); *C. Degenhart*, Kernenergierecht, S. 225 ff.; *E. Schmidt-Aßmann*, in: T. Maunz/G. Dürig u.a., Grundgesetz, Art. 19 Abs. 4 (Komm. von 1985) Rn. 207; *H. Schneider*, Gesetzgebung, Rn. 406.
[375] *C. Möllers*, Staat als Argument, S. 292.

Ergebnis finden werden als ein staatlicher Entscheider. Beide Aspekte sprechen dafür, die Institutionen zur Wahrung der staatlichen Letztverantwortung bei der Übernahme der privaten Vorbereitung in die staatliche Rechtsnorm so zu gestalten, daß die letztverantwortliche staatliche Instanz die private Vorgabe – gleich dem oft zitierten »Staatsnotar« – nur übernimmt, ohne sich inhaltlich mit ihr auseinanderzusetzen. Alles andere wäre kontraproduktiv, da es den Sinn staatlich-privater Kooperation bei der Rechtsetzung in Frage stellen müßte[376]: Ist der Staat nicht willens oder in der Lage, eine Entscheidung selbst vorzubereiten oder auszuarbeiten (oder unterläßt er dies, um Regulierungskosten einzusparen) und gibt er diese Entscheidung deswegen in private Hände, so muß entweder die realistische Möglichkeit einer staatlichen Intervention in das Ergebnis dieser privaten Vorbereitungshandlung an der staatlichen Fähigkeit scheitern, die Vorbereitung und ihre Implikationen für das Gemeinwohl sachkundig zu beurteilen[377]. Oder aber die staatliche Instanz zur Wahrnehmung der Letztentscheidungskompetenz müßte im Nachhinein Zweifel an der Fähigkeit des zunächst in Anspruch genommenen Privaten zur Herbeiführung einer wohlfahrtsfördernden Lösung des fraglichen Problems hegen.

Demgegenüber wird in der Literatur in andcrem, aber sachlich ähnlich gelagertem Zusammenhang unter dem Begriff der Verfahrensverantwortung[378] festgestellt, daß eine bloß »blinde« Übernahme privater Entscheidungsvorbereitungen durch die staatlicherseits letztverantwortliche Instanz zum Zwecke der Verleihung demokratischer Dignität dem durch das Erfordernis demokratischer Legitimation sicherzustellenden Ableitungszusammenhang zwischen Legitimationssubjekt und -objekt nicht gerecht wird[379]. Der verfassungsrechtlich gebotene Einfluß des einen auf das andere ist durch derartige Legitimationshülsen nicht realisierbar. Als Kompensation eines solchen Defizits bleibt nur die Konstruktion einer vorwirkenden staatlichen Einflußnahme auf die Art und Weise des Zustandekommens der privaten Vorbereitungshandlung, die ohne eine sinn-

---

[376] *C. Engel*, Diskussionsbeitrag, VVDStRL Bd. 56 (1997), S. 301; *H.-H. Trute*, DVBl. 1996, S. 950 ff. (955); *ders.*, in: G.F. Schuppert, Jenseits von Privatisierung und »schlankem Staat«, S. 11 ff. (32 ff.).

[377] So auch *H.-H. Trute*, UTR Bd. 48 (1999), S. 13 ff. (42), der darauf hinweist, daß wegen des Wissensvorsprungs gesellschaftlicher Teilsysteme eine Kontrolle rezipierter Normen ohne weitere institutionelle Vorfeldsicherung sinnlos ist; s.a. *G.F. Schuppert*, Die Verwaltung, Beiheft 4 (2001), S. 201 ff. (243 ff.).

[378] *J. Pietzcker*, in: W. Hoffmann-Riem/J.-P. Schneider, Verfahrensprivatisierung im Umweltrecht, S. 284 ff. (304); *R. Pitschas*, Verwaltungsverantwortung und Verwaltungsverfahren, S. 287 ff.; *E. Schmidt-Aßmann*, in: W. Hoffmann-Riem/ders., Konfliktbewältigung durch Verhandlung Bd. 2, S. 9 ff. (27); *A. Voßkuhle*, in: G.F. Schuppert, Jenseits von Privatisierung und »schlankem Staat«, S. 47 ff. (70 ff.).

[379] So z.B. BVerfGE 49, 89 (139), wo im Hinblick auf die Feststellung des (atomrechtlichen) Standes von Wissenschaft und Technik alle wissenschaftlich und technisch vertretbaren Erkenntnisse durch die Exekutive heranzuziehen sind; diese hat sich also selbst kundig zu machen hat, ohne dabei auf eine einzelne Quelle zu vertrauen; s.a. *M. Schmidt-Preuß*, VVDStRL Bd. 56 (1997), S. 160 ff. (205); *H.-H. Trute*, DVBl. 1996, S. 950 ff. (955 f., 960 m.w.N. in Fn. 123).

widrige Zerstörung privater Handlungsrationalitäten verfassungsrechtliche Anforderungen widerspiegelt, denen staatliches Handeln selbst unterliegt. Bei der Übernahme der privaten Bezugsnorm sind daher eine Reihe formeller Anforderungen zu beachten, die deren Inanspruchnahme als Bezugsnorm legitimieren[380].

Sind solche prozeduralen Regeln nicht beachtet, hat dies selten Auswirkungen auf die Gültigkeit der privaten Norm als solche. Für den staatlichen Gesetzgeber ist es hingegen nicht mehr möglich, auf diese Norm Bezug zu nehmen und ihren Inhalt damit in den Rang einer Rechtsvorschrift zu erheben, da der Norm aufgrund ihres Zustandekommens mit verfassungsrechtlichem Mißtrauen zu begegnen ist. Allerdings führt auch die Verwirklichung prozeduraler Vorgaben bei der Bereitstellung der privaten Entscheidungsvorbereitung nicht zu einem erhöhten Einfluß des Trägers staatlicher Letztverantwortung. Die genannten Vorkehrungen führen in ihrer Gesamtheit nur dazu, daß den von privater Seite zur Verfügung gestellten Vorbereitungen für die Normsetzung ein größeres Maß an Vertrauen hinsichtlich ihrer Gemeinwohlkonformität entgegenzubringen ist und die Unbedenklichkeit ihrer Rezeption damit gewährleistet wird. Prozedurale Anfordcrungen integrieren den Privaten nicht – wie etwa durch Ernennung in ein Amt und Unterwerfung unter eine Weisungsbefugnis – in den Ableitungszusammenhang demokratischer Legitimation und gleichen damit auch nicht die Auflösung der materiellen Rückführbarkeit des Entscheidungsinhalts auf das Legitimationssubjekt aus, was durch die formalisierte Anknüpfung des Erfordernisses demokratischer Legitimation an das staatliche Handeln mit Entscheidungscharakter bedingt ist. Vielmehr gerät jedes steuernde Einwirken staatlicherseits in die Normsetzung des privaten Verbands in die Gefahr, die den Privaten zustehende, grundrechtlich fundierte Normungsautonomie zu verletzen[381].

Die Verfahrensanforderungen setzen zunächst die Öffentlichkeit des Normsetzungsverfahrens voraus, da das rechtsstaatliche Gebot der Publizität und Transparenz eine Vorwirkung auf die staatlich in Anspruch genommene Tätigkeit der Privaten entfaltet. Die private Problemlösung muß begründet werden,

---

[380] Hierzu i.e. *P. Badura*, FS Bachof, S. 169 ff. (172 ff.); *E. Denninger*, Verfassungsrechtliche Anforderungen an die Normsetzung im Umwelt- und Technikrecht, Rn. 176 ff.; *C. Degenhart*, Kernenergierecht, S. 191; *V. Eichener/R.G. Heinze/H. Voelzkow*, in: R. Voigt, Abschied vom Staat – Rückkehr zum Staat, S. 393 ff. (398 ff.); *M. Kloepfer/T. Elsner*, DVBl. 1996, S. 964 ff. (996 ff.); *G. Lübbe-Wolff*, ZG 1991, S. 219 ff. (242 ff); *E. Schmidt-Aßmann*, in: T. Maunz/G. Dürig u.a., Grundgesetz, Art. 19 Abs. 4 (Komm. von 1985) Rn. 207; *M. Schmidt-Preuß*, VVDStRL Bd. 56 (1997), S. 160 ff. (205 f.); *ders.*, in: M. Kloepfer, Selbst-Beherrschung im technischen und ökologischen Bereich, S. 89 ff. (94 ff.); s.a. schon früh: *H. Krüger*, NJW 1966, S. 617 ff. (619 ff.). Zu weiteren Möglichkeiten der Richtigkeitsgewähr bei privaten Normen: *P. Marburger*, Die Regeln der Technik im Recht, 200 ff., 218 ff., 223 ff., 228 ff., 597 ff.; *A. Rittstieg*, Die Konkretisierung technischer Standards im Anlagenrecht, S. 49 ff., 82, ff., 237 ff.

[381] Hierzu und zu deren umstrittener grundrechtlicher Herleitung *M. Schmidt-Preuß*, VVDStRL Bd. 56 (1997), S. 160 ff. (203 f.).

um die hinter ihr stehenden Erwägungen auch für den nicht an den Verhandlungen beteiligten Außenseiter deutlich – und inhaltlich angreifbar – zu machen[382].

Die Angehörigen aller Gremien – ob privat oder öffentlich-rechtlich – bedürfen der fachlichen Qualifikation. Des weiteren müssen in dem zur Verabschiedung der Bezugsnorm führenden Verfahren die von der Problemlösung betroffenen Interessen adäquat vertreten sein. Dies wird nach allgemeiner Ansicht durch die im einzelnen umzusetzenden Gebote sachgerechter Aufgabenwahrnehmung, gleichmäßiger Interessenberücksichtigung und -beteiligung[383] sowie institutioneller Neutralitätssicherung gewährleistet[384]. Es obliegt unter diesen Vorzeichen dem Staat, den Binnenpluralismus nicht-staatlicher Normsetzer einzufordern[385].

Nicht jeder noch so kleine Verband muß an dem Verfahren der privaten Normsetzung beteiligt sein, da die Zahl der Beteiligten die Schwierigkeiten bei Verhandlung und Einigung erhöht und insbesondere aufgrund des regelmäßigen Einstimmigkeitserfordernisses den Einfluß von Vetopositionen verstärkt. Wenn aber ein Verband bei der Formulierung einer entsprechenden staatlichen Norm ein Beteiligungsrecht nach den einschlägigen Vorschriften gehabt hätte, so muß er auch bei den Verhandlungen über die private Bezugsnorm beteiligt werden, um deren Rezeptionsfähigkeit sicherzustellen[386]. Hat ein Verband ebenso viele Mitglieder wie ein teilnehmender Verband oder ist er hinsichtlich anderer Kennzahlen mit einem bereits teilnehmenden Verband vergleichbar, wäre es willkürlich, ein Teilnahmebegehren dieses Verbandes zurückzuweisen, so daß die private Norm nicht mehr als Bezugsnorm taugt. Soweit für die Beteiligung prädestinierte (Gemeinwohl-) Interessen nicht repräsentierbar oder aber aus strukturellen Gründen (Mangel an Ressourcen) nicht zu einer Teilnahme an den Verhandlungen in der Lage sind, muß die Abbildung dieser Interessen in den Verhandlungen über die private Norm durch eine staatliche Teilnahme an den Verhandlungen sichergestellt werden, um auf diese Weise die Gemeinwohlverträglichkeit einer ansonsten »blind« rezipierten Norm zu gewährleisten[387].

---

[382] In diesem Zusammenhang wurde diskutiert, ob es zum Zwecke rechtstaatlicher Absicherungen dieser Verfahrensvorgaben nicht geboten ist, private Normung durch ein Normungsgesetz zu regeln; siehe zu dieser Diskussion und ihren insbesondere grundrechtlichen Implikationen: *P. Marburger*, Die Regeln der Technik im Recht, S. 606 f.

[383] Hierzu i.e. *H.-H. Trute*, DVBl. 1996, S. 950 ff. (962).

[384] Siehe hierzu insgesamt *W. Brohm*, in: J. Isensee/P. Kirchhof, HdbStR Bd. II, § 36 Rn. 41 ff.; *E. Denninger*, Verfassungsrechtliche Anforderungen an die Normsetzung im Umwelt- und Technikrecht, Rn. 173 ff.; *H.-H. Trute*, DVBl. 1996, S. 950 ff. (956); s.a. *P. Kunig/S. Rublack*, JURA 1990, S. 1 ff. (5 f., 8 f.); *J.-P. Schneider*, VerwArch Bd. 87 (1996), S. 38 ff.

[385] *E. Schmidt-Aßmann*, Die Verwaltung, Beiheft 4 (2001), S. 253 ff. (267).

[386] Dies gilt sowohl für Beteiligungsvorschriften auf parlamentsgesetzlicher (§ 94 BBG) wie auf untergesetzlicher Ebene (z.B. § 51 BImSchG; weitere Beispiele bei *E. Denninger*, Verfassungsrechtliche Anforderungen an die Normsetzung im Umwelt- und Technikrecht, Rn. 58 ff.)

[387] So erfolgt beispielsweise bei der DIN-Normung eine institutionalisierte Beteiligung staatlicher Funktionsträger, die zumindest vereinzelt bestimmten Ausschüssen angehören. Einen darüber hinausgehenden Einfluß auf die Zusammensetzung der Ausschüsse hat die staatliche Seite nicht; siehe hierzu den Vertrag zwischen der Bundesrepublik Deutschland und dem DIN Deutsches Institut für Normung e.V. v. 5. Juni 1975 (Beil. zum BAnz. Nr. 114 v. 27. Juni 1975) und *J. Backherms*, Das DIN Deutsches Institut für Normung e.V. als Beliehener, S. 54. Siehe zu den Ausschüssen des Fachbereichs I der Kommission Reinhaltung der Luft *V. Brennecke*, Normsetzung durch private Verbände, S. 13.

Ein zwingendes Erfordernis der eigenständigen Vertretung allgemeiner öffentlicher Interessen (Umweltschutz, Generationengerechtigkeit) bedarf der Sicherung durch staatliche Sachwalter[388], da nachgewiesen wurde, daß die verbandsmäßige Organisation dieser Interessen oftmals an der »logic of collective action« scheitern muß[389]. Eine unmittelbare staatliche Einflußnahme auf Zusammensetzung und Verfahren der normsetzenden Gremien kraft staatlicher Organisationsgewalt ist nur bei öffentlich-rechtlichen Gremien aufgrund des staatlichen Organisationsakts möglich, wohingegen bei privaten Gremien (aufgrund ihres Schutzes durch Art. 9 Abs. 1 GG) die Einhaltung entsprechender Standards nur als Erwartung formulierbar ist, deren Einlösung indes die Voraussetzung für die Rezeptionsfähigkeit der Norm darstellt[390]. Wenn der staatliche Bezugsnormsetzer diese Voraussetzungen als nicht ausreichend verwirklicht sieht, bleibt ihm nur die Aussetzung der Verweisung[391].

In der Folge ist nunmehr zu untersuchen, ob die dargelegten Beispiele den Vorgaben genügen, die hier für die Eignung privater Normen als Bezugsnorm entwickelt worden sind.

bb) Die »Verrechtlichung« der Verbändevereinbarungen

Vor dem Hintergrund der hier entwickelten verfassungsrechtlichen Grundlagen und Grenzen der Verweisung als Regelungsmethode sieht sich die »Verrechtlichung« der Verbändevereinbarungen auch als statische Verweisung verfassungsrechtlich relevanten Vorwürfen ausgesetzt.

Darüber hinaus soll diese Gestaltung des Netzzugangs einen Verstoß gegen die gemeinschaftlichen Richtlinien darstellen, die zu der Einführung eines objektiven, transparenten und diskriminierungsfreien Netzzugangs verpflichten (Art. 14 Gasbinnenmarktrichtlinie; Art. 16 Satz 2 Elektrizitätsbinnenmarktrichtlinie), da europäische Richtlinien grundsätzlich nur durch Vorschriften mit Gesetzesqualität umgesetzt werden können. Auch gemeinschaftsrechtlicher Provenienz ist der hier ebenfalls nicht weiter zu verfolgende Vorwurf, daß der Gesetzgeber mit der Neuregelung gegen Art. 28, 31 EGV verstoßen habe[392].

---

[388] C. Degenhart, Kernenergierecht, S. 225 ff.; P. Marburger, Die Regeln der Technik im Recht, S. 605. Ähnlich bereits H. Krüger, NJW 1966, S. 617 ff.; ders., Von der Notwendigkeit einer freien und auf lange Sicht angelegten Zusammenarbeit zwischen Staat und Wirtschaft.

[389] Siehe S. 46 f. Hiergegen spricht nicht, *daß* in diesen Bereichen, insbesondere in der Umweltpolitik, durchaus auch private Verbände tätig sind. Ob und inwieweit solche Verbände aber tatsächlich als »Repräsentanten« der entsprechenden Belange zu gelten haben oder ob ihrer Aktivität nicht andere verdeckte Agenden zugrunde liegen, kann wohl eben wegen der Logik kollektiven Handelns nicht immer zuverlässig beurteilt werden.

[390] In der Formulierung einer solchen Erwartung und deren Umsetzung liegt allerdings kein Grundrechtseingriff. Die Umorganisation eines privatrechtlichen Gremiums nach staatlichen Vorstellungen erfolgt in solchen Fällen freiwillig und um eine Partizipation an staatlicher Rechtsnormsetzung zu ermöglichen, die ihrerseits nicht Gegenstand grundrechtlicher Ansprüche sein kann.

[391] Für den Fall, daß mit den privaten Bezugsnormen fundamentale Interessenkonflikte zu Lasten anderer gemeinwohlrelevanter Güter gelöst werden sollen, ergibt sich ohnehin eine Begrenzung der Eignung der Bezugsnorm; s.u.

[392] Schriftliche Stellungnahme des EFET zu der öffentlichen Anhörung des Ausschusses für Wirtschaft und Technologie anläßlich des EnWG ÄndG-Entwurfs, Ausschuß-Drcks. 411/14 I, S. 4.

In der Verrechtlichung wird eine unzulässige Verlagerung von Gesetzgebungsbefugnis auf private Stellen gesehen[393]. Dieser Vorwurf beruht auf der Annahme, daß die Verbändevereinbarungen selbst zwar keine Rechtsetzungsakte darstellen, weil die sie tragenden Verbände keine Staatsgewalt i.S.v. Art. 20 Abs. 2 Satz 1 GG ausüben können. Allerdings soll der Umstand, daß die Verbändevereinbarungen zumindest der Idee nach durch die Reduktion von Transaktionskosten eine wesentliche Grundlage für die Gestaltung des Netzzugangsregimes darstellen, dazu führen, daß die Verbändevereinbarungen »wesentlich« für die Grundrechtsausübung zumindest der Zugangspetenten sind. Allerdings ist ein solcher Vorwurf vor dem Hintergrund der mit der Verweisung implizierten Verantwortungsübernahme des verweisenden Rechtsetzers nicht haltbar. Verfassungsrechtlich relevant ist vielmehr die Untauglichkeit der Verbändevereinbarung als Bezugsnorm. Dies wird an den folgenden Überlegungen deutlich:

Die dargelegten Vorgaben für die Struktur des Kreises privater Normsetzer werfen ein grundsätzliches Problem für die Rezeptionsfähigkeit privater Normen auf, dessen Relevanz anhand zweier verschiedener Typen privater Bezugsnormen verdeutlicht werden kann. Auf der einen Seite steht der von einem aus untereinander homogenen Interessengruppen bestehenden Gremium erlassene Standard, wie er etwa im Zusammenhang mit den §§ 292a Abs. 2 Nr. 2 lit. a, 342 HGB oder auch den DIN-Normen zu beobachten ist. Auf der anderen Seite steht ein antagonistisch ausgehandeltes Normenwerk wie die Verbändevereinbarung. Auf den ersten Blick scheint die zweite Alternative näher an die an Interessenausgleich und Transparenz orientierten prozeduralen Vorgaben für die Entstehung privater Bezugsnormen heranzureichen. Dennoch stellt sich hier die Frage, ob eine Bezugnahme im Wege der Verweisung auf eine antagonistisch ausgehandelte Bezugsnorm, wie sie die Verbändevereinbarung darstellt, möglich ist.

Zweifel hieran ergeben sich aus den folgenden Überlegungen. Die dargelegten Anforderungen an den Erlaß einer rezeptionstauglichen Bezugsnorm dienen der Gewährleistung des Umstands, daß es sich bei dieser um die Emanation unabhängigen Fachwissens handelt – auch wenn mehrfach deutlich geworden ist, daß selbst technische Normen nur in seltenen Fällen keine wertenden Elemente enthalten. Die Sicherstellung einer breiten Interessenvertretung, einer Öffentlichkeitsbeteiligung und einer Vertretung schwer organisierbarer Interessen durch staatliche Teilnahme sind Ansätze zur Simulation eines an das staatliche Pendant angelehnten Normsetzungsverfahrens.

Allerdings darf umfassende Interessenrepräsentanz, wenn das technokratische Element der in Anspruch genommenen Bezugsnorm erhalten bleiben soll, nicht in einen Interessenantagonismus der an der Normsetzung Beteiligten münden. Im Zusammenhang mit der Selbstverwaltungsfähigkeit von Sonderinteressen ist

---

[393] Schriftliche Stellungnahme des VDEW in der öffentlichen Anhörung des Ausschusses für Wirtschaft und Technologie zu dem EnWG ÄndG-Entwurf, Ausschuß-Drcks. 411/14 G, S. 15.

herausgearbeitet worden, daß die Übertragung der Lösung fundamentaler Konflikte auf eine Selbstverwaltungskörperschaft verfassungsrechtlich nicht zulässig ist, da das Grundgesetz insoweit die mangelnde demokratische Legitimation der in diesem Zusammenhang zu erlassenden Rechtsnormen vor dem Hintergrund der parlamentarischen Verantwortung für solchermaßen »wesentliche« Entscheidung nicht hinzunehmen bereit ist. Aufgrund der in dem Gegeneinander der an der Verbändevereinbarung Beteiligten liegenden Heterogenität und aufgrund der kaum noch mittelbaren Auswirkungen der Verbändevereinbarung auf Dritte, insbesondere die privaten Stromabnehmer, wäre eine Übertragung entsprechender autonomer Normsetzungsbefugnisse auf die Vertragspartner der Verbändevereinbarung unmöglich. Sie verfügen in ihrer Gesamtheit nicht über die hierfür erforderliche Homogenität. Dieses zunächst nur auf die Struktur von autonomiefähigen Selbstverwaltungskörperschaften bezogene Erfordernis dokumentiert ein verallgemeinerungsfähiges verfassungsrechtliches Mißtrauen gegenüber einer staatlichen Rezeption antagonistischer Verhandlungslösungen, deren normativer Wert auch sicher nicht dadurch erhöht wird, daß sie von den Beteiligten unter der Drohung einer – hinsichtlich ihres Inhalts ungewissen – staatlichen Regulierung hingenommen wird[394]. Diese Erkenntnis entfaltet ebenfalls hinsichtlich der Rezeptionsfähigkeit einer privaten Norm Wirkung: Auch sie ist für den verweisenden Gesetzgeber nicht rezeptionsfähig, wenn sie einem antagonistischen Verhandlungsmodus entspringt. Der Gesetzgeber, der sich eine private Regelung »blind« und unter Verzicht auf eine eigene Entscheidung durch Verweisung zu eigen macht, muß sich darauf verlassen können, daß diese Norm in einem Verfahren erlassen wurde, welches die Entstehung gemeinwohlkonformer Ergebnisse wahrscheinlich sein läßt. Der verweisende Gesetzgeber kann daher ebenso wenig wie er eine entsprechende Lösung antagonistischer Interessenkonflikte ex-ante auf eine Selbstverwaltungskörperschaft übertragen könnte, das Ergebnis einer solchen Verhandlung ex-post im Wege der Verweisung aufgreifen. Auch in diesem Fall ist weder die Gemeinwohlkonformität der privaten Bezugsnorm noch deren Angemessenheit zur Auflösung fundamentaler, grundrechtsrelevanter Konflikte sichergestellt. Der Gesetzgeber würde sich durch die Verweisung seiner Entscheidungs- und Gestaltungsverantwortung entziehen.

Der antagonistische Verhandlungsmodus der Verbändevereinbarung entspricht einem bargaining- und nicht einem arguing-Modell[395]. Er ist nicht dem

---

[394] Zu dem neuen Typus des Androhungsgesetzes: *M. Schmidt-Preuß*, VVDStRL Bd. 56 (1997), S. 160 ff. (215).

[395] Innerhalb der Verhandlung als Problemlösungsmodus ist zwischen *arguing* und *bargaining* zu differenzieren. Der zweite Begriff bezeichnet einen Verhandlungsmodus, in dem Behauptungen, Standpunkte und Argumente gegeneinander gestellt werden, ohne daß die Möglichkeit einer diskursiven Abklärung ihrer Gültigkeit bestünde oder wahrgenommen würde. Diese Funktion bleibt dem komplementären Verhandlungsmodus – dem arguing – vorbehalten (*A. Benz*, Kooperative Verwaltung, S. 120 ff. m.w.N.). Zu der ähnlich gelagerten Unterscheidung zwischen arguing (primäre Perspektive: Interessenausgleich) und problem-solving (primäre Perspektive: optimale Aufgabenerfüllung), siehe *R. Mayntz*, PVS-Sonderheft 24 (1993), S. 39 ff. (47); *F.W. Scharpf*, ebd., S. 57 ff. Zwar kann auch aus dieser Sicht in beiden Konstellationen ein Verhandlungsergebnis er-

Ideal der »richtigen« Normsetzung verpflichtet, sondern schon seiner Struktur nach auf den Versuch wechselseitiger Übervorteilung der antagonistischen Verhandlungspartner angelegt. Die verhandlungstheoretische Sicht unterstreicht die Ungeeignetheit eines solchen Modus[396]: Soweit die Interessen innerhalb der einzelnen Verhandlungseinheiten homogen sind, kann eine Verhandlungslösung nicht den ursprünglichen Maximalpositionen der beteiligten Positionen gerecht werden. Wenn die Verhandlungsführer intern an diese Positionen gebunden wären, müßten Verhandlungen scheitern. Um erfolgreiche, die Gesamtwohlfahrt fördernde Lösungen finden zu können, müssen die Verhandlungsführer also die Möglichkeit haben, faire Verteilungsregeln akzeptieren zu können. Die Verhandlung kann also nur dann erfolgreich sein, wenn Bindung und Verantwortlichkeit der Verhandlungsführer gegenüber ihren Verbandsmitgliedern geschwächt werden. Aber auch dann sind entweder nur Kompromißlösungen auf dem kleinsten gemeinsamen Nenner denkbar, die die status-quo Verteilung nicht antasten, oder aber solche Lösungen, die zu Externalitäten führen und damit Dritte benachteiligen.

Hierin liegt der entscheidende Unterschied zu den o.a. Fällen technischer Normung. Nicht Sachverstand und Richtigkeitsgewähr – die beide eine gewisse Interessenorientierung des Handelns nicht ausschließen, dieser aber nicht in den Vordergrund stellen –, nicht Konfliktlösung aus der gebotenen Distanz des neutralen Dritten, sondern die Lösung fundamentaler Markt-, und damit Interessenkonflikte ist den Parteien der Verbändevereinbarungen überlassen. Solche Konflikte sind allerdings für die Grundrechtsausübung der Beteiligten so wesentlich, daß für ihre Auflösung eine entsprechende Grundentscheidung durch den Gesetzgeber aus verfassungsrechtlichen Gründen erforderlich bleibt. Die Abwälzung staatlicher Regelungsverantwortung, die insbesondere – aber nicht nur – aufgrund der staatlicherseits geschaffenen wettbewerbsfeindlichen Ausgangslage bei der Liberalisierung besteht, unterscheidet den gesetzlichen Verweis auf die Regelungen der Verbändevereinbarung von den bislang diskutierten Bezugsnormen und führt zugleich zu der mangelnden Rezeptionstauglichkeit der Verbändevereinbarung.

Einer solchen Beschränkung des Spektrums rezeptionsfähiger privater Normen könnte entgegengehalten werden, daß das Aushandeln einer privaten Norm bzw. eines Standards zwischen antagonistischen Interessengruppen vielleicht ein in höherem Maße wohlfahrtförderndes Ergebnis gewährleistet als die gesetzgeberische Bezugnahme auf eine Norm, die von einem interessenhomogenen Standardsetzer erlassen wurde und daher schon aufgrund der Struktur ihres Normsetzers eher in dem Verdacht stehen muß, einseitig private Interessen, nicht nur zu Lasten der Allgemeinheit, sondern auch noch zu Lasten anderer privater In-

---

reicht werden, für den Interessenausgleich ist aber lediglich eine negative Koordination erforderlich (d.h. eine Vermeidung und Ausgrenzung von Konflikten). Problemlösung bedarf demgegenüber des kooperativen Zusammenwirkens im Sinne des Systems.

[396] Siehe nur *F. W. Scharpf*, Interaktionsformen, S. 311, 319 ff.

teressengruppen zu verfolgen[397]. Dementsprechend wird auch gefordert, daß von staatlicher Seite die paritätische Berücksichtigung aller betroffenen Interessen sichergestellt sein müßte[398]. Dieser auf den ersten Blick schlagende Einwand verkennt indes die verfassungsrechtliche Voraussetzung jeder Form der Übertragung von gesetzgeberischen Kompetenzen an Akteure außerhalb des Parlaments – geschehe diese im Wege des legislativen outsourcings oder der Delegation von Normsetzungsbefugnissen an nicht-parlamentarische Akteure.

Zunächst sei allerdings angemerkt, daß gegen eine viele verschiedene Interessen berücksichtigende Besetzung der entsprechenden Gremien, die auf diese Weise einen breiten Bevölkerungsanteil repräsentieren und damit eher zu angemessenen Regelungen kommen dürften, so lange nichts zu erinnern ist, wie diese Interessen nicht in der beschriebenen Weise fundamental konfligieren. Solange es etwa um Fragen der Normung im Bereich der technischen Sicherheit geht, dürften die Interessenkonflikte zwischen der Industrieseite (Überschaubarkeit der Kosten) und der Seite der Verbraucher (hohe Sicherheit) deswegen nicht fundamental sein, weil die Verbraucherseite zum einen natürlich auch an geringen Kosten (also geringen Preisen) interessiert ist und der Herstellerseite schon aus haftungsrechtlichen Gründen an sicheren Produkten gelegen sein muß.

Demgegenüber indiziert das Vorhandensein von *fundamentalen* Interessenkonflikten, die den Reiz des Aushandlungsmodus erst ausmachen und dessen spezifische Vorteile aktivieren, zugleich auch das Vorhandensein einer grundrechtlichen Konfliktlage, die aufgrund der Wesentlichkeitslehre zwingend der parlamentarischen Entscheidung bedarf – zumal bei solchen fundamentalen Konflikten eine Lösung unter Inkaufnahme mittelbarer (nicht rechtlicher) Externalitäten verführerisch ist[399]. Deren Auslagerung auf gesellschaftliche Akteure – seien diese homogen oder heterogen zusammengesetzt – kommt aus verfassungsrechtlichen Gründen nicht in Frage. Wenn aber schon eine Übertragung der Regelungsbefugnisse auf eine Selbstverwaltungskörperschaft nicht zulässig ist, da die Verfassung der Angemessenheit und Gemeinwohldienlichkeit der mit dem Selbststeuerungsmechanismus gefundenen Ergebnisse mißtraut, so darf der Gesetzgeber solchen, aus einer analogen Konstellation hervorgehenden Normen auch nicht im Wege des Verweises sein Vertrauen schenken. Es bedarf insoweit einer eigenständigen staatlichen Konfliktlösung.

Die Wesentlichkeitslehre begrenzt daher mit dem in gesellschaftlicher Eigenregie zu regelnden Konfliktstoff zugleich die Relevanz der Bezugsnorm und des sie setzenden Gremiums. Sobald sich in diesem Gremium zwischen verschiedenen Gruppen solche fundamental unterschiedlichen Interessenlagen auftun, die einen Verhandlungsmodus nahelegen, wird deutlich, daß das verfassungsrechtlich er-

---

[397] Dieser Vorwurf wird z.B. gegenüber der DIN erhoben und als Problem der gesamten Normungsarbeit bezeichnet: *J. Backherms*, Das DIN Deutsches Institut für Normung e.V. als Beliehener, S. 53 ff. m.w.N.; ähnlich *E. Denninger*, Verfassungsrechtliche Anforderungen an die Normsetzung im Umwelt- und Technikrecht, Rn. 75, 83.

[398] *A. Hanning*, Umweltschutz und überbetriebliche technische Normung, S. 170 ff.; *P. Marburger*, Die Regeln der Technik im Recht, S. 607.

[399] So z.B. im Falle der Tarifautonomie; siehe S. 432 f.

trägliche Maß an gesellschaftlicher Selbstregulierung überschritten ist und der staatliche Gesetzgeber in der Verantwortung steht. Die Übertragung von Selbstregulierung und Satzungsautonomie auf eine von den Beteiligten gebildete Selbstverwaltungskörperschaft wäre nicht zulässig.

Private Normen, die aus einem interessenantagonistisch strukturierten Verhandlungsprozeß hervorgegangen sind, taugen daher nicht als Bezugsnorm für gesetzliche Verweisungen. Es bleibt hier angesichts dieser grundrechtlichen Implikationen des energiewirtschaftsrechtlichen Durchleitungsanspruchs, ungeachtet aller anreiztheoretischen Probleme nur die Möglichkeit einer einseitig-hierarchischen ex-ante Regulierung, mit der die monopolistische Macht der Netzinhaber auf dem vorgelagerten Markt eingefangen wird.

Diese Regelung könnte anreiztheoretisch so ausgestaltet werden, daß durch die Inaussichtstellung oder gar den Erlaß einer zunächst für die Netzinhaber eher ungünstigen Lösung diese motiviert werden, im Rahmen von Anhörungsverfahren oder sonstigen Konsultationen interne, für die Regelung des Anspruchs erforderliche Informationen an den staatlichen Regelsetzer zu leiten, um eine für ihre Situation angemessenere Regelung zu erreichen[400]. Auf diesem Wege kann anstatt einer Regulierung durch den Markt ein Anreiz zur Überlassung relevanter Informationen durch die Marktteilnehmer an den staatlichen Regelsetzer gesetzt werden.

Inwieweit die verbindliche Normierung von Zugangsbedingungen und -preisen konkretisiert werden kann oder aber wegen der Komplexität differierender Sachverhalte der staatlichen Entscheidung im Einzelfall durch eine ex-ante Regulierung anheimgestellt werden muß, ist hier nicht zu entscheiden. Allerdings spricht einiges dafür, daß eine generell-abstrakte Normierung nicht weiter gehen kann als dies in den privatverbandlichen Regelungen der Verbändevereinbarungen der Fall ist. Insoweit ergibt sich die Notwendigkeit einer flankierenden ex-ante Regulierung im Einzelfall[401].

cc) Die befreiende Rechnungslegung nach § 292a Abs. 2 Nr. 2 lit. a HGB

Die verbreitete kritische verfassungsrechtliche Beurteilung von § 292a Abs. 2 Nr. 2 lit. a HGB basiert auf der Annahme, daß es sich bei dieser Vorschrift um eine dynamische, normergänzende Verweisung auf ausländische bzw. nichtstaatliche Regelungen handelt[402]. Tatsächlich liefe die Annahme einer statischen Verweisung dem Gesetzeszweck diametral zuwider, da auf diese Weise die Rech-

---

[400] Zu weiteren Möglichkeiten der staatlichen ex-ante Regulierung: *Monopolkommission*, Hauptgutachten XIV, Tz. 875 ff.
[401] So auch *Monopolkommission*, Hauptgutachten XIV, Tz. 771, 772 ff.
[402] S. *Augsberg*, Rechtsetzung zwischen Staat und Gesellschaft, S. 179 ff.; *W.D. Budde*, FS Beisse, S. 105 ff. (112 ff.); *E. Ebert*, Private Normsetzung für die Rechnungslegung, S. 53 ff.; *M. Grund*, ZIP 1996, S. 1969 ff. (1974 f.); *P. Hommelhoff*, FS Odersky, S. 779 ff.; *ders.*, in: J. Baetge, Aktuelle Entwicklungen in Rechnungslegung und Wirtschaftsprüfung, S. 109 ff. (115 ff.); *J. Schulze-Osterloh*, in: P. Hommelhoff/V. Röhricht, Gesellschaftsrecht, S. 301 ff. (304); a.A. aber *M. Heintzen*, BB 1999, S. 1050 ff. (1051 f.).

nungslegung in Deutschland von der sich in ständigem Fluß befindlichen internationalen Standardisierungsentwicklung gerade abgeschnitten würde.

Demgegenüber überzeugt es wohl nicht, das Vorliegen einer – verfassungswidrigen – dynamischen Verweisung deswegen abzulehnen, weil die Anwendung der ausländischen Regeln gerade den Befreiungsanspruch auslöst und daher lediglich zu einer Nichtanwendung (deutschen) Handelsbilanzrechts führt[403]. Der Befreiungstatbestand § 292a HGB kann nur angewendet werden, wenn die Rechnungslegung nach den international anerkannten Rechnungslegungsgrundsätzen erfolgt ist, so daß die Subsumption unter diese und deren richtige Anwendung zum Tatbestandsmerkmal für die Auslösung der Rechtsfolge »Befreiung von der Aufstellungspflicht« werden.

Es handelt sich bei der Bezugnahme in § 292a Abs. 2 Nr. 2 lit. a HGB um eine normergänzende Verweisung. Die gesetzlichen Vorgaben der nicht nach Handelsgesetzbuch erfolgenden Rechnungslegung sind nicht gesetzlich abgeschlossen geregelt – und können dies auch gar nicht sein. Die in Bezug genommenen Regelungen sollen sich gerade – von wenigen Rahmenvorgaben abgesehen – außerhalb der deutschen gesetzlichen Regelung bewegen. Dies erklärt, warum die Verweisungsnorm abgesehen von der Tatsache der Verweisung keinerlei eigenständige Vorgaben für die Rechnungslegung nach ausländischen Standards macht[404]. Die salvatorischen Versuche, die in der wechselseitigen Abgrenzung von normergänzenden und -konkretisierenden Verweisungen liegen[405], können daher vorliegend nicht zum Tragen kommen.

Zunächst ist fraglich, ob der Gesetzgeber die hier zur Diskussion stehende Materie selbst zu regeln hat und daher eine Verweisung der vorliegenden Art nicht bereits an den Vorgaben der Wesentlichkeitslehre scheitern muß. Zwar ermöglicht die Vorschrift eine Verschonung von der Belastung des § 290 HGB, so daß fraglich erscheint, ob von § 292a Abs. 2 Nr. 2 lit. a HGB ein die Anforderungen der Wesentlichkeitslehre auslösender Grundrechtseingriff ausgeht[406]. Aber es erscheint zu kurz gegriffen, auf die bloße Normierung der Befreiungsvorschrift abzustellen, da diese nur eine selbständige Pflichten auferlegende Verhaltensalternative zu einer anderen gesetzlichen Pflicht ist, deren Erfüllung dem Gesetzesadressaten ein bestimmtes Verhalten abverlangt. Wären beide Alternativen zum gleichen Zeitpunkt eingeführt worden, bestünde an ihrer gleichermaßen belastenden Wirkung keinerlei Zweifel. Hieran vermag die sukzessive Normierung beider Verhaltensalternativen nichts zu ändern[407]. Mit der Norm wird der staatliche Regulierungsanspruch nicht aufgehoben; sie zeigt vielmehr eine alternative Erfüllungsmöglichkeit einer bestehenden Pflicht auf[408].

---

[403] So aber *M. Heintzen*, BB 1999, S. 1050 ff. (1051 f.).
[404] *P. Hommelhoff*, FS Odersky, S. 779 ff. (784).
[405] Siehe S. 545 f.
[406] Dagegen *M. Heintzen*, BB 1999, S. 1050 ff. (1052 f.).
[407] *P. Kirchhof*, ZGR 2000, S. 681 ff. (682 f.).
[408] *J. Hellermann*, NZG 2000, S. 1097 ff. (1101).

Legt man die Anforderungen der Wesentlichkeitsrechtsprechung zugrunde, so ist offensichtlich, daß der Gesetzgeber keineswegs gezwungen sein kann, jede Einzelheit der Rechnungslegungstechnik selbst zu normieren. Während jedoch der Konzernabschluß nach geltendem Handelsrecht der Dokumentation, der Rechenschaft, der Kapitalerhaltung qua Information und der Kompensation dient[409], sind für die alternativ von den Pflichtigen zu wählenden internationalen Rechnungslegungsstandards solche Leitlinien nicht erkennbar, jedenfalls aber nicht durch den deutschen Gesetzgeber vorgegeben. Vergegenwärtigt man sich die zentrale Relevanz transparenter Konzernabschlüsse für den Kapitalmarkt und auch für Gläubiger der betroffenen Unternehmen, so kann zumindest die Grundausrichtung und Zwecksetzung eines Konzernbilanzrechts schwerlich als »unwesentlich« abgetan werden. Da der deutsche Gesetzgeber aufgrund des speziellen, in den internationalen Rechtsraum hinausreichenden Verweisungszusammenhangs von vornherein nicht in der Lage ist, hier entsprechende grundsätzliche Vorgaben zu machen oder die internationale Anerkennung von Standardisierungen prozedural zu verhindern, die seinen Vorstellungen und entsprechenden grundrechtlichen Vorgaben entgegenstehen, kommt schon unter dem Blickwinkel der Wesentlichkeitslehre des Bundesverfassungsgerichts eine derart inhaltlich offene dynamische Verweisung auf internationale Standardsetzung verfassungsrechtlich nicht in Frage.

Unabhängig von dem Umstand, daß der deutsche Gesetzgeber weder einen Einfluß auf die Zusammensetzung der normgebenden Gremien entfalten noch prozedurale Vorgaben für deren Normsetzungsverfahren erteilen kann, sind selbst für denjenigen die verfassungsrechtlichen Anforderungen nicht erfüllt, der dynamische Verweisungen für unbedenklich hält, wenn der Inhalt der sich fortentwickelnden Regelungen im wesentlichen feststeht[410]. Mangels der Möglichkeit inhaltlicher gesetzlicher Vorgaben oder auch nur wirksamer prozeduraler Vorgaben für den Standardsetzer läßt sich die Entwicklung der internationalen Standardisierungsregelungen kaum vorhersagen – zumal die zu schützenden Interessen von Anlegern und Arbeitnehmern in internationalen, privaten Gremien schwer zu organisieren und zu formulieren sein dürften, so daß im Zweifel deren Interessen im Vergleich zu den Diskretionsinteressen der Verpflichteten nicht immer gleich gewichtet werden. Insgesamt kann der Gesetzgeber auf die Entstehung dieser Normen keinen Einfluß nehmen und unterwirft damit den deutschen Gesetzesadressaten dem Setzer einer Bezugsnorm, der ihm gegenüber weder über demokratische noch über mitgliedschaftliche Legitimation verfügt.

Erhebliche verfassungsrechtliche Bedenken ergeben sich auch mit Blick auf die Bestimmtheit der Verweisungs- und damit der Gesamtnorm. Zwar geht der Ge-

---

[409] *P. Hommelhoff*, FS Odersky, S. 779 ff. (795 m.w.N.); s.a. *P. Kirchhof*, ZGR 2000, S. 681 ff. (684) zur Schutzbedürftigkeit von Anlegern, Gläubigern, Arbeitnehmern und des Staates; *S. Augsberg*, Rechtsetzung zwischen Staat und Gesellschaft, S. 38 ff., zu den Schutzzwecken des Kapitalmarktrechts.
[410] Siehe nur BVerfGE 47, 258 (312 ff.); 64, 208 (214); 78, 32 (36).

setzgeber von einer Anwendung von US-GAAP oder IAS aus[411]. Doch löst gerade die Offenheit der Verweisungsnorm verfassungsrechtliche Kritik aus. Der Gesetzgeber nimmt keine Stellung zu der Frage, ab welchem Zeitpunkt eine vielleicht neu aufgekommene Standardisierungspraxis diesen internationalen Anforderungen genügt. Dies bleibt der Beurteilung – und dem Risiko – des Verpflichteten überlassen. Damit ist die gesetzliche Verweisung aber viel zu unbestimmt für eine verläßliche Anwendung der Gesamtnorm, zumal in der Verweisungsnorm nicht einmal eine Quelle – geschweige denn eine »amtliche« – für die Bezugsnorm genannt ist.

Nicht zu verkennen ist das hierin liegende Dilemma des verweisenden Gesetzgebers, dem er nur durch Verzicht auf dieses Institut entkommen kann: Bedient er sich einer dynamischen Verweisung, die unmittelbar und explizit auf private Normen Bezug nimmt, gerät er in die dargelegten Schwierigkeiten mit den Vorgaben des Demokratieprinzips. Läßt er die Bezugsnorm offen, impliziert diese lediglich oder ermöglicht gar einen Wettbewerb um die »beste« Bezugsnorm, tritt reibt sich dies an den Vorgaben des Rechtsstaatsprinzips.

Der damit bereits ins Spiel gebrachte Gesichtspunkt der ordnungsgemäßen Publikation der Bezugs- und damit der Gesamtnorm führt zu einem weiteren Problem. Zwar können im Rahmen einer Verweisung für Bezugsnormen von den Publikationserfordernissen der Verweisungsnorm »nach unten« abweichende Veröffentlichungsformen hingenommen werden. Doch zum einen kommt schon aus Gründen der Authentizität weder eine private noch eine der deutschen Staatsgewalt gänzlich entzogene Publikation im Ausland in Betracht. Darüber hinaus liegen IAS und die US-GAAP – jedenfalls in ihren authentischen Fassungen – nur in englischer Sprache vor. Für die von den fraglichen Vorschriften unmittelbar betroffenen Rechnungsleger ist dies sicher kein Problem. Allerdings ist eine solchermaßen individualisierte Sichtweise nicht von entscheidender Bedeutung. Eine fremdsprachige Publikation kann die mit Art. 82 Abs. 1 GG verbundene typisierte und formalisierte Erwartung einer leichten Zugänglichkeit der Gesamtnorm nicht befriedigen[412]. Die Organe des Staates haben sich im Verkehr gegenüber dem Bürger – und damit auch bei der Gesetzgebung – der deutschen Sprache zu bedienen[413]. Dieses Problem könnte nur durch die Veröffentlichung der jeweils aktualisierten Fassung der in Frage kommenden Regelungswerke in amtlicher Übersetzung im Bundesanzeiger gelöst werden.

---

[411] Beschlußempfehlung und Bericht des Rechtsausschusses; BT-Drcks. 13/9909, S. 11; s.a. die Begründung des Regierungsentwurfs (BT-Drcks. 13/7141, S. 11). Demgegenüber verweist *M. Grund*, ZIP 1996, S. 1969 ff. (1969 (Fn. 9)) auf das »liberale Schweizer Recht«.

[412] Ähnlich *P. Hommelhoff*, FS Odersky, S. 779 ff. (788 f.), der auch auf die übrigen an der Rechnungslegung Interessierten außerhalb der betroffenen Unternehmen hinweist.

[413] *P. Kirchhof*, in: J. Isensee/ders., HdbStR Bd. I, § 18 Rn. 45 ff., der darauf hinweist, daß es zwar keine positiv-rechtliche Bestimmung einer Staatssprache auf Verfassungsebene gibt (siehe aber i.ü. § 184 GVG, § 23 Abs. 1 VwVfG), daß aber die Verfassungsregelungen in ihrer Gesamtheit von einer solchen Regelung ausgehen. Deutsch als »Staatssprache« ist Verfassungsvoraussetzung.

Im Ergebnis können die Erfordernisse der internationalen Einheitlichkeit und der Nachzeichnung einer dynamischen Entwicklung internationaler Standards nur durch das Medium des Völkerrechts, insbesondere des völkerrechtlichen Vertrags und der internationalen Organisation, oder aber durch eine deutsche, u.U. statisch verweisende Verordnungsgebung in auch verfassungsrechtlich akzeptabler Weise umgesetzt werden[414].

dd) Die Rechnungslegungsvorschriften nach § 342 HGB

Bei der Konstruktion von § 342 HGB handelt es sich weder um einen Fall der autonomen Rechtsetzungsbefugnis noch um einen Fall der »Beleihung«. Daß dieses Institut im Bereich der Normsetzung keinen Selbstand beanspruchen kann und daß daher die Feststellung, ob eine Beleihung mit Normsetzungsbefugnissen vorliegt oder nicht, auch nicht davon entbindet, einen Geltungsgrund für die Rechtsnorm zu ermitteln (v.a. Delegation oder Satzungsautonomie), wurde bereits dargelegt[415]. In Frage käme vor diesem Hintergrund höchstens die Annahme autonomer Normsetzungsbefugnisse, die aber – zumindest als rechtmäßig übertragene – aufgrund der fehlenden autonomen Betroffenengemeinschaft bzw. aufgrund des starken Drittbezugs der zu erlassenden Regelungen nicht angenommen werden können. Es handelt sich bei der vorliegenden Konstruktion vielmehr um einen Fall der Verweisung[416]. Im Rahmen von § 342 HGB hat der Gesetzgeber die bei der Verweisung stets relevante Publikationsproblematik durch dessen Abs. 2 und die hierin enthaltene Publikation als Bedingung für die Beleihung entschärft. Auch die in § 292a Abs. 2 Nr. 2 lit. a HGB noch virulente Bestimmtheitsproblematik steht in § 342 HGB nicht zur Diskussion, da die Bezugsnorm eindeutig ist und hier nicht womöglich künftig verschiedene Standards konkurrierender Regelsetzer gegeneinander ausgespielt werden können[417].

Das Gesetz erhebt die privaten Regeln für die Rechnungslegung zum Gegenstand einer gesetzlichen Vermutung[418]. Die Einhaltung der die Konzernrechnungslegung betreffenden Grundsätze ordnungsmäßiger Buchführung (GoB) wird vermutet, soweit vom Bundesministerium der Justiz (BMJ) bekannt gemachte Empfehlungen der anerkannten Einrichtung beachtet worden sind. Anders als im Fall der Verweisung durch § 292a Abs. 2 Nr. 2 lit. a HGB verfügen staatliche Akteure indes auch weiterhin über vertraglich begründete Einfluß-

---

[414] Hierzu *P. Kirchhof*, ZGR 2000, S. 681 ff. (691 f.).
[415] Siehe S. 572 ff.
[416] Ob hier eine Kompetenz zur Konkretisierung normativer Vorgaben vorliegt (so *J. Hellermann*, NZG 2000, S. 1097 ff. (1099); *K.-H. Ladeur*, DÖV 2000, S. 217 ff. (221 f.)), spielt hingegen keine entscheidende verfassungsrechtliche Rolle, da der Anspruch der privaten Normsetzung bzw. die Erwartungshaltung der staatlichen Seite an diese unerheblich ist, sondern vielmehr die Art und Weise ihrer Rezeption durch die Rechtsordnung entscheidet.
[417] Zu den Vor- und Nachteilen konkurrierender privater Regelsetzung *S. Augsberg*, Rechtsetzung zwischen Staat und Gesellschaft, S. 69 f.
[418] Hierzu genauer *E. Ebert*, Private Normsetzung für die Rechnungslegung, S. 83 f.; s.a. *S. Augsberg*, Rechtsetzung zwischen Staat und Gesellschaft, S. 191 ff.

möglichkeiten auf den privaten Standardsetzer. Allerdings scheinen sich auch in dem Regelungskontext des § 342 HGB ähnliche Probleme wie bei der gesetzlichen Verweisung von § 292a Abs. 2 Nr. 2 lit. a HGB zu ergeben. Der Gesetzgeber stattet einen privaten Regelsetzer mit der Kompetenz zur Setzung von Normen aus, die dann staatlicherseits »veröffentlicht« und hierdurch mit bestimmten Rechtsfolgen ausgestattet werden, deren Regelungscharakter nicht dadurch beeinträchtigt wird, daß den Regeln nur die Rolle einer widerleglichen Vermutung zukommt.

Indessen unterscheidet sich der Fall des § 342 HGB von dem des § 292a Abs. 2 Nr. 2 lit. a HGB in entscheidenden Punkten: Zunächst ermöglicht (und verlangt) die Veröffentlichung der entstehenden Regeln durch das BMJ diesem eine an den Erfordernissen des Gemeinwohls orientierte Kontrolle der fraglichen Regeln ab, da das Gesetz eine automatische Veröffentlichung gerade nicht vorsieht. Gegebenenfalls muß das BMJ die Veröffentlichung der Regeln verweigern. Dadurch handelt es sich bei § 342 Abs. 2 HGB auch nicht um eine dynamische, sondern um eine statische Verweisung, deren verfassungsrechtliche Unbedenklichkeit – wie dargelegt – von den prozeduralen Regeln für den Erlaß der Verweisungsnorm abhängt. Auf diese kann die staatliche Seite im Standardisierungsvertrag erheblichen Einfluß nehmen. Da die Zusammensetzung des privaten Rechungslegungsgremiums im Sinne der hier geforderten Homogenität und Sachkunde erfolgt und auch die Regeln für den Erlaß der Rechnungslegungsvorschriften den o.a. Anforderungen entsprechen, ist gegen die Verweisung in § 342 Abs. 2 HGB aus verfassungsrechtlicher Sicht nichts einzuwenden.

§ 8 Untergesetzliche Normsetzungs- und Normenverträge

Verpflichtungsverträge, die sich auf die staatliche Rechtsetzungstätigkeit beziehen, werden als Normsetzungsverträge bezeichnet[1]. Sie binden nur die an ihrem Abschluß Beteiligten. Der Normenvertrag geht demgegenüber weiter, indem er nicht (nur) den Vertragspartnern, sondern auch Dritten Pflichten auferlegt oder Rechte zubilligt[2]. Der Normenvertrag stellt nicht nur eine Vorstufe zum Erlaß einer Rechtsnorm (bzw. zu dem Entschluß, eine Rechtsnorm nicht zu erlassen) dar, sondern er tritt an deren Stelle und bildet ihre Wirkung nach. Normsetzungsvertrag und Normenvertrag sind zwar analytisch insoweit voneinander zu unterscheiden, daß nur in dem zweiten Fall Vertrag und Normsetzungsakt ineinander aufgehen. Aber auch der gemeinsamen Normsetzung liegt ein Vertrag zwischen der staatlichen und der privaten Seite zugrunde, die die Normsetzungskompetenzen der erstgenannten bindet.

Im Sozialversicherungsrecht[3] werden Verträge mit abstrakt-generellen, auch Dritte bindenden Regelungen als Normsetzungs-[4] oder Kollektivverträge[5] bezeichnet. Angesichts des Umstandes, daß die hier in Frage stehenden Verträge den staatlichen Vertragspartner nicht zu Aufhebung, Erlaß oder Änderung einer Rechtsnorm verpflichten, sondern bereits die Rechtsnorm selbst darstellen, scheint die Bezeichnung dieses Vertragstypus als Normenvertrag sinnvoller, da der Begriff des Normsetzungsvertrags von Rechtsprechung und Schrifttum für solche Verträge belegt ist, die sich auf Erlaß oder Nichterlaß einer Rechtsnorm beziehen, die dann ihrerseits erst in einem zweiten Schritt erfolgt.

In der Folge seien zunächst die bekanntesten Beispielsfälle für Normen- und Normsetzungsverträge vorgestellt.

---

[1] Zu den Begrifflichkeiten siehe S. 686 ff. S.a. *E. Gurlit*, Verwaltungsvertrag und Gesetz, S. 32 ff.; *C. Schimpf*, Der verwaltungsrechtliche Vertrag unter besonderer Berücksichtigung seiner Rechtswidrigkeit, S. 82 ff.; *V. Schlette*, Die Verwaltung als Vertragspartner, S. 206 ff.; *W. Spannowsky*, Grenzen des Verwaltungshandelns durch Verträge und Absprachen, S. 148 ff. jew. m.w.N.

[2] In der Folge wird in vollem Bewußtsein der mangelnden begrifflichen Präzision dieses Ausdrucks von *normbezogenen Verträgen* die Rede sein, wenn Normen- und Normsetzungsverträge gleichermaßen gemeint sind; anders *L. Michael*, Rechtsetzende Gewalt im kooperierenden Verfassungsstaat, S. 37 ff., der in solchen Fällen von normativen (im Gegensatz zu normvollziehenden) Absprachen schreibt.

[3] Hierzu etwa *P. Axer*, Normsetzung der Exekutive in der Sozialversicherung, S. 60 ff.

[4] BSGE 70, 240 (244); *I. Ebsen*, in: B. Schulin, HdbSozVersR Bd. 1, § 7 Rn. 110 f.; *V. Neumann*, in: B. Schulin, HdbSozVersR Bd. 4, § 21 Rn. 81 ff.

I. Die Bauplanungsabrede als dogmatisches Leitbild des Normsetzungsvertrags

Auch wenn prinzipielle Zulässigkeit und inhaltliche Grenzen verwaltungsrechtlicher Normsetzungsverträge außerhalb des schon oft von Wissenschaft und Rechtsprechung durchdrungenen Bereichs des Bauplanungsrechts keineswegs grundsätzlich geklärt sind, so ist doch die Auseinandersetzung über vertragliche Bindungen der untergesetzlichen Normsetzung bislang deutlich lebhafter und differenzierter entwickelt als die Überlegungen zu analogen verfassungsrechtlichen Problemen. Der untergesetzliche Normsetzungsvertrag hat wesentliche Beachtung in dem Bereich des Bauplanungsrechts in Gestalt der sog. Bauplanungsabreden erlangt. Hier haben sich Dogmatik und Rechtsprechung – nicht zuletzt auch unter dem Eindruck jüngster gesetzgeberischer Entwicklungen – auf einen Umgang mit dem untergesetzlichen Normsetzungsvertrag verständigt, der im folgenden kritischer Analyse zu unterziehen ist, um vor diesem Hintergrund erwägen zu können, inwieweit die in diesem spezifischen Bereich des besonderen Verwaltungsrechts entwickelten Grundsätze für den Normsetzungsvertrag im allgemeinen fruchtbar zu machen sind.

1. Der öffentlich-rechtliche Vertrag im Städtebaurecht

Für die Entwicklung der Dogmatik des verwaltungsrechtlichen Normsetzungsvertrags kommt dem Städtebaurecht eine zentrale Funktion zu[6]. In diesem Rechtsgebiet hat sich der städtebauliche Vertrag als geeignetes und effektives – wenn auch im Einzelfall hinsichtlich der Zulässigkeit umstrittenes – Instrument der Zusammenarbeit zwischen Trägern der öffentlichen Verwaltung und Privaten entwickelt[7]. Es ist empirisch erwiesen, daß die weitaus meisten der zwischen Staat und Privaten abgeschlossenen Verträge diesem Rechtsgebiet zuzurechnen sind[8]. Die besondere Ausprägung konsensualer Steuerungsinstrumente gerade in der Praxis des Städtebaurechts kann nicht überraschen. Weil diese Materie in spezifischer Weise einen hoheitlichen Rahmen für die Entfaltung privater Initiative abgibt, schaffen die materiellen städtebaulichen Normen einen »Korridor qualifizierter öffentlicher Interessen gegenüber dem weiten und entscheidenden Feld privater Initiativen«[9]. Dabei ist für die städtebauliche Entwicklung von zentraler Bedeutung, daß erneuernde Anstöße in der Praxis selten von einer planenden In-

---

[5] BSGE 81, 54 (64); *W. Funk*, in: B. Schulin, HdbSozVersR Bd. 1, § 32 Rn. 14.
[6] *E. Schmidt-Aßmann/W. Krebs*, Rechtsfragen städtebaulicher Verträge, S. 111 ff.; *W. Krebs*, DÖV 1989, S. 969 ff.; *W. Spannowsky*, Grenzen des Verwaltungshandelns durch Verträge und Absprachen, S. 352 ff.; gedrängter Überblick auch bei *V. Schlette*, Die Verwaltung als Vertragspartner, S. 265 ff.
[7] *H.J. Bonk*, in: P. Stelkens/ders./M. Sachs, Verwaltungsverfahrensgesetz, § 54 Rn. 134.
[8] *H. Maurer/B. Bartscher*, Die Praxis des Verwaltungsvertrags im Spiegel der Rechtsprechung, S. 49 ff., 198 ff.
[9] *M. Krautzberger*, in: W. Ernst/W. Zinkahn/W. Bielenberg/ders., Baugesetzbuch, § 11 Rn. 2.

I. Die Bauplanungsabrede als dogmatisches Leitbild des Normsetzungsvertrags

stanz ausgehen, sondern als Reflex auf private Initiativen und tatsächliche Entwicklungen im Gemeindebereich erfolgen. In der modernen[10] Rechtspraxis wird daher die städtebauliche Ordnung, Entwicklung und Gestaltung von Städten und Gemeinden – unbeschadet der Aufgaben einer planenden oder ordnenden Verwaltung – als ein von öffentlicher Hand oder privatem Sektor gemeinsam zu gestaltender Gemeinwohlauftrag verstanden[11]. Diese Gestaltung bedarf zwar der steuernden Instrumente des Plans und der Norm, da die flächenbezogene Entwicklung eines zu beplanenden Gebiets nicht durch eine Vielzahl von Einzelakten gestaltet werden kann. Gerade wegen der flächenbezogenen Breitenwirkung der Bauleitplanung besteht aber nicht selten bei privaten Betroffenen (v.a. Grundstückseigentümer) ein erhebliches Interesse an einer möglichst intensiven und an den individuellen Interessen ausgerichteten Einwirkung auf diesen Steuerungsvorgang. Planungs- und Investitionssicherheit, ein erhoffter Zeitgewinn, die Möglichkeit der Mitgestaltung der Bauleitplanung und u.U. auch die Aussicht einer durch Überplanung verursachten Wertsteigerung seiner Grundstücke motivieren den Privaten zur Unterstützung der Verwaltung, wenn nicht gar zur partiellen Kostenübernahme[12]. Auf Seiten der Gemeinde besteht konkretes Interesse an der Mitwirkung Privater v.a. deswegen, weil die Ausweisung neuer Baugebiete mit erheblichen finanziellen Belastungen (z.B. für deren Erschließung) verbunden ist und zugleich große technische und organisatorische Kompetenz einfordert. Dies motiviert die Gemeinde, sich zur Entlastung des eigenen Verwaltungsapparats private Kompetenz zunutze zu machen und die entstehenden Kosten ganz oder partiell auf einen an der Planung interessierten Privaten abzuwälzen. Die Rechtsprechung hat dieses Kooperationsbedürfnis in dem Bereich des Bauplanungsrechts als notwendige Grundlage für die Verwirklichung städtebaulicher Vorhaben der Planungsträger anerkannt[13], ohne aber mit dieser Anerkennung zugleich der Kooperation zwischen Planungsträgern und Privaten eine Generalabsolution zu erteilen. Vor diesem Hintergrund wird deutlich, warum nicht bloß der Verwaltungsvertrag in seiner verbreiteten Form des einzelaktsetzenden Vertrags, sondern auch der vorliegend im Mittelpunkt der Überlegungen stehende Normsetzungsvertrag in diesem Rechtsgebiet den sachlichen Schwerpunkt der Auseinandersetzungen über seine Zulässigkeit findet, auch wenn die Normsetzungsverträge im Vergleich zu den einzelaktsetzenden Verträgen sogar hier nur eine untergeordnete Rolle spielen.

---

[10] Zu der städtebaulichen Entwicklung von einer hoheitlichen Lenkungs- zu einer kondominialen Verbundaufgabe von Staat (Gemeinden) und Privaten siehe *R. Stich*, DVBl. 1997, S. 317 ff. (317).
[11] Zum Kooperationsprinzip im Städtebaurecht: *W. Kahl*, DÖV 2000, S. 793 ff.; *M. Krautzberger*, in: W. Ernst/W. Zinkahn/W. Bielenberg/ders., Baugesetzbuch, § 11 Rn. 20; *R. Stich*, ZfBR 1999, S. 304 ff.
[12] *V. Schlette*, Die Verwaltung als Vertragspartner, S. 266.
[13] BGHZ 71, 386 (393); BVerwGE 45, 309 (317).

2. Die gesetzliche Entwicklung des städtebaulichen Vertrags

Im Gegensatz zu anderen Rechtsgebieten, in denen der Gesetzgeber sich bei der Normierung von Vertragsvorschriften in Zurückhaltung übt und die deswegen eine Vertragspraxis nur anhand der §§ 54 ff. VwVfG entwickeln können, hat der Gesetzgeber im Bereich des Städtebaurechts die Tendenz zu kooperativer Planung und Planverwirklichung unterstützt, indem er in einer Vielzahl von bauplanungsrechtlichen Vorschriften die Option vertraglicher Regelung eingeräumt hat. Der derzeitige Zustand des städtebaulichen Vertragsrechts hat sich im wesentlichen in drei Abschnitten entwickelt[14].

Diese erste ausdrückliche Regelung zu einem Teilaspekt der städtebaulichen Verträge war mit der Zusammenführung von allgemeinem Städtebaurecht im BauGB und Sanierungs- und Entwicklungsrecht in § 124 BauGB 1986 aufgenommen worden. § 124 Abs. 1 BauGB 1986 legte fest, daß die Gemeinde zum Zwecke einer zügigeren Erschließung von Bauland die Erschließung durch Vertrag auf einen Dritten übertragen kann, wobei allerdings die Erschließungslast aus § 123 BauGB bei ihr verbleibt. In § 124 Abs. 2 BauGB wurde der Hinweis eingefügt, daß die Zulässigkeit anderer Verträge, insbesondere zur Durchführung von städtebaulichen Planungen und Maßnahmen, unberuhrt bleibt. Aufgrund dogmatischer Überlegungen (Einengung einer schwer absehbaren Entwicklung durch gesetzliches Korsett; Gefahr einer Disharmonie mit den Vertragsregelungen des allgemeinen Verwaltungsverfahrensrechts; Schwierigkeiten, bei der Formulierung einer Generalnorm die städtebauliche Gestaltungsvielfalt zu erfassen) hatte der Gesetzgeber vor dem Hintergrund von Beschlußempfehlung und Bericht des Ausschusses für Raumordnung, Bauwesen und Städtebau[15] auf den Versuch einer umfassenden Regelung städtebaulicher Verträge verzichtet und sich statt dessen für einen bloßen Hinweis auf deren Existenz entschieden. An sich wäre auch diese Vorschrift angesichts des Standes des allgemeinen Verwaltungsverfahrensrechts schon überflüssig gewesen. Doch hatte sie eine verwaltungspsychologische Aufgabe zu erfüllen, indem sie diejenigen Hemmnisse ausräumen sollte, die bei Verwaltungsträgern gegen vertragliche Regelungen mit Privaten bei der Erfüllung von Verwaltungsaufgaben immer noch bestanden. Die Bedeutung von § 124 Abs. 2 BauGB 1986 lag darin, daß der Gesetzgeber mit dieser Vorschrift verdeutlichte, daß städtebauliches Handeln nicht allein auf ein hoheitliches Instrumentarium fixiert sein mußte, sondern daß durchaus auch kooperative Formen zum rechtmäßigen Instrumentarium der staatlichen Akteure gehören konnten[16]. Die Klärung der Vielzahl offener Fragen in fachlicher, rechtlicher und

---

[14] Übersichten hierzu bei *H.J. Bonk*, in: P. Stelkens/ders./M. Sachs, Verwaltungsverfahrensgesetz, § 54 Rn. 134 ff.; *W. Kahl*, DÖV 2000, S. 793 ff.; *W. Krebs*, DÖV 1989, S. 969 ff. (970 ff.); *R. Stich*, DVBl. 1997, S. 317 ff.; s.a. *H.-J. Birk*, Die städtebaulichen Verträge nach BauGB 98; *E. Schmidt-Aßmann/W. Krebs*, Rechtsfragen städtebaulicher Verträge.

[15] BT-Drcks. 16/6166, S. 148 f., 158.

[16] *H.J. Bonk*, in: P. Stelkens/ders./M. Sachs, Verwaltungsverfahrensgesetz, § 54 Rn. 135 m.w.N.

rechtspolitischer Hinsicht, die den städtebaulichen Vertrag jedenfalls zu diesem Zeitpunkt noch umgaben, sollte indes der städtebaulichen Praxis und der Rechtsprechung überlassen bleiben.

Durch Erlaß von § 6 Abs. 1 BauGB-MaßnG[17] ist das Instrument des städtebaulichen Vertrags – zunächst befristet bis zum Ende des Jahres 1997 – ausgebaut und stärker ausdifferenziert worden. Hier wurde erstmals[18] eine Norm geschaffen, die den Vertrag nicht nur ausdrücklich benannte, sondern auch den Versuch unternahm, die bislang in der Praxis entstandenen Vertragstypen zu systematisieren und dabei auch einige Rechtmäßigkeitsvoraussetzungen für ihre Nutzung aufzustellen. Darüber hinaus wurde durch § 7 BauGB-MaßnG mit dem »Vorhabenträgervertrag« ein für die alten Bundesländer[19] neuartiger Vertragstyp eingeführt. § 6 Abs. 1 BauGB-MaßnG legte fest, daß eine Gemeinde einem Dritten durch Vertrag die Vorbereitung und Durchführung städtebaulicher Maßnahmen nach dem Baugesetzbuch oder BauGB-MaßnG übertragen oder über diese Fragen andere Vereinbarungen treffen kann (sog. Bauplanungsverträge).

Als Gegenstand eines städtebaulichen Vertrags nennt das Gesetz weiterhin insbesondere die privatrechtliche Neuordnung der Grundstücksverhältnisse, die Bodensanierung und Freilegung von Grundstücken, sonstige Maßnahmen, die notwendig sind, damit Baumaßnahmen durchgeführt werden können, und die Ausarbeitung der erforderlichen städtebaulichen Planungen (sog. Baureifmachungsverträge). § 6 Abs. 2 BauGB-MaßnG schrieb vor, daß vertragliche Vereinbarungen im Zusammenhang mit Bauleitplanverfahren oder sonstigen städtebaulichen Satzungsverfahren insbesondere getroffen werden können, um die mit der Bauleitplanung oder Satzung unter Beachtung des § 1 BauGB verfolgten Ziele und Zwecke vorzubereiten oder zu sichern (sog. Baurealisierungsverträge).

Für den vorliegenden Zusammenhang von Bedeutung ist die Aussage in § 6 Abs. 2 Satz 3 BauGB-MaßnG, daß § 2 Abs. 3 BauGB, nach dem auf die Aufstellung von Bauleitplänen und städtebaulichen Satzungen kein Anspruch besteht, unberührt bleibt. Durch § 6 Abs. 2 Satz 3 BauGB-MaßnG wurde diese Vorschrift noch insoweit ergänzt, daß ein Anspruch auf Aufstellung eines Bauleitplans oder einer sonstigen städtebaulichen Satzung auch durch Vertrag nicht begründet werden kann. In § 6 Abs. 5 BauGB-MaßnG trifft das Gesetz – ähnlich wie § 124 Abs. 2 BauGB a.F. – die wichtige Aussage, daß die vorausgegangenen Vorschriften die Zulässigkeit anderer städtebaulicher Verträge unberührt lassen.

Da es sich bei den innovativen Vorschriften des BauGB-MaßnG lediglich um solche mit zeitlich begrenzter Wirkung handelte, nahm der Gesetzgeber das Bau- und Raumordnungsgesetz von 1998[20] zum Anlaß, die vorangegangene, nicht transitorische Regelung des § 124 BauGB 1986, durch eine dauerhafte Regelung

---

[17] Art. 2 des Gesetzes zur Erleichterung von Investitionen und der Ausweisung und Bereitstellung von Wohnbauland von 1993 (BGBl. I 466).
[18] Die Regelung nimmt Anleihen bei § 54 BauZVO der ehemaligen DDR.
[19] In der ehemaligen DDR existierte auch für diese Vorschrift bereits seit 1990 mit § 55 BauZVO eine funktionsähnliche Regelung.
[20] Gesetz vom 18. August 1997, BGBl. I 2081.

des städtebaulichen Vertrags in § 11 BauGB zu ersetzen, die nunmehr neben den ebenfalls für den vorliegenden Fragenkreis relevanten Vorhaben- und Erschließungsplan nach § 7 BauGB-MaßnG/§ 12 BauGB[21] getreten ist[22]. Der Gesetzgeber hat hier die Praxis der vertraglichen Zusammenarbeit der Gemeinden mit privaten Bauherren und Investoren aufgegriffen und z.T. einer positiv-rechtlichen Regelung unterworfen[23] – neben einer ganzen Reihe von Sonderregelungen über Verträge oder zumindest über solche Rechtsgestaltungen, die Verträge im Regelfall voraussetzen[24].

Der Gesetzgeber vertrat im Zusammenhang mit dem Erlaß von § 11 BauGB die Ansicht, daß die Entwicklung städtebaulicher Verträge durch Literatur und Rechtsprechung nunmehr in ein Stadium der Konsolidierung eingetreten sei, in dem es legitime Aufgabe des Gesetzes sein müsse, die erarbeiteten Maßstäbe zu kodifizieren – nicht zuletzt, um den

---

[21] Es handelt sich bei dem Vorhaben- und Erschließungsplan um ein städtebauliches Ergänzungsinstrument, das als »Einzelfall-Bebauungsplan« neben die eigentliche Bauleitplanung tritt und in besonders intensiver Weise Private in die Vorbereitung der Normsetzung mit einbezieht. Der Durchführungsvertrag zwischen Gemeinde und Privaten ist Bedingung für den Satzungsbeschluß, der seinerseits die Grundlage für die bauplanerische Zulässigkeit des Vorhabens ist. Gegenüber einem Bebauungsplan zeichnet sich die Plansatzung durch ein beschleunigtes Aufstellungsverfahren, die Konzentration auf das Projekt eines einzelnen Vorhabenträgers, dessen Initiativrecht und dessen planerische Vorleistungen, die Entlastung der Gemeinde von Kosten für Planung und Erschließung und die Verpflichtung des Vorhabenträgers zur Planverwirklichung aus. Die formellen Beteiligungen, die planerische Abwägung nach § 1 Abs. 6 BauGB sowie der Erlaß des Bebauungsplans sind auch im Zusammenhang mit vorhabenbezogenen Bebauungsplänen ausschließlich der Gemeinde vorbehalten. Weder durch den vorgelegten Vorhaben- und Erschließungsplan, noch durch den mit der Gemeinde abgeschlossenen Durchführungsvertrag wird somit ein privates Planungsrecht geschaffen. Siehe *E. Gurlit*, Verwaltungsvertrag und Gesetz, S. 373 ff.; *V. Schlette*, Die Verwaltung als Vertragspartner, S. 269 ff.; *J. Pietzcker*, Der Vorhaben- und Erschließungsplan. Zur Gesetzgebungsgeschichte und für eine synoptische Gegenüberstellung der beiden Vorschriften siehe *M. Krautzberger*, in: W. Ernst/W. Zinkahn/W. Bielenberg/ders., Baugesetzbuch, § 12 Rn. 4 ff. Zum Regelungsgehalt der Vorgängervorschrift (§ 7 Abs. 1 Nr. 2 BauGB) *H.-J. Birk*, NVwZ 1995, S. 625 ff. Es ist nicht zu verkennen, daß insbesondere bei der Planung großer, wirtschaftlich relevanter Vorhaben der von dem Vorhaben- und Erschließungsplan ausgehende Verwirklichungsdruck auf den Satzungsgeber so groß wird, daß das Abwägungsergebnis einseitig verzerrt ist: *B. Stüer*, DVBl. 1992, S. 266 ff. (272). Einen Anspruch auf den Erlaß der Satzung hat der Investor aber nicht (§ 12 Abs. 2 i.V.m. § 2 Abs. 3 BauGB), wohl aber nach § 12 Abs. 2 BauGB einen Anspruch auf ermessensfehlerfreie Entscheidung der Gemeinde über die Einleitung des Bebauungsplanverfahrens. Im Falle einer rechtmäßigen Abweichung des Plans von den vereinbarten Vorgaben bleiben Ansprüche unter den Bedingungen des § 42 BauGB (*W. Spannowsky*, a.a.O., S. 387).

[22] Hierzu die ausf. Kommentierung bei *M. Krautzberger*, in: W. Ernst/W. Zinkahn/W. Bielenberg/ders., Baugesetzbuch, § 11; *O. Schlichter/R. Stich*, Berliner Schwerpunkte-Kommentar zum Baugesetzbuch 1998, § 11; s.a. *H.-J. Birk*, Die städtebaulichen Verträge nach BauGB 98; *W. Brohm*, JZ 2000, S. 321 ff.; *R. Stich*, DVBl. 1997, S. 317 ff.

[23] Einführender Überblick hierzu bei *W. Erbguth*, in: N. Achterberg/G. Püttner/T. Würtenberger, Besonderes Verwaltungsrecht I, Rn. 178 ff.; *E. Schmidt-Aßmann/W. Krebs*, Rechtsfragen städtebaulicher Verträge; *W. Spannowsky*, Grenzen des Verwaltungshandelns durch Verträge und Absprachen, S. 353 ff.; zu der gesetzlichen Entwicklung des städtebaulichen Vertrags siehe nur *M. Krautzberger*, in: W. Ernst/W. Zinkahn/W. Bielenberg/ders., Baugesetzbuch, § 11 Rn. 1 ff.

[24] *M. Krautzberger*, in: W. Ernst/W. Zinkahn/W. Bielenberg/ders., Baugesetzbuch, § 11 Rn. 2, 27 ff.

I. Die Bauplanungsabrede als dogmatisches Leitbild des Normsetzungsvertrags 581

Gemeinden einen zusätzlichen, vielleicht nur psychologischen Anreiz zu einer weiteren Ausdehnung kooperativen Handelns in dem Bereich des Bauplanungsrechts zu geben[25].

Zu diesem Zwecke wurde § 6 BauGB-MaßnG redaktionell verkürzt, materiell aber weitgehend unverändert in das BauGB übernommen[26]. Allerdings bestand bei Erlaß des Gesetzes Klarheit darüber, daß zentrale Aspekte des städtebaulichen Vertrags wegen der Vielgestaltigkeit der in der Praxis zu bewältigenden Problemlagen kaum konkreter als in § 11 BauGB geschehen normierbar sind. Daher warnte die Gesetzesbegründung unter Berufung auf eine eingesetzte Expertenkommission davor, jeweils neu auftauchende Problemlagen sofort im Gesetz neu zu erfassen zu suchen. Das bereits in § 6 BauGB-MaßnG verwirklichte mittlere Konkretisierungsniveau erschien dem Gesetzgeber demgegenüber vorzugswürdig. Die Frage, inwieweit vorhandene gesetzliche Regelungen einer ergänzenden oder substituierenden vertraglichen Regelung entgegenstehen, wurde damit auch durch diese neue, bereichsspezifische Vorschrift weitgehend offengehalten[27].

Während § 124 BauGB 1986 sich auf eine Regelung von Erschließungsverträgen beschränkte und im übrigen ausdrücklich keine Aussage über die Zulässigkeit anderer städtebaulicher Verträge traf, enthält § 11 BauGB nun eine ausdrückliche, generalklauselartige Ermächtigung der Gemeinde zum Abschluß städtebaulicher Verträge im allgemeinen, deren mögliche Gegenstände nur mit der Einleitung »insbesondere« im Gesetz aufgezählt werden.

Als mögliche Gegenstände eines solchen Vertrages werden »insbesondere« die Vorbereitung oder Durchführung städtebaulicher Maßnahmen durch den Vertragspartner auf eigene Kosten – wie etwa die Neuordnung der Grundstücksverhältnisse, die Bodensanierung und sonstige vorbereitende Maßnahmen, die Ausarbeitung der städtebaulichen Planungen, sowie erforderlichenfalls des Umweltberichts – genannt (Abs. 1 Nr. 1).

Diese Vorschrift ermöglicht somit eine partielle Verfahrensprivatisierung, bei der bestimmte Maßnahmen nicht mehr von der Gemeinde selbst erledigt werden müssen, sondern auf private Dritte übertragen werden können. Das Gesetz legt insofern allerdings ausdrücklichen Wert darauf, daß die Verantwortung der Gemeinde für das gesetzlich vorgesehene Planaufstellungsverfahren unberührt bleibt. Die hier genannten Vorbereitungs- und Durchführungsverträge dürfen auch wegen § 2 Abs. 3 BauGB nicht die Gestalt von Bauleitplanungsverträgen annehmen. In § 11 Abs. 2 und 3 BauGB werden für alle genannten Verträge aus dem Verwaltungsverfahrensgesetz bekannte, vor die Klammer gezogene Vorgaben für den Verwaltungsvertrag wie das Angemessenheitsgebot und das Koppelungsverbot (siehe § 56 Abs. 1 Satz 2 und Abs. 2 VwVfG) sowie das Förmlichkeitsgebot (§ 57 VwVfG) für den städtebaulichen Vertrag bestätigt. Soweit diese

---

[25] So die Begründung zum Gesetzentwurf der Bundesregierung (BT-Drcks. 13/6392, S. 50).
[26] Zu der Gesetzgebungsgeschichte und einer Synopse der beiden Regelungen siehe nur *M. Krautzberger*, in: W. Ernst/W. Zinkahn/W. Bielenberg/M. Krautzberger, Baugesetzbuch, § 11 Rn. 6 ff.
[27] Siehe hierzu auch die Gesetzesbegründung (BT-Drcks. 13/6392, S. 50).

Vorschriften inhaltsgleich zu denen des Verwaltungsverfahrensgesetzes sind oder von diesen abweichen, gehen sie als Sonderregelungen vor. Ansonsten gelten die §§ 54 ff. VwVfG lückenschließend und ergänzend[28].

Für den vorliegenden Zusammenhang kommt der Anordnung in § 11 Abs. 4 BauGB besondere Bedeutung zu, da hier festgelegt wird, daß durch die positivrechtliche Regelung des § 11 BauGB die Zulässigkeit anderer städtebaulicher Verträge unberührt bleibt. Diese Vorschrift ist die unmittelbare Konsequenz aus dem Regelungsanliegen des Gesetzgebers, der § 11 BauGB zwar zum einen als grundsätzlich positive und ermunternde Aussage über den städtebaulichen Vertrag, zum anderen aber auch nur als kodifikatorische Momentaufnahme in dessen Rechtsentwicklung auffaßte. Obschon der Gesetzgeber die durch die Rechtsprechung geklärten zulässigen vertraglichen Bindungsmöglichkeiten nicht verändern wollte, führt die Kodifizierung des städtebaulichen Vertrags in § 6 BauGB-MaßnG/§ 11 BauGB zu dessen erhöhter Akzeptanz bei Gemeinden und privaten Vorhabenträgern[29].

3. Die rechtliche Beurteilung von Bauplanungsabreden (unabhängig von § 2 Abs. 3 Hs. 2 BauGB)

Die grundsätzlich positive Einstellung des Gesetzgebers zum weiteren Ausbau kooperativer Steuerungsinstrumente im Bereich der Bauleitplanung steht unter dem Eindruck des in § 2 Abs. 3 BauGB (früher: § 2 Abs. 7 BauGB) gefaßten und seit dem Jahr 1998 auch in einem zusätzlichen Halbsatz ausdrücklich auf vertragliche Verpflichtungen bezogenen Grundsatzes, daß auf die Aufstellung von Bauleitplänen und anderen städtebaulichen Satzungen kein Anspruch besteht.

Vor dieser Ergänzung des BauGB war umstritten, ob aus der Formulierung, daß auf die Aufstellung von Bauleitplänen und städtebaulichen Satzungen kein Anspruch besteht, auch ein Verbot entsprechender vertraglicher Abreden abzuleiten war. Auf der einen Seite wurde die Ansicht vertreten, daß sich aus der Formulierung des Gesetzes zugleich ein gesetzliches Vertragsformverbot ableiten lasse[30]. Auf der anderen Seite war man der Ansicht, daß die Vorschrift in ihrer alten Fassung lediglich klarstelle, daß der in den Vorschriften des BauGB festgehaltenen grundsätzlichen Planungspflicht der Gemeinde nicht zugleich ein subjektiv-öffentliches Recht des Bürgers korrespondiere[31]. Diese Lesart des Gesetzes ist plausibel: § 2 Abs. 7 BauGB a.F. sollte verdeutlichen, daß § 2 Abs. 1 BauGB (bzw. heute: § 2 Abs. 3 Hs. 2 BauGB) kein einem subjektiv-öffentlichen Recht entsprechender Planungsanspruch zu entnehmen ist[32]. Die Formulierung schloß nur ein subjektiv-öffentliches Recht des einzelnen auf eine bestimmte Planungsentscheidung aus; die Begründung

---

[28] *H.J. Bonk*, in: P. Stelkens/ders./M. Sachs, Verwaltungsverfahrensgesetz, § 54 Rn. 136d, 138.
[29] *M. Krautzberger*, in: W. Ernst/W. Zinkahn/W. Bielenberg/ders., Baugesetzbuch, § 11 Rn. 4.
[30] *U. Luhmann*, BayVBl. 1974, S. 456 ff. (456 f.); *A. Simon*, BayVBl. 1974, S. 145 ff. (147).
[31] So *C. Degenhart*, BayVBl. 1979, S. 289 ff. (293); *W. Krebs*, VerwArch Bd. 72 (1981), S. 49 ff. (51 f.).
[32] *E. Schmidt-Aßmann/W. Krebs*, Rechtsfragen städtebaulicher Verträge, S. 89.

I. Die Bauplanungsabrede als dogmatisches Leitbild des Normsetzungsvertrags

eines hierauf gerichteten vertraglichen Anspruchs verwehrte sie hingegen nicht[33]. Daher – und weil bei Erlaß der wortgleichen Vorgängervorschrift (§ 2 Abs. 9 BBauG 1960) die Problematik der Normsetzungsverträge noch überhaupt nicht präsent war[34] – konnte diese Vorschrift ursprünglich auch keinen Hinweis auf die auf die Existenz eines abstrakten Verbots vertraglicher Planungsabreden geben. Diese Frage hat sich allerdings mit der gesetzlichen Ergänzung von § 2 Abs. 3 BauGB um besagten Halbsatz erledigt.

Die Formulierung von § 2 Abs. 3 Hs. 2 BauGB greift das zentrale Problem bei der Verknüpfung normativer Steuerungsinstrumente und vertraglicher Bindungen der Gemeinde auf, derer sich vor dieser Regelung des Gesetzgebers insbesondere Rechtsprechung und Wissenschaft im Zusammenhang mit der dogmatischen Diskussion um die Bauplanungsabreden angenommen hatten. Bei diesen handelt es sich um Verträge, mit denen sich eine Gemeinde (oder ein anderer Planungsträger) gegenüber einem privaten Vertragspartner zu Erlaß bzw. Nichterlaß oder zu Aufhebung, Ergänzung oder Änderung eines Bebauungsplans verpflichtet[35]. Dem privaten Vertragspartner geht es bei den Bauplanungsabreden darum, den Erlaß eines Bebauungsplans zu sichern, der eine investitionsgerechte Nutzung einer zu bebauenden Fläche ermöglicht. Um sich insoweit bereits vor Eintritt in die Phase konkreter Planung Rechtssicherheit zu verschaffen, besteht auf privater Seite das Bedürfnis, sich der Bebaubarkeit eines Grundstücks in einem bestimmten Sinne zu vergewissern, um kostenintensive Planungen nicht ins Leere laufen zu lassen. Des weiteren kann für Grundstücksbesitzer auch ein Interesse an der Beibehaltung des bauplanungsrechtlichen status quo bestehen. Er schließt dann einen unechten Normsetzungsvertrag mit der Gemeinde, wenn es etwa bestimmte ästhetische Lagevorteile des Grundstücks[36] (freie Sicht) oder den Schutz vor der Ansiedlung von Konkurrenz in der Nachbarschaft[37] zu gewährleisten gilt.

Die besondere Attraktivität, die Bauplanungsabreden eine Zeit lang in der städtebaulichen Praxis hatten, hängt mit der erläuterten Eigenschaft der städtebaulichen Entwicklung als einer Materie zusammen, die in einer Gemengelage zwischen staatlicher Planung und privater Verwirklichung anzusiedeln ist. Die Gemeinde entwickelt im Dialog mit privaten Investoren ihre städtebaulichen Vorstellungen, deren Realisierung im Plandurchführungsstadium weiterverfolgt werden muß. Planung und Plandurchführung sind nach der Systematik des Baugesetzbuches zwar getrennte Vorgänge, in der Verwaltungspraxis hingegen ist die erste von der zweiten Phase städtebaulicher Entwicklung nicht zu trennen, da

---

[33] *H.-J. Birk*, NJW 1977, S. 1797 ff. (1797); *C. Degenhart*, BayVBl. 1979, S. 289 ff. (293); *W. Krebs*, VerwArch Bd. 72 (1981), S. 49 ff. (51 f.); *H.-J. Papier*, JuS 1981, S. 498 ff. (501); *R. Stettner*, AöR Bd. 102 (1977), S. 544 ff. (558).
[34] *W. Karehnke*, Die rechtsgeschäftliche Bindung kommunaler Bauleitplanung, S. 54 f.
[35] *E. Gurlit*, Verwaltungsvertrag und Gesetz, S. 370 ff.; *V. Schlette*, Die Verwaltung als Vertragspartner*, S. 206 f.; *W. Spannowsky*, Grenzen des Verwaltungshandelns durch Verträge und Absprachen, S. 148 ff.
[36] VGH Kassel NVwZ 1985, S. 839 ff.; s.a. BVerwG BauR 1982, S. 30 ff.
[37] VGH Mannheim, ESVGH 28, 152.

viele städtebaulichen Anliegen ohne vorherige Fixierung von Folgezwecken nicht planbar sind[38]. Fragen der Planverwirklichung wirken bereits auf die Phase der Planung vor. Als rechtliches Bindeglied zwischen diesen beiden Phasen bietet sich die Planabrede an, zumal auch private Investoren ihrerseits – wie bei städtebaulichen Verträgen im allgemeinen – aus Gründen der Planungssicherheit ein Interesse an möglichst frühzeitigen und möglichst verbindlichen Aussagen des Planenden haben. Die Bauplanungsabrede kann auch Instrument zur Interessenangleichung bei der Beplanung von Gemengelagen sein, deren Interessenkonflikte planerisch nur bei vorgängiger allseitiger Einigung zu lösen sind. Angesichts dieser vielfältigen und insgesamt der städtebaulichen Entwicklung auf den ersten Blick ausgesprochen zuträglichen Anwendungsoptionen für Bauplanungsabreden scheint die gesetzgeberische Entscheidung in § 2 Abs. 3 Hs. 2 BauGB zunächst unverständlich.

Bauplanungsabreden waren in der städtebaulichen Praxis in abgestufter Verknüpfungsintensität und mit unterschiedlichen Gegenleistungen zu beobachten[39]. Es ist insofern zwischen Verträgen mit Verpflichtung zum Erlaß einer Norm (bzw. mit Planungsverpflichtung) einerseits und solchen mit bloßem Normsetzungsbezug (bzw. Planungsbezug) andererseits zu differenzieren[40]. Neben der synallagmatischen Verknüpfung von privater Leistung (z.B. Kostenübernahme) und kommunaler Planungsverpflichtung traten lockerere Verknüpfungen, in denen die Gemeinde nur Zusagen über Erwägungen trifft, die in die Abwägungsentscheidung bei Erlaß des Bebauungsplans eingestellt werden. Des weiteren war möglich, daß die von der Gemeinde erwartete Leistung ausdrücklich – zumindest in dem schriftlichen Vertrag – überhaupt nicht genannt wurde. Die Verpflichtung der Gemeinde, einen Bebauungsplan mit abgestimmtem Inhalt zu erlassen bzw. einen existierenden Plan in bestimmter Weise zu verändern oder zu erhalten, konnte in Grundstückskauf- oder -tauschverträgen enthalten sein, mit denen die Gemeinde selbst die Grundstücke an den kooperierenden Privaten verkauft und zugleich Zusagen über die künftige bauliche Nutzbarkeit der Grundstücke abgibt[41]. Denkbar war auch die Einbettung von Bauplanungsabreden in eine Erschließungsvereinbarung oder einen Folgekostenvertrag. Die Gemeinde schloß mit einem Privaten einen Vertrag ab, in dem dieser die Folgekosten eines Planungsprojekts übernimmt, soweit die Gemeinde diese nicht über kommunale Abgaben abwälzen kann. Der Private war bereit, die Folgekosten zu tragen, weil die kooperierende Gemeinde Erklärungen über die künftige Planung abgegeben hatte.

---

[38] *E. Schmidt-Aßmann/W. Krebs*, Rechtsfragen städtebaulicher Verträge, S. 82.
[39] *K.-P. Dolde/M. Uechtritz*, DVBl. 1987, S. 446 ff. (447 f.); *W. Karehnke*, Die rechtsgeschäftliche Bindung kommunaler Bauleitplanung, S. 10 ff.; *E. Schmidt-Aßmann/W. Krebs*, Rechtsfragen städtebaulicher Verträge, S. 84 f.
[40] So etwa bei *W. Karehnke*, Die rechtsgeschäftliche Bindung kommunaler Bauleitplanung, S. 11 ff.
[41] So etwa bei BGHZ 76, 16; BVerwG NJW 1980, S. 2538 ff.; hierzu *H.-J. Papier*, JuS 1981, S. 498 ff.

I. Die Bauplanungsabrede als dogmatisches Leitbild des Normsetzungsvertrags

a) Die grundsätzliche Nichtigkeit von Bauplanungsabreden

Die in § 2 Abs. 3 Hs. 2 BauGB zum Ausdruck gelangende Ablehnung von Bauplanungsabreden ist keine gesetzgeberische Innovation: Sie wurde vielmehr zunächst durch die Rechtsprechung entwickelt[42]. Zwei Gesichtspunkte lagen deren Beurteilung zugrunde. Zum einen wurde ins Feld geführt, daß sie eine unzulässige Vorabbindung der vom Normgeber vorzunehmenden Abwägung aller durch die Normsetzung betroffenen Belange verursachen. Zum anderen wurde darauf hingewiesen, daß die im Normsetzungsverfahren erforderlichen Auslegungs- und Anhörungsverfahren – die Beteiligungsrechte der Allgemeinheit und anderer Verwaltungsträger (§§ 3 f. BauGB) – durch eine vertragliche Vorabbindung des Normsetzers eine nicht unerhebliche Sinnentleerung erfahren.

Nicht ausdrücklich in diesem Zusammenhang gewürdigt wurde hingegen neben diesen beiden Aspekten der wichtige Umstand, der bereits für die Bindung parlamentarischer Normsetzungskompetenz betont worden war und der auch im Zusammenhang mit untergesetzlicher Normsetzung eine Rolle spielt: Der kontrahierende Normsetzer bindet nicht allein den aktuellen Akt der Normsetzung, sondern verpflichtet sich – zumindest im vertraglichen Innenverhältnis gegenüber dem privaten Vertragspartner und zumindest implizit – zur dauerhaften Beibehaltung der kontrahierten Norm.

aa) Vertragliche Bindung und Abwägungsgebot

Die Abwägung der für den konkreten Planungsfall erheblichen Belange (§ 1 Abs. 6 BauGB) bildet den eigentlichen Dreh- und Angelpunkt der planerischen Entscheidungsfindung[43]. Die in Art. 28 Abs. 2 GG verwurzelte planerische Gestaltungsfreiheit (Planungshoheit) der Gemeinde wird dadurch gewährleistet, daß der Gesetzgeber das Normsetzungsverfahren an den rechtsstaatlichen Anforderungen einer angemessenen Abwägung ausgerichtet hat[44]. Die Aufstellung von Bauleitplänen durch die Gemeinden ist Ausdruck der örtlichen Planungshoheit, die wiederum – verstanden als die Befugnis, für das eigene Gebiet die

---

[42] BVerwGE 22, 238; BGHZ 71, 386 (389); 76, 16 (22); BVerwG NJW 1980, S. 2538 f. (2539). Für die mögliche Zulässigkeit einer Ersatzbindung dann aber BVerwGE 42, 331; BGH NJW 1975, S. 1019 ff.; BGH UPR 1986, S. 176 ff.; BVerwGE 90, 310; s.a. *K.-P. Dolde/M. Uechtritz*, DVBl. 1987, S. 446 ff. (447, Fn. 3 m.w.N.). Eine neuere Entscheidungen bezogen sich allesamt auf Sachverhalte, auf die das Verwaltungsverfahrensgesetz noch keine Anwendung fand. In BVerwG DVBl. 1980, S. 686 ff. (688), läßt das Gericht ausdrücklich offen, ob die bis zu diesem Zeitpunkt entwickelte Rechtsprechung und das in ihr enthaltene Nichtigkeitsdogma auch unter den Geltung des VwVfG beizubehalten ist. Hierfür tritt die Literatur ein: *A. Blankenagel*, VerwArch Bd. 76 (1985), S. 276 ff. (292 ff.); *K.-P. Dolde/M. Uechtritz*, DVBl. 1987, S. 446 ff. (447 (Fn. 3)); *W. Krebs*, VerwArch Bd. 72 (1981), S. 49 ff. (50 ff.).

[43] Zu dem folgenden etwa *J. Dreier*, Die normative Steuerung der planerischen Abwägung, S. 41 ff.; *W. Erbguth*, in: N. Achterberg/G. Püttner/T. Würtenberger, Besonderes Verwaltungsrecht I, Rn. 146 ff.; *W. Hoppe/S. Grotefels*, Öffentliches Baurecht, § 7; *W. Krebs*, in: E. Schmidt-Aßmann, Besonderes Verwaltungsrecht, Rn. 103 f.; *W. Söfker*, in: W. Ernst/W. Zinkahn/W. Bielenberg/M. Krautzberger, Baugesetzbuch, § 1 Rn. 179 ff.

[44] BVerwGE DÖV 1981, S. 878 f. (879).

Grundlagen der Bodennutzung festzulegen[45] – als Gegenstand und Ausdruck der kommunalen Selbstverwaltungsgarantie anzusehen ist[46]. Die Zuweisung der Bauleitplanung als gestalterischer Prozeß in die eigene Verantwortung der Gemeinde durch § 2 Abs. 1 BauGB ist daher nur einfachgesetzliche Konsequenz verfassungsrechtlicher Vorgaben. Bei der Realisierung dieser Planungshoheit kommt dem Vorgang der Abwägung bzw. dessen möglichst geringfügiger Determinierung entscheidendes Gewicht zu. Die raumgestalterischen Vorstellungen der Gemeinde lassen sich nur dann mit den abwägungsrelevanten privaten und öffentlichen Belangen in einen möglichst optimalen Ausgleich bringen, wenn die bauplanerischen Anliegen der Gemeinde frei von externer Determination in den Abwägungsprozeß eingebracht werden können. Daher darf das Abwägungserfordernis nicht nur als Begrenzung der Planungshoheit aufgefaßt werden[47], sondern auch als deren Schutz, indem es den Planenden zu strukturiertem und rationalisiertem Vorgehen zwingt und auf diese Weise erst den vollen Umfang planerischer Gestaltungsfreiheit offenlegt. Die Abwägung ist als Ausdruck eines planerischen Gestaltungsspielraums zu verstehen, ohne den Planung nicht denkbar ist[48]. Der autonome Entscheidungsanteil des Planenenden, der seine Legitimationsgrundlage im konkreten Fall in der kommunalen Planungshoheit findet, manifestiert sich primär in der Abwägung, deren Vornahme und Ergebnis nur begrenzter gerichtlicher Überprüfung unterliegt. Planung ist nicht ohne Prognosen und Wertungen durchführbar und unterliegt als schöpferischer Akt nur begrenzter gesetzlicher Determination. Auf der anderen Seite legt die Grundrechtsrelevanz planerischer Entscheidungen aber auch nahe, daß Planung kein Akt sein kann, der auf der Grundlage eines rechtsungebundenen Dezisionismus erfolgt. Deswegen ist auch die planerische Abwägung als Balanceakt zwischen der in Art. 28 Abs. 2 GG verankerten Planungshoheit sowie den mit der Planung berührten grundrechtlichen Positionen durch § 1 Abs. 6 BauGB rechtlich gebunden. Die Anforderungen an den Vorgang planerischer Abwägung werden allerdings durch § 1 Abs. 6 BauGB nur knapp umrissen: Bei der Aufstellung der Bau-

---

[45] *E. Schmidt-Aßmann*, in: ders., Besonderes Verwaltungsrecht, Rn. 23.
[46] BVerfGE 56, 298 (310 ff.); 76, 107 (118); *W. Erbguth*, in: N. Achterberg/G. Püttner/T. Würtenberger, Besonderes Verwaltungsrecht I, Rn. 3; *W. Krebs*, in: E. Schmidt-Aßmann, Besonderes Verwaltungsrecht, Rn. 16 ff.; *W. Söfker*, in: W. Ernst/W. Zinkahn/W. Bielenberg/M. Krautzberger, Baugesetzbuch, § 1 Rn. 29; s.a. *B. Widera*, Zur verfassungsrechtlichen Gewährleistung gemeindlicher Planungshoheit.
[47] Betont z.B. bei *W. Hoppe/S. Grotefels*, Öffentliches Baurecht, § 7 Rn. 24. Zur Planungshoheit der Gemeinde allg.: BVerfGE 56, 298 (310 ff.); 76, 107 (118); BVerwGE 81, 95 (106) und 111 (116 ff.); 90, 96 (100); *H. Dreier*, in: ders., Grundgesetz Bd. II, Art. 28 Rn. 99, 130; *W. Krebs*, in: E. Schmidt-Aßmann, Besonderes Verwaltungsrecht, Rn. 16 ff.; *E. Schmidt-Aßmann*, ders., Besonderes Verwaltungsrecht, Rn. 23; *K. Stern*, Staatsrecht Bd. I, § 12 II 4 d b; *ders./J. Burmeister*, Die Verfassungsmäßigkeit eines landesrechtlichen Planungsgebots, S. 28.
[48] So schon BVerwG DVBl. 1969, S. 697; s.a. zur planerischen Abwägung und der damit einhergehenden begrenzten gerichtlichen Kontrolldichte *P. Badura*, FS BayVerfGH, S. 157 ff. (179 ff.); *F. Ossenbühl*, Verhandlungen des 50. DJT Bd. I, S. B 152; *E. Schmidt-Aßmann*, in: T. Maunz/G. Dürig u.a., Grundgesetz, Art. 19 Abs. 4 (Komm. von 1985) Rn. 208 ff.; *ders.*, in: W. Ernst/W. Zinkahn/W. Bielenberg/M. Krautzberger, Baugesetzbuch, § 1 Rn. 302 ff.

leitpläne sind die öffentlichen und die privaten Belange, die durch die Planung berührt werden, gegen- und untereinander gerecht abzuwägen.

Die Abwägung bildet den eigentlichen Kern des Planungsakts, auf den mit der vorangehenden Sammlung der abwägungserheblichen Belange nur hingearbeitet wird. Erst in der Abwägung kann die Planungsinstanz die vielfältigen, durch die Planung berührten öffentlichen und privaten Belange in einen möglichst schonenden Ausgleich bringen. Das Abwägungsgebot ist die zentrale Verpflichtung einer rechtsstaatlichen Anforderungen entsprechenden Planung und damit – unabhängig von einer gesetzlichen Positivierung – als unmittelbarer Ausfluß des Rechtsstaatsprinzips[49]. Seine Beachtung ist im Rahmen der speziellen Fehlerfolgeregelungen (§§ 214 Abs. 3, 215 Abs. 1 Nr. 2 BauGB) Wirksamkeitsvoraussetzung für den Bauleitplan. Anders als in dem Bereich klassischen Normvollzugs, der durch weitgehende gesetzliche Determinierung von Verwaltungsentscheidungen und damit durch konditionale Steuerung der – idealerweise durch Subsumption die Wertung des Gesetzgebers offenlegenden – Verwaltung ein Höchstmaß an Vorhersehbarkeit gewährleistet, wird der planenden Verwaltung ein höheres Maß an gestalterischer Freiheit gewährt.

Die auf der Grundlage des Spannungsverhältnisses planerischer Freiheit und rechtsstaatlicher Bindung entfaltete Abwägungsfehlerlehre[50], die Abwägungsvorgang und Abwägungsergebnis getrennter Betrachtung unterzieht, unterscheidet verschiedene Abwägungsfehler, von denen neben den hier nicht relevanten – Abwägungsdefizit, Abwägungsfehleinschätzung, Abwägungsdisproportionalität – der sog. Abwägungsausfall von Bedeutung ist. Dieser ist zu bemängeln, wenn eine sachgerechte Abwägung überhaupt nicht stattgefunden hat[51]. Er kann nur im Abwägungsvorgang, nicht aber im Abwägungsergebnis zu finden sein.

Die Abwägung erfolgt – nach der vorherigen Feststellung nicht überwindbarer Planungsleitsätze – in drei Stufen[52]: Auf der ersten Stufe trifft die Gemeinde eine Pflicht zur Erhebung und Analyse aller gegenwärtigen und zukünftigen privaten und öffentlichen Belange. Zu den privaten Belangen zählen grundrechtliche (z.B. Art. 14 Abs. 1, 12. Abs. 1, 2 Abs. 2 GG), aber auch einfachgesetzliche Rechtspositionen der von der Planung Betroffenen. Die öffentlichen Belange sind in §§ 1 Abs. 5, 1a und 2 Abs. 2 BauGB (hinsichtlich anderer betroffener Gemeinden) benannt. Hat sich die Gemeinde im Vorfeld des Bebauungsplan-Erlasses bereits in-

---

[49] *W. Hoppe*, in: J. Isensee/P. Kirchhof, HdbStR Bd. III, § 71 Rn. 96 m.w.N. in Fn. 333; *E. Schmidt-Aßmann*, in: W. Ernst/W. Zinkahn/W. Bielenberg/M. Krautzberger, Baugesetzbuch, § 1 Rn. 303.

[50] Hierzu grds. BVerwGE 34, 301 (309); 45, 309 (314 f.); 47, 144 (146); ansonsten statt vieler *W. Erbguth*, in: N. Achterberg/G. Püttner/T. Würtenberger, Besonderes Verwaltungsrecht I, Rn. 146 ff.; *W. Hoppe/S. Grotefels*, Öffentliches Baurecht, § 7 Rn. 94 ff.; *W. Söfker*, in: W. Ernst/W. Zinkahn/W. Bielenberg/M. Krautzberger, Baugesetzbuch, § 1 Rn. 179 ff.; *W. Krebs*, in: E. Schmidt-Aßmann, Besonderes Verwaltungsrecht, Rn. 106.

[51] Hierzu i.e. *W. Hoppe/S. Grotefels*, Öffentliches Baurecht, § 7 Rn. 134.

[52] *W. Erbguth*, in: N. Achterberg/G. Püttner/T. Würtenberger, Besonderes Verwaltungsrecht I, Rn. 156 ff.; *E. Schmidt-Aßmann*, in: T. Maunz/G. Dürig u.a., Grundgesetz, Art. 19 Abs. 4 (Komm. von 1985) Rn. 210 ff.

haltlich durch Vertrag gebunden, so besteht die Gefahr, daß unter dem Eindruck dieser als unentrinnbar erscheinenden rechtlichen Bindung gegen den Plan sprechende private oder öffentliche Belange von vornherein nicht mehr formuliert werden. Selbst wenn hier aber kein Fehler vorliegt, liegt es nahe, daß die Gemeinde alle übrigen Belange hinter ihrer rechtlichen Bindung hintan stellt.

Mit Übernahme einer vertraglichen Verpflichtung zur Plangestaltung nach Maßgabe vorab mit Privaten abgesprochener Vorstellungen drohen öffentliche und private Belange in eine schwer durchschaubare Gemengelage zu geraten. Die vertraglich begründeten privaten Rechte erlangen eine Vorrangstellung gegenüber den übrigen privaten und öffentlichen Rechten. Bei rechtlicher Verbindlichkeit (oder auch nur faktischer Berücksichtigung) der vertraglichen Normsetzungsverpflichtung ist die Berücksichtigung anderer öffentlicher oder privater Belange abgeschnitten, die sich bei freier Abwägung durchsetzen könnten oder – zur Vermeidung einer Abwägungsdisproportionalität – gar durchsetzen müßten.

Man mag die vertragliche Verpflichtung zur Aufstellung eines Bebauungsplans dann für zulässig halten, wenn sich das Planungsermessen der Gemeinde auf eine einzige Planungsmöglichkeit reduziert hat und die rechtsgeschäftlich übernommene Verpflichtung in vollem Umfang dieser gesetzlichen Planungspflicht korrespondiert, wobei allerdings zwischen der Pflicht zum Erlaß eines Bebauungsplans einerseits und der Pflicht zum Erlaß eines Plans bestimmten Inhalts andererseits differenziert werden muß, da die zwingende Erforderlichkeit einer Bauleitplanung nach § 1 Abs. 3 BauGB[53] im Gegensatz zu einer Verengung der Planungsoptionen auf einen bestimmten Inhalt durchaus denkbar ist[54]. Hier würde vertraglich versprochen, was ohnehin gesetzlich vorgegeben ist. Allerdings soll der Vertrag im nachhinein nichtig werden, wenn sich im Laufe der weiteren Planung neue Gesichtspunkte ergäben, die zu einer Erweiterung des Planungsermessens führten[55]. Aber schon die damit umschriebene Einschränkung der Wirksamkeit einer so konstruierten vertraglichen Bindung deutet auf deren Schwäche hin: Die zeitliche Differenz zwischen dem normativen Abwägungsvorgang und der Beurteilung der gemeindlichen Bindungsfähigkeit stellt eine erhebliche Schwächung des Vertrags dar. Ob tatsächlich eine Ermessensreduzierung für den Erlaß des Bebauungsplans vorliegt, kann nur auf der Grundlage aller planungsrelevanten Tatsachen beurteilt werden, die aber zum Zeitpunkt des Vertragsschlusses regelmäßig nicht bekannt sind und gerade erst durch das gesetzlich vorgeschriebene Planaufstellungsverfahren ermittelt werden sollen[56]. Versucht man diese manifeste Gefahr dadurch auszuräumen, daß man die Gültigkeit der Bauplanungsabrede praktisch unter die auflösende Bedingung stellt, daß nicht im Laufe des Verfahrens planungsrelevante, die Ermessensreduzierung wie-

---

[53] Hierzu BVerwGE 34, 301 (304); BVerwG DVBl. 1989, S. 369 ff. (369 f.); *W. Krebs*, in: E. Schmidt-Aßmann, Besonderes Verwaltungsrecht, Rn. 90; *W. Söfker*, in: W. Ernst/W. Zinkahn/W. Bielenberg/M. Krautzberger, Baugesetzbuch, § 1 Rn. 39.
[54] *H.-J. Birk*, NJW 1979, S. 1797 ff. (1799 f.).
[55] *H.-J. Birk*, NJW 1979, S. 1797 ff. (1800).
[56] *W. Karehnke*, Die rechtsgeschäftliche Bindung kommunaler Bauleitplanung, S. 80 ff.

I. Die Bauplanungsabrede als dogmatisches Leitbild des Normsetzungsvertrags

der erweiternde Tatsachen entdeckt werden, konterkariert man den Sinn vertraglicher Bindung.

Ein weiteres Argument kommt hinzu: Der Abschluß eines Vertrags gerät dort, wo die Gemeinde ohnehin zu einer Planung bestimmten Inhalts verpflichtet ist, in Konflikt mit der Vorschrift des § 59 Abs. 2 Nr. 4 VwVfG. Die Norm ist zwar nicht unmittelbar anwendbar, da der Private – auch bei entsprechender Ermessensverdichtung – keinen gesetzlichen Anspruch auf den Erlaß eines Bebauungsplans hat (§ 2 Abs. 3 Hs. 1 BauGB). Doch macht die Intention des Gesetzgebers bei Erlaß dieser Vorschrift – Schutz des rechtsunkundigen Bürgers und Verhinderung des Ausverkaufs von Hoheitsrechten[57] – ihre analoge Anwendung auch in Fällen wie den vorliegenden erforderlich[58]. Beide Gefahren bestehen dort in noch höherem Maße als ohnehin, wo dem Privaten nicht einmal ein subjektives Recht zusteht, um die Gemeinde gerichtlich zum Handeln zu zwingen. Hier wird sich der Private noch eher darauf einlassen (müssen), der Gemeinde einen bestimmten Bebauungsplan »abzukaufen«, wenn solche Verträge nicht verboten sind. Allerdings wird eine objektivrechtliche Verpflichtung der Gemeinde zu einer bestimmten Planung nicht häufig anzutreffen sein.

Auf der Grundlage dieser Argumentation stand § 1 Abs. 6 BauGB als die zentrale Vorschrift, die der Gemeinde die Pflicht zur Abwägung auferlegt, nach allgemeiner Ansicht schon vor Erlaß von § 2 Abs. 3 Hs. 2 BauGB der Wirksamkeit eines Vertrags auf Erlaß/Nichterlaß eines Bebauungsplans entgegen. Diese Rechtsfolge wurde auf zweierlei Weise begründet: Zum einen ist die Annahme eines Verstoßes gegen ein implizites Vertragformverbot nach § 54 Satz 1 VwVfG i.V.m. § 1 Abs. 6 BauGB denkbar[59]. Das Vertragsformverbot ist dann mit der bloßen Existenz der Rechtsetzungsermächtigung und den ihr inhärenten Abwägungsvorschriften zu begründen. Zum anderen ist es möglich, einen entsprechenden Vertrag wegen Verstoßes gegen das gesetzliche Abwägungsgebot nach § 59 Abs. 1 VwVfG i.V.m. § 134 BGB[60] i.V.m. § 1 Abs. 6 BauGB für nichtig zu halten. Der Unterschied zwischen den beiden Ansätzen zur Begründung der Rechtswidrigkeit liegt darin, daß bei Anwendung von § 54 Satz 1 VwVfG ein generelles Handlungsformverbot immer zur Rechtswidrigkeit des Vertrags führen müßte, während bei Anwendung von § 59 Abs. 1 VwVfG i.V.m. § 134 BGB die Nichtigkeit

---

[57] Siehe die Gesetzesbegründung, BT-Drcks. 7/910, S. 80 f.
[58] So auch *W. Karehnke*, Die rechtsgeschäftliche Bindung kommunaler Bauleitplanung, S. 84 ff. Ebenfalls für eine großzügige und nahezu alle Verwaltungsverträge abdeckende Anwendung dieser Vorschrift: *V. Schlette*, Die Verwaltung als Vertragspartner, S. 472 ff., 476. Hier manifestiert sich auf der Ebene der untergesetzlichen Normsetzung die für die Bindung parlamentarischer Gesetzgebung bereits ermittelte Grenze, daß der Staat dem Bürger für sein Tätigwerden nicht beliebige Gefälligkeiten abpressen darf; siehe S. 344 ff.
[59] BVerwG DVBl 1980, S. 686 ff.; BGHZ 76, 16 (21 f.).
[60] Die prinzipielle Anwendbarkeit dieser Vorschrift wird – abweichend von der Gesetzesbegründung (BT-Drcks. 7/910, S. 81) – heute nicht mehr bezweifelt: BVerwGE 89, 7 (10); *H.J. Bonk*, in: P. Stelkens/ders./M. Sachs, Verwaltungsverfahrensgesetz, § 59 Rn. 28; *H.-U. Erichsen*, in: H.-U. Erichsen, Allgemeines Verwaltungsrecht, § 26 Rn. 23 (Fn. 96); *Schimpf*, Der verwaltungsrechtliche Vertrag unter besonderer Berücksichtigung seiner Rechtswidrigkeit, S. 284 ff.; *E. Schmidt-Aßmann/W. Krebs*, Rechtsfragen städtebaulicher Verträge, S. 218 ff.; a.A. etwa *A. Blankenagel*, VerwArch Bd. 76 (1985), S. 276 ff. (282 ff.).

des Vertrags im Einzelfall zu prüfen ist. Aus Gründen der Gesetzessystematik ist der zweite Weg vorzugswürdig[61].

Nur selten hat die Frage ausdrückliche Erörterung gefunden, ob § 1 Abs. 6 BauGB überhaupt ein Verbotsgesetz i.S.v. § 134 BGB darstellt[62]. Ein solches Gesetz liegt auch in einem spezifisch öffentlichen-rechtlichen Zusammenhang nicht schon dann vor, wenn der Vertrag nicht mit allen formellen und materiellen Rechtsvorschriften übereinstimmt[63], sondern erst, wenn die verletzte Vorschrift ihrem Sinn und Zweck nach den Erfolg der vertraglichen Regelung und nicht nur die Modalitäten der Herbeiführung dieses Erfolgs mißbilligt.

Zudem muß im Einzelfall ein schutzwürdiges Interesse an der Einhaltung der Rechtsordnung bestehen, hinter dem die Wirksamkeit des Rechtsgeschäfts zurückzustehen hat[64]. Allerdings mißbilligt die Vorschrift nicht den vertraglichen Erfolg – die Aufstellung eines Bebauungsplans –, sondern wendet sich dagegen, daß mit der Abwägung ein – ganz zentraler – Verfahrensschritt durch das Eingehen einer vertraglichen Bindung präjudiziert wird[65]. Die enge Verbindung zwischen der Abwägung und dem Inhalt des dann erlassenen Bebauungsplans (als dem Ergebnis der Abwägung) führt allerdings dazu, daß der Verstoß gegen eine Vorschrift, die die Integrität der Abwägung sicherstellen soll, sich in dem Abwägungsergebnis abbildet, so daß auch der Verstoß gegen diese Vorschrift einen Verstoß gegen ein Verbotsgesetz i.S.v. § 134 BGB darstellt.

Doch nicht nur die Qualität des Abwägungsvorgangs wird durch vertragliche Vorwegbindungen beeinträchtigt, sondern auch der Schutzgehalt weiterer Verfahrensvorschriften, deren Einhaltung indes die Vollständigkeit der Abwägung befördern soll.

bb) Vertragliche Bindung und Verfahrensvorschriften

Die Entscheidung über Erlaß und Änderung eines Bebauungsplans wird durch das Gesetz in ein bestimmtes, zahlreiche Sicherungen und Beteiligte umfassendes Rechtsetzungsverfahren eingebettet. Die frühzeitige Beteiligung der Öffentlichkeit und anderer Verwaltungsträger soll die möglichst vollständige Erhebung aller planungsrelevanten Tatsachen gewährleisten und dient damit einer umfassenden Abwägung der durch die Planung berührten Belange. Neben das materiell-inhaltliche Gebot nach § 2 Abs. 2 BauGB, nach dem die Bauleitpläne benachbarter Gemeinden aufeinander abzustimmen sind, tritt das formelle Abstimmungsverfah-

---

[61] *H.J. Bonk*, in: P. Stelkens/ders./M. Sachs, Verwaltungsverfahrensgesetz, § 54 Rn. 141; *H.-J. Papier*, JuS 1981, S. 498 ff. (500 f.).

[62] Dies wird zumeist aber zugrundegelegt; siehe nur BVerwG DVBl. 1980, S. 686 ff. (688); OVG Lüneburg DVBl. 1978, S. 178 ff. (179); *W. Krebs*, VerwArch Bd. 72 (1981), S. 49 ff. (58); *H.-J. Papier*, JuS 1981, S. 498 ff. (501).

[63] Siehe die Gesetzesbegründung, BT-Drcks. 7/910, S. 81; s.a. *H.J. Bonk*, in: P. Stelkens/ders./M. Sachs, Verwaltungsverfahrensgesetz, § 59 Rn. 52; *H. Meyer*, in: ders./H. Borgs-Maciejewski, Verwaltungsverfahrensgesetz, § 59 Rn. 71; *F. Kopp/U. Ramsauer*, Verwaltungsverfahrensgesetz, § 59 Rn. 10.

[64] Diese in dem Bereich des Zivilrechts entwickelte Definition wird auch für den Verwaltungsvertrag als adäquat erachtet: *H.-U. Erichsen*, in: ders., Allgemeines Verwaltungsrecht, § 26 Rn. 24.

[65] *W. Karehnke*, Die rechtsgeschäftliche Bindung kommunaler Bauleitplanung, S. 75.

I. Die Bauplanungsabrede als dogmatisches Leitbild des Normsetzungsvertrags

ren nach § 4 BauGB, im Rahmen dessen die Gemeinde die Stellungnahmen der Behörden und sonstigen Träger öffentlicher Belange, deren Aufgabenbereich durch die Planung berührt wird, möglichst frühzeitig einzuholen hat.

Auch die Bürger der den Bebauungsplan aufstellenden Gemeinde sind nach § 3 Abs. 1 BauGB ebenso frühzeitig über die allgemeinen Ziele und Zwecke der Planung, sich wesentlich unterscheidende Lösungen, die für die Neugestaltung oder Entwicklung eines Gebiets in Betracht kommen, und die voraussichtlichen Auswirkungen der Planung öffentlich zu unterrichten; ihnen ist Gelegenheit zur Äußerung und Erörterung zu geben (vorgezogene Bürgerbeteiligung). Diese Form der Bürgerbeteiligung dient primär der Informationsbeschaffung durch die Gemeinde und der weiteren Zusammenstellung abwägungsrelevanter Belange. Da der Planinhalt zu diesem Zeitpunkt noch nicht verfestigt sein darf, um die Möglichkeit einer bürgerschaftlichen Einflußnahme nicht ins Leere laufen zu lassen, kann die Beteiligung der Bürger bereits vor dem Planaufstellungsbeschluß nach § 2 Abs. 1 BauGB einsetzen, sofern beschreibbare und erörterungsfähige Konzeptionen vorhanden sind[66]. Eine weitere Beteiligung der Bürger hat gem. § 3 Abs. 2 BauGB im Auslegungsverfahren zu erfolgen, wenn im Planaufstellungsverfahren das Stadium beschlußfähiger Entwürfe erreicht ist. In dieser Verfahrensphase sind die Bürger ausdrücklich aufgefordert, einen Beitrag zu der Planung zu leisten. Anregungen aus dem Kreis der Bürger sind dann von der Gemeinde zu überprüfen und das Ergebnis dieser Überprüfung ist den Bürgern mitzuteilen. Soweit ein Bauleitplan nach § 6 oder § 10 Abs. 2 BauGB der Genehmigung durch die höhere Verwaltungsbehörde bedarf, sind bei der Vorlage der Bauleitpläne die nicht berücksichtigten Anregungen mit einer Stellungnahme der Gemeinde beizufügen. Diese institutionellen Vorkehrungen dienen der Gemeinde zur Sammlung abwägungserheblicher privater Belange, obschon auch solche Belange, die im Rahmen der Bürgerbeteiligung nicht vorgebracht wurden, für den Abwägungsvorgang beachtlich sind, sofern sie sich nach den Umständen des Falls aufdrängen mußten[67].

Dieses System bürgerschaftlicher Beteiligung macht deutlich, welch große Bedeutung der Gesetzgeber privater Informationsverschaffung und Interessenvertretung im Vorfeld des Planungsbeschlusses beimißt. Der Planungsprozeß ist mit seinen Vorschriften über die frühzeitige Beteiligung privater Belange so strukturiert, daß diese auch effektiv und zu einem Zeitpunkt, zu dem sie nicht bereits auf festgelegte Planungsvorstellungen der Verwaltung treffen, in den Planungsprozeß eingeführt werden können und dort Wirksamkeit entfalten. Die Überführung von Ermittlung und Gewichtung der zentralen abwägungsrelevanten Gesichtspunkte von dem prinzipiell offenen Planungsprozeß in eine bipolare Verhandlungssituation zwischen Gemeinde und Investor beraubt die übrigen

---

[66] *W. Erbguth*, in: N. Achterberg / G. Püttner / T. Würtenberger, Besonderes Verwaltungsrecht I, Rn. 93.
[67] BVerwGE 59, 87 (103 f.); BVerwG BauR 1986, S. 59 ff. (60); s.a. *K.-D. Becker*, NJW 1980, S. 1036 f.

privaten Einflußmöglichkeiten ihres Ansatzpunktes. Die Möglichkeit einer sinnvollen Einflußnahme setzt die Offenheit des Prozesses voraus. Wenn aber die grundlegenden Entscheidungen im Rahmen einer Vertragsaushandlung bereits zwischen Gemeindeverwaltung und privaten Interessenten getroffen wurden und als die Gemeinde verpflichtend in den Planungsprozeß eingeführt werden, während die übrigen potentiellen Belange im Rahmen dieser Verhandlungen keine Artikulationschance haben, so werden durch Bauplanungsabreden die dargelegten Beteiligungsrechte an der Bauleitplanung entwertet.

Auch hier wurde zumeist davon ausgegangen, daß es sich bei den entsprechenden Vorschriften über die Beteiligung im Verfahren der Bauleitplanung um Verbotsgesetze i.S.v. § 59 Abs. 1 VwVfG i.V.m. § 134 BGB handelt, deren Verletzung zur Nichtigkeit der vertraglichen Verpflichtung führt[68][69]. Dies erscheint nur auf den ersten Blick fragwürdig, da die Beteiligungsvorschriften lediglich die Modalität der zu erbringenden Leistung (Aufstellung des Bebauungsplans ohne Beachtung der gesetzlichen Beteiligungsregeln) mißbilligen, ohne sich dabei auf den Vertragsinhalt selbst zu beziehen. Daher könnte man annehmen, sie seien zwar im Rahmen der für den Bebauungsplan spezifischen Fehlerfolgeregelungen beachtlich (§ 214 Abs. 1 Satz 1 Nr. 1 BauGB), führten aber nicht zu einer Nichtigkeit des auf die Bauleitplanung bezogenen Vertrags[70]. Allerdings muß nach dem bereits Dargelegten die erhebliche Bedeutung, die die Erschließung der abwägungserheblichen Belange für den Vorgang der Abwägung selbst hat, den Ausschlag geben. Vorschriften, die die Qualität der planerischen Abwägung zu sichern suchen, stellen ebenso wie die Verpflichtung zur Abwägung ein Verbotsgesetz dar, da im Abwägungsvorgang beides nicht voneinander zu trennen ist.

---

[68] Siehe z.B. *D. Birk*, NJW 1977, S. 1797 ff. (1798 f.); *C. Degenhart*, BayVBl. 1979, S. 289 ff. (295); *I. Ebsen*, JZ 1985, S. 57 ff. (58); *E. Gurlit*, Verwaltungsvertrag und Gesetzgebung, S. 370; *H.-J. Papier*, JuS 1981, S. 498 ff. (501); *A. Simon*, BayVBl. 1974, S. 145 ff. (147); *W. Spannowsky*, Grenzen des Verwaltungshandelns durch Verträge und Absprachen, S. 150 f.

[69] Zu den Anforderungen an die Gestalt eines Verbotsgesetzes etwa: *H.-U. Erichsen*, in: ders., Allgemeines Verwaltungsrecht, § 26 Rn. 23 ff.; *E. Gurlit*, Verwaltungsvertrag und Gesetzgebung, S. 409 ff.; *V. Schlette*, Die Verwaltung als Vertragspartner, S. 551 ff.; *W. Krebs*, VerwArch Bd. 72 (1981), S. 49 ff. (58 ff.); *W. Spannowsky*, Grenzen des Verwaltungshandelns durch Verträge und Absprachen, S. 305 ff. Allerdings ist man sich auch einig, daß aus den Regelungen des § 59 Abs. 2 VwVfG hervorgeht, daß nicht alle Verstöße gegen Vorrang und Vorbehalt des Gesetzes zu einer Nichtigkeit des Vertrags führen können; siehe BVerwGE 89, 7 (10); *H.-U. Erichsen*, in: ders., Allgemeines Verwaltungsrecht, § 26 Rn. 23; *W. Krebs*, VVDStRL Bd. 52 (1993), S. 248 ff. (267); *C. Schimpf*, Der verwaltungsrechtliche Vertrag unter besonderer Berücksichtigung seiner Rechtswidrigkeit, S. 286. Die als Verbotsvorschrift eingestufte Norm muß von besonderer Qualität, der Verstoß gegen sie ein »qualifizierter Rechtsverstoß« sein; so *F. Weyreuther*, FS Reimers, S. 379 ff. (383); s.a. BVerwGE 98, 58 (63); OVG Münster NVwZ 1992, S. 988 ff. (989); *P.-M. Efstratiou*, Die Bestandskraft des öffentlich-rechtlichen Vertrags, S. 233; *E. Gurlit*, a.a.O., S. 410; *V. Schlette*, a.a.O., S. 551.

[70] So z.B. *W. Karehnke*, Die rechtsgeschäftliche Bindung kommunaler Bauleitplanung, S. 67.

cc) Die Nichtigkeit von Bauplanungsabreden

Die Nichtigkeit einer Bauplanungsabrede führt gem. § 59 Abs. 3 VwVfG zu einer umfänglichen Nichtigkeit des gesamten Vertrags, in den die Abrede eingebettet ist, wenn nicht anzunehmen ist, daß er auch ohne den nichtigen Teil geschlossen worden wäre[71]. Hiervon ist aufgrund der eingangs dargestellten Interessenverflechtung zwischen Planenden und Planungsadressaten im Städtebaurecht nicht auszugehen: Entweder hat jede Vertragspartei nur eine unteilbare Leistungspflicht übernommen (wie bei Folgekostenverträgen: Übernahme der Kosten bzw. Erlaß des Bebauungsplans). Dann scheidet eine Beschränkung der Nichtigkeitsfolge ohnehin aus, da die Voraussetzungen von § 59 Abs. 3 VwVfG nicht vorliegen. Oder dem Privaten wurde im Rahmen des Vertragsverhältnisses ein zu bebauendes Grundstück übertragen. Dem korrespondiert zwar ein Teil seiner Gegenleistung an die Gemeinde, indessen ist dieses Grundstück für den Investor regelmäßig nicht mehr von Wert, wenn eine in dem Vertrag unterstellte Nutzung nicht mehr möglich ist, da der Bebauungsplan nicht vertragsgemäß geändert wird. Die staatliche Seite würde in nicht zu rechtfertigender Weise bevorzugt, wenn die Leistungspflicht des Privaten unter diesen Bedingungen fortbestünde, so daß auch hier eine Gesamtnichtigkeit des Vertrags anzunehmen ist[72]: Der Zweck des Vertrags – die vertragsgemäße Bebauung des fraglichen Grundstücks bzw. die Planrealisierung – kann dann nicht mehr erreicht werden[73].

Bei der aufgrund des Verstoßes gegen das Abwägungsgebot dennoch insgesamt ablehnenden Beurteilung von Bauplanungsabreden wird nicht zwischen echten und unechten Normsetzungsverträgen differenziert[74]. Zwar beeinträchtigt der Nichterlaß eines neuen Bebauungsplans nicht die ansonsten von Normsetzungsverträgen betroffenen Beteiligungs- und Konsultationsrechte, da diese gerade die Einleitung eines Aufstellungsverfahrens voraussetzen. Aber dem Verzicht auf den Erlaß einer Rechtsnorm liegt auch eine Abwägungsentscheidung – die Aufrechterhaltung des aktuellen Planungszustands – zugrunde, die durch die vertragliche Bindung unzulässig determiniert wird[75].

---

[71] *H.J. Bonk*, in: P. Stelkens/ders./M. Sachs, Verwaltungsverfahrensgesetz, § 54 Rn. 142.
[72] *H. Meyer*, in: ders./H. Borgs-Maciejewski, Verwaltungsverfahrensgesetz, § 59 Rn. 24.
[73] Dies ist das entscheidende Kriterium, das zu der – ohnehin regelmäßig anzunehmenden – Nichtigkeit des Vertrags führt; *F. Kopp/U. Ramsauer*, Verwaltungsverfahrensgesetz, § 59 Rn. 30.
[74] Anders nur VGH Mannheim, ESVGH 28, 152 (156 f.). Hiernach soll ein räumlich und zeitlich beschränkter Planungsverzicht zulässig sein, sofern er sich in ein planerisches Gesamtkonzept einfügt und nicht anzunehmen ist, daß die vertragliche Verpflichtung einem Verzicht auf die vertragliche Planungshoheit gleichkomme; dagegen aber BayVGH BayVbl. 1991, S. 47 ff. (49); VGH Kassel, NVwZ 1985, S. 839 ff. (840); *E. Schmidt-Aßmann/W. Krebs*, Rechtsfragen städtebaulicher Verträge, S. 92.
[75] *W. Spannowsky*, Grenzen des Verwaltungshandelns durch Verträge und Absprachen, S. 149 f.

b) Ausnahmen und Ersatzbindungen im Bauplanungsrecht

Die grundsätzliche Skepsis, mit denen Bauplanungsabreden von Wissenschaft und Rechtsprechung aufgenommen wurden, hat dazu geführt, daß die klassische Bauplanungsabrede in der Praxis auch vor dem Erlaß von § 2 Abs. 3 Hs. 2 BauGB keine Rolle mehr gespielt hat[76]. Angesichts der oft nachweisbaren Notwendigkeit einer Kooperation von Planungsträgern und Investoren zum Zweck der Planverwirklichung haben diese sich aber auf andere Strategien der – mittelbaren – Verknüpfung privater Interessen und hoheitlicher Normsetzung verlegt. Ausgehend von dem Nichtigkeitsdogma ist zu bedenken, daß insbesondere bei Projekten einer bestimmten Größenordnung nicht alle planerischen Entscheidungen zum Zwecke einer vollen Erhaltung der planerischen Freiheit bis zur abschließenden Abwägung zurückzustellen sind[77]. Das strikte Verbot der vertraglichen Vorabbindung der Bauleitplanung – mit der Nichtigkeitsfolge für die entsprechenden Verträge – gerät daher in ein Spannungsverhältnis zu den in der Praxis erkennbaren, notwendigen Wechselbeziehungen zwischen planerischer Festsetzung durch die Gemeinde und konkreter Verwirklichung städtebaulicher Konzepte durch private Investoren, die zur Sicherstellung der Planrealisierung auch außerhalb des eigentlichen Planungsverfahrens mehr oder minder endgültige Festlegungen mit abwägungsbeschränkender Wirkung bedingt[78]. Planerischen Entscheidungen vorgelagert sind Vorabstimmungen und informelle Verhandlungen, in denen die planende Behörde insbesondere bei Großprojekten zu erreichen sucht, daß die in Aussicht genommene Planung auch tatsächlich von den interessierten Privatinvestoren realisiert wird. Es wäre nicht nur aus bauplanerischen Gründen kaum wünschbar, sondern wohl auch unrealistisch und einer sinnvollen, auf Verwirklichung ausgerichteten Planung geradezu abträglich, jede Form von Vorabstimmungen als unzulässige Vorabbindung des gebotenen Abwägungsprozesses in den Bereich des Illegalen zu verbannen[79]. Zum einen würde Planung hierdurch wirklichkeitsfremd; zum anderen würde die Verwaltungspraxis den tatsächlichen Notwendigkeiten gehorchend stets Auswege aus einem solchen Verbot suchen, so daß die Kooperationsprozesse letztlich in großem Maße konspirative Züge annähmen. Die aus juristischer Sicht relevante Aufgabe geht somit dahin, festzulegen, welches Maß und welche Art an rechtlicher oder faktischer Vorabbindung der Abwägungsprozeß vertragen kann, ohne seiner rechtsstaatlichen Substanz entkleidet zu sein. Entsprechende Ersatzbindungen wurden daher als Reaktion auf die ablehnende Haltung der Gerichte gegenüber den Normsetzungsverträgen durch die städtebauliche Praxis geschaffen, indem diese

---

[76] *J. Busse*, BayVBl. 1994, S. 353 ff. (355); *V. Schlette*, Die Verwaltung als Vertragspartner, S. 269.
[77] *W. Söfker*, in: W. Ernst/W. Zinkahn/W. Bielenberg/M. Krautzberger, Baugesetzbuch, § 1 Rn. 211.
[78] *W. Erbguth*, in: N. Achterberg/G. Püttner/T. Würtenberger, Besonderes Verwaltungsrecht I, Rn. 160.
[79] So auch BVerwGE 45, 309 (317), wo hervorgehoben wird, daß in vielen Fällen die Realisierung einer Planung erst durch eine Kooperation von Planungs- und Vorhabenträgern möglich ist.

I. Die Bauplanungsabrede als dogmatisches Leitbild des Normsetzungsvertrags

mit Billigung der Gerichte auf mittelbar bindende Formen der Kooperation mit Privaten im Vorfeld der Bauleitplanung auswich. Im Dialog von Rechtsprechung und Praxis entwickelten sich Maßgaben, deren Beachtung eine – wenn auch nur mittelbare – Bindung der Gemeinde an die prinzipiell unzulässige Bauplanungsabrede im Einzelfall sichern konnte[80]. Insoweit ist zwischen primären und sekundären Bindungen zu differenzieren[81]:

Der aus dem Normsetzungsvertrag ableitbare Verstoß gegen das für die Normsetzung vorausgesetzte Abwägungsgebot führt – in seltenen Fällen – dann nicht zur Nichtigkeit des Vertrags, wenn das mit der Vorwegbindung einhergehende Abwägungsdefizit *sachlich gerechtfertigt*, die planungsrechtliche Zuständigkeitsordnung (insbesondere hinsichtlich der bauleitplanerischen Aufgabe des Gemeinderats) gewahrt und die vorweggenommene Abwägungsentscheidung auch inhaltlich im Ergebnis nicht zu beanstanden ist[82]. Diese Konstruktion schützt allerdings nur die durch das Abwägungsgebot realisierte Planungshoheit der Gemeinde. Es bleibt offen, wie der Sinnentleerung des zweiten Aspekts, der zur Nichtigkeit von Bauplanungsabreden führt, entgegengesteuert werden kann, da bei Vorabsprachen über die Bauleitplanung auch die diesbezüglichen Beteiligungsvorschriften auf der Verlustliste stehen. Überzeugend wäre als Voraussetzung für die Annahme einer ausnahmsweisen Wirksamkeit die zusätzliche analoge Übertragung der entsprechenden verfahrensrechtlichen Anforderungen an die Aufstellung von Bauleitplänen auf bindende Vorabsprachen[83] – wodurch allerdings der Grund für deren Popularität (Flexibilität, Schnelligkeit, Diskretion) konterkariert würde. Ebenfalls keine Nichtigkeit wird bei Verträgen mit bloß kausaler/konditionaler Verknüpfung angenommen[84].

Solche Verträge können – im Unterschied zu Verträgen mit Planungsverpflichtung – als Verträge mit bloßem Planungsbezug bezeichnet werden[85]. Sie enthalten keine auf Erlaß ei-

---

[80] Siehe BVerwGE 45, 309 (317). Übersicht über die entsprechenden Voraussetzungen bei *W. Bielenberg*, in: W. Ernst/W. Zinkahn/ders./M. Krautzberger, Baugesetzbuch, § 2 Rn. 82 f.; *H.J. Bonk*, in: P. Stelkens/ders./M. Sachs, Verwaltungsverfahrensgesetz, § 54 Rn. 143 ff.; s.a. *C. Degenhart*, BayVBl. 1979, S. 289 ff. (293 f., 296); *K.-P. Dolde/M. Uechtritz*, DVBl. 1987, S. 446 ff. (447 ff.); *I. Ebsen*, JZ 1985, S. 57 ff.; *R. Stettner*, AöR Bd. 102 (1977), S. 544 ff. (561 ff.)
[81] *E. Schmidt-Aßmann/W. Krebs*, Rechtsfragen städtebaulicher Verträge, S. 92 ff.
[82] So wird oftmals BVerwGE 45, 309 (316 ff., 321), verstanden (anders aber etwa *E. Gurlit*, Verwaltungsvertrag und Gesetzgebung, S. 371); s.a. *J. Busse*, BayVBl. 1994, S. 353 ff. (353); *C. Degenhart*, BayVBl. 1979, S. 289 ff. (294 ff.); *W. Hoppe/S. Grotefels*, Öffentliches Baurecht, § 7 Rn. 130. Soweit *E. Gurlit*, a.a.O., geltend macht, daß eine ausnahmsweise zulässige Vorausbindung zwar den Bebauungsplan nicht unwirksam macht, daß diese Wirksamkeit aber – wegen der zu unterscheidenden Rechtmäßigkeitsvoraussetzungen von Vertrag und Norm – keine Rückwirkung auf die Beurteilung des Vertrags haben muß, überzeugt dies nur auf den ersten Blick. Soweit die Grundlagen für die Beurteilung von Rechtmäßigkeit oder Rechtswidrigkeit des Vertrags aus den Vorschriften über den Erlaß der Rechtsnorm über das VwVfG i.V.m. § 134 BGB »importiert« werden, muß sich die Rechtmäßigkeit eines Verhaltens in der einen Kategorie auch auf die andere auswirken.
[83] Siehe etwa die Konzeption von *C. Degenhart*, BayVBl. 1979, S. 289 ff. (295).
[84] *H.J. Bonk*, in: P. Stelkens/H.J. Bonk/M. Sachs, Verwaltungsverfahrensgesetz, § 54 Rn. 143.
[85] *W. Karehnke*, Die rechtsgeschäftliche Bindung kommunaler Bauleitplanung, S. 13 f. 98 ff.

ner Rechtsnorm gerichtete Leistungspflicht des öffentlichen Vertragspartners und können damit auch keine rechtliche Bindungswirkung im Abwägungsprozeß entfalten – etwa weil die Parteien den Erlaß eines dem privaten Investor genehmen Bebauungsplan ihrer Vereinbarung lediglich stillschweigend zugrundelegen[86]. Bei diesen städtebaulichen Verträgen wahrt die Gemeinde ihre Planungshoheit vollinhaltlich, indem sie sich nicht zu Erlaß oder Änderung eines vertraglich bezeichneten Bebauungsplans verpflichtet. Vielmehr wird der betreffende Vertragsinhalt nur zur Grundlage, Voraussetzung oder Bedingung für Erschließungs- oder andere Leistungen Privater gemacht[87]. Die Gemeinde erfährt hier – zumindest unter formellen Gesichtspunkten – keine rechtliche Einschränkung ihrer Planungsfreiheit[88].

Neben diesen Ausnahmefällen einer primären Bindung hat die Rechtsprechung auch Fälle mittelbarer Bindung durch die Entwicklung gemeindlicher Sekundärpflichten (v.a. Schadensersatzpflichten) anerkannt. Soweit eine Bauplanungsabrede nichtig ist, kann sie zwar nicht im Wege der Umdeutung in einen Anspruch auf Befreiung nach § 31 Abs. 2 BauGB verwandelt werden[89]. Allerdings kann der private Vertragspartner nach Ansicht des Bundesgerichtshofs trotz einer unwirksamen vertraglichen Verpflichtung der Gemeinde zur Vornahme oder Unterlassung der Bauleitplanung einen Schadensersatzanspruch gegen diese haben[90]. Eine nach (§ 62 VwVfG i.V.m.) § 140 BGB erfolgende Umdeutung des – nichtigen – Normsetzungsversprechens der Gemeinde in einen privat[91]- oder öffentlichrechtlichen[92] Bauplanungsgarantievertrag führt dazu, daß der private Partner bei Nichtrealisierung der angestrebten Planungen schadlos zu stellen ist. Dies geschieht durch die Zubilligung eines Aufwendungsersatzanspruchs oder einer dem Vertrag zugrundeliegenden Zweckvereinbarung, die die Erstattung gezahlter Folgekosten nach den Grundsätzen der ungerechtfertigten Bereicherung regelt[93]. Über Art und Umfang des durch Umdeutung der Bauplanungsabrede gewonnenen Schadensersatzanspruchs entscheidet die Auslegung des Vertrags, die sich an der beiderseitigen Interessenlage auszurichten hat[94]. Nie umfaßt sind aber insoweit die Kosten, die der Investor auf sich nimmt, um die gemeindliche Planungsentscheidung überhaupt erst herbeizuführen. Zudem darf die im Wege der Umdeutung gefundene Regelung in ihren Auswirkungen nicht weiter gehen als

---

[86] So etwa bei BVerwGE 42, 331 (331 f.); BGHZ 71, 386 (387 f.).
[87] Hierzu BVerwGE 42, 331 (333); s.a. *E. Gurlit*, Verwaltungsvertrag und Gesetzgebung, S. 372; *H.-J. Papier*, JuS 1981, S. 498 ff. (499).
[88] So auch *W. Karehnke*, Die rechtsgeschäftliche Bindung kommunaler Bauleitplanung, S. 100 ff.
[89] *H.J. Bonk*, in: P. Stelkens/ders./M. Sachs, Verwaltungsverfahrensgesetz, § 54 Rn. 141.
[90] BGHZ 71, 386 (392 ff.); im konkreten Fall wurde dieser Anspruch aber abgelehnt); hierzu *K.-P. Dolde/M. Uechtritz*, DVBl. 1987, S. 446 ff.; *E. Gurlit*, Verwaltungsvertrag und Gesetz, S. 375 ff.
[91] BGHZ 76, 16 (24 ff.)
[92] BGH UPR 1996, S. 176 ff. (178).
[93] *E. Schmidt-Aßmann/W. Krebs*, Rechtsfragen städtebaulicher Verträge, S. 93.
[94] Überblick bei *E. Gurlit*, Verwaltungsvertrag und Gesetz, S. 375 ff.; *E. Schmidt-Aßmann/W. Krebs*, Rechtsfragen städtebaulicher Verträge, S. 93 ff.

das ursprüngliche Rechtsgeschäft[95]. Als Ergebnis einer Umdeutung kommt auch ein Rücktrittsrecht des privaten Vertragspartners in Betracht[96].

Auch Folgekostenverträge werden in der Praxis aufgrund der restriktiven Rechtsprechung nicht mehr mit einem ausdrücklichen Normsetzungsversprechen verbunden[97]. Vielmehr steht die Zahlung der Folgekosten als einseitig verpflichtender Vertrag unter dem Vorbehalt der Realisierung der beabsichtigten Planung[98]. Allerdings geht von dem Zahlungsversprechen des privaten Investors ein beachtlicher Druck zur Planrealisierung aus. Dieser Druck ist aber nicht rechtlicher, sondern nur faktischer Natur.

Die Umdeutung dient einer angemessenen Verteilung der Planungsrisiken[99] und dem Ausgleich zwischen den vertraglich begründeten Erwartungen des privaten Bauherrn und der durch die Nichtigkeit geschützten kommunalen Gestaltungsfreiheit. Der durch die Gefahr von Schadensersatzansprüchen auf die Gemeinde ausgehende Druck zur tatsächlichen Durchführung der vereinbarten Planänderungen ist daher zum Schutze des redlichen Grundstücksverkehrs und zur Förderung privater Initiative nach Ansicht des BGH grundsätzlich hinzunehmen[100].

Von einer angemessenen Verteilung des Risikos kann aber dort nicht die Rede sein, wo die Abweichung der gemeindlichen Planung von den vertraglichen Verabredungen mit dem Investor auf die Öffentlichkeitsbeteiligung in dem Verfahren der Planaufstellung zurückzuführen ist, da solche Änderungen nicht der Sphäre der die Planabrede aushandelnden Gemeindeverwaltung zuzurechnen sind.

Die mittelbare Bindung der gemeindlichen Planungshoheit durch die Umdeutung von nichtigen Bauplanungsabreden ist allerdings nicht unproblematisch[101]. Der Druck kann sich je nach Höhe der zu leistenden Zahlungen (oder erst recht, wenn Zahlungen schon erfolgt sind und der Gemeinde ein entsprechender Rückzahlungsanspruch droht) als so gewichtige – rechtliche – Ersatzbindung erweisen, daß die vor seinem Hintergrund stattfindende Planung ebenfalls an einem Abwägungsausfall leidet. Es griffe zu kurz, dem bloß faktischen Einfluß der durch Umdeutung perpetuierten Bindung auf den Abwägungsprozeß als mittelbare Bindungen eine Unbedenklichkeitsbescheinigung auszustellen[102]. Schon die bloße Gefahr rechtlicher Bindung durch Schadensersatzansprüche kann eine Vorwirkung auf den Abwägungsprozeß entfalten. Muß die Gemeinde damit rechnen, im Falle einer nicht investorengerechten Planung einem Schadensersatzanspruch ausgesetzt zu sein, so führt dies zu einer Beeinflussung des Abwä-

---

[95] BGHZ 19, 269 (275); 20, 363 (370).
[96] *V. Schlette*, Die Verwaltung als Vertragspartner, S. 269 m.w.N. in Fn. 25.
[97] *E. Gurlit*, Verwaltungsvertrag und Gesetz, S. 38 f.
[98] BVerwGE 42, 331 (333).
[99] *K.-P. Dolde/M. Uechtritz*, DVBl. 1987, S. 446 ff. (449); *H.-J. Papier*, JuS 1981, S. 498 ff. (502).
[100] BGHZ 76, 16 (27); BGH NJW 1990, S. 245 ff. (246).
[101] *E. Gurlit*, Verwaltungsvertrag und Gesetz, S. 374 ff.
[102] So aber *H.-J. Papier*, JuS 1981, S. 498 ff. (502).

gungsergebnisses[103]. Dies führt dann dazu, daß auch eine entsprechende Umdeutung des Vertrags nicht möglich ist: Der Abschluß einer solchen Garantievereinbarung wäre nach § 59 Abs. 1 VwVfG i.V.m. § 134 BGB i.V.m. § 1 Abs. 7 BauGB nicht möglich. Eine zu einer solchen Abrede führende Umdeutung müßte dieses Schicksal teilen.

Die vorausgegangenen Darlegungen haben erwiesen, daß sich in dem besonders hohem Maße von dem Erfordernis staatlich-privater Kooperation geprägten Städtebaurecht zwar schon im Vorfeld des Erlasses von § 2 Abs. 3 Hs. 2 BauGB ein erheblicher Widerstand entwickelt hat, auf der anderen Seite aber sowohl durch den Gesetzgeber als auch durch Rechtsprechung und Literatur Wege gesucht worden sind, um – in einem gewissen Kontrast zur gesetzgeberischen Entscheidung in § 2 Abs. 3 Hs. 2 BauGB und dem grundsätzlichem Nichtigkeitsdogma der Rechtsprechung – unbedenklichere Kooperationsinstrumente zu entwickeln, die auf der einen Seite das private Sicherheitsinteresse, auf der anderen Seite die gemeindliche Normsetzungsautorität wahren. In einem anderen Bereich des besonderen Verwaltungsrechts, dem sich die Untersuchung nun zuwenden wird, geht der Gesetzgeber einen deutlichen Schritt weiter und erhebt den Normenvertrag zu einem zentralen gestalterischen Element der bereichsspezifischen Rechtsquellenlehre.

II. Der Normenvertrag im Sozialversicherungsrecht

Das Sozialversicherungsrecht ist eine Materie des besonderen Verwaltungsrechts, deren Adaption an die Rahmenbedingungen einer demokratischen und rechtsstaatlichen Verfassungsordnung – bedingt durch die einzigartigen Organisations- und Rechtsetzungsstrukturen dieser Materie – besondere Schwierigkeiten bereitet[104]. Gesetzliche Ermächtigungen zum Erlaß von Normenverträgen existieren in dem Bereich der gesetzlichen Krankenversicherung (SGB V) und der sozialen Pflegeversicherung (SGB XI) in großer Zahl. Außerhalb von Kranken- und Pflegversicherung werden Verträge als Regelungsinstrument nur vereinzelt eingesetzt[105]. Die zentrale Bedeutung vertraglicher Regelung für die Ausgestaltung von Rechtsverhältnissen des Sozialversicherungsrechts überrascht nicht. Sie fügt sich bruchlos in die insgesamt korporatistischen Strukturen ein, die die Wohl-

---

[103] *I. Ebsen*, JZ 1985, S. 57 ff. (61).
[104] *C. Degenhart*, DÖV 1981, S. 477 ff. (485); s.a. *P. Axer*, Normsetzung in der Sozialversicherung, S. 310 ff. und passim; *A. Hänlein*, Rechtsquellen im Sozialversicherungsrecht, S. 23 ff. und passim; *V. Neumann*, Normenvertrag, Rechtsverordnung oder Allgemeinverbindlichkeitserklärung?, S. 39 ff. sowie die Beiträge von *M.-E. Geis* und *P. Axer*, in: F.E. Schnapp, Funktionale Selbstverwaltung und Demokratieprinzip – am Beispiel der Sozialversicherung, S. 65 ff. und 115 ff.
[105] Eine enzyklopädische Erfassung der einschlägigen Vertragswerke ist hier angesichts zweier jüngst vorgelegter einschlägiger Arbeiten nicht erforderlich; siehe *P. Axer*, Normsetzung der Exekutive in der Sozialversicherung, S. 63 ff.; *A. Hänlein*, Rechtsquellen im Sozialversicherungsrecht, S. 345 ff. Die vorliegende Untersuchung kann es daher auf diesen Arbeiten aufbauend unternehmen, die grundlegenden Strukturen für die hier relevante Fragestellung herauszuarbeiten.

fahrtspflege insgesamt aufweist[106]. Zur Regelung von Art, Inhalt und Umfang der dem Versicherten bei Eintritt des Versicherungsfalls gegenüber zu erbringenden Leistungen stellt der Gesetzgeber in vielen Bereichen das Instrument des Normenvertrags zur Verfügung, dessen Parteien zumeist nicht die einzelnen Leistungspflichtigen bzw. die einzelnen Leistungserbringer – geschweige denn die Versicherten als Leistungsempfänger – sind, sondern die jeweiligen Verbände, in denen Leistungserbringer bzw. Leistungspflichtige zumeist aufgrund öffentlich-rechtlichen Zwangs organisiert sind.

Diese Verkammerung eigentlich privater Leistungserbringer innerhalb der Organisationszusammenhänge sozialer Selbstverwaltung rechtfertigt die Behandlung der zu beobachtenden Aushandlungsprozesse im Rahmen der vorliegenden Untersuchung. Die soziologische Vorformung der Selbstverwaltungskörperschaften durch gesellschaftliche Gruppen macht es ebenso wie die übrigen staatstheoretischen Anliegen, die mit der Einrichtung einer Selbstverwaltungskörperschaft verbunden sind, schwierig, diese den antagonistischen Funktionsbereichen von Staat und Gesellschaft zuzuordnen. Bei den meisten funktionalen Selbstverwaltungskörperschaften ergibt sich die Schwierigkeit bei der Zuordnung der dort wahrgenommenen Aufgaben daraus, daß sich in ihnen mit der öffentlich-rechtlichen Körperschaft eine typisch staatliche Organisationsform mit der Funktionslogik eines gesellschaftlichen Teilbereichs, der sich nach seinen eigenen Vorstellungen und Werten selbst verwaltet, verbindet. Verlegt man sich dabei auf eine rein formale Sichtweise, so fällt die Entscheidung leicht: öffentlich-rechtliche Körperschaften sind ein Baustein der Verwaltungsorganisation, genauer: der mittelbaren Staatsverwaltung und als solche dem staatlichen Funktionsbereich zuzuordnen. In der staats- und verwaltungsrechtlichen Literatur, die spätestens seit der Zeit der Weimarer Reichsverfassung[107] zwischen der unmittelbaren und der mittelbaren Staatsverwaltung differenziert[108], wird die Selbstverwaltung dementsprechend bisweilen mit dem Begriff der mittelbaren Staatsverwaltung gleichgestellt[109]. Soweit mit dem Begriff der mittelbaren Staatsverwaltung eine rein formal verstandene Zusammenfassung aller Anstalten, Stiftungen und Körperschaften des öffentlichen Rechts – sowie der entsprechenden Mutationen und Zwischen-

---

[106] *V. Neumann*, Freiheitsgefährdung im kooperativen Sozialstaat, S. 425 ff. und passim.
[107] Zu dieser historischen Entwicklung: *F.-L. Knemeyer*, DÖV 1988, 397 ff. (298 f.); *F. Ossenbühl*, Rundfunk zwischen Staat und Gesellschaft, S. 24 ff.
[108] *E. Forsthoff*, Lehrbuch des Verwaltungsrechts, S. 471 ff., 478 ff.; *W. Rudolf*, in: H.-U. Erichsen, Allgemeines Verwaltungsrecht, § 51 Rn. 7 ff. Aus normativer Sicht gilt die Differenzierung zwischen unmittelbarer und mittelbarer Staatsverwaltung allerdings als fruchtlos: *R. Hendler*, in: J. Isensee/P. Kirchhof, HdbStR Bd. IV, § 106 Rn. 44; *M. Jestaedt*, Demokratieprinzip und Kondominialverwaltung, S. 91 ff.; *W. Kluth*, Funktionale Selbstverwaltung, S. 28.
[109] Exemplarisch *E. Forsthoff*, Lehrbuch des Verwaltungsrechts, S. 478. Diese Gleichsetzung ist in der Literatur auf bisweilen heftige Kritik gestoßen: *O. Gönnenwein*, Gemeinderecht, S. 7, 60 ff.; *R. Hendler*, in: J. Isensee/P. Kirchhof, HdbStR Bd. IV, § 106 Rn. 42 ff.; *E.R. Huber*, Selbstverwaltung der Wirtschaft, S. 40 f.; *F.-L. Knemeyer*, DVBl. 1984, S. 23 ff. (28 f.); *E. Schmidt-Aßmann*, GS Martens, S. 249 ff. (257); z.T. auch *G.F. Schuppert*, Die Erfüllung öffentlicher Aufgaben durch verselbständigte Verwaltungseinheiten, S. 162 f., 165, 332.

formen[110] – geleistet werden soll, können hiergegen schwerlich nachhaltige Bedenken erhoben werden. Soweit die Bezeichnung indes Weitergehendes impliziert, gerät sie in unsicheres Fahrwasser. Wenn *Forsthoff* feststellt, daß er mit dem Selbstverwaltungsbegriff, den er als »Wahrnehmung an sich staatlicher Aufgaben durch Körperschaften, Anstalten und Stiftungen des öffentlichen Rechts« definiert, zugleich die mittelbare Staatsverwaltung beschreibt[111], so erscheint dies problematisch:

Die Probleme rühren allerdings nicht bereits daher, daß den Körperschaften der wirtschaftlichen und der berufsständischen Selbstverwaltung u.a. die gesetzliche Aufgabe übertragen ist, die Interessen ihrer Mitglieder auch gegenüber den staatlichen bzw. den staatsunmittelbaren Organen zu vertreten[112]. Eine solche Interessenvertretung könnte keine »an sich« staatliche Aufgabe sein – wenn ihre Wahrnehmung ein Auseinandertreten von staatlichen Belangen und den Interessen eines gesellschaftlichen Teilsystems voraussetzte, die dann aber von unmittelbar staatlichen Organen nicht sinnvoll – gleichsam im Wege der Persönlichkeitsspaltung – sich selbst gegenüber vertreten werden könnten. Die Interessenvertretung durch öffentlich-rechtliche Zwangskörperschaften kann aus verfassungsrechtlichen Gründen nicht deren originäre Aufgabe sein. Ihr kommt vielmehr nur eine aufgabenakzessorische Bedeutung zu, die mit der gebotenen Zurückhaltung gegenüber anderen staatlichen Akteuren wahrzunehmen ist und die von daher über eine qualitativ andere Bedeutung verfügt als eine Interessenvertretung durch einen auf Art. 9 Abs. 1 GG gründenden privaten Interessenverband[113].

---

[110] Zu deren Zulässigkeit *F. Becker*, DÖV 1998, S. 97 ff.
[111] *E. Forsthoff*, Lehrbuch des Verwaltungsrechts, S. 478. *Forsthoff* sieht in der Verwendung des jeweiligen Begriffs nur eine unterschiedliche Akzentsetzung: Während mit der »mittelbaren Staatsverwaltung« auf die Abhängigkeit des Akteurs vom Staat hingewiesen werde, nehme der Begriff der Selbstverwaltung Bezug auf das Eigenleben des Trägers. Zudem werde unter Selbstverwaltung der materielle Funktionsbereich verstanden, während die Bezeichnung mittelbare Staatsverwaltung außerdem die Organisation und das Behördenwesen mit umfasse.
[112] So aber *L. Fröhler / P. Oberndorfer*, Körperschaften des öffentlichen Rechts und Interessenvertretung, S. 15 unter Hinweis auf BVerfGE 15, 235 (241); siehe z.B. § 1 Abs. 1 IHKG, § 90 Abs. 1 HwO. Beispiele auch bei *W. Kluth*, Funktionale Selbstverwaltung, S. 89, 95, 98, 101 und öfter.
[113] Die Vertretung von gesellschaftlichen Interessen in Organisationsformen des öffentlichen Rechts ist vor dem Hintergrund der Rechtsprechung des Bundesverfassungsgerichts (BVerfGE 15, 235 (241); BVerfGE 38, 281 (299)) kritisiert worden (*H.P. Bull*, Die Staatsaufgaben nach dem Grundgesetz, S. 437 f.; *J. Pietzcker*, NJW 1982, S. 1840 ff. (1841 f.); *U. Scheuner*, GS Peters, S. 797 ff. (812 f.); *W. Weber*, Jur. Jahrb. Bd. 8 (1967/8), S. 137 ff. (158 f.). Zu grundrechtlichen Implikationen im Bereich von Art. 5 Abs. 1 GG (negative Meinungsfreiheit der Pflichtmitglieder) bzw. Art. 9 Abs. 1 GG siehe *W. Kluth*, Funktionale Selbstverwaltung, S. 322 ff.). Nach dieser Rechtsprechung können öffentlichrechtliche Verbände mit Zwangsmitgliedschaft nur zur Wahrnehmung legitimer öffentlicher Aufgaben gebildet werden. Dabei hat das Gericht auf den Gegensatz von partikularer Interessenvertretung und öffentlicher Aufgabe abgestellt und in einer Entscheidung die Industrie- und Handelskammer mit der Verpflichtung, »das Gesamtinteresse der ihnen zugehörigen Gewerbetreibenden ihres Bezirkes wahrzunehmen«, von einer reinen Interessenvertretung abgehoben. Das Gericht betont die Notwendigkeit abwägender und ausgleichender Interessenfilterung und verpflichtet die Kammer, »das höchstmögliche Maß an Objektivi-

II. Der Normenvertrag im Sozialversicherungsrecht

Da insbesondere die kommunale, aber auch die funktionale und soziale Selbstverwaltung sich in historischer Perspektive als demokratischer Kontrapunkt zu einer ausschließlich monarchisch beherrschten unmittelbaren Staatsverwaltung entwickelt hat[114], hat diese Legitimation des Selbstverwaltungsgedankens insoweit an Bedeutung verloren, als Staats- und Selbstverwaltung – abgesehen von den jeweils zu differenzierenden legitimatorischen Bezugspunkten: Staatsvolk bzw. Verbandsvolk – heute identischen gleichen Strukturprinzipien unterliegen. Die kommunale wie die funktionale Selbstverwaltung hat einen Wanderungsprozeß von der gesellschaftlichen in die staatliche Sphäre vollzogen und ist damit in ein Spannungsfeld aus ihrem ursprünglichen Anliegen einerseits – der staatsfreien Wahrnehmung eigener Angelegenheiten eines gesellschaftlich-territorialen Teilsystems – und den mit der formalen Zuordnung zum Funktionsbereich des Staatlichen einhergehenden Zwängen andererseits geraten. Mit der staatlichen Inanspruchnahme der selbstregulierenden Kraft von Berufsständen und Wirtschaftszweigen bzw. der diesen innewohnenden »natürlichen Verwaltungskraft«[115] – wird die Selbstverwaltung zu einem Instrument der Dezentralisierung[116] und staatlichen Aufgabenentlastung[117]. Als solche beschwört sie – wenn extensiv entfaltet – auch die Gefahr einer ständestaatlichen Umbildung oder eines pluralistischen Zerfalls des Staates[118] – ist aber auch zugleich wirksames Mittel zur zumindest partiellen staatlichen Beherrschung der in den gesellschaftlichen Teilsystemen wirkenden Steuerungsresistenzen durch prozedurale Vorgaben für

---

tät« walten zu lassen. In einer späteren Entscheidung differenziert das Gericht zwischen Interessenvertretung und Wahrnehmung legitimer öffentlicher Aufgaben insoweit als letztere nicht »im Wege privater Initiative wirksam wahrgenommen werden« könne und erteilt damit einer ungebundenen, am Gemeinwohl nicht zwingend orientierten und daher eigentlich grundrechtstypischen Vertretung privater Interessen in öffentlichen Rechtsformen eine Absage. Die Interessenvertretung durch Selbstverwaltungskörperschaften läßt sich daher – verfassungskonform – nicht als mit den privaten Verbänden deckungsgleiche partikulare Interessenvertretung verstehen (*J. Pietzcker*, NJW 1982, S. 1840 ff. (1841)). Interessenvertretung ist hier ein selbstverständlicher Reflex der Zuweisung öffentlicher Aufgaben innerhalb eines Gesamtsystems, in welchem die Wahrnehmung jeder öffentlichen Aufgabe nicht isoliert, sondern vielmehr in einen räumlich-sachlichen Verbund und im Zusammenwirken mit anderen staatlichen oder gesellschaftlichen Instanzen erfolgt. Dies macht eine Kommunikation von eigenen Interessen bei der Umsetzung der zugewiesenen Kompetenzen gegenüber anderen staatlichen erforderlich. Die Interessenvertretung in öffentlich-rechtlichem Gewand kann aber nicht in Form eines Auftretens als *pressure-group* erfolgen, sondern verhält sich zu den gesetzlich zugewiesenen Aufgaben akzessorisch und muß unter Rücksichtnahme auf die Befugnisse und Kompetenzen der angesprochenen, staatsunmittelbaren Instanzen erfolgen. Diese Vorgaben können durch ein Erfordernis der Sachlichkeit und Zurückhaltung bei der Interessenvertretung durchaus realisiert werden; s.a. die verfassungskonforme Reduktion der Aufgabe »Interessenvertretung« bei öffentlich-rechtlichen Selbstverwaltungskörperschaften durch *H.-G. Dederer*, Korporative Staatsgewalt, § 2 I 1 (a) (bb) (bbb).

[114] Zu dieser Entwicklung insbesondere *G.F. Schuppert*, FS v. Unruh, S. 183 ff. (186 f.).
[115] Ausdruck von *A. Köttgen*, JöR N.F. 11 (1962), S. 173 ff.
[116] *R. Hendler*, Selbstverwaltung als Ordnungsprinzip, S. 345 ff.
[117] *G.F. Schuppert*, FS v. Unruh, S. 183 ff. (189).
[118] Siehe z.B. *H. Peters*, DÖV 1949, S. 326 ff. (330); *W. Weber*, Staats- und Selbstverwaltung in der Gegenwart, S. 24 ff., 29 f., 80 ff., 102 f.; *ders.*, Spannungen und Kräfte im westdeutschen Verfassungssystem, S. 47, 55 f., 132.

die Selbstregulierung. Der Staat importiert gesellschaftliche Funktionslogik in eine Zone an der Außengrenze seines Funktionsbereichs – nahe an der Schnittstelle zur Gesellschaft[119] – zu seinen Bedingungen, die sich im Gesetzesvorbehalt und der Wesentlichkeitstheorie realisieren. In der strengen Dichotomie von Staat und Gesellschaft, in der es eine dritte Kategorie nicht geben kann, ist die öffentlich-rechtliche Selbstverwaltung daher – wenn auch in Distanz zur unmittelbaren, hierarchisch durchorganisierten Staatsverwaltung – formell dem staatlichen Bereich zuzuordnen. Materiell nehmen in ihr allerdings die »Betroffenen« die ihnen staatlicherseits zugewiesenen bzw. überlassenen Aufgaben eigenverantwortlich wahr[120], so daß die Einräumung von Selbstverwaltungsaufgaben und Satzungsautonomie an öffentlich-rechtliche Akteure als staatlicher Kunstgriff zur Vergesellschaftlichung staatlicher Rechtsetzung erscheint.

Insbesondere das Vertragsarztrecht und das Recht der sozialen Pflegeversicherung verfolgen ein prozedurales Konzept[121]. Das Gesetz verzichtet zwar nicht auf die Normierung von materiellen Zielen für Interessenausgleich und Problemlösung, bietet insoweit aber offene Zielvorgaben an, die erhebliche Spielräume lassen. Indem das Gesetz nur rahmenartige Vorgaben für den Inhalt des Leistungsanspruchs der Versicherten trifft[122], überantwortet es zugleich die Ausgestaltung der Versorgungspflicht im einzelnen der vertraglichen Kooperation der beteiligten Verbände und unterstreicht damit die besondere Rolle der verbandlichen Organisation in diesem Sachbereich[123].

1. Der Normenvertrag als Rechtsetzung durch Vereinbarung

Durch Normenverträge werden Rechtsnormen im Wege der »Vereinbarung«[124] geschaffen, indem sich Hoheitsträger und/oder private Akteure über eine allge-

---

[119] Zu der daraus folgenden Ambivalenz der Selbstverwaltung (*M. Kleine-Cosack*, Berufsständische Autonomie und Grundgesetz, S. 50 ff.) als Verwirklichung von Freiheit, Individualismus und Emanzipation der Gesellschaft einerseits und der Einschränkung autonomer gesellschaftlicher Räume andererseits: *R. Hendler*, Selbstverwaltung als Ordnungsprinzip, S. 354.
[120] *P. Badura*, GS Martens, S. 25 ff. (28); *R. Hendler*, Selbstverwaltung als Ordnungsprinzip, S. 284; ders., in: J. Isensee/P. Kirchhof, HdbStR Bd. IV, § 106 Rn. 20; *P. Kirchhof*, FS BVerfG I/2, S. 50 ff. (85 f.); *E. Schmidt-Aßmann*, GS Martens, S. 249 ff. (254); weitergehend aber *ders.*, FS Sendler, S. 121 ff. (125), der nunmehr der Selbstverwaltung eine Mittlerrolle zwischen demokratischer und grundrechtlicher Freiheitsidee zubilligt; s.a. *ders.*, Die kommunale Rechtsetzung im Gefüge der admini-strativen Handlungsformen und Rechtsquellen, S. 11 f.
[121] *A. Wahl*, Kooperative Strukturen im Vertragsarztrecht, S. 286 f., 288 ff.
[122] So jetzt auch BSGE 78, 154 (155); 73, 271 (279 ff.); 81, 54 (60 f.); 81, 73 (78 f.); s.a. *G. Schwerdtfeger*, NZS 1998, S. 49 ff.; *A. Wahl*, Kooperative Strukturen im Vertragsarztrecht, S. 61 ff.; kritisch aber *P. Axer*, Normsetzung in der Sozialversicherung, S. 70; *V. Neumann*, SGb 1998, S. 609 ff.
[123] *M. Döhler/P. Manow*, in: R. Mayntz/F.W. Scharpf, Gesellschaftliche Selbstregulung und politische Steuerung, S. 141 ff.
[124] Zu dieser: H.-J. Wolff/O. Bachof/R. Stober, Verwaltungsrecht I, § 25 Rn. 53 ff.; *W. Vogel*, Vertrag und Vereinbarung; *W. Hennike*, Die Vereinbarung als Verwaltungsrechtsquelle. Die Begriffe Vertrag und Vereinbarung wurden ursprünglich insoweit unterschieden, als unter der Vereinbarung im Unterschied zu dem Vertrag die Abgabe inhaltlich gleicher Willenserklärungen von

II. Der Normenvertrag im Sozialversicherungsrecht

meine Regelung einer unbestimmten Vielzahl von Fällen mit verbindlicher Wirkung auch für Dritte einigen, die in den verhandelnden Hoheitsträger oder das Privatrechtssubjekt mitgliedschaftlich eingegliedert sind[125].

Eine Rechtsnorm entsteht regelmäßig durch Be- oder Entschluß eines normsetzenden Akteurs. Der Bundestag beschließt ein Gesetz, der Minister entschließt sich zum Erlaß einer Rechtsverordnung, der Gemeinderat beschließt eine Satzung. Die Differenzierung zwischen Be- und Entschluß hängt von der Struktur des Rechtsetzers ab: Ist eine einzelne natürliche Person als Amtswalter zur Rechtsetzung ermächtigt, so *entschließt* sich diese zum Normerlaß. Steht die Rechtsetzungsbefugnis einem Kollegialorgan zu, in dem eine Mehrzahl von Organmitgliedern ein Norm im Wege des Mehrheitsbeschlusses erlassen kann, ist der Modus der Entscheidungsfindung der *Beschluß*, als mehrseitiger Akt, der mehrere gleichgerichtete Willenserklärungen bündelt, wobei eine Willensübereinstimmung nicht begriffswesentlich ist[126], da Beschlüsse in Kollegialorganen typischerweise nach dem Mehrheitsprinzip getroffen werden[127]. Soweit Kollegialorgane – insbesondere Parlamente oder parlamentsanalog konstituierte Gremien wie die kommunalen Vertretungskörperschaften – mit der Normsetzung betraut sind, kann einem Beschluß über den Erlaß einer Norm insbesondere bei einer parteipolitischen oder an anderen Kriterien ausgerichteten Fraktionsbildung innerhalb des Kollegialorgans eine Verhandlung zwischen deren Mitgliedern bzw. den Fraktionen vorausgehen. Diese Verhandlungen sind zum Zwecke der Mehrheitsbeschaffung dem eigentlichen Beschlußverfahren informell vorgeschaltet. Die in diesen Abstimmungsverfahren liegende Informalität und ihre innerorganschaftliche Verortung rückt solche Verhandlungen aber aus dem Zusammenhang dieser Untersuchung. Maßgeblich bleibt hier allein der einheitliche Beschluß des Normsetzers. Dem Entschluß- oder Beschlußmodus der Rechtserzeugung steht der Modus der Verhandlung bzw. der Einigung gegenüber. Dieser Erlaßmodus gewinnt überall dort Relevanz, wo Rechtsetzung nicht einer einzelnen Person als Amtswalter oder einem einzelnen Organ anvertraut ist, sondern wo Rechtsetzung und Vertrag derart ineinander aufgehen, daß erst der Akt der Willenseinigung, die gemeinsame Erklärung der beteiligten Rechtsetzer den Rechtssatz zur Entstehung gelangen läßt.

Rechtssubjekten zu gemeinsamem Zweck im gemeinsamen Interesse verstanden werden; siehe *L. Enneccerus/H.C. Nipperdey*, Allgemeiner Teil des Bürgerlichen Rechts, Erster Halbband, § 43 III (Fn. 17) m.w.N. Der Umstand, daß konsensuale Normsetzung schon begrifflich »Konsens« im Sinne einer solchen Gleichgerichtetheit der Willenserklärungen voraussetzt, macht deutlich, daß nach dieser Begriffsprägung nur Vereinbarungen, nicht aber Verträge als Grundlage dieser Normsetzung in Betracht kommen. Die scharfe Trennung der Begrifflichkeiten ist aber überholt.

[125] *H. Nawiasky*, Allgemeine Rechtslehre als System der rechtlichen Grundbegriffe, S. 79 ff.; *K. Stern*, Staatsrecht Bd. II, § 37 II 2 (f); *P. Kirchhof*, in: FS BVerfG I Bd. 2, S. 50 ff. (90 ff.); *H. Krüger*, NJW 1966, S. 617 ff. (622); *H.-J. Wolff/O. Bachof/R. Stober*, Verwaltungsrecht I, § 25 Rn. 53 ff.

[126] *J. Baltzer*, Der Beschluß als rechtstechnisches Mittel organschaftlicher Funktion im Privatrecht, S. 175; *A. Hänlein*, Rechtsquellen im Sozialversicherungsrecht, S. 9 f.

[127] *J. Baltzer*, Der Beschluß als rechtstechnisches Mittel organschaftlicher Funktion im Privatrecht, S. 186 ff.; *A. Hänlein*, Rechtsquellen im Sozialversicherungsrecht, S. 10.

Obwohl die Setzung objektiver Normen durch Vereinbarung auch für die deutsche Verfassungsgeschichte eine nicht unerhebliche Bedeutung aufweist, reicht ihre dogmengeschichtliche Wurzel in den Bereich des zwischenstaatlichen Verkehrs. Das Völkerrecht bietet reichhaltiges Anschauungsmaterial dafür, daß bei Nicht-Existenz oder Versagen subordinationsrechtlicher bzw. hierarchischer Steuerungsmittel die entstehenden Lücken durch Formen des koordinationsrechtlichen Verkehrs aufgefüllt werden[128]. In Deutschland hat die wissenschaftliche Diskussion von Normenverträgen – bzw. »normsetzenden Vereinbarungen«[129] – als Rechtsquelle ihre Wurzel unter anderer Bezeichnung im Bereich des zwischenstaatlichen Rechts und Staatsorganisationsrechts[130] – zunächst fernab von allen Fragen der Beteiligung privater Akteure an solchen Vereinbarungen.

Die sog. Vereinbarungstheorie[131] unternahm in Konkurrenz zu einer großen Zahl anderer Deutungsansätze den Versuch, auf der Grundlage analoger völkerrechtlicher und staatenbündischer Phänomene[132] die Gründung des Norddeutschen Bundes als – nicht von entgegengesetztem (dann: Vertrag), sondern gleichgerichtetem Willen getragener – *Vereinbarung* zwischen der Gesamtheit der norddeutschen Regierungen und dem Reichstag als Vertretung des norddeutschen Volkes zu deuten[133].

In der Folge entwickelte sich die *Vereinbarung* zu einem Sammelbegriff, der eine Fülle unterschiedlicher, durch das Vorliegen einer Willenseinigung mit gleichem Inhalt gekennzeichnete Phänomene umfaßte, zu denen auch die Schaffung objektiven Rechts gehörte[134]. Die Funktion der Vereinbarung als Rechtsquelle rückte dabei in der dogmatischen Entwicklung immer weiter in den Mittelpunkt der Betrachtung[135]. Die Charakterisierung der Vereinbarung als objektive Rechtsquelle verselbständigte sich schließlich und avancierte zum alleinigen Bedeutungsgehalt des Begriffs[136]. Später hat das Phänomen der Vereinbarung als Normenvertrag Aufmerksamkeit im Bereich Zivilrecht, insbesondere im Arbeitsrecht mit der Entwicklung von Tarifvertrag und Betriebsvereinbarung erfahren. Als Normenverträge galten hier alle Verträge, in denen Normen vereinbart wurden, die für schuldrechtliche Einzelverträge maßgeblich sein sollen[137]. In der modernen Dog-

---

[128] So schon *E. Kaufmann*, Das Wesen des Völkerrechts und die clausula rebus sic stantibus, S. 155.
[129] *M. Sachs*, VerwArch Bd. 74 (1983), S. 25 ff.; *K. Stern*, Staatsrecht Bd. II, § 37 II 2 f.
[130] Zunächst *K. Binding*, in: Leipziger FS Windscheid, S. 1 ff. (69 f.) und *H. Triepel*, Völkerrecht und Landesrecht, S. 49 ff.
[131] *K. Binding*, in: Leipziger FS Windscheid, S. 1 ff.
[132] Zu diesen *G. Jellinek*, Die Lehre von den Staatenverbindungen, S. 107 f.
[133] Einen Überblick über die in diesem Zusammenhang vertretenen Theorien bietet *E.-R. Huber*, Deutsche Verfassungsgeschichte Bd. III, S. 673 ff.
[134] Siehe die Übersicht über die Entwicklung bei *M. Sachs*, VerwArch Bd. 74 (1983), S. 25 ff. (25 f.).
[135] *G. Anschütz*, VerwArch Bd. 5 (1897), S. 390 ff. (392 f.); *ders.*, VerwArch Bd. 6 (1898), S. 593 ff. (596); *H. Triepel*, Völkerrecht und Landesrecht, S. 49 ff.
[136] *G.A. Walz*, AöR Bd. 53 (1928), S. 161 ff. (218 ff.).
[137] Begriffsbildend *A. Hueck*, JherJb Bd. 73 (1923), S. 33 ff. (36).

matik des öffentlichen Rechts wurde der Normenvertrag durch Herbert Krüger etabliert[138].

Zwei Konstellationen der Vereinbarung von Recht gibt es[139]: Zum einen kann die Vereinbarung von Rechtsnormen dazu dienen, daß die beteiligten Rechtssubjekte ihre gemeinsamen Interessen durch das vereinbarte Recht wahren. Zum anderen kann das vereinbarte Recht Medium des Ausgleichs und des Kompromisses zwischen grundsätzlich antagonistischen Interessen sein[140]. Gerade in der zweiten Konstellation ist es möglich, daß die Verhandlungen scheitern, eine Einigung nicht zustande kommt, eine Rechtsnorm also nicht entstehen kann. Wo ein übergeordneter Regelsetzer nicht existiert, muß der daraus resultierende regellose Zustand hingenommen werden. Ein völkerrechtlicher Vertrag kann grundsätzlich nicht durch eine hierarchische Anordnung einer Legislative oder einer Schlichtungsstelle ersetzt werden. Sind die Verhandlungen über eine Rechtsnorm demgegenüber in einen rechtssystematischen Zusammenhang eingebettet, so sind mehrere Optionen zur Überwindung des Verhandlungsfehlschlags möglich[141]. Zum einen besteht die Möglichkeit, das Einstimmigkeitserfordernis durch die Möglichkeit eines Mehrheitsbeschlusses zu substituieren.

Ein Beispiel hierfür bietet etwa in dem Bereich des Sozialversicherungsrechts die Regelung des § 215 Abs. 2 SGB V. Hiernach sollen sich die Spitzenverbände über die von ihnen nach dem Sozialgesetzbuch gemeinsam und einheitlich zu treffenden Entscheidungen einigen. Kommt eine Einigung nicht zustande, erfolgt die Beschlußfassung durch drei Vertreter der Ortskrankenkassen einschließlich der See-Krankenkasse, zwei Vertreter der Ersatzkassen und je einen Vertreter der Betriebskrankenkassen, der Innungskrankenkassen, der landwirtschaftlichen Krankenkassen und der Bundesknappschaft. Beschlüsse bedürfen der Mehrheit der genannten Vertreter der Spitzenverbände.

Eine weitere Substitutionsmöglichkeit besteht in der Überwindung eines Verhandlungspatts durch die Zuweisung der Entscheidungskompetenz an ein Schiedsgericht[142]. Dessen Tätigkeit kann entweder in einer Vertragshilfe bestehen – wenn ein Schiedsspruch gegen den Willen eines der Beteiligten nicht möglich ist. Oder das Schiedsgericht wird (wie in dem Fall des Sozialversicherungsrechts regelmäßig zu beobachten[143]) als Zwangsschlichter eingesetzt. Auch in dem zwei-

---

[138] Erstmals *H. Krüger*, NJW 1966, S. 617 ff. (622 f.). Zentrale Voraussetzung für die Möglichkeit einen Normenvertrag zwischen Staat und Privaten zu schließen, war hiernach zum einen ein überschaubarer Kreis von Betroffenen, und die Existenz gleichgerichteter Interessen zwischen diesem und dem staatlichen Vertragspartner.
[139] Hierzu und zum folgenden *A. Hänlein*, Rechtsquellen im Sozialversicherungsrecht, S. 11 ff.
[140] Hierzu auch *G. Püttner*, FS Quaritsch, S. 285 ff. (291 ff.), nach dessen Ansicht sich der jeweilige Hintergrund eines Gesetzgebungsvertrags – Kooperation oder Konfrontation – auf die Wahrscheinlichkeit auswirkt, mit der nach dem Wegfall der vertraglichen Bindung eintreten kann.
[141] Hierzu und dem folgenden: *A. Hänlein*, Rechtsquellen im Sozialversicherungsrecht, S. 11 ff.
[142] Der Begriff der Schlichtung entstammt dem kollektiven Arbeitsrecht, während der des Schiedsverfahrens in dem Bereich des Sozialversicherungsrechts verwendet wird; *A. Hänlein*, Rechtsquellen im Sozialversicherungsrecht, S. 12 m.w.N.
[143] Überblick bei *P. Axer*, Normsetzung in der Sozialversicherung, S. 96 f.

ten Fall ersetzt der Schiedsrichterspruch den nicht zustandegekommenen normsetzenden Vertrag[144].

Der letzte Schritt eines Übergangs von dem Problemlösungsmodus »Verhandlung« in den der »Hierarchie« liegt in dem Erlaß einer staatlichen Norm, die an die Stelle der nicht zustandegekommenen verhandelten Norm tritt[145]. Konstruktiv kann dies als Ersatzvornahme für die nicht zustandegekommene Verhandlungslösung oder als subsidiäre, aber originäre staatliche Regelungsbefugnis aufgefaßt werden[146].

Ein Fall der Ersatzvornahme[147] – oder des legislativen Selbsteintritts – liegt in dem Falle des § 94 Abs. 1 SGB V vor: Wenn die für die Sicherstellung der ärztlichen Versorgung erforderlichen Beschlüsse der Bundesausschüsse (siehe §§ 91, 136 Abs. 1 SGB V) nicht oder nicht innerhalb einer vom Bundesministerium für Gesundheit gesetzten Frist zustande kommen oder evtl. Beanstandungen des Ministeriums nicht innerhalb der von ihm gesetzten Frist behoben werden, erläßt das Ministerium die Richtlinien selbst.

Ein Beispiel für den zweiten Fall läßt sich mit der Regelung des § 115 Abs. 4 SGB V im Zusammenhang mit den sog. dreiseitigen Verträgen zwischen Krankenkassen, Krankenhäusern und Vertragsärzten (bzw. deren jeweiligen Verbänden) anführen. Der Gesetzgeber hat für den Fall des Nichtzustandekommens einer vertraglichen Regelung oder eines entsprechenden Schiedsspruches der Landesregierung die Möglichkeit eingeräumt, eine entsprechende Verordnung zu erlassen, wobei eine vertragliche Regelung möglich bleibt, solange und soweit die Landesregierung eine Rechtsverordnung nicht erlassen hat.

Die subsidiäre staatliche Rechtsetzung kann aber auch unter einem anderen Gesichtspunkt differenziert werden. Zunächst besteht die Möglichkeit, daß die staatlicherseits erlassene Norm im Anschluß an ihren Erlaß wieder zur Disposition der Vertragspartner steht, so daß diese, nachdem sie gesehen haben, daß der Staat hier tatsächlich seine in der Verordnungsermächtigung liegende »Drohung« wahr macht und das Regelungsvakuum durch eine originär staatliche Regelung auffüllt, nunmehr doch noch zu einer einvernehmlichen Lösung kommen können. Insbesondere in der sozialversicherungsrechtlichen Praxis anzutreffen ist demgegenüber die Variante, daß mit einem einmaligen Eintreten der staatlichen Rechtsetzung die ursprünglichen Vertragspartner ihre Möglichkeit zur eigenständigen Gestaltung zunächst einmal verspielt haben (so etwa §§ 115 Abs. 4 Satz 2, 115b Abs. 3 SGB V; §§ 75 Abs. 3, 76, 83 SGB XI).

Die in der Reserve gehaltene Möglichkeit staatlicher Rechtsetzung – die Drohung des Staates mit einseitiger Regulierung – ist aus der Sicht des Konzepts regulierter Selbstregulierung ein »Auffangnetz« für den Fall, daß den Selbstverwal-

---

[144] BSGE 20, 73 (76); s.a. ausf. *P. Axer*, Normsetzung in der Sozialversicherung, S. 98 ff.
[145] Auch hier kann in Fortsetzung des in soeben erwähnten Beispiels das Recht der Krankenversicherung herangezogen werden. § 213 Abs. 3 SGB V legt fest, daß wenn die erforderlichen Beschlüsse nicht oder nicht innerhalb einer vom Bundesministerium für Gesundheit gesetzten Frist zustande kommen, das Bundesministerium für Gesundheit im Einvernehmen mit dem Bundesministerium für Wirtschaft und Technologie entscheidet.
[146] Zu der Differenzierung *I. Ebsen*, in: B. Schulin, HdbSozVersR Bd. I, § 7 Rn. 180 ff.; *A. Hänlein*, Rechtsquellen im Sozialversicherungsrecht, S. 13 f. Eine solche Norm ersetzt die von den Verhandlungspartnern nicht verabredete und wird diesen als deren eigene zugerechnet (zur verfassungsrechtlichen Legitimation einer auf diese Weise entstandenen Vorschrift: *A. Hänlein*, a.a.O., S. 300 ff.).
[147] So z.B. BSGE 79, 41 (48).

tungsträgern überlassenen Selbststeuerungsmechanismen das erwartete Ziel zu verfehlen drohen[148]. Das hierdurch bedingte Verhandeln im Schatten der Hierarchie verhindert, daß Blockadehaltungen eine Steigerung des individuellen Nutzens versprechen[149]. In beiden Fällen geht daher von der Möglichkeit staatlicher Rechtsetzung ein nicht unerheblicher Einigungsdruck auf die Beteiligten aus, um nicht als sachfremd und interessenwidrig empfundene Ergebnisse staatlicher Rechtsetzung zu provozieren und durch zu häufige staatliche Intervention die politische Legitimation der Verhandlungslösung zu gefährden.

2. Die Normenverträge im Vertragsarztrecht

Das Vertragsarztrecht[150] ist – wie das gesamte Recht der gesetzlichen Krankenversicherung – durch ein kompliziertes Geflecht juristischer Beziehungen, Ansprüche und Pflichten der Beteiligten geprägt. Wegen der Vorbildwirkung insbesondere seiner korporativen Regelbildung für andere Sektoren der Sozialversicherung ist dem System der vertragsarztrechtlichen Normsetzung hier besondere Aufmerksamkeit zu widmen.

Im Zentrum des Regelungsgeflechts stehen die Mitglieder und sonstigen Versicherten[151] der gesetzlichen Krankenversicherungen[152], die bei Realisierung eines abgesicherten Risikos gegenüber ihrer Versicherung Anspruch auf entsprechende Leistungen haben. Diese sind von der Krankenversicherung grundsätzlich als Sach- oder Dienstleistung zu erbringen (sog. Sachleistungsprinzip; siehe nur § 2 Abs. 2 Satz 1 SGB V; verklausulierter in § 4 Abs. 1 Satz 1 SGB XI)[153]. Da die Kranken- und Pflegekassen Dienstleistungen nur in Ausnahmefällen (siehe §§ 132, 140 SGB V; § 77 Abs. 2 SGB XI) in Form von Eigeneinrichtungen erbrin-

---

[148] *W. Hoffmann-Riem*, Die Verwaltung Bd. 28 (1995), S. 425 ff. (430 ff.); *ders.*, in: ders./E. Schmidt-Aßmann, Öffentliches Recht und Privatrecht als wechselseitige Auffangordnungen, S. 261 ff. (276 f.).

[149] *F.W. Scharpf*, PVS Bd. 32 (1989), S. 621 ff. (629).

[150] Die ursprüngliche Differenzierung zwischen kassenärztlicher und vertragsärztlicher Versorgung, die zwei verschiedene Versorgungssysteme – das der gesetzlichen Krankenkassen einerseits, das der Ersatzkassen andererseits – bezeichnete, wurde durch das Gesetz zur Sicherung und Strukturverbesserung der gesetzlichen Krankenkassen (Gesundheitsstrukturgesetz) vom 21. Dezember 1992 (BGBl. I 2266) abgeschafft (siehe hierzu *P. Wigge*, VSSR 1993, S. 37 ff.; *H. Rehkopf*, in: B. Schulin, HdbSozVersR I, § 2 Rn. 110 ff., 130). Seitdem wird die zuvor unterschiedlich geregelte Teilnahme an der kassenärztlichen bzw. der vertragsärztlichen Versorgung vereinheitlicht und durchgehend als vertragsärztliche Versorgung bezeichnet.

[151] Mitglieder der Krankenversicherung sind nur die (Pflicht-) Versicherten, nicht aber z.B. deren mitversicherte Familienmitglieder (zur Differenzierung zwischen Versicherten und Mitgliedern: *S. Leitherer*, in: B. Schulin, HdbSozVersR I, § 19 Rn. 13 ff.).

[152] Zu der Differenzierung zwischen Mitgliedschafts- und Versicherungsverhältnis (insbesondere mit Blick auf die Mitversicherung von Familienangehörigen i.R.d. Familienversicherung nach §§ 3 Satz 3, 10 SGB V) siehe nur *S. Leitherer*, in: B. Schulin, HdbSozVersR Bd. I, § 19 Rn. 13 ff.

[153] Hierzu BSGE 19, 21 (23); 42, 117 (119 f.); BSG NJW 1989, S. 2970 ff. (2971); *B. v. Maydell*, Zur Kostenerstattung in der gesetzlichen Krankenversicherung, S. 12 ff.; *F. Ruland*, in: E. Schmidt-Aßmann, Besonderes Verwaltungsrecht, Rn. 114 ff.; *B. Schulin*, in: ders., HdbSozVersR Bd. 1, § 6 Rn. 106 ff.; *A. Wahl*, Kooperative Strukturen im Vertragsarztrecht, S. 65 ff.

gen, sich vielmehr regelmäßig zur Erfüllung ihrer Sachleistungspflicht Dritter – der Leistungserbringer (Ärzte, Zahnärzte Krankenhäuser, Apotheker, Pflegeeinrichtungen) – bedienen, bedürfen die aus diesem Dreiecksverhältnis zwischen Leistungspflichtigem, Leistungserbringer und Versichertem resultierenden Anspruchsverhältnisse der normativen Regelung.

In der gesetzlichen Unfallversicherung wird – ebenso wie in der gesetzlichen Krankenversicherung – dem Versicherten die Heilbehandlung als Sachleistung zur Verfügung gestellt (§ 26 SGB VII)[154]. Demnach hat auch hier der Unfallversicherungsträger für eine Bereitstellung der Leistung durch Dritte zu sorgen (§ 34 Abs. 1 SGB VII). Auch hier schließen die Verbände der Unfallversicherungsträger sowie die Kassenärztliche und die Kassenzahnärztliche Bundesvereinigung (Kassenärztliche Bundesvereinigungen) nach § 34 Abs. 3 SGB VII mit Wirkung für ihre Mitglieder Verträge über die Durchführung der Heilbehandlung, die Vergütung der Ärzte und Zahnärzte sowie die Art und Weise der Abrechnung[155].

Um den gesetzlichen Ansprüchen der Versicherten gerecht werden zu können, »kaufen« die Krankenkassen die erforderlichen Dienstleistungen bei den Leistungserbringern ein und verschaffen ihren Versicherten dadurch Behandlungen und Leistungen[156]. Die Rechtsbeziehungen zwischen Krankenkassen, Leistungserbringern und Versicherten werden durch das Vertragsarztrecht der §§ 72 ff. SGB V dem Grunde nach konstituiert. Nach seinem Inhalt werden die ärztlichen Leistungen an die Mitglieder der Krankenkassen erbracht. Das Gesetz gibt indes für die fraglichen Rechtsverhältnisse lediglich einen äußeren Rahmen vor, der durch Verträge der zwischen den Spitzenverbänden der Krankenkassen und den Kassenärztlichen Vereinigungen auf Bundesebene und regionaler Ebene ausgefüllt und konkretisiert wird. Durch diese Verträge wird die im Sinne des Sachleistungsprinzips erfolgende Erbringung von Sach- und Dienstleistungen an die Versicherten durch Dritte zwischen diesen und den Leistungspflichtigen – also insbesondere den Krankenversicherungen – geregelt. Der Abschluß der Verträge mit einzelnen Leistungserbringern oder deren Zusammenschlüssen (Kassenärztliche Vereinigungen, Kassenärztliche Bundesvereinigungen) obliegt nicht den einzelnen Krankenkassen, sondern deren Verbänden (Bundes- und Landesverbände der Krankenkassen, Verbände der Ersatzkassen).

Das tripolare Verhältnis zwischen Krankenversicherung, Versichertem und Leistungserbringer ist somit regelmäßig durch eine Mediatisierung der Verhandlungsoptionen gekennzeichnet. Nicht die einzelnen Krankenkassen oder Leistungserbringer sondern deren jeweilige Verbände verhandeln die Konkretisierung der Leistungsbeziehungen untereinander aus[157].

---

[154] Siehe nur *F. Ruland*, in: E. Schmidt-Aßmann, Besonderes Verwaltungsrecht, Rn. 195.
[155] Hierzu *M. Benz*, in: B. Schulin, HdbSozVersR Bd. II, § 44 Rn. 60 ff.; *W. Gitter/V. Nunius*, in: B. Schulin, HdbSozVersR Bd. II, § 6 Rn. 111 ff.
[156] Siehe nur *F. Ruland*, in: E. Schmidt-Aßmann, Besonderes Verwaltungsrecht, Rn. 104 ff., 114.
[157] Von individuellen Vertragsschlüssen geht das Sozialgesetzbuch in dem Fall aus, daß der Sicherstellungsauftrag auf die Krankenkassen übergegangen ist, weil mehr als 50% aller in einem Zulassungsbezirk oder einem regionalen Planungsbereich niedergelassenen Vertragsärzte auf ihre

a) Die Akteure

Die Leistungsbeziehungen des Krankenversicherungsrechts realisieren sich in einem Zusammenspiel der verschiedenen an der Krankenversorgung Beteiligten. Der Versicherte hat einen Leistungsanspruch gegen die Krankenkasse. Die gesetzlichen Krankenkassen[158] (nicht aber die Ersatzkassen (§§ 168 SGB V)) sind Körperschaften des öffentlichen Rechts, die über ein Recht zur Selbstverwaltung verfügen (§ 4 Abs. 1 SGB V, § 29 Abs. 1 SGB IV). Im Zusammenhang mit den zu Beginn des 20. Jahrhunderts einsetzenden Auseinandersetzungen[159] zwischen Ärzten und Krankenkassen bzw. den schon zu dieser Zeit existierenden privatrechtlichen Kassenverbänden entstanden innerhalb weniger Jahre Spitzenverbände der Krankenkassen und der Ärzte, auf die die aktuellen Korporationsstrukturen zurückgehen. Während die Orts-, Betriebs- und Innungskrankenkassen durch § 207 Abs. 1 SGB V gesetzlich zu Landesverbänden in Form von öffentlich-rechtlichen Körperschaften zusammengeschlossen werden und diese Landesverbände jeweils einen Bundesverband der gleichen Rechtsform bilden (§§ 207 Abs. 1, 212 Abs. 1 Satz 1 SGB V), verpflichtet § 212 Abs. 5 Satz 4 SGB V die Ersatzkassen nur zur Benennung eines für den Abschluß von Verträgen Bevollmächtigten. Deren Verbände sind zwar privatrechtlich organisiert, ihnen können aber aufgrund Gesetzes ausschließlich Ersatzkassen angehören, die allesamt nach § 4 Abs. 2 SGB V Körperschaften des öffentlichen Rechts sind. Die Verbände der Ersatzkassen, die an den abgestimmten Entscheidungen der Spitzenverbände der Krankenkassen mitwirken, handeln dann – nach Ansicht des Bundesverfassungsgerichts[160] – als beliehene juristische Personen des Privatrechts, denen das Gesetz ausdrücklich einzelne hoheitliche Kompetenzen zur Wahrnehmung im eigenen Namen überträgt. Die Verbandssatzung bedarf der Genehmigung der Aufsichtsbehörde (§ 212 Abs. 5 Satz 3 SGB V) und die Verbände unterstehen der staatlichen Aufsicht (§ 214 Abs. 2 SGB V). Sie sind damit den öffentlich-rechtlichen Verbänden in allen relevanten Belangen gleichgestellt[161].

Die Vertragsärzte bilden – gleichsam als Gegenspieler und Partner der Krankenkassen – zur Erfüllung der ihnen als Leistungserbringer übertragenen Aufgaben der vertragsärztlichen Versorgung der Versicherten gem. § 77 Abs. 1, 3

Zulassung nach § 95b Abs. 1 SGB V verzichtet oder die vertragsärztliche Versorgung verweigert haben. Dann schließen die Krankenkassen oder die Landesverbände der Krankenkassen und die Verbände der Ersatzkassen gemeinsam und einheitlich Einzel- oder Gruppenverträge mit Ärzten, Zahnärzten, Krankenhäusern oder sonstigen geeigneten Einrichtungen (§ 72a Abs. 1, 3 SGB V). Hierzu *W. Funk*, in: B. Schulin, HdbSozVersR Bd. I, § 32 Rn. 39 ff.
[158] Zu den übrigen Kassentypen: *F.E. Schnapp*, in: B. Schulin, HdbSozVersR Bd. I, § 49 Rn. 84 ff.; *F. Ruland*, in: E. Schmidt-Aßmann, Besonderes Verwaltungsrecht, Rn. 135.
[159] Hierzu *A. Wahl*, Kooperative Strukturen im Vertragsarztrecht, S. 217 ff.
[160] So in der Entscheidung zur Festbetragsfestsetzung, BVerfG, 1 BvL 28/95 vom 17.12.2002.
[161] *V. Neumann*, Normenvertrag, Rechtsverordnung oder Allgemeinverbindlichkeitserklärung?, S. 24.

SGB V als ordentliche Mitglieder[162] für den Bereich jedes Landes eine Kassenärztliche und eine Kassenzahnärztliche Vereinigung. Bei diesen Vereinigungen handelt es sich um öffentlich-rechtliche Zwangsverbände der Erbringer vertragsärztlicher Leistungen. Gem. § 77 Abs. 5 SGB V sind diese Verbände Körperschaften des öffentlichen Rechts. Wie die Verbände der Krankenkassen weisen auch sie privatrechtliche historische Wurzeln aus einer Zeit auf, in der die Ärzte ihre einzelvertraglich geregelten Verhältnisse zu den Krankenkassen zunehmend als unbefriedigend empfanden[163].

Die Kassenärztlichen Vereinigungen haben nach § 75 Abs. 1 Satz 1 SGB V die vertragsärztliche Versorgung sicherzustellen (Sicherstellungspflicht[164]) und den Krankenkassen und ihren Verbänden gegenüber die Gewähr dafür zu übernehmen, daß die vertragsärztliche Versorgung den gesetzlichen und vertraglichen Erfordernissen entspricht (Gewährleistungspflicht). Nach Abs. 2 Satz 1 der Vorschrift haben sie auch die Rechte der Vertragsärzte gegenüber den Krankenkassen wahrzunehmen. Die Kassenärztlichen Vereinigungen – nicht die Gesamtheit der Vertragsärzte – bilden die Kassenärztlichen Bundesvereinigungen, die nach § 75 SGB V auf Bundesebene ähnliche Aufgaben wahrzunehmen haben wie die Kassenärztlichen Vereinigungen auf der regionalen Ebene. Neben die hiermit erfolgende allgemeine Aufgabenzuweisung treten auf regionaler – wie auf Bundesebene – genaue, den Aufgabenbereich im einzelnen ausformende Einzelzuweisungen. Zentrale Kompetenz der Kassenärztlichen Bundesvereinigungen ist der Abschluß des Bundesmantelvertrags.

Nach der Regelungssystematik des SGB V sind im Rahmen der gesetzlichen Vorschriften und der Richtlinien der Bundesausschusse gem. § 2 Abs. 2 Satz 2 SGB V die Verträge der Kassenärztlichen Vereinigungen mit den Verbänden der Krankenkassen wesentliches Instrument bei der von Ärzten, Zahnärzten und Krankenkassen gemeinsam sicherzustellenden vertragsärztlichen Versorgung der Versicherten.

b) Die Verträge

Für den Bereich der Leistungserbringung sind die Kooperationsaufgaben in der Regel den Verbänden zugewiesen, deren Maßnahmen und Entscheidungen Krankenkassen und Leistungserbringer nur noch umsetzen können. Nach § 72 Abs. 2 SGB V ist die vertragsärztliche Versorgung im Rahmen der gesetzlichen Vorschriften und der Richtlinien der Bundesausschusse der Krankenkassen und der

---

[162] Außerordentliche Mitglieder sind Zulassungsbewerber, d.h. die in das Arztregister eingetragenen, nichtzugelassenen Ärzte (§ 77 Abs. 3 Satz 2 SGB V), die zum einen über ein beschränktes Mitbestimmungsrecht verfügen (§ 80 Abs. 1 Satz 2 SGB V) und zum anderen in den Zulassungs- und Berufungsausschüssen vertreten sind (§§ 96 Abs. 2 Satz 3, 97 Abs. 2 Satz 4 SGB V)
[163] A. *Wahl*, Kooperative Strukturen im Vertragsarztrecht, S. 217 ff.
[164] Hierzu nur W. *Funk*, in: B. Schulin, HdbSozVersR Bd. 1, § 32 Rn. 35 ff.; G. *Schneider*, Handbuch des Kassenarztrechts, Rn. 295 ff.

II. Der Normenvertrag im Sozialversicherungsrecht

Ärzte bzw. der Zahnärzte[165] durch schriftliche Verträge der Kassenärztlichen Vereinigungen[166] mit den Verbänden der Krankenkassen[167] so zu regeln, daß eine ausreichende, zweckmäßige und wirtschaftliche Versorgung der Versicherten unter Berücksichtigung des allgemein anerkannten Standes der medizinischen Erkenntnisse gewährleistet ist und die ärztlichen Leistungen angemessen vergütet werden. Diese Vorschrift ist nicht allein Vertragsermächtigung und -verpflichtung, sondern gibt auch grobe inhaltliche Leitlinien für die abzuschließenden Verträge vor. In dem bezeichneten Rahmen der gesetzlichen Vorschriften und der Richtlinien der Bundesausschüsse ist die gesamte vertragsärztliche Versorgung vertraglicher Regelung überantwortet. Das Vertragsarztrecht etabliert verschiedene Vertragstypen zur kollektiven konsensualen Regelung, die sinnvollerweise zum einen nach ihren Regelungsgegenständen und zum anderen nach den verschiedenen Regelungsebenen unterschieden werden[168].

aa) Die Bundesmantelverträge

Zentrales konsensuales Regelungsinstrument auf *Bundesebene* ist der Bundesmantelvertrag, mit dem die Kassenärztliche bzw. die Kassenzahnärztliche Bundesvereinigung mit den Spitzenverbänden der Krankenkassen die allgemeinen Grundsätze über die vertragsärztliche bzw. vertragszahnärztliche Versorgung der Versicherten (§ 82 Abs. 1 SGB V) regeln[169]. Der Bundesmantelvertrag regelt die vertragsärztliche Versorgung im Rahmen der gesetzlichen Vorschriften und der Richtlinien der Bundesausschüsse dergestalt, daß eine ausreichende, zweckmäßige und wirtschaftliche Versorgung der Versicherten unter Berücksichtigung des allgemein anerkannten Standes der medizinischen Erkenntnisse gewährleistet ist und die ärztlichen Leistungen angemessen vergütet werden (§ 72 Abs. 2 SGB V).

---

[165] Zu den Bundesausschüssen *A. Hänlein*, Rechtsquellen im Sozialversicherungsrecht, S. 453 ff.; *F.E. Schnapp*, in: B. Schulin, HdbSozVersR Bd. I, § 49 Rn. 228 ff.; zu den von diesen erlassenen Richtlinien: *P. Axer*, Normsetzung in der Sozialversicherung, S. 117 ff.; *I. Ebsen*, in: B. Schulin, HdbSozVersR Bd. I, § 7 Rn. 157 ff.

[166] Dabei umfaßt der Begriff der »Kassenärztlichen Vereinigungen« nicht nur die auf Landesebene gebildeten Körperschaften, sondern auch die wiederum von diesen gebildete Kassenärztlichen Bundesvereinigung (§ 77 Abs. 1, 4 SGB V).

[167] Hierzu *W. Funk*, in: B. Schulin, HdbSozVersR Bd. I, § 32 Rn. 14. Unter »Verbände der Krankenkassen« sind sowohl die von den Primärkassen (siehe § 4 Abs. 2 SGB V) gebildeten Landesverbände (§ 207 Abs. 1 SGB V) wie auch die von diesen und den landwirtschaftlichen Kassen gebildeten Bundesverbände zu verstehen. Daneben treten die nur auf Bundesebene bestehenden Verbände der Ersatzkassen sowie die Bundesknappschaft, welche zugleich die Aufgaben eines Landesverbandes wahrnimmt (siehe insges. § 212 SGB V).

[168] *P. Axer*, Normsetzung in der Sozialversicherung, S. 63 ff.; *T. Clemens*, NZS 1994, S. 337 ff. (343); *I. Ebsen*, in: B. Schulin, HdbSozVersR Bd. 1, § 7 Rn. 110 ff.; *A. Hänlein*, Rechtsquellen im Sozialversicherungsrecht, S. 247 ff., 411 ff.; *M. Heinze*, SGb 1990, S. 173 ff.; *H.D. Schirmer*, MedR 1996, S. 404 ff. (405); *A. Wahl*, Kooperative Strukturen im Vertragsarztrecht, S. 292 ff.

[169] Zu der bis 1992 geltenden Sondersituation der Ersatzkassen und der knappschaftlichen Krankenversicherung, für deren Versicherte Verträge nicht auf Bundes- und Landesebene, sondern nur auf Bundesebene abzuschließen waren, siehe nur *W. Funk*, in: B. Schulin, HdbSozVersR Bd. I, § 32 Rn. 18.

Für einzelne Versorgungsbereiche existieren aufgrund spezieller gesetzlicher Ermächtigungen, die die allgemeine Ermächtigung zum Abschluß des Bundesmantelvertrags inhaltlich präzisieren, auf Bundesebene besondere (»sonstige«) Vereinbarungen, die Bestandteil des Bundesmantelvertrags sind und die sich auf bestimmte, gesetzlich vorgeschriebene Regelungsgegenstände beziehen. Die Bundesmantelverträge präzisieren die Pflichten der Vertragsärzte gegenüber den Versicherten[170], normieren aber im Gegenzug auch Pflichten der Versicherten[171]. In den Vertragswerken sind – nach der gesetzlichen Regelung »auch« – Vorschriften, die zur Organisation der vertragsärztlichen Versorgung notwendig sind, insbesondere Vordrucke und Nachweise, zu vereinbaren (§ 87 Abs. 1 Satz 2 SGB V).

Vor allem aber müssen die Kassenärztlichen Bundesvereinigungen mit den Spitzenverbänden der Krankenkassen als Element der Bundesmantelverträge einen einheitlichen Bewertungsmaßstab (EBM) für die ärztlichen bzw. die zahnärztlichen Leistungen vereinbaren. Dieser bestimmt den Inhalt der abrechnungsfähigen Leistungen und ihr wertmäßiges, in Punkten ausgedrücktes Verhältnis zueinander (§ 87 Abs. 1 Satz 1, Abs. 2 Satz 1 SGB V)[172].

Allerdings wird der EBM nicht unmittelbar von den Partnern der Bundesmantelverträge, sondern stellvertretend für diese von einem Bewertungsausschuß vereinbart, der aus sieben von der Kassenärztlichen Bundesvereinigung bestellten Vertretern sowie je einem von den Bundesverbänden der Krankenkassen, der Bundesknappschaft und den Verbänden der Ersatzkassen bestellten Vertreter besteht (§ 87 Abs. 3 SGB V).

Auch wenn der Bewertungsausschuß den EBM festlegt, handelt es sich nicht um einen Mehrheitsbeschluß, sondern um eine Vereinbarung durch Übereinstimmung aller Mitglieder. Der Bewertungsausschuß ist lediglich der verlängerte – und institutionell verselbständigte – Arm[173] der Vertragspartner, innerhalb dessen die unterschiedlichen Interessen der an der vertragsärztlichen Versorgung Beteiligten zum Ausgleich kommen[174]. Auch hier werden daher Rechtsnormen vereinbart[175]. § 87 Abs. 4 SGB V legt für den Fall, daß im Bewertungsausschuß durch übereinstimmenden Beschluß aller Mitglieder eine Vereinbarung über den Bewertungsmaßstab ganz oder teilweise nicht zustande kommt, fest, daß der Bewertungsausschuß auf Verlangen von mindestens zwei Mitgliedern um einen unparteiischen Vorsitzenden und vier weitere unparteiische Mitglieder erweitert wird[176]. Der er-

---

[170] Z.B. Pflicht zur persönlichen Behandlung (§ 15 BMV-Ä); Abhaltung von Sprechstunden (§ 17 Abs. 1, 2 BMV-Ä); Dokumentation (§§ 57 ff. BMV-Ä); Verbot der Forderung von Vergütungen von gesetzlich versicherten Patienten.

[171] Z.B. Vorweisen der Krankenversichertenkarte (§ 19 BMV-Ä); kein Arztwechsel ohne triftigen Grund (§ 21 Abs. 4 BMV-Ä; s.a. § 76 Abs. 3 Satz 1 SGB V. Überblick bei *F. Ruland*, in: E. Schmidt-Aßmann, Besonderes Verwaltungsrecht, Rn. 122.

[172] Zu dem Abrechnungssystem, das auf dem einheitlichen Bewertungsmaßstab basiert i.e.: *A. Hänlein*, Rechtsquellen im Sozialversicherungsrecht, S. 413 ff.; *W. Funk*, in: B. Schulin, HdbSozVersR Bd. I, § 32 Rn. 97; *P. Axer*, Normsetzung in der Sozialversicherung, S. 138 ff.

[173] Ausdruck von *R. Hess*, in: K. Niesel, Kasseler Kommentar, § 87 SGB V Rn. 18.

[174] BSGE 78, 191 (194).

[175] BSGE 71, 42 (45 ff.); 78, 191 (196); 81, 86 (89); *P. Axer*, Normsetzung in der Sozialversicherung, S. 138 f.; *I. Ebsen*, in: B. Schulin, HdbSozVersR Bd. I, § 7 Rn. 167; *W. Funk*, ebd., § 32, Rn. 97; *A. Hänlein*, Rechtsquellen im Sozialversicherungsrecht, S. 429; *R. Hess*, in: K. Niesel, Kasseler Kommentar, § 87 SGB V Rn. 12; *G. Schneider*, Handbuch des Kassenarztrechts, Rn. 725.

[176] Zu dessen Benennung i.e. § 87 Abs. 4 Satz 2, 3 SGB V.

II. Der Normenvertrag im Sozialversicherungsrecht

weiterte Bewertungsausschuß setzt mit der Mehrheit seiner Mitglieder die Vereinbarung fest. Die Festsetzung hat die Rechtswirkung einer vertraglichen Vereinbarung im Sinne des § 82 Abs. 1 SGB V und ist damit ebenfalls Bestandteil der Gesamtverträge auf regionaler Ebene (§ 87 Abs. 5 SGB V).

Der Gesetzgeber erklärt des weiteren auch die zur Sicherung der ärztlichen Versorgung erforderlichen Richtlinien über die Gewährung einer ausreichenden, zweckmäßigen und wirtschaftlichen Versorgung der Versicherten (§ 92 Abs. 1 SGB V) durch § 92 Abs. 8 SGB V zum Bestandteil der Gesamtverträge. Diese werden durch die Bundesausschüsse der Krankenkassen und der Ärzte bzw. der Zahnärzte erlassen, die sich gem. § 91 Abs. 1, 2 SGB V aus Vertretern der kassenärztlichen Bundesvereinigungen, der Bundesverbände der Krankenkassen, der Bundesknappschaft und der Verbände der Ersatzkassen sowie jeweils unparteiischen Mitgliedern zusammensetzen[177].

Der Gesetzgeber beläßt den Vertragspartnern einen weiten inhaltlichen Spielraum. In § 82 Abs. 1 Satz 1 SGB V wird lediglich vorgegeben, daß der Bundesmantelvertrag zum einen den allgemeinen Inhalt der auf regionaler Ebene bzw. auf der Ebene der Bezirke der Kassenärztlichen Vereinigungen zu vereinbarenden Gesamtverträge (zu diesen: § 83 SGB V[178]) enthalten muß[179]. Den Partnern der Gesamtverträge wird damit die Möglichkeit eingeräumt, regionale Besonderheiten der Versorgungsstruktur zu berücksichtigen[180].

bb) Die Gesamtverträge

Bei den Gesamtverträgen liegt in quantitativer Hinsicht das Schwergewicht der vertraglichen Regelung der vertragsärztlichen Versorgung auf Landesebene. Sie umfassen vorbehaltlich vorrangiger gesetzlicher oder vertraglicher Regelungen die gesamte vertragsärztliche Versorgung. Ein Gesamtvertrag wird von der jeweiligen Kassenärztlichen Vereinigung – bei möglicher gemeinsamer Aushandlung – mit allen Kassenarten gesondert abgeschlossen[181] (§ 82 Abs. 2 SGB V).

Die Gesamtverträge regeln nicht nur die vertragsärztliche Versorgung der Mitglieder mit Wohnort in ihrem Bezirk einschließlich der mitversicherten Familienangehörigen umfassend (§ 83 Abs. 1 Satz 1 SGB V), sondern auch Art und Um-

---

[177] Zu »sonstigen Vereinbarungen« auf Bundesebene nur: W. *Funk,* in: B. Schulin, HdbSozVersR Bd. I, § 32 Rn. 20.
[178] Die Gesamtverträge, deren allgemeiner Inhalt wiederum durch den Bundesmantelvertrag geregelt wird, schließen die Kassenärztlichen Vereinigungen mit den Landesverbänden der Krankenkassen (beides Körperschaften des öffentlichen Rechts, §§ 77 Abs. 5 SGB V, 207 Abs. 1 Satz 2 SGB V) und den Verbänden der Ersatzkassen (diese sind privatrechtlich organisiert) ab. Der Bundesmantelvertrag ist kraft gesetzlicher Anordnung Bestandteil der Gesamtverträge (§ 82 Abs. 1 Satz 2 SGB V).
[179] Zur Abgrenzung der Regelungsinhalte von Bundesmantelvertrag einerseits und Gesamtverträgen andererseits siehe nur: *P. Axer,* Normsetzung in der Sozialversicherung, S. 65 f.; W. *Funk,* in: B. Schulin, HdbSozVersR Bd. I, § 32 Rn. 22 f.; *A. Wahl,* Kooperative Strukturen im Vertragsarztrecht, S. 293 ff.
[180] *R. Hess,* in: K. Niesel, Kasseler Kommentar, § 82 SGB V Rn. 5.
[181] W. *Funk,* in: B. Schulin, HdbSozVersR Bd. I, § 32 Rn. 21 ff.

fang der vertragsärztlichen Gesamtvergütung (§ 85 Abs. 2 Satz 1 SGB V) sowie deren Veränderung (§ 85 Abs. 3 SGB V), die Rechnungslegung, Verfahren zur Prüfung der Honorarabrechnungen (§ 83 Abs. 2 SGB V) und das den Vertragsärzten als Obergrenze vorgegebene Arznei- und Heilmittelbudget[182]. Diese Regelungen erfolgen in dem Rahmen der vorrangigen gesetzlichen und bundesmantelvertraglichen Vorschriften, die ihrerseits auch die Richtlinien der Bundesausschüsse[183] umfassen[184]. Neben die Gesamtverträge treten auch auf regionaler Ebene sog. »sonstige Vereinbarungen«[185], die das Gesetz indes nicht ausdrücklich als Elemente der Gesamtverträge ausweist[186].

Das Regime der Mantel- und Gesamtverträge wird ebenso wie andere vertragliche Regelungen in der gesetzlichen Krankenversicherung[187] und den anderen Zweigen der Sozialversicherung[188] institutionell durch Schiedsämter bzw. Schiedsstellen abgesichert, die nach Maßgabe einer Rechtsverordnung[189] auf Landes- und Bundesebene von den Vertragspartner gebildet werden und – unter Beachtung der auch den Parteien zu berücksichtigenden Restriktionen und Vorgaben – den Inhalt von solchen Verträgen festsetzen, über die sich die Parteien nicht

---

[182] Zu den Einschränkungen für die Vereinbarungen der Höhe der Gesamtvergütung und ihrer Veränderungen durch das Gesundheitsstrukturgesetz (Gesetz zur Sicherung und Strukturverbesserung der gesetzlichen Krankenversicherung (GSG) vom 21. Dezember 1992 (BGBl. I 2266)) siehe nur *W. Funk*, in: B. Schulin, HdbSozVersR Bd. I, § 32 Rn. 23, 104.
[183] Deren Rechtscharakter und Klassifizierung war vor Erlaß § 92 Abs. 7 SGB V (durch das Gesetz zur Strukturreform im Gesundheitswesen (Gesundheits-Reformgesetz – GRG) vom 20. Dezember 1988 (BGBl. I 2477); seit dem Zweiten Gesetz zur Neuordnung von Selbstverwaltung und Eigenverantwortung in der gesetzlichen Krankenversicherung (2. GKV-Neuordnungsgesetz) vom 23. Juni 1997 (BGBl. I 1520) befindet sich die Vorschrift in § 92 Abs. 8 SGB V) ausgesprochen umstritten; siehe zur der Entwicklung nur *P. Axer*, Normsetzung in der Sozialversicherung, S. 118 ff.; *I. Ebsen*, in: B. Schulin, HdbSozVersR Bd. I, § 7 Rn. 158 f.; *A. Hänlein*, Rechtsquellen im Sozialversicherungsrecht, S. 464 ff.
[184] Diese ausdrückliche Erwähnung der Richtlinien in § 72 Abs. 2 SGB V ist überflüssig, weil diese schon durch § 92 Abs. 8 SGB V in die Bundesmantelverträge inkorporiert werden.
[185] Zu deren Regelungsgegenständen *W. Funk*, in: B. Schulin, HdbSozVersR Bd. I, § 32 Rn. 34 ff.; *A. Hänlein*, Rechtsquellen im Sozialversicherungsrecht, S. 350 f.
[186] Zu den weiteren Verträgen, die die Partner der Gesamtverträge etwa nach § 73a SGB V (eingefügt durch das Zweite Gesetz zur Neuordnung von Selbstverwaltung und Eigenverantwortung in der gesetzlichen Krankenversicherung (2. GKV-Neuordnungsgesetz – 2. GKV-NOG) vom 23. Juni 1997 (BGBl. I 1520)) abschließen können (Strukturverträge), siehe nur *P. Axer*, Normsetzung in der Sozialversicherung, S. 73 f.; *A. Hänlein*, Rechtsquellen im Sozialversicherungsrecht, S. 350.
[187] Siehe § 114 SGB V (Krankenhausbereich), § 129 Abs. 8 (Arzneimittelversorgung). Keine Schiedsstelle existiert für die Heil- und Hilfsmittelversorgung; hierzu *R. Schimmelpfeng-Schütte*, NZS 1997, S. 503 ff.
[188] Zur Pflegeversicherung *V. Neumann*, in: B. Schulin, HdbSozVersR Bd. IV, § 21 Rn. 96 ff.; für die gesetzliche Unfallversicherung *E. Jung*, in: G. Wannagat, Sozialgesetzbuch, § 34 SGB VII Rn. 30 ff.
[189] Verordnung über die Schiedsämter für die kassenärztliche (kassenzahnärztliche) Versorgung vom 28. Mai 1957 (BGBl I 570), zuletzt geändert durch die Dritte Verordnung zur Änderung der Schiedsamtsverordnung vom 7. April 1998 (BGBl. I 719).

II. Der Normenvertrag im Sozialversicherungsrecht

haben einigen können (§ 89 Abs. 1 Satz 1 SGB V)[190]. Die Schiedsämter sind mit Vertretern der Vertragspartner sowie unparteiischen Mitgliedern paritätisch besetzt (z.B. 89 Abs. 2 SGB V).

Während § 368h Abs. 1 Satz 3 RVO noch feststellte, daß die Festsetzung des Schiedsamtes die Wirkung einer vertraglichen Vereinbarung hat, erschöpft sich die ausdrückliche Aussage von § 89 Abs. 1a Satz 2 SGB V darin, daß das Schiedsamt den Vertragsinhalt festlegt. Eine entsprechende Regelung existiert für den Bereich der Unfallversicherung (§ 34 Abs. 5 f. SGB VII).

Soweit ein Normenvertrag durch Schiedsspruch festgesetzt wird, liegt in dieser Festsetzung gegenüber den Vertragspartnern, die sich nicht auf den Abschluß eines Vertrags zu einigen vermochten, ein Verwaltungsakt[191]. Gegenüber allen sonstigen normativ betroffenen Dritten – insbesondere den Verbandsmitgliedern – begründet aber die in der Substitution des Normenvertrags durch den Schiedsspruch liegende Anleihe des Spruchs an den Rechtscharakter des substituierten Rechtsakts die Wirkung einer Rechtsnorm. Der Schiedsspruch tritt an die Stelle der vereinbarten Rechtsnorm, entfaltet deren Wirkungen und ist damit – auch – Rechtsnorm[192].

---

[190] Zu dem Schiedswesen allg. und den Festsetzungen der Schiedsämter: *P. Axer*, Normsetzung in der Sozialversicherung, S. 96 ff.; *W. Funk*, in: B. Schulin, HdbSozVersR Bd. I, § 32 Rn. 27 ff.; *A. Hänlein*, Rechtsquellen im Sozialversicherungsrecht, S. 12 f., 360 f., 367 f., 377 f. und öfter.

[191] BSGE 20, 73 (75); *P. Axer*, Normsetzung in der Sozialversicherung, S. 97; *R. Düring*, Das Schiedswesen in der gesetzlichen Krankenversicherung, S. 120; *I. Ebsen*, in: B. Schulin, HdbSozVersR Bd. I, § 7 Rn. 151; *V. Neumann*, in: B. Schulin, HdbSozVersR Bd. IV, § 21 Rn. 106; *F.E. Schnapp*, in: B. Schulin, HdbSozVersR Bd. I, § 49 Rn. 221, 223; *G. Schneider*, Handbuch des Kassenarztrechts, Rn. 775. Eine Ausnahme von dem Verwaltungsaktcharakter wird bei den Sprüchen der nach § 18a KHG gebildeten Schiedsstelle angenommen, da diesen den Verwaltungsakt konstituierende Außenwirkung fehle (BVerwGE 94, 301 (303 ff.)). Über eine solche verfüge nur der auch mit Blick auf festgesetzten Pflegesätze erforderliche Genehmigungsakt der »zuständigen Landesbehörde« (§ 18 Abs. 5 KHG), da nach der gesetzlichen Konzeption nur hiergegen geklagt werden könne. Auch die Möglichkeit der Parteien, weitere Verhandlungen vorzunehmen soll gegen den Verwaltungsaktcharakter dieses Schiedsspruchs sprechen. Hier tritt die normative Wirkung des Schiedsspruchs also erst mit der Genehmigung durch die Aufsichtsbehörde ein.

[192] *P. Axer*, Normsetzung in der Sozialversicherung, S. 98 m.w.N. in Fn. 540; *I. Ebsen*, in: B. Schulin, HdbSozVersR Bd. I, § 7 Rn. 151; *ders.*, in: F.E. Schnapp, Probleme der Rechtsquellen im Sozialversicherungsrecht, Teil I, S. 13 ff. (21); *R. Hess*, in: K. Niesel, Kasseler Kommentar, § 89 SGB V Rn. 115; *G. Schneider*, Handbuch des Kassenarztrechts, Rn. 758 ff.; s.a. *R. Düring*, Das Schiedswesen in der gesetzlichen Krankenversicherung, S. 112, 143. Zu den i.E. nicht durchgreifenden Bedenken gegen die Annahme der – auch in anderen Zusammenhängen zu beobachtenden – Doppelnatur einer äußerlich einheitlichen Maßnahme: *P. Axer*, Normsetzung in der Sozialversicherung, S. 98 ff.; Auflistung weiterer Fälle der Doppelwirkung bei *P. Stelkens/ U. Stelkens*, in: P. Stelkens/H.J. Bonk/M. Sachs, Verwaltungsverfahrensgesetz, § 35 Rn. 18. *A. Hänlein*, Rechtsquellen im Sozialversicherungsrecht, S. 371, weist in diesem Zusammenhang auf die parallele Konstruktion zu dem Spruch der Einigungsstelle nach Betriebsverfassungsrecht hin (hierzu *R. Waltermann*, Rechtsetzung durch Betriebsvereinbarungen zwischen Privatautonomie und Tarifautonomie, S. 250), der die Einigung zwischen Arbeitgeber und Betriebrat ersetzt (§ 76 Abs. 5 BetrVG).

a) Die normative Bindungswirkung der Bundesmantel- und Gesamtverträge
aa) Bindungswirkung für Krankenkassen und Leistungserbringer
Alle erwähnten Verträge werden auf regionaler bzw. Bundesebene zwischen den Verbänden (den Kassenärztlichen Vereinigungen und den jeweiligen Kassenverbänden), nicht aber zwischen einem einzelnen Vertragsarzt und einer Krankenkasse abgeschlossen. Indes enthalten die Verträge nicht nur Regelungen, die zwischen den Vertragspartnern wirken sollen. Sie entfalten vielmehr in einer Vielzahl von Fällen auch Rechtswirkungen für Dritte, da sie zentrales Instrument zur Regelung der vertragsärztlichen Versorgung sind und damit Rechte und Pflichten der die Versorgungsleistungen erbringenden Ärzte festlegen[193]. Die von den Verbänden abgeschlossenen Verträge beanspruchen eine – durch die gesetzlichen Regelungen oftmals nur verklausuliert zum Ausdruck gebrachte – über die unmittelbaren Vertragspartner hinausreichende Bindungswirkung, die zum einen die einzelnen Kranken- und Pflegekassen als Verbandsmitglieder und zum anderen auch die Leistungsempfänger erfaßt, deren Anspruchsinhalt durch die zwischen dritten Rechtssubjekten geschlossenen vertraglichen Regelungen entscheidend geprägt wird.

In der sozialversicherungsrechtlichen Literatur und Rechtsprechung wird den Verträgen der Charakter von Rechtsnormen zugesprochen[194]. Die Herleitung des rechtsnormativen Charakters bereitet aber ebensolche Schwierigkeiten wie die Einordnung der ausgehandelten Rechtsnormen in das System der Rechtsquellenlehre.

Für die Anordnung der über die Vertragspartner hinausreichenden Bindungswirkung hat sich der Gesetzgeber verschiedener Varianten bedient[195]. Für die Krankenkassen ergibt sich die Bindung an die Gesamtverträge aus der Geltungsanordnung des § 83 Abs. 1 Satz 1 SGB V. § 85 Abs. 2 SGB V unterstreicht diese Geltung durch die Maßgeblichkeit des Gesamtvertrags für die Höhe der von den beteiligten Kassen zu entrichtenden Gesamtvergütung. Bei den »sonstigen Vereinbarungen« fehlen entsprechende Anordnungen; deren Verbindlichkeit für die Kassen ist aber dem Gesamtzusammenhang der Vorschriften zu entnehmen[196].

Die Bindung der Vertragsärzte an die Verträge und »sonstigen Vereinbarungen« erfolgt in gleich zweifacher Weise: Die Satzungen der Kassenärztlichen Vereinigungen müssen aufgrund gesetzlicher Vorgabe Bestimmungen enthalten, nach denen die von Kassenärztlichen Bundesvereinigungen abzuschließenden

---
[193] A. *Wahl*, Kooperative Strukturen im Vertragsarztrecht, S. 347.
[194] BSGE 20, 73 (81); 28, 224 (225 f.); 71, 42 (45 ff.); 78, 70 (78) und öfter; *I. Ebsen*, in: B. Schulin, HdbSozVersR Bd. 1, § 7 Rn. 110 ff.; *W. Funk*, in: B. Schulin, HdbSozVersR Bd. 1, § 32 Rn. 97; *A. Hänlein*, Rechtsquellen im Sozialversicherungsrecht, S. 368 ff., 426 ff.; *H.-J. Papier*, VSSR 1990, S. 123 ff. (124 f.); *G. Schneider*, Handbuch des Kassenarztrechts, Rn. 728 ff.; *H. Sodan*, NZS1998, S. 305 ff. (307 f.).
[195] *P. Axer*, Normsetzung in der Sozialversicherung, S. 60.
[196] Siehe i.e. *A. Hänlein*, Rechtsquellen im Sozialversicherungsrecht, S. 368 f.

Verträge für die Kassenärztlichen Vereinigungen und ihre Mitglieder verbindlich sind (§ 81 Abs. 3 Nr. 1 SGB V). Des weiteren sind für den zur Teilnahme an der vertragsärztlichen Versorgung zugelassenen Arzt die vertraglichen Bestimmungen über die vertragsärztliche Versorgung mit der Zulassung verbindlich (§ 95 Abs. 3 Satz 2 SGB V). Nach der gesetzlichen Konstruktion bedarf es also auch hier keines verbandsinternen Umsetzungsakts.

Die Bundesmantelverträge enthalten abstrakt-generelle Regelungen und entfalten Bindungswirkung nicht nur für die Vertragspartner, sondern auch gegenüber den Krankenkassen, den Vertragsärzten und den Kassenärztlichen Vereinigungen. Die Bindungswirkung des Bundesmantelvertrags ordnet der Gesetzgeber sowohl für die Krankenkassen als auch für die Vertragsärzte ausdrücklich an[197]: Der Inhalt des Bundesmantelvertrags ist kraft Gesetzes (§ 82 Abs. 1 Satz 2 SGB V) Bestandteil der von den einzelnen Kassenärztlichen Vereinigungen mit den jeweiligen Landesverbänden der Krankenkassen bzw. Ersatzkassen zu schließenden Gesamtverträge, die ihrerseits kraft Gesetzes (§ 83 Abs. 1 Satz 1 SGB V) Wirkung für die jeweiligen Krankenkassen entfalten. Flankierend zu dieser gesetzlichen Inkorporierung verpflichtet § 210 Abs. 2 SGB V die Landesverbände der Krankenkassen, Bestimmungen in ihre Satzungen aufzunehmen, nach denen u.a. die von den Bundesverbänden abzuschließenden Verträge – gemeint: der Bundesmantelvertrag – für die Landesverbände und ihre Mitgliedskassen verbindlich sind. Auch die Gesamtverträge begründen nicht nur Rechte und Pflichten für die Vertragsparteien, durch die sie abgeschlossen werden. Sie entfalten darüber hinaus auch Bindungswirkung für die Krankenkassen (§ 83 Abs. 1 Satz 1 SGB V) und in der gleichen Weise wie die Bundesmantelverträge auch für Versicherte und Leistungserbringer.

Diese speziellen Verbindlichkeitsanordnungen für den Bundesmantelvertrag sind als überflüssiges historisches Relikt der Zeit kritisiert worden, in der die Verbandsverträge als privatrechtliche Verträge noch der staatlichen Geltungsanordnung bedurften, um in ihrer Wirkung über den Kreis der Vertragsschließenden hinausgreifen zu können[198]. Die unmittelbare Geltung des Bundesmantelvertrags folgt bereits aus der gesetzlichen Ermächtigung, den allgemeinen Inhalt der regional abzuschließenden Gesamtverträge über die vertragsärztliche Versorgung in dem Bundesmantelvertrag zu vereinbaren[199]. Hierin ist eine Ermächtigung der Vertragsparteien zu der Setzung untergesetzlicher Normen zu sehen, deren Verbindlichkeit vor dem Hintergrund der hoheitlich geregelten Beziehungen zwischen Krankenkasse und Vertragsarzt bzw. deren gesetzlicher Zwangsmitgliedschaft in den jeweiligen vertragsschließenden Verbänden keiner besonderen Anordnung bedarf. Auch Vereinbarung und Festsetzung des einheitlichen Bewertungsmaßstabs weisen, obschon innerhalb eines Gremiums – des Bewer-

---

[197] P. Axer, Normsetzung in der Sozialversicherung, S. 67.
[198] Zu den historischen Ursprüngen der Verbandsverträge A. Wahl, Kooperative Strukturen im Vertragsarztrecht, S. 217 ff.
[199] P. Axer, Normsetzung in der Sozialversicherung, S. 67 ff.

tungsausschusses – vereinbart, den Charakter eines Normenvertrags auf, so daß der einheitliche Bewertungsmaßstab nicht nur wegen seiner Inkorporierung in die Bundesmantelverträge (§ 87 Abs. 5 SGB V) für alle Beteiligten der krankenversicherungsrechtlichen Leistungsbeziehung eine heteronom bindende Norm, eine Rechtsnorm darstellt.

bb) Bindungswirkung für die Versicherten

Schwierigkeiten bereitet demgegenüber die Konstruktion der normativen Verbindlichkeit der Verträge für die Versicherten, für die eine ausdrückliche Anordnung im Sozialgesetzbuch fehlt. Diese Problematik läßt sich nicht dadurch entschärfen, daß man die Vereinbarungen mit Blick auf die Versicherten als Regelungen von im weitesten Sinne organisatorisch-technischer Art marginalisiert[200]. Der Bundesmantelvertrag formt den kraft Gesetzes bestehenden Leistungsanspruch des Versicherten, indem er Modalitäten der ärztlichen Leistungserbringung festlegt, Pflichten für den Versicherten normiert und damit eine inhaltliche Ausgestaltung der vertragsärztlichen Versorgung insgesamt darstellt[201]. Im Rahmen des vom Gesetzgeber normierten Sachleistungsprinzips dient das konsensual zustande gekommene Leistungserbringungsrecht einer Präzisierung des Leistungsrechts des Versicherten gegenüber seiner Krankenversicherung. Erst mit der konsensualen Präzisierung des Leistungsanspruchs durch die vertraglichen Regeln zwischen Krankenkassen und Leistungserbringern bzw. den entsprechenden Verbänden steht fest, welche konkreten Leistungen dem Versicherten zustehen und welche Pflichten bzw. Obliegenheiten er zum Zwecke der Einlösung dieses Anspruchs zu erfüllen hat.

Zwar hat das konsensuale und präzisierende Leistungserbringungsrecht eine dienende Funktion für das gesetzlich begründete, indessen seinem Inhalt nach nur rahmenartige Leistungsrecht, doch ist dieses ohne jenes nicht einzulösen – es besteht nur dem Grunde nach. Seine Konkretisierung durch das Leistungserbringungsrecht muß sich im Rahmen der gesetzlichen Vorgaben halten, wobei die im Gesetz dargelegte Ausformung des Leistungsanspruchs allerdings denkbar offen ist (siehe §§ 2 Abs. 1 Satz 1, 72 Abs. 2 SGB V) und die gesetzliche Umschreibung des Leistungsanspruchs sich mit den Vorgaben für das konsensuale Leistungserbringungsrecht deckt (siehe § 12 Abs. 1 Satz 1 SGB V einerseits und § 70 Abs. 1 Satz 2 SGB V andererseits: ausreichende, zweckmäßige und wirtschaftliche Leistungen). Damit, daß der Gesetzgeber die vertragsschließenden Parteien mit der Befugnis, den Bundesmantelvertrag über die Leistungserbringung betreffenden Regelungen abzuschließen betraut, ermächtigt er diese zugleich zur konsensualen Normsetzung gegenüber den Versicherten. Trotz Fehlens einer entsprechenden Anordnung sind die Regelungen der Verträge (und insbesondere die dort niedergelegten Pflichten) zwischen den Verbänden der

---

[200] So aber G. *Schwerdtfeger*, NZS 1998, S. 97 ff. (98 f.).
[201] P. *Axer*, Normsetzung in der Sozialversicherung, S. 69.

Krankenkassen und denen der Leistungserbringer auch für den Versicherten als Normen bindend[202].

Abgesehen von jenen Vorschriften der Verträge, die ausdrücklich nur den Vertragspartnern Rechte und Pflichten einräumen und daher über einen rein bilateralen, typisch vertraglichen Charakter verfügen, weisen die Bundesmantelverträge daher normativen Charakter auf, indem sie auf die dargelegte Art – auch ohne ausdrückliche gesetzliche Festlegung – Rechtssubjekte binden, die an dem Vertragsschluß nicht beteiligt waren: Krankenkassen, Leistungserbringer, Versicherte. Für die Begründung des normativen Charakters bedarf es keiner ausdrücklichen gesetzlichen Anordnung – etwa in Anlehnung an § 1 TVG –[203], da die Verträge nicht originär privatrechtlicher Natur sind[204]. Der normative Charakter der vertraglichen Regelungen läßt sich rechtstechnisch allein durch die auf den Leistungsanspruch des nicht am Vertragsschluß beteiligten Versicherten und die Pflichten und Rechte der ebenfalls nicht beteiligten Krankenkassen und Leistungserbringer bezogene Vertragsschlußermächtigung und damit durch die Einräumung der entsprechenden Normsetzungsbefugnisse an die Vertragspartner durch den Gesetzgeber begründen.

3. Die Normenverträge im Krankenhausrecht

Auch im Bereich des Krankenhausrechts existiert ein dichtes Vertragsgeflecht zur Regelung der Beziehungen zwischen Krankenkassen und Krankenhäusern[205]. In der typischen sozialversicherungsrechtlichen, im Sachleistungsprinzip begründeten Konstellation treten als Vertragspartner der Krankenkassenverbände, die sich um die Beschaffung der Krankenbehandlung ihrer Versicherten bemühen müssen, im Krankenhausbereich auf Seiten der Leistungserbringer einzelne Krankenhäuser, die Landeskrankenhausgesellschaften oder auch die Deutsche Krankenhausgesellschaft auf.

Nach § 108 Abs. 5 SGB V handelt es sich bei den Landeskrankenhausgesellschaften um Zusammenschlüsse von Trägern zugelassener Krankenhäuser in einem Bundesland. In der Deutschen Krankenhausgesellschaft sind die Landeskrankenhausgesellschaften zusammengeschlossen. Beide Verbände sind privatrechtlich organisierte, auf freiwilliger Mitgliedschaft beruhende Vereinigungen, denen der Gesetzgeber Aufgaben im Zusammenhang mit der gesetzlichen Krankenversicherung übertragen hat. Da somit einzelne Krankenhäuser diesen Verbänden fernbleiben können, hat der Gesetzgeber die Verbindlichkeit der von den

---

[202] *P. Axer*, Normsetzung in der Sozialversicherung, S. 69; *S. Biehl/H. Ortwein*, SGb 1991, S. 529 ff. (541 f.); *I. Ebsen*, in: B. Schulin, HdbSozVersR Bd. 1, § 7 Rn. 115; a.A. aber *F. Ossenbühl*, NZS 1997, S. 497 ff. (499); *G. Schneider*, Handbuch des Kassenarztrechts, Rn. 729.
[203] So aber *B.B. v. Maydell*, ZBl.S. 1983, S. 148 ff. (151 f.).
[204] *P. Axer*, Normsetzung in der Sozialversicherung, S. 73 (Fn. 331).
[205] Zu der allmählichen organisatorischen Angleichung der Entwicklung der krankenhausrechtlichen Leistungsbeziehungen an die des Vertragsarztrechts: *A. Hänlein*, Rechtsquellen im Sozialversicherungsrecht, S. 351 ff.

Verbänden geschlossenen Verträge ausdrücklich auch für nicht verbandszugehörige Krankenhäuser angeordnet (§§ 112 Abs. 2 Satz 2 SGB V für zweiseitige Verträge zwischen Krankenkassenverbänden und Krankenhausgesellschaft bzw. 115 Abs. 2 Satz 2 SGB V für dreiseitige Verträge zwischen Krankenkassenverbänden, Kassenärztlichen Vereinigungen und Landeskrankenhausgesellschaften), so daß trotz der grundsätzlichen Freiheit des einzelnen Krankenhauses, dem Verband beizutreten oder ihm fernzubleiben, die Bindung an die von dem Verband ausgehandelten Verträge unentrinnbar ist.

a) Die Verträge nach § 112 Abs. 1 SGB V

Nach § 112 Abs. 1 SGB V schließen die Krankenkassenverbände und die Landeskrankenhausgesellschaft zur Regelung der allgemeinen Bedingungen der Krankenhausbehandlung bzw. der Verfahrens- und Prüfungsgrundsätze für Wirtschaftlichkeits- und Qualitätsprüfungen zweiseitige Verträge[206].

Die Rolle dieser Verträge ist in der Praxis von eher untergeordneter Bedeutung, da alle insoweit bedeutsamen Fragen bereits in den Rahmenempfehlungen auf Bundesebene nach § 112 Abs. 5 SGB V geregelt werden, die die Spitzenverbände der Krankenkassen gemeinsam mit der Deutschen Krankenhausgesellschaft oder den Bundesverbänden der Krankenhausträger abgeben. Die Rahmenempfehlungen decken inhaltlich bereits den gesamten Katalog des § 112 Abs. 2 SGB V für die zweiseitigen Verträge ab[207] und die regionale Ebene schließt sich ihnen freiwillig an[208]. Da die Rahmenbedingungen faktisch von allen Krankenhäusern aufgrund freiwilliger Entscheidung eingehalten werden, ist der Abschluß von Verträgen nach § 112 Abs. 2 SGB V gar nicht erst erforderlich, so daß sich in der Praxis die umstrittene Frage nach ihrer Bindungswirkung nicht stellt.

Bei den fraglichen Verträgen handelt es sich um Normenverträge[209]. Nach § 112 Abs. 2 Satz 2 SGB V sind die Vertragswerke für die – wie im Bereich des Vertragsarztrechts nicht unmittelbar am Vertragsschluß beteiligten – Krankenkassen und die zugelassenen Krankenhäuser im Land unmittelbar verbindlich[210]. Allerdings ergibt sich auch hier diese unmittelbare Verbindlichkeit nicht erst aus der Anordnung in § 112 Abs. 2 Satz 2 SGB V, die daher lediglich deklaratorischen Charakters ist, sondern aus der in der Vertragsabschlußermächtigung liegenden Ermächtigung zum Normerlaß[211]. Auch hier zielen die gesetzlichen Vor-

---

[206] Zu dem genauen Inhalt dieser Verträge *M. Heinze*, in: B. Schulin, HdbSozVersR Bd. I, § 38 Rn. 58 ff.; *R. Hess*, in: K. Niesel, Kasseler Kommentar, § 112 SGB V Rn. 5 ff.; *V. Neumann*, Freiheitsgefährdungen im kooperativen Sozialstaat, S. 271 ff.
[207] *M. Heinze*, in: B. Schulin, HdbSozVersR Bd. I, § 38 Rn. 66 ff.
[208] *M. Heinze*, in: B. Schulin, HdbSozVersR Bd. I, § 38 Rn. 77.
[209] *P. Axer*, Normsetzung in der Sozialversicherung, S. 77; *I. Ebsen*, in: B. Schulin, HdbSozVersR Bd. I, § 7 Rn. 131; *M. Heinze*, SGb 1990, S. 173 ff. (175 f.); *ders.*, in: B. Schulin, HdbSozVersR Bd. I, § 38 Rn. 13; *J. Teigelack*, Zwei- und dreiseitige Verträge nach SGB V, S. 82 ff.
[210] Rechtliche Auswirkungen auf die Vertragsverhältnisse der Krankenhäuser mit Privatpatienten haben diese Vereinbarungen – anders als die Pflegsatzvereinbarungen – nicht; *A. Hänlein*, Rechtsquellen im Sozialversicherungsrecht, S. 374.
[211] So wohl auch BSG NZS 1997, S. 228 ff. (229 ff.), da hiernach die Verbindlichkeit eines zweiseitigen Vertrags auch gegenüber einer Krankenkasse gilt, die ihren Sitz nicht in dem Land hat, in

schriften über die Ermächtigung zum Vertragsabschluß auf die unmittelbare Verbindlichkeit auch für diejenigen Krankenhäuser, die der verhandelnden Krankenhausgesellschaft nicht angehören, so daß es der flankierenden ausdrücklichen Gültigkeitsanordnung gar nicht bedarf. Auch wenn die beteiligten Krankenhausgesellschaften privatrechtlich organisiert sind, handelt es sich bei den Verträgen um solche öffentlich-rechtlicher Natur, da sie nach herrschender Meinung der Erfüllung der öffentlichen Aufgabe »Sicherung im Krankheitsfall« durch Konkretisierung des öffentlich-rechtlichen Leistungsanspruchs des Versicherten dienen[212].

Die Krankenhausbehandlung gründet nicht allein auf Normenverträgen, sondern auch auf dem Versorgungsvertrag über die Zulassung zur Krankenhausbehandlung, die zwischen den Krankenkassenverbänden und den einzelnen Krankenhausträgern geschlossen werden, die als statusbegründende Regelungen die Zulassung (und gleichzeitige Verpflichtung[213]) eines Trägers zur Krankenhausversorgung aussprechen und damit einen Einzelfall regeln[214]. Diese Verträge binden alle Krankenkassen im Inland (§ 109 Abs. 1 Satz 3 SGB V). Parallele Regeln trifft das Gesetz für die Versorgungsverträge der Krankenkassenverbände mit den Vorsorge- oder Rehabilitationseinrichtungen, auf die das im KHG niedergelegte Krankenhausplanungsrecht allerdings nicht anwendbar ist[215].

b) Die Vergütungsverträge

Ein weiterer Fall des Normenvertrags in dem Bereich der Krankenhausversorgung liegt bei den Vereinbarungen über die Höhe der Vergütungen für stationäre Krankenhausleistungen aus Pflegesatzvereinbarungen vor, die auf Grundlage der zu §§ 16 ff. KHG ergangenen Bundespflegesatzverordnung geschlossen werden, da auch diese Vertragswerke eine Bindungswirkung über den Kreis der Vertragsschließenden hinaus entfalten[216]. Anders als bei der vertragsärztlichen Gesamtvergütung stellt ein Krankenhaus die Vergütung für die Behandlung eines Versicherten individuell in Rechnung. Nach dem neuen Entgeltsystem[217], bei dem ein Krankenhausfall entweder mit einer umfassenden Fallpauschale (§§ 11 Abs. 1, 14 Abs. 4 BPflV) oder aber mit einem Sonderentgelt zuzüglich Abteilungs- und Basispflegesatz (§§ 11 Abs. 2, 14 Abs. 4, 13 BPflV) vergütet wird, ergibt sich die

---

dem der Vertrag abgeschlossen wurde. Wird die Bindungswirkung nur rechtsgeschäftlich über die jeweilige Verbandsmitgliedschaft oder über eine Verbindlichkeitsanordnung sichergestellt, die sich nur auf die Krankenkassen des Landes bezieht, in dem der Vertrag abgeschlossen wurde, kann eine dem Willen des Gesetzgebers entsprechende bundesweite Verbindlichkeit der Verträge nicht erklärt werden; *P. Axer*, Normsetzung in der Sozialversicherung, S. 77 f.

[212] BGH NZS 1997, S. 341 ff. (342); *P. Axer*, Normsetzung in der Sozialversicherung, S. 77 m.w.N.
[213] § 109 Abs. 4 Satz 1, 2 SGB V.
[214] §§ 108 Nr. 3, 109 ff. SGB V.
[215] § 111 SGB V; s.a. *P. Axer*, Normsetzung in der Sozialversicherung, S. 76.
[216] *P. Axer*, Normsetzung in der Sozialversicherung, S. 78 f.; *A. Hänlein*, Rechtsquellen im Sozialversicherungsrecht, S. 372; *M. Heinze*, SGb. 1997, S. 379 ff. (399); *J. Patt*, System und Kontrolle der Preisbildung für Krankenhausleistungen, S. 105 f.
[217] Hierzu unten S. 622 f.

Antwort auf die Frage, welche Vergütungsform bei welcher Behandlung einschlägig ist, aus den auf Bundesebene vereinbarten Katalogen von Fallpauschalen und Sonderentgelten (§§ 11 Abs. 1 und 2, 15 BPflV)[218]. Der Geldwert dieser in Punkten vereinbarten Fallpauschalen und Sonderentgelte wird durch Multiplikation mit einem Punktwert ermittelt, dessen Höhe wiederum auf Landesebene vereinbart wird (§ 18 Abs. 3 Satz 3 KHG, § 16 BPflV).

Auf Grundlage der genannten Vorschriften vereinbaren die Spitzenverbände der Krankenkassen und – systemfremd[219] – der Verband der privaten Krankenversicherungen mit der Deutschen Krankenhausgesellschaft die Entgeltkataloge (§ 17 Abs. 2a Satz 3 KHG) als mehrseitigen Vertrag öffentlich-rechtlicher Natur. Die Verbindlichkeit der Kataloge richtet sich nach dem organisatorischen Status des jeweiligen Krankenhausträgers: Für diejenigen, die Mitglied einer Krankenhausgesellschaft sind, gilt der Katalog nach der gesetzlichen Konzeption unmittelbar, für alle anderen sind die Entgeltkataloge bei der Vereinbarung der Pflegesatzvereinbarungen zugrunde zu legen (§ 17 Abs. 2a Satz 6 KHG)[220]. Gleichfalls in Form von Normenverträgen vereinbaren die Parteien auf Landesebene auf der Grundlage der Entgeltkataloge Verträge über den Punktwert, über Fallpauschalen und Sonderentgelte (§ 17 Abs. 2a Satz 9 KHG).

Bei allen genannten Vereinbarungen handelt es sich um generelle Regelungen, die landesweit die Preise für die stationäre Versorgung festlegen und – nach der Genehmigung der Aufsichtsbehörde – keiner innerverbandlichen Umsetzung mehr bedürfen[221]. Die Regelungen entfalten Wirksamkeit für alle zugelassenen Krankenhäuser unabhängig von deren Mitgliedschaft in einem der vertragsschließenden Verbände, die darüber hinaus nicht einmal über eine entsprechende Umsetzungs- oder Verpflichtungsklausel in ihren Satzungen verfügen müssen. Öffentlich geförderte Krankenhäuser (für andere gilt § 17 Abs. 5 KHG) dürfen bei der Behandlung von Privatpatienten ebenfalls nur auf der Basis der nach dem Pflegesatzrecht ermittelten Pflegesätze abrechnen (§ 17 Abs. 1 Satz 1 KHG). Hierin liegt nicht nur eine Preisbindung auf Anbieterseite[222]. Die normative Wirkung der vereinbarten Vorgaben für den Pflegesatz auch gegenüber Privatpatienten liegt in dem Verbot einer abweichenden Vertragsgestaltung.

Die mit dem Gesetz zur Reform der Gesetzlichen Krankenversicherung ab dem Jahr 2000[223] erlassene Vorschrift des § 17b KHG, auf deren Grundlage ein pauschalierendes Entgeltsystem eingeführt werden soll, gibt in Abs. 2 Satz 1 den Spitzenverbänden der Krankenkassen und dem Verband der privaten Krankenversicherung auf, entsprechend den Vorgaben von § 17b Abs. 1 und 3 KHG gemeinsam mit der Deutschen Krankenhausgesellschaft ein Vergütungssystem zu vereinbaren. Dieses soll sich an einem international

---

[218] *A. Hänlein*, Rechtsquellen im Sozialversicherungsrecht, S. 353 f.; dort auch zu den Begriffen der Fallpauschale und den Sonderentgelten.
[219] *M. Heinze*, SGb. 1997, S. 379 ff. (397 f.).
[220] Hierzu *A. Hänlein*, Rechtsquellen im Sozialversicherungsrecht, S. 418.
[221] *A. Hänlein*, Rechtsquellen im Sozialversicherungsrecht, S. 372.
[222] So aber *A. Hänlein*, Rechtsquellen im Sozialversicherungsrecht, S. 373.
[223] Gesetz vom 22. Dezember 1999 (BGBl. I 2626).

bereits eingesetzten Vergütungssystem auf der Grundlage der Diagnosis Related Groups (DRG) – einschließlich der Punktwerte sowie seine Weiterentwicklung und Anpassung an die medizinische Entwicklung und an Kostenentwicklungen – orientieren.

c) Die Verträge nach § 115 SGB V

Ebenfalls als öffentlich-rechtliche Normenverträge sind die dreiseitigen Verträge nach § 115 SGB V zu qualifizieren, die der Überwindung der Trennung von ambulanter und stationärer Behandlung dienen[224]. Zu diesem Zwecke schließen die Landesverbände der Krankenkassen und die Verbände der Ersatzkassen gemeinsam und die Kassenärztlichen Vereinigungen mit der Landeskrankenhausgesellschaft oder mit den Vereinigungen der Krankenhausträger im Land gemeinsam Verträge mit dem Ziel, durch enge Zusammenarbeit zwischen Vertragsärzten und zugelassenen Krankenhäusern eine nahtlose ambulante und stationäre Behandlung der Versicherten zu gewährleisten. Die möglichen Vertragsgegenstände führt § 115 Abs. 2 SGB V auf. Zu beachten ist, daß der Gesetzgeber mit §§ 115a, 115b SGB V den möglichen Vertragsinhalt des § 115 Abs. 2 Satz 1 Nr. 1 und 5 SGB V schon in weiten Teilen vorweggenommen hat, so daß für vertragliche Regulierungen kein breiter Raum mehr verbleibt.

Die Verträge regeln danach u.a. die Förderung des Belegarztwesens und der Behandlung in Einrichtungen, in denen die Versicherten durch Zusammenarbeit mehrerer Vertragsärzte ambulant und stationär versorgt werden (Praxiskliniken), die gegenseitige Unterrichtung über die Behandlung der Patienten sowie über die Überlassung und Verwendung von Krankenunterlagen, die Zusammenarbeit bei der Gestaltung und Durchführung eines ständig einsatzbereiten Notdienstes, die Durchführung einer vor- und nachstationären Behandlung im Krankenhaus und die allgemeinen Bedingungen der ambulanten Behandlung im Krankenhaus[225].

Die Verträge sind nach der Aussage des Gesetzes (§ 115 Abs. 2 Satz 2 SGB V) für die Krankenkassen, die Vertragsärzte und die zugelassenen Krankenhäuser im Land unmittelbar verbindlich. Analog zu den o.a. Überlegungen im Rahmen des Vertragsarztrechts binden die fraglichen Verträge auch die Versicherten, indem sie deren Rechtsstatus bzw. deren Leistungsanspruch verbindlich ausgestalten.

Zu beachten ist, daß der Gesetzgeber für den Fall des Nichtzustandekommens einer vertraglichen Regelung oder eines entsprechenden Schiedsspruches der Landesregierung die Möglichkeit eingeräumt hat, eine entsprechende Verordnung zu erlassen, wobei eine vertragliche Regelung möglich bleibt, solange und soweit die Landesregierung eine Rechtsverordnung nicht erlassen hat (§ 115 Abs. 4 SGB V).

Auch hinsichtlich der dreiseitigen Verträge legt das Gesetz fest, daß die Spitzenverbände der Krankenkassen gemeinsam, die Kassenärztlichen Bundesvereini-

---

[224] *P. Axer*, Normsetzung in der Sozialversicherung, S. 80; *A. Hänlein*, Rechtsquellen im Sozialversicherungsrecht, S. 375; *M. Heinze*, in: B. Schulin, HdbSozVersR Bd. I, § 38 Rn. 33; *J. Teigelack*, Zwei- und dreiseitige Verträge nach SGB V, S. 83.
[225] Siehe auch *M. Heinze*, in: B. Schulin, HdbSozVersR Bd. 1, § 38 Rn. 79.

gungen und die Deutsche Krankenhausgesellschaft oder die Bundesverbände der Krankenhausträger gemeinsam Rahmenempfehlungen zum Inhalt der Verträge abgeben sollen (§ 115 Abs. 5 SGB V). Auch hier wurden die Schwierigkeiten, die der Abschluß eines Normenvertrags mit sich bringt, in weitem Maße durch freiwillige Vereinbarungen vermieden, denen sich die durch die dreiseitigen Verträge potentiell Gebundenen freiwillig angeschlossen haben[226].

Die Einbindung der privatrechtlich organisierten Krankenhausgesellschaften in dieses Vertragssystem ist verfassungsrechtlich nicht unproblematisch[227]. Während die Geltungserstreckung einer normativen Verbindlichkeit von verhandeltem Recht auf Dritte in den bislang erörterten Fällen voraussetzt, daß diese in den vereinbarenden Hoheitsträger eingegliedert oder den Privatrechtssubjekten mitgliedschaftlich verbunden sind, verpflichten die von den Verbänden geschlossenen Verträge auch solche Krankenhausträger, die nicht Mitglieder der Krankenhausgesellschaften sind. Diese nicht nur über die Vertragspartner, sondern auch über die jeweiligen Verbandsmitgliedschaften hinausgehende Bindungswirkung ordnet der Gesetzgeber in §§ 112 Abs. 2 Satz 2, 115 Abs. 2 Satz 2 SGB V ausdrücklich an. Nach § 17 Abs. 2a Satz 6 KHG sind auch die Entgeltkataloge für die Träger von Krankenhäusern unmittelbar verbindlich, die Mitglied einer Landeskrankenhausgesellschaft sind; ist der Träger nicht Mitglied einer Landeskrankenhausgesellschaft, sind die Entgeltkataloge der Pflegesatzvereinbarung zugrunde zu legen. Es liegt hier ein Fall der »heimlichen Verkammerung« der nicht der Krankenhausgesellschaft beigetretenen Krankenhausträger vor[228], da die betroffenen Krankenhäuser einem durch andere Akteure ausgehandelten Rechtsregime unterworfen sind, auf dessen Ausgestaltung sie keinen Einfluß haben. Somit besteht die Bindung insbesondere der Krankenhausträger an die geschlossenen Normenverträge unabhängig von der Mitgliedschaft in einer Krankenhausgesellschaft und ist auch durch Austritt aus dieser nicht zu vermeiden[229].

4. Die Normenverträge in der Arzneimittelversorgung sowie der Heil- und Hilfsmittelversorgung

In dem Bereich der Arzneimittelversorgung und der Heil- und Hilfsmittelversorgung schließen die Krankenkassenverbände zur Erfüllung der Verpflichtungen der Krankenkassen gegenüber den Versicherten Normenverträge mit den Leistungserbringern bzw. deren Verbänden ab, die sowohl die einzelne Krankenkasse als auch den einzelnen Leistungserbringer binden. Die Krankenkassen be-

---

[226] Siehe auch *M. Heinze*, in: B. Schulin, HdbSozVersR Bd. 1, § 38 Rn. 80.
[227] Siehe *H. Genzel*, MedR 1997, S. 479 ff. (485); *M. Heinze*, in: B. Schulin, HdbSozVersR Bd. 1, § 38 Rn 61 ff., 102; *ders.*, SGb. 1997, S. 397 ff. (399 f.); *V. Neumann*, Freiheitsgefährdungen im kooperativen Sozialstaat, S. 272 f.; *O. Ricken*, SGb. 1998, 63 ff. (65); *W. Rüfner*, NJW 1989, S. 1001 ff. (1006); *S. Schlichtner-Wicker*, Die dreiseitigen Verträge nach § 115 SGB V, S. 149 ff.
[228] *V. Neumann*, Freiheitsgefährdungen im kooperativen Sozialstaat, S. 272.
[229] *P. Axer*, Normsetzung in der Sozialversicherung, S. 75.

II. Der Normenvertrag im Sozialversicherungsrecht

dienen sich für die Versorgung der Versicherten mit Heil- und Hilfsmitteln[230] selbständiger Leistungserbringer, die nach § 124 Abs. 1, 2 bzw. nach § 126 Abs. 2 SGB V zur Leistungserbringung zuzulassen sind. Die Versorgung der Versicherten soll nach der gesetzlichen Konzeption durch ein abgestuftes System öffentlich-rechtlicher Verträge[231] gewährleistet werden. Die Geltungsanordnung der vertraglichen Regelungen erfolgt über die Verpflichtung zur Anerkennung ihrer Verbindlichkeit als Voraussetzung für die Zulassung zu der Erbringung der Leistungen (§ 124 Abs. 2 Nr. 4 SGB V für Zulassung zur Erbringung von Heilmitteln).

Auf Bundesebene geben nach § 125 Abs. 1 SGB V die Spitzenverbände der Krankenkassen sowie die für die Wahrnehmung der Interessen der Heilmittelerbringer relevanten Spitzenorganisationen gemeinsame Rahmenempfehlungen über die einheitliche Versorgung mit Heilmitteln unter Berücksichtigung der von den Bundesausschüssen nach § 92 Abs. 1 Satz 2 Nr. 6 SGB V aufgestellten Richtlinien ab. Deren Bindungswirkung ist allerdings umstritten[232]. Auf der Ebene des Landes schließen die Krankenkassenverbände mit Wirkung für ihre Mitgliedskassen Rahmenverträge mit den Leistungserbringern oder deren Verbänden über die Einzelheiten der Versorgung mit Heilmitteln, über Preise und Abrechnungsmodalitäten. Diese Verträge haben nach der gesetzlichen Konzeption normative Wirkung, da sie die einzelnen Krankenkassen kraft ausdrücklicher gesetzlicher Anordnung (§ 125 Abs. 2 SGB V), die Heilmittelerbringer durch das Erfordernis der Anerkennung als Voraussetzung für die Zulassung (§ 124 Abs. 2 Satz 1 Nr. 4 SGB V) inhaltlich binden. Erfolgt ein Vertragsschluß nur mit einem einzelnen Erbringer von Heilmitteln anstatt mit einem entsprechenden Verband, wird die Bindung an den Inhalt der Rahmenverträge durch den Vertrag sichergestellt. Allerdings sind diese gesetzlichen Anordnungen bzw. vertraglichen Einbeziehungen nicht erforderlich, da die Vereinbarungen normative Wirkung schon aufgrund der gesetzlichen Ermächtigung zum Vertragsschluß enthalten, die eine Drittwirkung gegenüber all jenen impliziert, die an dem öffentlich-rechtlichen System der Versorgung der Versicherten mit Heil- und Hilfsmitteln teilnehmen. Auf der untersten Stufe dieses Vertragssystems stehen Verträge zwischen Krankenkasse und Heilmittellieferant über die Erbringung des Heilmittels an den Versicherten. Sie entfalten nur Wirkung zwischen den Vertragsparteien.

---

[230] Zur Abgrenzung von Heil- und Hilfsmitteln siehe nur *S. Knittel*, in: D. Krauskopf, Soziale Krankenversicherung, Pflegeversicherung, § 124 SGB XI Rn. 3.

[231] Die Rechtsnatur der Verträge ist umstritten: Lit. und Rspr. gehen z.T. von einer privatrechtlichen Einordnung aus (BSGE 79, 28 (29 f.); BSG NZS 1997, S. 128 ff. (128); *M. Heinze*, in: B. Schulin, HdbSozVersR Bd. 1, § 40 Rn. 38 ff., 77 ff.; a.A. aber etwa *P. Axer*, Normsetzung in der Sozialversicherung, S. 82 f., der zu recht darauf hinweist, daß die Vertragspartner den öffentlich-rechtlichen Leistungsanspruch des Versicherten konkretisieren; s.a. *S. Knittel*, in: D. Krauskopf, Soziale Krankenversicherung, Pflegeversicherung, § 124 SGB V Rn. 4; *J. Schmitt*, in: B. Schulin, HdbSozVersR Bd. 1, § 30 Rn. 18.

[232] *P. Axer*, Normsetzung in der Sozialversicherung, S. 102 f.

Anders als bei der Erbringung von Heilmitteln sieht der Gesetzgeber bei der Erbringung von Hilfsmitteln keine Rahmenempfehlungen auf Bundesebene vor[233]. Die Aufgabe der Rahmenverträge auf Landesebene entspricht der der Verträge für die Erbringung von Heilmitteln (§ 127 Abs. 1 SGB V). Auch hier handelt es sich um Normenverträge, da sie von den Krankenkassenverbänden mit Wirkung für ihre Mitgliedskassen mit den Leistungserbringern oder deren Verbänden geschlossen werden.

Auch für die Versorgung der Versicherten mit Arzneimitteln ermächtigt das Gesetz die Krankenkassenverbände zu Verträgen mit Apothekern (§ 129 f. SGB V) und mit pharmazeutischen Unternehmen (§ 131 SGB V). Die Spitzenverbände der Krankenkassen und die für die Wahrnehmung der wirtschaftlichen Interessen gebildete maßgebliche Spitzenorganisation der Apotheker regeln auf Bundesebene gem. § 129 Abs. 2 SGB V in einem gemeinsamen Rahmenvertrag Näheres über die in § 129 Abs. 1 SGB V niedergelegten Pflichten der Apotheker bei der Abgabe von Arzneimitteln. Weitere Fragen werden ebenfalls vertraglicher Regelung auf Bundesebene zugewiesen[234]. Nach § 129 Abs. 3 SGB V hat dieser Rahmenvertrag Rechtswirkung für Apotheken, wenn sie entweder einem Mitgliedsverband der Spitzenorganisation angehören und die Satzung des Verbandes vorsieht, daß von der Spitzenorganisation abgeschlossene Verträge dieser Art Rechtswirkung für die dem Verband angehörenden Apotheken haben, oder sie dem Rahmenvertrag beitreten. Anders als etwa im Vertragsarztrecht fehlt hier eine spezielle Geltungsanordnung gegenüber den einzelnen Krankenkassen, wobei die Geltung aber aufgrund von § 210 Abs. 2 SGB V über eine entsprechende Vorschrift in den Satzungen der Landesverbände sicherzustellen ist. Allerdings bedarf es dieser satzungsmäßigen Verankerung dann nicht, wenn man auch hier davon ausgeht, daß es sich bei der Ermächtigung zum Vertragsabschuß um eine Ermächtigung an die Spitzenverbände zur normativen Regelung, also zu einer Regelung, die auch Dritte, nicht an dem Vertragsschluß Beteiligte bindet, handelt[235].

Auf Landesebene können die Krankenkassenverbände mit der für die Wahrnehmung der wirtschaftlichen Interessen maßgeblichen Organisation der Apotheker auf Landesebene ergänzende Verträge schließen (§ 129 Abs. 5 SGB V), denen aus dem gleichen Grunde wie bei den übrigen Verträgen bereits ohne den ausdrücklichen Verweis auf § 129 Abs. 3 SGB V normative Wirkung zukommt[236].

Das Gesetz ermöglicht des weiteren vertragliche Regelungen (§ 131 Abs. 1 SGB V). Hiernach können die Spitzenverbände der Krankenkassen und die für die Wahrnehmung der wirtschaftlichen Interessen gebildeten maßgeblichen Spitzenorganisationen der pharmazeutischen Unternehmer auf Bundesebene einen Vertrag über die Arzneimittelversorgung in der gesetzlichen Krankenversicherung schließen, der sich auf die Bestimmung therapie-

---

[233] Soweit nach § 126 Abs. 2 SGB V gemeinsame Empfehlungen der Spitzenverbände der Krankenkassen zugelassen werden, können sich diese lediglich auf die einheitliche Anwendung der Zulassungsbedingungen für Erbringer von Heilmitteln nach § 126 Abs. 1 Satz 2 SGB V beziehen.
[234] Siehe § 129 Abs. 4, 6 SGB V.
[235] *P. Axer*, Normsetzung in der Sozialversicherung, S. 87.
[236] *P.M. Henninger*, in: B. Schulin, HdbSozVersR Bd. 1, § 44 Rn. 22 f.

gerechter und wirtschaftlicher Packungsgrößen und die Ausstattung der Packungen, Maßnahmen zur Erleichterung der Erfassung und Auswertung von Arzneimittelpreisdaten, Arzneimittelverbrauchsdaten und Arzneimittelverordnungsdaten einschließlich des Datenaustausches, insbesondere für die Ermittlung der Preisvergleichsliste (§ 92 Abs. 2 SGB V) und die Festsetzung von Festbeträgen bezieht. Eine Bindung für die einzelnen pharmazeutischen Unternehmen stellt das Gesetz wiederum durch Bezugnahme auf § 129 Abs. 3 SGB V her. Aber auch hier folgt die Bindung bereits aus der gesetzlichen Ermächtigung der Verbände zum Vertragsabschluß.

5. Die Normenverträge in der sozialen Pflegeversicherung

Nicht nur in dem Bereich der gesetzlichen Krankenversicherung, sondern auch in dem der sozialen Pflegeversicherung (SGB XI) findet das Institut des Normenvertrags ein weites Anwendungsfeld[237]. Ebenso wie in dem Bereich der gesetzlichen Krankenversicherung werden die Leistungen der Pflegeversicherung als Sachleistungen erbracht – unabhängig davon, ob sie als häusliche oder als stationäre Pflege durch Pflegeeinrichtungen erbracht werden[238]. Träger der Pflegeversicherung sind die Pflegekassen, die bei jeder Krankenkasse als eigenständige Körperschaft des öffentlichen Rechts errichtet sind (§ 46 Abs. 1, 2 SGB XI). Die Pflegekassen haben nach § 69 SGB XI im Rahmen ihrer Leistungsverpflichtung eine bedarfsgerechte und gleichmäßige, dem allgemein anerkannten Stand medizinisch-pflegerischer Erkenntnisse entsprechende pflegerische Versorgung der Versicherten zu gewährleisten (Sicherstellungsauftrag). Nach Satz 2 der Vorschrift schließen sie hierzu Versorgungsverträge, Leistungs- und Qualitätsvereinbarungen sowie Vergütungsvereinbarungen mit den Trägern von Pflegeeinrichtungen (§ 71 SGB XI) und sonstigen Leistungserbringern. Zur Sicherstellung der geschuldeten Pflegeleistungen müssen die Pflegekassen ihre rechtliche Beziehungen zu den – durch das Gesetz abschließend aufgezählten – Leistungserbringern gestalten. Ähnlich wie im Bereich der gesetzlichen Krankenversicherung geschieht dies z.T. durch Normenverträge. Dabei unterscheidet das Pflegeversicherungsrecht – anders als etwa das Vertragsarztrecht und in Anlehnung an dieses das Krankenhausrecht – zwischen Vergütungsvereinbarungen und Vereinbarungen über die Modalitäten der pflegerischen Versorgung[239].

a) Der Versorgungsvertrag

Grundlage für die pflegerische Betreuung durch Pflegeeinrichtungen ist der Versorgungsvertrag, der Art, Inhalt und Umfang der allgemeinen Pflegeleistungen

---

[237] Überblick bei *P. Axer*, Normsetzung in der Sozialversicherung, S. 89 ff.; *M. Fuchs*, in: B. Schulin, HdbSozVersR Bd. IV, § 6 Rn. 26 ff.; *A. Hänlein*, Rechtsquellen im Sozialversicherungsrecht, S. 356 ff.
[238] *S. Leitherer*, in: B. Schulin, HdbSozVersR Bd. IV, § 15 Rn. 37; *V. Neumann*, in: B. Schulin, HdbSozVersR Bd. IV, § 20 Rn. 58. Zu den Ausnahmen *A. Hänlein*, Rechtsquellen im Sozialversicherungsrecht, S. 357 (Fn. 48).
[239] *A. Hänlein*, Rechtsquellen im Sozialversicherungsrecht, S. 357.

festlegt[240]. Nach § 72 Abs. 1 SGB XI dürfen die Pflegekassen Pflege nur durch solche Einrichtungen gewähren, mit denen ein Versorgungsvertrag besteht, durch den diese Einrichtungen im Sinne einer Statusbegründung zur Pflege zugelassen werden. In dem Versorgungsvertrag sind Art, Inhalt und Umfang der allgemeinen Pflegeleistungen festzulegen, die von der Pflegeeinrichtung während der Dauer des Vertrages für die Versicherten zu erbringen sind (Versorgungsauftrag). Der Versorgungsvertrag wird grundsätzlich gem. § 72 Abs. 2 SGB XI zwischen dem Träger der Pflegeeinrichtung oder einer vertretungsberechtigten Vereinigung gleicher Träger und den Landesverbänden der Pflegekassen abgeschlossen.

Nach der Konzeption des Gesetzgebers kennt die soziale Pflegeversicherung keine eigenen Landesverbände[241], so daß die Verbände der gesetzlichen Krankenversicherung die Aufgaben der Landesverbände der Pflegekassen wahrnehmen (§ 52 Abs. 1 SGB V). Die Aufgaben der Verbände der Pflegekassen auf Bundesebene nehmen dementsprechend die Bundesverbände der Krankenkassen sowie die Verbände der Ersatzkassen wahr (§ 53 Abs. 1 SGB XI).

Der statusbegründende Versorgungsvertrag ist nach § 72 Abs. 2 Satz 2 SGB XI für die Pflegeeinrichtung und für alle Pflegekassen im Inland unmittelbar verbindlich, so daß die Zulassung einer Einrichtung in einem Bundesland ausreicht, um Versicherte aus der gesamten Bundesrepublik zu Lasten der sozialen Pflegeversicherung versorgen zu können[242]. Für die einzelne Pflegeeinrichtung erlangt der mit einer Vereinigung gleicher Träger geschlossene Versorgungsvertrag allerdings nur dann Verbindlichkeit, wenn die vertragsschließende Vereinigung über eine entsprechende Vertretungsmacht verfügt (§ 72 Abs. 2 Satz 1 SGB XI). Deshalb und aufgrund des statusbegründenden Charakters dieses Vertrags, der allein die Zulassung einer Einrichtung zur Versorgung im Rahmen der Pflegeversicherung regelt, handelt es sich *nicht* um einen Normenvertrag. Analoges gilt für die Verträge zur Sicherstellung der häuslichen Pflege und der hauswirtschaftlichen Versorgung zwischen einer Pflegekasse und einer Einzelperson (§ 77 SGB XI).

---

[240] Zu dessen Inhalt etwa S. *Knittel*, in: D. Krauskopf, Soziale Krankenversicherung, Pflegeversicherung, § 72 SGB XI Rn. 3 ff.; V. *Neumann*, in: B. Schulin, HdbSozVersR Bd. IV, § 21 Rn. 1 ff.; P. *Wigge*, in: G. Wannagat, Sozialgesetzbuch, § 34 SGB XI, Rn. 8.

[241] So die Ausführungen in dem »Entwurf eines Gesetzes zur sozialen Absicherung des Risikos der Pflegebedürftigkeit« (BT-Drcks 12/5262, S. 120). Hier wird daraufhin gewiesen, daß die Pflegekassen ebenso wenig wie sie aufgrund ihrer organisatorischen Anbindung an die Krankenkassen über eigene Organe verfügen, über eine eigenständige Verbandsstruktur verfügen sollen. Sie befinden sich auf Verbandsebene ganz unter dem Dach der gesetzlichen Krankenversicherung. Die Satzungen der Krankenkassenverbände sind daher entsprechend zu ergänzen.

[242] P. *Axer*, Normsetzung in der Sozialversicherung, S. 90 f. m.w.N.

b) Der Vergütungsvertrag

Die Vergütung für die allgemeinen Pflegeleistungen – Pflegesatz (§ 84 Abs. 1 SGB XI) – werden mit Blick auf die stationären[243] Pflegeleistungen für jede Einrichtung individuell zwischen den Trägern der Pflegeheime einerseits und den Pflegekassen andererseits vereinbart. Wegen dieser individuellen Anknüpfung an die einzelnen Träger scheint die Einordnung dieser Verträge als Normenverträge zunächst auszuscheiden.

Anstelle der genannten Vertragspartner kann nach §§ 86 Abs. 1 Satz 1, 87 Satz 3 SGB XI eine auf Landesebene gebildete Pflegesatzkommission[244] anstelle der Vertragsparteien nach § 85 Abs. 2 SGB XI die Pflegesätze mit Zustimmung der betroffenen Pflegeheimträger vereinbaren. Die Kommission faßt allerdings keine Mehrheitsbeschlüsse, sondern § 86 Abs. 1 SGB XI geht ausdrücklich davon aus, daß die Pflegesätze in der Kommission *vereinbart* werden. Da die Vereinbarung der Pflegesatzkommission als Kollektivvereinbarung an die Stelle der trägerindividuellen Vereinbarung nach § 85 Abs. 4 SGB XI tritt[245], teilt sie deren rechtlichen Charakter. Auch in dem Bereich der Pflegeversicherung tritt bei Nichteinigung der Vertragspartner bzw. innerhalb der Kommission eine auf Landesebene errichtete Schiedsstelle auf den Plan, deren Organisation und Verfahren der Landesschiedsstelle nach § 18a Abs. 1 KHG nachgebildet ist[246]. Allerdings hängt die Wirkung der Vereinbarung der Pflegesatzkommission von der Zustimmung der betroffenen Pflegeheimträger ab (§ 86 Abs. 1 Satz 1 SGB XI). Das für die Feststellung rechtsnormativer Wirkung zentrale Erfordernis der potentiellen Heteronomität entfällt mit diesem Zustimmungserfordernis. Weder der Vergütungsvertrag noch die Vereinbarung der Vergütungssätze durch die Pflegesatzkommission weisen von daher rechtsnormativen Charakter auf[247].

Indes entfaltet der Inhalt dieser Verträge Wirkungen auch auf die Pflegebedürftigen (vgl. § 85 Abs. 6 Satz 1 Hs. 2 SGB XI) – und dies in abstrakt-genereller Weise. Nach § 82 Abs. 1 Satz 3 SGB XI fallen in dem Bereich der stationären Pflege auch solche Kosten an, die die Pflegebedürftigen selbst zu tragen haben[248]. Doch auch diese Pflegesätze werden von der Pflegesatzkommission bzw. nach § 85 SGB XI vereinbart. Sie entfalten daher unmittelbare Wirkung auf bestehende und künftige Heimverträge ohne oder auch gegen den Willen der Vertrags-

---

[243] Bei der ambulanten Pflege wird die Vergütung nach denselben Regelungen gewährt wie im stationären Bereich (§ 89 Abs. 3 Satz 2 SGB XI). Auch hier besteht mithin neben den einrichtungsindividuellen Vergütungsvereinbarungen zwischen den Trägern des Pflegedienstes und den Pflegekassen die Möglichkeit einer Vereinbarung in der Pflegesatzkommission (§ 89 Abs. 3 Satz 2, 86 SGB XI).
[244] Dieser gehören nach § 86 Abs. 1 Satz 1 SGB XI an: die Landesverbände der Pflegekassen, der Verband der privaten Krankenversicherung e.V., die überörtlichen oder ein nach Landesrecht bestimmter Träger der Sozialhilfe und die Vereinigungen der Pflegeheimträger.
[245] Siehe nur *W. Spellbrink*, in: K. Hauck/K. Wilde, Sozialgesetzbuch XI, K § 86 Rn. 1.
[246] Hierzu *K. Gürtner*, in: K. Niesel, Kasseler Kommentar, § 86 SGB XI Rn. 4.
[247] *P. Axer*, Normsetzung in der Sozialversicherung, S. 94 f.; *A. Hänlein*, Rechtsquellen im Sozialversicherungsrecht, S. 376 f.
[248] Hierzu *A. Hänlein*, Rechtsquellen im Sozialversicherungsrecht, S. 377.

partner und verfügen damit insoweit über rechtsnormative Wirkung[249]. Nichts anderes als diese normative Wirkung umschreibt die Charakterisierung der Vereinbarungen als Verträge zu Lasten Dritter[250].

c) Der Vertrag über Pflegehilfsmittel

Nach § 78 Abs. 1 Satz 1 SGB XI schließen die Spitzenverbände der Pflegekassen mit den Leistungserbringern oder deren Verbänden Verträge über die Versorgung der Versicherten mit Pflegehilfsmitteln, wobei allerdings trotz der Anlehnung an das Recht der Hilfsmittelerbringung im SGB V nicht deutlich wird, ob der Vertrag eine Zulassung zur Versorgung mit Hilfsmitteln umfaßt und inwieweit in ihm Bedingungen für eine solche Zulassung geregelt werden können[251]. Bei den Verträgen handelt es sich um Normenverträge, weil ihre Regelungen über Inhalt, Umfang und Vergütung der Hilfsmittelerbringung auch Dritte binden[252], die an dem Vertragsabschluß nicht beteiligt sind: die Versicherten, deren gesetzlicher Leistungsanspruch verbindliche Konkretisierung durch die Vertragspartner erfährt; die Pflegekassen und die einzelnen Leistungserbringer, soweit die Verträge von deren Verbänden geschlossen werden.

d) Die Rahmenverträge und die Bundesempfehlungen

Die Landesverbände der Pflegekassen schließen nach der (insoweit § 112 SGB V nachgebildeten) Vorschrift des § 75 Abs. 1 SGB XI unter beratender[253] Beteiligung des Medizinischen Dienstes der Krankenversicherung sowie des Verbandes der privaten Krankenversicherung im Land mit den Vereinigungen der Träger der ambulanten oder stationären Pflegeeinrichtungen im Land gemeinsam und einheitlich *Rahmenverträge* mit dem Ziel, eine wirksame und wirtschaftliche pflegerische Versorgung der Versicherten sicherzustellen. Diese Verträge regeln landeseinheitlich die Modalitäten der Leistungserbringung für die ambulante wie die stationäre Pflege. Die möglichen Vertragsinhalte ergeben sich aus dem ebenfalls § 112 Abs. 2 SGB V nachgebildeten § 75 Abs. 2 SGB XI.

Nach Absatz 2 der Vorschrift regeln die Verträge insbesondere den Inhalt der Pflegeleistungen sowie bei stationärer Pflege die Abgrenzung zwischen den allgemeinen Pflegeleistungen, den Leistungen bei Unterkunft und Verpflegung und den Zusatzleistungen, die allgemeinen Bedingungen der Pflege einschließlich der Kostenübernahme, der Abrechnung der Entgelte und der hierzu erforderlichen Bescheinigungen und Berichte, Maßstäbe und Grundsätze für eine wirtschaftli-

---

[249] *A. Hänlein*, Rechtsquellen im Sozialversicherungsrecht, S. 367 f.; a.A. *P. Axer*, Normsetzung in der Sozialversicherung, S. 95.
[250] *V. Neumann*, in: B. Schulin, HdbSozVersR Bd. IV, § 22 Rn. 37.
[251] Kritik insoweit daher bei *V. Neumann*, in: B. Schulin, HdbSozVersR Bd. 4, § 21 Rn. 46 ff.; *S. Leitherer*, in: K. Niesel, Kasseler Kommentar, § 78 SGB XI Rn. 6 ff.
[252] *P. Axer*, Normsetzung in der Sozialversicherung, S. 92.
[253] *W. Spellbrink*, in: K. Hauck / K. Wilde, Sozialgesetzbuch XI, K § 75 Rn. 6.

che und leistungsbezogene, am Versorgungsauftrag orientierte personelle Ausstattung der Pflegeeinrichtungen, die Überprüfung der Notwendigkeit und Dauer der Pflege, Abschläge von der Pflegevergütung bei vorübergehender Abwesenheit (Krankenhausaufenthalt, Beurlaubung) des Pflegebedürftigen aus dem Pflegeheim, den Zugang des Medizinischen Dienstes und sonstiger von den Pflegekassen beauftragter Prüfer zu den Pflegeeinrichtungen, die Verfahrens- und Prüfungsgrundsätze für Wirtschaftlichkeitsprüfungen, die Grundsätze zur Festlegung der örtlichen oder regionalen Einzugsbereiche der Pflegeeinrichtungen, um Pflegeleistungen ohne lange Wege möglichst orts- und bürgernah anzubieten.

Die Verträge werden gegebenenfalls durch eine Festsetzung der Schiedsstelle oder aber – wenn diese nicht zustande kommt – durch eine Rechtsverordnung ersetzt, deren Existenz künftigen Vereinbarungen entgegensteht[254].

Für Pflegeeinrichtungen, die einer Kirche oder Religionsgemeinschaft des öffentlichen Rechts oder einem sonstigen freigemeinnützigen Träger zuzuordnen sind, können die Rahmenverträge auch von der Kirche oder Religionsgemeinschaft oder von dem Wohlfahrtsverband abgeschlossen werden, dem die Pflegeeinrichtung angehört. Bei Rahmenverträgen über ambulante Pflege sind die Arbeitsgemeinschaften der örtlichen Sozialhilfeträger, bei Rahmenverträgen über stationäre Pflege die überörtlichen Sozialhilfeträger und die Arbeitsgemeinschaften der örtlichen Sozialhilfeträger als Vertragspartei am Vertragsschluß zu beteiligen. Die Rahmenverträge sind für die Pflegekassen und die zugelassenen Pflegeeinrichtungen im Inland sowie für nicht am Vertragsschluß beteiligte Außenseiter – Pflegeeinrichtungen, die keinem Verband angehören – unmittelbar verbindlich[255]. Sie determinieren den Inhalt der Versorgungsverträge bindend[256] und sind damit Normenverträge[257]. Diese umfassende und über die eigentlichen Vertragspartner hinausgreifende Verbindlichkeit ergibt sich jedenfalls aus der gesetzlichen Anordnung (§ 75 Abs. 1 Satz 4 SGB XI), die allerdings nur deklaratorischer Art ist, weil sich die normative Bindung der Pflegeeinrichtungen, der Pflegekassen und der Versicherten aus der gesetzlichen Ermächtigung zum Vertragsabschluß ergibt[258].

Die Rahmenverträge auf Landesebene werden nach § 75 Abs. 5 SGB XI auf der Grundlage von *Bundesempfehlungen* geschlossen. Die Spitzenverbände der Pflegekassen und die Vereinigungen der Träger der Pflegeeinrichtungen auf Bundesebene sollen unter Beteiligung des Medizinischen Dienstes der Spitzenver-

---

[254] § 75 Abs. 3, 76 SGB XI bzw. § 83 SGB XI.
[255] Zu verfassungsrechtlichen Zweifeln siehe *V. Neumann*, in: B. Schulin, HdbSozVersR Bd. IV, § 21 Rn. 76 ff.
[256] S. *Knittel*, in: D. Krauskopf, Soziale Krankenversicherung, Pflegeversicherung, § 75 SGB XI Rn. 9; a.A. *B. Schulin*, VSSR 1994, S. 285 ff. (295 f.).
[257] *M. Fuchs*, in: B. Schulin, HdbSozVersR Bd. 4, § 6 Rn. 29; *S. Knittel*, in: D. Krauskopf, Soziale Krankenversicherung, Pflegeversicherung, § 75 Rn. 8; *W. Spellbrink*, in: K. Hauck / K. Wilde, Sozialgesetzbuch XI, K § 75 Rn. 10; *P. Wigge*, in: G. Wannagat, Sozialgesetzbuch, § 75 SGB XI, Rn. 7.
[258] So *P. Axer*, Normsetzung in der Sozialversicherung, S. 93.

bände der Krankenkassen, des Verbandes der privaten Krankenversicherung e.V. sowie unabhängiger Sachverständiger gemeinsam mit der Bundesvereinigung der kommunalen Spitzenverbände und der Bundesarbeitsgemeinschaft der überörtlichen Träger der Sozialhilfe Empfehlungen zum Inhalt der Verträge nach Absatz 1 abgeben. Sie arbeiten dabei mit den Verbänden der Pflegeberufe sowie den Verbänden der Behinderten und der Pflegebedürftigen eng zusammen.

Ebenfalls normativen Charakter weisen die Verträge zwischen den Spitzenverbänden der Pflegekassen, der Bundesarbeitsgemeinschaft der überörtlichen Träger der Sozialhilfe, der Bundesvereinigung der kommunalen Spitzenverbände und der (privatrechtlichen) Vereinigungen der Träger der Pflegeeinrichtungen auf Bundesebene auf[259]. Diese vereinbarten bis zum Jahre 2002 nach § 80 Abs. 1 SGB XI a.F. Grundsätze und Maßstäbe für die Qualität und die Qualitätssicherung der ambulanten und stationären Pflege sowie für das Verfahren zur Durchführung von Qualitätsprüfungen. § 80 Abs. 1 Satz 3 SGB XI ordnet an, daß die im Bundesanzeiger zu veröffentlichenden Vereinbarungen für alle Pflegekassen und deren Verbände sowie für die zugelassenen Pflegeeinrichtungen unmittelbar verbindlich sind. Die Vereinbarungen sollen somit zum einen auch für diejenigen Einrichtungen verbindlich sein, die keiner der am Abschluß beteiligten Vereinigungen angehören. Zum anderen tritt die Verbindlichkeit nach dieser gesetzlichen Konzeption unabhängig davon ein, ob die Vereinigungen über ein satzungsmäßiges Vertretungsrecht für ihre Mitglieder verfügen oder nicht. Auch ist nicht anzunehmen, daß sich die Pflegeeinrichtung mit dem Abschluß des Versorgungsvertrages ein für allemal dieser vertraglichen Gestaltungsmacht unterworfen hat und daß diese Unterwerfung als Zustimmung zu den künftigen Qualitätsvereinbarungen zu werten ist, so daß die Annahme einer – per definitionem heteronomen – Rechtsnorm ausgeschlossen wäre. Da der Versorgungsvertrag den Zugang zur pflegerischen Versorgung eröffnet und von dessen Abschluß die wirtschaftliche Existenz der Einrichtung abhängt, kann angesichts dieses Entscheidungsdrucks nicht von einer freiwilligen Zustimmung der einzelnen Pflegeeinrichtungen ausgegangen werden[260]. Aus dem gleichen Grunde ist auch das neben die Verbindlichkeitsanordnung des § 80 Abs. 1 Satz 3 SGB XI tretende Erfordernis der »Unterwerfung« einer Pflegeeinrichtung unter das Qualitätsmanagement des § 80 SGB XI, die § 72 Abs. 3 Satz 1 Nr. 3 SGB XI zur Voraussetzung für den Abschluß eines Versorgungsvertrags mit einer Pflegeeinrichtung erhebt, nicht in diesem Sinne »freiwillig«.

Durch Änderung des SGB XI[261] zum 1. Januar 2002 wird die in § 80 SGB XI a.F. vorgenommene Aufgabenverteilung bei der Qualitätssicherung durch Vereinbarung insoweit verändert, als statt der Grundsätze und Maßstäbe für Verfah-

---

[259] *M. Fuchs*, in: B. Schulin, HdbSozVersR Bd. 4, § 6 Rn. 30; *V. Neumann*, in: B. Schulin, HdbSozVersR Bd. 4, § 21 Rn. 131.
[260] *V. Neumann*, Normenvertrag, Rechtsverordnung oder Allgemeinverbindlichkeitserklärung?, S. 18.
[261] Durch das Gesetz zur Qualitätssicherung und zur Stärkung des Verbraucherschutzes in der Pflege (Pflege-Qualitätssicherungsgesetz) vom 9. September 2001 (BGBl. I 2320).

ren zur Durchführung von Qualitätsprüfungen nunmehr Grundsätze und Maßstäbe für die Entwicklung eines einrichtungsinternen Qualitätsmanagements zu vereinbaren sind, das auf eine stetige Sicherung und Weiterentwicklung der Pflegequalität ausgerichtet ist. Hinsichtlich der in § 80 Abs. 1 SGB XI nicht mehr erwähnten Prüfung der Qualität wird nunmehr die Bundesregierung in § 118 Abs. 1, 2 SGB XI ermächtigt, Maßstäbe und Grundsätze für die Beratung und Prüfung von Pflegeeinrichtungen einschließlich der ihren Trägern obliegenden Leistungs- und Qualitätsnachweise durch Rechtsverordnung mit Zustimmung des Bundesrates zu regeln. Die ursprünglich zur Vereinbarung dieser Fragen nach § 80 Abs. 1 SGB XI Ermächtigten werden – ergänzt um den Verband der privaten Krankenversicherung e.V., den Medizinischen Dienst und unabhängige Sachverständige – gem. § 118 Abs. 3 SGB XI nur noch angehört. Hintergrund dieser Gesetzesänderung ist, daß trotz der bislang stattgefundenen Vereinbarungen Fragen wie die Zutrittsrechte des Medizinischen Dienstes zu den Pflegeeinrichtungen (nunmehr § 114 SGB XI), die regelmäßigen Leistungs- und Qualitätsnachweise durch unabhängige Sachverständige oder Prüfstellen als Bringschuld der Pflegeeinrichtungen (nunmehr § 113 SGB XI), die Finanzierung von Qualitätsprüfungen (nunmehr § 116 SGB XI) und die Zusammenarbeit mit der staatlichen Heimaufsicht (nunmehr § 117 SGB XI) als ungelöst galten[262].

All diese Probleme konnten nach Aussage des Gesetzentwurfs nicht ohne gesetzliche Vorstrukturierung in Vereinbarungen der Selbstverwaltung gelöst werden, da es sich stets um Verträge zu Lasten Dritter – nämlich der einzelnen Träger einer Pflegeeinrichtung – handelt und auch die Interessen der Pflegebedürftigen berührt werden. Der Gesetzgeber begründet die Herauslösung dieser Fragen und das damit verbundene partielle Abrücken von der grundsätzlich als erhaltenswert angesehenen Pflegeselbstverwaltung zudem mit dem pragmatisch ausgerichteten Argument, daß der Interessenausgleich zwischen Leistungserbringern, Kostenträgern und Prüfinstitutionen eine derart schwierige und streitanfällige Gemengelage sei, daß nur eine Regelung durch Rechtsverordnung eine für alle Beteiligten befriedigende Lösung gewährleisten könne[263]. Offen bleibt allerdings, ob die Gemengelage bei den dem Verhandlungsmechanismus weiterhin verbleibenden Materien – nicht zuletzt aufgrund der Hinzunahme weiterer Verhandlungspartner – nicht mindestens ebenso schwierig auflösbar ist, wie bei den entzogenen Materien[264].

---

[262] Siehe die Gesetzesbegründung zu dem Pflege-Qualitätssicherungsgesetz, BT-Drcks. 14/5395, S. 21 ff.
[263] BT-Drcks. 14/5395, S. 45.
[264] So *V. Neumann*, Normenvertrag, Rechtsverordnung oder Allgemeinverbindlichkeitserklärung?, S. 10.

III. Der »Vertragsnaturschutz«

1. Normbezogene Verträge im naturschutzrechtlichen Schutzkonzept

Das Naturschutzrecht und das Recht der Landschaftspflege wird im Kern durch das rahmenrechtliche Bundesnaturschutzgesetz im Zusammenspiel mit den landesrechtlichen Naturschutzgesetzen ausgestaltet. Letzteres hat im Jahre 2002 eine umfassende Neuregelung erfahren[265]. In den genannten Gesetzen finden sich Regelungen, die den Schutz des Umweltmediums »Boden« sicherstellen und dabei vitalen, d.h. unmittelbar auf den Schutz von Tieren und Pflanzen bezogenen Umweltschutz verwirklichen[266]. Während die traditionellen Instrumente des Naturschutzes in Deutschland dem Formenrepertoire des klassischen Ordnungsrechts entnommen sind, hat sich im Laufe der letzten Jahre in zeitlich verschobener Parallelität zu dem allgemeinen Durchbruch des Vertragsgedankens im Verwaltungsrecht der »Vertragsnaturschutz« entwickelt. Dieser umfaßt begrifflich alle Vereinbarungen, die die zuständigen Behörden mit Grundeigentümern oder sonstigen Flächennutzern auf freiwilliger Grundlage schließen[267].

Die Schutzgebietsfestsetzung bildet das »Hauptinstrument« des ökologischen Flächenschutzes. Sie basiert ihrerseits auf der ressourcenökonomisch und ökologisch orientierten Landschaftsplanung, die – in den Flächenstaaten[268] – für den Bereich eines Landes durch Landschaftsprogramme bzw. für Teile eines Landes durch Landschaftsrahmenpläne (§ 5 Abs. 1 BNatSchG a.F., § 15 BNatSchG n.F.) sowie auf örtlicher Ebene durch Landschaftspläne verwirklicht wird (§ 6 BNatSchG a.F., § 16 BNatSchG n.F.)[269] Während Landschaftsprogramme bzw.

---

[265] Gesetz zur Neuregelung des Rechts des Naturschutzes und der Landschaftspflege und zur Anpassung anderer Rechtsvorschriften (BNatSchGNeuregG) vom 25. März 2002 (BGBl. I 1193); hierzu *M. Gellermann*, NVwZ 2002, S. 1025 ff. Die Vorschriften über die hier im Mittelpunkt des Interesses stehenden Landschaftspläne, die bislang durch § 6 BNatSchG geregelt worden waren, finden sich nunmehr in § 16 BNatSchG n.F. Mit dem Ziel, »die Einflußmöglichkeiten und die Effektivität der Landschaftsplanung durch gesetzliche Maßnahmen zu verbessern« (so der Gesetzentwurf der Fraktionen der SPD und Bündnis 90/Die Grünen BT-Drcks. 14/6378, S. 44.) hat der Gesetzgeber diesem Instrument in den §§ 13 bis 17 BNatSchG n.F. einen rechtlichen Rahmen geschaffen, der in quantitativer Hinsicht deutlich über die doch eher rudimentären Vorschriften der §§ 5–7 BNatSchG a.F. hinausreicht. Soweit aber die hier im Mittelpunkt der Überlegungen stehenden grundsätzlichen Fragen des Vertragsnaturschutzes und der Beteiligung Privater an dem Erlaß naturschutzrechtlicher normativer Regelungen betroffen sind, wirken sich die durch die Novelle vorgenommenen Änderungen hier nicht aus, so daß vor dem Hintergrund der auf die alte Regelung Bezug nehmenden Literatur hier ebenfalls weiterhin von den alten Vorschriften ausgegangen wird.
[266] *B. Bender/R. Sparwasser/R. Engel*, Umweltrecht, S. 149; *R. Breuer*, in: E. Schmidt-Aßmann, Besonderes Verwaltungsrecht, Rn. 116; *M. Kloepfer*, Umweltrecht, § 11 Rn. 11 ff.
[267] *K. Fritz*, UPR 1997, S. 439 ff. (440); *M. Gellermann/A. Middeke*, NuR 1991, S. 457 ff. (460); *E. Rehbinder*, DVBl. 2000, S. 859 ff. (859).
[268] In den Ländern Berlin, Bremen und Hamburg ersetzen Landschaftspläne die Landschaftsprogramme und Landschaftsrahmenpläne (vgl. § 5 Abs. 3 BNatSchG).
[269] Zur Landschaftsplanung i. allg. *B. Bender/R. Sparwasser/R. Engel*, Umweltrecht, S. 180 ff.; *R. Breuer*, in: E. Schmidt-Aßmann, Besonderes Verwaltungsrecht, Rn. 119 f. m.w.N. in Fn. 410; *M. Kloepfer*, Umweltrecht, § 11 Rn. 22 ff.

III. Der »Vertragsnaturschutz«   635

Landschaftsrahmenpläne grundsätzlich nur staatsintern bzw. gegenüber den Gemeinden nach § 1 Abs. 4 BauGB wirken, beanspruchen Landschaftspläne allgemeinverbindliche Wirkung gegenüber jedermann – soweit sie als selbständige Normen erlassen wurden und auch soweit sie in eine andere Rechtsnorm integriert wurden[270]. Landschaftspläne werden ausweislich einiger Landesnaturschutzgesetze als Rechtsverordnung[271] bzw. Satzung[272] beschlossen. Eine weitere Möglichkeit der normativen Einkleidung der Pläne besteht in deren Inkorporierung in die Bauleitplanung durch *Primär-*[273] oder *Sekundärintegration*[274]. § 6 Abs. 4 BNatSchG a.F. bzw. § 6 Abs. 2 BNatSchG n.F. läßt jede dieser Varianten zu[275]. Die von den Ländern zu vollziehende Umsetzung naturschutzrechtlicher Ziele wird hier insbesondere durch die in verschiedenen Kategorien erfolgende Unterschutzstellung einzelner Gebiete oder Naturdenkmäler verwirklicht; §§ 22 ff. BNatSchG a.F. (§§ 12 ff., 20c BNatSchG a.F.). Neben der Angabe von Zielen und Zwecken der Unterschutzstellung werden mit der Festsetzung von Schutzgebieten auch Handlungspflichten und Verbote festgelegt, die die Nutzung, Bearbeitung und sonstige Eingriffe in das Schutzgebiet reglementieren. Schutzgebietsausweisungen wirken normativ – allgemeinverbindlich gegenüber jedermann[276]. Der Inhalt der Schutzgebietsfestsetzungen gibt den betroffenen Privaten bestimmte Handlungs-[277], Duldungs- und Unterlassungspflichten auf[278] (siehe § 22 Abs. 2 BNatSchG n.F.). Während die Unterschutzstellungen bei besonders geschützten Gebieten vor allem absolute Nutzungs- und Änderungsverbote vorsehen[279], finden sich in den Schutzgebieten auch relative Verbote, die bestimmte Nutzungsformen oder -änderungen einem Erlaubnisvorbehalt bzw. einer Anzeigepflicht unterwerfen. Die Reglementierungen können sich an Grundstückseigentümer, -besitzer, -nutzer oder auch die Allgemeinheit richten.

Da das Bundesnaturschutzgesetz deutlich macht, daß die Unterschutzstellung »rechtsverbindlich« erfolgen muß (siehe BNatSchG §§ 23 ff. n.F. bzw. §§ 13 ff.

---

[270] *B. Bender/R. Sparwasser/R. Engel*, Umweltrecht, S. 180 ff.; *M. Kloepfer*, Umweltrecht, § 11 Rn. 31.
[271] § 11 NatSchG Berl.; § 7 Abs. 1 NatSchG Hamb.
[272] § 8 Abs. 3 NatSchG Brem.; § 16 Abs. 2 Satz 1 LG Nordrh.-Westf.
[273] Hier werden Landschaftspläne im Rahmen der Bauleitplanung aufgestellt; § 17 Abs. 1 und 2 LPflG Rh.-Pf.
[274] Hier werden Landschaftspläne gesondert aufgestellt und erlangen durch Übernahme in die Bauleitplanung Verbindlichkeit; § 9 NatSchG Bad.-Württ.; § 4 Abs. 2 NatSchG Hess.; § 9 Abs. 7 NatSchG Saarl.; § 6 Abs. 4 LPflG Schlesw.-Holst.; abgeschwächt in Art. 3 Abs. 2 NatSchG Bay., § 6 NatSchG Nieders.
[275] *M. Kloepfer*, Umweltrecht, § 11 Rn. 30.
[276] *B. Bender/R. Sparwasser/R. Engel*, Umweltrecht, S. 183 f.; *M. Kloepfer*, Umweltrecht, § 11 Rn. 31.
[277] Zu der umstrittenen Frage, inwieweit den Betroffenen die Verpflichtung zu einem bestimmten Tun auferlegt werden kann, siehe *J. Zeibig*, Vertragsnaturschutz als Beispiel konsensualen Verwaltungshandelns, S. 30 m.w.N. in Fn. 138.
[278] *J. Zeibig*, Vertragsnaturschutz als Beispiel konsensualen Verwaltungshandelns, S. 68 f.
[279] Von diesen kann aber nach § 34 BNatSchG n.F. und entsprechenden landesrechtlichen Vorschriften unter engen Voraussetzungen eine Ausnahme zugelassen werden.

BNatSchG a.F.), ist in den komplementären Landesgesetzen festgelegt, daß die Unterschutzstellung – ebenso wie ihre Änderung und Aufhebung als actus contrarius – durch normativen Akt in Gestalt einer *Rechtsverordnung* erfolgt[280], die von den Landschaftsbehörden erlassen wird[281]. In einem Einzelfall erfordert die Unterschutzstellung sogar ein Gesetz[282]. Kooperative verfahrensrechtliche Elemente sind bei dieser klassischen Form der Unterschutzstellung je nach landesrechtlicher Ausgestaltung in Gestalt von Anhörungsrechten zugunsten von Betroffenen und Naturschutzverbänden möglich[283]. Eine Verpflichtung zur Unterschutzstellung bestimmter Gebiete besteht nach geltender bundesdeutscher[284] Rechtslage nicht[285]. Die Behörde verfügt insoweit über ein Normsetzungsermessen, das allerdings etwa aufgrund einer besonderen Schutzwürdigkeit des betroffenen Gebiets eingeschränkt sein kann[286].

Zu »verhandeln« hat die Behörde bei rechtssatzförmigem Erlaß damit ihr Rechtsetzungsermessen[287] insoweit, als sie den Nichterlaß (dann: unechter Normsetzungsvertrag) oder einen inhaltlich abgemilderten Erlaß von Rechtsnormen zusagen kann, wenn sich der private Adressat (insbesondere der Grundstücksnutzer) zu den durch die Normsetzung angestrebten Verhaltensweisen vertraglich verpflichtet. Vor dem Hintergrund einer solchen verbreiteten Praxis räumen die Landesnaturschutzgesetze – in Entsprechung des ursprünglich in § 3a BNatSchG a.F., jetzt in § 8 BNatSchG n.F. formulierten bundesrechtlichen Auftrags[288] – den zuständigen Behörden die Möglichkeit ein, statt des einseitigen

---

[280] Siehe z.B. § 42a Abs. 1 und 2 LG Nordrh.-Westf. S.a.: Art. 37 Abs. 3 Satz 1 Bay NatSchG, § 24 Abs. 1 NatSchG Nieders., § 19 Abs. 1 NatSchG Bbg.

[281] In NRW wird je nach Lage des unter Schutz zu stellenden Gebiets die höhere oder die untere Landschaftsbehörde tätig. Die Gemeinden handeln als untere Landschaftsbehörde als Sonderordnungsbehörde (s.a. z.B. § 52 Abs. 1 NatSchG Bbg.; Art. 37 Bay. NatSchG); soweit die Behörden in NRW nicht im Bereich der Gefahrenabwehr tätig werden, nehmen sie ihre Aufgaben als Pflichtaufgaben zur Erfüllung nach Weisung wahr (zu deren strittiger Einordnung siehe nur: *E. Schmidt-Aßmann*, in: ders., Besonderes Verwaltungsrecht, Rn. 37 ff.). Überblick über die landesspezifischen Zuständigkeiten bei *M. Kloepfer*, Umweltrecht, § 11 Rn. 78.

[282] Siehe § 16 Abs. 7 NatSchG Schlesw.-Holst. für die Errichtung eines Nationalparks nach § 24 BNatSchG n.F.

[283] Siehe z.B. § 28 Abs. 1 bis 3 NatSchG Bbg., § 16 Abs. 3a NatSchG Hess.

[284] Allerdings können sich Rechtspflichten zur Ausweisung von Schutzgebieten aus der europäischen Vogelschutzrichtlinie (Richtlinie 79/409/EWG des Rates vom 2. April 1979 über die Erhaltung der wildlebenden Vogelarten (ABl. EG Nr. L 103 vom 25.4.1979 S. 1)) oder der FFH Richtlinie (Richtlinie 92/43/EWG vom 21. Mai 1992 zum Erhalt der natürlichen Lebensräume sowie der wildlebenden Tiere und Pflanzen; ABl. Nr. L 206, S. 7) ergeben.

[285] *B. Bender / R. Sparwasser / R. Engel*, Umweltrecht, S. 203 f.; *M. Kloepfer*, Umweltrecht, § 11 Rn. 58; *H.W. Louis*, DVBl. 1990, S. 800 ff. (801); *A. Schink*, AgrarR 1985, S. 185 ff. (188 ff.); *J. Schmidt*, NVwZ 1999, S. 363 ff. (367 m.w.N.); *H. Soell*, NuR 1993, S. 301 ff. (307 f.).

[286] *H. Soell*, NuR 1993, S. 301 ff. (307 f.).

[287] Hierzu *T. v. Danwitz*, Die Gestaltungsfreiheit des Verordnungsgebers, S. 179 f.

[288] Nach dieser rahmenrechtlichen Vorschrift muß das Landesrecht sicher stellen, daß bei Maßnahmen zur Durchführung der im Rahmen des BNatSchG erlassenen Rechtsvorschriften geprüft wird, ob der Gesetzeszweck auch durch vertragliche Maßnahmen erreicht werden kann. Bei dieser Vorschrift handelt es sich um eine – nach Art. 75 Abs. 2 GG mögliche – unmittelbar wirksame Regelung im Sinne eines Prüfauftrags; siehe den Gesetzentwurf der Koalitionsfraktionen eines Geset-

Erlasses normativer Unterschutzstellungen Vereinbarungen mit den Eigentümern der in dem Schutzgebiet liegenden Grundstücke abzuschließen, indem jene auf die Möglichkeit alternativer kooperativer statt hoheitlicher Regelungen verwiesen werden[289]. Gem. § 33 Abs. 4 BNatSchG n.F. (bzw. § 19b Abs. 4 BNatSchG a.F.) kann sogar nach den Absätzen 2 und 3 die gemeinschaftsrechtlich gem. der FFH- bzw. der Vogelschutzrichtlinie[290] erforderliche Unterschutzstellung unterbleiben, soweit durch vertragliche Vereinbarungen ein gleichwertiger Schutz gewährleistet ist. Der Gesetzgeber bewegt sich mit dieser Regelung auf einem schmalen Grad: Grundsätzlich genügt eine Regelungstechnik, die keine generell-abstrakte Norm mit Außenwirkung generiert, nicht dem gemeinschaftsrechtlichen Umsetzungsgebot für Verpflichtungen aus Richtlinien[291], soweit diese nicht selbst kooperative Handlungsformen ermöglichen[292]. Dies entspricht jedenfalls der Ansicht der Kommission[293]. Es muß gewährleistet sein, daß der Vertrag die gleiche Wirkung wie eine Rechtsnorm entfaltet.

Schon vor dieser Novelle hat die Substitution von naturschutzrechtlichen Rechtsnormen durch Vertragsregelungen bereits in einem so weiten Maße zur Durchführung spezieller Arten- und Biotopschutzprogramme, aber auch zur generellen Extensivierung land- und forstwirtschaftlicher Flächen[294] um sich gegriffen, daß der Vertragsnaturschutz in seiner Häufigkeit kaum noch hinter der Un-

---

zes zur Neuregelung des Rechts des Naturschutzes und der Landschaftspflege und zur Anpassung anderer Rechtsvorschriften (BNatSchGNeuregG) (BT-Drcks. 14/6378, S. 33). Dort wird – in einem gewissem Widerspruch zu der Einzelbegründung auf S. 42 – folgendes ausgeführt: »Die Regelung, die die besondere Bedeutung des Instruments des Vertragsnaturschutzes widerspiegelt, beschränkt sich aus kompetenzrechtlichen Erwägungen auf die Verpflichtung des Landesrechts, die Prüfung der Zweckerreichung mittels vertraglicher Vereinbarung vorzusehen. Hinsichtlich der konkreten Umsetzung, d.h. der konkreten Ausgestaltung der Prüfpflicht verbleibt den Ländern ein ausfüllungsbedürftiger und ausfüllungsfähiger Raum von substanziellem Gewicht. Dieser Raum reicht bis zur Vorgabe etwaiger, an das Ergebnis der Prüfung anknüpfender Rechtsfolgen.«. Insoweit ist davon auszugehen, daß der Prüfauftrag verbindlich ist, während die Entwicklung der Instrumente zu dessen Umsetzung den Landesgesetzgebern überlassen bleibt. Das zunächst verfolgte Vorhaben, dem Vertragsnaturschutz sogar einen Vorrang gegenüber dem klassischen ordnungsrechtlichen Instrumentarium einzuräumen ist dggü. im Verlaufe des Gesetzgebungsverfahrens gescheitert; *E. Rehbinder*, DVBl. 2000, S. 859 ff. (860).
[289] Siehe z.B. Art. 2a Abs. 2 Satz 1 NatSchG Bay.; § 2 NatSchG Bbg; § 2b Abs. 1 NatSchG Hess.; § 3a Abs. 1 Satz 1 LG Nordrh.-Westf. Einen Überblick über die landesrechtlichen Normierungen aus dem 1996 liefert *J. Zeibig*, Vertragsnaturschutz als Beispiel konsensualen Verwaltungshandelns, S. 200 ff.; die spätere Entwicklung des Landesrechts findet sich bei *E. Rehbinder*, DVBl. 2000, S. 859 ff. (860).
[290] Siehe die Nachweise in Fn. 284.
[291] *W. Frenz*, EuR 1999, S. 27 ff. (41 f.); s.a. *K. Grewlich*, DÖV 1998, S. 54 ff. (59).
[292] Art. 3 und 4 der Richtlinie 84/339/EWG über Verpackungen für flüssige Lebensmittel vom 27.6.1985, AblEG L 176/18; hierzu *J. Fluck / T. Schmitt*, in: VerwArch Bd. 89 (1998), S. 220 ff. (247 f.)
[293] Empfehlung 96/733/EG der Kommission über Umweltvereinbarungen zur Durchführung von Richtlinien der Gemeinschaft vom 9.12.1996, AblEG L 33/59. Siehe aber auch die Empfehlung der Kommission über Umweltvereinbarungen bzw. die Entschließung des Rates vom 7. Oktober 1997 zu Umweltvereinbarungen Abl. EG Nr. C 321, S. 6; hierzu: *S. Krieger*, EuZW 1997, S. 648 ff.
[294] Siehe *M. Gellermann / A. Middeke*, NuR 1991, S. 457 ff. (458).

terschutzstellung durch gesetzliche Norm zurücksteht²⁹⁵. Die Einordnung der entsprechenden Verträge kann aufgrund ihrer auf die Verwirklichung naturschutzrechtlich relevanter, in § 1 BNatSchG und den entsprechenden Landesgesetzen formulierte Schutzziele bezogenen Ausrichtung nur in Kategorien des öffentlichen Rechts erfolgen – soweit die Verwaltung keine ausdrückliche gegenteilige Regelung trifft²⁹⁶.

In Anlehnung an die Regelungen des Vertragsnaturschutzes wurde nicht nur in dem Bereich des Naturschutzrechts, sondern auch in weiteren Bereichen des Umweltrechts ebenfalls die Substitution des einseitigen Erlasses von Rechtsnormen durch Normenverträge erwogen²⁹⁷ – obwohl dort bislang vergleichbare Regelungen, die eine solche Substitution ausdrücklich fordern oder zulassen, soweit ersichtlich nicht existieren²⁹⁸. So soll die Festsetzung von Wasserschutzgebieten nach § 19 WHG ebenso wie die Bestimmung von Untersuchungsgebieten nach § 44 Abs. 1 BImSchG nicht nur durch einseitig-hoheitliche Anordnung, sondern auch durch Vertrag zwischen dem Grundstücksinhaber und der zuständigen Behörde möglich sein.

Im Rahmen des Vertragsnaturschutzes verpflichten sich die Grundstücksbesitzer, potentiell beeinträchtigende Handlungen zu unterlassen oder bestimmte landespflegerische Maßnahmen vorzunehmen²⁹⁹. Aufgrund der verfassungsrechtli-

---

²⁹⁵ *H.-W. Rengeling/M. Gellermann*, ZG 1991, S. 317 ff. (317 f., 320 f.). Zu den rechtlichen Implikationen des Vertragsnaturschutzes grds.u. *Di Fabio*, DVBl. 1990, S. 338 ff. (338); *H. Drees*, ForstA 1991, S. 28 ff.; *M. Gellermann/A. Middeke*, NuR 1991, S. 457 ff.; *F. Klaus*, UPR 1997, S. 439 ff., *V. Schletto*, Die Verwaltung als Vertragspartner, S. 208 ff., *J. Zeibig*, Vertragsnaturschutz als Beispiel konsensualen Verwaltungshandelns. Zu den Novellierungen des BNatSchG im Jahre 1998, die zu einer Stärkung des Vertragsnaturschutz-Gedankens geführt haben siehe *R. Müller-Terpitz*, NVwZ 1999, S. 26 ff. (31) Zur Kooperation anstelle des Erlasses einer Rechtsverordnung siehe nur *H.-W. Rengeling*, Das Kooperationsprinzip im Umweltrecht, S. 86 ff. Weitere Bedeutung erlangt der Vertragsnaturschutz durch die Verordnung (EG) Nr. 1257/1999 des Rates vom 17. Mai 1999 über die Förderung der Entwicklung des ländlichen Raums durch den Europäischen Ausrichtungs- und Garantiefonds (EAGFL) und zur Änderung bzw. Aufhebung bestimmter Verordnungen (Abl. EG Nr. L 160, S. 80). Die hiernach anfallenden Förderungsmaßnahmen werden durch die Länder im Wege des Vertragsnaturschutzes vergeben. Zu den ökologischen Aspekten des Vertragsnaturschutzes: *E. Rehbinder*, DVBl. 2000, S. 859 ff. (865 ff.).

²⁹⁶ *U. Di Fabio*, DVBl. 1990, S. 338 (340); *H. Drees*, ForstA 1991, S. 28 ff. (29); *M. Gellermann/A. Middeke*, NuR 1991, S. 457 ff. (460); *H.-W. Rengeling/M. Gellermann*, ZG 1991, S. 317 ff. (322 f.); *E. Rehbinder*, DVBl. 2000, S. 859 ff. (864 f.); *J. Zeibig*, Vertragsnaturschutz als Beispiel konsensualen Verwaltungshandelns, S. 58 ff.

²⁹⁷ *E. Bohne*, VerwArch. Bd. 75 (1984), S. 343 ff. (369).

²⁹⁸ Das allgemeine umweltrechtliche Kooperationsprinzip jedenfalls kann unabhängig von der Frage seines Prinzip-seins jedenfalls als eine solche Anordnung nicht aufgefaßt werden; siehe hierzu ausf. *J. Zeibig*, Vertragsnaturschutz als Beispiel konsensualen Verwaltungshandelns, S. 108 ff., s.a. *G. Lübbe-Wolf*, NuR 1989, S. 295 ff. (302). Zur mangelnden Ableitbarkeit von Rechtsfolgen wegen der Konturenlosigkeit des Prinzips auch *U. Di Fabio*, DVBl. 1990, S. 338 ff. (346); später dann aber *ders.*, der in: P.M. Huber, Das Kooperationsprinzip im Umweltrecht, S. 37 ff. (49) in unter dem Einfluß von BVerfGE 98, 83 (98 ff.) und 106 (118 ff., 126 ff, 130 ff.) ein Gestalt annehmendes Rechtsprinzip zu erkennen vermag; s.a. *H.-W. Rengeling*, Das Kooperationsprinzip im Umweltrecht, S. 106 ff.; *C. Schrader*, DÖV 1990, S. 326 ff. (329).

²⁹⁹ *K. Fritz*, UPR 1997, S. 439 ff. (440); *M. Gellermann/A. Middeke*, NuR 1991, S. 457 ff. (460); *E. Rehbinder*, DVBl. 2000, S. 859 ff. (859).

III. Der »Vertragsnaturschutz«

chen Aufteilung von Gesetzgebungs- und Verwaltungskompetenzen in dem Bereich des Naturschutzrechts[300] liegt der Schwerpunkt der Naturschutzpolitik bei den Bundesländern, da diese den Gesetzgebungsrahmen des Bundes ausfüllen können und auch über die Verwaltungshoheit verfügen. Es ist daher nicht verwunderlich, daß sich der Vertragsnaturschutz, der dementsprechend im wesentlichen durch Politik der Länder geprägt wird, in vielen Erscheinungsformen entfaltet hat[301]. Dementsprechend sind die Finanzierungsformen und -quellen des Vertragsnaturschutzes ebenso vielgestaltig wie die Maßnahmen, zu denen die Grundstücksnutzer auf seiner Grundlage angehalten werden sollen[302].

Der Inhalt der Vereinbarungen im Rahmen des Vertragsnaturschutzes kann den Schutzanordnungen entsprechen, die auch im Wege einer einseitig gesetzten Norm hätten erlassen werden können (*Normsubstitution*)[303]. Eine solche Funktion des Vertragsnaturschutzes liegt immer dann vor, wenn die im Vertrag enthaltenen Bewirtschaftungsbeschränkungen oder andere Verpflichtungen solche Ge- oder Verbote vollständig ersetzen, die ansonsten im Wege der Verordnung ergangen wären[304]. Dies ist nur dann völlig unbedenklich, wenn in dem konkreten Fall die Tatbestandsvoraussetzungen für die Unterschutzstellung im Verordnungswege gegeben sind[305]. Eine *Normumsetzung* durch Vertrag – und damit eine kumulative Anwendung von Norm und Vertrag – ist dort möglich, wo nur ein Teil der zur Verwirklichung des Schutzziels erforderlichen Gesetz- und Verbote in der Norm selbst angeordnet werden, während die übrigen Regelungen durch vertragliche Festlegungen zu realisieren sind[306]. Die Schutzausweisung durch Verordnung ist in diesen Fällen Grundlage für die weitere vertragliche Feinsteuerung[307]. Daneben ist aber auch denkbar, daß der vertraglich vereinbarte Naturschutz über das gesetzlich intendierte Schutzniveau hinausreicht, da der betroffene Eigentümer zum Zwecke einer Verbesserung der ökologischen Situation ein größeres Maß an Bindungen auf sich genommen hat, als ihm im Wege der streng einseitig gesetzten Norm überhaupt hätte auferlegt werden können (*Normergän-*

---

[300] Überblick bei *B. Bender/R. Sparwasser/R. Engel*, Umweltrecht, S. 167 ff.
[301] *E. Rehbinder*, DVBl. 2000, S. 859 ff. (860 ff.). Allerdings haben auch der Bund i.R.d. Gemeinschaftsaufgabe nach Art. 91a Abs. 1 Nr. 3 GG und die Europäische Gemeinschaft in dem Bereich des Vertragsnaturschutzes Mittel bereit stellen und damit auch Akzente setzen können; siehe *E. Rehbinder*, ebd.
[302] Überblick bei *H.-W. Rengeling/M. Gellermann*, ZG 1991, S. 317 ff. (320 ff.); *E. Rehbinder*, DVBl. 2000, S. 859 ff. (861 f.).
[303] Zu bemerken ist, daß Anwendungsfälle des Vertragsnaturschutzes auch in Bereichen zu beobachten sind, die in keinem Verhältnis zur Normsetzung stehen (siehe *J. Zeibig*, Vertragsnaturschutz als Beispiel konsensualen Verwaltungshandelns, S. 71 f.) und die deswegen für die vorliegende Untersuchung nicht von Bedeutung sind.
[304] *H.-W. Rengeling/M. Gellermann*, ZG 1991, S. 317 ff. (322).
[305] *M. Gellermann/A. Middeke*, NuR 1991, S. 457 ff. (458).
[306] *H.-W. Rengeling/M. Gellermann*, ZG 1991, S. 317 ff. (322). Dies ist z.B. in Rahmen des nordrhein-westfälischen Feuchtwiesenschutzprogramms der Fall; hierzu *J. Dopheide*, Feuchtwiesenschutzprogramm des Landes Nordrhein-Westfalen, S. 60 ff.
[307] Beispiel bei *M. Gellermann/A. Middeke*, NuR 1991, S. 457 ff. (458).

zung)³⁰⁸. Im Gegenzug zu der Übernahme naturschutzrechtlicher Unterlassungs- oder Pflegepflichten verspricht die Behörde in diesen Fällen Ausgleichszahlungen, eine besondere Abstimmung vor dem Erlaß einseitiger Maßnahmen oder den Erlaß von Maßnahmen zur Unterstützung des privaten Vertragspartners. Hier liegt ein Schwerpunkt der vertragsnaturschutzrechtlichen Praxis. Diese Option ist insbesondere in Fällen von Bedeutung, in denen das betroffene Gebiet für eine Unterschutzstellung aus gesetzlichen Gründen nicht geeignet – weil nicht im Sinne von (§§ 12 ff., 20c BNatSchG a.F.) schutzwürdig – ist oder auch eine Schutzausweisung der Verwaltung nicht die aus Gründen des Naturschutzes erforderlichen Befugnisse eröffnen würde.

Diese Möglichkeit freiwilliger Übernahme »überschießender« Pflichten in rechtlich bindender Weise wird als einer der großen Vorteile des Vertragsnaturschutzes benannt. Daneben tritt die größere Akzeptanz von Belastungen durch den Betroffenen, wenn er im Wege der Vertragsverhandlungen auf das Verhandlungsergebnis Einfluß nehmen konnte (»Betroffenennähe«). Auch die allgemeine Akzeptanz naturschutzrechtlicher Agenden fördert die Kooperationsbereitschaft auf Seiten der Betroffenen. Der Bürger wird durch seine Integration in den Rechtsetzungsakt stärker in die Erfüllung der Verwaltungsaufgabe involviert und wird angesichts seiner eigenen Beteiligung daher eher geneigt sein, auch für ihn nachteilige Elemente der Regelung zu akzeptieren, ohne sie gerichtlicher Klärung zuzuführen, zumal ein Angriff auf den Vertrag nicht schon bei bloßer Rechtswidrigkeit, sondern nur in Fällen seiner Nichtigkeit Erfolg verspricht (§ 59 VwVfG)³⁰⁹. Im übrigen besteht bei der Errichtung eines Netzwerkes von Schutzverträgen die Möglichkeit einer präziseren Feinsteuerung notwendiger Schutzgehalte als bei dem Erlaß einer notwendig großräumigeren Rechtsnorm. Indes können viele Ziele des Naturschutzes nur durch großflächige Schutzkonzepte erreicht werden. Die Errichtung eines Vertragsnetzwerks kann hier die auf breite Wirkung angelegte Rechtsnorm nicht ersetzen³¹⁰. Hinsichtlich ihrer Breitenwirkung ist die Rechtsnorm dem vertraglichen Substitut nicht nur in sachlicher bzw. flächenmäßiger, sondern auch in subjektiver Hinsicht deutlich überlegen: Während eine Schutzgebietsverordnung Allgemeinverbindlichkeit beansprucht, verfügen entsprechende Verträge nur über eine relative Bindungswirkung zwischen den vertragsschließenden Parteien³¹¹. Handlungs- oder Unterlassungspflichten können mangels einer entsprechenden gesetzlichen Ermächtigung – und daher anders als in den dargelegten Konstellationen des Sozialversicherungsrechts – nicht begründet werden (vgl. § 58 Abs. 1 VwVfG), obschon die durch die Schutzgebietsausweisungen angestrebten naturschutzrechtlichen Zielsetzungen oftmals auch ein entsprechendes Verhalten Dritter erfordern. Auch eine zwin-

---

[308] Beispiele bei *J. Zeibig*, Vertragsnaturschutz als Beispiel konsensualen Verwaltungshandelns, S. 70 f.; vor Erlaß des § 3a BNatSchG a.F. insoweit die Zulässigkeit ablehnend *M. Gellermann / A. Middeke*, NuR 1991, S. 457 ff. (462).
[309] *U. Di Fabio*, DVBl. 1990, S. 338 ff. (341).
[310] *M. Gellermann / A. Middeke*, NuR 1991, S. 457 ff. (460) m.w.N.
[311] *J. Zeibig*, Vertragsnaturschutz als Beispiel konsensualen Verwaltungshandelns, S. 86 f.

gende Bindung des Rechtsnachfolgers allein durch die vertragliche Bindung ist nicht denkbar[312]. Da keine Verwaltungsverträge zu Lasten Dritter geschlossen werden können (vgl. § 58 Abs. 1 VwVfG), sind vertragliche Regelungen nur bei einem überschaubaren Kreis von Regelungsadressaten oder einer Kombination von an die Allgemeinheit gerichtetem Rechtssatz und Vertrag mit einzelnen Betroffenen möglich[313]. Diese Kombinationslösung würde allerdings den ohnehin mit den vertraglichen Regelungen verbundenen Mehraufwand für die Verwaltung noch weiter anwachsen lassen.

2. Die Zulässigkeit des Vertragsnaturschutzes

Auf den ersten Blick überrascht es, daß trotz weitgehend ablehnender Beurteilung der Bauplanungsabrede als dem dogmatischen Urbild der Norm*setzungs*verträge rechtliche Vorbehalte gegen die unter dem Vorzeichen des Vertragsnaturschutzes sogar stattfindende (partielle) Substitution von Rechtsnormen durch Verträge oder Vertragsnetzwerke nur zurückhaltend vorgetragen werden.

Die erste Frage stellt sich dahingehend, ob die gesetzlich vorgesehene Möglichkeit einer normativen Unterschutzstellung ein grundsätzliches Vertragsformverbot in diesem Bereich begründet – selbst wenn die Möglichkeit einer Substitution der Norm durch Vertrag nicht ausdrücklich verboten ist[314]. Seit der Einführung von § 3a BNatSchG a.F., jetzt § 8 BNatSchG n.F., ist die Diskussion über das Vorliegen eines gesetzlichen Handlungsformverbots bei normsubstituierenden und -ergänzenden Verträgen allerdings prinzipiell ebenso obsolet wie die Überlegung, ob solche landesrechtlichen Regelungen, die ohne bundesrahmenrechtliche Vorgabe die Möglichkeit konsensualer Regelungen vorsehen, noch innerhalb der bundesrechtlichen Rahmenvorgaben liegen[315]. Der Bundesgesetzgeber hat seine Zustimmung zu dem zum Zeitpunkt der Novelle mit Blick auf die Ergänzung, Umsetzung oder Substituierung von Normen bereits weit verbreiteten System des Vertragsnaturschutzes hinreichend deutlich gemacht und hätte, wenn diese Rolle des Vertragsnaturschutzes unerwünscht gewesen wäre, dies durch eine entsprechende Beschränkung seiner Billigung auf verwaltungsaktsersetzende Verträge oder Verträge außerhalb der Unterschutzstellungen deutlich machen können und müssen.

Zwar könnte ein Handlungsformverbot auch dem das Bundesrahmenrecht konkretisierenden Landesrecht entnommen werden, soweit dieses für die Un-

---

[312] *K. Meßerschmidt*, Bundesnaturschutzrecht, § 13 BNatSchG Rn. 9.
[313] *U. Di Fabio*, DVBl. 1990, S. 338 ff. (341).
[314] *V. Schlette*, Die Verwaltung als Vertragspartner, S. 559 ff.; a.A. *U. Di Fabio*, DVBl. 1990, S. 338 ff. (342), der eine Anordnung, daß die Unterschutzstellung durch Rechtsverordnung zu erfolgen habe, als implizites Vertragsformverbot begreift. Ein Verwaltungsvertrag könne daher nicht vollständig an die Stelle der Norm treten, sondern in bestimmten Regelungsbereichen der Rechtsverordnung. Es darf keine »Regelungskongruenz« zwischen Rechtsverordnung und Verwaltungsvertrag bestehen.
[315] Hierzu *J. Zeibig*, Vertragsnaturschutz als Beispiel konsensualen Verwaltungshandelns, S. 98 ff.

terschutzstellung ausdrücklich und abschließend auf das Instrument der Rechtsnorm abstellt[316]. Allerdings muß dieses Gesetz in Entsprechung des kooperativen Rechtsetzungscharakters[317] der Rahmengesetzgebung im Lichte der rahmengesetzlichen Vorgaben interpretiert werden. Dies bedeutet, daß der Landesgesetzgeber, auch soweit der Bundesgesetzgeber nicht eine verbindliche Rahmenvorgabe erteilt, nur durch ein ausdrückliches Abweichen von der bundesgesetzlichen Vorgabe der kooperativen Tendenz des Bundesgesetzgebers widersprechen kann. Gibt der Bundesgesetzgeber daher zu erkennen, daß nach seiner Konzeption der Vertrag als konsensuales Steuerungsinstrument in allen Bereichen des Naturschutzrechts als Alternative erwogen werden soll, so mögen die Länder zwar zu einer negativen Einschätzung bei dieser Erwägung kommen bzw. ihre Landschaftsbehörden entsprechend gesetzlich anleiten. Allerdings muß diese Skepsis bzw. Ablehnung in dem Landesgesetz zum Ausdruck kommen. Angesichts der umstrittenen Frage, ob eine bloße Benennung der Rechtssatzform schon ein entsprechendes Substitutionsverbot begründet, kann eine solche bloße Benennung kaum als hinreichend deutliches Vertragsformverbot des Landesgesetzgebers angesehen werden. Da die Landschaftsbehörden nach deutschem Recht zu einer Unterschutzstellung regelmäßig nicht verpflichtet sind[318], können sie ihre Ziele also durchaus auch im Wege des Vertragsschlusses mit den Grundstückseigentümern verfolgen. Ein Vertragsformverbot steht dem nicht entgegen.

Auch die Verpflichtung in §§ 23 ff. BNatSchG n.F. bzw. §§ 13 ff. BNatSchG a.F. zu einer rechtsverbindlichen Unterschutzstellung kann nicht zu einem Vertragsformverbot umgedeutet werden. Mochte man vor der Novelle des Bundesnaturschutzgesetzes noch die Möglichkeit einer »Übersetzung« des Begriffs der Rechtsverbindlichkeit in »Allgemeinverbindlichkeit« – und damit eine ausschließliche Verpflichtung auf die Setzung von Rechtsnormen – in Betracht ziehen[319], so kann diese Umdeutung nach den beiden Novellen, die die prominente Rolle konsensualer Regelungen – erst durch § 3a BNatSchG a.F., jetzt durch § 8 BNatSchG – unterstrichen haben – nicht mehr aufrecht erhalten werden: Wenn der Gesetzgeber das zum Zeitpunkt der Novellen weit verbreitete Phänomen des Vertragsnaturschutzes als Ergänzung oder Substitut normativer Regelungen nicht gebilligt hätte, wäre zu erwarten gewesen, daß, wenn er schon eine Regelung wie § 3a BNatSchG a.F., jetzt in § 8 BNatSchG n.F. in die Novelle aufnimmt, seine Ablehnung kooperativer Lösungen für den speziellen Bereich der Normsetzung zumindest durch eine Umformulierung der entsprechenden Vorschriften deutlich macht. Insofern hätte es genügt, wenn er durch die Änderung des Begriffs der Rechtsverbindlichkeit in §§ 23 ff. BNatSchG n.F.

---

[316] Vgl. *W. Beyer*, Der öffentlich-rechtliche Vertrag, einfaches Handeln der Behörden und Selbstverpflichtungen Privater als Instrumente des Umweltschutzes, S. 107 f.
[317] *J. Rozek*, in: H. v. Mangoldt/F. Klein/C. Starck, Grundgesetz Bd. 2, Art. 75 Rn. 63; *R. Stettner*, in: H. Dreier, Grundgesetz Bd. II, Art. 75 Rn. 12.
[318] *B. Bender/R. Sparwasser/R. Engel*, Umweltrecht, S. 203 f.; *M. Kloepfer*, Umweltrecht, § 11 Rn. 58; *H.W. Louis*, DVBl. 1990, S. 800 ff. (801); *A. Schink*, AgrarR 1985, S. 185 ff. (188 ff.); *J. Schmidt*, NVwZ 1999, S. 363 ff. (367 m.w.N.); *H. Soell*, NuR 1993, S. 301 ff. (307 f.).
[319] So etwa *K. Meßerschmidt*, Bundesnaturschutzrecht, § 12 BNatSchG Rn. 3; *J. Zeibig*, Vertragsnaturschutz als Beispiel konsensualen Verwaltungshandelns, S. 99.

bzw. §§ 13 ff. BNatSchG a.F., der durchaus auch vertragliche Lösungen zuläßt, in den der Allgemeinverbindlichkeit, seine Präferenz zugunsten normativer Lösungen deutlich gemacht hätte. Analoges ist zu den Landesgesetzen zu sagen, die ebenfalls entsprechende Klausen über den Vertragsnaturschutz ausweisen. Auch hier wäre für die Begründung eines Vertragsformverbots eine gegen die kooperative Grundtendenz des Gesetzes wirkende, deutliche Distanzierung von dem Vertrag als Ersatz/Ergänzung der Rechtsverordnung erforderlich gewesen[320].

Eine andere Beurteilung ergibt sich auch nicht aufgrund der Formulierung des § 8 BNatSchG n.F., in dem von einer möglichen vertraglichen Regelung anstelle von »Maßnahmen zur Durchführung der im Rahmen dieses Gesetzes erlassenen Rechtsvorschriften« die Rede ist. Damit ist nicht die Durchführung der auf der Grundlage dieses Gesetzes (d.h. des Bundesnaturschutzgesetzes) erlassenen Rechtsnormen angesprochen – dies wären die durch den Vertragsnaturschutz ersetzten Unterschutzstellungen. Der Gesetzestext bezieht sich vielmehr auf seine eigene Durchführung durch den Landesgesetzgeber, deren Bestandteil gerade eben auch der Erlaß von Vorschriften über die Unterschutzstellung ist.

Die hier angestellten Überlegungen sind allerdings – zumindest soweit sie die *vollständige* Substitution einer Unterschutzstellung im Verordnungswege betreffen – nicht von praktischer Relevanz, da die im Rahmen des Vertragsnaturschutzes abgeschlossenen Verträge nicht eine umfassende, normäquivalente Regelungsintensität erreichen[321]. Angesichts der notwendigen Relativität der vertraglichen Regelungen ist eine solche Situation auch überhaupt nur unter sehr engen tatsächlichen Voraussetzungen – z.B. bei Vorliegen eines ganz eng begrenzten Raums ohne Verkehr durch Dritte – möglich.

Die Übernahme einzelner Ge- und Verbote in Verträge bzw. die Absicherung von Pflege-, Entwicklungs- und Wiederherstellungsmaßnahmen, die mit der Unterschutzstellung einhergehen (siehe § 22 Abs. 2 BNatSchG n.F. i.V.m. den entsprechenden Vorschriften der Bundesländer), kann angesichts der neuen, den Vertragsnaturschutz absichernden Rechtslage aber durchaus einem die Unterschutzstellung flankierenden Vertrag vorbehalten sein. Hiergegen vorgebrachte Bedenken[322] verfangen nach den Novellen des Gesetzes nicht mehr. Da die Behörde nicht zum Erlaß eine Unterschutzstellung verpflichtet ist, kann also nicht darauf abgestellt werden, daß eine vertragliche Regelung gegenüber Drittbetroffenen nicht so leistungsfähig ist wie eine normative Regelung. Wenn die Behörde eine solchermaßen allgemeinverbindliche Regelung für erforderlich hält, steht es ihr frei, sie zu erlassen. Soweit dies nicht der Fall ist, kann sie sich mit einer vertraglichen Regelung und deren subjektiv beschränkter Wirkungskraft begnügen.

---

[320] Eine solche Distanzierung kann höchstens noch einer Vorschrift wie § 39 NatSchG Sachs. entnommen werden. Hier geht der Gesetzgeber in Abs. 1 Satz 2 durch die Beschränkung seiner Bezugnahme offensichtlich davon aus, daß die konsensualen Regelungen des Vertragsnaturschutzes allein einen Verwaltungsakt ersetzen können (»Vertragliche Vereinbarungen sind Verwaltungsakten dann vorzuziehen, wenn sie dem Schutzweck in gleicher Weise dienen und nicht zu einer Verzögerung der Maßnahme führen.«).

[321] *H.-W. Rengeling / M. Gellermann*, ZG 1991, S. 317 ff. (325).

[322] *J. Zeibig*, Vertragsnaturschutz als Beispiel konsensualen Verwaltungshandelns, S. 103 f., mit Bezug auf die Ge- und Verbote; s.a. *M. Gellermann / A. Middeke*, NuR 1991, S. 457 ff. (462).

An der Schlüssigkeit der Regelung ändert dies nichts[323], da der einzige Adressat, dessen Einbeziehung in das Schutzkonzept nach Ansicht der Behörde erforderlich ist – der Vertragspartner – über seine vertraglichen Pflichten im Zusammenspiel von Unterschutzstellung und Verordnung informiert ist.

Auch die Überlegung, daß die Normierung der Ge- und Verbote zeitgleich mit der Unterschutzstellung erfolgen muß, um deren Einhaltung von Anfang an sicher zu stellen[324], greifen nicht durch. Dieser zeitliche Unsicherheitsfaktor ist dem Vertragsschluß stets inhärent. Dennoch haben Bundes- und Landesgesetzgeber die Möglichkeit substituierender/ergänzender vertraglicher Regelungen in Betracht gezogen, so daß gegen deren Anwendung solche Argumente, die gegen den Vertrag als Handlungsinstrument der Verwaltung im allgemeinen sprechen, nicht mehr ins Feld geführt werden können. Im übrigen kann die handelnde Behörde stets die Vertragsverhandlungen abbrechen und die Regelung im Verordnungswege erlassen. Dies gilt auch für den Fall, daß der Vertrag auszulaufen droht, ohne daß sich Behörde und Vertragspartner über seine Verlängerung einigen können. Im Hinblick auf die Pflege-, Entwicklungs- und Wiederherstellungsmaßnahmen macht bereits § 22 Abs. 2 BNatSchG n.F. durch die Formulierung »oder enthält die erforderlichen Ermächtigungen hierzu« deutlich, daß die Maßnahmen nicht selbst schon in der Rechtsverordnung enthalten sein müssen.

Auch die *Normergänzung* durch Vertragsnaturschutz – also die Kombination von Norm und Vertrag – wirft angesichts der Novelle kein Problem mehr auf, da die Aufforderung des § 3a BNatSchG a.F., jetzt § 8 BNatSchG n.F. schon von ihrem Wortlaut her – erst recht aber von ihrem Sinn und Zweck – Gewinnung behördlicher Flexibilität und bürgerschaftlicher Akzeptanz – wenn schon nicht gegen ein Totalsubstitution, dann erst recht nicht gegen eine partielle Substitution bzw. gegen eine Mischung aus Norm und Vertrag gewendet werden kann.

Soweit die landesrechtlichen Vorschriften über den Vertragsnaturschutz[325] als Vertragsformgebote formuliert sind, steht dieses Gebot nach den gesetzlichen Vorschriften zum einen unter der Bedingung, daß der Schutzzweck des Gesetzes durch einen Vertrag ebenso wie durch eine hoheitliche Maßnahme (hier: Verordnungserlaß) erreicht werden kann. An einer äquivalenten Effektivität bestehen aber angesichts der notwendigen Relativität vertraglicher Regelung, die gegenüber der subjektiven Anwendungsbreite der Rechtsnormen stets einen Nachteil darstellt, erhebliche Zweifel. Zum anderen steht die Wahl des Handlungsmittels in dem Ermessen der Verwaltung[326]. Eine Ermessensreduzierung auf Null zugunsten des Vertrags ist aber – nicht zuletzt angesichts der Relativität der Vertragsnorm – kaum vorstellbar. Es gibt daher keinen prinzipiellen Vorrang des Ver-

---

[323] A.A. aber *M. Gellermann / A. Middeke*, NuR 1991, S. 457 ff. (462).

[324] *M. Gellermann / A. Middeke*, NuR 1991, S. 457 ff. (462); *H.-W. Rengeling / M. Gellermann*, ZG 1991, S. 317 ff. (327).

[325] Überblick über die Vorschriften des Landesrechts bei *J. Zeibig*, Vertragsnaturschutz als Beispiel konsensualen Verwaltungshandelns, S. 105 f., 200 ff.

[326] Keine Ausnahme bildet die Regelung des § 39 Abs. 1 Satz 2 LNatSchG Sachs., wonach vertragliche Vereinbarungen Verwaltungsakten (!) dann vorzuziehen, sind, wenn sie dem Schutzzweck in gleicher Weise dienen und nicht zu einer Verzögerung der Maßnahme führen. Eine evtl. Pflicht zum *Norm*erlaß kann dementsprechend hieraus nicht abgeleitet werden.

tragsnaturschutzes gegenüber einer von der zuständigen Verwaltung für erforderlich gehaltenen Schutzgebietsausweisung[327].

Den Vorschriften kann aus diesem Grunde, aber auch wegen ihres vorrangig öffentlichen Interessen dienenden Zwecks – Flexibilisierung des behördlichen Handlungsspielraums und Akzeptanzerhöhung des Naturschutzes im öffentlichen Interesse[328] – kein subjektiv-öffentliches Recht auf Abschluß eines Verwaltungsvertrags anstelle des Erlasses einer allgemeinverbindlichen Unterschutzstellung entnommen werden.

a) Verbandliche Mitwirkungsrechte

Soweit die Verträge solche Inhalte aufweisen, die nach der Konzeption des Gesetzes auch in einer Verordnung hätten geregelt werden können, ist zu erwägen, ob die verordnungsrelevanten Mitwirkungsrechte auch bei Abschluß der substituierenden/ergänzenden Verträge zu beachten sind (§ 29 BNatSchG a.F. bzw. § 60 Abs. 2 BNatSchG n.F.). Nach § 60 Abs. 2 Nr. 1 BNatSchG n.F. ist den anerkannten[329] Verbänden bei der Vorbereitung von Verordnungen und anderen im Rang unter dem Gesetz stehenden Rechtsvorschriften der für Naturschutz und Landschaftspflege zuständigen Behörden der Länder Gelegenheit zur Stellungnahme und zur Einsicht in die einschlägigen Sachverständigengutachten zu geben. Nach § 11 BNatSchG n.F. ist diese Vorschrift in den Ländern, die aber auch darüber hinausgehende Beteiligungsrechte für die Verbände festlegen können, unmittelbar anwendbar. Auf die Durchführung des Anhörungsverfahrens hat der Verband ein subjektiv-öffentliches Recht; es handelt sich nicht lediglich um einen Rechtsreflex[330].

Eine trotz fehlender oder fehlerhafter bzw. nicht ausreichender[331] Verbandsmitwirkung ergangene Rechtsnorm bleibt aber dennoch wirksam. Dies ergibt sich aus dem rechtsstaatlichen Gebot der Rechtssicherheit, zumal die Nichtigkeit keine zwingende Fehlerfolge einer rechtswidrig zustande gekommenen Norm ist[332].

---

[327] S.a. BVerwG NVwZ-RR 1998, S. 225 ff. (226).
[328] *E. Rehbinder*, DVBl. 2000, S. 859 ff. (864).
[329] Zu den Voraussetzungen der Anerkennung BVerwGE 72, 277 (278 ff.); siehe i.e. *B. Bender/R. Sparwasser/R. Engel*, Umweltrecht, S. 226 f.; *M. Kloepfer*, Umweltrecht, § 11 Rn. 116 m.w.N.
[330] BVerwGE 87, 62 (68 ff.); VGH Kassel NuR 1983, S. 22 ff. (23) und NVwZ 1988, S. 1040 ff.; VGH Mannheim NVwZ 1988, S. 1039 und DVBl. 1993, S. 163 ff. (164); s.a. *S. Waskow*, Mitwirkung von Naturschutzverbänden in Verwaltungsverfahren, S. 79; *A. Herbert*, NuR 1994, S. 218 ff.; zu dem Mitwirkungsverfahren auch s.a. *E. Gassner*, NuR 1991, S. 211 ff.
[331] Hierzu etwa BVerwGE 87, 62 (71); BVerwG NVwZ 1997, S. 905 ff. (906 ff.).
[332] *B. Bender/R. Sparwasser/R. Engel*, Umweltrecht, S. 228; *M. Kloepfer*, Umweltrecht, § 11 Rn. 115; a.A. *J. Schmidt*, NVwZ 1988, S. 982 ff. (987 m.w.N. in Fn. 112). S.a. mit Blick auf einen Planfeststellungsbeschluß: BVerwG NVwZ-RR 1997, S. 606 f. (607). Zu den Schwierigkeiten mit der Klagebefugnis der Verbände vor dem Hintergrund landesrechtlicher Verbandsklagebefugnisse und der gemeinschaftsrechtlichen FFH-Richtlinie (Richtlinie 92/43/EWG vom 21. Mai 1992 zum Erhalt der natürlichen Lebensräume sowie der wildlebenden Tiere und Pflanzen; Abl. Nr. L 206, S. 7) siehe nur *J. Schmidt*, NVwZ 1999, S. 363 ff. (373 f. m.w.N.).

Die Wahl des alternativen vertraglichen Handlungsinstruments darf nicht dazu führen, daß die gesetzlich normierten Beteiligungsrechte der Verbände umgangen werden[333]. Die Verbandsmitwirkung dient der Informationsbeschaffung und dem Ausgleich von Vollzugsdefiziten im Umweltrecht durch den Einbezug privaten Umweltschutzengagements in die Normsetzung. Den Naturschutzverbänden ist das subjektive Recht auf Verfahrensbeteiligung eingeräumt, damit diese eine Funktion wahrnehmen, die andere Ziele als Regelungen über das Anhörungsrecht privater Betroffener verwirklicht. Die anerkannten Naturschutzverbände sollen mit ihrem Sachverstand in ähnlicher Weise wie Naturschutzbehörden die Belange des Naturschutzes und der Landschaftspflege in das Verfahren einbringen. Sie sollen – so das Bundesverwaltungsgericht – gleichsam als Verwaltungshelfer dafür Sorge tragen, daß diese Belange über die vorgeschriebene Berücksichtigung durch die jeweils zuständige Behörde hinaus in besonderer Weise zur Geltung gebracht werden[334]. Die Verbände sollen aus ihrer politisch und fachlich bedingten Position heraus als Sachwalter umweltspezifischer Interessen, deren mangelnde Artikulation innerhalb der Verwaltung damit konstatiert oder auch nur unterstellt wird, das entsprechende Problembewußtsein der Verwaltung erhöhen[335].

Von diesem Normzweck ausgehend kann die Frage, ob eine Unterschutzstellung allgemeinverbindlich durch eine Rechtsnorm oder durch einen bzw. mehrere vertragliche Regelungen erfolgt, keine Rolle spielen. Das sachwalterische Interesse der einschlägigen Verbände ist bei der Beurteilung von Notwendigkeit sowie Art und Maß entsprechender Maßnahmen ebenso gefordert wie bei einer breit streuenden Unterschutzstellung durch Rechtsnorm. Man mag die Verbandsbeteiligung daher für sinnvoll halten. Indessen ist sie aus diesem Grunde nicht auch rechtlich geboten[336]. Der Wortlaut von § 29 BNatSchG a.F. bzw. § 60 Abs. 2 BNatSchG n.F. spricht ebenso wie der gesetzliche Gesamtzusammenhang gegen eine unmittelbare oder entsprechende Anwendung dieser Vorschriften bei Substitution normativer durch vertragliche Schutzinstrumente. Die Unterschutzstellung durch Rechtsnorm ist gegenüber einer Unterschutzstellung durch Vertrag wegen der notwendigen Relativität der vertraglichen Regelung regelmäßig als minus, wenn nicht gar als aliud einzustufen. Hätte der Gesetzgeber dieses minus bzw. aliud ebenfalls einer Anhörungspflicht unterwerfen wollen, hätte bei den letzten Novellen des Bundesnaturschutzgesetzes, in denen eine Verankerung des Vertragsnaturschutzes erfolgte, eine entsprechende Regelung in § 29

---

[333] *W. Beyer,* Der öffentlich-rechtliche Vertrag, einfaches Handeln der Behörden und Selbstverpflichtungen Privater als Instrumente des Umweltschutzes, S. 84 ff.; *U. Di Fabio,* DVBl. 1990, S. 338 ff. (345); a.A. *J. Zeibig,* Vertragsnaturschutz als Beispiel konsensualen Verwaltungshandelns, S. 136 f.
[334] BVerwGE 87, 62 (71); BVerwG NVwZ 1997, S. 905 ff. (906 m.w.N.).
[335] *W. Brohm,* DÖV 1992, S. 1025 ff. (1031); *U. Beyerlin,* NJW 1987, S. 2713 (2715); *P. Kunig/ S. Rublack,* JURA 1990 S. 1 ff. (5).
[336] So schon vor den Novellen des Bundesnaturschutzgesetzes: *M. Gellermann/A. Middeke,* NuR 1991, S. 457 ff. (464).

BNatSchG a.F. bzw. § 60 Abs. 2 BNatSchG n.F. getroffen werden müssen. Deren Unterlassung kann angesichts der tatsächlichen Entwicklung des Vertragsnaturschutzes, mit dem der Bundesgesetzgeber bei seinen Novellen konfrontiert war und die auch die partiellen Substitutionen der Rechtsnorm durch Vertrag bei Unterschutzstellung betrafen, nicht mehr dadurch gerechtfertigt werden, daß es sich bei dem Vertrag nicht um das übliche Handlungsinstrument der Verwaltung im Naturschutzrecht handelt[337].

Auch die auf deren notwendige Relativität zurückzuführende fehlende allgemeine Bedeutung der Vertragsregelungen kann den Gesetzgeber nicht zu dieser Unterlassung motiviert haben, da er doch bei der ausdrücklichen Billigung des Vertragsnaturschutzes auch und gerade die Auswirkungen dieses Phänomens in dem Bereich der normativen Unterschutzstellungen und den Versuch der partiellen Ersetzung von Rechtsnormen durch Verträge oder Vertragsgeflechte vor Augen hatte. Indem der Gesetzgeber diese Vorschriften in ihrem hier relevanten Bereich unverändert allein auf die Mitwirkung bei dem Erlaß von Rechtsvorschriften bezogen hat, ist angesichts dieser gesetzlichen Entwicklung eine analoge Anwendung sogar mangels einer entsprechenden unbewußten Regelungslücke von § 29 BNatSchG a.F. bzw. § 60 Abs. 2 BNatSchG n.F. für den – unwahrscheinlichen – Fall ausgeschlossen, daß der zuständigen Landschaftsbehörde ein vollständiger Rechtsnormenersatz durch die Errichtung eines dichten Geflechts von Verträgen gelingen sollte[338]. Wegen des bezeichnenden Schweigens des Gesetzgebers in einem Bereich, in diesem dem die partielle Substitution von Normen durch Verträge ausweislich der Neuregelung durchaus bekannt und bewußt war, ist es auch nicht von Bedeutung, wenn die abgeschlossenen Verträge zumindest insoweit eine normative Wirkung entfalten, als sich der Normsetzer dazu verpflichtet, während der Laufzeit des Vertrags keine normativen Steuerungsmittel zu erlassen. Die Anhörungsrechte greifen nur bei Erlaß, nicht aber bei Nichterlaß normativer Ausweisungen. Wenn der Gesetzgeber aber die Mitwirkungsbefugnisse auch in diesem Fall hätte verwirklicht werden wollen, hätte es hierzu einer entsprechenden Anordnung bedurft. Dies muß um so mehr gelten, als für die in den Fachgesetzen beteiligten Verbände keine grundrechtlichen oder sonstigen Ansprüche existieren, aufgrund derer sie eine Teilnahme an den Normsetzungsverfahren beanspruchen könnte[339]. Der Gesetzgeber wäre also sogar frei darin, diese Beteiligungsrechte insgesamt abzuschaffen[340].

---

[337] So noch *J. Zeibig*, Vertragsnaturschutz als Beispiel konsensualen Verwaltungshandelns, S. 134.
[338] In einem solchen Fall wäre i.ü. zweifelhaft, für welche Verträge ein Anhörungsrecht gelten soll: schon für den ersten, bei dem vielleicht noch gar nicht absehbar ist, daß er nur den Anfang eines mit einer Unterschutzstellung durch Verordnung identischen Vertragsgeflechts macht oder erst für den letzten Vertrag, der das Geflecht perfekt macht?
[339] Siehe S. 160 ff.
[340] *L. Michael*, Rechtsetzende Gewalt im kooperierenden Verfassungsstaat, S. 483 ff., 485.

b) Die Übernahme »überschießender« Pflichten

Da § 8 Satz 1 BNatSchG n.F. sich ausdrücklich auf die Maßnahmen zur Durchführung der im Rahmen des Bundesnaturschutzgesetzes erlassenen Rechtsvorschriften beschränkt und zudem in Satz 2 der Vorschrift festgehalten wird, daß die sonstigen Befugnisse der Naturschutzbehörden von der Möglichkeit vertraglicher Regelung unberührt bleiben, stellt sich die Frage, ob im Wege der Vertrags hinsichtlich der Belastungen des Privaten über das hinausgegangen werden darf, was »naturschutzrechtlich möglich« ist[341]. Daß eine vertragliche Regelung zulässig ist, mit der der Private solche Pflichten übernimmt, die ihm ansonsten im Wege der Verordnung bzw. auf der Grundlage einer Verordnung auferlegt werden könnten, ist nur dann in Frage zu stellen, wenn man annimmt, daß seine Rechte durch das Normsetzungsverfahren besser geschützt sind als durch das Vertragsverfahren und dieser Schutz nicht disponibel ist. Dies ist aber eine Frage der Disponibilität von Grundrechten[342]. Problematischer ist demgegenüber die Konstellation, in der dem Privaten solche Pflichten nur im Wege des Vertrags – also mit seiner Zustimmung – auferlegt werden können, weil eine Unterschutzstellung durch Verordnung nicht zulässig wäre.

So haben einige Bundesländer Programme aufgelegt und mit Mitteln Vertragsnaturschutzes zu verwirklichen versucht, die darauf abzielen, den aufgrund des Fehlens von Tatbestandsmerkmalen nicht möglichen ordnungsrechtlichen Naturschutz durch vertragliche Regelungen zu substituieren. Nach diesen Programmen können sich die Grundstücksnutzer verpflichten, auf Tätigkeiten zu verzichten, die durch Schutzverordnung nicht untersagt werden können (z.B. weil diese gar nicht erst erlassen werden darf) bzw. Tätigkeiten (z.B. Pflegemaßnahmen) gegen Entgelt vorzunehmen, zu denen sie im Wege einheitlich hoheitlicher Anordnung nicht verpflichtet werden könnten[343].

Vertragsnaturschutz ist auch auf Flächen zulässig, die mangels Erfüllung der Voraussetzungen prinzipiell nicht unter Schutz gestellt werden können. Die Landschaftsbehörde gerät hier auch unabhängig von der Existenz von § 3a BNatSchG a.F., jetzt § 8 BNatSchG n.F. nicht in eine Kollision mit einer evtl. Normsetzungspflicht bzw. einer Pflicht, durch Normsetzung ein bestimmtes Schutzziel zu erreichen. Eine Drohgebärde der staatlichen Seite – der »Schatten der Hierarchie« – ist dann mangels entsprechender Normsetzungsbefugnisse ebenso wenig denkbar wie ein potentieller Verlust oder eine unzulässige Bindung von Rechtsetzungskompetenzen.

Unter dem Gesichtspunkt von Art. 3 Abs. 1 GG[344], aber auch aus rechtsstaatlichen Gründen unzulässig wäre hingegen eine nicht-konnexe Drohgebärde des Staates, mit anderen Maßnahmen als der Setzung einer Norm (etwa: Erhebung

---

[341] V. Schlette, Die Verwaltung als Vertragspartner, S. 210.
[342] Siehe hierzu S. 338 ff.
[343] Siehe hierzu K. Fritz, UPR 1997, S. 439 ff. (440 f.); M. Gellermann/A. Middeke, NuR 1991, S. 457 ff. (458 f.); E. Rehbinder, DVBl. 2000, S. 859 ff. (861 f.).
[344] K.W. Grewlich, DÖV 1998, S. 54 ff. (62), der sogar einen Verstoß gegen Art. 3 GG darin erkennt, wenn der Staat überhaupt Recht als Drohmittel verwendet.

von Steuern³⁴⁵). Der Staat kann sich nicht beliebige – wenn auch isoliert gesehen verfassungsrechtlich zulässige – Schikanen ausdenken, um seinem Bürger Gefälligkeiten abzuringen³⁴⁶. Gegenstand einer staatlichen Drohung darf daher nur eine solche Regulierung sein, die in einem sachlichen Zusammenhang zu dem eigentlich angestrebten Regelungsziel steht.

Aufgrund entsprechender Erwägungen kann dann aber kein Zweifel daran bestehen, daß der private Vertragspartner auch solche Pflichten übernehmen darf, die zwar über diejenigen hinausgehen, die aufgrund einer Unterschutzstellung von ihm verlangt werden können, zu denen er sich aber im Wege des Vertragsnaturschutzes und gegen Zahlung einer Entschädigung verpflichtet hat. Auch hier ist aus den genannten Gründen weder für die grundrechtliche Freiheit des einzelnen noch für die staatliche Kompetenzordnung eine Gefährdungslage anzunehmen. Sollte die staatliche Seite die vertragliche Übernahme durch die Androhung eines tatsächlich nicht zulässigen Verordnungserlasses erschlichen haben, bleiben der privaten Seite sowohl Amtshaftungsansprüche als auch die Möglichkeit, den Vertragsschluß wegen arglistiger Täuschung gem. § 123 BGB analog anzufechten³⁴⁷.

---

[345] Plastisches Beispiel bei *C. Engel*, Staatswissenschaft und Staatspraxis Bd. 9 (1998), S. 535 ff. (542).

[346] *C. Engel*, Staatswissenschaft und Staatspraxis Bd. 9 (1998), S. 535 ff. (561 f.); ähnlich *E. Schmidt-Aßmann*, Die Verwaltung, Beiheft 4 (2001), S. 253 ff. (267); *H.-H. Trute*, UTR Bd. 48 (1999), S. 13 ff. (50).

[347] Zur Anwendbarkeit dieser Vorschrift bei Abschluß eines Verwaltungsvertrags: *H.J. Bonk*, in: P. Stelkens/ders./M. Sachs, Verwaltungsverfahrensgesetz, § 59 Rn. 41 ff.; *H.-U. Erichsen*, in: ders., Allgemeines Verwaltungsrecht, § 26 Rn. 22; *F. Kopp/U. Ramsauer*, Verwaltungsverfahrensgesetz, § 59 Rn. 17; *V. Schlette*, Die Verwaltung als Vertragspartner, S. 546.

§ 9 Untergesetzliche Normsetzungs- und Normenverträge in Verwaltungs- und Verfassungsrecht

Nachdem in den vorangegangenen Ausführungen besondere Anwendungsfälle der untergesetzlichen, normbezogenen Verträge illustriert wurden, soll die Aufmerksamkeit im folgenden der Frage gewidmet werden, wo die Zulässigkeitsgrenzen dieses gestalterischen Instruments zur Verknüpfung von bi- und multipolarem Interessenausgleich verlaufen.

Der untergesetzliche Normsetzungsvertrag wird ebenso wie der Normenvertrag von einem Träger öffentlicher Verwaltung abgeschlossen[1]. Mit dieser Feststellung ist allerdings wegen des vertraglichen Bezugs zur (untergesetzlichen) Rechtsetzung nicht zugleich auch die Anwendbarkeit des Verwaltungsverfahrensgesetzes auf solche Verträge geklärt. Die Frage, ob die Aussagen des Verwaltungsverfahrensgesetzes zum Verwaltungsvertrag auch Aussagen über solche Verträge zulassen, ist von Interesse, weil es sich bei diesen Vorschriften um den einzigen, verschiedene Rechtsgebiete übergreifenden normativen Ansatzpunkt für die Entwicklung allgemeiner Grundsätze von Grenzen und Zulässigkeit von Verwaltungsverträgen handelt.

Das Verwaltungsverfahrensgesetz bildet keine ganzheitliche Kodifikation des allgemeinen Verwaltungsrechts, sondern faßt lediglich eine Reihe der bis zu dem Zeitpunkt seines Erlasses ungeschriebenen, z.T. von der Rechtsprechung selbst ausgearbeiteten, zumindest aber von ihr bereits akzeptierten Grundsätze des allgemeinen Verwaltungsrechts zusammen. Ein geschlossenes Vertragsrecht für die Verwaltung ist dabei nicht entstanden, so daß es auch nach der Kodifikation der ungeschriebenen Grundsätze des allgemeinen Verwaltungsrechts Aufgabe von Dogmatik und Praxis blieb und bis heute bleibt, die gesetzlichen und verfassungsrechtlichen Vorgaben insbesondere für das vertragliche Handlungsinstrumentarium der Verwaltung weiter auszuarbeiten und zu verfeinern. Die Eigenschaft des Verwaltungsverfahrensgesetzes als »Grundgesetz für die zweite Ge-

---

[1] Öffentlich-rechtlicher Vertrag ist der Oberbegriff. Verwaltungsrechtliche Verträge sind öffentlich-rechtliche Verträge, die ein verwaltungsrechtliches Rechtsverhältnis zum Gegenstand haben und verwaltungsrechtliche Pflichten begründen, ändern oder aufheben. Ausgeklammert sind nach dem Vertragsgegenstand völkerrechtliche und verfassungsrechtliche Verträge; siehe hierzu nur *W. Spannowsky*, Grenzen des Verwaltungshandelns durch Verträge und Absprachen, S. 47 f. m.w.N. Trotz der nicht unberechtigten Bedenken von *V. Schlette*, Die Verwaltung als Vertragspartner, S. 19 f., werden vorliegend die Begriffe Verwaltungsvertrag und verwaltungsrechtlicher Vertrag synonym verwendet.

walt«[2] legt es aber nahe, seine Aussagen zum Ausgangspunkt einer Analyse von Zulässigkeit und Grenzen normbezogener Verträge zu machen. Dieses Unterfangen wird dadurch erschwert, daß die vor Erlaß des Verwaltungsverfahrensgesetzes geführten Auseinandersetzungen um die Zulässigkeit von Verwaltungsverträgen in erster Linie den einzelaktsersetzenden Vertrag zum Gegenstand hatten[3], während Zulässigkeit und Grenzen einer Verknüpfung der vertraglichen Handlungsform mit normativen Steuerungsinstrumenten der Verwaltung um so weniger intensiv diskutiert wurden, als noch nicht einmal über die vorrangige Frage Einigkeit bestand, ob der Verwaltungsvertrag seinem Charakter nach überhaupt als normbezogener Vertrag möglich ist. Während insoweit zum einen der Anwendungsbereich des Verwaltungsvertrags – wie selbstverständlich – allein auf den Normvollzug beschränkt wurde[4], galten andererseits – ebenso selbstverständlich – der normabwendende und der normersetzende Vertrag als konstruktiv mögliche Kategorien des Verwaltungsvertrags[5].

Unabhängig von der Frage, ob der Verwaltungsvertrag rechtskonstruktiv geeignet ist, mit der Setzung von Normen verknüpft (oder im Falle des Normenvertrags: verschmolzen) zu werden, ist es erforderlich, die Aussagekraft des Verwaltungsverfahrensgesetzes hinsichtlich der Zulässigkeit von normbezogenen Verträgen zu analysieren. Hierzu müssen zwei Fragen beantwortet werden[6]: Zunächst ist zu untersuchen, ob der Abschluß von auf Normsetzung bezogenen Verträgen überhaupt in den Anwendungsbereich des Verwaltungsverfahrensgesetzes fällt. Die praktische Relevanz der ersten Fragestellung ist aber eher gering, da nach ganz allgemeiner Überzeugung die §§ 54 ff. VwVfG überall dort, wo sie nicht direkt anwendbar sind, zumindest analog bzw. als Ausdruck der allgemeinen Grundsätze des Verwaltungsrechts Anwendung finden[7]. Von weitaus größerer Bedeutung ist demgegenüber die erst im Anschluß zu beantwortende Frage, ob das Schweigen des Verwaltungsverfahrensgesetzes mit Blick auf normbezogene Verträge ein beredtes ist. Bedeutet die Nichterwähnung dieses Vertragstypus im Verwaltungsverfahrensgesetz, daß der Gesetzgeber ihm außerhalb besonderer Normierungen prinzipiell ablehnend gegenübersteht?

---

[2] *P. Häberle*, FS Boorberg-Verlag, S. 47 ff. (49).
[3] Zu der Geschichte der Diskussion um den öffentlich-rechtlichen Vertrag siehe nur *W. Pakeerut* Die Entwicklung der Dogmatik des verwaltungsrechtlichen Vertrages. Exponierte Ablehnung des Verwaltungsvertrags bei *M. Bullinger*, Vertrag und Verwaltungsakt, S. 254; *J. Burmeister*, VVDStRL Bd. 52 (1993), S. 234 ff.; *H.P. Ipsen*, in: J.H. Kaiser, Planung II, S. 63 ff. (100 f.); *G. Püttner*, DVBl. 1982, S. 122 ff.
[4] Siehe z.B. *J. Martens*, AöR Bd. 89 (1969), S. 429 ff. (432, 469).
[5] *P. Lerche*, in: H. Külz/R. Naumann, Staatsbürger und Staatsgewalt Bd. II, S. 59 ff. (61 ff.).
[6] Die folgenden Ausführungen beziehen sich auf die Verwaltungsverfahrensgesetze von Bund und Ländern gleichermaßen.
[7] *H.J. Bonk*, in: P. Stelkens/ders./M. Sachs, Verwaltungsverfahrensgesetz, § 54 Rn. 25; *E. Allesch*, DÖV 1988, S. 103 ff. (104 ff.); *W. Heun*, DÖV 1989, S. 1053 ff. (1064); *F. Kopp/U. Ramsauer*, Verwaltungsverfahrensgesetz, § 54 Rn. 9; *H. Meyer*, NJW 1977, S. 1705 ff. (1707 ff); *ders.*, in: ders./H. Borgs-Maciejewski, Verwaltungsverfahrensgesetz, § 54 Rn. 2, 10 f.; *J. Scherer*, DÖV 1991, S. 1 ff. (4).

I. Der Anwendungsbereich des Verwaltungsverfahrensgesetzes

Nach § 1 Abs. 1 VwVfG gilt das Verwaltungsverfahrensgesetz für die öffentlichrechtliche Verwaltungstätigkeit von Behörden. Das Gesetz definiert den Begriff der Verwaltung und damit den der Verwaltungstätigkeit allerdings nicht, sondern setzt ihn voraus[8]. Es stellt sich vor diesem gesetzlichen Hintergrund die – zunächst allein für den Normsetzungsvertrag zu beantwortende – Frage, ob Verträge der Verwaltung, deren Abschluß, wenn er sich auf den Erlaß eines Verwaltungsakts bezieht, als Verwaltungstätigkeit anzusehen sind, ihren Charakter dadurch verändern, daß sie die Bindung untergesetzlicher Normsetzung bezwecken. Bejaht man dies, unterstellt man zugleich zweierlei: Zum einen, daß es sich bei der untergesetzlichen Normsetzung nicht um Verwaltungstätigkeit im Sinne des Verwaltungsverfahrensgesetzes handelt[9]. Zum anderen würde unterstellt, daß der Bezug des Normsetzungsvertrags auf die untergesetzliche Normsetzung Rückwirkungen auf den Charakter des Vertrags hat: Ist die untergesetzliche Normsetzung keine Verwaltungstätigkeit, dann ist der auf diese bezogene Vertrag kein Verwaltungsvertrag. Wenn aber die untergesetzliche Normsetzung keine Verwaltungstätigkeit i.S.d. Verwaltungsverfahrensgesetzes wäre und die – hier: vertragliche – Vorbereitung des Normsetzungsakts – den gleichen funktionalen Charakter aufwiese wie der Erlaß selbst, so wäre das Verwaltungsverfahrensgesetz weder auf Normsetzungsverträge noch auf Normenverträge anwendbar.

Diese These, die implizit mit der Exemption des Abschlusses von Normsetzungsverträgen aus dem Bereich der Verwaltungstätigkeit nach § 1 Abs. 1 VwVfG aufgestellt wird, überzeugt aber keineswegs. Sie beruht auf der Behauptung, daß der Abschluß eines Normsetzungsvertrags, der eine Bindung der Normsetzung entfalten soll, durch diese Funktion einen Teil der Ausübung des normsetzerischen Gestaltungsermessens in den Vertragsschluß vorverlegt[10] (Rückwirkungsthese). Diese Vorverlegung von Abwägungsentscheidungen, die ansonsten im Rahmen des Normsetzungsverfahrens getroffen werden, in einen Aushandlungsprozeß zwischen der Verwaltung und privaten Normadressaten kann es nahelegen, die normvorbereitenden Verhandlungen als Bestandteil des Normsetzungsverfahrens einzuordnen, um sie den Vorschriften über das Ver-

---

[8] Zu den verschiedenen Begriffskategorisierungen und Definitionsversuchen: *D. Ehlers*, in: H.-U. Erichsen, Allgemeines Verwaltungsrecht, § 1 Rn. 3 ff.; *H. Maurer*, Allgemeines Verwaltungsrecht, § 1 Rn. 2 ff; *K. Stern*, Staatsrecht Bd. II, § 41 I; H.-J. Wolff/O. Bachof/*R. Stober*, Verwaltungsrecht I, § 2 Rn. 1 ff.

[9] Vor dem Hintergrund einer Differenzierung zwischen dem Normsetzungsverfahren und dem zu dem Normsetzungsvertrag führenden Verwaltungsverfahren scheint die Frage, ob zur Verwaltungstätigkeit nach § 1 Abs. 1 VwVfG auch der Erlaß administrativer Rechtsnormen gehört, eigentlich erst im Zusammenhang mit dem Normenvertrag, nicht aber mit dem Normsetzungsvertrag eine Rolle zu spielen. Gerade aber die folgende zweite These macht den Zusammenhang zwischen beiden Fragen auch schon mit Blick auf die Normsetzungsverträge deutlich.

[10] *D. Birk*, NJW 1977, S. 1797 ff. (1798).

waltungsverfahren zu entziehen und denen über das Normsetzungsverfahren zuzuführen. Von diesem argumentativen Ausgangspunkt aus würde der Abschluß von untergesetzlichen Normsetzungsverträgen als auf Rechtsetzung bezogene Tätigkeit weder im positiven noch im negativen Sinne von dem Verwaltungsverfahrensgesetz erfaßt[11]. Indes weist der Abschluß eines Normsetzungsvertrags zwar einen Bezug auf die Normsetzung auf, ist aber selbst keine Normsetzung sondern bildet nur einen vorbereitenden Akt für diese. Eine solche Annahme würde daher die Differenzierung zwischen dem eigentlichen Normsetzungsakt, der auch nach Abschluß eines Normsetzungsvertrags formal allein durch die hierfür zuständigen staatlichen Akteure vorgenommen wird, und seiner vorgängigen Präparation durch Verhandlungen mit privaten Akteuren vermengen. Der Abschluß eines z.B. auf Planerlaß gerichteten Vertrags vermag keinen der in den §§ 1 ff. für die Aufstellung des Bebauungsplans vorgeschriebenen Verfahrensschritte zu ersetzen[12]. Dies gilt insbesondere für die förmliche Einleitung des Planaufstellungsverfahrens (§ 2 Abs. 1 Satz 2 BauGB). Die konstruktiv durchaus mögliche und auch praktizierte Verknüpfung von Norm und Vertrag im Normsetzungsvertrag darf aufgrund der kategorialen Andersartigkeit beider Institute bei der dogmatischen Analyse den Blick auf eines nicht verstellen: Hinsichtlich Entstehensvoraussetzungen, Rechtmäßigkeitsmaßstäben und Legitimationsgrundlagen müssen Vertrag und Rechtsnorm – anders als beim Normenvertrag – hier stets voneinander unterschieden werden. Auch wenn die Wirksamkeit oder die Unwirksamkeit des Normsetzungsvertrages Auswirkungen auf die Wirksamkeit oder die Unwirksamkeit des Normsetzungsakts haben kann, auf den er sich bezieht, so sind doch die beiden Rechtsakte analytisch und dogmatisch voneinander zu separieren[13]. Auf der einen Seite steht der Normsetzungsvertrag als zwei- oder mehrseitiges Rechtsgeschäft, das den Zweck verfolgt, Rechte und Pflichten in Zusammenhang mit einem Akt der Normsetzung zu begründen. Auf der anderen Seite steht der Normsetzungsakt mit seiner für Rechtsnormen typischen, generell-abstrakten Wirkung. Dessen rechtsgeschäftliche »Vorbereitung« und die daraus resultierende enge Verbindung zwischen Normsetzungsakt und Normsetzungsvertrag dürfen nicht darüber hinwegtäuschen, daß beide völlig unterschiedlichen Entstehungs- und Wirksamkeitsvoraussetzungen unterliegen: Eine durch Normsetzungsvertrag bewirkte Vorabbindung des Normsetzers mag zu einem Abwägungsausfall oder zu einer Verletzung von für das Normsetzungsverfahren festgelegten Beteiligungsrechten und daraus resultierender Unwirksamkeit des Normsetzungsakts führen. Die Pflicht zur Abwägung ist aber zunächst nur auf den Vorgang der Normsetzung bezogen und findet auf den Ver-

---

[11] So *D. Birk*, NJW 1977, S. 1797 ff. (1798); *U. Di Fabio*, DVBl. 1990, S. 338 ff. (342) stellt auf § 9 VwVfG ab; ähnlich auch *K. Obermayer*, BayVBl. 1977, S. 545 ff. (549).

[12] *W. Karehnke*, Die rechtsgeschäftliche Bindung kommunaler Bauleitplanung, S. 40.

[13] So zum Verhältnis von Bauplanungsabrede und Bebauungsplan: BVerwG BauR 1982, S. 30 ff. (32); *I. Ebsen*, JZ 1985, S. 57 ff. (58 f.); *E. Gurlit*, Verwaltungsvertrag und Gesetzgebung, S. 371. Der von *Gurlit* aus dieser richtigen Feststellung gezogenen Konsequenzen ist indessen nicht beizupflichten; siehe § 8/Fn. 82.

tragsschluß keine Anwendung, weswegen der rechtsgeschäftlich determinierte Abwägungsausfall zwar zur Nichtigkeit des Normsetzungsakts führen mag, aber nicht gleichsam uno actu die Unwirksamkeit des die Pflichten begründenden Normsetzungsvertrags zur Folge haben muß. Hierfür bedarf es einer eigenständigen Rechtsfolgenanordnung. Die Rückwirkung der auf die Normsetzung bezogenen Verpflichtungen, die durch den vorgängigen Abschluß eines Normsetzungsvertrags evtl. verletzt werden, auf dessen Wirksamkeit bedarf der eigenständigen Begründung. Vertragsverhandlung und Vertragsschluß sind trotz ihres materiellen Einflusses auf Inhalt und Erlaß des Normsetzungsakts kein Bestandteil des Normerlaßverfahrens. Daher griffe es zu kurz, auf der Grundlage einer begrifflichen Einordnung der untergesetzlichen Normsetzung als Rechtsetzungstätigkeit die Geltung des Verwaltungsverfahrensgesetzes wegen seiner Bezugnahme in § 1 Abs. 1 VwVfG auf »Verwaltungstätigkeit« für die hier in Frage stehenden, auf die Setzung von Normen bezogenen Verträge auszuschließen[14]. Der mit der Rückwirkungsthese verbundene Ausschluß von Normsetzungsverträgen aus dem Anwendungsbereich des Gesetzes läßt sich daher nicht rechtfertigen. Er basiert zudem argumentativ auf einer gesetzessystematisch fragwürdigen Einbeziehung des Begriffs des Verwaltungsverfahrens (§ 9 VwVfG) in den der Verwaltungstätigkeit nach § 1 VwVfG, ohne daß dabei die Bezugnahme der erstgenannten Vorschrift auf § 54 Abs. 1 VwVfG ausreichende Berücksichtigung erfährt. Wenn insoweit nämlich ausgeführt wird, daß zum einen in § 9 VwVfG die Definition des Verwaltungsverfahrens (nur) darauf ausgerichtet sei, daß das Verwaltungsverfahren mit einem Verwaltungsakt abgeschlossen wird und daß zum anderen der Verwaltungsvertrag in diese Definition des Verwaltungsverfahrens nur deswegen integriert worden sei, weil der Vertrag in einer wachsenden Zahl von Fällen den Verwaltungsakt substituiere[15], so folgt aus dieser Argumentation nichts Zwingendes zu der Anwendbarkeit des Verwaltungsverfahrensgesetzes auf Normsetzungsverträge. Hier werden die Kategorien der Verwaltungstätigkeit und des Verwaltungsverfahrens miteinander vermengt.

Aus dem Normencharakter des vertraglichen Bezugspunkts kann nicht auf die Unanwendbarkeit des Gesetzes geschlossen werden, da auf diese Weise das Verhältnis von § 54 und § 9 VwVfG umgekehrt würde. § 9 VwVfG sagt nichts über den zulässigen Gegenstand eines Verwaltungsvertrags, sondern legt als vorwirkende Rechtsfolge fest, daß ein Verwaltungsverfahren stattzufinden hat, wenn die Behörde einen öffentlich-rechtlichen Vertrag anstrebt. Das Verwaltungsverfahren umfaßt gem. § 9 Hs. 1 und 2 VwVfG Vorbereitung und Abschluß eines Verwaltungsvertrags. Was Inhalt eines Verwaltungsvertrags sein kann, erschließt sich aber gesetzessystematisch nicht aus § 9 VwVfG, sondern aus den Vorgaben der

---

[14] So aber etwa *D. Birk*, NJW 1977, S. 1797 ff. (1798); *P. Tiedemann*, in: K. Obermayer, Kommentar zum Verwaltungsverfahrensgesetz, § 54 Rn. 62; *U. Dempfle*, Normvertretende Absprachen, S. 96, der bei seiner Argumentation allerdings nur die unverbindliche normvertretende Absprache zugrundelegt; s.a. *J.A. Frowein*, FS Flume, S. 301 ff. (313).

[15] So v.a. *D. Birk*, NJW 1977, S. 1797 (1798).

§§ 54 ff. VwVfG[16]. Die Vorschriften über den Begriff des Verwaltungsverfahrens schließen den Normsetzungsvertrag nicht aus ihrem Anwendungsbereich aus – geschweige denn, daß sie eine generelle Aussage über die Anwendbarkeit des Verwaltungsverfahrensgesetzes auf Normsetzungsverträge im allgemeinen erlauben.

Soweit – was sogleich zu klären sein wird – die § 54 ff. VwVfG überhaupt eine Aussage zu normbezogenen Verträgen treffen, sind diese aufgrund der dortigen Bezugnahme auf die Vertragsvorschriften von § 9 VwVfG – und damit von § 1 Abs. 1 VwVfG – erfaßt. Unabhängig von der Einordnung der untergesetzlichen Normsetzung selbst sind jedenfalls sowohl der dem Normsetzungsakt vorausgehende Vertragsschluß und als auch die diesem zugrundeliegenden Verhandlungen zwischen der Verwaltung und dem Privaten als Verwaltungstätigkeit im Sinne von § 1 Abs. 1 VwVfG anzusehen[17].

Aber auch die *erste* der o.a. Thesen, die dahin geht, daß untergesetzliche Normsetzung schon keine Verwaltungstätigkeit sein kann[18] (und die daher die Anwendung des Verwaltungsverfahrensgesetzes auf Normsetzungsverträge in gleichem Maße wie auf Normenverträge betrifft), überzeugt nicht: Es besteht hinsichtlich der Definition des Begriffs der Verwaltung bzw. der Verwaltungstätigkeit Einigkeit insoweit, als hierunter solche Maßnahmen nicht fallen, die als verfassungs-, gemeinschafts- oder völkerrechtliche Maßnahmen oder als Rechtsprechung einzuordnen sind[19]. Über die Zuordnung der untergesetzlichen Normsetzung ist damit zwar noch keine Aussage getroffen, aber klar ist auch, daß Verwaltungstätigkeit im Sinne des § 1 Abs. 1 VwVfG nicht nur in dem Vollzug und der Anwendung von Gesetzen bestehen kann. Eine solche Verengung des Begriffs der Verwaltungstätigkeit i.S.v. § 1 Abs. 1 VwVfG beruht auf einem zu schmalen terminologischen Verständnis[20]. Verwaltungstätigkeit umfaßt mehr als nur die »*Ausführung*« von Rechtssätzen des öffentlichen Rechts im Sinne ei-

---

[16] Hier ist zwar von dem öffentlich-rechtlichen Vertrag die Rede, geregelt ist aber lediglich der Verwaltungsvertrag; siehe nur *H.J. Bonk*, in: P. Stelkens/ders./M. Sachs, Verwaltungsverfahrensgesetz, § 54 Rn. 1 ff., F. *Kopp/U. Ramsauer*, Verwaltungsverfahrensgesetz, § 54 Rn. 2; *V. Schlette*, Die Verwaltung als Vertragspartner, S. 18 ff.; zu den Begriffen auch *W. Spannowsky*, Grenzen des Verwaltungshandelns durch Verträge und Absprachen, S. 47 f. m.w.N.

[17] *J. Scherer*, DÖV 1991, S. 1 ff. (4); *H. Meyer*, in: ders./H. Borgs-Maciejewski, Verwaltungsverfahrensgesetz, § 54 Rn. 55; *W. Spannowsky*, Grenzen des Verwaltungshandelns durch Verträge und Absprachen, S. 150. Diese Einschätzung schließt aber nicht aus, daß verfahrensrechtliche Vorkehrungen des Normsetzungsverfahrens auf das Vertragsverfahren wegen dessen Auswirkungen auf den späteren Akt der Normsetzung analoge Anwendung finden könnten.

[18] So *D. Birk*, NJW 1977, S. 1797 ff. (1798); *C. Schimpf*, Der verwaltungsrechtliche Vertrag unter besonderer Berücksichtigung seiner Rechtswidrigkeit, S. 83 f.; *P. Tiedemann*, in: K. Obermayer, Kommentar zum Verwaltungsverfahrensgesetz, § 54 Rn. 62; etwas unklar (»unmittelbare, zumindest analoge Anwendung ...«) *H.J. Bonk*, in: P. Stelkens/ders./M. Sachs, Verwaltungsverfahrensgesetz, § 54 Rn. 63; a.A. etwa *P. Badura*, FS BayVerfGH, S. 157 ff. (163); *C. Degenhart*, BayVBl. 1979, S. 289 ff.; *E. Gurlit*, Verwaltungsvertrag und Gesetz, S. 262; *F. Kopp/U. Ramsauer*, Verwaltungsverfahrensgesetz, § 1 Rn. 18; *W. Krebs*, VerwArch Bd. 72 (1981), S. 49 ff. (50 f., 54).

[19] *F. Kopp/U. Ramsauer*, Verwaltungsverfahrensgesetz, § 1 Rn. 5, 17 ff.

[20] Etwa bei *D. Birk*, NJW 1977, S. 1797 ff. (1798). Hiergegen etwa *P. Stelkens/P. Schmitz*, in: P. Stelkens/H.J. Bonk/M. Sachs, Verwaltungsverfahrensgesetz, § 1 Rn. 118.

I. Der Anwendungsbereich des Verwaltungsverfahrensgesetzes 657

ner reinen Vollzugstätigkeit[21]. Die gestaltende und planende Verwaltung übernimmt im Rahmen gesetzlicher Vorgaben auch Aufgaben, deren Gesetzesbindung lockerer ist als in dem Bereich des bloßen Gesetzesvollzugs. Die Annahme, der Begriff der Verwaltungstätigkeit in § 1 Abs. 1 VwVfG sei auf den Abschluß von Normsetzungsverträgen nicht anwendbar, beruht somit auf einem verwaltungsaktszentrierten Verständnis der öffentlichen Verwaltung, das bei der Interpretation des Gesetzes nicht weiter hilft.

Daß Verwaltungstätigkeit keineswegs allein einzelfallbezogen ist[22], sondern auch den Erlaß von Normen (oder je nach Sichtweise: normähnlichen Rechtssätzen) umfassen kann, erweist sich bereits in Art. 84 Abs. 2 GG, nach dem auch der Erlaß von Verwaltungsvorschriften zur Verwaltungstätigkeit gehört[23]. Der Begriff der öffentlich-rechtlichen Verwaltungstätigkeit i.S.v. § 1 Abs. 1 VwVfG ist somit weiter gefaßt als der Begriff des Verwaltungsverfahrens nach § 9 VwVfG. Wenn in § 9 VwVfG das generelle Anwendbarkeitsspektrum des VwVfG für das Verwaltungsverfahren auf Vorbereitung und Erlaß von Verwaltungsakt einerseits bzw. Abschluß eines Verwaltungsvertrags andererseits verengt wird, so bezieht sich dies nur auf die folgenden Vorschriften über das Verwaltungsverfahren.

Das Nebeneinander von »Verwaltungstätigkeit« nach § 1 Abs. 1 VwVfG und »Verwaltungsverfahren« nach § 9 VwVfG zeigt aber, daß jene mehr umfaßt als nur den Erlaß von Verwaltungsakten und den Abschluß von Verwaltungsverträgen. Das weit zu begreifende Tatbestandsmerkmal der Verwaltungstätigkeit gem. § 1 Abs. 1 VwVfG kann auch nicht aus dem staatstheoretischen Blickwinkel der Gewaltenteilung auf einzelfallbezogene Vollzugstätigkeit eingegrenzt werden[24]. Eine solche abstrakte Unterscheidung zwischen Rechtsetzungs- und Verwaltungstätigkeit setzt nämlich voraus, daß insoweit eine der Rechtsordnung vorgegebene, etwa der allgemeinen Gewaltenteilungslehre entlehnte, Differenzierung der Staatsfunktionen existiert, die vom Gesetzgeber zu rezipieren und zu respektieren ist[25]. Der grundgesetzliche, in dem Rechtsstaatsprinzip angelegte[26] Gewaltenteilungsgrundsatz greift aber nicht mit aller Rigidität theoretische Vorbilder der staatstheoretischen Ideengeschichte auf[27]. Das Grundgesetz kennt insoweit Durchbrechungen in dem Maße, in dem es eine Gewaltenverschränkung selbst anordnet oder zuläßt[28]. Insbesondere Normsetzung ist nicht allein der Legislative vorbehalten, sondern auch – wie v.a. Art. 80 Abs. 1 GG erkennen läßt – durch die Verwaltung

---

[21] H.-J. Wolff/O. Bachof/R. Stober, Verwaltungsrecht I, § 2 Rn. 5; P. Stelkens/P. Schmitz, in: P. Stelkens/H.J. Bonk/M. Sachs, Verwaltungsverfahrensgesetz, § 1 Rn. 117.
[22] So aber wohl H.J. Bonk, in: P. Stelkens/ders./M. Sachs, Verwaltungsverfahrensgesetz, § 54 Rn. 24, in Bezug auf die »Grundkonzeption des VwVfG«.
[23] Hierauf weisen P. Stelkens/P. Schmitz, in: P. Stelkens/H.J. Bonk/M. Sachs, Verwaltungsverfahrensgesetz, § 1 Rn. 118, hin.
[24] So aber H.-J. Birk, NJW 1979, S. 1797 ff. (1798).
[25] So wohl auch D. Ehlers, in: H.-U. Erichsen, Allgemeines Verwaltungsrecht, § 1 Rn. 11.
[26] Zur Verankerung siehe nur K. Stern, Staatsrecht Bd. I, § 20 IV 3.
[27] Überblick hierzu bei E. Schmidt-Aßmann, in: J. Isensee/P. Kirchhof, HdbStR Bd. I, § 24 Rn. 48 m.w.N.; K. Stern, Staatsrecht Bd. II, § 36 I bis III m.w.N.
[28] So schon BVerfGE 1, 14 (60); 3, 225 (247); s.a. K. Stern, Staatsrecht Bd. I, § 20 IV 3 c.

möglich. Die Verfassung weist ebenso wenig die Rechtsnorm der Legislative wie den Einzelakt der Exekutive als exklusives Handlungsinstrument zu[29].

Der Begriff der Verwaltungstätigkeit i.S.v. § 1 VwVfG greift daher auch auf die untergesetzliche Normsetzung aus[30]. Soweit diese Ansicht nicht geteilt wird, steht hinter der Ausgrenzung untergesetzlicher Normsetzung aus § 1 Abs. 1 VwVfG die unausgesprochene Befürchtung, daß dies eine unerwünschte Anwendung der Vorschriften des Verwaltungsverfahrensgesetzes auf das Normsetzungsverfahren zur Folge hätte. Diese Befürchtung ist aber unbegründet. Der Rechtsetzungsakt selbst ist in § 9 VwVfG nicht genannt und hat daher auch nicht die gleiche Vorwirkung wie der Abschluß eines Verwaltungsvertrags oder Erlaß eines Verwaltungsakts: Ihm ist daher kein Verwaltungsverfahren nach dem Verwaltungsverfahrensgesetz vorzuschalten. Dies gilt um so mehr, als sich das auf den Normsetzungsakt zielende Verfahren nach den jeweiligen spezialgesetzlichen Vorschriften über den Erlaß von Rechtsverordnungen oder Satzungen richtet. Die Vorschriften des Verwaltungsverfahrensgesetzes werden daher von den Vorschriften des Normsetzungsverfahrens gem. § 1 Abs. 1 VwVfG (»... soweit ...«) verdrängt, so daß umgekehrt eine Verdrängung des Normsetzungsverfahrens durch das Verwaltungsverfahren nicht zu befürchten ist.

Als Ergebnis bleibt festzuhalten: Der Begriff der Verwaltungstätigkeit im Sinne des Verwaltungsverfahrensgesetzes erfaßt sowohl den Abschluß von Normsetzungsverträgen als auch die untergesetzliche Normsetzung der Verwaltung durch Normenvertrag. Damit wird keinesfalls einer Ununterscheidbarkeit von Norm und Einzelakt das Wort geredet, die auch bei einem weiten Verständnis der Verwaltungstätigkeit gem. § 1 Abs. 1 VwVfG nach den dargelegten Maßstäben zu differenzieren sind. Vielmehr wird allein die Frage beantwortet, auf der Grundlage welcher verfahrensrechtlichen Vorgaben Norm und Einzelakt jeweils erlassen werden. Mit diesem Ergebnis ist zwar der Anwendungsbereich des Verwaltungsverfahrensgesetzes festgelegt, ihm aber noch keine positive oder negative Aussage zu Normen- oder Normsetzungsvertrag entnommen. Zu erwägen bleibt daher, ob die Nichterwähnung solcher Verträge, die sich von der ausdrücklichen Erwähnung von verwaltungsaktsersetzenden Verwaltungsverträgen abhebt, nicht als gesetzliches Verdikt gegen solche Verträge aufzufassen ist.

II. Die Aussage der §§ 54 ff. VwVfG zu normbezogenen Verträgen

Durch Kodifizierung der umstrittenen Zulässigkeits- und Wirksamkeitsvoraussetzungen von Verwaltungsverträgen in den §§ 54 ff. VwVfG hat der Gesetzgeber die grundsätzliche Möglichkeit eines Verwaltungshandelns in Vertragsform

---

[29] *P. Axer*, Normsetzung in der Sozialversicherung, S. 41.
[30] *C. Degenhart*, BayVBl. 1979, S. 289 ff.; *E. Gurlit*, Verwaltungsvertrag und Gesetz, S. 262; *F. Kopp/U. Ramsauer*, Verwaltungsverfahrensgesetz, § 1 Rn. 18; *W. Krebs*, VerwArch Bd. 72 (1981), S. 49 ff. (50 f., 54).

anerkannt. Die Aussage des Verwaltungsverfahrensgesetzes zu den Verwaltungsverträgen im allgemeinen ist daher eine grundsätzlich positive. Hierin liegt der zentrale gesetzgeberische Fortschritt des Verwaltungsverfahrensgesetzes[31]. Durch die Vorschrift des § 54 VwVfG wurde der Vertrag zwischen Verwaltung und Bürger in allen Bereichen des Verwaltungsrechts ohne spezielle gesetzliche Ermächtigung für prinzipiell zulässig erklärt.

Schon die Formulierung des Gesetzes (»soweit Rechtsvorschriften nicht entgegenstehen«) macht das rechtstechnische Regel-/Ausnahmeverhältnis von Zulässigkeit und Unzulässigkeit des Verwaltungsvertrags deutlich, das dazu führt, daß die Argumentationslast bei demjenigen liegt, der die Unzulässigkeit eines Vertrags behauptet. Damit ist die alte Diskussion über die Erforderlichkeit ausdrücklicher gesetzlicher Gestattung oder die grundsätzliche Zulässigkeit vertraglichen Handelns bei Fehlen entgegenstehender Vorschriften obsolet geworden[32], da sich eine generelle Gestattung für vertragsförmiges Handeln der Verwaltung – vorbehaltlich spezieller Vorschriften – nunmehr in den §§ 54 ff. VwVfG findet[33]. Diese Anordnung gilt für den vom Verwaltungsverfahrensgesetz erfaßten Bereich des Verwaltungsrechts. Aber nicht nur in dieser Vorschrift, sondern auch in der durch § 9 VwVfG vorgenommenen verfahrensrechtlichen Gleichstellung von Verwaltungsakt und Verwaltungsvertrag liegt eine erhebliche Aufwertung der Vertragsform[34]. Allerdings wird nicht deutlich, ob sich diese generelle Gestattung auch auf den normvorbereitenden und/oder den normersetzenden Vertrag bezieht.

Das Verwaltungsverfahrensgesetz regelt den Verwaltungsvertrag keineswegs abschließend. Die Gesetzesvorschriften beschränken sich auf bestimmte Grundsätze und bleiben dabei insgesamt fragmentarisch[35]. Indem das Gesetz eingangs der Vorschriften über den öffentlich-rechtlichen Vertrag festlegt, daß die Behörde insbesondere, anstatt einen Verwaltungsakt zu erlassen, einen öffentlich-rechtlichen Vertrag mit demjenigen schließen kann, an den sie sonst den Verwal-

---

[31] Die erste gesetzliche Anerkennung des Verwaltungsvertrags erfolgte allerdings bereits im Jahre 1967 durch § 121 LVerwG Schlesw.-Holst.

[32] Einerseits *K. Stern*, VerwArch Bd. 49 (1958), S. 106 ff. (114 ff.); andererseits aber schon früh *W. Apelt*, Der verwaltungsrechtliche Vertrag, S. 167 ff.; Darstellung des Streitstandes bei *W. Pakeerut*, Die Entwicklung der Dogmatik des verwaltungsrechtlichen Vertrages, S. 40 ff.

[33] BVerwGE 42, 331 (335 f.); *H.J. Bonk*, in: P. Stelkens/ders./M. Sachs, Verwaltungsverfahrensgesetz, § 54 Rn. 92; *H.U. Erichsen*, in: ders., Allgemeines Verwaltungsrecht, § 25 Rn. 1; *H. Meyer*, in: ders./H. Borgs-Maciejewski, Verwaltungsverfahrensgesetz, § 54 Rn. 67; *F. Kopp/U. Ramsauer*, Verwaltungsverfahrensgesetz, § 54 Rn. 1; *H.-J. Wolff/O. Bachof/R. Stober*, Verwaltungsrecht II, § 54 Rn. 4.

[34] *D. Ehlers*, DVBl. 1986, S. 529 ff. (529); *E. Gurlit*, Verwaltungsvertrag und Gesetz, S. 251 f.; *H.-G. Henneke*, in: H.J. Knack, Verwaltungsverfahrensgesetz, § 54 Rn. 18; *H. Meyer*, in: ders./H. Borgs-Maciejewski, Verwaltungsverfahrensgesetz, § 54 Rn. 1; *F. Kopp/U. Ramsauer*, Verwaltungsverfahrensgesetz, § 54 Rn. 1; *V. Schlette*, Die Verwaltung als Vertragspartner, S. 34; *W. Spannowsky*, Grenzen des Verwaltungshandelns durch Verträge und Absprachen, S. 300 f.; *P. Tiedemann*, in: K. Obermayer, Kommentar zum Verwaltungsverfahrensgesetz, § 54 Rn. 67.

[35] *V. Schlette*, Die Verwaltung als Vertragspartner, S. 389 ff.; *H.-J. Wolff/O. Bachof/R. Stober*, Verwaltungsrecht II, § 54 Rn. 12.

tungsakt richten würde, macht es durch diese Formulierung deutlich, daß die Ersetzung eines Verwaltungsakts nur eine von mehreren möglichen Funktionen des öffentlich-rechtlichen Vertrags ist. Insofern konstituiert die Vorschrift keinen numerus clausus der Vertragstypen[36], sondern begründet vielmehr eine Vermutung für die Zulässigkeit eines auf ein Rechtsverhältnis bezogenen Verwaltungsvertrags. Die Vorschrift des § 54 Satz 2 VwVfG spricht dabei wegen ihrer inhaltlichen Offenheit dafür, daß das Verwaltungsverfahrensgesetz auch Normsetzungsverträge erfaßt[37].

Selbst wenn man aber diesen, für die Verwendbarkeit solcher Verträge als Kooperationsinstrument grundsätzlich förderlichen Befund zum Ausgangspunkt der weiteren Überlegungen macht, so verdeutlicht doch § 54 Satz 2 VwVfG zugleich dessen Grenzen: Der Wortlaut von § 54 Satz 2 VwVfG ist insoweit irreführend, als er den Anschein erweckt, die Verwaltung könnte grundsätzlich immer dann, wenn sie (»insbesondere«) zum Erlaß eines Verwaltungsakts befugt ist, auch einen öffentlich-rechtlichen Vertrag abschließen. Der einschränkende Gesetzmäßigkeitsvorbehalt in Satz 2 der Vorschrift (»... soweit Rechtsvorschriften nicht entgegenstehen.«) griffe dann lediglich den selbstverständlichen Grundsatz vom Vorrang des Gesetzes auf. Allerdings wollte der Gesetzgeber mit dieser Formulierung nur die prinzipielle Zulässigkeit subordinationsrechtlicher Verträge zum Ausdruck bringen, nicht aber die Verwaltung berechtigen, auch dort einen Verwaltungsvertrag abzuschließen, wo eine andere öffentlich-rechtliche Handlungsform (Verwaltungsakt, Rechtsnorm) ausdrücklich oder implizit unabdingbar vorgeschrieben ist[38]. Daher ist – wie bei einzelaktsetzenden Verwaltungsverträgen üblich – auch bei normbezogenen Verträgen zwischen einem Vertragsform- und einem Inhaltsverbot zu differenzieren. Während Vertragsformverbote sich aus dem Sachbereich, in dem der Verwaltungsvertrag angesiedelt ist, ergeben sollen, richtet sich ein Inhaltsverbot nach dem konkreten Regelungsinhalt des Vertrags und reagiert auf einen Verstoß des Vertragsinhalts gegen den Vorrang des Gesetzes[39].

---

[36] *F. Kopp/U. Ramsauer*, Verwaltungsverfahrensgesetz, § 54 Rn. 2 unter Hinweis auf die Gesetzesbegründung der Bundesregierung (BT-Drcks. 7/910, S. 79).

[37] So auch *H.J. Bonk*, in: P. Stelkens/ders./M. Sachs, Verwaltungsverfahrensgesetz, § 54 Rn. 86; *C. Degenhart*, BayVBl. 1979, S. 289 ff. (296); *I. Ebsen*, JZ 1985, S. 57 ff. (57); *M. Gellermann/A. Middeke*, NuR 1991, S. 457 ff. (461); *E. Gurlit*, Verwaltungsvertrag und Gesetzgebung, S. 262 f.; *W. Krebs*, VerwArch Bd. 72 (1981), S. 49 ff. (56); *H. Meyer*, in: ders./H. Borgs-Maciejewski, Verwaltungsverfahrensgesetz, § 54 Rn. 55; *H.-J. Papier*, JuS 1981, S. 498 ff. (500); *H.-W. Rengeling/M. Gellermann*, ZG 1991, S. 317 ff. (323 f.); *F. Kopp/U. Ramsauer*, Verwaltungsverfahrensgesetz, § 54 Rn. 9; *J. Scherer*, DÖV 1991, S. 1 ff. (4) – allerdings für eine analoge Anwendung; *C. Schimpf*, Der verwaltungsrechtliche Vertrag unter besonderer Berücksichtigung seiner Rechtswidrigkeit, S. 83 f.; *C.H. Ule/H.W. Laubinger*, Verwaltungsverfahrensrecht, § 65 Rn. 7.

[38] *W. Spannowsky*, Grenzen des Verwaltungshandelns durch Verträge und Absprachen, S. 145 f.

[39] Zu dieser Differenzierung: BVerwGE 23, 213 (216); 42, 331 (334 f.); *H.J. Bonk*, in: P. Stelkens/ders./M. Sachs, Verwaltungsverfahrensgesetz, § 54 Rn. 101 ff.; *H.-U. Erichsen*, in: ders., Allgemeines Verwaltungsrecht, § 26 Rn. 9 ff.; *E. Gurlit*, Verwaltungsvertrag und Gesetzgebung, S. 251 ff., 333 ff.; *H. Maurer*, DVBl. 1989, S. 789 ff. (791); *H. Meyer*, in: ders./H. Borgs-Maciejewski, Verwaltungsverfahrensgesetz, § 54 Rn. 66 ff., 72 ff.; *F. Kopp/U. Ramsauer*, Verwaltungsverfahrensgesetz, § 54 Rn. 42 ff.; *W. Spannowsky*, Grenzen des Verwaltungshandelns durch Verträge und Absprachen, S. 144 ff., 427 ff.; *P. Tiedemann*, in: K. Obermayer, Kommentar zum Verwaltungsverfahrensgesetz, § 54 Rn. 67 ff.

II. Die Aussage der §§ 54 ff. VwVfG zu normbezogenen Verträgen

Anders zu beantworten ist demgegenüber die Frage, welchem Rechtsregime *Normenverträge* unterliegen, mithin ob die grundsätzlich positive Aussage des Verwaltungsverfahrensgesetzes auch auf diese anwendbar ist. Der Anwendungsbereich der allgemeinen vertragsrechtlichen Vorschriften wird insbesondere im Bereich des Sozialversicherungsrechts (dort: §§ 53 ff. SGB X) durch Teile von Wissenschaft und Rechtsprechung auch auf Normenverträge ausgedehnt[40]. Dem ist allerdings entgegenzuhalten, daß die Vorschriften der §§ 54 ff. VwVfG, §§ 53 ff. SGB X ausweislich ihres Wortlauts nur auf solche Verträge anzuwenden sind, die der Begründung eines *Rechtsverhältnisses* dienen. Rechtsverhältnis im Sinne der verfahrensrechtlichen Vertragsvorschriften ist – ebenso wie in § 43 VwGO, § 55 Abs. 1 Nr. 1 SGG, § 779 BGB, §§ 256, 280, 506 BGB – die sich aus einem konkreten Sachverhalt aufgrund einer Rechtsnorm des öffentlichen Rechts ergebende rechtliche Beziehung eines Rechtssubjekts zu einem anderen oder einer Sache, durch die Rechte und Pflichten zwischen ihnen begründet, geändert oder aufgehoben werden[41]. Dieses Rechtsverhältnis muß sich auf die Regelung konkreter Einzelfälle beziehen. Eine Rechtsnorm kann aber kein Rechtsverhältnis in diesem Sinne begründen, da eine solche Begrenzung auf ein konkretes Rechtsverhältnis bei abstraktem, normativem Handeln der Verwaltung nicht mehr vorliegt[42]. Normenvertrag und Normsetzungsvertrag bzw. die Kontrahierung über ein abstraktes oder ein konkretes Rechtsverhältnis sind ein aliud[43]. Der Normenvertrag untersteht somit nicht dem Regime des Verwaltungsvertragsrechts. Vielmehr sind die an seinen Erlaß und seinen Inhalt zu stellenden Anforderungen den gesetzlichen und verfassungsrechtlichen Vorschriften über Erlaß und Inhalt abstrakt-genereller Rechtsregeln zu entnehmen. Als zentrale Erkenntnis ergibt sich hieraus, daß der Normenvertrag von §§ 54 ff. VwVfG *nicht* erfaßt wird. Dies gilt aus den gleichen Gründen für sozialversicherungsrechtliche Normenverträge mit Blick auf §§ 53 ff. SGB X[44].

---

[40] BSGE 70, 240 (243); 71, 42 (45); *W. Funk*, in: B. Schulin, HdbSozVersR Bd. 1, § 32 Rn. 14; *G. Schneider*, Handbuch des Kassenarztrechts, Rn. 695; *H. Sodan*, NZS 1998, S. 305 ff. (307).

[41] Vgl. hierzu *N. Achterberg*, Allgemeines Verwaltungsrecht, § 19 Rn. 14; s.a. BVerwGE 89, 327 (329); *H.J. Bonk*, in: P. Stelkens/ders./M. Sachs, Verwaltungsverfahrensgesetz, § 54 Rn. 84; *D. Ehlers*, DVBl. 1986, S. 912 ff. (912); *U. Erichsen*, in: ders., Allgemeines Verwaltungsrecht, § 11 Rn. 4; *E. Forsthoff*, Lehrbuch des Verwaltungsrechts, S. 170, 173.

[42] *H.J. Bonk*, in: P. Stelkens/ders./M. Sachs, Verwaltungsverfahrensgesetz, § 54 Rn. 84; *H.U. Erichsen*, in: ders., Allgemeines Verwaltungsrecht, § 11 Rn. 4; *H. Maurer*, DVBl. 1989, S. 798 ff. (802 ff.); *ders.*, Allgemeines Verwaltungsrecht, § 14 Rn. 1; *F. Kopp/W.-R. Schenke*, Verwaltungsgerichtsordnung, § 43 Rn. 8; aus Sicht des Prozeßrechts BSGE 72, 15 (18 f.); 71, 42 (45 ff.); 28, 224 (225 f.).

[43] So schon *J. Salzwedel*, Die Grenzen der Zulässigkeit des öffentlich-rechtlichen Vertrages, S. 58 f.

[44] A.A. aber etwa *B. Schlink*, RsDE 11 (1990), S. 1 ff. (7 ff.), der von einem Vertrag zu Lasten Dritter ausgeht; *J. Schmitt*, Leistungserbringung durch Dritte im Sozialrecht, S. 141 ff.; *H. Sodan*, NZS 1998, S. 305 ff. (307); *P. Wigge*, Die Stellung der Ersatzkassen im gegliederten System der gesetzlichen Krankenversicherung, S. 310; zutreffend aber: *P. Axer*, Normsetzung in der Sozialversicherung, S. 60 ff.; abwägend *A. Hänlein*, Rechtsquellen im Sozialversicherungsrecht, S. 239 f. Für die analoge Situation im allgemeinen Verwaltungsverfahrensrecht *H.J. Bonk*, in: P. Stelkens/ders./M. Sachs, Verwaltungsverfahrensgesetz, § 54 Rn. 86.

Auch mit einem Rückgriff auf den »Ordnungsrahmen« der von §§ 54 ff. VwVfG, §§ 53 ff. SGB X angesprochenen Normsetzungsverträge würde der kategoriale Unterschied zwischen einem auf die Normsetzung bezogenen Vertragsschluß und der Normsetzung durch Vertragsschluß verschleiert. Ziel der vertretenen, behutsam analogen Anwendung verschiedener Vorschriften der §§ 54 ff. VwVfG, §§ 53 ff. SGB X ist insbesondere die Anwendung der Vorschriften über das Erfordernis der Zustimmung Dritter, in deren Rechte die Verträge bzw. die vertraglich vereinbarten Rechtsnormen eingreifen[45] (vgl. § 58 Abs. 1 VwVfG bzw. § 57 SGB X). In der heteronomen Bindung, d.h. in der Bindung ohne aktuelle Zustimmung zu der bindenden Regel, liegt – neben deren allgemeiner Geltung – das Wesen der Rechtsnorm, so daß die Annahme einer Zustimmungspflicht des heteronom Gebundenen widersinnig wäre. Dementsprechend hat auch die ursprünglich vertretene Würdigung der sozialversicherungsrechtlichen Kollektivverträge als – verfassungsrechtlicher Legitimation bedürfende – Verträge zu Lasten Dritter[46] keine weitere Verbreitung gefunden[47].

Die für § 54 Satz 2 VwVfG angenommene, grundsätzlich positive Aussage über Zulässigkeit und Grenzen von Verwaltungsverträgen läßt sich daher auf die *Normsubstitution* durch Verwaltungsvertrag nicht beziehen. Anders als für den einzelaktsersetzenden Vertrag kann eine Gestattung des Gesetzgebers zum Abschluß von Normenverträgen nicht in der generellen Aussage des § 54 Satz 2 VwVfG gesehen werden, da dieser nur für Normsetzungsverträge, nicht aber für Normenverträge eine grundsätzlich positive Aussage trifft.

Fraglich bleibt aber, ob der hier entwickelten positiven Aussage des Verwaltungsverfahrensgesetzes für den Bereich der Normsetzungsverträge nicht regelmäßig ein Vertragsverbot entgegensteht.

III. Normbezogene Verträge und Vertragsverbote

Von einem (zur Nichtigkeit des öffentlich-rechtlichen Vertrages führenden[48]) Vertragsformverbot spricht man, wenn der Abschluß eines Vertrages auf einem bestimmten Gebiet oder zur Erfüllung einer bestimmten Funktion ohne Rücksicht auf den Vertragsinhalt, insbesondere ohne Rücksicht auf seine inhaltliche Vereinbarkeit mit den maßgeblichen gesetzlichen Bestimmungen, unzulässig ist[49].

---

[45] So wohl bei *A. Hänlein*, Rechtsquellen im Sozialversicherungsrecht, S. 240.
[46] So etwa *V. Neumann*, Freiheitsgefährdungen im kooperativen Sozialstaat, S. 271 ff.; *M. Quaas*, NZS 1995 S. 482 ff. (485); *W. Rüfner*, NJW 1989, S. 1001 ff. (1006); *B. Schlink*, RsDE Bd. 11 (1990), S. 1 ff. (1); vgl. jetzt aber *V. Neumann*, Normenvertrag, Rechtsverordnung oder Allgemeinverbindlichkeitserklärung?, S. 16.
[47] Siehe *P. Axer*, Normsetzung in der Sozialversicherung, S. 62; *A. Hänlein*, Rechtsquellen im Sozialversicherungsrecht, S. 369 f.; *J. Castendiek*, Der sozialversicherungsrechtliche Normsetzungsvertrag, S. 42 ff. jew. m.w.N.
[48] *H.-U. Erichsen*, in: ders., Allgemeines Verwaltungsrecht, § 26 Rn. 9 ff. (m.w.N. in Fn. 117); *E. Gurlit*, Verwaltungsvertrag und Gesetzgebung, S. 416 ff.; *V. Schlette*, Die Verwaltung als Vertragspartner, S. 559.
[49] Definition von *F. Kopp/U. Ramsauer*, Verwaltungsverfahrensgesetz, § 54 Rn. 42; ähnlich aber kürzer: *H.-J. Wolff/O. Bachof/R. Stober*, Verwaltungsrecht II, § 54 Rn. 6; *P.-M. Efstratiou*,

Vertragsformverbote sind dadurch gekennzeichnet, daß sie Verträge als mögliche Handlungsform in Bezug auf einen bestimmten Regelungsgegenstand ohne Rücksicht auf Inhalt und Modalitäten seines Zustandekommens abstrakt-generell untersagen. Sie sind daher auf einer ersten Stufe für den Regelungsgegenstand des Vertrags zu prüfen, ohne daß es auf dessen konkreten Inhalt ankäme.

Ob sich die Unwirksamkeit eines entgegen des Vertragsformverbots geschlossenen Vertrags unmittelbar aus § 54 Satz 1 VwVfG ergibt[50] oder ob insoweit § 59 Abs. 1 VwVfG i.V.m. § 134 BGB[51] bzw. § 125 BGB[52] in Anschlag zu bringen sind, ist nicht eindeutig geklärt[53]. § 54 Satz 1 VwVfG kann keine Aussage darüber entnommen werden, welche Rechtsfolge sich an den Verstoß eines Vertrags gegen das Handlungsformverbot knüpft. Auch neben die §§ 55 f. VwVfG, die Vorgaben für die Rechtmäßigkeit eines Vergleichs- bzw. Austauschvertrags enthalten, tritt noch die Fehlerfolgeregelung des § 59 Abs. 2 Nr. 3 f. VwVfG. Die Regelungssystematik der §§ 54 ff., in denen die Zulässigkeit und Grenzen des öffentlich-rechtlichen Vertrags zunächst generell festgehalten und dann der Vorbehalt der Nichtigkeitsregelungen des § 59 Abs. 1 VwVfG aufgestellt wird, spricht für die Anwendung dieser Vorschrift i.V.m. der Norm, aus der das entsprechende Verbot abzuleiten ist[54].

1. Einzelaktsbezogene Verträge und Vertragsverbote

Die Zulässigkeit des ersetzenden Verwaltungsvertrags ist ausschließlich Thema des Vertragsformverbots, während die Frage, inwieweit später einseitig erlassene Regelungen Gegenstand vorheriger Aushandlung sein können, auch anhand der inhaltlichen Vorgaben für das Verwaltungshandeln zu ermitteln ist. Hinsichtlich der Zulässigkeit der Vertragsform ist – wie sich aus dem Vorangegangenen ergibt – zwischen der Vorbereitung einer Regelung durch Verwaltungsvertrag und deren Ersetzung zu differenzieren. Auch in den Fällen, in denen die besondere Formalität des zu regelnden Rechtsverhältnisses einer Ersetzung des Verwaltungsakts durch einen Verwaltungsvertrag entgegensteht, spricht dies nicht auch per se

---

Die Bestandskraft des öffentlich-rechtlichen Vertrags, S. 216 f. Siehe zu Vertragsformverboten insgesamt ausf. und m.w.N. *E. Gurlit*, Verwaltungsvertrag und Gesetz, S. 251 ff.; *V. Schlette*, Die Verwaltung als Vertragspartner, S. 559 ff.; *W. Spannowsky*, Grenzen des Verwaltungshandelns durch Verträge und Absprachen, S. 145 ff.

[50] *W. Krebs*, VerwArch Bd. 72 (1981), S. 49 ff. (55); *H.-J. Wolff/O. Bachof/R. Stober*, Verwaltungsrecht II, § 54 Rn. 41.

[51] *H.J. Bonk*, in: P. Stelkens/H.J. Bonk/M. Sachs, Verwaltungsverfahrensgesetz, § 54 Rn. 102; *H.U. Erichsen*, in: H.-U. Erichsen, Allgemeines Verwaltungsrecht, § 26 Rn. 26; *H.-G. Henneke*, in: H.J. Knack, Verwaltungsverfahrensgesetz, § 54 Rn. 19; *F. Kopp/U. Ramsauer*, Verwaltungsverfahrensgesetz, § 54 Rn. 41; *C. Schimpf*, Der verwaltungsrechtliche Vertrag unter besonderer Berücksichtigung seiner Rechtswidrigkeit, S. 285.

[52] *H. Maurer*, Allgemeines Verwaltungsrecht, § 14 Rn. 42.

[53] Zu dieser Frage *H.-U. Erichsen*, in: ders., Allgemeines Verwaltungsrecht, § 26 Rn. 26; *E. Gurlit*, Verwaltungsvertrag und Gesetz, S. 416 ff.; *V. Schlette*, Die Verwaltung als Vertragspartner, S. 559; *W. Spannowsky*, Grenzen des Verwaltungshandelns durch Verträge und Absprachen, S. 150 f.

[54] So auch BayVGH BayVBl. 1991, S. 47 ff. (49); OVG Nordrh.-Westf. NVwZ 1984, S. 522 ff. (524); *H.J. Bonk*, in: P. Stelkens/ders./M. Sachs, Verwaltungsverfahrensgesetz, § 59 Rn. 29; *H.U. Erichsen*, in: ders., Allgemeines Verwaltungsrecht, § 26 Rn. 26; *F. Kopp/U. Ramsauer*, Verwaltungsverfahrensgesetz, § 54 Rn. 41; *C. Schimpf*, Der verwaltungsrechtliche Vertrag unter besonderer Berücksichtigung seiner Rechtswidrigkeit, S. 285.

schon gegen die Eingehung einer vertraglichen Bindung im Vorfeld der zwingenden Regelung durch Verwaltungsakt. Echte Vertragsformverbote sind selten, da sie nur vorliegen, wenn das Gesetz die Regelung durch Vertrag zwingend untersagt bzw. die Regelung eines Rechtsverhältnisses durch eine andere Handlungsform zwingend vorschreibt. Die Wirkung eines Vertragsformverbots hat es aber, wenn der Gesetzgeber zwar das Verwaltungsverfahrensgesetz insgesamt, nicht aber die Vorschriften über den Verwaltungsvertrag, in bestimmten Sachbereichen für anwendbar erklärt.

So beschränkt § 2 Abs. 3 Nr. 2 VwVfG für die Tätigkeit der Behörden bei Leistungs-, Eignungs- und ähnlichen Prüfungen von Personen die Anwendung des Gesetzes auf die §§ 4 bis 13, 20 bis 27, 29 bis 38, 40 bis 52, 79, 80 und 96 VwVfG und schließt damit die Vorschriften über den Verwaltungsvertrag der §§ 54 ff. VwVfG ausdrücklich aus. Soweit sich in den sonderverwaltungsrechtlichen Materien des Prüfungsrechts keine Ermächtigungsgrundlagen über den Abschluß von Verwaltungsverträgen finden, muß aus dem Zusammenspiel der verwaltungsverfahrensrechtlichen Exemptionsnorm und dem Schweigen der spezialgesetzlichen Rechtsgrundlagen ein Vertragsformverbot abgeleitet werden. Allerdings bedeutet dies nicht, daß solche Behörden, die mit Prüfungsangelegenheiten befaßt sind, keine Verwaltungsverträge abschließen dürfen[55]. Vielmehr ist dem Ausschluß der entsprechenden Vorschriften ein Vertragsformverbot für den eigentlichen Prüfungsvorgang und das Verfahren hinsichtlich der Zulassung zur Prüfung zu entnehmen[56], da die Formulierung des § 2 Abs. 3 Nr. 2 VwVfG die subjektive Komponente (Behörde) mit einer sachlichen (Prüfungen) verbindet und damit die angesprochenen Behörden von vornherein nur bei einem bestimmten, konsensualer Behandlung nicht zugänglichen Element ihrer Tätigkeit hinsichtlich der zur Verfügung stehenden Handlungsformen einzugrenzen sucht. Der Ausschluß soll verhindern, daß im Rahmen des eigentlichen Prüfungsvorgangs Prüfungsverfahren, -inhalt und -ergebnis ausgehandelt werden[57].

In diesen Fällen ist mit dem Verwaltungsvertrag als Handlungsform auch die inhaltliche Determinierung des Verwaltungsakts durch einen vorgängigen Verwaltungsvertrag ausgeschlossen. Der in diesem Ausschluß liegende Sinn ist offenbar: Prüfungen aller Art stellen ganz besondere Anforderungen an die gleichheitsbedingte Formalisierung des Verfahrens. Diese formalisierte Gleichbehandlung soll nicht durch eine Institutionalisierung von Aushandlungsprozessen gefährdet werden.

Demgegenüber führt der Umstand, daß der Gesetzgeber in § 2 Abs. 2 VwVfG ganze Sachbereiche aus dem Verwaltungsverfahrensgesetz ausgeschlossen hat, nicht dazu, daß in diesen Bereichen die Möglichkeit einer vertraglichen Regelung von vornherein ausgeschlossen ist[58].

---

[55] Diesem Mißverständnis unterliegt wohl *C. Schimpf*, Der verwaltungsrechtliche Vertrag unter besonderer Berücksichtigung seiner Rechtswidrigkeit, S. 173.
[56] *H. Borgs-Maciejewski*, in: H. Meyer/ders., Verwaltungsverfahrensgesetz, § 2 Rn. 21; *F. Kopp/U. Ramsauer*, Verwaltungsverfahrensgesetz, § 2 Rn. 42 ff.; *P. Stelkens/H. Schmitz*, in: ders./H.J. Bonk/M. Sachs, Verwaltungsverfahrensgesetz, § 2 Rn. 117 f.
[57] *H.J. Bonk*, in: P. Stelkens/ders./M. Sachs, Verwaltungsverfahrensgesetz, § 54 Rn. 105.
[58] *E. Gurlit*, Verwaltungsvertrag und Gesetz, S. 252 f.; *C. Schimpf*, Der verwaltungsrechtliche Vertrag unter besonderer Berücksichtigung seiner Rechtswidrigkeit, S. 172.

Der Gesetzgeber erwähnt in § 2 Abs. 2 VwVfG Verfahren der Bundes- oder Landesfinanzbehörden nach der Abgabenordnung, Verfahren vor dem Deutschen Patent- und Markenamt und den bei diesem errichteten Schiedsstellen, nach dem Sozialgesetzbuch. Auch bei der Strafverfolgung, der Verfolgung und Ahndung von Ordnungswidrigkeiten, der Rechtshilfe für das Ausland in Straf- und Zivilsachen und, unbeschadet des § 80 Abs. 4 VwGO, bei Maßnahmen des Richterdienstrechts, sowie in dem des Lastenausgleichs und der Wiedergutmachung finden die Vorschriften des Verwaltungsverfahrensgesetzes keine Anwendung.

Dieser Ausschluß kann vielfältige Gründe haben. Für den Fall der Verfahren nach dem Sozialgesetzbuch liegt der Grund darin, daß das Sozialrecht mit dem SGB X über ein eigenständiges Verwaltungsverfahren verfügt. Auch in den anderen genannten Sachbereichen ist für ein jeweils konkretes Anliegen der Verwaltung nach Maßgabe der sie ermächtigenden Vorschrift zu entscheiden, ob der Gesetzgeber ein Handeln in Vertragsform zuläßt oder nicht. Durch die Herausnahme dieser Regelungskomplexe aus dem Verwaltungsverfahrensgesetz dokumentiert der Gesetzgeber die jeweiligen materiellen Besonderheiten des Regelungsgegenstandes, der damit in Hinblick auf sein Verwaltungsverfahren ganz auf das Spezialgesetz verwiesen ist. Verfügt das Spezialgesetz nicht über einen »allgemeinen Teil«, der das Verwaltungsverfahren regelt bzw. wird in einem solchen Teil der Verwaltungsvertrag nicht erwähnt, so entscheidet sich nach Sinn und Zweck der konkreten Vorschriften, ob der Verwaltung ein Handeln in Vertragsform gestattet ist[59].

Wollte man aus der Eliminierung ganzer Sachbereiche aus dem Verwaltungsverfahrensgesetz – und damit auch der §§ 54 ff. VwVfG – insoweit ein implizites Vertragsformverbot für den Verwaltungsvertrag im allgemeinen und für den Normsetzungsvertrag im besonderen schließen, so würde aus einer bloßen Sachbereichseingrenzung eine materielle Aussage abgeleitet. Ein solches Vorgehen erschiene aus systematischen Gründen sehr zweifelhaft: Wo das Gesetz nicht den Anspruch erhebt, materielle Regelungen zu treffen, kann ihm auch keine positive oder negative materielle Aussage über die Zulässigkeit des Verwaltungsvertrags entnommen werden. Wenn die betreffende Sachmaterie keine ausdrücklichen Regelungen über den Verwaltungsvertrag enthält, so muß eine positive oder negative Aussage über die Zulässigkeit einer verwaltungsvertraglichen Regelung aus deren Gesamtzusammenhang gewonnen werden. Der Gesetzgeber wollte durch die Beschränkung des gesetzlichen Anwendungsbereichs nicht Verträge schlechthin ausschließen[60].

In Sachbereichen, in denen der Gesetzgeber ausdifferenzierte Grundlagen für bereichsspezifisches Vertragsrecht geschaffen hat, ergibt sich nicht schon aus deren Existenz, daß außerhalb des Anwendungsbereichs der genannten Vorschriften Verwaltungsverträge nicht geschlossen werden dürfen. Zum einen verhindert

---

[59] Ähnl. *E. Gurlit*, Verwaltungsvertrag und Gesetz, S. 253 m.w.N.
[60] Zu alledem auch *C. Schimpf*, Der verwaltungsrechtliche Vertrag unter besonderer Berücksichtigung seiner Rechtswidrigkeit, S. 172 f.

der Gesetzgeber diesen Schluß schon regelmäßig dadurch, daß er die Offenheit des Gesetzes für neue Anwendungsfelder des Verwaltungsvertrags ausdrücklich benennt (so etwa in § 11 Abs. 1 Satz 2 BauGB: »Gegenstände eines städtebaulichen Vertrages können *insbesondere* sein«). Zum anderen bedarf es angesichts des von Rechtsprechung und Wissenschaft vor dem Hintergrund von § 54 Satz 1 VwVfG nahezu einhellig angenommenen Auswahlermessens der Verwaltung bei der Anwendung vertraglicher Handlungsformen[61] schon prägnanterer Ausschlußkriterien, die sich zwar nicht in ausdrücklicher Benennung erschöpfen, aber wohl zumindest in der Natur der Regelungsmaterie begründet sein müssen.

Für den verwaltungsaktersetzenden Vertrag ist darüber hinaus umstritten, ob die bloße Existenz einer Ermächtigungsgrundlage, welche die Verwaltung zu einem Handeln durch »Bescheid«, »Verfügung« oder einem anderen Verwaltungsakt-Synonym ermächtigen, als impliziter Ausschluß vertraglicher Handlungsformen zumindest dann zu verstehen ist, wenn ein Gesetz zeitlich nach[62] dem Verwaltungsverfahrensgesetz erlassen wurde[63]. Da zum einen mit der Einführung eines (wenn auch:) rudimentären Vertragsrechts durch das Verwaltungsverfahrensgesetz ein positives Signal i.S.e. grundsätzlichen Zulässigkeit dieses Handlungsinstruments als Surrogat für einen Verwaltungsakt gesetzt wurde, zum anderen aber die Verwaltung einer gesetzlichen Ermächtigung zum Handeln durch Verwaltungsakt bedarf[64], kann jedenfalls aus deren bloßer Existenz nicht schon auf die Unzulässigkeit des Verwaltungsvertrags als Handlungsinstrument geschlossen werden, da auf diese Weise die durch den Vorbehalt des Gesetzes errichteten Erfordernisse ausreichender gesetzlicher Ermächtigung bei dem Eingriff in Grundrechte einerseits und die positive Entscheidung zugunsten des Verwaltungsvertrags andererseits gegeneinander ausgespielt würden – obwohl der Verwaltungsvertrag gerade anstelle eines Verwaltungsakts soll abgeschlossen werden können. Das Verwaltungsverfahrensgesetz selbst macht die grundsätzliche Substituierbarkeit des Verwaltungsakts durch den Verwaltungsvertrag deutlich. Diese globale Aussage zielte ins Leere, wenn jede Verwaltungsaktsermäch-

---

[61] *E. Bohne*, VerwArch. Bd. 75 (1984), S. 343 ff.; *J. Burmeister*, VVDStRL Bd. 52 (1993), S. 190 ff. (207 ff.); *U. Di Fabio*, DVBl. 1990, S. 338 ff. (345); *V. Schlette*, Die Verwaltung als Vertragspartner, S. 197 ff.; *E. Schmidt-Aßmann*, DVBl. 1989, S. 533 ff. (535); *W. Spannowsky*, Grenzen des Verwaltungshandelns durch Verträge und Absprachen, S. 122 f.; *P. Stelkens/P. Schmitz*, in: P. Stelkens/H.J. Bonk/M. Sachs, Verwaltungsverfahrensgesetz, § 1 Rn. 122.

[62] Bei Gesetzen aus der Zeit vor dem Verwaltungsverfahrensgesetz dürfte die Verwendung dieser Begrifflichkeit nur Ausdruck der angenommenen Typizität des Verwaltungsakts sein; siehe *C. Schimpf*, Der verwaltungsrechtliche Vertrag unter besonderer Berücksichtigung seiner Rechtswidrigkeit, S. 176.

[63] *N. Achterberg*, JA 1979, S. 356 ff. (359); *ders.*, Allgemeines Verwaltungsrecht, § 21 Rn. 244; *H.U. Erichsen*, in: ders., Allgemeines Verwaltungsrecht, § 26 Rn. 4.

[64] *H.U. Erichsen*, in: H.-U. Erichsen, Allgemeines Verwaltungsrecht, § 15 Rn. 4; *P. Stelkens*, in: ders./H.J. Bonk/M. Sachs, Verwaltungsverfahrensgesetz, § 35 Rn. 21 ff.; H.-J. Wolff/O. Bachof/R. Stober, Verwaltungsrecht II, § 45 Rn. 13 f.; a.A. namentlich die ältere Rechtsprechung, so etwa BVerwGE 18, 283 (285); 19, 243 (245); 21, 270 (272); 28, 1 (9); ähnlich *H. Maurer*, Allgemeines Verwaltungsrecht, § 10 Rn. 5.

tigung nur aufgrund ihrer Formulierung zugleich ein Vertragsformverbot errichten würde. Die Erwähnung der Tatbestandsmerkmale »Bescheid« oder »Verfügung« sollte aber zumindest Anlaß sein, die Erwartungen zu analysieren, die der Gesetzgeber mit dieser Erwähnung verbindet. Der Verwaltungsakt als Verfahrensabschluß ist – neben den Fällen, in denen sein Einsatz zum Zwecke unbedingter, schneller und regelmäßig gegen den Willen des Betroffenen erfolgender Durchsetzung von Regelungszielen (insbesondere im Recht der Gefahrenabwehr) erforderlich ist – als ausschließliche Handlungsform auch dann geboten, wenn mit ihm spezifische, nur durch einseitig-hoheitliches Handeln zu gewährleistende Erwartungen in Bezug auf Gleichbehandlung und Gleichmäßigkeit des Verwaltungshandelns – insbesondere in Massenverfahren[65] – und Rechtsschutzmöglichkeiten Dritter gerichtet sind, wo schon der Anschein, daß Verwaltung und Bürger den Inhalt einer Regelung aushandeln, rechtsstaatliche Bedenken hervorrufen muß.

Solchermaßen motivierte Vertragsformverbote werden verschiedenen Sachbereichen des besonderen Verwaltungsrechts entnommen[66]. Hier ist anhand der bereichsspezifischen Regelungen des besonderen Verwaltungsrechts zu ermitteln, ob eine bestimmte Handlung der Verwaltung anstatt in Form eines Verwaltungsakts nicht auch durch Vertrag substituiert oder zumindest vorbereitet werden darf. Unzulässigkeitserklärungen müssen im Wege der Auslegung aus Sinn, Zweck oder Systematik des sachbereichsspezifischen Gesetzes ermittelt werden[67]. Zugrundegelegt wird dabei, daß es Sachbereiche gibt, die aufgrund der Natur ihres Gegenstandes vertragsfeindlich sind[68]. Insoweit wird im allgemeinen in den Bereichen des Ordnungs-, des Beamten-, des Staatsangehörigkeits- und des Abgabenrechts ein in der Natur der Sachmaterie gründendes Vertragsformverbot angenommen[69], aufgrund dessen ohne Analyse des Vertragsinhalts ein Verwaltungsvertrag rechtswidrig ist. Den genannten Gebieten ist gemein, daß es sich um sog. Kernbereiche hoheitlicher Staatstätigkeit handelt[70]. Dabei wird allerdings deutlich, daß die Begründung eines Vertragsformverbots, anhand eines oftmals einigermaßen willkürlich zugeschnittenen Sachbereichs des besonderen Verwaltungsrechts durch einen Hinweis auf inhaltliche Aspekte möglicher vertraglicher Regelungen – v.a. aufgrund möglicher Verstöße gegen den Gleichheitssatz – erfolgt. Die denkbare Gesetzeswidrigkeit des Inhalts macht aber nicht die Form in-

---

[65] Aus diesem Grunde weist *E. Schmidt-Aßmann*, Das allgemeine Verwaltungsrecht als Ordnungsidee und System, S. 259, zu Recht auf die trotz aller Konsensorientierung nach wie vor erhebliche Bedeutung des Verwaltungsakts für die Massenverkehrsvorgänge der Sozial- und Finanzverwaltung hin.
[66] Überblick bei *V. Schlette*, Die Verwaltung als Vertragspartner, S. 559 f.
[67] *H.J. Bonk*, in: P. Stelkens/ders./M. Sachs, Verwaltungsverfahrensgesetz, § 54 Rn. 99.
[68] *H.-J. Wolff/O. Bachof/R. Stober*, Verwaltungsrecht II, § 54 Rn. 7.
[69] Überblick bei *P. Kunig*, DVBl. 1992, S. 1193 ff. (1196); *E. Gurlit*, Verwaltungsvertrag und Gesetz, S. 254 ff.; *W. Spannowsky*, Grenzen des Verwaltungshandelns durch Verträge und Absprachen, S. 145 ff.; *V. Schlette*, Die Verwaltung als Vertragspartner, S. 559 ff.
[70] *E. Gurlit*, Verwaltungsvertrag und Gesetz, S. 254.

opportun. Abgesehen von den Situationen, in denen auf ausdrückliche gesetzliche Vorschriften zurückgegriffen werden kann, und den Fällen, in denen der Verwaltungsakt als formalisierter Verfahrensabschluß gesetzlich aufgrund der mit ihm verbundenen Standardisierung in Massenverfahren bzw. aufgrund seiner Rechtsschutzfunktion vorgeschrieben ist und daher durch einen Verwaltungsvertrag höchstens vorbereitet, aber nicht ersetzt werden kann, ist ein Vertragsformverbot daher nicht anzunehmen.

Im Ergebnis bleibt festzuhalten, daß die Rechtsordnung, soweit sie sich einem Vertrag widersetzt, zumeist seinem Inhalt, nicht aber seiner Verwendung an sich widerspricht[71]. Die verbreitete Annahme entsprechender Vertragsformverbote beruht auf einer argumentativen Rückwirkung gebotener inhaltlicher Strenge auf die Beurteilung der Zulässigkeit der Vertragsform. Die nach wie vor umstrittene und schwierige Lage bei der Ermittlung von Vertragsformverboten bei einzelaktsbezogenen Verträgen bietet den Ausgangspunkt einer Untersuchung der Frage, ob und inwieweit das Dogma des Vertragsformverbots auch in dem Bereich des Normsetzungsvertrags Anwendung findet.

2. Normbezogene Verträge und Vertragsverbote

Im Bereich des allgemeinen Verwaltungsrechts wurde ein gesetzliches Vertragsformverbot *generell* und über den Bereich des Bauplanungsrechts hinaus, für den Normsetzungsvertrag im subordinationsrechtlichen Verhältnis zwischen Staat und Bürger behauptet[72] – wobei zum einen nicht immer ganz deutlich wird, ob sich dieses Verbot auf Normsetzungsverträge oder Normenverträge beziehen soll[73] und zum anderen offenbleibt, ob dieses Verbot verfassungsrechtlichen Ursprungs ist und daher auch durch eine entsprechend eindeutige gesetzgeberische Regelung nicht eingeführt werden dürfte. Das Verwaltungsverfahrensgesetz enthalte ein »implizites Vertragsformverbot« für den Bereich der Normsetzung. Der mit dem Normsetzungsvertrag bezweckte Erfolg lasse sich nur durch ein Normsetzungsverfahren verwirklichen, dessen formelle Anforderungen durch einen öffentlich-rechtlichen Vertrag nicht ersetzt werden könnten. Das Gesetz stelle die Behörde im Subordinationsbereich dann, wenn der Vertrag als Handlungsform gewählt werde, zwar von den Sicherungen des Verwaltungsaktsverfahrens frei, weil ein äquivalentes (Vertragsschluß-) Verfahren an seine Stelle tritt. Eine Befreiung von den Sicherungen des Normsetzungsverfahrens spreche das Gesetz aber nicht aus[74].

---

[71] *W. Krebs*, VVDStRL Bd. 52 (1993), S. 248 ff. (265); *F. Kopp / U. Ramsauer*, Verwaltungsverfahrensgesetz, § 54 Rn. 42; *E. Schmidt-Aßmann / W. Krebs*, Rechtsfragen städtebaulicher Verträge, S. 137.

[72] *U. Di Fabio*, DVBl. 1990, S. 338 (342); *E. Forsthoff*, Lehrbuch des Verwaltungsrechts, S. 278; abwägend aber *V. Schlette*, Die Verwaltung als Vertragspartner, S. 564. Für ein Inhaltsverbot tritt hingegen *W. Krebs*, VerwArch Bd. 72 (1981), S. 49 ff. (56) ein.

[73] Ineinsgesetzt z.B. auch bei *V. Schlette*, Die Verwaltung als Vertragspartner, S. 562.

[74] *H. Meyer*, in: ders. / H. Borgs-Maciejewski, Verwaltungsverfahrensgesetz, § 54 Rn. 57.

III. Normbezogene Verträge und Vertragsverbote 669

Vor Erlaß von § 2 Abs. 3 Hs. 2 BauGB war umstritten, ob sich aus den genannten Vorschriften ein Vertragsformverbot für Bauplanungsabreden ableiten ließe oder ob sich hieraus lediglich ein inhaltliches Verbot für solche Abreden ergeben sollte[75]. Vertragliche Verpflichtungen, die zu Erlaß oder Nichterlaß eines Bebauungsplans verpflichten, sind aber deswegen nichtig, weil das die diversen öffentlichen und privaten Interessen umfassend berücksichtigende Normsetzungsverfahren umgangen zu werden droht[76]. Dieser Umstand – verbunden zum einen mit der Differenzierung der Rechtsprechung, die unter außergewöhnlichen Umständen die vertragliche Bindung zuläßt[77] und zum anderen mit der gesetzgeberischen Ausgestaltung konsensualen Handelns im Städtebaurecht[78] – spricht sehr stark gegen die Annahme eines die gesamte Bauleitplanung überlagernden Vertragsformverbots und für die Annahme eines inhaltsbezogenen Vertragsverbots. Ergänzend kann auch § 2 Abs. 3 Hs. 2 BauGB angeführt werden, der die Bauplanungsabrede nur für den Fall verbietet, daß sie einen bestimmten Inhalt – ein Normsetzungsversprechen – enthält[79].

Allerdings muß die dargelegte – ohnehin eher gegen Normen- denn gegen Normsetzungsverträge gerichtete – Auffassung deswegen Widerspruch hervorrufen, weil ein aus solchermaßen allgemeinen Erwägungen hergeleitetes Vertragsformverbot nicht die Anforderungen erfüllt, die an eine »entgegenstehende Rechtsvorschrift« i.S.v. § 54 Satz 1 VwVfG zu stellen sind.

Im Hinblick auf den Normenvertrag ist anhand der Vorgaben des Verwaltungsverfahrensgesetzes schon kein Vertragsformverbot zu ermitteln, weil dieses Gesetz für den Normenvertrag mangels Anwendbarkeit überhaupt keine Aussage trifft. Daß ein Normsetzungsverfahren nicht ohne gesetzlichen Anhaltspunkt durch ein Verwaltungsverfahren, eine Norm nicht ohne gesetzlichen Anhalt durch einen Vertrag ersetzt werden darf, liegt nahe, hat aber einen anderen Grund. Für eine Berechtigung zur Normsetzung durch Vertragsschluß bedarf es nicht nur der gesetzlichen Übertragung von Normsetzungsbefugnissen auf die (zumeist: beiden) nicht-parlamentarischen Normsetzer, sondern auch einer Erlaubnis zur Aushandlung dieser Norm. Hat der Gesetzgeber Rechtsetzungsbefugnisse entweder aufgrund gesetzlicher Delegation oder durch Einräumung von autonomen Normsetzungsbefugnissen auf einen nicht-parlamentarischen

---

[75] Für ein Vertragsformverbot: *D. Birk*, NJW 1977, S. 1797 ff. (1799); *A. v. Mutius*, VerwArch Bd. 65 (1974), S. 201 ff. (212 ff.). Für ein inhaltliches Verbot: *H.J. Bonk*, in: P. Stelkens/ders./M. Sachs, Verwaltungsverfahrensgesetz, § 54 Rn. 107; *W. Krebs*, VerwArch Bd. 72 (1981), S. 49 ff. (55); *H.-J. Papier*, JuS 1981, S. 498 ff. (501); *A. Scherzberg*, JuS 1992, S. 205 ff. (209); *V. Schlette*, Die Verwaltung als Vertragspartner, S. 555, 564; *W. Spannowsky*, Grenzen des Verwaltungshandelns durch Verträge und Absprachen, S. 150 f.
[76] *V. Schlette*, Die Verwaltung als Vertragspartner, S. 564.
[77] Siehe S. 594 ff.
[78] Siehe S. 578 ff.
[79] Allerdings halten z.B. *F. Kopp/U. Ramsauer*, Verwaltungsverfahrensgesetz, § 54 Rn. 43, diese Vorschrift für ein Vertragsformverbot. Wenn die Differenzierung zwischen Vertragsformverbot und einem auf den Inhalt bezogenem Verbot allerdings überhaupt Sinn machen soll, dann ist es wohl nicht zielführend, auch solche Vorschriften dem Spektrum der erstgenannten Verbotsform zuzuschlagen, die nicht vertragliche Regelungen für einen ganzen Sachbereich, sondern nur Verträge bestimmten Inhalts – hier: einem Normsetzungsversprechen – verbieten.

Normsetzer übertragen, so kann dieser den fraglichen Regelungseffekt nicht durch einen partiell substituierenden Vertragsschluß mit einem weiteren – staatlichen oder privaten – Akteur ersetzen[80]. Der Rechtsformtausch von Vertrag und Verwaltungsakt ist wegen des notwendigerweise begrenzten Regelungsanspruchs des letzteren ein aliud gegenüber der Substitution von Rechtsnormen durch einen Vertrag. Soll eine Rechtsnorm ausgehandelt werden, so bedarf es der abstrakten gesetzlichen Benennung des zweiten zur Verhandlung ermächtigten Akteurs, so daß die Frage einer impliziten Erlaubnis nicht relevant wird. Die gesetzliche Übertragung von Gesetzgebungsbefugnissen – auch wenn sie nur zur gesamten Hand mit einem Dritten erfolgt – kann nicht implizit erfolgen. Und nicht nur die notwendige Benennung der Übertragungsadressaten, sondern auch die normative Geltungserstreckung auf Dritte, nicht an dem Vertragsschluß Beteiligte, bedarf der gesetzlichen Anordnung[81]. Auch diese wäre durch eine implizite Herleitung einer Vertragsschlußbefugnis aus einem gesetzlichen Regelungszusammenhang nicht zu leisten, da auf diese Weise der Kreis der Regelungsadressaten nicht ermittelt werden könnte. Soweit man daher trotz der fehlenden Anwendbarkeit des Verwaltungsverfahrensgesetzes an dessen einschlägiger vertragsrechtlicher Terminologie festhalten möchte, läßt sich sagen, daß für Normenverträge – vorbehaltlich ausdrücklicher anderweitiger Regelungen – ein Vertragsformverbot besteht. Soweit der Gesetzgeber diese allerdings selbst vorsieht, stellt sich die weitergehende Frage nach der verfassungsrechtlicher Zulässigkeit.

In Bezug auf den Normsetzungsvertrag werden mit der Annahme eines generellen Vertragsformverbots lediglich abstrakte Erwägungen ohne Bezug zu konkreten Vorschriften angestellt.

Daß eine implizite Umgehung der Vorschriften über die Vorbereitung und Durchführung der Abwägung im Normsetzungsverfahren in den meisten Fällen des Normsetzungsvertrags zu dessen Nichtigkeit führt, schließt nicht aus, daß zum einen die Berücksichtigung dieser Vorschriften schon bei Vertragsschluß ebenso wie – im Falle der Bauplanungsabrede – eine exzeptionelle Planungssituation zu eine ausnahmsweise Zulässigkeit des Vertrags zur Folge haben mag[82]. Daher führt die bloße Existenz eines Normsetzungsverfahrens und der in diesem angelegten, zusammenhängenden Mechanismen für Öffentlichkeitsbeteiligung und Abwägung in der Regel, aber nicht in wirklich allen Fällen zur Nichtigkeit der Bauplanungsabrede. Dies macht deutlich, daß sich in besonderen Situationen die Sicherungen des Normsetzungsverfahrens und die Vorteile vertraglichen Handelns miteinander verbinden lassen.

---

[80] E. Gurlit, Verwaltungsvertrag und Gesetz, S. 263 f.

[81] Auch wenn – was unrealistisch ist – alle von dem Vertrag Betroffenen diesem zustimmten (§ 58 Abs. 1 VwVfG), läge immer noch ein Vertrag und keine Rechtsnorm vor. Zum einen kann diese typusgemäß gerade ohne den Willen der Adressaten erlassen werden. Zum anderen führte auch die Zustimmung aller aktuell Betroffenen zu einer rechtsnormativen Geltung, die diese dadurch geprägt ist, daß auch zukünftig alle tatbestandsmäßigen Fälle den Rechtsfolgen der Norm unterliegen, während bei der Annahme einer vertraglichen Konstruktion solche Akteure, die erst später in den Rechtskreis des Vertrags eintreten, diesem wiederum zustimmen müssen, damit er auch ihnen gegenüber wirksam wird.

[82] Siehe S. 595 f.

III. Normbezogene Verträge und Vertragsverbote

Zudem widerspräche ein apriorischer und prinzipieller Ausschluß des Normsetzungsvertrags im Subordinationsverhältnis der dargelegten grundsätzlichen Offenheit des Verwaltungsverfahrensgesetzes auch für dieses Anwendungsfeld des Verwaltungsvertrags. Die Subordination ist geradezu ein prägendes Merkmal der Rechtsnorm, deren Erlaß eine Überordnung des Normgebers über den Normadressaten voraussetzt. Warum die Subordination, die der Gesetzgeber für den einzelaktsbezogenen Vertrag ganz offensichtlich als unschädlich empfindet, da der Verwaltungsvertrag ausdrücklich geschlossen werden kann »anstatt einen Verwaltungsakt zu erlassen«, für den Bereich der Normsetzung plötzlich zu einem prinzipiellen Hindernis werden soll, leuchtet nicht ein. Selbst wenn aber das Verwaltungsverfahrensgesetz für den Bereich der Normsetzung ein prinzipielles Vertragsformverbot enthielte, könnte dies nur dann zu einer Unzulässigkeit von Normsetzungsverträgen führen, wenn ihr Abschluß integraler Bestandteil des Normsetzungsverfahrens wäre, was aber – wie bereits dargelegt – nicht der Fall ist. Der Annahme eines »impliziten Vertragsformverbots« des Verwaltungsverfahrensgesetzes ist damit auch unter Hinweis auf die ihr zugrundeliegende, fehlende Differenzierung zwischen Vertragsschluß und Normsetzungsverfahren zu widersprechen. Mangels Zugehörigkeit zum Normsetzungsverfahren könnte der Abschluß eines Normsetzungsvertrags also nicht einem für dieses Verfahren möglicherweise geltenden Vertragsformverbot unterliegen[83].

Aus dem gleichen Grunde erscheint es auch zweifelhaft, zu erwägen, ob unabhängig von dem betroffenen Sachbereich die Unzulässigkeit einer vertraglichen, auf die Normsetzung bezogenen Bindung durch einen Normsetzungsvertrag deren Nichtigkeit schon deswegen angenommen werden muß, weil der Vertrag »sich auf den Erlaß einer Rechtsnorm« richtet[84].

Abgesehen von der zirkelschlußartigen Argumentationsführung, die dieser Aussage zugrunde liegt, beruht sie auf einer pauschalen Übernahme von ihrerseits nicht immer überzeugenden Dogmen parlamentarischer Gesetzgebung[85]. Vor einer solchen Übernahme muß berücksichtigt werden, daß die unterschiedliche verfassungsrechtliche Qualität der rechtsetzenden Subjekte (Parlament/Exekutive) sowie der unterschiedliche Geltungsgrund der Rechtsnormen (Verfassung/Gesetz) eine undifferenzierte Übertragung dort gewonnener Erkenntnisse entgegensteht[86].

Zudem setzen sich diese Äußerungen nicht mit der Systematik des Verwaltungsverfahrensgesetzes auseinander[87] und sind weniger Ergebnis juristischer Argu-

---

[83] *W. Karehnke*, Die rechtsgeschäftliche Bindung kommunaler Bauleitplanung, S. 45.
[84] So aber wohl OLG München BayVBl. 1980, S. 504 ff. (506); *E. Forsthoff*, Lehrbuch des Verwaltungsrechts, S. 278; *U. Luhmann*, BayVBl. 1974, S. 456 ff. (456). Allerdings geht aus diesen Äußerungen nicht immer eindeutig hervor, ob sie sich gegen Normsetzungsverträge im allgemeinen oder nur gegen solche in dem Bereich der Bauleitplanung wenden; so etwa bei *A. Simon*, BayVBl. 1974, S. 145 ff. (147).
[85] *R. Stettner*, AöR Bd. 102 (1977), S. 544 ff. (561).
[86] *P. Badura*, FS BayVerfGH, S. 157 ff. (163); *C. Degenhart*, BayVbl. 1979, S. 289 ff. (293); *R. Stettner*, AöR Bd. 102 (1977), S. 544 ff. (561 f.).
[87] Diesen Vorwurf müssen sich allerdings nur solche Äußerungen gefallen lassen, die *nach* Erlaß des Gesetzes geschrieben wurden.

mentation als vielmehr Ausdruck generellen Mißbehagens gegenüber dem paktierenden Staat.

Ohne die auch in dieser Untersuchung an verschiedenen Stellen angesprochenen Gefahren des paktierenden Staates gering schätzen zu wollen, würde doch eine ausnahmslose Skepsis gegenüber Verträgen im Subordinationsverhältnis über das Ziel hinausschießen. Soweit hier noch die bekannten Bedenken gegen einen Staat, der mit seinem Untertan paktiert[88], zugrunde liegen, können sie als zumindest in dieser Allgemeinheit obsolet gelten[89]. Durch die Einführung von § 54 VwVfG hat der Gesetzgeber insofern auch ein deutliches Zeichen gesetzt. Das Bemühen muß vielmehr dahin gehen, das verfassungsrechtlich erträgliche Maß an konsensualem Handeln zu ermitteln.

Ähnlicher Tendenz folgen Aussagen, nach denen die Befugnis zur Gesetzgebung »d.h. der Erlaß von formellen Gesetzen, Rechtsverordnungen oder Satzungen«, nicht im Vertragswege gebunden werden können[90]. »Rein konstruktiv« passe die Vertragsform (als Einzelregelung) nicht auf die Normsetzung (als abstrakt-generelle Regelung)[91].

Tatsächlich scheinen Vertrag und Rechtsnorm beziehungslos nebeneinander zu stehen: Hier wird die allgemeine Regelung, dort die Einwirkung auf ein bi- oder multipolares Rechtsverhältnis oder dessen Begründung angestrebt. Während die Rechtsnorm das zentrale staatliche Steuerungsmedium darstellt, entstammen Begriff und Idee des Vertrags dem Zivilrecht und bezeichnen eine Regelung konkreter Rechtsbeziehungen zwischen einzelnen Rechtssubjekten in deren gegenseitigem Einvernehmen. Der Vertrag ist die Chiffre für sich entsprechende gegenseitige Willenserklärungen zweier oder mehrerer Parteien[92], die einander gegenüber stehen und zwischen sich oder zwischen den von ihnen vertretenen Personen eine Rechtswirkung ins Leben rufen möchten. Die Parteien erklären sich ihren korrespondierenden Willen gegenseitig, wobei für die Wirksamkeit des Vertrages die Übereinstimmung der Erklärungen der Parteien vorausgesetzt wird.

Während die Vertragsschlußbefugnis des Grundrechtsträgers zentraler Aspekt von dessen verfassungsrechtlich anerkannter Privatautonomie ist[93], bedarf der Staat der – hinsichtlich ihres konkreten Umfangs umstrittenen – gesetzlichen Ermächtigung oder impliziten Zulassung, wenn und soweit er ein Rechtsverhältnis in Vertragsform zu gestalten sucht[94]. Doch kann diese kategoriale Andersartigkeit von Norm und Vertrag dann nicht zu einem generellen Ausschluß ihrer wechselseitigen Verknüpfung oder gar Verschmelzung führen. Durch die Behauptung

---

[88] Maßgeblich O. *Mayer*, AöR Bd. 3 (1888), S. 3 ff. (23 f., 41 f.).
[89] Zuletzt V. *Schlette*, Die Verwaltung als Vertragspartner, S. 36 ff.
[90] A. *Simon*, BayVBl. 1974, S. 145 ff. (147).
[91] D. *Birk*, NJW 1977, S. 1797 ff. (1798).
[92] Hierzu und zum folgenden L. *Enneccerus/H.C. Nipperdey*, Allgemeiner Teil des Bürgerlichen Rechts, Zweiter Halbband, § 146 II.
[93] BVerfGE 8, 274 (328); 12, 341 ff. (347); 65, 196 (210); 70, 115 (123); 73, 261 ff. (270); 74, 129 (151 f.); 77, 370 (377); aus der Literatur nur V. *Schlette*, Die Verwaltung als Vertragspartner, S. 66 ff. m.w.N.
[94] E. *Gurlit*, Verwaltungsvertrag und Gesetz, S. 245 ff. m.w.N.; V. *Schlette*, Die Verwaltung als Vertragspartner, S. 92 ff., 100; W. *Spannowsky*, Grenzen des Verwaltungshandelns durch Verträge und Absprachen, S. 108 ff.

konzeptioneller Inkompatibilität wird – allerdings z.T. noch vor dem Erlaß des Verwaltungsverfahrensgesetzes und im Anschluß an ältere Stimmen[95] – ein allzu apodiktisches Urteil gefällt, das eine dogmatische Herleitung schuldig bleibt. Diese kann – soweit das Urteil grundsätzlicher Nichtigkeit nicht ohnehin aus einer Übertragung von auf die parlamentarische Gesetzgebung bezogenen Grundsätzen auf die Normsetzung insgesamt resultiert und deswegen für die untergesetzliche Normsetzung von nur begrenzter Aussagekraft ist – vor dem Hintergrund der dargelegten Regelungssystematik des Verwaltungsverfahrensgesetzes keineswegs so eindeutig ausfallen. Daß Normsetzung und vertragliche Bindung schon konstruktiv inkompatibel sind, wird außerdem durch einen Blick auf die bauplanungsrechtliche Praxis widerlegt, in der die vertragliche Determinierung der Ausübung von Normsetzungskompetenzen vielfach durchgeführt wurde.

Der Annahme konstruktiver Inkompatibilität von Vertrag und Norm liegen vielmehr Bedenken zugrunde, die sich gegen die vertragliche Bindung des Normsetzungsermessens bzw. der der Normsetzung vorausgehenden Abwägung wenden. Es ist eine durchaus naheliegende Befürchtung, daß ein vertraglich gebundenes Normsetzungsermessen seinen rechtsstaatlichen Charakter einbüßt und zu einem Prozeß privater Interessenverwirklichung im Gewande staatlicher Rechtsetzung wird. Hier liegt in der Tat für alle normativen Ebenen das Kernproblem vertraglicher Bindung der Rechtsetzung, das sich aber nicht durch begriffliche Abgrenzungen lösen läßt, sondern nur auf der Grundlage genauer Analyse der Erfordernisse, die in dem Bereich der Normsetzung an die Abwägung sowie die Realisierung spezifischer rechtsstaatlich gebotener Sicherungen des Normsetzungsverfahrens zu stellen sind. Ein generelles Vertragsformverbot ist daher für Normsetzungsverträge nicht anzunehmen.

IV. Die Gestaltungsfreiheit des untergesetzlichen Normgebers und seine vertragliche Bindung gegenüber Privaten

In der dargelegten Diskussion um die Zulässigkeit von Bauplanungsabreden wurden vielfältige Bedenken vorgebracht, die – wenn sie zuträfen – für den Normsetzungsvertrag als solchen gelten müßten. Entscheidendes Argument für den Widerstand in Rechtsprechung und Wissenschaft gegen die Zulässigkeit der Bauplanungsabrede (und damit des auf die Satzungsgebung bezogenen Normsetzungsvertrags) ist die durch solche Verträge eintretende, aber unzulässige Vorabbindung des Abwägungsvorgangs[96]. Zwei sich z.T. inhaltlich überlagernde[97] Begrifflichkeiten rücken dabei in den Mittelpunkt des dogmatischen Interesses: Auf

---
[95] E. Forsthoff, Lehrbuch des Verwaltungsrechts, S. 278.
[96] Den Bedenken gegen die Umgehung von Beteiligungsrechten kann durch deren Vorverlagerung auf den Zeitpunkt des Vertragsschlusses begegnet werden.
[97] Ermessen und Abwägung finden ihren gemeinsamen dogmatischen Fluchtpunkt in dem Umstand, daß gerade auch schöpferisches, final programmiertes Verwaltungshandeln nur unter

der einen Seite steht der Begriff des Ermessens in Form des Planungs-, des Normsetzungs- oder des gesetzgeberischen Ermessens. Die hiermit verbundenen Anforderungen an die Rechtsetzung spiegeln sich in dem Grundsatz des gesetzgeberischen Ermessens bzw. der gesetzgeberischen Gestaltungsfreiheit wieder[98]. Auf der anderen Seite findet sich der Begriff der Abwägung, dessen Kontur insbesondere im Planungsrecht und dort im Zusammenhang mit dem Bebauungsplan geschärft wurde[99].

Es ist aus terminologischer Sicht zu beachten, daß das Bundesverwaltungsgericht den Schritt vom Begriff des Normsetzungsermessens zu dem der planerischen Gestaltungsfreiheit vollzogen hat, um zu verhindern, daß die Entfaltung der Abwägungslehre unter einer Gleichsetzung der Abwägung mit dem verwaltungsrechtlichen Rechtsfolgeermessen leidet[100]. Obschon beide Begriffe bisweilen immer noch gleichgestellt werden[101], soll die terminologische Differenzierung signalisieren, daß sich die planerische Gestaltungsfreiheit strukturell vom Verwaltungsermessen unterscheidet und dogmatischen Selbststand beanspruchen kann[102]. Hinsichtlich der untergesetzlichen Normsetzung ist eine terminologische wie inhaltliche Angleichung an den Gestaltungsfreiraum des parlamentarischen Gesetzgebers ebenso zu verwerfen wie an das gewöhnliche Einzelaktsermessen[103].

Allerdings ist zunächst einschränkend festzustellen, daß die Abwägungsfehlerlehre von der Rechtsprechung (nur) dort zur Anwendung gebracht wird, wo es

---

umfassender Ermittlung und Würdigung aller einschlägigen Gesichtspunkte erfolgen darf. Diese können subjektiv-öffentliche Rechte, Belange, Interessen oder Kompetenzen anderer Verwaltungsträger umfassen. *F. Ossenbühl*, in: J. Isensee/P. Kirchhof, HdbStR Bd. III, § 66 Rn. 48, betont unter der Überschrift des Satzungsermessens, daß der Abwägungsvorgang den Kern der Satzungsgebung bildet; ähnlich: *K. Meßerschmidt*, Gesetzgebungsermessen, S. 294 f.; *E. Schmidt-Aßmann*, in: T. Maunz/G. Dürig u.a., Grundgesetz, Art. 19 Abs. 4 (Komm. von 1985) Rn. 217; a.A. *P. Badura*, GS Martens, S. 25 ff. (31 ff.).

[98] Der Begriff des gesetzgeberischen Ermessens bzw. des Gesetzgebungsermessens wird unter Rückgriff auf eine zumeist ältere Terminologie des Bundesverfassungsgerichts (BVerfGE 1, 14 (15, 32); 2, 266 (280); 4, 31 (40 f.); s.a. auch BVerfGE 95, 193 (219)) in der Lit. in bewußter Entgegensetzung (*K. Meßerschmidt*, Gesetzgebungsermessen, S. 234: »Provokation«) zu dem mehr üblichen Begriff der gesetzgeberischen Gestaltungsfreiheit (BVerfGE 6, 389 (420); 7, 155 (164); 9, 201 (206); beide Begriffe stehen aber auch oftmals nebeneinander: z.B. BVerfGE 8, 28 (37); 44, 249 (273)) verwendet; hierzu ausf. statt aller *K. Meßerschmidt*, a.a.O., S. 241 ff. und passim; s.a. *P. Badura*, FS Fröhler, S. 321 ff.; *ders.*, in: J. Isensee/P. Kirchhof, HdbStR Bd. VII, § 163 Rn. 7 ff.; *E.-W. Fuss*, JZ 1959, S. 329 ff. (331); *W. Leisner*, FS Berber, S. 273 ff. (275); *F. Ossenbühl*, FS Huber, S. 283 ff. (287); *U. Scheuner*, DÖV 1960, S. 601 ff. (610). Für die Verordnungsgebung: *T. v. Danwitz*, Die Gestaltungsfreiheit des Verordnungsgebers, S. 33 ff.; *F. Ossenbühl*, in: J. Isensee/P. Kirchhof, HdbStR Bd. III, § 64 Rn. 33 ff. Zu Satzungsermessen bzw. Gestaltungsauftrag des Satzungsgebers: *F. Ossenbühl*, in: J. Isensee/P. Kirchhof, HdbStR Bd. III, § 66 Rn. 46 f.

[99] Statt der umfangreichen Literatur zur Abwägung siehe aus verfassungs- wie verwaltungsrechtlicher Perspektive nur: *K. Meßerschmidt*, Gesetzgebungsermessen, S. 294 ff. m.w.N.

[100] Siehe zu dieser Entwicklung *F. Weyreuther*, BauR 1977, S. 293 ff. (303) m.w.N. zur älteren Rspr. des Bundesverwaltungsgerichts.

[101] VGH München NuR 1981, S. 60 ff. (62).

[102] *F. Ossenbühl*, Verhandlungen des 50. DJT Bd. I, S. B 185.

[103] Z.B. *M. Herdegen*, AöR Bd. 114 (1989), S. 607 ff. (609 ff., 611 ff.); s.a. aber auch S. 636 f., wo eine Annäherung an das Legislativermessen erfolgt; *K. Meßerschmidt*, Gesetzgebungsermessen, S. 294 ff.; *F. Ossenbühl*, FS Huber, S. 283 ff. (287 f.).

IV. Gestaltungsfreiheit des Normgebers und vertragliche Bindung gegenüber Privaten   675

trotz einer normativen Einkleidung[104] und der damit verbundenen Möglichkeit von Abstraktion oder Verallgemeinerung letztlich darum geht, konkret individuelle Verhältnisse in Gestalt einer Rechtsnorm zu ordnen (insbesondere: Bebauungsplan). Hier zielt die planerische Abwägung auf eine einmalige und abschließende Entscheidung über konkurrierende individuelle Rechte ab und ist daher stärker der durch die Rechtsprechung zu wahrenden Einzelfallgerechtigkeit verpflichtet als andere normative Regelungen[105]. Der Konkretheit planerischer Abwägungen korrespondiert daher eine intensivere gerichtliche Kontrolle unter Einschluß des Abwägungsvorgangs als bei Normen mit abstrakt-generellem Gehalt[106], so daß sich die Frage stellt, ob und inwieweit die Dogmatik der Bauplanungsabrede überhaupt auf den Normsetzungsvertrag im allgemeinen übertragbar ist.

1. Der normbezogene Vertrag als Verfügung über Normsetzungs- und Normänderungsbefugnis

Sobald einem privaten Akteur bindende Mitspracherechte bei Erlaß einer Rechtsnorm eingeräumt werden, können diese nicht der Ausübung grundrechtlicher Freiheit, sondern allein der Partizipation an staatlicher Kompetenzausübung dienen[107]. Wendet man sich der Frage zu, in welchem Maße die Verfassung überhaupt die Etablierung solcher Prozesse ermöglicht, so ist als Ausgangspunkt der anzustellenden Überlegungen der jeweilige Geltungsgrund der ausgehandelten Rechtsnorm zu wählen. Wie dargelegt, begrenzt und steuert das Grundgesetz die nicht-parlamentarische Rechtsnormsetzung nicht über die Festlegung von Institutionen oder einen *numerus clausus* der Rechtsetzungsformen, sondern durch die Begrenzung von normativen Geltungsgründen bzw. Legitimationsformen, die in enger Relation zu Herkommen und Struktur des außerparlamentarischen Normsetzers stehen[108]. Maß und Reichweite der Verbindlichkeit einer Norm stehen wiederum im Zusammenhang mit ihrem Geltungsgrund, der für alle Normen, die nicht über verfassungsrechtliche Qualität verfügen, in der Verfassung selbst zu finden ist.

Ob und in welchem Maß eine Partizipation Privater an staatlicher oder autonomer Rechtsetzung oder gar eine Rechtsetzung durch Vereinbarung zwischen

---

[104] Die Rechtsnatur des Bebauungsplans war über lange Zeit umstritten (hierzu *W. Bielenberg*, in: W. Ernst/W. Zinkahn/ders./M. Krautzberger, Baugesetzbuch, § 10 Rn. 1 ff.; *W. Krebs*, in: E. Schmidt-Aßmann, Besonderes Verwaltungsrecht, Rn. 86 ff.). Seit der gesetzgeberischen Entscheidung in § 10 BauGB ist diese Auseinandersetzung allerdings obsolet.
[105] BVerwGE 70, 318 (328); zustimmend *P. Badura*, GS Martens, S. 25 ff. (32).
[106] *P. Badura*, GS Martens, S. 25 ff. (31 ff.), unter Hinweis auf BVerwGE 70, 318 (328 ff.). Siehe auch *T. v. Danwitz*, Die Gestaltungsfreiheit des Verordnungsgebers, S. 201 f., der anhand von Nachweisen aus der Rechtsprechung (Fn. 223) festhält, daß auch Planungsentscheidungen in Verordnungsform (z.B. im Neugliederungsrecht) einer Überprüfung des Abwägungsvorgangs unterzogen werden; hierzu auch *F. Ossenbühl*, in: J. Isensee/P. Kirchhof, HdbStR Bd. III, § 64 Rn. 40 f.
[107] Siehe hierzu ausf. S. 160 ff.
[108] Zu dieser Diskussion siehe S. 370 ff.

staatlichen und privaten Rechtssubjekten durch Gesetz gestattet oder implizit zugelassen werden kann, muß daher unter Berücksichtigung des jeweiligen Geltungsgrunds der untergesetzlichen Norm bestimmt werden. Zwar erscheint nicht zwingend, daß die divergierenden Geltungsgründe auch unterschiedliche Ansprüche an die Ausübung des mit ihnen vermittelten Normsetzungsermessen bzw. der übertragenen Gestaltungsfreiheit des Normgebers stellen. Hiergegen spricht die These der strukturellen Gemeinsamkeit jeglichen Ermessens und damit die Behauptung der Rückführbarkeit von Verwaltungsermessen und der Gestaltungsfreiheit von Normgebung bzw. parlamentarischer Gesetzgebung auf eine einheitliche Theorie[109]. Andererseits stellen die verschiedenen Geltungsgründe unterschiedliche Anforderungen an Normsetzer und Normsetzung, mit denen die Beteiligung Privater in unterschiedlichem Ausmaß in Verbindung zu bringen sein könnte. Mit der Einräumung von Satzungsautonomie überträgt der Gesetzgeber auch eine größere Gestaltungsfreiheit als im Bereich delegierter Gesetzgebung. Dies wird an Art. 80 Abs. 1 GG deutlich, der delegierte Normsetzung einer dichteren parlamentarischen Determinierung unterwirft als dies für autonome Rechtsetzung geboten ist.

a) Die Gestaltungsbefugnis des Normsetzers

Autonome Normsetzung und Normsetzung aufgrund delegierter Rechtsetzungskompetenzen sind gleichermaßen Rechtsetzung und nicht Rechtsanwendung[110]. Die gesetzliche Ermächtigung zum Erlaß von Rechtsnormen weist ebenso wie die staatliche Einräumung von Satzungsautonomie dem Normsetzer eine inhaltlich beschränkte, aber selbständige Regelungs- und Gestaltungsmacht einschließende Rechtsetzungsbefugnis zu[111]. Trotz der Wesensverschiedenheit von delegierten und autonomen Rechtsetzungsbefugnissen sind beide gleichermaßen mit der Einräumung dieses normativen Gestaltungsspielraums verbunden. Die normsetzerische Gestaltungsbefugnis ist in zwei Aspekte zu unterteilen. Auf der einen Seite steht die Entschließungsbefugnis des Normsetzers dahingehend, *ob* eine untergesetzliche Rechtsnorm erlassen werden soll.

---

[109] Siehe hierzu *H. Jahrreiß*, in: H. Wandersleb, Recht, Staat, Wirtschaft, Bd. 4, S. 203 ff. (215); *P. Lerche*, in: Görres-Gesellschaft, Staatslexikon Bd. 3, Sp. 12 ff. (14 ff.); *P.S. Richter*, Sind die Grundsätze über Ermessensausübung beim Erlaß von Verwaltungsakten übertragbar auf den Erlaß von Rechtsverordnungen und Satzungen?, S. 46 ff.; *K. Westbomke*, Der Anspruch auf Erlaß von Rechtsverordnungen und Satzungen, S. 48 (Fn. 95). Für eine Befreiung der Ermessensfehlerlehre aus ihrem verwaltungsrechtlichen Kontext auch schon *K. Stern*, Ermessen und unzulässige Ermessensausübung, S. 11 f. Kritisch insoweit aber z.B. *P. Badura*, FS BayVerfGH, S. 157 ff. (162); *ders.*, GS Martens, S. 25 ff. (31); *W. Leisner*, FS Berber, S. 273 ff. (275); *K. Meßerschmidt*, Gesetzgebungsermessen, S. 234 ff., 250 f.; *F. Ossenbühl*, FS Huber, S. 283 ff. (286 ff.).

[110] Siehe nur *P. Badura*, GS Martens, S. 25 ff. (25 f.); *M. Brenner*, in: H. v. Mangoldt/F. Klein/C. Starck, Grundgesetz Bd. 3, Art. 80 Rn. 62; *J. Lücke*, in: M. Sachs, Grundgesetz, Art. 80 Rn. 1 (jeweils für die Verordnung); *F. Ossenbühl*, in: J. Isensee/P. Kirchhof, HdbStR Bd. III, § 64 Rn. 33 (für die Verordnung) und § 66 Rn. 46 f. (für die Satzung).

[111] *P. Badura*, GS Martens, S. 25 ff. (25 f.)

IV. Gestaltungsfreiheit des Normgebers und vertragliche Bindung gegenüber Privaten 677

Soweit sich aus dem ermächtigenden Gesetz nichts anderweitiges ergibt, kann der Normgeber grundsätzlich frei über das »Ob« des Normerlasses entscheiden[112]. Dies ist dann nicht der Fall, wenn sich aus dem ermächtigenden Gesetz eine Verpflichtung zur Normsetzung entweder explizit oder implizit dadurch ergibt, daß dieses Gesetz ohne eine ergänzende untergesetzliche Norm nicht praktikabel ist[113]. Auch Erfordernisse höherrangigen Rechts können für eine Verpflichtung zum Normerlaß streiten[114].

Auf der anderen Seite steht die inhaltliche Gestaltungsfreiheit hinsichtlich des »Wie« der Regelung. Das Maß dieser Gestaltungsfreiheit ist – vorbehaltlich anderweitiger Beurteilung aufgrund der besonderen Gestalt einer untergesetzlichen Rechtsnorm – zwischen der Gestaltungsfreiheit des Gesetzgebers und dem Verwaltungsermessen angesiedelt[115]. Zwar muß sich der Inhalt sowohl der aufgrund delegierter Befugnisse als auch der aufgrund von Satzungsautonomie erlassenen Norm am Willen des Gesetzgebers orientieren[116]. Die Setzer solcher Normen erfahren damit eine weitergehende Einschränkung als der parlamentarische Gesetzgeber. Dieser führt die Verfassung nicht aus, sondern findet in ihr nur seine äußersten Schranken[117] und muß sich daher bei der Gestaltung seiner Normen allein an diesem äußersten Rahmen seines Handelns orientieren. Aber trotz des am ermächtigenden Gesetz orientierten, engeren Bezugsrahmens wäre es bei abstrakt-generellen Rechtsverordnungen[118] mit der dem Verordnungsgeber zukommenden Gestaltungsfreiheit[119] nicht in Einklang zu bringen, dessen wer-

---

[112] Siehe nur *H. Bauer*, in: H. Dreier, Grundgesetz Bd. II, Art. 80 Rn. 41; *M. Brenner*, in: H. v. Mangoldt/F. Klein/C. Starck, Grundgesetz Bd. 3, Art. 80 Rn. 64.

[113] Z.B. BVerfGE 13, 248 (254); 16, 332 (338); 78, 249 (272 ff.).

[114] So z.B. in BVerfGE 13, 248 (255) zur (Wieder-) Herstellung der Rechtsgleichheit (Art. 3 Abs. 1 GG) oder Verpflichtungen aus Gemeinschaftsrecht (so z.B. die Ermächtigung in § 6a WHG); vg. *M. Brenner*, in: H. v. Mangoldt/F. Klein/C. Starck, Grundgesetz Bd. 3, Art. 80 Rn. 65.

[115] Zu den sich hieraus ergebenden Begriffsverwendungen und -verwirrungen: *F. Ossenbühl*, in: J. Isensee/P. Kirchhof, HdbStR Bd. III, § 64 Rn. 34 (für die Verordnung). In die Diskussion über eine adäquate Bezeichnung des Standorts von Norm- (Gesetz-, Satzungs-, Verordnungs-) gebern zwischen Freiheit und Bindung soll vorliegend nicht eingetreten werden; siehe hierzu nur die Nachweise in Fn. 98 und Fn. 109.

[116] BVerfGE 34, 52 (59 f.).

[117] *T. v. Danwitz*, Die Gestaltungsfreiheit des Verordnungsgebers, S. 36; *E.-W. Fuss*, JZ 1959, S. 329 ff. (331); *W. Leisner*, FS Berber, S. 273 ff. (275); *K. Meßerschmidt*, Gesetzgebungsermessen, S. 94 ff.; *F. Ossenbühl*, FS Huber, S. 283 ff. (287).

[118] Zu den verschiedenen Verordnungstypen und der typenabhängigen Differenzierung der verordnungsgeberischen Gestaltungsfreiheit: *F. Ossenbühl*, FS Huber, S. 283 ff. (288 ff.); s.a. *ders.*, in: J. Isensee/P. Kirchhof, HdbStR Bd. III, § 64 Rn. 21 f., 38 ff.; *M. Nierhaus*, in: Bonner Kommentar zum Grundgesetz (1998), Art. 80 Rn. 357 ff.

[119] Hierzu allg.: *P. Badura*, GS Martens, S. 25 ff.; *M. Brenner*, in: H. v. Mangoldt/F. Klein/C. Starck, Grundgesetz Bd. 3, Art. 80 Rn. 62; *T. v. Danwitz*, Die Gestaltungsfreiheit des Verordnungsgebers, S. 172 f., 193 f.; *T. Maunz*, in: ders./G. Dürig u.a., Grundgesetz, Art. 80 Rn. 34; *M. Nierhaus*, in: Bonner Kommentar zum Grundgesetz (1998), Art. 80 Rn. 330 ff.; *F. Ossenbühl*, in: J. Isensee/P. Kirchhof, HdbStR Bd. III, § 64 Rn. 33 ff. (zur Verordnung) und § 66 Rn. 46 ff. (zur Satzung); *ders.*, FS Huber, S. 283 ff.; *K. Westbomke*, Der Anspruch auf Erlaß von Rechtsverordnungen und Satzungen, S. 47 ff.; *D. Wilke*, AöR Bd. 98 (1973), S. 196 ff. (233 f.); a.A. *M. Zuleeg*, DVBl. 1970, S. 157 ff., der von einer Gleichsetzung des administrativen Ermessens und des Verordnungsermessens ausgeht; hiergegen aber zu recht z.B. *T. v. Danwitz*, a.a.O., S. 171 f.

tende und gestaltende Abwägungen einer vollen gerichtlichen Kontrolle zu unterwerfen[120]. Der gerichtlichen Kontrolle unterliegen daher nur die Fragen, ob die Entscheidung des Verordnungsgebers nicht mehr mit den Zielsetzungen der gesetzlichen Ermächtigungsgrundlage vereinbar ist, ob sie auf unzutreffender Tatsachenermittlung, auf sachfremden Erwägungen oder einem evident fehlerhaften Abwägungsvorgang beruht und sich die getroffene Regelung als »objektiv sachwidrig und rechtsfehlerhaft« darstellt[121]. Entsprechendes gilt für die autonome Rechtsetzung[122] – soweit diese über einen generell/abstrakten Inhalt verfügt und nicht – wie der Bebauungsplan – darauf abzielt, über das Verhältnis konkurrierender Einzelinteressen einmalig und abschließend zu befinden[123].

Hält man sich diesen im allgemeinen bestehenden weiten Gestaltungsspielraum der untergesetzlichen Normsetzung vor Augen, so erscheint es äußerst zweifelhaft, ob das vor Erlaß und unabhängig von § 2 Abs. 3 Hs. 2 BauGB entwickelte Verbot der vertraglichen Bindung der Bauleitplanung auf alle übrigen Fälle der untergesetzlichen Normsetzung übertragen werden kann. Wenn Rechtsprechung und Literatur davon ausgehen, daß situationsbezogene, planerische Entscheidungen in Form einer Rechtsnorm einer genauen Kontrolle ihrer abwägenden Entscheidungsfindung unterzogen werden, dann ist es dieser erhöhten Kontrolldichte geschuldet, daß der vertraglichen Bindung unterstellt wird, sie führe zu einem Abwägungsausfall und einer Umgehung des Normsetzungsverfahrens.

Entgegen Empfehlungen, die Gestaltungsfreiheit der untergesetzlichen Normsetzung an die Strukturen des Planungsermessens anzulehnen[124], hat das Bundesverwaltungsgericht die Unterschiede zwischen Verordnungsgebung und planerischer Entscheidung betont und eine Gleichsetzung der Kontrollmaßstäbe verworfen[125]. Maßgebliches Unterscheidungskriterium ist der unterschiedliche Konkretisierungsgrad beider Regelungen. Anders als die gewöhnlicherweise abstrakt-generell wirkende untergesetzliche Normsetzung erfolgen Festsetzungen des Planungsrechts »im Angesicht der konkreten Sachlage«[126], sie zielen darauf ab, konkret-individuelle Verhältnisse zu ordnen und im Interesse der Herstellung von Einzelfallgerechtigkeit, konkurrierende Einzelinteressen gegeneinander ab-

---

[120] BVerwGE 70, 318 (329); 77, 47 (53 f.); *T. v. Danwitz*, Die Gestaltungsfreiheit des Verordnungsgebers, S. 201 f.; *M. Nierhaus*, in: Bonner Kommentar zum Grundgesetz (1998), Art. 80 Rn. 357.

[121] Siehe *M. Nierhaus*, in: Bonner Kommentar zum Grundgesetz (1998), Art. 80 Rn. 358 unter Hinweis auf *H. Hill*, Das fehlerhafte Verfahren und seine Folgen im Verwaltungsrecht, S. 78.

[122] Zu deren Gestaltungsfreiheit: *P. Badura*, GS Martens, S. 25 ff. (29 ff.); *H. Hill*, Verhandlungen des 58. DJT Bd. I, S. D 18 f.; *F. Ossenbühl*, in: J. Isensee/P. Kirchhof, HdbStR Bd. III, § 66 Rn. 46 ff.; *E. Schmidt-Aßmann*, Die kommunale Rechtsetzung im Gefüge der administrativen Handlungsformen und Rechtsquellen, S. 11; *C. Weitzel*, Justiziabilität des Rechtsetzungsermessen, S. 118 ff.

[123] Siehe *P. Badura*, GS Martens, S. 25 ff. (32).

[124] *E. Schmidt-Aßmann*, in: T. Maunz/G. Dürig u.a., Grundgesetz, Art. 19 IV (Komm. von 1985) Rn. 217.

[125] BVerwGE 70, 318 (328 f.); s.a. *T. v. Danwitz*, Die Gestaltungsfreiheit des Verordnungsgebers, S. 173 ff.

[126] BVerwGE BauR 1976, S. 175 ff. (176).

IV. Gestaltungsfreiheit des Normgebers und vertragliche Bindung gegenüber Privaten

zuwägen[127]. Dies alles macht deutlich, daß die in Planungsakten – wie v.a. dem Bebauungsplan – vorgenommene, meist abschließende Determinierung individueller Freiheitsausübung es erforderlich macht, daß bereits in diesem Stadium alle Interessen sorgfältig einbezogen werden, da es hierfür im Stadium der Umsetzung eines bestandskräftigen Plans zu spät ist. Eine solche Situation kann regelmäßig bei der abstrakt-generellen Normierung nicht auftreten, da es hier eines eigenständigen, wertenden Aktes der Normumsetzung bedarf. Die gestalterischen Möglichkeiten abstrakt-genereller untergesetzlicher Normsetzung sind größer als im Falle der Planung, da jene nicht an konkrete sachverhaltliche Voraussetzungen gebunden ist[128].

Wo der Normsetzer über größere Freiheiten hinsichtlich des »Ob« oder des »Wie« seiner Normsetzung verfügt, muß es ihm freistehen, im Rahmen einer sachgerechten Entscheidung eine vertragliche Bindung seiner Normsetzungsbefugnisse – unter Beachtung eventueller Beteiligungsvorschriften – einzugehen. Gerade wenn man die Gesetzesverwiesenheit der untergesetzlichen Normsetzung betont, kann es hier – ebenso wie im Zusammenhang mit der parlamentarischen Gesetzgebung – unter dem Gesichtspunkt der Normeffektuierung wie dem der Normverwirklichung bei komplexen Sachverhalten und beim Eindringen in gesellschaftliche Machtreservate geradezu geboten sein, den privaten Normadressaten in den Vorgang der Rechtsetzung einzubeziehen, gerade *um* den Zweck des ermächtigenden Gesetzes zu erreichen[129]. Die Annahme eines möglichen Abwägungsausfalls bzw. einer unzulässigen Vorabbindung der mit der Normsetzungsbefugnis einhergehenden Gestaltungsfreiheit kann somit nicht – wie dies zumeist geschieht – in unbewußter Anlehnung an die Dogmatik der Bauplanungsabrede zur Annahme prinzipieller Unzulässigkeit solcher Abreden führen.

Dies gilt um so mehr als die meisten Fälle untergesetzlicher Normsetzung anders als die Bauleitplanung nicht in einem gestuften, von Verfahrenssicherungen umhegten Rechtsetzungsverfahren ergehen, dessen Ablauf Einfluß auf den Inhalt zu nehmen geeignet ist. So werden Rechtsverordnungen im Regelfall – u.U. nach Anhörungen privater Interessenvertreter (vgl. § 51 BImSchG, § 17 ChemG), die aber ggfs. auch im Vertragsverfahren gehört werden könnten – in einem rein behördeninternen Verfahren erlassen.

Obschon eine vertragliche Bindung untergesetzlicher Normsetzung daher nicht per se als Behinderung der den Normsetzungsbefugnissen mitgegebenen normativen Gestaltungsbefugnis gegen ein Vertragsverbot verstoßen muß, bleibt fraglich, ob diese Gestaltungsfreiheit auch als kompetenzieller Dispositionstitel, als Anhaltspunkt für die Zulässigkeit einer vorbereitenden oder ersatzweisen Schließung eines normbezogenen Vertrags anstelle des einseitigen Normerlasses angesehen werden kann.

Für die verfassungsrechtliche Beurteilung ist in zweifacher Hinsicht zu unterscheiden. Auf einer *ersten Ebene* ist der Grad der gesetzgeberischen Mitwirkung

---
[127] BVerwGE 70, 318 (328 f.).
[128] T. v. Danwitz, Die Gestaltungsfreiheit des Verordnungsgebers, S. 174.
[129] Dies ergibt sich aus den Vorteilen des Verhandlungsmechanismus für die Anliegen staatlicher Steuerung, siehe S. 38 ff.

bei der Verfügung über die Normsetzungskompetenz relevant: Hat der delegierende bzw. ermächtigende parlamentarische Gesetzgeber – ausdrücklich – den Adressaten zur Zusammenarbeit bei der untergesetzlichen Normsetzung gezwungen (oder: ermächtigt)? Dies kann durch die Festlegung von Zustimmungsvorbehalten, Vertragsschlußbefugnissen oder einer Normsetzung durch Vereinbarung geschehen. Oder hat der Gesetzgeber zumindest implizit zu erkennen gegeben, daß die bindende Beteiligung Dritter an der Normsetzung möglich, die Kompetenz damit ganz oder z.T. verfügbar sein soll. Liegt einer dieser Fälle vor, ist auf einer *zweiten Ebene* nach der verfassungsrechtlichen Grenze dieser »Verfügbarmachung« zu fragen. Wie frei ist der Gesetzgeber bei der Einführung eines Normenvertrags als Möglichkeit zur Schaffung staatlicher Normen durch Vereinbarung zwischen Staat und Gesellschaft bzw. bei der Zulassung normvorbereitender Absprachen? Insoweit die zweite Frage verneint wird, stellt sich die erste von vornherein nicht.

In den Fällen, in denen das Gesetz weder Normen- noch den Normsetzungsvertrag erwähnt, ist es dann müßig, entsprechend der gleichgelagerten Frage im Bereich der einzelaktsetzenden Verträge zu diskutieren, ob in der bloßen Benennung der Rechtsetzungsform (»Verordnungsermächtigung«) bereits ein implizites Vertragsformverbot liegt oder nicht. In diesen Fällen wird dessen Vorliegen zwar konzediert[130]. Die Verordnung soll aber aufgrund dieses Verbots lediglich nicht völlig durch einen Normenvertrag ersetzt werden dürfen, während ein solcher Vertrag gleichwohl in »Freiräumen« unter der »Bedingung der Nichtkongruenz« zulässig sein soll[131]. Dieser Gedanke beruht auf der Beobachtung, daß ein Vertrag eine Rechtsverordnung nur selten in Gänze überflüssig machen, sondern, ohne deren Regelungsintensität und -reichweite zu erreichen, lediglich einen Teil ihres potentiellen Regelungsumfangs abdecken wird. Verordnung und Vertrag sind dann »nicht-kongruent«. Die Regelung durch Vertrag ist aber gegenüber der Regelung durch Norm nur zum Teil ein aliud. Dritte können nur durch aktuelle Zustimmung, d.h. auf vertraglichem, nicht auf normativem Wege gebunden werden. So handelt die Verwaltung zwar in einem räumlichen und sachlichen Bereich, für den sie über eine Normsetzungsbefugnis verfügt. Sie tut dies aber mit vertraglichen Mitteln, denen das normtypische Merkmal der Heteronomität nicht zu eigen ist. Wenn der Gesetzgeber an die Exekutive die Befugnis zum Erlaß von Rechtsverordnungen delegiert oder Akteuren der Selbstverwaltung Satzungsautonomie einräumt, können die zur Normsetzung Befugten zwar versuchen, den intendierten Regelungseffekt durch Abschluß eines Verwaltungsvertrages (oder durch Errichtung von Vertragsnetzwerken) zu substituieren, ohne dabei ihre Normsetzungsautorität zu gefährden und Normsetzungsbefugnisse an nicht-legitimierte Dritte zu übertragen. Problematisch ist insoweit nicht der Inhalt der vertraglichen Regelung, sondern daß sich der Normsetzer – zu-

---

[130] *W. Beyer*, Der öffentlich-rechtliche Vertrag, einfaches Handeln der Behörden und Selbstverpflichtungen Privater als Instrumente des Umweltschutzes, S. 88.
[131] *U. Di Fabio*, DVBl. 1990, S. 338 ff. (342).

mindest implizit – gegenüber seinem Vertragspartner entweder verpflichtet, während der Laufzeit des Vertrags keine normative Regelung zu erlassen. In der Sache zu unterscheiden, konstruktiv aber parallel gelagert ist der Fall der normvorbereitenden Absprache, in der der Private die Zusage erhält, daß Normsetzer eine bestimmte Norm erlassen und beibehalten will. Auch in dieser Konstellation bindet die Behörde die exklusiv ihr überlassenen Normsetzungsbefugnisse durch partielle Übertragung an einen Privaten, der auf diese Weise einen – wenn auch im ersten Fall nur negativen – Einfluß auf die Ausübung staatliche Normsetzungsbefugnisse erhält.

b) Normative Gestaltungsfreiheit und Vertragsschlußbefugnis

Auf der ersten Ebene wurde bislang die Frage zentral behandelt, ob eine Ermächtigung zum Erlaß einer Rechtsverordnung (oder aber – insoweit nicht diskutiert: einer Satzung) die staatliche Teilnahme an einer verordnungsvorbereitenden oder -ersetzenden Absprache als »minus« mitumschließt[132] oder als »aliud« ausschließt[133]. Von der insoweit zur Diskussion gestellten Parallelität von Normsetzungsermessen und Vertragsschlußbefugnis scheint der UGB-KomE auszugehen. Hier wird ausgeführt, daß auch für die rechtsetzende Tätigkeit der Exekutive Raum zur Kooperation dort bleibt, wo ihr der Gesetzgeber Entscheidungsspielräume überlassen hat: »Wenn es ihr grundsätzlich freisteht, eine Norm zu erlassen oder untätig zu bleiben, muß es ihr auch unbenommen sein, Zwischenformen zu wählen«[134].

Auf der Grundlage dieser Annahme schlägt der Kommissionsentwurf den Weg einer Reformalisierung der Praxis normvertretender Absprachen ein[135]. § 36 Abs. 1 UGB-KomE ermächtigt die Bundesregierung, umweltrechtliche Anforderungen auch durch öffentlichrechtlichen Vertrag mit Wirtschaftsverbänden, sonstigen Verbänden oder einzelnen Unternehmen zu vereinbaren, wenn (1.) die Voraussetzungen für den Erlaß einer Rechtsverordnung vorliegen, (2.) der Vertragsinhalt den materiellen Anforderungen des UGB-Entwurfes entspricht, (3.) schutzwürdige Interessen Dritter oder der Allgemeinheit nicht verletzt werden und (4.) die Geltungsdauer des Vertrags auf nicht länger als fünf Jahre befristet ist[136]. Abs. 2 Satz 1 der Vorschrift legt fest, daß der Vertrag der Zustimmung des Bundesrates bedarf, wenn auch die Rechtsverordnung, an deren Stelle er tritt, der Zustimmung bedürfte. Abs. 2 regelt zudem, daß der Vertrag im Bundesanzeiger zu veröffentlichen ist und daß auf den Abschluß des Vertrages nur die §§ 57, 60 VwVfG, nicht aber die

---

[132] W. *Brohm*, DÖV 1992, S. 1025 ff. (1033); *J. Fluck/T. Schmitt*, VerwArch Bd. 89 (1998), S. 220 ff. (237); *K. W. Grewlich*, DÖV 1998, S. 54 ff. (59); *L. Michael*, Rechtsetzende Gewalt im kooperierenden Verfassungsstaat, S. 439.
[133] *U. Dempfle*, Normvertretende Absprachen, S. 144; *J. Oebbecke*, DVBl. 1986, S. 794 ff. (799); *F. v. Zezschwitz*, JA 1978, S. 497 ff.
[134] *Bundesministerium für Umwelt, Naturschutz und Reaktorsicherheit*, Umweltgesetzbuch (Entwurf der Sachverständigenkommission), S. 505 f.
[135] *E. Schmidt-Aßmann*, Die Verwaltung, Beiheft 4 (2001), S. 253 ff. (271).
[136] Siehe hierzu *E. Gurlit*, Verwaltungsvertrag und Gesetzgebung, S. 317 ff.; *H. Sendler*, NVwZ 1996, S. 1145 ff.

übrigen Vorschriften des VwVfG Anwendung finden. Für den Fall, daß der Bundesregierung ein Verband als Vertragspartner gegenübersteht, beanspruchen die Verträge nach Abs. 3 für alle Mitglieder des vertragsschließenden Verbandes Verbindlichkeit. Diese Verbindlichkeit wirkt für die gesamte Geltungsdauer des Vertrages und auch dann, wenn ein Unternehmen den Verband vor Ablauf der Vertragsdauer verlassen sollte (Abs. 2 Satz 2). Die Einhaltung der Vertragspflichten wird von Verwaltungsseite überwacht und ggfs. durch Verwaltungsakt durchgesetzt. Soweit der Vertrag abschließende umweltrechtliche Anforderungen normiert, dürfen von der Verwaltung während der Vertragsdauer keine weitergehenden Anforderungen in Genehmigungsbescheiden oder nachträglichen Anordnungen gestellt werden (Abs. 3). Die Vertragsklauseln dienen dem Schutz Dritter, soweit auch die entsprechenden Bestimmungen der substituierten Rechtsverordnung drittschützend wären (Abs. 4). Nach § 37 UGB-KomE kann – in handgreiflicher Parallelität zu § 5 TVG[137] und doch in einem gänzlich anderen verfassungsrechtlichen Umfeld – ein nach § 36 UGB-KomE abgeschlossener Vertrag *durch Rechtsverordnung* ganz oder teilweise für jedermann oder nach Anhörung der betroffenen Unternehmen und Verbände für einen näher zu bestimmenden Kreis von Verpflichteten für verbindlich erklärt werden. Bedingung hierfür ist, daß die Zahl der durch den Vertragsschluß Verpflichteten nicht weniger als die Hälfte der durch die Verbindlichkeitserklärung Verpflichteten beträgt *und* eine Verbindlichkeitserklärung aufgrund öffentlichen Interesses geboten erscheint. Diese über den Kreis der Vertragsschließenden hinausgreifende Verbindlichkeit endet mit der Laufzeit des nach § 36 UGB-KomE abgeschlossenen Vertrags oder aber durch einen *actus contrarius* im Wege einer Rechtsverordnung, wenn die Aufhebung im öffentlichen Interesse geboten erscheint.

Sowohl bei einer vertraglichen Bindung der Entschließungsbefugnis als auch bei der vertraglichen Vorabfestlegung des Norminhalts verzichtet der Normgeber auf einen Ausschnitt des ihm gesetzlich übertragenen Spektrums möglicher Normgestaltungen und verfügt daher – partiell – über ihm zugewiesene Kompetenzen, indem er den privaten Vertragspartner mit einem Normsetzungs- oder Normenvertrag zwar nicht an dem Akt der Normsetzung – dem äußeren Normsetzungsverfahren – selbst beteiligt, wohl aber an dem auf diesen zuführenden inneren Normsetzungsverfahren, das den Inhalt der Norm prägt. Durch die Eingehung auf den Normsetzungsakt bezogener vertraglicher Bindungen ebenso wie durch die gemeinsame Normsetzung mindert der staatliche Normsetzer die ihm eingeräumten Kompetenzen durch die partielle Übertragung auf einen Privaten. Wo die staatliche Seite zuvor hätte alleine entscheiden können, muß sie sich nunmehr – in Grenzen – nach dem Inhalt der verabredeten Bindung richten. Durch diese Übertragung eines Ausschnitts der ehemals ursprünglich dem staatlichen Normsetzer zustehenden Kompetenz wandelt sich diese nicht zu einem Element grundrechtlicher Freiheit. Jedwede Ausübung bindender Mitspracherechte in dem Vorgang der Normsetzung ist damit Kompetenzausübung durch Private.

Dabei bindet sich der Normgeber durch den Vertragsschluß nicht nur hinsichtlich der aktuellen Ausübung seines Normsetzungsermessens, sondern be-

---

[137] Dessen Vorbildwirkung war für die Kommission leitend: *Bundesministerium für Umwelt, Naturschutz und Reaktorsicherheit*, Umweltgesetzbuch (Entwurf der Sachverständigenkommission), S. 501.

gibt sich zusätzlich seiner Befugnis zur jederzeitigen Abänderung der Norm. Auch im Bereich des untergesetzlichen Normsetzungsvertrags kann sich daher ein Spannungsverhältnis zwischen der vertraglichen Verpflichtung des öffentlichen Rechtssubjekts und der Ausübung seiner Rechtsetzungskompetenz ergeben. Im gleichen Maße wie für den parlamentarischen Gesetzgeber gilt auch für alle untergesetzlichen Normsetzer, daß die von diesen gesetzte Norm stets der »Realitätsprüfung« und ggfs. der Anpassung an geänderte Verhältnisse oder gemeinwohlrelevante Erfordernisse durch den Normsetzer bedarf.

Probleme bereiten insoweit beispielsweise konsensuale Regelungen des Vertragsnaturschutzes, wenn die Landschaftsbehörde im Nachhinein und während der Laufzeit des Vertrags eine einseitige Regelung erlassen möchte. Hier wurde vorgeschlagen, daß die Rechtsverordnung ohne weiteres ergehen darf und daß die konfligierenden Verträge auf der Grundlage des § 60 VwVfG bzw. nach Unmöglichkeitsrecht (§ 62 Satz 2 VwVfG i.V.m. §§ 275 ff. BGB) aufzuheben seien, wobei Entschädigungs- oder Schadensersatzansprüche des privaten Vertragspartners entstehen[138]. Zwar wird also – in Anlehnung an die dualistische Trennung von Vertragsbindung und Normsetzungskompetenz – keine Verfügung über die Normsetzungsbefugnis, sondern nur eine bipolare Verpflichtung gegenüber dem privaten Vertragspartner angenommen, doch hätte der Normsetzer auch angesichts einer solchen Bindung die Möglichkeit, durch Kündigung des normbezogenen Vertrags seine Gestaltungsbefugnisse wieder ungeschmälert zurück zu erlangen.

c) Wiedererlangung der freien Normsetzungsbefugnis nach § 60 VwVfG

Da das Verwaltungsverfahrensgesetz auf den Normsetzungsvertrag anwendbar ist, besteht für die Verwaltung die Möglichkeit, sich nach § 60 VwVfG aus ihren vertraglichen Bindungen zu lösen und anschließend einen abweichenden Normsetzungsakt zu erlassen. Diese Vorschrift zielt auf die Geschäftsgrundlage des Vertrags. Eine in diesem Sinne wesentliche Veränderung der Verhältnisse ist dann anzunehmen, wenn nachträgliche Veränderungen der Verhältnisse eingetreten sind, mit denen die Vertragspartner nicht gerechnet haben und die für beide Vertragspartner – oder für einen von ihnen mit Kenntnis und Billigung des anderen – so erheblich sind, daß bei ihrer Kenntnis der Vertrag nicht mit demselben Inhalt geschlossen worden wäre[139]. Grundsätzlich können auch Rechtsänderungen eine solche Änderung der Verhältnisse darstellen[140].

Allerdings ist auch im Zusammenhang mit der Kündigung eines Normsetzungsvertrags zwischen der Wirksamkeit des Vertrag und der vertragswidrigen Rechtsnorm zu differenzieren. Nur für die Beurteilung des Vertrags ist § 60

---
[138] *V. Schlette*, Die Verwaltung als Vertragspartner, S. 210 (Fn. 252).
[139] BVerwGE 25, 299 (303); 87, 77 (79 f.); *H.J. Bonk*, in: P. Stelkens/ders./M. Sachs, Verwaltungsverfahrensgesetz, § 60 Rn. 17; *H.-G. Henneke*, in: H.J. Knack, Verwaltungsverfahrensgesetz, § 60 Rn. 4; *F. Kopp/U. Ramsauer*, Verwaltungsverfahrensgesetz, § 60 Rn. 8.
[140] BVerwG NJW 1974, S. 2247 ff. (2248); *H.J. Bonk*, in: P. Stelkens/ders./M. Sachs, Verwaltungsverfahrensgesetz, § 60 Rn. 9; *H. Meyer*, in: ders./H. Borgs-Maciejewski, Verwaltungsverfahrensgesetz, § 60 Rn. 5 ff.; *F. Kopp/U. Ramsauer*, Verwaltungsverfahrensgesetz, § 60 Rn. 9.

VwVfG maßgeblich[141]. Sind das normsetzende und das vertragsschließende Rechtssubjekt identisch, kann man in dem von dem Vertrag abweichenden Normsetzungsakt eine konkludente Anpassungsforderung bzw. Kündigungserklärung sehen, die wegen der in einem Rechtsetzungsverfahren einzuhaltenden Formvorschriften dem Formerfordernis des § 60 Abs. 2 VwVfG genügt. Die Beibehaltung einer vereinbarten Norm stellt aber nicht bloß eine Geschäftsgrundlage des Normsetzungsvertrags dar, sondern bildet den zentralen Vertragsgegenstand. Dies gilt nicht nur für den unechten, sondern auch für den echten Normsetzungsvertrag, da dieser sinnlos wäre, wenn sich die aus ihm fließenden Rechtspflichten in der einmaligen Änderung der Rechtslage erschöpften und es dem öffentlichen Vertragspartner nicht als gleichsam »fortwirkende« Pflicht aus dem Vertrag obliegen würde, die vertragsgemäß hergestellte Rechtslage auch beizubehalten. Die vertragswidrige Änderung des Rechtszustandes berührt damit die vertragliche Hauptpflicht des staatlichen Vertragspartners, von der er sich nur nach § 60 Abs. 1 Satz 2 VwVfG lösen kann. Liegen dessen Voraussetzungen nicht vor, treten die Rechtsfolgen der Unmöglichkeit bzw. der Haftung aus positiver Forderungsverletzung ein[142] – soweit man nicht eine Bindung der Normsetzungsbefugnis annimmt, die zur Unwirksamkeit der lex posterior führt.

Soweit der Gesetzgeber den untergesetzlichen Normsetzer zu einer vertraglichen Form der Rechtsetzung bzw. ihrer Bindung ermächtigt bzw. verpflichtet – etwa in dem die Rechtsetzung nur durch Vereinbarung zulässig ist –, zum einen ist die Normsetzungsbefugnis von vornherein nur bedingt bzw. modifiziert übertragen. Zum anderen kann der Gesetzgeber, da ihn weder ein untergesetzlicher Normen- noch ein Normsetzungsvertrag bindet, die kontrahierte untergesetzliche Norm jederzeit durch einen Akt der parlamentarischen Gesetzgebung aufheben und auf diese Weise jedweden Schaden für das Gemeinwohl abwenden. Aus dem Abschluß des untergesetzlichen Normen- oder Normsetzungsvertrags kann insoweit auch kein u.U. die Rechtslage konservierender Vertrauensschutztatbestand zugunsten des privaten Vertragspartners abgeleitet werden, der der Aufhebung der Norm entgegenstünde, da das Parlament keinen entsprechenden, Vertrauensschutz begründenden Tatbestand gesetzt hat.

2. Das Verbot der Bindung fremder Kompetenzen

Erste und von allen weiteren Erwägungen unabhängige Bedingung für die Zulässigkeit einer solchen, im Abschluß eines normbezogenen Vertrags liegenden Kompetenzbindung oder -übertragung ist, daß auch hier die Verfügung über die entsprechenden Kompetenzen nur durch ihre Inhaber möglich ist. Normsetzungsverträge können nur von der Stelle geschlossen werden, die für den Erlaß der

---
[141] Mißverständlich daher E. Gurlit, Verwaltungsvertrag und Gesetzgebung, S. 560, die die Frage stellt, ob »die Normsetzung entgegen der vertraglichen Vereinbarung überhaupt von § 60 I 1 VwVfG erfaßt wird«.
[142] E. Gurlit, Verwaltungsvertrag und Gesetzgebung, S. 568 ff.

IV. Gestaltungsfreiheit des Normgebers und vertragliche Bindung gegenüber Privaten 685

entsprechenden Norm zuständig ist, auf die sie sich beziehen[143]. Dies gilt auch (bzw. erst recht) für normabwendende Absprachen[144].

Hierin liegt eine gerade bei den Bauplanungsabreden kaum[145] beachtete Restriktion: Diese wurden in der Regel durch die kommunale Verwaltung unter höchstens informeller Beteiligung des Rats abgeschlossen. Wird aber eine Bauplanungsabrede zwischen der Gemeindeverwaltung und einem privaten Investor getroffen, so ist auch nur die Verwaltung, nicht aber die Gemeinde in toto und erst recht nicht die kommunale Vertretungskörperschaft gebunden. Man mag diese Feststellung mit Blick auf den Umstand bezweifeln, daß das zur Außenvertretung der Gemeinde befugte Organ – entweder der Hauptverwaltungsbeamte oder aber der Bürgermeister der eingleisigen Kommunalverfassung – für die gesamte Gemeinde auftritt und dabei auch den Rat mit verpflichtet. Indessen würde eine solche Sichtweise der gemeindeinternen Gewaltenteilung nicht gerecht und führte zu einer Kompetenzusurpation durch das Vertretungsorgan, die der Aufgabenverteilung zwischen diesem und dem Rat insbesondere mit Blick auf dessen Vorbehaltsaufgaben, zu denen auch der Erlaß von Satzungen gehört, zuwiderlaufen würde. Etwas anderes gilt nur für den Fall, daß der Rat an der Eingehung einer solchen vertraglichen Verpflichtung – etwa durch die Vertreter des Planungsausschusses bei den Verhandlungen oder durch einen Zustimmungsbeschluß des Plenums – beteiligt ist. In beiden Fällen geht der Rat zumindest eine Selbstbindung ein, die analog zu der o.a. parlamentarischen Selbstbindung nach den Regeln über den Vertrauensschutz zu behandeln ist.

Untergesetzliche Normen sind aus staatsorganisatorischer Perspektive nicht dem Bereich der Legislative, sondern dem der Exekutive zuzurechnen[146]; auf sie bezogene Verträge binden daher auch den parlamentarischen Gesetzgeber nicht. Dieser kann die Übertragung der Normsetzungsbefugnisse jederzeit durch Gesetz rückgängig machen und die kontrahierte Rechtsnorm aufheben[147] – soweit hierdurch im Bereich der Normsetzung aufgrund einer verfassungsrechtlich garantierten Satzungsautonomie nicht ein unzulässiger Eingriff in diese erfolgte. Durch den Vertragsschluß bleibt das parlamentarische Zugriffsrecht auf die kontrahierte Rechtsnorm unberührt. Der Vertrag bindet nur die an ihm beteiligten Parteien: den nicht-parlamentarischen Normsetzer (u.U. sogar nur dessen Vertretungsorgan) sowie den privaten Vertragspartner. Eine Drittwirkung der vertraglichen Bindung gegenüber dem Parlament kommt nicht in Betracht, da es sich hierbei nur um eine Fremdbindung handeln könnte, zu der aber keiner der Vertragspartner ermächtigt ist. Daher kann der Vertrag das legislative Zugriffsrecht des Parlaments nicht binden und dessen Vorrangstellung nicht beeinträch-

---

[143] *M. Kloepfer/T. Elsner*, DVBl. 1996, S. 964 ff. (969).
[144] *W. Brohm*, DÖV 1992, S. 1025 ff. (1029 f.); *U. Dempfle*, Normvertretende Absprachen, S. 129 ff.; *J. Oebbecke*, DVBl. 1986, S. 793 ff. (795 f.); *M. Schmidt-Preuß*, VVDStRL Bd. 56 (1997), S. 160 ff. (218 f.).
[145] Angedeutet aber bei *W. Brohm*, DÖV 1992, S. 1025 ff. (1029).
[146] *T. v. Danwitz*, Die Gestaltungsfreiheit des Verordnungsgebers, S. 20.
[147] Siehe nur *H. Bauer*, in: H. Dreier, Grundgesetz Bd. II, Art. 80 Rn. 39; *M. Brenner*, in: H. v. Mangoldt/F. Klein/C. Starck, Grundgesetz Bd. 3, Art. 80 Rn. 25, 69; *T. Maunz*, in: ders./G. Dürig u.a., Grundgesetz, Art. 80 Rn. 53; *M. Nierhaus*, in: Bonner Kommentar zum Grundgesetz (1998), Art. 80 Rn. 395; *F. Ossenbühl*, in: J. Isensee/P. Kirchhof, HdbStR Bd. III, § 64 Rn. 70; *D. Wilke*, AöR Bd. 98 (1973), S. 196 ff. (235 m.w.N. in Fn. 324).

tigen[148]. Dies ergibt sich aus dem »Ableitungszusammenhang« von parlamentarischer und übertragener Normsetzung[149], soweit diese auf parlamentsgesetzlicher Ermächtigung beruht. Das Parlament bleibt frei darin, die Ermächtigungsgrundlage für den Normerlaß zurückzuziehen.

Geht man davon aus, daß Ermächtigungen zum Erlaß von Rechtsverordnungen, soweit der Verzicht auf den Erlaß einer solchen Rechtsnorm kontrahiert werden soll, einen weiten Spielraum lassen, könnte man erwägen, auf dieser Basis die Unbedenklichkeit unechter Normsetzungsverträge in dem Bereich der delegierten Rechtsetzungskompetenzen zu attestieren. Dennoch sollen auch solche Verträge aus Gründen der »demokratischen Entscheidungsprärogative« unzulässig sein, da auch die Verordnungsgebung an der politischen Führungsaufgabe und der Gesetzgebungsautonomie des ermächtigenden Parlaments partizipiert[150].

3. Zur Differenzierung zwischen Normsetzungs- und Normenvertrag

Ein Differenzierungsmerkmal bei der Untersuchung einzelaktsersetzender Verwaltungsverträge ist, ob diese einen Verwaltungsakt ersetzen (dann kann man ihn in Analogie zu der zivilrechtlichen Begrifflichkeit als Verfügungsvertrag bezeichnen) oder ihn nur im Sinne einer Vorabbindung der Verwaltung vorbereiten sollen (dann: Verpflichtungsvertrag)[151].

Wo schon die Vorbereitung einer Regelung durch Verwaltungsakt mittels Vertrags ausgeschlossen ist, gilt dies natürlich erst recht für deren Ersetzung. Umgekehrt läßt sich eine ähnliche Feststellung aber kaum treffen. Wo der Verwaltungsakt selbst nicht durch einen Verwaltungsvertrag ersetzt werden kann, ist zumindest konstruktiv denkbar, daß seine Vorbereitung durch Verwaltungsvertrag möglich ist, indem eine zwischen Behörde und Betroffenem ausgehandelte Lösung dann von jener nur noch aus formalen Gründen in einen nachgängigen Verwaltungsakt übernommen wird.

Diese Differenzierung hat in den §§ 54 ff. VwVfG keinen ausdrücklichen Niederschlag gefunden, wird dem öffentlich-rechtlichen Vertragsrecht aber dennoch nach einhelliger Ansicht zugrundegelegt[152]. Im vorliegenden Zusammenhang stellt sich die Frage, ob eine Differenzierung zwischen Verpflichtungs- und Verfügungsvertrag einen über das Analytische hinausreichenden Wert hat.

---

[148] *U. Di Fabio*, DVBl. 1990, S. 338 (344); *E. Gurlit*, Verwaltungsvertrag und Gesetzgebung, S. 317; a.A. *M. Gellermann/A. Middeke*, NuR 1991, S. 457 ff. (464); *M. Schmidt-Preuß*, VVDStRL Bd. 56 (1997), S. 160 ff. (218 (Fn. 219)); *R. Stettner*, AöR Bd. 102 (1977), S. 544 ff. (562 ff.).

[149] So *M. Gellermann/A. Middeke*, NuR 1991, S. 457 ff. (464); *M. Schmidt-Preuß*, VVDStRL Bd. 56 (1997), S. 160 ff. (218).

[150] *M. Schmidt-Preuß*, VVDStRL Bd. 56 (1997), S. 160 ff. (218 (Fn. 219)).

[151] Zu der Unterscheidung *V. Schlette*, Die Verwaltung als Vertragspartner, S. 23 ff.

[152] *J. Fluck*, Die Erfüllung des öffentlich-rechtlichen Verpflichtungsvertrages durch Verwaltungsakt, S. 13, 16 ff. 30 ff.; s.a. *W. Beyer*, Der öffentlich-rechtliche Vertrag, einfaches Handeln der Behörden und Selbstverpflichtungen Privater als Instrumente des Umweltschutzes, S. 14 ff.; *H.J. Bonk*, in: P. Stelkens/ders./M. Sachs, Verwaltungsverfahrensgesetz, § 54 Rn. 115 ff.; *H. Meyer*, in: ders./H. Borgs-Maciejewski, Verwaltungsverfahrensgesetz, § 54 Rn. 52 ff.; *C. Schimpf*, Der verwaltungsrechtliche Vertrag unter besonderer Berücksichtigung seiner Rechtswidrigkeit, S. 74 ff.; *V. Schlette*, Die Verwaltung als Vertragspartner, S. 23 ff.

Man könnte versucht sein, den Normsetzungsvertrag als Verpflichtungs-, den Normenvertrag als Verfügungsvertrag einzuordnen. Eine solche Unterscheidung würde allerdings von dem eigentlich relevanten Problem ablenken: Soweit der Begriff des Verpflichtungsvertrags eine dualistische Trennung von Vertragsbindung und Normsetzungsbefugnis impliziert, eine vertragswidrige Normsetzung erlaubt und auf diese Weise zwischen dem Innenverhältnis der Vertragspartner und dem Außenverhältnis zwischen Normsetzer und Normadressaten differenziert, haben die Überlegungen zum Gesetzgebungsvertrag ergeben, daß diese Differenzierung nicht haltbar ist. Im Bereich des einzelaktersetzenden Vertrags dient die Differenzierung der Ermöglichung eines gestuften Verwaltungsverfahrens[153], nicht aber als Vehikel zur Differenzierung zwischen nur relativer Bindung gegenüber dem Vertragspartner und absoluter Normsetzungsbefugnis. Soweit staatlichen Akteuren überhaupt eine Befugnis zur Bindung ihrer Normsetzungsbefugnisse eingeräumt wird, »verfügen« sie durch einen Normsetzungs- ebenso wie durch einen Normenvertrag über diese Befugnisse in dem Sinne, daß eine vertragswidrige Normsetzung nicht zulässig ist, da die zivilrechtliche Spaltung von Innen- und Außenverhältnis, Verpflichtungs- und Verfügungsgeschäft im öffentlichen Recht keine Entsprechung findet. Soweit also verfassungsrechtlicher Raum für vertragliche Bindungen der untergesetzlichen Normsetzung besteht, mag ein Unterschied zwischen Normsetzungs- und Normenvertrag durchaus hinsichtlich des erforderlichen Gesetzesvorbehalts bestehen. Demgegenüber spielt es nach der hier vertretenen Ansicht für die Beständigkeit der – zulässigen (!) – vertraglichen Bindung und deren Durchsetzbarkeit gegenüber der Normsetzungsautorität keine Rolle, ob die vertragliche Bindung mit dem Akt der Normsetzung zusammenfällt oder ob sie diesen nur vorbereitet.

4. Vertragsschlußbefugnis und die Begrenzung der Adressaten für die Übertragung von Normsetzungsbefugnissen

Daß die hauptsächlich auf Bebauungspläne bezogene Argumentation, anhand derer die Zulässigkeit von normbezogenen Verträgen weitgehend abgelehnt wird, hinsichtlich der untergesetzlichen Normsetzung im allgemeinen nicht greift, wurde bereits dargelegt[154]. Wollte man indes im Gegenschluß eine in normbezogenen Verträgen liegende Kompetenzbindung unbegrenzt zulassen und damit gleichsam eine weitgehende Verfügbarkeit der dem Normsetzungsermessen innewohnenden Gestaltungskompetenz des verfügenden Normsetzers annehmen, so unterliefe dies die verfassungsrechtliche Begrenzung potentieller Inhaber von Normsetzungsbefugnissen. Mit der dargelegten Begrenzung auf die in Art. 80 Abs. 1 Satz 1 und 4 GG genannten Delegatare sowie die autonomiefä-

---

[153] *J. Fluck*, Die Erfüllung des öffentlich-rechtlichen Verpflichtungsvertrages durch Verwaltungsakt, S. 28 ff.
[154] Siehe S. 678 ff.

higen Selbstverwaltungskörperschaften legt der Gesetzgeber die entsprechende Normsetzung in die Hand von hierfür von Verfassungs wegen aufgrund ihrer demokratischen Legitimation oder ihrer Sachnähe und interner Struktur besonders legitimierten Akteuren. Die Grenzen dieser Aussage sollen je nach Geltungsgrund der Norm getrennt bestimmt werden.

a) Delegierte Rechtsetzungsbefugnisse

Art. 80 GG beschränkt den Kreis der Ermächtigungsadressaten abschließend auf die Bundesregierung, einen Bundesminister oder die Landesregierungen. Der Sinn dieser Begrenzung liegt darin, daß der demokratische Legitimationszusammenhang und das hierfür erforderliche Legitimationsniveau[155] bei dem Erlaß von Rechtsnormen gewahrt bleibt, weswegen sich der Strang demokratischer Legitimation des Normsetzers nicht allzu sehr verdünnen darf. Wenn aber schon eine enge Begrenzung von Rechtssubjekten stattfindet, die über eine – wenn auch nur vermittelte – demokratische Legitimation verfügen, so spricht dies gegen eine bindende Beteiligung nicht-demokratisch legitimierter Rechtssubjekte an der Normsetzung. Für den Bereich der delegierten Rechtsetzungsbefugnisse folgt aus der Begrenzung potentieller Normsetzer das Desiderat des Erhalts verordnungsgeberischer Entscheidungsbefugnisse und der damit einhergehenden Verantwortung des Verordnungsgebers als maßgebliches Kriterium für die Abgrenzung von zulässigem Einfluß auf den Verordnungsgeber einerseits und unzulässiger Kompetenzverlagerung andererseits[156]. Die staatliche Letztverantwortung – genauer: die Letztverantwortung des verfassungsrechtlich zulässigerweise ermächtigten Erst- oder Subdelegatars – für Erlaß und Inhalt einer Verordnung darf nicht durch eine rechtlich für den Normsetzer verbindliche Beteiligung kondominialer Gremien oder gar vollumfänglich außerstaatlicher Akteure erodiert werden[157]. Entscheidend ist daher nicht die Etablierung eines Verhandlungs- oder Vertragsschlußmechanismus, sondern die Frage, *wer* an einem solchen Mechanismus beteiligt wird.

Nur im ersten Zugriff problematisch sind solche Fälle, in denen der Gesetzgeber einen Akt kooperativer Rechtsetzung von Normsetzungsbefugten anordnet (etwa durch das Erfordernis einer Normsetzung durch Vereinbarung oder durch einen Zustimmungsvorbehalt), soweit beide Akteure gleichermaßen von Verfassungs wegen ausschließliche Delegatare der Normsetzungsbefugnisse hätten sein können. Im Rahmen von Art. 80 Abs. 1 GG spricht daher nichts dagegen, eine Verordnungsermächtigung derart auszugestalten, daß sie nur von zwei der in die-

---

[155] Siehe S. 354 ff., 364 ff.
[156] Siehe BVerfGE 10, 221 (227); 28, 36 (44 f.); BVerwGE 31, 359 (366 f.); *K.-A. Bettermann*, Legislative ohne Posttarifhoheit, S. 3; *T. v. Danwitz*, Die Gestaltungsfreiheit des Verordnungsgebers, S. 109 f.
[157] BVerfGE 28, 66 (82 ff.); 93, 37 (69 ff., v.a. 74); *K.-A. Bettermann*, Legislative ohne Posttarifhoheit, S. 2 ff.; *T. v. Danwitz*, Die Gestaltungsfreiheit des Verordnungsgebers, S. 123 f.

IV. Gestaltungsfreiheit des Normgebers und vertragliche Bindung gegenüber Privaten

ser Vorschrift genannten Adressaten gemeinsam ausgeübt werden kann[158]. Bindende Mitwirkungsrechte von nach Art. 80 Abs. 1 Satz 1 GG zulässigen Delegataren sind daher – vorbehaltlich bundesstaatlicher Implikationen[159] – verfassungsrechtlich ebenso wenig problematisch wie im Rahmen von Art. 80 Abs. 1 Satz 4 GG: Der Verordnungsgeber kann durchaus mehrere Subdelegatare zu einer Rechtsetzung (nur) durch Vereinbarung ermächtigen oder aber die Rechtsetzung des einen Subdelegatars an die Zustimmung des anderen zulässigen Subdelegatars knüpfen. Indes können diese durchaus im Rahmen der Delegationsgewalt des Gesetzgebers liegenden Möglichkeiten zur Etablierung kooperativer Rechtsetzungsverfahren nicht den Kreis der potentiellen Delegatare erweitern. Private, die weder als Delegatare noch als Subdelegatare in Betracht kommen, können auf diese Weise auch durch den Gesetzgeber nicht in den Vorgang der untergesetzlichen Normsetzung eingebunden werden.

Die in Art. 80 Abs. 1 GG zum Ausdruck gebrachte Exklusivität der Adressaten von delegierten Normsetzungsbefugnissen bedingt, daß andere Akteure an diesen prinzipiell nicht teilhaben dürfen. Benennt die Verfassung die Rechtssubjekte, auf die eine Normsetzungsbefugnis delegiert werden kann, so bedeutet das zugleich, daß nur diesen allein die entsprechenden Befugnisse übertragen werden können. Die ausdrückliche und abschließende verfassungsrechtliche Enumerierung möglicher Delegatare schließt implizit alle anderen Rechtssubjekte als Normgeber aus, da insoweit eine Teilung der Normsetzungskompetenz die Kompetenz der verfassungsrechtlich vorgesehenen Normgeber schmälern würde. Wollte man weiteren Akteuren, insbesondere Privaten, bindende Einflußmöglichkeiten auf die untergesetzliche Normsetzung einräumen, würden die die Gemeinwohlverträglichkeit dieser Normsetzung sichernden Legitimationszusammenhänge – regelmäßig persönliche demokratische Legitimation des Delegatars – durch die Zulassung fremder und diesen Legitimationszusammenhängen entrückter Rechtsetzer relativiert. Die verfassungsrechtliche Begrenzung der potentiellen außerparlamentarischen Inhaber von Normsetzungsbefugnissen steht daher jedenfalls grundsätzlich einer Erweiterung dieses Kreises von Normsetzern entgegen. Der Sinn dieser verfassungsrechtlichen Beschränkung wird auch dadurch ausgehöhlt, daß dem Normsetzungsbefugten lediglich die Funktion verbleibt, die Norm nach außen zu verkünden, wobei seine interne Bindung so intensiv ist, daß die seiner Normsetzungsbefugnis inhärente Gestaltungsfreiheit nicht mehr besteht[160]. Eine verfassungswidrige Erweiterung des in Art. 80 Abs. 1 Satz 1 GG genannten Kreises von potentiellen Erstdelegataren läge somit

---

[158] Siehe BVerfGE 28, 66 (84); *D. Wilke*, in: H. v. Mangoldt/F. Klein, Grundgesetz Bd. III (2. Aufl.), Art. 80 Anm. V 5 b; *ders.*, AöR Bd. 98 (1973), S. 196 ff. (229).

[159] Soweit der Gesetzgeber z.B. Einvernehmens- oder Verhandlungserfordernisse zwischen Verordnungsgebern auf der Bundes- mit solchen der Landesebene festlegt, beschwört dies die Gefahr der unzulässigen Mischverwaltung herauf; zu dieser: *P. Lerche*, in: T. Maunz/G. Dürig u.a., Grundgesetz, Art. 83 Rn. 85.

[160] So für die Verordnung: *T. v. Danwitz*, Die Gestaltungsfreiheit des Verordnungsgebers, S. 108.

nicht nur dann vor, wenn die Normsetzungsbefugnisse vollständig auf ein anderes, in Art. 80 Abs. 1 Satz 1 GG nicht genanntes, u.U. privates Rechtssubjekt übertragen würden, sondern auch, wenn entweder der Gesetzgeber einem anderen Rechtssubjekt rechtlich bindende Einflußrechte bei Normerlaß einräumen würde oder der Inhaber der delegierten Normsetzungsbefugnisse einem Privaten auf der Grundlage seiner Normsetzungsbefugnis bzw. dem dieser innewohnenden Gestaltungsermessen (als »minus«) ein solches Mitspracherecht einräumte. Zweck der Begrenzung potentieller Normsetzer ist die Sicherung der demokratischen Legitimation des delegierten Rechtsetzungsakts, die aber durch vertragliche Regelungen unterbrochen wird. Aus diesem Grunde müssen die in Art. 80 Abs. 1 Satz 1 GG genannten Erstdelegatare (bzw. die möglichen Subdelegatare) im Rahmen des delegierenden Gesetzes über Inhalt und Erlaß einer Verordnung allein und rechtlich frei entscheiden können. Die insoweit verfassungsrechtlich relevante Grenze verläuft zwischen der zulässigen einseitigen Beeinflussung des Normgebers durch andere, staatliche oder private Rechtssubjekte v.a. im Rahmen von Anhörungsverfahren einerseits und der unzulässigen Mitentscheidung anderer als der in dieser Vorschrift genannten Rechtssubjekte andererseits. Mitentscheidung in diesem Sinne umfaßt jede Form von rechtlich bindender Optionenverengung, die den Erstdelegatar einer ansonsten gegebenen Regelungsmöglichkeit beraubt (Zustimmungsvorbehalt, Vetorecht). Sofern der externen Äußerung keine rechtliche Bindungswirkung zukommt, bleibt der numerus clausus der Erstdelegatare gewahrt und ein Verstoß gegen Art. 80 Abs. 1 GG liegt insoweit nicht vor[161].

Die Befugnis zu delegierter Gesetzgebung ist an die Delegationsadressaten des Art. 80 Abs. 1 Satz 1 bzw. Satz 4 GG gebunden. Jede Einräumung von bindenden Mitentscheidungsrechten an nicht in dieser Vorschrift als Delegatare genannte Dritte – sei es aufgrund ausdrücklicher gesetzlicher Anordnung oder lediglich auf der Grundlage der Normsetzungsbefugnis – ist daher verfassungswidrig. Eine in dem Vertragsschluß liegende Beteiligung Dritter an der Rechtsnormsetzung wäre nur dann möglich, wenn der Inhaber der delegierten Rechtsetzungsbefugnisse – der Erstdelegatar – berechtigt wäre, seine Befugnisse ganz oder teilweise an seinen Vertragspartner weiterzureichen. Delegiert der Gesetzgeber Normsetzungsbefugnisse, so kann er dies aber nur im Rahmen und an die Adressaten, die in Art. 80 Abs. 1 Satz 1 GG als Erstdelegatare aufgeführt sind. Zwar ermöglicht die Verfassung eine Subdelegation der delegierten Normsetzungsbefugnisse durch den Erstdelegatar auf einen Subdelegatar. Diese Subdelegation kann indes nur an ihrerseits personell-demokratisch legitimierte Rechtssubjekte erfolgen, so daß eine auch partielle Subdelegation dieser Normsetzungsbefugnis auf Private verfassungsrechtlich nicht zulässig ist.

Damit sind weder ein Normen- noch ein Normsetzungsvertrag zwischen Erstdelegatar (oder Subdelegatar) und einem privaten Vertragspartner zulässig, weil mit diesen einem

---

[161] S.a. *M. Nierhaus*, in: Bonner Kommentar zum Grundgesetz (1998), Art. 80 Rn. 215.

IV. Gestaltungsfreiheit des Normgebers und vertragliche Bindung gegenüber Privaten   691

nicht als Delegatar tauglichen Akteur Rechtsetzungskompetenzen ganz oder partiell überlassen würden.

Als Fazit ist somit festzuhalten, daß der Gesetzgeber aufgrund von Art. 80 Abs. 1 GG nicht befugt ist, Normsetzungsbefugnisse ganz oder teilweise an Private zu delegieren. Private Partizipation an delegierter Normsetzung ist zudem nur in nicht rechtlich bindender Weise und nur im Verlauf des Normsetzungsverfahrens – etwa im Rahmen einer Anhörung –, nicht aber bei der eigentlichen Entscheidung über Erlaß und Inhalt der Norm zulässig[162].

Anders als im Zusammenhang mit der parlamentarischen Gesetzgebungsinitiative hilft bei der untergesetzlichen Normsetzung mit Blick auf deren mögliche vertragliche Bindung gegenüber Privaten eine Differenzierung zwischen innerem und äußerem Normsetzungsverfahren nicht weiter. Diese diente im Zusammenhang mit der parlamentarischen Gesetzgebung dazu, den Unterschied zwischen dem verfassungsrechtlich vor dem Hintergrund der Verschränkung von Staats- und Volkswillensbildungsprozeß bewußt für die Intervention soziologischer Legislativkräfte offen gehaltenen Prozeß politischer Entscheidungsfindung und dem formalen, verfassungsrechtlich geregelten Gesetzgebungsverfahren zu markieren. Durch die Annahme einer Möglichkeit rechtlicher Bindung im inneren, nicht aber im äußeren Gesetzgebungsverfahren konnte ein Ausgleich zwischen dem steuerungstheoretischen Erfordernis privater Erwartungsstabilisierung und der Integrität der grundgesetzlichen Kompetenzordnung gefunden werden. Während die Verfassung das Verfahren der parlamentarischen Gesetzgebung ausdrücklich offen läßt und auf diese Weise ermöglicht, daß die Differenzierung zwischen innerem und äußerem Normsetzungsverfahren, zwischen politischem und verfassungsrechtlich geprägtem Prozeß zum Anhaltspunkt für die Zulässigkeit vertraglicher Bindungen gewählt werden kann, liegen die Verhältnisse im Zusammenhang mit der untergesetzlichen Normsetzung anders. Hier macht die Verfassung rigidere Vorgaben hinsichtlich der an der Normsetzung zu Beteiligenden, um das Parlament daran zu hindern, daß es sich seiner Rechtsetzungsbefugnisse ungehemmt entäußert. Anders als im parlamentarischen Verfahren spricht die hier verfassungsrechtlich vorgenommene Beschränkung der Adressaten von Normsetzungsbefugnissen gegen und nicht für die Existenz bewußt offen gehaltener Freiräume für eine institutionelle Verschränkung von Staats- und Volkswillensbildungsprozeß.

Auch eine vertragliche Bindung durch den gesteuerten Einsatz von Vertrauensschutz kann im Zusammenhang mit der untergesetzlichen Normsetzung nicht entfaltet werden: Das Parlament müßte sich einen durch den Setzer der untergesetzlichen Rechtsnorm mit der Vertragszusage verursachten Vertrauenstatbestand nicht zurechnen lassen, da das Vertrauensschutzprinzip nicht die Kompetenzordnung des Grundgesetzes durchbrechen kann[163].

---

[162] So *A. v. Bogdandy*, Gubernative Rechtsetzung, S. 393.
[163] So *L. Michael*, Rechtsetzende Gewalt im kooperierenden Verfassungsstaat, S. 473, unter Hinweis auf BVerfGE 97, 67 (83), wo es unter Bezug auf Ankündigungen der Regierung zur Steuerpolitik heißt: »Diese Vorhaben können aber nur vom Parlament im Rahmen seiner Gesetzge-

Die untergesetzliche Rechtsnorm könnte daher aufgrund parlamentarischer Intervention jederzeit aufgehoben werden, so daß ein berechtigter Vertrauensschutz des privaten Vertragspartners sich auch gegenüber seinem exekutiven Vertragspartner nicht entfalten kann.

Entsprechende Ermächtigungsnormen aus dem Bereich der parlamentarischen Gesetzgebung verstoßen damit gegen Art. 80 Abs. 1 GG und sind nichtig. Soweit die Inhaber delegierter Rechtsetzungsbefugnis ungeachtet dessen ihre Normsetzungsbefugnis zum Anlaß für den Abschluß eines normbezogenen Vertrags nehmen, wäre ein entsprechender Normsetzungsvertrag mangels Abschlußkompetenz der Verwaltung rechtswidrig. Insoweit ist Art. 80 Abs. 1 GG ein Vertragsverbot zu entnehmen. Die auf der Grundlage dieses Vertrags erlassene untergesetzliche Norm litte hingegen an keinem Verfahrensfehler und wäre daher prinzipiell gültig[164]. Die Annahme eines Verfahrensfehlers würde voraussetzen, was bereits abgelehnt wurde[165]: daß der Abschluß des normbezogenen Vertrags Bestandteil des Normsetzungsverfahrens ist. Die Verordnung könnte aber – mangels entsprechender vertraglicher Verpflichtung zur Beibehaltung – jederzeit geändert oder aufgehoben werden.

b) Autonome Rechtsetzungsbefugnisse

Im Bereich der autonomen Rechtsetzungsbefugnisse könnte die verfassungsrechtliche Lage eine grundlegend andere sein. Deren Einräumung wird mit der Realisierung von Selbstverwaltung legitimiert und ist zugleich auf deren objektiven und subjektiven Gegenstand beschränkt. Zwar kann die staatlich eingeräumte Autonomie nicht mit der grundrechtlich fundierten Privatautonomie des Individuums gleichgesetzt werden, die ohne weiteres eine Berechtigung zum Abschluß von Verträgen umfaßt und daher entsprechende Selbstbindung erlaubt. Daß aber dem Normsetzer im Bereich autonomer Rechtsetzung ein größeres Maß an Gestaltungsmöglichkeiten zur Verfügung stehen kann als in dem Bereich der delegierten Gesetzgebung, wird daran deutlich, daß schon das Grundgesetz diesen Bereich durch verfassungsrechtliche Anforderungen an das ermächtigende Gesetz stärker einengt als den Bereich der autonomen Rechtsetzung (siehe nur Art. 80 Abs. 1 GG: »Inhalt, Zweck und Ausmaß«). Es handelt sich anders als bei delegierter Gesetzgebung nicht um die Ausübung von gleichsam »treuhänderisch« auszuübenden Kompetenzen des staatlichen Gesetzgebers durch den Ver-

---

bungskompetenz verwirklicht werden; die Bundesregierung kann dem Parlament mit ihrem Initiativrecht (Art. 76 Abs. 1 GG) einen Gegenstand vorgeben, Parlamentsbeschlüsse jedoch nicht – auch nicht hinsichtlich eines Zeitpunktes – vorherbestimmen und deshalb auch nicht vorankündigen.«.

[164] Zu dieser Rechtsfolge *T. v. Danwitz*, Die Gestaltungsfreiheit des Verordnungsgebers, S. 158 ff. BVerfGE 91, 148 (175f.) fordert, daß ein Verfahrensfehler evident sein muß, damit er die Nichtigkeit der Rechtsverordnung zur Folge hat; s.a. BVerwGE 59, 48 (50).

[165] Siehe S. 653 ff. BVerwGE 59, 48 (50) hatte sogar abgelehnt, eine § 94 BBG entsprechende Beteiligungsvorschrift als Bestandteil des Rechtsetzungsverfahrens einzuordnen, so daß ein Verstoß gegen die aus dieser Vorschrift resultierende Anhörungspflicht die Frage eines fehlerhaften Verordnungsverfahrens gar nicht erst auslösen konnte.

ordnungsgeber als nachgeordneter Stelle der Verwaltungsorganisation, sondern um die Wahrnehmung eigener Kompetenzen des Autonomieträgers[166]. Diese Wahrnehmung steht unter der Bedingung ihrer rechtsstaatlich adäquaten Ausübung, da sie in den Formen und mit den Mitteln staatlicher Gewalt – mit Normsetzungsbefugnissen – erfolgt. Indes stellt sich die Frage, ob hier angesichts dieser Andersartigkeit von Satzungsautonomie und delegierter Rechtsetzungskompetenz das Dogma der Unverfügbarkeit von Kompetenzen mit der gleichen Stringenz durchgehalten werden muß, wie in anderen Bereichen der Staats- und Verwaltungsorganisation. Betrachtet man die vertragliche Bindung als partielle Übertragung von Kompetenzen auf den privaten Vertragspartner, so läßt dies zumindest die Erwägung legitim erscheinen, daß in dem Bereich autonomer Gesetzgebung gegen eine solche Bindung deutlich geringere Bedenken zu erheben sein könnten, als im Bereich delegierter Gesetzgebung.

Der Bereich autonomer Gesetzgebung in der kommunalen oder funktionalen Selbstverwaltung ist anders als der Bereich der delegierten Normsetzungsbefugnisse durch einen zweifachen Legitimationszusammenhang geprägt. Die demokratische Legitimation »von oben« wird durch das die Autonomie verleihende Gesetz sowie die korrespondierende Rechtsaufsicht gewährleistet. Ein gegenläufiger Legitimationsstrang entstammt dem Wahlakt des Verbandsvolks. Dieses Zusammenwirken der beiden verschiedenen Legitimationskonzepte führt zu einer additiven Legitimation des autonomen Rechtsetzungsakts, der sich freilich – zumindest bei Akten der funktionalen Selbstverwaltung – auch nur auf die Verbandsangehörigen beziehen und nur ihnen Pflichten auferlegen darf.

Die Ausübung autonomer Normsetzungsbefugnisse unterliegt unmittelbarer Legitimation und Kontrolle durch die von der Normsetzung Betroffenen, die zudem die Verbandsorgane wählen und kontrollieren. Die Betroffenen haben über die Organe der Selbstverwaltungskörperschaft die Möglichkeit unmittelbar auf die Rechtsetzung Einfluß zu nehmen. Hierin liegt ein Gestaltungs- und Einflußpotential, das dem Adressaten von delegierter Rechtsetzung verschlossen bleiben muß, da die Einflußkanäle auf den Empfänger der Delegation – eine Behörde – über das Parlament und die Regierung vielfach vermittelt werden und sich entsprechend ausdünnen. Dies könnte dafür sprechen, daß sich normbezogene Verträge im Bereich der Satzungsautonomie weniger verfassungsrechtlichen Bedenken ausgesetzt sehen als im Bereich der Normsetzung aufgrund delegierter Befugnisse. Solche Verträge beeinflussen auch dort zwar als partielle Verfügung über die eingeräumte Normsetzungsbefugnis den Abwägungsprozeß des Normsetzers. Zum einen wird aber dieser Einflußverlust aufgrund der gegenüber der Verordnungsgebung unmittelbareren Kontrolle des Normsetzers durch die Normadressaten wieder ausgeglichen. Auf diese Weise ist die ausgewogene Berücksichtigung aller beteiligten Interessen sichergestellt. Zum anderen könnte die größere Verfügbarkeit der autonomen Normsetzungsbefugnisse durch Kompe-

---

[166] Siehe hierzu S. 441.

tenzbindung in deren Natur als zwar nicht originäre, doch aber »eigene Kompetenz« ihres Inhabers liegen.

Jede Selbstverwaltungskörperschaft bildet aber insoweit ein »geschlossenes System«, als in ihr ein notwendiger Zusammenhang zwischen verbandlicher Legitimation und der Selbstverwaltungsaufgabe besteht, so daß die vertragliche Einräumung von Mitspracherechten an Dritte der Selbstverwaltung ein Stück Fremdverwaltung anwachsen ließe.

Daher könnten auch nicht in dem fiktiven (und verfassungsrechtlich ohnehin höchst problematischen[167]) Fall, daß für ein und dieselbe Selbstverwaltungsaufgabe zwei funktional und territorial gleichermaßen zuständige und daher »konkurrierende« Selbstverwaltungskörperschaften geschaffen würden, diese zu einer gemeinsamen Normsetzung durch Vereinbarung ermächtigt bzw. verpflichtet werden. In diesem Falle würde zwar die Einräumung einer gemeinsamen Satzungsautonomie nicht an der fehlenden Interessenhomogenität der Beteiligten scheitern. Allerdings würde die Ausübung der Satzungsautonomie von der jeweiligen verbandsdemokratischen Legitimation abgelöst und zumindest partiell in die Hände eines andersartig legitimierten Dritten gegeben. Auf diese Weise würde der einzelne Angehörige der Selbstverwaltungskörperschaft einer Rechtsetzungsmacht ausgesetzt, die ihm gegenüber weder demokratisch noch verbandlich legitimiert ist.

Die für die Einrichtung *funktionaler Selbstverwaltung* und die Übertragung von Normsetzungskompetenzen auf deren Träger erforderliche Interessenhomogenität der Beteiligten begrenzt daher bereits den Kreis der potentiellen Vertragspartner eines normbezogenen Vertrags. Wenn die Übertragung von autonomen Rechtsetzungsbefugnissen zum einen das Vorliegen einer selbstverwaltungstauglichen Materie, zum anderen eine hinsichtlich ihrer Interessen homogene Gruppe von Angehörigen des Selbstverwaltungssubjekts erfordert, so begrenzt diese Umschreibung auch die möglichen Adressaten der übertragenen Rechtsetzungskompetenz. Wenn die Übertragung von Normsetzungsbefugnissen außerhalb von Art. 80 Abs. 1 GG nur an einen Adressaten zulässig ist, der aus hinsichtlich ihrer Interessen homogenen Rechtssubjekten besteht, so bedeutet der Abschluß eines Normenvertrags mit einem außerhalb dieser homogenen Interessengemeinschaft stehenden Rechtssubjekt eine partielle Weiterübertragung der Normsetzungskompetenzen auf nicht als Adressaten taugliche Empfänger. Gehört der Vertragspartner hingegen dem Kreis der in der Selbstverwaltung zusammengefaßten Interessenträger an, so bedeutete dessen Status als Vertragspartner eine Privilegierung dieser einen Person gegenüber den anderen Mitgliedern der Selbstverwaltungskörperschaft, denen nur der über die Gremienbestellung erfolgende Einflußpfad auf die Rechtsetzung der Körperschaft zukommt.

Dies macht deutlich, daß auch im Zusammenhang mit der Ausübung der Satzungsautonomie zwar nicht eine möglicherweise unzulässige Bindung des der Normsetzungsbefugnis immanenten Gestaltungsermessens, sondern vielmehr

---

[167] Zum Verbot der »Doppelverwaltung« in Form der Anstaltskonkurrenz vgl. inbes. VerfGH NW, DÖV 1980, S. 691 f.; OVG Münster DVBl. 1982, S. 504 f.; eingehend auch *K. Stern / M. Nierhaus*, Das Regionalprinzip im öffentlich-rechtlichen Sparkassenwesen, S. 40 ff. m.w.N.

auch hier die verfassungsrechtliche Begrenzung des Kreises möglicher Adressaten der Normsetzungsbefugnisse gegen die Zulässigkeit von normbezogenen Verträgen spricht.

c) Insbesondere: Die Legitimation des verhandelten Rechts in der Sozialversicherung

In den vorausgehenden Darlegungen ist die Normenvielfalt des Sozialversicherungsrechts – beschränkt durch Blickwinkel des Erkenntnisinteresses dieser Untersuchung – entfaltet worden[168]. Die Ausführungen haben gezeigt, daß der Bereich des Sozialversicherungsrechts – die Leistungsansprüche der Versicherten ebenso wie die Berufsausübung der Leistungserbringer – in weiten Teilen durch vereinbartes Recht gesteuert wird. Diese Steuerung findet innerhalb gesetzlich vorgegebener Rahmenbedingungen statt. Die Vorgaben des Gesetzes sind in den meisten Fällen aber so weit, daß ihre Anwendung ohne weitere konkretisierende Rechtsetzungsakte nicht möglich wäre. Sie bedürfen daher der ergänzenden, konkretisierenden Rechtsetzung, die wie gesehen in weiten Teilen den Sozialversicherungsträgern und den Verbänden der Leistungserbringer übertragen ist, welche sich entweder selbst oder mit Hilfe der von ihnen besetzten Gremien über den Inhalt der erforderlichen Rechtsnormen einigen. Die vorgefundenen vertraglichen Rechtsetzungsformen werfen erhebliche verfassungsrechtliche Probleme insbesondere hinsichtlich ihrer Legitimation auf, denen die sozialversicherungsrechtliche Literatur und Rechtsprechung in den letzten Jahren verstärkte Aufmerksamkeit gewidmet hat[169]. Rechtsetzung durch Vereinbarung bedarf in dem gleichen Maße der demokratischen Legitimation wie Rechtsetzung im allgemeinen, da die Ausübung von Staatsgewalt sich in ihrem Ergebnis – der einseitig zwingenden normativen Anordnung – manifestiert, dessen Charakter durch seinen konsensualen Entstehungsmodus nicht verändert wird. Das Grundgesetz kennt nur eine begrenzte Anzahl von Legitimationsgründen für die Rechtsetzung – in dem Bereich der untergesetzlichen, nicht-parlamentarischen Rechtsetzung sind dies v.a. die Delegation von Normsetzungsbefugnissen und die Verleihung von Autonomie[170].

Es stellt sich daher nicht die Frage, ob eine Rechtsetzung durch Vereinbarung eine unzulässige, weil verfassungsrechtlich nicht vorgesehene Rechtsetzungsform darstellt, da nicht Modus oder Form der Rechtsetzung, sondern allein deren Geltungsgrund über die verfassungsrechtliche Legitimation einer Rechtsnorm entscheidet. Die Rechtsetzung durch Vereinbarung ist ein Modus zur Rechtsetzung, der unter dem Zwang steht, daß sich die ausgehandelten Normen unter einen der genannten Legitimationsgründe subsumieren lassen müssen. Die Vielge-

---

[168] Siehe 598 ff.
[169] Insbesondere: BSGE 78, 70 (77); 81, 73 (82); *P. Axer*, Normsetzung in der Sozialversicherung; *A. Hänlein*, Rechtsquellen im Sozialversicherungsrecht.
[170] Zu den weiteren, vorliegend nicht relevanten Fällen der untergesetzlichen Normsetzung siehe nur *Ossenbühl*, NJW 1986, S. 2805 ff. (2806).

staltigkeit der untergesetzlichen Normsetzung im Sozialversicherungsrecht steht dabei einer vereinheitlichenden Betrachtung nicht von vornherein entgegen. Bei allen zu berücksichtigen Unterschieden zwischen den verschiedenen Zweigen der Sozialversicherung haben doch Organisationsstrukturen und Handlungsformen des Kassenarztrechts, das nunmehr unter dem Begriff des Vertragsarztrechts firmiert, in nahezu allen anderen Bereichen als Vorbild für deren strukturelle Entwicklung gedient. Die verschiedenen Normsetzer setzen sich stets aus den an dem Sozialversicherungsrechtsverhältnis Beteiligten, den Krankenkassen und den Leistungserbringern zusammen – sei es, daß deren Verbände einen gemeinsamen Normsetzer bilden, sei es, daß diese den Inhalt einer Norm unmittelbar miteinander aushandeln. Doch nicht allein die Möglichkeit öffentlich-rechtlicher Verbände, mit ihrem antagonistischem Gegenüber Normenverträge mit Wirkung für die jeweiligen Verbandsmitglieder zu vereinbaren, sondern auch die insbesondere im Krankenhausrecht zu beobachtende Möglichkeit der Vereinbarung von Normen, die sogar gegenüber solchen Normadressaten Geltung entfalten, die außerhalb des verbandlichen Organisationssystems stehen, werfen erhebliche Probleme dabei auf, diese Form verhandelter nicht-parlamentarischer Normsetzung in das Spektrum legitimer Rechtsetzung unter dem Grundgesetz einzuordnen.

Daher soll der Frage nach der Legitimationsfähigkeit dieser nicht-parlamentarischen Rechtsetzung im folgenden zunächst primär auf der Grundlage des Vertragsarztrechts als Referenzgebiet nachgegangen werden. Sollte sich eine verfassungsrechtliche Legitimation für diese Form vereinbarten Rechts finden, wäre in einem zweiten Schritt deren Übertragbarkeit auf andere Materien des Sozialversicherungsrechts zu erwägen.

aa) Die Selbstverwaltung in der Sozialversicherung

Den Sozialversicherungsträgern ist ebenso wie den Verbänden der Leistungserbringer ein Recht zur Selbstverwaltung zugestanden. Dies läßt es als naheliegend erscheinen, sich bei der Suche nach der Legitimation ausgehandelter sozialversicherungsrechtlicher Normen zunächst der Frage zuzuwenden, ob es sich bei diesen um solche Normen handelt, die auf autonomen Legitimationsstrukturen ruhen.

Die soziale (gemeinsame) Selbstverwaltung[171] dient der Organisation und Errichtung einer durch das Sozialstaatsprinzip des Grundgesetzes motivierten Solidargemeinschaft[172]. Auf der Grundlage der sozialversicherungsrechtlichen Selbstverwaltungskonzeption werden den Verbänden im Gesundheitswesen die dar-

---

[171] Zu Begriff und Gegenstand *P. Axer*, in: F.E. Schnapp, Funktionale Selbstverwaltung und Demokratieprinzip – am Beispiel der Sozialversicherung, S. 115 ff.; *K. Engelmann*, NZS 2000, S. 1 ff. (5); *A. Hänlein*, Rechtsquellen im Sozialversicherungsrecht, S. 379 ff.; *B. Schulin*, in: ders., HdbSozVersR Bd. I, § 6 Rn. 97 ff.; *G. Schneider*, Handbuch des Kassenarztrechts, Rn. 204 ff.

[172] Siehe *W. Kluth*, Funktionale Selbstverwaltung, S. 239 unter Hinweis auf BVerfGE 17, 1 (9); 48, 346 (357 f.); 53, 257 (290); 58, 81 (110, 113); 70, 101 (111); 76, 256 (301).

IV. *Gestaltungsfreiheit des Normgebers und vertragliche Bindung gegenüber Privaten* 697

gelegten Normsetzungsbefugnisse übertragen, weil die durch sie geregelten Aufgaben durch den Sachverstand der unmittelbar Beteiligten besser gelöst werden können als durch den Gesetzgeber. Das Prinzip der Selbstverwaltung verschafft den Beteiligten – mittelbare – Einwirkungsmöglichkeiten an der Gesundheitssicherung und trägt so zur Partnerschaft und zum sozialen Frieden bei[173]. Allerdings darf nicht verkannt werden, daß durch die stetig anwachsende Ausdehnung des Kreises der Versicherten einerseits und die sinkende Zahl der gesetzlichen Krankenkassen andererseits zumindest für diese Beteiligten das Maß des verbandsvermittelten individuellen Einflusses stetig sinkt[174]. Zudem ist das Spezifikum der »gemeinsamen Selbstverwaltung« von Sozialversicherungsträgern und Leistungserbringern ebenso wie die paritätische Struktur der meisten Sozialversicherungsträger prima facie nicht mit dem ansonsten üblichen Konzept und Begriff der Selbstverwaltung in Einklang zu bringen[175]. Die Selbstverwaltungstauglichkeit der Fragen, die mit der sozialversicherungsrechtlichen Normsetzung berührt werden, ist gleich auf zwei Ebenen fraglich: Weder die in den gesetzlichen Krankenkassen (und anderen Selbstverwaltungsträgern) zusammengeschlossenen Arbeitgeber und Arbeitnehmer noch die Gesamtheit der an der untergesetzlichen sozialversicherungsrechtlichen Normsetzung Beteiligten verfügen über homogene Interessen.

α) *Interessenheterogenität innerhalb der Sozialversicherungsträger*

Die für die Annahme legitimer Selbstverwaltungsstrukturen erforderliche Interessenhomogenität ist in der Sozialversicherung schon auf der ersten Ebene der Selbstverwaltungsträger zu bezweifeln.

Schon unmittelbar nach Erlaß des Grundgesetzes war das Übergewicht der Unternehmer in der Unfallversicherung bzw. der Versicherten in der Krankenversicherung entfallen[176]. Die Organe fast aller Versicherungsträger (mit Ausnahme der Ersatzkassen) sind von Arbeitnehmer- und Arbeitgeberseite paritätisch besetzt (§§ 29 Abs. 2, 44 Abs. 1 Nr. 4 SGB IV). Soweit von den Organen daher Sachfragen zu regeln sind, die nur eine der beiden Gruppen betreffen – beitragsrelevante Angelegenheiten in der Unfallversicherung oder leistungsrelevante Fragen in der Krankenversicherung – stellt sich die Frage, ob diese Organisationsprinzipien der für das Vorliegen von legitimer Selbstverwaltung zu fordernden[177] Interessenhomogenität genügen.

---

[173] So die Gesetzesbegründung zum Gesetz zur Strukturreform im Gesundheitswesen (Gesundheits-Reformgesetz – GRG) vom 20. Dezember 1988 (BGBl. I 2477), BT-Drcks. 11/2237, S. 146.
[174] Anschaulich dargestellt bei *B. Schulin*, in: ders., HdbSozVersR Bd. I, § 6 Rn. 81.
[175] Überblick bei *A. Hänlein*, Rechtsquellen im Sozialversicherungsrecht, S. 151 ff.
[176] Zu der alten Rechtslage siehe nur *R. Hendler*, Selbstverwaltung als Ordnungsprinzip, S. 218 f. Die Änderung erfolgte durch das Gesetz über die Selbstverwaltung und über Änderungen von Vorschriften auf dem Gebiet der Sozialversicherung vom 23. Februar 1951 (BGBl. I 124).
[177] Siehe S. 465 ff.

Bei den Verbänden der Leistungserbringer wird man eine Interessenhomogenität der Mitglieder regelmäßig annehmen können[178]. Allerdings ergeben sich Zweifel an der erforderlichen Interessenhomogenität innerhalb der gesetzlichen Krankenkassen. Anders als die Bundesknappschaft, deren Selbstverwaltungsorgane zu einem Drittel von den Arbeitgebern und zu zwei Dritteln aus den Vertretern der Versicherten bestehen (§ 44 Abs. 1 Nr. 3 SGB IV) und die Ersatzkassen, bei denen sich die Selbstverwaltungsorgane allein aus den Vertretern der Versicherten zusammensetzen (§ 44 Abs. 1 Nr. 4 SGB IV), werden die Organe der Krankenkassen – wie aller anderen Sozialversicherungsträger – paritätisch[179] durch deren Mitglieder (also nicht einmal durch alle Versicherten) und die Arbeitgeber getrennt gewählt (§ 46 Abs. 1 SGB IV). Aufgrund dieser paritätischen Besetzung ist von einer Interessenhomogenität innerhalb der gesetzlichen Krankenkassen nicht auszugehen[180].

Die Einbeziehung der Arbeitgeber in die Selbstverwaltung der gesetzlichen Krankenversicherung wurde mit deren Verpflichtung zur Mitfinanzierung der gesetzlichen Krankenversicherung gerechtfertigt[181]. Deren Beiträge sind »verdeckte« Bestandteile des dem Arbeitnehmer für dessen Dienste geschuldeten Entgelts[182]. Die Arbeitgeber selbst sind weder Mitglieder noch Versicherte der gesetzlichen Krankenversicherung. Sie verfügen somit im Rahmen der Selbstverwaltung insbesondere bei der Ausgestaltung der Leistungsbeziehungen über ein im Vergleich zu den Versicherten fundamental andersartiges Interesse, da sie bei einer Erhöhung der Beiträge selbst nicht von einem verbesserten oder zumindest stabilisierten Leistungsniveau profitieren. Die bloße Heranziehung zur paritätischen Finanzierung begründet keine Interessenhomogenität zwischen Versicher-

---

[178] So etwa *A. Hänlein*, Rechtsquellen im Sozialversicherungsrecht, S. 316 m.w.N. für die Kassenärztlichen Vereinigungen.

[179] Hierzu *E.T. Emde*, Die demokratische Legitimation der funktionalen Selbstverwaltung, S. 163 ff. Zur Einführung der Parität in der gesetzlichen Krankenversicherung im Jahre 1951 durch § 2 des Gesetzes über die Selbstverwaltung und über Änderungen von Vorschriften auf dem Gebiet der Sozialversicherung vom 22. Februar 1951 (BGBl. I 124) siehe nur *R.-U. Schlenker*, in: B. Schulin, HdbSozVersR Bd. I, § 1 Rn. 84 ff. Die Situation vor 1951 schildern *H. Bogs*, Die Sozialversicherung im Staat der Gegenwart, S. 119; *R. Hendler*, Selbstverwaltung als Ordnungsprinzip, S. 218 f.

[180] So etwa *P. Axer*, Normsetzung in der Sozialversicherung, S. 305; *H. Bogs*, Die Sozialversicherung im Staat der Gegenwart, S. 177 ff.; *E.T. Emde*, Die demokratische Legitimation der funktionalen Selbstverwaltung, S. 177 ff.; *A. Hänlein*, Rechtsquellen im Sozialversicherungsrecht, S. 149 ff.; a.A. *K.-J. Bieback*, in: B. Schulin, HdbSozVersR Bd. II, § 54 Rn. 32 ff.; *T. Clemens*, NZS 1994, S. 337 ff. (341); *W. Gitter/V. Nunius*, in: B. Schulin, HdbSozVersR Bd. II, § 6 Rn. 96. Insbesondere letztere halten die Beteiligung der Arbeitnehmer beim Erlaß von Unfallverhütungsvorschriften für unabdingbar, weil sie im gleichen Maße und sogar zahlenmäßig in erheblich größerem Umfang von den Vorschriften betroffen sind als die Unternehmer. Auf die entscheidende Problematik fehlender Interessenhomogenität zwischen Versicherten und Beitragszahlern wird aber, soweit es über die Frage der bloßen Unfallverhinderung hinausgeht, an der wohl beide Seiten ein offensichtliches Interesse haben, dabei nicht eingegangen.

[181] Siehe dazu *B. Schulin*, in: ders., HdbSozVersR I, § 6 Rn. 89 m.w.N.

[182] *F. Kirchhof*, in: B. Schulin, HdbSozVersR Bd. I, § 53 Rn. 27 mit einer Auseinandersetzung mit abw. Ansichten; s.a. *B. Schulin*, in: ders., HdbSozVersR Bd. I, § 6 Rn. 90 m.w.N. in Fn. 116.

IV. Gestaltungsfreiheit des Normgebers und vertragliche Bindung gegenüber Privaten

ten und Arbeitgebern. Alle Überlegungen, die sinnvollerweise für die Einbeziehung der Arbeitgeber in die Organisation der gesetzlichen Krankenversicherung streiten mögen – sachliche Nähe zu den verwalteten Gegenständen, Sachverstand, Durchsetzungsmacht gegenüber der Politik, Sozialpartnerschaft[183] – können einen Anlaß für deren andersartige Integration – etwa in Form von Beiräten – bieten. Ihre paritätische Mitwirkung in der Selbstverwaltung hingegen ist Element der Fremd-, nicht der Selbstverwaltung der Krankenkassenmitglieder. Soweit es um Sachfragen geht, die lediglich eine der beiden Seiten betreffen – wie die Ausgestaltung von Leistungsansprüchen in der gesetzlichen Krankenversicherung oder beitragserhebliche Fragen in der Unfallversicherung[184] liegt daher eine selbstverwaltungswidrige Fremdbestimmung der einen Gruppe durch die andere vor[185].

Auch kann die Einbeziehung der Arbeitgeber in die Sozialversicherungsträger nicht als Beitrag zur Sozialpartnerschaft oder zur Sicherung des sozialen Friedens verteidigt werden[186], da es nicht Zweck der Selbstverwaltung in der Sozialversicherung sein kann, die Verständigungschancen in der Tarifpolitik zu stärken[187]. Im Gegenteil: Dieser Querverweis unterstreicht vielmehr den Interessenantagonismus von Arbeitgebern und Arbeitnehmern, der auf diese Weise aus der Tarifpolitik in die Selbstverwaltung der Sozialversicherung importiert wird.

Eine Segmentierung der einheitlichen Entscheidung der Körperschaftsorgane in eine Entscheidung durch die Seite der Arbeitnehmer und eine durch die Seite der Arbeitgeber im Sinne einer addierten Teillegitimation ist nicht möglich. Die Entscheidungen der Sozialversicherungsträger werden in einem einheitlichen Willensbildungsakt durch *die* Versammlung getroffen, wobei – von wenigen Ausnahmen abgesehen – keine doppelte Mehrheit als Mehrheit beider Gruppen erforderlich ist. Die Entscheidungen ergehen einheitlich und binden sämtliche Adressaten – gleich welcher Gruppe sie angehören[188].

Die gesetzliche Unfallversicherung greift das unternehmerische Interesse auf, von Ersatzansprüchen aus dem Betrieb seines Unternehmens möglichst freigestellt zu werden. Sie weist als Versicherung zugunsten des Unternehmers als al-

---

[183] Überblick m.w.N. bei *B. Schulin*, in: ders., HdbSozVersR I, § 6 Rn. 91 ff.

[184] Deren Beiträge werden in der »echten« Unfallversicherung (zu der Differenzierung zwischen echter und unechter Unfallversicherung siehe nur *F. Ruland*, in: E. Schmidt-Aßmann, Besonderes Verwaltungsrecht, Rn. 185 f.) ausschließlich von der Seite der Arbeitgeber geleistet (§ 150 Abs. 1 SGB VII). Dennoch sind die Versicherten (nach § 2 SGB VII v.a. Arbeitnehmer etc.) an der Normsetzung in der Unfallversicherung beteiligt.

[185] *E.T. Emde*, Die demokratische Legitimation der funktionalen Selbstverwaltung, S. 457; *A. Hänlein*, Rechtsquellen im Sozialversicherungsrecht, S. 150. Außerdem ist zu bedenken, daß die Organisationen der Sozialpartner aus juristischer Perspektive nur ihre jeweiligen Mitglieder, nicht aber die Gesamtheit der Versicherten repräsentieren; *J. Isensee*, DB 1985, S. 2681 ff. (2685).

[186] So aber die Gesetzesbegründung zum Gesetz zur Strukturreform im Gesundheitswesen (Gesundheits-Reformgesetz – GRG) vom 20. Dezember 1988 (BGBl. I 2477), BT-Drcks. 11/2237, S. 146.

[187] *B. Schulin*, in: ders., HdbSozVersR Bd. I, § 6 Rn. 93.

[188] *E.T. Emde*, Die demokratische Legitimation der funktionalen Selbstverwaltung, S. 163.

leinigem Beitragszahler und als Entschädigungssystem zugunsten der von einem Arbeitsunfall Betroffenen als Versicherten einen Doppelcharakter auf[189]. Anders als im Sachbereich der Krankenversicherung mag hier darauf rekurriert werden, daß die Interessen von Arbeitnehmer und Arbeitgeber gleichermaßen auf eine Verringerung des Unfallrisikos ausgerichtet sind. Aus diesem Grund hat auch der Unternehmer ein erhebliches Interesse an der konkreten Ausgestaltung der Unfallversicherung. Allerdings ist auch in der Unfallversicherung eine Divergenz der entscheidenden Interessen zwischen den an der Selbstverwaltung Beteiligten anzunehmen. Während die unternehmerische Seite an möglichst geringen Beitragslasten – und damit an einer Eingrenzung der Versicherungsleistungen – interessiert ist geht das Interesse der Begünstigten naturgemäß in eine entgegengesetzte Richtung.

Demgegenüber geht das Bundessozialgericht davon aus, daß zwischen den Gruppen der Arbeitgeber, der Versicherten und der Leistungserbringer keine Interessenheterogenität besteht. Jede der drei Gruppen sei sowohl an einer sinnvollen Leistungsausweitung als auch an einer Ausgrenzung nicht zweckmäßiger oder unwirtschaftlicher Behandlungsmethoden interessiert[190].

Zwar sei der *Versicherte* im Einzelfall bei Vorliegen eines Leistungsanspruchs an einer möglichst umfassenden Krankenversorgung interessiert, doch bestehe aufgrund der Teilnahme an der Finanzierung der Krankenversicherung ebenfalls das gegenläufige Bestreben, nur zweckmäßige und wirtschaftliche Behandlungsmethoden auf Kosten der Solidargemeinschaft zu gewähren. Auch den *Arbeitgebern* liegt nach Ansicht des Bundessozialgerichts nicht nur an niedrigen Beiträgen, sondern auch an einer qualitativ hochwertigen Krankenversorgung, damit die Arbeitnehmer möglichst schnell in den Arbeitsprozeß zurückfinden. Die Leistungserbringer schließlich hätten ein Interesse an einer möglichst umfassenden Behandlungsmöglichkeit, doch seien sie selbst aufgrund der Mechanismen von Budgetierung und Honorarverteilung darauf bedacht, daß ihre eigenen Behandlungsleistungen nicht durch zweifelhafte Maßnahmen anderer Vertragsärzte entwertet würden. Diese gleichgerichteten Interessen erlaubten eine Übertragung von kollektiven Entscheidungskompetenzen auf diese Gruppen zum Zwecke der Gestaltung von Leistungsform und Leistungsumfang.

Allerdings erscheint die Annahme einer Interessenhomogenität der Beteiligten nur schwer haltbar. Bei einer solchen Argumentation werden verschiedene Aspekte übersehen. Zum einen nehmen wegen der Mitversicherung von Familienangehörigen im Rahmen der Familienversicherung nach §§ 3 Satz 3, 10 SGB V nicht alle Versicherten auch an der Finanzierung der Krankenversicherung teil. Hier ist also wohl kaum ein Interesse des Leistungsempfängers an möglichst niedrigen Beitragssätzen konstruierbar. Ebenso wenig sind alle Leistungsemp-

---

[189] *F. Ruland*, in: E. Schmidt-Aßmann, Besonderes Verwaltungsrecht, Rn. 183.
[190] BSGE 78, 70 (77).

fänger zugleich Arbeitnehmer, so daß die Toleranz der Arbeitgeber bei beitragsrelevanten Erweiterungen des Leistungskatalogs zur effektiveren Wiederherstellung der Arbeitskraft – wenn sie überhaupt anzunehmen ist – auf solche Versicherten beschränkt sein dürfte, die tatsächlich Arbeitnehmer sind. Generalisierbar ist dieses Interesse sicher nicht. Aber auch im übrigen erscheint die Annahme konvergierender Interessen recht gezwungen und beruht letztlich auf einer zu hohen Abstraktion des angenommenen gemeinsamen Interesses – der Funktionsfähigkeit einer angemessenen Krankheitsversorgung bei stabiler Kostenstruktur. Die Abstraktionshöhe dieses gemeinsamen Interesses verstellt die Sicht auf die differenzierten fundamentalen Interessen der Beteiligten im Einzelfall. Wenn man das gemeinsame Interesse der zur Selbstverwaltung Zusammengeschlossenen nur abstrakt genug faßt, dann wird es bei jeder beliebigen Gruppe möglich sein, homogene Interessen der Beteiligten nachzuweisen.

Unabhängig von der Feststellung fehlender Interessenhomogenität und der daraus resultierenden Untauglichkeit der heterogen zusammengeschlossenen Gruppen zur Vermittlung einer einheitlichen Legitimation hat der Modus der Friedenswahl – hier wird auf einen Wahlakt verzichtet, wenn nicht mehr Kandidaten als zu besetzende Posten zur Verfügung stehen (46 Abs. 3 SGB IV)[191] – zur legitimatorischen Überflüssigkeit des individuellen Körperschaftsmitglieds geführt[192]. Einen Einfluß kann der einzelne nur über den Eintritt in eine der Koalitionen des Arbeitslebens gewinnen. Die Ausgestaltung der Sozialversicherungswahlen hat diese zu deren Angelegenheit werden lassen[193].

In noch größerem Umfang als die in den Sozialversicherungsträgern zusammengefaßten heterogenen Interessen von Arbeitnehmern und Arbeitgebern stehen sich die Verhandlungspartner des vereinbarten Rechts in der Sozialversiche-

---

[191] Darstellung bei *S. Muckel*, in: F.E. Schnapp, Funktionale Selbstverwaltung und Demokratieprinzip – am Beispiel der Sozialversicherung, S. 151 ff. (155 ff.).
[192] Zu der Bedeutung des individuellen Einflusses auf die Legitimation der Selbstverwaltung: *M. Jestaedt*, Demokratieprinzip und Kondominialverwaltung, S. 546; *J. Oebbecke*, VerwArch Bd. 81 (1990), S. 349 ff. (362 ff.); *E. Schmidt-Aßmann*, GS Martens, S. 249 ff. (257, 261 ff.). Wegen der Notwendigkeit dieses Einflusses wird die Zulässigkeit von Friedenswahlen in der funktionalen Selbstverwaltung abgelehnt: *E.T. Emde*, Die demokratische Legitimation der funktionalen Selbstverwaltung, S. 422 f.; *M. Kleine-Cosack*, Berufsständische Autonomie und Grundgesetz, S. 202 f.; *J. Oebbecke*, a.a.O., S. 362 f.; *M. Papenfuß*, Die personellen Grenzen der Autonomie öffentlichrechtlicher Körperschaften, S. 160 f.; a.A. aber BSGE 36, 242 (244).
[193] *H. Bogs*, RdA 1956, S. 1 ff. (6); *ders.*, Die Sozialversicherung im Staat der Gegenwart, S. 122. Kritisch auch: *M. Kleine-Cosack*, Berufsständische Autonomie und Grundgesetz, S. 203; *E. Schmidt-Aßmann*, AöR Bd. 116 (1991), S. 329 ff. (383); *J. Oebbecke*, VerwArch Bd. 81 (1990), S. 349 ff. (362 ff.); *M. Plantholz*, Funktionelle Selbstverwaltung des Gesundheitswesens im Spiegel der Verfassung, S. 236. Für die verfassungsrechtliche Unbedenklichkeit in der Sozialversicherung aber *E.T. Emde*, Die demokratische Legitimation der funktionalen Selbstverwaltung, S. 459 f.; *K. Maier*, in: K. Niesel, Kasseler Kommentar, § 46 SGB IV Rn. 5; *S. Muckel*, in: F.E. Schnapp, Funktionale Selbstverwaltung und Demokratieprinzip – am Beispiel der Sozialversicherung, S. 151 ff. (160 ff.). Für die verfassungsrechtliche Unbedenklichkeit wird angeführt, daß der Parlamentarische Rat mit Art. 87 Abs. 2 die überkommenen Strukturen der Sozialversicherung unter der Weimarer Verfassung habe rezipieren wollen. Dieses Placet erfasse auch das Instrument der Friedenswahlen.

rung interessenantagonistisch gegenüber. In diesem »Gegenmachtmodell« liegen sachlicher Reiz und verfassungsrechtliche Schwäche der sozialversicherungsrechtlichen Verhandlungslösungen[194].

β) Interessenheterogenität zwischen den Vertragspartnern als Ausdruck »gemeinsamer Selbstverwaltung«

»Gemeinsame Selbstverwaltung« ist ein Spezifikum der Sozialversicherung, auch wenn der Begriff anders als der überkommene Begriff der Selbstverwaltung trotz der langen Tradition gemeinsamer Rechtsetzung von Ärzten und Krankenkassen[195] keine gesetzliche Erwähnung findet[196]. Sie tritt neben die – hinsichtlich der Interessenhomogenität ebenfalls schon zweifelhaften – Selbstverwaltung innerhalb der einzelnen an der gemeinsamen Selbstverwaltung Beteiligten: Sozialversicherungsträger und Leistungserbringer (bzw. deren Verbände). Die mangelnde gesetzliche Konturierung des Begriffs hat zwar zu einer gewissen Skepsis gegenüber seiner Funktionalität und seiner begrifflichen Schärfe geführt[197]. Diese Skepsis konnte aber die politische Zugkraft des Begriffs auch und gerade im Zusammenhang mit jüngeren und jüngsten Reformen der Sozialversicherung nicht schmälern. Der Bereich der gemeinsamen Selbstverwaltung, der im Verhältnis von Ärzten und Krankenkassen über eine respektable Tradition verfügt, wurde durch den Bundesgesetzgeber stetig ausgedehnt. Nicht nur der Aufgabenzuwachs der Bundesausschüsse und der von ihnen zu erlassenden Richtlinien (§§ 91 f. SGB V)[198], sondern auch die Errichtung neuer Gremien der gemeinsamen Selbstverwaltung von Ärzten und Krankenkassen sowie der Export des Gedankens der gemeinsamen Selbstverwaltung aus dem insoweit stilbildenden Vertragsarztrecht in das Krankenhaus- und Pflegeversicherungsrecht machen dies deutlich[199]. Die gemeinsame Selbstverwaltung von Krankenkassen und Leistungserbringern verwirklicht sich nicht nur in der Etablierung gemeinsamer

---

[194] Siehe *H.D. Schirmer*, MedR 1996, S. 404 ff. (409).

[195] Überblick bei *P. Axer*, Normsetzung in der Sozialversicherung, S. 59 f. m.w.N.; s.a. *J. Schmitt*, in: B. Schulin, HdbSozVersR Bd. I, § 28 Rn. 22 ff.; *R.-U. Schlenker*, in: B. Schulin, HdbSozVersR Bd. I, § 1 Rn. 54 ff.; *G. Schneider*, Handbuch des Kassenarztrechts, Rn. 16 ff.

[196] *P. Axer*, in: F.E. Schnapp, Funktionale Selbstverwaltung und Demokratieprinzip – am Beispiel der Sozialversicherung, S. 115 ff. (115, 117). Nach § 51 Abs. 2 Nr. 2 SGG entscheiden die Sozialgerichte auch über Streitigkeiten auf Grund von Entscheidungen der *gemeinsamen Gremien* von Ärzten, Zahnärzten, Krankenhäusern oder anderen Leistungserbringern und Krankenkassen sowie des Großgeräteausschusses. In der Begründung zu jüngeren Reformgesetzen – soweit ersichtlich aber nicht in deren Gesetzestexten – finden sich des weiteren ausdrückliche Bezugnahmen auf den Begriff der gemeinsamen Selbstverwaltung (so etwa BT-Drcks. 13/6087 zum 2. GKV-Neuordnungsgesetz – 2. GKV-NOG) vom 23. Juni 1997 (BGBl. I 1520)). Zu älteren, gescheiterten Ansätzen, den Begriff in Sozialversicherungsgesetze aufzunehmen siehe *P. Axer*, a.a.O., S. 118.

[197] *B. Schulin*, in: ders., HdbSozVersR Bd. I, § 6 Rn. 97; *R. Wimmer*, MedR 1996, S. 425 ff. (429).

[198] Diese Entwicklung setzte mit dem Gesetz zur Strukturreform im Gesundheitswesen (Gesundheits-Reformgesetz – GRG) vom 20. Dezember 1988 (BGBl. I 2477) ein.

[199] Siehe *P. Axer*, in: F.E. Schnapp, Funktionale Selbstverwaltung und Demokratieprinzip – am Beispiel der Sozialversicherung, S. 115 ff. (121).

Gremien, die dann im Wege des Beschlusses Rechtsnormen erlassen, sondern auch in der außerhalb konstituierter Gremien stattfindenden Aushandlung von Rechtsnormen zwischen den Verbänden, die für die Mitglieder aller Beteiligten bindend sind.

Die vereinbarte Rechtsetzung ist Ausübung von übertragener Staatsgewalt[200]. Ohne staatliche Ermächtigung wäre die Setzung von Rechtsnormen nicht möglich. Die Ausübung dieser Staatsgewalt bedarf der demokratischen Legitimation. Angesichts der dargelegten Bedingungen demokratischer Legitimation erscheint deren Verwirklichung sowohl bei den Gremien der gemeinsamen Selbstverwaltung als auch bei der verbandlichen Rechtsetzung durch Verhandlung als defizitär: Selbst wenn man noch entgegen einiger Bedenken eine in den Entscheidungsvorgaben des Sozialgesetzbuchs liegende Ermächtigung von ausreichender, dem Bestimmtheitsgrundsatz wie dem Wesentlichkeitsprinzip genügender normativer Dichte annimmt[201] – die verhandelnden Verbände verfügen über keine auf das Volk i.S.v. Art. 20 Abs. 2 Satz 1 GG zurückzuführende personell-demokratische Legitimation. Deren Bezugspunkt liegt in dem Verbandsvolk, das die handelnden Organe durch Wahlakt bestellt. Das Verbandsvolk ist aber nicht »Volk« i.S.v. Art. 20 Abs. 2 Satz 1 GG und kann deswegen auch nicht Ursprung demokratischer Legitimation sein.

Möglich wäre allein eine Legitimation durch Übertragung von Selbstverwaltungskompetenzen auf eine homogene Gruppe von Interessenträgern. Allerdings sind bestenfalls einzelne beteiligte Verbände, insbesondere die der Leistungserbringer, in diesem Sinne interessenhomogen zusammengesetzt. Im übrigen stehen sich aber die Beteiligten sowohl bei der Aushandlung von Rechtsnormen durch die Verbände als auch bei der Bestimmung der Rechtsnormen durch eine paritätisch besetzte dritte Stelle mit antagonistischen Interessen gegenüber. Durch die in dem Rechtsetzungsakt liegende vertragliche Bindung, die eine Aufhebbarkeit nur durch actus contrarius impliziert, wird nicht nur die künftige Gestaltungsmacht von der Zustimmung der anderen Seite abhängig gemacht. Vielmehr setzt auch schon der eine Einigung voraussetzende Vertragsschluß regelmäßig voraus, daß beide Seiten Abstriche hinsichtlich bei der Durchsetzung ihrer Interessen hingenommen haben[202]. Auch hierin liegt schon eine Form der Fremdbestimmung, da Selbstbestimmung in eine insoweit minderwertige Mitbestimmung eingetauscht wird.

Das – insoweit zunächst als Exempel heranzuziehende – Vertragsarztrecht ist durch die divergierenden Interessen derjenigen geprägt, die an den Vertragsverhandlungen beteiligt sind. Die Krankenkassen bzw. deren Verbände orientieren sich zwar auch an den Interessen ihrer Mitglieder, denen in erster Linie an einer optimalen und umfassenden Versorgung im Krankheitsfall gelegen ist. Sie sind aber – nicht zuletzt aus Gründen der Mitgliederbindung – an einem stabilen Bei-

---

[200] So v.a. in Bezug auf die Sozialversicherung *F.E. Schnapp*, FS v. Unruh, S. 881 ff. (892).
[201] Hierzu ausf. *P. Axer*, Normsetzung in der Sozialversicherung, S. 379 ff., 391 ff.
[202] *A. Hänlein*, Rechtsquellen im Sozialversicherungsrecht, S. 251 f.

tragssatz und dementsprechender Minimierung ihrer Aufwendungen interessiert. Demgegenüber verfolgen die Vertragsärzte bzw. die Kassenärztlichen Vereinigungen das – legitime – Ziel möglichst hoher Einkünfte. Hier liegt ein Interessenkonflikt vor, der ohne staatliche Einflußnahme mit den allokativen Instrumenten von Angebot und Nachfrage durch die Beteiligten reguliert werden soll. Diese zwingt der Gesetzgeber an den Verhandlungstisch und zum Ausgleich ihrer antagonistischen Interessen in dem Prozeß der Rechtsnormsetzung. Die gemeinsame Wahrnehmung dieser Rechtsetzungsaufgaben insbesondere durch Sozialversicherungsträger und Leistungserbringer ist zentrales Element der gemeinsamen Selbstverwaltung, die ihrerseits ein prägendes Merkmal der Sozialversicherung darstellt.

Die gemeinsame Rechtsetzung bei fundamental divergierenden Interessen zwingt alle an ihr Beteiligten dazu, von den eigenen Interessen Abstriche zu machen, um eine Einigung zu erreichen und staatliche Interventionen zu verhindern[203]. Durch die dabei erforderlich werdenden Kompromisse erhält aber die eine Seite einen nicht unerheblichen Einfluß auf die Willensbildung der anderen. Dies unterscheidet die Rechtsetzung der gemeinsamen Selbstverwaltung kategorial von der üblichen autonomen Rechtsetzung, die im wesentlichen mitgliedschaftlich strukturierten Körperschaften zur eigenverantwortlichen Regelung von sie selbst betreffenden Angelegenheiten zugewiesen ist[204]. Angesichts dessen dient der Begriff der »gemeinsamen Selbstverwaltung« nur der Verschleierung eines korporatistischen Tatbestands.

γ) *Insbesondere: Interessenheterogenität bei der Festlegung von Festbetragsregelungen für Arzneimittel*

Ganz in diesem Sinne hat das Bundessozialgericht in einem Vorlagebeschluß an das Bundesverfassungsgericht hinsichtlich der Festlegung von Festbetragsregelungen für Arzneimittel in der zwischenzeitlich bis 2003 ausgesetzten Form[205] festgestellt, daß bei der Festbetragsfestsetzung die – an der Festsetzung nur im Wege der Anhörung zu beteiligenden – Arzneimittelmittelhersteller als wirtschaftliche Gegenspieler der Krankenkassen zu betrachten seien[206].

Das zwischenzeitlich ausgesetzte Verfahren zur Festsetzung der Festbeträge erfolgt in mehreren Schritten. Zunächst bestimmt der Bundesausschuß der Ärzte und Krankenkassen unter Berücksichtigung der Stellungnahmen von Sachverständigen der medizinischen sowie pharmazeutischen Wissenschaft und Praxis, den Arzneimittelherstellern und den Berufsvertretungen der Apotheker in Richtlinien solche Arzneimittelgruppen, für die die

---

[203] A. *Hänlein*, Rechtsquellen im Sozialversicherungsrecht, S. 381 m.w.N.
[204] Diese Differenzierung trifft ausdrücklich BSGE 81, 73 (82).
[205] Zu dem Verfahren der Festbetragsfestsetzung zum Zeitpunkt dieser Entscheidung siehe nur P. *Axer*, Normsetzung in der Sozialversicherung, S. 131 f.; *ders.*, NZS 2002, S. 57 ff. (57 f.); W. *Höfler*, in: K. Niesel, Kasseler Kommentar, § 31 SGB V Rn. 15 ff.; G. *Schneider*, in: B. Schulin, HdbSozVersR Bd. I, § 22 Rn. 179.
[206] BSG NZS 1995, S. 502 ff.; bestätigend BSG SGb. 2001, S. 450 ff. (452). Kritisch gegenüber der ersten Entscheidung etwa R. *Schelp*, NZS 1997, S. 155 ff.

IV. Gestaltungsfreiheit des Normgebers und vertragliche Bindung gegenüber Privaten

Spitzenverbände der Krankenkassen Festbeträge festsetzen sollen. Auf der Grundlage dieser Entscheidungen setzen diese gemeinsam und einheitlich die Festbeträge fest. Das Gesetz verpflichtet zur mindestens jährlichen Überprüfung sowie zur Anpassung der Festbeträge an eine veränderte Marktlage und regelt das Verfahren, die Bekanntmachung sowie den Rechtsschutz gegen die Festsetzung. Ist ein Festbetrag festgesetzt, hat der Versicherte gegen seine Krankenkasse nur einen Anspruch auf Kostentragung bis zur Höhe des festgesetzten Betrages. Verordnet der Arzt ein teureres Arzneimittel, muß der Versicherte die Mehrkosten selbst tragen. Festbeträge sind somit Höchstbeträge, bis zu denen die Krankenkassen die Kosten für Arzneimittel übernehmen. Diese Bedeutung behalten sie auch nach dem Festbetrags-Anpassungsgesetz, allerdings hat der Gesetzgeber die Kompetenz zur Festsetzung den Spitzenverbänden entzogen und das Festsetzungsverfahren geändert.

Das Bundessozialgericht geht dabei ausweislich seines Vorlagebeschlusses im Gegensatz zur herrschenden Lehre[207] wegen der Unbestimmtheit des Adressatenkreises der Regelungen (Versicherte, Arzneimittelhersteller) nicht davon aus, daß es sich bei der Festlegung des Festbetrags um eine Allgemeinverfügung handelt, sondern nimmt eine normative Regelung an[208]. Sowohl in der Gruppenbildung durch den Bundesausschuß der Ärzte und Krankenkassen als auch in der Festbetragsfestsetzung durch die Spitzenverbände der Krankenkassen liegen dann nach Ansicht des Gerichts normative Regelungen, die mangels einer autonomiefähigen Selbstverwaltungsstruktur nur durch Rechtsverordnung getroffen werden könnten.

Bei der andernorts vom Bundessozialgericht entwickelten Abstraktion der beteiligten Interessen könnte man indessen auch hier annehmen, daß den Arzneimittelherstellern nur an einer vernünftigen Vergütung für ihre Arzneimittel gelegen ist, da sie an einem stabilen Fortbestehen des gesamten Systems der gesetzlichen Krankenversicherung interessiert sind. Das Bild des Gegenspielers indessen läßt sich mit dem gleichen Recht und der gleichen Überzeugungskraft wie für das Verhältnis von Krankenkassen und Arzneimittelherstellern auf die gesamten Beziehungen zwischen den Trägern der gemeinsamen Selbstverwaltung übertragen.

Auf Grund erheblicher verfassungsrechtlicher[209] und kartellrechtlicher Beden-

---

[207] R. Hess, in: K. Niesel, Kasseler Kommentar, § 35 SGB V Rn. 11a, 15; G. Schneider, in: B. Schulin, HdbSozVersR Bd. I, § 22 Rn. 194.

[208] So auch überzeugend P. Axer, Normsetzung in der Sozialversicherung, S. 134; I. Ebsen, in: B. Schulin, HdbSozVersR Bd. I, § 7 Rn. 92 f.; i. Erg. auch R. Schelp, NZS 1997, S. 155 ff. (162).

[209] Das Bundessozialgericht hatte ein Verfahren, das eine Festbetragsfestsetzung zum Gegenstand hatte, ausgesetzt und dem Bundesverfassungsgericht die Frage vorgelegt, ob die in § 35 SGB V den Spitzenverbänden der Krankenkassen eingeräumte Befugnis, für Arzneimittel Festbeträge festzusetzen, mit dem Grundgesetz vereinbar sei. Die Festsetzung sei nicht als Rechtsnorm durch dazu legitimierte Rechtsetzungsorgane, sondern durch Verwaltungsbehörden erfolgt. Deshalb lägen ein Verstoß gegen die Prinzipien der Rechtsstaatlichkeit und Demokratie aus Art. 20 GG sowie ein Verstoß gegen Art. 80 i.V.m. Art. 12 Abs. 1 GG vor. Der Verstoß gegen die nach dem Grundgesetz für die Normsetzung geltenden Prinzipien der Rechtsstaatlichkeit und Demokratie liege darin, daß die getroffenen Regelungen Grundrechte Dritter berührten und das Gesetz deshalb den Erlaß einer Rechtsverordnung hätte vorsehen müssen. Es sei zu beanstanden, daß es den Eingriff in Form eines Verwaltungsaktes zulasse. Die Festbetragsregelung sei auch nach ihrem Inhalt eine allgemeine Regelung im Sinne einer Rechtsnorm und keine Allgemeinverfügung. Durch die Ermächtigung der Spitzenverbände der Krankenkassen zur Normsetzung werde überdies den

ken[210] übertrug der Gesetzgeber durch das Festbetrags-Anpassungsgesetz[211] die Festbetragsanpassung sowie die Gruppenbildung und Festbetragsneufestsetzung dem Bundesgesundheitsministerium (siehe § 35a Abs. 1 und 2 SGB V n.F.), das durch Rechtsverordnung im Einvernehmen mit dem Bundeswirtschaftsministerium Festbeträge festlegen sollte, für deren Berechnung der Gesetzgeber detaillierte Vorgaben trifft[212]. Auf dieser Grundlage wurde eine Verordnung zur Anpassung von Arzneimittel-Festbeträgen erlassen[213]. Allerdings ist die Verlagerung der Festsetzungsbefugnis von den Trägern der gemeinsamen Selbstverwaltung weg auf die unmittelbare Staatsverwaltung nach § 35 Abs. 8 SGB V n.F. bis Ende 2003 befristet. Bis zu diesem Zeitpunkt erhofft sich der Gesetzgeber eine Klärung der verfassungs- und gemeinschaftsrechtlichen Zweifelsfragen durch das Bundesverfassungsgericht bzw. den Europäischen Gerichtshof. Danach möchte er die Kompetenz zur Festsetzung wieder der sozialen Selbstverwaltung, die er als ein essentielles und konstitutives Element im deutschen Gesundheitswesen ansieht, übertragen[214]. Das Bundesverfassungsgericht[215] hat die in § 35, § 36 i.V.m. § 35 SGB V den Verbänden der sozialen Selbstverwaltung eingeräumte Ermächtigung, Festbeträge festzusetzen, für verfassungsgemäß erklärt.

Zum einen sieht das Gericht die Festbetragsfestsetzung nicht als einen Eingriff in die Berufsfreiheit der Hersteller von Heil- und Hilfsmitteln an, da die Wettbewerber keinen grundrechtlichen Anspruch darauf haben, daß die Wettbewerbsbedingungen für sie gleich bleiben. Die Auswirkungen auf deren Berufsausübung seien bloßer Reflex der auf das Sy-

---

Vorgaben des Art. 80 Abs. 1 Satz 1 GG nicht genügt. Der Gesetzgeber dürfe nach dem Grundsatz der Gewaltenteilung den Erlaß einer allgemeinen Regelung nicht als Verwaltungsakt vorsehen und sich so der verfassungsrechtlichen Bindung an Art. 20 und Art. 80 GG entziehen.

[210] Siehe z.B. neben den verfassungsrechtlichen Ausführungen in BSG NZS 1995, S. 502 ff. die kartellrechtlichen Erwägungen bei *U.M. Gassner*, VSSR 2000, S. 121 ff. (131 ff.). Die gerichtlichen Zweifel an der Vereinbarkeit der als Bildung eines Preiskartells (bzw. in BSG SGb. 2001, S. 450 ff. (451)) als Bildung eines Nachfragekartells) umschriebenen Festbetragsfestsetzung mit europäischem Kartellrecht führten aber nicht zu einer Vorlage nach Art. 234 EGV, da die Klärung der innerstaatlichen Rechtslage vorrangig sei (NZS 1995, S. 502 ff. (505, 507 f.)). Zu den dann folgenden und zunächst zwischen Sozial- und Zivilgerichtsbarkeit divergierenden gerichtlichen Entscheidungen zu diesem Thema: *P. Axer*, NZS 2002, S. 57 ff. (59 m.w.N.); *E. Eichenhofer*, NZS 2001, S. 1 ff. (6 f.); *A. Hänlein/J. Kruse*, NZS 2000, S. 165 ff.; *C. Koenig/C. Sander*, WuW 2000, S. 975 ff.

[211] Gesetz zur Anpassung der Regelungen über die Festsetzung von Festbeträgen für Arzneimittel in der gesetzlichen Krankenversicherung (Festbetrags-Anpassungsgesetz) vom 27. Juli 2001 (BGBl. I 1948). Hierzu *G. Schwerdtfeger*, NZS 2000, S. 67 ff. (69).

[212] Neben diese Festbetragsregelung tritt die durch das Gesetz zur Reform der gesetzlichen Krankenversicherung ab dem Jahr 2000 (GKV-Gesundheitsreformgesetz 2000) vom 22. Dezember 1999 (BGBl. I 2626) eingeführte Möglichkeit einer (positiven) Liste aller zu Lasten der gesetzlichen Krankenversicherung verordnungsfähigen Arzneimittel (§ 33a SGB V n.F.). Das Bundesministerium für Gesundheit wird ermächtigt, diese Positivliste durch Rechtsverordnung mit Zustimmung des Bundesrates zu erlassen. Dies geschieht auf der Grundlage einer Vorschlagsliste, die zur Vorbereitung der Verordnung durch eine unabhängige Sachverständigenkommission nach gesetzlichen Vorgaben (§ 33a Abs. 6 ff. SGB V) verabschiedet wird; hierzu *P. Axer*, NZS 2001, S. 225 ff.

[213] Festbetrags-Anpassungsverordnung (FAVO) vom 1. November 2001 (BGBl. I 2897).

[214] Siehe insoweit die Gesetzesbegründung zum Festbetrags-Anpassungsgesetz: BT-Drucks. 14/6579, S. 3.

[215] BVerfG NZS 2003, S. 144 ff.

IV. Gestaltungsfreiheit des Normgebers und vertragliche Bindung gegenüber Privaten 707

stem der gesetzlichen Krankenversicherung bezogenen Regelung. Die Kompetenz zur Festlegung von Festbeträgen ermögliche den Krankenkassen die Verwirklichung des ihnen obliegenden Wirtschaftlichkeitsgebots und ermächtige diese nicht zur in den Markt eingreifenden Gestaltung des Preiswettbewerbs. Die Festbetragsfestsetzung berührt allerdings die Berufsausübungsfreiheit der Ärzte aus Art. 12 Abs. 1 GG, weil die Festbeträge die Verpflichtung der Ärzte zu wirtschaftlicher Verordnung konkretisieren, sich auf die Ausübung der Therapiefreiheit auswirken und die Ärzte verpflichten, ihre Patienten auf die sich aus der Verordnung ergebende Pflicht zur Übernahme der Mehrkosten hinzuweisen, wenn ein Arzneimittel verordnet wird, dessen Preis den Festbetrag überschreitet (§ 73 Abs. 5 SGB V). Auch die Handlungsfreiheit der Versicherten aus Art. 2 Abs. 1 GG[216] ist berührt, weil ihre Freiheit zur Auswahl unter Arznei- und Hilfsmitteln, die ihnen als Sachleistung zur Verfügung gestellt werden, eingeengt wird.

Zu den insoweit mit der Festbetragsfestsetzung verbundenen Beschränkungen hat der Gesetzgeber nach Ansicht des Bundesverfassungsgerichts durch formelles Gesetz ermächtigt. Zu der verfassungsrechtlich relevanten Frage nach der Normsetzungsermächtigung der Krankenkassen gelangt das Bundesverfassungsgericht allerdings nicht. Es geht in seinem Urteil vielmehr davon aus, daß es sich bei der Festbetragsfestsetzung aufgrund einer nicht zu beanstandenden gesetzgeberischen Entscheidung nicht um einen Akt der Rechtsetzung, sondern um eine Allgemeinverfügung handelt[217]. Dem Gesetzgeber sei es durch das Grundgesetz nicht verwehrt, für den Vollzug hinreichend bestimmter gesetzlicher Vorschriften die Form einer Allgemeinverfügung auch dann vorzusehen, wenn deren Regelungen an einen unbestimmten, aber im Anwendungszeitpunkt bestimmbaren Personenkreis gerichtet sind. Zur Untermauerung dieser These führt das Bundesverfassungsgericht aus, daß es sich bei der Festbetragsfestsetzung um einen Akt des Gesetzesvollzugs handele.

Diese Argumentation des Bundesverfassungsgerichts steht und fällt mit der Einordnung der Festbetragsfestsetzung als Allgemeinverfügung, der aber aus den bereits dargelegten Gründen nicht zu folgen ist. Es zeigt sich damit, daß die Ausführungen des Gerichts insoweit an dem eigentlichen verfassungsrechtlichen Problem – Grund und Grenzen der Normsetzung durch Organe der sozialen Selbstverwaltung – vorbeigehen.

bb) Sozialversicherungsrechtliche Normsetzungsbefugnisse

Zur Vermeidung der offensichtlichen verfassungsrechtlichen Schwierigkeiten, die sich aus einer mangelnden, im üblichen Sinn verstandenen Selbstverwaltungstauglichkeit (und damit Autonomiefähigkeit) sowohl der sozialen Selbstverwaltungsträger allein als auch in ihrem Zusammenwirken in der gemeinsamen Selbstverwaltung ergeben, ist der Versuch unternommen worden, die von diesen ausgehende Rechtsetzung nicht als autonome, sondern als eine solche aufgrund delegierter Normsetzungsbefugnisse zu entwickeln. Dabei sind zwei Begrün-

---
[216] Hierzu BVerfGE 97, 271 (286).
[217] BVerfG NZS 2003, S. 144 ff. (145 und öfter).

dungsansätze zu unterscheiden. Während der eine (mit dem Bundessozialgericht) unmittelbar auf ein Traditionsargument rekurriert, unternimmt der andere Ansatz eine Neuinterpretation des Verhältnisses von Art. 80 Abs. 1 zu Art. 87 Abs. 2 GG. Wäre eine aufgrund verfassungsrechtlicher Tradition oder sonstiger Bestimmungen an Adressaten außerhalb des Kreises von Art. 80 Abs. 1 Satz 1 GG delegierbare bzw. im Bereich des Sozialversicherungsrechts delegierte Rechtsetzungsbefugnis anzunehmen, so würde der Umstand, daß bei der verhandelten Rechtsetzung keine homogenen, selbstverwaltungstauglichen Interessen der Verhandelnden gegeben sind, sondern diese sich antagonistisch gegenüber stehen, keine Probleme mehr bereiten. Bei der Ausübung delegierter Rechtsetzungskompetenzen ist die Voraussetzung für die Übertragung von autonomen Rechtsetzungskompetenzen nicht zu berücksichtigen.

α) *Art. 87 Abs. 2 GG und die Einräumung von Satzungsautonomie*

Die sich aus dem – begrenzten und an das Erfordernis personeller demokratischer Legitimation ausgerichteten – Kreis der Erst- und Subdelegatare ergebenden offensichtlichen Schwierigkeiten mit den konsensualen Normsetzungsbefugnissen des Sozialversicherungsrechts, werden dabei durch eine Auslegung des Art. 87 Abs. 2 GG überwunden. In dieser Vorschrift soll eine verfassungsrechtliche Entscheidung dahingehend zu sehen sein, daß die Sozialversicherung in der Form verselbständigter Verwaltungseinheiten mit Selbstverwaltungskompetenzen betrieben werden kann. Diese Versicherungsträger sollen zugleich auch als Adressaten für die Delegation von Rechtsetzungskompetenzen anerkannt worden sein[218]. Art. 87 Abs. 2 GG wäre hiernach eine bereichsspezifische Erweiterung des Kreises der Erstdelegatare i.S.v. Art. 80 Abs. 1 Satz 1 GG. Über die Bundesregierung, Bundesminister oder Landesregierungen hinaus wären soziale Versicherungsträger mögliche Adressaten gesetzlicher Ermächtigungen zu einer Normsetzung, die nicht den Beschränkungen und Bedingungen der autonomen Normsetzung unterliegt. Neben die Rechtfertigung einfachgesetzlicher Einräumung von Selbstverwaltungskompetenzen an die Träger der Sozialversicherung und – darüber hinausgehend – die vereinzelt vorgenommene Ableitung einer Selbstverwaltungs*garantie* aus Art. 87 Abs. 2 GG[219] tritt damit noch eine dritte Regelungsschicht, der dieser Vorschrift noch über ihren bloß kompetenzrechtlichen Wortlaut hinausgehend beigemessen wird.

Auch das Bundessozialgericht hatte bei seiner Befassung mit der Legitimation der Richtlinien des Bundesausschusses auf ein Traditionsargument für die Rechtfertigung der Übertragung einer Satzungskompetenz zurückgegriffen[220]. Das Gericht führte die Notwendigkeit des Kollektivvertragssystems wie der gesamten Regelungsformen der gemeinsamen Selbstverwaltung auf das die Kran-

---

[218] *P. Axer*, Normsetzung in der Sozialversicherung, S. 292 ff., 299 ff.
[219] *W. Boecken*, MedR 2000, S. 165 ff. (173 f.); *P. Lerche*, in: T. Maunz / G. Dürig u.a., Grundgesetz, Art. 87 Rn. 152.
[220] BSGE 78, 70 (77 ff.); ähnlich *S. Muckel*, NZS 2002, S. 118 ff. (125 ff.).

kenversicherung seit je her prägende Sachleistungsprinzip zurück, dessen Ausdruck die Regelungsformen der gemeinsamen Selbstverwaltung seien. Das Gericht ging hier aber noch von der Verleihung einer Satzungsautonomie an die Träger der gemeinsamen Selbstverwaltung aus und stellte fest, daß diese nicht nur auf mitgliedschaftlich strukturierte Körperschaften, sondern auch auf Anstalten übertragen werden könne – sofern der Gedanke der Betroffenen-Partizipation bei der Ausgestaltung der Entscheidungsgremien wenigstens durch Beteiligung der relevanten Gruppen Niederschlag finde[221]. Da bei solchen Anstalten das verbandsdemokratische[222] Element fehle, müßten zum Ausgleich allerdings nicht nur Inhalt, Zweck und Ausmaß der Normsetzungsermächtigung in Anlehnung an Art. 80 Abs. 1 Satz 2 GG im Übertragungsgesetz festgelegt sein, sondern die demokratisch verantwortliche Exekutive müsse auch über Einwirkungs- und Überwachungsmöglichkeiten verfügen[223]. Im Zusammenhang mit dieser Entscheidung legte das Gericht zur Unterstützung seiner Satzungslösung[224] auch die Interessenhomogenität der an der gemeinsamen Selbstverwaltung Beteiligten dar.

In den sog. »September«-Urteilen leitete das Gericht die Normsetzungskompetenz des Bundesausschusses schließlich nicht mehr aus einer Satzungskompetenz, sondern aus einer gewohnheitsrechtlich entwickelten Tradition der Rechtsetzung durch Kollektivverträge ab, die an den Vorgaben des Art. 80 Abs. 2 Satz 1 GG auszurichten sei[225].

Das Bundessozialgericht hat sich in diesen Urteilen zu den Richtlinien des Bundesausschusses der Ärzte und Krankenkassen über die Einführung neuer Untersuchungs- und Behandlungsmethoden auch mit den kassenärztlichen Kollektivverträgen im allgemeinen befaßt[226]. In diesen Entscheidungen setzt sich der Senat mit Klagen von Patienten auseinander, die Behandlungen begehrten, welche durch den Bundesausschuß der Ärzte und Krankenkassen noch nicht im Sinne des § 135 Abs. 1 SGB V anerkannt worden waren. Dabei setzt sich das Gericht – zwar auf die Richtlinien der Bundesausschüsse bezogen, aber zugleich das gesamte kollektive Vertragsarztrecht verteidigend – mit dem Vorwurf auseinander, daß die Einführung neuartiger, nicht im Grundgesetz benannter Rechtsetzungsformen gegen die Verfassung bzw. gegen einen in der Verfassung enthaltenen numerus clausus der Rechtsetzungsformen verstößt[227]. Zur Verteidigung der

---

[221] BSGE 78, 70 (80).
[222] Auf die Problematik der Verwendung des Demokratiebegriffs sei hier allerdings erneut hingewiesen; s.a. *M. Jestaedt*, Demokratieprinzip und Kondominialverwaltung, S. 546 (Fn. 560).
[223] BSGE 78, 70 (80). In dem konkreten Fall sah das Gericht diese Voraussetzung bei den Bundesausschüssen, bei denen es sich nicht um Körperschaften, sondern um Anstalten handele, als erfüllt an (S. 80 f.). Das Normprogramm der ermächtigenden Vorschriften des SGB V sei hinreichend vorgeprägt.
[224] Ausdruck von *R. Schimmelpfeng-Schütte*, NZS 1999, S. 530 ff. (531).
[225] BSGE 81, 73 (81 ff.); s.a. BSGE 81, 54; BSG MedR 1998, S. 230 ff; BSG ZfS 1998, S. 211 ff. Nach *R. Schimmelpfeng-Schütte*, NZS 1999, S. 530 ff. (533) ist dies die Normenvertragslösung.
[226] BSGE 81, 73 (81 ff.).
[227] Zu dieser Diskussion siehe bereits oben S. 370 ff.

kollektivvertraglichen Rechtsetzung (bzw. der funktionsähnlichen Rechtsetzung durch ein heterogen zusammengesetztes Gremium) betont das Gericht die lange historische Tradition der vereinbarten Normen im Kassenarztrecht. Insbesondere weist das Gericht auf den engen sachlichen (und zwingenden) Zusammenhang zwischen dem überkommen Sachleistungsprinzip in weiten Bereichen der Sozialversicherung und der Erforderlichkeit von Kollektivverträgen zu seiner Umsetzung hin[228]. Der Gesetzgeber habe nach dem Krieg an das kassenärztliche System der Weimarer Republik angeknüpft[229] und die Gerichte hätten seitdem zu keinem Zeitpunkt an der Zulässigkeit des Normenvertrags gezweifelt[230]. Wenn dessen Zulässigkeit nun bezweifelt würde, müßten tragende Prinzipien des bisherigen Systems der gesetzlichen Krankenversicherung und der in deren Rahmen erfolgenden Leistungserbingung umgestaltet werden. Angesichts der verbreiteten und historisch weit zurückreichenden Akzeptanz der kollektivvertraglichen Regelungsstrukturen könne nicht davon ausgegangen werden, daß die Verfassung eine so weit reichende Umgestaltung insinuiere[231]. Dieses Traditionsargument trägt nach Ansicht des Gerichts auch die Rechtsetzung durch Ausschüsse wie den Bundesausschuß, die von den Parteien der Kollektivverträge gleichermaßen besetzt werden, da auf diese Weise die Schaffung von Regeln ermöglicht wird, die für die gesamte vertragsärztliche Versorgung und für alle Kassenarten gleichzeitig getroffen werden müssen. Die Beteiligung unparteiischer Dritter sowie die verstärkten ministeriellen Überwachungs- und Ingerenzmöglichkeiten tragen dem Umstand Rechnung, daß insbesondere durch die Richtlinien des Bundesausschusses die Leistungsansprüche der Versicherten ausgestattet und damit deren Interessen berührt werden.

In einer folgenden Entscheidung unterstreicht ein anderer Senat des Bundessozialgerichts die Befugnis des Gesetzgebers, Satzungsautonomie (!) auf eine Einrichtung zu übertragen, die von zwei Körperschaften gebildet und von diesen demokratisch legitimiert sei[232]. Aus einer zweifachen verbandsdemokratischen Legitimation leitet das Gericht damit eine Berechtigung zur wechselseitigen Fremdverwaltung ab: Die verbandsdemokratische Legitimation der einen Seite ist damit nicht nur Legitimationsursprung für Machtausübung innerhalb von deren verbandlichen Binnenbereich, sondern zugleich auch Berechtigung zur Mitwirkung an Entscheidungen, die nicht nur die eigenen Verbandsangehörigen,

---

[228] BSGE 81, 73 (82 ff.).
[229] Siehe das Gesetz über Änderungen von Vorschriften des Zweiten Buchs der Reichsversicherungsordnung und zur Ergänzung des Sozialgerichtsgesetzes (Gesetz über das Kassenarztrecht) vom 17. August 1955 (BGBl. I 513); dort insbes. § 368g RVO n.F.
[230] Das allerdings insoweit von *H.D. Schirmer*, MedR 1996, S. 404 ff. (411) in Anspruch genommene Bundesverfassungsgericht hat sich in seinen Entscheidungen BVerfGE 68, 193 und 70, 1 nicht mit der Zulässigkeit einer Normsetzung durch die Akteure der gemeinsamen Selbstverwaltung befaßt. Wohl lassen sich positive Stellungnahmen des Bundessozialgerichts nachweisen: BSGE 29, 254 (256 ff.); 71, 42 (48 ff.); BSGE 81, 73 (81 ff.); 81, 54; BSG MedR 1998, S. 230 ff; BSG ZfS 1998, S. 211 ff.; BSGE 82, 42 (46 f.).
[231] BSGE 81, 73 (84).
[232] BSGE 82, 42 (46 f.).

IV. Gestaltungsfreiheit des Normgebers und vertragliche Bindung gegenüber Privaten

sondern auch die eines fremden Verbandes binden[233], so daß offensichtlich aus dem Amalgam zweier verbandsdemokratisch legitimierter Entscheidungsstränge ein neuer, kollektiv legitimierter Entscheidungsstrang entstehen soll. Damit akzeptiert der Senat nur partiell verbandsdemokratisch legitimierte Fremdverwaltung.

Diese Entscheidung kann nur so verstanden werden, daß die für die Einräumung von Selbstverwaltungskompetenzen erforderliche Interessenhomogenität der an der Entscheidung Beteiligten entweder als gegeben angesehen wird (hierauf deutet das Urteil dieses Senats hin, in dem mit einer Interessenhomogenität aller an der Sozialversicherung Beteiligten argumentiert wird). Dies wurde hier bereits nachdrücklich in Frage gestellt. Oder aber der Senat geht davon aus, daß Interessenhomogenität der an der Normsetzung Beteiligten im Sachbereich der Sozialversicherung nicht bzw. nicht in dem für die allgemeine Selbstverwaltung üblichen Sinne erforderlich ist. Dann kann es sich aber nicht um einen gewöhnlichen, die Existenz der Interessenhomogenität der Betroffenen voraussetzenden Fall der Satzungsautonomie einer Selbstverwaltungskörperschaft handeln, sondern um ein sozialversicherungsrechtliches Spezifikum. Auf diese Weise nähert sich der Senat der Sache, nicht aber der Terminologie nach einer Argumentation an, die in der untergesetzlichen Normsetzung des Sozialversicherungsrechts einen speziellen Fall der Delegation von Rechtsetzungskompetenzen auf andere als die in Art. 80 Abs. 1 GG genannten Delegatare erkennt.

Eine weitere Möglichkeit wäre die Legitimation der nicht mit den üblichen Kategorien zu klassifizierenden sozialversicherungsrechtlichen Rechtsetzung mit Traditionsargumenten. Diese basieren auf dem Versuch, die Gesamtverträge des Vertragsarztrechts unter Hinweis darauf zu rechtfertigen, daß sie bei Erlaß des Grundgesetzes bereits bekannt und bewährt waren und daß eine Änderung dieser Strukturen durch den Erlaß der neuen Verfassung nicht beabsichtigt gewesen sei. Hinsichtlich bei Erlaß des Grundgesetzes bestehender Normsetzungsbefugnisse des Sozialversicherungsrechts sei der Vorschrift des Art. 87 Abs. 2 GG eine stillschweigende Legitimation zu entnehmen[234]. Unabhängig von der Frage, ob sich eine solche stillschweigende Legitimation auch auf die institutionellen Strukturen vollständig neu errichteter Versicherungszweige wie der Pflegeversicherung erstrecken kann[235], ist diese Argumentation so weit ersichtlich[236] bislang nur auf die Rechtsetzungsbefugnis heterogen strukturierter Selbstverwaltungsträger, nicht aber auf das zwischen interessenantagonistischen Vertragspartnern

---

[233] BSGE 82, 42 (47).
[234] *E.-W. Böckenförde*, in: J. Isensee/P. Kirchhof, HdbStR Bd. I, § 22 Rn. 34; *E.T. Emde*, Die demokratische Legitimation der funktionalen Selbstverwaltung, S. 364 ff; 453; *J. Winkler*, Die verfassungsrechtliche Legitimation der Bundesanstalt für Arbeit zum Erlass arbeitsförderungsrechtlicher Anordnungen, S. 79 ff.; wohl auch *M. Jestaedt*, Demokratieprinzip und Kondominialverwaltung, S. 537 f. (Fn. 516).
[235] Ablehnend *V. Neumann*, Normenvertrag, Rechtsverordnung oder Allgemeinverbindlichkeitserklärung?, S. 30.
[236] Zu differenzieren ist der Ansatz von *P. Axer* (hierzu siehe S. 715 ff.), der Art. 87 Abs. 2 GG als eine Sondervorschrift zur sozialversicherungsspezifischen Konturierung des Kreises der nach Art. 80 Abs. 1GG möglichen Delegatare für die Übertragung von Normsetzungsbefugnissen ansieht.

ausgehandelte Recht bezogen worden[237]. Ansatzpunkt für die damit vorgenommene Legitimation der gemeinsamen Normsetzung ist die zentrale verfassungsrechtliche Vorschrift über das Sozialversicherungsrecht (Art. 87 Abs. 2 GG). In dieser Norm wird festgelegt, daß diejenigen sozialen Versicherungsträger als bundesunmittelbare Körperschaften des öffentlichen Rechtes geführt werden, deren Zuständigkeitsbereich sich über das Gebiet eines Landes hinaus erstreckt[238]. Soziale Versicherungsträger sind Träger öffentlicher Verwaltung, die die Aufgaben der Sozialversicherung (einschließlich der Arbeitslosenversicherung) i.S.v. Art. 74 Nr. 12 GG wahrnehmen[239].

Die definitorischen Elemente des in dieser Kompetenzvorschrift verwendeten Tatbestandsmerkmals »Sozialversicherung« sind die gemeinsame Deckung eines möglichen, in seiner Gesamtheit schätzbaren Bedarfs durch Verteilung auf eine organisierte Vielheit, die Aufbringung der hierfür erforderlichen Mittel durch Beiträge und die Durchführung dieser Aufgabe durch selbständige Anstalten und Körperschaften des öffentlichen Rechts[240].

Art. 87 Abs. 2 GG konstituiert mit der sog. sozialen Selbstverwaltung keinen weiteren Fall einer verfassungskräftigen kompetenzrechtlichen Institutionsgarantie; insbesondere stellt die Norm keine Garantie der sozialen Selbstverwaltung dar[241]. Dennoch ist Art. 87 Abs. 2 GG nicht nur Kompetenznorm, sondern ordnet zugleich als organisatorische Vorgabe für die Träger der Sozialversicherung die Form der bundesunmittelbaren Körperschaften des öffentlichen Rechts an[242]. Ihr Wortlaut bezieht sich zunächst allein auf die länderübergreifenden Versicherungsträger. Wäre die Norm als globale verfassungsrechtliche Garantie der sozialen Selbstverwaltung zu verstehen, würde sich diese Garantie aber auch auf

---

[237] *J. Winkler*, Die verfassungsrechtliche Legitimation der Bundesanstalt für Arbeit zum Erlass arbeitsförderungsrechtlicher Anordnungen, S. 79 ff.
[238] *P. Axer*, Normsetzung in der Sozialversicherung, S. 282 ff.; *M. Burgi*, in: H. v. Mangoldt/F. Klein/C. Starck, Grundgesetz Bd. 3, Art. 87 Rn. 90 ff.
[239] BVerfGE 63, 1 (34); *P. Axer*, Normsetzung in der Sozialversicherung, S. 276 ff.; *M. Sachs*, in: ders., Grundgesetz, Art. 87 Rn. 49; vorsichtig anders: *M. Burgi*, in: H. v. Mangoldt/F. Klein/C. Starck, Grundgesetz Bd. 3, Art. 87 Rn. 69 ff., 92; *P. Lerche*, in: T. Maunz/G. Dürig u.a., Grundgesetz, Art. 87 Rn. 152.
[240] BVerfGE 11, 105 (111 ff.); 63, 1 (35); 57, 108 (146); s.a. *S. Oeter*, in: H. v. Mangoldt/F. Klein/C. Starck, Grundgesetz Bd. 2, Art. 74 Rn. 129.
[241] BVerfGE 36, 383 (393); 39, 302 (315); *P. Axer*, Normsetzung in der Sozialversicherung, S. 282 ff.; *G. Hermes*, in: H. Dreier, Grundgesetz Bd. III, Art. 87 Rn. 60; *W. Kluth*, Funktionale Selbstverwaltung, S. 520; *M. Sachs*, in: ders., Grundgesetz, Art. 87 Rn. 57; *K. Stern*, Staatsrecht Bd. II, § 41 VII 5c; a.A. *W. Boecken*, MedR 2000, S. 165 ff. (173 f.); *P. Lerche*, in: T. Maunz/G. Dürig u.a., Grundgesetz, Art. 87 Rn. 152. Eine andere Frage ist aber, ab welchem Punkt organisatorische Modifikationen der Sozialversicherung oder die Einbeziehung neuer Lebenssachverhalte so gravierend sind und von dem überkommenen Bild dieser Institution abweichen, daß der in seinem Ausgangspunkt aus einer historischen Bezugnahme lebende und nur vorsichtige Modifikationen erlaubende Kompetenztitel des Art. 74 Abs. 1 Nr. 12 GG verlassen wird; insoweit eher großzügig *S. Oeter*, in: H. v. Mangoldt/F. Klein/C. Starck, Grundgesetz Bd. 2, Art. 74 Rn. 128 m.w.N.; s.a. *J. Isensee*, ZRP 1982, S. 137 ff. (142).
[242] BVerfGE 63, 1 (35); *P. Lerche*, in: T. Maunz/G. Dürig u.a., Grundgesetz, Art. 87 Rn. 152.

die landesunmittelbaren Träger der Sozialversicherung auswirken, deren organisatorische Gestaltung der Bundesgesetzgeber auf der Grundlage von Art. 84 Abs. 1 GG vornehmen kann und mit den Regelungen des Sozialgesetzbuchs auch vorgenommen hat[243]. Ist die Verwendung des Tatbestandsmerkmals »Körperschaft« in dem Sinne zu verstehen, daß mit ihr das organisationsrechtliche Substrat der Selbstverwaltung – eine mitgliedschaftlich verfaßte Organisation zur Regelung eigener Angelegenheiten – angesprochen ist, so könnte in der Vorschrift auch eine verfassungsrechtliche Grundentscheidung zugunsten einer sozialen Selbstverwaltung und der damit verbundenen Absenkung des demokratischen Legitimationsniveaus für die von den Trägern sozialer Selbstverwaltung ausgehenden Entscheidungen liegen. Allerdings ist das Tatbestandsmerkmal »Körperschaft« nicht in dem bezeichneten, engen Sinne zu verstehen[244]. Entstehungsgeschichtlich läßt sich nicht nachweisen, daß die Verfassung das Tatbestandsmerkmal der öffentlich-rechtlichen Körperschaft in dem dargelegten Sinne verstanden wissen will. Der Verfassungsgeber stand vielmehr in einer rechtshistorischen Tradition, in der der Körperschaftsbegriff als Synonym für die juristische Person im allgemeinen verwendet wurde[245].

Keinen anderen Schluß läßt die unterschiedliche Formulierung von Art. 87 Abs. 2 GG einerseits und von Art. 87 Abs. 3 Satz 1 GG andererseits zu. Hieraus kann nicht gefolgert werden, daß der Verfassungsgeber den konstruktiven Unterschied zwischen Körperschaften und Anstalten besonders hervorheben wollte[246]. Der Parlamentarische Rat hatte die Erweiterung der Aufzählung in der letztgenannten Vorschrift um die »Anstalten« lediglich als redaktionelle Änderung vorgenommen[247]. Mit der Formulierung »Körperschaft des öffentlichen Rechts« verlangt die Verfassung in diesem Zusammenhang lediglich die Errichtung eines Trägers der mittelbaren Staatsverwaltung[248] in Form einer rechtlich verselbständigten öffentlich-rechtlichen Verwaltungseinheit. Ausgeschlossen ist damit nur die Wahrnehmung sozialversicherungsrechtlicher Aufgaben durch die unmittelbare Bundesverwaltung bzw. durch privatrechtlich organisierte Rechtssubjekte, soweit diese nicht als Beliehene wiederum in die Verwaltungsorganisation eingegliedert werden[249].

Aber selbst wenn das Tatbestandsmerkmal der Körperschaft in einem engen Sinne verwendet worden wäre, bedeutete dies ebenfalls noch nicht, daß die Ein-

---

[243] *P. Axer*, Normsetzung in der Sozialversicherung, S. 282.
[244] *W. Blümel*, in: J. Isensee/P. Kirchhof, HdbStR Bd. IV, § 101 Rn. 87, 110; *R. Breuer*, VVDStRL Bd. 44 (1986), S. 211 ff. (236); *E.T. Emde*, Die demokratische Legitimation der funktionalen Selbstverwaltung, S. 371; *T. Maunz*, in: T. Maunz/G. Dürig u.a., Grundgesetz, Art. 86 Rn. 2; *K. Stern*, Staatsrecht Bd. II, § 41 VII 5c (Fn. 440); *P. Lerche*, in: T. Maunz/G. Dürig u.a., Grundgesetz, Art. 87 Rn. 160, verlangt zumindest das Vorliegen einer mitgliedschaftlichen oder mitgliedschaftsähnlichen Struktur als Kern der Organisation des Selbstverwaltungsträgers.
[245] *P. Axer*, Normsetzung in der Sozialversicherung, S. 280 m.w.N. in Fn. 282 f.
[246] So aber *M. Sachs*, in: ders., Grundgesetz, Art. 87 Rn. 54.
[247] *P. Axer*, Normsetzung in der Sozialversicherung, S. 280; *E.T. Emde*, Die demokratische Legitimation der funktionalen Selbstverwaltung, S. 366.
[248] Zu dem Begriff der mittelbaren Staatsverwaltung in der neueren verwaltungsrechtlichen Dogmatik siehe nur *E.T. Emde*, Die demokratische Legitimation der funktionalen Selbstverwaltung, S. 247 ff. m.w.N.
[249] *P. Axer*, Normsetzung in der Sozialversicherung, S. 281.

richtung einer Körperschaft des öffentlichen Rechts zwingend mit der Verleihung von Selbstverwaltungsbefugnissen und der Einräumung von Satzungsautonomie einhergehen muß. Mag die Körperschaft des öffentlichen Rechts aus empirischer Sicht der regelmäßige organisatorische Rahmen zugebilligter Selbstverwaltung sein und eignet sich diese Organisationsform auch aufgrund ihrer typischerweise mitgliedschaftlichen Struktur am besten für die Verwirklichung von Selbstverwaltung, so kann hieraus nicht schon der Umkehrschluß gezogen werden, daß jede Körperschaft stets – gleichsam definitionsgemäß – über Selbstverwaltungsrecht verfügen muß[250]. Mit Blick auf Art. 87 Abs. 2 Satz 1 GG fehlt für eine so weitgehende Schlußfolgerung im Vergleich etwa zu Art. 28 Abs. 2 Satz 1 GG eine hinreichende Basis im Text der Verfassung[251]. Der fehlende Garantiegehalt von Art. 87 Abs. 2 Satz 1 GG wird dadurch unterstrichen, daß im Verlauf der Verfassungsgebung der noch in Art. 116 Abs. 3 HChE enthaltene Begriff der »Selbstverwaltungseinrichtungen«, in denen die sozialen Versicherungsträger geführt werden sollten, durch den der »Körperschaften des öffentlichen Rechts« ersetzt wurde[252]. Diese Änderung sollte deutlich machen, daß die Träger der Sozialversicherung zwar zum einen in einer von der unmittelbaren Bundesverwaltung unabhängigen Organisationsweise geführt werden müssen, daß aber zum anderen auch diese nicht wesensnotwendig über Selbstverwaltungsbefugnisse verfügen müssen[253].

Da sich aber eine Garantie der sozialen Selbstverwaltung auch *weder* aus dem wegen seiner Weite und Konkretisierungsbedürftigkeit ohnehin für die Ableitung von konkreten Rechtsfolgen kaum geeigneten Sozialstaatsprinzip *noch* aus dem Demokratieprinzip, nach dem eine der Selbstverwaltung immanente autonome Legitimation ohnehin eine rechtfertigungsbedürftige Ausnahme darstellt, ableiten läßt, ist festzuhalten, daß sich der Verfassung keineswegs für den von Art. 87 Abs. 2 Satz 1 GG i.V.m. Art. 74 Nr. 12 GG umrissenen Sachbereich der Sozialversicherung eine Garantie der sozialen Selbstverwaltung entnehmen läßt. Dementsprechend ist – anders als mit Blick auf die kommunale Selbstverwaltung nach Art. 28 Abs. 2 Satz 1 GG – eine kompetenzrechtliche Institutionsgarantie, aufgrund derer der Gesetzgeber zur Übertragung von (autonomen) Normsetzungsbefugnissen auf die an dem System der Sozialversicherung Beteiligten berechtigt oder gar verpflichtet wäre, nicht anzunehmen.

Auch wenn Art. 87 Abs. 2 GG somit keine Verfassungsgarantie für Errichtung und Erhalt sozialer Selbstverwaltung enthält, so legitimiert die Vorschrift aber zumindest den einfachen Gesetzgeber zu einer mit der Einräumung von Selbst-

---

[250] *P. Lerche*, in: T. Maunz/G. Dürig u.a., Grundgesetz, Art. 87 Rn. 159.
[251] BVerfGE 36, 383 (393); 39, 302 (315); *R. Hendler*, Selbstverwaltung als Ordnungsprinzip, S. 227 m.w.N.; *K. Stern*, Staatsrecht Bd. II, § 41 VII 5c; abwägend: *M. Burgi*, in: H. v. Mangoldt/F. Klein/C. Starck, Grundgesetz Bd. 3, Art. 87 Rn. 92 ff.
[252] JöR N.F. Bd. 1 (1951), S. 644; hierzu *E.T. Emde*, Die demokratische Legitimation der funktionalen Selbstverwaltung, S. 366 ff.; *M. Jestaedt*, Demokratieprinzip und Kondominialverwaltung, S. 484 ff.
[253] Hierzu auch *P. Axer*, Normsetzung in der Sozialversicherung, S. 283 f.

verwaltungsrechten und Satzungsautonomie verbundenen Absenkung vom verfassungsrechtlich geforderten Niveau demokratischer Legitimation im Sachbereich der Sozialversicherung[254].

β) *Erweiterung des Kreises der Erstdelegatare aus Art. 80 Abs. 1 GG nach Art. 87 Abs. 2 GG*

Für die Einrichtung der sozialen Selbstverwaltung wird aus Art. 87 Abs. 2 GG zwar keine verfassungsrechtliche Garantie, wohl aber eine entsprechende Legitimation für die Delegation von Normsetzungsbefugnissen abgeleitet. Wegen der fehlenden verfassungsrechtlichen Fundierung des Selbstverwaltungsrechts der Sozialversicherungsträger mag auch die zunehmende Einschnürung der Selbstverwaltungskompetenzen durch gesetzliche Vorgaben[255] zwar dem Sinn der eingeräumten Selbstverwaltung widersprechen – verfassungsrechtliche Probleme wirft sie hingegen nicht auf. Fraglich ist aber, ob diese verfassungsrechtliche Legitimation nicht nur die Einrichtung von personell demokratisch defizitären, interessenheterogenen Selbstverwaltungskörperschaften und die Übertragung von autonomen Rechtsetzungskompetenzen auf diese gestattet, sondern darüber hinaus auch eine Grundlage entweder für eine Modifikation des Selbstverwaltungsbegriffs im Sinne der »gemeinsamen« – antagonistischen – Selbstverwaltung oder aber – unabhängig von dem Vorliegen autonomer Körperschaftsstrukturen – für eine Erweiterung des Kreises zulässiger Erstdelegatare nach Art. 80 Abs. 1 GG abgibt.

Maßgebliches Argument für die Erweiterung des Kreises zulässiger Erstdelegatare ist die historische Bezugnahme des Verfassungsgebers auf die überkommenen sozialversicherungsrechtlichen Strukturen unter der Weimarer Reichsverfassung[256]. Das damalige Spektrum der Sozialversicherungsträger war durch eine große Vielfalt von Akteuren geprägt, die als verselbständigte Verwaltungseinheiten organisiert waren, sich aber keineswegs allesamt in die heute gängigen Kategorien des Verwaltungsorganisationsrechts fassen ließen[257]. Diesen verselbständigten Verwaltungseinheiten standen aufgrund gesetzlicher Ermächtigungen Normsetzungsbefugnisse zu, die es ihnen erlaubten, in dem Bereich des Leistungs- und des Leistungserbringungsrechts Regelungen zu treffen. Die einschlägigen Beratungen des Parlamentarischen Rats knüpften an diese organisatorische Vielfalt und die entsprechenden polyzentrischen Rechtsetzungsbefugnisse an. Bedenken hiergegen wurden nicht erhoben[258]. Der Parlamentarische Rat rezipierte vielmehr das sozialversicherungsrechtliche System der Weimarer Zeit

---

[254] BVerfGE 39, 302 (314); *E.-W. Böckenförde*, in: J. Isensee/P. Kirchhof, HdbStR Bd. I, § 22 Rn. 25; *M. Burgi*, in: H. v. Mangoldt/F. Klein/C. Starck, Grundgesetz Bd. 3, Art. 87 Rn. 94; *M. Jestaedt*, Demokratieprinzip und Kondominialverwaltung, S. 537 ff.; ablehnend *A. Hänlein*, Rechtsquellen im Sozialversicherungsrecht, S. 185 f.
[255] Hierzu *B. Schulin*, in: ders., HdbSozVersR Bd. I, § 6 Rn. 84 ff.
[256] *P. Axer*, Normsetzung in der Sozialversicherung, S. 299 ff.
[257] Siehe nur *L. Richter*, Sozialversicherungsrecht, S. 21 ff.
[258] *E.T. Emde*, Die demokratische Legitimation der funktionalen Selbstverwaltung, S. 368 f., 371 ff.

durch die Verwendung des Tatbestandsmerkmals »Sozialversicherung« im Rahmen der Gesetzgebungskompetenzen unter Bezugnahme auf das überkommene Begriffsverständnis[259]. Obschon sich der Parlamentarische Rat nicht ausdrücklich mit der Zulässigkeit von Normenverträgen befaßt hat, wird dieses stillschweigende Anknüpfen an das Sozialversicherungsrecht der Weimarer Republik als prinzipielles verfassungsrechtliches Einverständnis für das System untergesetzlicher Rechtsetzung in der Sozialversicherung angesehen.

Allerdings ist zu betonen, daß es bis zum Jahre 1989 keine kollektivrechtlichen Beschränkungen des Versichertenanspruchs gab und daß insoweit keine vorkonstitutionelle Tradition besteht. Sachleistungsrecht und Leistungserbringungsrecht waren bis zum Jahr 1989 ohne eine Minderung des Versichertenanspruchs zu einem bloßen Rahmenrecht und ohne Vorrang des Leistungserbringungsrechts ausgekommen[260]. Insbesondere die insoweit relevante Richtlinienbefugnis der Bundesausschüsse existierte weder in den Jahren 1931/32[261], noch im Jahre 1955 als Normsetzungsbefugnis. Diese Befugnisse sind nach den Gesetzesmaterialien des Kassenarztgesetzes[262] von 1955 ausdrücklich verneint worden, weil sonst den Bundesausschüssen die Konkretisierung der Leistungspflicht gegenüber den Krankenkassen übertragen worden wäre[263].

Dennoch wird der impliziten grundgesetzlichen Bezugnahme auf das Weimarer System der Sozialversicherung entnommen, daß die Verfassung in Anknüpfung an die historische Entwicklung dort ein von dem Regelfall exekutiver demokratischer Legitimation – der Ministerialverwaltung – abweichendes Legitimationsniveau konsensualer Normen des Sozialversicherungsrechts akzeptiert. Diese Abweichung ist allerdings wh. nur hinsichtlich der Erfordernisse personell demokratischer Legitimation möglich, mangels einer Art. 28 Abs. 2 Satz 1 GG ähnlichen Vorschrift für die soziale Selbstverwaltung nicht aber, soweit die Voraussetzungen sachlich-inhaltlicher Legitimation betroffen sind[264].

Gegen diese mit Blick auf Art. 80 Abs. 1 Satz 1 GG vollzogene Erweiterung des Kreises möglicher Erst- (und dann wohl konsequenterweise auch: Sub-) Delegatare sind aber Bedenken anzumelden. Ohne daß der historische Befund, auf

---

[259] Von der verfassungsrechtlichen Verwendung des Begriffs »Sozialversicherung« in dem überkommenen Begriffsverständnis geht auch BVerfGE 11, 105 (111 f.) bei seiner Bezugnahme auf die 2klassische« Sozialversicherung aus; s.a. *J. Isensee*, Umverteilung durch Sozialversicherungsbeiträge, S. 44 ff.

[260] *A. Schneider-Danwitz / G. Glaeske*, MedR 1999, S. 164 ff. (169).

[261] Ein im Jahre 1931 zustande gekommenes Übereinkommen der Ärzteschaft mit den Spitzenverbänden der Krankenkassen unter Beteiligung des Reichsarbeitsministeriums bildete die Grundlage für eine nachfolgende Neuregelung des Kassenarztrechts durch Verordnung vom 8. Dezember 1931 (RGBl. I 699) und vom 14. Januar 1932.

[262] Gesetz über Änderungen von Vorschriften des Zweiten Buchs der Reichsversicherungsordnung und zur Ergänzung des Sozialgerichtsgesetzes (Gesetz über das Kassenarztrecht) vom 17. August 1955 (BGBl. I 513).

[263] *F. Ossenbühl*, NZS 1997, S. 497 ff. (501).

[264] *P. Axer*, Normsetzung in der Sozialversicherung, S. 302 unter Hinweis auf: *E.-W. Böckenförde*, in: J. Isensee/P. Kirchhof, HdbStR Bd. I, § 22 Rn. 34; *E.T. Emde*, Die demokratische Legitimation der funktionalen Selbstverwaltung, S. 368 ff., 455; *M. Jestaedt*, Demokratieprinzip und Kondominialverwaltung, S. 538 ff.

der die Annahme einer sozialversicherungsspezifischen Erweiterung der in Art. 80 Abs. 1 GG aufgezählten Erstdelegatare beruht, vollständig in Abrede gestellt werden soll und kann, ist doch die Aussagekraft dieses Bezugs nicht so weitreichend wie angenommen. Zum einen spricht die systematische Stellung der Vorschrift gegen eine solche Annahme. Sie befindet sich zwar in unmittelbarer Nähe zu Art 80 Abs. 1 GG und entbehrt doch als Vorschrift über den Verwaltungsaufbau jeder inhaltlichen oder systematischen Bezugnahme. Zum zweiten werden mit einer solchen Konstruktion bereichsspezifischer Delegationsbefugnisse die prinzipiell zu differenzierenden Kategorien der Delegation von Rechtsetzungskompetenzen einerseits und deren Übertragung auf Selbstverwaltungskörperschaften andererseits in systemwidrigerweise miteinander vermengt. Es gibt keinen Anhaltspunkt dafür, daß das Grundgesetz beide Kategorien der Rechtsetzung in der Sozialversicherung durch ein- und denselben Akteur zulassen wollte oder durch Bezugnahme auf historische Traditionen der Sozialversicherung in der Weimarer Republik zugelassen hat. Angesichts der systemfremden, ja -sprengenden Wirkung einer solchen Übernahme hätte ihre Begründung eines Anzeichens in Wortlaut oder Systematik des Grundgesetzes bedurft.

Zwar war dem Verfassungsgeber das kassenärztliche Regelungssystem der Weimarer Republik durchaus präsent. Doch wurde dieses gerade als ein – von der Verfassung nicht erzwungenes, aber geduldetes – System der Selbstverwaltung angesehen. Die Normsetzungsbefugnisse der Beteiligten gründeten auf deren Selbstverwaltungsbefugnissen und waren nicht als Ausübung delegierter Staatsgewalt entsprechend einer Rechtsverordnung i.S.v. Art. 80 Abs. 1 GG zu verstehen. Zwar waren unter der Weimarer Verfassung der Übertragung von Normsetzungsbefugnissen auf verselbständigte Verwaltungseinheiten nicht die sachlichen (Inhalt, Zweck und Ausmaß) und subjektiven (siehe den Adressatenkreis von Erst- und Subdelegataren) Grenzen des Art. 80 Abs. 1 GG gesetzt[265], so daß sich hinsichtlich des Umfangs dezentralisierter Gesetzgebung kein Unterschied zwischen delegierter und autonomer Gesetzgebung ergab. Diese Identität darf indessen nicht darüber hinwegtäuschen, daß auch in der Weimarer Verfassungspraxis und Staatsrechtslehre zwischen delegierter und autonomer Normsetzung differenziert wurde und daß die Normsetzungsbefugnisse der kassenärztlichen Vereinigungen der letztgenannten Kategorie zugeordnet wurde.

Dem wird entgegengehalten, daß in der Möglichkeit der Rechtsetzung durch Ärzte und Krankenkassen kein Verzicht der Staatsgewalt zu sehen sei, diese Beziehungen durch Rechtssätze selbst zu regeln. Der Gesetzgeber traf selbst detaillierte Regelungen in diesem Bereich bzw. war zumindest berechtigt dies zu tun, ohne dabei auf verfassungsrechtlich relevanten Gegenpositionen der Beteiligten zu stoßen[266]. Das bedeutet aber nur, daß die an der Sozialversicherung Beteiligten

---

[265] Siehe nur *M. Nierhaus*, in: Bonner Kommentar zum Grundgesetz (1998), Art. 80 Rn. 42 ff.
[266] *P. Axer*, Normsetzung in der Sozialversicherung, S. 284 f. unter Verweis auf *L. Richter*, FS Ehrenberg, S. 75 ff. (99 f.).

nicht über einen verfassungsrechtlichen und eingriffsresistenten Gestaltungsspielraum verfügten, sondern daß ihnen die Aufgabe des Vollzugs der Reichsversicherungsordnung unter z.T. weitreichender staatlicher Aufsicht oblag. Dies macht aber nur deutlich, daß es sich – damals wie heute – bei der sozialversicherungsrechtlichen Selbstverwaltung nicht um eine solche mit verfassungsrechtlicher Dignität handelt, sondern daß sie auf einer Verleihung durch den einfachen Gesetzgeber beruht und dementsprechend auch dessen gestaltender Disposition – Erweiterung oder Einengung – unterliegt. Gerade die körperschaftliche und den Gedanken der Partizipation verwirklichende Struktur der Normgeber streitet wider die Annahme, daß es sich um delegierte Gesetzgebungsbefugnisse gehandelt haben müsse. Gegen eine Einordnung und Legitimation des vertragsärztlichen Kollektivrechts als einen durch Erweiterung des Adressatenkreises begründeten Sonderfall der delegierten Gesetzgebung spricht damit, daß die konsequente Verfolgung des hierfür angeführten historischen Arguments zu einem Austausch der Legitimationsbasis für die Übertragung von Normsetzungsbefugnissen führen würde.

Die körperschaftliche und nicht den typischen (vgl. Art. 80 Abs. 1 Satz 1 und 4 GG) Adressaten delegierter Rechtsetzungsbefugnisse entsprechende Struktur der Normsetzer streitet demgegenüber für die Annahme, daß es sich bei den Normsetzungsbefugnissen nur um solche autonomer Art handeln kann – selbst wenn hier eine besondere Form der Autonomie angesprochen ist, die offensichtlich ohne das Erfordernis der Interessenhomogenität auskommen soll und deswegen mit dem Begriff der gemeinsamen Selbstverwaltung umschrieben wird.

Ein weiterer Punkt macht deutlich, daß einer Erweiterung des Adressatenkreises aus Art. 80 Abs. 1 GG durch Art. 87 Abs. 2 GG erhebliche Bedenken entgegenstehen. Diese Erweiterung soll nämlich unter dem Vorbehalt stehen, daß die ermächtigende gesetzliche Vorschrift den inhaltlichen Vorgaben des Art. 80 Abs. 1 Satz 2 GG genügt. In dieser Beschränkung des Delegationsumfangs, die der Weimarer Verfassung nicht bekannt war, liegt das Eingeständnis, daß sich eine unbegrenzte Übertragung von Rechtsetzungsbefugnissen an nicht demokratisch legitimierte Normsetzer nicht in die grundgesetzliche Ordnung einpassen läßt. Während aber unabhängig von der Art der übertragenen Rechtsetzungsbefugnisse eine solche unbegrenzte Übertragung unter der Weimarer Verfassung zulässig war, sollen zwar durch das Grundgesetz mit den Trägern der Sozialversicherung wohl die ehemaligen Adressaten dieser Rechtsetzungsbefugnisse, nicht aber die zu Weimarer Zeit noch bestehende inhaltliche Freiheit des Gesetzgebers akzeptiert worden sein. Während der Parlamentarische Rat also hinsichtlich inhaltlicher Vorgaben für den sich selbst entäußernden Gesetzgeber ausdrücklich durch die Normierung von Art. 80 Abs. 1 Satz 2 GG einen neuen Verfassungszustand herstellt, soll er durch Art. 87 Abs. 2 GG hinsichtlich des Adressatenkreises höchst implizit einen alten Verfassungszustand beibehalten haben. In diesem Widerspruch liegt eine entscheidende Sollbruchstelle des Traditionsarguments.

Wenn sich die in dem Bereich des Sozialversicherungsrechts anzutreffenden Formen der Rechtsetzung nicht in die Legitimationskategorien der Verfassung einfügen lassen und die Herleitung einer entsprechenden Legitimation durch sonstige Verfassungsauslegung nicht möglich ist, so kann das verfassungsrechtliche System auch nicht durch Verfassungsgewohnheitsrecht – nicht *intra*, sondern dann *contra constitutionem*[267] – gesprengt werden[268]. Daß auch die weite, in die Zeit vor dem Grundgesetz reichende Rückführbarkeit vorgefundener Strukturen nicht ohne weiteres Anlaß für eine verfassungsrechtliche Unbedenklichkeitsbescheinigung sein kann, macht Art. 123 Abs. 1 GG deutlich[269]. Wenn diese Vorschrift festlegt, daß Recht aus der Zeit vor dem Zusammentritt des Bundestages nur dann fortgilt, soweit es dem Grundgesetze nicht widerspricht, wird hieran die Ablehnung verfassungswidriger Rechtstraditionen durch die Verfassung deutlich. Die lange Tradition der fraglichen Regelungsstrukturen kann daher ein Argument bei der Auslegung verfassungsrechtlicher Regelungen sein. Eine eigenständige Begründung für deren Verfassungsmäßigkeit vermag sie nicht abzugeben[270].

Im Ergebnis ist festzuhalten, daß die verhandelte Rechtsetzung in der Sozialversicherung nicht als eine besondere, weil auf einen speziellen Adressatenkreis delegierte Gesetzgebung im überkommenen Sinne kategorisiert werden kann. Wenn aber die bislang dargelegten Formen – Delegation und Autonomie – für die Vermittlung von Legitimation für eine Übertragung von Kompetenzen zur Aushandlung von Rechtsnormen auf Träger antagonistischer Interessen nicht durchgreifen, ist nach gleichwertigen Ersatzlösungen Ausschau zu halten.

γ) Art. 9 Abs. 3 GG als Legitimationsgrundlage

Als zentrale Vorschrift für die Legitimation der konsensualen Rechtsetzung in der Sozialversicherung wäre noch Art. 9 Abs. 3 GG zu erwägen. Insbesondere mit dem insoweit für die übrigen Bereiche des Sozialversicherungsrechts modellhaft wirkenden Vertragsarztrecht wird diese Verfassungsvorschrift sowohl als Legitimationsgrundlage für die Rechtsetzung heterogen zusammengesetzter Selbstverwaltungskörperschaften (also v.a. der Sozialversicherungsträger) als auch für die Legitimation der zwischen Trägern antagonistischer Interessen aus-

---

[267] Zu der Differenzierung *B.-O. Bryde*, Verfassungsentwicklung, S. 446 ff.
[268] *P. Badura*, in: J. Isensee/P. Kirchhof, HdbStR Bd. VII, § 160 Rn. 10; *K.-E. Hain*, in: H. v. Mangoldt/F. Klein/C. Starck, Grundgesetz Bd. 3, Art. 79 Rn. 14; *J. Isensee*, in: ders./P. Kirchhof, HdbStR Bd. VII, § 162 Rn. 64 (Fn. 178); *C. Tomuschat*, Verfassungsgewohnheitsrecht, S. 88 ff. (s.a. 74 ff., 132 ff., 145 ff.); *B.-O. Bryde*, Verfassungsentwicklung, S. 454; für die Anerkennung einiger Fälle des Verfassungsgewohnheitsrechts, die sich indessen wohl eher intra denn contra constitutionem entwickelt haben, z.B. *H. Schulze-Fielitz*, in: H.-P. Schneider/W. Zeh, Parlamentsrecht und Parlamentspraxis in der Bundesrepublik Deutschland, § 11 Rn. 5. Zu dem Problem umfassend auch *K. Stern*, Staatsrecht Bd. I, § 4 I 6 v.a. mit weiteren Befürwortern der Zulässigkeit von Verfassungsgewohnheitsrecht in Fn. 43.
[269] So auch *V. Neumann*, Normenvertrag, Rechtsverordnung oder Allgemeinverbindlichkeitserklärung?, S. 31; *F. Ossenbühl*, NZS 1997, S. 497 (500 f.).
[270] Siehe auch *F. Ossenbühl*, NZS 1997, S. 497 (500 f.).

gehandelten Rechtsnormen verwendet[271]. Die verfassungsrechtliche Legitimation des Verhandlungsmodells im Kassenarztrecht könnte somit – ähnlich wie die Rechtsetzung der antagonistischen Tarifparteien – aus Art. 9 Abs. 3 GG herzuleiten sein. Eine solche Herleitung beruht auf der Argumentation, daß das Kassenarztrecht ausweislich seiner Entstehungsgeschichte sowie auch der Sache nach ein besonderes Tarifvertragsrecht zwischen Krankenkassen und Vertragsärzten darstelle. Aus diesem Grunde sei der Gesetzgeber berechtigt gewesen, das aus dem Tarifvertragsrecht bekannte Verhandlungsmodell als Rechtserzeugungsmodus auch auf das – strukturell ähnliche – Kassenarztrecht zu übertragen[272]. Eine solche Analogie könnte eine entscheidende weitere Konsequenz haben: Würde man tatsächlich den ausgehandelten Regelungen ein tarifvertragsähnliches Herkommen sowie eine entsprechende Funktion und Wirkung zubilligen, könnte dies auch Ausgangspunkt einer Diskussion über die Frage sein, ob die entsprechenden Vereinbarungen der gemeinsamen Selbstverwaltung nicht unter Berufung auf die Rechtsprechung des Europäischen Gerichtshofs zu einem tarifvertraglich vereinbarten Betriebsrentenfonds von den Wettbewerbsvorschriften des EGV freizustellen ist. In diesem Fall verneint der Gerichtshof die Anwendbarkeit des EG-Kartellrechts deshalb, weil »die im Rahmen von Tarifverhandlungen zwischen den Sozialpartnern im Hinblick auf diese Ziele geschlossenen Verträge auf Grund ihrer Art und ihres Gegenstandes« nicht unter Art. 81 EGV fallen[273].

Aus wirtschaftlicher Perspektive mögen sich Vertragsärzte und Krankenkassen ähnlich dem tarifvertraglichen Verhältnis von Arbeitgebern und Arbeitnehmern gegenüberstehen[274]. Die Angebotsmacht der Vertragsärzte, die ohne deren zwangsweise Verbindung innerhalb der Kassenärztlichen Vereinigungen stark fragmentiert wäre, steht der wirtschaftlichen Übermacht der Krankenkassen auf der Nachfrageseite gegenüber. Die Einräumung von Verhandlungspositionen an ein Kollektiv von Leistungserbringern führt daher nicht nur zu einer Unterstellung von Individual- unter Gruppeninteressen, sondern kompensiert die Freiheitseinbuße zugleich durch die Zuweisung der Teilhabe an einer durch Kollektivierung verstärkten Verhandlungsposition. Während allerdings Art. 9 Abs. 3 GG bei der dort angesprochenen »Wahrung und Förderung der Arbeits- und Wirtschaftsbedingungen« die abhängige Arbeit im Blick hat[275], sind die Vertrags-

---

[271] *A. Hänlein*, Rechtsquellen im Sozialversicherungsrecht, S. 385 ff.; *H.D. Schirmer*, MedR 1996, S. 404 ff. (410 ff.); ablehnend demgegenüber aber *T. Clemens*, MedR 1996, S. 432 ff. (432); *R. Wimmer*, MedR 1996, S. 425 ff. (425).

[272] So v.a. *H.D. Schirmer*, MedR 1996, S. 404 ff. (406 ff., 410 ff.); auf ihn bezugnehmend *A. Hänlein*, Rechtsquellen im Sozialversicherungsrecht, S. 385 ff. Auch das Bundessozialgericht betont bisweilen die Parallelität zwischen den beiden Formen ausgehandelten Rechts, ohne aber eine unmittelbare Verbindung zwischen dem Kassenarztrecht und Art. 9 Abs. 3 GG herzustellen: BSGE 29, 254 (255 f.); 71, 42 (48); 81, 73 (82).

[273] EuGHE 1999, 5751 (5882).

[274] *A. Hänlein*, Rechtsquellen im Sozialversicherungsrecht, S. 386 f.

[275] Zu diesem Tatbestandsmerkmal etwa *H. Bauer*, in: H. Dreier, Grundgesetz Bd. I, Art. 9 Rn. 70; *W. Höfling*, in: M. Sachs, Grundgesetz, Art. 9 Rn. 54; *M. Kemper*, in: H. v. Mangoldt/F. Klein/C. Starck, Grundgesetz Bd. 1, Art. 9 Rn. 178 f.

IV. Gestaltungsfreiheit des Normgebers und vertragliche Bindung gegenüber Privaten 721

ärzte freiberuflich tätig[276]. Auch wenn der Gedanke der Tarifautonomie in einigen Bereichen eine über das Verhältnis von Arbeitgebern und abhängig Beschäftigten hinausreichende Anwendung gefunden hat[277], so kann doch allein die wirtschaftliche Abhängigkeit der einen von der anderen Seite nicht die Einordnung jedes Rechtsverhältnisses unter Art. 9 Abs. 3 GG zur Folge haben.

Zum einen trägt eine solche Analogie wegen der Unvergleichbarkeit der Sachverhalte nicht: Der Gegenstand der sozialversicherungsrechtlichen Normenverträge betrifft nicht die »Wahrung und Förderung der Arbeits- und Wirtschaftsbedingungen« i.S.v. Art. 9 Abs. 3 GG. Die Verträge dienen zumindest auch der Konkretisierung der Ansprüche der Versicherten. Die unmittelbare Wirkung der Normsetzung beschränkt sich damit nicht auf ein bipolares Verhältnis zwischen Krankenkassen und Vertragsärzten. Wenn sich aber schon im Recht der gesetzlichen Krankenversicherung, dem ursprünglichen und historischen Anwendungsbereich des kollektivvertraglichen Regelungsmodus, eine entsprechende Analogie als nicht tragfähig erweist, so kann dieser tarifvertragliche Legitimationsansatz erst recht nicht auf diejenigen Bereiche ausgedehnt werden, auf die der Gesetzgeber mit der Zeit diesen Regelungsmodus erstreckt hat[278].

Zum anderen würde die analoge Anwendung von Art. 9 Abs. 3 GG einem ungezügelten Korporatismus auch außerhalb des Sozialversicherungsrechts Tür und Tor öffnen. Auf der Grundlage der dargelegten Argumentation wäre eine unbegrenzte Ausdehnung korporatistischer Verhandlungsprozesse möglich. Selbst eine Übertragung von Verhandlungskompetenzen über die Höhe der Lohnsteuer, die zweifelsohne die Arbeits- und Wirtschaftsbedingungen in diesem weit verstandenen Sinne ganz erheblich beeinflußt, könnte auf diesem Weg gerechtfertigt werden. Anders als in den Fällen der Tarifautonomie kann sich im Bereich des Vertragsarztrechts der einzelne aber nicht durch Austritt aus der Koalition künftigen Regelungen entziehen, um auf diese Weise sicherzustellen, daß die Vertragspartner keine unakzeptablen Regelungen finden[279]. Bei den an den sozialversicherungsrechtlichen Normenverträgen beteiligten Vertragspartnern handelt es sich entweder um Zwangsverbände oder aber – soweit die Verbandsbildung (wie im Krankenhaussektor) freiwillig ist – der Normenvertrag erfaßt auch Nichtmitglieder. So erkennt der Gesetzgeber in § 112 Abs. 2 SGB V den zweiseitigen Verträgen nach Maßgabe des Tarifvertrags normative Wirkung zu,

---

[276] BVerfGE 11, 30 (40 f.); 16, 286 (294, 298); s.a. *H. Sodan*, Freie Berufe als Leistungserbringer im Recht der gesetzlichen Krankenversicherung, S. 147 ff.

[277] Siehe z.B. § 12a TVG (in das TVG eingefügt durch das Gesetz zur Änderung des Heimarbeitsgesetzes und anderer arbeitsrechtlicher Vorschriften (Heimarbeitsänderungsgesetz) vom 28. Oktober 1974 (BGBl. I 2879)). Diese Vorschrift ordnet die Annwendung des Tarifvertragsgesetzes auf arbeitnehmerähnliche Personen an. Gleichfalls können für in Heimarbeit Beschäftigte (§ 1 Abs. 2 HAG) nach § 17 HAG Kollektivvereinbarungen unter dem Schutz von Art. 9 Abs. 3 GG getroffen werden; zustimmend insoweit BVerfGE 34, 307 (316 f.).

[278] So etwa *V. Neumann*, Normenvertrag, Rechtsverordnung oder Allgemeinverbindlichkeitserklärung?, S. 30, für die Qualitätssicherung in der gesetzlichen Pflegeversicherung.

[279] Zu der Differenzierung und wechselseitigen Beeinflussung der organisationstheoretischen Optionen exit und voice, siehe § 6/Fn. 245.

obschon es auf Krankenhausseite keine den Koalitionen nach Art. 9 Abs. 3 GG vergleichbare Verbände gibt[280].

Ein weiterer Punkt macht deutlich, daß eine Analogie oder auch jede anders geartete Anleihe an das Art. 9 Abs. 3 GG zugrundegelegten Konzepts des innersystemischen Ausgleichs verfehlt ist: Es mangelt in einem zentralen Punkt an der Vergleichbarkeit beider Materien. Dies wird daran deutlich, daß das Sozialversicherungs- und das Tarifvertragssystem als staatliches Zwangssystem der mittelbaren Staatsverwaltung und als grundrechtlich motiviertes System legitimen Eigennutzes gegenläufig konstruiert sind[281]. Der Sachbereich, in dem die Normsetzungsbefugnisse der Tarifparteien wirken, ist entscheidend dadurch geprägt, daß der Staat aus verfassungsrechtlichen Gründen seine Regelungsbefugnisse zurückgenommen und auf Private und das von diesen *freiwillig* gebildete Regelungssystem übertragen hat[282]. Dieses hinter Art. 9 Abs. 3 GG stehende Motiv würde durch eine Analogie zwischen Tarifvertrags- und Vertragsärzterecht konterkariert, indem Art. 9 Abs. 3 GG zu einer Ausdehnung von Zwangsbefugnissen zugunsten eines durch Pflichtmitgliedschaft geprägten Systems mißbraucht wird.

cc) Ergebnis

Vereinbartes Recht, das seine Legitimationsgrundlage in der Übertragung von Selbstverwaltungskompetenzen auf Rechtssubjekte findet, kann zum einen der Abstimmung und Durchsetzung gemeinsamer (»homogener«) Interessen dienen. Liegt eine entsprechende Interessenhomogenität vor, dann hätten die an der Vereinbarung des Rechts Beteiligten auch durch den Gesetzgeber in eine gemeinsame Selbstverwaltungskörperschaft integriert werden können. Dies hätte zu einer Internalisierung der Verhandlungsprozesse geführt, aber ansonsten auf den je individuellen Einfluß des einzelnen Betroffenen auf die letztendlich verabschiedete Norm keine weitere Auswirkung gehabt. Daß die betroffenen Gruppierungen nicht zu einer einheitlichen Selbstverwaltungskörperschaft zusammengefaßt werden, mag aus anderen Gründen naheliegen: etwa, weil die Berührungspunkte und die gemeinsamen Interessen nur einen zu kleinen Ausschnitt aus den gesamten Interessen der Betroffenen bilden. Soweit aber eine gemeinsame Rechtsetzung zur Verfolgung eines gemeinsamen Interesses erfolgt, beruht diese auf der gleichen Legitimationsgrundlage wie im Bereich der Satzungsgebung der bekannten Selbstverwaltungskörperschaften. Anders als hier ist aber keine Mehrheitsentscheidung, sondern nur eine Rechtsetzung durch Einigung – nach entsprechender selbstverwaltungsinterner Vorabeinigung innerhalb der beteiligten Körperschaften möglich. Durch diesen Zwang zur Einigung und die damit verbundene Garantie, daß es zu keiner Lösung kommen wird, die für einen der Beteiligten völlig untragbar ist, wird die Reduktion des individuellen Einflusses der

---

[280] *M. Heinze*, in: B. Schulin, HdbSozVersR Bd. I, § 38 Rn. 62.
[281] Siehe hierzu *J. Isensee*, DB 1985, S. 2681 ff. (2682).
[282] BVerfGE 34, 307 (316 f.); 44, 322 (340); 64, 208 (215).

IV. Gestaltungsfreiheit des Normgebers und vertragliche Bindung gegenüber Privaten

einzelnen Körperschaftsmitglieder auf das Verhandlungsergebnis aus legitimatorischer Sicht ausgeglichen.

Liegt ein Fall der Interessenhomogenität verschiedener Verbände vor (und hätten diese also auch zwangsweise verkammert werden können), so können diesen autonome Rechtsetzungskompetenzen zur Setzung von vereinbartem Recht übertragen werden. Normenverträge – also Rechtsetzung durch Verhandlung – ist nur eine mögliche Form des Interessenausgleichs mehrerer Kollektive. Eine andere Form besteht in der Verkammerung dieser Kollektive zu einer einheitlichen und übergeordneten Körperschaft und die Auswechslung des Einigungs- durch einen Beschlußmodus. An die Stelle des Normenvertrags tritt dann die Normenkorporation[283]. Diese funktionale Austauschbarkeit von Rechtsetzung durch Verhandlung oder Verkammerung muß zwangsläufig zu einer Angleichung der verfassungsrechtlichen Maßstäbe führen[284].

Liegt indessen keine Interessenhomogenität zwischen den Beteiligten vor, weil sie gerade fundamental zu unterschiedliche Interessen verfolgen, wäre ihre »Verkammerung« aufgrund ihrer antagonistischen Stellung aus verfassungsrechtlichen Gründen nicht möglich. Dieses Verbot kann aber grundsätzlich nicht durch die Übertragung von Rechtsetzungskompetenzen zur Aushandlung von Rechtsnormen substituiert werden, da auf diese Weise nur die verfassungsrechtliche Unmöglichkeit einer Verkammerung als Voraussetzung zur Übertragung von Satzungsautonomie umgangen würde.

---

[283] So schon A. *Hueck*, JherJb Bd. 73 (1923), S. 33 ff. (117).
[284] Hiervon scheint auch das Bundessozialgericht auszugehen, wenn es ausführt, daß Richtlinienbeschlüsse der Bundesausschüsse sich im Kern nicht von den normsetzenden Verträgen des Vertragsarztrechts unterscheiden, sondern ein funktional gleichwertiges Regelwerk nur in einem anderen Gehäuse hervorbringen. BSGE 82, 41ff. (47): »Die gleichen Ergebnisse und normativen Wirkungen hätte der Gesetzgeber erreichen können, indem er die Körperschaften ermächtigt, durch Verträge miteinander bindende Normen für ihre jeweiligen Mitglieder und diejenigen der weiteren nachgeordneten Körperschaften zu schaffen.«

§ 10 Die innere Souveränität des kooperativen Staates

Von *Carl Schmitt* stammt die Wendung: »Die Epoche der Staatlichkeit geht jetzt zu Ende. Darüber ist kein Wort mehr zu verlieren«[1]. Diese Sentenz wurde später angesichts drohender Konturenlosigkeit des explosiv wachsenden Sozial- und Präventionsstaats und der damit einhergehenden zunehmenden Verschränkung staatlicher und gesellschaftlicher Funktionsbereiche erneut aufgegriffen und auf die innenpolitische Situation der Bundesrepublik bezogen[2]. Die staatlichen Versuche, sich zur Bewältigung des permanenten Aufgabenzuwachses privater Regulierungsbeiträge zu versichern und um private Akzeptanz für staatliche Steuerung zu werben, haben mit einer gewissen Zeitverschiebung zum Abgesang auf die Staatlichkeit als solche das Bild des kooperativen Staates[3] entstehen lassen, welches das Gegenkonzept zu einem mit den Kriterien der Souveränität, Einheitlichkeit und Autonomie charakterisierten Staat darstellt[4]. Des weiteren wird behauptet, daß die Realität kooperativer Prozesse dem die staatliche Souveränität voraussetzenden Staatsmodell des modernen Staates sein Substrat entzogen und es zugleich durch den Typus des kooperativen Staates mit vermindertem Souveränitätsanspruch substituiert habe[5]. Die heute[6] mit den Begriffen der inneren Souveränität und der Hoheitlichkeit verbundene strukturelle innere Überlegenheit des Staates gegenüber gesellschaftlichen Gruppen, die sich in einem verwaltungsaktszentrierten Verwaltungs- und eines gesetzeszentrierten Verfassungsrecht wiederspiegelt, gilt dabei als Relikt eines Staates, der sich allein den »klassi-

---

[1] *C. Schmitt*, Der Begriff des Politischen, S. 10. Zur Geschichte des Staatsbegriffs als Verlustbegriff: *C. Möllers*, Staat als Argument, S. 67 ff., 141 ff.; *H. Quaritsch*, Staat und Souveränität, S. 11 ff.

[2] Siehe z.B. *E. Forsthoff*, Der Staat der Industriegesellschaft, S. 11 ff.; *H. Krüger*, Allgemeine Staatslehre, S. 642 ff.; *H. Quaritsch*, Staat und Souveränität, S. 11 ff. Zu dem argumentativen Kontinuum: *J.A. Kämmerer*, Privatisierung, S. 526 ff.

[3] Siehe § 2/Fn. 1.

[4] Diese Beurteilung stammt von *V. Neumann*, VSSR 1992, S. 119 ff. (120).

[5] *E.-H. Ritter*, in: D. Grimm, Wachsende Staatsaufgaben – sinkende Steuerungsfähigkeit des Rechts, S. 69 ff. (105); *R. Voigt*, in: ders., Der kooperative Staat, S. 33 ff. (75 f.). Vorsichtiger: *H.H. Hartwich*, Aus Politik und Zeitgeschichte, Heft B 46/47 (1987), S. 3 ff. (8). In die gleiche Kerbe schlägt wohl *J.J. Hesse*, Jahrbuch zur Staats- und Verwaltungswissenschaft Bd. 1 (1987), S. 55 ff. (69), wenn er schreibt, daß die (ohnehin von seinen Repräsentanten nur eingebildete) »Autonomie« des Staates immer weiter zugunsten kooperativer Strukturen zwischen Staat und gesellschaftlichen Handlungsträgern aufgelöst wird. Skeptisch auch *C. Offe*, in: T. Ellwein/J.J. Hesse, Staatswissenschaften, S. 173 ff. (174 ff.).

[6] Zur historischen und aktuellen Bedeutungsvielfalt des Souveränitätsbegriffs: *U. Di Fabio*, Das Recht offener Staaten, S. 94; *T. Fleiner-Gerster*, Allgemeine Staatslehre, S. 158 f.; *R. Herzog*, Allgemeine Staatslehre, S. 87 f.

schen Staatsfunktionen Ordnung und Steuerung« widmet und dabei noch nicht zu den neuen Aufgaben der Organisation und Koordination, der Moderation und Vermittlung« gefunden hat[7].

I. Die innere staatliche Souveränität in der Sinnkrise

Das liberale Modell des Rechtsstaates baut auf dem punktuellen, möglichst auf präziser rechtlicher Grundlage beruhenden und ein bipolares Verhältnis zwischen Staat und Individuum herstellenden Eingriff auf[8]. Demgegenüber ist das moderne Verwaltungsrecht durch Polygonalität, eine Vielzahl beteiligter und nicht-beteiligter Interessen und faktische Einwirkungen staatlichen Handelns geprägt[9]. Trotz des hieraus resultierenden vielfachen Zugriffs gesellschaftlicher Kräfte auf staatliche Funktionen und insbesondere die Funktion der Rechtsetzung ist das Konzept der inneren staatlichen Souveränität zumindest in der Rechtswissenschaft von einer im Vergleich zur äußeren staatlichen Souveränität analogen Sinnkrise weitgehend verschont geblieben. Obschon Äußerungen nachweisbar sind, die ohne spezifischen Bezug zu Fragen der inneren Souveränität unter der Vielfalt gegenwärtiger Probleme staatlicher Rechtsetzung[10] – wie der Schnellebigkeit[11], Normenflut[12], der mangelhaften inhaltlichen Qualität[13], der immanenten Steuerungsgrenzen des abstrakten Rechtssatzes[14] oder (ganz allgemein) dem Niedergang des Gesetzgebungsverfahrens[15] – schon vor vielen Jahren auch die Sorge um den zunehmenden Einfluß partikularer Interessen auf Vorgang und Ergebnis der parlamentarischen Gesetzgebung geäußert haben[16], ist hier im großen und ganzen die innere staatliche Souveränität als »Normalzu-

---

[7] *H. Hill*, DVBl. 1989, S. 321 ff. (324).
[8] *W. Brohm*, VVDStRL Bd. 30 (1972), S. 245 ff. (258 ff.).
[9] *E. Schmidt-Aßmann*, in: Wolfgang Hoffmann-Riem/ders./Gunnar Folke Schuppert, Reform des Allgemeinen Verwaltungsrechts, S. 11 ff. (15 f., 20 f., 28 ff., 34 f., 37 ff.).
[10] Übersicht über die Diagnosen bei *K. Eichenberger*, VVDStRL Bd. 40 (1982), S. 7 ff. (15 ff.); *U. Karpen*, in: ders., Zum gegenwärtigen Stand der Gesetzgebungslehre in der Bundesrepublik Deutschland, S. 371 ff. (371); *W. Köck*, VerwArch Bd. 93 (2002), S. 1 ff. (1 f.); *W. Leisner*, Krise des Gesetzes, S. 123 ff. und passim; *M. Pöcker*, Der Staat Bd. 41 (2002), S. 616 ff. (623 f. 633 f.); *E. Schmidt-Aßmann*, Das allgemeine Verwaltungsrecht als Ordnungsidee und System, S. 161 f.; *W. Schreckenberger*, in: ders./K. König/W. Zeh, Gesetzgebungslehre, S. 21 ff.; *H. Schulze-Fielitz*, Theorie und Praxis parlamentarischer Gesetzgebung, S. 9 ff.; *K. Stern*, Staatsrecht Bd. II, § 37 IV; beispielhaft für die pointierte Kritik *W. Leisner*, DVBl. 1981, S. 849 ff.
[11] Hierzu v.a. aus der Sicht des Steuerrechts: *A. Leisner*, Kontinuität als Verfassungsprinzip, S. 544 ff.
[12] So schon *U. Scheuner*, DÖV 1960, S. 601 ff. (603 f.); später etwa *T. Öhlinger*, in: ders., Methodik der Gesetzgebung, S. 17 ff. (21 f.).
[13] Übersicht mit Blick auf das Parlamentsgesetz bei *F. Ossenbühl*, in: J. Isensee/P. Kirchhof, HdbStR Bd. III, § 61 Rn. 55 ff. m.w.N.
[14] *K. Larenz*, Methodenlehre der Rechtswissenschaft, S. 155 ff., 271.
[15] So die Überschrift des Beitrags von *H. Schneider*, FS Müller, S. 421 ff.
[16] *U. Scheuner*, DÖV 1960, S. 601 ff. (605).

stand« moderner Staatlichkeit nach wie vor fester Parameter und Existenzbedingung des modernen Verfassungsstaates zugleich[17].

Von solcher Beharrlichkeit unbeeindruckt beobachtet die sozialwissenschaftliche Analyse der Handlungs- und Steuerungsfähigkeit des Staates am Ende des zwanzigsten Jahrhunderts ein dichter werdendes Geflecht innergesellschaftlicher Abhängigkeiten und vertikaler Verhandlungszwänge, die – verursacht oder bedingt durch eine hinsichtlich ihrer Intensität je nach theoretischem Vorverständnis unterschiedlich eingeschätzte Steuerungsresistenz gesellschaftlicher Teilsysteme[18] – die hierarchisch-souveräne Alleinentscheidungspotenz des modernen Staates empfindlich mindern[19]. Die Diskussion über die Handlungsfähigkeit des Staates ist in den Sozialwissenschaften seit vielen Jahren en vogue[20]. Nachdem auf die Euphorie über die Möglichkeiten staatlicher Steuerung der Gesellschaft in den siebziger Jahren des vergangenen Jahrhunderts eine gewisse, bis hin zu Krisenszenarien der Unregierbarkeit und des Staatsversagens sich auswachsende Enttäuschung gefolgt war, konkurrieren nun die verschiedenartigsten Steuerungstheorien um das Erklärungsmonopol bei der Analyse defizitärer staatlicher Handlungsfähigkeit. Die in verschiedenen Schulen der Sozialwissenschaften mehr oder minder heftig geäußerte Kritik an der Steuerungsleistung des Staates sowie seines regulativen und interventionistischen Rechts bildet nun den theoretischen Rahmen, in dem das Phänomen des kooperativen Staates und die für ihn charakteristischen kooperativen und konsensualen Strukturen in der Normsetzung anzusiedeln sind. Wer vor diesem Hintergrund an der inneren Souveränität des modernen Staates als Ausgangsgröße staatstheoretischer oder verfassungsrechtlicher Betrachtung festhält, gilt als naiv[21]. Nicht mehr virtuelle Allzuständigkeit und in Reserve gehaltene Überlegenheit gegenüber allen gesellschaftli-

---

[17] Stellvertretend für die ganz herrschende Ansicht in der Literatur: *M. Baldus*, Der Staat Bd. 36 (1997), S. 381 ff. (388); *C. Hillgruber*, JZ 2002, S. 1072 ff.; *J. Isensee*, in: ders./P. Kirchhof, HdbStR Bd. I, § 13 Rn. 87 ff. Allerdings darf nicht verschwiegen werden, daß es von je her in der Staatsrechtlehre Stimmen gibt, die die Eliminierung des Souveränitätsbegriffs aus der Dogmatik des Staatsrechts fordern, da nur auf diese Weise ein Fortschritt der modernen Staatstheorie möglich sei; siehe erstmals *H. Preuß*, Gemeinde, Staat, Reich als Gebietskörperschaften, S. 92 und öfter: Die moderne Rechtsentwicklung untergrabe die absolute Stellung des Staates nicht nur »nach oben« durch seine Integration in eine internationale Rechtsgemeinschaft, sondern auch »nach unten« durch die Notwendigkeit einer Anerkennung der engeren politischen Verbände als Träger eines eigenen öffentlichen Rechts (a.a.O. S. 122). Der *Preuß'sche* Angriff gegen die Souveränität ist maßgeblich motiviert durch seine Gegnerschaft gegen den zentralistischen Obrigkeitsstaat und den Wunsch, die in diesem entfaltete Idee der Souveränität durch eine genossenschaftliche Theorie des Staates zu ersetzen (*M. Baldus*, a.a.O., S. 384)); neuere Zweifel bei *J.A. Kämmerer*, Privatisierung, S. 539 ff.
[18] Siehe hierzu die Ausführungen S. 3 ff.
[19] Kurz und anschaulich *E. Grande*, in: R. Mayntz/F.W. Scharpf, Gesellschaftliche Selbstregulierung und staatliche Steuerung, S. 327 ff. (327 ff.) m.w.N.; *C. Offe*, Jahrbuch zur Staats- und Verwaltungswissenschaft Bd. 1 (1987), S. 309 ff. (311).
[20] Zu der thematischen Abfolge der Diskussion siehe etwa *R. Mayntz*, Jahrbuch zur Staats- und Verwaltungswissenschaft Bd. 1 (1987), S. 89 ff. (89 f.) m.w.N.
[21] So *H. Willke*, Jahrbuch zur Staats- und Verwaltungswissenschaft Bd. 1 (1987), S. 285 ff. (296).

chen Kräften, sondern (Selbst-) Beschränkung, Vernetzung, Einbindung sind die zentralen Charakteristika des kooperativen Staates, in dem neokorporatistische und pluralistische Tendenzen das theoretische Ideal der einheitlichen Staatsgewalt erodieren. Die innere staatliche Souveränität des weiteren wird durch die Vermehrung hochspeziellen Wissens in den ausdifferenzierten gesellschaftlichen Teilbereichen, verbunden mit der informationellen Unterlegenheit staatlicher Instanzen in Frage gestellt[22]. Es ist sogar die Feststellung nachweisbar, daß die Handlungsfähigkeit des Staates zum Ende des 20. Jahrhunderts gegen Null zu tendieren scheint[23]. Etwas weniger radikal könnte aus den verschiedenen Varianten gemischt staatlich-privater Regelungsformen der Eindruck eines nur noch »halbsouveränen« Staates abgeleitet werden[24].

Die vorliegend für den Bereich der Normsetzung analysierte wechselseitige Inanspruchnahme von Staat und Gesellschaft, die Verwiesenheit des Staates auf private Beiträge zur Rechtsetzung, reibt sich somit an staatstheoretischen und verfassungsrechtlichen Dogmen eines auf dem Grundsatz innerer Souveränität fußenden Staatsrechts[25]. Die Idee der staatlichen Souveränität gilt als *das* Fundament der modernen Staatsidee, deren Erosion eigentlich das gesamte Staatsgebäude zum Einsturz bringen muß[26]. Dies wirft die Frage auf, ob sich durch die unbestreitbare Aufgabenerweiterung des modernen Sozialstaates einerseits sowie die oftmals beschworene Komplexität gesellschaftlicher Verhältnisse und Kontingenz gesellschaftlicher Wirkungszusammenhänge andererseits tatsächlich der Staat verändert hat.

Sollte all dies zutreffen, stünde der kooperative Staat vor einem gleichermaßen begrifflichen wie theoretischen Dilemma. Soweit moderne Verfassungsstaatlichkeit nur unter den Bedingungen innerer Souveränität denkbar ist, der kooperative Staat aber gerade durch Relativierung oder Abwesenheit dieser Souveränität geprägt wird, müßte entweder kooperative Staatlichkeit einen Widerspruch in sich bilden oder sich aber auf der Grundlage eines anderen als des herkömmlichen Staatsbegriffs entfalten – nämlich auf der Grundlage eines Staatsbegriffs, der gerade keine innere staatliche Souveränität voraussetzt[27]. Doch ist aus diesem Dilemma auch ein anderer Ausweg denkbar: Bei der Infragestellung innerer staatlicher Souveränität im kooperativen Staat ist von zentraler Bedeutung, *welcher* Begriff der Souveränität einer solchen Negierung zugrundegelegt wird. Wenn an die

---

[22] *G.-P. Calliess*, Prozedurales Recht, S. 117 f.
[23] *R. Voigt*, in: ders., Der kooperative Staat, S. 33 ff. (35).
[24] Über die mit dieser Begrifflichkeit implizierte »Teilbarkeit« der inneren Souveränität: *T. Fleiner-Gerster*, Allgemeine Staatslehre, S. 153, 172 f., 183 ff.
[25] *W. Brohm*, NJW 1984, S. 8 ff. (12); den Zusammenhang zwischen kooperativen und konsensualen Strukturen in der Normsetzung und innerer staatlicher Souveränität stellt auch *U. Di Fabio*, Das Recht offener Staaten, S. 95 f., her.
[26] So die Prognose von *U. Di Fabio*, Das Recht offener Staaten, S. 125.
[27] Dies war auch eine Möglichkeit, die *E. Forsthoff*, Der Staat der Industriegesellschaft, S. 25, angesichts der von ihm kritisierten Audehnung des staatlichen Funktionsbereichs in sein gesellschaftliches Gegenüber in Betracht gezogen hat: es bleibt ein Gemeinwesen übrig, das nur noch kraft eines allgemeinen Konsens als Staat benannt wird.

durch das Konzept des kooperativen Staates implizit in Frage gestellte innere Souveränität zu hohe Anforderungen gestellt werden, ist es ein Leichtes, die fortwährende Existenz eben dieser Souveränität abzulehnen. Daher erscheint es geboten, vor einem Versuch zur Auflösung des Dilemmas kooperativer Staatlichkeit zweierlei zu ergründen: Zunächst ist die Art der grundgesetzlichen Verwiesenheit auf die innere staatliche Souveränität zu beleuchten. Dies lenkt den Blick auf die Kategorie der Verfassungsvoraussetzung. Des weiteren ist zu ergründen, welcher Art die durch den kooperativen Staat in Frage gestellte Souveränität des modernen Verfassungsstaats eigentlich ist und ob deren Substanz durch die analysierten Aushandlungsprozesse in dem Bereich der Rechtsetzung tatsächlich in einem Maße erodiert wird, daß durch sie dem Gebäude des modernen Staates ein tragender Pfeiler entzogen wird.

II. Die innere staatliche Souveränität als Verfassungsvoraussetzung

Nicht nur der Staat als solcher[28], sondern gerade auch die innere staatliche Souveränität ist Verfassungsvoraussetzung[29]. Bei Entwicklung dieser Kategorie wurde die souveräne Staatlichkeit, deren Einheit durch die Macht der Verbände in eine Vielzahl verschiedener Machtzentren aufgelöst zu werden droht, als zentrale Verfassungsvoraussetzung eingeordnet[30]. Zwar greifen die Vorschriften des Grundgesetzes die innere Souveränität des Staates nicht ausdrücklich auf. Ihre Funktionalität steht aber unter der ungeschriebenen, dennoch in dem Typus des modernen Staates angelegten Bedingung, daß die Staatsorganisation souverän gegenüber allen gesellschaftlichen Kräften ist und ihren Geltungs- und Gestaltungsanspruch diesen gegenüber durchzusetzen vermag[31]. Dies hat der Verfas-

---

[28] Zum Staat als Verfassungsvoraussetzung: *J. Isensee*, in: ders./P. Kirchhof, HdbStR Bd. V, § 115 Rn. 105 f.; *ders.*, in: ders./P. Kirchhof, HdbStR Bd. I, § 13 Rn. 1, 17 ff., 20 ff.; *P. Kirchhof*, in: J. Isensee/ders., HdbStR Bd. I, § 19 Rn. 49 ff.; *D. Murswiek*, Die staatliche Verantwortung für die Risiken der Technik, S. 103 f. Die mit dem Staat als Verfassungsvoraussetzung implizierte Existenz des »vorverfassungsrechtlichen« Staates führt auf *Georg Jellineks* Selbstverpflichtungslehre zurück, nach der der Staat als zunächst vor-rechtliche politisch-soziale Einheit erst im Laufe seiner historischen Entwicklung – im Wege der Selbstverpflichtung – rechtlich domestiziert wird; siehe *G. Jellinek*, Allgemeine Staatslehre, S. 367 ff.; *ders.*, Die Lehre von den Staatenverbindungen, S. 34 ff.
[29] *P. Kirchhof*, in: J. Isensee/ders., HdbStR Bd. I, § 19 Rn. 53; *T. Fleiner-Gerster*, Allgemeine Staatslehre, S. 154 ff. Zur Kategorie der Verfassungsvoraussetzung grundlegend *H. Krüger*, FS Scheuner, S. 285 ff; zu der spezifischeren Kategorie der Grundrechtsvoraussetzung *J. Isensee*, in: ders./P. Kirchhof, HdbStR Bd. V, § 115 Rn. 7 und passim. Andere Verfassungsvoraussetzungen bei *C. Möllers*, Staat als Argument, S. 257 (Fn. 4 bis 8).
[30] *H. Krüger*, FS Scheuner, S. 285 ff. (293 ff.). Zur historischen Durchsetzung staatlicher (bzw. monarchischer) Souveränität gegenüber weltlichen innerstaatlichen Verbänden: *T. Fleiner-Gerster*, Allgemeine Staatslehre, S. 150 f. Die Bedeutung der (wohl aber eher: äußeren) Souveränität für die Staatlichkeit relativiert hingegen *J.A. Kämmerer*, Privatisierung, S. 541 unter Berufung auf *G. Jellinek*, Allgemeine Staatslehre, S. 502 ff.
[31] *J. Isensee*, in: ders./P. Kirchhof, HdbStR Bd. VII, § 162 Rn. 75.

sungsgeber als so selbstverständlich angesehen, daß eine explizite Formulierung von Inhalt und Umfang der inneren staatlichen Souveränität im Verfassungstext unterblieben ist[32]. Zudem handelt es sich bei der inneren staatlichen Souveränität ihrer ursprünglichen Idee nach um eine vor-rechtliche, politische Kategorie der Macht[33], die aber – aufgrund der notwendigen Verwiesenheit der Verfassung auf ihre realen Voraussetzungen – nunmehr als Kategorie der Normwissenschaften[34] – über eine bloße Beschreibung des Vorgefundenen hinausweist, durch die Verfassung selbst geschützt ist[35] und – noch darüber hinausreichend – Gegenstand »staatlicher Pflege« sein muß[36]. Das Konzept der inneren staatlichen Souveränität bildet den zentralen Baustein moderner Staatlichkeit[37] und liegt als deren Sinnstiftung dem Verfassungsstaat, der die avancierte Form des modernen Staates verkörpert, als Verfassungsvoraussetzung zugrunde.

Als Verfassungsvoraussetzung begreifbar sind allein die tatsächlichen und deswegen nur begrenzt staatlich garantierbaren Voraussetzungen der Verfassungsgebung[38], nicht hingegen vom Verfassungsgeber evtl. vorausgesetzte und unmittelbarer staatlicher Bereitstellung zugängliche Rechtsregeln[39]. Da sich die Kategorie der Verfassungsvoraussetzung durch ihre meta-verfassungsrechtliche Bedeutung für den Funktionszusammenhang der Verfassung rechtfertigt[40], kommen insoweit nur faktische Gegebenheiten in Betracht, wohingegen normative Verfassungsvoraussetzungen mit herkömmlichen Auslegungsmethoden zu ermittelnde[41] verfassungsrechtliche Schutzgüter der Verfassung darstellen. Bei einer Ausdehnung der Kategorie der Verfassungsvoraussetzung auf vorverfassungsrechtliche Rechtszustände würde entweder bloß historische Verfassungsauslegung betrieben oder einem solchem Rechtszustand gänzlich ohne verfassungsrechtliche Bezugnahme zu verfassungsrechtlicher Dignität verholfen[42].

---

[32] *D. Murswiek*, Die staatliche Verantwortung für die Risiken der Technik, S. 103 f.
[33] *J. Isensee*, in: ders./P. Kirchhof, HdbStR Bd. I, § 13 Rn. 87 ff.; *ders.*, in: ders./P. Kirchhof, HdbStR Bd. VII, § 162 Rn. 75; *A. Randelzhofer*, in: J. Isensee/P. Kirchhof, HdbStR Bd. I, § 15 Rn. 35 ff.
[34] *K. Vogel/C. Waldhoff*, in: Bonner Kommentar zum Grundgesetz (1997), Vorb. zu Art. 104a bis 115 Rn. 285.
[35] *P. Kirchhof*, FS Isensee, S. 51 ff. (62 ff.); *D. Murswiek*, Die staatliche Verantwortung für die Risiken der Technik, S. 106; *K. Vogel/C. Waldhoff*, in: Bonner Kommentar zum Grundgesetz (1997), Vorb. zu Art. 104a bis 115 Rn. 285 m.w.N. in Fn. 77.
[36] *H. Krüger*, FS Scheuner, S. 285 ff. (287); s.a. *M. Rodi*, Die Rechtfertigung von Steuern als Verfassungsproblem, S. 145 f.
[37] *J. Isensee*, in: ders./P. Kirchhof, HdbStR Bd. I, § 13 Rn. 14, 174; *ders.*, in: J. Isensee/P. Kirchhof, HdbStR Bd. III, § 57 Rn. 41 ff., 42; s.a. *M. Beyerle*, Staatstheorie und Autopoiesis, S. 15 ff.; *H. Heller*, Die Souveränität, S. 110; *E. Kern*, Moderner Staat und Staatsbegriff, S. 49.
[38] Klassisch: *E.-W. Böckenförde*, in: ders., Recht, Staat, Freiheit, S. 92 ff. (112).
[39] A.A. *H. Krüger*, FS Scheuner, S. 285 ff.; hiergegen *D. Murswiek*, Die staatliche Verantwortung für die Risiken der Technik, S. 103 f. (Fn. 13); *K. Vogel*, in: J. Isensee/P. Kirchhof, HdbStR Bd. I, § 27 Rn. 19 (Fn. 24).
[40] Ohne die Verfassungsvoraussetzungen verliert die Verfassung insgesamt ihre Funktionalität: *H. Krüger*, FS Scheuner, S. 285 ff. (291 ff.); *D. Murswiek*, Die staatliche Verantwortung für die Risiken der Technik, S. 106.
[41] *D. Murswiek*, Die staatliche Verantwortung für die Risiken der Technik, S. 106; *J. Isensee*, in: ders./P. Kirchhof, HdbStR Bd. V, § 115 Rn. 8.
[42] *C. Möllers*, Staat als Argument, S. 258 f.

Der von *Bodin*[43] in die Staatstheorie eingeführte und dann später von anderen weiter entfaltete und ausdifferenzierte Souveränitätsbegriff verfügte im Laufe seiner Wirkungsgeschichte und verfügt auch heute noch über eine Vielzahl von Inhalten[44]: Er umfaßt die Unabhängigkeit eines Staates von allen anderen Staaten (äußere Souveränität); das Recht des Staates seine Aufgaben nach eigener Entscheidung zu bestimmen (innere Souveränität); das Recht des Staates, die zur Erfüllung seiner Ziele erforderlich scheinenden Machtmittel unbeschränkt einzusetzen (innere Souveränität); die Vorstellung, daß es sich bei der Staatsgewalt um eine höchste, von keiner anderen irdischen Gewalt abgeleitete oder auch nur abhängige Gewalt handelt (innere Souveränität); die Vorstellung, daß die gesamte im Staat vorhandene Macht zumindest im Krisenfall in einer einzigen Hand – der des Souveräns – liegen muß (Organsouveränität)[45].

Der im modernen Staat verwirklichte Aggregatzustand staatlicher Organisation baut auf der Souveränität nach außen wie auf interner hierarchischer Integration auf und hat den fragmentierten, polyarchischen und vielfach vernetzten Staat des Mittelalters abgelöst[46]. Der moderne Staat entstand aus der Trennung von Religion und Politik, er ist ideengeschichtlich und machtpolitisch das Ergebnis der Säkularisierung[47], nachdem deutlich geworden war, daß jede staatliche Parteinahme in fundamentalen (Glaubens-) Fragen im Gemeinwesen als zentrifugale Kraft wirken würde[48]. Aufgrund dieser Entstehungsbedingungen mußte

---

[43] *J. Bodin*, Six livres de la Republic, S. 1 (Definition des Begriffs); hierzu v.a. *T. Fleiner-Gerster*, Allgemeine Staatslehre, S. 151 ff.; *H. Quaritsch*, Staat und Souveränität, S. 471 ff.; *ders.*, Souveränität, S. 46 ff.; *A. Randelzhofer*, in: J. Isensee/P. Kirchhof, HdbStR Bd. I, § 15 Rn. 17 ff.; *G. Roellecke*, FS Quaritsch, S. 15 ff. (17 ff.); aus wissenschaftshistorischer Sicht: *M. Stolleis*, Geschichte des öffentlichen Rechts in Deutschland Bd. 1, S. 170 ff., 222 ff.; ebd. Bd. 2, S. 62 ff., 363 ff., 440 ff. Die Entwicklung bis zu *Bodin* schildert *L. Wildhaber*, FS Eichenberger, S. 131 ff. (133 ff.).

[44] Siehe den Überblick bei *U. Di Fabio*, Das Recht offener Staaten, S. 94; *T. Fleiner-Gerster*, Allgemeine Staatslehre, S. 158 f.; *R. Herzog*, Allgemeine Staatslehre, S. 87 f. Der Sache nach schon bei *G. Jellinek*, Allgemeine Staatslehre, S. 475 ff. Zu den staats- und rechtstheoretischen Aspekten, unter denen die Souveränität diskutiert wird: *P. Häberle*, AöR Bd. 92 (1967), S. 259 ff. (264 ff.).

[45] Zur Diskussion um die aktuelle Relevanz dieser Aspekte der Souveränität jew. m.w.N. *M. Baldus*, Der Staat Bd. 36 (1997), S. 381 ff.; *U. Di Fabio*, Das Recht offener Staaten, S. 122 ff.; *P. Häberle*, AöR Bd. 92 (1967), S. 259 ff.; *R. Herzog*, Allgemeine Staatslehre, S. 176 ff.; *S. Hobe*, Der offene Verfassungsstaat zwischen Souveränität und Interdependenz, S. 38 ff.; *J. Isensee*, in: ders./P. Kirchhof, HdbStR Bd. I, § 13 Rn. 87 ff.; *K. Meßerschmidt*, Gesetzgebungsermessen, S. 451 ff.; *A. Randelzhofer*, in: J. Isensee/P. Kirchhof, HdbStR Bd. I, § 15 Rn. 35 ff.; *G. Roellecke*, FS Quaritsch, S. 15 ff.; *L. Wildhaber*, FS Eichenberger, S. 131 ff.

[46] *F.W. Scharpf*, PVS Bd. 32 (1991), S. 621 ff. (621). Die Herausbildung des modernen, nach außen souveränen Staates beschreibt ausf. *S. Hobe*, Der offene Verfassungsstaat zwischen Souveränität und Interdependenz, S. 38 ff.; zur Unterscheidung zwischen innerer und äußerer Souveränität siehe nur *L. Wildhaber*, FS Eichenberger, S. 131 ff. (139 ff. bzw. 143 ff.).

[47] Definition dieses Begriffs bei *H. Lübbe*, Säkularisierung, S. 24. Zur Säkularität des modernen Staates: *H. Quaritsch*, Staat und Souveränität, S. 288 ff.; *H. Krüger*, Allgemeine Staatslehre, S. 32 ff. Zur Säkularität des modernen Staates als Grenze seiner Wirksamkeit: *J. Isensee*, in: ders./P. Kirchhof, HdbStR Bd. III, § 57 Rn. 41, 161 f.

[48] Zur Entwicklung des modernen Staates und der ihn prägenden staatlichen Souveränität *M. Beyerle*, Staatstheorie und Autopoiesis, S. 9 ff. m.w.N.; *J. Isensee*, in: ders./P. Kirchhof, HdbStR Bd. I, § 13 Rn. 41 ff.; *H. Quaritsch*, Staat und Souveränität, S. 255 ff.; *ders.*, Souveränität, S. 13 ff.;

der moderne Staat den Anspruch ausschließlicher Herrschaftsgewalt erheben, um den konkurrierenden Herrschaftsansprüchen von Kirchen und Ständen entgegenzutreten[49]. Kraft ihrer inneren Souveränität ist die Staatsgewalt die rechtlich höchste, durch Einseitigkeit und Einzigkeit[50] geprägte Gewalt[51]. Beide Begriffe beschreiben die Überlegenheit der Staatsgewalt gegenüber allen anderen, insbesondere gesellschaftlichen Kräften innerhalb des Staates[52].

Das Charakteristikum der *Einseitigkeit* macht deutlich, daß die Ausübung staatlicher Gewalt nicht der Zustimmung der ihr Unterworfenen bedarf. Allerdings ist hieraus nicht der Schluß zu ziehen, daß das Werben um eine solche Zustimmung immer im Widerspruch zur staatlichen Souveränität steht und eine Zustimmung zu staatlichen Entscheidungen daher niemals eingeholt werden darf, um die innere staatliche Souveränität als Verfassungsvoraussetzung nicht zu gefährden[53]. Über den Übergang vom einseitig-hierarchischen Handlungsmodus in den konsensualen Verhandlungsmodus kann der Staat im Einzelfall entscheiden. Er kann den Weg des Konsens einschlagen, wenn dies politisch opportun erscheint. Die innere Souveränität legt dem Staat keineswegs einen Zwang zum permanenten Dissens mit seinen Bürgern auf.

Mit dem Charakteristikum der *Einzigkeit* wird der Umstand beschrieben, daß die staatliche Gewalt über allen anderen Gewalten steht. Es ist ein Gebot innerer staatlicher Souveränität, daß kein Verband mächtiger als der Staat sein darf. Nur dem Staat kommt die Aufgabe zu, auch den mächtigsten Rechtssubjekten Rechte zu gewähren oder Pflichten ggfs. gegen deren Willen aufzuerlegen[54]. Die neben und im Staat agierenden übrigen öffentlichen (aber nicht unbedingt: staatlichen) Gewalten können sich nur im Rahmen der staatlichen Rechtsordnung, d.h. im Rahmen der von der Staatsgewalt geschaffenen Gesetze bewegen. Der moderne Staat garantiert ein geschlossenes System der Rechtserzeugung, -anwendung, -wahrung und der verbindlichen Rechtsauslegung (Rechtseinheit)[55]. Vertragliche

---

A. Randelzhofer, in: J. Isensee/P. Kirchhof, HdbStR Bd. I, § 15 Rn. 13 ff.; *L. Wildhaber*, FS Eichenberger, S. 131 ff. (133 ff. m.w.N. in Fn. 6). S.a. zu Begriff und Wesen des modernen Staates: *E.-W. Böckenförde*, in: ders., Recht, Staat, Freiheit, S. 92 ff.; *O. Hintze*, in: ders., Staat und Verfassung, S. 470 ff.; *E. Kern*, Moderner Staat und Staatsbegriff; *H. Krüger*, Allgemeine Staatslehre, S. 145 f.

[49] *M. Beyerle*, Staatstheorie und Autopoiesis, S. 18.

[50] Begriffe bei *H. Krüger*, Allgemeine Staatslehre, S. 847 ff., 879 ff.; s.a. *A. Randelzhofer*, in: J. Isensee/P. Kirchhof, HdbStR Bd. I, § 15 Rn. 35.

[51] Andere Beschreibungen der Souveränität stellen auf das staatliche Gewaltmonopol, Organisationsautonomie, Gemeinwohlorientierung oder die Friedenswahrung in einer freiheitlichen, rechtsstaatlichen, gerechten Ordnung; siehe *L. Wildhaber*, FS Eichenberger, S. 131 ff. (138 m.w.N. in Fn. 31 f.).

[52] Hierzu zunächst nur: *A. Randelzhofer*, in: J. Isensee/P. Kirchhof, HdbStR Bd. I, § 15 Rn. 35 f.

[53] *A. Randelzhofer*, in: J. Isensee/P. Kirchhof, HdbStR Bd. I, § 15 Rn. 38.

[54] Zum Begriff insoweit *H. Quaritsch*, Staat und Souveränität, S. 252, 255 f., 510; *H. Krüger*, BDGV Bd. 1 (1957), S. 1 ff. (1). Über den historischen Zusammenhang von Staatswerdung und Rechtssetzungsmonopol s.a. *J. Nautz*, in: ders./Emil Brix/Gerhard Luf, Das Rechtssystem zwischen Staat und Zivilgesellschaft, S. 21. ff.

[55] *J. Isensee*, in: ders./P. Kirchhof, HdbStR Bd. I, § 13 Rn. 69.

Bindungen gefährden diese Rechtseinheit, wenn sie dazu dienen, pluralistische Kräfte außerhalb der normativen Ordnung (!) an staatlichen Entscheidungen zu beteiligen[56]. Dies bedeutet aber im Umkehrschluß, daß eine kompetenz- und verfassungsgemäße Beteiligung Privater an der Normsetzung die staatliche Rechtseinheit nicht zu gefährden vermag.

Der Begriff der Einzigkeit ist insoweit irreführend, als die Souveränität der Staatsgewalt durch die Existenz nachrangiger Gewalten grundsätzlich nicht beeinträchtigt wird. Diese können der staatlichen Gewalt im Rahmen der staatlichen Rechtsordnung, d.h. im Rahmen der von der souveränen Staatsgewalt – nach Maßgabe der unter dem Grundgesetz nur zum Teil disponiblen (siehe Art. 79 Abs. 3 GG) Verfassung – geschaffenen Gesetze gegenübertreten. Im Rahmen kooperativer und konsensualer Strukturen in der Normsetzung stehen dem staatlichen Normsetzer fachlich spezialisierte Verbände gegenüber, die entweder Einfluß auf die staatliche Normsetzung ausüben oder aber ihren Funktionsbereichen entsprechende Normsetzungsbefugnisse wahrnehmen. Die staatliche Seite sieht sich bei den Kooperationsverhältnissen stets je nach in Frage stehendem Funktionsbereich anderen Verbänden gegenüber, die damit nicht omnipräsent, sondern vielmehr bereichsspezifisch differenziert sind. Schon diese sachliche Selbstbeschränkung der staatlichen Gegen- und Mitspieler bringt es mit sich, daß sie die Einzigkeit des Staates nicht bedrohen können, da diese sich über ein viel weiteres Feld erstreckt als ein potentieller Herrschaftsanspruch privater Akteure. Nur der Staat ist an allen netzwerkartig organisierten Problemlösungsversuchen beteiligt.

Einzig ist die Staatsgewalt auch insofern, als allein ihr die Berechtigung zur Ausübung legitimer physischer Gewalt zusteht[57]. Dies bedeutet nicht, daß sie als einzige Kraft physische Gewalt ausübt. Die staatliche Rechtsordnung bestimmt aber, unter welchen Ausnahmedingungen private Gewaltausübung legal ist (v.a. in einer Notwehrlage nach § 32 StGB[58]). Das Gewaltmonopol bezeichnet daher eine normative Präferenz für staatliche Machtausübung[59]; private Gewalt ist unter diesen Bedingungen nur legal, wenn der Staat sie zuläßt[60]. Bisweilen wird das

---

[56] *K.H. Friauf*, AöR Bd. 88 (1963), S. 257 ff. (311 ff.)

[57] Über das Gewaltmonopol des modernen Staates: *J. Isensee*, FS Eichenberger, S. 23 ff.; ders., in: ders./P. Kirchhof, HdbStR Bd. I, § 13 Rn. 74 ff. Den regelmäßigen Verzicht des Verfassungsstaates auf die Ausübung physischer Gewalt und die aktuellen verfassungsrechtlichen Hemmnisse für die Ausübung staatlicher Gewalt stellt demgegenüber *R. Herzog*, Allgemeine Staatslehre, S. 181 f., in den Vordergrund. Während aber nur ein verschwindend geringer Teil staatlicher Handlungen von physischer Gewaltanwendung begleitet wird, sind alle Handlungen von dieser Durchsetzungsmöglichkeit geprägt (*C. Möllers*, Staat als Argument, S. 272). Zur dualen Herleitung des Gewaltmonopols aus der staatlichen Souveränität einerseits, dem Rechtsstaatsprinzip andererseits *F. Kirchhof*, Private Rechtsetzung, S. 119 ff.

[58] Zu dieser und weiteren Ausnahmen von staatlichen Gewaltmonopol: *F. Kirchhof*, Private Rechtsetzung, S. 123 f.

[59] *F. Kirchhof*, Private Rechtsetzung, S. 121; *C. Möllers*, Staat als Argument, S. 277 f.

[60] *J. Isensee*, in: ders./P. Kirchhof, HdbStR Bd. I, § 57 Rn. 42.

Gewaltmonopol sogar als das entscheidende Merkmal der Staatlichkeit[61] oder auch der inneren Souveränität[62] bezeichnet. Die hier untersuchten kooperativen und konsensualen Strukturen in der Normsetzung rühren das staatliche Gewaltmonopol nicht an[63] – dieses ist aber nicht hinreichende, sondern nur notwendige Bedingung der inneren Souveränität[64].

Selbst der kooperative Staat kann nicht auf den Einsatz von Machtmitteln verzichten. Auch die traditionell hoheitlichen Handlungsformen haben hier ihre Aufgabe. Wenn deren Regelungsgehalte durch die zugrundeliegenden Kooperationsvorgänge bestimmt werden, wird mit ihnen vollzogen, was zuvor ausgehandelt wurde. Im Falle eines Normsetzungsvertrags wird mit Hilfe der einseitig hoheitlichen Rechtsinstrumente gewissermaßen als Erfüllungsgeschäft realisiert, was in kooperativ gestalteten Kausalgeschäften zuvor abgestimmt und vereinbart war[65].

Einseitigkeit wie Einzigkeit der Staatsgewalt spiegeln sich in der staatlichen Rechtsetzungsbefugnis, der staatlichen Kompetenz, letztverbindliche Regelungen mit dem Anspruch auf Rechtsgehorsam aufzustellen[66], mithin in der staatlichen Normsetzungsautorität[67] wider. Doch diese erfordert kein staatliches Rechtsnormsetzungsmonopol, das es auch unter dem Grundgesetz nicht gibt[68].

Die verfassungsrechtliche Anerkennung von Gewohnheitsrecht als »Recht« im Sinne von Art. 20 Abs. 3 GG[69] ist insoweit ein erstes Indiz dafür, daß Rechtsetzungsmacht nicht allein bei staatlichen Instanzen liegt. Auch der Umstand, daß Private unter Ausnutzung ihrer privatautonom fundierten Gestaltungsrechte auf vertraglichem Wege Rechtsnormen in Form von Satzungen und Vereinsordnungen erzeugen können, spricht gegen ein staatliches Rechtsetzungsmonopol. Des weiteren ist die Setzung von privatem Recht durch Tarifverträge und Betriebsvereinbarungen zu berücksichtigen. Auch die Rechtsordnung erkennt vielfach privat gesetzte Rechtsnormen als solche an (vgl. §§ 293 (»Statuten«), 546 ZPO, die beide auch private Rechtsnormen ansprechen).

---

[61] *V. Götz*, in: J. Isensee/P. Kirchhof, HdbStR Bd. III, § 79 Rn. 29; *J. Isensee*, in: ders./P. Kirchhof, HdbStR Bd. I, § 13 Rn. 74 ff.; *ders.*, FS Sendler, S. 39 ff. (62 ff.); *H. Krüger*, Allgemeine Staatslehre, S. 959; *D. Merten*, Rechtsstaat und Gewaltmonopol, S. 29 ff.; *R. Scholz*, NJW 1983, S. 705 ff. (707).
[62] *D. Merten*, Rechtsstaat und Gewaltmonopol, S. 33; *A. Randelzhofer*, in: J. Isensee/P. Kirchhof, HdbStR Bd. I, § 15 Rn. 8 f.
[63] So auch für die gänzlich private Rechtsetzung: *F. Kirchhof*, Private Rechtsetzung, S. 119 ff.
[64] *J. Isensee*, in: ders./P. Kirchhof, HdbStR Bd. I, § 13 Rn. 87.
[65] *E.-H. Ritter*, AöR Bd. 104 (1979), S. 389 ff. (409 ff.).
[66] *A. Randelzhofer*, in: J. Isensee/P. Kirchhof, HdbStR Bd. I, § 15 Rn. 39.
[67] *E. Gurlit*, Verwaltungsvertrag und Gesetz, S. 63 ff.
[68] *K. Biedenkopf*, Grenzen der Tarifautonomie, S. 104; *H. Dreier*, in: ders., Grundgesetz Bd. II, Art. 20 (Demokratie) Rn. 110; *H. Galperin*, FS Molitor, S. 143 ff. (156); *F. Kirchhof*, Private Rechtsetzung, S. 107 ff., 136; *M. Kriele*, VVDStRL Bd. 29 (1971), S. 46 ff. (64); weitere Nachweise bei *S. Augsberg*, Rechtsetzung zwischen Staat und Gesellschaft, S. 26 ff.; *U. Meyer-Cording*, Die Rechtsnormen, S. 39 ff.; a.A. *R. Herzog*, in: T. Maunz/G. Dürig u.a., Grundgesetz, Art. 92 Rn. 154; *R. Scholz*, FS Juristische Gesellschaft Berlin, S. 691 ff. (697); vermittelnd *P. Kirchhof*, in: J. Isensee/ders., HdbStR Bd. III, § 59 Rn. 18.
[69] *H Schneider*, FS Möhring, S. 521 ff. (521); s.a. *F. Kirchhof*, Private Rechtsetzung, S. 53 ff.; *H. Schulze-Fielitz*, in: H. Dreier, Grundgesetz Bd. II, Art. 20 Rn. 84 f.; *K.-P. Sommermann*, in: H. v. Mangoldt/F. Klein/C. Starck, Grundgesetz Bd. 2, Art. 20 Rn. 255.

Diese Phänomene stehen weder im Gegensatz zur Verfassung noch rufen sie Widerspruch mit Blick auf von der Verfassung vorausgesetzte staatstheoretische Grundlagen moderner Staatlichkeit hervor.

III. Rekonstruktion und Reduktion der inneren staatlichen Souveränität

Innere staatliche Souveränität bedingt kein gesamthaftes staatliches Rechtsnormsetzungsmonopol. Souveränität fordert nur ein Recht des letzten Wortes, eine Befugnis zur letztverbindlichen Entscheidungsgewalt darüber, welchen Normen in welchem Rang der Charakter einer Rechtsnorm zukommt[70]. Souveränität bedeutet höchste Rechtsetzungsmacht im Staat[71]. Die staatliche Normsetzungsautorität verwirklicht sich aber in der exklusiv dem Staat zugeordneten Kompetenz, über die Rechtsnormqualität und die Rangstufe von Regeln zu bestimmen und damit die Verfügungsgewalt über die Rechtsetzungsmacht in der Hand zu halten[72]. Der souveräne Staat hat damit kein Rechtsetzungs-, wohl aber Rechtsnormanerkennungsmonopol[73]. Er stellt die normative Geltung von Rechtsbefehlen her. Nur diejenigen Regeln, die er der von ihm garantierten und notfalls durchgesetzten Rechtsordnung zuweist, sind Rechtsnormen[74]. Soziale Normen Dritter gefährden die staatliche Souveränität nicht, sie bedürfen aber der – wie auch immer gearteten – Zuordnung zur Gesamtrechtsordnung. Solange der Staat über diese Kompetenz rechtlich und tatsächlich verfügt, kann schon gänzlich private Rechtsetzung die innere staatliche Souveränität nicht grundsätzlich berühren. Dies gilt um so mehr für staatlich-private Rechtsetzungsarrangements.

Eine Integration gesellschaftlicher Akteure in die staatliche Rechtsnormsetzung (bzw. deren Privatisierung) stellt daher die innere staatliche Souveränität per se keineswegs in Frage. Ein einzelner Vorgang kooperativer Rechtsetzung tastet die innere staatliche Souveränität nicht unmittelbar an. Nicht von der Hand zu weisen ist aber, daß eine übermäßige Infiltration von Partikularinteressen in die Rechtsnormsetzung ebenso wie eine zunehmende Schaffung von gegenüber staatlichem Zugriff immunen Inseln systemischer Selbstorganisation der inneren

---

[70] S. *Augsberg*, Rechtsetzung zwischen Staat und Gesellschaft, S. 28; *F. Kirchhof*, Private Rechtsetzung, S. 48 f., 124; *M. Kloepfer / T. Elsner*, DVBl. 1996, S. 964 ff. (968); *J. Taupitz*, Die Standesordnungen der freien Berufe, S. 594 ff.

[71] *H. Quaritsch*, Staat und Souveränität, S. 255, 510.

[72] *H. Quaritsch*, Staat und Souveränität, S. 255, 510; *F. Ossenbühl*, in: J. Isensee / P. Kirchhof, HdbStR Bd. III, § 61 Rn. 31; *F. Kirchhof*, Private Rechtsetzung, S. 116 ff., 127 ff., 134.

[73] So schon: *G. Jellinek*, Allgemeine Staatslehre, S. 256 f.; s.a. *M. Jachmann*, ZBR 1994, S. 165 ff. (169); *F. Kirchhof*, Private Rechtsetzung, S. 107 ff., 134; *M. Kloepfer / T. Elsner*, DVBl. 1996, S. 964 ff. (968); *F. Ossenbühl*, in: J. Isensee / P. Kirchhof, HdbStR Bd. III, § 61 Rn. 30 f. (s.a. auch Rn. 4); *R. Richardi*, Kollektivgewalt und Individualwille bei der Gestaltung des Arbeitsverhältnisses, S. 32, 142.

[74] *F. Kirchhof*, Private Rechtsetzung, S. 133 f.

staatlichen Souveränität ihr reales Substrat zu entziehen droht. Im äußersten Fall ist dann innere Souveränität in einem so weit verstandenen Sinne einer Kompetenz-Kompetenz nicht mehr existent, wenn Einseitigkeit und Hoheitlichkeit staatlichen Handelns durch vielfältige rechtliche und informale Interventionen, Strukturen der Kooperation bzw. des Zusammenwirkens mit den Gesetzesadressaten vorbereitet, ergänzt oder gar vollständig abgelöst werden.

Doch bei genauerer Analyse berühren die kooperativen und konsensualen Mechanismen in der Rechtsnormsetzung die innere staatliche Souveränität auch unter diesem Aspekt nicht, da entweder in einem letzten Schritt der Staat allein über die Rechtsqualität einer Norm durch deren förmlichen Erlaß entscheidet oder aber die gesetzgeberische (und damit rücknehmbare) Entscheidung Grundlage einer gemeinsamen Normsetzung von staatlichen und gesellschaftlichen Instanzen ist. Souveränität kann aber auch nicht Freiheit von Bindung, sondern nur Freiwilligkeit bei deren Eingehung bedeuten. Zwar beeinträchtigt die Einbindung Privater in die staatliche Rechtsnormsetzung und damit die zunehmende Grenzverwischung zwischen Steuerung und Selbstorganisation wegen der hierin zum Ausdruck kommenden und sich zugleich potenzierenden Verwiesenheit auf nicht-staatliche Handlungs- und Wissensressourcen die staatliche Handlungsfähigkeit. Soweit die Einbeziehung privater Handlungsrationalität in die staatliche Rechtsnormsetzung negative Folgen auf die Steuerungsfähigkeit des Staates hat[75], führt diese Erkenntnis indes in einen eigenartigen Teufelskreis, da es doch die in verschiedenen Formen und Intensitätsstufen erfolgende Partizipation Privater an der Normsetzung ist, die die Steuerungsfähigkeit des Staates und des Rechts erhöhen sollte. Die staatliche[76] Problemlösungsfähigkeit wird aber durch die Inanspruchnahme privater Ressourcen bei der Koordinierung moderner, differenzierter Gesellschaften gestärkt; das Potential staatlicher[77], gesamtgesellschaftlicher Problemlösungskapazität erhöht sich[78]. Die Limitierung alleiniger staatlicher Problemlösungskapazität indes ist der Preis für die Kapazitätserhöhung bei der Lösung von Aufgaben, derer sich der moderne Sozial- und Präventionsstaat angenommen hat. Bei saldierender Betrachtung relativiert sich das staatstheoretische Problem: Der Staat beteiligt Private an seiner Aufgabenerfüllung bei der Bearbeitung von Problemfeldern, die er ohne solche Partizipation überhaupt nicht in einer solchen Interventionstiefe in Angriff hätte nehmen können. Dies wird im Umkehrschluß daran deutlich, daß kooperative und konsensuale Strukturen in der Normsetzung bei Erfüllung der originären Aufgaben moderner Staatlichkeit

---

[75] Hierzu z.B. *N. Dose*, Die Verwaltung Bd. 27 (1994), S. 91 ff. (97 ff.).
[76] Der Begriff des Staatlichen ist hier im weiteren, die Gesellschaft umschließenden Sinn eingesetzt.
[77] Siehe Fn. 76.
[78] Zur Relation von (wachsender) Problemlösungskapazität und (sinkender) Handlungsfähigkeit in dem insoweit ähnlichen Umfeld des Globalisierungsprozesses siehe *E. Grande/T. Risse*, ZIB Bd. 7 (2000), S. 235 ff. Zur Frage, ob der »verhandelnde Staat« eine Stärkung oder Schwächung staatlicher Handlungsfähigkeit erfährt siehe *V. Brennecke*, Normsetzung durch private Verbände, S. 30 ff., 135 ff.; *A. Finckh*, Regulierte Selbstregulierung im Dualen System, S. 402.

III. Rekonstruktion und Reduktion der inneren staatlichen Souveränität

(innere und äußere Sicherheit) wesentlich seltener anzutreffen sind, als bei den expansiv angewachsenen Agenden der Sozial- und Präventionsstaatlichkeit.

Versteht man Souveränität als rechtlich zugewiesene Kompetenz, letztverbindlich über den Inhalt und die Geltung von Rechtsnormen zu entscheiden[79] – und diese Entscheidung auch ggfs. gewaltsam durchzusetzen –, so schwinden die Probleme des kooperativen Staates mit der inneren staatlichen Souveränität. Die monopolisierte Fähigkeit des Staates zur Ausübung legitimen Zwangs wird durch den kooperativen Staat nicht in Frage gestellt. Ausgehend von dem staatlichen Monopol zur möglicherweise mit legitimer physischer Gewalt erfolgenden Durchsetzung rechtlicher Verpflichtungen ist die staatliche Souveränität dann nicht berührt, wenn der Inhalt einer Rechtsnorm durch ein nicht-staatliches Rechtssubjekt formuliert wird, während die Zueignung des Rechtsstatus der staatlichen Seite vorbehalten bleibt.

Als Test für die Fortexistenz innerer staatlicher Souveränität in einem unverfälschten Sinn gilt die potentielle Rückholbarkeit von an die Gesellschaft ausgelagerten (oder staatlicherseits nie in Angriff genommenen) Regelungsmaterien in die staatliche Verantwortung – die vollständige Verstaatlichung der Gemeinwohlverwirklichung. Könnte der staatliche Gesetzgeber – wenn er wollte oder müßte –, die Regelung jeder gemeinwohlrelevanten Materie zugleich an sich ziehen und – wenn auch unter erheblicher und ressourcenraubender Kraftanstrengung – jedes politisch gewollte Ergebnis erreichen? Unter diesem Gesichtspunkt ergeben sich dort Bedenken, wo der Staat ganze Regelungsbereiche – ohne echten und realisierbaren Vorbehalt einer Überwachungs- oder Reserveverantwortung[80] – der Zuständigkeit privater Regelsetzer überantwortet. Bei dauerhafter Nichtwahrnehmung einer Aufgabe tritt auf staatlicher Seite ein Verlust an sachlichen und personellen Problemlösungskapazitäten ein, deren Wiederaufbau mühsam, kostspielig oder vielleicht in Ausnahmefällen sogar nahezu unmöglich ist[81]. Auch ohne Anleihe an systemtheoretische Argumente ist ein jederzeitiger Zugriff auf alle gesellschaftlichen Lebensbereiche kaum anzunehmen[82]. Der Prozeß partikularer und sektoraler »Vergesellschaftung« politischer Entscheidungsfunktionen ist daher vielleicht nicht hinsichtlich jedes einzelnen Elements, wohl aber in seiner Gänze irreversibel[83]. Dies führt dazu, daß der Staat einerseits potentiell für jede gesellschaftliche Fehlentwicklung in die Verantwortung genommen wird, andererseits aber aufgrund von gesellschaftlichen Resistenzen, aber auch Kom-

---

[79] M. Baldus, Der Staat Bd. 36 (1997), S. 381 ff. (390) unter Bezugnahme auf H. Kelsen, Allgemeine Staatslehre, S. 107.
[80] Zu diesen Kategorien der Privatisierungsdiskussion: J.A. Kämmerer, Privatisierung, S. 474 ff.; G.F. Schuppert, Die Verwaltung, Beiheft 4 (2001), S. 201 ff. (218 ff., 242 ff.); A. Voßkuhle, VVDStRL Bd. 62 (2003), S. 266 ff. (307 ff.).
[81] E. Schmidt-Aßmann, Die Verwaltung, Beiheft 4 (2001), S. 253 ff. (263, 268). Vom Abbau staatlicher Handlungsfähigkeit durch institutionalisierte Delegation schreibt C. Engel, Die Verwaltung Bd. 34 (2001), S. 22.
[82] Zur Auswirkung der Systemtheorie auf das Konzept der inneren staatlichen Souveränität siehe nur M. Beyerle, Staatstheorie und Autopoiesis, S. 179 f.
[83] H.-J. Papier, FS Bettermann, S. 33 ff. (43).

petenzvorschriften und grundrechtlichen Interventionsverboten als rechtsstaatlich gebundener, sektoraler Staat keineswegs über eine aufgaben- oder besser: verantwortungsadäquate Ausstattung verfügt.

Eine Auflösung des hierin liegenden Dilemmas ist in die eine Richtung nicht wünschenswert, in die andere unrealistisch: Auf der einen Seite könnte allein auf der Grundlage einer Fortentwicklung des sektoralen Verfassungsstaats in einen Staat mit totalitärem Gestaltungsanspruch die staatliche Seite mit so umfassenden Handlungsvollmachten ausgestattet werden, daß auf ihrer die Lösung aller gesellschaftlichen Probleme in Angriff genommen werden könnte. Es zeugt indes von einem fehlenden Realitätssinn zu glauben, daß sich unter solchen Vorzeichen alles zum Besseren wenden müßte. Der Staat würde sich an seiner Gestaltungsaufgabe zwangsläufig überheben. Auf der anderen Seite ist die Annahme, daß sich die gesellschaftlichen Erwartungen an die staatlichen Problemlösungskapazitäten zurückschrauben ließen, zumindest auf kurze oder mittlere Sicht einigermaßen unrealistisch.

Es ist angesichts dessen vor einer Überspannung der Anforderungen an die innere staatliche Souveränität zu warnen: Soweit die Steuerungstheorie – zur Rekonstruktion oder Substitution der inneren staatlichen Souveränität – Strategien entwickelt, um dem Staat – wenn auch um den Preis des extrakonstitutionellen Zusammenwirkens mit der Gesellschaft – einen Zugriff auf Sachverhalte zu sichern, für deren alleinige Bewältigung ihm Kompetenzen oder Mittel fehlen, so wird diesem Versuch ein Bild des nach innen souveränen Staates zugrunde gelegt, das nicht dem des Grundgesetzes entspricht. Die in der Absage des kooperativen Staates an die staatliche Souveränität implizierte weite Bedeutung des Konzepts beschreibt eine Souveränität, wie sie der Verfassungsstaat nie beansprucht hat. Das Dogma der Allzuständigkeit und damit die Fähigkeit, den eigenen Wirkungskreis zu definieren und beliebig zu erweitern, wie es dem modernen Staat durch die allgemeine Staatslehre zugeschrieben wird[84], bedarf im Verfassungsstaat der Rekonstruktion und Reduktion[85].

Konzept und Begriff des kooperativen Staats verkennen bei ihrer semantischen Verabschiedung der inneren staatlichen Souveränität die Voraussetzung der modernen Verfassungsstaatlichkeit, die auf den Staatsbegriff und damit auch auf die Souveränität als Voraussetzung von Staat und Verfassung zurückwirkt[86]. Der jeweils aktuelle Inhalt des Souveränitätsbegriffs und seine inhaltlichen Wandlungen sind in historische Kontexte gebettet[87]. Die Reklamierung von Souveränität war in allen Phasen ihrer Ideengeschichte immer Antwort auf eine bestimmte geschichtliche Problemlage. Was von einem klassischen und möglicherweise bewußt anspruchsvoll überhöhten Souveränitätsbegriff ausgehend als Erosion von Staat und Souveränität gelten mag, stellt sich damit eher als geschichtlicher Wandel eines strukturell offenen Begriffs dar[88]. In anderen Problemzonen der Souve-

---

[84] H. *Krüger*, Allgemeine Staatslehre, S. 760 f.
[85] J. *Isensee*, in: ders./P. Kirchhof, HdbStR Bd. III, § 57 Rn. 157 ff.
[86] M. *Beyerle*, Staatstheorie und Autopoiesis, S. 256 f.
[87] Für den Staatsbegriff: G. *Hermes*, Staatliche Infrastrukturverantwortung, S. 152; J.A. *Kämmerer*, Privatisierung, S. 538.
[88] P. *Häberle*, AöR Bd. 92 (1967), S. 259 ff. (260 f., 264 f.).

III. Rekonstruktion und Reduktion der inneren staatlichen Souveränität 739

ränitätstheorie (Verhältnis der Gebietskörperschaften im Bundesstaat, Verhältnis nationales Recht und Gemeinschaftsrecht) hat es vor dem Hintergrund zunehmender Komplexität, Verflechtungen und wechselseitiger Ingerenzen verschiedener Machzentren bereits begriffliche, auf Kooperationsverhältnisse zielende Anpassungen des Souveränitätsbegriffs an die aktuellen Verfassungsstrukturen des Bundesstaats und des für völker- und gemeinschaftsrechtliche Zusammenarbeit offenen Staates gegeben[89].

Soweit Souveränität als höchste, unbeschränkte, unlimitierbare Macht des souveränen Staates im Sinne einer umfassenden Kompetenz-Kompetenz verstanden wird, ist ein solches Verständnis heute weder in interner noch in externer Hinsicht verfassungsrechtlich haltbar (und kann damit auch nicht Verfassungsvoraussetzung sein). Schon die Existenz des Rechts, der Verfassung und insbesondere die Existenz eines dieser innewohnenden unabänderlichen Wesenskerns (vgl. Art. 79 Abs. 3 GG) verbietet eine solche Konzeption der Souveränität[90], da eine Verfassungsvoraussetzung, die mit der Konzeption der Verfassung nicht vereinbart werden kann, undenkbar ist. Die staatliche Souveränität darf aber im Verfassungsstaat nicht dadurch in Frage gestellt werden, daß durch verfassungsrechtliche und überpositive Vorgaben weite Lebensbereiche der staatlichen Entscheidungskompetenz entzogen und Grundrechtsträgern überantwortet sind, da der staatliche Wirkungs- und Gestaltungsanspruch durch die Verfassung definiert ist[91]. Soweit die Verfassung die Partizipation Privater an dem Vorgang der Rechtsnormsetzung gebietet oder zuläßt, sind solche Arrangements Ausdruck einer verfassungsrechtlichen Entscheidung oder eines verfassungsrechtlichen Gestaltungsspielraums.

Der Staat des Grundgesetzes ist verfaßter Staat. Er existiert als Rechts- und Machteinheit nur soweit, wie das Recht und insbesondere die Verfassung ihn konstituiert. Der Staat des Grundgesetzes dient der Freiheitsermöglichung seiner Bürger; er mildert die materiellen Folgen von Freiheitsmißbrauch ab und stellt die tatsächlichen Voraussetzungen für die Ausübung der Freiheit her. All dies geschieht auf der Grundlage der dem Staat durch das Grundgesetz an die Hand gegebenen Kompetenzen und Befugnisse. Damit ist er zugleich sektoraler Staat[92]. Er deckt nicht die Lebenstotalität des Gemeinwesens ab, sondern nur einen rechtlich umfaßten Ausschnitt, den er mit um der Freiheit seiner Bürger willen beschränktem Handlungspotential zu gestalten sucht[93]. Das Grundgesetz bietet keinen Anhalt für eine umfassende, alle Lebensbereiche abdeckende Staatsverantwortung. Die politische Macht und die aus ihr resultierenden Entscheidungsbefugnisse einzelner Grundrechtsträger (v.a. Verbände) sind vor diesem Hintergrund keineswegs usurpiert, sondern folgen aus der Wahrnehmung grundrecht-

---

[89] Überblick bei *P. Häberle*, AöR Bd. 92 (1967), S. 259 ff. (262 ff.).
[90] *M. Baldus*, Der Staat Bd. 36 (1997), S. 381 ff. (388 f.).
[91] *J. Isensee*, in: ders./P. Kirchhof, HdbStR Bd. I, § 13 Rn. 70.
[92] *J. Isensee*, in: ders./P. Kirchhof, HdbStR Bd. I, § 13 Rn. 58 ff.; ders., in: ders./P. Kirchhof, HdbStR Bd. III, § 57 Rn. 12.
[93] *J. Isensee*, in: ders./P. Kirchhof, HdbStR Bd. III, § 57 Rn. 12.

licher Freiheiten: Art. 5 Abs. 1 Satz 1 Hs. 1, Art. 9 Abs. 1 und 3, Art. 12 Abs. 1 GG[94]. Auch die hinsichtlich der Übertragung von Selbstverwaltungskompetenzen auf gesellschaftliche Teilsysteme fordernden und permissiven Regelungen des Grundgesetzes machen deutlich, daß ein mit einem strengen Souveränitätsverständnis zwangsläufig verbundener latenter Unitarismus bzw. Zentralismus nicht dem Bild der Verfassung entspricht.

Schon aus verfassungsrechtlichen Gründen muß es Bereiche geben, in die der Staat aus guten Gründen nicht eingreifen kann, an deren Lösung er sich überheben muß[95]. Dies stellt aber seine innere staatliche Souveränität nicht in Frage. Nicht ohne Grund ist die Selbstbescheidung in der bis vor wenigen Jahrzehnten noch fundamentalen Glaubensfrage genetisches Charakteristikum des modernen Staates. Der Souveränitätsbegriff, der als Verfassungsvoraussetzung des Verfassungsstaates dient, ist als konstituierendes Merkmal des modernen Staates hinter der Entwicklung des modernen Sozial- und Präventivstaates zurückgeblieben – der Staat ist durch die Erschließung neuer, über die Gewährleistung innerer und äußerer Sicherheit weit hinausweisender Aufgaben in diesen Bereichen seiner Voraussetzung entwachsen.

Insoweit die Idee moderner Staatlichkeit aber den Nukleus des Verfassungs- sowie des Sozial- und Präventionsstaates bildet, ist die mit ihr verbundene innere staatliche Souveränität nach wie vor unangetastet. Das Souveränitätskonzept des modernen Staates legt ein maßgeblich auf die Gewährung innerer und äußerer Sicherheit limitiertes Staatsbild zugrunde. In diesen Bereichen wird die Präsenz der inneren staatlichen Souveränität auch heute wohl nicht ernsthaft und nachhaltig angezweifelt. Die staatliche Durchsetzungs- und Gestaltungskraft schwindet aber mit steigender Komplexität und zunehmendem Gesellschaftsbezug eines staatlichen Anliegens. In den Bereichen der gesamtgesellschaftlichen Steuerung ist der Sozialstaat daher nicht allein für die Problemlösung zuständig, sondern verwirklicht das Gemeinwohl in arbeitsteiliger Kooperation mit Kräften der Gesellschaft[96]. Unter diesen Bedingungen gibt es keine Staatsziele, deren Verwirklichung exklusiv der staatlichen Organisation vorbehalten sind[97]. Die Ziele, in deren Dienst der Staat sich stellt, können der Sache nach auch von nichtstaatlichen Verbänden gefördert werden.

Dem kooperativen Staat bleibt dann *erstens* die Orientierungsfunktion zur Bestimmung und Definition von Problemen, zur Festlegung von »Fluchtlinien« des Handelns und Präzisierung der erwarteten und nachprüfbaren Handlungsergebnisse. *Zweitens* muß der

---

[94] *H.-J. Papier*, FS Bettermann, S. 33 ff. (39).
[95] *O. Depenheuer*, in: P.M. Huber, Das Kooperationsprinzip im Umweltrecht, S. 17 ff. (31).
[96] *J. Isensee*, in: ders./P. Kirchhof, HdbStR Bd. III, § 57 Rn. 78 ff.
[97] Soweit es ausschließliche Staatsaufgaben gibt, hängt die in ihnen angelegte Exklusivität mit den spezifischen und allein dem Staat zu Gebote stehenden Mitteln zusammen, die für ihre Verwirklichung erforderlich sind (Zwangsvollstreckung, Polizei, Militär); siehe *J. Isensee*, in: ders./P. Kirchhof, HdbStR Bd. I, § 57 Rn. 42 (Fn. 59). Zur Diskussion um den Umfang dieses Aufgabenkreises: *R. Hendler*, Selbstverwaltung als Ordnungsprinzip, S. 318; *H.H. Klein*, FS Forsthoff, S. 165 ff. (179 Fn. 71); *U. Scheuner*, GS Peters, S. 797 ff. (815).

III. Rekonstruktion und Reduktion der inneren staatlichen Souveränität 741

Staat auf der Grundlage seiner Organisationsfunktion sicherstellen, daß alle wichtigen Handlungsträger für ein Politikfeld mobilisiert und zu gemeinsamer Handlung zusammengeführt werden. *Drittens* trifft den Staat eine Vermittlungsfunktion, anhand derer Konsens und Akzeptanz für gemeinsame Handlungswege der Beteiligten schaffen soll[98].

Die differentia specifica des Staates liegt hier allein in seiner Fähigkeit zur einseitigen Anordnung von Rechtsfolgen und der notfalls zwingenden Durchsetzung des selbst und von Dritten mit staatlicher Zulassung gesetzten Rechts[99]. An der konzeptionellen Notwendigkeit staatlicher Souveränität als Verfassungsvoraussetzung ist trotz aller zentrifugalen Kräfte, die auf die staatliche Aufgabenerfüllung und insbesondere die Normsetzung einwirken, festzuhalten. Nur mit der Bezugnahme auf einem Staat, der seine Souveränität zumindest in der Hinterhand hält, ist der Zwang zur Entscheidung, ihre legale Form sowie die letztliche Verbindlichkeit ihrer Durchführung begründbar[100]. Diese Form der Souveränität entfaltet sich auch im kooperativen Staat[101].

---

[98] *J.J. Hesse,* Jahrbuch zur Staats- und Verwaltungswissenschaft Bd. 1 (1987), S. 55 ff. (71 ff.); *G.F. Schuppert,* in: T. Ellwein/J.J. Hesse, Staatswissenschaften, S. 73 ff. (75).
[99] *J. Isensee,* in: ders./P. Kirchhof, HdbStR Bd. I, § 57 Rn. 42.
[100] Ähnlich *R. Mayntz,* PVS-Sonderheft 26 (1995), S. 148 ff. (156).
[101] S.a. *H.-G. Dederer,* Korporative Staatsgewalt, § 6, der allerdings den Fortbestand der inneren staatlichen Souveränität zu sehr an die Notwendigkeit der Kooperation innerhalb des Rahmens der staatlichen Rechtsordnung festmacht und dabei nicht den Umstand zu erfassen vermag, daß gerade die Gestaltung dieser Rechtsordnung durch die hier untersuchten Verhandlungsprozesse dem Einfluß privater Interessenvertreter geöffnet wird.

Zusammenfassung

1. Der moderne Sozial- und Präventionsstaat hat angesichts der an ihn gestellten, quantitativ wie qualitativ gewachsenen gesellschaftlichen Ansprüche proportional zu seinem Funktions- und Aufgabenzuwachs einen Steuerungs- und Machtverlust erlitten. Die permanente Ausweitung des staatlichen Funktionsbereichs gerät in ein Spannungsverhältnis mit dem sektoralen Charakter des Grundgesetzes (bzw. des von ihm verfaßten Staates): Die Verfassung legt ihren Regelungen die Totalität potentieller Staatsaufgaben nur in abgeschwächter Form zugrunde. Deswegen vermag der Staat trotz der auf ihn projizierten Erwartungen seiner Bürger gesellschaftlichen Fehlentwicklungen nicht allenthalben wirksam entgegenzutreten.

2. Die Durchsetzungskraft des in diesem Zusammenhang bedeutsamen regulativen bzw. interventionistischen Rechts wurde in den letzten Jahrzehnten zunehmend bezweifelt. Die Ursache für diesen Zweifel liegt vor allen Dingen in einer skeptischen Realanalyse der Wirkungsbedingungen solcher Rechtssätze. Neben den auf Seiten staatlicher Rechtsnormsetzer ubiquitären Informationsproblemen sind die Hindernisse bei der Erreichung der angestrebten Ziele durch interventionistische oder regulative Normen auf den erforderlichen Durchsetzungs- und Kontrollaufwand sowie auf die Gefahr sich ablehnend verhaltener gesellschaftlicher Machtreservate zurückzuführen, innerhalb derer die mit unverbrüchlichem Geltungsanspruch ausgestattete Rechtsnormen umgangen oder ignoriert werden. Weitere Schwächen des interventionistischen bzw. regulativen Rechts sind nach Ansicht seiner Kritiker in der seinem Einsatz zugrundeliegenden unrealistisch – simplifizierenden Annahme monokausaler Wirkungsketten zu finden. Alle diese zunächst nur auf das regulative und interventionistische Recht bezogenen Einschätzungen werden vielfach auf jede Form hierarchischer Intervention in komplexe Lebensbereiche übertragen.

3. Die Diagnose staatlichen Steuerungsverlustes ist ebenso wie die unterbreiteten Therapievorschläge von sozialwissenschaftlicher Theorie durchdrungen. Ausgehend von differenzierungstheoretischen Ansätzen behauptet die autopoietische Systemtheorie die Unzugänglichkeit gesellschaftlicher Teilsysteme für gezielte und unmittelbare staatliche Steuerung, die mit deren autopoietischer Geschlossenheit und kommunikativer Selbstreferenz erklärt wird. Die Existenz eines politischen Systems, das verbindliche Entscheidungen für die anderen Systeme trifft, kann diese Theorie aber nur darlegen. Eine theorieimmanente Er-

klärung hierfür findet sie nicht. Die in der autopoietischen Systemtheorie angelegten empirischen Irritationen führen im Ergebnis dazu, daß das von ihr bereit gestellte Instrumentarium zur mittelbaren Steuerung gesellschaftlicher Systeme nicht zu überzeugen vermag.

4. Während die autopoietische Systemtheorie die binäre, systeminterne Kommunikation als Basis ihres theoretischen Konzepts wählt, geht die akteurszentrierte Steuerungstheorie von real handelnden, individuellen oder korporativen Akteuren aus. Sie konzipiert Steuerung in den zwei idealtypischen Interaktionsmechanismen Hierarchie und Verhandlung. Jeder dieser Mechanismen verfügt über spezifische Vor- und Nachteile.

5. Der Interaktionsmodus Hierarchie, bei dem Ego die Entscheidungen Alters oder zumindest einige seiner Entscheidungsprämissen autoritativ bestimmen kann, ermöglicht in der Theorie die unbedingte Durchsetzung des staatlichen Willens. Allerdings steht der realen Wirksamkeit hierarchischer Intervention die mangelnde staatliche Informiertheit über ihre Wirksamkeitsbedingungen ebenso entgegen wie die Möglichkeit gesellschaftlichen Abwehrverhaltens, welches nur punktuell, nicht aber »auf breiter Front« überwunden werden kann.

6. Demgegenüber basiert der Konfliktlösungsmodus Verhandlung auf dem Prinzip der Einigung. Nicht die Mehrheit, sondern die Gesamtheit aller Beteiligten an der Verhandlung entscheidet im allseitigen Einverständnis. Verhandlungen sind in zwei Konstellationen möglich: zum einen zwischen staatlichen und gesellschaftlichen Akteuren; zum andern nur zwischen gesellschaftlichen Akteuren. Im letztgenannten Fall wird eine Problemlösung vom staatlichen in den gesellschaftlichen Bereich ausgelagert.

7. Die Teilnehmer einer Verhandlung verfolgen einen eigenen Nutzen und haben daher Interesse an deren Gelingen. Daß die politischen Wissenschaften Verhandlungssystemen ein eigenständiges Wohlfahrtspotential zubilligen, ist auf die Rezeption des Coase-Theorems der Transaktionskostenökonomie zurückzuführen. Dabei wird indes vernachlässigt, daß dessen Aussagen über die positiven Effekte von Verhandlungssystemen unter dem Vorbehalt nicht bestehender Transaktionskosten gemacht werden und eine Realisierung von Verteilungsgerechtigkeit, die oftmals sozialstaatliches Anliegen staatlicher Intervention darstellt, nicht möglich ist.

8. Neben den Vorteilen einer Verhandlungslösung hinsichtlich des durch sie gewährleisteten Informationsflusses und hinsichtlich der Implementation der verhandelten Entscheidung weisen aber auch Verhandlungslösungen problematische Aspekte auf. Zum einen setzen sie eine Verhandlungs- und Verpflichtungsfähigkeit der zumeist korporativen Verhandlungspartner voraus, die auf Seiten der gesellschaftlichen Akteure eine Mediatisierung individueller durch korporative Akteure nach sich zieht. Zum anderen sind nicht alle Interessen gleichermaßen organisationsfähig. So ergibt die Logik kollektiven Handelns, daß allgemeine

und durchsetzungsschwache Interessen nicht organisierbar sind und damit auch nicht wirksam in Verhandlungslösungen integriert werden können. Zudem kommt bei unverfälschter Anwendung des Verhandlungsprinzips eine Entscheidung nur zustande, wenn diese die Gesamtheit der Beteiligten besser stellt als ein Scheitern der Verhandlung und eine daraus resultierende Nicht-Entscheidung. Problematischer als bei hierarchischen Interaktionsformen ist in Verhandlungssystemen auch die Zuordnung politischer wie rechtlicher Verantwortung für die Entscheidung. Hinzu tritt als weiterer Nachteil des Verhandlungsmodus der zeitliche und sachliche Mehraufwand gegenüber hierarchischer Interaktion.

9. In der Realität wählt der Staat Interventions- und Interaktionsformen, die sich als Mischverhältnis von Hierarchie und Verhandlung beschreiben lassen. Dies wird in dem Konzept der regulierten Selbstregulierung abgebildet, das eine Brücke zwischen privaten Entscheidungen und hoheitlich wahrgenommenen Tätigkeiten des Staates schlägt. Es respektiert die Eigendynamik gesellschaftlicher Teilbereiche und nutzt sie zugleich. Ihre rechtstheoretische Entsprechung findet die regulierte Selbstregulierung in dem Konzept des prozeduralen Rechts.

10. Kooperative und konsensuale Strukturen in der Normsetzung sind Symptom und Versuch zur Kompensation staatlichen Machtverlusts gleichermaßen. Das erhebliche Normierungsbedürfnis des sozialen Rechtsstaats hat zu einer Diversifikation der Normsetzungstätigkeit geführt, in der auch Private ihren Platz beanspruchen und einnehmen. Der Staat kann nicht alleiniger und autochthoner Regelsetzer bei der Bewältigung gesellschaftlicher Problemlagen sein. In vielen Sachbereichen übernehmen Private diese Aufgabe oder partizipieren zumindest an ihrer staatlichen Wahrnehmung. Und auch dort, wo der Staat nach wie vor eine alleinige Entscheidungshoheit beansprucht, bedient er sich bei Vorbereitung und Formulierung seiner Entscheidungen fast regelmäßig staatsexternen Sachverstands und läßt sich von privaten Interessen beeinflussen. Aus analytischer Sicht kann die Beteiligung Privater bei der Normsetzung von bloßer Informationsvermittlung durch Anhörung über ein Mitspracherecht bis hin zu einem Mitentscheidungsrecht reichen. Sie kann auf informellem oder formellem Wege erfolgen.

11. Alle Beteiligungs- und Selbststeuerungsmodelle, die als Lösungsansatz zur Wiederherstellung staatlicher Handlungsfähigkeit mit unterschiedlichen theoretischen Unterfütterungen präsentiert werden, führen zu dem Schluß, daß der sich verringernde Einfluß staatlicher Steuerungsimpulse, gepaart mit Deregulierung und Privatisierung der Normsetzung, Effizienz- und Umsetzungsdefiziten hergebrachter Formen staatlicher Steuerung durch Recht begegnet.

12. Jede Verschränkung von hierarchischen und kooperativen Interaktionsformen reibt sich an dem Bild des einseitig-hoheitlich entscheidenden, souveränen Staates. Diese tatsächliche Entwicklung wurde unter der Überschrift des »kooperativen Staates« beschrieben und analysiert. Mit diesem Begriff wird das insbe-

sondere von den Sozialwissenschaften beobachtete Phänomen einer zunehmenden verbundweisen Bewältigung staatlicher Agenden aufgegriffen – insbesondere solcher, die über die klassische Staatsfunktion der Gewährleistung physischer Sicherheit hinausgehen. Mit dem Begriff des kooperativen Staates wird festgehalten, daß das Auseinandertreten von wachsenden Ansprüchen an den Staat und seinen real verfügbaren Entscheidungs- und Gestaltungskapazitäten dadurch kompensiert wird, daß dieser in seine Entscheidungen private Handlungsrationalität mit einbezieht oder aber Entscheidungen gänzlich an gesellschaftliche Instanzen auslagert.

13. Der im kooperativen Staat rezipierte Begriff der Kooperation, der einem antiquiert scheinenden Staatskonzept mit seinen hierarchischen, formalen Ausdrucksformen durch ein freundliches Attribut eine akzeptablere Einkleidung anpaßt, hat im rechtswissenschaftlichen Zusammenhang bereits mannigfache Verwendung gefunden. An erster Stelle ist hier das umweltrechtliche Kooperationsprinzip zu nennen. Aber auch die »kooperative« Verwaltung und das »kooperative« Regierungshandeln wurden bereits von der Wissenschaft aufgegriffen. Kooperation beschreibt dabei eine auf den Entscheidungsprozeß bezogene Charakterisierung staatlichen Handelns, während demgegenüber der Konsens die Entscheidung selbst charakterisiert. Mit dem informalen Staatshandeln ist das kooperative nicht identisch, weist aber einen erheblichen Überschneidungsbereich auf.

14. Auch im kooperativen Staat bleibt Recht zwar ein zentrales Gestaltungs- und Steuerungsmittel. Die seine Effektivität befördernden Strategien laufen aber auf einen Umbau rechtsstaatlicher Normsetzungsmechanismen sowie des demokratischen Legitimationskonzepts hinaus: Anhörungsrechte, Beteiligung an Verfahren und Entscheidung sowie Delegation von Normsetzungsbefugnissen an gesellschaftliche Akteure werden zu »Transmissionsriemen« individueller Teilhaber an der staatlichen Funktion der Rechtsetzung.

15. Erkennt man als wesentliches Hindernis für die erfolgreiche Steuerung gesellschaftlicher Teilsysteme durch den staatlichen Rechtsetzer dessen defizitäres Wissen über den zu normierenden Sachbereich und die dort vorherrschenden gesellschaftlichen Präferenzen, bietet es sich an, die Informationsasymmetrie zwischen Normsetzer und Normadressaten durch eine Verbesserung des Informationsflusses zwischen diesen beiden zu kompensieren.

16. Wesentliches Kompensationsmittel ist die Anhörung von Interessenvertretern und Sachverständigen vor dem Erlaß einer Rechtsnorm. Eine solche Anhörung ist unverzichtbare »Keimzelle« des kooperativen Gesetzgebungsverfahrens. Der zu Beratende empfängt Impulse und Informationen aus dem gesellschaftlichen Raum, er erfährt von dort vorhandenen Interessen. Auf deren Grundlage kann er seine Entscheidung treffen. Im Regelfall finden bei solchen Beratungen keine Verhandlungen zwischen Normsetzer und Normadressaten über tauschfä-

hige Positionen statt. Allerdings führt eine Beratung gerade in komplexen Materien oftmals zur faktischen Optionenverengung auf Seiten des staatlichen Rechtsnormsetzers. Da für ihn aber keine Rechtspflicht zur Verfolgung des Beratungsergebnisses besteht, bleibt die staatliche Entscheidung über den Rechtssatz der Anknüpfungspunkt für die demokratisch und rechtsstaatlich gebotene, verantwortungsrealisierende Zurechnung.

17. Eine Differenzierung von Interessenvertretern und Sachverständigen ist – entgegen einer bisweilen vertretenen Ansicht – durch Anknüpfung an die Erwartungshaltung des zu Beratenden möglich.

18. Interessenvertretung im parlamentarischen Raum erfolgt vor allen Dingen durch Interessenverbände. Verbandseinfluß ist bei der parlamentarischen Gesetzgebung in allen Stadien präsent. Verbände in dem hier verstandenen Sinne sind nichtstaatliche Vereinigungen natürlicher oder juristischer Personen, die wirtschaftliche, soziale, kulturelle, egoistische oder altruistische Interessen ihrer Mitglieder wahrnehmen und vertreten. Im Unterschied zu politischen Parteien zielen ihre Aktivitäten nicht auf eine Teilnahme am politischen Entscheidungsprozeß in parlamentarischen Formen und die Übernahme von Regierungsverantwortung, sondern vielmehr auf eine Einwirkung »von außen«, insbesondere auf den parlamentarischen Prozeß. Auch wenn das Grundgesetz die Verbände nicht ausdrücklich erwähnt, finden sie ihren verfassungsrechtlichen Anknüpfungspunkt in Art. 9 Abs. 1 GG.

19. An der Rechtsnormsetzung werden Verbände in drei verschiedenen Formen beteiligt. Auf einer ersten Stufe steht dabei die verbandliche Beratung des staatlichen Rechtsnormsetzers. Sie erfüllt eine Informations-, eine Beeinflussungs-, eine Vereinheitlichungs- und eine Übermittlungsfunktion. Auf einer zweiten Stufe stehen die Verbände mit – im untechnischen Sinne – belehnter Rechtsetzungskompetenz, deren einzelner regulierender Akt durch staatliche Autorität (Delegation, Rezeption, Normanerkennung) eine über den Kreis der Verbandsmitglieder hinausgehende Geltung erlangt. Hier kommt eine verbandliche Entlastungsfunktion zum Tragen. An dritter Stelle ist die autonome verbandliche Steuerung zu erwähnen, durch welche die Normfestsetzung und -durchsetzung unter Zurückstellung staatlicher Autorität organisiert wird.

20. Die Rolle der Verbände im politischen Prozeß ist damit ambivalent. Auf der einen Seite dienen sie gesellschaftlichen Interessen als Einflußpfad in den staatlichen Willensbildungsprozeß. Auf der anderen Seite bilden sie gesellschaftliche Verhandlungssysteme mit einer internen hierarchischen Funktion und können als solche für staatliche Steuerungsanliegen in Anspruch genommen werden. Sie aggregieren gesellschaftliche Interessen und dienen damit einem innergesellschaftlichen Ausgleich, bevor die entsprechenden Positionen in den politischen Raum eingeführt werden. Dies erleichtert die Arbeit des staatlichen Rechtsnorm-

setzers, da dieser die zuvor im verbandlichen Raum überstimmten Interessen politisch nicht mehr berücksichtigen muß.

21. Als Fundament gesetzlicher und geschäftsordnungsrechtlich geregelter Anhörungsverfahren kann nicht eine verfassungsrechtliche Pflicht zur »optimalen Gesetzgebung« herangezogen werden. Bei Annahme einer solchen, der Gesetzgebungslehre entlehnten Pflicht würde verkannt, daß der Gesetzgeber nur das Gesetz schuldet.

22. Die Freiheitsrechte der Interessenverbände oder der Sachverständigen verpflichten den staatlichen Rechtsnormsetzer ebenso wenig zu ihrer Anhörung vor Erlaß einer Rechtsnorm, die in ihren »Zuständigkeitsbereich« fällt, wie die Grundrechte der potentiell von einer Rechtsnorm Betroffenen.

23. Weder individuelle noch verbandliche Freiheitsrechte bieten eine taugliche Anspruchsgrundlage für die Teilnahme an einem staatlichen Rechtsetzungsverfahren. Aus dem von der Verfassung vorausgesetzten und zugleich konstituierten Verhältnis von Staat und Gesellschaft ergibt sich, daß die private Teilnahme an staatlicher Rechtsetzung in der Kategorie des status activus abzubilden ist. Gesetzlich geforderte oder geschäftsordnungsrechtlich zugelassene Beratung stellt eine Einwirkung auf eine hoheitliche Entscheidung dar, bei der privaten Akteuren durch staatlichen Einladungs- oder Zulassungsakt eine privilegierte Rechtsposition eingeräumt wird.

24. Hieraus folgt, daß – auch wenn der staatliche Rechtsnormsetzer zwar nicht verpflichtet ist, eine Anhörung abzuhalten – eine Auswahl zwischen Interessenvertretern nicht nach Maßgabe des allgemeinen Willkürsatzes getroffen werden. Die Zuordnung der Teilnahme an einer staatlichen Anhörung zum status activus löst vielmehr die Anwendung der anspruchsvollen Differenzierungskriterien des strengen demokratischen Gleichheitsgrundsatzes aus. Einzig offensichtlicher Grund für eine Differenzierung zwischen teilnehmenden und nicht teilnehmenden Interessenverbänden ist unter diesem Gesichtspunkt die Arbeits- und Funktionsfähigkeit des Parlaments bzw. seiner Ausschüsse.

25. Mißachtet der Gesetzgeber eine Anhörungsvorschrift aus dem Bereich des Geschäftsordnungsrechts, wirkt sich dies nur dann auf die Wirksamkeit des Parlamentsgesetzes aus, wenn die verletzte Vorschrift eine verfassungsrechtliche Vorgabe aufgreift und der entsprechende formelle Fehler evident ist. Gleiches gilt für Verstöße gegen Anhörungsvorschriften des einfachen Gesetzesrechts (§ 94 BBG) oder gleichheitswidrige Unterlassung einer Anhörung ausgeschlossener Interessenträger.

26. Hinsichtlich seine rechtlichen Verbindlichkeit und seiner steuerungstheoretischen Wirksamkeit geht der Gesetzgebungsvertrag weit über die Anhörung Privater hinaus. Dieser verfügt über eine respektable verfassungsrechtliche Tradition im Bereich des Staatskirchen- und des Völkerrechts.

27. Staatskirchenverträge leiten ihre Geltung nicht aus dem Völkerrecht oder einem staatlich-kirchlichen Rechtskreis her. Ihre Grundlage und die Grenzen ihrer Verbindlichkeit sind vielmehr der staatlichen Rechtsordnung zu entnehmen. Eine staatskirchenrechtliche Bindung der Vertragspartner ist aufgrund der verfassungsrechtlichen Anerkennung kirchlicher Eigenrechtsmacht zulässig. Auch wenn ein Staatskirchenvertrag – anders als der Gesetzgebungsvertrag im Bereich des Völkerrechts nach traditioneller Ansicht – nicht in ein staatliches Gesetzesgebot transformiert, sondern unter Wahrung seines vertraglichen Charakters durch einen Anwendungsbefehl der zuständigen Organe im staatlichen Bereich anwendbar gemacht wird, ist nach nahezu einhelliger Auffassung das Spannungsverhältnis zwischen vertraglicher Bindung und staatlicher Gesetzgebungshoheit zu Lasten der erstgenannten aufzulösen.

28. Allerdings überzeugt eine solche Lösung angesichts des in der Verfassung verankerten Rechtsstaatsprinzips i.V.m. dem Grundsatz der Völkerrechtsfreundlichkeit bereits für den Bereich völkerrechtlicher Vertragsverpflichtungen nicht, dem sie aus historischen Gründen und wegen der äußerlichen Parallelität von völkerrechtlichem und staatskirchenrechtlichem Vertragsschluß entlehnt wurde. Vielmehr ist davon auszugehen, daß der staatliche Gesetzgeber mit einem völkerrechtlichen Vertrag über seine Gesetzgebungshoheit insoweit disponiert, als ihm während der Dauer der vertraglichen Bindung eine entgegenstehende Rechtsetzung aus verfassungsrechtlichen Gründen nicht möglich ist.

29. Entsprechendes gilt für die von der Verfassung vorausgesetzten Regelungen durch staatskirchenrechtlichen Vertrag. Auch hier vermag der Gesetzgeber erst dann eine entgegenstehende Regelung zu treffen, wenn sich die staatliche Seite auf Grundlage einer Kündigungsklausel oder der clausula rebus sic stantibus aus der vertraglichen Bindung gelöst hat. Diese Konsequenz erscheint im Bereich des Staatskirchenvertragsrechts noch zwingender als für die völkerrechtliche Verpflichtung, weil hier die vertragliche Bindung und die Gesetzgebungsbefugnis derselben Rechtsordnung entstammen, die sich mit sich selbst in Widerspruch setzte, wenn sie eine vertragliche Bindung zwar zuließe, dieser aber i.E. keine Bedeutung zumessen würde.

30. Doch nicht nur im althergebrachten Bereich des Staatskirchenvertragsrechts, sondern auch in jüngeren Rechtsgebieten können vertragliche Abreden zwischen gesellschaftlichen Akteuren und staatlichen Kompetenzträgern beobachtet werden, die als rechtsverbindlich gewollt begriffen werden müssen. Als Beispiele sind insoweit der Atomkonsens, die Abrede zum Kraft-Wärme-Kopplungsgesetz sowie der »Solidarbeitrag« der forschenden Arzneimittelhersteller zu nennen.

31. Diesen Fällen ist gemein, daß die Bundesregierung als Verhandlungspartner von korporativen oder individuellen privaten Akteuren diesen eine bestimmte Ausübung ihres Gesetzesinitiativrechts zugesagt hat. Gegenstand ihrer Zusage

ist damit ein Akt der Kompetenzbindung. Dabei ist klar, daß die Bundesregierung nicht ein bestimmtes Gesetz bzw. eine bestimmte Entscheidung des Parlaments rechtverbindlich zusagen kann. Die Regierung kann allein *ihr* Gesetzesinitiativrecht binden (Verbot der Bindung fremder Kompetenzen).

32. Diese Bindung ist des weiteren auch nur mit Blick auf den inneren Aspekt dieses Initiativrechts möglich. Dies ergibt sich aus dem Umstand, daß die Beteiligten des *inneren* Gesetzgebungsverfahrens nicht durch Art. 76 bis 82 GG abschließend festgelegt werden und die Verfassung hier somit bewußt einen Raum für staatlich-gesellschaftliche Interaktion offenhält, der auch durch die Eingehung rechtlich verbindlicher Abreden ausgefüllt werden darf.

33. Die verfassungsrechtlich gebotene Immunisierung des formellen Gesetzgebungsverfahrens und des abschließenden Gesetzesbeschlusses gegen rechtlich bindende, partikulare Sondereinflüsse erfolgt durch Art. 38 Abs. 1 Satz 2 GG. Die hier niedergelegte Weisungsfreiheit des Abgeordneten sichert die Distanz zwischen Entscheider und Entscheidungsadressat.

34. Eine vertragliche Bindung des regierungsseitigen Gesetzesinitiativrechts verstößt auch nicht gegen die Pflicht der Regierung zur Verfassungsorgantreue gegenüber dem Parlament. Der Bundestag kann den vorgelegten paktierten Gesetzentwurf nach wie vor ablehnen oder einen veränderten Entwurf einbringen. Er ist insoweit durch die Abrede der Regierung nicht gebunden. Eine Pflicht zum Dissens zwischen der Regierung und der sie tragenden Mehrheitsfraktionen kann es aber auch und gerade unter den Bedingungen des modernen Parlamentarismus, in dem die Grenze der politischen Auseinandersetzung nicht mehr zwischen Parlament und Regierung verläuft, nicht geben.

35. Als Ausfluß der Verfassungsorgantreue ist allein eine Informationspflicht der Regierung gegenüber dem Parlament insoweit anzuerkennen, als der paktierte Ursprung der Gesetzesvorlage offenzulegen ist. Ansonsten könnte der Bundestag die Ausübung seiner Kontroll- und Entscheidungskompetenzen nicht auf diese besondere Situation einstellen.

36. Da die Regierung nicht dem Grundsatz der Diskontinuität unterliegt, ist ihre Bindung – vorbehaltlich des Vorhandenseins entsprechender Kündigungsklauseln – nur unter dem Gesichtspunkt der clausula rebus sic stantibus zu lösen. Aber auch dies verurteilt den Staat nicht insgesamt zu einem politischen Immobilismus. Nach wie vor besteht die Möglichkeit, daß Gesetzesinitiativen durch andere Initianten in das Parlament eingebracht werden.

37. Die subjektive wie sachliche Beschränkung einer vertraglichen Bindung des regierungsseitigen Gesetzesinitiativrechts ist Anlaß, über die Möglichkeit einer weitergehenden Bindung des staatlichen Gesetzgebers an Absprachen mit privaten Akteuren nachzudenken. Prinzipiell ergibt sich aus dem Demokratieprinzip das Erfordernis, daß der Gesetzgeber seine Regelungen jederzeit aktuellen Er-

fordernissen anpassen können muß. Dieses grundlegende demokratische Desiderat verwirklicht sich im lex posterior Prinzip. Auf der anderen Seite ist das Parlamentsgesetz allerdings auch als stabilisierendes und vertrauenschaffendes Datum zu begreifen. Der verfassungsrechtlich anerkannte Grundsatz des Vertrauensschutzes, der aus dem Rechtsstaatsprinzip abgeleitet wird, ermöglicht dem Gesetzgeber – ähnlich wie bei einer zeitlichen Befristung gesetzlicher Regelungen – die bewußte Schaffung von Gesetzesvertrauen auf Seiten eines privaten Vertragspartners. Dies erfolgt durch die parlamentarische Zustimmung zu einem Gesetzgebungsvertrag der Bundesregierung. Diese Zustimmung erteilt einem zwischen Regierung und privaten Akteuren geschlossenem Gesetzgebungsvertrag den innerstaatlichen Anwendungsbefehl und unterscheidet sich insoweit von der Verabschiedung eines paktierten Gesetzentwurfs. Damit besteht im Rahmen der verfassungsrechtlichen Vorgaben die Möglichkeit, daß sich der Gesetzgeber durch Aktivierung des Vertrauensschutzprinzips an seine eigene Gesetzgebung bindet.

38. Eine solche Bindung ist auch in den durch die Wesentlichkeitslehre des Bundesverfassungsgerichts beschriebenen Sachbereichen möglich, da diese lediglich eine parlamentarische Behandlung der entsprechenden Regelungsmaterien fordert, gleichzeitig aber nicht festlegt, ob diese in ein, zwei oder drei Durchgängen erfolgen muß.

39. Da die Möglichkeit einer vertraglichen Bindung des Gesetzgebers aufgrund Vertrauensschutzes ihre Wurzeln im Rechtsstaatsprinzip findet, kann sie grundsätzlich auch das Prinzip der Diskontinuität überwinden. Daher werden gegebenenfalls auch nachfolgende Parlamente gebunden.

40. Die Grenzen einer Kompetenzbindung von Regierung und/oder Gesetzgebers ergeben sich aus dem Verbot ihres Mißbrauchs.

41. Im ersten Zugriff problematischer als die Mißbrauchsgrenze erscheinen aber zunächst die sich aus dem Prinzip demokratischer Gleichheit ergebenden Hindernisse der Kontraktualisierung parlamentarischer Gesetzgebung. Durch die vertragliche Einräumung von Mitspracherechten bei der Ausübung des Gesetzesinitiativrechts und in noch höherem Ausmaße beim Abschluß eines auf die parlamentarische Gesetzgebung selbst bezogenen Gesetzgebungsvertrags wird ein außerhalb der staatlichen Kompetenzordnung stehendes Rechtssubjekt – der Private – an der Ausübung staatlicher Funktionen beteiligt. In der Entscheidung, einen Gesetzgebungsvertrag mit gesellschaftlichen Akteuren abzuschließen, liegt der implizite Ausschluß aller anderen Gruppen von diesem Steuerungsinstrument. Der vertraglich eingeräumte Sondereinfluß einzelner gesellschaftlicher Akteure auf die positive oder negative Ausübung einer Gesetzgebungskompetenz gerät in ein Spannungsverhältnis zu dem allgemeinen demokratischen Gleichheitssatz. Dieser gewährleistet in schematischer und streng formaler Weise allen Bürgern das gleiche Maß an Einflußnahme auf die Ausübung der Staatsge-

walt. Verhandlungssysteme zwischen Staat und Gesellschaft privilegieren Interessenträger, die über ein Vetopotential verfügen. In dem Befund, daß normbezogene Verhandlungen aus steuerungstheoretischer Sicht keineswegs immer erforderlich, möglich oder sinnvoll sind, ist also eine – je nach Sachgebiet und betroffenen Interessen – ungleiche Verteilung privaten Einflusses auf die staatliche Gesetzgebung angelegt. Aus diesem Umstand kann indes nicht die Konsequenz gezogen werden, daß jede normbezogene Verhandlung mit privaten Akteuren, per se einen Verstoß gegen den demokratischen Gleichheitssatz verursacht. Die Logik dieses Schlusses wäre, daß in Sachbereichen, in denen Gleichheit aus der Natur der Sache heraus nicht zu realisieren ist, die die Ungleichheit schaffenden Handlungen unterlassen werden müßten, auch wenn sie für sich genommen sinnvoll und zielführend sein mögen. Bei der Differenzierung zwischen staatlichen Gesetzgebungsanliegen, die aus steuerungstheoretischer Sicht durch normbezogene Absprachen mit Privaten vorbereitet werden müssen, und solchen Anliegen, bei denen dies nicht der Fall ist, fehlt es daher an einer Vergleichbarkeit der Sachverhalte, auf die sich die Differenzierung bezieht. Aus diesem Grund kommt die Anwendung des demokratischen Gleichheitssatzes, nicht als Barriere gegen normbezogene Absprachen im allgemeinen, sondern nur auf einer zweiten Ebene in Betracht: als Desiderat einer möglichst gleichmäßigen Beteiligung aller von einem Regelungsfeld Betroffenen.

42. Der vorliegend befürwortete Einsatz des Vertrauensschutzgrundsatzes zur Integration privater Handlungsrationalität in den Vorgang der Gesetzgebung schafft ein Spannungsverhältnis zwischen Demokratie- und Rechtsstaatsprinzip. Entscheidend ist daher für die Zulässigkeit seines Einsatzes, daß der Zweck der gesetzgeberischen Selbstbindung das Mittel zur Erreichung des Normzwecks sein muß und sich nicht als Mißbrauch des Vertrauensschutzprinzips zur »Zementierung« politischer Mehrheiten über eine parlamentarische Legislaturperiode hinaus erweisen darf. Nicht mißbräuchlich ist der Abschluß eines Gesetzgebungsvertrags nur dann, wenn er der Überwindung der dargelegten steuerungstheoretischen Wirksamkeitshindernisse staatlicher Gesetzgebung in komplexen Handlungsfeldern dient.

43. Das Verbot der Bindung fremder Kompetenzen in Verträgen zwischen staatlichen und gesellschaftlichen Akteuren entfaltet nicht nur im Hinblick auf die Verteilung der Gesetzgebungskompetenzen auf Bund und Länder Wirkung, sondern beansprucht im gleichen Maße Geltung für die Verteilung der Verwaltungskompetenzen auf die Gebietskörperschaften. Gesetzgebungsverträge des Bundes dürfen daher keine Zusagen umfassen, welche die Verwaltungskompetenzen der Bundesländer berühren. Soweit von einem Gesetzgebungsvertrag Aspekte der Bundesauftragsverwaltung erfaßt werden, kann der Bund nur eine spezifische Ausübung seiner Weisungsbefugnis gegenüber den Ländern zusagen. Eine Überwindung der staatlichen Kompetenzordnung durch unmittelbare Zusagen von Verwaltungshandeln der Länder kommt auch unter dem Gesichtspunkt der Staatsleitung nicht in Betracht.

44. Der private Partner eines Gesetzgebungsvertrags kann seinerseits über einen Grundrechts- und Rechtsmittelverzicht kontrahieren. Beide Verzichte sind gleichermaßen nur unter dem Vorbehalt der Freiwilligkeit zulässig. Darüber hinaus bedarf es der Konnexität zwischen staatlichem Regelungsanliegen und Grundrechtsverzicht, da der Rechtsstaat seinem Bürger für sein Tätigwerden nicht beliebige Gefälligkeiten abpressen darf.

45. Grundsätzlich kann ein Gesetzgebungsvertrag auch im Rahmen eines verfassungsprozessualen Vergleichs abgeschlossen werden. Allerdings ist es aus verfassungsprozessualen Gründen nicht zulässig, daß das Bundesverfassungsgericht nach Bejahung des öffentlichen Interesses an einer Sachentscheidung den Abschluß des Gesetzgebungsvertrags und den darin implizierten Vergleich zum Anlaß nimmt, von einer Entscheidung in der Sache abzusehen.

46. Kooperative und konsensuale Strukturen in der Normsetzung lassen sich nicht nur im Bereich parlamentarischer Gesetzgebung nachweisen. Auch in der untergesetzlichen Normsetzung sind vielfältige Einflüsse privater Akteure erkennbar. Um deren Zulässigkeit analysieren zu können, bedarf es zunächst einer allgemeinen Festlegung von Grund und Grenzen der Übertragung von Rechtsetzungsbefugnissen auf nichtparlamentarische Normsetzer. Ausgangspunkt dieser Überlegung muß der Grundsatz demokratischer Legitimation sein, der das Parlamentsgesetz in den Mittelpunkt seines Legitimationskonzepts stellt. Jede Form von nicht durch den parlamentarischen Gesetzgeber ausgeübter Rechtsetzung bedarf verfassungsrechtlicher Rechtfertigung.

47. Eine Übertragung von Normsetzungsbefugnissen darf grundsätzlich nur unter dem Vorbehalt erfolgen, daß wesentliche Entscheidungen für das Gemeinwesen vom Parlament getroffen werden. Eine solche Entscheidung liegt vor allem dann vor, wenn eine Regelung intensiven Grundrechtsbezug aufweist.

48. Unter diesem Vorbehalt ist gemäß den Bedingungen des Art. 80 Abs. 1 GG eine Delegation von Rechtsetzungsbefugnissen an die dort genannten Erstdelegatare zulässig. Der Katalog der Erstdelegatare ist abgeschlossen, so daß Private als solche nicht in Betracht kommen.

49. Der Rückgriff auf das Institut der Beleihung eröffnet keine eigenständige Befugnis des parlamentarischen Gesetzgebers zur Übertragung von Rechtsetzungskompetenzen auf Private. Zwar ließe sich eine solche Ermächtigung mit dem Institut der Beleihung begrifflich vereinbaren. Aber das Institut beschreibt lediglich eine Übertragung von Normsetzungsbefugnissen auf Private, legitimiert sie aber nicht.

50. Eine Subdelegation von Normsetzungskompetenzen gemäß Art. 80 Abs. 1 Satz 4 GG auf Private kommt ebenfalls nicht in Betracht. Aus dem Gesamtzusammenhang der verfassungsrechtlichen Delegationsregeln ergibt sich, daß die Verfassung lediglich persönlich demokratisch legitimierte Rechtssubjekte als

Subdelegatare anspricht. Hieraus wird deutlich, daß die Inanspruchnahme privater Handlungsrationalität im Bereich delegierter Normsetzungsbefugnisse außerhalb von Anhörungsverfahren nicht möglich ist.

51. Des weiteren ist der parlamentarische Gesetzgeber legitimiert und zum Teil sogar verpflichtet, Normsetzungsbefugnisse zur Verwirklichung von Grundrechtsgarantien auf Private zu übertragen. Dieser Umstand bildet die Legitimationsbasis für das Phänomen der privaten Rechtsetzung etwa durch Vereinssatzungen und Tarifvertrag.

52. Während die Bindung von Grundrechtsträgern durch private Rechtsetzung im allgemeinen auf deren Privatautonomie zurückgeführt werden kann, stellt der Tarifvertrag den typischen Fall privater Rechtsetzung durch Verhandlung zwischen interessenantagonistischen Vertragspartnern dar – ist aber als solcher verfassungsrechtlich legitimiert. Sein Geltungsgrund ist mit rechtsgeschäftlichen Konzepten nicht zu erschließen. Er ist vielmehr Ausdruck kollektiv-grundrechtlicher, heteronomer Gestaltungsbefugnis.

53. Des weiteren verfügt der Gesetzgeber über die Möglichkeit, Selbstverwaltungsträgern Normsetzungsbefugnisse zu übertragen. Dies erfolgt nicht uno actu mit der Einräumung der Selbstverwaltungsbefugnis. Eine verfassungsrechtliche Verpflichtung zur Einräumung von Selbstverwaltungsbefugnissen und der Eröffnung einer Regelungsautonomie existiert lediglich im Bereich der kommunalen Selbstverwaltungsgarantie. Die darüber hinaus gehenden Fälle funktionaler Selbstverwaltung sind allesamt lediglich verfassungsrechtlich ermöglicht, nicht aber geboten.

54. Körperschaftliche Selbstverwaltung steht in einem Spannungsverhältnis mit dem Erfordernis persönlicher demokratischer Legitimation von Rechtsnormsetzung. Die Organe dieser Körperschaften sind nicht von ihrerseits persönlich demokratisch legitimierten Amtswaltern, sondern von den Angehörigen der Körperschaft bestellt. Weder das Konzept der kollektiven demokratischen Legitimation noch die Annahme, es handele sich bei den Angehörigen der Körperschaft um ein nach dem Demokratieprinzip des Grundgesetzes relevantes Teilvolk, vermag das Defizit an persönlicher demokratischer Legitimation zu rechtfertigen. Dieses kann allein als verfassungsrechtlich vorgesehene Ausnahme von dem in Art. 20 Abs. 2 Satz 1 GG niedergelegten Demokratieprinzip gedeutet werden, die nur dann zulässig ist, wenn die Selbstverwaltungskörperschaft dem überkommenen Bild dieser Organisationsform entspricht. Dies bedeutet, daß die Organbestellung auf einen kollektiven Willensakt der Körperschaftsmitglieder zurückzuführen sein muß.

55. Die materielle Grenze für die Entscheidungen einer Selbstverwaltungskörperschaft (und damit auch der Übertragung entsprechender Satzungsautonomie) ist deren subjektive Beschränkung auf die Körperschaftsmitglieder. Durch die

entsprechende Rechtsetzung dürfen und können Außenseiter nicht gebunden werden.

56. Außerdem bedarf es als deren materieller Errichtungsvoraussetzung eines »ausgliederungsfähigen Sonderinteresses« der in der Selbstverwaltungskörperschaft zusammengeführten Grundrechtsträger. Hierin liegt die zentrale Bedeutung der Interessenhomogenität innerhalb einer Selbstverwaltungskörperschaft. Der Begriff der Homogenität kann insoweit in Anlehnung an die Sonderabgaben-Rechtsprechung des Bundesverfassungsgerichts präzisiert werden, daß zwischen den Angehörigen der Selbstverwaltungskörperschaft keine fundamentalen Interessenkonflikte und keine rollenspezifischen Auseinandersetzungen angelegt sein dürfen. In solchen Fragen weist die Wesentlichkeitslehre die Entscheidungsverantwortung der parlamentarischen Gesetzgebung zu.

57. Neben der nur mit den angeführten Beschränkungen möglichen Auslagerung von Regelungsfeldern an verfaßte gesellschaftliche Teilsysteme, wird als weitere Möglichkeit staatlicher Inanspruchnahme gesellschaftlicher Ressourcen bei der Rechtsnormsetzung das »legislative outsourcing« an gesellschaftliche Regelsetzer wahrgenommen. Hier bedient sich der Gesetzgeber privater Handlungsrationalität, indem er im privaten Raum geschaffene, zunächst unverbindliche Regelungen aufgreift und im Wege der Verweisung in die staatliche Rechtsordnung übernimmt.

58. Der am weitesten reichende Anwendungsfall einer solchen Verweisung ist der von Verbändevereinbarungen in der leitungsgebundenen Energiewirtschaft. Diese Vereinbarungen stellten zunächst – vor ihrer »Verrechtlichung« – vom Gesetzgeber nur angeregte, rechtlich unverbindliche Regelungswerke dar, die zwischen den Verbänden der Netzinhaber und denen der Energiehändler abgeschlossen worden waren. Sie sollten die Grundlage für den gesetzlich gebotenen Netzzugang der Energiehändler zu den Transportnetzen der ehemaligen Gebietsmonopolisten der Energiewirtschaft darstellen. Aber auch die befreiende Rechnungslegung nach ausländischen Regelwerken (§ 292a Abs. 2 Satz 2, lit. a HGB) sowie die Entwicklung von Rechnungslegungsvorschriften durch privatrechtliche Einrichtungen (§ 342 HGB) bilden Beispiele legislativen outsourcings.

59. Legislativem outsourcing auf private Regelungsinstanzen stehen aber je nach seiner Ausgestaltung verfassungsrechtliche Bedenken entgegen. Dynamische Verweisungen sind außerhalb potentieller Delegationsverhältnisse, in denen Private gerade keinen Platz haben, als Verstoß gegen das Demokratieprinzip verfassungswidrig.

60. Weitere Bedenken gegen legislatives outsourcing sind formeller Art. Zwar bedarf die Bezugsnorm nicht der gleichen Publikationsform wie die Verweisungsnorm. Allerdings erfordert das rechtsstaatliche Publikationsgebot, daß Rechtsnormen der Öffentlichkeit so zugänglich zu machen sind, daß sich die Be-

troffenen in nicht unzumutbar erschwerter Weise Kenntnisse von ihrem Inhalt verschaffen können. Unter rechtsstaatlichen Gesichtspunkten ist damit zwar eine Veröffentlichung der Bezugsnorm im Bundesanzeiger ausreichend. Dies gilt hingegen nicht für eine Veröffentlichung privater Normen in privaten Publikationsorganen, insbesondere wenn diese fremdsprachig publiziert werden.

61. Aber auch soweit diese formellen Bedenken nicht einschlägig sind, müssen weitere, materielle Anforderungen an den Erlaß einer privaten Bezugsnorm als Kompensation dafür gestellt werden, daß der staatliche Gesetzgeber diese gleichsam »blind« übernimmt. Die Verletzung solcher Anforderungen führt zwar nicht zur Unwirksamkeit der privaten Norm, wohl aber zu ihrer Untauglichkeit als Bezugsnorm.

62. Neben die verfahrensrechtlichen Anforderungen tritt mithin ein materiellrechtliches Erfordernis: Soweit die private Bezugsnorm einem interessenantagonistischem Verhandlungsmechanismus entspringt, ist sie nicht rezeptionsfähig. Dies ist aus dem Umstand zu folgern, daß die Errichtung einer durch die Verhandlungspartner gebildeten Selbstverwaltungskörperschaft und der Erlaß entsprechender autonomer Rechtsnorm wegen des fundamentalen, rollenbezogenen Interessenwiderspruchs der Beteiligten ebenfalls nicht zulässig wäre. Hieran wird deutlich, daß der Gesetzgeber die Lösung fundamentaler Interessenkonflikte, die in dem Interessenantagonismus deutlich werden, mit den Mitteln des Rechts nicht gesellschaftlichen Gruppen überlassen darf. Dies ist Ausfluß der Wesentlichkeitslehre, die auch an diesem Punkt der staatlichen Inanspruchnahme gesellschaftlicher Handlungsrationalität eine Grenze setzt.

63. Ein weiterer Ansatz zur Verbindung von gesellschaftlicher Handlungsrationalität und staatlicher Autorität und damit der Integration privater Akteure in den Vorgang der Rechtsnormsetzung ist der Abschluß von normbezogenen Verträgen. Normsetzungsverträge sind dadurch geprägt, daß sie einen staatlichen Kompetenzträger zur Rechtsnormsetzung (oder deren Unterlassung) verpflichten. Mit Normenverträgen werden unmittelbar Rechtsnormen gesetzt. Diese Form der Rechtsetzung ist in Anlehnung an das verwaltungsrechtliche Institut der Vereinbarung im Sozialversicherungsrecht verbreitet. Die in diesem Sachbereich ausgehandelten Regelungen zwischen den Verbänden der Leistungserbringer einerseits und den Versicherungsverbänden andererseits binden nicht nur die einzelnen Leistungserbringer, sondern auch die Versicherten.

64. Soweit sich vertragliche Arrangements zwischen Staat und Privaten auf die untergesetzliche Rechtsnormersetzung beziehen, wird die Beurteilung ihrer Zulässigkeit weitgehend durch die Dogmatik der Bauplanungsabrede, wie sie sich vor Erlaß von § 2 Abs. 3 Halbs. 2 BauGB entwickelt hat, geprägt. Bei einer Bauplanungsabrede handelt es sich um einen Normsetzungsvertrag, der nach ganz allgemeiner Ansicht auch schon vor Erlaß des o.a. Verbotsgesetzes als unzulässige Vorabbindung der planerischen Abwägung und als Verstoß gegen die bau-

planungsrechtlichen Beteiligungs- und Anhörungsrechte nichtig sein sollte. An diesem grundsätzlichen Verdikt ändert auch nichts die Existenz verschiedener Ausnahmen und Ersatzbindungen, die durch Rechtsprechung, Wissenschaft und den Gesetzgeber in diesem Bereich entwickelt worden waren.

65. Das Verwaltungsverfahrensgesetz ist auf Normsetzungsverträge anwendbar und streitet wegen seiner inhaltlichen Offenheit auch nicht gegen deren Zulässigkeit. Entsprechendes kann zum Normenvertrag nicht gesagt werden, da dieser nicht der Begründung eines Rechtsverhältnisses dient (vgl. § 54 Satz 1 VwVfG).

66. Im allgemeinen Verwaltungsrecht ist kein grundsätzliches Verbot eines Abschlusses von Normsetzungsverträgen auszumachen. Auch die anhand der Bauplanungsabrede spezifisch entwickelte Dogmatik ist nicht auf Normsetzungsverträge im allgemeinen anwendbar.

67. Der Abschluß von normbezogenen Verträgen bringt insofern verfassungsrechtliche Probleme mit sich, als in ihm eine Verfügung über eine Normsetzungs- bzw. Normänderungsbefugnis des staatlichen Rechtsnormsetzers liegt. Dieser Umstand muß der Gestaltungsfreiheit des Normsetzers zum Zeitpunkt der Normsetzung nicht unbedingt widersprechen. Die vertragliche Bindung soll aber auch dessen Normänderungsbefugnis für die Zukunft aufheben. Richtiger Beurteilungsmaßstab für die Zulässigkeit einer solchen Verfügung ist daher die verfassungsrechtliche Begrenzung der Adressaten für die Übertragung von Normsetzungsbefugnissen. Unter diesem Gesichtspunkt ist für die verfassungsrechtliche Beurteilung kein Unterschied zwischen Normenvertrag und Normsetzungsvertrag zu erkennen.

68. Daß die Verfassung Private weder als tauglichen Erst- noch Subdelegatare für die Delegation von Rechtsetzungskompetenzen anerkennt, spricht zugleich gegen die Zulässigkeit auch nur partieller Kompetenzübertragung auf diese. In der Einräumung von solchen Mitentscheidungsbefugnisse läge eine unzulässige Erweiterung des von der Verfassung geschlossenen bzw. mit durch bestimmte subjektive Anforderungen gekennzeichneten Kreises möglicher Delegatare. Das bedeutet, daß eine rechtlich verbindliche private Beteiligung an der Ausübung delegierter Grundsetzungsbefugnisse durch Abschluß von untergesetzlichen Normen- und Normsetzungsverträgen verfassungsrechtlich nicht zulässig ist.

69. Auch im Bereich autonomer Rechtsetzung würde eine vertragliche Beteiligung Privater an der Normsetzung der Selbstverwaltung ein Stück Fremdverwaltung anwachsen lassen, soweit die Vertragspartner der normsetzenden Körperschaft nicht angehören. Wenn die Privaten der Selbstverwaltungskörperschaft angehören, würde ihnen durch eine vertragliche Beteiligung an den Normsetzungskompetenzen der Körperschaft im Vergleich zu den übrigen Mitgliedern der Körperschaft ein gleichheitswidriger Sondereinfluß auf deren Entscheidungen eingeräumt. Aus diesem Grunde ist auch hier eine vertragliche Beteiligung Privater an der Rechtsnormsetzung nicht zulässig.

70. Das verhandelte Recht im Bereich der Sozialversicherung läßt sich unter keinem verfassungsrechtlichen Gesichtspunkt rechtfertigen. Die dort zur Normsetzung ermächtigten Akteure sind nicht nur zum Teil selbst interessenheterogen zusammengesetzt. Sie stehen sich vielmehr auch interessenantagonistisch gegenüber. Dies führt dazu, daß die dargelegten Legitimationsmuster für die Übertragung von Rechtsetzungsbefugnissen auf nichtparlamentarische Normsetzer hier nicht anwendbar sind. Auch alle weiteren Versuche der verfassungsrechtlichen Rechtfertigung, insbesondere die Annahme einer Erweiterung des gem. Art. 80 Abs. 1 GG möglichen Kreises von Erstdelegataren durch Art. 87 Abs. 2 GG vermag nicht zu überzeugen. Gleiches gilt für die Annahme von Art. 9 Abs. 3 GG als Legitimationsgrundlage für das verhandelte Recht in der Sozialversicherung.

71. Die Untersuchung hat deutlich gemacht, daß einer Verbindung von staatlicher Autorität und privater Rationalität im Bereich der Rechtsetzung z.T. erhebliche verfassungsrechtliche Schwierigkeiten entgegenstehen. Doch soweit Kooperation und Konsens von Staat und Gesellschaft im Bereich der Normsetzung praktiziert werden, scheinen sich die dokumentierten Strukturen und Abhängigkeiten staatlicher Entscheidungen von privaten Ressourcen am Grundsatz innerer staatlicher Souveränität zu reiben.

72. Die innere staatliche Souveränität ist im modernen Staat Verfassungsvoraussetzung. Indes führt ihre historische Bedingtheit als Strukturelement des modernen Staates dazu, daß sie angesichts expansiver staatlicher Aufgabenwahrnehmung der Rekonstruktion bedarf. Ihr ist als Verfassungsvoraussetzung Genüge getan, wenn sie zum einen auf die klassischen hoheitsstaatlichen Handlungsfelder beschränkt wird und wenn zum andern dem Staat die Befugnis zukommt, einer Regelung den Charakter einer Rechtsnorm zu- oder abzuerkennen sowie deren Beachtung ggfs. mit den Mitteln legitimen Zwangs durchzusetzen. Die Notwendigkeit eines ohnehin nicht zu realisierenden potentiellen totalen staatlichen Zugriffs auf die Gesellschaft kann aufgrund des sektoralen Charakters der Verfassung, der insoweit auf deren Voraussetzungen rückwirkt, aus der Verfassungsvoraussetzung der inneren staatlichen Souveränität nicht abgeleitet werden.

Literaturverzeichnis

Abmeier, Klaus: Die parlamentarischen Befugnisse des Abgeordneten des Deutschen Bundestages nach dem Grundgesetz, Berlin 1984.
Achterberg, Norbert: Der öffentlich-rechtliche Vertrag, in: JA 1979, S. 356 ff.
ders.: Parlamentsrecht, Tübingen 1984.
ders.: Allgemeines Verwaltungsrecht, 2. Aufl., Heidelberg 1986.
ders.: Innere Ordnung der Bundesregierung, in: Josef Isensee/Paul Kirchhof (Hrsg.), Handbuch des Staatsrechts Bd. II, 2. Aufl., Heidelberg 1998, § 52.
Adomeit, Klaus: Rechtsquellenfragen im Arbeitsrecht, München 1969.
Adomeit, Klaus: Heteronome Gestaltungen im Zivilrecht?, in: Adolf J. Merkl/René Marcic/Alfred Verdroß/Robert Walter (Hrsg.), Festschrift für Hans Kelsen zum 90. Geburtstag, Wien 1971, S. 9 ff.
Albrecht, Alfred: Koordination von Staat und Kirche in der Demokratie. Eine juristische Untersuchung über die allgemeinen Rechtsprobleme der Konkordate zwischen der katholischen Kirche und einem freiheitlich-demokratischen Staat, Freiburg/Basel/Wien 1965.
Alemann, Ulrich/Heinze, Rolf G. (Hrsg.): Verbände und Staat. Vom Pluralismus zum Korporatismus, Opladen 1979.
dies.: Neo-Korporatismus. Zur neuen Diskussion eines alten Begriffs, in: ZParl Bd. 10 (1979), S. 469 ff.
Alexy, Robert: Begriff und Geltung des Rechts, 2. Aufl., Freiburg/München 1994.
ders.: Theorie der Grundrechte, 3. Aufl., Frankfurt 1996.
Allesch, Erwin: Zur Zulässigkeit öffentlich-rechtlicher Verträge im Kommunalabgabenrecht, in: DÖV 1988, S. 103 ff.
Amelung, Knut: Die Einwilligung in die Beeinträchtigung eines Grundrechtsgutes. Eine Untersuchung im Grenzbereich von Grundrechts- und Strafrechtsdogmatik, Berlin 1981
Ammermüller, Martin G.: Verbände im Rechtsetzungsverfahren. Kann den Verbänden, insbesondere den Beamtenkoalitionen nach § 94 BBG, ein Anspruch auf Beteiligung bei der Schaffung von Rechtsnormen gewährt werden?, Berlin 1971.
Anke, Hans Ulrich: Die Neubestimmung des Staat – Kirche – Verhältnisses in den neuen Ländern durch Staatskirchenverträge. Zu den Möglichkeiten und Grenzen des staatskirchenvertraglichen Gestaltungsinstruments, Tübingen 2000.
Anschütz, Gerhard: Die im Jahre 1896 veröffentlichte Rechtsprechung des Königlich Preußischen Oberverwaltungsgerichts, in: VerwArch Bd. 5 (1897), S. 390 ff.
ders.: Die im Jahre 1897 veröffentlichte Rechtsprechung des Königlich Preußischen Oberverwaltungsgerichts, in: VerwArch Bd. 6 (1898), S. 593 ff.
Apelt, Willibalt: Der verwaltungsrechtliche Vertrag. Ein Beitrag zur Lehre von der rechtswirksamen Handlung im öffentlichen Recht, Leipzig 1920.
Apfelstedt, Gert: Umsetzung der Erdgas Binnenmarkt-Richtlinie: Vorgaben und Spielraum für das deutsche Recht, in: ZNER 1999, S. 18 ff. und 66 ff.

Arnauld, Andreas v.: Grundrechtsfragen im Bereich von Postwesen und Telekommunikation, in: DÖV 1998, S. 437 ff.
Arndt, Gottfried: Die dynamische Rechtsnormverweisung in verfassungsrechtlicher Sicht – BVerfGE 47, 285, in: JuS 1979, S. 784 ff.
Arnim, Hans Herbert v.: Gemeinwohl und Gruppeninteressen. Die Durchsetzungsschwäche allgemeiner Interessen in der pluralistischen Demokratie. Ein Beitrag zu verfassungsrechtlichen Grundfragen der Wirtschaftsordnung, Frankfurt 1977.
ders.: Staatslehre der Bundesrepublik Deutschland, München 1984.
ders.: Zur »Wesentlichkeitstheorie« des Bundesverfassungsgerichts, in: DVBl. 1987, S. 1241 ff.
ders.: Gemeindliche Selbstverwaltung und Demokratie, in: AöR Bd. 113 (1988), S. 1 ff.
Augsberg, Steffen: Rechtsetzung zwischen Staat und Gesellschaft. Möglichkeiten differenzierter Steuerung des Kapitalmarktes, Berlin 2003.
Axer, Peter: Normsetzung der Exekutive in der Sozialversicherung. Ein Beitrag zu den Voraussetzungen und Grenzen untergesetzlicher Normsetzung im Staat des Grundgesetzes, Tübingen 2000.
ders.: Zur demokratischen Legitimation in der gemeinsamen Selbstverwaltung – dargestellt am Beispiel des Bundesausschusses der Ärzte und Krankenkassen, in: Friedrich E. Schnapp (Hrsg.), Funktionale Selbstverwaltung und Demokratieprinzip – am Beispiel der Sozialversicherung, Frankfurt a.M./Berlin/Bern u.a. 2001, S. 115 ff.
ders.: Die Vorschlagsliste nach § 33a SGB V – Verfassungsrechtliche Fragen der Erstellung einer Positivliste verordnungsfähiger Arzneimittel, in: NZS 2001, S. 225 ff.
ders.: Europäisches Kartellrecht und nationales Krankenversicherungsrecht – Die Festbetragsfestsetzung als Prüfstein für den Einfluß des Gemeinschaftsrechts auf die Ausgestaltung sozialer Sicherungssysteme, in: NZS 2002, S. 57 ff.
Bachof, Otto: Teilrechtsfähige Verbände des öffentlichen Rechts. Die Rechtsnatur der Technischen Ausschüsse des § 24 der Gewerbeordnung, in: AöR Bd. 83 (1958), S. 208 ff.
ders.: Freiheit des Berufs, in: Karl August Bettermann/Hans Carl Nipperdey/Ulrich Scheuner (Hrsg.), Die Grundrechte. Handbuch der Theorie und der Praxis der Grundrechte, Bd. III/1, Berlin 1958, S. 155 ff.
ders./*Kisker, Gunter:* Rechtsgutachten zur Verfassungsmäßigkeit des Staatsvertrages vom 6. Juni 1961 über die Errichtung der Anstalt »Zweites Deutsches Fernsehen« sowie zu deren Anspruch auf Abführung eines Anteils am Fernsehgebührenaufkommen gegen den Bayerischen Rundfunk, Mainz 1965.
Backherms, Johannes: Das DIN Deutsches Institut für Normung e.V. als Beliehener, Köln/Berlin/Bonn/München 1978.
Baden, Eberhard: Dynamische Verweisungen und Verweisungen auf Nichtnormen, in: NJW 1979, S. 623 ff.
Badura, Peter: Das Verwaltungsmonopol, Berlin 1963.
ders.: Rechtsetzung durch Gemeinden, in: DÖV 1963, S. 561 ff.
ders.: Das Planungsermessen und die rechtsstaatliche Funktion des Allgemeinen Verwaltungsrechts, in: Hans Domcke (Hrsg.), Verfassung und Verfassungsrechtsprechung. Festschrift zum 25-jährigen Bestehen des Bayerischen Verfassungsgerichtshofs, München 1972, S. 157 ff.
ders.: Richterliches Prüfungsrecht und Wirtschaftspolitik, in: Peter Oberndorfer (Hrsg.), Verwaltung im Dienste von Wirtschaft und Gesellschaft. Festschrift für Ludwig Fröhler zum 60. Geburtstag, Berlin 1980, S. 321 ff.
ders.: Planung durch Gesetz, in: o. Hrsg., Recht als Prozess und Gefüge. Festschrift für Hans Huber zum 80. Geburtstag, Bern 1981, S. 15 ff.

ders.: Gestaltungsfreiheit und Beurteilungsspielraum der Verwaltung, bestehend aufgrund und nach Maßgabe des Gesetzes, in: Günter Püttner (Hrsg.), Festschrift für Otto Bachof zum 70. Geburtstag, München 1984, S. 169 ff.

ders.: Die parlamentarische Volksvertretung und die Aufgabe der Gesetzgebung, in: ZG 1987, S. 300 ff.

ders.: Parlamentarische Gesetzgebung und gesellschaftliche Autonomie, in: ders./Josef H. Kaiser (Hrsg.), Parlamentarische Gesetzgebung und Geltungsanspruch des Rechts, Köln 1987, S. 9 ff.

ders.: Das normative Ermessen beim Erlaß von Rechtsverordnungen und Satzungen, in: Peter Selmer/Ingo v. Münch (Hrsg.), Gedächtnisschrift für Wolfgang Martens, Berlin 1987, S. 25 ff.

ders.: Verfassungsänderung, Verfassungswandel, Verfassungsgewohnheitsrecht, in: Josef Isensee/Paul Kirchhof (Hrsg.), Handbuch des Staatsrechts Bd. VII, Heidelberg 1992, § 160.

ders.: Die Verfassung im Ganzen der Rechtsordnung, in: Josef Isensee/Paul Kirchhof (Hrsg.), Handbuch des Staatsrechts Bd. VII, Heidelberg 1992, § 163.

ders.: Staatskirchenrecht als Gegenstand des Verfassungsrechts, in: Joseph Listl/Dietrich Pirson (Hrsg.), Handbuch des Staatskirchenrechts Bd. I, 2. Aufl. Berlin 1994, S. 211 ff.

ders.: Staatsrecht. Systematische Erläuterung des Grundgesetzes für die Bundesrepublik Deutschland, 2. Aufl., München 1996.

ders.: Das Verwaltungsverfahren, in: Hans-Uwe Erichsen (Hrsg.), Allgemeines Verwaltungsrecht, 11. Aufl., Berlin/New York 1998, §§ 33 ff.

Baird, Douglas G./Gertner, Robert H./Picker, Randal C.: Game theory and the law, Cambridge (Mass.)/London, 1994.

Baldus, Manfred: Zur Relevanz des Souveränitätsproblems für die Wissenschaft vom öffentlichen Recht, in: Der Staat Bd. 36 (1997), S. 381 ff.

Ballwieser, Wolfgang: HGB-Konzernabschlußbefreiung und privates Rechnungslegungsgremium, in: Karlheinz Kütink/Günther Langenbucher (Hrsg.), Internationale Rechnungslegung. Festschrift für Prof. Dr. Claus-Peter Weber zum 60. Geburtstag, Stuttgart 1999, S. 433 ff.

Baltzer, Johannes: Der Beschluß als rechtstechnisches Mittel organschaftlicher Funktion im Privatrecht, Köln/Berlin 1965.

Battis, Ulrich: Bundesbeamtengesetz, 2. Aufl., München 1997.

ders./Gusy, Christoph: Technische Normen im Baurecht, Düsseldorf 1988.

ders./Schlenga, Hans-Dieter: Die Erweiterung beamtenrechtlicher Beteiligungsmöglichkeiten, in: ZTR 1995, S. 195 ff.

Baudenbacher, Carl: Verfahren als Alternative zur Verrechtlichung im Wirtschaftsrecht?, in: ZRP 1986, S. 301 ff.

ders.: Kartellrechtliche und verfassungsrechtliche Aspekte gesetzesersetzender Vereinbarungen zwischen Staat und Wirtschaft, in: JZ 1988, S. 689 ff.

Bauer, Christof: Verbändevereinbarungen und verhandelter Netzzugang, in: ET 2001, S. 31 ff.

Bauer, Hartmut: Subjektive öffentliche Rechte des Staates, in: DVBl. 1986, S. 208 ff.

ders.: Informelles Verwaltungshandeln im öffentlichen Wirtschaftsrecht, in: VerwArch Bd. 78 (1987) S. 241 ff.

ders.: Die Bundestreue. Zugleich ein Beitrag zur Dogmatik des Bundesstaatsrechts und zur Rechtsverhältnislehre, Tübingen 1992.

ders.: Privatisierung von Verwaltungsaufgaben, in: VVDStRL Bd. 54 (1995), S. 243 ff.

Baur, Jürgen F. / Hermann, Bodo J.: Vom gebundenen Abnehmer zum unabhängigen Kunden – Auswirkungen der Energierechtsnovelle für den Verbraucher, in: BB 2000, Beilage 6, S. 10 ff.

Baur, Jürgen F. / Moraing, Markus: Rechtliche Probleme einer Deregulierung der Elektrizitätswirtschaft, Baden-Baden 1994.

Becker, Florian: Die Vernetzung der Landesbanken – Eine Untersuchung über verfassungsrechtliche Bedingungen und Grenzen der Kapitalisierung und partiellen Übernahme von Landesbanken/Girozentralen sowie der Einrichtung länderübergreifender Institute, Berlin 1998.

ders.: Die landesrechtliche »Kapitalgesellschaft des öffentlichen Rechts« in der bundesstaatlichen Kompetenzordnung, in: DÖV 1998, S. 97 ff.

ders.: Pflichtmitgliedschaft von Genossenschaften in genossenschaftlichen Prüfungsverbänden – BVerfG, Beschluß vom 19. Januar 2001 – 1 BvR 1759/91, in: JA 2001, Seite 542 ff.

ders.: The Principle of Democracy: Watered Down by the Federal Constitutional Court, in: German Law Journal Bd. 4 (2003) (unter www.germanlawjournal.com).

ders. / Lehmkuhl, Dirk: Aus dem Takt gelaufen. Der Fall Baumann als Beispiel für das ungleichartige Fortschreiten von territorialer und funktionaler Differenzierung, erscheint demnächst in: Adrienne Héritier / Fritz W. Scharpf / Michael Stolleis (Hrsg.), Internationalization – New Modes of Regulation Multiple Regulatory Structures, Baden-Baden 2003.

Becker, Jürgen: Informales Verwaltungshandeln zur Steuerung wirtschaftlicher Prozesse im Zeichen der Deregulierung – Eine Herausforderung an das Verwaltungsrecht –, in: DÖV 1985, S. 1003 ff.

ders.: Gewaltenteilung im Gruppenstaat. Ein Beitrag zum Verfassungsrecht des Parteien- und Verbändestaates. Baden-Baden 1986.

Becker, Klaus-Dieter: Mitwirkungspflicht des Bürgers im Bebauungsplanverfahren, in: NJW 1980, S. 1036 f.

Becker, Peter: Rechtlicher Regelungsbedarf bei Netzzugang, in: ZNER 2000, S. 114 ff.

ders.: Anmerkung zu OLG Dresden, Urteil vom 8. Februar 2001 – U 2978/00 (Kart.), in: ZNER 2001, S. 172 f.

ders. / Faber, Martina: Verletzung des kommunalen Selbstverwaltungsrechts durch das System des verhandelten Netzzugangs, in: NVwZ 2002, S. 156 ff.

Behling, Max: Die Rechtsnatur der Allgemeinverbindlichkeitserklärung, Cottbus 1933.

Benda, Ernst / Umbach, Dieter C.: Der beamtenrechtliche Beteiligungsanspruch. Gutachten zur materiellen und verfahrensrechtlichen Absicherung, Bonn 1995.

Bender, Bernd / Sparwasser, Reinhard / Engel, Rüdiger: Umweltrecht. Grundzüge des öffentlichen Umweltschutzrechts, Heidelberg 4. Aufl. 2000.

Benz, Arthur: Verhandlungen, Verträge und Absprachen in der öffentlichen Verwaltung, in: Die Verwaltung Bd. 23 (1990), S. 83 ff.

ders.: Kooperative Verwaltung. Funktionen, Voraussetzungen und Folgen, Baden-Baden 1994.

Benz, Manfred: Medizinische Rehabilitation, in: Bertram Schulin (Hrsg.), Handbuch des Sozialversicherungsrechts Bd. II: Unfallversicherungsrecht, München 1996, § 44.

Berg, Wilfried: Verbände in der parlamentarischen Demokratie, in: Die Verwaltung Bd. 11 (1978), S. 71 ff.

Berkemann, Jörg: Technokratie und verfassungsrechtliche Prinzipien, in: Hans Lenk (Hrsg.), Technokratie als Ideologie. Sozialphilosophische Beiträge zu einem politischen Dilemma, Stuttgart 1973, S. 193 ff.

Bernhardt, Rudolf: Verfassungsrecht und völkerrechtliche Verträge, in: Josef Isensee/Paul Kirchhof (Hrsg.), Handbuch des Staatsrechts Bd. VII, Heidelberg 1992, § 174.

Bethge, Herbert: Grundrechtsverwirklichung und Grundrechtssicherung durch Organisation und Verfahren, in: NJW 1982, S. 1 ff.

ders.: Grundrechtsberechtigung juristischer Personen nach Art. 19 Abs. 3 GG, Passau 1985.

Bettermann, Karl-August: Legislative ohne Posttarifhoheit. Beiträge zu Art. 80 GG, Frankfurt a.M. 1967.

Beyer, Wolfgang: Der öffentlich-rechtliche Vertrag, einfaches Handeln der Behörden und Selbstverpflichtungen Privater als Instrumente des Umweltschutzes, Köln 1986 (Diss. jur.).

Beyerle, Matthias: Staatstheorie und Autopoiesis. Über die Auflösung der modernen Staatsidee im nachmodernen Denken durch die Theorie autopoietischer Systeme und der Entwurf eines nachmodernen Staatskonzepts, Frankfurt a.M./Berlin/Bern u.a. 1994.

ders.: Die Vollendung des staatstheoretischen Nihilismus, in: Der Staat Bd. 36 (1997), S. 163 ff.

Beyerlin, Ulrich: Schutzpflicht der Verwaltung gegenüber dem Bürger außerhalb des formellen Verwaltungsverfahrens?, in: NJW 1987, S. 2713 ff.

Beyme, Klaus v.: Neokorporatismus – Neuer Wein in alte Schläuche, in: Geschichte und Gesellschaft Bd. 10 (1984), S. 211 ff.

ders.: Der Gesetzgeber. Der Bundestag als Entscheidungszentrum, Opladen 1997.

Bieback, Karl-Jürgen: Berufsgenossenschaften, in: Bertram Schulin (Hrsg.), Handbuch des Sozialversicherungsrechts Bd. II: Unfallversicherungsrecht, München 1996, § 54.

Biedenkopf, Kurt: Grenzen der Tarifautonomie, Karlsruhe 1964.

ders.: Rechtsfragen der konzertierte Aktion, in: BB 1968, S. 1005 ff.

ders./Voss, Rüdiger v. (Hrsg.): Staatsführung, Verbandsmacht und innere Souveränität. Von der Rolle der Verbände, Gewerkschaften und Bürgerinitiativen in der Politik, Stuttgart 1977.

Biehl, Stephan/Ortwein, Heinz: Sind Außenseitermethoden Maßnahmen außerhalb des Leistungskatalogs der gesetzlichen Krankenversicherung (GKV)?, in: SGb 1991, S. 529 ff.

Binding, Karl: Die Gründung des Norddeutschen Bundes, in: Festgabe der Leipziger Juristenfakultät für Dr. Bernhard Windscheid zum 22. Dezember 1888, Leipzig 1888, S. 1 ff.

Birk, Dieter: Normsetzungsbefugnis und öffentlich-rechtlicher Vertrag, in: NJW 1977, S. 1797 ff.

Birk, Hans-Jörg: Der Vorhaben- und Erschließungsplan: praxisbedeutsame Schwerpunkte, in: NVwZ 1995, S. 625 ff.

ders.: Die städtebaulichen Verträge nach BauGB 98. Inhalte und Leistungsstörungen, 3. Aufl., Stuttgart/München/Hannover u.a. 1999.

Birnbaum, Lutz: Zugang zu Gasversorgungsnetzen – marktwirtschaftliche Lösung oder Regulierung?, in: ET 2001, S. 556 ff.

Bittner, Carsten: Die Verweigerung der Drittzulassung zu Infrastruktureinrichtungen unter dem Aspekt des Mißbrauchsverbotes aus Art. 86 EG-Vertrag, Hamburg 1998.

Blanke, Hermann-Josef: Vertrauensschutz im deutschen und europäischen Verwaltungsrecht. Tübingen 2000.

Blanke, Thomas: Autonomie und Demokratie, in: KJ Bd. 19 (1986), S. 406 ff.

ders.: Antidemokratische Effekte der verfassungsgerichtlichen Demokratietheorie, in: KJ Bd. 31 (1998), S. 452 ff.

Blankenagel, Alexander: Folgenlose Rechtswidrigkeit öffentlich-rechtlicher Verträge?, in: VerwArch Bd. 76 (1985), S. 276 ff.

Bleckmann, Albert: Grundgesetz und Völkerrecht, Berlin 1975.

ders.: Verfassungsrechtliche Probleme des Verwaltungsvertrages, in: NVwZ 1990, S. 601 ff.

ders.: Verfassungsrang der Europäischen Menschenrechtskonvention?, in: EuGRZ 1994, S. 149 ff.

Blümel, Willi: Verwaltungszuständigkeit, in: Josef Isensee/Paul Kirchhof (Hrsg.), Handbuch des Staatsrechts Bd. IV, 2. Aufl., Heidelberg 2000, § 101.

Böckenförde, Ernst-Wolfgang: Lorenz von Stein als Theoretiker der Bewegung von Staat und Gesellschaft zum Sozialstaat, in: Alexander Bergengruen/Ludwig Deike (Hrsg.), Alteuropa und die moderne Gesellschaft. Festschrift für Otto Brunner. Festschrift für Otto Brunner, Göttingen 1963, S. 248 ff.

ders.: Die Organisationsgewalt im Bereich der Regierung. Eine Untersuchung zum Staatsrecht der Bundesrepublik Deutschland, Berlin 1964.

ders.: Die Entstehung des Staates als Vorgang der Säkularisation (1967), in: ders., Staat, Gesellschaft, Freiheit. Studien zur Staatstheorie und zum Verfassungsrecht, Frankfurt a.M. 1976, S. 42 ff.

ders.: Entstehung und Wandel des Rechtsstaatsbegriffs (1969), in: ders., Recht, Staat, Freiheit. Studien zur Rechtsphilosophie, Staatstheorie und Verfassungsgeschichte, Frankfurt a.M. 1991, S. 143 ff.

ders.: Die Bedeutung der Unterscheidung von Staat und Gesellschaft im demokratischen Sozialstaat der Gegenwart (1972), in: ders., Staat, Gesellschaft, Freiheit. Studien zur Staatstheorie und zum Verfassungsrecht, Frankfurt a.M. 1976, S. 185 ff.

ders.: Die verfassungstheoretische Unterscheidung von Staat und Gesellschaft als Bedingung der individuellen Freiheit, Opladen 1973.

ders.: Verfassungsfragen der Richterwahl. Dargestellt anhand der Gesetzentwürfe zur Einführung der Richterwahl in Nordrhein-Westfalen, Berlin 1974.

ders.: Grundrechtstheorie und Grundrechtsinterpretation (1974), in: ders., Staat, Gesellschaft, Freiheit. Studien zur Staatstheorie und zum Verfassungsrecht, Frankfurt a.M. 1976, S. 221 ff.

ders.: Die politische Funktion wirtschaftlich-sozialer Verbände und Interessenträger in der sozialstaatlichen Demokratie. Ein Beitrag zum Problem der »Regierbarkeit«, in: Der Staat Bd. 15 (1976), S. 457 ff. (auch in: Wilhelm A. Kewenig (Hrsg.), Jahrbuch für internationales Recht Bd. 18 (1975), S. 457 ff.).

ders.: Der Staat als sittlicher Staat, Berlin 1978.

ders.: Gesetz und gesetzgebende Gewalt. Von den Anfängen der deutschen Staatsrechtslehre bis zur Höhe des staatsrechtlichen Positivismus, 2. Aufl., Berlin 1981.

ders.: Demokratie als Verfassungsprinzip, in: Josef Isensee/Paul Kirchhof (Hrsg.), Handbuch des Staatsrechts Bd. I, 2. Aufl., Heidelberg 1995, § 22.

ders.: Staat und Gesellschaft, in: Görres-Gesellschaft (Hrsg.), Staatslexikon. Recht – Wirtschaft – Gesellschaft, Bd. 5, 7. Aufl., Freiburg i.Br./Basel/Wien 1995, Sp. 228 ff.

ders.: Demokratische Willensbildung und Repräsentation, in: Josef Isensee/Paul Kirchhof (Hrsg.), Handbuch des Staatsrechts Bd. II, 2. Aufl., Heidelberg 1998, § 30.

Bodin, Jean: Six livres de la Republic, Paris 1577; zitiert nach Peter Cornelius Mayer-Tasch/Bernd Wimmer (Hrsg.), Sechs Bücher über den Staat, Buch I bis III, München 1981.

Boecken, Winfried: Mengensteuerungen durch Budgetregelungen unter Einbeziehung des Globalbudgets, in: MedR 2000, S. 165 ff.

Boehmer, Gerhard: Der völkerrechtliche Vertrag im deutschen Recht, Köln/Berlin/Bonn/München 1965.
Bogdandy, Armin v.: Gubernative Rechtsetzung. Eine Neubestimmung der Rechtsetzung und des Regierungssystems unter dem Grundgesetz in der Perspektive gemeineuropäischer Dogmatik, Tübingen 2000.
Bogs, Harald: Autonomie und verbandliche Selbstverwaltung im modernen Arbeits- und Sozialrecht, in: RdA 1956, S. 1 ff.
ders.: Die Sozialversicherung im Staat der Gegenwart. Öffentlich-rechtliche Untersuchungen über die Stellung der Sozialversicherung im Verbändestaat und im Versicherungswesen, Berlin 1973.
Böhm, Monika: Rechtliche Probleme der Grenzwertfindung im Umweltrecht, in: UPR 1994, S. 132 ff.
dies.: Der Ausstieg aus der Kernenergienutzung – Rechtliche Probleme und Möglichkeiten, in: NuR 1999, S. 661 ff.
dies.: Ausstieg im Konsens?, in: NuR 2001, S. 61 ff.
dies.: Festlegung der Strommengen, Übertragungsmöglichkeiten und Restlaufzeit, in: Bundesministerium für Umwelt, Naturschutz und Reaktorsicherheit (BMU)/Hans-Joachim Koch/Alexander Roßnagel (Hrsg.), 11. Deutsches Atomrechtssymposium. 9.–10. Oktober in Berlin, Baden-Baden 2002, S. 43 ff.
Bohne, Eberhard: Der informale Rechtsstaat. Eine empirische und rechtliche Untersuchung zum Gesetzesvollzug unter besonderer Berücksichtigung des Immissionsschutzes, Berlin 1981.
ders.: Informales Verwaltungs- und Regierungshandeln als Instrument des Umweltschutzes – Alternativen zu Rechtsnorm, Vertrag, Verwaltungsakt und anderen rechtlich geregelten Handlungsformen?, in: VerwArch. Bd. 75 (1984), S. 343 ff.
Börner, Achim-Rüdiger: Verhandelter Stromzugang und Kartellrecht, in: Verswirt. 1999, S. 77 ff.
Börzel, Tanja A.: Organising Babylon. On the Different Conceptions of Policy Networks, in: Public Administration Bd. 76 (1998), S. 253 ff.
Bracher, Karl Dietrich: Staatsbegriff und Demokratie in Deutschland, in: PVS Bd. 9 (1968), S. 2 ff.
Braun, Dietmar: Zur Steuerbarkeit funktionaler Teilsysteme: Akteurtheoretische Sichtweisen funktionaler Differenzierung moderner Gesellschaften, in: Adrienne Héretier (Hrsg.), Policy-Analyse. Kritik und Neuorientierung, PVS-Sonderheft 24 (1993), S. 199 ff.
ders.: Die politische Steuerung der Wissenschaft. Ein Beitrag zum »kooperativen Staat«, Frankfurt a.M./New York 1997.
ders.: Diskurse zur staatlichen Steuerung. Übersicht und Bilanz, 2000 (Manuskript eines Beitrags zum Symposium »Politische Steuerung«, 1.–3. März 2000 am Institut für Sozialwissenschaften der Universität Stuttgart).
Brennecke, Volker: Normsetzung durch private Verbände. Zur Verschränkung von staatlicher Steuerung und gesellschaftlicher Selbstregulierung im Umweltschutz, Düsseldorf 1996.
Brenner, Michael: Interessenverbände und öffentlichen Anhörungen, in: ZG 1993, S. 35 ff.
Breuer, Rüdiger: Direkte und indirekte Rezeption technischer Regeln durch die Rechtsordnung, in: AöR Bd. 101 (1976), S. 46 ff.
ders.: Selbstverwaltung und Mitverwaltung Beteiligter im Widerstreit verfassungsrechtlicher Postulate, Die Verwaltung Bd. 10 (1977), S. 1 ff.
ders.: Die öffentlich-rechtliche Anstalt, in: VVDStRL Bd. 44 (1986), S. 211 ff.

ders.: Zunehmende Vielgestaltigkeit der Instrumente im deutschen und europäischen Umweltrecht. Probleme der Stimmigkeit und des Zusammenwirkens, in: NVwZ 1997, S. 833 ff.

ders.: Umweltschutzrecht, in: Eberhard Schmidt-Aßmann (Hrsg.), Besonderes Verwaltungsrecht, 11. Aufl., Berlin/New York 1999, 5. Abschnitt.

ders.: Freiheit des Berufs, in: Josef Isensee/Paul Kirchhof (Hrsg.), Handbuch des Staatsrechts Bd. VI, 2. Aufl., Heidelberg 2001, § 147.

ders.: Die staatliche Berufsregelung und Wirtschaftslenkung, in: Josef Isensee/Paul Kirchhof (Hrsg.), Handbuch des Staatsrechts Bd. VI, 2. Aufl., Heidelberg 2001, § 148.

Brohm, Winfried: Strukturen der Wirtschaftsverwaltung. Organisationsformen und Gestaltungsmöglichkeiten im Wirtschaftsverwaltungsrecht, Stuttgart 1969.

ders.: Die Dogmatik des Verwaltungsrechts vor den Gegenwartsaufgaben der Verwaltung, in: VVDStRL Bd. 30 (1972), S. 245 ff.

ders.: Sachverständige und Politik, in: Roman Schnur (Hrsg.), Festschrift für Ernst Forsthoff zum 70. Geburtstag, München 1972, S. 37 ff.

ders.: Zum Funktionswandel der Verwaltungsgerichtsbarkeit, in: NJW 1984, S. 8 ff.

ders.: Verwaltung und Verwaltungsgerichtsbarkeit als Steuerungsmechanismen in einem polyzentrischen System der Rechtserzeugung, in: DÖV 1987, S. 265 ff.

ders.: Polyzentrische Steuerung durch das Recht. Zur Rolle von Verwaltung und Verwaltungsgerichtsbarkeit in der Bundesrepublik Deutschland, in: Axel Görlitz/Rüdiger Voigt, (Hrsg.), Grenzen des Rechts. Jahresschrift für Rechtspolitologie Bd. 1, Pfaffenweiler 1987, S. 31 ff.

ders.: Alternative Steuerungsmöglichkeiten als »bessere« Gesetzgebung?, in: Hermann Hill (Hrsg.), Zustand und Perspektiven der Gesetzgebung, Berlin 1988, S. 217 ff.

ders.: Alternativen zum einseitigen hoheitlichen Verwaltungshandeln, in: Wolfgang Hoffmann-Riem/Eberhard Schmidt-Aßmann (Hrsg.), Konfliktbewältigung durch Verhandlung, Erster Band: Informelle und mittlerunterstützte Verhandlungen in Verwaltungsverfahren, Baden-Baden 1990, S. 253 ff.

ders.: Rechtsgrundsätze für normersetzende Absprachen, in: DÖV 1992, S. 1025 ff.

ders.: Sachverständige Beratung des Staates, in: Josef Isensee/Paul Kirchhof (Hrsg.), Handbuch des Staatsrechts Bd. II, 2. Aufl., Heidelberg 1998, § 36.

ders.: Städtebauliche Verträge zwischen Privat- und Öffentlichem Recht, in: JZ 2000, S. 321 ff.

Brugger, Winfried: Rechtsprobleme der Verweisung im Hinblick auf Publikation, Demokratie und Rechtsstaat, in: VerwArch Bd. 78 (1987), S. 1 ff.

Bryde, Brun-Otto: Verfassungsentwicklung. Stabilität und Dynamik im Verfassungsrecht der Bundesrepublik Deutschland, Baden-Baden 1982.

ders.: Die Einheit der Verwaltung als Rechtsproblem, in: VVDStRL Bd. 46 (1988), S. 181 ff.

ders.: Die bundesrepublikanische Volksdemokratie als Irrweg der Demokratietheorie, in: Staatswissenschaft und Staatspraxis Bd. 5 (1994), S. 305 ff.

Büchner, Lutz Michael: Zur Erweiterung gewerkschaftlicher Beteiligungsrechte auf der Grundlage der §§ 58 BRRG, 94 BBG unter Berücksichtigung beamtenrechtlicher Besonderheiten, in: ZTR 1993, S. 142 ff. (Teil I) und S. 185 ff. (Teil II)

Budde, Wolfgang Dieter: Konzernrechnungslegung nach IAS und US-GAAP und ihre Rückwirkung auf den handelsrechtlichen Einzelabschluß, in: ders./Adolf Moxter/Klaus Offerhaus (Hrsg.), Handelsbilanzen und Steuerbilanzen. Festschrift zum 70. Geburtstag von Prof. Dr. h.c. Heinrich Beisse, Düsseldorf 1997, S. 105 ff.

ders./Steuber, Elgin: Verfassungsrechtliche Voraussetzungen zur Transformation internationaler Rechnungslegungsgrundsätze, in: DStR 1998, S. 504 ff.
dies.: Normsetzungsbefugnis eines deutschen Standard Setting Body, in: DStR 1998, S. 1181 ff.
Büdenbender, Ulrich: Die Kartellaufsicht über die Energiewirtschaft, in: VEnergR Bd. 76 (1995), S. 328 ff.
ders.: Die Kartellaufsicht über die Energiewirtschaft, Baden-Baden 1995.
ders.: Schwerpunkte der Energierechtsreform 1998, Köln 1999.
ders.: Durchleitung elektrischer Energie nach der Energierechtsreform, in: RdE 1999, S. 1 ff.
ders.: Energierecht nach der Energierechtsreform, in: JZ 1999, S. 62 ff.
ders.: Die Möglichkeiten zur Durchsetzung des Netzzugangs in der Elektrizitäts- und Gaswirtschaft, in: ZIP 1999, S. 1469 ff.
ders.: Die Kontrolle von Durchleitungsentgelten in der leitungsgebundenen Energiewirtschaft, in: ZIP 2000, S. 2225 ff.
ders.: Möglichkeiten und Grenzen einer Deregulierung in der leitungsgebundenen Energiewirtschaft, in: DÖV 2002, S. 375 ff.
Bull, Hans Peter: Die Staatsaufgaben nach dem Grundgesetz, 2. Aufl., Kronberg 1977.
Bulla, Gustav-Adolf: Soziale Selbstverwaltung der Sozialpartner als Rechtsprinzip, in: Rolf Dietz/Heinz Hübner (Hrsg.), Festschrift für Hans Carl Nipperdey zum 70. Geburtstag, Bd. II, München/Berlin 1965, S. 79 ff.
Bulling, Manfred: Kooperatives Verwaltungshandeln (Vorverhandlungen, Arrangements, Agreements und Verträge) in der Verwaltungspraxis, in: DÖV 1989, S. 277 ff.
Bullinger, Martin: Die Unterermächtigung zur Rechtsetzung, Tübingen 1955 (Diss. Jur.).
ders.: Die Selbstermächtigung zum Erlaß von Rechtsvorschriften, Heidelberg 1958.
ders.: Der Anwendungsbereich der Bundesaufsicht, in: AöR Bd. 83 (1958), S. 279 ff.
ders.: Vertrag und Verwaltungsakt, Stuttgart 1962.
ders.: Leistungsstörungen beim öffentlich-rechtlichen Vertrag – Zur Rechtslage nach den Verwaltungsverfahrensgesetzen –, in: DÖV 1977, S. 812 ff.
Bundesministerium für Umwelt, Naturschutz und Reaktorsicherheit (Hrsg.): Umweltgesetzbuch. Entwurf der Sachverständigenkommission zum Umweltgesetzbuch beim Bundesministerium für Umwelt, Naturschutz und Reaktorsicherheit, Berlin 1998.
Burgi, Martin: Die Enteignung durch »teilweisen« Rechtsentzug als Prüfstein für die Eigentumsdogmatik, in: NVwZ 1994, S. 527 ff.
ders.: Funktionale Privatisierung und Verwaltungshilfe. Staatsaufgabendogmatik – Phänomenologie – Verfassungsrecht, Tübingen 1999.
ders.: Privat vorbereitete Verwaltungsentscheidungen und staatliche Strukturschaffungspflicht, in: Die Verwaltung Bd. 33 (2000), S. 183 ff.
ders.: Selbstverwaltung angesichts von Europäisierung und Ökonomisierung, in: VVDStRL Bd. 62 (2003), S. 405 ff.
Burmeister, Joachim: Verfassungsrechtliche Grundfragen der kommunalen Wirtschaftsbetätigung, in: Albert v. Mutius (Hrsg.), Selbstverwaltung im Staat der Industriegesellschaft. Festgabe zum 70. Geburtstag von Georg Christoph v. Unruh, Heidelberg 1983, S. 623 ff.
ders.: Verträge und Absprachen zwischen der Verwaltung und Privaten, in: VVDStRL Bd. 52 (1993), S. 234 ff.
ders.: Sportverbandswesen und Verfassungsrecht, in: DÖV 1978, S. 1 ff.
Burth, Hans-Peter/Görlitz, Axel (Hrsg.): Politische Steuerung in Theorie und Praxis, Baden-Baden 2001.

Busch, Bernhard: Das Verhältnis des Art. 80 Abs. 1 S. 2 GG zum Gesetzes- und Parlamentsvorbehalt, Berlin 1992.
Busse, Jürgen: Kooperatives Recht im Bauplanungsrecht, in: BayVBl. 1994, S. 353 ff.
Calliess, Gralf-Peter: Prozedurales Recht, Baden-Baden 1999.
Campenhausen, Axel Freiherr von: Vier neue Staatskirchenverträge in vier neuen Ländern, in: NVwZ 1995, S. 757 ff.
ders.: Das Staatskirchenrecht in den neuen Bundesländern, in: in: Josef Isensee/Paul Kirchhof (Hrsg.), Handbuch des Staatsrechts Bd. IX, Heidelberg 1997, § 207.
ders.: Staatskirchenrecht, 3. Aufl., München 1996.
Castendiek, Jan: Der sozialversicherungsrechtliche Normsetzungsvertrag. Verfassungsrechtliche Betrachtung unter besonderer Berücksichtigung der Normgebung in den Selbstverwaltungsbereichen ohne körperschaftliche Strukturen, Baden-Baden 2000.
Clemens, Thomas: Die Verweisung von einer Rechtsnorm auf andere Vorschriften, in: AöR Bd. 111 (1986), S. 63 ff.
ders.: Normstrukturen im Sozialrecht – Unfallversicherungs-, Arbeitsförderungs- und Kassenarztrecht, in: NZS 1994, S. 337 ff.
ders.: Verfassungsrechtliche Anforderungen an untergesetzliche Rechtsnormen, in: MedR 1996, S. 432 ff.
Coase, Ronald H.: The Problem of Social Cost, in: Journal of Law and Economics Bd. 3 (1960), S. 1 ff.
Conradi, Brigitte: Die Mitwirkung außerstaatlicher Stellen beim Erlaß von Rechtsverordnungen, Heidelberg 1962 (Diss. jur.).
Cooter, Robert/Ulen, Thomas: Law and Economics, 3. Aufl., Reading/MA.
Cronenberg, Martin: Das neue Energiewirtschaftsrecht, in: RdE 1998, S. 85 ff.
Czermak, Gerhard: Rechtsnatur und Legitimation der Verträge zwischen Staat und Religionsgemeinschaften, in: Der Staat Bd. 39 (2000), S. 69 ff.
Czybulka, Detlef: Die Legitimation der öffentlichen Verwaltung unter Berücksichtigung ihrer Organisation sowie der Entstehungsgeschichte zum Grundgesetz, Heidelberg 1989.
Dach, Peter: Das Ausschußverfahren nach der Geschäftsordnung und in der Praxis, in: Hans – Peter Schneider/Wolfgang Zeh (Hrsg.), Parlamentsrecht und Parlamentspraxis in der Bundesrepublik Deutschland, Berlin 1989, § 40.
Dagtoglou, Prodomos: Kollegialorgane und Kollegialakte in der Verwaltung, Stuttgart 1960.
ders.: Der Private in der Verwaltung als Fachmann und Interessenvertreter. Die Rechtsproblematik, Heidelberg 1964.
Dahl, Robert A.: Pluralist democracy in the United States. Conflict and consent, Chicago 1967.
Damaschke, Kurt: Der Einfluß der Verbände auf die Gesetzgebung. Am Beispiel des Gesetzes zum Schutz vor gefährlichen Stoffen (Chemikaliengesetz), München 1986.
Danwitz, Thomas v.: Die Gestaltungsfreiheit des Verordnungsgebers. Zur Kontrolldichte verordnungsgeberischer Entscheidungen, Berlin 1989.
ders.: Kompetenzrechtliche Fragen bei der Umsetzung von Sicherheitsstandards, in: Fritz Ossenbühl (Hrsg.), Deutscher Atomrechtstag 2000, Baden-Baden 2001, S. 81 ff.
Dauber, Gerlinde: Möglichkeiten und Grenzen kooperativen Verwaltungshandelns, in: Kathrin Becker-Schwarze/Wolfgang Köck/Thomas Kupka/Matthias v. Schwanenflügel (Hrsg.), Wandel der Handlungsformen im öffentlichen Recht, Stuttgart/München/Hamburg/Berlin 1991, S. 67 ff.

Dederer, Hans-Georg: Organisatorisch-personelle Legitimation der funktionalen Selbstverwaltung, in: NVwZ 2000, S. 403 ff.

ders.: Korporative Staatsgewalt. Integration in die Ausübung privater Interessen in die Ausübung von Staatsfunktionen. Zugleich eine Rekonstruktion der Legitimationsdogmatik (Bonner Habilitationsschrift 2002, erscheint demnächst, zitiert nach dem Typoskript).

Degenhart, Christoph: Systemgerechtigkeit und Selbstbindung des Gesetzgebers als Verfassungspostulat, München 1976.

ders.: Vertragliche Bindungen der Gemeinde im Verfahren der Bauleitplanung, in: BayVBl. 1979, S. 289 ff.

ders.: Gesetzgebung im Rechtsstaat, in: DÖV 1981, S. 477 ff.

ders.: Kernenergierecht. Schwerpunkte, Entscheidungsstrukturen, Entwicklungslinien, 2. Aufl., Köln/Berlin/Bonn/München 1982

ders.: Bundes- und länderfreundliches Verhalten im Atomrecht, in: Bundesministerium für Umwelt, Naturschutz und Reaktorsicherheit (BMU)/Hans-Joachim Koch/Alexander Roßnagel (Hrsg.), 11. Deutsches Atomrechtssymposium. 9.–10. Oktober in Berlin, Baden-Baden 2002, S. 369 ff.

Dempfle, Ulrich: Normvertretende Absprachen. Zugleich ein Beitrag zur Lehre vom Rechtsverhältnis, Pfaffenweiler 1994.

Denninger, Eberhard: Verfassungsrechtliche Anforderungen an die Normsetzung im Umwelt- und Technikrecht, Baden-Baden 1990.

ders.: Staatliche Hilfe zur Grundrechtsausübung durch Verfahren, Organisation und Finanzierung, in: Josef Isensee/Paul Kirchhof (Hrsg.), Handbuch des Staatsrechts Bd. V, 2. Aufl., Heidelberg 2000, § 113.

ders.: Verfassungsrechtliche Fragen des Ausstiegs aus der Nutzung der Kernenergie zur Stromerzeugung. Rechtsgutachten im Auftrag des Bundesministeriums für Umwelt, Naturschutz und Reaktorsicherheit, Baden-Baden 2000.

Depenbrock, Joachim: Fortgeltung der Staatskirchenverträge in den neuen Bundesländern unter besonderer Berücksichtigung der Verträge mit den evangelischen Landeskirchen, in: ZevKR Bd. 38 (1993), S. 413 ff.

Depenheuer, Otto: Der Gedanke der Kooperation von Staat und Gesellschaft, in: Peter M. Huber (Hrsg.), Das Kooperationsprinzip im Umweltrecht, Berlin 1999, S. 17 ff.

Depenheuer, Otto: Zur Logik der öffentlichen Diskussion, in: Dieter Dörr/Udo Fink/Christian Hillgruber/Bernhard Kempen/Dietrich Murswiek (Hrsg.), Die Macht des Geistes. Festschrift für Hartmut Schiedermair, Heidelberg 2001, S. 287 ff.

ders.: Religion als ethische Reserve der säkularen Gesellschaft, in: ders./Markus Heintzen/Matthias Jestaedt/Peter Axer (Hrsg.), Nomos und Ethos. Hommage an Josef Isensee zum 65. Geburtstag von seinen Schülern, Berlin 2002, S. 23 ff. (zitiert: FS Isensee).

Di Fabio, Udo: Vertrag statt Gesetz?, in: DVBl. 1990, S. 338 ff.

ders.: Risikoentscheidungen im Rechtsstaat. Zum Wandel der Dogmatik im öffentlichen Recht insbesondere am Beispiel der Arzneimittelüberwachung, Tübingen 1994.

ders.: Selbstverpflichtungen der Wirtschaft – Grenzgänger zwischen Freiheit und Zwang, in: JZ 1997, S. 969 ff.

ders.: Verwaltung und Verwaltungsrecht zwischen gesellschaftlicher Selbstregulierung und staatlicher Steuerung, in: VVDStRL Bd. 56 (1997), S. 235 ff.

ders.: Verlust der Steuerungskraft klassischer Rechtsquellen, in: NZS 1998, S. 449 ff.

ders.: Das Recht offener Staaten. Grundlinien eines Staats- und Rechtstheorie, Tübingen 1998.

ders.: Selbstverpflichtungen der Wirtschaft – Grenzgänger zwischen Freiheit und Zwang, in: Michael Kloepfer (Hrsg.), Selbst-Beherrschung im technischen und ökologischen Bereich. Selbststeuerung und Selbstregulierung in der Technikentwicklung und im Umweltschutz, Berlin 1998, S. 119 ff.

ders.: Der Ausstieg aus der wirtschaftlichen Nutzung der Kernenergie. Europarechtliche und verfassungsrechtliche Vorgaben, Köln/Berlin/Bonn/München 1999.

ders.: Das Kooperationsprinzip – ein allgemeiner Rechtsgrundsatz des Umweltrechts, in: Peter M. Huber (Hrsg.), Das Kooperationsprinzip im Umweltrecht, Berlin 1999, S. 37 ff.

Dimmel, Nikolaus/Noll, Alfred J.: Autopoiesis und Selbstreferentialität als »postmoderne Rechtstheorie« – Die neue reine Rechtsleere, in: Demokratie und Recht Bd. 16 (1988), S. 379 ff.

Dittmann, Armin: Die Rechtsverordnung als Handlungsinstrument der Verwaltung, in: Stanislaw Biernat/Reinhard Hendler/Friedrich Schoch/Andrzej Wasilewski (Hrsg.), Grundfragen des Verwaltungsrechts und der Privatisierung, 1994, S. 107 ff.

Döhler, Marian/Manow, Philip: Staatliche Reformpolitik und die Rolle der Verbände im Gesundheitssektor, in: Renate Mayntz/Fritz W. Scharpf (Hrsg.), Gesellschaftliche Selbstregelung und politische Steuerung, Frankfurt a.M./New York 1995, S. 141 ff.

Dolde, Klaus-Peter/Uechtritz, Michael: Ersatzansprüche aus Bauplanungsabreden, in: DVBl. 1987, S. 446 ff.

Dolzer, Rudolf: Das parlamentarische Regierungssystem und der Bundesrat – Entwicklungsstand und Reformbedarf, in: VVDStRL Bd. 58 (1998), S. 8 ff.

ders. i.V.m. *Vogel, Klaus/Graßhof, Karin* (Hrsg.): Bonner Kommentar zum Grundgesetz, Heidelberg (Loseblatt, Stand des Gesamtwerkes: 2003; zitiert: Bonner Kommentar).

Dopheide, Josef: Feuchtwiesenschutzprogramm des Landes Nordrhein-Westfalen, 2. Aufl., Münster 1988.

Dose, Nicolai: Reflexion als Steuerungsprinzip – Darstellung und Kritik, in: Axel Görlitz/Rüdiger Voigt (Hrsg.), Postinterventionistisches Recht. Jahresschrift für Rechtspolitologie Bd. 4, Pfaffenweiler 1990, S. 81 ff.

ders.: Kooperatives Recht, in: Die Verwaltung Bd. 27 (1994), S. 91 ff.

ders.: Die verhandelnde Verwaltung. Eine empirische Untersuchung über den Vollzug des Immissionsschutzrechts, Baden-Baden 1997.

ders.: Negotiated Decision-making between State and Market, Arbeitspapier 1/2000 des Lehrstuhls für Politische Wissenschaft, TU München (unter: <http://www.pol.ws.tum.de> (10. Oktober 2000))

ders./Voigt, Rüdiger: Kooperatives Recht: Norm und Praxis, in: dies. (Hrsg.), Kooperatives Recht, Baden-Baden 1995, S. 11 ff.

Drees, Hans: Möglichkeiten und Grenzen des Vertragsnaturschutzes unter besonderer Berücksichtigung des Waldes, in: ForstA 1991, S. 28 ff.

Dreier, Horst: Hierarchische Verwaltung im demokratischen Staat. Genese, aktuelle Bedeutung und funktionelle Grenzen eines Bauprinzips der Exekutive, Tübingen 1991.

ders.: Informelles Verwaltungshandeln, in: Staatswissenschaft und Staatspraxis Bd. 4 (1993), S. 647 ff.

ders. (Hrsg.): Grundgesetz-Kommentar, Bd. I: Art 1–19 GG, Tübingen 1996; Bd. II: Art. 20–82 GG, Tübingen 1998; Bd. III: Art. 83–146, Tübingen 2000.

Dreier, Johannes: Die normative Steuerung der planerischen Abwägung. Strikte Normen, generelle Planungsleitbegriffe, Planungsleitlinien und Optimierungsgebote, Berlin 1995.

Dreier, Ralf: Der Begriff des Rechts, in: NJW 1986, S. 890 ff.

Drews, Bill / Wacke, Gerhard / Vogel, Klaus / Martens, Wolfgang: Gefahrenabwehr. Allgemeines Polizeirecht (Ordnungsrecht) des Bundes und der Länder, 9. Aufl., Köln/Berlin/Bonn/München 1986.

Dürig, Günter: Der Grundrechtssatz von der Menschenwürde, in: AöR Bd. 81 (1956), S. 117 ff.

ders.: Zeit und Rechtsgleichheit, in: Joachim Gernhuber (Hrsg.), Tradition und Fortschritt im Recht. Festschrift gewidmet der Tübinger Juristenfakultät zu ihrem 500jährigen Bestehen 1977 von ihren gegenwärtigen Mitgliedern und in deren Auftrag, Tübingen 1977, S. 21 ff.

Düring, Ruth: Das Schiedswesen in der gesetzlichen Krankenversicherung, Baden-Baden 1992.

Ebel, Hans-Rudolf: Preisgestaltung im neuen Energiewirtschaftsrecht, in: BB 2000, Beilage 6, S. 15 ff.

Eberle, Carl-Eugen: Arrangements im Verwaltungsverfahren, in: Die Verwaltung Bd. 17 (1984), S. 439 ff.

Ebert, Elke: Private Normsetzung für die Rechnungslegung, Sternfels 2002.

Ebsen, Ingwer: Fremdverweisungen in Gesetzen und Publikationsgebot, in: DÖV 1984, S. 654 ff.

ders.: Der Bauleitplanungsgarantievertrag – ein neues Mittel vertraglicher Bindung der Gemeinde bei der Bauleitplanung?, in: JZ 1985, S. 57 ff.

ders.: Selbstverwaltung und Autonomie der Bundesanstalt für Arbeit, in: Herbert Leßmann (Hrsg.), Festschrift für Rudolf Lukes zum 65. Geburtstag, Köln/Berlin/Bonn/München 1989, S. 321 ff.

ders.: Autonome Rechtsetzung in der Sozialversicherung und der Arbeitsförderung als Verfassungsproblem, in: VSSR 1990, S. 57 ff.

ders.: Rechtsquellen, in: Bertram Schulin (Hrsg.), Handbuch des Sozialversicherungsrechts Bd. I: Krankenversicherungsrecht, München 1994, § 7.

ders.: Der Behandlungsanspruch des Versicherten in der gesetzlichen Krankenversicherung und das Leistungserbringerrecht, in: Wolfgang Gitter/Bertram Schulin/Hans F. Zacher (Hrsg.), Festschrift für Otto Ernst Krasney zum 65. Geburtstag, München 1997, S. 81 ff.

ders.: Phänomenologie und Problemfelder der Rechtsquellen, in: Friedrich E. Schnapp (Hrsg.), Probleme der Rechtsquellen im Sozialversicherungsrecht, Teil I, Mainz/Berlin/Bern u.a. 1998, S. 13 ff.

Eder, Klaus: Prozedurales Recht und Prozeduralisierung des Rechts. Einige begriffliche Klärungen, in: Dieter Grimm (Hrsg.), Wachsende Staatsaufgaben – sinkende Steuerungsfähigkeit des Rechts, Baden-Baden 1990, S. 155 ff.

Efstratiou, Pavlos-Michael: Die Bestandskraft des öffentlich-rechtlichen Vertrags. Eine vergleichende Untersuchung zum griechischen, französischen und insbesondere deutschen Verwaltungsvertragsrecht, Berlin 1988.

Egerer, Jürgen: Der Plangewährleistungsanspruch, Baden-Baden 1971.

Ehlers, Dirk: Rechtsstaatliche und prozessuale Probleme des Verwaltungsprivatrechts, in: DVBl. 1983, S. 422 ff.

ders.: Die Zulässigkeit von öffentlich-rechtlichen Verträgen über die Ablösung der Stellplatz- oder Garagenbaupflicht, in: DVBl. 1986, S. 529 ff.

ders.: Rechtsverhältnisse in der Leistungsverwaltung, in: DVBl. 1986, S. 912 ff.

ders.: Eigentumsschutz, Sozialbindung und Enteignung bei der Nutzung von Boden und Umwelt, in: VVDStRL Bd. 51 (1992), S. 211 ff.

ders.: Besprechung von: Heribert Franz Köck, Rechtliche und politische Aspekte von Konkordaten, Schriften zum Öffentlichen Recht, Bd. 444, Berlin 1983, in: ZevKR Bd. 38 (1993), S. 369 f.

ders.: Verwaltung und Verwaltungsrecht im demokratischen und sozialen Rechtsstaat, in: Hans-Uwe Erichsen (Hrsg.), Allgemeines Verwaltungsrecht, 11. Aufl., Berlin/New York 1998, §§ 1 ff.

ders./Pünder, Hermann: Energiewirtschaftsrecht, in: Norbert Achterberg/Günter Püttner/Thomas Würtenberger (Hrsg.), Besonderes Verwaltungsrecht. Ein Lehr- und Handbuch, Erster Band: Wirtschafts-, Umwelt-, Bau-, Kulturrecht, 2. Aufl., Heidelberg 2000, § 4.

Ehmke, Horst: »Staat« und »Gesellschaft« als verfassungstheoretisches Problem, in: Konrad Hesse/Siegfried Reicke/Ulrich Scheuner (Hrsg.), Staatsverfassung und Kirchenordnung. Festschrift für Rudolf Smend, Tübingen 1962, S. 23 ff.

Eichenberger, Kurt: Zur Einleitung: Von der Rechtsetzungsfunktion im heutigen Staat, in: Probleme der Rechtsetzung. Referate zum Schweizerischen Juristentag 1974, ZfSchwR Bd. 115 (1974), S. 7 ff.

ders.: Gesetzgebung im Rechtsstaat, in: VVDStRL Bd. 40 (1982), S. 7 ff.

Eichener, Volker/Voelzkow, Helmut: Ko-Evolution politisch-administrativer und verbandlicher Strukturen: Am Beispiel der technischen Harmonisierung des europäischen Arbeits-, Verbraucher- und Umweltschutzes, in: Wolfgang Streeck (Hrsg.), Staat und Verbände. PVS-Sonderheft 25 (1994), S. 37 ff.

Eichener, Volker/Heinze, Rolf G./Voelzkow, Helmut: Techniksteuerung im Spannungsfeld zwischen staatlicher und verbandlicher Selbstregulierung, in: Rüdiger Voigt (Hrsg.), Abschied vom Staat – Rückkehr zum Staat, Baden-Baden 1993, S. 393 ff.

Eichenhofer, Eberhard: Richtlinien der gesetzlichen Krankenversicherung und Gemeinschaftsrecht, in: NZS 2001, 1 ff.

Ellwein, Thomas: Staatliche Steuerung in der parlamentarischen Demokratie, in: DÖV 1984, S. 748 ff.

ders.: Die Fiktion der Staatsperson, in: ders./Joachim Jens Hesse (Hrsg.), Staatswissenschaften: Vergessene Disziplin oder neue Herausforderung?, Baden-Baden 1990, S. 99 ff.

Emde, Ernst Thomas: Die demokratische Legitimation der funktionalen Selbstverwaltung. Eine verfassungsrechtliche Studie anhand der Kammern, der Sozialversicherungsträger und der Bundesanstalt für Arbeit, Berlin 1991.

Engel, Christoph: Völkerrecht als Tatbestandsmerkmal deutscher Normen, Berlin 1989.

ders.: Eigentumsschutz für Unternehmen, in: AöR Bd. 118 (1993), S. 169 ff.

ders.: Regulierung durch Organisation und Verfahren, in: Ulrich Immenga/Wernhard Möschel/Dieter Reuter (Hrsg.), Festschrift für Ernst Joachim Mestmäcker, Baden-Baden 1996, S. 199 ff.

ders.: Selbstregulierung im Bereich der Produktverantwortung – Instrumente und deren Ausgestaltung, in: Staatswissenschaft und Staatspraxis Bd. 9 (1998), S. 535 ff.

ders.: Vertrauen: ein Versuch, Preprint der Max-Planck-Projektgruppe »Recht der Gemeinschaftsgüter«, Bonn, Nr. 12/1999.

ders.: Arbeitsmarkt und staatliche Lenkung, in: VVDStRL Bd. 59 (2000), S. 56 ff.

ders.: Hybrid Governance Across National Jurisdictions as a Challenge to Constitutional Law, in: European Business Organization Law Review Bd. 2 (2001), S. 569 ff.

ders.: Die Grammatik des Rechts, in: Hans-Werner Rengeling/Hagen Hof (Hrsg.): Instrumente des Umweltschutzes im Wirkungsverbund, Baden-Baden 2001, S. 17 ff.

ders.: Institutionen zwischen Staat und Markt, in: Die Verwaltung Bd. 34 (2001), S. 1 ff.

ders.: Windows as an Institution Organizing the Markets for Applications Software, in: JITE Bd. 158 (2002), S. 155 ff.

ders.: Verhandelter Netzzugang, Baden-Baden 2002.

ders.: Freiheit und Autonomie, Preprint der Max-Planck-Projektgruppe »Recht der Gemeinschaftsgüter«, Bonn 2003.

ders./Knieps, Günter: Die Vorschriften des Telekommunikationsgesetzes über den Zugang zu wesentlichen Leistungen. Eine juristisch-ökonomische Untersuchung, Baden-Baden 1998.

Engelhardt, Hanns: Die Vereinbarungen des ungarischen Staates mit den Kirchen, in: Hans-Joachim Faller/Paul Kirchhof/Ernst Träger (Hrsg.), Verantwortlichkeit und Freiheit. Die Verfassung als wertbestimmte Ordnung. Festschrift für Willy Geiger zum 80. Geburtstag, Tübingen 1989, S. 722 ff.

Engelmann, Klaus: Untergesetzliche Normsetzung im Recht der gesetzlichen Krankenversicherung durch Verträge und Richtlinien, in: NZS 2000, S. 1 ff. (Teil 1) und 76 ff. (Teil 2).

Enneccerus, Ludwig/Nipperdey, Hans Carl: Allgemeiner Teil des Bürgerlichen Rechts, Erster Halbband: Allgemeine Lehren, Personen, Rechtsobjekte; Zweiter Halbband: Entstehung, Untergang und Veränderung der Rechte, Ansprüche und Einreden, Ausübung und Sicherung der Rechte, 15. Aufl., Tübingen 1959.

Erbguth, Wilfried: Bauplanungsrecht, in: Norbert Achterberg/Günter Püttner/Thomas Würtenberger (Hrsg.), Besonderes Verwaltungsrecht. Ein Lehr- und Handbuch, Erster Band: Wirtschafts-, Umwelt-, Bau-, Kultusrecht, 2. Aufl., Heidelberg 2000, § 8.

Erichsen, Hans-Uwe: Verwaltungsrecht und Verwaltungsgerichtsbarkeit, 2. Aufl. 1984.

ders.: Das Verwaltungshandeln, in: ders. (Hrsg.), Allgemeines Verwaltungsrecht, 11. Aufl., Berlin/New York 1998, §§ 11 ff.

ders.: Allgemeine Handlungsfreiheit, in: Josef Isensee/Paul Kirchhof (Hrsg.), Handbuch des Staatsrechts Bd. VI, 2. Aufl., Heidelberg 2001, § 152.

Ermacora, Felix: Allgemeine Staatslehre. Vom Nationalstaat zum Weltstaat (Erster und Zweiter Teilband), Berlin 1970.

Ernst, Christoph: Die Reform der Konzernrechnungslegung nach IAS und US-GAAP, in: Peter Hommelhoff/Volker Röhricht (Hrsg.), Gesellschaftsrecht 1997, Köln 1998, S. 323 ff.

Ernst, Werner/Zinkahn, Willy/Bielenberg, Walter/Krautzberger, Michael u.a. (Hrsg.): Baugesetzbuch. Kommentar, München (Loseblatt, Stand des Gesamtwerkes: November 2000).

Eschenburg, Theodor: Herrschaft der Verbände?, Stuttgart 1955.

Esser, Josef: Der kooperative Staat – systemtheoretisch gewendet, in: Soziologische Revue 1998, S. 300 ff.

Esser, Josef: Der kooperative Nationalstaat im Zeitalter der »Globalisierung«, in: Diether Döring (Hrsg.), Sozialstaat in der Globalisierung, Frankfurt a.M. 1999, S. 117 ff.

Faber, Angela: Gesellschaftliche Selbstregulierungssysteme im Umweltrecht – unter besonderer Berücksichtigung der Selbstverpflichtungen, Köln 2001

Fastenrath, Ulrich: Kompetenzverteilung im Bereich der auswärtigen Gewalt, München 1986.

ders.: Gewaltenteilung – Ein Überblick, in: JuS 1986, S. 194 ff.

Fehling, Michael: Mitbenutzungsrechte Dritter bei Schienenwegen, Energieversorgungs- und Telekommunikationsleitungen vor dem Hintergrund staatlicher Infrastrukturverantwortung, in: AöR Bd. 121 (1996), S. 59 ff.

Fiedler, Wilfried: Zum Wirkungsbereich der clausula rebus sic stantibus im Verwaltungsrecht, in: VerwArch Bd. 67 (1976), S. 125 ff.

Finckh, Andreas: Regulierte Selbstregulierung im Dualen System. Die Verpackungsverordnung als Instrument staatlicher Steuerung, Baden-Baden 1998.

Fleiner, Fritz: Institutionen des deutschen Verwaltungsrechts, 8. Aufl., Tübingen 1928.

Fleiner-Gerster, Thomas: Allgemeine Staatslehre, 2. Aufl., Berlin/Heidelberg/New York 1995.

Fluck, Jürgen: Die Erfüllung des öffentlich-rechtlichen Verpflichtungsvertrages durch Verwaltungsakt, 1985.

ders./*Schmitt, Thomas:* Selbstverpflichtungen und Umweltvereinbarungen – rechtlich gangbarer Königsweg deutscher und europäischer Umweltpolitik?, in: VerwArch Bd. 89 (1998), S. 220 ff.

Flume, Werner: Allgemeiner Teil des bürgerlichen Rechts, Bd. 1, 2. Teil: Die juristische Person, Berlin/Heidelberg/New York 1983.

ders.: Allgemeiner Teil des bürgerlichen Rechts, Bd. 2: Das Rechtsgeschäft, 4. Aufl., Berlin/Heidelberg/New York 1992.

Foerster, Heinz v.: Das Konstruieren einer Wirklichkeit, in: Paul Watzlawick (Hrsg.), Die erfundene Wirklichkeit. Wie wissen wir, was wir zu wissen glauben. Beiträge zum Konstruktivismus, 5. Aufl., München 1988, S. 27 ff.

Forsthoff, Ernst: Über Mittel und Methoden moderner Planung, in: Josef H. Kaiser (Hrsg.), Planung III. Mittel und Methode planender Verwaltung, Baden-Baden 1968, S. 21 ff.

ders.: Lehrbuch des Verwaltungsrechts, 1. Bd. Allgemeiner Teil, 9. Aufl., München/Berlin 1966 (im Text gesondert als Altauflage bezeichnet).

ders.: Lehrbuch des Verwaltungsrechts, Bd. I, 10. Aufl., München 1971.

ders.: Der Staat der Industriegesellschaft, 2. Aufl., München 1971.

Fraenkel, Ernst: Deutschland und die westlichen Demokratien, 7. Aufl. Stuttgart/Berlin/Köln/Mainz 1979.

Frenz, Walter: Freiwillige Selbstverpflichtungen/Umweltvereinbarungen zur Reduzierung des Umweltverbrauchs im Kontext des Gemeinschaftsrechts, in: EuR 1999, S. 27 ff.

ders.: Selbstverpflichtungen der Wirtschaft, Tübingen 2001.

ders.: Atomkonsens und Landesvollzugskompetenz, in: NVwZ 2002, S. 561 ff.

Friauf, Karl-Heinrich: Zur Problematik des verfassungsrechtlichen Vertrages, in: AöR Bd. 88 (1963), S. 257 ff.

ders.: Öffentliche Sonderlasten und Gleichheit der Steuerbürger, in: Institut für Völkerrecht und Ausländisches Öffentliches Recht der Universität zu Köln (Hrsg.), Festschrift für Hermann Jahrreiß zum 80. Geburtstag, Köln/Berlin/Bonn/München 1974, S. 45 ff.

ders.: Staatskredit, in: Josef Isensee/Paul Kirchhof (Hrsg.), Handbuch des Staatsrechts Bd. IV, 2. Aufl., Heidelberg 2000, § 91.

Friehe, Hans-Josef: Autonome Satzungen und Geltungsanspruch der Grundrechte, in: JuS 1979, S. 465 ff.

Fritz, Klaus: Möglichkeiten und Grenzen von privatrechtlichem und öffentlich-rechtlichem Vertragsnaturschutz, in: UPR 1997, S. 439 ff.

Fröhler, Ludwig/Oberndorfer, Peter: Körperschaften des öffentlichen Rechts und Interessenvertretung, München 1974.

Frotscher, Werner: Selbstverwaltung und Demokratie, in: Albert v. Mutius (Hrsg.), Selbstverwaltung im Staat der Industriegesellschaft. Festgabe zum 70. Geburtstag von Georg Christoph v. Unruh, Heidelberg 1983, S. 127 ff.

Frowein, Jochen Abr.: Die Bindung des Gesetzgebers an Verträge, in: Horst-Heinrich Jakobs/Brigitte Knobbe-Keuk/Eduard Picker/Jan Wilhlem (Hrsg.), Festschrift für Werner Flume, Köln 1978, S. 301 ff.
Fuchs, Claudio: Das Staatskirchenrecht der neuen Bundesländer, Tübingen 1999.
Fuchs, Maximilian: Rechtsquellen, in: Bertram Schulin (Hrsg.), Handbuch des Sozialversicherungsrechts Bd. IV: Pflegeversicherungsrecht, München 1997, § 6.
Funk, Winfried: Vertragsarztrecht, in: Bertram Schulin (Hrsg.), Handbuch des Sozialversicherungsrechts Bd. I: Krankenversicherungsrecht, München 1994, § 32.
Fürst, Dietrich: Neubelebung der Staatsdiskussion: Veränderte Anforderungen an Regierung und Verwaltung in westlichen Industriegesellschaften, in: Thomas Ellwein/Joachim Jens Hesse/Renate Mayntz/Fritz W. Scharpf (Hrsg.), Jahrbuch zur Staats- und Verwaltungswissenschaft Bd. 1 (1987), S. 261 ff.
Fürst, Walther: Die beamtenrechtliche Beteiligungsberechtigung des § 94 BBG aus verfassungsrechtlicher Sicht, in: ZBR 1989, S. 257 ff.
ders./*Arndt, Horst:* Gesamtkommentar öffentliches Dienstrecht: Beamtenrecht des Bundes und der Länder, Richterrecht und Wehrrecht, Band 1: Kommentar zum Bundesbeamtengesetz und zum Beamtenversorgungsgesetz unter Einbeziehung des Beamtenrechts der Länder. Kommentar zum Deutschen Richtergesetz und zu den Wehrgesetzen, Berlin (Loseblatt, Stand des Gesamtwerkes: 2003; zitiert: GKÖD Bd. 1).
Fuss, Ernst-Werner: Gleichheitssatz und Richtermacht, in: JZ 1959, S. 329 ff.
Galperin, Hans: Die autonome Rechtsetzung im Arbeitsrecht, in: Hans Carl Nipperdey (Hrsg.), Festschrift für Erich Molitor zum 75. Geburtstag, München 1962, S. 143 ff.
Gamillscheg, Franz: Überlegungen zur Allgemeinverbindlicherklärung des Tarifvertrags, in: Hans G. Leser (Hrsg.), Arbeitsrecht und Zivilrecht in Entwicklung. Festschrift für Hyung-Bae Kim, Berlin 1995, S. 35 ff.
Gassner, Erich: Zur Mitwirkung von Naturschutzverbänden in Verwaltungsverfahren, in: NuR 1991, S. 211 ff.
Gassner, Ulrich M.: Nationaler Gesundheitsmarkt und europäisches Kartellrecht, in: VSSR 2000, S. 121 ff.
Geiger, Rudolf: Grundgesetz und Völkerrecht. Die Bezüge des Staatsrechts zum Völkerrecht und Europarecht, 2. Aufl., München 1994.
Geiger, Willi: Gegenwartsprobleme der Verfassungsgerichtsbarkeit aus deutscher Sicht, in: Thomas Berberich (Hrsg.), Neue Entwicklungen im öffentlichen Recht. Beiträge zum Verhältnis von Bürger und Staat aus Völkerrecht, Verfassungsrecht und Verwaltungsrecht, Stuttgart/Berlin/Köln/Mainz, 1979, S. 131 ff.
Geis, Max-Emanuel: Körperschaftliche Selbstverwaltung in der Sozialversicherung, in: Friedrich E. Schnapp (Hrsg.), Funktionale Selbstverwaltung und Demokratieprinzip – am Beispiel der Sozialversicherung, Frankfurt a.M./Berlin/Bern u.a. 2001, S. 65 ff.
Geldsetzer, Anja: Selbstverpflichtungen und Mediationen als Verfahren kooperativer Umweltpolitik – theoretische Bezüge und praktische Umsetzungen, Aachen 2001.
Gellermann, Martin: Das modernisierte Naturschutzrecht – Anmerkungen zur Novelle des Bundesnaturschutzgesetzes, in: NVwZ 2002, S. 1025 ff.
ders./*Middeke, Andreas:* Der Vertragsnaturschutz, in: NuR 1991 S. 457 ff.
Genzel, Herbert: Der Krankenhaussektor und die 3. Stufe der Gesundheitsreform, in: MedR 1997, S. 479 ff.
Gersdorf, Hubertus: Öffentliche Unternehmen im Spannungsfeld zwischen Demokratie- und Wirtschaftlichkeitsprinzip. Eine Studie zur verfassungsrechtlichen Legitimation der wirtschaftlichen Betätigung der öffentlichen Hand, Berlin 2000.
Gierke, Otto v.: Deutsches Privatrecht, Bd. 1, Leipzig 1895.

ders.: Die Zukunft des Tarifvertragsrechts, in: ASS Bd. 42 (1916/17), S. 815 ff.

ders.: Das Wesen menschlicher Verbände, Neuabdruck in: Franz Nuscheler/Winfried Steffani (Hrsg.), Pluralismus. Konzeptionen und Kontroversen, München 1972, S. 49 ff.

Gitter, Wolfgang/Nunius, Volker: Rechtsquellen, in: Bertram Schulin (Hrsg.), Handbuch des Sozialversicherungsrechts Bd. II: Unfallversicherungsrecht, München 1996, § 6.

Goerlich, Helmut: Erfordernisse rationaler Gesetzgebung nach den Maßstäben des Bundesverfassungsgerichts, in: JR 1977, S. 89 ff.

ders.: Grundrechte als Verfahrensgarantien. Ein Beitrag zum Verständnis des Grundgesetzes für die Bundesrepublik Deutschland, Baden-Baden 1981.

Göhner, Reinhard: Demokratie in Verbänden. Vorschläge zur Willensbildung in Interessenverbänden, München/Wien 1981.

Gönnenwein, Otto: Gemeinderecht, Tübingen 1963.

Görlitz, Axel: Zur Steuerbarkeit moderner Industriegesellschaften mit Recht, in: ders./ Rüdiger Voigt (Hrsg.), Grenzen des Rechts. Jahresschrift für Rechtspolitologie Bd. 1, Pfaffenweiler 1987, S. 17 ff.

Görlitz, Axel: Mediales Recht als politisches Steuerungskonzept, in: ders. (Hrsg.), Politische Steuerung sozialer Systeme. Mediales Recht als politisches Steuerungskonzept, Pfaffenweiler 1989, S. 13 ff.

ders.: Mediales Recht als Steuerungskonzept, in: ders./Rüdiger Voigt (Hrsg.), Postinterventionistisches Recht. Jahresschrift für Rechtspolitologie Bd. 4, Pfaffenweiler 1990, S. 151 ff.

ders./Voigt, Rüdiger: Rechtspolitologie. Eine Einführung, Opladen 1985.

Götz, Volkmar: Bundesverfassungsgericht und Vertrauensschutz, in: Christian Starck (Hrsg.), Bundesverfassungsgericht und Grundgesetz. Festgabe aus Anlaß des 25-jährigen Bestehens des Bundesverfassungsgerichts, Bd. II, Tübingen 1976, S. 421 ff. (zitiert: FS BVerfG I/2).

ders.: Innere Sicherheit, in: Josef Isensee/Paul Kirchhof (Hrsg.), Handbuch des Staatsrechts Bd. III, 2. Aufl., Heidelberg 1996, § 79.

Graf Krockow, Christian: Staat, Gesellschaft, Freiheitswahrung (1972), in: Ernst-Wolfgang Böckenförde (Hrsg.), Staat und Gesellschaft, Darmstadt 1976, S. 432 ff.

Grande, Edgar: Regieren in verflochtenen Verhandlungssystemen, in: Renate Mayntz/ Fritz W. Scharpf (Hrsg.), Gesellschaftliche Selbstregulung und politische Steuerung, Frankfurt a.M./New York 1995, S. 327 ff.

ders./Risse, Thomas: Bridging the Gap: Konzeptionelle Anforderungen an die politikwissenschaftliche Analyse von Globalisierungsprozessen, in: Zeitschrift für Internationale Beziehungen Bd. 7 (2000), S. 235 ff.

Grawe, Joachim: Politische, wirtschaftliche und technische Probleme des Atomausstiegs, in: Michael Kloepfer (Hrsg.), Technikumsteuerung als Rechtsproblem. Rechtsfragen der Einführung der Gentechnik und des Ausstiegs aus der Atomenergie, Berlin 2002, S. 91 ff.

Grawert, Rolf: Verwaltungsabkommen zwischen Bund und Ländern in der Bundesrepublik Deutschland. Eine kritische Untersuchung der gegenwärtigen Staatspraxis mit einer Zusammenstellung der zwischen Bund und Ländern abgeschlossenen Abkommen, Berlin 1967.

Grewe, Wilhelm G.: Die auswärtige Gewalt der Bundesrepublik, in: VVDStRL Bd. 12 (1954), S. 129 ff.

Grewlich, Klaus W.: Umweltschutz durch »Umweltvereinbarungen« nach nationalem und Recht und Europarecht, in: DÖV 1998, S. 54 ff.

Grimm, Dieter: Recht und Staat in der bürgerlichen Gesellschaft, Frankfurt a.M. 1987.

ders.: Staat und Gesellschaft, in: Thomas Ellwein/Joachim Jens Hesse (Hrsg.), Staatswissenschaften: Vergessene Disziplin oder neue Herausforderung?, Baden-Baden 1990, S. 13 ff.

ders.: Der Wandel der Staatsaufgaben und die Krise des Rechtsstaats, in: ders. (Hrsg.), Wachsende Staatsaufgaben – sinkende Steuerungsfähigkeit des Rechts, Baden-Baden 1990, S. 291 ff.

ders.: Der Staat in der kontinentaleuropäischen Tradition, in: Rüdiger Voigt (Hrsg.), Abschied vom Staat – Rückkehr zum Staat, Baden-Baden 1993, S. 27 ff.

ders.: Die Zukunft der Verfassung, 2. Aufl., Frankfurt a.M. 1994.

ders.: Der Wandel der Staatsaufgaben und die Zukunft der Verfassung, in: ders. (Hrsg.), Staatsaufgaben, Baden-Baden 1994, S. 613 ff.

ders.: Verbände, in: Ernst Benda/Werner Maihofer/Hans-Jochen Vogel (Hrsg.), Handbuch des Verfassungsrechts, 2. Aufl., Berlin 1994, § 15.

ders.: Das Grundgesetz nach 50 Jahren – Versuch einer staatsrechtlichen Würdigung, in: DRiZ 2000, S. 148 ff.

ders.: Regulierte Selbstregulierung in der Tradition des Verfassungsstaates, in: Regulierte Selbstregulierung als Steuerungskonzept des Gewährleistungsstaates, Die Verwaltung, Beiheft 4 (2001), S. 9 ff.

ders.: Bedingungen demokratischer Rechtsetzung, in: Lutz Wingert/Klaus Günther (Hrsg.), Die Öffentlichkeit der Vernunft und die Vernunft der Öffentlichkeit. Festschrift für Jürgen Habermas, Frankfurt a.M. 2001, S. 489 ff.

Grimmer, Klaus: Technik und Recht – Ein politisches Steuerungsdilemma, in: Rüdiger Voigt (Hrsg.), Rechtspolitische Forschungskonzepte. Jahresschrift für Rechtspolitologie Bd. 2, Pfaffenweiler 1988, S. 144 ff.

Groß, Thomas: Das Kollegialprinzip in der Verwaltungsorganisation, Tübingen 1999.

Grund, Matthias: Zum Entwurf eines Gesetzes des Gesetzgebers zur Kapitalaufnahmeerleichterung – Flucht oder Pflicht des Gesetzgebers, in: ZIP 1996, S. 1969 ff.

Gurlit, Elke: Verwaltungsvertrag und Gesetz. Eine vergleichende Untersuchung zum Verhältnis von vertraglicher Bindung und staatlicher Normsetzungsautorität, Tübingen 2000.

Gusy, Christoph: Das Grundgesetz als normative Gesetzgebungslehre?, in: ZRP 1985, S. 291 ff.

ders.: Kooperation als staatlicher Steuerungsmodus, in: ZUR 2001, S. 1 ff.

Häberle, Peter: Zur gegenwärtigen Diskussion um das Problem der Souveränität, in: AöR Bd. 92 (1967), S. 259 ff.

ders.: Öffentliches Interesse als juristisches Problem, Bad Homburg 1970.

ders.: Berufsständische Satzungsautonomie und staatliche Gesetzgebung, in: DVBl. 1972, S. 909 ff.

ders.: Grundrechte im Leistungsstaat, in: VVDStRL Bd. 30 (1972), S. 43 ff.

ders.: Verfassungsprinzipien »im« Verwaltungsverfahrensgesetz, in: Walter Schmitt Glaeser (Hrsg.), Verwaltungsverfahren. Festschrift zum 50-jährigen Bestehen des Richard Boorberg Verlag, Stuttgart/München/Hannover 1977, S. 47 ff.

ders.: Der kooperative Verfassungsstaat, in: Friedrich Kaulbach/Werner Krawietz (Hrsg.), Recht und Gesellschaft. Festschrift für Helmut Schelsky zum 65. Geburtstag, Berlin 1978, S. 141 ff.

ders.: Die Verfassung des Pluralismus. Studien zur Verfassungstheorie der offenen Gesellschaft, Königstein/Ts. 1980.

ders.: Verbände als Gegenstand demokratischer Verfassungslehre, in: ZHR 145 (1981), S. 473 ff.

Hahn, Hartmut: Zur Rückwirkung im Steuerrecht. Zugleich eine Kritik am Beschluß des Bundesverfassungsgerichts vom 14. Mai 1986, Bonn 1987.

Hamann, Andreas: Autonome Satzungen und Verfassungsrecht, Heidelberg 1958.

Hänlein, Andreas: Rechtsquellen im Sozialversicherungsrecht. System und Legitimation untergesetzlicher Rechtsquellen des deutschen Sozialversicherungsrechts, Berlin/Heidelberg/New York 2001.

ders./Kruse, Jürgen: Einflüsse des Europäischen Wettbewerbsrechts auf die Leistungserbringung in der gesetzlichen Krankenversicherung, in: NZS 2000, S. 165 ff.

Hanning, August: Umweltschutz und überbetriebliche technische Normung, Köln/Berlin/Bonn/München 1976.

Hartenstein, Volker: Der steinige Weg der Bundesregierung zum »harmonischen« Ausstieg Deutschlands aus der Atomenergie, in: Günter Altner/Barbara Mettler-von Meibom/Udo E. Simonis/Ernst U. v. Weizsäcker (Hrsg.), Jahrbuch Ökologie 2001, München 2000, S. 276 ff.

Hartkopf, Günter/Bohne, Eberhard: Umweltpolitik, Bd. 1: Grundlagen, Analysen und Perspektiven, Opladen 1983.

Hartmann, Volker: Repräsentation in der politischen Theorie und Staatslehre in Deutschland. Untersuchung zur Bedeutung und theoretischen Bestimmung der Repräsentation in der liberalen Staatslehre des Vormärz, der Theorie des Rechtspositivismus und der Weimarer Staatslehre, Berlin 1979.

Hartwich, Hans-Hermann: Die Suche nach einer wirklichkeitsnahen Lehre vom Staat, in: Aus Politik und Zeitgeschichte. Beilage zu der Wochenzeitung »Das Parlament«, Heft B 46/47 (1987), S. 3 ff.

Hauck, Karl/Wilde, Klaus (Hrsg.): Sozialgesetzbuch XI: Soziale Pflegeversicherung, Berlin (Loseblatt, Stand des Gesamtwerkes: 2003).

Haverkate, Görg: Die Einheit der Verwaltung als Rechtsproblem, in: VVDStRL Bd. 46 (1988), S. 217 ff.

Havermann, Hans: Private Regelsetzung aus der Sicht des Bilanzrechts, in: ZGR 2000, S. 693 ff.

Heckel, Martin: Die religionsrechtliche Parität, in: Joseph Listl/Dietrich Pirson (Hrsg.), Handbuch des Staatskirchenrechts Bd. I, 2. Aufl., Berlin 1994, S. 589 ff.

ders.: Religionsunterricht in Brandenburg. Zur Regelung des Religionsunterrichts und des Fachs Lebensgestaltung – Ethik – Religionskunde (LER), Berlin 1998.

Heckmann, Dirk: Geltungskraft und Geltungsverlust von Rechtsnormen. Elemente einer Theorie der autoritativen Normgeltungsbeendigung, Tübingen 1997.

Heimburg, Sibylle v.: Verwaltungsaufgaben und Private. Funktionen und Typen der Beteiligung Privater an öffentlichen Aufgaben unter besonderer Berücksichtigung des Baurechts, Berlin 1982

Heintzen, Markus: Zur Verfassungsmäßigkeit von § 292a Abs. 2 Nr. 2 a) HGB, in: BB 1999, S. 1050 ff.

ders.: Beteiligung Privater an der Wahrnehmung öffentlicher Aufgaben und staatliche Verantwortung, in: VVDStRL Bd. 62 (2003), S. 220 ff.

Heinz, Karl Eckart: Delegation und Mandat. Eine rechts- und verfassungstheoretische Untersuchung, in: Der Staat Bd. 36 (1997), S. 495 ff.

Heinze, Meinhard: Die Vertragsstrukturen des SGB V, in: SGb 1990, S. 173 ff.

ders.: Beziehungen zu den Krankenhäusern, in: Bertram Schulin (Hrsg.), Handbuch des Sozialversicherungsrechts Bd. I: Krankenversicherungsrecht, München 1994, § 38.

ders.: Beziehungen zu den Leistungserbringern von Heil- und Hilfsmitteln, in: Bertram Schulin (Hrsg.), Handbuch des Sozialversicherungsrechts Bd. I: Krankenversicherungsrecht, München 1994, § 40.
ders.: Selbstverwaltung durch Zentralismus im Krankenhauswesen? – Neuregelungen für den stationären Sektor aufgrund des 2. GKV-NOG, in: SGb. 1997, S. 397 ff.
Heitsch, Christian: Die Ausführung der Bundesgesetze durch die Länder, Tübingen 2001.
Heller, Hermann: Die Souveränität. Ein Beitrag zur Theorie des Staats- und Völkerrechts, Berlin 1927.
ders.: Politische Demokratie und soziale Homogenität (1928), in: ders., Gesammelte Schriften, Bd. 2, Leiden 1971, S. 423 ff.
ders.: Staatslehre, 6. Aufl., Tübingen 1983.
Hellermann, Johannes: Örtliche Daseinsvorsorge und gemeindliche Selbstverwaltung. Zum kommunalen Betätigungs- und Gestaltungsspielraum unter den Bedingungen staatlicher Privatisierungs- und Deregulierungspolitik, Tübingen 2000.
ders.: Private Standardsetzung im Bilanzrecht – öffentlich-rechtlich gesehen, in: NZG 2000, S. 1097 ff.
Hendler, Reinhard: Selbstverwaltung als Ordnungsprinzip. Zur politischen Willensbildung und Entscheidung im demokratischen Verfassungsstaat, Köln/Bonn/Berlin/München 1984.
ders.: Das Prinzip Selbstverwaltung, in: Josef Isensee/Paul Kirchhof (Hrsg.), Handbuch des Staatsrechts Bd. IV, Heidelberg 2000 (2. Aufl.), § 106.
Henke, Wilhelm: Praktische Fragen des öffentlichen Vertragsrechts – Kooperationsverträge, in: DÖV 1985, S. 41 ff.
Hennecke, Frank: Zur Neubestimmung des Verhältnisses von Staat und Gesellschaft im Umweltrecht – eine Problemskizze, in: Reinhard Hendler/Peter Marburger/Michael Reinhardt/Meinhard Schröder (Hrsg.), Jahrbuch des Umwelt- und Technikrechts Bd. 15 (1999), Berlin 1999, S. 7 ff.
Henneke, Hans-Günter: Informelles Verwaltungshandeln im Wirtschaftsverwaltungs- und Umweltrecht – Zwischenbilanz zur Erfassung eines seit zehn Jahren benannten Phänomens –, in: NuR 1991, S. 267 ff.
Hennike, Wiegand: Die Vereinbarung als Verwaltungsrechtsquelle, Münster 1959 (Diss. jur.).
Henninger, Michael Peter: Beziehungen zu den Apothekern, in: Bertram Schulin (Hrsg.), Handbuch des Sozialversicherungsrechts Bd. I: Krankenversicherungsrecht, München 1994, § 44.
Hennis, Wilhelm: Verfassungsordnung und Verbandseinfluß, in: Rudolf Steinberg (Hrsg.), Staat und Verbände. Zur Theorie der Interessenverbände in der Industriegesellschaft, Darmstadt 1985, S. 77 ff.
Herbert, Alexander: § 29 Abs. 1 BNatSchG – Verfahrensbeteiligung als »formelles« oder »materielles« subjektives Recht, in: NuR 1994, S. 218 ff.
Herdegen, Matthias: Informalisierung und Entparlamentarisierung politischer Entscheidungen als Gefährdungen der Verfassung?, in: VVDStRL Bd. 62 (2003), S. 7 ff.
Hermes, Georg: Staatliche Infrastrukturverantwortung. Rechtliche Grundstrukturen netzgebundener Transport- und Übertragungssysteme zwischen Daseinsvorsorge und Wettbewerbsregulierung am Beispiel der leitungsgebundenen Energieversorgung in Europa, Tübingen 1998.
ders.: Verwaltungskompetenz des Bundes und Bund-Länder Kooperation, in: Bundesministerium für Umwelt, Naturschutz und Reaktorsicherheit (BMU)/Hans-Joachim

Koch/Alexander Roßnagel (Hrsg.), 11. Deutsches Atomrechtssymposium. 9.–10. Oktober in Berlin, Baden-Baden 2002, S. 347 ff.

Herrmann, Bodo J./Dick, Claudia: Die Kundenbündelung und ihre Bedeutung für das Energie- und Konzessionsabgabenrecht, in: BB 2000, S. 885 ff.

Herrmann, Joachim: Rechtliche Strukturen für Absprachen in der Hauptverhandlung. Die Richtlinien-Entscheidung des Bundesgerichtshofs – BGHSt 43, 195, in: JuS 1999, S. 1162 ff.

Herschel, Wilhelm: Zur Rechtsnatur der Allgemeinverbindlicherklärung von Tarifverträgen, in: Kurt Jantz/Horst Neumann-Duesberg (Hrsg.), Sozialreform und Sozialrecht. Beiträge zum Arbeits- und Sozialversicherungsrecht und zur Sozialpolitik. Festschrift für Walter Bogs, Berlin 1959, S. 125 ff.

ders.: Staatsentlastende Tätigkeit im Arbeitsschutz, in: Rolf Dietz/Heinz Hübner (Hrsg.), Festschrift für Hans Carl Nipperdey zum 70. Geburtstag, Bd. II, München/Berlin 1965, S. 221 ff.

ders.: Betriebsbußen. Ihre Voraussetzungen und Grenzen, Köln/Berlin/Bonn/München 1967.

ders.: Rechtsfragen der technischen Überwachung, Heidelberg 1972.

Herzog, Roman: Subsidiaritätsprinzip und Staatsverfassung, in: Der Staat Bd. 2 (1963), S. 393 ff.

ders.: Allgemeine Staatslehre, Frankfurt a.M. 1971.

ders.: Ziele, Vorbehalte und Grenzen der Staatstätigkeit, in: Josef Isensee/Paul Kirchhof (Hrsg.), Handbuch des Staatsrechts Bd. III, 2. Aufl., Heidelberg 1996, § 58.

ders.: Aufgaben des Bundesrats, in: Josef Isensee/Paul Kirchhof (Hrsg.), Handbuch des Staatsrechts Bd. II, 2. Aufl., Heidelberg 1998, § 45.

Hesse, Joachim Jens: Aufgaben einer Staatslehre heute, in: Thomas Ellwein/ders./Renate Mayntz/Fritz W. Scharpf (Hrsg.), Jahrbuch zur Staats- und Verwaltungswissenschaft Bd. 1 (1987), S. 55 ff.

ders.: Verhandlungslösungen und kooperativer Staat, in: Wolfgang Hoffmann-Riem/Eberhard Schmidt-Aßmann (Hrsg.), Konfliktbewältigung durch Verhandlung, Erster Band: Informelle und mittlerunterstützte Verhandlungen in Verwaltungsverfahren, Baden-Baden 1990, S. 97 ff.

Hesse, Konrad: Der Rechtsschutz durch staatliche Gerichte im kirchlichen Bereich. Zugleich ein Beitrag zur Frage des rechtlichen Verhältnisses von Staat und Kirche in der Gegenwart, Göttingen 1956.

ders.: Die verfassungsrechtliche Stellung der politischen Parteien im modernen Staat, in: VVDStRL Bd. 17 (1959), S. 11 ff.

ders.: Grundzüge des Verfassungsrechts der Bundesrepublik Deutschland, 5. Aufl., Karlsruhe 1972 (im Text gesondert als Altauflage bezeichnet).

ders.: Bemerkungen zur heutigen Problematik und Tragweite der Unterscheidung von Staat und Gesellschaft (1975), in: Ernst-Wolfgang Böckenförde (Hrsg.), Staat und Gesellschaft, Darmstadt 1976, S. 484 ff.

ders.: Grundzüge des Verfassungsrechts der Bundesrepublik Deutschland, 20. Aufl., Heidelberg 1995.

Heun, Werner: Zur Zulässigkeit öffentlich-rechtlicher Verträge im Bereich der Kommunalabgaben – Zum Verbot des Vertrags als Handlungsform im Abgabenrecht, in: DÖV 1989, S. 1053 ff.

Hey, Johanna: Steuerplanungssicherheit als Rechtsproblem, Köln 2002.

Hill, Hermann: Impulse zum Erlaß eines Gesetzes, in: DÖV 1981, S. 487 ff.

ders.: Einführung in die Gesetzgebungslehre, Heidelberg 1982.

ders.: Einführung in die Gesetzgebungslehre, in: JURA 1986, S. 57 ff.
ders.: Rechtsdogmatische Probleme der Gesetzgebung, in: JURA 1986, S. 286 ff.
ders.: Das fehlerhafte Verfahren und seine Folgen im Verwaltungsrecht, Heidelberg 1986.
ders.: Das hoheitliche Moment im Verwaltungsrecht der Gegenwart, in: DVBl. 1989, S. 321 ff.
ders.: Soll das kommunale Satzungsrecht gegenüber staatlicher und gerichtlicher Kontrolle gestärkt werden? Gutachten für den 58. Deutschen Juristentag, in: Verhandlungen des 58. Deutschen Juristentags Bd. I (Gutachten), Teil D, München 1990.
Hillgruber, Christian: Der Schutz des Menschen vor sich selbst, München 1992.
Hindess, Barry: Imaginary Presuppositions of Democracy, in: Economy and Society Bd. 20 (1991), S. 173 ff.
Hintze, Otto: Wesen und Wandlung des modernen Staates (1931), in: ders., Staat und Verfassung. Gesammelte Abhandlungen zur allgemeinen Verfassungsgeschichte, 2. Aufl., Göttingen 1962, S. 470 ff.
Hirschman, Albert O.: Exit, Voice, and Loyalty. Responses to Decline in Firms, Organizations, and States, Cambridge (Massachusetts), 1970.
Hobe, Stephan: Der offene Verfassungsstaat zwischen Souveränität und Interdependenz. Eine Studie zur Wandlung des Staatsbegriffs der deutschsprachigen Staatslehre im Kontext internationaler institutionalisierter Kooperation, Berlin 1998.
Hoeffler, Felix: Regulatorische Rahmenbedingungen für den deutschen Strommarkt, in: ET 2001, S. 240 ff.
Hoeren, Thomas: Selbstregulierung im Banken- und Versicherungsrecht, Karlsruhe 1995.
Hofbauer, Hans: Der Rechtscharakter der Tarifverträge und der Allgemeinverbindlichkeitserklärung, Berlin 1974.
Hoffmann, Gerhard: Das verfassungsrechtliche Gebot der Rationalität im Gesetzgebungsverfahren, in: ZG 1990, S. 97 ff.
Hoffmann-Riem, Wolfgang: Selbstbindung der Verwaltung, in: VVDStRL Bd. 40 (1982), S. 187 ff.
ders.: Konfliktmittler in Verwaltungsverhandlungen, Heidelberg 1989.
ders.: Reform des allgemeinen Verwaltungsrechts als Aufgabe – Ansätze am Beispiel des Umweltschutzes –, in: AöR Bd. 115 (1990), S. 400 ff.
ders.: Verwaltungsrechtsreform – Ansätze am Beispiel des Umweltschutzes, in: ders./Eberhard Schmidt-Aßmann/Gunnar Folke Schuppert (Hrsg.), Reform des Allgemeinen Verwaltungsrechts. Grundfragen, Baden-Baden 1993, S. 115 ff.
Hoffmann-Riem, Wolfgang: Reform des allgemeinen Verwaltungsrechts: Vorüberlegungen, in: DVBl. 1994, S. 1381 ff.
ders.: Vom Staatsziel Umweltschutz zum Gesellschaftsziel Umweltschutz, in: Die Verwaltung Bd. 28 (1995), S. 425 ff.
ders.: Öffentliches Recht und Privatrecht als wechselseitige Auffangordnungen – Systematisierung und Entwicklungsperspektiven, in: ders./Eberhard Schmidt-Aßmann (Hrsg.), Öffentliches Recht und Privatrecht als wechselseitige Auffangordnungen, Baden-Baden 1996, S. 261 ff.
ders./Rubbert, Susanne: Atomrechtlicher Erörterungstermin und Öffentlichkeit. Zum Verhältnis von Bürgerbeteiligung und Öffentlichkeit, Heidelberg 1984.
ders./Schneider, Jens-Peter: Wettbewerbs- und umweltorientierte Re-Regulierung im Großhandels-Strommarkt, in: dies (Hrsg.), Umweltpolitische Steuerung in einem liberalisierten Strommarkt, Baden-Baden 1995, S. 13 ff.
Hofmann, Hasso: Repräsentation. Studien zur Wort- und Begriffsgeschichte von der Antike bis ins 19. Jahrhundert, 3. Aufl., Berlin 1998.

ders. / Dreier, Horst: Repräsentation, Mehrheitsprinzip und Minderheitenschutz, in: Hans – Peter Schneider / Wolfgang Zeh (Hrsg.), Parlamentsrecht und Parlamentspraxis in der Bundesrepublik Deutschland, Berlin 1989, § 5.

Hollerbach, Alexander: Verträge zwischen Staat und Kirche in der Bundesrepublik Deutschland, Frankfurt a.M. 1965.

ders.: Die vertragsrechtlichen Grundlagen des Staatskirchenrechts, in: Joseph Listl/ Dietrich Pirson (Hrsg.), Handbuch des Staatskirchenrechts Bd. I, 2. Aufl. Berlin 1994, S. 253 ff.

ders.: Grundlagen des Staatskirchenrechts, in: Josef Isensee/Paul Kirchhof (Hrsg.), Handbuch des Staatsrechts Bd. VI, 2. Aufl., Heidelberg 2001, § 138.

Hömig, Dieter: Zur Zulässigkeit statischer Verweisung des Bundesrechts auf nichtnormative Regelungen, in: DVBl. 1979, S. 307 ff.

Hommelhoff, Peter: Deutscher Konzernabschluß: International Accounting Standards und das Grundgesetz, in: Reinhard Böttcher/Götz Hueck/Burkhard Jähnke (Hrsg.), Festschrift für Walter Odersky zum 65. Geburtstag am 17. Juli 1996, Berlin 1996, S. 779 ff.

ders.: Zum Ersatz des deutschen Konzernabschlusses durch den internationalen Konzernabschluß, in: Jörg Baetge (Hrsg.), Aktuelle Entwicklungen in Rechnungslegung und Wirtschaftsprüfung, Düsseldorf 1997, S. 109 ff.

Hoppe, Werner: Planung, in: Josef Isensee/Paul Kirchhof (Hrsg.), Handbuch des Staatsrechts Bd. III, 2. Aufl., Heidelberg 1996, § 71.

ders./Grotefels, Susan: Öffentliches Baurecht, München 1995.

Horn, Hans-Detlef: Staat und Gesellschaft in der Verwaltung des Pluralismus, in: Die Verwaltung Bd. 26 (1993), S. 545 ff.

Huber, Ernst Rudolf: Verträge zwischen Staat und Kirche im Deutschen Reich, Breslau 1930.

ders.: Beliehene Verbände, in: DVBl. 1952, S. 456 ff.

ders.: Wirtschaftsverwaltungsrecht, Bd. I, 2. Aufl., Tübingen 1953; Bd. II, 2. Aufl., Tübingen 1954.

ders.: Selbstverwaltung der Wirtschaft, Stuttgart 1958.

ders.: Deutsche Verfassungsgeschichte seit 1789, Bd. III: Bismarck und das Reich, 1988; Bd. VI: Die Weimarer Reichsverfassung, 1981; jeweils 3. Aufl., Stuttgart/Berlin/Köln/Mainz.

Huber, Hans: Staat und Verbände, Tübingen 1958.

ders.: Die Umwälzung im Staatsgefüge durch die Verbände, in: Rudolf Steinberg (Hrsg.), Staat und Verbände. Zur Theorie der Interessenverbände in der Industriegesellschaft, Darmstadt 1985, S. 58 ff.

Huber, Peter M.: Allgemeines Verwaltungsrecht, 2. Aufl., Heidelberg 1997.

ders.: Entsorgung als Staatsaufgabe und Betreiberpflicht, in: DVBl. 2001, S. 239 ff.

ders.: Konsensvereinbarung und Gesetzgebung, in: Bundesministerium für Umwelt, Naturschutz und Reaktorsicherheit (BMU)/Hans-Joachim Koch/Alexander Roßnagel (Hrsg.), 11. Deutsches Atomrechtssymposium. 9.–10. Oktober in Berlin, Baden-Baden 2002, S. 329 ff.

ders.: Restlaufzeiten und Strommengenregelungen, in: DVBl. 2003, S. 157 ff.

Hucklenbruch, Gabriele: Umweltrelevante Selbstverpflichtungen – ein Instrument des progressiven Umweltschutzes?, Berlin 2000.

Hueck, Alfred: Normenverträge, in: JherJb Bd. 73 (1923), S. 33 ff.

ders./Nipperdey, Hans Carl: Lehrbuch des Arbeitsrechts, 2. Kollektives Arbeitsrecht; 1. Halbband, Berlin/Frankfurt a.M. 1967 (7. Aufl.), 2. Halbband, ebd. 1970 (7. Aufl.).

Hufen, Friedhelm: Kooperation von Behörden und Unternehmen im Lebensmittelrecht, in: ZLR 1993, S. 233 ff.
Immenga, Ulrich/Mestmäcker, Ernst Joachim (Hrsg.): GWB. Gesetz gegen Wettbewerbsbeschränkungen. Kommentar, 3. Aufl. München 2001.
Ipsen, Hans-Peter: Rechtsfragen der Wirtschaftsplanung, in: Josef H. Kaiser (Hrsg.), Planung II. Begriff und Institut des Plans, Baden-Baden 1966, S. 63 ff.
ders.: Empfiehlt es sich, die vollständige Selbstverwaltung aller Gerichte im Rahmen des Grundgesetzes einzuführen?, in: Verhandlungen des 40. Deutschen Juristentags, Bd. II, Referat C, Tübingen 1954, S. C 5 ff.
Ipsen, Knut (Hrsg.): Völkerrecht, München 1999 (4. Aufl.).
Isensee, Josef: Subsidiarität und Verfassungsrecht. Eine Studie über das Regulativ von Staat und Gesellschaft, Berlin 1968.
ders.: Umverteilung durch Sozialversicherungsbeiträge. Eine finanzverfassungsrechtliche Studie über den Solidarausgleich in der Gesetzlichen Krankenversicherung, Berlin 1973.
ders.: Verfassungsgarantie ethischer Grundwerte und gesellschaftlicher Konsens, in: NJW 1977, S. 545 ff.
ders.: Wer definiert die Freiheitsrechte? Selbstverständnis der Grundrechtsträger und Grundrechtsauslegung des Staates, Heidelberg 1980.
ders.: Grundrechte und Demokratie. Die polare Legitimation im grundgesetzlichen Gemeinwesen, in: Der Staat Bd. 20 (1981), S. 161 ff.
ders.: Die Friedenspflicht des Bürgers und das Gewaltmonopol des Staates, in: Georg Müller/René A. Rhinow/Gerhard Schmid/Luzius Wildhaber (Hrsg.), Staatsorganisation und Staatsfunktionen im Wandel. Festschrift für Kurt Eichenberger zum 60. Geburtstag, Basel/Frankfurt a.M. 1982, S. 23 ff.
ders.: Sozialversicherungspflicht bei geringfügiger Beschäftigung, in: ZRP 1982, S. 137 ff.
ders.: Satzungsautonomie und Dispensbefugnis im Bereich der Arbeitskampf-Neutralität, in: DB 1985, S. 2681 ff.
ders.: Rezension von: Helmuth Schulze-Fielitz, Der informale Verfassungsstaat, in: DVBl. 1986, S. 955 ff.
ders.: Die verfassungsrechtliche Verankerung der Tarifautonomie, in: Walter Raymond Stiftung (Hrsg.), Die Zukunft der sozialen Partnerschaft, Köln 1986, S. 159 ff.
ders.: Gewerkschaftsstaat – staatstheoretische Essenz eines politischen Kampfbegriffs, in: Hans Maier/Ulrich Matz/Kurt Sontheimer/Paul-Ludwig Weinacht (Hrsg.), Politik, Philosophie, Praxis. Festschrift für Wilhelm Hennis zum 65. Geburtstag, Stuttgart 1988, S. 360 ff.
ders.: Abschied der Demokratie vom Demos, in: Dieter Schwab/Dieter Giesen (Hrsg.), Staat, Kirche, Wissenschaft in einer pluralistischen Gesellschaft. Festschrift zum 65. Geburtstag von Paul Mikat, Berlin 1989, S. 705 ff.
ders.: Das staatliche Gewaltmonopol als Grundlage und Grenze der Grundrechte, in: Everhardt Franßen/Konrad Redeker/Otto Schlichter/Dieter Wilke (Hrsg.), Bürger – Richter – Staat. Festschrift für Horst Sendler zum Abschied aus seinem Amt, München 1991, S. 39 ff.
ders.: Verfassungsrecht als politisches Recht, in: ders./Paul Kirchhof (Hrsg.), Handbuch des Staatsrechts Bd. VII, Heidelberg 1992, § 162.
ders.: Staat und Verfassung, in: ders./Paul Kirchhof (Hrsg.), Handbuch des Staatsrechts Bd. I, 2. Aufl., Heidelberg 1995, § 13.
ders.: Gemeinwohl und Staatsaufgaben im Verfassungsstaat, in: ders./Paul Kirchhof (Hrsg.), Handbuch des Staatsrechts Bd. III, 2. Aufl., Heidelberg 1996, § 57.

ders.: Die alte Frage nach der Rechtfertigung des Staates. Stationen in einem laufenden Prozeß, in: JZ 1999, S. 265 ff.

ders.: Idee und Gestalt des Föderalismus im Grundgesetz, in: ders./Paul Kirchhof (Hrsg.), Handbuch des Staatsrechts Bd. IV, 2. Aufl., Heidelberg 2000, § 98.

ders.: Grundrechtsvoraussetzungen und Verfassungserwartungen, in: ders./Paul Kirchhof (Hrsg.), Handbuch des Staatsrechts Bd. V, 2. Aufl., Heidelberg 2000, § 115.

ders.: Anwendung der Grundrechte auf juristische Personen, in: ders./Paul Kirchhof (Hrsg.), Handbuch des Staatsrechts Bd. V, 2. Aufl., Heidelberg 2000, § 118.

Jachmann, Monika: Der Einsatz von Beamten auf bestreikten Arbeitsplätzen, in: ZBR 1994, S. 1 ff.

dies.: Zur Problematik von Absprachen im normativen Bereich, in: ZBR 1994, S. 165 ff.

Jacobi, Erwin: Grundlehren des Arbeitsrechts, Leipzig 1927.

Jacobi, Phillip: Third-Party-Access im Europäischen Wettbewerbsrecht. Art. 82 EG-Vertrag als Grundlage eines Zugangsanspruchs Dritter zu fremden Infrastruktutureinrichtungen, Baden-Baden 2002.

Jaeschke, Lars: Das Kooperationsprinzip im (Umwelt-) Recht – Abschied von einem Trugbild!, in: NVwZ 2003, S. 563 ff.

Jahrreiß, Hermann: Verfassungsrechtsprechung und Verfassungsgericht, in: Hermann Wandersleb (Hrsg.), Recht, Staat, Wirtschaft, Bd. 4, Stuttgart 1953, S. 203 ff.

Janssen, Albert: Über die Grenzen des legislativen Zugriffsrechts. Untersuchungen zu den demokratischen und grundrechtlichen Schranken der gesetzgeberischen Befugnisse, Tübingen 1990.

Jarras, Hans D.: Europäisches Energierecht. Bestand – Fortentwicklung – Umweltschutz, Berlin 1996.

ders./Pieroth, Bodo: Grundgesetz für die Bundesrepublik Deutschland, 6. Aufl., München 2002.

Jellinek, Georg: Die Lehre von den Staatenverbindungen, Wien 1882.

ders.: System der subjektiven öffentlichen Rechte, Nachdruck der 2. Aufl. von 1905, Darmstadt 1963.

ders.: Allgemeine Staatslehre, 3. Aufl., Berlin 1914.

Jesch, Dieter: Gesetz und Verwaltung. Eine Problemstudie zum Wandel des Gesetzmäßigkeitsprinzips, 2. Aufl., Tübingen 1968.

Jestaedt, Matthias: Demokratieprinzip und Kondominialverwaltung. Entscheidungsteilhabe Privater an der öffentlichen Verwaltung auf dem Prüfstand des Verfassungsprinzips Demokratie, Berlin 1993.

ders.: Demokratie unter Bagatellvorbehalt?, in: Der Staat Bd. 32 (1993), S. 29 ff.

ders.: Universale Kirche und nationaler Verfassungsstaat – Die Dichotomie von Universalität und Partikularität der Katholischen Kirche als Herausforderung des Staatskirchenrechts, in: Heiner Marré/Dieter Schümmelfeder/Burkhard Kämper (Hrsg.), Essener Gespräche zum Thema Staat und Kirche (Bd. 37), Münster 2003, S. 87 ff.

Joerges, Bernward: Technische Normen – Soziale Normen?, in: Soziale Welt Bd. 40 (1989), S. 242 ff.

Kahl, Wolfgang: Das Kooperationsprinzip im Städtebaurecht, in: DÖV 2000, S. 793 ff.

ders.: Die rechtliche Unterscheidung zwischen Staat und Gesellschaft, in: JURA 2002, S. 721 ff.

Kaiser, Joseph H.: Die Repräsentation organisierter Interessen, 2. Aufl., Berlin 1978.

ders.: Verbände, in: Josef Isensee/Paul Kirchhof (Hrsg.), Handbuch des Staatsrechts Bd. II, 2. Aufl., Heidelberg 1998, § 34.

Kämmerer, Jörn Axel: Privatisierung. Typologie, Determinanten, Rechtspraxis, Folgen, Tübingen 2001.
Karehnke, Wolfgang: Die rechtsgeschäftliche Bindung kommunaler Bauleitplanung. Zugleich ein Beitrag zur Wirksamkeit und Rückabwicklung öffentlich-rechtlicher Verträge, Frankfurt a.M. 1983 (Diss. jur.).
Karpen, (Hans-)Ulrich: Die Verweisung als Mittel der Gesetzgebungstechnik, Berlin 1970.
ders.: Die Verweisungstechnik im System horizontaler und vertikaler Gewaltenteilung, in: Jürgen Rödig (Hrsg.), Studien zu einer Theorie der Gesetzgebung, Berlin/Heidelberg/New York 1976, S. 221 ff.
ders.: Zur Verweisung auf Regelungen privatrechtlicher Verbände, in: ZRP 1978, S. 151.
ders.: Gesetzgebungs-, Verwaltungs- und Rechtsprechungslehre. Beiträge zur Entwicklung einer Regelungstheorie, Baden-Baden 1989.
ders.: Zum gegenwärtigen Stand der Gesetzgebungslehre in der Bundesrepublik Deutschland, in: ders. (Hrsg.), Zum gegenwärtigen Stand der Gesetzgebungslehre in der Bundesrepublik Deutschland, Heidelberg 1998, S. 371 ff.
Kästner, Karl-Hermann: Die Entwicklung des Staatskirchenrechts seit 1961, in: JöR N.F. Bd. 27 (1978), S. 239 ff.
ders.: Staatliche Justizhoheit und religiöse Freiheit. Über die Frage nach der staatlichen Kompetenz zur Rechtsschutzgewährung im Wirkungsbereich der Kirchen und Religionsgemeinschaften, Tübingen 1991.
Kaufmann, Arthur: Grundprobleme der Rechtsphilosophie, München 1994.
Kaufmann, Erich: Das Wesen des Völkerrechts und die clausula rebus sic stantibus. Rechtsphilosophische Studien zum Rechts-, Staats- und Vertragsbegriffe, Tübingen 1911.
Kaufmann, Franz-Xaver: Steuerung wohlfahrtsstaatlicher Abläufe durch Recht, in: Dieter Grimm/Werner Maihofer (Hrsg.), Gesetzgebungstheorie und Rechtspolitik. Jahrbuch für Rechtssoziologie und Rechtstheorie Bd. 13 (1988), S. 65 ff.
ders.: Diskurse über Staatsaufgaben, in: Dieter Grimm (Hrsg.), Staatsaufgaben, Baden-Baden 1994, S. 15 ff.
Kelsen, Hans: Allgemeine Staatslehre, Nachdruck der 1. Aufl., Wien 1925.
ders.: Reine Rechtslehre, 2. Aufl., Wien 1960.
ders.: Zum Begriff der Norm, in: Rolf Dietz/Heinz Hübner (Hrsg.), Festschrift für Hans Carl Nipperdey zum 70. Geburtstag, Bd. I – Allgemeine Rechtsprobleme, München/Berlin 1965, S. 57 ff.
ders.: Über Grenzen zwischen juristischer und soziologischer Methode, Neudruck der Ausgabe Tübingen 1911, Aalen 1970.
Kemper, Michael: Die Bestimmung des Schutzbereichs der Koalitionsfreiheit (Art. 9 Abs. 3 GG). Zugleich ein Beitrag zu der Lehren von den Einrichtungsgarantien, Heidelberg 1990.
Kern, Ernst: Moderner Staat und Staatsbegriff. Eine Untersuchung über die Grundlagen und die Entwicklung des kontinental-europäischen Staates, Hamburg 1949.
Kirberger, Wolfgang: Staatsentlastung durch private Verbände. Die finanzpolitische Bedeutung der Mitwirkung privater Verbände bei der Erfüllung öffentlicher Aufgaben, Baden-Baden 1978.
Kirchhof, Ferdinand: Private Rechtsetzung, Berlin 1987.
ders.: Grundlagen, in: Bertram Schulin (Hrsg.), Handbuch des Sozialversicherungsrechts Bd. I: Krankenversicherungsrecht, München 1994, § 53.

Kirchhof, Paul: Rechtsquellen und Grundgesetz, in: Christian Starck (Hrsg.), Bundesverfassungsgericht und Grundgesetz. Festgabe aus Anlaß des 25-jährigen Bestehens des Bundesverfassungsgerichts, Bd. II, Tübingen 1976, S. 50 ff. (zitiert: FS BVerfG I/2).

ders.: Deutsche Sprache, in: Josef Isensee/ders. (Hrsg.), Handbuch des Staatsrechts Bd. I, 2. Aufl., Heidelberg 1995, § 18.

ders.: Die Identität der Verfassung in ihren unabänderlichen Inhalten, in: Josef Isensee/ders. (Hrsg.), Handbuch des Staatsrechts Bd. I, 2. Aufl., Heidelberg 1995, § 19.

ders.: Mittel staatlichen Handelns, in: Josef Isensee/ders. (Hrsg.), Handbuch des Staatsrechts Bd. III, 2. Aufl., Heidelberg 1996, § 59.

ders.: Die Einheit des Staates in seinen Verfassungsvoraussetzungen, in: Otto Depenheuer/Markus Heintzen/Matthias Jestaedt/Peter Axer (Hrsg.), Die Einheit des Staates. Festschrift für Josef Isensee, Heidelberg 1998, S. 51 ff.

ders.: Staatliche Einnahmen, in: Josef Isensee/ders. (Hrsg.), Handbuch des Staatsrechts Bd. IV, 2. Aufl., Heidelberg 1999, § 88.

ders.: Der allgemeine Gleichheitssatz, in: Josef Isensee/ders. (Hrsg.), Handbuch des Staatsrechts Bd. V, 2. Aufl., Heidelberg 2000, § 124.

ders.: Gleichheit in der Funktionenordnung, in: Josef Isensee/ders. (Hrsg.), Handbuch des Staatsrechts Bd. V, 2. Aufl., Heidelberg 2000, § 125.

ders.: Gesetzgebung und private Regelsetzung als Geltungsgrund für Rechnungslegungspflichten?, in: ZGR 2000, S. 681 ff.

ders.: Demokratie ohne parlamentarische Gesetzgebung?, in: NJW 2001, S. 1332 ff.

Kisker, Gunter: Zwischenländer-Gemeinschaftseinrichtungen – Verfassungsmäßigkeit der Anstalt »Zweites Deutsches Fernsehen« und ihrer Finanzierung – BVerwGE 22, 299, in: JuS 1969, S. 466 ff.

ders.: Kooperation im Bundesstaat. Eine Untersuchung zum kooperativen Föderalismus in der Bundesrepublik Deutschland, Tübingen 1971.

ders.: Vertrauensschutz im Verwaltungsrecht, in: VVDStRL Bd. 32 (1973), S. 149 ff.

ders.: Neue Aspekte im Streit um den Vorbehalt des Gesetzes, in: NJW 1977, S. 1313 ff.

ders.: Staatshaushalt, in: Josef Isensee/Paul Kirchhof (Hrsg.), Handbuch des Staatsrechts Bd. IV, Heidelberg 2000 (2. Aufl.), § 89.

Klaue, Siegfried: Einige Bemerkungen zur Verbändevereinbarung über Durchleitungsentgelte für Strom, in: ZNER 1998, S. 22 ff.

Kleeberger, Wolfgang: Die Stellung der Rechte der Europäischen Menschenrechtskonvention in der Rechtsordnung der Bundesrepublik Deutschland. Versuch einer Neubestimmung, München 1992

Kleger, Heinz: Verhandlungsdemokratie, in: Rüdiger Voigt (Hrsg.), Der kooperative Staat. Krisenbewältigung durch Verhandlung?, Baden-Baden 1995, S. 93 ff.

Klein, Eckart: Die verfassungsrechtliche Problematik des ministerialfreien Raumes. Ein Beitrag zur Dogmatik der weisungsfreien Verwaltungsstellen, Berlin 1974.

Klein, Friedrich: Verfassungsrechtliche Grenzen der Gemeinschaftsaufgaben, in: Hochschule für Verwaltungswissenschaften Speyer (Hrsg.), Gemeinschaftsaufgaben zwischen Bund, Ländern und Gemeinden, Berlin 1961, S. 125 ff.

Klein, Hans Hugo: Die Teilnahme des Staats am wirtschaftlichen Wettbewerb, Stuttgart/Berlin/Köln/Mainz 1968.

ders.: Demokratie und Selbstverwaltung, in: Roman Schnur (Hrsg.), Festschrift für Ernst Forsthoff zum 70. Geburtstag, München 1972, S. 165 ff.

ders.: Die Grundrechte im demokratischen Staat. Kritische Bemerkungen zur Auslegung der Grundrechte in der deutschen Staatsrechtslehre der Gegenwart, Stuttgart/Berlin/Köln/Mainz 1974.

ders.: Verfassungsgerichtsbarkeit und Verfassungsstruktur, in: Paul Kirchhof/Klaus Offerhaus/Horst Schöberle (Hrsg.), Steuerrecht, Verfassungsrecht, Finanzpolitik. Festschrift für Franz Klein, Köln 1994, S. 511 ff.

ders.: Aufgaben des Bundestages, in: Josef Isensee/Paul Kirchhof (Hrsg.), Handbuch des Staatsrechts Bd. II, 2. Aufl., Heidelberg 1998, § 40.

Kleine-Cosack, Michael: Berufsständische Autonomie und Grundgesetz, Baden-Baden 1986.

Klindt, Thomas: Die Zulässigkeit dynamischer Verweisungen auf EG-Recht aus verfassungs- und europarechtlicher Sicht, in: DVBl. 1998, S. 373 ff.

Klöck, Oliver: Der Atomausstieg im Konsens – ein Paradefall des umweltrechtlichen Kooperationsprinzips?, in: NuR 2001, S. 1 ff.

Kloepfer, Michael: Verfassung und Zeit. Zum überhasteten Gesetzgebungsverfahren, in: Der Staat Bd. 13 (1974), S. 457 ff.

ders.: Gesetzgebung im Rechtsstaat, in: VVDStRL Bd. 40 (1982), S. 63 ff.

ders.: Der Vorbehalt des Gesetzes im Wandel, in: JZ 1984, S. 685 ff.

ders.: Was kann die Gesetzgebung vom Verwaltungs- und Planungsrecht lernen?, in: ZG 1988, S. 289 ff.

ders.: Zu den neuen umweltrechtlichen Handlungsformen des Staates, in: JZ 1991, S. 737 ff.

ders.: Abwägungsregeln bei Satzungsgebung und Gesetzgebung, in: DVBl. 1995, S. 441 ff.

ders.: Umweltrecht, 2. Aufl., München 1998.

ders.: Öffentliche Meinung, Massenmedien, in: Josef Isensee/Paul Kirchhof (Hrsg.), Handbuch des Staatsrechts Bd. II, 2. Aufl., Heidelberg 1998, § 35.

ders./Elsner, Thomas: Selbstregulierung im Umwelt- und Technikrecht, in: DVBl. 1996, S. 964 ff.

ders./Rehbinder, Eckard/Schmidt-Aßmann, Eberhard unter Mitarbeit von Kunig, Phillip: Umweltgesetzbuch – Allgemeiner Teil (»Professorenentwurf«), Berlin 1991.

Kluth, Winfried: Funktionale Selbstverwaltung. Verfassungsrechtlicher Status – verfassungsrechtlicher Schutz, Tübingen 1997.

Knack, Hans Joachim (Hrsg.): Verwaltungsverfahrensgesetz. Kommentar, 7. Aufl., Köln/Berlin/Bonn/München.

Knemeyer, Franz-Ludwig: Das verfassungsrechtliche Verhältnis der Kommunen zueinander und zum Staat, in: DVBl. 1984, S. 23 ff.

ders.: Aufgabenkategorien im kommunalen Bereich, in: DÖV 1988, 397 ff.

ders.: Rechtliches Gehör im Gerichtsverfahren, in: Josef Isensee/Paul Kirchhof (Hrsg.), Handbuch des Staatsrechts Bd. IV, Heidelberg 2000 (2. Aufl.), § 155.

Knieps, Günter: Wettbewerbsökonomie. Regulierungstheorie, Industrieökonomik, Wettbewerbspolitik, Berlin 2001.

Knight, Jack: Institutionen und gesellschaftlicher Konflikt, Tübingen 1997.

Knill, Christoph: Policy-Netzwerke. Analytisches Konzept und Erscheinungsform moderner Politiksteuerung, in: Johannes Weyer (Hrsg.), Soziale Netzwerke. Konzepte und Methoden der sozialwissenschaftlichen Netzwerkforschung, München/Wien 2000, S. 111 ff.

Koch, Hans-Joachim: Das Abwägungsgebot im Planungsrecht, in: DVBl. 1983, 1125 ff.

ders.: Verfassungsrechtlicher Bestandsschutz als Grenze der Deregulierung und der umweltpolitischen Steuerung im Bereich der Elektrizitätswirtschaft?, in: DVBl. 1994, S. 840 ff.

ders.: Der Atomausstieg und der verfassungsrechtliche Schutz des Eigentums, in: NJW 2000, S. 1529 ff.

ders./Roßnagel, Alexander: Neue Energiepolitik und Ausstieg aus der Kernenergie, in: NVwZ 2000, S. 1 ff.

Köck, Heribert: Rechtliche und politische Aspekte von Konkordaten, Berlin 1983.

Köck, Wolfgang: Gesetzesfolgenabschätzung und Gesetzgebungsrechtslehre, in: VerwArch Bd. 93 (2002), S. 1 ff.

Kölble, Josef: Verwaltungsabkommen zwischen Bund und Ländern, in: DÖV 1960, S. 650 ff.

ders.: Sachverstand und Verantwortung im Hinblick auf die Aufgabenkomplikation in der Ministerialverwaltung, in: Schriftenreihe der Hochschule Speyer, Sachverstand und Verantwortung in der öffentlichen Verwaltung, Bd. 30, Berlin 1966, S. 27 ff.

ders.: Technische Regeln im Rechtssystem der Luftreinhaltung. Staatsentlastung und gesellschaftliche Selbstregulierung, in: Staub – Reinhaltung der Luft Nr. 40 (1980), S. 352 ff.

ders.: Aktuelle Probleme der Richtlinienarbeit zur Emissionsbegrenzung. Ergebnisse und Folgerungen des Informationssymposiums 1980 der VDI-Kommission Reinhaltung der Luft, in: Staub – Reinhaltung der Luft Nr. 41 (1981), S. 237 ff.

ders.: Zum Verhältnis von Gesetzen, Rechtsverordnungen, Verwaltungsvorschriften und VDI-Richtlinien, in: Staub – Reinhaltung der Luft Nr. 44 (1984), S. 140 ff.

König, Christian/Sander, Claude: Zur Vereinbarkeit des Festbetragssystems für Arzneimittel mit dem EG-Wettbewerbsrecht, in: WuW 2000, S. 975 ff.

König, Klaus/Dose, Nicolai: Klassifikationsansätze zum staatlichen Handeln, in: dies. (Hrsg.), Instrumente und Formen staatlichen Handelns, Köln/Bonn/Berlin/München 1993, S. 3 ff.

dies.: Handlungsleitende Formen staatlicher Steuerung. Eine Einführung, in: dies. (Hrsg.), Instrumente und Formen staatlichen Handelns, Köln/Bonn/Berlin/München 1993, S. 153 ff.

dies.: Referenzen staatlicher Steuerung, in: dies. (Hrsg.), Instrumente und Formen staatlichen Handelns, Köln/Bonn/Berlin/München 1993, S. 519 ff.

Konrad, Hans-Joachim: Parlamentarische Autonomie und Verfassungsbindung im Gesetzgebungsverfahren, in: DÖV 1971, S. 80 ff.

Kopp, Ferdinand: Zur Geltungsgrundlage der Staatsverträge zwischen den Ländern, in: JZ 1970, S. 278 ff.

ders./Ramsauer, Ulrich: Verwaltungsverfahrensgesetz. Kommentar, 7. Aufl., München 2000.

ders./Schenke, Wolf-Rüdiger: Verwaltungsgerichtsordnung, 11. Aufl., München 1998.

Köpp, Tobias: Normvermeidende Absprachen zwischen Staat und Wirtschaft, Berlin 2002.

Korioth, Stefan: Integration und Bundesstaat. Ein Beitrag zur Staats- und Verfassungslehre Rudolf Smends, Berlin 1990.

Köttgen, Arnold: Der Einfluß des Bundes auf die deutsche Verwaltung und Organisation der bundeseigenen Verwaltung, in: JöR N.F. 11 (1962), S. 173 ff.

Krauskopf, Dieter (Hrsg.): Soziale Krankenversicherung, Pflegeversicherung, München (Loseblatt, Stand des Gesamtwerkes: Dezember 2001).

Krautzberger, Michael: Die Erfüllung öffentlicher Aufgaben durch Private, Berlin 1971.

Krebs, Walter: Zulässigkeit und Wirksamkeit vertraglicher Bindungen kommunaler Bauleitplanung, in: VerwArch Bd. 72 (1981), S. 49 ff.

ders.: Konsensuales Verwaltungshandeln im Städtebaurecht, in: DÖV 1989, S. 969 ff.

ders.: Verträge und Absprachen zwischen der Verwaltung und Privaten, in: VVDStRL Bd. 52 (1993), S. 248 ff.

ders.: Baurecht, in: Eberhard Schmidt-Aßmann (Hrsg.), Besonderes Verwaltungsrecht, 11. Aufl., Berlin/New York 1999, 4. Abschnitt.
Krems, Burkhardt: Grundfragen der Gesetzgebungslehre – erörtert anhand neuerer Gesetzgebungsvorhaben, insbesondere der Neuregelung des Bergschadensrechts, Berlin 1979.
Kreutz, Peter: Grenzen der Betriebsautonomie, München 1979.
Krieger, David J.: Einführung in die allgemeine Systemtheorie, München 1996.
Krieger, Stephan: Die Empfehlung der Kommission über Umweltvereinbarungen, in: EuZW 1997, S. 648 ff.
Kriele, Martin: Das demokratische Prinzip des Grundgesetzes, in: VVDStRL Bd. 29 (1971), S. 46 ff.
ders.: Einführung in die Staatslehre. Die geschichtlichen Legitimitätsgrundlagen des demokratischen Verfassungsstaates, 5. Aufl., Opladen 1994.
Krings, Hermann/Hollerbach, Alexander: Norm, in: Görres-Gesellschaft (Hrsg.), Staatslexikon, Bd. 4, 7. Aufl., Freiburg/Basel/Wien 1988, Sp. 61 ff.
Krüger, Herbert: Die Auflage als Instrument der Wirtschaftsverwaltung, in: DVBl. 1955, S. 450 ff.
ders.: Souveränität und Staatengemeinschaft, in: Zum Problem der Souveränität. Berichte der Deutschen Gesellschaft für Völkerrecht Bd. 1, Heidelberg 1957 (zitiert: BDGV Bd. 1 (1957)), S. 1 ff.
ders.: Allgemeine Staatslehre, 2. Aufl., Stuttgart/Berlin/Köln/Mainz 1966.
ders.: Rechtsetzung und technische Entwicklung, in: NJW 1966, S. 617 ff.
ders.: Von der Notwendigkeit einer freien und auf lange Sicht angelegten Zusammenarbeit zwischen Staat und Wirtschaft, Münster 1966.
ders.: Verfassungsvoraussetzungen und Verfassungserwartungen, in: Horst Ehmke/Joseph H. Kaiser/Wilhelm A. Kewenig/Karl Matthias Meessen/Wolfgang Rüfner (Hrsg.), Festschrift für Ulrich Scheuner zum 70. Geburtstag, Berlin 1973, S. 285 ff.
ders.: Das wirtschaftspolitische Mitwirkungsverhältnis, Hamburg 1974
Küchenhoff, Erich: Ungeschriebene Bundeszuständigkeiten und Verfassungsauslegung, in: DVBl. 1951, S. 585 ff. und 617 ff.
Küchenhoff, Günther: Das Prinzip der staatlichen Subsidiarität im Arbeitsrecht, in: RdA 1959, S. 201 ff.
ders.: Einwirkungen des Verfassungsrechts auf das Arbeitsrecht, in: Rolf Dietz/Heinz Hübner (Hrsg.), Festschrift für Hans Carl Nipperdey zum 70. Geburtstag, Bd. II, München/Berlin 1965, S. 317 ff.
Kühne, Gunther: Der Netzzugang und seine Verweigerung im Spannungsfeld zwischen Zivilrecht, Energierecht und Kartellrecht, in: RdE 2000, S. 1 ff.
ders.: Die Rolle des Staates im neuen Energiewirtschaftsrecht, in: BB 2000, Beilage 6, S. 4 ff.
ders./Brodowski, Christian: Das neue Atomrecht, in: NJW 2002, S. 1458 ff.
ders./Brodowski, Christian: Die Reform des Energiewirtschaftsrechts, in: NVwZ 2003, S. 769 ff.
ders./Scholtka, Boris: Das neue Energiewirtschaftsrecht, in: NJW 1998, S. 1902 ff.
Kunig, Phillip: Das Rechtsstaatsprinzip. Überlegungen zu seiner Bedeutung für das Verfassungsrecht der Bundesrepublik Deutschland, Tübingen 1986.
ders.: Verträge und Absprachen zwischen Verwaltung und Privaten, in: DVBl. 1992, S. 1193 ff.
ders.: Völkerrecht und staatliches Recht, in: Wolfgang Graf Vitzthum (Hrsg.), Völkerrecht, 2. Auflage, Berlin/New York 2001, 2. Abschnitt.

ders./Rublack, Susanne: Aushandeln statt Entscheiden? Das Verwaltungsverfahrensrecht vor neuen Herausforderungen, in: JURA 1990 S. 1 ff.

Küpper, Georg/Bode, Karl-Christoph: Absprachen im Strafprozeß. Bilanz einer zehnjährigen Diskussion, in: JURA 1999, S. 351 ff. und 393 ff.

Ladeur, Karl-Heinz: in: Dieter Grimm (Hrsg.), Wachsende Staatsaufgaben – sinkende Steuerungsfähigkeit des Rechts, Baden-Baden 1990, S. 187 ff.

ders.: Normkonkretisierende Verwaltungsvorschriften als Recht privat-öffentlicher Kooperationsverhältnisse, in: DÖV 2000, S. 217 ff.

ders.: Die Regulierung von Selbstregulierung und die Herausbildung einer »Logik der Netzwerke«, in: Regulierte Selbstregulierung als Steuerungskonzept des Gewährleistungsstaates, Die Verwaltung, Beiheft 4 (2001), S. 59 ff.

Lamb, Irene: Kooperative Gesetzeskonkretisierung. Verfahren zur Erarbeitung von Umwelt- und Technikstandards, Baden-Baden 1995.

Lange, Klaus: Rechtliche Aspekte eines »Ausstiegs aus der Kernenergie«, in: NJW 1986, S. 2459 ff.

Langenfeld, Christine: Die rechtlichen Rahmenbedingungen für einen Ausstieg aus der friedlichen Nutzung der Kernenergie, in: DÖV 2000, S. 929 ff.

Larenz, Karl: Methodenlehre der Rechtswissenschaft, 6. Aufl., Berlin/Heidelberg/New York/London u.a. 1991.

ders./Wolf, Manfred: Allgemeiner Teil des Bürgerlichen Rechts, 8. Aufl., München 1997.

Laubinger, Hans Werner: Beamtenorganisationen und Gesetzgebung. Die Beteiligung der Beamtenorganisationen bei der Vorbereitung beamtenrechtlicher Regelungen Bd. II, Speyer 1974.

Lehmbruch, Gerhard: Administrative Interessenvermittlung, in: Adrienne Windhoff-Héretier (Hrsg.), Verwaltung und ihre Umwelt. Festschrift für Thomas Ellwein, Opladen 1987, S. 11 ff.

Leibholz, Gerhard: Das Wesen der Repräsentation und der Gestaltwandel der Demokratie im 20. Jahrhundert, 3. Aufl., Berlin/New York 1966.

Leisner, Anna: Kontinuität als Verfassungsprinzip. Unter besonderer Berücksichtigung des Steuerrechts, Tübingen 2002.

Leisner, Walter: Das Gesetzesvertrauen des Bürgers, in: Dieter Blumenwitz/Albrecht Randelzhofer (Hrsg.), Festschrift für Friedrich Berber zum 75. Geburtstag, München 1973, S. 273 ff.

ders.: Demokratie. Selbstzerstörung einer Staatsform?, Berlin 1979.

ders.: »Gesetz wird Unsinn ...«, in: DVBl. 1981, S. 849 ff.

ders.: Krise des Gesetzes. Die Auflösung des Normenstaates, Berlin 2001.

ders.: Eigentum, in: Josef Isensee/Paul Kirchhof (Hrsg.), Handbuch des Staatsrechts Bd. VI, 2. Aufl., Heidelberg 2001, § 149.

Leitherer, Stephan: Mitgliedschafts- und Versicherungsverhältnis, in: Bertram Schulin (Hrsg.), Handbuch des Sozialversicherungsrechts Bd. I: Krankenversicherungsrecht, München 1994, § 19.

ders.: Allgemeines zum Leistungsrecht, in: Bertram Schulin (Hrsg.), Handbuch des Sozialversicherungsrechts Bd. IV: Pflegeversicherungsrecht, München 1997, § 15.

Lepa, Manfred: Verfassungsrechtliche Probleme der Rechtsetzung durch Rechtsverordnung, in: AöR Bd. 105 (1980), S. 337 ff.

Lepsius, Oliver: Steuerungsdiskussion, Systemtheorie und Parlamentarismuskritik, Tübingen 1999.

Lerche, Peter: Ermessen, in: Görres-Gesellschaft (Hrsg.), Staatslexikon, Bd. 3, 6. Aufl., Freiburg/Basel/Wien 1959, Sp. 12 ff.

ders.: Verfassungsfragen um Sozialhilfe und Jugendwohlfahrt, Berlin 1963.
ders.: Die verwaltungsgerichtliche Klage aus öffentlich-rechtlichen Verträgen, in: Helmut Külz / Richard Naumann (Hrsg.), Staatsbürger und Staatsgewalt, Bd. II, Karlsruhe 1963, S. 59 ff.
ders.: Vorbereitung grundrechtlichen Ausgleichs durch gesetzgeberisches Verfahren, in: ders. / Walter Schmitt Glaeser / Eberhard Schmidt-Aßmann (Hrsg.), Verfahren als staats- und verwaltungsrechtliche Kategorie, Heidelberg 1984, S. 97 ff.
ders.: Zur Bindung der Tarifnormen an Grundrechte, insbesondere an das Grundrecht der Berufsfreiheit, in: Jürgen F. Baur / Klaus J. Hopt / K. Peter Mailänder (Hrsg.), Festschrift für Ernst Steindorff zum 70. Geburtstag am 13. März 1990, Berlin/New York 1990, S. 897 ff.
ders.: Grundrechtsschranken, in: Josef Isensee / Paul Kirchhof (Hrsg.), Handbuch des Staatsrechts Bd. V, 2. Aufl., Heidelberg 2000, § 122.
Leßmann, Herbert: Die Verbände in der Demokratie und ihre Regelungsprobleme, in: NJW 1978, S. 1545 ff.
Lipphardt, Hanns-Rudolf: Die Gleichheit der politischen Parteien vor der öffentlichen Gewalt. Kritische Studie zur Wahl- und Parteienrechtsjudikatur des Bundesverfassungsgerichts, Berlin 1975.
Listl, Joseph (Hrsg.): Die Konkordate und Kirchenverträge in der Bundesrepublik Deutschland, 2 Bde., Berlin 1987.
Littbarski, Sigurd: Der Wegfall der Geschäftsgrundlage im öffentlichen Recht. Zugleich ein Beitrag zur Auslegung des § 60 I VwVfG, Frankfurt a.M./Berlin/Bern u.a. 1982.
Loewenstein, Karl: Verfassungsrecht und Verfassungsrealität, in: AöR Bd. 77 (1951), S. 387 ff.
Lorz, Ralph Alexander: Interorganrespekt im Verfassungsrecht. Funktionenzuordnung, Rücksichtnahmegebote und Kooperationsverpflichtungen. Eine rechtsvergleichende Analyse anhand der Verfassungssysteme der Bundesrepublik Deutschland, der Europäischen Union und der Vereinigten Staaten, Tübingen 2001.
Loschelder, Wolfgang: Vom besonderen Gewaltverhältnis zur öffentlich-rechtlichen Sonderbindung. Zur Institutionalisierung der engeren Staat/Bürger-Beziehungen, Köln/Berlin/Bonn/München 1982.
ders.: Die Durchsetzbarkeit von Weisungen in der Bundesauftragsverwaltung, Frankfurt a.M. 1998.
Louis, Hans Walter: Wirksamkeitsvoraussetzungen und Regelungsinhalte naturschutzrechtlicher Verordnungen, in: DVBl. 1990, S. 800 ff.
Löwer, Wolfgang: Energieversorgung zwischen Staat, Gemeinde und Wirtschaft, Köln/Berlin/Bonn/München 1989.
Löwisch, Manfred: Koalitionsfreiheit als Grundrecht der Arbeitsverfassung, in: Reinhard Richardi / Otfried Wlotzke (Hrsg.), Münchener Handbuch zum Arbeitsrecht, Bd. 3, München 1993, §§ 235 ff.
ders.: Tarifvertragsrecht, in: Münchener Handbuch zum Arbeitsrecht, Bd. 3, München 1993, §§ 245 ff.
Lübbe, Hermann: Säkularisierung. Geschichte eines ideenpolitischen Begriffs, 2. Aufl., Freiburg/München 1975.
Lübbe-Wolff, Gertrude: Das Kooperationsprinzip im Umweltrecht – Rechtsgrundsatz oder Deckmantel des Vollzugsdefizits?, in: NuR 1989, S. 295 ff.
dies.: Verfassungsrechtliche Fragen der Normsetzung und Normkonkretisierung im Umweltrecht, in: ZG 1991, S. 219 ff.
Lücke, Jörg: Die allgemeine Gesetzgebungsordnung, in: ZG 2001, S. 1 ff.

Luhmann, Niklas: Politische Theorie im Wohlfahrtsstaat, München/Wien 1981.
ders.: Einige Probleme mit »reflexivem Recht«, in: ZfRSoz Bd. 6 (1985), S. 1 ff.
ders.: Soziologische Aufklärung 4. Beiträge zur funktionalen Differenzierung der Gesellschaft, Opladen 1987.
ders.: Politische Steuerung: Ein Diskussionsbeitrag, in: PVS Bd. 30 (1989), S. 4 ff.
ders.: Steuerung durch Recht? Einige klarstellende Bemerkungen, in: ZRSoz Bd. 11 (1990), S. 142 ff.
ders.: Soziale Systeme. Grundriß einer allgemeinen Theorie, 4. Aufl., Frankfurt a.M. 1994.
ders.: Das Recht der Gesellschaft, 2. Aufl., Frankfurt a.M. 1997.
ders.: Legitimation durch Verfahren, 4. Aufl., Frankfurt a.M. 1997.
Luhmann, Ulrich: Das enttäuschte Vertrauen des Grundeigentümers in die Beständigkeit gemeindlicher Planungsabsichten, in: BayVBl. 1974, S. 456 ff.
Lukes, Rudolf: Die Neuregelung des Energiewirtschaftsrechts, in: BB 1998, S. 1217 ff.
Lutter, Marcus: Vergleichende Corporate Governance – Die deutsche Sicht, in: ZGR 2001, S. 224 ff.
ders.: Die Kontrolle der gesellschaftsrechtlichen Organe: Corporate Governance – ein internationales Thema, in: JURA 2002, S. 83 ff.
Lütz, Susanne: Politische Steuerung und die Selbstregelung korporativer Akteure, in: Renate Mayntz/Fritz W. Scharpf (Hrsg.), Gesellschaftliche Selbstregelung und politische Steuerung, Frankfurt a.M./New York 1995, S. 169 ff.
Maatz, Svenja: Netznutzung und Netznutzungsentgelte für Strom nach dem EnWG sowie GWB/EGV, in: Peter Becker/Christian Held/Martin Riedel/Christian Theobald (Hrsg.) Energiewirtschaft im Aufbruch. Festschrift für Wolf Büttner, Köln 2001, S. 69 ff.
Magiera, Siegfried: Parlament und Staatsleitung in der Verfassungsordnung des Grundgesetzes. Eine Untersuchung zu den Grundlagen der Stellung und Aufgaben des Deutschen Bundestages, Berlin 1979.
Maihofer, Werner: Gesetzgebungswissenschaft, in: Günther Winkler/Bernd Schilcher (Hrsg.), Gesetzgebung. Kritische Überlegungen zur Gesetzgebungslehre und zur Gesetzgebungstechnik, Berlin/New York 1981, S. 3 ff.
ders.: Gesetzgebungswissenschaft, in: ders./Gustaf Lindencrona/Rolf Herber/Måns Jacobson/Wolfgang Zeh/Björn Edquist (Hrsg.): Theorie und Methoden der Gesetzgebung, Frankfurt a.M. 1983, S. 9 ff.
ders.: Prinzipien freiheitlicher Demokratie, in: Ernst Benda/ders./Hans-Jochen Vogel (Hrsg.), Handbuch des Verfassungsrechts, 2. Aufl., Berlin 1994, § 12.
Mangoldt, Hermann v./Klein, Friedrich (Hrsg.): Das Bonner Grundgesetz, Bd. III: Art. 79–91b, 2. Aufl., München 1974.
dies./Starck, Christian (Hrsg.): Das Bonner Grundgesetz; Bd. 1: Präambel, Art. 1–19, München 1999 (4. Aufl.); Bd. 2: Art. 20–78 und Bd. 3. Art. 79–146, München 2000 (4. Aufl.).
Manssen, Gerrit: Privatrechtsgestaltung durch Hoheitsakt. Verfassungsrechtliche und verwaltungsrechtliche Grundfragen, Tübingen 1994.
Marburger, Peter: Die Regeln der Technik im Recht, Köln/Berlin/Bonn/München 1979.
ders.: Formen, Verfahren und Rechtsprobleme der Bezugnahme gesetzlicher Regelungen auf industrielle Normen und Standards, in: Peter-Christian Müller-Graff, Technische Regeln im Binnenmarkt, Baden-Baden 1991, S. 27 ff.
March, James G./Olsen, Johann P.: Rediscovering Institutions. The Organizational Basis of Politics, New York/London 1989.
Markert, Kurt: Zwangsdurchleitung mittels Kartellrecht, in: ET 1998, S. 252 ff.

ders.: Verbändevereinbarung Strom II und Kartellrecht, in: BB 2001, S. 105 ff.
Martens, Joachim: Normenvollzug durch Verwaltungsakt und Verwaltungsvertrag, in: AöR Bd. 89 (1964), S. 429 ff.
Martens, Wolfgang: Öffentlich als Rechtsbegriff, Bad Homburg v.d.H., 1969.
Matthes, Hans-Christoph: Mitwirkung und Mitbestimmung des Betriebsrats, in: Reinhard Richardi/Otfried Wlotzke (Hrsg.), Münchener Handbuch zum Arbeitsrecht, Bd. 3, München 1993, §§ 317 ff.
Maturana, Humberto R.: Erkennen. Die Organisation und Verkörperung von Wirklichkeit. Ausgewählte Arbeiten zur biologischen Epistemologie, 2. Aufl., Braunschweig 1985.
Maunz, Theodor/Dürig, Günter/Herzog, Roman/Scholz, Rupert u.a. (Hrsg.): Grundgesetz. Kommentar, München (Loseblatt, Stand des Gesamtwerkes: Oktober 2002); eine Bezugnahme auf ältere Kommentierungen erfolgt durch Bennung des Erscheinungsjahres.
Maurer, Hartmut: Rechtsschutz gegen Rechtsnormen, in: Rechtswissenschaftlichen Abteilung der Rechts- und Wirtschaftswissenschaftlichen Fakultät der Universität Tübingen (Hrsg.), Tübinger Festschrift für Eduard Kern, Tübingen 1968, S. 275 ff.
ders.: Der Verwaltungsvorbehalt, in: VVDStRL Bd. 43 (1985), S. 135 ff.
ders.: Der Verwaltungsvertrag – Probleme und Möglichkeiten, in: DVBl. 1989, S. 789 ff.
ders.: Kontinuitätsgewähr und Vertrauensschutz, in: Josef Isensee/Paul Kirchhof (Hrsg.), Handbuch des Staatsrechts Bd. III, 2. Aufl., Heidelberg 1996, § 60.
ders.: Allgemeines Verwaltungsrecht, 12. Aufl., München 1999.
ders./Bartscher, Bruno: Die Praxis des Verwaltungsvertrags im Spiegel der Rechtsprechung. Rechtsstatsächliche Untersuchung zum öffentlich-rechtlichen Vertrag in der Spruchpraxis der Gerichte, 2. Aufl., Konstanz 1997.
Maus, Ingeborg: Zur Aufklärung der Demokratietheorie. Rechts- und demokratietheoretische Überlegungen, Frankfurt 1992.
May, Matthias: Die verfassungsmäßige Zulässigkeit der Bindung von Außenseitern durch Tarifverträge. Eine Auseinandersetzung mit der Rechtsprechung des Bundesverfassungsgerichts zur Allgemeinverbindlichkeitserklärung von Tarifverträgen, Frankfurt a.M./Berlin/Bern u.a. 1989.
Maydell, Bernd von: Zur Kostenerstattung in der gesetzlichen Krankenversicherung. Eine Untersuchung über die rechtliche Zulässigkeit unter besonderer Berücksichtigung des Ersatzkassenrechts, Köln 1982.
ders.: Die Entwicklung der Rechtsbeziehungen zwischen Krankenkassen und Kassenärztlichen Vereinigungen, in: ZBl.S. 1983, S. 148 ff.
Mayer, Otto: Zur Lehre vom öffentlich-rechtlichen Vertrage, in: AöR Bd. 3 (1888), S. 3 ff.
ders.: Deutsches Verwaltungsrecht, Bd. II: 2. Aufl., München, Leipzig 1917.
Mayntz, Renate: Vollzugsprobleme der Umweltpolitik. Empirische Untersuchung der Implementation von Gesetzen im Bereich der Luftreinhaltung und des Gewässerschutzes, Stuttgart 1978.
dies.: Regulative Politik in der Krise?, in: Joachim Matthes (Hrsg.), Sozialer Wandel in Westeuropa. Verhandlungen des 19. Deutschen Soziologentages, Frankfurt a.M. 1979, S. 55 ff.
dies.: Implementation von regulativer Politik, in: dies. (Hrsg.), Implementation politischer Programme II. Ansätze zur Theoriebildung, Opladen 1983, S. 50 ff.
dies.: Politische Steuerung und gesellschaftliche Steuerungsprobleme – Anmerkungen zu einem theoretischen Paradigma, in: Thomas Ellwein/Joachim Jens Hesse/dies./Fritz

W. Scharpf (Hrsg.), Jahrbuch zur Staats- und Verwaltungswissenschaft Bd. 1 (1987), S. 89 ff.
dies.: Entscheidungsprozesse bei der Entwicklung von Umweltstandards, in: Die Verwaltung Bd. 23 (1990), S. 137 ff.
dies.: Policy-Netzwerke und die Logik von Verhandlungssystemen, in: Adrienne Héritier (Hrsg.), Policy-Analyse. Kritik und Neuorientierung, PVS-Sonderheft 24 (1993), S. 39 ff.
dies.: Politische Steuerung: Aufstieg, Niedergang und Transformation einer Theorie, in: Klaus v. Beyme / Claus Offe (Hrsg.), Politische Theorie in der Ära der Transformation. PVS-Sonderheft 26 (1995), S. 148 ff.
dies. / Scharpf, Fritz W.: Steuerung und Selbstorganisation in staatsnahen Sektoren, in: dies. (Hrsg.), Gesellschaftliche Selbstregelung und politische Steuerung, Frankfurt a.M./New York 1995, S. 9 ff.
dies.: Der Ansatz des akteurszentrierten Institutionalismus, in: dies. (Hrsg.), Gesellschaftliche Selbstregelung und politische Steuerung, Frankfurt a.M./New York 1995, S. 39 ff.
Mayntz, Renate / Schneider, Volker: Die Entwicklung technischer Infrastruktursysteme zwischen Steuerung und Selbstorganisation, in: Renate Mayntz / Fritz W. Scharpf (Hrsg.), Gesellschaftliche Selbstregelung und politische Steuerung, Frankfurt a.M./New York 1995, S. 73 ff.
Meessen, Karl Matthias: Erlaß eines Verbändegesetzes als rechtspolitische Aufgabe? Verfassungsrechtliche Überlegungen zum Verbändeproblem, Tübingen 1976.
Meier, Hermann: Anwendung der VDEW-Lastenprofile, in: ET 2000, S. 30 ff.
Meik, Frank-Andreas: Der Kernbereich der Tarifautonomie. Dargestellt am Funktionszusammenhang von Unternehmens-, Betriebs- und Tarifautonomie, Berlin 1987.
Mengel, Constanze: Diskussionsbericht, in: Bundesministerium für Umwelt, Naturschutz und Reaktorsicherheit (BMU) / Hans-Joachim Koch / Alexander Roßnagel (Hrsg.), 11. Deutsches Atomrechtssymposium. 9.–10. Oktober in Berlin, Baden-Baden 2002, S. 115 ff.
Mengel, Hans-Joachim: Die Funktion der parlamentarischen Anhörung im Gesetzgebungsprozeß, in: DÖV 1983, S. 226 ff.
ders.: Die verfahrensmäßigen Pflichten des Gesetzgebers und ihre verfassungsrechtliche Kontrolle, in: ZG 1990, S. 193 ff.
ders.: Gesetzgebung und Verfahren. Ein Beitrag zur Empirie und Theorie des Gesetzgebungsprozesses im föderalen Verfassungsstaat, Berlin 1997.
Menk, Thomas Michael: Der moderne Staat und seine Ironiker, in: Der Staat Bd. 31 (1992), S. 571 ff.
Menzel, Hans-Joachim: Legitimation staatlicher Herrschaft durch Partizipation Privater? Dargestellt am Beispiel von Gewerkschaften in Gremien der Wirtschaftsverwaltung, Berlin 1980.
Merten, Detlef: Rechtsstaat und Gewaltmonopol, Tübingen 1975.
ders.: Optimale Methodik der Gesetzgebung als Sorgfalts- oder Verfassungspflicht?, in: Hermann Hill (Hrsg.), Zustand und Perspektiven der Gesetzgebung, Berlin 1988, S. 81 ff.
ders.: Vereinsfreiheit, in: Josef Isensee / Paul Kirchhof (Hrsg.), Handbuch des Staatsrechts Bd. VI, 2. Aufl., Heidelberg 2001, § 144.
Meßerschmidt, Klaus: Gesetzgebungsermessen, Berlin 2000.
ders.: Bundesnaturschutzrecht, Heidelberg (Loseblatt, Stand des Gesamtwerkes: 2003).
Meyer, Hans: Das neue öffentliche Vertragsrecht und die Leistungsstörungen, in: NJW 1977, S. 1705 ff.

ders.: Die Stellung der Parlamente in der Verfassungsordnung des Grundgesetzes, in: Hans – Peter Schneider/Wolfgang Zeh (Hrsg.), Parlamentsrecht und Parlamentspraxis in der Bundesrepublik Deutschland, Berlin 1989, § 4.

ders.: Wahlgrundsätze und Wahlverfahren, in: Josef Isensee/Paul Kirchhof (Hrsg.), Handbuch des Staatsrechts Bd. II, 2. Aufl., Heidelberg 1998, § 38.

ders./Borgs-Maciejewski, Hermann: Verwaltungsverfahrensgesetz, 2. Aufl., Frankfurt a.M. 1982.

Meyer-Cording, Ulrich: Betriebsstrafe und Vereinsstrafe im Rechtsstaat, in: NJW 1966, S. 225 ff.

ders.: Die Rechtsnormen, Tübingen 1971.

Meyn, Karl-Ulrich: Kontrolle als Verfassungsprinzip. Problemstudie zu einer legitimationsorientierten Theorie der politischen Kontrolle in der Verfassungsordnung des Grundgesetzes, Baden-Baden 1982.

Michael, Lothar: Rechtsetzende Gewalt im kooperierenden Verfassungsstaat. Normprägende und normersetzende Absprachen zwischen Staat und Wirtschaft, Berlin 2002.

Michaelis, Ruediger: Der Beliehene. Ein Beitrag zur Verflechtung von öffentlichem und privatem Recht, Münster 1969 (Diss. jur.).

Mikat, Paul: Staat, Kirchen und Religionsgemeinschaften, in: Ernst Benda/Werner Maihofer/Hans-Jochen Vogel (Hrsg.), Handbuch des Verfassungsrechts, 2. Aufl., Berlin 1994, § 29.

Möllers, Christoph: Braucht das öffentliche Recht einen neuen Methodenstreit?, in: VerwArch Bd. 90 (1999), S. 187 ff.

ders.: Staat als Argument, München 2000.

ders.: Theorie, Praxis und Interdisziplinarität der Verwaltungsrechtswissenschaft, in: VerwArch Bd. 93 (2002), S. 22 ff.

Monopolkommission: Hauptgutachten XIII (1998/99), Wettbewerbspolitik in Netzstrukturen, Baden-Baden 2000.

Monopolkommission: Hauptgutachten XIV (2000/2001), Netzwettbewerb durch Regulierung, Baden-Baden 2002.

Morlok, Martin: Selbstverständnis als Rechtskriterium, Tübingen 1993.

ders.: Informalisierung und Entparlamentarisierung politischer Entscheidungen als Gefährdungen der Verfassung?, in: VVDStRL Bd. 62 (2003), S. 37 ff.

Möschel, Wernhard: Strompreis und kartellrechtliche Kontrolle, in: WuW 1999, S. 5 ff.

Mosler, Hermann: Die auswärtige Gewalt im Verfassungssystem der Bundesrepublik Deutschland, in: Hermann Mosler/Hans Ballreich (Hrsg.), Völkerrechtliche und staatsrechtliche Abhandlungen. Carl Bilfinger zum 75. Geburtstag am 21. Januar 1954 gewidmet von Mitgliedern und Freunden des Instituts, Köln/Berlin 1954, S. 243 ff.

ders.: Das Völkerrecht in der Praxis der deutschen Gerichte, Karlsruhe 1957.

Möstl, Markus: Grundrechtsbindung öffentlicher Wirtschaftstätigkeit. Insbesondere die Bindung der Nachfolgeunternehmen der Deutschen Bundespost an Art. 10 GG nach der Postreform II, München 1999.

Mronz, Dieter: Körperschaften und Zwangsmitgliedschaft. Die staatsorganisations- und grundrechtliche Problematik der Zwangsverbände aufgezeigt am Beispiel von Arbeitnehmerkammern, Berlin 1973.

Muckel, Stefan: Kriterien des verfassungsrechtlichen Vertrauensschutzes bei Gesetzesänderungen, Berlin 1989.

ders.: Friedenswahlen in der Sozialversicherung, in: Friedrich E. Schnapp (Hrsg.), Funktionale Selbstverwaltung und Demokratieprinzip – am Beispiel der Sozialversicherung, Frankfurt a.M./Berlin/Bern u.a. 2001, S. 151 ff.

ders.: Die Selbstverwaltung in der Sozialversicherung auf dem Prüfstand des Demokratieprinzips, in: NZS 2002, S. 118 ff.

Müller, Hanswerner: Der Anlaß zur Gesetzgebung, in: DÖV 1964 S. 226 ff.

Müller, Welf: Die Reform der Konzernrechnungslegung nach IAS und US-GAAP, in: Peter Hommelhoff/Volker Röhricht (Hrsg.), Gesellschaftsrecht 1997, Köln 1998, S. 313 ff.

Müller-Franken, Sebastian: Die Befugnis zu Eingriffen in die Rechtsstellung des einzelnen durch Betriebsvereinbarung, Berlin 1997.

Müller-Terpitz, Ralf: Aus eins mach zwei – Zur Novellierung des Bundesnaturschutzgesetzes, in: NVwZ 1999, S. 26 ff.

Münch, Ingo v./Kunig, Phillip (Hrsg.): Grundgesetz-Kommentar, Bd. I: Präambel-Art. 19, 5. Aufl., München 2000; Bd. II: Art. 20–69 GG, 5. Aufl., München 2001; Bd. III: Art. 70–146 GG, 5. Aufl., München 2003.

Murswiek, Dietrich: Die staatliche Verantwortung für die Risiken der Technik. Verfassungsrechtliche Grundlagen und immissionsschutzrechtliche Ausformung, Berlin 1985.

ders.: Freiwilligkeit und Freiheit im Umweltrecht, in: JZ 1988, S. 985 ff.

ders.: Das sogenannte Kooperationsprinzip – ein Prinzip des Umweltschutzes?, in: ZUR 2001, S. 7 ff.

Mutius, Albert v.: Rechtsnorm und Verwaltungsakt. Zu Möglichkeiten und Grenzen rechtsdogmatischer Differenzierungen im Bereich des Verwaltungshandelns, in: Christian-Friedrich Menger (Hrsg.), Fortschritte des Verwaltungsrechts. Festschrift für Hans J. Wolf zum 75. Geburtstag, München 1973, S. 167 ff.

ders.: Zulässigkeit und Grenzen verwaltungsrechtlicher Verträge über kommunale Folgelasten, in: VerwArch Bd. 65 (1974), S. 201 ff.

Nahamowitz, Peter: »Reflexives Recht«: Das unmögliche Ideal eines postinterventionistischen Steuerungskonzepts (1988), in: ders., Staatsinterventionismus und Recht. Steuerungsprobleme im organisierten Kapitalismus, Baden-Baden 1998, S. 169 ff.

ders.: Interventionistisches Recht als Steuerungskonzept, in: Axel Görlitz/Rüdiger Voigt (Hrsg.), Postinterventionistisches Recht. Jahresschrift für Rechtspolitologie Bd. 4, Pfaffenweiler 1990, S. 7 ff.

ders.: Kritik des medialen Rechtskonstrukts, in: Axel Görlitz/Rüdiger Voigt (Hrsg.), Postinterventionistisches Recht. Jahresschrift für Rechtspolitologie Bd. 4, Pfaffenweiler 1990, S. 164 ff.

ders.: Hierarchie und Kooperation als staatliche Handlungsmuster, in: Rüdiger Voigt (Hrsg.), Der kooperative Staat. Krisenbewältigung durch Verhandlung?, Baden-Baden 1995, S. 119 ff.

Nautz, Jürgen: Die Entwicklung des staatlichen Rechtsetzungsmonopols in Europa, in: ders./Emil Brix/Gerhard Luf (Hrsg.), Das Rechtssystem zwischen Staat und Zivilgesellschaft. Zur Rolle gesellschaftlicher Selbstregulierung und vorstaatlicher Schlichtung, Wien 2001, S. 21 ff.

Nawiasky, Hans: Allgemeine Rechtslehre als System der rechtlichen Grundbegriffe, 2. Aufl., Köln 1948.

Neumann, Volker: Freiheitsgefährdungen im kooperativen Sozialstaat. Rechtsgrundlagen und Rechtsformen der Finanzierung der freien Wohlfahrtspflege, Köln/Berlin/Bonn/München 1992.

ders.: Der informelle Sozialstaat, in: VSSR 1992, S. 119 ff.

ders.: Grundlagen, in: Bertram Schulin (Hrsg.), Handbuch des Sozialversicherungsrechts Bd. IV: Pflegeversicherungsrecht, München 1997, § 20.

ders.: Beziehungen der Pflegekassen zu den Leistungserbringern, in: Bertram Schulin (Hrsg.), Handbuch des Sozialversicherungsrechts Bd. IV: Pflegeversicherungsrecht, München 1997, § 21.
ders.: Der Anspruch auf Krankenbehandlung – ein Rahmenrecht?, in: SGb 1998, S. 609 ff.
ders.: Normenvertrag, Rechtsverordnung oder Allgemeinverbindlichkeitserklärung? Verfassungsrechtliche Grenzen der vertraglichen Rechtsetzung in der gemeinsamen Pflegeselbstverwaltung und Alternativen, Baden-Baden 2002.
Neveling, Stefanie/Theobald, Christian: Der Gesetzentwurf der Bundesregierung zur Änderung des EnWG – Eine erste kritische Bewertung der gaswirtschaftlichen Regelungen, in: ZNER 2001, S. 64 ff.
Nicklisch, Fritz: Gesetzgebung und Verwaltung durch Verbände?, in: ZRP 1968 S. 36 ff.
Nickusch, Karl-Otto: Die Normativfunktion technischer Ausschüsse und Verbände als Problem der staatlichen Rechtsquellenlehre, München 1964 (Diss. jur.).
ders.: § 330 StGB als Beispiel für eine unzulässige Verweisung auf die Regeln der Technik, in: NJW 1967, S. 811 ff.
Niesel, Klaus: Kasseler Kommentar. Sozialversicherungsrecht, München (Loseblatt, Stand des Gesamtwerkes: Januar 2002).
Nikisch, Arthur: Arbeitsrecht Bd. II. Koalitionsrecht, Arbeitskampfrecht und Tarifvertragsrecht, Tübingen 1959.
Nilges, Heinrich: Das Beteiligungsrecht der Beamtenkoalitionen bei der Regelung der beamtenrechtlichen Verhältnisse. Ein Beitrag zur Auslegung des Grundrechts der Koalitionsfreiheit und der Sozialstaatsklausel des Grundgesetzes, Köln 1964 (Diss. jur.).
Noll, Peter: Gesetzgebungslehre, Reinbek bei Hamburg 1973.
Nolte, Rüdiger: Rechtliche Anforderungen an die technische Sicherheit von Kernanlagen. Zur Konkretisierung des 7 Abs. 2 Nr. 3 AtomG, Berlin 1984.
Nonet, Phillipe/Selznick, Philip: Law & Society in Transition, 2. Aufl., New Brunswick/London 2001.
North, Douglass C.: A Transaction Cost Theory of Politics, in: Journal of Theoretical Politics Bd. 2 (1990), S. 355 ff.
o.V.: Empfehlungen zur Beteiligung von Interessenverbänden, in: ZParl 1973, S. 463.
Obermayer, Klaus: Staatskirchenrechtliche Grundvorstellungen in den Konkordatstheorien des 19. Jahrhunderts, in: DÖV 1967, S. 505 ff.
Obermayer, Klaus: Leistungsstörungen beim öffentlich-rechtlichen Vertrag, in: BayVBl. 1977, S. 545 ff.
ders./Fritz, Roland (Hrsg.): Kommentar zum Verwaltungsverfahrensgesetz, 3. Aufl., Neuwied/Kriftel 1999 (zitiert: K. Obermayer, Verwaltungsverfahrensgesetz).
Oberreuter, Heinrich: Pluralismus und Antipluralismus, in: ders. (Hrsg.), Pluralismus – Grundlegung und Diskussion, Opladen 1980, S. 13 ff.
Oebbecke, Janbernd: Weisungs- und unterrichtungsfreie Räume in der Verwaltung, Köln/Stuttgart/Berlin u.a. 1986.
ders.: Die staatliche Mitwirkung an gesetzesabwendenden Vereinbarungen, in: DVBl. 1986, S. 794 ff.
ders.: Demokratische Legitimation nicht-kommunaler Selbstverwaltung, in: VerwArch Bd. 81 (1990), S. 349 ff.
ders.: Selbstverwaltung angesichts von Europäisierung und Ökonomisierung, in: VVDStRL Bd. 62 (2003), S. 366 ff.
Oeter, Stefan: Souveränität und Demokratie als Probleme in der »Verfassungsentwicklung« der Europäischen Union, in: ZaöRV Bd. 55 (1995), S. 659 ff.

ders.: Integration und Subsidiarität im deutschen Bundesstaatsrecht. Untersuchungen zu Bundesstaatstheorie unter dem Grundgesetz, Tübingen 1998.

Offe, Claus: Berufsbildungsreform. Eine Fallstudie über Reformpolitik, Frankfurt a.M. 1975.

ders.: Die Staatstheorie auf der Suche nach ihrem Gegenstand. Beobachtungen zur aktuellen Diskussion, in: Thomas Ellwein/Joachim Jens Hesse/Renate Mayntz/Fritz W. Scharpf (Hrsg.), Jahrbuch zur Staats- und Verwaltungswissenschaft Bd. 1 (1987), S. 309 ff.

ders.: Staatliches Handeln uns Strukturen der kollektiven Willensbildung – Aspekte einer sozialwissenschaftlichen Staatstheorie, in: Thomas Ellwein/Joachim Jens Hesse (Hrsg.), Staatswissenschaften: Vergessene Disziplin oder neue Herausforderung?, Baden-Baden 1990, S. 173.

Öhlinger, Theo: Das Gesetz als Instrument gesellschaftlicher Problemlösungen und seine Alternativen. Skizzen zu einer Grundfrage der Gesetzgebungstheorie, in: ders. (Hrsg.), Methodik der Gesetzgebung. Legistische Richtlinien in Theorie und Praxis, Wien/New York 1982, S. 17 ff.

Oldiges, Martin: Grundlagen eines Plangewährleistungsrechts, Bad Homburg v.d.H. 1970.

ders.: Staatlich inspirierte Selbstbeschränkungsabkommen der Privatwirtschaft, in: WiR 1973, S. 1 ff.

ders.: Die Bundesregierung als Kollegium. Eine Studie zur Regierungsorganisation nach dem Grundgesetz, Hamburg 1983.

Olson, Mancur: The logic of collective action. Public goods and the theory of groups, 18. Aufl., Cambridge (MA) 1998.

Ossenbühl, Fritz: Die Verwaltungsvorschriften in der verwaltungsgerichtlichen Praxis, in: AöR Bd. 92 (1967), S. 1 ff.

ders.: Die verfassungsrechtliche Zulässigkeit der Verweisung als Mittel der Gesetzgebungstechnik, in: DVBl. 1967, S. 401 ff.

ders.: Verwaltungsvorschriften und Grundgesetz, Bad Homburg v.d.H. 1968.

ders.: Die Erfüllung von Verwaltungsaufgaben durch Private, in: VVDStRL Bd. 29 (1971), S. 137 ff.

ders.: Vertrauensschutz im sozialen Rechtsstaat, in: DÖV 1972, S. 25 ff.

ders.: Welche normativen Anforderungen stellt der Verfassungsgrundsatz des demokratischen Rechtsstaats an die planende staatliche Tätigkeit?, Gutachten für den 50. Deutschen Juristentag, in: Verhandlungen des 50. Deutschen Juristentags, Bd. I (Gutachten), Teil B, München 1974.

ders.: Rundfunk zwischen Staat und Gesellschaft, München 1975.

ders.: Kontrolle von Tatsachenfeststellungen und Prognoseentscheidungen durch das Bundesverfassungsgericht, in: Christian Starck (Hrsg.), Bundesverfassungsgericht und Grundgesetz. Festgabe aus Anlaß des 25-jährigen Bestehens des Bundesverfassungsgerichts, Bd. I, Tübingen 1976, S. 458 ff. (zitiert: FS BVerfG I/1).

ders.: Richterliches Prüfungsrecht und Rechtsverordnungen, in: o. Hrsg., Recht als Prozess und Gefüge. Festschrift für Hans Huber zum 80. Geburtstag, Bern 1981, S. 283 ff.

ders.: Eine Fehlerlehre für untergesetzliche Normen, in: NJW 1986, S. 2805 ff.

ders.: Weisungen des Bundes in der Bundesauftragsverwaltung, in: Der Staat Bd. 28 (1989), S. 31 ff.

ders.: Novellierung des Atomgesetzes und Bundesauftragsverwaltung, in: Rudolf Lukes (Hrsg.), Reformüberlegungen zum Atomrecht, Köln/Berlin/Bonn/München 1991, S. 27 ff.

ders.: Gesetz und Recht – Die Rechtsquellen im demokratischen Rechtsstaat, in: Josef Isensee/Paul Kirchhof (Hrsg.), Handbuch des Staatsrechts Bd. III, 2. Aufl., Heidelberg 1996, § 61.

ders.: Vorrang und Vorbehalt des Gesetzes, in: Josef Isensee/Paul Kirchhof (Hrsg.), Handbuch des Staatsrechts Bd. III, 2. Aufl., Heidelberg 1996, § 62.

ders.: Das Verfahren der Gesetzgebung, in: Josef Isensee/Paul Kirchhof (Hrsg.), Handbuch des Staatsrechts Bd. III, 2. Aufl., Heidelberg 1996, § 63.

ders.: Rechtsverordnung, in: Josef Isensee/Paul Kirchhof (Hrsg.), Handbuch des Staatsrechts Bd. III, 2. Aufl., Heidelberg 1996, § 64.

ders.: Autonome Rechtsetzung der Verwaltung, in: Josef Isensee/Paul Kirchhof (Hrsg.), Handbuch des Staatsrechts Bd. III, 2. Aufl., Heidelberg 1996, § 65.

ders.: Satzung, in: Josef Isensee/Paul Kirchhof (Hrsg.), Handbuch des Staatsrechts Bd. III, 2. Aufl., Heidelberg 1996, § 66.

ders.: Richtlinien im Vertragsarztrecht, in: NZS 1997, S. 497 ff.

ders.: Energierechtsreform und kommunale Selbstverwaltung, in: ET 1997, S. 773 ff.

ders.: Staatshaftungsrecht, 5. Aufl., München 1998.

ders.: Rechtsquellen und Rechtsbindungen der Verwaltung, in: Hans-Uwe Erichsen (Hrsg.), Allgemeines Verwaltungsrecht, 11. Aufl., Berlin/New York 1998, §§ 5 ff.

ders.: Verfassungsrechtliche Fragen eines Ausstiegs aus der friedlichen Nutzung der Kernenergie, in: AöR Bd. 124 (1999), S. 1 ff.

ders.: Der verfassungsrechtliche Rahmen offener Gesetzgebung und konkretisierender Rechtsetzung, in: DVBl. 1999, S. 1 ff.

ders.: Die Not des Gesetzgebers im naturwissenschaftlich-technischen Zeitalter, Wiesbaden 2000.

ders.: Eröffnung, in: ders. (Hrsg.), Deutscher Atomrechtstag 2000, Baden-Baden 2001, S. 11 ff.

ders./Di Fabio, Udo: Rechtliche Kontrolle ortsfester Mobilfunkanlagen, Köln/Berlin/Bonn/München 1995.

Ostrom, Elinor: Governing the Commons. The Evolution of Institutions for Collective Action, Cambridge 1990.

dies.: Community and the Endogenous Solution of Common Problems, in: Journal of Theoretical Politics Bd. 4 (1992), S. 343 ff.

Paefgen, Thomas Christian: Emanationen des kooperativen Umweltstaates, in: GewArch 1991, S. 161 ff.

Pakeerut, Worachet: Die Entwicklung der Dogmatik des verwaltungsrechtlichen Vertrages, Berlin 2000.

Palandt, Otto (Hrsg.): Bürgerliches Gesetzbuch, 61. Aufl., München 2002

Papenfuß, Matthias: Die personellen Grenzen der Autonomie öffentlich-rechtlicher Körperschaften, Berlin 1991.

Papier, Hans-Jürgen: Die finanzrechtlichen Gesetzesvorbehalte und das grundgesetzliche Demokratieprinzip. Zugleich ein Beitrag zur Lehre von den Rechtsformen der Grundrechtseingriffe, Berlin 1973.

ders.: Grunderwerbsverträge mit »Bauplanungsabreden« – BVerwG NJW 1980, 238, in: JuS 1981, S. 498 ff.

ders.: Parlamentarische Demokratie und die innere Souveränität des Staates, in: o. Hrsg., Das parlamentarische Regierungssystem der Bundesrepublik Deutschland auf dem Prüfstand. Seminar zum 70. Geburtstag von Karl August Bettermann, 1984, S. 33 ff.

ders.: Der Vorbehalt des Gesetzes und seine Grenzen, in: Volkmar Götz/Hans H. Klein/Christian Starck (Hrsg.), Die öffentliche Verwaltung zwischen Gesetzgebung und richterlicher Kontrolle, München 1985, S. 36 ff.

ders.: Der Wesentlichkeitsgrundsatz – am Beispiel des Gesundheitsreformgesetzes, in: VSSR 1990, S. 123 ff.

ders.: Die Regelung von Durchleitungsrechten. Verfassungsrechtliche und energiekartellrechtliche Würdigung, Köln/Berlin/Bonn/München 1997.

ders.: Durchleitung und Eigentum, in: BB 1997, S. 1213 ff.

ders.: Rechtsschutzgarantie gegen die öffentliche Gewalt, in: Josef Isensee/Paul Kirchhof (Hrsg.), Handbuch des Staatsrechts Bd. VI, 2. Aufl., Heidelberg 2001, § 154.

ders.: Das Bundesverfassungsgericht als Mediator? Wann in Karlsruhe »Vergleiche« für die Integrationsfunktion sinnvoll sein können (ZRP-Rechtsgespräch), in: ZRP 2002, 134 ff.

Partsch, Karl Josef: Die Anwendung des Völkerrechts im innerstaatlichen Recht. Überprüfung der Transformationslehre, Karlsruhe 1964.

Pasemann, Birthe/Baufeld, Stefan: Verfassungsrecht und Gesetzgebung auf Grundlage von Konsensvereinbarungen, in: ZRP 2002, S. 119 ff.

Patt, Joachim: System und Kontrolle der Preisbildung für Krankenhausleistungen, Baden-Baden, 1996.

Peine, Franz-Josef: Systemgerechtigkeit. Die Selbstbindung des Gesetzgebers als Maßstab der Normenkontrolle, Baden-Baden 1985.

Peltzer, Martin: Handlungsbedarf in Sachen Corporate Governance, in: NZG 2002, S. 593 ff.

ders.: Corporate Governance Codices als zusätzliche Pflichtenbestimmung für den Aufsichtsrat, in: NZG 2002, S. 10 ff.

Peters, Hans: Die Satzungsgewalt innerstaatlicher Verbände, in: Gerhard Anschütz/Richard Thoma (Hrsg.), Handbuch des deutschen Staatsrechts, Zweiter Band Tübingen 1932, S. 264 ff.

ders.: Unzeitgemäße Selbstverwaltungsangelegenheiten, in: DÖV 1949, S. 326 ff.

ders.: Lehrbuch der Verwaltung, Berlin/Göttingen/Heidelberg 1949.

ders./Ossenbühl, Fritz: Die Übertragung von öffentlich-rechtlichen Befugnissen auf die Sozialpartner unter besonderer Berücksichtigung des Arbeitsschutzes, Berlin/Frankfurt a.M. 1967.

Peters, Wilfried: Zur Zulässigkeit der Feststellungsklage (§ 43 VwGO) bei untergesetzlichen Normen, in: NVwZ 1999, S. 506 ff.

Picker, Eduard: Die Regelung der »Arbeits- und Wirtschaftsbedingungen« – Vertragsprinzip oder Kampfprinzip? (Teil 1), in: ZfA 1986, S. 199 ff.

Pieroth, Bodo: Die Missachtung gesetzlicher Maßstäbe durch das Maßstäbegesetz, in: NJW 2000, S. 1086 f.

ders.: Koalitionsfreiheit, Tarifautonomie und Mitbestimmung, in: Peter Badura/Horst Dreier (Hrsg.), Festschrift 50 Jahre Bundesverfassungsgericht, Bd. II, Tübingen 2002, S. 293 ff. (zitiert: FS BVerfG II/2).

ders./Schlink, Bernhard: Grundrechte, 17. Aufl., Heidelberg 2001.

Pietzcker, Jost: Der Staatsauftrag als Instrument des Verwaltungshandelns. Recht und Praxis der Beschaffungsverträge in den Vereinigten Staaten von Amerika und der Bundesrepublik Deutschland, Tübingen 1978.

ders.: Die Rechtsfigur des Grundrechtsverzichts, in: Der Staat Bd. 17 (1978), S. 527 ff.

ders.: Standesaufsicht durch Wettbewerbsklagen?, in: NJW 1982, S. 1840 ff.

ders.: Zusammenarbeit der Gliedstaaten im Bundesstaat. Landesbericht Bundesrepublik Deutschland, in: Christian Starck (Hrsg.), Zusammenarbeit der Gliedstaaten im Bundesstaat, Baden-Baden 1988, S. 17 ff.

ders.: Schichten des Parlamentsrecht: Verfassung, Gesetze und Geschäftsordnung, in: Hans – Peter Schneider/Wolfgang Zeh (Hrsg.), Parlamentsrecht und Parlamentspraxis in der Bundesrepublik Deutschland, Berlin 1989, § 10.

ders.: Der Vorhaben- und Erschließungsplan, Baden-Baden 1992.

ders.: Verfahrensprivatisierung und staatliche Verfahrensverantwortung, in: Wolfgang Hoffmann-Riem/Jens-Peter Schneider (Hrsg.), Verfahrensprivatisierung im Umweltrecht, Baden-Baden 1996, S. 284 ff.

ders.: Zuständigkeitsordnung und Kollisionsrecht im Bundesstaat, in: Josef Isensee/Paul Kirchhof (Hrsg.), Handbuch des Staatsrechts Bd. IV, Heidelberg 2000 (2. Aufl.), § 99.

Pirson, Dietrich: Der Kirchenvertrag als Gestaltungsform der Rechtsbeziehungen zwischen Staat und Kirche, in: Klaus Obermayer/Hans Rudolf Hagemann, Festschrift für Hans Liermann, Erlangen 1964, S. 176 ff.

ders.: Vertragsstaatskirchenrecht, in: Roman Herzog/Hermann Kunst/Klaus Schlaich/Wilhelm Schneemelcher (Hrsg.), Evangelisches Staatslexikon Bd. II, 3. Aufl., Stuttgart 1987, Sp. 3814 ff. (zitiert: EvStL).

ders.: Das kircheneigene Dienstrecht der Geistlichen und Kirchenbeamten, in: Joseph Listl/ders. (Hrsg.), Handbuch des Staatskirchenrechts Bd. II, 2. Aufl., Berlin 1994, S. 845 ff.

Pitschas, Rainer: Verwaltungsverantwortung und Verwaltungsverfahren. Strukturprobleme, Funktionsbedingungen und Entwicklungsperspektiven eines konsensualen Verwaltungsrechts, München 1989.

ders.: Die Bewältigung der wissenschaftlichen und technischen Entwicklungen durch das Verwaltungsrecht, in: DÖV 1989, S. 785 ff.

ders.: Allgemeines Verwaltungsrecht als Teil der öffentlichen Informationsordnung, in: Wolfgang Hoffmann-Riem/Eberhard Schmidt-Aßmann/Gunnar Folke Schuppert (Hrsg.), Reform des Allgemeinen Verwaltungsrechts. Grundfragen, Baden-Baden 1993, S. 219 ff.

Plander, Harro: Die beamtenrechtliche Vereinbarungsautonomie. Die Reform der beamtenrechtlichen Beteiligung als Verfassungsproblem, Baden-Baden 1991.

Plantholz, Markus: Funktionelle Selbstverwaltung des Gesundheitswesens im Spiegel der Verfassung, Berlin 1998

Plog, Ernst/Wiedow, Alexander/Lemhöfer, Bernt/Bayer Detlef (Hrsg.): Bundesbeamtengesetz mit Beamtenversorgungsgesetz, Neuwied (Loseblatt: Stand des Gesamtwerks: 2001).

Pöcker, Markus: Das Parlamentsgesetz im sachlich-inhaltlichen Steuerungsverbund, in: Der Staat Bd. 41 (2002), S. 616 ff.

Posner, Richard A.: Economic Analysis of Law, 5. Aufl., New York 1998.

Preuß, Hugo: Gemeinde, Staat, Reich als Gebietskörperschaften. Versuch einer deutschen Staatskonstruktion auf Grundlage der Genossenschaftstheorie, Berlin 1889.

Preuß, Ulrich K.: Zum staatsrechtlichen Begriff des Öffentlichen. Untersucht am Beispiel des verfassungsrechtlichen Status kultureller Organisationen, Stuttgart 1969.

Pünder, Hermann: Exekutive Normsetzung in den Vereinigten Staaten von Amerika und der Bundesrepublik Deutschland, Berlin 1995.

Püttner, Günter: Die öffentlichen Unternehmen. Ein Handbuch zu Verfassungs- und Rechtsfragen der öffentlichen Wirtschaft, 2. Aufl., Stuttgart/München/Hannover 1985.

ders.: Wider den öffentlich-rechtlichen Vertrag zwischen Staat und Bürger, in: DVBl. 1982, S. 122 ff.
ders.: Der Rechtsstaat und seine offenen Probleme, in: DÖV 1989, S. 137 ff.
ders.: Gesetzgebungshoheit versus Vertragstreue, in: Dietrich Murswiek/Ulrich Storost/ Heinrich A. Wolff (Hrsg.), Staat – Souveränität – Verfassung. Festschrift für Helmut Quaritsch zum 70. Geburtstag, Berlin 2000, S. 285 ff.
Quaas, Michael: Zu den Aufgaben und der Diskussion um die Rechtsform der Landeskrankenhausgesellschaft (LKG), in: NZS 1995 S. 482 ff.
ders.: Der Versorgungsvertrag nach dem Pflege-Versicherungsgesetz, in: NZS 1995, S. 197 ff.
Quaritsch, Helmut: Das parlamentslose Parlamentsgesetz. Rang und Geltung der Rechtssätze im demokratischen Staat, untersucht am hamburgischen Planungsrecht, 2. Aufl., Frankfurt a.M. 1961.
ders.: Kirchen und Staat. Verfassungs- und staatstheoretische Probleme der staatskirchenrechtlichen Lehre der Gegenwart, in: Der Staat Bd. 1 (1962), S. 175 ff. und S. 289 ff.
ders.: Kirchenvertrag und Staatsgesetz, in: Hans-Peter Ipsen (Hrsg.), Hamburger Festschrift für Friedrich Schack, Hamburg 1966.
ders.: Staat und Souveränität, Frankfurt a.M. 1970.
ders.: Zur Entstehung der Theorie des Pluralismus, in: Der Staat Bd. 19 (1980), S. 29 ff.
ders.: Souveränität. Entstehung und Entwicklung des Begriffs in Frankreich und Deutschland vom 13. Jahrhundert bis 1806, Berlin 1986.
ders.: Der Verzicht im Verwaltungsrecht und auf Grundrechte, in: Peter Selmer/Ingo v. Münch (Hrsg.), Gedächtnisschrift für Wolfgang Martens, Berlin/New York 1987.
Radbruch, Gustav: Die Natur der Sache als juristische Denkform, in: Gustaf C. Hernmarck (Hrsg.), Festschrift zu Ehren von Prof. Dr. jur. Rudolf Laun, Rektor der Universität Hamburg, anläßlich der Vollendung seines 65. Lebensjahres am 1. Januar 1947, Hamburg 1948, S. 157 ff.
Ramm, Thilo: Die Parteien des Tarifvertrags. Kritik und Neubegründung der Lehre vom Tarifvertrag, Stuttgart 1961.
Randelzhofer, Albrecht: Staatsgewalt und Souveränität, in: Josef Isensee/Paul Kirchhof (Hrsg.), Handbuch des Staatsrechts Bd. I, 2. Aufl., Heidelberg 1995, § 15.
Rausch-Gast, Regine: Selbstbindung des Gesetzgebers, Frankfurt 1983.
Rebmann, Kurt/Säcker, Franz Jürgen/Rixecker, Roland: Münchner Kommentar zum Bürgerlichen Gesetzbuch; Bd. 1: Allgemeiner Teil (§§ 1–240); Bd. 2: Schuldrecht Allgemeiner Teil (§§ 241–432), 4. Aufl., München 2001; Bd. 2a: Schuldrecht Allgemeiner Teil (§§ 241–432), 4. Aufl. München 2003; Bd. 6: Sachenrecht (§§ 854–1296) 3. Aufl., München 1997; Bd. 10: EGBGB (Art. 1–38, IPR), 3. Auflage, München 1998 (zitiert: MüKo zum BGB).
Rehbinder, Eckard: Vertragsnaturschutz – Erscheinungsformen, Rechtsprobleme, ökologische Wirkungen, in: DVBl. 2000, S. 859 ff.
Rehkopf, Helmut: Geschichte und Reformperspektiven der Ersatzkassen, in: Bertram Schulin (Hrsg.), Handbuch des Sozialversicherungsrechts Bd. I: Krankenversicherungsrecht, München 1994, § 2.
Reichel, Gerhard Hans: Die auswärtige Gewalt nach dem Grundgesetz für die Bundesrepublik Deutschland vom 23. Mai 1949, Berlin 1967.
Reis, Hans: Konkordat und Kirchenvertrag in der Staatsverfassung, in: JöR Bd. 17 (1968), S. 165 ff.
Renck, Ludwig: Bemerkungen zu den sog. Staatskirchenverträgen, in: ThürVBl. 1995, S. 31 ff.

ders.: Der Rang der sog. Kirchenverträge, in: DÖV 1997, S. 929 ff.

Rengeling, Hans-Werner: Das Kooperationsprinzip im Umweltrecht, Köln/Berlin/Bonn/ München 1988.

ders.: Gesetzgebungszuständigkeit, in: Josef Isensee/Paul Kirchhof (Hrsg.): Handbuch des Staatsrechts Bd. IV, Heidelberg 2000 (2. Aufl.), § 100.

ders./Gellermann, Martin: Kooperationsrechtliche Verträge im Naturschutzrecht, in: ZG 1991, S. 317 ff.

Ress, Georg: Begriff, Wesen und Funktion des öffentlich-rechtlichen Vertrages, in: EZÖR 1989, S. 279 ff.

Reuter, Dieter: Das Verhältnis von Tarif- und Betriebsautonomie, in: Monika Schlachter/ Reiner Ascheid/Hans-Wolf Friedrich (Hrsg.), Tarifautonomie für ein neues Jahrhundert. Festschrift für Günter Schaub zum 65. Geburtstag, München 1998, S. 605 ff.

Reutter, Werner: Korporatismustheorien. Kritik, Vergleich, Perspektiven, Frankfurt a.M./ Bern New York/Paris 1991.

Richardi, Reinhard: Kollektivgewalt und Individualwille bei der Gestaltung des Arbeitsverhältnisses, München 1968.

ders.: Zweck und Gestaltungsformen kollektiver Beteiligung, in: ders./Otfried Wlotzke (Hrsg.), Münchener Handbuch zum Arbeitsrecht, Bd. 3, München 1993, §§ 233 f.

Richter, Lutz: Die Einrichtungen der kassenärztlichen Selbstverwaltung, in: Festschrift der Leipziger Juristenfakultät für Victor Ehrenberg zum 30. März 1926, Leipzig 1927, S. 75 ff.

ders.: Sozialversicherungsrecht, Berlin 1931.

Richter, Peter Sieghard: Sind die Grundsätze über Ermessensausübung beim Erlaß von Verwaltungsakten übertragbar auf den Erlaß von Rechtsverordnungen und Satzungen?, Heidelberg 1972 (Diss. jur.).

Richter, Rudolf/Furubotn, Eirik G.: Neue Institutionenökonomik, 2. Aufl., Tübingen 1999.

Ricken, Oliver: Beitragssatzstabilität im Krankenhausbereich nach dem 2. GKV-NOG: Die neue Hürde für die Selbstverwaltung, in: SGb. 1998, S. 63 ff.

Ridder, Helmut: Zur verfassungsrechtlichen Stellung der Gewerkschaften im Sozialstaat nach dem Grundgesetz für die Bundesrepublik Deutschland, Stuttgart 1960.

ders.: Konkordat, in: Hans-Jürgen Schlochauer (Hrsg.), Wörterbuch des Völkerrechts Bd. 2, 2. Aufl. Berlin 1961, S. 274 ff.

ders.: Meinungsfreiheit, in: Franz L. Neumann/Hans Carl Nipperdey/Ulrich Scheuner (Hrsg.), Die Grundrechte. Handbuch der Theorie und der Praxis der Grundrechte, Bd. II, 2. Aufl., Berlin 1968, S. 249 ff.

Riechmann, Christoph: Notwendige Bausteine für eine Gasliberalisierung in Deutschland, in: ET 2001, S. 776 ff.

Rill, Heinz-Peter: Gliedstaatsverträge. Eine Untersuchung nach österreichischem und deutschem Recht, Wien 1972.

Ringleb, Henrik Michael/Kremer, Thomas/Lutter, Marcus/Werder, Axel v.: Kommentar zum deutschen Corporate Governance Kodex, München 2003.

Rinken, Alfred: Das Öffentliche als verfassungstheoretisches Problem. Dargestellt am Rechtsstatus der Wohlfahrtsverbände, Berlin 1971.

ders.: Demokratie und Hierarchie. Zum Demokratieverständnis des Zweiten Senats des Bundesverfassungsgerichts, in: KritV Bd. 79 (1996), S. 282 ff.

Ritter, Ernst-Hasso: Der kooperative Staat. Bemerkungen zum Verhältnis von Staat und Wirtschaft, in: AöR Bd. 104 (1979), S. 389 ff.

ders.: Das Recht als Steuerungsmedium im kooperativen Staat, in: Dieter Grimm (Hrsg.), Wachsende Staatsaufgaben – sinkende Steuerungsfähigkeit des Rechts, Baden-Baden 1990, S. 69 ff.
ders.: Das Recht als Steuerungsmedium im kooperativen Staat, in: Staatswissenschaft und Staatspraxis Bd. 1 (1990), S. 50 ff.
Rittstieg, Andreas: Die Konkretisierung technischer Standards im Anlagenrecht, Köln/Berlin/Bonn/München 1982.
Robbers, Gerhard: Der Grundrechtsverzicht, in: JuS 1985, S. 925 ff.
ders.: Ausgangspunkte des deutschen Staatskirchenvertragrechts, in: Richard Puza/Abraham Peter Kustermann (Hrsg.), Neue Verträge zwischen Kirche und Staat. Die Entwicklung in Deutschland und Polen, Freiburg (Schweiz) 1996, S. 51 ff.
Rodi, Michael: Die Rechtfertigung von Steuern als Verfassungsproblem. Dargestellt am Beispiel der Gewerbesteuer, München 1994.
Roellecke, Gerd: Der Begriff des positiven Gesetzes und das Grundgesetz, Mainz 1969.
ders.: Der Zustand des Rechtsstaats, in: ders./P. Badura, Der Zustand des Rechtsstaats. 22. Cappenberger Gespräch, Köln 1986, S. 27 ff.
ders.: Das Recht von außen und innen betrachtet, in: JZ 1999, S. 213 ff.
ders.: Souveränität, Staatssouveränität, Volkssouveränität, in: Dietrich Murswiek/Ulrich Storost/Heinrich A. Wolff (Hrsg.), Staat – Souveränität – Verfassung. Festschrift für Helmut Quaritsch zum 70. Geburtstag, Berlin 2000, S. 15 ff.
Röhl, Hans Christian: Verwaltungsverantwortung als dogmatischer Begriff?, in: Die Wissenschaft von Verwaltungsrecht, Die Verwaltung, Beiheft 2 (1999), S. 33 ff.
Röhl, Klaus F.: Allgemeine Rechtslehre. Ein Lehrbuch, 2. Aufl., Köln/Berlin/Bonn/München 2001.
Roller, Gerhard: Die Vereinbarkeit der nachträglichen gesetzlichen Befristung atomrechtlicher Genehmigungen mit Art. 14 GG, in: ZUR 1999, S. 244 ff.
Rommelfanger, Ulrich: Das konsultative Referendum. Eine verfassungstheoretische, -rechtliche und -vergleichende Untersuchung, Berlin 1988.
Rossen, Helge: Vollzug und Verhandlung. Die Modernisierung des Verwaltungsvollzugs, Tübingen 1999.
Roßnagel, Alexander: Rechtsprobleme des Ausstiegs aus der Kernenergie – Einführung und Überblick, in: ZUR 1999, S. 241 ff.
Rottmann, Joachim: Wandlungen im Prozeß der Gesetzgebung in der Bundesrepublik Deutschland, in: Bernd Rüthers/Klaus Stern (Hrsg.), Freiheit und Verantwortung im Verfassungsstaat. Festgabe zum 10jährigen Jubiläum der Gesellschaft für Rechtspolitik, München 1984, S. 329 ff.
Rudolf, Walter: Völkerrecht und deutsches Recht. Theoretische und dogmatische Untersuchungen über die Anwendung völkerrechtlicher Normen in der Bundesrepublik Deutschland, Tübingen 1967.
ders.: Die Bundesstaatlichkeit in der Rechtsprechung des Bundesverfassungsgerichts, in: Christian Starck (Hrsg.), Bundesverfassungsgericht und Grundgesetz. Festgabe aus Anlaß des 25-jährigen Bestehens des Bundesverfassungsgerichts, Bd. II, Tübingen 1976, S. 233 ff. (zitiert: FS BVerfG I/2).
ders.: Verwaltungsorganisation, in: Hans-Uwe Erichsen (Hrsg.), Allgemeines Verwaltungsrecht, 11. Aufl., Berlin/New York 1998, §§ 51 ff.
Ruffert, Matthias: Regulierung im System des Verwaltungsrechts, in: AöR Bd. 124 (1999), S. 237 ff.
ders.: Entformalisierung und Entparlamentarisierung politischer Entscheidungen als Gefährdungen der Verfassung?, in: DVBl. 2002, S. 1145 ff.

Rüfner, Wolfgang: Das Gesetz zur Strukturreform im Gesundheitswesen (Gesundheits-Reformgesetz), in: NJW 1989, S. 1001 ff.
ders.: Grundrechtsadressaten, in: Josef Isensee/Paul Kirchhof (Hrsg.), Handbuch des Staatsrechts Bd. V, 2. Aufl., Heidelberg 2000, § 117.
Ruland, Franz: Sozialrecht, in: Eberhard Schmidt-Aßmann (Hrsg.), Besonderes Verwaltungsrecht, 11. Aufl., Berlin/New York 1999, 7. Abschnitt.
Rupp, Hans Heinrich: Vom Wandel der Grundrechte, in: AöR Bd. 101 (176), S. 161 ff.
ders.: Grundfragen der heutigen Verwaltungsrechtslehre. Verwaltungsnorm und Verwaltungsrechtsverhältnis, 2. Aufl., Tübingen 1991
ders.: Die Unterscheidung von Staat und Gesellschaft, in: Josef Isensee/Paul Kirchhof (Hrsg.), Handbuch des Staatsrechts Bd. I, 2. Aufl., Heidelberg 1995, § 28.
ders.: Methodenkritische Bemerkungen zum Verhältnis von tarifvertraglicher Rechtsetzung und parlamentarische Gesetzgebungskompetenz, in: JZ 1998, S. 919 ff.
Ryffel, Hans: Pluralismus und Staat, in: Georg Müller/René A. Rhinow/Gerhard Schmid/Luzius Wildhaber (Hrsg.), Staatsorganisation und Staatsfunktionen im Wandel. Festschrift für Kurt Eichenberger zum 60. Geburtstag, Basel/Frankfurt a.M. 1982, S. 59 ff.
Sachs, Michael: Die dynamische Verweisung als Ermächtigungsnorm, in: NJW 1981, S. 1651 f.
ders.: Die normsetzende Vereinbarung im Verwaltungsrecht, in: VerwArch. Bd. 74 (1983), S. 25 ff.
ders.: »Volenti non fit iniuria«, Zur Bedeutung des Willens des Betroffenen im Verwaltungsrecht, in: VerwArch Bd. 76 (1985), S. 398 ff.
ders. (Hrsg.): Grundgesetz. Kommentar, 3. Aufl., München 2003.
Säcker, Franz Jürgen: Gruppenautonomie und Übermachtkontrolle im Arbeitsrecht, Berlin 1972.
ders./Boesche, Katharina Vera: Der Gesetzesbeschluß des Deutschen Bundestages zum Energiewirtschaftsgesetz vom 28. Juni 2002 – ein Beitrag zur »Verhexung des Denkens durch die Mittel unserer Sprache«, in: ZNER 2002, S. 183 ff.
ders./Oetker, Hartmut: Der Einsatz von Beamten auf bestreikten Arbeitsplätzen als Verfassungsproblem, in: AöR Bd. 112 (1987), S. 345 ff.
Salje, Peter: Kraft-Wärme-Kopplungsgesetz. Kommentar, Köln/Berlin/Bonn/München 2001.
Salzwedel, Jürgen: Die Grenzen der Zulässigkeit des öffentlich-rechtlichen Vertrages, Berlin 1958.
ders.: Staatsaufsicht in der Verwaltung, in: VVDStRL Bd. 22 (1965), S. 206 ff.
Sartori, Giovanni: Demokratietheorie, Darmstadt 1997.
Sasse, Christoph: Koalitionsvereinbarung und Grundgesetz, in: JZ 1961, S. 719 ff.
Schacht, Sigurd: Das rechtliche Gehör im Gesetzgebungsverfahren unter besonderer Berücksichtigung der Verbände, Würzburg 1969 (Diss. jur.).
Schäfer, Friedrich: Der Bundestag. Eine Darstellung seiner Aufgaben und seiner Arbeitsweise, 4. Aufl., Opladen 1982.
Scharpf, Fritz W.: Demokratietheorie zwischen Utopie und Anpassung, 2. Aufl., Konstanz 1972.
ders.: Verhandlungssysteme, Verteilungskonflikte und Pathologien der politischen Steuerung, in: Manfred G. Schmidt (Hrsg.), Staatstätigkeit. Internationale und vergleichende Analysen. PVS-Sonderheft 19 (1988), S. 61 ff.
ders.: Politische Steuerung und politische Institutionen, in: PVS Bd. 30 (1989), S. 10 ff.

ders.: Die Handlungsfähigkeit des Staates am Ende des 20. Jahrhunderts, in: PVS Bd. 32 (1991), S. 621 ff.

ders.: Versuch über Demokratie im verhandelnden Staat, in: Roland Czada/Manfred G. Schmidt (Hrsg.), Verhandlungsdemokratie, Interessenvermittlung, Regierbarkeit. Festschrift für Gerhard Lehmbruch, Opladen 1993, S. 25 ff.

ders.: Positive und negative Koordination in Verhandlungssystemen, in: Adrienne Héretier (Hrsg.), Policy-Analyse. Kritik und Neuorientierung, PVS-Sonderheft 24 (1993), S. 57 ff.

ders.: Regieren in Europa. Effektiv und demokratisch?, Frankfurt 1999.

ders.: Interaktionsformen. Akteurzentrierter Institutionalismus in der Politikforschung, Opladen 2000.

Schelp, Robert: Zur Verfassungsmäßigkeit der Festbetragsregelung für Arzneimittel, in: NZS 1997, S. 155 ff.

Schenke, Wolf-Rüdiger: Die Verfassungsorgantreue, Berlin 1977.

ders.: Der rechtswidrige Verwaltungsvertrag nach dem Verwaltungsverfahrensgesetz, in: JuS 1977, S. 281 ff.

ders.: Verfassungsrechtliche Grenzen gesetzlicher Verweisungen, in: Peter Oberndorfer (Hrsg.), Verwaltung im Dienste von Wirtschaft und Gesellschaft. Festschrift für Ludwig Fröhler zum 60. Geburtstag, Berlin 1980, S. 87 ff.

ders.: Die verfassungsrechtliche Problematik dynamischer Verweisungen, in: NJW 1980, S. 743 ff.

Scherer, Joachim: Rechtsprobleme normersetzender »Absprachen« zwischen Staat und Wirtschaft am Beispiel des Umweltrechts, in: DÖV 1991, S. 1 ff.

Scherzberg, Arno: Grundfragen des verwaltungsrechtlichen Vertrages, in: JuS 1992, S. 205 ff.

Scheuner, Ulrich: Wirtschaftliche und soziale Selbstverwaltung, in: DÖV 1952, S. 609 ff.

ders.: Die staatliche Intervention im Bereich der Wirtschaft, in: VVDStRL Bd. 11 (1954), S. 1 ff.

ders.: Die Aufgabe der Gesetzgebung in unserer Zeit, in: DÖV 1960, S. 601 ff.

ders.: Das repräsentative Prinzip in der modernen Demokratie, in: Max Imboden (Hrsg.), Verfassungsrecht und Verfassungswirklichkeit. Festschrift für Hans Huber zum 60. Geburtstag, Bern 1961, S. 222 ff.

ders.: Politische Repräsentation und Interessenvertretung (1965), in: ders., Staatstheorie und Staatsrecht. Gesammelte Schriften (hrsg. von Josef Listl/Wolfgang Rüfner), Berlin 1978, S. 337 ff.

ders.: Voraussetzungen und Form der Errichtung öffentlicher Körperschaften (außerhalb des Kommunalrechts), in: Helmut Conrad/Hermann Jahrreiß/Paul Mikat/Hans Carl Nipperdey (Hrsg.), Gedächtnisschrift für Hans Peters, Berlin 1967, S. 797 ff.

ders.: Kirchenverträge in ihrem Verhältnis zu Staatsgesetz und Staatsverfassung, in: Heinz Brunotte/Konrad Müller/Rudolf Smend (Hrsg.), Festschrift für Erich Ruppel zum 65. Geburtstag am 25. Januar 1968, Hannover/Berlin/Hamburg 1968, S. 312 ff.

ders.: Verantwortung und Kontrolle in der demokratischen Verfassungsordnung (1970), in: ders., Staatstheorie und Staatsrecht. Gesammelte Schriften (hrsg. von Josef Listl/Wolfgang Rüfner), Berlin 1978, S. 293 ff.

ders.: Die Funktion des Gesetzes im Sozialstaat, in: o. Hrsg., Recht als Prozess und Gefüge. Festschrift für Hans Huber, Bern 1981, S. 127 ff.

Schiffer, Hans-Wilhelm: Deutscher Energiemarkt 2001, in: ET 2002, S. 160 ff.

Schilling, Theodor: Der »unfreiwillige« Vertrag mit der öffentlichen Hand. Erscheinungsformen und Rechtsschutz, in: VerwArch Bd. 87 (1996), S. 191 ff.

Schimank, Uwe: Politische Steuerung in der Organisationsgesellschaft – am Beispiel der Forschungspolitik, in: Wolfgang Zapf (Hrsg.), Die Modernisierung moderner Gesellschaften, Frankfurt a.M. 1985, S. 505 ff.

ders./Glagow, Manfred: Formen politischer Steuerung: Etatismus, Subsidiarität, Delegation, Neokorporatismus, in: Manfred Glagow (Hrsg.), Gesellschaftssteuerung zwischen Korporatismus und Subsidiarität, Bielefeld 1984, S. 4 ff.

Schimmelpfeng-Schütte, Ruth: Die Schiedsverfahren in der gesetzlichen Krankenversicherung, insbesondere im Heil- und Hilfsmittelbereich, in: NZS 1997, S. 503 ff.

dies.: Richtliniengebung durch den Bundesausschuß der Ärzte und Krankenkassen und demokratische Legitimation, in: NZS 1999, S. 530 ff.

Schimpf, Christian: Der verwaltungsrechtliche Vertrag unter besonderer Berücksichtigung seiner Rechtswidrigkeit, Berlin 1982.

Schindler, Dietrich: Werdende Rechte. Betrachtungen über Streitigkeiten und Streiterledigung im Völkerrecht und Arbeitsrecht, in: o. Hrsg., Festgabe für Fritz Fleiner zum 60. Geburtstag, Tübingen 1927, S. 400 ff.

Schink, Alexander: Naturschutzgebietsfestsetzung und Grundeigentum, in: AgrarR 1985, S. 185 ff.

Schirmer, Horst Dieter: Verfassungsrechtliche Probleme der untergesetzlichen Normsetzung im Kassenarztrecht, in: MedR 1996, S. 404 ff.

Schladebach, Marcus: Formen institutionalisierter Mitwirkung von Wirtschaftsverbänden, in: DÖV 2000, S. 1026 ff.

Schlaich, Klaus: Neutralität als verfassungsrechtliches Prinzip vornehmlich im Kulturverfassungs- und Staatskirchenrecht, Tübingen 1972

ders.: Die Verfassungsgerichtsbarkeit im Gefüge der Staatsfunktionen, in: VVDStRL Bd. 39 (1981), S. 99 ff.

ders./Korioth, Stefan: Das Bundesverfassungsgericht. Stellung, Verfahren, Entscheidung, 5. Aufl., München 2001.

Schlenker, Rolf-Ulrich: Geschichte und Reformperspektiven der gesetzlichen Krankenkassen, in: Bertram Schulin (Hrsg.), Handbuch des Sozialversicherungsrechts Bd. I: Krankenversicherungsrecht, München 1994, § 1.

Schlette, Volker: Die Verwaltung als Vertragspartner. Empirie und Dogmatik verwaltungsrechtlicher Vereinbarungen zwischen Behörde und Bürger, Tübingen 2000.

Schlichter, Otto/Stich, Rudolf: Berliner Schwerpunkte-Kommentar zum Baugesetzbuch 1998, Köln/Berlin/Bonn/München 1998.

Schlichtner-Wicker, Susanne: Die dreiseitigen Verträge nach § 115 SGB V, Karlsruhe 1994.

Schlink, Bernhard: Korporatismus im Krankenhauswesen, in: RsDE Bd. 11 (1990), S. 1 ff.

Schmidt, Jörg: Die Rechtsprechung zum Naturschutzrecht 1983–1987, in: NVwZ 1988, S. 982 ff.

ders.: Die Rechtsprechung zum Naturschutzrecht 1995–1997, in: NVwZ 1999, S. 363 ff.

Schmidt, Walter: »Vertrauensschutz« im öffentlichen Recht, in: JuS 1973, S. 529 ff.

Schmidt-Aßmann, Eberhard: Verwaltungsverantwortung und Verwaltungsgerichtsbarkeit, in: VVDStRL Bd. 34 (1976), S. 221 ff.

ders.: Die kommunale Rechtsetzung im Gefüge der administrativen Handlungsformen und Rechtsquellen. Aufgaben, Verfahren, Rechtsschutz, München 1981.

ders.: Zum staatsrechtlichen Prinzip der Selbstverwaltung, in: Peter Selmer/Ingo v. Münch (Hrsg.), Gedächtnisschrift für Wolfgang Martens, Berlin 1987, S. 249 ff.

ders.: Die Lehre von den Rechtsformen des Verwaltungshandelns, in: DVBl. 1989, S. 533 ff.

ders.: Konfliktmittlung in der Dogmatik des deutschen Verwaltungsrechts, in: Wolfgang Hoffmann-Riem/ders. (Hrsg.), Konfliktbewältigung durch Verhandlung, Bd. 2: Konfliktmittlung im Verwaltungsverfahren, Baden-Baden 1990, S. 9 ff.

ders.: Kommunale Selbstverwaltung »nach Rastede« – Funktion und Dogmatik des Art. 28 Abs. 2 GG in der neueren Rechtsprechung, in: Everhardt Franßen/Konrad Redeker/Otto Schlichter/Dieter Wilke (Hrsg.), Bürger – Richter – Staat. Festschrift für Horst Sendler zum Abschied aus seinem Amt, München 1991, S. 121 ff.

ders.: Verwaltungslegitimation als Rechtsbegriff, in: AöR Bd. 116 (1991), S. 329 ff.

ders.: Zur Reform des Allgemeinen Verwaltungsrechts – Reformbedarf und Reformansätze, in: Wolfgang Hoffmann-Riem/ders./Gunnar Folke Schuppert (Hrsg.), Reform des Allgemeinen Verwaltungsrechts. Grundfragen, Baden-Baden 1993, S. 11 ff.

ders.: Der Rechtsstaat, in: Josef Isensee/Paul Kirchhof (Hrsg.), Handbuch des Staatsrechts Bd. I, 2. Aufl., Heidelberg 1995, § 24.

ders.: Das allgemeine Verwaltungsrecht als Ordnungsidee. Grundlagen und Aufgaben der verwaltungsrechtlichen Systembildung, Berlin/Heidelberg/New York 1998.

ders.: Kommunalrecht, in: ders. (Hrsg.), Besonderes Verwaltungsrecht, 11. Aufl., Berlin/New York 1999, 1. Abschnitt.

ders.: Regulierte Selbstregulierung als Element verwaltungsrechtlicher Systembildung, in: Regulierte Selbstregulierung als Steuerungskonzept des Gewährleistungsstaates, Die Verwaltung, Beiheft 4 (2001), S. 253 ff.

ders./Krebs, Walter: Rechtsfragen städtebaulicher Verträge. Vertragstypen und Vertragsrechtslehren, 2. Aufl., Köln 1992.

Schmidt-Preuß, Matthias: Verfassungskonflikt um die Durchleitung?, in: RdE 1996, S. 1 ff.

ders.: Die Gewährleistung des Privateigentums durch Art. 14 GG im Lichte aktueller Probleme, in: Die Aktiengesellschaft 1996, S. 1 ff.

ders.: Verwaltung und Verwaltungsrecht zwischen gesellschaftlicher Selbstregulierung und staatlicher Steuerung, in: VVDStRL Bd. 56 (1997), S. 160 ff.

ders.: Atomausstieg und Eigentum, in: NJW 2000, S. 1524 ff.

ders.: Rechtsfragen des Ausstiegs aus der Kernenergie. Gemeinschafts-, völker- und verfassungsrechtliche Probleme einer Novellierung des Atomgesetzes, Baden-Baden 2000.

ders.: Möglichkeiten und Grenzen der Techniksteuerung am Beispiel des Ausstiegs aus der Kernenergie, in: Michael Kloepfer (Hrsg.), Technikumsteuerung als Rechtsproblem. Rechtsfragen der Einführung der Gentechnik und des Ausstiegs aus der Atomenergie, Berlin 2002, S. 119 ff.

Schmidt-Rimpler, Walter: Grundfragen der Erneuerung des Vertragsrechts, in: AcP n.F. 27 (1941), S. 130 ff.

ders.: Zum Vertragsproblem, in: Fritz Baur/Josef Esser/Friedrich Kübler/Ernst Steindorff (Hrsg.), Funktionswandel der Privatrechtsinstitutionen. Festschrift für Ludwig Raiser zum 70. Geburtstag, Tübingen 1974, S. 3 ff.

Schmidt-Salzer, Joachim: Tatsächlich ausgehandelter Verwaltungsakt, zweiseitiger Verwaltungsakt und verwaltungsrechtlicher Vertrag, in: VerwArch Bd. 62 (1971), S. 135 ff.

Schmitt Glaeser, Walter: Partizipation an Verwaltungsentscheidungen, in: VVDStRL Bd. 31 (1973), S. 179 ff.

ders.: Rechtspolitik unter dem Grundgesetz, in: AöR Bd. 107 (1982), S. 337 ff.

ders.: Die Position der Bürger als Beteiligte im Entscheidungsverfahren gestaltender Verwaltung, in: Peter Lerche/ders./Eberhard Schmidt-Aßmann (Hrsg.), Verfahren als staats- und verwaltungsrechtliche Kategorie, Heidelberg 1984, S. 35 ff.

ders.: Die grundrechtliche Freiheit des Bürgers zur Mitwirkung an der Willensbildung, in: Josef Isensee/Paul Kirchhof (Hrsg.), Handbuch des Staatsrechts Bd. II, 2. Aufl., Heidelberg 1998, § 31.
Schmitt, Carl: Die geistesgeschichtliche Lage des heutigen Parlamentarismus, Nachdruck der 1926 erschienenen 2. Aufl., Berlin 1996.
ders.: Staatsethik und pluralistischer Staat (1930), in: ders., Positionen und Begriffe. Im Kampf mit Weimar, Genf, Versailles, unveränderter Nachdruck der Ausgabe Hamburg 1940, 2. Aufl., Berlin 1988, S. 133 ff.
ders.: Verfassungslehre, 3. unveränderte Aufl., Berlin 1957.
ders.: Der Zugang zum Machthaber, ein zentrales verfassungsrechtliches Problem, in: ders., Verfassungsrechtliche Aufsätze aus den Jahren 1924–1954. Materialien zu einer Verfassungslehre, 3. Aufl. (unveränderter Nachdruck der 1958 erschienenen 1. Aufl.), Berlin 1985, S. 430 ff.
ders.: Der Begriff des Politischen. Text von 1932 mit einem Vorwort und drei Corollarien, 4. Nachdr. der Ausg. von 1963, Berlin 1996.
Schmitt, Jochem: Leistungserbringung durch Dritte im Sozialrecht, Köln/Berlin/Bonn/München 1990.
ders.: Grundlagen, in: Bertram Schulin (Hrsg.), Handbuch des Sozialversicherungsrechts Bd. I: Krankenversicherungsrecht, München 1994, § 28.
ders.: Parallelen zwischen den verschiedenen Bereichen des Leistungserbringungsrechts, in: Bertram Schulin (Hrsg.), Handbuch des Sozialversicherungsrechts Bd. I: Krankenversicherungsrecht, München 1994, § 30.
Schmitter, Phillipe C.: Interessenvermittlung und Regierbarkeit, in: Ulrich v. Alemann/Rolf G. Heinze, Verbände und Staat. Vom Pluralismus zum Korporatismus: Analysen, Positionen, Dokumente, Opladen 1979, S. 92 ff.
ders.: Democratic Theorie and Neocorporatist Practice, in: Social Research Bd. 50 (1983), S. 885 ff.
ders./Grote, Jürgen R.: Der korporatistische Sisyphus: Vergangenheit, Gegenwart und Zukunft, in: PVS Bd. 38 (1997), S. 530 ff.
ders./Streeck, Wolfgang: The organization of business interests. A research design to study the associative action of business in advanced industrial societies of western Europe, Discussion Paper IIM/LMP 81–13, Wissenschaftszentrum Berlin, Berlin.
Schnapp, Friedrich E.: Die Selbstverwaltung in der Sozialversicherung, in: Albert v. Mutius (Hrsg.), Selbstverwaltung im Staat der Industriegesellschaft. Festgabe zum 70. Geburtstag von Georg Christoph v. Unruh, Heidelberg 1983, S. 881 ff.
ders.: Der Verwaltungsvorbehalt, VVDStRL Bd. 43 (1985), S. 172 ff.
ders.: Rechtsverhältnisse in der Leistungsverwaltung, in: DÖV 1986, S. 811 ff.
ders.: Organisation der gesetzlichen Krankenversicherung, in: Bertram Schulin (Hrsg.), Handbuch des Sozialversicherungsrechts Bd. I: Krankenversicherungsrecht, München 1994, § 49.
ders.: Die Richtlinien im Kassenarztrecht (§ 92 SGB V) auf dem verfassungsrechtlichen Prüfstand, in: Wolfgang Gitter/Bertram Schulin/Hans F. Zacher (Hrsg.), Festschrift für Otto Ernst Krasney zum 65. Geburtstag, München 1997, S. 437 ff.
Schneider, Günther: Krankenbehandlung, in: Bertram Schulin (Hrsg.), Handbuch des Sozialversicherungsrechts Bd. I: Krankenversicherungsrecht, München 1994, § 22.
ders.: Handbuch des Kassenarztrechts, Köln/Berlin/Bonn/München 1994
Schneider, Hans: Verträge zwischen Gliedstaaten im Bundesstaat, in: VVDStRL Bd. 19 (1961), S. 1 ff.

ders.: Autonome Satzung und Rechtsverordnung, in: Wolfgang Hefermehl/Hans Carl Nipperdey (Hrsg.), Festschrift für Philipp Möhring zum 65. Geburtstag, 4. September 1965, München 1965, S. 521 ff.

ders.: Der Niedergang des Gesetzgebungsverfahrens, in: Theo Ritterspach/Willi Geiger (Hrsg.), Festschrift für Gebhard Müller. Zum 70. Geburtstag des Präsidenten des Bundesverfassungsgerichts, Tübingen 1970, S. 421 ff.

ders.: Gesetzgebung. Ein Lehrbuch, 3. Aufl., Heidelberg 2002.

Schneider, Hans-Peter: Verfassungsgerichtsbarkeit und Gewaltenteilung, in: NJW 1980, S. 2103 ff.

Schneider, Jens-Peter: Kooperative Verwaltungsverfahren, in: VerwArch Bd. 87 (1996), S. 38 ff.

ders.: Liberalisierung der Stromwirtschaft durch regulative Marktorganisation. Ein vergleichende Untersuchung zur Reform des britischen, Umweltschutz-amerikanischen, europäischen und deutschen Energierechts, Baden-Baden 1999.

ders.: Das neue Energierecht – Bedrohung oder Chance der kommunalen Versorgungswirtschaft?, in: Jörn Ipsen (Hrsg.), Kommunalwirtschaft im Umbruch – Kommunale Wirtschaftsunternehmen zwischen öffentlicher Aufgabe und Wettbewerb, Osnabrück 2001, S. 114 ff.

ders.: Paktierte Gesetzgebung als aktuelle Erscheinungsform kooperativer Umweltpolitik (Typoskript), 2002.

ders.: Solving conflicts and securing democratic legitimation in the energy sector (Typoskript), 2002.

Schneider, Peter: Rechtsgutachten zur verfassungsrechtlichen Beurteilung des Staatsvertrages über die Errichtung der Anstalt des öffentlichen Rechts »Zweites Deutsches Fernsehen« vom 6. Juni 1961, München 1965.

Schneider-Danwitz, Annette/Glaeske, Gerd: Viagra. Der Bundesausschuß der Ärzte und Krankenkassen – ein »kleiner Gesetzgeber« –?, in: MedR 1999, S. 164 ff.

Schoch, Friedrich: Privatisierung von Verwaltungsaufgaben, in: DVBl. 1994, S. 962 ff.

Scholz, Rupert: Die Koalitionsfreiheit als Verfassungsproblem, München 1971.

ders.: Verwaltungsverantwortung und Verwaltungsgerichtsbarkeit, in: VVDStRL Bd. 34 (1976), S. 145 ff.

ders.: Rechtsfragen zur Verweisung zwischen Gesetz und Vertrag, in: Theo Mayer-Maly/ Reinhard Richardi/Herbert Schambeck/Wolfgang Zöllner (Hrsg.), Arbeitsleben und Rechtspflege. Festschrift für Gerhard Müller, Berlin 1981, S. 509 ff.

ders.: Rechtsfrieden im Rechtsstaat, in: NJW 1983, S. 705 ff.

ders.: Technik und Recht, in: Dieter Wilke (Hrsg.), FS zum 125-jährigen Bestehen der Juristischen Gesellschaft zu Berlin, Berlin u.a. 1984, S. 691 ff.

ders.: Koalitionsfreiheit, in: Josef Isensee/Paul Kirchhof (Hrsg.), Handbuch des Staatsrechts Bd. VI, 2. Aufl., Heidelberg 2001, § 151.

ders.: Staatsleitung im parlamentarischen Regierungssystem, in: Peter Badura/Horst Dreier (Hrsg.), Festschrift 50 Jahre Bundesverfassungsgericht, Bd. II, Tübingen 2002, S. 663 ff. (zitiert: FS BVerfG II/2).

ders./Langer, Stefan: Europäischer Binnenmarkt und Energiepolitik, Berlin 1992.

dies.: Rechtsfragen eines europäischen Binnenmarktes für Energie, in: ET 1992, S. 851 ff.

Schorkopf, Frank: Die »vereinbarte« Novellierung des Atomgesetzes in: NVwZ 2000, S. 1111 ff.

Schrader, Christian: Das Kooperationsprinzip – ein Rechtsprinzip?, in: DÖV 1990, S. 326 ff.

Schreckenberger, Waldemar: Krise der Gesetzgebung?, in: ders./Klaus König/Wolfgang Zeh (Hrsg.), Gesetzgebungslehre. Grundlagen – Zugänge – Anwendung, Stuttgart/Berlin/Köln/Mainz 1986, S. 21 ff.

Schreckenberger, Waldemar/König, Klaus/Zeh, Wolfgang (Hrsg.): Gesetzgebungslehre. Grundlagen – Zugänge – Anwen-dung, Stuttgart/Berlin/Köln/Mainz 1986.

Schreyer, Edith: Pluralistische Entscheidungsgremien im Bereich sozialer und kultureller Staatsaufgaben. Eine verwaltungs- und verfassungsrechtliche Untersuchung am Beispiel der Bundesprüfstelle für jugendgefährdende Schriften, der Jugendwohlfahrtsausschüsse und der Filmförderungsanstalt, Berlin 1982.

Schröder, Heinrich Josef: Gesetzgebung und Verbände. Ein Beitrag zur Institutionalisierung der Verbandsbeteiligung an der Gesetzgebung, Berlin 1976.

Schröder, Meinhard: Der Verwaltungsvorbehalt, in: DVBl. 1984, S. 814 ff.

ders.: Aufgaben der Bundesregierung, in: Josef Isensee/Paul Kirchhof (Hrsg.), Handbuch des Staatsrechts Bd. II, 2. Aufl., Heidelberg 1998, § 50.

ders.: Bildung, Bestand und parlamentarische Verantwortung der Bundesregierung, in: Josef Isensee/Paul Kirchhof (Hrsg.), Handbuch des Staatsrechts Bd. II, 2. Aufl., Heidelberg 1998, § 51.

ders.: Konsensuale Instrumente des Umweltschutzes, in: NVwZ 1998, S. 1011 ff.

Schüle, Adolf: Koalitionsvereinbarungen im Lichte des Verfassungsrechts. Eine Studie zur deutschen Lehre und Praxis, Tübingen 1964.

Schulin, Bertram: Rechtliche Grundprinzipien der gesetzlichen Krankenversicherung und ihre Probleme, in: ders. (Hrsg.), Handbuch des Sozialversicherungsrechts Bd. I: Krankenversicherungsrecht, München 1994, § 6.

ders.: Verträge mit den Leistungserbringern im Pflegeversicherungsrecht (SGB XI), in: VSSR 1994, S. 285 ff.

Schulte, Martin: Schlichtes Verwaltungshandeln. Verfassungs- und verwaltungsrechtsdogmatische Strukturüberlegungen am Beispiel des Umweltrechts, Tübingen 1995.

Schulz, Klaus-Peter: Die Task-Force Netzzugang, in: ET 2002, S. 216 ff.

Schulze, Olaf: Die Auskunftspflicht der Versorgungsnetzbetreiber über Netznutzungsentgelte, in: ET 2001, S. 399 ff.

Schulze-Fielitz, Helmuth: Gesetzgebung als materiales Verfassungsverfahren, in: NVwZ 1983, S. 709 ff.

ders.: Das Parlament als Organ der Kontrolle im Gesetzgebungsprozeß, in: Horst Dreier/Jochen Hofmann (Hrsg.), Parlamentarische Souveränität und technische Entwicklung, Berlin 1986, S. 71 ff.

ders.: Theorie und Praxis parlamentarischer Gesetzgebung – insbesondere des 9. Deutschen Bundestages (1980–1983) –, Berlin 1988.

ders.: Parlamentsbrauch, Gewohnheitsrecht, Observanz, in: Hans – Peter Schneider/Wolfgang Zeh (Hrsg.), Parlamentsrecht und Parlamentspraxis in der Bundesrepublik Deutschland, Berlin 1989, § 11.

ders.: Staatsaufgabenentwicklung und Verfassung. Zur normativen Kraft der Verfassung für das Wachstum und die Begrenzung der Staatsaufgaben, in: Dieter Grimm (Hrsg.), Wachsende Staatsaufgaben – sinkende Steuerungsfähigkeit des Rechts, Baden-Baden 1990, S. 11 ff.

ders.: Informales oder illegales Verwaltungshandeln?, in: Arthur Benz/Wolfgang Seibel (Hrsg.), Zwischen Kooperation und Korruption: Abweichendes Verhalten in der Verwaltung, Baden-Baden 1992, S. 233 ff.

ders.: Der Leviathan auf dem Weg zum nützlichen Haustier?, in: Rüdiger Voigt (Hrsg.), Abschied vom Staat – Rückkehr zum Staat, Baden-Baden 1993, S. 95 ff.

ders.: Zeitoffene Gesetzgebung, in: Wolfgang Hoffmann-Riem/Eberhard Schmidt-Aßmann (Hrsg.), Innovation und Flexibilität des Verwaltungshandelns, Baden-Baden 1994, S. 139 ff.

ders.: Kooperatives Recht im Spannungsfeld zwischen Rechtsstaatsprinzip und Verfahrensökonomie, in: Nicolai Dose/Rüdiger Voigt (Hrsg.), Kooperatives Recht, Baden-Baden 1995, S. 225 ff.

ders.: Gesetzgebungslehre als Soziologie der Gesetzgebung, in: Horst Dreier (Hrsg.), Rechtssoziologie am Ende des 20. Jahrhunderts. Gedächtnissymposium für Edgar Michael Wenz, Tübingen 2000, S. 156 ff.

Schulze-Osterloh, Joachim: Die Reform der Konzernrechnungslegung nach IAS und US-GAAP, in: Peter Hommelhoff/Volker Röhricht (Hrsg.), Gesellschaftsrecht 1997, Köln 1998, S. 301 ff.

Schuppert, Gunnar Folke: Die Erfüllung öffentlicher Aufgaben durch verselbständigte Verwaltungseinheiten. Eine verwaltungswissenschaftliche Untersuchung, Göttingen 1981.

ders.: Selbstverwaltung als Beteiligung Privater an der Staatsverwaltung? Elemente zu einer Theorie der Selbstverwaltung, in: Albert v. Mutius (Hrsg.), Selbstverwaltung im Staat der Industriegesellschaft. Festgabe zum 70. Geburtstag von Georg Christoph v. Unruh, Heidelberg 1983, S. 183 ff.

ders.: Die Einheit der Verwaltung als Rechtsproblem, in: DÖV 1987, S. 757 ff.

ders.: Zur Neubelebung der Staatsdiskussion: Entzauberung des Staates oder »Bringing the State back in«?, in: Der Staat Bd. 28 (1989), S. 91 ff.

ders.: Selbstverwaltung, Selbststeuerung, Selbstorganisation – Zur Begrifflichkeit einer Wiederbelebung des Subsidiaritätsgedankens, in: AöR Bd. 114 (1989), S. 127 ff.

ders.: Recht als Steuerungsinstrument: Grenzen und Alternativen rechtlicher Steuerung, in: Thomas Ellwein/Joachim Jens Hesse (Hrsg.), Staatswissenschaften: Vergessene Disziplin oder neue Herausforderung?, Baden-Baden 1990, S. 73 ff.

ders.: Verwaltungsrechtswissenschaft als Steuerungswissenschaft. Zur Steuerung des Verwaltungshandelns durch Verwaltungsrecht, in: Wolfgang Hoffmann-Riem/Eberhard Schmidt-Aßmann/ders. (Hrsg.), Reform des Allgemeinen Verwaltungsrechts. Grundfragen, Baden-Baden 1993, S. 65 ff.

ders.: Assoziative Demokratie. Zum Platz des organisierten Menschen in der Demokratietheorie, in: Ansgar Klein/Rainer Schmalz-Bruns (Hrsg.), Politische Beteiligung und Bürgerengagement in Deutschland, Baden-Baden 1997, S. 114 ff.

ders.: Geändertes Staatsverständnis als Grundlage des Organisationswandels öffentlicher Aufgabenwahrnehmung, in: Dietrich Budäus (Hrsg.), Organisationswandel öffentlicher Aufgabenwahrnehmung, Baden-Baden 1998, S. 19 ff.

ders.: Die öffentliche Verwaltung im Kooperationsspektrum staatlicher und privater Aufgabenerfüllung: Zum Denken in Verantwortungsstufen, in: Die Verwaltung Bd. 31 (1998), S. 415 ff.

ders.: Jenseits von Privatisierung und »schlankem« Staat: Vorüberlegungen zu einem Konzept von Staatsentlastung durch Verantwortungsteilung, in: Christoph Gusy (Hrsg.), Privatisierung von Staatsaufgaben: Kriterien-Grenzen-Folgen, Baden-Baden 1998, S. 72 ff.

ders.: Verwaltungswissenschaft. Verwaltung, Verwaltungsrecht, Verwaltungslehre, Baden-Baden 2000.

ders.: Das Konzept der regulierten Selbstregulierung als Bestandteil einer als Regelungswissenschaft verstandenen Rechtswissenschaft, in: Regulierte Selbstregulierung als Steuerungskonzept des Gewährleistungsstaates, Die Verwaltung, Beiheft 4 (2001), S. 201 ff.

Schürmann, Martin: Grundlagen und Prinzipien des legislatorischen Einleitungsverfahrens nach dem Grundgesetz, Berlin 1987.
Schütz, Erwin: Die Beteiligung von Verbänden an beamtenrechtlichen Regelungen, in: DÖD 1968, S. 161 ff.
Schwab, Martin: Rechtsfragen der Politikberatung im Spannungsfeld zwischen Wissenschaftsfreiheit und Unternehmensschutz, Tübingen 1999.
Schweitzer, Michael: Staatsrecht III. Staatsrecht, Völkerrecht, Europarecht, 7. Aufl., Heidelberg 2000.
Schweizer, Urs: Vertragstheorie, Tübingen 1999.
Schwerdtfeger, Gunther: Optimale Methodik der Gesetzgebung als Verfassungspflicht, in: Rolf Stödter/Werner Thieme (Hrsg.), Hamburg, Deutschland, Europa. Festschrift für Hans-Peter Ipsen, Tübingen 1977, S. 173 ff.
ders.: Die Leistungsansprüche der Versicherten im Rechtskonkretisierungskonzept des SGB V, in: NZS 1998, S. 49 ff. (Teil 1) und S. 97 ff. (Teil 2).
ders.: Verfassungswidrige und EG-widrige Vorschlagsrechte im Entwurf eines Festbetrags-Neuordnungsgesetzes (§ 35 SGB V neu), in: NZS 2000 S. 67 ff.
Schwierz, Matthias: Die Privatisierung des Staates am Beispiel der Verweisungen auf die Regelwerke privater Regelgeber im privaten Sicherheitsrecht, Frankfurt a.M. 1986.
Schwintowski, Hans-Peter: Der Netzverbundvertrag: Dogmatik und Leistungsfähigkeit eines Modells, in: ZNER 2001, S. 215 ff.
ders.: Gute fachliche Praxis oder »Verhexung des Denkens«, in: ZNER 2002, S. 205 f.
Seer, Roman: Verständigungen im Steuerverfahren, Köln 1996.
Selmer, Peter: Steuerinterventionismus und Verfassungsrecht, Frankfurt a.M. 1972.
Sendler, Horst: Anwendungsfeindliche Gesetzesanwendung – Ausstiegsorientierter Gesetzesvollzug im Atomrecht, in: DÖV 1992, S. 181 ff.
ders.: Selbstregulierung im Konzept des Umweltgesetzbuches, in: Michael Kloepfer (Hrsg.), Selbst-Beherrschung im technischen und ökologischen Bereich. Selbststeuerung und Selbstregulierung in der Technikentwicklung und im Umweltschutz, Berlin 1998, S. 135 ff.
ders.: Überlegungen zur geplanten Atomgesetz-Novelle, in: Fritz Ossenbühl (Hrsg.), Deutscher Atomrechtstag 2000, Baden-Baden 2001, S. 185 ff.
Simons, Thomas: Verfahren und verfahrensäquivalente Rechtsformen im Sozialrecht. Rechtsvergleichende Untersuchung der Ordnungsformen der Leistungsabwicklung im Sozialrecht am Beispiel des deutschen und des italienischen Rechts, Baden-Baden 1985.
Simson, Werner v.: Planänderung als Rechtsproblem, in: Josef H. Kaiser (Hrsg.), Planung I. Recht und Politik der Planung in Wirtschaft und Gesellschaft, Baden-Baden 1965, S. 405 ff.
Smend, Rudolf: Der Niedersächsische Kirchenvertrag und das heutige deutsche Staatskirchenrecht, in: JZ 1956, S. 50 ff.
ders.: Verfassung und Verfassungsrecht (1928), in: ders., Staatsrechtliche Abhandlungen und andere Aufsätze, 3. Aufl., Berlin 1994, S. 119 ff.
ders.: Bürger und Bourgeois im deutschen Staatsrecht (1933), in: ders., Staatsrechtliche Abhandlungen und andere Aufsätze, 3. Aufl., Berlin 1994, S. 309 ff.
ders.: Staat und Kirche nach dem Bonner Grundgesetz, in: ZevKR Bd. 1 (1951), S. 4 ff.
ders.: Reichskonkordat und Schulgesetzgebung (1956), in: ders., Staatsrechtliche Abhandlungen und andere Aufsätze, 3. Aufl., Berlin 1994, S. 487 ff., 495 ff. (erstmals abgedruckt in: JZ 1956, S. 265 ff., 395 f.).
Sobota, Katharina: Das Prinzip Rechtsstaat. Verfassungs- und verwaltungsrechtliche Aspekte, Tübingen 1997.

Sodan, Helge: Kollegiale Funktionsträger als Verfassungsproblem. Dargestellt unter besonderer Berücksichtigung der Kunststoffkommission des Bundesgesundheitsamtes und der Transparenzkommission, Frankfurt a.M. 1986.

ders.: Freie Berufe als Leistungserbringer im Recht der gesetzlichen Krankenversicherung. Ein verfassungs- und verwaltungsrechtlicher Beitrag zum Umbau des Sozialstaates, Tübingen 1997.

ders.: Normsetzungsverträge im Sozialversicherungsrecht, in: NZS 1998, S. 305 ff.

ders.: Das Prinzip der Widerspruchsfreiheit der Rechtsordnung, in: JZ 1999, S. 864 ff.

ders.: Der Anspruch auf Rechtsetzung und seine prozessuale Durchsetzbarkeit, in: NVwZ 2000, S. 601 ff.

Soell, Hermann: Schutzgebiete, in: NuR 1993, S. 301 ff.

Sontheimer, Kurt: Pluralismus, in: ders./Hans-H. Röhring (Hrsg.), Handbuch des politischen Systems der Bundesrepublik Deutschland, München/Zürich 1977, S. 487 ff.

Spannowsky, Willy: Grenzen des Verwaltungshandelns durch Verträge und Absprachen, Berlin 1994.

Staats, Johann-Friedrich: Verweisung und Grundgesetz, in: Jürgen Rödig (Hrsg.), Studien zu einer Theorie der Gesetzgebung, Berlin/Heidelberg/New York 1976, S. 254 ff.

ders.: Zur Problematik bundesrechtlicher Verweisungen auf Regelungen privatrechtlicher Verbände, in: ZRP 1978, S. 59 ff.

Stammer, Otto/Hirsch-Weber, Wolfgang/Diederich, Nils/Gerschmann, Annemarie/Gottschalch, Wilfried/Grohs, Gerhard/Gustävel, Hans: Verbände und Gesetzgebung. Die Einflußnahme der Verbände auf die Gestaltung des Personalvertretungsgesetzes, Köln/Opladen 1965.

Starck, Christian: Der Gesetzesbegriff des Grundgesetzes. Ein Beitrag zum juristischen Gesetzesbegriff, Baden-Baden 1970.

ders.: Grundrechtliche und demokratische Freiheitsidee, in: Josef Isensee/Paul Kirchhof (Hrsg.), Handbuch des Staatsrechts Bd. II, 2. Aufl., Heidelberg 1998, § 29.

Staupe, Jürgen: Parlamentsvorbehalt und Delegationsbefugnis. Zur »Wesentlichkeitstheorie« und zur Reichweite legislativer Regelungskompetenz, insbesondere im Schulrecht, Berlin 1986.

Steffani, Winfried: Vom Pluralismus zum Neopluralismus, in: Heinrich Oberreuter (Hrsg.), Pluralismus – Grundlegung und Diskussion, Opladen 1980, S. 37 ff.

Stein, Ekkehart: Der Verwaltungsvertrag und die Gesetzmäßigkeit der Verwaltung, in: AöR Bd. 86 (1961), S. 320 ff.

Steinberg, Rudolf: Das Verhältnis der Interessenverbände zu Regierung und Parlament. Bestehende Formen ihrer staatsrechtlichen Institutionalisierung, in: ZRP 1972 S. 207 ff.

ders.: Parlament und organisierte Interessen, in: Hans – Peter Schneider/Wolfgang Zeh (Hrsg.), Parlamentsrecht und Parlamentspraxis in der Bundesrepublik Deutschland, Berlin 1989, § 7.

ders.: Kritik von Verhandlungslösungen, insbesondere von mittlerunterstützten Entscheidungen, in: Wolfgang Hoffmann-Riem/Eberhard Schmidt-Aßmann (Hrsg.), Konfliktbewältigung durch Verhandlung. Bd. I: Informelle und mittlerunterstützte Verhandlungen in Verwaltungsverfahren, Baden-Baden 1990, S. 295 ff.

ders.: Verfassungsrechtliche Fragen einer Reform des Atomrechts, insbesondere der Verteilung der Verwaltungskompetenzen im Bundesstaat, in: Rudolf Lukes/Adolf Birkhofer (Hrsg.), 9. Deutsches Atomrechtssymposium, Köln/Berlin/Bonn/München 1991, S. 67 ff.

ders.: Die energiewirtschaftliche Nutzung der Kernenergie, in: Michael Kloepfer (Hrsg.), Technikumsteuerung als Rechtsproblem. Rechtsfragen der Einführung der Gentechnik und des Ausstiegs aus der Atomenergie, Berlin 2002, S. 139 ff.

Steinberger, Helmut: Allgemeine Regeln des Völkerrechts, in: Josef Isensee/Paul Kirchhof (Hrsg.), Handbuch des Staatsrechts Bd. VII, Heidelberg 1992, § 173.

Steiner, Udo: Öffentliche Verwaltung durch Private. Allgemeine Lehren, Hamburg 1975.

Stelkens, Paul / Bonk, Heinz Joachim / Sachs, Michael: Verwaltungsverfahrensgesetz. Kommentar, 6. Aufl., München 2001.

Stern, Klaus: Zur Grundlegung einer Lehre des öffentlich-rechtlichen Vertrages, in: VerwArch Bd. 49 (1958), S. 106 ff.

ders.: Ermessen und unzulässige Ermessensausübung. Eine Analyse der subjektiven und objektiven Elemente, Berlin 1964.

ders.: Das Gesetz zur Förderung der Stabilität und des Wachstums der Wirtschaft. Einige Grundsatzfragen, in: DÖV 1967, S. 657 ff.

ders.: Das Staatsrecht der Bundesrepublik Deutschland, Bd. I: Grundbegriffe und Grundlagen des Staatsrechts, Strukturprinzipien, 2. Aufl., München 1984; Bd. II: Staatsorgane, Staatsfunktionen Finanz- und Haushaltsverfassung, Notstandsverfassung, München 1980; Bd. III/1: Allgemeine Lehren der Grundrechte, München 1988; Bd. III/2: Allgemeine Lehren der Grundrechte, München 1994.

ders.: Die clausula rebus sic stantibus im Verwaltungsrecht, in: Dieter Schwab/Dieter Giesen (Hrsg.), Staat, Kirche, Wissenschaft in einer pluralistischen Gesellschaft. Festschrift zum 65. Geburtstag von Paul Mikat, Berlin 1989, S. 775 ff.

ders.: Idee und Elemente eines Systems der Grundrechte, in: Josef Isensee/Paul Kirchhof (Hrsg.), Handbuch des Staatsrechts Bd. V, 2. Aufl., Heidelberg 2000, § 109.

ders. / Burmeister, Joachim: Die Verfassungsmäßigkeit eines landesrechtlichen Planungsgebots, Düsseldorf 1975.

ders. / Münch, Paul: Gesetz zur Förderung der Stabilität und des Wachstums der Wirtschaft vom 8. Juni 1967, 2. Aufl.; Stuttgart/Berlin/Mainz/Köln, 1973.

ders. / Nierhaus, Michael: Das Regionalprinzip im öffentlich-rechtlichen Sparkassenwesen, Heidelberg 1991.

Stettner, Rupert: Die Bindung der Gemeinde durch den Folgekostenvertrag, in: AöR Bd. 102 (1977), S. 544 ff.

ders.: Grundfragen einer Kompetenzlehre, Berlin 1983.

Stich, Rudolf: Die heutige Bedeutung vertraglicher Regelung Regelungen zwischen Gemeinde und Investoren für die städtebauliche Entwicklung, in: DVBl. 1997, S. 317 ff.

ders.: Die Rechtsentwicklung von der imperativen zur kooperativen Städtebaupolitik, in: ZfBR 1999, S. 304 ff.

Stolleis, Michael: Geschichte des öffentlichen Rechts in Deutschland, Bd. 1: Reichspublizistik und Policeywissenschaft 1600–1800, München 1988.

ders.: Parteienstaatlichkeit – Krisensymptome des demokratischen Verfassungsstaats?, in: VVDStRL Bd. 44 (1986), S. 7 ff.

Storr, Stefan: Der Staat als Unternehmer. Öffentliche Unternehmen in der Freiheits- und Gleichheitsdogmatik des nationalen Rechts und des Gemeinschaftsrechts, Tübingen 2001.

Strausz, Roland: Regulation in a political economy: explaining limited commitment and the ratchet effect, in: Econ. Gov. 2000, S. 181 ff.

Streckel, Siegmar: Die Ruhrkohle AG. Entstehungsgeschichte und Zulässigkeit, Frankfurt a.M. 1973.

Streeck, Wolfgang: Einleitung des Herausgebers: Staat und Verbände: Neue Fragen. Neue Antworten?, in: ders. (Hrsg.), Staat und Verbände. PVS-Sonderheft 25 (1994), S. 7 ff.

ders./Schmitter, Philippe C.: Gemeinschaft, Markt und Staat – und die Verbände? Der mögliche Beitrag von Interessenregierungen zur sozialen Ordnung, in: Journal für Sozialforschung Bd. 25 (1985), S. 133 ff.

Stüer, Bernhard: Das Bauplanungsrecht in den neuen Bundesländern, in: DVBl. 1992, S. 266 ff.

ders./Loges, Sandra: Ausstieg aus der Atomenergie zum Nulltarif?, in: NVwZ 2000, S. 9 ff.

Stuible-Treder, Jutta: Der Beliehene im Verwaltungsrecht, Tübingen 1986 (Diss. jur.).

Sturm, Gerd: Probleme eines Verzichts auf Grundrechte, in: Gerhard Leibholz/Hans-Joachim Faller/Paul Mikat/Hans Reis (Hrsg.), Menschenwürde und freiheitliche Rechtsordnung. Festschrift für Willi Geiger, Tübingen 1974, S. 173 ff.

Stuzky, Hartmut: Auswirkungen des Sozialstaatsprinzips auf das Beamtenverhältnis unter Berücksichtigung der Fürsorgepflicht des Dienstherrn, Würzburg 1967 (Diss. jur.).

Sudhof, Margaretha: Das prozedurale Recht als »Steuerungskonzept«?, in: Axel Görlitz/Rüdiger Voigt (Hrsg.), Postinterventionistisches Recht. Jahresschrift für Rechtspolitologie Bd. 4, Pfaffenweiler 1990, S. 53 ff.

Süsterhenn, Adolf: Das Subsidiaritätsprinzip als Grundlage der vertikalen Gewaltenteilung, in: Theodor Maunz (Hrsg.), Vom Bonner Grundgesetz zur gesamtdeutschen Verfassung. Festschrift zum 75. Geburtstag von Hans Nawiasky, München 1956, S. 141 ff.

Taupitz, Jochen: Die Standesordnungen der freien Berufe. Geschichtliche Entwicklung, Funktionen, Stellung im Rechtssystem, Berlin/New York 1991.

Terrahe, Jürgen: Die Beleihung als Rechtsinstitut des Staatsorganisation, Münster 1961 (Diss. jur.).

Teubner, Gunther: Zu den Regelungsproblemen der Verbände – Neo-Korporatismus und innerverbandliche Opposition, in: JZ 1978, S. 545 ff.

ders.: Neo-Korporatistische Strategien rechtlicher Organisationssteuerung: Staatliche Strukturvorgaben für die gesellschaftliche Verarbeitung politischer Konflikte, in: ZParl Bd. 10 (1979), S. 487 ff.

ders.: Reflexives Recht, in: ARSP Bd. 68 (1982), S. 13 ff.

ders.: Verrechtlichung – Begriffe, Merkmale, Grenzen, Auswege, in: Friedrich Kübler (Hrsg.), Verrechtlichung von Wirtschaft, Arbeit und sozialer Solidarität, Frankfurt a.M. 1985, S. 289 ff.

ders.: Gesellschaftsordnung und Gesetzgebungslärm. Autopoietische Geschlossenheit als Problem für die Rechtsetzung, in: Dieter Grimm/Werner Maihofer (Hrsg.), Gesetzgebungstheorie und Rechtspolitik. Jahrbuch für Rechtssoziologie und Rechtstheorie Bd. 13 (1988), S. 45 ff.

ders.: Recht als autopoietisches System, Frankfurt a.M. 1989

ders. (Hrsg.): A Global Law without the State, Aldershot 1997.

ders.: Privatregimes: Neo-Spontanes Recht und duale Sozialverfassungen in der Weltgesellschaft?, in: Dieter Simon/Manfred Weiss (Hrsg.), Zur Autonomie des Individuums. Liber Amicorum Spiros Simitis, Baden-Baden 2000, S. 437 ff.

ders./Willke, Helmut: Kontext und Autonomie: Gesellschaftliche Selbststeuerung durch reflexives Recht, in: ZfRSoz Bd. 6 (1984) S. 4 ff.

Theobald, Christian/de Wyl, Christian/Deschler, Sebastian: Der Netznutzungsvertrag, in: ZNER 2001, S. 24 ff.

Theobald, Christian/Zenke, Ines: Der Zugang zu Strom- und Gasnetzen, in: WuW 2001, S. 19 ff.

Thoma, Richard: Das System der subjektiven öffentlichen Rechte und Pflichten, in: Gerhard Anschütz/ders. (Hrsg.), Handbuch des deutschen Staatsrechts, Zweiter Band, Tübingen 1932, S. 607 ff.

Thum, Horst: Mitbestimmung in der Montanindustrie. Der Mythos vom Sieg der Gewerkschaft, Stuttgart 1982.

Thum, Marcel: Netzwerkeffekte, Standardisierung und staatlicher Regulierungsbedarf, Tübingen 1995.

Tomuschat, Christian: Verfassungsgewohnheitsrecht? Eine Untersuchung zum Staatsrecht der Bundesrepublik Deutschland, Heidelberg 1972.

ders.: Die Auslegung von »Zwischenländerrecht«, in: DÖV 1975, S. 453 ff.

ders.: Der Verfassungsstaat im Geflecht der internationalen Beziehungen, in: VVDStRL Bd. 36 (1978), S. 7 ff.

ders.: Die staatsrechtliche Entscheidung für die internationale Offenheit, in: Josef Isensee/Paul Kirchhof (Hrsg.), Handbuch des Staatsrechts Bd. VII, Heidelberg 1992, § 172.

Tonner, Klaus: Kritik des prozeduralen Rechtskonstrukts, in: Axel Görlitz/Rüdiger Voigt (Hrsg.), Postinterventionistisches Recht. Jahresschrift für Rechtspolitologie Bd. 4, Pfaffenweiler 1990, S. 65 ff.

Traxler, Franz/Vobruba, Georg: Selbststeuerung als funktionales Äquivalent zum Recht? Zur Steuerungskapazität von neokorporatistischen Arrangements und reflexivem Recht, in: ZfS Bd. 16 (1987), S. 3 ff.

Treutner, Erhard: Kooperativer Rechtsstaat. Das Beispiel der Sozialverwaltung, Baden-Baden 1998.

ders.: Verhandlungsstaat oder kooperativer Staat, 2. Aufl., 1999, unter: <http://www.rz.unibw-muenchen.de/~s11bsowi/ifsnachrichten.html> (14. August 2000).

Triepel, Heinrich: Völkerrecht und Landesrecht, Leipzig 1899.

ders.: Delegation und Mandat im öffentlichen Recht. Eine kritische Studie, Stuttgart/Berlin 1942.

Truman, David B.: The Governmental Process. Political interests and public opinion, New York 1951.

Trute, Hans-Heinrich: Vorsorgestrukturen und Luftreinhalteplanung im Bundesimmisionsschutzgesetz, Heidelberg 1989.

ders.: Die Forschung zwischen grundrechtlicher Freiheit und staatlicher Institutionalisierung. Das Wissenschaftsrecht als Recht kooperativer Verwaltungsvorgänge, Tübingen 1994.

ders.: Verwaltung und Verwaltungsrecht zwischen gesellschaftlicher Selbstregulierung und staatlicher Steuerung, in: DVBl. 1996, S. 950 ff.

ders.: Vom Obrigkeitsstaat zur Kooperation, in: Reinhard Hendler/Peter Marburger/Michael Reinhardt/Meinhard Schröder (Hrsg.), Rückzug des Ordnungsrechts im Umweltschutz, UTR Bd. 48, Berlin 1999, S. 13 ff.

ders.: Verantwortungsteilung als Schlüsselbegriff eines sich verändernden Verhältnisses von öffentlichem und privaten Sektor, in: Gunnar Folke Schuppert (Hrsg.), Jenseits von Privatisierung und »schlankem Staat«. Verantwortungsteilung als Schlüsselbegriff eines sich verändernden Verhältnisses von öffentlichem und privatem Sektor, Baden-Baden 1999, S. 11 ff.

Tsatsos, Dimitris Th./Morlok, Martin: Parteienrecht. Eine verfassungsrechtliche Einführung, Heidelberg 1982.

Tschwerwinka, Ralf: Absprachen im Strafprozeß, Frankfurt a.M/Berlin/Bern u.a. 1995.

Tüngler, Stefan: Der Netzzugang in der Elektrizitätswirtschaft auf der Grundlage des Energiewirtschaftsgesetzes (EnWG), Frankfurt a.M./Berlin/Bern u.a. 2002.

Uerpmann, Robert: Die Europäische Menschenrechtskonvention und die deutsche Rechtsprechung. Ein Beitrag zum Thema Völkerrecht und Landesrecht, Berlin 1993.

Uhle, Arnd: Parlament und Rechtsverordnung, München 1999.

Ule, Carl Hermann: Welche Rechtsfolgen hat das Fehlen der Beteiligung der Spitzenorganisationen der zuständigen Gewerkschaften bei der Vorbereitung allgemeiner Regelungen der beamtenrechtlichen Verhältnisse?, in: ZBR 1962, S. 171 ff.

ders.: Zur Bedeutung des Rechtsstaatsbegriffs in der Rechtsprechung des Bundesverwaltungsgerichts, in: DVBl. 1963, S. 475 ff.

ders.: Über die Anwendung der clausula rebus sic stantibus auf Kirchenverträge, in: Hans Spanner (Hrsg.), Festgabe für Theodor Maunz zum 70. Geburtstag am 1. September, München 1971, S. 415 ff.

ders./Laubinger, Hans Werner: Verwaltungsverfahrensrecht. Ein Lehrbuch für Studium und Praxis, 4. Aufl., Köln/Berlin/Bonn/München 1995.

Umbach, Dieter C.: Der beamtenrechtliche Beteiligungsanspruch und seine Entwertung durch die verwaltungsgerichtliche Rechtsprechung, in: ZBR 1998, S. 8 ff.

Ungemach, Manfred/Weber, Thomas: Verfahrensfragen des Netzzugangs bei Elektrizität und Gas, in: RdE 1999, S. 11 ff. (Teil 1) und S. 131 ff. (Teil 2)

Unruh, Peter: Demokratie und »Mitbestimmung« in der funktionalen Selbstverwaltung – am Beispiel der Emschergenossenschaft, in: VerwArch Bd. 92 (2001), S. 531 ff.

Vec, Milos: Aushöhlung des Staates? Selbst-Normierung im Staat der Industriegesellschaft als historisches Problem, in: Rechtshistorisches Journal Bd. 19 (2000), S. 517 ff.

Vedder, Christoph: Intraföderale Staatsverträge. Instrumente der Rechtsetzung im Bundesstaat, Baden-Baden 1996

Veit, Barbara: Die Rezeption technischer Regeln im Strafrecht und Ordnungswidrigkeitenrecht unter besonderer Berücksichtigung ihrer verfassungsrechtlichen Problematik, Düsseldorf 1989.

Verdross, Alfred/Simma, Bruno: Universelles Völkerrecht. Theorie und Praxis, 3. Aufl., Berlin 1984.

Versteyl, Ludger-Anselm: Der Einfluss der Verbände auf die Gesetzgebung, Bochum 1972.

Vesting, Thomas: Prozedurales Rundfunkrecht. Grundlagen – Elemente – Perspektiven, Baden-Baden 1997.

ders.: Kein Anfang und kein Ende. Die Systemtheorie als Herausforderung für Rechtswissenschaft und Rechtsdogmatik, 2001, unter: http://www.jura.uni-augsburg.de/fakultaet/vesting/downloads/downloadpub.html (15. Mai 2001); gekürzte Fassung auch in: JURA 2001, S. 299 ff.

Vieweg, Klaus: Normsetzung und -anwendung deutscher und internationaler Verbände. Eine rechtstatsächliche und rechtliche Untersuchung unter besonderer Berücksichtigung der Sportverbände, Berlin 1990.

Voelzkow, Helmut: Private Regierungen in der Techniksteuerung. Eine sozialwissenschaftliche Analyse der technischen Normung, Frankfurt a.M./New York 1996.

ders./Hilpert, Josef/Heinze, Rolf G.: »Regierung durch Verbände« – am Beispiel der umweltbezogenen Techniksteuerung, in: PVS Bd. 28 (1987), S. 80 ff.

Vogel, Klaus: Die Verfassungsentscheidung des Grundgesetzes für eine internationale Zusammenarbeit. Ein Diskussionsbeitrag zu einer Frage der Staatstheorie sowie des geltenden deutschen Staatsrechts, Tübingen 1964.

ders.: Öffentliche Wirtschaftseinheiten in privater Hand, Hamburg 1969.

ders.: Der Finanz- und Steuerstaat, in: Josef Isensee/Paul Kirchhof (Hrsg.), Handbuch des Staatsrechts Bd. I, 2. Aufl., Heidelberg 1995, § 27.

ders.: Wortbruch im Verfassungsrecht, in: JZ 1997, S. 161 ff.

Vogel, Werner: Vertrag und Vereinbarung, Bonn 1932.
Voigt, Rüdiger: Grenzen rechtlicher Steuerung. Zur Brauchbarkeit des Rechts als Steuerungsinstrument, in: ders. (Hrsg.), Recht als Instrument der Politik, Opladen 1986, S. 14 ff.
ders.: Grenzen des Rechts – eine Einleitung, in: Axel Görlitz/ders. (Hrsg.), Grenzen des Rechts. Jahresschrift für Rechtspolitologie Bd. 1, Pfaffenweiler 1987, S. 3 ff.
ders.: Grenzen des interventionistischen Rechtskonstrukts, in: Axel Görlitz/ders. (Hrsg.), Postinterventionistisches Recht. Jahresschrift für Rechtspolitologie Bd. 4, Pfaffenweiler 1990, S. 37 ff.
ders.: Der kooperative Staat (Einleitung), in: ders. (Hrsg.), Der kooperative Staat. Krisenbewältigung durch Verhandlung?, Baden-Baden 1995, S. 11 ff.
ders.: Der kooperative Staat, in: ders. (Hrsg.), Der kooperative Staat. Krisenbewältigung durch Verhandlung?, Baden-Baden 1995, S. 33 ff.
Völpel, Dagobert: Rechtlicher Einfluß von Wirtschaftsgruppen auf die Staatsgestaltung, Berlin 1972.
Voßkuhle, Andreas: Gesetzgeberische Regelungsstrategien der Verantwortungsteilung zwischen öffentlichem und privaten Sektor, in: Gunnar Folke Schuppert (Hrsg.), Jenseits von Privatisierung und »schlankem Staat«. Verantwortungsteilung als Schlüsselbegriff eines sich verändernden Verhältnisses von öffentlichem und privatem Sektor, Baden-Baden 1999, S. 47 ff.
ders.: »Regulierte Selbstregulierung« – Karriere eines Schlüsselbegriffs, in: Regulierte Selbstregulierung als Steuerungskonzept des Gewährleistungsstaates, Die Verwaltung, Beiheft 4 (2001), S. 197 ff.
ders.: Das Kooperationsprinzip im Immissionsschutzrecht, in: ZUR 2001, S. 23 ff.
ders.: Beteiligung Privater an der Wahrnehmung öffentlicher Aufgaben und staatliche Verantwortung, in: VVDStRL Bd. 62 (2003), S. 266 ff.
Waechter, Kay: Kooperationsprinzip, gesellschaftliche Eigenverantwortung und Grundpflichten. Verrechtlichung von ethischen Pflichten durch indirekte Steuerung, in: Der Staat Bd. 38 (1999), S. 279 ff.
Wagner, Hellmut: Atomkompromiß und Ausstiegsgesetz, in: NVwZ 2001, S. 1089 ff.
Wagnon, Henri: Concordats et droit international. Fondement, élaboration, valeur et cessation du droit concordataire, Gembloux 1935.
Wahl, Andreas: Kooperative Strukturen im Vertragsarztrecht, Berlin 2001.
Wahl, Rainer: Der Vorrang der Verfassung, in: Der Staat Bd. 20 (1981), S. 485 ff.
Walf, Knut: Wie sinnvoll sind heute noch Konkordate und Kirchenverträge?, in: Richard Puza/Abraham Peter Kustermann (Hrsg.), Neue Verträge zwischen Kirche und Staat. Die Entwicklung in Deutschland und Polen, Freiburg (Schweiz) 1996, S. 121 ff.
Wallerath, Maximilian: Öffentliche Bedarfsdeckung und Verfassungsrecht. Beschaffung und Leistungserstellung im Staat der Gegenwart, Baden-Baden 1988.
ders.: Rechtsetzungsbefugnis der Berufsgenossenschaften und Fachaufsicht, Berlin 1997.
Walter, Karl Maria/Keussler, Julia v.: Der diskriminierungsfreie Zugang zum Netz: Reichweite des Anspruchs auf Durchleitung„ in: RdE 1999, S. 190 ff. (Teil 1) und S. 223 ff. (Teil 2).
Walter, Robert: Partizipation an Verwaltungsentscheidungen, in: VVDStRL Bd. 31 (1973), S. 147 ff.
Waltermann, Raimund: Rechtsetzung durch Betriebsvereinbarungen zwischen Privatautonomie und Tarifautonomie, Tübingen 1996.
Walz, Gustav Adolf: Die »Vereinbarung« als Rechtsfigur des öffentlichen Rechts, in: AöR Bd. 53 (1928), S. 161 ff.

ders.: Völkerrecht und staatliches Recht. Untersuchungen über die Einwirkung des Völkerrechts auf das innerstaatliche Recht, Stuttgart 1933.

Wannagat, Georg (Hrsg.): Sozialgesetzbuch. Kommentar zum Recht des Sozialgesetzbuchs, Köln/Berlin/Bonn/München (Loseblatt, Stand des Gesamtwerkes: 2003).

Waskow, Siegfried: Mitwirkung von Naturschutzverbänden in Verwaltungsverfahren, Berlin 1990.

Wassermann, Rudolf (Hrsg.): Kommentar zum Grundgesetz für die Bundesrepublik Deutschland; Bd. 1: Art 1–27 GG; Bd. 2.: Art. 38–146, 2. Aufl. Neuwied 1989 (zitiert: Alternativ-Kommentar zum Grundgesetz).

Watzlawick, Paul: Wie wirklich ist die Wirklichkeit?, Wahn Täuschung – Verstehen, 11. Aufl. München 1983.

Weber, Hermann: Grundprobleme des Staatskirchenrechts, Bad Homburg v. d.h., Berlin, Zürich 1970.

Weber, Jürgen: Gefährdung der parlamentarischen Demokratie durch Verbände?, in: Heinrich Oberreuter (Hrsg.), Pluralismus – Grundlegung und Diskussion, Opladen 1980, S. 163 ff.

Weber, Werner: Koalitionsfreiheit und Tarifautonomie als Verfassungsproblem, Berlin 1965.

ders.: Staats- und Selbstverwaltung in der Gegenwart, 2. Aufl., Göttingen 1967.

ders.: Der nicht staatsunmittelbar öffentliche Organisationsbereich, in: Jur. Jahrb. Bd. 8 (1967/8), S. 137 ff.

ders.: Spannungen und Kräfte im westdeutschen Verfassungssystem, 3. Auflage, Berlin 1970.

Weber-Dürler, Beatrice: Vertrauensschutz im öffentlichen Recht, Basel/Frankfurt a.M. 1983.

Wefelmeier, Christian: Repräsentation und Abgeordnetenmandat. Zur aktuellen Bedeutung des Art. 38 Abs. 1 Satz 2 GG, Stuttgart/München/Hannover u.a. 1991.

Weiß, Wolfgang: Privatisierung und Staatsaufgaben. Privatisierungsentscheidungen im Lichte einer grundrechtlichen Staatsaufgabenlehre unter dem Grundgesetz, Tübingen 2002.

Weitzel, Christian: Justiziabilität des Rechtsetzungsermessen. Zugleich ein Beitrag zur Theorie des Ermessens, Berlin 1998.

Well, Paul: Die Allgemeinverbindlichkeits-Erklärung von Tarifverträgen, Heidelberg 1926.

Wendt, Rudolf: Eigentum und Gesetzgebung, Hamburg 1985.

Werle, Raymund: Staat und Standards, in: Renate Mayntz/Fritz W. Scharpf (Hrsg.), Gesellschaftliche Selbstregelung und politische Steuerung, Frankfurt a.M./New York 1995, S. 266 ff.

Werner, Fritz: Verwaltungsrecht als konkretisiertes Verfassungsrecht, in: DVBl. 1959, S. 527 ff.

Wesel, Uwe: Geschichte des Rechts. Von den Frühformen bis zum Vertrag von Maastricht, München 1997.

Weßels, Bernhard: Kommunikationspotentiale zwischen Bundestag und Gesellschaft: Öffentliche Anhörungen, informelle Kontakte und innere Lobby in wirtschafts- und sozialpolitischen Parlamentsausschüssen, in: ZParl 1987, S. 285 ff.

Westbomke, Konrad: Der Anspruch auf Erlaß von Rechtsverordnungen und Satzungen, Berlin 1976.

Weyer, Johannes: Einleitung. Zum Stand der Netzwerkforschung in den Sozialwissenschaften, in: ders. (Hrsg.), Soziale Netzwerke. Konzepte und Methoden der sozialwissenschaftlichen Netzwerkforschung, München/Wien 2000, S. 1 ff.

Weyreuther, Felix: Ablösungsverträge, entgegenstehende Rechtsvorschriften und gesetzliche Verbote, in: Heinrich Ackermann/Jan Albers/Karl August Bettermann (Hrsg.), Aus dem Hamburger Rechtsleben. Festschrift Walter Reimers zum 65. Geburtstag, Berlin 1979, S. 379 ff.

Widera, Bernd: Zur verfassungsrechtlichen Gewährleistung gemeindlicher Planungshoheit, Berlin 1985.

Wieland, Joachim: Das Kooperationsprinzip im Atomrecht, in: ZUR 2001, S. 20 ff.

ders.: Arbeitsmarkt und staatliche Lenkung, in: VVDStRL Bd. 59 (2000), S. 13 ff.

ders./Hellermann, Johannes: Das Verbot ausschließlicher Konzessionsverträge und die kommunale Selbstverwaltung, in: DVBl. 1996, S. 401 ff.

Wiethölter, Rudolf: Entwicklung des Rechtsbegriffs (am Beispiel des Bundesverfassungsgericht-Urteils zum Mitbestimmungsgesetz und – allgemeiner – an Beispielen des sog. Sonderprivatrechts), in: Volkmar Gessner/Gerd Winter (Hrsg.), Rechtsformen der Verflechtung von Staat und Wirtschaft. Jahrbuch für Rechtssoziologie und Rechtstheorie Bd. 8 (1982), S. 38 ff.

Wigge, Peter: Die Stellung der Ersatzkassen im gegliederten System der gesetzlichen Krankenversicherung nach dem GRG vom 20.12.1988. Zugleich ein Beitrag zur Notwendigkeit einer Organisationsreform in der GKV, Berlin 1992.

ders.: Die Neuregelung der vertragsärztlichen Versorgung der Ersatzkassen durch das Gesundheitsstrukturgesetz vom 21.12.1992 (GSG), in: VSSR 1993, S. 37 ff.

Wildhaber, Luzius: Vertrag und Gesetz. Konsensual- und Mehrheitsentscheid im schweizerischen Staatsrecht, in: ZSR Bd. 94 (1975), S. 113 ff.

ders.: Entstehung und Aktualität der Souveränität, in: Georg Müller/René A. Rhinow/Gerhard Schmid/ders. (Hrsg.), Staatsorganisation und Staatsfunktionen im Wandel. Festschrift für Kurt Eichenberger zum 60. Geburtstag, Basel/Frankfurt a.M. 1982, S. 131 ff.

Wilke, Dieter: Bundesverfassungsgericht und Rechtsverordnungen, in: AöR Bd. 98 (1973), S. 196 ff.

Williamson, Oliver E.: The Economic Institutions of Capitalism. Firms, Markets, Relational Contracting, New York/London 1985.

Williamson, Peter J.: Corporatism in Perspective. An Introductory Guide to Corporatist Theory, London/Newbury Park/New Delhi 1989.

Willke, Helmut: Gesellschaftssteuerung, in: Manfred Glagow (Hrsg.), Gesellschaftssteuerung zwischen Korporatismus und Subsidiarität, Bielefeld 1984, S. 29 ff.

ders.: Entzauberung des Staates. Grundlinien einer systemtheoretischen Argumentation, in: Thomas Ellwein/Joachim Jens Hesse/Renate Mayntz/Fritz W. Scharpf (Hrsg.), Jahrbuch zur Staats- und Verwaltungswissenschaft Bd. 1 (1987), S. 285 ff.

ders.: Kontextsteuerung durch Recht? Zur Steuerungsfunktion des Rechts in polyzentrischer Gesellschaft, in: Manfred Glagow/ders. (Hrsg.), Dezentrale Gesellschaftssteuerung. Probleme der Integration polyzentrischer Gesellschaft, Pfaffenweiler 1987, S. 3 ff.

ders.: Ironie des Staates, Frankfurt a.M. 1992.

ders.: Systemtheorie I: Grundlagen. Eine Einführung in die Grundlagen sozialer Systeme, 5. Aufl., Stuttgart 1996.

ders.: Supervision des Staates, Frankfurt a.M. 1997.

Wimmer, Raimund: Rechtsstaatliche Defizite im vertragsärztlichen Berufsrecht, in: NJW 1995, S. 1577 ff.

ders.: Verfassungsrechtliche Anforderungen an untergesetzliche Rechtsetzung im Vertragsarztrecht, in: MedR 1996, S. 425 ff.
ders.: Urteilsanmerkung, in: MedR 1997, S. 225 ff.
Winkler, Jürgen: Die verfassungsrechtliche Legitimation der Bundesanstalt für Arbeit zum Erlass arbeitsförderungsrechtlicher Anordnungen, Konstanz 1997.
Winkler, Günther / Schilcher, Bernd (Hrsg.): Gesetzgebung. Kritische Überlegungen zur Gesetzgebungslehre und zur Gesetzgebungstechnik, Berlin/New York 1981
Winter, Gerd: Das Vollzugsdefizit im Wasserrecht. Ein Beitrag zur Soziologie des öffentlichen Rechts, Berlin 1975.
Wohlgemuth, Hans H.: § 94 BBG als koalitionsrechtliche Mindestbeteiligung, in: ArbuR 1988, S. 308 ff.
Wolf, Martin: Corporate Governance – Der Import angelsächsischer »Self-Regulation« im Widerstreit zum deutschen Parlamentsvorbehalt, in: ZRP 2002, S. 59 ff.
Wolf, Rainer: Zur Antiquiertheit des Rechts in der Risikogesellschaft, in: Leviathan Bd. 15 (1987), S. 357 ff.
Wolf, Sebastian: Der Fall »LER« – ein Paradigmenwechsel im Selbstverständnis des Bundesverfassungsgerichts?, in: KJ Bd. 35 (2002), S. 250 ff.
Wolff, Hans-Julius / Bachof, Otto / Stober, Rolf: Verwaltungsrecht II, 5. Aufl., München 1987.
dies: Verwaltungsrecht III, 5. Aufl., München 1996.
dies.: Verwaltungsrecht I, 10. Aufl., München 1994.
Wolfrum, Rüdiger: Kontrolle der auswärtigen Gewalt, in: VVDStRL Bd. 56 (1997), S. 38 ff.
Würtenberger, Thomas: Staatsrechtliche Probleme politischer Planung, Berlin 1979.
Zacher, Hans F.: Das soziale Staatsziel, in: Josef Isensee / Paul Kirchhof (Hrsg.), Handbuch des Staatsrechts Bd. I, 2. Aufl., Heidelberg 1995, § 25.
Zeh, Wolfgang: Beratung von Gesetzen im Deutschen Bundestag, in: Werner Maihofer / Gustaf Lindencrona / Rolf Herber / Måns Jacobson / Wolfgang Zeh / Björn Edquist (Hrsg.): Theorie und Methoden der Gesetzgebung, Frankfurt a.M. 1983, S. 57 ff.
Zeibig, Jan: Vertragsnaturschutz als Beispiel konsensualen Verwaltungshandelns, Kiel 1998.
Zemlin, Hans: Die überbetrieblichen technischen Normen – ihre Wesensmerkmale und ihre Bedeutung im rechtlichen Bereich, Köln 1973.
Zezschwitz, Friedrich v.: Wirtschaftsrechtliche Lenkungstechniken: Selbstbeschränkungsabkommen, Gentleman's Agreement, Moral Suasion, Zwangskartell, in: JA 1978, S. 497 ff.
Zimmer, Gerhard: Funktion-Kompetenz-Legitimation. Gewaltenteilung in der Ordnung des Grundgesetzes. Staatsfunktionen als gegliederte Wirk- und Verantwortungsbereiche. Zu einer verfassungsgemäßen Funktions- und Interpretationslehre, Berlin 1979.
Zippelius, Reinhold: Rechtsphilosophie, 3. Aufl., München 1994.
Zöllner, Wolfgang / Loritz, Karl-Georg: Arbeitsrecht, 5. Aufl., München 1998.
Zuck, Rüdiger: Subsidiaritätsprinzip und Grundgesetz, München 1968.
Zuleeg, Manfred: Die Ermessensfreiheit des Verordnungsgebers, in: DVBl. 1970, S. 157 ff.

Stichwortverzeichnis

Allgemeinverbindlich(keits)erklärung 434 ff.
Anhörung im parlamentarischen Gesetzgebungsverfahren 91 ff.
– als Element des Staatswillensbildungsprozesses 166 ff.
– als (verfassungsrechtliche) Verpflichtung 116 ff., 132 ff.
– Beamtenrecht 117 ff.
– Funktionen 96 ff.
– Rahmenbedingungen, verfassungsrechtliche 123 ff., 143 ff., 168 ff.
– Rechtsfolgen unterlassener ~ 176 ff.
– Rechtsgrundlagen 112 ff., 121 ff., 123 ff.
– Teilnahmeanspruch 116 ff.
– und Gesetzgebungslehre 123 ff., 126 ff.
– und Gleichheitsgrundsätze 168 ff.
– und Grundrechte 136 ff., 141 f., 144 ff., 162 ff.
– und Statuslehre 141, 160 ff.
– Verfahrensermessen 116, 142
Atomkonsens 230 ff., 291 f., 313, 326 ff., 337, 346 (Fn. 403)

Bauplanungsabrede 576 ff.
– Abwägungsgebot 585 ff.
– Beurteilung, rechtliche 582 ff., 585 ff., 593 ff.
– Entwicklung 576 ff., 578 ff.
– Ersatzbindungen 594 ff.
– Verfahrensvorschriften 590 ff.
Beleihung 388 ff.
Betriebsvereinbarung 407 ff.

clausula rebus sic stantibus 287 ff., 297
Coase Theorem 42 ff.

Delegation (Art. 80 Abs. 1 GG) 381 ff.
– Erstdelegatare, numerus clausus der 384 f.
– Subdelegatare, Private als 385 ff., 390 ff.
Deutscher Corporate Governance Kodex (§ 161 AktG) 534 ff.

Gesetzesinitiativrecht 258 ff., 271 ff.
– Aspekt
  – äußerer 271 ff.
  – innerer 271 ff.
– Bindung, vertragliche, des ~s 266 ff., 271 ff.
  – Bundesminister 286 f.
  – Bundesregierung 271 ff.
  – Bundestag 292 ff., 300 ff.
  – Bundestagsabgeordnete 324 ff.
  – Fraktionen 324 f.
  – Grenze, zeitliche 287 ff.
  – Verfassungsorgantreue und ~ 280 ff.
  – Zustimmung, parlamentarische, zur ~n 278 ff.
– Inhaber 258 ff.
Gesetzgebung, parlamentarische (siehe auch „Parlamentsgesetz")
– Beteiligung Privater 94 f., 181 ff.
– Bindungsfreiheit 294 ff.
– Flexibilitätserfordernis 294 ff.
– im modernen Staat 2 f.
– Konsensorientierung 92 ff.
– Privatisierung 90
– Ratifizierungslage 280 ff., 309 f.
– Selbstbindung der ~n 300 ff.
– Vertragsgedanke in der ~n 94 f.
– Vertrauen auf ~ aufgrund parlamentarischer Zustimmung zu einem Gesetzgebungsvertrag 300 ff.
– Wesentlichkeitslehre und ~ 306 ff., 377 ff.
– Wirkungslosigkeit 4
Gesetzgebungslehre 126 ff.
– Anhörungen und ~ 127 f.
– als verfassungsrechtlicher Maßstab 132 ff.
Gesetzgebungsverfahren 258 ff.
– äußeres 129, 258 ff.
– Fehler im ~ 178 f., 290 f.
– inneres 130 f., 175

Gesetzgebungsvertrag 183 ff., 201 ff., 253 ff., 313
- Atomkonsens (siehe dort)
- Begriff 253 f.
- Ermächtigungsgrundlage, verfassungsrechtliche 267 ff.
- Kraft-Wärme-Kopplungsgesetz (siehe dort)
- LER-Vergleich (siehe dort)
- rechtswidriger ~ 289 ff.
- unechter ~ 263
- Solidarbeitrag der forschenden Arzneimittelhersteller (siehe dort)
- Staatskirchenvertrag (siehe dort)
- Staatsleitung und ~ 335 ff.
- Tauschgegenstand
  - des privaten Partners 337 ff.
  - des staatlichen Partners 254 ff., 325 ff.
- Vergleich, verfassungsprozessualer, und ~ 346 ff.
- Verwaltungskompetenzen 325 ff.
- Zustimmung, parlamentarische 325 ff.
Gleichheitsgrundsatz, demokratischer 168 ff., 319 ff.
governance 34
Grundrechtsverzicht 338 ff.
- Freiwilligkeit 344 ff.
- Konnexität 343 f.

Hierarchie 34 ff., 37 f.
- „Schatten der ~" (siehe dort)

Identitätsthese 300, 453 f. (Fn. 522)
Interessen
- Organisierbarkeit von ~ 46 f.
- Repräsentierbarkeit von ~ 171 (Fn. 396), 375
- Vertretung von ~ 103 ff., 600 (Fn. 113)
Interessenvertreter 101 ff.
- Körperschaften, öffentlich-rechtliche, als ~ 600 (Fn. 113)
- Verbände als ~ 103 ff.

Koalitionsfreiheit
- und Beamtenrecht 118 f., 177
Kollektivvertrag, Begriff 575 f.
Kompetenzbindung 254 f., 266 ff.
- als Vertragsgegenstand 254 ff.
- Gesetzesinitiativrecht (siehe dort „Bindung, vertragliche")
- Gleichheit und ~ 319 ff.

- Grenzen,
  - sachliche 287 ff., 317 ff.
  - zeitliche 287 ff., 315 ff., 683 f.
- Mißbrauch und ~ 317 ff.
Kompetenzen
- Ansatzpunkte für rechtliche Bindung 258 ff.
- Bindung von ~ 254 f., 266 ff. (siehe auch Kompetenzbindung)
- Teilung von ~ 254 f.
- Unverfügbarkeit von ~ 272 f.
- Unzulässigkeit der Bindung fremder ~ 261 ff., 684 ff.
- Verantwortung und ~ 255 ff.
Kooperation (siehe auch „Verhandlung") 64 ff.
- Akteure 68 ff.
- Begriffe 65 ff.
- Coase Theorem 42 ff.
- Externalitäten 46 ff., 425, 462
- Funktionen 69 ff.
- Gegenstandsbereiche 67 ff., 73 ff.
- Gemeinwohlorientierung 47 f.
- Implementation 40 ff.
- Richtigkeitsgewähr 43
- „Schatten der Hierarchie" (siehe dort)
- Verantwortung 48, 256 ff., 322
- Verteilungsgerechtigkeit 42
- -sidee 57
Kooperationsprinzip
- sozialrechtliches 69
- umweltrechtliches 68, 73 f.
Kraft-Wärme-Kopplungsgesetz 245 ff.

Legitimation, demokratische 351 ff., 354 ff.
- durch Parlamentsgesetz 352 f., 366 ff.
- funktionelle 361 ff.
- Recht, privates, und ~ 358 f.
- institutionelle 361 ff.
- Legitimationsniveau 364 ff.
- Objekt 357 ff.
- organisatorisch-personelle 360 ff.
- sachlich-inhaltliche 361
- Selbstverwaltung 445 ff.
- Subdelegation und ~ 393 ff.
- Subjekt 356 ff.
- Verweisung (siehe dort „Demokratieprinzip")
LER-Vergleich 185 ff., 346 ff.
logic of collective action 46 f.

Neokorporatismus 402 ff.
Netzwerk 57
– -effekt 552 f.
Netzzugang in der Energiewirtschaft 485 ff.
– Grundrechtsrelevanz 510 ff.
   – Durchleitungspetent 517 ff.
   – Netzinhaber 511 ff.
– verhandelter 485 ff., 488 ff., 490 ff.
– verordneter 488 ff., 520 ff.
Norm 77 f.
– Dispositions- 268 f.
– Ermächtigungs- 268 f.
– Vertrag und ~ 182, 292 ff., 672 f.
– -ergänzung 639 f., 644 f.
– -substitution 639
– -umsetzung 639
Normenvertrag 182 (siehe auch „Vertrag, normbezogener")
– Begriff 575
– , sozialversicherungsrechtlicher ~ 575, 598 ff., 707 ff.
   – Art. 9 Abs. 3 GG und ~ 719 ff.
   – Art. 87 Abs. 2 GG und ~ 708 ff., 715 ff.
   – Arzneimittelversorgung 624 ff.
   – Bindungswirkung 616 ff., 619 ff., 622, 623 f., 625 f., 628, 629 f.
   – Erweiterung des Kreises der Erstdelegatare nach Art. 87 Abs. 2 GG 708 ff.
   – Heil- und Hilfsmittelversorgung 624 ff.
   – Interessenheterogenität 697 ff.
   – Krankenhausrecht 619 ff.
   – Legitimation 695 ff.
   – Pflegeversicherung 627 ff.
   – Selbstverwaltung, gemeinsame (soziale) 411 ff., 696 ff., 702 ff.
   – Vergütungsvertrag 629 f.
   – Versorgungsvertrag 627 ff.
   – Vertragsarztrecht 607 ff., 610 ff.
Normsetzungsermessen 636 f., 673 ff.
Normsetzungsvertrag 182 f., 575 ff. (siehe auch „Vertrag, normbezogener")
– Begriff 575 f.

„Outsourcing", legislatives 479 ff.
– als Verweis 537 ff.
– Deutscher Corporate Governance Kodex (§ 161 AktG) 534 ff.
– Rechnungslegung nach ausländischen Regelwerken (§ 292a Abs. 2 Nr. 2 lit. a HGB) 530 f., 568 ff.
– Rechnungslegungsvorschriften durch privatrechtliche Einrichtungen (§ 342 HGB) 532 ff.
– Verbändevereinbarungen in der Energiewirtschaft (siehe dort)

pacta sunt servanda 195 f., 218 f., 268 f.
Parlamentsgesetz (siehe auch „Gesetzgebung, parlamentarische")
– als stabilisierender Faktor 298 ff.
– Begriff 91 f.
– Beteiligung Privater 181 ff.
– Geltungsgrund 375 ff.
– im kooperativen Staat 94 ff.
– Ratifizierungslage 280 ff., 309 f.
– Sozialgestaltung durch ~ 91 f.
– und Vertrag 292 ff.
Pluralismustheorie 46

Ratifizierungslage 280 ff., 309 f.
Rechnungslegung nach ausländischen Regelwerken (§ 292a Abs. 2 Nr. 2 lit. a HGB) 530 f., 568 ff.
Rechnungslegungsvorschriften durch privatrechtliche Einrichtungen (§ 342 HGB) 532 ff.
Recht
– Begriff 78 f.
– interventionistisches ~ 4 ff.
   – Informationsdefizite 7 ff., 96 ff.
   – Wirksamkeitsbedingungen 6 ff.
– kooperatives ~ (siehe „verhandeltes ~")
– mediales ~ 25 ff.
– postinterventionistisches ~ 21 ff.
– prozedurales ~ 52
– reflexives ~ 22 ff.
– regulatives ~ 4 f.
– verhandeltes ~ 62 ff., 68, 182 ff., 602 ff.
– -snorm (siehe dort)
Rechtsbindungswille
– Atomkonsens 240 ff.
– Voraussetzungen 237 ff.
Rechtsmittelverzicht 342 ff.
Rechtsnorm 75 ff.
– Geltung 79 f.
– Heteronomität 81 ff.
– und Einzelakt 85 ff.
– und Vertrag 182
– Zuordnung zur Rechtsordnung 80 f.

Rechts(norm)setzung
- Beleihung und ~ 388 ff.
- durch öffentlich-rechtliche Akteure 400 f., 439 ff.
- durch Tarifvertrag 401 ff.
- Ermessen 636 f., 673 ff.
- nicht-parlamentarische ~
  - Autonomie 439 ff., 692 ff.
  - Delegation 381 ff., 688 ff.
  - Legitimation, demokratische 352 ff., 366 ff.
  - *numerus clausus* der ~n 370 ff.
  - verfassungsrechtliche Vorgaben 370 ff.
  - Vertrag und ~ 672 f.
- parlamentarische ~ (siehe „Gesetzgebung, parlamentarische" und „Parlamentsgesetz)
- private ~ 358 f., 397 ff.
- und Grundrechte 373, 397 ff.
Regierungshandeln, kooperatives 69 f.
Repräsentation 171 (Fn. 396), 375 f.

Sachverständiger 101 ff.
Satzungsautonomie 439 ff.
- Außenseiter 463 ff.
- Selbstverwaltungskörperschaften und ~ 439 ff., 695 ff.
- Voraussetzungen 454 ff., 465 ff.
Schatten der Hierarchie 48 f., 54, 345, 521, 524 f., 607, 648
Selbstregulierung, regulierte 34 ff., 49 ff.
Selbstverwaltungskörperschaften (siehe auch „Satzungsautonomie")
- Sozialversicherung 696 ff.
- demokratische Legitimation 445 ff.
- Interessenhomogenität 465 ff.
- Legitimationsmuster 443 ff.
Solidarbeitrag der forschenden Arzneimittelhersteller 248 ff., 313, 338
Souveränität, innere 725 ff.
- im modernen Staat 58 f., 726 ff.
- Rekonstruktion 735 ff.
- Sinnkrise 726 ff.
- soziologische Kritik 13 f.
- und Freiheit des Gesetzgebers 296 f.
- Verfassungsvoraussetzung 729 ff.
Staat
- kooperativer 30, 55 ff.
  - Souveränität 726 ff.
  - Gesetzgebung im ~(n) 94 f.
- moderner 1 ff.
- Aufgabenexpansion 1 ff.
- Garant der Rechtsordnung 80 f.
- Machteinheit 57 ff.
- Machtverlust 3 ff.
- Typus 1 ff.
- Steuerungsverlust 3 ff., 9 ff.
- Supervisions- 54
- Systemtheorie und ~ 16
- und Gesellschaft (siehe dort)
Staat und Gesellschaft 145 ff.
- Dualismus 146 ff.
- Funktionsbereiche, differenzierte 155 f.
- Hierarchie von ~ 158 ff.
- Ideengeschichte der Differenzierung 149 ff.
- Legitimationsmuster 151 ff.
- Selbstverwaltung, mittelbare, zwischen ~ 599 ff.
- Verwiesenheit 148 ff., 154 ff.
- Willensbildungsprozesse in ~ 152
Staatskirchenvertrag (siehe „Vertrag, staatskirchenrechtlicher")
Staatsleitung 334 ff.
Staatsverwaltung, mittelbare 599 ff.
- Interessenvertretung durch die ~ 600 (Fn. 113)
status activus 166 f., 170, 319 ff.
status activus processualis 138 ff.
Steuerungstheorie 12, 13 ff., 29 ff.
- akteurszentrierte ~ 12, 29 ff.
  - korporative Akteure 32 ff.
  - Steuerungsbegriff der ~ 35
- Begriff und Gegenstand 9 ff.
- Systemtheorie (siehe dort)
Subsidiarität(sprinzip) 414 ff.
Systemtheorie 12, 13 ff.
- Autopoiesis 14
- Differenzierung, funktionale 13 ff.
- Kommunikation 15, 27
- Kritik 26 ff.
- Staat in der ~ 16
- Steuerungsbegriff 16 ff.
- Steuerungssubstitute 18 ff., 20 ff.

Tarifautonomie 53, 401 ff.
Tarifvertrag (siehe auch „Tarifautonomie") 401 ff.
- Allgemeinverbindlich(keits)erklärung 434 ff.

– Ausgestaltung des Tarifvertragssystems 428 ff.
– Geltungsgrund 406 ff.
  – Delegationslehre 417 ff., 423 ff.
  – genossenschaftsrechtlicher ~ 409 ff.
  – Gestaltungsbefugnisse, kollektive grundrechtliche 421 ff.
  – Integrationslehre 417
  – Lehre vom staatlichen Geltungsbefehl 421
  – Rechtsgeschäft 406 ff.
  – Sanktionslehre 419 ff.
  – Selbstverwaltung, soziale 411 ff.
  – Subsidiarität(sprinzip) 414 ff.
– Grundrechtsbindung 419, 424 ff.
– Rahmen, theoretischer 402 ff.
– Regelungsgegenstand 405 ff.
– Regelungskonkurrenzen 431 ff.
Transaktionskosten 43 (Fn. 241), 43 ff.

Verbände 103 ff.
– Abgrenzung von politischen Parteien 105
– Begriff 104
– Beteiligung an staatlicher Steuerung 103 ff., 108 ff.
– Grundgesetz und ~ 106 ff.
– Grundrecht der ~ 163 f.
– Interessenvertretung durch ~ 103 ff.
– Typen 104 f.
– Verhandlungssysteme, gesellschaftliche 44 f., 109 ff.
– -staat 34
– -gesetz 45
Verbändevereinbarungen in der Energiewirtschaft 479 ff., 494 ff.
– Rechtsnormcharakter 504 ff.
– Regelungsgegenstände 494 ff.
– Verrechtlichung 525 ff., 563 ff.
– Vor- und Nachteile 507 ff., 520 ff.
– Wettbewerbseffekt 500 ff., 509 ff.
Vereinbarung 602 ff.
Verfassungsorgantreue 281 f.
– Informationspflicht aus ~ 285 ff.
Verfassungsvoraussetzung 729 ff.
Verhandlung (s.a. Kooperation) 34 ff., 38 ff.
Vertrag
– , normbezogener 575, 651 ff., 686 ff. (siehe auch Normenvertrag, Normsetzungsvertrag)

– als Verfügung über Normänderungsbefugnis 675 ff.
– Differenzierung zwischen Normsetzungs- und Normenvertrag 575, 686 ff.
– Gestaltungsfreiheit 673 ff., 676 ff.
– und Begrenzung der Adressaten von Normsetzungsbefugnissen 687 ff.
– und Verwaltungsverfahrensgesetz (siehe dort)
– Vertragsschlußbefugnis 681 ff., 687 ff.
– , staatskirchenrechtlicher 184 ff.
– und staatliche Rechtsordnung (siehe „Gesetzgebungshoheit und ~")
  – Abschlussverfahren 191 ff.
  – Geltungsgrund 194 ff.
    – Staat-Kirche-Recht 194 ff.
    – Verfassungsrecht 193 ff.
    – Völkerrecht 198 ff., 209 ff.
  – Gesetzgebungshoheit und ~ 193 ff., 200 ff., 209 ff., 224 ff.
  – *pacta sunt servanda* 195 f.
  – Vertragspartner 190 f.
– , völkerrechtlicher 198 ff., 211 ff., 265
  – als Vorbild für die Dogmatik des Staatskirchenvertrags 209 ff.
  – Gesetzgebungshoheit und ~ 210 ff., 217 ff.
  – *pacta sunt servanda* 218 f.
  – Transformation 215 ff.
  – Vertragsgesetz 213 ff.
  – Vollzug 215 ff.
– -snreturschutz 634 ff.
  – Mitwirkungsrechte, verbandliche 645 ff.
  – Schutzkonzept 634 ff.
  – Übernahme „überschießender" Pflichten 640, 648 ff.
  – Zulässigkeit 641 ff.
Vertrauensschutz 301 ff.
– Abwägung 310 ff.
– Diskontinuität und ~ 315 ff.
Verwaltungshandeln, informales 70 ff.
Verwaltungsverfahrensgesetz und normbezogene Verträge
– Anwendungsbereich 653 ff.
– Normenvertrag 661 f.
– Normsetzungsvertrag 658 ff.
– Vertragsverbot
  – Vertrag, einzelaktsbezogener 663 ff.

– Vertrag, normbezogener 589 f., 591, 641 ff., 662 f., 668 ff.
Verweis(ung) 537 ff.
– Bestimmtheit der Verweisungsnorm 541 ff., 570
– Bezugsnorm
  – private ~ 551 ff., 553 ff., 558 ff.
  – Publikation 542 ff., 556 f., 571 f.
  – Typen 539 ff., 553 ff.
  – Zustandekommen der ~n 558 ff.
– Delegationsverhältnis, potentielles 546 ff.
– Demokratieprinzip 545 ff., 557 f., 571
– dynamische ~ 540, 545 ff.
– statische ~ 539 ff., 545 ff.
– Vermutungswirkung 549 f., 572
Völkerrechtsfreundlichkeit des Grundgesetzes 219 f.

Wesentlichkeitslehre 377 ff.

Jus Publicum

Beiträge zum Öffentlichen Recht – Alphabetische Übersicht

Appel, Ivo: Staatliche Zukunfts- und Entwicklungsvorsorge. 2005. Band 125.
Axer, Peter: Normsetzung der Exekutive in der Sozialversicherung. 2000. Band 49.
Bauer, Hartmut: Die Bundestreue. 1992. Band 3.
Beaucamp, Guy: Das Konzept der zukunftsfähigen Entwicklung im Recht. 2002. Band 85.
Becker, Florian: Kooperative und konsensuale Strukturen in der Normsetzung. 2005. Band 129.
Becker, Joachim: Transfergerechtigkeit und Verfassung. 2001. Band 68.
Blanke, Hermann-Josef: Vertrauensschutz im deutschen und europäischen Verwaltungsrecht. 2000. Band 57.
Böhm, Monika: Der Normmensch. 1996. Band 16.
Böse, Martin: Wirtschaftsaufsicht und Strafverfolgung. 2005. Band 127.
Bogdandy, Armin von: Gubernative Rechtsetzung. 2000. Band 48.
Brenner, Michael: Der Gestaltungsauftrag der Verwaltung in der Europäischen Union. 1996. Band 14.
Britz, Gabriele: Kulturelle Rechte und Verfassung. 2000. Band 60.
Bröhmer, Jürgen: Transparenz als Verfassungsprinzip. 2004. Band 106.
Brüning, Christoph: Einstweilige Verwaltungsführung. 2003. Band 103.
Burgi, Martin: Funktionale Privatisierung und Verwaltungshilfe. 1999. Band 37.
Bultmann, Peter Friedrich: Beihilfenrecht und Vergaberecht. 2004. Band 109.
Bumke, Christian: Relative Rechtswidrigkeit. 2004. Band 117.
Butzer, Hermann: Fremdlasten in der Sozialversicherung. 2001. Band 72.
Calliess, Christian: Rechtsstaat und Umweltstaat. 2001. Band 71.
Classen, Claus Dieter: Die Europäisierung der Verwaltungsgerichtsbarkeit. 1996. Band 13.
– Religionsfreiheit und Staatskirchenrecht in der Grundrechtsordnung. 2003. Band 100.
Cornils, Matthias: Die Ausgestaltung der Grundrechte. 2005. Band 126.
Cremer, Wolfram: Freiheitsgrundrechte. 2003. Band 104.
Danwitz, Thomas von: Verwaltungsrechtliches System und Europäische Integration. 1996. Band 17.
Dederer, Hans-Georg: Korporative Staatsgewalt. 2004. Band 107.
Detterbeck, Steffen: Streitgegenstand und Entscheidungswirkungen im Öffentlichen Recht. 1995. Band 11.
Di Fabio, Udo: Risikoentscheidungen im Rechtsstaat. 1994. Band 8.
Dörr, Oliver: Der europäisierte Rechtsschutzauftrag deutscher Gerichte. 2003. Band 96.
Durner, Wolfgang: Konflikte räumlicher Planungen. 2005. Band 119.
Enders, Christoph: Die Menschenwürde in der Verfassungsordnung. 1997. Band 27.
Epping, Volker: Die Außenwirtschaftsfreiheit. 1998. Band 32.

Jus Publicum – Beiträge zum Öffentlichen Recht

Fehling, Michael: Verwaltung zwischen Unparteilichkeit und Gestaltungsaufgabe. 2001. *Band 79.*
Felix, Dagmar: Einheit der Rechtsordnung. 1998. *Band 34.*
Fisahn, Andreas: Demokratie und Öffentlichkeitsbeteiligung. 2002. *Band 84.*
Franz, Thorsten: Gewinnerzielung durch kommunale Daseinsvorsorge. 2005. *Band 123.*
Frenz, Walter: Selbstverpflichtungen der Wirtschaft. 2001. *Band 75.*
Gellermann, Martin: Grundrechte im einfachgesetzlichen Gewande. 2000. *Band 61.*
Grigoleit, Klaus Joachim: Bundesverfassungsgericht und deutsche Frage. 2004. *Band 108.*
Gröpl, Christoph: Haushaltsrecht und Reform. *2001. Band 67.*
Gröschner, Rolf: Das Überwachungsrechtsverhältnis. 1992. *Band 4.*
Groß, Thomas: Das Kollegialprinzip in der Verwaltungsorganisation. 1999. *Band 45.*
Grzeszick, Bernd: Rechte und Ansprüche. 2002. *Band 92.*
Guckelberger, Annette: Die Verjährung im Öffentlichen Recht. 2004. *Band 111.*
Gurlit, Elke: Verwaltungsvertrag und Gesetz. 2000. *Band 63.*
Häde, Ulrich: Finanzausgleich. 1996. *Band 19.*
Hase, Friedhelm: Versicherungsprinzip und sozialer Ausgleich. 2000. *Band 64.*
Heckmann, Dirk: Geltungskraft und Geltungsverlust von Rechtsnormen. 1997. *Band 28.*
Heitsch, Christian: Die Ausführung der Bundesgesetze durch die Länder. 2001. *Band 77.*
Hellermann, Johannes: Örtliche Daseinsvorsorge und gemeindliche Selbstverwaltung. 2000. *Band 54.*
Hermes, Georg: Staatliche Infrastrukturverantwortung. 1998. *Band 29.*
Hösch, Ulrich: Eigentum und Freiheit. 2000. *Band 56.*
Hohmann, Harald: Angemessene Außenhandelsfreiheit im Vergleich. 2002. *Band 89.*
Holznagel, Bernd: Rundfunkrecht in Europa. 1996. *Band 18.*
Horn, Hans-Detlef: Die grundrechtsunmittelbare Verwaltung. 1999. *Band 42.*
Huber, Peter-Michael: Konkurrenzschutz im Verwaltungsrecht. 1991. *Band 1.*
Hufeld, Ulrich: Die Vertretung der Behörde. 2003. *Band 102.*
Huster, Stefan: Die ethische Neutralität des Staates. 2002. *Band 90.*
Ibler, Martin: Rechtspflegender Rechtsschutz im Verwaltungsrecht. 1999. *Band 43.*
Jestaedt, Matthias: Grundrechtsentfaltung im Gesetz. 1999. *Band 50.*
Jochum, Heike: Verwaltungsverfahrensrecht und Verwaltungsprozeßrecht. 2004. *Band 116.*
Kadelbach, Stefan: Allgemeines Verwaltungsrecht unter europäischem Einfluß. 1999. *Band 36.*
Kämmerer, Jörn Axel: Privatisierung. 2001. *Band 73.*
Kahl, Wolfgang: Die Staatsaufsicht. 2000. *Band 59.*
Kaufmann, Marcel: Untersuchungsgrundsatz und Verwaltungsgerichtsbarkeit. 2002. *Band 91.*
Kersten, Jens: Das Klonen von Menschen. 2004. *Band 115.*
Khan, Daniel-Erasmus: Die deutschen Staatsgrenzen. 2004. *Band 114.*
Kingreen, Thorsten: Das Sozialstaatsprinzip im europäischen Verfassungsbund. 2003. *Band 97.*
Kischel, Uwe: Die Begründung. 2002. *Band 94.*
Koch, Thorsten: Der Grundrechtsschutz des Drittbetroffenen. 2000. *Band 62.*

Jus Publicum – Beiträge zum Öffentlichen Recht

Korioth, Stefan: Der Finanzausgleich zwischen Bund und Ländern. 1997. *Band 23.*
Kluth, Winfried: Funktionale Selbstverwaltung. 1997. *Band 26.*
Kube, Hanno: Finanzgewalt in der Kompetenzordnung. 2004. *Band 110.*
Kugelmann, Dieter: Die informatorische Rechtsstellung des Bürgers. 2001. *Band 65.*
Langenfeld, Christine: Integration und kulturelle Identität zugewanderter Minderheiten. 2001. *Band 80.*
Lehner, Moris: Einkommensteuerrecht und Sozialhilferecht. 1993. *Band 5.*
Leisner, Anna: Kontinuität als Verfassungsprinzip. 2002. *Band 83.*
Lepsius, Oliver: Besitz und Sachherrschaft im öffentlichen Recht. 2002. *Band 81.*
Lorz, Ralph Alexander: Interorganrespekt im Verfassungsrecht. 2001. *Band 70.*
Lücke, Jörg: Vorläufige Staatsakte. 1991. *Band 2.*
Luthe, Ernst-Wilhelm: Optimierende Sozialgestaltung. 2001. *Band 69.*
Mager, Ute: Einrichtungsgarantien. 2003. *Band 99.*
Mann, Thomas: Die öffentlich-rechtliche Gesellschaft. 2002. *Band 93.*
Manssen, Gerrit: Privatrechtsgestaltung durch Hoheitsakt. 1994. *Band 9.*
Masing, Johannes: Parlamentarische Untersuchungen privater Sachverhalte. 1998. *Band 30.*
Möstl, Markus: Die staatliche Garantie für die öffentliche Sicherheit und Ordnung. 2002. *Band 87.*
Morgenthaler, Gerd: Freiheit durch Gesetz. 1999. *Band 40.*
Morlok, Martin: Selbstverständnis als Rechtskriterium. 1993. *Band 6.*
Müller-Franken, Sebastian: Maßvolles Verwalten. 2004. *Band 105.*
Niedobitek, Matthias: Das Recht der grenzüberschreitenden Verträge. 2001. *Band 66.*
Oeter, Stefan: Integration und Subsidiarität im deutschen Bundesstaatsrecht. 1998. *Band 33.*
Pache, Eckhard: Tatbestandliche Abwägung und Beurteilungsspielraum. 2001. *Band 76.*
Pauly, Walter: Der Methodenwandel im deutschen Spätkonstitutionalismus. 1993. *Band 7.*
Pielow, Johann-Christian: Grundstrukturen öffentlicher Versorgung. 2001. *Band 58.*
Poscher, Ralf: Grundrechte als Abwehrrechte. 2003. *Band 98.*
Puhl, Thomas: Budgetflucht und Haushaltsverfassung. 1996. *Band 15.*
Reinhardt, Michael: Konsistente Jurisdiktion. 1997. *Band 24.*
Remmert, Barbara: Private Dienstleistungen in staatlichen Verwaltungsverfahren. 2003. *Band 95.*
Rodi, Michael: Die Subventionsrechtsordung. 2000. *Band 52.*
Rossen, Helge: Vollzug und Verhandlung. 1999. *Band 39.*
Rozek, Jochen: Die Unterscheidung von Eigentumsbindung und Enteignung. 1998. *Band 31.*
Ruffert, Matthias: Vorrang der Verfassung und Eigenständigkeit des Privatrechts. 2001. *Band 74.*
Sacksofsky, Ute: Umweltschutz durch nicht-steuerliche Abgaben. 2000. *Band 53.*
Šarčević, Edin: Das Bundesstaatsprinzip. 2000. *Band 55.*
Schlette, Volker: Die Verwaltung als Vertragspartner. 2000. *Band 51.*
Schliesky, Utz: Souveränität und Legitimtät von Herrschaftsgewalt. 2004. *Band 112.*
Schmehl, Arndt: Das Äquivalenzprinzip im Recht der Staatsfinanzierung. 2004. *Band 113.*

Jus Publicum – Beiträge zum Öffentlichen Recht

Schmidt-De Caluwe, Reimund: Der Verwaltungsakt in der Lehre Otto Mayers. 1999. Band 38.
Schroeder, Werner: Das Gemeinschaftrechtssystem. 2002. Band 86.
Schulte, Martin: Schlichtes Verwaltungshandeln. 1995. Band 12.
Schwartmann, Rolf: Private im Wirtschaftsvölkerrecht. 2005. Band 122.
Sobota, Katharina: Das Prinzip Rechtsstaat. 1997. Band 22.
Sodan, Helge: Freie Berufe als Leistungserbringer im Recht der gesetzlichen Krankenversicherung. 1997. Band 20.
Sommermann, Karl-Peter: Staatsziele und Staatszielbestimmungen. 1997. Band 25.
Stoll, Peter-Tobias: Sicherheit als Aufgabe von Staat und Gesellschaft. 2003. Band 101.
Storr, Stefan: Der Staat als Unternehmer. 2001. Band 78.
Sydow, Gernot: Verwaltungskooperation in der Europäischen Union. 2004. Band 118.
Trute, Hans-Heinrich: Die Forschung zwischen grundrechtlicher Freiheit und staatlicher Institutionalisierung. 1994. Band 10.
Uerpmann, Robert: Das öffentliche Interesse. 1999. Band 47.
Uhle, Arnd: Freiheitlicher Verfassungsstaat und kulturelle Identität. 2004. Band 121.
Unruh, Peter: Der Verfassungsbegriff des Grundgesetzes. 2002. Band 82.
Wall, Heinrich de: Die Anwendbarkeit privatrechtlicher Vorschriften im Verwaltungsrecht. 1999. Band 46.
Wolff, Heinrich Amadeus: Ungeschriebenes Verfassungsrecht unter dem Grundgesetz. 2000. Band 44.
Volkmann, Uwe: Solidarität – Programm und Prinzip der Verfassung. 1998. Band 35.
Voßkuhle, Andreas: Das Kompensationsprinzip. 1999. Band 41.
Weiß, Wolfgang: Privatisierung und Staatsaufgaben. 2002. Band 88.
Ziekow, Jan: Über Freizügigkeit und Aufenthalt. 1997. Band 21.

Einen Gesamtkatalog erhalten Sie gerne vom Verlag
Mohr Siebeck, Postfach 2040, D–72010 Tübingen.
Aktuelle Informationen im Internet unter www.mohr.de